CÓDIGO CIVIL
E LEGISLAÇÃO CIVIL EM VIGOR

CÓDIGO CIVIL e legislação civil em vigor
© — José Roberto Ferreira Gouvêa, Luis Guilherme Aidar Bondioli, João Francisco Naves da Fonseca e Teneg Administração Ltda.

Theotonio Negrão

Foi advogado militante, Juiz do Tribunal Regional Eleitoral de São Paulo (categoria de jurista) e Presidente da Associação dos Advogados de São Paulo.

Em 1961, através do Ministério da Educação (MEC), publicou um Dicionário da Legislação Federal, contendo o texto (ou o ementário, conforme o caso) de toda a legislação federal vigente àquela época.

José Roberto Ferreira Gouvêa

Graduado pela Faculdade de Direito da Universidade de São Paulo — Largo São Francisco (1973), e aluno, em Paris, da École Nationale de la Magistrature. Foi advogado em São Paulo, Procurador de Justiça do Ministério Público do Estado de São Paulo, professor de Direito Civil da Faculdade de Direito da Fundação Instituto de Ensino para Osasco e Presidente do Conselho Nacional da Defesa do Consumidor.

Desde abril de 2000 é Serventuário da Justiça, tendo obtido os 1º e 3º lugares no 1º Concurso de Outorga de Delegações de Registro de Imóveis e de Protesto de Letras e Títulos promovido pelo Tribunal de Justiça do Estado de São Paulo.

Luis Guilherme Aidar Bondioli

Advogado graduado pela Faculdade de Direito da Universidade de São Paulo — Largo São Francisco (1998), onde também obteve os títulos de mestre (2004) e doutor (2008) em Direito Processual. Publicou por esta Editora as obras *Embargos de declaração* (2007, 2ª tir.), *O novo CPC: a terceira etapa da reforma* (2006), *Reconvenção no processo civil* (2009) e *Comentários ao Código de Processo Civil — v. XX (arts. 994 a 1.044)* (2017, 2ª ed.). Tem diversos artigos publicados em revistas jurídicas e em obras coletivas.

João Francisco Naves da Fonseca

Advogado graduado pela Faculdade de Direito da Universidade de São Paulo — Largo São Francisco (2006), onde também obteve os títulos de mestre (2010) e doutor (2014) em Direito Processual. Membro do Comitê Brasileiro de Arbitragem (CBAr) e do Instituto Brasileiro de Direito Processual (IBDP). Publicou por esta Editora as obras *Exame dos fatos nos recursos extraordinário e especial* (2012), *O processo do mandado de injunção* (2016) e *Comentários ao Código de Processo Civil — v. IX (arts. 485 a 508)* (2017, 2ª tir.). Tem diversos artigos publicados em revistas jurídicas e em obras coletivas.

Dos mesmos autores, esta Editora publica as obras *Código de Processo Civil e legislação processual em vigor*, *Novo Código de Processo Civil, Edição especial — versão compacta* e *Código Civil, Edição especial — versão compacta*.

- 1ª ed., 1980 ▪ 2ª ed., 1981 ▪ 3ª ed., 1983 ▪ 4ª ed., 1984 ▪ 5ª ed., 1985 ▪ 6ª ed., 1986 ▪ 7ª ed., 1987 ▪ 8ª ed., 1988 ▪ 9ª ed., 1990 ▪ 10ª ed., 1991 ▪ 11ª ed., 1992 ▪ 12ª ed., 1ª tir., 01.1993; 2ª tir., 06.1993 ▪ 13ª ed., 01.1994 ▪ 14ª ed., 1ª tir., 01.1995; 2ª tir., 05.1995; 3ª tir., 08.1995; 4ª tir., 10.1995 ▪ 15ª ed., 01.1996 ▪ 16ª ed., 01.1997 ▪ 17ª ed., 1ª tir., 02.1998; 2ª tir., 04.1998 ▪ 18ª ed., 1ª tir., 02.1999; 2ª tir., 04.1999; 3ª tir., 08.1999 ▪ 19ª ed., 02.2000 ▪ 20ª ed., 1ª tir., 02.2001; 2ª tir., 04.2001 ▪ 21ª ed., 03.2002 ▪ 22ª ed., 1ª tir., 02.2003; 2ª tir., 04.2003 ▪ 23ª ed., 02.2004 ▪ 24ª ed., 03.2005 ▪ 25ª ed., 02.2006 ▪ 26ª ed., 1ª tir., 04.2007; 2ª tir., 07.2007; 3ª tir., 10.2007 ▪ 27ª ed., 1ª tir., 02.2008; 2ª tir., 04.2008 ▪ 28ª ed., 02.2009 ▪ 29ª ed., 02.2010 ▪ 30ª ed., 02.2011 ▪ 31ª ed., 02.2012 ▪ 32ª ed., 02.2013 ▪ 33ª ed., 1ª tir., 02.2014; 2ª tir., 05.2014; 3ª tir., 08.2014 ▪ 34ª ed., 1ª e 2ª tir., 03.2016; 3ª tir., 04.2016 ▪ 35ª ed., 02.2017 ▪ 36ª ed., 02.2018 ▪ 37ª ed., 02.2019 ▪ 38ª ed., 02.2020 ▪ 39ª ed., 02.2021 ▪ 40ª ed., 02.2022 ▪ 41ª ed., 02.2023.

THEOTONIO NEGRÃO

CÓDIGO CIVIL

E LEGISLAÇÃO CIVIL EM VIGOR

2023
41ª edição

THEOTONIO NEGRÃO

JOSÉ ROBERTO F. GOUVÊA

LUIS GUILHERME A. BONDIOLI

JOÃO FRANCISCO N. DA FONSECA

De acordo com as Leis 14.309, de 8.3.22 (reuniões e deliberações virtuais); 14.340, de 18.5.22 (alienação parental); 14.382, de 27.6.22 (Sistema Eletrônico dos Registros Públicos); 14.405, de 12.7.22, e 14.451, de 21.9.22 (alteradoras do Código Civil).

Av. Paulista, 901, Edifício CYK, 4º andar
Bela Vista – São Paulo – SP – CEP 01310-100

SAC | sac.sets@saraivaeducacao.com.br

Diretoria executiva	Flávia Alves Bravin
Diretoria editorial	Ana Paula Santos Matos
Gerência de produção e projetos	Fernando Penteado
Gerência editorial	Thais Cassoli Reato Cézar
Novos projetos	Aline Darcy Flôr de Souza
	Dalila Costa de Oliveira
Edição	Jeferson Costa da Silva (coord.)
	Deborah Caetano de Freitas Viadana
Design e produção	Daniele Debora de Souza (coord.)
	Rosana Peroni
	Camilla Felix Cianelli Chaves
	Claudirene de Moura Santos Silva
	Deborah Mattos
	Lais Soriano
	Tiago Dela Rosa
Planejamento e projetos	Cintia Aparecida dos Santos
	Daniela Maria Chaves Carvalho
	Emily Larissa Ferreira da Silva
	Kelli Priscila Pinto
Diagramação	Fabricando Ideias Design Editorial
Revisão	Denise Pisaneschi
Capa	Tiago Dela Rosa
Produção gráfica	Marli Rampim
	Sergio Luiz Pereira Lopes
Impressão e acabamento	Geográfica editora

DADOS INTERNACIONAIS DE CATALOGAÇÃO NA PUBLICAÇÃO (CIP)
ODILIO HILARIO MOREIRA JUNIOR – CRB-8/9949

C669   Código civil e legislação civil em vigor / Theotonio Negrão, José Roberto Ferreira Gouvêa, Luis Guilherme Aidar Bondioli, João Francisco Naves da Fonseca. – 41. ed. – São Paulo : Saraiva Jur, 2023.

1756 p.

Inclui índice e bibliografia.
ISBN: 978-65-5362-555-6 (impresso)

1. Direito Civil. 2. Código Civil. 3. Constituição Federal. I. Negrão, Theotonio. II. Gouvêa, José Roberto F. III. Bondioli, Luis Guilherme A. IV. Fonseca, João Francisco N. da. V. Título.

	CDD 347
2022-3759	CDU 347

Índices para catálogo sistemático:
1. Direito civil   347
2. Direito civil   347

Data de fechamento da edição: 6-1-2023

Dúvidas? Acesse www.saraivaeducacao.com.br

Nenhuma parte desta publicação poderá ser reproduzida por qualquer meio ou forma sem a prévia autorização da Saraiva Educação. A violação dos direitos autorais é crime estabelecido na Lei n. 9.610/98 e punido pelo art. 184 do Código Penal.

CÓD. OBRA	16232	CL	607943	CAE	819771

Sumário

NOTA DA 41ª EDIÇÃO IX
PREFÁCIO XI
ABREVIATURAS XIII

LEI DE INTRODUÇÃO
— Dec. lei 4.657, de 4.9.42 (**LINDB**) 1

CÓDIGO CIVIL
— Índice do Código Civil 12
— Lei 10.406, de 10.1.02 (**CC**) 25

ALIENAÇÃO FIDUCIÁRIA
— Lei 4.728, de 14.7.65 777
— Lei 9.514, de 20.11.97 780

ALIMENTOS
— Lei 5.478, de 25.7.68 (**LA**) 794
— Lei 11.804, de 5.11.08 811

CÉDULA DE PRODUTO RURAL
— Lei 8.929, de 22.8.94 813

CÉDULA HIPOTECÁRIA
— Dec. lei 70, de 21.11.66 822

CHEQUE
— Lei 7.357, de 2.9.85 (**LCh**) 837

CONDOMÍNIO E INCORPORAÇÃO
— Lei 4.591, de 16.12.64 (**LCE**) 853
— Lei 10.931, de 2.8.04 895

CONSUMIDOR
— Lei 8.078, de 11.9.90 (**CDC**) 911
— Lei 12.414, de 9.6.11 1025
— Dec. 7.962, de 15.3.13 1033

CONTRATOS IMOBILIÁRIOS
— Lei 5.741, de 1.12.71 1036

CORREÇÃO MONETÁRIA
— Lei 6.899, de 8.4.81 (**LCM**) 1042

CRIANÇA E ADOLESCENTE
— Lei 8.069, de 13.7.90 (**ECA**) 1052
— Lei 12.318, de 26.8.10 1119

DESAPROPRIAÇÃO
— Dec. lei 3.365, de 21.6.41 (**LD**) 1122
— Lei 4.132, de 10.9.62 1158

— Dec. lei 1.075, de 22.1.70 1160
— Lei 8.629, de 25.2.93 1162
— Lei Complementar 76, de 6.7.93 1179

DIREITO AUTORAL
— Lei 9.610, de 19.2.98 (**LDA**) 1186

DIREITO DE RESPOSTA
— Lei 13.188, de 11.11.15 (**LDR**) 1225

DIVÓRCIO E SEPARAÇÃO JUDICIAL
— Lei 6.515, de 26.12.77 (**LDi**) 1230

DUPLICATA
— Lei 5.474, de 18.7.68 (**LDu**) 1247
— Lei 13.775, de 20.12.18 1258

IDOSO
— Lei 10.741, de 1.10.03 (**EId**) 1262

INTERNET
— Lei 12.965, de 23.4.14 (**MCI**) 1286

INVESTIGAÇÃO DE PATERNIDADE
— Lei 8.560, de 29.12.92 (**LIP**) 1300

LETRA DE CÂMBIO E NOTA PROMISSÓRIA
— Dec. 2.044, de 31.12.1908 (**LCa**) 1305
— Dec. 57.663, de 24.1.66 (**LCU**) 1318

MÚTUO
— Dec. 22.626, de 7.4.33 1342

PRESCRIÇÃO E DECADÊNCIA
— Dec. 20.910, de 6.1.32 1347
— Dec. lei 4.597, de 19.8.42 1354

PROMESSA DE COMPRA E VENDA E LOTEAMENTO
— Dec. lei 58, de 10.12.37 1356
— Lei 6.766, de 19.12.79 1371

PROTEÇÃO DE DADOS
— Lei 13.709, de 14.8.18 (**LGPD**) 1395

PROTESTO DE TÍTULOS
— Lei 9.492, de 10.9.97 1417

REGISTROS PÚBLICOS
— Dec. lei 9.085, de 25.3.46 1429
— Lei 6.015, de 31.12.73 (**LRP**) 1431
— Lei 13.097, de 19.1.15, arts. 54 a 58, 61 e 168 1530

SEGUROS
— Lei 6.194, de 19.12.74 1532
— Lei 9.656, de 3.6.98 1539

SOCIEDADES COOPERATIVAS
— Lei 5.764, de 16.12.71 1569
— Lei 12.690, de 19.7.12 1590

TERRA
— Lei 4.504, de 30.11.64 (**ET**), arts. 17 a 23, 92 a 102 1597

TÍTULOS DE CRÉDITO COMERCIAL
— Lei 6.840, de 3.11.80 1608

TÍTULOS DE CRÉDITO INDUSTRIAL
— Dec. lei 413, de 9.1.69 **(TCI)** 1610

TÍTULOS DE CRÉDITO RURAL
— Dec. lei 167, de 14.2.67 1625

USUCAPIÃO ESPECIAL
— Lei 6.969, de 10.12.81 1647
— Lei 10.257, de 10.7.01, arts. 9º a 14 1651

ÍNDICE ALFABÉTICO-REMISSIVO 1655
ÍNDICE DE LEIS 1729

Nota da 41ª Edição

Ao longo do último ano, foram incorporadas à obra relevantes inovações legislativas. No **Código Civil,** destacam-se as alterações nos arts. 44, 48-A, 206-A, 1.061, 1.076, 1.142, 1.160, 1.161, 1.351, 1.353, 1.358-A e 1.510-E, a introdução do art. 1.354-A, bem como a revogação dos arts. 980-A e 1.494.

Já na legislação extravagante, chamamos a atenção para as alterações **(I)** na **Lei de Registros Públicos** (arts. 1º, 7º-A, 9º, 14, 17, 19, 33, 46, 54, 55, 56, 57, 67, 69, 70-A, 94-A, 116, 121, 127-A, 129, 130, 132, 141, 144, 145, 158, 161, 167, 169, 176, 188, 194, 198, 205, 206-A, 213, 216-A, 216-B, 221, 237-A, 246, 251-A e 290-A); **(II)** na Lei 13.097, de 19.1.15, que trata de anotações na matrícula do imóvel (art. 54); **(III)** na Lei dos Condomínios Edilícios (arts. 31-E, 32, 33, 43, 44, 50 e 68); **(IV)** na Lei 6.766, de 19.12.79, que dispõe sobre o parcelamento do solo urbano (arts. 18 e 19); **(V)** na Lei 9.656, de 3.6.98, que dispõe sobre os planos privados de assistência à saúde (arts. 1º, 10, 10-D e 12); **(VI)** no Estatuto da Criança e do Adolescente (arts. 18-B, 70-A, 70-B, 157 e 201); **(VII)** na Lei 12.318, de 26.8.10, que dispõe sobre a alienação parental (arts. 4º, 5º, 6º e 8º-A); e **(VIII)** na Lei de Desapropriações (art. 34-A).

* * *

Mais uma vez contamos com o valioso auxílio da nossa assistente, Ruth Kieco Suzuki, a quem somos muito gratos. Prestamos nossas homenagens também a todas as pessoas da Editora Saraiva, em especial a Deborah Caetano de Freitas Viadana, que contribuíram para mais uma importante edição deste livro. Muito obrigado a todos vocês!

* * *

Críticas e sugestões ao livro podem ser encaminhadas ao endereço eletrônico theotonio@platosedu.com.br, pelo que muito agradecemos.

J. R. F. G.
L. G. A. B.
J. F. N. F.

Prefácio
O diálogo do Dr. Theotonio com a jurisprudência ainda continua vivo!

Instado, por força de pesquisa acadêmica, a examinar a doutrina de Francesco Galgano, renomado privatista da Universidade de Bolonha e autor da mais completa obra que já foi escrita sobre negócio jurídico, deparei-me com o título de um artigo que me chamou a atenção: *Il contraddittorio processuale è ora nella Costituzione* (*Contratto e impresa*, v. 3, Padova, Cedam, 2000, p. 1.081/1.085).

Galgano, em princípio, preocupara-se com a nova redação do art. 111 da Constituição italiana, introduzida em 1999, que passou a contemplar, de modo expresso e incisivo, a garantia do contraditório efetivo em toda espécie de processo contencioso.

Imaginei que se tratava, até mesmo pelas dimensões do escrito (apenas 5 páginas), de um simples comentário, de um jurista teórico, sobre tema de direito processual constitucional.

No entanto, atraído pela curiosidade, fiquei realmente surpreso com a indagação preambular formulada pelo referido autor, qual seja, *onde é que se encontra a legitimação do juiz para proferir o julgamento*?

Respondendo que a investidura do juiz provém da lei, mas a legitimação da sentença decorre da efetiva participação e defesa dos litigantes, Galgano destaca ser inviolável a atuação profissional do advogado.

Costuma-se indicar os sujeitos da argumentação jurídica com a fórmula "doutrina e jurisprudência". Mas a literatura que o juiz utiliza ao proferir a sentença é, no mais das vezes, a doutrina individuada, selecionada e ilustrada pelo advogado, cuja obra passa despercebida. Mais: costuma-se afirmar que são a doutrina e a jurisprudência as fontes responsáveis pelas inovações no campo do direito.

Contudo, quantas vezes estas inovações, cuja paternidade é atribuída aos tribunais, foram sugeridas nos arrazoados dos advogados. Assim, sob esse aspecto, que não é de secundária importância — aduz o jurista peninsular —, a contribuição criativa do advogado à administração da justiça merece ser certificada e valorizada...

E, assim, nesse contexto, vem sobrelevado o fundamental papel do advogado na construção da jurisprudência. Longe de constituir obra exclusiva do órgão jurisdicional, assevera Galgano, à luz da experiência prática do direito, que a produção e constante evolução dos precedentes judiciais é fruto do esforço conjunto dos juízes e dos advogados.

A estes, de um modo geral, cabe a criação e o aprimoramento das teses jurídicas que são diuturnamente submetidas à apreciação daqueles. Ato contínuo, a orientação adotada pelas cortes de justiça presta-se, a seu turno, a subsidiar os arrazoados dos defensores dos interesses em jogo, que passam a invocar os posicionamentos pretorianos já consolidados, e assim por diante...

Desse modo, sobretudo nos países de direito codificado, estabelece-se um diálogo perene entre os operadores do direito, na consecução de um fim perseguido por todos, vale dizer, a interpretação e aplicação do direito ao caso concreto.

Não é preciso salientar que a leitura do enxuto, mas significativo, ensaio de Galgano, provocou-me a lembrança da relevância indubitável da contribuição de Theotonio Negrão, falecido há exatos 10 anos e a quem volto a render homenagem reproduzindo o presente escrito.

Importa observar, a propósito, que o Dr. Theotonio, em 5 de abril 1955, foi nomeado pelo então Presidente da Associação dos Advogados de São Paulo — AASP, Américo Marco Antonio, membro de uma comissão, integrada também pelos advogados Carlos Afonso do Amaral e Sérgio Marques da Cruz, visando a "imprimir nova orientação ao boletim da Associação, de modo a torná-lo de maior utilidade prática aos associados" (o primeiro número do boletim é datado de maio de 1945, editado sob a responsabilidade do Dr. José Maria D'Avila, então diretor-secretário da AASP. Para mais detalhes, v. meu escrito *Uma página da história da AASP: as origens do "boletim"*, Revista do Advogado da AASP em homenagem a Luiz Geraldo C. Ferrari, n. 55, julho/99, p. 57 ss).

Estando a AASP instalada em nova sede, na Praça da Sé, n. 385, 6º andar, a "nova orientação" que se pretendia imprimir foi concretizada apenas em outubro de 1958.

Sob forma de *comunicado* semanal, Theotonio Negrão ficou responsável pela elaboração do periódico da AASP. Com estrutura sóbria, simples e impessoal, predicados que emergiam, aliás, da personalidade de seu ilustre idealizador, aquela "ferramenta" de trabalho trazia o essencial para tornar menos árdua a missão do advogado.

A partir do n. 19, publicado em 28 de fevereiro de 1959, época em que Theotonio Negrão fora eleito Presidente da AASP, o *comunicado* volta a receber a antiga denominação de boletim.

Como a pesquisa semanal de Theotonio Negrão era alentada, muito material recolhido dos repertórios de jurisprudência, a despeito do interesse para o advogado, não tinha espaço para ser publicado no boletim.

Não obstante — como certa vez me confidenciou o Dr. Theotonio —, passou ele a ter o hábito de arquivar em fichas as respectivas ementas e pequenos trechos de acórdãos, inclusive com algumas anotações pessoais.

Estava aí instituído o método "theotoniano", que nada tem a ver com a mera recolha de julgados, mas, sim, com a seleção criteriosa e paciente da jurisprudência. É evidente que o êxito dessa hercúlea tarefa conta em muito com o talento de seu factor...

Com o fluir do tempo, revelando invulgar desprendimento, Theotonio Negrão imaginou que seu arquivo pudesse ser útil aos operadores do direito, em especial, aos advogados.

Foi assim que a metodologia, toda particular, desenvolvida pelo Dr. Theotonio, veio a ser compartilhada pelos seus pares, com a primeira edição, tirada em abril de 1974, do *Código de Processo Civil e legislação processual em vigor*.

Fadada a estrondoso sucesso, a obra, como é curial, hoje em sua 46ª edição, estampada pela prestigiosa Editora Saraiva, descortina-se extremamente útil àqueles que se dedicam à prática do direito.

O *Código de Processo Civil* do Dr. Theotonio constitui — nas palavras veementes de Luís Camargo Pinto de Carvalho — verdadeira bússola para o desempenho das múltiplas atividades ligadas ao direito (*Theotonio Negrão: evocando...*, Informativo IASP, n. 61, março/abril de 2003, p. 9).

É importante frisar que a precisa percepção de Galgano, antes aludida, delineia-se integralmente confirmada pelas vicissitudes que marcam o referido trabalho de Theotonio Negrão.

Realmente, verifica-se que dificilmente os arrazoados forenses, em matéria civil, deixam de invocar um precedente judicial catalogado pelo Dr. Theotonio. O mesmo ocorre com os acórdãos. Ademais, a opinião crítica do grande advogado, procurando iluminar a coletividade jurídica menos experiente acerca da melhor tese, continua auxiliando em muito o exercício profissional.

Raríssimas são as obras na literatura jurídica que estabelecem essa integração com a jurisprudência. A *master piece* do Dr. Theotonio, que tem recebido prestimosa atualização dos estimados Drs. José Roberto F. Gouvêa, Luis Guilherme A. Bondioli e João Francisco N. da Fonseca, ensejou e continua ensejando, 10 anos depois de seu passamento, fecundo "diálogo" com a jurisprudência, em permanente tensão dialética, interagindo e formando um arcabouço de soluções, colocadas à disposição, indistintamente, de todos os operadores do direito...

A renovação metodológica que me parece mais significativa, considerados os propósitos de Theotonio Negrão, reside nas erupções da tópica, diante da necessidade, pressentida pelo experiente advogado, de colmatação de frequentes lacunas que irrompem na *praxis* forense.

José Rogério Cruz e Tucci
Advogado. Ex-Presidente da Associação dos Advogados de São Paulo.
Professor Titular da Faculdade de Direito da USP.

Abreviaturas

✎	indica resumo bibliográfico de doutrina
AC	Ato Complementar
ADC	Ação Declaratória de Constitucionalidade
ADCT	Ato das Disposições Constitucionais Transitórias
ADI	Ação Direta de Inconstitucionalidade
ADPF	Arguição de Descumprimento de Preceito Fundamental
Ag	Agravo
AgInt	Agravo Interno
AgRg	Agravo Regimental
AI	Agravo de Instrumento; Ato Institucional
AIT	Agravo de Instrumento Trabalhista
Ajuris	Revista da Associação dos Juízes do Rio Grande do Sul
AMS	Apelação em Mandado de Segurança
AO	Ação Originária
AP	Apelação
ap.	apenso
AR	Ação Rescisória
art.	artigo
Bol. AASP	Boletim da Associação dos Advogados de São Paulo
Bol. do TFR	Boletim do Tribunal Federal de Recursos (extinto)
CA	Código de Águas (Dec. 24.643, de 10.7.34); Conflito de Atribuições
cap.	capítulo
c/c	combinado com
CC	Código Civil (Lei 10.406, de 10.1.02)
CC rev.	Código Civil revogado (Lei 3.071, de 1.1.16)
CCLCV	Código Civil e legislação civil em vigor, do autor
CCo	Código Comercial (Lei 556, de 25.6.1850; seus arts. 1º a 456 foram revogados pelo CC atual)
CDC	Código de Defesa do Consumidor (Lei 8.078, de 11.9.90)
CED	Enunciados do Centro de Estudos e Debates do 2º TASP (Bol. AASP 1.854/supl., p. 1)
CEJ	Enunciados aprovados pelo Centro de Estudos Judiciários do Conselho da Justiça Federal
CF	Constituição Federal
cf.	confronte com, conforme
cit.	citado
CJ	Conflito de Jurisdição
CJF	Conselho da Justiça Federal
CLT	Consolidação das Leis do Trabalho (Dec. lei 5.452, de 1.5.43)
CNJ	Conselho Nacional de Justiça
col.	coluna
CP	Código Penal (Dec. lei 2.848, de 7.12.40, com os arts. 1º a 120 modificados pela Lei 7.209, de 11.7.84)

Abreviaturas

CPC	Código de Processo Civil (Lei 13.105, de 16.3.15)
CPC rev. ou CPC/73	Código de Processo Civil de 1973 (Lei 5.869, de 11.1.73)
CPCLPV	Código de Processo Civil e legislação processual em vigor, dos autores
CPC/39	Código de Processo Civil de 1939 (Dec. lei 1.608, de 18.9.39)
CPP	Código de Processo Penal (Dec. lei 3.689, de 3.10.41)
CTN	Código Tributário Nacional (Lei 5.172, de 25.10.66)
Dec.	Decreto
Dec. leg.	Decreto legislativo
Dec. lei	Decreto-lei
dec. mon.	decisão monocrática
Des.	Desembargador, Desembargadora
desp.	despacho
disp. trans.	disposição(ões) transitória(s)
DJE	Diário da Justiça do Estado de São Paulo
DJU	Diário da Justiça da União
DOU	Diário Oficial da União
EA	Estatuto da Advocacia (Lei 8.906, de 4.7.94)
EAC	Embargos na Apelação Cível
EAR	Embargos em Ação Rescisória
ECA	Estatuto da Criança e do Adolescente (Lei 8.069, de 13.7.90)
ED	Embargos de Divergência
ed.	edição
EDcl	Embargos de Declaração
EI	Embargos Infringentes
em.	ementa
Em. Const.	Emenda Constitucional
Em. Reg.	Emenda Regimental
embs.	embargos
EPD	Estatuto da Pessoa com Deficiência
ERE	Embargos em Recurso Extraordinário
EREO	Embargos em Remessa *ex officio*
ET	Estatuto da Terra (Lei 4.504, de 30.11.64)
EId	Estatuto do Idoso (Lei 10.741, de 1.10.03)
ETAB	Encontro dos Tribunais de Alçada do Brasil
ex.	exemplo
HC	*Habeas corpus*
HD	*Habeas data*
i. e.	isto é
IF	Intervenção Federal
IINC	Incidente de Inconstitucionalidade; Arguição de Inconstitucionalidade
inc.	inciso
Inf. STF	Informativo STF
int.	íntegra
IP	Interesse Público — Revista Bimestral de Direito Público
IRDR	Incidente de Resolução de Demandas Repetitivas
IUJur	Incidente de Uniformização de Jurisprudência
j.	julgado em

JECSP	Juizado Especial Cível de São Paulo
JECRJ	Juizado Especial Cível do Rio de Janeiro
JTA	Julgados dos Tribunais de Alçada Civil de São Paulo (ed. Lex, até o vol. 70; ed. Saraiva, do vol. 71 a 82; ed. RT, do vol. 83 em diante)
JTAERGS	Julgados do Tribunal de Alçada do Estado do Rio Grande do Sul
JTJ	Jurisprudência do Tribunal de Justiça do Estado de São Paulo, ed. Lex, a partir do vol. 140 (ex-RJTJESP)
Just.	Justitia, revista da Procuradoria-Geral de Justiça de SP
LA	Lei de Alimentos (Lei 5.478, de 25.7.68)
LACP	Lei da Ação Civil Pública (Lei 7.347, de 24.7.85)
LAF	Lei das Alienações Fiduciárias (Dec. lei 911, de 1.10.69)
LAJ	Lei de Assistência Judiciária (Lei 1.060, de 5.2.50)
LAP	Lei da Ação Popular (Lei 4.717, de 29.6.65)
LArb	Lei de Arbitragem
LBF	Lei do Bem de Família (Lei 8.009, de 29.3.90)
LC	Lei Complementar
LCa	Lei Cambial (Dec. 2.044, de 31.12.08)
LCE	Lei dos Condomínios Edilícios (Lei 4.591, de 16.12.64)
LCh	Lei do Cheque (Lei 7.357, de 2.9.85)
LCM	Lei de Correção Monetária (Lei 6.899, de 8.4.81)
LCP	Lei das Contravenções Penais (Dec. lei 3.688, de 3.10.41)
LCU	Lei Cambial Uniforme (Dec. 57.663, de 24.1.66)
LD	Lei de Desapropriações (Dec. lei 3.365, de 21.6.41)
LDA	Lei de Direitos Autorais (Lei 9.610, de 19.2.98)
LDi	Lei do Divórcio (Lei 6.515, de 26.12.77)
LDR	Lei do Direito de Resposta (Lei 13.188, de 11.11.15)
LDu	Lei das Duplicatas (Lei 5.474, de 18.7.68)
LEF	Lei das Execuções Fiscais (Lei 6.830, de 22.9.80)
Lex	Lex, seção de legislação federal
Lex est.	Lex, seção de legislação estadual paulista
Lex-JTA	Julgados dos Tribunais de Alçada Civil de SP, ed. Lex (a partir do vol. 71, inclusive)
Lex-Marg.	Lex, seção de legislação federal, Marginália
LGPD	Lei Geral de Proteção de Dados Pessoais (Lei 13.709, de 14.8.18)
LI	Lei do Inquilinato (Lei 8.245, de 18.10.91)
LIA	Lei de Improbidade Administrativa (Lei 8.429, de 2.6.92)
LICC	Lei de Introdução ao Código Civil (antiga denominação do Dec. lei 4.657, de 4.9.42)
LINDB	Lei de Introdução às normas do Direito Brasileiro (Dec. lei 4.657, de 4.9.42)
LIP	Lei de Investigação de Paternidade (Lei 8.560, de 29.12.92)
Liv.	livro
LJE	Lei dos Juizados Especiais (Lei 9.099, de 26.9.95)
LJEF	Lei dos Juizados Especiais Federais (Lei 10.259, de 12.7.01)
LMI	Lei do Mandado de Injunção (Lei 13.300, de 23.6.16)
LMS	Lei do Mandado de Segurança (Lei 12.016, de 7.8.09)
LOJF	Lei de Organização da Justiça Federal (Lei 5.010, de 30.5.66)
LOM	Lei Orgânica da Magistratura Nacional (LC 35, de 14.3.79)
LPB	Lei dos Planos de Benefícios da Previdência Social (Lei 8.213, de 24.7.91)
LRF	Lei de Recuperação e Falência (Lei 11.101, de 9.2.05)
LRP	Lei dos Registros Públicos (Lei 6.015, de 31.12.73)

Abreviaturas

LSA	Lei das Sociedades por Ações (Lei 6.404, de 15.12.76)
MC	Medida Cautelar
MCI	Marco Civil da Internet (Lei 12.965, de 23.4.14)
Med. Prov.	Medida Provisória
MI	Mandado de Injunção
Min.	Ministro, Ministra
MP	Ministério Público
MS	Mandado de Segurança
n.	número
NSC	Normas de Serviço da Corregedoria-Geral da Justiça de São Paulo
OAB	Ordem dos Advogados do Brasil
obs.	observação
p/	para
p.	página, páginas
Pet	Petição
p. ex.	por exemplo
p. vets.	partes vetadas e veto rejeitado pelo Congresso
ProAf	Proposta de Afetação
Prov.	Provimento
PUIL	Pedido de Uniformização de Interpretação de Lei
QO	Questão de Ordem
RAM	Revista de Arbitragem e Mediação
RAMPR	Revista da Associação dos Magistrados do Paraná
RBDF	Revista Brasileira de Direito de Família
RBDFS	Revista Brasileira de Direito das Famílias e Sucessões
RBDP	Revista Brasileira de Direito Processual
RBDPb	Revista Brasileira de Direito Público
RCD	Reconsideração
RcDesp	Reconsideração de despacho
RCDUFU	Revista do Curso de Direito da Universidade Federal de Uberlândia (v. tb. RFDUU)
RCJ	Revista de Crítica Judiciária
RCJF	Regimento de Custas da Justiça Federal (Lei 6.032, de 30.4.74)
Rcl	Reclamação
RDA	Revista de Direito Administrativo
RDDP	Revista Dialética de Direito Processual
RDFAS	Revista de Direito de Família e das Sucessões
RDI	Revista de Direito Imobiliário
RDP	Revista de Direito Público
RDPr	Revista de Direito Privado
RE	Recurso Extraordinário
Reg.	Região; Regimental
rel.	relator
rel. p. o ac.	relator para o acórdão
REO	Remessa *ex officio*
rep.	republicado
Res.	Resolução
REsp	Recurso Especial

ret.	retificação, retificado em
Rev. AASP	Revista do Advogado (da Associação dos Advogados de São Paulo)
RF	Revista Forense
RHC	Recurso em *Habeas Corpus*
RIASP	Revista do Instituto dos Advogados de São Paulo
RIDA	Revista IOB de Direito Administrativo
RIDCPC	Revista IOB de Direito Civil e Processual Civil
RIDF	Revista IOB de Direito de Família
RISTF	Regimento Interno do STF
RISTJ	Regimento Interno do STJ
RJ	Revista Jurídica (Ed. Notadez)
RJ-Lex	Revista Jurídica LEX
RJM	Revista Jurisprudência Mineira (editada pelo TJMG)
RJTAMG	Revista de Julgados do Tribunal de Alçada do Estado de Minas Gerais
RJTJERGS	Revista de Jurisprudência do Tribunal de Justiça do Estado do Rio Grande do Sul
RJTJESP	Revista de Jurisprudência do Tribunal de Justiça do Estado de São Paulo (v. tb. JTJ)
RMDAU	Revista Magister de Direito Ambiental e Urbanístico
RMDCPC	Revista Magister de Direito Civil e Processual Civil
RMDECC	Revista Magister de Direito Empresarial, Concorrencial e do Consumidor
RMS	Recurso em Mandado de Segurança
RNDFS	Revista Nacional de Direito de Família e Sucessões
ROHD	Recurso Ordinário em *Habeas Data*
RP	Revista de Processo
Rp	Representação
RSDA	Revista Síntese de Direito Administrativo
RSDCPC	Revista Síntese de Direito Civil e Processual Civil
RSDP	Revista Síntese de Direito Público
RSTJ	Revista do STJ
RT	Revista dos Tribunais
RTDC	Revista Trimestral de Direito Civil
RTFR	Revista do TFR
RTJ	Revista Trimestral de Jurisprudência (do STF)
RTJE	Revista Trimestral de Jurisprudência dos Estados (Editora Jurid Vellenich Ltda.)
RTRF-1ª Região	Revista do Tribunal Regional Federal da 1ª Região (sede: Brasília)
RTRF-3ª Região	Revista do Tribunal Regional Federal da 3ª Região (sede: São Paulo)
s/	sobre
SE	Sentença Estrangeira
seç.	seção
segs.	seguintes
SL	Suspensão de Liminar
s/n	sem número
SS	Suspensão de Segurança
STA	Suspensão de Tutela Antecipada
STF	Supremo Tribunal Federal
STF ou STJ	seguido da indicação de uma revista de jurisprudência, significa um acórdão do STF ou do STJ publicado na referida revista (p. ex.: STJ-RJ = acórdão do STJ publicado na Revista Jurídica)
STJ	Superior Tribunal de Justiça

subseç.	subseção
subtít.	subtítulo
supl.	suplemento
TA	Tribunal de Alçada
tb.	também
TCI	Lei dos Títulos de Crédito Industrial (Dec. lei 413, de 9.1.69)
TFR	Tribunal Federal de Recursos
tít.	título
TJ	Tribunal de Justiça
TP	Tutela Provisória
UF	União Federal
ún.	único
Un. da Jur.	Uniformização da Jurisprudência
v.	veja
vol. ou v.	volume
v.u.	votação unânime

Lei de Introdução às normas do Direito Brasileiro (LINDB)

Decreto-lei n. 4.657, de 4 de setembro de 1942

*Lei de Introdução às normas do Direito Brasileiro.*¹

O Presidente da República, usando da atribuição que lhe confere o art. 180 da Constituição, decreta:

DEC. LEI 4.657: 1. Redação de acordo com a Lei 12.376, de 30.12.10. Na ementa anterior constava: "Lei de Introdução ao Código Civil Brasileiro" (LICC).

Art. 1º Salvo disposição contrária, a lei começa a vigorar em todo o país quarenta e cinco dias depois de oficialmente publicada.

§ 1º Nos Estados estrangeiros, a obrigatoriedade da lei brasileira, quando admitida, se inicia três meses depois de oficialmente publicada.

§ 2º ....¹

§ 3º Se, antes de entrar a lei em vigor, ocorrer nova publicação de seu texto, destinada a correção, o prazo deste artigo e dos parágrafos anteriores começará a correr da nova publicação.

§ 4º As correções² a texto de lei já em vigor consideram-se lei nova.

Art. 1º: 1. O § 2º foi expressamente revogado pela Lei 12.036, de 1.10.09.

Art. 1º: 2. LC 95, de 26.2.98: "Art. 18. Eventual inexatidão formal de norma elaborada mediante processo legislativo regular não constitui escusa válida para o seu descumprimento".

A LC 95 foi bastante *alterada* pela **LC 107, de 26.4.01** (em Lex 2001/1.875, RF 354/439, Bol. AASP 2.212/supl., p. 1).

Dec. 4.176, de 28.3.02 — Estabelece normas e diretrizes para a elaboração, a redação, a alteração, a consolidação e o encaminhamento ao Presidente da República de projetos de atos normativos de competência dos órgãos do Poder Executivo Federal e dá outras providências.

Art. 2º Não se destinando à vigência temporária, a lei terá vigor até que outra a modifique ou revogue.¹

§ 1º A lei posterior revoga a anterior quando expressamente o declare, quando seja com ela incompatível ou quando regule inteiramente a matéria de que tratava a lei anterior.²⁻²ᵃ

§ 2º A lei nova, que estabeleça disposições gerais ou especiais a par das já existentes, não revoga nem modifica a lei anterior.³ ᵃ ⁵

§ 3º Salvo disposição em contrário, a lei revogada não se restaura por ter a lei revogadora perdido a vigência.⁶

Art. 2º: 1. "Revela-se inaplicável a teoria da limitação temporal dos efeitos, se e quando o STF, ao julgar determinada causa, nesta formular juízo negativo de recepção, por entender que certa lei pré-constitucional mostra-se materialmente incompatível com normas constitucionais a ela supervenientes. A não recepção de ato estatal pré-constitucional, por não implicar a declaração de sua inconstitucionalidade — mas o reconhecimento de sua pura e simples revogação (RTJ 143/355, RTJ 145/339) —, descaracteriza um dos pressupostos indispensáveis à utilização da técnica da **modulação temporal,** que supõe, para incidir, dentre outros elementos, a necessária existência de um juízo de inconstitucionalidade" (STF-2ª T., RE 353.508-AgRg, Min. Celso de Mello, j. 15.5.07, DJU 29.6.07).

"Salvo nas hipóteses excepcionais previstas no art. 27 da Lei 9.868/99, é incabível ao Judiciário, sob pena de usurpação da atividade legislativa, promover a 'modulação temporal' das suas decisões, para o efeito de dar eficácia prospectiva a preceitos normativos reconhecidamente revogados" (STJ-1ª Seção, ED no REsp 738.689, Min. Teori Zavascki, j. 27.6.07, dois votos vencidos, DJU 22.10.07).

Art. 2º: 2. "A antinomia de segundo grau e o novo Código Civil brasileiro", por Vitor F. Kümpel (RSDCPC 30/51).

Art. 2º: 2a. LC 95, de 26.2.98: "Art. 9º A cláusula de revogação deverá enumerar, expressamente, as leis ou disposições legais revogadas".

Art. 2º: 3. "É princípio de hermenêutica que, quando uma lei faz remissão a dispositivos de outra lei da mesma hierarquia, estes se incluem na compreensão daquela, passando a constituir parte integrante do seu conceito" (STJ-RT 720/289).

Art. 2º: 4. "A revogação expressa de uma lei nova nem sempre acarreta a derrogação do **regulamento.** Se os dispositivos do regulamento são compatíveis com os novos preceitos, o regulamento é recebido pelo diploma superveniente" (RSTJ 157/84).

Art. 2º: 5. "O **tratado internacional** situa-se formalmente no mesmo nível hierárquico da lei, a ela se equiparando. A prevalência de um ou outro regula-se pela sucessão no tempo" (RSTJ 78/240).

"O tratado não se revoga com a edição de lei que contrarie a norma nele contida. Perderá, entretanto, eficácia, quanto ao ponto em que exista antinomia, prevalecendo a norma legal" (RSTJ 83/175).

V., porém, CF 5º § 3º.

Art. 2º: 6. i. e., não é permitida a **repristinação,** salvo disposição legal expressa.

Diversa é a situação que decorre de declaração de inconstitucionalidade em controle principal e abstrato de constitucionalidade (v., no CPCLPV, LADIN 26, nota 1a).

Art. 3º Ninguém se escusa de cumprir a lei, alegando que não a conhece.

Art. 4º Quando a lei for omissa, o juiz decidirá o caso de acordo com a analogia, os costumes e os princípios gerais de direito.[1 a 3]

Art. 4º: 1. "Lacunas da lei", por Maria Clara Maudonnet (RDPr 20/280); "Costume", por José Roberto Marques (RDPr 22/153); "Do conflito existente entre o modelo adotado pela Lei 10.406/2002 (CC/2002) e o art. 4º da Lei de Introdução ao Código Civil", por Marcos Jorge Catalan (RDPr 25/222).

Art. 4º: 2. No mesmo sentido: CPC 140.

LJE: "Art. 6º O juiz adotará em cada caso a decisão que reputar mais justa e equânime, atendendo aos fins sociais da lei e às exigências do bem comum".

Art. 4º: 2a. "A interpretação das leis é obra de raciocínio, mas também de sabedoria e bom-senso, não podendo o julgador ater-se exclusivamente aos vocábulos mas, sim, aplicar os princípios que informam as normas positivas" (RSTJ 19/461, maioria).

Art. 4º: 3. "Leis interpretativas são aplicáveis a fatos ocorridos a partir de sua entrada em vigor, não a situações sujeitas ao domínio temporal exclusivo das normas interpretadas" (STF-2ª T., RE 120.446, Min. Carlos Velloso, j. 1.10.96, DJU 13.12.96).

Art. 5º Na aplicação da lei,[1] o juiz atenderá aos fins sociais a que ela se dirige e às exigências do bem comum.

Art. 5º: 1. "O método na pesquisa jurídica: tipologias tradicionais", por Rogério Leal (Ajuris 87/247).

Art. 6º (redação da Lei 3.238, de 1.8.57) A lei em vigor terá efeito imediato e geral, respeitados o ato jurídico perfeito, o direito adquirido e a coisa julgada.[1-2]

§ 1º (redação da Lei 3.238, de 1.8.57) Reputa-se ato jurídico perfeito o já consumado segundo a lei vigente ao tempo em que se efetuou.[2a]

§ 2º (redação da Lei 3.238, de 1.8.57) Consideram-se adquiridos assim os direitos que o seu titular, ou alguém por ele, possa exercer, como aqueles cujo começo do exercício tenha termo[3] prefixo, ou condição[3a] preestabelecida inalterável, a arbítrio de outrem.[4-4a]

§ 3º (redação da Lei 3.238, de 1.8.57) Chama-se coisa julgada[5] ou caso julgado a decisão judicial de que já não caiba recurso.[6]

Art. 6º: 1. CF 5º: "XXXVI — a lei não prejudicará o direito adquirido, o ato jurídico perfeito e a coisa julgada".

Art. 6º: 2. "O disposto no art. 5º, XXXVI, da CF se aplica a toda e qualquer lei infraconstitucional, sem qualquer distinção entre lei de direito público e lei de direito privado, ou entre lei de ordem pública e lei dispositiva" (RTJ 143/724: Pleno, ADI 493, maioria).

Art. 6º: 2a. "Os contratos submetem-se, quanto ao seu estatuto de regência, ao ordenamento normativo vigente à época de sua celebração. Mesmo os efeitos futuros oriundos de contratos anteriormente celebrados não se expõem ao domínio normativo de leis supervenientes. As consequências jurídicas que emergem de um ajuste negocial válido são regidas pela legislação que se achava em vigor no momento da celebração do contrato (*tempus regit actum*): exigência imposta pelo princípio da segurança jurídica. Os contratos — que se qualificam como atos jurídicos perfeitos (RT 547/215) — acham-se protegidos, inclusive quanto aos efeitos futuros deles decorrentes, pela norma de salvaguarda constante do art. 5º, XXXVI, da Constituição da República" (STF-RT 840/203: 2ª T., RE 393.021-4-AgRg). No mesmo sentido: RTJ 143/724 (STF-Pleno, maioria).

Art. 6º: 3. v. CC 131 a 135.

Art. 6º: 3a. v. CC 121 a 130.

Art. 6º: 4. "O direito adquirido e o princípio da segurança jurídica", por Kívia Cunha Pereira Pinto Oliveira (RDA 233/213); "Direito adquirido e eficácia da lei no tempo", por Sebastião Carlos Garcia (RT 924/217).

Art. 6º: 4a. "A Constituição Federal assegura a preservação de direitos adquiridos, mas não a manutenção de regime jurídico. Assim, nas situações jurídicas ditas estatutárias, legais, regulamentares ou objetivas (= regidas por atos normativos e não por ato individual de vontade), somente podem ser considerados como direitos adquiridos — e, como tais, imunes à incidência de lei nova —, aqueles cujos pressupostos de natureza fática (= ato-condição; fato gerador; suporte fático) estabelecidos no ato normativo revogado já se encontravam inteiramente implementados à época da revogação. O registro, no Brasil, de diplomas expedidos por entidades de ensino estrangeiras está submetido ao regime jurídico vigente à data da sua expedição e não ao da data do início do curso a que se referem" (STJ-1ª T., REsp 1.034.430, Min. Teori Zavascki, j. 7.8.08, DJ 20.8.08).

Art. 6º: 5. cf. CPC 502.

Art. 6º: 6. "A coisa julgada que a Constituição protege é a material — que define a lide — não a mera preclusão" (STF-1ª T., RE 108.042, Min. Sepúlveda Pertence, j. 24.4.98, DJU 7.8.98).

Art. 7º A lei do país[1 a 2] em que for domiciliada[3] a pessoa determina as regras sobre o começo e o fim da personalidade,[4] o nome,[5] a capacidade[6] e os direitos de família.[7 a 7e]

§ 1º Realizando-se o casamento no Brasil, será aplicada a lei brasileira quanto aos impedimentos dirimentes[8] e às formalidades da celebração.[9]

§ 2º (redação da Lei 3.238, de 1.8.57) O casamento de estrangeiros poderá celebrar-se perante autoridades diplomáticas ou consulares do país de ambos os nubentes.

§ 3º Tendo os nubentes domicílio diverso, regerá os casos de invalidade do matrimônio[10] a lei do primeiro domicílio conjugal.

§ 4º O regime de bens, legal[11] ou convencional,[12] obedece à lei do país em que tiverem os nubentes domicílio, e, se este for diverso, à do primeiro domicílio conjugal.[13]

§ 5º (redação da Lei 6.515, de 26.12.77) O estrangeiro casado, que se naturalizar brasileiro, pode, mediante expressa anuência de seu cônjuge, requerer ao juiz, no ato de entrega do decreto de naturalização, se apostile ao mesmo a adoção do regime de comunhão parcial de bens,[14] respeitados os direitos de terceiros e dada esta adoção ao competente registro.

§ 6º (redação da Lei 12.036, de 1.10.09) O divórcio realizado no estrangeiro, se um ou ambos os cônjuges forem brasileiros, só será reconhecido no Brasil depois de um ano da data da sentença, salvo se houver sido antecedida de separação judicial[14a] por igual prazo, caso em que a homologação produzirá efeito imediato, obedecidas as condições estabelecidas para a eficácia das sentenças estrangeiras no país.[15-15a] O Superior Tribunal de Justiça, na forma de seu regimento interno, poderá reexaminar, a requerimento do interessado, decisões já proferidas em pedidos de homologação de sentenças estrangeiras de divórcio de brasileiros, a fim de que passem a produzir todos os efeitos legais.

§ 7º Salvo o caso de abandono, o domicílio do chefe da família estende-se ao outro cônjuge e aos filhos não emancipados, e o do tutor ou curador aos incapazes sob sua guarda.[16-17]

§ 8º Quando a pessoa não tiver domicílio, considerar-se-á domiciliada no lugar de sua residência ou naquele em que se encontre.[18]

Art. 7º: 1. "Uma reflexão acerca dos pactos e convenções internacionais e sua aplicação no ordenamento jurídico pátrio", por Bernardo Montalvão Varjão Azevedo (RF 372/63); "Da 'dignidade da diferença' ao moderno Direito Internacional Privado", por Jacob Dolinger (RF 373/113); "Provincianismo no direito internacional privado brasileiro. Dignidade humana e soberania nacional: inversão dos princípios", por Jacob Dolinger (RT 880/33).

Art. 7º: 1a. Dec. (legislativo) 5.647, de 7.1.29 — Aprova a Convenção de Direito Internacional Privado, de Havana.

Dec. 18.871, de 13.8.29 — Promulga a Convenção de Direito Internacional Privado, de Havana (RT 72/476). Este Dec. promulgou o chamado Código Bustamante, que constitui verdadeiro Código de Direito Internacional Privado da América.

S/ disposições de direito internacional aeronáutico, v. Lei 7.565, de 19.12.86 (Cód. Bras. de Aeronáutica, arts. 3º a 10), em Lex 1986/1.285, RF 296/483.

Art. 7º: 2. Dec. 1.979, de 9.8.96 — Promulga a Convenção Interamericana sobre Normas Gerais de Direito Internacional Privado, concluída em Montevidéu, Uruguai, em 8 de maio de 1979 (Lex 1996/1.942, RDA 205/393, RT 730/719). Cita Dec. Leg. 36, de 4.4.95, do Congresso Nacional, que aprovou a Convenção.

Art. 7º: 3. s/ domicílio, v. CC 70 a 78.

Art. 7º: 4. Direitos da personalidade: CC 11 a 21.

Art. 7º: 5. v. LRP 55 a 58.

Art. 7º: 6. v. CC 1º a 5º.

Art. 7º: 7. v. CC 1.511 a 1.783.

Art. 7º: 7a. "Investigação de paternidade de estrangeiro. Registro em sua pátria de origem. Aplicação da legislação brasileira. O elemento de conexão, no conflito de leis no espaço, estipulado no ordenamento pátrio, é o domicílio da pessoa. Ainda que a concepção, o nascimento e o registro da investigante tenham ocorrido no exterior, estando ela domiciliada no Brasil, deve ser aplicado o ordenamento nacional" (STF-RT 824/183).

Art. 7º: 7b. "Residindo os cônjuges, à época do pedido de divórcio, nos Estados Unidos da América, não há arguir-se a incompetência de sua Justiça para a respectiva decisão (art. 7º, caput, da LICC)" (STJ-Corte Especial, SE 746, Min. Francisco Falcão, j. 5.11.08, DJ 4.12.08).

Art. 7º: 7c. "A Justiça brasileira é competente para as controvérsias de direito de família, quando um dos cônjuges se domicilia no país, mesmo que o casamento tenha se realizado no estrangeiro, onde permanece o outro parceiro. Imprescindível, porém, o cumprimento da formalidade legal contida no art. 1.544 do Código Civil, qual seja, o registro no Cartório de Registro Civil do respectivo domicílio ou no 1º Ofício da Capital do Estado, quando houver mais de um, no prazo não preclusivo de 180 dias, contados da volta ao Brasil. Até o preenchimento do requisito legal, incompetente se mostra a Justiça brasileira" (JTJ 356/614: AP 994.09.283292-0).

Art. 7º: 7d. "O domicílio das partes na Suíça justifica a competência das autoridades judiciárias daquele país para decidir sobre a adoção e, consequentemente, sobre a aplicação da respectiva legislação (art. 7º da LICC)" (STJ-Corte Especial, SE 8.399, Min. Ari Pargendler, j. 1.8.13, DJ 12.8.13).

Art. 7º: 7e. "Ação de divórcio. Partilha de bens adquiridos na constância da união e, após, o casamento. Bens localizados no exterior. Competência da justiça brasileira para a definição dos direitos e obrigações relativos ao desfazimento da instituição da união e do casamento. Observância da legislação pátria quanto à partilha igualitária de bens sob pena de divisão injusta e contrária às regras de direito de família do Brasil. Reconhecimento da possibilidade de equalização dos bens" (STJ-3ª T., REsp 1.410.958, Min. Paulo Sanseverino, j. 22.4.14, DJ 27.5.14).

Art. 7º: 8. v. CC 1.521.

Art. 7º: 9. v. CC 1.533 a 1.542.

Art. 7º: 10. v. CC 1.548 a 1.564.

Art. 7º: 11. v. CC 1.641.

Art. 7º: 12. v. CC 1.639.

Art. 7º: 13. O texto do § 4º está de acordo com a publicação oficial em Coleção das Leis da União, 1943, v. III, p. 303.

Art. 7º: 14. v. CC 1.658 a 1.666.

Art. 7º: 14a. v., porém, CC 1.571, nota 2b **(Em. Const. 66, de 13.7.10)**.

Art. 7º: 15. v. art. 15; v. tb. CPC 961-*caput*.

Art. 7º: 15a. "A regra do art. 226, § 6º, da CF/88 prevalece sobre o comando do art. 7º, § 6º, da LICC", de modo que não é preciso observar os prazos previstos neste para a homologação da sentença estrangeira de divórcio (STJ-Corte Especial, SE 4.441, Min. Eliana Calmon, j. 29.6.10, DJ 19.8.10).

Art. 7º: 16. CF 226: "§ 5º Os direitos e deveres referentes à sociedade conjugal são exercidos igualmente pelo homem e pela mulher".

Art. 7º: 17. CC 1.569: "O domicílio do casal será escolhido por ambos os cônjuges, mas um e outro podem ausentar-se do domicílio conjugal para atender a encargos públicos, ao exercício de sua profissão, ou a interesses particulares relevantes".

Art. 7º: 18. cf. CC 73, CPC 46 § 3º.

Art. 8º Para qualificar os bens e regular as relações a eles concernentes, aplicar-se-á a lei do país em que estiverem situados.

§ 1º Aplicar-se-á a lei do país em que for domiciliado o proprietário, quanto aos bens móveis que ele trouxer ou se destinarem a transporte para outros lugares.

§ 2º O penhor[1] regula-se pela lei do domicílio que tiver a pessoa, em cuja posse se encontre a coisa apenhada.

Art. 8º: 1. v. CC 1.431 a 1.472.

Art. 9º Para qualificar e reger as obrigações, aplicar-se-á a lei do país em que se constituírem.[1]

§ 1º Destinando-se a obrigação a ser executada no Brasil[2] e dependendo de forma essencial, será esta observada, admitidas as peculiaridades da lei estrangeira quanto aos requisitos extrínsecos do ato.

§ 2º A obrigação resultante do contrato reputa-se constituída no lugar em que residir o proponente.[3]

Art. 9º: 1. "Em contratos internacionais, é admitida a eleição de legislação aplicável, inclusive no que tange à regulação do prazo prescricional aplicável" (STJ-3ª T., REsp 1.280.218, Min. Marco Bellizze, j. 21.6.16, maioria, DJ 12.8.16).

Art. 9º: 2. s/ competência da Justiça brasileira para julgar demanda relacionada a obrigação a ser cumprida no Brasil, v. CPC 21-II.

Art. 9º: 3. "A norma do art. 9º, § 2º, da LICC (atual Lei de Introdução às Normas do Direito Brasileiro — LINDB), não se refere a domicílio, mas a simples 'residência', revelando caráter temporário, vinculado ao local onde se encontrava o proponente no momento de propor a realização do negócio jurídico. No caso concreto, conforme consta do acórdão recorrido, o que se tem é que o contrato de financiamento foi celebrado nos Estados Unidos da América e a importância respectiva seria repassada pela instituição bancária estrangeira diretamente à empresa americana exportadora do equipamento, da qual a empresa nacional recorrente adquiriu o equipamento de corte de metais. Ou seja, o contrato de financiamento foi celebrado no exterior e lá deveria ser cumprido, inexistindo esclarecimentos a respeito de como e onde foram realizadas as tratativas iniciais. Com isso, presume-se que a proposta foi realizada também no exterior e, na melhor interpretação do art. 9º, § 2º, da LICC, não há como deixar de aplicar a legislação estrangeira na relação contratual examinada nestes autos, ficando afastada a incidência do CDC" (STJ-4ª T., REsp 963.852, Min. Antonio Ferreira, j. 21.8.14, DJ 6.10.14).

Art. 10. A sucessão por morte¹ ou por ausência² obedece à lei do país em que era domiciliado o defunto ou o desaparecido, qualquer que seja a natureza e a situação dos bens.²ᵃ

§ 1º (*redação da Lei 9.047, de 18.5.95*) A sucessão de bens de estrangeiros, situados no País,²ᵇ será regulada pela lei brasileira em benefício do cônjuge ou dos filhos brasileiros, ou de quem os represente, sempre que não lhes seja mais favorável a lei pessoal do *de cujus*.³

§ 2º A lei do domicílio do herdeiro ou legatário regula a capacidade para suceder.³ᵃ ᵃ ⁴

Art. 10: 1. v. CC 1.784 a 2.027.

Art. 10: 2. v. CC 26 a 39.

Art. 10: 2a. Logo, a ordem de vocação hereditária é regida pela lei do país em que era domiciliado o defunto ou o desaparecido.

Art. 10: 2b. "Bem imóvel situado na Alemanha, que a tia dos autores teria recebido sozinha por herança dos finados genitores, promovido sua venda e empalmado o dinheiro respectivo, sem nada comunicar aos autores, seus sobrinhos, coerdeiros por representação do finado irmão. Inocorrência de eiva, a sucessão se regia pela legislação alemã quanto ao imóvel ali situado, e era toda deferida à apelada" (JTJ 372/397: AP 9219247-49.2008.8.26.00000). Do voto do relator: "*A contrario sensu*, os bens 'situados fora do país' não terão seu regime jurídico regulado pela lei brasileira. Isto é, a eles se aplicará o critério da *lex rei sitae*, inculpido no art. 8º".

V. art. 8º-*caput*.

Art. 10: 3. Nos mesmos termos: CF 5º-XXXI.

Art. 10: 3a. "Capacidade para suceder não se confunde com qualidade de herdeiro. Esta tem a ver com a ordem da vocação hereditária. Resolvida a questão prejudicial de que determinada pessoa, segundo o domicílio que tinha o *de cujus*, é herdeira, cabe examinar se a pessoa indicada é capaz ou incapaz para receber a herança, solução que é fornecida pela lei do domicílio do herdeiro (art. 10, § 2º, da LICC)" (RSTJ 102/292: 4ª T., REsp 61.434, maioria).

Art. 10: 3b. s/ capacidade sucessória no Brasil, v. CC 1.801 a 1.803.

Art. 10: 4. CC 1.787: "Regula a sucessão e a legitimação para suceder a lei vigente ao tempo de abertura daquela".

Art. 11. As organizações destinadas a fins de interesse coletivo, como as sociedades¹ e as fundações, obedecem à lei do Estado em que se constituírem.

§ 1º Não poderão, entretanto, ter no Brasil filiais, agências ou estabelecimentos antes de serem os atos constitutivos aprovados pelo Governo brasileiro, ficando sujeitas à lei brasileira.

Lei de Introdução às normas do Direito Brasileiro (LINDB) – arts. 11 a 15

§ 2º Os Governos estrangeiros, bem como as organizações de qualquer natureza, que eles tenham constituído, dirijam ou hajam investido de funções públicas, não poderão adquirir no Brasil bens imóveis ou suscetíveis de desapropriação.

§ 3º Os Governos estrangeiros podem adquirir a propriedade dos prédios necessários à sede dos representantes diplomáticos ou dos agentes consulares.

Art. 11: 1. s/ sociedade estrangeira, v. CC 1.134 a 1.141.

Art. 12. É competente a autoridade judiciária brasileira, quando for o réu domiciliado no Brasil ou aqui tiver de ser cumprida a obrigação.[1]

§ 1º Só à autoridade judiciária brasileira compete conhecer das ações relativas a imóveis situados no Brasil.[2]

§ 2º A autoridade judiciária brasileira cumprirá, concedido o *exequatur*[3] e segundo a forma estabelecida pela lei brasileira, as diligências deprecadas por autoridade estrangeira competente, observando a lei desta, quanto ao objeto das diligências.

Art. 12: 1. v. CPC 21 a 24.
Art. 12: 2. v. CPC 23-I.
Art. 12: 3. s/ sentença estrangeira, v. art. 15; s/ *exequatur* de cartas rogatórias estrangeiras, v. CF 105-I-*i* c/c 109-X; CPC 36; RISTJ 216-O e segs.

Art. 13. A prova dos fatos ocorridos em país estrangeiro rege-se pela lei que nele vigorar, quanto ao ônus e aos meios de produzir-se, não admitindo os tribunais brasileiros provas que a lei brasileira desconheça.

Art. 14. Não conhecendo a lei estrangeira, poderá o juiz exigir de quem a invoca prova do texto e da vigência.[1]

Art. 14: 1. v. CPC 376.

Art. 15. Será executada no Brasil a sentença proferida no estrangeiro,[1] que reúna os seguintes requisitos:
  a) haver sido proferida por juiz competente;[2]
  b) terem sido as partes citadas ou haver-se legalmente verificado à revelia;
  c) ter passado em julgado[3] e estar revestida das formalidades necessárias para a execução no lugar em que foi proferida;
  d) estar traduzida por intérprete autorizado;
  e) ter sido homologada pelo Supremo Tribunal Federal.[4]

Parágrafo único. ....[5]

Art. 15: 1. s/ *exequatur* de cartas rogatórias estrangeiras, v. art. 12 § 2º.

Art. 15: 2. Súmula 381 do STF (Divórcio por procuração): "Não se homologa sentença de divórcio obtida por procuração, em país de que os cônjuges não eram nacionais".

Art. 15: 3. Na verdade, basta para a execução da sentença estrangeira no Brasil que a **decisão** seja **eficaz**, ainda que não tenha transitado em julgado.
V., no CPCLPV, CPC 963-III, inclusive nota 6.

Art. 15: 4. A competência para a homologação de sentença estrangeira passou ao Superior Tribunal de Justiça (CF 105-I-*i*).

S/ homologação de sentença estrangeira, v. CPC 960 e segs.

Art. 15: 5. O § ún. foi expressamente revogado pela Lei 12.036, de 1.10.09.

Art. 16. Quando, nos termos dos artigos precedentes, se houver de aplicar a lei estrangeira, ter-se-á em vista a disposição desta, sem considerar-se qualquer remissão por ela feita a outra lei.

Art. 17. As leis, atos e sentenças de outro país, bem como quaisquer declarações de vontade, não terão eficácia no Brasil, quando ofenderem a soberania nacional, a ordem pública[1] e os bons costumes.

Art. 17: 1. s/ ofensa à ordem pública nacional, v., no CPCLPV, CPC 963, nota 9, e LArb 39, nota 3.

Art. 18 (redação da Lei 3.238, de 1.8.57). Tratando-se de brasileiros, são competentes as autoridades consulares brasileiras para lhes celebrar o casamento e os mais atos de registro civil e de tabelionato, inclusive o registro de nascimento e de óbito dos filhos de brasileiro ou brasileira nascido no país da sede do consulado.[1 a 3]

§ 1º (redação da Lei 12.874, de 29.10.13) As autoridades consulares brasileiras também poderão celebrar a separação consensual e o divórcio consensual de brasileiros, não havendo filhos menores ou incapazes do casal e observados os requisitos legais quanto aos prazos,[4] devendo constar da respectiva escritura pública as disposições relativas à descrição e à partilha dos bens comuns e à pensão alimentícia e, ainda, ao acordo quanto à retomada pelo cônjuge de seu nome de solteiro ou à manutenção do nome adotado quando se deu o casamento.

§ 2º (redação da Lei 12.874, de 29.10.13) É indispensável a assistência de advogado, devidamente constituído, que se dará mediante a subscrição de petição, juntamente com ambas as partes, ou com apenas uma delas, caso a outra constitua advogado próprio, não se fazendo necessário que a assinatura do advogado conste da escritura pública.[5-6]

Art. 18: 1. cf. LRP 32 § 3º.
Art. 18: 2. v. art. 19.
Art. 18: 3. v. CF 12-I-c e ADCT 95.
Art. 18: 4. v. CC 1.571, nota 2b (Em. Const. 66, de 13.7.10).
Art. 18: 5. v., no CPCLPV, CPC 733 e notas.
Art. 18: 6. "Separação e divórcio consensuais de brasileiros no exterior", por Antonio Borges de Figueiredo (RJ-Lex 66/11).

Art. 19 (acrescido pela Lei 3.238, de 1.8.57). Reputam-se válidos todos os atos indicados no artigo anterior e celebrados pelos cônsules brasileiros na vigência do Decreto-lei n. 4.657, de 4 de setembro de 1942,[1] desde que satisfaçam todos os requisitos legais.

Parágrafo único. No caso em que a celebração desses atos tiver sido recusada pelas autoridades consulares, com fundamento no art. 18 do mesmo Decreto-lei, ao interessado é facultado renovar o pedido dentro de 90 (noventa) dias contados da data da publicação desta lei.

Art. 19: 1. O Dec. lei 4.657 é a própria LINDB.

Art. 20 (*acrescido pela Lei 13.655, de 25.4.18*). Nas esferas administrativa, controladora e judicial, não se decidirá com base em valores jurídicos abstratos sem que sejam consideradas as consequências práticas da decisão.[1]

Parágrafo único. A motivação demonstrará a necessidade e a adequação da medida imposta ou da invalidação de ato, contrato, ajuste, processo ou norma administrativa, inclusive em face das possíveis alternativas.

Art. 20: 1. Dec. 9.830, de 10.6.19 — Regulamenta o disposto nos art. 20 ao art. 30 do Decreto-Lei n. 4.657, de 4 de setembro de 1942, que institui a Lei de Introdução às normas do Direito brasileiro.

Art. 21 (*acrescido pela Lei 13.655, de 25.4.18*). A decisão que, nas esferas administrativa, controladora ou judicial, decretar a invalidação de ato, contrato, ajuste, processo ou norma administrativa deverá indicar de modo expresso suas consequências jurídicas e administrativas.

Parágrafo único. A decisão a que se refere o *caput* deste artigo deverá, quando for o caso, indicar as condições para que a regularização ocorra de modo proporcional e equânime e sem prejuízo aos interesses gerais, não se podendo impor aos sujeitos atingidos ônus ou perdas que, em função das peculiaridades do caso, sejam anormais ou excessivos.

Art. 22 (*acrescido pela Lei 13.655, de 25.4.18*). Na interpretação de normas sobre gestão pública, serão considerados os obstáculos e as dificuldades reais do gestor e as exigências das políticas públicas a seu cargo, sem prejuízo dos direitos dos administrados.

§ 1º Em decisão sobre regularidade de conduta ou validade de ato, contrato, ajuste, processo ou norma administrativa, serão consideradas as circunstâncias práticas que houverem imposto, limitado ou condicionado a ação do agente.

§ 2º Na aplicação de sanções, serão considerados a natureza e a gravidade da infração cometida, os danos que dela provierem para a administração pública, as circunstâncias agravantes ou atenuantes e os antecedentes do agente.

§ 3º As sanções aplicadas ao agente serão levadas em conta na dosimetria das demais sanções de mesma natureza e relativas ao mesmo fato.

Art. 23 (*acrescido pela Lei 13.655, de 25.4.18*). A decisão administrativa, controladora ou judicial que estabelecer interpretação ou orientação nova sobre norma de conteúdo indeterminado, impondo novo dever ou novo condicionamento de direito, deverá prever regime de transição quando indispensável para que o novo dever ou condicionamento de direito seja cumprido de modo proporcional, equânime e eficiente e sem prejuízo aos interesses gerais.

Parágrafo único. (VETADO).

Art. 24 (*acrescido pela Lei 13.655, de 25.4.18*). A revisão, nas esferas administrativa, controladora ou judicial, quanto à validade de ato, contrato, ajuste, processo ou norma administrativa cuja produção já se houver completado levará em conta as orientações gerais da época, sendo vedado que, com base em mudança posterior de orientação geral, se declarem inválidas situações plenamente constituídas.

Parágrafo único. Consideram-se orientações gerais as interpretações e especificações contidas em atos públicos de caráter geral ou em jurisprudência judicial ou administrativa majoritária, e ainda as adotadas por prática administrativa reiterada e de amplo conhecimento público.

Art. 25. (VETADO).

Art. 26 (*acrescido pela Lei 13.655, de 25.4.18*). Para eliminar irregularidade, incerteza jurídica ou situação contenciosa na aplicação do direito público, inclusive no caso de expedição de licença, a autoridade administrativa poderá, após oitiva do órgão jurídico e, quando for o caso, após realização de consulta pública, e presentes razões de relevante interesse geral, celebrar compromisso com os interessados, observada a legislação aplicável, o qual só produzirá efeitos a partir de sua publicação oficial.

§ 1º O compromisso referido no *caput* deste artigo:

I — buscará solução jurídica proporcional, equânime, eficiente e compatível com os interesses gerais;

II — (VETADO);

III — não poderá conferir desoneração permanente de dever ou condicionamento de direito reconhecidos por orientação geral;

IV — deverá prever com clareza as obrigações das partes, o prazo para seu cumprimento e as sanções aplicáveis em caso de descumprimento.

§ 2º (VETADO).

Art. 27 (*acrescido pela Lei 13.655, de 25.4.18*). A decisão do processo, nas esferas administrativa, controladora ou judicial, poderá impor compensação por benefícios indevidos ou prejuízos anormais ou injustos resultantes do processo ou da conduta dos envolvidos.

§ 1º A decisão sobre a compensação será motivada, ouvidas previamente as partes sobre seu cabimento, sua forma e, se for o caso, seu valor.

§ 2º Para prevenir ou regular a compensação, poderá ser celebrado compromisso processual entre os envolvidos.

Art. 28 (*acrescido pela Lei 13.655, de 25.4.18*). O agente público responderá pessoalmente por suas decisões ou opiniões técnicas em caso de dolo ou erro grosseiro.

§ 1º (VETADO).

§ 2º (VETADO).

§ 3º (VETADO).

Art. 29 (*acrescido pela Lei 13.655, de 25.4.18*). Em qualquer órgão ou Poder, a edição de atos normativos por autoridade administrativa, salvo os de mera organização interna, poderá ser precedida de consulta pública para manifestação de interessados, preferencialmente por meio eletrônico, a qual será considerada na decisão.[1]

§ 1º A convocação conterá a minuta do ato normativo e fixará o prazo e demais condições da consulta pública, observadas as normas legais e regulamentares específicas, se houver.

§ 2º (VETADO).

Art. 29: 1. Em vigor após decorridos 180 dias de sua publicação oficial (DOU 26.4.18).

Art. 30 (*acrescido pela Lei 13.655, de 25.4.18*). As autoridades públicas devem atuar para aumentar a segurança jurídica na aplicação das normas, inclusive por meio de regulamentos, súmulas administrativas e respostas a consultas.
Parágrafo único. Os instrumentos previstos no *caput* deste artigo terão caráter vinculante em relação ao órgão ou entidade a que se destinam, até ulterior revisão.

Rio de Janeiro, 4 de setembro de 1942, 121º da Independência e 54º da República — GETULIO VARGAS — **Alexandre Marcondes Filho** — **A. de Souza Costa** — **Eurico G. Dutra** — **Henrique A. Guilhem** — **João de Mendonça Lima** — **Oswaldo Aranha** — **Apolonio Salles** — **Gustavo Capanema** — **J. P. Salgado Filho**.

Código Civil
Índice por Artigos

Parte Geral (arts. 1º a 232)

Livro I | DAS PESSOAS (arts. 1º a 78)

	Artigos
TÍT. I | DAS PESSOAS NATURAIS	1º A 39
Cap. I | Da personalidade e da capacidade	1º a 10
Cap. II | Dos direitos da personalidade	11 a 21
Cap. III | Da ausência	22 a 39
Seç. I | Da curadoria dos bens do ausente	22 a 25
Seç. II | Da sucessão provisória	26 a 36
Seç. III | Da sucessão definitiva	37 a 39
TÍT. II | DAS PESSOAS JURÍDICAS	40 A 69
Cap. I | Disposições gerais	40 a 52
Cap. II | Das associações	53 a 61
Cap. III | Das fundações	62 a 69
TÍT. III | DO DOMICÍLIO	70 A 78

Livro II | DOS BENS (arts. 79 a 103)

TÍT. ÚNICO | DAS DIFERENTES CLASSES DE BENS	79 A 103
Cap. I | Dos bens considerados em si mesmos	79 a 91
Seç. I | Dos bens imóveis	79 a 81
Seç. II | Dos bens móveis	82 a 84
Seç. III | Dos bens fungíveis e consumíveis	85 a 86
Seç. IV | Dos bens divisíveis	87 a 88
Seç. V | Dos bens singulares e coletivos	89 a 91
Cap. II | Dos bens reciprocamente considerados	92 a 97
Cap. III | Dos bens públicos	98 a 103

Livro III | DOS FATOS JURÍDICOS (arts. 104 a 232)

Artigos

TÍT. I | DO NEGÓCIO JURÍDICO	104 A 184
Cap. I | Disposições gerais	104 a 114
Cap. II | Da representação	115 a 120
Cap. III | Da condição, do termo e do encargo	121 a 137
Cap. IV | Dos defeitos do negócio jurídico	138 a 165
Seç. I | Do erro ou ignorância	138 a 144
Seç. II | Do dolo	145 a 150
Seç. III | Da coação	151 a 155
Seç. IV | Do estado de perigo	156
Seç. V | Da lesão	157
Seç. VI | Da fraude contra credores	158 a 165
Cap. V | Da invalidade do negócio jurídico	166 a 184
TÍT. II | DOS ATOS JURÍDICOS LÍCITOS	185
TÍT. III | DOS ATOS ILÍCITOS	186 A 188
TÍT. IV | DA PRESCRIÇÃO E DA DECADÊNCIA	189 A 211
Cap. I | Da prescrição	189 a 206-A
Seç. I | Disposições gerais	189 a 196
Seç. II | Das causas que impedem ou suspendem a prescrição	197 a 201
Seç. III | Das causas que interrompem a prescrição	202 a 204
Seç. IV | Dos prazos da prescrição	205 a 206-A
Cap. II | Da decadência	207 a 211
TÍT. V | DA PROVA	212 A 232

Parte Especial | (arts. 233 a 2.046)

Livro I | DO DIREITO DAS OBRIGAÇÕES (arts. 233 a 965)

TÍT. I | DAS MODALIDADES DAS OBRIGAÇÕES	233 A 285
Cap. I | Das obrigações de dar	233 a 246
Seç. I | Das obrigações de dar coisa certa	233 a 242
Seç. II | Das obrigações de dar coisa incerta	243 a 246
Cap. II | Das obrigações de fazer	247 a 249

	Artigos
Cap. III | Das obrigações de não fazer	250 a 251
Cap. IV | Das obrigações alternativas	252 a 256
Cap. V | Das obrigações divisíveis e indivisíveis	257 a 263
Cap. VI | Das obrigações solidárias	264 a 285
Seç. I | Disposições gerais	264 a 266
Seç. II | Da solidariedade ativa	267 a 274
Seç. III | Da solidariedade passiva	275 a 285
TÍT. II | DA TRANSMISSÃO DAS OBRIGAÇÕES	286 A 303
Cap. I | Da cessão de crédito	286 a 298
Cap. II | Da assunção de dívida	299 a 303
TÍT. III | DO ADIMPLEMENTO E EXTINÇÃO DAS OBRIGAÇÕES	304 A 388
Cap. I | Do pagamento	304 a 333
Seç. I | De quem deve pagar	304 a 307
Seç. II | Daqueles a quem se deve pagar	308 a 312
Seç. III | Do objeto do pagamento e sua prova	313 a 326
Seç. IV | Do lugar do pagamento	327 a 330
Seç. V | Do tempo do pagamento	331 a 333
Cap. II | Do pagamento em consignação	334 a 345
Cap. III | Do pagamento com sub-rogação	346 a 351
Cap. IV | Da imputação do pagamento	352 a 355
Cap. V | Da dação em pagamento	356 a 359
Cap. VI | Da novação	360 a 367
Cap. VII | Da compensação	368 a 380
Cap. VIII | Da confusão	381 a 384
Cap. IX | Da remissão das dívidas	385 a 388
TÍT. IV | DO INADIMPLEMENTO DAS OBRIGAÇÕES	389 A 420
Cap. I | Disposições gerais	389 a 393
Cap. II | Da mora	394 a 401
Cap. III | Das perdas e danos	402 a 405
Cap. IV | Dos juros legais	406 a 407
Cap. V | Da cláusula penal	408 a 416
Cap. VI | Das arras ou sinal	417 a 420
TÍT. V | DOS CONTRATOS EM GERAL	421 A 480
Cap. I | Disposições gerais	421 a 471
Seç. I | Preliminares	421 a 426
Seç. II | Da formação dos contratos	427 a 435

	Artigos
Seç. III | Da estipulação em favor de terceiro	436 a 438
Seç. IV | Da promessa de fato de terceiro	439 a 440
Seç. V | Dos vícios redibitórios	441 a 446
Seç. VI | Da evicção	447 a 457
Seç. VII | Dos contratos aleatórios	458 a 461
Seç. VIII | Do contrato preliminar	462 a 466
Seç. IX | Do contrato com pessoa a declarar	467 a 471
Cap. II | Da extinção do contrato	472 a 480
Seç. I | Do distrato	472 a 473
Seç. II | Da cláusula resolutiva	474 a 475
Seç. III | Da exceção de contrato não cumprido	476 a 477
Seç. IV | Da resolução por onerosidade excessiva	478 a 480
TÍT. VI | DAS VÁRIAS ESPÉCIES DE CONTRATO	481 A 853
Cap. I | Da compra e venda	481 a 532
Seç. I | Disposições gerais	481 a 504
Seç. II | Das cláusulas especiais à compra e venda	505 a 532
Subseç. I | Da retrovenda	505 a 508
Subseç. II | Da venda a contento e da sujeita a prova	509 a 512
Subseç. III | Da preempção ou preferência	513 a 520
Subseç. IV | Da venda com reserva de domínio	521 a 528
Subseç. V | Da venda sobre documentos	529 a 532
Cap. II | Da troca ou permuta	533
Cap. III | Do contrato estimatório	534 a 537
Cap. IV | Da doação	538 a 564
Seç. I | Disposições gerais	538 a 554
Seç. II | Da revogação da doação	555 a 564
Cap. V | Da locação de coisas	565 a 578
Cap. VI | Do empréstimo	579 a 592
Seç. I | Do comodato	579 a 585
Seç. II | Do mútuo	586 a 592
Cap. VII | Da prestação de serviço	593 a 609
Cap. VIII | Da empreitada	610 a 626
Cap. IX | Do depósito	627 a 652
Seç. I | Do depósito voluntário	627 a 646
Seç. II | Do depósito necessário	647 a 652
Cap. X | Do mandato	653 a 692

	Artigos
Seç. I | Disposições gerais	653 a 666
Seç. II | Das obrigações do mandatário	667 a 674
Seç. III | Das obrigações do mandante	675 a 681
Seç. IV | Da extinção do mandato	682 a 691
Seç. V | Do mandato judicial	692
Cap. XI | Da comissão	693 a 709
Cap. XII | Da agência e distribuição	710 a 721
Cap. XIII | Da corretagem	722 a 729
Cap. XIV | Do transporte	730 a 756
Seç. I | Disposições gerais	730 a 733
Seç. II | Do transporte de pessoas	734 a 742
Seç. III | Do transporte de coisas	743 a 756
Cap. XV | Do seguro	757 a 802
Seç. I | Disposições gerais	757 a 777
Seç. II | Do seguro de dano	778 a 788
Seç. III | Do seguro de pessoa	789 a 802
Cap. XVI | Da constituição de renda	803 a 813
Cap. XVII | Do jogo e da aposta	814 a 817
Cap. XVIII | Da fiança	818 a 839
Seç. I | Disposições gerais	818 a 826
Seç. II | Dos efeitos da fiança	827 a 836
Seç. III | Da extinção da fiança	837 a 839
Cap. XIX | Da transação	840 a 850
Cap. XX | Do compromisso	851 a 853
TÍT. VII | DOS ATOS UNILATERAIS	854 A 886
Cap. I | Da promessa de recompensa	854 a 860
Cap. II | Da gestão de negócios	861 a 875
Cap. III | Do pagamento indevido	876 a 883
Cap. IV | Do enriquecimento sem causa	884 a 886
TÍT. VIII | DOS TÍTULOS DE CRÉDITO	887 A 926
Cap. I | Disposições gerais	887 a 903
Cap. II | Do título ao portador	904 a 909
Cap. III | Do título à ordem	910 a 920
Cap. IV | Do título nominativo	921 a 926
TÍT. IX | DA RESPONSABILIDADE CIVIL	927 A 954

	Artigos
Cap. I | Da obrigação de indenizar	927 a 943
Cap. II | Da indenização	944 a 954
TÍT. X | DAS PREFERÊNCIAS E PRIVILÉGIOS CREDITÓRIOS	955 A 965

Livro II | DO DIREITO DE EMPRESA
(arts. 966 a 1.195)

	Artigos
TÍT. I | DO EMPRESÁRIO	966 A 980
Cap. I | Da caracterização e da inscrição	966 a 971
Cap. II | Da capacidade	972 a 980
TÍT. II | DA SOCIEDADE	981 A 1.141
Cap. ún. | Disposições gerais	981 a 985
Subtít. I | Da sociedade não personificada	986 a 996
Cap. I | Da sociedade em comum	986 a 990
Cap. II | Da sociedade em conta de participação	991 a 996
Subtít. II | Da sociedade personificada	997 a 1.141
Cap. I | Da sociedade simples	997 a 1.038
Seç. I | Do contrato social	997 a 1.000
Seç. II | Dos direitos e obrigações dos sócios	1.001 a 1.009
Seç. III | Da administração	1.010 a 1.021
Seç. IV | Das relações com terceiros	1.022 a 1.027
Seç. V | Da resolução da sociedade em relação a um sócio	1.028 a 1.032
Seç. VI | Da dissolução	1.033 a 1.038
Cap. II | Da sociedade em nome coletivo	1.039 a 1.044
Cap. III | Da sociedade em comandita simples	1.045 a 1.051
Cap. IV | Da sociedade limitada	1.052 a 1.087
Seç. I | Disposições preliminares	1.052 a 1.054
Seç. II | Das quotas	1.055 a 1.059
Seç. III | Da administração	1.060 a 1.065
Seç. IV | Do conselho fiscal	1.066 a 1.070
Seç. V | Das deliberações dos sócios	1.071 a 1.080-A
Seç. VI | Do aumento e da redução do capital	1.081 a 1.084
Seç. VII | Da resolução da sociedade em relação a sócios minoritários	1.085 a 1.086
Seç. VIII | Da dissolução	1.087
Cap. V | Da sociedade anônima	1.088 a 1.089
Seç. ún. | Da caracterização	1.088 a 1.089

	Artigos
Cap. VI | Da sociedade em comandita por ações	1.090 a 1.092
Cap. VII | Da sociedade cooperativa	1.093 a 1.096
Cap. VIII | Das sociedades coligadas	1.097 a 1.101
Cap. IX | Da liquidação da sociedade	1.102 a 1.112
Cap. X | Da transformação, da incorporação, da fusão e da cisão das sociedades	1.113 a 1.122
Cap. XI | Da sociedade dependente de autorização	1.123 a 1.141
Seç. I | Disposições gerais	1.123 a 1.125
Seç. II | Da sociedade nacional	1.126 a 1.133
Seç. III | Da sociedade estrangeira	1.134 a 1.141
TÍT. III | DO ESTABELECIMENTO	1.142 A 1.149
Cap. ún. | Disposições gerais	1.142 a 1.149
TÍT. IV | DOS INSTITUTOS COMPLEMENTARES	1.150 A 1.195
Cap. I | Do registro	1.150 a 1.154
Cap. II | Do nome empresarial	1.155 a 1.168
Cap. III | Dos prepostos	1.169 a 1.178
Seç. I | Disposições gerais	1.169 a 1.171
Seç. II | Do gerente	1.172 a 1.176
Seç. III | Do contabilista e outros auxiliares	1.177 a 1.178
Cap. IV | Da escrituração	1.179 a 1.195

Livro III | DO DIREITO DAS COISAS (arts. 1.196 a 1.510-E)

TÍT. I | DA POSSE	1.196 A 1.224
Cap. I | Da posse e sua classificação	1.196 a 1.203
Cap. II | Da aquisição da posse	1.204 a 1.209
Cap. III | Dos efeitos da posse	1.210 a 1.222
Cap. IV | Da perda da posse	1.223 a 1.224
TÍT. II | DOS DIREITOS REAIS	1.225 A 1.227
Cap. ún. | Disposições gerais	1.225 a 1.227
TÍT. III | DA PROPRIEDADE	1.228 A 1.368-F
Cap. I | Da propriedade em geral	1.228 a 1.237
Seç. I | Disposições preliminares	1.228 a 1.232
Seç. II | Da descoberta	1.233 a 1.237
Cap. II | Da aquisição da propriedade imóvel	1.238 a 1.259

	Artigos
Seç. I | Da usucapião	1.238 a 1.244
Seç. II | Da aquisição pelo registro do título	1.245 a 1.247
Seç. III | Da aquisição por acessão	1.248 a 1.259
Subseç. I | Das ilhas	1.249
Subseç. II | Da aluvião	1.250
Subseç. III | Da avulsão	1.251
Subseç. IV | Do álveo abandonado	1.252
Subseç. V | Das construções e plantações	1.253 a 1.259
Cap. III | Da aquisição da propriedade móvel	1.260 a 1.274
Seç. I | Da usucapião	1.260 a 1.262
Seç. II | Da ocupação	1.263
Seç. III | Do achado do tesouro	1.264 a 1.266
Seç. IV | Da tradição	1.267 a 1.268
Seç. V | Da especificação	1.269 a 1.271
Seç. VI | Da confusão, da comissão e da adjunção	1.272 a 1.274
Cap. IV | Da perda da propriedade	1.275 a 1.276
Cap. V | Dos direitos de vizinhança	1.277 a 1.313
Seç. I | Do uso anormal da propriedade	1.277 a 1.281
Seç. II | Das árvores limítrofes	1.282 a 1.284
Seç. III | Da passagem forçada	1.285
Seç. IV | Da passagem de cabos e tubulações	1.286 a 1.287
Seç. V | Das águas	1.288 a 1.296
Seç. VI | Dos limites entre prédios e do direito de tapagem	1.297 a 1.298
Seç. VII | Do direito de construir	1.299 a 1.313
Cap. VI | Do condomínio geral	1.314 a 1.330
Seç. I | Do condomínio voluntário	1.314 a 1.326
Subseç. I | Dos direitos e deveres dos condôminos	1.314 a 1.322
Subseç. II | Da administração do condomínio	1.323 a 1.326
Seç. II | Do condomínio necessário	1.327 a 1.330
Cap. VII | Do condomínio edilício	1.331 a 1.358-A
Seç. I | Disposições gerais	1.331 a 1.346
Seç. II | Da administração do condomínio	1.347 a 1.356
Seç. III | Da extinção do condomínio	1.357 a 1.358
Seç. IV | Do condomínio de lotes	1.358-A
Capítulo VII-A | Do condomínio em multipropriedade	1.358-B a 1.358-U
Seç. I | Disposições gerais	1.358-B a 1358-E

	Artigos
Seç. II | Da Instituição da multipropriedade	1.358-F a 1.358-H
Seç. III | Dos direitos e das obrigações do multiproprietário	1.358-I a 1.358-K
Seç. IV | Da transferência da multipropriedade	1.358-L
Seç. V | Da administração da multipropriedade	1.358-M a 1.358-N
Seç. VI | Disposições específicas relativas às unidades autônomas de condomínios edilícios	1.358-O a 1.358-U
Cap. VIII | Da propriedade resolúvel	1.359 a 1.360
Cap. IX | Da propriedade fiduciária	1.361 a 1.368-B
Cap. X | Do fundo de investimento	1.368-C a 1.368-F
TÍT. IV | DA SUPERFÍCIE	1.369 A 1.377
TÍT. V | DAS SERVIDÕES	1.378 A 1.389
Cap. I | Da constituição das servidões	1.378 a 1.379
Cap. II | Do exercício das servidões	1.380 a 1.386
Cap. III | Da extinção das servidões	1.387 a 1.389
TÍT. VI | DO USUFRUTO	1.390 A 1.411
Cap. I | Disposições gerais	1.390 a 1.393
Cap. II | Dos direitos do usufrutuário	1.394 a 1.399
Cap. III | Dos deveres do usufrutuário	1.400 a 1.409
Cap. IV | Da extinção do usufruto	1.410 a 1.411
TÍT. VII | DO USO	1.412 A 1.413
TÍT. VIII | DA HABITAÇÃO	1.414 A 1.416
TÍT. IX | DO DIREITO DO PROMITENTE COMPRADOR	1.417 A 1.418
TÍT. X | DO PENHOR, DA HIPOTECA E DA ANTICRESE	1.419 A 1.510
Cap. I | Disposições gerais	1.419 a 1.430
Cap. II | Do penhor	1.431 a 1.472
Seç. I | Da constituição do penhor	1.431 a 1.432
Seç. II | Dos direitos do credor pignoratício	1.433 a 1.434
Seç. III | Das obrigações do credor pignoratício	1.435
Seç. IV | Da extinção do penhor	1.436 a 1.437
Seç. V | Do penhor rural	1.438 a 1.446
Subseç. I | Disposições gerais	1.438 a 1.441
Subseç. II | Do penhor agrícola	1.442 a 1.443
Subseç. III | Do penhor pecuário	1.444 a 1.446
Seç. VI | Do penhor industrial e mercantil	1.447 a 1.450
Seç. VII | Do penhor de direitos e títulos de crédito	1.451 a 1.460

	Artigos
Seç. VIII | Do penhor de veículos	1.461 a 1.466
Seç. IX | Do penhor legal	1.467 a 1.472
Cap. III | Da hipoteca	1.473 a 1.505
Seç. I | Disposições gerais	1.473 a 1.488
Seç. II | Da hipoteca legal	1.489 a 1.491
Seç. III | Do registro da hipoteca	1.492 a 1.498
Seç. IV | Da extinção da hipoteca	1.499 a 1.501
Seç. V | Da hipoteca de vias férreas	1.502 a 1.505
Cap. IV | Da anticrese	1.506 a 1.510
TÍT. XI | DA LAJE	1.510-A A 1.510-E

Livro IV | DO DIREITO DE FAMÍLIA (arts. 1.511 a 1.783-A)

TÍT. I | DO DIREITO PESSOAL	1.511 A 1.638
Subtít. I | Do casamento	1.511 a 1.590
Cap. I | Disposições gerais	1.511 a 1.516
Cap. II | Da capacidade para o casamento	1.517 a 1.520
Cap. III | Dos impedimentos	1.521 a 1.522
Cap. IV | Das causas suspensivas	1.523 a 1.524
Cap. V | Do processo de habilitação para o casamento	1.525 a 1.532
Cap. VI | Da celebração do casamento	1.533 a 1.542
Cap. VII | Das provas do casamento	1.543 a 1.547
Cap. VIII | Da invalidade do casamento	1.548 a 1.564
Cap. IX | Da eficácia do casamento	1.565 a 1.570
Cap. X | Da dissolução da sociedade e do vínculo conjugal	1.571 a 1.582
Cap. XI | Da proteção da pessoa dos filhos	1.583 a 1.590
Subtít. II | Das relações de parentesco	1.591 a 1.638
Cap. I | Disposições gerais	1.591 a 1.595
Cap. II | Da filiação	1.596 a 1.606
Cap. III | Do reconhecimento dos filhos	1.607 a 1.617
Cap. IV | Da adoção	1.618 a 1.629
Cap. V | Do poder familiar	1.630 a 1.638
Seç. I | Disposições gerais	1.630 a 1.633
Seç. II | Do exercício do poder familiar	1.634
Seç. III | Da suspensão e extinção do poder familiar	1.635 a 1.638
TÍT. II | DO DIREITO PATRIMONIAL	1.639 A 1.722

	Artigos
Subtít. I | Do regime de bens entre os cônjuges...............................	1.639 a 1.688
Cap. I | Disposições gerais...	1.639 a 1.652
Cap. II | Do pacto antenupcial..	1.653 a 1.657
Cap. III | Do regime de comunhão parcial......................................	1.658 a 1.666
Cap. IV | Do regime de comunhão universal..................................	1.667 a 1.671
Cap. V | Do regime de participação final nos aquestos.................	1.672 a 1.686
Cap. VI | Do regime de separação de bens.....................................	1.687 a 1.688
Subtít. II | Do usufruto e da administração dos bens de filhos menores.......	1.689 a 1.693
Subtít. III | Dos alimentos...	1.694 a 1.710
Subtít. IV | Do bem de família...	1.711 a 1.722
TÍT. III | DA UNIÃO ESTÁVEL..	1.723 A 1.727
TÍT. IV | DA TUTELA, DA CURATELA E DA TOMADA DE DECISÃO APOIADA	1.728 A 1.783-A
Cap. I | Da tutela..	1.728 a 1.766
Seç. I | Dos tutores...	1.728 a 1.734
Seç. II | Dos incapazes de exercer a tutela.................................	1.735
Seç. III | Da escusa dos tutores...	1.736 a 1.739
Seç. IV | Do exercício da tutela...	1.740 a 1.752
Seç. V | Dos bens do tutelado...	1.753 a 1.754
Seç. VI | Da prestação de contas...	1.755 a 1.762
Seç. VII | Da cessação da tutela...	1.763 a 1.766
Cap. II | Da curatela...	1.767 a 1.783
Seç. I | Dos interditos..	1.767 a 1.778
Seç. II | Da curatela do nascituro e do enfermo ou portador de deficiência física..	1.779 a 1.780
Seç. III | Do exercício da curatela...	1.781 a 1.783
Cap. III | Da tomada de decisão apoiada.....................................	1.783-A

Livro V | DO DIREITO DAS SUCESSÕES
(arts. 1.784 a 2.027)

TÍT. I | DA SUCESSÃO EM GERAL..	1.784 A 1.828
Cap. I | Disposições gerais...	1.784 a 1.790
Cap. II | Da herança e de sua administração.................................	1.791 a 1.797
Cap. III | Da vocação hereditária...	1.798 a 1.803
Cap. IV | Da aceitação e renúncia da herança...............................	1.804 a 1.813
Cap. V | Dos excluídos da sucessão...	1.814 a 1.818

	Artigos
Cap. VI | Da herança jacente	1.819 a 1.823
Cap. VII | Da petição de herança	1.824 a 1.828
TÍT. II | DA SUCESSÃO LEGÍTIMA	1.829 A 1.856
Cap. I | Da ordem da vocação hereditária	1.829 a 1.844
Cap. II | Dos herdeiros necessários	1.845 a 1.850
Cap. III | Do direito de representação	1.851 a 1.856
TÍT. III | DA SUCESSÃO TESTAMENTÁRIA	1.857 A 1.990
Cap. I | Do testamento em geral	1.857 a 1.859
Cap. II | Da capacidade de testar	1.860 a 1.861
Cap. III | Das formas ordinárias do testamento	1.862 a 1.880
Seç. I | Disposições gerais	1.862 a 1.863
Seç. II | Do testamento público	1.864 a 1.867
Seç. III | Do testamento cerrado	1.868 a 1.875
Seç. IV | Do testamento particular	1.876 a 1.880
Cap. IV | Dos codicilos	1.881 a 1.885
Cap. V | Dos testamentos especiais	1.886 a 1.896
Seç. I | Disposições gerais	1.886 a 1.887
Seç. II | Do testamento marítimo e do testamento aeronáutico	1.888 a 1.892
Seç. III | Do testamento militar	1.893 a 1.896
Cap. VI | Das disposições testamentárias	1.897 a 1.911
Cap. VII | Dos legados	1.912 a 1.940
Seç. I | Disposições gerais	1.912 a 1.922
Seç. II | Dos efeitos do legado e do seu pagamento	1.923 a 1.938
Seç. III | Da caducidade dos legados	1.939 a 1.940
Cap. VIII | Do direito de acrescer entre herdeiros e legatários	1.941 a 1.946
Cap. IX | Das substituições	1.947 a 1.960
Seç. I | Da substituição vulgar e da recíproca	1.947 a 1.950
Seç. II | Da substituição fideicomissária	1.951 a 1.960
Cap. X | Da deserdação	1.961 a 1.965
Cap. XI | Da redução das disposições testamentárias	1.966 a 1.968
Cap. XII | Da revogação do testamento	1.969 a 1.972
Cap. XIII | Do rompimento do testamento	1.973 a 1.975
Cap. XIV | Do testamenteiro	1.976 a 1.990
TÍT. IV | DO INVENTÁRIO E DA PARTILHA	1.991 A 2.027
Cap. I | Do inventário	1.991
Cap. II | Dos sonegados	1.992 a 1.996

	Artigos
Cap. III | Do pagamento das dívidas	1.997 a 2.001
Cap. IV | Da colação	2.002 a 2.012
Cap. V | Da partilha	2.013 a 2.022
Cap. VI | Da garantia dos quinhões hereditários	2.023 a 2.026
Cap. VII | Da anulação da partilha	2.027

Livro Complementar | **DAS DISPOSIÇÕES FINAIS E TRANSITÓRIAS (arts. 2.028 a 2.046)**

… Código Civil[1-2]

Lei n. 10.406,
de 10 de janeiro de 2002

Institui o Código Civil.

O Presidente da República,
Faço saber que o Congresso Nacional decreta e eu sanciono a seguinte lei:

CÓD. CIV.: 1. "Reflexões sobre o novo Código Civil", por Ênio Santarelli Zuliani (Rev. AASP 68/31); "Inovações principais do novo Código Civil", por Dilvanir José da Costa (RT 796/39 e RF 364/45); "Algumas considerações sobre o novo Código Civil brasileiro", por Ricardo Rodrigues Gama (RF 364/267); "O novo Código Civil Brasileiro: tramitação; função social do contrato; boa-fé objetiva, teoria da imprevisão; e, em especial, onerosidade excessiva", por Álvaro Villaça Azevedo (RJ 308/7); "Interpretação e aplicabilidade da Constituição: em busca de um Direito Civil Constitucional", por Anderson Sant'Ana Pedra (RJ 308/40 e RDA 232/177); "Visão geral do novo Código Civil", por Miguel Reale (RT 808/11); "Considerações ao novo Código Civil", por Heraldo Garcia Vitta (RT 811/11); "O novo Código Civil Brasileiro em suas coordenadas axiológicas: do liberalismo à socialidade", por José Camacho Santos (Ajuris 88/195); "O novo Código Civil e o Direito Processual", por José Carlos Barbosa Moreira (RJ 304/3); "Apreciação crítica do Código Civil de 2002 na perspectiva constitucional do Direito Civil contemporâneo", por Luiz Edson Fachin (RJ 304/3); "Sistema e direito privado", por Luciano de Camargo Penteado (RDPr 16/161); "A constitucionalização do Direito Civil", por Almir José Finocchiaro Sarti (RJ 312/32); "Ensino jurídico, interdisciplinariedade e o espírito da nova lei civil", por Emerson Ike Coan (RDPr 14/7); "Os princípios informadores do novo Código Civil e os princípios constitucionais fundamentais: lineamentos de um conflito hermenêutico no ordenamento jurídico brasileiro", por Mário Lúcio Quintão Soares e Lucas Abreu Barroso (RDPr 14/49); "A jus-humanização das relações privadas: para além da constitucionalização do Direito Privado", por Plínio Melgaré (Ajuris 94/227); "Culturalismo e experiência no novo Código Civil", por Judith Martins-Costa (RT 819/23); "Apontamentos sobre o princípio da solidariedade no sistema do direito privado", por Rosa Maria de Andrade Nery (RDPr 17/65); "Novo Código Civil e os processos pendentes: ensaio acerca do impacto", por Guilherme Rizzo Amaral (RSDCPC 27/118 e RF 383/497); "A 'reconstitucionalização' do direito civil brasileiro: lei nova e velhos problemas à luz de dez desafios", por Luiz Edson Fachin (RJ 324/16); "O novo Código Civil e as regras heterotópicas de natureza processual", por Humberto Theodoro Júnior (RSDCPC 32/15); "A função social no Código Civil. Aspectos da publicização do direito privado", por Marco Aurélio Serau Junior (RF 375/103); "Externalidades e custos de transação: a redistribuição de direitos no novo Código Civil", por Rachel Sztajn (RDPr 22/250); "Repersonalização e constitucionalização: superação do paradigma patrimonialista", por Munira Hanna (Ajuris 98/221); "O bicentenário Código Napoleão e o Direito Civil brasileiro", por Ricardo Pereira Lira (RF 377/169); "O Código Civil brasileiro e o problema metodológico de sua realização. Do paradigma da aplicação ao paradigma judicativo-decisório", por Francisco Amaral (Ajuris 100/119 e RF 385/87); "A incorporação dos direitos fundamentais pelo ordenamento brasileiro: sua eficácia nas relações jurídicas privadas", por Gustavo Tepedino (Ajuris 100/153 e RJ 341/11); "A evolução do sistema do direito civil: do individualismo à sociedade", por Daniela Vasconcellos Gomes (RDPr 27/32); "Descodificação, constitucionalização e descentralização no direito privado: o Código Civil ainda é útil?", por Luciano Benetti Tim (RDPr 27/223); "Condições gerais dos contratos e o novo Código Civil brasileiro", por Paulo Luiz Netto Lôbo (RTDC 27/103); "Os 10 anos do Código Civil de 2002 e suas repercussões no direito processual civil", por Francisco Glauber Pessoa Alves (RP 221/185).

CÓD. CIV.: 2. s/ direito comparado: "A influência dos direitos fundamentais sobre o direito privado na Alemanha", por Claus-Wilhelm Canaris (RJ 312/7); "Funções da parte geral de um Código Civil e limites da sua prestabilidade", por Claus-Wilhelm Canaris (Ajuris 95/271); "O Código Civil da Alemanha (BGB) e a Lei Fundamental", por Jörg Neuner (Ajuris 97/315 e RJ 326/7).

Parte Geral

Livro I | DAS PESSOAS¹

Título I | DAS PESSOAS NATURAIS¹

Capítulo I | DA PERSONALIDADE E DA CAPACIDADE¹

✎ **LIV. I: 1.** "Estado civil além do casamento", por Ricardo Rodrigues Gama (RJ 334/61).

✎ **TÍT. I: 1.** "Das pessoas naturais", por Nagib Slaibi Filho (RJ 354/63).

✎ **CAP. I: 1.** "Personalidade e capacidade jurídicas no Código Civil de 2002", por Guilherme Calmon Nogueira da Gama e Bruno Paiva Bartholo (RBDF 37/27); "Integridade psíquica e capacidade de exercício", por Ana Carolina Brochado Teixeira (RTDC 33/3); "Deficiência psíquica e curatela: reflexões sob o viés da autonomia privada", por Ana Carolina Brochado Teixeira (RBDFS 7/64).

Art. 1º Toda pessoa é capaz de direitos e deveres na ordem civil.[1-2]

Art. 1º: 1. s/ direitos da personalidade, v. arts. 11 a 21; s/ direitos e garantias fundamentais, v. CF 5º; s/ capacidade para estar em juízo, v., no CPCLPV, CPC 70 e 75, bem como as respectivas notas.

✎ **Art. 1º: 2.** "A capacidade da pessoa física no direito civil", por Luciano Campos de Albuquerque (RDPr 18/84).

Art. 2º A personalidade civil da pessoa começa do nascimento com vida; mas a lei põe a salvo, desde a concepção, os direitos do nascituro.[1 a 3]

✎ **Art. 2º: 1.** "Os embriões como destinatários de direitos fundamentais", por Maria Claudia Chaves (RF 378/469); "Ponderações sobre o começo da vida face a concepção humanitária", por Luciano Dalvi Norbim (RDPr 24/112); "O direito do nascituro à vida", por José Carlos Barbosa Moreira (RJ 340/11, RMDCPC 10/30 e RBDF 34/143); "O direito do nascituro: vida e pessoa", por José Luiz Quadros de Magalhães e Tatiana Ribeiro de Souza (RBDF 34/153); "A personalidade civil do nascituro sob a regência da EC 45/2004", por Cristina Grobério Pazó e Vitor Faria Morelato (RT 847/25); "O direito à vida no Código Civil à luz da Constituição", por Ives Gandra da Silva Martins (RMDCPC 3/95); "Tutela jurídica do nascituro à luz da Constituição Federal", por Rodolfo Pamplona Filho e Ana Thereza Meirelles Araújo (RMDCPC 18/33, RDPr 30/251); "Tutela jurídica do embrião e do nascituro", por Rui Geraldo Camargo Viana (Rev. AASP 98/222); "Disciplina jurídica do embrião extracorpóreo", por Ana Thereza Meirelles Araújo (RTDC 35/3); "A tutela jurídica do embrião: Verdades ou acordos?", por José Dionízio da Rocha (RTDC 36/107); "Da utilização de células-tronco embrionárias em período de descarte: o conflito entre o direito à vida e o princípio da dignidade da pessoa humana", por Valkíria A. Lopes Ferraro, João Carlos Leal Jr. e Renata Mayumi Sanomya (RJ 392/75); "Células-tronco na perspectiva do Direito brasileiro", por Elimar Szaniawski (RT 916/155); "O domínio público do útero materno", por Sérgio da Silva Mendes (IP 71/95); "O bebê-medicamento e a autonomia da técnica: da reprodução assistida para doação à clonagem de seres humanos", por Patrick Troude-Chastenet (RDPr 50/61); "'Aqui, lá e em todo lugar': a dignidade humana no direito contemporâneo e no discurso transnacional", por Luís Roberto Barroso (RT 919/127).

Art. 2º: 1a. s/ direito do nascituro a receber indenização por danos morais, v. art. 186, nota 3; s/ doação feita a nascituro, v. art. 542; s/ curatela do nascituro, v. art. 1.779; s/ direito sucessório do nascituro, v. arts. 1.798 a 1.800. V. tb. ECA 7º a 10, 208-VI, 228 e 229.

Art. 2º: 2. Enunciado 1 do CEJ: "A proteção que o Código defere ao nascituro alcança o natimorto no que concerne aos direitos da personalidade, tais como nome, imagem e sepultura".

Enunciado 2 do CEJ: "Sem prejuízo dos direitos da personalidade, nele assegurados, o art. 2º do Código Civil não é sede adequada para questões emergentes da reprogenética humana, que deve ser objeto de um estatuto próprio".

Art. 2º: 3. "Reconhecimento do direito dos pais de receberem a indenização por danos pessoais, prevista na legislação regulamentadora do seguro DPVAT, em face da **morte do feto.** Proteção conferida pelo sistema jurídico à vida intrauterina, desde a concepção, com fundamento no princípio da dignidade da pessoa humana" (STJ-3ª T., REsp 1.120.676, Paulo Sanseverino, j. 7.12.10, um voto vencido, DJ 4.2.11).

Art. 3º São absolutamente incapazes de exercer pessoalmente os atos da vida civil os menores de 16 (dezesseis) anos.[1 a 3]

I — (Revogado);
II — (Revogado);
III — (Revogado).

Art. 3º: 1. Redação do *caput* de acordo com a Lei 13.146, de 6.7.15, que também revogou os incs. do art. 3º. Em vigor 180 dias após a sua publicação (DOU 7.7.15).

Art. 3º: 2. v. arts. 76 (domicílio), 166-I (nulidade do negócio jurídico), 198-I (suspensão de prazo prescricional), 228-I (impossibilidade de depor como testemunha), 543 (doação), 928 (responsabilidade civil), 974 a 976 (exercício de atividade empresarial), 1.634-V (representação nos atos da vida civil), 1.689 a 1.693 (administração dos bens de filhos menores), 1.728 e segs. (tutela), 1.860 (testamento).

V. tb. CPC 50 (competência), 71 (representação processual), 178-II (intervenção do MP), 447 (impossibilidade de depor como testemunha), 759 a 763 (disposições comuns à tutela e à curatela), 896 (leilão judicial de imóvel).

V. ainda CF 7º-XXXIII, CLT 402 a 410 e ECA 60 e segs. (restrição ao trabalho).

Por fim, v. tít. CRIANÇA E ADOLESCENTE.

Art. 3º: 3. Enunciado 138 do CEJ: "A vontade dos absolutamente incapazes, na hipótese do inc. I do art. 3º, é juridicamente relevante na concretização de situações existenciais a eles concernentes, desde que demonstrem discernimento bastante para tanto". **Nota:** O revogado inc. I tratava dos menores de dezesseis anos, tema atualmente disciplinado no *caput*.

Art. 4º São incapazes, relativamente a certos atos ou à maneira de os exercer:[1-2]

I — os maiores de dezesseis e menores de dezoito anos;[3-4]
II — os ébrios habituais e os viciados em tóxico;[5-5a]
III — aqueles que, por causa transitória ou permanente, não puderem exprimir sua vontade;[6 a 6c]
IV — os pródigos.[7-8]

Parágrafo único. A capacidade dos indígenas será regulada por legislação especial.[9 a 10]

Art. 4º: 1. Redação do *caput* de acordo com a Lei 13.146, de 6.7.15, em vigor 180 dias após a sua publicação (DOU 7.7.15).

Art. 4º: 2. v. arts. 76 (domicílio), 105 (negócio jurídico), 171-I (anulabilidade do negócio jurídico), 178-III (prazo decadencial para anulação do negócio jurídico), 181 (pagamento atrelado a obrigação anulada), 928 (responsabilidade civil), 974 a 976 (exercício de atividade empresarial), 1.767 e segs. (curatela), 1.860 (testamento).

V. tb. CPC 50 (competência), 71 (representação processual), 178-II (intervenção do MP), 747 a 758 (interdição), 759 a 763 (disposições comuns à tutela e à curatela), 896 (leilão judicial de imóvel).

Art. 4º: 3. v. arts. 180 (ocultação de idade em negócio jurídico), 666 (mandato), 1.517 (casamento) 1.634-V e 1.747-I (assistência nos atos da vida civil), 1.689 a 1.693 (administração dos bens de filhos menores), 1.860 § ún. (testamento).

V. tb. tít. CRIANÇA E ADOLESCENTE.

Art. 4º: 4. Lei 4.375, de 17.8.64 — Lei do serviço militar: **"Art. 73.** Para efeito do serviço militar, cessará a incapacidade civil do menor, na data em que completar 17 (dezessete) anos".

Art. 4º: 5. Redação do inc. II de acordo com a Lei 13.146, de 6.7.15, em vigor 180 dias após a sua publicação (DOU 7.7.15).

Art. 4º: 5a. v. art. 1.767-III (curatela).

Art. 4º: 6. Redação do inc. III de acordo com a Lei 13.146, de 6.7.15, em vigor 180 dias após a sua publicação (DOU 7.7.15).

Art. 4º: 6a. "Intervalos de lucidez: subsídios para a teoria das incapacidades", por Edgard Audomar Marx Neto (RDPr 51/379); "Da (in)capacidade do ausente para a prática de atos da vida civil: uma breve análise do artigo 3º, III, do CC/2002", por Suzana Santi Cremasco (RMDCPC 27/64).

Art. 4º: 6b. v. arts. 228 § 2º (depoimento como testemunha), 1.550 § 2º (casamento), 1.767-I (curatela), 1.775-A (curatela compartilhada), 1.777 (direito à convivência) e 1.783-A (tomada de decisão apoiada).

V. tb. Lei 13.146, de 6.7.15, art. 2º (pessoa com deficiência).

Art. 4º: 6c. A enfermidade ou **doença mental não se presume,** sequer **pela idade avançada** (Bol. AASP 2.543/4.478).

Art. 4º: 7. "A proteção do pródigo e de sua família no Direito Civil brasileiro", por Murilo Rezende dos Santos (RDPr 55/91).

Art. 4º: 8. v. arts. 1.767-V (curatela) e 1.782 (dimensões da curatela).

Art. 4º: 9. Redação do § ún. de acordo com a Lei 13.146, de 6.7.15, em vigor 180 dias após a sua publicação (DOU 7.7.15).

Art. 4º: 9a. v. CF 231 e 232; Lei 6.001, de 19.12.73 (Estatuto do Índio); Dec. 4.645, de 25.3.03 (Estatuto da FUNAI); Dec. 1.141, de 19.5.94 (ações de proteção ambiental, saúde e apoio às atividades produtivas para as comunidades indígenas); LRP 50 § 2º (registro de nascimento de índio).

Art. 4º: 10. "A Constituição Federal reconhece a **capacidade dos indígenas** para a prática dos atos da vida civil e defesa de seus interesses individuais em juízo. A responsabilidade civil da Funai restringe-se aos atos praticados por indígenas com a finalidade de defender interesses de sua comunidade ou direito assegurado em lei, vigorando o regime de proteção, instituído pela Constituição Federal. Hipótese em que os indígenas devem responder individualmente pelos ilícitos cometidos durante evento patrocinado pela parte autora" (RT 884/366: TRF-4ª Reg., AP 2007.71.04.006853-4).

Art. 5º A menoridade cessa aos dezoito anos[1-2] completos, quando a pessoa fica habilitada à prática de todos os atos da vida civil.

Parágrafo único. Cessará, para os menores, a incapacidade:[3 a 3b]

I — pela concessão dos pais,[3c-4] ou de um deles na falta[4a] do outro, mediante instrumento público, independentemente de homologação judicial, ou por sentença do juiz, ouvido o tutor, se o menor tiver dezesseis anos completos;

II — pelo casamento;[4b-4c]

III — pelo exercício de emprego público efetivo;

IV — pela colação de grau em curso de ensino superior;

V — pelo estabelecimento civil ou comercial, ou pela existência de relação de emprego, desde que, em função deles, o menor com dezesseis anos completos tenha economia própria.

✎ **Art. 5º: 1.** "A maioridade no novo Código Civil e seus efeitos frente ao Código Penal", por Renato Flávio Marcão (RJ 306/77); "Maioridade aos 18 anos e responsabilidade civil dos pais", por Rosaldo Elias Pacagnan e Francisco Smarczewski (RJ 314/35); "Mais capacidade, menos autonomia. O Estatuto da Menoridade no novo Código Civil", por Simone Eberle (RBDF 24/24); "A maioridade no novo Código Civil. A equidade e seus reflexos no ECA", por Alberto Bezerra de Souza (RF 377/441).

Art. 5º: 2. Enunciado 3 do CEJ: "A redução do limite etário para definição da capacidade civil aos 18 anos não altera o disposto no art. 16, inciso I, da Lei n. 8.213/91, que regula específica situação de dependência econômica para fins previdenciários e outras situações similares de proteção, previstas em legislação especial".

✎ **Art. 5º: 3.** "Da inconstitucionalidade do art. 5º, parágrafo único, c/c art. 1.635, inciso II, ambos do Código Civil à luz do art. 227, caput, da Constituição Federal e da doutrina da proteção integral à criança e ao adolescente", por Murillo José Digiácomo (RJ 314/3); "Uma releitura da emancipação no direito civil brasileiro", por Fernanda Moraes de São José (RBDFS 28/48).

Art. 5º: 3a. s/ registro da emancipação, v. art. 9º-II e LRP 89 e 90; s/ averbação da emancipação do incapaz empresário, v. art. 976; s/ extinção do poder familiar, v. art. 1.635-II e III; s/ cessação da tutela, v. art. 1.763-I. V. ainda ECA 148 § ún.-e; Lei 4.375, de 17.8.64, art. 73; Lei 8.112, de 11.12.90, art. 5º-V; Lei 8.213, de 24.7.91, art. 16-I.

Art. 5º: 3b. "Se à requerente, menor de idade, falta vivência e maturidade para administrar quantia de dinheiro significativa e se pretende continuar vivendo com sua tutora, que é sua avó e a quem chama de mãe, e, por outro lado, não sendo comprovada a incapacidade da tutora em continuar gerindo a vida de sua neta, o pedido de emancipação deve ser julgado improcedente, mormente se latente a possibilidade de a menor se desfazer do patrimônio que lhe propiciará condições futuras dignas de subsistência" (RJM 183/150: AP 1.0701.07.175502-2/001).

Art. 5º: 3c. A lei exige a concordância de ambos os pais, mesmo no caso de o menor estar sob a guarda de apenas um deles.

Art. 5º: 4. Em caso de divergência entre os pais, cabe o suprimento judicial, mediante aplicação do § ún. do art. 1.631.

Art. 5º: 4a. i. e., morte, incapacidade, ausência etc.

✎ **Art. 5º: 4b.** "A emancipação decorrente da união estável: uma possibilidade jurídica", por Thiago Felipe Vargas Simões (RBDFS 29/38).

Art. 5º: 4c. A dissolução do casamento não causará o retorno do menor à incapacidade.

Art. 6º A existência da pessoa natural termina com a morte; presume-se esta, quanto aos ausentes, nos casos em que a lei autoriza a abertura de sucessão definitiva.[1 a 1b]

Art. 6º: 1. Súmula 331 do STF: "É legítima a incidência do imposto de transmissão *causa mortis* no inventário por morte presumida".

Art. 6º: 1a. s/ ausência, v. arts. 22 a 39; s/ bens dos ausentes, v. CPC 744 e 745; s/ registro da ausência, v. LRP 29-VI e 94; s/ registro da cessação da ausência, v. LRP 104. V. tb. Dec. lei 5.782, de 30.8.43, arts. 1º e 2º; Dec. lei 6.239, de 3.2.44; Lei 8.112, de 11.12.90, art. 221; Lei 8.213, de 24.7.91, art. 78; Lei 9.140, de 4.12.95, art. 1º.

Art. 6º: 1b. s/ sucessão definitiva, v. art. 37.

Art. 7º Pode ser declarada a morte presumida, sem decretação de ausência:
I — se for extremamente provável a morte de quem estava em perigo de vida;[1-1a]
II — se alguém, desaparecido em campanha[2] ou feito prisioneiro, não for encontrado até dois anos após o término da guerra.
Parágrafo único. A declaração da morte presumida, nesses casos, somente poderá ser requerida depois de esgotadas as buscas e averiguações, devendo a sentença fixar a data provável do falecimento.

Art. 7º: 1. v. LRP 88, especialmente nota 1.

Art. 7º: 1a. "Não parece correto cogitar de situações de perigo de vida em que a morte se afigura provável apenas em casos de grandes catástrofes naturais ou decorrentes de ação humana, como quedas de aviões ou terremotos com dezenas ou centenas de vítimas, amplamente noticiados na imprensa. Também em casos comuns de desaparecimento de pessoas, desde que circunstâncias especiais revelem estado de perigo e probabilidade razoável de morte, se amoldam ao tipo do art. 7º do Código Civil" (RT 922/951 e JTJ 376/534: AP 9947-95.2011.8.26.0292; a citação é do voto do relator).

Art. 7º: 2. v. LRP 85 e 86.

Art. 8º Se dois ou mais indivíduos falecerem na mesma ocasião,[1] não se podendo averiguar se algum dos comorientes precedeu aos outros, presumir-se-ão simultaneamente mortos.[2 a 4]

Art. 8º: 1. Para efeitos de comoriência, não interessa que as mortes tenham se dado em locais diversos.

Art. 8º: 2. Um comoriente não participa da sucessão do outro.

Art. 8º: 3. "Não se podendo afirmar com absoluta certeza, em face da prova dos autos, a premoriência de uma das vítimas de acidente em que veículo é abalroado e vem a explodir quase em seguida, deve ser mantida a presunção legal de comoriência" (RJM 179/159). No mesmo sentido: "A presunção legal de comoriência estabelecida quando houver dúvida sobre quem morreu primeiro só pode ser afastada ante a existência de prova inequívoca de premoriência" (RT 639/62).

Art. 8º: 4. "A morte de um dos beneficiários do seguro, na mesma ocasião em que morre o segurado, desafia a aplicação do instituto da comoriência e o valor do seguro é desde logo atribuído por inteiro a outra beneficiária, sem contemplação dos herdeiros da beneficiária falecida, que não chegou a vivenciar o direito ao pagamento do seguro" (RDPr 36/341: TJSP, AP 1185280-0/5).

Art. 9º Serão registrados em registro público:[1]

I — os nascimentos,[1a] casamentos[2] e óbitos;[3]
II — a emancipação[4] por outorga dos pais ou por sentença do juiz;[5]
III — a interdição[6] por incapacidade absoluta ou relativa;
IV — a sentença declaratória de ausência[7] e de morte presumida.[8]

Art. 9º: 1. v. Lei 6.001, de 19.12.73, arts. 9º a 13 (Estatuto do Índio); Lei 13.445, de 24.5.17, arts. 19 a 22 (Lei de Migração); CP 241 a 243; LINDB 18 e 19.

Art. 9º: 1a. s/ registro de nascimento, v. LRP 50 a 66. V. tb. art. 1.604.

Art. 9º: 2. v. LRP 67 a 76. V. tb. art. 1.512 § ún.

Art. 9º: 3. v. LRP 77 a 88.

Art. 9º: 4. Compete ao Juiz da Infância e da Juventude "conceder a emancipação, nos termos da lei civil, quando faltarem os pais" (ECA 148 § ún.-e).

Art. 9º: 5. v. LRP 89 a 91.

Art. 9º: 6. v. CPC 755 § 3º e LRP 92 e 93.

Art. 9º: 7. v. LRP 94.

Art. 9º: 8. v. LRP 88.

Art. 10. Far-se-á averbação em registro público:

I — das sentenças que decretarem a nulidade ou anulação do casamento, o divórcio, a separação judicial e o restabelecimento da sociedade conjugal;[1]
II — dos atos judiciais ou extrajudiciais que declararem ou reconhecerem a filiação;[2]
III — ....[3]

Art. 10: 1. v. LRP 29 § 1º-a. S/ nulidade ou anulação do casamento, v. arts. 1.548 a 1.564; s/ dissolução da sociedade conjugal, v. arts. 1.571 a 1.582; s/ restabelecimento da sociedade conjugal, v. art. 1.577 e LDi 46.

V. art. 1.571, nota 2b **(Em. Const. 66, de 13.7.10).**

Art. 10: 2. v. LRP 29 § 1º-b e d. S/ reconhecimento de filiação, v. arts. 1.607 a 1.617; ECA 26 e 27; e Lei 8.560, de 2.12.92 (no tít. INVESTIGAÇÃO DE PATERNIDADE).

Art. 10: 3. O inc. III foi expressamente revogado pela Lei 12.010, de 3.8.09, em vigor 90 dias após a sua publicação (DOU 4.8.09).

Capítulo II[1 a 4] | DOS DIREITOS DA PERSONALIDADE

✎ **CAP. II: 1.** "Cidadania e direitos da personalidade", por Gustavo Tepedino (RJ 305/24 e 309/7); "Caracterização jurídica da dignidade da pessoa humana", por Antonio Junqueira de Azevedo (RT 797/11); "Contornos atuais do direito à imagem", por Carlos Affonso Pereira de Souza (RF 367/45); "A integridade psíquica e sua disciplina dentre os direitos de personalidade no sistema legal brasileiro", por Carlos Eduardo de Abreu Boucault (RDPr 14/162); "Colisão entre liberdade de expressão e direitos da personalidade. Critérios de ponderação. Interpretação constitucionalmente adequada do Código Civil e da Lei de Imprensa", por Luís Roberto Barroso (RDPr 18/105 e RDA 235/1); "A dignidade da pessoa e os direitos econômicos, sociais e culturais: uma aproximação latino-americana", por Humberto Nogueira Alcalá (RDPr 20/156); "Dignidade da pessoa humana: referenciais metodológicos e regime jurídico", por Emerson Garcia (RDPr 21/85); "Direitos de personalidade no Código Civil português e no novo Código Civil brasileiro", por Paulo Mota Pinto (Ajuris 96/407, RJ 314/7); "Os direitos de personalidade e os direitos do consumidor", por Bruno Miragem (Ajuris 97/33); "Os direitos da personalidade e suas conexões intra, inter e extrassistemáticas", por Cristiane Avancini Alves (RJ 330/35); "(In)disponibilidade da vida?", por Luciana Batista Esteves (RDPr 24/89); "A dignidade da pessoa humana como condição de possibilidade de sentido", por Reinaldo Pereira e Silva (RDPr 24/235); "Estudo comparado do direito de personalidade no Brasil e na Alemanha", por Erasmo M. Ramos (RT 799/11); "Direito civil e dignidade da pessoa humana: um diálogo constitucional contemporâneo", por Luiz Edson Fachin (RF 385/113); "Considerações acerca da inserção dos direitos de personalidade no ordenamento privado brasileiro", por Lucas Lixinski (RDPr 27/201); "Questões da Lei da Imprensa e os direitos da personalidade", por Ênio Santarelli Zuliani (RIDCPC 48/34, RMD-CPC 21/13); "Análise crítica, construtiva e de índole constitucional da disciplina dos direitos da personalidade no Código Civil brasileiro: fundamentos, limites e transmissibilidade", por Luiz Edson Fachin (RJ 362/43); "Autolimitação do direito à privacidade", por Paulo Luiz Netto Lôbo (RTDC 34/93); "Direitos de personalidade: conteúdo e sistematização", por Flávio Henrique Silva Ferreira (RDPr 39/137); "Direitos da personalidade e a divulgação da remuneração dos executivos", por Jorge Cavalcanti Boucinhas Filho (RMDECC 33/50); "Os direitos da personalidade na era da informática", por Cássio Augusto Barros Brant (RDPr 42/9); "Dignidade e solidariedade civil-constitucional", por Roberto Senise Lisboa (RDPr 42/30); "O direito à vida, o direito ao corpo e às partes do corpo, o direito ao nome, à imagem e outros relativos à identidade e à figura social, inclusive intimidade", por Luciano de Camargo Penteado (RDPr 49/73).

CAP. II: 2. v. CF 1º-III e 3º-IV.

CAP. II: 3. Lei 13.445, de 24.5.17 — Institui a Lei de Migração.

CAP. II: 4. Enunciado 274 do CEJ: "Os direitos da personalidade, regulados de maneira não exaustiva pelo Código Civil, são expressões da cláusula geral de tutela da pessoa humana, contida no art. 1º, III, da Constituição (princípio da dignidade da pessoa humana). Em caso de colisão entre eles, como nenhum pode sobrelevar os demais, deve-se aplicar a técnica da ponderação".

Art. 11. Com exceção dos casos previstos em lei, os direitos da personalidade são intransmissíveis e irrenunciáveis, não podendo o seu exercício sofrer limitação voluntária.[1 a 4]

Art. 11: 1. "Art. 52. Aplica-se às pessoas jurídicas, no que couber, a proteção dos direitos da personalidade".

Art. 11: 2. Enunciado 4 do CEJ: "O exercício dos direitos da personalidade pode sofrer limitação voluntária, desde que não seja permanente nem geral".

Art. 11: 3. Enunciado 139 do CEJ: "Os direitos da personalidade podem sofrer limitações, ainda que não especificamente previstas em lei, não podendo ser exercidos com abuso de direito de seu titular, contrariamente à boa-fé objetiva e aos bons costumes".

Art. 11: 4. "Alegação de formalização de instrumento particular de transação e outras avenças, no qual os agravados renunciaram expressamente a postular o reconhecimento de paternidade. Direito indisponível e irrenunciável. Art. 11 do Código Civil" (JTJ 331/141: AI 577.562-4/2-00).

Art. 12. Pode-se exigir que cesse a ameaça, ou a lesão, a direito da personalidade, e reclamar perdas e danos, sem prejuízo de outras sanções previstas em lei.[1 a 3]

Parágrafo único. Em se tratando de morto, terá legitimação para requerer a medida prevista neste artigo o cônjuge sobrevivente, ou qualquer parente em linha reta, ou colateral[4] até o quarto grau.[5-5a]

Art. 12: 1. s/ obras biográficas literárias ou audiovisuais, v. art. 20, nota 2b.

S/ ato ilícito e responsabilidade civil, v. arts. 186 (especialmente **danos morais**) e 927 a 954; s/ perdas e danos, v. arts. 402 a 405.

S/ conteúdo disponibilizado na Internet, v. MCI 18 a 21 e respectivas notas.

V. tb. CF 5º-X, XXXV, LXVIII, LXIX e LXXI; CPC 300 e segs. e 497 e segs.

Art. 12: 2. Enunciado 5 do CEJ, primeira parte: "As disposições do art. 12 têm caráter geral e aplicam-se inclusive às situações previstas no art. 20, excepcionados os casos expressos de legitimidade para requerer as medidas nele estabelecidas".

Enunciado 140 do CEJ: "A primeira parte do art. 12 do Código Civil refere-se às técnicas de tutela específica, aplicáveis de ofício, enunciadas no art. 461 do Código de Processo Civil, devendo ser interpretada com resultado extensivo".

Art. 12: 3. "Posto seja livre a manifestação do pensamento — mormente em épocas eleitorais, em que as críticas e os debates relativos a programas políticos e problemas sociais são de suma importância, até para a formação da convicção do eleitorado —, tal direito não é absoluto. Ao contrário, encontra rédeas tão robustas e profícuas para a consolidação do Estado Democrático de Direito quanto o direito à livre manifestação do pensamento: trata-se dos direitos à honra e à imagem, ambos condensados na máxima constitucional da dignidade da pessoa humana. Em realidade, a pretexto de responder às agressões anteriormente sofridas, utiliza-se do mesmo instrumento de que fez uso seu adversário político: ofensas diretas à honra do ora recorrente. Não se há confundir direito de resposta com direito de vingança, porquanto aquele não constitui crédito ao ofendido para que possa injuriar ou difamar o seu ofensor. Conclusão diversa conduziria à impunidade daqueles que, na ânsia de votos ou visibilidade, a pretexto de exercerem o direito de resposta, tentam manchar a reputação daqueles que os ladeiam. Seria compactuar com o debate de baixo nível que, amiúde, impregna os meios de comunicação" (STJ-RDPr 39/309: 4ª T., REsp 296.391).

"Obrigação de fazer. Liberdade de manifestação de pensamento. Ofensa à honra e à dignidade da pessoa humana. Ocorrência. Publicação de artigo científico na Internet, no qual nome de profissional da medicina foi citado mediante projeções pejorativas no meio médico. Liminar concedida determinando a exclusão de excerto contumelioso do corpo do texto, sob pena de multa. Admissibilidade. Inteligência dos arts. 5º, IV, V e X, e 220, § 1º, da CF e 12, 16 e 17 do CC/2002" (RT 844/384).

"Ação de obrigação de não fazer c/c indenização por danos materiais e compensação por danos morais. Conflito entre a liberdade de expressão e a intimidade. Publicidade em torno do assassinato de uma criança. Auxiliar da justiça. Acesso à intimidade da família da recorrida em processo criminal. Sigilo profissional. Publicidade. Impossibilidade. O corpo da vítima não está à disposição eterna da opinião pública, como se a cada nova conjectura fosse válida a retomada da discussão em torno do assassinato com todos os requintes da crueldade humana praticados, ou pior, sequer praticados mas apenas projetados pelo imaginário infinito de possibilidades imagéticas. O corpo é dimensão da personalidade protegida pelo ordenamento jurídico e não se limita tão somente ao elemento físico, material ou corpóreo, mas alcança expressão e valor impassíveis de mercantilização. A família tem direito fundamental e humano ao sepultamento de tão dolorosa história. O recorrente atuou na condição de assistente-técnico contratado para dar parecer no processo criminal, único motivo para ter acesso privilegiado à privacidade que cercava a família da recorrida. Ao se apropriar do conteúdo a que teve acesso por esta condição, o recorrente abusa de seu compromisso como auxiliar da Justiça e se desvia dos limites de que foi revestido, para, valendo-se do encargo processual, transportar para o público as informações em torno deste específico crime, não observando o sigilo profissional. Não se ateve o trabalho do recorrente ao tema exclusivo da análise acadêmica de perícia médico-legal, permitindo a identificação da vítima, mediante postura sensacionalista para sua autopromoção" (STJ-3ª T., REsp 1.687.860, Min. Nancy Andrighi, j. 7.5.19, DJ 10.5.19).

Todavia: "No julgamento da ADPF 130, o STF proibiu enfaticamente a censura de publicações jornalísticas, bem como tornou excepcional qualquer tipo de intervenção estatal na divulgação de notícias e de opiniões. A liberdade de expressão desfruta de uma posição preferencial no Estado democrático brasileiro, por ser uma pré-condição para o exercício esclarecido dos demais direitos e liberdades. Eventual uso abusivo da liberdade de expressão deve ser reparado, preferencialmente, por meio de retificação, direito de resposta ou indenização. Ao determinar a retirada de matéria jornalística de sítio eletrônico de meio de comunicação, a decisão reclamada violou essa orientação" (STF-1ª T., Rcl 22.328, Min. Roberto Barroso, j. 6.3.18, DJ 10.5.18).

"Decisões reclamadas que restringem difusão de conteúdo audiovisual em que formuladas sátiras a elementos religiosos inerentes ao Cristianismo. Ofensa à autoridade de decisão proferida pelo Supremo Tribunal Federal nos julgamentos da ADPF 130 e da ADI 2.404. Importância da livre circulação de ideias em um Estado democrático. Proibição de divulgação de determinado conteúdo deve-se dar apenas em casos excepcionalíssimos, como na hipótese de configurar ocorrência de prática ilícita, de incitação à violência ou à discriminação, bem como de propagação de discurso de ódio. Distinção entre intolerância religiosa e crítica religiosa. Obra que não incita violência contra grupos religiosos, mas constitui mera crítica, realizada por meio de sátira, a elementos caros ao Cristianismo. Reclamação julgada procedente" (STF-2ª T., Rcl 38.782, Min. Gilmar Mendes, j. 3.11.20, DJ 24.2.21).

"O deferimento da tutela inibitória, que procura impedir a violação do próprio direito material, exige cuidado redobrado, sendo imprescindível que se demonstre: (i) a presença de um risco concreto de ofensa do direito, evidenciando a existência de circunstâncias que apontem, com alto grau de segurança, para a provável prática futura, pelo réu, de ato antijurídico contra o autor; (ii) a certeza quanto à viabilidade de se exigir do réu o cumprimento específico da obrigação correlata ao direito, sob pena de se impor um dever impossível de ser alcançado; e (iii) que a concessão da tutela inibitória não irá causar na esfera jurídica do réu um dano excessivo. A concessão de tutela inibitória para o fim de impor ao réu a obrigação de não ofender a honra subjetiva e a imagem do autor se mostra impossível, dada a sua subjetividade, impossibilitando a definição de parâmetros objetivos aptos a determinar os limites da conduta a ser observada. Na prática, estará se embargando o direito do réu de manifestar livremente o seu pensamento, impingindo-lhe um conflito interno sobre o que pode e o que não pode ser dito sobre o autor, uma espécie de autocensura que certamente o inibirá nas críticas e comentários que for tecer. Assim como a honra e a imagem, as liberdades de pensamento, criação, expressão e informação também constituem direitos de personalidade, previstos no art. 220 da CF/88. A concessão de tutela inibitória em face de jornalista, para que cesse a postagem de matérias consideradas ofensivas, se mostra impossível, pois a crítica jornalística, pela sua relação de inerência com o interesse público, não pode ser aprioristicamente censurada. Sopesados o risco de lesão ao patrimônio subjetivo individual do autor e a ameaça de censura à imprensa, o fiel da balança deve pender para o lado do direito à informação e à opinião. Primeiro se deve assegurar o gozo do que o Pleno do STF, no julgamento da ADPF 130/DF, Rel. Min. Carlos Britto, DJe de 6.11.09, denominou *sobredireitos* de personalidade — assim entendidos como os direitos que dão conteúdo à liberdade de imprensa, em que se traduz a livre e plena manifestação do pensamento, da criação e da informação — para somente então se cobrar do titular dessas situações jurídicas ativas um eventual desrespeito a direitos constitucionais alheios, ainda que também formadores da personalidade humana. Mesmo que a repressão posterior não se mostre ideal para casos de ofensa moral, sendo incapaz de restabelecer por completo o *status quo ante* daquele que teve sua honra ou sua imagem achincalhada, na sistemática criada pela CF/88 prevalece a livre e plena circulação de ideias e notícias, assegurando-se, em contrapartida, o direito de resposta e todo um regime de responsabilidades civis e penais que, mesmo atuando após o fato consumado, têm condição de inibir abusos no exercício da liberdade de imprensa e de manifestação do pensamento. Mesmo para casos extremos como o dos autos — em que há notícia de seguidos excessos no uso da liberdade de imprensa — a mitigação da regra que veda a censura prévia não se justifica. Nessas situações, cumpre ao Poder Judiciário agir com austeridade, assegurando o amplo direito de resposta e intensificando as indenizações caso a conduta se reitere, conferindo ao julgado caráter didático, inclusive com vistas a desmotivar comportamentos futuros de igual jaez. A aplicação inflexível e rigorosa da lei também produz efeito preventivo — tal qual o buscado via tutela inibitória — desestimulando não apenas o próprio ofensor, mas também terceiros propensos a adotar igual conduta. Ademais, nada impede o juiz de compensar os danos morais mediante fixação de sanções alternativas que se mostrem coercitivamente mais eficazes do que a mera indenização pecuniária. Em outras palavras, a punição severa do abuso à liberdade de imprensa — e ainda mais severa da recalcitrância — serve também para inibir lesões futuras a direitos da personalidade como a honra e a imagem, cumprindo, ainda que de forma indireta, os ditames do art. 12 do CC/02. O fato de a violação à moral correr o risco de se materializar por intermédio da Internet não modifica as conclusões quanto à impossibilidade de prévia censura da imprensa. A rede mundial de computadores se encontra sujeita ao mesmo regime jurídico dos demais meios de comunicação. O maior potencial lesivo das ofensas via Internet não pode ser usado como subterfúgio para imprimir restrições à livre manifestação do pensamento, da criação, da expressão e da informação, cuja natureza não se altera pelo fato de serem veiculadas digitalmente. Cumpre ao Poder Judiciário se adequar frente à nova realidade social, dando solução para essas novas demandas, assegurando que no exercício do direito de resposta se utilize o mesmo veículo (Internet), bem como que na fixação da indenização pelos danos morais causados se leve em consideração esse maior potencial lesivo das ofensas lançadas no meio virtual. Para além disso, caso essas medidas se mostrem insuficientes, nada impede a imposição de sanções alternativas que, conforme as peculiaridades da espécie, tenham efeito coator e pedagógico mais eficientes do que a simples indenização" (STJ-3ª T., REsp 1.388.994, Min. Nancy Andrighi, j. 19.9.13, DJ 29.11.13).

"Obra literária que narra bastidores de investigação policial sobre crime de grande repercussão e que ganhou notoriedade na imprensa. Inexistência de exposição indevida ou de utilização de fatos difamantes ou injuriosos a denegrir a pessoa do autor ou seus familiares. Intimidade da família que restou exposta em razão da tragédia protagonizada e não por conta da obra literária, atenta aos elementos do inquérito. Narrativa lúdica que utiliza artifício para situar o leitor no tempo. Artifício usado com a clara intenção de reunir os elementos colhidos na reconstrução das cenas na mente do leitor. Circunstância que não descaracteriza a atividade intelectual como 'obra de reportagem', independente da catalogação voltada a público infanto-juvenil. Supressão de trechos determinada na sentença, e sequer delimitados, que implica em indevida censura sem motivos que a justifiquem. Não vislumbrada conduta clara de violação à honra, imagem e privacidade" (RT 916/930: TJSP, AP 9114615-40.2006.8.26.0000, maioria).

V. arts. 20, nota 3, e 927, notas 3a e 4.

Art. 12: 4. v. arts. 1.591 a 1.595.

Art. 12: 5. "Tutela jurisdicional da personalidade 'post mortem'", por José Rogério Cruz e Tucci (RJ 336/9, RF 384/61 e RT 845/11).

Art. 12: 5a. Enunciado 275 do CEJ: "O rol dos legitimados de que tratam os arts. 12, parágrafo único, e 20, parágrafo único, do Código Civil também compreende o companheiro".

Art. 13. Salvo por exigência médica,[1-1a] é defeso o ato de disposição do próprio corpo,[1b a 3] quando importar diminuição permanente da integridade física, ou contrariar os bons costumes.

Parágrafo único. O ato previsto neste artigo será admitido para fins de transplante, na forma estabelecida em lei especial.

Art. 13: 1. Enunciado 6 do CEJ: "A expressão 'exigência médica', contida no art. 13, refere-se tanto ao bem-estar físico quanto ao bem-estar psíquico do disponente".

Art. 13: 1a. Enunciado 276 do CEJ: "O art. 13 do Código Civil, ao permitir a disposição do próprio corpo por exigência médica, autoriza as cirurgias de transgenitalização, em conformidade com os procedimentos estabelecidos pelo Conselho Federal de Medicina, e a consequente alteração do prenome e do sexo no Registro Civil".

✎ Art. 13: 1b. "Patrimônio genético: comércio e proteção de substâncias do corpo humano", por Gerson Amauri Calgaro (RDPr 16/97).

Art. 13: 2. v. Lei 9.434, de 4.2.97. V. tb. CF 199 § 4º.

Art. 13: 3. Afirmando o direito à **transgenitalização,** com apoio na sua "finalidade terapêutica" e no "dever constitucional do Estado de promover saúde a todos": Bol. AASP 2.359/3.005.

Contra: "O art. 13, *caput,* do CC/2002 veda o ato de disposição do próprio corpo, quando importar diminuição permanente da integridade física ou contrariar os bons costumes, salvo por exigência médica, entendida esta como a necessidade imperiosa de transformação ou de remoção de órgão do corpo, cientificamente provada, em decorrência de patologia grave e curável, exclusivamente, por meio daqueles procedimentos interventivos extremos. O sexo, como estado individual da pessoa, é informado pelo gênero biológico. O sexo, do qual derivam direitos e obrigações, procede do direito e não pode variar de sua origem natural sem legislação própria que a acautele e discipline, razão pela qual inviável autorização judicial para a realização de cirurgia de transgenitalização" (RJM 173/274).

S/ retificação de assento no registro civil nessas circunstâncias, v. LRP 109, nota 1b.

Art. 14. É válida, com objetivo científico, ou altruístico, a disposição gratuita do próprio corpo,[1] no todo ou em parte, para depois da morte.[2]

Parágrafo único. O ato de disposição pode ser livremente revogado a qualquer tempo.

Art. 14: 1. CF 199: "§ 4º A lei disporá sobre as condições e os requisitos que facilitem a remoção de órgãos, tecidos e substâncias humanas para fins de transplante, pesquisa e tratamento, bem como a coleta, processamento e transfusão de sangue e seus derivados, sendo vedado todo tipo de comercialização".

V. Lei 9.434, de 4.2.97.

Art. 14: 2. Enunciado 277 do CEJ: "O art. 14 do Código Civil, ao afirmar a validade da disposição gratuita do próprio corpo, com objetivo científico ou altruístico, para depois da morte, determinou que a manifestação expressa do doador de órgãos em vida prevalece sobre a vontade dos familiares, portanto, a aplicação do art. 4º da Lei n. 9.434/97 ficou restrita à hipótese de silêncio do potencial doador".

Art. 15. Ninguém pode ser constrangido a submeter-se, com risco de vida, a tratamento médico ou a intervenção cirúrgica.[1]

Art. 15: 1. v. Dec. lei 1.001, de 21.10.69, art. 222 § 3º-I (Código Penal Militar).

Art. 16. Toda pessoa tem direito ao nome,[1] nele compreendidos o prenome e o sobrenome.[1a]

✎ Art. 16: 1. "A tutela do nome da pessoa humana", por Maria Celina Bodin de Moraes (RF 364/217); "A tutela jurídica do nome", por Rodrigo Santos Neves (RT 931/91).

Art. 16: 1a. v. LRP 54 a 60.

S/ alteração do nome em razão do casamento, v. art. 1.565 § 1º; s/ manutenção do nome após a dissolução da sociedade conjugal, v. arts. 1.571 § 2º e 1.578; s/ direito do filho ao nome, v. art. 1.596, CF 227 § 6º e ECA 20; s/ proteção do nome das pessoas jurídicas, v. arts. 1.163 a 1.167, CF 5º-XXIX, Lei 8.934/94 (arts. 33 e 34) e Lei 9.279/96 (art. 124-V).

Art. 17. O nome da pessoa não pode ser empregado por outrem em publicações ou representações que a exponham ao desprezo público, ainda quando não haja intenção difamatória.¹ ᵃ ²

✎ **Art. 17: 1.** "Solucionando o conflito entre o direito à imagem e a liberdade de expressão: a contribuição da jurisprudência da Corte Interamericana de Direitos Humanos", por Edson Beas Rodrigues Jr. (RT 905/88).

Art. 17: 1a. v. arts. 20 e 953, bem como respectivas notas.

Art. 17: 2. Súmula 221 do STJ: "São civilmente responsáveis pelo ressarcimento de dano, decorrente de publicação pela imprensa, tanto o autor do escrito quanto o proprietário do veículo de divulgação".

Art. 18. Sem autorização, não se pode usar o nome alheio em propaganda comercial.¹⁻²

Art. 18: 1. Enunciado 278 do CEJ: "A publicidade que venha a divulgar, sem autorização, qualidades inerentes a determinada pessoa, ainda que sem mencionar seu nome, mas sendo capaz de identificá-la, constitui violação a direito da personalidade".

Art. 18: 2. "Assim como a utilização desautorizada da imagem, o uso indevido do nome, que também é um dos atributos da personalidade, **dispensa a comprovação dos danos** causados, pois presumidos, fazendo nascer automaticamente a obrigação de indenizar" (STJ-3ª T., REsp 1.645.614, Min. Paulo Sanseverino, j. 26.6.18, DJ 29.6.18).

V. tb. art. 20, nota 3.

Art. 19. O pseudônimo adotado para atividades lícitas goza da proteção que se dá ao nome.¹

Art. 19: 1. v. LDA 5º-VIII-c, 12, 15, 24-II, 80-II e 108. V. tb. LRP 58-caput (apelidos públicos notórios).

Art. 20. Salvo se autorizadas, ou se necessárias à administração da justiça ou à manutenção da ordem pública, a divulgação de escritos, a transmissão da palavra, ou a publicação, a exposição ou a utilização da imagem¹ ᵃ ¹ᶜ de uma pessoa poderão ser proibidas, a seu requerimento e sem prejuízo da indenização que couber, se lhe atingirem a honra, a boa fama ou a respeitabilidade, ou se se destinarem a fins comerciais.² ᵃ ³ᵃ

Parágrafo único. Em se tratando de morto³ᵇ⁻³ᶜ ou de ausente,³ᵈ são partes legítimas para requerer essa proteção o cônjuge, os ascendentes ou os descendentes.⁴

Art. 20: 1. v. CF 5º-X e LDA 7º-VII e 79.

Art. 20: 1a. Lei 9.615, de 24.3.98 — Institui normas gerais sobre desporto e dá outras providências: "Art. 42. Pertence às entidades de prática desportiva o direito de arena, consistente na prerrogativa exclusiva de negociar, autorizar ou proibir a captação, a fixação, a emissão, a transmissão, a retransmissão ou a reprodução de imagens, por qualquer meio ou processo, de espetáculo desportivo de que participem. (...) § 2º O disposto neste artigo não se aplica à exibição de flagrantes de espetáculo ou evento desportivo para fins exclusivamente jornalísticos, desportivos ou educativos ou para a captação de apostas legalmente autorizadas, respeitadas as seguintes condições: I — a captação das imagens para a exibição de flagrante de espetáculo ou evento desportivo dar-se-á em locais reservados, nos estádios e ginásios, para não detentores de direitos ou, caso não disponíveis, mediante o fornecimento das imagens pelo detentor de direitos locais para a respectiva mídia; II — a duração de todas as imagens do flagrante do espetáculo ou evento desportivo exibidas não poderá exceder 3% (três por cento) do total do tempo de espetáculo ou evento; III — é proibida a associação das imagens exibidas com base neste artigo a qualquer forma de patrocínio, propaganda ou promoção comercial. § 3º O espectador pagante, por qualquer meio, de espetáculo ou evento desportivo equipara-se, para todos os efeitos legais, ao consumidor, nos termos do art. 2º da Lei n. 8.078, de 11 de setembro de 1990".

"**Art. 42-A.** Pertence à entidade de prática desportiva de futebol mandante o direito de arena sobre o espetáculo desportivo. § 1º Para fins do disposto no caput deste artigo, o direito de arena consiste na prerrogativa exclusiva de negociar, de autorizar ou de proibir a captação, a fixação, a emissão, a transmissão, a retransmissão ou a reprodução de imagens do espetáculo desportivo, por qualquer meio ou processo. § 2º Serão distribuídos aos atletas profissionais, em partes iguais; 5% (cinco por cento) da receita proveniente da exploração de direitos desportivos audiovisuais do espetáculo desportivo de que trata o *caput* deste artigo. § 3º A distribuição da receita de que trata o § 2º deste artigo terá caráter de pagamento de natureza civil, exceto se houver disposição em contrário constante de convenção coletiva de trabalho. § 4º O pagamento da verba de que trata o § 2º deste artigo será realizado por intermédio dos sindicatos das respectivas categorias, que serão responsáveis pelo recebimento e pela logística de repasse aos participantes do espetáculo, no prazo de até 72 (setenta e duas) horas, contado do recebimento das verbas pelo sindicato. § 5º Para fins do disposto no § 2º deste artigo, quanto aos campeonatos de futebol, consideram-se atletas profissionais todos os jogadores escalados para a partida, titulares e reservas. § 6º Na hipótese de realização de eventos desportivos sem definição do mando de jogo, a captação, a fixação, a emissão, a transmissão, a retransmissão ou a reprodução de imagens, por qualquer meio ou processo, dependerão da anuência das entidades de prática desportiva de futebol participantes. § 7º As disposições deste artigo não se aplicam a contratos que tenham por objeto direitos de transmissão celebrados previamente à vigência deste artigo, os quais permanecem regidos pela legislação em vigor na data de sua celebração. § 8º Os contratos de que trata o § 7º deste artigo não podem atingir as entidades desportivas que não cederam seus direitos de transmissão para terceiros previamente à vigência deste artigo, as quais poderão cedê-los livremente, conforme as disposições previstas no *caput* deste artigo".

"**Art. 87-A.** O direito ao uso da imagem do atleta pode ser por ele cedido ou explorado, mediante ajuste contratual de natureza civil e com fixação de direitos, deveres e condições inconfundíveis com o contrato especial de trabalho desportivo".

"**Parágrafo único.** Quando houver, por parte do atleta, a cessão de direitos ao uso de sua imagem para a entidade de prática desportiva detentora do contrato especial de trabalho desportivo, o valor correspondente ao uso da imagem não poderá ultrapassar 40% (quarenta por cento) da remuneração total paga ao atleta, composta pela soma do salário e dos valores pagos pelo direito ao uso da imagem".

"O direito de arena previsto no art. 42 da Lei 9.615/98 não é absoluto, na medida em que o próprio dispositivo legal limita o seu exercício, livrando de proteção autoral a exibição de flagrantes de espetáculo desportivo, desde que para fins exclusivamente jornalísticos ou educativos. A expressão 'flagrante' utilizada no § 2º do art. 42 da Lei 9.615/98 deve ser interpretada com o contexto jornalístico empregado pelo próprio dispositivo legal, associado não apenas à captação de instantes memoráveis para posterior consulta, mas sobretudo ao âmago do jornalismo, atividade de comunicação ligada essencialmente à coleta e transmissão de informações atuais. O conceito de atualidade, por sua vez, deve ser extraído da realidade que nos cerca, sujeitando-se à modificação ao longo do tempo, notadamente diante da evolução tecnológica e da forma como as informações são disponibilizadas ao público. Nos dias de hoje, a notícia jornalística perde sua atualidade em pouquíssimo tempo, pois se difunde rapidamente na sociedade, ávida por informações e interligada por diversos meios, com especial destaque para a Internet. A interpretação que mais se harmoniza com o espírito da regra contida no art. 42, § 2º, da Lei 9.615/98 é a de que, ausente espaço reservado, destinado à captação das imagens do evento desportivo para a exibição de flagrantes jornalísticos, cabe ao detentor dos direitos de arena disponibilizar para a imprensa, em tempo real, os arquivos respectivos" (STJ-3ª T., REsp 1.287.974, Min. Nancy Andrighi, j. 14.2.12, DJ 29.2.12).

V., ainda, **Dec. 7.984, de 8.4.13, arts. 45** (direito de imagem do atleta) e **46** (direito de arena)".

Art. 20: 1b. Enunciado 279 do CEJ: "A proteção à imagem deve ser ponderada com outros interesses constitucionalmente tutelados, especialmente em face do direito de amplo acesso à informação e da liberdade de imprensa. Em caso de colisão, levar-se-á em conta a notoriedade do retratado e dos fatos abordados, bem como a veracidade destes e, ainda, as características de sua utilização (comercial, informativa, biográfica), privilegiando-se medidas que não restrinjam a divulgação de informações".

Art. 20: 1c. "Não se pode cometer o delírio de, em nome do direito de privacidade, estabelecer-se uma redoma protetora em torno de uma pessoa para torná-la imune de qualquer veiculação atinente a sua imagem. Se a demandante expõe sua imagem em cenário público, não é ilícita ou indevida sua reprodução pela imprensa, uma vez que a proteção à privacidade encontra limite na própria exposição realizada" (STJ-4ª T., REsp 595.600, Min. Cesar Rocha, j. 18.3.04, DJU 13.9.04).

Art. 20: 2. "Biografias não autorizadas — liberdade de expressão e privacidade na história da vida privada", por Rebeca Garcia (RDPr 52/37); "Intimidade e pessoas notórias. Liberdades de expressão e de informação e biografias. Conflito entre direitos fundamentais. Ponderação, caso concreto e acesso à Justiça. Tutelas específica e indenizatória", por Ana Paula de Barcellos (RSDP 55/47).

Art. 20: 2a. Enunciado 5 do CEJ, segunda parte: "As disposições do art. 20 do novo Código Civil têm a finalidade específica de regrar a proteção dos bens personalíssimos nas situações nele enumeradas. Com exceção dos casos expressos de legitimação que se conformem com a tipificação preconizada nessa norma, a ela podem ser aplicadas subsidiariamente as regras instituídas no art. 12".

Art. 20: 2b. "**Autorização prévia para biografia** constitui censura prévia particular. O recolhimento de obras é censura judicial, a substituir a administrativa. Ação direta julgada procedente para dar **interpretação conforme à Constituição** aos arts. 20 e 21 do Código Civil, sem redução de texto, para, em consonância com os direitos fundamentais à liberdade de pensamento e de sua expressão, de criação artística, produção científica, declarar inexigível autorização de pessoa biografada relativamente a obras biográficas literárias ou audiovisuais, sendo também desnecessária autorização de pessoas retratadas como coadjuvantes (ou de seus familiares, em caso de pessoas falecidas ou ausentes)" (STF-Pleno, ADI 4.815, Min. Cármen Lúcia, j. 10.6.15, DJ 1.2.16).

"A representação cênica de episódio histórico em obra audiovisual biográfica não depende da concessão de prévia autorização de terceiros ali representados como coadjuvantes" (STJ-3ª T., REsp 1.454.016, Min. Ricardo Cueva, j. 12.12.17, maioria, DJ 12.3.18).

Art. 20: 3. Súmula 403 do STJ: "Independe de prova do prejuízo a indenização pela publicação não autorizada de **imagem de pessoa** com fins econômicos ou comerciais".

"O direito à imagem reveste-se de duplo conteúdo: moral, porque direito de personalidade; patrimonial, porque assentado no princípio segundo o qual a ninguém é lícito locupletar-se à custa alheia. Em se tratando de direito à imagem, a obrigação da reparação decorre do próprio uso indevido do direito personalíssimo, não havendo de cogitar-se da prova da existência de prejuízo ou dano, nem a consequência do uso, se ofensivo ou não" (STJ-2ª Seção, ED no REsp 230.268, Min. Sálvio de Figueiredo, j. 11.12.02, três votos vencidos, DJU 4.8.03). No mesmo sentido: RMDCPC 20/125, RJM 180/135.

"A obrigação da reparação pelo uso não autorizado de imagem decorre do próprio uso indevido do direito personalíssimo e não é afastada pelo caráter não lucrativo do evento ao qual a imagem é associada. Para a configuração do dano moral pelo uso não autorizado de imagem não é necessária a demonstração de prejuízo, pois o dano se apresenta *in re ipsa*" (STJ-3ª T., REsp 299.832, Min. Ricardo Cueva, j. 21.2.13, DJ 27.2.13).

"Ação de reparação de danos materiais cumulada com compensação por danos morais. Utilização de imagem após extinto contrato de cessão de uso. Dano moral *in re ipsa*" (STJ-3ª T., REsp 1.337.961, Min. Nancy Andrighi, j. 3.4.14, maioria, DJ 3.6.14).

"Cuidando-se de uso não autorizado de fotografias do autor para fins comerciais ou publicitários, mesmo sendo o fotografado funcionário da primeira ré, o direito à imagem exsurge como direito autônomo em relação a outros do mesmo jaez, como honra e intimidade, sendo cabível a indenização independentemente de dano moral. Por outro lado, os 'fins comerciais' colimados com a publicação devem ser analisados de forma ampla, descabendo perquirir se o veículo publicitário em si era ou não lucrativo. Desde que a publicação integre, direta ou indiretamente, a estratégia comercial ou publicitária da empresa, é de se presumir a existência de vantagem comercial, ainda que indireta, sendo desimportante o fato de a revista ser distribuída de forma graciosa" (STJ-4ª T., REsp 711.644, Min. Luis Felipe, j. 15.12.09, DJ 3.8.10).

"A publicação, em jornal, de fotografia, sem a autorização exigida pelas circunstâncias, constitui ofensa ao direito de imagem, não se confundindo com o direito de informação" (STJ-3ª T., AI 334.134-AgRg, Min. Ari Pargendler, j. 11.12.01, DJU 18.3.02).

"Mesmo quando se trata de pessoa pública, caracterizado o abuso do uso da imagem, que foi utilizada com fim comercial, subsiste o dever de indenizar" (STJ-4ª T., AI 1.345.989-AgRg, Min. Isabel Gallotti, j. 13.3.12, DJ 23.3.12).

"Reportagem de jornal a respeito de bares frequentados por homossexuais, ilustrada por foto de duas pessoas em via pública. A homossexualidade, encarada como curiosidade, tem conotação discriminatória, e é ofensiva aos próprios homossexuais; nesse contexto, a matéria jornalística, que identifica como homossexual quem não é, agride a imagem deste, causando-lhe dano moral" (STJ-RT 880/167: 3ª T., REsp 1.063.304).

"Direito de imagem. Publicação de fotografia. Mulher de biquíni na praia. Exata individualização da pessoa. Autorização prévia ou posterior. Inexistência. Revista de conotação erótica. Proveito econômico. Uso indevido da imagem. Dano moral configurado. Não se pode deduzir que a mulher formosa, que se apresente espontaneamente de biquíni na praia, ambiente adequado, esteja a concordar tacitamente com a divulgação de sua imagem em revista masculina de conteúdo erótico, e tenha ainda de considerar tal exposição como um 'elogio'" (STJ-4ª T., REsp 1.243.699, Min. Raul Araújo, j. 21.6.16, DJ 22.8.16).

"A revista, ao publicar as imagens da atriz, com dorso frontal desnudo, em meio absolutamente diferenciado daquele inicialmente concebido para o trabalho artístico, causou dano à autora. Isso porque a veiculação de imagens desse jaez, em ambientes diversos dos recônditos em que normalmente transitam publicações de cunho sensual, possui a virtualidade de causar, na pessoa retratada, ofensa à sua honra subjetiva, em razão da circulação de sua imagem — até então destinada a certo trabalho artístico — em local diverso daquele contratado e autorizado. Ademais, as imagens publicadas em mídia televisiva são exibidas durante fração de segundos, em horário restrito e em um contexto peculiarmente criado para aquela obra, bem diverso do que ocorre com a captura de uma cena e sua publicação em meio de comunicação impresso, o qual, pela sua própria natureza, possui a potencialidade de perpetuar a exposição e, por consequência, o constrangimento experimentado" (STJ-4ª T., REsp 1.200.482, Min. Luis Felipe, j. 9.11.10, DJ 7.2.11).

"O direito de arena que a lei atribui às entidades esportivas limita-se a fixação, transmissão e retransmissão do espetáculo desportivo público, mas não compreende o uso da imagem dos jogadores fora da situação específica do espetáculo, como na reprodução de fotografias para compor 'álbum de figurinhas'" (RSTJ 68/358, STJ-RT 714/253, STJ-RF 331/226).

"Cumpre registrar que a proteção constitucional da imagem encerra dois aspectos: o primeiro, relativo à imagem física do cidadão (imagem-retrato), e o segundo, referente à condição social da pessoa (imagem-atributo). No caso dos autos, a veiculação da imagem do autor não foi desonrosa, razão por que não há falar em dano à imagem-atributo. Entretanto, violada está a imagem-retrato, pois restou divulgada a fotografia do autor, jogador de futebol, em álbum de figurinhas, sem que tenha havido a necessária autorização prévia" (RJTJERGS 268/145: AP 70021337100).

Também reconhecendo a utilização ilícita da imagem: STJ-4ª T., REsp 1.053.534, Min. Fernando Gonçalves, j. 23.9.08, DJ 6.10.08 ("publicação de fotografia, sem autorização, por coluna social veiculando notícia não verdadeira"); STJ-4ª T., REsp 1.005.278, Min. Luis Felipe, j. 4.11.10, DJ 11.11.10 ("utilização indevida de fotografia da vítima, ainda ensanguentada e em meio às ferragens de acidente automobilístico"); RT 866/177 ("fotografia na capa de revista identificando criança como morador de favela"), 872/292 (TJDFT, AP 20060110587766; "publicação equivocada de fotografia do autor em matéria jornalística sobre operações ilegais, que resultaram em condenação criminal"), 874/317 (TJPR, AP 442.795-2; "utilização de foto de aluno na capa de apostila escolar"), JTJ 328/308 (AP 482.024-4/0-00; "divulgação de fotografias tiradas de paciente em procedimento médico-dermatológico, em revista de estética"), 332/456 (AP 464.994-4/4-00; "publicação de fotos de casamento em publicação semanal sem autorização"), 347/405 (AP 300.567-4/9-00; "imagem de adolescentes veiculadas por site contendo arquivos de fotos eróticas sem autorização"), Bol. AASP 2.653 (TJDFT, AP 20070111069079; "publicação de foto vexatória em revista de circulação nacional").

Todavia: "A divulgação de fotografia sem autorização não gera por si só o dever de indenizar. Para a caracterização do dever de indenizar é necessário analisar as peculiaridades de cada hipótese" (STJ-4ª T., REsp 803.129, Min. João Otávio, j. 29.9.09, DJ 13.10.09).

"Para imputar o dever de compensar danos morais pelo uso indevido da imagem com fins lucrativos é necessário analisar as circunstâncias particulares que envolveram a captação e exposição da imagem. O dano moral compensável deve ser qualificado por elemento psicológico que evidencie o sofrimento suportado pela vítima. Na hipótese sob julgamento, constatou-se que houve veiculação restrita da imagem que se deu apenas no âmbito profissional das vítimas, as quais foram fotografadas vestidas com trajes correspondentes à profissão que exercem e em local compatível à atividade laboral" (STJ-3ª T., REsp 622.872, Min. Nancy Andrighi, j. 14.6.05, DJU 1.8.05).

"Tratando-se de imagem de multidão, de pessoa famosa ou ocupante de cargo público, deve ser ponderado se, dadas as circunstâncias, a exposição da imagem é ofensiva à privacidade ou à intimidade do retratado, o que poderia ensejar algum dano patrimonial ou extrapatrimonial. Há, nessas hipóteses, em regra, presunção de consentimento do uso da imagem, desde que preservada a vida privada. Em se tratando de pessoa ocupante de cargo público, de notória importância social, como o é o de magistrado, fica mais restrito o âmbito de reconhecimento do dano à imagem e sua extensão, mormente quando utilizada a fotografia para ilustrar matéria jornalística pertinente, sem invasão da vida privada do retratado. Com base nessas considerações, conclui-se que a utilização de fotografia do magistrado adequadamente trajado, em seu ambiente de trabalho, dentro da Corte Estadual onde exerce a função judicante, serviu apenas para ilustrar a matéria jornalística, não constituindo, *per se*, violação ao direito de preservação de sua imagem ou de sua vida íntima e privada. Não há, portanto, causa para indenização por danos patrimoniais ou morais à imagem" (STJ-4ª T., REsp 801.109, Min. Raul Araújo, j. 12.6.12, DJ 12.3.13).

"Não viola o direito de imagem a veiculação de fotografia de pessoa participando de manifestação pública, inclusive empunhando cartazes, em local público, sendo dispensável a prévia autorização do fotografado, sob pena de inviabilizar o exercício da liberdade de imprensa" (STJ-3ª T., REsp 1.449.082, Min. Paulo Sanseverino, j. 21.3.17, DJ 27.3.17).

"Embora não seja possível presumir que o recorrente, enquanto torcedor presente no estádio para assistir à partida de futebol, tenha, tacitamente, autorizado a recorrida a usar sua imagem em campanha publicitária de automóvel, não há falar em dano moral porque o cenário delineado nos autos revela que as filmagens não destacam a sua imagem, senão inserida no contexto de uma torcida, juntamente com vários outros torcedores" (STJ-3ª T., REsp 1.772.593, Min. Nancy Andrighi, j. 16.6.20, DJ 19.6.20).

Negando a utilização ilícita da imagem e o pedido de indenização por danos morais, tendo em vista que "o autor da ação foi retratado de forma acidental, num contexto em que o objetivo não foi a exploração de sua imagem": STJ-RJ 268/74 (REsp 85.905, 3ª T.).

"Acidente de trânsito. Publicação de reportagem em revista de grande circulação. Inexistência de dano extrapatrimonial na espécie. Liberdade de informação. Fato público e notório. Utilização de epíteto (Animal). Polissêmico. Possibilidade. A imagem exposta já havia resultado, evidentemente, em positivas vantagens, inclusive patrimoniais, no decorrer da carreira do atleta, com a contrapartida, contudo, da abertura de caminho para a negativa exposição, dado o caráter polissêmico da expressão. Logo, no caso, não se tem acréscimo negativo à matéria, mas, sim, a simples transposição de qualificação já antes criada, consentida e usufruída, posta à receptividade e ao debate da opinião pública. Em verdade, a imagem estampada subsumiu-se no geral caráter visivelmente informativo e educativo da matéria a respeito de acidentes de veículos, ainda que desagradando ao autor e a quem mais negativamente lembrado. No caso concreto, declarada pela justiça penal a não caracterização dos crimes considerados contra a honra, inexistirá o ilícito civil correspondente, salvo se a absolvição decorrer de insuficiência de provas. Nos termos dos dispositivos legais invocados pelo autor, responde por danos morais e à imagem quem cause dano. No entanto, não houve, no caso, dano causado ao autor, mas, tecnicamente, simples incômodo ou desconforto pela exposição do lado negativo da figura pública. Portanto, não há o que indenizar ao autor" (STJ-3ª T., REsp 1.021.688, Min. Sidnei Beneti, j. 23.6.09, um voto vencido, DJ 1.7.09).

"Dano moral. Fotografia tirada de delinquente logo após sua prisão em flagrante, por porte de arma de fogo com numeração raspada, a que se seguiu fornecimento de falsa identidade. Alegação de que a foto, algemado, não poderia ter sido publicada sem a sua autorização. Descabimento. A imprensa tem direito e mesmo o dever de registrar ocorrências dessa ordem" (JTJ 346/482: AP 443.507-4/0-00).

"A produção audiovisual objeto da demanda não teve o intuito de vilipendiar a imagem, a reputação ou o símbolo do recorrente — Botafogo Futebol e Regatas —, mas apenas de trazer, em tom humorístico, crítica e reflexão quanto ao excesso de publicidade contida na totalidade (ou quase totalidade) das camisas de times de futebol" (STJ-3ª T., REsp 1.913.043, Min. Ricardo Cueva, j. 11.5.21, DJ 20.5.21).

Outros casos em que se negou a ilicitude na utilização da imagem: STJ-3ª T., REsp 1.631.329, Min. Nancy Andrighi, j. 24.10.17, maioria, DJ 31.10.17 ("reportagem acerca de trágico assassinato de uma atriz, ocorrido em 1992", pois "há relevância nacional na reportagem veiculada pela emissora, sem qualquer abuso na divulgação da imagem da vítima"); RT 874/212 (TJSP, AP 485.884-4/6-00; "veiculação de fotografia de menor em jornal impresso para notícia de falta de condições em bairro de população carente"), 881/198 (TJSP, AP 279.467-4/6-00, maioria; "matéria relacionada a ambientes frequentados pela comunidade homossexual paulistana", com "inclusão de fotografias de heterossexuais"), JTJ 309/204 (AP 396.014-4/3-00; "fotografia da autora na praia", "não tendo havido exploração comercial pela apelada, pois a intenção é a divulgação da cidade").

V. tb. arts. 12, nota 3, 18, nota 2, e 927, nota 3a. V. ainda ECA 17, nota 1, e 143, nota 2a.

S/ restituição do lucro obtido com a violação do direito de imagem, v. art. 884, nota 6; s/ conteúdo disponibilizado na Internet, v. MCI 18 a 21 e respectivas notas.

Art. 20: 3a. Critérios para a indenização em caso de utilização indevida da imagem. "O valor do dano sofrido pelo titular do direito cuja imagem foi indevidamente incluída em publicação não está limitado ao lucro que uma das infratoras possa ter auferido, pois o dano do lesado não se confunde com o lucro do infrator, que inclusive pode ter sofrido prejuízo com o negócio" (STJ-RT 753/192: 4ª T., REsp 100.764, maioria).

"Cuidando-se de pessoa anônima, a vinculação da indenização por uso da imagem ao percentual do preço de venda do veículo no qual a imagem foi publicada, de regra, não é consentânea com a essência de indenizações desse jaez. Indeniza-se o titular do direito de imagem pelo não recebimento do preço que lhe seria devido, caso a concessão fosse feita mediante autorização, e pelo respectivo valor econômico da imagem, que varia a depender do potencial publicitário da pessoa retratada. Com efeito, no caso concreto, tendo em vista que o autor é absolutamente desconhecido e certamente não poderia, mediante a vinculação de sua imagem ao produto, propiciar qualquer alavancagem nas vendas do periódico, não se mostra razoável atrelar o valor da indenização à vendagem do jornal" (STJ-4ª T., REsp 1.208.612, Min. Luis Felipe, j. 15.3.11, DJ 24.3.11).

Art. 20: 3b. "Os direitos da personalidade, de que o direito à imagem é um deles, guardam como principal característica a sua intransmissibilidade. Nem por isso, contudo, deixa de merecer proteção a imagem de quem falece, como se fosse coisa de ninguém, porque ela permanece perenemente lembrada nas memórias, como bem imortal que se prolonga para muito além da vida, estando até acima desta, como sentenciou Ariosto. Daí por que não se pode subtrair da mãe o direito de defender a imagem de sua falecida filha, pois são os pais aqueles que, em linha de normalidade, mais se desvanecem com a exaltação feita à memória e à imagem de falecida filha, como são os que mais se abatem e se deprimem por qualquer agressão que possa lhes trazer mácula. Ademais, a imagem de pessoa famosa projeta efeitos econômicos para além de sua morte, pelo que os seus sucessores passam a ter, por direito próprio, legitimidade para postularem indenização em juízo" (RSTJ 142/378: 4ª T., REsp 268.660).

Art. 20: 3c. "Ação de indenização. Sobrinha-neta de Alberto Santos Dumont pediu indenização pelo uso da imagem do tio que pretensamente lhe pertence". Ação improcedente (RT 902/246: TJSP, AP 994.04.020226-2).

Art. 20: 3d. v. arts. 22 a 25.

Art. 20: 4. Enunciado 275 do CEJ: "O rol dos legitimados de que tratam os arts. 12, parágrafo único, e 20, parágrafo único, do Código Civil também compreende o companheiro".

Art. 21. A vida privada[1-1a] da pessoa natural é inviolável,[2] e o juiz, a requerimento do interessado,[3] adotará as providências necessárias para impedir ou fazer cessar ato contrário a esta norma.[4]

✏ Art. 21: 1. "Da privacidade como direito fundamental da pessoa humana", por Cynthia Semíramis Machado Vianna (RDPr 17/102); "Privacidade e internet", por Carlos Roberto Fornes Mateucci (RDPr 19/46); "A distinção conceitual entre privacidade, intimidade, vida privada, honra e imagem", por Júlia Gomes Pereira Maurmo (RDPr 57/33).

Art. 21: 1a. Loteamento e instalação de câmeras nas vias públicas por associação de moradores. "Instalação de câmeras de vigilância nas vias públicas, realizada pela apelada que tem por fim preservar os interesses da coletividade local. Câmeras de vigilância voltadas para as vias públicas sem terem alcance às áreas internas da residência da apelante. A medida adotada não teve o condão de usurpar a função estatal e tampouco violar os direitos individuais da recorrente" (JTJ 345/491: AP 624.573-4/9-00, maioria).

Art. 21: 2. CF 5º: "X — são invioláveis a intimidade, a vida privada, a honra e a imagem das pessoas, assegurado o direito a indenização pelo dano material ou moral decorrente de sua violação;

...

"XIV — é assegurado a todos o acesso à informação e resguardado o sigilo da fonte, quando necessário ao exercício profissional".

Art. 21: 3. v. CF 5º-XXXV, LXVIII, LXIX e LXXI; CPC 300 e segs. e 497 e segs.

Art. 21: 4. v. art. 20, nota 2b.

Capítulo III | DA AUSÊNCIA[1-2]

Seção I | DA CURADORIA DOS BENS DO AUSENTE[1]

✏ CAP. III: 1. "A ausência da pessoa natural no novo Código Civil", por Moacir Adiers (RJ 315/63 e RDPr 18/189); "Da ausência", por Guilherme Calmon Nogueira da Gama (RT 822/28).

CAP. III: 2. v. art. 6º (presunção de morte); art. 9º-IV (registro); art. 20 § ún. (utilização da imagem do ausente); art. 1.571 § 1º (dissolução da sociedade conjugal); art. 1.759 (prestação de contas do tutor ausente). V. tb. CPC 49 (foro competente), 242 § 1º (citação), 626 (intimação do MP no inventário).

SEÇ. I: 1. s/ bens dos ausentes, v. CPC 744 e 745.

Art. 22. Desaparecendo uma pessoa do seu domicílio sem dela haver notícia, se não houver deixado representante ou procurador a quem caiba administrar-lhe os bens, o juiz, a requerimento de qualquer interessado ou do Ministério Público, declarará a ausência,[1-1a] e nomear-lhe-á curador.[2]

Art. 22: 1. A sentença declaratória de ausência deve ser registrada no Registro Civil das Pessoas Naturais (LRP 29-VI e 94). Deve ser averbada a cessação da ausência pelo aparecimento do ausente (LRP 104).

Art. 22: 1a. "A comprovação da propriedade não é condição *sine qua non* para a declaração de ausência" (STJ-RT 876/178: 3ª T., REsp 1.016.023).

Art. 22: 2. s/ curatela, v. arts. 1.767 a 1.783; s/ curador especial no inventário, v. CPC 671-I.

Art. 23. Também se declarará a ausência, e se nomeará curador, quando o ausente deixar mandatário que não queira ou não possa exercer ou continuar o mandato,[1] ou se os seus poderes forem insuficientes.

Art. 23: 1. s/ mandato, v. arts. 653 a 691.

Art. 24. O juiz, que nomear o curador, fixar-lhe-á os poderes e obrigações, conforme as circunstâncias, observando, no que for aplicável, o disposto a respeito dos tutores e curadores.[1]

Art. 24: 1. s/ tutores, v. arts. 1.728 a 1.766; s/ curadores, v. arts. 1.767 a 1.783.

Art. 25. O cônjuge do ausente, sempre que não esteja separado judicialmente, ou de fato por mais de dois anos antes da declaração da ausência, será o seu legítimo curador.

§ 1º Em falta do cônjuge, a curadoria dos bens do ausente[1] incumbe aos pais ou aos descendentes, nesta ordem, não havendo impedimento que os iniba de exercer o cargo.

§ 2º Entre os descendentes, os mais próximos precedem os mais remotos.

§ 3º Na falta das pessoas mencionadas, compete ao juiz a escolha do curador.

Art. 25: 1. Enunciado 97 do CEJ: "No que tange à tutela especial à família, devem ser estendidas as regras do Código Civil que se referem apenas ao cônjuge à situação jurídica que envolve o companheirismo, como, por exemplo, na hipótese de nomeação de curador dos bens do ausente (art. 25 do Código Civil)".

Seção II | DA SUCESSÃO PROVISÓRIA[1]

SEÇ. II: 1. v. CPC 745 §§ 1º e 2º e LINDB 10.

Art. 26. Decorrido um ano da arrecadação dos bens do ausente,[1] ou, se ele deixou representante ou procurador, em se passando três anos, poderão os interessados requerer que se declare a ausência e se abra provisoriamente a sucessão.

Art. 26: 1. v. art. 1.819.

Art. 27. Para o efeito previsto no artigo anterior, somente se consideram interessados:

I — o cônjuge não separado judicialmente;

II — os herdeiros presumidos, legítimos ou testamentários;

III — os que tiverem sobre os bens do ausente direito dependente de sua morte;

IV — os credores de obrigações vencidas e não pagas.

Art. 28. A sentença[1] que determinar a abertura da sucessão provisória só produzirá efeito cento e oitenta dias depois de publicada pela imprensa; mas, logo que passe em julgado, proceder-se-á à abertura do testamento, se houver, e ao inventário e partilha dos bens, como se o ausente fosse falecido.

§ 1º Findo o prazo a que se refere o art. 26, e não havendo interessados na sucessão provisória, cumpre ao Ministério Público requerê-la ao juízo competente.

§ 2º Não comparecendo herdeiro ou interessado para requerer o inventário até trinta dias depois de passar em julgado a sentença que mandar abrir a sucessão provisória, proceder-se-á à arrecadação dos bens do ausente pela forma estabelecida nos arts. 1.819 a 1.823.

Art. 28: 1. v. LRP 104 § ún.

Art. 29. Antes da partilha, o juiz, quando julgar conveniente, ordenará a conversão dos bens móveis, sujeitos a deterioração ou a extravio, em imóveis ou em títulos garantidos pela União.[1]

Art. 29: 1. v. art. 33 e CPC 730.

Art. 30. Os herdeiros, para se imitirem na posse dos bens do ausente, darão garantias da restituição deles, mediante penhores ou hipotecas[1] equivalentes aos quinhões respectivos.

§ 1º Aquele que tiver direito à posse provisória, mas não puder prestar a garantia exigida neste artigo, será excluído,[2] mantendo-se os bens que lhe deviam caber sob a administração do curador, ou de outro herdeiro designado pelo juiz, e que preste essa garantia.

§ 2º Os ascendentes, os descendentes e o cônjuge, uma vez provada a sua qualidade de herdeiros, poderão, independentemente de garantia, entrar na posse dos bens do ausente.

Art. 30: 1. s/ penhor, v. arts. 1.431 a 1.472; s/ hipoteca, v. arts. 1.473 a 1.505.

Art. 30: 2. v. art. 34.

Art. 31. Os imóveis do ausente só se poderão alienar, não sendo por desapropriação, ou hipotecar, quando o ordene o juiz, para lhes evitar a ruína.[1]

Art. 31: 1. v. CPC 730.

Art. 32. Empossados nos bens, os sucessores provisórios ficarão representando ativa e passivamente o ausente, de modo que contra eles correrão as ações pendentes e as que de futuro àquele forem movidas.[1]

Art. 32: 1. s/ o foro competente para essas ações, v. CPC 49.

Art. 33. O descendente, ascendente ou cônjuge que for sucessor provisório do ausente, fará seus todos os frutos e rendimentos dos bens que a este couberem; os outros sucessores, porém, deverão capitalizar metade desses frutos e rendimentos, segundo o disposto no art. 29, de acordo com o representante do Ministério Público, e prestar anualmente contas ao juiz competente.

Parágrafo único. Se o ausente aparecer, e ficar provado que a ausência foi voluntária e injustificada, perderá ele, em favor do sucessor, sua parte nos frutos e rendimentos.

Art. 34. O excluído, segundo o art. 30, da posse provisória poderá, justificando falta de meios, requerer lhe seja entregue metade dos rendimentos do quinhão que lhe tocaria.

Art. 35. Se durante a posse provisória se provar a época exata do falecimento do ausente, considerar-se-á, nessa data, aberta a sucessão[1] em favor dos herdeiros, que o eram àquele tempo.

Art. 35: 1. v. CPC 745 § 3º.

Art. 36. Se o ausente aparecer,¹ ou se lhe provar a existência, depois de estabelecida a posse provisória, cessarão para logo as vantagens dos sucessores nela imitidos, ficando, todavia, obrigados a tomar as medidas assecuratórias precisas, até a entrega dos bens a seu dono.

Art. 36: 1. v. CPC 745 § 4º.

Seção III | DA SUCESSÃO DEFINITIVA¹

SEÇ. III: 1. v. CPC 745 §§ 3º e 4º.

Art. 37. Dez anos depois de passada em julgado a sentença que concede a abertura da sucessão provisória, poderão os interessados requerer a sucessão definitiva¹ e o levantamento das cauções prestadas.

Art. 37: 1. "**Seguro de vida.** Declaração de ausência da segurada. Abertura de sucessão provisória. Pagamento da indenização. Necessidade de se aguardar a abertura da sucessão definitiva, quando será presumida a morte da pessoa natural" (STJ-3ª T., REsp 1.298.963, Min. Paulo Sanseverino, j. 26.11.13, DJ 25.2.14).

Art. 38. Pode-se requerer a sucessão definitiva, também, provando-se que o ausente conta oitenta anos de idade, e que de cinco datam as últimas notícias dele.¹

Art. 38: 1. "Apenas a regra do art. 37 do CC/2002 pressupõe a existência da sucessão provisória como condição para a abertura da sucessão definitiva, ao passo que a regra do art. 38 do CC/2002, por sua vez, é hipótese autônoma de abertura da sucessão definitiva, de forma direta e **independentemente da** existência, ou não, de **sucessão provisória**. A possibilidade de abertura da sucessão definitiva se presentes os requisitos do art. 38 do CC/2002 decorre do fato de ser absolutamente presumível a morte do autor da herança diante da presença, cumulativa, das circunstâncias legalmente instituídas — que teria o autor da herança 80 anos ao tempo do requerimento e que tenha ele desaparecido há pelo menos 5 anos. Conquanto a abertura da sucessão definitiva transmita a propriedade dos bens aos herdeiros, a regra do art. 39 do CC/2002 ainda preserva, por mais 10 anos, os virtuais interesses daquele cuja morte se presume, pois, havendo um improvável regresso, extinguir-se-á a propriedade pela condição resolutória consubstanciada no retorno do ausente." (STJ-3ª T., REsp 1.924.451, Min. Nancy Andrighi, j. 19.10.21, DJ 22.10.21).

Art. 39. Regressando o ausente nos dez anos seguintes à abertura da sucessão definitiva, ou algum de seus descendentes ou ascendentes, aquele ou estes haverão só os bens existentes no estado em que se acharem, os sub-rogados em seu lugar, ou o preço que os herdeiros e demais interessados houverem recebido pelos bens alienados depois daquele tempo.

Parágrafo único. Se, nos dez anos a que se refere este artigo, o ausente não regressar, e nenhum interessado promover a sucessão definitiva, os bens arrecadados passarão ao domínio do Município ou do Distrito Federal, se localizados nas respectivas circunscrições, incorporando-se ao domínio da União, quando situados em território federal.¹

Art. 39: 1. s/ herança jacente, v. arts. 1.819 a 1.823 e 1.844. V. tb. CPC 738 a 743.

Título II | DAS PESSOAS JURÍDICAS

Capítulo I | DISPOSIÇÕES GERAIS

Art. 40. As pessoas jurídicas¹ são de direito público, interno ou externo, e de direito privado.

Art. 40: 1. "Novo Código Civil. Pessoas jurídicas, empresário, sociedade, estabelecimento, nome comercial e/ou nome empresarial, perdas e danos e prescrição", por José Carlos Tinoco Soares (RT 798/11).

Art. 41. São pessoas jurídicas de direito público interno:[1]
I — a União;
II — os Estados, o Distrito Federal e os Territórios;
III — os Municípios;
IV — as autarquias, inclusive as associações públicas;[2-2a]
V — as demais entidades de caráter público criadas por lei.
Parágrafo único. Salvo disposição em contrário, as pessoas jurídicas de direito público, a que se tenha dado estrutura de direito privado, regem-se, no que couber, quanto ao seu funcionamento, pelas normas deste Código.[3]

Art. 41: 1. s/ representação em juízo da pessoa jurídica de direito público interno, v. CPC 75-I a IV.

Art. 41: 2. Redação de acordo com a Lei 11.107, de 6.4.05 (regulamentada pelo Dec. 6.017, de 17.1.07).

Art. 41: 2a. Lei 11.107, de 6.4.05 — Dispõe sobre normas gerais de contratação de consórcios públicos e dá outras providências: "Art. 1º § 1º O consórcio público constituirá associação pública ou pessoa jurídica de direito privado".

Art. 41: 3. Enunciado 141 do CEJ: "A remissão do art. 41, § ún., do CC, às 'pessoas jurídicas de direito público, a que se tenha dado estrutura de direito privado', diz respeito às fundações públicas e aos entes de fiscalização do exercício profissional".

Art. 42. São pessoas jurídicas de direito público externo os Estados estrangeiros e todas as pessoas que forem regidas pelo direito internacional público.[1]

Art. 42: 1. "Pessoas de direito público externo e o Código Civil", por Georgenor de Sousa Franco Filho (RJ-Lex 65/128, RSDA 104/82).

Art. 43. As pessoas jurídicas de direito público interno são civilmente responsáveis por atos dos seus agentes que nessa qualidade causem danos a terceiros, ressalvado direito regressivo contra os causadores do dano, se houver, por parte destes, culpa ou dolo.[1 a 4]

Art. 43: 1. "Responsabilidade civil das agências reguladoras", por Rodrigo Santos Neves (RT 803/731); "A responsabilidade civil do Estado pela prática de ato ilícito", por Luís Alberto Thompson Flores Lenz (Just. 172/78); "Responsabilidade civil do Estado por atos legislativos (revivescimento de uma antiga questão)", por Edilson Pereira Nobre Júnior (RDA 231/331); "Responsabilidade civil do Estado por conduta omissiva", por João Agnaldo Donizeti Gandini e Diana Paola da Silva Salomão (RDA 232/199, RF 386/129 e Ajuris 94/137); "A responsabilidade civil do Estado e o dano moral", por Jair José Perin (RT 814/115); "As agências reguladoras e sua responsabilidade civil", por Rodrigo Santos Neves (RF 370/157); "Responsabilidade civil do Estado: alguns aspectos", por Honildo Amaral de Mello Castro (RF 372/109 e RDPr 17/123); "Os fundamentos da responsabilidade civil do Estado", por Alexandre Santos de Aragão (RF 376/11, RT 824/72 e RDA 236/263); "Responsabilidade civil do poder público", por Verusca Citrini Braga (IP 25/242); "Responsabilidade civil do Estado no direito brasileiro", por Ronaldo Brêtas de Carvalho Dias (RSDCPC 29/140); "Responsabilidade civil do Estado: as origens e a classificação da responsabilidade estatal", por Cildo Giolo Júnior (RSDCPC 31/139); "Responsabilidade extracontratual patrimonial do Estado por atos legislativos", por Luis Gustavo Pollini (RSDCPC 32/138); "Novas orientações doutrinárias sobre a responsabilidade patrimonial da administração pública", por Jaime Rodriguez-Arana (IP 29/145); "A responsabilidade subjetiva do Estado por comportamentos omissivos", por Rui Stoco (RJ 332/9); "Responsabilidade civil do Estado e a denunciação da lide ao funcionário público", por Rogério Zuel Gomes (RT 839/110); "A responsabilidade extracontratual do Estado e o princípio da proporcionalidade: vedação de excesso e de omissão", por Juarez Freitas (RDA 241/21); "Responsabilidade do Estado por danos ou furtos de veículos estacionados em vias públicas", por Marcelo Battirola (RDPr 24/146); "Organizações sociais: natureza jurídica da responsabilidade civil das organizações sociais em face dos danos causados a terceiros", por Cristiana Fortini (IP 38/113); "Responsabilidade civil do Estado na prestação do serviço de segurança pública", por Kiyoshi Harada (RIDA 7/7); "Nexo de causalidade (do dano, para efeito de responsabilidade do Estado): reexame do tema", por João Batista Gomes Moreira (IP 39/33); "A responsabilidade do Estado por danos ambientais", por Gina Copola (RIDA 9/103); "Responsabilidade civil da administração pública", por Luís Rodolfo Cruz e Creuz e Pedro Felício André Filho (RIDA 10/101); "A teoria subjetiva-ativa (*Rechtswidrig*) e o fundamento unitário da responsabilidade do Estado: uma alternativa teórica", por Marcelo Meireles Lobão (RT 859/59); "Responsabilidade civil e omissão de socorro público", por Jones Figueirêdo Alves (IP 43/75); "O direito de regresso do Estado decorrente do reconhecimento de responsabilidade civil extracontratual no exercício da função administrativa", por José Roberto Pimenta Oliveira (IP 65/35); "Particularidades do arbitramento do dano moral na responsabilidade civil do Estado", por Ênio Santarelli Zuliani (RJ-Lex 50/81); "A responsabilidade patrimonial do Estado em matéria de segurança", por Célia Rosenthal Zisman (RDPr 56/203).

Art. 43: 1a. s/ responsabilidade do Estado por atos do Judiciário: "Responsabilidade do Estado por atos judiciais", por Augusto do Amaral Dergint (RT 710/225); "Responsabilidade do Estado por atos judiciais", por Carlos Eduardo Thompson Flores Lenz (RDA 210/147); "Responsabilidade do Estado por ato judicial inconstitucional", por Fabiano André de Souza Mendonça (RT 738/11, RTJE 164/115); "Responsabilidade pública por atividade judiciária no direito brasileiro", por Lair da Silva Loureiro Filho (RDA 231/5 e RF 373/127); "Responsabilidade civil do Estado: o dever de indenizar a vítima de prisão injusta", por Vinícius Luiz Albrecht (RSDCPC 30/152); "Da responsabilidade pública por atividade judiciária no direito estrangeiro", por Lair da Silva Loureiro Filho (RIDA 6/82); "A responsabilidade civil do Estado pelo exercício da função jurisdicional no Brasil", por Ruy Rosado de Aguiar Jr. (IP 44/67).

Art. 43: 1b. CF 37: "§ 6º As pessoas jurídicas de direito público e as de direito privado prestadoras de serviços públicos responderão pelos danos que seus agentes, nessa qualidade, causarem a terceiros, assegurado o direito de regresso contra o responsável nos casos de dolo ou culpa".

Lei 4.619, de 28.4.65 — Dispõe sobre a ação regressiva da União contra seus agentes (Lex 1965/630, RF 211/406, RT 357/546, RDA 81/519).

V., no CPCLPV, CPC 125-II, especialmente nota 5.

V. tb. arts. 186 e 927 a 954 (ato ilícito e responsabilidade civil).

V. ainda Dec. 2.681, de 7.12.1912 (responsabilidade das estradas de ferro); Lei 6.453, de 17.10.77 (responsabilidade por danos nucleares); Dec. 83.540, de 4.6.79 (responsabilidade em danos causados por poluição de óleos); Lei 8.112, de 11.12.90, arts. 121 a 126-A (responsabilidade dos servidores públicos); Lei 10.309, de 22.11.01 (responsabilidade da União perante terceiros no caso de atentados terroristas ou atos de guerra contra aeronaves de empresas aéreas brasileiras); Lei 13.869, de 5.9.19 (abuso de autoridade).

Art. 43: 2. "A teor do disposto no art. 37, § 6º, da Constituição Federal, a ação por danos causados por **agente público** deve ser ajuizada contra o Estado ou a pessoa jurídica de direito privado prestadora de serviço público, sendo **parte ilegítima** para a ação o autor do ato, assegurado o direito de regresso contra o responsável nos casos de dolo ou culpa" (STF-Pleno, RE 1.027.633, Min. Marco Aurélio, j. 14.8.19, DJ 6.12.19).

Todavia: "Nas situações em que o dano causado ao particular é provocado por conduta irregular do agente público, compreendendo-se 'irregular' como **conduta estranha** ao rol das **atribuições funcionais**, a ação indenizatória cujo objeto seja a prática do abuso de direito que culminou em dano pode ser ajuizada em face do próprio agente" (STJ-4ª T., REsp 1.842.613, Min. Luis Felipe, j. 22.3.22, um voto vencido, DJ 10.5.22).

Contra: "O particular que alega ofensa a seu direito individual por ato praticado por agente público pode acionar o Estado, ou o funcionário ou ambos" (STJ-4ª T., REsp 731.746, Min. Aldir Passarinho Jr., j. 5.8.08, um voto vencido, DJ 4.5.09; a citação é do voto do relator).

"A avaliação quanto ao ajuizamento da ação contra o servidor público ou contra o Estado deve ser decisão do suposto lesado. Se, por um lado, o particular abre mão do sistema de responsabilidade objetiva do Estado, por outro também não se sujeita ao regime de precatórios" (STJ-4ª T., REsp 1.325.862, Min. Luis Felipe, j. 5.9.13, DJ 10.12.13).

"A propositura de ação de responsabilidade civil aforada pelo particular contra o autor do fato causador do dano não afasta o direito à ação para demandar contra o ente público, que responde objetivamente pelos danos causados a terceiros. A responsabilidade civil do Estado objetiva nos termos do art. 37, § 6º, da Constituição Federal, não se confunde com a responsabilidade subjetiva dos seus agentes, perquirida em ação regressiva ou em ação autônoma" (STJ-1ª T., REsp 976.730, Min. Luiz Fux, j. 24.6.08, um voto vencido, DJ 4.9.08).

Art. 43: 2a. Súmula Vinculante 11 do STF: "Só é lícito o uso de algemas em casos de resistência e de fundado receio de fuga ou de perigo à integridade física própria ou alheia, por parte do preso ou de terceiros, justificada a excepcionalidade por escrito, sob pena de responsabilidade disciplinar, civil e penal do agente ou da autoridade e de nulidade da prisão ou do ato processual a que se refere, sem prejuízo da responsabilidade civil do estado".

Art. 43: 2b. Responsabilidade objetiva do Estado. "A responsabilidade do Estado é objetiva, isto é, prescinde do elemento culpa" (STF-RT 805/173, ementa da redação).

As pessoas jurídicas de direito público são objetivamente responsáveis pelos atos ilícitos praticados por seus agentes (inclusive pelos atos causadores de dano moral), ficando ressalvado, todavia, o direito de regresso contra estes (CF, art. 37, § 6º) (STF-2ª T., RE 228.977-2, Min. Néri da Silveira, j. 5.3.02, DJU 12.4.02).

"A responsabilidade civil que se imputa ao Estado por ato danoso de seus prepostos é objetiva (art. 37, § 6º, CF), impondo-lhe o dever de indenizar se se verificar dano ao patrimônio de outrem e nexo causal entre o dano e o comportamento do preposto. Somente se afasta a responsabilidade se o evento danoso resultar de caso fortuito ou força maior ou decorrer de culpa da vítima" (STJ-2ª T., REsp 602.102, Min. Eliana Calmon, j. 6.4.04, um voto vencido, DJU 21.2.05).

Todavia, "embora a responsabilidade civil do Estado seja objetiva, isso não significa que ele responda sempre e por qualquer prejuízo. Ausente dolo, má-fé ou outro vício e sendo o equívoco formal plenamente escusável, seria injusto fazer o povo indenizar aquele que foi prejudicado com a inegável participação de seu próprio irmão, que levantou dinheiro indevido valendo-se de guia expedida pela serventia" (JTJ 312/148).

S/ denunciação da lide nessas hipóteses, v., no CPCLPV, CPC 125, nota 5.

Art. 43: 2c. Responsabilidade subjetiva do Estado. Em geral, nas situações em que se imputa uma **omissão** ao Estado, a jurisprudência tem exigido a prova de dolo ou culpa para sua responsabilização. É o que se conhece por *faute de service*. Nesse sentido: STF-2ª T., RE 179.147-1, Min. Carlos Velloso, j. 12.12.97, DJU 27.2.98; STJ-2ª T., REsp 418.713, Min. Franciulli Netto, j. 20.5.03, DJU 8.9.03; STJ-RT 836/151 (2ª T.); RT 837/350, 866/186, RJM 174/132, 184/92 (AP 1.0439.06.057459-7/002), Bol. AASP 2.584.

"Em se tratando de ato omissivo, embora esteja a doutrina dividida entre as correntes dos adeptos da responsabilidade objetiva e aqueles que adotam a responsabilidade subjetiva, prevalece na jurisprudência a teoria subjetiva do ato omissivo, de modo a só ser possível indenização quando houver culpa do preposto" (STJ-2ª T., REsp 602.102, Min. Eliana Calmon, j. 6.4.04, um voto vencido, DJU 21.2.05).

"A responsabilidade civil do Estado por omissão é subjetiva, mesmo em se tratando de responsabilidade por dano ao meio ambiente" (STJ-RDPr 37/345: 2ª T., REsp 647.493).

Todavia: "Ordinariamente, a responsabilidade civil do Estado, por omissão, é subjetiva ou por culpa, regime comum ou geral esse que, assentado no art. 37 da Constituição Federal, enfrenta duas exceções principais. Primeiro, quando a responsabilização objetiva do ente público decorrer de expressa previsão legal, em microssistema especial, como na proteção do meio ambiente (Lei 6.938/1981, art. 3º, IV, c/c o art. 14, § 1º). Segundo, quando as circunstâncias indicarem a presença de um standard ou dever de ação estatal mais rigoroso do que aquele que jorra, consoante a construção doutrinária e jurisprudencial, do texto constitucional. A Administração é solidária, objetiva e ilimitadamente responsável, nos termos da Lei 6.938/1981, por danos urbanístico-ambientais decorrentes da omissão do seu dever de controlar e fiscalizar, na medida em que contribua, direta ou indiretamente, tanto para a degradação ambiental em si mesma, como para o seu agravamento, consolidação ou perpetuação, tudo sem prejuízo da adoção, contra o agente público relapso ou desidioso, de medidas disciplinares, penais, civis e no campo da improbidade administrativa" (STJ-2ª T., REsp 1.071.741, Min. Herman Benjamin, j. 24.3.09, DJ 16.12.10). V. tb. art. 927, nota 14c.

Art. 43: 2d. "Para que fique caracterizada a responsabilidade civil do Estado por danos decorrentes do **comércio de fogos de artifício**, é necessário que exista a violação de um dever jurídico específico de agir, que ocorrerá quando for concedida a licença para funcionamento sem as cautelas legais ou quando for de conhecimento do poder público eventuais irregularidades praticadas pelo particular" (STF-Pleno, RE 136.861, Min. Edson Fachin, j. 11.3.20, maioria, DJ 13.8.20).

Art. 43: 2e. "No caso de **omissão de dever de controle e fiscalização, a responsabilidade ambiental solidária da Administração é de execução subsidiária** (ou com ordem de preferência). A responsabilidade solidária e de execução subsidiária significa que o Estado integra o título executivo sob a condição de, como devedor-reserva, só ser convocado a quitar a dívida se o degradador original, direto ou material (= devedor principal) não o fizer, seja por total ou parcial exaurimento patrimonial ou insolvência, seja por impossibilidade ou incapacidade, inclusive técnica, de cumprimento da prestação judicialmente imposta, assegurado, sempre, o direito de regresso (art. 934 do Código Civil)" (STJ-2ª T., REsp 1.071.741, Min. Herman Benjamin, j. 24.3.09, DJ 16.12.10).

Art. 43: 2f. "O Estado responde **subsidiariamente** por danos materiais causados a candidatos em **concurso público** organizado por pessoa jurídica de direito privado (art. 37, § 6º, da CF), quando os exames são cancelados por indícios de **fraude**" (STF-Pleno, RE 662.405, Min. Luiz Fux, j. 29.6.20, maioria, DJ 13.8.20; no caso, foi determinada a restituição aos candidatos das "despesas com taxa de inscrição e deslocamento para cidades diversas daquelas em que mantenham domicílio").

Art. 43: 3. Afirmando haver responsabilidade do Estado:

— por **ato judicial** (STF-2ª T., RE 228.977-2, Min. Néri da Silveira, j. 5.3.02, DJU 12.4.02). "Ato de magistrado. Ação de indenização contra o Estado em razão de dano irreversível causado à parte em virtude de omissão ilegal verificada em ato jurisdicional. Inteligência do art. 37, XXI, § 6º, da CF/88. Procedência da ação" (RJ 179/81, maioria).

Exigindo para a responsabilização do Estado nessas circunstâncias prova de **má-fé, dolo, culpa grave ou erro grosseiro:** "O erro judiciário, seja 'in procedendo' ou 'in judicando', no exercício da função jurisdicional, não rende indenização por responsabilidade civil do Estado, pois que é inerente ao próprio ato judicial típico. Toda pessoa que sofrer lesão de direito, decorrente de decisão judicial, pode repará-la pela via do recurso à instância superior, não, porém, pela via da ação contra o Estado, salvo provada a má-fé, o dolo, a culpa grave ou o erro grosseiro" (Ajuris 87/532). V. tb. RJTJERGS 255/224, RT 880/246 (TJMG, AP 1.0672.06.203104-8/001).

Afirmando a responsabilidade objetiva do Estado por erro judiciário, atrelado a indevida condenação penal, ulteriormente desconstituída em sede de revisão criminal: STF-RT 868/161 e RDDP 57/112 (1ª T., RE 505.393, um voto vencido).

"Requerendo as partes a suspensão da execução de alimentos, deveria o juiz, ao suspendê-la, determinar, outrossim, o recolhimento do mandado de prisão que expedira. Não o fez, vindo o autor a ser preso posteriormente. Ato jurisdicional que enseja responsabilidade do Estado, nos termos do art. 5º, LXXV, da CF" (RT 892/277: TJRJ, AP 2009.001.45077).

Há notícia de acórdão responsabilizando o Estado e o magistrado pelas consequências de ato praticado por este na condição de funcionário público, embora não estivesse no exercício de função judicante (STJ-RF 391/415: 2ª T., REsp 299.833, um voto vencido).

V. CF 5º-LXXV.

V. tb., no CPCLPV, CPC 143 e notas.

— pela **persecução penal negligente,** tal como a desencadeada em face de quem teve seus documentos roubados e utilizados por criminoso na prática de outros delitos, comunicou o Estado daquele roubo e mesmo assim acabou sendo tratado como se criminoso fosse na apuração destes (STJ-1ª T., REsp 882.166, Min. Luiz Fux, j. 11.3.08, DJU 3.4.08). Em sentido semelhante: JTJ 322/2.647 (AP 293.922-5/0-00), 327/349 (AP 756.350-5/3-00), 348/445 (994.05.107740-0), RMDCPC 19/115 (TJMG, AP 1.0024.05.692581-1/006), RJM 180/227 (AP 1.0024.04.535603-7/001). Ainda: "O réu praticou ato ilícito ao apresentar o autor à imprensa como traficante, além de prendê-lo por cinco dias, sem motivo" (Bol. AASP 2.578: TJRJ, AP 2007.001.35445). "Responsabilidade civil do Estado (CF, art. 37, § 6º). Danos morais decorrentes de prisão indevida. Privação da liberdade fundada em homonímia, evitável mediante simples consulta administrativa" (RIDA 44/68: TJSP, AP 630.569-5/3; no caso a autora ficou presa por 70 dias). V. tb. nota seguinte para os casos em que a persecução penal é instaurada e se desenvolve com regularidade;

— "pelos danos causados por **leiloeiro oficial,** em razão de atos ilícitos praticados aos arrematantes. Leiloeiro oficial que se apropria de valor a título do lanço oferecido relativo ao bem praceado e que não o devolve, embora para tanto instado, por ter sido anulada a praça" (STJ-1ª T., REsp 1.010.688, Min. José Delgado, j. 20.5.08, DJU 23.6.08);

— por **ato legislativo,** desde que reconhecida sua inconstitucionalidade pelo Supremo Tribunal Federal (STJ-1ª Seção, REsp 124.864, Min. Demócrito Reinaldo, j. 24.6.98, três votos vencidos, DJU 28.9.98);

— "por danos causados à concessionária de serviço de transporte aéreo (Varig S/A). **Ruptura do equilíbrio econômico-financeiro do contrato** decorrente dos efeitos dos **Planos 'Funaro' e 'Cruzado'.** Dever de indenizar. Responsabilidade por atos lícitos quando deles decorrerem prejuízos para os particulares em condições de desigualdade com os demais. Observância do princípio da legalidade, do direito adquirido e do ato jurídico perfeito" (STF-Pleno, RE 571.969, Min. Cármen Lúcia, j. 12.3.14, maioria, DJ 18.9.14). Em sentido semelhante: STJ-1ª T., REsp 1.248.237, Min. Napoleão Maia Filho, j. 18.9.14, maioria, DJ 1.10.14;

— pela **indevida alienação** de terras devolutas da União, ficando obrigado a reparar não apenas àquele "a quem conferiu o título de domínio pleno do imóvel", mas também à pessoa que, "situada na última posição da cadeia dominial, foi desapossada do imóvel e teve o título de propriedade desconstituído" (STJ-1ª T., REsp 175.287, Min. José Delgado, j. 21.2.06, um voto vencido, DJU 13.3.06);

— pelos danos causados a **estabelecimento comercial,** em razão da construção de complexo viário que dificultou o acesso até ele e reduziu o seu **movimento** (RT 866/181);

— pela **queda de árvore** existente em área pública (RT 860/275; 879/239: TJSP, AP 401.694.5/8-00; 900/270: TJSP, AP 994.08.185150-8);

— pela **queda de pedestre** provocada por buraco existente na calçada (RT 863/346), ou por "falta de tampa de proteção no bueiro" (JTJ 336/448: AP 691.205-5/0-00);

— pelo **desabamento de imóvel** (RT 864/356; JTJ 333/657: EI 570.827-5/9-02);

— por "incêndio causado por **curto-circuito na rede elétrica** de imóvel" (RT 861/271);

— pelo **acidente de veículo** acontecido em razão da má conservação ou sinalização de estrada (RT 828/235; 877/212: TJSP, AP 955322-0/5; 912/737: TRF-1ª Reg., AP 200638120069508; 934/585: TRF-4ª Reg., AP 5000518-

55.2012.404.7203), em razão de defeito no funcionamento de semáforo (STJ-RT 842/151: 2ª T., REsp 716.250) ou, ainda, em razão da indevida e inadvertida existência de animal na pista (RMDCPC 18/112). Também responde o Estado pelos danos causados pela "queda de veículo em buraco de razoáveis dimensões existente na via pública, sem sinalização de segurança" (RT 851/198). No mesmo sentido: Bol. AASP 2.600 (TJSP, AP 766.739-5/7-00). Igualmente responde o Estado pelos prejuízos provocados por "veículo do corpo de bombeiro que abalroou o automóvel do postulante que se encontrava estacionado em local apropriado e destinado a esse fim" (RT 864/264). Ainda, responde o Estado pelo acidente causado por "viatura oficial conduzida por agente público em desempenho de suas atribuições funcionais" (RT 858/409). "A conduta negligente e imprudente de policial militar condutor de veículo público gera a obrigação de indenização em danos ao Estado, quando caracterizada conduta irregular nos termos do Código Nacional de Trânsito, segundo o qual os veículos oficiais em estado de emergência possuem direito de preferência, situação que, entretanto, não exclui o dever de cautela e segurança em prol da coletividade" (RT 864/376). "A Administração, ao autorizar a posse de veículo oficial por agente seu, sabendo que o uso seria para fins particulares, responde pelos danos que decorram de acidente" (STJ-2ª T., REsp 866.450, Min. Herman Benjamin, j. 24.4.07, DJU 7.3.08);

— pelo **furto de veículo** acontecido em estacionamento por ele mantido (STF-1ª T., RE 255.731-5, Min. Sepúlveda Pertence, j. 9.11.99, DJU 26.11.99). Em sentido semelhante: "A teor do disposto no artigo 37, § 6º, da Constituição Federal, há responsabilidade civil de pessoa jurídica prestadora de serviço público em razão de dano decorrente de crime de furto praticado em posto de pesagem, considerada a omissão no dever de vigilância e falha na prestação e organização do serviço" (STF-1ª T., RE 598.356, Min. Marco Aurélio, j. 8.5.18, DJ 1.8.18). Todavia, v. tb. nota seguinte;

— pelos "danos causados por **invasores em propriedade particular,** quando o Estado se omite no cumprimento de ordem judicial para envio de força policial ao imóvel invadido" (STF-RT 804/166);

— pela ação danosa de **policial, durante o seu expediente,** na detenção de suposto criminoso (RT 828/205, 866/186, RF 381/376).

"O Estado responde administrativa e civilmente por morte provocada por tiros disparados por policial no cumprimento de diligências, quando a ação foi considerada ilícita" (STJ-1ª T., REsp 1.018.636, Min. José Delgado, j. 8.4.08, DJU 24.4.08). Em sentido semelhante, condenando o Estado a indenizar vítima de "bala perdida" de tiroteio entre policiais e bandidos: RT 847/192: TJSP, AP 205.374-5/9-00; RJTJERGS 252/256: AP 70010301455. Ainda: "Responsabilidade civil do Estado. Teoria objetiva. Refém morto em ação policial" (RT 864/362: TJRN, AP 2006.004815-6).

"É objetiva a responsabilidade civil do Estado em relação a profissional da imprensa ferido por agentes policiais durante cobertura jornalística, em manifestações em que haja tumulto ou conflitos entre policiais e manifestantes. Cabe a excludente da responsabilidade da culpa exclusiva da vítima, nas hipóteses em que o profissional de imprensa descumprir ostensiva e clara advertência sobre acesso a áreas delimitadas, em que haja grave risco à sua integridade física" (STF-Pleno, RE 1.209.429, Min. Alexandre de Moraes, j. 10.6.21, maioria, DJ 20.10.21).

"Responsabilidade civil do Estado por omissão. Obrigação de segurança. Pessoa imobilizada pela polícia militar. Morte após violenta agressão de terceiros. Dever especial do Estado de assegurar a integridade e a dignidade daqueles que se encontram sob sua custódia. Responsabilidade civil objetiva" (STJ-2ª T., Ag em REsp 1.717.869, Min. Herman Benjamin, j. 20.10.20, DJ 1.12.20). V. tb., na nota seguinte, casos em que o dano é causado por policial durante a sua folga;

— pela inobservância do dever de "manter em seus **presídios** os padrões mínimos de humanidade previstos no ordenamento jurídico" (STF-Pleno, RE 580.252, Min. Gilmar Mendes, j. 16.2.17, maioria, DJ 11.9.17; no caso, houve a condenação do Estado a "ressarcir os danos, inclusive morais, comprovadamente causados aos detentos em decorrência da falta ou insuficiência das condições legais de encarceramento").

O Estado também responde pela morte do detento nas dependências da prisão (STF-RT 837/129: 2ª T., RE 272.839; STJ-1ª T., REsp 847.687, Min. José Delgado, j. 17.10.06, DJU 25.6.07; STJ-2ª T., Ag em REsp 169.476, Min. Humberto Martins, j. 2.8.12, DJ 8.8.12; RT 842/168; JTJ 326/470: AP 732.429-5/9-00; RJM 169/134), mesmo em caso de suicídio (STJ-2ª T., REsp 1.305.259-AgRg, Min. Mauro Campbell, j. 2.4.13, DJ 9.4.13); pelos atos de atentado violento ao pudor sofridos pelo detento na prisão (RT 884/331: TJSC, AP 2007.063384-8; JTJ 291/175).

Afirmando ser **objetiva** a responsabilidade do Estado pelos eventos danosos acontecidos dentro de presídio: STJ-1ª T., REsp 944.884, Min. Luiz Fux, j. 18.10.07, um voto vencido, DJU 17.4.08; STJ-2ª T., REsp 1.140.067, Min. Castro Meira, j. 21.10.10, DJ 28.10.10.

Todavia, no sentido de que não deve haver condenação do Estado a indenizar danos morais "advindos de superpopulação carcerária, diante de sua impossibilidade orçamentária, em obediência ao 'princípio da reserva do possível'": RT 871/294 (TJMS, EI na AP 2006.011166-2/0001-00). "Em nada contribui para a melhoria do sistema prisional do Brasil a concessão, individualmente, de indenização por dano moral a detento submetido à superlotação e a outras agruras que permeiam (e envergonham) nossos estabelecimentos carcerários. A medida, quando muito, servirá tão só para drenar e canalizar escassos recursos públicos, aplicando-os na simples mitigação do problema de um ou só de alguns, em vez de resolvê-lo, de uma vez por todas, em favor da coletividade dos prisioneiros. A condenação do Estado à indenização por danos morais individuais, como remédio isolado, arrisca a instituir uma espécie de 'pedágio-masmorra', ou seja, deixa a impressão de que ao Poder Público, em vez de garantir direitos inalienáveis e imprescritíveis de que são titulares, por igual, todos os presos, bastará pagar, aos prisioneiros que disponham de advogado para postular em seu favor, uma 'bolsa-indignidade' pela ofensa diária, continuada e indesculpável aos mais fundamentais dos direitos, assegurados constitucionalmente. A questão não trata da incidência da cláusula da reserva do possível, nem de assegurar o mínimo existencial, mas sim da necessidade urgente de aprimoramento das condições do sistema prisional, que deverá ser feito por meio de melhor planejamento e estruturação física, e não mediante pagamento pecuniário e individual aos apenados" (STJ-RDDP 101/145: 2ª T., REsp 962.934. Esse acórdão foi mantido no julgamento dos subsequentes embargos de divergência (STJ-1ª Seção, ED no REsp 962.934, Min. Humberto Martins, j. 14.3.12, maioria, DJ 25.4.12);

— pelos danos sofridos por agente penitenciário em **rebelião de detentos** (RT 859/369). Ainda: "Servidor da FEBEM morto por menor infrator em rebelião. Inafastável responsabilidade do Estado. Poucos agentes, sem qualquer arma de fogo, somente com dois radiocomunicadores faziam a segurança de uma unidade com 300 internos. Nexo causal evidente. Negligência do Poder Público em adotar medidas que dessem segurança ao servidor no desempenho de suas funções" (JTJ 314/163: AP 407.765-5/6-00);

— pelos excessos cometidos em **revista de visitante** de detento (STJ-2ª T., REsp 856.360, Min. Eliana Calmon, j. 19.8.08, DJ 23.9.08);

— pelo **fornecimento de medicamentos** para o tratamento de doença grave (RSTJ 106/109: 1ª T., REsp 127.604; RT 826/204, RF 380/344; RIDA 54/54: TJMS, AP 2010.006156-6/0000-00; 54/62: TJRN, AP 2009.006199-5). **Contra**, "em caso no qual a autora pretende o fornecimento gratuito de medicamento importado da Alemanha, ainda não disponível no Brasil e sem registro na Anvisa, para tratamento de distrofia muscular progressiva": RIDA 54/46 (TRF-2ª Reg., AP 2000.51.01.032310-5);

— pela conduta lesiva de médico de **hospital da rede pública** (RT 846/381, 870/379; 896/217: TJSP, AP 994.09.371365-0; JTJ 315/160: AP 312.711-5/3-00). Também responde o Estado por outras falhas imputáveis ao hospital da rede pública. É o que acontece, p. ex., quando este noticia equivocadamente a morte de um paciente (RT 864/260), ou ainda quando o paciente se contamina pelo vírus da AIDS, por meio de transfusão de sangue (STF-1ª T., RE 543.288-AgRg, Min. Cármen Lúcia, j. 19.10.21, DJ 22.10.21);

"Considerando que o funcionamento do **SUS** é de **responsabilidade solidária** da União, dos Estados e dos Municípios, é de se concluir que qualquer um destes entes tem legitimidade ad causam para figurar no polo passivo de quaisquer demandas que envolvam tal sistema, inclusive as relacionadas à indenizatória por erro médico ocorrido em **hospitais privados conveniados**" (STJ-1ª T., REsp 1.388.822, Min. Benedito Gonçalves, j. 16.6.14, DJ 1.7.14). **Todavia: "A União não possui legitimidade passiva** nas ações de indenização por falha em atendimento médico ocorrida em hospital privado credenciado no SUS, tendo em vista que, de acordo com a descentralização das atribuições determinada pela Lei 8.080/1990, a responsabilidade pela fiscalização é da direção municipal do aludido sistema" (STJ-2ª T., REsp 1.162.669, Min. Herman Benjamin, j. 23.3.10, DJ 6.4.10). No mesmo sentido: STJ-1ª T., REsp 1.218.845-EDcl-AgRg, Min. Arnaldo Esteves, j. 3.5.12, DJ 20.9.12;

— pelo pagamento integral dos **vencimentos** a que faria jus funcionário público (no caso, policial militar) demitido do cargo e ulteriormente reintegrado, no período em que durou esse afastamento (RT 837/208). No mesmo sentido: "O servidor reintegrado deve ser ressarcido dos vencimentos a que faria jus desde o desligamento indevido, a fim de restabelecer a situação injustamente desconstituída" (STJ-1ª T., Ag em REsp 165.575-AgRg, Min. Benedito Gonçalves, j. 21.11.13, DJ 29.11.13);

— pelo injustificado **atraso** de "10 meses e 18 dias para deferir pedido de **aposentadoria** de servidor público. Inexistência de qualquer diligência determinada para firmação de convencimento. Péssimo funcionamento do serviço, atuando com atraso injustificável. Servidor público que, em face de inércia estatal, mesmo possuindo o direito à aposentadoria, é obrigado a trabalhar por 10 meses e 18 dias. Responsabilidade que se reconhece e indenização deferida" (STJ-1ª T., REsp 983.659, Min. José Delgado, j. 12.2.08, DJU 6.3.08). Ainda: "Legítimo o pagamento de indenização, em razão da injustificada demora na concessão da aposentadoria" (STJ-2ª T., REsp 1.031.533, Min. Castro Meira, j. 6.5.08, DJU 16.5.08). No mesmo sentido: RT 865/179;

Condenado o Estado nessas circunstâncias, é possível "compensação, em liquidação do julgado, da remuneração do cargo, emprego ou função (pública ou privada) exercida pelos embargados no período em que foram obstados de tomar posse, desde que à época fosse incompatível o exercício simultâneo" (STJ-2ª T., REsp 795.161-AgRg-EDcl, Min. Herman Benjamin, j. 16.6.11, DJ 8.9.11);

— pelos eventos danosos acontecidos nas dependências de **escola pública**, tais como a conduta constrangedora e humilhante do professor (RF 379/345), o furto de bem do aluno (RT 846/379), a agressão sofrida pelo aluno nas suas dependências (RF 391/515; JTJ 329/365: AP 298.435-5/3-00; 355/536: AP 994.07.131038-0; RT 913/799: TJSP, AP 0169604-52.2006.8.26.0000), a amputação de dedos da mão de aluno (RT 868/273). Todavia, v. tb. nota seguinte.

Art. 43: 4. Afirmando não haver responsabilidade do Estado:
— "em face de danos causados por atos de **"persecutio criminis"**, de imputação ou julgamento quando o perseguido vem a ser absolvido por falta de provas ou de sua participação na infração penal, pois tanto a decretação da prisão preventiva como a admissibilidade da denúncia repousam em juízo provisório da prática delituosa, de todo legítimo" (RT 830/187). No mesmo sentido: RT 890/262 (TJAC, AP 2009.001550-3), JTJ 309/162, RJTJERGS 252/265, RIDA 27/25, maioria. V. tb. nota anterior para caso em que a persecução penal é instaurada e se desenvolve com negligência.

"A **prisão preventiva**, devidamente fundamentada e nos limites legais, inclusive temporal, não gera o direito à indenização em face da posterior absolvição por ausência de provas" (STJ-2ª T., REsp 911.641, Min. Eliana Calmon, j. 7.5.09, DJ 25.5.09). No mesmo sentido: STJ-1ª T., Ag em REsp 182.241-AgRg, Min. Ari Pargendler, j. 20.2.14, DJ 28.2.14; RT 894/218 (TJSP, AP 977.873-5/1-00). **Todavia:** "O cerceamento oficial da liberdade fora dos parâmetros legais, posto o recorrente ter ficado custodiado 741 dias, lapso temporal amazonicamente superior àquele estabelecido em Lei — 81 dias —, revela a ilegalidade da prisão. A coerção pessoal que não enseja o dano moral pelo sofrimento causado ao cidadão é aquela que lastreia-se nos parâmetros legais. A *contrario sensu*, empreendida a prisão cautelar com excesso expressivo de prazo, ultrapassando o lapso legal em quase um décuplo, restando, após, impronunciado o réu, com manifestação de inexistência de autoria, revela-se inequívoco o direito à percepção do dano moral" (STJ-1ª T., REsp 872.630, Min. Luiz Fux, j. 13.11.07, um voto vencido, DJU 26.3.08). No mesmo sentido, condenando o Estado em razão de atos praticados pelo Poder Judiciário, que levaram à "manutenção do cidadão em cárcere por aproximadamente 13 anos à míngua de condenação em pena privativa da liberdade ou procedimento criminal": STJ-RF 391/398 (1ª T., REsp 802.435);

— pelo ato praticado com **arma** da corporação por **"policial militar em período de folga"**: STF-1ª T., RE 363.423, Min. Ayres Britto, j. 16.11.04, DJ 14.3.08. No mesmo sentido: "A responsabilização do ente público, nos termos do art. 37, § 6º, da CF, necessita, em princípio, de que o agente que causou o dano esteja em pleno exercício das funções públicas. Agindo com motivação de cunho pessoal e fora da função pública, o policial que pratica crime, ainda que com arma da SSP, é o único responsável pelo delito" (RIDA 7/17: TJSE, AP 2005207800). **Todavia:** "O Estado responde objetivamente pelos danos causados ao particular em virtude de homicídio praticado por policial militar contra civil, com arma da corporação e no interior do quartel, mesmo estando o agente policial de folga, sendo devida a indenização pleiteada pelos familiares da vítima" (RJM 168/91: AP 1.0543.03.900038-4/001).

Indo além: "É objetiva a responsabilidade civil do Estado por ação de policial à paisana que se envolve em tiroteio em transporte público, resultando na morte de passageiro" (STJ-2ª T., REsp 976.073, Min. Castro Meira, j. 24.6.08, DJ 12.8.08). Ainda: "Responde o Estado pelos danos morais causados por ação ilícita de policial militar que, não obstante estado de folga, mas utilizando-se de arma da corporação, visando a um flagrante de roubo, realiza diligência, aborda, atira na perna do suspeito e prende-o na presença de populares em local público" (RT 861/328: TJRO, AP 100.001.2005.007068-0). Para casos em que o policial age durante o seu expediente, v. nota anterior;

— "Perseguição policial, após notícia de assalto a estabelecimento comercial. Filho da autora que não atendeu à voz de prisão e efetuou os primeiros disparos em direção aos policiais. **Troca de tiros,** que culminou com a morte do filho da autora. Atuação policial sem excessos, no estrito cumprimento do dever legal" (JTJ 371/190: AP 214-96.2002.8.26.0300). Todavia, para situações em que a atuação do policial acaba gerando responsabilidade do Estado, v. nota anterior;

— pela **morte** de **policial** no **exercício** das suas **funções:** "Morte de investigador de polícia por integrantes de quadrilha de traficantes. Policial que investigava ação dos delinquentes e prendera integrantes da quadrilha. Perigo inerente à atividade exercida pela vítima" (JTJ 303/209). No mesmo sentido: JTJ 309/166;

— "nos termos do artigo 37, § 6º, da Constituição Federal, não se caracteriza a responsabilidade civil objetiva do Estado por danos decorrentes de **crime praticado por pessoa foragida** do sistema prisional, quando não demonstrado o nexo causal direto entre o momento da fuga e a conduta praticada" (STF-Pleno, RE 608.880, Min. Alexandre de Moraes, j. 8.9.20, maioria, DJ 1.10.20). "Não há como afirmar que a deficiência do serviço do Estado (que propiciou a evasão de menor submetido a regime de semiliberdade) tenha sido a causa direta e imediata do tiroteio entre o foragido e um seu desafeto, ocorrido oito dias depois, durante o qual foi disparada a 'bala perdida' que atingiu a vítima, nem que esse tiroteio tenha sido efeito necessário da referida deficiência. Ausente o nexo causal, fica afastada a responsabilidade" (STJ-1ª T., REsp 858.511, Min. Teori Zavascki, j. 19.8.08, dois votos vencidos, DJ 15.9.08). No mesmo sentido: STJ-1ª T., REsp 719.738, Min. Teori Zavascki, j. 16.9.08, DJ 22.9.08 (caso de estupro acontecido 10 meses após a fuga do presídio); STJ-2ª T., REsp 669.258, Min. Humberto Martins, j. 27.2.07, DJ 25.3.09 (caso de acidente de trânsito provocado por pessoa que deveria estar reclusa); JTJ 288/178. **Contra:** "Impõe-se a responsabilização do Estado quando um condenado submetido a regime prisional aberto pratica, em sete ocasiões, falta grave de evasão, sem que as autoridades responsáveis pela execução da pena lhe apliquem a medida de regressão do regime prisional aplicável à espécie. Tal omissão do Estado constituiu, na espécie, o fator determinante que propiciou ao infrator a oportunidade para praticar o crime de estupro contra menor de 12 anos de idade, justamente no período em que deveria estar recolhido à prisão. Está configurado o nexo de causalidade, uma vez que se a lei de execução penal tivesse sido corretamente aplicada, o condenado dificilmente teria continuado a cumprir a pena nas mesmas condições (regime aberto), e, por conseguinte, não teria tido a oportunidade de evadir-se pela oitava vez e cometer o bárbaro crime de estupro" (STF-RTDC 33/145: 2ª T., RE 409.203, um voto vencido). No mesmo sentido: RJM 169/122;

— pelos ferimentos sofridos por aluna que participou de **briga em escola** pública (JTJ 335/514: AP 825.390-5/2-00). Todavia, v. tb. nota anterior;

— "a **impossibilidade momentânea de atendimento** de pessoas sem condições de arcar com as despesas em **hospitais públicos,** conveniados ou não, ou pertencentes ao Sistema Único de Saúde — SUS, não caracteriza omissão culposa, falta ou falha do serviço que possam impor ao Poder Público a responsabilidade por dano moral ou mesmo por dano material" (JTJ 348/427: AP 994.05.023935-0);

— "O Poder Público deve assumir a guarda e responsabilidade do veículo quando este ingressa em área de **estacionamento** pertencente a estabelecimento público, apenas, quando dotado de **vigilância especializada** para esse fim" (STJ-1ª T., REsp 1.081.532, Min. Luiz Fux, j. 10.3.09, DJ 30.3.09). Em sentido semelhante: JTJ 333/645 (EI 193.516-4/6-01). Todavia, v. tb. nota anterior;

— em razão do **furto de veículo** em área de **"estacionamento rotativo de carro em logradouro público"**, pois o pagamento nessas circunstâncias tem como contrapartida a simples racionalização do uso do espaço público, não fazendo surgir contrato de depósito (RT 841/333). No mesmo sentido: RT 866/326, JTJ 330/487 (AP 784.885-5/4-00), RSDA 90/152 (TJSP, AP 0015285-13.2010.8.26.0348);

— "a **perda do bem por ato administrativo** da autoridade policial, em razão de se tratar de **veículo furtado,** não pode ser imputada ao órgão de trânsito que registrou o bem. Ainda que a vistoria tenha sido realizada e considerada regular a situação do veículo, posterior apreensão por se tratar de veículo furtado, não revela nexo de causalidade para a configuração da responsabilidade objetiva do Estado. O Estado não pode ser responsabilizado por ato criminoso de terceiros ou pela culpa do adquirente de veículo de procedência duvidosa se a Administração não concorreu com ação ou omissão para a prática do ato ilícito, não respondendo pelos danos deste decorrentes" (STJ-RIDA 51/151: 2ª T., REsp 859.183);

— por **acidente** ocorrido em rodovia malconservada, quando sua causa determinante foi a própria imprudência do motorista (STJ-2ª T., REsp 649.394, Min. Eliana Calmon, j. 11.4.06, DJU 22.5.06);

— pelo **apedrejamento de ônibus** em rodovia (RT 866/186);

— por **afogamento em represa** de captação de água devidamente cercada: "A represa de captação de água é cercada, sendo irrelevante o mau estado da cerca em alguns pontos, e limita com propriedades rurais particulares. Há sinalização proibindo a pesca e a natação. Inexistência de obrigação de a Prefeitura manter cerca inexpugnável ou serviço ininterrupto de vigilância, o que afasta a culpa administrativa" (RT 890/237: TJSP, AP 761.706.5/0-00);

— em razão da **mora legislativa:** "comportamento omissivo do chefe do Poder Executivo não gera direito à indenização por perdas e danos" (STF-2ª T., RE 424.584, Min. Joaquim Barbosa, j. 17.11.09, maioria, DJ 7.5.10);

— "Na hipótese de **posse em cargo público determinada por decisão judicial,** o servidor não faz jus a indenização, sob fundamento de que deveria ter sido investido em momento anterior, salvo situação de arbitrariedade flagrante" (STF-Pleno, RE 724.347, Min. Roberto Barroso, j. 26.2.15, maioria, DJ 13.5.15). "Considera-se que, se a nomeação foi decorrente de sentença judicial, o retardamento não configura preterição ou ato ilegítimo da Administração Pública a justificar uma contrapartida indenizatória" (STJ-Corte Especial, ED no REsp 1.117.974, Min. Teori Zavascki, j. 21.9.11, maioria, DJ 19.12.11). "O ato administrativo que impede a nomeação de candidato aprovado em concurso público, ainda que considerado ilegal e posteriormente revogado por decisão judicial, não gera direito à indenização por perdas e danos ou ao recebimento de vencimentos retroativos" (STJ-5ª T., REsp 654.275, Min. Arnaldo Esteves, j. 26.6.07, DJU 6.8.07).

Todavia: "Se a Administração cumpriu tardiamente a ordem judicial, não pode eximir-se do dever de indenizar a autora, consistindo o ressarcimento do dano na soma das parcelas referentes à remuneração que teria auferido se houvesse sido nomeada no momento próprio, e no reconhecimento do direito aos adicionais por tempo de serviço. Hipótese que não contempla pretensão de receber vencimentos atrasados de cargo não exercido, mas reconhecimento do direito de indenização pela prática ilícita de ato omissivo do agente público" (STF-2ª T., RE 188.093, Min. Maurício Corrêa, j. 31.8.99, DJU 8.10.99).

Reconhecendo o direito dos candidatos ao recebimento de todas as verbas e vantagens que eles deixaram de auferir entre a data em que deveriam ter tomado posse e a data em que foram efetivamente empossados: STJ-RT 870/185 (1ª T., REsp 825.037). Esse acórdão foi mantido no julgamento dos subsequentes embargos de divergência: STJ-Corte Especial, ED no REsp 825.037, Min. Eliana Calmon, j. 1.2.11, DJ 22.2.11.

"A reprovação indevida de candidato no certame público lhe dá direito ao recebimento de indenização ante a presença de ato ilícito, mas não à percepção dos vencimentos relativos ao cargo postulado, porquanto esse direito nasce somente com a efetiva nomeação e posse do candidato" (STJ-2ª T., REsp 763.835, Min. João Otávio, j. 6.2.07, DJU 26.2.07). "Nada impede que o valor da indenização seja fixado tendo em conta os vencimentos que a autora receberia se tivesse sido nomeada e empossada juntamente com os demais aprovados no concurso" (STJ-2ª T., REsp 642.008, Min. Castro Meira, j. 10.8.04, DJU 14.2.05).

"Concurso público. Nomeação tardia. Decisão judicial. Superveniência da idade-limite para exercício de cargo público. Impossibilidade do cumprimento da obrigação de fazer. Conversão em perdas e danos. Possibilidade" (STJ-2ª T., REsp 1.758.330-EDcl, Min. Herman Benjamin, j. 9.4.19, DJ 12.9.19).

S/ responsabilidade civil do Estado e: culpa concorrente da vítima, v. art. 945, nota 2; ato praticado por notário ou oficial de registro, v. LRP 28, nota 2a.

Art. 44. São pessoas jurídicas de direito privado:[1 a 2b]
I — as associações;[3]
II — as sociedades;[4]
III — as fundações;[5]
IV — as organizações religiosas;[6]
V — os partidos políticos;[7]
VI — ....[7a]

§ 1º São livres a criação, a organização, a estruturação interna e o funcionamento das organizações religiosas, sendo vedado ao poder público negar-lhes reconhecimento ou registro dos atos constitutivos e necessários ao seu funcionamento.[8-8a]

§ 2º As disposições concernentes às associações aplicam-se subsidiariamente às sociedades que são objeto do Livro II da Parte Especial deste Código.[9-9a]

§ 3º Os partidos políticos serão organizados e funcionarão conforme o disposto em lei específica.[10-10a]

Art. 44: 1. v. arts. 2.031 a 2.034, s/ normas de direito intertemporal acerca de constituição, transformação, incorporação, cisão, fusão, dissolução e liquidação de pessoas jurídicas de direito privado.

S/ consórcio público, constituído como pessoa jurídica de direito privado sem fins lucrativos, v. art. 41, nota 2a (Lei 11.107, de 6.4.05, art. 1º § 1º).

Art. 44: 2. Dec. 2.427, de 17.12.97 — Promulga a Convenção Interamericana sobre Personalidade e Capacidade de Pessoas Jurídicas no Direito Internacional Privado, concluída em La Paz, em 24 de maio de 1984 (Lex 1997/4.659).

V. tb. LINDB 11; Dec. 752, de 16.2.93 (concessão do Certificado de Entidade de Fins Filantrópicos); Lei 8.909, de 6.7.94 (prestação de serviços por entidades de assistência social, entidades beneficentes de assistência social e entidades de fins filantrópicos).

Art. 44: 2a. Enunciado 142 do CEJ: "Os partidos políticos, sindicatos e associações religiosas possuem natureza associativa, aplicando-se-lhes o Código Civil".

Art. 44: 2b. Enunciado 144 do CEJ: "A relação das pessoas jurídicas de Direito Privado, constante do art. 44, incisos I a V, do Código Civil, não é exaustiva".

Art. 44: 3. v. arts. 53 a 61.

Art. 44: 4. v. arts. 981 a 1.141.

Art. 44: 5. v. arts. 62 a 69.

Art. 44: 6. Inc. IV acrescido pela Lei 10.825, de 22.12.03.

Art. 44: 7. Inc. V acrescido pela Lei 10.825, de 22.12.03.

Art. 44: 7a. Revogado pela Lei 14.382, de 27.6.22.

Art. 44: 8. § 1º acrescido pela Lei 10.825, de 22.12.03.

Art. 44: 8a. Enunciado 143 do CEJ: "A liberdade de funcionamento das organizações religiosas não afasta o controle de legalidade e legitimidade constitucional de seu registro, nem a possibilidade de reexame pelo Judiciário da compatibilidade de seus atos com a lei e com seus estatutos".

Art. 44: 9. § 2º cf. redação do antigo § único, renumerado de acordo com a Lei 10.825, de 22.12.03.

Art. 44: 9a. Enunciado 280 do CEJ: "Por força do art. 44, § 2º, consideram-se aplicáveis às sociedades reguladas pelo Livro II da Parte Especial, exceto às limitadas, os arts. 57 e 60, nos seguintes termos: a) em havendo previsão contratual, é possível aos sócios deliberar a exclusão de sócio por justa causa, pela via extrajudicial, cabendo ao contrato disciplinar o procedimento de exclusão, assegurado o direito de defesa, por aplicação analógica do art. 1.085; b) as deliberações sociais poderão ser convocadas pela iniciativa de sócios que representem 1/5 (um quinto) do capital social, na omissão do contrato. A mesma regra aplica-se na hipótese de criação, pelo contrato, de outros órgãos de deliberação colegiada".

Art. 44: 10. § 3º acrescido pela Lei 10.825, de 22.12.03.

Art. 44: 10a. CF 17: "É livre a criação, fusão, incorporação e extinção de partidos políticos, resguardados a soberania nacional, o regime democrático, o pluripartidarismo, os direitos fundamentais da pessoa humana e observados os seguintes preceitos: I — caráter nacional; II — proibição de recebimento de recursos financeiros de entidade ou governo estrangeiros ou de subordinação a estes; III — prestação de contas à Justiça Eleitoral; IV — funcionamento parlamentar de acordo com a lei. § 1º É assegurada aos partidos políticos autonomia para definir sua estrutura interna, organização e funcionamento, devendo seus estatutos estabelecer normas de fidelidade e disciplina partidárias. § 2º Os partidos políticos, após adquirirem personalidade jurídica, na forma da lei civil, registrarão seus estatutos no Tribunal Superior Eleitoral. § 3º Os partidos políticos têm direito a recursos do fundo partidário e acesso gratuito ao rádio e à televisão, na forma da lei. § 4º É vedada a utilização pelos partidos políticos de organização paramilitar".

Lei 9.096, de 19.9.95 — Dispõe sobre partidos políticos, regulamenta os arts. 17 e 14, § 3º, inciso V, da Constituição Federal.

S/ registro de partidos políticos, v. LRP 114-III e 120.

Art. 45. Começa a existência legal das pessoas jurídicas de direito privado com a inscrição do ato constitutivo no respectivo registro,[1 a 2] precedida, quando necessário, de autorização ou aprovação do Poder Executivo, averbando-se no registro todas as alterações[2a] por que passar o ato constitutivo.

Parágrafo único. Decai[3] em três anos o direito de anular a constituição das pessoas jurídicas de direito privado, por defeito do ato respectivo, contado o prazo da publicação de sua inscrição no registro.

Art. 45: 1. cf. art. 985; s/ registro, v. arts. 1.150 a 1.154 e 985 (prazo para o registro) e LRP 114 a 126. S/ registro da sociedade simples, v. arts. 998 e 1.000; s/ registro da nomeação do administrador de sociedade simples, v. art. 1.012; s/ registro da sociedade estrangeira, v. arts. 1.134 e 1.136.

V. tb. Lei 4.503, de 30.11.64 (cadastro geral de pessoas jurídicas, do Ministério da Fazenda); Lei 8.906, de 4.7.94, arts. 1º § 2º e 15 § 1º (Estatuto da Advocacia); Lei 8.934, de 18.11.94 (Registro Público de Empresas Mercantis e atividades afins), regulamentada pelo Dec. 1.800, de 30.1.96; Lei 9.096, de 19.9.95, arts. 7º a 11 (registro dos partidos políticos); Lei 7.433, de 18.12.85 (requisitos para a lavratura de escrituras públicas), regulamentada pelo Dec. 93.240, de 9.9.86.

Art. 45: 1a. EA 1º § 2º: "Os atos e contratos constitutivos de pessoas jurídicas, sob pena de nulidade, só podem ser admitidos a registro, nos órgãos competentes, quando visados por advogados".

CPC 75 § 2º: "A sociedade ou associação sem personalidade jurídica não poderá opor a irregularidade de sua constituição quando demandada".

Art. 45: 2. "O sindicato adquire sua personalidade jurídica no momento de seu registro no Cartório de Registro de Títulos e Documentos e Registro Civil das Pessoas Jurídicas, sendo desnecessário o registro junto ao Ministério do Trabalho" (STJ-1ª T., REsp 383.858-AgRg, Min. Francisco Falcão, j. 18.3.04, DJU 17.5.04). No mesmo sentido: STJ-2ª T., REsp 381.213, Min. Eliana Calmon, j. 19.11.02, DJU 9.12.02.

Art. 45: 2a. s/ modificações do contrato social, v. art. 999.

Art. 45: 3. s/ decadência, v. arts. 207 a 211.

Art. 46. O registro[1] declarará:

I — a denominação, os fins,[2] a sede, o tempo de duração e o fundo social, quando houver;

II — o nome e a individualização dos fundadores ou instituidores, e dos diretores;

III — o modo por que se administra e representa,³ ativa e passivamente, judicial e extrajudicialmente;

IV — se o ato constitutivo é reformável no tocante à administração, e de que modo;

V — se os membros respondem, ou não, subsidiariamente, pelas obrigações sociais;

VI — as condições de extinção da pessoa jurídica e o destino do seu patrimônio, nesse caso.

Art. 46: 1. v. tb. art. 51 §§ 1º e 3º e LRP 120 e 121.

Art. 46: 2. v. LRP 115.

✎ **Art. 46: 3.** "A identificação dos legítimos representantes das pessoas jurídicas: a fragilidade do sistema e os riscos dos responsáveis pela identificação", por Gilmar Antônio Seger (Ajuris 103/135).

Art. 47. Obrigam a pessoa jurídica os atos dos administradores, exercidos nos limites de seus poderes definidos no ato constitutivo.¹⁻²

Art. 47: 1. v. arts. 997-VI e 1.010 a 1.021.

Art. 47: 2. Enunciado 145 do CEJ: "O art. 47 não afasta a aplicação da teoria da aparência".

Art. 48. Se a pessoa jurídica tiver administração coletiva, as decisões se tomarão pela maioria de votos dos presentes, salvo se o ato constitutivo dispuser de modo diverso.

Parágrafo único. Decai¹ em três anos o direito de anular as decisões a que se refere este artigo,² quando violarem a lei ou estatuto, ou forem eivadas de erro,²ᵃ dolo,³ simulação⁴ ou fraude.⁵⁻⁶

Art. 48: 1. s/ decadência, v. arts. 207 a 211.

Art. 48: 2. "O prazo decadencial para exercício do direito à anulação da deliberação de **exclusão de sócio minoritário** de sociedade limitada é de 3 anos, nos termos do art. 48 do Código Civil" (STJ-4ª T., REsp 1.459.190, Min. Luis Felipe, j. 15.12.15, DJ 1.2.16).

Art. 48: 2a. v. arts. 138 a 144.

Art. 48: 3. v. arts. 145 a 150.

Art. 48: 4. v. art. 167.

Art. 48: 5. v. arts. 158 a 165.

Art. 48: 6. E no caso de coação (arts. 151 a 155)?

Art. 48-A. As pessoas jurídicas de direito privado, sem prejuízo do previsto em legislação especial e em seus atos constitutivos, poderão realizar suas assembleias gerais por meio eletrônico, inclusive para os fins do disposto no art. 59 deste Código, respeitados os direitos previstos de participação e de manifestação.¹

Art. 48-A: 1. Redação da Lei 14.382, de 27.6.22.

Art. 49. Se a administração da pessoa jurídica vier a faltar, o juiz, a requerimento de qualquer interessado, nomear-lhe-á administrador provisório.

Art. 49-A. A pessoa jurídica não se confunde com os seus sócios, associados, instituidores ou administradores.[1]

Parágrafo único. A autonomia patrimonial das pessoas jurídicas é um instrumento lícito de alocação e segregação de riscos, estabelecido pela lei com a finalidade de estimular empreendimentos, para a geração de empregos, tributo, renda e inovação em benefício de todos.

Art. 49-A: 1. O art. 49-A foi acrescido pela Lei 13.874, de 20.9.19.

Art. 50. Em caso de abuso da personalidade jurídica, caracterizado pelo desvio de finalidade ou pela confusão patrimonial, pode o juiz, a requerimento da parte, ou do Ministério Público quando lhe couber intervir no processo, desconsiderá-la para que os efeitos de certas e determinadas relações de obrigações sejam estendidos aos bens particulares de administradores ou de sócios da pessoa jurídica beneficiados direta ou indiretamente pelo abuso.[1 a 7]

§ 1º Para os fins do disposto neste artigo, desvio de finalidade é a utilização da pessoa jurídica com o propósito de lesar credores e para a prática de atos ilícitos de qualquer natureza.

§ 2º Entende-se por confusão patrimonial a ausência de separação de fato entre os patrimônios, caracterizada por:[8]

I — cumprimento repetitivo pela sociedade de obrigações do sócio ou do administrador ou vice-versa;

II — transferência de ativos ou de passivos sem efetivas contraprestações, exceto os de valor proporcionalmente insignificante; e

III — outros atos de descumprimento da autonomia patrimonial.

§ 3º O disposto no *caput* e nos §§ 1º e 2º deste artigo também se aplica à extensão das obrigações de sócios ou de administradores à pessoa jurídica.

§ 4º A mera existência de grupo econômico sem a presença dos requisitos de que trata o *caput* deste artigo não autoriza a desconsideração da personalidade da pessoa jurídica.

§ 5º Não constitui desvio de finalidade a mera expansão ou a alteração da finalidade original da atividade econômica específica da pessoa jurídica.

Art. 50: 1. Redação do art. 50 de acordo com a Lei 13.874, de 20.9.19.

✎ Art. 50: 1a. "A desconsideração da personalidade jurídica: a teoria, o Código de Defesa do Consumidor e o novo Código Civil", por Marlon Tomazette (RT 794/76); "Abuso de direito e fraude através da personalidade jurídica", por Rubens Requião (RT 803/751); "A teoria da desconsideração da pessoa jurídica no novo Código Civil", por José Tadeu Neves Xavier (Ajuris 89/169 e RF 379/143); "Desconsideração da personalidade jurídica no novo Código Civil", por João Batista Lopes (RT 818/36); "Da desconsideração da pessoa jurídica (aspectos de direito material e processual)", por Ada Pellegrini Grinover (RF 371/3, RJ 320/7 e IP 48/13); "Desconsideração da personalidade jurídica no Código de Defesa do Consumidor e no Código Civil", por Gustavo Filipe Barbosa Garcia (RT 846/11 e RJ 344/67); "O interesse de recorrer da decisão que determina a desconsideração da personalidade jurídica", por Leonardo de Faria Beraldo (RIDCPC 42/77); "Responsabilização no direito societário de terceiro por obrigação da sociedade", por Vinícius José Marques Gontijo (RT 854/38); "Notas sobre a desconsideração da personalidade jurídica", por Gustavo Tepedino (RTDC 30/53).

Art. 50: 2. s/ desconsideração da pessoa jurídica, v. CDC 28; s/ responsabilidade dos sócios de sociedade limitada por ato ilícito, v. art. 1.080 e notas; s/ desnecessidade da desconsideração de personalidade em matéria de condomínio, v. art. 1.315, nota 3.

No CPCLPV, v. CPC 133 e segs. e 795, bem como respectivas notas (desconsideração da pessoa jurídica).

Art. 50: 3. Lei 9.615, de 24.3.98: "Art. 18-B (*incluído pela Lei 14.073, de 14.10.20*). Os dirigentes das entidades do Sistema Nacional do Desporto, independentemente da forma jurídica adotada, têm seus bens particulares sujeitos ao disposto no art. 50 da Lei 10.406, de 10 de janeiro de 2002 (Código Civil). § 1º Para os fins do disposto nesta Lei, dirigente é aquele que exerce, de fato ou de direito, poder de decisão na gestão da entidade, incluídos seus administradores. § 2º Os dirigentes de entidades desportivas respondem solidária e ilimitadamente pelos atos ilícitos praticados e pelos atos de gestão irregular ou temerária ou contrários ao previsto no contrato social ou estatuto. § 3º O dirigente será responsabilizado solidariamente quando tiver conhecimento do não cumprimento dos deveres estatutários ou contratuais por seu antecessor ou pelo administrador competente e não comunicar o fato ao órgão estatutário competente".

"**Art. 18-C** (*incluído pela Lei 14.073, de 14.10.20*). Consideram-se atos de gestão irregular ou temerária praticados pelo dirigente aqueles que revelem desvio de finalidade na direção da entidade ou que gerem risco excessivo e irresponsável para seu patrimônio, tais como: **I** — aplicar créditos ou bens sociais em proveito próprio ou de terceiros; **II** — obter, para si ou para outrem, vantagem a que não faz jus e de que resulte ou possa resultar prejuízo para a entidade desportiva; **III** — celebrar contrato com empresa da qual o dirigente, seu cônjuge ou companheiro, ou parente, em linha reta, colateral ou por afinidade, até o terceiro grau, sejam sócios ou administradores, exceto no caso de contratos de patrocínio ou doação em benefício da entidade desportiva; **IV** — receber qualquer pagamento, doação ou outra forma de repasse de recursos oriundos de terceiros que, no prazo de até 1 (um) ano, antes ou depois do repasse, tenham celebrado contrato com a entidade desportiva profissional; **V** — antecipar ou comprometer receitas em desconformidade com o previsto em lei; **VI** — não divulgar de forma transparente informações de gestão aos associados; **VII** — deixar de prestar contas de recursos públicos recebidos. § 1º Em qualquer hipótese, o dirigente não será responsabilizado quando: **I** — não tiver agido com culpa grave ou dolo; ou **II** — comprovar que agiu de boa-fé e que as medidas realizadas visavam a evitar prejuízo maior à entidade. § 2º Para os fins do disposto no inciso IV do *caput* deste artigo, também será considerado ato de gestão irregular ou temerária o recebimento de qualquer pagamento, doação ou outra forma de repasse de recursos por: **I** — cônjuge ou companheiro do dirigente; **II** — parente do dirigente, em linha reta, colateral ou por afinidade, até o terceiro grau; e **III** — empresa ou sociedade civil da qual o dirigente, seu cônjuge ou companheiro, ou parente, em linha reta, colateral ou por afinidade, até o terceiro grau, sejam sócios ou administradores".

"**Art. 27** (*redação da Lei 10.672, de 15.5.03*). As entidades de prática desportiva participantes de competições profissionais e as entidades de administração de desporto ou ligas em que se organizarem, independentemente da forma jurídica adotada, sujeitam os bens particulares de seus dirigentes ao disposto no art. 50 da Lei n. 10.406, de 10 de janeiro de 2002, além das sanções e responsabilidades previstas no *caput* do art. 1.017 da Lei n. 10.406, de 10 de janeiro de 2002, na hipótese de aplicarem créditos ou bens sociais da entidade desportiva em proveito próprio ou de terceiros. (...) § 11 (*redação da Lei 12.395, de 16.3.11*). Os administradores de entidades desportivas profissionais respondem solidária e ilimitadamente pelos atos ilícitos praticados, de gestão temerária ou contrários ao previsto no contrato social ou estatuto, nos termos da Lei n. 10.406, de 10 de janeiro de 2002 — Código Civil. (...) § 13 (*redação da Lei 12.395, de 16.3.11*). Para os fins de fiscalização e controle do disposto nesta Lei, as atividades profissionais das entidades de que trata o *caput* deste artigo, independentemente da forma jurídica sob a qual estejam constituídas, equiparam-se às das sociedades empresárias".

Dec. 3.708, de 10.1.1919 — Regula a constituição de sociedades por quotas de responsabilidade limitada: "**Art. 10.** Os sócios-gerentes ou que derem o nome à firma não respondem pessoalmente pelas obrigações contraídas em nome da sociedade, mas respondem para com esta e para com terceiros solidária e ilimitadamente pelo excesso de mandato e pelos atos praticados com violação do contrato ou da lei".

Art. 50: 4. Enunciado 7 do CEJ: "Só se aplica a desconsideração da personalidade jurídica quando houver a prática de ato irregular, e limitadamente, aos administradores ou sócios que nela hajam incorrido".

Enunciado 51 do CEJ: "A teoria da desconsideração da personalidade jurídica — *disregard doctrine* — fica positivada no novo Código Civil, mantidos os parâmetros existentes nos microssistemas legais e na construção jurídica sobre o tema".

Enunciado 146 do CEJ: "Nas relações civis, interpretam-se restritivamente os parâmetros de desconsideração da personalidade jurídica previstos no art. 50 (desvio de finalidade social ou confusão patrimonial)".

Enunciado 281 do CEJ: "A aplicação da teoria da desconsideração, descrita no art. 50 do Código Civil, prescinde da demonstração de insolvência da pessoa jurídica".

Enunciado 282 do CEJ: "O encerramento irregular das atividades da pessoa jurídica, por si só, não basta para caracterizar abuso de personalidade jurídica".

Enunciado 283 do CEJ: "É cabível a desconsideração da personalidade jurídica denominada 'inversa' para alcançar bens de sócio que se valeu da pessoa jurídica para ocultar ou desviar bens pessoais, com prejuízo a terceiros".

Enunciado 284 do CEJ: "As pessoas jurídicas de direito privado sem fins lucrativos ou de fins não econômicos estão abrangidas no conceito de abuso da personalidade jurídica".

Enunciado 285 do CEJ: "A teoria da desconsideração, prevista no art. 50 do Código Civil, pode ser invocada pela pessoa jurídica em seu favor".

Art. 50: 5. Os bens particulares dos sócios, uma vez integralizado o capital da sociedade por cotas, não respondem pelas dívidas desta, nem comuns, nem fiscais, salvo se o sócio praticou ato com excesso de poderes ou infração da lei, do contrato social ou dos estatutos (RTJ 85/945; tb. RTJ 82/936, 83/893, 101/1.263, 112/812).

"A desconsideração da personalidade jurídica da sociedade não pode decorrer da simples constatação da insuficiência do patrimônio social, para responder pelas obrigações da falida. Indispensabilidade da prova do abuso da personalidade jurídica, caracterizado pelo desvio de finalidade ou confusão patrimonial" (JTJ 315/400: AI 454.265-4/0-00). Em sentido semelhante: RT 885/260 (TJSP, AP 7.242.186-6), JTJ 330/137 (AI 7.239.465-7).

"A excepcional penetração no âmago da pessoa jurídica, com o levantamento do manto que protege essa independência patrimonial, exige a presença do pressuposto específico do abuso da personalidade jurídica, com a finalidade de lesão a direito de terceiro, infração da lei ou descumprimento de contrato. O simples fato da recorrida ter encerrado suas atividades operacionais não é, por si só, indicativo de que tenha havido fraude ou má-fé na condução dos seus negócios. Os sócios de empresa constituída sob a forma de sociedade por quotas de responsabilidade limitada não respondem pelos prejuízos sociais, desde que não tenha havido administração irregular e haja integralização do capital social" (STJ-3ª T., REsp 876.974, Min. Nancy Andrighi, j. 9.8.07, DJU 27.8.07). No mesmo sentido: RT 913/877 (TJES, AI 24119006658).

No sentido de que a simples ausência de bens da sociedade controlada não autoriza a desconsideração da personalidade jurídica para alcançar os bens da sociedade controladora: STJ-4ª T., REsp 744.107, Min. Fernando Gonçalves, j. 20.5.08, DJ 12.8.08.

"A mudança de endereço da empresa executada associada à inexistência de bens capazes de satisfazer o crédito pleiteado pelo exequente não constituem motivos suficientes para a desconsideração da sua personalidade jurídica. A regra geral adotada no ordenamento jurídico brasileiro é aquela prevista no art. 50 do CC/02, que consagra a Teoria Maior da Desconsideração, tanto na sua vertente subjetiva quanto na objetiva. Salvo em situações excepcionais previstas em leis especiais, somente é possível a desconsideração da personalidade jurídica quando verificado o desvio de finalidade (Teoria Maior Subjetiva da Desconsideração), caracterizado pelo ato intencional dos sócios de fraudar terceiros com o uso abusivo da personalidade jurídica, ou quando evidenciada a confusão patrimonial (Teoria Maior Objetiva da Desconsideração), demonstrada pela inexistência, no campo dos fatos, de separação entre o patrimônio da pessoa jurídica e os de seus sócios" (STJ-RJ 386/163: 3ª T., REsp 970.635). No mesmo sentido: STJ-4ª T., Ag em REsp 159.889-AgRg, Min. Luis Felipe, j. 15.10.13, DJ 18.10.13; STJ-1ª T., REsp 1.315.166, Min. Gurgel de Faria, j. 16.3.17, DJ 26.4.17. **Todavia:** "A inexistência de indicação de novo endereço, mesmo na interposição do agravo de instrumento na origem, em que se declinou o mesmo endereço no qual desde 2009 não se encontra, conforme certidão de oficial de justiça, faz presumir o abuso da personalidade jurídica, apto a embasar o deferimento da desconsideração da personalidade jurídica da empresa, para se buscar o patrimônio individual de seu sócio" (STJ-3ª T., REsp 1.311.857, Min. Nancy Andrighi, j. 13.5.14, DJ 2.6.14).

"O encerramento das atividades ou dissolução, ainda que irregulares, da sociedade não são causas, por si sós, para a desconsideração da personalidade jurídica, nos termos do Código Civil" (STJ-2ª Seção, ED no REsp 1.306.553, Min. Isabel Gallotti, j. 10.12.14, DJ 12.12.14). "A dissolução irregular da sociedade não pode ser fundamento isolado para o pedido de desconsideração da personalidade jurídica, mas, aliada a fatos concretos que permitam deduzir ter sido o esvaziamento do patrimônio societário ardilosamente provocado de modo a impedir a satisfação dos credores em benefício de terceiros, é circunstância que autoriza induzir existente o abuso de direito, consubstanciado, a depender da situação fática delineada, no desvio de finalidade e/ou na confusão patrimonial. No particular, tendo a instância ordinária concluído pela inexistência de indícios do abuso da personalidade jurídica pelos sócios, incabível a adoção da medida extrema prevista no art. 50 do CC/02" (STJ-3ª T., REsp 1.395.288, Min. Nancy Andrighi, j. 11.2.14, RT 946/383 e RP 236/368). "O encerramento da empresa, com declaração de inexistência de passivo, porém na pendência de débito inadimplido, quando muito, pode configurar dissolução irregular, o que é insuficiente, por si só, para a aplicação da teoria da *disregard doctrine*" (STJ-3ª T., REsp 1.241.873, Min. João Otávio, j. 10.6.14, DJ 20.6.14). **Todavia:** "Do encerramento irregular da empresa presume-se o abuso da personalidade jurídica, seja pelo desvio de finalidade, seja pela confusão patrimonial, apto a embasar o deferimento da desconsideração da personalidade jurídica da empresa, para se buscar o patrimônio individual de seu sócio" (STJ-3ª T., REsp 1.259.066, Min. Nancy Andrighi, j. 19.6.12, DJ 28.6.12).

"O 'fechamento de fato' da sociedade empresária, com a cessação de suas atividades sem a correspondente baixa no registro do comércio, constitui atitude que pode permitir a aplicação da teoria da desconsideração" (JTJ 325/89 e Bol. AASP 2.589: TJSP, AI 1.161.017-0/8). No mesmo sentido: STJ-3ª T., REsp 1.346.464, Min. Nancy Andrighi, j. 1.10.13, DJ 28.10.13; RT 870/295. V. art. 1.080, nota 3.

"Desconsideração da personalidade jurídica. Extensão dos efeitos da quebra a empresa pertencente ao mesmo grupo econômico da falida. Possibilidade. Prática de atos com o fito de prejudicar credores da massa falida" (JTJ 316/365: AI 465.399-4/6-00).

"Caracterização de fraude com abuso da personalidade jurídica da ré originária, particularmente por conta de irregular cisão parcial da referida sociedade, com a transferência de parte de seu patrimônio para a nova empresa constituída, ensejando para esta última, em prejuízo da primeira, cujo patrimônio restou esvaziado, sensível aumento de capital social, quando já pendente a demanda" (JTJ 318/402: AI 506.532-4/1-00).

"Está correta a desconsideração da personalidade jurídica da Sociedade Anônima falida quando utilizada por sócios controladores, diretores e ex-diretores para fraudar credores" (STJ-3ª T., REsp 370.068, Min. Nancy Andrighi, j. 16.12.03, dois votos vencidos, DJU 14.3.05).

"A despersonalização de sociedade por ações e de sociedade por quotas de responsabilidade limitada só atinge, respectivamente, os administradores e os sócios gerentes; não quem tem apenas o *status* de acionista ou sócio" (STJ-3ª T., REsp 786.345, Min. Ari Pargendler, j. 21.8.08, dois votos vencidos, DJ 26.11.08). No mesmo sentido, responsabilizando o sócio-gerente: STJ-2ª T., REsp 1.009.739-AgRg, Min. Eliana Calmon, j. 14.4.09, DJ 8.5.09. Ainda, responsabilizando os administradores, sejam eles sócios ou não: JTJ 364/109 (AI 28766-83.2011.8.26.0000). **Todavia**, em sentido mais amplo, admitindo a responsabilidade de todos os sócios: RT 711/117, 713/177, 847/344 (TJSE, AI 2005203379). Admitindo a responsabilidade de sócio sem poder de gerência ou administração, em situação especial de sociedade familiar, com apenas duas sócias (mãe e filha), cada uma com 50% das quotas sociais: STJ-3ª T., REsp 1.315.110, Min. Nancy Andrighi, j. 28.5.13, DJ 7.6.13. V. tb. CDC 28, nota 3, *in fine*.

De outra parte, afirmando que não basta ser sócio majoritário ou controlador para ter decretada em seu desfavor a desconsideração da personalidade jurídica: "Os efeitos da desconsideração da personalidade jurídica somente alcançam os sócios participantes da conduta ilícita ou que dela se beneficiaram, ainda que se trate de sócio majoritário ou controlador" (STJ-3ª T., REsp 1.325.663, Min. Nancy Andrighi, j. 11.6.13, DJ 24.6.13).

Presentes os requisitos para a desconsideração da personalidade jurídica, os bens do ex-sócio respondem pela dívida se ele compunha os quadros sociais no momento da constituição do crédito cujo recebimento se persegue (RT 836/232, 840/278; JTJ 348/66: AI 990.09.330457-0). Mas, se o ex-sócio já não integrava os quadros da empresa por ocasião da constituição de tal crédito, seus bens não podem ser atingidos pela desconsideração (JTJ 327/53: AI 7.237.149-0).

"A partir da desconsideração da personalidade jurídica, a execução segue em direção aos bens dos sócios, tal qual previsto expressamente pela parte final do próprio art. 50, do Código Civil e não há, no referido dispositivo, qualquer restrição acerca da execução, contra os sócios, ser limitada às suas respectivas quotas sociais" (STJ-3ª T., REsp 1.169.175, Min. Massami Uyeda, j. 17.2.11, DJ 4.4.11). No mesmo sentido: STJ-4ª T., MC 20.472-AgRg, Min. Marco Buzzi, j. 3.9.13, DJ 20.9.13.

Ainda aplicando a teoria da desconsideração da personalidade jurídica: JTJ 159/72, 160/224, Lex-JTA 171/337, RJ 355/139.

Art. 50: 6. "A **desconsideração inversa da personalidade jurídica** caracteriza-se pelo afastamento da autonomia patrimonial da sociedade, para, contrariamente do que ocorre na desconsideração da personalidade propriamente dita, atingir o ente coletivo e seu patrimônio social, de modo a responsabilizar a pessoa jurídica por obrigações do sócio controlador. Considerando-se que a finalidade da *disregard doctrine* é combater a utilização indevida do ente societário por seus sócios, o que pode ocorrer também nos casos em que o sócio controlador esvazia o seu patrimônio pessoal e o integraliza na pessoa jurídica, conclui-se, de uma interpretação teleológica do art. 50 do CC/02, ser possível a desconsideração inversa da personalidade jurídica, de modo a atingir bens da sociedade em razão de dívidas contraídas pelo sócio controlador, conquanto preenchidos os requisitos previstos na norma" (STJ-RT 901/169 e RDDP 91/156: 3ª T., REsp 948.117). No mesmo sentido: RT 906/791 (TJSP, AI 990.10.197695-1), 917/495 (TJSP, AI 0173152-12.2011.8.26.0000, com comentário de Rodrigo Xavier Leonardo), JTJ 365/36 (AI 406611-55.2010.8.26.0000), RJ 442/157 (TRF-4ª Reg., AP 5004944-06.2013.404.7000).

Art. 50: 7. "Descabe, por ampliação ou analogia, sem qualquer previsão legal, trazer para a desconsideração da personalidade jurídica os **prazos** decadenciais para o ajuizamento das ações revocatória falencial e pauliana. Relativamente aos direitos potestativos para cujo exercício a lei não vislumbrou necessidade de prazo especial, prevalece a regra geral da inesgotabilidade ou da **perpetuidade**, segundo a qual os direitos não se extinguem pelo não uso. Assim, à míngua de previsão legal, o pedido de desconsideração da personalidade jurídica, quando preenchidos os requisitos da medida, poderá ser realizado a qualquer momento" (STJ-4ª T., REsp 1.180.714, Min. Luis Felipe, j. 5.4.11, DJ 6.5.11). No mesmo sentido: STJ-3ª T., REsp 1.893.057, Min. Nancy Andrighi, j. 11.5.21, DJ 14.5.21. Ainda: "Descabe, por ampliação ou analogia, sem qualquer previsão legal, trazer para a desconsideração da personalidade jurídica os prazos prescricionais previstos para os casos de retirada de sócio da sociedade (arts. 1.003, 1.032 e 1.057 do Código Civil), uma vez que institutos diversos" (STJ-4ª T., REsp 1.348.449, Min. Luis Felipe, j. 11.4.13, DJ 4.6.13).

V. tb. art. 189, nota 2a.

Art. 50: 8. "Configura-se a confusão patrimonial no caso de **indistinção entre patrimônios** do administrador ou sócio e da empresa, em afronta à autonomia patrimonial, com o objetivo de se esquivar ao cumprimento de obrigação; situação ainda mais evidente quando envolve empresa individual, que não possui personalidade própria. Na espécie, o empresário individual adquiriu a integralidade das cotas de uma empresa individual de responsabilidade limitada — EIRELI, por valor superior ao débito tributário exequendo, a fim de ocultar ou mesclar nesta o patrimônio da empresa individual que deveria ser objeto da execução fiscal, havendo indícios de que essa oneração levou esse devedor à insolvência" (STJ-2ª T., REsp 1.810.414, Min. Francisco Falcão, j. 15.10.19, DJ 18.10.19).

"No presente caso, as duas empresas mencionadas têm uma unidade gerencial e laboral. Está perfeitamente configurada ainda a confusão patrimonial, suficiente para autorizar a desconsideração da personalidade jurídica" (RT 868/251; a citação é do voto do relator).

Art. 51. Nos casos de dissolução da pessoa jurídica¹ ou cassada a autorização para seu funcionamento,² ela subsistirá para os fins de liquidação, até que esta se conclua.²ᵃ

§ 1º Far-se-á, no registro onde a pessoa jurídica estiver inscrita, a averbação de sua dissolução.

§ 2º As disposições para a liquidação das sociedades³ aplicam-se, no que couber, às demais pessoas jurídicas de direito privado.

§ 3º Encerrada a liquidação, promover-se-á o cancelamento da inscrição da pessoa jurídica.

Art. 51: 1. s/ dissolução de associação, v. art. 61.

Art. 51: 2. v. art. 1.125.

Art. 51: 2a. "A dissolução da associação civil não acarreta, de pronto, a **extinção** de sua personalidade jurídica, que só ocorrerá com a **averbação da ata da assembleia geral** que aprovar as contas finais apresentadas pelo liquidante, após o pagamento do passivo e regular destinação do patrimônio líquido, momento no qual é cancelado o registro da pessoa jurídica" (STJ-4ª T., RMS 39.236, Min. Marco Buzzi, j. 26.4.16, DJ 3.5.16).

Art. 51: 3. v. arts. 1.102 e segs.

Art. 52. Aplica-se às pessoas jurídicas, no que couber, a proteção dos direitos da personalidade.¹ ᵃ ³

Art. 52: 1. "Direito das pessoas jurídicas à intimidade", por Rui Stoco (RT 910/83); "Dano moral contra a pessoa jurídica", por Luís Alberto Thompson Flores Lenz (Just. 178/79); "Pessoa jurídica: dano moral", por Fernando Vasconcelos (RT 781/111); "Pessoas jurídicas e direitos da personalidade: pessoa jurídica pode sofrer dano extrapatrimonial?", por Carla Wainer Chalréo Lgow (RDPr 51/115).

Art. 52: 1a. v. arts. 11 a 21 (especialmente art. 16, nota 1a — proteção do nome da pessoa jurídica).

Art. 52: 2. Súmula 227 do STJ: "A pessoa jurídica pode sofrer dano moral".
V. anotações a essa Súmula no art. 186, nota 2.

Art. 52: 3. Enunciado 286 do CEJ: "Os direitos da personalidade são direitos inerentes e essenciais à pessoa humana, decorrentes de sua dignidade, não sendo as pessoas jurídicas titulares de tais direitos".

Capítulo II | DAS ASSOCIAÇÕES¹⁻²

CAP. II: 1. Disposições transitórias s/ associações: arts. 2.031 a 2.034.

CAP. II: 2. "As associações no novo Código Civil e a liberdade de religião", por Paulo Sanches Campos (RT 819/77); "Associação e fundação no Código Civil de 2002: o novo perfil jurídico", por Homero Francisco Tavares Júnior (RSDCPC 27/100); "Associações e sociedades: semelhanças e distinções à luz da noção de contrato plurilateral", por Rachel Sztajn (RDPr 21/223).

Art. 53. Constituem-se as associações¹ ᵃ ²ᵃ pela união de pessoas³⁻⁴ que se organizem para fins não econômicos.

Parágrafo único. Não há, entre os associados, direitos e obrigações recíprocos.

Art. 53: 1. s/ associações sindicais, v. CLT 511; s/ associações com objetivos de interesse de defesa nacional, v. Dec. lei 4.684, de 12.9.42; s/ partidos políticos, v. Lei 9.096, de 19.9.95; s/ associações de poupança e empréstimo, v. Dec. lei 70, de 21.11.66; s/ prestação de serviços por entidades de assistência social, entidades beneficentes de assistência social e entidades de fins filantrópicos, v. Lei 8.909, de 6.7.94; s/ qualificação de entidades como organizações sociais, v. Lei 9.637, de 15.5.98; s/ qualificação de entidades como organizações da sociedade civil de interesse público (OSCIP), v. Lei 9.790, de 23.3.99, regulamentada pelo Dec. 3.100, de 30.6.99; s/ concessão do Certificado de Entidades de Fins Filantrópicos, v. Dec. 2.536, de 6.4.98.

Art. 53: 1a. CF 5º: "XVII — é plena a liberdade de associação para fins lícitos, vedada a de caráter paramilitar;

"XVIII — a criação de associações e, na forma da lei, a de cooperativas independem de autorização, sendo vedada a interferência estatal em seu funcionamento;

"XIX — as associações só poderão ser compulsoriamente dissolvidas ou ter suas atividades suspensas por decisão judicial, exigindo-se, no primeiro caso, o trânsito em julgado;

"XX — ninguém poderá ser compelido a associar-se ou a permanecer associado;

"XXI — as entidades associativas, quando expressamente autorizadas, têm legitimidade para representar seus filiados judicial ou extrajudicialmente".

V. CF 8º e 17.

Art. 53: 2. A associação é pessoa jurídica de direito privado (art. 44-I).

Art. 53: 2a. "Não se há de confundir a liberdade de associação, prevista de forma geral no inciso XVII do rol das garantias constitucionais, com a criação, em si, de sindicato. O critério da especificidade direciona à observação do disposto no inciso II do artigo 8º da Constituição Federal, no que agasalhada a unicidade sindical de forma mitigada, ou seja, considerada a área de atuação, nunca inferior à de um município" (STF-2ª T., RE 207.858, Min. Marco Aurélio, j. 27.10.98, DJU 14.5.99).

Art. 53: 3. s/ legitimidade do associado para o ajuizamento de demanda no contexto da associação, v., no CP-CLPV, CPC 17, nota 8.

Art. 53: 4. O **associado não responde pelas dívidas** da associação (STJ-3ª T., REsp 1.398.438, Min. Nancy Andrighi, j. 4.4.17, DJ 11.4.17).

Art. 54. Sob pena de nulidade, o estatuto[1] das associações conterá:

I — a denominação, os fins e a sede da associação;

II — os requisitos para a admissão, demissão e exclusão dos associados;[1a-1b]

III — os direitos e deveres dos associados;

IV — as fontes de recursos para sua manutenção;

V — o modo de constituição e de funcionamento dos órgãos deliberativos;[2]

VI — as condições para a alteração das disposições estatutárias e para a dissolução;

VII — a forma de gestão administrativa e de aprovação das respectivas contas.[3]

Art. 54: 1. s/ registro das associações, v. LRP 114 e 121.

Art. 54: 1a. "Dispensa de apresentação de certidões negativas para **ingresso** no quadro associativo da Câmara de Comercialização de Energia Elétrica. Alegação de que as recuperandas desfrutariam de benefício econômico. Hipótese fática distinta daquela exigida pelo art. 52, II, da Lei 11.101/05. Liberdade associativa. Interferência estatal. Caráter excepcional. Ausência de elementos. O Poder Judiciário não pode, como regra, impor aos associados o dever de admitir o ingresso, na entidade, de terceiros que não atendam aos requisitos constantes em seu estatuto (art. 5º, XVIII, da CF/88)" (STJ-3ª T., REsp 2.018.286, Min. Nancy Andrighi, j. 22.11.22, DJ 24.11.22).

Art. 54: 1b. "É inconstitucional o condicionamento da **desfiliação** de associado à quitação do débito referente a benefício obtido por intermédio da associação ou ao pagamento de multa" (STF-Pleno, RE 820.823, Min. Dias Toffoli, j. 3.10.22, DJ 25.10.22).

Art. 54: 2. Redação do inc. V de acordo com a Lei 11.127, de 28.6.05 (DOU 29.6.05).

Art. 54: 3. Inc. VII acrescido pela Lei 11.127, de 28.6.05 (DOU 29.6.05).

Art. 55. Os associados devem ter iguais direitos, mas o estatuto poderá instituir categorias com vantagens especiais.

Art. 56. A qualidade de associado é intransmissível, se o estatuto não dispuser o contrário.

Parágrafo único. Se o associado for titular de quota ou fração ideal do patrimônio da associação, a transferência daquela não importará, *de per si*, na atribuição da qualidade de associado ao adquirente ou ao herdeiro, salvo disposição diversa do estatuto.

Art. 57. A exclusão do associado só é admissível havendo justa causa,[1-1a] assim reconhecida em procedimento que assegure direito de defesa e de recurso, nos termos previstos no estatuto.[2-3]

Parágrafo único. ....

Art. 57: 1. v. art. 54-II.

Art. 57: 1a. "A justa causa para a exclusão de sócio se traduz em conduta grave, prejudicial à própria continuidade da atividade social, situação em que é possível até mesmo a dispensa da formação da maioria. A **discordância** acerca da **forma** como a sociedade é **administrada** e a prática de **atos de fiscalização**, como ocorre na hipótese, faz parte do direito dos sócios, não configurando justa causa para exclusão de sócio" (STJ-4ª T., REsp 1.280.051, Min. Raul Araújo, j. 1.3.16, maioria, DJ 5.4.16).

Art. 57: 2. O *caput* foi alterado e o § ún. revogado pela Lei 11.127, de 28.6.05 (DOU 29.6.05).

Art. 57: 3. v. art. 44, nota 9a (Enunciado 280 do CEJ).

Art. 58. Nenhum associado poderá ser impedido de exercer direito ou função que lhe tenha sido legitimamente conferido, a não ser nos casos e pela forma previstos na lei ou no estatuto.

Art. 59. Compete privativamente à assembleia geral:

I — destituir os administradores;

II — alterar o estatuto.

Parágrafo único. Para as deliberações a que se referem os incisos I e II deste artigo é exigido deliberação da assembleia especialmente convocada para esse fim, cujo *quorum* será o estabelecido no estatuto, bem como os critérios de eleição dos administradores.[1]

Art. 59: 1. Os incs. I e II e o § ún. foram alterados pela Lei 11.127, de 28.6.05 (DOU 29.6.05).

Art. 60. A convocação dos órgãos deliberativos far-se-á na forma do estatuto, garantido a 1/5 (um quinto) dos associados o direito de promovê-la.[1-2]

Art. 60: 1. Redação do *caput* de acordo com a Lei 11.127, de 28.6.05 (DOU 29.6.05).

Art. 60: 2. v. art. 44, nota 9a (Enunciado 280 do CEJ).

Art. 61. Dissolvida a associação,[1-2] o remanescente do seu patrimônio líquido, depois de deduzidas, se for o caso, as quotas ou frações ideais referidas no parágrafo único do art. 56, será destinado à entidade de fins não econômicos designada no estatuto, ou, omisso este, por deliberação dos associados, à instituição municipal, estadual ou federal, de fins idênticos ou semelhantes.

§ 1º Por cláusula do estatuto ou, no seu silêncio, por deliberação dos associados, podem estes, antes da destinação do remanescente referida neste artigo, receber em restituição, atualizado o respectivo valor, as contribuições que tiverem prestado ao patrimônio da associação.

§ 2º Não existindo no Município, no Estado, no Distrito Federal ou no Território, em que a associação tiver sede, instituição nas condições indicadas neste artigo, o que remanescer do seu patrimônio se devolverá à Fazenda do Estado, do Distrito Federal ou da União.

Art. 61: 1. v. art. 51, nota 2a.

Art. 61: 2. CF 5º: "XIX — as associações só poderão ser compulsoriamente dissolvidas ou ter suas atividades suspensas por decisão judicial, exigindo-se, no primeiro caso, o trânsito em julgado".

Dec. lei 41, de 18.11.66 — Dispõe sobre a dissolução de sociedades civis de fins assistenciais.

Capítulo III | DAS FUNDAÇÕES

Art. 62. Para criar uma fundação,[1-1a] o seu instituidor[1b] fará, por escritura pública ou testamento, dotação especial de bens livres, especificando o fim a que se destina, e declarando, se quiser, a maneira de administrá-la.

Parágrafo único. A fundação somente poderá constituir-se para fins de:[2-3]

I — assistência social;

II — cultura, defesa e conservação do patrimônio histórico e artístico;

III — educação;

IV — saúde;

V — segurança alimentar e nutricional;

VI — defesa, preservação e conservação do meio ambiente e promoção do desenvolvimento sustentável;

VII — pesquisa científica, desenvolvimento de tecnologias alternativas, modernização de sistemas de gestão, produção e divulgação de informações e conhecimentos técnicos e científicos;

VIII — promoção da ética, da cidadania, da democracia e dos direitos humanos;

IX — atividades religiosas; e

X — (VETADO)

Art. 62: 1. "As fundações públicas e o novo Código Civil", por Alexandre Santos de Aragão (RDA 231/313); "Associação e fundação no Código Civil de 2002: o novo perfil jurídico", por Homero Francisco Tavares Júnior (RSDCPC 27/100).

Art. 62: 1a. Disposições transitórias s/ fundação: arts. 2.031 a 2.034. V. tb. art. 44 e notas.

S/ equiparação da denominação das fundações ao nome empresarial, v. art. 1.155 § ún.; s/ legitimidade das fundações, na sucessão testamentária, v. art. 1.799-III; s/ prestação de serviços por entidades de assistência social, entidades beneficentes de assistência social e entidades de fins filantrópicos, v. Lei 8.909, de 6.7.94; s/ qualificação de entidades como organizações sociais, v. Lei 9.637, de 15.5.98; s/ qualificação de entidades como organizações da sociedade civil de interesse público (OSCIP), v. Lei 9.790, de 23.3.99, regulamentada pelo Dec. 3.100, de 30.6.99; s/ concessão do Certificado de Entidades de Fins Filantrópicos, v. Dec. 2.536, de 6.4.98.

S/ registro da fundação, v. LRP 114-I, 119 § ún. e 120; s/ fundações de apoio científico, tecnológico e educacional, v. Lei 8.958, de 20.12.94.

Art. 62: 1b. "Nem toda fundação instituída pelo poder público é fundação de direito privado. As fundações, instituídas pelo poder público, que assumem a gestão de serviço estatal e se submetem a regime administrativo previsto, nos Estados-membros, por leis estaduais, são fundações de direito público, e, portanto, pessoas jurídicas de direito público. Tais fundações são espécie do gênero autarquia" (RTJ 113/314).

Art. 62: 2. Redação do § ún. e incs. de acordo com a Lei 13.151, de 28.7.15.

Art. 62: 3. Enunciado 9 do CEJ: "O art. 62, parágrafo único, deve ser interpretado de modo a excluir apenas as fundações de fins lucrativos".

Art. 63. Quando insuficientes para constituir a fundação, os bens a ela destinados serão, se de outro modo não dispuser o instituidor, incorporados em outra fundação que se proponha a fim igual ou semelhante.

Art. 64. Constituída a fundação por negócio jurídico entre vivos, o instituidor é obrigado a transferir-lhe a propriedade, ou outro direito real, sobre os bens dotados, e, se não o fizer, serão registrados, em nome dela, por mandado judicial.

Art. 65. Aqueles a quem o instituidor cometer a aplicação do patrimônio, em tendo ciência do encargo, formularão logo, de acordo com as suas bases (art. 62), o estatuto da fundação projetada, submetendo-o, em seguida, à aprovação da autoridade competente, com recurso ao juiz.[1]

Parágrafo único. Se o estatuto não for elaborado no prazo assinado pelo instituidor, ou, não havendo prazo, em cento e oitenta dias, a incumbência caberá ao Ministério Público.

Art. 65: 1. v. CPC 764.

Art. 66. Velará[1-1a] pelas fundações o Ministério Público do Estado onde situadas.

§ 1º Se funcionarem no Distrito Federal ou em Território, caberá o encargo ao Ministério Público do Distrito Federal e Territórios.[2-2a]

§ 2º Se estenderem a atividade por mais de um Estado, caberá o encargo, em cada um deles, ao respectivo Ministério Público.[3]

Art. 66: 1. "Fiscalização das contas das fundações: Tribunal de Contas ou Ministério Público", por Cleber Demetrio Oliveira da Silva (IP 27/232).

Art. 66: 1a. s/ fiscalização das fundações, v. CPC 764 e 765. V. tb. Lei 8.625, de 12.2.93, art. 25-IV-b.

LC 109, de 29.5.01 — Dispõe sobre o regime de Previdência Complementar e dá outras providências: "**Art. 72.** Compete privativamente ao órgão regulador e fiscalizador das entidades fechadas zelar pelas sociedades civis e fundações, como definido no art. 31 desta Lei Complementar, não se aplicando a estas o disposto nos arts. 26 e 30 do Código Civil e 1.200 a 1.204 do Código de Processo Civil e demais disposições em contrário".

"**Art. 74.** Até que seja publicada a lei de que trata o art. 5º desta Lei Complementar, as funções do órgão regulador e do órgão fiscalizador serão exercidas pelo Ministério da Previdência e Assistência Social, por intermédio, respectivamente, do Conselho de Gestão da Previdência Complementar (CGPC) e da Secretaria de Previdência Complementar (SPC), relativamente às entidades fechadas, e pelo Ministério da Fazenda, por intermédio do Conselho Nacional de Seguros Privados (CNSP) e da Superintendência de Seguros Privados (SUSEP), em relação, respectivamente, à regulação e fiscalização das entidades abertas".

Art. 66: 2. Redação do § 1º de acordo com a Lei 13.151, de 28.7.15.

Art. 66: 2a. Declaração de inconstitucionalidade. O STF declarou inconstitucional este § 1º (STF-Pleno, ADI 2.794, Min. Sepúlveda Pertence, j. 14.12.06, DJU 30.3.07). Em decorrência do entendimento firmado pelo Tribunal, cabe ao Ministério Público do Distrito Federal e Territórios velar pelas fundações que funcionam na sua área de atuação.

Art. 66: 3. Enunciado 147 do CEJ: "A expressão 'por mais de um Estado', contida no § 2º do art. 66, não exclui o Distrito Federal e os Territórios. A atribuição de velar pelas fundações, prevista no art. 66 e seus parágrafos, ao MP local — isto é, dos Estados, DF e Territórios onde situadas — não exclui a necessidade de fiscalização de tais pessoas jurídicas pelo MPF, quando se tratar de fundações instituídas ou mantidas pela União, autarquia ou empresa pública federal, ou que destas recebam verbas, nos termos da Constituição, da LC n. 75/93 e da Lei de Improbidade".

Art. 67. Para que se possa alterar o estatuto da fundação é mister que a reforma:

I — seja deliberada por dois terços dos competentes para gerir e representar a fundação;

II — não contrarie ou desvirtue o fim desta;

III — seja aprovada pelo órgão do Ministério Público no prazo máximo de 45 (quarenta e cinco) dias, findo o qual ou no caso de o Ministério Público a denegar, poderá o juiz supri-la,[1] a requerimento do interessado.[2]

Art. 67: 1. v. CPC 764-I.

Art. 67: 2. Redação do inc. III de acordo com a Lei 13.151, de 28.7.15.

Art. 68. Quando a alteração não houver sido aprovada por votação unânime, os administradores da fundação, ao submeterem o estatuto ao órgão do Ministério Público, requererão que se dê ciência à minoria vencida para impugná-la, se quiser, em dez dias.

Art. 69. Tornando-se ilícita, impossível ou inútil a finalidade a que visa a fundação, ou vencido o prazo de sua existência, o órgão do Ministério Público, ou qualquer interessado, lhe promoverá a extinção, incorporando-se o seu patrimônio, salvo disposição em contrário no ato constitutivo, ou no estatuto, em outra fundação, designada pelo juiz, que se proponha a fim igual ou semelhante.[1]

Art. 69: 1. v. CPC 765.

Título III | DO DOMICÍLIO

Art. 70. O domicílio[1-1a] da pessoa natural é o lugar onde ela estabelece a sua residência com ânimo definitivo.[2]

Art. 70: 1. v. LINDB 7º, 10 e 12; CPC 21-I, 46 a 53; CF 5º-XI.

✎ Art. 70: 1a. "O conceito de domicílio e sua repercussão nas relações jurídicas eletrônicas. A aplicação da lei no espaço e a internet sob a perspectiva do direito brasileiro", por Bruno Miragem (RDPr 19/10).

Art. 70: 2. Domicílio do casal: art. 1.569.

Art. 71. Se, porém, a pessoa natural tiver diversas residências, onde, alternadamente, viva, considerar-se-á domicílio seu qualquer delas.

Art. 72. É também domicílio da pessoa natural, quanto às relações concernentes à profissão, o lugar onde esta é exercida.

Parágrafo único. Se a pessoa exercitar profissão em lugares diversos, cada um deles constituirá domicílio para as relações que lhe corresponderem.

Art. 73. Ter-se-á por domicílio da pessoa natural, que não tenha residência habitual, o lugar onde for encontrada.

Art. 74. Muda-se o domicílio, transferindo a residência, com a intenção manifesta de o mudar.

Parágrafo único. A prova da intenção resultará do que declarar a pessoa às municipalidades dos lugares, que deixa, e para onde vai, ou, se tais declarações não fizer, da própria mudança, com as circunstâncias que a acompanharem.

Art. 75. Quanto às pessoas jurídicas, o domicílio é:
I — da União, o Distrito Federal;
II — dos Estados e Territórios, as respectivas capitais;
III — do Município, o lugar onde funcione a administração municipal;
IV — das demais pessoas jurídicas, o lugar onde funcionarem as respectivas diretorias e administrações, ou onde elegerem domicílio especial no seu estatuto ou atos constitutivos.[1]

§ 1º Tendo a pessoa jurídica diversos estabelecimentos em lugares diferentes, cada um deles será considerado domicílio para os atos nele praticados.[2]

§ 2º Se a administração, ou diretoria, tiver a sede no estrangeiro, haver-se-á por domicílio da pessoa jurídica, no tocante às obrigações contraídas por cada uma das suas agências, o lugar do estabelecimento, sito no Brasil, a que ela corresponder.

Art. 75: 1. Súmula 363 do STF: "A pessoa jurídica de direito privado pode ser demandada no domicílio da agência, ou estabelecimento, em que se praticou o ato".
Art. 75: 2. v. CPC 53-III-b.

Art. 76. Têm domicílio necessário o incapaz, o servidor público, o militar, o marítimo e o preso.

Parágrafo único. O domicílio do incapaz é o do seu representante ou assistente; o do servidor público, o lugar em que exercer permanentemente suas funções; o do militar, onde servir, e, sendo da Marinha ou da Aeronáutica, a sede do comando a que se encontrar imediatamente subordinado; o do marítimo, onde o navio estiver matriculado; e o do preso, o lugar em que cumprir a sentença.

Art. 77. O agente diplomático do Brasil, que, citado no estrangeiro, alegar extraterritorialidade sem designar onde tem, no país, o seu domicílio, poderá ser demandado no Distrito Federal ou no último ponto do território brasileiro onde o teve.

Art. 78. Nos contratos escritos, poderão os contratantes especificar domicílio[1] onde se exercitem e cumpram os direitos e obrigações deles resultantes.

Art. 78: 1. observado o disposto no CPC 63.
Súmula 335 do STF: "É válida a cláusula de eleição do foro para os processos oriundos do contrato". **Porém:** "Em se tratando de relação de consumo e tendo em vista o princípio da facilitação da defesa do hipossuficiente, não prevalece o foro contratual de eleição quando estiver distante daquele em que reside o consumidor em razão da dificuldade que este terá para acompanhar o processo" (STJ-2ª Seção, CC 41.728, Min. Menezes Direito, j. 11.5.05, DJU 18.5.05).
S/ foro de eleição, v. CPC 47 e 63; CDC 6º-VIII e 54 § 4º; e LI 58-II.

Livro II | DOS BENS[1]

Título Único | DAS DIFERENTES CLASSES DE BENS

Capítulo I | DOS BENS CONSIDERADOS EM SI MESMOS

Seção I | DOS BENS IMÓVEIS

🔖 **LIV. II: 1.** "Perfis dos conceitos de bens jurídicos", por Regina Vera Villas Boas (RDPr 37/209).

Art. 79. São bens imóveis o solo e tudo quanto se lhe incorporar natural ou artificialmente.[1-2]

Art. 79: 1. s/ propriedade de bens imóveis, v. arts. 1.229 e 1.230; s/ direito de superfície, v. arts. 1.369 a 1.377; s/ o foro competente para julgar ações fundadas em direito real sobre bens imóveis, v. CPC 47. V. tb. os títs. CONDOMÍNIO E INCORPORAÇÃO e CONTRATOS IMOBILIÁRIOS.

Art. 79: 2. Enunciado 11 do CEJ: "Não persiste no novo sistema legislativo a categoria dos bens imóveis por acessão intelectual, não obstante a expressão 'tudo quanto se lhe incorporar natural ou artificialmente', constante da parte final do art. 79 do Código Civil".

Art. 80. Consideram-se imóveis para os efeitos legais:
  I — os direitos reais[1] sobre imóveis e as ações que os asseguram;
  II — o direito à sucessão aberta.[2]

Art. 80: 1. v. arts. 1.225 a 1.227.

Art. 80: 2. s/ exigência de escritura pública para a cessão de direitos hereditários, v. art. 108 c/c art. 1.793-*caput*; s/ exigência de escritura pública para a renúncia de direitos hereditários, v. art. 108 c/c art. 1.806.

Art. 81. Não perdem o caráter de imóveis:
  I — as edificações que, separadas do solo, mas conservando a sua unidade, forem removidas para outro local;
  II — os materiais provisoriamente separados de um prédio, para nele se reempregarem.[1]

Art. 81: 1. v. art. 84.

Seção II | DOS BENS MÓVEIS

Art. 82. São móveis os bens suscetíveis de movimento próprio, ou de remoção por força alheia, sem alteração da substância ou da destinação econômico-social.[1]

Art. 82: 1. "A venda de frutos, de molde a manifestar o intuito de separação do objeto da venda em relação ao solo a que adere, impõe a consideração de que tais coisas tenham sido, pela manifestação de vontade das partes contratantes, antecipadamente mobilizadas" (STJ-RT 762/210: 3ª T., AI 174.406-AgRg).

Art. 83. Consideram-se móveis para os efeitos legais:[1]
  I — as energias que tenham valor econômico;[2]
  II — os direitos reais[3] sobre objetos móveis e as ações correspondentes;
  III — os direitos pessoais de caráter patrimonial e respectivas ações.

Art. 83: 1. LDA: "Art. 3º Os direitos autorais reputam-se, para os efeitos legais, bens móveis".

Lei 9.279, de 14.5.96 — Regula direitos e obrigações relativos à propriedade industrial (Lex 1996/1.269, RT 727/661, RF 334/545): "**Art. 5º** Consideram-se bens móveis, para os efeitos legais, os direitos de propriedade industrial".

Lei 9.456, de 25.4.97 — Institui a Lei de Proteção de Cultivares e dá outras providências: "**Art. 2º** A proteção dos direitos relativos à propriedade intelectual referente a cultivar se efetua mediante a concessão de Certificado de Proteção de Cultivar, considerado bem móvel para todos os efeitos legais e única forma de proteção de cultivares e de direito que poderá obstar a livre utilização de plantas ou de suas partes de reprodução ou de multiplicação vegetativa, no País".

Art. 83: 2. v. CP 155 § 3º.

Art. 83: 3. v. arts. 1.225 a 1.227.

Art. 84. Os materiais destinados a alguma construção, enquanto não forem empregados, conservam sua qualidade de móveis;[1] readquirem essa qualidade os provenientes da demolição de algum prédio.

Art. 84: 1. v., porém, art. 81-II.

Seção III | DOS BENS FUNGÍVEIS E CONSUMÍVEIS

Art. 85. São fungíveis[1] os móveis que podem substituir-se por outros da mesma espécie, qualidade e quantidade.

Art. 85: 1. s/ pagamento com coisa fungível, v. art. 307 § ún.; s/ a fungibilidade da coisa como requisito para compensação, v. art. 369; s/ depósito de coisas fungíveis, v. art. 645; s/ legado de coisas fungíveis, v. art. 1.915.

Art. 86. São consumíveis os bens móveis cujo uso importa destruição imediata da própria substância, sendo também considerados tais os destinados à alienação.[1]

Art. 86: 1. s/ usufruto de bem consumível, v. art. 1.392 § 1º.

Seção IV | DOS BENS DIVISÍVEIS

Art. 87. Bens divisíveis[1] são os que se podem fracionar sem alteração na sua substância, diminuição considerável de valor, ou prejuízo do uso a que se destinam.

Art. 87: 1. s/ obrigações divisíveis e indivisíveis, v. arts. 257 a 263; s/ satisfação de obrigação que tenha por objeto prestação divisível, v. art. 314; s/ cláusula penal atrelada a obrigação divisível, v. art. 415.

Art. 88. Os bens naturalmente divisíveis podem tornar-se indivisíveis por determinação da lei ou por vontade das partes.[1]

Art. 88: 1. s/ indivisibilidade e: cláusula penal, v. art. 414; compra e venda, v. art. 504; transação, v. art. 844-*caput*; condomínio, v. arts. 1.320 § 1º e 1.322; servidão, v. art. 1.386; herança, v. art. 1.791 § ún.

Seção V | DOS BENS SINGULARES E COLETIVOS

Art. 89. São singulares os bens que, embora reunidos, se consideram *de per si*, independentemente dos demais.

Art. 90. Constitui universalidade de fato a pluralidade de bens singulares que, pertinentes à mesma pessoa, tenham destinação unitária.[1 a 1c]

Parágrafo único. Os bens que formam essa universalidade podem ser objeto de relações jurídicas próprias.

Art. 90: 1. Exemplos de universalidades de fato: biblioteca, galeria de quadros, rebanho, estabelecimento empresarial.

Art. 90: 1a. v. art. 1.148.

Art. 90: 1b. Lei 7.565, de 19.12.86 — Código Brasileiro de Aeronáutica: "**Art. 36 § 5º** Os aeródromos públicos, enquanto mantida a sua destinação específica pela União, constituem universalidades e patrimônios autônomos, independentes do titular do domínio dos imóveis onde estão situados (art. 38)".

"**Art. 38.** Os aeroportos constituem universalidades, equiparadas a bens públicos federais, enquanto mantida a sua destinação específica, embora não tenha a União a propriedade de todos os imóveis em que se situam".

Art. 90: 1c. Enunciado 288 do CEJ: "A pertinência subjetiva não constitui requisito imprescindível para a configuração das universalidades de fato e de direito".

Art. 91. Constitui universalidade de direito o complexo de relações jurídicas, de uma pessoa, dotadas de valor econômico.[1-1a]

Art. 91: 1. Exemplos de universalidades de direito: herança, patrimônio, massa falida.

Art. 91: 1a. v. art. 90, nota 1c (Enunciado 288 do CEJ).

Capítulo II | DOS BENS RECIPROCAMENTE CONSIDERADOS[1]

CAP. II: 1. "A importância do princípio da acessoriedade no direito civil: das coisas aos contratos", por Alexandre Pimenta Batista Pereira (RF 410/399, RSDCPC 67/73); "As partes integrantes e a pertença no Código Civil", por Gustavo Haical (RT 934/49).

Art. 92. Principal é o bem que existe sobre si, abstrata ou concretamente; acessório,[1] aquele cuja existência supõe a do principal.[1a]

Art. 92: 1. s/ pintura em relação à tela, escultura e escritura, v. art. 1.270 § 2º (especificação).

Art. 92: 1a. s/ acessório e: obrigação de dar coisa certa, v. art. 233; cessão de crédito, v. art. 287; novação, v. art. 364; fiança, v. art. 822.

Art. 93. São pertenças os bens que, não constituindo partes integrantes, se destinam, de modo duradouro, ao uso, ao serviço ou ao aformoseamento de outro.[1]

Art. 93: 1. "O **equipamento de monitoramento acoplado ao caminhão** consubstancia uma pertença, a qual atende, de modo duradouro, à finalidade econômico-social do referido veículo, destinando-se a promover a sua localização e, assim, reduzir os riscos de perecimento produzidos por eventuais furtos e roubos, a que, comumente, estão sujeitos os veículos utilizados para o transporte de mercadorias, caso dos autos. Trata-se, indiscutivelmente, de 'coisa ajudante' que atende ao uso do bem principal. Enquanto concebido como pertença, a destinação fática do equipamento de monitoramento em servir o caminhão não lhe suprime a individualidade e autonomia — o que permite, facilmente, a sua retirada —, tampouco exaure os direitos sobre ela incidentes, como o direito de propriedade, outros direitos reais ou o de posse" (STJ-3ª T., REsp 1.667.227, Min. Marco Bellizze, j. 26.6.18, DJ 29.6.18).

V. tb. art. 94, nota 1.

Art. 94. Os negócios jurídicos que dizem respeito ao bem principal não abrangem as pertenças, salvo se o contrário resultar da lei, da manifestação de vontade, ou das circunstâncias do caso.[1]

Art. 94: 1. "O inadimplemento do **contrato de empréstimo para aquisição de caminhão dado em garantia**, a despeito de importar na consolidação da propriedade do mencionado veículo nas mãos do credor fiduciante, não conduz ao perdimento da pertença em favor deste. O equipamento de monitoramento, independentemente do destino do caminhão, permanece com a propriedade de seu titular, o devedor fiduciário, ou em sua posse, a depender do título que ostente, salvo se houver expressa manifestação de vontade nesse sentido, se a lei assim dispuser ou se, a partir das circunstâncias do caso, tal solução for a indicada, exceções de que, no caso dos autos, não se cogita. O contrato de financiamento de veículo, garantido por alienação fiduciária, ao descrever o veículo, objeto da avença, não faz nenhuma referência à existência do aludido equipamento e, por consectário, não poderia tecer consideração alguma quanto ao seu destino. Por sua vez, o auto de busca e apreensão, ao descrever o veículo, aponta a existência do equipamento de monitoramento, o que, considerada a circunstância anterior, é suficiente para se chegar a compreensão de que foi o devedor fiduciário o responsável por sua colocação no caminhão por ele financiado" (STJ-3ª T., REsp 1.667.227, Min. Marco Bellizze, j. 26.6.18, DJ 29.6.18).

V. tb. art. 93, nota 1.

Art. 95. Apesar de ainda não separados do bem principal, os frutos e produtos podem ser objeto de negócio jurídico.

Art. 96. As benfeitorias podem ser voluptuárias, úteis ou necessárias.[1-2]

§ 1º São voluptuárias as de mero deleite ou recreio, que não aumentam o uso habitual do bem, ainda que o tornem mais agradável ou sejam de elevado valor.

§ 2º São úteis as que aumentam ou facilitam o uso do bem.

§ 3º São necessárias as que têm por fim conservar o bem ou evitar que se deteriore.

Art. 96: 1. s/ pagamento de benfeitorias úteis e necessárias em caso de evicção, v. arts. 453 e 454; s/ indenização e retenção de benfeitorias em matéria de locação, v. art. 578 e LI 35 e 36; s/ indenização de benfeitorias em matéria possessória, v. arts. 1.219 a 1.222; s/ benfeitorias em imóvel legado, v. art. 1.922 § ún.; s/ benfeitoria feita pelo arrendatário rural, v. ET 95-VIII.

Art. 96: 2. "As acessões físicas, definidas pelo art. 43, II, do CC/1916, são consideradas benfeitorias em relação ao solo. Sua qualificação como necessárias e, portanto, indenizáveis nos termos do art. 517 do CC/1916, é estritamente regulada pela lei, não havendo margem para interpretação extensiva por parte do juiz. O art. 63, § 3º, do CC/1916 (equivalente ao art. 96, § 3º, do atual CC) define as benfeitorias necessárias como aquelas 'que têm por fim conservar a coisa ou evitar que se deteriore'. As construções realizadas pelos possuidores (casa sede, casa do administrador, casa do tratorista, casa de máquinas etc.) e as plantações (pastagem, coqueiros, bananeiras, limoeiros e laranjeiras) referem-se à exploração econômica do terreno e ao aumento de sua capacidade produtiva ou funcional. Não representam benfeitorias necessárias para sua conservação. Trata-se de benfeitorias úteis ou voluptuárias, nos termos do art. 63, §§ 1º e 2º, do CC/1916. Não há, portanto, direito à indenização, conforme o art. 517 do mesmo Código" (STJ-2ª T., REsp 937.800, Min. Herman Benjamin, j. 20.8.09, DJ 11.5.11).

Art. 97. Não se consideram benfeitorias os melhoramentos ou acréscimos sobrevindos ao bem sem a intervenção do proprietário, possuidor ou detentor.

Capítulo III | DOS BENS PÚBLICOS

Art. 98. São públicos os bens do domínio nacional pertencentes às pessoas jurídicas de direito público interno;[1 a 4] todos os outros são particulares, seja qual for a pessoa a que pertencerem.

Art. 98: 1. s/ bens dos Estados, v. CF 26; s/ usucapião de imóvel não registrado, v. art. 102, nota 1b; s/ ocupação de área pública, v. art. 1.196, nota 2.

Art. 98: 2. CF 20: "São bens da União: **I** — os que atualmente lhe pertencem e os que lhe vierem a ser atribuídos;... **VIII** — os potenciais de energia hidráulica; **IX** — os recursos minerais, inclusive os do subsolo; **X** — as cavidades naturais subterrâneas e os sítios arqueológicos e pré-históricos; **XI** — as terras tradicionalmente ocupadas pelos índios".

V. tb. CF 176; Dec. lei 9.760, de 5.9.46 (bens imóveis da União); Lei 6.383, de 7.12.76 (terras devolutas da União); Dec. lei 1.985, de 29.1.40 (Código de Minas); Lei 8.901, de 30.6.94 (regime jurídico das jazidas); Dec. lei 227, de 28.2.67 (Código de Mineração); Dec. lei 3.263, de 12.5.41 (jazidas de petróleos e gases raros); Dec. lei 2.375, de 24.11.87 (Terras Públicas); Lei 6.634, de 2.5.79 (Faixa de Fronteira).

Art. 98: 2a. Súmula 650 do STF: "Os incisos I e XI do art. 20 da CF não alcançam terras de aldeamentos extintos, ainda que ocupadas por indígenas em passado remoto".

Art. 98: 3. Enunciado 287 do CEJ: "O critério da classificação de bens indicado no art. 98 do Código Civil não exaure a enumeração dos bens públicos, podendo ainda ser classificado como tal o bem pertencente a pessoa jurídica de direito privado que esteja afetado à prestação de serviços públicos".

Art. 98: 4. "O simples fato de se tratar de imóvel situado na faixa de fronteira não faz com que o mesmo se torne propriedade da União" (RIDA 5/158).

Art. 99. São bens públicos:[1]

I — os de uso comum do povo,[2] tais como rios, mares,[2a] estradas, ruas e praças;[2b]

II — os de uso especial, tais como edifícios ou terrenos destinados a serviço ou estabelecimento da administração federal, estadual, territorial ou municipal, inclusive os de suas autarquias;[3]

III — os dominicais,[3a] que constituem o patrimônio das pessoas jurídicas de direito público, como objeto de direito pessoal, ou real, de cada uma dessas entidades.

Parágrafo único. Não dispondo a lei em contrário, consideram-se dominicais os bens pertencentes às pessoas jurídicas de direito público a que se tenha dado estrutura de direito privado.

Art. 99: 1. v. CF 20 (bens da União) e 26 (bens dos Estados).

✎ Art. 99: 2. "Da cobrança pela utilização de bens públicos de uso comum", por Rachel Pellizoni da Cruz (RDA 231/157); "Sobre o uso privativo de bens públicos de uso comum do povo", por Francisco Xavier Amaral e Bruno Monteiro de Castro Amaral (RIDA 5/75).

Art. 99: 2a. v. Dec. 24.643, de 10.7.34 (Código de Águas); Dec. 28.840, de 8.11.50 (plataforma submarina); Lei 8.617, de 4.1.93 (mar territorial).

Art. 99: 2b. s/ tutela possessória de bem público destinado ao uso comum: requerida pelo Estado, v. nota 2a ao art. 1.210; requerida por particular, v. nota 1c ao art. 1.210.

Art. 99: 3. Dec. lei 7.315-A, de 10.2.45 — Dispõe sobre a requisição, ocupação e desapropriação de imóveis destinados à defesa nacional.

Art. 99: 3a. v. art. 101.

Art. 100. Os bens públicos de uso comum do povo e os de uso especial são inalienáveis, enquanto conservarem a sua qualificação,[1] na forma que a lei determinar.

Art. 100: 1. Quando esses bens forem desafetados e houver autorização legislativa, eles poderão ser alienados.

Art. 101. Os bens públicos dominicais podem ser alienados,[1-1a] observadas as exigências da lei.[2]

Art. 101: 1. s/ alienação judicial de fração ideal do bem imóvel indivisível, pertencente a pessoa jurídica de direito público, em condomínio com particulares, v. art. 1.322, nota 4.

Art. 101: 1a. Súmula 340 do STF: "Desde a vigência do Código Civil, os bens dominicais, como os demais bens públicos, não podem ser adquiridos por usucapião". Essa Súmula faz referência à vigência do CC/16.

Todavia: "Possibilidade do usucapião de bens públicos dominiais, desafetados para a alienação, cumprida sua função social pelo particular usucapiente" (RF 416/353: TJSP, EI 9172311-97.2007.8.26.0000/50000, maioria; a citação é do voto do relator).

Art. 101: 2. Lei 9.636, de 15.5.98 — Dispõe sobre a regularização, administração, aforamento e alienação de bens imóveis de domínio da União, altera dispositivos dos Decretos-leis ns. 9.760, de 5 de setembro de 1946, e 2.398, de 21 de dezembro de 1987, regulamenta o § 2º do art. 49 do Ato das Disposições Constitucionais Transitórias, e dá outras providências (DOU 18.5.98). Essa lei foi regulamentada pelo Dec. 3.725, de 10.1.01 (DOU 11.1.01).

Lei 11.481, de 31.5.07 — Dá nova redação a dispositivos das Leis n. 9.636, de 15.5.98, 8.666, de 21.6.93, 11.124, de 16.6.05, 10.406, de 10.1.02, 9.514, de 20.11.97, e 6.015, de 31.12.73, e dos Decs. leis n. 9.760, de 5.9.46, 271, de 28.2.67, 1.876, de 15.7.81, e 2.398, de 21.12.87; prevê medidas voltadas à regularização fundiária de interesse social em imóveis da União; e dá outras providências (DOU 31.5.07).

Art. 102. Os bens públicos não estão sujeitos a usucapião.[1 a 3]

Art. 102: 1. "Da possibilidade (constitucional) de usucapião sobre bens públicos. A revisão de um pensamento em face do Código Civil de 2002", por Wagner Inácio Freitas Dias (RF 377/223).

Art. 102: 1a. CF 191: "Parágrafo único. Os imóveis públicos não serão adquiridos por usucapião". Com a mesma redação, CF 183 § 3º. V. art. 101, nota 1a (Súmula 340 do STF).

Art. 102: 1b. "A inexistência de registro imobiliário do bem objeto de ação de usucapião não induz presunção de que o imóvel seja público (terras devolutas), cabendo ao Estado provar a titularidade do terreno como óbice ao reconhecimento da prescrição aquisitiva" (STJ-RT 916/729: 4ª T., REsp 964.223).

Art. 102: 2. Porém, é possível a usucapião **do domínio útil** de bem público sobre o qual haja enfiteuse em favor de particular, "pois, nesta circunstância, existe apenas a substituição do enfiteuta pelo usucapiente, não trazendo qualquer prejuízo ao Estado", o qual permanece com o domínio direto do bem (STJ-Bol. AASP 2.488/4.039: 3ª T., REsp 575.572, um voto vencido). Em sentido semelhante: RSTJ 195/363 (4ª T., REsp 507.798), RT 741/347, 741/450, RJ 268/90.

"Usucapião de domínio útil de bem público (terreno de marinha). Violação ao art. 183, § 3º, da Constituição. Inocorrência. O ajuizamento de ação contra o foreiro, na qual se pretende usucapião do domínio útil do bem, não viola a regra de que os bens públicos não se adquirem por usucapião. Precedente: RE 82.106, RTJ 87/505" (STF-RT 899/103: 2ª T., RE 218.324-AgRg).

Súmula 17 do TRF-5ª Reg.: "É possível a aquisição do domínio útil de bens públicos em regime de aforamento, via usucapião, desde que a ação seja movida contra particular, até então enfiteuta, contra quem operar-se-á a prescrição aquisitiva, sem atingir o domínio direto da União".

Art. 102: 3. "O bem pertencente a **sociedade de economia mista** pode ser objeto de usucapião" (STJ-4ª T., REsp 120.702, Min. Ruy Rosado de Aguiar, j. 28.6.01, DJU 20.8.01). No mesmo sentido: STJ-3ª T., REsp 647.357, Min. Castro Filho, j. 19.9.06, DJU 23.10.06; RT 879/256: TJSP, AP 582.045-4/5-00; RMDCPC 45/143: TJMG, AP 0687985-41.2008.8.13.0324.

Art. 103. O uso comum dos bens públicos pode ser gratuito ou retribuído, conforme for estabelecido legalmente pela entidade a cuja administração pertencerem.[1]

Art. 103: 1. O pedágio cobrado em estradas e a taxa de embarque cobrada em aeroportos são exemplos de remuneração pelo uso de bens públicos.

Livro III | DOS FATOS JURÍDICOS¹

Título I | DO NEGÓCIO JURÍDICO¹

Capítulo I | DISPOSIÇÕES GERAIS

LIV. III: 1. "Art. 2.035. A validade dos negócios e demais atos jurídicos, constituídos antes da entrada em vigor deste Código, obedece ao disposto nas leis anteriores, referidas no art. 2.045, mas os seus efeitos, produzidos após a vigência deste Código, aos preceitos dele se subordinam, salvo se houver sido prevista pelas partes determinada forma de execução.

"Parágrafo único. Nenhuma convenção prevalecerá se contrariar preceitos de ordem pública, tais como os estabelecidos por este Código para assegurar a função social da propriedade e dos contratos".

✎ TÍT. I: 1. "O novo Código Civil Brasileiro: principais inovações na disciplina do negócio jurídico e suas bases romanísticas", pelo Min. José Carlos Moreira Alves (RJ 305/7); "Negócios jurídicos entre pais e filhos", por Fernando Malheiros Filho (Ajuris 94/71).

> **Art. 104.** A validade do negócio jurídico¹ requer:
> I — agente capaz;[2-2a]
> II — objeto lícito,[3] possível,[3a] determinado ou determinável;
> III — forma prescrita ou não defesa em lei.[4]

Art. 104: 1. s/ invalidade do negócio jurídico, v. arts. 166 a 184. S/ validade do negócio jurídico celebrado por analfabeto, v. art. 595, nota 1.

Art. 104: 2. "A 'autonomia' no direito privado", por Érico de Pina Cabral (RDPr 19/83).

Art. 104: 2a. v. arts. 3º, 4º, 105 e 112, nota 2.

Art. 104: 3. v. art. 426.

Art. 104: 3a. v. art. 106.

Art. 104: 4. v. arts. 107 a 109.

> **Art. 105.** A incapacidade relativa¹ de uma das partes não pode ser invocada pela outra em benefício próprio, nem aproveita aos cointeressados capazes, salvo se, neste caso, for indivisível² o objeto do direito ou da obrigação comum.

Art. 105: 1. v. art. 4º.

Art. 105: 2. v. arts. 87, 88 e 257 a 263.

> **Art. 106.** A impossibilidade¹ inicial do objeto não invalida o negócio jurídico se for relativa, ou se cessar antes de realizada a condição a que ele estiver subordinado.

Art. 106: 1. s/ condição impossível, v. arts. 123-I e 124.

> **Art. 107.** A validade da declaração de vontade não dependerá de forma especial, senão quando a lei expressamente a exigir.¹

Art. 107: 1. s/ exigências formais em matéria de: doação, v. art. 541; mandato, v. arts. 653 a 661; fiança, v. art. 819; transação, v. art. 842; convenção de condomínio, v. art. 1.334 § 1º; direito de superfície e direito de servidão, v., respectivamente, arts. 1.369 e 1.378; promessa de compra e venda, v. art. 1.417; penhor rural, penhor industrial e mercantil, penhor de direitos e penhor de veículos, v., respectivamente, arts. 1.438, 1.448, 1.452 e 1.462; procuração para casamento, v. art. 1.542; pacto antenupcial, v. art. 1.653; instituição de bem de família, v. art. 1.711; cessão de herança, v. art. 1.793-*caput*; renúncia de herança, v. art. 1.806; testamento, v. arts. 1.864 (público), 1.868 (cerrado) e 1.876 (particular).

Art. 108. Não dispondo a lei em contrário, a escritura pública[1] é essencial[2 a 2b] à validade dos negócios jurídicos que visem à constituição, transferência, modificação ou renúncia de direitos reais sobre imóveis[3-4] de valor superior a trinta vezes o maior salário mínimo vigente no País.[5]

Art. 108: 1. s/ escritura pública, v. arts. 215 a 218.

Art. 108: 2. Podem, porém, ser celebrados por instrumento particular, qualquer que seja o seu valor, entre outros:

a) os contratos de que forem partes o Banco Nacional da Habitação ou entidades que integrem o Sistema Financeiro da Habitação (Lei 4.380, de 21.8.64, art. 61 § 5º); v. tb. Lei 8.025, de 12.4.90, art. 2º-V, em Lex 1990/531;

b) os compromissos de compra e venda, cessões de compromisso de compra e venda e promessas de cessão de direitos relativos a imóveis, loteados ou não, urbanos ou rurais (Dec. lei 58, de 10.12.37, art. 22 c/c art. 11-*caput*, e Lei 6.766, de 19.12.79, art. 26, ambos no tít. PROMESSA DE COMPRA E VENDA E LOTEAMENTO; Lei 4.380, de 21.8.64, art. 69);

c) o penhor de direito (art. 1.452), de veículos (art. 1.462), industrial (art. 1.448), mercantil (também art. 1.448) ou rural (art. 1.438) pode ser constituído mediante instrumento público ou particular;

d) todos os atos relacionados com a cédula hipotecária (Dec. lei 70, de 21.11.66, art. 26, no tít. CÉDULA HIPOTECÁRIA);

e) as alienações a que se refere a Lei 8.025, de 12.4.90 (Lex 1990/531), art. 2º-V;

f) os contratos de venda e compra de imóvel com alienação fiduciária (Lei 9.514, de 20.11.97, no tít. ALIENAÇÃO FIDUCIÁRIA, art. 38);

g) os contratos de aquisição de imóvel objeto de arrendamento residencial **(Lei 10.188, de 12.2.01)**;

h) as cessões de posse feitas, nos parcelamentos populares, pela União, Estados, Distrito Federal, Municípios e suas entidades delegadas (Lei 6.766/79, art. 26 § 3º, introduzido pela Lei 9.785, de 29.1.99, no tít. PROMESSA DE COMPRA E VENDA E LOTEAMENTO);

i) as convenções de condomínio edilício podem ser feitas por escritura pública ou por instrumento particular (art. 1.334 § 1º);

j) a promessa de compra e venda pode ser feita por instrumento público ou particular (art. 1.417).

Atos lavrados nos livros do Serviço do Patrimônio da União ou em repartição arrecadadora da Fazenda Nacional têm força de escritura pública **(Dec. lei 9.760, de 5.9.46,** art. 74-*caput*, em RT 164/793, Lex 1946/712, RDA 6/361, RF 108/604).

S/ dação em pagamento, v. art. 357, nota 2.

Art. 108: 2a. "O contrato particular de alienação de bem imóvel, ainda que desprovido de registro, representa autêntica manifestação volitiva das partes, apta a gerar direitos e obrigações de natureza pessoal, ainda que restritas aos contratantes. O fato de o contrato de permuta de bem imóvel ainda não ter sido devidamente registrado em cartório, não confere a uma das partes a prerrogativa de desistir do negócio" (STJ-3ª T., REsp 1.195.636, Min. Nancy Andrighi, j. 14.4.11, DJ 27.4.11).

Art. 108: 2b. Nos negócios jurídicos para cuja validade a escritura pública é essencial, admite-se a representação das partes por procurador nomeado através de instrumento particular. Nesse sentido: STJ-3ª T., REsp 414.100, Min. Ari Pargendler, j. 3.4.03, DJU 9.6.03.

Art. 108: 3. Lei 5.709, de 7.10.71 — Regula a aquisição de imóvel rural por estrangeiro residente no país ou pessoa jurídica estrangeira autorizada a funcionar no Brasil e dá outras providências (Lex 1971/1.301, RF 237/400, RT 432/447): **"Art. 8º** Na aquisição de imóvel rural por pessoa estrangeira, física ou jurídica, é da essência do ato a escritura pública".

Art. 108: 4. Os direitos hereditários consideram-se bens imóveis para fins legais (v. art. 80-II), razão por que se exige escritura pública para a respectiva cessão (art. 1.793-*caput*). V. tb. art. 1.806.

Art. 108: 5. Enunciado 289 do CEJ: "O valor de 30 salários mínimos constante no art. 108 do Código Civil brasileiro, em referência à forma pública ou particular dos negócios jurídicos que envolvam bens imóveis, é o atribuído pelas partes contratantes e não qualquer outro valor arbitrado pela Administração Pública com finalidade tributária".

Art. 109. No negócio jurídico celebrado com a cláusula de não valer sem instrumento público, este é da substância do ato.¹

Art. 109: 1. CPC 406: "Quando a lei exigir instrumento público como da substância do ato, nenhuma outra prova, por mais especial que seja, pode suprir-lhe a falta".

Art. 110. A manifestação de vontade subsiste ainda que o seu autor haja feito a reserva mental de não querer o que manifestou, salvo se dela o destinatário tinha conhecimento.

Art. 111. O silêncio¹ importa anuência, quando as circunstâncias ou os usos o autorizarem, e não for necessária a declaração de vontade expressa.²

Art. 111: 1. "O papel jurídico do silêncio no novo Direito Civil (por uma teoria do silêncio-vontade)", por Wendell Santiago Andrade (RJ 316/70).

Art. 111: 2. s/ silêncio em matéria de doação, v. art. 539.

Art. 112. Nas declarações de vontade se atenderá mais à intenção nelas consubstanciada do que ao sentido literal da linguagem.¹⁻²

Art. 112: 1. "A principiologia adotada no art. 85 do CC/16 — no que foi reafirmada de modo mais eloquente pelo art. 112, do CC/02 — visa conciliar eventuais discrepâncias entre os dois elementos formativos da declaração de vontade, quais sejam, o objetivo — consubstanciado na literalidade externada —, e o subjetivo — consubstanciado na internalidade da vontade manifestada, ou seja, na intenção do agente. Assim, a despeito de figurar no contrato como 'avalista-interveniente', o sócio da sociedade devedora pode ser considerado coobrigado se assim evidenciar o teor da avença, conclusão que privilegia, a um só tempo, a boa-fé objetiva e a intenção externada pelas partes por ocasião da celebração" (STJ-4ª T., REsp 1.013.976, Min. Luis Felipe, j. 17.5.12, DJ 29.5.12).

Art. 112: 2. "Com o reconhecimento da ausência de capacidade do doador para os atos da vida civil, pois constantemente dopado pelo uso de medicamentos para o sistema nervoso, além de ser portador de Mal de Parkinson, nem sequer é possível perquirir acerca de sua intenção, pois a incapacidade lhe é precedente, impedindo-o de manifestar sua vontade" (STJ-4ª T., REsp 1.206.805, Min. Raul Araújo, j. 21.10.14, DJ 7.11.14).

Art. 113. Os negócios jurídicos devem ser interpretados¹⁻² conforme a boa-fé³⁻⁴ e os usos do lugar de sua celebração.⁵

§ 1º A interpretação do negócio jurídico deve lhe atribuir o sentido que:⁶

I — for confirmado pelo comportamento das partes posterior à celebração do negócio;⁶ᵃ

II — corresponder aos usos, costumes e práticas do mercado relativas ao tipo de negócio;⁶ᵇ

III — corresponder à boa-fé;⁶ᶜ

IV — for mais benéfico à parte que não redigiu o dispositivo, se identificável; e⁷

V — corresponder a qual seria a razoável negociação das partes sobre a questão discutida, inferida das demais disposições do negócio e da racionalidade econômica das partes, consideradas as informações disponíveis no momento de sua celebração.⁷ᵃ

§ 2º As partes poderão livremente pactuar regras de interpretação, de preenchimento de lacunas e de integração dos negócios jurídicos diversas daquelas previstas em lei.⁸

Art. 113: 1. s/ interpretação: e vontade das partes, v. art. 421-A; do contrato de adesão, art. 423; da fiança, art. 819; da transação, art. 843; do testamento, art. 1.899; dos negócios jurídicos sobre direitos autorais, LDA 4º e 49-VI.

Art. 113: 2. Código Comercial de 1850 (revogado, em parte), art. 131: "**3.** O fato dos contraentes, posterior ao contrato, que tiver relação com o objeto principal, será a melhor explicação da vontade que as partes tiveram no ato da celebração do mesmo contrato".

CDC 47: "As cláusulas contratuais serão interpretadas de maneira mais favorável ao consumidor".

✎ Art. 113: 3. "A função social do contrato e o princípio da boa-fé no novo Código Civil brasileiro", por Adriana Mandim Theodoro de Mello (RJ 294/32); "Teoria geral da boa-fé objetiva", por Cibele Pinheiro Marçal Cruz e Tucci (Rev. AASP 68/100); "O princípio da boa-fé objetiva no novo Código Civil", por Renata Domingues Barbosa Balbino (Rev. AASP 68/111); "O princípio da boa-fé e o novo Código Civil", por Edilson Pereira Nobre Jr. (RF 367/69); "A boa-fé objetiva como paradigma da conduta na sociedade contemporânea", por Rizzatto Nunes (RJ 327/9); "Implicações práticas da boa-fé objetiva", por Gustavo Rene Nicolau (RIDCPC 39/7); "O princípio da boa-fé objetiva no direito de família", por Flávio Tartuce (RBDF 35/5); "Os campos normativos da boa-fé objetiva: as três perspectivas do direito privado brasileiro", por Judith Martins-Costa (RF 382/119); "Contrato. Interpretação. Princípio da boa-fé. Teoria do ato próprio ou da vedação do comportamento contraditório", por Humberto Theodoro Jr. e Juliana Cordeiro de Faria (RIDCPC 54/33, RMDECC 22/5, RDPr 38/149).

Art. 113: 4. s/ ato ilícito por excesso dos limites da boa-fé, v. art. 187; s/ boa-fé nos contratos, v. art. 422; s/ boa-fé nas relações de consumo, v. CDC 4º-III e 51-IV.

Art. 113: 5. "Os negócios jurídicos devem ser interpretados conforme os usos e costumes (art. 113, CC/02), e se mostra comum a prática de os sócios assumirem a posição de garantes pessoais das obrigações da sociedade da qual fazem parte (por aval ou por fiança), de modo que a interpretação pleiteada pelo ora recorrente não se distancia — ao contrário, aproxima-se — do que normalmente ocorre no tráfego bancário" (STJ-4ª T., REsp 1.013.976, Min. Luis Felipe, j. 17.5.12, DJ 29.5.12).

Art. 113: 6 a 8. Redação de acordo com a Lei 13.874, de 20.9.19.

Art. 114. Os negócios jurídicos benéficos[1] e a renúncia[2-2a] interpretam-se estritamente.[3-4]

Art. 114: 1. Negócios jurídicos benéficos ou gratuitos são aqueles que proporcionam vantagens a apenas uma das partes. Assim, nesses negócios, somente uma das partes fica onerada. É o que ocorre, p. ex., na remissão, na doação pura e simples, no depósito e mútuo gratuitos e na fiança.

S/ remissão, v. arts. 385 a 388; doação, v. arts. 538 a 564; depósito, v. arts. 627 a 652; mútuo, v. arts. 586 a 592; fiança, v. especialmente art. 819.

Art. 114: 2. s/ renúncia ao direito de usufruto e direito real de habitação, v. nota 2a ao art. 1.410.

Art. 114: 2a. "A interpretação estrita prevista no art. 114 do Código Civil pode identificar a renúncia, ainda que a comunicação de vontade não utilize esse vocábulo; a manifestação de vontade incompatível com o exercício do direito importa em renúncia. Requerendo que a permissão de transporte público, que lhe havia sido deferida, fosse assegurada 'tão somente' a outras permissionárias, a empresa autora renunciou de fato ao serviço que até então estava autorizada a prestar" (STJ-1ª T., REsp 1.264.112, Min. Ari Pargendler, j. 12.11.13, DJ 29.11.13).

Art. 114: 3. s/ interpretação da transação, v. art. 843.

Art. 114: 4. "**Programa** TAM **fidelidade**. Contrato unilateral e benéfico. Consumidor que só tem benefícios. Obrigação *intuitu personae*. Ausência de contraprestação pecuniária para a aquisição direta dos pontos bônus. Interpretação restritiva. Art. 114 do CC/02. Validade da cláusula que proíbe a transferência dos pontos bônus por ato *causa mortis*" (STJ-3ª T., REsp 1.878.651, Min. Moura Ribeiro, j. 4.10.22, DJ 7.10.22).

Capítulo II | DA REPRESENTAÇÃO[1]

✎ CAP. II: 1. "A técnica da representação e os novos princípios contratuais", por Gustavo Tepedino (RF 386/117); "Mandato, procuração e representação no novo Código Civil brasileiro", por Pablo Stolze Gagliano e Rodolfo Pamplona Filho (RJ-Lex 59/92, RMDCPC 50/22).

Art. 115. Os poderes de representação[1] conferem-se por lei ou pelo interessado.

Art. 115: 1. s/ representação, v. tb., no índice, Administrador, Gerente, Mandato. V. ainda arts. 974 e 975 (representação do incapaz empresário); arts. 1.634-V e 1.690 (representação dos filhos menores); art. 1.747-I (representação dos menores tutelados).

Art. 116. A manifestação de vontade pelo representante, nos limites de seus poderes, produz efeitos em relação ao representado.[1]

Art. 116: 1. Dolo do representante: v. art. 149. Confissão feita por representante: v. art. 213 § ún.

Art. 117. Salvo se o permitir a lei ou o representado, é anulável[1-1a] o negócio jurídico que o representante, no seu interesse ou por conta de outrem,[2] celebrar consigo mesmo.[3]

Parágrafo único. Para esse efeito, tem-se como celebrado pelo representante o negócio realizado por aquele em quem os poderes houverem sido subestabelecidos.

Art. 117: 1. no prazo de 2 anos a partir da conclusão do negócio (art. 179).

Art. 117: 1a. s/ a sanabilidade desse vício, v. arts. 172 e 176.

Art. 117: 2. Súmula 60 do STJ: "É nula a obrigação cambial assumida por procurador do mutuário vinculado ao mutuante, no exclusivo interesse deste" (v. jurisprudência s/ esta Súmula em RSTJ 44/17 a 79).

✎ Art. 117: 3. "Considerações sobre a disciplina do negócio jurídico consigo mesmo no novo Código Civil brasileiro", por José Carlos Moreira Alves (Rev. AASP 98/7).

Art. 118. O representante é obrigado a provar às pessoas, com quem tratar em nome do representado, a sua qualidade e a extensão de seus poderes, sob pena de, não o fazendo, responder pelos atos que a estes excederem.[1]

Art. 118: 1. s/ responsabilidade do comitente, v. art. 700.

Art. 119. É anulável o negócio concluído pelo representante em conflito de interesses com o representado, se tal fato era ou devia ser do conhecimento de quem com aquele tratou.

Parágrafo único. É de cento e oitenta dias, a contar da conclusão do negócio ou da cessação da incapacidade, o prazo de decadência[1] para pleitear-se a anulação prevista neste artigo.

Art. 119: 1. s/ decadência, v. arts. 207 a 211.

Art. 120. Os requisitos e os efeitos da representação legal são os estabelecidos nas normas respectivas; os da representação voluntária[1] são os da Parte Especial deste Código.

Art. 120: 1. s/ representação voluntária, v. arts. 653 a 692 (mandato) e 1.172 a 1.176 (gerente).

Capítulo III | DA CONDIÇÃO, DO TERMO E DO ENCARGO[1]

✎ CAP. III: 1. "'Da condição do termo e do encargo' e 'dos defeitos do negócio jurídico' (vícios de consentimento): releitura à luz do direito obrigacional empresarial", por Luis Fernando Guerrero (RMDECC 20/74).

Art. 121. Considera-se condição a cláusula que, derivando exclusivamente da vontade das partes, subordina o efeito do negócio jurídico a evento futuro e incerto.[1]

Art. 121: 1. s/ condição em matéria de: promessa de recompensa, v. arts. 854 a 856; reconhecimento de filho, v. art. 1.613; aceitação ou renúncia de herança, v. art. 1.808-*caput*; nomeação de herdeiro ou legatário, v. arts. 1.897 e 1.900-I.

Art. 122. São lícitas, em geral, todas as condições não contrárias à lei, à ordem pública ou aos bons costumes; entre as condições defesas se incluem as que privarem de todo efeito o negócio jurídico, ou o sujeitarem ao puro arbítrio de uma das partes.[1 a 4]

Art. 122: 1. "Os contratos públicos da Administração têm características especialíssimas, exorbitantes das normas de Direito Comum, por estarem em jogo fins de interesse público, permitindo-se neles, portanto, a adoção de cláusulas ditas exorbitantes, decorrentes de normas especiais. Assim, à permissão de uso, instituto especial de Direito Administrativo, não se aplica o art. 115 do CC (art. 122 do CC/02), que veda condições contratuais que venham a privar de todo efeito o ato ou o sujeitem ao arbítrio de uma das partes. Legal, portanto, a cláusula de rescisão unilateral em proveito da Administração" (RT 651/60).

Art. 122: 1a. Cumpre distinguir as condições puramente potestativas, vedadas pelo direito, das meramente potestativas, que dependem de fator alheio à vontade da parte e, portanto, permitidas.

Art. 122: 2. Entendendo que não configura condição puramente potestativa o vencimento antecipado da dívida contraída pelo empregado junto à empresa na qual trabalha, em caso de aquele não mais pertencer ao quadro de funcionários desta, "porque o vínculo empregatício não é rompido por mero capricho do empregador, por livre arbítrio seu, podendo, ainda, ser desfeito por iniciativa do próprio empregado mutuário": RT 658/119.

Art. 122: 3. "Cláusula que proíbe o vendedor de explorar o mesmo ramo de atividade ou de revender a terceiros imóveis da empresa pelo prazo de dez anos; validade em face do que dispõe o art. 122 do CC" (STJ-3ª T., REsp 1.011.441, Min. Ari Pargendler, j. 12.8.08, DJ 19.12.08).

Art. 122: 4. "Discute-se nos autos a validade de estipulação que conferia ao credor a possibilidade de exigir, 'tão logo fosse de seu interesse', a transferência da propriedade de imóvel. O art. 122 do CC/02 (correspondente ao art. 115 do CC/16) proíbe as condições puramente potestativas, assim compreendidas como aquelas que sujeitam a eficácia do negócio jurídico ao puro arbítrio de uma das partes, comprometendo a seriedade do acordo e depondo contra a boa-fé objetiva. No caso, a estipulação assinalada mais se assemelha a termo incerto ou indeterminado do que, propriamente, a condição potestativa. E mesmo admitindo tratar-se de condição, seria de rigor verificar quem ela beneficiava (credor e devedor), não havendo falar, por isso, em falta de seriedade na proposta ou risco à estabilidade das relações jurídicas. Ademais, foi estatuída em consideração a uma circunstância fática alheia à vontade das partes: o resultado de uma determinada ação judicial (usucapião), havendo, assim, interesse juridicamente relevante a justificar sua estipulação. Desse modo a condição não seria inútil ou inconveniente e, em consequência, pode ser considerada válida, até mesmo para efeito de impedir a fluência do prazo prescricional" (STJ-3ª T., REsp 1.990.221, Min. Moura Ribeiro, j. 3.5.22, DJ 13.5.22).

Art. 123. Invalidam os negócios jurídicos que lhes são subordinados:

I — as condições física ou juridicamente impossíveis,[1] quando suspensivas;

II — as condições ilícitas, ou de fazer coisa ilícita;

III — as condições incompreensíveis ou contraditórias.

Art. 123: 1. v. arts. 104-II, 106 e 124.

Art. 124. Têm-se por inexistentes as condições impossíveis, quando resolutivas, e as de não fazer coisa impossível.

Art. 125. Subordinando-se a eficácia do negócio jurídico à condição suspensiva, enquanto esta se não verificar, não se terá adquirido o direito, a que ele visa.[1]

Art. 125: 1. v. arts. 509 (venda feita a contento do comprador), 876 (recebimento antecipado de dívida condicional) e 1.923 (legado sob condição suspensiva).

Art. 126. Se alguém dispuser de uma coisa sob condição suspensiva, e, pendente esta, fizer quanto àquela novas disposições, estas não terão valor, realizada a condição, se com ela forem incompatíveis.

Art. 127. Se for resolutiva a condição, enquanto esta se não realizar, vigorará o negócio jurídico, podendo exercer-se desde a conclusão deste o direito por ele estabelecido.¹

Art. 127: 1. s/ cláusula resolutiva, v. art. 474; s/ propriedade resolúvel, v. arts. 1.359 e 1.360.

Art. 128. Sobrevindo a condição resolutiva, extingue-se, para todos os efeitos, o direito a que ela se opõe; mas, se aposta a um negócio de execução continuada ou periódica, a sua realização, salvo disposição em contrário, não tem eficácia quanto aos atos já praticados, desde que compatíveis com a natureza da condição pendente e conforme aos ditames de boa-fé.

Art. 129. Reputa-se verificada, quanto aos efeitos jurídicos, a condição cujo implemento for maliciosamente obstado pela parte a quem desfavorecer, considerando-se, ao contrário, não verificada a condição maliciosamente levada a efeito por aquele a quem aproveita o seu implemento.

Art. 130. Ao titular do direito eventual, nos casos de condição suspensiva ou resolutiva, é permitido praticar os atos destinados a conservá-lo.

Art. 131. O termo inicial suspende o exercício, mas não a aquisição do direito.[1-2]

Art. 131: 1. O termo inicial apenas represa o exercício de direito já adquirido. Já a condição suspensiva posterga tanto a aquisição quanto o exercício do direito (art. 125).

Art. 131: 2. s/ termo em matéria de: direito de herdeiro, v. art. 1.898; legado, v. art. 1.924.

Art. 132. Salvo disposição legal ou convencional em contrário,¹ computam-se os prazos, excluído o dia do começo, e incluído o do vencimento.

§ 1º Se o dia do vencimento cair em feriado,[2-3] considerar-se-á prorrogado o prazo até o seguinte dia útil.

§ 2º Meado considera-se, em qualquer mês, o seu décimo quinto dia.

§ 3º Os prazos de meses e anos expiram no dia de igual número do de início, ou no imediato, se faltar exata correspondência.⁴

§ 4º Os prazos fixados por hora contar-se-ão de minuto a minuto.

Art. 132: 1. Disposição especial em contrário: **LC 95, de 26.2.98, art. 8º:** "§ 1º (redação da LC 107, de 26.4.01) A contagem do prazo para entrada em vigor das leis que estabeleçam período de vacância far-se-á com a inclusão da data da publicação e do último dia do prazo, entrando em vigor no dia subsequente à sua consumação integral".

Art. 132: 2. São feriados nacionais os dias 1º de janeiro, 21 de abril, 1º de maio, 7 de setembro, 2 de novembro, 15 de novembro e 25 de dezembro (art. 1º da Lei 662, de 6.4.49, na redação da Lei 10.607, de 19.12.02); o dia 12 de outubro (Lei 6.802, de 30.6.80); e o dia em que se realizarem eleições de data fixada pela Constituição Federal (Lei 4.737, de 15.7.65, art. 380).

S/ feriados forenses, v. CPC 216.

Art. 132: 3. Lei 9.093, de 12.9.95 (Lex 1995/1.653, RT 719/576, RDA 201/378): "**Art. 1º** São feriados civis:

"I — os declarados em lei federal;

"II — a data magna do Estado fixada em lei estadual;

"III (acrescentado pela Lei 9.335, de 10.12.96, em Lex 1996/2.928, RT 734/799) — os dias do início e do término do ano do centenário de fundação do Município, fixados em lei municipal.

"**Art. 2º** São feriados religiosos os dias de guarda, declarados em lei municipal e em número não superior a quatro, neste incluída a Sexta-Feira da Paixão".

Art. 132: 4. p. ex.: no ano de 2006, o prazo de 1 mês iniciado no dia 30 de janeiro expirou no dia 1º de março, e o prazo de 2 meses expirou no dia 30 de março.

Art. 133. Nos testamentos, presume-se o prazo em favor do herdeiro, e, nos contratos, em proveito do devedor, salvo, quanto a esses, se do teor do instrumento, ou das circunstâncias, resultar que se estabeleceu a benefício do credor, ou de ambos os contratantes.

Art. 134. Os negócios jurídicos entre vivos, sem prazo,[1] são exequíveis desde logo,[2] salvo se a execução tiver de ser feita em lugar diverso ou depender de tempo.

Art. 134: 1. s/ contrato de mútuo sem prazo, v. art. 592.

Art. 134: 2. v. art. 331.

Art. 135. Ao termo inicial e final aplicam-se, no que couber, as disposições relativas à condição suspensiva e resolutiva.[1]

Art. 135: 1. v. arts. 123 a 131.

Art. 136. O encargo[1] não suspende a aquisição nem o exercício do direito, salvo quando expressamente imposto no negócio jurídico, pelo disponente, como condição suspensiva.

Art. 136: 1. s/ encargo em matéria de: doação, v. arts. 539 (aceitação), 540 (extensão), 553 (cumprimento), 555 (inexecução), 562 (revogação), 564-II (revogabilidade), 1.748-II (aceitação pelo tutor); legado, v. art. 1.938.

Art. 137. Considera-se não escrito o encargo ilícito ou impossível, salvo se constituir o motivo determinante da liberalidade, caso em que se invalida o negócio jurídico.[1]

Art. 137: 1. cf. o art. 166-III.

Capítulo IV | DOS DEFEITOS DO NEGÓCIO JURÍDICO[1-2]

Seção I | DO ERRO OU IGNORÂNCIA[1]

CAP. IV: 1. v. art. 171.

CAP. IV: 2. "Dos defeitos do negócio jurídico no novo Código Civil: fraude, estado de perigo e lesão", por Humberto Theodoro Jr. (RF 364/163).

SEÇ. I: 1. s/ vícios redibitórios, v. arts. 441 a 446; s/ erro na transação, v. art. 849; s/ erro no pagamento indevido, v. art. 877; s/ erro no casamento, v. arts. 1.556, 1.557, 1.559 e 1.560; s/ erro no testamento, v. art. 1.909; s/ erro na partilha, v. art. 2.027. V. tb. CPC 393 (anulação da confissão viciada) e 446-II (prova de vícios do consentimento por testemunha).

Art. 138. São anuláveis[1] os negócios jurídicos, quando as declarações de vontade emanarem de erro substancial[2] que poderia ser percebido por pessoa de diligência normal, em face das circunstâncias do negócio.[3 a 6]

Art. 138: 1. Prazo para pleitear-se a anulação: art. 178-II (quatro anos).

Art. 138: 2. v. art. 139.

✎ **Art. 138: 3.** "Considerações em torno do art. 138 do Código Civil brasileiro", por Alberto Gosson Jorge Junior (RT 843/85 e RMDCPC 3/81).

Art. 138: 3a. No sentido de que o erro, além de essencial, deve ser escusável, "decorrente da falsa representação da realidade própria do homem mediano, perdoável, no mais das vezes, pelo desconhecimento natural das circunstâncias e particularidades do negócio jurídico. Vale dizer, para ser escusável o erro deve ser de tal monta que qualquer pessoa de inteligência mediana o cometeria. No caso, não é crível que o autor, instituição financeira de sólida posição no mercado, tenha descurado-se das cautelas ordinárias à celebração de negócio jurídico absolutamente corriqueiro, como a dação de imóvel rural em pagamento, substituindo dívidas contraídas e recebendo imóvel cuja área encontrava-se deslocada topograficamente daquela constante em sua matrícula. Em realidade, se houve vício de vontade, este constituiu erro grosseiro, incapaz de anular o negócio jurídico, porquanto revela culpa imperdoável do próprio autor, dadas as peculiaridades da atividade desenvolvida": STJ-4ª T., REsp 744.311, Min. Luis Felipe, j. 19.8.10, DJ 9.9.10.

Contra: "Na sistemática do art. 138, é irrelevante ser ou não escusável o erro, porque o dispositivo adota o princípio da confiança" **(Enunciado 12 do CEJ)**.

Art. 138: 4. "Invalidade de negócio jurídico. Alegação de erro substancial e simulação. Autores que não comprovam a ocorrência de erro substancial na celebração de negócio cuja anulação pleiteiam. Coautor empresário experiente, com conhecimento das condições que cercavam o negócio realizado" (RT 928/872: TJSP, AP 0006918-90.2009.8.26.0297).

Art. 138: 5. "Anulação de negócio jurídico. Compra e venda de imóvel. Existência de usucapião em favor do adquirente. Ocorrência de erro essencial. É essencial o erro que, dada sua magnitude, tem o condão de impedir a celebração da avença, se dele tivesse conhecimento um dos contratantes, desde que relacionado à natureza do negócio, ao objeto principal da declaração de vontade, a qualidades essenciais do objeto ou pessoa. A usucapião é modo originário de aquisição da propriedade em razão da posse prolongada da coisa, preenchidos os demais requisitos legais, sendo que aqui, como visto, não se discute mais sobre o preenchimento desses requisitos para fins de prescrição aquisitiva, sendo matéria preclusa. De fato, preenchidos os requisitos da usucapião, há, de forma automática, o direito à transferência do domínio, não sendo a sentença requisito formal à aquisição da propriedade. No caso dos autos, não parece crível que uma pessoa faria negócio jurídico para fins de adquirir a propriedade de coisa que já é de seu domínio, porquanto o comprador já preenchia os requisitos da usucapião quando, induzido por corretores da imobiliária, ora recorrente e também proprietária, assinou contrato de promessa de compra e venda do imóvel que estava em sua posse *ad usucapionem*. Portanto, incide o brocardo *nemo plus iuris*, isto é, ninguém pode dispor de mais direitos do que possui" (STJ-4ª T., REsp 1.163.118, Min. Luis Felipe, j. 20.5.14, DJ 5.8.14).

Art. 138: 6. "Caracteriza-se a existência de erro substancial quanto ao objeto principal da declaração apto a invalidar o negócio jurídico na hipótese em que, renunciada a herança pelos demais herdeiros em favor da cônjuge sobrevivente — renúncia translativa ou cessão de direitos hereditários — descobre-se, posteriormente, a **existência de herdeiro de que não se tinha ciência** inequívoca no momento do ato de disposição" (STJ-3ª T., REsp 1.402.675, Min. Nancy Andrighi, j. 12.12.17, DJ 18.12.17).

Art. 139. O erro é substancial[1] quando:

I — interessa à natureza do negócio, ao objeto principal da declaração, ou a alguma das qualidades a ele essenciais;

II — concerne à identidade ou à qualidade essencial da pessoa a quem se refira a declaração de vontade, desde que tenha influído nesta de modo relevante;

III — sendo de direito e não implicando recusa à aplicação da lei, for o motivo único ou principal do negócio jurídico.

Art. 139: 1. v. art. 138; s/ erro essencial no casamento, v. arts. 1.556, 1.557 e 1.559.

Art. 140. O falso motivo só vicia[1] a declaração de vontade quando expresso como razão determinante.[2]

Art. 140: 1. v. art. 171-II.

✎ **Art. 140: 2.** "O falso motivo como vício do negócio jurídico no novo Código Civil", por Carlos Henrique Barroso (RT 804/72).

Art. 141. A transmissão errônea da vontade por meios interpostos é anulável nos mesmos casos em que o é a declaração direta.

Art. 142. O erro de indicação da pessoa ou da coisa, a que se referir a declaração de vontade, não viciará o negócio quando, por seu contexto e pelas circunstâncias, se puder identificar a coisa ou pessoa cogitada.[1]

Art. 142: 1. v. arts. 112 e 1.903.

Art. 143. O erro de cálculo apenas autoriza a retificação da declaração de vontade.

Art. 144. O erro não prejudica a validade do negócio jurídico quando a pessoa, a quem a manifestação de vontade se dirige, se oferecer para executá-la na conformidade da vontade real do manifestante.[1]

Art. 144: 1. cf. art. 167-*caput*.

Seção II | DO DOLO[1]

SEÇ. II: 1. "Os regimes do dolo civil no Direito brasileiro: dolo antecedente, vício informativo por omissão e por comissão, dolo acidental e dever de indenizar", por Judith Martins-Costa (RT 923/115).

Art. 145. São os negócios jurídicos anuláveis[1] por dolo,[2-3] quando este for a sua causa.

Art. 145: 1. Prazo para pleitear-se a anulação: quatro anos (art. 178-II).

Art. 145: 2. s/ dolo em matéria de: ocultação da idade pelo obrigado maior de 16 e menor de 18 anos, v. art. 180; evicção, v. art. 451; seguro, v. art. 762; transação, v. art. 849-*caput*; testamento, v. art. 1.909; partilha, v. art. 2.027. V. tb. CPC 393 (anulação da confissão viciada), 446-II (prova de vícios do consentimento por testemunha) e 966-III (rescindibilidade da sentença resultante de dolo da parte vencedora).

Art. 145: 3. "Anulação de negócio jurídico. Compra e venda de imóvel. Existência de usucapião em favor do adquirente. Ocorrência de erro essencial. Induzimento malicioso. Dolo configurado. Verifica-se do cotejo dos autos uma linha tênue entre o dolo e o erro. Isso porque parece ter havido, também, um induzimento malicioso à prática de ato prejudicial ao autor com o propósito de obter uma declaração de vontade que não seria emitida se o declarante não tivesse sido ludibriado — dolo (CC/1916, art. 92). Portanto, ao que se depreende, seja pelo dolo comissivo de efetuar manobras para fins de obtenção de uma declaração de vontade, seja pelo dolo omissivo na ocultação de fato relevante — ocorrência da usucapião —, também por esse motivo, há de se anular o negócio jurídico em comento" (STJ-4ª T., REsp 1.163.118, Min. Luis Felipe, j. 20.5.14, DJ 5.8.14).

Art. 146. O dolo acidental só obriga à satisfação das perdas e danos,[1] e é acidental quando, a seu despeito, o negócio seria realizado, embora por outro modo.[2]

Art. 146: 1. v. arts. 402 a 405.

Art. 146: 2. "Participação acionária. Alienação. Valor das ações. Critério de cálculo. Valor de negociação privada. Dolo acidental. Prova. Ausência. Na **compra e venda de participação acionária** em âmbito privado, o preço da ação equivale ao valor de negociação, que é aquele resultante do encontro de vontades entre comprador e vendedor. O fato de a participação acionária valer mais ou menos, segundo a percepção mercadológica, que o valor livremente acordado entre comprador e vendedor não inquina de nulidade o negócio jurídico realizado" (STJ-3ª T., REsp 1.898.122, Min. Ricardo Cueva, j. 16.3.21, DJ 19.3.21).

Art. 147. Nos negócios jurídicos bilaterais, o silêncio intencional de uma das partes a respeito de fato ou qualidade que a outra parte haja ignorado, constitui omissão dolosa,[1] provando-se que sem ela o negócio não se teria celebrado.

Art. 147: 1. s/ omissão intencional em matéria de: vícios ou defeitos ocultos da coisa alienada, v. art. 443; seguro, v. arts. 766 (eventos influentes na aceitação da proposta ou na taxa do prêmio) e 773 (superação do risco objeto da cobertura).

Art. 148. Pode também ser anulado o negócio jurídico por dolo de terceiro,[1] se a parte a quem aproveite dele tivesse ou devesse ter conhecimento; em caso contrário, ainda que subsista o negócio jurídico, o terceiro responderá por todas as perdas e danos[2] da parte a quem ludibriou.

Art. 148: 1. "A doutrina do terceiro cúmplice: autonomia da vontade, o princípio 'res inter alios acta', função social do contrato e a interferência alheia na execução dos negócios jurídicos", por Otavio Luiz Rodrigues Junior (RT 821/80).

Art. 148: 2. v. arts. 402 a 405.

Art. 149. O dolo do representante legal de uma das partes só obriga o representado a responder civilmente até a importância do proveito que teve; se, porém, o dolo for do representante convencional, o representado responderá solidariamente[1] com ele por perdas e danos.

Art. 149: 1. v. arts. 275 a 285.

Art. 150. Se ambas as partes procederem com dolo, nenhuma pode alegá-lo para anular o negócio, ou reclamar indenização.[1]

Art. 150: 1. Para que a parte se veja impedida de pedir a invalidação do negócio por dolo, basta que ela tenha agido com dolo acidental (art. 146), ainda que a conduta da outra parte tenha sido essencialmente dolosa.

Seção III | DA COAÇÃO

Art. 151. A coação,[1] para viciar a declaração da vontade,[2] há de ser tal que incuta ao paciente fundado temor de dano iminente e considerável à sua pessoa, à sua família, ou aos seus bens.[3]

Parágrafo único. Se disser respeito a pessoa não pertencente à família do paciente, o juiz, com base nas circunstâncias, decidirá se houve coação.

Art. 151: 1. s/ coação em matéria de: transação, v. art. 849-*caput*; casamento, v. arts. 1.558 e 1.559; testamento, v. art. 1.909; partilha, v. art. 2.027. V. tb. CPC 393 (anulação da confissão viciada) e 446-II (prova de vícios do consentimento por testemunha).

Art. 151: 2. "A ameaça de exercício normal de um direito transmuda-se em coação quando a forma e as circunstâncias utilizadas pela parte para fazê-lo caracterizam excesso, abuso com o condão de influir no ânimo do contratante e dele retirar o livre arbítrio, a possibilidade de declarar a sua vontade com independência" (RT 760/392).

Art. 151: 3. Prazo para pleitear-se a anulação: quatro anos (art. 178-I).

Art. 152. No apreciar a coação, ter-se-ão em conta o sexo, a idade, a condição, a saúde, o temperamento do paciente e todas as demais circunstâncias que possam influir na gravidade dela.

Art. 153. Não se considera coação a ameaça do exercício normal de um direito, nem o simples temor reverencial.

Art. 154. Vicia o negócio jurídico a coação exercida por terceiro, se dela tivesse ou devesse ter conhecimento a parte a que aproveite, e esta responderá solidariamente[1] com aquele por perdas e danos.[2]

Art. 154: 1. v. arts. 275 a 285.

Art. 154: 2. v. arts. 402 a 405.

Art. 155. Subsistirá o negócio jurídico, se a coação decorrer de terceiro, sem que a parte a que aproveite dela tivesse ou devesse ter conhecimento; mas o autor da coação responderá por todas as perdas e danos[1] que houver causado ao coacto.

Art. 155: 1. v. arts. 402 a 405.

Seção IV | DO ESTADO DE PERIGO

Art. 156. Configura-se o estado de perigo[1-1a] quando alguém, premido da necessidade de salvar-se, ou a pessoa de sua família, de grave dano conhecido pela outra parte, assume obrigação excessivamente onerosa.[2 a 5]

Parágrafo único. Tratando-se de pessoa não pertencente à família do declarante, o juiz decidirá segundo as circunstâncias.

Art. 156: 1. "O estado de perigo como defeito do negócio jurídico", por Teresa Ancona Lopez (Rev. AASP 68/49); "Estado de perigo", por Ricardo Loretti (RF 382/181); "Os negócios desequilibrados e sua invalidade. A lesão e o estado de perigo", por Gustavo Rene Nicolau (RIDCPC 42/7); "O estado de perigo no novo Código Civil", por Paulo José Leite Farias (RIDCPC 42/17); "Estado de perigo no Código Civil de 2002: notas críticas", por Rodrigo de Lima Vaz Sampaio (RT 918/117).

Art. 156: 1a. Enunciado 148 do CEJ: "Ao 'estado de perigo' (art. 156) aplica-se, por analogia, o disposto no § 2º do art. 157".

Art. 156: 2. Prazo para pleitear-se a anulação: quatro anos (art. 178-II).

Art. 156: 3. "Deve-se aceitar a aplicação do estado de perigo para contratos aleatórios, como o **seguro**, e até mesmo para negócios jurídicos unilaterais. O segurado e seus familiares que são levados a assinar aditivo contratual durante procedimento cirúrgico para que possam gozar de cobertura securitária ampliada precisam demonstrar a ocorrência de onerosidade excessiva para que possam anular o negócio jurídico. A onerosidade configura-se se o segurado foi levado a pagar valor excessivamente superior ao preço de mercado para apólice equivalente, se o prêmio é demasiado face às suas possibilidades econômicas, ou se sua apólice anterior já o assegurava contra o risco e a assinatura de novo contrato era desnecessária. É considerada abusiva, mesmo para contratos celebrados anteriormente à Lei 9.656/98, a recusa em conferir cobertura securitária, para indenizar o valor de próteses necessárias ao restabelecimento da saúde. Impõe-se condições negociais excessivamente onerosas quando o aderente é levado a pagar maior valor por cobertura securitária da qual já gozava, revelando-se desnecessária a assinatura de aditivo contratual" (STJ-RDPr 38/363: 3ª T., REsp 918.392).

Art. 156: 4. "O estado de perigo é vício de consentimento dual, que exige para a sua caracterização, a premência da pessoa em se salvar, ou a membro de sua família e, de outra banda, a ocorrência de obrigação excessivamente onerosa, aí incluída a imposição de serviços desnecessários, conscientemente fixada pela contraparte da relação negocial. O tão-só sacrifício patrimonial extremo de alguém, na busca de assegurar a sua sobrevida ou de algum familiar próximo, não caracteriza o estado de perigo, pois embora se reconheça que a conjuntura tenha premido a pessoa a se desfazer de seu patrimônio, a depauperação ocorrida foi conscientemente realizada, na busca pelo resguardo da própria integridade física, ou de familiar. Atividades empresariais voltadas especificamente para o atendimento de pessoas em condição de perigo iminente, como se dá com as emergências de **hospitais particulares**, não podem ser obrigadas a suportar o ônus financeiro do tratamento de todos que lá aportam em situação de risco à integridade física, ou mesmo à vida, pois esse é o público-alvo desses locais, e a atividade que desenvolvem com fins lucrativos é legítima, e detalhadamente regulamentada pelo Poder Público. Se o nosocômio não exigir, nessas circunstâncias, nenhuma paga exagerada, ou impor a utilização de serviços não necessários, ou mesmo garantias extralegais, mas se restringir a cobrar o justo e usual, pelos esforços realizados para a manutenção da vida, não há defeito no negócio jurídico que dê ensejo à sua anulação" (STJ-3ª T., REsp 1.680.448, Min. Nancy Andrighi, j. 22.8.17, DJ 29.8.17).

Todavia: "Não procede a cobrança de **despesas hospitalares** e de internação em unidade de terapia intensiva se o contrato de prestação de serviços foi firmado por pessoa abalada emocionalmente, uma vez que a manifestação de vontade ofertada por quem se encontra em estado de perigo não pode ser vinculada ao negócio jurídico" (RJM 181/186, maioria).

"O desequilíbrio latente na relação constituída em momento de grave angústia e fragilidade da parte devedora, em que se busca pronto-atendimento de emergência, caracteriza o elemento subjetivo exigido pelo art. 156 do CC, devendo-se verificar a existência de excessiva onerosidade, a fim de configurar o estado de necessidade. Imprescindível se oportunizar a dilação probatória às partes, a fim de demonstrar ou afastar o equilíbrio entre os valores executados e os serviços efetivamente prestados e, por conseguinte, reconhecer ou afastar o vício de consentimento alegado" (STJ-3ª T., REsp 1.361.937, Min. Nancy Andrighi, j. 15.10.13, DJ 18.10.13).

Art. 156: 5. "Carece de validade jurídica o recibo de quitação extrajudicial firmado pela genitora do **alimentado** que, desassistida de advogado e premida pelo estado de miserabilidade, aceita valor muito abaixo do que tem direito o filho, praticando verdadeira renúncia de crédito indisponível" (RJTJERGS 274/347: AP 70027002310).

Seção V | DA LESÃO¹

SEÇ. V: 1. "A lesão como forma de abuso de direito", por Camila Lemos Azi (RT 826/38); "Os negócios desequilibrados e sua invalidade. A lesão e o estado de perigo", por Gustavo Rene Nicolau (RIDCPC 42/7); "Justiça contratual e o instituto da lesão no direito brasileiro", por Tiago Bitencourt de David (RT 913/85); "A lesão no Código Civil de 2002", por João Ricardo Brandão Aguirre (RT 918/95); "Lesão e 'dolo de aproveitamento no Código Civil'", por Ricardo Padovini Pleti (RDPr 50/93); "Tudo que vem fácil, vai fácil: breve análise do instituto da lesão no Código Civil brasileiro", por Helen Cristina Leite de Lima Orleans (RDPr 52/91).

Art. 157. Ocorre a lesão quando uma pessoa, sob premente necessidade, ou por inexperiência, se obriga a prestação manifestamente desproporcional¹ ao valor da prestação oposta.¹ᵃ ᵃ ¹ᵈ

§ 1º Aprecia-se a desproporção das prestações segundo os valores vigentes ao tempo em que foi celebrado o negócio jurídico.²

§ 2º Não se decretará a anulação³⁻⁴ do negócio, se for oferecido suplemento suficiente, ou se a parte favorecida concordar com a redução do proveito.

Art. 157: 1. v. tb. resolução por onerosidade excessiva (arts. 478 a 480). S/ a proteção do consumidor nessas circunstâncias, v. CDC 6º-V, 39-V e 51-IV.

Art. 157: 1a. Enunciado 150 do CEJ: "A lesão de que trata o art. 157 do Código Civil não exige dolo de aproveitamento". Isso é o que diferencia a lesão do estado de perigo, no qual é imprescindível o conhecimento do estado de fragilidade da contraparte.

Enunciado 290 do CEJ: "A lesão acarretará a anulação do negócio jurídico quando verificada, na formação deste, a desproporção manifesta entre as prestações assumidas pelas partes, não se presumindo a premente necessidade ou a inexperiência do lesado".

Art. 157: 1b. "Para a caracterização do vício de lesão, exige-se a presença simultânea de **elemento objetivo** — a desproporção das prestações — **e subjetivo** — a inexperiência ou a premente necessidade, que devem ser aferidos no caso concreto. Tratando-se de negócio jurídico bilateral celebrado de forma voluntária entre particulares, é imprescindível a comprovação dos elementos subjetivos, sendo inadmissível a presunção nesse sentido. O mero interesse econômico em resguardar o patrimônio investido em determinado negócio jurídico não configura premente necessidade para o fim do art. 157 do Código Civil. Na hipótese em apreço, a cláusula penal questionada foi proposta pelos próprios recorrentes, que não comprovaram a inexperiência ou premente necessidade, motivo pelo qual a pretensão de anulação configura comportamento contraditório, vedado pelo princípio da boa-fé objetiva" (STJ-3ª T., REsp 1.723.690, Min. Ricardo Cueva, j. 6.8.19, DJ 12.8.19).

Art. 157: 1c. "O art. 157 do CC/02 contempla a lesão, que se caracteriza quando uma pessoa, sob premente necessidade ou por inexperiência, obriga-se à prestação desproporcional ao valor da prestação oposta. O referido instituto não se aplica à hipótese dos autos, de celebração de contrato de prestação de serviços advocatícios por sociedade anônima de grande porte. Além de não ter ficado configurada a urgência da contratação, não há de se cogitar da inexperiência dos representantes da empresa. Ademais, a fixação dos honorários foi estipulada de maneira clara e precisa, exigindo tão somente a realização de cálculos aritméticos, atividade corriqueira para empresários" (STJ-3ª T., REsp 1.117.137, Min. Nancy Andrighi, j. 17.6.10, DJ 30.6.10).

Art. 157: 1d. "Consubstancia lesão a desproporção existente entre as prestações de um contrato no momento da realização do negócio, havendo para uma das partes um aproveitamento indevido decorrente da situação de inferioridade da outra parte. O instituto da lesão é passível de reconhecimento também em contratos aleatórios, na hipótese em que, ao se valorarem os riscos, estes forem inexpressivos para uma das partes, em contraposição àqueles suportados pela outra, havendo exploração da situação de inferioridade de um contratante. Ocorre lesão na hipótese em que um advogado, valendo-se de situação de desespero da parte, firma contrato *quota litis* no qual fixa sua remuneração *ad exitum* em 50% do benefício econômico gerado pela causa. Recurso especial conhecido e provido, revisando-se a cláusula contratual que fixou os honorários advocatícios para o fim de reduzi-los ao patamar de 30% da condenação obtida" (STJ-3ª T., REsp 1.155.200, Min. Nancy Andrighi, j. 22.2.11, maioria, DJ 2.3.11).

V. tb., no CPCLPV, EA 22, notas 3 e 15a.

Art. 157: 2. "No particular, inexistindo circunstância geradora de onerosidade excessiva, o equilíbrio entre os encargos assumidos pelas partes deve ser analisado à luz da situação existente no momento da celebração do acordo e não *a posteriori*. É evidente que, depois de confirmada a improcedência dos pedidos formulados nas reclamações trabalhistas objeto da ação de cobrança ajuizada pela sociedade de advogados, pode considerar-se elevado o valor dos honorários, correspondente a um quarto da pretensão dos reclamantes. Todavia, deve-se ter em mente que, no ato da contratação, existia o risco de a recorrente ser condenada ao pagamento de todas as verbas pleiteadas, de sorte que a atuação da recorrida resultou, na realidade, numa economia para a recorrente de 75% do valor dessas verbas" (STJ-3ª T., REsp 1.117.137, Min. Nancy Andrighi, j. 17.6.10, DJ 30.6.10).

Art. 157: 3. Prazo para pleitear-se a anulação: quatro anos (art. 178-II).

Art. 157: 4. Enunciado 149 do CEJ: "Em atenção ao princípio da conservação dos contratos, a verificação da lesão deverá conduzir, sempre que possível, à revisão judicial do negócio jurídico e não à sua anulação, sendo dever do magistrado incitar os contratantes a seguir as regras do art. 157, § 2º, do Código Civil de 2002".

Enunciado 291 do CEJ: "Nas hipóteses de lesão previstas no art. 157 do Código Civil, pode o lesionado optar por não pleitear a anulação do negócio jurídico, deduzindo, desde logo, pretensão com vista à revisão judicial do negócio por meio da redução do proveito do lesionador ou do complemento do preço".

Seção VI | DA FRAUDE CONTRA CREDORES[1 A 4]

SEÇ. VI: 1. Súmula 195 do STJ: "Em embargos de terceiro não se anula ato jurídico, por fraude contra credores". Na fraude contra credores há necessidade de ação para o seu reconhecimento (ação pauliana), ao contrário do que ocorre na fraude de execução (CPC 792), em que o ato é ineficaz e não produz efeito em relação ao credor.

SEÇ. VI: 2. CTN 185: "Presume-se fraudulenta a alienação ou oneração de bens ou rendas, ou seu começo, por sujeito passivo em débito para com a Fazenda Pública, por crédito tributário regularmente inscrito como dívida ativa".

SEÇ. VI: 3. v. art. 956.

SEÇ. VI: 4. "Fraude contra credores: efeitos da sentença na ação pauliana", por José Eli Salamacha (RP 135/75).

Art. 158. Os negócios de transmissão gratuita de bens ou remissão de dívida, se os praticar o devedor já insolvente, ou por eles reduzido à insolvência, ainda quando o ignore, poderão ser anulados[1-1a] pelos credores quirografários,[2] como lesivos dos seus direitos.[2a]

§ 1º Igual direito assiste aos credores cuja garantia se tornar insuficiente.[3]

§ 2º Só os credores que já o eram ao tempo daqueles atos podem pleitear a anulação deles.[4 a 5]

Art. 158: 1. s/ prazo para o pleito de anulação, v. art. 178-II; s/ anulação e terceiro de boa-fé, v. art. 182, nota 3.

Art. 158: 1a. "A fraude contra credores, proclamada em ação pauliana, não acarreta a anulação do ato de alienação, mas, sim, a invalidade com relação ao credor vencedor da ação pauliana, e nos limites do débito de devedor para com este" (STJ-3ª T., REsp 971.884, Min. Sidnei Beneti, j. 22.3.11, DJ 16.2.12).

Art. 158: 2. i. e., sem privilégio; s/ credor quirografário, v. arts. 162 e 163.

Art. 158: 2a. "A ocorrência de fraude contra credores requer: (i) a anterioridade do crédito; (ii) a comprovação de prejuízo ao credor (*eventus damni*) e (iii) o conhecimento, pelo terceiro adquirente, do estado de insolvência do devedor (*scientia fraudis*). O *eventus damni* trata-se de pressuposto objetivo e estará configurado quando o ato de disposição impugnado pelo credor tenha agravado o estado de insolvência do devedor ou tenha levado-o a este estado. A fraude contra credores na hipótese de alienação de bem impenhorável, especialmente de **bem de família**, exige uma ponderação de valores pelo juiz em cada situação particular: de um lado, a proteção legal conferida ao bem de família, fundada no direito à moradia e no mínimo existencial do devedor e/ou sua família e, de outro, o direito à tutela executiva do credor. Na hipótese, os recorrentes e seus filhos residem no imóvel desde o ano 2000. Embora esse bem tenha sido doado, no ano de 2011, pelo casal aos filhos menores, a situação fática em nada se alterou, já que o bem continuou servindo como residência da entidade familiar. Ou seja, o bem permaneceu na posse das mesmas pessoas e teve sua destinação (moradia) inalterada. Essas peculiaridades demonstram a ausência de *eventus damni* e, portanto, de disposição fraudulenta" (STJ-3ª T., REsp 1.926.646, Min. Nancy Andrighi, j. 15.2.22, DJ 18.2.22).

Art. 158: 3. Enunciado 151 do CEJ: "O ajuizamento da ação pauliana pelo credor com garantia real (art. 158, § 1º) prescinde de prévio reconhecimento judicial da insuficiência da garantia".

Art. 158: 4. Enunciado 292 do CEJ: "Para os efeitos do art. 158, § 2º, a anterioridade do crédito é determinada pela causa que lhe dá origem, independentemente de seu reconhecimento por decisão judicial".

Art. 158: 4a. "A afirmação da ocorrência de fraude contra credores depende, para além da prova de *consilium fraudis* e de *eventus damni*, da anterioridade do crédito em relação ao ato impugnado. É com o registro da promessa de compra e venda no Cartório de Registro de Imóveis que o direito do promissário comprador alcança terceiros estranhos à relação contratual originária. A promessa de compra e venda não registrada e desacompanhada de qualquer outro elemento que possa evidenciar a alienação do imóvel não afasta a anterioridade do crédito" (STJ-3ª T., REsp 1.217.593, Min. Nancy Andrighi, j. 12.3.13, DJ 18.3.13).

Art. 158: 5. "A interpretação literal do art. 106, parágrafo único, do CC/16, conservada pelo art. 158, § 2º, do CC/02, já não se mostra suficiente à frustração da fraude à execução. O intelecto ardiloso é criativo e, através dos tempos, encontra meios de contornar a caracterização da fraude no desfalque de patrimônio para livrá-lo dos credores. Um desses expedientes é o desfazimento antecipado de bens, já antevendo, num futuro próximo, o surgimento de dívidas, com vistas a afastar o requisito da anterioridade do crédito, como condição da ação pauliana. Nesse contexto, deve-se aplicar com temperamento a regra do art. 106, parágrafo único, do CC/16. Embora a anterioridade do crédito seja, via de regra, pressuposto de procedência da ação pauliana, ela pode ser excepcionada quando verificada a fraude predeterminada em detrimento de credores futuros" (STJ-RMDCPC 33/107: 3ª T., Med. Caut. 16.170). Esse entendimento foi reafirmado no julgamento do correlato recurso especial (STJ-RDDP 95/142: 3ª T., REsp 1.092.134).

Art. 159. Serão igualmente anuláveis[1-2] os contratos onerosos do devedor insolvente, quando a insolvência for notória, ou houver motivo para ser conhecida do outro contratante.

Art. 159: 1. Prazo para pleitear-se a anulação: quatro anos (art. 178-II).

Art. 159: 2. "O **termo inicial do prazo decadencial** de quatro anos para propositura da ação pauliana é o da data do registro do título aquisitivo no Cartório Imobiliário, ocasião em que o ato registrado passa a ter validade contra terceiros" (STJ-3ª T., REsp 743.890-AgRg, Min. Nancy Andrighi, j. 20.9.05, DJU 3.10.05).

Art. 160. Se o adquirente dos bens do devedor insolvente ainda não tiver pago o preço e este for, aproximadamente, o corrente, desobrigar-se-á depositando-o em juízo,[1] com a citação de todos os interessados.

Parágrafo único. Se inferior, o adquirente, para conservar os bens, poderá depositar o preço que lhes corresponda ao valor real.

Art. 160: 1. ou em estabelecimento bancário (v. art. 334).

Consignação em pagamento: arts. 334 a 345, CPC 539 e segs.

Art. 161. A ação, nos casos dos arts. 158 e 159, poderá ser intentada contra o devedor insolvente, a pessoa que com ele celebrou a estipulação considerada fraudulenta, ou terceiros adquirentes que hajam procedido de má-fé.

Art. 162. O credor quirografário, que receber do devedor insolvente o pagamento da dívida ainda não vencida, ficará obrigado a repor, em proveito do acervo sobre que se tenha de efetuar o concurso de credores, aquilo que recebeu.

Art. 163. Presumem-se fraudatórias dos direitos dos outros credores as garantias de dívidas que o devedor insolvente tiver dado a algum credor.[1]

Art. 163: 1. v. arts. 165 § ún. e 1.419.

Art. 164. Presumem-se, porém, de boa-fé e valem os negócios ordinários indispensáveis à manutenção de estabelecimento mercantil, rural, ou industrial, ou à subsistência do devedor e de sua família.

Art. 165. Anulados os negócios fraudulentos,[1] a vantagem resultante reverterá em proveito do acervo sobre que se tenha de efetuar o concurso de credores.
Parágrafo único. Se esses negócios tinham por único objeto atribuir direitos preferenciais, mediante hipoteca, penhor ou anticrese, sua invalidade importará somente na anulação da preferência ajustada.[2]

Art. 165: 1. s/ anulação e terceiro de boa-fé, v. art. 182, nota 3.
Art. 165: 2. v. art. 184.

Capítulo V | DA INVALIDADE DO NEGÓCIO JURÍDICO[1-2]

CAP. V: 1. "O novo Código Civil e os vícios de consentimento no negócio jurídico", por Leonardo Henrique Mundim Moraes Oliveira (RJ 298/59); "A invalidade dos atos administrativos, especialmente diante da Lei n. 9.784/99 e do novo Código Civil", por Cesar Santolim (Ajuris 92/163); "Invalidade e ineficiência do negócio jurídico", por José Carlos Barbosa Moreira (RJ 311/7 e RSDCPC 23/118).

CAP. V: 2. Disposição transitória s/ invalidade do negócio jurídico: art. 2.035.

Art. 166. É nulo o negócio jurídico quando:[1-1a]
I — celebrado por pessoa absolutamente incapaz;[2]
II — for ilícito,[2a a 3] impossível[3a] ou indeterminável o seu objeto;
III — o motivo determinante, comum a ambas as partes, for ilícito;
IV — não revestir a forma prescrita em lei;[4]
V — for preterida alguma solenidade que a lei considere essencial para a sua validade;[4a]
VI — tiver por objetivo fraudar lei imperativa;
VII — a lei taxativamente o declarar nulo,[5-5a] ou proibir-lhe a prática, sem cominar sanção.

Art. 166: 1. s/ validade dos negócios jurídicos, v. arts. 104 a 110 e 123; s/ efeitos da invalidação do negócio jurídico, v. art. 182; s/ validade do negócio jurídico celebrado por analfabeto, v. art. 595, nota 1; s/ validade dos negócios jurídicos e direito intertemporal, v. art. 2.035. S/ nulidade em matéria de: decadência, v. art. 209; compra e venda, v. arts. 489 e 497; doação, v. arts. 548 e 549; seguro, v. arts. 762 e 795; constituição de renda, v. art. 808; transação, v. arts. 848 e 850; título ao portador, v. art. 907; transferência de propriedade móvel, v. art. 1.268 § 2º; s/

penhor, anticrese ou hipoteca, v. art. 1.428; casamento religioso, v. art. 1.516 § 3º; casamento, v. arts. 1.548 e 1.549; pacto antenupcial, v. art. 1.653; testamento, v. arts. 1.802, 1.860, 1.861 e 1.900.

Art. 166: 1a. "Ação buscando a nulidade de ato jurídico. Dação em pagamento de imóvel gravado com hipoteca em favor do credor. Ausência de certidão negativa de débitos tributários. Arts. 47 e 48 da Lei 8.212/91. Nulidade afastada. A despeito de o art. 48 da Lei 8.212/91 fazer referência impropriamente à nulidade do ato praticado com inobservância do dever de apresentação da CND, trata-se de hipótese de ineficácia do ato jurídico perante o ente público titular do crédito tributário. Assim, a falta de apresentação das certidões exigidas no art. 47 da Lei 8.212/91 não enseja a nulidade do ato de transmissão do patrimônio, mas apenas sua ineficácia em relação ao credor tributário, subsistindo o negócio jurídico" (STJ-4ª T., Ag em REsp 1.183.933-EDcl-AgInt, Min. Isabel Gallotti, j. 17.11.20, maioria, DJ 17.3.21).

Art. 166: 2. Absolutamente incapaz: art. 3º.

Art. 166: 2a. "É nulo de pleno direito o contrato verbal de empréstimo celebrado pelas partes, por afrontar preceito legal cogente, em que as mesmas estavam em conluio para a prática de um crime, qual seja, o ingresso clandestino e ilegal em país estrangeiro, tendo em vista a ilicitude e a impossibilidade do seu objeto. A ilicitude do objeto torna nulo de pleno direito o negócio celebrado pelas partes, atingindo-o desde o seu nascedouro e tornando-o inapto a gerar efeitos jurídicos entre os contraentes" (RJM 190/161: AP 1.0686.07.191085-1/001).

Art. 166: 2b. "Embora não haja qualquer vício no objeto propriamente dito do negócio jurídico em questão (cessão das cotas sociais da empresa Servport), a operação realizada para esse fim revela-se manifestamente ilícita **(falsificação da assinatura de um dos sócios),** tornando o negócio celebrado nulo de pleno direito, sendo, portanto, inapto a produzir qualquer efeito jurídico entre as partes. A teor do disposto nos arts. 168, parágrafo único, e 169, ambos do Código Civil, a nulidade absoluta do negócio jurídico gera, como consequência, a insuscetibilidade de convalidação, não sendo permitido nem mesmo ao juiz suprimir o vício, ainda que haja expresso requerimento das partes. Ademais, a manutenção do arquivamento de negócio jurídico perante a Junta Comercial, cuja assinatura de um dos declarantes é sabidamente falsa, ofende, ainda, o princípio da verdade real, o qual norteia o sistema dos registros públicos. Se as partes tinham interesse em manter a transferência das cotas da empresa Servport, deveriam renovar (repetir) o negócio jurídico, sem a falsificação da assinatura de quaisquer dos envolvidos, ocasião em que os efeitos seriam válidos a partir de então, isto é, a alteração do quadro societário somente se daria no momento do novo negócio jurídico, o que, contudo, não ocorreu na espécie" (STJ-3ª T., REsp 1.368.960, Min. Marco Bellizze, j. 7.6.16, DJ 10.6.16).

Art. 166: 3. "Constitui requisito de validade do negócio jurídico o objeto lícito. A **ocupação de bem público,** embora dela possam surgir interesses tuteláveis, é precária. É nulo de pleno direito o negócio jurídico representado por instrumento particular de cessão de direitos referentes a bem imóvel situado em loteamento irregular compreendido em área de domínio público" (STJ-4ª T., REsp 1.025.552, Min. Isabel Gallotti, j. 4.4.17, maioria, DJ 23.5.17).

Art. 166: 3a. condição impossível: arts. 123 e 124.

Art. 166: 4. s/ escritura pública, v. arts. 108 e 109; s/ *venire contra factum proprium,* v. art. 422, nota 3d *in fine.*

Art. 166: 4a. v. art. 1.634, nota 7.

Art. 166: 5. As obrigações nulas não são suscetíveis de novação (art. 367) nem de fiança (art. 824).

Art. 166: 5a. v. nota 1.

Art. 167. É nulo o negócio jurídico simulado, mas subsistirá o que se dissimulou, se válido for na substância e na forma.[1 a 3b]

§ 1º Haverá simulação nos negócios jurídicos quando:[4]

I — aparentarem conferir ou transmitir direitos a pessoas diversas daquelas às quais realmente se conferem, ou transmitem;

II — contiverem declaração, confissão, condição ou cláusula não verdadeira;

III — os instrumentos particulares forem antedatados, ou pós-datados.

§ 2º Ressalvam-se os direitos de terceiros de boa-fé em face dos contraentes do negócio jurídico simulado.

Art. 167: 1. "Simulação no novo Código Civil", por José Martinho Nunes Coelho (RT 805/741 e RJTAMG 88-89/33); "Teoria da simulação de atos e negócios jurídicos", por Heleno Taveira Tôrres (RT 849/11); "Negócio jurídico simulado (notas ao art. 167 do Código Civil)", por Leonardo Mattietto (RJ 349/93).

Art. 167: 2. Enunciado 152 do CEJ: "Toda simulação, inclusive a inocente, é invalidante".

Enunciado 153 do CEJ: "Na simulação relativa, o negócio simulado (aparente) é nulo, mas o dissimulado será válido se não ofender a lei nem causar prejuízos a terceiros".

Enunciado 293 do CEJ: "Na simulação relativa, o aproveitamento do negócio jurídico dissimulado não decorre tão somente do afastamento do negócio jurídico simulado, mas do necessário preenchimento de todos os requisitos substanciais e formais de validade daquele".

Enunciado 294 do CEJ: "Sendo a simulação uma causa de nulidade do negócio jurídico, pode ser alegada por uma das partes contra a outra". V. tb. nota 3a.

Art. 167: 3. "O instituto da simulação, entendido em sentido largo, comporta **duas espécies: a absoluta e a relativa.** Na primeira, a própria essência do negócio jurídico é simulada, de modo que na ação deve-se anulá-lo (conforme o CC/16) ou declará-lo nulo (conforme o CC/02) de maneira integral, com o retorno das partes ao *status quo ante*. Na segunda, também chamada dissimulação, o que ocorre é que as partes declararam praticar um negócio jurídico, mas na verdade tinham a intenção de praticar outro. Nessas situações, não é necessário requerer que seja restabelecido o estado anterior, bastando que o autor da ação requeira a conversão do negócio jurídico, de modo que ele corresponda precisamente à intenção das partes" (STJ-3ª T., REsp 918.643, Min. Nancy Andrighi, j. 26.4.11, maioria, DJ 13.5.11).

Art. 167: 3a. "O novo Código Civil não mais contém a distinção entre a simulação inocente e a fraudulenta, nem a proibição de que **uma parte contratante alegue,** em sua defesa, **contra a outra,** a existência de simulação. É possível que um dos contratantes, com base na existência de simulação, requeira, em face do outro, a anulação judicial do contrato simulado de parceria pecuária, que encobre mútuo com juros usurários" (STJ-RDPr 29/353: 3ª T., REsp 441.903). Também afirmando a possibilidade de que um dos contratantes invoque a invalidade do negócio em face do outro: RSTJ 139/351 (4ª T., REsp 196.319).

V. tb. nota 2 (Enunciado 294 do CEJ).

Art. 167: 3b. "O **endosso do título transmitiu** o vício que o inquinava, inclusive a **possibilidade de declarar nulo** o negócio simulado. No caso, não se cogita da vedação de opor exceções pessoais relativas ao emitente do título e ao endossante, mas, ao contrário, de vício na emissão do título, que o acompanha desde o nascedouro e não se convola com endossos sucessivos" (STJ-3ª T., REsp 1.501.640, Min. Moura Ribeiro, j. 27.11.18, DJ 7.12.18).

Art. 167: 4. "Casal que simulou um contrato de compra e venda, tendo como vendedor o marido e como compradora a esposa. Regime de separação obrigatória de bens. Falecimento do cônjuge varão três meses após a venda. Ação de anulação proposta pelos herdeiros. Impõe-se a reforma da sentença de improcedência. Comprovado, nos autos, que não houve o pagamento do preço. 'Preço vil', equivalente a um quarto do valor venal do bem. Caracterizada a simulação, dissimulando uma doação, com o objetivo de burlar o regime matrimonial, em prejuízo dos herdeiros" (JTJ 323/301: AP 355.487.4/0-00).

"Há simulação quando, com intuito de ludibriar terceiros, o negócio jurídico é celebrado para garantir direitos a pessoas diversas daquelas às quais realmente se conferem ou transmitem. O patrimônio do casal beligerante foi transferido pelo varão a seus irmãos, por preço fictício, pouco antes da separação de corpos do ex-casal, tendo retornado ao então titular logo após a sentença de separação judicial e do julgamento do recurso de apelação pelo tribunal de origem" (STJ-3ª T., REsp 1.195.615, Min. Ricardo Cueva, j. 21.10.14, DJ 29.10.14).

Art. 168. As nulidades dos artigos antecedentes podem ser alegadas por qualquer interessado, ou pelo Ministério Público, quando lhe couber intervir.[1-1a]

Parágrafo único. As nulidades devem ser pronunciadas pelo juiz,[2] quando conhecer do negócio jurídico ou dos seus efeitos e as encontrar provadas, não lhe sendo permitido supri-las, ainda que a requerimento das partes.[3]

Art. 168: 1. v. art. 167, notas 2 (Enunciado 294 do CEJ), 3a e 3b. Em matéria de casamento, v. art. 1.549.

Art. 168: 1a. "As nulidades decorrentes de simulação podem ser suscitadas por **qualquer interessado**, assim entendido como aquele que mantenha frente ao responsável pelo ato nulo uma relação jurídica ou uma situação jurídica que venha a sofrer uma **lesão ou ameaça de lesão** em virtude do ato questionado" (STJ-3ª T., REsp 1.424.617, Min. Nancy Andrighi, j. 6.5.14, DJ 16.6.14).

"Na qualidade de mero possuidor, eventual declaração de nulidade da procuração utilizada para a venda e compra do imóvel rural por ele ocupado não lhe trará qualquer resultado prático e útil, isto é, não afetará a sua esfera jurídica consubstanciada em uma situação de fato. A regra do art. 168 do CC estatui que a nulidade absoluta pode ser alegada por qualquer interessado, desde que esse interesse, econômico ou moral, seja compreendido como a relação de utilidade entre uma pessoa e um bem e que da sua declaração decorram efeitos que sujeitem a pessoa a algum efeito visado pelo negócio inválido, situação inexistente no caso" (STJ-3ª T., REsp 1.848.501, Min. Paulo Sanseverino, j. 18.10.22, DJ 27.10.22).

Art. 168: 2. de ofício.

"Se o juiz deve conhecer de ofício a nulidade absoluta, sendo a simulação causa de nulidade do negócio jurídico, sua alegação prescinde de ação própria" (STJ-1ª T., REsp 1.582.388, Min. Napoleão Maia Filho, j. 3.12.19, DJ 9.12.19).

"É desnecessário o ajuizamento de ação específica para se declarar a nulidade de negócio jurídico simulado. Dessa forma, não há como se restringir o seu reconhecimento em embargos de terceiro. Simulação que se configura em hipótese de nulidade absoluta insanável" (STJ-3ª T., REsp 1.927.496, Min. Nancy Andrighi, j. 27.4.21, DJ 5.5.21).

Art. 168: 3. v. LRP 214.

Art. 169. O negócio jurídico nulo não é suscetível de confirmação, nem convalesce pelo decurso do tempo.[1 a 2]

Art. 169: 1. v. art. 166, nota 2b.

Art. 169: 1a. "Os atos nulos não prescrevem, podendo a sua nulidade ser declarada a qualquer tempo" (STJ-3ª T., REsp 1.353.864, Min. Sidnei Beneti, j. 7.3.13, DJ 12.3.13). No mesmo sentido: STJ-4ª T., Ag em REsp 249.743-AgRg, Min. Luis Felipe, j. 3.6.14, DJ 13.6.14.

Art. 169: 2. "O negócio jurídico nulo não se convalesce com a passagem do tempo e nem é suscetível de confirmação pelas partes. Porém, isso não impede que, depois de removido o óbice que gerou a nulidade do negócio, as partes renovem o ato antes nulo, inclusive com efeitos retroativos, sem os vícios que antes inquinavam o contrato. Tal conclusão se extrai da mesma lógica de direito intertemporal segundo a principiologia do *tempus regit actum*. É dizer, se é verdade que o direito futuro não convalida ato jurídico nulo praticado no passado, também é certo que o direito pretérito e já superado não invalida ato praticado no futuro, muito menos tem a força de impedir a prática de ato disciplinado por um novo cenário normativo. Assim, não mais existindo o óbice legal que antes invalidava o ato, as partes contratantes podem renovar o negócio jurídico outrora nulo sem incorrer nos mesmos vícios e, em razão da autonomia da vontade, manifesta ou tácita, fazer retroagir os efeitos da renovação à origem da relação negocial" (STJ-4ª T., REsp 1.273.955, Min. Luis Felipe, j. 24.4.14, DJ 15.8.14).

Art. 170. Se, porém, o negócio jurídico nulo contiver os requisitos de outro,[1] subsistirá este quando o fim a que visavam as partes permitir supor que o teriam querido, se houvessem previsto a nulidade.[2-3]

Art. 170: 1. Enunciado 13 do CEJ: "O aspecto objetivo da convenção requer a existência do suporte fático no negócio a converter-se".

✎ **Art. 170: 2.** "Conversão substancial do contrato", por Káren Rick Danilevicz Bertoncello (Ajuris 101/167); "Conversão substancial do negócio jurídico", por Eduardo Luiz Bussata (RDPr 26/146); "A conversão substancial do negócio jurídico anulável (análise da aplicação do instituto na seara do direito contratual brasileiro)", por Euzébio Henzel Antunes (RSDCPC 88/116).

Art. 170: 3. "O contrato de doação é, por essência, solene, exigindo a lei, sob pena de nulidade, que seja celebrado por escritura pública ou instrumento particular, salvo quando tiver por objeto bens móveis e de pequeno valor. A despeito da inexistência de formalidade essencial, o que, *a priori*, ensejaria a invalidação da suposta doação, certo é que houve a efetiva tradição de bem móvel fungível (dinheiro), da recorrente a sua filha, o que produziu, à época, efeitos na esfera patrimonial de ambas e agora está a produzir efeitos hereditários. Em situações como essa, o art. 170 do CC/02 autoriza a conversão do negócio jurídico, a fim de que sejam aproveitados os seus elementos prestantes, considerando que as partes, ao celebrá-lo, têm em vista os efeitos jurídicos do ato, independentemente da qualificação que o Direito lhe dá (princípio da conservação dos atos jurídicos). Na hipótese, sendo nulo o negócio jurídico de doação, o mais consentâneo é que se lhe converta em um contrato de mútuo gratuito, de fins não econômicos, porquanto é incontroverso o efetivo empréstimo do bem fungível, por prazo indeterminado, e, de algum modo, a intenção da beneficiária de restituí-lo. Em sendo o negócio jurídico convertido em contrato de mútuo, tem a recorrente, com o falecimento da filha, legitimidade ativa e interesse de agir para cobrar a dívida do espólio, a fim de ter restituída a coisa emprestada" (STJ-3ª T., REsp 1.225.861, Min. Nancy Andrighi, j. 22.4.14, maioria, DJ 26.5.14).

Art. 171. Além dos casos[1] expressamente declarados na lei, é anulável[1a] o negócio jurídico:

I — por incapacidade relativa do agente;[2-3]

II — por vício[4-5] resultante de erro, dolo, coação, estado de perigo, lesão ou fraude contra credores.

Art. 171: 1. Prazo para pleitear a anulação quando não houver disposição legal a respeito: dois anos (art. 179).

Art. 171: 1a. s/ efeitos da anulação, v. art. 182. S/ anulabilidade em matéria de: representação, v. arts. 117 e 119; compra e venda, v. art. 496; troca, v. art. 533-II; transação, v. art. 849; casamento, v. art. 1.550; falta de autorização do cônjuge para a prática de ato, v. art. 1.649.

Art. 171: 2. Relativamente incapaz: art. 4º.

Art. 171: 3. Prazo para pleitear-se a anulação: quatro anos (art. 178-III).

✎ **Art. 171: 4.** "O falso motivo como vício do negócio jurídico no novo Código Civil", por Carlos Henrique Barroso (RF 366/17).

Art. 171: 5. Erro (arts. 138 a 144); dolo (arts. 145 a 150); coação (arts. 151 a 155); estado de perigo (art. 156); lesão (art. 157); fraude contra credores (arts. 158 a 165).

Art. 172. O negócio anulável pode ser confirmado pelas partes,[1] salvo direito de terceiro.

Art. 172: 1. Ao contrário do negócio nulo, cf. art. 169.

Art. 173. O ato de confirmação deve conter a substância do negócio celebrado e a vontade expressa de mantê-lo.

Art. 174. É escusada a confirmação expressa, quando o negócio já foi cumprido em parte pelo devedor, ciente do vício que o inquinava.

Art. 175. A confirmação expressa, ou a execução voluntária de negócio anulável, nos termos dos arts. 172 a 174, importa a extinção de todas as ações, ou exceções, de que contra ele dispusesse o devedor.

Art. 176. Quando a anulabilidade do ato resultar da falta de autorização[1] de terceiro, será validado se este a der posteriormente.

Art. 176: 1. v. art. 220 (prova da autorização). Para casos em que se exige autorização, v. nota 1 ao art. 220.

Art. 177. A anulabilidade não tem efeito antes de julgada por sentença, nem se pronuncia de ofício;[1] só os interessados a podem alegar,[1a] e aproveita exclusivamente aos que a alegarem, salvo o caso de solidariedade[2] ou indivisibilidade.[3]

Art. 177: 1. Ao contrário da nulidade, cf. art. 168 § ún.

Art. 177: 1a. Já a nulidade pode ser também alegada pelo Ministério Público, quando lhe couber intervir, cf. art. 168-*caput*.

Art. 177: 2. v. arts. 264 a 285.

Art. 177: 3. v. arts. 87, 88 e 257 a 263.

Art. 178. É de quatro anos o prazo de decadência para pleitear-se a anulação do negócio jurídico, contado:[1 a 1c]

I — no caso de coação, do dia em que ela cessar;

II — no de erro, dolo, fraude contra credores, estado de perigo ou lesão, do dia em que se realizou o negócio jurídico;[2 a 2c]

III — no de atos de[3] incapazes, do dia em que cessar a incapacidade.

Art. 178: 1. Decadência (arts. 207 a 211); coação (arts. 151 a 155); erro (arts. 138 a 144); dolo (arts. 145 a 150); fraude contra credores (arts. 158 a 165); estado de perigo (art. 156); lesão (art. 157); incapacidade relativa (art. 4º).

Art. 178: 1a. "A citação extemporânea de litisconsorte necessário unitário, após decorrido o prazo de quatro anos para a propositura da ação que visa à desconstituição de negócio jurídico realizado com fraude a credores, não enseja a decadência do direito do credor. O direito potestativo, por sua própria natureza, considera-se exercido no momento do ajuizamento da ação, quando então cessa o curso do prazo de decadência em relação a todos os partícipes do ato fraudulento" (STJ-3ª T., REsp 750.135, Min. Paulo Sanseverino, j. 12.4.11, DJ 28.4.11).

Art. 178: 1b. "É de quatro anos o prazo de decadência para anular **partilha de bens em dissolução de união estável,** por vício de consentimento (coação), nos termos do art. 178 do Código Civil. Não houve alterações de ordem jurídico-normativa, com o advento do Código Civil de 2002, a justificar alteração da consolidada jurisprudência dos tribunais superiores, com base no Código Civil de 1916, segundo a qual a anulação da partilha ou do acordo homologado judicialmente na separação consensual regulava-se pelo prazo prescricional previsto no art. 178, § 9º, inciso V, e não aquele de um ano preconizado pelo art. 178, § 6º, V, do mesmo diploma. É inadequada a exegese extensiva de uma exceção à regra geral — arts. 2.027 do CC e 1.029 do CPC/73, ambos inseridos, respectivamente, no Livro 'Do Direito das Sucessões' e no capítulo intitulado 'Do Inventário e Da Partilha' — por meio da analogia, quando o próprio ordenamento jurídico prevê normativo que se amolda à tipicidade do caso (CC, art. 178). Pela interpretação sistemática, verifica-se que a própria topografia dos dispositivos remonta ao entendimento de que o prazo decadencial ânuo deve se limitar à seara do sistema do direito das sucessões, submetida aos requisitos de validade e princípios específicos que o norteiam, tratando-se de opção do legislador a definição de escorreito prazo de caducidade para as relações de herança" (STJ-4ª T., REsp 1.621.610, Min. Luis Felipe, j. 7.2.17, DJ 20.3.17).

Art. 178: 1c. "Ajuizamento de ação pauliana, em 2004, mais de oito anos após a realização de negócios jurídicos alegadamente realizados em fraude contra credores nos anos de 1995 e 1996. Anterior ajuizamento de ação monitória, em 1995, para cobrança de crédito constante de confissão de dívida inadimplida. A citação para ação monitória não impede a consumação do prazo de decadência para o ajuizamento da ação pauliana, buscando a anulação de negócios jurídicos prejudiciais aos credores" (STJ-3ª T., REsp 1.354.639, Min. Paulo Sanseverino, j. 12.11.13, DJ 13.2.14).

Art. 178: 2. "Termo inicial do prazo para a propositura de ação anulatória. Dia da celebração do contrato ou da prática do ato, **e não a data da ciência do erro ou dolo** ou a data em que a parte experimentou o prejuízo" (STJ-3ª T., Ag em REsp 917.437-AgInt, Min. Paulo Sanseverino, j. 21.3.17, DJ 30.3.17).

Art. 178: 2a. "O termo inicial do prazo decadencial de quatro anos para a propositura da ação de anulação por vício de negócio jurídico de **bens imóveis** é a data do registro do ato ou contrato no cartório imobiliário, momento em que tal medida gera efeitos *erga omnes* e, consequentemente, validade contra terceiros" (STJ-3ª T., REsp 1.205.147-AgRg, Min. João Otávio, j. 7.8.14, DJ 20.8.14). No mesmo sentido: STJ-4ª T., REsp 710.810, Min. João Otávio, j. 19.2.08, DJ 10.3.08.

Mas: "Ação declaratória. Nulidade de doação. Imóvel. Vício de consentimento. Prazo decadencial. Termo inicial. Antes do registro imobiliário, que lhe dá publicidade *erga omnes*, o negócio jurídico envolvendo bens imóveis só tem eficácia entre as partes que o celebraram, não fluindo contra os terceiros, que dele não têm conhecimento inequívoco, o prazo decadencial para anulação. A decadência é causa extintiva de direito pelo seu não exercício no prazo estipulado pela lei, cujo termo inicial deve coincidir com o conhecimento do fato gerador do direito a ser pleiteado. Não é razoável invocar a ausência de 'conhecimento inequívoco do ato', pelo próprio donatário do bem, diante da ausência de registro do contrato e aferição pelo Tabelião da regularidade do empreendimento onde se encontrava o lote doado. O prazo decadencial para anulação da doação na hipótese, portanto, é de quatro anos, contados do dia em que se realizou o negócio jurídico, nos termos do que expressamente dispõe o art. 178, II, do Código Civil" (STJ-3ª T., REsp 1.418.435, Min. Nancy Andrighi, j. 18.3.14, DJ 26.3.14).

Art. 178: 2b. "O ajuizamento de ação anulatória de arrematação de imóvel em hasta pública submete-se ao prazo decadencial de 4 (quatro) anos — previsto no art. 178, § 9º, V, 'b', do CC/16, com correspondência no art. 178, II, do CC/02 —, contado a partir da data de **expedição da carta de arrematação**" (STJ-3ª T., REsp 1.655.729, Min. Nancy Andrighi, j. 16.5.17, DJ 26.5.17).

Esse acórdão foi confirmado nos subsequentes embargos de divergência: "Se a ação anulatória só tem cabimento após expedida a carta de arrematação, o termo inicial para a contagem do prazo decadencial para a propositura desse tipo de demanda deve ser a data de expedição da carta" (STJ-Corte Especial, ED no REsp 1.655.729, Min. Maria Thereza, j. 21.2.18, DJ 28.2.18).

Art. 178: 2c. "Ação de nulidade de ato registral. **Venda 'a non domino'. Não** há falar na **incidência do prazo quadrienal** previsto no art. 178, § 9º, inciso V, 'b', do CC/16, voltado à anulação de contratos com base em vícios do consentimento, quando sequer consentimento houve por parte dos autores, que foram surpreendidos pela venda 'a non domino' do seu imóvel. Escritura de compra e venda realizada com base em procuração na qual constam nomes incorretos do casal proprietário, troca de numeração de documentos pessoais, utilização de número de identidade de outro Estado" (STJ-3ª T., REsp 1.748.504, Min. Paulo Sanseverino, j. 14.5.19, DJ 21.5.19).

Art. 178: 3. relativamente.

Art. 179. Quando a lei dispuser que determinado ato é anulável, sem estabelecer prazo[1-2] para pleitear-se a anulação, será este de dois anos, a contar da data da conclusão do ato.

Art. 179: 1. O prazo para a anulação da partilha da herança é de um ano (art. 2.027 § ún.). Já o prazo para a anulação do negócio concluído pelo representante em conflito de interesses com o representado é de 180 dias, contados da conclusão do negócio ou da cessação da incapacidade (art. 119 § ún.).

Art. 179: 2. Em consequência, é de dois anos o prazo para pleitear-se a anulação de venda (art. 496-*caput*) ou troca (art. 533-II) entre ascendentes e descendentes. Outros casos: art. 117 (negócio jurídico celebrado por representante consigo mesmo); art. 1.550-V (casamento realizado por mandatário, sem ciência da revogação do mandato) e VI (casamento celebrado por autoridade incompetente).

Art. 180. O menor, entre dezesseis e dezoito anos, não pode, para eximir-se de uma obrigação, invocar a sua idade se dolosamente[1] a ocultou quando inquirido pela outra parte, ou se, no ato de obrigar-se, declarou-se maior.[2]

Art. 180: 1. s/ dolo, v. arts. 145 a 150.

Art. 180: 2. s/ mútuo feito a pessoa menor, v. arts. 588 e 589-V.

Art. 181. Ninguém pode reclamar o que, por uma obrigação anulada, pagou a um[1] incapaz,[2] se não provar que reverteu em proveito dele a importância paga.

Art. 181: 1. relativamente

Art. 181: 2. s/ mútuo feito a pessoa menor, v. arts. 588 e 589-IV.

Art. 182. Anulado o negócio jurídico, restituir-se-ão as partes ao estado em que antes dele se achavam, e, não sendo possível restituí-las, serão indenizadas com o equivalente.[1 a 4]

Art. 182: 1. s/ efeitos da anulação do negócio fraudulento, v. art. 165.

Art. 182: 1a. "Tutela constitutiva e volta ao estado anterior", por Carlos Alberto Alvaro de Oliveira (RP 224/65).

Art. 182: 2. "Constatado que o retorno à situação fática anterior é inviável, não resta ao julgador que declarou nulo negócio jurídico outro caminho que não a determinação da resolução mediante recompensa monetária, nos termos do art. 182, do Código Civil, que também se aplica à nulidade absoluta" (STJ-3ª T., REsp 1.353.864, Min. Sidnei Beneti, j. 7.3.13, DJ 12.3.13).

Art. 182: 3. "Ação pauliana. Sucessivas alienações de imóveis que pertenciam aos devedores. Anulação de compra de imóvel por terceiros de boa-fé. Impossibilidade. Limitação da procedência aos que agiram de má-fé, que deverão indenizar o credor pela quantia equivalente ao fraudulento desfalque do patrimônio do devedor" (STJ-4ª T., REsp 1.100.525, Min. Luis Felipe, j. 16.4.13, RP 222/350).

"Tendo havido sucessivos negócios fraudulentos, cabe resguardar os interesses dos terceiros de boa-fé e condenar tão somente os réus que agiram de má-fé, em prejuízo do autor, a indenizar-lhe pelo valor equivalente ao bem transmitido em fraude contra o credor" (STJ-3ª T., REsp 1.145.542, Min. Sidnei Beneti, j. 11.3.14, DJ 19.3.14).

Art. 182: 4. "O art. 182 do CC preconiza que, sempre que possível, a anulação de negócio jurídico deverá implicar o retorno das partes ao *status quo ante*. Não obstante, o art. 1.214 do mesmo diploma legal consubstancia uma exceção à regra estabelecida pelo artigo anterior, de modo que, considerando-se que os embargados foram possuidores de boa-fé durante todo o período em que vigorou o contrato, é medida de justiça a percepção dos frutos dos imóveis, nestes incluídos os lucros cessantes e demais valores recebidos em decorrência do negócio jurídico ora invalidado" (STJ-4ª T., REsp 1.188.442-EDcl, Min. Luis Felipe, j. 15.8.13, DJ 27.8.13).

Art. 183. A invalidade do instrumento[1] não induz a do negócio jurídico sempre que este puder provar-se[2] por outro meio.

Art. 183: 1. v. arts. 104-III e 166-IV. Em matéria de direitos reais imóveis, v. art. 108.

Art. 183: 2. v. arts. 212 e 221.

CPC 406: "Quando a lei exigir instrumento público como da substância do ato, nenhuma outra prova, por mais especial que seja, pode suprir-lhe a falta".

Art. 184. Respeitada a intenção das partes, a invalidade parcial de um negócio jurídico não o prejudicará na parte válida, se esta for separável;[1 a 1c] a invalidade da obrigação principal implica a das obrigações acessórias, mas a destas não induz a da obrigação principal.[2]

Art. 184: 1. *Utile per inutile non vitiatur.*

Art. 184: 1a. Em matéria de relação de consumo, v. CDC 51 § 2º.

Art. 184: 1b. Essas ideias não se aplicam em matéria de transação (art. 848-*caput*).

Art. 184: 1c. "Nos termos do art. 184 do CC/02, a nulidade parcial do contrato não alcança a parte válida, desde que essa possa subsistir autonomamente. Haverá nulidade parcial sempre que o vício invalidante não atingir o núcleo do negócio jurídico. Ficando demonstrado que o negócio tem caráter unitário, que as partes só teriam celebrado se válido fosse em seu conjunto, sem possibilidade de divisão ou fracionamento, não se pode cogitar de redução, e a invalidade é total. O princípio da conservação do negócio jurídico não deve afetar sua causa ensejadora, interferindo na vontade das partes quanto à própria existência da transação" (STJ-3ª T., REsp 981.750, Min. Nancy Andrighi, j. 13.4.10, DJ 23.4.10).

Art. 184: 2. v. art. 92. Em matéria de: negócios fraudulentos, v. art. 165 § ún.; testamento, v. art. 1.910.

Título II | DOS ATOS JURÍDICOS LÍCITOS

Art. 185. Aos atos jurídicos lícitos, que não sejam negócios jurídicos, aplicam-se, no que couber, as disposições do Título anterior.[1]

Art. 185: 1. i. e., dos arts. 104 a 184.

Título III | DOS ATOS[1] ILÍCITOS[2]

TÍT. III: 1. "Ato e atividade", por Rosa Maria de Andrade Nery (RDPr 22/9).

TÍT. III: 2. "Art. 398. Nas obrigações provenientes de ato ilícito, considera-se o devedor em mora, desde que o praticou".

Art. 186. Aquele que, por ação ou omissão voluntária, negligência ou imprudência, violar direito e causar dano a outrem, ainda que exclusivamente moral,[1 a 8a] comete ato ilícito.[9]

Art. 186: 1. "A fixação do dano moral e a pena", por Fernando M. H. Moreira e Atalá Correia (RF 365/367); "O princípio da reparabilidade dos danos morais: análise de direito comparado em um corte horizontal e vertical no estudo dos ordenamentos jurídicos", por Flávia de Almeida Viveiros de Castro (RDPr 15/189); "Reparar os danos morais pelos meios morais", por Ademir Buitoni (RDPr 16/37); "A evolução do conceito de dano moral", por André Gustavo C. de Andrade (Ajuris 92/111 e RF 375/3); "Dano moral contra a pessoa jurídica", por Luís Alberto Thompson Flores Lenz (Just. 178/79); "O dano moral e sua reparação", por Humberto Theodoro Jr. (RF 351/83); "Pessoa jurídica: dano moral", por Fernando Vasconcelos (RT 781/111); "Danos morais e direitos da personalidade", por Paulo Luiz Netto Lôbo (RJ 284/5); "Algumas considerações sobre o dano estético e seus efeitos como dano moral ou dano patrimonial", por Vanise Röhrig Monte (Ajuris 79/248); "Os danos à pessoa no direito brasileiro e a natureza da sua reparação", por Judith Martins-Costa (RT 789/21); "Dano estético", por Sérgio Rston (RIASP, ano 5, 9/95); "Paradoxo axiológico da indenização do dano moral e possíveis soluções da nova legislação", por Roberto José Ludwig (Ajuris 86/275); "Dano moral e direito de família. O perigo de monetizar as relações familiares", por Sérgio Gischkow Pereira (Ajuris 85/350); "A quantificação dos danos morais pelo Superior Tribunal de Justiça", por José Roberto Ferreira Gouvêa e Vanderlei Arcanjo da Silva (RJ 323/31 e RSDCPC 37/147); "Os danos à pessoa, corporais (biológicos) e anímicos (ou morais em sentido estrito), e suas relações com os danos patrimoniais e extrapatrimoniais", por Fernando Noronha (RDPr 22/83); "Dano moral em caso de descumprimento de obrigação contratual", por André Gustavo Corrêa de Andrade (RF 379/17); "Usos e abusos da função punitiva (*punitive damages* e o direito brasileiro)", por Judith Martins-Costa e Mariana Souza Pargendler (Ajuris 100/229); "A transmissibilidade do direito de indenização do dano moral", por André Gustavo Corrêa de Andrade (RF 381/25); "Dano moral: valoração do *quantum* e razoabilidade objetiva", por Caio Rogério da Costa Brandão (RDPr 25/73); "O acionamento de alarme antifurto como fato corriqueiro nas relações de consumo", por Rafael Caselli Pereira (RJ 348/67); "Responsabilidade civil por dano moral ambiental", por José Augusto Delgado (IP 36/13); "Teoria do risco desautorizando a indenização por danos morais nos casos de ruptura de noivado e das relações matrimoniais", por Luciano Chaves de Farias (RBDFS 1/5); "Nova proposta de classificação do dano no direito civil", por Bruno Oliveira Maggi (RDPr 32/32); "O imoral nas indenizações por dano moral", por J. J. Calmon de Passos (RMDCPC 26/47); "Cirurgia plástica estética: natureza da obrigação do cirurgião", por Joana Graeff-Martins (RDPr 37/105); "Assédio moral na empresa e responsabilidade civil do empregador", por Grasiele Augusta Ferreira Nascimento e Maria Aparecida Alkimin (RDPr 39/182); "Dano moral: conceito, função, valoração", por Maria Celina Bodin de Moraes (RF 413/361); "Pessoas jurídicas e direitos da personalidade: pessoa jurídica pode sofrer dano extrapatrimonial?", por Carla Wainer Chalréo Lgow (RDPr 51/115); "Violação de direitos da propriedade industrial e o dano moral", por Ênio Santarelli Zuliani (RMDECC 48/5); "A torre de Babel das novas adjetivações do dano", por Rodolfo Pamplona Filho e Luiz Carlos Vilas Boas Andrade Júnior (RMDCPC 59/15, RJ-Lex 67/11); "Dano existencial", por Teresa Ancona Lopez (RDPr 57/287).

Art. 186: 1a. s/ danos à honra ou à imagem, v. art. 20; s/ dano moral causado por má-fé do alienante da coisa com vícios ou efeitos ocultos, v. art. 443, nota 2; s/ indenização por dano moral e imposto de renda, v. art. 944, nota 3 (Súmula 498 do STJ); s/ correção monetária da indenização por dano moral, v. LCM 1º, nota 3 (Súmula 362 do STJ).

S/ prova do dano moral, v., no CPCLPV, CPC 374, nota 4.

Art. 186: 2. Súmula 37 do STJ: "São cumuláveis as indenizações por dano material e dano moral oriundos do mesmo fato".

Súmula 227 do STJ: "A pessoa jurídica pode sofrer dano moral". "Todavia, diversamente do que se dá com a pessoa física, as hipóteses em que a pessoa jurídica pode sofrer dano moral são bem mais restritas, já que ela não possui 'sentimentos' passíveis de serem abalados" (JTJ 366/221: AP 57949-80.2003.8.26.0000).

"Para a pessoa jurídica, o dano moral é fenômeno distinto daquele relacionado à pessoa natural. Não se aceita, assim, o dano moral em si mesmo, isto é, como uma decorrência intrínseca à existência de ato ilícito. Necessidade de demonstração do prejuízo extrapatrimonial" (STJ-3ª T., REsp 1.497.313, Min. Nancy Andrighi, j. 7.2.17, DJ 10.2.17).

"Ação de indenização. Transferência de valores de conta corrente. Hacker. Pessoa jurídica. Danos morais subjetivos. Não cabimento. A pessoa jurídica somente poderá ser indenizada por dano moral quando violada sua honra objetiva" (STJ-4ª T., Ag em REsp 149.523-AgRg, Min. Isabel Gallotti, j. 6.2.14, DJ 14.2.14).

"Ação indenizatória por dano moral ajuizada por município contra o particular. Impossibilidade. Direitos fundamentais. Pessoa jurídica de direito público. Reconhecimento limitado" (STJ-4ª T., REsp 1.258.389, Min. Luis Felipe, j. 17.12.13, DJ 15.4.14).

Mas: "Nos casos de protesto indevido de título ou inscrição irregular em cadastros de inadimplentes, o dano moral se configura *in re ipsa*, isto é, prescinde de prova, ainda que a prejudicada seja pessoa jurídica" (STJ-3ª T., REsp 1.059.663, Min. Nancy Andrighi, j. 2.12.08, DJ 17.12.08). No mesmo sentido: STJ-4ª T., Ag em REsp 1.132.603-AgInt, Min. Luis Felipe, j. 27.2.18, DJ 5.3.18.

"Lesões extrapatrimoniais causadas por agentes do Estado ao INSS. Prejuízos insuscetíveis de apreciação econômica e de extensão incalculável. Indenização. Cabimento" (STJ-2ª T., REsp 1.722.423, Min. Herman Benjamin, j. 20.2.20, DJ 18.12.20).

V. art. 52 e notas.

Enunciado 189 do CEJ: "Na responsabilidade civil por dano moral causado à pessoa jurídica, o fato lesivo, como dano eventual, deve ser devidamente demonstrado".

Súmula 281 do STJ: "A indenização por dano moral não está sujeita à tarifação prevista na Lei de Imprensa". **Nota:** A Lei de Imprensa foi declarada inconstitucional (STF-RT 895/119: Pleno, ADPF 130, maioria).

Súmula 370 do STJ: "Caracteriza dano moral a apresentação antecipada de cheque pré-datado".

"A súmula 370/STJ goza de presunção relativa, ou seja, para caracterização do dano moral, imprescindível que, de fato, a apresentação antecipada de cheque pós-datado ocasione algum prejuízo ao emitente do título de crédito. Em que pese o entendimento de os danos morais prescindirem da prova, em razão do seu caráter *in re ipsa*, trata-se de presunção relativa, que não pode prevalecer ante à existência de elementos nos autos que evidenciem que o ato inquinado de ilícito não causou os prejuízos alegados" (STJ-4ª T., Ag em REsp 287.762-AgRg, Min. Marco Buzzi, j. 21.6.16, DJ 27.6.16).

Assim, apenas produz abalo moral indenizável a apresentação de cheque pré-datado que produz danos efetivos (STJ-3ª T., REsp 505.999, Min. Menezes Direito, j. 18.9.03, DJU 17.11.03; RJM 192/262: AP 1.0319.03.014765-0/001). É o que acontece, p. ex., no caso de devolução por insuficiência de fundos do cheque pré-datado apresentado antecipadamente (STJ-3ª T., REsp 557.505, Min. Menezes Direito, j. 4.5.04, DJU 21.6.04).

Ainda, ponderando que, "sem que haja consequência efetiva, o cheque descontado antecipadamente representa ruptura de acordo comercial", sem produzir danos morais: JTJ 330/291 (AP 1.053.828-0/7).

"O contrato confere validade à obrigação entre as partes da relação jurídica original, não vinculando ou criando obrigações para terceiros estranhos ao pacto. Por isso, a avença da pós-datação extracartular, embora não tenha eficácia, traz consequências jurídicas apenas para os contraentes. Com efeito, em não havendo ilicitude no ato do réu, e não constando na data de emissão do cheque a pactuação, tendo em vista o princípio da relatividade dos efeitos contratuais e os princípios inerentes aos títulos de crédito, não devem os danos ocasionados em decorrência da apresentação antecipada do cheque ser compensados pelo réu, que não tem legitimidade passiva por ser terceiro de boa-fé, mas sim pelo contraente que não observou a alegada data convencionada para apresentação da cártula" (STJ-4ª T., REsp 884.346, Min. Luis Felipe, j. 6.10.11, DJ 4.11.11).

"Ação de regresso. Cheque pós-datado. Endosso. Terceiro. Desconto antes da data combinada. A relação jurídica subjacente a emissão do cheque não pode ser oponível ao endossatário que se presume terceiro de boa-fé, ao tomar a cártula por meio do endosso, ressalvada a possibilidade de confirmação da má-fé por parte deste" (STJ-3ª T., REsp 1.169.414, Min. Sidnei Beneti, j. 4.10.11, DJ 13.10.11).

V. tb. LCh 32, nota 3.

Súmula 387 do STJ: "É lícita a cumulação das indenizações de dano estético e dano moral". V. nota 2b.

Súmula 388 do STJ: "A simples devolução indevida de cheque caracteriza dano moral".

Assim, se havia dinheiro em conta e o cheque é devolvido por suposta e equivocada falta de fundos, há dano moral (STJ-4ª T., REsp 296.929, Min. Ruy Rosado, j. 22.3.01, DJU 7.5.01; STJ-3ª T., REsp 434.518, Min. Castro Filho, j. 26.6.03, DJU 12.8.03; Bol. AASP 2.390/3.255). No mesmo sentido, em caso no qual o banco devolve indevidamente o cheque por ter deixado de creditar quantia anteriormente depositada na conta do correntista ou permitido saques ilícitos dessa conta: RF 395/455, JTJ 314/210 (AP 7.040.925-1).

"É devida pela instituição financeira indenização por danos morais em decorrência de devolução de cheque por insuficiência de fundos quando, na realidade, essa devolução deveria ter se dado por divergência de assinatura" (STJ-4ª T., AI 1.136.573-AgRg, Min. João Otávio, j. 6.4.10, DJ 19.4.10).

"Cheque. Prazo de apresentação. Devolução de cheque prescrito por falta de fundos. Motivo indevido. Inscrição em cadastro de inadimplentes. Dano moral configurado. A devolução por motivo indevido ganhou publicidade com a inclusão do nome do consumidor no Cadastro de Emitentes de Cheques sem Fundo — CCF, gerando direito à indenização por danos morais" (STJ-3ª T., REsp 1.297.353, Min. Sidnei Beneti, j. 16.10.12, DJ 19.10.12).

Súmula 624 do STJ: "É possível cumular a indenização do dano moral com a reparação econômica da Lei n. 10.559/2002 (Lei da Anistia Política)".

Súmula 642 do STJ: "O direito à indenização por danos morais transmite-se com o falecimento do titular, possuindo os **herdeiros** da vítima **legitimidade** ativa para ajuizar ou prosseguir a ação indenizatória".

Art. 186: 2a. Para que se imponha o dever de indenizar o dano moral:

— não é necessário que também tenha havido dano material (RSTJ 106/227);

— não é necessária a prática de crime, bastando a verificação da ocorrência do dano pela atuação do réu (STJ-RF 358/237).

Ainda: "Mero receio ou dissabor não pode ser alçado ao patamar do dano moral, mas somente aquela agressão que exacerba a naturalidade dos fatos da vida, causando fundadas aflições ou angústias" (RSTJ 150/382).

Enunciado 159 do CEJ: "O dano moral, assim compreendido todo o dano extrapatrimonial, não se caracteriza quando há mero aborrecimento inerente a prejuízo material".

Art. 186: 2b. O **dano estético** consiste em aleijão ou deformidade do corpo humano. De acordo com a jurisprudência, "os danos estéticos devem ser indenizados independentemente do ressarcimento dos danos morais, sempre que tiverem causa autônoma" (STJ-3ª T., REsp 251.719, Min. Ari Pargendler, j. 25.10.05, DJU 2.5.06). No mesmo sentido: STJ-4ª T., REsp 457.312, Min. Ruy Rosado, j. 19.11.02, DJU 16.12.02.

"É cabível a cumulação dos danos morais com danos estéticos quando, ainda que decorrentes do mesmo fato, são passíveis de identificação em separado" (STJ-4ª T., REsp 816.568, Min. João Otávio, j. 12.2.08, DJU 25.2.08). No mesmo sentido: STJ-1ª T., REsp 910.794, Min. Denise Arruda, j. 21.10.08, DJ 4.12.08.

"Desde que a origem não seja a mesma, é possível a cumulação de pedidos de indenizações por danos morais e estéticos" (RT 873/331: TJSC, AP 2005.023085-9).

Admitindo a indenização, separadamente, dos danos morais e dos danos estéticos oriundos do mesmo fato: STJ-3ª T., REsp 899.869, Min. Gomes de Barros, j. 13.2.07, DJU 26.3.07.

"Entende-se configurado também o dano estético da vítima, além do já arbitrado dano moral, na medida em que, em virtude de queda de trem da companhia recorrida, que trafegava de portas abertas, ficou ela acometida de 'tetraparesia espástica', a qual consiste em lesão medular incompleta, com perda parcial dos movimentos e atrofia dos membros superiores e inferiores. Portanto, entende-se caracterizada deformidade física em seus membros, capaz de ensejar também prejuízo de ordem estética" (STJ-4ª T., REsp 812.506, Min. Raul Araújo, j. 19.4.12, DJ 27.4.12).

Admitindo a cumulação das indenizações por danos estéticos e morais: RT 889/257 (TJSP, AP 417.906.4/5-00).

V. **Súmula 387 do STJ,** na nota 2.

Contra: "O dano moral e o dano estético não se cumulam, porque ou o dano estético importa em dano material ou está compreendido no dano moral" (ETAB, 9ª conclusão, unânime).

S/ caracterização do dano estético, v. art. 949, nota 1a.

Art. 186: 2c. "É devida, no caso, aos genitores e irmãos da vítima, indenização por **dano moral por ricochete** ou *préjudice d'affection*, eis que, ligados à vítima por laços afetivos, próximos e comprovadamente atingidos pela repercussão dos efeitos do evento danoso na esfera pessoal" (STJ-3ª T., REsp 876.448, Min. Sidnei Beneti, j. 17.6.10, DJ 21.9.10). Também reconhecendo a legitimidade *ad causam* dos irmãos nessas circunstâncias: STJ-4ª T., REsp 1.734.536, Min. Luis Felipe, j. 6.8.19, DJ 24.9.19.

"Resultando para os pais, de quem sofreu graves lesões, consideráveis padecimentos morais, têm direito a reparação. Isso não se exclui em razão de o ofendido também pleitear indenização a esse título" (STJ-3ª T., REsp 122.573, Min. Eduardo Ribeiro, j. 23.6.98, DJ 18.12.98).

Afirmando a legitimidade dos avós para postular indenização fundada em dano moral por ricochete: STJ-4ª T., REsp 1.734.536, Min. Luis Felipe, j. 6.8.19, maioria, DJ 24.9.19.

"Não obstante a compensação por dano moral ser devida, em regra, apenas ao próprio ofendido, tanto a doutrina quanto a jurisprudência têm admitido a possibilidade dos parentes do ofendido e a esse ligados afetivamente, postularem, conjuntamente com a vítima, compensação pelo prejuízo experimentado, conquanto sejam atingidos de forma indireta pelo ato lesivo. Trata-se de hipótese de **danos morais reflexos**, ou seja, embora o ato tenha sido praticado diretamente contra determinada pessoa, seus efeitos acabam por atingir, indiretamente, a integridade moral de terceiros. É o chamado dano moral por ricochete, cuja reparação constitui direito personalíssimo e autônomo dos referidos autores. No caso em apreço, não pairam dúvidas de que a esposa e o filho foram moralmente abalados com o acidente que vitimou seu esposo e pai, atualmente sobrevivendo em estado vegetativo, preso em uma cama, devendo se alimentar por sonda, respirando por traqueostomia e em estado permanente de tetraplegia, sendo que a esposa jamais poderá dividir com o marido as vicissitudes da vida cotidiana de seu filho, ou a relação marital que se esvazia, ou ainda, o filho que não será levado pelo pai ao colégio, ao jogo de futebol, ou até mesmo a colar as figurinhas da Copa do Mundo" (STJ-1ª T., REsp 1.212.322-AgRg, Min. Napoleão Maia Filho, j. 3.6.14, DJ 10.6.14).

"Ação de indenização por dano moral puro. Divulgação de notícia em programa de televisão. Matéria jornalística de cunho ofensivo à vítima direta. Dano moral reflexo. Possibilidade. O dano moral indireto ou reflexo é aquele que, tendo-se originado de um ato lesivo ao direito personalíssimo de determinada pessoa (dano direto), não se esgota na ofensa à própria vítima direta, atingindo, de forma mediata, direito personalíssimo de terceiro, em razão de seu vínculo afetivo estreito com aquele diretamente atingido. Mesmo em se tratando de dano moral puro, sem nenhum reflexo de natureza patrimonial, é possível reconhecer que, no núcleo familiar formado por pai, mãe e filhos, o sentimento de unidade que permeia tais relações faz presumir que a agressão moral perpetrada diretamente contra um deles repercutirá intimamente nos demais, atingindo-os em sua própria esfera íntima ao provocar-lhes dor e angústia decorrentes da exposição negativa, humilhante e vexatória imposta, direta ou indiretamente, a todos" (STJ-4ª T., REsp 1.119.632, Min. Raul Araújo, j. 15.8.17, DJ 12.9.17).

"Responsabilidade civil. Plano de saúde. Negativa de cobertura. Dano moral. Falecimento do genitor. Compensação com o valor arbitrado à título de condenação por dano moral em ação proposta pelo genitor. Impossibilidade. Dano moral. Prejuízo de afeição. Parcelas individuais para cada vítima por ricochete" (STJ-3ª T., REsp 1.660.189-AgInt, Min. Paulo Sanseverino, j. 26.9.17, DJ 10.10.17). "Responsabilidade civil do Estado. Dano por morte. Direito autônomo do espólio. Cumulação com danos por ricochete (reflexos) dos familiares. Possibilidade" (STJ-2ª T., Ag em REsp 2.065.911, Min. Og Fernandes, j. 16.8.22, DJ 6.9.22).

"São presumíveis a dor e os irreparáveis danos psicológicos causados à autora, decorrentes do fato de seu marido ter perdido a função da visão de um dos olhos, vez que se trata de lesão gravíssima, com sequela permanente (aleijão), sofrida por pessoa jovem e com a qual a autora guarda estreitos laços de convivência e afeição. Presumível, da mesma forma, o dano moral sofrido pela autora em face de seu pai ter perdido partes do tecido de constituição da face que, certamente, deixaram-lhe com inúmeras e visíveis cicatrizes na face. Dano moral reflexo, ou seja, aquele que surge quando a ofensa moral ultrapassa e transcende a pessoa do ofendido, atingindo reflexamente os membros da família, configurado. Indenizatória procedente" (JTJ 319/193: AP 7.115.474-2).

Art. 186: 2d. Doente mental tem direito à indenização por dano moral (RT 879/252: TJSP, AP 568.875-4/0-00).

Art. 186: 3. "O **nascituro** também tem direito aos danos morais pela morte do pai, mas a circunstância de não tê-lo conhecido em vida tem influência na fixação do *quantum*" (RSTJ 161/395 e STJ-RT 803/193: 4ª T., REsp 399.028). No sentido de que a indenização para o nascituro não deve ser fixada em patamar inferior ao dos demais filhos, já nascidos por ocasião da morte do pai: STJ-3ª T., REsp 931.556, Min. Nancy Andrighi, j. 17.6.08, DJ 5.8.08. **Todavia:** "Não são todas as situações jurídicas a que submetidas o concebido que ensejarão o dever de reparação, senão aquelas das quais decorram consequências funestas à saúde do nascituro ou suprimam-no do convívio de seus pais ante a morte destes. Na hipótese dos autos, o fato que teria ocasionado danos morais àquela que era nascituro à época dos fatos, seria o resultado equivocado do exame de ultrassonografia com translucência nucal, que indicou ser ela portadora de 'Síndrome de Down'. Contudo, segundo a moldura fática delineada pela Corte *a quo*, a genitora, no dia seguinte ao recebimento do resultado equivocado, submeteu-se, novamente, ao mesmo exame, cujo diagnóstico mostrou-se diverso, isto é, descartou a sobredita patologia. Não se ignora o abalo psíquico que os pais suportaram em virtude de tal equívoco, dano, contudo, que não se pode estender ao nascituro" (STJ-4ª T., REsp 1.170.239, Min. Marco Buzzi, j. 21.5.13, DJ 28.8.13).

Concedendo indenização por danos morais em favor de **recém-nascido**: STJ-1ª T., REsp 910.794, Min. Denise Arruda, j. 21.10.08, DJ 4.12.08; STJ-3ª T., REsp 1.291.247, Min. Paulo Sanseverino, j. 19.8.14, maioria, DJ 1.10.14.

Concedendo indenização por danos morais em favor de **criança** com 3 anos de idade: "As crianças, mesmo da mais tenra idade, fazem jus à proteção irrestrita dos direitos da personalidade, entre os quais se inclui o direito à integridade mental, assegurada a indenização pelo dano moral decorrente de sua violação, nos termos dos arts. 5º, X, *in fine*, da CF e 12, *caput*, do CC/02. Ainda que tenha uma percepção diferente do mundo e uma maneira peculiar de se expressar, a criança não permanece alheia à realidade que a cerca, estando igualmente sujeita a sentimentos como o medo, a aflição e a angústia. Na hipótese específica dos autos, não cabe dúvida de que a recorrente, então com apenas três anos de idade, foi submetida a elevada carga emocional. Mesmo sem noção exata do que se passava, é certo que percebeu e compartilhou da agonia de sua mãe tentando, por diversas vezes, sem êxito, conseguir que sua filha fosse atendida por clínica credenciada ao seu plano de saúde, que reiteradas vezes se recusou a realizar os exames que ofereceriam um diagnóstico preciso da doença que acometia a criança" (STJ-RT 897/179: 3ª T., REsp 1.037.759).

Art. 186: 3a. O dano moral e sua indenização são afetados pelo **tempo transcorrido entre o evento danoso e o ingresso em juízo** voltado à sua reparação?

Não: "Tal demora não é suficiente para que haja uma diminuição no *quantum* indenizatório" (STJ-1ª T., REsp 526.299, Min. Francisco Falcão, j. 18.11.04, DJU 17.12.04; nota: esse acórdão foi cassado nos subsequentes embargos de divergência). No mesmo sentido: "Impossível admitir-se a redução do valor fixado a título de compensação por danos morais por ter o ofendido demorado a propor a ação respectiva, porquanto o fundamento da compensação é a existência de um sofrimento impossível de ser quantificado com precisão, seja no dia do evento, seja anos depois" (STJ-3ª T., REsp 663.196, Min. Nancy Andrighi, j. 14.12.04, DJU 21.3.05). "A demora de menos de dois anos para o ajuizamento da ação não possui qualquer relevância para fixação da indenização por dano moral. Em realidade, é de todo recomendável que a ação não seja ajuizada tão logo o cidadão se sinta lesado, buscando primeiro as vias extrajudiciais de solução e prevenção de conflitos, como ocorreu no caso, em que a autora pretendeu, sem sucesso, a composição amigável junto à administração da empresa ré" (STJ-4ª T., REsp 970.322, Min. Luis Felipe, j. 9.3.10, DJ 19.3.10).

Sim, no sentido de que a **indenização deve ser reduzida** nessas circunstâncias: "A demora na busca da reparação do dano moral é fator influente na fixação do *quantum* indenizatório" (STJ-Corte Especial, ED no REsp 526.299, Min. Hamilton Carvalhido, j. 3.12.08, DJ 5.2.09).

Sim, no sentido de que **o próprio direito à indenização fica prejudicado** nesses casos: "Ainda que se pudesse admitir ter havido no passado uma afetação moral, tal não é indenizável quando a parte deixa transcorrer largo lapso temporal (mais de 15 anos) para o ajuizamento da demanda, a denotar não se ressentir com os efeitos das ações ilícitas" (RJTJERGS 249/328).

Art. 186: 3b. De acordo com a jurisprudência, **configura dano moral:**

— a **morte de filho** (RSTJ 133/327; STJ-2ª T., REsp 214.838, Min. Peçanha Martins, j. 27.11.01, DJU 11.3.02).

"O estreito vínculo existente entre genitora e filho, aos olhos do senso comum, faz presumir, independentemente da distância física então existente entre os domicílios de ambos (Japão e Brasil), que o falecimento do segundo tenha causado dor, angústia e sofrimento à mãe autora, suscetíveis de amparar a condenação dos réus, a título de dano moral, pela morte decorrente de atropelamento em rodovia. Possível, excepcionalmente, o desaparecimento dos laços afetivos, por desavenças familiares, inveja, ciúme, interesses materiais, falhas de caráter e de solidariedade, e outros mais, situações, porém, que exigem, elas sim, comprovação concreta e específica, não o oposto, como sufraga a tese divergente com base em mero afastamento físico da autora e o *de cujus*" (STJ-4ª T., REsp 297.888, Min. Aldir Passarinho Jr., j. 25.9.01, DJ 4.2.02).

"Ainda que o pai tenha abandonado o filho vitimado, quando este ainda estava em tenra idade, é certo que sofreu uma dor (psicológica e espiritual), sobretudo porque o lesante não provou a inexistência do dano moral" (RT 863/307);

— a **morte de cônjuge ou de pai,** sendo dispensável a prova da dor, "por corresponder ao que, em regra, acontece" (STJ-3ª T.: RSTJ 133/251). No mesmo sentido: RSTJ 109/239; STJ-4ª T., REsp 256.327, Min. Aldir Passarinho Jr., j. 21.6.01, DJU 4.3.02; JTJ 315/220 (AP 908.370-0/3). **Todavia,** afasta-se a presunção da dor "em relação ao cônjuge que era separado de fato do *de cujus*, habitava em endereço distinto, levando a acreditar que tanto um como outro buscavam a reconstituição de suas vidas individualmente, desfeitos os laços afetivos que antes os uniam" (STJ-4ª T., REsp 647.562, Min. Aldir Passarinho Jr., j. 7.12.06, DJU 12.2.07);

— a **morte de neto:** "Os **avós** são legitimados à propositura de ação de reparação por dano moral decorrente da morte da neta. A reparação nesses casos decorre de dano individual e particularmente sofrido por cada membro da família ligado imediatamente ao fato (art. 403 do Código Civil)" (STJ-2ª T., REsp 1.101.213, Min. Castro Meira, j. 2.4.09, DJ 27.4.09);

— "**morte de parente** próximo (ascendente, descendente e colateral em segundo grau), independentemente de prova de dependência econômica" (STJ-3ª T., REsp 331.333, Min. Gomes de Barros, j. 14.2.06, DJU 13.3.06). "Os irmãos têm direito à reparação do dano moral sofrido com a morte de outro irmão, haja vista que o falecimento da vítima provoca dores, sofrimentos e traumas aos familiares próximos, sendo irrelevante qualquer relação de dependência econômica entre eles" (STJ-4ª T., AI 678.435-EDcl-AgRg, Min. Jorge Scartezzini, j. 15.8.06, DJU 11.9.06). "Se ordinariamente o que se verifica nas relações entre irmãos é o sentimento mútuo de amor e afeto, pode-se presumir, de modo relativo, que a demonstração do vínculo familiar traz ínsita a existência do laço afetivo. Como corolário, será de igual forma presumível que a morte de um acarrete no irmão supérstite dor, sofrimento, angústia etc. Assim sendo, se a relação familiar que interliga irmãos é presumidamente estreita no tocante ao vínculo de afeto e amor e se, igualmente, desse laço se origina, com a morte de um, a dor, o sofrimento, a angústia etc. nos irmãos supérstites, não é razoável exigir destes prova cabal acerca do vínculo afetivo para efeito de comprovação do dano alegado. Na espécie, portanto, não é atribuível às irmãs postulantes o ônus de provar a existência de anterior laço afetivo com a vítima, porque esse vínculo é presumido. Basta a estas, no desiderato de serem compensadas pelo dano moral sofrido, comprovar a existência do laço familiar para, assim, considerar-se demonstrado o fato constitutivo do direito alegado (art. 333, inc. I, do CPC)" (STJ-3ª T., REsp 1.405.456, Min. Nancy Andrighi, j. 3.6.14, DJ 18.6.14). **Todavia,** exigindo, em matéria de falecimento de irmão, "demonstração de que vieram a sofrer intimamente com o trágico acontecimento", mas presumindo esse fato, no caso, por "se tratar de menores de tenra idade, que viviam sob o mesmo teto": STJ-4ª T., REsp 160.125, Min. Sálvio de Figueiredo, j. 23.3.99, DJU 24.5.99. "A indenização por danos morais em caso de morte de irmão depende da prova do vínculo afetivo entre aquele que pleiteia a indenização e a vítima, para presumir a dor gerada pela perda do convívio familiar" (STJ-3ª T., REsp 1.105.126-AgRg, Min. Sidnei Beneti, j. 28.4.09, DJ 14.5.09). "No âmbito de um círculo familiar mais amplo, como aquele em que se inserem os tios, os sobrinhos, os primos e, em certos casos, até mesmo os irmãos, é impossível presumir a ocorrência do dano moral em razão tão só da morte do parente" (RT 826/265).

"O sofrimento pela morte de parente é disseminado pelo núcleo familiar, como em força centrífuga, atingindo cada um dos membros, em gradações diversas, o que deve ser levado em conta pelo magistrado para fins de arbitramento do valor da reparação do dano moral. Ainda que a filha da vítima deduza pretensão em juízo, a mãe também é parte legítima. A reparação nesse caso decorre de dano individual e particularmente sofrido por cada membro da família" (STJ-2ª T., REsp 1.121.800, Min. Castro Meira, j. 18.11.10, DJ 1.12.10).

"Consoante a ordem de vocação hereditária, os ascendentes somente têm seus direitos sucessórios reconhecidos na hipótese de inexistência de descendentes (art. 1.829 do CC), o que poderia levar à ideia de sua ilegitimidade ativa *ad causam* para a demanda que visa à percepção de indenização por danos morais em razão do óbito de filho com família constituída. Não obstante a formação de um novo grupo familiar com o casamento e a concepção de filhos, o poderoso laço afetivo que une mãe e filho não se extingue, de modo que o que se observa é a coexistência de dois núcleos familiares, em que o filho é seu elemento interseccional, sendo correto afirmar que os ascendentes e sua prole integram um núcleo familiar inextinguível para fins de demanda indenizatória por morte. Assim, tem-se um núcleo familiar em sentido estrito, constituído pela família imediata formada com a contração do matrimônio, e um núcleo familiar em sentido amplo, de que fazem parte os ascendentes e seu filho, o qual desponta como elemento comum e agregador dessas células familiares. Nessa linha de intelecção, os ascendentes têm legitimidade para a demanda indenizatória por morte da sua prole ainda quando esta já tenha constituído o seu grupo familiar imediato, o que deve ser balizado apenas pelo valor global da indenização devida, ou seja, pela limitação quantitativa da indenização. No caso concreto, constata-se que o falecido era casado e deixou descendentes que receberam extrajudicialmente, a título de compensação por danos morais, o valor de R$ 100.000,00, o qual, diga-se de passagem, mostra-se deveras inferior ao que normalmente é concedido em Juízo, apontando para a existência de um valor residual apto a compensar a recorrente pelos danos morais sofridos com o falecimento de seu filho" (STJ-4ª T., REsp 1.095.762, Min. Luis Felipe, j. 21.2.13, DJ 11.3.13).

"Os irmãos podem pleitear indenização por danos morais em razão do falecimento de outro irmão, sendo irrelevante a existência de acordo celebrado com os genitores, viúva e filhos da vítima que os ressarciram pelo mesmo evento. A questão não é sucessória, mas obrigacional, pois a legitimidade ativa não está restrita ao cônjuge, ascendentes e descendentes, mas a todos aqueles atingidos pelo sofrimento da perda do ente querido, desde que afirmem fatos que possibilitem esse direito" (STJ-3ª T., REsp 1.291.702, Min. Nancy Andrighi, j. 22.11.11, DJ 30.11.11).

"Indenização. Dano extrapatrimonial. Ação ajuizada por tios da vítima, que moravam na mesma residência. Viabilidade. Tios inseridos intimamente no núcleo familiar. Profundo sofrimento com a morte trágica da sobrinha. Pertinência subjetiva para a ação" (RT 929/928: TJSP, AP 0136273-40.2010.8.26.0000).

V. tb. nota 8;

— "Ruptura de união estável em situação em que o companheiro contagia a companheira com **doenças sexualmente transmissíveis** (sífilis e clamídia), as quais contraiu em contato com prostituta. Dever de indenizar por caracterizar lesão a direito de personalidade (integridade física) com dano moral que existe *in re ipsa*" (RMDCPC 25/133: TJSP, AP 568.949-4/8-00).

"Transmissão do vírus HIV. Companheiro que infectou a parceira na constância da união estável. Caracterização da culpa. Ocorrência. Indenização por danos materiais e danos morais" (STJ-4ª T., REsp 1.760.943, Min. Luis Felipe, j. 19.3.19, DJ 6.5.19);

— "O **desconhecimento** do fato de **não ser o pai biológico** dos filhos gerados durante o casamento atinge a honra subjetiva do cônjuge, justificando a reparação pelos danos morais suportados" (STJ-RBDFS 1/84: 3ª T., REsp 742.137);

— "O produto **defeituoso** é um **anticoncepcional,** cuja finalidade é proporcionar à mulher uma escolha quanto ao momento de ter filhos. Nesse contexto, a falha do remédio frustra tal opção, e nisso reside a necessidade de compensação pelos danos morais" (STJ-3ª T., REsp 918.257, Min. Nancy Andrighi, j. 3.5.07, maioria, DJU 23.11.07);

— o **"diagnóstico inexato** fornecido por laboratório radiológico levando a paciente a sofrimento que poderia ter sido evitado" (STJ-3ª T., REsp 594.962, Min. Pádua Ribeiro, j. 9.11.04, DJU 17.12.04). No mesmo sentido: STJ-4ª T., REsp 401.592, Min. Ruy Rosado, j. 16.5.02, DJU 2.9.02; RT 861/340, RF 377/345 (acórdão relatado pelo Des. Sergio Cavalieri), 396/436 (TJRS, AP 70020533717), JTJ 327/412 (AP 484.024.4/5-00), RJTJERGS 250-251/205. **Contra,** negando a ocorrência de danos morais em caso no qual "o menor já se encontrava medicado": JTJ 301/214;

— defeito na coleta de **células embrionárias** (v. CDC 14, nota 3a);

— o **erro médico,** tal como o esquecimento de agulha no abdômen (RIDCPC 43/153);

— "a conduta do **hospital**, atualmente tipificada como crime, que **exige cheque caução** para o **atendimento** emergencial de familiar, pois evidenciada a situação de vulnerabilidade do consumidor, que teve sua manifestação de vontade submetida a coação psicológica" (STJ-4ª T., Ag em REsp 1.498.998-AgInt, Min. Raul Araújo, j. 10.9.19, DJ 2.10.19);

— "a **recusa indevida à cobertura** pleiteada pelo segurado contratante de **seguro-saúde**, pois agrava a sua situação de aflição psicológica e de angústia no espírito" (STJ-3ª T., REsp 657.717, Min. Nancy Andrighi, j. 23.11.05, DJU 12.12.05). No mesmo sentido: STJ-4ª T., REsp 714.947, Min. Cesar Rocha, j. 28.3.06, DJU 29.5.06; RT 845/242, 851/353, 862/218, 869/301, 880/276 (TJRS, AP 70022024418), JTJ 288/184. "Essa modalidade de dano moral subsiste mesmo nos casos em que a recusa envolve apenas a realização de exames de rotina, na medida em que procura por serviços médicos — aí compreendidos exames clínicos — ainda que desprovida de urgência, está sempre cercada de alguma apreensão. Mesmo consultas de rotina causam aflição, fragilizando o estado de espírito do paciente, ansioso por saber da sua saúde" (STJ-3ª T., REsp 1.201.736, Min. Nancy Andrighi, j. 2.8.12, DJ 10.8.12). "O deferimento de tutela de urgência de caráter satisfativo não possui o condão de afastar o dano moral *in re ipsa* decorrente da recusa injustificada de fornecimento de medicamento necessário ao tratamento de moléstia grave que acomete pessoa idosa" (STJ-4ª T., Ag em REsp 1.437.144-AgInt, Min. Luis Felipe, j. 24.9.19, DJ 30.9.19). **Todavia:** "É possível afastar a presunção de dano moral na hipótese em que a recusa de cobertura pelo plano de saúde decorre de dúvida razoável na interpretação de cláusula contratual" (STJ-3ª T., Ag em REsp 846.940-AgRg, Min. Ricardo Cueva, j. 23.6.16, DJ 1.8.16). "Embora a jurisprudência tenha posteriormente se consolidado no sentido da invalidade de cláusula que exclua a cobertura de *stent*, no caso em exame, a circunstância de o contrato não ter sido adaptado à Lei 9.656/98 emprestava, na época em que ocorridos os fatos, relevância à discussão travada pelo réu, tese acolhida pelo relator originário da apelação" (STJ-4ª T., REsp 1.457.475-AgRg, Min. Isabel Gallotti, j. 16.9.14, DJ 24.9.14). "Na hipótese, o procedimento cirúrgico foi realizado sem qualquer empecilho por parte da operadora de plano de saúde, sendo que o autor somente tomou conhecimento da negativa de cobertura dos *stents* utilizados quando teve alta hospitalar. Dessa forma, conquanto tenha sido reconhecida pelas instâncias ordinárias a abusividade na respectiva negativa de cobertura do procedimento, tal fato não comprometeu a saúde do recorrente, tampouco acarretou atrasos ou embaraços em seu tratamento, o que afasta a ocorrência de dano moral" (STJ-3ª T., REsp 1.800.758, Min. Marco Bellizze, j. 7.5.19, DJ 10.5.19). Também negando a ocorrência de dano moral: RT 863/236 (do voto do relator: "a conduta da requerida baseou-se em exclusão contratual e continha argumentos plausíveis em sua fundamentação"), JTJ 293/78, 304/133, RJM 172/180.

Em síntese: "Em relação aos litígios no campo da saúde suplementar, a conduta ilícita da operadora de plano de saúde, consubstanciada na negativa de cobertura de procedimentos previstos contratualmente, pode produzir danos morais ao beneficiário quando houver agravamento de sua condição de dor, de abalo psicológico e com prejuízos à saúde já debilitada. A agutização de teses extremas — seja pelo afastamento genérico, seja pelo reconhecimento automático do dano moral — não encontra espaço dentro da noção de um processo judicial de resultados justos, cujo objetivo sempre renovado é encontrar a sensível e adequada pacificação do conflito de direito material trazido ao Poder Judiciário. A adoção irrefletida de qualquer dos pontos, sem a devida articulação com as particularidades que individualizam as demandas judiciais, produz resultados inaceitavelmente injustos, quer por confiscar o direito legítimo à compensação das vítimas de verdadeira situação de abalo moral, quer por acolher dissimulações que em verdade quando muito se exaurem na esfera patrimonial sem ao menos triscar na sensibilidade do beneficiário de plano de saúde. Na hipótese concreta, deve ser reconhecido o direito à compensação por danos morais, pois a negativa de cobertura de cirurgia bariátrica agravou o quadro clínico da beneficiária do plano de saúde, conforme reconhecido concretamente pela origem" (STJ-3ª T., REsp 1.746.789, Min. Nancy Andrighi, j. 14.8.18, DJ 17.8.18). Caso em que se negou a ocorrência de dano moral: "Na hipótese concreta, primeiro e segundo graus de jurisdição registraram que a negativa de cobertura não produziu piora no estado de saúde da beneficiária do plano de saúde, e nenhum dano que ultrapasse o dissabor cotidiano" (STJ-3ª T., REsp 1.684.257, Min. Nancy Andrighi, j. 14.8.18, DJ 17.8.18);

— a **negativa na aceitação** de um consumidor por ocasião da **contratação de seguro de vida** (v. CDC 39, nota 4a);

"Aquisição de **alimento** (pacote de arroz) **com corpo estranho** (conglomerado de fungos, insetos e ácaros) em seu interior. Exposição do consumidor a risco concreto de lesão à sua saúde e incolumidade física e psíquica. Fato do produto. Insegurança alimentar. É **irrelevante**, para fins de caracterização do dano moral, **a** efetiva **ingestão** do corpo estranho pelo consumidor, haja vista que, invariavelmente, estará presente a potencialidade lesiva decorrente da aquisição do produto contaminado. Essa distinção entre as hipóteses de ingestão ou não do alimento insalubre pelo consumidor, bem como da deglutição do próprio corpo estranho, para além da hipótese de efetivo comprometimento de sua saúde, é de inegável relevância no momento da quantificação da indenização, não surtindo efeitos, todavia, no que tange à caracterização, *a priori*, do dano moral" (STJ-2ª Seção, REsp 1.899.304, Min. Nancy Andrighi, j. 25.8.21, maioria, DJ 4.10.21). Em sentido semelhante: RT 899/216 (TJSP, AP 994.09.285.304-5, maioria), RF 397/535 (TJRS, AP 70023003627, maioria), JTJ 343/546 (AP 658.788-4/3-00). **Todavia:** "A simples aquisição de bolachas do tipo 'água e sal', em pacote no qual uma delas se encontrava com objeto metálico que a tornava imprópria para o consumo, sem que houvesse ingestão do produto, não acarreta dano moral apto a ensejar reparação" (STJ-4ª T., REsp 1.131.139, Min. Luis Felipe, j. 16.11.10, DJ 1.12.10). "Não há dano moral na hipótese de aquisição de gênero alimentício com corpo estranho no interior da embalagem se não ocorre a ingestão do produto, considerado impróprio para consumo, visto que referida situação não configura desrespeito à dignidade da pessoa humana, desprezo à saúde pública ou mesmo descaso para com a segurança alimentar" (STJ-3ª T., REsp 1.537.730-AgRg, Min. João Otávio, j. 15.3.16, DJ 28.3.16).

"Quebra de restaurações nos dentes em decorrência de corpo estranho existente em biscoito *waffle*. Existência de danos morais. Quebra das restaurações nos dentes atingiu patamar de dano moral indenizável, a ser fixado com moderação" (JTJ 323/465: AP 482.531.4/4-00).

Afirmando a ocorrência de dano moral no caso da existência de **animal ou resquício seu em alimento** adquirido pelo consumidor: RT 861/228, 863/267, 870/218, JTJ 300/136. "Aquisição de pacote de macarrão com corpo estranho (inseto) em seu interior. Ausência de ingestão. Exposição do consumidor a risco concreto de lesão à sua saúde e segurança. Fato do produto. Existência de dano moral. Na hipótese dos autos, a simples comercialização de produto contendo corpo estranho possui as mesmas consequências negativas à saúde e à integridade física do consumidor que sua ingestão propriamente dita" (STJ-3ª T., REsp 1.830.103, Min. Nancy Andrighi, j. 4.8.20, DJ 7.8.20). **Todavia:** "A simples aquisição de refrigerante contendo inseto em seu interior, sem que seu conteúdo tenha sido ingerido ou, ao menos, que a embalagem tenha sido aberta, não é fato capaz de, por si só, provocar dano moral" (STJ-4ª T., REsp 747.396, Min. Fernando Gonçalves, j. 9.3.10, DJ 22.3.10). No mesmo sentido: STJ-3ª T., REsp 1.395.647, Min. Ricardo Cueva, j. 18.11.14, 3 votos a 2, DJ 19.12.14.

"Ação indenizatória a danos morais. Ingestão de refrigerante contaminado com soda cáustica. Danos morais evidentes" [RT 916/1.008: TJMG, AP 1.0079.08.447043-8/001(1)].

"Responsabilidade civil. **Produto estragado.** Impróprio para o consumo. Dano moral configurado" (JTJ 329/443: AP 477.550-4/9-00). No mesmo sentido: JTJ 331/359 (AP 479.901.4/6-00);

— a **incapacidade para o trabalho** desencadeada por doença profissional, mais especificamente por lesões por esforço repetitivo (STJ-4ª T., REsp 329.094, Min. Aldir Passarinho Jr., j. 4.4.02, DJU 17.6.02). "A incapacidade temporária em razão de lesão por esforços repetitivos traz aflições e angústias que exacerbam os fatos da naturalidade da vida, a considerar o lapso de tempo em que a pessoa deixou de movimentar os seus membros, ou utilizá-los de forma irrestrita, sofrendo limitações no seu cotidiano" (STJ-3ª T., REsp 1.005.978, Min. Massami Uyeda, j. 12.4.11, DJ 27.4.11);

— "**déficit auditivo,** causado por ambiente de trabalho ruidoso, autoriza a condenação do empregador por danos morais, ainda que não haja perda ou redução da capacidade laborativa do empregado" (STJ-3ª T., REsp 972.791, Min. Gomes de Barros, j. 24.3.08, DJU 13.5.08);

— a **demissão** motivada, implicitamente, pelo fato de a empregada ser portadora do vírus HIV (STJ-3ª T., REsp 1.049.189, Min. Nancy Andrighi, j. 21.8.08, DJ 5.9.08);

— o **assédio moral no ambiente de trabalho** (RJTJERGS 269/251: AP 70021081609; 274/359: AP 70024192254). **Todavia:** "O assédio moral está vinculado ao abuso ou desvio de poder de autoridade superior ou de empregador para expor o empregado ou servidor em nítida e repetida exposição ao ridículo, objetivando humilhá-lo ou vexá-lo no exercício de suas atribuições funcionais. Não configuração. Remoção do servidor e imposição de novas metas de trabalho em ambiente cordial não legitima o vício do assédio moral" (JTJ 357/358: AI 990.10.363984-7);

— o **"atraso no embarque de viagem** internacional, sendo certo que o dano moral decorre da demora ou dos transtornos suportados pelo passageiro e da negligência da empresa" (RSTJ 137/352). "Inobstante a infraestrutura dos modernos aeroportos ou a disponibilização de hotéis e transporte adequados, tal não se revela suficiente para elidir o dano moral quando o atraso no voo se configura excessivo, a gerar pesado desconforto e aflição ao passageiro, extrapolando a situação de mera vicissitude, plenamente suportável" (STJ-4ª T., REsp 732.982, Min. Aldir Passarinho Jr., j. 20.6.06, DJU 19.3.07). "A postergação da viagem superior a quatro horas constitui falha no serviço de transporte aéreo contratado e gera o direito à devida assistência material e informacional ao consumidor lesado, independentemente da causa originária do atraso. O dano moral decorrente de atraso de voo prescinde de prova e a responsabilidade de seu causador opera-se *in re ipsa*" (STJ-3ª T., REsp 1.280.372, Min. Ricardo Cueva, j. 7.10.14, DJ 10.10.14). No mesmo sentido: RT 904/316 (TJGO, AP 146955-0/188), 937/846 (TJPB, AP 200.2009.046870-9/001). **Todavia:** "No caso, ocorreu dissabor que não rende ensejo à reparação por dano moral, decorrente de mero atraso de voo, sem maiores consequências, de menos de oito horas — que não é considerado significativo —, havendo a companhia aérea oferecido alternativas razoáveis para a resolução do impasse" (STJ-4ª T., REsp 1.269.246-AgRg, Min. Luis Felipe, j. 20.5.14, DJ 27.5.14). "Na específica hipótese de atraso de voo operado por companhia aérea, não se vislumbra que o dano moral possa ser presumido em decorrência da mera demora e eventual desconforto, aflição e transtornos suportados pelo passageiro. Isso porque vários outros fatores devem ser considerados a fim de que se possa investigar acerca da real ocorrência do dano moral, exigindo-se, por conseguinte, a prova, por parte do passageiro, da lesão extrapatrimonial sofrida. Sem dúvida, as circunstâncias que envolvem o caso concreto servirão de baliza para a possível comprovação e a consequente constatação da ocorrência do dano moral. A exemplo, pode-se citar particularidades a serem observadas: i) a averiguação acerca do tempo que se levou para a solução do problema, isto é, a real duração do atraso; ii) se a companhia aérea ofertou alternativas para melhor atender aos passageiros; iii) se foram prestadas a tempo e modo informações claras e precisas por parte da companhia aérea a fim de amenizar os desconfortos inerentes à ocasião; iv) se foi oferecido suporte material (alimentação, hospedagem etc.) quando o atraso for considerável; v) se o passageiro, devido ao atraso da aeronave, acabou por perder compromisso inadiável no destino, dentre outros. Na hipótese, não foi invocado nenhum fato extraordinário que tenha ofendido o âmago da personalidade do recorrente. Via de consequência, não há como se falar em abalo moral indenizável" (STJ-3ª T., REsp 1.584.465, Min. Nancy Andrighi, j. 13.11.18, DJ 21.11.18).

"A ocorrência de problema técnico é fato previsível, não caracterizando hipótese de caso fortuito ou de força maior, de modo que cabe indenização a título de dano moral pelo atraso de voo e **extravio de bagagem**". O dano decorre da demora, desconforto, aflição e dos transtornos suportados pelo passageiro, não se exigindo prova de tais fatores" (STJ-RT 869/188: 4ª T., REsp 612.817). No mesmo sentido: STJ-3ª T., AI 442.487-AgRg, Min. Gomes de Barros, j. 25.9.06, DJU 9.10.06.

"O impedimento de voo em virtude de **overbooking**, por si só, já é capaz de ensejar a reparação por danos morais" (STJ-4ª T., REsp 628.828, Min. Cesar Rocha, j. 20.4.04, DJU 4.10.04);

— o passageiro que sofre **acidente de trânsito** (v. art. 734, nota 3b);

— "Não tendo a **instituição de ensino** alertado os alunos, entre eles as recorrentes, acerca do risco (depois concretizado) de impossibilidade de registro do diploma quando da conclusão do curso, o dano moral daí decorrente pode — e deve — ser presumido. Não há como negar o sentimento de frustração e engodo daquele que, após anos de dedicação, entremeado de muito estudo, privações, despesas etc., descobre que não poderá aspirar a emprego na profissão para a qual se preparou, tampouco realizar cursos de especialização, pós-graduação, mestrado ou doutorado, nem prestar concursos públicos; tudo porque o curso oferecido pela universidade não foi chancelado pelo MEC. Some-se a isso a sensação de incerteza e temor quanto ao futuro, fruto da possibilidade de jamais ter seu diploma validado. Há de se considerar, ainda, o ambiente de desconforto e desconfiança gerados no seio social: pais, parentes, amigos, conhecidos, enfim, todos aqueles que convivem com o aluno e têm como certa a diplomação. A demora, na hipótese superior a dois anos, expõe ao ridículo o 'pseudoprofissional', que conclui o curso mas vê-se impedido de exercer qualquer atividade a ele correlata" (STJ-3ª T., REsp 631.204, Min. Nancy Andrighi, j. 25.11.08, maioria, DJ 16.6.09) "Danos materiais e morais. Contrato de prestação de serviços educacionais. Curso de Pós-graduação *stricto sensu* em Educação sem recomendação da CAPES e sem reconhecimento e registro pelo MEC" (JTJ 326/541: AP 7.144.705-7). No mesmo sentido: STJ-4ª T., REsp 1.101.664, Min. Marco Buzzi, j. 7.2.13, DJ 28.2.13; JTJ 328/408 (AP 7.125.520-2), 348/296 (AP 992.05.058048-4), 371/256 (AP 132619-21.2005.8.26.0000). **Todavia:** "Curso superior não reconhecido pelo MEC. Circunstância previamente informada aos alunos. Possibilidade de exercer a profissão com registro provisório do aluno no conselho profissional regional. Dano moral. Ausência" (STJ-3ª T., REsp 1.230.135, Min. Nancy Andrighi, j. 4.12.12, DJ 11.12.12). "Mestrado. Curso. Registro. Ausência. Consumidor. Mesmo que a entidade de ensino seja a única responsável pelo insucesso na obtenção do reconhecimento do curso, o aluno que o realiza consciente da falta de registro assume o risco de não obter a titulação, nada havendo a indenizar" (JTJ 325/654: EI 462.433-5/6-01, maioria). V. tb. **Súmula 595 do STJ,** no CDC 14, nota 5.

— **"Advogado.** Responsabilidade civil. Fraude. Alvarás judiciais. Levantamento. **Apropriação indevida.** A prática de ato ilícito por parte de advogado contra sua própria clientela, aproveitando-se da relação de confiança para causar prejuízos a quem lhe contratou na expectativa de ser representado com lealdade e boa-fé, importa em séria violação do ordenamento jurídico e dos deveres ético-sociais que regem o exercício da advocacia, a extrapolar o simples descumprimento contratual e impor o dever de reparação pelos danos materiais e morais causados" (STJ-3ª T., REsp 1.740.260, Min. Ricardo Cueva, j. 26.6.18, DJ 29.6.18);

— "Quem tem sua **casa afetada por ato ilícito** de terceiro sofre não mero incômodo, mas verdadeiro dano moral indenizável" (JTJ 334/599: AP 1.189.912-0/4; a citação é do voto do relator).

"Ação de compensação por danos morais. Acidente em obras do Rodoanel Mário Covas. Necessidade de desocupação temporária de residências. Dano moral *in re ipsa*" (STJ-3ª T., REsp 1.292.141, Min. Nancy Andrighi, j. 4.12.12, DJ 12.12.12). No mesmo sentido: STJ-4ª T., REsp 1.376.449, Min. Antonio Ferreira, j. 18.6.13, maioria, DJ 30.8.13.

"A autora, idosa de 81 anos, vendo o esforço de uma vida sendo destruído pela invasão de sua morada por dejetos de lama e água decorrentes do rompimento da barragem, tendo que deixar a sua morada às pressas, afetada pelo medo e sofrimento de não mais poder retornar (diante da iminência de novo evento similar), e pela angústia de nada poder fazer, teve ofendida sua dignidade, acarretando abalo em sua esfera moral" (STJ-4ª T., REsp 1.374.342, Min. Luis Felipe, j. 10.9.13, DJ 25.9.13);

"Condena-se ao pagamento de indenização por dano moral o responsável por apartamento de que se origina infiltração não reparada por longo tempo por desídia, provocadora de constante e intenso sofrimento psicológico ao vizinho, configurando mais do que mero transtorno ou aborrecimento" (STJ-3ª T., REsp 1.313.641, Min. Sidnei Beneti, j. 26.6.12, DJ 29.6.12);

— "A situação tratada nos autos não pode ser classificada como mero aborrecimento ou mera consequência de descumprimento contratual, dado o enorme espaço de tempo (6 meses) entre a comunicação do defeito ao supermercado recorrente e a **troca do produto,** bem como as condições pessoais da vítima e a imprescindibilidade do bem por ela adquirido (fogão), sendo devida, pois, a reparação por danos morais" (STJ-3ª T., REsp 1.002.801, Min. Massami Uyeda, j. 4.5.10, DJ 14.5.10);

— a **demora no conserto de veículo,** que trouxe como consequência o descumprimento e a rescisão de contrato de transporte, extrapolando a ideia de mero aborrecimento (STJ-3ª T., AI 667.131-AgRg, Min. Ari Pargendler, j. 17.5.07, DJU 18.6.07);

"O defeito apresentado por veículo zero-quilômetro e sanado pelo fornecedor, via de regra, se qualifica como mero dissabor, incapaz de gerar dano moral ao consumidor. Todavia, a partir do momento em que o defeito extrapola o razoável, essa situação gera sentimentos que superam o mero dissabor decorrente de um transtorno ou inconveniente corriqueiro, causando frustração, constrangimento e angústia, superando a esfera do mero dissabor para invadir a seara do efetivo abalo psicológico. Hipótese em que o automóvel adquirido era zero-quilômetro e, em apenas 6 meses de uso, apresentou mais de 15 defeitos em componentes distintos, parte dos quais ligados à segurança do veículo, ultrapassando, em muito, a expectativa nutrida pelo recorrido ao adquirir o bem" (STJ-3ª T., REsp 1.395.285, Min. Nancy Andrighi, j. 3.12.13, DJ 12.12.13). Em sentido semelhante: STJ-4ª T., Ag em REsp 385.994-AgRg, Min. Isabel Gallotti, j. 25.11.14, DJ 10.12.14;

"aquisição de veículo usado que, antes do fim do prazo de garantia, passou a apresentar falhas mecânicas. Diversas idas e vindas à oficina mecânica da concessionária apelante. Hipótese de dano moral *in re ipsa*, sendo certo que os fatos ultrapassaram, em muito, o simples inadimplemento contratual e os meros aborrecimentos da vida cotidiana" (RT 883/319: TJRJ, AP 2009.001.04185);

— a abertura defeituosa de **air bag** que causa graves lesões ao consumidor (STJ-3ª T., REsp 1.656.614, Min. Nancy Andrighi, j. 23.5.17, DJ 2.6.17). Todavia, v. nota seguinte.

— "O ajuizamento da **demanda indevida** (ação de reintegração de posse) e a **perda da posse do veículo** constituem causas suficientes para desencadear abalo emocional sério a justificar a correspondente reparação" (RT 876/210: TJSP, AP 1.056.781-0/2; a citação é do voto do relator);

— a perda de bem por **evicção**, "haja vista que **desapossado** de seu **instrumento de trabalho (caminhão)** por vício jurídico no direito transmitido. É natural presumir que eventos dessa natureza sejam capazes de abalar a honra subjetiva e a objetiva do arrendatário, razão suficiente para reconhecer a ocorrência de dano moral indenizável" (STJ-4ª T., REsp 1.133.597, Min. Luis Felipe, j. 22.10.13, DJ 28.2.14);

— a não realização de viagem prometida em programa de televisão para o vencedor de um **sorteio** (RF 394/400);

— "graves defeitos na prestação do serviço de **pacote turístico**" (STJ-4ª T., REsp 888.751, Min. Raul Araújo, j. 25.10.11, DJ 27.10.11). Na mesma linha, em caso de não entrega pela agência de turismo dos **ingressos** para os jogos da **Copa do Mundo** de futebol, que faziam parte do pacote comprado pelo consumidor: JTJ 315/246 (AP 883.305-0/8);

— a **queda** do consumidor em estabelecimento comercial, causadora de fratura e ocasionada pelo **chão molhado** e pela falta de advertência a esse respeito (RT 869/395). V. tb. CDC 14, nota 3b;

— "Se não faz o pagamento da indenização correspondente ao sinistro sob o fundamento de que o furto teria sido **simulado** (o veículo estaria fora do país), sem provar esse fato no âmbito da ação de cobrança do seguro (julgada procedente), a seguradora responde pelo dano moral" (STJ-3ª T., REsp 996.012, Min. Ari Pargendler, j. 15.5.08, DJU 6.6.08);

— o constrangimento sofrido com o **travamento de porta giratória** de estabelecimento bancário, acompanhado por disparo de alarme sonoro (STJ-3ª T., REsp 504.144, Min. Nancy Andrighi, j. 6.6.03, DJU 30.6.03). "A porta giratória e o eventual detector de metais que guarnecem a entrada de estabelecimento bancário não constituem, por si só, elementos tendentes ao malferimento dos direitos personalíssimos. O atentado à personalidade ocorre se, como no caso, profissional responsável pela segurança bancária excede os limites da boa convivência, agindo com arrogância, de forma a violar o direito à dignidade que a Constituição de 1988 alça a direito fundamental" (JTJ 328/350: AP 566.083-4/0-00). "Travamento da porta giratória. Cliente que não consegue, mesmo se despojando dos objetos metálicos, acesso ao interior do banco, por conduta impositiva da preposta do banco. Conduta da preposta de vincular a liberação à condição de correntista da agência discriminatória. Autora que levantou sua blusa para demonstrar que não carregava metais e, diante da manutenção da recusa, chamou a polícia" (JTJ 336/251: AP 523.928.4/3-00). Considerando a ocorrência de sucessivos travamentos, por cerca de 30 minutos, para a caracterização do dano: RT 850/367. Levando em conta para a caracterização do dano o fato de o consumidor ter ficado retido na porta giratória, da qual somente pôde sair para ingressar na agência com a chegada da Polícia Militar, e ter sofrido crise de hipertensão: RT 870/353. Para situações em que o travamento da porta não extrapola a normalidade, v. nota seguinte;

— a **acusação desarrazoada e ofensiva de furto em loja** de roupas, havendo condução do acusado à delegacia de polícia (STJ-4ª T., AI 566.114-AgRg, Min. Barros Monteiro, j. 4.5.04, DJU 2.8.04). Entendendo que a acusação de furto também é lesiva quando a conduta dos funcionários na abordagem do cliente é "desnecessária, excessiva e altamente ofensiva": JTJ 300/148. Para casos em que essa abordagem é feita com razoabilidade, v. nota seguinte. S/ disparo de alarme antifurto, v. tb. nota seguinte;

— o **"bloqueio de linha de celular decorrente da cobrança indevida** de fatura já quitada" (STJ-4ª T., REsp 590.753, Min. Cesar Rocha, j. 18.3.04, DJU 13.9.04). Em sentido semelhante, no caso de linha de telefone fixo indevidamente desligado: JTJ 319/233 (AP 920.413-0/6);

— o **corte indevido de energia elétrica** de consumidor (RJM 168/140; RMDECC 51/136: TJSP, AP 9265890-65.2008.8.26.0000). "A suspensão ilegal do fornecimento do serviço dispensa a comprovação de efetivo prejuízo, uma vez que o dano moral nesses casos opera-se *in re ipsa*, em decorrência da ilicitude do ato praticado" (STJ-1ª T.,

Ag em REsp 484.166-AgRg, Min. Napoleão Maia Filho, j. 24.4.14, DJ 8.5.14). Ainda: "A falta de aviso prévio do corte de energia por atraso de pagamento causa dano moral indenizável" (STJ-3ª T., REsp 905.213, Min. Gomes de Barros, j. 27.3.08, DJU 19.5.08). Todavia, v. nota seguinte;

— a **falha dos Correios** na entrega contratada (v. CDC 14, nota 7a);

— o indevido **envio de produto** ao consumidor (v. CDC 39, nota 2c);

— o **encerramento** unilateral e imotivado de **conta corrente** pelo banco (v. CDC 39, nota 4b);

— "a **impossibilidade de saque**, pelo autor da demanda, de economias de longos anos, **redirecionada pela instituição financeira** recorrente, sem autorização do cliente, de conta poupança, aplicação presumivelmente segura, para fundo de investimento no Banco Santos S/A, em liquidação extrajudicial e com ativos bloqueados" (STJ-4ª T., REsp 1.194.699-AgRg, Min. Isabel Gallotti, j. 22.5.12, DJ 29.5.12);

— a negligência do banco, que permite que terceiro de má-fé realize saques e obtenha crédito em nome de correntista: "O **esvaziamento da conta da correntista** é ato objetivamente capaz de gerar prejuízo moral, pelo sentimento de angústia que causa ao consumidor" (STJ-3ª T., REsp 835.531, Min. Sidnei Beneti, j. 7.2.08, DJU 27.2.08);

— "Quem durante três meses tenta corrigir um **lançamento equivocado de débito em sua conta corrente,** e ao longo desse período é tratado com descaso pelos funcionários da instituição financeira, tem mais do que um mero aborrecimento; sofre um ataque a sua dignidade pessoal, e a consequente dor moral" (STJ-3ª T., REsp 291.978, Min. Ari Pargendler, j. 24.4.07, DJU 21.5.07);

— a perda de **bens** de **valor sentimental**, subtraídos do cofre do banco (STJ-4ª T., REsp 1.080.679, Min. Luis Felipe, j. 13.12.11, DJ 1.2.12; STJ-3ª T., REsp 1.704.204, Min. Ricardo Cueva, j. 7.8.18, DJ 3.9.18; JTJ 315/173: AP 1.029.632-0/5). **Todavia:** "Incabível a indenização por dano moral no caso, pois não demonstra apego sentimental quem oferece joias em **penhor,** mesmo sendo bem de família, pois assume a possibilidade de perdê-las em leilão, caso não resgatadas no prazo, ou mesmo num sinistro, tal como ocorreu no caso dos autos" (RT 900/370: TRF-4ª Reg., AP 0002558-98.2007.404.7000). V. tb. art. 927, nota 6e;

— os transtornos resultantes do **extravio do talonário de cheques** (v. CDC 14, nota 9);

— "A relação instituição bancária/cliente, para fins de obtenção de crédito, vantagens e tratamento privilegiado, tem como elemento essencial a confiança, que é conquistada pelo correntista ao longo do tempo, pela avaliação de dados como a pontualidade, capacidade econômica, idoneidade, e outros mais. Destarte, ocorrendo inadimplência por longo tempo, ainda que contornada, posteriormente, através de transação que abateu parte da dívida, natural que haja um abalo no *status* então já alcançado, o que justifica a atitude do banco em suprimir certos benefícios anteriores e negar a concessão de novos créditos internamente, no âmbito da própria instituição, sem com isso incidir em prática ilícita. Extrapola, no entanto, essa faculdade, o **bloqueio de talonário de cheques da correntista,** porquanto é direito do cliente a livre movimentação, de modo usual, seguro e cômodo, do saldo positivo que mantém junto ao banco, e sobre o qual não pesam quaisquer restrições legais ou de ordem judicial, de modo que a restrição injustamente imposta pelo réu causa constrangimento e fere direitos suscetíveis de reparação" (STJ-4ª T., REsp 732.189, Min. Aldir Passarinho Jr., j. 9.3.10, DJ 12.4.10);

— a **devolução indevida de cheque** (v. Súmula 388 do STJ, na nota 2);

— a **antecipada** e prejudicial apresentação do **cheque pré-datado** (v. **Súmula 370 do STJ** na nota 2);

— "Conquanto o cheque constitua ordem de pagamento à vista, essa regra cede nas hipóteses em que sua emissão se destine a garantir uma obrigação, tendo em vista que o credor só adquire a titularidade plena do título — e do crédito nele contido — se houver o inadimplemento da prestação caucionada pelo emitente. Enseja dano moral a conduta do hospital que exige do filho **cheque caução** para o custeio do tratamento emergencial da mãe — o que, hoje, configura crime punido com detenção e multa —, e realiza o **depósito** do título no dia seguinte, antes mesmo de a paciente receber alta, causando a indevida devolução por ausência de provisão de fundos" (STJ-3ª T., REsp 1.297.904, Min. Nancy Andrighi, j. 7.8.14, DJ 19.8.14);

— o **protesto de duplicata sem causa,** caso em que a indenização é devida pelo banco que recebeu o título por endosso e o enviou ao cartório, ressalvado seu direito de regresso contra o endossante (STJ-RT 789/188);

— o **protesto indevido de título** (STJ-RT 797/222; STJ-4ª T., REsp 173.124, Min. Cesar Rocha, j. 11.9.01, DJU 19.11.01);

— "o **protesto** efetivado **sem** que haja **notificação** do devedor relativamente à **cessão de crédito**" (RT 851/304);

— "Considerando que o **protesto** foi efetivado **após o decurso dos prazos prescricionais** de todas as ações judiciais possíveis para a persecução do crédito consubstanciado na nota promissória, é de rigor reconhecer o abuso de direito do credor, com a sua condenação ao pagamento de compensação por danos morais" (STJ-3ª T., REsp 1.639.470, Min. Nancy Andrighi, j. 14.11.17, DJ 20.11.17). **Todavia:** "Na hipótese em que o protesto é irregular por estar prescrita a pretensão executória do credor, havendo, porém, vias alternativas para a cobrança da dívida consubstanciada no título, não há se falar em abalo de crédito, na medida em que o emitente permanece na condição de devedor, estando, de fato, impontual no pagamento. Prescrita a ação executiva do cheque, assiste ao credor a faculdade de ajuizar a ação cambial por locupletamento ilícito, no prazo de 2 anos (art. 61 da Lei 7.357/85), ação de cobrança fundada na relação causal (art. 62 do mesmo diploma legal) e, ainda, ação monitória, no prazo de 5 anos, nos termos da Súmula 503/STJ. Nesse contexto, embora, no particular, tenham sido indevidos os protestos, pois extemporâneos, a dívida consubstanciada nos títulos permanecia hígida, não estando caracterizado, portanto, abalo de crédito apto a ensejar a caracterização do dano moral" (STJ-3ª T., REsp 1.677.772, Min. Nancy Andrighi, j. 14.11.17, DJ 20.11.17). No mesmo sentido: STJ-4ª T., REsp 1.536.035, Min. Luis Felipe, j. 26.10.21, DJ 17.12.21. V. tb. LCh 48, nota 2, e LCa 28, nota 2;

— a **irregular inscrição** ou **manutenção** de nome em **cadastro de inadimplentes** (v. CDC 43, notas 1a e segs.);

— "o **ajuizamento indevido de execução fiscal,** quando ficar provado ter ocorrido abalo moral" (STJ-RDPr 30/358: 2ª T., REsp 773.470; no caso, os valores objeto da execução já haviam sido pagos). No mesmo sentido: STJ-1ª T., REsp 904.330, Min. Luiz Fux, j. 16.10.08, DJ 3.11.08; Bol. AASP 2.566. **Contra:** JTJ 328/287 (AP 679.349-5/8-00, maioria);

— o ajuizamento de **execução** que caracteriza **exercício irregular de direito** (STJ-3ª T., REsp 1.245.712, Min. João Otávio, j. 11.3.14, DJ 17.3.14);

— "o **pedido abusivo de falência** gera dano moral, porque a violação, no caso, é *in re ipsa*. Ou seja, a configuração do dano está ínsita à própria eclosão do fato pernicioso, não exigindo, pois, comprovação" (STJ-RDDP 92/126: 3ª T., REsp 1.012.318);

— "Responsabilidade civil. Danos morais. **Ação judicial intentada contra homônimo.** Lesão configurada" (RT 876/350: TJRN, AP 2008.003840-5)";

— a **publicação indevida de fotografia de uma pessoa,** com intuito comercial ou não, pois isso, de regra, "causa desconforto, aborrecimento ou constrangimento, não importando o tamanho desse desconforto, aborrecimento ou constrangimento; desde que ele exista, há o dano moral, que deve ser reparado" (STF-RF 364/325). V. tb. notas ao art. 20;

— o **uso indevido da imagem da pessoa** (RSTJ 68/358, STJ-RT 714/253, STJ-RF 331/226), hipótese em que "o ressarcimento se impõe pela só constatação de ter havido a utilização sem a devida autorização. O dano está na utilização indevida para fins lucrativos, não cabendo a demonstração do prejuízo material ou moral" (RSTJ 116/215 e STJ-RT 760/212), ressalvada a retratação acidental (STJ-RJ 268/74). "Ação de reparação de danos materiais cumulada com compensação por danos morais. Utilização de imagem após extinto contrato de cessão de uso. Dano moral *in re ipsa*" (STJ-3ª T., REsp 1.337.961, Min. Nancy Andrighi, j. 3.4.14, maioria, DJ 3.6.14);

— o **"uso da imagem da autora em 'pegadinha'** de programa popular, sem a sua autorização" (JTJ 346/206: AP 687.034.4/0-00). No mesmo sentido: RT 928/909 (TJSP, AP 0177097-03.2008.8.26.0100);

— "compensam-se os danos morais do fabricante que teve seu **direito de identidade** lesado pela **contrafação** de seus produtos" (STJ-RDDP 77/156: 3ª T., REsp 1.032.014), "sendo prescindível que os produtos contrafeitos tenham sido expostos ao mercado. A importação de produtos identificados por marca contrafeita, ainda que não expostos ao mercado consumidor interno, encerra hipótese de dano *in re ipsa*" (STJ-3ª T., Ag em REsp 986.843-AgInt-EDcl, Min. Marco Bellizze, j. 16.5.17, DJ 26.5.17). No mesmo sentido: "Por sua natureza de bem imaterial, é ínsito que haja prejuízo moral à pessoa jurídica quando se constata o uso indevido da marca" (STJ-4ª T., REsp 1.327.773, Min. Luis Felipe, j. 28.11.17, maioria, DJ 15.2.18).

— **"Violação de correspondência.** Extrato de FGTS endereçado ao recorrente e enviado à sede da recorrida, sua ex-empregadora. Utilização da correspondência violada para instrução da defesa em reclamação trabalhista. Ofensa às garantias constitucionais do sigilo da correspondência e da proteção à intimidade. Dano moral configurado" (STJ-3ª T., REsp 1.025.104, Min. Nancy Andrighi, j. 27.4.10, DJ 13.5.10);

— "Ação de reparação por danos morais. **Publicização de mensagens enviadas via *whatsapp*.** Ilicitude. Quebra da legítima expectativa e violação à privacidade e à intimidade" (STJ-3ª T., REsp 1.903.273, Min. Nancy Andrighi, j. 24.8.21, DJ 30.8.21);

— "a prática de **ofensas verbais** caracteriza lesão à honra e à imagem subjetiva do ofendido, restando configurado o dano moral" (RT 871/425: TJMG, AP 1.0471.06.067611-4/001);

— os **insultos pessoais lançados por político:** "As palavras dos parlamentares que não tenham sido proferidas no exercício e nem em consequência do mandato, não estão abrangidas pela imunidade material. É que há de existir, entre a atividade de parlamentar e as declarações do congressista, nexo causal" (STF-RF 378/259: 2ª T., RE 226.643). No mesmo sentido: "Ação promovida por prefeita contra vereador. Palavras ofensivas em sessão solene. Prática não abrangida pela imunidade parlamentar. Indenização devida" (RT 867/185). Ainda: "A crítica entre políticos que desvia para ofensas pessoais, atribuindo a prática de mentir ao adversário, causa dano moral, porque mentir é conduta socialmente desabonadora. Não se deve confundir, por consequência, liberdade de expressão com irresponsabilidade de afirmação" (STJ-3ª T., REsp 801.249, Min. Nancy Andrighi, j. 9.8.07, DJU 17.9.07). Também, fazendo "distinção entre direito de crítica a fato objetivo e imputação difamatória, sem qualquer lastro em fato concreto": RT 884/111 (TJSP, AP 575.762-4). **Todavia:** "Responsabilidade civil de parlamentar por opiniões manifestadas em sua casa legislativa. Impossibilidade. Imunidade material. Art. 53 da Constituição. É absoluta a inviolabilidade dos parlamentares por quaisquer de suas opiniões, palavras e votos, quando emitidos no âmbito da casa legislativa" (STF-RT 904/177: 2ª T., Ag 681.629-AgRg). "A imunidade material, também denominada 'inviolabilidade parlamentar', é preceito de ordem pública, prevista no artigo 53, *caput*, da Constituição Federal, e exclui a possibilidade jurídica de responsabilização civil do membro do Poder Legislativo, por danos eventualmente resultantes de suas manifestações, orais ou escritas, desde que motivadas pelo desempenho do mandato (prática *in officio*) ou externadas em razão deste (prática *propter officium*)" (STJ-4ª T., REsp 734.218, Min. Luis Felipe, j. 28.6.11, DJ 5.9.11). "Dano moral. Suposta ofensa em entrevista coletiva sobre julgamento do Tribunal de origem. Alcance da imunidade parlamentar. Na hipótese, é possível considerar que o ato da recorrente compõe uma das funções legislativas, que é a função fiscalizadora, ao criticar a aplicação da lei por órgão fracionário do Tribunal de origem. Mesmo que exista dúvida em relação à manifestação da recorrente, em razão dos contornos fáticos do recurso em julgamento, deve-se privilegiar a aplicação da imunidade material parlamentar" (STJ-3ª T., REsp 1.694.419, Min. Nancy Andrighi, j. 21.8.18, DJ 14.9.18). "Dano moral. Vereador. Inviolabilidade material prevista no art. 29, VIII, da CF. Obrigação de indenizar. Inadmissibilidade. Inviolabilidade que não está restrita ao campo penal, ilidindo a responsabilidade civil. Pronunciamento do réu conexo ao exercício do mandato" (JTJ 322/2.701: AP 335.785.4/4-00);

— imputações que **extrapolam a natural exposição** a que está sujeita a **pessoa pública,** como a irresponsável atribuição a político de relacionamento extraconjugal e da consequente paternidade de uma criança fora do casamento (STJ-3ª T., REsp 1.025.047, Min. Nancy Andrighi, j. 26.6.08, DJ 5.8.08);

— a utilização de **linguagem excessiva e desnecessária por advogado** (v. art. 927, nota 5c);

— "A **apresentação de notícia-crime** perante a autoridade competente, com a respectiva indicação do acusado, constitui, em regra, exercício regular de direito e, portanto, não sujeita o denunciante à responsabilização por danos sofridos pelo acusado. Poderá o denunciante ser responsabilizado, entretanto, se o seu **comportamento doloso ou culposo** contribuiu de forma decisiva para a imputação de crime não praticado pelo acusado" (STJ-3ª T., REsp 470.365, Min. Nancy Andrighi, j. 2.10.03, DJU 1.12.03). No mesmo sentido: STJ-4ª T., REsp 1.040.096, Min. Aldir Passarinho Jr., j. 8.2.11, DJ 22.2.11. Todavia, para situações em que a notícia do delito não gera dano moral, v. nota seguinte;

— a **matéria jornalística** fundada em inquérito policial", que leva à "quebra de sigilo judicial com a identificação dos autores" e é dotada de "conteúdo sensacionalista que lhes apontou como autores de delitos", produzindo **"ofensa à honra e à intimidade"** (JTJ 300/175, maioria). Ainda: "Matéria publicada abrangeu fato que não teve a participação do autor. Jornal deu destaque ao genitor do preso por ser este delegado de polícia. Réu rememorou episódio em que já tinha havido desfecho judicial sem nenhuma condenação ao autor. Direito de informação que não pode afetar aspectos íntimos da pessoa, inclusive abrangendo fatos fora do contexto" (JTJ 314/195: AP 309.812-4/3-00). Também condenando o órgão de imprensa em situações parecidas: RP 164/326 e RMDCPC 23/128 (TJSP, AP 498.727.4/0-00, com excelente voto vista do Des. Ênio Zuliani), RF 388/346. Todavia, para situações em que a matéria não extrapola o dever de informar e o direito à informação, v. nota seguinte. V. tb. art. 927, nota 3a. S/ matéria jornalística ofensiva e reparação do dano, v. ainda nota 4d;

— "a **notícia inverídica** veiculada pela imprensa acarreta dano moral" (STJ-3ª T., AI 721.492-AgRg, Min. Ari Pargendler, j. 24.4.07, DJU 21.5.07);

— a **ilícita escuta de conversas telefônicas** — "grampo" (RT 850/250).

Art. 186: 4. De acordo com a jurisprudência, **não configura dano moral:**

— "Para se **presumir** o dano moral pela simples comprovação do ato ilícito, esse ato deve ser objetivamente capaz de acarretar a dor, o sofrimento, a lesão aos sentimentos íntimos juridicamente protegidos. Hipótese em que, não obstante ser incontroversa a ocorrência do ato ilícito, não restou comprovado que de tal ato adveio qualquer consequência capaz de configurar o dano moral que se pretende ver reparado" (STJ-3ª T., REsp 968.762, Min. Sidnei Beneti, j. 3.6.08, DJU 20.6.08; caso de **uso fraudulento dos dados** de clientes pela instituição financeira);

— **a morte de amigo:** "Somente os parentes afetados ou abalados psicologicamente pelo evento ilícito podem postular a respectiva reparação. Ilegitimidade da autora para postular danos morais em face do falecimento dos amigos" (JTJ 319/193: AP 7.115.474-2);

— **a morte de noiva:** "Responsabilidade civil. Legitimidade para o ajuizamento de ação indenizatória de danos morais por morte. Noivo. Ilegitimidade ativa. Necessária limitação subjetiva dos autorizados a reclamar compensação. 'O noivo não possui legitimidade ativa para pleitear indenização por dano moral pela morte da noiva, sobretudo quando os pais da vítima já intentaram ação reparatória na qual lograram êxito, como no caso'" (STJ-4ª T., REsp 1.076.160, Min. Luis Felipe, j. 10.4.12, RT 924/767);

— o **abandono afetivo** do pai, por não caracterizar ato ilícito (STJ-RT 849/228: 4ª T., REsp 757.411, um voto vencido). No mesmo sentido: RT 905/249 (TJSP, AP 990.10.038606-9, maioria), RJTJERGS 283/261 (AP 70044341360).

"O mero não reconhecimento da paternidade sem que indique conduta ilícita ou mesmo intenção deliberada de prejudicar, não dá ensejo a indenização por dano moral" (JTJ 309/176). No mesmo sentido: RT 866/322, 887/241 (TJSP, AP 545.352.4/5, maioria), 925/875 (TJSP, AP 9094157-31.2008.8.26.0000). **Todavia**, entendendo possível em tese o dano moral por abandono afetivo, mas negando a indenização no caso concreto: STJ-3ª T., REsp 1.557.978, Min. Moura Ribeiro, j. 3.11.15, DJ 17.11.15; RBDFS 13/93 (TJSP, AP 410.524-4/0-00).

Negando a indenização por dano moral em razão do abandono afetivo, mas concedendo-a por conta do abandono material: RBDFS 25/99 (TJSC, AP 2011.043951-1; maioria, com comentário de Rodrigo da Cunha Pereira). Também concedendo indenização por dano moral em razão de abandono material: STJ-4ª T., REsp 1.087.561, Min. Raul Araújo, j. 13.6.17, DJ 18.8.17.

Contra: "O *non facere*, que atinge um bem juridicamente tutelado, leia-se, o necessário dever de criação, educação e companhia — de cuidado — importa em vulneração da imposição legal, exsurgindo, daí, a possibilidade de se pleitear compensação por danos morais por abandono psicológico. Apesar das inúmeras hipóteses que minimizam a possibilidade de pleno cuidado de um dos genitores em relação à sua prole, existe um núcleo mínimo de cuidados parentais que, para além do mero cumprimento da lei, garantam aos filhos, ao menos quanto à afetividade, condições para uma adequada formação psicológica e inserção social" (STJ-3ª T., REsp 1.159.242, Min. Nancy Andrighi, j. 24.4.12, um voto vencido, RT 922/511; com comentário de José Fernando Simão). No mesmo sentido, mais recentemente: STJ-3ª T., REsp 1.887.697, Min. Nancy Andrighi, j. 21.9.21, DJ 23.9.21. Ainda: RT 934/755 (TJMG, AP 1.0144.11.001951-6/001).

"Autor abandonado pelo pai desde a gravidez da sua genitora e reconhecido como filho somente após propositura de ação judicial. Discriminação em face dos irmãos. Abandono moral e material caracterizados. Abalo psíquico" (JTJ 326/498, RBDFS 7/100 e Bol. AASP 2.575: TJSP, AP 511.903-4/7-00).

Condenando, por abandono moral e material, o genitor que se esquivava de realizar o exame de DNA na ação de investigação de paternidade: "Ação ajuizada em 21.9.98, quando a autora contava com 22 anos. Genitor que se esquivou de realizar o exame de DNA, prolongando o julgamento da lide até 2007. Conduta que configura abandono moral e material. Dever de alimentar que, em tese, se estende até os 24 anos, momento em que, em geral, os jovens concluem curso superior. Interregno de dois anos que deve ser considerado para estabelecimento do valor da indenização" (RBDFS 35/91: TJSP, AP 0006041-21.2010.8.26.0361; com comentário do Des. Jones Figueiredo Alves).

Ainda contra, em caso de adoção: "Tendo os pais adotivos abandonado o menor, devolvendo-o ao abrigo, não tendo demonstrado sequer um mínimo de esforço para se reaproximarem da criança, patente o dever de indenizar, não só porque o filho foi privado do convívio de seus pais, mas, primordialmente, de sua irmã de sangue, de quem sente muita saudade. Negligenciando os requeridos na criação e educação do adotado, mormente por terem ciência de que a adoção somente foi concedida para possibilitar o convívio entre irmãos, ferindo, assim, o princípio constitucionalmente assegurado da dignidade da pessoa humana, cabe-lhes indenizar a criança pelos danos sofridos" (RBDFS 26/110: TJMG, AP 5686482-90.2009.8.13.0702).

"Possibilidade de desistência da adoção durante o estágio de convivência, prevista no art. 46, da Lei 8.069/90, que não exime os adotantes de agirem em conformidade com a finalidade social deste direito subjetivo, sob pena de restar configurado o abuso, uma vez que assumiram voluntariamente os riscos e as dificuldades inerentes à adoção. Desistência tardia que causou ao adotando dor, angústia e sentimento de abandono, sobretudo porque já havia construído uma identidade em relação ao casal de adotantes e estava bem adaptado ao ambiente familiar, possuindo a legítima expectativa de que não haveria ruptura da convivência com estes, como reconhecido no acórdão recorrido. Conduta dos adotantes que faz consubstanciado o dano moral indenizável" (STJ-3ª T., REsp 1.981.131, Min. Paulo Sanseverino, j. 8.11.22, DJ 16.11.22).

S/ prescrição da pretensão indenizatória nessas circunstâncias, v. art. 189, nota 6.

✎ "Responsabilidade civil por abandono afetivo: a valoração do elo perdido ou não consentido", por Lizete Peixoto Xavier Schuh (RBDF 35/53); "Família: do autoritarismo ao afeto. Como e a quem indenizar a omissão do afeto?", por Maria Isabel Pereira da Costa (RBDF 32/20 e RMDCPC 5/58); "Descumprimento do dever de convivência familiar e indenização por danos à personalidade do filho", por Cláudia Maria Silva (RBDF 25/122); "Abandono moral. Fundamentos da responsabilidade civil", por Nehemias Domingos de Melo (RSDCPC 34/31); "Da reparação do dano existencial ao filho decorrente do abandono paterno-filial", por Claudete Carvalho Canezin (RBDF 36/71); "Danos morais em família? Conjugalidade, parentalidade e responsabilidade civil", por Maria Celina Bodin de Moraes (RF 386/183); "Responsabilidade civil na relação paterno-filial", por Giselda Maria Fernandes Novaes Hironaka (RMDCPC 1/50); "Dano moral nas ações de filiação", por Lauane Gomes Braz Andrekowisk (RDPr 25/181); "Dano moral por abandono: monetarizando o afeto", por Ivone M. Candido Coelho de Souza (RBDFS 13/60); "Direito de família e responsabilidade civil", por Ênio Santarelli Zuliani (RJ-Lex 54/77, RMDCPC 45/68); "Responsabilidade civil por abandono afetivo", por Rodrigo da Cunha Pereira (RBDFS 29/5); "O princípio da solidariedade e algumas de suas aplicações ao direito de família — abandono afetivo e alimentos", por Flávio Tartuce (RBDFS 30/5, RJ-Lex 60/165);

— a mera **proposítura de ação negatória de paternidade** (RJTJERGS 272/246: AP 70023551245);

— eventos atrelados a **noivado, casamento, separação ou divórcio:** "Na ruptura da relação conjugal, mesmo havendo denúncia de descumprimento dos deveres maritais, não há falar em reparação por dano moral" (RBDF 38/154).

"A traição e a geração de um filho fora do casamento, por si só, não acarretam o dever de indenização por dano moral" (RT 889/362: TJRS, AP 70026482075). No mesmo sentido: RJTJERGS 273/189 (AP 70021802244).

"O desfecho unilateral de relacionamento de sete anos, dois meses antes da data que seria a do casamento, por desamor, não constitui ato ilícito ou de ofensa ao princípio da dignidade humana, quando, como na hipótese, representou a formalização do fim de caso pelo descontentamento de uma das partes. Ocorrência usual na sociedade, criando expectativas, frustrações, alegrias e tristezas que são típicas da dinâmica da vida sentimental. Indenização impossível de ser concedida" (JTJ 329/384: AP 335.762.4/0-00). Em sentido semelhante: RT 846/252, 901/283 (TJMG, AP 1.0024.08.158.390-8/001), RBDF 36/121, RJM 185/140 (AP 1.0325.06.000495-0/001), JTJ 344/500 (AP 464.115-4/4-00), 352/496 (AP 994.05.069622-5). Ainda: "Rompimento de noivado não caracteriza, por si, ato ilícito. Indenização que somente se justifica quando o rompimento é seguido de ato ofensivo à honra do noivo abandonado" (JTJ 303/237). Também: "Frustração na expectativa de casamento não dá suporte ao dano moral. Autodeterminação deve sobressair. Vida sentimental caracteriza livre escolha. Término de relacionamento amoroso, mesmo que cesse a alegria e origine tristeza, é insuficiente para dar amparo à verba reparatória pleiteada" (JTJ 336/345: AP 374.906-4/3-00).

Todavia, reconhecendo a ocorrência de danos morais em matéria de "conflitos familiares, concretizados em processo de separação judicial, por meio de ameaças e perseguições do genitor à ex-mulher e aos filhos": STJ-3ª T., REsp 1.841.953, Min. Nancy Andrighi, j. 25.11.21, DJ 29.11.21.

Ainda em matéria de separação: "Responde pela indenização o cônjuge responsável exclusivo pela separação" (STJ-RF 363/240 e RJ 285/96: 3ª T., REsp 37.051, maioria).

✎ "Direito de família e responsabilidade civil", por Ênio Santarelli Zuliani (RJ-Lex 54/77, RMDCPC 45/68); "Esponsais: o rompimento do afeto e o dever de indenizar", por Thiago Rodovalho dos Santos (RJ-Lex 55/156);

— "o **inadimplemento do contrato,** por si só, pode acarretar danos materiais, mas, em regra, não dá margem ao dano moral, que pressupõe ofensa anormal à personalidade. Embora a inobservância das cláusulas contratuais por uma das partes possa trazer desconforto ao outro contratante — e normalmente o traz — trata-se, em princípio, do desconforto a que todos podem estar sujeitos, pela própria vida em sociedade. Com efeito, a dificuldade financeira, ou a quebra da expectativa de receber valores contratados, não tomam a dimensão de constranger a honra ou a intimidade, ressalvadas situações excepcionais" (STJ-4ª T., REsp 765.326, Min. Quaglia Barbosa, j. 28.8.07, DJU 17.9.07). No mesmo sentido: STJ-3ª T., REsp 723.729, Min. Nancy Andrighi, j. 25.9.06, DJU 30.10.06 (caso em que a seguradora não pagou o valor total previsto em lei); STJ-RT 899/131 (4ª T., REsp 795.027; "recusa da seguradora, entretanto, que se insere no âmbito da discussão do contrato, não chegando a caracterizar má-fé por parte da ré a ensejar indenização por danos morais"); STJ-3ª T., REsp 1.595.145, Min. Nancy Andrighi, j. 15.12.16, DJ 6.2.17 ("cancelamento de voo adquirido em pacote turístico"). Ainda, ponderando que a previsão de cláusula penal na avença denuncia que seu descumprimento era algo até previsto pelas partes: RT 839/346.

"O atraso na entrega de unidade imobiliária na data estipulada não causa, por si só, danos morais ao promitente-comprador" (STJ-3ª T., REsp 1.642.314, Min. Nancy Andrighi, j. 16.3.17, DJ 22.3.17). Em sentido semelhante: STJ-4ª T., Ag em REsp 677.950-AgInt, Min. Isabel Gallotti, j. 14.3.17, DJ 20.3.17. "Inocorrência de dano moral na hipótese de atraso na entrega de imóvel adquirido para fim de investimento imobiliário, em virtude da inexistência de ofensa a direito da personalidade, limitando-se a lesão ao âmbito do patrimônio da adquirente" (STJ-3ª T., REsp 1.796.760, Min. Paulo Sanseverino, j. 2.4.19, DJ 5.4.19).

"O simples descumprimento do dever legal ou contratual, por caracterizar mero aborrecimento, em princípio, não configura dano moral, salvo se da infração advém circunstância que atinja a dignidade da parte" **(Enunciado n. 25 do I Encontro JECSP,** Bol. AASP 2.554).

"A mera recusa ao pagamento de indenização decorrente de seguro obrigatório não configura dano moral" **(Enunciado n. 24 do I Encontro JECSP,** Bol. AASP 2.554).

Todavia: "Conquanto a jurisprudência do STJ seja no sentido de que o mero inadimplemento contratual não ocasiona danos morais, tal entendimento, todavia, deve ser excepcionado nas hipóteses em que da própria descrição das circunstâncias que perfazem o ilícito material é possível extrair consequências bastante sérias de cunho psicológico, que são resultado direto do inadimplemento culposo. No presente processo, o pedido de compensação por danos morais declinado pela recorrente não tem como causa o simples inadimplemento contratual, mas também o fato de a recorrida ter fechado suas instalações no local da contratação (Estado do Rio de Janeiro) sem lhe dar quaisquer explicações a respeito de seu novo endereço e/ou da não construção do imóvel. Essa particularidade é relevante, pois, após o recorrente ter frustrado o seu direito de moradia, pelo inadimplemento do contrato de compra e venda de casa pré-moldada, o descaso da recorrida agravou a situação de angústia da recorrente. A conduta da recorrida violou, portanto, o princípio da dignidade da pessoa humana, pois o direito de moradia, entre outros direitos sociais, visa à promoção de cada um dos componentes do Estado, com o insigne propósito instrumental de torná-los aptos de realizar os atributos de sua personalidade e afirmar a sua dignidade como pessoa humana. Diante dessas circunstâncias que evolveram o inadimplemento contratual, é de se reconhecer, excepcionalmente, a ocorrência de danos morais" (STJ-3ª T., REsp 1.025.665, Min. Nancy Andrighi, j. 23.3.10, DJ 9.4.10). Em sentido semelhante: STJ-4ª T., REsp 830.572, Min. Luis Felipe, j. 17.5.11, DJ 26.5.11.

"Hipótese em que foi reconhecida pelo Tribunal de origem a existência de circunstância excepcional a ensejar a reparação por danos morais — fixados em R$ 5.000,00 —, tendo em vista que a promitente compradora precisou vender a sua casa e adquirir uma menor para fazer frente às despesas que se avolumaram em razão do excessivo atraso na entrega do imóvel objeto de compra e venda, extrapolando, assim, o mero aborrecimento resultante do descumprimento contratual" (STJ-4ª T., Ag em REsp 1.559.959-AgInt, Min. Raul Araújo, j. 26.11.19, DJ 19.12.19).

"Atraso na entrega de imóvel que gera adiamento do casamento. Dano moral configurado. O fato de os recorridos terem adiado casamento — com data já marcada, e não apenas idealizada —, o que redundou na necessidade de impressão de novos convites, de escolha de novo local para a cerimônia, bem como de alteração de diversos contratos de prestação de serviços inerentes à cerimônia e à celebração, ultrapassa o simples descumprimento contratual, demonstrando fato que vai além do mero dissabor dos compradores, já que faz prevalecer os sentimentos de injustiça e de impotência diante da situação, assim como os de angústia e sofrimento" (STJ-3ª T., REsp 1.662.322, Min. Nancy Andrighi, j. 10.10.17, DJ 16.10.17).

"Quanto à entrega da unidade imobiliária em conformação distinta da contratada — já que as chaves entregues referiam-se à unidade sem vista para o mar e sem uma suíte — impossível não se reconhecer a existência de abalo moral compensável, pois ultrapassa o simples descumprimento contratual" (STJ-3ª T., REsp 1.634.751, Min. Nancy Andrighi, j. 14.2.17, DJ 16.2.17).

"Promessa de compra e venda de imóvel. Atraso na entrega. Fortuito interno. Falha geológica no terreno. Risco inerente à atividade. Dano moral. Atraso expressivo superior a dois anos. Na hipótese, o atraso de mais de dois anos na entrega do imóvel supera o mero inadimplemento contratual, devendo ser mantida a indenização por danos morais" (STJ-4ª T., Ag em REsp 941.250-AgInt, Min. Raul Araújo, j. 19.3.19, DJ 29.3.19).

"Compra e venda de imóvel. Programa 'Minha Casa, Minha Vida'. Longo atraso na conclusão da obra. Prorrogação do prazo mediante acordo homologado judicialmente. Descumprimento do acordo. Indenização por danos morais. Cabimento na espécie" (STJ-3ª T., REsp 1.818.391, Min. Paulo Sanseverino, j. 10.9.19, DJ 19.9.19).

"Não prevalece a tese de que, na hipótese dos autos, ocorreu mero descumprimento contratual, insuficiente para a configuração do dano moral. Isso porque os recorridos, pai e filha deslocaram-se de Belo Horizonte para o Rio de Janeiro exclusivamente para a participação no evento 'Pretty Little Weekend'. Em virtude da ausência eficaz de comunicação do cancelamento/adiamento da efeméride, nutriram altaneiro sentimento de frustração, decepção e constrangimento, ante a não realização do evento e a desinformação da recorrente. Qualquer leitura dissimilar levaria à prática de constantes lesões aos consumidores, máxime porque os fornecedores de produtos ou serviços, sob o guante do argumento de ocorrência de 'meros aborrecimentos comuns cotidianos' ou 'meros dissabores', atentariam contra o princípio da correta, segura e tempestiva informação, figura basilar nas relações consumeristas e contratuais em geral. Em síntese, não se pode confundir mero aborrecimento, inerente à vida civil em sociedade, com a consumação de ilícito de natureza civil, passível de reparação" (STJ-3ª T., REsp 1.985.198, Min. Nancy Andrighi, j. 5.4.22, DJ 7.4.22);

— "o mero **atraso** na conclusão da obra" atrelada a **compromisso de compra e venda** (JTJ 309/95);

— "**cobrança indevida** feita por intermédio de cartas, sem que houvesse a negativação do nome da autora nos cadastros restritivos, não tem o condão de gerar humilhação, vexame ou abalo exacerbado e que extrapole a normalidade do cotidiano, pelo que não há falar-se em dano moral" (RF 378/311). Em sentido semelhante: STJ-3ª T., Ag em REsp 720.484-AgRg, Min. Ricardo Cueva, j. 10.5.16, DJ 16.5.16; STJ-4ª T., Ag em REsp 736.251-AgInt, Min. Antonio Ferreira, j. 7.6.16, DJ 13.6.16; STJ-2ª T., REsp 1.660.588, Min. Herman Benjamin, j. 18.4.17, DJ 2.5.17; JTJ 314/202 (AP 930.904-0/0), 329/403 (AP 7.095.043-9);

— a **cobrança excessiva de emolumentos** (v. Lei 9.492, de 10.9.97, art. 37, nota 1);

— **mero dissabor,** tal qual involuntário equívoco que obstruí a efetivação de contrato de seguro de automóvel (RSTJ 150/382); "involuntária falha no sistema *on line*" que inviabiliza a compra por cartão de crédito (STJ-4ª T., REsp 403.919, Min. Cesar Rocha, j. 15.5.03, DJU 4.8.03); desfazimento do negócio de compra e venda, ante a ausência de aval, legitimamente exigido pelo vendedor (JTJ 315/203: AP 993.718-0/0); "atraso da oficina na entrega de automóvel que lhe foi confiado para conserto" (STJ-3ª T., REsp 401.636-EDcl-AgRg, Min. Gomes de Barros, j. 25.9.06, DJU 16.10.06); desconformidade entre as informações constantes do manual do proprietário e as efetivas características do veículo (RT 856/296); aquisição de veículo que apresenta sucessivos defeitos (STJ-3ª T., REsp 628.854, Min. Castro Filho, j. 3.5.07, DJU 18.6.07); "aquisição de veículo novo com defeito" (STJ-4ª T., REsp 1.232.661-EDcl, Min. Isabel Gallotti, j. 11.12.12, DJ 4.2.13); defeito no ar-condicionado de veículo (STJ-4ª T., REsp 750.735, Min. Aldir Passarinho Jr., j. 4.6.09, um voto vencido, DJ 17.8.09); "indevido acionamento de *air bag*" (STJ-3ª T., REsp 1.329.189,

Min. Nancy Andrighi, j. 13.11.12, DJ 21.11.12); lançamento indevido na fatura do cartão de crédito (RT 886/288: TJRJ, AP 2009.001.12476-AgRg); "aplicação de vacina vencida" (STJ-3ª T., Ag em REsp 869.188-AgInt-AgInt, Min. Marco Bellizze, j. 9.3.17, DJ 21.3.17). Para situações em que um fato ordinário acaba tomando proporção que extrapola a noção de mero aborrecimento, v. nota anterior;

— "a **infiltração** ocorrida **no apartamento** dos ora recorrentes" (STJ-3ª T., REsp 1.234.549, Min. Massami Uyeda, j. 1.12.11, DJ 10.2.12). No mesmo sentido: STJ-4ª T., Ag 1.331.848-AgRg, Min. Isabel Gallotti, j. 6.9.11, DJ 13.9.11;

— "Não obstante o inegável incômodo, o **envio de mensagens eletrônicas em massa — SPAM** — por si só não consubstancia fundamento para justificar a ação de dano moral, notadamente em face da evolução tecnológica que permite o bloqueio, a deletação ou simplesmente a recusa de tais mensagens" (STJ-4ª T., REsp 844.736, Min. Honildo Castro, j. 27.10.09, maioria, DJ 3.9.10);

— o simples **apontamento do título para protesto:** "A fase preliminar em cartório de protesto, iniciada com a protocolização do título ou documento de dívida pelo credor, não gera, imediatamente, a lavratura do protesto, a qual será realizada em momento posterior, franqueada ao devedor a possibilidade de pagar a dívida ou pedir judicialmente a sustação. Nessas circunstâncias, em regra, não tendo sido efetivamente lavrado ou registrado o protesto do título, descabe indenização por dano moral" (STJ-4ª T., REsp 1.005.752, Min. Luis Felipe, j. 26.6.12, DJ 2.8.12). "Se a notificação do devedor, prevista no art. 14 da Lei n. 9.492/97, for feita por portador do Tabelionato ou por correspondência, não há publicidade do apontamento do título para protesto e, por isso, não causa danos morais" (STJ-3ª T., REsp 604.620, Min. Nancy Andrighi, j. 1.9.05, um voto vencido, DJU 13.3.06). "O apontamento de título a protesto, sem qualquer publicidade nem a efetivação da medida, não acarreta danos morais, mas mero dissabor, ainda que a sustação tenha ocorrido em decorrência de ação cautelar" (RT 863/284). No mesmo sentido: JTJ 321/1.570 (AP 962.795-0/8). **Contra:** "O apontamento de título para protesto, ainda que sustada a concretização do ato por força do ajuizamento de medida cautelar pelo autor, causa alguma repercussão externa e problemas administrativos e financeiros internos, tais como necessidade de constituir, de pronto, advogado para sustar o protesto, geradores, ainda que em pequena expressão, de dano moral, que se permite, na hipótese, presumir em face de tais circunstâncias, gerando direito a ressarcimento que deve, de outro lado, ser fixado moderadamente, como na espécie o foi, evitando-se enriquecimento sem causa da parte atingida pelo ato ilícito" (STJ-4ª T., REsp 1.044.003, Min. Aldir Passarinho Jr., j. 16.6.09, DJ 4.8.09);

— a falta de **cancelamento** do registro de **protesto** após o pagamento (STJ-3ª T., AI 878.773-AgRg, Min. Sidnei Beneti, j. 11.3.08, DJU 1.4.08), providência que fica a cargo do devedor (v. Lei 9.492, de 10.9.97, art. 26, nota 1, no tít. PROTESTO DE TÍTULOS);

— "o **atraso**, por parte de instituição financeira, **na baixa** de gravame **de alienação fiduciária** no registro de veículo" (STJ-2ª Seção, REsp 1.881.453, Min. Marco Bellizze, j. 30.11.21, DJ 7.12.21);

— "**bloqueio de cartão magnético clonado.** Cautela destinada a impedir a superveniência de danos ao autor e a terceiros. Incômodo que não enseja indenização. Não ocorrência de ofensa a direitos de personalidade" (JTJ 334/230: AP 1.263.926-4);

— "**transferência indevida de valor da conta corrente.** Estorno no primeiro dia útil seguinte à comunicação. Ausência de indício de ofensa a direitos da personalidade. Incômodo que não enseja indenização" (JTJ 330/449: AP 1.130.130-5);

— "a **denegação de** concessão de **financiamento** por instituição financeira não constitui, *de per si*, ato ilícito, destacadamente por configurar o mútuo um negócio jurídico cuja consolidação é antecedida de um procedimento *interna corporis* objetivo e subjetivo no âmbito do agente econômico, com inúmeras variantes a serem observadas, dentre as quais a liquidez, rentabilidade e segurança" (STJ-4ª T., REsp 1.329.927, Min. Marco Buzzi, j. 23.4.13, DJ 9.5.13);

— "Não comete ato ilícito o comerciante que, recebendo **cheque sem provisão de fundos,** encaminha o nome do emitente para cadastro de proteção ao crédito. Nada impõe ao comerciante o dever de exigir identificação do emitente de cheque, tampouco de fiscalizar se o portador do talonário é mesmo o titular da conta-corrente. Os danos causados à pessoa cujos documentos foram indevidamente utilizados por terceiro para, fraudulentamente, abrir conta-corrente em instituição financeira, não podem ser imputados ao comerciante que recebe pagamento em cheque sem provisão de fundos e encaminha o nome de quem consta no título a cadastro de inadimplentes. O comerciante, no caso, é tão vítima quanto quem perdeu os documentos" (STJ-3ª T., REsp 831.336, Min. Gomes de Barros, j. 6.3.08, DJU 1.4.08);

— "A **espera em fila** de banco, supermercado, farmácia, e em repartições públicas, dentre outros setores, em regra, é mero desconforto que não tem o condão de afetar direito da personalidade, isto é, interferir intensamente no equilíbrio psicológico do consumidor do serviço (saúde mental)" (STJ-4ª T., REsp 1.647.452, Min. Luis Felipe, j. 26.2.19, DJ 28.3.19);

— simples **deficiência do serviço telefônico** (STJ-3ª T., REsp 731.967, Min. Gomes de Barros, j. 21.11.06, DJU 4.12.06); ou mera **interrupção** deste (STJ-RF 396/401: 3ª T., REsp 846.273-AgRg; STJ-4ª T., REsp 606.382, Min. Cesar Rocha, j. 4.3.04, DJU 17.5.04);

— "Conquanto o usuário tenha resguardado o seu direito ao **fornecimento de energia** por se tratar de débito pretérito, mesmo na hipótese de ter ele fraudado o aparelho medidor, não se pode, por outro lado, prestigiá-lo com o recebimento de indenização por um suposto dano moral sofrido em razão de **suspensão do serviço** que se operou em decorrência de sua má-fé. Ou seja, o simples fato de a jurisprudência desta Corte afastar a possibilidade do corte de energia em recuperação de consumo não faturado não tem o condão de outorgar ao usuário, que furtou energia elétrica, o direito a reclamar a responsabilização da companhia fornecedora pelos danos morais eventualmente suportados" (STJ-2ª T., REsp 1.070.060, Min. Mauro Campbell, j. 19.2.09, DJ 25.3.09).

Mais amplamente, no caso de pessoa jurídica: "O mero corte no fornecimento de energia elétrica não é, a princípio, motivo para condenação da empresa concessionária em danos morais, exigindo-se, para tanto, demonstração do comprometimento da reputação da empresa. No caso, a partir das premissas firmadas na origem, não há fato ou prova que demonstre ter a empresa autora sofrido qualquer dano em sua honra objetiva, vale dizer, na sua imagem, conceito e boa fama. O acórdão recorrido firmou a indenização por danos morais com base, exclusivamente, no fato de que houve interrupção no fornecimento do serviço prestado devido à suposta fraude no medidor, que não veio a se confirmar em juízo. Com base nesse arcabouço probatório, não é possível condenar a concessionária em danos morais, sob pena de presumi-lo a cada corte injustificado de energia elétrica, com ilegítima inversão do ônus probatório" (STJ-2ª T., REsp 1.298.689, Min. Castro Meira, j. 9.4.13, DJ 15.4.13).

Negando danos morais para pessoa física em matéria de falha no fornecimento de energia: "Não obstante admitida a responsabilidade da recorrente pelo evento danoso, a fixação do dano moral está justificada somente nos supostos transtornos causados pela falta de energia elétrica em sua residência, sem ter sido traçada qualquer nota adicional que pudesse ensejar a violação de direito de personalidade a ponto de causar grave sofrimento ou angústia, que caracteriza o dano moral. Na hipótese dos autos, em razão de não ter sido invocado nenhum fato extraordinário que tenha ofendido o âmago da personalidade do recorrido, não há que se falar em abalo moral indenizável" (STJ-3ª T., REsp 1.705.314, Min. Nancy Andrighi, j. 27.2.18, DJ 2.3.18).

Todavia, v. nota anterior;

— a **frustração do consumidor** atraído por propaganda inexata, que não o alertava sobre restrição ao número de produtos adquiríveis por cada pessoa (STJ-RF 384/266: 3ª T., REsp 595.734, um voto vencido);

— a **gravidez** após a realização de cirurgia de **laqueadura** (v. art. 951, nota 6);

— o **"convite de revista** feito por vigia de supermercado a suspeito de estar levando produtos de pequeno volume sob suas vestes. Conduta feita sem alarde, em local isolado ao público e com espontânea colaboração do suspeito" (RT 848/284); "divergência no interior de estabelecimento comercial quanto ao pagamento de mercadoria" (JTJ 298/156). No mesmo sentido: RT 903/362 (TRF-2ª Reg., AP 2006.51.01.005241-0), JTJ 300/155. Todavia, para situações em que os funcionários do estabelecimento comercial extrapolam os limites do razoável nessas circunstâncias, v. nota anterior;

— "Se soa o **alarme** e não há indicação de que houve tratamento abusivo de nenhum empregado da **loja**, no caso, o segurança, sequer objeto da queixa da autora, não se pode identificar a existência de constrangimento suficiente para deferir o dano moral. Para que a indenização por dano moral seja procedente é necessário que haja alguma atitude que exponha o consumidor a uma situação de humilhação, de constrangimento, que o acórdão, neste feito, descartou por inteiro" (STJ-RJ 353/141: 3ª T., REsp 658.975). No mesmo sentido: STJ-4ª T., REsp 470.694, Min. Aldir Passarinho Jr., j. 7.2.08, DJU 10.3.08. **Contra:** "O soar de alarme antifurto em estabelecimento comercial de grande porte, chamando a atenção de todos para o cliente que portava mercadorias adquiridas, uma das quais continha etiqueta equivocadamente não destacada no caixa, acarreta dano de ordem moral" (STJ-4ª T., REsp 552.381, Min. Aldir Passarinho Jr., j. 28.9.04, DJU 27.6.05);

— "A demora eventualmente enfrentada na transposição das **portas giratórias** pelos usuários e clientes da instituição financeira, isoladamente, não gera dano moral. A ausência de prova da arrogância ou de qualquer outra conduta excessiva por parte do vigilante da CEF inviabiliza a indenização por danos morais" (RF 397/517: TRF-2ª Reg., AP 2001.51.01.023555-5). No mesmo sentido: RT 860/425, 872/217 (TJSP, AP 541.586-4/3-00), 880/321 (TRF-4ª Reg., AP 2006.71.00.030394-5), JTJ 301/192;

"Autora teve os dedos do pé lesionados ao ter sua passagem impedida pela porta giratória. Comportamento normal e esperado do equipamento, que tinha a segurança que razoavelmente dele poderia esperar o consumidor. Mecanismo de travamento que se incorporou nos usos e costumes. Inexistência de alegação de mau funcionamento ou defeito no equipamento. Equipamento que não eleva de maneira inesperada o risco oferecido aos passantes. Autora que utilizou o equipamento de forma manifestamente inadequada. Responsabilidade das instituições financeiras fica restrita ao limite do uso ordinário do equipamento. Ação improcedente" (RT 887/255: TJSP, AP 640.323.4/6-00).

Para casos em que eventos parecidos com esse deram ensejo a indenização por danos morais, v. nota anterior;

— "A **espera por atendimento em fila de banco** somente é capaz de ensejar reparação por dano moral quando for excessiva ou associada a outros constrangimentos, caso contrário configura mero dissabor. No caso dos autos, não ficou comprovada nenhuma intercorrência que pudesse abalar a honra da autora ou causar-lhe situação de dor, sofrimento ou humilhação" (STJ-4ª T., Ag em REsp 1.515.718-AgInt, Min. Raul Araújo, j. 29.10.19, DJ 21.11.19);

— a **exclusão de um dos sócios** de sociedade comercial pela vontade da maioria (JTJ 297/177);

— **"Lista elaborada por empregador** contendo informações sobre empregados e ex-empregados. Caráter privado. Primado da licitude. Ausência de circulação. Inexistência de danos a serem indenizados. É lícita a confecção por sociedade empresária de lista contendo informações sobre empregados, clientes, fornecedores e outras pessoas com quem manteve ou mantém relacionamento empresarial, desde que para uso próprio da empresa, utilização interna. A divulgação da informação interna é que pode configurar ato ilícito, quando represente ofensa à reputação do atingido, causando-lhe dano moral, passível de reparação" (STJ-4ª T., REsp 1.260.638, Min. Raul Araújo, j. 26.4.16, maioria, DJ 1.6.16);

— a **"publicação de vencimentos** de promotor de justiça via internet em site oficial do Estado" (RSDA 80/36: TJCE, AP 49147882200080600011);

— a **notícia** publicada em jornal com cunho meramente informativo, na qual ocorreu **falha** na designação da data limite para a inscrição em concurso público, em razão de mero erro de digitação, a evidenciar a ausência de dolo ou culpa (RT 867/199);

— a **"notícia** em página policial" que está "de acordo com o registro no boletim de ocorrência policial. **Exercício regular do dever de informar** e do direito à informação" (JTJ 300/181). Ainda: "Não constitui abuso da liberdade de informar o referir que familiares da vítima consideraram ter ocorrido imprudência do motorista do carro que atingiu o pedestre, apesar de o inquérito ter sido arquivado por falta de provas. Exercício regular do direito previsto no art. 220 da CF, não caracterizando, em relação ao jornal, fato produtor de dano indenizável" (RMDECC 23/136: TJSP, AP 495.178-4/2).Também não causa dano o "exercício do direito de opinião sobre assunto de interesse social" (JTJ 307/209). Em sentido semelhante: RJTJERGS 257/250, RT 861/172, 869/227, 869/229, 898/253 (TJAP, AP 0018596-30.2007.8.03.00/01). Para hipótese em que a notícia extrapolou essas noções, v. nota anterior. V. tb. arts. 188, nota 3a, e 927, nota 3a;

— "Salvo casos de má-fé, a *notitia criminis* levada à autoridade policial para apuração de eventuais fatos que, em tese, constituam crime, em princípio não dão azo à reparação civil, por constituir regular exercício de direito, ainda que posteriormente venha a ser demonstrada a inexistência de fato ilícito" (RSTJ 172/460, 4ª T.). "Não comete ato ilícito quem, em boa-fé, leva ao conhecimento da autoridade policial fato que, em tese, constitui crime, ainda que posteriormente o inquérito seja arquivado" (STJ-3ª T., AI 846.167-AgRg, Min. Gomes de Barros, j. 18.10.07, DJU 31.10.07). No mesmo sentido: RT 843/320, 860/339, 874/217 (TJSP, AP 527.118.4/6-00), JTJ 300/210, 333/244 (AP 348.817.4/1-00), RJM 179/189. Ainda: "Se a queixa-crime foi recebida e processada, tendo o querelado sido condenado na instância ordinária, descaracterizado está o abuso de direito, nada importando que o acórdão tenha sido cassado no STJ; a aparência do direito, reconhecida pelo tribunal local, elide a responsabilidade civil" (STJ-3ª T., REsp 701.933, Min. Ari Pargendler, j. 3.8.06, DJU 25.6.07). V. tb. art. 188, nota 3. Todavia, para situações em que a apresentação de queixa-crime é lesiva, v. nota anterior;

— "Em princípio, a **ação penal** instaurada pelo MP para apurar a existência ou autoria de um delito se traduz em legítimo exercício de direito, ainda que a pessoa denunciada venha a ser inocentada. Desse modo, para que se viabilize pedido de reparação, é necessário que o dano moral seja comprovado, mediante demonstração cabal de que a instauração do procedimento se deu de forma injusta, despropositada e de má-fé" (RSTJ 186/364, 3ª T.). Em sentido semelhante: STJ-1ª T., Ag em REsp 182.241-AgRg, Min. Ari Pargendler, j. 20.2.14, DJ 28.2.14;

— "A **representação** perante a **OAB,** ausente o propósito inequívoco de ofender, não constitui dano, mas exercício regular do direito" (RT 861/267). No mesmo sentido: RT 870/219;

— "Não há como concluir que o ato de **representar** qualquer **magistrado ao CNJ,** com fundamento em notícias circuladas em imprensa local, possa causar, por si próprio, a configuração de danos morais indenizáveis, pois o direito de petição é um direito constitucionalmente garantido e a atividade da magistratura, por sua natureza pública, está constantemente sujeita a críticas e controles" (STJ-3ª T., REsp 1.745.643, Min. Nancy Andrighi, j. 5.2.19, DJ 8.2.19);

— "Ausente demonstração de abuso da diretora de escola pública — na apuração de suposto assédio sexual envolvendo duas professoras — não se configura o alegado dano moral decorrente da discriminação em face da opção sexual. Hipótese em que resta demonstrada a atuação da diretora no exercício regular de sua função, ao instaurar o competente **processo administrativo,** atitude que inclusive evita a tomada de decisão arbitrária e a violação ao devido processo legal" (RT 868/310);

— "O **ajuizamento de ação de execução** caracteriza exercício regular de direito, não ensejando, assim, o dever de indenizar por danos morais" (STJ-4ª T., AI 652.824-AgRg, Min. Isabel Gallotti, j. 3.5.12, DJ 9.5.12);

— o ajuizamento de **reclamação trabalhista,** ausente dolo ou abuso de direito (JTJ 316/160: AP 448.895-4/5-00);

— a **decisão judicial** que "desqualifica o testemunho do autor, não o próprio" (JTJ 315/180: AP 466.643-4/8-00).

Art. 186: 4a. "O método mais adequado para um **arbitramento** razoável da indenização por dano extrapatrimonial resulta da reunião dos dois últimos critérios analisados (valorização sucessiva tanto das **circunstâncias** como do **interesse jurídico lesado**). Na primeira fase, arbitra-se o valor básico ou inicial da indenização, considerando-se o interesse jurídico lesado, em conformidade com os precedentes jurisprudenciais acerca da matéria (grupo de casos). Assegura-se, com isso, uma exigência da justiça comutativa que é uma razoável igualdade de tratamento para casos semelhantes, assim como que situações distintas sejam tratadas desigualmente na medida em que se diferenciam. Na segunda fase, procede-se à fixação definitiva da indenização, ajustando-se o seu montante às peculiaridades do caso com base nas suas circunstâncias. Partindo-se, assim, da indenização básica, eleva-se ou reduz-se esse valor de acordo com as circunstâncias particulares do caso (gravidade do fato em si, culpabilidade do agente, culpa concorrente da vítima, condição econômica das partes) até se alcançar o montante definitivo. Procede-se, assim, a um arbitramento efetivamente equitativo, que respeita as peculiaridades do caso" (STJ-3ª T., REsp 959.780, Min. Paulo Sanseverino, j. 26.4.11, DJ 6.5.11; a citação é do voto do relator).

"Critérios de quantificação da indenização que devem atender a determinados balizamentos, que obedeçam ao padrão social e cultural do ofendido, à extensão da lesão do seu direito, ao grau de intensidade do sofrimento enfrentado, às condições pessoais do devedor, ao grau de suportabilidade do encargo pelo último, sem descurar do caráter reparatório, sempre com a preponderância do bom senso e da razoabilidade do encargo" (Ajuris 76/608).

"Na fixação da indenização por danos morais, recomendável que o arbitramento seja feito com moderação, proporcionalmente ao grau de culpa, ao nível socioeconômico dos autores, e, ainda, ao porte da empresa recorrida" (RSTJ 112/216 e STJ-RF 355/201).

"A indenização deve ter conteúdo didático, de modo a coibir reincidência do causador do dano sem enriquecer injustamente a vítima" (STJ-3ª T., REsp 831.584-AgRg-EDcl, Min. Gomes de Barros, j. 24.8.06, DJU 11.9.06).

"Na fixação da indenização por danos morais, recomendável que o arbitramento seja feito caso a caso e com moderação, proporcionalmente ao grau de culpa, ao nível socioeconômico do autor, e, ainda, ao porte da empresa, orientando-se o juiz pelos critérios sugeridos pela doutrina e jurisprudência, com razoabilidade, valendo-se de sua experiência e bom senso, atento à realidade da vida e às peculiaridades de cada caso, de modo que, de um lado, não haja enriquecimento sem causa de quem recebe a indenização e, de outro, haja efetiva compensação pelos danos morais experimentados por aquele que fora lesado" (STJ-2ª Seção, REsp 1.374.284, Min. Luis Felipe, j. 27.8.14, DJ 5.9.14).

"Se uma determinada lesão a bem jurídico atinge mais de uma pessoa e se cada pessoa pleiteou em processo autônomo a reparação de seus direitos, é importante que na fixação do montante da indenização os precedentes específicos já exarados sejam tomados em consideração, em nome do princípio da segurança jurídica, ainda que não provenientes do STJ. É critério razoável, nesse sentido, o do estabelecimento da média das indenizações já fixadas para se encontrar a justa reparação do dano moral causado" (STJ-3ª T., REsp 1.245.527, Min. Nancy Andrighi, j. 14.2.12, DJ 24.2.12).

À luz dessas premissas, **o STJ tem fixado os seguintes valores nas situações mais comuns de indenização por dano moral:**

a) **Morte** de filho: R$ 1.000.000,00 (aproximadamente 2.150 salários mínimos na época) para a mãe (STJ-3ª T., REsp 1.036.485-EDcl, Min. Nancy Andrighi, j. 12.5.09, DJ 25.5.09); 1.000 salários mínimos para a mãe (STJ-RT 866/152: 4ª T., REsp 737.918; caso especial: vítima estuprada antes da morte); 500 salários mínimos para cada um dos genitores (STJ-4ª T., REsp 745.710, Min. Jorge Scartezzini, j. 5.12.06, dois votos vencidos, DJU 9.4.07); R$ 400.000,00 (aproximadamente 419 salários mínimos na época) para cada um dos genitores (STJ-1ª T., Ag em REsp 401.519-AgInt, Min. Gurgel de Faria, j. 17.5.18, DJ 23.5.18); R$ 200.000,00 (aproximadamente 667 salários mínimos na época) para os pais (STJ-3ª T., REsp 659.420, Min. Nancy Andrighi, j. 15.12.05, DJU 1.2.06); R$ 150.000,00 (500 salários mínimos na época) para os pais (STJ-4ª T., REsp 703.878, Min. Jorge Scartezzini, j. 16.8.05, DJU 12.9.05); 500 salários mínimos, sendo 250 para cada um dos genitores (STJ-4ª T., REsp 565.290, Min. Cesar Rocha, j. 10.2.04, DJU 21.6.04); 300 salários mínimos para a mãe (STJ-2ª Seção, ED no REsp 435.157, Min. Gomes de Barros, j. 9.6.04, DJU 28.6.04); R$ 72.000,00 (300 salários mínimos na época) para os pais (STJ-4ª T., REsp 493.453, Min. Ruy Rosado de Aguiar, j. 24.6.03, DJU 25.8.03); 200 salários mínimos para os pais (STJ-1ª T., REsp 419.206, Min. Garcia Vieira, j. 27.8.02, DJU 21.10.02); R$ 60.000,00 (aproximadamente 63 salários mínimos na época) para a mãe (STJ-2ª T., Ag em REsp 812.782-AgInt, Min. Og Fernandes, j. 17.10.18, DJ 23.10.18);

— morte de pessoa casada ou em união estável ou de pessoa com filhos: R$ 1.000.000,00 (aproximadamente 2.150 salários mínimos na época) para cada filho (STJ-3ª T., REsp 1.036.485-EDcl, Min. Nancy Andrighi, j. 12.5.09, DJ 25.5.09; no caso, os filhos perderam o pai e a mãe no evento danoso); 300 salários mínimos para o cônjuge e para cada um dos dois filhos, totalizando 900 salários mínimos (STJ-1ª T., Ag em REsp 1.063.319-AgInt, Min. Regina Costa, j. 3.4.18, maioria, DJ 5.6.18); 700 salários mínimos, sendo 200 para o cônjuge e 125 para cada um dos quatro filhos (STJ-RT 866/154: 4ª T., REsp 753.634); R$ 300.000,00 para a esposa e R$ 300.000,00 para o filho, totalizando aproximadamente 629 salários mínimos na época (STJ-3ª T., REsp 1.422.873, Min. Ricardo Cueva, j. 13.3.18, DJ

20.3.18); 600 salários mínimos, a serem divididos igualmente pelos quatro autores, cônjuge e três filhos do falecido (STJ-4ª T., REsp 468.934, Min. Fernando Gonçalves, j. 20.5.04, DJU 7.6.04); R$ 180.000,00 (600 salários mínimos na época), sendo R$ 72.000,00 (240 salários mínimos na época) para o cônjuge e R$ 36.000,00 (120 salários mínimos na época) para cada um dos três filhos (STJ-4ª T., REsp 687.567, Min. Cesar Rocha, j. 28.6.05, um voto vencido, DJU 13.3.06); 500 salários mínimos a serem igualmente divididos pelos seis autores, cônjuge e cinco filhos do falecido (STJ-4ª T., AI 727.915-AgRg, Min. Aldir Passarinho Jr., j. 18.5.06, DJU 26.6.06); 300 salários mínimos, sendo 100 para a companheira e 200 para a filha (STJ-2ª T., REsp 515.037, Min. Franciulli Netto, j. 4.9.03, DJU 3.11.03); 150 salários mínimos para cada um dos dois filhos (STJ-2ª T., REsp 1.090.861, Min. Castro Meira, j. 21.5.09, DJ 1.6.09); 100 salários mínimos, para o cônjuge e seus três filhos (STJ-3ª T., REsp 435.719, Min. Nancy Andrighi, j. 19.9.02, DJU 11.11.02).

Ponderação de caráter geral: "Em se tratando de danos morais decorrentes da perda de um ente querido, a condição socioeconômica da vítima ou do beneficiário não é critério para a fixação do valor da compensação; porque, seja qual for a condição socioeconômica da vítima ou do beneficiário, a situação fática que causa dano moral é a mesma para qualquer ser humano, qual seja a perda de uma pessoa querida. Deve-se levar em conta essencialmente a extensão do dano consistente no sofrimento e no abalo psicológico causado pelo falecimento" (STJ-RDDP 53/128: 3ª T., REsp 660.267).

Mais uma: "O sofrimento pela morte de parente é disseminado pelo núcleo familiar, como em força centrífuga, atingindo cada um dos membros, em gradações diversas, o que deve ser levado em conta pelo magistrado para fins de arbitramento do valor da reparação do dano moral" (STJ-2ª T., REsp 1.101.213, Min. Castro Meira, j. 2.4.09, DJ 27.4.09). No caso, afirmou-se o seguinte: "a condenação ao pagamento de danos morais no valor de R$ 114.000,00 para cada um dos pais, correspondendo à época a 300 salários mínimos e de R$ 80.000,00 para cada um dos dois avós não é exorbitante nem desproporcional à ofensa sofrida pelos recorridos, que perderam filha e neta menor".

"Ação reparatória. Danos morais. Acidente de helicóptero que culminou na morte de parente próximo dos embargantes: pai e esposo/companheira. Fixação da quantia indenizatória de forma global, por núcleo familiar, que trata de forma diferenciada parentes que se encontram substancialmente na mesma situação. Metodologia individual, para fins de estipulação dos danos morais reparatórios, que melhor se coaduna com o teor de uma justa indenização para os familiares embargantes. A fixação de valor reparatório global por núcleo familiar — nos termos do acórdão embargado — justificar-se-ia apenas se a todos os lesados (que se encontram em idêntica situação, diga-se de passagem) fosse conferido igual tratamento, já que inexistem elementos concretos, atrelados a laços familiares ou afetivos, que fundamentem a discriminação a que foram submetidos os familiares de ambas as vítimas. No caso em exame, não se mostra equânime a redução do valor indenizatório, fixado para os embargantes, tão somente pelo fato de o núcleo familiar de seu parente falecido ser mais numeroso" (STJ-Corte Especial, ED no REsp 1.127.913, Min. Napoleão Maia Filho, j. 4.6.14, maioria, RT 949/328).

Caso em que se levou em conta a condição econômica do causador da morte de um filho para fixar para a mãe indenização no valor de R$ 35.000,00 (aproximadamente 68 salários mínimos na época): STJ-3ª T., REsp 1.069.288, Min. Massami Uyeda, j. 14.12.10, DJ 4.2.11.

"Embora não configurada culpa concorrente, não se pode ignorar que o evento danoso resultou da prática de atividade reconhecidamente de risco a que a vítima, de livre vontade, se propôs. As circunstâncias do evento devem ser consideradas no arbitramento da indenização e, no caso, tendo-se em conta a singeleza das associações ré, a regional e a nacional, e os riscos inerentes à prática de voo em asa delta (voo livre), mostra-se razoável a redução do valor da reparação por dano moral para R$ 40.000,00 para cada um dos dois autores" (STJ-4ª T., REsp 1.366.621-AgInt, Min. Raul Araújo, j. 27.8.19, DJ 30.9.19; a indenização equivale a aproximadamente 40 salários mínimos na época para cada genitor).

b) Lesões físicas graves, que, em regra, causam incapacidade total e permanente para o trabalho: R$ 1.140.000,00 (3.000 salários mínimos na época — STJ-RF 395/401: 3ª T., REsp 951.514; caso de vítima tetraplégica); R$ 800.000,00 (aproximadamente 1.927 salários mínimos na época — STJ-3ª T., REsp 1.011.437, Min. Nancy Andrighi, j. 24.6.08, DJ 5.8.08; caso de vítima de 19 anos que sofreu queimaduras de terceiro grau em 30% de seu corpo e amputação do braço direito e da genitália, que ainda recebeu mais R$ 400.000,00 a título de dano estético); R$ 360.000,00 (aproximadamente 947 salários mínimos na época — STJ-1ª T., AI 853.854-AgRg, Min. Denise Arruda, j. 5.6.07, DJU 29.6.07; caso de vítima tetraplégica e em estado vegetativo); 570 salários mínimos (STJ-3ª T., AI 469.137-AgRg, Min. Menezes Direito, j. 8.5.03, DJU 16.6.03; caso de queimadura, que resultou na amputação de parte das mãos e dos pés); 500 salários mínimos (STJ-2ª T., REsp 1.024.693, Min. Eliana Calmon, j. 6.8.09, DJ 21.8.09; caso de pais de filho portador de deficiência mental irreversível); R$ 100.000,00 (aproximadamente 385 salários mínimos na época — STJ-RTDC 25/175: 3ª T., REsp 473.085, dois votos vencidos; caso em que a vítima de acidente ficou tetraplégica).

Diferenciando a indenização para a vítima da lesão grave da indenização para os familiares da pessoa morta: "Quando se indeniza um familiar em decorrência do evento morte, o dano que se visa a reparar é o do sofrimento pela perda de um terceiro, e não a morte, propriamente dita. Já na tetraplegia, é a própria vítima que se busca indenizar" (STJ-RF 395/401: 3ª T., REsp 951.514). No mesmo sentido: STJ-4ª T., REsp 1.281.742, Min. Marco Buzzi, j. 13.11.12, DJ 5.12.12.

Em sentido semelhante: "Morte do filho no parto, por negligência médica, embora ocasione dor indescritível aos genitores, é evidentemente menor do que o sofrimento diário dos pais que terão de cuidar sempre do filho inválido, portador de deficiência mental irreversível" (STJ-2ª T., REsp 1.024.693, Min. Eliana Calmon, j. 6.8.09, DJ 21.8.09).

"À luz do art. 944, *caput*, do Código Civil, se a extensão do dano é mesmo a medida da indenização — nesta incluída a pretensão dissuasória e educativa da responsabilidade civil —, difícil imaginar prejuízo pessoal mais extenso, em todos os sentidos, do que paraplegia permanente, sobretudo se jovem a vítima e provocada por agente policial, representante direto do Estado, que a cada cidadão incumbe proteger. Trata-se de lesão incapacitante, substancial e irreversível que, além de suas dramáticas repercussões físicas e mentais, fulmina de frente o bem fundamental da liberdade, o direito de ir e vir. Daí equivaler, *mutatis mutandis*, a extrajudicialmente condenar inocente à prisão perpétua com tortura incessante. Embora muitos, com admirável perseverança e esforço, consigam superar as múltiplas adversidades da paralisia, outros tantos definham no corpo e no espírito. Entre os mais sofredores, não é incomum se reclamar ser a paraplegia pior do que a morte. É que esta põe termo à dor, enquanto aquela dá início a uma nova vida de padecimento sem fim, uma existência de imobilidade, dependência, frustrações, angústias, comprometimento da autoestima, efeitos colaterais e complicações sem perspectiva de final feliz" (STJ-2ª T., REsp 1.880.076, Min. Herman Benjamin, j. 1.9.20, DJ 1.10.20);

— lesões físicas razoáveis, causadoras de sequelas e de incapacidade parcial para o trabalho: R$ 360.000,00 (aproximadamente 497 salários mínimos na época — STJ-3ª T., REsp 1.345.471-AgRg-EDcl, Min. Nancy Andrighi, j. 11.2.14, DJ 24.2.14; caso de vítima de 8 anos que teve uma perna amputada); R$ 200.000,00 (aproximadamente 392 salários mínimos na época — STJ-3ª T., REsp 808.601, Min. Sidnei Beneti, j. 12.8.10, DJ 30.8.10; caso de "remoção de um dos olhos e perda de movimentos de um dos braços"); 300 salários mínimos (STJ-2ª T., REsp 343.904, Min. Eliana Calmon, j. 1.10.02, DJU 24.2.03; caso de cegueira de um olho da vítima); R$ 54.000,00 (aproximadamente 225 salários mínimos na época — STJ-3ª T., AI 480.836-AgRg, Min. Castro Filho, j. 9.9.03, DJU 29.9.03; hipótese em que ocorreu cegueira de um olho e deformidade no rosto); R$ 100.000,00 (aproximadamente 215 salários mínimos na época — STJ-4ª T., REsp 799.220, Min. Aldir Passarinho Jr., j. 19.5.09, DJ 8.6.09; no caso, foram amputados por esmagamento três dedos da mão direita da vítima); 200 salários mínimos (STJ-3ª T., AI 479.935-AgRg, Min. Menezes Direito, j. 22.5.03, DJU 30.6.03; hipótese em que houve amputação de dois terços da mão esquerda, ocasionando perda do movimento de pinça); R$ 50.000,00 (aproximadamente 167 salários mínimos na época — STJ-3ª T., REsp 173.927, Min. Pádua Ribeiro, j. 19.5.05, DJU 1.7.05; hipótese em que houve a perda do pé esquerdo de menor por esmagamento); 100 salários mínimos (STJ-2ª T., REsp 509.362, Min. Franciulli Netto, j. 26.6.03, DJU 22.9.03; caso de cegueira de um olho da vítima);

— lesões físicas de pequena monta, que não deixam sequelas e ocasionam incapacidade apenas temporária para o trabalho: R$ 6.000,00 (25 salários mínimos na época — STJ-3ª T., REsp 453.874, Min. Pádua Ribeiro, j. 4.11.03, DJU 1.12.03); 20 salários mínimos (STJ-3ª T., REsp 488.024, Min. Pádua Ribeiro, j. 22.5.03, um voto vencido, DJU 4.8.03).

c) Devolução indevida de **cheque** pelo banco e consequente encerramento da conta-corrente, sem a inscrição do nome do autor nos cadastros de restrição de crédito: R$ 5.000,00 (STJ-4ª T., REsp 577.898, Min. Cesar Rocha, j. 4.12.03, DJU 14.6.04);

— havendo devolução indevida de cheque e inscrição do nome do autor nos cadastros de proteção ao crédito: 50 salários mínimos (STJ-4ª T., REsp 527.414, Min. Barros Monteiro, j. 25.11.03, DJU 16.2.04); R$ 10.000,00 para cada autor (STJ-4ª T., REsp 409.451, Min. Ruy Rosado de Aguiar, j. 6.8.02, DJU 24.2.03); R$ 6.000,00 (STJ-4ª T., REsp 651.443, Min. Jorge Scartezzini, j. 9.11.04, DJU 6.12.04). Apresentação de cheque pré-datado pela empresa credora antes do prazo ajustado, acarretando a sua devolução: 50 salários mínimos (STJ-3ª T., REsp 213.940, Min. Eduardo Ribeiro, j. 29.6.00, DJU 21.8.00);

— fornecimento indevido de talão de cheques, "levando em consideração que se trata de senhora idosa, com problemas de saúde, que foi submetida à investigação policial": 100 salários mínimos (STJ-2ª T., REsp 474.786, Min. Eliana Calmon, j. 1.4.04, DJU 7.6.04). Extravio de folhas de cheque e posterior inscrição em cadastro de proteção ao crédito: 30 salários mínimos (STJ-4ª T., REsp 556.031, rel. Min. Barros Monteiro, j. 27.9.05, DJU 7.11.05).

d) Inscrição indevida do nome do autor em **cadastros restritivos de crédito:** 50 salários mínimos (STJ-3ª T., AI 562.568-AgRg, rel. Min. Pádua Ribeiro, j. 6.5.04, DJU 7.6.04; STJ-3ª T., REsp 648.486-EDcl-AgRg, rel. Min. Nancy Andrighi, j. 28.6.05, DJU 1.8.05); R$ 20.000,00 (STJ-4ª T., REsp 623.776, Min. Luis Felipe, j. 25.5.10, DJ 8.6.10); R$ 12.000,00 (STJ-3ª T., AI 639.277-AgRg, rel. Min. Menezes Direito, j. 9.5.06, DJU 28.8.06); R$ 10.000,00 (STJ-4ª T., REsp 679.166, rel. Min. Jorge Scartezzini, j. 26.4.05, DJU 23.5.05); R$ 6.000,00 (STJ-4ª T., REsp 575.166, rel. Min. Fernando Gonçalves, j. 18.3.04, DJU 5.4.04); R$ 5.000,00 (STJ-3ª T., REsp 303.888, rel. Min. Castro Filho, j. 22.11.03, DJU 28.6.04; STJ-4ª T., Ag em REsp 1.474.388-AgInt, Min. Raul Araújo, j. 20.8.19, DJ 9.9.19); R$ 3.000,00 (STJ-4ª T., REsp 588.572, rel. Min. Barros Monteiro, j. 20.10.05, DJU 19.12.05); R$ 1.000,00 (STJ-4ª T., REsp 760.841, rel. Min. Jorge Scartezzini, j. 28.3.06, DJU 8.5.06);

— manutenção do nome do autor em cadastros de restrição do crédito, mesmo após a quitação da dívida: R$ 500,00 (STJ-4ª T., REsp 777.004, rel. Min. Jorge Scartezzini, j. 7.2.06, DJU 6.3.06); R$ 2.000,00 (STJ-4ª T., REsp 581.814, rel. Min. Aldir Passarinho Jr., j. 2.12.04, DJU 4.4.05); R$ 3.000,00 (STJ-4ª T., REsp 299.456, rel. Min. Aldir Passarinho Jr., j. 19.12.02, DJU 2.6.03); R$ 6.000,00 (STJ-4ª T., REsp 511.921, rel. Min. Aldir Passarinho Jr., j. 9.3.04, DJU 12.4.04). Manutenção do nome do autor em cadastro de inadimplentes após a quitação do débito, havendo outros registros em seu nome: R$ 500,00 (STJ-3ª T., REsp 437.234, rel. Min. Nancy Andrighi, j. 19.8.03, DJU 29.9.03); R$ 3.000,00 (STJ-3ª T., REsp 718.618, rel. Min. Pádua Ribeiro, j. 24.5.05, DJU 20.6.05);

— protesto indevido de título: R$ 20.000,00 (STJ-3ª T., REsp 792.051, Min. Sidnei Beneti, j. 27.5.08, DJU 20.6.08); 50 salários mínimos (STJ-4ª T., REsp 503.892, Min. Aldir Passarinho Jr., j. 5.2.04, DJU 15.3.04); 20 salários mínimos (STJ-4ª T., REsp 575.624, Min. Cesar Rocha, j. 10.2.04, DJU 2.8.04); R$ 1.000,00 (STJ-4ª T., REsp 873.922, Min. Jorge Scartezzini, j. 14.11.06, DJU 11.12.06).

Em todos esses casos, é pertinente a seguinte ponderação: "Critério indenizatório de multiplicação do valor dos títulos por determinado fator que se revela inadequado, por aleatório" (STJ-4ª T., REsp 586.615, Min. Aldir Passarinho Jr., j. 7.11.06, DJU 11.12.06).

Outra ponderação pertinente: "O curto lapso de permanência da inscrição indevida em cadastro restritivo, apesar de não afastar o reconhecimento dos danos morais suportados, deve ser levado em consideração na fixação do valor da reparação" (STJ-3ª T., REsp 994.253, Min. Nancy Andrighi, j. 15.5.08, DJ 24.11.08).

Diretriz firmada pelo STJ: "A existência de outros apontamentos de débito não afasta o dever de indenizar, mas deve refletir sobre a fixação do valor da indenização" (STJ-4ª T., REsp 540.944, Min. Jorge Scartezzini, j. 17.8.04, DJU 17.12.04). No mesmo sentido: STJ-3ª T., REsp 688.547, Min. Menezes Direito, j. 28.11.06, DJU 26.3.07.

e) **Acusação indevida** de furto em loja de roupas, havendo condução do acusado à delegacia de polícia: R$ 20.000,00 (STJ-4ª T., AI 566.114-AgRg, rel. Min. Barros Monteiro, j. 4.5.04, negaram provimento, v.u., DJU 2.8.04, p. 407).

Ponderação no sentido de que "a conduta cautelosa da empresa ré no caso" implica redução do valor da indenização: STJ-3ª T., REsp 1.073.502-AgRg, Min. Sidnei Beneti, j. 19.2.09, DJ 9.3.09 (no caso, a indenização caiu de R$ 10.000,00 para R$ 3.000,00).

— **falso disparo de alarme antifurto** em estabelecimento comercial: R$ 2.000,00 (STJ-4ª T., REsp 710.876, rel. Min. Fernando Gonçalves, j. 12.12.05, deram provimento, v.u., DJU 1.2.06, p. 566); 10 salários mínimos (STJ-4ª T., REsp 552.381, rel. Min. Aldir Passarinho Jr., j. 28.9.04, deram provimento parcial, v.u., DJU 27.6.05, p. 402);

— **constrangimento** a que foi exposto o autor ao ser barrado em porta giratória de estabelecimento bancário, além de disparo de alarme sonoro: R$ 10.000,00 (STJ-3ª T., REsp 504.144, rel. Min. Nancy Andrighi, j. 6.6.03, deram provimento, v.u., DJU 30.6.03, p. 249);

— prisão indevida do autor, "por **erro judiciário** ou permanência do preso por tempo superior ao determinado na sentença": R$ 30.000,00 (STJ-1ª T., REsp 434.970, rel. Min. Luiz Fux, j. 26.11.02, negaram provimento, v.u., DJU 16.12.02, p. 257).

"O tempo de duração da prisão indevida é fator influente ao cálculo da compensação por danos morais. Considerado que pelo tempo de cárcere, aproximadamente sete horas, a fixação do dano moral em 200 salários mínimos é exorbitante, devendo ser reduzida para a quantia de R$ 10.000,00" (STJ-2ª T., REsp 1.209.341, Min. Humberto Martins, j. 21.10.10, DJ 9.11.10). Ulteriormente, em situação bastante semelhante, a mesma 2ª Turma fixou a indenização em R$ 50.000,00 (STJ-2ª T., REsp 1.147.513, Min. Herman Benjamin, j. 17.8.10, maioria, DJ 28.4.11);

— **exercício irregular do direito de ação,** com busca e apreensão de veículo alienado fiduciariamente, sob o fundamento de suposta inadimplência do autor: redução de R$ 173.067,00 para R$ 13.000,00 (STJ-4ª T., REsp 565.427, rel. Min. Cesar Rocha, j. 15.6.04, deram provimento parcial, v.u., DJU 11.10.04, p. 341).

f) Divulgação, através da **imprensa,** de notícias e matérias caluniosas e ofensivas à **honra da vítima:** R$ 20.000,00 (STJ-3ª T., REsp 1.129.256, Min. Nancy Andrighi, j. 12.8.10, DJ 19.8.10; aproximadamente 39 salários mínimos na época); 200 salários mínimos (STJ-4ª T., REsp 448.604, rel. Min. Aldir Passarinho Jr., j. 6.11.03, DJU 25.2.04, p. 180; STJ-4ª T., REsp 243.093, rel. Min. Sálvio de Figueiredo, j. 14.3.00, DJU 18.9.00, p. 135); 300 salários mínimos (STJ-4ª T., REsp 448.604, rel. Min. Aldir Passarinho Jr., j. 6.11.03, DJU 25.2.04, p. 180; STJ-2ª T., REsp 575.023, rel. Min. Eliana Calmon, j. 27.4.04, DJU 21.6.04, p. 204); 400 salários mínimos (STJ-4ª T., REsp 72.343, rel. Min. Aldir Passarinho Jr., j. 16.8.01, um voto vencido, DJU 4.2.02, p. 363); 500 salários mínimos (STJ-4ª T., REsp 513.057, rel. Min. Sálvio de Figueiredo, j. 18.9.03, DJU 18.9.03, p. 484).

g) Utilização de **imagem** do autor sem sua autorização: R$ 50.000,00 (STJ-2ª Seção, ED no REsp 230.268, rel. Min. Sálvio de Figueiredo, j. 11.12.02, três votos vencidos, DJU 4.8.03, p. 216);

— falsificação e comercialização indevida de produtos do autor (titular da marca): R$ 25.000,00 para cada autor (STJ-3ª T., REsp 466.761, rel. Min. Nancy Andrighi, j. 3.4.03, DJU 4.8.03, p. 295).

h) Recusa indevida de **cobertura de seguro ou plano de saúde:** R$ 150.000,00 (STJ-RT 891/274: 3ª T., REsp 1.119.962; caso em que a demora da seguradora no fornecimento da cobertura resultou na morte do segurado);

R$ 50.000,00 (STJ-4ª T., REsp 880.035, Min. Jorge Scartezzini, j. 21.11.06, DJU 18.12.06; STJ-RDPr 38/363: 3ª T., REsp 918.392); R$ 30.000,00 (STJ-3ª T., REsp 313.914, Min. Ari Pargendler, j. 13.2.07, DJU 21.5.07); R$ 20.000,00 (STJ-3ª T., REsp 657.717, Min. Nancy Andrighi, j. 23.11.05, DJU 12.12.05); R$ 12.000,00 (STJ-3ª T., REsp 1.235.714, Min. Nancy Andrighi, j. 22.5.12, DJ 29.5.12); R$ 10.000,00 (STJ-3ª T., REsp 1.035.641, Min. Nancy Andrighi, j. 22.6.10, DJ 3.8.10); R$ 3.000,00 (STJ-3ª T., REsp 1.096.560-EDcl-AgRg, Min. Sidnei Beneti, j. 6.8.09, DJ 23.10.09).

"O arbitramento da indenização em valor correspondente ao décuplo do valor dos materiais utilizados na cirurgia, entretanto, não guarda relação de razoabilidade ou proporcionalidade, devendo ser reduzido" (STJ-3ª T., REsp 1.289.998, Min. Nancy Andrighi, j. 23.4.13, DJ 2.5.13). No caso, reduziu-se o valor da indenização de R$ 46.000,00 para R$ 20.000,00.

i) **Cobrança indevida** em operação com cartão de crédito: redução para 50 salários mínimos (STJ-4ª T., REsp 467.213, rel. Min. Fernando Gonçalves, j. 3.2.04, DJU 16.2.04, p. 260).

"Contrato de cartão de crédito. Inexistência de contratação. Reiteração por 47 vezes de cobrança indevida. Responsabilização da empresa comercial. Possibilidade. Configurado o dano moral é possível a excepcional revisão do valor da condenação por meio do especial para adequação do 'quantum' excessivo" (STJ-3ª T., Ag em REsp 509.257-AgRg, Min. Moura Ribeiro, j. 23.9.14, DJ 26.9.14). Do voto do relator: "Consideradas as circunstâncias do caso, a ausência de negativação e as condições econômicas das partes, se justifica a excepcional intervenção por meio do especial para reformar o acórdão estadual e reduzir o valor indenizatório para R$ 8.000,00".

j) **Extravio de bagagens e atraso** de 10 horas de voo internacional: redução para R$ 3.000,00 (STJ-4ª T., REsp 602.014, rel. Min. Cesar Rocha, j. 18.12.03, DJU 14.6.04, p. 237);

— extravio de bagagens em viagem internacional: R$ 20.000,00 (STJ-3ª T., AI 574.867-AgRg, Min. Nancy Andrighi, j. 14.6.04, DJU 28.6.04); R$ 18.000,00 (STJ-3ª T., AI 538.459-AgRg, Min. Nancy Andrighi, j. 6.11.03, DJU 9.12.03). Em viagem nacional: 50 salários mínimos (STJ-4ª T., REsp 156.240, Min. Ruy Rosado de Aguiar, j. 23.11.00, DJU 12.2.01);

— atraso de 8 horas no voo nacional de ida, com pernoite no aeroporto, e 4 horas no voo de volta: R$ 10.000,00 (STJ-3ª T., REsp 1.280.372, Min. Ricardo Cueva, j. 7.10.14, DJ 10.10.14); atraso de 16 horas em voo internacional e pernoite no aeroporto: R$ 8.000,00 por autor (STJ-4ª T., REsp 740.968, Min. Aldir Passarinho Jr., j. 11.9.07, DJU 12.11.07); atraso de, pelo menos, 36 horas em voo internacional, com imprevista conexão em país para o qual os viajantes não possuíam visto de entrada: R$ 6.000,00 (STJ-4ª T., REsp 628.828, Min. Cesar Rocha, j. 20.4.04, DJU 4.10.04; no caso, considerou-se também a ocorrência de *overbooking*); R$ 5.000,00 (STJ-4ª T., REsp 575.486, Min. Cesar Rocha, j. 3.2.04, DJU 21.6.04); atraso de 25 horas em voo internacional, mas sem "ocorrência de maiores transtornos": R$ 2.500,00 por autor (STJ-4ª T., REsp 478.281-AgRg, Min. Cesar Rocha, j. 21.8.03, DJU 28.10.03); atraso de mais de vinte e quatro horas em voo internacional: 332 Depósitos Especiais de Saque, resultantes da conversão de 5.000 francos *poincaré* (STJ-4ª T., REsp 228.684, Min. Fernando Gonçalves, j. 3.8.04, DJU 16.8.04).

Ponderando que "o suporte oferecido pela empresa recorrente para minimizar os transtornos e constrangimentos sofridos pelos autores" implica redução do valor da indenização: STJ-3ª T., AI 1.070.474-AgRg, Min. Sidnei Beneti, j. 19.2.09, DJ 9.3.09 (no caso, a indenização foi reduzida de R$ 12.000,00 para R$ 3.000,00).

— prática de *overbooking*: R$ 13.000,00 (STJ-4ª T., AI 720.055-AgRg, Min. Luis Felipe, j. 27.10.09, DJ 16.11.09); R$ 6.000,00 (STJ-4ª T., AI 581.787-AgRg, rel. Min. Barros Monteiro, j. 6.10.05, negaram provimento, v.u., DJU 19.12.05, p. 416); R$ 5.000,00 (STJ-4ª T., REsp 773.486, rel. Min. Fernando Gonçalves, j. 27.9.05, DJU 17.10.05, p. 315);

Art. 186: 4b. Não se admite a fixação da indenização por dano moral em salários mínimos: "A indenização por dano moral não pode ser fixada em salários mínimos, pois a isso se opõe a CF 7º-IV" (STF-RJ 273/84: 1ª T., RE 225.488). "Não se pode utilizar o salário mínimo como fator de indexação do montante estabelecido a título de indenização por dano moral" (STJ-3ª T., REsp 1.245.527, Min. Nancy Andrighi, j. 14.2.12, DJ 24.2.12). No mesmo sentido: STJ-4ª T., REsp 567.844, Min. Jorge Scartezzini, j. 5.10.04, DJU 6.12.04; RJTJERGS 269/302 (AP 70023210651).

Contra: "Indenização por dano moral. Possível a fixação em salários mínimos, a prudente arbítrio do julgador" (STJ-RJTJERGS 218/33: 4ª T., AI 261.760-AgRg). No mesmo sentido: STJ-1ª T., REsp 474.986, Min. José Delgado, j. 10.12.02, DJU 24.2.03; STJ-2ª T., REsp 236.066, Min. Franciulli Netto, j. 4.9.03, DJU 3.11.03; STJ-3ª T., REsp 149.161, Min. Menezes Direito, j. 15.10.98, DJU 19.4.99; JTJ 332/503 (AP 568.182-4/7-00), 348/196 (AP 1.176.336-3; v. p. 199).

Mas, admite-se que o valor do salário mínimo oriente a fixação da indenização, servindo como parâmetro para esta: "Considerando que o salário mínimo tem servido de base para o cálculo de danos morais e estéticos, cumpre ao STJ, na condição de uniformizador da jurisprudência infraconstitucional pátria, manter-se atento à evolução da referida verba, em termos nominais e reais, para que a sua utilização como parâmetro indenizatório não implique distorções" (STJ-3ª T., REsp 1.345.471-AgRg-EDcl, Min. Nancy Andrighi, j. 11.2.14, DJ 24.2.14).

V. tb. LCM 1º, nota 4-Salário mínimo como parâmetro para a indenização.

Art. 186: 4c. "O fato de a Convenção de Varsóvia revelar, como regra, a indenização tarifada por danos materiais não exclui a relativa aos danos morais. Configurados esses pelo sentimento de desconforto, de constrangimento, aborrecimento e humilhação decorrentes do extravio de mala, cumpre observar a Carta Política da República — incs. V e X do art. 5º, no que se sobrepõe a tratados e convenções ratificados pelo Brasil" (STF-2ª T., RE 172.720, Min. Marco Aurélio, j. 6.2.96, DJU 21.2.97).

"As indenizações tarifadas, previstas na Convenção de Varsóvia e modificações posteriores (Haia e Montreal), não se aplicam ao pedido de reparação de danos morais decorrentes de defeito na prestação de serviço de transporte aéreo internacional" (STJ-3ª T., AI 442.487-AgRg-EDcl, Min. Gomes de Barros, j. 14.11.07, DJU 26.11.07). Ainda: "Não mais prevalece a limitação prevista na Convenção de Varsóvia para a determinação do valor a título de dano moral por atraso de voo, sendo possível a utilização do critério nela previsto como parâmetro indenizatório" (STJ-4ª T., REsp 228.684, Min. Fernando Gonçalves, j. 3.8.04, DJU 16.8.04).

Também afastando os limites da Convenção de Varsóvia em caso de dano moral: RT 809/328, RJM 173/187.

V. tb. Lei 8.078/90, nota 1 (no tít. CONSUMIDOR).

Art. 186: 4d. "A Lei de Imprensa previa a possibilidade de se determinar a **publicação das sentenças cíveis e criminais** proferidas em causas nas quais se discutissem ofensas perpetradas pela imprensa, no mesmo veículo de comunicação em que a ofensa tivesse sido veiculada. Esse direito não se confunde com o direito de resposta, de modo que ele não encontra fundamento direto na Constituição Federal. A sobrevivência do direito à publicação da sentença, portanto, deve ser apreciada com os olhos voltados à legislação civil. O princípio da reparação integral do dano não tem alcance suficiente para abranger o direito à publicação da sentença cível ou criminal" (STJ-3ª T., REsp 885.248, Min. Nancy Andrighi, j. 15.12.09, DJ 21.5.10). No mesmo sentido: "O princípio da reparação integral do dano, por si só, não justifica a imposição do ônus de publicar o inteiro teor da sentença condenatória. Isso porque, da interpretação lógico-sistemática do próprio Código Civil, resulta evidente que a reparação por danos morais deve ser concretizada a partir da fixação equitativa, pelo julgador, de verba indenizatória, e não pela imposição ao causador do dano de obrigações de fazer não previstas em lei ou contrato" (STJ-4ª T., REsp 1.867.286, Min. Marco Buzzi, j. 24.8.21, DJ 18.10.21).

Contra: "Direito à retratação. Princípio da reparação integral. Publicação da decisão condenatória. Possibilidade. O direito à retratação e ao esclarecimento da verdade possui previsão na Constituição da República e na Lei Civil, não tendo sido afastado pelo Supremo Tribunal Federal no julgamento da ADPF 130/DF. O princípio da reparação integral (arts. 927 e 944 do CC) possibilita o pagamento da indenização em pecúnia e *in natura*, a fim de se dar efetividade ao instituto da responsabilidade civil. Violada a expectativa legítima, cabe à jurisdição buscar a pacificação social, podendo o magistrado determinar a publicação da decisão condenatória nas próximas edições do livro" (STJ-3ª T., REsp 1.771.866, Min. Marco Bellizze, j. 12.2.19, DJ 19.2.19).

V. tb. Lei 13.188/15, art. 2º, nota 1 (no tít. DIREITO DE RESPOSTA).

Art. 186: 4e. "Limitação da reparação por danos morais pelo tribunal de origem à retratação junto à imprensa. A reparação natural do dano moral, mesmo se tratando de pessoa jurídica, não se mostra suficiente para a compensação dos prejuízos sofridos pelo lesado. Concreção do princípio da reparação integral, determinando a imposição de indenização pecuniária como compensação pelos danos morais sofridos pela empresa lesada" (STJ-3ª T., REsp 959.565, Min. Paulo Sanseverino, j. 24.5.11, DJ 27.6.11).

Art. 186: 5. Reconhecendo a ocorrência de **dano moral coletivo**: STJ-RT 919/515 (3ª T., REsp 1.221.756, com comentário de Leonardo Roscoe Bessa).

"Ação civil pública. Cumprimento de medidas de internação por adolescentes em celas com adultos. Dano moral coletivo *in re ipsa*. Indenização vinculada à proteção dos menores em situação de vulnerabilidade" (STJ-2ª T., REsp 1.793.332, Min. Herman Benjamin, j. 5.9.19, DJ 26.8.20).

"Ação civil pública. Ambiental. Irregularidade no fornecimento de água potável encanada. Dano moral coletivo caracterizado. A privação do fornecimento de água e a irregularidade de tal serviço, lesa não só o indivíduo prejudicado pela falta de bem vital e pelo serviço deficiente, como também toda coletividade cujos diversos direitos são violados: dignidade da pessoa humana, saúde pública, meio ambiente equilibrado" (STJ-2ª T., REsp 1.820.000, Min. Herman Benjamin, j. 17.9.19, DJ 11.10.19).

"Ação civil pública. Meio ambiente. Depósito de resíduo sólido a céu aberto. O dano moral coletivo atinge interesse não patrimonial de classe específica ou não de pessoas, afronta ao sentimento geral dos titulares da relação jurídica-base, sendo desnecessária demonstração de que a coletividade sinta dor, repulsa, indignação, tal qual fosse indivíduo isolado" (STJ-2ª T., REsp 1.334.421, Min. Herman Benjamin, j. 19.5.16, DJ 6.11.19).

"Ainda que de forma reflexa, a degradação ao meio ambiente dá ensejo ao dano moral coletivo" (STJ-2ª T., REsp 1.367.923, Min. Humberto Martins, j. 27.8.13, RT 939/428). No mesmo sentido: STJ-1ª Seção, ED no REsp 1.410.698, Min. Napoleão Maia Filho, j. 14.11.18, DJ 3.12.18.

"É fato notório (art. 374, I, do CPC) que o tráfego de veículos com excesso de peso provoca sérios danos materiais às vias públicas, ocasionando definhamento da durabilidade e da vida útil da camada que reveste e dá estrutura ao pavimento e ao acostamento, o que resulta em buracos, fissuras, lombadas e depressões, imperfeições no escoamento da água, tudo a ampliar custos de manutenção e de recuperação, consumindo preciosos e escassos recursos públicos. Ademais, acelera a depreciação dos veículos que utilizam a malha viária, impactando, em particular, nas condições e desempenho do sistema de frenagem da frota do embarcador/expedidor. Mais inquietante, afeta as condições gerais de segurança das vias e estradas, o que aumenta o número de acidentes, inclusive fatais. Em consequência, provoca dano moral coletivo consistente no agravamento dos riscos à saúde e à segurança de todos, prejuízo esse atrelado igualmente à redução dos níveis de fluidez do tráfego e de conforto dos usuários" (STJ-2ª T., REsp 1.574.350, Min. Herman Benjamin, j. 3.10.17, DJ 6.3.19).

"Ação civil pública. Contratação de servidor sem concurso público. Ação julgada procedente nas instâncias ordinárias. Condenação em danos morais coletivos. Possibilidade. Havendo contratação de servidores sem concurso, há presunção legal de ilegitimidade dessa conduta e também de lesividade que ultrapassa a simples esfera da Administração Pública para atingir, concomitantemente, valores da coletividade, que, com razão, espera e exige dos administradores a correta gestão da coisa pública e, sobretudo, o estrito cumprimento das leis e da Constituição" (STJ-1ª T., Ag em REsp 538.308-AgInt, Min. Sérgio Kukina, j. 31.8.20, DJ 4.9.20).

"Vício de quantidade. Danos morais coletivos. Ocorrência. O dano moral coletivo é categoria autônoma de dano que não se identifica com aqueles tradicionais atributos da pessoa humana (dor, sofrimento ou abalo psíquico), mas com a violação injusta e intolerável de valores fundamentais titularizados pela coletividade (grupos, classes ou categorias de pessoas). Tem a função de: a) proporcionar uma reparação indireta à lesão de um direito extrapatrimonial da coletividade; b) sancionar o ofensor; e c) inibir condutas ofensivas a esses direitos transindividuais. A grave lesão de interesses individuais homogêneos acarreta o comprometimento de bens, institutos ou valores jurídicos superiores, cuja preservação é cara a uma comunidade maior de pessoas, razão pela qual é capaz de reclamar a compensação de danos morais coletivos. Na hipótese concreta, foram indicadas vulnerações graves à moralidade pública contratual, de significância razoável que ultrapassa os limites da tolerabilidade, razão pela qual foram verificados os requisitos necessários à condenação da recorrente à compensação de danos morais coletivos" (STJ-3ª T., REsp 1.586.515, Min. Nancy Andrighi, j. 22.5.18, DJ 29.5.18).

"Exposição a venda de produtos deteriorados em rede de supermercados. Publicidade enganosa. Sobreposição de etiquetas com alteração da data de validade do produto. Quebra da confiança da coletividade de consumidores. Vícios e defeitos. Danos morais coletivos" (STJ-3ª T., REsp 1.799.346, Min. Nancy Andrighi, j. 3.12.19, DJ 13.12.19).

"Tempo de atendimento presencial em agências bancárias. A instituição financeira recorrida optou por não adequar seu serviço aos padrões de qualidade previstos em lei municipal e federal, impondo à sociedade o desperdício de tempo útil e acarretando violação injusta e intolerável ao interesse social de máximo aproveitamento dos recursos produtivos, o que é suficiente para a configuração do dano moral coletivo" (STJ-3ª T., REsp 1.737.412, Min. Nancy Andrighi, j. 5.2.19, DJ 8.2.19).

"A inadequada prestação de serviços bancários, caracterizada pela reiterada existência de caixas eletrônicos inoperantes, sobretudo por falta de numerário, e pelo consequente excesso de espera em filas por tempo superior ao estabelecido em legislação municipal, é apta a caracterizar danos morais coletivos" (STJ-3ª T., REsp 1.929.288, Min. Nancy Andrighi, j. 22.2.22, DJ 24.2.22).

"A prática de venda casada por parte de operadora de telefonia é capaz de romper com os limites da tolerância. No momento em que oferece ao consumidor produto com significativas vantagens — no caso, o comércio de linha telefônica com valores mais interessantes do que a de seus concorrentes — e de outro, impõe-lhe a obrigação de aquisição de um aparelho telefônico por ela comercializado, realiza prática comercial apta a causar sensação de repulsa coletiva a ato intolerável, tanto intolerável que encontra proibição expressa em lei. Afastar, da espécie, o dano moral difuso, é fazer tábula rasa da proibição elencada no art. 39, I, do CDC e, por via reflexa, legitimar práticas comerciais que afrontem os mais basilares direitos do consumidor" (STJ-2ª T., REsp 1.397.870, Min. Mauro Campbell, j. 2.12.14, DJ 10.12.14).

"Em razão da inexistência de uma mensagem clara, direta que pudesse conferir ao consumidor a sua identificação imediata (no momento da exposição) e fácil (sem esforço ou capacitação técnica), reputa-se que a publicidade ora em debate, de fato, malferiu a redação do art. 36, do CDC e, portanto, cabível e devida a reparação dos danos morais coletivos" (STJ-4ª T., REsp 1.101.949, Min. Marco Buzzi, j. 10.5.16, maioria, DJ 30.5.16).

"Tendo o acórdão recorrido reconhecido a reprovabilidade do conteúdo da publicidade, considerando-a abusiva, não poderia ter deixado de condenar a recorrida a ressarcir danos morais coletivos, sob pena de tornar inepta a proteção jurídica à indevida lesão de interesses transindividuais, deixando de aplicar a função preventiva e pedagógica típica de referidos danos e permitindo a apropriação individual de vantagens decorrentes da lesão de interesses sociais" (STJ-3ª T., REsp 1.655.731, Min. Nancy Andrighi, j. 14.5.19, DJ 16.5.19).

"Ação civil pública. Propaganda enganosa. Veículo automotor. Introdução no mercado nacional. Difusão de informações equivocadas. Itens de série. Modelo básico. Dano moral difuso. Configuração" (STJ-3ª T., REsp 1.546.170, Min. Ricardo Cueva, j. 18.2.20, DJ 5.3.20).

Reconhecendo a ocorrência de danos morais coletivos em caso de "alienação de terrenos em loteamento irregular (ante a violação de normas de uso e ocupação do solo) e veiculação de publicidade enganosa a consumidores de baixa renda, que teriam sido submetidos a condições precárias de moradia": STJ-4ª T., REsp 1.539.056, Min. Luis Felipe, j. 6.4.21, DJ 18.5.21.

"A infidelidade de bandeira constitui prática comercial intolerável, consubstanciando, além de infração administrativa, conduta tipificada como crime à luz do código consumerista (entre outros), motivo pelo qual a condenação do ofensor ao pagamento de indenização por dano extrapatrimonial coletivo é medida de rigor, a fim de evitar a banalização do ato reprovável e inibir a ocorrência de novas lesões à coletividade" (STJ-4ª T., REsp 1.487.046, Min. Luis Felipe, j. 28.3.17, DJ 16.5.17).

"Jogo de azar ilegal. Bingo. Indenização por dano moral coletivo. Cabimento. Dano *in re ipsa*" (STJ-2ª T., REsp 1.567.123, Min. Herman Benjamin, j. 14.6.16, DJ 28.8.20). No mesmo sentido: "O dano moral sofrido difusamente pela coletividade encontra-se demonstrado em razão do caráter altamente viciante dos jogos de azar, passíveis de afetar o equilíbrio doméstico e comprometer o bem-estar do jogador e de sua família pela compulsão de jogar" (RT 920/836: TRF-1ª Reg., AP 2007.33.11.004852-0).

Todavia, negando sua ocorrência no caso concreto: "Na hipótese em julgamento, não se vislumbram danos coletivos, difusos ou sociais. Da ilegalidade constatada nos contratos de consumo não decorreram consequências lesivas além daquelas experimentadas por quem, concretamente, teve o tratamento embaraçado ou por aquele que desembolsou os valores ilicitamente sonegados pelo plano. Tais prejuízos, todavia, dizem respeito a direitos individuais homogêneos" (STJ-4ª T., REsp 1.293.606, Min. Luis Felipe, j. 2.9.14, DJ 26.9.14).

"O dano moral coletivo, por decorrer de injusta e intolerável lesão à esfera extrapatrimonial de toda comunidade, violando seu patrimônio imaterial e valorativo, isto é, ofendendo valores e interesses coletivos fundamentais, não se origina de violação de interesses ou direitos individuais homogêneos – que são apenas acidentalmente coletivos –, encontrando-se, em virtude de sua própria natureza jurídica, intimamente relacionado aos direitos difusos e coletivos" (STJ-3ª T., REsp 1.968.281, Min. Nancy Andrighi, j. 15.3.22, DJ 21.3.22; no caso, a ação tinha por objeto vício existente em determinado aparelho de telefone celular).

"Colocação de produto alimentício contaminado no mercado de consumo. Apesar de o dano moral coletivo ocorrer *in re ipsa*, sua configuração ocorre apenas quando a conduta antijurídica afetar interesses fundamentais, ultrapassando os limites do individualismo, mediante conduta grave, altamente reprovável, sob pena de o instituto ser banalizado. Os direitos difusos, metaindividuais, são aqueles pertencentes, simultânea e indistintamente, a todos os integrantes de uma coletividade, indeterminados ou indetermináveis, caracterizando-se, ademais, pela natureza indivisível de seu objeto ou bem jurídico protegido, tendo como elemento comum as circunstâncias do fato lesivo, e não a existência de uma relação jurídica base. No caso concreto, não há violação de direitos difusos ou transindividuais, não sendo possível o reconhecimento da ocorrência de dano moral coletivo, malgrado a nítida existência de afronta a direitos individuais homogêneos, tendo sido proferida condenação genérica, a ser ulteriormente liquidada, nos termos do processo coletivo" (STJ-4ª T., REsp 1.838.184, Min. Luis Felipe, j. 5.10.21, DJ 26.11.21).

"Não basta a mera infringência à lei ou ao contrato para a caracterização do dano moral coletivo. É essencial que o ato antijurídico praticado atinja alto grau de reprovabilidade e transborde os lindes do individualismo, afetando, por sua gravidade e repercussão, o círculo primordial de valores sociais. Com efeito, para não haver o seu desvirtuamento, a banalização deve ser evitada. Na hipótese dos autos, até o início de 2008 havia dúvida jurídica razoável quanto à abusividade da negativa de cobertura das próteses ligadas à facectomia nos contratos de assistência à saúde anteriores à edição da Lei 9.656/1998, somente superada com a revisão de entendimento da ANS sobre o tema, de forma que a operadora, ao ter optado pela restrição contratual, não incorreu em nenhuma prática socialmente execrável; tampouco foi atingida, de modo injustificável, a esfera moral da comunidade. Descaracterização, portanto, do dano moral coletivo: não houve intenção deliberada da demandada em violar o ordenamento jurídico com vistas a obter lucros predatórios em detrimento dos interesses transindividuais dos usuários de plano de saúde" (STJ-3ª T., REsp 1.473.846, Min. Ricardo Cueva, j. 21.2.17, DJ 24.2.17).

"As condutas das operadoras de plano de saúde, ao negarem cobertura às cirurgias de mamoplastia e dermolipectomia após a bariátrica, estavam numa zona cinzenta de aparente legalidade, que só veio a ser esclarecida pela jurisprudência ao definir sua natureza reparadora e não meramente estética. Ausência de violação aos valores essenciais da sociedade em matéria de saúde suplementar. Danos morais coletivos não configurados" (STJ-3ª T., REsp 1.832.004, Min. Nancy Andrighi, j. 3.12.19, DJ 5.12.19).

"Ação civil pública. Plano de saúde. A conduta perpetrada pela ré, a despeito de ser antijurídica, não foi capaz de abalar, de forma intolerável, a tranquilidade social do grupo de beneficiários, assim como os seus valores e interesses fundamentais, já que não houve interrupção no atendimento do serviço de apoio médico, ainda que realizado por outras clínicas, bem como houve o cumprimento das exigências legais para o descredenciamento no transcurso da presente demanda" (STJ-3ª T., REsp 1.823.072, Min. Marco Bellizze, j. 5.11.19, DJ 8.11.19).

"O simples fato de a mantenedora do 'cadastro de passagem' não ter se desincumbido do ônus de providenciar a comunicação prévia do consumidor que teve seus dados ali incluídos, ainda que tenha representado ofensa ao comando legal do § 2º do art. 43 do CDC, passou ao largo de produzir sofrimentos, intranquilidade social ou alterações relevantes na ordem extrapatrimonial coletiva, descaracterizando, assim, o dano moral coletivo" (STJ-3ª T., REsp 1.726.270, Min. Ricardo Cueva, j. 27.11.18, maioria, DJ 7.2.19).

"A lesão ao direito previsto no art. 52, § 2º, do CDC não acarreta a violação de valores essenciais da sociedade e o não envio dos boletos necessários à quitação do débito, ainda que possa configurar negativa de vigência à lei de regência, não configura lesão intolerável a interesse individual homogêneo, razão pela qual não há dano moral coletivo a ser indenizado" (STJ-3ª T., REsp 1.643.365, Min. Nancy Andrighi, j. 5.6.18, DJ 7.6.18).

"A violação verificada pelo Tribunal de origem — a exigência de uma tarifa bancária considerada indevida — não infringe valores essenciais da sociedade, tampouco possui os atributos da gravidade e intolerabilidade, configurando a mera infringência à lei ou ao contrato, o que é insuficiente para a caracterização do dano moral coletivo" (STJ-3ª T., REsp 1.502.967, Min. Nancy Andrighi, j. 7.8.18, DJ 14.8.18).

"Direito do consumidor. Espetáculos culturais. Disponibilização de ingressos na *internet*. Cobrança de 'taxa de conveniência'. Abusividade das cláusulas. Dano moral coletivo. Lesão ao patrimônio imaterial da coletividade. Gravidade e intolerância. Inocorrência" (STJ-3ª T., REsp 1.737.428, Min. Nancy Andrighi, j. 12.3.19, DJ 15.3.19).

"Ação civil pública. Responsabilidade civil. 'Máfia do apito'. Jogos de futebol. Arbitragem. Fraude. Dano moral coletivo. Não configuração. Em regra, as adversidades sofridas por espectadores de determinada modalidade esportiva não costumam interferir intensamente em seu bem-estar. Até podem causar aborrecimentos, dissabores e contratempos, sentimentos de caráter efêmero que tendem a desaparecer em um curto espaço de tempo. Hipótese em que os jogos nos quais se constatou a prática de fraude por parte da arbitragem foram anulados, com a realização de novas partidas" (STJ-3ª T., REsp 1.664.186, Min. Ricardo Cueva, j. 27.10.20, maioria, DJ 17.11.20).

"Estacionar veículo em vaga reservada à pessoa com deficiência. O caso trata de mera infringência à lei de trânsito, o que é insuficiente para a caracterização do dano moral coletivo" (STJ-2ª T., Ag em REsp 1.927.324, Min. Francisco Falcão, j. 5.4.22, DJ 7.4.22).

Contra: "Dano moral coletivo. Necessária vinculação do dano moral à noção de dor, de sofrimento psíquico, de caráter individual. Incompatibilidade com a noção de transindividualidade (indeterminabilidade do sujeito passivo e indivisibilidade da ofensa e da reparação)" (STJ-RDDP 41/134: 1ª T., REsp 598.281, dois votos vencidos).

✎ "Dano moral coletivo: uma análise econômica", por Leandro Martins Zanitelli e Gustavo Brum (Ajuris 114/169); "A indefinição jurisprudencial em face do dano moral coletivo", por Sérgio Augustin e Ângela Almeida (Ajuris 115/269).

Art. 186: 6. "A posição atual e dominante que vigora nesta Corte é no sentido de, embora a violação moral atinja apenas o plexo de direitos subjetivos da vítima, o direito à respectiva indenização **transmite-se com o falecimento do titular do direito,** possuindo o espólio ou os herdeiros legitimidade ativa *ad causam* para ajuizar ação indenizatória por danos morais, em virtude da ofensa moral suportada pelo *de cujus*" (STJ-Corte Especial, ED no REsp 978.651, Min. Felix Fischer, j. 15.12.10, DJ 10.2.11). No mesmo sentido: RSTJ 151/157 e STJ-RT 799/207 (1ª T., REsp 324.886), STJ-RF 366/223 (3ª T., REsp 343.654), RBDF 36/115, JTJ 366/593 (EI 9171896-17.2007.8.26.0000/50000, um voto vencido).

Contra: "Somente aqueles que sofreram, direta ou indiretamente, danos morais, podem pleitear a respectiva reparação, pelo que não se admite que a ação de indenização seja proposta *jure hereditatis*. Na ação de indenização de danos morais, os herdeiros da vítima carecem de legitimidade ativa *ad causam*" (STJ-RF 364/345: 3ª T., REsp 302.029, maioria). No mesmo sentido, mas reconhecendo a carência por falta de interesse de agir: RJM 168/73.

Art. 186: 7. "O **espólio não tem legitimidade** para ajuizar ação de compensação dos **danos morais sofridos pelos herdeiros,** em virtude do falecimento do pai. A legitimidade *ad causam* exsurge, em regra, da identidade subjetiva entre a relação de direito material e a de direito processual, e, por isso, sua ausência acarreta a extinção do processo sem resolução do mérito, por carência de ação, de sorte que não se trata de formalidade que pode ceder em função dos escopos do processo, em homenagem à instrumentalidade, mas de regra cujo descumprimento fulmina o próprio processo" (STJ-Corte Especial, ED no REsp 1.292.983, Min. Nancy Andrighi, j. 1.8.13, DJ 12.8.13).

"Controvérsia acerca da legitimidade ativa do espólio para pleitear reparação por dano moral resultante do sofrimento causado à família do *de cujus* em razão da cobrança e da negativação do nome do falecido decorrentes da utilização indevida de cartão de crédito por terceiro dois anos após o óbito. O espólio carece de legitimidade ativa para ajuizar ação em que se evidencia que o dano moral pleiteado pela família tem como titulares do direito os herdeiros, não por herança, mas por direito próprio deles" (STJ-RT 896/143: 4ª T., REsp 869.970).

Art. 186: 8. "O fator relevante para conferir a **legitimidade** na ação de indenização por danos morais é o sofrimento reportado pelo reclamante. A legitimidade para reclamar danos morais nada tem com a ordem de sucessão hereditária, tendo em vista a natureza extrapatrimonial dos danos morais" (STJ-3ª T., REsp 769.043-AgRg, Min. Gomes de Barros, j. 1.3.07, DJU 19.3.07).

V. tb. nota 3b (morte de parente próximo).

Art. 186: 8a. "Caracterizado o **condomínio** como uma massa patrimonial, não há como reconhecer que seja ele próprio dotado de honra objetiva, senão admitir que qualquer ofensa ao conceito que possui perante a comunidade representa, em verdade, uma ofensa individualmente dirigida a cada um dos condôminos, pois quem goza de reputação são os condôminos e não o condomínio, ainda que o ato lesivo seja a este endereçado. Diferentemente do que ocorre com as pessoas jurídicas, qualquer repercussão econômica negativa será suportada, ao fim e ao cabo, pelos próprios condôminos, a quem incumbe contribuir para todas as despesas condominiais, e/ou pelos respectivos proprietários, no caso de eventual desvalorização dos imóveis no mercado imobiliário. Hipótese em que se afasta o dano moral do condomínio, ressaltando que, a par da possibilidade de cada interessado ajuizar ação para a reparação dos danos que eventualmente tenha suportado, o ordenamento jurídico autoriza o condomínio a impor sanções administrativas para o condômino nocivo e/ou antissocial" (STJ-3ª T., REsp 1.736.593, Min. Nancy Andrighi, j. 11.2.20, DJ 13.2.20).

V. tb. art. 1.348, nota 1b *in fine*.

Art. 186: 9. ficando obrigado a reparar o dano (arts. 927 a 954).

Art. 187. Também comete ato ilícito o titular de um direito que, ao exercê-lo, excede manifestamente os limites impostos pelo seu fim econômico ou social, pela boa-fé ou pelos bons costumes.[1 a 9]

Art. 187: 1. "Boa-fé, abuso de direito e o novo Código Civil brasileiro", por Ronnie Preuss Duarte (RT 817/50); "A lesão como forma de abuso de direito", por Camila Lemos Azi (RT 826/38); "A ilicitude derivada do exercício contraditório de um direito: o renascer do *venire contra factum proprium*, por Judith Martins-Costa (RF 376/109 e Ajuris 97/143); "Abuso do direito e o novo Código Civil", por Fábio Pallaretti Calcini (RT 830/27); "A ilicitude e as fontes obrigacionais: análise do art. 187 do novo Código Civil brasileiro", por Maria Cláudia Cachapuz (Ajuris 96/205 e RT 838/114); "Abuso do direito", por José Carlos Barbosa Moreira (RSDCPC 26/125); "Pautas para a interpretação do art. 187 do novo Código Civil", por Ricardo Seibel de Freitas Lima (RT 838/11); "Da cláusula de *estoppel* e sua dinâmica na esfera dos negócios jurídicos privados", por Leonardo Bianchi (RDPr 24/54); "Abuso do direito: ilicitude objetiva no direito privado brasileiro", por Bruno Miragem (RT 842/11); "Figuras parcelares da boa-fé objetiva e *venire contra factum proprium*", por Luciano de Camargo Penteado (RDPr 27/252); "A tutela da confiança em face dos comportamentos contraditórios", por Thiago Luís Santos Sombra (RDPr 33/307); "Exercício do direito e suas limitações: abuso do direito", por Teresa Ancona Lopez (RT 885/49); "Abuso do direito", por Tatiana Bonatti Peres (RDPr 43/9); "Assédio processual", por Gelson Amaro de Souza (RDDP 97/54).

Art. 187: 2. Enunciado 37 do CEJ: "A responsabilidade civil decorrente do abuso do direito independe de culpa, e fundamenta-se somente no critério objetivo-finalístico".

Enunciado 362 do CEJ: "A vedação do comportamento contraditório (*venire contra factum proprium*) funda-se na proteção da confiança, tal como se extrai dos arts. 187 e 422 do Código Civil".

Art. 187: 3. s/ boa-fé como critério para interpretação do negócio jurídico, v. art. 113; s/ boa-fé nos contratos, v. art. 422.

Art. 187: 4. "O que efetivamente caracteriza o abuso do direito é o 'anormal exercício', assim entendido aquele que se afasta da ética, da boa-fé, da finalidade social ou econômica do direito, enfim, o que é exercido sem 'motivo legítimo'. Também não basta para configurá-lo o fato de seu exercício causar dano a alguém, o que às vezes é inevitável" (RF 379/329).

Art. 187: 5. "Comete ato ilícito o titular de um direito que, ao exercê-lo, excede manifestamente os limites impostos pelo seu fim econômico ou social, pela boa-fé ou pelos costumes (art. 187 do Código Civil). A recorrente, ao suspender o fornecimento de energia elétrica em razão de um débito de R$ 0,85, não agiu no exercício regular de direito, e sim com flagrante abuso de direito. Aplicação dos princípios da razoabilidade e proporcionalidade" (STJ-1ª T., REsp 811.690, Min. Denise Arruda, j. 18.5.06, DJU 19.6.06).

Art. 187: 6. "Não há, em nosso sistema jurídico, norma que possa ser interpretada de modo apartado aos cânones da **boa-fé**. Ao alienar todos os seus bens, menos um, durante o curso de processo que poderia levá-lo à insolvência, o devedor não obrou apenas em fraude à execução: atuou também com **fraude** aos dispositivos da Lei 8.009/90, uma vez que procura utilizar a proteção conferida pela Lei com a clara intenção de prejudicar credores. Nessas hipóteses, é possível, com fundamento em abuso de direito, afastar a proteção conferida pela Lei 8.009/90" (STJ-3ª T., REsp 1.299.580, Min. Nancy Andrighi, j. 20.3.12, DJ 25.10.12).

Art. 187: 7. "Ação executiva. Desconsideração da personalidade jurídica. Não declaração. Execução proposta contra sócios não devedores. Indenização por danos materiais e morais. A *disregard doctrine* existe como meio de estender aos sócios da empresa a responsabilidade patrimonial por dívidas da sociedade. Todavia, sua aplicação depende da verificação de que a personalidade jurídica esteja servindo como cobertura para abuso de direito ou fraude nos negócios e atos jurídicos (art. 50 do Código Civil). Essa teoria não pode servir como justificativa para que o credor de título executivo judicial ajuíze, a seu alvedrio, ação executiva contra os sócios de empresa sem que eles sejam devedores. Credor de título executivo judicial que propõe ação executiva contra quem sabidamente não é devedor, buscando facilidades para recebimento dos créditos, age no exercício irregular de direito, atraindo a incidência das disposições do art. 574 do CPC" (STJ-3ª T., REsp 1.245.712, Min. João Otávio, j. 11.3.14, DJ 17.3.14).

Art. 187: 8. "Controvérsia: dizer se o manejo de *habeas corpus*, pelo recorrido, com o fito de impedir a interrupção da gestação da primeira recorrente, que tinha sido judicialmente deferida, caracteriza-se como **abuso do direito de ação** e/ou ação passível de gerar responsabilidade civil de sua parte, pelo manejo indevido de tutela de urgência. Diploma legal aplicável à espécie: Código Civil, arts. 186, 187, 188 e 927. Incontestes a existência de dano aos recorrentes, na espécie, porquanto a interrupção da gestação do feto com síndrome de *Body Stalk*, que era uma decisão pensada e avalizada por médicos e pelo Poder Judiciário, e ainda assim, de impactos emocionais incalculáveis, foi sustada pela atuação do recorrido. Necessidade de perquirir sobre a ilicitude do ato praticado pelo recorrido, buscando, na existência ou não — de amparo legal ao procedimento de interrupção de gestação, na hipótese de ocorrência da síndrome de *body stalk* e na possibilidade de responsabilização, do recorrido, pelo exercício do direito de ação — dizer da existência do ilícito compensável. Reproduzidas, salvo pela patologia em si, todos efeitos deletérios da anencefalia, hipótese para qual o STF, no julgamento da ADPF 54, afastou a possibilidade de criminalização da interrupção da gestação, também na síndrome de *body-stalk*, impõe-se dizer que a interrupção da gravidez, nas circunstâncias que experimentou a recorrente, era direito próprio, do qual poderia fazer uso, sem risco de persecução penal posterior e, principalmente, sem possibilidade de interferências de terceiros, porquanto, *ubi eadem ratio, ibi eadem legis dispositio* (onde existe a mesma razão, deve haver a mesma regra de Direito). Nessa linha, e sob a égide da laicidade do Estado, aquele que se arrosta contra o direito à liberdade, à intimidade e a disposição do próprio corpo por parte da gestante, que busca a interrupção da gravidez de feto sem viabilidade de vida extrauterina, brandindo a garantia constitucional ao próprio direito de ação e à defesa da vida humana, mesmo que ainda em estágio fetal e mesmo com um diagnóstico de síndrome incompatível com a vida extrauterina, exercita, abusivamente, seu direito de ação. A sôfrega e imprudente busca por um direito, em tese, legítimo, que, no entanto, faz perecer no caminho, direito de outrem, ou mesmo uma toldada percepção do próprio direito, que impele alguém a avançar sobre direito alheio, são considerados abuso de direito, porque o exercício regular do direito não pode se subverter, ele mesmo, em uma transgressão à lei, na modalidade abuso do direito, desvirtuando um interesse aparentemente legítimo, pelo excesso. A base axiológica de quem defende uma tese comportamental qualquer só tem terreno fértil, dentro de um Estado de Direito laico, no campo das próprias ideias ou nos Órgãos legislativos competentes, podendo neles defender todo e qualquer conceito que reproduza seus postulados de fé, ou do seu imo, havendo aí, não apenas liberdade, mas garantia estatal de que poderá propagar o que entende por correto, não possibilitando, contudo, essa faculdade, o ingresso no círculo íntimo de terceiro para lhe ditar, ou tentar ditar, seus conceitos ou preconceitos. Esse tipo de ação faz medrar, em seara imprópria, o corpo de valores que defende — e isso caracteriza o abuso de direito — pois a busca, mesmo que por via estatal, da imposição de particulares conceitos a terceiros, tem por escopo retirar de outrem, a mesma liberdade de ação que vigorosamente defende para si. Dessa forma, assentado que foi, anteriormente, que a interrupção da gestação da recorrente, no cenário apresentado, era lídimo, sendo opção do casal — notadamente da gestante — assumir ou descontinuar a gestação de feto sem viabilidade de vida extrauterina, há uma vinculada remissão à proteção constitucional aos valores da intimidade, da vida privada, da honra e da própria imagem dos recorrentes (art. 5º, X, da CF), fato que impõe, para aquele que invade esse círculo íntimo e inviolável, responsabilidade pelos danos daí decorrentes" (STJ-3ª T., REsp 1.467.888, Min. Nancy Andrighi, j. 20.10.16, DJ 25.10.16).

"Ajuizamento sucessivo e repetitivo de ações temerárias, desprovidas de fundamentação idônea e intentadas com propósito doloso. Má utilização dos direitos fundamentais de ação e defesa. Usurpação de terras agrícolas produtivas mediante procuração falsa por quase 40 anos. Desapossamento indevido dos legítimos proprietários e herdeiros e manutenção de posse injusta sobre o bem mediante uso de quase 10 ações ou procedimentos sem fundamentação plausível, sendo 4 delas no curto lapso temporal correspondente à época da ordem judicial de restituição da área e imissão na posse dos herdeiros, ocorrida em 2011. Propriedade dos herdeiros que havia sido declarada em 1ª fase de ação divisória em 1995. Abuso processual a partir do qual foi possível usurpar, com experimento de lucro, ampla área agrícola. Danos materiais configurados, a serem liquidados por arbitramento. Privação da área de propriedade da entidade familiar, formada inclusive por menores de tenra idade. Longo e excessivo período de privação, protraído no tempo por atos dolosos e abusivos de quem sabia não ser proprietário da área. Abalo de natureza moral configurado" (STJ-3ª T., REsp 1.817.845, Min. Nancy Andrighi, j. 10.10.19, maioria, DJ 17.10.19).

Todavia: "Eventual abuso do direito de ação deve ser reconhecido com prudência pelo julgador, apenas quando amplamente demonstrado que o direito de ação foi exercido de forma abusiva. A análise acerca da configuração do abuso deve ser ainda mais minuciosa quando se tratar da utilização de ação voltada à tutela de direitos coletivos e um importante instrumento para a efetivação da democracia participativa, como é o caso da ação popular. No caso, os fundamentos adotados pela Corte de origem referem-se à improcedência da ação popular, não havendo fundamento apto a justificar o reconhecimento da alegada ofensa à honra e à imagem dos autores" (STJ-3ª T., REsp 1.770.890, Min. Ricardo Cueva, j. 18.8.20, DJ 26.8.20).

Art. 187: 9. Condenando o devedor a ressarcir o credor pelas verbas de sucumbência impostas contra este em processo de execução anterior envolvendo as mesmas partes: "A tese de defesa, consistente na alegação de que a assinatura do título não lhe pertencia, embora idônea para fulminar a ação executiva, não pode ser considerada lídima, e mesmo lícita, se, aquele que a alega, imbuído de má-fé, induziu a parte adversa a erro, contribuindo de alguma forma, direta ou indiretamente, para a fraude apontada (no caso, a falsificação de sua assinatura). O **abuso do direito de defesa,** em tal circunstância, revela-se manifesto, a configurar ato ilícito, passível de reparação, se a parte lesada vier a sofrer prejuízo, de qualquer ordem, como se deu na espécie" (STJ-3ª T., REsp 1.726.222, Min. Marco Bellizze, j. 17.4.18, DJ 24.4.18; a citação é do voto do relator).

Art. 188. Não constituem atos ilícitos:[1]

I — os praticados em legítima defesa ou no exercício regular de um direito reconhecido;[2 a 3a]

II — a deterioração ou destruição da coisa alheia, ou a lesão a pessoa, a fim de remover perigo iminente.[4-5]

Parágrafo único. No caso do inciso II, o ato será legítimo somente quando as circunstâncias o tornarem absolutamente necessário, não excedendo os limites do indispensável para a remoção do perigo.

Art. 188: 1. Em matéria criminal, v. CP 23 a 25 e CPP 65.

Art. 188: 2. v. art. 930 § ún.

Art. 188: 2a. "Tendo o réu incorrido em equívoco na interpretação da realidade objetiva que o cercava, supondo existir uma situação de perigo que, aos olhos do homem-médio, se mostra totalmente descabida, sua conduta caracterizou legítima defesa putativa, a qual não exclui a responsabilidade civil decorrente do ato ilícito praticado" (STJ-3ª T., REsp 1.119.886, Min. Nancy Andrighi, j. 6.10.11, maioria, DJ 28.2.12).

V. tb. art. 927, nota 10b.

Art. 188: 3. "O simples fato de noticiar suspeita da prática de delito não obriga o informante a indenizar aquele que responde a inquérito policial ou processo penal e se vê inocentado, salvo nas hipóteses de comprovada má-fé, propósito prejudicial ou notório conhecimento de o fato ser infundado por parte de quem informa, caso contrário, não pode gerar dano o exercício regular de direito" (RT 838/373). V. tb. art. 186, notas 3b e 4.

Art. 188: 3a. "Editorial jornalístico criticando a figura da autora na condução de inquérito policial. Crítica dirigida exclusivamente à conduta funcional da autora, não transbordando para a esfera pessoal. Direito de crítica do réu à pessoa que exerce função pública reconhecido. Manifesto intuito de criticar a atuação funcional da autora, jamais de ofendê-la pessoalmente. Comportamento lícito do órgão de imprensa (art. 188, I, do Código Civil) que não se compraz com a reparação pretendida" (JTJ 355/627: AP 994.09.317760-8). V. tb. arts. 186, notas 3b e 4, e 927, nota 3a.

Art. 188: 4. v. arts. 929 e 930-*caput*.

Art. 188: 5. "Embora a lei declare que o ato praticado em estado de necessidade seja lícito, não libera quem o pratica de reparar o prejuízo que causou, podendo ajuizar ação regressiva posteriormente para se ressarcir das despesas efetuadas" (STJ-4ª T., AI 789.883-AgRg, Min. Quaglia Barbosa, j. 15.5.07, DJU 4.6.07).

Título IV | DA PRESCRIÇÃO E DA DECADÊNCIA[1 A 4]

Capítulo I | DA PRESCRIÇÃO[1]

TÍT. IV: 1. "Decadência e prescrição no novo Código Civil: breves considerações", por Ricardo Ribeiro Campos (Ajuris 93/215, RDPr 17/172 e RJ 320/65); "Da prescrição e da decadência. Seus prazos no Código Civil/02", por Segismundo Gontijo (RJM 165/53); "Prescrição e decadência no novo Código Civil: alguns aspectos relevantes", por Humberto Theodoro Jr. (RSDCPC 23/128); "Distinção científica entre prescrição e decadência. Um tributo à obra de Agnelo Amorim Filho", por Humberto Theodoro Júnior (RT 836/49); "Prescrição e decadência: traços distintivos e aspectos controvertidos no Código Civil", por Roberto Wagner Marquesi (RSDCPC 67/87); "Ensaio sobre decadência, prazo, termo final e extinção de eficácia do negócio jurídico", por Humberto Theodoro Júnior (RJ-Lex 66/18).

TÍT. IV: 2. v. tít. PRESCRIÇÃO E DECADÊNCIA.

TÍT. IV: 2a. Lei 14.010, de 10.6.20 — Dispõe sobre o Regime Jurídico Emergencial e Transitório das relações jurídicas de Direito Privado (RJET) no período da pandemia do coronavírus (Covid-19): "**Art. 3º** Os prazos prescricionais consideram-se impedidos ou suspensos, conforme o caso, a partir da entrada em vigor desta Lei até 30 de outubro de 2020. § 1º Este artigo não se aplica enquanto perdurarem as hipóteses específicas de impedimento, suspensão e interrupção dos prazos prescricionais previstas no ordenamento jurídico nacional. § 2º Este artigo aplica-se à decadência, conforme ressalva prevista no art. 207 da Lei n. 10.406, de 10 de janeiro de 2002 (Código Civil)". **Nota:** A Lei 14.010, de 10.6.20, entrou em vigor na data de sua publicação (DOU 12.6.20).

TÍT. IV: 3. Em regra, a prescrição foi relacionada com a proteção de direitos violados e com a correlata ação condenatória (v. art. 189). Já a decadência foi ordinariamente vinculada a direitos potestativos e à respectiva ação constitutiva. Por fim, nem a prescrição nem a decadência têm vínculos muito estreitos com as ações declaratórias, que tendem a ser imprescritíveis.

TÍT. IV: 4. s/ prescrição e decadência no CPC, v. arts. 240 §§ 1º a 4º, 302-IV, 332 § 1º, 487-II e § ún., 525 § 1º-VII, 535-VI, 802. No CPCLPV, v. CPC 224, nota 5.

CAP. I: 1. s/ pretensões **imprescritíveis**, v. art. 205, nota 3.

Seção I | DISPOSIÇÕES GERAIS

Art. 189. Violado o direito, nasce para o titular a pretensão, a qual se extingue, pela prescrição,[1 a 9] nos prazos a que aludem os arts. 205 e 206.

Art. 189: 1. "Novo Código Civil. Pessoas jurídicas, empresário, sociedade, estabelecimento, nome comercial e/ou nome empresarial, perdas e danos e prescrição", por José Carlos Tinoco Soares (RT 798/11); "Notas sobre pretensão e prescrição no sistema do novo Código Civil", por José Carlos Barbosa Moreira (RF 366/199); "Prescrição: liberdade e dignidade da pessoa humana", por Humberto Theodoro Jr. (RDDP 40/64).

Art. 189: 2. Enunciado 14 do CEJ: "1. O início do prazo prescricional ocorre com o surgimento da pretensão, que decorre da exigibilidade do direito subjetivo. 2. O art. 189 diz respeito a casos em que a pretensão nasce imediatamente após a violação do direito absoluto ou de obrigação de não fazer".

"O termo inicial da prescrição surge com o nascimento da pretensão (*actio nata*), assim considerada a possibilidade do seu exercício em juízo. Conta-se, pois, o prazo prescricional a partir da **ocorrência da lesão, sendo irrelevante seu conhecimento pelo titular do direito**" (STJ-1ª Seção, REsp 1.003.955, Min. Eliana Calmon, j. 12.8.09, maioria, DJ 27.11.09).

"O art. 189 do CC/02 consagrou o princípio da *actio nata*, fixando como *dies a quo* para contagem do prazo prescricional a data em que nasce o direito subjetivo de ação por violação de direito, independentemente da efetiva ciência da vítima" (STJ-3ª T., REsp 1.168.336, Min. Nancy Andrighi, j. 22.3.11, DJ 16.9.11).

Beneficiário de seguro de vida e pretensão de recebimento do respectivo valor: "Lapso que começa a fluir do sinistro indenizável (morte do segurado) e não da data em que os beneficiários têm conhecimento do contrato de seguro" (RT 895/269: TJSP, AP 992.09.089368-8).

"Segundo o princípio da *actio nata*, no caso em debate, poderia a autora propor a ação ordinária de cobrança logo que efetuado o pagamento supostamente indevido. Com isso, não interfere na contagem do prazo prescricional a posterior decisão proferida pelo Tribunal de Contas estadual apontando irregularidades no pagamento" (STJ-2ª T., REsp 1.221.314, Min. Castro Meira, j. 27.11.12, DJ 6.12.12).

Todavia: "O termo inicial do prazo prescricional apresenta diferenças de acordo com o direito violado. Se é violada uma obrigação pessoal positiva em que é possível ao titular do direito conhecer da ofensa ao direito no momento em que é perpetrada, o surgimento da pretensão coincide com a violação. Se é descumprida obrigação geral negativa, esse momento é diferido, pois o titular do direito só conhece a violação quando é atingido pelo dano que advém do ato transgressor. Ignorando a parte a lesão a seu direito subjetivo, não há como a pretensão ser demandada em juízo. O termo *a quo* do prazo prescricional é a data em que o lesado tomou conhecimento da existência da violação ao seu direito de propriedade" (STJ-3ª T., REsp 1.400.778, Min. João Otávio, j. 20.2.14, DJ 30.5.14).

"O termo *a quo* do prazo prescricional inicia-se a partir do momento em que é possível ao titular do direito reclamar contra a situação injurídica" (STJ-2ª T., REsp 661.520, Min. João Otávio, j. 23.10.07, DJU 6.12.07).

"Ignorando a parte que em seu corpo foram deixados instrumentos utilizados em procedimento cirúrgico, a lesão ao direito subjetivo é desconhecida e não há como a pretensão ser demandada em juízo. O termo *a quo* do prazo prescricional é a data em que o lesado tomou conhecimento da existência do corpo estranho deixado no seu abdome" (STJ-4ª T., REsp 1.020.801, Min. João Otávio, j. 26.4.11, DJ 3.5.11).

"As instâncias ordinárias, soberanas no exame do contexto fático-probatório, concluíram que, embora o acidente tenha ocorrido em 12 de fevereiro de 1990, os danos na coluna cervical da vítima protraíram-se no tempo, de maneira que se foram agravando e somente em julho de 1994 pôde ser constatado que resultaram na incapacidade laboral parcial e definitiva do autor da ação. Nesse contexto, o marco inicial da prescrição é a data em que a vítima tomou conhecimento das sequelas decorrentes do acidente aéreo, em 15 de julho de 1994" (STJ-4ª T., REsp 687.071, Min. Raul Araújo, j. 11.9.12, DJ 11.4.13).

"Responsabilidade civil do Estado. Contaminação do corpo de agente de controle de endemias por DDT. Dano moral configurado. Prazo prescricional com início na data em que o servidor tem conhecimento da efetiva contaminação do seu organismo" (STJ-2ª T., REsp 1.689.996, Min. Herman Benjamin, j. 13.3.18, DJ 6.3.19). Em sentido semelhante: "Nas ações de indenização por danos morais, em razão de sofrimento ou angústia experimentados pelos agentes de combate a endemias decorrentes da exposição desprotegida e sem orientação ao dicloro-difenil--tricloroetano — DDT, o termo inicial do prazo prescricional é o momento em que o servidor tem ciência dos malefícios que podem surgir da exposição" (STJ-1ª Seção, REsp 1.809.209, Min. Mauro Campbell, j. 10.2.21, DJ 24.2.21).

"Contaminação do solo e do lençol freático ocasionada por produtos químicos utilizados no tratamento de madeira destinada à fabricação de postes de luz. Por não haver como se presumir da notificação pública ocorrida (2005) os efeitos nocivos à saúde da população local em decorrência do acidente ambiental, o termo inicial conta-se da ciência inequívoca dos efeitos decorrentes do ato lesivo" (STJ-3ª T., REsp 1.365.277-AgRg, Min. Paulo Sanseverino, j. 20.2.14, DJ 10.3.14). "Tendo o recorrido tomado ciência da contaminação do solo e do lençol freático de sua localidade — momento em que lhe foi possível dessumir a desvalorização imobiliária (dano material) — no ano de 2005, ressoa inequívoca a não ocorrência da prescrição, haja vista que a demanda foi ajuizada em 2009. Quanto aos danos morais, é certo que, da mera publicização do acidente ambiental, não ocorreu imediatamente o prejuízo à saúde, fazendo-se mister, para o nascimento da pretensão, fosse primeiro diagnosticada a doença e constatado que ela se desenvolvera em decorrência da poluição da área atingida. Assim, parece certa a não ocorrência da prescrição, porquanto não transcorrido o prazo de 5 anos nem mesmo da notícia do acidente ambiental, sendo óbvio que o diagnóstico da doença e sua causa somente se deram em momento posterior" (STJ-4ª T., REsp 1.354.348, Min. Luis Felipe, j. 26.8.14, DJ 16.9.14).

"O pedido de indenização por danos morais formulado pelos autores não está fundamentado apenas no ato de ajuizamento da ação popular, mas também no uso da ação constitucional para fins políticos, fato que, de acordo os autores, teria sido confirmado no curso da ação popular. A propósito, registra-se que os autores, na exordial, citaram trechos dos depoimentos prestados na ação popular para demonstrar o dano à sua imagem e honra, reforçando a hipótese de que o abuso do direito de ação, se ocorreu, não estaria vinculado unicamente ao ajuizamento da ação, mas também à manutenção da ação que reputam temerária e no seu uso com o propósito exclusivo de prejudicar terceiro. Assim, no momento do ajuizamento da ação popular, os autores não tinham ciência inequívoca da extensão dos danos alegadamente provocados pela referida ação, visto que decorreram do curso do processo. No caso, é a manutenção do processo e a postura dos autores da ação popular, ora recorrentes, durante o trâmite processual que enseja a alegada ofensa à moral dos ora recorridos, não sendo possível considerar a citação na ação popular, ou mesmo a divulgação da ação pela imprensa, como termo inicial do prazo prescricional. Desse modo, considerando que (i) a alegada lesão do direito teria perdurado enquanto tramitava a ação popular; (ii) que a ação popular transitou em julgado em 15/9/2016 e (iii) que a presente indenizatória foi ajuizada em 24/11/2015, não se verifica a prescrição da pretensão indenizatória" (STJ-3ª T., REsp 1.770.890, Min. Ricardo Cueva, j. 18.8.20, DJ 26.8.20; a citação é do voto do relator).

"O surgimento da pretensão ressarcitória não se dá necessariamente no momento em que ocorre a lesão ao direito, mas sim quando o titular do direito subjetivo violado obtém plena ciência da lesão e de toda a sua extensão, bem como do responsável pelo ilícito, inexistindo, ainda, qualquer condição que o impeça de exercer o correlato direito de ação (pretensão). Compreensão conferida à teoria da *actio nata* (nascimento da pretensão) que encontra respaldo em boa parte da doutrina nacional e já é admitida em julgados do Superior Tribunal de Justiça, justamente por conferir ao dispositivo legal sob comento (art. 189, CC) interpretação convergente à finalidade do instituto da prescrição. A citação efetuada na ação de rescisão contratual apenas conferiu ao ora demandante ciência quanto aos fatos a ele atribuídos na inicial por pessoa estranha ao seu conhecimento. Somente a partir do reconhecimento judicial de que a assinatura inserta na escritura de compra e venda, com firma reconhecida (e aberta) pelo Ofício de Notas, era realmente falsa, o então demandado obteve pleno conhecimento da lesão a ele causada em toda a sua extensão. Ressalta-se que o abalo psíquico, segundo alegado, decorreu do constrangimento e humilhação vivenciados durante toda a tramitação do processo (aproximadamente 4 anos), em que teve que provar, em seus dizeres, sua inocência. Apenas com o desfecho da ação, lastreado na prova pericial realizada (exame grafotécnico), em que se reconheceu a falsidade da assinatura inserta na escritura de compra e venda, afigurou-se possível ao demandado postular a responsabilidade do Tabelionato de Notas pelos danos morais alegadamente sofridos. Afigurar-se-ia sem qualquer sustentação a demanda destinada a reparar alegados danos morais decorrentes da tramitação da ação de rescisão de contrato de compra e venda, sem que houvesse, antes, o reconhecimento judicial definitivo de sua improcedência. Nesse contexto, é de se reconhecer que a pretensão somente afigurou-

-se 'exercitável' por ocasião do correspondente provimento judicial, com trânsito em julgado" (STJ-3ª T., REsp 1.347.715, Min. Marco Bellizze, j. 25.11.14, DJ 4.12.14).

Contando da ciência da fraude e não dos atos fraudulentos a prescrição em caso de pretensão indenizatória fundada em "fraude perpetrada por preposto da instituição financeira que mediante ardil promoveu o desfalque de numerário depositado em conta-corrente por meio de cheques impressos e pagos diretamente no caixa": STJ-4ª T., REsp 1.358.431, Min. Marco Buzzi, j. 27.8.19, maioria, DJ 10.12.19.

"Ação de indenização por ato ilícito. Apropriação indevida de valores decorrentes de ação judicial. Prazo prescricional. Termo inicial. Ciência do ato ilícito. Se o agravante, aproveitando da condição de advogado da parte, ocultou dolosamente os valores a que aquela teria direito a receber, entregando-lhe valor a menor e retendo indevidamente a diferença, não pode querer que o prazo prescricional corra do recebimento a menor dos valores, pois a ninguém é dado beneficiar-se da própria torpeza" (STJ-4ª T., Ag em REsp 1.016.144-AgInt, Min. Luis Felipe, j. 10.10.17, DJ 13.10.17).

"Depósito judicial. Equívoco. Levantamento. Boa-fé. Enriquecimento sem causa. Prescrição. Termo inicial. Pela teoria da *actio nata*, o nascimento da pretensão de restituição na hipótese ocorreu quando a recorrida efetivamente teve conhecimento do equívoco que gerou o levantamento indevido pela recorrente da quantia cuja devolução se requer" (STJ-3ª T., REsp 1.657.428, Min. Nancy Andrighi, j. 15.5.18, DJ 18.5.18).

"É correto o entendimento de que o termo inicial do prazo prescricional para a propositura de ação indenizatória é a data em que o consumidor toma ciência do registro desabonador, pois, pelo princípio da *actio nata*, o direito de pleitear a indenização surge quando constatada a lesão e suas consequências" (STJ-4ª T., REsp 1.276.311, Min. Luis Felipe, j. 20.9.11, DJ 17.10.11).

"O surgimento da pretensão ressarcitória nos casos de plágio se dá quando o autor originário tem comprovada ciência da lesão a seu direito subjetivo e de sua extensão. A data da publicação da obra não serve, por si só, como presunção de conhecimento do dano" (STJ-3ª T., REsp 1.645.746, Min. Ricardo Cueva, j. 6.6.17, DJ 10.8.17).

"Ação de indenização por danos materiais e compensação por danos morais. Violação de direito autoral. Prescrição. Termo inicial. Princípio da *actio nata*. Data da ciência da lesão. Reprodução de fotografias não autorizada. É inadmissível que se apene o titular do direito, mediante a deflagração do prazo prescricional, sem a constatação de efetiva inércia de sua parte, o que, de seu turno, pressupõe que possa ele exercitar sua pretensão. Contudo, quando a vítima sequer tem conhecimento da lesão ocorrida, ou de sua extensão e autoria, o exercício da pretensão resta, naturalmente, inviabilizado, não se podendo lhe atribuir qualquer comportamento negligente" (STJ-3ª T., REsp 1.785.771, Min. Nancy Andrighi, j. 18.8.20, DJ 26.8.20).

"A pretensão concernente à abstenção de uso de marca ou nome empresarial nasce para o titular do direito protegido a partir do momento em que ele toma ciência da violação perpetrada (princípio da *actio nata*), incidindo sobre ela o prazo prescricional de 10 anos" (STJ-3ª T., REsp 1.696.899, Min. Nancy Andrighi, j. 18.9.18, DJ 21.9.18).

V. tb. art. 206, nota 1b (especialmente Súmula 278 do STJ), CDC, art. 27, nota 7, e Dec. 20.910/32, art. 1º, nota 4b.

Art. 189: 2a. "A prescrição tem início na data do nascimento da pretensão e da ação, que ocorre com a lesão ao direito. Relativamente aos **direitos potestativos** (ou formativos), em face dos quais não corresponde um dever de imediata prestação e sim de sujeição, a lesão não se configura antes do exercício do direito" (STJ-1ª T., REsp 1.100.761, Min. Teori Zavascki, j. 3.3.09, DJ 23.3.09).

V. tb. art. 50, nota 7, e Dec. 20.910/32, art. 1º, nota 3d (no tít. PRESCRIÇÃO E DECADÊNCIA).

Art. 189: 2b. "Diferentemente do que ocorre em direito penal, que considera o momento do crime a data em que é praticada a ação ou omissão que lhe deu causa, no direito civil a prescrição é contada da **data da 'violação do direito'**. Na hipótese em que se discute dano moral decorrente do falecimento de ente querido, é a data do óbito o prazo inicial da contagem da prescrição, ainda que o acidente tenha ocorrido dias antes. Não é possível considerar que a pretensão à indenização em decorrência da morte nasça antes do evento que lhe deu causa" (STJ-3ª T., REsp 1.318.825, Min. Nancy Andrighi, j. 13.11.12, DJ 21.11.12).

Art. 189: 2c. "A pretensão ao ressarcimento dos **danos originados pela execução de medida de natureza cautelar** nasce da sentença que julga improcedente o pedido deduzido no processo principal. Conquanto já causado o dano, o poder de exigir coercitivamente o cumprimento do dever jurídico de indenizar surge, por força de disposição legal expressa (art. 811, I, do CPC), tão somente com a prolação da sentença desfavorável na ação matriz. O marco inicial da prescrição dessa pretensão, portanto, é o trânsito em julgado da sentença proferida no processo principal, e não a data em que foi efetivada a medida causadora do prejuízo" (STJ-3ª T., REsp 1.236.874, Min. Nancy Andrighi, j. 11.12.12, DJ 19.12.12).

V. tb. art. 206, nota 3i.

Art. 189: 2d. "**Ação regressiva** de cobrança de dívida trabalhista. Prescrição. Termo inicial. Data de pagamento da dívida. O pressuposto lógico do direito de regresso é a satisfação do pagamento da condenação ao terceiro. Não há que se falar em ação regressiva de cobrança sem a ocorrência efetiva e concreta de um dano patrimonial. O prazo prescricional subordina-se ao princípio da *actio nata*: o prazo tem início a partir da data em que o credor pode demandar judicialmente a satisfação do direito" (STJ-3ª T., REsp 1.682.957, Min. Nancy Andrighi, j. 4.12.18, DJ 7.12.18). No mesmo sentido: STJ-4ª T., Ag em REsp 1.170.965-AgInt, Min. Isabel Gallotti, j. 4.5.20, DJ 6.5.20.

Contra: "O lapso prescricional da **ação regressiva** que objetiva o ressarcimento de pagamento de indenização a vítima de acidente automobilístico inicia-se no momento da efetiva lesão do direito material (princípio da *actio nata*), a saber, na data do trânsito em julgado da sentença em ação indenizatória, e não na data do efetivo pagamento do valor da condenação" (STJ-3ª T., Ag em REsp 707.342-AgRg, Min. João Otávio, j. 4.2.16, DJ 18.2.16).

V. tb. art. 206, nota 2a.

S/ o prazo prescricional em matéria de ação regressiva, v. art. 205, nota 9b.

Art. 189: 3. Súmula 150 do STF: "Prescreve a **execução** no mesmo prazo de prescrição da ação". Nesse sentido: RSTJ 47/186.

Conta-se o prazo do trânsito em julgado da sentença no processo de conhecimento (STJ-6ª T., REsp 1.125.597-AgRg, Min. Og Fernandes, j. 21.9.10, DJ 11.10.10; JTA 108/155).

"A execução provisória corre por 'conta e responsabilidade do exequente' (art. 588, I, do CPC); o credor não está obrigado a correr esse risco, de modo que o termo inicial da prescrição da execução de sentença só inicia após o respectivo trânsito em julgado" (STJ-RP 136/216: 3ª T., AI 617.869-AgRg; a citação é do voto do relator).

Se os honorários advocatícios são fixados em percentual de condenação ilíquida, é a partir do encerramento da liquidação de sentença que se conta o prazo prescricional para a sua execução (STJ-2ª T., REsp 1.090.602, Min. Eliana Calmon, j. 3.3.09, DJ 2.4.09). "Título executivo judicial. Obrigação ilíquida. Fase de liquidação. Destituição dos advogados. Celebração de acordo quanto aos honorários. Recurso dos advogados sucedidos. Definição quanto à titularidade da verba. Cumprimento de sentença. Termo inicial do prazo prescricional da pretensão executória. Quando fixados sobre o valor da condenação ilíquida, o prazo prescricional começa a fluir do trânsito em julgado da sentença de liquidação, pois somente a partir dela é que o título judicial se apresenta líquido e, por conseguinte, capaz de embasar a ação executiva correspondente. Hipótese em que, no que tange à obrigação de pagar os honorários de sucumbência, o título exequendo carecia de liquidez, na medida em que, enquanto pendente o julgamento da apelação e do recurso especial interpostos pelos recorrentes, era incerta a titularidade desse direito. O fato de terem recorrido da sentença homologatória, como terceiros juridicamente interessados, para se certificar da titularidade dos honorários objeto da transação, ao invés de requerer o cumprimento de sentença a partir da liquidação promovida pela autocomposição das partes, afasta a ideia de inércia, que é indispensável ao reconhecimento da prescrição. No particular, o poder de exigir o pagamento dos honorários de sucumbência nasceu, para os recorrentes, com o trânsito em julgado do acórdão em que se afirmou que os honorários abrangidos pelo acordo eram apenas aqueles fixados na liquidação de sentença em favor dos advogados sucessores, resguardando o direito autônomo dos sucedidos de promover a execução dos honorários fixados em seu favor na fase de conhecimento" (STJ-3ª T., REsp 1.769.045, Min. Nancy Andrighi, j. 26.2.19, DJ 1.3.19).

"O ajuizamento de ação rescisória não suspende o prazo prescricional para a execução, consoante o disposto no art. 489 do CPC" (STJ-1ª T., Ag em REsp 227.772-AgRg, Min. Arnaldo Esteves, j. 11.12.12, DJ 4.2.13).

"Execução de sentença. Prescrição. A suspensão do processo, requerida por uma das partes, não interrompe nem susta o curso da prescrição" (STJ-1ª T., REsp 1.267.084, Min. Ari Pargendler, j. 5.6.14, DJ 4.8.14).

"O protesto interruptivo de prescrição foi proposto para resguardar direito de determinados substituídos em ação coletiva, em nada interferindo na execução dos honorários em apreço, de modo que o curso prescricional em relação a esta pretensão seguiu seu regular curso, esgotando-se em cinco anos a partir do trânsito em julgado da sentença coletiva" (STJ-1ª T., REsp 1.334.400, Min. Napoleão Maia Filho, j. 5.8.14, DJ 15.8.14).

"O prazo prescricional para a execução individual é contado do trânsito em julgado da sentença coletiva, sendo desnecessária a providência de que trata o art. 94 da Lei 8.078/90" (STJ-1ª Seção, REsp 1.388.000, Min. Og Fernandes, j. 26.8.15, maioria, DJ 12.4.16).

"A regra abstrata de direito que fixa o prazo de prescrição, adotada na fase de conhecimento, em desconformidade com a jurisprudência atual do STJ, não faz coisa julgada para reger o prazo da prescrição da execução" (STJ-4ª T., Ag em REsp 90.668-EDcl, Min. Isabel Gallotti, j. 13.3.12, DJ 23.3.12). No mesmo sentido: STJ-3ª T., Ag em REsp 105.997-AgRg, Min. Paulo Sanseverino, j. 27.11.12, DJ 4.12.12.

V. tb. art. 202, nota 4b.

Art. 189: 3a. "Para fins prescricionais, o termo *a quo*, envolvendo **violação continuada** ao direito de imagem, conta-se a partir do **último ato** praticado" (STJ-3ª T., REsp 1.014.624, Min. Vasco Della Giustina, j. 10.3.09, DJ 20.3.09). No mesmo sentido: STJ-4ª T., REsp 1.758.467-AgInt, Min. Raul Araújo, j. 18.2.20, DJ 12.3.20.

"Quanto ao prazo prescricional de ação de indenização por danos morais, o termo inicial em caso de violação continuada conta-se a partir do último ato praticado" (STJ-2ª T., REsp 1.231.513-AgRg, Min. Humberto Martins, j. 14.4.11, DJ 26.4.11).

"Sendo os danos ao imóvel de natureza sucessiva e gradual, sua progressão dá azo a inúmeros sinistros sujeitos à cobertura securitária, renovando seguidamente a pretensão do beneficiário do seguro e, por conseguinte, o marco inicial do prazo prescricional" (STJ-3ª T., REsp 1.143.962, Min. Nancy Andrighi, j. 20.3.12, DJ 9.4.12).

Todavia: "Indenização. Uso indevido de imagem. Jogo eletrônico. Prescrição. Termo inicial. Data da violação do direito. Hipótese em que a conduta de alegada violação ao direito ocorreu no momento do lançamento dos jogos e a sua colocação no mercado de consumo (distribuição), divulgando a imagem do autor sem a devida autorização" (STJ-4ª T., REsp 1.861.295, Min. Isabel Gallotti, j. 24.11.20, maioria, DJ 12.3.21).

Art. 189: 4. "O **vencimento antecipado** das obrigações contraídas não altera o termo inicial para a contagem do prazo prescricional da ação cambial, que se conta do vencimento do título, tal como inscrito na cártula" (STJ-3ª T., AI 1.381.775-AgRg, Min. João Otávio, j. 25.6.13, DJ 28.6.13).

"O vencimento antecipado da dívida, ao possibilitar ao credor a cobrança de seu crédito antes do vencimento normalmente contratado, objetiva protegê-lo de maiores prejuízos que poderão advir da mora do devedor, sendo um instrumento garantidor das boas relações creditórias, revestindo-se de uma finalidade social. É, portanto, uma faculdade do credor e não uma obrigatoriedade, de modo que pode se valer ou não de tal instrumento para cobrar seu crédito por inteiro antes do advento do termo ordinariamente avençado, sendo possível, inclusive, sua renúncia no caso do afastamento voluntário da impontualidade pelo devedor (arts. 401, I, e 1.425, III, do CC). O vencimento antecipado da dívida livremente pactuado entre as partes, por não ser uma imposição, mas apenas uma garantia renunciável, não modifica o início da fluência do prazo prescricional, prevalecendo, para tal fim, o termo ordinariamente indicado no contrato, que, no caso do mútuo imobiliário, é o dia do vencimento da última parcela (arts. 192 e 199, II, do CC)" (STJ-3ª T., REsp 1.489.784, Min. Ricardo Cueva, j. 15.12.15, DJ 3.2.16). No mesmo sentido: STJ-4ª T., Ag em REsp 652.023-AgRg, Min. Marco Buzzi, j. 23.2.16, DJ 1.3.16.

Art. 189: 4a. "O prazo prescricional em relação à **correção monetária e** aos **juros moratórios** se inicia a partir do momento em que é efetuado o pagamento do débito em atraso sem a atualização, tendo em vista que é nesse momento que se caracteriza lesão do direito subjetivo à recomposição do valor monetário e aos juros da prestação" (STJ-6ª T., REsp 1.000.070-AgRg, Min. Maria Thereza, j. 26.5.08, DJU 16.6.08). No mesmo sentido: STJ-5ª T., AI 755.174-AgRg, Min. Arnaldo Esteves, j. 29.6.06, DJU 14.8.06.

Afirmando que o prazo prescricional para a cobrança de juros moratórios se orienta pelo mesmo prazo fixado para a cobrança da obrigação principal: STJ-Corte Especial, ED no REsp 1.112.737, Min. Laurita Vaz, j. 6.11.19, DJ 27.11.19.

Art. 189: 5. "O termo inicial da prescrição da pretensão de **repetição de indébito** de contrato de cédula de crédito rural é a data da efetiva lesão, ou seja, do pagamento" (STJ-2ª Seção, REsp 1.361.730, Min. Raul Araújo, j. 10.8.16, maioria, DJ 28.10.16).

"Ação de revisão contratual c/c repetição de indébito. Pretensão declaratória e condenatória. Prazo prescricional. Termo inicial. A data da assinatura do contrato é o termo inicial para o exercício da pretensão puramente declaratória de abusividade das cláusulas contratuais; a pretensão condenatória a ela vinculada, todavia, nasce somente a partir do momento em que se exige o pagamento a maior, o que se dá na data do vencimento de cada parcela" (STJ-3ª T., REsp 1.740.714, Min. Nancy Andrighi, j. 22.10.19, DJ 28.10.19).

"O termo inicial da prescrição está vinculado ao princípio da *actio nata*, e via de regra a pretensão do sujeito passivo da obrigação tributária à repetição do indébito nasce com o pagamento indevido. A citação na ação declaratória de inexistência da relação jurídico-tributária torna, no entanto, litigiosa a matéria, de modo que, neste caso, o prazo de prescrição da ação de repetição de indébito só inicia quando transitar em julgado a sentença e/ou acórdão proferido naquela demanda" (STJ-1ª T., REsp 1.254.615, Min. Marga Tessler, j. 16.12.14, DJ 19.12.14).

Art. 189: 5a. "O termo inicial do prazo prescricional decenal nas ações de **revisão de contrato** bancário, em que se discute a legalidade das cláusulas pactuadas, é a data da assinatura do contrato" (STJ-3ª T., Ag em REsp 1.917.834-EDcl-AgInt, Min. Nancy Andrighi, j. 21.2.22, DJ 24.2.22).

Mas: "Havendo sucessão negocial com a novação das dívidas mediante contratação de créditos sucessivos, com renegociação do contrato preexistente, é a data do último contrato avençado que deve contar como prazo prescricional" (STJ-3ª T., REsp 1.928.783-EDcl-AgInt, Min. Marco Bellizze, j. 13.9.22, DJ 14.9.22).

Art. 189: 5b. "Promessa de compra e venda. Atraso na entrega do imóvel. Inadimplemento da vendedora. **Resolução do contrato.** Restituição dos valores pagos. Comissão de corretagem. Prescrição. O prazo prescricional da **pretensão restituitória** somente começa a fluir após a resolução" (STJ-4ª T., Ag em REsp 1.587.903-AgInt, Min. Luis Felipe, j. 20.2.20, DJ 3.3.20). No mesmo sentido: STJ-3ª T., REsp 1.859.039-AgInt, Min. Paulo Sanseverino, j. 10.8.20, DJ 21.8.20.

Art. 189: 5c. "Ação de despejo cumulada com cobrança de alugueres. Reconvenção. Pedido de **indenização das benfeitorias** úteis realizadas no imóvel. Prescrição. Não ocorrência. Termo inicial. Trânsito em julgado da sentença que rescindiu o contrato" (STJ-3ª T., REsp 1.791.837, Min. Nancy Andrighi, j. 17.11.20, DJ 19.11.20).

Art. 189: 6. Pretensão de indenização por abandono afetivo. "O autor nasceu no ano de 1957 e, como afirma que desde a infância tinha conhecimento de que o réu era seu pai, à luz do disposto nos arts. 9º, 168, 177 e 392, III, do Código Civil de 1916, o prazo prescricional vintenário, previsto no Código anterior para as ações pessoais, fluiu a partir de quando o autor atingiu a maioridade e extinguiu-se assim o 'pátrio poder'. Todavia, tendo a ação sido ajuizada somente em outubro de 2008, impõe-se reconhecer operada a prescrição, o que inviabiliza a apreciação da pretensão quanto à compensação por danos morais" (STJ-4ª T., REsp 1.298.576, Min. Luis Felipe, j. 21.8.12, DJ 6.9.12).

Art. 189: 6a. "Tendo havido a separação e a partilha consensuais, ambas homologadas por sentença no ano de 1987, também houve, naquele momento, a dissolução do regime de bens do casamento e consequentemente nasceu, para as partes, a **pretensão de sobrepartilhar bens** remotos, litigiosos, sonegados ou que propositalmente ficaram fora da partilha inicial, como é a hipótese de recebíveis de pessoa jurídica de que o varão é sócio majoritário, de modo que a ação de sobrepartilha está prescrita, quer seja sob a ótica do prazo vintenário do CC/1916, quer seja sob a perspectiva do prazo decenal do CC/2002, sendo irrelevante o fato de o vínculo matrimonial ter remanescido até 2014, ano em que decretado o divórcio" (STJ-3ª T., REsp 1.719.739, Min. Nancy Andrighi, j. 5.6.18, DJ 7.6.18).

Art. 189: 7. "A prescrição da ação para **reparação por danos** causados por **advogado,** em patrocínio judicial, flui do trânsito em julgado do provimento jurisdicional resultante do erro profissional apontado" (STJ-3ª T., REsp 645.662, Min. Gomes de Barros, j. 28.6.07, DJU 1.8.07).

"Serviços advocatícios. Negligência. Perda de prazo. Responsabilidade civil. Perda de uma chance. Prescrição. Termo inicial. Conhecimento do dano. *Actio nata*. Na hipótese, não é razoável considerar como marco inicial da prescrição a data limite para a interposição do agravo de instrumento, visto inexistirem elementos nos autos — ou a comprovação do advogado — evidenciando que o cliente tenha sido cientificado da perda de prazo para apresentar o recurso cabível. No caso dos autos, com o término da relação contratual, o cliente lesionado teve (ou poderia ter tido) ciência da atuação negligente do advogado anterior, sendo este o marco inicial da prescrição" (STJ-3ª T., REsp 1.622.450, Min. Ricardo Cueva, j. 16.3.21, DJ 19.3.21).

Art. 189: 7a. "A pretensão do mandante para **exigir** as **contas** surge ao final do exercício do mandato, o que, na hipótese do **mandato judicial,** corresponde à data do arquivamento do processo, salvo eventual revogação ou renúncia dos poderes conferidos" (STJ-3ª T., REsp 1.877.742, Min. Nancy Andrighi, j. 16.3.21, DJ 25.3.21).

V. tb. art. 205, nota 5c.

Art. 189: 7b. "Ação de cobrança de complementação de **comissão de corretagem**. Prescrição quinquenal. Termo 'a quo'. Data da celebração da promessa de compra e venda. Tendo a intermediação do corretor levado as partes a celebrarem uma promessa de compra e venda, tem-se por cumprida a obrigação de resultado assumida pelo corretor, sendo exigível, a partir de então, a comissão de corretagem, salvo disposição contratual em sentido contrário. Eventual demora da celebração do contrato definitivo não altera a exigibilidade da comissão de corretagem, sendo necessário distinguir a execução do contrato de corretagem da execução do contrato de compra e venda intermediado pelo corretor" (STJ-3ª T., REsp 1.817.425, Min. Paulo Sanseverino, j. 3.8.21, DJ 16.8.21).

Art. 189: 8. "O termo inicial do prazo prescricional para **seguradora sub-rogada** propor ação de regresso é a data do pagamento integral da indenização ao segurado" (STJ-3ª T., REsp 1.297.362, Min. Ricardo Cueva, j. 10.11.16, maioria, DJ 2.2.17). No mesmo sentido: STJ-4ª T., Ag em REsp 1.305.923-AgInt, Min. Isabel Gallotti, j. 2.4.19, DJ 8.4.19.

Art. 189: 9. "Se a pretensão indenizatória da **massa falida**, por uma questão de lógica, só pode existir após o surgimento desta e se os prazos prescricionais, nos termos da teoria da *actio nata*, só se iniciam com o nascimento da pretensão, é imperioso concluir que o termo inicial do prazo prescricional da pretensão indenizatória da massa falida fundada em supostas operações fraudulentas realizadas pelos recorridos antes da decretação da falência é a data desta decretação" (STJ-3ª T., REsp 1.897.367, Min. Nancy Andrighi, j. 8.2.22, maioria, DJ 2.3.22).

Art. 190. A exceção prescreve no mesmo prazo em que a pretensão.

Art. 191. A renúncia da prescrição pode ser expressa ou tácita, e só valerá, sendo feita, sem prejuízo de terceiro, depois que a prescrição se consumar; tácita é a renúncia quando se presume de fatos do interessado, incompatíveis com a prescrição.[1 a 3]

Art. 191: 1. Enunciado 295 do CEJ: "A revogação do art. 194 do Código Civil pela Lei n. 11.280/2006, que determina ao juiz o reconhecimento de ofício da prescrição, não retira do devedor a possibilidade de renúncia admitida no art. 191 do texto codificado".

Art. 191: 2. "O pagamento de obrigação prescrita não configura mera liberalidade, pois a prescrição não extingue a obrigação, apenas afastando a sua exigibilidade. **Pagamento** parcial que configura **renúncia tácita** à prescrição, nos termos do art. 191 do CC" (STJ-3ª T., REsp 1.398.718-AgRg, Min. Paulo Sanseverino, j. 15.9.16, DJ 26.9.16).

V. art. 882.

Art. 191: 2a. "A **renúncia tácita** da prescrição somente se perfaz com a prática de **ato inequívoco** de reconhecimento do direito pelo prescribente. Assim, não é qualquer postura do obrigado que enseja a renúncia tácita, mas aquela considerada manifesta, patente, explícita, irrefutável e facilmente perceptível. No caso concreto, a mera declaração feita pelo devedor, no sentido de que posteriormente apresentaria proposta de pagamento do débito decorrente das mensalidades escolares, não implicou renúncia à prescrição" (STJ-4ª T., REsp 1.250.583, Min. Luis Felipe, j. 3.5.16, DJ 27.5.16).

Art. 191: 2b. "A emissão de documento pelo prescribente admitindo a existência da obrigação previdenciária (direito do participante à aposentadoria complementar), **propondo** inclusive **'acordos amigáveis'**, é ato incompatível com a prescrição, a evidenciar a sua **renúncia tácita**" (STJ-3ª T., REsp 1.520.012, Min. Ricardo Cueva, j. 14.3.17, DJ 21.3.17).

Art. 191: 3. "A certidão que reconheceu a existência de parcelas inadimplidas foi expedida quando o prazo prescricional já havia se consumado integralmente. Assim, houve o reconhecimento administrativo do direito, e essa situação é incompatível com a fluência do prazo prescricional, configurando-se **renúncia tácita por parte da Administração,** conforme a regra contida no art. 191" (STJ-2ª T., REsp 1.314.964, Min. Mauro Campbell, j. 18.9.12, DJ 4.10.12). No mesmo sentido: STJ-1ª T., REsp 1.555.248-AgInt, Min. Regina Costa, j. 23.5.17, DJ 29.5.17.

V. tb. Dec. lei 4.597, de 19.8.42, art. 3º, nota 2 (no tít. PRESCRIÇÃO E DECADÊNCIA).

| **Art. 192.** Os prazos[1] de prescrição não podem ser alterados por acordo das partes.

Art. 192: 1. v. arts. 205 e 206.

| **Art. 193.** A prescrição pode ser alegada em qualquer grau de jurisdição, pela parte a quem aproveita.[1 a 3]

Art. 193: 1. V. tb. CPC 342-II e III. Na execução de sentença, porém, só pode ser alegada prescrição superveniente a esta (CPC 525 § 1º-VII e 535-VI).

S/ alegação inédita da prescrição em embargos de declaração, v., no CPCLPV, CPC 1.022, nota 4.

✎ **Art. 193: 2.** "Prescrição. Invocação a qualquer tempo. Artigo 193 do Código Civil e a preclusão processual", por Luiz Manoel Gomes Júnior (RSDCPC 31/37 e RP 121/107).

Art. 193: 3. A prescrição pode ser pronunciada **de ofício** pelo juiz, cf. CPC 332 § 1º e 487 § ún.

| **Art. 194.** ....[1-2]

Art. 194: 1. O art. 194 foi revogado pela Lei 11.280, de 16.2.06, em vigor 90 dias após a sua publicação (DOU 17.2.06).

Art. 194: 2. v. art. 191, nota 1 (Enunciado 295 do CEJ).

| **Art. 195.** Os relativamente incapazes[1] e as pessoas jurídicas têm ação contra os seus assistentes ou representantes legais, que derem causa à prescrição, ou não a alegarem oportunamente.[2]

Art. 195: 1. v. arts. 4º e 197-III.

Art. 195: 2. Esse dispositivo também se aplica à decadência, cf. art. 208.

| **Art. 196.** A prescrição iniciada contra uma pessoa continua a correr contra o seu sucessor.[1-2]

Art. 196: 1. exceto, naturalmente, se contra o sucessor não correr a prescrição (art. 198 e incs.).

Art. 196: 2. "Cuidando-se de sucessão de obrigações, o regime de prescrição aplicável é o do sucedido e não o do sucessor" (STJ-4ª T., REsp 1.077.222, Min. Luis Felipe, j. 16.2.12, RP 209/507). No mesmo sentido: STJ-2ª Seção, REsp 1.103.769, Min. Ricardo Cueva, j. 12.12.12, DJ 18.12.12.

Seção II | DAS CAUSAS QUE IMPEDEM OU SUSPENDEM¹ A PRESCRIÇÃO¹ᴬ ᴬ ²ᴬ

SEÇ. II: 1. Extinta a causa da suspensão, o prazo prescricional volta a correr, computando-se o período já transcorrido antes do evento suspensivo.

SEÇ. II: 1a. s/ suspensão ou impedimento dos prazos prescricionais no período da pandemia do coronavírus, v. nota 2a ao Tít. IV que antecede o art. 189.

SEÇ. II: 1b. s/ suspensão do prazo prescricional em matéria securitária, v. Súmula 229 do STJ, no art. 206, nota 1b.

SEÇ. II: 2. As causas que impedem ou suspendem a prescrição aplicam-se ao possuidor, no usucapião (v. art. 1.244).

SEÇ. II: 2a. Já a decadência não se suspende, salvo disposição legal em contrário, cf. art. 207.

Art. 197. Não corre a prescrição:¹

I — entre os cônjuges, na constância da sociedade conjugal;² ᵃ ²ᵇ

II — entre ascendentes e descendentes, durante o poder familiar;³

III — entre tutelados ou curatelados e seus tutores ou curadores, durante a tutela ou curatela.

Art. 197: 1. Outro caso de suspensão: Dec. 20.910, de 6.1.32, art. 4º, no tít. PRESCRIÇÃO E DECADÊNCIA. V. tb. LEF 40.

Art. 197: 2. Enunciado 296 do CEJ: "Não corre a prescrição entre os companheiros, na constância da união estável".

Art. 197: 2a. "A causa impeditiva de fluência do prazo prescricional prevista no art. 197, I, do CC/2002, conquanto topologicamente inserida no capítulo da prescrição extintiva, **também** se aplica às **prescrições aquisitivas,** na forma do art. 1.244 do CC/2002" (STJ-3ª T., REsp 1.693.732, Min. Nancy Andrighi, j. 5.5.20, DJ 11.5.20).

Art. 197: 2b. "A **separação de fato** comprovada por período razoável de tempo, ou seja, no mínimo 1 ano, produz os mesmos efeitos da separação judicial, sendo, portanto, circunstância que enseja a dissolução do vínculo matrimonial e não impede o curso do prazo prescricional nas causas envolvendo direitos e deveres matrimoniais" (STJ-3ª T., REsp 1.660.947, Min. Moura Ribeiro, j. 5.11.19, DJ 7.11.19; a citação é do voto do relator).

Art. 197: 3. "Não há prescrição entre ascendentes e descendentes durante o poder familiar, razão por que não estão prescritas as prestações alimentícias exigidas pelo exequente — menor incapaz e filho do devedor" (RBDFS 12/145: TJDFT, AI 2008.00.2.017026-8). No mesmo sentido: STJ-4ª T., REsp 1.446.912-AgRg, Min. Luis Felipe, j. 21.8.14, DJ 26.8.14.

Art. 198. Também não corre a prescrição:¹⁻¹ᵃ

I — contra os incapazes de que trata o art. 3º;² ᵃ ³

II — contra os ausentes do País em serviço público da União, dos Estados ou dos Municípios;

III — contra os que se acharem servindo nas Forças Armadas, em tempo de guerra.

Art. 198: 1. Enunciado 156 do CEJ: "Desde o termo inicial do desaparecimento, declarado em sentença, não corre a prescrição contra o ausente".

Art. 198: 1a. "O advento da **incapacidade por causa psíquica** e, consequentemente, dos efeitos jurídicos por ela gerados, inclusive o de não correr a prescrição, independe da interdição" (RIDA 12/133).

"Conquanto a sentença de interdição tenha sido proferida em data posterior ao decurso do prazo prescricional, a suspensão deste prazo ocorre no momento em que se manifestou a incapacidade mental do indivíduo. Inteligência do art. 198, inciso I, do Código Civil" (STJ-5ª T., REsp 652.837, Min. Laurita Vaz, j. 22.5.07, DJ 29.6.07). No mesmo sentido: STJ-1ª T., REsp 1.270.630-AgRg, Min. Benedito Gonçalves, j. 16.2.12, DJ 23.2.12; STJ-2ª T., REsp 1.241.486, Min. Eliana Calmon, j. 18.10.12, DJ 29.10.12.

Art. 198: 2. i. e., os absolutamente incapazes.

Art. 198: 2a. Esse inciso também é aplicável à decadência, cf. art. 208.

Art. 198: 2b. "Diferentemente do que ocorre com o incapaz acometido de patologia — física ou mental —, percebe-se, em relação aos menores impúberes, que, **independente de sua representação** — seja pelos pais, seja pelo tutor —, o prazo prescricional fica suspenso até que ultrapasse a idade dos 16 anos, pois somente a partir de então é que se terá o termo inicial do referido prazo" (STJ-4ª T., REsp 1.272.982, Min. Luis Felipe, j. 19.4.16, DJ 11.5.16).

Art. 198: 3. "A norma contida no art. 169, I, do CC/16, segundo a qual não corre a prescrição, tampouco a decadência, contra o absolutamente incapaz somente a este aproveita, **não** sendo **extensível a terceiros** que compartilhem do mesmo direito daquele. Na hipótese dos autos, o fato de a anulação do contrato de compra e venda também favorecer aos filhos do sócio falecido não justifica a suspensão do prazo decadencial em favor do autor, sendo impositivo o acolhimento da prejudicial de mérito" (STJ-3ª T., REsp 1.670.364, Min. Nancy Andrighi, j. 6.6.17, DJ 4.10.17).

Art. 199. Não corre igualmente a prescrição:

I — pendendo condição suspensiva;[1]

II — não estando vencido o prazo;

III — pendendo ação de evicção.[2]

Art. 199: 1. v. arts. 125 e 126.

Art. 199: 2. v. arts. 447 a 457.

Art. 200. Quando a ação se originar de fato que deva ser apurado no juízo criminal, não correrá a prescrição antes da respectiva sentença definitiva.[1 a 5]

Art. 200: 1. s/ relação entre o juízo cível e o criminal, v. art. 935; CP 91-I; CPP 63 a 67 e 92 a 94; CPC 315.

Art. 200: 1a. "Responsabilidade civil. Acidente de trânsito. Prescrição da pretensão indenizatória. Suspensão prevista no art. 200 do Código Civil. **Necessidade de instauração de inquérito policial ou de ação penal.** Inaplicabilidade da regra ao caso" (STJ-3ª T., REsp 1.180.237, Min. Paulo Sanseverino, j. 19.6.12, RT 925/469, com comentário de Arnaldo Rizzardo). Do voto do relator: "Não há notícia de que tenha sido ajuizada ação penal para apuração desse fato ou da própria situação do inquérito policial, se é que fora instaurado. Assim, não se estabeleceu a relação de prejudicialidade entre a ação penal e a ação indenizatória em torno da existência de fato que deva ser apurado no juízo criminal, como exige o texto legal (art. 200 do CC/02)".

"Se os fatos apurados no juízo criminal são relevantes e repercutem na pretensão indenizatória, por razões óbvias as esferas criminal e cível se comunicam. O prazo prescricional da reparação civil deve ficar suspenso até que, na esfera criminal, a questão seja solucionada. Inteligência do art. 200 do Código Civil" (STJ-3ª T., Ag em REsp 268.847-AgRg, Min. Nancy Andrighi, j. 18.6.13, DJ 24.6.13). Do voto da relatora: "Observa-se, de fato, que o caso em questão deve ser regido pelo disposto no art. 200 do CC. Dessa forma, segundo informações do Tribunal de origem, o marco de 4.12.09, em que os ora agravados se basearam, foi a última informação contida no inquérito policial lavrado para apurar as circunstâncias da morte de seu familiar, e a ação de reparação foi proposta em 1.7.11".

Todavia, no sentido de que "a simples lavratura de boletim de ocorrência ou a instauração de inquérito criminal não tem o condão de suspender o curso do prazo prescricional para a pretensão civil de reparação do dano *ex delicto*": JTJ 332/135 (AI 1.184.388-0/3; a citação é do voto do relator).

Art. 200: 1b. "O art. 200 do CC/02 incidirá **independentemente do resultado** alcançado na esfera criminal. Tal entendimento prestigia a boa-fé objetiva, impedindo que o prazo prescricional para deduzir a pretensão reparatória se inicie previamente à apuração definitiva do fato no juízo criminal, criando uma espécie legal de *actio nata*. Na espécie, houve a propositura de ação penal, na qual foi declarada a ilegitimidade ativa do Ministério Público em relação a um dos delitos e o réu foi absolvido do outro. Tais circunstâncias, todavia, não afastam a incidência do art. 200 do CC/02, não havendo que se falar em prescrição da pretensão reparatória" (STJ-3ª T., REsp 1.919.294, Min. Nancy Andrighi, j. 13.4.21, DJ 15.4.21).

Art. 200: 2. "Ação indenizatória decorrente da prática de ilícito penal. Termo inicial da prescrição: **data do trânsito em julgado da sentença** no processo criminal" (RT 929/1.142: TJRS, AP 70046064416). No mesmo sentido: STJ-4ª T., Ag em REsp 377.147-AgRg, Min. Isabel Gallotti, j. 3.4.14, DJ 5.5.14.

"Processo criminal instaurado contra o réu que terminou com extinção da punibilidade, ante a prescrição da pretensão punitiva do Estado, após apresentação de proposta de transação penal realizada no JECRIM. Prazo prescricional que somente tem início após a decisão que reconheceu a prescrição da pretensão punitiva. No procedimento do Juizado Especial Criminal o réu poderia ter sido denunciado, caso não tivesse ocorrido a prescrição ou mesmo caso não tivesse aceitado a transação penal, de modo que, enquanto ainda não terminado o referido procedimento, deve ser considerado que está em curso a persecução penal que obsta a contagem do prazo de prescrição" (JTJ 374/432: AP 179135-51.2009.8.26.0100).

Art. 200: 2a. "A apuração da responsabilidade civil decorrente de acidente de trânsito independe da responsabilidade a ser apurada na esfera penal. No caso, não houve propositura da ação penal e a ação cível foi ajuizada contra terceiro, empregador do autor do fato e proprietário do veículo causador do dano sustentando sua **responsabilidade objetiva.** Inaplicabilidade do art. 200 do CC/2002" (STJ-4ª T., REsp 1.139.896-AgRg, Min. Antonio Ferreira, j. 11.6.13, DJ 18.6.13).

"A Corte de origem destacou que a responsabilidade civil da instituição financeira, por ser objetiva, independe da aferição do elemento culpa, de modo que não se trata de ação civil *ex delicto*, cuja análise tem caráter subjetivo. Em razão disso, não se aplica a causa impeditiva do transcurso do prazo prescricional, prevista no art. 200 do CC/02, por não ostentar a ação criminal o caráter de prejudicialidade em relação a ação indenizatória, devendo, portanto, o prazo prescricional ter seu termo a partir do conhecimento do suposto dano sofrido. Prescrição corretamente decretada" (STJ-3ª T., REsp 1.359.190-AgRg, Min. Moura Ribeiro, j. 14.6.16, DJ 21.6.16).

Todavia: "Em sendo necessário — para o reconhecimento da responsabilidade civil do patrão pelos atos do empregado — a demonstração da culpa anterior por parte do causador direto do dano, deverá, também, incidir a causa obstativa da prescrição (CC, art. 200) no tocante à referida ação civil *ex delicto*, caso essa conduta do preposto esteja também sendo apurada em processo criminal. Dessarte, tendo o acidente de trânsito — com óbito da vítima — ocorrido em 27.3.03, o trânsito em julgado da ação penal contra o preposto em 9.1.06 e a ação de indenização por danos materiais e morais proposta em 2.7.07, não há falar em prescrição" (STJ-4ª T., REsp 1.135.988, Min. Luis Felipe, j. 8.10.13, DJ 17.10.13).

Art. 200: 2b. "Acidente de trânsito. Morte. Indenização. Ação penal. Prescrição. Suspensão. O atropelamento fatal ocorreu em julho de 2004, enquanto a sentença penal transitou em julgado em agosto de 2009. Não se pode desconsiderar a existência, na hipótese, do processo penal para a aferição do lapso prescricional, como se este tivesse início na data do evento danoso e não sofresse suspensão nos termos do artigo 200 do Código Civil" (STJ-4ª T., Ag em REsp 377.147-AgRg, Min. Isabel Gallotti, j. 3.4.14, DJ 5.5.14).

Art. 200: 3. "A controvérsia dos autos consiste em definir-se qual o termo inicial do prazo prescricional para a propositura de ação de indenização por **responsabilidade civil do Estado.** O *dies a quo*, na hipótese de a questão também ter sido discutida na esfera criminal, é a data do trânsito em julgado da sentença, quer condenatória, quer absolutória. No caso dos autos, conta-se o prazo prescricional a partir da data da publicação da sentença onde consta o termo da transação penal firmado pelas denunciadas" (STJ-2ª T., REsp 921.829, Min. Humberto Martins, j. 3.3.09, DJ 31.3.09).

"Ação de indenização por alegada conduta omissiva do Estado na prestação de segurança em escola pública. Homicídio de professora da rede estadual de ensino. Prescrição. Causa impeditiva de seu curso. Fato delituoso sujeito à apuração no juízo criminal. Art. 200 do Código Civil. Está configurada, na espécie, a prejudicialidade da apuração criminal em face da presente demanda indenizatória, na qual se afirma a existência de nexo de causalidade entre os danos morais suportados pelos parentes da professora assassinada e a conduta omissiva do Estado que, na qualidade de empregador, omitiu-se em prestar segurança na escola em que lecionava a vítima" (STJ-1ª T., REsp 1.306.844, Min. Sérgio Kukina, j. 18.9.18, DJ 26.9.18).

Todavia: "Não há falar em interrupção do prazo prescricional, nos termos do art. 200 do Código Civil, pois a ação de reparação por descumprimento de cláusula contratual, a ser proposta no juízo cível, não dependia daquilo que seria apurado no juízo criminal. De fato, não se trata de ação civil *ex delicto* na qual, enquanto pende a incerteza quanto à condenação criminal, não se pode consignar a prescrição de ação a ser proposta no juízo cível. Vale dizer, a reparação do dano *ex delicto* é consequente, isto é, será proposta de acordo com aquilo que foi decidido na ação penal e, nestes casos, a prescrição é interrompida. O caso dos autos trata de ação de reparação civil proposta contra o Estado por descumprimento de cláusula contratual, sendo que a apuração do fato cível, qual seja, verificação do descumprimento do contrato, em nada depende da ação penal" (STJ-2ª T., REsp 1.371.444, Min. Humberto Martins, j. 2.5.13, DJ 16.5.13).

V. tb. Dec. 20.910/32, art. 1º, nota 4c (no tít. PRESCRIÇÃO E DECADÊNCIA).

Art. 200: 3a. "O **excesso ou o abuso** no exercício da **liberdade de informação** ensejam dano moral a ser compensado, de forma independente do resultado das investigações e do processo penal noticiado, ou seja, ainda que o acusado venha a ser absolvido. Desse modo, a pretensão de compensação de danos morais decorrentes da publicação de matéria jornalística de conteúdo ofensivo pode ser proposta desde a publicação da matéria, não havendo que se falar em aplicação analógica da ação civil *ex delicto* ou em causa impeditiva de prescrição" (STJ-3ª T., REsp 1.307.439, Min. Nancy Andrighi, j. 17.12.13, DJ 4.2.14). No mesmo sentido: STJ-4ª T., Ag em REsp 565.154-AgRg-EDcl-EDcl-AgInt, Min. Lázaro Guimarães, j. 16.8.18, DJ 24.8.18.

Art. 200: 3b. "Responsabilidade civil. Dano moral. **Injúria** religiosa e racial. Ação penal. Causa impeditiva da prescrição. Não é possível afastar a aplicação do art. 200 do CC/2002 em hipóteses que envolvam, além do pedido de indenização, discussões relacionadas à existência de responsabilidade solidária entre o autor da ofensa e aquele que consta no polo passivo da controvérsia, em razão da relação de preposto" (STJ-3ª T., REsp 1.704.525, Min. Nancy Andrighi, j. 12.12.17, DJ 18.12.17).

Art. 200: 4. "A responsabilização civil dos **autores de notícia-crime** depende da demonstração de atuação abusiva, seja em razão do exercício temerário ou de má-fé. Desse modo, a pretensão de compensação de danos morais tem estrita relação de dependência em relação ao fato apurado perante o juízo criminal, razão porque são aplicáveis analogicamente as regras relativas à ação civil *ex delicto*, inclusive quanto ao prazo prescricional (art. 200 do CC/02)" (STJ-3ª T., REsp 1.309.015, Min. Nancy Andrighi, j. 17.12.13, DJ 4.2.14).

Art. 200: 5. "Ação monitória. Prescrição. Interrupção. Não ocorrência. A apreensão do **título de crédito** (cheque) por ordem de juízo criminal não enseja, por si, a interrupção do prazo prescricional prevista no art. 200 do CC/2002, haja vista que a aplicação do referido dispositivo pressupõe relação de prejudicialidade entre as esferas cível e penal, somente quando a conduta origina-se de fato que também deve ser apurado no juízo criminal, o que não ocorre no caso concreto" (STJ-4ª T., Ag em REsp 699.673-AgRg, Min. Antonio Ferreira, j. 26.8.19, DJ 2.9.19).

Art. 201. Suspensa a prescrição em favor de um dos credores solidários,[1-1a] só aproveitam os outros se a obrigação for indivisível.[2]

Art. 201: 1. v. arts. 267 a 274.

Art. 201: 1a. Se o credor a favor de quem foi suspensa a prescrição transmitir o seu crédito, o prazo prescricional volta a fluir a partir da transmissão, pois as causas de suspensão possuem natureza pessoal.

Art. 201: 2. v. arts. 257 a 263.

Seção III | DAS CAUSAS QUE INTERROMPEM A PRESCRIÇÃO[1-2]

SEÇ. III: 1. Cessada a causa interruptiva da prescrição, o prazo prescricional tem novo início e deve ser contado por inteiro a partir de tal cessação.

SEÇ. III: 2. Já a decadência não se interrompe, salvo disposição legal em contrário, cf. art. 207.

Art. 202. A interrupção[1 a 2c] da prescrição, que somente poderá ocorrer uma vez,[3] dar-se-á:

I — por despacho do juiz, mesmo incompetente, que ordenar a citação, se o interessado a promover no prazo e na forma da lei processual;[3a a 8a]

II — por protesto,[8b-8c] nas condições do inciso antecedente;

III — por protesto cambial;[9-9a]

IV — pela apresentação do título de crédito em juízo de inventário[9b-9c] ou em concurso de credores;[10]

V — por qualquer ato judicial que constitua em mora[10a] o devedor;[11]

VI — por qualquer ato inequívoco, ainda que extrajudicial, que importe reconhecimento do direito pelo devedor.[11a a 12b]

Parágrafo único. A prescrição interrompida recomeça a correr[12c] da data do ato que a interrompeu,[13-13a] ou do último ato do processo para a interromper.[14-15]

Art. 202: 1. s/ interrupção da prescrição, v. tb. CPC/73 art. 777 (processo de insolvência); Dec. 20.910/32, art. 7º, Dec. lei 4.597/42, art. 3º, e CTN 174 § ún. (Fazenda Pública); Dec. lei 204/67, art. 17 § ún. (prêmio lotérico).

Art. 202: 2. Súmula 154 do STF: "Simples vistoria não interrompe a prescrição".

Esta Súmula continua em vigor (STF-2ª T., Ag 65.594-AgRg, Min. Moreira Alves, j. 20.2.76, DJU 9.4.76), mas não comporta leitura ampliativa: "Se o processo cautelar de produção antecipada assume conotações de protesto e de indeclinável medida preparatória da ação, a citação nele feita interrompe a prescrição" (RTJ 114/1.228 e STF-RT 599/257, citando RTJ 89/961 e 108/1.302).

"Na sistemática do CPC de 1973, a cautelar de antecipação de prova interrompe a prescrição quando se tratar de medida preparatória de outra ação, tornando inaplicável, nesses casos, o verbete sumular n. 154-STF, editado sob a égide do CPC 1939" (RSTJ 152/392).

V. tb. nota 4a.

Súmula 383 do STF: "A prescrição em favor da Fazenda Pública recomeça a correr, por dois anos e meio, a partir do ato interruptivo, mas não fica reduzida aquém de cinco anos, embora o titular do direito a interrompa durante a primeira metade do prazo".

Súmula 106 do STJ (Demora na citação): "Proposta a ação no prazo fixado para o seu exercício, a demora na citação, por motivos inerentes ao mecanismo da Justiça, não justifica o acolhimento da arguição de prescrição ou decadência".

Art. 202: 2a. "Se o direito em discussão é indivisível, a interrupção da prescrição por um dos credores a todos aproveita" (RSTJ 43/298).

Art. 202: 2b. "**Litisconsórcio ativo multitudinário. Desmembramento.** Ausência de citação. Demanda individual subsequente. Prescrição. Interrupção. Marco inicial. Data do ajuizamento da ação originária. A prescrição acarreta a perda da exigibilidade de um direito (ou a perda de uma pretensão deduzível em juízo), de modo que somente pode ser prejudicado pela passagem do tempo aquele a quem se puder atribuir inércia injustificada na busca de seus interesses. No particular, deve-se considerar que a recorrida exerceu sua pretensão dentro do prazo, em litisconsórcio facultativo, quando ajuizou a demanda originária, não podendo, portanto, vir a sofrer qualquer prejuízo de índole processual ou material em decorrência de providência adotada pelo julgador, à qual não deu causa. Assim, na hipótese dos autos, a data que deve prevalecer para fins do marco inicial da interrupção da prescrição é a da propositura da ação originária, como forma de não lesar os litisconsortes que litigavam conjuntamente e que foram elidos da relação processual primeva" (STJ-3ª T., REsp 1.868.419, Min. Nancy Andrighi, j. 22.9.20, DJ 28.9.20).

Art. 202: 2c. "O pedido de **abertura de inventário** interrompe o curso do prazo prescricional para todas as pendengas entre meeiro, herdeiros e/ou legatários que exijam a definição de titularidade sobre parte do patrimônio inventariado" (STJ-3ª T., REsp 1.639.314, Min. Nancy Andrighi, j. 4.4.17, DJ 10.4.17).

Art. 202: 3. "Conforme dispõe o art. 202, *caput*, do CC/02, a interrupção da prescrição ocorre somente **uma única vez** para a mesma relação jurídica. Na espécie, o protesto da duplicata foi promovido em 17/10/2014, momento em que, nos termos do art. 202, III, do CC/02, houve a interrupção do prazo prescricional. O posterior ajuizamento da ação declaratória de inexistência de débito pela recorrida, em 17/12/2014, ainda que indiscutivelmente seja causa interruptiva da prescrição, não tem o condão, contudo, de promover nova interrupção do prazo prescricional, uma vez que o mesmo já havia sido interrompido com o protesto da cártula" (STJ-3ª T., REsp 1.924.436, Min. Nancy Andrighi, j. 10.8.21, DJ 16.8.21).

V. tb. nota 12b.

Art. 202: 3a. CPC 240 § 1º: "A interrupção da prescrição, operada pelo despacho que ordena a citação, ainda que proferido por juízo incompetente, retroagirá à data de propositura da ação".

CPC 312: "Considera-se proposta a ação quando a petição inicial for protocolada, todavia, a propositura da ação só produz quanto ao réu os efeitos mencionados no art. 240 depois que for validamente citado".

"A data da propositura da ação é aquela em que a petição inicial foi apresentada em juízo e despachada, ainda que apenas para determinar a livre distribuição do feito, e não a data da efetiva distribuição" (STJ-2ª T., REsp 931.741, Min. Eliana Calmon, j. 8.4.08, DJU 18.4.08).

Art. 202: 4. "A **propositura de demanda judicial pelo devedor,** seja anulatória, seja de sustação de protesto, que importe em impugnação do débito contratual ou de cártula representativa do direito do credor, é causa interruptiva da prescrição. Quando a interrupção de prescrição se der em virtude de demanda judicial, o novo prazo só correrá da data do último ato do processo, que é aquele pelo qual o processo se finda" (STJ-3ª T., REsp 216.382, Min. Nancy Andrighi, j. 3.8.04, DJU 13.12.04). No mesmo sentido: STJ-4ª T., REsp 913.218-AgRg, Min. João Otávio, j. 16.3.10, DJ 6.4.10; JTJ 370/576 (AP 972-78.2011.8.26.0003).

"A manifestação do credor, de forma defensiva, nas ações impugnativas promovidas pelo devedor, afasta a sua inércia no recebimento do crédito, a qual implicaria a prescrição da pretensão executiva; além de evidenciar que o devedor tinha inequívoca ciência do interesse do credor em receber aquilo que lhe é devido. O art. 585, § 1º, do CPC deve ser interpretado em consonância com o art. 202, VI, do Código Civil. Logo, se admitida a interrupção da prescrição, em razão das ações promovidas pelo devedor, mesmo que se entenda que o credor não estava impedido de ajuizar a execução do título, ele não precisava fazê-lo antes do trânsito em julgado dessas ações, quando voltaria a correr o prazo prescricional" (STJ-3ª T., REsp 1.321.610, Min. Nancy Andrighi, j. 21.2.13, RP 220/472).

"Com o manejo de ação pelo mutuário, questionando os parâmetros ajustados para os encargos incidentes no contrato de empréstimo feneratício, interrompem-se e suspendem-se os prazos para ajuizamento de quaisquer demandas por iniciativa da instituição financeira, somente voltando a ter fluxo com o trânsito em julgado da sentença a ser proferida na revisional" (STJ-4ª T., AI 1.244.895-AgRg, Min. Marco Buzzi, j. 20.3.12, DJ 9.4.12; a citação é do voto do relator).

"O ajuizamento pelos devedores de embargos do devedor, para derruir precedente ação de execução, que veio a ser extinta, sem exame de mérito, importa em impugnação ao direito do credor, representado pela mesma causa remota de pedir, e é causa interruptiva da prescrição, sendo certo que o novo prazo terá início a partir da data do encerramento dos embargos do devedor" (RJM 203/200: AP 1.0702.08.472454-2/001).

Todavia, no sentido de que "a propositura de ação revisional pelo devedor não impede que o credor busque a satisfação do seu crédito, não havendo, portanto, interrupção do prazo prescricional": STJ-3ª T., REsp 1.635.585-AgInt, Min. Marco Bellizze, j. 27.6.17, DJ 3.8.17. No mesmo sentido: STJ-4ª T., Ag em REsp 1.305.630-AgInt, Min. Lázaro Guimarães, j. 18.9.18, DJ 21.9.18.

Afirmando que a prescrição da "pretensão ao recebimento de juros remuneratórios não se interrompe pela propositura, por parte do devedor, de ação de repetição de indébito visando o recebimento de quantias pagas a mais. A ação ajuizada pelo devedor não impede o exercício da pretensão do credor, de cobrar eventual saldo remanescente": STJ-3ª T., REsp 337.572, Min. Nancy Andrighi, j. 13.11.08, DJ 20.2.09.

"A propositura de ação de cobrança pelo locador não interrompe o prazo para que o locatário exerça o seu direito de ver restituída a quantia referente à caução" (STJ-3ª T., REsp 1.967.725, Min. Marco Bellizze, j. 15.2.22, DJ 21.2.22).

Art. 202: 4a. Também se interrompe a prescrição pela citação no **processo cautelar** (RT 588/106).

"O despacho do juiz que determina a citação na ação cautelar preparatória tem o condão de interromper o prazo prescricional referente à pretensão principal a ser futuramente exercida (art. 202, I, do novo CC)" (STJ-3ª T., REsp 822.914, Min. Gomes de Barros, j. 1.6.06, DJU 19.6.06). No mesmo sentido: STJ-5ª T., REsp 949.204-EDcl, Min. Arnaldo Esteves, j. 17.3.09, DJ 6.4.09; JTJ 345/95 (AI 7.343.603-8).

"A sustação de protesto, deferida em medida proposta pelo devedor, por ocasionar a custódia judicial do título de crédito, impede que o credor promova a execução da dívida e, por conseguinte, interrompe a fluência do prazo prescricional" (STJ-4ª T., REsp 257.595, Min. Luis Felipe, j. 5.3.09, DJ 30.3.09).

"Considerando que os protestos dos títulos são imperativos para o ajuizamento da ação de falência, a sustação judicial dos protestos em decorrência de liminar em ação cautelar interrompe o prazo da prescrição" (STJ-3ª T., REsp 674.125, Min. Menezes Direito, j. 16.11.06, DJU 12.3.07). No mesmo sentido: STJ-RBDP 60/193 (4ª T., REsp 251.678).

S/ cautelar e interrupção da prescrição, v. tb. nota 2 e art. 206, nota 2d. S/ prescrição e duplicata, v. ainda LDu 15, nota 3.

Art. 202: 4b. "O pedido de **cumprimento de sentença** interrompe a prescrição. Petição que, apesar de mencionar a expressão cumprimento de sentença, não traz em seu bojo definição do valor a ser executado, memória de cálculos discriminada e atualizada e pedido para que haja o referido cumprimento não tem o condão de interromper o prazo prescricional" (STJ-4ª T., AI 1.185.461-AgRg, Min. João Otávio, j. 27.4.10, DJ 11.5.10).

"A petição onde consta o pedido de desarquivamento dos autos não pode ser tida como causa interruptiva da prescrição, visto que não se amolda às hipóteses discriminadas nos incisos do artigo 202 do Código Civil. O pedido de cumprimento de sentença é que tem o condão de interromper a prescrição" (STJ-4ª T., REsp 1.155.060, Min. Marco Buzzi, j. 1.3.16, DJ 10.3.16).

Art. 202: 4c. "A citação válida em **ação declaratória** interrompe a prescrição na respectiva ação condenatória" (STJ-5ª T., REsp 606.138, Min. Gilson Dipp, j. 17.6.04, DJU 2.8.04). No mesmo sentido: STJ-1ª T., REsp 810.145, Min. Teori Zavascki, j. 6.3.07, DJU 29.3.07.

Assim: "A autora pretende ser indenizada pelos danos sofridos em decorrência da rescisão contratual declarada por sentença e que foi provocada pela prática de atos ilícitos pela ré, também reconhecidos na sentença declaratória. Na hipótese, o pedido da ação declaratória caracteriza a causa de pedir para a ação indenizatória, restando, portanto, clara a relação entre elas e, por isso, justifica-se a interrupção da prescrição" (STJ-3ª T., REsp 1.354.361, Min. Nancy Andrighi, j. 9.4.13, DJ 15.4.13).

"A pendência do julgamento de **ação declaratória** em que se discute a ilegalidade da conduta constitui empecilho ao início da fluência da prescrição da pretensão indenizatória amparada nesse ato" (STJ-3ª T., REsp 1.494.482, Min. Nancy Andrighi, j. 24.11.20, maioria, DJ 18.12.20).

"O ajuizamento da **ação anulatória** torna litigiosa a relação jurídica entre as partes, interrompendo o prazo prescricional para a dedução de eventual pedido indenizatório relacionado ao mesmo objeto da primeira demanda, haja vista a relação de prejudicialidade existente entre as duas ações" (STJ-3ª T., REsp 1.852.820, Min. Ricardo Cueva, j. 2.8.22, DJ 5.8.22).

Art. 202: 4d. "O ajuizamento da **ação de busca e apreensão** interrompe a prescrição da ação de cobrança, cujo objeto era a mesma cédula de crédito industrial da presente demanda" (STJ-3ª T., REsp 1.869.862, Min. Paulo Sanseverino, j. 21.6.22, DJ 23.6.22).

Art. 202: 4e. "A **ação civil pública** ajuizada pelo Ministério Público objetivando a nulidade dos atos normativos expedidos no sentido de não admitir prova de tempo de serviço rural em nome de terceiros interrompeu a prescrição quinquenal das ações individuais propostas com a mesma finalidade (art. 219, *caput* e § 1º, do CPC e art. 203 do CCB)" (STJ-2ª T., REsp 1.449.964, Min. Herman Benjamin, j. 5.8.14, DJ 13.10.14). "A citação válida na ação coletiva por danos ambientais interrompe o prazo prescricional da ação indenizatória individual se coincidentes a causa de pedir das demandas" (STJ-4ª T., Ag em REsp 2.036.247-AgInt, Min. João Otávio, j. 14.11.22, DJ 17.11.22).

"Liquidação de ação coletiva. Prescrição. Liquidação apresentada por legitimado extraordinário. Interrupção do prazo. Ocorrência" (STJ-3ª T., REsp 1.680.451-AgInt, Min. Marco Bellizze, j. 6.2.18, DJ 22.2.18). Em sentido semelhante: STJ-4ª T., Ag em REsp 1.081.567-AgInt-AgInt, Min. Marco Buzzi, j. 24.6.19, DJ 28.6.19.

Todavia, no caso de ação individual não suspensa em razão do ajuizamento da ação coletiva (CDC 104), a prescrição é orientada por aquela, e não por esta (STJ-2ª T., REsp 1.647.686, Min. Herman Benjamin, j. 25.4.17, DJ 5.5.17).

"A propositura de ação coletiva interrompe a prescrição apenas para a propositura da ação individual. Em relação ao pagamento de parcelas vencidas, a prescrição quinquenal tem como marco inicial o ajuizamento da ação individual" (STJ-2ª T., Ag em REsp 1.197.282-AgRg, Min. Francisco Falcão, j. 8.5.18, DJ 15.5.18).

"Conquanto interrompido pela ação coletiva o prazo prescricional relativo à discussão do fundo de direito, a opção da parte em iniciar e dar sequência à ação ordinária individual, posteriormente ao ajuizamento da ação coletiva e antes de seu trânsito em julgado, torna o feito individual processualmente autônomo e independente do litígio coletivo, fato esse que desloca o termo inicial da prescrição das prestações vencidas para o momento do ajuizamento da ação individual. Na situação em que o potencial beneficiário da sentença coletiva opta por ajuizar e dar prosseguimento à ação ordinária individual — em vez de aguardar o fim da ação coletiva para então executá-la —, o termo inicial prescricional de eventuais prestações vencidas é o momento do ajuizamento da ação ordinária individual, sendo forçoso interpretar sistematicamente os dispositivos do Código de Defesa do Consumidor (art. 104) e do Código Civil (art. 203). No caso dos autos, o potencial beneficiário da sentença coletiva, antes do desfecho do litígio de massa, deu início a uma ação individual, pretendendo, contudo, fazer retroagir a prescrição das prestações devidas à data do ajuizamento da ação coletiva. A opção do referido beneficiário em não aguardar o desfecho do feito coletivo, todavia, tornou a ação individual autônoma e independente do litígio coletivo, razão pela qual, *in casu*, a prescrição atinge as prestações vencidas antes do quinquênio anterior à propositura da ação individual, e não da ação coletiva" (STJ-2ª T., REsp 1.753.994, Min. Herman Benjamin, j. 2.10.18, DJ 16.11.18).

"Consequência direta da conclusão de que não cabe ao Ministério Público promover a liquidação da sentença coletiva para satisfazer, um a um, os interesses individuais disponíveis das vítimas ou seus sucessores, por se tratar de pretensão não amparada no CDC e que foge às atribuições institucionais do *Parquet*, é reconhecer que esse requerimento – acaso seja feito – não é apto a interromper a prescrição para o exercício da respectiva pretensão pelos verdadeiros titulares do direito tutelado. Em homenagem à segurança jurídica e ao interesse social que envolve a questão, e diante da existência de julgados anteriores desta Corte, nos quais se reconheceu a interrupção da prescrição em hipóteses análogas a destes autos, gerando nos jurisdicionados uma expectativa legítima nesse sentido, faz-se a modulação dos efeitos desta decisão, com base no § 3º do art. 927 do CPC/15, para decretar a eficácia prospectiva do novo entendimento, atingindo apenas as situações futuras, ou seja, as ações civis públicas cuja sentença seja posterior à publicação deste acórdão" (STJ-Corte Especial, REsp 1.758.708, Min. Nancy Andrighi, j. 20.4.22, DJ 11.5.22).

V. tb. notas 6 e 8c.

Art. 202: 4f. "Ainda que originadas de um mesmo título judicial, as duas **pretensões (fazer e dar) são distintas**, motivo pelo qual o prazo prescricional para ambas inicia-se com o trânsito em julgado do título executivo judicial e corre paralelamente sem que o exercício da pretensão em uma obrigação reflita sobre a outra. Logo, deve prevalecer o entendimento segundo o qual o **ajuizamento da execução coletiva** da obrigação de fazer não repercute na fluência do prazo prescricional da execução da obrigação de pagar, na medida em que as pretensões são distintas, não se confundem e têm regramento próprio" (STJ-Corte Especial, ED no REsp 1.169.126, Min. Og Fernandes, j. 20.3.19, maioria, DJ 11.6.19).

Art. 202: 5. "A impetração do **mandado de segurança** interrompe a fluência do prazo prescricional de modo que, tão somente após o trânsito em julgado da decisão nele proferida, é que voltará a fluir a prescrição da ação ordinária para cobrança das parcelas referentes ao quinquênio que antecedeu a propositura do *writ*" (STJ-6ª T., AI 726.029-AgRg, Min. Maria Thereza, j. 5.3.09, DJ 23.3.09). No mesmo sentido: STJ-5ª T., AI 1.248.177, Min. Jorge Mussi, j. 23.3.10, DJ 12.4.10; STJ-1ª Seção, ED no REsp 1.770.495, Min. Gurgel de Faria, j. 10.11.21, DJ 17.12.21.

Art. 202: 5a. "Reconhecido o efeito interruptivo do prazo prescricional, decorrente de citação válida ocorrida em **reclamação trabalhista** anteriormente ajuizada entre as partes, e julgada improcedente, conforme o artigo 172, I, do Código Civil de 1916. Declarada a improcedência do pedido na justiça laboral — no sentido de que relação de trabalho havida entre as partes não era relação de emprego —, abriu-se ao autor o ensejo de buscar sua pretensão de remuneração perante o Juízo comum, com lastro em idêntica causa de pedir (o alegado período trabalhado sem remuneração), desta feita com apoio em instituto de Direito Civil (contrato de prestação de serviços). Descaracterizada, portanto, a inação que define o instituto da prescrição, uma vez que não houve inércia em relação àquela pretensão de ser remunerado pelo trabalho prestado" (STJ-4ª T., REsp 1.119.708, Min. Isabel Gallotti, j. 19.9.13, maioria, DJ 26.3.14). Também reconhecendo o efeito interruptivo da reclamação trabalhista para fins prescricionais, mas negando a interrupção na prática, por serem distintos os sujeitos dos processos trabalhista e civil: STJ-3ª T., REsp 1.893.497, Min. Nancy Andrighi, j. 17.8.21, DJ 19.8.21.

Art. 202: 5b. "A citação interrompe a prescrição, dela não se podendo cogitar enquanto a ação pende de julgamento; esse efeito, todavia, só se produz em relação ao que foi objeto do pedido" (RSTJ 98/23).

Art. 202: 5c. "Para reputar-se interrompida a prescrição aquisitiva com a citação, é de rigor que a ação proposta, de modo direto ou virtual, vise à defesa do direito material sujeito à prescrição" (RSTJ 157/237).

Art. 202: 6. "A citação válida interrompe a prescrição, ainda que o processo seja extinto **sem julgamento de mérito**" (RSTJ 93/156, "salvante as hipóteses do art. 267, incisos II e III, do CPC"). No mesmo sentido: STJ-3ª T., REsp 947.264, Min. Nancy Andrighi, j. 25.5.10, DJ 22.6.10; STJ-4ª T., Ag em REsp 316.215-AgRg, Min. Luis Felipe, j. 11.6.13, DJ 18.6.13. V. nota seguinte.

"A citação válida ocorrida no processo movido pelo sindicato, com o mesmo objeto da ação individual, ainda que tenha sido julgado extinto sem resolução do mérito em face da ilegitimidade ativa *ad causam*, configurou causa interruptiva do prazo prescricional para propositura da ação individual" (STJ-1ª T., Ag em REsp 54.953-AgRg, Min. Arnaldo Esteves, j. 2.10.12, DJ 15.10.12). V. tb. nota 4e.

"A citação válida promovida em anterior ação de prestação de contas, no prazo e na forma da lei processual, ainda que extinta sem resolução de mérito, é suficiente para interromper a prescrição para o ajuizamento de ação de revisão de cláusulas contratuais referente ao mesmo contrato" (STJ-4ª T., Ag em REsp 1.727.721-AgInt, Min. Raul Araújo, j. 20.4.21, DJ 28.4.21).

"Quanto ao tema da interrupção da prescrição, a lei não faz distinção entre o pedido julgado procedente e o **pedido** julgado **improcedente**. Evidenciado o inequívoco exercício do direito e a boa-fé do autor, ainda que com a propositura de ação incabível, interrompe-se o prazo prescricional" (STJ-2ª Seção, ED no REsp 54.788, Min. Cesar Rocha, j. 28.2.07, um voto vencido, DJU 11.10.07). Esse acórdão retifica o acórdão anteriormente proferido, com igual entendimento (STJ-2ª Seção, ED no REsp 54.788, Min. Gomes de Barros, j. 27.9.06, DJU 6.11.06). No mesmo sentido: RTJ 98/213, RSTJ 51/140.

Contra: "Uma vez julgada improcedente a ação possessória, a citação não tem efeito interruptivo da prescrição aquisitiva. Notificação judicial ou protesto para interromper a prescrição aquisitiva deve ter fim específico e declarado" (STJ-4ª T., REsp 149.186, Min. Fernando Gonçalves, j. 4.11.03, maioria, DJU 19.12.03). Ainda contra: RTJ 108/1.105; STJ-3ª T., REsp 944.661-AgRg, Min. Ricardo Cueva, j. 13.8.13, DJ 20.8.13; RT 737/432.

Art. 202: 7. "A citação realizada em ação ajuizada anteriormente, extinta sem julgamento do mérito, por **inércia do autor** (art. 267, II e III, do CPC), não tem o condão de interromper a prescrição" (STJ-4ª T., REsp 523.264, Min. Jorge Scartezzini, j. 12.12.06, DJU 26.2.07). **Contra:** "A absolvição da instância por não promover o autor os atos e diligências a seu cargo (Cód. Proc. Civil de 1939, art. 201, V) não retira à citação precedente seus efeitos interruptivos da prescrição" (STF-Pleno: RTJ 142/898, maioria).

Se a citação é de quem **não é parte legítima** *ad causam*, não se interrompe a prescrição nem se impede a consumação da decadência (STJ-Corte Especial, ED no Ag em REsp 1.294.919, Min. Laurita Vaz, j. 5.12.18, DJ 13.12.18; RT 649/131, RF 303/182). **Contra:** "Mesmo extinto o processo por ilegitimidade passiva, a citação válida possui o condão de interromper o curso do prazo prescricional ante a aparência de correta propositura da ação" (STJ-2ª T., REsp 1.618.257-AgInt, Min. Og Fernandes, j. 21.3.17, DJ 28.3.17). "Na hipótese, uma primeira demanda de cobrança foi ajuizada contra a administradora, que denunciou a lide a bandeira do cartão de crédito. Porém, o processo foi extinto sem resolução de mérito, por ilegitimidade passiva, e a denunciação da lide julgada prejudicada. Em caso de aparente legitimidade passiva, a citação da primeira demandada é válida para interromper o prazo prescricional relativamente à litisdenunciada, retroativamente à data da propositura da ação principal" (STJ-3ª T., REsp 1.679.199, Min. Ricardo Cueva, j. 14.5.19, DJ 24.5.19).

Art. 202: 8. É indispensável, para a formação do **litisconsórcio passivo necessário,** a citação "de todos aqueles que participaram da ação onde foi proferida a decisão rescindenda. E tendo de há muito se exaurido o decurso do prazo decadencial para os litisconsortes não citados, inútil é a citação. Extinção do processo da ação rescisória" (STJ-2ª T., REsp 8.689-0, Min. José de Jesus Filho, j. 2.12.92, DJU 1.2.93).

Art. 202: 8a. "Prescrição da pretensão. Réus que faleceram antes do ajuizamento da ação. Trânsito em julgado de decisão que anulou o processo e a citação por edital. **Citação** decretada **nula** não pode interromper o prazo prescricional" (STJ-3ª T., REsp 1.777.632, Min. Moura Ribeiro, j. 25.6.19, DJ 1.7.19). Em sentido semelhante: RT 503/216, em.

Art. 202: 8b. v. CPC 726 e segs.

S/ recomeço do prazo prescricional, v. nota 15.

Art. 202: 8c. "O **Ministério Público** possui legitimidade para a propositura de ação cautelar de **protesto,** visando a interrupção do prazo prescricional para o ajuizamento da execução individual de sentença coletiva" (STJ-3ª T., REsp 1.710.202-AgInt, Min. Moura Ribeiro, j. 19.8.19, DJ 21.8.19).

V. tb. nota 4e.

Art. 202: 9. Está **superada** a Súmula 153 do STF, no sentido de que "simples protesto cambiário não interrompe a prescrição".

Art. 202: 9a. "A prescrição interrompida pelo protesto cambial se refere única e exclusivamente à ação cambiária e somente tem em mira a pretensão dirigida ao responsável principal e, eventualmente, aos devedores indiretos do título, entre os quais não se enquadra o **sacado não aceitante.** Aplicação do princípio da autonomia das relações cambiais" (STJ-3ª T., REsp 1.748.779, Min. Nancy Andrighi, j. 19.5.20, DJ 25.5.20).

Art. 202: 9b. v. art. 1.997 § 1º.

Art. 202: 9c. "**Habilitação de crédito** nos autos de inventário. Art. 202, IV, do CC. Causa interruptiva do prazo prescricional. **Inocorrência.** Ausência de apresentação de título de crédito (art. 887 do CC) ou de prova literal da existência de dívida dotada de liquidez e certeza" (STJ-3ª T., REsp 1.569.592, Min. Paulo Sanseverino, j. 24.4.18, DJ 30.4.18).

Art. 202: 10. v. arts. 955 a 965. V. tb. CPC 908 e 909.

Art. 202: 10a. s/ mora, v. arts. 394 a 401.

Art. 202: 11. "A interpelação judicial se insere no inciso V do art. 202 (inciso IV do art. 172 do CC-16), uma vez que é ato judicial passível de constituir o devedor em mora, por isso que é causa interruptiva do prazo de prescrição" (STJ-1ª T., REsp 1.188.908, Min. Benedito Gonçalves, j. 9.11.10, DJ 17.11.10).

Art. 202: 11a. Em matéria de seguro, v. art. 206, nota 1b.

Art. 202: 11b. "Para a interrupção da prescrição com base no art. 172, V, do CC/1916 (art. 202, VI, do CC/2002) é suficiente a prática de ato inequívoco de reconhecimento do direito pelo prescribente, sendo **desnecessário** que esse **ato** seja **dirigido ao credor**" (STJ-4ª T., REsp 1.002.074, Min. João Otávio, j. 4.8.11, DJ 12.9.11). No mesmo sentido: STJ-3ª T., REsp 1.475.681-AgInt, Min. Marco Bellizze, j. 19.8.19, DJ 22.8.19.

Art. 202: 11c. "A edição de decreto estadual declarando como de utilidade pública parte do imóvel objeto de desapropriação implica reconhecimento do direito à indenização pelo expropriado, o que interrompe o prazo para a ocorrência de prescrição aquisitiva, nos termos do art. 202, inciso VI, do Código Civil de 2002" (STJ-2ª T., REsp 1.052.783, Min. Castro Meira, j. 5.8.08, DJ 19.8.08).

Art. 202: 11d. "Importa em interrupção da prescrição a confissão realizada por meio de certidão individual emitida pelo Tribunal de Justiça do Estado de São Paulo, acerca da existência de dívida de valor consolidado em favor de servidor público integrante de seu respectivo quadro" (STJ-3ª Seção, REsp 1.112.114, Min. Arnaldo Esteves, j. 9.9.09, DJ 8.10.09).

"O inequívoco reconhecimento do débito pela Administração pela prática de atos extrajudiciais, como a publicação de comunicado, enseja a interrupção da prescrição — art. 202, VI, do CC" (STJ-2ª T., REsp 1.192.901, Min. Eliana Calmon, j. 17.6.10, DJ 1.7.10).

"O reconhecimento administrativo do débito interrompe o prazo prescricional" (STJ-6ª T., AI 805.509-AgRg, Min. Maria Thereza, j. 24.5.07, DJU 11.6.07).

Art. 202: 12. "A prática de qualquer ato inequívoco do direito pelo devedor é causa de interrupção da prescrição, à luz do disposto no inciso VI do art. 202 do Código Civil de 2002. Dessa sorte, a emissão de notas promissórias pelos réus, em substituição ao termo de confissão de dívida, constituiu ato inequívoco de reconhecimento da dívida, erigindo-se, pois, como marco interruptivo da prescrição" (STJ-4ª T., Ag em REsp 452.998-AgRg-EDcl, Min. Luis Felipe, j. 24.6.14, DJ 1.8.14).

Art. 202: 12a. "O pedido de concessão de **prazo para analisar** os **documentos** apresentados pela recorrida poderia ser considerado como ato inequívoco que importasse em reconhecimento de débito (direito de receber) apenas se fosse destinado ao pagamento de valores, mas nunca para analisar a existência do próprio débito" (STJ-3ª T., REsp 1.677.895, Min. Nancy Andrighi, j. 6.2.18, DJ 8.2.18).

Art. 202: 12b. "O **pagamento parcial** do débito, quando já iniciado o prazo prescricional, configura ato interruptivo da prescrição, nos termos do art. 202, VI, do Código Civil. Uma vez interrompida a prescrição, novo pagamento, total ou parcial, não enseja mais o efeito jurídico interruptivo, pois esse só pode ocorrer uma vez, nos termos do *caput* do art. 202 do Código Civil" (STJ-4ª T., REsp 1.531.731-AgInt, Min. Luis Felipe, j. 19.4.18, DJ 10.5.18).

V. tb. nota 3.

Art. 202: 12c. por inteiro (salvo contra a Fazenda Pública — v. Dec. lei 4.597, de 19.8.42, no tít. PRESCRIÇÃO E DECADÊNCIA).

Art. 202: 13. Súmula 248 do TFR: "O prazo da prescrição interrompido pela confissão e parcelamento da dívida fiscal recomeça a fluir no dia que o devedor deixar de cumprir o acordo celebrado".

Art. 202: 13a. "O Código Civil de 1916 dispõe no art. 172, V, que o reconhecimento inequívoco do débito por parte do devedor interrompe o prazo prescricional. Diz, em seguida, no art. 173, que o prazo volta a curso a partir do ato que o interrompeu, ou do último ato que importasse nesse reconhecimento. Na espécie, a concordância do recorrente com as retenções efetuadas pela recorrida nas parcelas do acordo caracterizou ato inequívoco de reconhecimento do débito, acarretando, assim, a interrupção do prazo prescricional que só voltou a fluir em 15.10.98, com o recebimento da última parcela do acordo" (STJ-3ª T., REsp 1.280.206, Min. Massami Uyeda, j. 11.10.11, DJ 26.10.11).

Art. 202: 14. "O prazo prescricional, interrompido pela citação válida, somente reinicia o seu curso após o trânsito em julgado do processo extinto sem julgamento do mérito. Tanto que, se assim não o fosse, a segunda ação também seria extinta por força da litispendência" (STJ-1ª T., REsp 1.165.458, Min. Luiz Fux, j. 15.6.10, DJ 29.6.10).

Art. 202: 15. "Prescrição. **Interrupção por protesto judicial. Recontagem** do prazo. Quando a interrupção de prescrição se der em virtude de demanda judicial, o novo prazo só correrá da data do último ato do processo, que é aquele pelo qual o processo se finda" (STJ-3ª T., REsp 1.512.283, Min. Nancy Andrighi, j. 14.8.18, DJ 17.8.18).

Art. 203. A prescrição pode ser interrompida por qualquer interessado.[1]

Art. 203: 1. p. ex., por meio do protesto judicial (art. 202-II e CPC 726 e segs.).

Art. 204. A interrupção da prescrição por um credor não aproveita aos outros; semelhantemente, a interrupção operada contra o codevedor, ou seu herdeiro, não prejudica aos demais coobrigados.

§ 1º A interrupção por um dos credores solidários[1] aproveita aos outros; assim como a interrupção efetuada contra o devedor solidário[2] envolve os demais e seus herdeiros.

§ 2º A interrupção operada contra um dos herdeiros do devedor solidário não prejudica os outros herdeiros ou devedores, senão quando se trate de obrigações e direitos indivisíveis.[3]

§ 3º A interrupção produzida contra o principal devedor prejudica o fiador.[4-5]

Art. 204: 1. v. arts. 267 a 274.

Art. 204: 2. v. arts. 275 a 285. Todavia, em matéria cambial, v. LCU 71, nota 1.

Art. 204: 3. v. arts. 257 a 263.

Art. 204: 4. "Não se pode executar o fiador com base no título judicial oriundo da ação de despejo, da qual não participou. Se assim o é, também não se pode admitir que os efeitos desta ação de despejo, no caso, interrupção da prescrição, possam atingir-lhe o direito de suscitá-la. Em sede de **fiança locatícia**, a regra de que a interrupção produzida contra o principal devedor prejudica o fiador, inscrita no art. 176, § 3º, do CC/16, reclama interpretação mitigada, pois o caráter benéfico e desinteressado da fiança não admite interpretação extensiva ao instituto" (STJ-6ª T., REsp 869.357, Min. Og Fernandes, j. 24.8.09, DJ 28.9.09). No mesmo sentido: STJ-4ª T., REsp 1.211.351-AgRg, Min. Isabel Gallotti, j. 7.8.12, DJ 14.8.12).

Art. 204: 5. "A interrupção operada contra o fiador não prejudica o devedor afiançado (a recíproca não é verdadeira), haja vista que o principal não acompanha o destino do acessório e, por conseguinte, a prescrição continua correndo em favor deste. Como disposição excepcional, a referida norma deve ser interpretada restritivamente, e, como o legislador previu, de forma específica, apenas a interrupção em uma direção — a interrupção produzida contra o principal devedor prejudica o fiador —, não seria de boa hermenêutica estender a exceção em seu caminho inverso. No entanto, a interrupção em face do fiador poderá, sim, excepcionalmente, acabar prejudicando o devedor principal, nas hipóteses em que a referida relação for reconhecida como de devedores solidários, ou seja, caso renuncie ao benefício ou se obrigue como principal pagador ou devedor solidário, a sua obrigação, que era subsidiária, passará a ser solidária, e, a partir de então, deverá ser norteada por essa sistemática (CC, arts. 204, § 1º, e 275 a 285). Na hipótese, o credor, num primeiro momento, ajuizou execução tão somente em face dos fiadores e, em razão da limitação da responsabilidade destes, num segundo momento, intentou nova execução contra a devedora principal para a execução do saldo restante. Dessarte, a interrupção da prescrição efetivada em relação aos fiadores não pode vir a prejudicar a principal devedora" (STJ-4ª T., REsp 1.276.778, Min. Luis Felipe, j. 28.3.17, DJ 28.4.17).

Seção IV | DOS PRAZOS[1] DA PRESCRIÇÃO

SEÇ. IV: 1. s/ contagem de prazo, v. art. 132; s/ prazo para cobrança de juros moratórios, v. art. 189, nota 4a; s/ redução dos prazos e direito intertemporal, v. art. 2.028 e notas.

Art. 205. A prescrição ocorre em dez anos, quando a lei não lhe haja fixado prazo menor.[1 a 10]

Art. 205: 1. s/ prescrição decenal e pretensão de: terceiro beneficiário de seguro, v. art. 206, nota 1c; reparação civil fundada em responsabilidade contratual, v. art. 206, nota 3f; invalidação da doação inoficiosa, v. art. 549, nota 3a; imposição da pena de sonegados, v. arts. 1.994, nota 2a, e 1.996, nota 2a; indenização por defeito de obra, v. CDC 26, nota 1; manutenção do plano de saúde do aposentado, v. Lei 9.656/98, art. 31, nota 2 (no tít. SEGUROS).

Art. 205: 2. Súmula 443 do STF: "A prescrição das prestações anteriores ao período previsto em lei não ocorre, quando não tiver sido negado, antes daquele prazo, o próprio direito reclamado, ou a situação jurídica de que ele resulta".

Súmula 445 do STF: "A Lei 2.437, de 7.3.55, que reduz prazo prescricional, é aplicável às prescrições em curso na data de sua vigência (1.1.56), salvo quanto aos processos então pendentes".

Súmula 142 do STJ: "Prescreve em vinte anos a ação para exigir a abstenção do uso de marca comercial" (v. jurisprudência s/ esta Súmula em RSTJ 80/269). Esta súmula foi **cancelada** pela 2ª Seção do STJ no julgamento da AR 512, em sessão de 12.5.99 (DJU 10.6.99, p. 49).

Afirmando que a pretensão de abstenção de uso de marca prescreve em 10 anos: STJ-3ª T., REsp 1.696.899, Min. Nancy Andrighi, j. 18.9.18, DJ 21.9.18. S/ termo *a quo* desse prazo prescricional, v. art. 189, nota 2.

Súmula 398 do STJ: "A prescrição da ação para pleitear os juros progressivos sobre os saldos de conta vinculada do FGTS não atinge o fundo de direito, limitando-se às parcelas vencidas".

Súmula 412 do STJ: "A ação de repetição de indébito de tarifas de água e esgoto sujeita-se ao prazo prescricional estabelecido no Código Civil".

"O prazo prescricional da execução fiscal em que se pretende a cobrança de tarifa por prestação de serviços de água e esgoto rege-se pelo disposto no Código Civil, revelando-se inaplicável o Dec. 20.910/32" (STJ-1ª Seção, REsp 1.117.903, Min. Luiz Fux, j. 9.12.09, DJ 1.2.10). **Todavia,** no sentido de que se aplica o Dec. 20.910/32 quando a devedora dessa tarifa for a Fazenda Pública: STJ-1ª Seção, ED no REsp 1.559.227-AgInt-EDcl, Min. Manoel Erhardt, j. 14.9.21, DJ 16.9.21.

Súmula 647 do STJ: "São imprescritíveis as ações indenizatórias por danos morais e materiais decorrentes de atos de perseguição política com violação de direitos fundamentais ocorridos durante o regime militar".

S/ repetição de indébito, v. tb. nota 9, art. 206, nota 3b, e CDC 26, nota 1d, e 27, nota 2a; s/ execução fiscal, v. tb. Dec. 20.910/32, art. 1º, nota 3 (no tít. PRESCRIÇÃO E DECADÊNCIA).

Art. 205: 3. Súmula 149 do STF: "É **imprescritível** a ação de investigação de paternidade, mas não o é a de petição de herança". No mesmo sentido, com relação à imprescritibilidade da pretensão voltada à investigação de paternidade: RT 891/314 (TJSP, AP 656.714-4/2-00).

"Por se cuidar de **ação de estado,** é imprescritível a demanda negatória de paternidade, consoante a extensão, por simetria, do princípio contido no art. 27 da Lei 8.069/1990, não mais prevalecendo o lapso previsto no art. 178, § 2º, do antigo Código Civil" (STJ-RBDFS 15/135: 4ª T., REsp 576.185).

"A imprescritibilidade típica da ação de investigação de paternidade movida pelo filho não se aplica à investigatória e anulatória de registro civil movida pelo pretenso genitor contra o suposto filho, estando a decadência desta, no regime do CC de 1916 (art. 178, § 9º)" (STJ-3ª T., REsp 903.613, Min. Sidnei Beneti, j. 24.6.08, DJ 5.8.08).

"A regra de imprescritibilidade prevista no art. 1.601 do CC/2002 somente se aplica às contestações de paternidade derivadas de relação conjugal estável, submetendo-se as demais, especialmente as que não decorrem do casamento ou da união estável, aos prazos prescricionais previstos no CC/2002. Ausente previsão de prazo prescricional específico para a situação de ação anulatória de registro civil de nascimento assentada em erro e ajuizada por quem não era marido e nem companheiro, aplica-se a regra geral contida no art. 205 do CC/2002, submetendo-se a prescrição ao prazo decenal" (STJ-3ª T., REsp 1.698.684, Min. Nancy Andrighi, j. 17.4.18, DJ 27.4.18).

V. tb. arts. 1.601, 1.604, nota 2a, 1.614, nota 2, e 1.824, nota 1.

São imprescritíveis as pretensões relativas aos direitos de personalidade e ao estado da pessoa. Ainda, não se sujeitam a prescrição as ações declaratórias (como a de nulidade).

"A ação proposta com a finalidade de declarar-se a nulidade absoluta do casamento, por bigamia, é imprescritível" (RSTJ 132/398).

"É imprescritível a pretensão de reparação civil de **dano ambiental**" (STF-Pleno, RE 654.833, Min. Alexandre de Moraes, j. 20.4.20, maioria, DJ 24.6.20). S/ prescrição e execução de multa por infração ambiental, v. Súmula 467 do STJ, no Dec. 20.910/32, art. 1º, nota 2a (no tít. PRESCRIÇÃO E DECADÊNCIA).

"O direito à **obtenção de benefício previdenciário** é imprescritível, apenas se sujeitando ao efeito aniquilador decorrente do decurso do lapso prescricional as parcelas não reclamadas em momento oportuno" (STJ-2ª T., REsp 1.880.269-AgInt, Min. Mauro Campbell, j. 16.12.20, DJ 18.12.20).

"Somente a ação declaratória pura é imprescritível; quando ela se revestir também de natureza constitutiva, ficará sujeita à prescrição" (STJ-3ª T., REsp 1.358.425, Min. Nancy Andrighi, j. 8.5.14, DJ 26.5.14). V. tb. art. 206, nota 1h.

S/ imprescritibilidade: de pretensão indenizatória em matéria de tortura, v. Dec. 20.910/32, art. 1º, nota 5 (no tít. PRESCRIÇÃO E DECADÊNCIA); em matéria de adjudicação compulsória, v. Dec. lei 58/37, art. 16, nota 3 (no tít. PROMESSA DE COMPRA E VENDA E LOTEAMENTO).

S/ casos em que a prescrição não corre, arts. 197 a 199.

Art. 205: 3a. "A **autarquia** estadual que desenvolve atividade econômica está sujeita ao mesmo regime de prescrição das pessoas jurídicas de direito privado" (STJ-4ª T., REsp 1.086.205-AgRg, Min. Luis Felipe, j. 18.3.10, DJ 29.3.10). Em sentido semelhante: STJ-3ª T., REsp 1.103.196-AgRg, Min. Nancy Andrighi, j. 6.4.10, DJ 14.4.10.

"O prazo prescricional relativo à ação de cumprimento contratual ajuizada contra **sociedade de economia mista** concessionária de serviço público é de dez anos (art. 205 do Código Civil)" (STJ-3ª T., Ag em REsp 138.704-AgRg, Min. João Otávio, j. 6.8.13, DJ 22.8.13).

Art. 205: 3b. "Nas **ações de natureza real contra a Fazenda,** o prazo prescricional é decenal" (STJ-2ª T., REsp 1.613.414, Min. Og Fernandes, j. 19.4.18, DJ 25.4.18).

V. tb. Dec. 20.910/32, art. 1º, nota 3c (no tít. PRESCRIÇÃO E DECADÊNCIA).

Art. 205: 3c. "Em se tratando de ação de **cobrança de taxa de ocupação** em virtude de celebração de contrato de **direito real de uso** com a **Administração Pública,** o prazo prescricional é o previsto no art. 205 do Código Civil, isto é, de dez anos, uma vez que se trata de preço público" (STJ-2ª T., REsp 1.735.962, Min. Herman Benjamin, j. 6.9.18, DJ 26.11.18).

Art. 205: 4. Regula-se pelo art. 205 o prazo para a prescrição da pretensão relativa a cobrança de **honorários advocatícios** no caso de extinção do mandato por **morte do advogado** (STJ-3ª T., REsp 665.790, Min. Nancy Andrighi, j. 25.9.06, DJU 30.10.06).

Art. 205: 5. No sentido de que a prescrição da pretensão de **reparação de danos** causados por **advogado** ao seu **cliente** no exercício da profissão é regulada pelo art. 205, em razão da inaplicabilidade do CDC aos contratos de serviços advocatícios: STJ-3ª T., REsp 645.662, Min. Gomes de Barros, j. 28.6.07, DJU 1.8.07.

"A ação para reparação de danos relativos à inexecução de contrato de prestação de serviços advocatícios se sujeita ao prazo prescricional previsto no art. 177 do CC/16 (art. 205 do CC/02), e não aquele previsto no art. 27 do CDC" (STJ-3ª T., REsp 633.174, Min. Nancy Andrighi, j. 2.12.04, DJU 21.3.05).

"A prescrição da pretensão autoral não é regida pelo art. 27 do CDC. Porém, também não se lhe aplica o art. 206, § 3º, inciso V, do Código Civil de 2002, haja vista que o mencionado dispositivo possui incidência apenas quando se tratar de responsabilidade civil extracontratual. No caso, cuida-se de ação de indenização do mandante em face do mandatário, em razão de suposto mau cumprimento do contrato de mandato, hipótese sem previsão legal específica, circunstância que faz incidir a prescrição geral de 10 (dez) anos do art. 205 do Código Civil de 2002" (STJ-4ª T., REsp 1.150.711, Min. Luis Felipe, j. 6.12.11, DJ 15.3.12; nota: dois votos foram pela aplicação do CDC no caso). No mesmo sentido: STJ-3ª T., REsp 1.654.373-AgInt, Min. Nancy Andrighi, j. 21.8.18, DJ 31.8.18.

V. tb. CDC 27, nota 2d.

S/ o termo *a quo* da prescrição nesses casos, v. art. 189, nota 7.

Art. 205: 5a. "O prazo prescricional para pleitear indenização pelo **extravio de mercadoria transportada por via aérea** é decenal" (STJ-4ª T., AI 1.362.384-AgRg, Min. Aldir Passarinho Jr., j. 3.2.11, DJ 17.2.11). Em sentido semelhante: STJ-3ª T., REsp 224.554-EDcl-AgRg, Min. Nancy Andrighi, j. 6.12.01, DJU 25.2.02.

S/ prescrição e transporte aéreo, v. tb. CDC 27, notas 1b e 1c.

Art. 205: 5b. "As **ações revisionais de contrato bancário** são fundadas em direito pessoal, motivo pelo qual o prazo prescricional, sob a égide do Código Civil de 1916 era vintenário, e passou a ser decenal, a partir do Código Civil de 2002. A pretensão se refere às cláusulas contratuais, que podem ser discutidas desde a assinatura do contrato, motivo pelo qual o termo inicial do prazo prescricional é a data em que o contrato foi firmado" (STJ-3ª T., REsp 1.326.445, Min. Nancy Andrighi, j. 4.2.14, DJ 17.2.14).

Art. 205: 5c. "O fato de ser mandatório ao juiz determinar a prestação de contas pelo inventariante no momento de sua remoção, sendo-lhe vedado exigi-las em momento posterior, evidentemente não impede a propositura de ação de **exigir contas** por qualquer dos legitimados em desfavor do inventariante removido, observado o prazo prescricional decenal previsto no art. 205 do CC/2002, cujo termo inicial será, justamente, a data da remoção do inventariante" (STJ-3ª T., REsp 1.941.686, Min. Nancy Andrighi, j. 17.5.22, DJ 19.5.22; a citação é do voto da relatora).

"As pretensões de exigir contas e a de obter o ressarcimento, na eventualidade de se apurar a existência de crédito a favor do demandante, embora não se confundam, são imbricadas entre si e instrumentalizadas no bojo da mesma ação, a observar, por isso, necessariamente, o mesmo prazo prescricional. Logo, não havendo na lei um prazo específico para a satisfação desse crédito, oriundo da administração/gestão de bens alheios, o exercício dessa pretensão observa, naturalmente, o mesmo prazo prescricional da ação de exigir as contas em que veiculada, que é de dez anos (prazo residual). Não é, todavia, o que o ocorre com a pretensão do titular de ações de haver dividendos de sociedade anônima, que emerge, de igual modo, de uma relação de administração ou gestão de bens alheios. Estabelecido por lei especial (art. 287, II, a, da Lei n. 6.404/1976), regente da matéria posta, que a ação para haver dividendos da companhia prescreve em 3 (três) anos, a veiculação de tal pretensão, no bojo de ação de prestação de contas — mesmo que eventual —, deve observar o aludido prazo prescricional. A ação de exigir contas deve se revelar útil, a um só tempo, à pretensão de exigir contas e, caso apurado crédito existente em favor do demandante, também à sua satisfação. A pretensão de exigir contas não pode ser concebida como uma mera manifestação de emulação da parte demandante, devendo apresentar-se hábil, desde logo, a atingir estas finalidades" (STJ-3ª T., REsp 1.608.048, Min. Marco Bellizze, j. 22.5.18, DJ 1.6.18).

V. tb. art. 189, nota 7a, e CDC 26, nota 1c.

Art. 205: 6. "O direito à **complementação de ações subscritas** decorrentes de contrato firmado com sociedade anônima é de natureza pessoal e, consequentemente, a respectiva pretensão prescreve no prazo previsto no artigo 177 do CC revogado (artigo 205 do Código vigente)" (STJ-2ª Seção, REsp 1.037.208, Min. Sidnei Beneti, j. 25.6.08, DJ 20.8.08).

Art. 205: 7. "Não se tratando de pedido fundado no princípio que veda o enriquecimento sem causa, mas de **restituição de quantias em razão de contrato** de *leasing*, cuja natureza contratual, como já decidiu esta Corte, basta para conferir caráter pessoal às obrigações dele decorrentes, a prescrição para essa ação é a geral" (STJ-RT 918/790: 3ª T., REsp 1.174.760).

"Ação declaratória de descaracterização de contrato de arrendamento mercantil, devolução de VRG e indenização por danos morais. Prescrição. Prazo das ações pessoais" (STJ-4ª T., Ag em REsp 493.863-EDcl, Min. Isabel Gallotti, j. 20.5.14, DJ 30.5.14).

"A restituição dos valores pagos, diante da rescisão de contrato de promessa de compra e venda de imóvel, constitui consectário natural do próprio desfazimento do negócio. A pretensão ao recebimento de valores pagos, que não foram restituídos diante de rescisão judicial, por sentença que não tenha decidido a respeito da restituição, submete-se ao prazo prescricional de 10 anos, previsto no art. 205 do Código Civil, e não ao prazo de 3 anos, constante do art. 206, § 3º, incisos IV e V, do mesmo diploma" (STJ-3ª T., REsp 1.297.607, Min. Sidnei Beneti, j. 12.3.13, RT 933/725). No mesmo sentido: STJ-4ª T., Ag em REsp 615.853-AgInt, Min. Raul Araújo, j. 21.6.16, DJ 3.8.16.
Contra: "Aplica-se às ações de restituição de quantia, na rescisão de contrato de promessa de compra e venda de imóvel, o prazo trienal, pois fundadas no princípio da vedação do enriquecimento sem causa" (STJ-3ª T., REsp 1.377.090-AgRg, Min. Paulo Sanseverino, j. 22.10.13, DJ 28.10.13).

Art. 205: 7a. "**Previdência** complementar. **Restituição de contribuições** indevidas. Prescrição trienal. Inaplicabilidade. Existência de causa jurídica para as contribuições. Subsidiariedade da pretensão de enriquecimento sem causa. Aplicação do prazo geral de 10 anos de prescrição (art. 205, *caput*, do CC/2002)" (STJ-3ª T., REsp 1.803.627, Min. Paulo Sanseverino, j. 23.6.20, maioria, DJ 1.7.20). No mesmo sentido: STJ-2ª Seção, ED no REsp 1.881.207-AgInt, Min. Ricardo Cueva, j. 14.6.22, DJ 17.6.22. **Contra:** "A prescrição da pretensão de devolução de parcelas descontadas indevidamente dos vencimentos dos beneficiários de contrato de previdência privada é de 3 anos, estabelecida no art. 206, § 3º, IV, do Código Civil de 2002, por se tratar de ressarcimento de enriquecimento sem causa" (STJ-3ª T., Ag em REsp 1.322.956-AgInt, Min. Ricardo Cueva, j. 17.12.18, DJ 1.2.19). No mesmo sentido: STJ-4ª T., REsp 1.763.228-AgInt, Min. Antonio Ferreira, j. 22.6.20, DJ 26.6.20.

Art. 205: 7b. "O prazo prescricional quinquenal do art. 27 do Código de Defesa do Consumidor não se aplica a qualquer hipótese de inadimplemento contratual em relações de consumo, restringindo-se às ações que buscam a reparação de danos causados por fato do produto ou do serviço, o que não é o caso. Diante da falta de previsão legal específica na Lei de Incorporações Imobiliárias e no Código de Defesa do Consumidor, a **ação do adquirente contra a incorporadora** que visa a cobrança da multa prevista no art. 35, § 5º, da Lei n. 4.591/1964 se submete ao prazo prescricional geral do art. 205 do Código Civil, ou seja, 10 anos" (STJ-3ª T., REsp 1.497.254, Min. Ricardo Cueva, j. 18.9.18, DJ 24.9.18). No mesmo sentido: STJ-4ª T., REsp 1.805.143, Min. Isabel Gallotti, j. 14.9.21, DJ 27.9.21.

Art. 205: 8. "Aplica-se às ações de **apuração de haveres** o prazo prescricional decenal, por ausência de regra específica" (STJ-3ª T., REsp 1.139.593, Min. Nancy Andrighi, j. 22.4.14, DJ 2.5.14).

V. tb. art. 206, nota 2g.

Art. 205: 9. "Prescreve em dez anos (art. 205 do Código Civil) a pretensão de **repetição de indébito** relativa a valores indevidamente cobrados por **serviço de telefonia**" (STJ-Corte Especial, ED no REsp 1.515.546, Min. Laurita Vaz, j. 18.5.16, DJ 15.6.16).

"A tese adotada no âmbito do acórdão recorrido (reformado pela decisão monocrática, ora agravada) de que a pretensão de repetição de indébito por cobrança indevida de valores referentes a serviços não contratados, promovida por empresa de telefonia, configuraria enriquecimento sem causa e, portanto, estaria abrangida pelo prazo fixado no art. 206, § 3º, IV, do Código Civil não parece ser a melhor. A pretensão de enriquecimento sem causa (ação *in rem verso*) possui como requisitos: enriquecimento de alguém; empobrecimento correspondente de outrem; relação de causalidade entre ambos; ausência de causa jurídica; inexistência de ação específica. Trata-se, assim, de ação subsidiária que depende da inexistência de causa jurídica. A discussão acerca da cobrança indevida de valores constantes de relação contratual e eventual repetição de indébito não se enquadra na hipótese do art. 206, § 3º, IV, do Código Civil, seja porque a causa jurídica, em princípio, existe (relação contratual prévia em que se debate a legitimidade da cobrança), seja porque a ação de repetição de indébito é ação específica" (STJ-Corte Especial, ED no REsp 1.585.124-AgInt, Min. Og Fernandes, j. 15.3.17, DJ 21.3.17).

"Tratando-se de ação cuja causa de pedir consiste, em síntese, na responsabilização da ré pela cobrança indevida de aluguel por equipamentos adicionais de **TV por assinatura** e cujo pedido principal é a devolução dos valores pagos indevidamente, é forçoso concluir que pretensão à restituição está submetida ao prazo prescricional de 10 anos previsto no art. 205 do CC/2002" (STJ-3ª T., REsp 1.976.376, Min. Nancy Andrighi, j. 9.8.22, DJ 12.8.22).

Contra: "Nas ações de repetição de indébito de valores cobrados indevidamente referentes a serviços não contratados, movidas contra empresa de telefonia, o prazo prescricional a ser aplicado é o trienal previsto no art. 206, § 3º, V, do CC" (STJ-3ª T., REsp 1.585.124-AgInt, Min. Moura Ribeiro, j. 13.9.16, DJ 20.9.16).

V. tb. art. 206, notas 3b e 3f.

Art. 205: 9a. "A pretensão de exigir o **adimplemento do contrato verbal de mútuo** não se equipara à de ressarcimento por dano contratual, circunstância que impede a aplicação do prazo prescricional de 3 (três) anos dedicado às reparações civis (art. 206, § 3º, inc. V, do Código Civil). A contratação verbal não possui existência e objeto definidos documentalmente, sendo impossível classificá-la como dívida líquida constante em instrumento público ou particular, conforme art. 206, § 5º, inc. I, do CC/02, especialmente porque as normas pertinentes à prescrição exigem interpretação restritiva. Não havendo prazo específico para manifestar a pretensão de cobrança de valor inadimplido em contrato de mútuo verbal, é aplicável o prazo ordinário de 10 (dez) anos, previsto no art. 205 do Código Civil" (STJ-3ª T., REsp 1.510.619, Min. Ricardo Cueva, j. 27.4.17, DJ 19.6.17).

Art. 205: 9b. "**Ação regressiva** de cobrança de dívida trabalhista. Prazo prescricional. **Cláusula geral.** Em sua definição doutrinária, pode-se afirmar que 'enriquecimento ilícito ou sem causa, também denominado enriquecimento indevido, ou locupletamento, é, de modo geral, todo aumento patrimonial que ocorre sem causa jurídica, mas também tudo o que se deixa de perder sem causa legítima'. Portanto, a situação dos autos não se encaixa em nenhuma das hipóteses previstas no art. 206 do CC/2002, especialmente na disposição relativa ao enriquecimento sem causa" (STJ-3ª T., REsp 1.682.957, Min. Nancy Andrighi, j. 4.12.18, DJ 7.12.18).

V. tb. art. 189, nota 2d.

Art. 205: 10. "A pretensão de **sobrepartiha de bens sonegados** no divórcio tem prazo prescricional decenal (art. 205 do CC/02)" (STJ-3ª T., REsp 1.537.739, Min. Moura Ribeiro, j. 12.9.17, DJ 26.9.17).

V. tb. arts. 1.994, nota 2a, e 1.996, nota 2a.

Art. 206. Prescreve:

§ 1º Em um ano:[1-1a]

I — a pretensão dos hospedeiros ou fornecedores de víveres destinados a consumo no próprio estabelecimento, para o pagamento da hospedagem ou dos alimentos;

II — a pretensão do segurado contra o segurador, ou a deste contra aquele,[1b a 2] contado o prazo:

a) para o segurado, no caso de seguro de responsabilidade civil, da data em que é citado para responder à ação de indenização proposta pelo terceiro prejudicado, ou da data que a este indeniza, com a anuência do segurador;[2a]

b) quanto aos demais seguros, da ciência do fato gerador da pretensão;[2b a 2e]

III — a pretensão dos tabeliães, auxiliares da justiça, serventuários judiciais, árbitros e peritos, pela percepção de emolumentos, custas e honorários;[2f]

IV — a pretensão contra os peritos, pela avaliação dos bens que entraram para a formação do capital de sociedade anônima, contado da publicação da ata da assembleia que aprovar o laudo;

V — a pretensão dos credores não pagos contra os sócios ou acionistas e os liquidantes, contado o prazo da publicação da ata de encerramento da liquidação da sociedade.[2g]

§ 2º Em dois anos,[2h] a pretensão para haver prestações alimentares,[2i-2j] a partir da data em que se vencerem.

§ 3º Em três anos:

I — a pretensão relativa a aluguéis de prédios urbanos ou rústicos;[2k]

II — a pretensão para receber prestações vencidas de rendas temporárias ou vitalícias;

III — a pretensão para haver juros, dividendos ou quaisquer prestações acessórias, pagáveis, em períodos não maiores de um ano, com capitalização ou sem ela;

IV — a pretensão de ressarcimento de enriquecimento sem causa;[3 a 3d]

V — a pretensão de reparação civil;[3e a 3i]

VI — a pretensão de restituição dos lucros ou dividendos recebidos de má-fé, correndo o prazo da data em que foi deliberada a distribuição;

VII — a pretensão contra as pessoas em seguida indicadas por violação da lei ou do estatuto, contado o prazo:

a) para os fundadores, da publicação dos atos constitutivos da sociedade anônima;

b) para os administradores, ou fiscais, da apresentação, aos sócios, do balanço referente ao exercício em que a violação tenha sido praticada, ou da reunião ou assembleia geral que dela deva tomar conhecimento;

c) para os liquidantes, da primeira assembleia semestral posterior à violação;

VIII — a pretensão para haver o pagamento de título de crédito, a contar do vencimento, ressalvadas as disposições de lei especial;

IX — a pretensão do beneficiário contra o segurador, e a do terceiro prejudicado, no caso de seguro de responsabilidade civil obrigatório.[4-4a]

§ 4º Em quatro anos,⁴ᵇ a pretensão relativa à tutela,⁴ᶜ a contar da data da aprovação das contas.

§ 5º Em cinco anos:⁵

I — a pretensão de cobrança de dívidas líquidas constantes de instrumento público ou particular;⁵ᵃ ᵃ ⁸ᶜ

II — a pretensão dos profissionais liberais em geral, procuradores judiciais, curadores e professores pelos seus honorários, contado o prazo da conclusão dos serviços, da cessação dos respectivos contratos ou mandato;⁹

III — a pretensão do vencedor para haver do vencido o que despendeu em juízo.¹⁰

Art. 206: 1. v. outros prazos no tít. PRESCRIÇÃO E DECADÊNCIA.

Art. 206: 1a. Prescrevem em **um ano:**

a) a ação cambial contra o endossador e o respectivo avalista (LCa 52); v., porém, CC 206 § 3º-VIII;

b) a ação para haver indenização por extravio ou avaria de mercadoria transportada por estrada de ferro; ou pelos danos sofridos por passageiro, em razão de atraso de trens (Dec. 2.681, de 7.12.1912, arts. 9º e 24);

c) a ação contra herdeiro de associado de sociedade cooperativa, por obrigação do morto para com a sociedade ou terceiro (Lei 5.764, de 16.12.71, art. 36 § ún., no tít. SOCIEDADES);

d) a pretensão à reparação pelos danos relativos ao transporte rodoviário de cargas por conta de terceiros e mediante remuneração (Lei 11.442, de 5.1.07, art. 18);

e) a ação por extravio de carga em transporte marítimo, bem como a ação por falta de conteúdo, diminuição, perdas e avarias ou danos à carga (Dec. lei 167, de 25.1.67).

Art. 206: 1b. Súmulas sobre prescrição em matéria securitária:

Súmula 151 do STF: "Prescreve em um ano a ação do segurador sub-rogado para haver indenização por extravio ou perda de carga transportada por navio".

Súmula 101 do STJ: "A ação de indenização do segurado em grupo contra a seguradora prescreve em um ano".

✎ "Prescrição — Seguro — Ação de cobrança. A Súmula 101 do STJ à luz do CDC", por Cláudio Teixeira da Silva (RJ 239/14).

Súmula 229 do STJ: "O pedido de pagamento de indenização à seguradora suspende o prazo de prescrição até que o segurado tenha ciência da decisão".

"**Todavia,** a Súmula n. 229 do STJ não esgota todas as possibilidades envolvidas no comunicado de sinistro feito à seguradora, sendo possível vislumbrar situações em que haverá a interrupção — e não há suspensão — do prazo prescricional. Apesar do pedido de indenização ter efeito suspensivo, esse efeito é inerente apenas à apresentação do comunicado de sinistro pelo segurado. Há de se considerar, em contrapartida, que a resposta da seguradora pode, eventualmente, caracterizar causa interruptiva do prazo prescricional, notadamente aquela prevista no art. 172, V, do CC/16 (atual art. 202, VI, do CC/02), qual seja, a prática de ato inequívoco, ainda que extrajudicial, que importe reconhecimento do direito pelo devedor" (STJ-3ª T., REsp 875.637, Min. Nancy Andrighi, j. 19.3.09, DJ 26.3.09).

"Antes da regulação do sinistro e da recusa de cobertura nada pode exigir o segurado do segurador, motivo pelo qual não se pode considerar iniciado o transcurso do prazo prescricional tão somente com a ciência do sinistro. Por essa razão, é, em regra, a ciência do segurado acerca da recusa da cobertura securitária pelo segurador que representa o 'fato gerador da pretensão'" (STJ-3ª T., REsp 1.970.111, Min. Nancy Andrighi, j. 15.3.22, maioria, DJ 30.3.22).

Súmula 278 do STJ: "O termo inicial do prazo prescricional, na ação de indenização, é a data em que o segurado teve ciência inequívoca da incapacidade laboral".

"O prazo prescricional para a ação de cobrança de indenização securitária por acidente, no caso de invalidez permanente, total ou parcial, somente passa a fluir após a consolidação da lesão e seu conhecimento pelo segurado, uma vez que não é o acidente que gera o direito à indenização securitária, mas sim a sequela incapacitante permanente que dele resultar para o segurado" (JTJ 320/559: AP 1.041.124-0/4).

"O simples reconhecimento, em tese, da gravidade da doença de que padece o segurado (*in casu*, a insuficiência renal crônica), bem como a submissão deste ao tratamento correlato (qual seja, a sessões de hemodiálise), não leva à conclusão de que o segurado já teria condições de ter conhecimento inequívoco sobre a incapacidade laborativa decorrente. Por conhecimento inequívoco da invalidez, compreende-se a ciência despida de qualquer dúvida acerca da capacidade laborativa. Nessa medida e em regra, é por meio da perícia médica, ante os conhecimentos técnicos a ela inerentes, que se revela possível atestar que determinada patologia torna o doente incapaz para o trabalho, dando-lhe, por conseguinte, ciência desta informação. Não se olvida, contudo, ser possível, excepcionalmente, que o segurado, por meio de outros elementos, obtenha conhecimento de sua invalidez. Estes elementos, contudo, deverão restar muito bem delineados e demonstrados nos autos (ut REsp 310.896, Relatora Ministra Nancy Andrighi, Dje 11.6.2001). In casu, ao contrário, restou claro, nos termos gizados pelo próprio Tribunal de origem, que tais elementos não vieram aos autos" (STJ-3ª T., REsp 1.179.416, Min. Massami Uyeda, j. 3.5.11, DJ 18.5.11). V. tb. nota 4a.

Entendendo que o termo inicial do prazo prescricional para pleitear indenização em seguro de vida e acidentes pessoais é a data da concessão da aposentadoria por invalidez pelo INSS: STJ-3ª T., REsp 1.084.883, Min. Massami Uyeda, j. 16.11.10, DJ 2.12.10; STJ-4ª T., AI 1.218.336-AgRg, Min. Isabel Gallotti, j. 3.5.12, DJ 9.5.12; STJ-2ª Seção, AR 3.057, Min. Antonio Ferreira, j. 4.2.13, DJ 13.3.13; RJM 178/328.

É computado para a aferição da prescrição "o período entre a data do deferimento de aposentadoria por invalidez e o pedido de pagamento à seguradora" (STJ-4ª T., REsp 810.115, Min. Aldir Passarinho Jr., j. 17.6.10, um voto vencido, DJ 10.11.10). Afinal, nos termos da Súmula 229 do STJ, o pedido de pagamento suspende, e não interrompe, o prazo prescricional.

"O prazo prescricional ânuo para cobrança de seguro se inicia na data em que o segurado tem ciência da sua incapacidade definitiva, suspende-se na data em que apresentado o requerimento administrativo e volta a fluir no dia em que ele é intimado da recusa da seguradora em conceder a indenização contratada" (STJ-3ª T., REsp 1.063.211, Min. Sidnei Beneti, j. 19.10.10, DJ 11.11.10). A retomada do prazo prescricional não é obstada por pedido de reconsideração apresentado pelo segurado à seguradora após essa recusa (STJ-4ª T., Ag 1.312.098-AgRg, Min. Luis Felipe, j. 21.6.11, DJ 18.8.11).

Art. 206: 1c. O prazo prescricional de um ano "somente incide em relação ao próprio segurado, não se aplicando em desfavor da **parte beneficiária**, quando distinta daquele" (STJ-4ª T., REsp 436.916, Min. Aldir Passarinho Jr., j. 15.8.02, DJU 24.3.03). No mesmo sentido: JTJ 317/253 (AP 427.213-4/0-00), RT 919/1.123 (TJPE, AP 0000269-49.2007.8.17.1520).

"O terceiro beneficiário de seguro de vida em grupo, o qual não se confunde com a figura do segurado, não se sujeita ao lapso prescricional ânuo previsto no art. 178, § 6º, II, do CC/16, mas, ao prazo vintenário, na forma do art. 177, correspondente às ações pessoais, ou decenal, em consonância com o art. 205 do CC/2002" (STJ-3ª T., REsp 715.512, Min. Sidnei Beneti, j. 11.11.08, DJ 28.11.08). "O prazo prescricional para a propositura da ação pelo beneficiário é de dez anos, na forma do art. 205 do Código Civil, e não o de três anos, previsto no art. 206, § 3º, IX, do mesmo diploma legal, que se aplica à pretensão ao recebimento de seguro de vida obrigatório, o que não é a hipótese dos autos" (STJ-3ª T., REsp 1.311.406-AgRg, Min. Sidnei Beneti, j. 15.5.12, DJ 28.5.12). Também afirmando o prazo decenal no caso do beneficiário: STJ-4ª T., Ag em REsp 372.417-EDcl, Min. Luis Felipe, j. 17.9.13, DJ 23.9.13; RJM 199/207 (AP 1.0105.10.005171-0/001). **Todavia:** "Em se cuidando de indenização reclamada por beneficiários do seguro, a prescrição observa o prazo de cinco anos (art. 206, § 5º, I, do Código Civil) e não de três anos e que diz respeito apenas ao 'seguro de responsabilidade civil obrigatório' (art. 206, § 3º, IX, do Código Civil)" (RT 895/269: TJSP, AP 992.09.089368-8).

V. tb. art. 189, nota 2.

Art. 206: 1d. "Os **herdeiros** do mutuário falecido não podem ser considerados como segurados, de modo que inaplicável a prescrição ânua prevista no art. 206, § 1º, II, do Código Civil de 2002. No caso, aplica-se o prazo prescricional decenal previsto no art. 205 do CC/2002" (STJ-3ª T., Ag em REsp 1.089.559-AgInt, Min. Ricardo Cueva, j. 29.6.20, DJ 3.8.20).

Art. 206: 1e. "Na relação securitária advinda de contrato de seguro facultativo em grupo, a **empregadora-estipulante** qualifica-se como mera mandatária dos segurados e não como terceira. A ação de cobrança, da seguradora em face da empregadora-estipulante, relativa a prêmios não pagos de seguro de vida em grupo, sujeita-se ao prazo prescricional de um ano" (STJ-3ª T., REsp 947.078-AgRg, Min. Paulo Sanseverino, j. 2.6.11, DJ 10.6.11).

"Apesar de, em regra, a estipulante não responder pelo pagamento de indenizações securitárias, na qualidade de intermediária ou mandatária do segurado, possui legitimidade para compor polo passivo de ação cautelar em que se pleiteia a exibição da respectiva apólice de seguro em grupo. Na hipótese, por se tratar de simples ação cautelar, não incide na hipótese a prescrição ânua prevista no art. 206, § 1º, II, do CC/2002" (STJ-3ª T., REsp 1.741.679, Min. Nancy Andrighi, j. 2.8.18, DJ 10.8.18).

Art. 206: 1f. Pretensão do corretor que indenizou o segurado em face da seguradora. "Contrato de seguro de veículo. Ocorrência do sinistro. Recusa do segurador. Pagamento da indenização securitária pela corretora de seguro. Solidariedade. Prazo prescricional vintenário. O prazo prescricional aplicável para a pretensão de cobrança da quota do devedor solidário, decorrente da relação interna de solidariedade, é o vintenário, previsto no art. 177 do Código Civil de 1916" (STJ-4ª T., REsp 658.938, Min. Raul Araújo, j. 15.5.12, DJ 20.8.12).

Art. 206: 1g. "A qualificação jurídica do **resseguro** como um contrato de seguro decorre do fato de a resseguradora obrigar-se, mediante o pagamento de um prêmio, a proteger o patrimônio da seguradora/cedente do risco substanciado na responsabilidade desta perante seu segurado. Logo, presentes as características principais da relação securitária: interesse, risco, importância segurada e prêmio. Qualquer pretensão do segurado contra o segurador, ou deste contra aquele, prescreve em um ano (art. 178, § 6º, do Código Civil/1916 e art. 206, II, do Código Civil atual), regra que alcança o seguro do segurador, isto é, o resseguro" (STJ-3ª T., REsp 1.170.057, Min. Ricardo Cueva, j. 17.12.13, DJ 13.2.14).

Art. 206: 1h. "O objeto da ação **não se restringe à declaração de nulidade** das cláusulas contratuais, pretendendo o recorrente, em verdade, a obtenção dos efeitos patrimoniais dela decorrentes, depois de extinto o contrato, de sorte que a pretensão deduzida não é declaratória, puramente, e, portanto, se sujeita a prazo prescricional. Prescreve em um ano a pretensão de restituição de prêmios pagos a maior pelo segurado participante de apólice de seguro de vida em grupo, cujo contrato não foi renovado por vontade da seguradora" (STJ-3ª T., REsp 1.369.787, Min. Nancy Andrighi, j. 20.6.13, DJ 1.8.13). V. tb. art. 205, nota 3 *in fine*.

Todavia: "O art. 178, § 6º, II, do Código Civil (atual art. 206, § 1º, II, do CC/02) não faz qualquer distinção quanto às ações sujeitas à prescrição, importando apenas, na melhor exegese da norma, que a demanda tenha por fundamento o contrato de seguro. Contudo, o STJ já reconheceu que ações meramente declaratórias são imprescritíveis. Na hipótese, a tutela pleiteada pelo autor recorrido e concedida pela sentença, que foi confirmada pelo Tribunal de origem, tem natureza meramente declaratória e, consequentemente, não está sujeita à prescrição ânua do art. 206, § 1º, II, do CC/02" (STJ-3ª T., REsp 1.084.474, Min. Nancy Andrighi, j. 4.10.11, DJ 11.10.11).

Art. 206: 1i. "É ânuo o prazo prescricional para exercício de **qualquer pretensão** do segurado em face do segurador — e vice-versa — baseada em suposto inadimplemento de deveres (principais, secundários ou anexos) derivados do contrato de seguro, *ex vi* do disposto no artigo 206, § 1º, II, 'b', do Código Civil de 2002 (artigo 178, § 6º, II, do Código Civil de 1916)" (STJ-2ª Seção, REsp 1.303.374, Min. Luis Felipe, j. 30.11.21, maioria, DJ 16.12.21).

"Seguro de vida em grupo. Não renovação. Danos morais. Prescrição anual" (STJ-2ª Seção, ED no REsp 1.415.882, Min. Raul Araújo, j. 10.8.22, DJ 23.8.22).

"Ação revisional de seguro de vida c/c pedido condenatório. Aplica-se o prazo de prescrição anual à pretensão do contratante de seguro de vida que visa à declaração de abusividade de cláusula de reajuste decorrente de alteração de faixa etária, na forma do art. 206, § 1º, 'b', do Código Civil. Por se tratar de relação jurídica de trato sucessivo, firmada entre segurado e seguradora, o transcurso da prescrição possui efeito apenas sobre as parcelas anteriores a 1 ano do ajuizamento da ação, não atingindo o fundo do direito" (STJ-4ª T., Ag em REsp 1.166.621-AgInt, Min. Marco Buzzi, j. 7.10.19, DJ 11.10.19).

Art. 206: 1j. "A pretensão da seguradora de **exigir** do segurado os **prêmios inadimplidos** nasce com o vencimento de cada título de cobrança (fato gerador da pretensão), ocasião em que terá fluência o prazo prescricional (art. 206, § 1º, II, 'b', do CC), que pode ser, a depender da natureza do prêmio, o esgotamento da data-limite para o pagamento originado da emissão da apólice (prêmio inicial), da emissão da fatura ou conta mensal (prêmio de averbação) ou da emissão do aditivo ou endosso (prêmio residual). Na hipótese, os prêmios cobrados passaram a ser exigíveis do segurado após a emissão de fatura ou de conta mensal (prazo de vencimento de até 30 dias), pois foram calculados conforme os percursos realizados pelo transportador rodoviário, com base no valor dos bens ou mercadorias declarados no conhecimento ou manifesto de carga e na averbação. Na situação sob exame, tendo sido observado o prazo de 1 ano entre a propositura da ação de execução de título executivo extrajudicial e os vencimentos mensais dos prêmios oriundos das averbações, não há falar em ocorrência da prescrição de parcela alguma" (STJ-3ª T., REsp 1.947.702, Min. Ricardo Cueva, j. 7.12.21, DJ 13.12.21).

Art. 206: 1k. "Aplica-se o prazo de prescrição anual às ações do segurado/mutuário contra a seguradora, buscando a cobertura de sinistro relacionado a contrato de mútuo habitacional celebrado no âmbito do Sistema Financeiro da Habitação" (STJ-2ª Seção, REsp 871.983, Min. Isabel Gallotti, j. 25.4.12, DJ 21.5.12).

Art. 206: 1l. "Não incide a prescrição ânua, própria das relações securitárias (arts. 178, § 6º, II, do CC/1916 e 206, § 1º, II, do CC/2002), nas ações que discutem direitos oriundos de **planos de saúde ou de seguros saúde**, dada a natureza *sui generis* desses contratos" (STJ-3ª T., REsp 1.736.933-AgInt, Min. Nancy Andrighi, j. 17.6.19, DJ 19.6.19). No mesmo sentido: STJ-4ª T., AREsp 1.508.856-AgInt, Min. Marco Buzzi, j. 23.9.19, DJ 26.9.19.

Art. 206: 2. "Caracterizada a **inexecução contratual**, é ânuo o prazo prescricional para ação de cobrança de valor complementar de indenização securitária" (STJ-2ª Seção, REsp 574.947, Min. Nancy Andrighi, j. 9.6.04, DJU 28.6.04). Nesse caso, é "inaplicável o lapso prescricional de cinco anos, por não se enquadrar a espécie no conceito de 'danos causados por fato do produto ou serviço' (acidente de consumo)" (STJ-4ª T., REsp 738.460, Min. Barros Monteiro, j. 11.10.05, DJU 5.6.06).

"Nas ações de complementação de seguro, onde o **pagamento** da indenização foi efetuado a **menor,** a prescrição é ânua, tendo como termo inicial a data da ciência, pelo segurado, do pagamento incompleto pela seguradora" (STJ-4ª T., AI 1.174.335-AgRg, Min. Isabel Gallotti, j. 24.4.14, DJ 5.5.14).

V. tb. CDC 27, nota 2.

Art. 206: 2a. Se a indenização paga ao terceiro é dividida em **parcelas,** é do pagamento da última delas que se conta o prazo prescricional. Assim: "Na ocorrência de transação judicial em ação indenizatória por danos materiais e morais sofridos por terceiro (vítima de acidente de trânsito), o termo inicial do prazo prescricional para o segurado buscar da seguradora, em ação de regresso, o reembolso do que despendeu, haja vista a contratação de seguro de responsabilidade civil, é a data do pagamento da última parcela do acordo" (STJ-3ª T., REsp 1.413.595-EDcl-AgRg, Min. Ricardo Cueva, j. 10.5.16, DJ 20.5.16).

V. tb. art. 189, nota 2d.

Art. 206: 2b. "Contrato de seguro. Ação do segurado contra o segurador. Prescrição", por Humberto Theodoro Jr. (RT 924/79); "Prescrição nos contratos de seguro — reflexões", por Pablo Stolze Gagliano e Rodolfo Pamplona Filho (RJ-Lex 64/174 e RMDCPC 55/38).

Art. 206: 2c. "A jurisprudência exige que o segurado tenha **ciência inequívoca da recusa** do pagamento pela seguradora, para que volte a fluir o prazo prescricional da pretensão de cobrança da indenização. Por ciência inequívoca entende-se aquela que não dá margem para dúvidas a respeito da sua ocorrência, o que só se obtém, em princípio, mediante assinatura do segurado: (i) no mandado expedido no processo de notificação judicial; ou (ii) no recibo de notificação extrajudicial, feita por intermédio do cartório de títulos e documentos; ou (iii) no aviso de recebimento (A.R.) de correspondência enviada pela via postal; ou (iv) em qualquer outro documento que demonstre de forma cabal que o segurado soube da negativa da seguradora e a respectiva data desse conhecimento. Para efeito de fluência do prazo prescricional da pretensão à indenização do segurado contra a seguradora, a data da correspondência enviada pela seguradora com a recusa do pagamento é absolutamente irrelevante para se determinar a data da ciência inequívoca do segurado a respeito de tal recusa. Quem tem o ônus de provar a ciência inequívoca do segurado a respeito da recusa de pagamento da indenização pela seguradora é a própria seguradora" (STJ-3ª T., REsp 888.083, Min. Nancy Andrighi, j. 21.6.07, DJU 29.6.07).

"Não tendo havido inércia da segurada que, tão logo recebida a indenização a menor, formulou o pedido de revisão dos cálculos indenizatórios, o lapso prescricional, no tocante à diferença pretendida, só passa a fluir da data em que a segurada tomou conhecimento da recusa da seguradora em solver essa mesma diferença" (STJ-4ª T., REsp 591.587, Min. Barros Monteiro, j. 13.12.05, DJU 27.3.06).

"Negado crédito à documentação pretérita ao ajuizamento da ação, reputada insuficiente para a cobertura securitária, com a realização de perícia médica específica no curso da presente demanda, para fins de constatação da lesão, somente a partir daí é que se pode afirmar que o autor tem ciência de que preenche o requisito para o recebimento do seguro" (STJ-4ª T., REsp 773.369, Min. Aldir Passarinho Jr., j. 2.10.08, DJ 24.11.08).

Art. 206: 2d. Entendendo que o ajuizamento de ação cautelar de exibição de documentos em face da seguradora interrompe o prazo prescricional: STJ-3ª T., REsp 1.394.603-EDcl-EDcl, Min. Sidnei Beneti, j. 17.12.13, DJ 7.2.14; JTJ 311/456 (EI 721.771-1/4, dois votos vencidos).

V. art. 202, nota 4a.

Art. 206: 2e. "O prazo prescricional de um ano não deve ser contado a partir da concisa recusa da seguradora, mas sim da data em que a seguradora atendeu à solicitação formulada pelo segurado a fim de que lhe fosse remetida **cópia da apólice que celebrou por telefone,** necessária à exata compreensão das razões que levaram à negativa de indenização. Em face do disposto no art. 199, I, do CC/02, não há prescrição da ação de recebimento de indenização, pois, ao reter impropriamente a apólice solicitada pelo segurado, a própria seguradora deu causa à condição suspensiva. A procrastinação da seguradora no que diz respeito à entrega de cópia da apólice ao segurado não pode lhe trazer benefícios, levando o consumidor de boa-fé à perda de seu direito de ação. É preceito consuetudinário, com respaldo na doutrina e na jurisprudência, que a parte a quem aproveita não pode tirar proveito de um prejuízo que ela mesma tenha causado" (STJ-3ª T., REsp 1.176.628, Min. Nancy Andrighi, j. 16.9.10, DJ 4.10.10).

Art. 206: 2f. "O prazo prescricional para a propositura de ação de cobrança de **honorários periciais** é de 1 (um) ano, nos termos do art. 206, § 1º, III, do Código Civil/2002, contado a partir do trânsito em julgado da decisão que fixa a referida verba" (STJ-2ª T., REsp 1.245.597-AgRg, Min. Herman Benjamin, j. 16.6.11, DJ 31.8.11).

Todavia: "Quando a parte vencida for beneficiada pela **gratuidade de justiça** e o perito pretender o recebimento dos seus honorários, o prazo prescricional é o de 5 anos previsto no art. 12 da Lei 1.060/50. Não obstante, o prazo prescricional previsto no art. 206, § 1º, do Código Civil continua-se aplicando aos feitos em que não houve o deferimento do referido benefício" (STJ-1ª T., REsp 1.219.016, Min. Benedito Gonçalves, j. 15.3.12, DJ 21.3.12).

"O prazo prescricional para a cobrança de honorários periciais arbitrados em processo judicial, em que a parte é beneficiária da gratuidade da justiça, é de cinco anos, nos termos do art. 1º do Dec. 20.910/32, o qual deve prevalecer sobre os prazos prescricionais estipulados pelo Código Civil" (STJ-2ª T., REsp 1.314.196-AgRg, Min. Humberto Martins, j. 15.5.12, DJ 21.5.12).

V. CPC 98 § 3º.

Art. 206: 2g. "**Ação de apuração de haveres.** Sociedade de advogados. Morte de um dos advogados. Dissolução parcial. Sucessores. Legitimidade ativa. **Prescrição decenal.** O art. 206, § 1º, V, do Código Civil fixa o prazo prescricional da pretensão dos credores não pagos contra os sócios ou acionistas e os liquidantes da sociedade integralmente extinta, não se aplicando à extinção parcial do vínculo societário, sobretudo na hipótese de dissolução parcial de sociedade de advogados por morte de um dos sócios, que se dá pela simples averbação desse fato no órgão que representa a categoria. Afastada a incidência da norma especial e não estando a hipótese disciplinada em nenhum outro preceito contido no art. 206 do Código Civil, aplica-se a prescrição decenal prevista no art. 205 do mesmo diploma legal" (STJ-3ª T., REsp 1.505.428, Min. Ricardo Cueva, j. 21.6.16, DJ 27.6.16).

Art. 206: 2h. Prescrevem, ou se extinguem (conforme se trate de prescrição ou de decadência), em **dois anos:**

a) o direito de propor ação rescisória (CPC 975);

b) a ação de enriquecimento contra quem se locupletou injustamente com o não pagamento de cheque (LCh 61);

c) a ação para anular decisão administrativa que denega a restituição de tributo (CTN 169-*caput* e § ún.);

d) as ações fundadas no Cód. Brasileiro de Aeronáutica (Lei 7.565, de 19.12.86, em Lex 1986/1.285, RF 296/483) prescrevem, ordinariamente, em dois anos (art. 317) e, excepcionalmente, em três, se o interessado provar que não teve conhecimento do dano ou da identidade do responsável (art. 318). As providências administrativas previstas nesse Código prescrevem em dois anos (art. 319);

e) a ação de responsabilização dos sócios de responsabilidade limitada, dos controladores e dos administradores da sociedade falida, contados do trânsito em julgado da sentença de encerramento da falência (LRF 82 § 1º).

Art. 206: 2i. s/ pretensão de recebimento de verbas remuneratórias devidas pela Fazenda Pública, v. Dec. 20.910/32, art. 1º, nota 4 (no tít. PRESCRIÇÃO E DECADÊNCIA).

Art. 206: 2j. No entanto, se o alimentando for absolutamente incapaz, essa pretensão é **imprescritível,** cf. art. 198-I. Além disso, não corre prescrição entre ascendentes e descentes durante o poder familiar (art. 197-II).

Art. 206: 2k. "O art. 37, I, da Lei n. 8.425/1991 prevê a caução como uma das garantias possíveis de serem prestadas no contrato de locação, constituindo-se, assim, um acessório do contrato principal. Em homenagem ao princípio da gravitação jurídica, aplica-se o prazo trienal, previsto no art. 206, § 3º, I, do CC, à **pretensão de restituição da caução locatícia**" (STJ-3ª T., REsp 1.967.725, Min. Marco Bellizze, j. 15.2.22, DJ 21.2.22).

Art. 206: 3. Em matéria de: revogação de tutela antecipada, v. nota 3i; pretensão de restituição de valor pago com fundamento em contrato, v. art. 205, nota 7; s/ ação regressiva, v. art. 205, nota 9b.

Art. 206: 3a. "O **apoderamento** pela recorrente **de quantia** que lhe foi **entregue por erro** da recorrida fez nascer para esta a pretensão de ser restituída, cuja prescrição, segundo o art. 206, § 3º, IV, do CC/02, é de 3 anos. Aqui, não se trata de prescrição aquisitiva, que consolida a situação jurídica das partes (usucapião), mas de prescrição liberatória, que, uma vez consumada, a extingue, impedindo a credora de exigir judicialmente da devedora aquela prestação" (STJ-3ª T., REsp 1.657.428, Min. Nancy Andrighi, j. 15.5.18, DJ 18.5.18).

Art. 206: 3b. "A discussão acerca da **cobrança de valores indevidos** por parte do fornecedor se insere no âmbito de aplicação do art. 206, § 3º, IV, que prevê a prescrição trienal para a pretensão de ressarcimento de enriquecimento sem causa. Havendo regra específica, não há que se falar na aplicação do prazo geral decenal previsto no art. 205" (STJ-RP 205/463: 3ª T., REsp 1.238.737).

"O prazo prescricional da ação ordinária por cobrança indevida de valores referentes a serviços não contratados, como no caso dos autos, é o previsto no art. 206, § 3º, IV, do Código Civil, ou seja, 3 anos" (STJ-3ª T., Ag em REsp 848.071-AgRg, Min. Marco Bellizze, j. 26.4.16, DJ 29.4.16).

"Contrato de **plano ou seguro de assistência à saúde. Pretensão de nulidade de cláusula de reajuste.** Alegado caráter abusivo. **Cumulação com pretensão de restituição dos valores pagos indevidamente.** Efeito financeiro do provimento judicial. Na vigência dos contratos de plano ou de seguro de assistência à saúde, a pretensão condenatória decorrente da declaração de nulidade de cláusula de reajuste nele prevista prescreve em 20 anos (art. 177 do CC/1916) ou em 3 anos (art. 206, § 3º, IV, do CC/2002), observada a regra de transição do art. 2.028 do CC/2002" (STJ-2ª Seção, REsp 1.361.182, Min. Marco Bellizze, j. 10.8.16, maioria, DJ 19.9.16). "Embora a demanda subjacente ao presente recurso especial não envolva cláusula de reajuste, é de ser aplicado o prazo prescricional de três anos, previsto no art. 206, § 3º, IV, do CC/02, em atenção ao brocardo jurídico *ubi eadem ratio, ibi eadem legis dispositio* (onde existe a mesma razão, aplica-se o mesmo direito). Isso porque se trata de ação na qual se pleiteia a **restituição de despesas médicas, cujo custeio foi recusado** pela operadora, em virtude de interpretação do contrato de seguro saúde, cuja cláusula alusiva à ausência de cobertura de órteses ou próteses foi considerada abusiva" (STJ-3ª T., Ag em REsp 1.117.216-AgInt, Min. Moura Ribeiro, j. 23.11.17, DJ 5.12.17). **Todavia:** "É decenal o prazo prescricional aplicável para o exercício da pretensão de reembolso de despesas médico-hospitalares alegadamente cobertas pelo contrato de plano de saúde (ou de seguro saúde), mas que não foram adimplidas pela operadora. A tese da prescrição trienal firmada nos Recursos Especiais 1.361.182 e 1.360.969 (ambos julgados sob o rito dos repetitivos) não abrange toda e qualquer pretensão deduzida em decorrência de planos privados de assistência à saúde, mas tão somente àquelas referentes à nulidade de cláusula contratual com a consequente repetição do indébito, que foram traduzidas como pretensões de ressarcimento de enriquecimento sem causa, o que não corresponde à hipótese dos autos" (STJ-2ª Seção, REsp 1.805.558, Min. Luis Felipe, j. 11.3.20, DJ 3.6.20). V. tb. nota 3f.

V. ainda art. 205, notas 2 (Súmula 412 do STJ) e 9, e CDC 26, nota 1d, e 27, nota 2a.

Art. 206: 3c. "Considerando que o art. 48 do Decreto n. 2.044/1908 não prevê prazo específico para a **ação de locupletamento** amparada em **letra de câmbio ou nota promissória,** utiliza-se o prazo de 3 (três) anos previsto no art. 206, § 3º, IV, do Código Civil, contado do dia em que se consumar a prescrição da ação executiva" (STJ-3ª T., REsp 1.323.468, Min. João Otávio, j. 17.3.16, DJ 28.3.16).

Art. 206: 3d. "A pretensão de repetição de indébito de contrato de **cédula de crédito rural** prescreve no prazo de vinte anos, sob a égide do art. 177 do Código Civil de 1916, e de três anos, sob o amparo do art. 206, § 3º, IV, do Código Civil de 2002" (STJ-2ª Seção, REsp 1.361.730, Min. Raul Araújo, j. 10.8.16, maioria, DJ 28.10.16).

V. tb. art. 189, nota 5.

Art. 206: 3e. s/ prescrição e: pretensão de reparação de dano em matéria de transporte rodoviário, v. CDC 27, nota 1d; pretensão de retrocessão, v. LD 35, nota 2; pretensão reparatória em face da Fazenda Pública, v. Dec. 20.910/32, art. 1º, nota 2c (no tít. PRESCRIÇÃO E DECADÊNCIA); pretensão reparatória da Fazenda Pública, v. Dec. 20.910/32, art. 1º, nota 2d (no tít. PRESCRIÇÃO E DECADÊNCIA); pretensão reparatória em face de notários e registradores, v. Lei 8.935/94, art. 22 § ún.

Art. 206: 3f. "Nas controvérsias relacionadas à **responsabilidade contratual,** aplica-se a regra geral (art. 205 CC/02) que prevê **dez anos** de prazo prescricional e, quando se tratar de **responsabilidade extracontratual,** aplica-se o disposto no art. 206, § 3º, V, do CC/02, com prazo de **três anos.** Para efeito da incidência do prazo prescricional, o termo 'reparação civil' não abrange a composição de toda e qualquer consequência negativa, patrimonial ou extrapatrimonial, do descumprimento de um dever jurídico, mas, de modo geral, designa indenização por perdas e danos, estando associada às hipóteses de responsabilidade civil, ou seja, tem por antecedente o ato ilícito" (STJ-2ª Seção, ED no REsp 1.280.825, Min. Nancy Andrighi, j. 27.6.18, maioria, DJ 2.8.18). No mesmo sentido: STJ-Corte Especial, ED no REsp 1.281.594, Min. Felix Fischer, j. 15.5.19, maioria, DJ 23.5.19.

"Ação de ressarcimento. Cirurgia cardíaca. Descumprimento de cláusula contratual. Prazo prescricional decenal" (STJ-3ª T., REsp 1.176.320, Min. Sidnei Beneti, j. 19.2.13, DJ 26.2.13). Do voto do relator: "O caso em análise versa sobre ação de ressarcimento por despesas que só foram realizadas em razão de suposto descumprimento do contrato de prestação de serviços de saúde, hipótese sem previsão legal específica, o que, na esteira dos precedentes colacionados, faz atrair a incidência do prazo de prescrição geral de 10 anos, previsto no art. 205 do Código Civil, e não o de 3 anos, arrolado no art. 206, § 3º, V". "Plano de saúde. Negativa de cobertura. Reembolso. Prescrição decenal" (STJ-4ª T., Ag em REsp 1.210.106-AgInt, Min. Luis Felipe, j. 17.4.18, DJ 19.4.18). V. tb. nota 3b.

"Celebração de contrato de empréstimo extinguindo o débito anterior. Dívida devidamente quitada pelo consumidor. Inscrição posterior no SPC, dando conta do débito que fora extinto por novação. Responsabilidade civil contratual. Inaplicabilidade do prazo prescricional previsto no art. 206, § 3º, V, do Código Civil" (STJ-4ª T., REsp 1.276.311, Min. Luis Felipe, j. 20.9.11, DJ 17.10.11).

Todavia: "O termo 'reparação civil', constante do art. 206, § 3º, V, do CC/2002, deve ser interpretado de maneira ampla, alcançando tanto a responsabilidade contratual (arts. 389 a 405) como a extracontratual (arts. 927 a 954), ainda que decorrente de dano exclusivamente moral (art. 186, parte final), e o abuso de direito (art. 187). Assim, a prescrição das pretensões dessa natureza originadas sob a égide do novo paradigma do Código Civil de 2002 deve observar o prazo comum de três anos. Ficam ressalvadas as pretensões cujos prazos prescricionais estão estabelecidos em disposições legais especiais" (STJ-3ª T., REsp 1.281.594, Min. Marco Bellizze, j. 22.11.16, DJ 28.11.16). Esse acórdão foi cassado no julgamento dos subsequentes embargos de divergência (v. acima).

"Configura-se ação de reparação de dano por ato ilícito contratual aquela em que o locador visa cobrar do ex-locatário despesas referentes a danos causados no imóvel locado. Nas ações de reparação de dano por ilícito contratual, o prazo prescricional é de 3 anos, nos termos do art. 206, § 3º, V, do CC. Hipótese em que a ação foi ajuizada quando já ultrapassados mais de 3 anos da devolução do imóvel locado, o que importa na prescrição do próprio fundo de direito pleiteado na inicial" (STJ-5ª T., AI 1.085.156-AgRg, Min. Arnaldo Esteves, j. 3.3.09, DJ 30.3.09).

"É de 3 anos o prazo prescricional para discutir eventuais danos morais por negativação indevida de nome em cadastro de inadimplentes, nos termos do art. 206, § 3º, V, do CC" (STJ-4ª T., REsp 1.294.478-AgInt, Min. Luis Felipe, j. 20.4.17, DJ 3.5.17). V. tb. art. 405, nota 2 (responsabilidade extracontratual).

"A inscrição indevida de nome em órgão de restrição ao crédito, promovida por banco e atinente a negócio jurídico bancário, decorre de um vício de adequação do serviço realizado pela instituição financeira, sendo-lhe aplicável o disposto no art. 206, § 3º, V, do CC" (STJ-3ª T., Ag em REsp 51.404-AgRg, Min. Ricardo Cueva, j. 2.10.14, DJ 7.10.14).

V. tb. art. 205, nota 9, e CDC 27, nota 2b.

Art. 206: 3g. "O CC/02 não prevê um prazo prescricional específico para a violação de **direitos do autor,** de sorte que, com o seu advento, a matéria passou a ser regulada pelo art. 206, § 3º, V, que fixa um prazo prescricional de 3 anos para a pretensão de reparação civil, dispositivo de caráter amplo, em que se inclui a reparação de danos patrimoniais suportados pelo autor de obra intelectual" (STJ-3ª T., REsp 1.168.336, Min. Nancy Andrighi, j. 22.3.11, maioria, DJ 16.9.11).

"A cobrança em juízo dos direitos decorrentes da execução de obras musicais sem prévia e expressa autorização do autor envolve pretensão de reparação civil, a atrair a aplicação do prazo de prescrição de 3 anos de que trata o art. 206, § 3º, V, do Código Civil, observadas as regras de transição previstas no art. 2.028 do mesmo diploma legal, não importando se proveniente de relações contratuais ou extracontratuais" (STJ-3ª T., REsp 1.474.832, Min. Ricardo Cueva, j. 13.12.16, maioria, DJ 3.3.17). No mesmo sentido: STJ-4ª T., Ag em REsp 732.366-AgInt, Min. Antonio Ferreira, j. 24.9.19, DJ 30.9.19.

Todavia: "O Código Civil de 2002 não trouxe previsão específica quanto ao prazo prescricional incidente em caso de violação de direitos do autor, sendo de se aplicar o prazo de 3 anos (artigo 206, § 3º, V) quando tiver havido ilícito extracontratual ou então o prazo de 10 anos (artigo 205), quando a ofensa ao direito autoral se assemelhar a um descumprimento contratual, como na hipótese" (STJ-3ª T., REsp 1.159.317, Min. Sidnei Beneti, j. 11.3.14, DJ 18.3.14).

Art. 206: 3h. "Incidência da prescrição trienal sobre a pretensão de restituição dos valores pagos a título de **comissão de corretagem ou de serviço de assistência técnico-imobiliária (SATI),** ou atividade congênere (art. 206, § 3º, IV, CC)" (STJ-2ª Seção, REsp 1.551.956, Min. Paulo Sanseverino, j. 24.8.16, DJ 6.9.16).

V. tb. CDC 51, notas 7b e 7c.

Art. 206: 3i. "**Tutela antecipada.** Concessão e **revogação.** Danos materiais. Responsabilidade civil extracontratual. Prescrição. A pretensão está fundada na reparação dos danos causados pela antecipação de tutela concedida e posteriormente revogada. Trata-se, portanto, de responsabilidade extracontratual, sendo aplicável o prazo trienal de que cuida o artigo 206, § 3º, V, do Código Civil" (STJ-3ª T., REsp 1.645.759, Min. Ricardo Cueva, j. 20.4.21, DJ 26.4.21).

Também aplicando prazo trienal nessas circunstâncias, mas com fundamento no enriquecimento sem causa (inc. IV): STJ-3ª T., REsp 1.943.919-EDcl-AgInt, Min. Nancy Andrighi, j. 6.12.21, DJ 16.12.21; STJ-4ª T., Ag em REsp 1.704.518-AgInt, Min. Isabel Gallotti, j. 14.2.22, DJ 17.2.22.

V. tb. art. 189, nota 2c.

Art. 206: 4. v. art. 788.

Lei 6.194, de 19.12.74 — Dispõe sobre Seguro Obrigatório de Danos Pessoais causados por veículos automotores de via terrestre, ou por sua carga, a pessoas transportadas ou não (no tít. SEGUROS).

Lei 8.374, de 30.12.91 — Dispõe sobre o Seguro Obrigatório de Danos Pessoais causados por embarcações ou por sua carga.

Art. 206: 4a. Súmula 405 do STJ: "A ação de cobrança do seguro obrigatório (DPVAT) prescreve em três anos".

Súmula 573 do STJ: "Nas ações de indenização decorrente de seguro DPVAT, a ciência inequívoca do caráter permanente da invalidez, para fins de contagem do prazo prescricional, depende de laudo médico, exceto nos casos de invalidez permanente notória ou naqueles em que o conhecimento anterior resulte comprovado na fase de instrução". V. tb. Súmula 278 do STJ em nota 1b.

"No Código Civil de 2002 a prescrição para as ações fundadas em seguro obrigatório passou a ter regra específica, consoante disposto no art. 206, § 3º, inciso IX (3 anos) proibindo-se a aplicação da regra geral (art. 205) ou qualquer outro prazo mais vantajoso para os interesses de qualquer uma das partes" (Bol. AASP 2.624: TJSP, AP 1.175.458-0/4).

"O termo inicial do prazo prescricional, na ação de indenização, é a data em que o segurado teve ciência inequívoca do caráter permanente da invalidez" (STJ-2ª Seção, REsp 1.388.030, Min. Paulo Sanseverino, j. 11.6.14, DJ 1.8.14).

"Em se tratando de cobrança de indenização do seguro obrigatório — DPVAT, em decorrência de invalidez permanente, a contagem do prazo prescricional não se dá na data do acidente ou na data do julgamento administrativo, tem início quando o lesado tem conhecimento inequívoco de sua incapacidade, o que, via de regra, ocorre com a elaboração do laudo pericial, obrigatoriamente elaborado pelo DML — Departamento Médico Legal" (STJ-3ª T., REsp 1.079.499, Min. Sidnei Beneti, j. 7.10.10, DJ 15.10.10).

"O prazo prescricional para cobrança do seguro obrigatório DPVAT é de três anos, fluindo, nos casos de pedido de complementação da indenização, da data do pagamento administrativo" (RT 878/293: TJRS, AP 70024577108). No mesmo sentido: STJ-2ª Seção, REsp 1.418.347, Min. Ricardo Cueva, j. 8.4.15, DJ 15.4.15.

Não se tratando de seguro obrigatório, o prazo prescricional para o beneficiário é decenal (v. art. 206, nota 1c).

Art. 206: 4b. Prescreve em **quatro anos** a ação para anular deliberações de assembleia geral de sociedade cooperativa viciadas de erro, dolo, fraude ou simulação, ou contrárias à lei ou ao seu estatuto; contado o prazo da data da realização da assembleia (Lei 5.764, de 16.12.71, art. 43, no tít. SOCIEDADES).

Art. 206: 4c. v. art. 197-III.

Art. 206: 5. Prescrevem em **cinco anos:**

a) a execução cambial contra o sacador, o aceitante e respectivos avalistas (LCa 52); mas em doze meses prescreve a execução cambial contra o endossador e respectivos avalistas (ibidem); v., porém, CC 206 § 3º-VIII;

b) a ação de acidente do trabalho (LPB 104);

c) a ação popular (LAP 21);

d) a ação do consumidor, para reparação de danos causados por fato do produto ou do serviço (CDC 27);

e) a ação para reparação de dano causado ao direito de propriedade industrial (Lei 9.279, de 14.5.96, art. 225, em Lex 1996/1.269, RT 727/661, RF 334/545);

f) a ação para cobrança de custas ao beneficiário de assistência judiciária (CPC 98 § 3º);

g) a ação do representante comercial autônomo (Lei 4.886, de 9.12.65, art. 44 § ún., acrescido pela Lei 8.420, de 8.5.92, em Lex 1992/182);

h) a punibilidade de profissional liberal, por falta sujeita a processo disciplinar através de órgão em que esteja inscrito (Lei 6.838, de 29.10.80, em Lex 1980/582, Bol. AASP 1.143/3);

i) o direito de pesquisa, exploração, remoção ou demolição de coisas ou bens afundados, submersos, encalhados ou perdidos em águas sob jurisdição nacional, em terreno de marinha e seus acrescidos e em terrenos marginais (Lei 7.542, de 26.9.86, art. 6º, em Lex 1986/939, RF 295/526, RDA 165/396);

j) "as dívidas passivas da União, dos Estados e dos Municípios, bem assim todo e qualquer direito ou ação contra a Fazenda federal, estadual ou municipal" (Dec. 20.910, de 6.1.32, art. 1º, no tít. PRESCRIÇÃO E DECADÊNCIA), recomeçando o prazo a correr, por metade e uma única vez, quando interrompida a prescrição (Dec. lei 4.597, de 19.8.42, art. 3º, no tít. PRESCRIÇÃO E DECADÊNCIA);

k) o direito de pleitear a restituição de tributo pago indevidamente (CTN 168);

l) "o direito de propor ação que vise a indenização por restrições decorrentes de ato do poder público" (LD 10 § ún.);

m) "o direito de obter indenização dos danos causados por agentes de pessoas jurídicas de direito público e de pessoas jurídicas de direito privado prestadoras de serviços públicos" (Lei 9.494, de 10.9.97, art. 1º-C, acrescido pela Med. Prov. 2.180-35, de 24.8.01, em Lex 2001/3.546).

Súmula 143 do STJ: "Prescreve em cinco anos a ação de perdas e danos pelo uso de marca comercial" (v. jurisprudência s/ esta Súmula em RSTJ 80/273).

Súmula 291 do STJ: "A ação de cobrança de parcelas de complementação de aposentadoria pela previdência privada prescreve em cinco anos" (v. jurisprudência s/ esta Súmula em RSTJ 177/399).

"A prescrição quinquenal prevista na Súmula do STJ/291 incide não apenas na cobrança de parcelas de complementação de aposentadoria, mas, também, por aplicação analógica, na pretensão a diferenças de correção monetária incidentes sobre restituição da reserva de poupança, cujo termo inicial é a data em que houver a devolução a menor das contribuições pessoais recolhidas pelo associado ao plano previdenciário" (STJ-2ª Seção, REsp 1.111.973, Min. Sidnei Beneti, j. 9.9.09, DJ 6.11.09).

"Se, já não sendo segurado, o autor reclama a restituição do capital investido, a prescrição quinquenal apanha o próprio fundo do direito; se, ao revés, demanda na condição de segurado, postulando prestações ou diferenças, a prescrição alcança apenas as parcelas vencidas há mais de cinco anos" (STJ-2ª Seção, REsp 431.071, Min. Ari Pargendler, j. 13.6.07, DJU 2.8.07).

"Na hipótese em que a demanda é promovida por segurado que pleiteia alteração da forma de cálculo da renda mensal inicial, a prescrição atinge o fundo do direito e não apenas as parcelas anteriores ao último quinquênio precedente à propositura da ação" (STJ-4ª T., REsp 1.144.779, Min. Aldir Passarinho Jr., j. 23.3.10, DJ 23.8.10).

Mas: "A ação de prestação de contas constitui direito pessoal, e, como tal, não está sujeita ao prazo exíguo estabelecido na Súmula n. 291-STJ" (STJ-4ª T., REsp 708.073-AgRg, Min. Aldir Passarinho Jr., j. 23.2.10, DJ 15.3.10).

Súmula 427 do STJ: "A ação de cobrança de diferenças de valores de complementação de aposentadoria prescreve em cinco anos contados da data do pagamento".

✎ **Art. 206: 5a.** "A prescrição quinquenal para cobrança de dívidas no Código Civil de 2002", por Eduardo Tomasevicius Filho (RT 907/31).

Art. 206: 5b. "O art. 70 da Lei Uniforme de Genebra (LUG), referente às notas promissórias e letras de câmbio, não se aplica às **debêntures**. Aplica-se a estas o art. 206, § 5º, inciso I, do Código Civil, que estabelece prescrever em 5 anos a pretensão de cobrança de dívidas líquidas constantes de instrumento público ou particular" (STJ-4ª T., REsp 1.316.256, Min. Luis Felipe, j. 18.6.13, DJ 12.8.13).

Art. 206: 5c. "O prazo prescricional para a ação monitória baseada em **duplicata sem executividade,** é o de cinco anos previsto no art. 206, § 5º, I, do Código Civil/2002, a contar da data de vencimento estampada na cártula" (STJ-4ª T., REsp 1.088.046-AgRg, Min. Luis Felipe, j. 12.3.13, RP 221/488).

Art. 206: 5d. Súmula 504 do STJ: "O prazo para ajuizamento de ação monitória em face do emitente de **nota promissória sem força executiva** é quinquenal, a contar do dia seguinte ao vencimento do título". A respeito, v. tb. STJ-2ª Seção, REsp 1.262.056, Min. Luis Felipe, j. 11.12.13, DJ 3.2.14.

Art. 206: 6. Súmula 503 do STJ: "O prazo para ajuizamento de ação monitória em face do emitente de **cheque sem força executiva** é quinquenal, a contar do dia seguinte à data de emissão estampada na cártula". A respeito, v. tb. STJ-2ª Seção, REsp 1.101.412, Min. Luis Felipe, j. 11.12.13, DJ 3.2.14.

No mesmo sentido: RJM 192/236 (Ag 1.0474.09.041624-6/002), JTJ 361/473 (AP 1127-20.2009.8.26.0434), RMDECC 44/133 (TJMG, AI 0676332-39.2011.8.13.0000). **Contra,** no sentido de que o prazo prescricional no caso é de 10 anos (art. 205): JTJ 345/255 (AP 7.114.891-9).

V. tb. LCh 61, nota 1.

Art. 206: 6a. "Monitória. **Cheque pós-datado.** Prescrição. Fluência da prescrição a partir da data consignada no título, ainda que futura, sobre a data da emissão" (JTJ 361/473: AP 1127-20.2009.8.26.0434).

V. tb. LCh 59, nota 3.

Art. 206: 6b. "O prazo prescricional para exercício da pretensão de cobrança de débito constituído por **cédula de crédito** — deduzida mediante ação de conhecimento ou monitória — é de cinco anos (art. 206, § 5º, I, do CC/2002), começando a fluir do vencimento da obrigação inadimplida" (STJ-3ª T., REsp 1.403.289, Min. Nancy Andrighi, j. 5.11.13, DJ 14.11.13).

"A obrigação constante em nota de crédito industrial possui liquidez, certeza e exigibilidade, conforme estabelecido pelos arts. 10 e 18 do Decreto-Lei 413/1969. O prazo prescricional para exercício da pretensão de cobrança de débito constituído por nota de crédito — deduzida mediante ação de conhecimento ou monitória — é de cinco anos" (STJ-3ª T., REsp 1.405.500, Min. Nancy Andrighi, j. 10.6.14, DJ 17.6.14).

Art. 206: 6c. "A ação monitória fundada em **contrato de abertura de crédito em conta corrente** persegue, na prática, uma dívida líquida e se submete, por conseguinte, ao prazo prescricional de cinco anos previsto no art. 206, § 5º, I, do Código Civil" (STJ-3ª T., REsp 1.327.786, Min. Sidnei Beneti, j. 14.8.12, DJ 5.9.12). No mesmo sentido: STJ-4ª T., REsp 1.402.170-AgRg, Min. Raul Araújo, j. 11.2.14, DJ 14.3.14. **Contra:** "Contrato de conta corrente. Dívida ilíquida. Prazo prescricional. Art. 205 do CC" (STJ-3ª T., AI 1.327.066-AgRg, Min. Paulo Sanseverino, dec. mon., DJ 15.2.12).

Art. 206: 7. "O prazo prescricional da pretensão de cobrança de **mensalidades escolares** vencidas até 11.1.2003 — entrada em vigor do novo Código Civil — é o estabelecido no art. 178, § 6º, VII, do CC/16. Para as mensalidades vencidas após a referida data, aplica-se o prazo quinquenal, disposto no art. 206, § 5º, I, do CC/02" (STJ-4ª T., AI 1.271.678-AgRg, Min. João Otávio, j. 3.8.10, DJ 16.8.10).

"Estando em discussão, na hipótese dos autos, a cobrança de valores decorrentes de contrato de **mútuo educacional,** impera a regra de prescrição inserta no art. 206, § 5º, I, do CC/02, que prevê o prazo prescricional quinquenal para a pretensão de cobrança de dívidas líquidas constantes de instrumento público ou particular" (STJ-3ª T., REsp 1.188.933, Min. Nancy Andrighi, j. 13.8.13, DJ 26.8.13; a citação é do voto da relatora).

"O prazo prescricional aplicável à ação de cobrança de dívida líquida contratualmente assumida em instrumento de concessão de **bolsa de estudos** é de 5 (cinco) anos, conforme previsão contida no artigo 206, § 5º, I, do Código Civil, contados, no caso concreto, em conformidade com a regra de transição estabelecida em seu artigo 2.028, a partir do início de sua entrada em vigor. Esta Corte consagrou o entendimento de que a expressão 'dívida líquida' constante do aludido dispositivo legal deve ser compreendida como obrigação certa, com prestação determinada. Nesse contexto, definida a obrigação em instrumento contratual e fixado o valor da bolsa, o crédito mostra-se líquido, podendo ser apurado por meio de simples operação aritmética" (STJ-3ª T., REsp 1.123.411-AgRg, Min. Ricardo Cueva, j. 4.9.14, DJ 11.9.14).

Art. 206: 7a. "Enquanto vigorava o Código Civil de 1916, o prazo prescricional aplicável à **cobrança das anuidades da OAB** era o vintenário, diante da falta de norma específica a regular essa espécie de pretensão. Com a entrada em vigor do Código Civil de 2002, em 11.1.03, deve incidir a prescrição quinquenal na cobrança dessas anuidades, uma vez que esses créditos são exigidos após formação de título executivo extrajudicial. Este é espécie de instrumento particular, que veicula dívida líquida, segundo preceitua o art. 206, § 5º, I, do Código Civil" (STJ-2ª T., REsp 1.267.721-EDcl-AgRg, Min. Castro Meira, j. 11.12.12, DJ 4.2.13).

Art. 206: 7b. "A execução hipotecária proposta para cobrança de **crédito vinculado ao Sistema Financeiro da Habitação** sujeita-se ao prazo prescricional de 5 anos previsto no artigo 206, § 5º, I, do Código Civil" (STJ-3ª T., REsp 1.385.998, Min. Sidnei Beneti, j. 30.4.14, DJ 12.5.14).

Art. 206: 8. "Na vigência do Código Civil de 2002, é quinquenal o prazo prescricional para que o condomínio geral ou edilício (vertical ou horizontal) exerça a pretensão de cobrança de **taxa condominial** ordinária ou extraordinária, constante em instrumento público ou particular, a contar do dia seguinte ao vencimento da prestação" (STJ-2ª Seção, REsp 1.483.930, Min. Luis Felipe, j. 23.11.16, DJ 1.2.17).

Art. 206: 8a. Afirmando estar enquadrada neste inc. I do § 5º a "pretensão de cobrança de **despesas médico-hospitalares**": STJ-3ª T., REsp 1.312.646, Min. Nancy Andrighi, j. 11.6.13, DJ 18.6.13.

Também afirmando ser quinquenal o prazo prescricional em matéria de "pretensão de cobrança, materializada em **boleto bancário,** ajuizada por **operadora do plano de saúde** contra empresa que contratou o serviço de assistência a médico-hospitalar para seus empregados": STJ-3ª T., REsp 1.763.160, Min. Ricardo Cueva, j. 17.9.19, DJ 20.9.19.

Art. 206: 8b. "Para as ações fundadas no não cumprimento das responsabilidades decorrentes do transporte multimodal, o prazo prescricional, apesar da revogação do Código Comercial, permanece sendo de 1 ano, haja vista a existência de expressa previsão legal nesse sentido (art. 22 da Lei n. 9.611/1998). A diferença existente entre as atividades desempenhadas pelo transportador marítimo (unimodal) e aquelas legalmente exigidas do operador de transporte multimodal revela a manifesta impossibilidade de se estender à pretensão de **cobrança de despesas decorrentes da sobre-estadia de contêineres** (pretensão do transportador unimodal contra o contratante do serviço) a regra prevista do art. 22 da Lei n. 9.611/1998 (que diz respeito ao prazo prescricional ânuo aplicável às pretensões dos contratantes do serviço contra o operador de transporte multimodal). As regras jurídicas acerca da prescrição devem ser interpretadas estritamente, repelindo-se a interpretação extensiva ou analógica. Daí porque afigura-se absolutamente incabível a fixação de prazo prescricional por analogia, medida que não se coaduna com os princípios gerais que regem o Direito Civil brasileiro, além de constituir verdadeiro atentado à segurança jurídica, cuja preservação se espera desta Corte Superior. Em se tratando de transporte unimodal de cargas, quando a taxa de sobre-estadia objeto da cobrança for oriunda de disposição contratual que estabeleça os dados e os critérios necessários ao cálculo dos valores devidos a título de ressarcimento pelos prejuízos causados em virtude do retorno tardio do contêiner, será quinquenal o prazo prescricional (art. 206, § 5º, inciso I, do Código Civil). Caso contrário, ou seja, nas hipóteses em que inexistente prévia estipulação contratual, aplica-se a regra geral do art. 205 do Código Civil, ocorrendo a prescrição em 10 anos" (STJ-2ª Seção, REsp 1.819.826, Min. Ricardo Cueva, j. 28.10.20, DJ 12.11.20).

Art. 206: 8c. "Aplica-se o prazo quinquenal para a cobrança de fretes relativos a contratos de **transporte terrestre** de mercadorias, nos termos do art. 206, § 5º, I, do CC/2002" (STJ-3ª T., REsp 1.679.434, Min. Nancy Andrighi, j. 21.8.18, DJ 23.8.18).

Art. 206: 9. "Embora, com base no princípio da especialidade, a regra específica do art. 25, II, da Lei 8.906/94 deva prevalecer sobre o comando geral do art. 206, § 5º, II, do CC/02, aquela norma legal se refere exclusivamente à prescrição da ação de cobrança de **honorários de advogado,** inexistindo qualquer alusão à ação de arbitramento. Portanto, ausente no Estatuto da OAB comando específico para a tutela da prescrição da ação de arbitramento de honorários advocatícios, aplica-se a regra geral contida no Código Civil, cuja redação é mais abrangente, comportando inclusive a pretensão de fixação da verba. Embora pormenorizadas, as hipóteses enumeradas no art. 25 da Lei 8.906/94 se subsumem na previsão do art. 206, § 5º, II, do CC/02, de sorte que, independentemente da norma aplicada, o prazo prescricional para exercício da pretensão de arbitramento e/ou cobrança dos honorários advocatícios judiciais verbalmente contratados será sempre de 5 anos, contado do encerramento da prestação do serviço (trânsito em julgado da decisão final ou último ato praticado no processo, conforme o caso)" (STJ-3ª T., REsp 1.358.425, Min. Nancy Andrighi, j. 8.5.14, DJ 26.5.14). No mesmo sentido: STJ-4ª T., Ag em REsp 1.872.136-AgInt, Min. Raul Araújo, j. 27.9.21, DJ 3.11.21).

"O termo inicial do prazo prescricional para exercício da pretensão de cobrança dos honorários advocatícios é de 5 (cinco) anos, contado do encerramento da prestação do serviço ou último ato praticado no processo, conforme a jurisprudência desta Corte, o que, neste caso, foi a data do registro da carta de arrematação" (STJ-3ª T., REsp 1.410.387, Min. Ricardo Cueva, j. 21.6.16, DJ 27.6.16).

Art. 206: 10. No sentido de que, para a pretensão de receber o valor da **multa imposta a quem opõe embargos de declaração manifestamente protelatórios**, "é inaplicável ao caso o § 1º, III, do art. 206 do Código Civil, segundo o qual prescreve em um ano 'a pretensão dos tabeliães, auxiliares da justiça, serventuários judiciais, árbitros e peritos, pela percepção de emolumentos, custas e honorários'. Tendo em vista que a multa em questão também não se confunde com despesas despendidas pelo vencedor em juízo, é igualmente inaplicável o § 5º, III, do art. 206 do Código Civil, o qual estabelece que prescreve em cinco anos 'a pretensão do vencedor para haver do vencido o que despendeu em juízo": STJ-2ª T., REsp 1.264.508, Min. Mauro Campbell, j. 18.12.12, DJ 8.2.13.

Art. 206-A. A prescrição intercorrente observará o mesmo prazo de prescrição da pretensão, observadas as causas de impedimento, de suspensão e de interrupção da prescrição previstas neste Código e observado o disposto no art. 921 da Lei n. 13.105, de 16 de março de 2015 (Código de Processo Civil).¹⁻²

Art. 206-A: 1. Redação da Lei 14.382, de 27.6.22.

Art. 206-A: 2. s/ prescrição intercorrente, v., no CPCLPV, CPC 85, nota 6, 487, nota 8b, 921, nota 3, 924-V e LEF 40 e respectivas notas.

Capítulo II | DA DECADÊNCIA

Art. 207. Salvo disposição legal em contrário, não se aplicam à decadência as normas que impedem, suspendem ou interrompem a prescrição.¹ ᵃ ²

Art. 207: 1. s/ suspensão ou impedimento dos prazos prescricionais no período da pandemia do coronavírus, v. nota 2a ao Tít. IV que antecede o art. 189.

Art. 207: 1a. v. arts. 197 a 204.

Art. 207: 2. Além disso, o prazo decadencial é improrrogável. Assim, p. ex., se o último dia de um prazo decadencial for feriado, tal prazo não poderá ser estendido para o dia útil seguinte.

Art. 208. Aplica-se à decadência o disposto nos arts. 195 e 198, inciso I.

Art. 209. É nula a renúncia à decadência fixada em lei.¹⁻²

Art. 209: 1. Já a prescrição é passível de renúncia, cf. art. 191.

Art. 209: 2. São exemplos de prazos decadenciais previstos em lei os instituídos para: anulação de constituição de pessoa jurídica (art. 45 § ún.); impugnação de alteração do estatuto de fundação (art. 68); anulação de negócio jurídico (art. 178); ação de preferência por condômino de coisa indivisível (art. 504); ação de cumprimento de cláusula de retrovenda (art. 505); anulação de casamento (art. 1.560); ação renovatória (LI 51 § 5º); ação rescisória (CPC 975).

Art. 210. Deve o juiz, de ofício, conhecer da decadência, quando estabelecida por lei.¹

Art. 210: 1. v. CPC 342-II e III.

S/ alegação inédita da decadência em embargos de declaração, v., no CPCLPV, CPC 1.022, nota 4.

Art. 211. Se a decadência for convencional, a parte a quem aproveita pode alegá-la em qualquer grau de jurisdição,¹ mas o juiz não pode suprir a alegação.

Art. 211: 1. v. CPC 342-III.

Título V | DA PROVA[1-2]

TÍT. V: 1. s/ prova: CPC 369 a 484. V. tb. CF 5º-XII e LVI e Lei 9.296, de 24.7.96.

◊ **TÍT. V: 2.** "Regras de prova no Código Civil", por E. D. Moniz de Aragão (RP 116/11 e RF 376/45); "Anotações sobre o título 'Da prova' do novo Código Civil", por José Carlos Barbosa Moreira (RSDCPC 36/5 e RJ 370/11); "A natureza jurídica das normas sobre provas", por Wendel de Brito Lemos Teixeira (RJ 430/9).

Art. 212. Salvo o negócio a que se impõe forma especial, o fato jurídico pode ser provado mediante:

I — confissão;[1-1a]
II — documento;[2 a 3]
III — testemunha;[4]
IV — presunção;
V — perícia.[5]

Art. 212: 1. s/ confissão: arts. 213 e 214; CPC 389 a 395.

Art. 212: 1a. Enunciado 157 do CEJ: "O termo 'confissão' deve abarcar o conceito lato de depoimento pessoal, tendo em vista que este consiste em meio de prova de maior abrangência, plenamente admissível no ordenamento jurídico brasileiro".

◊ **Art. 212: 2.** "A validade jurídica dos documentos digitais", por João Agnaldo Donizeti Gandini (RT 805/83); "Eficácia probatória dos contratos celebrados pela Internet", por José Rogério Cruz e Tucci (RF 353/210); "Meios de prova nos contratos eletrônicos, realizados por meio da Internet", por Raphael Antonio Garrigoz Panichi (RDPr 16/260); "A segurança dos documentos digitais", por João Agnaldo Donizeti Gandini, Diana Paola da Silva Salomão e Cristiane Jacob (Ajuris 87/165); "O e-mail como meio de prova", por Liza Bastos Duarte (Ajuris 91/173); "Operações bancárias via internet (Internet *Banking*) no Brasil e suas repercussões jurídicas", por Alessandra Aparecida Calvoso Gomes (RT 816/94); "A eficácia probatória das mensagens eletrônicas", por Antonio do Passo Cabral (RP 135/97); "Observações sobre a eficácia probatória do *email* no processo civil brasileiro", por Fernando Mil Homens Moreira (RP 193/203); "Carta psicografada como fonte de prova no processo civil", por Fredie Didier Jr. e Paula Sarno Braga (RP 234/33).

Art. 212: 2a. s/ prova documental: arts. 215 a 226; CPC 405 e segs. V. tb. art. 758 (prova do contrato de seguro).

Art. 212: 2b. Enunciado 297 do CEJ: "O documento eletrônico tem valor probante, desde que seja apto a conservar a integridade de seu conteúdo e idôneo a apontar sua autoria, independentemente da tecnologia empregada".

V. art. 225, nota 1b (Enunciado 298 do CEJ).

Art. 212: 3. s/ prova documental de vida, residência, pobreza, dependência econômica, homonímia e bons antecedentes, v. Lei 7.115, de 29.8.83 (Lex 1983/332, RDA 154/272, RF 283/467, Ajuris 29/247, Bol. AASP 1.291/3).

Art. 212: 4. s/ prova testemunhal, v. CPC 442 e segs.

Art. 212: 5. s/ prova pericial, v. arts. 231 e 232 e CPC 464 e segs.

Art. 213. Não tem eficácia a confissão[1 a 1b] se provém de quem não é capaz de dispor do direito a que se referem os fatos confessados.

Parágrafo único. Se feita a confissão por um representante, somente é eficaz nos limites em que este pode vincular o representado.[2]

Art. 213: 1. v. CPC 389 a 395.

◊ **Art. 213: 1a.** "A confissão no Código Civil de 2002 e suas repercussões no Código de Processo Civil de 1973", por Fredie Didier Jr. (RP 114/163).

Art. 213: 1b. "A confissão é mero meio de prova a ser analisado pelo juiz diante do contexto probatório colacionado nos autos, não implicando presunção absoluta de veracidade dos fatos" (STJ-4ª T., Min. Sálvio de Figueiredo, j. 8.5.96, DJU 10.6.96).

Art. 213: 2. v. art. 116.

Art. 214. A confissão é irrevogável, mas pode ser anulada[1-1a] se decorreu de erro[2] de fato ou de coação.[2a]

Art. 214: 1. v. CPC 393.

Art. 214: 1a. A confissão não é um negócio jurídico, mas mera declaração de conhecimento, com a qual a parte reconhece fato que lhe é desfavorável. Por isso, não é correto dispor que ela possa ser anulada; o que pode ocorrer é uma retratação do confitente ou uma nova declaração, que indique ter sido a primeira prestada sem uma vontade livre e consciente. Caberá então ao juiz avaliar as declarações emitidas pela parte.

Art. 214: 2. v. arts. 138 a 144.

Art. 214: 2a. v. arts. 151 a 155.

Art. 215. A escritura pública,[1 a 4a] lavrada em notas de tabelião, é documento dotado de fé pública,[4b] fazendo prova plena.[5]

§ 1º Salvo quando exigidos por lei outros requisitos, a escritura pública deve conter:[5a]

I — data e local de sua realização;

II — reconhecimento da identidade e capacidade das partes e de quantos hajam comparecido ao ato, por si, como representantes, intervenientes ou testemunhas;

III — nome, nacionalidade, estado civil, profissão, domicílio e residência das partes e demais comparecentes, com a indicação, quando necessário, do regime de bens do casamento, nome do outro cônjuge e filiação;

IV — manifestação clara da vontade das partes e dos intervenientes;

V — referência ao cumprimento das exigências legais e fiscais inerentes à legitimidade do ato;[5b]

VI — declaração de ter sido lida na presença das partes e demais comparecentes, ou de que todos a leram;

VII — assinatura das partes e dos demais comparecentes, bem como a do tabelião ou seu substituto legal, encerrando o ato.

§ 2º Se algum comparecente não puder ou não souber escrever, outra pessoa capaz assinará por ele, a seu rogo.

§ 3º A escritura será redigida na língua nacional.

§ 4º Se qualquer dos comparecentes não souber a língua nacional e o tabelião não entender o idioma em que se expressa, deverá comparecer tradutor público para servir de intérprete, ou, não o havendo na localidade, outra pessoa capaz que, a juízo do tabelião, tenha idoneidade e conhecimento bastantes.

§ 5º Se algum dos comparecentes não for conhecido do tabelião, nem puder identificar-se por documento, deverão participar do ato pelo menos duas testemunhas que o conheçam e atestem sua identidade.

Art. 215: 1. CPC 406: "Quando a lei exigir instrumento público como da substância do ato, nenhuma outra prova, por mais especial que seja, pode suprir-lhe a falta".

Art. 215: 1a. v., no índice, Escritura pública.

Art. 215: 2. Alguns casos em que a lei exige escritura pública:

— constituição, transferência, modificação ou renúncia de direitos reais sobre imóveis de valor superior a trinta salários mínimos (art. 108);

— pacto antenupcial (art. 1.653);

— cessão de quinhão hereditário (art. 1.793-*caput*);

— concessão de emancipação pelos pais (art. 5º § ún.-I);

— criação de fundação, caso não seja feita por testamento (art. 62);

— contrato de constituição de renda (art. 807);

— transação sobre direitos discutidos em juízo, caso não seja feita por termo nos autos (art. 842);

— casamento celebrado mediante procuração (art. 1.542-*caput*);

— instituição de bem de família, caso não seja feita por testamento (art. 1.711 e LRP 260);

— renúncia da herança, caso não seja feita por termo judicial (art. 1.806);

— alienação do direito de uso sobre as águas das correntes (CA 79);

— "Na aquisição de imóvel rural por pessoa estrangeira, física ou jurídica, é da essência do ato a escritura pública" (Lei 5.709, de 7.10.71, art. 8º).

A adoção prescinde de escritura pública, mas exige sentença judicial, para que se constitua (ECA 47-*caput*).

Art. 215: 3. v. no art. 108, nota 2, diversos casos em que a lei dispensa a escritura pública.

Art. 215: 4. CPC 407: "O documento feito por oficial público incompetente ou sem a observância das formalidades legais, sendo subscrito pelas partes, tem a mesma eficácia probatória do documento particular".

Art. 215: 4a. Retificação de escritura pública: escritura pública ou particular somente se retifica por outra de idêntica natureza, entre as mesmas partes. Assim, sendo da substância do ato a escritura pública, somente por outra pode ser retificada (RJTJESP 105/209).

Art. 215: 4b. "A fé pública do tabelião goza de presunção *juris tantum*. Refere-se apenas ao fato de ter presenciado a declaração anotada em seus assentos, não à veracidade de seu conteúdo" (RDI 10/78).

O tabelião, no sistema brasileiro, só tem de observar a regularidade das formas exteriores do ato, não lhe cabendo verificar se as declarações são ou não verdadeiras (RJTJERGS 106/348).

Art. 215: 5. Enunciado 158 do CEJ: "A amplitude da noção de 'prova plena' (isto é, 'completa') importa **presunção relativa** acerca dos elementos indicados nos incisos do § 1º, devendo ser conjugada com o disposto no parágrafo único do art. 219".

"A presunção do art. 215 do CC/02 implica, de um lado, a desnecessidade de se provar os fatos contidos na escritura pública, à luz do que dispõe o art. 334, IV, do CPC, e, de outro, a inversão do ônus da prova, em desfavor de quem, eventualmente, suscite a sua invalidade. A quitação dada em escritura pública gera a presunção relativa do pagamento, admitindo a prova em contrário que evidencie, ao fim e ao cabo, a invalidade do instrumento em si, porque eivado de vício que o torna falso" (STJ-3ª T., REsp 1.438.432, Min. Nancy Andrighi, j. 22.4.14, DJ 19.5.14).

"Os documentos que gozam de fé pública ostentam presunção relativa de veracidade, que pode ser afastada mediante a produção de provas em sentido contrário" (STJ-4ª T., REsp 1.206.805, Min. Raul Araújo, j. 21.10.14, DJ 7.11.14).

Art. 215: 5a. v. Lei 7.433, de 18.12.85 (requisitos para a lavratura de escrituras públicas), regulamentada pelo Dec. 93.240, de 9.9.86.

S/ requisitos para a lavratura do testamento público, v. art. 1.864.

✎ **Art. 215: 5b.** "Da negativa fiscal e da validade dos atos jurídicos (com atualização do NCC/2002)", por Décio Antônio Erpen (Ajuris 95/89).

Art. 216. Farão a mesma prova que os originais as certidões textuais de qualquer peça judicial, do protocolo das audiências, ou de outro qualquer livro a cargo do escrivão, sendo extraídas por ele, ou sob a sua vigilância, e por ele subscritas, assim como os traslados de autos, quando por outro escrivão consertados.[1 a 3]

Art. 216: 1. cf. CPC 425-I e II.

Art. 216: 2. LRP 161-*caput*: "As certidões do registro integral de títulos terão o mesmo valor probante dos originais, ressalvado o incidente de falsidade destes, oportunamente levantado em juízo".

Art. 216: 3. *sic*; deve ser "concertados", tal como no CC rev. 137, e não "consertados". Pois os traslados dos autos devem ser conferidos (concertados) com os próprios autos originais.

Art. 217. Terão a mesma força probante os traslados[1] e as certidões, extraídos por tabelião ou oficial de registro, de instrumentos ou documentos lançados em suas notas.[2]

Art. 217: 1. Escritura pública é o escrito lançado nos livros do tabelionato; já o traslado é a cópia fiel da escritura.
Art. 217: 2. cf. CPC 425-II.

Art. 218. Os traslados e as certidões considerar-se-ão instrumentos públicos, se os originais se houverem produzido em juízo como prova de algum ato.[1]

Art. 218: 1. v. CPC 425-I.

Art. 219. As declarações constantes de documentos assinados presumem-se verdadeiras em relação aos signatários.

Parágrafo único. Não tendo relação direta, porém, com as disposições principais ou com a legitimidade das partes, as declarações enunciativas não eximem os interessados em sua veracidade do ônus de prová-las.[1]

Art. 219: 1. CPC 408 § ún.: "Quando, todavia, contiver declaração de ciência de determinado fato, o documento particular prova a ciência, mas não o fato em si, incumbindo o ônus de prová-lo ao interessado em sua veracidade".

Art. 220. A anuência ou a autorização[1] de outrem, necessária à validade de um ato, provar-se-á do mesmo modo que este, e constará, sempre que se possa, do próprio instrumento.[2]

Art. 220: 1. s/ casos em que se faz necessária anuência ou autorização, v. arts. 18, 111, 496, 580, 588, 621, 787 § 2º, 801 § 2º, 974 § 1º, 976, 1.072 § 4º, 1.134, 1.147, 1.169, 1.170, 1.341 § 3º, 1.365 § ún., 1.399, 1.433-VI, 1.457, 1.488 § 3º, 1.517, 1.537, 1.553, 1.597-V, 1.647 e 1.663 § 2º.
Art. 220: 2. Autorização posterior ao documento: art. 176.

Art. 221. O instrumento particular, feito e assinado, ou somente assinado por quem esteja na livre disposição e administração de seus bens, prova as obrigações convencionais de qualquer valor; mas os seus efeitos, bem como os da cessão, não se operam, a respeito de terceiros, antes de registrado no registro público.[1-1a]

Parágrafo único. A prova do instrumento particular pode suprir-se pelas outras de caráter legal.

Art. 221: 1. v. LRP 129-9º.
Art. 221: 1a. Em matéria de cessão de crédito, v. art. 288.

Art. 222. O telegrama,[1] quando lhe for contestada[2] a autenticidade, faz prova mediante conferência com o original assinado.

Art. 222: 1. cf. CPC 413 e 414.
Art. 222: 2. v. CPC 430 a 433 (incidente de falsidade).

Art. 223. A cópia fotográfica[1] de documento, conferida por tabelião de notas, valerá como prova de declaração da vontade, mas, impugnada sua autenticidade, deverá ser exibido o original.

Parágrafo único. A prova não supre a ausência do título de crédito,[1a] ou do original, nos casos em que a lei[2] ou as circunstâncias condicionarem o exercício do direito à sua exibição.

Art. 223: 1. cf. CPC 422 e segs.

Art. 223: 1a. v. arts. 887 a 926, bem como os títs. CHEQUE e LETRA DE CÂMBIO.

Art. 223: 2. v. CPC 798-I-*a*.

Art. 224. Os documentos redigidos em língua estrangeira[1-2] serão traduzidos para o português para ter efeitos legais no País.

Art. 224: 1. cf. CPC 162-I e 192 § ún. V. tb. LRP 129 § 6º e 148.

Art. 224: 2. Dec. 8.742, de 4.5.16: "Art. 4º Ficam dispensados de legalização consular, para terem efeito no Brasil, os documentos expedidos por autoridades estrangeiras encaminhados por via diplomática ao Governo brasileiro.

"Art. 5º Ficam igualmente dispensados de legalização consular os documentos expedidos por países com os quais a República Federativa do Brasil tenha firmado acordos bilaterais ou multilaterais de simplificação ou dispensa do processo de legalização de documentos".

Art. 225. As reproduções fotográficas, cinematográficas, os registros fonográficos e, em geral, quaisquer outras reproduções mecânicas ou eletrônicas de fatos ou de coisas[1 a 1b] fazem prova plena destes, se a parte, contra quem forem exibidos, não lhes impugnar[2] a exatidão.

Art. 225: 1. cf. CPC 422 e segs.

Art. 225: 1a. Lei 12.682, de 9.7.12 — Dispõe sobre a elaboração e o arquivamento de documentos em meios eletromagnéticos.

Art. 225: 1b. Enunciado 298 do CEJ: "Os arquivos eletrônicos incluem-se no conceito de 'reproduções eletrônicas de fatos ou de coisas', do art. 225 do Código Civil, aos quais deve ser aplicado o regime jurídico da prova documental".

Art. 225: 2. v. CPC 430 a 433 (incidente de falsidade).

Art. 226. Os livros[1] e fichas dos empresários[1a] e sociedades provam contra as pessoas a que pertencem, e, em seu favor, quando, escriturados sem vício extrínseco ou intrínseco, forem confirmados por outros subsídios.

Parágrafo único. A prova resultante dos livros e fichas não é bastante nos casos em que a lei exige escritura pública, ou escrito particular revestido de requisitos especiais, e pode ser ilidida pela comprovação da falsidade ou inexatidão dos lançamentos.

Art. 226: 1. s/ livros comerciais, v. art. 1.191, nota 2a (Súmulas 260 e 390 do STF). V. tb. CPC 417 a 419.

Art. 226: 1a. v. arts. 1.177 a 1.182 e 1.190 a 1.194.

Art. 227. ....[1]

Parágrafo único. Qualquer que seja o valor do negócio jurídico, a prova testemunhal é admissível como subsidiária ou complementar da prova por escrito.[2]

Art. 227: 1. Revogado expressamente pela Lei 13.105, de 16.3.15, em vigor um ano após sua publicação (DOU 17.3.15).

Art. 227: 2. v., no CPCLPV, CPC 444 e 445 e notas.

Art. 228. Não podem ser admitidos como testemunhas:¹

I — os menores de dezesseis anos;

II — (Revogado);¹ᵃ

III — (Revogado);¹ᵇ

IV — o interessado no litígio, o amigo íntimo ou o inimigo capital das partes;

V — os cônjuges, os ascendentes, os descendentes e os colaterais, até o terceiro grau de alguma das partes, por consanguinidade, ou afinidade.

§ 1º Para a prova de fatos que só elas conheçam, pode o juiz admitir o depoimento das pessoas a que se refere este artigo.¹ᶜ⁻²

§ 2º A pessoa com deficiência poderá testemunhar em igualdade de condições com as demais pessoas, sendo-lhe assegurados todos os recursos de tecnologia assistiva.³⁻⁴

Art. 228: 1. v. CPC 447.

Art. 228: 1a. O inc. II foi revogado pela Lei 13.146, de 6.7.15, em vigor 180 dias após a sua publicação (DOU 7.7.15).

Art. 228: 1b. O inc. III foi revogado pela Lei 13.146, de 6.7.15, em vigor 180 dias após a sua publicação (DOU 7.7.15).

Art. 228: 1c. O primitivo § ún. foi renumerado pela Lei 13.146, de 6.7.15, em vigor 180 dias após a sua publicação (DOU 7.7.15).

Art. 228: 2. "independentemente de compromisso, e o juiz lhes atribuirá o valor que possam merecer" (CPC 447 § 5º).

Art. 228: 3. O § 2º foi acrescido pela Lei 13.146, de 6.7.15, em vigor 180 dias após a sua publicação (DOU 7.7.15).

Art. 228: 4. v. Lei 13.146, de 6.7.15, art. 80.

Art. 229. ....¹

Art. 229: 1. Revogado expressamente pela Lei 13.105, de 16.3.15, em vigor um ano após sua publicação (DOU 17.3.15).

Art. 230. ....¹

Art. 230: 1. Revogado expressamente pela Lei 13.105, de 16.3.15, em vigor um ano após sua publicação (DOU 17.3.15).

Art. 231. Aquele que se nega a submeter-se a exame médico necessário não poderá aproveitar-se de sua recusa.

Art. 232. A recusa à perícia médica ordenada pelo juiz poderá suprir a prova que se pretendia obter com o exame.¹ ᵃ ⁴

Art. 232: 1. "Paternidade socioafetiva e o retrocesso da Súmula 301 do STJ", por Paulo Luiz Netto Lôbo (RJ 339/45); "A recusa da parte a submeter-se a exame médico: o art. 232 do Código Civil e o enunciado 301 da súmula da jurisprudência predominante do Superior Tribunal de Justiça", por Fredie Didier Jr. (RDPr 25/177 e RDPr 26/367); "La negativa de la parte a someterse a una pericia médica (según el nuevo Código Civil brasileño)", por José Carlos Barbosa Moreira (RP 113/117); "A recusa à perícia médica ordenada pelo juiz e a presunção de paternidade: aspectos constitucionais do art. 232 e o novo Código Civil", por Adolfo Mamoru Nishiyama (RDPr 20/33); "A prova indiciária no novo Código Civil e a recusa ao exame de DNA", por Humberto Theodoro Jr. (RSDCPC 33/29); "O direito à incolumidade física em oposição ao direito ao reconhecimento da paternidade", por Fabiano Campos Zettel (RJM 169/15); "A presunção relativa na recusa à perícia em DNA", por Rolf Madaleno (RJ 336/29); "Recusa à prova pericial nas ações de investigação de paternidade e conhecimento de ascendência genética", por Ana Carolina Fernandes Mascarenhas (RF 386/3); "Algumas notas sobre o ('dispensável') art. 232 do Código Civil", por Rodrigo Mazzei (RF 406/313); "Lei 12.004/2009: a recusa à submissão ao exame de DNA e um novo modelo de presunção (a presunção jurídico-legal)", por Hugo Fidelis Batista (RDPr 43/134).

Art. 232: 1a. LIP 2º-A § ún.: "A recusa do réu em se submeter ao exame de código genético — DNA gerará a presunção da paternidade, a ser apreciada em conjunto com o contexto probatório".

Art. 232: 1b. Não atenta contra o direito à intimidade do réu, ainda que casado, o deferimento de exame hematológico em ação de investigação de paternidade (JTJ 260/369).

Art. 232: 2. "Discrepa, a mais não poder, de garantias constitucionais implícitas e explícitas — preservação da dignidade humana, da intimidade, da intangibilidade do corpo humano, do império da lei e da inexecução específica e direta de obrigação de fazer — provimento judicial que, em ação civil de investigação de paternidade, implique determinação no sentido de o réu ser conduzido ao laboratório, 'debaixo de vara', para coleta do material indispensável à feitura do exame de DNA. A recusa resolve-se no plano jurídico-instrumental, consideradas a dogmática, a doutrina e a jurisprudência, no que voltadas ao deslinde das questões ligadas à prova dos fatos" (STF-Pleno, HC 71.373, Min. Marco Aurélio, j. 10.11.94, 4 votos vencidos, DJU 22.11.96). No mesmo sentido: RJTJESP 112/368, Amagis 12/152. **Contra:** RJTJERGS 162/233.

Súmula 301 do STJ: "Em ação investigatória, a recusa do suposto pai a submeter-se ao exame de DNA induz presunção *juris tantum* de paternidade" (v. jurisprudência s/ esta Súmula em RSTJ 183/624). Essa Súmula também se aplica aos herdeiros do investigado, quando figurarem como parte na ação investigatória (STJ-4ª T., REsp 1.253.504, Min. Isabel Gallotti, j. 13.12.11, DJ 1.2.12). Ainda, ela tem aplicação no sentido inverso: a recusa do filho a realizar o exame de DNA gera presunção em favor da paternidade alegada pelo suposto pai (RT 839/219, JTJ 293/208). **Todavia:** "A presunção relativa decorrente da recusa do suposto pai em submeter-se ao exame de DNA, nas ações de investigação de paternidade, cristalizada na Súmula 301/STJ, não pode ser estendida aos seus descendentes, por se tratar de direito personalíssimo e indisponível" (STJ-RDPr 42/384: 4ª T., REsp 714.969). Ainda: "A presunção de paternidade que decorre da Súmula 301 do STJ não tem aplicação para o caso de presumir-se a não paternidade, quando a filha não comparece ao exame de DNA, em se tratando de uma menor impúbere, que dependia da genitora para a realização da perícia. Ação que deve ser instruída, para que o autor comprove o erro no registro de nascimento, e demonstre não ter havido paternidade socioafetiva entre ele e a filha. Sentença de procedência da negatória de paternidade desconstituída" (RBDFS 14/149: TJRS, AP 70033276502). Na mesma linha: "A interpretação do enunciado sumular *a contrario sensu*, na hipótese dos autos, afronta o princípio do melhor interesse do menor e seu direito à identidade e desenvolvimento da personalidade" (STJ-3ª T., REsp 1.272.691, Min. Nancy Andrighi, j. 5.11.13, DJ 8.11.13). Também: "A recusa da recorrida em se submeter ao exame de DNA foi plenamente justificável pelas circunstâncias constantes dos autos, não havendo qualquer presunção negativa diante de seu comportamento. Isto porque, no conflito entre o interesse patrimonial do recorrente para reconhecimento da verdade biológica e a dignidade da recorrida em preservar sua personalidade — sua intimidade, identidade, seu *status* jurídico de filha —, bem como em respeito a memória e existência do falecido pai, deverá se dar primazia aos últimos" (STJ-4ª T., REsp 1.115.428, Min. Luis Felipe, j. 27.8.13, RT 941/255).

✎ "A Súmula 301 do STJ e seus precedentes", por Helena de Toledo Coelho Gonçalves (RP 129/75).

A presunção em questão não é absoluta, de modo que a negativa do réu não pode levar o juízo a presumir como verdadeiros os fatos, "já que não há cega vinculação ao resultado do exame de DNA ou à sua recusa, que devem ser apreciados em conjunto com o contexto probatório global dos autos" (STJ-4ª T., REsp 409.285, Min. Aldir Passarinho Jr., j. 7.5.02, DJU 26.8.02).

"Apesar de a Súmula 301/STJ ter feito referência à presunção *juris tantum* de paternidade na hipótese de recusa do investigado em se submeter ao exame de DNA, os precedentes jurisprudenciais que sustentaram o entendimento sumulado definem que esta circunstância não desonera o autor de comprovar, minimamente, por meio de provas indiciárias, a existência de relacionamento íntimo entre a mãe e o suposto pai" (STJ-3ª T., REsp 692.242, Min. Nancy Andrighi, j. 28.6.05, DJU 12.9.05). No mesmo sentido: STJ-4ª T., REsp 1.068.836, Min. Honildo Castro, j. 18.3.10, DJ 19.4.10.

"A persistente recusa ao exame pericial perpetrada pela mãe da criança, conjugado à existência de um laudo nos autos atestando a ausência de vínculo de parentesco entre as partes, somado, ainda, à conduta do autor, se dispondo a realizar por diversas vezes novo teste genético em juízo e à ausência de prova testemunhal em sentido diverso, dá ensejo a que seja reconhecido o alegado maltrato ao art. 232 do CC" (STJ-RT 890/191: 4ª T., REsp 786.312, um voto vencido).

A recusa à realização de exame de DNA, conjugada com o reconhecimento da existência de relação sexual entre as partes, autoriza a procedência da ação de investigação de paternidade (RT 830/357). Todavia, negando a paternidade em caso no qual a recusa à realização do exame de DNA veio desacompanhada de outros elementos: RT 881/289 (TJMG, AP 1.0433.05.152448-9/004).

"A recusa do suposto pai em realizar segundo exame pericial, quando o primeiro exame concluiu pela negativa de paternidade, não pode ser acolhida como prova desfavorável ao réu, tendo em vista que tal presunção esbarraria no resultado do laudo apresentado pelos peritos no primeiro exame, não contestado em nenhum aspecto pelo recorrente" (STJ-3ª T., REsp 777.435, Min. Sidnei Beneti, j. 15.12.09, DJ 18.12.09).

Art. 232: 3. Na ação de investigação de paternidade, não é possível forçar o exame hematológico em pessoa que não é parte no processo (RT 715/140, maioria, RJTJESP 110/319, JTJ 195/110), como, por exemplo, a testemunha na ação (RT 715/241).

Todavia, não é ilegal a determinação de perícia complementar sanguínea na pessoa de parentes próximos do réu (RT 720/220, maioria), sem qualquer obrigatoriedade, porém, de comparecimento destes ao exame (JTJ 164/260).

Art. 232: 4. "A **exumação de cadáver**, em ação de investigação de paternidade, para realização de exame de DNA, é faculdade conferida ao magistrado pelo artigo 130 do Código de Processo Civil" (STJ-4ª T., AI 1.159.165-AgRg, Min. Luis Felipe, j. 24.11.09, DJ 4.12.09). No mesmo sentido: STJ-3ª T., Pet 8.321-AgRg, Min. Massami Uyeda, j. 5.4.11, DJ 25.4.11.

Parte Especial

Livro I | DO DIREITO DAS OBRIGAÇÕES[1-2]

Título I | DAS MODALIDADES DAS OBRIGAÇÕES

Capítulo I | DAS OBRIGAÇÕES DE DAR[1]

Seção I | DAS OBRIGAÇÕES DE DAR COISA CERTA[1]

📚 **LIV. I: 1.** "Breves comentários acerca do novo Direito das Obrigações", por Marco Paulo Denucci Di Spirito (RF 365/107); "A obrigação como totalidade e como processo", por Carlos Augusto Silva (Ajuris 95/55 e RDA 238/73); "Fontes das obrigações no novo Código Civil", por Moacir Adiers (RJ 324/20 e Ajuris 97/203); "Ideias do mundo antigo. A equação do justo e o direito de obrigações", por Rosa Maria de Andrade Nery (RDPr 20/11); "Os princípios jurídicos na relação obrigatória", por Francisco Amaral (RF 381/71 e Ajuris 99/133); "Notas elementares sobre a estrutura da relação obrigacional e os deveres anexos de conduta", por Camilo Augusto Amadio Guerrero (RDPr 26/30); "A teoria do inadimplemento e transformações no direito das obrigações", por Raphael Manhães Martins (RDPr 33/250).

LIV. I: 2. CC rev.: "Art. 1.533. Considera-se líquida a obrigação certa, quanto à sua existência, e determinada, quanto ao seu objeto".

📚 **CAP. I: 1.** "Aspectos polêmicos acerca das obrigações de dar coisa certa e incerta", por Marcos Jorge Catalan (RDPr 20/266).

SEÇ. I: 1. Execução para entrega de coisa certa: CPC 806 a 810.

Art. 233. A obrigação de dar coisa certa abrange os acessórios[1] dela embora não mencionados, salvo se o contrário resultar do título ou das circunstâncias do caso.

Art. 233: 1. v. art. 92.

Art. 234. Se, no caso do artigo antecedente, a coisa se perder, sem culpa do devedor,[1] antes da tradição,[1a] ou pendente a condição suspensiva,[2] fica resolvida a obrigação para ambas as partes; se a perda resultar de culpa do devedor, responderá este pelo equivalente e mais perdas e danos.[3]

Art. 234: 1. v. arts. 235, 238, 240, 248, 250, 255, 256, 458, 459.
Art. 234: 1a. v. arts. 492 a 495 e 1.267.
Art. 234: 2. v. arts. 125 e 126.
Art. 234: 3. v. arts. 389 e 402 a 405.

Art. 235. Deteriorada a coisa, não sendo o devedor culpado, poderá o credor[1] resolver a obrigação, ou aceitar a coisa, abatido de seu preço o valor que perdeu.[1a]

Art. 235: 1. sem direito a indenização (art. 236 contrario sensu e analogia com o art. 240).
Art. 235: 1a. v. art. 313.

Art. 236. Sendo culpado o devedor, poderá o credor exigir o equivalente, ou aceitar a coisa no estado em que se acha, com direito a reclamar, em um ou em outro caso, indenização das perdas e danos.[1 a 2]

Art. 236: 1. que devem compreender, na hipótese de aceitação da coisa, os reflexos da deterioração no seu preço.

Art. 236: 1a. v. arts. 402 a 405.

Art. 236: 2. v. art. 389. Em matéria de relação de consumo, v. CDC 18.

Art. 237. Até a tradição[1] pertence ao devedor a coisa, com os seus melhoramentos e acrescidos, pelos quais poderá exigir aumento no preço; se o credor não anuir, poderá o devedor resolver a obrigação.

Parágrafo único. Os frutos[2] percebidos são do devedor, cabendo ao credor os pendentes.

Art. 237: 1. v. arts. 492 a 495 e 1.267.

Art. 237: 2. v. arts. 95 e 1.214 a 1.217.

Art. 238. Se a obrigação for de restituir coisa certa, e esta, sem culpa do devedor, se perder antes da tradição,[1] sofrerá o credor a perda,[1a] e a obrigação se resolverá, ressalvados os seus direitos até o dia da perda.[2]

Art. 238: 1. Aqui no sentido de restituição ou devolução.

Art. 238: 1a. Porém, no contrato estimatório, o consignatário deverá pagar o preço se a restituição da coisa se tornar impossível ainda que sem culpa sua (art. 535). Na locação de coisa, se o locatário, após notificado, não restituí-la, responderá por qualquer dano que ela venha a sofrer, ainda que decorrente de caso fortuito (art. 575). O comodatário negligente também pode vir a responder por dano decorrente de caso fortuito (art. 583).

Art. 238: 2. v. art. 241.

Art. 239. Se a coisa se perder por culpa do devedor,[1] responderá este pelo equivalente, mais perdas e danos.[2]

Art. 239: 1. v. arts. 248, 254, 263 §§ 1º e 2º, 279.

Art. 239: 2. v. arts. 389 e 402 a 405.

Art. 240. Se a coisa restituível se deteriorar sem culpa do devedor, recebê-la-á o credor, tal qual se ache, sem direito a indenização; se por culpa do devedor, observar-se-á o disposto no art. 239.[1]

Art. 240: 1. Enunciado 15 do CEJ: "As disposições do art. 236 do novo Código Civil também são aplicáveis à hipótese do art. 240, *in fine*".

Art. 241. Se, no caso do art. 238, sobrevier melhoramento ou acréscimo à coisa,[1] sem despesa ou trabalho do devedor, lucrará o credor, desobrigado de indenização.

Art. 241: 1. v. art. 242.

Art. 242. Se para o melhoramento, ou aumento, empregou o devedor trabalho ou dispêndio, o caso se regulará pelas normas deste Código atinentes às benfeitorias realizadas pelo possuidor de boa-fé ou de má-fé.[1]

Parágrafo único. Quanto aos frutos² percebidos, observar-se-á, do mesmo modo, o disposto neste Código, acerca do possuidor de boa-fé ou de má-fé.

Art. 242: 1. v., no índice, Boa-fé, Má-fé, Posse de boa-fé, Posse de má-fé.

Art. 242: 2. v., no índice, Frutos.

Seção II | DAS OBRIGAÇÕES DE DAR COISA INCERTA¹

SEÇ. II: 1. Execução para entrega de coisa incerta: CPC 811 a 813.

Art. 243. A coisa incerta será indicada, ao menos, pelo gênero e pela quantidade.¹⁻¹ᵃ

Art. 243: 1. Enunciado 160 do CEJ: "A obrigação de creditar dinheiro em conta vinculada de FGTS é obrigação de dar, obrigação pecuniária, não afetando a natureza da obrigação a circunstância de a disponibilidade do dinheiro depender da ocorrência de uma das hipóteses previstas no art. 20 da Lei n. 8.036/90".

Art. 243: 1a. v. arts. 85, 104-II e 166-II.

Art. 244. Nas coisas determinadas pelo gênero e pela quantidade, a escolha pertence ao devedor,¹ se o contrário não resultar do título da obrigação;¹ᵃ mas não poderá dar a coisa pior, nem será obrigado a prestar a melhor.²

Art. 244: 1. No legado de coisa determinada pelo gênero, a escolha é do herdeiro (art. 1.929).

Art. 244: 1a. v. arts. 252 e 342.

Art. 244: 2. Ou seja, a coisa a ser entregue deve guardar "o meio-termo entre as congêneres da melhor e pior qualidade" (art. 1.929), o que é decorrência do princípio da boa-fé (arts. 113 e 422).

Art. 245. Cientificado da escolha o credor, vigorará o disposto na Seção antecedente.¹

Art. 245: 1. v. arts. 233 a 242.

Art. 246. Antes da escolha, não poderá o devedor alegar perda ou deterioração da coisa, ainda que por força maior ou caso fortuito.¹

Art. 246: 1. v. art. 492.

Capítulo II | DAS OBRIGAÇÕES DE FAZER¹

CAP. II: 1. Execução de obrigação de fazer: CPC 814 a 821.

Art. 247. Incorre na obrigação de indenizar perdas e danos¹ o devedor que recusar a prestação a ele só imposta,² ou só por ele exequível.²ᵃ

Art. 247: 1. v. arts. 402 a 405.

Art. 247: 2. CC rev.: "Art. 928. A obrigação, não sendo personalíssima, opera, assim entre as partes, como entre os seus herdeiros".

Art. 247: 2a. Toda obrigação de fazer inadimplida dá direito às consequentes perdas e danos, quer seja ela infungível (art. 247), quer seja fungível (art. 249).

Art. 248. Se a prestação do fato tornar-se impossível sem culpa do devedor, resolver-se-á a obrigação; se por culpa dele, responderá por perdas e danos.¹

Art. 248: 1. A exemplo do que ocorre nos casos de perda ou deterioração na obrigação de dar coisa certa (arts. 234, 235 e 236). Quanto às obrigações alternativas, v. art. 255.

Art. 249. Se o fato puder ser executado por terceiro, será livre ao credor mandá-lo executar à custa do devedor,¹ havendo recusa ou mora² deste, sem prejuízo da indenização³ cabível.³ª
Parágrafo único. Em caso de urgência, pode o credor, independentemente de autorização judicial, executar ou mandar executar o fato, sendo depois ressarcido.⁴

Art. 249: 1. Em matéria de relação de consumo, v. CDC 20 § 1º.

Art. 249: 2. v. arts. 394 a 401.

Art. 249: 3. v. arts. 389 e 402 a 405.

Art. 249: 3a. v. art. 389.

✎ **Art. 249: 4.** "A inafastabilidade do controle jurisdicional e uma nova modalidade de autotutela (parágrafos únicos dos arts. 249 e 251 do Código Civil)", por Ada Pellegrini Grinover (RIDCPC 41/61 e RF 384/3).

Capítulo III | DAS OBRIGAÇÕES DE NÃO FAZER¹ ᴬ ³

CAP. III: 1. Execução de obrigação de não fazer: CPC 814, 822 e 823.

✎ **CAP. III: 2.** "Obrigações negativas no Código Civil de 2002", por Helder Martinez Dal Col (RF 371/117).
CAP. III: 3. "Não é fungível a obrigação de abster-se na prática de determinado ato. Não se concebe que alguém se abstenha em lugar de outra pessoa" (STJ-3ª T., REsp 521.184, Min. Gomes de Barros, j. 24.8.04, DJU 6.12.04).

Art. 250. Extingue-se a obrigação de não fazer, desde que, sem culpa do devedor, se lhe torne impossível abster-se do ato, que se obrigou a não praticar.

Art. 251. Praticado pelo devedor o ato, a cuja abstenção se obrigara,¹ o credor pode exigir dele que o desfaça, sob pena de se desfazer à sua custa, ressarcindo o culpado perdas e danos.²
Parágrafo único. Em caso de urgência, poderá o credor desfazer ou mandar desfazer, independentemente de autorização judicial, sem prejuízo do ressarcimento devido.³

Art. 251: 1. s/ inadimplemento de obrigação de não fazer, v. art. 390.

Art. 251: 2. v. arts. 389 e 402 a 405.

✎ **Art. 251: 3.** "A inafastabilidade do controle jurisdicional e uma nova modalidade de autotutela (parágrafos únicos dos arts. 249 e 251 do Código Civil)", por Ada Pellegrini Grinover (RIDCPC 41/61 e RF 383/3).

Capítulo IV | DAS OBRIGAÇÕES ALTERNATIVAS

Art. 252. Nas obrigações alternativas,¹ a escolha cabe ao devedor, se outra coisa não se estipulou.¹ª
§ 1º Não pode o devedor obrigar o credor a receber parte em uma prestação e parte em outra.²

§ 2º Quando a obrigação for de prestações periódicas, a faculdade de opção poderá ser exercida em cada período.

§ 3º No caso de pluralidade de optantes, não havendo acordo unânime entre eles, decidirá o juiz, findo o prazo por este assinado para a deliberação.

§ 4º Se o título deferir a opção a terceiro, e este não quiser, ou não puder exercê-la, caberá ao juiz a escolha se não houver acordo entre as partes.

Art. 252: 1. s/ pedido alternativo, v. CPC 325; s/ legado alternativo, v. arts. 1.932, 1.933 e 1.940.

Art. 252: 1a. v. art. 342. V. tb. CPC 543 e 800.

Art. 252: 2. v. art. 314.

Art. 253. Se uma das duas prestações não puder ser objeto de obrigação ou se tornada inexequível, subsistirá o débito quanto à outra.

Art. 254. Se, por culpa do devedor, não se puder cumprir nenhuma das prestações, não competindo ao credor a escolha, ficará aquele obrigado a pagar o valor da que por último se impossibilitou, mais as perdas e danos[1] que o caso determinar.

Art. 254: 1. v. arts. 389 e 402 a 405.

Art. 255. Quando a escolha couber ao credor[1] e uma das prestações tornar-se impossível por culpa do devedor, o credor terá direito de exigir a prestação subsistente ou o valor da outra, com perdas e danos;[2-3] se, por culpa do devedor, ambas as prestações se tornarem inexequíveis, poderá o credor reclamar o valor de qualquer das duas, além da indenização por perdas e danos.

Art. 255: 1. v. art. 342; CPC 543 e 800.

Art. 255: 2. v. arts. 389 e 402 a 405.

Art. 255: 3. "Nas obrigações alternativas a escolha é a concentração da obrigação na prestação indicada, momento no qual torna-se simples, pelo que apenas a escolhida poderá ser reclamada. Segundo dispõe o art. 255 do CC, se a escolha couber ao credor e uma das prestações houver perecido, pode escolher a outra ou optar pelo valor da perdida mais perdas e danos. Devedor de obrigação alternativa que grava com ônus reais imóvel que era objeto de possível escolha pelo credor, sem adverti-lo de tal hipótese, torna viciosa a escolha, mormente quando não honrar a obrigação com credor hipotecário que, posteriormente, vem a executar a garantia. Assim, concentrada a obrigação em prestação inexigível por culpa do devedor, terá o credor o direito de exigir a prestação subsistente ou o valor da outra" (STJ-4ª T., REsp 1.074.323, Min. João Otávio, j. 22.6.10, um voto vencido, DJ 28.10.10).

Art. 256. Se todas as prestações se tornarem impossíveis sem culpa do devedor, extinguir-se-á a obrigação.[1]

Art. 256: 1. v. arts. 393 e 399.

Capítulo V | DAS OBRIGAÇÕES DIVISÍVEIS E INDIVISÍVEIS[1 A 3]

CAP. V: 1. s/ divisibilidade e indivisibilidade, v. arts. 87 e 88.

CAP. V: 2. para situações envolvendo obrigações indivisíveis, v. arts. 105 (incapacidade relativa), 201 (suspensão da prescrição), 204 § 2º (interrupção da prescrição), 276 (falecimento de devedor solidário), 414 (cláusula penal), 844 (transação).

CAP. V: 3. para situação envolvendo obrigação divisível, v. art. 314 (prestação por partes).

Art. 257. Havendo mais de um devedor ou mais de um credor em obrigação divisível,[1] esta presume-se dividida em tantas obrigações, iguais e distintas, quantos os credores ou devedores.[2]

Art. 257: 1. "A indenização decorrente do **seguro DPVAT**, de natureza eminentemente pecuniária, classifica-se como obrigação divisível, visto que pode ser fracionada sem haver a desnaturação de sua natureza física ou econômica" (STJ-3ª T., REsp 1.863.668, Min. Ricardo Cueva, j. 9.3.21, maioria, DJ 22.4.21).

Art. 257: 2. v. art. 265. S/ divisibilidade e: corretagem, v. art. 728; constituição de renda, v. art. 812.

Art. 258. A obrigação é indivisível quando a prestação tem por objeto uma coisa ou um fato não suscetíveis de divisão,[1] por sua natureza, por motivo de ordem econômica, ou dada a razão determinante do negócio jurídico.[2]

Art. 258: 1. Já a solidariedade resulta da lei ou da vontade das partes (art. 265), e não do objeto da prestação.

Art. 258: 2. s/ indivisibilidade e: quota de sociedade limitada, v. art. 1.056; fundo de reserva de sociedade cooperativa, v. art. 1.094-VIII.

Art. 259. Se, havendo dois ou mais devedores, a prestação não for divisível, cada um será obrigado pela dívida toda.[1]

Parágrafo único. O devedor, que paga a dívida, sub-roga-se[2] no direito do credor em relação aos outros coobrigados.

Art. 259: 1. Ou seja: a obrigação, além de indivisível, será solidária (arts. 264 e 275).

Art. 259: 2. v. arts. 346 a 351 (especialmente o art. 346-I). V. tb. art. 283.

Art. 260. Se a pluralidade for dos credores, poderá cada um destes exigir a dívida inteira; mas o devedor ou devedores se desobrigarão, pagando:

I — a todos conjuntamente;

II — a um, dando este caução de ratificação dos outros credores.

Art. 261. Se um só dos credores receber a prestação por inteiro, a cada um dos outros assistirá o direito de exigir dele em dinheiro a parte que lhe caiba no total.

Art. 262. Se um dos credores remitir[1] a dívida, a obrigação não ficará extinta para com os outros; mas estes só a poderão exigir, descontada a quota do credor remitente.

Parágrafo único. O mesmo critério se observará no caso de transação,[2] novação,[3] compensação[4] ou confusão.[5]

Art. 262: 1. v. arts. 385 a 388.

Art. 262: 2. v. arts. 840 a 850.

Art. 262: 3. v. arts. 360 a 367.

Art. 262: 4. v. arts. 368 a 380.

Art. 262: 5. v. arts. 381 a 384.

Art. 263. Perde a qualidade de indivisível a obrigação que se resolver em perdas e danos.[1-1a]

§ 1º Se, para efeito do disposto neste artigo, houver culpa de todos os devedores, responderão todos por partes iguais.

§ 2º Se for de um só a culpa, ficarão exonerados os outros, respondendo só esse pelas perdas e danos.²⁻²ᵃ

Art. 263: 1. v. arts. 402 a 405.

Art. 263: 1a. porém, a qualidade da solidariedade persiste mesmo com a conversão em perdas e danos (art. 271).

Art. 263: 2. s/ aplicação de cláusula penal em obrigação indivisível, v. art. 414.

Art. 263: 2a. v. art. 279.

Capítulo VI | DAS OBRIGAÇÕES SOLIDÁRIAS

Seção I | DISPOSIÇÕES GERAIS

Art. 264. Há solidariedade, quando na mesma obrigação concorre mais de um credor,¹ ª ¹ᵇ ou mais de um devedor,² ª ⁸ cada um com direito, ou obrigado, à dívida toda.

Art. 264: 1. v. Lei 6.194, de 19.12.74 (no tít. SEGUROS), art. 4º, nota 2 (DPVAT).

Art. 264: 1a. Nesse caso, há o que se chama de solidariedade ativa. É um exemplo de solidariedade ativa legal aquele que decorre da LI 2º. Mas a maioria de casos de solidariedade ativa é convencional, ou seja, resultante da vontade das partes da obrigação.

Art. 264: 1b. "A solidariedade ativa para a execução do valor da **pensão alimentícia** resulta de vontade das partes, sendo o recorrido legitimado para executar todo o valor da pensão alimentícia, devendo este, posteriormente, ser repartido entre o recorrido e seu irmão maior, na medida das necessidades de cada um" (STJ-3ª T., REsp 1.068.038, Min. Massami Uyeda, j. 14.4.11, DJ 28.4.11).

Art. 264: 2. Nesse caso, há o que se chama de solidariedade passiva.

Art. 264: 3. "A palavra **'avalista',** constante do instrumento contratual, deve ser entendida, em consonância com o art. 85 do Código Civil, como coobrigado, codevedor ou garante solidário" (RSTJ 140/257: 3ª T., REsp 114.436). O art. 85 do CC rev. corresponde ao CC 112.

"O simples argumento de não se admitir aval nos contratos não exclui a responsabilidade solidária daqueles que de forma autônoma e voluntária se obrigaram a pagar a dívida integralmente" (STJ-3ª T., Ag em REsp 228.068-AgRg, Min. Sidnei Beneti, j. 23.10.12, DJ 6.11.12). No mesmo sentido: RT 936/626 (TJMT, AI 119956/2012).

"Aquele que presta aval em contrato, muito embora não possa ser tecnicamente considerado avalista, tendo em vista que este é um instituto próprio do direito cambiário, se obriga solidariamente pelo pagamento da dívida. Como a responsabilidade desse devedor solidário não advém do direito cambiário, mas do próprio direito civil, não se pode entender que esteja submetida ao mesmo prazo prescricional dos títulos cambiais" (STJ-3ª T., REsp 1.226.691-AgRg, Min. Sidnei Beneti, j. 19.2.13, DJ 28.2.13).

V. tb. art. 899, nota 1a.

Art. 264: 4. Súmula 585 do STJ: "A responsabilidade solidária do ex-proprietário, prevista no art. 134 do Código de Trânsito Brasileiro, não abrange o IPVA incidente sobre o **veículo automotor,** no que se refere ao período posterior à sua alienação".

"Embora o art. 134 do Código de Trânsito Brasileiro atribua ao antigo proprietário a responsabilidade de comunicar ao órgão executivo de trânsito a transferência do veículo, sob pena de ter que arcar solidariamente com as penalidades impostas, referida disposição legal somente se aplica às infrações de trânsito, não se estendendo a todos os débitos do veículo após a transferência da propriedade, tal como a cobrança de IPVA" (STJ-3ª T., REsp 938.553, Min. Massami Uyeda, j. 26.5.09, DJ 8.6.09).

"Na interpretação do problemático art. 134 do Código de Trânsito deve-se compreender que a solidariedade imposta ao antigo proprietário, antes de realizar no Detran a transferência, é mitigada. Alienado veículo automotor sem que se faça o registro, ou ao menos a comunicação da venda, estabelece-se, entre o novo e o antigo proprietário, vínculo de solidariedade pelas infrações cometidas, só afastadas quando é o Detran comunicado da alienação, com a indicação do nome e endereço do novo adquirente. Não havendo dúvidas, *in casu*, de que as infrações não foram cometidas no período em que tinha o recorrido a propriedade do veículo, não deve ele sofrer qualquer tipo de sanção" (STJ-2ª T., REsp 965.847, Min. Eliana Calmon, j. 4.3.08, DJ 14.3.08). No mesmo sentido: STJ-1ª T., REsp 961.969, Min. Teori Zavascki, j. 21.8.08, DJ 1.9.08.

Art. 264: 5. "**Não há solidariedade legal da entidade de previdência privada com o patrocinador do fundo,** a justificar o chamamento deste ao processo em que o beneficiário pleiteia a complementação de seu benefício" (STJ-3ª T., REsp 960.763, Min. Gomes de Barros, j. 18.10.07, DJU 31.10.07).

Art. 264: 5a. "**Não há solidariedade passiva entre banco cooperativo e cooperativa de crédito** quanto às operações bancárias por esta realizadas com seus cooperados, uma vez que o sistema de crédito cooperativo funciona de molde a preservar a autonomia e independência — e consequente responsabilidade — de cada uma das entidades que o compõem. A solidariedade não se presume; resulta da lei ou da vontade das partes. É parte ilegítima para figurar no polo passivo do procedimento monitório a instituição financeira (banco cooperativo) que não contrata diretamente com o cooperado, cabendo à cooperativa de crédito responder pelos prejuízos a que der causa" (STJ-4ª T., REsp 1.173.287, Min. João Otávio, j. 1.3.11, DJ 11.3.11). No mesmo sentido: STJ-3ª T., REsp 1.468.567, Min. Nancy Andrighi, j. 7.8.18, DJ 10.8.18.

Art. 264: 5b. "A oferta de seguro de vida por **companhia seguradora vinculada a instituição financeira,** dentro de agência bancária, implica responsabilidade solidária da empresa de seguros e do banco perante o consumidor" (STJ-3ª T., REsp 1.300.116, Min. Nancy Andrighi, j. 23.10.12, DJ 13.11.12).

Art. 264: 5c. "As **seguradoras integrantes do consórcio do Seguro DPVAT** são solidariamente responsáveis pelo pagamento das indenizações securitárias, podendo o beneficiário cobrar o que é devido de qualquer uma delas" (STJ-4ª T., REsp 1.108.715, Min. Luis Felipe, j. 15.5.12, DJ 28.5.12).

Art. 264: 6. "A seguradora é, perante o segurado, a única responsável pelo pagamento da indenização. **Não há qualquer dispositivo legal ou contratual que determine a solidariedade passiva da resseguradora com relação aos débitos da seguradora.** A responsabilidade da resseguradora limita-se ao repasse, para a seguradora, da importância prevista no contrato de resseguro. É dever da própria seguradora o pagamento total da condenação imposta por decisão judicial proferida em desfavor do segurado, nos limites da apólice" (STJ-3ª T., REsp 1.178.680, Min. Nancy Andrighi, j. 14.12.10, DJ 2.2.11).

Art. 264: 7. "O **contrato coligado** não constitui um único negócio jurídico com diversos instrumentos, mas sim uma pluralidade de negócios jurídicos, ainda que celebrados em um único documento, pois é a substância do negócio jurídico que lhe dá amparo, não a forma. Em razão da força da conexão contratual e dos preceitos consumeristas incidentes na espécie — tanto na relação jurídica firmada com o fornecedor das cozinhas quanto no vínculo mantido com a casa bancária —, o vício determinante do desfazimento da compra e venda atinge igualmente o **financiamento,** por se tratar de relações jurídicas trianguladas, cada uma estipulada com o fim precípuo de garantir a relação jurídica antecedente da qual é inteiramente dependente, motivo pelo qual possível a arguição da exceção de contrato não cumprido, uma vez que a posição jurídica ativa conferida ao consumidor de um produto financiado/parcelado relativamente à oponibilidade do inadimplemento do lojista perante o agente financiador constitui efeito não de um ou outro negócio isoladamente considerado, mas da vinculação jurídica entre a compra e venda e o mútuo/parcelamento. Entretanto, a ineficácia superveniente de um dos negócios não tem o condão de unificar os efeitos da responsabilização civil, porquanto, ainda que interdependentes entre si, parcial ou totalmente, os ajustes coligados constituem negócios jurídicos com características próprias, a ensejar interpretação e análise singular, sem, contudo, deixar à margem o vínculo unitário dos limites da coligação. Assim, a interpretação contratual constitui premissa necessária para o reconhecimento da existência e para a determinação da intensidade da coligação contratual, o que no caso concreto se dá mediante a verificação do *animus* da casa bancária na construção da coligação e o proveito econômico por ela obtido, pois não obstante o nexo funcional característico da coligação contratual, cada um dos negócios jurídicos entabulados produz efeitos que lhe são típicos nos estritos limites dos intentos dos participantes. Inviável responsabilizar solidariamente a financeira pelos valores despendidos pelos consumidores, uma vez que, ao manter o contrato coligado, não se comprometeu a fornecer garantia irrestrita para a transação, mas sim balizada pelos benefícios dela advindos, ou seja, no caso, nos termos da cessão de crédito operada, que não abarca os valores pagos a título de entrada diretamente ao lojista. A circunstância de o contrato de financiamento sucumbir diante do inadimplemento do lojista não transforma a casa bancária em garante universal de todos os valores despendidos pelos autores, principalmente porque a repetição do indébito limita-se àquilo que efetivamente foi desembolsado — seja dos consumidores para com a financeira, seja desta para com a lojista. A responsabilidade do banco fica limitada, portanto, à devolução das quantias que percebeu, pois a solidariedade não se presume, decorre da lei ou da vontade das partes" (STJ-4ª T., REsp 1.127.403, Min. Marco Buzzi, j. 4.2.14, maioria, DJ 15.8.14).

Art. 264: 8. "A responsabilidade do **corretor de imóveis** está vinculada, em regra, ao serviço ofertado pelo intermediador que é o de aproximar, de modo diligente, comprador e vendedor, prestando ao cliente as necessárias informações acerca do negócio a ser celebrado (art. 723 do CC). A solidariedade, no ordenamento jurídico brasileiro, não pode ser presumida (art. 265 do CC). Ausência de indicação, no caso concreto, de fundamento suficiente a responsabilizar a corretora de imóveis pelos danos causados ao demandante pela utilização desautorizada do seu nome em informe publicitário confeccionado pela **vendedora,** sendo insuficiente o simples fato de a corretora ter comercializado os imóveis" (STJ-3ª T., REsp 1.645.614, Min. Paulo Sanseverino, j. 26.6.18, DJ 29.6.18).

V. tb. CDC 18, nota 1f.

Art. 265. A solidariedade não se presume; resulta da lei¹ ou da vontade das partes.¹ᵃ⁻²

Art. 265: 1. v. arts. 149 (dolo do representante legal), 154 (coação de terceiro), 518 (adquirente de má-fé), 585 (comodatários), 680 (mandantes), 698 (comissário e cláusula *del credere*), 733 § 2º (transportador substituto), 756 (transporte cumulativo), 829 (fiança conjunta), 867 § ún. (gestores), 914 (endossante responsável pelo pagamento), 942 (coautores de ato ilícito), 990 (sócios e obrigações sociais), 993 § ún. (sócio oculto e terceiros), 1.003 § ún. (cessão de quotas), 1.009 (administrador e distribuição irregular de lucros), 1.012 (administrador nomeado por instrumento separado), 1.016 (administrador e ato culposo), 1.036 (dissolução de sociedade e novas operações), 1.039 (sociedade em nome coletivo), 1.045 (sociedade em comandita simples), 1.052 (sociedade limitada), 1.055 § 1º (estimação de bens conferidos ao capital social), 1.056 § 2º (condôminos de quota indivisa), 1.091 § 1º (diretores de sociedade em comandita por ações), 1.146 (débito de estabelecimento), 1.157 § ún. (obrigações contraídas sob a firma social), 1.173 § ún. (gerentes), 1.177 § ún. (ato doloso de preposto), 1.460 (penhor de título de crédito), 1.644 (dívida contraída por cônjuge), 1.752 § 2º (danos sofridos pelo tutelado) e 1.986 (testamenteiros).

V. tb. art. 7º § 2º da Lei 8.929, de 22.8.94 (no tít. CÉDULA DE PRODUTO RURAL); CDC 7º § ún., 18, 25, 28 § 3º, 34, 87 § ún.; LDA 104; LCU (Anexo I) 47; LI 2º e 75; art. 20 do Dec. lei 58, de 10.12.37, e art. 47 da Lei 6.766, de 19.12.79 (no tít. PROMESSA DE COMPRA E VENDA E LOTEAMENTO); arts. 24-A § 6º e 26 da Lei 9.656, de 3.6.98 (no tít. SEGUROS); arts. 49 e 82 § 1º da Lei 5.764, de 16.12.71 (no tít. SOCIEDADES); TCI 28; arts. 2º § ún. e 17 do Dec. lei 167, de 14.2.67 (no tít. TÍTULOS DE CRÉDITO RURAL).

Art. 265: 1a. Já a indivisibilidade resulta do objeto da prestação, insuscetível de fracionamento (art. 258).

Art. 265: 2. "Inexiste incompatibilidade entre a divisibilidade e a solidariedade. Nada obsta a existência de obrigação solidária de coisa divisível, tal como ocorre com uma condenação em dinheiro, de modo que todos os devedores vão responder integralmente pela dívida. A solidariedade nas coisas divisíveis reforça o vínculo entre devedores, servindo de garantia para favorecer o credor, de modo a facilitar a cobrança" (STJ-3ª T., REsp 1.087.142, Min. Nancy Andrighi, j. 18.8.11, DJ 24.8.11).

Art. 266. A obrigação solidária pode ser pura e simples para um dos cocredores ou codevedores, e condicional,¹ ou a prazo, ou pagável em lugar² diferente, para o outro.³

Art. 266: 1. v. arts. 121 a 130. V. tb. art. 278.

Art. 266: 2. v. arts. 327 a 330.

Art. 266: 3. Enunciado 347 do CEJ: "A solidariedade admite outras disposições de conteúdo particular além do rol previsto no art. 266 do Código Civil".

Seção II | **DA SOLIDARIEDADE ATIVA**¹

SEÇ. II: 1. s/ interrupção da prescrição por um dos credores solidários, v. art. 204 § 1º.

Art. 267. Cada um dos credores solidários tem direito a exigir do devedor o cumprimento da prestação por inteiro.¹

Art. 267: 1. v. arts. 260 e 275.

Art. 268. Enquanto alguns dos credores solidários não demandarem o devedor comum, a qualquer daqueles poderá este pagar.

Art. 269. O pagamento feito a um dos credores solidários extingue a dívida¹ até o montante do que foi pago.

Art. 269: 1. No caso de confusão, v. art. 383; no de remissão, v. arts. 272 e 388; no de transação, v. art. 844.

Art. 270. Se um dos credores solidários falecer deixando herdeiros, cada um destes só terá direito a exigir e receber a quota do crédito que corresponder ao seu quinhão hereditário, salvo se a obrigação for indivisível.¹⁻¹ᵃ

Art. 270: 1. v. arts. 257 a 263.

Art. 270: 1a. No caso de falecimento de um dos devedores solidários, v. art. 276.

Art. 271. Convertendo-se a prestação em perdas e danos,¹ subsiste, para todos os efeitos, a solidariedade.²

Art. 271: 1. v. arts. 389 e 402 a 405.

Art. 271: 2. porém, a indivisibilidade se perde com a conversão em perdas e danos (art. 263-*caput*).

Art. 272. O credor que tiver remitido¹⁻¹ᵃ a dívida ou recebido² o pagamento responderá aos outros pela parte que lhes caiba.

Art. 272: 1. v. arts. 385 a 388.

Art. 272: 1a. No caso de solidariedade passiva, v. art. 277.

Art. 272: 2. No caso de solidariedade passiva, v. art. 283.

Art. 273. A um dos credores solidários não pode o devedor opor as exceções pessoais oponíveis aos outros.¹⁻¹ᵃ

⚜ **Art. 273: 1.** "O problema do enriquecimento sem causa no direito civil brasileiro: inteligência dos artigos 273 e 274 do novo Código Civil", por Wagner Inácio Freitas Dias (RSDCPC 35/55).

Art. 273: 1a. s/ devedores solidários e exceções pessoais, v. art. 281.

Art. 274. O julgamento contrário a um dos credores solidários não atinge os demais, mas o julgamento favorável aproveita-lhes, sem prejuízo de exceção pessoal que o devedor tenha direito de invocar em relação a qualquer deles.¹⁻²

Art. 274: 1. Redação da Lei 13.105, de 16.3.15, em vigor um ano após a sua publicação (DOU 17.3.15).

Art. 274: 2. v. art. 273.

Seção III | DA SOLIDARIEDADE PASSIVA¹ ᴬ ⁵

SEÇ. III: 1. s/ interrupção da prescrição efetuada contra o devedor solidário, v. art. 204 § 1º; s/ interrupção da prescrição operada contra um dos herdeiros do devedor solidário, v. art. 204 § 2º; s/ solidariedade passiva e vencimento antecipado da dívida, v. art. 333 § ún.; s/ novação entre o credor e apenas um devedor solidário, v. art. 365; s/ solidariedade passiva e despesas condominiais, v. art. 1.336, nota 1d; s/ solidariedade entre os causadores de dano a consumidor, v. CDC 7º § ún.; s/ solidariedade entre locadores e locatários, v. LI 2º.

⚜ **SEÇ. III: 2.** "Notas sobre a solidariedade passiva no novo Código Civil", por Eduardo M. G. de Lyra Junior (RDPr 13/29).

SEÇ. III: 3. Eld 12: "A obrigação alimentar é solidária, podendo o idoso optar entre os prestadores".

SEÇ. III: 4. LRF 127: "O credor de coobrigados solidários cujas falências sejam decretadas tem o direito de concorrer, em cada uma delas, pela totalidade do seu crédito, até recebê-lo por inteiro, quando então comunicará ao juízo.

"§ 1º O disposto no *caput* deste artigo não se aplica ao falido cujas obrigações tenham sido extintas por sentença, na forma do art. 159 desta Lei.

"§ 2º Se o credor ficar integralmente pago por uma ou por diversas massas coobrigadas, as que pagaram terão direito regressivo contra as demais, em proporção à parte que pagaram e àquela que cada uma tinha a seu cargo.

"§ 3º Se a soma dos valores pagos ao credor em todas as massas coobrigadas exceder o total do crédito, o valor será devolvido às massas na proporção estabelecida no § 2º deste artigo.

"§ 4º Se os coobrigados eram garantes uns dos outros, o excesso de que trata o § 3º deste artigo pertencerá, conforme a ordem das obrigações, às massas dos coobrigados que tiverem o direito de ser garantidas".

LRF 128: "Os coobrigados solventes e os garantes do devedor ou dos sócios ilimitadamente responsáveis podem habilitar o crédito correspondente às quantias pagas ou devidas, se o credor não se habilitar no prazo legal".

SEÇ. III: 5. Lei 9.503, de 23.9.97 — Institui o Código de Trânsito Brasileiro: **"Art. 134** (*redação da Lei 14.071, de 13.10.20*). No caso de transferência de propriedade, expirado o prazo previsto no § 1º do art. 123 deste Código sem que o novo proprietário tenha tomado as providências necessárias à efetivação da expedição do novo Certificado de Registro de Veículo, o antigo proprietário deverá encaminhar ao órgão executivo de trânsito do Estado ou do Distrito Federal, no prazo de 60 (sessenta) dias, cópia autenticada do comprovante de transferência de propriedade, devidamente assinado e datado, sob pena de ter que se responsabilizar solidariamente pelas penalidades impostas e suas reincidências até a data da comunicação. **Parágrafo único** (*redação da Lei 14.071, de 13.10.20*). O comprovante de transferência de propriedade de que trata o *caput* deste artigo poderá ser substituído por documento eletrônico com assinatura eletrônica válida, na forma regulamentada pelo Contran".

> **Art. 275.** O credor tem direito a exigir e receber de um ou de alguns dos devedores, parcial ou totalmente, a dívida comum; se o pagamento tiver sido parcial, todos os demais devedores continuam obrigados **solidariamente pelo resto.**[1 a 1d]
>
> **Parágrafo único.** Não importará renúncia da solidariedade a propositura de ação pelo credor contra um ou alguns dos devedores.[2]

Art. 275: 1. No caso de novação, v. art. 365; no caso de remissão, v. arts. 277 e 388.

Art. 275: 1a. s/ vencimento antecipado, v. art. 333 § ún.

Art. 275: 1b. Enunciado 348 do CEJ: "O pagamento parcial não implica, por si só, renúncia à solidariedade, a qual deve derivar dos termos expressos da quitação ou, inequivocadamente, das circunstâncias do recebimento da prestação pelo credor".

Art. 275: 1c. "A quitação dada a um dos responsáveis pelo fato, réu da ação indenizatória, no limite de sua responsabilidade, não inibe a ação contra o outro devedor solidário. Quando o credor dá quitação parcial da dívida — mesmo que seja por meio de transação — tal remissão por ele obtida não aproveita aos outros devedores, senão até a concorrência da quantia paga ou relevada" (STJ-4ª T., REsp 1.079.293, Min. Carlos Mathias, j. 7.10.08, DJ 28.10.08). No mesmo sentido: STJ-3ª T., REsp 1.084.413, Min. Nancy Andrighi, j. 18.12.08, DJ 3.2.09.

V. tb. art. 844, nota 4.

Art. 275: 1d. "A **prescrição decretada** em favor de um dos sócios favorece aos demais. Se o pagamento da dívida por um dos sócios favorece aos demais, por igual razão a prescrição da dívida arguida por um dos sócios e reconhecida pelo juízo competente aproveita aos demais devedores solidários, nos termos do art. 125 do Código Tributário Nacional e arts. 274 e 275 do Código Civil" (STJ-1ª T., REsp 1.361.125-EDcl-AgInt, Min. Napoleão Maia Filho, j. 17.12.19, DJ 19.12.19).

Art. 275: 2. O devedor solidário demandado pelo credor poderá integrar os demais codevedores ao feito por meio do chamamento ao processo (CPC 130-III).

S/ recurso interposto por devedor solidário, v. CPC 1.005 § ún.

> **Art. 276.** Se um dos devedores solidários falecer deixando herdeiros, nenhum destes será obrigado a pagar senão a quota que corresponder ao seu quinhão

hereditário, salvo se a obrigação for indivisível;[1] mas todos reunidos serão considerados como um devedor solidário em relação aos demais devedores.[2-2a]

Art. 276: 1. v. arts. 257 a 263.

Art. 276: 2. No caso de falecimento de um dos credores solidários, v. art. 270.

Art. 276: 2a. v. arts. 1.792 e 1.997.

> **Art. 277.** O pagamento parcial feito por um dos devedores e a remissão[1] por ele obtida não aproveitam aos outros devedores, senão até à concorrência da quantia paga ou relevada.

Art. 277: 1. v. art. 388. No caso de solidariedade ativa, v. art. 272.

> **Art. 278.** Qualquer cláusula, condição[1] ou obrigação adicional, estipulada entre um dos devedores solidários e o credor, não poderá agravar a posição dos outros sem consentimento destes.

Art. 278: 1. v. arts. 121 a 130 e 266.

> **Art. 279.** Impossibilitando-se a prestação por culpa[1] de um dos devedores solidários, subsiste para todos o encargo de pagar o equivalente; mas pelas perdas e danos[2] só responde o culpado.[2a]

Art. 279: 1. s/ perda da coisa na obrigação de dar, v. art. 234-2ª parte e 239; s/ deterioração da coisa na obrigação de dar, v. art. 236 e 240-2ª parte; s/ impossibilidade da prestação na obrigação de fazer, v. art. 248-2ª parte.

Art. 279: 2. v. arts. 402 a 405.

Art. 279: 2a. v., no caso de obrigação indivisível, art. 263 § 2º.

> **Art. 280.** Todos os devedores respondem pelos juros da mora,[1] ainda que a ação tenha sido proposta somente contra um; mas o culpado responde aos outros pela obrigação acrescida.

Art. 280: 1. s/ juros de mora, v. arts. 404 a 407. Para outras consequências da mora, v. art. 395.

> **Art. 281.** O devedor demandado pode opor ao credor as exceções que lhe forem pessoais e as comuns a todos;[1] não lhe aproveitando as exceções pessoais a outro codevedor.[2-3]

Art. 281: 1. v. art. 177.

Art. 281: 2. s/ credores solidários e exceções pessoais, v. art. 273.

Art. 281: 3. "Como a exceção pessoal de um dos devedores solidários não pode aproveitar aos demais, a irregularidade na representação da sociedade quando da confissão da dívida não pode beneficiar o casal executado. Inteligência do art. 281 do CC/02" (STJ-3ª T., REsp 1.385.957, Min. Paulo Sanseverino, j. 13.8.13, DJ 21.8.13).

> **Art. 282.** O credor pode renunciar[1 a 1b] à solidariedade em favor de um, de alguns ou de todos os devedores.
>
> **Parágrafo único.** Se o credor exonerar da solidariedade um ou mais devedores, subsistirá a dos demais.[2-2a]

Art. 282: 1. O ajuizamento de demanda em face de um ou alguns dos devedores solidários não implica renúncia da solidariedade (art. 275 § ún.).

Art. 282: 1a. v. art. 275, nota 1b (Enunciado 348 do CEJ).

Art. 282: 1b. Enunciado 351 do CEJ: "A renúncia à solidariedade em favor de determinado devedor afasta a hipótese de seu chamamento ao processo".

Art. 282: 2. Enunciado 349 do CEJ: "Com a renúncia da solidariedade quanto a apenas um dos devedores solidários, o credor só poderá cobrar do beneficiado a sua quota na dívida; permanecendo a solidariedade quanto aos demais devedores, abatida do débito a parte correspondente aos beneficiados pela renúncia".

Art. 282: 2a. v. arts. 277, 284 e 388.

Art. 283. O devedor que satisfez a dívida por inteiro tem direito a exigir de cada um dos codevedores a sua quota,[1-1a] dividindo-se igualmente por todos a do insolvente, se o houver, presumindo-se iguais, no débito, as partes de todos os codevedores.[2]

Art. 283: 1. v. art. 346-III.

Art. 283: 1a. No sentido de que, havendo a condenação conjunta dos réus a indenizar o autor, aquele que pagar a integralidade do valor devido pode, nos próprios autos, pedir que o corréu que ainda nada desembolsou o reembolse da parcela que lhe cabe suportar da dívida: RP 148/229.

Art. 283: 2. v. art. 284.

Art. 284. No caso de rateio entre os codevedores, contribuirão também os exonerados da solidariedade[1] pelo credor, pela parte que na obrigação incumbia ao insolvente.[2]

Art. 284: 1. v. art. 282.

Art. 284: 2. Enunciado 350 do CEJ: "A renúncia à solidariedade diferencia-se da remissão, em que o devedor fica inteiramente liberado do vínculo obrigacional, inclusive no que tange ao rateio da quota do eventual codevedor insolvente, nos termos do art. 284".

Art. 285. Se a dívida solidária interessar exclusivamente a um dos devedores, responderá este por toda ela para com aquele que pagar.[1]

Art. 285: 1. P. ex., se o fiador pagar a dívida do devedor principal, não se aplica o art. 283. Ou seja, o fiador poderá cobrar o valor integral da dívida, pois esta interessa exclusivamente ao devedor principal.

Título II | DA TRANSMISSÃO DAS OBRIGAÇÕES

Capítulo I | DA CESSÃO DE CRÉDITO[1-2]

CAP. I: 1. "A cessão de créditos: reflexões sobre a causalidade na transmissão de bens no direito brasileiro", por Rodrigo Xavier Leonardo (RJ 408/9).

CAP. I: 2. Legitimidade *ad causam*. "Se a empresa de *factoring* figura como cessionária dos direitos e obrigações estabelecidos em contrato de compra e venda em prestações, de cuja cessão foi regularmente cientificado o devedor, é legítima para responder a demanda que visa à revisão das condições contratuais" (STJ-4ª T., REsp 1.343.313, Min. Antonio Ferreira, j. 1.6.17, DJ 1.8.17).

Todavia, no sentido de que "a ação de rescisão contratual é de quem participou do contrato — não do cessionário dos créditos decorrentes desse ajuste": RSTJ 134/236 (3ª T., REsp 97.554).

V. nota 3 ao art. 425.

Art. 286. O credor pode ceder o seu crédito,[1-1a] se a isso não se opuser a natureza da obrigação, a lei,[2 a 3a] ou a convenção com o devedor; a cláusula proibitiva da cessão não poderá ser oposta ao cessionário de boa-fé, se não constar do instrumento da obrigação.[4 a 7]

Art. 286: 1. v. art. 507 (cessão do direito de retrato) e art. 1.149 (cessão de crédito de estabelecimento transferido).

Art. 286: 1a. "A cessão civil de crédito, em que o credor transfere a terceiro sua posição na relação obrigacional, **aperfeiçoa-se com a manifestação** de vontade dos contratantes (cedente e cessionário), qualificando-se, por isso, como simplesmente consensual. O Código Civil, em seu art. 288, apenas exige a celebração de instrumento público e particular para que a cessão de crédito produza efeitos em relação a terceiros. Em relação ao cedente e ao cessionário basta a simples manifestação de vontade, independentemente da confecção de qualquer instrumento" (STJ-3ª T., REsp 1.933.723, Min. Marco Bellizze, j. 19.10.21, DJ 26.10.21).

Art. 286: 2. v. arts. 347 e 348 (sub-rogação convencional), 358 (dação, em pagamento, de título de crédito) e 377 (compensação).

S/ vedações a cessão de crédito, v. arts. 497 § ún. e 1.749-III.

Art. 286: 3. "Os créditos decorrentes da obrigação de **devolução do empréstimo compulsório, incidente sobre o consumo de energia elétrica,** podem ser cedidos a terceiros, uma vez inexistente impedimento legal expresso à transferência ou à cessão dos aludidos créditos, nada inibindo a incidência das normas de direito privado à espécie, notadamente o art. 286 do Código Civil. A liberdade da cessão de crédito constitui a regra, em nosso ordenamento jurídico, tal como resulta da primeira parte do art. 286 do vigente CC, cujo similar era o art. 1.065 do CC de 1916, o que, de resto, é corroborado, em sua compreensão, pelos arts. 100, § 13, da CF e 78 do ADCT, que preveem a cessão de créditos consubstanciados em precatórios. A natureza da obrigação, a vedação legal expressa e a cláusula contratual proibitiva constituem as exceções" (STJ-1ª Seção, REsp 1.119.558, Min. Arnaldo Esteves, j. 9.5.12, maioria, DJ 1.8.12).

Art. 286: 3a. "Inexiste óbice à cessão de crédito decorrente do **seguro obrigatório DPVAT em caso de morte,** visto tratar-se de direito pessoal disponível, que segue a regra geral do art. 286 do CC/02, não constando da lei de regência (Lei 6.194/1974) nenhum veto específico à cessão em tais casos" (STJ-3ª T., REsp 1.798.244, Min. Nancy Andrighi, j. 20.10.20, DJ 26.10.20).

Art. 286: 4. s/ novação subjetiva ativa, v. art. 360-III.

Art. 286: 5. "Nos casos de cessão de crédito relativo a contrato bilateral sinalagmático, como o de **permuta,** em que não há cessão da posição contratual, mas somente de crédito, tem o cedido direito potestativo de rescindir o contrato original na hipótese de inadimplemento pelo cedente. Como a rescisão do contrato de compromisso de permuta firmado entre autor e réu gera efeitos sobre a esfera jurídica dos cessionários recorrentes, esses podem integrar a lide na qualidade de assistentes" (STJ-4ª T., REsp 735.034, Min. Raul Araújo, j. 15.5.14, DJ 22.5.14).

Art. 286: 6. "A cessão de crédito é a transferência que o credor faz de seus direitos creditórios a outrem (art. 286 do CC). No caso, o **termo firmado entre a oficina e o segurado** se enquadra, na realidade, como uma cessão de crédito, visto que este, na ocorrência do sinistro, possui direito creditício decorrente da apólice securitária, mas tal direito é transmissível pelo valor incontroverso, qual seja, o valor do orçamento aprovado pela seguradora" (STJ-3ª T., REsp 1.336.781, Min. Ricardo Cueva, j. 2.10.18, DJ 8.10.18).

V. tb. art. 347, nota 3.

Art. 286: 7. "Na atividade de **securitização de créditos condominiais,** os Fundos de Investimento em Direitos Creditórios (FIDCs) valem-se do instituto da cessão de créditos, regulado pelos arts. 286 e seguintes do Código Civil, e, ao efetuarem o pagamento das cotas condominiais inadimplidas, sub-rogam-se na mesma posição do condomínio cedente, com todas as prerrogativas legais a ele conferidas" (STJ-3ª T., REsp 1.570.452, Min. Ricardo Cueva, j. 22.9.20, DJ 28.9.20).

Art. 287. Salvo disposição em contrário, na cessão de um crédito abrangem-se todos os seus acessórios.[1 a 3]

Art. 287: 1. Diversamente, a novação extingue os acessórios da dívida (art. 364). A assunção da dívida, por sua vez, extingue as suas garantias (art. 300).

S/ novação subjetiva ativa, v. art. 360-III.

Art. 287: 2. v. art. 92-2ª parte.

Art. 287: 2a. "Por direitos acessórios ao crédito devem ser entendidos aqueles conferidos pelas garantias pessoais ou reais, assim como os direitos aos juros, reparação de danos, penas convencionais ou, ainda, certos direitos potestativos ligados ao crédito, como ocorre no caso do direito de escolha em obrigações alternativas" (JTJ 337/133: AI 1.211.569-0/7; a citação é do voto do relator).

Art. 287: 3. "Quem transfere crédito a alguém não transfere automaticamente por relação de acessoriedade vínculo obrigacional assumido com terceiro. Sendo este terceiro credor condicional do cedente, é de se reputar ineficaz perante este último qualquer ato de disposição, *pendente conditione*, do objeto ou direito condicionado" (JTJ 337/133: AI 1.211.569-0/7).

> **Art. 288.** É ineficaz, em relação a terceiros, a transmissão de um crédito, se não celebrar-se mediante instrumento público, ou instrumento particular revestido das solenidades do § 1º do art. 654.[1-2]

Art. 288: 1. v. art. 286, nota 1a.

Art. 288: 2. Também é essencial o registro no registro de títulos e documentos (LRP 129-9º; v. tb. LRP 127-I). V. ainda art. 221.

> **Art. 289.** O cessionário de crédito hipotecário[1] tem o direito de fazer averbar a cessão no registro do imóvel.[2]

Art. 289: 1. v. art. 346-II. V. tb. art. 16 do Dec. lei 70, de 21.11.66 (no tít. CÉDULA HIPOTECÁRIA).

Art. 289: 2. v. LRP 246.

> **Art. 290.** A cessão do crédito não tem eficácia em relação ao devedor, senão quando a este notificada;[1-1a] mas por notificado se tem o devedor que, em escrito público ou particular, se declarou ciente da cessão feita.[2]

Art. 290: 1. v. art. 377; v. tb. art. 312.

Art. 290: 1a. "Apesar de o contrato de *factoring* ser autônomo, típico, não há no ordenamento jurídico uma lei que o discipline de maneira expressa, aplicando-lhe, assim, as disposições relativas ao contrato de cessão de direitos, tendo em vista a semelhança de tais institutos. Incide no *factoring*, pois, a norma insculpida no art. 1.069 do CC/1916 (*art. 290 do CC/2002*), segundo a qual compete ao cessionário notificar o devedor de que detém a posse do título" (RT 851/304).

Para notícia bibliográfica s/ contrato de *factoring*, v. nota 2 ao art. 425.

Art. 290: 2. "A cessão de crédito não vale em relação ao devedor, senão quando a ele notificada; contudo, a manifestação de conhecimento pelo devedor sobre a existência da cessão supre a necessidade de prévia notificação" (STJ-3ª T., REsp 588.321, Min. Nancy Andrighi, j. 4.8.05, DJU 5.9.05).

"A cessão de crédito não vale em relação ao devedor, senão quando a este notificada. Isso não significa, porém, que a dívida não possa ser exigida quando faltar a notificação. Não se pode admitir que o devedor, citado em ação de cobrança pelo cessionário da dívida, oponha resistência fundada na ausência de notificação. Afinal, com a citação, ele toma ciência da cessão de crédito e daquele a quem deve pagar. O objetivo da notificação é informar ao devedor quem é o seu novo credor, isto é, a quem deve ser dirigida a prestação. A ausência da notificação traz essencialmente duas consequências. Em primeiro lugar dispensa o devedor que tenha prestado a obrigação diretamente ao cedente de pagá-la novamente ao cessionário. Em segundo lugar permite que o devedor oponha ao cessionário as exceções de caráter pessoal que teria em relação ao cedente, anteriores à transferência do crédito e também posteriores, até o momento da cobrança (inteligência do artigo 294 do CC/02)" (STJ-3ª T., REsp 936.589, Min. Sidnei Beneti, j. 8.2.11, DJ 22.2.11). Em sentido semelhante: STJ-Corte Especial, ED no Ag em REsp 1.125.139, Min. Laurita Vaz, j. 6.10.21, maioria, DJ 17.12.21.

"A ausência de notificação quanto à cessão de crédito não tem o condão de liberar o devedor do adimplemento da obrigação ou de impedir o cessionário de praticar os atos necessários à conservação do seu crédito, como o registro do nome do inadimplente nos órgãos de proteção ao crédito" (STJ-3ª T., REsp 1.401.075, Min. Paulo Sanseverino, j. 8.5.14, DJ 27.5.14). No mesmo sentido: STJ-4ª T., Ag em REsp 720.309-AgRg, Min. Antonio Ferreira, j. 18.2.16, DJ 29.2.16.

"A citação inicial para a ação de cobrança equivale à notificação da cessão, produzindo os mesmos efeitos desta" (Bol. AASP 2.672: TJSP, AI 7.303.934-6, maioria).

Art. 291. Ocorrendo várias cessões do mesmo crédito, prevalece a que se completar com a tradição do título do crédito cedido.¹

Art. 291: 1. v. arts. 904, 910 § 2º e 1.267.

Art. 292. Fica desobrigado o devedor que, antes de ter conhecimento da cessão, paga ao credor primitivo,¹ ou que, no caso de mais de uma cessão notificada, paga ao cessionário que lhe apresenta, com o título de cessão, o da obrigação cedida;¹ª quando o crédito constar de escritura pública,² prevalecerá a prioridade da notificação.

Art. 292: 1. Nesse caso, o cessionário pode ajuizar demanda em face do credor primitivo, a fim de receber os valores indevidamente recebidos por este (art. 884).

Art. 292: 1a. v. art. 291.

Art. 292: 2. v. art. 215.

Art. 293. Independentemente do conhecimento da cessão pelo devedor, pode o cessionário exercer os atos conservatórios do direito cedido.

Art. 294. O devedor pode opor ao cessionário as exceções que lhe competirem, bem como as que, no momento em que veio a ter conhecimento da cessão, tinha contra o cedente.¹ ª ³

Art. 294: 1. No caso de assunção de dívida, v. art. 302.

Art. 294: 2. "No contrato de *factoring*, a transferência dos créditos não se opera por simples endosso, mas por cessão de crédito, subordinando-se, por consequência, à disciplina do art. 294 do Código Civil, contexto que autoriza ao devedor a **oponibilidade das exceções pessoais** em face da faturizadora" (STJ-4ª T., Ag em REsp 118.372-AgRg, Min. Raul Araújo, j. 23.2.16, DJ 7.3.16).

"É possível a oposição de exceções pessoais à faturizadora, visto que recebe o cheque por força de contrato de cessão de crédito, cuja origem é — ou pelo menos deveria ser — objeto de análise, o que faz com que não se equipare a terceiros a quem o título pudesse ser transferido por endosso e cuja boa-fé os princípios da autonomia e abstração visam proteger" (STJ-3ª T., REsp 1.283.369-AgRg, Min. João Otávio, j. 4.2.16, DJ 18.2.16).

"Na operação de *factoring* o endosso não é cambial, mas caracteriza cessão de crédito, assumindo o faturizador o risco sobre o recebimento. Não havendo transferência cambiária, inaplicáveis os princípios da autonomia e abstração, sendo oponíveis as exceções pessoais que caberiam frente ao endossante. Art. 294 do novo Código Civil. Demonstrado nos autos que a dívida originada do negócio subjacente (compra e venda de sacas de feijão) foi paga, está positivada a falta da *causa debendi* do título, de modo que tem-se como decorrência a inexigibilidade do crédito representado" (RT 914/859: TJGO, AP 1445-93.2008.8.09.0051).

"Ainda que a transferência dos títulos de crédito seja formalizada por endosso, a aquisição de crédito por faturizadora caracteriza a realização de cessão de crédito, de modo a se afastar o direito de regresso contra o cedente na hipótese de inadimplemento. De outro lado, o art. 294 do CC/02, ao dispor sobre a possibilidade de o devedor manifestar suas exceções pessoais no momento em que notificado da transferência do crédito estabelece uma faculdade ao devedor de se opor à cessão. Não oposta a exceção pelo devedor notificado da cessão de crédito, opera-se integralmente a despersonalização da relação originária, afastando-se, a princípio, a legitimidade do cedente. Todavia, tratando-se de discussão acerca da existência do crédito, é possível a responsabilização do cedente nos termos do art. 295 do CC/02, razão pela qual deverá o cedente compor o polo passivo da demanda, nos termos do art. 47 do CPC" (STJ-3ª T., REsp 1.167.120, Min. Nancy Andrighi, j. 5.11.13, DJ 18.11.13).

Todavia: "Contrato de *factoring*. Duplicatas previamente aceitas. Endosso à faturizadora. Circulação e abstração do título de crédito após o aceite. Oposição de exceções pessoais. Não cabimento. A duplicata mercantil, apesar de causal no momento da emissão, com o aceite e a circulação adquire abstração e autonomia, desvinculando-se do negócio jurídico subjacente, impedindo a oposição de exceções pessoais a terceiros endossatários de boa-fé, como a ausência ou a interrupção da prestação de serviços ou a entrega das mercadorias" (STJ-2ª Seção, ED no REsp 1.439.749, Min. Isabel Gallotti, j. 28.11.18, DJ 6.12.18).

V. tb. LDu 8º, nota 1.

Art. 294: 3. "O art. 1.072 do CC/16 (art. 294 do CC/02), ao dispor sobre a possibilidade de o devedor manifestar suas exceções pessoais no momento em que notificado da transferência do crédito, não estabelece uma obrigação, mas uma faculdade ao devedor. A consequência da não manifestação de sua discordância com o ato de transferência somente tem efeito preclusivo quanto às exceções pessoais de que disporia contra o credor primitivo, como é o caso da compensação ou da *exceptio non adimpletis contractus*. Todas as defesas diretas de que dispunha o devedor, que se prendem à existência de seu débito, podem ser opostas judicialmente ao credor sucessor, não obstante o silêncio do devedor no ato de cessão do crédito" (STJ-3ª T., REsp 780.774, Min. Nancy Andrighi, j. 7.10.08, DJ 23.10.08).

Art. 295. Na cessão por título oneroso, o cedente, ainda que não se responsabilize, fica responsável ao cessionário pela existência do crédito ao tempo em que lhe cedeu;¹ᵃ² a mesma responsabilidade lhe cabe nas cessões por título gratuito, se tiver procedido de má-fé.

Art. 295: 1. v. art. 294, nota 2.

Art. 295: 1a. Exceto se a cessão for legal, cf. estabelecia o art. 1.076 do CC rev.

Art. 295: 1b. "Conforme exegese do art. 295 do Código Civil, em contratos de fomento mercantil o faturizado deve responder perante o faturizador pela existência do crédito ao tempo em que lhe cedeu. Mostra-se legítima, portanto, a pactuação da emissão pelo cedente de nota promissória em garantia de vícios de origem nos títulos negociados" (RMDECC 53/143: TJPR, AP 1049972-0).

V. tb. art. 296, nota 3.

Art. 295: 2. "Fica o cedente responsável pela existência do crédito, mas não, necessariamente, pela possibilidade prática de que seja satisfeito" (STJ-3ª T., REsp 74.440, Min. Eduardo Ribeiro, j. 18.3.97, DJU 28.4.97).

"Em regra, a empresa de *factoring* não tem direito de regresso contra a faturizada — com base no *inadimplemento* dos títulos transferidos —, haja vista que esse risco é da essência do contrato de *factoring*. Essa impossibilidade de regresso decorre do fato de que a faturizada não garante a *solvência* do título, o qual, muito pelo contrário, é garantido exatamente pela empresa de *factoring*. Essa característica, todavia, não afasta a responsabilidade da cedente em relação à existência do crédito, pois tal garantia é própria da cessão de crédito comum — *pro soluto*. É por isso que a doutrina, de forma uníssona, afirma que, no contrato de *factoring* e na cessão de crédito ordinária, a faturizada/cedente não garante a solvência do crédito, mas a sua existência sim. Nesse passo, o direito de regresso da *factoring* contra a faturizada deve ser reconhecido quando estiver em questão não um mero inadimplemento, mas a própria existência do crédito. No caso, da moldura fática incontroversa nos autos, fica claro que as duplicatas que ensejaram o processo executivo são desprovidas de causa — 'frias' —, e tal circunstância consubstancia vício de existência dos créditos cedidos — e não mero inadimplemento —, o que gera a responsabilidade regressiva da cedente perante a cessionária" (STJ-4ª T., REsp 1.289.995, Min. Luis Felipe, j. 20.2.14, maioria, RT 949/358).

Art. 296. Salvo estipulação em contrário, o cedente não responde pela solvência do devedor.¹ᵃ⁴

Art. 296: 1. Na sociedade simples, o sócio que cede seu crédito a título de quota social responde pela solvência do devedor, cf. art. 1.005, *in fine*.

Art. 296: 1a. "A empresa faturizada não responde pelo simples inadimplemento dos títulos cedidos, salvo se der causa à inadimplência do devedor. Assim, deve ser declarada nula a cláusula de recompra, tendo em vista que a estipulação contratual nesse sentido retira da empresa de *factoring* o risco inerente aos contratos dessa natureza" (STJ-4ª T., REsp 1.361.311-AgRg, Min. Antonio Ferreira, j. 20.11.14, DJ 1.12.14).

Contra: "Pleito de invalidade da cláusula que exige a recompra dos títulos descontados junto à faturizadora em caso de não pagamento das cártulas cedidas. Inexistência de impedimento da celebração de *factoring pro solvendo*. Possibilidade expressamente prevista no CC 296" (JTJ 366/510: AP 9189853-60.2009.8.26.0000).

Art. 296: 2. "Não pode a sociedade de fomento mercantil executar em regresso o cedente do título, haja vista a transferência definitiva deste e ser o risco assumido pelo faturizador inerente à atividade por ele desenvolvida" (STJ-4ª T., REsp 1.038.054-AgRg, Min. Isabel Gallotti, j. 13.3.12, DJ 23.3.12). "A remuneração e a liquidação dos títulos negociados passam a ser risco do faturizador, nada podendo ser exigido do faturizado" (RT 774/263). No mesmo sentido: STJ-3ª T., REsp 1.305.454-AgRg, Min. Sidnei Beneti, j. 14.8.12, DJ 4.9.12; RT 776/240.

Art. 296: 3. "A natureza do contrato de *factoring* imputa ao faturizador a assunção dos riscos de inadimplemento dos títulos negociados, não se admitindo a pactuação de garantias *pro solvendo* ou de cláusulas que garantam ação de 'regresso' contra o faturizado. A emissão de **notas promissórias** como instrumento de garantia *pro solvendo* em contrato de *factoring* torna esses títulos inexigíveis em face do devedor principal e do avalista, pois objetiva desvirtuar a natureza do contrato de faturização, no qual o faturizador deve assumir os riscos pela inadimplência dos títulos contratados" (STJ-4ª T., Ag em REsp 862.232-AgInt, Min. Marco Buzzi, j. 2.9.19, DJ 6.9.19). No mesmo sentido: "Cláusula que estabelece a responsabilização da faturizada, não apenas pela existência, mas também pela solvência dos créditos cedidos à faturizadora, inclusive com a emissão de notas promissórias destinadas a garantir tal operação, a pretexto de atendimento ao princípio da autonomia da vontade e aplicação do art. 290 do Código Civil. Impossibilidade. Vulneração da própria natureza do contrato de *factoring*. Reconhecimento. Aval aposto nas notas promissórias emitidas para garantir a insolvência dos créditos cedidos em operação de *factoring*. Insubsistência. Interpretação do art. 899, § 2º, do Código Civil" (STJ-3ª T., REsp 1.711.412, Min. Marco Bellizze, j. 4.5.21, DJ 10.5.21).

V. tb. art. 295, nota 1b.

Art. 296: 4. "Fundo de investimento em direitos creditórios. Securitização de recebíveis. Cessão de crédito empregado como lastro na emissão de títulos ou valores mobiliários. **Cessão de crédito *pro solvendo*. Viabilidade.** O FIDC, de modo diverso das atividades desempenhadas pelos escritórios de *factoring*, opera no mercado financeiro (vertente mercado de capitais) mediante a securitização de recebíveis, por meio da qual determinado fluxo de caixa futuro é utilizado como lastro para a emissão de valores mobiliários colocados à disposição de investidores. Consoante a legislação e a normatização infralegal de regência, um FIDC pode adquirir direitos creditórios por meio de dois atos formais: o endosso, cuja disciplina depende do título de crédito adquirido, e a cessão civil ordinária de crédito, disciplinada nos arts. 286-298 do CC, *pro soluto* ou *pro solvendo*. Foi apurado pelas instâncias ordinárias que trata-se de cessão de crédito *pro solvendo* em que a recorrida figura como fiadora (devedora solidária, nos moldes do art. 828 do CC) na cessão de crédito realizada pela sociedade empresária de que é sócia. O art. 296 do CC estabelece que, se houver pactuação, o cedente pode ser responsável ao cessionário pela solvência do devedor" (STJ-4ª T., REsp 1.726.161, Min. Luis Felipe, j. 6.8.19, DJ 3.9.19). No mesmo sentido: STJ-3ª T., REsp 1.909.459, Min. Nancy Andrighi, j. 18.5.21, DJ 20.5.21.

Art. 297. O cedente, responsável ao cessionário pela solvência do devedor, não responde por mais do que daquele recebeu, com os respectivos juros; mas tem de ressarcir-lhe as despesas da cessão e as que o cessionário houver feito com a cobrança.

Art. 298. O crédito, uma vez penhorado,[1] não pode mais ser transferido pelo credor que tiver conhecimento da penhora;[2] mas o devedor que o pagar, não tendo notificação dela, fica exonerado, subsistindo somente contra o credor os direitos de terceiro.

Art. 298: 1. v. CPC 855 a 860 e LRP 240.

Art. 298: 2. v. art. 312.

Capítulo II | DA ASSUNÇÃO DE DÍVIDA

Art. 299. É facultado a terceiro assumir a obrigação do devedor,[1] com o consentimento expresso do credor, ficando exonerado o devedor primitivo, salvo se aquele,[2] ao tempo da assunção, era insolvente e o credor o ignorava.[3]

Parágrafo único. Qualquer das partes pode assinar prazo ao credor para que consinta na assunção da dívida, interpretando-se o seu silêncio como recusa.

Art. 299: 1. Enunciado 16 do CEJ: "O art. 299 do Código Civil não exclui a possibilidade da assunção cumulativa da dívida, quando dois ou mais devedores se tornam responsáveis pelo débito com a concordância do credor".

Art. 299: 2. i. e., o terceiro.

Art. 299: 3. s/ novação subjetiva passiva, v. arts. 360-II e 362.

Art. 300. Salvo assentimento expresso do devedor primitivo,[1] consideram-se extintas, a partir da assunção da dívida, as garantias[2] especiais por ele originariamente dadas ao credor.[3]

Art. 300: 1. Enunciado 352 do CEJ: "Salvo expressa concordância dos terceiros, as garantias por eles prestadas se extinguem com a assunção de dívida; já as garantias prestadas pelo devedor primitivo somente são mantidas no caso em que este concorde com a assunção".

Art. 300: 2. Diversamente do que ocorre com a cessão de crédito (art. 287), mas em simetria com a novação (art. 364).

Art. 300: 3. O mesmo vale para as garantias prestadas por terceiros.

Art. 301. Se a substituição do devedor vier a ser anulada,[1] restaura-se o débito, com todas as suas garantias, salvo as garantias prestadas por terceiros, exceto se este conhecia o vício que inquinava a obrigação.

Art. 301: 1. v. arts. 166 e 171.

Art. 302. O novo devedor não pode opor ao credor as exceções pessoais que competiam ao devedor primitivo.[1]

Art. 302: 1. No caso de cessão de crédito, v. art. 294.

Art. 303. O adquirente de imóvel hipotecado pode tomar a seu cargo o pagamento do crédito garantido;[1] se o credor, notificado,[1a] não impugnar em trinta dias a transferência do débito, entender-se-á dado o assentimento.[2]

Art. 303: 1. v. tb. art. 1.481.

Art. 303: 1a. Dispensando a notificação em caso em que o credor passou a receber do adquirente as prestações faltantes, sem nada opor, por caracterizar consentimento tácito: STJ-1ª T., REsp 857.548, Min. Luiz Fux, j. 4.10.07, DJU 8.11.07.

Art. 303: 2. Enunciado 353 do CEJ: "A recusa do credor, quando notificado pelo adquirente de imóvel hipotecado, comunicando-lhe o interesse em assumir a obrigação, deve ser justificada".

Título III | DO ADIMPLEMENTO E EXTINÇÃO DAS OBRIGAÇÕES[1]

Capítulo I | DO PAGAMENTO[1 A 3]

Seção I | DE QUEM DEVE PAGAR

TÍT. III: 1. CPC 525 § 1º: "Na impugnação, o executado poderá alegar: ... **VII** — qualquer causa modificativa ou extintiva da obrigação, como pagamento, novação, compensação, transação ou prescrição, desde que supervenientes à sentença".

CAP. I: 1. s/ pagamento de título ou documento de dívida apresentado para protesto, v. **Lei 9.492, de 10.9.97** (no tít. PROTESTO DE TÍTULOS), art. 19; v. tb. tít. CORREÇÃO MONETÁRIA.

CAP. I: 2. A lei prevê expressamente a possibilidade de amortização parcial dos débitos: nos mútuos (Dec. 22.626, de 7.4.33, art. 7º e §§, no tít. MÚTUO); nos contratos imobiliários (Lei 4.864, de 29.11.65, art. 1º-V); nos títulos de crédito, art. 902 §§ 1º e 2º; nos títulos de crédito rural (Dec. lei 167, de 14.2.67, art. 74, no tít. TÍTULOS DE CRÉDITO RURAL).

CAP. I: 3. "Os contratos extintos pelo pagamento são passíveis de revisão" (STJ-3ª T., AI 683.681-AgRg, Min. Gomes de Barros, j. 1.3.07, DJU 19.3.07).

V. art. 360, nota 2.

Art. 304. Qualquer interessado[1-1a] na extinção da dívida pode pagá-la,[2] usando, se o credor se opuser, dos meios conducentes à exoneração do devedor.[3]

Parágrafo único. Igual direito cabe ao terceiro não interessado, se o fizer em nome e à conta do devedor, salvo oposição deste.[4]

Art. 304: 1. Trata-se do interessado juridicamente no cumprimento da obrigação.

Art. 304: 1a. "Aquele que adquire o imóvel hipotecado é interessado, para os efeitos do artigo 930, *caput*, do Código Civil, no pagamento das prestações de resgate do mútuo, porque a respectiva falta implica a execução do gravame" (STJ-3ª T., REsp 154.457, Min. Ari Pargendler, j. 6.12.02, DJU 24.2.03). O art. 930 do CC rev. corresponde ao CC 304.

Art. 304: 2. s/ sub-rogação em favor do terceiro interessado, v. art. 346-III.

Art. 304: 3. s/ pagamento em consignação, v. art. 335.

Art. 304: 4. Terceiro não interessado é aquele que não está originariamente vinculado à obrigação, embora possa ter interesse de ordem moral no seu cumprimento; é um parente ou um amigo do devedor, p. ex. O adimplemento da obrigação em nome e à conta do devedor configura doação em favor deste, razão pela qual ele pode recusá-la justificadamente.

Art. 305. O terceiro não interessado, que paga a dívida em seu próprio nome, tem direito a reembolsar-se do que pagar; mas não se sub-roga[1-2] nos direitos do credor.

Parágrafo único. Se pagar antes de vencida a dívida, só terá direito ao reembolso no vencimento.

Art. 305: 1. cf. art. 346.

Art. 305: 2. "Ação de **cobrança** movida por **sobrinho** contra seus **tios**, objetivando a condenação dos réus ao reembolso do quanto despendido no **tratamento médico de sua tia**, além das despesas com remédios, internação, sepultamento e produtos destinados aos animais de estimação da falecida. Nos termos do art. 1.697 do Código Civil, ao autor, sendo parente de terceiro grau na linha colateral, não cabia obrigação alimentar. Ao pagar as despesas em decorrência de obrigação moral e com intenção de fazer o bem, o recorrente tornou-se credor dos recorridos, nos termos do artigo 305 do Código Civil. Não tendo natureza alimentar o crédito do autor, limita-se a responsabilidade dos réus ao valor da herança — art. 1.997 do Código Civil" (STJ-3ª T., REsp 1.510.612, Min. Ricardo Cueva, j. 26.4.16, DJ 12.5.16).

V. tb. art. 346, nota 2.

Art. 306. O pagamento feito por terceiro, com desconhecimento ou oposição do devedor, não obriga a reembolsar aquele que pagou, se o devedor tinha meios para ilidir[1] a ação.

Art. 306: 1. Devia ser "elidir", i.e., afastar; "ilidir" é refutar.

Art. 307. Só terá eficácia o pagamento que importar transmissão da propriedade, quando feito por quem possa alienar o objeto em que ele consistiu.[1]

Parágrafo único. Se se der em pagamento coisa fungível,[2] não se poderá mais reclamar do credor que, de boa-fé, a recebeu e consumiu, ainda que o solvente não tivesse o direito de aliená-la.

Art. 307: 1. v. arts. 356 a 359 e 1.268.

Art. 307: 2. v. art. 85.

Seção II | DAQUELES A QUEM SE DEVE PAGAR

Art. 308. O pagamento deve ser feito ao credor[1] ou a quem de direito o represente,[2] sob pena de só valer depois de por ele ratificado, ou tanto quanto reverter em seu proveito.

Art. 308: 1. v., porém, arts. 310 e 312.

Art. 308: 2. v. arts. 116, 311, 662 e 673.

Art. 309. O pagamento feito de boa-fé ao credor putativo[1] é válido, ainda provado depois que não era credor.[2]

Art. 309: 1. i. e., aquele que, mesmo não sendo credor, passa pelos olhos de todos como se fosse.

Art. 309: 2. "Pela aplicação da teoria da aparência, é válido o pagamento realizado de boa-fé a credor putativo. Para que o erro no pagamento seja escusável, é necessária a existência de elementos suficientes para induzir e convencer o devedor diligente de que o recebente é o verdadeiro credor" (STJ-4ª T., REsp 1.044.673, Min. João Otávio, j. 2.6.09, DJ 15.6.09).

"No caso em apreço, a recorrente foi condenada ao pagamento de seguro e entabulou acordo com a credora, cuja falência fora decretada anteriormente, sem que tivesse conhecimento do fato nem se consignando eventual má-fé no acórdão recorrido. Inexistindo, pois, prova da má-fé e elemento que pudesse cientificar o devedor de que o representante da credora não mais detinha poderes de administração, é de se reputar válido o pagamento feito a credor putativo. Inteligência do art. 309, do Código Civil" (STJ-4ª T., AI 1.225.463-AgRg, Min. Isabel Gallotti, j. 11.12.12, DJ 19.12.12).

"É válido o pagamento de indenização do DPVAT aos pais do *de cujus* quando se apresentam como únicos herdeiros mediante a entrega dos documentos exigidos pela lei que dispõe sobre seguro obrigatório de danos pessoais, hipótese em que o pagamento aos credores putativos ocorreu de boa-fé" (STJ-3ª T., REsp 1.601.533, Min. João Otávio, j. 14.6.16, DJ 16.6.16).

Art. 310. Não vale o pagamento cientemente feito ao credor incapaz de quitar,[1] se o devedor não provar que em benefício dele efetivamente reverteu.

Art. 310: 1. v. art. 181.

Art. 311. Considera-se autorizado a receber o pagamento o portador da quitação,[1] salvo se as circunstâncias contrariarem a presunção daí resultante.

Art. 311: 1. v. arts. 319 e 320.

Art. 312. Se o devedor pagar ao credor, apesar de intimado da penhora feita sobre o crédito, ou da impugnação a ele oposta por terceiros, o pagamento não valerá contra estes,[1-1a] que poderão constranger o devedor a pagar de novo, ficando-lhe ressalvado o regresso contra o credor.[2]

Art. 312: 1. v. art. 298; v. tb. CPC 855-I c/c 856 §§ 2º e 3º.

Art. 312: 1a. "Alegada violação dos arts. 789 e 855 do CPC e do art. 312 do CC. Não configuração. Crédito objeto da penhora que deve ser devidamente individualizado na decisão que defere a constrição, bem como na intimação que impõe ao terceiro devedor a obrigação de não pagar a seu credor, sob pena de ter de pagar novamente. Possibilidade de a penhora recair sobre **crédito futuro, desde que especificado**. Caso concreto em que a decisão que deferiu a penhora **não incluiu expressamente** os créditos futuros em sua abrangência" (STJ-3ª T., REsp 1.964.457, Min. Paulo Sanseverino, j. 3.5.22, DJ 11.5.22).

Art. 312: 2. v. art. 876 (pagamento indevido).

Seção III | DO OBJETO DO PAGAMENTO E SUA PROVA

Art. 313. O credor não é obrigado a receber prestação diversa da que lhe é devida, ainda que mais valiosa.[1-2]

Art. 313: 1. s/ deterioração da coisa, v. arts. 235 e 240.

Art. 313: 2. mas ele pode aceitar prestação diversa (art. 356).

Art. 314. Ainda que a obrigação tenha por objeto prestação divisível,[1] não pode o credor ser obrigado a receber, nem o devedor a pagar, por partes, se assim não se ajustou.[2]

Art. 314: 1. v. arts. 87 e 258.

Art. 314: 2. LCa 22 § 1º: "O portador é obrigado a receber o pagamento parcial, ao tempo do vencimento".

Art. 315. As dívidas em dinheiro deverão ser pagas no vencimento, em moeda corrente e pelo valor nominal, salvo o disposto nos artigos subsequentes.[1]

Art. 315: 1. v. arts. 318 e 486. V. tb. LINDB 9º; CDC 52-I; LCa 25; Lei 9.069, de 29.6.95 (Plano Real e sistema monetário nacional); Lei 10.192, de 14.2.01 (medidas complementares ao Plano Real).

Art. 316. É lícito convencionar o aumento progressivo de prestações sucessivas.

Art. 317. Quando, por motivos imprevisíveis,[1] sobrevier desproporção manifesta entre o valor da prestação devida e o do momento de sua execução, poderá o juiz corrigi-lo, a pedido da parte, de modo que assegure, quanto possível, o valor real da prestação.[2 a 3]

Art. 317: 1. Enunciado 17 do CEJ: "A interpretação da expressão 'motivos imprevisíveis', constante do art. 317 do novo Código Civil, deve abarcar tanto causas de desproporção não previsíveis, como também causas previsíveis mas de resultados imprevisíveis".

Art. 317: 2. s/ resolução do contrato por onerosidade excessiva, v. arts. 478 a 480. Em matéria de relação de consumo, v. CDC 6º-V.

Art. 317: 2a. Lei 14.010, de 10.6.20 — Dispõe sobre o Regime Jurídico Emergencial e Transitório das relações jurídicas de Direito Privado (RJET) no período da pandemia do coronavírus (Covid-19): "**Art. 7º** Não se consideram fatos imprevisíveis, para os fins exclusivos dos arts. 317, 478, 479 e 480 do Código Civil, o aumento da inflação, a variação cambial, a desvalorização ou a substituição do padrão monetário. **§ 1º** As regras sobre revisão contratual previstas na Lei n. 8.078, de 11 de setembro de 1990 (Código de Defesa do Consumidor), e na Lei n. 8.245, de 18 de outubro de 1991, não se sujeitam ao disposto no *caput* deste artigo. **§ 2º** Para os fins desta Lei, as normas de proteção ao consumidor não se aplicam às relações contratuais subordinadas ao Código Civil, incluindo aquelas estabelecidas exclusivamente entre empresas ou empresários".

Art. 317: 2b. "À luz da necessária observância dos preceitos fundamentais da livre iniciativa, da isonomia, da autonomia universitária e da proporcionalidade, é inconstitucional decisão judicial que, sem considerar as circunstâncias fáticas efetivamente demonstradas, deixa de sopesar os reais efeitos da **pandemia** em ambas as partes contratuais, e determina a concessão de descontos lineares em mensalidades de cursos prestados por instituições de ensino superior" (STF-Pleno, ADPF 713, Min. Rosa Weber, j. 18.11.21, maioria, DJ 29.3.22).

V. tb. art. 478, nota 1c, e CDC 6º, nota 5b.

Art. 317: 3. "Revisão do contrato. Quantificação dos prêmios de produtividade considerando a situação dos fatores de cálculo em época diversa da pactuada. Inadmissibilidade. Concreção do princípio da autonomia privada. Necessidade de respeito aos princípios da obrigatoriedade ('pacta sunt servanda') e da relatividade dos contratos ('inter alios acta'). Manutenção das cláusulas contratuais livremente pactuadas. Concreção do princípio da autonomia privada no plano do Direito Empresarial, com maior força do que em outros setores do Direito Privado, em face da necessidade de prevalência dos princípios da livre iniciativa, da livre concorrência e da função social da empresa. Reconhecimento da contrariedade aos princípios da obrigatoriedade do contrato (art. 1056 do CC/16) e da relatividade dos efeitos dos pactos, especialmente relevantes no plano do Direito Empresarial" (STJ-3ª T., REsp 1.158.815, Min. Paulo Sanseverino, j. 7.2.12, maioria, DJ 17.2.12).

Art. 318. São nulas as convenções de pagamento em ouro ou em moeda estrangeira, bem como para compensar a diferença entre o valor desta e o da moeda nacional, excetuados os casos previstos na legislação especial.

Art. 319. O devedor que paga tem direito a quitação regular, e pode reter o pagamento, enquanto não lhe seja dada.[1 a 5]

Art. 319: 1. "Dar e receber quitação", por E. D. Moniz de Aragão (RF 367/86).

Art. 319: 2. v. arts. 320 a 325. V. tb. art. 335-I (pagamento em consignação em razão de falta de quitação); LI 44-I (crime de recusa do locador, nas habitações coletivas multifamiliares, a fornecer recibo).

Art. 319: 3. Enunciado 18 do CEJ: "A 'quitação regular' referida no art. 319 do novo Código Civil engloba a quitação dada por meios eletrônicos ou por quaisquer formas de 'comunicação a distância', assim entendida aquela que permite ajustar negócios jurídicos e praticar atos jurídicos sem a presença corpórea simultânea das partes ou de seus representantes".

Art. 319: 4. "Em se tratando de prestação de pagar quantia certa, configura-se a tradição, simplesmente, com a entrega do dinheiro ao credor, ante a intenção de transferir-lhe a propriedade, a fim de concretizar, materialmente, o negócio jurídico entabulado entre as partes. No que tange à teoria do risco, diferentemente do que ocorre com as obrigações de dar coisa certa ou incerta, a interpretação sistemática do CC/02, influenciada pelas normas processuais, permite afirmar, com relação à prestação pecuniária, que, até a efetiva entrega do dinheiro ao credor, não poderá o devedor alegar, contra aquele, a perda da quantia devida, ainda que por força maior ou caso fortuito, inclusive porque se trata de bem móvel fungível. No entanto, perfectibilizada a entrega da quantia, com a inversão legítima da posse, configura-se a tradição, de modo que o risco pela perda do numerário deixa de ser do devedor, porque cessada sua disponibilidade sobre o bem, e passa a ser do credor que o detém. A **contagem do dinheiro recebido** é ato vinculado à quitação da dívida, pela qual o credor atesta o pagamento, exonerando o devedor. Se os recorridos aceitaram receber o pagamento de vultosa quantia em dinheiro, nas dependências de sua imobiliária, apostaram na segurança da operação, de tal modo que, diante da incerteza do valor perdido, mas da certeza de que houve a entrega de quantia para os recorridos, o fiel da balança deve pender para a confirmação do pagamento e, portanto, para que se declare a quitação da referida parcela, nos termos do art. 319 do CC/02" (STJ-3ª T., REsp 1.705.305, Min. Nancy Andrighi, j. 22.5.18, DJ 24.5.18).

Art. 319: 5. "**Pagamento mediante cheques.** Recibo de quitação. Títulos de crédito emitidos *pro soluto*. Ônus da prova do não pagamento. Em regra, a emissão do título de crédito é *pro solvendo*, isto é, a simples entrega do título ao credor não significa a efetivação do pagamento. No entanto, terá natureza *pro soluto* quando emitido e entregue ao beneficiário visando extinguir a obrigação que gerou a sua criação, ou seja, quando dado em pagamento da relação causal. O recibo que certifica a quitação gera, em favor do devedor, a presunção relativa (*juris tantum*) do pagamento, de tal modo que, se, em momento posterior, o credor percebe que parte do pagamento ainda se encontra em aberto, poderá buscar a diferença, mas terá o ônus probatório de impugnar a quitação que emitira anteriormente" (STJ-3ª T., REsp 1.745.652, Min. Nancy Andrighi, j. 10.12.19, DJ 13.12.19).

Art. 320. A quitação,[1-1a] que sempre poderá ser dada por instrumento particular, designará o valor[1b] e a espécie da dívida quitada, o nome do devedor, ou quem por este pagou, o tempo e o lugar do pagamento, com a assinatura do credor, ou do seu representante.[2]

Parágrafo único. Ainda sem os requisitos estabelecidos neste artigo valerá a quitação, se de seus termos ou das circunstâncias resultar haver sido paga a dívida.

Art. 320: 1. s/ recebimento do pagamento pelo portador da quitação, v. art. 311; s/ registro da quitação de compra de automóvel no Registro de Títulos e Documentos, v. LRP 129-7º e notas; s/ cancelamento de hipoteca diante de quitação, v. LRP 251-I.

Art. 320: 1a. "A quitação regular, prevista no art. 940 do Código Civil de 1916, pode se dar de **forma tácita** se, por outros meios, for possível aferir se houve comportamento do credor compatível com a satisfação do débito. Os depósitos bancários, isoladamente considerados, não servem de prova de quitação de dívida" (STJ-3ª T., REsp 764.486-AgRg, Min. Ricardo Cueva, j. 7.3.13, DJ 13.3.13).

Art. 320: 1b. Qual a eficácia da quitação "plena e geral" no contexto de uma transação? v. art. 843, nota 2.

Art. 320: 2. s/ atos praticados sem poderes de representação, v. art. 662.

Art. 321. Nos débitos, cuja quitação consista na devolução do título,[1] perdido este, poderá o devedor exigir, retendo o pagamento, declaração do credor que inutilize o título desaparecido.

Art. 321: 1. v. art. 324.

Art. 322. Quando o pagamento for em quotas periódicas, a quitação da última estabelece, até prova em contrário, a presunção de estarem solvidas as anteriores.[1-2]

Art. 322: 1. s/ prova de pagamento de cota condominial, v. art. 1.336, nota 2.

Art. 322: 2. "Para a incidência do art. 322 do Código Civil (art. 943 do Código de 1916), as prestações periódicas devem ter origem em fato gerador uno. Se estiverem vinculadas a fatos geradores independentes e autônomos, a questão deve ser apreciada sob a perspectiva da imputação do pagamento, na forma prescrita nos arts. 352 a 355, do mesmo diploma legal" (STJ-3ª T., REsp 1.211.407, Min. João Otávio, j. 20.2.14, DJ 7.3.14).

Art. 323. Sendo a quitação do capital sem reserva dos juros, estes presumem-se pagos.[1 a 2]

Art. 323: 1. "O art. 323 do Código Civil é expresso quanto à presunção de adimplemento dos juros quando a quitação do débito é dada sem qualquer ressalva. Contudo, diverso é o entendimento no que tange à correção monetária, porquanto delimitada a abrangência da norma pelo legislador, não sendo possível estender a previsão do art. 323 do Código Civil, restrita aos juros moratórios" (STJ-2ª T., REsp 1.206.267, Min. Og Fernandes, j. 7.10.14, DJ 15.10.14). **Contra**, estendendo a presunção de pagamento para a correção monetária: STJ-2ª T., REsp 284.507, Min. Franciulli Netto, j. 6.11.01, um voto vencido, DJU 4.8.03.

Art. 323: 1a. v. art. 354.

Art. 323: 2. "O art. 323 do CC/02 aplica-se apenas aos pagamentos efetivados pelo devedor em cota única ou à última prestação dos pagamentos parcelados, situação em que a quitação do capital pelo credor, sem reserva dos juros, faz presumir terem estes sido pagos. Nos pagamentos parciais efetuados pelo devedor, vale a regra do art. 354 do CC/02, de modo que a quitação outorgada pelo credor, salvo estipulação em contrário, abrange apenas o valor recebido, o qual se imputará primeiro no abatimento dos juros e, havendo saldo, servirá para redução do principal" (STJ-3ª T., REsp 1.079.690-AgRg, Min. Nancy Andrighi, j. 3.8.10, dois votos vencidos, DJ 16.6.11).

Art. 324. A entrega do título ao devedor firma a presunção do pagamento.[1-2]

Parágrafo único. Ficará sem efeito a quitação assim operada se o credor provar, em sessenta dias, a falta do pagamento.

Art. 324: 1. v. arts. 901, 902 §§ 1º e 2º e 1.421.

Art. 324: 2. Trata-se de presunção *juris tantum*, em que se presume o pagamento sem quitação expressa. Mesmo que o título esteja com o devedor, é lícito ao credor provar que não houve o pagamento; estando o título com o credor, pode o devedor provar já ter pago o valor correspondente ou parte dele (STJ-4ª T., REsp 204.626, Min. Sálvio de Figueiredo, j. 20.2.03, DJU 24.3.03).

Art. 325. Presumem-se a cargo do devedor as despesas com o pagamento e a quitação;[1] se ocorrer aumento por fato do credor, suportará este a despesa acrescida.

Art. 325: 1. "Tratando-se de relação contratual empresarial, mediante a qual farmácias e drogarias adquirem os produtos por excelência do comércio que realizam e, para isso, utilizam determinado método de pagamento, dentre outros possíveis, a imputação, pela vendedora, dos **custos relativos aos boletos bancários** ao comprador, que assim escolhe a realização do pagamento por boleto bancário, é decorrência da liberdade de contratar, expressão da autonomia privada dos envolvidos, restringindo-se, sobremaneira, o espaço para que o Estado interfira na relação negocial travada e proíba prática que, ademais, é permitida pela legislação disciplinante. A prática de imputação das despesas com a emissão dos boletos ao comprador, segundo a recorrente, vinha, há muito, sendo levada a efeito junto aos varejistas — registre-se, há mais de 10 anos — revelando-se, pois, expressão das práticas comerciais atinentes à natureza do negócio celebrado entre as distribuidoras e as varejistas. Não viola a boa-fé objetiva ou atenta contra os bons costumes aquilo que a própria lei estabelece como o padrão de conduta a ser tomado em matéria de responsabilidade pelo pagamento de despesas com a quitação de obrigações, sendo expressão do costume do negócio levado a efeito pelos experts que dele participam" (STJ-3ª T., REsp 1.515.640, Min. Paulo Sanseverino, j. 19.9.17, DJ 3.10.17). No mesmo sentido: STJ-4ª T., REsp 1.580.446, Min. Luis Felipe, j. 23.2.21, DJ 25.3.21.

Art. 326. Se o pagamento se houver de fazer por medida, ou peso, entender--se-á, no silêncio das partes, que aceitaram os do lugar da execução.[1]

Art. 326: 1. s/ execução dos negócios jurídicos, v. art. 134.

Seção IV | DO LUGAR DO PAGAMENTO

Art. 327. Efetuar-se-á o pagamento no domicílio[1] do devedor,[2-2a] salvo se as partes convencionarem diversamente, ou se o contrário resultar da lei, da natureza da obrigação ou das circunstâncias.[3 a 3b]

Parágrafo único. Designados dois ou mais lugares, cabe ao credor escolher entre eles.

Art. 327: 1. v. arts. 70 a 78.

Art. 327: 2. v. art. 335-II.

Art. 327: 2a. "Inércia do credor que afasta a mora do devedor, ainda que a dívida estivesse vencida no termo, porque imprescindível prévia diligência do credor para constituição do devedor em mora. Na dívida quesível não é necessária a oferta do devedor, pois deve ele aguardar a presença de cobrança do credor, só lhe sendo exigido que esteja pronto para pagar quando provocado pelo credor" (STJ-3ª T., REsp 363.614, Min. Nancy Andrighi, j. 26.2.02, DJU 22.4.02).

Art. 327: 3. s/ lugar do pagamento em matéria de: venda sobre documentos, v. art. 530; depósito, v. art. 631; título de crédito, v. art. 889 § 2º.

Art. 327: 3a. CTN 159: "Quando a legislação tributária não dispuser a respeito, o pagamento é efetuado na repartição competente do domicílio do sujeito passivo".

Art. 327: 3b. Destarte, o pagamento é em regra quesível (a ser feito no domicílio do devedor), podendo excepcionalmente ser portável (a ser feito no domicílio do credor).

Art. 328. Se o pagamento consistir na tradição de um imóvel, ou em prestações relativas a imóvel, far-se-á no lugar onde situado o bem.[1]

Art. 328: 1. v. art. 341.

Art. 329. Ocorrendo motivo grave para que se não efetue o pagamento no lugar determinado, poderá o devedor fazê-lo em outro, sem prejuízo para o credor.

Art. 330. O pagamento reiteradamente feito em outro local faz presumir renúncia do credor relativamente ao previsto no contrato.

Seção V | DO TEMPO DO PAGAMENTO[1]

SEÇ. V: 1. s/ pagamento antecipado, v. CDC 52 § 2º e Dec. 22.626, de 7.4.33, art. 7º, no tít. MÚTUO; s/ pagamento na venda sobre documento, v. art. 530.

Art. 331. Salvo disposição legal em contrário, não tendo sido ajustada época para o pagamento, pode o credor exigi-lo imediatamente.[1 a 3]

Art. 331: 1. v. art. 134. A disposição se completa com a 2ª parte do art. 397 § ún.

Em matéria de venda sobre documentos, v. art. 530; mútuo, v. arts. 592-II e 889 § 1º.

Art. 331: 1a. CTN 160: "Quando a legislação tributária não fixar o tempo do pagamento, o vencimento do crédito ocorre trinta dias depois da data em que se considera o sujeito passivo notificado do lançamento".

Art. 331: 2. "A estipulação do tempo de pagamento como sendo a colheita de um produto agrícola caracteriza obrigação a termo incerto, na medida em que a ocorrência do evento, apesar de cabal, não tem data exata para acontecer. Nessa circunstância, incide a regra dos arts. 127 e 952 do CC/16 (cuja essência foi mantida nos arts. 134 e 331 do CC/02), os quais autorizam que seja a dívida cobrada de imediato, mas que hão de ser interpretados com temperamento, concedendo-se ao devedor prazo compatível com a espécie de obrigação exigida" (STJ-3ª T., REsp 1.115.754, Min. Nancy Andrighi, j. 12.4.11, DJ 9.8.11).

Art. 331: 3. "O estabelecimento, em confissão de dívida, de cláusula que determina que o vencimento da obrigação se dará por acordo entre as partes deve ser reputada sem efeito, porquanto consubstancia condição puramente potestativa. Reputada inexistente a disposição que regula o vencimento, a dívida deve ser considerada, nos termos do art. 331 do CC/02, passível de ser exigida à vista. Para cobrança de dívidas à vista, basta ao credor que notifique o devedor para constituí-lo em mora, nos expressos termos do art. 397, § ún., do CC/02" (STJ-3ª T., REsp 1.284.179, Min. Nancy Andrighi, j. 4.10.11, DJ 17.10.11).

Art. 332. As obrigações condicionais[1] cumprem-se na data do implemento da condição,[2] cabendo ao credor a prova de que deste teve ciência o devedor.

Art. 332: 1. s/ obrigação condicional solidária, v. art. 266. V. tb. arts. 121 e segs.

Art. 332: 2. suspensiva. Quanto às condições resolutivas, com o seu implemento cessa a obrigação.

Art. 333. Ao credor assistirá o direito de cobrar a dívida antes de vencido o prazo estipulado no contrato ou marcado neste Código:[1 a 2a]

I — no caso de falência do devedor, ou de concurso de credores;[3]

II — se os bens, hipotecados ou empenhados,[3a] forem penhorados em execução por outro credor;

III — se cessarem, ou se se tornarem insuficientes, as garantias do débito, fidejussórias, ou reais, e o devedor, intimado, se negar a reforçá-las.

Parágrafo único. Nos casos deste artigo, se houver, no débito, solidariedade passiva,[4] não se reputará vencido quanto aos outros devedores solventes.

Art. 333: 1. v. tb. art. 1.425.

A insolvência (CPC/73 art. 751-I) e a liquidação extrajudicial de entidade financeira (Lei 6.024, de 13.3.74, art. 18-b, em Lex 1974/648, RDA 117/460, RF 246/464) produzem o vencimento antecipado dos débitos do falido, do concordatário, do insolvente ou da liquidanda.

Art. 333: 2. v. art. 939, para o caso de ser demandado o devedor, antes de vencida a dívida.

Art. 333: 2a. s/ exceção de contrato não cumprido, v. arts. 476 e 477; s/ garantia de restituição pelo mutuário, v. art. 590.

Art. 333: 3. s/ concurso de credores, v. CPC 908 e 909.

Art. 333: 3a. s/ vencimento antecipado do crédito pignoratício, v. art. 1.465.

Art. 333: 4. v. arts. 275 a 285.

Capítulo II | DO PAGAMENTO EM CONSIGNAÇÃO[1-2]

CAP. II: 1. v., no CPCLPV, CPC 539 a 549, bem como suas respectivas notas.

CAP. II: 2. s/ consignação em pagamento de aluguéis e acessórios da locação, v. LI 24 e 67.

Art. 334. Considera-se pagamento, e extingue a obrigação, o depósito judicial ou em estabelecimento bancário da coisa devida, nos casos e forma legais.

Art. 335. A consignação tem lugar:

I — se o credor não puder, ou, sem justa causa, recusar receber o pagamento, ou dar quitação[1] na devida forma;

II — se o credor não for, nem mandar receber a coisa[2] no lugar,[3] tempo[3a] e condição devidos;

III — se o credor for incapaz de receber, for desconhecido, declarado ausente,[4] ou residir em lugar incerto ou de acesso perigoso ou difícil;

IV — se ocorrer dúvida sobre quem deva legitimamente receber o objeto do pagamento;[5]

V — se pender litígio sobre o objeto do pagamento.[6]

Art. 335: 1. v. arts. 320 a 325.

Art. 335: 2. v. art. 635.

Art. 335: 3. v. arts. 327 a 330.

Art. 335: 3a. v. arts. 331 a 333.

Art. 335: 4. Na verdade, se apenas estiver ausente; porque, se já houver declaração judicial de ausência, o curador receberá por ele. S/ ausência, v. arts. 22 a 39.

Art. 335: 5. v. CPC 548.

Art. 335: 6. v. arts. 344 e 345.

Art. 336. Para que a consignação tenha força de pagamento, será mister concorram, em relação às pessoas,[1] ao objeto,[2-2a] modo[3] e tempo,[4] todos os requisitos sem os quais não é válido o pagamento.

Art. 336: 1. v. arts. 304 a 312.

Art. 336: 2. v. arts. 313 a 318.

Art. 336: 2a. "A consignação exige que o depósito judicial compreenda o mesmo objeto que seria preciso prestar, para que o pagamento possa extinguir a obrigação, pois 'o credor não é obrigado a receber a prestação diversa da que lhe é devida, ainda que mais valiosa' (art. 313 do NCC)" (STJ-4ª T., REsp 1.194.264, Min. Luis Felipe, j. 1.3.11, DJ 4.3.11).

Art. 336: 3. v. arts. 327 a 330.

Art. 336: 4. v. arts. 331 a 333.

Art. 337. O depósito requerer-se-á no lugar do pagamento,[1] cessando, tanto que se efetue, para o depositante, os juros da dívida e os riscos, salvo se for julgado improcedente.

Art. 337: 1. v. arts. 327 a 330, CPC 540.

Art. 338. Enquanto o credor não declarar que aceita o depósito, ou não o impugnar, poderá o devedor requerer o levantamento, pagando as respectivas despesas, e subsistindo a obrigação para todas as consequências de direito.

Art. 339. Julgado procedente o depósito, o devedor já não poderá levantá-lo, embora o credor consinta, senão de acordo com os outros devedores e fiadores.

Art. 340. O credor que, depois de contestar a lide ou aceitar o depósito, aquiescer no levantamento, perderá a preferência e a garantia que lhe competiam com respeito à coisa consignada, ficando para logo desobrigados os codevedores e fiadores que não tenham anuído.

Art. 341. Se a coisa devida for imóvel ou corpo certo que deva ser entregue no mesmo lugar onde está,[1] poderá o devedor citar o credor para vir ou mandar recebê-la,[2] sob pena de ser depositada.

Art. 341: 1. v. art. 328.
Art. 341: 2. v. art. 335-II.

Art. 342. Se a escolha da coisa indeterminada competir ao credor,[1] será ele citado para esse fim, sob cominação de perder o direito e de ser depositada a coisa que o devedor escolher;[2] feita a escolha pelo devedor, proceder-se-á como no artigo antecedente.

Art. 342: 1. v. arts. 244 e 255.
Art. 342: 2. v. CPC 543.

Art. 343. As despesas com o depósito, quando julgado procedente, correrão à conta do credor, e, no caso contrário, à conta do devedor.[1]

Art. 343: 1. v. CPC 546.

Art. 344. O devedor de obrigação litigiosa exonerar-se-á mediante consignação,[1] mas, se pagar a qualquer dos pretendidos credores, tendo conhecimento do litígio, assumirá o risco do pagamento.

Art. 344: 1. v. art. 335-V.

Art. 345. Se a dívida se vencer, pendendo litígio entre credores que se pretendem mutuamente excluir, poderá qualquer deles requerer a consignação.

Capítulo III | DO PAGAMENTO COM SUB-ROGAÇÃO

Art. 346. A sub-rogação opera-se, de pleno direito, em favor:[1-2]
I — do credor que paga a dívida do devedor comum;[2a]
II — do adquirente do imóvel hipotecado, que paga a credor hipotecário,[3] bem como do terceiro que efetiva o pagamento para não ser privado de direito sobre imóvel;[3a]
III — do terceiro interessado,[4-4a] que paga a dívida pela qual era ou podia ser obrigado, no todo ou em parte.

Art. 346: 1. s/ sub-rogação em matéria de: obrigação indivisível, v. art. 259 § ún.; obrigação solidária, v. art. 283; seguro, v. arts. 786 (seguro de dano) e 800 (seguro de pessoa); fiança, v. art. 831; relação de consumo, v. CDC 13 § ún.; relação cambial, v. LCa 40 § ún.

Art. 346: 2. "Alimentos. Inadimplemento. Alimentos devidos pelo pai. Suprimento pela genitora. Sub-rogação inexistente. Gestão de negócios. Se o pai se esquivou do dever de prestar alimentos constituídos por título judicial, onerando a genitora no sustento dos filhos, não é a execução de alimentos devidos o meio apropriado para que ela busque o reembolso das despesas efetuadas, devendo fazê-lo por meio de ação própria fundada no direito comum" (STJ-3ª T., REsp 1.197.778, Min. João Otávio, j. 25.3.14, DJ 1.4.14).

V. tb. arts. 305, nota 2, e 871, nota 3.

Art. 346: 2a. v. art. 304.

Art. 346: 3. v. art. 1.481.

Art. 346: 3a. "Na hipótese em que o próprio adquirente do imóvel afasta a evicção mediante a quitação da **dívida de terceiro,** cabe-lhe mover ação de indenização contra o alienante, responsável por salvaguardá-lo dos efeitos de uma possível evicção. Não se mostra adequada a propositura de ação regressiva fundada no instituto da sub-rogação (art. 346, II, segunda parte, do Código Civil) se o alienante não era o responsável pelo pagamento da dívida adimplida pelo adquirente do imóvel, haja vista que a sub-rogação, a despeito de transferir ao novo credor todos os direitos, ações, privilégios e garantias do credor primitivo, produz tais efeitos somente contra o devedor principal e os fiadores. Os pressupostos para o reconhecimento do direito de regresso em favor do terceiro que efetiva o pagamento de determinada dívida para não ser privado de direito sobre imóvel são substancialmente distintos daqueles necessários para se reconhecer o dever de indenizar, que pressupõe a existência de dano, culpa e nexo causal" (STJ-3ª T., REsp 1.907.398, Min. Ricardo Cueva, j. 13.4.21, DJ 16.4.21).

Art. 346: 4. No caso de alienação fiduciária, o terceiro não precisa ser interessado (v. art. 1.368).

Art. 346: 4a. s/ o pagamento por terceiro não interessado, v. art. 305.

Art. 347. A sub-rogação é convencional:[1]

I — quando o credor recebe o pagamento de terceiro e expressamente lhe transfere todos os seus direitos;[2-3]

II — quando terceira pessoa empresta ao devedor a quantia precisa para solver a dívida, sob a condição expressa de ficar o mutuante sub-rogado nos direitos do credor satisfeito.

Art. 347: 1. v. LRP 129-*caput* e item 9º.

Art. 347: 2. v. art. 348.

Art. 347: 3. "A sub-rogação convencional, nos termos do art. 347, I, do CC, pode se dar quando o credor recebe o pagamento de terceiro e expressamente lhe transfere todos os seus direitos. Na hipótese, a **oficina** apenas prestou **serviços de mecânica** automotora em bem do **segurado,** ou seja, não pagou nenhuma dívida dele para se sub-rogar em seus direitos" (STJ-3ª T., REsp 1.336.781, Min. Ricardo Cueva, j. 2.10.18, DJ 8.10.18).

V. tb. art. 286, nota 6.

Art. 348. Na hipótese do inciso I do artigo antecedente, vigorará o disposto quanto à cessão do crédito.[1]

Art. 348: 1. v. arts. 286 a 298.

Art. 349. A sub-rogação transfere ao novo credor todos os direitos, ações, privilégios e garantias do primitivo, em relação à dívida, contra o devedor principal e os fiadores.[1 a 3]

Art. 349: 1. Súmula 188 do STF: "O segurador tem ação regressiva contra o causador do dano, pelo que efetivamente pagou, até ao limite previsto no contrato de seguro".

Assim, tendo a seguradora pago ao segurado o valor do veículo roubado nas dependências da oficina encarregada de repará-lo, pode ela pleitear em face desta aquele valor, apoiada na falta de cuidado com a guarda da coisa, que gerou o dano em questão (RT 869/358). No mesmo sentido, em caso de veículo roubado nas dependências de estacionamento: STJ-3ª T., REsp 976.531, Min. Nancy Andrighi, j. 23.2.10, DJ 8.3.10.

Súmula 257 do STF: "São cabíveis honorários de advogado na ação regressiva do segurador contra o causador do dano".

Art. 349: 2. O avalista que paga a dívida se sub-roga nos direitos e ações do primitivo credor. Daí por que, em matéria de fraude, a data a ser considerada para verificar a lisura da alienação de bem do devedor é a do vencimento da nota promissória, e não a do pagamento do débito pelo avalista (STJ-3ª T., REsp 139.093, Min. Ari Pargendler, j. 10.4.01, DJU 28.5.01).

Art. 349: 3. "Ação ressarcitória promovida por ex-sócio contra os sócios cessionários de suas quotas, em virtude do pagamento pelo débito trabalhista devido pela sociedade empresarial, cuja execução lhe foi redirecionada no bojo de incidente de desconsideração da personalidade jurídica da empresa reclamada. Sub-rogação. Demanda regressiva. Manutenção dos mesmos elementos da obrigação originária, inclusive o **prazo prescricional**. Art. 349 do Código Civil. Prescrição bienal (art. 7º, XXIX, da Constituição Federal e art. 11 da Consolidação das Leis Trabalhistas). Ocorrência" (STJ-3ª T., REsp 1.707.790, Min. Marco Bellizze, j. 14.12.21, DJ 17.12.21).

Em matéria de: transporte de coisas, v. art. 754, nota 6; seguro, v. art. 786, nota 2b; de fiança, v. art. 831, nota 1a.

Art. 350. Na sub-rogação legal[1] o sub-rogado não poderá exercer os direitos e as ações do credor, senão até à soma que tiver desembolsado para desobrigar o devedor.[2]

Art. 350: 1. v. art. 346.

Art. 350: 2. O valor desembolsado nem sempre corresponde ao valor do crédito do credor original.

Art. 351. O credor originário, só em parte reembolsado, terá preferência ao sub-rogado, na cobrança da dívida restante, se os bens do devedor não chegarem para saldar inteiramente o que a um e outro dever.

Capítulo IV | DA IMPUTAÇÃO DO PAGAMENTO

Art. 352. A pessoa obrigada, por dois ou mais débitos da mesma natureza,[1] a um só credor, tem o direito de indicar[2] a qual deles oferece pagamento, se todos forem líquidos e vencidos.[3-4]

Art. 352: 1. v. art. 379 (compensação).

Art. 352: 2. v. arts. 322 e notas e 355.

Art. 352: 3. CTN 163: "Existindo simultaneamente dois ou mais débitos vencidos do mesmo sujeito passivo para com a mesma pessoa jurídica de direito público, relativos ao mesmo ou a diferentes tributos ou provenientes de penalidade pecuniária ou juros de mora, a autoridade administrativa competente para receber o pagamento determinará a respectiva imputação, obedecidas as seguintes regras, na ordem em que enumeradas: I — em primeiro lugar, aos débitos por obrigação própria, e em segundo lugar aos decorrentes de responsabilidade tributária; II — primeiramente, às contribuições de melhoria, depois às taxas e por fim aos impostos; III — na ordem crescente dos prazos de prescrição; IV — na ordem decrescente dos montantes".

Art. 352: 4. "Pode o credor recusar a última prestação periódica, estando em débito parcelas anteriores, uma vez que, ao aceitar, estaria assumindo o ônus de desfazer a presunção *juris tantum* prevista no art. 943 do Código Civil, atraindo para si o ônus da prova. Em outras palavras, a imputação do pagamento, pelo devedor, na última parcela, antes de oferecidas as anteriores, devidas e vencidas, prejudica o interesse do credor, tornando-se legítima a recusa no recebimento da prestação" (RSTJ 136/377: 4ª T., REsp 225.435, um voto vencido). O art. 943 do CC rev. corresponde ao CC 322.

Art. 353. Não tendo o devedor declarado em qual das dívidas líquidas e vencidas quer imputar o pagamento, se aceitar a quitação de uma delas, não terá direito a reclamar contra a imputação feita pelo credor, salvo provando haver ele cometido violência ou dolo.[1]

Art. 353: 1. s/ dolo, v. arts. 145 a 150.

Art. 354. Havendo capital e juros,[1] o pagamento imputar-se-á primeiro nos juros vencidos, e depois no capital, salvo estipulação em contrário, ou se o credor passar a quitação por conta do capital.[1a a 4]

Art. 354: 1. v. arts. 406 e 407.

Art. 354: 1a. v. art. 323, nota 2.

Art. 354: 2. Súmula 464 do STJ: "A regra de imputação de pagamentos estabelecida no art. 354 do Código Civil não se aplica às hipóteses de compensação tributária".

Art. 354: 3. "Salvo disposição contratual em sentido diferente, aplica-se aos contratos celebrados no âmbito do Sistema Financeiro da Habitação a regra de imputação prevista no art. 354 do Código Civil de 2002, que reproduz o art. 993 do Código Civil de 1916 e foi adotada pela RD BNH 81/1969" (STJ-Corte Especial, REsp 1.194.402, Min. Teori Zavascki, j. 21.9.11, DJ 14.10.11).

Art. 354: 4. "Esta Corte tem entendimento de que a regra de imputação de pagamento prevista no art. 354 do CC não deve incidir nas dívidas da Fazenda Pública, salvo nos casos de conta destinada à expedição de precatório complementar para pagamento de valor que, devido à existência de erro material na primeira conta, não foi paga em sua integralidade, o que não é o caso dos autos" (STJ-1ª T., Ag em REsp 244.174-AgRg, Min. Benedito Gonçalves, j. 7.3.13, DJ 13.3.13). "A regra da imputação do pagamento prevista no art. 354 do Código Civil, conforme entendimento desta Corte, tem incidência apenas nos casos de conta destinada à expedição de precatório complementar para adimplemento de valor pago a menor, devido a ocorrência de erro material na primeira conta. Quanto aos precatórios complementares destinados ao pagamento de diferenças apuradas no período em que o valor do crédito permanecia sem qualquer atualização monetária (período anterior à EC 30/00), não há incidência do dispositivo em questão" (STJ-2ª T., Ag em REsp 219.148-AgRg, Min. Humberto Martins, j. 16.10.12, DJ 24.10.12). No mesmo sentido: STJ-6ª T., REsp 1.147.996-AgRg, Min. Marilza Maynard, j. 27.3.14, DJ 14.4.14; STJ-5ª T., REsp 1.162.747-AgRg, Min. Jorge Mussi, j. 8.4.14, DJ 25.4.14.

Art. 355. Se o devedor não fizer a indicação do art. 352, e a quitação for omissa quanto à imputação, esta se fará nas dívidas líquidas e vencidas em primeiro lugar. Se as dívidas forem todas líquidas e vencidas ao mesmo tempo, a imputação far-se-á na mais onerosa.

Capítulo V | DA DAÇÃO EM PAGAMENTO[1-1A]

CAP. V: 1. "Dação em cumprimento", por Moacir Adiers (RDPr 31/214).

CAP. V: 1a. v. LRP 129-*caput* e item 9º. V. tb. LRF 50-IX.

Art. 356. O credor pode[1] consentir em receber prestação diversa da que lhe é devida.[2-3]

Art. 356: 1. mas não está obrigado a tanto (art. 313).

Art. 356: 2. v. art. 838-III.

Art. 356: 3. "Para configuração da dação em pagamento, exige-se uma obrigação previamente criada; um acordo posterior, em que o credor concorda em aceitar coisa diversa daquela anteriormente contratada e, por fim, a entrega da coisa distinta com a finalidade de extinguir a obrigação. A exigência de anuência expressa do credor, para fins de dação em pagamento, traduz, *ultima ratio*, garantia de segurança jurídica para os envolvidos no negócio jurídico, porque, de um lado, dá ao credor a possibilidade de avaliar, a conveniência ou não, de receber bem diverso do que originalmente contratado. E, por outro lado, assegura ao devedor, mediante recibo, nos termos do que dispõe o art. 320 do Código Civil, a quitação da dívida" (STJ-3ª T., REsp 1.138.993, Min. Massami Uyeda, j. 3.3.11, DJ 16.3.11).

Art. 357. Determinado o preço da coisa dada em pagamento, as relações entre as partes regular-se-ão pelas normas do contrato de compra e venda.[1-2]

Art. 357: 1. v. arts. 481 a 532.

Art. 357: 2. "**Não demanda instrumento público** a avença pela qual as partes se compõem no sentido de extinguir a dívida existente mediante a dação em pagamento de bem imóvel. A efetiva transmissão da propriedade demandará a forma pública" (STJ-3ª T., REsp 1.529.742, Min. Moura Ribeiro, j. 15.3.16, DJ 28.3.16).

Art. 358. Se for título de crédito¹ a coisa dada em pagamento, a transferência importará em cessão.²

Art. 358: 1. v. arts. 887 a 926.

Art. 358: 2. v. arts. 286 a 298.

Art. 359. Se o credor for evicto¹ da coisa recebida em pagamento, restabelecer-se-á a obrigação primitiva,² ficando sem efeito a quitação dada, ressalvados os direitos de terceiros.

Art. 359: 1. v. arts. 447 a 457.

Art. 359: 2. não, porém, a fiança (v. art. 838-III).

Capítulo VI | DA NOVAÇÃO¹⁻²

CAP. VI: 1. "A novação e o Código Civil de 2002", por Maurício Giannico e Alexandre Paulichi Chiovitti (RIDCPC 54/7).

CAP. VI: 2. LRF 50: "Constituem meios de recuperação judicial, observada a legislação pertinente a cada caso, dentre outros: ... IX — dação em pagamento ou novação de dívidas do passivo, com ou sem constituição de garantia própria ou de terceiro".

LRF 59: "O plano de recuperação judicial implica novação dos créditos anteriores ao pedido, e obriga o devedor e todos os credores a ele sujeitos, sem prejuízo das garantias, observado o disposto no § 1º do art. 50 desta Lei".

Art. 360. Dá-se a novação:¹⁻¹ᵃ

I — quando o devedor contrai com o credor nova dívida para extinguir e substituir a anterior;²

II — quando novo devedor sucede ao antigo, ficando este quite com o credor;

III — quando, em virtude de obrigação nova, outro credor é substituído ao antigo, ficando o devedor quite com este.

Art. 360: 1. É objetiva a novação quando as partes permanecem as mesmas, mas o objeto da obrigação é alterado, ensejando a constituição de nova dívida e a extinção da obrigação primitiva (inc. I). É subjetiva quando há alteração no sujeito passivo (inc. II) ou ativo (inc. III) da obrigação.

A novação subjetiva passiva pode-se dar por duas maneiras: por delegação ou por expromissão. Esta se diferencia daquela basicamente por não exigir o consentimento do primitivo devedor (v. art. 362).

A novação pode também ser *mista*, caso tanto os sujeitos como o objeto da obrigação sejam alterados.

Art. 360: 1a. v. art. 361.

Art. 360: 2. Súmula 286 do STJ: "A renegociação de contrato bancário ou a confissão da dívida não impede a possibilidade de discussão sobre eventuais ilegalidades dos contratos anteriores".

"É possível a revisão judicial dos contratos extintos pela novação ou pela quitação" (STJ-3ª T., REsp 455.855, Min. Nancy Andrighi, j. 14.2.06, um voto vencido, DJU 19.6.06). No mesmo sentido: STJ-1ª T., REsp 947.587, Min. Teori Zavascki, j. 18.12.08, DJ 4.2.09.

"A revisão de contratos extintos pela novação é cabível até mesmo em sede de embargos à execução" (STJ-4ª T., REsp 908.879, Min. João Otávio, j. 6.4.10, DJ 19.4.10).

Todavia: "O contrato renegociado que traz, em seu bojo, inovações substanciais no campo da livre vontade das partes, não permite a revisão de cláusulas contratuais do contrato anterior, por representar, efetivamente, um novo pacto, refugindo da hipótese da Súmula n. 286 do STJ" (STJ-4ª T., AI 590.377-AgRg, Min. Aldir Passarinho Jr., j. 7.12.04, DJU 28.3.05).

V. tb. nota 3 ao Cap. I que antecede o art. 304.

Art. 361. Não havendo ânimo de novar, expresso ou tácito mas inequívoco, a segunda obrigação confirma simplesmente a primeira.¹

Art. 361: 1. "O acordo extrajudicial firmado entre credor e devedor principal para mera prorrogação do pagamento da dívida não implica novação, de sorte que a obrigação do avalista do título permanece hígida" (STJ-RT 844/188: 4ª T., REsp 302.134). Em sentido semelhante: RMDECC 51/126 (TJDFT, AP 2012.01.1.187389-8).

"Existência de acordo para pagamento parcelado de dívida executada. Fato que não caracteriza a novação visto que o devedor não contraiu com o credor nova dívida, para extinguir e substituir a anterior. Inexistência, ademais, de comprovação inequívoca sobre a efetiva intenção do credor de novar a dívida cobrada" (JTA 157/126). No mesmo sentido: RT 748/220 e JTA 162/39.

Realizado acordo no qual se concedia desconto para o pagamento da dívida em determinadas condições e descumpridos os termos da transação pelo devedor, o débito subsiste nas suas bases originais, inclusive por haver disposição contratual expressa nesse sentido, de modo que não se cogita de novação nessas condições, dada a falta de *animus novandi* (RT 866/261).

S/ novação e extinção de fiança em matéria de locação, v., no CPCLPV, LI 37, nota 3a.

Art. 362. A novação por substituição do devedor pode ser efetuada independentemente de consentimento deste.¹

Art. 362: 1. Este é o caso de novação subjetiva passiva por *expromissão liberatória*, pois há a liberação do primitivo devedor e, portanto, novação. Isso justifica a necessidade de haver a concordância do credor para que ela ocorra, diferentemente da situação em que tanto o devedor primitivo como o expromissor permanecem obrigados (expromissão cumulativa).

Art. 363. Se o novo devedor for insolvente,¹ não tem o credor, que o aceitou, ação regressiva contra o primeiro, salvo se este obteve por má-fé² a substituição.

Art. 363: 1. v. art. 955 e CPC/73 art. 748.

Art. 363: 2. O conhecimento pelo devedor original do estado de insolvência do substituto e a omissão desse estado ao credor configuram má-fé.

Art. 364. A novação extingue os acessórios¹ e garantias da dívida,² sempre que não houver estipulação em contrário. Não aproveitará, contudo, ao credor ressalvar o penhor, a hipoteca ou a anticrese, se os bens dados em garantia pertencerem a terceiro que não foi parte na novação.

Art. 364: 1. v. art. 92.

Art. 364: 2. ao contrário do que ocorre com a cessão de crédito (cf. art. 287).

Art. 365. Operada a novação entre o credor e um dos devedores solidários,¹ somente sobre os bens do que contrair a nova obrigação subsistem as preferências e garantias do crédito novado. Os outros devedores solidários ficam por esse fato exonerados.

Art. 365: 1. v. arts. 275 a 285.

Art. 366. Importa exoneração do fiador¹ a novação feita sem seu consenso com o devedor principal.

Art. 366: 1. v. art. 838. V. tb., no CPCLPV, LI 37, notas 2a (Súmula 214 do STJ), 3a e 3b.

Art. 367. Salvo as obrigações simplesmente anuláveis,[1] não podem ser objeto de novação obrigações nulas[2] ou extintas.

Art. 367: 1. v. art. 171.
Art. 367: 2. v. art. 166.

Capítulo VII | DA COMPENSAÇÃO[1 a 3]

CAP. VII: 1. "A compensação em perspectiva histórico-comparativa", por Flávio Henrique Silva Ferreira (RDPr 20/103).

CAP. VII: 2. s/ compensação em: impugnação ao cumprimento de sentença, v. CPC 525 § 1º-VII; embargos à execução contra a fazenda pública, v. CPC 535-VI.

CAP. VII: 3. CTN 170: "A lei pode, nas condições e sob as garantias que estipular, ou cuja estipulação em cada caso atribuir à autoridade administrativa, autorizar a compensação de créditos tributários com créditos líquidos e certos, vencidos ou vincendos, do sujeito passivo contra a Fazenda pública. **Parágrafo único.** Sendo vincendo o crédito do sujeito passivo, a lei determinará, para os efeitos deste artigo, a apuração do seu montante, não podendo, porém, cominar redução maior que a correspondente ao juro de 1% (um por cento) ao mês pelo tempo a decorrer entre a data da compensação e a do vencimento".

CTN 170-A: "É vedada a compensação mediante o aproveitamento de tributo, objeto de contestação judicial pelo sujeito passivo, antes do trânsito em julgado da respectiva decisão judicial".

Art. 368. Se duas pessoas forem ao mesmo tempo credor e devedor uma da outra, as duas obrigações extinguem-se, até onde se compensarem.[1]

Art. 368: 1. s/ compensação, v. tb. arts. 262 § ún. (pluralidade de credores), 606-*caput* (prestação de serviço qualitativamente diferente), 638 (restituição do depósito), 669 (prejuízos causados pelo mandatário), 698 (comissário e cláusula *del credere*), 1.221 (posse, benfeitoria e dano), 1.396 § ún. (frutos naturais e cessação do usufruto), 1.435-I (credor pignoratício e prejuízos à coisa), 1.506-*caput* (anticrese), 1.707 (alimentos) e 1.919 (legado ao credor).

Art. 369. A compensação efetua-se entre dívidas líquidas, vencidas[1-2] e de coisas fungíveis.[3]

Art. 369: 1. v. art. 372 (prazos de favor).

S/ compensação de crédito tributário com crédito vincendo, v. CTN 170.

Art. 369: 2. "A compensação é direito potestativo extintivo e, no direito brasileiro, opera por força de lei no momento da coexistência das dívidas. Para que as dívidas sejam compensáveis, elas devem ser exigíveis. Sendo assim, as obrigações naturais e as **dívidas prescritas** não são compensáveis. Todavia, a prescrição somente obstará a compensação se ela for anterior ao momento da coexistência das dívidas. Ademais, se o crédito do qual é titular a parte contrária estiver prescrito, é possível que o devedor, o qual também ocupa a posição de credor, desconte de seu crédito o montante correspondente à dívida prescrita. Ou seja, nada impede que a parte que se beneficia da prescrição realize, espontaneamente, a compensação. Por essa razão, ainda que reconhecida a prescrição pelo Tribunal local, uma vez que a compensação foi realizada voluntariamente pela recorrida (exequente/embargada), não há óbice para que a perícia averigue se a compensação ensejou a quitação parcial ou total do débito decorrente do contrato de financiamento imobiliário" (STJ-3ª T., REsp 1.969.468, Min. Nancy Andrighi, j. 22.2.22, DJ 24.2.22).

Art. 369: 3. v. art. 85.

Art. 370. Embora sejam do mesmo gênero as coisas fungíveis, objeto das duas prestações, não se compensarão, verificando-se que diferem na qualidade, quando especificada no contrato.

Art. 371. O devedor somente pode compensar com o credor o que este lhe dever; mas o fiador pode compensar sua dívida com a de seu credor ao afiançado.¹

Art. 371: 1. salvo o disposto no art. 828-II.

Art. 372. Os prazos de favor, embora consagrados pelo uso geral, não obstam a compensação.¹

Art. 372: 1. A extensão graciosa do prazo não atrapalha a caracterização do vencimento da dívida (art. 369) para fins de compensação.

Art. 373. A diferença de causa nas dívidas não impede a compensação, exceto:
I — se provier de esbulho,¹ furto¹ᵃ ou roubo;¹ᵇ
II — se uma se originar de comodato,² depósito³ ou alimentos;⁴⁻⁴ᵃ
III — se uma for de coisa não suscetível de penhora.⁵⁻⁶

Art. 373: 1. v. art. 1.210.

Art. 373: 1a. v. CP 155.

Art. 373: 1b. v. CP 157.

Art. 373: 2. v. arts. 579 a 585.

Art. 373: 3. v. arts. 627 a 652 (especialmente art. 638).

Art. 373: 4. v. arts. 1.694 a 1.710 (especialmente o art. 1.707) e tít. ALIMENTOS.

Art. 373: 4a. "Execução de alimentos. Decisão que deferiu compensação de dívida de alimentos com outra proveniente de ação de prestação de contas relativa à locação e administração de imóveis. Inadmissibilidade da compensação da dívida de alimentos com dívida de natureza diversa. Literalidade do art. 373, inciso II, c.c. art. 1.707, 2ª parte. Admitida exceção apenas quando da compensação entre dívidas alimentares" (RT 876/207: TJSP, AI 577.591-4/4-00).

Art. 373: 5. v. CPC 833 (bens impenhoráveis).

Art. 373: 6. "O crédito que o apelante pretende compensar é oriundo de verbas rescisórias de contrato de trabalho, com natureza salarial, e o art. 373, III, do CC/2002, veda expressamente a compensação de dívidas se uma delas não for suscetível de penhora" (RT 876/207: TJPE, AP 0040134-3).

Art. 374. ....¹

Art. 374: 1. A Med. Prov. 75, de 24.10.02, revogou o art. 374 do CC, mas foi **rejeitada**, em 18.12.02, pela Câmara dos Deputados. Em seguida, a **Med. Prov. 104, de 9.1.03** (DOU 10.1.03), **revogou** novamente o art. 374 do CC e foi convertida na **Lei 10.677, de 22.5.03**. Eis a redação do art. 374: "A matéria da compensação, no que concerne às dívidas fiscais e parafiscais, é regida pelo disposto neste capítulo".

Art. 375. Não haverá compensação quando as partes, por mútuo acordo, a excluírem, ou no caso de renúncia¹⁻¹ᵃ prévia de uma delas.

Art. 375: 1. v. arts. 385 a 388.

Art. 375: 1a. v. art. 114.

Art. 376. Obrigando-se por terceiro uma pessoa, não pode compensar essa dívida com a que o credor dele lhe dever.¹

Art. 376: 1. Assim, a dívida contraída pelo mandatário em nome do mandante não pode ser compensada com outra que o credor da primeira tenha para com aquele.

Art. 377. O devedor que, notificado, nada opõe à cessão que o credor faz a terceiros dos seus direitos, não pode opor ao cessionário a compensação, que antes da cessão teria podido opor ao cedente. Se, porém, a cessão lhe não tiver sido notificada, poderá opor ao cessionário compensação do crédito que antes tinha contra o cedente.¹

Art. 377: 1. v. arts. 290 e 294.

Art. 378. Quando as duas dívidas não são pagáveis no mesmo lugar,¹ não se podem compensar sem dedução das despesas² necessárias à operação.

Art. 378: 1. v. arts. 327 a 330.
Art. 378: 2. v. art. 325.

Art. 379. Sendo a mesma pessoa obrigada por várias dívidas compensáveis, serão observadas, no compensá-las, as regras estabelecidas quanto à imputação do pagamento.¹

Art. 379: 1. v. arts. 352 a 355.

Art. 380. Não se admite a compensação em prejuízo de direito de terceiro. O devedor que se torne credor do seu credor, depois de penhorado o crédito¹ deste, não pode opor ao exequente a compensação, de que contra o próprio credor disporia.²⁻³

Art. 380: 1. s/ penhora de crédito, v. CPC 855 a 860.
Art. 380: 2. i. e., o devedor, que só se torne credor de seu credor depois que terceiro já penhorou o crédito deste contra ele, não pode opor compensação ao terceiro exequente.
Art. 380: 3. "O art. 380 do CC/02 tem por escopo coibir a utilização da compensação como forma de esvaziar penhora preexistente. A penhora de crédito pleiteado em juízo, anotada no rosto dos autos e da qual foram as partes intimadas, impede a realização de compensação entre credor e devedor, a fim de evitar lesão a direito do terceiro diretamente interessado na constrição. A impossibilidade de compensação, nessas circunstâncias, decorre também do princípio da boa-fé objetiva, valor comportamental que impõe às partes o dever de cooperação e leal participação no seio da relação jurídica processual" (STJ-3ª T., REsp 1.208.858, Min. Nancy Andrighi, j. 3.9.13, DJ 12.9.13).

Capítulo VIII | DA CONFUSÃO¹

CAP. VIII: 1. v. arts. 1.436-IV e § 2º (extinção do penhor); 1.272 a 1.274 (aquisição da propriedade móvel).

Art. 381. Extingue-se a obrigação, desde que na mesma pessoa se confundam as qualidades de credor e devedor.¹ ᵃ ²ᵃ

Art. 381: 1. ex.: devedor que é herdeiro do credor.
Art. 381: 2. "A Defensoria Pública é órgão do Estado, por isso que não pode recolher honorários sucumbenciais decorrentes de condenação contra a fazenda em causa patrocinada por Defensor Público. Confusão. Aplicação do art. 381 do CC de 2002, correspondente ao art. 1.049 do CC de 1916" (STJ-1ª Seção, ED no REsp 480.598, Min. Luiz Fux, j. 13.4.05, DJU 16.5.05).
Art. 381: 2a. Se o credor de indenização das benfeitorias realizadas no imóvel vem a adquiri-lo no curso do processo, aquelas passam *ipso facto* a lhe pertencer também, operando-se o instituto da confusão (RT 660/165, acórdão relatado pelo Des. Galeno Lacerda).

Art. 382. A confusão pode verificar-se a respeito de toda a dívida, ou só de parte dela.¹

Art. 382: 1. Em matéria de penhor, v. art. 1.436 § 2º.

Art. 383. A confusão operada na pessoa do credor ou devedor solidário¹ só extingue a obrigação até a concorrência da respectiva parte no crédito, ou na dívida, subsistindo quanto ao mais a solidariedade.

Art. 383: 1. v. arts. 264 a 285.

Art. 384. Cessando a confusão, para logo se restabelece, com todos os seus acessórios,¹ a obrigação anterior.²

Art. 384: 1. v. art. 92.

Art. 384: 2. Isso acontece quando a situação de coincidência subjetiva entre credor e devedor não era definitiva (p. ex., o herdeiro repudia a herança logo após a abertura da sucessão) ou decorria de negócio jurídico que se tornou ineficaz (p. ex., o testamento que beneficiava o herdeiro que era devedor do *de cujus* é anulado).

Capítulo IX | DA REMISSÃO DAS DÍVIDAS

Art. 385. A remissão da dívida, aceita pelo devedor, extingue a obrigação, mas sem prejuízo de terceiro.¹

Art. 385: 1. s/ remissão, v. tb. arts. 158 (fraude contra credores), 277 (solidariedade passiva).

Art. 386. A devolução voluntária do título da obrigação, quando por escrito particular, prova¹ desoneração do devedor e seus coobrigados, se o credor for capaz de alienar, e o devedor capaz de adquirir.¹ᵃ

Art. 386: 1. Trata-se de presunção relativa, que pode ser afastada por prova da ausência do *animus* de perdoar (RSTJ 83/258 e RJ 223/53: REsp 76.153).

Art. 386: 1a. v. art. 324.

Art. 387. A restituição voluntária do objeto empenhado prova a renúncia do credor à garantia real,¹ não a extinção da dívida.

Art. 387: 1. cf. art. 1.436-III e § 1º.

Art. 388. A remissão concedida a um dos codevedores extingue a dívida na parte a ele correspondente; de modo que, ainda reservando o credor a solidariedade contra os outros, já lhes não pode cobrar o débito sem dedução da parte remitida.¹

Art. 388: 1. v. arts. 277 e 282 (renúncia à solidariedade).

Título IV | DO INADIMPLEMENTO¹ DAS OBRIGAÇÕES

Capítulo I | DISPOSIÇÕES GERAIS

TÍT. IV: 1. "Teoria do adimplemento e modalidades de inadimplemento, atualizado pelo novo Código Civil", por Rafael Peteffi da Silva (Rev. AASP 68/135).

Art. 389. Não cumprida a obrigação, responde o devedor por perdas e danos,[1-1a] mais juros[2-2a] e atualização monetária segundo índices oficiais regularmente estabelecidos,[3] e honorários de advogado.[4 a 6]

Art. 389: 1. v. arts. 402 a 405; no caso de mora, v. art. 395. V. tb. art. 475.

Art. 389: 1a. "Nos termos do art. 389 do CC/02 (que manteve a essência do art. 1.056 do CC/16), na responsabilidade contratual, para obter reparação por perdas e danos, o contratante não precisa demonstrar a culpa do inadimplente, bastando a prova de descumprimento do contrato. Dessa forma, nos acidentes de trabalho, cabe ao empregador provar que cumpriu seu dever contratual de preservação da integridade física do empregado, respeitando as normas de segurança e medicina do trabalho" (STJ-3ª T., REsp 1.248.760, Min. Nancy Andrighi, j. 13.9.11, DJ 23.9.11).

Art. 389: 2. s/ juros de mora, v. arts. 397, 398 e 405.

Art. 389: 2a. LRF 124: "Contra a massa falida não são exigíveis juros vencidos após a decretação da falência, previstos em lei ou em contrato, se o ativo apurado não bastar para o pagamento dos credores subordinados. Parágrafo único. Excetuam-se desta disposição os juros das debêntures e dos créditos com garantia real, mas por eles responde, exclusivamente, o produto dos bens que constituem a garantia."

Art. 389: 3. "O princípio do valor nominal no Novo Código Civil brasileiro", por Letácio Jansen (RF 364/211).

Art. 389: 4. "Honorários advocatícios extrajudiciais: breve análise (e harmonização) dos artigos 389, 395 e 404 do novo Código Civil e do artigo 20 do Código de Processo Civil", por Antonio de Pádua Soubhie Nogueira (RF 402/597, RIDCPC 58/115).

Art. 389: 4a. s/ honorários advocatícios, v. CPC 85 e segs. e EA 22 e segs. Em matéria de: relação de consumo, v. CDC 51, nota 11a.

No CPCLPV, v. LI 54, nota 8 (locação em *shopping center*).

Art. 389: 5. Enunciado 161 do CEJ: "Os honorários advocatícios previstos nos arts. 389 e 404 do Código Civil apenas têm cabimento quando ocorre a efetiva atuação profissional do advogado".

Art. 389: 6. "Cabe ao perdedor da ação arcar com os honorários de advogado fixados pelo Juízo em decorrência da sucumbência (Código de Processo Civil de 1973, art. 20, e Novo Código de Processo Civil, art. 85), e **não os honorários decorrentes de contratos** firmados pela parte contrária e seu procurador, em circunstâncias particulares totalmente alheias à vontade do condenado" (STJ-Corte Especial, ED no REsp 1.507.864, Min. Laurita Vaz, j. 20.4.16, DJ 11.5.16). No mesmo sentido: STJ-2ª Seção, ED no REsp 1.155.527, Min. Sidnei Beneti, j. 13.6.12, RP 212/451. Do voto-vista da Min. Nancy Andrighi: "A expressão 'honorários de advogado', utilizada nos arts. 389, 395 e 404 do CC/02, deve ser interpretada de forma a excluir os honorários contratuais relativos à atuação em juízo, já que a esfera judicial possui mecanismo próprio de responsabilização daquele que, não obstante esteja no exercício legal de um direito (de ação ou de defesa), resulta vencido, obrigando-o ao pagamento dos honorários sucumbenciais. Vale dizer, o termo 'honorários de advogado' contido nos mencionados dispositivos legais compreende apenas os honorários contratuais eventualmente pagos a advogado para a adoção de providências extrajudiciais decorrentes do descumprimento da obrigação, objetivando o recebimento amigável da dívida. Sendo necessário o ingresso em juízo, fica o credor autorizado a pleitear do devedor, já na petição inicial, indenização por esses honorários contratuais — pagos ao advogado para negociação e cobrança extrajudicial do débito —, mas, pelos motivos acima expostos, não terá direito ao reembolso da verba honorária paga para a adoção das medidas judiciais".

"Os honorários advocatícios contratuais, porque decorrentes de avença estritamente particular, não podem ser ressarcidos pela parte sucumbente, já que esta não participou do ajuste" (RDDP 53/146: TJDFT, EI 2001.01.1.037334-7).

Contra: "Os honorários convencionais integram o valor devido a título de perdas e danos, nos termos do CC 389, 395 e 404. O pagamento dos honorários extrajudiciais como parcela integrante das perdas e danos também é devido pelo inadimplemento de obrigações trabalhistas, diante da incidência dos princípios do acesso à justiça e da restituição integral dos danos" (STJ-3ª T., REsp 1.027.797, Min. Nancy Andrighi, j. 17.2.11, DJ 23.2.11).

Art. 390. Nas obrigações negativas[1] o devedor é havido por inadimplente desde o dia em que executou o ato de que se devia abster.

Art. 390: 1. v. arts. 250 e 251.

Art. 391. Pelo inadimplemento das obrigações respondem todos[1] os bens do devedor.[2]

Art. 391: 1. exceção feita aos bens impenhoráveis ou inalienáveis. V., a propósito, arts. 1.707 (alimentos), 1.711 a 1.722 (bem de família — especialmente o art. 1.715), 1.848 (exigência de justa causa em testamento) e 1.911 (impenhorabilidade como decorrência da impenhorabilidade em testamento). V. tb. CF 5º-XXVI (impenhorabilidade da pequena propriedade rural), CPC 832, 833 (bens impenhoráveis) e 834 (penhorabilidade dos frutos de bens inalienáveis), assim como o tít. BEM DE FAMÍLIA (no CPCLPV).

Art. 391: 2. v. CPC 789.

S/ renúncia de herança por devedor inadimplente, v. art. 1.813.

Art. 392. Nos contratos benéficos, responde por simples culpa o contratante, a quem o contrato aproveite, e por dolo aquele a quem não favoreça.[1] Nos contratos onerosos, responde cada uma das partes por culpa, salvo as exceções previstas em lei.[2]

Art. 392: 1. Súmula 145 do STJ: "No transporte desinteressado, de simples cortesia, o transportador só será civilmente responsável por danos causados ao transportado quando incorrer em dolo ou culpa grave" (v. jurisprudência s/ esta Súmula em RSTJ 80/335 a 352).

Art. 392: 2. s/ negócios jurídicos benéficos, v. art. 114; s/ transporte gratuito, v. art. 736.

Art. 393. O devedor não responde pelos prejuízos resultantes de caso fortuito ou força maior,[1-2] se expressamente não se houver por eles responsabilizado.[3]
Parágrafo único. O caso fortuito ou de força maior verifica-se no fato necessário, cujos efeitos não era possível evitar ou impedir.[4 a 5]

Art. 393: 1. s/ caso fortuito e força maior, v. tb. arts. 246 (perda ou deterioração da coisa incerta), 399 (devedor em mora), 492 § 1º (riscos da coisa já posta à disposição do credor), 575-*caput* (coisa locada não devolvida após notificação), 583 (bem do comodante exposto a risco), 607 (prestação de serviços e impossibilidade), 625-I (empreitada e suspensão da obra), 636 (perda da coisa depositada), 642 (responsabilidade do depositário), 650 (responsabilidade do hospedeiro), 667 § 1º (substabelecimento contra a vontade do mandante), 696 § ún. (responsabilidade do comissário), 702 (comissão e não conclusão do negócio), 719 (impossibilidade de sequência do trabalho do agente), 734 (responsabilidade do transportador), 737 (transporte e sujeição a horários e itinerários previstos), 753-*caput* (impossibilidade ou interrupção do transporte de coisa), 862 (gestão contra vontade do interessado), 868-*caput* (gestor e operação arriscada) e 936 (responsabilidade do dono ou detentor do animal).

V. tb. art. 317, nota 2a.

Art. 393: 2. "Caso fortuito e força maior", por Ricardo Rodrigues Gama (RF 381/511); "O 'fato do príncipe' — reflexos materiais e processuais", por Humberto Theodoro Júnior (RMDCPC 41/8).

Art. 393: 3. Nem sempre é assim. São indiferentes ao caso fortuito ou à força maior: a perda ou deterioração da coisa incerta (art. 246); a responsabilidade do devedor em mora, embora, nesse caso, o dever de indenizar não resista à prova da ausência de culpa ou da inevitabilidade do dano (art. 399); os danos causados à coisa locada e não restituída após notificação (art. 575-*caput*); os danos sofridos pela coisa dada em comodato em razão de especial negligência do comodatário (art. 583); os prejuízos ocorridos na execução do mandato por substituto do mandatário, designado contra a vontade do mandante, embora, também nesse caso, a prova de que o evento danoso teria ocorrido, ainda que não tivesse havido substabelecimento, libere o mandatário do dever de indenizar (art. 667 § 1º); os danos decorrentes da gestão contra a vontade do interessado, embora, mais uma vez, o dever de indenizar não resista à prova de que o evento danoso teria ocorrido ainda que o gestor nada tivesse feito (art. 862); os prejuízos atrelados a operações arriscadas do gestor (art. 868-*caput*).

Art. 393: 4. "Os fatos danosos causados por agentes da natureza, resultante de **forte chuva, ventos** que se movem com ímpeto, **trovões e raios**, caracteriza-se caso fortuito, o que retira a responsabilidade de indenizar pelos danos dela decorrentes" (RT 871/281; no caso, os eventos naturais causaram a queda de um luminoso sobre uma rede elétrica).

Art. 393: 4a. "O caso fortuito ou de força maior afasta a responsabilidade do devedor pelos danos oriundos do inadimplemento ou da mora contratual, à medida em que interrompe o liame de causalidade que unia o agente ao resultado danoso. Para sua configuração, é imprescindível que haja a confluência de dois fatores: o evento deve ser necessário, isto é, deve impossibilitar o cumprimento da obrigação e suas consequências devem ser inevitáveis ou irresistíveis. Levando em consideração esses preceitos, é certo que a **elevação do preço da energia elétrica** não se reveste dos contornos da força maior, porque: (i) a alteração no preço dos bens que a parte contratada se obriga a fornecer é situação comum, já que se relaciona a inúmeras variáveis econômicas. Trata-se, assim, de um risco atrelado ao negócio; (ii) o problema financeiro ocasionado pelo aumento de preço poderia ter sido obstado caso a energia tivesse sido adquirida em uma única oportunidade e não pouco a pouco, no curso da relação contratual; (iii) a elevação do preço do objeto da prestação até pode dificultar o cumprimento da obrigação, possibilitando, no mais das vezes, a aplicação da figura da excessiva onerosidade, mas não a torna impossível" (STJ-3ª T., REsp 1.736.452, Min. Nancy Andrighi, j. 24.11.20, DJ 1.12.20).

Art. 393: 5. "O inadimplemento de outros compradores não constitui força maior para justificar **atraso na entrega de imóvel** a comprador em dia com a amortização do preço" (STJ-RDDP 58/114: 3ª T., REsp 819.519).

"O atraso na entrega das unidades ao promitente comprador, para ser considerado caso fortuito ou força maior, deve decorrer de fato inevitável e imprevisível, o que não ocorreu na hipótese em tela. Incorporadora e construtora que não tomaram todas as cautelas necessárias e possíveis para o regular licenciamento ambiental de empreendimento de grande porte em local de notório interesse ambiental. A culpa de terceiro não exime o autor direto do dano do dever jurídico de indenizar, mas tão somente lhe assegura o direito de ação regressiva contra o terceiro que criou a situação determinante do evento lesivo" (STJ-3ª T., REsp 1.328.901, Min. Nancy Andrighi, j. 6.5.14, DJ 19.5.14).

Capítulo II | DA MORA

Art. 394. Considera-se em mora[1 a 2a] o devedor que não efetuar o pagamento e o credor que não quiser recebê-lo[3] no tempo,[4] lugar[5] e forma que a lei ou a convenção estabelecer.[6-7]

Art. 394: 1. s/ juros de mora, v. arts. 404 a 407 e 552.

Art. 394: 1a. Súmula 369 do STJ: "No contrato de arrendamento mercantil (*leasing*), ainda que haja cláusula resolutiva expressa, é necessária a notificação prévia do arrendatário para constituí-lo em mora".

Súmula 380 do STJ: "A simples propositura da ação de revisão de contrato não inibe a caracterização da mora do autor".

Art. 394: 2. Enunciado 354 do CEJ: "A cobrança de encargos e parcelas indevidas ou abusivas impede a caracterização da mora do devedor".

"O reconhecimento da abusividade nos encargos exigidos no período da normalidade contratual (juros remuneratórios e capitalização) descaracteriza a mora. Não descaracteriza a mora o ajuizamento isolado de ação revisional, nem mesmo quando o reconhecimento de abusividade incidir sobre os encargos inerentes ao período de inadimplência contratual" (STJ-2ª Seção, REsp 1.061.530, Min. Nancy Andrighi, j. 22.10.08, DJ 10.3.09).

"Caracterizada a cobrança, pela instituição financeira, de parcela abusiva, somente restam autorizados os efeitos da mora depois de apurado o valor exato do débito, afastada, no caso, a multa moratória" (STJ-2ª Seção, REsp 713.329, Min. Menezes Direito, j. 23.8.06, três votos vencidos, DJU 7.12.06).

Todavia: "Apenas a cobrança de encargos remuneratórios ilegais, pelo credor, descaracteriza a mora do devedor. Em outras palavras: mesmo que haja cobrança de encargos moratórios ilegais, a mora do devedor não pode ser descaracterizada" (STJ-3ª T., REsp 899.662, Min. Gomes de Barros, j. 14.8.07, DJU 29.10.07). Assim, se os valores devidos até o vencimento da dívida são legais e regulares, a mora não pode ser afastada, ainda que o credor tenha ulteriormente cobrado de forma abusiva verbas devidas após tal vencimento, como é o caso da comissão de permanência (STJ-3ª T., REsp 869.717-AgRg-EDcl, Min. Gomes de Barros, j. 28.8.07, DJU 9.4.08; nota: a ementa não corresponde ao conteúdo do acórdão). No mesmo sentido: STJ-2ª Seção, REsp 1.061.530, Min. Nancy Andrighi, j. 22.10.08, DJ 10.3.09.

"A abusividade de encargos acessórios do contrato não descaracteriza a mora" (STJ-2ª Seção, REsp 1.639.259, Min. Paulo Sanseverino, j. 12.12.18, DJ 17.12.18).

"A parte embargante, entendendo serem excessivos os cálculos apresentados pelo exequente, deveria ter realizado o pagamento dos valores que acreditava serem devidos — parte incontroversa —, desvencilhando-se, de tal modo, da incidência de correção monetária e de juros de mora sobre referido montante" (STJ-5ª T., REsp 767.498, Min. Arnaldo Esteves, j. 9.3.06, DJU 26.2.07).

Art. 394: 2a. "Sujeita-se ao pagamento de juros moratórios o contribuinte que, protegido por liminar suspendendo a exigibilidade do crédito tributário, vem a perder a demanda, com a cassação da liminar. Tem o Fisco direito à cobrança integral do seu crédito, inclusive os encargos decorrentes da mora, uma vez que, com a cassação da liminar, há retorno ao *status quo ante*" (STJ-2ª T., REsp 1.086.319, Min. Eliana Calmon, j. 16.12.08, DJ 18.2.09).

Art. 394: 3. "A inadimplência do credor que se recusa a receber prestação nos termos de acordo firmado não cessa com a consignação em pagamento, pelo devedor, do valor recusado. A consignação não purga a *mora accipiendi*" (STJ-3ª T., REsp 796.714, Min. Gomes de Barros, j. 3.4.07, DJU 14.5.07).

Art. 394: 4. v. arts. 331 a 333.

Art. 394: 5. v. arts. 327 a 330.

Art. 394: 6. s/ mora e negativa de quitação, v. art. 319.

Art. 394: 7. "Se a mora for do credor (e será dele quando cobrar mais do que o devido), findo o prazo contratual, e até o trânsito em julgado, o devedor responderá pelos juros remuneratórios à taxa média de mercado, nunca superiores àquela contratada para o empréstimo, e pela respectiva capitalização. Após o trânsito em julgado, a instituição financeira está autorizada a cobrar do mutuário juros remuneratórios de mercado, nunca superiores aos contratados, e — se ajustados — juros de mora e multa" (STJ-3ª T., REsp 967.204-AgRg, Min. Ari Pargendler, j. 20.5.08, DJ 5.8.08).

V. tb. art. 400, nota 2.

Art. 395. Responde o devedor pelos prejuízos a que sua mora der causa,[1] mais juros, atualização dos valores monetários segundo índices oficiais regularmente estabelecidos, e honorários de advogado.[1a]

Parágrafo único. Se a prestação, devido à mora, se tornar inútil ao credor,[2] este poderá enjeitá-la, e exigir a satisfação das perdas e danos.[3]

Art. 395: 1. "**Despesas administrativas** para o banco reaver seu crédito. **Ligações telefônicas.** Repasse ao consumidor. Abusividade não configurada. À luz do princípio *restitutio in integrum*, consagrado no art. 395 do Código Civil/2002, imputa-se ao devedor a responsabilidade por todas as despesas a que ele der causa em razão da sua mora ou inadimplemento, estando o consumidor, por conseguinte, obrigado a ressarcir os custos decorrentes da cobrança de obrigação inadimplida" (STJ-3ª T., REsp 1.361.699, Min. Ricardo Cueva, j. 12.9.17, DJ 21.9.17).

Art. 395: 1a. Em sentido semelhante, v. art. 389.

Art. 395: 2. Enunciado 162 do CEJ: "A inutilidade da prestação que autoriza a recusa da prestação por parte do credor deverá ser aferida objetivamente, consoante o princípio da boa-fé e a manutenção do sinalagma, e não de acordo com o mero interesse subjetivo do credor".

Art. 395: 3. v. arts. 402 a 405.

Art. 396. Não havendo fato ou omissão imputável ao devedor, não incorre este em mora.[1]

Art. 396: 1. s/ mora e negativa de quitação, v. art. 319; s/ mora e devedores solidários, v. art. 280.

Art. 397. O inadimplemento da obrigação, positiva[1] e líquida, no seu termo,[2] constitui de pleno direito em mora o devedor.[3 a 4b]

Parágrafo único. Não havendo termo, a mora se constitui mediante interpelação judicial[5-6] ou extrajudicial.

Art. 397: 1. Nas obrigações negativas, v. art. 390.

Art. 397: 2. v. arts. 131 a 135.

Art. 397: 3. "'A designação de um prazo demonstra a intenção do credor de receber o que se lhe deve no dia do vencimento do prazo, portanto, seria descabido exigir-se uma nova interpelação para a constituição do devedor em mora' (TEPEDINO, Gustavo. *Código Civil interpretado conforme a Constituição da República*. Rio de Janeiro: Renovar. 2. ed. 2007. p. 721-722)" (STJ-2ª T., REsp 1.211.214, Min. Castro Meira, j. 7.12.10, DJ 14.2.11).

Art. 397: 4. "Com a quitação do preço, a obrigação assumida de outorga da escritura definitiva se tornou líquida e vencida, o que constitui em mora o devedor em seu vencimento, independentemente de interpelação, conforme prevê a primeira parte do artigo 960 do Código Civil de 1916 (*caput* do art. 397 do atual Código Civil)" (STJ-3ª T., REsp 813.736, Min. Sidnei Beneti, j. 18.5.10, DJ 7.6.10).

V. tb. nota 8a ao art. 22 do Dec. lei 58, de 10.12.37, no tít. PROMESSA DE COMPRA E VENDA E LOTEAMENTO.

Art. 397: 4a. "Compromisso de compra e venda de imóvel. Inadimplemento. Mora *ex re*. Desnecessidade de interpelação. Rescisão contratual. A prévia interpelação judicial para constituição em mora é necessária quando se trata de mora 'ex persona', isto é, quando não há termo previamente acordado para cumprimento da obrigação. Em contrapartida, nos casos em que há obrigação positiva, líquida e com termo certo estipulado na avença, tem-se a mora 'ex re', que independe de prévia interpelação" (STJ-4ª T., Ag em REsp 172.693-AgRg, Min. Marco Buzzi, j. 6.11.14, DJ 17.11.14).

V. tb. Dec. lei 745, de 7.8.69, em nota 8 ao art. 22 do Dec. lei 58, de 10.12.37, no tít. PROMESSA DE COMPRA E VENDA E LOTEAMENTO.

Art. 397: 4b. "Ainda que o débito seja cobrado por meio de **ação monitória,** se a obrigação for positiva e líquida e com vencimento certo, devem os juros de mora fluir a partir da data do inadimplemento — a do respectivo vencimento —, nos termos em que definido na relação de direito material" (STJ-Corte Especial, ED no Ag em REsp 502.132, Min. Raul Araújo, j. 5.5.21, maioria, DJ 3.8.21).

Art. 397: 5. v. CPC 726 a 729. Em matéria de: venda com reserva de domínio, v. art. 525, inclusive nota 4; doação, v. art. 562, *in fine*, inclusive nota 1a.

Art. 397: 6. "Obrigação sem prazo determinado. Constituição do devedor em mora. Art. 960, CC. Citação. Validade como interpelação nos casos em que a lei não exija a interpelação premonitória como condição especial da ação" (STJ-4ª T., REsp 130.012, Min. Sálvio de Figueiredo, j. 23.9.98, DJ 1.2.99).

"Nos termos do artigo 397, parágrafo único, do Código Civil, em se tratando de dívida não sujeita a termo, tal como ocorre na espécie, o devedor é constituído em mora por meio de interpelação judicial ou extrajudicial. Assim, encontrar-se-á em mora (inadimplente, portanto) o devedor que, embora instado, judicial ou extrajudicialmente, para a pagar, não providenciar, a tempo, o correlato adimplemento. No ponto, é de suma importância deixar assente que a citação operada no bojo da ação de execução não se destina a instar o devedor a se defender, mas sim a cumprir a obrigação contida no título executivo judicial, especialmente porque a relação jurídica material estabelecida entre as partes encontra-se, por força de lei, devidamente definida. E, justamente por se efetivar perante o Poder Judiciário, dúvidas não pairam sobre a idoneidade desta 'interpelação', e, principalmente, sobre o atendimento de sua finalidade, que é, ressalta-se, de instar o devedor a pagar. Desse modo, a citação operada no bojo da ação de execução tem o condão de constituir o devedor em mora e, verificada a inércia do devedor, confirmar em juízo o alegado inadimplemento" (STJ-3ª T., REsp 1.489.913, Min. Marco Bellizze, j. 11.11.14, DJ 20.11.14).

Todavia: "A citação inicial somente se presta a constituir mora nos casos em que a ação não se funda na mora do réu, hipótese em que esta deve preceder ao ajuizamento" (RSTJ 132/413: 4ª T,. REsp 159/661).

Art. 398. Nas obrigações provenientes de ato ilícito, considera-se o devedor em mora, desde que o praticou.[1]

Art. 398: 1. s/ juros de mora em caso de responsabilidade extracontratual, v. art. 405, nota 2; s/ termo inicial de incidência de juros e ato ilícito do mandatário, v. art. 670.

Art. 399. O devedor em mora responde pela impossibilidade da prestação, embora essa impossibilidade resulte de caso fortuito ou de força maior,[1] se estes ocorrerem durante o atraso; salvo se provar isenção de culpa, ou que o dano sobreviria ainda quando a obrigação fosse oportunamente desempenhada.[2]

Art. 399: 1. v. art. 393 § ún.

Art. 399: 2. No mesmo sentido: para o substabelecimento contra ordem do mandante, v. art. 667 § 1º; para a gestão de negócios contra a vontade do interessado, v. art. 862.

Art. 400. A mora do credor subtrai o devedor isento de dolo à responsabilidade pela conservação da coisa, obriga o credor a ressarcir as despesas empregadas em conservá-la, e sujeita-o a recebê-la pela estimação mais favorável ao devedor, se o seu valor oscilar entre o dia estabelecido para o pagamento e o da sua efetivação.[1 a 3]

Art. 400: 1. s/ mora em matéria de: compra e venda, v. art. 492 § 2º; empreitada, v. art. 611.

S/ mora do credor como fundamento para a consignação em pagamento, v. art. 335-II.

Art. 400: 2. "Caracterizada a mora da sociedade italiana credora (mora 'creditoris'), estava desobrigada a devedora, enquanto não houvesse a regularização, de consignar a quantia e de pagar juros de mora" (STJ-3ª T., REsp 857.299, Min. Paulo Sanseverino, j. 3.5.11, DJ 13.6.11).

V. tb. art. 394, nota 7.

Art. 400: 3. "A parte final do art. 958 do CC/16 (*art. 400 do CC/02*), que disciplina os efeitos da mora do credor, não autoriza a exclusão da correção monetária, cuja função é evitar a depreciação do valor do crédito" (STJ-3ª T., REsp 857.299, Min. Paulo Sanseverino, j. 3.5.11, DJ 13.6.11).

Art. 401. Purga-se a mora:

I — por parte do devedor,[1] oferecendo este a prestação mais a importância dos prejuízos[2] decorrentes do dia da oferta;

II — por parte do credor, oferecendo-se este a receber o pagamento e sujeitando-se aos efeitos[3] da mora até a mesma data.

Art. 401: 1. Purgação da mora:

— na locação: LI 62-II a V e § ún.;

— nas promessas de compra e venda e de cessão de direitos de imóveis não loteados: Dec. lei 745, de 7.8.69, art. 1º (em nota 8 ao art. 22 do Dec. lei 58, de 10.12.37, no tít. PROMESSA DE COMPRA E VENDA E LOTEAMENTO);

— nos contratos relativos a loteamento urbano: Lei 6.766, de 19.12.79, arts. 32 e 33 (no tít. PROMESSA DE COMPRA E VENDA E LOTEAMENTO);

— nos contratos relativos a unidades condominiais: Lei 4.591, de 16.12.64, art. 63-*caput* (no tít. CONDOMÍNIO E INCORPORAÇÃO);

— nos contratos imobiliários com cláusula de correção monetária: Lei 4.864, de 29.11.65, art. 1º-VI;

— no despejo de parceiro ou arrendatário rural: Dec. 59.566, de 14.11.66, art. 32 § ún. (Lex 1966/1.587);

— nos débitos garantidos por cédula hipotecária: Dec. lei 70, de 21.11.66, arts. 31 § 1º, 34 e 37 § 3º (no tít. CÉDULA HIPOTECÁRIA);

— na alienação fiduciária: Dec. lei 911, de 1.10.69, art. 3º §§ 1º e 3º (no CPCLPV, tít. ALIENAÇÃO FIDUCIÁRIA);

— na hipoteca de imóvel vinculado ao Sistema Financeiro da Habitação: Lei 5.741, de 1.12.71, art. 8º (no tít. CONTRATOS IMOBILIÁRIOS).

Art. 401: 2. v. arts. 402 a 405.

Art. 401: 3. v. art. 400.

Capítulo III | DAS PERDAS E DANOS[1]

CAP. III: 1. s/ liquidação das obrigações por ato ilícito, v. arts. 944 a 954; s/ cláusula penal, v. arts. 408 a 416; s/ despesas judiciais, inclusive honorários de advogado, v. CPC 82 a 90; s/ juros de mora, v. arts. 404 a 407.

V. art. 389.

S/ perdas e danos no CPC, v. tb. arts. 79 (pleito de má-fé), 302 (responsabilidade do requerente da tutela de urgência), 499 e 500 (perdas e danos como solução secundária e sem prejuízo da multa coercitiva), 520 (responsabilidade do exequente na execução provisória), 555-I (cumulação com pedido possessório), 776 (responsabilidade do exequente na execução em geral).

Art. 402. Salvo as exceções expressamente previstas em lei, as perdas e danos devidas ao credor abrangem, além do que ele efetivamente perdeu, o que razoavelmente deixou de lucrar.[1 a 7]

Art. 402: 1. "Novo Código Civil. Pessoas jurídicas, empresário, sociedade, estabelecimento, nome comercial e/ou nome empresarial, perdas e danos e prescrição", por José Carlos Tinoco Soares (RT 798/11).

Art. 402: 1a. Em matéria de indenização consubstanciada na prestação de alimentos, v. art. 948, nota 9.

Art. 402: 1b. Ou seja, danos emergentes e lucros cessantes, respectivamente.

Art. 402: 2. Em caso de vício redibitório, as perdas e danos só serão devidas pelo alienante se ele conhecia o vício ou defeito da coisa, cf. art. 443.

Art. 402: 3. "O pagamento de cláusula penal compensatória exclui a possibilidade de exigir-se ainda a solução de perdas e danos" (STJ-4ª T., REsp 556.620-MT, Min. Cesar Rocha, j. 20.11.03, DJU 10.5.04).

Art. 402: 3a. "O aprisionamento ilegal do recorrente já faz prova suficiente do dano material sofrido, uma vez que este ficou impossibilitado de exercer qualquer espécie de trabalho o que, por consequência lógica, implica redução, ou não crescimento, de seu patrimônio. Assim, o dano sofrido, consubstanciado em lucros cessantes, é presumido" (STJ-2ª T., REsp 1.030.890, Min. Castro Meira, j. 14.4.11, DJ 27.4.11; a citação é do voto do relator). No caso, ante a falta de outros elementos nos autos, foi concedida indenização equivalente a um salário mínimo por mês de prisão ilegal.

Art. 402: 3b. "A apuração dos lucros cessantes deve ser feita com a dedução de todas as despesas operacionais da empresa, inclusive tributos" (STJ-RDDP 100/121: 4ª T., REsp 1.110.417). No mesmo sentido: STJ-3ª T., REsp 1.689.746, Min. Paulo Sanseverino, j. 4.5.21, DJ 10.5.21.

"O faturamento corresponde à receita da empresa, não podendo ser confundido com o lucro, que só é apurado depois de deduzidas as despesas (salários, aluguéis etc.) e os tributos" (STJ-3ª T., REsp 613.648, Min. Ari Pargendler, j. 6.2.07, dois votos vencidos, DJU 16.4.07).

Art. 402: 4. "Rescindido o contrato celebrado visando à construção de *shopping center*, a indenização devida a título de danos emergentes deverá corresponder ao valor atualizado do lote e não àquele constante da escritura pública lavrada à época do negócio jurídico, sob pena de não se atender à necessidade de recomposição efetiva da perda patrimonial experimentada" (STJ-3ª T., REsp 1.003.429, Min. Sidnei Beneti, j. 28.4.09, DJ 25.5.09).

Art. 402: 4a. "O proprietário de imóvel tem direito aos lucros cessantes correspondentes aos frutos civis que deixou de auferir com o bem pelo período em que, por força de ação de vistoria e arbitramento proposta por antigo inquilino, estava impedido de o explorar economicamente. A prescrição da pretensão indenizatória, nesse caso, começa a fluir a partir do momento em que encerrada a prova pericial que impedia a utilização do bem" (STJ-3ª T., REsp 1.432.901, Min. Sidnei Beneti, j. 10.6.14, DJ 27.6.14).

Art. 402: 4b. "O atraso na entrega do imóvel enseja pagamento de indenização por lucros cessantes durante o período de mora do promitente vendedor, sendo presumido o prejuízo do promitente comprador" (STJ-2ª Seção, ED no REsp 1.341.138, Min. Isabel Gallotti, j. 9.5.18, DJ 22.5.18). No mesmo sentido: "A inexecução do contrato pelo promitente-vendedor que não entrega o imóvel na data estipulada acarreta, além do dano emergente, figurado nos valores das parcelas pagas pelo promitente-comprador, lucros cessantes a título de alugueres que poderia o imóvel ter rendido se tivesse sido entregue na data contratada" (STJ-3ª T., REsp 1.049.894-AgRg, Min. Vasco Della Giustina, j. 19.10.10, DJ 26.10.10). Ainda, concedendo os lucros cessantes mesmo tendo havido a resolução do contrato: STJ-3ª T., REsp 1.833.110, Min. Paulo Sanseverino, j.16.12.19, DJ 19.12.19.

"Cabimento de indenização por lucros cessantes até a data da efetiva disponibilização das chaves por ser este o momento a partir do qual os adquirentes passam a exercer os poderes inerentes ao domínio, dentre os quais o de fruir do imóvel" (STJ-3ª T., REsp 1.796.760, Min. Paulo Sanseverino, j. 2.4.19, DJ 5.4.19).

"Programa Minha Casa, Minha Vida. No caso de descumprimento do prazo para a entrega do imóvel, incluído o período de tolerância, o prejuízo do comprador é presumido, consistente na injusta privação do uso do bem, a ensejar o pagamento de indenização, na forma de aluguel mensal, com base no valor locatício de imóvel assemelhado, com termo final na data da disponibilização da posse direta ao adquirente da unidade autônoma" (STJ-2ª Seção, REsp 1.729.593, Min. Marco Bellizze, j. 25.9.19, DJ 27.9.19).

"O atraso da prestação de entrega de imóvel objeto de compromisso de compra e venda gera obrigação da alienante indenizar o adquirente pela privação injusta do uso do bem. O uso será obtido economicamente pela medida de um aluguel, que pode ser calculado em percentual sobre o valor atualizado do contrato, correspondente ao que deixou de receber, ou teve de pagar para fazer uso de imóvel semelhante, com termo final na data da disponibilização da posse direta ao adquirente da unidade autônoma já regularizada" (TJSP, IRDR 0023203-35.2016.8.26.000, Des. Francisco Loureiro, j. 31.8.17, maioria, DJ 5.9.17).

V. tb. LCE 43-A e notas.

Art. 402: 5. "Responsabilidade civil. Valores desviados pela instituição financeira da conta-corrente. Os danos a serem indenizados pela instituição financeira são aqueles decorrentes da transferência não justificada de fundos do correntista (a respectiva quantia nominal e os juros remuneratórios de um por cento ao mês) e as despesas (juros e tarifas) que em função do correspondente saldo negativo o depositante teve de suportar, mais a correção monetária e os juros de mora" (STJ-2ª Seção, REsp 447.431, Min. Ari Pargendler, j. 28.3.07, um voto vencido, DJU 16.8.07). Ou seja, a restituição dos valores devidos ao cliente não se opera com base nos mesmos índices e taxas cobrados pelo banco nas suas atividades.

"Uma vez declarada a abusividade dos encargos incidentes nos contratos de arrendamento celebrados entre as partes, com a determinação da correlata devolução dos valores indevidamente pagos, com juros legais e correção monetária — conforme reconhecido na primeira ação e já quitado —, absolutamente descabido agregar a essa 'reparação' (ou seja, ao valor já devolvido) os encargos/juros previstos nos contratos, considerados abusivos (e já repetidos, reitera-se), pois estes, além de não representarem, na acepção técnico-jurídica, lucros cessantes, ensejariam, reflexamente, enriquecimento sem causa em favor da parte demandante. Como bem pontuado pela Segunda Seção do STJ, somente as instituições financeiras estão autorizadas a cobrar juros excedentes de 1% ao mês. Por outro lado, as taxas cobradas, de igual modo, não representam o lucro líquido da operação à instituição financeira, como fora indevidamente conferido ao arrendatário no aresto rescindendo. Além disso, a reparação, na vertente dos lucros cessantes, deve ter por propósito a recomposição do *status quo ante*, a permitir que o lesado possa obter os ganhos que concretamente ganharia, não fosse o evento danoso, e não impor uma sanção pecuniária ao causador do ato ilícito" (STJ-3ª T., REsp 1.439.789, Min. Marco Bellizze, j. 14.6.16, DJ 22.6.16).

"Lucros cessantes são devidos ao correntista que teve dinheiro retirado de sua conta mediante o pagamento de cheques emitidos defectivamente, com uma assinatura apenas, quando os atos constitutivos da empresa exigiam duas" (STJ-3ª T., REsp 1.349.894, Min. Sidnei Beneti, j. 4.4.13, DJ 11.4.13).

Art. 402: 5a. "São devidos lucros cessantes pela seguradora em razão da demora no pagamento da indenização, que impede a empresa segurada de exercer suas atividades. Indevidos os danos emergentes decorrentes do retardo no pagamento da indenização por que não demonstrados. No presente caso, com a destruição do imóvel, os lucros cessantes são devidos a partir do momento em que a empresa estaria apta a reiniciar suas atividades se não houvesse o descumprimento contratual por parte da seguradora" (STJ-3ª T., REsp 839.123, Min. Sidnei Beneti, j. 15.9.09, DJ 15.12.09).

Art. 402: 5b. "Lucros cessantes consistem naquilo que o lesado deixou razoavelmente de lucrar como consequência direta do evento danoso (Código Civil, art. 402). No caso de incêndio de estabelecimento comercial (posto de gasolina), são devidos pelo período de tempo necessário para as obras de reconstrução. A circunstância de a empresa ter optado por vender o imóvel onde funcionava o empreendimento, deixando de dedicar-se àquela atividade econômica, não justifica a extensão do período de cálculo dos lucros cessantes até a data da perícia" (STJ-RDDP 100/121: 4ª T., REsp 1.110.417).

Art. 402: 5c. "Lucros cessantes são aqueles que o credor 'razoavelmente deixou de lucrar'. Eles devem ser previsíveis quando da celebração do negócio jurídico. Comprovada a culpa da distribuidora de combustíveis em não honrar obrigação contratual com sociedade comercial que iria operar em um dos pontos de distribuição no varejo sob a bandeira da distribuidora, cabe a apuração de lucros cessantes com base no que terceiro vem auferindo de lucro naquele mesmo ponto de venda" (STJ-4ª T., REsp 1.121.611, Min. João Otávio, j. 23.2.10, DJ 16.3.10).

Art. 402: 6. "Configurados o dano e os lucros cessantes pela paralisação de veículo de autoescola necessário ao desenvolvimento das atividades da autora, cabível a condenação, cujo montante, todavia, deve ser apurado em liquidação de sentença, considerando-se, notadamente, o volume médio de aulas ministradas pela empresa e o valor das mesmas, porém com a dedução obrigatória das despesas operacionais" (STJ-4ª T., REsp 489.195, Min. Aldir Passarinho Jr., j. 23.10.07, DJU 19.11.07).

"No caso dos profissionais autônomos, uma vez comprovada a realização contínua da atividade e a incapacidade absoluta pelo período da convalescença, os lucros cessantes devem ser reconhecidos com base nos valores que a vítima, em média, costumava receber, a serem fixados por arbitramento, em liquidação de sentença" (STJ-4ª T., REsp 971.721, Min. Luis Felipe, j. 17.3.11, DJ 22.3.11).

Art. 402: 6a. "A parcela de perda remuneratória que a Corte Estadual reconheceu como comprobatória de lucros cessantes, diárias auferidas pelo servidor quando de seu deslocamento em viagens a serviço, não constitui forma de obtenção de ganho equivalente a lucro. As diárias têm natureza meramente indenizatória, destinadas a compensar ou cobrir despesas extraordinárias que o servidor se vê obrigado a realizar pelo fato de encontrar-se fora de seu sítio de trabalho" (STJ-4ª T., REsp 912.500, Min. Raul Araújo, j. 7.8.12, DJ 29.8.12).

Art. 402: 6b. "A fixação da indenização em montante correspondente ao integral cumprimento do contrato, sem qualquer contrapartida, provoca enriquecimento sem causa. Redução do ressarcimento a valor proporcionalizado, com aplicação do direito à espécie" (STJ-4ª T., REsp 555.284, Min. Aldir Passarinho Jr., j. 3.2.11, DJ 14.2.11).

Art. 402: 6c. "O lucro cessante consiste na frustração do crescimento patrimonial alheio, ou seja, o ganho patrimonial que a vítima poderia auferir, mas não o fez graças à lesão sofrida. A mera impossibilidade de efetuar gastos e contrair dívidas, com a aquisição de apartamento, carro e utilização de limites de crédito bancário, não equivale àquilo que a vítima 'razoavelmente deixou de lucrar', segundo o conceito consagrado de lucros cessantes" (STJ-3ª T., REsp 979.118, Min. Nancy Andrighi, j. 23.9.08, DJ 3.10.08).

"A negativa de concessão de crédito impede o acréscimo de valores no patrimônio do mutuante e, de forma simultânea, a aquisição de dívida pela quantia equivalente, circunstância que obsta o ressarcimento por danos emergentes por ausência de redução patrimonial do suposto lesado" (STJ-3ª T., REsp 1.369.039, Min. Ricardo Cueva, j. 4.4.17, DJ 10.4.17).

Art. 402: 7. "Todavia, isso não autoriza que tais lucros sejam hipotéticos. Ao contrário, devem ser previsíveis já na celebração do contrato, ou seja, são indenizáveis os lucros que o contratante obteria com a execução direta do contrato, e não os que seriam obtidos em decorrência de fatores diversos ou indiretos aos efeitos do contrato" (STJ-2ª T., REsp 440.500-EDcl, Min. João Otávio, j. 23.10.07, DJU 13.11.07).

"Correspondem os lucros cessantes a tudo aquilo que o lesado razoavelmente deixou de lucrar, ficando condicionado, portanto, a uma probabilidade objetiva resultante do desenvolvimento normal dos acontecimentos. A condenação a esse título pressupõe a existência de previsão objetiva de ganhos na data do inadimplemento da obrigação pelo devedor. No caso, os lucros alegados decorrem de previsões baseadas em suposta rentabilidade de uma atividade empresarial que nem mesmo se iniciou. Assim sendo, não se pode deferir reparação por lucros cessantes se estes, em casos como o dos autos, configuram-se como dano hipotético, sem suporte na realidade em exame, da qual não se pode ter a previsão razoável e objetiva de lucro, aferível a partir de parâmetro anterior e concreto capaz de configurar a potencialidade de lucro" (STJ-3ª T., REsp 846.455, Min. Sidnei Beneti, j. 10.3.09, maioria, DJ 22.4.09). No mesmo sentido: STJ-2ª T., REsp 1.255.395, Min. Mauro Campbell, j. 8.11.11, DJ 5.12.11; STJ-4ª T., Ag em REsp 964.233-AgInt, Min. Isabel Gallotti, j. 4.4.17, maioria, DJ 23.5.17.

"O pedido de progressão da carreira, baseado em possíveis promoções a que o recorrido teria direito, depende de uma carga grande de eventualidade, de onde os lucros cessantes não estão enquadrados. Isso porque as possíveis promoções que o recorrido teria na carreira não são eventos certos, possíveis de serem desde já comprovados, por dependerem claramente de um juízo de probabilidade. Diferentemente seria se o recorrido pertencesse a um quadro funcional definido, com regulamentação própria e previsão certa, mediante critérios objetivos, de acesso aos cargos mais elevados dentro da estrutura do órgão. Assim, embora a promoção seja algo possível e razoável de se esperar para o futuro, não é ela um fato comprovado, determinado e inevitável, passível de ser reparável, sendo, portanto, mera expectativa de direito" (STJ-RT 884/165: 1ª T., REsp 650.778).

"No caso concreto, não há como aferir, com certeza, o que a parte recorrida deixou de lucrar em face da demora na finalização do curso, mesmo que o atraso de dois anos tenha se dado por culpa da instituição de ensino. Ou seja, não há como chegar à conclusão de que, caso tivesse terminado o curso no período inicialmente previsto, teria auferido ganhos imediatos com a atividade de professor, pois a só conclusão do curso não é garantia bastante, por si só, para se comprovar objetivamente a prática profissional e consequentemente o ganho" (STJ-4ª T., REsp 615.203, Min. João Otávio, j. 25.8.09, DJ 8.9.09; a citação é do voto do relator). No mesmo sentido: STJ-3ª T., REsp 1.232.773, Min. João Otávio, j. 18.3.14, DJ 3.4.14.

"A jurisprudência desta Corte admite a responsabilidade civil e o consequente dever de reparação de possíveis prejuízos com fundamento na denominada teoria da perda de uma chance, desde que séria e real a possibilidade de êxito, o que afasta qualquer reparação no caso de uma simples esperança subjetiva ou mera expectativa aleatória. A simples inscrição do autor em concurso público ou o fato de estar, no momento do acidente, bem posicionado em lista classificatória parcial do certame, não indicam existir situação de real possibilidade de êxito capaz de autorizar a aplicação, no caso, da teoria da perda uma chance, não havendo falar, portanto, na existência de lucros cessantes a serem indenizados" (STJ-3ª T., REsp 1.591.178, Min. Ricardo Cueva, j. 25.4.17, DJ 2.5.17). "Nos lucros cessantes há certeza da vantagem perdida, enquanto na perda de uma chance há certeza da probabilidade perdida de se auferir uma vantagem. Trata-se, portanto, de dois institutos jurídicos distintos. Assim feita a distinção entre os lucros cessantes e a perda de uma chance, a conclusão que se extrai, do confronto entre o título executivo judicial — que condenou a ré à indenização por lucros cessantes — e o acórdão recorrido — que calculou o valor da indenização com base na teoria perda de uma chance — é a da configuração de ofensa à coisa julgada. Especificamente quanto à hipótese dos autos, o entendimento desta Corte é no sentido de não admitir a indenização por lucros cessantes sem comprovação e, por conseguinte, rejeitar os lucros hipotéticos, remotos ou presumidos, incluídos nessa categoria aqueles que supostamente seriam gerados pela rentabilidade de atividade empresarial que sequer foi iniciada" (STJ-3ª T., REsp 1.750.233, Min. Nancy Andrighi, j. 5.2.19, DJ 8.2.19). S/ perda de uma chance, v. arts. 927, notas 3a, 3c, 5c e 8b, e 951, notas 1c e 7a, e CDC 14, notas 2, *in fine*, 3a, e 7a.

"O dano deve, por isso, ser certo, atual e subsistente. Incerto é dano hipotético, eventual, que pode vir a ocorrer, ou não. A atualidade exige que o dano já tenha se verificado. Subsistente é o dano que ainda não foi ressarcido. Se o dano pode revelar-se inexistente, ele também não é certo e, portanto, não há indenização possível" (STJ-3ª T., REsp 965.758, Min. Nancy Andrighi, j. 19.8.08, DJ 3.9.08).

"Constatando-se que a vítima do dano não lucrou nada e que a ausência de lucro decorreu de elementos alheios ao dano, de forma que, mesmo que o dano não tivesse ocorrido, ainda assim, o resultado negativo verificar-se-ia, não se pode forjar elementos na busca de lucro hipotético. Na hipótese de sentença condenatória ao pagamento de lucros cessantes, em que se posterga a apuração para a liquidação de sentença, não há nenhuma ilegalidade em que os cálculos sejam negativos, mormente quando se trata de sociedade que apresentou, no período dos cálculos, resultado negativo, e não lucro. O que se veda na hipótese de lucros cessantes é a liquidação da sentença baseada em estimativas não condizentes com a realidade vivenciada pela empresa ou a apuração com base em elementos outros que não decorram do dano sofrido" (STJ-3ª T., REsp 1.383.187-EDcl, Min. João Otávio, j. 7.10.14, DJ 4.11.14)

Art. 403. Ainda que a inexecução resulte de dolo do devedor, as perdas e danos só incluem os prejuízos efetivos e os lucros cessantes por efeito dela direto e imediato, sem prejuízo do disposto na lei processual.[1 a 5]

Art. 403: 1. "O nexo de causalidade e sua interpretação pelos tribunais", por Luis Cláudio Furtado Faria (RJ 341/59).

Art. 403: 1a. v. CPC 499, 500, 809, 816, 821 § ún., 823.

Art. 403: 2. "A responsabilidade civil decorre do concreto e efetivo nexo causal entre o ato e o evento danoso, não colhendo procedência o entendimento sufragado pelo Tribunal estadual, com apoio em discutível teoria da equivalência das causas antecedentes, no sentido de que o banco é culpado pela morte do esposo e pai dos autores, assassinado por credor que, obtendo de gerente de agência do réu informação sigilosa sobre existência de saldo em conta corrente pessoal suficiente ao pagamento de dívida, terminou por assassinar o devedor, ante a sua recusa em pagar o valor do cheque por ele emitido contra conta empresarial, sem fundos. Condenação do banco réu que se limita ao ato ilícito de quebra de sigilo por seu preposto, traduzida em dano moral proporcionalmente fixado, afastados os danos materiais, inclusive o pensionamento" (STJ-4ª T., REsp 620.777, Min. Aldir Passarinho Jr., j. 3.11.09, DJ 18.12.09).

Art. 403: 2a. "Relativamente ao elemento normativo do nexo causal em matéria de responsabilidade civil, vigora, no direito brasileiro, o princípio de causalidade adequada (ou do dano direto e imediato), cujo enunciado pode ser decomposto em duas partes: a primeira (que decorre, *a contrario sensu*, do art. 159 do CC/16 e do art. 927 do CC/2002, que fixa a indispensabilidade do nexo causal), segundo a qual ninguém pode ser responsabilizado por aquilo a que não tiver dado causa; e a outra (que decorre do art. 1.060 do CC/16 e do art. 403 do CC/2002, que fixa o conteúdo e os limites do nexo causal) segundo a qual somente se considera causa o evento que produziu direta e concretamente o resultado danoso. No caso, o evento danoso não decorreu direta e imediatamente do registro de imóvel inexistente, e, sim, do comportamento da contratante, que não cumpriu o que foi acordado com a demandante" (STJ-1ª T., REsp 1.198.829, Min. Teori Zavascki, j. 5.10.10, um voto vencido, DJ 25.11.10).

Art. 403: 3. "Responsabilidade civil. Danos morais. Discussão com preposto da requerida. Abalo psíquico experimentado pela vítima, que teria desencadeado crise hipertensiva e aneurisma cerebral. Problema de saúde preexistente. Perícia, no entanto, que não afastou a concausalidade com a forte tensão emocional causada pelo evento. Agente que ao discutir com senhora idosa e obesa adotou conduta de risco, agindo com culpa ou dolo eventual. Nexo de causalidade evidenciado. Responsabilidade objetiva da empresa. Indenização devida em favor do autor, filho da vítima" (JTJ 342/404: AP 459.636-4/0-00, maioria).

Art. 403: 4. "A conduta perpetrada pela criança, ao atear fogo em seu irmão, bem assim os danos daí decorrentes, não pode ser considerada desdobramento possível/previsível ou necessário da exibição de número de mágica em programa televisivo. A atração circense emitida pela emissora ré, durante um programa ao vivo, muito embora não possa ser considerada indiferente, não se constitui em sua causa. A partir dos elementos fáticos delineados pelas instâncias ordinárias, infere-se que duas outras circunstâncias, absolutamente preponderantes e suficientemente autônomas, ensejaram concretamente a produção do resultado lesivo: (i) a ausência de vigilância dos pais, pois as crianças encontravam-se sozinhas em casa; (ii) a manutenção dos produtos inflamáveis ao alcance dos menores. Ausente o liame de causalidade jurídica entre a transmissão do número de mágica e os danos alegados pelos autores, não há falar em responsabilidade civil da emissora ré" (STJ-4ª T., REsp 1.067.332, Min. Marco Buzzi, j. 5.11.13, DJ 5.5.14).

Art. 403: 5. "Ao contrário do que ocorre na teoria da equivalência das condições (teoria da *conditio sine qua non*), em que qualquer circunstância que haja concorrido para produzir o dano pode ser considerada capaz de gerar o dano, na causalidade adequada, a ideia fundamental é que só há uma relação de causalidade entre fato e dano quando o ato praticado pelo agente é de molde a provocar o dano sofrido pela vítima, segundo o curso normal das coisas e a experiência comum da vida. No caso, a recorrente, proprietária e arrendadora da aeronave, não pode ser responsabilizada civilmente pelos danos causados, haja vista o rompimento do nexo de causalidade, afastando-se o dever de indenizar, já que a **colisão da aeronave** se deu única e exclusivamente pela conduta do piloto da outra aeronave, que realizou manobra intrinsecamente arriscada, sem guardar os cuidados necessários, além de ter permitido o embarque de passageiros acima do limite previsto para a aeronave. Os fatos atribuídos à recorrente — ser proprietária da aeronave, ter realizado contrato de arrendamento apenas no dia do evento (oralmente e sem registro), ter auferido lucro, bem como ter contratado piloto habilitado para voos comerciais, mas sem habilitação específica para voos com salto de paraquedismo — não podem ser considerados aptos a influenciar imediata e diretamente a ocorrência do evento danoso, não sendo necessários nem adequados à produção do resultado, notadamente porque o avião ainda estava em mero procedimento de decolagem. Portanto, não há efetivamente uma relação de causalidade entre fato e dano, tendo em conta que o ato praticado pelo agente não é minimamente suficiente a provocar o dano sofrido pela vítima, segundo o curso normal das coisas e a experiência comum da vida, conforme a teoria da causalidade adequada" (STJ-4ª T., REsp 1.414.803, Min. Luis Felipe, j. 4.5.21, DJ 4.6.21).

Art. 404. As perdas e danos, nas obrigações de pagamento em dinheiro, serão pagas com atualização monetária[1-1a] segundo índices oficiais regularmente estabelecidos, abrangendo[2] juros, custas e honorários de advogado[3], sem prejuízo da pena convencional.

Parágrafo único. Provado que os juros da mora não cobrem o prejuízo, e não havendo pena convencional, pode o juiz conceder ao credor indenização suplementar.

Art. 404: 1. v. arts. 406 e 407; v. tb. art. 389, nota 3.

Art. 404: 1a. v. tít. CORREÇÃO MONETÁRIA (especialmente a LCM).

Art. 404: 2. cf. art. 389.

Art. 404: 3. v. art. 389, notas 4 a 6.

Art. 405. Contam-se os juros de mora desde a citação inicial.[1 a 10]

Art. 405: 1. v. CPC 240. Em matéria de: despesas condominiais, v. art. 1.336, nota 3h; tutela, v. art. 1.762; cheque, v. LCh 52, nota 1.

Art. 405: 1a. Lei 7.089, de 23.3.83 (Lex 1983/58, RDA 152/257, RF 281/531, Bol. AASP 1.268/3): "**Art. 1º** Fica proibida a cobrança de juros de mora, por estabelecimentos bancários e instituições financeiras, sobre o título de qualquer natureza, cujo vencimento se dê em sábado, domingo ou feriado, desde que seja quitado no primeiro dia útil subsequente".

Lei 9.492, de 10.9.97 — Define competência, regulamenta os serviços concernentes ao protesto de títulos e outros documentos de dívida e dá outras providências: "**Art. 40.** Não havendo prazo assinado, a data do registro do protesto é o termo inicial da incidência de juros, taxas e atualizações monetárias sobre o valor da obrigação contida no título ou documento de dívida".

Art. 405: 1b. CPC 85 § 16: "Quando os honorários forem fixados em quantia certa, os juros moratórios incidirão a partir da data do trânsito em julgado da decisão".

Todavia: "Julgado improcedente o pedido, com a respectiva inversão dos ônus de sucumbência, o termo *a quo* para a incidência dos juros moratórios conta-se da data da prolação da sentença, se líquida, ou da data em que esta for liquidada, se ilíquida" (STJ-3ª T., REsp 327.708, Min. Nancy Andrighi, j. 19.11.02, DJU 24.2.03). No mesmo sentido: JTJ 342/410 (AP 460.886-4/2-00; v. p. 418).

"Tendo os **honorários advocatícios** sido fixados em valor certo (e não em percentual sobre o valor da causa), a correção monetária e os juros devem incidir a partir do seu arbitramento" (STJ-3ª T., REsp 1.235.714-EDcl, Min. Nancy Andrighi, j. 4.9.12, DJ 11.9.12).

Contra, no sentido de que, "sendo a verba honorária calculada a partir de percentual incidente sobre o montante total da condenação e sendo este devidamente atualizado — incluindo todos os consectários legais —, não há espaço para a alegação de nova incidência de juros moratórios sobre o valor dos honorários advocatícios, sob pena de *bis in idem* ocasionador de enriquecimento sem causa": STJ-2ª T., REsp 1.571.884-AgRg, Min. Herman Benjamin, j. 7.4.16, DJ 24.5.16. No mesmo sentido: STJ-1ª T., REsp 1.542.450-AgInt, Min. Benedito Gonçalves, j. 19.6.18, DJ 25.6.18.

Art. 405: 1c. Nem sempre é assim. O evento que faz iniciar a contagem dos juros moratórios, naturalmente, é a mora. Ocorre que a mora pode não coincidir com a citação inicial. Exemplo disso está no **art. 397-*caput*:** "o inadimplemento da obrigação positiva e líquida, no seu termo, constitui de pleno direito em mora o devedor". Outro exemplo está no **art. 398:** "nas obrigações provenientes de ato ilícito, considera-se o devedor em mora desde que o praticou". Em sentido semelhante, v. ainda **art. 390.** E sempre que a mora se caracterizar em momento distinto da citação inicial, é a partir desse momento (e não da citação) que se contarão os juros moratórios. Nesse sentido: STJ-2ª T., REsp 1.211.214, Min. Castro Meira, j. 7.12.10, DJ 14.2.11; STJ-3ª T., Ag em REsp 1.358-AgRg, Min. Sidnei Beneti, j. 28.6.11, DJ 1.7.11.

Art. 405: 2. Súmula 163 do STF: "Salvo contra a Fazenda Pública, sendo a **obrigação ilíquida,** contam-se os juros moratórios desde a citação inicial para a ação".

A restrição "salvo contra a Fazenda Pública", constante da Súmula 163, não mais subsiste (nesse sentido: RTJ 125/1.290, STF-RT 622/230, STF-Bol. AASP 1.571/21, TJPR-RAMPR 42/116), em face da **Lei 4.414, de 24.9.64, art. 1º:** "A União, os Estados, o Distrito Federal, os Municípios e as autarquias, quando condenados a pagar juros de mora, por estes responderão na forma do direito civil".

A Lei 4.414 tornou **superada,** também, a **Súmula 255 do STF.**

"A definição do termo inicial dos juros de mora decorre da liquidez da obrigação. Sendo líquida, os juros moratórios incidem a partir do vencimento da obrigação, nos termos do art. 397, *caput*, do Código de Civil de 2002; se for ilíquida, o termo inicial será a data da citação quando a interpelação for judicial, a teor do art. 397, parágrafo único, do Código Civil de 2002 c/c o art. 219, *caput*, do Código de Processo Civil" (STJ-3ª Seção, EmbExe no MS 12.707-AgRg, Min. Laurita Vaz, j. 8.6.11, DJ 27.6.11).

Súmula 54 do STJ: "Os juros moratórios fluem a partir do evento danoso, em caso de **responsabilidade extracontratual".** No mesmo sentido: RP 151/227.

"No campo da responsabilidade extracontratual, mesmo sendo objetiva a responsabilidade, os juros moratórios fluem a partir do evento danoso" (STJ-RDPr 16/287: Corte Especial, ED no REsp 63.068, um voto vencido).

"A demora de dez anos para ingressar com a ação de indenização não afasta a Súmula n. 54 do STJ, em relação ao termo inicial dos juros moratórios, sendo o presente caso de responsabilidade extracontratual" (STJ-4ª T., REsp 991.371, Min. Aldir Passarinho Jr., j. 4.3.10, DJ 29.3.10). **Contra:** "Na hipótese, a incidência de juros de mora a partir da citação, e não desde o evento danoso, tendo em vista que a ação foi proposta dezoito anos após o acidente, busca evitar que a parte seja beneficiada por sua demora e que o *quantum* indenizatório alcance na atualidade quantia que ultrapasse montante considerado razoável" (STJ-4ª T., Ag em REsp 166.595-AgInt, Min. Raul Araújo, j. 21.5.19, DJ 5.6.19; a citação é do voto do relator). **Ainda contra:** "Hipótese em que o acidente que vitimou o irmão dos autores ocorreu em 5/7/1991, tendo a ação sido proposta apenas em 1º/6/2011. Assim, considerando o longo tempo decorrido até a propositura da ação — quase vinte anos —, e que essa demora é devida aos próprios autores, majorando sobremaneira os juros de mora e a correção monetária, os danos morais foram aumentados nesta Corte para R$ 20.000,00, com juros de mora e atualização monetária incidindo, excepcionalmente, a partir desta fixação" (STJ-4ª T., REsp 1.402.520-AgInt, Min. Raul Araújo, j. 10.9.19, DJ 2.10.19).

"Na responsabilidade extracontratual, abrangente do dano moral puro, a mora se dá no momento da prática do ato ilícito e a demora na reparação do prejuízo corre desde então, isto é, desde a data do fato, com a incidência dos juros moratórios previstos na lei. O fato de, no caso de dano moral puro, a quantificação do valor da indenização, objeto da condenação judicial, só se dar após o pronunciamento judicial, em nada altera a existência da mora do devedor, configurada desde o evento danoso. A adoção de orientação diversa, ademais, ou seja, de que o início da fluência dos juros moratórios se iniciasse a partir do trânsito em julgado, incentivaria o recorrismo por parte do devedor e tornaria o lesado, cujo dano sofrido já tinha o devedor obrigação de reparar desde a data do ato ilícito, obrigado a suportar delongas decorrentes do andamento do processo e, mesmo de eventuais manobras processuais protelatórias, no sentido de adiar a incidência de juros moratórios" (STJ-2ª Seção, REsp 1.132.866, Min. Sidnei Beneti, j. 23.11.11, maioria, DJ 3.9.12). No mesmo sentido: STJ-Corte Especial, ED no REsp 494.183, Min. Arnaldo Esteves, j. 16.10.13, DJ 12.12.13.

"Na hipótese de danos morais coletivos, os juros de mora devem incidir desde o evento danoso, notadamente por não se tratar, na espécie, de responsabilidade civil contratual" (STJ-3ª T., REsp 1.929.288, Min. Nancy Andrighi, j. 22.2.22, DJ 24.2.22).

"Mesmo naquelas obrigações não quantificadas em dinheiro inicialmente ou ilíquidas, os juros moratórios fluem normalmente da data em que o devedor é constituído em mora, a qual, em se tratando de ato ilícito extracontratual, ocorre com o evento danoso, mercê do que dispõe o art. 398 do Código Civil de 2002. Assim, nas indenizações por danos morais decorrentes de responsabilidade extracontratual, os juros moratórios incidem desde o evento danoso (Súmula n. 54/STJ; REsp 1.132.866/SP, Segunda Seção). É de se ressaltar que os juros moratórios devem ser um elemento de calibragem da indenização, a depender de quando é ela satisfeita e não de quando é arbitrada. Prestigiam-se os devedores que de forma mais expedita pagam suas dívidas ou acertam extrajudicialmente seus litígios, ao passo que impõe reprimenda mais penosa aos recalcitrantes. Ademais, o tempo transcorrido entre o ato ilícito e o efetivo pagamento não pode militar contra a vítima do dano, mas deve constituir ônus a ser suportado exclusivamente pelo devedor da indenização, o causador do dano injusto" (STJ-4ª T., REsp 949.540, Min. Luis Felipe, j. 27.3.12, DJ 10.4.12).

"Na execução comercial desautorizada de obra musical, a relação entre o titular da obra (representado pelo ECAD) e o executor será extracontratual, ante a inexistência de vínculo entre as partes, de sorte que eventual condenação judicial fica sujeita a juros de mora contados desde o ato ilícito, nos termos do art. 398 do CC/02 e do enunciado 54 da Súmula/STJ. Na execução comercial de composições musicais mediante prévia autorização do titular, ainda que por intermédio do ECAD, há autêntico acordo de vontades para a cessão parcial, temporária e não exclusiva de direitos autorais, caracterizando relação contratual, de maneira que sobre eventual condenação judicial incidem juros de mora contados desde a citação, nos termos do art. 405 do CC/02" (STJ-3ª T., REsp 1.424.004, Min. Nancy Andrighi, j. 25.3.14, DJ 28.3.14).

"Não obstante a relação originária entre a vítima do acidente e o transportador ser contratual, o liame entre os parentes da vítima, que ora pleiteiam o ressarcimento de danos morais, e o prestador do serviço de transporte causador do dano possui natureza extracontratual, com base no art. 927 do Código Civil. Nessa linha de compreensão, deve ser aplicado o entendimento consagrado na Súmula 54/STJ" (STJ-Corte Especial, REsp 1.301.595, Min. Herman Benjamin, j. 29.5.14, maioria, DJ 7.4.15). Em sentido semelhante: "A responsabilidade civil por erro médico, na hipótese em que ocorre a morte da vítima e a reparação por danos morais é pleiteada pelos respectivos familiares, possui natureza extracontratual e, portanto, o termo inicial dos juros de mora é a data do evento danoso" (STJ-4ª T., REsp 1.732.556-EDcl-AgInt, Min. Raul Araújo, j. 28.5.19, DJ 18.6.19).

"Inscrição indevida no cadastro de inadimplentes. Danos morais. Responsabilidade extracontratual. Juros de mora. Termo inicial. Data do evento danoso. Súmula n. 54/STJ. O dano extrapatrimonial decorrente da inscrição indevida em cadastro de inadimplentes é extracontratual, ainda que a dívida objeto da inscrição seja contratual" (STJ-4ª T., Ag em REsp 1.390.641-AgInt, Min. Isabel Gallotti, j. 20.8.19, DJ 26.8.19). V. tb. art. 206, nota 3f (responsabilidade contratual ou extracontratual).

"No tocante ao pensionamento fixado pelo tribunal de origem, por ser uma prestação de trato sucessivo, os juros moratórios não devem iniciar a partir do ato ilícito — por não ser uma quantia singular —, tampouco da citação — por não ser ilíquida —, mas devem ser contabilizados a partir do vencimento de cada prestação, que ocorre mensalmente. Quanto às parcelas vincendas, não há razões para mantê-las na relação estabelecida com os juros de mora. Sem o perfazimento da dívida, não há como imputar ao devedor o estigma de inadimplente, tampouco o indébito da mora, notadamente se este for pontual no seu pagamento" (STJ-4ª T., REsp 1.270.983, Min. Luis Felipe, j. 8.3.16, DJ 5.4.16).

"Improbidade administrativa. Multa civil. Ofensa aos princípios administrativos. Termo inicial da correção monetária e dos juros de mora. Sanção. Ressarcimento ao erário. Responsabilidade civil extracontratual. *Dies a quo* da data do evento danoso" (STJ-2ª T., REsp 1.645.642, Min. Herman Benjamin, j. 7.3.17, DJ 19.4.17).

Súmula 188 do STJ: "Os juros moratórios, na **repetição do indébito tributário,** são devidos a partir do trânsito em julgado da sentença".

"Os juros moratórios, observado que na hipótese dos autos não se cogita a aplicação da taxa SELIC, são devidos, nas restituições ou compensações tributárias, a partir do trânsito em julgado da sentença" (STJ-1ª Seção, ED no REsp 364.081, Min. Francisco Falcão, j. 8.10.08, um voto vencido, DJ 20.10.08).

Súmula 204 do STJ: "Os juros de mora nas ações relativas a **benefícios previdenciários** incidem a partir da citação válida" (v. jurisprudência s/ esta Súmula em RSTJ 108/127).

Súmula 426 do STJ: "Os juros de mora na **indenização do seguro DPVAT** fluem a partir da citação".

"Em ação de cobrança objetivando indenização decorrente de seguro obrigatório de danos pessoais causados por veículos automotores de via terrestre — DPVAT, os juros de mora são devidos a partir da citação, por se tratar de responsabilidade contratual e obrigação ilíquida" (STJ-2ª Seção, REsp 1.098.365, Min. Luis Felipe, j. 28.10.09, DJ 26.11.09).

Art. 405: 2a. Tratando-se de **responsabilidade fundada em contrato,** os juros são computados a partir da citação, e não do evento (STJ-3ª T., REsp 234.279, Min. Ari Pargendler, j. 29.11.02, DJU 31.3.03; STJ-4ª T., REsp 404.629, Min. Aldir Passarinho Jr., j. 21.3.02, DJU 29.4.02; RSTJ 10/414, 11/422, 17/324, maioria, 17/394, maioria, 63/212; STJ-RT 664/165, maioria, 669/200).

"Em caso de responsabilidade contratual, quando não se tratar de dívida líquida e com vencimento em termo certo, os juros de mora incidem, em princípio, a partir da citação verificada no processo principal, e não naquela verificada na ação cautelar preparatória que o antecedeu" (STJ-3ª T., REsp 1.432.859, Min. Sidnei Beneti, j. 15.5.14, DJ 25.6.14). **Contra,** no sentido de que, se houver processo cautelar preparatório, contam-se os juros da data da citação nele efetivada, e não da citação no processo principal: RTJE 114/147.

"Em sede de responsabilidade contratual os juros de mora referentes à reparação por dano moral incidem a partir da citação" (STJ-3ª T., REsp 1.395.285, Min. Nancy Andrighi, j. 3.12.13, DJ 12.12.13).

"Contam-se os juros de mora a partir da citação, no caso de descumprimento contratual na liberação de cheques com defeito de assinatura, não se cogitando de obrigação originada de ato ilícito propriamente dita, mas, sim, de ilícito contratual, constituído pelo inadimplemento" (STJ-3ª T., REsp 1.349.894, Min. Sidnei Beneti, j. 4.4.13, DJ 11.4.13).

"Ação declaratória de inexigibilidade de débito cumulada com repetição de indébito e indenização por danos morais. Fraude perpetrada por preposto da instituição financeira que mediante ardil promoveu o desfalque de numerário depositado em conta-corrente por meio de cheques impressos e pagos diretamente no caixa. Os juros moratórios contam-se a partir da citação, pois, em que pese estar a demanda fundada em reparação por ato ilícito, a parte autora mantém com o demandado estrita relação jurídica contratual, da qual se originaram os desfalques monetários promovidos pelo preposto da financeira diretamente na conta-corrente mantida pelo cliente junto à casa bancária. Ainda que o pleito derive do ato ilícito relativo à duplicação fraudulenta dos cheques, esse somente ocorreu em razão do liame jurídico atinente ao contrato estabelecido entre o banco e o cliente" (STJ-4ª T., REsp 1.358.431, Min. Marco Buzzi, j. 27.8.19, maioria, DJ 10.12.19).

"O termo inicial dos juros de mora incidentes na indenização fixada a título de danos morais, decorrentes da recusa injustificada do plano de saúde em efetuar a cobertura do tratamento clínico de seu filiado, é a data da sua citação, uma vez que se trata de responsabilidade contratual" (STJ-4ª T., AI 1.301.570-AgRg, Min. Raul Araújo, j. 16.5.13, DJ 24.6.13). No mesmo sentido: STJ-3ª T., Ag em REsp 202.448-AgRg, Min. João Otávio, j. 25.11.14, DJ 12.12.14.

"Em se tratando de protesto indevido de títulos decorrentes de celebração de contrato entre as partes, mostra-se prevalente o caráter contratual do ilícito causador do dano. Agravo regimental a que se dá parcial provimento, determinando-se a incidência de juros moratórios a partir da citação" (STJ-4ª T., REsp 1.022.665-AgRg, Min. Raul Araújo, j. 11.10.11, um voto vencido, DJ 1.7.13).

"O termo inicial dos juros moratórios deve ser determinado a partir da natureza da relação jurídica mantida entre as partes. No caso, tratando-se de mandato, a relação jurídica tem natureza contratual, sendo o termo inicial dos juros moratórios a data da citação (art. 405 do CC). Não havendo prova de má-fé e sendo a mora declarada pelo Poder Judiciário, a citação deve prevalecer como marco inicial da contagem dos juros" (STJ-3ª T., REsp 1.403.005, Min. Paulo Sanseverino, j. 6.4.17, DJ 11.4.17).

"A seguradora é responsável pelo pagamento dos juros de mora, em virtude da denunciação à lide, adotando-se como termo inicial dos juros a data da citação da seguradora como litisdenunciada na ação proposta pela vítima em desfavor do segurado" (STJ-4ª T., REsp 1.628.089-AgInt, Min. Raul Araújo, j. 16.2.17, DJ 6.3.17). No mesmo sentido: STJ-3ª T., REsp 1.219.910-EDcl-AgRg, Min. João Otávio, j. 15.8.13, DJ 26.8.13.

Todavia: "Atrasado o pagamento, em desrespeito a norma contratual, os juros de mora incidem a partir do momento em que, segundo previsto no contrato, o pagamento deveria ter ocorrido. Vale, no caso, a regra *dies interpellat pro homine*, sediada no art. 960 do CC *(atual art. 397 do CC)*" (STJ-1ª T., REsp 419.266, Min. Gomes de Barros, j. 19.8.03, dois votos vencidos, DJ 8.9.03). No mesmo sentido: STJ-3ª T., Ag em REsp 49.828-AgRg, Min. Sidnei Beneti, j. 14.8.12, DJ 4.9.12.

"Embora juros contratuais em regra corram a partir da data da citação, no caso, contudo, de obrigação contratada como positiva e líquida, com vencimento certo, os juros moratórios correm a partir da data do vencimento da dívida. Emissão de nota promissória em garantia do débito contratado não altera a disposição contratual de fluência dos juros a partir da data certa do vencimento da dívida. O fato de a dívida líquida e com vencimento certo haver sido cobrada por meio de ação monitória não interfere na data de início da fluência dos juros de mora, a qual recai no dia do vencimento, conforme estabelecido pela relação de direito material" (STJ-Corte Especial, ED no REsp 1.250.382, Min. Sidnei Beneti, j. 2.4.14, RP 237/515).

"Se o contrato de locação especifica o valor do aluguel e a data de pagamento, os juros de mora fluem a partir do vencimento das prestações, a teor do art. 397 do Código Civil" (STJ-4ª T., REsp 1.264.820, Min. Luis Felipe, j. 13.11.12, DJ 30.11.12).

"A mora *ex re* independe de qualquer ato do credor, como interpelação ou citação, porquanto decorre do próprio inadimplemento de obrigação positiva, líquida e com termo implementado, cuja matriz normativa é o art. 960, primeira parte, do Código Civil de 1916, reproduzido no Código Civil atual no *caput* do art. 397. Dessarte, se o contrato de prestação de serviço educacional especifica o valor da mensalidade e a data de pagamento, os juros de mora fluem a partir do vencimento das prestações, a teor do artigo 397 do Código Civil" (STJ-4ª T., REsp 1.192.326, Min. Luis Felipe, j. 8.4.14, DJ 8.5.14).

"O art. 405 do Código Civil, segundo o qual os juros moratórios correm a partir da citação, deve ser lido no contexto do que dispõe o art. 397, parágrafo único, segundo o qual, não havendo termo certo, a mora pode se constituir mediante interpelação inclusive extrajudicial. Inexistindo prazo contratualmente estabelecido para o cumprimento da prestação, o pedido administrativo deve ser considerado marco de constituição do devedor em mora, em se tratando de obrigação contratual de pagar indenização prevista em apólice de seguro de vida. Mostra-se inoperante a citação para tal propósito, haja vista que a ciência acerca da iniciativa do credor, quanto à exigência de cumprimento da obrigação, ocorrera anteriormente. A se adotar entendimento contrário, bastaria à seguradora procrastinar a resposta do pedido administrativo para que os juros moratórios não incidissem na dívida" (STJ-4ª T., REsp 1.170.372-AgRg, Min. Luis Felipe, j. 3.6.14, DJ 12.6.14).

"Na ação de reparação de danos ajuizada por seguradora contra o causador do sinistro, por sub-rogação, os juros de mora devem fluir a partir da data do efetivo desembolso, e não da citação" (STJ-3ª T., REsp 1.539.689, Min. Moura Ribeiro, j. 5.6.18, DJ 14.6.18).

Em matéria de desvio de numerário pelo mandatário, v. art. 670, inclusive nota 1.

Art. 405: 2b. "**Responsabilidade civil pré-contratual.** Negociações preliminares. Expectativa legítima de contratação. Ruptura de tratativas. Violação ao princípio da boa-fé objetiva. Juros de mora. Termo 'a quo'. Data da citação" (STJ-3ª T., REsp 1.367.955, Min. Paulo Sanseverino, j. 18.3.14, DJ 24.3.14).

Art. 405: 2c. "O **acidente de trabalho** decorrente de ato ilícito do empregador é de natureza extracontratual, de sorte que os juros moratórios incidem na forma preconizada na Súmula 54 do STJ" (STJ-4ª T., REsp 579.888, Min. Aldir Passarinho Jr., j. 6.8.09, DJ 21.9.09). **Todavia:** "Tratando-se de acidente de trabalho, a responsabilidade é contratual, incidindo os juros de mora sobre os danos morais, estéticos e patrimoniais a partir da citação" (STJ-4ª T., REsp 934.969, Min. Antonio Ferreira, j. 24.4.14, maioria, DJ 10.11.14; nota: no ponto, o relator ficou vencido, tendo prevalecido o voto do Min. Marco Buzzi).

Art. 405: 2d. "Tendo em vista que o ato ilícito ora em análise se deu mediante a publicação indevida de diversas charges no lapso temporal de janeiro de 1993 a maio de 1996, os juros moratórios devem ser calculados a partir de setembro de 1994, **data intermediária** entre a primeira e a última lesão" (STJ-RT 892/142: 4ª T., REsp 735.019).

Art. 405: 2e. "**Pluralidade de réus** afastada. Juros de mora. Cômputo. Data da citação. Na espécie, o termo inicial para a fluência dos juros de mora se deu, com relação à recorrida, na data em que a mesma foi propriamente citada (13/09/2004), pois foi neste momento em que a mesma foi constituída em mora. Os efeitos da citação não podem ser confundidos com o início do prazo para a defesa dos litisconsortes. Não se aplica, para a constituição em mora, regra processual disciplinadora do termo inicial do prazo para contestar (CPC/2015, art. 231, § 1º), em detrimento da regra geral de direito material pertinente (Código Civil, art. 280). Especificamente na hipótese dos autos, há ainda o relevante fato de os demais corréus terem tido sua ilegitimidade passiva reconhecida por sentença, o que reforça a ideia de impossibilidade da contagem dos juros de mora dar-se somente a partir da data da citação do último daqueles que, naquela fase, ainda era considerado réu no processo, mas que, posteriormente, deixou de sê-lo" (STJ-3ª T., REsp 1.868.855, Min. Nancy Andrighi, j. 22.9.20, DJ 28.9.20).

Art. 405: 3. "Em se tratando de **execução de prestação alimentícia,** os juros de mora não são devidos apenas a partir da citação, mas sim desde a **data do inadimplemento** da obrigação" (JTJ 303/338).

Art. 405: 3a. "Na ação de **apuração de haveres** resultante de dissolução parcial da sociedade, os juros incidentes sobre o montante da condenação fluem a partir da citação inicial" (STJ-2ª Seção, ED no REsp 564.711, Min. Ari Pargendler, j. 27.6.07, DJU 27.8.07).

Art. 405: 3b. "Os juros de mora incidem a partir da citação do devedor na fase de conhecimento da **ação civil pública,** quando esta se fundar em responsabilidade contratual" (STJ-Corte Especial, REsp 1.361.800, Min. Sidnei Beneti, j. 21.5.14, maioria, DJ 14.10.14).

"Embora a condenação imposta nas ações para tutela de direitos individuais homogêneos deva ser genérica, não podendo entrar no mérito dos prejuízos sofridos por cada interessado, ela irá necessariamente versar sobre o ressarcimento dos danos causados, reconhecendo o ato ilícito praticado pelo réu, o que, por conseguinte, já o constitui em mora desde a citação para responder aos termos da ação civil pública, nos termos do art. 219 do CPC" (STJ-3ª T., REsp 1.304.953, Min. Nancy Andrighi, j. 26.8.14, DJ 8.9.14).

"O termo inicial para a incidência dos juros de mora deverá ser a data da notificação da autoridade coatora no **mandado de segurança coletivo,** porque é neste momento que o devedor é constituído em mora" (STJ-2ª T., REsp 1.773.922, Min. Herman Benjamin, j. 13.12.18, DJ 19.12.18).

Contra: "Ação civil pública. Indenização por lesão a direitos individuais homogêneos. Execução individual. Juros moratórios. Mora *ex persona*. Termo inicial. Citação na fase de liquidação de sentença. Nos termos do art. 219 do Código de Processo Civil e 397 do Código Civil, na hipótese, a mora verifica-se com a citação do devedor, realizada na fase de liquidação de sentença, e não a partir de sua citação na ação civil pública" (STJ-4ª T., REsp 1.348.512-AgRg, Min. Luis Felipe, j. 18.12.12, DJ 4.2.13).

Art. 405: 4. "Nos **compromissos de compra e venda** de unidades imobiliárias anteriores à Lei 13.786/2018, em que é pleiteada a resolução do contrato por iniciativa do promitente comprador de forma diversa da cláusula penal convencionada, os juros de mora incidem a partir do trânsito em julgado da decisão" (STJ-2ª Seção, REsp 1.740.911, Min. Isabel Gallotti, j. 14.8.19, maioria, DJ 22.8.19). Do voto da relatora: "Nos casos em que a iniciativa da rescisão do contrato parte do consumidor, sem culpa do fornecedor, ante a ausência de disciplina legal — até a recentíssima edição da Lei 13.786/2018, a qual irá reger futuros contratos — não há culpa (ou mora) da incorporadora que vinha cumprindo regularmente o contrato. Anoto que, com a normatização, os contratos regidos pela nova lei não estarão submetidos ao entendimento aqui defendido, pois na hipótese de não serem observadas as diretrizes legais não se cuidará de sentença constitutiva, mas de sentença declaratória de nulidade de cláusula contratual e condenatória ao pagamento de valor. A esses casos deverá ser aplicada a regra geral para obrigação de origem contratual, com a fluência dos juros de mora a partir da citação, nos termos dos artigos 397 e 405 do Código Civil".

"Como a promitente vendedora/agravada foi a autora da ação de rescisão contratual, a sua obrigação de devolver as parcelas até então quitadas só se tornará exigível a partir do trânsito em julgado da ação em comento. Ademais, a condenação em juros de mora é devida independentemente da existência de pedido da parte ou de determinação expressa no julgado. No caso, considerando que não há falar em constituição em mora da vendedora/agravada, o termo inicial dos juros deve ser a data do trânsito em julgado da sentença" (STJ-3ª T., REsp 1.151.282-AgRg, Min. João Otávio, j. 20.8.13, DJ 29.8.13; a citação é do voto do relator).

Art. 405: 5. Restituição de valores ao consorciado desistente. "Os juros de mora, na espécie, incidem, tão somente, a partir de quando se esgota o prazo para a administradora proceder ao reembolso e, por qualquer motivo, não o faz, momento em que sua mora resta caracterizada" (STJ-3ª T., REsp 1.087.601, Min. Massami Uyeda, j. 17.2.09, DJ 1.4.09). "O transcurso do aludido lapso temporal, sem a ocorrência da restituição efetivamente devida, implica a incidência de juros moratórios a partir do trigésimo primeiro dia do encerramento do grupo consorcial" (STJ-2ª Seção, REsp 1.111.270, Min. Marco Buzzi, j. 25.11.15, maioria, DJ 16.2.16).

Art. 405: 6. "Tendo a Administração admitido a existência de dívida de valor consolidado, **sem**, contudo, **estipular prazo para seu pagamento,** torna-se inaplicável a regra prevista no *caput* do art. 397 do CC, devendo os juros moratórios incidir a partir da citação, nos termos do art. 397, parágrafo único, c/c 405 do CC e 219, *caput*, do CPC, calculados sobre o montante nominalmente confessado" (STJ-3ª Seção, REsp 1.112.114, Min. Arnaldo Esteves, j. 9.9.09, um voto vencido, DJ 8.10.09). No mesmo sentido: STJ-1ª T., REsp 1.190.710, Min. Teori Zavascki, j. 4.11.10, DJ 16.11.10.

"A inexistência de estipulação quanto ao vencimento da obrigação enseja a possibilidade de o credor exigi-la incontinenti ou noutro momento, observado o prazo prescricional. Inteligência do art. 331 do CC/2002. Contudo, tratando-se de mora *ex persona*, a cobrança do débito subordina-se à interpelação judicial ou extrajudicial, a fim de que o devedor seja constituído em mora, nos termos do art. 397, § ún., do CC/2002. Na hipótese, considerando que a credora deixou de promover a diligência *supra*, devem-se reputar incidentes os desdobramentos da mora a partir da instauração do procedimento de cumprimento de sentença, sendo o termo *a quo* dos juros e da correção monetária, a data da intimação e a do início da fase expropriatória, respectivamente" (STJ-4ª T., REsp 1.358.408, Min. Marco Buzzi, j. 21.3.13, DJ 8.4.13).

Art. 405: 7. "Na execução, o **depósito** efetuado a título de garantia do juízo ou decorrente da penhora de ativos financeiros não isenta o devedor do pagamento dos consectários de sua mora, conforme previstos no título executivo, devendo-se, quando da efetiva entrega do dinheiro ao credor, deduzir do montante final devido o saldo da conta judicial" (STJ-Corte Especial, REsp 1.820.963, Min. Nancy Andrighi, j. 19.10.22, maioria, DJ 16.12.22). No mesmo sentido: "Como o depósito em garantia do juízo visa ao oferecimento de impugnação ao valor exequendo, não constitui pagamento, inexistindo previsão legal que o equipare a tanto. Dessa forma, permanece o devedor em mora, responsabilidade que não pode ser transferida ao depositário judicial sem que se identifique na conduta deste hipótese de subsunção à regra do art. 394 do Código Civil. A instituição financeira depositária, em razão dos deveres previstos no art. 629 do Código Civil, responde pela correção monetária e juros remuneratórios sobre o valor depositado. O depósito judicial apenas extingue a obrigação do devedor nos limites da quantia depositada, mas não o libera dos consectários próprios de sua obrigação. Assim, quando do efetivo pagamento, os valores depositados com os acréscimos pagos pela instituição bancária devem ser deduzidos do montante da condenação calculado na forma do título judicial ou extrajudicial" (STJ-3ª T., REsp 1.475.859, Min. João Otávio, j. 16.8.16, DJ 25.8.16).

Contra: "Na fase de execução, o depósito judicial do montante (integral ou parcial) da condenação extingue a obrigação do devedor, nos limites da quantia depositada" (STJ-Corte Especial, REsp 1.348.640, Min. Paulo Sanseverino, j. 7.5.14, DJ 21.5.14).

"A responsabilidade pela correção monetária e pelos juros, após feito o depósito judicial, é da instituição financeira onde o numerário foi depositado (Súmulas 179 e 271 do STJ). Esse posicionamento se aplica ainda que se trate de penhora de dinheiro para a garantia da execução. Assim, procedido o depósito judicial no valor da execução, cessa a responsabilidade do devedor por tais encargos" (STJ-3ª T., Ag 1.370.586-EDcl-AgRg, Min. Nancy Andrighi, j. 5.4.11, DJ 8.4.11).

"Realizado o depósito judicial com a finalidade de, garantido o juízo, ser oferecida impugnação ao cumprimento da sentença ou embargos à execução, a remuneração da quantia depositada passa a ser de responsabilidade de instituição financeira depositária" (STJ-4ª T., Ag 1.302.029-AgRg, Min. Isabel Gallotti, j. 18.4.13, DJ 25.4.13).

Art. 405: 8. "A relação jurídica instituída pelo **depósito judicial** é de 'um ato administrativo de nomeação para o exercício eventual de uma função pública' (COSTA E SILVA, Antonio Carlos. *Tratado do Processo de Execução*, 2ª ed., vol. II, Aide Editora, RJ, 1986, p. 875). Não há relação contratual de caráter privado. O banco depositário, ao manter em seu poder o capital pertencente aos recorridos, obteve lucro em detrimento da perda sofrida por esses, o que configura prática de ilícito extracontratual, razão pela qual, nos termos da Súmula 54/STJ, os juros moratórios incidem a partir do evento danoso, ou seja, a data da injusta **recusa em restituir** integralmente o valor depositado" (STJ-3ª T., REsp 1.134.450, Min. Nancy Andrighi, j. 16.5.13, DJ 27.5.13).

Art. 405: 9. "Não incidem juros de mora sobre a **multa imposta pelo descumprimento de obrigação de fazer**, sob pena de configurar *bis in idem*" (STJ-3ª T., REsp 1.327.199, Min. Nancy Andrighi, j. 22.4.14, DJ 2.5.14). No mesmo sentido: STJ-1ª T., REsp 1.699.443, Min. Regina Costa, j. 8.2.18, DJ 22.2.18.

Art. 405: 10. "Previdência privada. **Devolução de valores recebidos por meio de tutela antecipada** posteriormente revogada. É incabível a incidência de juros moratórios sobre valores a serem devolvidos em virtude de revogação de decisão que antecipou os efeitos da tutela, por não haver, no caso, fato ou omissão imputável ao autor da ação de revisão de benefício" (STJ-4ª T., REsp 1.600.942-AgInt-AgInt-EDcl, Min. Raul Araújo, j. 7.3.17, DJ 20.3.17). "**Entretanto**, por força da responsabilidade processual objetiva e da natureza da mora *ex re*, nos casos em que o próprio devedor dá causa à inadimplência relativa, ao obter a efetivação da tutela provisória, deve se sujeitar ao pagamento de juros e multa moratória, em razão da posterior cassação da liminar, com retorno ao *statu quo ante*. Hipótese em que, sendo o autor o próprio devedor da obrigação de pagar a mensalidade do plano de saúde e que foi beneficiado com a decisão que deferiu a tutela provisória, posteriormente revogada, deve ele arcar com a mora pelo atraso no cumprimento da obrigação, incidindo os respectivos juros a partir do vencimento de cada prestação" (STJ-3ª T., REsp 1.993.895, Min. Nancy Andrighi, j. 10.5.22, DJ 31.5.22).

Capítulo IV | DOS JUROS LEGAIS[1]

CAP. IV: 1. "Considerações sobre os juros legais no novo Código Civil", por Leonidas Cabral Albuquerque (Ajuris 91/165); "Anotações sobre juros legais, sua incidência na mora em negócios anteriores ao novo Código Civil, a regência e a taxa mensal", por Celso José Pimentel (RJ 319/61); "Taxa de juros e a nova Lei Civil", por Ana Paula dos Santos (RJ 324/66); "Os juros legais no novo Código Civil e a inaplicabilidade da taxa selic", por Pio Giovani Dresch (Ajuris 87/213); "Os juros no novo Código Civil e a ilegalidade da taxa selic", por Sérgio Niemeyer (RF 375/171); "Algumas breves reflexões sobre juros à luz do Código Civil de 2002", por José Roberto de Albuquerque Sampaio (RF 381/489); "A usura e a limitação dos juros reais compensatórios em 1% ao mês após a publicação da Emenda Constitucional n. 40", por Gabriel Wedy (RJ 341/43); "A taxa Selic e o art. 406 do Código Civil", por Marcos Cavalcante de Oliveira (RT 857/76); "O regime dos juros no novo direito privado brasileiro", por Judith Martins--Costa (Ajuris 105/237).

Art. 406. Quando os juros moratórios[1-1a] não forem convencionados, ou o forem sem taxa[1b a 3] estipulada, ou quando provierem de determinação da lei, serão fixados segundo a taxa que estiver em vigor para a mora do pagamento de impostos devidos à Fazenda Nacional.[4 a 5]

Art. 406: 1. s/ mora, v. arts. 394 a 401; s/ termo inicial dos juros moratórios, v. art. 405 e notas.

S/ juros moratórios em matéria de: doação, v. art. 552; comissão, v. art. 706; legado em dinheiro, v. art. 1.925; relação de consumo, v. CDC 52-II.

V. tb. CPC 322 (juros legais embutidos no pedido).

Art. 406: 1a. "Não incide **imposto de renda** sobre os juros de mora devidos pelo atraso no pagamento de remuneração por exercício de emprego, cargo ou função" (STF-Pleno, RE 855.091, Min. Dias Toffoli, j. 15.3.21, maioria, DJ 8.4.21; no caso, considerou-se "não recepcionada pela Constituição de 1988 a parte do parágrafo único do art. 16 da Lei n. 4.506/64 que determina a incidência do imposto de renda sobre juros de mora decorrentes de atraso no pagamento das remunerações previstas no artigo (advindas de exercício de empregos, cargos ou funções), concluindo que o conteúdo mínimo da materialidade do imposto de renda prevista no art. 153, III, da Constituição Federal de 1988 não permite que ele incida sobre verbas que não acresçam ao patrimônio do credor").

"É inconstitucional a incidência do IRPJ e da CSLL sobre os valores atinentes à taxa Selic recebidos em razão de repetição de indébito tributário" (STF-Pleno, RE 1.063.187, Min. Dias Toffoli, j. 29.9.21, DJ 16.12.21). Esse entendimento "se aplica apenas nas hipóteses em que há o acréscimo de juros moratórios mediante a taxa Selic em questão na repetição de indébito tributário (inclusive na realizada por meio de compensação), seja na esfera administrativa, seja na esfera judicial" (STF-Pleno, RE 1.063.187-EDcl, Min. Dias Toffoli, j. 2.5.22, DJ 16.5.22).

Todavia: "Regra geral: incide o IRPF sobre os juros de mora, a teor do art. 16, *caput* e parágrafo único, da Lei 4.506/64, inclusive quando reconhecidos em reclamatórias trabalhistas, apesar de sua natureza indenizatória reconhecida pelo mesmo dispositivo legal. Primeira exceção: são isentos de IRPF os juros de mora quando pagos no contexto de despedida ou rescisão do contrato de trabalho, em reclamatórias trabalhistas ou não. Isto é, quando o trabalhador perde o emprego, os juros de mora incidentes sobre as verbas remuneratórias ou indenizatórias que lhe são pagas são isentos de imposto de renda. A isenção é circunstancial para proteger o trabalhador em uma situação socioeconômica desfavorável (perda do emprego), daí a incidência do art. 6º, V, da Lei 7.713/88. Nesse sentido, quando reconhecidos em reclamatória trabalhista, não basta haver a ação trabalhista, é preciso que a reclamatória se refira também às verbas decorrentes da perda do emprego, sejam indenizatórias, sejam remuneratórias. Nem todas as reclamatórias trabalhistas discutem verbas de despedida ou rescisão de contrato de trabalho, ali podem ser discutidas outras verbas ou haver o contexto de continuidade do vínculo empregatício. A discussão exclusiva de verbas dissociadas do fim do vínculo empregatício exclui a incidência do art. 6º, inciso V, da Lei 7.713/88. O fator determinante para ocorrer a isenção do art. 6º, inciso V, da Lei 7.713/88 é haver a perda do emprego e a fixação das verbas respectivas, em juízo ou fora dele. Ocorrendo isso, a isenção abarca tanto os juros incidentes sobre as verbas indenizatórias e remuneratórias quanto os juros incidentes sobre as verbas não isentas. Segunda exceção: são isentos do imposto de renda os juros de mora incidentes sobre verba principal isenta ou fora do campo de incidência do IR, mesmo quando pagos fora do contexto de despedida ou rescisão do contrato de trabalho (circunstância em que não há perda do emprego), consoante a regra do *accessorium sequitur suum principale*. Em que pese haver nos autos verbas reconhecidas em reclamatória trabalhista, não restou demonstrado que o foram no contexto de despedida ou rescisão do contrato de trabalho (circunstância de perda do emprego)" (STJ-1ª Seção, REsp 1.089.720, Min. Mauro Campbell, j. 10.10.12 maioria, DJ 28.11.12).

Contra: "Os juros de mora correspondem à remuneração do capital e se enquadram na hipótese prevista no art. 43, I, do CTN ('produto de capital'), passível de incidência de Imposto de Renda, independentemente da natureza jurídica da prestação pecuniária principal à qual estejam vinculados" (STJ-2ª T., REsp 718.408, Min. Herman Benjamin, j. 23.10.07, DJ 23.10.08).

Art. 406: 1b. s/ taxa para juros remuneratórios, v. art. 591 e notas e Dec. 22.626, de 7.4.33, especialmente art. 1º e notas (no tít. MÚTUO).

Art. 406: 1c. Em regra, cobrar juros acima da taxa legal constitui crime contra a economia popular (v. Lei 1.521, de 26.12.51, art. 4º-*a*; Lei 14.286, de 29.12.21, art. 16).

Art. 406: 2. Em. Const. 113, de 8.12.21: "Art. 3º Nas discussões e nas condenações que envolvam a Fazenda Pública, independentemente de sua natureza e para fins de atualização monetária, de remuneração do capital e de compensação da mora, inclusive do precatório, haverá a incidência, uma única vez, até o efetivo pagamento, do índice da taxa referencial do Sistema Especial de Liquidação e de Custódia **(Selic)**, acumulado mensalmente".

Lei 4.414, de 24.9.64 — Regula o pagamento de juros moratórios pela União, pelos Estados, Distrito Federal, Municípios e autarquias: "Art. 1º A União, os Estados, o Distrito Federal, os Municípios e as autarquias, quando condenados a pagar juros de mora, por este responderão na forma do direito civil".

O texto diz "este", e não "estes".

A Lei 4.414 revogou expressamente o Dec. 22.785, de 31.5.33, art. 3º, e implicitamente a Súmula 255 do STF.

Lei 9.494, de 10.9.97 — Disciplina a aplicação da tutela antecipada contra a Fazenda Pública e dá outras providências:

"**Art. 1º-F.** Nas condenações impostas à Fazenda Pública, independentemente de sua natureza e para fins de atualização monetária, remuneração do capital e compensação da mora, haverá a incidência uma única vez, até o efetivo pagamento, dos índices oficiais de remuneração básica e juros aplicados à caderneta de poupança".

Art. 406: 3. Súmula 176 do STJ: "É nula a cláusula contratual que sujeita o devedor à taxa de juros divulgada pela ANBID-CETIP".

Súmula 379 do STJ: "Nos contratos bancários não regidos por legislação específica, os juros moratórios poderão ser convencionados até o limite de 1% ao mês".

Enunciado 164 do CEJ: "Tendo início a mora do devedor ainda na vigência do Código Civil de 1916, são devidos juros de mora de 6% ao ano, até 10 de janeiro de 2003; a partir de 11 de janeiro de 2003 (data de entrada em vigor do novo Código Civil), passa a incidir o art. 406 do Código Civil de 2002".

Art. 406: 4. "Segundo dispõe o art. 406 do Código Civil, 'Quando os juros moratórios não forem convencionados, ou o forem sem taxa estipulada, ou quando provierem de determinação da lei, serão fixados segundo a taxa que estiver em vigor para a mora do pagamento de impostos devidos à Fazenda Nacional'. Assim, atualmente, a taxa dos juros moratórios a que se refere o referido dispositivo é a taxa referencial do Sistema Especial de Liquidação e Custódia — **SELIC**, por ser ela a que incide como juros moratórios dos tributos federais (arts. 13 da Lei 9.065/95, 84 da Lei 8.981/95, 39, § 4º, da Lei 9.250/95, 61, § 3º, da Lei 9.430/96 e 30 da Lei 10.522/02)" (STJ-Corte Especial, ED no REsp 727.842, Min. Teori Zavascki, j. 8.9.08, DJ 20.11.08).

"A taxa de juros moratórios a que se refere o art. 406 do Código Civil de 2002, segundo precedente da Corte Especial (EREsp 727842/SP, rel. Min. Teori Zavascki), é a SELIC, **não sendo possível cumulá-la com correção monetária,** porquanto já embutida em sua formação" (STJ-2ª Seção, REsp 1.025.298-EDcl, Min. Luis Felipe, maioria, j. 28.11.12, DJ 1.2.13). "No período anterior a constituição em mora (antes da citação), a atualização monetária dos valores devidos deve ser feita pelo índice indicado na sentença. Após a constituição em mora, incidência apenas da taxa Selic, sem cumulação com correção monetária" (STJ-3ª T., REsp 1.403.005, Min. Paulo Sanseverino, j. 6.4.17, DJ 11.4.17).

"Considerando que a taxa SELIC, em sua essência, já compreende juros de mora e atualização monetária, a partir de sua incidência não há cumulação desse índice com juros de mora" (STJ-2ª T., REsp 976.974-EDcl, Min. Castro Meira, j. 7.2.13, DJ 15.2.13).

Contra: "Até a data da entrada em vigor do novo Código Civil, os juros moratórios são regulados pelo artigo 1.062 do Código Beviláqua. Depois daquela data, aplica-se a taxa prevista no artigo 406 do atual Código Civil, na razão de **1% ao mês.** A taxa SELIC tem aplicação específica a casos previstos em Lei, tais como restituição ou compensação de tributos federais. Não é a ela que se refere o art. 406 do novo Código Civil, mas ao percentual previsto no art. 161, § 1º, do CTN" (STJ-RF 396/397: 3ª T., REsp 727.842-AgRg). No mesmo sentido: STJ-2ª T., REsp 970.586, Min. Humberto Martins, j. 21.8.07, DJU 3.9.07; RT 863/339.

"A taxa SELIC é composta de juros e correção monetária, não podendo ser acumulada com juros moratórios. Sua incidência, assim, configura evidente *bis in idem*, porquanto faz as vezes de juros moratórios, compensatórios e remuneratórios, a par de neutralizar os efeitos da inflação, constituindo-se em correção monetária por vias oblíquas. Daí por que impossível sua acumulação com os juros moratórios. A adoção da SELIC conduz ao desequilíbrio social e à insegurança jurídica, porquanto é alterada unilateralmente pela Administração Federal conforme os 'ânimos' do mercado financeiro e indicadores de inflação. Nesse contexto, por refletir atualização monetária e remuneração, a taxa SELIC não se perfaz em instrumento adequado para corrigir débitos decorrentes de benefícios previdenciários em atraso, que possuem natureza alimentar e visam atender fins sociais" (STJ--5ª T., REsp 823.228, Min. Gilson Dipp, j. 6.6.06, DJU 1.8.06). No mesmo sentido: STJ-6ª T., REsp 823.216, Min. Paulo Gallotti, dec. mon., DJU 7.3.07.

"Em face da responsabilidade extracontratual, os juros de mora devem ser aplicados à taxa de 0,5% ao mês, na forma do artigo 1.062 do antigo Código Civil até a entrada em vigor do novo, quando deverá ser calculado à taxa de 1% ao mês" (STJ-2ª T., REsp 804.628, Min. Castro Meira, j. 18.4.06, DJU 28.4.06). No mesmo sentido, em caso de responsabilidade contratual: STJ-3ª T., AI 766.853-AgRg, Min. Gomes de Barros, j. 19.9.06, DJU 16.10.06; STJ-4ª T., AI 791.802-AgRg, Min. Aldir Passarinho Jr., j. 11.12.07, DJU 18.2.08.

"Sobre a condenação em honorários advocatícios determinada no julgamento do recurso especial, devem incidir correção monetária pelo INPC e juros de mora de 1% (um por cento) ao mês, desde a data da publicação do acórdão até o efetivo pagamento. A taxa SELIC não incide na atualização dos honorários por sucumbência" (STJ--3ª T., REsp 337.094-EDcl, Min. Gomes de Barros, j. 9.5.06, DJU 29.5.06). No mesmo sentido: STJ-1ª T., REsp 396.003, Min. Luiz Fux, j. 1.10.02, DJU 28.10.02.

Enunciado 20 do CEJ: "A taxa de juros moratórios a que se refere o art. 406 é a do art. 161, § 1º, do Código Tributário Nacional, ou seja, 1% (um por cento) ao mês. A utilização da taxa SELIC como índice de apuração dos juros legais não é juridicamente segura, porque impede o prévio conhecimento dos juros; não é operacional, porque seu uso será inviável sempre que se calcularem somente juros ou somente correção monetária; é incompatível com a regra do art. 591 do novo Código Civil, que permite apenas a capitalização anual dos juros, e pode ser incompatível com o art. 192, § 3º, da Constituição Federal, se resultarem juros reais superiores a 12% (doze por cento) ao ano". Mas "a norma do § 3º do artigo 192 da Constituição, revogada pela Emenda Constitucional n. 40/2003, que limitava a taxa de juros reais a 12% ao ano, tinha sua aplicação condicionada à edição de lei complementar" **(Súmula Vinculante 7 do STF).**

Súmula 75 do TRF-4ª Reg.: "Os juros moratórios, nas ações previdenciárias, devem ser fixados em 12% ao ano, a contar da citação".

"Os juros de que trata o art. 406 do Código Civil/2002 incidem desde sua vigência e são aqueles estabelecidos pelo art. 161, § 1º, do Código Tributário Nacional" **(Enunciado 28 do I Encontro JECSP,** Bol. AASP 2.554).

S/ atualização monetária e juros nas condenações impostas à **Fazenda Pública,** v., na nota 2 acima, **Lei 9.494, de 10.9.97, art. 1º-F.**

Art. 406: 4a. "Não há violação à coisa julgada e à norma do art. 406 do novo Código Civil, quando o título judicial exequendo, exarado em momento anterior ao CC/02, fixa os juros de mora em 0,5% ao mês e, na execução do julgado, determina-se a incidência de juros de 1% ao mês a partir da lei nova. Segundo a jurisprudência das duas Turmas de Direito Público desta Corte, devem ser examinadas quatro situações, levando-se em conta a data da prolação da sentença exequenda: (a) se esta foi proferida antes do CC/02 e determinou juros legais, deve ser observado que, até a entrada em vigor do novo CC, os juros eram de 6% ao ano (art. 1.062 do CC/16), elevando-se, a partir de então, para 12% ao ano; (b) se a sentença exequenda foi proferida antes da vigência do CC/02 e fixava juros de 6% ao ano, também se deve adequar os juros após a entrada em vigor dessa legislação, tendo em vista que a determinação de 6% ao ano apenas obedecia aos parâmetros legais da época da prolação; (c) se a sentença é posterior à entrada em vigor do novo CC e determinar juros legais, também se considera de 6% ao ano até 11 de janeiro de 2003 e, após, de 12% ao ano; e (d) se a sentença é posterior ao novo CC e determina juros de 6% ao ano e não houver recurso, deve ser aplicado esse percentual, eis que a modificação depende de iniciativa da parte" [STJ-1ª Seção, REsp 1.112.746, Min. Castro Meira, j. 12.8.09, DJ 31.8.09; nota: apesar de o trecho da ementa mencionado anteriormente dar a entender que os juros de mora a partir do CC/02 seriam de 12% ao ano, outro trecho da ementa esclarece que "a taxa dos juros moratórios a que se refere o referido dispositivo (art. 406 do CC/02) é a taxa referencial do Sistema Especial de Liquidação e Custódia — SELIC"]. No mesmo sentido: STJ-Corte Especial, REsp 1.111.117, Min. Mauro Campbell, j. 2.6.10, maioria, DJ 2.9.10.

Art. 406: 5. Súmula 472 do STJ: "A cobrança de **comissão de permanência** — cujo valor não pode ultrapassar a soma dos encargos remuneratórios e moratórios previstos no contrato — exclui a exigibilidade dos juros remuneratórios, moratórios e da multa contratual".

"É admitida a incidência da comissão de permanência após o vencimento da dívida, desde que não cumulada com juros remuneratórios, juros moratórios, correção monetária e/ou multa contratual" (STJ-2ª Seção, REsp 706.368-AgRg, Min. Nancy Andrighi, j. 27.4.05, DJU 8.8.05).

"Se a mora for do credor (e será dele quando cobrar mais do que o devido), findo o prazo contratual, e até o trânsito em julgado, o devedor responderá pelos juros remuneratórios à taxa média de mercado, nunca superiores àquela contratada para o empréstimo, e pela respectiva capitalização. Após o trânsito em julgado, a instituição financeira está autorizada a cobrar do mutuário juros remuneratórios de mercado, nunca superiores aos contratados, e — se ajustados — juros de mora e multa" (STJ-3ª T., REsp 999.717-AgRg, Min. Ari Pargendler, j. 6.3.08, DJU 16.5.08).

"Os juros já englobados no retorno financeiro de um fundo de investimento, chamados juros compensatórios ou remuneratórios, não se confundem com os juros moratórios, cujo fundamento de incidência é diverso, qual seja, penalizar aquele que demorou em cumprir a obrigação" (STJ-3ª T., REsp 1.164.235, Min. Nancy Andrighi, j. 15.12.11, DJ 29.2.12).

V. tb. nota 1 ao art. 591 (Súmula 296 do STJ); nota 1 ao art. 2º do Dec. 22.626, de 7.4.33 (no tít. MÚTUO).

Art. 407. Ainda que se não alegue prejuízo, é obrigado o devedor aos juros da mora que se contarão assim às dívidas em dinheiro, como às prestações de outra natureza,[1] uma vez que lhes esteja fixado o valor pecuniário por sentença judicial, arbitramento, ou acordo entre as partes.

Art. 407: 1. "Incidência de juros de mora na **obrigação para entrega de coisa.** Exegese do art. 407 do Código Civil" (STJ-3ª T., REsp 1.198.880, Min. Paulo Sanseverino, j. 20.9.12, maioria, DJ 11.12.12). Do voto do relator, reproduzindo lição de Judith Martins-Costa: "Se a dívida não for a dinheiro, os juros moratórios se contam sobre o valor pecuniário que se der ao objeto da prestação, por sentença, ou por acordo entre as partes".

Capítulo V | DA CLÁUSULA PENAL[1]

CAP. V: 1. "Miradas sobre a cláusula penal no direito contemporâneo (à luz do direito civil-constitucional, do novo Código Civil e do Código de Defesa do Consumidor)", por Cristiano Chaves de Farias (RT 797/43, RF 364/31).

Art. 408. Incorre de pleno direito o devedor na cláusula penal,[1 a 3] desde que, culposamente, deixe de cumprir a obrigação ou se constitua em mora.[4]

Art. 408: 1. s/ cláusula penal em matéria de: mandato, v. art. 682, nota 2a; transporte de pessoas, v. art. 740 § 3º; transação, v. art. 847.

Art. 408: 1a. Súmula 616 do STF: "É permitida a **cumulação da multa contratual com os honorários de advogado,** após o advento do Código de Processo Civil vigente".

Súmula 119 do TFR: "A partir da vigência do Cód. de Proc. Civil de 1973, é cabível a cumulação da multa contratual com honorários advocatícios, na execução hipotecária, regida pela Lei n. 5.741, de 1971" (v. Lei 5.741 no tít. CONTRATOS IMOBILIÁRIOS).

Súmula 16 do TJSC: "A multa cominatória a que se referiam os artigos 916 e seguintes do Código Civil revogado (objeto dos artigos 408 e seguintes do Novo Código Civil) incide sobre o valor da obrigação principal, corrigido, acrescido dos juros impostos na sentença, quando o litígio versar sobre **seguro habitacional".**

Art. 408: 1b. "A inércia do **credor** justifica a cobrança da multa por inadimplemento, prevista no contrato" (STJ-3ª T., REsp 796.714, Min. Gomes de Barros, j. 3.4.07, DJU 14.5.07).

Art. 408: 1c. "A cláusula penal inserta em contratos bilaterais, onerosos e comutativos deve voltar-se aos **contratantes indistintamente,** ainda que redigida apenas em favor de uma das partes" (STJ-RT 914/547: 3ª T., REsp 1.119.740).

Art. 408: 2. "Validade da previsão de **arras confirmatórias e cláusula penal compensatória** num mesmo contrato, prevalecendo esta no caso de resolução por inadimplemento" (STJ-3ª T., REsp 1.381.652, Min. Paulo Sanseverino, j. 12.8.14, DJ 5.9.14).

Todavia: "De acordo com o art. 418 do CC/02, mesmo que as arras tenham sido entregues com vistas a reforçar o vínculo contratual, tornando-o irretratável, elas atuarão como indenização prefixada em favor da parte 'inocente' pelo inadimplemento, a qual poderá reter a quantia ou bem, se os tiver recebido, ou, se for quem os deu, poderá exigir a respectiva devolução, mais o equivalente. Evidenciada a natureza indenizatória das arras na hipótese de inexecução do contrato, revela-se inadmissível a sua cumulação com a cláusula penal compensatória, sob pena de violação do princípio do *non bis in idem* (proibição da dupla condenação a mesmo título). Se previstas cumulativamente, deve prevalecer a pena de perda das arras, as quais, por força do disposto no art. 419 do CC, valem como 'taxa mínima' de indenização pela inexecução do contrato" (STJ-3ª T., REsp 1.617.652, Min. Nancy Andrighi, j. 26.9.17, DJ 29.9.17).

V. tb. art. 418, nota 1a.

Art. 408: 3. "A cláusula penal não resulta automaticamente da lei, tampouco da natureza do contrato, dependendo a sua exigência de **prévia pactuação entre as partes.** Hipótese em que os contratos rescindidos previam a incidência de cláusula penal apenas para a hipótese de infração contratual, o que não se cogita na espécie, porquanto pactuada a possibilidade de rescisão das avenças por qualquer das partes e a qualquer tempo, desde que notificada a outra parte com 60 dias de antecedência. Na ausência de cláusula penal compensatória para a hipótese de rescisão unilateral imotivada, deve prevalecer o princípio da força obrigatória do contrato (*pacta sunt servanda*), notadamente nas relações empresariais, admitindo-se a ingerência judicial nas obrigações livremente pactuadas entre as partes somente em situações excepcionais" (STJ-3ª T., REsp 1.691.008, Min. Ricardo Cueva, j. 8.5.18, DJ 18.5.18).

V. tb. arts. 421, nota 4, 422, nota 3e, e 473, nota 2.

Art. 408: 4. s/ mora v. arts. 394 a 401.

Art. 409. A cláusula penal estipulada conjuntamente com a obrigação, ou em ato posterior, pode referir-se à inexecução completa da obrigação, à de alguma cláusula especial ou simplesmente à mora.[1-2]

Art. 409: 1. A que se refere à inexecução da obrigação ou de alguma cláusula especial é chamada de "cláusula penal compensatória" e a que se refere à mora é chamada de "cláusula penal moratória".

"Na falta de critérios mais precisos para se definir quando é compensatória ou moratória a cláusula penal, recomenda a doutrina 'que se confronte o seu valor com o da obrigação principal, e, se ressaltar sua patente inferioridade, é moratória' (Caio Mário da Silva Pereira); *in casu,* a cláusula penal foi fixada em 10% do valor do contrato, o que, à luz do critério acima traçado, exterioriza e denota sua natureza moratória" (STJ-4ª T., REsp 734.520, Min. Quaglia Barbosa, j. 21.6.07, DJU 15.10.07).

Art. 409: 2. "Apresentando-se a estipulação de abono de pontualidade com nítido caráter de cláusula penal, inadmissível a cobrança de multa moratória sobre o valor integral do aluguel, por se constituir em verdadeiro *bis in idem*" (RT 795/257).

Art. 410. Quando se estipular a cláusula penal para o caso de total inadimplemento da obrigação, esta converter-se-á em alternativa¹ a benefício do credor.²

Art. 410: 1. i.e., o credor pode exigir ou o cumprimento da obrigação, ou a satisfação da cláusula penal. Optando por esta, não pode, em regra, pedir nenhuma outra indenização, na medida em que as perdas e danos já estão prefixadas na cláusula penal. O recebimento de indenização suplementar, ou seja, de valor que supere o previsto na cláusula penal, somente pode ter lugar se as partes dispuseram expressamente a respeito e houver prova do prejuízo excedente (art. 416 § ún.).

Art. 410: 2. "Na dicção do art. 410 do Código Civil brasileiro, é vedado ao credor cumular a execução da obrigação principal com a multa penal compensatória, sob risco de enriquecimento indevido do mesmo" (RMDCPC 58/131: TJMG, AP 1.0498.11.002686-7/001).

Art. 411. Quando se estipular a cláusula penal para o caso de mora,¹ ou em segurança especial de outra cláusula determinada, terá o credor o arbítrio de exigir a satisfação da pena cominada, juntamente com o desempenho da obrigação principal.² ᵃ ⁴

Art. 411: 1. s/ mora, v. arts. 394 a 401; s/ cláusula penal moratória, v. notas 1 e 2 ao art. 409.

Art. 411: 2. "A instituição de cláusula penal moratória não compensa o inadimplemento, pois se traduz em punição ao devedor que, a despeito de sua incidência, se vê obrigado ao pagamento de indenização relativa aos prejuízos dele decorrentes" (STJ-4ª T., REsp 968.091, Min. Fernando Gonçalves, j. 19.3.09, DJ 30.3.09).

"Se a cláusula penal compensatória funciona como prefixação das perdas e danos, o mesmo não ocorre com a cláusula penal moratória, que não compensa nem substitui o inadimplemento, apenas pune a mora. Assim, a cominação contratual de uma multa para o caso de mora não interfere na responsabilidade civil decorrente do retardo no cumprimento da obrigação que já deflui naturalmente do próprio sistema. O promitente comprador, em caso de atraso na entrega do imóvel adquirido, pode pleitear, por isso, além da multa moratória expressamente estabelecida no contrato, também o cumprimento mesmo que tardio da obrigação e ainda a indenização correspondente aos lucros cessantes pela não fruição do imóvel durante o período da mora da promitente vendedora" (STJ-3ª T., REsp 1.355.554, Min. Sidnei Beneti, j. 6.12.12, DJ 4.2.13). No mesmo sentido: STJ-4ª T., REsp 1.655.903-EDcl-AgInt, Min. Raul Araújo, j. 19.9.17, DJ 11.10.17.

Art. 411: 3. "É possível a **cumulação da multa moratória** em razão da falta de pagamento de aluguéis **com a multa compensatória** estipulada no contrato de locação em virtude da devolução do imóvel antes do prazo estipulado para o término da locação. Tais **fatos geradores,** por serem **diversos,** não configuram, *bis in idem*" (STJ-3ª T., Ag em REsp 388.570-AgRg, Min. Ricardo Cueva, j. 16.6.16, DJ 27.6.16).

Art. 411: 4. "O **abono de pontualidade,** enquanto ato de liberalidade pela qual o credor incentiva o devedor ao pagamento pontual, revela-se, não como uma 'multa moratória disfarçada', mas como um comportamento cooperativo direcionado ao adimplemento da obrigação, por meio do qual ambas as partes se beneficiam. Hipótese em que não configura duplicidade (*bis in idem*) a incidência da multa sobre o valor integral dos aluguéis vencidos, desconsiderando o desconto de pontualidade" (STJ-3ªT., REsp 1.745.916, Min. Nancy Andrighi, j. 19.2.19, DJ 22.2.19).

Art. 412. O valor da cominação imposta na cláusula penal não pode exceder o da obrigação principal.¹ ᵃ ³

Art. 412: 1. Pelo **CDC 52 § 1º** (redação dada pela Lei 9.298, de 1.8.96, em Lex 1996/1.860, RT 730/713, RDA 205/387, Bol. AASP 1.964/2): "As multas de mora decorrentes do inadimplemento de obrigações no seu termo não poderão ser superiores a 2% (dois por cento) do valor da prestação".

Nos casos seguintes, não podem ser superiores a 10% do montante do débito:

— nos mútuos (Dec. 22.626, de 7.4.33, art. 9º, no tít. MÚTUO, ínt.);

— nas promessas de compra e venda de imóvel loteado e, se for urbano, também nas cessões de compromisso e nas promessas de cessão (Dec. lei 58, de 10.12.37, art. 11-*f*; Lei 6.766, de 19.12.79, art. 26-V — ambos no tít. PROMESSA DE COMPRA E VENDA E LOTEAMENTO);

— nas cédulas hipotecárias (Dec. lei 70, de 21.11.66, art. 34-I, no tít. CÉDULA HIPOTECÁRIA);

— nos títulos de crédito rural (Dec. lei 167, de 14.2.67, art. 71, no tít. TÍTULOS DE CRÉDITO RURAL);

— nos títulos de crédito industrial (Dec. lei 413, de 9.1.69, art. 58, em RT 400/482, Lex 1969/21, RF 226/439);

— nos títulos de crédito à exportação (v. art. 3º da Lei 6.313, de 16.12.75, c/c art. 58 do Dec. lei 413, de 9.1.69).

Quanto a multas nos condomínios edilícios, v. CC 1.336 §§ 1º e 2º e 1.337.

Art. 412: 2. "A cláusula penal, ainda que nominada multa diária por descumprimento do contrato, não pode exceder ao máximo da obrigação principal" (STJ-3ª T., REsp 796.714, Min. Gomes de Barros, j. 3.4.07, DJU 14.5.07).

Art. 412: 2a. "A multa decendial deve se limitar ao valor da obrigação principal, nos termos do artigo 412 do Código Civil, **sem o acréscimo de juros**" (STJ-3ª T., Ag em REsp 1.455.518-AgInt, Min. Ricardo Cueva, j. 30.9.19, DJ 4.10.19). No mesmo sentido: STJ-4ª T., Ag em REsp 1.565.584-AgInt, Min. Antonio Ferreira, j. 17.12.19, DJ 19.12.19.

Art. 412: 3. "As *demurrages* têm natureza jurídica de indenização, e não de cláusula penal, o que afasta a incidência do art. 412 do Código Civil. Se o valor das *demurrages* atingir patamar excessivo apenas em função da desídia da parte obrigada a restituir os *containers*, deve ser privilegiado o princípio *pacta sunt servanda*, sob pena de o Poder Judiciário premiar a conduta faltosa da parte devedora" (STJ-3ª T., REsp 1.286.209, Min. João Otávio, j. 8.3.16, DJ 14.3.16). No mesmo sentido: STJ-4ª T., Ag em REsp 842.151-AgInt, Min. Raul Araújo, j. 21.3.17, DJ 7.4.17.

Art. 413. A penalidade deve ser reduzida equitativamente pelo juiz se a obrigação principal tiver sido cumprida em parte, ou se o montante da penalidade for manifestamente excessivo, tendo-se em vista a natureza e a finalidade do negócio.[1 a 9]

Art. 413: 1. "A redução da cláusula penal no novo Código Civil", por Antonio Borges de Figueiredo (RSDCPC 23/152).

Art. 413: 1a. Em matéria de incorporação imobiliária, v. LCE 35, nota 3a. S/ redução equitativa de arras, v. art. 418, nota 1a.

Art. 413: 2. Enunciado 165 do CEJ: "Em caso de penalidade, aplica-se a regra do art. 413 ao sinal, sejam as arras confirmatórias ou penitenciais".

Enunciado 355 do CEJ: "Não podem as partes renunciar à possibilidade de redução da cláusula penal se ocorrer qualquer das hipóteses previstas no art. 413 do Código Civil, por se tratar de preceito de ordem pública".

Enunciado 356 do CEJ: "Nas hipóteses previstas no art. 413 do Código Civil, o juiz deverá reduzir a cláusula penal de ofício".

Enunciado 358 do CEJ: "O caráter manifestamente excessivo do valor da cláusula penal não se confunde com a alteração de circunstâncias, a excessiva onerosidade e a frustração do fim do negócio jurídico, que podem incidir autonomamente e possibilitar sua revisão para mais ou para menos".

Enunciado 359 do CEJ: "A redação do art. 413 do Código Civil não impõe que a redução da penalidade seja proporcionalmente idêntica ao percentual adimplido".

Art. 413: 3. s/ penalidade em matéria de: locação, v. arts. 572, 575 § ún. e LI 4º-*caput*; relação de consumo, v. CDC 51-IV.

Art. 413: 4. "No atual Código Civil, o abrandamento do valor da cláusula penal em caso de adimplemento parcial é **norma cogente e de ordem pública,** consistindo em dever do juiz e direito do devedor a aplicação dos princípios da função social do contrato, da boa-fé objetiva e do equilíbrio econômico entre as prestações, os quais convivem harmonicamente com a autonomia da vontade e o princípio *pacta sunt servanda* (STJ-3ª T., REsp 1.641.131, Min. Nancy Andrighi, j. 16.2.17, DJ 23.2.17).

"A norma do art. 924 do Código Civil é disposição destinada a proteger a pessoa do devedor; de interesse público e não pode ser invalidada pela convenção das partes. Os apelantes satisfizeram grande parte do preço, justificando, assim, a redução da cláusula penal" (STJ-4ª T., AI 115.023-AgRg, Min. Barros Monteiro, j. 3.9.02, DJU 25.11.02). O art. 924 do CC rev. corresponde ao CC 413.

Art. 413: 5. "A redução da cláusula penal é, no adimplemento parcial, realizada por avaliação equitativa do juiz, a qual relaciona-se à averiguação proporcional da utilidade ou vantagem que o pagamento, ainda que imperfeito, tenha oferecido ao credor, ao grau de culpa do devedor, a sua situação econômica e ao montante adimplido, além de outros parâmetros, que não implicam, todavia, necessariamente, uma correspondência exata e matemática entre o grau de inexecução e o de abrandamento da multa. Considerando, assim, que **não há necessidade de correspondência exata entre a redução e o quantitativo da mora,** que a avença foi firmada entre pessoas jurídicas — não tendo, por esse motivo, ficado evidenciado qualquer desequilíbrio de forças entre as contratantes —, que houve pequeno atraso no pagamento de duas prestações e que o adimplemento foi realizado de boa-fé pela recorrente, considera-se, diante das peculiaridades da hipótese concreta, equitativo e proporcional que o valor da multa penal seja reduzido para 0,5% do valor de cada parcela em atraso" (STJ-3ª T., REsp 1.641.131, Min. Nancy Andrighi, j. 16.2.17, DJ 23.2.17).

"A redução equitativa da cláusula penal a ser feita pelo juiz quando a obrigação principal tiver sido cumprida em parte não é sinônimo de redução proporcional. A equidade é cláusula geral que visa a um modelo ideal de justiça, com aplicação excepcional nos casos legalmente previstos. Tal instituto tem diversas funções, dentre elas a equidade corretiva, que visa ao equilíbrio das prestações, exatamente o caso dos autos. Correta a redução da cláusula penal em 50%, visto que o critério adotado pelo Código Civil de 2002 é o da equidade, não havendo falar em percentual de dias cumpridos do contrato. No caso, as rés informaram à autora sobre a rescisão contratual quando os compromissos profissionais assumidos com outra emissora de televisão já estavam integralmente consolidados" (STJ-4ª T., REsp 1.186.789, Min. Luis Felipe, j. 20.3.14, DJ 13.5.14).

"A preponderância da função coercitiva da cláusula penal justifica a fixação de uma pena elevada para a hipótese de rescisão antecipada, especialmente para o contrato de patrocínio, em que o tempo de exposição da marca do patrocinador e o prestígio a ela atribuído acompanham o grau de desempenho da equipe patrocinada. Em tese, não se mostra excessiva a fixação da multa convencional no patamar de 20% sobre o valor total do contrato de patrocínio, de modo a evitar que, em situações que lhe pareçam menos favoráveis, o patrocinador opte por rescindir antecipadamente o contrato" (STJ-3ª T., REsp 1.803.803, Min. Ricardo Cueva, j. 9.11.21, maioria, DJ 25.11.21). No caso, reduziu-se o valor da cláusula penal apenas para "determinar que o percentual estabelecido a esse título (20%) incida somente sobre as parcelas com vencimento posterior à data da rescisão do contrato" (a citação é do voto do relator).

Art. 413: 6. "Descabimento da redução da penalidade com base no cumprimento parcial da obrigação na hipótese em que a **prestação** é **incindível** ou, sendo cindível, não tenha o credor concordado, expressa ou tacitamente, com a cisão do negócio jurídico" (STJ-3ª T., REsp 1.381.652, Min. Paulo Sanseverino, j. 12.8.14, DJ 5.9.14).

Art. 413: 7. "A cláusula penal está inserida em contrato empresarial firmado entre empresas de grande porte, tendo como objeto **valores milionários,** inexistindo assimetria entre os contratantes que justifique a intervenção em seus termos, devendo prevalecer a autonomia da vontade e a força obrigatória dos contratos. Não demonstrada a existência de causa para sua redução, a cláusula penal deve ser **mantida** no percentual estabelecido no contrato" (STJ-3ª T., REsp 1.867.551, Min. Ricardo Cueva, j. 5.10.21, DJ 13.10.21).

Art. 413: 8. No sentido de que a redução do valor da cláusula penal pode se dar até em sede de **cumprimento de sentença,** desde que o tema não tenha sido enfrentado anteriormente no processo: STJ-4ª T., Ag em REsp 1.939.211-EDcl-AgInt, Min. Raul Araújo, j. 13.12.21, DJ 17.12.21.

"A despeito da formação de coisa julgada pela **decisão que homologa a transação** entabulada entre as partes, a cláusula penal nela prevista deve ser reduzida pelo juiz, mediante o princípio da equidade, se a obrigação tiver sido parcialmente cumprida ou se o valor for manifestamente excessivo, tendo-se em vista a natureza e a finalidade do negócio, por força do art. 413 do CC/2002, bem como em observância à origem eminentemente contratual da transação" (STJ-3ª T., REsp 1.999.836, Min. Nancy Andrighi, j. 27.9.22, DJ 30.9.22).

Art. 413: 9. "O art. 413 do CC/2002 não veda que o juiz, em vez de reduzir, **anule a cláusula penal**, em razão de excepcional e manifesta hipótese de violação à boa-fé objetiva, a partir das circunstâncias concretas. São soluções distintas que não se confundem" (STJ-3ª T., REsp 1.989.439, Min. Nancy Andrighi, j. 4.10.22, DJ 6.10.22).

Art. 414. Sendo indivisível a obrigação,[1] todos os devedores, caindo em falta um deles, incorrerão na pena; mas esta só se poderá demandar integralmente do culpado, respondendo cada um dos outros somente pela sua quota.

Parágrafo único. Aos não culpados fica reservada a ação regressiva[2] contra aquele que deu causa à aplicação da pena.

Art. 414: 1. v. arts. 87, 88 (bens divisíveis) e 258 a 263 (obrigações indivisíveis).

Art. 414: 2. v. CPC 125-II (denunciação da lide).

Art. 415. Quando a obrigação for divisível,[1] só incorre na pena o devedor ou o herdeiro do devedor que a infringir, e proporcionalmente à sua parte na obrigação.

Art. 415: 1. s/ bens divisíveis, v. arts. 87 e 88; s/ obrigações divisíveis, v. arts. 257 e 314; s/ obrigação que perde a qualidade de indivisível por resolução em perdas e danos, v. art. 263 e notas.

Art. 416. Para exigir a pena convencional, não é necessário que o credor alegue prejuízo.¹

Parágrafo único. Ainda que o prejuízo exceda ao previsto na cláusula penal, não pode o credor exigir indenização suplementar se assim não foi convencionado.²⁻³ Se o tiver sido, a pena vale como mínimo da indenização, competindo ao credor provar o prejuízo excedente.

Art. 416: 1. a exemplo dos juros moratórios, cf. art. 407.

Art. 416: 2. diversamente das arras confirmatórias, cf. art. 419.

Art. 416: 3. "Cláusula penal. Estipulação que constitui fixação antecipada de perdas e danos. Não cabimento da cumulação da cláusula penal e das perdas e danos" (RT 871/238).

Capítulo VI | DAS ARRAS OU SINAL¹⁻²

CAP. VI: 1. "As arras e a cláusula penal no Código Civil de 2002", por Thiago Luís Santos Sombra (RT 917/75).

CAP. VI: 2. As arras se dividem em: a) confirmatórias (arts. 418 e 419), que buscam solidificar o acordo e sua obrigatoriedade; e b) penitenciais (art. 420), que buscam garantir o direito de arrependimento às partes.

Art. 417. Se, por ocasião da conclusão do contrato, uma parte der à outra, a título de arras, dinheiro ou outro bem móvel, deverão as arras, em caso de execução, ser restituídas ou computadas na prestação devida, se do mesmo gênero da principal.¹⁻²

Art. 417: 1. v. art. 413, nota 2 (Enunciado 165 do CEJ). S/ cumulação entre arras e cláusula penal, v. art. 408, nota 2.

Art. 417: 2. "O pagamento inicial do valor do negócio descaracteriza-se como arras confirmatórias quando representa o adimplemento de parte substancial da dívida" (STJ-4ª T., REsp 761.944, Min. João Otávio, j. 5.11.09, DJ 16.11.09).

Art. 418. Se a parte que deu as arras não executar o contrato, poderá a outra tê-lo por desfeito, retendo-as; se a inexecução for de quem recebeu as arras, poderá quem as deu haver o contrato por desfeito, e exigir sua devolução mais o equivalente,¹⁻¹ᵃ com atualização monetária segundo índices oficiais regularmente estabelecidos,¹ᵇ juros² e honorários de advogado.³

Art. 418: 1. "Devidamente comprovado nos autos que o insucesso do negócio se deu porque sobre o imóvel em questão fora instituído usufruto vitalício em favor de terceiro e que a inexecução do contrato não se deveu à mera desistência imotivada da compradora, mas à existência de impedimento da qual ela não tinha conhecimento, é forçoso reconhecer a culpa do apelado na frustração do negócio jurídico, em razão de informações inverídicas sobre a real situação do imóvel, cabendo a devolução em dobro das arras, na forma do artigo 418 do CC" (RT 876/343: TJRJ, AP 25.590/2008).

Art. 418: 1a. "De acordo com o art. 418 do CC/02, mesmo que as arras tenham sido entregues com vistas a reforçar o vínculo contratual, tornando-o irretratável, elas atuarão como **indenização prefixada** em favor da parte 'inocente' pelo inadimplemento, a qual poderá reter a quantia ou bem, se os tiver recebido, ou, se for quem os deu, poderá exigir a respectiva devolução, mais o equivalente. Uma vez pactuadas as arras, segundo a autonomia negocial das partes, o efeito indenizatório decorrente do inadimplemento se opera *ipso facto*, ou seja, independentemente de previsão contratual que estipule a perda das arras se houver descumprimento do ajuste. Na hipótese dos autos, embora as arras tenham sido tachadas de 'penitenciais', não houve o exercício do direito de arrependimento, mas sim o inadimplemento por parte dos promitentes cessionários. Logo, estão estes sujeitos à perda do sinal, na forma do art. 418 do CC/02. É **admissível a redução equitativa** das arras quando manifestamente excessivas, mediante a aplicação analógica do art. 413 do Código Civil. No particular, contudo, o valor das arras passível de retenção (R$ 48.000,00) não se mostra desarrazoado, tendo em vista os prejuízos sofridos pelos promitentes cedentes, que foram privados da posse e usufruto do imóvel por quase 8 anos" (STJ-3ª T., REsp 1.669.002, Min. Nancy Andrighi, j. 21.9.17, DJ 2.10.17).

V. tb. art. 408, nota 2.

Art. 418: 1b. v. art. 389, nota 3.

Art. 418: 2. v. art. 406.

Art. 418: 3. Aplica-se aqui o Enunciado 161 do CEJ (v. art. 389, nota 5): somente são devidos honorários se houve efetiva atuação do advogado.

Art. 419. A parte inocente pode pedir indenização suplementar,[1] se provar maior prejuízo, valendo as arras como taxa mínima.[1a] Pode, também, a parte inocente exigir a execução do contrato, com as perdas e danos, valendo as arras como o mínimo da indenização.[2]

Art. 419: 1. s/ cumulação de indenização suplementar com cláusula penal, v. art. 416 § ún.

Art. 419: 1a. Todavia, a indenização suplementar é vedada se o contrato garante o direito de arrependimento às partes. Nesse caso, tem-se a figura das arras penitenciais (art. 420, *in fine*).

Art. 419: 2. Este dispositivo trata apenas das arras confirmatórias, que são aquelas previstas em contratos que não estipulam o direito de arrependimento às partes. Sendo assim, é natural que a parte inocente possa exigir, além das arras, o cumprimento da obrigação principal.

Art. 420. Se no contrato for estipulado o direito de arrependimento para qualquer das partes,[1] as arras ou sinal terão função unicamente indenizatória. Neste caso, quem as deu perdê-las-á em benefício da outra parte; e quem as recebeu devolvê-las-á mais o equivalente. Em ambos os casos não haverá direito a indenização suplementar.

Art. 420: 1. Súmula 412 do STF (Arrependimento na promessa de venda): "No compromisso de compra e venda com cláusula de arrependimento, a devolução do sinal, por quem o deu, ou a sua restituição em dobro, por quem o recebeu, exclui indenização maior, a título de perdas e danos, salvo os juros moratórios e os encargos do processo".

Título V | DOS CONTRATOS EM GERAL[1-2]

Capítulo I | DISPOSIÇÕES GERAIS[1]

Seção I | PRELIMINARES

TÍT. V: 1. "Contratos: perfil jurisprudencial no direito brasileiro vigente", por Carlos Alberto Bittar Filho (RT 801/115); "Análise jurídica dos contratos na área de direito de propriedade intelectual: fundamentação civil, comercial ou consumerista a respeito da responsabilidade", por Adriana Carvalho Pinto Vieira e Carla Fátima da Silva Lana (RDPr 15/145); "Contrato no novo Código Civil", por Geraldo Gonçalves da Costa (RJ 316/37); "Responsabilidade civil pós-contratual", por Marco Antonio Trevisan (RDPr 16/199); "Causa concreta, qualificação contratual, modelo jurídico e regime normativo: notas sobre uma relação de homologia a partir de julgados brasileiros", por Luciano de Camargo Penteado (RDPr 20/235); "Princípios dos contratos e mudanças sociais", por Paulo Luiz Netto Lôbo (RJ 329/9); "Funcionalização do contrato: o direito privado e a organização econômico-social contemporânea", por Lucas Abreu Barroso e Andreza Soares da Cruz (RDPr 24/79); "A evolução da responsabilidade civil e dos contratos no direito francês e brasileiro", por Arnoldo Wald (RT 845/81 e RF 382/15); "A interpretação das cláusulas gerais: a subsunção e a concreção dos conceitos", por Fabiano Menke (Ajuris 103/69); "O contrato no Código Civil de 2002", por Arnoldo Wald (RMDCPC 2/5); "Princípios norteadores da intervenção judicial no contrato normas abertas *versus* segurança jurídica", por Luciano Felix do Amaral e Silva (RDPr 37/130); "A redação de contratos", por Flávia

Lubieska N. Kischelewski (RJ 382/51); "A causa dos contratos: estudo sintético acerca da teoria da causa no sistema brasileiro", por Alexandre Gaetano Nicola Liquidato (RIDCPC 63/93); "Qualificação e coligação contratual", por Carlos Nelson Konder (RF 406/55).

TÍT. V: 2. Interpretação: do negócio jurídico, arts. 112 a 114; do contrato de adesão, art. 423; da fiança, art. 819; da transação, art. 843.

S/ contrato coligado e: responsabilidade solidária, v. art. 264, nota 7; relação locatícia, v., no CPCLPV, LI 1º, nota 1c.

CAP. I: 1. Disposição transitória: "Art. 2.035 § ún. Nenhuma convenção prevalecerá se contrariar preceitos de ordem pública, tais como os estabelecidos por este Código para assegurar a função social da propriedade e dos contratos".

Art. 421. A liberdade contratual será exercida nos limites da função social do contrato.[1]

Parágrafo único. Nas relações contratuais privadas, prevalecerão o princípio da intervenção mínima e a excepcionalidade da revisão contratual.[1a a 6]

Art. 421: 1. Redação de acordo com a Lei 13.874, de 20.9.19.

Art. 421: 1a. O § ún. foi acrescido pela Lei 13.874, de 20.9.19.

Art. 421: 1b. "O relativismo da autonomia da vontade e a intervenção estatal nos contratos", por Cassio M. C. Penteado Jr. (RDPr 14/148 e RF 382/15); "Autonomia da vontade no direito contratual", por Maria Angélica Benetti Araújo (RDPr 27/279); "A função social e ética do contrato como fundamento jurídico de parceria e o novo Código Civil de 2002", por Arnoldo Wald (RF 364/23); "O novo Código Civil e as cláusulas gerais: exame da função social do contrato", por Eduardo Sens dos Santos (RF 364/83); "A função social do contrato e o princípio da boa-fé no novo Código Civil Brasileiro", por Adriana Mandim Theodoro de Mello (RT 801/11 e RF 364/3); "A função social do contrato. Elementos para uma conceituação", por Eduardo Sens dos Santos (RDPr 13/99); "O princípio da função social do contrato no Código Civil", por João Hora Neto (RDPr 14/38); "A função social dos contratos no novo Código Civil", por Arruda Alvim (RT 815/11 e RF 371/51); "O contrato no Código Civil e a sua função social", pelo Min. José Delgado (RJ 322/7); "Função social do contrato: primeiras anotações", por Calixto Salomão Filho (RT 823/67); "Uma reflexão sobre as 'cláusulas gerais' do Código Civil de 2002. A função social do contrato", por Teresa Arruda Alvim Wambier (RT 831/59); "A teoria das redes contratuais e a função social dos contratos: reflexões a partir de uma recente decisão do Superior Tribunal de Justiça", por Rodrigo Xavier Leonardo (RT 832/100); "A função social do contrato (causa ou motivo)", por Daisy Gogliano (RJ 334/9); "O interesse social no direito privado", por Arnoldo Wald (Ajuris 101/9, RMDCPC 10/39 e RJ 338/9); "As origens do contrato no novo Código Civil: uma introdução à função social, ao welfarismo e ao solidarismo contratual", por Luciano Benetti Timm (RT 844/85); "Função social e relatividade do contrato", por Leonardo Mattietto (RJ 342/29); "Direito, mercado e função social", por Luciano Benetti Timm e Rafael Bicca Machado (Ajuris 103/197); "A função social do direito privado", por Eugênio Facchini Neto (Ajuris 105/153); "Limites da atuação judicial na aplicação da função social dos contratos", por Gerson Branco (Ajuris 105/219); "Ensaio sobre o princípio do equilíbrio contratual", por Leonardo Mattietto (RIDCPC 48/128); "A interferência ilícita do terceiro na relação contratual: a tutela externa do crédito e a oponibilidade dos contratos", por Gustavo Fernandes de Andrade (RF 391/89); "Apontamentos sobre a cláusula '... ou devia saber'", por João Baptista Villela (RTDC 32/161); "Função social do direito contratual no Código Civil brasileiro: justiça distributiva vs. eficiência econômica", por Luciano Benetti Timm (RT 876/11); "A eficácia externa dos contratos e a responsabilidade civil de terceiros", por Hugo Evo Magro Corrêa Urbano (RDPr 43/180); "A responsabilidade de terceiros nas relações contratuais", por Renata Regina Bueno Fernandes (RDPr 50/227); "Análise econômica da função social dos contratos — art. 421 do Código Civil", por Sílvia Mechelany Veloso (RDPr 54/99); "Dos efeitos dos contratos perante terceiros", por Arthur Rabay (RJ 431/47).

Art. 421: 1c. Enunciado 21 do CEJ: "A função social do contrato prevista no art. 421 do novo Código Civil constitui cláusula geral, que impõe a revisão do princípio da relatividade dos efeitos do contrato em relação a terceiros, implicando a tutela externa do crédito".

Enunciado 22 do CEJ: "A função social do contrato prevista no art. 421 do novo Código Civil constitui cláusula geral, que reforça o princípio de conservação do contrato, assegurando trocas úteis e justas".

Enunciado 23 do CEJ: "A função social do contrato prevista no art. 421 do novo Código Civil não elimina o princípio da autonomia contratual, mas atenua ou reduz o alcance desse princípio, quando presentes interesses metaindividuais ou interesse individual relativo à dignidade da pessoa humana".

Enunciado 166 do CEJ: "A frustração do fim do contrato, como hipótese que não se confunde com a impossibilidade da prestação ou com a excessiva onerosidade, tem guarida no Direito brasileiro pela aplicação do art. 421 do Código Civil".

CC – arts. 421 a 421-A

Enunciado 167 do CEJ: "Com o advento do Código Civil de 2002, houve forte aproximação principiológica entre esse Código e o Código de Defesa do Consumidor, no que respeita à regulação contratual, uma vez que ambos são incorporadores de uma nova teoria geral dos contratos".

Enunciado 360 do CEJ: "O princípio da função social dos contratos também pode ter eficácia interna entre as partes contratantes".

Art. 421: 2. v. arts. 421-A e 2.035 § ún.

Art. 421: 3. "A função social infligida ao contrato não pode desconsiderar seu papel primário e natural, que é o econômico. Ao assegurar a venda de sua colheita futura, é de se esperar que o produtor inclua nos seus cálculos todos os custos em que poderá incorrer, tanto os decorrentes dos próprios termos do contrato, como aqueles derivados das condições da lavoura" (STJ-3ª T., REsp 803.481, Min. Nancy Andrighi, j. 28.6.07, DJU 1.8.07).

V. tb. arts. 422, nota 4, e 478, nota 1b.

Art. 421: 3a. "Inexiste abusividade na assinatura de promessa de compra e venda envolvendo safra agrícola, com fixação futura de preço. A determinação do preço em data futura não representa condição potestativa na hipótese em que é dado ao agricultor optar pela data na qual a operação será fechada. Referida modalidade de contratação representa importante instrumento à disposição do produtor rural, para planejamento de sua safra, disponibilizando-lhe mecanismos para se precaver contra oscilações excessivas de preço" (STJ-3ª T., REsp 910.537, Min. Nancy Andrighi, j. 25.5.10, DJ 7.6.10).

Art. 421: 4. "O exame da função social do contrato é um convite ao Poder Judiciário, para que ele construa soluções justas, rente à realidade da vida, prestigiando prestações jurisdicionais intermediárias, razoáveis, harmonizadoras e que, sendo encontradas caso a caso, não cheguem a aniquilar nenhum dos outros valores que orientam o ordenamento jurídico, como a autonomia da vontade. Não se deve admitir que a função social do contrato, princípio aberto que é, seja utilizada como pretexto para manter duas sociedades empresárias ligadas por vínculo contratual durante um longo e indefinido período" (STJ-3ª T., REsp 972.436, Min. Nancy Andrighi, j. 17.3.09, DJ 12.6.09). Em síntese: "É princípio do direito contratual de relações continuativas que nenhum vínculo é eterno. Se uma das partes manifestou sua vontade de rescindir o contrato, não pode o Poder Judiciário impor a sua continuidade" (STJ-4ª T., AI 988.736-AgRg, Min. Aldir Passarinho Jr., j. 23.9.08, DJ 3.11.08).

"Eventualmente caracterizado o abuso da rescisão, por isso responderá quem o tiver praticado, mas tudo será resolvido no plano indenizatório" (STJ-4ª T., REsp 534.105, Min. Cesar Rocha, j. 16.9.03, DJ 19.12.03). No mesmo sentido: STJ-3ª T., REsp 200.856, Min. Ari Pargendler, j. 15.2.01, um voto vencido, DJU 4.6.01.

V. tb. arts. 408, nota 3, 422, nota 3e, e 473, nota 2.

Art. 421: 5. "A cláusula contratual que estipula o pagamento de multa caso o contratante empregue um dos ex-funcionários ou representantes da contratada durante a vigência do acordo ou após decorridos 120 (cento e vinte) dias de sua extinção, não implica violação ao princípio da função social do contrato, pois não estabelece desequilíbrio social e, tampouco, impede o acesso dos indivíduos a ele vinculados, seja diretamente, seja indiretamente, ao trabalho ou ao desenvolvimento pessoal" (STJ-4ª T., REsp 1.127.247, Min. Luis Felipe, j. 4.3.10, DJ 19.3.10).

Art. 421: 6. "Ação de cobrança. Contrato paritário. Equilíbrio econômico. Autonomia privada. **Cláusula que desobriga** uma das partes a **remunerar** a outra por serviços prestados na hipótese de rescisão contratual. Em se tratado de contrato de prestação de serviços firmado entre dois particulares os quais estão em pé de igualdade no momento de deliberação sobre os termos do contrato, considerando-se a atividade econômica por eles desempenhada, inexiste legislação específica apta a conferir tutela diferenciada para este tipo de relação, devendo prevalecer a determinação do art. 421 do Código Civil" (STJ-3ª T., REsp 1.799.039, Min. Nancy Andrighi, j. 4.10.22, maioria, DJ 7.10.22).

Art. 421-A. Os contratos civis e empresariais presumem-se paritários e simétricos até a presença de elementos concretos que justifiquem o afastamento dessa presunção, ressalvados os regimes jurídicos previstos em leis especiais, garantido também que:[1-2]

I — as partes negociantes poderão estabelecer parâmetros objetivos para a interpretação das cláusulas negociais e de seus pressupostos de revisão ou de resolução;

II — a alocação de riscos definida pelas partes deve ser respeitada e observada; e

III — a revisão contratual somente ocorrerá de maneira excepcional e limitada.

Art. 421-A: 1. O art. 421-A foi acrescido pela Lei 13.874, de 20.9.19.

Art. 421-A: 2. v. art. 113 e notas. V. tb. CDC 6º.

Art. 422. Os contratantes são obrigados a guardar, assim na conclusão do contrato, como em sua execução, os princípios de probidade e boa-fé.[1 a 5]

Art. 422: 1. "A função social do contrato e o princípio da boa-fé no novo Código Civil Brasileiro", por Adriana Mandim Theodoro de Mello (RT 801/11 e RF 364/3); "Anotações sobre a boa-fé no Direito Comercial", por Lívio Goellner Goron (RDPr 13/143); "Boa-fé objetiva e responsabilidade civil contratual. Principais inovações", por Eduardo de Oliveira Gouvêa (RF 369/73); "A boa-fé como paradigma contratual: uma limitação aos princípios clássicos", por Rodrigo Mizunski Peres (RJ 330/55); "Novos temas na teoria dos contratos: confiança e o conjunto contratual", por Claudia Lima Marques (Ajuris 100/73); "Os princípios da boa-fé e da função social do contrato e a teoria contratual contemporânea", por Daniela Vasconcellos Gomes (RDPr 26/77); "O princípio da confiança", por Arnoldo Wald (RF 386/15); "Do contrato: interpretação e boa-fé", por Fernando de Paula Gomes (RDPr 27/96); "Lineamentos acerca da interpretação do negócio jurídico: perspectivas para a utilização da boa-fé objetiva como método hermenêutico", por Cristiano Chaves de Farias e Nelson Rosenvald (RDPr 31/7); "Um aspecto da obrigação de indenizar: notas para uma sistematização dos deveres pré-negociais de proteção no direito civil brasileiro", por Judith Martins-Costa (RT 867/11); "A responsabilidade pré-contratual por ruptura injustificada das negociações", por Karina Nunes Fritz (RT 883/9); "O acordo de não divulgação (NDA) e a questão do rompimento das negociações", por Marcos Alberto Sant'Anna Bitelli (RDPr 51/333).

Art. 422: 1a. s/ boa-fé como critério para interpretação do negócio jurídico, v. art. 113; s/ ato ilícito por excesso dos limites da boa-fé, v. art. 187; s/ boa-fé em: contrato de seguro, v. art. 765; relação de consumo, v. CDC 51-IV.

Art. 422: 2. Enunciado 24 do CEJ: "Em virtude do princípio da boa-fé, positivado no art. 422 do novo Código Civil, a violação dos deveres anexos constitui espécie de inadimplemento, independentemente de culpa".

Enunciado 25 do CEJ: "O art. 422 do Código Civil não inviabiliza a aplicação, pelo julgador, do princípio da boa-fé nas fases pré e pós-contratual".

Enunciado 26 do CEJ: "A cláusula geral contida no art. 422 do novo Código Civil impõe ao juiz interpretar e, quando necessário, suprir e corrigir o contrato segundo a boa-fé objetiva, entendida como a exigência de comportamento leal dos contratantes".

Enunciado 27 do CEJ: "Na interpretação da cláusula geral da boa-fé, deve-se levar em conta o sistema do Código Civil e as conexões sistemáticas com outros estatutos normativos e fatores metajurídicos".

Enunciado 169 do CEJ: "O princípio da boa-fé objetiva deve levar o credor a evitar o agravamento do próprio prejuízo".

Enunciado 363 do CEJ: "Os princípios da probidade e da confiança são de ordem pública, estando a parte lesada somente obrigada a demonstrar a existência da violação".

Art. 422: 3. "A boa-fé objetiva se apresenta como uma exigência de lealdade, modelo objetivo de conduta, arquétipo social pelo qual impõe o poder-dever de que cada pessoa ajuste a própria conduta a esse modelo, agindo como agiria uma pessoa honesta, escorreita e leal. Não tendo o comprador agido de forma contrária a tais princípios, não há como inquirir seu comportamento de violador da boa-fé objetiva" (STJ-3ª T., REsp 981.750, Min. Nancy Andrighi, j. 13.4.10, DJ 23.4.10).

Art. 422: 3a. "A boa-fé objetiva, verdadeira regra de conduta, estabelecida no art. 422 do CC/02, reveste-se da função criadora de **deveres laterais ou acessórios,** como o de **informar** e o de **cooperar,** para que a relação não seja fonte de prejuízo ou decepção para uma das partes, e, por conseguinte, integra o contrato naquilo em que for omisso, em decorrência de um imperativo de eticidade, no sentido de evitar o uso de subterfúgios ou intenções diversas daquelas expressas no instrumento formalizado. A pretensão do **advogado** que postula **honorários** contratuais em valores superiores ao proveito econômico imediato auferido pela parte que representou em Juízo, encontra limitação no princípio da boa-fé objetiva, mostrando-se patente o rompimento da atuação ponderada e preocupada com a outra parte, marcada pela postura respeitosa e povoada de lealdade que deve nortear os contratantes" (STJ-3ª T., REsp 830.526, Min. Nancy Andrighi, j. 3.9.09, DJ 29.10.09).

"Execução fundada em contrato de honorários advocatícios, em que a cliente se comprometeu a pagar ao advogado, por seus serviços profissionais, quantia equivalente à metade do seu direito, ou seu equivalente em dinheiro, do proveito que obtivesse na ação voltada à recuperação de imóvel em demanda proposta contra o ex-companheiro. No curso da ação, as partes fizeram acordo para estabelecer o partilhamento do referido imóvel, na proporção de 50% para cada um, gerando desentendimento acerca do pagamento dos honorários advocatícios contratados. Em prevalecendo os termos do contrato executado, nada restará à parte contratante, pois o proveito econômico obtido no acordo ficará inteiramente com o advogado contratado. Não é razoável que o benefício econômico obtido pela cliente com a causa demandada caiba, por inteiro, ao advogado que contratara. Tal situação ofende a boa-fé objetiva (artigo 422 do Código Civil). A jurisprudência desta Corte se posiciona firme no sentido de que o princípio *pacta sunt servanda* pode ser relativizado, visto que sua aplicação prática está condicionada a outros fatores, como, por exemplo, a função social, a onerosidade excessiva e o princípio da boa-fé objetiva, devendo ser mitigada a força obrigatória dos contratos diante de situações como a dos autos" (STJ-4ª T., REsp 1.208.844-AgInt, Min. Raul Araújo, j. 15.12.16, DJ 7.2.17).

Art. 422: 3b. "O princípio da boa-fé objetiva exerce três funções: (i) a de regra de interpretação; (ii) a de fonte de direitos e de deveres jurídicos; e (iii) a de limite ao exercício de direitos subjetivos. Pertencem a este terceiro grupo a teoria do adimplemento substancial das obrigações e a teoria dos atos próprios (*tu quoque*; vedação ao comportamento contraditório; *surrectio*; *suppressio*). O instituto da **supressio** indica a possibilidade de se considerar suprimida uma obrigação contratual, na hipótese em que o não exercício do direito correspondente, pelo credor, gere no devedor a justa expectativa de que esse não exercício se prorrogará no tempo" (STJ-3ª T., REsp 953.389, Min. Nancy Andrighi, j. 23.2.10, DJ 11.5.10).

"A *supressio* inibe o exercício de um direito, até então reconhecido, pelo seu não exercício. Por outro lado, e em direção oposta à *supressio*, mas com ela intimamente ligada, tem-se a teoria da **surrectio,** cujo desdobramento é a aquisição de um direito pelo decurso do tempo, pela expectativa legitimamente despertada por ação ou comportamento. Sob essa ótica, o longo transcurso de tempo (quase seis anos), sem a cobrança da obrigação de compra de quantidades mínimas mensais de combustível, suprimiu, de um lado, a faculdade jurídica da distribuidora (promitente vendedora) de exigir a prestação e, de outro, criou uma situação de vantagem para o posto varejista (promissário comprador), cujo inadimplemento não poderá implicar a incidência da cláusula penal compensatória contratada" (STJ-4ª T., REsp 1.338.432, Min. Luis Felipe, j. 24.10.17, DJ 29.11.17).

"Controvérsia acerca da pretensão de um economista de ser remunerado pelo uso de seu nome por empresa que lhe prometeu oferecer serviços em contrapartida, mas descumpriu a promessa. Comportamento desinteressado do economista ao longo de quase duas décadas. Cumprimento da prestação antes de se findarem as negociações sobre a determinação (quantidade e periodicidade) do objeto da contraprestação. Criação de expectativa legítima da outra parte de que não seria exigida qualquer contraprestação. Mudança de comportamento omissivo que ofende a boa-fé objetiva, sintetizada na fórmula 'supressio'. Extinção do direito de exigir contraprestação pelo tempo em que o nome do economista constou como responsável pela empresa. Improcedência do pedido de indenização pelo uso do nome" (STJ-3ª T., REsp 1.520.995, Min. Paulo Sanseverino, j. 13.6.17, DJ 22.6.17).

"Locação comercial. Aluguéis. Reajuste. *Supressio*. Hipótese em que o acórdão recorrido concluiu que o locador não gerou a expectativa no locatário de que não mais haveria a atualização do valor do aluguel durante todo o período contratual (vinte anos), mas que apenas não seria exigida eventual diferença no valor já pago nos 5 anos anteriores à notificação extrajudicial. Destoa da realidade fática supor que, no caso, o locatário tivesse criado a expectativa de que o locador não fosse mais reclamar o aumento dos aluguéis e, por esse motivo, o decurso do tempo não foi capaz de gerar a confiança de que o direito não seria mais exercitado em momento algum do contrato de locação. Viola a boa-fé objetiva impedir que o locador reajuste os aluguéis por todo o período da relação contratual. No caso, a solução que mais se coaduna com a boa-fé objetiva é permitir a atualização do valor do aluguel a partir da notificação extrajudicial encaminhada ao locatário e afastar a cobrança de valores pretéritos" (STJ-3ª T., REsp 1.803.278, Min. Ricardo Cueva, j. 22.10.19, DJ 5.11.19).

"Contrato de plano de saúde coletivo empresarial. Rompimento do vínculo empregatício. Manutenção do ex-empregado e sua esposa como beneficiários do plano de saúde por 10 anos. Exclusão indevida pelo ex-empregador. Responsabilidade pela confiança. Abuso do direito. *Supressio*. Hipótese excepcional em que, por liberalidade do ex-empregador, o ex-empregado e sua esposa, assumindo o custeio integral, permaneceram vinculados ao contrato de plano de saúde por prazo que supera — e muito — o previsto no art. 30, § 1º, da Lei 9.656/1998, despertando-se nestes a confiança de que não perderiam o benefício, de tal modo que sua exclusão agora, quando já passados 10 anos, e quando já contam com idade avançada, torna-se inviável, segundo o princípio da boa-fé objetiva" (STJ-3ª T., REsp 1.879.503, Min. Nancy Andrighi, j. 15.9.20, DJ 18.9.20).

"Ação de cobrança. Contrato de representação comercial. Comissões pagas a menor. *Supressio*. Ao longo de toda a relação negocial em que se implementaram as reduções das comissões de forma unilateral pela recorrida (representada), em nenhum momento houve insurgência por parte da recorrente (representante), que somente propugnou pelas diferenças das comissões após a rescisão unilateral do contrato pela recorrida. Ou seja, apesar das diminuições das comissões, a recorrente permaneceu no exercício da representação comercial por quase 22 anos, despertando na recorrida a justa expectativa de que não haveria exigência posterior. Diante desse panorama, o princípio da boa-fé objetiva torna inviável a pretensão da recorrente de exigir retroativamente valores a título de diferenças, que sempre foram dispensadas" (STJ-3ª T., REsp 1.838.752, Min. Nancy Andrighi, j. 19.10.21, DJ 22.10.21).

"Obrigação alimentar. Teoria do abuso de direito. *Surrectio*. Inaplicabilidade. Pagamento. Autonomia privada. Mera liberalidade. Controvérsia acerca da possibilidade ou não de, com fundamento na teoria do abuso do direito e na *surrectio*, perpetuar obrigação alimentar assumida por longo período a título de mera liberalidade pelo alimentante já exonerado da dívida. Não há falar em ilicitude na conduta do recorrente por inexistência de previsibilidade de pagamento eterno dos alimentos, especialmente porque ausente relação obrigacional" (STJ-3ª T., REsp 1.789.667, Min. Ricardo Cueva, j. 13.8.19, maioria, DJ 22.8.19). V. tb. arts. 1.694, nota 5, e 1.699, nota 3b.

Art. 422: 3c. "Preceito decorrente da boa-fé objetiva. *Duty to mitigate the loss*: o **dever de mitigar o próprio prejuízo**. Os contratantes devem tomar as medidas necessárias e possíveis para que o dano não seja agravado. A parte a que a perda aproveita não pode permanecer deliberadamente inerte diante do dano. Agravamento do prejuízo, em razão da inércia do credor. Infringência aos deveres de cooperação e lealdade. Lição da doutrinadora Véra Maria Jacob de Fradera. Descuido com o dever de mitigar o prejuízo sofrido. O fato de ter deixado o devedor na posse do imóvel por quase 7 anos, sem que este cumprisse com o seu dever contratual (pagamento das prestações relativas ao contrato de compra e venda), evidencia a ausência de zelo com o patrimônio do credor, com o consequente agravamento significativo das perdas, uma vez que a realização mais célere dos atos de defesa possessória diminuiriam a extensão do dano. Violação ao princípio da boa-fé objetiva. Caracterização de inadimplemento contratual a justificar a penalidade imposta pela Corte originária (exclusão de um ano de ressarcimento)" (STJ-RDDP 90/164: 3ª T., REsp 758.518).

Mas: "O ajuizamento de ação de cobrança muito próximo ao implemento do prazo prescricional, mas ainda dentro do lapso legalmente previsto, não pode ser considerado, por si só, como fundamento para a aplicação do *duty to mitigate the loss*. Para tanto, é necessário que, além do exercício tardio do direito de ação, o credor tenha violado, comprovadamente, alguns dos deveres anexos ao contrato, promovendo condutas ou omitindo-se diante de determinadas circunstâncias, ou levando o devedor à legítima expectativa de que a dívida não mais seria cobrada ou cobrada a menor. A razão utilizada pelas instâncias ordinárias para aplicar ao caso o postulado do *duty to mitigate the loss* está fundada tão somente na inércia da instituição financeira, a qual deixou para ajuizar a ação de cobrança quando já estava próximo de vencer o prazo prescricional e, com isso, acabou obtendo crédito mais vantajoso diante da acumulação dos encargos ao longo do tempo. Não há nos autos nenhum outro elemento que demonstre haver a instituição financeira, no caso em exame, criado no devedor expectativa de que não cobraria a dívida ou que a cobraria a menor, ou mesmo de haver violado seu dever de informação. Não há, outrossim, elemento nos autos no qual se possa identificar qualquer conduta do devedor no sentido de negociar sua dívida e de ter sido impedido de fazê-lo pela ora recorrente, ou ainda qualquer outra circunstância que pudesse levar à conclusão de quebra da confiança ou dos deveres anexos aos negócios jurídicos por nenhuma das partes contratantes, tais como a lealdade, a cooperação, a probidade, entre outros" (STJ-4ª T., REsp 1.201.672, Min. Lázaro Guimarães, j. 21.11.17, DJ 27.11.17).

✎ "O *duty to mitigate the loss* no direito civil brasileiro e o encargo de evitar o próprio dano", por Daniel Pires Novais Dias (RF 413/71, RDPr 45/89).

V., na nota 2, **Enunciado 169 do CEJ**.

Art. 422: 3d. "A ninguém é dado criar e valer-se de situação enganosa, quando lhe for conveniente e vantajoso, e posteriormente voltar-se contra ela quando não mais lhe convier, objetivando que seu direito prevaleça sobre o de quem confiou na expectativa gerada, ante o princípio do ***nemo potest venire contra factum proprium***" (STJ-4ª T., REsp 1.154.737, Min. Luis Felipe, j. 21.10.10, DJ 7.2.11).

"O comportamento processual contraditório do réu que de um lado negou a contratação dos autores para prestação dos serviços advocatícios até o final do procedimento administrativo fiscal; e, de outro lado, ofereceu quantia para compor a ação e remunerou o advogado que participava da sociedade de advogados pelo serviço prestado até então no feito administrativo, afronta, o princípio do *venire contra factum proprium*, que se relaciona diretamente com o da boa-fé objetiva e que impõe ao indivíduo um comportamento no mínimo coerente" (STJ-3ª T., REsp 1.641.575, Min. Moura Ribeiro, j. 23.5.17, DJ 1.6.17).

"Ação monitória. Convenção de arbitragem. Alegação pela parte demandada que anteriormente havia proposto duas ações judiciais contra a demandante. Impossibilidade de invocação da cláusula compromissória. Vedação derivada do 'venire contra factum proprium'" (STJ-3ª T., REsp 1.894.715, Min. Paulo Sanseverino, j. 17.11.20, DJ 20.11.20).

"A exigência legal de forma especial é questão atinente ao plano da validade do negócio (art. 166, IV, do CC/02). Todavia, a alegação de nulidade pode se revelar abusiva por contrariar a boa-fé objetiva na sua função limitadora do exercício de direito subjetivo ou mesmo mitigadora do rigor legis. A proibição à contraditoriedade desleal no exercício de direitos manifesta-se nas figuras da vedação ao comportamento contraditório (*nemo potest venire contra factum proprium*) e de que a ninguém é dado beneficiar-se da própria torpeza (*nemo auditur propriam turpitudinem allegans*). A conservação do negócio jurídico, nessa hipótese, significa dar primazia à confiança provocada na outra parte da relação contratual. No particular, a franqueadora enviou à franqueada o instrumento contratual de franquia. Esta, embora não tenha assinado e restituído o documento àquela, colocou em prática os termos contratados, tendo recebido treinamento da recorrida, utilizado a sua marca e instalado as franquias. Inclusive, pagou à franqueadora as contraprestações estabelecidas no contrato. Assim, a alegação de nulidade por vício formal configura-se comportamento contraditório com a conduta praticada anteriormente. Por essa razão, a boa-fé tem força para impedir a invocação de nulidade do contrato de franquia por inobservância da forma prevista no art. 6º da Lei 8.955/94" (STJ-3ª T., REsp 1.881.149, Min. Nancy Andrighi, j. 1.6.21, DJ 10.6.21).

Art. 422: 3e. "Muito embora o comportamento exigido dos contratantes deva pautar-se pela boa-fé contratual, tal diretriz não obriga as partes a manterem-se vinculadas contratualmente *ad aeternum*, mas indica que as controvérsias nas quais o direito ao **rompimento contratual** tenha sido exercido de forma desmotivada, imoderada ou anormal, resolvem-se, se for o caso, em perdas e danos" (STJ-RT 905/235: 4ª T., REsp 966.163). No mesmo sentido: STJ-RT 916/743 (3ª T., REsp 1.250.596).

"Contrato. Validade de cláusula. Cessação de atividade de distribuição de bebidas. Não renovação após o término do prazo pactuado, mediante prévia notificação. Indenização indevida" (STJ-4ª T., REsp 1.112.796, Min. Honildo Castro, j. 10.8.10, maioria, DJ 19.11.10). No mesmo sentido: STJ-3ª T., REsp 1.494.332, Min. Ricardo Cueva, j. 4.8.16, maioria, DJ 13.9.16; RT 927/936 (TJMS, AP 2012.017904-1/0000-00, maioria).

"A rescisão imotivada do contrato, em especial quando efetivada por meio de conduta desleal e abusiva — violadora dos princípios da boa-fé objetiva, da função social do contrato e da responsabilidade pós-contratual — confere à parte prejudicada o direito à indenização por danos materiais e morais" (STJ-3ª T., REsp 1.255.315, Min. Nancy Andrighi, j. 13.9.11, DJ 27.9.11). No mesmo sentido: STJ-4ª T., Ag em REsp 238.050-AgInt, Min. Marco Buzzi, j. 1.6.20, DJ 10.6.20).

V. tb. arts. 408, nota 3, 421, nota 4, e 473, nota 2.

Art. 422: 3f. "Contrato de representação comercial. **Rescisão** unilateral imotivada pela representada. **Indenização.** Cláusula contratual que prevê pagamento antecipado acrescido às comissões mensais. Ilegalidade. **Forma de pagamento** que não se coaduna com o conceito de indenização. O princípio da boa-fé impede que as partes de uma relação contratual exercitem direitos, ainda que previstos na própria avença de maneira formalmente lícita, quando, em sua essência, esse exercício representar deslealdade ou gerar consequências danosas para a contraparte. A cláusula que extrapola o que o ordenamento jurídico estabelece como padrão mínimo para garantia do equilíbrio entre as partes da relação contratual deve ser declarada inválida" (STJ-3ª T., REsp 1.831.947, Min. Nancy Andrighi, j. 10.12.19, DJ 13.12.19).

Art. 422: 3g. "Reprovabilidade do comportamento dos réus **após o rompimento do vínculo contratual,** passando a atuar na promoção do produto vendido pela principal concorrente da autora, com grave violação à ética contratual a ser observada em razão do princípio da boa-fé objetiva (art. 422 do CC/02)" (STJ-3ª T., REsp 1.203.153, Min. Paulo Sanseverino, j. 3.6.14, maioria, DJ 25.8.14).

Art. 422: 3h. "A **responsabilidade pré-contratual** não decorre do fato de a tratativa ter sido rompida e o contrato não ter sido concluído, mas do fato de uma das partes ter gerado à outra, além da expectativa legítima de que o contrato seria concluído, efetivo prejuízo material" (STJ-3ª T., REsp 1.051.065, Min. Ricardo Cueva, j. 21.2.13, RT 934/491).

Art. 422: 3i. "Ação de resolução contratual. Franquia. Boa-fé objetiva. Art. 422 do CC/02. **Deveres anexos. Lealdade. Informação.** Descumprimento. **Fase pré-contratual.** Os deveres anexos, decorrentes da função integrativa da boa-fé objetiva, resguardam as expectativas legítimas de ambas as partes na relação contratual, por intermédio do cumprimento de um dever genérico de lealdade, que se manifesta especificamente, entre outros, no dever de informação, que impõe que o contratante seja alertado sobre fatos que a sua diligência ordinária não alcançaria isoladamente. O princípio da boa-fé objetiva já incide desde a fase de formação do vínculo obrigacional, antes mesmo de ser celebrado o negócio jurídico pretendido pelas partes. Ainda que caiba aos contratantes verificar detidamente os aspectos essenciais do negócio jurídico (*due diligence*), notadamente nos contratos empresariais, esse exame é pautado pelas informações prestadas pela contraparte contratual, que devem ser oferecidas com a lisura esperada pelos padrões (*standards*) da boa-fé objetiva, em atitude cooperativa. Na resolução do contrato por inadimplemento, em decorrência da inobservância do dever anexo de informação, não se trata de anular o negócio jurídico, mas sim de assegurar a vigência da boa-fé objetiva e da comutatividade (equivalência) e sinalagmaticidade (correspondência) próprias da função social do contrato entabulado entre as partes. Na hipótese dos autos, a moldura fática delimitada pelo acórdão recorrido consignou que: a) ainda na fase pré-contratual, a franqueadora criou na franqueada a expectativa de que o retorno do capital investido se daria em torno de 36 meses; b) apesar de transmitir as informações de forma clara e legal, o fez com qualidade e amplitude insuficientes para que pudessem subsidiar a correta tomada de decisão e as expectativas corretas de retornos; e c) a probabilidade de que a franqueada recupere o seu capital investido, além do caixa já perdido na operação até o final do contrato, é mínima, ou quase desprezível. Recurso especial provido" (STJ-3ª T., REsp 1.862.508, Min. Nancy Andrighi, j. 24.11.20, maioria, DJ 18.2.20).

Art. 422: 3j. "Por mais que inexista contrato formal, o direito deve proteger o vínculo que se forma pela repetição de atos que tenham teor jurídico, pelo simples e aqui tantas vezes repetido motivo: protege-se a **confiança** depositada por uma das partes na conduta de seu parceiro negocial. Mostrou-se, de fato, incontroverso que os investimentos realizados pela recorrente, para a produção das peças que serviriam ao computador de bordo de titularidade da recorrida, foram realizados nos termos das relações que se verificaram no início das tratativas entre essas empresas, fatos a respeito dos quais concordam os julgadores de origem. Ademais, ressalta claramente dos autos que a própria recorrida estipulou quais os modelos de conectores deveriam ser produzidos pela recorrente e em que quantidade, vindo, após certo tempo, repentina e de maneira surpreendente, a alterar as especificações técnicas daquelas peças, tornando inúteis as já produzidas" (STJ-4ª T., REsp 1.309.972, Min. Luis Felipe, j. 27.4.17, DJ 8.6.17).

Art. 422: 4. "O fato de o comprador obter maior margem de lucro na revenda, decorrente da majoração do preço do produto no mercado após a celebração do negócio, não indica a existência de má-fé, improbidade ou tentativa de desvio da função social do contrato" (STJ-3ª T., REsp 803.481, Min. Nancy Andrighi, j. 28.6.07, DJU 1.8.07).

V. tb. arts. 421, nota 3, e 478, nota 1b.

Art. 422: 5. "Aquisição de imóvel invadido, cerca de um ano depois, por águas de uma tempestade que desabou sobre toda a cidade, causando inúmeros danos e prejuízos. Alegação da compradora de ausência de boa-fé objetiva do vendedor. Responsabilidade não caracterizada. Casa cercada por soleiras de concreto, que deveriam ter despertado a atenção da adquirente. Fato comum nas residências situadas nesta rua, quando as chuvas são muito fortes" (RT 876/345: TJRJ, AP 2008.001.13786).

> **Art. 423.** Quando houver no contrato de adesão cláusulas ambíguas ou contraditórias, dever-se-á adotar a interpretação mais favorável ao aderente.[1]

Art. 423: 1. s/ interpretação mais favorável ao aderente em relação de consumo, v. CDC 47 e 54.

> **Art. 424.** Nos contratos de adesão,[1] são nulas as cláusulas que estipulem a renúncia antecipada do aderente a direito resultante da natureza do negócio.[2-2a]

Art. 424: 1. s/ contratos de adesão, v. CDC 54 e 18 § 2º-2ª parte.

Art. 424: 2. v. art. 828, nota 1 (Enunciado 364 do CEJ).

Art. 424: 2a. s/ renúncia a direitos em matéria de relação de consumo, v. CDC 25 e 51-I.

> **Art. 425.** É lícito às partes estipular contratos atípicos,[1 a 3] observadas as normas gerais fixadas neste Código.

Art. 425: 1. s/ contrato de *factoring*, v. nota 1a ao art. 290.

Art. 425: 2. "O *factoring* como instrumento de auxílio às pequenas e médias empresas", por Consuelo Taques Ferreira Salamacha (RT 822/79); "A intolerável deturpação do contrato de *factoring*", por Mariana Ribeiro Santiago (RDPr 33/236); "Reflexões sobre os contratos cativos de longa duração", por José Tadeu Neves Xavier (Ajuris 95/137); "Contratos cativos de longa duração: tempo e equilíbrio nas relações contratuais", por Marco Antonio Karam-Silveira (Ajuris 103/211); "Cessão de contrato", por Luís Borrelli Neto (RDPr 34/137); "O contrato que envolve o sistema de integração para a produção de aves e suínos", por Arnaldo Rizzardo (RJ-Lex 50/29); "*Factoring*: a atividade de *factoring* e a responsabilidade do faturizado na transferência dos títulos por endosso", por Marcelo Moraes Tavares (RJ-Lex 59/68).

Art. 425: 3. "A **cessão de posição contratual** é figura admitida pelo ordenamento jurídico, mormente ante o disposto nos arts. 421 e 425 do CC, consubstanciada na transmissão de obrigações em que uma das partes de um contrato (cedente) vê-se substituída por terceiro (cessionário), o qual assume integralmente o conjunto de direitos e deveres, faculdades, poderes, ônus e sujeições originariamente pertencentes àquele contratante original; sendo certa, portanto, a existência de dois negócios jurídicos distintos: (i) o contrato-base, em que se insere a posição a ser transferida; e (ii) o contrato-instrumento, o qual veicula a transferência propriamente dita. A anuência do cedido é elemento necessário à validade do negócio jurídico, residindo sua finalidade na possibilidade de análise, pelo cedido, da capacidade econômico-financeira do cessionário, de molde a não correr o risco de eventual inadimplemento; nesse ponto, assemelhando-se à figura do assentimento na assunção de dívida.

Malgrado, portanto, a obrigatoriedade da anuência, esta assume capital relevância tão somente no que tange aos efeitos da cessão em relação ao cedente, haja vista que, vislumbrando o cedido a possibilidade de inadimplemento do contrato principal pelo cessionário, pode impor como condição a responsabilidade subsidiária do cedente, não lhe permitindo a completa exoneração, o que, de regra, deflui da transmissão da posição contratual. No caso concreto, uma vez quitadas as obrigações relativas ao contrato-base, a manifestação positiva de vontade do cedido em relação à cessão contratual torna-se irrelevante, perdendo sua razão de ser, haja vista que a necessidade de anuência ostenta forte viés de garantia na hipótese de inadimplemento pelo cessionário. Dessa forma, carece ao cedido o direito de recusa da entrega da declaração de quitação e dos documentos hábeis à transferência da propriedade, ante a sua absoluta falta de interesse" (STJ-4ª T., REsp 1.036.530, Min. Luis Felipe, j. 25.3.14, maioria, DJ 15.8.14).

"A cessão de direitos e obrigações oriundos de contrato, bem como os referentes a fundo de resgate de valor residual, e seus respectivos aditamentos, implica a transferência de um complexo de direitos, de deveres, débitos e créditos, motivo pelo qual se confere legitimidade ao cessionário de contrato (cessão de posição contratual) para discutir a validade de cláusulas contratuais com reflexo, inclusive, em prestações pretéritas já extintas" (RSTJ 156/291: 3ª T., REsp 356.383).

V. nota 2 ao Cap. I que antecede o art. 286.

Art. 426. Não pode ser objeto de contrato a herança de pessoa viva.[1-2]

Art. 426: 1. Não obstante, v. arts. 2.014 e 2.018.

Art. 426: 2. "Revela-se nula a partilha de bens realizada em processo de separação amigável que atribui ao cônjuge varão promessa de transferência de direitos sucessórios ou doação sobre imóvel pertencente a terceiros, seja por impossível o objeto, seja por vedado contrato sobre herança de pessoas vivas" (STJ-4ª T., REsp 300.143, Min. Aldir Passarinho Jr., j. 21.11.06, DJU 12.2.07).

Seção II | DA FORMAÇÃO DOS CONTRATOS

Art. 427. A proposta de contrato obriga[1] o proponente,[1a] se o contrário não resultar dos termos dela, da natureza do negócio,[2] ou das circunstâncias[2a] do caso.[3]

Art. 427: 1. "O alienante de unidade de edifício em condomínio que anuncia a venda de prédio totalmente reformado, e que apenas se limita a realizar reformas isoladamente em cada apartamento, é responsável por inteiro daquilo a que se dispusera e oferecera publicamente" (RT 801/183).

Art. 427: 1a. v. art. 107 (validade da declaração de vontade).

Art. 427: 2. s/ proposta em matéria de seguro, v. art. 759.

Art. 427: 2a. v. arts. 138 a 144 (erro); 145 a 150 (dolo); 151 a 155 (coação); 156 (estado de perigo); 157 (lesão).

Art. 427: 3. Entendendo que a proposta inicialmente aceita "ficou sem efeito em razão da falta da prática dos atos posteriores necessários para a formalização do contrato": STJ-4ª T., REsp 116.882, Min. Barros Monteiro, j. 19.4.01, maioria, DJU 25.6.01; a citação é do voto do Min. Ruy Rosado.

Art. 428. Deixa de ser obrigatória a proposta:

I — se, feita sem prazo a pessoa presente, não foi imediatamente aceita. Considera-se também presente a pessoa que contrata por telefone[1] ou por meio de comunicação semelhante;

II — se, feita sem prazo a pessoa ausente, tiver decorrido tempo suficiente para chegar a resposta ao conhecimento do proponente;

III — se, feita a pessoa ausente, não tiver sido expedida a resposta dentro do prazo dado;

IV — se, antes dela, ou simultaneamente, chegar ao conhecimento da outra parte a retratação do proponente.

Art. 428: 1. s/ arrependimento nos contratos que envolvam relação de consumo celebrados por telefone, v. CDC 49.

Art. 429. A oferta[1] ao público equivale a proposta quando encerra os requisitos essenciais ao contrato, salvo se o contrário resultar das circunstâncias ou dos usos.
Parágrafo único. Pode revogar-se a oferta pela mesma via de sua divulgação, desde que ressalvada esta faculdade na oferta realizada.

Art. 429: 1. Em matéria de relação de consumo, v. CDC 30 a 35.

Art. 430. Se a aceitação, por circunstância imprevista, chegar tarde ao conhecimento do proponente, este comunicá-lo-á imediatamente ao aceitante, sob pena de responder por perdas e danos.[1]

Art. 430: 1. v. arts. 402 a 405.

Art. 431. A aceitação fora do prazo, com adições, restrições, ou modificações, importará nova proposta.[1]

Art. 431: 1. Ou seja, trata-se de uma contraproposta.

Art. 432. Se o negócio for daqueles em que não seja costume a aceitação expressa,[1] ou o proponente a tiver dispensado, reputar-se-á concluído o contrato, não chegando a tempo a recusa.

Art. 432: 1. v., p. ex., art. 659 (mandato).

Art. 433. Considera-se inexistente a aceitação, se antes dela ou com ela chegar ao proponente a retratação do aceitante.

Art. 434. Os contratos entre ausentes tornam-se perfeitos desde que a aceitação é expedida,[1] exceto:
I — no caso do artigo antecedente;
II — se o proponente se houver comprometido a esperar resposta;
III — se ela não chegar no prazo convencionado.

Art. 434: 1. Enunciado 173 do CEJ: "A formação dos contratos realizados entre pessoas ausentes, por meio eletrônico, completa-se com a recepção da aceitação pelo proponente".

Art. 435. Reputar-se-á celebrado o contrato no lugar em que foi proposto.[1-2]

Art. 435: 1. v. LINDB 9º § 2º.

Art. 435: 2. O lugar da celebração do contrato não determina **necessariamente** o lugar do pagamento (v. art. 327) nem o lugar em que se deve cumpri-lo ou discutir seu conteúdo (v. art. 78 e nota 1).

Seção III | DA ESTIPULAÇÃO EM FAVOR DE TERCEIRO[1]

SEÇ. III: 1. "Contrato a favor de terceiro", por Araken de Assis (RJ 363/11).

Art. 436. O que estipula em favor de terceiro[1] pode exigir o cumprimento da obrigação.

Parágrafo único. Ao terceiro, em favor de quem se estipulou a obrigação, também é permitido exigi-la,[2] ficando, todavia, sujeito às condições e normas do contrato, se a ele anuir, e o estipulante não o inovar nos termos do art. 438.

Art. 436: 1. s/ doação com encargo em favor de terceiro, v. art. 553; s/ seguro em favor de terceiro, v. arts. 767 e 801.

Art. 436: 2. "Nas estipulações em favor de terceiro, este pode ser pessoa futura e indeterminada, bastando que seja determinável, como no caso do seguro, em que se identifica o beneficiário no momento do sinistro. O terceiro beneficiário, ainda que não tenha feito parte do contrato, tem legitimidade para ajuizar ação direta contra a seguradora, para cobrar a indenização contratual prevista em seu favor" (RSTJ 168/377: 4ª T., REsp 257.880, maioria).

"Na estipulação em favor de terceiro, tanto o estipulante quanto o beneficiário podem exigir do devedor o cumprimento da obrigação" (STJ-3ª T., REsp 1.086.989, Min. Nancy Andrighi, j. 23.2.10, DJ 5.3.10).

"Ainda que o plano de saúde seja contratado por intermédio de terceiro, que é o estipulante, o beneficiário é o destinatário final do serviço, sendo, portanto, parte legítima para figurar no polo ativo de ação que busque discutir a validade das cláusulas do contrato. Desse modo, considerando que na estipulação em favor de terceiro, tanto o estipulante quanto o beneficiário podem exigir do devedor o cumprimento da obrigação (CC, art. 436, parágrafo único), não há que se falar, no caso, na necessidade de suspensão do presente feito até o julgamento final da ação proposta pela estipulante em nome de todos os contratados" (STJ-3ª T., REsp 1.336.758-AgRg, Min. Sidnei Beneti, j. 20.11.12, DJ 4.12.12).

"O contrato de plano de saúde coletivo estabelece o vínculo jurídico entre uma operadora de plano de saúde e uma pessoa jurídica, a qual atua em favor de uma classe (coletivo por adesão) ou em favor de seus respectivos empregados (coletivo empresarial). Esse contrato caracteriza-se como uma estipulação em favor de terceiro, em que a pessoa jurídica figura como intermediária da relação estabelecida substancialmente entre o indivíduo integrante da classe/empresa e a operadora (art. 436, parágrafo único, do Código Civil). O fato de o contrato ser coletivo não impossibilita que o beneficiário busque individualmente a tutela jurisdicional que lhe seja favorável, isto é, o restabelecimento do seu vínculo contratual com a operadora, que, em tese, foi rompido ilegalmente" (STJ-3ª T., REsp 1.705.311, Min. Nancy Andrighi, j. 9.11.17, DJ 17.11.17).

Art. 437. Se ao terceiro, em favor de quem se fez o contrato, se deixar[1] o direito de reclamar-lhe a execução, não poderá o estipulante exonerar o devedor.

Art. 437: 1. de forma expressa no contrato.

Art. 438. O estipulante pode reservar-se[1] o direito de substituir o terceiro[2] designado no contrato, independentemente da sua anuência e da do outro contratante.

Parágrafo único. A substituição pode ser feita por ato entre vivos ou por disposição de última vontade.

Art. 438: 1. de forma expressa no contrato; caso não haja essa reserva, a substituição fica inviabilizada.

Art. 438: 2. s/ possibilidade de substituição do beneficiário do contrato de seguro, v. art. 791.

Seção IV | DA PROMESSA DE FATO DE TERCEIRO

Art. 439. Aquele que tiver prometido fato de terceiro[1] responderá por perdas e danos,[2] quando este o não executar.

Parágrafo único. Tal responsabilidade não existirá se o terceiro for o cônjuge do promitente, dependendo da sua anuência o ato a ser praticado, e desde que, pelo regime do casamento, a indenização, de algum modo, venha a recair sobre os seus bens.

Art. 439: 1. Responde por perdas e danos aquele que promete fato de terceiro, se este não confirma a promessa e, por isso, não a executa (art. 439-*caput*). Mas, se o terceiro confirma a promessa e não a executa, o promitente já não responde por perdas e danos (art. 440).

V. tb. art. 662 (falta de mandato ou insuficiência de poderes do mandatário).

No caso de comunhão parcial ou universal de bens, o cônjuge que se compromete a obter a anuência do outro cônjuge para determinado ato e não a consegue, quando necessária, não responde por perdas e danos. Se, porém, forem casados pelo regime da separação universal, ficará sujeito a indenizar (art. 439 § ún.).

Art. 439: 2. v. arts. 402 a 405.

Art. 440. Nenhuma obrigação haverá para quem se comprometer por outrem, se este, depois de se ter obrigado, faltar à prestação.[1]

Art. 440: 1. v. art. 439, nota 1.

Seção V | DOS VÍCIOS REDIBITÓRIOS[1]

SEÇ. V: 1. "Dos vícios do produto no novo Código Civil e no Código de Defesa do Consumidor e suas repercussões no âmbito da responsabilidade civil", por Clarissa Costa de Lima (Ajuris 101/79).

Art. 441. A coisa recebida em virtude de contrato comutativo pode ser enjeitada por vícios ou defeitos ocultos,[1-1a] que a tornem imprópria ao uso a que é destinada, ou lhe diminuam o valor.[2]

Parágrafo único. É aplicável a disposição deste artigo às doações onerosas.[3]

Art. 441: 1. v. arts. 503 (compra e venda) e 568 (locação); CDC 18 e § 1º, 20-II, 35-III, 41, 51-I e II.

Art. 441: 1a. "O equívoco inerente ao vício redibitório não se confunde com o erro substancial, vício de consentimento previsto na Parte Geral do Código Civil, tido como defeito dos atos negociais. O legislador tratou o vício redibitório de forma especial, projetando inclusive efeitos diferentes daqueles previstos para o erro substancial. O vício redibitório, da forma como sistematizado pelo CC/16, cujas regras foram mantidas pelo CC/02, atinge a própria coisa, objetivamente considerada, e não a psique do agente. O erro substancial, por sua vez, alcança a vontade do contratante, operando subjetivamente em sua esfera mental" (STJ-RMDCPC 34/108: 3ª T., REsp 991.317).

Art. 441: 2. Prazo para a propositura da ação: art. 445.

Art. 441: 3. i. e., aquelas em que o donatário deve realizar algum encargo determinado pelo doador. S/ encargo em matéria de doação, v. arts. 539, 553 e 562.

Art. 442. Em vez de rejeitar a coisa, redibindo o contrato (art. 441), pode o adquirente reclamar[1] abatimento no preço.[2 a 3a]

Art. 442: 1. através da **ação estimatória** ou *quanti minoris*.

Art. 442: 2. Prazo para a propositura da ação: art. 445.

Art. 442: 3. v. art. 616 (empreitada); cf. CDC 18 § 1º-III.

Art. 442: 3a. s/ abatimento do preço em caso de evicção, v. art. 455.

Art. 443. Se o alienante conhecia o vício ou defeito da coisa, restituirá o que recebeu com perdas e danos;[1-2] se o não conhecia, tão somente restituirá o valor recebido, mais as despesas do contrato.

Art. 443: 1. v. arts. 402 a 405.

Art. 443: 2. O alienante que conhece os vícios ou defeitos ocultos da coisa, além de se sujeitar à redibição do contrato ou ao abatimento do preço, obriga-se a reparar o dano moral eventualmente causado (RJ 310/104).

Art. 444. A responsabilidade do alienante subsiste ainda que a coisa pereça em poder do alienatário, se perecer por vício oculto, já existente ao tempo da tradição.[1]

Art. 444: 1. s/ tradição, v. arts. 1.267 e 1.268.

Art. 445. O adquirente decai do direito de obter a redibição ou abatimento no preço[1] no prazo de trinta dias se a coisa for móvel, e de um ano se for imóvel, contado da entrega efetiva; se já estava na posse, o prazo conta-se da alienação, reduzido à metade.[1a a 2]

§ 1º Quando o vício, por sua natureza, só puder ser conhecido mais tarde, o prazo contar-se-á do momento em que dele tiver ciência, até o prazo máximo de cento e oitenta dias, em se tratando de bens móveis; e de um ano, para os imóveis.[3-4]

§ 2º Tratando-se de venda de animais, os prazos de garantia por vícios ocultos serão os estabelecidos em lei especial, ou, na falta desta, pelos usos locais, aplicando-se o disposto no parágrafo antecedente se não houver regras disciplinando a matéria.

Art. 445: 1. v. arts. 441 e 442. As ações redibitória (art. 441) e estimatória (art. 442) são também chamadas de **ações edilícias**.

Art. 445: 1a. "Considerações acerca do prazo decadencial nas ações edilícias", por Carlos Eduardo Thompson Flores Lenz (RF 365/3).

Art. 445: 1b. Em matéria de relação de consumo, v. CDC 26.

Art. 445: 1c. Enunciado 174 do CEJ: "Em se tratando de vício oculto, o adquirente tem os prazos do *caput* do art. 445 para obter redibição ou abatimento de preço, desde que os vícios se revelem nos prazos estabelecidos no parágrafo primeiro, fluindo, entretanto, a partir do conhecimento do defeito".

Art. 445: 2. "O vício redibitório, por sua própria natureza, muitas vezes não pode ser percebido no ato da tradição da coisa, somente surgindo com a utilização ou experimentação pelo adquirente, em momento posterior ao exíguo tempo de garantia legal fixado na lei civil. Não pode o fabricante ficar sem saber até quando perdurará sua responsabilidade, aguardando que surjam defeitos ocultos capazes de ser reclamados pelo adquirente. Para a contagem do prazo de garantia e ante a necessidade de experimentação da coisa, deve ser considerado **o tempo da garantia legal e o da garantia contratual**" (STJ-3ª T., REsp 1.337.430, Min. João Otávio, j. 3.5.16, DJ 12.5.16).

Art. 445: 3. Enunciado 28 do CEJ: "O disposto no art. 445, §§ 1º e 2º, do Código Civil reflete a consagração da doutrina e da jurisprudência quanto à natureza decadencial das ações edilícias".

Art. 445: 4. Nessas circunstâncias, o prazo continua sendo de 30 dias para bens móveis e um ano para bens imóveis; apenas o **termo *a quo*** desse prazo é que é postergado por até 180 dias (JTJ 320/659: AP 1.103.985-0/0).

Art. 446. Não correrão os prazos do artigo antecedente na constância de cláusula de garantia;[1] mas o adquirente deve denunciar[2] o defeito ao alienante nos trinta dias seguintes ao seu descobrimento, sob pena de decadência.[3]

Art. 446: 1. Em matéria de relação de consumo, v. CDC 50.

Art. 446: 2. Em matéria de relação de consumo, v. CDC 26 § 2º.

Art. 446: 3. s/ decadência, v. arts. 207 a 211.

Seção VI | DA EVICÇÃO[1]

SEÇ. VI: 1. v. arts. 199-III (suspensão da prescrição), 359 (dação em pagamento), 552 (doação), 845 (transação), 1.005 (quota social), 1.939-III (caducidade de legado), 2.026 (evicção após partilha), CPC 572 e 594 (evicção após divisão ou demarcação).

Art. 447. Nos contratos onerosos, o alienante responde pela evicção.[1 a 5] Subsiste esta garantia ainda que a aquisição se tenha realizado em hasta pública.

Art. 447: 1. s/ evicção em matéria de: locação, v. art. 568; fiança, v. art. 838-III; transação, v. art. 845.

Art. 447: 2. "A caracterização da evicção se dá pela perda definitiva da propriedade; essa perda se pode dar também em decorrência de **apreensão por autoridade policial, e não apenas por sentença judicial**" (STJ-4ª T., REsp 51.875, Min. Sálvio de Figueiredo, j. 12.5.97, DJU 23.6.97).

"O direito de demandar pela evicção não supõe, necessariamente, a perda da coisa por sentença judicial. Hipótese em que, tratando-se de veículo roubado, o adquirente de boa-fé não estava obrigado a resistir à autoridade policial; diante da evidência do ato criminoso, tinha o dever legal de colaborar com as autoridades, devolvendo o produto do crime" (RSTJ 130/233: 3ª T., REsp 69.496).

"Para exercício do direito que da evicção resulta ao adquirente, não é exigível prévia sentença judicial, bastando que fique ele privado do bem por ato de **autoridade administrativa**" (STJ-4ª T., REsp 259.726, Min. Jorge Scartezzini, j. 3.8.04, DJU 27.9.04).

"A aquisição onerosa de veículo furtado, havendo posterior apreensão pelas autoridades administrativas, atribui ao comprador de boa-fé o direito de haver dos vendedores (diretos e intermediários) a repetição integral do preço, sendo tal responsabilidade solidária e independente da virtual insciência dos alienantes sobre a origem do bem, pois a evicção opera *pleno iure*" (RT 881/345: TJSC, AP 2006.030048-9). No mesmo sentido: Bol. AASP 2.700 (TJMG, AP 1.0012.04.000465-2/001).

Art. 447: 2a. No sentido de que o evicto **não precisa aguardar o trânsito em julgado** da decisão que afeta a propriedade para demandar o alienante pela evicção: STJ-4ª T., REsp 1.332.112, Min. Luis Felipe, j. 21.3.13, DJ 17.4.13.

Art. 447: 3. "A responsabilidade pela evicção ocorre apenas quando a **causa** da constrição operada sobre a coisa é **anterior** à relação jurídica entabulada entre o alienante e o evicto. O que importa não é o momento da constrição, esta será, necessariamente, posterior à alienação, o que importa saber é o momento em que nasceu o direito (de terceiro) que deu origem à constrição" (STJ-3ª T., REsp 873.165, Min. Sidnei Beneti, j. 18.5.10, DJ 7.6.10).

Art. 447: 4. "As restrições decorrentes do **tombamento** não ensejam a evicção, já que não acarretam a perda do domínio, da posse ou do uso da coisa alienada e não há a atribuição do bem, seja por ato judicial ou administrativo, a outrem que tenha direito anterior ao contrato aquisitivo" (STJ-3ª T., REsp 407.179, Min. Pádua Ribeiro, j. 21.5.02, DJU 23.9.02).

Art. 447: 5. "Aquisição por terceiro de automóvel importado (Porsche Carrera, modelo 911), financiado por instituição financeira mediante contrato de alienação fiduciária em garantia. Posterior apreensão do veículo pela Receita Federal por irregularidades no procedimento de importação. Caracterização da ocorrência de evicção por se tratar de apreensão operada por autoridade administrativa com poderes para a prática do ato administrativo. O dever de garantir os riscos da evicção é restrito ao alienante do veículo, **não se estendendo à instituição financeira que apenas concedeu o financiamento** sem estar vinculada ao importador (vendedor). Reconhecimento da ilegitimidade passiva da instituição financeira, com sua exclusão do processo" (STJ-3ª T., REsp 1.342.145, Min. Paulo Sanseverino, j. 4.12.14, DJ 17.12.14).

Art. 448. Podem[1] as partes, por cláusula expressa,[2] reforçar, diminuir ou excluir a responsabilidade pela evicção.

Art. 448: 1. exceto em matéria de relação de consumo (CDC 51-I).

Art. 448: 2. Logicamente, quando não houver ressalvas, a responsabilidade pela evicção é integral.

Art. 449. Não obstante a cláusula que exclui a garantia contra a evicção, se esta se der, tem direito o evicto a receber o preço que pagou pela coisa evicta, se não soube do risco da evicção, ou, dele informado, não o assumiu.

Art. 450. Salvo estipulação em contrário, tem direito o evicto, além da restituição integral do preço ou das quantias que pagou:[1]

I — à indenização dos frutos que tiver sido obrigado a restituir;

II — à indenização pelas despesas dos contratos e pelos prejuízos que diretamente resultarem da evicção;

III — às custas judiciais e aos honorários do advogado por ele constituído.

Parágrafo único. O preço, seja a evicção total ou parcial, será o do valor da coisa, na época em que se evenceu,[2] e proporcional ao desfalque sofrido, no caso de evicção parcial.

Art. 450: 1. "Evicção. **Arrendamento mercantil.** Indenização. Interpretação do art. 450 do Código Civil de acordo com a natureza complexa do contrato de *leasing*. Não há falar em restituição integral do preço equivalente ao valor da coisa, uma vez que não houve a opção de compra do caminhão arrendado nem quitação do débito devido. No tocante às prestações quitadas, apesar da preponderância da relação obrigacional de locação, aqui, de forma diferente, além do uso e gozo da coisa em contraprestação, pode ter havido o pagamento do VRG de forma antecipada, o que atrai uma peculiaridade especial na indenização. Realmente, não caberá a restituição dos valores referentes aos aluguéis, haja vista o uso cedido e a utilização da coisa até o momento em que se evenceu, mas serão devidas as parcelas correspondentes ao adiantamento do VRG, bem como de eventuais aluguéis recebidos de forma antecipada. Além disso, caberá indenização pelos frutos que eventualmente o arrendatário tiver sido obrigado a restituir ao terceiro-evictor, bem como pelas despesas do contrato e pelas custas judiciais e honorários do advogado constituído pelo adquirente-evicto. Será devida, ainda, indenização pelos prejuízos que diretamente tenham sido resultados da evicção. No caso, tenho que os fatos descritos no processo foram suficientes para, em si, causar abalo moral ao ora recorrente" (STJ-4ª T., REsp 1.133.597, Min. Luis Felipe, j. 22.10.13, DJ 28.2.14).

Art. 450: 2. Para fins de restituição do preço, considera-se o "preço do imóvel do tempo da evicção, devidamente corrigido" (STJ-3ª T., REsp 748.477, Min. Sidnei Beneti, j. 3.11.09, DJ 25.11.09).

Art. 451. Subsiste para o alienante esta obrigação, ainda que a coisa alienada esteja deteriorada, exceto havendo dolo[1] do adquirente.[1a]

Art. 451: 1. v. arts. 145 a 150.

Art. 451: 1a. Ou seja, intenção do adquirente de deteriorar a coisa para deliberadamente prejudicar o alienante ou o seu verdadeiro dono.

Art. 452. Se o adquirente tiver auferido vantagens das deteriorações, e não tiver sido condenado a indenizá-las, o valor das vantagens será deduzido da quantia que lhe houver de dar o alienante.

Art. 453. As benfeitorias necessárias ou úteis,[1] não abonadas ao que sofreu a evicção, serão pagas pelo alienante.[2]

Art. 453: 1. v. art. 96 §§ 3º e 2º, respectivamente.

Art. 453: 2. "O evicto há de ser indenizado amplamente, inclusive por construções que tenha erigido no imóvel. A expressão 'benfeitorias', contida no artigo 1.112 do Código Civil, há de ser entendida como compreendendo acessões" (RSTJ 116/225: 3ª T., REsp 139.178). O art. 1.112 do CC rev. corresponde ao CC 453.

Art. 454. Se as benfeitorias abonadas ao que sofreu a evicção tiverem sido feitas pelo alienante, o valor delas será levado em conta[1] na restituição devida.

Art. 454: 1. i. e., o valor das benfeitorias feitas pelo alienante será deduzido da quantia que ele restituirá ao adquirente.

Art. 455. Se parcial, mas considerável, for a evicção, poderá o evicto optar entre a rescisão do contrato e a restituição da parte do preço correspondente ao desfalque sofrido.¹ Se não for considerável, caberá somente direito a indenização.²

Art. 455: 1. s/ abatimento de preço em matéria de vício redibitório, v. art. 442 e CDC 18 § 1º-III.

Art. 455: 2. A indenização deverá ser proporcional à evicção e aos consequentes prejuízos.

Art. 456. ....¹

Art. 456: 1. Revogado expressamente pela Lei 13.105, de 16.3.15, em vigor um ano após sua publicação (DOU 17.3.15).

Art. 457. Não pode o adquirente demandar pela evicção, se sabia que a coisa era alheia ou litigiosa.

Seção VII | DOS CONTRATOS ALEATÓRIOS

Art. 458. Se o contrato for aleatório,¹ por dizer respeito a coisas ou fatos futuros, cujo risco de não virem a existir um dos contratantes assuma, terá o outro direito de receber integralmente o que lhe foi prometido, desde que de sua parte não tenha havido dolo² ou culpa, ainda que nada do avençado venha a existir.

Art. 458: 1. caso do contrato de seguro (arts. 757 e segs.).

Art. 458: 2. v. arts. 145 a 150.

Art. 459. Se for aleatório, por serem objeto dele coisas futuras, tomando o adquirente a si o risco de virem a existir em qualquer quantidade, terá também direito o alienante a todo o preço, desde que de sua parte não tiver concorrido culpa, ainda que a coisa venha a existir em quantidade inferior à esperada.

Parágrafo único. Mas, se da coisa nada vier a existir, alienação não haverá, e o alienante restituirá o preço recebido.

Art. 460. Se for aleatório o contrato, por se referir a coisas existentes, mas expostas a risco, assumido pelo adquirente, terá igualmente direito o alienante a todo o preço¹, posto que a coisa já não existisse, em parte, ou de todo, no dia do contrato.

Art. 460: 1. Exceto se a coisa se deteriorou ou desapareceu por dolo ou culpa do alienante.

Art. 461. A alienação aleatória a que se refere o artigo antecedente poderá ser anulada¹ como dolosa pelo prejudicado, se provar que o outro contratante não ignorava a consumação do risco,² a que no contrato se considerava exposta a coisa.

Art. 461: 1. Prazo para a propositura da ação: dois anos (art. 179).

Art. 461: 2. i. e., se o adquirente provar que o alienante sabia que a coisa não mais existia ou já se encontrava deteriorada por ocasião da celebração do contrato.

Seção VIII | DO CONTRATO PRELIMINAR[1]

SEÇ. VIII: 1. "O contrato preliminar e sua inserção no Código Civil brasileiro", por Éder Augusto Contadin (RDPr 56/227).

Art. 462. O contrato preliminar, exceto quanto à forma, deve conter todos os requisitos[1] essenciais ao contrato a ser celebrado.[2]

Art. 462: 1. cf. requisitos da escritura pública (art. 215).

Art. 462: 2. s/ requisitos dos compromissos de compra e venda, das cessões ou promessas de cessão, v. art. 26 da Lei 6.766, de 19.12.79, e art. 11 do Dec. lei 58, de 10.12.37 (ambos no tít. PROMESSA DE COMPRA E VENDA E LOTEAMENTO).

Art. 463. Concluído o contrato preliminar, com observância do disposto no artigo antecedente, e desde que dele não conste cláusula de arrependimento,[1-1a] qualquer das partes terá o direito de exigir a celebração do definitivo,[1b] assinando prazo à outra para que o efetive.[1c]

Parágrafo único. O contrato preliminar deverá ser levado ao registro competente.[2-3]

Art. 463: 1. v. promessa de compra e venda (art. 1.417).

Art. 463: 1a. p. ex., arras penitenciais (art. 420).

Art. 463: 1b. "No momento em que ocorrido o acordo de vontades entre o promitente vendedor e o promissário comprador, o contrato preliminar passa a configurar ato jurídico perfeito, cuja validade, inclusive de suas cláusulas, é aferida ao tempo de sua celebração. Desse modo, uma vez constatadas a capacidade das partes e a ausência de quaisquer vícios ao tempo da exteriorização da manifestação de vontade, a **promessa de compra e venda** e respectivas **cláusulas** remanescerão **válidas e eficazes, ainda que não** sejam **transcritas no pacto definitivo** objeto da escritura pública. Diante da força obrigatória e consequente eficácia vinculativa da promessa de compra e venda válida, não se revela possível falar em renúncia tácita da cláusula de retrovenda (a qual não se confunde com a cláusula de arrependimento) que não fora repetida na escritura pública do contrato definitivo. Isso porque, uma vez exigida a manifestação expressa das partes para a instituição de cláusulas especiais na compra e venda (direito de retrovenda, entre outros), sua renúncia deve observar o mesmo rigor, tendo em vista o princípio do paralelismo das formas encartado no artigo 472 do Código Civil. Com efeito, o direito obrigacional, titularizado pelo vendedor, enquanto não for suprimido, de comum acordo, deverá ser observado por ambas as partes contratantes, ainda que a escritura pública silencie a respeito" (STJ-4ª T., REsp 1.364.272, Min. Luis Felipe, j. 8.5.18, DJ 12.6.18).

V. tb. art. 505, nota 2a.

Art. 463: 1c. v. art. 15 do Dec. lei 58, de 10.12.37; art. 25 da Lei 6.766, de 19.12.79 (ambos no tít. PROMESSA DE COMPRA E VENDA E LOTEAMENTO); art. 69 da Lei 4.380, de 21.8.64.

Art. 463: 2. A promessa de compra e venda de imóvel deve ser registrada no registro de imóveis (art. 1.417; LRP 167-I, itens 9, 18 e 20). A falta de registro, segundo a Súmula 239 do STJ, não exclui o direito à adjudicação compulsória (v. art. 1.417, nota 3).

Contratos preliminares sobre móveis devem ser registrados no registro de títulos e documentos (LRP 129).

Art. 463: 3. Enunciado 30 do CEJ: "A disposição do parágrafo único do art. 463 do novo Código Civil deve ser interpretada como fator de eficácia perante terceiros".

Art. 464. Esgotado o prazo, poderá o juiz, a pedido do interessado, suprir a vontade da parte inadimplente, conferindo caráter definitivo ao contrato preliminar,[1-1a] salvo se a isto se opuser a natureza da obrigação.

Art. 464: 1. s/ suprimento judicial de declaração não emitida, v. CPC 501.

Art. 464: 1a. Em matéria de compromisso de compra e venda, v. art. 1.418 e arts. 16 e 22 do Dec. lei 58, de 10.12.37 (no tít. PROMESSA DE COMPRA E VENDA E LOTEAMENTO). V. ainda **Súmula 413 do STF:** "O compromisso de compra e venda de imóveis, ainda que não loteados, dá direito à execução compulsória, quando reunidos os requisitos legais".

Art. 465. Se o estipulante não der execução ao contrato preliminar, poderá a outra parte considerá-lo desfeito, e pedir perdas e danos.[1]

Art. 465: 1. v. arts. 389 e 402 a 405.

Art. 466. Se a promessa de contrato for unilateral, o credor, sob pena de ficar a mesma sem efeito, deverá manifestar-se no prazo nela previsto, ou, inexistindo este, no que lhe for razoavelmente assinado pelo devedor.

Seção IX | DO CONTRATO COM PESSOA A DECLARAR

Art. 467. No momento da conclusão do contrato, pode uma das partes reservar-se a faculdade de indicar a pessoa que deve adquirir os direitos e assumir as obrigações dele decorrentes.

Art. 468. Essa indicação deve ser comunicada à outra parte no prazo de cinco dias da conclusão do contrato, se outro não tiver sido estipulado.

Parágrafo único. A aceitação da pessoa nomeada não será eficaz se não se revestir da mesma forma que as partes usaram para o contrato.[1]

Art. 468: 1. p. ex.: se o contrato foi feito por instrumento público, a aceitação também deverá sê-lo.

Art. 469. A pessoa, nomeada de conformidade com os artigos antecedentes, adquire os direitos e assume as obrigações decorrentes do contrato, a partir do momento em que este foi celebrado.

Art. 470. O contrato será eficaz somente entre os contratantes originários:

I — se não houver indicação de pessoa, ou se o nomeado se recusar a aceitá-la;

II — se a pessoa nomeada era insolvente,[1] e a outra pessoa o desconhecia no momento da indicação.

Art. 470: 1. v. art. 955 e CPC/73 art. 748.

Art. 471. Se a pessoa a nomear era incapaz[1] ou insolvente[2] no momento da nomeação, o contrato produzirá seus efeitos entre os contratantes originários.

Art. 471: 1. v. arts. 3º a 5º.

Art. 471: 2. v. art. 955 e CPC/73 art. 748.

Capítulo II | DA EXTINÇÃO DO CONTRATO[1-2]

Seção I | DO DISTRATO

CAP. II: 1. "A resolução do contrato no novo Código Civil", por Daniel Ustárroz (RJ 304/32 e RMDCPC 4/49);

"Resolução, rescisão, resilição e denúncia do contrato: questões envolvendo terminologia, conceito e efeitos", por Alberto Gosson Jorge Jr. (RT 882/87).

CAP. II: 2. s/ extinção do contrato em matéria de: prestação de serviços, v. arts. 599 e 607; transporte, v. art. 740; seguro, v. arts. 769 §§ 1º e 2º e 770; relação de consumo, v. CDC 35, 49 e 53.

Art. 472. O distrato faz-se pela mesma forma exigida para o contrato.[1-2]

Art. 472: 1. Em matéria de promessa de compra e venda, v. art. 463, nota 1b.

Art. 472: 2. mas a quitação "sempre poderá ser dada por instrumento particular" (art. 320).

Art. 473. A resilição unilateral, nos casos em que a lei expressa ou implicitamente o permita, opera mediante denúncia notificada à outra parte.[1]

Parágrafo único. Se, porém, dada a natureza do contrato, uma das partes houver feito investimentos consideráveis para a sua execução, a denúncia unilateral só produzirá efeito depois de transcorrido prazo compatível com a natureza e o vulto dos investimentos.[1a-2]

Art. 473: 1. s/ resilição unilateral em matéria de: mandato, v. art. 688; agência e distribuição, v. art. 720; transporte de pessoas, v. art. 740.

S/ resilição unilateral em matéria de locação, v. LI 6º (locação por prazo indeterminado), 7º (extinção de usufruto ou de fideicomisso), 8º (alienação do imóvel), 46 § 2º (locação residencial), 50 § ún. (locação para temporada) e 57 (locação não residencial).

Art. 473: 1a. "A limitação da eficácia da resilição unilateral dos contratos como manifestação positiva do princípio da confiança: o parágrafo único do artigo 473 do Código Civil", por Felipe Fernandes Ribeiro Maia (RIDCPC 66/118); "A tutela da confiança e os limites éticos para a denúncia do contrato", por Hugo Evo Magro Corrêa Urbano (RSDCPC 69/109).

Art. 473: 2. "É das mais importantes tendências da responsabilidade civil o deslocamento do fato ilícito, como ponto central, para cada vez mais se aproximar da reparação do **dano injusto**. Ainda que determinado ato tenha sido praticado no exercício de um direito reconhecido, haverá ilicitude se o fora em manifesto abuso, contrário à boa-fé, à finalidade social ou econômica do direito, ou, ainda, se praticado com ofensa aos bons costumes. Tendo uma das partes agido em flagrante comportamento contraditório, ao exigir, por um lado, investimentos necessários à prestação dos serviços, condizentes com a envergadura da empresa que a outra parte representaria, e, por outro, após apenas 11 meses, sem qualquer justificativa juridicamente relevante, a rescisão unilateral do contrato, configura-se abalada a boa-fé objetiva, a reclamar a proteção do dano causado injustamente. Se, na análise do caso concreto, percebe-se a inexistência de qualquer conduta desabonadora de uma das partes, seja na conclusão ou na execução do contrato, somada à legítima impressão de que a avença perduraria por tempo razoável, a resilição unilateral imotivada deve ser considerada comportamento contraditório e antijurídico, que se agrava pela recusa na concessão de prazo razoável para a reestruturação econômica da contratada. A existência de cláusula contratual que prevê a possibilidade de rescisão desmotivada por qualquer dos contratantes não é capaz, por si só, de afastar e justificar o ilícito de se rescindir unilateralmente e imotivadamente um contrato que esteja sendo cumprindo a contento" (STJ-4ª T., REsp 1.555.202, Min. Luis Felipe, j. 13.12.2016, DJ 16.3.17).

"Parceria rural. Criação e engorda de aves. Ação declaratória cumulada com indenização. Tutela antecipada. Contrato com previsão de vigência superior a 12 anos. Iniciativa de resilição por parte da parceira proprietária, muito tempo antes do esgotamento do prazo. Incidência do art. 473 § ún. do CC/02, a justificar a suspensão dos efeitos da notificação" (RT 928/904: TJSP, AI 0174717-74.2012.8.26.0000).

V. tb. arts. 408, nota 3, 421, nota 4, e 422, nota 3e.

Seção II | DA CLÁUSULA RESOLUTIVA

Art. 474. A cláusula resolutiva expressa[1-1a] opera de pleno direito;[2-2a] a tácita[3] depende de interpelação judicial.

Art. 474: 1. "Cláusula resolutória expressa nos contratos", por José Geraldo de Jacobina Rabello (RSDCPC 38/5, RMDCPC 8/63 e RF 380/487).

Art. 474: 1a. s/ condição resolutiva, v. arts. 127, 128 e 130; s/ propriedade resolúvel, v. art. 1.359. Em matéria de compromisso de compra e venda, v. art. 12 do Dec. lei 58, de 10.12.37 (no tít. PROMESSA DE COMPRA E VENDA E LOTEAMENTO).

Art. 474: 2. i. e., leva à automática extinção do contrato.

Art. 474: 2a. "A cláusula de resolução expressa, por inadimplemento, não afasta a necessidade da manifestação judicial para verificação dos pressupostos que justificam a **resolução do contrato de promessa de compra e venda de imóvel**. A ação possessória não se presta à recuperação da posse, sem que antes tenha havido a 'rescisão' (*rectius*, resolução) do contrato. Destarte, inadmissível a concessão de liminar reintegratória em ação de 'rescisão' de contrato de compra e venda de imóvel" (STJ-4ª T., REsp 204.246, Min. Sálvio de Figueiredo, j. 10.12.02, DJU 24.2.03). No mesmo sentido, mais recentemente: STJ-4ª T., REsp 1.337.902-AgRg, Min. Luis Felipe, j. 7.3.13, DJ 14.3.13. Em sentido semelhante: STJ-3ª T., REsp 1.997.300, Min. Nancy Andrighi, j. 6.9.22, DJ 14.9.22; RJM 174/120, RJTJESP 101/343.

Todavia: "O contrato com cláusula resolutiva expressa, para ser rescindido por inadimplemento, dispensa rescisão formal pelo Judiciário. Ação de reintegração, com pedido de liminar, que deve ser examinada sem o óbice da rescisão" (STJ-2ª T., REsp 64.170, Min. Eliana Calmon, j. 15.8.00, maioria, DJU 15.3.01). Em sentido semelhante, considerando que o promitente vendedor pode propor ação de reintegração de posse, independentemente da propositura, prévia ou concomitante, da ação de rescisão do contrato, pois o pedido de rescisão, no caso, é implícito: STF-RTJ 72/87, 74/449, 83/401, RT 483/215, 746/212, RJTJESP 111/53, JTA 103/191.

V. tb. Dec. lei 745, de 7.8.69, em nota 8 ao art. 22 do Dec. lei 58, de 10.12.37, no tít. PROMESSA de Compra e Venda e LOTEAMENTO.

Art. 474: 3. "A cláusula resolutiva tácita presume-se presente nos contratos bilaterais, independentemente de estar expressa, podendo qualquer das partes requerer a resolução do contrato diante do inadimplemento da outra" (STJ-3ª T., Ag em REsp 842.014-AgInt, Min. Ricardo Cueva, j. 4.8.16, DJ 12.8.16).

"Ainda que inexistisse, no contrato, cláusula resolutiva expressa em favor do promitente-comprador, isso não obsta o ajuizamento direto da ação rescisória, porque ínsita a todo pacto bilateral a cláusula resolutiva tácita. E a cláusula contratual de irrevogabilidade, como natural, diz respeito a arrependimento ou desistência, não à faculdade de requerimento de rescisão por falta contratual da parte contrária" (RT 752/287).

Art. 475. A parte lesada pelo inadimplemento pode pedir a resolução do contrato, se não preferir exigir-lhe o cumprimento, cabendo, em qualquer dos casos, indenização por perdas e danos.[1 a 5]

Art. 475: 1. v. arts. 389 e 402 a 405. Em matéria de compra e venda de imóvel, v. art. 1.245, nota 1g.

Art. 475: 1a. "Indenizações no sistema de franquia empresarial", por Luís Rodolfo Cruz e Creuz e Bruno Batista da Costa Oliveira (RT 852/54).

Art. 475: 2. Enunciado 31 do CEJ: "As perdas e danos mencionadas no art. 475 do novo Código Civil dependem da imputabilidade da causa da possível resolução".

Enunciado 361 do CEJ: "O adimplemento substancial decorre dos princípios gerais contratuais, de modo a fazer preponderar a função social do contrato e o princípio da boa-fé objetiva, balizando a aplicação do art. 475".

Art. 475: 2a. "Diferentemente do que constava no art. 1.092 do CC/16, o art. 475 do CC/02, expressamente, faculta ao credor, diante do inadimplemento do devedor, **escolher entre exigir o cumprimento da prestação ou exigir a resolução do contrato,** cabendo, em qualquer das hipóteses, a respectiva indenização. Em regra, admite-se a cumulação dos pedidos de cumprimento da prestação e resolução do contrato, mas, escolhida a via do cumprimento, não se dá recurso à via da resolução depois de transitada em julgado a sentença de procedência exarada na primeira ação (*electa uma via non datur recursus ad alterum*). Embora não haja regra legal que estabeleça prazo para o seu exercício, o direito à resolução do contrato não é absolutamente ilimitado no tempo, na medida em que o contrato, enquanto fonte de obrigações que vincula as partes, é instrumento de caráter transitório, pois nasce com a finalidade de se extinguir, preferencialmente com o adimplemento das prestações que encerra. Se o pedido de resolução se funda no inadimplemento de determinada parcela, a prescrição da pretensão de exigir o respectivo pagamento prejudica, em consequência, o direito de exigir a extinção do contrato com base na mesma causa, ante a ausência do elemento objetivo que dá suporte fático ao pleito. Hipótese em que, ao ajuizar a ação monitória, o recorrido demonstrou, claramente, seu interesse na preservação da avença, de tal modo que, uma vez transitada em julgado a sentença de procedência, cabia-lhe apenas executar o título judicial para resolver a crise de inadimplemento. Ao deixar transcorrer o prazo prescricional da pretensão executória voltada ao adimplemento do contrato e, depois, propor esta ação resolutória, o recorrido demonstra um comportamento contraditório, justificado, na hipótese, pela nítida tentativa de se esquivar dos efeitos de sua inércia e, assim, se beneficiar da própria torpeza, o que configura o exercício abusivo de sua posição jurídica em relação ao recorrente" (STJ-3ª T., REsp 1.728.372, Min. Nancy Andrighi, j. 19.3.19, DJ 22.3.19).

Art. 475: 3. "É pela lente das cláusulas gerais previstas no Código Civil de 2002, sobretudo a da boa-fé objetiva e da função social, que deve ser lido o art. 475, segundo o qual '[a] parte lesada pelo inadimplemento pode pedir a resolução do contrato, se não preferir exigir-lhe o cumprimento, cabendo, em qualquer dos casos, indenização por perdas e danos'. Nessa linha de entendimento, a **teoria do substancial adimplemento** visa a impedir o uso desequilibrado do direito de resolução por parte do credor, preterindo desfazimentos desnecessários em prol da preservação da avença, com vistas à realização dos princípios da boa-fé e da função social do contrato. No caso em apreço, é de se aplicar a da teoria do adimplemento substancial dos contratos, porquanto o réu pagou '31 das 36 prestações contratadas, 86% da obrigação total (contraprestação e VRG parcelado), e mais R$ 10.500,44 de valor residual garantido'. O mencionado descumprimento contratual é inapto a ensejar a reintegração de posse pretendida e, consequentemente, a resolução do contrato de arrendamento mercantil, medidas desproporcionais diante do substancial adimplemento da avença. Não se está a afirmar que a dívida não paga desaparece, o que seria um convite a toda sorte de fraudes. Apenas se afirma que o meio de realização do crédito por que optou a instituição financeira não se mostra consentâneo com a extensão do inadimplemento e, de resto, com os ventos do Código Civil de 2002. Pode, certamente, o credor valer-se de meios menos gravosos e proporcionalmente mais adequados à persecução do crédito remanescente, como, por exemplo, a execução do título" (STJ-4ª T., REsp 1.051.270, Min. Luis Felipe, j. 4.8.11, um voto vencido, DJ 5.9.11). Em sentido semelhante: STJ-3ª T., REsp 1.215.289, Min. Sidnei Beneti, j. 5.2.13, DJ 21.2.13.

"A teoria do adimplemento substancial exige, para a hipótese, o preenchimento dos seguintes requisitos: i) o grau de satisfação do interesse do credor, ou seja, a prestação imperfeita deve satisfazer seu interesse; ii) comparação entre o valor da parcela descumprida com o valor do bem ou do contrato; iii) o esforço e diligência do devedor em adimplir integralmente; iv) a manutenção do equilíbrio entre as prestações correspectivas; v) a existência de outros remédios capazes de atender ao interesse do credor com efeitos menos gravosos ao devedor; e vi) ponderação entre a utilidade da extinção da relação jurídica obrigacional e o prejuízo que adviria para o devedor e para terceiros a partir da resolução. Nada obstante o percentual inadimplido do contrato não ser desprezível se isoladamente considerado, há que aferir as demais circunstâncias relevantes. Primeiro, o valor agregado ao terreno e seu atual preço de mercado; segundo, os esforços dos terceiros interessados em quitar a dívida; e terceiro, a aparente recusa injustificada do credor em receber a quantia devida. Ademais, deve ser observada a repercussão negativa na esfera jurídica dos adquirentes das unidades residenciais, terceiros de boa-fé diretamente atingidos com a rescisão do contrato de compra e venda do terreno. Diante da conjuntura desses fatores, não ficou demonstrado interesse digno de tutela jurídica em relação ao drástico efeito resolutório do contrato" (STJ-4ª T., REsp 1.236.960, Min. Antonio Ferreira, j. 19.11.19, DJ 5.12.19).

Art. 475: 4. "O uso do instituto da *substancial performance* não pode ser estimulado a ponto de inverter a ordem lógico-jurídica que assenta o integral e regular cumprimento do contrato como meio esperado de extinção das obrigações" (STJ-4ª T., REsp 1.581.505, Min. Antonio Ferreira, j. 18.8.16, DJ 28.9.16). Do voto do relator: "Não estão presentes os requisitos para a aplicação da teoria do adimplemento substancial, conclusão a que se chega tão só pelo exame do critério quantitativo, cujo relevo dispensa perquirir os demais elementos do negócio jurídico e de sua execução. Neste caso, o que se pode adjetivar de **substancial é a inadimplência** da recorrente, e não a parcela que cumpriu da avença". No caso, o inadimplemento girava em torno de 30% do valor do contrato.

"Caso concreto em que restou incontroverso que a devedora inadimpliu parcela relevante da contratação (cerca de um terço do total da dívida contraída), mostrando-se indevida a aplicação, pelo Tribunal de origem, da teoria do adimplemento substancial" (STJ-3ª T., REsp 1.636.692, Min. Paulo Sanseverino, j. 12.12.17, DJ 18.12.17).

Art. 475: 5. "A aplicação da teoria do adimplemento substancial, para obstar a utilização da ação de busca e apreensão, nesse contexto, é um incentivo ao inadimplemento das últimas parcelas contratuais, com o nítido propósito de desestimular o credor — numa avaliação de custo-benefício — de satisfazer seu crédito por outras vias judiciais, menos eficazes, o que, a toda evidência, aparta-se da boa-fé contratual propugnada. A propriedade fiduciária, concebida pelo legislador justamente para conferir segurança jurídica às concessões de crédito, essencial ao desenvolvimento da economia nacional, resta comprometida pela aplicação deturpada da teoria do adimplemento substancial" (STJ-2ª Seção, REsp 1.622.555, Min. Marco Bellizze, j. 22.2.17, maioria, DJ 16.3.17).

Seção III | DA EXCEÇÃO DE CONTRATO NÃO CUMPRIDO[1]

SEÇ. III: 1. "A exceção do contrato não cumprido e a sua relação com a garantia das obrigações no Direito Brasileiro", por Paulo R. Roque A. Khouri (Ajuris 94/293); "A recepção do incumprimento antecipado no direito brasileiro: configurações e limites", por Judith Martins-Costa (RT 885/30); "O exercício da exceção de contrato não cumprido e a prescrição", por Rafael Oliveira (RP 191/43).

Art. 476. Nos contratos bilaterais, nenhum dos contratantes, antes de cumprida a sua obrigação, pode exigir o implemento da do outro.[1 a 5]

Art. 476: 1. v. art. 491 (venda a crédito).

Art. 476: 1a. "A exceção de contrato não cumprido somente pode ser oposta quando a lei ou o próprio contrato não determinar a quem cabe primeiro cumprir a obrigação. Estabelecida a sucessividade do adimplemento, o contraente que deve satisfazer a prestação antes do outro não pode recusar-se a cumpri-la sob a conjectura de que este não satisfará a que lhe corre. Já aquele que detém o direito de realizar por último a prestação pode postergá-la enquanto o outro contratante não satisfizer sua própria obrigação" (STJ-3ª T., REsp 981.750, Min. Nancy Andrighi, j. 13.4.10, DJ 23.4.10).

Art. 476: 2. A exceção de contrato não cumprido pode vir apoiada tanto no inadimplemento absoluto (*exceptio non adimpleti contractus*) quanto no cumprimento parcial ou defeituoso da obrigação a cargo da parte contrária (*exceptio non rite adimpleti contractus*).

O descumprimento de parte mínima ou irrelevante do contrato não serve de apoio à *exceptio non rite adimpleti contractus* (STJ-4ª T., REsp 883.990, Min. Fernando Gonçalves, j. 1.4.08, DJ 12.8.08).

Art. 476: 2a. "A exceção do contrato não cumprido tem incidência temporária e efeito primordial de indução do contratante renitente ao cumprimento das obrigações contratual e voluntariamente assumidas. Na hipótese dos autos, em que à época da sentença, a obrigação já se encontrava plenamente satisfeita por uma das partes, não há espaço para incidência da exceção do contrato não cumprido, por ausência de pressupostos legais" (STJ-3ª T., REsp 1.331.115, Min. Nancy Andrighi, j. 19.11.13, maioria, DJ 22.4.14).

Art. 476: 3. "A teor do art. 476 do CC, não pode o aluno inadimplente exigir o cumprimento da obrigação da instituição de ensino, sem a prévia satisfação da sua prestação. Como não houve a contraprestação por parte da agravante, referente ao pagamento das mensalidades pela frequência ao semestre anterior, não pode a mesma exigir que a agravada efetue a rematrícula postulada" (RJTJERGS 267/135: AgRg 70020959136). S/ mensalidade escolar e cláusulas abusivas, v. CDC 51, nota 7b.

Art. 476: 4. "Ação de cobrança. Associação de moradores constituída para regularizar a situação de terreno ocupado por diversas famílias. Requerido que aderiu à associação, mas encontra-se inadimplente. Exceção do contrato não cumprido. Não pode a autora exigir que o requerido cumpra sua parte na obrigação quando ela própria não cumpriu a sua. Inteligência do art. 476 do Código Civil/2002" (RT 896/211: TJSP, AP 994.09.280771-1).

Art. 476: 5. "A cláusula contratual em que a construtora se obriga a exonerar do gravame hipotecário após a 'concessão do habite-se' e 'plena quitação do preço', é condição conjuntiva. Sendo assim, (*o adquirente*) não pode invocar a exceção substancial do não adimplemento do contrato, para suspender o pagamento das prestações, pois a obrigação da construtora somente surge após a quitação do preço. O adquirente tem o dever de quitar as prestações restantes de seu imóvel, sub-rogando-se, o agente financeiro, por meio de cessão fiduciária, no direito de receber os créditos devidos à construtora-mutuária" (STJ-3ª T., REsp 867.772, Min. Sidnei Beneti, j. 19.8.10, DJ 10.9.10).

Art. 477. Se, depois de concluído o contrato, sobrevier a uma das partes contratantes diminuição em seu patrimônio capaz de comprometer ou tornar duvidosa a prestação pela qual se obrigou, pode a outra recusar-se à prestação que lhe incumbe, até que aquela satisfaça a que lhe compete ou dê garantia bastante de satisfazê-la.[1]

Art. 477: 1. v. arts. 333, especialmente inciso III (cobrança antecipada da dívida), 495 (compra e venda), 590 (mútuo) e 810 (constituição de renda).

Seção IV | DA RESOLUÇÃO POR ONEROSIDADE EXCESSIVA[1]

SEÇ. IV: 1. "A resolução por onerosidade excessiva no novo Código Civil: uma quimera jurídica?", por João Hora Neto (RDPr 16/148); "A teoria da imprevisão no novo Código Civil brasileiro", por Julio Alberto Díaz (RDPr 20/197); "Teoria da imprevisão e o novo Código Civil", por Antonio Celso Fonseca Pugliese (RT 830/11); "Duas sugestões interpretativas para um preceito do novo Código Civil", por Edilson Pereira Nobre Júnior (RDPr 22/53); "Aspectos positivos e negativos da revisão contratual no novo Código Civil", por Nelson Borges (RT 849/80); "Revisão de contrato — Revisão de taxas convencionais de juros", por Humberto Theodoro Jr. (RMDECC 34/5); "Resolução do contrato por onerosidade excessiva", por Ênio Santarelli Zuliani (RMDCPC 40/27, RSDCPC 70/85, RMDECC 36/81).

Art. 478. Nos contratos de execução continuada ou diferida, se a prestação de uma das partes se tornar excessivamente onerosa, com extrema vantagem[1] para a outra, em virtude de acontecimentos extraordinários e imprevisíveis,[1a a 1c] poderá o devedor pedir a resolução do contrato.[2 a 3b] Os efeitos da sentença que a decretar retroagirão à data da citação.

Art. 478: 1. Enunciado 365 do CEJ: "A extrema vantagem do art. 478 deve ser interpretada como elemento acidental da alteração de circunstâncias, que comporta a incidência da resolução ou revisão do negócio por onerosidade excessiva, independentemente de sua demonstração plena".

Art. 478: 1a. Enunciado 175 do CEJ: "A menção à imprevisibilidade e à extraordinariedade, insertas no art. 478 do Código Civil, deve ser interpretada não somente em relação ao fato que gere o desequilíbrio, mas também em relação às consequências que ele produz".

Enunciado 366 do CEJ: "O fato extraordinário e imprevisível causador de onerosidade excessiva é aquele que não está coberto objetivamente pelos riscos próprios da contratação".

Art. 478: 1b. Casos em que se afirmou não haver onerosidade excessiva:

— "A teoria da imprevisão como justificativa para a revisão judicial de contratos somente será aplicada quando ficar demonstrada a ocorrência, após o início da vigência do contrato, de evento imprevisível e extraordinário que diga respeito à contratação considerada e que onere excessivamente uma das partes contratantes. A ocorrência de problemas mecânicos no veículo, dois anos após adquirido pelo consorciado, não se insere no conceito de acontecimento extraordinário e imprevisível, capaz de tornar a prestação relativa ao contrato de consórcio excessivamente onerosa para uma das partes e acarretar vantagem extrema à outra. Tal evento prende-se a riscos da atividade econômica da promovente que não podem ser transferidos à sociedade empresária administradora de consórcio, que atua apenas na gestão dos negócios do grupo formado" (STJ-4ª T., REsp 1.045.951, Min. Raul Araújo, j. 9.3.17, DJ 22.3.17);

— "Nos contratos agrícolas, o risco é inerente ao negócio, de forma que eventos como seca, pragas ou estiagem, dentre outros, não são considerados fatores imprevisíveis ou extraordinários que autorizem a adoção da teoria da imprevisão" (STJ-4ª T., REsp 1.808.110-EDcl-AgInt, Min. Marco Buzzi, j. 19.11.19, DJ 22.11.19). "Chuvas e pragas são circunstâncias previsíveis na agricultura, que o produtor deve levar em consideração quando contrata a venda para entrega futura com preço certo" (STJ-3ª T., REsp 783.404, Min. Nancy Andrighi, j. 28.6.07, DJU 13.8.07). No mesmo sentido, com relação às pragas: RJM 174/230. "A alta do dólar em virtude das eleições presidenciais e da iminência de guerra no Oriente Médio são circunstâncias previsíveis, que podem ser levadas em consideração quando se contrata a venda para entrega futura com preço certo" (STJ-3ª T., REsp 803.481, Min. Nancy Andrighi, j. 28.6.07, DJU 1.8.07). Mais amplamente: "Nos contratos agrícolas de venda para entrega futura, o risco é inerente ao negócio. Nele não se cogita em imprevisão" (STJ-3ª T., REsp 884.066-AgRg, Min. Gomes de Barros, j. 6.12.07, DJU 18.12.07). No mesmo sentido: STJ-4ª T., REsp 679.086, Min. Fernando Gonçalves, j. 10.6.08, DJU 23.6.08; RT 901/213 (TJSP, AP 992.06.038937-0);

— "Ação de revisão e rescisão de contrato de *swap*. Contrato bilateral de natureza aleatória. Inexistência de relação de consumo entre as partes, nem resquício de vulnerabilidade da autora. Autora que não era mutuária, mas sim investidora em mercado de risco. Operações de *swap* que podem ter duas funções distintas: de proteção (*hedge*), ou especulativa. Cunho eminentemente especulativo, no caso concreto. Inexistência de elementos que permitam nesse complexo jogo econômico de probabilidades de ganhos de acordo com a expectativa então reinante, *versus* limitação das partes para uma das partes a R$ 100.000,00, a ocorrência de desequilíbrio grave que viole princípios cogentes e exija a integração do negócio. Inaplicabilidade também da teoria da imprevisão, ou onerosidade excessiva. Álea própria do negócio" (RT 916/593: TJSP, AP 0105673-27.2010.8.26.0100, maioria; com comentário de Arnoldo Wald);

— "Contrato de câmbio. Modalidade de contrato aleatório *emptio rei speratae*. Risco de oscilação da moeda estrangeira inerente à natureza do negócio jurídico. Conhecimento antecipado da álea que impede a incidência da teoria da imprevisão e a aplicação da resolução do contrato por onerosidade excessiva. Arts. 317 e 478 do Código Civil. O contrato de câmbio é aleatório, uma vez que as prestações a que ambas as partes se obrigam não são conhecidas integralmente no momento da celebração do contrato. O objeto da obrigação está inexoravelmente atrelado à cotação da moeda estrangeira na data da liquidação do preço, fator ampla e antecipadamente conhecido por todas as partes envolvidas no negócio" (RT 917/534: TJSC, AP 2010.055170-4);

— "Não se mostra razoável o entendimento de que a inflação possa ser tomada, no Brasil, como álea extraordinária, de modo a possibilitar algum desequilíbrio na equação econômica do contrato, como há muito afirma a jurisprudência do STJ. Não há como imputar as aludidas perdas a fatores imprevisíveis, já que decorrentes de má previsão das autoras, o que constitui álea ordinária não suportável pela Administração e não autorizadora da Teoria da Imprevisão. Caso se permitisse a revisão pretendida, estar-se-ia beneficiando as apeladas em detrimento dos demais licitantes que, agindo com cautela, apresentaram proposta coerente com os ditames do mercado e, talvez por terem incluído essa margem de segurança em suas propostas, não apresentaram valor mais atraente" (STJ-2ª T., REsp 744.446, Min. Humberto Martins, j. 17.4.08, DJU 5.5.08).

V. tb. art. 317, nota 2a, art. 421, nota 3, e art. 422, nota 4.

Art. 478: 1c. Afirmando haver onerosidade excessiva:

— "Contrato de plano de saúde coletivo empresarial. Grande evasão de beneficiários ativos. Desequilíbrio econômico-financeiro do contrato. Cláusula de 'cobrança mínima'. Fator de onerosidade excessiva. Resilição contratual. A finalidade da previsão de 'cobrança mínima' é, em verdade, evitar o desequilíbrio econômico-financeiro do contrato e, ao fim, a própria inviabilidade de prestação do serviço de assistência à saúde nos moldes em que contratado. A perda de quase 60% dos beneficiários ativos, após a implementação do reajuste acordado entre os contratantes, é circunstância extraordinária e imprevisível, que gera efeitos não pretendidos ou esperados por ocasião da celebração do negócio jurídico, frustrando, pois, a legítima expectativa das partes. Hipótese em que a cláusula de 'cobrança mínima', que, em tese, serviria para corrigir o desequilíbrio contratual e permitir a manutenção da avença, se transformou, ela própria, no fator de onerosidade excessiva para a estipulante e vantagem exagerada para a operadora, que se beneficia com o recebimento de valores correspondentes a mais de 60% dos beneficiários ativos, sem ter a obrigação de prestar o serviço correspondente" (STJ-3ª T., REsp 1.830.065, Min. Nancy Andrighi, j. 17.11.20, DJ 19.11.20);

— "Revisão contratual. COVID-19. Locação não residencial. Empresa de *coworking*. Decreto distrital. Suspensão das atividades desenvolvidas pela empresa locatária. Pretensão de redução proporcional do valor dos aluguéis durante as medidas de restrição. Cabimento. Medida que visa restabelecer o equilíbrio econômico e financeiro do contrato. Arts. 317 e 478 do CC. Teoria da onerosidade excessiva. Diminuição da receita da locatária comprovada. Enriquecimento sem causa do locador. Situação externa. Repartição dos ônus. Observância aos postulados da função social e da boa-fé, que apontam para a revisão do contrato no caso concreto" (STJ-4ª T., REsp 1.984.277, Min. Luis Felipe, j. 16.8.22, DJ 9.9.22). V. tb. art. 317, nota 2b, e CDC 6º, nota 5b.

Art. 478: 2. s/ onerosidade excessiva em matéria de: empreitada, v. arts. 621 e 625; relação de consumo, v. CDC 6º-V e 51-IV e § 1º-III.

Art. 478: 3. Enunciado 176 do CEJ: "Em atenção ao princípio da conservação dos negócios jurídicos, o art. 478 do Código Civil de 2002 deverá conduzir, sempre que possível, à revisão judicial dos contratos e não à resolução contratual".

Art. 478: 3a. A possibilidade de resolução do contrato nessas circunstâncias é um mecanismo para evitar o enriquecimento sem causa (arts. 884 a 886).

Art. 478: 3b. Para evitar a resolução do contrato, é possível lançar mão da revisão judicial do contrato (art. 317). V. tb. arts. 479 e 480.

Art. 479. A resolução poderá ser evitada, oferecendo-se o réu a modificar equitativamente as condições do contrato.[1 a 3]

Art. 479: 1. v. art. 478, nota 3 (Enunciado 176 do CEJ) e nota 3b. Em matéria de relação de consumo, v. CDC 6º-V.

Art. 479: 2. Enunciado 367 do CEJ: "Em observância ao princípio da conservação do contrato, nas ações que tenham por objeto a resolução do pacto por excessiva onerosidade, pode o juiz modificá-lo equitativamente, desde que ouvida a parte autora, respeitada a sua vontade e observado o contraditório".

Art. 479: 3. Entendemos que a iniciativa do réu no sentido de que se modifiquem as condições do contrato consiste em reconvenção, na medida em que insere uma nova pretensão no processo instaurado originalmente com o escopo único de rescisão da avença. Na falta de qualquer iniciativa das partes para a modificação do contrato, não pode o juiz fazê-lo de ofício.

Art. 480. Se no contrato as obrigações couberem a apenas uma das partes, poderá ela pleitear que a sua prestação seja reduzida, ou alterado o modo de executá-la, a fim de evitar a onerosidade excessiva.[1]

Art. 480: 1. v. art. 317, nota 2a.

Título VI | DAS VÁRIAS ESPÉCIES DE CONTRATO[1]

Capítulo I | DA COMPRA E VENDA[1]

Seção I | DISPOSIÇÕES GERAIS

TÍT. VI: 1. Lei 13.966, de 26.12.19 — Dispõe sobre o sistema de franquia empresarial e revoga a Lei n. 8.955, de 15 de dezembro de 1994 (Lei de Franquia).

CAP. I: 1. "A venda e compra no comércio internacional", por Hilário de Oliveira (RDPr 14/268); "Características atuais do contrato de compra e venda", por Paulo Luiz Netto Lôbo (RJ 335/9); "O contrato de compra e venda internacional de bens", por Bernardo Prado da Camara (RDPr 27/7); "Tradição e contrato de mútuo, de conta-corrente e de compra e venda", por Álvaro Villaça Azevedo (RF 392/3); "O regime obrigacional unificado do Código Civil brasileiro e seus efeitos sobre a liberdade contratual. A compra e venda como modelo jurídico multifuncional", por Gerson Luiz Carlos Branco (RT 872/11).

Art. 481. Pelo contrato de compra e venda,[1 a 3] um dos contratantes se obriga a transferir o domínio de certa coisa, e o outro, a pagar-lhe certo preço em dinheiro.

Art. 481: 1. v. títs. ALIENAÇÃO FIDUCIÁRIA, CONDOMÍNIO E INCORPORAÇÃO, CONTRATOS IMOBILIÁRIOS; v. tb. PROMESSA DE COMPRA E VENDA E LOTEAMENTO.

Alienações judiciais: CPC 730 e 879 e segs.

Art. 481: 2. Súmula 489 do STF (Compra de automóvel): "A compra e venda de automóvel não prevalece contra terceiros, de boa-fé, se o contrato não foi transcrito no Registro de Títulos e Documentos".

Mas: "A averbação de contrato de financiamento do carro com alienação fiduciária no registro público supre a (falta) do recibo, para os efeitos da Súmula 489" (RTJ 69/496).

S/ responsabilidade civil, v. art. 927, nota 1 (especialmente **Súmula 132 do STJ**).

Art. 481: 2a. Súmula 413 do STF: "O compromisso de compra e venda de imóveis, ainda que não loteados, dá direito à execução compulsória, quando reunidos os requisitos legais".

Art. 481: 3. Súmula 263 do STJ (Arrendamento mercantil): "A cobrança antecipada do valor residual (VRG) descaracteriza o contrato de arrendamento mercantil, transformando-o em compra e venda a prestação". Esta Súmula foi **cancelada** pela 2ª Seção do STJ na sessão de 27.8.03.

"O contrato de *leasing* e a Súmula 263 do STJ", por Luiz Fernando do Vale de Almeida Guilherme (RDPr 26/217).

Art. 482. A compra e venda, quando pura,[1] considerar-se-á obrigatória e perfeita, desde que as partes acordarem no objeto e no preço.[2]

Art. 482: 1. i. e., sem termo ou condição.

Art. 482: 2. Quanto ao preço, v. arts. 485 a 489.

Art. 483. A compra e venda pode ter por objeto coisa atual ou futura.[1] Neste caso, ficará sem efeito o contrato se esta não vier a existir, salvo se a intenção das partes era de concluir contrato aleatório.[2]

Art. 483: 1. s/ nulidade de contrato que tem por objeto herança de pessoa viva, v. art. 426.

Art. 483: 2. s/ contrato aleatório, v. arts. 458 a 461.

Art. 484. Se a venda se realizar à vista de amostras, protótipos ou modelos, entender-se-á que o vendedor assegura ter a coisa as qualidades que a elas correspondem.[1]

Parágrafo único. Prevalece a amostra, o protótipo ou o modelo, se houver contradição ou diferença com a maneira pela qual se descreveu a coisa no contrato.²

Art. 484: 1. s/ vícios redibitórios, v. arts. 441 a 446.

Art. 484: 2. s/ direito do consumidor à informação, v. CDC 6º-III; s/ oferta ao consumidor, v. CDC 30 a 35; s/ publicidade em matéria de consumo, v. CDC 36 a 38; s/ amostra grátis, v. CDC 39-III e § ún.

Art. 485. A fixação do preço pode ser deixada ao arbítrio de terceiro,¹⁻² que os contratantes logo designarem ou prometerem designar. Se o terceiro não aceitar a incumbência, ficará sem efeito o contrato, salvo quando acordarem os contratantes designar outra pessoa.

Art. 485: 1. mas nunca ao arbítrio de uma das partes (art. 489).

Art. 485: 2. "Na parceria agrícola, convencionando as partes que o valor do contrato seria regido de acordo com o mínimo estabelecido pelo Governo Federal pela tonelada de determinado produto agrícola, é defeso a um dos contratantes alterar, unilateralmente, a convenção em seu favor, ainda que tenha sido declarado inconstitucional o controle de preços governamental adotado" (RT 786/324; ementa da redação).

Art. 486. Também se poderá deixar a fixação do preço à taxa de mercado ou de bolsa, em certo e determinado dia e lugar.¹

Art. 486: 1. s/ pagamento em dinheiro, v. art. 315; nulidade das convenções de pagamento em ouro ou moeda estrangeira, v. art. 318.

Art. 487. É lícito às partes fixar o preço em função de índices ou parâmetros, desde que suscetíveis de objetiva determinação.

Art. 488. Convencionada a venda sem fixação de preço ou de critérios para a sua determinação, se não houver tabelamento¹ oficial, entende-se que as partes se sujeitaram ao preço corrente nas vendas habituais do vendedor.

Parágrafo único. Na falta de acordo, por ter havido diversidade de preço, prevalecerá o termo médio.

Art. 488: 1. Em matéria de relação de consumo, v. CDC 41.

Art. 489. Nulo é o contrato de compra e venda, quando se deixa ao arbítrio exclusivo de uma das partes a fixação do preço.¹⁻²

Art. 489: 1. v. art. 122, *in fine*. Em matéria de relação de consumo, v. CDC 39-X e 51-X.

Art. 489: 2. Todavia, é possível deixar a fixação do preço ao arbítrio de terceiro (art. 485).

Art. 490. Salvo cláusula em contrário, ficarão as despesas de escritura e registro¹ a cargo do comprador, e a cargo do vendedor as da tradição.²

Art. 490: 1. s/ registro de contratos de compra e venda no Registro de Títulos e Documentos, v. LRP 129-5º e 7º; registro da compra e venda no Registro de Imóveis, v. LRP 167-I-29.

Art. 490: 2. s/ despesas em matéria de troca, v. art. 533-I.

Art. 491. Não sendo a venda a crédito, o vendedor não é obrigado a entregar a coisa antes de receber o preço.¹⁻²

Art. 491: 1. s/ exceção de contrato não cumprido, v. art. 476.

Art. 491: 2. "O contrato de compra e venda produz efeitos meramente obrigacionais, não conferindo poderes de proprietário àquele que não obteve a entrega do bem adquirido. *In casu*, não tendo havido a tradição, conforme relatado pelas instâncias ordinárias, e não tendo havido o pagamento do preço, não se concluiu a primeira compra e venda" (STJ-4ª T., REsp 704.170, Min. Jorge Scartezzini, j. 20.9.05, DJU 7.11.05).

Art. 492. Até o momento da tradição,[1] os riscos da coisa correm por conta do vendedor, e os do preço por conta do comprador.[1a]

§ 1º Todavia, os casos fortuitos,[2] ocorrentes no ato de contar, marcar ou assinalar coisas, que comumente se recebem, contando, pesando, medindo ou assinalando, e que já tiverem sido postas à disposição do comprador, correrão por conta deste.

§ 2º Correrão também por conta do comprador os riscos das referidas coisas, se estiver em mora de as receber, quando postas à sua disposição no tempo, lugar e pelo modo ajustados.[3]

Art. 492: 1. v. arts. 1.267 e 1.268.

Art. 492: 1a. Em matéria de: contratos aleatórios, v. arts. 458 e segs.; coisa expedida para local diverso, v. art. 494; venda com reserva de domínio, v. art. 524.

Art. 492: 2. v. art. 393 § ún.

Art. 492: 3. v. art. 400.

Art. 493. A tradição da coisa vendida, na falta de estipulação expressa, dar--se-á no lugar onde ela se encontrava, ao tempo da venda.

Art. 494. Se a coisa for expedida para lugar diverso, por ordem do comprador, por sua conta correrão os riscos, uma vez entregue a quem haja de transportá-la,[1] salvo se das instruções dele[2] se afastar o vendedor.

Art. 494: 1. v. arts. 750 e 754.

Art. 494: 2. i. e., do comprador.

Art. 495. Não obstante o prazo ajustado para o pagamento, se antes da tradição o comprador cair em insolvência,[1] poderá o vendedor sobrestar na entrega da coisa, até que o comprador lhe dê caução de pagar no tempo ajustado.[2]

Art. 495: 1. v. art. 955 e CPC/73 art. 748.

Art. 495: 2. v. art. 477.

Art. 496. É anulável a venda de ascendente a descendente,[1 a 2a] salvo se os outros descendentes[2b] e o cônjuge do alienante expressamente houverem consentido.

Parágrafo único. Em ambos os casos,[3] dispensa-se o consentimento do cônjuge se o regime de bens for o da separação obrigatória.[4]

Art. 496: 1. "Os contratos de compra e venda, de doação e de permuta entre ascendentes e descendentes", por Jesualdo Eduardo de Almeida Júnior (Ajuris 89/129); "Venda de ascendente a descendente, o Código Civil de 2002 e o reconhecimento da paternidade", por Carlos Roberto Faleiros Diniz (RMDCPC 11/33); "Venda de ascendente a descendente e prazo para aforamento da ação anulatória", por Pedro Roberto Decomain (RDDP 114/81).

Art. 496: 1a. Em matéria de: troca entre ascendente e descendente, v. art. 533-II; doação de ascendente a descendente, v. art. 544.

Art. 496: 1b. Enunciado 368 do CEJ: "O **prazo para anular** venda de ascendente para descendente é decadencial de dois anos (art. 179 do Código Civil)".

Está **superada a Súmula 494 do STF,** no sentido de que "a ação para anular venda de ascendente a descendente, sem consentimento dos demais, prescreve em vinte anos, contados da data do ato, revogada a Súmula 152".

Art. 496: 1c. O disposto neste artigo, "cuja finalidade é evitar sejam desigualadas as legítimas, conquanto diga respeito à compra e venda aplica-se a **situações jurídicas assemelhadas** a esse contrato, tal como a **transferência de cotas**" (RSTJ 83/151, três votos a dois). No mesmo sentido: STJ-RBDFS 8/144 (4ª T., REsp 886.133).

Art. 496: 2. A anulabilidade **independe "do grau de parentesco** existente entre vendedor e comprador" (STJ-RJTJERGS 263/33: 4ª T., REsp 725.032).

Art. 496: 2a. "A venda de ascendente a descendente, sem a anuência dos demais, segundo melhor doutrina, é anulável e depende da **demonstração de prejuízo** pela parte interessada" (STJ-2ª Seção, ED no REsp 661.858, Min. Fernando Gonçalves, j. 26.11.08, DJ 19.12.08).

"A anulação de venda direta de ascendente a descendente sem o consentimento dos demais descendentes necessita da comprovação de que houve, no ato, simulação com o objetivo de dissimular doação ou pagamento de preço abaixo do preço de mercado" (STJ-3ª T., REsp 476.557, Min. Nancy Andrighi, j. 18.12.03, DJU 22.3.04). No mesmo sentido: STJ-RT 789/180 (4ª T., REsp 74.135).

Contra, no sentido de que "a anulabilidade da venda independe de prova de simulação ou fraude contra os demais descendentes": STJ-RJTJERGS 263/33 (4ª T., REsp 725.032).

Art. 496: 2b. "À época da concretização do negócio jurídico — alteração do contrato de sociedade empresária voltada à venda de cotas de ascendente a descendente —, a autora **ainda não figurava como filha** do *de cujus*, condição que somente veio a ser reconhecida no bojo de ação investigatória *post mortem*. Dadas tais circunstâncias, o seu consentimento (nos termos da norma disposta no artigo 1.132 do Código Civil de 1916 — atual artigo 496 do Código Civil de 2002) não era exigível nem passou a sê-lo em razão do posterior reconhecimento de seu estado de filiação. Na verdade, quando a autora obteve o reconhecimento de sua condição de filha, a transferência das cotas sociais já consubstanciava situação jurídica definitivamente constituída, geradora de direito subjetivo ao réu, cujos efeitos passados não podem ser alterados pela ulterior sentença declaratória de paternidade, devendo ser, assim, prestigiado o princípio constitucional da segurança jurídica" (STJ-4ª T., REsp 1.356.431, Min. Luis Felipe, j. 8.8.17, DJ 21.9.17).

Art. 496: 3. Enunciado 177 do CEJ: "Por erro de tramitação, que retirou a segunda hipótese de anulação de venda entre parentes (venda de descendente para ascendente), deve ser desconsiderada a expressão 'em ambos os casos', no parágrafo único do art. 496".

Art. 496: 4. v. art. 1.641 (separação legal de bens).

Art. 497. Sob pena de nulidade, não podem ser comprados, ainda que em hasta pública:[1]

I — pelos tutores,[2] curadores,[3] testamenteiros e administradores,[4-4a] os bens confiados à sua guarda ou administração;

II — pelos servidores públicos, em geral, os bens ou direitos da pessoa jurídica a que servirem, ou que estejam sob sua administração direta ou indireta;[5]

III — pelos juízes, secretários de tribunais, arbitradores, peritos e outros serventuários ou auxiliares da justiça, os bens ou direitos sobre que se litigar em tribunal, juízo ou conselho, no lugar onde servirem, ou a que se estender a sua autoridade;[6-6a]

IV — pelos leiloeiros e seus prepostos, os bens de cuja venda estejam encarregados.[7-7a]

Parágrafo único. As proibições deste artigo estendem-se à cessão de crédito.[8]

Art. 497: 1. cf. CPC 890.

Art. 497: 2. v. art. 1.749-I.

Art. 497: 3. v. art. 1.749-I c/c 1.781.

Art. 497: 4. Súmula 165 do STF: "A venda realizada diretamente pelo mandante ao mandatário não é atingida pela nulidade do art. 1.135, II, do Código Civil". Há engano da Súmula; a referência devia ser ao art. 1.133-II do CC antigo (atual 497-I).

Art. 497: 4a. "É nula a venda realizada pelo mandatário, a seu favor, quando utilizados os poderes que lhes são conferidos pelo mandante" (STJ-4ª T., REsp 1.060.183, Min. Aldir Passarinho Jr., j. 29.9.09, DJ 16.11.09).

Art. 497: 5. Dec. lei 411, de 8.1.69 — Dispõe sobre a administração dos Territórios Federais, a organização dos seus Municípios e dá outras providências: "**Art. 24.** Os Governadores dos Territórios e seus Secretários não poderão, desde a nomeação: **I** — firmar ou manter contrato com pessoas jurídicas de direito público, autarquia, empresa pública, sociedade de economia mista, ou empresa concessionária de serviço público, salvo quando o contrato obedecer a cláusulas uniformes; ... **VI** — adquirir bens imóveis no Território e bens de qualquer natureza pertencentes às entidades enumeradas ao item I".

Art. 497: 6. v. art. 498.

Art. 497: 6a. Em matéria de falência ou recuperação judicial, v. LRF 177.

Art. 497: 7. Lei 4.021, de 20.12.61 — Cria a profissão de leiloeiro rural, e dá outras providências: "**Art. 7º** É proibido ao leiloeiro, sob pena de destituição: ... **II** — adquirir para si, para sócio ou para pessoas de sua família bens de cuja venda tenha sido incumbido".

Art. 497: 7a. Em matéria de falência ou recuperação judicial, v. LRF 177.

Art. 497: 8. v. arts. 286 a 298.

Art. 498. A proibição contida no inciso III do artigo antecedente, não compreende os casos de compra e venda ou cessão¹ entre coerdeiros, ou em pagamento de dívida, ou para garantia de bens já pertencentes a pessoas designadas no referido inciso.

Art. 498: 1. v. arts. 286 a 298.

Art. 499. É lícita a compra e venda entre cônjuges, com relação a bens excluídos da comunhão.

Art. 500. Se, na venda de um imóvel, se estipular o preço por medida de extensão, ou se determinar a respectiva área, e esta não corresponder, em qualquer dos casos, às dimensões dadas, o comprador terá o direito de exigir o complemento da área, e, não sendo isso possível, o de reclamar a resolução do contrato ou abatimento proporcional ao preço.¹

§ 1º Presume-se² que a referência às dimensões foi simplesmente enunciativa, quando a diferença encontrada não exceder de um vigésimo da área total enunciada, ressalvado ao comprador o direito de provar que, em tais circunstâncias, não teria realizado o negócio.²ᵃ

§ 2º Se em vez de falta houver excesso, e o vendedor provar que tinha motivos para ignorar a medida exata da área vendida, caberá ao comprador, à sua escolha, completar o valor correspondente ao preço ou devolver o excesso.

§ 3º Não haverá complemento de área, nem devolução de excesso, se o imóvel for vendido como coisa certa e discriminada, tendo sido apenas enunciativa a referência às suas dimensões, ainda que não conste, de modo expresso, ter sido a venda *ad corpus*.³ ᵃ ⁵

Art. 500: 1. Em matéria de relação de consumo, v. CDC 6º, nota 3d.

Art. 500: 2. Essa presunção "atende somente às hipóteses em que há incerteza quanto à modalidade da venda realizada — se *ad mensuram* ou *ad corpus*" (STJ-3ª T., REsp 445.174, Min. Nancy Andrighi, j. 8.5.03, DJU 22.9.03).

Art. 500: 2a. s/ a aplicabilidade dessa regra em relação de consumo, v. CDC 51, nota 1d.

Art. 500: 3. "Não é possível realizar-se venda *ad corpus* e *ad mensuram* ao mesmo tempo, pois uma se opõe à outra. Na primeira não se estabelecem com exatidão as medidas do imóvel, enquanto na segunda, sim. Realizada a venda *ad mensuram*, se mais tarde se verifica que o imóvel não possuía as medidas expressas na escritura, a questão não se situa em erro constante do registro, na forma prevista no art. 213 da Lei 6.015/73, não cabendo pedido de retificação de área" (RT 651/64). Nessa situação, cabe à parte se valer da ação de usucapião, para que seja reconhecida como sua a área excedente.

Art. 500: 4. "Se na escritura consta que a venda da propriedade rural foi realizada indicando-se o preço não pela sua extensão, então a alienação, *in casu*, efetivou-se pela modalidade *ad corpus*. Admitida a venda da propriedade por tal critério, não cabe indenização à parte que alega prejuízo, eis que a enunciação da alqueiragem teve por escopo tão somente definir os limites da área integrante da avença" (RSTJ 14/290: 3ª T., REsp 1.805).

Art. 500: 5. Prazo para a propositura das ações: art. 501.

Art. 501. Decai¹ do direito de propor as ações previstas no artigo antecedente o vendedor ou o comprador que não o fizer no prazo de um ano, a contar do registro do título.

Parágrafo único. Se houver atraso na imissão de posse no imóvel, atribuível ao alienante, a partir dela fluirá o prazo de decadência.

Art. 501: 1. s/ decadência, v. arts. 207 a 211.

Art. 502. O vendedor, salvo convenção em contrário, responde por todos os débitos que gravem a coisa¹ até o momento da tradição.²

Art. 502: 1. Refere-se o artigo às obrigações *propter rem*, ou seja, àquelas de conteúdo positivo que recaem sobre o titular de uma situação jurídica real.

Art. 502: 2. s/ despesas de condomínio, v. art. 1.315; despesas de condomínio edilício, v. art. 1.336, nota 1c.

Art. 503. Nas coisas vendidas conjuntamente, o defeito oculto¹ de uma não autoriza a rejeição de todas.²

Art. 503: 1. v. arts. 441 a 446. Em matéria de relação de consumo, v. CDC 18 e 26 § 3º.

Art. 503: 2. "O art. 1.138 do CC/16, cuja redação foi integralmente mantida pelo art. 503 do CC/02, deve ser interpretado com temperamento, sempre tendo em vista a necessidade de se verificar o reflexo que o defeito verificado em uma ou mais coisas singulares tem no negócio envolvendo a venda de coisas compostas, coletivas ou de universalidades de fato" (STJ-RMDCPC 34/108: 3ª T., REsp 991.317).

Art. 504. Não pode um condômino em coisa indivisível¹ vender¹ᵃ a sua parte a estranhos, se outro consorte a quiser, tanto por tanto.¹ᵇ O condômino, a quem não se der conhecimento da venda, poderá, depositando o preço, haver para si a parte vendida a estranhos, se o requerer no prazo de cento e oitenta dias, sob pena de decadência.² ᵃ ³

Parágrafo único. Sendo muitos os condôminos, preferirá⁴ o que tiver benfeitorias de maior valor e, na falta de benfeitorias, o de quinhão maior. Se as partes forem iguais, haverão a parte vendida os comproprietários, que a quiserem, depositando previamente o preço.

Art. 504: 1. "Na hipótese de o bem se encontrar em estado de indivisão, seja ele **divisível ou indivisível,** o condômino que desejar alienar sua fração ideal do condomínio deve obrigatoriamente notificar os demais condôminos para que possam exercer o direito de preferência na aquisição" (STJ-RDPr 28/333: 2ª Seção, REsp 489.860). No mesmo sentido: RSTJ 56/152, STJ-RT 698/203, 764/170, STJ-RF 329/223. **Contra,** entendendo que a notificação do condômino que pretende alienar parte ideal da coisa aos outros, a fim de que possam exercer o direito de preferência na aquisição, só há de ocorrer quando o bem for indivisível; na hipótese de o bem ser divisível, a alienação ocorrerá independentemente do exercício do direito de prelação: RSTJ 89/220, STJ-RT 737/192, RDR 7/222.

Caso especial: "Não há que se falar em indivisibilidade do imóvel, se a parte vendida é superior ao módulo rural da localidade, podendo ser separada da área total sem que se altere sua destinação. Não se aplica o direito de preferência do condômino na aquisição de imóvel quando o mesmo é divisível" (RJM 184/71: AP 1.0657.07.001684-2/001).

Art. 504: 1a. O direito de prelação aplica-se à cessão de direitos hereditários (RTJ 123/290, STJ-RT 726/188, JTJ 259/44).

"Os coerdeiros, antes de ultimada a partilha, exercem a compropriedade sobre os bens que integram o acervo hereditário *pro indiviso*, sendo exigível, daquele que pretenda ceder ou alhear seu(s) quinhão(ões), conferir aos demais oportunidade para o exercício de preferência na aquisição" (STJ-4ª T., REsp 550.940, Min. João Otávio, j. 20.8.09, DJ 8.9.09). No mesmo sentido: "Encontrando-se o bem em estado de indivisão, o condômino que deseja alienar sua fração ideal do condomínio deve obrigatoriamente notificar os demais condôminos para que possam exercer o direito de preferência na aquisição, nos termos do CC 504. O condômino que não teve a oportunidade de exercer o direito de preferência poderá fazê-lo após a alienação do imóvel, depositando o preço e havendo para si a parte vendida sem seu conhecimento. O alienante deve responder pela evicção, nos termos do CC 447" (RM-DAU 41/133: TJMG, AP 0144730-77.2009.8.13.0511).

V. tb. arts. 1.794 e 1.795.

Art. 504: 1b. v. nota 2c.

Art. 504: 2. v. art. 1.322. S/ decadência, v. arts. 207 a 211.

Art. 504: 2a. "Ação de preferência. Imóvel em condomínio. Depósito do preço do bem. Montante obtido através de empréstimo. Irrelevância para o exercício do direito de preferência. A **origem do dinheiro** utilizado para o depósito do preço do bem **não tem** qualquer **relevância** para o exercício do direito de preferência" (STJ-3ª T., REsp 1.875.223, Min. Nancy Andrighi, j. 25.5.21, DJ 31.5.21).

Art. 504: 2b. "A lei não exige que o depósito do preço seja feito dentro do prazo decadencial de 180 dias para o exercício do direito de preferência, mas apenas que o requerimento seja tempestivo, não podendo o intérprete criar requisitos não exigidos pela lei" (RJM 192/270: AP 1.0686.06.170201-1/001).

V. tb. art. 1.795, nota 2.

Art. 504: 2c. "Aperfeiçoada a venda (no caso imobiliária) ao terceiro, com a lavratura de escritura pública e o respectivo registro no Cartório de Registro de Imóveis, sem a devida observância ao direito de preempção, surge para os coproprietários preteridos o direito de ajuizamento de ação anulatória ou de direito de preferência c/c adjudicação compulsória, desde que o faça dentro do prazo decadencial de 180 dias, **contados do registro da escritura,** cuja publicidade implica a presunção de ciência acerca da venda e das condições do negócio estampadas no título. Praticado preço simulado pelas partes, fazendo constar da **escritura pública preço a menor,** que não reflita o valor real do negócio, deve prevalecer aquele exarado na escritura devidamente registrada para fins do direito de preferência, sendo que o registro do título (que tem como atributo dar publicidade da alienação imobiliária a toda a sociedade, conferindo efeito *erga omnes*) é o ato substitutivo da notificação, que deveria ter sido anteriormente remetida ao coproprietário, mas não foi, não podendo o condômino alienante valer-se da própria torpeza, a qual denota o abuso do direito infringente da boa-fé objetiva" (STJ-3ª T., REsp 1.628.478, Min. Marco Bellizze, j. 3.11.20, DJ 17.11.20).

Art. 504: 3. "O direito legal de preferência atribuído aos condôminos de bem indivisível (ou não dividido), nos termos do artigo 504 do Código Civil, tem por escopo precípuo o de impedir o ingresso de terceiros estranhos à comunhão, ante o potencial conflituoso inerente a essa forma anômala de propriedade. A **alienação/cessão de frações ideais entre condôminos** refoge à finalidade intrínseca ao direito de preferência, uma vez que não se trata de hipótese de ingresso de terceiro/estranho à comunhão, mas de manutenção dos consortes (à exceção daquele que alienou integralmente a sua parcela), apenas com alterações no percentual da parte ideal daquele que adquiriu a parte de outrem" (STJ-4ª T., REsp 1.137.176, Min. Marco Buzzi, j. 16.2.16, DJ 24.2.16). No mesmo sentido: STJ-3ª T., REsp 1.526.125, Min. Paulo Sanseverino, j. 17.4.18, DJ 27.4.18.

Contra, entendendo que o conhecimento da venda e o correlato direito de preferência devem ter lugar mesmo nas situações de alienação entre condôminos: "Tratando-se de propriedade condominial, deve o condômino que desejar alienar a sua cota-parte comunicar aos demais comunheiros de sua intenção, formalmente, possibilitando-se que aqueles exerçam, no prazo legal, o direito de preferência, evitando-se, com isso, inclusive, os inconvenientes que possam surgir com a preterição de algum consorte que possua, comparado com os demais, benfeitoria mais valiosa ou quinhão maior (art. 504, par. ún., CC/2002)" (RT 870/337 e Bol. AASP 2.596: TJPR, AP 419.059-0, o mesmo acórdão, que foi reformado no julgamento do REsp 1.137.176).

Art. 504: 4. Outros casos de preferência para a aquisição: LI 27 e 30, ET 92 § 3º; v. tb. retrovenda (arts. 505 a 508) e preempção ou preferência (arts. 513 a 520).

Seção II | DAS CLÁUSULAS ESPECIAIS À COMPRA E VENDA

Subseção I | DA RETROVENDA

Art. 505. O vendedor de coisa imóvel pode reservar-se o direito de recobrá-la[1] no prazo máximo de decadência[2] de três anos,[2a] restituindo o preço recebido e reembolsando as despesas do comprador, inclusive as que, durante o período de resgate, se efetuaram com a sua autorização escrita, ou para a realização de benfeitorias necessárias.[3-4]

Art. 505: 1. "Não há incompatibilidade entre a cláusula de retrovenda e o contrato de compra e venda de bens móveis, funcionando aquele puramente como garantia, sem força suficiente, portanto, para anular o negócio jurídico em sua integralidade" (STJ-4ª T., REsp 260.923, Min. Fernando Gonçalves, j. 7.10.03, DJU 20.10.03).

Art. 505: 2. s/ decadência, v. arts. 207 a 211.

Art. 505: 2a. "No tocante ao tempo para o exercício do direito potestativo da retrovenda, o *caput* do artigo 505 do Código Civil prevê o prazo decadencial "máximo" de três anos, o que não impede que as partes convencionem período inferior, situação que se configurou na hipótese dos autos" (STJ-4ª T., REsp 1.364.272, Min. Luis Felipe, j. 8.5.18, DJ 12.6.18).

V. tb. art. 463, nota 1b.

Art. 505: 3. s/ benfeitorias necessárias, v. art. 96, § 3º.

Art. 505: 4. s/ propriedade resolúvel, v. arts. 1.359 e 1.360.

Art. 506. Se o comprador se recusar a receber as quantias a que faz jus, o vendedor, para exercer o direito de resgate, as depositará judicialmente.[1]

Parágrafo único. Verificada a insuficiência do depósito judicial, não será o vendedor restituído no domínio da coisa, até e enquanto não for integralmente pago o comprador.

Art. 506: 1. s/ pagamento em consignação, v. art. 335-I e CPC 539 e segs.

Art. 507. O direito de retrato,[1] que é cessível[1a] e transmissível a herdeiros[2] e legatários, poderá ser exercido contra o terceiro adquirente.[3]

Art. 507: 1. i. e., o direito de exercício da retrovenda.

Art. 507: 1a. v. arts. 286 a 298.

Art. 507: 2. Diversamente do direito de preferência (art. 520).

Art. 507: 3. s/ registro da compra e venda condicional, v. LRP 167-I-29.

Art. 508. Se a duas ou mais pessoas couber o direito de retrato sobre o mesmo imóvel, e só uma o exercer, poderá o comprador intimar as outras para nele acordarem, prevalecendo o pacto em favor de quem haja efetuado o depósito, contanto que seja integral.

Subseção II | DA VENDA A CONTENTO E DA SUJEITA A PROVA

Art. 509. A venda feita a contento do comprador entende-se realizada sob condição suspensiva,[1] ainda que a coisa lhe tenha sido entregue; e não se reputará perfeita, enquanto o adquirente não manifestar seu agrado.[2]

Art. 509: 1. v. arts. 125 e 126.

Art. 509: 2. É do comprador a responsabilidade pelos danos à coisa que já foi posta à sua disposição, ainda que decorrentes de caso fortuito (cf. art. 492 § 1º).

Art. 510. Também a venda sujeita a prova presume-se feita sob a condição suspensiva[1] de que a coisa tenha as qualidades asseguradas pelo vendedor e seja idônea para o fim a que se destina.[2-2a]

Art. 510: 1. v. arts. 125 e 126.

Art. 510: 2. É do comprador a responsabilidade pelos danos à coisa que já foi posta à sua disposição, ainda que decorrentes de caso fortuito (cf. art. 492 § 1º).

Art. 510: 2a. Uma vez comprovados os atributos da coisa, não poderá o comprador recusá-la.

Art. 511. Em ambos os casos, as obrigações do comprador, que recebeu, sob condição suspensiva, a coisa comprada, são as de mero comodatário,[1] enquanto não manifeste aceitá-la.

Art. 511: 1. v. arts. 582 a 584.

Art. 512. Não havendo prazo estipulado para a declaração do comprador, o vendedor terá direito de intimá-lo, judicial ou extrajudicialmente, para que o faça em prazo improrrogável.

Subseção III | DA PREEMPÇÃO OU PREFERÊNCIA

Art. 513. A preempção,[1-1a] ou preferência, impõe ao comprador a obrigação de oferecer ao vendedor a coisa que aquele vai vender, ou dar em pagamento, para que este use de seu direito de prelação na compra, tanto por tanto.[1b]

Parágrafo único. O prazo para exercer o direito de preferência não poderá exceder a cento e oitenta dias, se a coisa for móvel, ou a dois anos, se imóvel.[2]

Art. 513: 1. s/ preempção do Poder Público municipal para aquisição de imóvel urbano objeto de alienação onerosa entre particulares, v. Lei 10.257, de 10.7.01 (Estatuto da Cidade), arts. 25 a 27.

Art. 513: 1a. s/ preempção e arrendamento rural, v. ET 92 §§ 3º e 4º, bem como sua nota 3a.

Art. 513: 1b. A preempção pode ser legal ou convencional; enquanto aquela decorre da lei, esta resulta de pacto adjeto à compra e venda. Em ambos os casos, ela assegura ao vendedor direito de preferência para readquirir o bem, em igualdade de condições com terceiros, se o comprador quiser futuramente vendê-lo ou dá-lo em pagamento.

Art. 513: 2. Não havendo prazo estipulado, v. art. 516.

Art. 514. O vendedor pode também exercer o seu direito de prelação, intimando o comprador, quando lhe constar que este vai vender a coisa.

Art. 515. Aquele que exerce a preferência está, sob pena de a perder, obrigado a pagar, em condições iguais, o preço encontrado, ou o ajustado.

Art. 516. Inexistindo prazo estipulado, o direito de preempção caducará, se a coisa for móvel, não se exercendo nos três dias, e, se for imóvel, não se exercendo nos sessenta dias subsequentes à data em que o comprador tiver notificado o vendedor.

Art. 517. Quando o direito de preempção for estipulado a favor de dois ou mais indivíduos em comum, só pode ser exercido em relação à coisa no seu todo.¹ Se alguma das pessoas, a quem ele toque, perder ou não exercer o seu direito, poderão as demais utilizá-lo na forma sobredita.

Art. 517: 1. Para efeito de preferência, não há distinção entre "terreno" e "unidade imobiliária". *In casu*, o terreno formava uma unidade jurídica. Pouco interessa estivesse ele dividido fisicamente ao meio e dado em aluguel a duas locatárias diferentes. O proprietário não era obrigado a vender, ainda que pelo preço por ele estipulado, parte do imóvel para cada locatária. A notificação se fez para a compra *in globo* e não *in partem* (RSTJ 51/211: 6ª T., REsp 30.272, maioria).

Art. 518. Responderá por perdas e danos¹ o comprador, se alienar a coisa sem ter dado ao vendedor ciência do preço e das vantagens que por ela lhe oferecem. Responderá solidariamente² o adquirente, se tiver procedido de má-fé.

Art. 518: 1. v. arts. 402 a 405.

Art. 518: 2. s/ solidariedade passiva, v. arts. 275 a 285.

Art. 519. Se a coisa expropriada para fins de necessidade ou utilidade pública, ou por interesse social,¹⁻¹ᵃ não tiver o destino para que se desapropriou, ou não for utilizada em obras ou serviços públicos,² caberá ao expropriado direito de preferência, pelo preço atual da coisa.³

Art. 519: 1. cf. art. 1.228 § 3º.

Art. 519: 1a. v. tít. DESAPROPRIAÇÃO. V. tb. CF 5º-XXIV.

Art. 519: 2. Esse desvio de finalidade é chamado de **tredestinação**.

Art. 519: 3. v. LD 35, notas 1 a 5 (retrocessão). Com o advento do art. 519, ficou mitigada a ideia de que o bem expropriado não pode ser objeto de reivindicação.

Art. 520. O direito de preferência não se pode ceder nem passa aos herdeiros.¹

Art. 520: 1. Diversamente do direito de exercício da retrovenda (art. 507).

Subseção IV | DA VENDA COM RESERVA DE DOMÍNIO¹

🔖 **SUBSEÇ. IV: 1.** "Das vendas a crédito com reserva de domínio", por Márcia Regina Lusa Cadore Weber (RJ 328/39).

Art. 521. Na venda de coisa móvel, pode o vendedor reservar para si a propriedade,¹⁻¹ᵃ até que o preço esteja integralmente pago.

Art. 521: 1. LRF 119: "Nas relações contratuais a seguir mencionadas prevalecerão as seguintes regras: ... IV — o administrador judicial, ouvido o Comitê, restituirá a coisa móvel comprada pelo devedor com reserva de domínio do vendedor se resolver não continuar a execução do contrato, exigindo a devolução, nos termos do contrato, dos valores pagos;".

Ainda em matéria de recuperação judicial, v. LRF 49 § 3º.

Art. 521: 1a. e, portanto, a posse indireta.

Art. 522. A cláusula de reserva de domínio será estipulada por escrito e depende de registro¹ no domicílio do comprador para valer contra terceiros.

Art. 522: 1. v. LRP 129, item 5º.

Art. 523. Não pode ser objeto de venda com reserva de domínio a coisa insuscetível de caracterização perfeita,[1] para estremá-la de outras congêneres. Na dúvida, decide-se a favor do terceiro adquirente de boa-fé.

Art. 523: 1. i. e., a coisa móvel fungível. V. art. 85.

Art. 524. A transferência de propriedade ao comprador dá-se no momento em que o preço esteja integralmente pago. Todavia, pelos riscos da coisa responde o comprador, a partir de quando lhe foi entregue.[1]

Art. 524: 1. Trata-se, portanto, de uma exceção à regra *res perit domino*.

Art. 525. O vendedor somente poderá executar a cláusula de reserva de domínio após constituir o comprador em mora,[1] mediante protesto do título[2] ou interpelação judicial.[3-4]

Art. 525: 1. s/ mora, v. arts. 394 a 401.

Art. 525: 2. v. tít. PROTESTO DE TÍTULOS.

Art. 525: 3. v. CPC 726 a 729.

Art. 525: 4. "A mora do comprador, na ação ajuizada pelo vendedor com o intuito de recuperação da coisa vendida com cláusula de reserva de domínio, pode ser comprovada por meio de **notificação extrajudicial** enviada pelo Cartório de Títulos e Documentos" (STJ-3ª T., REsp 1.629.000, Min. Nancy Andrighi, j. 28.3.17, DJ 4.4.17).

Art. 526. Verificada a mora[1] do comprador, poderá o vendedor mover contra ele a competente ação de cobrança das prestações vencidas e vincendas e o mais que lhe for devido; ou poderá recuperar a posse da coisa vendida.

Art. 526: 1. s/ mora, v. arts. 394 a 401.

Art. 527. Na segunda hipótese do artigo antecedente, é facultado ao vendedor reter as prestações pagas até o necessário para cobrir a depreciação da coisa, as despesas feitas e o mais que de direito lhe for devido. O excedente será devolvido ao comprador; e o que faltar lhe será cobrado, tudo na forma da lei processual.

Art. 528. Se o vendedor receber o pagamento à vista, ou, posteriormente, mediante financiamento de instituição do mercado de capitais, a esta caberá exercer os direitos e ações decorrentes do contrato, a benefício[1] de qualquer outro. A operação financeira e a respectiva ciência do comprador constarão do registro do contrato.

Art. 528: 1. Enunciado 178 do CEJ: "Na interpretação do art. 528, devem ser levadas em conta, após a expressão 'a benefício de', as palavras 'seu crédito, excluída a concorrência de', que foram omitidas por manifesto erro material".

Subseção V | DA VENDA SOBRE DOCUMENTOS

Art. 529. Na venda sobre documentos, a tradição[1] da coisa é substituída pela entrega do seu título representativo e dos outros documentos exigidos pelo contrato ou, no silêncio deste, pelos usos.

Parágrafo único. Achando-se a documentação em ordem, não pode o comprador recusar o pagamento, a pretexto de defeito de qualidade ou do estado da coisa vendida, salvo se o defeito já houver sido comprovado.

Art. 529: 1. v. arts. 1.267 e 1.268.

Art. 530. Não havendo estipulação em contrário, o pagamento deve ser efetuado na data[1] e no lugar[1a] da entrega dos documentos.

Art. 530: 1. s/ tempo do pagamento, v. arts. 331 a 333.

Art. 530: 1a. s/ lugar do pagamento, v. arts. 327 a 330.

Art. 531. Se entre os documentos entregues ao comprador figurar apólice de seguro[1] que cubra os riscos do transporte, correm estes à conta do comprador, salvo se, ao ser concluído o contrato, tivesse o vendedor ciência da perda ou avaria da coisa.[2]

Art. 531: 1. v. arts. 757 a 788.

Art. 531: 2. v. art. 754 § ún.

Art. 532. Estipulado o pagamento por intermédio de estabelecimento bancário, caberá a este efetuá-lo contra a entrega dos documentos, sem obrigação de verificar a coisa vendida, pela qual não responde.

Parágrafo único. Nesse caso, somente após a recusa do estabelecimento bancário a efetuar o pagamento, poderá o vendedor pretendê-lo, diretamente do comprador.

Capítulo II | DA TROCA OU PERMUTA

Art. 533. Aplicam-se à troca as disposições referentes à compra e venda,[1] com as seguintes modificações:

I — salvo disposição em contrário, cada um dos contratantes pagará por metade as despesas com o instrumento da troca;

II — é anulável a troca de valores desiguais entre ascendentes e descendentes,[2-3] sem consentimento dos outros descendentes e do cônjuge do alienante.[3a-3b]

Art. 533: 1. v. arts. 481 a 504.

Art. 533: 2. Prazo para a anulação: dois anos (art. 179).

Art. 533: 3. cf. art. 496.

Art. 533: 3a. para que as legítimas não sejam desigualadas, o que prejudicaria os direitos sucessórios dos demais descendentes e do cônjuge do alienante.

Art. 533: 3b. No caso de doação de ascendente a descendente, v. art. 544.

Capítulo III | DO CONTRATO ESTIMATÓRIO[1]

CAP. III: 1. "Contrato estimatório", por Luís Vicente Dondelli (RDPr 31/147).

Art. 534. Pelo contrato estimatório,[1-2] o consignante entrega bens móveis ao consignatário, que fica autorizado a vendê-los, pagando àquele o preço ajustado, salvo se preferir, no prazo estabelecido, restituir-lhe a coisa consignada.

Art. 534: 1. Enunciado 32 do CEJ: "No contrato estimatório (art. 534), o consignante transfere ao consignatário, temporariamente, o poder de alienação da coisa consignada, com opção de pagamento do preço de estima ou sua restituição ao final do prazo ajustado".

Art. 534: 2. "O contrato de consignação ou estimatório é aquele em que alguém recebe um bem para vendê-lo por preço pré-estipulado, obrigando-se a devolvê-lo caso não consiga o seu objetivo. Considerando que se trata de espécie de comissão mercantil, a responsabilidade pela lisura da venda é do consignatário ou comissário, já que contrata em nome próprio. Portanto, o adquirente do bem somente tem ação em face de quem diretamente lhe vendeu o bem, o comissário ou consignatário — já que o comitente ou consignante não responde perante terceiro, podendo o comissário buscar em ação de regresso a restituição do valor desembolsado" (RP 154/189).

Art. 535. O consignatário não se exonera da obrigação de pagar o preço, se a restituição da coisa, em sua integridade, se tornar impossível, ainda que por fato a ele não imputável.[1]

Art. 535: 1. Tem-se, aqui, uma exceção às regras de que, na obrigação de restituir coisa certa, o credor sofrerá sua perda se ela ocorrer sem culpa do devedor (art. 238) e de que o devedor não responde por prejuízos advindos de caso fortuito ou força maior (art. 393).

Art. 536. A coisa consignada não pode ser objeto de penhora ou sequestro pelos credores do consignatário, enquanto não pago integralmente o preço.[1]

Art. 536: 1. Afinal, enquanto não pago o preço, a coisa continua de propriedade do consignante, que nada tem que ver com as dívidas do consignatário. V. art. 391.

Art. 537. O consignante não pode dispor da coisa antes de lhe ser restituída ou de lhe ser comunicada a restituição.

Capítulo IV | DA DOAÇÃO[1-2]

Seção I | DISPOSIÇÕES GERAIS

CAP. IV: 1. "Doação pura, preliminar de doação e contratos de gestão", por Nelson Nery Junior e Luciano de Camargo Penteado (RDPr 25/7).

CAP. IV: 2. s/ doação, v. arts. 441 § ún. (vício redibitório e doação onerosa), 879 § ún. (recebimento indevido e reivindicação), 979 (registro de doação feita por empresário), 1.320 § 2º (indivisão do objeto), 1.400 § ún. (usufruto e caução), 1.642-IV e V (rescisão e reivindicação pelo cônjuge), 1.647-IV e § ún. (autorização do cônjuge), 1.659-I e 1.660-III (regime de comunhão parcial de bens), 1.668-I e IV (regime de comunhão universal de bens), 1.675 (regime de participação final nos aquestos), 1.693-III (usufruto e administração de bens de filho menor), 1.711 § ún. (instituição de bem de família), 1.748-II (aceitação pelo tutor), 1.754-III (bens do tutelado), 2.002 a 2.012 (colação).

Art. 538. Considera-se doação[1 a 4] o contrato em que uma pessoa, por liberalidade, transfere do seu patrimônio bens ou vantagens para o de outra.

Art. 538: 1. Doação no regime de comunhão parcial ou universal: art. 1.647-IV e § ún.
S/ doação e cláusula de inalienabilidade, v. art. 1.911, nota 2.

Art. 538: 2. Doação por procuração. "Reconhece-se a existência da vontade de doar, por parte do mandante, apenas quando do instrumento de mandato constar, expressamente, a individualização do bem e o beneficiário da liberalidade, sendo insuficiente a cláusula que confere poderes genéricos para a prática do ato jurídico" (STJ-3ª T., REsp 503.675, Min. Nancy Andrighi, j. 3.5.05, DJU 27.6.05). No mesmo sentido: STJ-4ª T., REsp 1.575.048, Min. Marco Buzzi, j. 23.2.16, DJ 26.2.16.

Art. 538: 3. É válida a **promessa de doação** de bens do casal aos filhos, feita na partilha homologada por sentença em processo de separação (STJ-2ª Seção, ED no REsp 125.859, Min. Ruy Rosado, j. 26.6.02, um voto vencido,

DJU 24.3.03). Esse acórdão, tomado em embargos de divergência, tornou superado o entendimento contrário da 4ª Turma do STJ (RSTJ 119/377).

Todavia, mais recentemente, a 4ª Turma voltou a decidir ser "inviável juridicamente a promessa de doação ante a impossibilidade de se harmonizar a exigibilidade contratual e a espontaneidade, característica do *animus donandi*. Admitir a promessa de doação equivale a concluir pela possibilidade de uma doação coativa, incompatível, por definição, com um ato de liberalidade" (STJ-RF 390/429: 4ª T., REsp 730.626, maioria). No mesmo sentido: JTJ 314/115 (AP 209.510-4/6-00), RJM 165/179.

Meio-termo: "A promessa de doação, como obrigação de cumprir liberalidade que se não quer mais praticar, inexiste no direito brasileiro; se, todavia, é feita como condição de negócio jurídico, e não como mera liberalidade, vale e é eficaz" (STJ-3ª T., REsp 853.133, Min. Ari Pargendler, j. 6.5.08, DJ 20.11.08).

Restabelecendo a tese inicial no âmbito da 4ª Turma do STJ: "Não se caracteriza como ato de mera liberalidade ou simples promessa de doação, passível de revogação posterior, a doação feita pelos genitores aos seus filhos estabelecida como condição para a obtenção de acordo em separação judicial" (STJ-4ª T., REsp 883.232-AgRg, Min. Raul Araújo, j. 19.2.13, DJ 26.2.13).

✎ "Reflexões acerca da eficácia da promessa de doação no direito brasileiro", por Marcos Catalan (RJ 402/51).

Art. 538: 4. "A contribuição do **dízimo** como ato de voluntariedade, dever de consciência religiosa e demonstração de gratidão e fé **não se enquadra** na definição do contrato típico de doação, na forma em que caracterizado no art. 538 do Código Civil, não sendo, portanto, suscetível de revogação. Ademais, a doação *lato sensu* a instituições religiosas ocorre em favor da pessoa jurídica da associação e não da pessoa física do pastor, padre ou religioso que a representa. Desse modo, a rigor, a doação não pode ser revogada por ingratidão, tendo em vista que o ato de um membro — pessoa física — não tem o condão de macular o pagamento do dízimo realizado em benefício da entidade, pessoa jurídica" (STJ-3ª T., REsp 1.371.842, Min. Sidnei Beneti, j. 19.11.13, RP 228/449).

Art. 539. O doador pode fixar prazo ao donatário, para declarar se aceita ou não a liberalidade. Desde que o donatário, ciente do prazo, não faça, dentro dele, a declaração, entender-se-á que aceitou, se a doação não for sujeita a encargo.[1]

Art. 539: 1. s/ encargo, v. arts. 136 e 137; s/ doação com encargo, v. arts. 441 (vício redibitório), 540 (extensão), 553 (cumprimento pelo donatário), 555 (inexecução do encargo), 564-II (revogação), 1.748-II (aceitação pelo tutor) e 1.938 (legado com encargo). V. tb. LRP 218.

Art. 540. A doação feita em contemplação do merecimento do donatário não perde o caráter de liberalidade, como não o perde a doação remuneratória, ou a gravada, no excedente ao valor dos serviços remunerados ou ao encargo imposto.[1]

Art. 540: 1. Doação **pura e simples** é aquela feita sem qualquer ônus, condição ou exigência para o donatário, sendo a **meritória** (em contemplação do merecimento do donatário) uma espécie dela. Doação **condicional** é aquela que depende de evento futuro e incerto (ex.: art. 546). Doação **remuneratória** é a que se faz para pagar um serviço prestado gratuitamente pelo donatário (exemplo clássico é a doação feita a médico que tratou do doador sem nada cobrar). Doação **modal, gravada, onerosa ou com encargo** é aquela na qual o doador impõe uma prestação ao donatário, em favor dele ou de terceiros.

Art. 541. A doação far-se-á por escritura pública[1-1a] ou instrumento particular.[2-3]

Parágrafo único. A doação verbal será válida, se, versando sobre bens móveis e de pequeno valor, se lhe seguir incontinênti a tradição.[4 a 5]

Art. 541: 1. v. art. 108.

Art. 541: 1a. "O ato de disposição patrimonial representado pela cessão gratuita da meação em favor dos herdeiros configura uma verdadeira doação, a qual, nos termos do art. 541 do Código Civil, far-se-á por escritura pública ou instrumento particular, sendo que, na hipótese, deve ser adotado o instrumento público, por conta do disposto no art. 108 do Código Civil" (STJ-3ª T., REsp 1.196.992, Min. Nancy Andrighi, j. 6.8.13, RP 226/409).

V. tb. art. 1.806, nota 6.

Art. 541: 2. s/ conversão da doação não revestida das formalidades legais, v. art. 170, nota 3; s/ quem pode promover o registro, v. LRP 217.

Art. 541: 3. Admite-se doação dos pais aos filhos, no acordo de separação judicial, servindo as cópias extraídas dos autos como título para o registro de imóveis (RT 613/261, JTJ 259/374).

"A existência de sentença homologatória de acordo, em separação judicial, pela qual o antigo casal doa imóvel aos filhos, tem idêntica eficácia da escritura pública" (STJ-3ª T., REsp 1.198.168, Min. Nancy Andrighi, j. 6.8.13, DJ 22.8.13).

Art. 541: 4. "O **pequeno valor** há de ser considerado em relação à fortuna do doador; se se trata de pessoa abastada, mesmo as coisas de valor elevado podem ser doadas mediante simples doação manual (Washington de Barros Monteiro)" (RSTJ 141/319: 3ª T., REsp 155.240).

"O mútuo não possui requisito necessário ou exige solenidade. Todavia, se, de um homem médio não se espera a realização de mútuo gratuito verbal no valor de R$ 430.000,00, muito menos de um empresário da área financeira. Não é o costume; daí a presunção *homnis* da realização de doação, porque quem pode evita o prejuízo. O termo pequeno valor constante do parágrafo único do art. 541 do CC/02 deve considerar o patrimônio do doador comparado com o bem doado" (STJ-3ª T., REsp 1.902.405, Min. Moura Ribeiro, j. 17.8.21, maioria, DJ 26.8.21).

Art. 541: 4a. "O contrato de doação é, por essência, solene, exigindo a lei, para sua validade, que seja celebrado por escritura pública ou instrumento particular, salvo quando tiver por objeto bens móveis e de pequeno valor (art. 1.168 do CC/16). No particular, a par de não haver qualquer documento que ateste expressamente o ato de liberalidade, **não se pode considerar** como de **pequeno valor**, para que se dispense a solenidade, a quantia de R$ 45.000,00, sobretudo porque à época do depósito o montante representava quase **83 salários mínimos vigentes**. A transferência de vultosa quantia da recorrente para o recorrido, sem a expressa estipulação de que se tratava de uma doação, induz à conclusão da existência da obrigação de restituí-la, e não o contrário, pois essa é a conduta ordinariamente esperada de quem a recebe por quem a entrega. A legítima expectativa da recorrente de receber, ainda que sem a cobrança de juros, o montante que havia transferido, aliada à ausência de prova escrita da alegada doação, evidencia que o contrato estabelecido entre as partes se trata, em verdade, de um mútuo gratuito verbal" (STJ-3ª T., REsp 1.758.912, Min. Nancy Andrighi, j. 27.11.18, DJ 6.12.18).

Art. 541: 5. "No caso de doação em **dinheiro** feita pelo genitor de um dos cônjuges para aquisição de imóvel, o **documento particular** para formalização do negócio jurídico (CC/2002, arts. 541, parágrafo único, e 221, parágrafo único) **não** se caracteriza como instrumento **substancial** do ato, admitindo-se que a transmissão seja comprovada por outros meios, em atenção ao princípio do que veda o enriquecimento sem causa" (STJ-4ª T., REsp 1.351.529-AgInt, Min. Isabel Gallotti, j. 13.3.18, maioria, DJ 24.4.18).

V. tb. art. 1.659, nota 1g.

Art. 542. A doação feita ao nascituro[1] valerá, sendo aceita pelo seu representante legal.

Art. 542: 1. s/ direitos do nascituro, v. art. 2º e notas; curatela do nascituro, v. art. 1.779.

Art. 543. Se o donatário for absolutamente incapaz,[1] dispensa-se a aceitação, desde que se trate de doação pura.[2-3]

Art. 543: 1. v. art. 3º.

Art. 543: 2. "Pura", i. e., sem ônus ou encargo.

Art. 543: 3. s/ aceitação de doações, ainda que com encargos, pelo tutor ou curador, v. art. 1.748-II c/c art. 1.774.

Art. 544. A doação de ascendentes a descendentes, ou de um cônjuge a outro, importa adiantamento do que lhes cabe por herança.[1 a 4]

✎ Art. 544: 1. "Os contratos de compra e venda, de doação e de permuta entre ascendentes e descendentes", por Jesualdo Eduardo de Almeida Júnior (Ajuris 89/129).

Art. 544: 2. Nos casos de compra e venda e de troca entre ascendente e descendente, v., respectivamente, arts. 496 e 533-II.

Art. 544: 3. mas o doador pode determinar que a doação saia de sua parte disponível (arts. 2.005 e 2.006). Todavia, "a dispensa do herdeiro necessário de colacionar o bem recebido em doação, por ascendente, não pode ser presumida, devendo constar expressamente no testamento ou no título de liberalidade. Além disso, o bem doado deve corresponder à parte disponível do patrimônio do doador, pena de nulidade da doação (art. 549 do CC/2002)" (Bol. AASP 2.627: TJDFT, AI 2007.00.2.012295-2).

S/ parte disponível, v. arts. 1.789 e 1.846; s/ colação, v. arts. 2.002 a 2.012.

Art. 544: 4. "Não configura a existência de fraude, e muito menos de simulação, a doação feita em adiantamento da legítima, com reserva de usufruto, de ascendentes a descendente, regularmente inscrita no registro imobiliário, dispensando-se o assentimento dos demais descendentes, inclusive futuros, uma vez que o donatário terá de levar à colação o bem doado, por ocasião do inventário do ascendente, consoante determina o art. 2.002 do novo CC" (RT 870/306).

"A melhor interpretação do art. 1.171 do CC/16 é a de que a doação feita de ascendente para descendente, por si só, não é considerada inválida ou ineficaz pelo ordenamento jurídico, mas impõe ao donatário obrigação protraída no tempo, de, à época do óbito do doador, trazer o patrimônio recebido à colação, para igualar as legítimas, caso não seja aquele o único herdeiro necessário" (STJ-3ª T., REsp 1.361.983, Min. Nancy Andrighi, j. 18.3.14, DJ 26.3.14).

Art. 545. A doação em forma de subvenção periódica ao beneficiado extingue-se morrendo o doador, salvo se este outra coisa dispuser, mas não poderá ultrapassar a vida do donatário.

Art. 546. A doação feita em contemplação de casamento futuro[1] com certa e determinada pessoa, quer pelos nubentes entre si, quer por terceiro a um deles, a ambos, ou aos filhos que, de futuro, houverem um do outro, não pode ser impugnada por falta de aceitação, e só ficará sem efeito se o casamento não se realizar.[2]

Art. 546: 1. v. arts. 564-IV e 1.647 § ún. V. tb. art. 552, *in fine*.

Art. 546: 2. Anulando a doação: "Caso em que a autora doou metade do veículo objeto da lide em razão de contemplação de casamento futuro, que não se efetivou. Art. 138 do CC/02" (RJTJERGS 264/333: AP 70019995828).

Art. 547. O doador pode estipular que os bens doados voltem ao seu patrimônio, se sobreviver ao donatário.[1]

Parágrafo único. Não prevalece cláusula de reversão em favor de terceiro.

Art. 547: 1. s/ propriedade resolúvel, v. art. 1.359.

Art. 548. É nula a doação de todos os bens sem reserva de parte, ou renda suficiente para a subsistência do doador.[1 a 3]

Art. 548: 1. "A doação universal, como apregoa o art. 1.175 do CC/16, é caracterizada quando, doados todos os bens, o doador não faz a reserva de parte ou renda suficiente para a própria subsistência, razão pela qual o reconhecimento da nulidade absoluta não prescinde da demonstração de ter ele se reduzido à miséria, em decorrência do negócio jurídico realizado" (STJ-3ª T., REsp 1.361.983, Min. Nancy Andrighi, j. 18.3.14, DJ 26.3.14). Do voto da relatora: "Em seguida ao ato de liberalidade, os imóveis foram gravados com a cláusula de **usufruto**, em benefício dos doadores. Logo, conquanto não se possa afirmar a ocorrência de julgamento *extra petita*, de doação universal também não há falar".

Art. 548: 1a. "É possível a doação da totalidade do patrimônio pelo doador, desde que remaneça uma fonte de renda ou reserva de usufruto, ou mesmo bens a seu favor, que preserve um patrimônio mínimo à sua subsistência (CC, art. 548). Não se pode olvidar, ainda, que a aferição da situação econômica do doador deve ser considerada no momento da liberalidade, não sendo relevante, para esse efeito, o empobrecimento posterior do doador. Assim, na situação em concreto é que se poderá aferir se a doação universal (*omnium bonorum*) deixou realmente o doador sem a mínima disponibilidade patrimonial para sua sobrevivência. Na hipótese, a pretensão não merece prosperar, tomando-se em conta os limites do recurso especial e o somatório das seguintes circunstâncias do caso em concreto: i) reconhecimento da suficiência de fonte de renda à época apta a manter condições mínimas de sobrevivência digna; ii) não ter sido comprovado que a recorrente voltou a residir no imóvel objeto do litígio em razão de sua miserabilidade; iii) o lapso temporal do pedido de nulidade da doação — quase 20 anos após —, o que enfraquece o argumento de estar vivendo por tanto tempo em situação indigna; e iv) o fato de que a separação foi homologada em juízo, sob a fiscalização do representante do Ministério Público" (STJ-4ª T., REsp 1.183.133, Min. Luis Felipe, j. 17.11.15, maioria, DJ 1.2.16).

Art. 548: 2. "Considerando que a doação de todo o patrimônio (universal), sem reserva de bens suficientes para a subsistência (art. 1.175 do CC/1916, correspondente ao art. 548 do CC/2002), é nula de pleno direito, deve ser acolhida, em parte, a ação de mulher que doou todo o seu patrimônio por fanatismo religioso e que, agora, amarga completa miséria" (RDPr 34/374: TJSP, AP 273.753-4/8, maioria; acórdão relatado pelo Des. Ênio Zuliani).

Art. 548: 3. "A vedação à doação universal realiza a mediação concretizadora do princípio constitucional da dignidade da pessoa humana (art. 1º, III, da Constituição Federal). Incide o preceito ético do art. 1.175 do Código de 1916 (art. 548 do Código Civil em vigor) em acordo realizado em virtude de separação judicial" (STJ-3ª T., REsp 285.421, Min. Vasco Della Giustina, j. 4.5.10, DJ 12.5.10).

Art. 549. Nula é também a doação quanto à parte que exceder à de que o doador, no momento da liberalidade, poderia dispor em testamento.[1 a 8]

Art. 549: 1. v. art. 2.007. S/ parte legítima da herança, v. arts. 1.789 e 1.846.

Art. 549: 2. Trata-se da chamada doação inoficiosa.

Art. 549: 2a. "A cessão de direitos hereditários não retira da cedente a qualidade de herdeira, que é personalíssima, e, portanto, não afasta a sua legitimidade para ajuizar a presente ação (*declaratória de nulidade da doação*), porque apenas transferiu ao cessionário a titularidade de sua situação, de modo a permitir que ele exija a partilha judicial dos bens que compõem a herança" (STJ-3ª T., REsp 1.361.983, Min. Nancy Andrighi, j. 18.3.14, DJ 26.3.14).

Art. 549: 3. A demanda voltada à invalidação da doação pode ser **ajuizada imediatamente**, mesmo antes do falecimento do doador (JTJ 347/407: AP 321.710-4/6-00).

Art. 549: 3a. "No caso de ação de nulidade de doação inoficiosa, o **prazo prescricional** é vintenário e conta-se a partir do registro do ato jurídico que se pretende anular. Tendo sido proposta a ação mais de vinte anos do registro das doações, é de ser reconhecida a prescrição da pretensão autoral" (STJ-3ª T., REsp 1.049.078, Min. Ricardo Cueva, j. 18.12.12, DJ 1.3.13). No mesmo sentido: STJ-4ª T., Ag em REsp 332.566-AgRg, Min. Isabel Gallotti, j. 16.9.14, DJ 24.9.14.

"A transferência da totalidade de bens do pai da recorrida para a ex-cônjuge em partilha e para a filha do casal, sem observância da reserva da legítima e em detrimento dos direitos da recorrida caracterizam doação inoficiosa. Aplica-se às pretensões declaratórias de nulidade de doações inoficiosas o prazo prescricional decenal do CC/02, ante a inexistência de previsão legal específica" (STJ-3ª T., REsp 1.321.998, Min. Nancy Andrighi, j. 7.8.14, DJ 20.8.14).

Todavia, no tocante ao termo *a quo* do prazo prescricional em matéria de reconhecimento de herdeiro *post mortem*: "Ação de nulidade de doação inoficiosa e partilha de bens, cumulada com petição de herança. Filiação reconhecida e declarada após a morte do autor da herança. Prazo prescricional. Termo inicial. Teoria da 'actio nata' em seu viés subjetivo. Data do trânsito em julgado da ação de investigação de paternidade" (STJ-3ª T., REsp 1.605.483, Min. Paulo Sanseverino, j. 23.2.21, DJ 1.3.21).

Art. 549: 3b. Considerando para a aferição da validade da doação o **patrimônio existente no momento do próprio ato de liberalidade:** STJ-2ª Seção, AR 3.493, Min. Luis Felipe, j. 12.12.12, maioria, DJ 6.6.13.

Art. 549: 3c. "Doação anterior, feita a herdeiros legítimos, deve ser computada como efetivo patrimônio do doador para efeitos de aferição de possível invasão da legítima, em **nova doação,** sob pena de se beneficiarem, os primeiros donatários, para além da primazia que já tiveram" (STJ-3ª T., REsp 1.642.059, Min. Nancy Andrighi, j. 15.12.16, DJ 10.2.17).

Art. 549: 4. "Para que se reconheça a invasão das legítimas em decorrência de eventual doação promovida pelo *de cujus*, seria necessária a prova do patrimônio total do doador, em comparação com o bem doado. Entretanto, numa hipótese em que o pai dos recorrentes falece sem deixar patrimônio algum, naturalmente essa prova pode ser dispensada. Não há dúvida da ocorrência de doações inoficiosas. Se a viúva jamais acumulara capital para adquirir bens imóveis até o momento em que se uniu ao *de cujus*, não é razoável supor que ela tivesse passado a ter condições de acumular vultoso patrimônio, por esforço próprio, após a união. Do mesmo modo, se o *de cujus* sempre adquiriu bens, conforme sugere o fato de ele ter atravessado duas separações com partilhas disputadas, também não é razoável pensar que ele deixou de ter possibilidade de comprar qualquer coisa depois de se unir à ré. Deve-se, portanto, reconhecer que os bens controvertidos foram adquiridos pelo *de cujus* e concomitantemente doados à viúva. Há, portanto, doação inoficiosa de 50% do patrimônio total" (STJ-3ª T., REsp 918.643, Min. Nancy Andrighi, j. 26.4.11, maioria, DJ 13.5.11).

Art. 549: 5. "Anulação de doação. Doação do único bem imóvel aos filhos do segundo casamento. Preterição dos demais herdeiros necessários. Sentença de parcial procedência para tornar nula a doação quanto à parte que excedeu ao que o doador podia dispor no momento da liberalidade, nos termos dos arts. 1.176 e 1.576 do Código Civil de 1916. Recurso dos réus. Alegação de que não agiram de má-fé ao aceitarem a doação do imóvel. Irrelevância. Elemento subjetivo que não interfere na validade ou invalidade do ato, sendo suficiente a prova do excesso no momento da liberalidade" (JTJ 348/435: AP 994.05.057110-4).

Art. 549: 6. "A caracterização de doação inoficiosa é vício que, se não invalida o negócio jurídico originário — doação —, impõe ao **donatário-herdeiro** obrigação protraída no tempo: de, à época do óbito do doador, trazer o patrimônio à colação, para igualar as legítimas, caso não seja herdeiro necessário único, no grau em que figura. A busca da invalidade da doação, ante o preterimento dos herdeiros nascidos do segundo relacionamento do *de cujus*, somente é cabível se, e na medida em que, seja constatado um indevido avanço da munificência sobre a legítima, fato aferido no momento do negócio jurídico. O sobejo patrimonial do *de cujus* é o objeto da herança, apenas devendo a fração correspondente ao adiantamento da legítima, *in casu*, já embutido na doação aos dois primeiros descendentes, ser equalizado com o direito à legítima dos herdeiros não contemplados na doação, para assegurar a esses outros, a respectiva quota da legítima, e ainda, às respectivas participações em eventuais sobras patrimoniais" (STJ-3ª T., REsp 1.198.168, Min. Nancy Andrighi, j. 6.8.13, DJ 22.8.13).

"O ato de liberalidade do falecido de doar todos os seus bens aos filhos que possuía com a esposa, preterindo a filha, fruto de outro relacionamento, torna inoficiosa (nula) a doação no tocante ao que excede a parte disponível do patrimônio mais as respectivas frações da legítima, porque caracterizado o indevido avanço da munificência sobre a legítima da herdeira preterida" (STJ-3ª T., REsp 1.361.983, Min. Nancy Andrighi, j. 18.3.14, DJ 26.3.14).

Art. 549: 7. "O ato de disposição patrimonial representado pela renúncia/cessão gratuita da meação em favor da sua ex-mulher equipara-se à doação, considerando-se inoficiosa a parte que exceder a quota disponível. O fato de a renúncia/cessão ter por contrapartida o usufruto vitalício sobre a totalidade dos bens partilháveis não prejudica essa equiparação. Não se pode analisar o ato sob a ótica dos efeitos produzidos na esfera jurídica do renunciante/cedente, mas à luz dos resultados gerados na esfera jurídica dos herdeiros necessários, que são as pessoas efetivamente tuteladas pelos arts. 1.176, 1.576 e 1.721 do CC/16 (arts. 549, 1.789 e 1.846 do CC/02). Nesse aspecto, o fato de o renunciante/cedente permanecer com o usufruto vitalício sobre a totalidade dos bens partilhados em nada altera o prejuízo causado aos herdeiros necessários que, de qualquer forma, se verão privados dos bens que deveriam compor a parte indisponível da herança" (STJ-3ª T., REsp 1.217.154, Min. Nancy Andrighi, j. 15.5.14, DJ 22.5.14).

Art. 549: 8. "A **doação remuneratória**, caracterizada pela existência de uma recompensa dada pelo doador pelo serviço prestado pelo donatário e que, embora quantificável pecuniariamente, não é juridicamente exigível, deve respeitar os limites impostos pelo legislador aos atos de disposição de patrimônio do doador, de modo que, sob esse pretexto, não se pode admitir a doação universal de bens sem resguardo do mínimo existencial do doador, nem tampouco a doação inoficiosa em prejuízo à legítima dos herdeiros necessários sem a indispensável autorização desses, inexistente na hipótese em exame" (STJ-3ª T., REsp 1.708.951, Min. Nancy Andrighi, j. 14.5.19, DJ 16.5.19).

Art. 550. A doação do cônjuge adúltero ao seu cúmplice[1] pode ser anulada pelo outro cônjuge, ou por seus herdeiros necessários, até dois anos depois de dissolvida a sociedade conjugal.[2]

Art. 550: 1. "As doações feitas por homem casado à sua companheira, após a separação de fato de sua esposa, são válidas, porque, nesse momento, o concubinato anterior dá lugar à união estável; *a contrario sensu*, as doações feitas antes disso são nulas" (STJ-RDDP 78/148: 3ª T., REsp 408.296).

Art. 550: 2. v. art. 1.642-V.

Art. 551. Salvo declaração em contrário, a doação em comum a mais de uma pessoa entende-se distribuída entre elas por igual.[1]

Parágrafo único. Se os donatários, em tal caso, forem marido e mulher, subsistirá na totalidade a doação para o cônjuge sobrevivo.[1a a 3]

Art. 551: 1. s/ obrigação divisível, v. art. 257.

Art. 551: 1a. "Doação conjuntiva a cônjuges", por Leonardo Brandelli (RF 399/501).

Art. 551: 2. Com isso, a parte da doação destinada ao cônjuge falecido não entrará no acervo hereditário.

Art. 551: 3. "A aplicação do art. 1.178, § ún., do CC (*art. 551, § ún., do CC em vigor*), no sentido de subsistir a doação em relação ao cônjuge supérstite, condiciona-se ao fato de terem figurado como donatários marido e mulher. No contrato de doação, se apenas o marido figura como donatário, ocorrendo a morte deste, eventual benefício à mulher somente se configurará se o regime de bens, estabelecido no matrimônio, permitir" (STJ-3ª T., REsp 324.593, Min. Nancy Andrighi, j. 16.9.03, DJ 1.12.03).

Art. 552. O doador não é obrigado a pagar juros moratórios,[1] nem é sujeito às consequências da evicção[2] ou do vício redibitório.[3] Nas doações para casamento com certa e determinada pessoa,[4] o doador ficará sujeito à evicção, salvo convenção em contrário.

Art. 552: 1. v. arts. 406 e 407.

Art. 552: 2. v. arts. 447 a 457.

Art. 552: 3. v. arts. 441 a 446. Na doação com encargo, a existência de vício ou defeito oculto autoriza a redibição do contrato (art. 441 § ún.).

Art. 552: 4. v. arts. 546 e 564-IV.

Art. 553. O donatário é obrigado a cumprir os encargos da doação,[1-2] caso forem a benefício do doador, de terceiro,[3] ou do interesse geral.

Parágrafo único. Se desta última espécie for o encargo, o Ministério Público poderá exigir sua execução, depois da morte do doador, se este não tiver feito.

Art. 553: 1. v. arts. 136 (encargo), 137 (encargo ilícito ou impossível).

Art. 553: 2. s/ revogação da doação, v. arts. 555 a 564.

Art. 553: 3. s/ estipulação em favor de terceiro, v. arts. 436 a 438.

Art. 554. A doação a entidade futura caducará se, em dois anos, esta não estiver constituída regularmente.[1]

Art. 554: 1. s/ início da existência legal das pessoas jurídicas de direito privado, v. art. 45.

Seção II | DA REVOGAÇÃO DA DOAÇÃO

Art. 555. A doação pode ser revogada por ingratidão[1] do donatário, ou por inexecução do encargo.[2]

Art. 555: 1. v. art. 557. V. tb. art. 538, nota 4.

Art. 555: 2. v. arts. 553 e 562.

Art. 556. Não se pode renunciar antecipadamente o direito de revogar a liberalidade por ingratidão do donatário.

Art. 557. Podem ser revogadas por ingratidão as doações:[1 a 2a]

I — se o donatário atentou contra a vida do doador ou cometeu crime de homicídio doloso contra ele;[3]

II — se cometeu contra ele ofensa física;

III — se o injuriou gravemente[3a] ou o caluniou;

IV — se, podendo ministrá-los, recusou ao doador os alimentos de que este necessitava.[4]

Art. 557: 1. cf. arts. 1.814 a 1.818 (excluídos da sucessão) e 1.961 a 1.965 (deserdação).

Art. 557: 1a. Enunciado 33 do CEJ: "O novo Código Civil estabeleceu um novo sistema para revogação da doação por ingratidão, pois o rol legal previsto no art. 557 deixou de ser taxativo, admitindo, excepcionalmente, outras hipóteses".

"Art. 557 do CC/2002. **Rol meramente exemplificativo.** Enunciado 33 do Conselho da Justiça Federal. O conceito jurídico de ingratidão constante do artigo 557 do Código Civil de 2002 é aberto, não se encerrando em molduras tipificadas previamente em lei" (STJ-3ª T., REsp 1.593.857, Min. Ricardo Cueva, j. 14.6.16, DJ 28.6.16).

Art. 557: 2. "Para a revogação da doação por ingratidão, exige-se que os atos praticados, além de graves, revistam-se objetivamente dessa característica. Atos tidos, no sentido pessoal comum da parte, como caracterizadores de ingratidão não se revelam aptos a qualificar-se juridicamente como tais, seja por não serem unilaterais ante a funda dissensão recíproca, seja por não serem dotados da característica de especial gravidade injuriosa" (STJ-3ª T., REsp 1.350.464, Min. Sidnei Beneti, j. 26.2.13, DJ 11.3.13). No mesmo sentido: STJ-4ª T., Ag em REsp 285.058-AgRg, Min. Luis Felipe, j. 4.6.13, DJ 18.6.13.

Art. 557: 2a. "Não estando presentes as hipóteses de fato do art. 557 do CC, descabe a revogação das doações efetuadas pela autora, porquanto descaracterizada a alegada ingratidão. Tampouco o alegado erro quanto à pessoa dá ensejo à invalidação das doações. Isso porque, nos termos do art. 138 do diploma legal já mencionado, somente o erro escusável configura defeito do negócio jurídico. Na hipótese dos autos, o erro apontado poderia ser facilmente percebido pela autora, a qual, de considerável condição cultural e econômica, decidiu, voluntariamente, presentear o réu, com quem teve relacionamento amoroso de comprometimento mútuo duvidoso, mormente porque iniciado por meios virtuais, circunstância que, sabidamente, exige maiores cuidados nas relações pessoais" (RJTJERGS 268/138: AP 70021055660).

S/ anulação de doação em contemplação de casamento futuro, v. art. 546, nota 2.

Art. 557: 3. v. art. 561.

Art. 557: 3a. "A **injúria** a que se refere o dispositivo envolve o campo da moral, revelada por meio de tratamento inadequado, tais como o descaso, a indiferença e a omissão de socorro às necessidades elementares do doador, situações suficientemente aptas a provocar a revogação do ato unilateral em virtude da ingratidão dos donatários" (STJ-3ª T., REsp 1.593.857, Min. Ricardo Cueva, j. 14.6.16, DJ 28.6.16).

Art. 557: 4. "A ingratidão do donatário nem sempre é caracterizada pelo simples descaso com a situação de penúria daquele que lhe doou bem imóvel, mas, sim, pelo completo desinteresse com as adversidades da crise econômica que abate o ex-benfeitor e que culmina com a negativa de prestar-lhe alimentos para uma sobrevida digna, embora pudesse fazê-lo sem sacrifício pessoal. Revogação necessária" (RMDCPC 37/135: TJSP, AP 994.09.317.539-0).

Art. 558. Pode ocorrer também a revogação quando o ofendido, nos casos do artigo anterior, for o cônjuge, ascendente, descendente, ainda que adotivo, ou irmão do doador.

Art. 559. A revogação por qualquer desses motivos deverá ser pleiteada dentro de um ano, a contar de quando chegue ao conhecimento do doador o fato que a autorizar, e de ter sido o donatário o seu autor.[1]

Art. 559: 1. Esse prazo "apenas se refere à hipótese em que houver ingratidão do donatário, não abrangendo os casos em que a revogação é lastreada na inexecução do encargo" (RJM 176-177/277).

Art. 560. O direito de revogar a doação não se transmite aos herdeiros do doador, nem prejudica os do donatário. Mas aqueles podem prosseguir na ação iniciada pelo doador, continuando-a contra os herdeiros do donatário, se este falecer depois de ajuizada a lide.

Art. 561. No caso de homicídio doloso do doador, a ação caberá aos seus herdeiros, exceto se aquele houver perdoado.

Art. 562. A doação onerosa pode ser revogada por inexecução do encargo, se o donatário incorrer em mora. Não havendo prazo para o cumprimento, o doador poderá notificar judicialmente[1-1a] o donatário, assinando-lhe prazo razoável para que cumpra a obrigação assumida.[2-3]

Art. 562: 1. v. CPC 726 a 729.

Art. 562: 1a. "Doação com encargo. Revogação. Constituição em mora do donatário. **Notificação extrajudicial. Suficiência.** Não previsto prazo determinado para o cumprimento da contraprestação, o doador, mediante notificação judicial ou extrajudicial, na forma do art. 397 do CCB, pode constituir em mora o donatário, fixando-lhe prazo para a execução do encargo, e, restando este inerte, ter-se-á por revogada a doação" (STJ-3ª T., REsp 1.622.377, Min. Paulo Sanseverino, j. 11.12.18, DJ 14.12.18).

Art. 562: 2. v. arts. 553 e 555.

Art. 562: 3. s/ obrigações negativas, v. art. 390; s/ obrigações positivas, v. art. 397.

Art. 563. A revogação por ingratidão não prejudica os direitos adquiridos por terceiros, nem obriga o donatário a restituir os frutos percebidos antes da citação válida; mas sujeita-o a pagar os posteriores, e, quando não possa restituir em espécie as coisas doadas, a indenizá-la[1] pelo meio-termo do seu valor.

Art. 563: 1. *sic*; deve ser "indenizá-las".

Art. 564. Não se revogam por ingratidão:

I — as doações puramente remuneratórias;[1]
II — as oneradas com encargo[2] já cumprido;
III — as que se fizerem em cumprimento de obrigação natural;[3]
IV — as feitas para determinado casamento.[4-4a]

Art. 564: 1. v. art. 540.

Art. 564: 2. v. art. 540, nota 1.

Art. 564: 3. v. arts. 814-*caput* e 882.

Art. 564: 4. v. arts. 546 e 1.647 § ún.

Art. 564: 4a. A fim de que sejam preservados os direitos do cônjuge inocente e dos seus futuros filhos.

Capítulo V | DA LOCAÇÃO DE COISAS[1-2]

CAP. V: 1. v. Lei 8.245, de 18.10.91, no tít. LOCAÇÃO.

CAP. V: 2. Disposição transitória: "Art. 2.036. A locação do prédio urbano, que esteja sujeita à lei especial, por esta continua a ser regida".

Art. 565. Na locação de coisas, uma das partes se obriga a ceder à outra, por tempo determinado ou não, o uso e gozo de coisa não fungível,[1] mediante certa retribuição.[2]

Art. 565: 1. v. art. 85.

Art. 565: 2. Em matéria de falência, v. LRF 119-VII, 192 § 5º e 199 §§ 1º e 3º.

V. tb. Dec. lei 9.760, de 5.9.46, arts. 64 § 1º e 86 a 98 (locação de bens imóveis da União); Lei 8.494, de 23.11.92 (reajuste dos contratos de locação residencial); Lei 9.514, de 20.11.97, art. 27 § 7º, no tít. ALIENAÇÃO FIDUCIÁRIA (alienação fiduciária e locação).

▌ **Art. 566.** O locador é obrigado:¹

I — a entregar ao locatário a coisa alugada, com suas pertenças, em estado de servir ao uso a que se destina,² e a mantê-la nesse estado, pelo tempo do contrato, salvo cláusula expressa em contrário;

II — a garantir-lhe, durante o tempo do contrato, o uso pacífico da coisa.³

Art. 566: 1. Súmula 492 do STF (Locadora de veículos): "A empresa locadora de veículos responde, civil e solidariamente com o locatário, pelos danos por este causados a terceiro, no uso do carro locado".

Art. 566: 2. v. LI 22-I.

Art. 566: 3. v. art. 568 e LI 22-II.

▌ **Art. 567.** Se, durante a locação, se deteriorar a coisa alugada, sem culpa do locatário, a este caberá pedir redução proporcional do aluguel, ou resolver o contrato, caso já não sirva a coisa para o fim a que se destinava.¹

Art. 567: 1. v. LI 26.

▌ **Art. 568.** O locador resguardará o locatário dos embaraços e turbações de terceiros, que tenham ou pretendam ter direitos sobre a coisa alugada,¹ e responderá pelos seus vícios, ou defeitos, anteriores à locação.²

Art. 568: 1. v. arts. 447 a 457, 566-II e 569-III.

Art. 568: 2. v. arts. 441 a 446 e LI 22-IV.

▌ **Art. 569.** O locatário é obrigado:

I — a servir-se da coisa alugada para os usos convencionados ou presumidos, conforme a natureza dela e as circunstâncias, bem como tratá-la com o mesmo cuidado como se sua fosse;¹

II — a pagar pontualmente o aluguel nos prazos ajustados, e, em falta de ajuste, segundo o costume do lugar;²

III — a levar ao conhecimento do locador as turbações de terceiros, que se pretendam fundadas em direito;³

IV — a restituir a coisa, finda a locação, no estado em que a recebeu, salvas as deteriorações naturais ao uso regular.⁴

Art. 569: 1. v. art. 570 e LI 23-II.

Art. 569: 2. v. LI 23-I. V. tb. art. 206 § 3º-I (prescrição da pretensão relativa a aluguéis de prédios urbanos ou rústicos).

Art. 569: 3. v. LI 23-IV.

Art. 569: 4. v. LI 23-III. V. tb. arts. 575 e 578.

▌ **Art. 570.** Se o locatário empregar a coisa em uso diverso do ajustado,¹ ou do a que se destina, ou se ela se danificar por abuso do locatário, poderá o locador, além de rescindir o contrato, exigir perdas e danos.²

Art. 570: 1. v. art. 569-I e IV.

Art. 570: 2. v. arts. 402 a 405.

▌ **Art. 571.** Havendo prazo estipulado à duração do contrato, antes do vencimento não poderá o locador reaver a coisa alugada,¹ senão ressarcindo ao locatário as perdas e danos² resultantes, nem o locatário devolvê-la ao locador, senão pagando, proporcionalmente, a multa³ prevista no contrato.

Parágrafo único. O locatário gozará do direito de retenção,⁴ enquanto não for ressarcido.

Art. 571: 1. v. LI 4º.

Art. 571: 2. v. arts. 402 a 405.

Art. 571: 3. v. art. 572 e LI 4º. V. tb. art. 413.

Art. 571: 4. Também no caso do art. 578.

Art. 572. Se a obrigação de pagar o aluguel pelo tempo que faltar¹ constituir indenização excessiva, será facultado ao juiz fixá-la em bases razoáveis.²

Art. 572: 1. v. art. 571.

Art. 572: 2. v. arts. 413 e 884. V. tb. LI 4º.

Art. 573. A locação por tempo determinado cessa de pleno direito findo o prazo estipulado, independentemente de notificação ou aviso.¹

Art. 573: 1. v. LI 46-*caput*.

Art. 574. Se, findo o prazo, o locatário continuar na posse da coisa alugada, sem oposição do locador, presumir-se-á prorrogada a locação pelo mesmo aluguel, mas sem prazo determinado.¹

Art. 574: 1. v. LI 46 § 1º e 50.

Art. 575. Se, notificado o locatário,¹ não restituir a coisa, pagará, enquanto a tiver em seu poder, o aluguel que o locador arbitrar, e responderá pelo dano que ela venha a sofrer, embora proveniente de caso fortuito.¹ª

Parágrafo único. Se o aluguel arbitrado for manifestamente excessivo, poderá o juiz reduzi-lo, mas tendo sempre em conta o seu caráter de penalidade.²⁻²ª

Art. 575: 1. "A notificação a que se refere o art. 1.196 do CC/16 (art. 575 do CC/02) não tem a função de constituir o locatário em mora, tendo em vista o que dispõe o art. 1.194 do CC/16 (art. 573 do CC/2). Ela objetiva, em vez disso, a: (i) que não há a intenção do locador de permitir a prorrogação tácita do contrato por prazo indeterminado (art. 1.195 do CC/16 — art. 574 do CC/2); (ii) fixar a sanção patrimonial decorrente da retenção do bem locado. Na hipótese em que o próprio locatário notifica o locador de que não será renovado o contrato, a primeira função já se encontra preenchida: não é necessário ao locador repetir sua intenção de não prorrogar o contrato se o próprio locatário já o fez. A segunda função, por sua vez, pode se considerar também preenchida pelo fato de que é presumível a ciência, por parte do locatário, do valor das diárias dos automóveis pela tarifa de balcão" (STJ-3ª T., REsp 953.389, Min. Nancy Andrighi, j. 23.2.10, DJ 11.5.10).

Art. 575: 1a. v. art. 393 § ún.

Art. 575: 2. Enunciado 180 do CEJ: "A regra do parágrafo único do art. 575 do novo CC, que autoriza a limitação pelo juiz do aluguel-pena arbitrado pelo locador, aplica-se também ao aluguel arbitrado pelo comodante, autorizado pelo art. 582, 2ª parte, do novo CC".

Art. 575: 2a. v. arts. 413 e 884 a 886.

Art. 576. Se a coisa for alienada durante a locação,¹ ª ³ o adquirente não ficará obrigado a respeitar o contrato, se nele não for consignada a cláusula da sua vigência no caso de alienação, e não constar de registro.

§ 1º O registro a que se refere este artigo será o de Títulos e Documentos do domicílio do locador, quando a coisa for móvel; e será o Registro de Imóveis[4] da respectiva circunscrição, quando imóvel.[4a]

§ 2º Em se tratando de imóvel, e ainda no caso em que o locador não esteja obrigado a respeitar o contrato, não poderá ele despedir o locatário, senão observado o prazo de noventa dias após a notificação.

Art. 576: 1. O locatário e o sublocatário têm preferência para a aquisição (LI 27 e 30).

Art. 576: 2. v. LI 8º.

Art. 576: 3. Súmula 158 do STF (Benfeitorias feitas pelo locatário): "Salvo estipulação contratual averbada no registro imobiliário, não responde o adquirente pelas benfeitorias do locatário".

Art. 576: 4. v. LRP 167-I-3.

Art. 576: 4a. Súmula 442 do STF (Vigência, contra terceiros, da locação): "A inscrição do contrato de locação no Registro de Imóveis, para a validade da cláusula de vigência contra o adquirente do imóvel, ou perante terceiros, dispensa a transcrição no Registro de Títulos e Documentos".

Art. 577. Morrendo o locador ou o locatário, transfere-se aos seus herdeiros a locação por tempo determinado.[1]

Art. 577: 1. v. LI 10.

Art. 578. Salvo disposição em contrário, o locatário goza do direito de retenção,[1] no caso de benfeitorias necessárias, ou no de benfeitorias úteis,[1a] se estas houverem sido feitas com expresso consentimento do locador.[2]

Art. 578: 1. Também no caso do art. 571 § ún.

Art. 578: 1a. v. arts. 96 e 1.219.

Art. 578: 2. v. LI 35 e 36.

Capítulo VI | DO EMPRÉSTIMO

Seção I | DO COMODATO

Art. 579. O comodato é o empréstimo[1] gratuito de coisas não fungíveis.[2] Perfaz-se com a tradição[3] do objeto.[4-5]

Art. 579: 1. tanto por quem tenha a propriedade quanto por quem tenha apenas a posse da coisa.

Art. 579: 2. v. art. 85.

Art. 579: 3. v. arts. 1.267 e 1.268.

Art. 579: 4. "Não existe obrigação do comodante de reparar defeitos no imóvel ou de entregá-lo ao comodatário a ponto de lhe servir, como acontece na locação, na qual o locador tem o dever de entrega, manutenção e garantia do bem"; salvo má-fé, caracterizada, por exemplo, na ocultação de vício da coisa emprestada (RJM 174/193).

Art. 579: 5. "A atribuição de encargo ao comodatário, consistente na construção de casa de alvenaria, a fim de evitar a 'favelização' do local, não desnatura o contrato de comodato modal" (STJ-3ª T., REsp 1.316.895, Min. Ricardo Cueva, j. 11.6.13, maioria, DJ 1.7.13).

Art. 580. Os tutores, curadores e em geral todos os administradores de bens alheios não poderão dar em comodato, sem autorização especial, os bens confiados à sua guarda.[1]

Art. 580: 1. s/ vedação aos curadores e tutores de comprar bens confiados à sua guarda ou administração, v. art. 497-I; s/ proibição de dispor gratuitamente dos bens do menor, v. art. 1.749-II; s/ aplicação à curatela das regras a respeito do exercício da tutela, v. art. 1.781.

Art. 581. Se o comodato não tiver prazo convencional, presumir-se-lhe-á o necessário para o uso concedido; não podendo o comodante, salvo necessidade imprevista e urgente, reconhecida pelo juiz, suspender o uso e gozo da coisa emprestada, antes de findo o prazo convencional, ou o que se determine pelo uso outorgado.[1]

Art. 581: 1. "Dado em comodato o imóvel, mediante contrato verbal, onde, evidentemente, não há prazo assinalado, bastante à desocupação a notificação ao comodatário da pretensão do comodante, não se lhe exigindo prova de necessidade imprevista e urgente do bem" (STJ-4ª T., REsp 605.137, Min. Aldir Passarinho Jr., j. 18.5.04, DJU 23.8.04). No mesmo sentido: STJ-3ª T., REsp 1.136.200-AgRg, Min. Sidnei Beneti, j. 28.6.11, DJ 1.7.11; RT 879/236 (TJSP, AP 182.275-4/8-00).

Art. 582. O comodatário é obrigado a conservar, como se sua própria fora, a coisa emprestada, não podendo usá-la senão de acordo com o contrato ou a natureza dela, sob pena de responder por perdas e danos.[1] O comodatário constituído em mora, além de por ela responder,[1a] pagará, até restituí-la, o aluguel da coisa que for arbitrado pelo comodante.[2-3]

Art. 582: 1. v. arts. 402 a 405.

Art. 582: 1a. v. art. 395.

Art. 582: 2. Enunciado 180 do CEJ: "A regra do parágrafo único do art. 575 do novo CC, que autoriza a limitação pelo juiz do aluguel-pena arbitrado pelo locador, aplica-se também ao aluguel arbitrado pelo comodante, autorizado pelo art. 582, 2ª parte, do novo CC".

Art. 582: 3. "Nos contratos de comodato com prazo determinado, a mora se constitui de pleno direito no dia do vencimento da obrigação de restituição da coisa. O **aluguel decorrente da mora,** em casos tais, é exigível independentemente de ter sido objeto de prévia estipulação contratual, sendo perfeitamente possível seu arbitramento posterior, pelo comodante, na via judicial ou até mesmo por notificação extrajudicial do comodatário. O arbitramento do aluguel, em todo caso, deve ser feito com razoabilidade e observância ao princípio da boa-fé objetiva, de modo a se evitar eventual abuso de direito ou indevido enriquecimento sem causa do comodante" (STJ-3ª T., REsp 1.188.315, Min. Ricardo Cueva, j. 5.8.14, DJ 18.8.14).

"Constituído em mora o comodatário para a restituição do imóvel emprestado, fica ele obrigado ao pagamento de aluguel arbitrado unilateralmente pelo comodante. O arbitramento, embora não deva respeito à média do mercado locativo, deve ser feito com razoabilidade, respeitando o princípio da boa-fé objetiva, para evitar a ocorrência de abuso de direito e do enriquecimento sem causa do comodante. Razoável o arbitramento do aluguel pelo comodante em valor inferior ao dobro da média do mercado locativo" (STJ-3ª T., REsp 1.175.848, Min. Paulo Sanseverino, j. 18.9.12, DJ 26.9.12). Do voto do relator, com apoio em lição doutrinária sua: "O montante arbitrado poderá ser superior ao valor de mercado do aluguel locatício, pois a sua finalidade não é transmudar o comodato em locação, mas coagir o comodatário a restituir o mais rapidamente possível a coisa emprestada. Entretanto, se esse arbitramento ocorrer em valor exagerado, poderá ser objeto de controle judicial".

"Constituído em mora, sujeita-se o comodatário ao pagamento de aluguel arbitrado unilateralmente pelo comodante, nos termos do art. 582 do CC/02, ainda que a obrigação principal de restituição da coisa seja posteriormente convertida em perdas e danos, devido ao extravio dos bens objeto do contrato. Nessa hipótese, o aluguel é exigível pelo período compreendido entre a constituição do comodatário em mora e o efetivo adimplemento da indenização" (STJ-3ª T., REsp 1.662.045, Min. Nancy Andrighi, j. 12.9.17, DJ 14.9.17).

Art. 583. Se, correndo risco o objeto do comodato juntamente com outros do comodatário, antepuser este a salvação dos seus abandonando o do comodante, responderá pelo dano ocorrido, ainda que se possa atribuir a caso fortuito, ou força maior.[1]

Art. 583: 1. v. art. 393 § ún. (conceito de caso fortuito).

Art. 584. O comodatário não poderá jamais recobrar do comodante as despesas feitas com o uso e gozo da coisa emprestada.¹

Art. 584: 1. i. e., com as despesas ordinárias. Já as despesas extraordinárias e urgentes devem ser ressarcidas e geram, inclusive, direito de retenção.

Art. 585. Se duas ou mais pessoas forem simultaneamente comodatárias de uma coisa, ficarão solidariamente¹ responsáveis para com o comodante.

Art. 585: 1. v. arts. 275 a 285.

Seção II | DO MÚTUO¹

SEÇ. II: 1. "Tradição e contrato de mútuo, de conta-corrente e de compra e venda", por Álvaro Villaça Azevedo (RF 392/3).

Art. 586. O mútuo¹ ᵃ ³ é o empréstimo de coisas fungíveis.⁴ O mutuário é obrigado a restituir ao mutuante o que dele recebeu em coisa do mesmo gênero, qualidade e quantidade.

Art. 586: 1. v., no tít. MÚTUO, Dec. 22.626, de 7.4.33 ("Lei da Usura").

Art. 586: 2. s/ depósito de coisas fungíveis, v. art. 645.

Art. 586: 3. Súmula 26 do STJ (Responsabilidade do avalista): "O avalista do título de crédito vinculado a contrato de mútuo também responde pelas obrigações pactuadas, quando no contrato figurar como devedor solidário" (v. jurisprudência s/ esta Súmula em RSTJ 33/109 a 142).

Súmula 60 do STJ (Procurador do mutuário vinculado ao mutuante): "É nula a obrigação cambial assumida por procurador do mutuário vinculado ao mutuante, no exclusivo interesse deste" (v. jurisprudência s/ esta Súmula em RSTJ 44/17 a 79).

Súmula 176 do STJ (Taxa Anbid-Cetip): "É nula a cláusula contratual que sujeita o devedor à taxa de juros divulgada pela ANBID-CETIP" (v. jurisprudência s/ esta Súmula em RSTJ 91/235).

Art. 586: 4. v. art. 85.

Art. 587. Este empréstimo transfere o domínio da coisa emprestada ao mutuário, por cuja conta correm todos os riscos dela desde a tradição.¹⁻²

Art. 587: 1. O mútuo é o chamado empréstimo de consumo, em que se presume a destruição do bem emprestado. Por isso há a transferência do domínio do bem mutuado desde a tradição, momento a partir do qual passa a ser do mutuário a responsabilidade pelos riscos de deterioração ou perda do objeto do contrato (aplicação da regra *res perit domino*).

Situação diversa ocorre no comodato, contrato por meio do qual se transfere somente a posse do bem. V. arts. 582 e 583.

Art. 587: 2. s/ riscos da coisa e do preço na compra e venda, v. arts. 492 e 524.

Art. 588. O mútuo feito a pessoa menor,¹ sem prévia autorização daquele sob cuja guarda estiver, não pode ser reavido nem do mutuário, nem de seus fiadores.

Art. 588: 1. v. arts. 180, 824 § ún. e 837.

CC – arts. 589 a 591

Art. 589. Cessa a disposição do artigo antecedente:

I — se a pessoa, de cuja autorização necessitava o mutuário para contrair o empréstimo, o ratificar[1] posteriormente;

II — se o menor, estando ausente essa pessoa, se viu obrigado a contrair o empréstimo para os seus alimentos habituais;

III — se o menor tiver bens ganhos com o seu trabalho. Mas, em tal caso, a execução do credor não lhes poderá ultrapassar as forças;[2]

IV — se o empréstimo reverteu em benefício do menor;

V — se o menor obteve o empréstimo maliciosamente.[3]

Art. 589: 1. v. arts. 172 a 175.

Art. 589: 2. v. art. 1.693-II.

Art. 589: 3. v. art. 180.

Art. 590. O mutuante pode exigir garantia da restituição, se antes do vencimento o mutuário sofrer notória mudança em sua situação econômica.[1]

Art. 590: 1. s/ direito de cobrança da dívida antes do vencimento do prazo, v. art. 333; exceção de contrato não cumprido, v. art. 476; exceção de inseguridade, v. art. 477.

Art. 591. Destinando-se o mútuo a fins econômicos, presumem-se devidos juros,[1 a 1c] os quais, sob pena de redução, não poderão exceder a taxa a que se refere o art. 406,[2] permitida a capitalização anual.[2a a 3]

Art. 591: 1. Súmula 283 do STJ: "As empresas administradoras de cartão de crédito são instituições financeiras e, por isso, os juros remuneratórios por elas cobrados não sofrem as limitações da Lei de Usura" (v. jurisprudência s/ esta Súmula em RSTJ 177/87).

"Autoriza-se a incidência de capitalização anual dos juros nos contratos de cartão de crédito, na linha da jurisprudência da Corte" (STJ-2ª Seção, ED no REsp 917.570, Min. Nancy Andrighi, j. 28.5.08, um voto vencido, DJU 4.8.08).

Súmula 296 do STJ: "Os juros remuneratórios, não cumuláveis com a comissão de permanência, são devidos no período de inadimplência, à taxa média de mercado estipulada pelo Banco Central do Brasil, limitada ao percentual contratado".

Súmula 382 do STJ: "A estipulação de juros remuneratórios superiores a 12% ao ano, por si só, não indica abusividade".

Enunciado 34 do CEJ: "No novo Código Civil, quaisquer contratos de mútuo destinados a fins econômicos presumem-se onerosos (art. 591), ficando a taxa de juros compensatórios limitada ao disposto no art. 406, com capitalização anual".

Art. 591: 1a. "São **inaplicáveis** aos juros remuneratórios dos contratos de **mútuo bancário** as disposições do art. 591 c/c o art. 406 do CC/02" (STJ-2ª Seção, REsp 1.061.530, Min. Nancy Andrighi, j. 22.10.08, DJ 10.3.09). V. tb. Dec. 22.626, de 7.4.33, art. 1º e notas (no tít. MÚTUO), especialmente **Súmula 596 do STF**.

Os juros remuneratórios dos contratos de mútuo bancário somente podem sofrer limitação quando comprovadamente abusivos. V. CDC 51, nota 7a.

Art. 591: 1b. Liberando os **fundos de investimento em direitos creditórios** das limitações da Lei de Usura: "Como há a captação de poupança popular dos próprios condôminos (cotistas), caracterizando-se como atividade de instituição do mercado financeiro, além da eficiência da engenhosa estrutura a envolver a operação dos FIDCs, presumivelmente o deságio pelos direitos creditórios é menor que nas operações de desconto ou redesconto bancário, razão pela qual é descabido o entendimento de que não se pode cobrar os juros contratuais" (STJ-4ª T., REsp 1.634.958, Min. Luis Felipe, j. 6.8.19, DJ 3.9.19; a citação é do voto do relator).

Art. 591: 1c. "As **empresas de** *factoring* não se enquadram no conceito de instituições financeiras, e por isso os juros remuneratórios estão limitados em 12% ao ano, nos termos da Lei de Usura" (STJ-4ª T., REsp 1.048.341, Min. Aldir Passarinho Jr., j. 10.2.09, DJ 9.3.09).

Art. 591: 2. O art. 406 diz que os juros "serão fixados segundo a taxa que estiver em vigor para a mora do pagamento de impostos devidos à Fazenda Nacional".

"O limite dos juros remuneratórios em relação a contratos de mútuo celebrados fora do Sistema Financeiro Nacional e sob a vigência do Código Civil de 2002, consoante a interpretação dada por esta Corte Superior ao art. 406 do CCB, ao qual o art. 591 faz expressa remissão, deve ser orientado pela **SELIC**" (STJ-3ª T., REsp 1.751.923-EDcl-EDcl-AgInt, Min. Paulo Sanseverino, j. 24.10.22, DJ 26.10.22).

A cobrança de juros acima da taxa legal constitui crime contra a economia popular (Lei 1.521, de 26.12.51, art. 4º-a).

O art. 1º-I da Med. Prov. 2.172-32, de 23.8.01, determina que o juiz, sob requerimento da parte, ajuste os juros à taxa legal ou, se já tiverem sido pagos, ordene a restituição em dobro do excesso, "com juros legais a contar da data do pagamento indevido".

Art. 591: 2a. s/ capitalização e Sistema Financeiro da Habitação, v. Lei 4.380/64, arts. 15-A e 15-B.

Art. 591: 2b. "A cobrança de juros capitalizados nos contratos de mútuo é permitida quando houver **expressa pactuação**" (STJ-2ª Seção, REsp 1.388.972, Min. Marco Buzzi, j. 8.2.17, DJ 13.3.17).

Art. 591: 3. Med. Prov. 2.170-36, de 23.8.01: "Art. 5º-*caput*. Nas operações realizadas pelas instituições integrantes do Sistema Financeiro Nacional, é admissível a capitalização de juros com periodicidade inferior a um ano".

Súmula 539 do STJ: "É permitida a **capitalização de juros com periodicidade inferior à anual** em contratos celebrados com instituições integrantes do Sistema Financeiro Nacional a partir de 31/3/2000 (MP n. 1.963-17/2000, reeditada como MP n. 2.170-36/2001), desde que expressamente pactuada".

Súmula 541 do STJ: "A previsão no contrato bancário de **taxa de juros anual superior ao duodécuplo da mensal** é suficiente para permitir a cobrança da taxa efetiva anual contratada".

"Não é aplicável aos contratos de mútuo bancário a periodicidade da capitalização prevista no art. 591 do CC, prevalecente a regra especial do art. 5º, *caput*, da Med. Prov. 1.963-17/2000 (2.170-36/2001), que admite a incidência mensal" (STJ-RMDECC 19/97: 4ª T., REsp 890.460).

Todavia: "Cédula de crédito bancário. **Capitalização** diária de **juros** remuneratórios. **Taxa diária não informada.** Violação ao dever de informação. **Abusividade.** Necessidade de fornecimento, pela instituição financeira, de informações claras ao consumidor acerca da periodicidade da capitalização dos juros adotada no contrato, e das respectivas taxas. Insuficiência da informação acerca das taxas efetivas mensal e anual, na hipótese em que pactuada capitalização diária, sendo imprescindível, também, informação acerca da taxa diária de juros, a fim de se garantir ao consumidor a possibilidade de controle *a priori* do alcance dos encargos do contrato. Na espécie, abusividade parcial da cláusula contratual na parte em que, apesar de pactuar as taxas efetivas anual e mensal, que ficam mantidas, conforme decidido pelo acórdão recorrido, não dispôs acerca da taxa diária" (STJ-2ª Seção, REsp 1.826.463, Min. Paulo Sanseverino, j. 14.10.20, DJ 29.10.20).

Contra, no sentido da inconstitucionalidade da capitalização mensal dos juros: "O art. 5º, *caput*, da Med. Prov. 2.170-36, de 23.8.01, admite a capitalização de juros com periodicidade inferior a um ano nas operações realizadas pelas instituições integrantes do Sistema Financeiro Nacional, porém, tal artigo foi declarado inconstitucional, *incidenter tantum*, nos autos da Arguição de Inconstitucionalidade 2006.00.2.001774-7, nesta Corte de Justiça" (RT 863/270, maioria). Também reconhecendo incidentalmente essa inconstitucionalidade, mas sem notícia de pronunciamento nesse sentido do órgão especial do próprio tribunal: JTJ 315/491 (EI 7.020.647-6/02, maioria).

Também no sentido da capitalização anual, v. **Enunciado 34 do CEJ** (na nota 1).

Art. 592. Não se tendo convencionado expressamente, o prazo do mútuo será:

I — até a próxima colheita, se o mútuo for de produtos agrícolas, assim para o consumo, como para semeadura;

II — de trinta dias, pelo menos, se for de dinheiro;[1]

III — do espaço de tempo que declarar o mutuante, se for de qualquer outra coisa fungível.

Art. 592: 1. Este inciso faz exceção ao disposto no art. 331.

Capítulo VII | DA PRESTAÇÃO DE SERVIÇO[1 a 3]

CAP. VII: 1. Se houver relação de emprego, a prestação de serviço vem a ser contrato de trabalho e é regida inteiramente pela CLT, com as ressalvas do art. 7º desta.

CAP. VII: 2. s/ registro do contrato, no Registro de Títulos e Documentos, para surtir efeito em relação a terceiros, v. LRP 129-4º; s/ serviços defeituosos, v. CDC 14 §§ 1º e 2º, 20-*caput*-I e § 2º, 32 e 70; s/ orçamento prévio, v. CDC 39-VI e 40.

CAP. VII: 3. Lei 10.741, de 1.10.03 — Dispõe sobre o Estatuto do Idoso e dá outras providências (v. texto integral no tít. IDOSO): "**Art. 50.** Constituem obrigações das entidades de atendimento: I — celebrar contrato escrito de prestação de serviço com o idoso, especificando o tipo de atendimento, as obrigações da entidade e prestações decorrentes do contrato, com os respectivos preços, se for o caso".

Art. 593. A prestação de serviço, que não estiver sujeita às leis trabalhistas ou a lei especial, reger-se-á pelas disposições deste Capítulo.¹

Art. 593: 1. v. CLT, especialmente arts. 2º e 3º.

Art. 594. Toda a espécie de serviço ou trabalho lícito, material ou imaterial, pode ser contratada mediante retribuição.¹

Art. 594: 1. Lei 9.608, de 18.2.98 — Dispõe sobre o serviço voluntário: "**Art. 1º** (*redação da Lei 13.297, de 16.6.16*) Considera-se serviço voluntário, para os fins desta Lei, a atividade não remunerada prestada por pessoa física a entidade pública de qualquer natureza ou a instituição privada de fins não lucrativos que tenha objetivos cívicos, culturais, educacionais, científicos, recreativos ou de assistência à pessoa. **Parágrafo único.** O serviço voluntário não gera vínculo empregatício, nem obrigação de natureza trabalhista previdenciária ou afim.

"**Art. 2º** O serviço voluntário será exercido mediante a celebração de termo de adesão entre a entidade, pública ou privada, e o prestador do serviço voluntário, dele devendo constar o objeto e as condições de seu exercício.

"**Art. 3º** O prestador do serviço voluntário poderá ser ressarcido pelas despesas que comprovadamente realizar no desempenho das atividades voluntárias. Parágrafo único. As despesas a serem ressarcidas deverão estar expressamente autorizadas pela entidade a que for prestado o serviço voluntário".

Art. 595. No contrato de prestação de serviço, quando qualquer das partes não souber ler, nem escrever, o instrumento poderá ser assinado a rogo e subscrito por duas testemunhas.¹

Art. 595: 1. "Na hipótese de se tratar de contrato escrito firmado pela pessoa analfabeta, é imperiosa a observância da formalidade prevista no art. 595 do CC/02, que prevê a assinatura do instrumento contratual a rogo por terceiro, com a subscrição de duas testemunhas. Embora o referido dispositivo legal se refira ao contrato de prestação de serviços, deve ser dada à norma nele contida o máximo alcance e amplitude, de modo a **abranger todos os contratos** escritos firmados com quem não saiba ler ou escrever, a fim de compensar, em algum grau, a hipervulnerabilidade desse grupo social" (STJ-3ª T., REsp 1.907.394, Min. Nancy Andrighi, j. 4.5.21, DJ 10.5.21).

Art. 596. Não se tendo estipulado, nem chegado a acordo as partes, fixar-se-á por arbitramento a retribuição, segundo o costume do lugar, o tempo de serviço e sua qualidade.¹⁻²

Art. 596: 1. v. tb. art. 606.

Art. 596: 2. Para disposições similares em outros contratos, v. arts. 628 § ún. (depósito), 658 § ún. (mandato), 701 (comissão) e 724 (corretagem).

Art. 597. A retribuição pagar-se-á depois de prestado o serviço, se, por convenção, ou costume, não houver de ser adiantada, ou paga em prestações.

Art. 598. A prestação de serviço não se poderá convencionar por mais de quatro anos, embora o contrato tenha por causa o pagamento de dívida de quem o presta, ou se destine à execução de certa e determinada obra. Neste caso, decorridos quatro anos, dar-se-á por findo o contrato, ainda que não concluída a obra.¹

Art. 598: 1. Todavia, o contrato admite renovação.

Art. 599. Não havendo prazo estipulado, nem se podendo inferir da natureza do contrato, ou do costume do lugar, qualquer das partes, a seu arbítrio, mediante prévio aviso,[1] pode resolver o contrato.
Parágrafo único. Dar-se-á o aviso:
I — com antecedência de oito dias, se o salário se houver fixado por tempo de um mês, ou mais;
II — com antecipação de quatro dias, se o salário se tiver ajustado por semana, ou quinzena;
III — de véspera, quando se tenha contratado por menos de sete dias.

Art. 599: 1. por meio de notificação judicial ou extrajudicial. S/ notificação judicial, v. CPC 726 a 729.

Art. 600. Não se conta no prazo do contrato o tempo em que o prestador de serviço, por culpa sua, deixou de servir.[1]

Art. 600: 1. s/ exceção de contrato não cumprido, v. arts. 476 e 477.

Art. 601. Não sendo o prestador de serviço contratado para certo e determinado trabalho, entender-se-á que se obrigou a todo e qualquer serviço compatível com as suas forças e condições.

Art. 602. O prestador de serviço contratado por tempo certo, ou por obra determinada, não se pode ausentar, ou despedir, sem justa causa, antes de preenchido o tempo, ou concluída a obra.
Parágrafo único. Se se despedir sem justa causa, terá direito à retribuição vencida, mas responderá por perdas e danos.[1-1a] O mesmo dar-se-á, se despedido por justa causa.[2]

✎ **Art. 602: 1.** "Rescisão imotivada e indenização de efeito inibitório em contratos de prestação de serviço por tempo determinado no Código Civil de 2002", por Tercio Sampaio Ferraz Jr. (RDPr 44/9).

Art. 602: 1a. v. arts. 402 a 405.

Art. 602: 2. v. art. 603.

Art. 603. Se o prestador de serviço for despedido sem justa causa, a outra parte será obrigada a pagar-lhe por inteiro a retribuição vencida, e por metade a que lhe tocaria de então ao termo legal do contrato.[1-2]

✎ **Art. 603: 1.** "Rescisão imotivada e indenização de efeito inibitório em contratos de prestação de serviço por tempo determinado no Código Civil de 2002", por Tercio Sampaio Ferraz Jr. (RDPr 44/9).

Art. 603: 2. Já se o prestador de serviço decide imotivadamente não mais levar o contrato adiante, ele responde integralmente pelos danos emergentes e lucros cessantes daí decorrentes.

Art. 604. Findo o contrato, o prestador de serviço tem direito a exigir da outra parte a declaração[1] de que o contrato está findo. Igual direito lhe cabe, se for despedido sem justa causa, ou se tiver havido motivo justo para deixar o serviço.

Art. 604: 1. a qual lhe serve de quitação.

Art. 605. Nem aquele a quem os serviços são prestados, poderá transferir a outrem o direito aos serviços ajustados, nem o prestador de serviços, sem aprazimento da outra parte, dar substituto que os preste.[1]

Art. 605: 1. afinal, o contrato de prestação de serviços é de caráter pessoal (*intuitu personae*).

Art. 606. Se o serviço for prestado por quem não possua título de habilitação, ou não satisfaça requisitos outros estabelecidos em lei, não poderá quem os prestou cobrar a retribuição normalmente correspondente ao trabalho executado. Mas se deste resultar benefício para a outra parte, o juiz atribuirá a quem o prestou uma compensação razoável,[1] desde que tenha agido com boa-fé.[2]

Parágrafo único. Não se aplica a segunda parte deste artigo, quando a proibição da prestação de serviço resultar de lei de ordem pública.

Art. 606: 1. em atenção à vedação ao enriquecimento sem causa (arts. 884 a 886).

Art. 606: 2. v. arts. 113, 421 e 422.

Art. 607. O contrato de prestação de serviço acaba[1] com a morte de qualquer das partes. Termina, ainda, pelo escoamento do prazo, pela conclusão da obra, pela rescisão do contrato mediante aviso prévio,[2] por inadimplemento de qualquer das partes[2a] ou pela impossibilidade da continuação do contrato, motivada por força maior.[3]

Art. 607: 1. s/ extinção do contrato, v. arts. 472 a 480.

Art. 607: 2. v. art. 599.

Art. 607: 2a. "O art. 607 do CC não impõe a rescisão do contrato de prestação de serviço a partir do inadimplemento de qualquer das partes, mas possibilita ao contratante adimplente sua rescisão unilateral, o que não foi efetuado no presente caso. Se o contrato se manteve hígido, com a agravante usufruindo dos serviços prestados, deve arcar com o seu pagamento" (STJ-4ª T., Ag em REsp 967.440-AgInt, Min. Isabel Gallotti, j. 25.10.16, DJ 4.11.16).

Art. 607: 3. v. art. 393 § ún.

Art. 608. Aquele que aliciar[1 a 1b] pessoas obrigadas em contrato escrito a prestar serviço a outrem pagará a este a importância que ao prestador de serviço, pelo ajuste desfeito, houvesse de caber durante dois anos.[2]

Art. 608: 1. "Aliciamento no contrato de prestação de serviços: responsabilidade de terceiro por interferência ilícita em direito pessoal", por Davi Monteiro Diniz (RSDCPC 27/82 e RF 375/27).

Art. 608: 1a. s/ crime de aliciamento, v. CP 206 e 207.

Art. 608: 1b. "**Artista. Proposta. Emissora concorrente.** Relação jurídica vigente. Prática de mercado aceitável. Concorrência desleal. Não configuração. Boa-fé objetiva. Deveres decorrentes. Ausência de violação" (STJ-3ª T., REsp 2.023.942, Min. Ricardo Cueva, j. 25.10.22, maioria, DJ 28.10.22).

Art. 608: 2. As relações contratuais produzem direitos e obrigações *inter partes* (princípio da relatividade contratual); mas são oponíveis *erga omnes*, de modo que todos devem respeitar as relações jurídicas em curso.

Art. 609. A alienação do prédio agrícola, onde a prestação dos serviços se opera, não importa a rescisão do contrato,[1] salvo ao prestador opção entre continuá-lo com o adquirente da propriedade ou com o primitivo contratante.

Art. 609: 1. v. art. 605.

Capítulo VIII | DA EMPREITADA[1]

CAP. VIII: 1. "Da empreitada", por Hamid Charaf Bdine Júnior (RT 858/82); "A aplicação da teoria da imprevisão na empreitada", por Arnoldo Wald (Rev. AASP 98/59); "O contrato de empreitada por preço global e a teoria da imprevisão", por Humberto Theodoro Jr. (RF 416/125, RMDCPC 47/5, RMDECC 43/5).

Art. 610. O empreiteiro de uma obra pode contribuir para ela só com seu trabalho[1] ou com ele e os materiais.[2]

§ 1º A obrigação de fornecer os materiais não se presume; resulta da lei ou da vontade das partes.

§ 2º O contrato para elaboração de um projeto não implica a obrigação de executá-lo, ou de fiscalizar-lhe a execução.

Art. 610: 1. v. art. 613.

Art. 610: 2. s/ responsabilidade do proprietário da obra e do empreiteiro por dano causado a terceiro, v. art. 927, nota 10.

Art. 611. Quando o empreiteiro fornece os materiais, correm por sua conta os riscos até o momento da entrega da obra, a contento[1] de quem a encomendou, se este não estiver em mora de receber. Mas se estiver, por sua conta correrão os riscos.[2]

Art. 611: 1. v. art. 615-2ª parte.

Art. 611: 2. v. arts. 394 e 400.

Art. 612. Se o empreiteiro só forneceu mão de obra, todos os riscos em que não tiver culpa correrão por conta do dono.[1 a 2]

Art. 612: 1. v. art. 613.

Art. 612: 1a. Assim, se o empreiteiro apenas forneceu mão de obra para a construção de uma piscina, ele não responde pelas ulteriores rachaduras, fissuras e deformações decorrentes da inadequação do solo onde ela foi construída, devendo estas ser suportadas pelo dono da obra, que negligentemente deixou de providenciar prévio projeto ou estudo geológico (RT 874/361: TJSC, AP 2008.013332-7).

Art. 612: 2. "Embora somente concorrendo com o serviço, e recebendo do dono da obra os materiais a serem empregados, o engenheiro contratado para elaborar o projeto e fiscalizar a construção é civilmente responsável pelo evento danoso, pois era de seu dever examinar os materiais empregados, tais como os tijolos, e recusá-los se frágeis ou defeituosos. A ocorrência de chuvas excessivas, máxime na região da Serra do Mar, não constitui fato da natureza imprevisível aos construtores de edifícios" (STJ-RT 676/195: 4ª T., REsp 8.410).

Art. 613. Sendo a empreitada unicamente de lavor (art. 610), se a coisa perecer antes de entregue, sem mora[1] do dono nem culpa do empreiteiro, este perderá a retribuição, se não provar que a perda resultou de defeito dos materiais e que em tempo reclamara contra a sua quantidade ou qualidade.

Art. 613: 1. s/ mora, v. arts. 394 a 401.

Art. 614. Se a obra constar de partes distintas, ou for de natureza das que se determinam por medida, o empreiteiro terá direito a que também se verifique por medida, ou segundo as partes em que se dividir, podendo exigir o pagamento na proporção da obra executada.

§ 1º Tudo o que se pagou presume-se verificado.[1]

§ 2º O que se mediu presume-se verificado se, em trinta dias, a contar da medição, não forem denunciados os vícios ou defeitos pelo dono da obra ou por quem estiver incumbido da sua fiscalização.

Art. 614: 1. "Demonstrado que o contrato de empreitada foi realizado com etapas, ou seja, por preço unitário, o termo de recebimento e entrega definitivo da obra é desnecessário para comprovar a execução dos serviços, devendo haver o pagamento dos valores ajustados no contrato sob pena de enriquecimento ilícito do Estado" (STJ-1ª T., REsp 687.774, Min. Francisco Falcão, j. 16.6.05, DJU 27.6.05).

Art. 615. Concluída a obra de acordo com o ajuste, ou o costume do lugar, o dono é obrigado a recebê-la. Poderá, porém, rejeitá-la, se o empreiteiro se afastou das instruções recebidas e dos planos dados, ou das regras técnicas em trabalhos de tal natureza.[1]

Art. 615: 1. s/ vícios redibitórios, v. art. 441; exceção de contrato não cumprido, v. art. 476.

Art. 616. No caso da segunda parte do artigo antecedente, pode quem encomendou a obra, em vez de enjeitá-la, recebê-la com abatimento no preço.[1]

Art. 616: 1. s/ abatimento no preço por vício redibitório, v. art. 442.

Art. 617. O empreiteiro é obrigado a pagar os materiais que recebeu, se por imperícia ou negligência os inutilizar.[1]

Art. 617: 1. s/ ato ilícito, v. art. 186; s/ responsabilidade civil subjetiva, v. art. 927.

Art. 618. Nos contratos de empreitada de edifícios ou outras construções consideráveis, o empreiteiro de materiais e execução responderá, durante o prazo irredutível de cinco anos, pela solidez e segurança do trabalho, assim em razão dos materiais, como do solo.[1 a 2c]

Parágrafo único. Decairá do direito assegurado neste artigo o dono da obra que não propuser a ação contra o empreiteiro, nos cento e oitenta dias seguintes ao aparecimento do vício ou defeito.[3-4]

Art. 618: 1. "Responsabilidade civil do empreiteiro: natureza normativa do artigo 618 do Código Civil; prazo de garantia", por Álvaro Villaça Azevedo (RMDCPC 4/33).

Art. 618: 2. v. tb. arts. 622, 937 e 1.280.

Art. 618: 2a. Esse **prazo de 5 anos é de garantia** e não propriamente de prescrição ou decadência (STJ-4ª T., REsp 215.832, Min. Sálvio de Figueiredo, j. 6.3.03, DJU 7.4.03; STJ-2ª T., Ag em REsp 1.191.201-EDcl-AgInt, Min. Francisco Falcão, j. 14.5.19, DJ 21.5.19; JTJ 345/43: AI 670.464-4/3-00; JTJ 348/173: AI 994.09.326459-6). Todavia, há prazo decadencial para a preservação da garantia: 180 dias (§ ún.).

Isso não interfere na pretensão indenizatória deduzida em face do empreiteiro com fundamento diverso da garantia, que se sujeita, em regra, ao prazo prescricional decenal (art. 205). V. tb. CDC 26, nota 1.

Súmula 194 do STJ: "Prescreve em vinte anos a ação para obter, do construtor, indenização por defeitos da obra" (v. jurisprudência s/ essa Súmula em RSTJ 101/305).

"Enquanto a responsabilização do construtor pelo art. 1.245 do CC/16 é objetiva, visando, conforme relembra Sergio Cavalieri Filho (Programa de responsabilidade civil. 7. ed. São Paulo: Atlas, 2007, p. 341), a resguardar os interesses de toda a coletividade, o regime de responsabilidade do art. 1.056 do CC/16, que não visa a resguardar mais do que os interesses do dono da obra, exige a demonstração do inadimplemento contratual do construtor. Ainda, e relativamente ao que mais interessa ao presente caso, enquanto a utilização do art. 1.245 do CC/16 pressupõe que a fragilidade da obra tenha transparecido nos primeiros cinco anos da sua entrega, no caso do art. 1.056 do CC/16 não há esta exigência, podendo os problemas relativos à sua solidez e segurança surgir até mesmo depois daquele prazo" (STJ-3ª T., REsp 903.771, Min. Paulo Sanseverino, j. 12.4.11, DJ 27.4.11; a citação é do voto do relator).

Art. 618: 2b. "Cabe a responsabilização do empreiteiro quando a obra se revelar imprópria para os fins a que se destina, sendo considerados graves os defeitos que afetem a salubridade da moradia, como infiltrações e vazamentos, e não apenas aqueles que apresentam o risco de ruína do imóvel" (STJ-3ª T., AI 1.208.663-AgRg, Min. Sidnei Beneti, j. 18.11.10, DJ 30.11.10).

Art. 618: 2c. "Mesmo quando o incorporador não é o executor direto da construção do empreendimento imobiliário, mas contrata construtor, fica, juntamente com este, responsável pela solidez e segurança da edificação (CC/2002, art. 618). Trata-se de obrigação de garantia assumida solidariamente com o construtor" (STJ-4ª T., REsp 884.367, Min. Raul Araújo, j. 6.3.12, DJ 15.3.12).

Art. 618: 3. Enunciado 181 do CEJ: "O prazo referido no art. 618, parágrafo único, do CC refere-se unicamente à garantia prevista no *caput*, sem prejuízo de poder o dono da obra, com base no mau cumprimento do contrato de empreitada, demandar perdas e danos".

Art. 618: 4. "O **termo inicial do prazo decadencial** previsto no parágrafo único do art. 618 do Código Civil conta-se do momento em que o dono da obra toma ciência da existência do vício construtivo coberto pela garantia legal. Hipótese em que, em razão da inexistência de prova da ciência do autor, fixado o termo a partir da expedição da notificação extrajudicial da ré" (STJ-4ª T., REsp 1.296.849, Min. Isabel Gallotti, j. 14.2.17, DJ 20.2.17).

Art. 619. Salvo estipulação em contrário, o empreiteiro que se incumbir de executar uma obra, segundo plano aceito por quem a encomendou, não terá direito a exigir acréscimo no preço, ainda que sejam introduzidas modificações no projeto, a não ser que estas resultem de instruções escritas do dono da obra.

Parágrafo único. Ainda que não tenha havido autorização escrita, o dono da obra é obrigado a pagar ao empreiteiro os aumentos e acréscimos, segundo o que for arbitrado, se, sempre presente à obra, por continuadas visitas, não podia ignorar o que se estava passando, e nunca protestou.[1]

Art. 619: 1. "Se o serviço extraordinário foi executado às claras, inclusive sob a supervisão de prepostos da subempreiteira, tem-se como pertinente a cobrança dos seus valores, independentemente de autorização por escrito" (STJ-4ª T., REsp 103.715, Min. Sálvio de Figueiredo, j. 5.10.99, DJU 28.2.00).

Art. 620. Se ocorrer diminuição no preço do material ou da mão de obra superior a um décimo do preço global convencionado, poderá este ser revisto, a pedido do dono da obra, para que se lhe assegure a diferença apurada.[1]

Art. 620: 1. s/ onerosidade excessiva, v. arts. 317 e 478 a 480; enriquecimento sem causa, v. arts. 884 a 886.

Art. 621. Sem anuência de seu autor, não pode o proprietário da obra introduzir modificações no projeto por ele aprovado,[1] ainda que a execução seja confiada a terceiros, a não ser que,[2] por motivos supervenientes ou razões de ordem técnica, fique comprovada a inconveniência ou a excessiva onerosidade[3] de execução do projeto em sua forma originária.

Parágrafo único. A proibição deste artigo não abrange alterações de pouca monta, ressalvada sempre a unidade estética da obra projetada.

Art. 621: 1. s/ proteção dos direitos do autor do projeto, v. LDA 7º-X (inclusive nota 7a), 24-IV e V e 26.

Art. 621: 2. O CC não revogou as disposições da LDA, mas apenas admitiu duas exceções à vedação de alterar o projeto do autor, a despeito de autorização deste.

Art. 621: 3. s/ onerosidade excessiva, v. arts. 317 e 478 a 480.

Art. 622. Se a execução da obra for confiada a terceiros, a responsabilidade do autor do projeto respectivo, desde que não assuma a direção ou fiscalização daquela, ficará limitada aos danos resultantes de defeitos previstos no art. 618 e seu parágrafo único.

Art. 623. Mesmo após iniciada a construção, pode o dono da obra suspendê-la, desde que pague ao empreiteiro as despesas e lucros relativos aos serviços já feitos, mais indenização razoável, calculada em função do que ele teria ganho, se concluída a obra.

Art. 624. Suspensa a execução da empreitada sem justa causa, responde o empreiteiro por perdas e danos.[1]

Art. 624: 1. v. arts. 402 a 405.

Art. 625. Poderá o empreiteiro suspender a obra:
I — por culpa do dono, ou por motivo de força maior;[1]
II — quando, no decorrer dos serviços, se manifestarem dificuldades imprevisíveis de execução, resultantes de causas geológicas ou hídricas, ou outras semelhantes, de modo que torne a empreitada excessivamente onerosa, e o dono da obra se opuser ao reajuste do preço inerente ao projeto por ele elaborado, observados os preços;[2]
III — se as modificações exigidas pelo dono da obra, por seu vulto e natureza, forem desproporcionais ao projeto aprovado, ainda que o dono se disponha a arcar com o acréscimo de preço.

Art. 625: 1. v. art. 393 § ún.

Art. 625: 2. s/ onerosidade excessiva, v. arts. 317 e 478 a 480.

Art. 626. Não se extingue o contrato de empreitada pela morte de qualquer das partes, salvo se ajustado em consideração às qualidades pessoais do empreiteiro.[1-2]

Art. 626: 1. Já na prestação de serviços a morte é causa extintiva do contrato, cf. art. 607.

Art. 626: 2. "Quando o que mais importa para a obra é que seja feita exclusivamente por determinado empreiteiro ou construtor, a obrigação desse é personalíssima e não se transmite aos seus herdeiros e sucessores, conforme dispunha o art. 878 do CC/1916 e agora dispõe a segunda parte do art. 626 do CC/2002. Quando na contratação de uma obra o fator pessoal das habilidades técnicas do empreiteiro ou construtor não é decisivo para a contratação, a obrigação desse não é personalíssima e, por isso, transmite-se aos seus herdeiros e sucessores, nos termos do art. 928 do CC/1916 e da primeira parte do art. 626 do CC/ 2002. Em regra, a obrigação do empreiteiro ou construtor não é personalíssima, porquanto a obra pode ser executada por várias pessoas, como ocorre em geral, a exemplo das obras feitas mediante concorrência pública com a participação de várias construtoras e das pequenas construções feitas mediante a escolha do empreiteiro que oferecer o menor preço. Na presente hipótese, com a morte do construtor, a sua obrigação transmitiu-se aos seus herdeiros, pois a obra não demandava habilidades técnicas exclusivas do falecido" (STJ-3ª T., REsp 703.244, Min. Nancy Andrighi, j. 15.4.08, DJU 29.4.08).

Capítulo IX | DO DEPÓSITO[1]

Seção I | DO DEPÓSITO VOLUNTÁRIO[1 A 4]

CAP. IX: 1. v. arts. 343, 751, 1.363, 1.435-I, 1.445 § ún. e 1.652-III.

SEÇ. I: 1. v. Lei 8.866, de 11.4.94, que dispõe sobre o depositário infiel de valor pertencente à Fazenda Pública.

SEÇ. I: 2. v. art. 652, importante disposição que também se refere ao depósito voluntário.

SEÇ. I: 2a. Dec. 1.102, de 21.11.1903 — Institui regras para o estabelecimento de empresas de armazéns gerais, determinando os direitos e obrigações dessas empresas.

SEÇ. I: 3. Lei 2.313, de 3.9.54 — Dispõe sobre os prazos dos contratos de depósito regular e voluntário de bens de qualquer espécie, e dá outras providências (RT 230/574, Lex 1954/494, RF 156/509). Regulamentada pelo **Dec.**

40.395, de 21.11.56 (RT 256/722, Lex 1956/605, RF 169/541). A Lei 2.313, em seu art. 2º, dispõe s/ contas bancárias sem movimentação por mais de 25 anos.

A **Lei 370, de 4.1.37** (RT 106/832, Lex 1937/1, RF 69/440), regulamentada pelo **Dec. 1.508, de 17.3.37** (Lex 1937/29, RF 70/192), considera abandonados os objetos de valor, depositados sem reclamação, por mais de 30 anos, nos estabelecimentos bancários e comerciais.

Lei 9.526, de 8.12.97 — Dispõe sobre recursos não reclamados correspondentes às contas de depósitos não recadastrados, e dá outras providências (Lex 1997/4.439, RT 746/737, RDA 210/384).

Lei 9.973, de 29.5.00 — Dispõe sobre o sistema de armazenagem dos produtos agropecuários. O art. 3º estabelece regras sobre contratos de depósito de produtos agropecuários; os arts. 6º a 10 dispõem acerca dos bens depositados e da responsabilidade do depositário.

SEÇ. I: 4. s/ depósitos judiciais: em geral, v. CPC 840; na Justiça Federal, v. tb. **Dec. lei 1.737, de 20.12.79** (Lex 1979/1.038), art. 1º-I e art. 3º.

Art. 627. Pelo contrato de depósito recebe o depositário um objeto móvel, para guardar, até que o depositante o reclame.¹

Art. 627: 1. "A entrega de veículo em confiança a manobrista de restaurante caracteriza contrato de depósito e, como tal, atrai a responsabilidade do estabelecimento comercial pelo furto, ainda que na via pública, impondo-lhe o dever de indenizar o proprietário pelos prejuízos daí decorrentes" (STJ-4ª T., REsp 419.465, Min. Aldir Passarinho Jr., j. 25.2.03, DJU 5.5.03).

S/ furto de veículo em estacionamento de empresa, v. Súmula 130 do STJ, em nota 1 ao art. 927.

Art. 628. O contrato de depósito é gratuito,¹ exceto se houver convenção em contrário, se resultante de atividade negocial ou se o depositário o praticar por profissão.

Parágrafo único. Se o depósito for oneroso e a retribuição do depositário não constar de lei, nem resultar de ajuste, será determinada pelos usos do lugar, e, na falta destes, por arbitramento.²

Art. 628: 1. O depósito necessário, por sua vez, não se presume gratuito (cf. art. 651).

Art. 628: 2. Para disposições similares em outros contratos, v. arts. 596 (prestação de serviços), 658 § ún. (mandato), 701 (comissão) e 724 (corretagem).

Art. 629. O depositário é obrigado a ter na guarda e conservação da coisa depositada o cuidado e diligência que costuma com o que lhe pertence, bem como a restituí-la,¹ com todos os frutos e acrescidos, quando o exija o depositante.² ᵃ ³ᵃ

Art. 629: 1. v. art. 638. V. tb. arts. 238 a 240.

Art. 629: 2. s/ responsabilidade dos bancos, v. art. 927, nota 6e; de condomínios edilícios, v. art. 1.334, nota 1a.

Art. 629: 3. Em matéria de propriedade fiduciária, v. art. 1.363.

Art. 629: 3a. Súmula 179 do STJ: "O estabelecimento de crédito que recebe dinheiro, em depósito judicial, responde pelo pagamento da correção monetária relativa aos valores recolhidos".

Art. 630. Se o depósito se entregou fechado, colado, selado, ou lacrado, nesse mesmo estado se manterá.

Art. 631. Salvo disposição em contrário, a restituição da coisa deve dar-se no lugar em que tiver de ser guardada. As despesas de restituição correm por conta do depositante.

Art. 632. Se a coisa houver sido depositada no interesse de terceiro, e o depositário tiver sido cientificado deste fato pelo depositante, não poderá ele exonerar-se restituindo a coisa a este, sem consentimento daquele.

Art. 633. Ainda que o contrato fixe prazo à restituição, o depositário entregará o depósito logo que se lhe exija, salvo se tiver o direito de retenção a que se refere o art. 644, se o objeto for judicialmente embargado, se sobre ele pender execução, notificada ao depositário, ou se houver motivo razoável de suspeitar que a coisa foi dolosamente obtida.[1-2]

Art. 633: 1. p. ex., através de roubo ou furto.
Art. 633: 2. v. arts. 634 e 638.

Art. 634. No caso do artigo antecedente, última parte, o depositário, expondo o fundamento da suspeita, requererá que se recolha o objeto ao Depósito Público.[1]

Art. 634: 1. v. art. 638.

Art. 635. Ao depositário será facultado, outrossim, requerer depósito judicial da coisa, quando, por motivo plausível, não a possa guardar, e o depositante não queira recebê-la.[1]

Art. 635: 1. v. arts. 334, 335-I e 641. V. tb. CPC 539 e segs.

Art. 636. O depositário, que por força maior[1] houver perdido a coisa depositada e recebido outra em seu lugar, é obrigado a entregar a segunda ao depositante, e ceder-lhe as ações que no caso tiver contra o terceiro responsável pela restituição da primeira.

Art. 636: 1. v. art. 393 § ún. V. tb. art. 642.

Art. 637. O herdeiro do depositário, que de boa-fé vendeu a coisa depositada, é obrigado a assistir[1] o depositante na reivindicação, e a restituir ao comprador o preço recebido.[2 a 3]

Art. 637: 1. v. CPC 119 e segs.
Art. 637: 2. v. arts. 447 a 457 (evicção), 1.792 e 1.821 (responsabilidade nos limites da herança).
Art. 637: 2a. Mas se for provada a má-fé do herdeiro do depositário, este responderá pelos eventuais danos causados ao depositante e ao adquirente de boa-fé.
Art. 637: 3. Se a transferência do bem depositado se deu a título gratuito, o adquirente não poderá demandar por evicção (cf. art. 447).

Art. 638. Salvo os casos previstos nos arts. 633 e 634, não poderá o depositário furtar-se à restituição do depósito, alegando não pertencer a coisa ao depositante, ou opondo compensação,[1] exceto se noutro depósito se fundar.

Art. 638: 1. v. art. 373-II.

Art. 639. Sendo dois ou mais depositantes, e divisível[1] a coisa, a cada um só entregará o depositário a respectiva parte, salvo se houver entre eles solidariedade.[2]

Art. 639: 1. v. art. 87.

Art. 639: 2. s/ solidariedade ativa, v. arts. 267 a 274.

Art. 640. Sob pena de responder por perdas e danos,¹ não poderá o depositário, sem licença expressa do depositante, servir-se da coisa depositada, nem a dar em depósito a outrem.

Parágrafo único. Se o depositário, devidamente autorizado, confiar a coisa em depósito a terceiro, será responsável se agiu com culpa na escolha deste.²

Art. 640: 1. v. arts. 402 a 405.

Art. 640: 2. i. e., ele responderá se agir com culpa *in eligendo*.

Art. 641. Se o depositário se tornar incapaz,¹ a pessoa que lhe assumir a administração dos bens diligenciará imediatamente restituir a coisa depositada e, não querendo ou não podendo o depositante recebê-la, recolhê-la-á ao Depósito Público ou promoverá nomeação de outro depositário.²⁻³

Art. 641: 1. v. arts. 3º e 4º.

Art. 641: 2. s/ consignação em pagamento, v. arts. 334 e 335-I e CPC 539 e segs.

Art. 641: 3. Neste caso, o curador não precisa de autorização do depositante para nomear outro depositário, mas responderá por culpa *in eligendo* (cf. art. 640 § ún.).

Art. 642. O depositário não responde pelos casos de força maior;¹⁻¹ᵃ mas, para que lhe valha a escusa, terá de prová-los.²

Art. 642: 1. v. art. 393 § ún.

Art. 642: 1a. Exceto se estiver em mora (art. 399).

Art. 642: 2. v. arts. 238, 240 e 636.

Art. 643. O depositante é obrigado a pagar ao depositário as despesas feitas com a coisa, e os prejuízos que do depósito provierem.¹⁻²

Art. 643: 1. "Art. 1.219. O possuidor de boa-fé tem direito à indenização das benfeitorias necessárias e úteis, bem como, quanto às voluptuárias, se não lhe forem pagas, a levantá-las, quando o puder sem detrimento da coisa, e poderá exercer o direito de retenção pelo valor das benfeitorias necessárias e úteis".

Art. 643: 2. O inadimplemento do depositante gera direito de retenção (art. 644).

Art. 644. O depositário poderá reter¹ o depósito até que se lhe pague a retribuição¹ᵃ devida, o líquido valor das despesas, ou dos prejuízos a que se refere o artigo anterior, provando imediatamente esses prejuízos ou essas despesas.¹ᵇ⁻²

Parágrafo único. Se essas dívidas, despesas ou prejuízos não forem provados suficientemente, ou forem ilíquidos, o depositário poderá exigir caução idônea do depositante ou, na falta desta, a remoção da coisa para o Depósito Público, até que se liquidem.

Art. 644: 1. v. art. 633.

Art. 644: 1a. v. art. 628.

Art. 644: 1b. Para disposições similares em outros contratos, v. arts. 664 (mandato), 708 (comissão) e 742 (transporte).

Art. 644: 2. O art. 644 não se aplica às alienações fiduciárias (v., no tít. ALIENAÇÃO FIDUCIÁRIA, art. 66-B § 6º da Lei 4.728, na redação da Lei 10.931, de 2.8.04).

Art. 645. O depósito de coisas fungíveis,[1] em que o depositário se obrigue a restituir objetos do mesmo gênero, qualidade e quantidade, regular-se-á pelo disposto acerca do mútuo.[2 a 3]

Art. 645: 1. v. art. 85.

Art. 645: 2. v. arts. 586 a 593 (mútuo).

Art. 645: 2a. O art. 645 não se aplica ao depósito de valor pertencente à Fazenda Pública (v. art. 9º da Lei 8.866, de 11.4.94).

Art. 645: 3. "No contrato de depósito bancário, o depositante transfere à instituição financeira depositária a propriedade do dinheiro, passando esta a ter sobre ele total disponibilidade. Este contrato, por construção doutrinária e jurisprudencial, é equiparado ao contrato de mútuo. É chamado de depósito irregular (depósito de coisas fungíveis). Ocorrendo a liquidação extrajudicial da Instituição Financeira os depósitos denominados irregulares passam a integrar a massa falida gerando direito de crédito e não à restituição dos valores depositados, concorrendo o correntista com os demais credores quirografários" (STJ-1ª T., REsp 492.956, Min. José Delgado, j. 6.3.03, DJU 26.5.03).

Art. 646. O depósito voluntário provar-se-á por escrito.[1]

Art. 646: 1. mas só vale contra terceiros se registrado (LRP 129-2º).

Seção II | DO DEPÓSITO NECESSÁRIO

Art. 647. É depósito necessário:

I — o que se faz em desempenho de obrigação legal;[1-1a]

II — o que se efetua por ocasião de alguma calamidade, como o incêndio, a inundação, o naufrágio ou o saque.[2]

Art. 647: 1. v. art. 648-*caput*.

Art. 647: 1a. v. art. 1º da Lei 8.866, de 11.4.94.

Art. 647: 2. v. art. 648 § ún.

Art. 648. O depósito a que se refere o inciso I do artigo antecedente, reger-se--á pela disposição da respectiva lei, e, no silêncio ou deficiência dela, pelas concernentes ao depósito voluntário.[1]

Parágrafo único. As disposições deste artigo aplicam-se aos depósitos previstos no inciso II do artigo antecedente, podendo estes certificarem-se por qualquer meio de prova.

Art. 648: 1. v. arts. 627 a 646.

Art. 649. Aos depósitos previstos no artigo antecedente é equiparado o das bagagens dos viajantes ou hóspedes nas hospedarias onde estiverem.

Parágrafo único. Os hospedeiros[1] responderão como depositários, assim como pelos furtos e roubos que perpetrarem as pessoas empregadas ou admitidas nos seus estabelecimentos.[2]

Art. 649: 1. v. arts. 650, 651, 932-IV, 933 e 1.467-I.

Art. 649: 2. "Tratando-se de contrato de hospedagem remunerado, o proprietário do estabelecimento é responsável pelas bagagens e pertences dos hóspedes. Há um dever legal de proteção ao patrimônio dos clientes, segurança, integridade física e bem-estar, devendo indenizar eventuais danos em caso de furto nas dependências, independentemente de culpa" (JTJ 353/449: AP 992.08.034326-0).

V. art. 650, nota 2.

Art. 650. Cessa, nos casos do artigo antecedente, a responsabilidade dos hospedeiros, se provarem que os fatos prejudiciais aos viajantes ou hóspedes não podiam ter sido evitados.[1-2]

Art. 650: 1. v. art. 393. No caso de depósito voluntário, v. art. 642.

Art. 650: 2. "Roubo com emprego de arma de fogo contra hóspedes de pousada. Ausência de qualquer equipamento de segurança para impedir ou dificultar ação de criminosos. Não configuração de caso fortuito. Caracterização de negligência do estabelecimento comercial. Dever de reparar" (JTJ 372/443: AP 165095-64.2009.8.26.0100; ementa da redação).

V. art. 649, nota 2.

Art. 651. O depósito necessário não se presume gratuito.[1] Na hipótese do art. 649, a remuneração pelo depósito está incluída no preço da hospedagem.

Art. 651: 1. Ao contrário do depósito voluntário (art. 628).

Art. 652. Seja o depósito voluntário ou necessário,[1] o depositário que não o restituir quando exigido será compelido a fazê-lo mediante prisão[2-2a] não excedente a um ano, e ressarcir os prejuízos.

Art. 652: 1. Esta disposição está mal situada. Refere-se a ambos os tipos de depósito, mas foi posta na seção relativa unicamente ao depósito necessário.

Art. 652: 2. CF 5º: "LXVII — não haverá prisão civil por dívida, salvo a do responsável pelo inadimplemento voluntário e inescusável de obrigação alimentícia e a do depositário infiel".

Art. 652: 2a. Súmula Vinculante 25 do STF: "É ilícita a **prisão civil de depositário infiel,** qualquer que seja a modalidade do depósito".

Súmula 619 do STF: "A prisão do depositário judicial pode ser decretada no próprio processo em que se constituiu o encargo, independentemente da propositura de ação de depósito". O STF **revogou** a Súmula 619 (STF-Pleno, HC 92.566, Min. Marco Aurélio, j. 3.12.08, um voto vencido, DJ 5.6.09).

Assim, não estão sujeitos a prisão o depositário judicial infiel (STF-Pleno, HC 94.307-QO, Min. Cezar Peluso, j. 14.4.08, DJU 23.5.08; STJ-4ª T., RHC 23.625, Min. Aldir Passarinho Jr., j. 11.11.08, DJ 1.12.08; STJ-3ª T., HC 110.344, Min. Nancy Andrighi, j. 9.12.08, DJ 3.2.09; STJ-2ª T., HC 110.770, Min. Castro Meira, j. 19.2.09, DJ 27.3.09; STJ-1ª T., HC 92.531, Min. Teori Zavascki, j. 5.2.09, DJ 18.2.09) nem o devedor alienante que não entrega o bem alienado fiduciariamente (STF-Pleno, RE 466.343, Min. Cezar Peluso, j. 3.12.08, DJ 5.6.09; STJ-Corte Especial, ED no REsp 489.278-AgRg, Min. Hamilton Carvalhido, j. 27.11.03, DJU 22.3.04).

Capítulo X | DO MANDATO[1-2]

Seção I | DISPOSIÇÕES GERAIS

CAP. X: 1. "Mandato, procuração e representação no novo Código Civil brasileiro", por Pablo Stolze Gagliano e Rodolfo Pamplona Filho (RJ-Lex 59/92, RMDCPC 50/22).

CAP. X: 2. s/ mandato e: ausência, v. art. 23; casamento, v. art. 1.542.

V. tb. arts. 115 a 120 (representação).

Art. 653. Opera-se o mandato[1-2] quando alguém[3] recebe de outrem poderes para, em seu nome, praticar atos ou administrar interesses. A procuração é o instrumento do mandato.

Art. 653: 1. Dec. leg. 4, de 7.2.94 — Aprova o texto da Convenção Interamericana sobre Regime Legal das Procurações para serem utilizadas no Exterior, concluída em 30 de janeiro de 1975, na Cidade do Panamá (Lex 1994/436).

Art. 653: 2. LDA: "Art. 98. Com o ato de filiação, as associações tornam-se mandatárias de seus associados para a prática de todos os atos necessários à defesa judicial ou extrajudicial de seus direitos autorais, bem como para sua cobrança". Refere-se às associações de titulares de direitos de autor.

Art. 653: 3. Súmula 60 do STJ (Procurador do mutuário vinculado ao mutuante): "É nula a obrigação cambial assumida por procurador do mutuário vinculado ao mutuante, no exclusivo interesse deste" (v. jurisprudência s/ esta Súmula em RSTJ 44/17 a 79).

Art. 654. Todas as pessoas capazes[1] são aptas para dar procuração mediante instrumento particular, que valerá desde que tenha a assinatura do outorgante.

§ 1º O instrumento particular deve conter a indicação do lugar onde foi passado, a qualificação do outorgante e do outorgado, a data e o objetivo da outorga com a designação e a extensão dos poderes conferidos.[2]

§ 2º O terceiro com quem o mandatário tratar poderá exigir que a procuração traga a firma reconhecida.[3]

Art. 654: 1. No caso de mandatário maior de dezesseis e menor de dezoito anos não emancipado, v. art. 666.

Art. 654: 2. s/ a possibilidade de o administrador de sociedade simples constituir mandatários da sociedade, v. art. 1.018.

Art. 654: 3. s/ a dispensa do reconhecimento de firma nas procurações empregadas nos autos do processo, v., no CPCLPV, CPC 105, nota 2a.

Art. 655. Ainda quando se outorgue mandato por instrumento público,[1-1a] pode substabelecer-se[2] mediante instrumento particular.[3]

Art. 655: 1. v. arts. 108, 109, 215 e 1.806, nota 5.

Art. 655: 1a. "Não é requisito essencial da procuração por instrumento público para a venda de imóvel o valor pelo qual pretende o outorgante seja alienado o bem" (STJ-4ª T., REsp 891.027, Min. Isabel Gallotti, j. 6.12.12, DJ 1.2.13).

V. tb. art. 661, nota 1a.

Art. 655: 2. v. art. 667.

Art. 655: 3. Enunciado 182 do CEJ: "O mandato outorgado por instrumento público previsto no art. 655 do CC somente admite substabelecimento por instrumento particular quando a forma pública for facultativa e não integrar a substância do ato".

Art. 656. O mandato pode ser expresso ou tácito,[1] verbal[2] ou escrito.

Art. 656: 1. Aceitação tácita do mandato: v. art. 659. Em matéria de condomínio, v. art. 1.324.

Art. 656: 2. v. art. 657-2ª parte.

Art. 657. A outorga do mandato está sujeita à forma exigida por lei para o ato a ser praticado.[1] Não se admite mandato verbal quando o ato deva ser celebrado por escrito.[2]

Art. 657: 1. v. arts. 108, 109, 215 e 654.

Art. 657: 2. "O **mandato verbal** confere ao mandatário **somente poderes de administração,** dentre os quais não estão incluídos poderes especiais, que exigem procuração escrita — como, por exemplo, os poderes para alienar, hipotecar e transigir. Também o poder de dar quitação — por se afastar dos atos ordinários de administração do bem e implicar, no caso, potencialmente, a própria extinção do direito real de propriedade do mandante — não prescinde de mandato escrito" (STJ-4ª T., REsp 1.379.740-AgInt-EDcl, Min. Isabel Gallotti, j. 2.10.18, maioria, DJ 12.11.18).

Art. 658. O mandato presume-se gratuito quando não houver sido estipulada retribuição,[1] exceto se o seu objeto corresponder ao daqueles que o mandatário trata por ofício ou profissão lucrativa.

Parágrafo único. Se o mandato for oneroso, caberá ao mandatário a retribuição prevista em lei ou no contrato. Sendo estes omissos, será ela determinada pelos usos do lugar, ou, na falta destes, por arbitramento.[2]

Art. 658: 1. v. § ún. e art. 676.

Art. 658: 2. Para disposições similares em outros contratos, v. arts. 596 (prestação de serviços), 628 § ún. (depósito), 701 (comissão) e 724 (corretagem).

Art. 659. A aceitação do mandato pode ser tácita,[1-2] e resulta do começo de execução.

Art. 659: 1. assim como o próprio mandato pode sê-lo (art. 656).

Art. 659: 2. v. art. 432.

Art. 660. O mandato pode ser especial a um ou mais negócios determinadamente, ou geral[1] a todos os do mandante.

Art. 660: 1. v. art. 661.

Art. 661. O mandato em termos gerais só confere poderes de administração.[1]

§ 1º Para alienar,[1a] hipotecar,[1b-1c] transigir,[2] ou praticar outros quaisquer atos que exorbitem da administração ordinária,[2a a 4] depende a procuração de poderes especiais e expressos.[5-5a]

§ 2º O poder de transigir não importa o de firmar compromisso.[6]

Art. 661: 1. "A outorga de poder para **contratação de advogado** traz em si o poder para **convencionar** os respectivos **honorários,** porque representam estes a contraprestação devida pelo serviço contratado" (STJ-3ª T., REsp 1.731.096, Min. Nancy Andrighi, j. 8.5.18, DJ 11.5.18).

Art. 661: 1a. "Para realização de negócio jurídico que transcende a administração ordinária, tal qual a alienação de bens imóveis, exige-se a outorga de poderes especiais e expressos, com a respectiva descrição do objeto a ser negociado" (STJ-4ª T., REsp 262.777, Min. Luis Felipe, j. 5.2.09, DJ 26.2.09).

"A outorga de poderes de alienação de 'quaisquer imóveis em todo o território nacional' não supre o requisito de especialidade exigido por lei, que exige referência e determinação dos bens concretamente mencionados na procuração" (STJ-3ª T., REsp 1.814.643, Min. Nancy Andrighi, j. 22.10.19, DJ 28.10.19). V. tb. nota 5a.

"Petição de arrolamento sumário. Advogado sem poderes específicos. Transmissão de bens de pessoa viva e exclusão da herança. Nulidade reconhecida" (STJ-4ª T., REsp 1.551.430, Min. Luis Felipe, j. 21.9.17, maioria, DJ 16.11.17).

"É nula a transferência de ações nominativas de companhia de capital fechado realizada pelo mandatário, sem poderes especiais e expressos, para a sua própria esfera patrimonial" (STJ-3ª T., REsp 1.678.191, Min. Nancy Andrighi, j. 22.5.18, DJ 5.6.18).

V. tb. art. 655, nota 1a.

Art. 661: 1b. v. arts. 1.473 a 1.505.

Art. 661: 1c. "Somente surte efeito prático o mandato que autoriza a oneração de bens por intermédio de hipoteca se particularizados no instrumento, não sendo suficiente a alusão genérica" (STJ-4ª T., REsp 404.707, Min. Aldir Passarinho Jr., j. 5.6.07, DJU 6.8.07). No mesmo sentido: STJ-3ª T., REsp 98.143, Min. Menezes Direito, j. 19.2.98, um voto vencido, DJU 18.5.98.

Art. 661: 2. v. arts. 840 a 850; CPC 105.

Art. 661: 2a. v. art. 657, nota 2 (mandato verbal).

Art. 661: 3. p. ex., casar (v. art. 1.542).

Art. 661: 4. "Para que procurador constituído movimente e saque valores depositados em conta-corrente, é indispensável que constem do instrumento de mandato poderes especiais e expressos para tal fim" (STJ-4ª T., REsp 731.580, Min. João Otávio, j. 23.2.10, DJ 8.3.10).

Art. 661: 5. Enunciado 183 do CEJ: "Para os casos em que o parágrafo primeiro do art. 661 exige poderes especiais, a procuração deve conter a identificação do objeto".

Art. 661: 5a. "Os **poderes expressos** identificam, de forma explícita (não implícita ou tácita), exatamente qual o poder conferido (por exemplo, o poder de vender). Já os **poderes** serão **especiais** quando determinados, particularizados, individualizados os negócios para os quais se faz a outorga (por exemplo, o poder de vender tal ou qual imóvel)" (STJ-3ª T., REsp 1.814.643, Min. Nancy Andrighi, j. 22.10.19, DJ 28.10.19). V. tb. nota 1a.

Art. 661: 6. v. arts. 851 a 853.

Art. 662. Os atos praticados por quem não tenha mandato, ou o tenha sem poderes suficientes, são ineficazes em relação àquele em cujo nome foram praticados, salvo se este os ratificar.[1 a 3]

Parágrafo único. A ratificação há de ser expressa, ou resultar de ato inequívoco,[4] e retroagirá à data do ato.

Art. 662: 1. v. arts. 176, 665, 672, 673, 679, 873 e 1.205-II; CPC 104 § 2º.

Art. 662: 2. "A inaplicabilidade da teoria da aparência de representação no direito brasileiro", por Paulo Roberto de Figueiredo Dantas (RIDCPC 40/75).

Art. 662: 2a. "Os negócios realizados por terceiro de boa-fé com pessoa que aparenta ser o representante de outrem reputam-se válidos, com vinculação do pretenso mandante" (RT 715/174; acórdão relatado pelo Des. Roberto Bedaque).

Art. 662: 3. No caso de vedação ao substabelecimento e ato praticado por substabelecido, v. art. 667 § 3º.

Art. 662: 4. "Se o fiador, em ação de execução contra ele ajuizada com base em instrumento de fiança firmado por procurador sem poderes específicos, não impugna tal ato, pratica ato inequívoco de ratificação da fiança. O fato de referida execução ter sido extinta por motivos meramente processuais não modifica tal interpretação e não possibilita que, em nova ação de execução, o fiador venha a invocar a invalidade da referida fiança" (STJ-3ª T., REsp 960.075, Min. Nancy Andrighi, j. 6.5.08, DJ 3.9.08).

Art. 663. Sempre que o mandatário estipular negócios expressamente em nome do mandante, será este o único responsável; ficará, porém, o mandatário pessoalmente obrigado, se agir no seu próprio nome, ainda que o negócio seja de conta do mandante.[1-2]

Art. 663: 1. s/ obrigações do mandatário, v. arts. 667 e 668; ação contra mandatário que compra, em nome próprio, algo que deveria ter comprado para o mandante, v. art. 671.

Art. 663: 2. "O mandatário que obrar em seu próprio nome, como se fora seu o negócio, com infringência dos limites que lhe foram concedidos, responderá pelos danos a que der causa, eximindo, por consequência, o mandante de qualquer responsabilidade" (RT 758/192).

Art. 664. O mandatário tem o direito de reter,[1-1a] do objeto da operação que lhe foi cometida, quanto baste para pagamento de tudo que lhe for devido em consequência do mandato.[2]

Art. 664: 1. v. art. 681.

Art. 664: 1a. Enunciado 184 do CEJ: "Da interpretação conjunta desses dispositivos, extrai-se que o mandatário tem o direito de reter, do objeto da operação que lhe foi cometida, tudo o que lhe for devido em virtude do mandato, incluindo-se a remuneração ajustada e o reembolso de despesas" (o enunciado refere-se aos arts. 664 e 681 do CC).

Art. 664: 2. Para disposições similares em outros contratos, v. arts. 644 (depósito), 708 (comissão) e 742 (transporte).

> **Art. 665.** O mandatário que exceder os poderes do mandato,[1] ou proceder contra eles, será considerado mero gestor de negócios,[2] enquanto o mandante lhe não ratificar os atos.[3]

Art. 665: 1. "Art. 892. Aquele que, sem ter poderes, ou excedendo os que tem, lança a sua assinatura em título de crédito, como mandatário ou representante de outrem, fica pessoalmente obrigado, e, pagando o título, tem ele os mesmos direitos que teria o suposto mandante ou representado".

Art. 665: 2. v. arts. 861 a 875.

Art. 665: 3. v. art. 662.

> **Art. 666.** O maior de dezesseis e menor de dezoito anos não emancipado pode ser mandatário, mas o mandante não tem ação contra ele senão de conformidade com as regras gerais, aplicáveis às obrigações contraídas por menores.[1]

Art. 666: 1. v. arts. 4º-I, 171-I, 180, 181 e 654-*caput*.

Seção II | DAS OBRIGAÇÕES DO MANDATÁRIO

> **Art. 667.** O mandatário é obrigado a aplicar toda sua diligência habitual na execução do mandato, e a indenizar qualquer prejuízo causado por culpa sua ou daquele a quem substabelecer, sem autorização, poderes que devia exercer pessoalmente.[1 a 1b]
>
> § 1º Se, não obstante proibição do mandante, o mandatário se fizer substituir na execução do mandato, responderá ao seu constituinte pelos prejuízos ocorridos sob a gerência do substituto,[1c] embora provenientes de caso fortuito,[2] salvo provando que o caso teria sobrevindo, ainda que não tivesse havido substabelecimento.
>
> § 2º Havendo poderes de substabelecer, só serão imputáveis ao mandatário os danos[3] causados pelo substabelecido, se tiver agido com culpa na escolha deste[3a-3b] ou nas instruções dadas a ele.
>
> § 3º Se a proibição de substabelecer constar da procuração, os atos praticados pelo substabelecido não obrigam o mandante, salvo ratificação expressa, que retroagirá à data do ato.[4]
>
> § 4º Sendo omissa a procuração quanto ao substabelecimento, o procurador será responsável se o substabelecido proceder culposamente.

Art. 667: 1. Súmula 60 do STJ (Procurador do mutuário vinculado ao mutuante): "É nula a obrigação cambial assumida por procurador do mutuário vinculado ao mutuante, no exclusivo interesse deste" (v. jurisprudência s/ esta Súmula em RSTJ 44/17 a 79).

Art. 667: 1a. O gestor de negócio também tem semelhantes deveres (arts. 866 e 867).

Art. 667: 1b. "A administradora de imóveis figura como mandatária do proprietário do bem para, em nome deste, realizar e administrar a locação, nos termos do art. 653, do Código Civil, obrigando-se a indenizar o mandante por quaisquer prejuízos advindos de sua conduta culposa (art. 667 do mesmo diploma legal). Por outro lado, não cabe à imobiliária que agiu diligentemente a responsabilidade pelo pagamento de aluguéis, cotas condominiais ou tributos inadimplidos pelo locatário — ressalvadas as hipóteses de previsão contratual nesse sentido —, porquanto ausente sua culpa, elemento imprescindível em sede de responsabilidade civil subjetiva. Ao revés, configura-se a responsabilidade da administradora de imóveis pelos prejuízos sofridos pelo locador quando ela não cumpre com os deveres oriundos da relação contratual. A recorrente é parte legítima para figurar no polo passivo da presente demanda, uma vez que a pretensão veiculada na petição inicial não diz respeito à mera cobrança de alugueres atrasados, mas à responsabilização civil da imobiliária pelo descumprimento do contrato. No caso concreto, o Tribunal *a quo* consignou a efetiva existência de falha na aprovação do cadastro do locatário e do fiador, uma vez que a renda auferida por eles não alcançava o patamar mínimo exigido contratualmente, resultando na frustração da execução que visava à cobrança dos alugueres e débitos relativos às cotas condominiais e tributos inadimplidos" (STJ-4ª T., REsp 1.103.658, Min. Luis Felipe, j. 4.4.13, DJ 23.4.13).

Art. 667: 1c. Assim: "A vedação ao substabelecimento não invalida a transmissão de poderes, mas apenas torna o substabelecente responsável pelos atos praticados pelo substabelecido" (STJ-3ª T., AI 624.704-AgRg-EDcl, Min. Castro Filho, j. 28.6.07, DJ 5.8.08).

Art. 667: 2. v. art. 393 § ún.

Art. 667: 3. v. arts. 402 a 405.

Art. 667: 3a. i. e., ele responderá se agir com culpa *in eligendo*.

Art. 667: 3b. "Delimitação da responsabilidade civil de advogado substabelecente por ato praticado exclusivamente pelo substabelecido, causador de prejuízo ao cliente/mandatário. Apropriação indébita de valor pertencente ao cliente pelo substabelecido, sem nenhuma demonstração de participação do mandatário. Culpa *in eligendo*. A **inaptidão do eleito** para o exercício do mandato (em substabelecimento) deve ser uma circunstância **contemporânea à escolha e**, necessariamente, **de conhecimento do substabelecente.** Não caracterização, na espécie" (STJ-3ª T., REsp 1.742.246, Min. Marco Bellizze, j. 19.3.19, DJ 22.3.19).

Art. 667: 4. v. art. 662.

Art. 668. O mandatário é obrigado a dar contas[1 a 2] de sua gerência ao mandante, transferindo-lhe as vantagens[3] provenientes do mandato, por qualquer título que seja.

Art. 668: 1. v. art. 685; s/ juros recíprocos, v. arts. 670 e 677.

Art. 668: 1a. "O mandante, ainda que tenha noção do saldo das contas, possui interesse de agir para ajuizar ação de prestação de contas contra o mandatário, em razão de sua gerência e administração de bem" (STJ-4ª T., REsp 703.390, Min. Aldir Passarinho Jr., j. 3.12.09, DJ 18.12.09).

Art. 668: 2. "O mandato é contrato personalíssimo por excelência, tendo como uma das causas extintivas, nos termos do art. 682, II, do CC de 2002, a morte do mandatário. Sendo o dever de prestar contas uma das obrigações do mandatário perante o mandante e tendo em vista a natureza personalíssima do contrato de mandato, por consectário lógico, a obrigação de prestar contas também tem natureza personalíssima. Desse modo, somente é legitimada passiva na ação de prestação de contas a pessoa a quem incumbia tal encargo, por lei ou contrato, sendo tal obrigação intransmissível ao espólio do mandatário, que constitui, na verdade, uma ficção jurídica. Considerando-se, ainda, o fato de já ter sido homologada a partilha no inventário em favor dos herdeiros, impõe-se a manutenção da sentença que julgou extinto o feito sem resolução do mérito, por ilegitimidade passiva, ressalvada à recorrente a pretensão de direito material perante as vias ordinárias" (STJ-3ª T., REsp 1.055.819, Min. Massami Uyeda, j. 16.3.10, DJ 7.4.10).

"Mandato. Natureza personalíssima da obrigação. Ação de prestação de contas. Intransmissibilidade da obrigação aos herdeiros. Extinção do feito sem julgamento do mérito" (STJ-4ª T., Ag 1.390.673-AgRg, Min. Isabel Gallotti, j. 18.8.16, DJ 24.8.16).

Todavia: "Essa orientação, porém, não pode ser estendida à hipótese de morte do mandante, porque as circunstâncias que impedem a transmissibilidade do dever de prestar contas aos herdeiros do mandatário não se verificam na hipótese inversa, relativa ao direito de os herdeiros do mandante exigirem a prestação de contas do mandatário. Legitimidade dos herdeiros do mandante para ajuizarem ação de prestação de contas em desfavor do mantatário do 'de cujus'" (STJ-3ª T., REsp 1.122.589, Min. Paulo Sanseverino, j. 10.4.12, RT 922/783).

Art. 668: 3. v. art. 669.

Art. 669. O mandatário não pode compensar os prejuízos a que deu causa com os proveitos que, por outro lado, tenha granjeado ao seu constituinte.

Art. 670. Pelas somas que devia entregar ao mandante ou recebeu para despesa, mas empregou em proveito seu, pagará o mandatário juros, desde o momento em que abusou.[1]

Art. 670: 1. "Os juros devidos pelo mandatário que desvia o numerário devido ao mandante fluem desde a data do abuso, e não da interpelação ou da citação" (RSTJ 139/385: 4ª T., REsp 249.382).

Art. 671. Se o mandatário, tendo fundos ou crédito do mandante, comprar, em nome próprio, algo que devera comprar para o mandante, por ter sido expressamente designado no mandato, terá este ação para obrigá-lo à entrega da coisa comprada.[1]

Art. 671: 1. v. CPC 498, 538 e 806 a 813.

Art. 672. Sendo dois ou mais os mandatários nomeados no mesmo instrumento, qualquer deles poderá exercer os poderes outorgados, se não forem expressamente declarados conjuntos, nem especificamente designados para atos diferentes, ou subordinados a atos sucessivos. Se os mandatários forem declarados conjuntos, não terá eficácia o ato praticado sem interferência de todos, salvo havendo ratificação, que retroagirá à data do ato.[1]

Art. 672: 1. v. art. 662.

Art. 673. O terceiro que, depois de conhecer os poderes do mandatário, com ele celebrar negócio jurídico exorbitante do mandato, não tem ação contra o mandatário, salvo se este lhe prometeu ratificação[1] do mandante ou se responsabilizou pessoalmente.

Art. 673: 1. v. art. 662.

Art. 674. Embora ciente da morte,[1] interdição[2] ou mudança de estado[3] do mandante, deve o mandatário concluir o negócio já começado, se houver perigo na demora.

Art. 674: 1. v. arts. 689 e 682-II. No caso de gestão de negócios, v. art. 865.
Art. 674: 2. v. art. 682-II.
Art. 674: 3. v. art. 682-III.

Seção III | DAS OBRIGAÇÕES DO MANDANTE

Art. 675. O mandante é obrigado a satisfazer todas as obrigações contraídas pelo mandatário, na conformidade do mandato conferido,[1] e adiantar a importância das despesas necessárias à execução dele, quando o mandatário lho pedir.

Art. 675: 1. v. art. 679. No caso de gestão de negócios, v. art. 869.

Art. 676. É obrigado o mandante a pagar ao mandatário a remuneração[1] ajustada e as despesas da execução do mandato,[2] ainda que o negócio não surta o esperado efeito, salvo tendo o mandatário culpa.

Art. 676: 1. v. art. 658.
Art. 676: 2. v. arts. 677 e 678.

Art. 677. As somas adiantadas pelo mandatário, para a execução do mandato, vencem juros desde a data do desembolso.[1]

Art. 677: 1. cf. art. 670. V. tb. arts. 406 e 407.

Art. 678. É igualmente obrigado o mandante a ressarcir ao mandatário as perdas[1] que este sofrer com a execução do mandato, sempre que não resultem de culpa sua ou de excesso[2] de poderes.

Art. 678: 1. v. arts. 402 a 405.
Art. 678: 2. v. arts. 665 e 673.

Art. 679. Ainda que o mandatário contrarie as instruções do mandante, se não exceder os limites do mandato,[1] ficará o mandante obrigado para com aqueles com quem o seu procurador contratou; mas terá contra este ação pelas perdas e danos[2] resultantes da inobservância das instruções.

Art. 679: 1. v. arts. 665 e 673.
Art. 679: 2. v. arts. 402 a 405.

Art. 680. Se o mandato for outorgado por duas ou mais pessoas, e para negócio comum, cada uma ficará solidariamente[1-2] responsável ao mandatário por todos os compromissos e efeitos do mandato, salvo direito regressivo, pelas quantias que pagar, contra os outros mandantes.

Art. 680: 1. v. arts. 275 a 285.
Art. 680: 2. "Diante da solidariedade de interesses existente entre os mandantes, ausente previsão contratual a respeito, é razoável que o mandatário, advogado que recebe valores em juízo, possa, quando do repasse, escolher um dos mandantes como destinatário de referidos valores" (STJ-3ª T., REsp 1.415.752, Min. João Otávio, j. 23.9.14, DJ 30.9.14).

Art. 681. O mandatário tem sobre a coisa de que tenha a posse em virtude do mandato, direito de retenção,[1-1a] até se reembolsar do que no desempenho do encargo despendeu.

Art. 681: 1. v. art. 664.
Art. 681: 1a. Enunciado 184 do CEJ: "Da interpretação conjunta desses dispositivos, extrai-se que o mandatário tem o direito de reter, do objeto da operação que lhe foi cometida, tudo o que lhe for devido em virtude do mandato, incluindo-se a remuneração ajustada e o reembolso de despesas" (o enunciado refere-se aos arts. 664 e 681 do CC).

Seção IV | DA EXTINÇÃO DO MANDATO

Art. 682. Cessa o mandato:[1 a 1c]

I — pela revogação[2-2a] ou pela renúncia;[3]
II — pela morte[3a] ou interdição[3b-4] de uma das partes;
III — pela mudança de estado[4a] que inabilite o mandante a conferir os poderes, ou o mandatário para os exercer;
IV — pelo término do prazo[4b] ou pela conclusão do negócio.[5]

Art. 682: 1. LRF 120: "O mandato conferido pelo devedor, antes da falência, para a realização de negócios, cessará seus efeitos com a decretação da falência, cabendo ao mandatário prestar contas de sua gestão. § 1º O mandato conferido para representação judicial do devedor continua em vigor até que seja expressamente revogado pelo administrador judicial. § 2º Para o falido, cessa o mandato ou comissão que houver recebido antes da falência, salvo os que versem sobre matéria estranha à atividade empresarial".

Art. 682: 1a. "A decretação de intervenção ou liquidação extrajudicial não acarreta a automática cessação dos mandatos judiciais outorgados aos advogados da instituição financeira. Buscando a intervenção e a liquidação extrajudicial a preservação do patrimônio da instituição financeira no interesse dos credores, da economia popular e do próprio sistema financeiro, não faria sentido que a lei erguesse formalismos inúteis, que certamente apenas trariam transtornos e prejuízos para os objetivos a serem alcançados. Assim como sucede na falência de sociedade empresária (Lei 11.101/2005, art. 120, § 1º; antes DL 7.661/45, art. 49), com a liquidação extrajudicial de instituição financeira, o mandato para representação judicial continua em vigor até que seja expressamente revogado pelo liquidante, por razões a serem motivadas, quanto às vantagens da medida" (STJ-4ª T., REsp 757.760-EDcl-EDcl-EDcl, Min. Raul Araújo, j. 16.10.12, DJ 13.6.13).

Art. 682: 1b. "A **destituição da curadora** não acarreta a automática cessação do mandato judicial conferido ao advogado da parte curatelada, notadamente porque a curadora, ao outorgar o mandato em conjunto com a interditada, agiu em auxílio e nos interesses desta, e não em nome próprio. Ainda que se considere que o mandato outorgado ao patrono teria perdido a sua eficácia (em virtude da destituição da curadora que lhe conferiu poderes de representação em favor da curatelada), ratificar-se-ão os atos por ele praticados na hipótese, ante a posterior outorga de poderes ao mesmo procurador da interditada que havia praticado os atos anteriores, nos termos do que preconiza o art. 662, parágrafo único, do Código Civil" (STJ-3ª T., REsp 1.943.699-TP-AgInt-AgInt, Min. Marco Bellizze, j. 8.8.22, DJe 10.8.22).

Art. 682: 1c. A extinção do mandato *ad negotia* com prazo certo não prejudica o mandato *ad judicia* ulteriormente outorgado por mandatário naquele, dentro de tal prazo; este subsiste e permanece eficaz (STJ-3ª T., REsp 798.901, Min. Sidnei Beneti, j. 1.12.09, DJ 10.12.09).

Art. 682: 2. v. arts. 683 a 687. S/ revogação de mandato outorgado a advogado, v. CPC 111; s/ revogação de instrumento procuratório de idoso por iniciativa do MP, v. EId 74-IV.

Art. 682: 2a. "A resilição unilateral do contrato de mandato é faculdade atribuída pela lei tanto ao mandante como ao mandatário (CC/2002, art. 473, c/c o art. 682, I). Portanto, a revogação, pelo mandante, do mandato outorgado ao advogado é causa lícita de rescisão do contrato de prestação de serviços advocatícios, **não ensejando** o pagamento de multa prevista em **cláusula penal**" (STJ-4ª T., REsp 1.803.346-AgInt, Min. Raul Araújo, j. 27.8.19, DJ 11.9.19).

"Contrato de prestação de serviços advocatícios. Previsão de penalidade consubstanciada no pagamento integral dos valores pactuados ante a revogação unilateral do mandato. Impossibilidade. Direito potestativo do cliente de revogar o mandato, assim como é do advogado de renunciar. Não é possível a estipulação de multa no contrato de honorários para as hipóteses de renúncia ou revogação unilateral do mandato do advogado, independentemente de motivação, respeitado o direito de recebimento dos honorários proporcionais ao serviço prestado" (STJ-3ª T., REsp 1.882.117, Min. Nancy Andrighi, j. 27.10.20, DJ 12.11.20).

Art. 682: 3. v. art. 688. S/ renúncia de mandato por advogado, v. CPC 112, EA 5º § 3º.

Art. 682: 3a. v. arts. 674, 689 (morte do mandante), 685 (mandato em causa própria) e 690 (morte do mandatário). S/ morte de uma das partes e obrigação de dar contas, v. art. 668, nota 2; s/ suspensão do processo por morte, v. CPC 313-I e 1.004.

Art. 682: 3b. v. art. 674.

Art. 682: 4. "Interdição do mandante que acarreta automaticamente a extinção do mandato, inclusive o judicial, nos termos do art. 682, II, do CC. Inaplicabilidade do referido dispositivo legal ao mandato outorgado pelo interditando para atuação de seus advogados na ação de interdição, sob pena de cerceamento de seu direito de defesa no processo de interdição" (STJ-3ª T., REsp 1.251.728, Min. Paulo Sanseverino, j. 14.5.13, DJ 23.5.13).

Art. 682: 4a. v. art. 674.

Art. 682: 4b. Em matéria de mandato outorgado a advogado, v. no nosso CPCLPV CPC 104, nota 2a.

Art. 682: 5. "Não há de se cogitar de revogação de mandato quando já inteiramente cumprido e concluído o negócio" (JTJ 201/347, ementa da redação).

Art. 683. Quando o mandato contiver a cláusula de irrevogabilidade e o mandante o revogar, pagará perdas e danos.[1-2]

Art. 683: 1. s/ perdas e danos, v. arts. 402 a 405.

Art. 683: 2. "O mandato é um negócio baseado na confiança, portanto, este só deverá perdurar enquanto esta existir. Entretanto, mesmo que a irrevogabilidade tenha sido convencionada nada obsta que o mandante revogue o instrumento. Ressalte-se apenas que, ao fazê-lo, o mandante se sujeitará às perdas e danos que seu ato acarretar" (RT 805/301).

Art. 684. Quando a cláusula de irrevogabilidade for condição de um negócio bilateral, ou tiver sido estipulada no exclusivo interesse do mandatário,[1] a revogação do mandato será ineficaz.[2]

Art. 684: 1. v. art. 685.

Art. 684: 2. Trata-se de irrevogabilidade absoluta.

Art. 685. Conferido o mandato com a cláusula "em causa própria",[1] a sua revogação não terá eficácia, nem se extinguirá pela morte de qualquer das partes,[2] ficando o mandatário dispensado de prestar contas, e podendo transferir para si os bens móveis ou imóveis objeto do mandato, obedecidas as formalidades legais.[3-4]

Art. 685: 1. v. art. 684.

Art. 685: 2. "A procuração em causa própria é irrevogável, não porque constitua exceção à revogabilidade do mandato, mas porque implica transferência de direitos. E por ser negócio de alienação, concretizada esta, com os requisitos da *res*, *pretium* e *consensus*, não se desfaz com a morte do mandante e o negócio feito não perde a eficácia" (RT 692/82).

Art. 685: 3. "É justa a posse exercida por quem recebeu substabelecimento de procuração em causa própria outorgada pela proprietária do imóvel, tendo por objeto este mesmo imóvel, e apresenta recibo de quitação do preço" (STJ-4ª T., REsp 238.750, Min. Ruy Rosado, j. 16.12.99, DJU 8.3.00).

Art. 685: 4. "O beneficiário de mandato com cláusula 'em causa própria' tem garantido, ante quem lhe outorgou esse mandato, o direito subjetivo de transferir para si os bens móveis ou imóveis objeto do contrato, desde que obedecidas as formalidades legais. Em face de terceiros, porém, a estipulação só é válida mediante o competente registro em cartório. Assim, o mandatário não pode pretender a invalidação da alienação posteriormente efetuada pelo mandante, que figurava como regular proprietário do bem, a terceiro de boa-fé. Resolve-se, pois, a obrigação em perdas e danos" (STJ-3ª T., REsp 1.269.572, Min. Sidnei Beneti, j. 17.4.12, DJ 9.5.12).

Art. 686. A revogação do mandato, notificada somente ao mandatário, não se pode opor aos terceiros que, ignorando-a, de boa-fé com ele tratarem;[1] mas ficam salvas ao constituinte as ações que no caso lhe possam caber contra o procurador.

Parágrafo único. É irrevogável o mandato que contenha poderes de cumprimento ou confirmação de negócios encetados, aos quais se ache vinculado.[2]

Art. 686: 1. v. art. 689.

Art. 686: 2. Ou seja, qualquer tentativa de revogação do mandato será ineficaz (irrevogabilidade absoluta).

Art. 687. Tanto que for comunicada ao mandatário a nomeação de outro, para o mesmo negócio, considerar-se-á revogado¹ o mandato anterior.

Art. 687: 1. tacitamente.

Art. 688. A renúncia¹ do mandato será comunicada ao mandante,¹ᵃ que, se for prejudicado pela sua inoportunidade, ou pela falta de tempo, a fim de prover à substituição do procurador, será indenizado² pelo mandatário, salvo se este provar que não podia continuar no mandato sem prejuízo considerável, e que não lhe era dado substabelecer.

Art. 688: 1. v. art. 682-I. S/ renúncia de mandato por advogado, v. CPC 112, EA 5º § 3º.

Art. 688: 1a. "A renúncia ao mandato é ato jurídico unilateral receptício, ou seja, é considerada existente com a simples manifestação de vontade, mas, para ter **eficácia** e surtir os devidos efeitos, depende do encaminhamento e da **recepção** pelo **mandante** (art. 688 do CC/2002)" (STJ-3ª T., REsp 1.987.007, Min. Ricardo Cueva, j. 18.10.22, DJ 24.10.22).

Art. 688: 2. s/ perdas e danos, v. arts. 402 a 405; s/ obrigação de indenizar, v. art. 927 e segs.

Art. 689. São válidos, a respeito dos contratantes de boa-fé, os atos com estes ajustados em nome do mandante pelo mandatário, enquanto este ignorar a morte daquele ou a extinção do mandato, por qualquer outra causa.¹

Art. 689: 1. v. art. 686-*caput*.

Art. 690. Se falecer o mandatário, pendente o negócio a ele cometido, os herdeiros,¹ tendo ciência do mandato, avisarão o mandante, e providenciarão a bem dele,² como as circunstâncias exigirem.

Art. 690: 1. v. art. 691.

Art. 690: 2. i. e., defenderão seus direitos e interesses.

Art. 691. Os herdeiros, no caso do artigo antecedente, devem limitar-se às medidas conservatórias, ou continuar os negócios pendentes que se não possam demorar sem perigo, regulando-se os seus serviços dentro desse limite, pelas mesmas normas a que os do mandatário estão sujeitos.

Seção V | DO MANDATO JUDICIAL

Art. 692. O mandato judicial fica subordinado às normas que lhe dizem respeito, constantes da legislação processual,¹⁻² e, supletivamente, às estabelecidas neste Código.

Art. 692: 1. v. CPC 103 a 107, EA 4º e 5º. V. ainda CPC 287 (distribuição da petição), LAJ 16 (assistência judiciária) e LJE 9º § 3º e 41 § 2º (Juizados Especiais).

Art. 692: 2. Não pode procurar em juízo a pessoa:

— não inscrita na OAB (EA 4º-*caput*);

— que tenha incompatibilidade para o exercício da advocacia (EA 27 e 28);

— suspensa do exercício da advocacia (EA 4º § ún.).

Não pode patrocinar determinadas causas o advogado que tenha impedimento para defendê-las (EA 29 e 30).

Capítulo XI | DA COMISSÃO[1]

CAP. XI: 1. "Do contrato de comissão no novo Código Civil", por Humberto Theodoro Jr. (RT 814/26 e RF 372/119).

Art. 693. O contrato de comissão[1] tem por objeto a aquisição ou a venda de bens pelo comissário, em seu próprio nome,[2] à conta do comitente.

Art. 693: 1. LRF 120 § 2º: "Para o falido, cessa o mandato ou comissão que houver recebido antes da falência, salvo os que versem sobre matéria estranha à atividade empresarial".

Art. 693: 2. Já no mandato, o mandatário age em nome do mandante.

Art. 694. O comissário fica diretamente obrigado para com as pessoas com quem contratar, sem que estas tenham ação contra o comitente,[1] nem este contra elas, salvo se o comissário ceder seus direitos[2] a qualquer das partes.

Art. 694: 1. diferentemente do que acontece no mandato, no qual o mandatário age em nome do mandante e vincula este às pessoas com as quais contratar (arts. 675 e 679).

Art. 694: 2. s/ cessão de crédito, v. arts. 286 a 298.

Art. 695. O comissário é obrigado a agir de conformidade com as ordens e instruções do comitente, devendo, na falta destas, não podendo pedi-las a tempo, proceder segundo os usos em casos semelhantes.

Parágrafo único. Ter-se-ão por justificados os atos do comissário, se deles houver resultado vantagem para o comitente, e ainda no caso em que, não admitindo demora a realização do negócio, o comissário agiu de acordo com os usos.

Art. 696. No desempenho das suas incumbências o comissário é obrigado a agir com cuidado e diligência, não só para evitar qualquer prejuízo ao comitente, mas ainda para lhe proporcionar o lucro que razoavelmente se podia esperar do negócio.

Parágrafo único. Responderá o comissário, salvo motivo de força maior,[1] por qualquer prejuízo que, por ação ou omissão, ocasionar ao comitente.

Art. 696: 1. v. art. 393 § ún.

Art. 697. O comissário não responde pela insolvência[1] das pessoas com quem tratar, exceto em caso de culpa e no do artigo seguinte.

Art. 697: 1. v. art. 955 e CPC/73 art. 748.

Art. 698. Se do contrato de comissão constar a cláusula *del credere*, responderá o comissário solidariamente[1] com as pessoas com que houver tratado em nome do comitente, caso em que, salvo estipulação em contrário, o comissário tem direito a remuneração mais elevada, para compensar o ônus assumido.[2]

Art. 698: 1. v. arts. 275 a 285.

Art. 698: 2. v. art. 697.

Art. 699. Presume-se o comissário autorizado a conceder dilação do prazo para pagamento, na conformidade dos usos do lugar onde se realizar o negócio, se não houver instruções diversas do comitente.

Art. 700. Se houver instruções do comitente proibindo prorrogação de prazos para pagamento, ou se esta não for conforme os usos locais, poderá o comitente exigir que o comissário pague incontinênti ou responda pelas consequências da dilação concedida, procedendo-se de igual modo se o comissário não der ciência ao comitente dos prazos concedidos e de quem é seu beneficiário.

Art. 701. Não estipulada a remuneração[1] devida ao comissário, será ela arbitrada segundo os usos correntes no lugar.[2]

Art. 701: 1. "No contrato de comissão mercantil por tempo indeterminado, o comitente pode modificar unilateralmente o valor a ser pago ao comissário" (STJ-3ª T., REsp 762.773, Min. Gomes de Barros, j. 17.4.07, DJU 7.5.07). No mesmo sentido, "acerca da possibilidade de a empresa aérea comitente reduzir unilateralmente o valor das comissões na venda de passagens aéreas feitas pelas agências de viagens comissárias": STJ-4ª T., REsp 787.052, Min. Quaglia Barbosa, j. 21.9.06, DJU 13.11.06; RJM 186/67 (AP 1.0024.07.432228-0/002).

Art. 701: 2. Para disposições similares em outros contratos, v. arts. 596 (prestação de serviços), 628 § ún. (depósito), 658 § ún. (mandato) e 724 (corretagem).

Art. 702. No caso de morte do comissário, ou, quando, por motivo de força maior,[1] não puder concluir o negócio, será devida pelo comitente uma remuneração proporcional aos trabalhos realizados.[2]

Art. 702: 1. v. art. 393 § ún.

Art. 702: 2. sob pena de enriquecimento sem causa do comitente (arts. 884 a 886).

Art. 703. Ainda que tenha dado motivo à dispensa, terá o comissário direito a ser remunerado pelos serviços úteis prestados ao comitente,[1-1a] ressalvado a este o direito de exigir daquele os prejuízos sofridos.[2]

Art. 703: 1. No caso de despedida sem justa causa, v. art. 705.

Art. 703: 1a. sob pena de enriquecimento sem causa do comitente (arts. 884 a 886).

Art. 703: 2. inclusive, lançando mão de compensação (arts. 368 e segs.).

Art. 704. Salvo disposição em contrário, pode o comitente, a qualquer tempo, alterar as instruções dadas ao comissário, entendendo-se por elas regidos também os negócios pendentes.

Art. 705. Se o comissário for despedido sem justa causa,[1] terá direito a ser remunerado pelos trabalhos prestados, bem como a ser ressarcido pelas perdas e danos[2] resultantes de sua dispensa.

Art. 705: 1. No caso de justa causa, v. art. 703.

Art. 705: 2. v. arts. 402 a 405.

Art. 706. O comitente e o comissário são obrigados a pagar juros[1] um ao outro; o primeiro pelo que o comissário houver adiantado para cumprimento de suas ordens; e o segundo pela mora[2] na entrega dos fundos que pertencerem ao comitente.

Art. 706: 1. v. arts. 406 e 407.

Art. 706: 2. v. arts. 394 a 401.

Art. 707. O crédito do comissário, relativo a comissões e despesas feitas, goza de privilégio geral,[1] no caso de falência ou insolvência do comitente.[2]

Art. 707: 1. v. arts. 955 a 965.

Art. 707: 2. v. art. 333-I.

Art. 708. Para reembolso das despesas feitas, bem como para recebimento das comissões devidas, tem o comissário direito de retenção sobre os bens e valores em seu poder em virtude da comissão.[1]

Art. 708: 1. Para disposições similares em outros contratos, v. arts. 644 (depósito), 664 (mandato) e 742 (transporte).

Art. 709. São aplicáveis à comissão, no que couber, as regras sobre mandato.[1]

Art. 709: 1. v. arts. 653 a 691.

Capítulo XII | DA AGÊNCIA E DISTRIBUIÇÃO[1-2]

CAP. XII: 1. "Do contrato de agência e distribuição no novo Código Civil", por Humberto Theodoro Jr. (RT 812/22 e RF 374/111); "O regime do contrato (típico) de agência e distribuição (representação comercial) no novo Código Civil em cotejo com a situação jurídica do contrato (atípico) de concessão comercial. Indenizações cabíveis na extinção da relação contratual", por Humberto Theodoro Jr. e Adriana Mandim Theodoro de Mello (RT 825/35 e RSDCPC 28/119); "Aspectos do contrato de agência no Código Civil de 2002", por Jean Carlos Fernandes (RDPr 23/91); "O contrato de distribuição no novo Código Civil (à luz da jurisprudência do TJRS)", por Luciano Benetti Timm e Lausiane Luz de Saboya (RTDC 35/75); "O contrato de agência e seus elementos caracterizadores", por Gustavo Luís da Cruz Haical (RT 877/41).

CAP. XII: 2. Lei 4.886, de 9.12.65 — Regula as atividades dos representantes comerciais autônomos.

Lei 4.680, de 18.6.65 — Dispõe sobre o exercício da profissão de Publicitário e de Agenciador de Propaganda e dá outras providências.

Lei 6.729, de 28.11.79 — Dispõe sobre a concessão comercial entre produtores e distribuidores de veículos automotores de via terrestre.

Art. 710. Pelo contrato de agência,[1] uma pessoa assume, em caráter não eventual e sem vínculos de dependência, a obrigação de promover, à conta de outra,[1a] mediante retribuição, a realização de certos negócios, em zona determinada, caracterizando-se a distribuição quando o agente tiver à sua disposição a coisa a ser negociada.[2 a 4]

Parágrafo único. O proponente pode conferir poderes ao agente para que este o represente na conclusão dos contratos.

Art. 710: 1. ou representação comercial.

Art. 710: 1a. "O representante comercial age por conta e risco do representando, não figurando, pessoalmente, como vendedor nos negócios que intermedeia. Tendo isso em vista, não se pode imputar a ele a responsabilidade pela não conclusão da venda decorrente da falência da sociedade estrangeira a quem ele representa. Não tendo sido possível concluir a entrega da mercadoria, contudo, por força de evento externo pelo qual nenhuma das partes responde, é lícito que seja resolvida a avença, com a devolução, pelo representante, de todos os valores por ele recebidos diretamente, salvo os que tiverem sido repassados à sociedade estrangeira, por regulares operações contabilmente demonstradas" (STJ-3ª T., REsp 1.173.060, Min. Nancy Andrighi, j. 16.10.12, DJ 25.10.12).

Art. 710: 2. v. art. 721. Em matéria de seguro, v. art. 775.

Art. 710: 3. "A complexidade da relação de distribuição torna, via de regra, impraticável a sua **contratação verbal**. Todavia, sendo possível, a partir das provas carreadas aos autos, extrair todos os elementos necessários à análise da relação comercial estabelecida entre as partes, nada impede que se reconheça a existência do contrato verbal de distribuição" (STJ-3ª T., REsp 1.255.315, Min. Nancy Andrighi, j. 13.9.11, DJ 27.9.11).

Art. 710: 4. "Nos termos da doutrina, o contrato de distribuição é bilateral, sinalagmático, atípico e misto, de longa duração, pelo qual um agente econômico (fornecedor) obriga-se ao fornecimento de certos bens ou serviços a outro agente econômico (distribuidor), para que este os revenda, tendo como proveito econômico a diferença entre o preço de aquisição e o de revenda e assumindo obrigações voltadas à satisfação das exigências do sistema de distribuição do qual participa (FORGIONI, Paula. Contrato de distribuição. 2ª ed. São Paulo: Editora RT, 2008, p. 116). Não se concebe a fixação imutável de **preço do produto a ser distribuído,** na medida em que este se sujeita a inúmeras variantes, como o preço dos insumos, o custo industrial (impostos, encargos trabalhistas, dentre outras) e a situação de mercado. A prática dos descontos é parte de uma trama estratégica de mercados e significa sempre uma liberalidade de quem os concede, resultando dessa assertiva a não obrigatoriedade de sua continuidade e a possibilidade de serem suprimidos quando assim julgar conveniente o fornecedor, tomando como base seu plano de desenvolvimento. O contrato de distribuição é avençado entre profissionais, pessoas que, no discernimento, e quanto à capacidade de decisão, devem ser tratadas como iguais, em perfeitas condições de analisar a conveniência de cada uma das cláusulas, de negociá-las na medida do possível, de recusá-las ou de vir mesmo a não contratar. A cessação dos descontos oferecidos no momento da contratação não pressupõe a má-fé do fornecedor, tampouco significa intenção de rescisão do contrato de distribuição, não exigindo, para tanto, aviso prévio por parte do fornecedor" (STJ-4ª T., REsp 1.412.658, Min. Luis Felipe, j. 1.12.15, DJ 1.2.16).

Art. 711. Salvo ajuste, o proponente não pode constituir, ao mesmo tempo, mais de um agente, na mesma zona, com idêntica incumbência; nem pode o agente assumir o encargo de nela tratar de negócios do mesmo gênero, à conta de outros proponentes.[1]

Art. 711: 1. v. art. 31 da Lei 4.886, de 9.12.65 (com redação dada pela Lei 8.420, de 8.5.92).

Art. 712. O agente, no desempenho que lhe foi cometido, deve agir com toda diligência, atendo-se às instruções recebidas do proponente.[1]

Art. 712: 1. v. art. 29 da Lei 4.886, de 9.12.65.

Art. 713. Salvo estipulação diversa, todas as despesas com a agência ou distribuição correm a cargo do agente ou distribuidor.

Art. 714. Salvo ajuste, o agente ou distribuidor terá direito à remuneração correspondente aos negócios concluídos dentro de sua zona, ainda que sem a sua interferência.

Art. 715. O agente ou distribuidor tem direito à indenização se o proponente, sem justa causa, cessar o atendimento das propostas ou reduzi-lo tanto que se torna antieconômica a continuação do contrato.

Art. 716. A remuneração será devida ao agente também quando o negócio deixar de ser realizado por fato imputável ao proponente.

Art. 717. Ainda que dispensado por justa causa,[1] terá o agente direito[2] a ser remunerado pelos serviços úteis prestados ao proponente, sem embargo de haver[3] este perdas e danos[4] pelos prejuízos sofridos.

Art. 717: 1. v. art. 35 da Lei 4.886, de 9.12.65.

Art. 717: 2. sob pena de enriquecimento sem causa do proponente (arts. 884 a 886).

Art. 717: 3. inclusive, lançando mão de compensação (arts. 368 e segs.).

Art. 717: 4. v. arts. 402 a 405.

Art. 718. Se a dispensa se der sem culpa do agente, terá ele direito à remuneração até então devida, inclusive sobre os negócios pendentes, além das indenizações previstas em lei especial.¹ ᵃ ⁴

Art. 718: 1. Lei 4.886, de 9.12.65: "Art. 27. Do contrato de representação comercial, além dos elementos comuns e outros a juízo dos interessados, constarão obrigatoriamente: (...) **j)** indenização devida ao representante pela rescisão do contrato fora dos casos previstos no art. 35, cujo montante não poderá ser inferior a 1/12 (um doze avos) do total da retribuição auferida durante o tempo em que exerceu a representação. § 1º Na hipótese de contrato a prazo certo, a indenização corresponderá à importância equivalente à média mensal da retribuição auferida até a data da rescisão, multiplicada pela metade dos meses resultantes do prazo contratual".

Art. 718: 2. "Não tem validade ou eficácia disposição contratual que libere o representado de pagar indenização ao representante em casos de rescisão unilateral do ajuste, ainda que com concordância expressa das partes, pois contraria o disposto no art. 27 da Lei 4.886/65" (RT 800/289). No mesmo sentido: RT 743/303.

Art. 718: 3. "Tendo o próprio representante comercial admitido que a rescisão contratual deu-se exclusivamente por sua iniciativa, não há como falar em incidência do disposto no art. 35 e muito menos da alínea *j* do art. 27, ambos da Lei n. 4.886/65, que tratam da rescisão pela representada. Não demonstradas quaisquer das hipóteses que constituiriam motivos justos para rescisão do contrato de representação comercial pelo representante, previstas no art. 36 da Lei n. 4.886/65, indevida será a indenização" (RMDCPC 46/143: TJMG, AP 4986234-27.2008.8.13.0145).

Art. 718: 4. "Eventual **insucesso do empreendimento** ou dificuldades financeiras estão, inexoravelmente, abrangidos pelo risco inerente a qualquer atividade empresarial, **não** podendo ser considerados **fortuito externo (força maior)**, aptos a exonerar a responsabilidade do representado pelo pagamento do aviso prévio e da indenização de doze avos, previstos na lei de regência, quando da rescisão unilateral do contrato de representação comercial" (STJ-4ª T., REsp 1.341.605, Min. Luis Felipe, j. 10.10.17, DJ 6.11.17).

Art. 719. Se o agente não puder continuar o trabalho por motivo de força maior,¹ terá direito à remuneração correspondente aos serviços realizados, cabendo esse direito aos herdeiros no caso de morte.

Art. 719: 1. v. art. 393 § ún.

Art. 720. Se o contrato for por tempo indeterminado, qualquer das partes poderá resolvê-lo, mediante aviso prévio de noventa dias, desde que transcorrido prazo compatível com a natureza e o vulto do investimento exigido do agente.

Parágrafo único. No caso de divergência entre as partes, o juiz decidirá da razoabilidade do prazo e do valor devido.¹

Art. 720: 1. cf. art. 473 § ún. V. tb. art. 422, nota 3e.

Art. 721. Aplicam-se ao contrato de agência e distribuição, no que couber, as regras concernentes ao mandato¹ e à comissão² e as constantes de lei especial.³

Art. 721: 1. v. arts. 653 a 691.

Art. 721: 2. v. arts. 693 a 709.

Art. 721: 3. v. nota 2 ao Cap. XII, que antecede o art. 710.

Capítulo XIII | DA CORRETAGEM[1]

CAP. XIII: 1. Lei 2.146, de 29.12.53 — Manda aplicar aos corretores, câmaras sindicais, juntas, bolsas de mercadorias e caixas de liquidação de todo o país, a legislação anteriormente decretada para o Distrito Federal.

Lei 4.594, de 29.12.64 — Regula a profissão de corretor de seguros.

Dec. 56.900, de 23.9.65 — Dispõe sobre o regime de corretagem de seguros na forma da Lei 4.594, de 29.12.64.

Dec. 56.903, de 24.9.65 — Regulamenta a profissão de corretor de seguros de vida e de capitalização.

Lei 6.385, de 7.12.76 — Dispõe sobre o mercado de valores mobiliários e cria a Comissão de Valores Mobiliários: "Art. 16. Depende de prévia autorização da Comissão de Valores Mobiliários o exercício das seguintes atividades: (...)

III — mediação ou corretagem de operações com valores mobiliários; (...) **"Parágrafo único.** Somente os assessores de investimentos e as sociedades com registro na Comissão poderão exercer a atividade de mediação ou de corretagem de valores mobiliários fora da bolsa".

Lei 6.530, de 12.5.78 — Dá nova regulamentação à profissão de corretor de imóveis, disciplina o funcionamento de seus órgãos de fiscalização.

Art. 722. Pelo contrato de corretagem, uma pessoa, não ligada a outra em virtude de mandato, de prestação de serviços ou por qualquer relação de dependência, obriga-se a obter para a segunda um ou mais negócios, conforme as instruções recebidas.[1-2]

Art. 722: 1. Diferentemente do comissário e do agente, o corretor não realiza o negócio, mas apenas aproxima as partes contratantes, a fim de que elas o concluam em seu próprio nome.

Art. 722: 2. "É certo que a prestação do serviço de corretagem é de risco, de resultado, guarda peculiaridades, porém, como toda atividade profissional, ela há de ter, como princípio básico, o estabelecimento de uma relação jurídica entre partes. Sem isso, não há contrato, nem escrito e nem verbal. Exatamente essa ausência de contrato é que não dá ensejo a uma ulterior comissão, pois não se pode impingir pagamento por serviço que sequer foi avençado, sob pena de se instituir verdadeiro contrato unilateral entre duas partes" (STJ-4ª T., REsp 214.410, Min. Aldir Passarinho Jr., j. 6.11.07, um voto vencido, DJU 14.4.08; a citação é do voto do relator). Do voto do Min. Cesar Rocha: "É certo que o contrato de corretagem, mesmo informal, exige que tenha havido um mínimo de contato entre o contratante e o contratado e que este tenha recebido instruções para intermediar a transação, já que, como se sabe, a atividade de corretagem se faz em nome do contratante".

Art. 723. O corretor é obrigado a executar a mediação com diligência e prudência, e a prestar ao cliente, espontaneamente, todas as informações sobre o andamento do negócio.[1]

Parágrafo único. Sob pena de responder por perdas e danos,[1a] o corretor prestará ao cliente todos os esclarecimentos acerca da segurança ou do risco do negócio, das alterações de valores e de outros fatores que possam influir nos resultados da incumbência.[1b a 3]

Art. 723: 1. Redação do *caput* de acordo com a Lei 12.236, de 19.5.10.

Art. 723: 1a. v. arts. 402 a 405. Em matéria de responsabilidade solidária, v. art. 264, nota 8. V. ainda CDC 18, nota 1f.

Art. 723: 1b. Redação do § ún. de acordo com a Lei 12.236, de 19.5.10.

Art. 723: 2. Isentando o corretor de responsabilidade por eventuais prejuízos que o vendedor possa ter sofrido em razão de ter aquele redigido contrato sem a previsão de cláusula penal, por entender que "sua obrigação não se estende a tanto": RT 804/270.

Art. 723: 3. "Corretora que intermedeia a celebração de contrato de promessa de compra e venda que, desde a origem, mostrava-se nulo, visto que a vendedora tivera a falência decretada cerca de um ano antes e o bem imóvel encontrava-se penhorado. Indenização por perdas e danos. Possibilidade" (STJ-4ª T., REsp 1.266.937, Min. Luis Felipe, j. 6.12.11, DJ 1.2.12).

Art. 724. A remuneração do corretor,[1-1a] se não estiver fixada em lei, nem ajustada entre as partes, será arbitrada segundo a natureza do negócio e os usos locais.[2-3]

Art. 724: 1. Entendendo ser desnecessária a inscrição profissional para a cobrança da remuneração pelo corretor: STF-Pleno, RE 70.563, Min. Thompson Flores, j. 18.3.71, DJU 26.4.71.

"A despeito de não inscrito no Conselho Regional de Corretores de Imóveis, o intermediador faz jus ao recebimento da comissão de corretagem" (STJ-4ª T., REsp 87.918, Min. Barros Monteiro, j. 20.2.01, DJ 9.4.01). No mesmo sentido: STJ-3ª T., AI 747.023-AgRg, Min. Gomes de Barros, j. 14.11.07, DJU 26.11.07.

"A falta de inscrição do corretor no CRECI não obsta, por si, ao direito à remuneração de corretagem e com muito maior razão, pela intermediação de venda de bem móvel, estabelecimento comercial" (JTJ 317/92: AP 1.068.576-0/5).

Art. 724: 1a. "Compra e venda de imóvel. Contrato verbal de corretagem. Comissão. Cabimento. Obrigação do comitente. Contratação do corretor pelo comprador. Contrato de corretagem é aquele por meio do qual alguém se obriga a obter para outro um ou mais negócios de acordo com as instruções recebidas. **A obrigação de pagar a comissão de corretagem é daquele que efetivamente contrata o corretor.** É o comitente que busca o auxílio do corretor, visando à aproximação com outrem cuja pretensão, naquele momento, esteja em conformidade com seus interesses, seja como comprador ou como vendedor" (STJ-3ª T., REsp 1.288.450, Min. João Otávio, j. 24.2.15, DJ 27.2.15).

"Tratando-se de mediação em compra e venda de imóvel, está obrigado a pagar a corretagem aquele que contratou a prestação deste serviço. De fato, a regra geral é que a comissão deve ser paga pelo vendedor, sendo devida pelo comprador apenas diante de prova inequívoca" (RT 814/252; ementa da redação).

S/ comissão de corretagem nos contratos de promessa de compra e venda de unidade autônoma em regime de incorporação imobiliária, v. CDC 51, nota 7c.

Art. 724: 2. Para disposições similares em outros contratos, v. arts. 596 (prestação de serviços), 628 § ún. (depósito), 658 § ún. (mandato) e 701 (comissão).

Art. 724: 3. "Na **aferição dos usos e costumes locais**, é válida a consulta aos sítios virtuais dos Conselhos Federal e Estaduais de Corretores de Imóveis" (STJ-3ª T., REsp 1.537.306, Min. Ricardo Cueva, j. 21.6.16, DJ 1.7.16).

Art. 725. A remuneração é devida ao corretor uma vez que tenha conseguido o resultado previsto no contrato de mediação, ou ainda que este não se efetive em virtude de arrependimento das partes.[1 a 2]

Art. 725: 1. s/ prescrição, v. art. 189, nota 7b.

Art. 725: 1a. "Para fazer jus à comissão de corretagem, é necessária a conclusão efetiva do negócio, sendo insuficiente a simples aproximação entre as partes interessadas" (STJ-4ª T., AI 543.601-AgRg, Min. Aldir Passarinho Jr., j. 9.3.04, DJU 12.4.04). No mesmo sentido: "É indevida a comissão de corretagem se, mesmo após a aceitação da proposta, o comprador se arrepende e desiste da compra" (STJ-Bol. AASP 2.545/4.495: 3ª T., REsp 753.566). "A comissão de corretagem apenas é devida quando se tem como aperfeiçoado o negócio imobiliário, o que se dá com a efetiva venda do imóvel" (STJ-4ª T., AI 719.434-AgRg, Min. Luis Felipe, j. 2.4.09, DJ 20.4.09). Ainda: JTJ 327/242 (AP 1.032.362-0/5).

Combinado por ocasião do compromisso de compra e venda de imóvel que o pagamento da comissão ficaria condicionado à lavratura da respectiva escritura, nada é devido ao corretor se as partes desistem do negócio, malgrado seu caráter irrevogável e irretratável (RT 872/235: TJSP, AP 916847-0/7).

"A mera aproximação das partes, para que se inicie o processo de negociação no sentido da compra de determinado bem, não justifica o pagamento de comissão. A desistência, portanto, antes de concretizado o negócio, permanece possível. Num contrato de compra e venda de imóveis é natural que, após o pagamento de pequeno sinal, as partes requisitem certidões umas das outras a fim de verificar a conveniência de efetivamente levarem a efeito o negócio jurídico, tendo em vista os riscos de inadimplemento, de inadequação do imóvel ou mesmo de evicção. Essas providências se encontram no campo das tratativas, e a não realização do negócio por força do conteúdo de uma dessas certidões implica mera desistência, não arrependimento, sendo, assim, inexigível a comissão por corretagem" (STJ-3ª T., REsp 1.183.324, Min. Nancy Andrighi, j. 18.10.11, DJ 10.11.11).

"Os ora recorrentes (corretores) não atuaram com prudência e diligência na mediação do negócio, porque lhes cabia conferir previamente sobre a existência de eventuais ações judiciais que pendiam em desfavor dos promitentes vendedores — ou das pessoas jurídicas de que são sócios —, a fim de proporcionar aos promissários compradores todas as informações necessárias à segura conclusão da avença. Assim, ainda que tenha havido a concreta aproximação das partes, com a assinatura da promessa de compra e venda e, inclusive, pagamento do sinal, o posterior arrependimento por parte dos promissários compradores deu-se por fato atribuível aos próprios corretores, sendo indevida, por este motivo, a comissão de corretagem" (STJ-3ª T., REsp 1.810.652, Min. Nancy Andrighi, j. 4.6.19, DJ 6.6.19).

"Contrato de corretagem. Celebração de negócio jurídico precário. Desfazimento do pacto. Posterior análise de documentos. Descoberta de ação de desapropriação. Hipótese diversa de arrependimento. Não cabe o pagamento de comissão de corretagem quando, apesar da celebração de compromisso de compra e venda, a negociação se revele precária e incompleta em relação à análise dos documentos concernentes ao imóvel e ao vendedor, subordinando o pagamento do sinal à higidez das certidões cartorárias" (STJ-3ª T., REsp 1.272.932, Min. Ricardo Cueva, j. 26.9.17, DJ 2.10.17).

"Em se tratando de prestação de serviços vinculados à compra e venda de imóvel, em linha de princípio, a completa formação do contrato de corretagem depende de três etapas: a) a aproximação das partes; b) o fechamento do negócio (assinatura da proposta de compra e venda); e c) a execução do contrato (compra e venda), por meio da assinatura da escritura para transcrição no registro de imóveis. O art. 725 do CC, ao estabelecer que a remuneração é devida ao corretor uma vez que tenha conseguido o resultado previsto no contrato de mediação, ou ainda que este não se efetive em virtude de arrependimento das partes, demanda harmonização com os arts. 723 do diploma civilista, 6º, III, IV e VI, do CDC e 20, I e VIII, da Lei 6.530/1978. Com efeito, em caso de desistência do negócio antes da assinatura da escritura, é possível fazer recair sobre aquele que voluntariamente rompeu o compromisso de compra e venda a obrigação de pagar a comissão, não incidindo, todavia, nas hipóteses em que o arrependimento é motivado. Muito embora não tenha sido apurado ou infirmado se a venda do imóvel pelos promitentes vendedores constituiria fraude à execução, é vultoso o valor da causa na execução fiscal em que um deles é demandado — semelhante ao do imóvel objeto do compromisso de compra e venda —, e, como não foi devidamente informado pela imobiliária, é motivo bastante para ensejar o rompimento contratual, não havendo cogitar em obrigação de pagar comissão de corretagem" (STJ-4ª T., REsp 1.364.574, Min. Luis Felipe, j. 24.10.17, DJ 30.11.17).

"Contrato de compra e venda de imóvel. Financiamento imobiliário negado. Culpa da construtora. Comissão de corretagem. Restituição" (STJ-4ª T., Ag em REsp 1.158.464-AgInt, Min. Isabel Gallotti, j. 7.6.18, DJ 14.6.18).

"Em se tratando de rescisão de promessa de compra e venda por culpa do vendedor, deve ser restituída a integralidade dos valores pagos pelo comprador, inclusive comissão de corretagem" (STJ-3ª T., Ag em REsp 1.933.051-AgInt, Min. Moura Ribeiro, j. 25.4.22, DJ 28.4.22).

Todavia: "No regime anterior ao do CC/02, a jurisprudência do STJ se consolidou em reputar de resultado a obrigação assumida pelos corretores, de modo que a não concretização do negócio jurídico iniciado com sua participação não lhe dá direito a remuneração. Após o CC/02, a disposição contida em seu art. 725, segunda parte, dá novos contornos à discussão, visto que, nas hipóteses de arrependimento das partes, a comissão por corretagem permanece devida. Pelo novo regime, deve-se refletir sobre o que pode ser considerado resultado útil, a partir do trabalho de mediação do corretor. A assinatura da promessa de compra e venda e o pagamento do sinal demonstram que o resultado útil foi alcançado e, por conseguinte, apesar de ter o comprador desistido do negócio posteriormente, é devida a comissão por corretagem" (STJ-3ª T., REsp 1.339.642, Min. Nancy Andrighi, j. 12.3.13, DJ 18.3.13).

"O arrependimento de quaisquer dos contratantes não afetará a comissão devida ao corretor, desde que o mesmo se dê por causa estranha à sua atividade. Na espécie, as partes contratantes assinaram o instrumento de promessa de compra e venda, tendo havido a atuação efetiva das corretoras para tanto. Deve-se reconhecer, portanto, que o resultado útil da mediação foi atingido. O negócio foi posteriormente desfeito, sem qualquer contribuição das corretoras para a não consolidação do negócio, isto é, o arrependimento da contratante deu-se por fatores alheios à atividade das intermediadoras. Destarte, a comissão de corretagem é devida, na espécie" (STJ-3ª T., REsp 1.783.074, Min. Nancy Andrighi, j. 12.11.19, DJ 21.11.19).

"É devida a comissão de corretagem quando, após a assinatura da promessa de compra e venda e o pagamento do sinal, o negócio é desfeito em razão do inadimplemento dos compradores" (STJ-4ª T., REsp 1.803.620-EDcl-AgInt, Min. Antonio Ferreira, j. 6.2.20, DJ 11.2.20).

"Carece de razoabilidade, em uma contratação vinculada à percepção de comissão de corretagem decorrente de venda de unidades habitacionais — consideradas perfectibilizadas mediante o trabalho de aproximação e intermediação empreendido pela corretora — seja reputada válida uma cláusula contratual que estabelece como motivo para o não pagamento ou determinação de devolução das comissões, eventual rescisão ocorrida, após já ultimada a concretização dos negócios e, absolutamente alheia a qualquer conduta da corretora" (STJ-2ª Seção, AR 5.812, Min. Marco Buzzi, j. 23.9.20, maioria, DJ 16.10.20).

"Ação monitória. Corretagem. Êxito na venda de imóvel. Aproximação entre vendedor e comprador a merecer, também, remuneração, apesar de a venda ter sido finalizada mediante outro profissional. Comissão de corretagem devida" (STJ-3ª T., REsp 1.504.306-AgInt, Min. Paulo Sanseverino, j. 16.3.17, DJ 28.3.17).

"Para que seja devida a comissão, basta a aproximação das partes e a conclusão bem sucedida de negócio jurídico. A participação efetiva do corretor na negociação do contrato é circunstância que não desempenha, via de regra, papel essencial no adimplemento de sua prestação. Portanto, esse auxílio, posterior à aproximação e até a celebração do contrato, não pode ser colocado como condição para o pagamento da comissão devida pelo comitente" (STJ-3ª T., REsp 1.072.397, Min. Nancy Andrighi, j. 15.9.09, DJ 9.10.09).

"Embora o serviço de corretagem somente se aperfeiçoe quando o negócio é concretizado, dado o risco inerente à atividade, não se pode perder de vista que, nos negócios imobiliários — os quais dependem de registro do ato negocial no Cartório de Registro de Imóveis para fins de transferência e aquisição da propriedade e de outros direitos reais (CC/2002, arts. 1.227, 1.245-1.246) —, a intermediação da corretora pode encerrar-se antes da conclusão da fase de registro imobiliário. Por certo, quando as partes firmam, de algum modo, atos, com mediação da corretora, que geram obrigatoriedade legal de proceder-se ao registro imobiliário, tal como ocorre no caso de celebração de promessa de compra e venda ou de pagamento de sinal, torna-se devida a percepção de comissão de corretagem, mormente quando eventual desfazimento do negócio não decorrer de ato praticado pela corretora" (STJ-4ª T., REsp 1.228.180, Min. Raul Araújo, j. 17.3.11, DJ 28.3.11).

Art. 725: 2. "Sendo alienado o imóvel em período de exclusividade da imobiliária, somente não será devida a comissão quando o corretor for desidioso com a obrigação assumida. Verificado o propósito desleal dos réus/proprietários, inválida é a rescisão do contrato de corretagem, mantendo-se vigentes as obrigações nele assumidas" (RT 878/304: TJSC, AP 2006.046794-7).

Art. 726. Iniciado e concluído o negócio diretamente entre as partes, nenhuma remuneração será devida ao corretor; mas se, por escrito, for ajustada a corretagem com exclusividade, terá o corretor direito à remuneração integral, ainda que realizado o negócio sem a sua mediação, salvo se comprovada sua inércia ou ociosidade.[1]

Art. 726: 1. "Havendo contrato de corretagem com exclusividade em vigor, mesmo que o negócio se perfaça por terceira pessoa, o corretor possui direito à comissão integral" (RT 872/327: TJMS, AP 2007.023255-0/0000-00).

Art. 727. Se, por não haver prazo determinado, o dono do negócio dispensar o corretor, e o negócio se realizar posteriormente, como fruto da sua mediação, a corretagem lhe será devida; igual solução se adotará se o negócio se realizar após a decorrência do prazo contratual, mas por efeito dos trabalhos do corretor.

Art. 728. Se o negócio se concluir com a intermediação de mais de um corretor, a remuneração será paga a todos em partes iguais, salvo ajuste em contrário.[1]

Art. 728: 1. cf. art. 257.

Art. 729. Os preceitos sobre corretagem constantes deste Código não excluem a aplicação de outras normas da legislação especial.[1]

Art. 729: 1. v. nota 1 ao Cap. XIII, que antecede o art. 722.

Capítulo XIV | DO TRANSPORTE[1-2]

Seção I | DISPOSIÇÕES GERAIS

CAP. XIV: 1. v. **Dec. 2.681, de 7.12.1912**, s/ responsabilidade civil das estradas de ferro.

CAP. XIV: 2. Lei 7.565, de 19.12.86 — Código Brasileiro de Aeronáutica.

Lei 7.029, de 13.9.82 — Dispõe sobre o transporte dutoviário de álcool.

Dec. 1.832, de 4.3.96 — Aprova o Regulamento dos Transportes Ferroviários.

Lei 9.432, de 8.1.97 — Dispõe sobre a ordenação do transporte aquaviário.

Dec. 2.256, de 17.6.97 — Regulamenta o Registro Especial Brasileiro (REB) para embarcações de que trata a Lei 9.432, de 8.1.97.

Lei 9.611, de 19.2.98 — Dispõe sobre o Transporte Multimodal de Cargas (regulamentada pelo Dec. 3.411, de 12.4.00).

Lei 9.966, de 28.4.00 — Dispõe sobre a prevenção, o controle e a fiscalização da poluição causada por lançamento de óleo e outras substâncias nocivas ou perigosas em águas sob jurisdição nacional e dá outras providências. Os **arts. 10 a 14** dessa Lei dispõem sobre o transporte de óleo e substâncias nocivas ou perigosas.

Lei 10.209, de 23.3.01 — Institui o Vale-Pedágio obrigatório sobre o transporte rodoviário de carga.

Lei 10.233, de 5.6.01 — Dispõe sobre a reestruturação dos transportes aquaviário e terrestre, cria o Conselho Nacional de Integração de Políticas de Transporte, a Agência Nacional de Transportes Terrestres, a Agência Nacional de Transportes Aquaviários e o Departamento Nacional de Infraestrutura de Transportes.

Dec. 5.910, de 27.9.06 — Promulga a Convenção para a unificação de certas regras relativas ao transporte aéreo internacional, celebrada em Montreal, em 28 de maio de 1999.

Lei 11.442, de 5.1.07 — Dispõe sobre o transporte rodoviário de cargas por conta de terceiros e mediante remuneração e revoga a Lei 6.813, de 10.7.80.

Lei 12.379, de 6.1.11 — Dispõe sobre o Sistema Nacional de Viação.

Lei 12.587, de 3.1.12 — Institui as diretrizes da Política Nacional de Mobilidade Urbana.

Art. 730. Pelo contrato de transporte alguém se obriga, mediante retribuição, a transportar, de um lugar para outro, pessoas ou coisas.

Art. 731. O transporte exercido em virtude de autorização, permissão ou concessão,[1-1a] rege-se pelas normas regulamentares e pelo que for estabelecido naqueles atos, sem prejuízo do disposto neste Código.[2 a 4]

Art. 731: 1. Lei 9.074, de 7.7.95 — Estabelece normas para outorga e prorrogações das concessões e permissões de serviços públicos.

Dec. 2.521, de 20.3.98 — Dispõe sobre a exploração, mediante permissão e autorização, de serviços de transporte rodoviário interestadual e internacional de passageiros.

Art. 731: 1a. v. CF 21-XI-*d* e *e*, 30-V, 37 § 6º, 175.

Art. 731: 2. "A permissão para operacionalizar o transporte alternativo é ato discricionário e facultativo da Administração e de seus entes delegados, sendo defeso ao Judiciário, no exercício do controle jurisdicional, enveredar-se na apreciação do mérito do ato administrativo em espécie, ficando restrito apenas à verificação de sua legalidade" (RT 807/351: TJGO, AP 63.704-0/189).

Art. 731: 3. "O transporte coletivo e remunerado de pessoas só pode ser exercido mediante permissão ou concessão do Poder Público. Deste modo, não há qualquer ilegalidade no ato da municipalidade que determina a apreensão de ônibus clandestino, por estar agindo no interesse da coletividade" (RT 812/310: TJMG, AP 000.223.938-2/00).

Art. 731: 4. "Lícitas são a apreensão de veículo utilizado no transporte público sem a devida concessão ou permissão pelo Município, bem como a aplicação de multa pela transgressão às normas legais preexistentes" (RT 798/363: TJMG, AP 000.213.016-9/00).

Art. 732. Aos contratos de transporte, em geral, são aplicáveis, quando couber, desde que não contrariem as disposições deste Código, os preceitos constantes da legislação especial[1] e de tratados e convenções internacionais.[2-3]

Art. 732: 1. v. nota 2 ao Cap. XIV, que antecede o art. 730.

Art. 732: 2. Dec. 20.704, de 24.11.31 — Promulga a Convenção de Varsóvia, para a unificação de certas regras relativas ao transporte aéreo internacional.

Art. 732: 3. Enunciado 369 do CEJ: "Diante do preceito constante no art. 732 do Código Civil, teleologicamente e em uma visão constitucional de unidade do sistema, quando o contrato de transporte constituir uma relação de consumo, aplicam-se as normas do Código de Defesa do Consumidor que forem mais benéficas a este".

Art. 733. Nos contratos de transporte cumulativo,[1] cada transportador se obriga a cumprir o contrato relativamente ao respectivo percurso, respondendo pelos danos nele causados a pessoas e coisas.

§ 1º O dano, resultante do atraso ou da interrupção da viagem, será determinado em razão da totalidade do percurso.[1a]

§ 2º Se houver substituição de algum dos transportadores no decorrer do percurso, a responsabilidade solidária[2] estender-se-á ao substituto.

Art. 733: 1. v. tb. art. 756.

Art. 733: 1a. v. art. 737 (atraso no transporte de pessoas).

Art. 733: 2. v. arts. 275 a 285.

Seção II | DO TRANSPORTE DE PESSOAS[1-2]

SEÇ. II: 1. "Os contratos de transporte de pessoas à luz da responsabilidade civil e do novo Código Civil brasileiro", por Helder Martinez Dal Col (RT 804/11, RF 364/125); "Do transporte de pessoas no novo Código Civil", por Humberto Theodoro Jr. (RT 807/11, RF 367/91 e RSDCPC 21/16); "Responsabilidade civil nos transportes alternativos", por Patrícia Ribeiro Serra Vieira e Tatiana Zuma Pereira (RSDCPC 27/134).

SEÇ. II: 2. s/ autorização para viagem de criança ou adolescente, v. ECA 83 a 85 (no tít. CRIANÇA E ADOLESCENTE).

Art. 734. O transportador responde pelos danos[1-1a] causados às pessoas transportadas e suas bagagens,[1b] salvo motivo de força maior,[2] sendo nula qualquer cláusula excludente da responsabilidade.[2a a 3b]

Parágrafo único. É lícito ao transportador exigir a declaração do valor da bagagem a fim de fixar o limite da indenização.[4]

Art. 734: 1. s/ obrigação de indenizar, v. art. 927; s/ valor da indenização, v. arts. 944 a 950.

Art. 734: 1a. Súmula 35 do STF (Companheira): "Em caso de acidente do trabalho ou de transporte, a concubina tem direito de ser indenizada pela morte do amásio, se entre eles não havia impedimento para o matrimônio".

Súmula 314 do STF (Base da indenização): "Na composição do dano por acidente do trabalho, ou de transporte, não é contrário à lei tomar para base da indenização o salário do tempo da perícia ou da sentença".

Art. 734: 1b. v. nota 3b ao art. 186 (configura dano moral o extravio de bagagem).

S/ valor da indenização em caso de extravio de bagagem, v. nota 4a ao art. 186.

Art. 734: 2. v. arts. 393 § ún. e 737, nota 3.

Art. 734: 2a. s/ responsabilidade civil no transporte ferroviário, v. Dec. 2.681, de 7.12.1912.

Súmula 314 do STF (Base da indenização): "Na composição do dano por acidente do trabalho, ou de transporte, não é contrário à lei tomar para base da indenização o salário do tempo da perícia ou da sentença".

"A culpa da prestadora do serviço de transporte ferroviário configura-se no caso de atropelamento de transeunte na via férrea quando existente omissão ou negligência do dever de vedação física das faixas de domínio da ferrovia com muros e cercas bem como da sinalização e da fiscalização dessas medidas garantidoras da segurança na circulação da população. A responsabilidade civil do Estado ou de delegatário de serviço público, no caso de conduta omissiva, só se desenhará quando presentes estiverem os elementos que caracterizam a culpa, a qual se origina, na espécie, do descumprimento do dever legal atribuído ao Poder Público de impedir a consumação do dano. A exemplo de outros diplomas legais anteriores, o Regulamento dos Transportes Ferroviários (Dec. 1.832/96) disciplinou a segurança nos serviços ferroviários (art. 1º, inciso IV), impondo às administrações ferroviárias o cumprimento de medidas de segurança e regularidade do tráfego (art. 4º, I) bem como, nos termos do inciso IV do art. 54, a adoção de 'medidas de natureza técnica, administrativa, de segurança e educativas destinadas a prevenir acidentes'. Outrossim, atribuiu-lhes a função de vigilância, inclusive, quando necessário, em ação harmônica com as autoridades policiais (art. 55). Assim, o descumprimento das medidas de segurança impostas por lei, desde que aferido pelo Juízo de piso, ao qual compete a análise das questões fático-probatórias, caracteriza inequivocamente a culpa da concessionária de transporte ferroviário e o consequente dever de indenizar. A despeito de situações fáticas variadas no tocante ao descumprimento do dever de segurança e vigilância contínua das vias férreas, a responsabilização da concessionária é uma constante, passível de ser elidida tão somente quando cabalmente comprovada a culpa exclusiva da vítima. Para os fins da sistemática prevista no art. 543-C do CPC, citam-se algumas situações: (i) existência de cercas ao longo da via, mas caracterizadas pela sua vulnerabilidade, insuscetíveis de impedir a abertura de passagens clandestinas, ainda quando existente passarela nas imediações do local do sinistro; (ii) a própria inexistência de cercadura ao longo de toda a ferrovia; (iii) a falta de vigilância constante e de manutenção da incolumidade dos muros destinados à vedação do acesso à linha férrea pelos pedestres; (iv) a ausência parcial ou total de sinalização adequada a indicar o perigo representado pelo tráfego das composições. No caso sob exame, a instância ordinária, com ampla cognição fático-probatória, consignou a culpa exclusiva da vítima, a qual encontrava-se deitada nos trilhos do trem, logo após uma curva, momento em que foi avistada pelo maquinista, que, em vão, tentou frear para evitar o sinistro" (STJ-2ª Seção, REsp 1.210.064, Min. Luis Felipe, j. 8.8.12, DJ 31.8.12).

"Ainda que haja omissão por parte da concessionária de serviço de transporte ferroviário no dever de sinalizar, cercar e fiscalizar o acesso à via, sua responsabilidade civil é afastada no caso de culpa exclusiva da vítima. Em hipótese como a presente, em que a instância ordinária concluiu que a vítima estava deitada em cima dos trilhos, logo após uma curva, de madrugada, em atitude imprevisível para o maquinista, 'o agente — aparentemente causador do dano — é mero instrumento para sua ocorrência', configurando-se excludente de responsabilidade da concessionária" (STJ-2ª Seção, ED no REsp 1.461.347, Min. Isabel Gallotti, j. 13.3.19, maioria, DJ 28.5.19).

A ferrovia não responde pelo atropelamento de pedestre que, sem nenhum cuidado, caminhava pela via férrea (JTJ 315/230: AP 389.818-4/6-00). No mesmo sentido: JTJ 322/2.651 (AP 1.102.076-0/4), 328/392 (AP 1.131.428-0/6).

V. CC 734, nota 3.

V. tb. CC 945, notas 2 e 3 (culpa concorrente).

"Conforme se depreende da leitura do art. 17 do Dec. 2.681/1912, a partir do momento em que o usuário adquire um bilhete ferroviário e tem acesso à plataforma da estação, a ferrovia passa a ser responsável por sua incolumidade física até o instante em que o transportado chegue a seu destino, razão pela qual é devida pela transportadora indenização por danos morais e materiais aos familiares da vítima, atingida por uma bala de revólver enquanto aguardava o trem na plataforma de embarque, não havendo falar em caso fortuito ou força maior, de maneira a excluir o nexo de causalidade" (RT 795/228: 1º TASP, EI 945.433-9/01, maioria; ementa da redação).

"Conforme interpretação do art. 17, II, do Dec. 2.681/1912, não há culpa da companhia de transportes ferroviários pela morte de passageiro, se este, na condição de 'surfista', desafiando o perigo, posta-se sobre a composição, onde não há qualquer segurança, assumindo, portanto, os riscos de uma queda normalmente fatal" (RT 758/239: 1º TASP, AP 758.290-5). V. tb. CC 945, notas 2 e 3 (culpa concorrente).

Súmula 35 do STF (Companheira): "Em caso de acidente do trabalho ou de transporte, a concubina tem direito de ser indenizada pela morte do amásio, se entre eles não havia impedimento para o matrimônio".

Súmula 491 do STF (Filho menor): "É indenizável o acidente que cause a morte de filho menor, ainda que não exerça trabalho remunerado".

Súmula 39 do STJ: "Prescreve em vinte anos a ação para haver indenização, por responsabilidade civil, de sociedades de economia mista". Atualmente, dez anos (CC 205).

Em matéria de cláusula abusiva, v. CDC 51-I.

Art. 734: 3. "O transportador só responde pelos **danos resultantes de fatos conexos com o serviço** que presta" (STJ-2ª Seção, ED no REsp 232.649, Min. Ari Pargendler, j. 26.10.05, DJU 5.12.05).

"Constitui causa **excludente da responsabilidade** da empresa transportadora o fato inteiramente estranho ao transporte em si, como é o assalto ocorrido no interior do coletivo" (STJ-2ª Seção, REsp 435.865, Min. Barros Monteiro, j. 9.10.02, um voto vencido, DJU 12.5.03). No mesmo sentido: RJM 175/145. Ainda, em caso de homicídio: STJ-4ª T., REsp 142.186, Min. Quaglia Barbosa, j. 27.2.07, DJU 19.3.07; JTJ 321/1.629 (AP 1.262.950-6); em caso de "vítima atingida por disparos de arma de fogo efetuados por motorista de outro veículo": STJ-4ª T., REsp 589.629, Min. Fernando Gonçalves, j. 2.10.08, DJ 17.11.08; em caso de "terceiro que arremessa pedra no ônibus e fere passageiro": STJ-RF 400/405 (4ª T., REsp 247.349); STJ-3ª T., AI 940.875-AgRg, Min. Vasco Della Giustina, j. 19.5.09, DJ 8.6.09; STJ-2ª T., REsp 1.655.353, Min. Herman Benjamin, j. 6.4.17, DJ 25.4.17.

"O transportador não pode ser responsabilizado pelos danos decorrentes de fatos de terceiros que possam ser caracterizados como fortuito externo, no caso, a colocação de artefato explosivo em composição ferroviária, por se tratar de evento que não está relacionado com os riscos inerentes à atividade explorada" (STJ-2ª Seção, ED no REsp 1.200.369-EDcl-AgRg, Min. Sidnei Beneti, j. 11.12.13, DJ 16.12.13).

Afirmando não responder o transportador pelo "furto de valise no interior de ônibus", na medida em que sua responsabilidade se restringe à bagagem que lhe é confiada: JTJ 302/206.

"O ato, doloso ou culposo, estranho à prestação do serviço de transporte, causado por terceiro, não guarda nexo de causalidade com o serviço prestado e, por isso, exonera a responsabilidade objetiva do transportador, caracterizando fortuito externo. Noutro giro, o ato, doloso ou culposo de terceiro, conexo com a atividade do transportador e relacionado com os riscos próprios da atividade econômica explorada, caracteriza o chamado fortuito interno, atraindo a responsabilidade do transportador. Assim, nos contratos onerosos de transporte de pessoas, desempenhados no âmbito de uma relação de consumo, o fornecedor de serviços não será responsabilizado por assédio sexual ou ato libidinoso praticado por usuário do serviço de transporte contra passageira, por caracterizar fortuito externo, afastando o nexo de causalidade" (STJ-2ª Seção, REsp 1.833.722, Min. Raul Araújo, j. 3.12.20, maioria, DJ 15.3.21).

"À luz da própria causa de pedir da demanda, é incontroverso que o fatídico acidente decorreu de caso fortuito (mal súbito, convulsão por epilepsia), consubstanciando fortuito externo, que, segundo o curso normal das coisas, não se tinha como antever, prevenindo que a passageira caísse justamente na linha férrea do metrô, pouco antes do alinhamento da composição à estação, onde a ausência de funcionário, aludida na exordial, não teria o condão de evitar o acidente, por não ser factível que estivesse ao lado de cada um dos passageiros, ainda mais de passageira jovem, que, em linha de princípio, não precisaria de nenhum auxílio específico para ingressar na composição do metrô" (STJ-4ª T., REsp 1.936.743, Min. Luis Felipe, j. 14.6.22, maioria, DJ 8.9.22).

Todavia, se o assalto no ônibus aconteceu em razão da "parada do veículo em ponto irregular", a empresa transportadora responde pelos correlatos danos (STJ-3ª T., REsp 200.808, Min. Ari Pargendler, j. 16.11.00, DJU 12.2.01).

"Transporte aéreo que seguiu via terrestre (ônibus), em virtude de cancelamento do voo. Passageiros roubados durante o trajeto. Concorrência de culpa da transportadora. A alteração substancial e unilateral do contrato firmado pela recorrente — de transporte aéreo para terrestre —, sem dúvida alguma, acabou criando uma situação favorável à ação de terceiros (roubo), pois o transporte rodoviário é sabidamente muito mais suscetível de ocorrer crimes dessa natureza, ao contrário do transporte aéreo. Dessa forma, a conduta da transportadora concorreu para o evento danoso, pois ampliou significativamente o risco de ocorrência desse tipo de situação, não podendo, agora, se valer da excludente do fortuito externo para se eximir da responsabilidade" (STJ-3ª T., REsp 1.728.068, Min. Marco Bellizze, j. 5.6.18, DJ 8.6.18).

"A cláusula de incolumidade é ínsita ao contrato de transporte, implicando obrigação de resultado do transportador, consistente em levar o passageiro com conforto e segurança ao seu destino, salvo se demonstrada causa de exclusão do nexo de causalidade, notadamente o caso fortuito, a força maior ou a culpa exclusiva da vítima ou de terceiro. O fato de terceiro, conforme se apresente, pode ou não romper o nexo de causalidade. Exclui-se a responsabilidade do transportador quando a conduta praticada por terceiro, sendo causa única do evento danoso, não guarda relação com a organização do negócio e os riscos da atividade de transporte, equiparando-se a fortuito externo. De outro turno, a culpa de terceiro não é apta a romper o nexo causal quando se mostra conexa à atividade econômica e aos riscos inerentes à sua exploração, caracterizando fortuito interno. Na hipótese, conforme consta no acórdão recorrido, a recorrente foi vítima de ato libidinoso praticado por outro passageiro do trem durante a viagem, isto é, um conjunto de atos referidos como assédio sexual. É evidente que ser exposta a assédio sexual viola a cláusula de incolumidade física e psíquica daquele que é passageiro de um serviço de transporte de pessoas. Na hipótese em julgamento, a ocorrência do assédio sexual guarda conexidade com os serviços prestados pela recorrida CPTM e, por se tratar de fortuito interno, a transportadora de passageiros permanece objetivamente responsável pelos danos causados à recorrente" (STJ-3ª T., REsp 1.747.637, Min. Nancy Andrighi, j. 25.6.19, maioria, DJ 1.7.19).

"Responsabilidade civil. Transporte público metropolitano. Queda de passageiro no momento do embarque. Dano moral. A situação descrita pelo acórdão recorrido, na qual o passageiro restou empurrado por aglomeração de pessoas no momento do embarque, vindo a sofrer severos danos físicos, constitui típico exemplo de fortuito interno, o qual é incapaz de romper o nexo de causalidade e de eximir a concessionária de sua responsabilidade civil" (STJ-1ª T., REsp 1.715.816, Min. Sérgio Kukina, j. 2.6.20, DJ 9.6.20).

"Acidente em linha férrea. Transporte de passageiros. Responsabilidade civil objetiva. O ato de vandalismo não foi a causa única e exclusiva da ocorrência do abalo moral sofrido pelo autor, pois outros fatores, como o tumulto decorrente da falta de informações sobre a causa, gravidade e precauções a serem tomadas pelos passageiros diante das explosões elétricas no vagão de trem que os transportava, aliada à falta de socorro às pessoas que se jogavam às vias férreas, contribuíram para as lesões reportadas nos presentes autos. Não o suficiente, a incolumidade dos passageiros diante de eventos inesperados, mas previsíveis, como o rompimento de um cabo elétrico, encontra-se indubitavelmente inserido nos fortuitos internos da prestação do serviço de transporte, pois o transportador deve possuir protocolos de atuação para evitar o tumulto, o pânico e a submissão dos passageiros a mais situações de perigo, como ocorreu com o rompimento dos lacres das portas de segurança dos vagões e o posterior salto às linhas férreas de altura considerável e entre duas estações de parada" (STJ-3ª T., REsp 1.786.722, Min. Nancy Andrighi, j. 9.6.20, DJ 12.6.20).

V. tb. art. 932, nota 5c.

Art. 734: 3a. "**Acidentes** ocorridos em autoestradas, mesmo por culpa exclusiva de terceiros, são considerados **fortuitos internos,** incapazes, por isso, de afastar a responsabilidade civil do transportador" (STJ-3ª T., REsp 1.318.095-EDcl-AgRg, Min. Sidnei Beneti, j. 19.6.12, DJ 27.6.12; no caso, o acidente se deu em razão do "desprendimento de uma bobina de aço de 12 toneladas que era transportada em caminhão que seguia à frente do ônibus de passageiros no qual se encontrava a vítima").

"O passageiro que sofre ferimentos graves ao ser transportado em ônibus coletivo, em razão do estouro de pneu traseiro que ocasionou o rompimento do assoalho do veículo, tem o direito a receber indenização por dano moral em face do evento, pois a responsabilidade da empresa de transporte coletivo é objetiva, não havendo lugar para discussão acerca da culpa, eis que é inerente ao contrato de transporte a cláusula de incolumidade, cabendo ao transportador levar o passageiro são e salvo ao lugar de destino" (RT 792/272: 1º TASP, AP 819.019-4; ementa da redação).

"As empresas permissionárias de transporte público são obrigadas a conduzir, com segurança, os passageiros aos locais de destino da linha que explora, o que resulta na sua responsabilidade pela ocorrência de incêndio ocorrido no interior do coletivo derivado da combustão de material explosivo carregado por passageira que adentrou o ônibus conduzindo pacote de volume expressivo, cujo ingresso se deu, excepcionalmente, pela porta da frente, mediante prévia autorização do motorista. Fato previsível e inerente à atividade empresarial, que deve ser avaliado caso a caso, não se limitando a responsabilidade do transportador exclusivamente àqueles eventos comumente verificados, mas a todos aqueles que se possa esperar como possíveis ou previsíveis de acontecer, dentro do amplo leque de variáveis inerentes ao meio, interno ou externo, em que trafega o coletivo, resultando no afastamento da hipótese de caso fortuito" (STJ-4ª T., REsp 168.985, Min. Aldir Passarinho Jr., j. 23.5.00, DJU 21.8.00).

Todavia: "Atropelamento de animal na pista de rolamento. Coletivo da empresa ré, que trafegava em velocidade compatível com o local e com o horário. Fato imprevisível e inevitável, que configura o fortuito externo" (Bol. AASP 2.631: TJRJ, AP 2008.001.25895).

Art. 734: 3b. "Em acidente de trânsito de graves proporções, inclusive com vítimas fatais, mesmo o passageiro que sofre apenas lesões leves faz jus à indenização por danos morais, a ser paga pela empresa de transporte público coletivo, tendo em vista sua exposição a cenas de horror e tragédia, repletas de imagens traumatizantes, violadoras do direito de personalidade. Ao aceitar a condução de pessoas — firmando, ainda que de forma tácita e não escrita, legítimo contrato de transporte —, surge para o transportador a obrigação de levar o passageiro com segurança (inclusive psicológica) até o seu destino. Essa obrigação assume relevância ainda maior quando se tratar de empresa dedicada ao transporte público coletivo" (STJ-3ª T., REsp 1.231.240, Min. Nancy Andrighi, j. 10.4.12, um voto vencido, RT 929/585).

Art. 734: 4. s/ responsabilidade pelo transporte de coisas, v. arts. 749 e 750; valor da indenização, v. arts. 944 a 950.

Art. 735. A responsabilidade contratual do transportador por acidente com o passageiro não é elidida por culpa de terceiro, contra o qual tem ação regressiva.[1-2]

Art. 735: 1. No mesmo sentido, **Súmula 187 do STF:** "A responsabilidade contratual do transportador, pelo acidente com o passageiro, não é elidida por culpa de terceiro, contra o qual tem ação regressiva".

Art. 735: 2. v. arts. 927, 932-III, 933 e 934. V. tb. CPC 125-II (denunciação da lide).

Art. 736. Não se subordina às normas do contrato de transporte o feito gratuitamente, por amizade ou cortesia.[1-1a]

Parágrafo único. Não se considera gratuito o transporte quando, embora feito sem remuneração, o transportador auferir vantagens indiretas.[2]

Art. 736: 1. Súmula 145 do STJ (Transporte de favor): "No transporte desinteressado, de simples cortesia, o transportador só será civilmente responsável por danos causados ao transportado quando incorrer em dolo ou culpa grave" (v. jurisprudência s/ esta Súmula em RSTJ 80/335 a 352).

"Resta configurada a culpa grave do condutor de veículo que transporta gratuitamente passageiro, de forma irregular, ou seja, em carroceria aberta, uma vez que previsível a ocorrência de graves danos, ainda que haja a crença de que eles não irão acontecer" (STJ-3ª T., REsp 685.791, Min. Vasco Della Giustina, j. 18.2.10, DJ 10.3.10).

Art. 736: 1a. v. art. 392.

Art. 736: 2. É o caso do dono de hotel que transporta gratuitamente seus hóspedes ao aeroporto.

"O transporte aparentemente gratuito de passageiro — condução de eleitores para assistir a comício — não afasta o dever de indenizar os danos ocorridos, porque nele estão embutidos outros interesses, contrários à cortesia" (RJM 175/331).

Art. 737. O transportador está sujeito aos horários[1] e itinerários previstos, sob pena de responder por perdas e danos,[1a] salvo motivo de força maior.[2-3]

Art. 737: 1. v. nota 3b ao art. 186 (configura dano moral o atraso no embarque de viagem).

S/ valor da indenização em caso de atraso no embarque de viagem, v. nota 4a ao art. 186.

Art. 737: 1a. v. arts. 402 a 405.

Art. 737: 2. v. art. 393 § ún. Em matéria de transporte ferroviário, v. art. 24 do Dec. 2.681, de 7.12.1912.

Art. 737: 3. Atraso em voo. "A ocorrência de problemas técnicos não é considerada hipótese de caso fortuito ou de força maior, mas sim fato inerente aos próprios riscos da atividade empresarial de transporte aéreo (fortuito interno), não sendo possível, pois, afastar a responsabilidade da empresa de aviação e, consequentemente, o dever de indenizar" (STJ-4ª T., Ag 1.310.356-AgRg, Min. João Otávio, j. 14.4.11, DJ 4.5.11).

Art. 738. A pessoa transportada deve sujeitar-se às normas estabelecidas pelo transportador, constantes no bilhete ou afixadas à vista dos usuários, abstendo-se de quaisquer atos que causem incômodo ou prejuízo aos passageiros, danifiquem o veículo, ou dificultem ou impeçam a execução normal do serviço.

Parágrafo único. Se o prejuízo sofrido pela pessoa transportada for atribuível à transgressão de normas e instruções regulamentares, o juiz reduzirá equitativamente a indenização, na medida em que a vítima houver concorrido para a ocorrência do dano.[1]

Art. 738: 1. v. arts. 734 e 945.

Art. 739. O transportador não pode recusar passageiros, salvo os casos previstos nos regulamentos, ou se as condições de higiene ou de saúde do interessado o justificarem.[1]

Art. 739: 1. v. CDC 39-II.

Art. 740. O passageiro tem direito a rescindir o contrato de transporte antes de iniciada a viagem, sendo-lhe devida a restituição do valor da passagem, desde que feita a comunicação ao transportador em tempo de ser renegociada.[1]

§ 1º Ao passageiro é facultado desistir do transporte, mesmo depois de iniciada a viagem, sendo-lhe devida a restituição do valor correspondente ao trecho não utilizado, desde que provado que outra pessoa haja sido transportada em seu lugar.

§ 2º Não terá direito ao reembolso do valor da passagem o usuário que deixar de embarcar, salvo se provado que outra pessoa foi transportada em seu lugar, caso em que lhe será restituído o valor do bilhete não utilizado.

§ 3º Nas hipóteses previstas neste artigo, o transportador terá direito de reter até cinco por cento da importância a ser restituída ao passageiro, a título de multa compensatória.

Art. 740: 1. v. art. 473.

Art. 741. Interrompendo-se a viagem por qualquer motivo alheio à vontade do transportador, ainda que em consequência de evento imprevisível, fica ele obrigado a concluir o transporte contratado em outro veículo da mesma categoria, ou, com a anuência do passageiro, por modalidade diferente, à sua custa, correndo também por sua conta as despesas de estada e alimentação do usuário, durante a espera de novo transporte.

Art. 742. O transportador, uma vez executado o transporte, tem direito de retenção sobre a bagagem de passageiro e outros objetos pessoais deste, para garantir-se do pagamento do valor da passagem que não tiver sido feito no início ou durante o percurso.[1]

Art. 742: 1. Para disposições similares em outros contratos, v. arts. 644 (depósito), 664 (mandato) e 708 (comissão).

Seção III | DO TRANSPORTE DE COISAS[1]

SEÇ. III: 1. s/ fretamentos no comércio marítimo, v. CCo 566 a 628.

Art. 743. A coisa, entregue ao transportador, deve estar caracterizada pela sua natureza, valor, peso e quantidade, e o mais que for necessário para que não se confunda com outras, devendo o destinatário ser indicado ao menos pelo nome e endereço.

Art. 744. Ao receber a coisa, o transportador emitirá conhecimento[1] com a menção dos dados que a identifiquem, obedecido o disposto em lei especial.
Parágrafo único. O transportador poderá exigir que o remetente lhe entregue, devidamente assinada, a relação discriminada das coisas a serem transportadas, em duas vias, uma das quais, por ele devidamente autenticada, ficará fazendo parte integrante do conhecimento.[2]

Art. 744: 1. v. arts. 745, 750, 752 e 754. S/ conhecimento no comércio marítimo, v. CCo 575 a 589.
Art. 744: 2. s/ a importância do conhecimento para o dimensionamento da responsabilidade do transportador, v. art. 750.

Art. 745. Em caso de informação inexata ou falsa descrição no documento a que se refere o artigo antecedente, será o transportador indenizado pelo prejuízo que sofrer, devendo a ação respectiva ser ajuizada no prazo de cento e vinte dias, a contar daquele ato, sob pena de decadência.

Art. 746. Poderá o transportador recusar a coisa cuja embalagem seja inadequada,[1] bem como a que possa pôr em risco a saúde das pessoas, ou danificar o veículo e outros bens.

Art. 746: 1. Lei 9.611, de 19.2.98 — Dispõe sobre o Transporte Multimodal de Cargas: "**Art. 16.** O Operador de Transporte Multimodal e seus subcontratados somente serão liberados de sua responsabilidade em razão de: ... II — inadequação da embalagem, quando imputável ao expedidor da carga".

Art. 747. O transportador deverá obrigatoriamente recusar a coisa cujo transporte ou comercialização não sejam permitidos, ou que venha desacompanhada dos documentos exigidos por lei ou regulamento.[1]

Art. 747: 1. v. CP 180.

Art. 748. Até a entrega da coisa, pode o remetente desistir do transporte e pedi-la de volta, ou ordenar seja entregue a outro destinatário, pagando, em ambos os casos, os acréscimos de despesa decorrentes da contraordem, mais as perdas e danos[1] que houver.[2]

Art. 748: 1. v. arts. 402 a 405.

Art. 748: 2. v. art. 473.

Art. 749. O transportador conduzirá a coisa ao seu destino, tomando todas as cautelas necessárias para mantê-la em bom estado e entregá-la no prazo ajustado ou previsto.[1 a 4]

Art. 749: 1. O transportador responde pela deterioração ou perda da coisa transportada, bem como pelo atraso na entrega, salvo motivo de força maior (art. 393 § ún.).

Art. 749: 2. "O **roubo da mercadoria em trânsito,** uma vez evidenciado que o transportador tomou as precauções e cautelas a que se acha obrigado, configura força maior, suscetível de excluir a sua responsabilidade" (STJ-4ª T., REsp 329.931, Min. Barros Monteiro, j. 22.10.02, DJU 17.2.03). No mesmo sentido: STJ-3ª T., REsp 772.620-EDcl-AgRg, Min. Nancy Andrighi, j. 6.12.05, DJU 19.12.05; RJTJERGS 266/301 (AP 70011676376), RIDCPC 64/184 (TRF-5ª Reg., AP 2002.81.00.020955-0).

"Transporte de carga. Roubo. Força maior. Situação previsível, porém inevitável. Ausência de comprovação do descuido por parte do transportador. Causa de exclusão da responsabilidade" (STJ-Corte Especial, ED no REsp 1.172.027, Min. Maria Thereza, j. 18.12.13, maioria, DJ 19.3.14).

"A Corte local apurou que os roubos normalmente eram efetuados por bandos fortemente armados e com mais de seis componentes, de modo que não se constata, objetivamente, negligência da transportadora, a ponto de caracterizar a sua culpa pelos eventos. Não é cabível o reconhecimento da culpa da transportadora apenas por não ter alterado unilateralmente a rota habitual, sendo certo que, na relação jurídica mercantil existente entre a segurada e a transportadora, aquela poderia ter proposto, se necessário, a sua alteração, porquanto, apesar dos roubos, foram pactuados sucessivos novos contratos de transporte de mercadorias" (STJ-4ª T., REsp 927.148, Min. Luis Felipe, j. 4.10.11, DJ 4.11.11).

"Mesmo diante de todas as precauções e cautelas possíveis, a força maior é por si mesma inevitável e irresistível e, por mais que se exija dos prestadores de serviço de transporte terrestre de mercadoria, o roubo com emprego de arma de fogo pode continuar a ocorrer, não sendo exigível a existência de escolta armada, sem a prévia estipulação contratual" (STJ-3ª T., REsp 1.660.163, Min. Nancy Andrighi, j. 6.3.18, DJ 9.3.18).

Todavia: "O transporte de malotes sob guarda de empresa contratada pela instituição financeira é de sua inteira responsabilidade, de sorte que não constitui, em tal caso, força maior o roubo de malote contendo numerário em espécie" (STJ-4ª T., REsp 965.520, Min. Aldir Passarinho Jr., j. 8.6.10, DJ 1.7.10). "Apesar de o roubo à mão armada ser um fato difícil de ser evitado nas estradas brasileiras, os seus efeitos danosos podem ser pelo menos atenuados. Previsão expressa do art. 13 da Lei 11.442/2007, estatuindo que toda operação de transporte contará com seguro contra perdas ou danos causados à carga. Manifesta previsibilidade do risco de roubo de mercadorias nas operações de transporte de carga. Caso dos autos em que a ré não adotou as cautelas que razoavelmente dela se poderia esperar para evitar ou reduzir os prejuízos patrimoniais advindos do roubo de carga, especialmente (a) a não contratação do seguro obrigatório com apólice de valor suficiente para cobrir a carga; (b) o parcelamento da carga até o limite da apólice durante a rota; (c) a comunicação à autora e à seguradora da subcontratação de terceiro para realização do serviço; (d) a comunicação da rota à seguradora para eventual utilização do rastreamento do veículo. A circunstância da adoção de rota normalmente utilizada em horário de movimento da via não é suficiente para demonstração das cautelas que razoavelmente se espera da transportadora. O padrão de conduta exigível das transportadoras tem seu fundamento também na boa-fé objetiva, com incidência dos artigos 422, 113 e 187 do Código Civil. Procedência parcial da demanda principal e procedência da denunciação da lide em face da seguradora" (STJ-3ª T., REsp 1.676.764, Min. Paulo Sanseverino, j. 23.10.18, maioria, DJ 5.11.18). "Tratando-se de roubo de carga, não se pode afastar a culpa da transportadora por caso fortuito ou força maior, quando já era previsível tal evento naquela região. Dessa forma, não pode a transportadora se eximir de tal responsabilidade por estar caracterizada a culpa, na modalidade negligência" (RT 814/227: 1º TASP, AP 834.874-1, maioria; ementa da redação). "Caminhão que deveria acompanhar outros dois, com escolta. Providência (comboio) para evitar eventual ação de criminosos. Não observada a orientação, culminando com o roubo da carga, responde a transportadora pelo risco assumido" (JTJ 339/277: AP 1.202.074-3).

Afirmando a responsabilidade do transportador em caso de **furto,** "quando comprovada a falta de diligência do preposto da transportadora na vigilância do veículo e carga suprimidos": STJ-4ª T., REsp 899.429, Min. Aldir Passarinho Jr., j. 14.12.10, DJ 17.12.10.

"A **apropriação indébita** da carga objeto do contrato de transporte, quando praticada por preposto da empresa transportadora (*in casu*, o motorista do veículo) não exonera esta de sua responsabilidade, por não configurar hipótese de força maior e evidenciar, ainda, sua culpa *in eligendo*" (STJ-3ª T., REsp 1.229.361, Min. Vasco Della Giustina, j. 12.4.11, DJ 25.4.11).

V. tb. art. 757, nota 3d.

Art. 749: 2a. "Os **Correios** são, a um só tempo, empresa pública prestadora de serviço público em sentido estrito e agente inserido no mercado, desempenhando, neste caso, típica atividade econômica e se sujeitando ao regime de direito privado. Destarte, o caso dos autos revela o exercício de atividade econômica típica, consubstanciada na prestação de serviço de 'recebimento/coleta, transporte e entrega domiciliar aos destinatários em âmbito nacional' de 'fitas de vídeo e/ou material promocional relativo a elas', por isso que os Correios se sujeitam à responsabilidade civil própria das transportadoras de carga, as quais estão isentas de indenizar o dano causado na hipótese de força maior, cuja extensão conceitual abarca a ocorrência de roubo das mercadorias transportadas. A força maior deve ser entendida, atualmente, como espécie do gênero fortuito externo, do qual faz parte também a culpa exclusiva de terceiros, os quais se contrapõem ao chamado fortuito interno. O roubo, mediante uso de arma de fogo, em regra é fato de terceiro equiparável a força maior, que deve excluir o dever de indenizar, mesmo no sistema de responsabilidade civil objetiva" (STJ-4ª T., REsp 976.564, Min. Luis Felipe, j. 20.9.12, DJ 23.10.12).

Art. 749: 3. "**Transporte aéreo** internacional **de carga.** Contrato de transporte de mercadoria. Relação de consumo. Inexistência. Indenização pelo **extravio.** Convenção de Montreal. Incidência. As limitações e tarifações de indenização estabelecidas pela convenção internacional estão ancoradas em justificativas relevantes, como: a) indispensabilidade de contratação de seguro, que seria inviabilizada pela inexistência de teto; b) compensação entre, de um lado, a limitação e, do outro, o agravamento do regime de responsabilização (inversão do ônus da prova de culpa ou mesmo imputação objetiva); c) unificação do direito, quanto aos valores indenizatórios pagos. O art. 248 do Código Brasileiro de Aeronáutica tem disposição harmoniosa com o art. 22, alínea 5, da Convenção de Montreal, que estabelece que a limitação indenizatória não se aplicará se for provado que o dano é resultado de uma ação ou omissão do transportador ou de seus prepostos, com intenção de causar dano, ou de forma temerária e sabendo que provavelmente causaria dano, sempre que, no caso de uma ação ou omissão de preposto, se prove também que este atuava no exercício de suas funções. O extravio da carga é, em todas as hipóteses, o próprio fato gerador da obrigação de indenizar do transportador, não se podendo reconhecer que, sem demonstração de dolo ou culpa grave do transportador ou de seus prepostos, possa ser afastada a aplicação da fórmula convencional, para o cálculo do montante indenizatório" (STJ-4ª T., REsp 1.341.364, Min. Luis Felipe, j. 19.4.18, DJ 5.6.18).

"Responsabilidade civil. Extravio de bagagem. Transporte aéreo internacional. Danos materiais. Convenção de Varsóvia. Incidência. Limitação da indenização" (STJ-3ª T., REsp 254.561-AgRg, Min. Ricardo Cueva, j. 5.2.19, DJ 12.2.19).

"Contrato de transporte aéreo de carga. Ação regressiva de seguradora. Segurada que não era destinatária final do serviço prestado pela empresa aérea, tratando-se de outra transportadora, despachando mercadorias de um cliente seu. Ausência de relação de consumo entre segurada e requerida. Aplicação do Código Brasileiro de Aeronáutica. Valor não declarado. Incidência da restrição de seu art. 262" (JTJ 347/245: AI 7.392.574-3).

Todavia: "Transporte aéreo de carga. Extravio das mercadorias. Código de Defesa do Consumidor. Não incidência. Contrato de transporte aéreo de mercadorias. Relação de consumo não caracterizada. Transporte de mercadorias e bens de produção. Código Brasileiro de Aeronáutica. Responsabilidade tarifada. Não incidência. Extravio. Falha da prestação de serviço. Responsabilidade regulada pelo direito comum. Reparação integral do dano, independentemente de pagamento de taxa *ad valorem*. Não caracterização de caso fortuito ou força maior. Presunção de dolo ou culpa grave da apelante" (JTJ 345/242: AP 7.002.019-4).

V. tb. Lei 8.078/90, nota 1 (no tít. CONSUMIDOR).

Art. 749: 3a. "Se o transporte da carga é efetivamente feito por um único transportador, como no caso dos autos, esse transportador **(transportador de fato)** e a empresa contratada para promover o transporte internacional da mercadoria, que subcontratou a empresa aérea **(transportador contratual)** são **solidariamente responsáveis** pelo **extravio da mercadoria** ocorrido durante o transporte" (STJ-3ª T., REsp 900.250, Min. Sidnei Beneti, j. 2.9.10, DJ 2.12.10).

Art. 749: 3b. "**Não se aplica** o prazo decadencial previsto no **art. 26 da Convenção de Varsóvia** na hipótese de **extravio de carga,** uma vez que o referido dispositivo trata da necessidade de protesto e do respectivo prazo, apenas nos casos de avaria ou atraso no recebimento da mercadoria" (STJ-3ª T., REsp 900.250, Min. Sidnei Beneti, j. 2.9.10, DJ 2.12.10).

Art. 749: 4. "Transporte de produtos químicos. Armazenamento em local não refrigerado. Violação do dever jurídico do transportador. Não caracterização. Ação improcedente. No conhecimento de transporte não há qualquer menção a temperaturas específicas, mínima e máxima, em que a carga deveria ser mantida quando de seu armazenamento. Assim, não há como se pretender que tais informações — não passadas especificamente à transportadora-ré — decorram meramente do termo 'refrigerado' constante do conhecimento de transporte" (JTJ 347/277: AP 991.04.014644-4).

Art. 750. A responsabilidade do transportador, limitada ao valor constante do conhecimento, começa no momento em que ele, ou seus prepostos, recebem a coisa; termina quando é entregue ao destinatário,[1] ou depositada em juízo,[1a] se aquele não for encontrado.[2]

Art. 750: 1. v. art. 494.
Art. 750: 1a. v. arts. 334 a 345 e CPC 539 e segs.
Art. 750: 2. v. arts. 734 § ún., 780, 927 e 944 a 950. V. tb. arts. 11 a 23 da Lei 9.611, de 19.2.98.

Art. 751. A coisa, depositada ou guardada nos armazéns do transportador, em virtude de contrato de transporte, rege-se, no que couber, pelas disposições relativas a depósito.[1]

Art. 751: 1. v. arts. 627 a 652, em especial art. 644 (direito de retenção).

Art. 752. Desembarcadas as mercadorias, o transportador não é obrigado a dar aviso ao destinatário, se assim não foi convencionado, dependendo também de ajuste a entrega a domicílio, e devem constar do conhecimento de embarque as cláusulas de aviso ou de entrega a domicílio.

Art. 753. Se o transporte não puder ser feito ou sofrer longa interrupção, o transportador solicitará, incontinênti, instruções ao remetente, e zelará pela coisa, por cujo perecimento ou deterioração responderá, salvo força maior.[1]

§ 1º Perdurando o impedimento, sem motivo imputável ao transportador e sem manifestação do remetente, poderá aquele depositar a coisa em juízo,[2] ou vendê-la, obedecidos os preceitos legais e regulamentares, ou os usos locais, depositando o valor.

§ 2º Se o impedimento for responsabilidade do transportador, este poderá depositar a coisa, por sua conta e risco, mas só poderá vendê-la se perecível.

§ 3º Em ambos os casos, o transportador deve informar o remetente da efetivação do depósito ou da venda.

§ 4º Se o transportador mantiver a coisa depositada[3] em seus próprios armazéns, continuará a responder pela sua guarda e conservação, sendo-lhe devida, porém, uma remuneração pela custódia, a qual poderá ser contratualmente ajustada ou se conformará aos usos adotados em cada sistema de transporte.

Art. 753: 1. v. art. 393 § ún.
Art. 753: 2. v. arts. 334 a 345 e CPC 539 e segs.
Art. 753: 3. v. arts. 627 a 652.

Art. 754. As mercadorias devem ser entregues ao destinatário,[1] ou a quem apresentar o conhecimento[2] endossado, devendo aquele que as receber conferi-las e apresentar as reclamações que tiver, sob pena de decadência[3-3a] dos direitos.

Parágrafo único. No caso de perda parcial ou de avaria não perceptível à primeira vista, o destinatário conserva a sua ação contra o transportador, desde que denuncie o dano em dez dias a contar da entrega.[4 a 6]

Art. 754: 1. v. art. 494.
Art. 754: 2. v. art. 744.

Art. 754: 3. v. arts. 207 a 211.

Art. 754: 3a. "Seguro de transporte de carga. Diferença de peso entre a carga embarcada e a carga desembarcada. Ausência de avarias. Extravio de peso equivalente a 1% do total da carga. Ausência de vistoria aduaneira e de protesto. Carga recebida sem qualquer ressalva. Decadência do direito de reclamar por extravio de parte da carga. Exegese do art. 754 do Código Civil. Cobrança indevida" (JTJ 347/320: AP 991.09.028795-0).

Art. 754: 4. Súmula 109 do STJ: "O reconhecimento do direito a indenização, por falta de mercadoria transportada via marítima, independe de vistoria" (v. jurisprudência s/ esta Súmula em RT 709/170 e RSTJ 70/209).

Art. 754: 5. "Uma vez dada a **ciência** imediata de avarias ou de extravios antes do prazo do art. 754 *caput* e seu parágrafo único do CC/02 **a qualquer devedor solidário,** não há a incidência da presunção de regularidade do transporte e a dívida pelo descumprimento do contrato existe. As reclamações relativas às avarias ou perdas **não exigem forma especial** para efetivação, que podem ser feitas, inclusive, no próprio conhecimento, bastando sua documentação para ilidir a presunção de regularidade do transporte. Na hipótese dos autos, o mantra de importação do Siscomex da INFRAERO supre a falta de protesto do destinatário, porque dá conta, de forma documental e antes do prazo decadencial, que a obrigação do transportador não foi cumprida regularmente, afastando a presunção do *caput* e do parágrafo único do art. 754 do CC/02" (STJ-3ª T., REsp 1.876.800, Min. Nancy Andrighi, j. 16.3.21, DJ 22.3.21).

Art. 754: 6. "O prazo decadencial de dez dias para o protesto acerca da existência de avarias (art. 754 do CC) **não** tem eficácia **contra a seguradora sub-rogada**, que está sujeita a prazo prescricional ânuo" (STJ-4ª T., Ag em REsp 1.944.117-AgInt, Min. Marco Buzzi, j. 22.2.22, DJ 14.3.22).

V. tb. art. 349, nota 3. Em matéria de: seguro, v. 786, nota 2b; fiança, v. art. 831, nota 1a.

Art. 755. Havendo dúvida acerca de quem seja o destinatário, o transportador deve depositar a mercadoria em juízo,[1] se não lhe for possível obter instruções do remetente; se a demora puder ocasionar a deterioração da coisa, o transportador deverá vendê-la, depositando o saldo[2] em juízo.[3]

Art. 755: 1. v. arts. 334 a 345 e CPC 539 e segs.

Art. 755: 2. descontadas as despesas que teve.

Art. 755: 3. v. arts. 334 a 345 e CPC 539 e segs.

Art. 756. No caso de transporte cumulativo,[1] todos os transportadores respondem solidariamente[2] pelo dano causado perante o remetente, ressalvada a apuração final da responsabilidade entre eles, de modo que o ressarcimento recaia, por inteiro, ou proporcionalmente, naquele ou naqueles em cujo percurso houver ocorrido o dano.

Art. 756: 1. v. tb. art. 733.

Art. 756: 2. v. arts. 275 a 285.

Capítulo XV | DO SEGURO[1 A 2]

Seção I | DISPOSIÇÕES GERAIS[1]

CAP. XV: 1. v. tít. SEGUROS.

CAP. XV: 1a. v. art. 777. S/ seguros marítimos, v. CCo 666 a 730.

✎ CAP. XV: 2. "Os contratos de seguro e sua função social. A revisão securitária no novo Código Civil", por Nelson Borges (RT 826/25); "O seguro de pessoa no novo Código Civil", por Guilherme Calmon Nogueira da Gama (RT 826/11); "Contrato de seguro e a regulação do sinistro", por Humberto Theodoro Jr. (RSDCPC 30/5 e RT 832/67); "Do contrato de seguro no Código Civil: noções fundamentais", por Munir Karam (RT 834/74); "O contrato de seguro e o direito das relações de consumo", por Lucas Abreu Barroso (RDPr 22/184); "O contrato de seguro à luz do Código de Defesa do Consumidor e do novo Código Civil", por Luiz Felipe Silveira Difini (Ajuris 98/195); "O dever de cooperação no contrato de seguro", por Juliana Carolina Frutuoso Bizarria (RDPr 50/143).

SEÇ. I: 1. Prescrição: art. 206 §§ 1º-II e 3º-IX. V. tb. Súmula 229 do STJ.

Art. 757. Pelo contrato de seguro, o segurador[1] se obriga, mediante o pagamento do prêmio, a garantir interesse legítimo do segurado, relativo a pessoa ou a coisa, contra riscos predeterminados.[1a a 4a]

Parágrafo único. Somente pode ser parte, no contrato de seguro, como segurador, entidade para tal fim legalmente autorizada.[5-6]

Art. 757: 1. As companhias de seguros não podem funcionar sem prévia autorização (Dec. lei 73, de 21.11.66, arts. 74 a 77).

Art. 757: 1a. s/ contratos aleatórios (caso do contrato de seguro), v. arts. 458 a 461; s/ responsabilidade do corretor de seguros pela cobertura, v. art. 775, nota 3; s/ ação de responsabilidade civil ajuizada diretamente contra o segurador do causador do dano, v. art. 927, nota 5d.

S/ cobertura de riscos e: contrato de seguro em geral, v. CDC 54, nota 2a; contrato de seguro-saúde, v. CDC 51, nota 7, e 54, nota 3.

S/ correção monetária em indenização securitária, v. LCM 1º, nota 3 **(Súmula 632 do STJ)**, no tít. CORREÇÃO MONETÁRIA.

Art. 757: 1b. Súmula 31 do STJ: "A aquisição, pelo segurado, de mais de um imóvel financiado pelo Sistema Financeiro da Habitação, situados na mesma localidade, não exime a seguradora da obrigação de pagamento dos seguros" (v. jurisprudência s/ esta Súmula em RT 672/195 e RSTJ 33/285).

Súmula 402 do STJ: "O contrato de seguro por **danos pessoais compreende os danos morais**, salvo cláusula expressa de exclusão".

"Entende-se incluída nos chamados danos corporais contratualmente cobertos, a lesão moral decorrente do sofrimento e angústia da vítima de acidente de trânsito, para fins de indenização securitária" (STJ-4ª T., AI 935.821-AgRg, Min. Aldir Passarinho Jr., j. 6.12.07, DJU 17.3.08).

"Se o contrato consignou em cláusulas distintas e autônomas os danos material, corpóreo e moral, não pode ser exigido da seguradora o pagamento por este último, se o segurado optou por não contratá-lo" (STJ-3ª T., AI 912.855-AgRg, Min. Vasco Della Giustina, j. 19.3.09, DJ 30.3.09).

"Se o contrato de seguro prevê, em cláusula distinta, a cobertura para danos morais, deve a indenização correspondente ficar limitada ao valor contratado a esse título. Somente nos casos em que a cláusula é inespecífica, referindo-se genericamente a danos corporais ou a danos pessoais, é que se pode compreender nela inclusos os danos morais" (STJ-3ª T., Ag em REsp 708.653-EDcl-AgInt-AgInt, Min. João Otávio, j. 18.8.16, DJ 25.8.16). No mesmo sentido: STJ-4ª T., Ag em REsp 979.723-AgInt, Min. Isabel Gallotti, j. 4.5.17, DJ 10.5.17.

"A apólice de seguro contra danos corporais pode excluir da cobertura tanto o dano moral quanto o dano estético, desde que o faça de maneira expressa e individualizada para cada uma dessas modalidades de dano extrapatrimonial, sendo descabida a pretensão da seguradora de estender tacitamente a exclusão de cobertura manifestada em relação ao dano moral para o dano estético, ou vice-versa, ante a nítida distinção existente entre as rubricas. Hipótese sob julgamento em que a apólice continha cobertura para danos corporais a terceiros, com exclusão expressa apenas de danos morais, circunstância que obriga a seguradora a indenizar os danos estéticos" (STJ-3ª T., REsp 1.408.908, Min. Nancy Andrighi, j. 26.11.13, DJ 19.12.13).

Art. 757: 1c. Enunciado 370 do CEJ: "Nos contratos de seguro por adesão, os riscos predeterminados indicados no art. 757, parte final, devem ser interpretados de acordo com os arts. 421, 422, 424, 759 e 799 do Código Civil e 1º, inc. III, da Constituição Federal".

Art. 757: 1d. "Uma vez **alienado o bem segurado**, o alienante não detém legitimidade, tampouco direito de reivindicar, perante a seguradora, o pagamento de indenização securitária decorrente do implemento do risco garantido contratualmente, pois **não mais** guarda, em relação ao bem, **interesse segurável legítimo**, elemento essencial à constituição do contrato de seguro e, por consectário, à perfectibilização de todos os efeitos dele emanados. Por interesse segurável legítimo, compreende-se a relação existente entre o segurado e a coisa ou a pessoa exposta ao risco, ao qual a garantia contratada objetiva assegurar" (STJ-3ª T., REsp 1.739.971, Min. Marco Bellizze, j. 23.4.19, DJ 26.4.19).

V. tb. art. 884, nota 5a.

Art. 757: 1e. "Conhecida e comprovada situação de invalidez anterior à celebração da avença, é nula a estipulação de cobertura securitária quando **impossível o advento do risco** ao qual se pretendia acobertar. **Nulidade** absoluta que produz efeitos *ex tunc*" (STJ-4ª T., REsp 1.005.495, Min. João Otávio, j. 4.8.11, DJ 12.9.11).

Art. 757: 1f. "O sinistro, na garantia de invalidez permanente por acidente, nem sempre ocorrerá de modo instantâneo, visto que entre a data do infortúnio e a consolidação da invalidez dele decorrente poderá transcorrer período considerável de tempo, às vezes até ultrapassando o lapso de vigência da apólice. Todavia, esse interregno não eximirá a responsabilização da seguradora cujo contrato vigia quando da ocorrência do acidente, ou seja, do sinistro. A seguradora que tinha apólice vigente na data da ocorrência do acidente pessoal é a legítima para figurar no polo passivo de demanda que busca a indenização securitária fundada na cobertura IPA. Logo, não possui legitimidade passiva *ad causam* a seguradora detentora da apólice válida apenas no dia da constatação da incapacidade laboral (realização da perícia médica ou concessão da aposentadoria por invalidez), quando já ocorrido o sinistro" (STJ-3ª T., REsp 1.191.204, Min. Ricardo Cueva, j. 2.9.14, DJ 11.9.14).

Art. 757: 2. "Se a morte resultou do esforço físico do segurado para se defender de uma agressão, ainda que na certidão de óbito conste 'enfarto agudo do miocárdio', não há como se qualificar tal sinistro como **'morte natural'**. É **acidental** a morte resultante de entrevero que acirrou deficiência orgânica apresentada pela vítima" (STJ-3ª T., REsp 782.684, Min. Gomes de Barros, j. 14.2.08, DJU 13.3.08).

"A lesão acidental no baço da paciente durante cirurgia bariátrica (cirurgia de redução de estômago), causadora da infecção generalizada que resultou no óbito da segurada, constitui morte acidental, para fins securitários, e não morte natural" (STJ-4ª T., REsp 1.184.189, Min. Isabel Gallotti, j. 15.3.12, DJ 23.3.12).

"Morte do segurado. Choque séptico pós-operatório. Cirurgia bariátrica. Acidente pessoal. Caracterização. Infecção decorrente de trauma físico. Constatada a morte acidental do segurado, ocasionada por infecção, septicemia ou embolia, resultante de ferimento visível causado em decorrência de acidente coberto (evento externo, súbito, involuntário, violento e lesionante), é de ser reconhecido o direito à indenização securitária decorrente da garantia morte por acidente" (STJ-3ª T., REsp 1.673.368, Min. Ricardo Cueva, j. 15.8.17, DJ 22.8.17).

"Os microtraumas sofridos pelo operário, quando exposto a esforços repetitivos no ambiente de trabalho, incluem-se no conceito de acidente pessoal definido no contrato de seguro" (STJ-4ª T., REsp 324.197, Min. Barros Monteiro, j. 23.11.04, DJU 14.3.05). No mesmo sentido: RT 872/275 (TJBA, AP 8306-3/2007).

Todavia: "O seguro de vida difere do seguro de acidentes pessoais. No primeiro, a cobertura de morte abarca causas naturais e também causas acidentais; já no segundo, apenas os infortúnios causados por acidente pessoal, a exemplo da morte acidental, são garantidos. Para fins securitários, a morte acidental evidencia-se quando o falecimento da pessoa decorre de acidente pessoal, sendo este definido como um evento súbito, exclusivo e diretamente externo, involuntário e violento. Já a morte natural configura-se por exclusão, ou seja, por qualquer outra causa, como as doenças em geral, que são de natureza interna, feita exceção às infecções, aos estados septicêmicos e às embolias resultantes de ferimento visível causado em decorrência de acidente coberto (Resolução CNSP 117/2004). Apesar da denominação 'acidente vascular cerebral', o AVC é uma patologia, ou seja, não decorre de causa externa, mas de fatores internos e de risco da saúde da própria pessoa que levam à sua ocorrência. Contratado o seguro de acidentes pessoais (garantia por morte acidental), não há falar em obrigação da seguradora em indenizar o beneficiário quando a morte do segurado é decorrente de causa natural, a exemplo da doença conhecida como acidente vascular cerebral (AVC), desencadeada apenas por fatores internos à pessoa" (STJ-3ª T., REsp 1.443.115, Min. Ricardo Cueva, j. 21.10.14, DJ 28.10.14).

"Ação de cobrança. Seguro de vida. Cobertura por morte acidental. Tromboembolismo pulmonar pós-cirúrgico. Ausência de elemento externo. Morte natural. Ausência de cobertura. Definida a causa da morte como decorrente de tromboembolismo pulmonar pós-operatório, e depreendendo-se dos fatos incontroversos nos autos que a cirurgia a que foi submetida a segurada, histerectomia total, ocorreu dentro do esperado, sem nenhuma intercorrência ou incidente que possa ter contribuído para a morte da paciente, não se tem por caracterizada, nos termos da legislação securitária, a morte acidental" (STJ-4ª T., REsp 1.284.847, Min. Raul Araújo, j. 28.3.17, DJ 3.4.17).

Art. 757: 2a. "Não é nula a cláusula de exclusão de riscos constante em contrato de seguro de vida, diante do equilíbrio da mutualidade que deve reger os contratos dessa natureza. Se do contrato de seguro consta, expressamente, que estão excluídos da cobertura os eventos ocorridos em consequência de acidentes decorrentes da prática profissional ou amadora de esportes nos quais o segurado se exponha a algum tipo de risco, como o voo livre, ultraleve, paraquedismo, *body jumping*, competições em veículos motorizados, etc., evidentemente que a morte ocorrida em consequência de acidente em voo de *paraglider* não pode merecer recebimento de indenização securitária" (RT 904/273: TJSP, AP 992.02.052903-0).

Todavia: "Seguro de acidentes pessoais. Contrato de adesão. Exclusão de cobertura. Cláusulas genéricas e abstratas. Interesse legítimo do consumidor-aderente. Desvantagem exagerada. É abusiva a exclusão do seguro de acidentes pessoais em contrato de adesão para as hipóteses de: i) gravidez, parto ou aborto e suas consequências; ii) perturbações e intoxicações alimentares de qualquer espécie; e iii) todas as intercorrências ou complicações consequentes da realização de exames, tratamentos clínicos ou cirúrgicos" (STJ-3ª T., REsp 1.635.238, Min. Nancy Andrighi, j. 11.12.18, DJ 13.12.18).

Art. 757: 3. "**Seguro viagem**. Autora que sofreu uma queda no metrô de Paris, um dia antes do retorno ao Brasil, tendo fraturado o punho esquerdo. Atendimento médico devidamente realizado no exterior custeado pela seguradora recorrida. Alta médica realizada algumas horas antes do voo de retorno. Ciência da viagem pelo médico local, que, após a realização de exames clínicos e de radiografia, imobilizou o braço da segurada e recomendou consulta com cirurgião no país de residência. Continuidade do tratamento médico realizado no Brasil. Exclusão de cobertura. O contrato de seguro viagem abrange, como regra, apenas as despesas médico-hospitalares limitadas ao tratamento de urgência ou emergência do segurado, até a sua efetiva estabilização, a fim de que possa continuar a viagem ou retornar ao local de sua residência com segurança. Logo, é da natureza da respectiva avença que, caso haja a necessidade de continuação do tratamento médico no país de residência do contratante, após a alta médica dada pelo hospital que prestou o atendimento no exterior, as despesas daí decorrentes não estarão cobertas pelo respectivo seguro, salvo disposição contratual em sentido diverso" (STJ-3ª T., REsp 1.984.264, Min. Marco Bellizze, j. 7.6.22, DJ 14.6.22).

"Se a administradora de cartões de crédito oferece cobertura securitária para os sinistros em que se envolva o consumidor no percurso de viagem feita mediante aquisição de passagem com o cartão, não se pode obrigar a seguradora a indenizar sinistro ocorrido após concluído esse percurso. Ou seja, tendo, na hipótese dos autos, o consumidor adquirido passagem de trem para se deslocar dentro da Europa, não há como condenar-se a administradora a indenizar acidente acontecido depois, durante viagem de automóvel que ele fazia nesse mesmo continente europeu. A alegação de que a administradora do cartão de crédito não prestou as informações adequadas sobre o produto que comercializava é desmentida pelos próprios termos da petição inicial, na qual o consumidor transcreve literalmente uma comunicação que recebeu, dando conta de que o seguro oferecido se referia apenas ao percurso de viagem" (STJ-3ª T., REsp 947.968, Min. Nancy Andrighi, j. 6.3.08, DJ 5.8.08).

Art. 757: 3a. "A hipótese narrada nos autos demonstra que não se trata de mero agravamento de riscos contratados, mas sim de causa de exclusão de cobertura securitária por expressa previsão contratual. A **condução de veículo por pessoa menor de idade** e, consequentemente, sem habilitação, é um risco que a seguradora não se comprometeu a cobrir, sendo que eventual exigência de cumprimento de algo que não fora pactuado inevitavelmente violará o princípio do *pacta sunt servanda*" (STJ-4ª T., Ag em REsp 1.533.368-AgInt, Min. Luis Felipe, j. 21.9.20, DJ 29.9.20).

V. tb. arts. 766, nota 3, e 768, nota 2b.

Art. 757: 3b. "O contrato de seguro tem por objeto a cobertura de riscos predeterminados, os quais, tratando-se de seguro de automóvel, são aqueles decorrentes de acidentes, furtos, roubos e quejandos; o risco resultante da falta de devolução ao segurado de veículo que emprestou a um amigo não é inerente ao seguro de automóvel, e a seguradora só estaria obrigada a indenizar esse sinistro se estivesse coberto por outro seguro, o de fidelidade" (STJ-3ª T., REsp 917.356, Min. Ari Pargendler, j. 17.6.08, dois votos vencidos, DJ 22.8.08).

"Conduta de ex-empregado que não devolve ao empregador veículo utilizado no trabalho não se assemelha a furto ou roubo. Legítima a negativa de cobertura pela seguradora" (STJ-4ª T., REsp 1.177.479, Min. Antonio Ferreira, j. 15.5.12, maioria, DJ 19.6.12).

Todavia: "Violação ao art. 757 do CC. Cobertura securitária. Predeterminação de riscos. Cláusula contratual remissiva a conceitos de direito penal (furto e roubo). Segurado vítima de extorsão. Tênue distinção entre o delito do art. 157 do CP e o tipo do art. 158 do mesmo Codex. Critério do entendimento do homem médio. Relação contratual submetida às normas do Código de Defesa do Consumidor. Dever de cobertura caracterizado" (STJ-4ª T., REsp 1.106.827, Min. Marco Buzzi, j. 16.10.12, DJ 23.10.12).

Art. 757: 3c. "Pagos os prêmios pelo segurado e cumpridos os demais elementos do contrato de **seguro de automóvel**, a seguradora **não pode condicionar**, no caso de perda total, o pagamento da indenização securitária à apresentação de documento que comprove a **quitação do financiamento** e a baixa do gravame do veículo gravado com cláusula de alienação fiduciária, sob pena de esvaziamento da própria finalidade do contrato (art. 757 do CC), contrariando, ainda, a boa-fé objetiva" (STJ-3ª T., REsp 1.903.931, Min. Ricardo Cueva, j. 4.10.22, DJ 10.10.22).

Art. 757: 3d. No sentido de que, uma vez condicionada a cobertura securitária à utilização de escolta especializada por ocasião do transporte de certas mercadorias, fica a seguradora isenta de cobrir eventos danosos suportados pela transportadora que se omitiu na contratação dessa escolta: STJ-3ª T., REsp 763.648, Min. Castro Filho, j. 14.6.07, um voto vencido, DJU 1.10.07. No mesmo sentido: JTJ 339/274 (AP 1.199.939-2).

Em matéria de eventos danosos por ocasião do transporte de coisas, v. tb. art. 749, nota 2.

Art. 757: 3e. "Contrato de seguro. **Roubo** ocorrido **em hotel**. Cláusula contratual que prevê a cobertura securitária para bens de hóspedes somente com relação aos que estiverem depositados no **cofre** central do hotel. Exclusão expressa dos bens que estiverem no interior dos cofres dos apartamentos. Ausência de responsabilidade da seguradora. Indenização securitária indevida" (STJ-3ª T., REsp 1.678.221, Min. Nancy Andrighi, j. 27.2.18, DJ 2.3.18).

Art. 757: 4. "O cumprimento de obrigação civil legal resultante de contrato de seguro não fica afastado pela aplicação de cláusulas de exceção que de sobremaneira favorecem a empresa seguradora, isentando-a da responsabilidade sobre o risco assumido quando, ao vistoriar as dependências do banco, não fez restrições às condições de segurança nem, ulteriormente, durante a vigência da cobertura, tampouco preocupou-se em fiscalizar a manutenção adequada do sistema de segurança, apontando eventuais vícios que poderiam autorizar a rescisão da avença ou exumi-la de cobrir o sinistro, caracterizado pelo furto de valores dentro das instalações da instituição" (STJ-4ª T., REsp 442.751, Min. Aldir Passarinho Jr., j. 11.12.07, DJU 25.2.08).

Art. 757: 4a. "O seguro de RC D&O (*Directors and Officers Insurance*) tem por objetivo garantir o risco de eventuais prejuízos causados por **atos de gestão de diretores, administradores e conselheiros** que, na atividade profissional, agiram com culpa (Circular/SUSEP 541/2016). Preservação não só do patrimônio individual dos que atuam em cargos de direção (segurados), o que incentiva práticas corporativas inovadoras, mas também do patrimônio social da empresa tomadora do seguro e de seus acionistas, já que serão ressarcidos de eventuais danos. A apólice do seguro de RC D&O não pode cobrir atos dolosos, principalmente se cometidos para favorecer a própria pessoa do administrador, o que evita forte redução do grau de diligência do gestor ou a assunção de riscos excessivos, a comprometer tanto a atividade de *compliance* da empresa quanto as boas práticas de governança corporativa. Aplicação dos arts. 757 e 762 do CC. Considera-se *insider trading* qualquer operação realizada por um *insider* (diretor, administrador, conselheiro e pessoas equiparadas) com valores mobiliários de emissão da companhia, em proveito próprio ou de terceiro, com base em informação relevante ainda não revelada ao público. É uma prática danosa ao mercado de capitais, aos investidores e à própria sociedade anônima, devendo haver repressão efetiva contra o uso indevido de tais informações privilegiadas (arts. 155, § 1º, e 157, § 4º, da Lei 6.404/1976 e 27-D da Lei 6.385/1976). O seguro de RC D&O somente possui cobertura para (i) atos culposos de diretores, administradores e conselheiros (ii) praticados no exercício de suas funções (atos de gestão). Em outras palavras, atos fraudulentos e desonestos de favorecimento pessoal e **práticas dolosas** lesivas à companhia e ao mercado de capitais, a exemplo do *insider trading*, não estão abrangidos na garantia securitária" (STJ-3ª T., REsp 1.601.555, Min. Ricardo Cueva, j. 14.2.17, DJ 20.2.17).

V. tb. CDC 2º, nota 2.

Art. 757: 5. Enunciado 185 do CEJ: "A disciplina dos seguros do Código Civil e as normas da previdência privada que impõem a contratação exclusivamente por meio de entidades legalmente autorizadas não impedem a formação de grupos restritos de ajuda mútua, caracterizados pela autogestão".

Art. 757: 6. "Pela própria descrição contida no aresto impugnado, verifica-se que a recorrida não pode se qualificar como **'grupo restrito de ajuda mútua'**, dadas as características de típico contrato de seguro, além de que o serviço intitulado de 'proteção automotiva' é aberto a um grupo indiscriminado e indistinto de interessados, o que resulta em violação do dispositivo do art. 757 do Código Civil/2002, bem como dos arts. 24, 78 e 113 do Decreto-Lei n. 73/1966. Não se está afirmando que a requerida não possa se constituir em 'grupo restrito de ajuda mútua', mas tal somente pode ocorrer se a parte se constituir em conformidade com o disposto no Decreto-Lei n. 2.063/1940 e legislação correlata, obedecidas às restrições que constam de tal diploma legal e nos termos estritos do Enunciado n. 185 da III Jornada de Direito Civil do Conselho da Justiça Federal" (STJ-2ª T., REsp 1.616.359, Min. Og Fernandes, j. 21.6.18, DJ 27.6.18; no caso, a Associação Mineira de Proteção e Assistência Automotiva foi proibida de comercializar contrato com natureza de seguro).

Art. 758. O contrato de seguro prova-se com a exibição da apólice ou do bilhete do seguro, e, na falta deles, por documento comprobatório do pagamento do respectivo prêmio.[1-2]

Art. 758: 1. "O art. 758 do Código Civil não confere à emissão da apólice a condição de requisito de existência do contrato de seguro, tampouco eleva tal documento ao degrau de prova tarifada ou única capaz de atestar a celebração da avença. É fato notório que o contrato de seguro é celebrado, na prática, entre a corretora e o segurado, de modo que a seguradora não manifesta expressamente sua aceitação quanto à proposta, apenas a recusa ou emite, diretamente, a apólice do seguro, enviando-a ao contratante, juntamente com as chamadas condições gerais do seguro. Bem a propósito dessa praxe, a própria Susep disciplinou que a ausência de manifestação por parte da seguradora, no prazo de 15 (quinze) dias, configura aceitação tácita da cobertura do risco, conforme dispõe o art. 2º, *caput* e § 6º, da Circular Susep 251/2004. Com efeito, havendo essa prática no mercado de seguro, a qual, inclusive, recebeu disciplina normativa pelo órgão regulador do setor, há de ser aplicado o art. 432 do Código Civil, segundo o qual 'se o negócio for daqueles em que não seja costume a aceitação expressa, ou o proponente a tiver dispensado, reputar-se-á concluído o contrato, não chegando a tempo a recusa'. Na mesma linha, o art. 111 do Estatuto Civil preceitua que 'o silêncio importa anuência, quando as circunstâncias ou os usos o autorizarem, e não for necessária a declaração de vontade expressa'. No caso, não havendo nenhuma indicação de fraude e tendo o sinistro ocorrido efetivamente após a contratação junto à corretora de seguros, ocasião em que o consumidor firmou autorização de pagamento do prêmio mediante débito em conta, se em um prazo razoável não houve recusa da seguradora, só tendo havido muito tempo depois e exclusivamente em razão do sinistro noticiado, há de considerar-se aceita a proposta e plenamente aperfeiçoado o contrato. Deveras, vulnera os deveres de boa-fé contratual a inércia da seguradora em aceitar expressamente a contratação, vindo a recusá-la somente depois da notícia de ocorrência do sinistro e exclusivamente em razão disso" (STJ-4ª T., REsp 1.306.367, Min. Luis Felipe, j. 20.3.14, DJ 5.5.14).

Todavia: "O contrato de seguro, para ser concluído, necessita passar, comumente, por duas fases: i) a da proposta, em que o segurado fornece as informações necessárias para o exame e a mensuração do risco, indispensável para a garantia do interesse segurável, e ii) a da recusa ou aceitação do negócio pela seguradora, ocasião em que emitirá, nessa última hipótese, a apólice. A proposta é a manifestação da vontade de apenas uma das partes e, no caso do seguro, deverá ser escrita e conter a declaração dos elementos essenciais do interesse a ser garantido e do risco. Todavia, apesar de obrigar o proponente, não gera por si só o contrato, que depende de consentimento recíproco de ambos os contratantes. A seguradora, recebendo a proposta, terá o prazo de até 15 (quinze) dias para recusá-la, caso contrário, o silêncio importará em aceitação tácita (cf. Circular Susep 251/2004). No contrato de seguro de automóvel, o início da vigência será a partir da realização da vistoria, exceto para os veículos zero quilômetro ou quando se tratar de renovação do seguro na mesma sociedade seguradora, pois, nessas situações, a vigência será a partir da data da recepção da proposta pelo ente segurador (art. 8º, *caput* e § 1º, da Circular Susep 251/2004). Para que o contrato de seguro se aperfeiçoe, são imprescindíveis o envio da proposta pelo interessado ou pelo corretor e o consentimento, expresso ou tácito, da seguradora, mesmo sendo dispensáveis a apólice ou o pagamento de prêmio. Não há contrato de seguro se o particular envia a proposta após ocorrido o sinistro (a exemplo de furto de veículo), visto que não há a manifestação da vontade em firmar a avença em tempo hábil, tampouco existe a concordância, ainda que tácita, da seguradora. Além disso, nessa hipótese, quando o proponente decidiu ultimar a avença, já não havia mais o objeto do contrato (interesse segurável ou risco futuro)" (STJ-3ª T., REsp 1.273.204, Min. Ricardo Cueva, j. 7.10.14, DJ 28.10.14).

Art. 758: 2. "Embora o art. 758 do Código Civil faça alusão à apólice, bilhete ou pagamento do prêmio como meios de prova do contrato de seguro, é certo também que não exclui outras formas aptas à comprovação da relação securitária. Vale dizer que a citada norma indica que se considera provado o contrato de seguro mediante a exibição da apólice, bilhete ou pagamento do prêmio, não se excluindo, aprioristicamente, outros tipos de prova. No caso concreto, é incontroversa a juntada de documentação robusta a comprovar as alegações da seguradora autora: recibo de pagamento da indenização feito ao beneficiário do seguro, certificado de registro do veículo já em nome da seguradora com autorização de transferência do 'salvado' à compradora, autorização assinada pela segurada para que a seguradora transportasse o veículo, reconhecendo tratar-se de objeto de indenização, laudos, aviso de sinistro (no qual consta o número da apólice e demais dados relativos ao veículo e ao acidente), entre outros. Com efeito, há farta documentação — toda ela reconhecida pelas instâncias ordinárias — que comprova a participação efetiva da segurada nos trâmites para o acionamento do seguro, atestam o pagamento da indenização e liberação do salvado, mostrando-se infundada a dúvida acerca da sub-rogação em benefício da autora" (STJ-4ª T., REsp 1.130.704, Min. Luis Felipe, j. 19.3.13, DJ 17.4.13).

Art. 759. A emissão da apólice deverá ser precedida de proposta[1] escrita com a declaração dos elementos essenciais do interesse a ser garantido e do risco.[2]

Art. 759: 1. v. arts. 427 a 435.

Art. 759: 2. Lei 7.565, de 19.12.86 — Dispõe sobre o Código Brasileiro de Aeronáutica (Lex 1986/1.285, RF 296/483):

"**Art. 285.** Sob pena de nulidade da cláusula, nas apólices de seguro de vida ou de seguro de acidente, não poderá haver exclusão de riscos resultantes do transporte aéreo.

"Parágrafo único. Em se tratando de transporte aéreo, as apólices de seguro de vida ou de seguro de acidentes não poderão conter cláusulas que apresentem taxas ou sobretaxas maiores que as cobradas para os transportes terrestres".

Art. 760. A apólice ou o bilhete de seguro serão nominativos,[1] à ordem ou ao portador,[1a] e mencionarão os riscos assumidos, o início e o fim de sua validade,[1b] o limite da garantia e o prêmio devido, e, quando for o caso, o nome do segurado e o do beneficiário.[2]

Parágrafo único. No seguro de pessoas, a apólice ou o bilhete não podem ser ao portador.

Art. 760: 1. i. e., que indicam o nome do segurado e do beneficiário.

Art. 760: 1a. s/ transferência do contrato de seguro, v. art. 785.

Art. 760: 1b. v. art. 774.

Art. 760: 2. v. arts. 791 a 793.

Art. 761. Quando o risco for assumido em cosseguro,[1-2] a apólice indicará o segurador que administrará o contrato e representará os demais, para todos os seus efeitos.

Art. 761: 1. i. e., quando diversas seguradoras forem contratadas pelo segurado para a assunção do risco.

Art. 761: 2. "Se a cobertura securitária era limitada a determinado percentual do todo garantido, a existência de outro seguro cobrindo o restante, embora não seja tipicamente um cosseguro por refugir às formalidades da espécie (alinhamento de seguradoras e escolha de seguradora líder), distancia-se, por outro lado, da hipótese de duplicidade de seguro que obstaria o pagamento da indenização, que se postula, aqui, apenas em proporção à cobertura convencionada" (STJ-4ª T., REsp 442.751, Min. Aldir Passarinho Jr., j. 11.12.07, DJU 25.2.08).

Art. 762. Nulo[1] será o contrato para garantia de risco proveniente de ato doloso[2] do segurado,[3] do beneficiário, ou de representante de um ou de outro.

Art. 762: 1. s/ nulidade dos seguros marítimos, v. CCo 677 a 680.

Art. 762: 2. s/ dolo, v. arts. 145 a 150.

Art. 762: 3. s/ ato doloso do segurado, v. art. 757, nota 4a; s/ suicídio do segurado, v. art. 798 § ún.

Art. 763. Não terá direito a indenização o segurado que estiver em mora no pagamento do prêmio, se ocorrer o sinistro antes de sua purgação.[1 a 4]

Art. 763: 1. "O inadimplemento no pagamento do prêmio no contrato de seguro em face do novo Código Civil", por Virginia Duarte Deda de Abreu (RT 824/24).

Art. 763: 2. s/ mora e sua purgação, v. arts. 394 a 401, especialmente este último; s/ seguro-saúde, v. CDC 51, nota 7.

Art. 763: 2a. Enunciado 371 do CEJ: "A mora do segurado, sendo de escassa importância, não autoriza a resolução do contrato, por atentar ao princípio da boa-fé objetiva".

Enunciado 376 do CEJ: "Para efeito de aplicação do art. 763 do Código Civil, a resolução do contrato depende de prévia interpelação".

Art. 763: 3. "Conforme a teoria da aparência, o fato de ser o corretor de seguros profissional autônomo não retira a responsabilidade da seguradora, porquanto aquele é mero representante desta, por ela autorizado a celebrar contratos em seu nome. Em sendo assim, válido é o pagamento realizado pelo apelado diretamente à corretora de seguros vinculada à apelante" (RJM 176-177/123).

"O segurado, agindo com boa-fé, não pode ser penalizado quando o corretor não repassar as parcelas do prêmio à seguradora" (STJ-4ª T., Ag 1.369.356-AgRg, Min. João Otávio, j. 4.8.11, DJ 16.8.11).

Art. 763: 3a. Súmula 616 do STJ: "A indenização securitária é devida quando ausente a **comunicação prévia** do segurado acerca do atraso no pagamento do prêmio, por constituir requisito essencial para a suspensão ou resolução do contrato de seguro".

"'O mero atraso no pagamento de prestação do prêmio de seguro não importa em desfazimento automático do contrato, para o que se exige, ao menos, a prévia constituição em mora do contratante pela seguradora, mediante interpelação' (REsp 316.552, Min. Aldir Passarinho Jr., DJU 12.4.04). Caso em que o requisito foi cumprido pela seguradora ante o atraso de três meses por parte do segurado, que não efetuou a purgação da mora antes do sinistro que o vitimou fatalmente, levando ao cancelamento do contrato que, por outro lado, não pode ser revigorado após o óbito, com a quitação das parcelas em atraso pelos herdeiros beneficiários" (STJ-4ª T., REsp 650.938, Min. Aldir Passarinho Jr., j. 28.4.09, DJ 1.6.09).

"O simples atraso no pagamento do prêmio não implica suspensão ou cancelamento automático da cobertura securitária, fazendo-se necessária a constituição em mora do segurado, por intermédio de interpelação específica" (STJ-4ª T., REsp 943.289-AgRg, Min. Massami Uyeda, j. 1.4.08, DJU 14.4.08). No mesmo sentido: STJ-3ª T., AI 1.100.993-AgRg, Min. Sidnei Beneti, j. 16.4.09, DJ 6.5.09.

"As cláusulas contratuais devem ser interpretadas de maneira mais favorável ao consumidor, de modo que é necessária a prévia notificação do segurado, que se encontra inadimplente, a fim de constituição em mora, para, aí sim, ser aplicado o disposto no art. 763 do CC" (RT 870/365; a citação é do voto do relator).

"Para que possa ocorrer a rescisão ou suspensão da cobertura securitária em razão do inadimplemento do segurado, imprescindível é a notificação do consumidor, para que este possa purgar a mora ou, se assim preferir, tomar as providências para o fim da cobertura" (RJM 176-177/123).

Todavia: "Normalmente, para que se caracterize mora no pagamento de prestações relativas ao prêmio é necessária a interpelação do segurado. Mero atraso não basta para desconstituir a relação contratual. A cláusula de cancelamento do seguro sem prévia notificação deixa de ser abusiva, se o segurado permanece em mora há mais de 15 (quinze) meses. Em homenagem à boa-fé e à lógica do razoável, atraso superior a um ano não pode ser qualificado como 'mero atraso no pagamento de prestação do prêmio do seguro' (REsp 316.552). A ausência de interpelação por parte da seguradora não assegura, no caso, o direito à indenização securitária" (STJ-3ª T., REsp 842.408, Min. Gomes de Barros, j. 16.11.06, DJU 4.12.06).

Contra: "A indenização era indevida, no caso concreto, não porque o contrato havia de ser reputado cancelado, mas sim porque a cobertura ficou suspensa a partir da data em que o segurado deixou de pagar a parcela do prêmio. Note-se que esse efeito independia de formal notificação do segurado, bastando o fato objetivo de o prêmio não ter sido pago" (JTJ 324/635: AP 1.083.710-0/0; a citação é do voto do relator).

Art. 763: 4. "O contrato de previdência privada com plano de pecúlio por morte se assemelha ao seguro de vida, podendo também as normas aplicáveis às sociedades seguradoras estender-se, no que couber, às entidades abertas de previdência privada (art. 73, LC n. 109/2001). Portanto, à pretensão de recebimento de pecúlio devido por morte, aplica-se a jurisprudência da Segunda Seção relativa a contratos de seguro, segundo a qual 'o mero atraso no pagamento de prestação do prêmio do seguro não importa em desfazimento automático do contrato, para o que se exige, ao menos, a prévia constituição em mora do contratante pela seguradora, mediante interpelação'" (STJ-4ª T., REsp 877.965, Min. Luis Felipe, j. 22.11.11, DJ 1.2.12).

Art. 764. Salvo disposição especial,[1] o fato de se não ter verificado o risco, em previsão do qual se faz o seguro, não exime o segurado de pagar o prêmio.[2]

Art. 764: 1. v. CCo 642 e 684.

Art. 764: 2. v. art. 773.

Art. 765. O segurado e o segurador são obrigados a guardar na conclusão e na execução do contrato, a mais estrita boa-fé[1-2] e veracidade, tanto a respeito do objeto como das circunstâncias e declarações a ele concernentes.

Art. 765: 1. v. arts. 762, 766, 768, 769-*caput*, 773.

Art. 765: 2. "Em virtude dos deveres anexos (notadamente os da informação, cooperação e proteção) deflagrados pelos princípios da função social do contrato e da boa-fé objetiva, cumpre à seguradora demonstrar, de forma cabal, que deixou lúcido para o segurado o que vem a ser doença preexistente, bem como as implicações jurídicas dela decorrentes. Impera no ordenamento jurídico pátrio a presunção da boa-fé, não sendo admissível cogitar-se de má-fé ou de dolo se inexistirem nos autos provas robustas nesse sentido" (RJM 186/187: AP 1.0313.04.148487-1/001).

Art. 766. Se o segurado, por si ou por seu representante, fizer declarações inexatas ou omitir circunstâncias que possam influir na aceitação da proposta ou na taxa do prêmio, perderá o direito à garantia, além de ficar obrigado ao prêmio vencido.[1 a 7]

Parágrafo único. Se a inexatidão ou omissão nas declarações não resultar de má-fé do segurado, o segurador terá direito a resolver o contrato, ou a cobrar, mesmo após o sinistro, a diferença do prêmio.

Art. 766: 1. v. arts. 147 (omissão intencional) e 765, nota 2 (boa-fé e doença preexistente).

Art. 766: 2. Em matéria de **seguro de vida**, "a doença preexistente pode ser oposta pela seguradora ao segurado apenas se houver prévio exame médico ou prova inequívoca da má-fé do segurado" (STJ-3ª T., AI 818.443-AgRg, Min. Nancy Andrighi, j. 1.3.07, DJU 19.3.07; no caso, o direito ao seguro foi reconhecido). No mesmo sentido: JTJ 320/630 (AP 1.058.486-0/7).

"Se a seguradora, em contrato típico de adesão, aceita a proposta e firma com o proponente contrato de seguro sem lhe exigir atestado de saúde ou submetê-lo a exames, a fim de verificar sua real condição física, deve suportar o risco do negócio, notadamente quando fica comprovado que este não agiu de má-fé" (STJ-4ª T., Ag em REsp 309.469-AgRg, Min. Raul Araújo, j. 7.8.14, DJ 26.8.14).

"Cabe ao segurador provar, para exonerar-se do pagamento da indenização, não só que o segurado já sofria da moléstia que deu causa à invalidez total e permanente, como também a omissão intencional e maliciosa do fato, que não admite presunção" (JTJ 327/466: AP 1.096.581-0/0).

"Excepcionalmente, a omissão do segurado não é relevante quando contrata seguro e mantém vida regular por vários anos, demonstrando que possuía, ainda, razoável estado de saúde quando da contratação da apólice. Aufere vantagem manifestamente exagerada, de forma abusiva e em contrariedade à boa-fé objetiva, o segurador que, após mais de duas décadas recebendo os prêmios devidos pelo segurado, nega cobertura, sob a alegação de que se trata de doença preexistente" (STJ-3ª T., REsp 913.120-AgRg, Min. Sidnei Beneti, j. 5.8.10, DJ 17.8.10).

"As causas diretas do óbito foram embolia pulmonar, insuficiência respiratória e infecção respiratória, decorrentes de tratamento de fratura no fêmur. A circunstância de haver doença preexistente que fragilizava a saúde do segurado (hepatopatia crônica), doença esta não informada quando da contratação da apólice, mesmo que tenha contribuído indiretamente para a morte, não exime a seguradora de honrar sua obrigação em caso de óbito cuja causa direta não foi a doença omitida" (STJ-4ª T., REsp 765.471, Min. Isabel Gallotti, j. 6.12.12, DJ 7.3.13).

"Quando se tratar de morte acidental e não de morte natural por doença, o silêncio do segurado acerca da enfermidade preexistente no questionário de risco não enseja a aplicação da pena do art. 766 do CC, já que a informação sonegada em nada concorreu para a ocorrência do dano, não guardando relação com o sinistro gerado" (STJ--3ª T., REsp 1.673.368, Min. Ricardo Cueva, j. 15.8.17, DJ 22.8.17).

"Inobstante a omissão do segurado sobre padecer de alcoolismo quando da contratação, não se configura má-fé se o contratante demonstrou que possuía, ainda, razoável estado de saúde quando da realização da avença original, renovada sucessivas vezes, somente vindo a se aposentar por invalidez muitos anos após" (STJ-4ª T., REsp 708.209, Min. Aldir Passarinho Jr., j. 12.9.06, DJU 16.10.06).

"Em que pese ser o alcoolismo considerado doença, tal circunstância ainda não restou assimilada no senso comum, principalmente aos consumidores crônicos de bebida alcoólica, não podendo presumir-se ter agido o segurado de má-fé ao não referir sua condição de alcoólatra quando da celebração da apólice" (RJTJERGS 269/158: EI 70024318982, maioria).

"Seguro de vida e acidentes pessoais. Cobrança. A hipertensão arterial é situação fisiopatológica tida como controlada, não exatamente caracterizada como doença, o que desconfigura a suposta má-fé da viúva-autora. Não demonstrada a alegada má-fé da segurada principal, sendo o ônus da prova da seguradora, correto o pagamento da indenização securitária" (RT 869/244).

"Caso concreto em que o quesito da declaração de saúde indagava acerca da submissão a tratamento médico nos três anos anteriores à contratação, tendo sido respondido negativamente pelo segurado. Ausência de comprovação de inveracidade da informação prestada pelo segurado, pois o quesito indagava acerca de doença em tratamento nos últimos três anos, não sobre toda e qualquer doença preexistente. Ausência também de prova de que o segurado estivesse em tratamento no momento da contratação, sendo necessário distinguir tratamento médico e acompanhamento médico. Ausência, outrossim, de evidência de má-fé do segurado, pois as condições de saúde deste não apontavam para a ocorrência do óbito no curso da contratação acessória, cuja finalidade era garantir o pagamento do saldo devedor do contrato principal de mútuo" (STJ-3ª T., REsp 1.753.222, Min. Paulo Sanseverino, j. 23.3.21, DJ 25.3.21).

"A exigência da realização de prévio exame médico para que a seguradora se oponha ao pagamento da indenização prevista na apólice de seguro, sob a alegação de doença preexistente, não se aplica nas hipóteses em que ficar comprovado que o contrato foi celebrado de má-fé pelo segurado" (STJ-4ª T., REsp 1.215.413-AgRg, Min. Isabel Gallotti, j. 7.8.14, DJ 20.8.14).

"É indevido o pagamento da indenização se o estipulante, esposo da segurada e beneficiário do seguro de vida, não obstante ciente das cláusulas gerais do seguro (uma das quais excluía os riscos resultantes da doença preexistente), sonegou a informação de que ela estava doente" (STJ-3ª T., REsp 964.648, Min. Ari Pargendler, j. 13.11.07, DJU 5.3.08).

"Não há falar em pagamento de indenização decorrente de contrato de seguro de vida se, consoante o acervo fático soberanamente analisado pelo Tribunal local, restar sobejamente comprovado nos autos que o segurado silenciou sobre a doença preexistente que o levou à morte" (STJ-3ª T., REsp 1.289.628, Min. Ricardo Cueva, j. 14.5.13, DJ 2.8.13).

"É indevido o pagamento de indenização decorrente de contrato de seguro de vida se constatado que a parte segurada, ao firmar o ajuste, sonegou, deliberadamente, informações relevantes acerca de seu estado de saúde" (STJ-4ª T., REsp 823.090-AgRg, Min. João Otávio, j. 7.5.09, DJ 18.5.09).

"Patenteada a deliberada omissão do segurado quanto à grande precariedade de seu estado de saúde quando da contratação, ocorrendo o óbito poucos dias após, torna-se indevida a pretendida cobertura indenizatória, pelo reconhecimento da má-fé" (STJ-4ª T., REsp 617.287, Min. Aldir Passarinho Jr., j. 18.10.05, DJU 14.11.05).

"Seguro de vida. Indenização. Doença preexistente. Estado de saúde precário. Omissão no preenchimento do questionário. Má-fé do segurado. O entendimento jurisprudencial de que a má-fé do segurado que omitiu a doença preexistente estaria descaracterizada quando teve razoável sobrevida após a assinatura do contrato de seguro não se aplica na hipótese em que não detinha razoável estado de saúde antes, durante e após a conclusão da avença, a exemplo das diversas ocorrências hospitalares existentes no período, devidamente especificadas em histórico médico. A má-fé na conduta é reflexo da falta deliberada em informar a seguradora acerca da precariedade do estado de saúde, que, como cediço, é capaz de influir nos riscos e termos da contratação" (STJ-3ª T., REsp 1.432.532, Min. Ricardo Cueva, j. 22.4.14, maioria, DJ 25.6.14).

"Seguro de vida em grupo. Segurado que omitiu a circunstância de ser portador de HIV (AIDS) quando da elevação do capital. Fato que sendo do seu conhecimento e com influência na aceitação e no valor do prêmio devia ser informado à seguradora. Justa recusa no pagamento da indenização maior" (JTJ 323/636: AP 962.279-0/6).

Enunciado 372 do CEJ: "Em caso de negativa de cobertura securitária por doença preexistente, cabe à seguradora comprovar que o segurado tinha conhecimento inequívoco daquela".

Em matéria de seguro-saúde, v. CDC 51, nota 7.

Art. 766: 2a. "As declarações inexatas ou omissões no questionário de risco em contrato de **seguro de veículo** automotor não autorizam, automaticamente, a perda da indenização securitária. É preciso que tais inexatidões ou omissões tenham acarretado concretamente o agravamento do risco contratado e decorram de ato intencional do segurado. Interpretação sistemática dos arts. 766, 768 e 769 do CC/02. No caso concreto, a circunstância de a segurada não possuir carteira de habilitação ou de ter idade avançada — ao contrário do seu neto, o verdadeiro condutor — não poderia mesmo, por si, justificar a negativa da seguradora. É sabido, por exemplo, que o valor do prêmio de seguro de veículo automotor é mais elevado na primeira faixa etária (18 a 24 anos), mas volta a crescer para contratantes de idade avançada. Por outro lado, o roubo do veículo segurado — que, no caso, ocorreu com o neto da segurada no interior do automóvel — não guarda relação lógica com o fato de o condutor ter ou não carteira de habilitação. Ou seja, não ter carteira de habilitação ordinariamente não agrava o risco de roubo de veículo. Ademais, no caso de roubo, a experiência demonstra que, ao invés de reduzi-lo, a idade avançada do condutor pode até agravar o risco de sinistro — o que ocorreria se a condutora fosse a segurada, de mais de 70 anos de idade —, porque haveria, em tese, uma vítima mais frágil a investidas criminosas" (STJ-4ª T., REsp 1.210.205, Min. Luis Felipe, j. 1.9.11, DJ 15.9.11).

Art. 766: 3. "Nos contratos de seguro de veículos denominados 'seguro perfil', ocorrendo o sinistro, o fato de o motorista ser pessoa não relacionada como condutor do veículo, eventualmente tendo se utilizado do bem, não elide o dever de indenizar da seguradora, se não comprovada a má-fé do segurado" (RJM 173/209). No mesmo sentido: "Seguro de automóvel. Contratação pelo regime de perfil. Bem subtraído. Irrelevância do fato de o bem estar na posse de quem não era o condutor habitual, no caso de isso não ter concorrido para o sinistro" (JTJ 305/308) Ainda: "A omissão do contratante em relatar que o veículo segurado poderia ser conduzido por seu filho não afasta a responsabilidade da seguradora ao pagamento da indenização, sobretudo porque não demonstrada a má-fé do segurado, bem como que tal omissão teria acarretado o agravamento de risco. Inaplicável ao caso o art. 768 do Código Civil" (RMDECC 32/122: TJPR, AP 636.345-9). Também mantendo o direito ao seguro nessas circunstâncias: RT 870/239, 871/318, JTJ 343/375 (AP 992.05.061006-5).

Contra: "Fere a boa-fé objetiva a pretensão do segurado ao recebimento de indenização securitária em caso de sinistro causado por condutor com menos de 25 anos de idade, se, no contrato de seguro, há cláusula expressa de exclusão da cobertura para essa situação. O fato de o condutor com menos de 25 anos ter adquirido habilitação para dirigir após a contratação do seguro não exime o segurado de informar a seguradora sobre a nova condição, caso seja de seu interesse incluí-lo na cobertura" (STJ-3ª T., REsp 1.284.475, Min. João Otávio, j. 6.5.14, maioria, DJ 29.5.14).

"Na hipótese dos autos, a apólice securitária consigna expressamente que o veículo segurado não pode ser dirigido por pessoa(s) menor(es) de 26 anos na época de vigência do contrato. Assim, como à época do acidente, o terceiro responsável pela prática do 'racha' possuía 21 anos de idade, houve a inobservância dos termos da apólice, razão pela qual não há falar em pagamento de indenização securitária" (STJ-4ª T., REsp 1.368.766, Min. Luis Felipe, j. 1.3.16, DJ 6.4.16).

V. tb. arts. 757, nota 3a, e 768, nota 2b.

Art. 766: 4. "Se o segurado faz declaração inverídica com relação à destinação do veículo, e desta forma agrava os riscos, procedendo de maneira contrária ao estipulado no contrato, perderá o direito à indenização securitária" (JTJ 314/332: AP 938.830-0/4; no caso, declarou-se que o veículo era exclusivamente para passeio, mas o segurado fazia uso do automóvel para o transporte de passageiros). Em sentido semelhante: STJ-3ª T., REsp 1.340.100, Min. Ricardo Cueva, j. 21.8.14, DJ 8.9.14.

Todavia, em caso no qual a omissão do segurado não interferiu na ocorrência do sinistro (ele não disse à seguradora que o veículo objeto do seguro era usado também para fins de locação, mas o evento danoso aconteceu na garagem da sua casa), foi mantido o direito ao seguro (RT 858/323).

Art. 766: 4a. "É válida cláusula contratual que isenta a responsabilidade da seguradora, quando o veículo circula, habitualmente, em região distinta da declarada no contrato de seguro, pois é com base nas informações prestadas pelo segurado que a seguradora avalia a aceitação dos riscos e arbitra o valor da prestação a ser paga. De acordo com o princípio da boa-fé objetiva, deve-se esperar do segurado a prestação de informações que possam influenciar na aceitação do contrato e na fixação do prêmio. Na presente hipótese, o segurado, ao firmar contrato em localidade diversa da circulação habitual do veículo e ali indicar endereço residencial, certamente, omitiu informação relevante" (STJ-3ª T., REsp 988.044, Min. Nancy Andrighi, j. 17.12.09, DJ 2.2.10). No mesmo sentido: RJM 192/300 (AP 1.0145.07.413789-7/001).

Todavia: "A ausência de comunicação do segurado à seguradora sobre eventual mudança de endereço somente gerará o agravamento de risco e permitirá a negativa de pagamento da cobertura quando ficar expressamente comprovado o *animus* de lesionar" (RJ-Lex 51/351: TJSC, AP 2011.019956-9).

V. art. 768.

Art. 766: 5. "Embora o segurado haja afirmado que seu veículo era guardado em estacionamento fechado, o fato de ele ser furtado, quando estacionado em via pública, não afasta o dever indenizatório da seguradora, sob pena de o seguro se tornar inócuo" (RT 859/265).

"Cláusula de perfil. Resposta afirmativa da segurada à indagação acerca da guarda do veículo em garagem no trabalho e na residência. Furto do veículo estacionado em via pública defronte o local em que a segurada trabalhava por período de um mês e meio por ano. Não ocorrência de declaração inverídica. Indenização devida" (JTJ 320/622: AP 958.243-0/1, maioria).

"Veículo furtado. Estacionamento. Alteração da situação no decorrer do contrato. Declaração correta por ocasião da assinatura. Vaga de garagem alugada. Vencimento do contrato e negociação quando do furto. Prova testemunhal. Veículo que não era habitualmente estacionado na via pública. Agravamento de risco não verificado" (RT 892/195: TJSP, AP 992.05.035007-1, maioria).

"Indiferente o fato do autor estacionar ou não seu veículo em garagem fechada quando no trabalho, haja vista o veículo ter sido roubado quando o autor saía de um restaurante" (JTJ 328/561: AP 987.800-0/0; a citação é do voto do relator).

Contra: "O sinistro (furto) ocorreu por um comportamento habitual do real condutor do veículo, que o estacionava na rua, e as informações falseadas eram relevantes para o enquadramento do risco e do grupo de exposição e para a fixação do prêmio" (STJ-3ª T., REsp 1.419.731, Min. Ricardo Cueva, j. 7.8.14, DJ 9.9.14; a citação é do voto do relator).

Art. 766: 6. Em caso no qual o segurado fez declarações incorretas para obter ilegitimamente bonificações redutoras da taxa do prêmio, a indenização que lhe foi entregue sofreu proporcional redução (RT 879/262: TJSP, AP 941001-0/3).

Art. 766: 7. "**Seguro de responsabilidade civil de diretores e administradores de pessoa jurídica** (seguro de RC D&O). Renovação da apólice. Questionário de avaliação de risco. Informações inverídicas do segurado e do tomador do seguro. Má-fé. Configuração. Perda do direito à garantia. Na hipótese dos autos, as informações prestadas pela tomadora do seguro e pelo segurado no questionário de risco não correspondiam à realidade enfrentada pela empresa no momento da renovação da apólice, o que acabou por induzir a seguradora em erro na avaliação do risco contratual. A omissão dolosa quanto aos eventos sob investigação da CVM dá respaldo à sanção de perda do direito à indenização securitária" (STJ-3ª T., REsp 1.601.555, Min. Ricardo Cueva, j. 14.2.17, DJ 20.2.17).

Art. 767. No seguro à conta de outrem,[1] o segurador pode opor ao segurado quaisquer defesas que tenha contra o estipulante, por descumprimento das normas de conclusão do contrato, ou de pagamento do prêmio.[2]

Art. 767: 1. i. e., no seguro em que o estipulante realiza com o segurador um contrato em favor de terceiro (segurado).

Art. 767: 2. s/ estipulação em favor de terceiro, v. arts. 436 a 438.

Art. 768. O segurado perderá o direito à garantia se agravar intencionalmente o risco objeto do contrato.[1 a 4]

Art. 768: 1. v. art. 769. V. tb. arts. 422 e 765.

Art. 768: 1a. Súmula 465 do STJ: "Ressalvada a hipótese de efetivo agravamento do risco, a seguradora não se exime do dever de indenizar em razão da **transferência do veículo sem a sua prévia comunicação**".

Em outras palavras: "A transferência de titularidade do veículo segurado sem comunicação à seguradora, por si só, não constitui agravamento do risco" (STJ-3ª T., REsp 600.788, Min. Gomes de Barros, j. 25.9.06, DJU 30.10.06).

V. tb. art. 766, nota 4a (circulação habitual do veículo em local distinto do informado).

Art. 768: 1b. "**Seguro de veículo**. Ação de indenização. **Embriaguez** do condutor do veículo segurado. Causa do acidente. Agravamento do risco. **Perda do direito à indenização**. Os elementos dos autos indicam o estado de embriaguez da condutora do veículo segurado como única causa plausível para a ocorrência do acidente, o que acarreta a perda do direito à indenização securitária" (JTJ 348/330). No mesmo sentido: RT 862/378.

"A ingestão de álcool produz rápidos efeitos no cérebro humano, influenciando os sentidos e produzindo distorção na valoração e na percepção de riscos. No contexto do trânsito, tais efeitos acarretam a diminuição dos reflexos do motorista e de seu senso de responsabilidade, incrementando, de outro turno, condutas impulsivas e agressivas. Considerando esses graves efeitos do álcool, que tornam o indivíduo menos apto a dirigir, aumentando, consequentemente, o número de infrações de trânsito e as chances de ocorrer acidentes, é invencível a conclusão de que a condução de veículo em estado de embriaguez caracteriza o agravamento essencial do risco do seguro de automóvel, a afastar a cobertura securitária, na forma do art. 768 do CC/02" (STJ-3ª T., REsp 1.838.962, Min. Nancy Andrighi, j. 12.11.19, DJ 19.11.19).

"Sob o prisma da boa-fé, é possível concluir que o segurado, quando ingere bebida alcoólica e assume a direção do veículo ou empresta-o a alguém desidioso, que irá, por exemplo, embriagar-se (*culpa in eligendo* ou *in vigilando*), frustra a justa expectativa das partes contratantes na execução do seguro, pois rompe-se com os deveres anexos do contrato, como os de fidelidade e de cooperação. Constatado que o condutor do veículo estava sob influência do álcool (causa direta ou indireta) quando se envolveu em acidente de trânsito — fato esse que compete à seguradora comprovar —, há presunção relativa de que o risco da sinistralidade foi agravado, a ensejar a aplicação da pena do art. 768 do CC" (STJ-3ª T., REsp 1.485.717, Min. Ricardo Cueva, j. 22.11.16, DJ 14.12.16). No mesmo sentido: "O agravamento do risco não se dá somente quando o próprio segurado se encontra alcoolizado na direção do veículo; também abrange os condutores principais (familiares, empregados e prepostos), e envolve tanto o dolo quanto a culpa grave do segurado, que tem o dever de vigilância e o dever de escolha adequada daquele a quem confia a prática do ato" (STJ-4ª T., REsp 1.664.910-AgInt, Min. Isabel Gallotti, j. 12.12.17, DJ 18.12.17). Ainda: RJM 174/186.

Todavia: "Para a configuração da hipótese de exclusão da cobertura securitária prevista no art. 1.454 do Código Civil anterior, não basta a identificação de que o motorista segurado se achava alcoolizado, mas que o estado mórbido constituiu elemento essencial para a ocorrência do sinistro, prova que a ré, cuja atividade é precisamente a cobertura de eventos incertos, não logrou fazer" (STJ-4ª T., REsp 595.551, Min. Aldir Passarinho Jr., j. 13.9.05, DJU 10.10.05).

Mantendo o direito à indenização em caso no qual o veículo era conduzido por pessoa outra que o segurado e que estava embriagada: RT 870/239, 871/318. No mesmo sentido, ponderando o seguinte: "O comportamento que gera o aumento dos riscos assumidos na apólice e que, portanto, exime a seguradora do pagamento da indenização, a teor do disposto no art. 1.454 do CC de 1916 (art. 768 do CC de 2002), deve ser do próprio segurado, e não de preposto ou terceiro a quem entregou a direção do veículo" (JTJ 329/590: AP 934.054-0/9). Ainda: "A presunção de que o contratante-segurado tem por obrigação não permitir que o veículo segurado seja conduzido por pessoa em estado de embriaguez é válida e esgota-se, efetivamente, até a entrega do veículo a terceiro. Inexiste nos autos qualquer menção de que, na oportunidade em que o segurado entregou o veículo ao seu filho, este já se encontraria em estado de embriaguez, caso em que se poderia, com razão, cogitar em agravamento direto do risco por parte do segurado" (STJ-3ª T., REsp 1.097.758, Min. Massami Uyeda, j. 10.2.09, DJ 27.2.09). No mesmo sentido: STJ-4ª T., REsp 1.050.317-EDcl-AgRg, Min. Marco Buzzi, j. 1.10.13, DJ 8.10.13.

Em matéria de seguro de: responsabilidade civil, v. nota seguinte; vida, v. nota 4.

Art. 768: 2. "É inidônea a **exclusão da cobertura de responsabilidade civil** no **seguro de automóvel** quando o motorista dirige em estado de **embriaguez**, visto que somente prejudicaria a vítima já penalizada, o que esvaziaria a finalidade e a função social dessa garantia, de proteção dos interesses dos terceiros prejudicados à indenização, ao lado da proteção patrimonial do segurado" (STJ-3ª T., REsp 1.738.247, Min. Ricardo Cueva, j. 27.11.18, maioria, DJ 10.12.18).

Art. 768: 2a. Mantendo o direito à indenização em caso no qual o condutor do veículo, filho da segurada, estava sob os efeitos de droga ilícita ("crack"): JTJ 357/458 (AP 992.07.036848-0).

Art. 768: 2b. "A **inabilitação do condutor** responsável pelo acidente automobilístico exclui o dever da seguradora pela indenização securitária" (RJM 184/239: AP 1.0105.04.127155-9/001). No mesmo sentido: JTJ 318/320 (AP 1.013.558-0/5), RJM 176-177/87.

"À vista dos princípios da eticidade, da boa-fé e da proteção da confiança, o agravamento do risco decorrente da culpa *in vigilando* da empresa, ao não evitar que empregado não habilitado se apossasse do veículo, tem como consequência a exclusão da cobertura, haja vista que o apossamento proveio de culpa grave do segurado" (STJ-3ª T., REsp 1.412.816, Min. Nancy Andrighi, j. 15.5.14, DJ 30.5.14).

Contra: "A falta de habilitação para dirigir motocicleta constitui mera infração administrativa que não configura, por si só, o agravamento intencional do risco por parte do segurado apto a afastar a obrigação de indenização da seguradora" (STJ-4ª T., REsp 1.230.754, Min. Isabel Gallotti, j. 18.12.12, DJ 4.2.13).

"Seguro de vida. Ausência de brevê para pilotar aeronave. Agravamento de risco não configurado. Excludente da cobertura do seguro não caracterizada" (STJ-4ª T., Ag em REsp 218.061-AgRg, Min. Isabel Gallotti, j. 17.12.13, DJ 4.2.14).

V. tb. arts. 757, nota 3a, e 766, nota 3.

Art. 768: 3. "Seguro de pessoa. Morte acidental. Cobertura indevida. Circunstância de agravamento de risco. *Causa mortis*, traumatismo crânio-encefálico. **Segurado, conduzindo motocicleta, sem o uso de capacete,** equipamento de segurança obrigatório. Inteligência do art. 54, I, do Código de Trânsito Brasileiro e art. 1.454 do Código Civil de 1916" (JTJ 347/377: AP 992.06.031401-9).

Art. 768: 3a. "**Veículo furtado,** durante a madrugada, em posto de gasolina, tendo o segurado deixado as portas abertas e a chave na ignição. Caracterização do agravamento intencional do risco pelo segurado. Interpretação do art. 768 do Código Civil à luz do princípio da boa-fé objetiva (art. 765 do CC)" (STJ-3ª T., REsp 1.411.431, Min. Paulo Sanseverino, j. 4.11.14, DJ 10.11.14).

Art. 768: 3b. "**Contratos de seguro e de transporte.** Agravamento do risco. Culpa grave. No caso dos autos, a conduta culposa apontada pela seguradora, em relação ao primeiro sinistro, não configura a gravidade imprescindível à caraterização do agravamento do risco, porque respaldado em estudo técnico preparatório e atendida a diligência esperada na realização da carga e descarga envolvida no contrato de transporte. No segundo sinistro, a utilização de peça não original, substituída sem prévio estudo técnico quanto à sua resistência e sua viabilidade para a realização do transporte contratado, não atende à prudência esperada de empresas que se dedicam habitualmente ao transporte de supercargas, caracterizando, nesse caso, o agravamento do risco e afastando o dever da seguradora de indenizar" (STJ-3ª T., REsp 1.584.477, Min. Marco Bellizze, j. 30.3.17, maioria, DJ 5.5.17).

Art. 768: 4. Súmula 620 do STJ: "A **embriaguez** do segurado não exime a seguradora do pagamento da indenização prevista em contrato de **seguro de vida".**

"A simples relação entre o estado de **embriaguez e a queda fatal,** como única forma razoável de explicar o evento, não se mostra, por si só, suficiente para elidir a responsabilidade da seguradora, com a consequente exoneração de pagamento da indenização prevista no contrato. A legitimidade de recusa ao pagamento do seguro requer a comprovação de que houve voluntário e consciente agravamento do risco por parte do segurado, revestindo-se seu ato condição determinante na configuração do sinistro, para efeito de dar ensejo à perda da cobertura securitária, porquanto não basta a presença de ajuste contratual prevendo que a embriaguez exclui a cobertura do seguro. Destinando-se o seguro a cobrir os danos advindos de possíveis acidentes, geralmente oriundos de atos dos próprios segurados, nos seus normais e corriqueiros afazeres do dia a dia, a prova do teor alcoólico na concentração de sangue não se mostra suficiente para se situar como nexo de causalidade com o dano sofrido, notadamente por não exercer influência o álcool com idêntico grau de intensidade nos indivíduos. A culpa do segurado, para efeito de caracterizar desrespeito ao contrato, com prevalecimento da cláusula liberatória da obrigação de indenizar prevista na apólice, exige a plena demonstração de intencional conduta do segurado para agravar o risco objeto do contrato" (STJ-RDPr 43/396: 4ª T., REsp 780.757).

"Seguro de vida. **Acidente de trânsito.** Causa do sinistro. **Embriaguez** do segurado. Morte acidental. Agravamento do risco. Descaracterização. Dever de indenizar da seguradora. No seguro de vida, é vedada a exclusão de cobertura na hipótese de sinistros ou acidentes decorrentes de atos praticados pelo segurado em estado de insanidade mental, de alcoolismo ou sob efeito de substâncias tóxicas (Carta Circular SUSEP/DETEC/GAB n. 08/2007). As cláusulas restritivas do dever de indenizar no contrato de seguro de vida são mais raras, visto que não podem esvaziar a finalidade do contrato, sendo da essência do seguro de vida um permanente e contínuo agravamento do risco segurado" (STJ-3ª T., REsp 1.665.701, Min. Ricardo Cueva, j. 9.5.17, DJ 31.5.17). No mesmo sentido: "Nos seguros de pessoas, é vedada a exclusão de cobertura na hipótese de sinistros ou acidentes decorrentes de atos praticados pelo segurado em estado de insanidade mental, de alcoolismo ou sob efeito de substâncias tóxicas" (STJ-2ª Seção, ED no REsp 973.725, Min. Lázaro Guimarães, j. 25.4.18, DJ 2.5.18; a citação é do voto do relator).
Todavia: "A circunstância de o segurado, no momento em que aconteceu o sinistro, apresentar dosagem etílica superior àquela admitida na legislação de trânsito não basta para excluir a responsabilidade da seguradora, pela indenização prevista no contrato. Para livrar-se da obrigação securitária, a seguradora deve provar que a embriaguez

causou, efetivamente, o sinistro" (STJ-RT 853/188: 3ª T., REsp 685.413, dois votos vencidos). **Contra:** "Seguro de vida. Atropelamento. Morte. Negativa de pagamento da indenização. Embriaguez da vítima comprovada. Causa determinante para a ocorrência do sinistro. Diante da prova de que o cônjuge da segurada se encontrava embriagado e ingressou na via de rolamento de inopino, sendo colhido por veículo que trafegava em velocidade compatível com o local, a improcedência da demanda é medida que se impõe" (RT 844/371). Para outros seguros, v. notas 1b e 2.

"Em matéria de seguro de vida, vocacionado a permitir ao segurado maior tranquilidade, o contrato não lhe inflige o dever de exercer vigília permanente sobre si mesmo, de sorte a evitar, em tempo, a ocorrência de todo e qualquer sinistro envolto em sua esfera de atuação. A indenização, em linha de princípio, pago o prêmio se afigura devida. A negativa, medida excepcional, requer se configure o dolo do segurado em relação ao agravamento do risco, visando deliberada e voluntariamente ao pagamento do prêmio em prol dos terceiros beneficiários. Não é o que ocorre quando o segurado, em momento habitual de lazer, vem a falecer em decorrência da prática do esporte da **caça subaquática** (art. 799 do CC/2002), ainda que o exame toxicológico decline o encontro do princípio ativo da **maconha** (THC)" (RT 859/375).

"Não consubstancia situação de agravamento de risco o ato do segurado que sobe em torre metálica elevada, mas de fácil acesso, para descortinar vista panorâmica, porquanto constitui **comportamento aventureiro razoável** e previsível na vida das pessoas, como também acontece com escalada de árvores, pedras, trilhas íngremes, e coisas semelhantes. Devida, portanto, a cobertura securitária ante a paraplegia decorrente da queda" (STJ-RT 899/131: 4ª T., REsp 795.027).

Todavia: "Tendo o segurado agravado o risco, praticando **atividades ilícitas** que resultaram em seu falecimento, praticou ele infração contratual", sendo de rigor a aplicação da pena do CC 768 (JTJ 333/548: AP 1.063.004-0/7, maioria). Do voto do relator: "No presente feito restou demonstrado que o segurado faleceu em decorrência de traumatismo craniano encefálico e hemorragia interna por ferimentos de projéteis de arma de fogo, em razão de seu envolvimento em atividades ilícitas, havendo nos autos informes comprovando ter sido ele denunciado e condenado por infração do art. 168 do Código Penal, havendo, também, farto material corroborando seus péssimos antecedentes criminais, com participação em outros delitos, anteriores e posteriores à contratação".

Art. 769. O segurado é obrigado a comunicar ao segurador, logo que saiba, todo incidente suscetível de agravar consideravelmente o risco[1-1a] coberto, sob pena de perder o direito à garantia, se provar que silenciou de má-fé.[2-3]

§ 1º O segurador, desde que o faça nos quinze dias seguintes ao recebimento do aviso da agravação do risco sem culpa do segurado, poderá dar-lhe ciência, por escrito, de sua decisão de resolver o contrato.

§ 2º A resolução só será eficaz trinta dias após a notificação, devendo ser restituída pelo segurador a diferença do prêmio.

Art. 769: 1. v. arts. 770 e 773.

Art. 769: 1a. Enunciado 374 do CEJ: "No contrato de seguro, o juiz deve proceder com equidade, atentando às circunstâncias reais, e não a probabilidades infundadas, quanto à agravação dos riscos".

Art. 769: 2. v. arts. 422 e 765.

Art. 769: 3. Entendendo ser devida a indenização de sinistro em caso no qual o segurado já havia transferido o veículo para terceiro, sem comunicar a seguradora, porque não restou provado o agravamento considerável do risco, nem a má-fé do silêncio: RDPr 32/380.

Art. 770. Salvo disposição em contrário, a diminuição do risco no curso do contrato não acarreta a redução do prêmio estipulado; mas, se a redução do risco for considerável, o segurado poderá exigir a revisão do prêmio, ou a resolução do contrato.

Art. 771. Sob pena de perder o direito à indenização, o segurado participará o sinistro ao segurador, logo que o saiba,[1-2] e tomará as providências imediatas para minorar-lhe as consequências.

Parágrafo único. Correm à conta do segurador, até o limite fixado no contrato, as despesas de salvamento consequente ao sinistro.[3]

Art. 771: 1. "O comando do art. 1.457 do CC/16, cuja essência foi mantida pelo art. 771 do CC/02, não autoriza a seguradora a recusar o pagamento da indenização pelo simples fato de o segurado não ter comunicado o sinistro. A obrigação de informar a seguradora do sinistro 'logo que o saiba' desaparece desde que se torne supérfluo qualquer aviso, pela notoriedade do fato ou quando, pela espécie de seguro, não tenha a seguradora interesse algum em ser avisada imediatamente da ocorrência" (STJ-3ª T., REsp 1.137.113, Min. Nancy Andrighi, j. 13.3.12, DJ 22.3.12).

Art. 771: 2. "A **pena de perda do direito à indenização** securitária inscrita no art. 771 do CC, ao fundamento de que o segurado não participou o sinistro ao segurador logo que teve ciência, deve ser interpretada de forma sistemática com as cláusulas gerais da função social do contrato e de probidade, lealdade e boa-fé previstas nos arts. 113, 421, 422 e 765 do CC, devendo a punição recair primordialmente em posturas de **má-fé ou culpa grave**, que lesionem legítimos interesses da seguradora. A sanção de perda da indenização securitária **não incide de forma automática** na hipótese de inexistir pronta notificação do sinistro, visto que deve ser imputada ao segurado uma omissão dolosa, injustificada, que beire a má-fé, ou culpa grave, que prejudique, de forma desproporcional, a atuação da seguradora, que não poderá se beneficiar, concretamente, da redução dos prejuízos indenizáveis com possíveis medidas de salvamento, de preservação e de minimização das consequências. Na hipótese dos autos, fatos relevantes impediram o segurado de promover a imediata comunicação de sinistro: temor real de represálias em razão de ameaças de morte feitas pelo criminoso quando da subtração do bem à mão armada no interior da residência da própria vítima. Assim, não poderia ser exigido comportamento diverso, que poderia lhe causar efeitos lesivos ou a outrem, o que afasta a aplicação da drástica pena de perda do direito à indenização, especialmente considerando a presença da boa-fé objetiva, princípio-chave que permeia todas as relações contratuais, incluídas as de natureza securitária. É imperioso o pagamento da indenização securitária, haja vista a dinâmica dos fatos ocorridos durante e após o sinistro e a interpretação sistemática que deve ser dada ao art. 771 do CC, ressaltando-se que não houve nenhum conluio entre os agentes ativo e passivo do episódio criminoso, tampouco vontade deliberada de fraudar o contrato de seguro ou de piorar os efeitos decorrentes do sinistro, em detrimento dos interesses da seguradora. Longe disso, visto que o salvado foi recuperado, inexistindo consequências negativas à seguradora com o ato omissivo de entrega tardia do aviso de sinistro" (STJ-3ª T., REsp 1.546.178, rel. Min. Ricardo Cueva, j. 13.9.16, DJ 19.9.16).

Art. 771: 3. v. arts. 779 e 787.

Art. 772. A mora do segurador em pagar o sinistro obriga à atualização monetária[1-1a] da indenização devida segundo índices oficiais regularmente estabelecidos, sem prejuízo dos juros moratórios.[2]

Art. 772: 1. v. LCM 1º, nota 3 **(Súmula 632 do STJ)**, no tít. CORREÇÃO MONETÁRIA.

Art. 772: 1a. Lei 5.488, de 27.8.68 — Institui a correção monetária nos casos de liquidação de sinistros cobertos por contratos de seguro.

Art. 772: 2. v. arts. 394 a 401, 406 e 407.

Art. 773. O segurador que, ao tempo do contrato, sabe estar passado o risco de que o segurado se pretende cobrir, e, não obstante, expede a apólice, pagará em dobro o prêmio estipulado.[1]

Art. 773: 1. v. arts. 147, 764 e 765.

Art. 774. A recondução tácita do contrato pelo mesmo prazo, mediante expressa cláusula contratual, não poderá operar mais de uma vez.[1-2]

Art. 774: 1. de modo a permitir uma reavaliação das condições e riscos do negócio.

Art. 774: 2. "Em se tratando de contrato por prazo determinado, a obrigação da seguradora, consistente na assunção dos riscos predeterminados, restringe-se ao período contratado, tão somente. Na hipótese de concretização do risco, durante o período contratado, a seguradora, por consectário lógico, é responsável, ainda, pelo pagamento da respectiva cobertura. Em contrapartida, a não implementação do risco (ou seja, a não concretização do perigo — evento futuro, incerto e alheio à vontade das partes) não denota, por parte da seguradora, qualquer inadimplemento contratual, tampouco confere ao segurado o direito de reaver os valores pagos ou percentual destes, ou mesmo de manter o vínculo contratual. Sobressai, assim, do contrato em tela, dois aspectos relevantes, quais sejam, o do mutualismo das obrigações (diluição do risco individual no risco coletivo) e o da temporariedade contratual. A temporariedade dos contratos de seguro de vida decorre justamente da necessidade de, periodicamente, aferir-se, por meio dos correlatos cálculos atuariais, a higidez e a idoneidade do fundo a ser formado pelas arrecadações dos segurados, nas bases contratadas, para o efeito de resguardar, no período subsequente, os interesses da coletividade segurada. Tal regramento provém, assim, da constatação de que esta espécie contratual, de cunho coletivo, para atingir sua finalidade, deve ser continuamente revisada (adequação atuarial), porquanto os riscos predeterminados a que os interesses segurados estão submetidos são, por natureza, dinâmicos. Efetivamente, a partir de tal aferição, será possível à seguradora sopesar se a contratação do seguro de vida deverá seguir nas mesmas bases pactuadas, se deverá ser reajustada, ou mesmo se, pela absoluta inviabilidade de se resguardar os interesses da coletividade, não deverá ser renovada. Tal proceder, em si, não encerra qualquer abusividade ou indevida potestatividade por parte da seguradora" (STJ-2ª Seção, REsp 880.605, Massami Uyeda, j. 13.6.12, maioria, DJ 17.9.12).

"O contrato de seguro de vida celebrado entre as partes só foi renovado automaticamente por 5 (cinco) vezes, não podendo ser aplicados os precedentes desta Corte, os quais tratam de relações muito mais duradouras — 20, 30 anos — em que se estabeleceu um vínculo de dependência e confiança do segurado em relação a seguradora, ficando aquele em situação de desvantagem excessiva em relação a essa, além de se encontrar totalmente desamparado após longos anos de mútua colaboração. Salvo situações excepcionais, em que os contratos de seguros foram renovados sucessivamente, por longos períodos de tempo, evidenciando seu caráter relacional, e gerando no consumidor a legítima expectativa de continuidade da relação, além da dependência em relação à seguradora, não se pode obrigar essa última a ficar eternamente vinculada à prestação de cobertura aos riscos contratados" (STJ-3ª T., REsp 1.294.093, Min. Nancy Andrighi, j. 8.4.14, DJ 24.4.14).

Todavia: "No moderno direito contratual reconhece-se, para além da existência dos contratos descontínuos, a existência de contratos relacionais, nos quais as cláusulas estabelecidas no instrumento não esgotam a gama de direitos e deveres das partes. Se o consumidor contratou, ainda jovem, o seguro de vida oferecido pela recorrida e se esse vínculo vem se renovando desde então, ano a ano, por mais de trinta anos, a pretensão da seguradora de modificar abruptamente as condições do seguro, não renovando o ajuste anterior, ofende os princípios da boa fé objetiva, da cooperação, da confiança e da lealdade que deve orientar a interpretação dos contratos que regulam relações de consumo. Constatados prejuízos pela seguradora e identificada a necessidade de modificação da carteira de seguros em decorrência de novo cálculo atuarial, compete a ela ver o consumidor como um colaborador, um parceiro que a tem acompanhado ao longo dos anos. Assim, os aumentos necessários para o reequilíbrio da carteira têm de ser estabelecidos de maneira suave e gradual, mediante um cronograma extenso, do qual o segurado tem de ser cientificado previamente. Com isso, a seguradora colabora com o particular, dando-lhe a oportunidade de se preparar para os novos custos que onerarão, ao longo do tempo, o seu seguro de vida, e o particular também colabora com a seguradora, aumentando sua participação e mitigando os prejuízos constatados. A intenção de modificar abruptamente a relação jurídica continuada, com simples notificação entregue com alguns meses de antecedência, ofende o sistema de proteção ao consumidor e não pode prevalecer" (STJ-2ª Seção, REsp 1.073.595, Min. Nancy Andrighi, j. 23.3.11, maioria, DJ 29.4.11).

"Ainda que inexista norma legal que proíba a resolução unilateral do contrato de seguro de vida, é lícito ao julgador, sobretudo em situações excepcionais que possam colocar o consumidor em posições deveras desvantajosas, valer-se da analogia a fim de assegurar o equilíbrio das partes e de dar prestígio à boa-fé objetiva, à dignidade humana e à função social do negócio jurídico entabulado. Aparenta-se possível que a análise judicial da questão absorva a *mens legis* posta nos arts. 14 e 15 da Lei n. 9.656/98, no sentido de garantir ao segurado, como alternativa ao contrato anterior, a disponibilização de propostas viáveis e razoáveis, mesmo que estas não venham a desprezar a sua idade avançada" (RMDECC 16/127).

Art. 775. Os agentes autorizados do segurador presumem-se seus representantes para todos os atos relativos aos contratos que agenciarem.[1 a 3]

Art. 775: 1. v. arts. 710 a 721. S/ pagamento do prêmio ao corretor de seguros, v. art. 763, nota 3.

Art. 775: 2. Lei 4.594, de 29.12.64 — Regula a profissão de corretor de seguros.

Dec. 56.900, de 23.9.65 — Dispõe sobre o regime de corretagem de seguros na forma da Lei 4.594, de 29.12.64.

Dec. 56.903, de 24.9.65 — Regulamenta a profissão de corretor de Seguros de Vida e de Capitalização.

Art. 775: 3. "Muito embora a **corretora de seguros** responda pelos danos causados ao segurado em razão de eventual conduta culposa, isso não a torna solidariamente responsável pelo pagamento da própria indenização securitária" (STJ-4ª T., REsp 1.190.772, Min. Luis Felipe, j. 19.10.10, DJ 26.10.10).

Todavia: "O agente que intermedeia a contratação de seguro é parte legítima para figurar na ação de cobrança da indenização securitária se, com seu comportamento, faz crer ao contratante que é responsável pela cobertura" (STJ-4ª T., REsp 1.041.037, Min. Aldir Passarinho Jr., j. 2.9.10, DJ 17.9.10).

"É possível, excepcionalmente, atribuir ao estipulante e à corretora de seguros a responsabilidade pelo pagamento da indenização securitária, em solidariedade com o ente segurador, como nas hipóteses de mau cumprimento das obrigações contratuais ou de criação nos segurados de legítima expectativa de serem eles os responsáveis por esse pagamento (teoria da aparência), sobretudo se integrarem o mesmo grupo econômico" (STJ-3ª T., REsp 1.673.368, Min. Ricardo Cueva, j. 15.8.17, DJ 22.8.17).

Art. 776. O segurador é obrigado a pagar em dinheiro o prejuízo[1 a 1b] resultante do risco assumido, salvo se convencionada a reposição da coisa.

Art. 776: 1. v. art. 781.

Art. 776: 1a. "o prejuízo"; não a importância pela qual a coisa foi segurada. Assim, na sistemática do CC, segurado veículo por R$ 100.000,00 e valendo ele no momento do sinistro R$ 80.000,00, em razão da sua desvalorização, é este valor e não aquele que baliza o pagamento ao segurado, ainda que o prêmio tenha sido pago com base no valor maior.

Art. 776: 1b. "As seguradoras disponibilizam mais de uma espécie de contrato de seguro de **automóvel** ao consumidor, cada qual com diferentes preços. Há contratos que estabelecem que a indenização do sinistro deve ser feita pelo valor do veículo determinado na apólice e há contratos que determinam que essa indenização securitária seja realizada pelo valor de mercado referenciado. Cabe ao consumidor optar pela modalidade que lhe pareça mais favorável. Não é abusiva, por si só, a cláusula dos contratos de seguro que preveja que a seguradora de veículos, nos casos de perda total ou de furto do bem, indenize o segurado pelo **valor de mercado na data do sinistro**" (STJ-4ª T., REsp 1.189.213, Min. Raul Araújo, j. 22.2.11, um voto vencido, DJ 27.6.11).

Mas: "É abusiva a cláusula contratual do seguro de automóvel que impõe o cálculo da indenização securitária com base no valor médio de mercado do bem vigente na data de liquidação do sinistro, pois onera desproporcionalmente o segurado, colocando-o em situação de desvantagem exagerada, indo de encontro ao princípio indenitário. Como cediço, os veículos automotores sofrem, com o passar do tempo, depreciação econômica, e quanto maior o lapso entre o sinistro e o dia do efetivo pagamento, menor será a recomposição do patrimônio garantido. A cláusula do contrato de seguro de automóvel a qual adota, na ocorrência de perda total, o valor médio de mercado do veículo como parâmetro para a apuração da indenização securitária deve observar a tabela vigente na data do sinistro e **não a data do efetivo pagamento (liquidação do sinistro)**" (STJ-3ª T., REsp 1.546.163, Min. Ricardo Cueva, j. 5.5.16, DJ 16.5.16).

Art. 777. O disposto no presente Capítulo aplica-se, no que couber, aos seguros regidos por leis próprias.[1]

Art. 777: 1. s/ seguro marítimo, v. CCo 666 a 730.

Seção II | DO SEGURO DE DANO

Art. 778. Nos seguros de dano, a garantia prometida não pode ultrapassar o valor do interesse segurado no momento da conclusão do contrato,[1-2] sob pena do disposto no art. 766, e sem prejuízo da ação penal que no caso couber.

Art. 778: 1. No caso de novo seguro, v. art. 782.

Art. 778: 2. o que é uma exigência da vedação ao enriquecimento sem causa (arts. 884 a 886).

Art. 779. O risco do seguro compreenderá todos os prejuízos resultantes ou consequentes, como sejam os estragos ocasionados para evitar o sinistro, minorar o dano, ou salvar a coisa.[1]

Art. 779: 1. v. art. 771.

Art. 780. A vigência da garantia, no seguro de coisas transportadas, começa no momento em que são pelo transportador recebidas, e cessa com a sua entrega ao destinatário.[1]

Art. 780: 1. v. art. 750.

Art. 781. A indenização não pode ultrapassar o valor do interesse segurado no momento do sinistro,[1] e, em hipótese alguma, o limite máximo da garantia fixado na apólice,[1a-1b] salvo em caso de mora[2] do segurador.

Art. 781: 1. v. art. 776.
Art. 781: 1a. v. arts. 778 e 783.
Art. 781: 1b. "O valor atribuído ao bem segurado no momento da contratação é apenas um primeiro limite para a indenização securitária, uma vez que, de ordinário, corresponde ao valor da apólice. Como segundo limite se apresenta o valor do bem segurado no momento do sinistro, pois é esse valor que representa, de fato, o prejuízo sofrido em caso de destruição do bem. Assim, nas hipóteses de **perda total do bem segurado,** o valor da indenização só corresponderá ao montante integral da apólice se o valor segurado, no momento do sinistro, não for menor. No caso dos autos, o sinistro ocorreu poucos dias após a contratação do seguro, não havendo motivo para se cogitar de desvalorização do bem. Além disso, a seguradora vistoriou o imóvel e o estoque, aquiescendo com as estimativas econômicas dos bens que aceitou segurar. Razoável admitir, portanto, que o valor do bem segurado coincidia com o da apólice no momento do sinistro" (STJ-3ª T., REsp 1.943.335, Min. Moura Ribeiro, j. 14.12.21, DJ 17.12.21).

Art. 781: 2. v. arts. 394 a 401.

Art. 782. O segurado que, na vigência do contrato, pretender obter novo seguro[1] sobre o mesmo interesse, e contra o mesmo risco junto a outro segurador, deve previamente comunicar sua intenção por escrito ao primeiro, indicando a soma por que pretende segurar-se, a fim de se comprovar a obediência ao disposto no art. 778.

Art. 782: 1. cf. art. 789.

Art. 783. Salvo disposição em contrário, o seguro de um interesse por menos do que valha acarreta a redução proporcional da indenização, no caso de sinistro parcial.[1]

Art. 783: 1. p. ex., segurado por 500 reais bem de valor equivalente a 1.000 reais, sua perda pela metade ensejará o pagamento de indenização equivalente a 250 reais.

Art. 784. Não se inclui na garantia o sinistro provocado por vício intrínseco da coisa segurada,[1] não declarado pelo segurado.
Parágrafo único. Entende-se por vício intrínseco o defeito próprio da coisa, que se não encontra normalmente em outras da mesma espécie.

Art. 784: 1. v. arts. 441 a 446.

Art. 785. Salvo disposição em contrário, admite-se a transferência do contrato a terceiro com a alienação ou cessão[1] do interesse segurado.[2]
§ 1º Se o instrumento contratual é nominativo,[3] a transferência só produz efeitos em relação ao segurador mediante aviso escrito assinado pelo cedente e pelo cessionário.

§ 2º A apólice ou o bilhete à ordem só se transfere por endosso em preto, datado e assinado pelo endossante e pelo endossatário.

Art. 785: 1. v. arts. 286 a 298.

Art. 785: 2. v. art. 959-I.

Art. 785: 3. i. e., que indicam o nome do segurado e do beneficiário.

Art. 786. Paga a indenização,¹ o segurador sub-roga-se,¹ᵃ nos limites do valor respectivo, nos direitos e ações que competirem ao segurado contra o autor do dano.¹ᵇ ᵃ ²ᶜ

§ 1º Salvo dolo,³ a sub-rogação não tem lugar se o dano foi causado pelo cônjuge do segurado, seus descendentes ou ascendentes, consanguíneos ou afins.

§ 2º É ineficaz qualquer ato do segurado que diminua ou extinga, em prejuízo do segurador, os direitos a que se refere este artigo.

Art. 786: 1. "Após o pagamento da indenização, é dever do segurado proceder à entrega da documentação do veículo, possibilitando a transferência do salvado à seguradora, desembaraçado de quaisquer ônus, o que evita enriquecimento ilícito" (STJ-3ª T., Ag em REsp 49.595-AgRg-EDcl, Min. Ricardo Cueva, j. 11.11.14, DJ 19.11.14).

Art. 786: 1a. v. arts. 346 a 351.

Art. 786: 1b. s/ eleição de foro, v., no nosso CPCLPV, CPC 63, nota 4.

Art. 786: 2. No mesmo sentido, **Súmula 188 do STF (Ação regressiva do segurador):** "O segurador tem ação regressiva contra o causador do dano, pelo que efetivamente pagou, até ao limite previsto no contrato de seguro".

Assim, tendo a seguradora pago ao segurado o valor do veículo roubado nas dependências da oficina encarregada de repará-lo, pode ela pleitear em face desta aquele valor, apoiada na falta de cuidado com a guarda da coisa, que gerou o dano em questão (RT 869/358).

Súmula 257 do STF: "São cabíveis honorários de advogado na ação regressiva do segurador contra o causador do dano".

Art. 786: 2a. "Na ação regressiva não cabe ao segurador provar a culpa do causador do dano, sendo da responsabilidade do transportador provar que os danos decorrem de vício próprio da mercadoria, força maior ou caso fortuito" (STJ-4ª T., REsp 663.356, Min. Luis Felipe, j. 19.8.10, DJ 14.10.10).

Art. 786: 2b. "O Código de Defesa do Consumidor não se aplica ao contrato de **transporte** de cargas, no caso, equipamento importado para uso pela empresa importadora no processo industrial de produção de medicamentos. Fatos ocorridos na vigência do Código Civil de 1916. Incidência da **prescrição** anual (Código Comercial, art. 449 e Decreto-lei 116/1967, art. 8º) à relação entre a segurada e a transportadora, que se aplica também à ação de regresso ajuizada pela seguradora na condição de sub-rogada" (STJ-2ª Seção, ED no REsp 1.202.756-EDcl, Min. Isabel Gallotti, j. 14.3.18, DJ 20.3.18).

"A seguradora, arcando com a indenização securitária, está sub-rogada nos direitos de sua segurada, podendo, dentro do prazo prescricional aplicável à relação jurídica entabulada por esta, buscar o ressarcimento do que despendeu, nos mesmos termos e limites que assistiam à segurada. No entanto, a relação jurídica existente entre a segurada e a transportadora ostenta nítido caráter mercantil, não podendo, em regra, ser aplicadas as normas inerentes às relações de consumo" (STJ-4ª T., REsp 982.492, Min. Luis Felipe, j. 27.9.11, DJ 17.10.11).

Todavia, mantendo acórdão que decidiu pela prescrição bienal em caso de transporte aéreo: STJ-4ª T., REsp 1.162.649, Min. Antonio Ferreira, j. 13.5.14, maioria, DJ 18.8.14.

"O prazo prescricional para o ajuizamento de ação de regresso da seguradora contra o causador do dano é de vinte anos" (STJ-4ª T., Ag 1.215.279-AgRg, Min. João Otávio, j. 7.6.11, DJ 14.6.11).

V. art. 349, nota 3.

V. tb. CDC 2º, nota 2, e 27, nota 1a.

Em matéria de: transporte de coisas, v. art. 754, nota 6; fiança, v. art. 831, nota 1a.

S/ termo inicial do prazo prescricional, v. art. 189, nota 8.

Art. 786: 2c. Diversamente, no seguro de pessoas não ocorre essa sub-rogação (art. 800).
Art. 786: 3. v. arts. 145 a 150.

Art. 787. No seguro de responsabilidade civil,[1-1a] o segurador garante o pagamento de perdas e danos[1b] devidos pelo segurado a terceiro.

§ 1º Tão logo saiba o segurado das consequências de ato seu, suscetível de lhe acarretar a responsabilidade incluída na garantia, comunicará o fato ao segurador.[1c]

§ 2º É defeso ao segurado reconhecer sua responsabilidade ou confessar a ação, bem como transigir com o terceiro prejudicado, ou indenizá-lo diretamente, sem anuência expressa do segurador.[2 a 2b]

§ 3º Intentada a ação contra o segurado, dará este ciência da lide ao segurador.[3]

§ 4º Subsistirá a responsabilidade do segurado perante o terceiro, se o segurador for insolvente.[4]

Art. 787: 1. "O seguro de responsabilidade civil e seus efeitos jurídicos no novo Código Civil", por Voltaire Giavarina Marensi (RMDCPC 1/107); "Anotações sobre três novas (e discutíveis) hipóteses de intervenção de terceiros previstas no Código Civil de 2002", por Fernando da Fonseca Gajardoni (RIDCPC 53/66); "Novidades no campo da intervenção de terceiros no processo civil: a denunciação da lide *per saltum* (ação direta) e o chamamento ao processo da seguradora na ação de responsabilidade civil", por Humberto Theodoro Jr. (RMDCPC 27/16); "Aspectos relevantes do seguro de responsabilidade civil", por Voltaire Giavarina Marensi (RMDECC 33/9).

Art. 787: 1a. s/ ação de responsabilidade civil ajuizada diretamente contra o segurador do causador do dano, v. art. 927, nota 5d.

Em matéria de consumidor, v. CDC 101-II.

Art. 787: 1b. v. arts. 402 a 405.

Art. 787: 1c. v. art. 771.

Art. 787: 2. cf. art. 795.

Art. 787: 2a. Enunciado 373 do CEJ: "Embora sejam defesos pelo § 2º do art. 787 do Código Civil, o reconhecimento da responsabilidade, a confissão da ação ou a transação não retiram ao segurado o direito à garantia, sendo apenas ineficazes perante a seguradora".

Art. 787: 2b. "As normas jurídicas não são estanques, ao revés, sofrem influências mútuas, pelo que a melhor interpretação do parágrafo 2º do art. 787 do Código Civil é de que, embora sejam defesos, o reconhecimento da responsabilidade, a confissão da ação ou a **transação não retiram** do segurado, que estiver de boa-fé e tiver agido com probidade, o **direito à indenização e ao reembolso**, sendo os atos apenas ineficazes perante a seguradora (enunciados 373 e 546 das Jornadas de Direito Civil). Desse modo, a perda da garantia securitária apenas se dará em caso de prejuízo efetivo ao ente segurador, a exemplo de fraude (conluio entre segurado e terceiro) ou de ressarcimento de valor exagerado (superfaturamento) ou indevido, resultantes de má-fé do próprio segurado. Se não há demonstração de que a transação feita pelo segurado e pela vítima do acidente de trânsito foi abusiva, infundada ou desnecessária, mas, ao contrário, sendo evidente que o sinistro de fato aconteceu e o acordo realizado foi em termos favoráveis tanto ao segurado quanto à seguradora, não há razão para erigir a regra do art. 787, § 2º, do CC em direito absoluto a afastar o ressarcimento do segurado" (STJ-3ª T., REsp 1.133.459, Min. Ricardo Cueva, j. 21.8.14, DJ 3.9.14).

"A vedação imposta ao segurado não será causa de perda automática do direito à garantia/reembolso para aquele que tiver agido com probidade e de boa-fé, sem causar prejuízo à seguradora, sendo os atos que tiver praticado apenas ineficazes perante esta, a qual, na hipótese de ser demandada, poderá discutir e alegar todas as matérias de defesa no sentido de excluir ou diminuir sua responsabilidade. Hipótese dos autos em que a segurada faz jus à restituição dos valores desembolsados para o pagamento de acordo celebrado com terceiro, em sede de cumprimento definitivo de sentença condenatória, mesmo sem a anuência da seguradora, por ausência de indícios de que tenha agido com má-fé ou de que o ato tenha causado prejuízo aos interesses da seguradora" (STJ-3ª T., REsp 1.604.048, Min. Nancy Andrighi, j. 25.5.21, DJ 9.6.21).

"O acordo celebrado entre a segurada com a proprietária da carga roubada, sem comunicação à seguradora, por si só, não afasta o dever da seguradora ao pagamento da indenização. A previsão legal no sentido de impedir o segurado de transigir em processo judicial promovido pelo terceiro prejudicado somente é aplicável enquanto não houver posição de recusa da indenização por parte da seguradora" (RJTJERGS 272/194: AP 70018905927).

Art. 787: 3. v. CPC 130-III.

Art. 787: 4. v. art. 955 e CPC/73 art. 748.

Art. 788. Nos seguros de responsabilidade legalmente obrigatórios,[1] a indenização por sinistro será paga pelo segurador diretamente ao terceiro prejudicado.

Parágrafo único. Demandado em ação direta pela vítima do dano, o segurador não poderá opor a exceção de contrato não cumprido[2] pelo segurado, sem promover a citação deste para integrar o contraditório.

Art. 788: 1. v. art. 20 do Dec. lei 73, de 21.11.66.

Lei 6.194, de 19.12.74 — Dispõe sobre Seguro Obrigatório de Danos Pessoais causados por veículos automotores de via terrestre, ou por sua carga, a pessoas transportadas ou não.

Lei 8.374, de 30.12.91 — Dispõe sobre o Seguro Obrigatório de Danos Pessoais causados por embarcações ou por sua carga.

Art. 788: 2. v. arts. 476 e 477.

Seção III | DO SEGURO DE PESSOA[1]

SEÇ. III: 1. v. CPC 784-VI (contrato de seguro de vida como título executivo extrajudicial) e 833-VI (impenhorabilidade do seguro de vida).

S/ seguro de vida e declaração de ausência do segurado, v. art. 37, nota 1.

Art. 789. Nos seguros de pessoas, o capital segurado é livremente estipulado pelo proponente, que pode contratar mais de um seguro[1] sobre o mesmo interesse, com o mesmo ou diversos seguradores.

Art. 789: 1. cf. art. 782.

Art. 790. No seguro sobre a vida de outros, o proponente é obrigado a declarar, sob pena de falsidade, o seu interesse pela preservação da vida do segurado.[1]

Parágrafo único. Até prova em contrário, presume-se o interesse, quando o segurado é cônjuge, ascendente ou descendente do proponente.[2]

Art. 790: 1. v. arts. 760 e 766.

Art. 790: 2. Enunciado 186 do CEJ: "O companheiro deve ser considerado implicitamente incluído no rol das pessoas tratadas no art. 790, parágrafo único, por possuir interesse legítimo no seguro da pessoa do outro companheiro".

Art. 791. Se o segurado não renunciar à faculdade, ou se o seguro não tiver como causa declarada a garantia de alguma obrigação, é lícita a substituição do beneficiário, por ato entre vivos ou de última vontade.[1-2]

Parágrafo único. O segurador, que não for cientificado oportunamente da substituição, desobrigar-se-á pagando o capital segurado ao antigo beneficiário.

Art. 791: 1. s/ possibilidade de substituição do beneficiário, v. art. 438.

Art. 791: 2. "No contrato de seguro de vida há uma espécie de estipulação em favor de terceiro, visto que a nomeação do beneficiário é, a princípio, livre, podendo o segurado promover a substituição a qualquer tempo, mesmo em ato de última vontade, até a ocorrência do sinistro, a menos que a indicação esteja atrelada à garantia de alguma obrigação (art. 1.473 do CC/16, correspondente ao art. 791 do CC/2002). Se a indicação do beneficiário não for a título gratuito, deverá ele permanecer o mesmo durante toda a vigência do contrato de seguro de vida, pois não é detentor de mera expectativa de direito, mas, sim, possuidor do direito condicional de receber o capital contratado, que se concretizará sobrevindo a morte do segurado. Todavia, se a obrigação garantida for satisfeita antes de ocorrido o sinistro, esse direito desaparecerá, tornando insubsistente a indicação. É nula a alteração de beneficiário em contrato de seguro de vida feita por segurado que se obrigou, em acordo de separação homologado judicialmente, a indicar a prole do primeiro casamento, não tendo desaparecido a causa da garantia" (STJ-3ª T., REsp 1.197.476, Min. Ricardo Cueva, j. 7.10.14, DJ 10.10.14).

Art. 792. Na falta de indicação da pessoa ou beneficiário, ou se por qualquer motivo não prevalecer a que for feita,[1] o capital segurado será pago por metade ao cônjuge não separado judicialmente,[1a-1b] e o restante aos herdeiros do segurado, obedecida a ordem da vocação hereditária.[2 a 3]

Parágrafo único. Na falta das pessoas indicadas neste artigo, serão beneficiários os que provarem que a morte do segurado os privou dos meios necessários à subsistência.

Art. 792: 1. "Em vista do disposto no art. 794 do CC/2002, em interpretação sistemática do diploma civilista, o art. 792 — correspondente ao art. 1.473 do CC/16 — incide apenas caso não persista designação eficaz. No caso, por ocasião do falecimento da segurada, permanecia eficaz a designação de três dos quatro beneficiários. Portanto, aqueles devem receber por inteiro a quota a que fazem jus, dividindo entre eles o percentual que seria do beneficiário pré-morto" (STJ-4ª T., REsp 803.299, Min. Luis Felipe, j. 5.11.13, maioria, DJ 3.4.14).

Art. 792: 1a. v. arts. 1.571-III e 1.572 a 1.578.

Art. 792: 1b. "O art. 792 do Código Civil não pode ser interpretado de forma literal, devendo ser igualado o cônjuge não separado judicialmente à companheira, desde que comprovada a união estável" (RT 907/1.015: TJPR, AP 661.009-7).

Art. 792: 2. v. art. 1.829.

Art. 792: 2a. "A disposição legal do art. 792 do Código Civil somente é aplicável se o contrato de seguro for totalmente omisso quanto à previsão de beneficiários. Se não houver indicação expressa de nome de beneficiário, prevalece a cláusula contratual que elenca a ordem vocacional dos beneficiários" (RT 907/1.015: TJPR, AP 661.009-7).

Art. 792: 3. "Nada obstante omissão quanto à indicação de beneficiário, o conjunto probatório prestigia convicção de que o segurado instituiu a autora como beneficiária do seguro de vida. É bem verdade que a autora não é parenta do segurado, mas não deixou ele sucessores, sendo inequívoco que viveu com ele por muitos anos, primeiro na condição de filha, de sua companheira e, depois, com a morte da mãe, como aquela que dele cuidou até a morte" (JTJ 348/342: AP 992.08.009778-1).

Art. 793. É válida a instituição do companheiro[1] como beneficiário, se ao tempo do contrato o segurado era separado judicialmente,[2] ou já se encontrava separado de fato.[3]

Art. 793: 1. v. arts. 1.723 a 1.727.

Art. 793: 2. v. arts. 1.571-III e 1.572 a 1.578.

Art. 793: 3. "O seguro de vida **não** pode ser instituído por pessoa casada, **não** separada de fato e nem judicialmente, em benefício de parceiro **em relação concubinária**, por força de expressa vedação legal (CC/2002, arts. 550 e 793)" (STJ-4ª T., REsp 1.391.954, Min. Isabel Gallotti, j. 22.3.22, maioria, DJ 27.4.22).

Art. 794. No seguro de vida ou de acidentes pessoais para o caso de morte, o capital estipulado não está sujeito às dívidas do segurado,[1] nem se considera herança para todos os efeitos de direito.[2-3]

Art. 794: 1. v. CPC 833-VI.

Art. 794: 2. "Inventário. Seguro de vida contratado pelo *de cujus*. Capital do seguro. Levantamento pelo beneficiário. Possibilidade. Valor que não integra o patrimônio do espólio" (JTJ 339/35: AI 612.096-4/9-00).

Art. 794: 3. "Ação de resgate de pecúlio. Morte da segurada. Pecúlio devido aos beneficiários. Desconto do saldo devedor de contrato de mútuo celebrado pela segurada. Impossibilidade. **Aplica-se ao contrato de previdência privada com plano de pecúlio a regra do art. 794 do CC/02,** segundo o qual o capital estipulado não está sujeito às dívidas do segurado, nem se considera herança para todos os efeitos de direito. No particular, a morte da participante do plano de previdência complementar fez nascer para os seus beneficiários o direito de exigir o recebimento do pecúlio, não pelo princípio de *saisine*, mas sim por força da estipulação contratual em favor dos filhos, de tal modo que, se essa verba lhes pertence por direito próprio, e não hereditário, não pode responder pelas dívidas da estipulante falecida. Ademais, a vontade manifestada pela participante em vida, ao contrair o empréstimo junto à entidade aberta de previdência complementar oferecendo o pecúlio em garantia, não sobrevive à sua morte, porque não pode atingir o patrimônio de terceiros, independentemente de quem sejam os indicados por ela como seus beneficiários" (STJ-3ª T., REsp 1.713.147, Min. Nancy Andrighi, j. 11.12.18, DJ 13.12.18).

Art. 795. É nula, no seguro de pessoa, qualquer transação[1-1a] para pagamento reduzido do capital segurado.

Art. 795: 1. cf. art. 787 § 2º.

Art. 795: 1a. v. arts. 840 a 850.

Art. 796. O prêmio,[1] no seguro de vida, será conveniado por prazo limitado, ou por toda a vida do segurado.

Parágrafo único. Em qualquer hipótese, no seguro individual, o segurador não terá ação para cobrar o prêmio vencido, cuja falta de pagamento, nos prazos previstos, acarretará, conforme se estipular, a resolução do contrato, com a restituição da reserva já formada, ou a redução do capital garantido proporcionalmente ao prêmio pago.

Art. 796: 1. "Os valores pagos a título de prêmio pelo seguro por invalidez ou morte não são passíveis de restituição, uma vez que a entidade suportou o risco, como é próprio dos contratos aleatórios" (STJ-RF 396/399: 3ª T., AI 800.429-AgRg).

Art. 797. No seguro de vida para o caso de morte, é lícito estipular-se um prazo de carência, durante o qual o segurador não responde pela ocorrência do sinistro.

Parágrafo único. No caso deste artigo o segurador é obrigado a devolver ao beneficiário o montante da reserva técnica já formada.[1]

Art. 797: 1. "O art. 797 do CC impõe à seguradora, na hipótese de morte do segurado dentro do prazo de carência, a obrigação de restituir a reserva técnica ao beneficiário, sem apontar, contudo, qualquer ressalva quanto à espécie de seguro, se em grupo ou individual, não se conferindo ao intérprete proceder a uma interpretação restritiva" (STJ-RMDECC 21/99: 3ª T., REsp 1.038.136, Min. Massami Uyeda).

Art. 798. O beneficiário não tem direito ao capital estipulado quando o segurado se suicida nos primeiros dois anos de vigência inicial do contrato,[1] ou da sua recondução depois de suspenso, observado o disposto no parágrafo único do artigo antecedente.

Parágrafo único. Ressalvada a hipótese prevista neste artigo, é nula a cláusula contratual que exclui o pagamento do capital por suicídio do segurado.[2]

Art. 798: 1. Súmula 105 do STF (Suicídio do segurado): "Salvo se tiver havido premeditação, o suicídio do segurado no período contratual de carência não exime o segurador do pagamento do seguro".

Súmula 610 do STJ: "O **suicídio** não é coberto nos dois primeiros anos de vigência do contrato de seguro de vida, ressalvado o direito do beneficiário à devolução do montante da reserva técnica formada".

Enunciado 187 do CEJ: "No contrato de seguro de vida, presume-se, de forma relativa, ser premeditado o suicídio cometido nos dois primeiros anos de vigência da cobertura, ressalvado ao beneficiário o ônus de demonstrar a ocorrência do chamado 'suicídio involuntário'".

"De acordo com a redação do art. 798 do Código Civil de 2002, **a seguradora não está obrigada a indenizar o suicídio ocorrido dentro dos dois primeiros anos do contrato.** O legislador estabeleceu critério objetivo para regular a matéria, tornando irrelevante a discussão a respeito da premeditação da morte, de modo a conferir maior segurança jurídica à relação havida entre os contratantes" (STJ-2ª Seção, ED no REsp 1.076.942-EDcl-AgRg, Min. João Otávio, j. 27.5.15, maioria, DJ 15.6.15). No mesmo sentido, consignando a "inaplicabilidade das Súmulas 105/STF e 61/STJ, editadas com base no Código Civil de 1916": STJ-3ª T., AREsp 935.434-AgInt, Min. Ricardo Cueva, j. 17.11.16, DJ 25.11.16.

"É irrelevante a discussão a respeito de ter sido premeditado ou não o suicídio, diante da regra expressa do art. 798 do CC/2002, que determina que o beneficiário perde o direito ao capital estipulado se o suicídio ocorrer nos dois primeiros anos de vigência do contrato de seguro" (RT 902/301: TJMG, EI 1.0024.07.525307-0/003; a citação é do voto do relator).

Contra: "A interpretação do art. 798, do Código Civil de 2002, deve ser feita de modo a compatibilizar o seu ditame ao disposto nos arts. 113 e 422 do mesmo diploma legal, que evidenciam a boa-fé como um dos princípios norteadores da redação da nova codificação civil. Nessa linha, o fato de o suicídio ter ocorrido no período inicial de dois anos de vigência do contrato de seguro, por si só, não autoriza a companhia seguradora a eximir-se do dever de indenizar, sendo necessária a comprovação inequívoca da premeditação por parte do segurado, ônus que cabe à seguradora, conforme as Súmulas 105/STF e 61/STJ expressam em relação ao suicídio ocorrido durante o período de carência. O art. 798 do Código Civil de 2002 não alterou o entendimento de que a prova da premeditação do suicídio é necessária para afastar o direito à indenização securitária" (STJ-2ª Seção, Ag 1.244.022-AgRg, Min. Luis Felipe, j. 13.4.11, maioria, DJ 25.10.11). No mesmo sentido: RJM 191/66 (AP 1.0439.09.099346-0/001), RT 911/905 (TJPR, AP 648.269-5).

"A premeditação antecede a celebração do contrato e não surge depois da contratação do seguro, portanto, é evidente que o suicídio cujo contexto no qual foi praticado revela perturbação da inteligência do segurado, em grave estado depressivo, que se manifestou posteriormente à contratação, não autoriza se falar em premeditação" (JTJ 308/348).

"É irrelevante a discussão a respeito de ter sido premeditado ou não o suicídio, diante da regra expressa do art. 798 do CC/2002, que determina que o beneficiário perde o direito ao capital estipulado se o suicídio ocorrer nos dois primeiros anos de vigência do contrato de seguro" (RT 902/301: TJMG, EI 1.0024.07.525307-0/003; a citação é do voto do relator).

Art. 798: 2. Entendendo que o suicídio não premeditado equipara-se a acidente e que dá direito ao recebimento de indenização correspondente à morte acidental: STJ-4ª T., AI 647.568-AgRg, Min. Aldir Passarinho Jr., j. 23.5.06, DJU 26.6.06. No mesmo sentido: STJ-3ª T., REsp 164.254, Min. Ari Pargendler, j. 2.5.02, DJU 5.8.02.

> **Art. 799.** O segurador não pode eximir-se ao pagamento do seguro, ainda que da apólice conste a restrição, se a morte ou a incapacidade do segurado provier da utilização de meio de transporte mais arriscado, da prestação de serviço militar, da prática de esporte, ou de atos de humanidade em auxílio de outrem.[1]

Art. 799: 1. s/ agravamento de risco em seguro de vida, v. art. 768, nota 4.

> **Art. 800.** Nos seguros de pessoas, o segurador não pode sub-rogar-se[1] nos direitos e ações do segurado, ou do beneficiário, contra o causador do sinistro.[2]

Art. 800: 1. v. arts. 346 a 351.

Art. 800: 2. Diversamente, no seguro de dano ocorre essa sub-rogação (art. 786).

> **Art. 801.** O seguro de pessoas pode ser estipulado por pessoa natural ou jurídica em proveito de grupo que a ela, de qualquer modo, se vincule.[1]

§ 1º O estipulante[1a a 1c] não representa o segurador perante o grupo segurado, e é o único responsável, para com o segurador, pelo cumprimento de todas as obrigações contratuais.

§ 2º A modificação da apólice em vigor dependerá da anuência expressa de segurados que representem três quartos do grupo.[2]

Art. 801: 1. "Seguros coletivos de pessoas", por Voltaire Giavarina Marensi (RMDCPC 11/70); "Seguro de vida em grupo. Renovação negada pela seguradora. Análise do problema no prisma do Código Civil e do Código do Consumidor", por Humberto Theodoro Jr. (RMDECC 23/90).

Art. 801: 1a. v. art. 775, nota 3 (responsabilidade do estipulante pela indenização securitária).

Art. 801: 1b. "Apesar de, em princípio, a estipulante não possuir legitimidade passiva em ações nas quais pleiteia-se o pagamento de indenizações securitárias, em se tratando de **ação** que questiona o **cumprimento das obrigações** firmadas entre as partes contratantes, merece ser reconhecida a **legitimidade** ativa da mandatária, sem prejudicar os beneficiários do segurado a fazer jus ao recebimento da indenização" (STJ-3ª T., REsp 2.004.461, Min. Nancy Andrighi, j. 27.9.22, DJ 30.9.22).

Art. 801: 1c. "No contrato de seguro coletivo em grupo cabe exclusivamente ao estipulante, e não à seguradora, o **dever de** fornecer ao segurado (seu representado) ampla e prévia **informação** a respeito dos contornos contratuais, no que se inserem, em especial, as cláusulas restritivas" (STJ-3ª T., REsp 1.825.716, Min. Marco Bellizze, j. 27.10.20, DJ 12.11.20). "No seguro de vida em grupo, o estipulante é o mandatário dos segurados, sendo por meio dele encaminhadas as comunicações entre a seguradora e os consumidores aderentes. O dever de informação, na fase pré-contratual, é satisfeito durante as tratativas entre seguradora e estipulante, culminando com a celebração da apólice coletiva que estabelece as condições gerais e especiais e cláusulas limitativas e excludentes de riscos. Na fase de execução do contrato, o dever de informação, que deve ser prévio à adesão de cada empregado ou associado, cabe ao estipulante, único sujeito do contrato que tem vínculo anterior com os componentes do grupo segurável. A seguradora, na fase prévia à adesão individual, momento em que devem ser fornecidas as informações ao consumidor, sequer tem conhecimento da identidade dos interessados que irão aderir à apólice coletiva cujos termos já foram negociados entre ela e o estipulante" (STJ-4ª T., REsp 1.850.961, Min. Isabel Gallotti, j. 15.6.21, maioria, DJ 31.8.21).

Art. 801: 2. Enunciado 375 do CEJ: "No seguro em grupo de pessoas, exige-se o quórum qualificado de 3/4 do grupo, previsto no § 2º do art. 801 do Código Civil, apenas quando as modificações impuserem novos ônus aos participantes ou restringirem seus direitos na apólice em vigor".

"Para não haver o engessamento da dinâmica negocial nos seguros coletivos, não se revela razoável que toda e qualquer alteração do contrato dependa da anuência do grupo segurado, mas, ao contrário, o **quórum legal somente será exigido** quando a modificação da apólice mestre implicar **ônus, dever ou redução de direitos para os segurados**. Incidência do Enunciado 375 da IV Jornada de Direito Civil. A hipótese de transferência do grupo segurado de uma para outra apólice, da mesma ou de outra sociedade seguradora, também deve ser inserida no âmbito de proteção da norma inscrita no art. 801, § 2º, do CC, ao lado da modificação da apólice mestre durante sua vigência e renovação e da rescisão contratual (arts. 4º, II, e 10 da Resolução CNSP 107/2004), já que todas as situações são evidentemente correlatas, devendo ser resguardados os segurados contra alterações no seguro coletivo que lhes sejam desfavoráveis, sobretudo em não havendo a sua prévia anuência. A constatação de ilegalidade da conduta da seguradora ao não observar a determinação do art. 801, § 2º, do CC acarreta a revalidação das condições da apólice mestre original, isto é, daquela que vigorava antes das alterações prejudiciais feitas contra o grupo segurado. Na hipótese, como houve a redução de direitos dos segurados, a exemplo da diminuição do capital segurado, a concordância expressa de 3/4 dos integrantes do grupo era uma condição de observância obrigatória, a qual não poderia ter sido negligenciada seja pela estipulante seja pela seguradora" (STJ-3ª T., REsp 1.766.156, Min. Ricardo Cueva, j. 27.11.18, DJ 6.12.18).

Art. 802. Não se compreende nas disposições desta Seção a garantia do reembolso de despesas hospitalares ou de tratamento médico, nem o custeio das despesas de luto e de funeral do segurado.

Capítulo XVI | DA CONSTITUIÇÃO DE RENDA

Art. 803. Pode uma pessoa, pelo contrato de constituição de renda, obrigar-se para com outra a uma prestação periódica, a título gratuito.

Art. 804. O contrato pode ser também a título oneroso, entregando-se bens[1] móveis ou imóveis à pessoa que se obriga a satisfazer as prestações a favor do credor ou de terceiros.

Art. 804: 1. v. art. 809.

Art. 805. Sendo o contrato a título oneroso, pode o credor, ao contratar, exigir que o rendeiro lhe preste garantia real,[1] ou fidejussória.[2]

Art. 805: 1. v. arts. 1.419 a 1.430.
Art. 805: 2. v. arts. 818 a 839.

Art. 806. O contrato de constituição de renda será feito a prazo certo, ou por vida, podendo ultrapassar a vida do devedor[1] mas não a do credor, seja ele o contratante, seja terceiro.

Art. 806: 1. Todavia, "o herdeiro não responde por encargos superiores às forças da herança" (art. 1.792).

Art. 807. O contrato de constituição de renda requer escritura pública.[1-2]

Art. 807: 1. v. arts. 215 a 218.
Art. 807: 2. a ser feita no Registro de Títulos e Documentos, salvo na hipótese da LRP 167-I-8, caso em que será lavrada no Registro de Imóveis.

Art. 808. É nula a constituição de renda em favor de pessoa já falecida, ou que, nos trinta dias seguintes, vier a falecer de moléstia que já sofria, quando foi celebrado o contrato.

Art. 809. Os bens dados em compensação da renda[1] caem, desde a tradição,[1a] no domínio da pessoa que por aquela[2] se obrigou.

Art. 809: 1. v. art. 804 (contrato oneroso de constituição de renda).
Art. 809: 1a. O vocábulo "tradição" é usado aqui em sentido amplo, abrangendo a tradição do bem móvel e o registro do título translativo do bem imóvel no Cartório de Registro de Imóveis.
Art. 809: 2. i. e., no domínio de quem se obrigou à prestação periódica.

Art. 810. Se o rendeiro, ou censuário, deixar de cumprir a obrigação estipulada, poderá o credor da renda acioná-lo, tanto para que lhe pague as prestações atrasadas como para que lhe dê garantias das futuras,[1] sob pena de rescisão do contrato.

Art. 810: 1. v. art. 477 (exceção de contrato não cumprido).

Art. 811. O credor adquire o direito à renda dia a dia, se a prestação não houver de ser paga adiantada, no começo de cada um dos períodos prefixos.

Art. 812. Quando a renda for constituída em benefício de duas ou mais pessoas, sem determinação da parte de cada uma, entende-se que os seus direitos são iguais;[1] e, salvo estipulação diversa, não adquirirão os sobrevivos direito à parte dos que morrerem.

Art. 812: 1. cf. art. 257.

Art. 813. A renda constituída por título gratuito pode, por ato do instituidor, ficar isenta de todas as execuções pendentes e futuras.¹

Parágrafo único. A isenção prevista neste artigo prevalece de pleno direito[1a] em favor dos montepios e pensões alimentícias.²

Art. 813: 1. cf. CPC 833-I.

Art. 813: 1a. i. e., independentemente de estipulação do instituidor.

Art. 813: 2. cf. CPC 833-IV.

Capítulo XVII | DO JOGO E DA APOSTA[1 A 2]

CAP. XVII: 1. Dec. lei 9.215, de 30.4.46 — Proíbe a prática ou exploração de jogos de azar em todo o território nacional.

CAP. XVII: 1a. s/ jogo e contravenção penal, v. LCP 50 a 58.

CAP. XVII: 2. "Disciplina jurídica do jogo e aposta no sistema brasileiro", por Pablo Stolze Gagliano e Rodolfo Pamplona Filho (RIDCPC 51/71); "Aspectos de direito internacional privado relativos às dívidas de jogo contraídas no estrangeiro: lei aplicável às obrigações e contornos da ordem pública", por Fabrício Bertini Pasquot Polido (RT 876/52).

Art. 814. As dívidas de jogo[1 a 1b] ou de aposta não obrigam a pagamento; mas não se pode recobrar a quantia, que voluntariamente se pagou,[1c] salvo se foi ganha por dolo,[1d] ou se o perdente é menor ou interdito.²

§ 1º Estende-se esta disposição a qualquer contrato que encubra ou envolva reconhecimento, novação[2a] ou fiança³ de dívida de jogo; mas a nulidade resultante não pode ser oposta ao terceiro de boa-fé.

§ 2º O preceito contido neste artigo tem aplicação, ainda que se trate de jogo não proibido, só se excetuando os jogos e apostas legalmente permitidos.⁴

§ 3º Excetuam-se, igualmente, os prêmios oferecidos ou prometidos para o vencedor em competição de natureza esportiva, intelectual ou artística, desde que os interessados se submetam às prescrições legais e regulamentares.

Art. 814: 1. "Dívidas de jogo ou de aposta constituem obrigações naturais. Embora sejam incabíveis, é lícito ao devedor pagá-las. Se o pagamento é realizado por meio de cheques sem provisão de fundos, admite-se o manejo de ação de locupletamento para cobrá-los, sem que se esbarre na proibição de cobrança de dívida de jogo" (STJ-3ª T., REsp 822.922, Min. Gomes de Barros, j. 6.3.08, DJ 1.8.08). **Contra:** RT 794/381 (TJRJ, AP 18.836/00).

Art. 814: 1a. "Ação monitória. Cobrança. Dívida de jogo. Cassino norte-americano. Possibilidade. Art. 9º da Lei de Introdução às Normas do Direito Brasileiro. Equivalência. Direito nacional e estrangeiro. Ofensa à ordem pública. Inexistência. Enriquecimento sem causa. Vedação. Aquele que visita **país estrangeiro,** usufrui de sua hospitalidade e contrai livremente obrigações lícitas, não pode retornar a seu país de origem buscando a impunidade civil. A lesão à boa-fé de terceiro é patente, bem como o enriquecimento sem causa, motivos esses capazes de contrariar a ordem pública e os bons costumes. A vedação contida no artigo 50 da Lei de Contravenções Penais diz respeito à exploração de jogos não legalizados, o que não é o caso dos autos, em que o jogo é permitido pela legislação estrangeira" (STJ-3ª T., REsp 1.628.974, Min. Ricardo Cueva, j. 13.6.17, maioria, DJ 25.8.17).

"Considerando a antinomia na interpenetração de dois sistemas jurídicos, caracterizada pela pretensão de cobrança de dívida de jogo, contraída no exterior, onde as atividades oriundas de jogos e apostas são consideradas lícitas, inexigível no ordenamento jurídico brasileiro, aplica-se a regra *locus regit actum*, prevista no art. 9º da LICC, como forma de evitar o enriquecimento sem causa por parte do devedor que abusou da boa-fé do credor, emitindo cheque de conta encerrada, sob pena de atentar-se à ordem pública, no sentido que lhe dá o Direito Internacional Privado" (RT 763/105: TJDFT, EI 44.921/97, maioria; ementa da redação).

Contra: "O cheque emitido para pagamento de dívida de jogo é inexigível, nos termos do art. 1.477 do CC, ainda que a obrigação tenha sido contraída em país em que a jogatina é lícita, eis que o princípio do *locus regit actum*, consagrado no art. 9º da LICC, sofre restrições em face da regra insculpida no art. 17 do mesmo diploma legal" (RT 794/381: TJRJ, AP 18.836/00; ementa da redação). O art. 1.477 do CC rev. corresponde ao CC 814.

Art. 814: 1b. "A **aposta em corrida de cavalos** é atividade expressamente regulamentada pela Lei n. 7.291/84 e pelo Decreto n. 96.993/88, não incidindo, pois, as vedações contidas no Código Civil a esse tipo de jogo. Embora os referidos diplomas legais prevejam a realização de apostas em dinheiro e nas dependências do hipódromo, em nenhum momento eles proíbem a realização delas por telefone e mediante o empréstimo de dinheiro da banca exploradora ao apostador. Entender pela abusividade de tal prática levaria ao enriquecimento ilícito do apostador e feriria o princípio da autonomia da vontade, que permeia as relações de Direito Privado, onde, ao contrário do Direito Público, é possível fazer tudo aquilo que a lei não proíbe" (STJ-RDPr 46/407: 3ª T., REsp 1.070.316, maioria).

Art. 814: 1c. v. art. 882.

S/ revogação por ingratidão de doação que se fizer em cumprimento de obrigação natural, v. art. 564-III.

Art. 814: 1d. v. arts. 145 a 150.

Art. 814: 2. v. art. 816.

Art. 814: 2a. v. arts. 360 a 367.

Art. 814: 3. v. arts. 818 a 839.

Art. 814: 4. Excetuam-se, portanto, as diversas loterias patrocinadas pelo Governo Federal, por meio da Caixa Econômica Federal.

Art. 815. Não se pode exigir reembolso do que se emprestou para jogo ou aposta, no ato de apostar ou jogar.[1-2]

Art. 815: 1. em razão das condições psicológicas do jogador ou apostador naquele momento.

Art. 815: 2. v. art. 816.

Art. 816. As disposições dos arts. 814 e 815 não se aplicam aos contratos sobre títulos de bolsa, mercadorias ou valores,[1] em que se estipulem[2] a liquidação exclusivamente pela diferença entre o preço ajustado e a cotação que eles tiverem no vencimento do ajuste.[3]

Art. 816: 1. Lei 6.385, de 7.12.76 — Dispõe sobre o mercado de valores mobiliários e cria a Comissão de Valores Mobiliários.

Art. 816: 2. *sic*; deve ser "estipule".

✎ **Art. 816: 3.** "Disciplina jurídica dos contratos derivativos", por Fábio Cardoso Machado (RT 896/61).

Art. 817. O sorteio para dirimir questões ou dividir coisas comuns considera-se sistema de partilha[1] ou processo de transação,[2] conforme o caso.

Art. 817: 1. s/ partilha de herança, v. arts. 2.013 a 2.022; divisão de coisa comum, v. art. 1.321.

Art. 817: 2. v. arts. 840 a 850.

Capítulo XVIII | DA FIANÇA[1-2]

Seção I | DISPOSITIVOS GERAIS

CAP. XVIII: 1. s/ fiança locatícia, v. LI 37-II e 39; s/ registro da fiança, v. LRP 129-3º.

✎ **CAP. XVIII: 2.** "Os requisitos de validade do negócio jurídico de fiança", por Gerci Giareta (Ajuris 87-I/99).

Art. 818. Pelo contrato de fiança,[1 a 1b] uma pessoa[1c-2] garante satisfazer ao credor uma obrigação assumida pelo devedor,[3-4] caso este não a cumpra.

Art. 818: 1. s/ rescisão da fiança pelo cônjuge, v. arts. 1.642-IV e 1.645; fiança sem autorização do outro cônjuge: arts. 1.647-III a 1.650; reforço de fiança: art. 333-III; LI 40, 22-VII, *in fine*, 23-XI e 71-V.

Art. 818: 1a. Dec. 21.981, de 19.10.32 — Regula a profissão de Leiloeiro ao território da República: **"Art. 30.** São nulas as fianças, bem como os endossos e avais dados pelos leiloeiros".

Dec. 91.271, de 29.5.85 — Veda a concessão, por entidades estatais, de aval, fiança ou outras garantias.

Art. 818: 1b. "A esposa do fiador que se limita a dar outorga uxória à fiança prestada por seu marido, em atendimento à exigência legal, não adquire a condição de fiadora. O acordo realizado apenas entre locadora e locatário, com o qual não consentiu a esposa do fiador, não pode ser executado em relação a esta" (RT 778/319).

Art. 818: 1c. A fiança é uma garantia pessoal (fidejussória). S/ garantias reais, v. art. 1.419.

Art. 818: 2. "É nula a fiança prestada por analfabeto, ou por quem não saiba escrever. Para ter validade só pode ser por instrumento público" (JTJ 292/233).

Art. 818: 3. "Se o contrato de fiança foi prestado em benefício de uma pessoa jurídica, o fato de ter havido alteração em seu quadro social gera como efeito reflexo e imediato a exoneração dos fiadores da garantia prestada, tendo em vista o caráter *intuitu personae* do contrato" (RJM 184/160: AP 1.0287.06.026326-9/001).

Art. 818: 4. A fiança prestada em favor de uma sociedade não fica circunscrita a uma de suas **filiais**. "A individualização do patrimônio da empresa, por meio da criação de filiais, a fim de dar consecução à atuação empresarial, em nada infirma a unidade patrimonial da pessoa jurídica, tampouco representa a criação de uma nova pessoa jurídica, com quadro societário e contrato social próprios. A devedora, a sociedade empresarial, para quem a fiança foi efetivamente prestada, responde, por suas dívidas, com todo o seu acervo patrimonial, que, com visto, é composto, inclusive, pelo estabelecimento secundário (a filial em comento)" (STJ-3ª T., REsp 1.619.854, Min. Marco Bellizze, j. 13.4.21, DJ 16.4.21).

Art. 819. A fiança dar-se-á por escrito, e não admite interpretação extensiva.[1 a 3]

Art. 819: 1. v. arts. 114, 823 e 830.

Art. 819: 2. Não se admite contrato de fiança verbal (JTJ 316/219: AP 874.874-0/2).

Art. 819: 3. "Contrato bancário. Caracteriza-se por ser, em regra, cativo e de longa duração, prorrogando-se sucessivamente. Fiança prevendo claramente sua **prorrogação,** caso ocorra a da **avença principal.** Interpretação extensiva. Inexistência. A interpretação extensiva da fiança constitui em utilizar analogia para ampliar as obrigações do fiador ou a duração do contrato acessório, não o sendo a observância àquilo que foi expressamente pactuado, sendo certo que as causas específicas legais de extinção da fiança são taxativas. Com efeito, não há falar em nulidade da disposição contratual que prevê prorrogação da fiança, pois não admitir interpretação extensiva significa tão somente que o fiador responde, precisamente, por aquilo que declarou no instrumento da fiança" (STJ-2ª Seção, REsp 1.253.411, Min. Luis Felipe, j. 24.6.15, DJ 4.8.15).

Contra: "Tem-se como correto o acórdão estadual que, afastando a cláusula que previa a prorrogação automática da fiança para além do prazo original de vigência do contrato de crédito em conta-corrente, exonerou o autor da garantia por valores tomados pela mutuária após findado o lapso original, sem que tivesse havido anuência expressa do garante nesse sentido" (STJ-RIDCPC 60/32: 4ª T., REsp 594.502). No mesmo sentido: STJ-3ª T., REsp 1.194.836-AgRg, Min. Nancy Andrighi, j. 18.10.12, DJ 31.10.12.

Art. 820. Pode-se estipular a fiança, ainda que sem consentimento do devedor ou contra a sua vontade.

Art. 821. As dívidas futuras podem ser objeto de fiança; mas o fiador, neste caso, não será demandado senão depois que se fizer certa e líquida a obrigação do principal devedor.[1]

Art. 821: 1. "Quando o credor não dispõe de pretensão executória contra o devedor afiançado (triplicatas não aceitas e não protestadas e cheque prescrito), o fiador, à evidência, não pode ser executado" (STJ-RT 659/195: 3ª T., REsp 2.375).

Art. 822. Não sendo limitada, a fiança compreenderá todos os acessórios[1] da dívida principal, inclusive as despesas judiciais,[2] desde a citação do fiador.

Art. 822: 1. v. art. 92.

Art. 822: 2. No sentido de que, sendo a fiança limitada a determinado valor, tudo o que excedê-lo, inclusive **honorários sucumbenciais**, deverá ser cobrado do afiançado, e não do fiador: STJ-3ª T., REsp 1.482.565, Min. Marco Bellizze, j. 6.12.16, DJ 15.12.16.

Art. 823. A fiança pode ser de valor inferior ao da obrigação principal e contraída em condições menos onerosas, e, quando exceder o valor da dívida, ou for mais onerosa que ela, não valerá senão até ao limite da obrigação afiançada.[1]

Art. 823: 1. cf. art. 114.

Art. 824. As obrigações nulas não são suscetíveis de fiança, exceto se a nulidade resultar apenas de incapacidade pessoal do devedor.
Parágrafo único. A exceção estabelecida neste artigo não abrange o caso de mútuo feito a menor.[1]

Art. 824: 1. v. art. 837. V. tb. arts. 588 e 589.

Art. 825. Quando alguém houver de oferecer fiador, o credor não pode ser obrigado a aceitá-lo se não for pessoa idônea, domiciliada no município onde tenha de prestar a fiança, e não possua bens suficientes para cumprir a obrigação.

Art. 826. Se o fiador se tornar insolvente[1] ou incapaz,[1a] poderá o credor exigir que seja substituído.[2]

Art. 826: 1. v. art. 955 e CPC/73 art. 748.
Art. 826: 1a. v. arts. 3º a 5º.
Art. 826: 2. cf. art. 477.

Seção II | DOS EFEITOS DA FIANÇA

Art. 827. O fiador demandado pelo pagamento da dívida tem direito a exigir, até a contestação da lide,[1] que sejam primeiro executados os bens do devedor.[1a-1b]
Parágrafo único. O fiador que alegar o benefício de ordem,[2] a que se refere este artigo, deve nomear bens do devedor, sitos no mesmo município, livres e desembargados, quantos bastem para solver o débito.[3]

Art. 827: 1. v. CPC 335.
Art. 827: 1a. Esse direito é chamado de benefício de ordem ou benefício da **excussão**.
Art. 827: 1b. s/ benefício de ordem e avalista, v. art. 897, nota 2.
Art. 827: 2. v. art. 839.
Art. 827: 3. v. arts. 828 e 839, CPC 794.

Art. 828. Não aproveita este benefício ao fiador:
I — se ele o renunciou expressamente;[1]
II — se se obrigou como principal pagador, ou devedor solidário;[2-3]
III — se o devedor for insolvente, ou falido.[4]

Art. 828: 1. Enunciado 364 do CEJ: "No contrato de fiança é nula a cláusula de renúncia antecipada ao benefício de ordem quando inserida em contrato de adesão".

Art. 828: 2. s/ solidariedade passiva, v. arts. 275 a 285.

Art. 828: 3. s/ fiador que paga a dívida do devedor principal em obrigação solidária, v. art. 285, nota 1; s/ extinção da fiança em obrigação solidária, v. art. 838.

Art. 828: 4. s/ insolvência, v. arts. 839 e 955, bem como CPC/73 art. 748.

Art. 829. A fiança conjuntamente prestada a um só débito por mais de uma pessoa importa o compromisso de solidariedade[1-1a] entre elas, se declaradamente não se reservarem o benefício de divisão.

Parágrafo único. Estipulado este benefício, cada fiador responde unicamente pela parte que, em proporção, lhe couber no pagamento.[2]

Art. 829: 1. v. arts. 275 a 285.

Art. 829: 1a. "A fiança, cuja validade depende da outorga uxória, quando prestada por pessoa casada, não implica, por si só, a solidariedade do art. 829 do Código Civil, em relação à esposa desse mesmo prestador" (STJ-5ª T., REsp 1.038.774, Min. Napoleão Maia Filho, j. 15.12.09, DJ 1.2.10).

Art. 829: 2. v. art. 830.

Art. 830. Cada fiador pode fixar no contrato a parte da dívida que toma sob sua responsabilidade, caso em que não será por mais obrigado.[1]

Art. 830: 1. v. arts. 114 e 829.

Art. 831. O fiador que pagar integralmente a dívida fica sub-rogado nos direitos do credor;[1-1a] mas só poderá demandar a cada um dos outros fiadores pela respectiva quota.[2-2a]

Parágrafo único. A parte do fiador insolvente distribuir-se-á pelos outros.[3]

Art. 831: 1. v. arts. 838-II e 346-III.

S/ execução do devedor-afiançado pelo fiador que pagou a dívida no mesmo processo, v., no nosso CPCLPV, CPC 794 § 2º e notas.

Art. 831: 1a. "Contrato de locação. Pagamento do débito pelo fiador. Sub-rogação. Demanda regressiva ajuizada contra os locatários inadimplentes. Manutenção dos mesmos elementos da obrigação originária, inclusive o prazo prescricional. Arts. 349 e 831 do Código Civil. Prescrição trienal (CC, art. 206, § 3º, I). Ocorrência" (STJ-3ª T., REsp 1.432.999, Min. Marco Bellizze, j. 16.5.17, DJ 25.5.17).

V. art. 349, nota 3. Em matéria de: transporte de coisas, v. art. 754, nota 6; seguro, v. art. 786, nota 2b.

Art. 831: 2. v. art. 283.

Art. 831: 2a. "Se pode o fiador, sub-rogado nos direitos do credor primitivo, exigir o que despendeu do devedor principal, por certo que poderá fazê-lo em relação ao avalista, o qual, segundo a melhor doutrina, ocupa, no contexto cambiário, a mesma posição jurídica objetiva da pessoa que avaliza, à qual se equipara" (STJ-4ª T., REsp 303.634, Min. Fernando Gonçalves, j. 10.11.09, DJ 23.11.09).

O fiador que paga a dívida pode obter do avalista do afiançado o valor total do título quitado e não apenas parte dele (RSTJ 109/132: 3ª T., REsp 76.705).

Art. 831: 3. v. art. 284.

Art. 832. O devedor responde também perante o fiador por todas as perdas e danos[1] que este pagar, e pelos que sofrer em razão da fiança.

Art. 832: 1. v. arts. 402 a 405.

Art. 833. O fiador tem direito aos juros do desembolso pela taxa estipulada na obrigação principal, e, não havendo taxa convencionada, aos juros legais da mora.[1]

Art. 833: 1. v. art. 406.

Art. 834. Quando o credor, sem justa causa, demorar a execução iniciada contra o devedor, poderá o fiador promover-lhe o andamento.[1]

Art. 834: 1. cf. CPC 778 § 1º-IV.

Art. 835. O fiador poderá exonerar-se da fiança que tiver assinado sem limitação de tempo,[1] sempre que lhe convier, ficando obrigado por todos os efeitos da fiança, durante sessenta dias após a notificação do credor.[1a a 2]

Art. 835: 1. "Contrato de financiamento estudantil. Fiança. Desoneração. Possibilidade. Prazo indeterminado. Evento futuro e incerto. A hipótese *sub judice*, que trata de um contrato de financiamento estudantil, onde temos a expressão de que a fiança perdurará até que o afiançado esteja cursando a faculdade, define um fato futuro e incerto. Não se pode afirmar, juridicamente, tratar-se de fato certo porque não se pode definir qual o dia do calendário em que ocorrerá e se realmente irá acontecer" (STJ-2ª T., REsp 1.450.033, Min. Herman Benjamin, j. 4.11.14, DJ 27.11.14).

Art. 835: 1a. s/ fiança locatícia, v., no CPCLPV, LI 37-II e 39, especialmente nota 2.

Art. 835: 1b. Súmula 656 do STJ: "É válida a cláusula de prorrogação automática de fiança na renovação do contrato principal. A exoneração do fiador depende da notificação prevista no art. 835 do Código Civil".

Art. 835: 1c. "Não se pode conceber a exoneração do fiador com o simples envio de notificação, pois **só com a ciência pessoal** do credor é que se inicia o prazo de 60 dias previsto no art. 835 do CC/02, razão pela qual caberá ao fiador, em situação de eventual litígio, o ônus de provar não só o envio, mas o recebimento da notificação pelo credor. Na hipótese, não há como se afirmar, nem mesmo presumir, que a locadora teve ciência da notificação enviada pelos recorrentes, que foi recebida por procurador e representante legal de imobiliária, sendo, portanto, impossível considerar que os fiadores exoneraram-se da fiança prestada" (STJ-3ª T., REsp 1.428.271, Min. Nancy Andrighi, j. 28.3.17, DJ 30.3.17).

Art. 835: 2. "Não basta a simples retirada do sócio-fiador da sociedade, ou mesmo a alteração societária, para que o garante se desonere da fiança prestada; é necessário, nos termos do art. 1.500 do Código Civil de 1916, ou o distrato — que no caso se consubstancia em comunicação ao credor — ou sentença judicial que assim determine" (STJ-3ª T., Ag em REsp 246.402-EDcl-AgRg, Min. Ricardo Cueva, j. 2.5.13, DJ 8.5.13; a citação é do voto do relator). No mesmo sentido: STJ-4ª T., REsp 1.336.452-AgRg, Min. Isabel Gallotti, j. 25.3.14, DJ 7.4.14.

V. tb., no CPCLPV, LI 37, nota 5a.

Art. 836. A obrigação do fiador passa aos herdeiros; mas a responsabilidade da fiança se limita ao tempo decorrido até a morte do fiador, e não pode ultrapassar as forças da herança.[1]

Art. 836: 1. cf. arts. 1.792 e 1.997-*caput*. V. tb. art. 1.821.

Seção III | DA EXTINÇÃO DA FIANÇA

Art. 837. O fiador pode opor ao credor as exceções[1] que lhe forem pessoais, e as extintivas da obrigação que competem ao devedor principal, se não provierem simplesmente de incapacidade pessoal, salvo o caso do mútuo feito a pessoa menor.[2]

Art. 837: 1. s/ interrupção da prescrição e fiança, v. art. 204 § 3º.

Art. 837: 2. v. art. 824 § ún.

Art. 838. O fiador, ainda que solidário,[1] ficará desobrigado:[1a]

I — se, sem consentimento seu, o credor conceder moratória ao devedor;

II — se, por fato do credor, for impossível a sub-rogação nos seus direitos e preferências;[2]

III — se o credor, em pagamento da dívida, aceitar amigavelmente do devedor objeto diverso[3] do que este era obrigado a lhe dar, ainda que depois venha a perdê-lo por evicção.[3a]

Art. 838: 1. v. arts. 828 e 829.

Art. 838: 1a. s/ novação e fiança, v. art. 366; s/ transação e fiança, v. art. 844 § 1º.

Art. 838: 2. v. arts. 346-III e 831.

Art. 838: 3. v. arts. 356 a 359.

Art. 838: 3a. v. arts. 447 a 457.

Art. 839. Se for invocado o benefício da excussão[1] e o devedor, retardando-se a execução, cair em insolvência,[2] ficará exonerado o fiador que o invocou, se provar que os bens por ele indicados eram, ao tempo da penhora, suficientes para a solução da dívida afiançada.

Art. 839: 1. v. art. 827 § ún.

Art. 839: 2. v. art. 955 e CPC/73 art. 748.

Capítulo XIX | DA TRANSAÇÃO[1-2]

CAP. XIX: 1. v. arts. 262 § ún. (obrigação indivisível), 661 §§ 1º e 2º (mandato), 787 § 2º e 795 (seguro), 817 (jogo e aposta), 1.105-*caput* (liquidação), 1.748-III (tutela), 1.782 (curatela).

V. tb. CPC 487-III-*b*; LJE 22 a 24 e 41-*caput*.

Em matéria de falência e recuperação judicial, v. LRF 22 § 3º.

CAP. XIX: 2. LJE: "**Art. 57.** O acordo extrajudicial, de qualquer natureza ou valor, poderá ser homologado, no juízo competente, independentemente de termo, valendo a sentença como título executivo judicial".

Art. 840. É lícito aos interessados prevenirem ou terminarem o litígio[1] mediante concessões mútuas.

Art. 840: 1. "São indispensáveis a autorização judicial e a intervenção do Ministério Público em acordo extrajudicial firmado pelos pais dos **menores**, em nome deles, para fins de receber indenização por ato ilícito. A transação firmada sem observância desses requisitos não impedirá o ajuizamento da ação correspondente, ressalvando-se, no entanto, a dedução, a final, do valor pago no acordo, para evitar o enriquecimento sem causa" (STJ-2ª Seção, ED no REsp 292.974, Min. Sálvio de Figueiredo, j. 12.2.03, um voto vencido, DJU 15.9.03). No mesmo sentido: "Em caso de acidente de trânsito que produziu a morte de marido e pai de família, a transação havida entre a empresa de transporte e a viúva não é válida em relação aos filhos menores impúberes absolutamente incapazes à época do fato se a viúva não detinha capacidade para agir em nome deles, por não possuir autorização judicial para tanto" (RT 804/243: 1º TASP, AP 1.019.030-8; ementa da redação).

Art. 841. Só quanto a direitos patrimoniais de caráter privado se permite a transação.[1-2]

Art. 841: 1. s/ transação concernente a obrigações resultantes de delito, v. art. 846; s/ compromisso arbitral e questões que não tenham caráter estritamente patrimonial, v. art. 852.

Art. 841: 2. v. nota 1 ao art. 840.

Art. 842. A transação far-se-á por escritura pública,[1-2] nas obrigações em que a lei o exige, ou por instrumento particular, nas em que ela o admite; se recair sobre direitos contestados em juízo,[2a] será feita por escritura pública, ou por termo nos autos, assinado pelos transigentes e homologado pelo juiz.[3-4]

Art. 842: 1. v. arts. 215 a 218.

Art. 842: 2. "A não adoção de escritura pública no tocante aos **bens imóveis** não acarreta defeito insanável, porquanto a transação não tem o condão de constituir, modificar, transferir ou transmitir direitos reais sobre imóveis. Ela apenas declara ou reconhece direitos, nos termos do art. 1.027 do CC/16 (correspondência: art. 843 do CC/02). A nulidade poderia ser decretada tão só se ausente escritura pública em contrato constitutivo ou translativo de direitos reais sobre imóveis, a teor do art. 134, II do CC/16 (correspondência: art. 108 do CC/02), o que não se coaduna com o caso em julgamento. A transação efetuada e concluída entre as partes, sem qualquer mácula, seja vício de consentimento, seja defeito ou nulidade, é perfeitamente válida, o que torna inevitável sua homologação" (STJ-3ª T., REsp 650.795, Min. Nancy Andrighi, j. 7.6.05, DJU 15.8.05).

Art. 842: 2a. "Apenas tem lugar a intervenção da autoridade judiciária quando a transação recai sobre direitos contestados em juízo, sendo dispensável a homologação judicial ou a intervenção de membro do *Parquet* para a validade da transação preventiva, que visa evitar litígio" (RT 792/245: TJSP, AP 097.531-5/6-00; ementa da redação).

Art. 842: 3. v. CPC 487-III-*b*.

Art. 842: 4. "A transação firmada entre as partes, ainda que não homologada judicialmente, por desídia da justiça, produz efeito de coisa julgada, somente rescindível por dolo, violência ou erro essencial quanto à pessoa ou coisa controversa" (RT 790/356: TJGO, AI 20.413-6/180).

Art. 843. A transação interpreta-se restritivamente,[1-2] e por ela não se transmitem, apenas se declaram ou reconhecem direitos.

Art. 843: 1. s/ interpretação dos negócios jurídicos benéficos e da renúncia, v. art. 114.

Art. 843: 2. "A declaração de plena e geral quitação deve ser interpretada *modus in rebus*, limitando-se ao valor nela registrado. Em outras palavras, o recibo fornecido pelo lesado deve ser interpretado restritivamente, significando apenas a quitação dos valores a que refere, sem obstar a propositura de ação para alcançar a integral reparação dos danos sofridos com o acidente" (STJ-2ª Seção, ED no REsp 292.974, Min. Sálvio de Figueiredo, j. 12.2.03, um voto vencido, DJU 15.9.03). No mesmo sentido: RT 743/299 (1º TASP, AP 700.890-8).

"A quitação plena e geral, para nada mais reclamar a qualquer título, constante de acordo extrajudicial, considera-se válida e eficaz, desautorizando investida judicial para ampliar a verba indenizatória aceita e recebida. Todavia, a transação deve ser interpretada restritivamente, significando a quitação apenas dos valores a que se refere. No caso concreto, o Tribunal de origem interpretou o termo de transação extrajudicial, bem como os documentos juntados pela seguradora, concluindo que a autora deu quitação apenas quanto aos danos materiais, relativos ao conserto da motocicleta e às despesas médico-hospitalares. Nesse contexto, não se pode obstar a integral reparação dos outros danos sofridos com o acidente (lucros cessantes e danos morais e estéticos), claramente não incluídos no acordo" (STJ-4ª T., Ag em REsp 1.131.730-AgInt, Min. Lázaro Guimarães, j. 21.8.18, DJ 24.8.18).

Todavia: "Quem, transigindo, passa quitação total à seguradora, não pode, mais tarde, deduzir novo pedido de indenização pelo agravamento da lesão em torno da qual se efetivou a transigência" (STJ-3ª T., REsp 796.727, Min. Gomes de Barros, j. 24.4.07, DJU 14.5.07).

"A quitação plena e geral, para nada mais reclamar a qualquer título, constante do acordo extrajudicial, é válida e eficaz, desautorizando investida judicial para ampliar a verba indenizatória aceita e recebida. Ainda que, nos termos do art. 1.027 do CC/16, a transação deva ser interpretada restritivamente, não há como negar eficácia a um acordo que contenha outorga expressa de quitação ampla e irrestrita, se o negócio foi celebrado sem qualquer vício capaz de macular a manifestação volitiva das partes. Sustentar o contrário implicaria ofensa ao princípio da segurança jurídica, que possui, entre seus elementos de efetividade, o respeito ao ato jurídico perfeito, indispensável à estabilidade das relações negociais" (STJ-3ª T., REsp 809.565, Min. Nancy Andrighi, j. 22.3.11, maioria, DJ 29.6.11).

Art. 844. A transação não aproveita, nem prejudica senão aos que nela intervierem,[1] ainda que diga respeito a coisa indivisível.[1a]

§ 1º Se for concluída entre o credor e o devedor, desobrigará o fiador.[1b-1c]

§ 2º Se entre um dos credores solidários[2] e o devedor, extingue a obrigação deste para com os outros credores.

§ 3º Se entre um dos devedores solidários³ e seu credor, extingue a dívida em relação aos codevedores.[4-5]

Art. 844: 1. "Muito embora não seja desinfluente o pagamento realizado pelo segurador diretamente à vítima, sem participação do segurado, não é esse fato apto a afastar por completo a responsabilidade civil do causador do dano, tampouco obsta a instauração do processo em face deste. Tendo em vista que a indenização por dano moral deve ser ampla, eventual sub-rogação operada com o pagamento pela seguradora, diretamente aos familiares das vítimas do acidente, não abarca necessariamente todo o crédito decorrente do infortúnio, porquanto não se equipara o instituto da sub-rogação à cessão de crédito. Com efeito, não se deve ter por extinta toda e qualquer responsabilização do segurado pelos danos advindos do acidente automobilístico, uma vez que não poderia mesmo a seguradora transacionar valores além da apólice, uma vez que sua responsabilidade está limitada à quantia segurada" (STJ-RT 896/131: 4ª T., REsp 506.917).

Art. 844: 1a. s/ bens divisíveis, v. art. 87; s/ obrigações divisíveis e indivisíveis, v. arts. 257 a 263.

Art. 844: 1b. v. art. 838.

Art. 844: 1c. "Transação entre credor e devedor sem anuência dos fiadores. Parcelamento da dívida. Extinção do contrato de fiança. Exoneração dos fiadores" (STJ-4ª T., REsp 1.013.436, Min. Luis Felipe, j. 11.9.12, DJ 28.9.12).

Art. 844: 2. v. arts. 267 a 274.

Art. 844: 3. v. arts. 275 a 285.

Art. 844: 4. "A quitação parcial da dívida dada pelo credor a um dos devedores solidários por meio de transação, tal como ocorre na remissão não aproveita aos outros devedores, senão até a concorrência da quantia paga. Se, na transação, libera-se o devedor que dela participou com relação à quota-parte pela qual era responsável, ficam os devedores remanescentes responsáveis somente pelo saldo que, *pro rata*, lhes cabe" (STJ-4ª T., REsp 1.002.491-AgRg, Min. João Otávio, j. 28.6.11, DJ 1.7.11).

"A transação efetivada entre um dos devedores solidários e seu credor só irá extinguir a dívida em relação aos demais codevedores (CC, art. 844, § 3º) quando o credor der a quitação por toda a dívida, e não de forma parcial. A remissão ou exclusão de determinado devedor solidário pelo credor, em razão do pagamento parcial do débito, deverá, para fins de redução do valor total devido, corresponder à dedução de, no mínimo, sua quota-parte, partilhando-se a responsabilidade *pro rata*, sob pena de prejudicar o exercício do direito de regresso contra os codevedores, pois o credor iria receber por inteiro uma obrigação já parcialmente extinta; e o devedor que pagasse o total da dívida não poderia reembolsar-se da parte viril dos coobrigados, pois um deles já teria perdido, anteriormente e por causa distinta, a sua condição de devedor. Na hipótese, em uma execução contra cinco devedores solidários, em razão do pagamento parcial e irrisório com remissão obtida por um deles (CC, art. 277), entendeu o Tribunal que os outros codevedores continuariam responsáveis pelo total do débito cobrado (montante aproximado de R$ 3.500.000,00), abatida tão somente a quantia paga de R$ 20.013,69; sendo que, em verdade, deverá ser abatida a quota-parte correspondente ao remitido, isto é, 1/5 do valor total executado" (STJ-4ª T., REsp 1.478.262, Min. Luis Felipe, j. 21.10.14, DJ 7.11.14).

V. tb. art. 275, nota 1c.

Art. 844: 5. "Fato do produto. Acordo celebrado entre a autora e a comerciante. Extensão às fabricantes. Impossibilidade. Inaplicabilidade da regra do art. 844, § 3º, do Código Civil. **Ausência de solidariedade entre a comerciante e as fabricantes** pelo defeito do produto. Inteligência dos arts. 12 e 13 do Código de Defesa do Consumidor" (STJ-3ª T., REsp 1.968.143, Min. Marco Bellizze, j. 8.2.22, DJ 17.2.22).

V. tb. CDC 13, nota 1.

Art. 845. Dada a evicção[1] da coisa renunciada por um dos transigentes, ou por ele transferida à outra parte, não revive a obrigação extinta pela transação; mas ao evicto cabe o direito de reclamar perdas e danos.[2]

Parágrafo único. Se um dos transigentes adquirir, depois da transação, novo direito sobre a coisa renunciada ou transferida, a transação feita não o inibirá de exercê-lo.

Art. 845: 1. v. arts. 447 a 457.

Art. 845: 2. v. arts. 402 a 405.

CC – arts. 846 a 850

Art. 846. A transação concernente a obrigações resultantes de delito não extingue a ação penal pública.[1]

Art. 846: 1. v. LJE 74.

Art. 847. É admissível, na transação, a pena convencional.[1]

Art. 847: 1. v. arts. 408 a 416.

Art. 848. Sendo nula[1] qualquer das cláusulas da transação, nula será esta.[2]
Parágrafo único. Quando a transação versar sobre diversos direitos contestados, independentes entre si, o fato de não prevalecer em relação a um não prejudicará os demais.

Art. 848: 1. v. arts. 166 e segs.

Art. 848: 2. "Havendo na transação cláusula nula ou ineficaz, ligada aos demais pontos da transigência, não há como homologá-la, porque a eiva parcial contamina o acordo por inteiro" (RT 771/290: 2º TASP, AI 591.762-00/6).

Art. 849. A transação só se anula[1-1a] por dolo,[1b] coação,[2] ou erro essencial[3] quanto à pessoa ou coisa controversa.[4]
Parágrafo único. A transação não se anula por erro de direito a respeito das questões que foram objeto de controvérsia entre as partes.

Art. 849: 1. "Efetuada e concluída a transação, é vedada a um dos transatores a rescisão unilateral, como também é obrigado o juiz a homologar o negócio jurídico, desde que não esteja contaminado por defeito insanável (objeto ilícito, incapacidade das partes ou irregularidade do ato)" (STJ-3ª T., REsp 650.795, Min. Nancy Andrighi, j. 7.6.05, DJU 15.8.05).

"É impossível o arrependimento e rescisão unilateral da transação, ainda que não homologada de imediato pelo Juízo. Uma vez concluída a transação, as suas cláusulas ou condições obrigam definitivamente os contraentes, e sua rescisão só se torna possível 'por dolo, coação, ou erro essencial quanto à pessoa ou coisa controversa' (CC de 2002, art. 849; CC de 1916, art. 1.030)" (STJ-3ª T., REsp 825.425, Min. Sidnei Beneti, j. 18.5.10, DJ 8.6.10). No mesmo sentido: STJ-4ª T., REsp 1.836.000-AgInt, Min. Luis Felipe, j. 17.5.21, DJ 19.5.21.

Art. 849: 1a. v. art. 171.

Art. 849: 1b. v. arts. 145 a 150.

Art. 849: 2. v. arts. 151 a 155.

Art. 849: 3. v. arts. 138 a 144.

Art. 849: 4. Logo, após a transação, descabem discussões em torno do contrato que até então unia as partes (RT 825/276).

"Eventual deficiência na informação prestada pela instituição financeira na contratação do serviço não gera, obrigatoriamente, o vício na transação havida, ato jurídico posterior e autônomo" (STJ-3ª T., AI 967.259-AgRg, Min. Nancy Andrighi, j. 16.9.08, DJ 26.9.08).

Art. 850. É nula a transação a respeito do litígio decidido por sentença passada em julgado, se dela não tinha ciência algum dos transatores,[1] ou quando, por título ulteriormente descoberto, se verificar que nenhum deles tinha direito sobre o objeto da transação.

Art. 850: 1. "Admissível a transação entre os litigantes, mesmo havendo sentença de julgamento de mérito que favorece integralmente uma das partes, desde que o acordo apresente os requisitos de validade, entre os quais a assinatura dos patronos de cada qual" (RT 773/285: 2º TASP, AI 594.690-00/6).

Capítulo XX | DO COMPROMISSO

Art. 851. É admitido compromisso,[1] judicial ou extrajudicial, para resolver litígios entre pessoas que podem contratar.

Art. 851: **1.** v. art. 661 § 2º (poder do mandatário para firmar compromisso).

Art. 852. É vedado compromisso para solução de questões de estado, de direito pessoal de família e de outras que não tenham caráter estritamente patrimonial.[1]

Art. 852: **1.** cf. art. 841. Em matéria de arbitragem, v. art. 1º da Lei 9.307, de 23.9.96.

Art. 853. Admite-se nos contratos a cláusula compromissória, para resolver divergências mediante juízo arbitral, na forma estabelecida em lei especial.[1-2]

Art. 853: **1.** v., no CPCLPV, Lei 9.307, de 23.9.96, no tít. ARBITRAGEM. V. tb. CPC 337-X e §§ 5º e 6º, 485-VII, 1.012-IV; LJE 24 a 26.

🔎 **Art. 853: 2.** "Arbitragem internacional, cláusula compromissória e o novo Código Civil brasileiro", por Luiz Edson Fachin (RTDC 27/221).

Título VII | DOS ATOS UNILATERAIS

Capítulo I | DA PROMESSA DE RECOMPENSA[1]

CAP. I: **1. Lei 5.768, de 20.12.71** — Altera a legislação sobre distribuição gratuita de prêmios, mediante sorteio, vale-brinde ou concurso, a título de propaganda, estabelece normas de proteção à poupança popular, e dá outras providências.

Art. 854. Aquele que, por anúncios públicos, se comprometer a recompensar, ou gratificar, a quem preencha certa condição, ou desempenhe certo serviço, contrai obrigação de cumprir o prometido.[1]

Art. 854: **1.** Em matéria de direito do consumidor, v. CDC 37, nota 2.

Art. 855. Quem quer que, nos termos do artigo antecedente, fizer o serviço, ou satisfizer a condição, ainda que não pelo interesse da promessa, poderá exigir a recompensa estipulada.

Art. 856. Antes de prestado o serviço ou preenchida a condição, pode o promitente revogar a promessa, contanto que o faça com a mesma publicidade; se houver assinado prazo[1] à execução da tarefa, entender-se-á que renuncia o arbítrio de retirar, durante ele, a oferta.[2]

Parágrafo único. O candidato de boa-fé, que houver feito despesas, terá direito a reembolso.

Art. 856: **1.** v. art. 859.

Art. 856: **2.** i. e., enquanto não houver decorrido o prazo fixado, o promitente não poderá revogar a promessa.

Art. 857. Se o ato contemplado na promessa for praticado por mais de um indivíduo, terá direito à recompensa o que primeiro o executou.

Art. 858. Sendo simultânea a execução, a cada um tocará quinhão igual na recompensa; se esta não for divisível,[1] conferir-se-á por sorteio,[2] e o que obtiver a coisa dará ao outro o valor de seu quinhão.

Art. 858: 1. v. art. 87.
Art. 858: 2. v. art. 817.

Art. 859. Nos concursos que se abrirem com promessa pública de recompensa, é condição essencial, para valerem, a fixação de um prazo,[1] observadas também as disposições dos parágrafos seguintes.

§ 1º A decisão da pessoa nomeada, nos anúncios, como juiz, obriga os interessados.

§ 2º Em falta de pessoa designada para julgar o mérito dos trabalhos que se apresentarem, entender-se-á que o promitente se reservou essa função.

§ 3º Se os trabalhos tiverem mérito igual, proceder-se-á de acordo com os arts. 857 e 858.

Art. 859: 1. v. art. 856.

Art. 860. As obras premiadas, nos concursos de que trata o artigo antecedente, só ficarão pertencendo ao promitente, se assim for estipulado na publicação da promessa.

Capítulo II | DA GESTÃO DE NEGÓCIOS[1-1A]

CAP. II: 1. "Reflexões sobre a gestão de negócios", por Thiago Antônio Sumeira (RDPr 21/274); "Doação pura, preliminar de doação e contratos de gestão", por Nelson Nery Junior e Luciano de Camargo Penteado (RDPr 25/7).

CAP. II: 1a. v. arts. 662, 665, 673 e 679 (inexistência de mandato ou excesso de poderes pelo mandatário). V. tb. CPC 53-IV-*b* (foro competente para a ação em que for réu o gestor de negócios).

Art. 861. Aquele que, sem autorização do interessado, intervém na gestão de negócio alheio, dirigi-lo-á segundo o interesse e a vontade presumível de seu dono,[1] ficando responsável a este e às pessoas com que tratar.[2]

Art. 861: 1. v. arts. 873 e 874 (aprovação ou desaprovação pelo dono do negócio).
Art. 861: 2. Aquele que adquire a posse de uma coisa para outro sem ter mandato (art. 1.205-II) também pode ser considerado gestor de negócio.

Art. 862. Se a gestão foi iniciada contra a vontade manifesta ou presumível do interessado, responderá o gestor até pelos casos fortuitos,[1] não provando que teriam sobrevindo, ainda quando se houvesse abatido.[2 a 3]

Art. 862: 1. v. art. 393 § ún.
Art. 862: 2. *sic*; deve ser "abstido", e não "abatido" (cf. CC rev. 1.332).
Art. 862: 2a. v. arts. 863, 868-*caput* e 874.
Art. 862: 3. "Para que a instituição financeira proceda à alteração de uma aplicação de rendimento certo para outra de risco, é necessária a devida autorização por escrito do cliente, sob pena de, em não agindo assim, respon-

der na qualidade de gestora de negócios, pelos prejuízos causados ao correntista, nos termos do art. 1.332 do CC" (RT 793/268: 1º TACSP, AP 961.683-9; ementa da redação). O art. 1.332 do CC rev. corresponde ao CC 862.

Art. 863. No caso do artigo antecedente, se os prejuízos da gestão excederem o seu proveito, poderá o dono do negócio exigir que o gestor restitua as coisas ao estado anterior, ou o indenize da diferença.[1]

Art. 863: 1. v. art. 874.

Art. 864. Tanto que se possa, comunicará o gestor ao dono do negócio a gestão que assumiu, aguardando-lhe a resposta, se da espera não resultar perigo.

Art. 865. Enquanto o dono não providenciar, velará o gestor pelo negócio, até o levar a cabo, esperando, se aquele falecer[1] durante a gestão, as instruções dos herdeiros, sem se descuidar, entretanto, das medidas que o caso reclame.

Art. 865: 1. cf. art. 674 (mandato).

Art. 866. O gestor envidará toda[1] sua diligência habitual na administração do negócio,[2] ressarcindo ao dono o prejuízo resultante de qualquer culpa na gestão.[3]

Art. 866: 1. *sic*; deve ser "toda a sua" (cf. CC rev. 1.336).
Art. 866: 2. cf. art. 667-*caput*.
Art. 866: 3. v. arts. 402 a 405, 862, 868 e 874.

Art. 867. Se o gestor se fizer substituir por outrem,[1] responderá pelas faltas do substituto, ainda que seja pessoa idônea, sem prejuízo da ação que a ele, ou ao dono do negócio, contra ela possa caber.
Parágrafo único. Havendo mais de um gestor, solidária[2] será a sua responsabilidade.

Art. 867: 1. cf. art. 667 §§ 1º a 4º.
Art. 867: 2. v. arts. 275 a 285.

Art. 868. O gestor responde pelo caso fortuito[1] quando fizer operações arriscadas, ainda que o dono costumasse fazê-las, ou quando preterir interesse deste em proveito de interesses seus.
Parágrafo único. Querendo o dono aproveitar-se da gestão, será obrigado a indenizar o gestor das despesas necessárias,[2] que tiver feito, e dos prejuízos, que por motivo da gestão, houver sofrido.

Art. 868: 1. v. art. 393 § ún.
Art. 868: 2. v. art. 869-*caput* e § 1º.

Art. 869. Se o negócio for utilmente administrado, cumprirá ao[1] dono as obrigações contraídas em seu nome, reembolsando ao gestor as despesas necessárias ou úteis[2] que houver feito, com os juros legais,[3] desde o desembolso, respondendo ainda pelos prejuízos que este houver sofrido por causa da gestão.[4]

§ 1º A utilidade, ou necessidade, da despesa, apreciar-se-á não pelo resultado obtido, mas segundo as circunstâncias da ocasião em que se fizerem.

§ 2º Vigora o disposto neste artigo, ainda quando o gestor, em erro quanto ao dono do negócio, der a outra pessoa as contas da gestão.

Art. 869: 1. *sic*; deve ser "cumprirá o dono" (cf. CC rev. 1.339).

Art. 869: 2. v. art. 868 § ún.

Art. 869: 3. v. arts. 406 e 407.

Art. 869: 4. v. arts. 870 e 874.

Art. 870. Aplica-se a disposição do artigo antecedente, quando a gestão se proponha a acudir a prejuízos iminentes, ou redunde em proveito do dono do negócio ou da coisa; mas a indenização ao gestor não excederá, em importância, as vantagens obtidas com a gestão.[1]

Art. 870: 1. v. art. 874.

Art. 871. Quando alguém, na ausência do indivíduo obrigado a alimentos,[1] por ele os prestar a quem se devem, poder-lhes-á reaver do devedor a importância, ainda que este não ratifique o ato.[2-3]

Art. 871: 1. v. arts. 1.694 a 1.710.

Art. 871: 2. e salvo o disposto no art. 872 § ún.

Art. 871: 3. "Equipara-se à gestão de negócios a prestação de alimentos feita por outrem na ausência do alimentante. Assim, a pretensão creditícia ao reembolso exercitada por terceiro é de direito comum, e não de direito de família" (STJ-3ª T., REsp 1.197.778, Min. João Otávio, j. 25.3.14, DJ 1.4.14).

V. tb. art. 346, nota 2.

Art. 872. Nas[1] despesas do enterro, proporcionadas[2] aos usos locais e à condição do falecido, feitas por terceiro, podem ser cobradas da pessoa que teria a obrigação de alimentar[3] a que veio a falecer, ainda mesmo que esta não tenha deixado bens.

Parágrafo único. Cessa o disposto neste artigo e no antecedente, em se provando que o gestor fez essas despesas com o simples intento de bem-fazer.

Art. 872: 1. *sic*; deve ser "As".

Art. 872: 2. *sic*; deve ser "proporcionais".

Art. 872: 3. v. arts. 1.694 a 1.710.

Art. 873. A ratificação[1] pura e simples do dono do negócio retroage ao dia do começo da gestão, e produz todos os efeitos do mandato.[2]

Art. 873: 1. cf. art. 662 § ún. Em matéria de posse, v. art. 1.205-II.

Art. 873: 2. v. arts. 653 a 692.

Art. 874. Se o dono do negócio, ou da coisa, desaprovar a gestão, considerando-a contrária aos seus interesses, vigorará o disposto nos arts. 862 e 863, salvo o estabelecido nos arts. 869 e 870.

Art. 875. Se os negócios alheios forem conexos ao do gestor, de tal arte que se não possam gerir separadamente, haver-se-á o gestor por sócio daquele cujos interesses agenciar de envolta com os seus.

Parágrafo único. No caso deste artigo, aquele em cujo benefício interveio o gestor só é obrigado na razão das vantagens que lograr.

Capítulo III | DO PAGAMENTO INDEVIDO[1-1A]

CAP. III: 1. s/ pagamento indevido na relação tributária, v. CTN 165 a 169.

CAP. III: 1a. Súmula 71 do STF: "Embora pago indevidamente, não cabe restituição de tributo indireto".

Súmula 546 do STF: "Cabe a restituição do tributo pago indevidamente, quando reconhecido por decisão que o contribuinte *de jure* não recuperou do contribuinte *de facto* o *quantum* respectivo".

Súmula 162 do STJ: "Na repetição de indébito tributário, a correção monetária incide a partir do pagamento indevido".

Súmula 188 do STJ: "Os juros moratórios, na repetição do indébito tributário, são devidos a partir do trânsito em julgado da sentença".

Art. 876. Todo aquele que recebeu o que lhe não era devido fica obrigado a restituir;[1] obrigação que incumbe àquele que recebe dívida condicional[2] antes de cumprida a condição.

Art. 876: 1. s/ pagamento após intimação da penhora feita sobre o crédito ou da impugnação a ele oposta, v. art. 312.

Art. 876: 2. s/ condição, v. art. 121.

Art. 877. Àquele que voluntariamente pagou o indevido incumbe a prova de tê-lo feito por erro.[1 a 3]

Art. 877: 1. s/ erro, v. arts. 138 a 144.

Art. 877: 1a. Súmula 322 do STJ: "Para a repetição de indébito, nos contratos de abertura de crédito em conta-corrente, não se exige a prova do erro" (v. jurisprudência s/ esta Súmula em RSTJ 198/631).

Art. 877: 2. "É possível a repetição do indébito quanto a valores pagos por força de cláusulas contratuais ulteriormente reconhecidas como ilegais, sob pena de se prestigiar o enriquecimento indevido do credor. Nesses casos, faz-se desnecessária a prova do erro, uma vez que o art. 965 do CC anterior (*art. 877 do CC atual*) só tem aplicação nas hipóteses de pagamento voluntário, situação diversa da dos autos, em que os valores das prestações são fixados unilateralmente pelo credor" (STJ-3ª T., REsp 345.750, Min. Castro Filho, j. 13.9.05, DJU 13.3.06). No mesmo sentido: STJ-2ª Seção, REsp 680.237, Min. Aldir Passarinho Jr., j. 14.12.05, DJU 15.3.06.

"A exigência da prova do erro, estabelecida no art. 877 do CC, só tem cabimento nas hipóteses de pagamento voluntário, situação que, por certo, não guarda identidade com a imposição relativa ao pagamento de multa de trânsito, penalidade aplicada pelo Estado em consequência do exercício do poder de polícia" (STJ-2ª T., REsp 1.009.616, Min. Eliana Calmon, j. 1.4.08, DJU 11.4.08).

Art. 877: 3. "Pagamento dos alugueres feito ao antigo curador da locadora, após a morte desta, que antes do falecimento tinha legitimidade para receber. Nomeação de outro inventariante com o ajuizamento pelo espólio de ação de despejo por falta de pagamento cumulada com cobrança contra o locatário, determinando novo pagamento dos alugueres ao verdadeiro credor. Procedência do pedido de repetição do indébito devida, pois o antigo curador sabia que estava recebendo os alugueres sem ter legitimidade para tanto" (STJ-3ª T., REsp 1.252.875, Min. Paulo Sanseverino, j. 18.12.12, DJ 4.2.13).

Art. 878. Aos frutos, acessões, benfeitorias[1] e deteriorações sobrevindas à coisa dada em pagamento indevido, aplica-se o disposto neste Código sobre o possuidor de boa-fé ou de má-fé,[2] conforme o caso.

Art. 878: 1. v. arts. 92 a 97.
Art. 878: 2. v. arts. 1.214 a 1.222.

Art. 879. Se aquele que indevidamente recebeu um imóvel o tiver alienado em boa-fé, por título oneroso, responde somente pela quantia recebida; mas, se agiu de má-fé, além do valor do imóvel, responde por perdas e danos.[1]
Parágrafo único. Se o imóvel foi alienado por título gratuito,[2] ou se, alienado por título oneroso, o terceiro adquirente agiu de má-fé, cabe ao que pagou por erro o direito de reivindicação.

Art. 879: 1. v. arts. 402 a 405.
Art. 879: 2. s/ doação, v. arts. 538 a 564.

Art. 880. Fica isento de restituir pagamento indevido aquele que, recebendo-o como parte de dívida verdadeira, inutilizou o título, deixou prescrever a pretensão ou abriu mão das garantias que asseguravam seu direito; mas aquele que pagou dispõe de ação regressiva[1] contra o verdadeiro devedor e seu fiador.

Art. 880: 1. s/ denunciação da lide, v. CPC 125-II.

Art. 881. Se o pagamento indevido tiver consistido no desempenho de obrigação de fazer ou para eximir-se da obrigação de não fazer,[1] aquele que recebeu a prestação fica na obrigação de indenizar o que a cumpriu, na medida do lucro obtido.

Art. 881: 1. v. arts. 247 a 251. V. tb. ECA 213, CDC 84 e LJE 52-V e VI.

Art. 882. Não se pode repetir[1] o que se pagou para solver dívida prescrita,[2] ou cumprir obrigação judicialmente inexigível.

Art. 882: 1. v. arts. 564-III e 814. "Repetir", aqui, tem o sentido de "reaver".
Art. 882: 2. v. art. 191, nota 2.

Art. 883. Não terá direito à repetição aquele que deu alguma coisa para obter fim ilícito, imoral, ou proibido por lei.
Parágrafo único. No caso deste artigo, o que se deu reverterá em favor de estabelecimento local de beneficência, a critério do juiz.

Capítulo IV | DO ENRIQUECIMENTO SEM CAUSA[1]

CAP. IV: 1. "Considerações sobre o enriquecimento sem causa no novo Código Civil", por Fábio Jun Capucho (RDPr 16/9); "O enriquecimento sem causa como fonte de obrigações", por José Roberto de Castro Neves (RT 843/97).

Art. 884. Aquele que, sem justa causa, se enriquecer à custa de outrem,[1] será obrigado a restituir o indevidamente auferido, feita a atualização dos valores monetários.[2 a 7]

Parágrafo único. Se o enriquecimento tiver por objeto coisa determinada, quem a recebeu é obrigado a restituí-la, e, se a coisa não mais subsistir, a restituição se fará pelo valor do bem na época em que foi exigido.

Art. 884: 1. Enunciado 35 do CEJ: "A expressão 'se enriquecer à custa de outrem' do art. 884 do novo Código Civil não significa, necessariamente, que deverá haver empobrecimento". V. tb. nota 6.

Enunciado 188 do CEJ: "A existência de negócio jurídico válido e eficaz é, em regra, uma justa causa para o enriquecimento".

Art. 884: 2. s/ resolução contratual por onerosidade excessiva, v. arts. 478 a 480; s/ repetição do indébito, v. art. 877 e notas.

Art. 884: 2a. A pretensão de ressarcimento do enriquecimento sem causa prescreve em 3 anos (art. 206 § 3º-IV).

Art. 884: 3. "Ao reconhecer a nulidade da contratação de servidores públicos, não se deve exigir que as partes retornem a sua situação patrimonial anterior, com a devolução da remuneração auferida, desde que o servidor, agindo de boa-fé, tenha efetivamente prestado serviços à Administração Pública. Se a Administração Pública recebe de volta a remuneração que pagou a seus servidores e ainda aufere os benefícios dos serviços que lhe foram prestados, experimenta claro enriquecimento sem causa" (STJ-Corte Especial, ED no REsp 575.551, Min. Nancy Andrighi, j. 1.4.09, DJ 30.4.09).

"Ainda que a Administração Pública não tenha observado os princípios que regem os contratos administrativos para a contratação, não pode o contratante ser penalizado pela falta do administrador, uma vez que não lhe compete a observância de tais princípios. Assim, a causa do pagamento não é o contrato nulo ou inexistente, mas sim a vantagem auferida pelo Município com o serviço prestado pelo particular de boa-fé, sob pena de locupletamento sem causa pela Administração" (Bol. AASP 2.597: TJRS, AP 70022243737).

V., no CPCLPV, LIA 12, nota 3.

Art. 884: 3a. "A interpretação de que a taxa de ocupação de imóvel público só é devida caso haja prévia formalização de ato ou negócio jurídico administrativo contraria o princípio da boa-fé objetiva. O **ocupante irregular de bem público** não pode se beneficiar da sua própria ilegalidade para deixar de cumprir obrigação a todos imposta: o pagamento da taxa de ocupação. Nos termos do art. 884 do Código Civil, caracteriza enriquecimento sem causa ocupar, usar, fruir ou explorar ilicitamente a totalidade ou parte do patrimônio público, material e imaterial" (STJ-2ª T., REsp 1.986.143, Min. Herman Benjamin, j. 6.12.22, DJ 19.12.22).

Art. 884: 4. "Celebrado contrato de prestação de serviços entre a universidade e os recorrentes, e não tendo sido ministrado o número de créditos avençados, deve esta restituir o que recebeu a maior, indevidamente, sob pena de enriquecimento ilícito. Não pode ser imputada aos recorrentes a anuência com o ilícito, pelo simples fato de ter ocorrido a colação de grau, pois buscaram, tanto na via administrativa quanto judicial, o reconhecimento do seu direito à repetição" (STJ-4ª T., REsp 895.480, Min. Luis Felipe, j. 16.11.10, DJ 22.11.10).

Art. 884: 5. "Acidente de trânsito. Perda total do veículo. Reparação por danos materiais. Dedução do valor correspondente à sucata. A finalidade da reparação por danos materiais é a recomposição do patrimônio do lesado, de modo que se retornem as coisas ao seu *status quo ante*. A reparação foi calculada com base no valor de mercado do bem, do qual deveria ter sido descontado aquele correspondente ao que restou do veículo sinistrado, ou seja, o valor da sucata, que, na hipótese, permanece de propriedade do recorrido. Impedir esse desconto é permitir o enriquecimento sem causa do recorrido" (STJ-3ª T., REsp 1.058.967, Min. Nancy Andrighi, j. 20.9.11, DJ 29.9.11).

Art. 884: 5a. "A recorrente, ao perceber a **indenização securitária**, em momento no qual **não mais era proprietária do bem segurado**, a um só tempo, incorreu em enriquecimento sem causa e lesou a adquirente do bem segurado, frustrando seu direito de obter a garantia do seguro contratado. A procedência da pretensão ressarcitória, nesse contexto, mostra-se impositiva" (STJ-3ª T., REsp 1.739.971, Min. Marco Bellizze, j. 23.4.19, DJ 26.4.19).

V. tb. art. 757, nota 1d.

Art. 884: 6. "Além do dever de reparação dos danos morais e materiais causados pela **utilização não autorizada da imagem** de pessoa com fins econômicos ou comerciais, nos termos da Súmula 403/STJ, tem o titular do bem jurídico violado o direito de exigir do violador a **restituição do lucro** que este obteve à custa daquele. De acordo com a maioria da doutrina, o dever de restituição do denominado lucro da intervenção encontra fundamento no instituto do enriquecimento sem causa, atualmente positivado no art. 884 do Código Civil. O dever de restituição daquilo que é auferido mediante indevida interferência nos direitos ou bens jurídicos de outra pessoa tem a função de preservar a livre disposição de direitos, nos quais estão inseridos os direitos da personalidade, e de inibir a prática de atos contrários ao ordenamento jurídico. A subsidiariedade da ação de enriquecimento sem causa não impede que se promova a cumulação de ações, cada qual disciplinada por um instituto específico do Direito Civil, sendo perfeitamente plausível a formulação de pedido de reparação dos danos mediante a aplicação das regras próprias da responsabilidade civil, limitado ao efetivo prejuízo suportado pela vítima, cumulado com o pleito de restituição do indevidamente auferido, sem justa causa, à custa do demandante. Para a configuração do enriquecimento sem causa por intervenção, **não** se faz **imprescindível** a existência de deslocamento patrimonial, com o **empobrecimento** do titular do direito violado, bastando a demonstração de que houve enriquecimento do interventor" (STJ-3ª T., REsp 1.698.701, Min. Ricardo Cueva, j. 2.10.18, DJ 8.10.18).

S/ prescindibilidade do empobrecimento, v. tb. nota 1 (Enunciado 35 do CEJ).

Art. 884: 7. "A **utilização do imóvel objeto do contrato de compra e venda** enseja o pagamento de aluguéis ou de taxa de ocupação pela integralidade do tempo de permanência, independentemente de quem tenha sido o causador do desfazimento do negócio e da boa ou má-fé da posse exercida pelo adquirente, pois se trata de meio de evitar o enriquecimento ilícito do possuidor pelo uso de propriedade alheia. Ainda que o adquirente possua direito de retenção por benfeitorias, não pode ser isento, no período de exercício desse direito, da obrigação de pagar ao vendedor aluguéis ou taxa de ocupação pelo tempo que usou imóvel alheio. O direito de retenção não é absoluto e deve ser exercido nos limites dos valores da correspondente indenização pelas benfeitorias, que devem ser compensados com o montante devido pela ocupação do imóvel alheio — aluguéis ou taxa de ocupação" (STJ-3ª T., REsp 1.854.120, Min. Nancy Andrighi, j. 9.2.21, DJ 11.2.21).

V. tb. art. 1.219, nota 8, e LCE 67-A § 2º-III, inclusive nota 3a.

Art. 885. A restituição é devida, não só quando não tenha havido causa que justifique o enriquecimento, mas também se esta deixou de existir.

Art. 886. Não caberá a restituição por enriquecimento, se a lei conferir ao lesado outros meios para se ressarcir do prejuízo sofrido.[1 a 3]

Art. 886: 1. s/ prescrição, v. arts. 189 e segs.

Art. 886: 2. Enunciado 36 do CEJ: "O art. 886 do novo Código Civil não exclui o direito à restituição do que foi objeto de enriquecimento sem causa, nos casos em que os meios alternativos conferidos ao lesado encontram obstáculos de fato".

Art. 886: 3. "Nos casos em que ocorrida a **prescrição de ação específica,** não pode o prejudicado valer-se da ação de enriquecimento, sob pena de violação da finalidade da lei". (STJ-4ª T., REsp 1.497.769, Min. Luis Felipe, j. 5.5.16, DJ 7.6.16).

Título VIII | DOS TÍTULOS DE CRÉDITO[1 A 3]

Capítulo I | DISPOSITIVOS GERAIS

TÍT. VIII: 1. v. tb. os títs. CÉDULA HIPOTECÁRIA, CHEQUE, DUPLICATA, LETRA DE CÂMBIO, PROTESTO DE TÍTULOS, TÍTULOS DE CRÉDITO À EXPORTAÇÃO, TÍTULOS DE CRÉDITO COMERCIAL, TÍTULOS DE CRÉDITO INDUSTRIAL e TÍTULOS DE CRÉDITO RURAL.

TÍT. VIII: 2. Lei 4.728, de 14.7.65 — Dispõe sobre o mercado de valores mobiliários e cria a Comissão de Valores Mobiliários (v., em especial, o art. 31).

TÍT. VIII: 3. Lei 13.986, de 7.4.20 — Institui o Fundo Garantidor Solidário (FGS); dispõe sobre o patrimônio rural em afetação, a Cédula Imobiliária Rural (CIR), a escrituração de títulos de crédito, e dá outras providências. **Nota:** os arts. 17 a 29 tratam da **cédula imobiliária rural (CIR);** e os arts. 30 a 40 dispõem sobre o **certificado de depósito bancário (CDB).**

Art. 887. O título de crédito,[1 a 1c] documento necessário ao exercício do direito literal e autônomo nele contido, somente produz efeito quando preencha os requisitos da lei.[2]

Art. 887: 1. "Dos títulos de crédito. Exame crítico do Tít. VIII do Livro I da Parte Especial do novo Código Civil", por Manoel Justino Bezerra Filho (RT 798/103); "Os títulos de crédito no comércio internacional", por Hilário de Oliveira (RDPr 13/127); "Os títulos de crédito no novo Código Civil", por Paulo Roberto Colombo Arnoldi e Marcos Paulo Félix da Silva (RT 824/11); "Os títulos de crédito e as novas regras do Código Civil", por Itamar Dutra (RJ 326/41); "As principais dúvidas na aplicação dos princípios dos títulos de crédito", por Rodrigo Almeida Magalhães (RMDECC 21/8); "Os títulos causais no comércio internacional", por Hilário de Oliveira (RMDECC 22/28); "Notas sobre os títulos causais e sua função social", por Hilário de Oliveira e Andréa Luísa de Oliveira (RMDECC 35/77); "Contornos dogmáticos da teoria geral dos títulos de crédito e a tecnologia da informação", por Cássio Cavali (RT 919/199).

Art. 887: 1a. s/ cópia fotográfica do título de crédito, v. art. 223 § ún.; s/ penhor de títulos de crédito, v. arts. 1.458 a 1.460.

Art. 887: 1b. CPC 784: "São títulos executivos extrajudiciais: I — a letra de câmbio, a nota promissória, a duplicata, a debênture e o cheque".

Art. 887: 1c. Súmula 258 do STJ: "A nota promissória vinculada a contrato de abertura de crédito não goza de autonomia em razão da iliquidez do título que a originou" (v. jurisprudência s/ esta Súmula em RT 794/212 e RSTJ 155/125).

Art. 887: 2. A pretensão para haver o pagamento de título de crédito prescreve em 3 anos (art. 206 § 3º-VII).

Art. 888. A omissão de qualquer requisito legal,[1] que tire ao escrito a sua validade como título de crédito, não implica a invalidade do negócio jurídico que lhe deu origem.[2]

Art. 888: 1. v. art. 889.

Art. 888: 2. v. LCh 2º, LCa 2º e LCU 2º e 76.

Art. 889. Deve o título de crédito conter a data da emissão, a indicação precisa dos direitos que confere, e a assinatura do emitente.[1]

§ 1º É à vista o título de crédito que não contenha indicação de vencimento.[2]

§ 2º Considera-se lugar de emissão e de pagamento, quando não indicado no título, o domicílio do emitente.[3]

§ 3º O título poderá ser emitido a partir dos caracteres criados em computador ou meio técnico equivalente e que constem da escrituração do emitente, observados os requisitos mínimos previstos neste artigo.

Art. 889: 1. s/ requisitos do cheque, v. LCh 1º e 2º; s/ requisitos da letra de câmbio, v. LCa 1º e LCU 1º e 2º; s/ requisitos da nota promissória, v. LCa 54 e LCU 75 e 76; s/ requisitos da duplicata, v. LDu 2º.

Art. 889: 2. cf. art. 331.

Art. 889: 3. v. arts. 327 a 330.

Art. 890. Consideram-se não escritas no título a cláusula de juros,[1] a proibitiva de endosso, a excludente de responsabilidade pelo pagamento ou por despesas, a que dispense a observância de termos e formalidade prescritas, e a que, além dos limites fixados em lei, exclua ou restrinja direitos e obrigações.

Art. 890: 1. v., no tít. LETRA DE CÂMBIO, LCU 5º (Anexo I) e LCa 44.

Art. 891. O título de crédito, incompleto ao tempo da emissão, deve ser preenchido de conformidade com os ajustes realizados.

Parágrafo único. O descumprimento dos ajustes previstos neste artigo pelos que deles participaram, não constitui motivo de oposição ao terceiro portador, salvo se este, ao adquirir o título, tiver agido de má-fé.[1-2]

Art. 891: 1. v. LCU 10 e LCa 54, nota 1e.

Art. 891: 2. Súmula 387 do STF: "A cambial emitida ou aceita com omissões, ou em branco, pode ser completada pelo credor de boa-fé antes da cobrança ou do protesto".

CC – arts. 892 a 897

Art. 892. Aquele que, sem ter poderes, ou excedendo os que tem,[1] lança a sua assinatura em título de crédito, como mandatário ou representante de outrem, fica pessoalmente obrigado, e, pagando o título, tem ele os mesmos direitos que teria o suposto mandante ou representado.

Art. 892: 1. cf. art. 662. V. ainda arts. 663 e 665 e LCU 18.

Art. 893. A transferência do título de crédito implica a de todos os direitos que lhe são inerentes.[1 a 3]

Art. 893: 1. v. LCh 20 e LCU 14.

Art. 893: 2. Em caso de título à ordem, a transferência ocorre mediante endosso, com a assinatura no título. O endosso pode ser em branco (sem indicação do endossatário) ou em preto (com indicação do endossatário). Já em matéria de título ao portador, a transferência se dá com a simples tradição (art. 904).

Art. 893: 3. Daí ser nulo o endosso parcial. V. art. 912 § ún.

Art. 894. O portador de título representativo de mercadoria tem o direito de transferi-lo, de conformidade com as normas que regulam a sua circulação, ou de receber aquela independentemente de quaisquer formalidades, além da entrega do título devidamente quitado.[1]

Art. 894: 1. v. arts. 319 a 324.

Art. 895. Enquanto o título de crédito estiver em circulação, só ele poderá ser dado em garantia, ou ser objeto de medidas judiciais,[1] e não, separadamente, os direitos ou mercadorias que representa.

Art. 895: 1. v. CPC 798-I-*a*.

Art. 896. O título de crédito não pode ser reivindicado do portador que o adquiriu de boa-fé e na conformidade das normas que disciplinam a sua circulação.[1]

Art. 896: 1. v. LCh 24.

Art. 897. O pagamento de título de crédito, que contenha obrigação de pagar soma determinada, pode ser garantido por aval.[1 a 4a]

Parágrafo único. É vedado o aval parcial.[5]

Art. 897: 1. v. tb. LCh 29 a 31, LDu 12 e LCU 30 a 32.

S/ aval em contrato, v. art. 264, nota 3; s/ responsabilidade do avalista perante fiador que paga a dívida, v. art. 831, nota 2a; s/ necessidade de autorização do cônjuge para a prestação do aval, v. art. 1.647-III.

Art. 897: 1a. "O aval é dotado de **autonomia** substancial, de sorte que a sua existência, validade e eficácia não estão jungidas à da obrigação avalizada. Diante disso, o fato do sacador de nota promissória vir a ter sua falência decretada, em nada afeta a obrigação do avalista do título, que, inclusive, não pode opor em seu favor qualquer dos efeitos decorrentes da quebra do avalizado" (STJ-3ª T., REsp 883.859, Min. Nancy Andrighi, j. 10.3.09, DJ 23.3.09).

"Sendo o embargado avalista das notas promissórias executadas, é-lhe vedado sustentar a inexistência da causa que pautou a emissão das notas promissórias executadas, dada a autonomia que emana do aval e a natureza de exceção pessoal dessa defesa" (STJ-3ª T., REsp 1.305.637, Min. Nancy Andrighi, j. 24.9.13, DJ 2.10.13).

"A autonomia do aval não se confunde com a abstração do título de crédito e, portanto, independe de sua circulação" (STJ-4ª T., REsp 885.261-AgRg, Min. Antonio Ferreira, j. 2.10.12, DJ 10.10.12).

Art. 897: 2. Por ser um obrigado autônomo, não se equiparando ao fiador, "o avalista não pode exercer benefício de ordem" (STJ-3ª T., AI 747.148-AgRg, Min. Gomes de Barros, j. 28.6.06, DJU 1.8.06).

Art. 897: 3. "O aval, espécie de obrigação cambial, é autônomo em relação à obrigação do devedor principal e se constitui no momento da aposição da assinatura do avalista no título de crédito. Existente a obrigação desde a emissão do título, o avalista era devedor solidário no momento do óbito, constituindo o transcurso da data da do vencimento apenas requisito para a exigibilidade do montante devido. A morte do responsável cambiário é modalidade de transferência anômala da obrigação que, por não possuir caráter personalíssimo, é repassada aos herdeiros, mesmo que o óbito tenha ocorrido antes do vencimento do título" (STJ-RT 859/191: 3ª T., REsp 260.004). No mesmo sentido: JTJ 338/221 (AP 1.150.656-0).

Art. 897: 4. "Se o avalista não honra o aval prestado e, ademais, reside no polo passivo da execução do título, a sua inadimplência é flagrante, de sorte que a sua inclusão no cadastro Serasa não constitui ilícito, mas exercício regular de direito do credor" (RJM 166/128).

Art. 897: 4a. "**Prescrita a ação cambiária,** perde eficácia o aval, não respondendo o garante pela obrigação assumida pelo devedor principal" (STJ-3ª T., REsp 1.799.962, Min. Paulo Sanseverino, j. 2.2.21, DJ 9.2.21).

Art. 897: 5. Essa vedação não se aplica aos títulos de créditos cujas leis específicas preveem o aval parcial (art. 903). Esse é o caso, p. ex., do cheque (LCh 29), da letra de câmbio e da nota promissória (LCU 30).

> **Art. 898.** O aval deve ser dado no verso ou no anverso do próprio título.[1]
>
> § 1º Para a validade do aval, dado no anverso do título, é suficiente a simples assinatura do avalista.
>
> § 2º Considera-se não escrito o aval cancelado.

Art. 898: 1. v. LCh 30 e LCU 31.

> **Art. 899.** O avalista equipara-se àquele cujo nome indicar; na falta de indicação, ao emitente ou devedor final.[1-1a]
>
> § 1º Pagando o título, tem o avalista ação de regresso contra o seu avalizado e demais coobrigados anteriores.[2]
>
> § 2º Subsiste a responsabilidade do avalista, ainda que nula a obrigação daquele a quem se equipara, a menos que a nulidade decorra de vício de forma.[3-4]

Art. 899: 1. v. LCh 30 § ún., LDu 12-*caput* e LCU 31 e 77, *in fine.* S/ aval em branco, v. Súmula 189 do STF, em LCa 15, nota 1.

Art. 899: 1a. Súmula 26 do STJ: "O avalista do título de crédito vinculado a contrato de mútuo também responde pelas obrigações pactuadas, quando no contrato figurar como devedor solidário" (v. jurisprudência s/ esta Súmula em RSTJ 33/109 a 142).

"O comparecimento do avalista da cártula no instrumento de contrato por ela garantido pode indicar que houve a intenção de assumir solidariamente as obrigações contraídas, além daquelas decorrentes do aval na promissória vinculada. Para reconhecer que houve a intenção de assumir solidariamente as obrigações do contrato, é necessária a presença de elementos objetivos aptos a amparar tal conclusão. Havendo as instâncias de origem delineado que o contrato faz clara separação das figuras do avalista da nota promissória vinculada e do garantidor da obrigação principal, não se reconhece intenção das partes em fixar a solidariedade no contrato" (STJ-3ª T., REsp 1.218.410, Min. João Otávio, j. 5.11.13, DJ 11.11.13).

V. tb. art. 264, nota 3.

Art. 899: 2. v. CPC 125-II (denunciação da lide).

Art. 899: 3. v. LCh 31-*caput.* V. tb. art. 296, nota 3.

Art. 899: 4. "O aval é obrigação autônoma e independente, descabendo assim a discussão sobre a origem da dívida" (RSTJ 188/425: 4ª T., REsp 190.753).

> **Art. 900.** O aval posterior ao vencimento produz os mesmos efeitos do anteriormente dado.[1]

Art. 900: 1. v. LDu 12 § ún.

Art. 901. Fica validamente desonerado o devedor que paga título de crédito ao legítimo portador, no vencimento, sem oposição, salvo se agiu de má-fé.[1]

Parágrafo único. Pagando, pode o devedor exigir do credor, além da entrega do título,[2] quitação regular.

Art. 901: 1. v. arts. 308 a 311. V. tb. LCa 23 e LCU 40.

Art. 901: 2. v. arts. 321 e 324.

Art. 902. Não é o credor obrigado a receber o pagamento antes do vencimento do título, e aquele que o paga, antes do vencimento, fica responsável pela validade do pagamento.[1]

§ 1º No vencimento, não pode o credor recusar pagamento, ainda que parcial.[2]

§ 2º No caso de pagamento parcial, em que se não opera a tradição do título, além da quitação em separado, outra deverá ser firmada no próprio título.[3]

Art. 902: 1. v. art. 315. V. tb. LCa 22-*caput* e LCU 40.

Art. 902: 2. cf. LCa 22 § 1º.

Art. 902: 3. v. LCa 22 § 2º.

Art. 903. Salvo disposição diversa em lei especial, regem-se os títulos de crédito pelo disposto neste Código.[1-2]

Art. 903: 1. v. nota 1 ao Tít. VIII, que antecede o art. 887.

Art. 903: 2. Enunciado 464 do CEJ: "As disposições relativas aos títulos de crédito do Código Civil aplicam-se àqueles regulados por leis especiais, no caso de omissão ou lacuna".

Capítulo II | DO TÍTULO AO PORTADOR[1]

CAP. II: 1. Dec. lei 1.392, de 29.6.39 — Dispõe sobre emissão de obrigações ao portador.

Dec. lei 8.274, de 4.12.45 — Restabelece o regime de compra e venda em bolsa para os títulos ao portador.

Dec. 83.974, de 13.9.79 — Dispõe sobre o resgate dos títulos da dívida pública federal ao portador, nos casos de destruição, perda ou extravio.

Art. 904. A transferência de título ao portador se faz por simples tradição.[1-2]

Art. 904: 1. v. art. 1.267. Em matéria de cessão de crédito, v. art. 291.

Art. 904: 2. Dec. lei 6.259, de 10.2.44 — Dispõe sobre o serviço de loterias e dá outras providências: "Art. 23. O bilhete de loteria, documento pelo qual alguém se habilita ao sorteio, é considerado, para todos os efeitos, título ao portador".

Dec. lei 204, de 27.2.67 — Dispõe sobre a exploração de loterias e dá outras providências: "Art. 6º O bilhete de loteria, ou sua fração, será considerado nominativo e intransferível quando contiver o nome e endereço do possuidor. A falta desses elementos será tido como ao portador, para todos os efeitos".

Lei 8.021, de 12.4.90 — Dispõe sobre a identificação dos contribuintes para fins fiscais, e dá outras providências: "Art. 2º A partir da data de publicação desta lei fica vedada: I — a emissão de quotas ao portador ou nominativas-endossáveis, pelos fundos em condomínio; II — a emissão de títulos e a captação de depósitos ou aplicações ao portador ou nominativos-endossáveis".

Art. 905. O possuidor de título ao portador tem direito à prestação nele indicada, mediante a sua simples apresentação ao devedor.[1-2]

Parágrafo único. A prestação é devida ainda que o título tenha entrado em circulação contra a vontade do emitente.

Art. 905: 1. v. LCa 39 e LCU 16.

Art. 905: 2. "Os concursos lotéricos constituem-se em modalidade de jogo de azar, sendo seus prêmios pagos apenas aos portadores dos respectivos bilhetes. Dessa forma, os bilhetes de apostas são considerados como títulos ao portador e como tal a obrigação deve ser cumprida a quem apresente o título, liberando-se, assim, o devedor do compromisso assumido. Entretanto, aquele que possui o bilhete de loteria — a despeito do caráter de título ao portador — não é, necessariamente, o titular do direito ao prêmio. Dessa forma, é possível a discussão quanto à propriedade do direito representado pelo título ao portador, no caso, o bilhete de loteria. Logo, o caráter não nominativo e de literalidade do bilhete de loteria importa, apenas, ao sacado, no caso, a Caixa Econômica Federal para finalidade específica de resgate do prêmio sorteado" (STJ-3ª T., REsp 1.202.238, Min. Massami Uyeda, j. 14.8.12, DJ 18.9.12).

Art. 906. O devedor só poderá opor ao portador exceção fundada em direito pessoal,[1] ou em nulidade de sua obrigação.

Art. 906: 1. LCh 25: "Quem for demandado por obrigação resultante de cheque não pode opor ao portador exceções fundadas em relações pessoais com o emitente, ou com os portadores anteriores, salvo se o portador o adquiriu conscientemente em detrimento do devedor".

LCU 17: "As pessoas acionadas em virtude de uma letra não podem opor ao portador as exceções fundadas sobre as relações pessoais delas com o sacador ou com os portadores anteriores, a menos que o portador ao adquirir a letra tenha procedido conscientemente em detrimento do devedor".

LCa 51: "Na ação cambial, somente é admissível defesa fundada no direito pessoal do réu contra o autor, em defeito de forma do título e na falta de requisito necessário ao exercício da ação".

Art. 907. É nulo o título ao portador emitido sem autorização de lei especial.[1]

Art. 907: 1. v. CP 292.

Art. 908. O possuidor de título dilacerado, porém identificável, tem direito a obter do emitente a substituição do anterior, mediante a restituição do primeiro e o pagamento das despesas.

Art. 909. O proprietário, que perder ou extraviar título, ou for injustamente desapossado dele, poderá obter novo título em juízo, bem como impedir sejam pagos a outrem capital e rendimentos.[1-2]

Parágrafo único. O pagamento, feito antes de ter ciência da ação referida neste artigo, exonera o devedor, salvo se se provar que ele tinha conhecimento do fato.

Art. 909: 1. v. art. 321. V. tb. LCa 36.

Art. 909: 2. Lei 4.728, de 14.7.65 — Disciplina o mercado de capitais e estabelece medidas para o seu desenvolvimento: "**Art. 71.** Não se aplicam aos títulos da Dívida Pública Federal, Estadual ou Municipal, as disposições do art. 1.509 e seu parágrafo único, do Código Civil ficando, consequentemente, a Fazenda Pública da União, dos Estados e dos Municípios, excluídas da formalidade de intimação prevista neste ou em quaisquer outros dispositivos legais reguladores do processo de recuperação de títulos ao portador, extraviados.

"§ 1º Os juros e as amortizações ou resgates dos títulos a que se refere este artigo serão pagos, nas épocas próprias, pelas repartições competentes, à vista dos cupões respectivos, verificada a autenticidade destes e independentemente de outras formalidades.

"§ 2º Fica dispensada, para a caução de títulos ao portador, a certidão a que se refere a primeira parte da alínea *a* do § 1º do art. 860 do Regulamento Geral de Contabilidade Pública, ou outros documentos semelhantes".

Dec. 59.560, de 14.11.66 — Revoga o Dec. 57.821, de 15.2.66 e dá nova regulamentação aos artigos 56 e 71, da Lei 4.728, de 14.7.65, no que se refere a obrigações do tesouro nacional — Lei 4.357-64: "**Art. 6º** Nos casos de extravio do certificado endossável, caberá ao respectivo titular, ou aos seus sucessores, ação de recuperação prevista nos artigos 336 a 341 do Código de Processo Civil, para obter a expedição de segunda via do certificado em substituição do extraviado.

"§ 1º A emissão da segunda via do certificado nominativo intransferível, no caso de perda ou extravio do original, poderá ser obtida, junto ao Tesouro Nacional ou a seus agentes, mediante declaração de perda ou de extravio pelo respectivo titular.

"§ 2º Os juros só serão devidos respectivamente a partir do último vencimento anterior à decisão judicial, no caso de Obrigações endossáveis, ou a apresentação da declaração de que trata o parágrafo primeiro, no caso de Obrigações intransferíveis".

Dec. 83.974, de 13.9.79 — Dispõe sobre o resgate dos títulos da dívida pública federal ao portador, nos casos de destruição, perda ou extravio.

Capítulo III | DO TÍTULO À ORDEM

Art. 910. O endosso deve ser lançado pelo endossante no verso ou anverso do próprio título.[1]

§ 1º Pode o endossante designar o endossatário, e para validade do endosso, dado no verso do título, é suficiente a simples assinatura do endossante.[2]

§ 2º A transferência por endosso completa-se com a tradição do título.[3]

§ 3º Considera-se não escrito o endosso cancelado, total ou parcialmente.

Art. 910: 1. v. LCh 17 a 28, LCa 8º e LCU 11 a 20.
Art. 910: 2. v. LCh 19.
Art. 910: 3. v. art. 324.

Art. 911. Considera-se legítimo possuidor o portador do título à ordem com série regular e ininterrupta de endossos, ainda que o último seja em branco.[1]

Parágrafo único. Aquele que paga o título está obrigado a verificar a regularidade da série de endossos, mas não a autenticidade das assinaturas.

Art. 911: 1. v. LCh 22 e LCU 16.

Art. 912. Considera-se não escrita no endosso qualquer condição a que o subordine o endossante.

Parágrafo único. É nulo o endosso parcial.[1-1a]

Art. 912: 1. v. LCh 18, LCa 8º § 3º e LCU 12.
Art. 912: 1a. A exemplo do que ocorre com o aval (art. 897 § ún.).

Art. 913. O endossatário de endosso em branco pode mudá-lo para endosso em preto, completando-o com o seu nome ou de terceiro; pode endossar novamente o título, em branco ou em preto; ou pode transferi-lo sem novo endosso.[1]

Art. 913: 1. v. LCh 20 e LCU 14.

Art. 914. Ressalvada cláusula expressa em contrário, constante do endosso, não responde o endossante pelo cumprimento da prestação constante do título.[1]

§ 1º Assumindo responsabilidade pelo pagamento, o endossante se torna devedor solidário.[2]

§ 2º Pagando o título, tem o endossante ação de regresso contra os coobrigados anteriores.³

Art. 914: 1. v. LCh 21 e LCU 14.
Art. 914: 2. v. arts. 275 a 285.
Art. 914: 3. v. CPC 125-II (denunciação da lide).

Art. 915. O devedor, além das exceções fundadas nas relações pessoais que tiver com o portador, só poderá opor a este as exceções relativas à forma do título e ao seu conteúdo literal, à falsidade da própria assinatura, a defeito de capacidade ou de representação no momento da subscrição, e à falta de requisito necessário ao exercício da ação.¹

Art. 915: 1. v. arts. 906, 916, 917 § 3º e 918 § 2º. V. tb. LCh 25 e LCU 17.

Art. 916. As exceções, fundadas em relação do devedor com os portadores precedentes, somente poderão ser por ele opostas ao portador, se este, ao adquirir o título, tiver agido de má-fé.

Art. 917. A cláusula constitutiva de mandato, lançada no endosso, confere ao endossatário o exercício dos direitos inerentes ao título, salvo restrição expressamente estatuída.¹ ᵃ ²

§ 1º O endossatário de endosso-mandato só pode endossar novamente o título na qualidade de procurador, com os mesmos poderes que recebeu.

§ 2º Com a morte ou a superveniente incapacidade do endossante, não perde eficácia o endosso-mandato.

§ 3º Pode o devedor opor ao endossatário de endosso-mandato somente as exceções que tiver contra o endossante.

Art. 917: 1. "Alcance judicial dos poderes resultantes do endosso-mandato", por Gladston Mamede (RMDCPC 1/92); "A irrevogabilidade do endosso-mandato e os contratos bancários de cobrança de títulos", por Almir Garcia Fernandes (RMDECC 47/27).

Art. 917: 1a. v. LCh 26 e LCU 18.

Art. 917: 2. "A doutrina e a jurisprudência consolidaram o entendimento de que o endosso-mandato, não transferindo a propriedade do título, desqualifica o endossatário-mandatário como parte passiva em ação cautelar para sustação do protesto de título de crédito" (RSTJ 94/177).

"O endosso-mandato não transfere a propriedade do título ao endossatário, tornando este parte ilegítima na ação de anulação de título de crédito fundada na ausência de negócio jurídico subjacente" (STJ-3ª T., AI 667.542-AgRg, Min. Sidnei Beneti, j. 21.8.08, DJ 11.9.08).

Art. 918. A cláusula constitutiva de penhor,¹ lançada no endosso, confere ao endossatário o exercício dos direitos inerentes ao título.²

§ 1º O endossatário de endosso-penhor só pode endossar novamente o título na qualidade de procurador.

§ 2º Não pode o devedor opor ao endossatário de endosso-penhor as exceções que tinha contra o endossante, salvo se aquele tiver agido de má-fé.³

Art. 918: 1. v. arts. 1.458 a 1.460.
Art. 918: 2. v. LCU 19-1ª parte.

Art. 918: 3. v. LCU 19-2ª parte.

Art. 919. A aquisição de título à ordem, por meio diverso do endosso, tem efeito de cessão civil.[1]

Art. 919: 1. v. arts. 286 a 298.

Art. 920. O endosso posterior ao vencimento produz os mesmos efeitos do anterior.[1-2]

Art. 920: 1. A exemplo do que ocorre com o aval (art. 900).
Art. 920: 2. v. LCh 27 e LCU 20.

Capítulo IV | DO TÍTULO NOMINATIVO

Art. 921. É título nominativo o emitido em favor de pessoa cujo nome conste no registro do emitente.

Art. 922. Transfere-se o título nominativo mediante termo, em registro do emitente, assinado pelo proprietário e pelo adquirente.

Art. 923. O título nominativo também pode ser transferido por endosso[1] que contenha o nome do endossatário.[2]

§ 1º A transferência mediante endosso só tem eficácia perante o emitente, uma vez feita a competente averbação em seu registro, podendo o emitente exigir do endossatário que comprove a autenticidade da assinatura do endossante.

§ 2º O endossatário, legitimado por série regular e ininterrupta de endossos, tem o direito de obter a averbação no registro do emitente, comprovada a autenticidade das assinaturas de todos os endossantes.

§ 3º Caso o título original contenha o nome do primitivo proprietário, tem direito o adquirente a obter do emitente novo título, em seu nome, devendo a emissão do novo título constar no registro do emitente.

Art. 923: 1. v. art. 910.
Art. 923: 2. i. e., pode ser transferido por endosso em preto.

Art. 924. Ressalvada proibição legal, pode o título nominativo ser transformado em à ordem[1] ou ao portador,[2] a pedido do proprietário e à sua custa.

Art. 924: 1. v. arts. 910 a 920.
Art. 924: 2. v. arts. 904 a 909.

Art. 925. Fica desonerado de responsabilidade o emitente que de boa-fé fizer a transferência pelos modos indicados nos artigos antecedentes.

Art. 926. Qualquer negócio ou medida judicial, que tenha por objeto o título, só produz efeito perante o emitente ou terceiros, uma vez feita a competente averbação no registro do emitente.

Título IX | DA RESPONSABILIDADE CIVIL[1-2]

Capítulo I | DA OBRIGAÇÃO DE INDENIZAR

TÍT. IX: 1. "Responsabilidade civil no novo Código Civil Brasileiro", por Misael Montenegro Filho (RDA 229/115); "Responsabilidade civil objetiva por dano ambiental com base no risco criado", por Toshio Mukai (RDA 229/253); "Apêndice da jurisprudência argentina sobre responsabilidade civil ambiental. Pequenos comentários", por Carlos Alberto Ghersi (RDPr 13/63); "Funções e modelos da responsabilidade aquiliana no novo Código", por Eugênio Facchini Neto (RJ 309/23); "A responsabilidade civil no novo Código Civil: algumas considerações", por Alexandre Miguel (RT 809/11); "O sistema da responsabilidade civil e o novo Código", por Dilvanir José da Costa (RF 366/57); "Responsabilidade civil do advogado", por Ênio Santarelli Zuliani (RF 374/79 e RSDCPC 21/127); "Natureza da resposta à responsabilidade civil: reparação, indenização, satisfação, expiação", por José Paulo Baltazar Junior (RJ 322/41); "Responsabilidade civil contratual e extracontratual: primeiras anotações em face do novo Código Civil brasileiro", por Rodrigo Xavier Leonardo (RDPr 19/260); "Responsabilidade civil do advogado", por Fábio Siebeneichler de Andrade (RT 697/22); "Responsabilidade civil no Código Civil francês e no Código Civil brasileiro (estudos em homenagem ao bicentenário do Código Civil francês)", por Rui Stoco (RT 831/11); "La responsabilidad civil", por Ricardo Luis Lorenzetti (Ajuris 97/337); "Dignidade da pessoa humana e responsabilidade civil", por Othon de Azevedo Lopes (RDA 238/207); "Os acidentes de trânsito e o novo Código Civil", por Ênio Santarelli Zuliani (RSDCPC 34/40); "Responsabilidade por perda de chances", por Fernando Noronha (RDPr 23/28); "Responsabilidade civil: teoria da perda de uma chance", por Glenda Gonçalves Gondim (RT 840/11); "Pressupostos da responsabilidade civil", por Roberto de Abreu e Silva (RF 377/175); "Responsabilidade civil e ofensa à dignidade humana", por Ana Carolina Brochado Teixeira (RBDF 32/138); "Aspectos da responsabilidade civil do advogado", por Justino Magno Araújo (RJ 337/37); "Dano existencial a tutela da dignidade da pessoa humana", por Amaro Alves de Almeida Neto (RDPr 24/21); "A atividade interpretativa e a imputação do dever de indenizar no direito civil brasileiro contemporâneo", por Roberto Altheim (RT 841/127); "A evolução da responsabilidade civil e dos contratos no direito francês e brasileiro", por Arnoldo Wald (RT 845/81 e RF 382/15); "Responsabilidade civil e reparação de danos. Raízes históricas. Função e objetivo", por Ênio Santarelli Zuliani (RIDCPC 40/54 e RMDCPC 9/12); "As ações indenizatórias movidas por fumantes contra empresas que produzem cigarros no direito comparado e brasileiro", por Luiz Guilherme Migliora, Felipe Bastos e Thomas Belitz França (RT 846/30); "Responsabilidade civil e o novo Código: contributo para uma revisitação conceitual", por Ronnie Duarte (RT 850/57); "Responsabilidade civil", por Álvaro Villaça Azevedo (RJ 353/11); "Da responsabilidade civil no novo Código", por Eugênio Facchini Neto (RJ 356/31); "Aguiar Dias e a evolução da responsabilidade civil no direito brasileiro", por Ênio Santarelli Zuliani (RIDCPC 51/39); "Responsabilidade pressuposta — evolução de fundamentos e de paradigmas da responsabilidade civil na contemporaneidade", por Giselda Maria Fernandes Novaes Hironaka (RJ 364/35); "Da responsabilidade civil do transportador marítimo", por Mariana Mazziero Mourão (RDPr 33/215); "Novos paradigmas da responsabilidade civil", por Sílvio de Salvo Venosa (RMDCPC 27/38); "Da responsabilidade civil por danos ambientais durante o transporte marítimo de petróleo", por Mírian Barreta Palla (RDPr 44/168); "A responsabilidade civil pela perda de uma chance: a técnica na jurisprudência francesa", por Daniel Amaral Carnaúba (RT 922/139).

TÍT. IX: 2. s/ responsabilidade civil e: danos à honra ou à imagem, v. art. 20; Estado, v. art. 43 (especialmente notas 2a e segs.) e CF 37 § 6º; dano moral, v. art. 186 e notas; ato lícito, v. art. 188, nota 5; nexo de causalidade, v. art. 403; mandatário, v. art. 667 e notas; transportador, v. art. 734; incapaz, v. art. 928; médico, v. art. 951; condomínio, v. art. 1.334, nota 1a; prestadores de serviço, v. CDC 14; fato do produto ou serviço, v. CDC 12 a 17; vício do produto ou serviço, v. CDC 18 a 25; direito eleitoral, v. Lei 4.737, de 15.7.65, art. 243-IX e § 1º; proteção de dados, v. Lei 13.709/2018, arts. 42 a 45.

V. tb. CP 91-I e CPP 64 (indenização do dano causado pelo crime).

Art. 927. Aquele que, por ato ilícito (arts. 186 e 187), causar dano a outrem, fica obrigado a repará-lo.[1 a 10f]

Parágrafo único. Haverá obrigação de reparar o dano, independentemente de culpa, nos casos especificados em lei, ou quando a atividade normalmente desenvolvida pelo autor do dano implicar, por sua natureza, risco para os direitos de outrem.[11 a 16]

Art. 927: 1. Súmula 28 do STF (Cheque falso): "O estabelecimento bancário é responsável pelo pagamento de cheque falso, ressalvadas as hipóteses de culpa exclusiva ou concorrente do correntista."

Súmula 35 do STF (Companheira): "Em caso de acidente do trabalho ou de transporte, a concubina tem direito de ser indenizada pela morte do amásio, se entre eles não havia impedimento para o matrimônio."

Súmula 229 do STF (Responsabilidade civil em acidente do trabalho): "A indenização acidentária não exclui a do direito comum, em caso de dolo ou culpa grave do empregador". Atualmente, a culpa, ainda que leve, também dá lugar à indenização de direito comum (RSTJ 26/514, 30/483, 53/117, 53/135). V. tb. nota 10c.

Súmula 492 do STF (Locadora de veículos): "A empresa locadora de veículos responde, civil e solidariamente com o locatário, pelos danos por este causados a terceiro, no uso do carro locado". No mesmo sentido: STJ-4ª T., REsp 1.748.263-AgInt, Min. Isabel Gallotti, j. 12.2.19, DJ 19.2.19. V. tb. nota 4a.

Súmula 37 do STJ (Dano material e dano moral): "São cumuláveis as indenizações por dano material e dano moral oriundos do mesmo fato" (cf. retificação no DJU 18.3.92, p. 3.201).

Súmula 130 do STJ (Furto de veículo em estacionamento de empresa): "A empresa responde, perante o cliente, pela reparação de dano ou furto de veículo ocorridos em seu estacionamento". De acordo com precedentes que deram origem à súmula (p. ex., REsps 4.582 e 25.302), tal responsabilidade existe ainda que o estacionamento seja gratuito. Também afirmando a responsabilidade da empresa em caso de estacionamento gratuito: STJ-RT 911/557 (3ª T., REsp 1.249.104-AgRg), JTJ 347/421 (AP 341.658-4/4-00). S/ responsabilidade civil e estacionamento, v. tb. nota 6c.

Em caso de veículo entregue a manobrista de estabelecimento, v. art. 627, nota 1.

Súmula 132 do STJ (Acidente de automóvel): "A ausência de registro de transferência não implica a responsabilidade do antigo proprietário por dano resultante de acidente que envolva o veículo alienado". "Não constitui fundamento suficiente, a acarretar, para o alienante, a responsabilidade por danos resultantes de acidente de trânsito, a simples omissão do registro da venda do veículo, junto à repartição de trânsito e ao cartório de títulos, quando comprovado que a alienação efetivamente ocorreu antes do acidente e que o motorista do automóvel não era preposto do alienante" (RT 126/1.170). No mesmo sentido, a **Súmula 2 do TJSC**: "Responsabilidade civil. Acidente de trânsito. Ilegitimidade de causa. Inocorrência. Comprovada induvidosamente a compra e venda do veículo, ainda que não efetuada a transferência do certificado de registro na repartição competente, responde o novo proprietário pelos danos causados a terceiro". V. tb. nota 4a.

Súmula 221 do STJ (Dano por publicação pela imprensa): "São civilmente responsáveis pelo ressarcimento de dano, decorrente de publicação pela imprensa, tanto o autor do escrito quanto o proprietário do veículo de divulgação".

Súmula 227 do STJ (Dano moral): "A pessoa jurídica pode sofrer dano moral". V. anotações a essa Súmula no art. 186, nota 2.

Súmula 479 do STJ: "As **instituições financeiras** respondem objetivamente pelos danos gerados por fortuito interno relativo a fraudes e delitos praticados por terceiros no âmbito de operações bancárias". V. tb. nota 7.

Súmula 652 do STJ (Dano ambiental): "A responsabilidade civil da Administração Pública por danos ao meio ambiente, decorrente de sua omissão no dever de fiscalização, é de caráter solidário, mas de execução subsidiária".

Art. 927: 2. CF 5º: "V — é assegurado o direito de resposta, proporcional ao agravo, além da indenização por dano material, moral ou à imagem".

"X — são invioláveis a intimidade, a vida privada, a honra e a imagem das pessoas, assegurado o direito a indenização pelo dano material ou moral decorrente de sua violação".

"LXXV — o Estado indenizará o condenado por erro judiciário, assim como o que ficar preso além do tempo fixado na sentença".

Art. 927: 2a. Lei 9.096, de 19.9.95 — Dispõe sobre partidos políticos: "**Art. 15-A-*caput*** (*redação da Lei 12.034, de 29.9.09*). A responsabilidade, inclusive civil e trabalhista, cabe exclusivamente ao órgão partidário municipal, estadual ou nacional que tiver dado causa ao não cumprimento da obrigação, à violação de direito, a dano a outrem ou a qualquer ato ilícito, excluída a solidariedade de outros órgãos de direção partidária".

Todavia: "Nas relações civis com terceiros, responde o partido político enquanto pessoa jurídica, independentemente de sua organização interna; o estatuto de uma pessoa jurídica, e assim o de um partido político, não pode dispor sobre as relações de seus órgãos com terceiros — indiferente, portanto, que a lesão tenha resultado de ato do diretório nacional ou de diretório municipal" (STJ-3ª T., REsp 872.019, Min. Ari Pargendler, j. 18.12.07, DJU 26.3.08).

Art. 927: 3. No regime da comunhão parcial, não se comunicam as obrigações provenientes de ato ilícito, salvo reversão em proveito do casal (art. 1.659-IV).

Dec. 24.216, de 9.5.34 — Provê sobre a responsabilidade civil da Fazenda Pública: "**Art. 2º** A obrigação de indenizar por motivo de atos ilícitos não é excluída da comunhão, quando os mesmos tiverem proporcionado qualquer proveito ao casal". O Dec. s/n de 25.4.91 considerou revogado o Dec. 24.216. Não poderia fazê-lo, porque se trata de decreto com força de lei, editado pelo Governo Provisório.

Art. 927: 3a. "A responsabilidade civil decorrente de abusos perpetrados por meio da **imprensa** abrange a colisão de dois direitos fundamentais: a liberdade de informação e a tutela dos direitos da personalidade (honra, imagem e vida privada). A atividade jornalística deve ser livre para informar a sociedade acerca de fatos cotidianos de interesse público, em observância ao princípio constitucional do Estado Democrático de Direito; contudo, o direito de informação não é absoluto, vedando-se a divulgação de notícias falaciosas, que exponham indevidamente a intimidade ou acarretem danos à honra e à imagem dos indivíduos, em ofensa ao fundamento constitucional da dignidade da pessoa humana" (STJ-4ª T., REsp 818.764, Min. Jorge Scartezzini, j. 15.2.07, DJU 12.3.07). No mesmo sentido: JTJ 305/186.

"A liberdade de informação deve estar atenta ao dever de veracidade, pois a falsidade dos dados divulgados manipula em vez de formar a opinião pública, bem como ao interesse público, pois nem toda informação verdadeira é relevante para o convívio em sociedade. A vítima de crime contra o costume tem o direito de não perpetuar seu sofrimento. Não há qualquer interesse público no conhecimento da identidade da vítima do crime de estupro, havendo aí abuso da liberdade de informação" (STJ-3ª T., REsp 896.635, Min. Nancy Andrighi, j. 26.2.08, DJU 10.3.08).

"Em se tratando de questões políticas, e de pessoa pública, como o é um Senador da República, é natural que haja exposição à opinião e crítica dos cidadãos, da imprensa. Contudo, não há como se tolerar que essa crítica desvie para ofensas pessoais. O exercício da crítica, bem como o direito à liberdade de expressão, não pode ser usado como pretexto para atos irresponsáveis, como os xingamentos, porque isso pode implicar mácula de difícil reparação à imagem de outras pessoas — o que é agravado para aquelas que têm pretensões políticas, que, para terem sucesso nas urnas, dependem da boa imagem pública perante seus eleitores" (STJ-3ª T., REsp 1.328.914, Min. Nancy Andrighi, j. 11.3.14, DJ 24.3.14).

"As pessoas públicas, malgrado mais suscetíveis a críticas, não perdem o direito à honra. Alguns aspectos da vida particular de pessoas notórias podem ser noticiados. No entanto, o limite para a informação é o da honra da pessoa. Com efeito, as notícias que têm como objeto pessoas de notoriedade não podem refletir críticas indiscriminadas e levianas, pois existe uma esfera íntima do indivíduo, como pessoa humana, que não pode ser ultrapassada. Por outro lado, não prospera o argumento de que inexistia o *animus* de ofender a vítima. O exame das declarações difundidas nos programas de rádio revela evidente a vontade consciente de atingir a honra da ora recorrida, mediante imputação de atos tipificados como crime, como corrupção passiva, ou de atos que simplesmente a desmoralizam perante a sociedade. Com efeito, estando evidente o abuso do direito de informar, a indenização por danos morais é medida que se impõe" (STJ-4ª T., REsp 706.769, Min. Luis Felipe, j. 14.4.09, DJ 27.4.09). Em sentido semelhante: STF-RDDP 104/144 (Pleno, AO 1.390).

"Ante o desbordamento de seu dever de tão somente informar, revela-se ilícita a conduta do jornal, de propriedade da recorrente, ao replicar trechos da entrevista concedida pela ex-companheira do recorrido a outro órgão de imprensa, onde são proferidas declarações ofensivas à honra deste, caracterizando-se, desta forma, o dano moral e impondo-se, por conseguinte, sua reparação. Nesta seara de revelação pela imprensa de fatos da vida íntima das pessoas, o digladiar entre o direito de livre informar e os direitos de personalidade deve ser balizado pelo interesse público na informação veiculada, para que se possa inferir qual daqueles direitos deve ter uma maior prevalência sobre o outro no caso concreto. A mera curiosidade movida pelo diletantismo de alguns, tanto na divulgação de notícias, quanto na busca de fatos que expõem indevidamente a vida íntima, notadamente, daquelas pessoas com alguma notoriedade no corpo social, não pode ser encarada como de interesse social, a justificar a atenção dos organismos de imprensa. Na hipótese sob exame, ainda que se trate de pessoa notória, revela-se claro não haver um efetivo interesse social na divulgação de fatos que dizem respeito unicamente à esfera íntima de sua vida privada, o que denota tão somente uma manobra para aumentar as vendas do jornal. Ainda que as declarações veiculadas nas matérias jornalísticas tenham sido, nestas, atribuídas exclusivamente à entrevistada da revista, as imputações em questão se beneficiaram da credibilidade de que goza o jornal, na qualidade de órgão de informação e de divulgação, na comunidade em que circula, ampliando e perpetuando indevidamente o âmbito de incidência da violação à honorabilidade da pessoa ofendida" (STJ-4ª T., REsp 713.202, Min. Luis Felipe, j. 1.10.09, DJ 3.8.10).

"Aplica-se a teoria da **perda de uma chance** ao caso de candidato a vereador que deixa de ser eleito por reduzida diferença de oito votos após atingido por notícia falsa publicada por jornal, resultando, por isso, a obrigação de indenizar" (STJ-3ª T., REsp 821.004, Min. Sidnei Beneti, j. 19.8.10, DJ 24.9.10). S/ perda de uma chance, v. tb. notas 3c, 5c e 8b, arts. 402, nota 7, e 951, notas 1c e 7a, e CDC 14, notas 2, *in fine*, 3a, e 7a.

Também condenando o órgão de imprensa por ofensa aos direitos da personalidade: RT 887/278 (TJDFT, AP 20070110802450), JTJ 320/450 (AP 223.939-4/6-00); RP 164/326 e RMDCPC 23/128 (TJSP: AP 498.727.4/0-00, com excelente voto vista do Des. Ênio Zuliani).

Todavia: "A **liberdade de imprensa**, enquanto projeção das liberdades de comunicação e de manifestação do pensamento, reveste-se de conteúdo abrangente, por compreender, dentre outras prerrogativas relevantes que lhe são inerentes, (a) o direito de informar, (b) o direito de buscar a informação, (c) o direito de opinar e (d) o direito de criticar. A crítica jornalística, desse modo, traduz direito impregnado de qualificação constitucional, plenamente oponível aos que exercem qualquer atividade de interesse da coletividade em geral, pois o interesse social, que legitima o direito de criticar, sobrepõe-se a eventuais suscetibilidades que possam revelar as pessoas públicas ou as figuras notórias, exercentes, ou não, de cargos oficiais. A crítica que os meios de comunicação social dirigem às pessoas públicas, por mais dura e veemente que possa ser, deixa de sofrer, quanto ao seu concreto exercício, as limitações externas que ordinariamente resultam dos direitos de personalidade. Não induz responsabilidade civil a publicação de matéria jornalística cujo conteúdo divulgue observações em caráter mordaz ou irônico ou, então, veicule opiniões em tom de crítica severa, dura ou, até, impiedosa, ainda mais se a pessoa a quem tais observações forem dirigidas ostentar a condição de figura pública, investida, ou não, de autoridade governamental, pois, em tal contexto, a liberdade de crítica qualifica-se como verdadeira excludente anímica, apta a afastar o intuito doloso de ofender. O Supremo Tribunal Federal tem destacado, de modo singular, em seu magistério jurisprudencial, a necessidade de preservar-se a prática da liberdade de informação, resguardando-se, inclusive, o exercício do direito de crítica que dela emana, por tratar-se de prerrogativa essencial que se qualifica como um dos suportes axiológicos que conferem legitimação material à própria concepção do regime democrático. Mostra-se incompatível com o pluralismo de ideias, que legitima a divergência de opiniões, a visão daqueles que pretendem negar, aos meios de comunicação social (e aos seus profissionais), o direito de buscar e de interpretar as informações, bem assim a prerrogativa de expender as críticas pertinentes. Arbitrária, desse modo, e inconciliável com a proteção constitucional da informação, a repressão à crítica jornalística, pois o Estado — inclusive seus Juízes e Tribunais — não dispõe de poder algum sobre a palavra, sobre as ideias e sobre as convicções manifestadas pelos profissionais da Imprensa" (STF-RT 909/435: 2ª T., AI 705.630-AgRg).

"A publicidade, pela imprensa, de apreensão de produtos farmacêuticos não gera responsabilidade da empresa jornalística, ainda que posteriormente se revele que o fato decorreu de erro da autoridade administrativa; a imprensa não tem a obrigação de, previamente à notícia, se certificar da legalidade do ato da autoridade administrativa" (STJ-3ª T., AI 898.175-AgRg, Min. Ari Pargendler, j. 11.3.08, DJ 3.9.08).

"A honra e imagem dos cidadãos não são violados quando se divulgam informações verdadeiras e fidedignas a seu respeito e que, além disso, são do interesse público. O veículo de comunicação exime-se de culpa quando busca fontes fidedignas, quando exerce atividade investigativa, ouve as diversas partes interessadas e afasta quaisquer dúvidas sérias quanto à veracidade do que divulgará. O jornalista tem um dever de investigar os fatos que deseja publicar. Isso não significa que sua cognição deva ser plena e exauriente à semelhança daquilo que ocorre em juízo. A elaboração de reportagens pode durar horas ou meses, dependendo de sua complexidade, mas não se pode exigir que a mídia só divulgue fatos após ter certeza plena de sua veracidade. Isso se dá, em primeiro lugar, porque os meios de comunicação, como qualquer outro particular, não detêm poderes estatais para empreender tal cognição. Ademais, impor tal exigência à imprensa significaria engessá-la e condená-la a morte. O processo de divulgação de informações satisfaz verdadeiro interesse público, devendo ser célere e eficaz, razão pela qual não se coaduna com rigorismos próprios de um procedimento judicial. A reportagem da recorrente indicou o recorrido como suspeito de integrar organização criminosa. Para sustentar tal afirmação, trouxe ao ar elementos importantes, como o depoimento de fontes fidedignas, a saber: (i) a prova testemunhal de quem foi à autoridade policial formalizar notícia crime; (ii) a opinião de um Procurador da República. O repórter fez-se passar por agente interessado nos benefícios da atividade ilícita, obtendo gravações que efetivamente demonstravam a existência de engenho fraudatório. Houve busca e apreensão em empresa do recorrido e daí infere-se que, aos olhos da autoridade judicial que determinou tal medida, havia fumaça do bom direito a justificá-la. Ademais, a reportagem procurou ouvir o recorrido, levando ao ar a palavra de seu advogado. Não se tratava, portanto, de um mexerico, fofoca ou boato que, negligentemente, se divulgava em cadeia nacional. A suspeita que recaía sobre o recorrido, por mais dolorosa que lhe seja, de fato, existia e era, à época, fidedigna. Se hoje já não pesam sobre o recorrido essas suspeitas, isso não faz com que o passado se altere. Pensar de modo contrário seria impor indenização a todo veículo de imprensa que divulgue investigação ou ação penal que, ao final, se mostre improcedente" (STJ-RT 889/223: 3ª T., REsp 984.803).

"Dentre os direitos inerentes à personalidade, encontra-se a proteção ao patrimônio imaterial do indivíduo, o que gera para o transgressor, dentre outras cominações, o dever de indenizar a vítima, a fim de compensá-la pelo sofrimento desnecessariamente causado. Todavia, esse direito não possui caráter absoluto, devendo ser compatibilizado com outros valores igualmente tutelados pelo ordenamento jurídico, a exemplo do direito à informação. Tratando-se de suposto ato de corrupção praticado por autoridade pública, essa intangibilidade da esfera individual ainda sofre temperamentos em face do interesse coletivo existente e da repercussão da conduta praticada sobre o patrimônio público. A mera concessão de entrevista por membro do Ministério Público relatando a existência de acusações contra magistrado supostamente envolvido em esquema de venda de sentenças e informando a população acerca das providências a serem tomadas pelo *Parquet*, ainda que a manifestação contenha preliminar juízo de valor acerca dos fatos, não configura ato ilícito capaz de ensejar indenização por danos morais, quando ausente manifesto excesso ou inequívoco *animus* de desmoralizar a pessoa investigada, mormente nos casos em que a suposta vítima já está sendo alvo de denúncias sérias de natureza congênere" (STJ-2ª T., REsp 1.314.163, Min. Castro Meira, j. 11.12.12, DJ 4.2.13).

"Responsabilidade civil do Estado. Danos morais decorrentes da publicação de notícia no sítio eletrônico de órgão do Poder Judiciário. Divulgação de nomes. Sigilo não decretado. Ausência de nexo de causalidade. Impossibilidade de responsabilização da União. É certo que denúncias falsas de venda de sentenças devem ser fortemente combatidas pelos meios adequados, como uma queixa-crime por calúnia ou difamação — como fizeram os ora recorridos — ou mesmo uma ação indenizatória proposta em face do denunciante. Entretanto, não é possível transcender a esse cenário e atribuir responsabilidade à União pela veiculação de notícia com conteúdo informativo e sem qualquer ameaça à dignidade das pessoas envolvidas" (STJ-2ª T., REsp 1.293.401, Min. Mauro Campbell, j. 3.8.17, DJ 9.8.17).

"A liberdade de expressão, compreendendo a informação, opinião e crítica jornalística, por não ser absoluta, encontra algumas limitações ao seu exercício, compatíveis com o regime democrático, quais sejam: (I) o compromisso ético com a informação verossímil; (II) a preservação dos chamados direitos da personalidade, entre os quais incluem-se os direitos à honra, à imagem, à privacidade e à intimidade; e (III) a vedação de veiculação de crítica jornalística com intuito de difamar, injuriar ou caluniar a pessoa (*animus injuriandi vel diffamandi*). Assim, em princípio, não caracteriza hipótese de responsabilidade civil a publicação de matéria jornalística que narre fatos verídicos ou verossímeis, embora eivados de opiniões severas, irônicas ou impiedosas, sobretudo quando se trate de figuras públicas que exerçam atividades tipicamente estatais, gerindo interesses da coletividade, e a notícia e crítica referirem-se a fatos de interesse geral relacionados à atividade pública desenvolvida pela pessoa noticiada. Nessas hipóteses, principalmente, a liberdade de expressão é prevalente, atraindo verdadeira excludente anímica, a afastar o intuito doloso de ofender a honra da pessoa a que se refere a reportagem" (STJ-4ª T., REsp 801.109, Min. Raul Araújo, j. 12.6.12, DJ 12.3.13).

"A assunção de cargos corporativos ou públicos, como a presidência de uma seccional da OAB, torna o sujeito uma pessoa pública, com atuação de interesse de todos advogados, estando seus atos sujeitos a maior exposição e mais suscetíveis à mitigação dos direitos de personalidade, principalmente por estar incurso em um cenário político, com intenso debate corporativo. Dentro desta perspectiva, o entrevistado não extrapolou os limites da liberdade de pensamento nem se verificou o intuito de atingir a honra da antiga presidente da OAB/DF, já que as informações relacionaram-se a questões de interesse do órgão de classe, limitando-se a criticar, com cunho político, a gestão anterior, sem nenhuma menção específica à pessoa da antiga presidente ou imputando alguma conduta desonrosa capaz de ensejar o dever de indenizar" (STJ-3ª T., REsp 1.624.388, Min. Marco Bellizze, j. 7.3.17, DJ 21.3.17).

"Publicação de série de escritos jornalísticos originados de informações do Ministério Público e da Polícia Federal não configura ilícito apto a desencadear indenização por dano moral, ainda que lançada em linguagem incisiva e dura. Imprecisões técnicas de linguagem, atinente a matéria jurídica, como significado de folha de antecedentes, cancelamento de registro de inquéritos e outras, bem como do sentido de arquivamento e absolvições, não implicam dano moral, quando não visualizado dolo implícito no uso inadequado dos termos" (STJ-3ª T., REsp 1.305.897, Min. Sidnei Beneti, j. 21.8.12, DJ 18.9.12).

"É **incompatível com a Constituição** a ideia de um **direito ao esquecimento,** assim entendido como o poder de obstar, em razão da passagem do tempo, a divulgação de fatos ou dados verídicos e licitamente obtidos e publicados em meios de comunicação social analógicos ou digitais. Eventuais excessos ou abusos no exercício da liberdade de expressão e de informação devem ser analisados caso a caso, a partir dos parâmetros constitucionais — especialmente os relativos à proteção da honra, da imagem, da privacidade e da personalidade em geral — e das expressas e específicas previsões legais nos âmbitos penal e cível" (STF-Pleno, RE 1.010.606, Min. Dias Toffoli, j. 11.2.21, maioria, DJ 20.5.21). Assim, manteve-se nesse julgamento o seguinte acórdão: STJ-4ª T., REsp 1.335.153, Min. Luis Felipe, j. 28.5.13, maioria, RT 939/298. Em sentido semelhante: "Diante de evidente interesse social no cultivo à memória histórica e coletiva de delito notório, incabível o acolhimento da tese do direito ao esquecimento para o fim de proibir qualquer veiculação futura de matérias jornalísticas relacionadas ao fato criminoso, sob pena de configuração de censura prévia, vedada pelo ordenamento jurídico pátrio" (STJ-3ª T., REsp 1.736.803, Min. Ricardo Cueva, j. 28.4.20, DJ 4.5.20). Caso em que se reconheceu abuso do direito de informação e expressão nessas circunstâncias: "Mesmo tendo sido absolvido de forma unânime pelo Tribunal do Júri e depois de ter passado por uma verdadeira *via crucis* para se restabelecer, o autor, apesar de advertir a emissora da gravidade da situação, ainda assim foi novamente envolvido como um dos possíveis autores do bárbaro crime da 'chacina da Candelária' e foi assim retratado no programa" (STJ-4ª T., REsp 1.334.097, Min. Luis Felipe, j. 9.11.21, maioria, DJ 1.2.22). V. tb. MCI 19, nota 3.

Também liberando o órgão de imprensa de acusação de ofensa aos direitos da personalidade: RT 888/212 (TJSP, AP 416.077.4/3-00), 938/800 (TJDFT, AP 20080110885022), JTJ 324/662 (EI 342.077-4/1-01), 328/418 (AP 522.036.4/5-00), 341/222 (AP 446.031-4/9).

V. tb. arts. 12 (especialmente nota 3), 20 (especialmente nota 3), 186 (notas 3b e 4) e 188 (nota 3a) e ECA 143 (nota 2a). S/ reparação do dano moral nessas circunstâncias, v. art. 186, nota 4d.

Art. 927: 3b. "As empresas de comunicação não respondem por **publicidade** de propostas abusivas ou **enganosas.** Tal responsabilidade toca aos fornecedores-anunciantes, que a patrocinaram (CDC, arts. 3º e 38)" (STJ-Bol. AASP 2.537/4.425: 3ª T., REsp 604.172).

"O dano sofrido pelo consumidor deu-se em razão do pagamento por um veículo que não foi entregue pelo anunciante, e não pela compra de um exemplar do jornal. Ou seja: o produto oferecido no anúncio (veículo) não tem relação com o produto oferecido pela recorrente (publicação de anúncios). Assim, a empresa jornalística não pode ser responsabilizada pelos produtos ou serviços oferecidos pelos seus anunciantes, sobretudo quando dos anúncios publicados não se infere qualquer ilicitude" (STJ-3ª T., REsp 1.046.241, Min. Nancy Andrighi, j. 12.8.10, DJ 19.8.10).

"A responsabilidade pela qualidade do produto ou serviço anunciado ao consumidor é do fornecedor respectivo, assim conceituado nos termos do art. 3º da Lei n. 8.078/1990, não se estendendo à empresa de comunicação que veicula a propaganda por meio de apresentador durante programa de televisão, denominada 'publicidade de palco'. Destarte, é de se excluir da lide, por ilegitimidade passiva *ad causam*, a emissora de televisão, por não se lhe poder atribuir corresponsabilidade por apresentar publicidade de empresa financeira, também ré na ação, que teria deixado de fornecer o empréstimo ao telespectador nas condições prometidas no anúncio" (STJ-4ª T., REsp 1.157.228, Min. Aldir Passarinho Jr., j. 3.2.11, DJ 27.4.11).

V. tb. CDC 14, nota 6a.

Art. 927: 3c. "A recorrente recebeu bilhete para participar de **sorteio** em razão de compras efetuadas em hipermercado. Neste constava 'você concorre a 900 vales-compras de R$ 100,00 e a 30 casas'. Foi sorteada e, ao comparecer para receber o prêmio, obteve apenas um vale-compras, tomando, então, conhecimento de que, segundo o regulamento, as casas seriam sorteadas àqueles que tivessem sido premiados com os vale-compras. Este segundo sorteio, todavia, já tinha ocorrido, sem a sua participação. As trinta casas já haviam sido sorteadas entre os demais participantes. Violação do dever contratual, previsto no regulamento, de comunicação à autora de que fora uma das contempladas no primeiro sorteio e de que receberia um segundo bilhete, com novo número, para concorrer às casas em novo sorteio. Fato incontroverso, reconhecido pelo acórdão recorrido, de que a falta de comunicação a cargo dos recorridos a impediu de participar do segundo sorteio e, portanto, de concorrer, efetivamente, a uma das trinta casas. A circunstância de a participação no sorteio não ter sido diretamente remunerada pelos consumidores, sendo contrapartida à aquisição de produtos no hipermercado, não exime os promotores do evento do dever de cumprir o regulamento da promoção, ao qual se vincularam. Dano material que, na espécie, não corresponde ao valor de uma das trinta casas sorteadas, mas à **perda da chance**, no caso, de 30 chances, em 900, de obter o bem da vida almejado" (STJ-4ª T., AI 1.196.957-AgRg-EDcl, Min. Isabel Gallotti, j. 10.4.12, RT 922/611; com comentário de Glenda Gonçalves Gondim).

"O questionamento, em **programa de perguntas e respostas, pela televisão,** sem viabilidade lógica, uma vez que a Constituição Federal não indica percentual relativo às terras reservadas aos índios, acarreta, como decidido pelas instâncias ordinárias, a impossibilidade da prestação por culpa do devedor, impondo o dever de ressarcir o participante pelo que razoavelmente haja deixado de lucrar, pela perda da oportunidade" (STJ-4ª T., REsp 788.459, Min. Fernando Gonçalves, j. 8.11.05, DJ 13.3.06). Do voto do relator: "A quantia sugerida pela recorrente (R$ 125.000,00) — equivalente a um quarto do valor em comento, por ser uma 'probabilidade matemática' de acerto de uma questão de múltipla escolha com quatro itens, reflete as reais possibilidades de êxito da recorrida. Ante o exposto, conheço do recurso especial e lhe dou parcial provimento para reduzir a indenização a R$ 125.000,00".

"*Reality show*. Fase semifinal. Contagem dos pontos. Erro. Eliminação. Ato ilícito. Indenização. Dano material. Perda de uma chance. Cabimento" (STJ-3ª T., REsp 1.757.936, Min. Ricardo Cueva, j. 20.8.19, DJ 28.8.19).

S/ perda de uma chance, v. tb. notas 3a, 5c e 8b, arts. 402, nota 7, e 951, notas 1c e 7a, e CDC 14, notas 2, *in fine*, 3a, e 7a.

Art. 927: 4. Internet. "A atividade desenvolvida em um blog pode assumir duas naturezas distintas: (i) provedoria de informação, no que tange às matérias e artigos disponibilizados no blog por aquele que o mantém e o edita; e (ii) provedoria de conteúdo, em relação aos posts dos seguidores do blog. Nos termos do enunciado 221 da Súmula/STJ, são civilmente responsáveis pela reparação de dano derivado de publicação pela imprensa tanto o autor da matéria quanto o proprietário do respectivo veículo de divulgação. O enunciado 221 da Súmula/STJ incide sobre todas as formas de imprensa, alcançando, assim, também os serviços de provedoria de informação, cabendo àquele que mantém blog exercer o seu controle editorial, de modo a evitar a inserção no site de matérias ou artigos potencialmente danosos" (STJ-3ª T., REsp 1.381.610, Min. Nancy Andrighi, j. 3.9.13, DJ 12.9.13). "Ação indenizatória por danos morais sofridos em razão de blog do réu/apelante ter imputado ao autor/apelado ser racista e de ter escrito livro racista. Palavras claramente ofensivas. Dano moral configurado" (RT 910/1.030: TJRJ, AP 0309228-06.2009.8.19.0001). Do voto do relator: "A Internet divulga rapidamente a mensagem ofensiva no país e no mundo, haja vista se tratar de um blog de famoso jornalista, que tem diversos acessos diários, e inclusive com comentários de blogueiros, tornando os fatos ainda mais gravosos à pessoa do escritor". "Configura-se abuso do direito a manifestação publicada em sítio eletrônico da internet direcionada à pessoa da recorrida que lhe atribui predicados negativos atentatórios a direitos da sua personalidade (honra e imagem) que extrapolam o interesse público vinculado ao direito de informar e de criticar, excedendo a sua função social, sem a observância dos deveres de veracidade e de cuidado" (STJ-3ª T., REsp 1.887.919, Min. Ricardo Cueva, j. 24.8.21, DJ 31.8.21). Condenando o usuário a compensar danos morais "por frase ofensiva postada no Twitter": JTJ 375/566 (AP 131637-85.2011.8.26.0100).

"É incontroverso que o recorrente teve a sua conta de **e-mail** invadida por um *hacker*, o qual também acessou a sua carteira de *bitcoins* e transferiu criptomoedas para a conta de outro usuário. Todavia, é descabida a atribuição de responsabilidade à recorrida por tais danos materiais, porquanto, ainda que a gerenciadora adote o sistema de dupla autenticação, qual seja, digitação da senha e envio, via e-mail, do *link* de acesso, a simples entrada neste é insuficiente para propiciar o ingresso na carteira e virtual e, consequentemente, a transação das *cryptocoins*. Logo, a ausência de nexo causal entre o dano e a conduta da recorrida obsta a atribuição a esta da responsabilidade pelo prejuízo material experimentado pelo recorrente" (STJ-3ª T., REsp 1.885.201, Min. Nancy Andrighi, j. 23.11.21, DJ 25.11.21).

V. tb. art. 12 (especialmente, nota 3) e MCI 18 a 21 e respectivas notas.

Art. 927: 4a. "Em matéria de **acidente automobilístico**, o **proprietário do veículo** responde objetiva e solidariamente pelos atos culposos de terceiro que o conduz e que provoca o acidente, pouco importando que o motorista não seja seu empregado ou preposto, ou que o transporte seja gratuito ou oneroso, uma vez que sendo o automóvel um veículo perigoso, o seu mau uso cria a responsabilidade pelos danos causados a terceiros. Provada a responsabilidade do condutor, o proprietário do veículo fica solidariamente responsável pela reparação do dano, como criador do risco para os seus semelhantes" (STJ-3ª T., REsp 577.902, Min. Nancy Andrighi, j. 13.6.06, maioria, DJU 28.8.06). Em síntese: "Quem permite que terceiro conduza seu veículo é responsável solidário pelos danos causados culposamente pelo permissionário" (STJ-3ª T., REsp 343.649, Min. Gomes de Barros, j. 5.2.04, DJU 25.2.04). No mesmo sentido: STJ-4ª T., REsp 895.419, Min. Aldir Passarinho Jr., j. 3.8.10, DJ 27.8.10; STJ-1ª T., Ag em REsp 234.868-AgRg, Min. Ari Pargendler, j. 2.5.13, DJ 8.5.13; RT 864/287, 876/299 (TJMS, AP 2006.003458-0/0000-00), 888/286 (TJMG, AP 1.0680.03.000208-2/001), JTJ 315/220 (AP 908.370-0/3).

"O proprietário do veículo responde solidariamente com o condutor do veículo. Em outras palavras, a responsabilidade do dono da coisa é presumida, invertendo-se, em razão disso, o ônus da prova. Não demonstrado pelo proprietário do veículo que seu filho inabilitado o utilizou ao arrepio das suas proibições, recomendações e cautelas, responde o pai solidariamente pelos danos causados pelo ato culposo do filho, ainda que maior" (STJ-4ª T., REsp 145.358, Min. Sálvio de Figueiredo, j. 29.10.98, DJU 1.3.99).

Todavia: "O proprietário do veículo se exonera da responsabilidade pelo dano se provar que tudo fez para impedir a ocorrência do fato" (STJ-4ª T., REsp 261.310, Min. Ruy Rosado de Aguiar, j. 3.10.00, DJU 27.11.00).

Afastando a responsabilidade "do cônjuge do proprietário do veículo, visto que não se pode a ele atribuir o dever de guarda do automóvel": STJ-3ª T., REsp 1.591.178, Min. Ricardo Cueva, j. 25.4.17, DJ 2.5.17.

V. tb. nota 1 (Súmulas 492 do STF e 132 do STJ).

Art. 927: 4b. "Não é possível reconhecer a existência de culpa concorrente da vítima pelo simples fato de que esta dirigia com a **carteira de habilitação** vencida. Muito embora tal fato seja, por si, um ilícito, não há como presumir a participação culposa da vítima no evento apenas com base em tal assertiva" (STJ-RDPr 30/334: 3ª T., REsp 604.758, maioria). Em sentido semelhante, para caso de ausência de habilitação: STJ-4ª T., REsp 896.176, Min. Isabel Gallotti, j. 13.12.11, DJ 1.2.12; RJM 188/112 (AP 1.0431.07.035125-6/001).

Art. 927: 4c. "Não tem direito à indenização por danos sofridos em acidente de trânsito o passageiro maior, capaz e habilitado que se expõe conscientemente ao risco de trafegar em **veículo conduzido por menor,** obviamente não habilitado" (STJ-3ª T., REsp 753.906, Min. Gomes de Barros, j. 14.8.07, DJU 27.8.07).

Art. 927: 4d. "Em se tratando de cruzamento com rotatória (ou 'balão'), a preferência é do veículo que por ela estiver circulando (art. 29, III, *b*, do Código de Trânsito Brasileiro). **Age com culpa o motorista** que, sem tomar as devidas cautelas, ingressa em rotatória sem atentar para o direito de preferência, vindo a interceptar a trajetória de veículo que por ela trafegava, ofertando-se à colisão em sua lateral esquerda" (RT 869/276).

"Num cruzamento não sinalizado, em princípio, a preferência é do veículo que vem da direita, consoante determina o art. 29, III, *c*, do CTB. Contudo, se as vias têm fluxos de trânsito muito distintos, como ocorre entre ruas e avenidas, a regra de experiência determina que o veículo que trafega pela rua dê preferência ao veículo que trafega pela avenida, independentemente da sinalização. Se o condutor de um ônibus, cruzando uma avenida a partir de uma rua, para seu veículo a fim de observar o fluxo na avenida, duas consequências podem ser extraídas: primeiro, a de que ele reconheceu uma regra costumeira no sentido de dar a preferência, independentemente da sinalização; segundo, que transmitiu, à motocicleta que trafegava pela avenida, a justa expectativa de que permaneceria parado, agravando, com isso, por sua conduta, o risco de acidente. A regra geral do art. 29, § 2º, do CTB é expressa em determinar a responsabilidade dos veículos maiores pela segurança dos veículos menores no trânsito, o que incrementa o dever de cuidado dos motoristas de veículos pesados" (STJ-3ª T., REsp 1.069.446, Min. Nancy Andrighi, j. 20.10.11, DJ 3.11.11).

"Culpado, em linha de princípio, é o motorista que colide por trás, invertendo-se, em razão disso, o *onus probandi*, cabendo a ele a prova de desoneração de sua culpa" (STJ-4ª T., REsp 198.196, Min. Sálvio de Figueiredo, j. 18.2.99, DJU 12.4.99). No mesmo sentido: STJ-3ª T., REsp 535.627-AgRg, Min. Ari Pargendler, j. 27.5.08, DJ 5.8.08; JTJ 320/395 (AP 1.116.110-0/3).

"Acidente de veículo. Mudança de faixa. Obrigação do motorista em observar o fluxo a fim de não interceptar a correta trajetória dos demais veículos que transitam na mesma via e sentido. Culpa do requerido comprovada nos autos" (JTJ 331/409: AP 955.240-0/1). Do voto da relatora: "Para a mudança de faixa não basta a sinalização. O motorista deve aguardar o momento oportuno, a fim de não interceptar a trajetória daquele que está atrás e transitando em sua correta mão de direção e preferência de tráfego. Assim dispõe o art. 38 do Código de Trânsito brasileiro".

"É iniludível que a conversão à esquerda é manobra que deve ser precedida de toda atenção e cautela. Para que a intente, deve o motorista ter certeza de que a pista, que cruzará, está livre de trânsito ou pelo menos, com circulação livre para o seu cruzamento. Qualquer risco assumido, ante a aproximação de outro veículo, demonstra imprudência, caracterizadora da culpa. Além disso, a livre circulação, concedida aos carros de incêndio, de polícia e ambulâncias, quando em serviço de urgência, não quer significar liberdade de transformar as ruas em pistas de corrida, sem nenhum respeito à sua própria finalidade" (JTJ 334/582: AP 986.126-0/7).

"O motorista do veículo simplesmente arremessado contra outro não tem sua conduta inserida na relação causal e por isso não responde pelos danos causados, devendo a ação indenizatória ser dirigida diretamente contra quem, culposamente, causou o primeiro abalroamento. Diferente é a situação do motorista que, em estado de necessidade, para se salvar de perigo posto por outrem, vem a causar o choque com terceiro. Nesse caso, ele responde, com direito de regresso contra o culpado" (STJ-4ª T., REsp 81.631, Min. Ruy Rosado, j. 5.3.96, DJU 17.6.96). "O proprietário do carro arremessado contra outro por culpa de terceiro não responde pelo dano causado no veículo atingido" (STJ-3ª T., REsp 50.385, Min. Ari Pargendler, j. 7.6.99, DJU 1.7.99). V. tb. art. 930, nota 1a.

"O motorista que permite a derrapagem e por causa disso perde o controle do carro está dirigindo sem o cuidado que era exigido nas circunstâncias, pouco importando as condições da pista, o traçado da estrada etc." (STJ-4ª T., REsp 236.458, Min. Ruy Rosado, j. 7.12.99, DJU 28.2.00; a citação é do voto do relator). No mesmo sentido: RJM 183/211 (AP 1.0024.05.705658-2/001).

"Age com culpa o condutor que, por verificado as condições climáticas desfavoráveis, não reduz a velocidade em leito asfáltico molhado, vindo a aquaplanar e a invadir a pista contrária e abalroar o veículo que trafega em sentido contrário, dada a previsibilidade do evento" (RT 876/299: TJMS, AP 2006.003458-0/0000-00).

"Age com culpa a condutora que avança sinal semafórico, provocando colisão de veículos" (JTJ 315/220: AP 908.370-0/3).

"Ação de indenização em razão de acidente de trânsito. A conduta do demandado de conduzir sua motocicleta em estado de embriaguez, contrária às normas jurídicas de trânsito, revela-se absolutamente idônea à produção do evento danoso em exame, consistente no atropelamento da vítima que se encontrava ou na calçada ou à margem, ao bordo da pista de rolamento, em local e horário de baixa luminosidade, após a realização de acentuada curva. Em tal circunstância, o condutor tem, contra si, a presunção relativa de culpa, a ensejar a inversão do ônus probatório. Caberia, assim, ao transgressor da norma jurídica comprovar a sua tese de culpa exclusiva da vítima, incumbência em relação à qual não obteve êxito" (STJ-3ª T., REsp 1.749.954, Min. Marco Bellizze, j. 26.2.19, DJ 15.3.19).

"Indenização. Acidente de trânsito. Atropelamento. Rodovia. Marcha à ré pelo acostamento. Manobra de risco por conta exclusiva do condutor. Vítima em ponto de ônibus. Ausência de calçada. Responsabilidade do condutor do veículo. Ação procedente" (JTJ 323/472: AP 1.143.405-0/6).

"O poste de iluminação, corretamente instalado na via pública, constitui obstáculo imóvel, impossível, por si só, de causar acidente, de sorte que no caso de colisão contra o mesmo, causando-lhe danos, cabe àquele que o atingiu demonstrar o fato excludente de sua responsabilidade, o que, na espécie, não ocorreu" (STJ-4ª T., REsp 895.419, Min. Aldir Passarinho Jr., j. 3.8.10, DJ 27.8.10).

Todavia: "O indivíduo que estaciona seu veículo em local proibido não pode ser civilmente responsável por acidente causado por condutor que o abalroe, justamente porque sua conduta, punível embora na esfera administrativa, não terá sido imprudente, nem conota falta de perícia ou inobservância de regra técnica na condução de veículo automotor" (JTJ 305/164).

Art. 927: 4e. "Na hipótese de acidente de trânsito causado pelo condutor do 'cavalo mecânico', o **proprietário do veículo semirreboque** responde solidariamente pelos danos causados à vítima" (STJ-4ª T., Ag em REsp 545.104-AgInt, Min. Isabel Gallotti, j. 7.11.17, DJ 20.11.17). No mesmo sentido: STJ-3ª T., Ag em REsp 893.770-EDcl--AgInt, Min. Marco Bellizze, j. 16.2.17, DJ 1.3.17.

Art. 927: 4f. "Tratando-se o **arrendamento mercantil** de contrato peculiar, de natureza mista, em que se mesclam a locação com a compra e venda do bem financiado, pertence à arrendatária, que detém a posse direta do bem, a legitimidade passiva para a ação regressiva movida pela seguradora, objetivando o ressarcimento do valor que pagou aos beneficiários do DPVAT por acidente causado pelo veículo objeto de arrendamento" (STJ-4ª T., REsp 436.201, Min. Aldir Passarinho Jr., j. 13.11.07, DJU 5.5.08). Ainda: "A empresa de arrendamento mercantil é, objetivamente, parte ilegítima para figurar no polo passivo da demanda causada pelo uso indevido do bem pelo arrendatário, porquanto o mesmo é o possuidor direto da coisa, descabendo à empresa arrendatária a fiscalização pela utilização irregular do bem" (STJ-1ª T., REsp 1.066.087, Min. Teori Zavascki, j. 21.8.08, DJ 10.9.08).

Art. 927: 4g. Responsabilidade civil e cigarro. "Imputação de ato ilícito desacolhida por haver, de parte da demandada, apenas o exercício regular de um direito reconhecido, seja na produção e comercialização de cigarros, seja na publicidade de suas marcas, à luz do art. 160, I, do CC/16 e 188, I, do novo CC. Circunstâncias que, diante do teor do art. 159 do CC anterior e dos arts. 186 e 927 do atual, descartam a possibilidade de culpa da demandada e o nexo de causalidade entre a conduta da mesma e o uso de cigarros pela autora" (RJTJERGS 255/168). No mesmo sentido: STJ-4ª T., REsp 1.113.804, Min. Luis Felipe, j. 27.4.10, DJ 24.6.10; STJ-3ª T., REsp 1.322.964, Min. Ricardo Cueva, j. 22.5.18, DJ 1.6.18; RT 863/355, JTJ 299/215, 303/224; RJTJERGS 277/323 (AP 70027823426). **Contra:** RF 389/370, JTJ 334/350 (AP 379.261-4/5-00, maioria).

Art. 927: 4h. "Aquele que, por livre e espontânea vontade, inicia-se no consumo de **bebidas alcoólicas**, propagando tal hábito durante certo período de tempo, não pode, doravante, pretender atribuir responsabilidade de sua conduta ao fabricante do produto, que exerce atividade lícita e regulamentada pelo Poder Público" (STJ-3ª T., REsp 1.261.943, Min. Massami Uyeda, j. 22.11.11, DJ 27.2.12).

Art. 927: 5. "Indenização por danos morais. **Perito judicial** que concluiu erroneamente pela paternidade do apelado. Preliminar de ilegitimidade passiva rejeitada. Imperícia configurada. Dano moral demonstrado" (RT 886/188: TJSP, AP 280.614-4/0-00).

Art. 927: 5a. O **cartório extrajudicial** de notas ou de registros tem legitimidade passiva para a ação de indenização movida por atos ilícitos causados em seus serviços (RSTJ 188/459: 4ª T.). No mesmo sentido: JTJ 176/121. Ponderando que a opção pelo ajuizamento da demanda diretamente contra o tabelião implica para o autor o ônus de "provar-lhe a culpa (*lato sensu*)": RP 124/261.

Mas: "Os tabelionatos são serventias judiciais e estão imbricados na máquina estatal, mesmo quando os servidores têm remuneração pelos rendimentos do próprio cartório e não dos cofres públicos. Embora seja o preposto estatal também legitimado para responder pelo dano, sendo diferentes as suas responsabilidades, a do Estado objetiva e a do preposto subjetiva, caminhou a jurisprudência por resolver em 1º lugar a relação jurídica mais facilmente comprovável, ressalvando-se a ação de regresso para apurar-se a responsabilidade subjetiva do preposto estatal" (STJ-RDPr 22/318: 2ª T.).

Falta de legitimidade do **sucessor do tabelião ou registrador** que causou o dano: "A responsabilidade civil por dano causado a particular por ato de oficial do Registro de Imóveis é pessoal, não podendo o seu sucessor, atual titular da serventia, responder pelo ato ilícito praticado pelo sucedido, antigo titular" (STJ-3ª T., REsp 443.467, Min. Castro Filho, j. 5.5.05, DJU 1.7.05). No mesmo sentido: "No caso de dano decorrente de má prestação de serviços notariais, somente o tabelião à época dos fatos e o Estado possuem legitimidade passiva" (STJ-4ª T., REsp 545.613, Min. Cesar Rocha, j. 8.5.07, maioria, DJ 29.6.07). Ainda no mesmo sentido: JTJ 336/290 (AP 7.203.925-5).

S/ responsabilidade civil do Estado e ato praticado por notário ou oficial de registro, v. LRP 28, nota 2a.

Art. 927: 5b. "Os **membros do Ministério Público** podem, em tese, responder civilmente por seus atos que extrapolem as atribuições legais do cargo. A responsabilidade, nestes casos, deve ser examinada após a instrução processual, em que se apurará a existência de má-fé ou abuso de direito na conduta do réu" (STJ-3ª T., REsp 759.272, Min. Gomes de Barros, j. 18.8.05, DJ 19.6.06).

"O representante do *parquet* que extrapola os limites de sua atuação profissional, promovendo a divulgação televisiva dos fatos e circunstâncias que envolveram as pessoas em processo que tramita em segredo de justiça, possui legitimidade para estar no polo passivo da respectiva ação de responsabilidade por danos morais (art. 26, § 2º, da Lei n. 8.625, de 12.2.1993; e art. 201, § 4º, da Lei n. 8.069/90)" (STJ-4ª T., REsp 1.162.598, Min. João Otávio, j. 2.8.11, DJ 8.8.11).

"Ofensas de membro do Ministério Público (promotor de justiça) dirigidas a membro do Poder Judiciário (desembargador). Ato doloso. Responsabilidade pessoal do órgão do Ministério Público. Legitimidade passiva. Ocorrência de ato ilícito. Dano moral. As ofensas dissociadas do contexto do debate da causa — a exemplo de excessos cometidos contra a honra de quaisquer das pessoas envolvidas no processo — são passíveis de punição na esfera cível. Mesmo eventuais críticas devem observar que o direito à liberdade de expressão não permite a prática de atos irresponsáveis, que podem implicar em mácula de difícil reparação à imagem daquele a quem são dirigidas" (STJ-3ª T., REsp 1.435.582, Min. Nancy Andrighi, j. 10.6.14, DJ 11.9.14).

S/ responsabilidade do Estado por atos do juiz, v. art. 43, nota 3.

V. tb., no CPCLPV, CPC 143 (responsabilidade do **juiz**) e CPC 181 e notas.

Art. 927: 5c. Responsabilidade civil do advogado. "Malgrado o debate em torno da doutrina da **'perda de uma chance'**, de forte influência francesa, é devida a indenização em valor exatamente proporcional ao proveito econômico baldado, em ação anterior, pela incúria do advogado. Mormente no caso dos autos em que o direito vindicado, desde a época do ajuizamento da pretensão, já encontrava manifesta procedência jurisprudencial"

(RDDP 43/141: TJDFT, AP 2004.01.1.090484-7). "Responsabilidade civil do advogado, diante de conduta omissiva e culposa, pela impetração de mandado de segurança fora do prazo e sem instruí-lo com os documentos necessários, frustrando a possibilidade da cliente, aprovada em concurso público, de ser nomeada ao cargo pretendido. Aplicação da teoria da 'perda de uma chance'. Valor da indenização por danos morais decorrentes da perda de uma chance que atende aos princípios da razoabilidade e da proporcionalidade, tendo em vista os objetivos da reparação civil" (STJ-4ª T., REsp 1.321.606-EDcl, Min. Antonio Ferreira, j. 23.4.13, RSDCPC 85/52). "Falha na prestação de serviços advocatícios. Ação de prestação de contas. Ausência de habilitação. Ausência de defesa. Ausência de interposição de recursos. Condenação dos clientes. Responsabilidade civil pela perda de uma chance. Caracterização" (STJ-3ª T., REsp 1.877.375, Min. Nancy Andrighi, j. 8.3.22, DJ 15.3.22). **Todavia,** julgando improcedente a demanda indenizatória ajuizada pelo cliente, malgrado o deslize do advogado na interposição do recurso quando já esgotado o prazo para tanto: "Reconhecida a falha na prestação do serviço pelos causídicos, não se pode deixar de considerar que a pretensão indenizatória formulada com base na perda de uma chance exige que se analise a efetiva probabilidade de sucesso do recurso considerado intempestivo. No caso dos autos, como já explicitado, não se exige a prova da certeza do dano, mas a prova da certeza da chance perdida, ou seja, a certeza da probabilidade. O recurso especial cuja inadmissão vedou o acesso da ora recorrente à obtenção de futura reforma do acórdão que afastou o direito ao benefício previdenciário, como afirma o acórdão recorrido e a sentença, em dupla conformidade, estava fadado ao não conhecimento" (STJ-3ª T., REsp 1.758.767, Min. Paulo Sanseverino, j. 9.10.18, DJ 15.10.18). No mesmo sentido: STJ-4ª T., Ag em REsp 878.524-AgInt, Min. Antonio Ferreira, j. 16.5.19, DJ 23.5.19. S/ perda de uma chance, v. tb. notas 3a, 3c e 8b, arts. 402, nota 7, e 951, notas 1c e 7a, e CDC 14, notas 2, *in fine*, 3a, e 7a.

O advogado está obrigado a **interpor os recursos ordinários** cabíveis contra a decisão prejudicial ao seu cliente. "Assim, estando convencido da falta de direito do constituinte, pode aconselhá-lo a desistir da demanda e a deixar de interpor o recurso cabível. Todavia não pode, por si só, desistir ou permanecer inerte sem seu devido consentimento, sob pena de sacrificar o direito da parte. Obviamente, caso não acatada pelo cliente a orientação, a quem cumpre decisão final sobre eventual desistência, resta ao advogado renunciar ao mandato ou proceder conforme determinado pelo mandante. Ou seja, é imprescindível a anuência prévia da parte, ciente das respectivas consequências, quanto aos atos ordinários que importem perda de seu direito. O mesmo não ocorre com o recurso extraordinário, ou especial, que tem caráter eminentemente técnico e de cabimento restrito, devendo o advogado, ao manifestá-lo, justificar a sua idoneidade" (RSTJ 181/330: 4ª T., REsp 596.613; a citação é do voto do relator). No mesmo sentido: Bol. AASP 2.574. Também afirmando o dever de recorrer da sentença desfavorável: RDDP 51/139, JTJ 374/309 (AP 9159703-67.2007.8.26.0000). **Todavia:** "Nada obstante considere-se culposa a omissão perpetrada pelos apelados, porquanto cientes da chance de sucesso do recurso cabível contra a decisão desfavorável à sua cliente, não há como aferir — sob pena de incorrer em temeroso e reprovável exercício de adivinhação — a ocorrência de danos materiais efetivos, verba à qual se restringiu o pedido indenizatório" (RT 860/374). Em sentido semelhante: "Contratação para ajuizamento de reclamação trabalhista. Falta de comunicação sobre a redesignação de audiência de instrução e julgamento. Aplicação da pena de confissão ficta quanto à matéria fática. Julgamento desfavorável. Ausência de demonstração de nexo causal entre o comportamento negligente das advogadas e o fracasso da demanda trabalhista. Incidência da teoria da causalidade adequada. Indenização indevida. Falta de interposição de recurso contra a sentença desfavorável. Necessidade de demonstração de que o recurso não interposto teria razoável probabilidade de êxito" (RJ-Lex 61/272 e RMDCPC 52/151: TJSP, AP 9081989-60.2009.8.26.0000). Ainda: "Ação de indenização. Dano material e moral. Responsabilidade civil de advogado. Teoria da perda de uma chance. Inaplicabilidade. Ausência de probabilidade de sucesso em apelação não interposta. Acórdão recorrido mantido" (STJ-4ª T., Ag em REsp 1.333.056-AgInt, Min. Raul Araújo, j. 17.12.19, DJ 3.2.20).

O advogado que deixa de se pronunciar sobre **laudo** de liquidação confeccionado com **erro grosseiro** pelo perito responde sozinho pelos danos daí decorrentes ao seu cliente, sem dividir tal responsabilidade com o perito nem com o juiz (STJ-3ª T., REsp 402.182, Min. Gomes de Barros, j. 18.5.06, DJU 12.6.06). No caso, determinou-se que o advogado pagasse ao cliente tudo o que ele deixou de ganhar no anterior processo, em razão daquele erro grosseiro não impugnado.

O advogado que, após determinação do juiz, **não emenda a inicial** e posterga o ajuizamento de outra demanda, deixando advir a **prescrição** da pretensão de seu cliente, deve indenizá-lo (RMDCPC 17/129). No mesmo sentido: RT 891/354 (TJMS, AP 2009.024081-4/0000-00).

"O advogado contratado para aforar ação judicial que se mostra negligente ou quebra o dever de prudência ao quedar-se **inerte** por longo período, mesmo de posse de mandato e documentos necessários ao **ajuizamento da actio**, causa aos clientes dano moral indenizável, sobretudo na hipótese em que ele, em flagrante contradição, informa aos clientes já haver ajuizado a ação, quando sequer protocolara a petição inicial" (RDDP 53/131).

"O advogado que utiliza **linguagem excessiva e desnecessária**, fora de limites razoáveis da discussão da causa e da defesa de direitos, continua responsável penalmente. Seria odiosa qualquer interpretação da legislação vigente conducente à conclusão absurda de que o novo Estatuto da OAB teria instituído, em favor da nobre classe dos advogados, imunidade penal ampla e absoluta, nos crimes contra a honra e até no desacato, imunidade essa não conferida ao cidadão brasileiro, às partes litigantes, nem mesmo aos juízes e promotores. O nobre exercício da advocacia não se confunde com um ato de guerra em que todas as armas, por mais desleais que sejam, possam ser utilizadas" (RSTJ 69/129).

Assim: "A imunidade conferida ao advogado no exercício da sua bela e árdua profissão não constitui um *bill of indemnity*" (STJ-RF 358/237).

"A imunidade profissional, garantida ao advogado pelo Estatuto da Advocacia, não é de caráter absoluto, não tolerando os excessos cometidos pelo profissional em afronta à honra de quaisquer das pessoas envolvidas no processo, seja o Juiz, a parte, o membro do Ministério Público, o serventuário ou o advogado da parte contrária" (STJ-3ª T., REsp 1.022.103, Min. Nancy Andrighi, j. 17.4.08, DJU 16.5.08; no caso, o advogado foi condenado a indenizar danos morais causados ao juiz por alegações desonrosas feitas em juízo). No mesmo sentido: STJ-4ª T., REsp 988.380, Min. Luis Felipe, j. 20.11.08, DJ 15.12.08.

"O advogado que, atuando de forma livre e independente, lesa terceiros no exercício de sua profissão responde diretamente pelos danos causados, não havendo que se falar em solidariedade de seus clientes, salvo prova expressa da *culpa in eligendo* ou do assentimento a suas manifestações escritas, o que não ocorreu na hipótese" (STJ-3ª T., REsp 932.334, Min. Nancy Andrighi, j. 18.11.08, DJ 4.8.09). "Incumbe ao advogado, e não à parte que lhe outorgou mandato, responder por supostos danos morais acarretados à parte contrária por eventuais excessos de linguagem" (RDDP 57/119). No mesmo sentido: STJ-4ª T., REsp 983.430, Min. Fernando Gonçalves, j. 1.12.09, dois votos vencidos, DJ 8.3.10; RT 902/240 (TJSP, AP 992.05.140761-1). **Todavia**, condenando o advogado (que também era parte) juntamente com as demais partes (irmãos do advogado), em razão do uso, em ação de investigação de paternidade, de palavras ofensivas à imagem e à reputação da mãe biológica: STJ-3ª T., REsp 1.761.369, Min. Nancy Andrighi, j. 7.6.22, DJ 22.6.22.

"O advogado, assim como qualquer outro profissional, é responsável pelos danos que causar no exercício de sua profissão. Caso contrário, jamais seria ele punido por seus excessos, ficando a responsabilidade sempre para a parte que representa, o que não tem respaldo em nosso ordenamento jurídico, inclusive no próprio Estatuto da Ordem" (STJ-4ª T., REsp 163.221, Min. Sálvio de Figueiredo, j. 28.6.01, DJU 5.8.02).

Todavia: "Não constituem ato ilícito as expressões ofensivas utilizadas em juízo pela parte ou por seu procurador, desde que sejam compatíveis com os fatos discutidos no processo e não tenham sido escritas ou pronunciadas com a intenção de ofender" (RT 781/355: TJPR, AP 84.551-2). No mesmo sentido: JTJ 315/180 (AP 466.643-4/8-00).

"Se as alegações imputadas de caluniosas estiverem no contexto da defesa dos interesses e direitos do constituinte em juízo, havendo boa-fé, evidencia-se a ausência de dolo, razão pela qual não há crime, tampouco responsabilidade civil por danos morais. Na espécie, constata-se que inexistiu imputação direta de crime ao juiz. As afirmações surgiram no encadeamento de ideias da peça recursal, com o claro intuito de reforçar a alegação de que o juiz vinha desrespeitando decisão do tribunal, fato esse que, se confirmado, implicaria inclusive no provimento do recurso. Tratou-se, se tanto, de forma impolida de expressão, mas que constitui excesso admissível no cotidiano forense" (STJ-3ª T., REsp 854.452, Min. Gomes de Barros, j. 26.6.08, um voto vencido, DJ 22.8.08).

"Críticas à atividade desenvolvida pelo homem público, *in casu*, o magistrado, são decorrência natural da atividade por ele desenvolvida e não ensejam indenização por danos morais quando baseadas em fatos reais, aferíveis concretamente. Respaldado nas disposições do § 2º do art. 7º da Lei n. 8.906/94, pode o advogado manifestar-se, quando no exercício profissional, sobre decisões judiciais, mesmo que seja para criticá-las. O que não se permite, até porque nenhum proveito advém para as partes representadas pelo advogado, é crítica pessoal ao Juiz" (STJ-3ª T., REsp 531.335, Min. João Otávio, j. 2.9.08, dois votos vencidos, DJ 19.12.08).

"Quando o advogado não excede os limites do mandato, o cliente (mandante) pode responder pelos atos do mandatário, figurando no polo passivo da ação de reparação de danos morais, sendo-lhe, todavia, resguardado o direito de regresso" (RT 781/355: TJPR, AP 84.551-2).

Art. 927: 5d. "Descabe ação do terceiro prejudicado ajuizada direta e exclusivamente em face da **seguradora** do apontado causador do dano. No seguro de responsabilidade civil facultativo a obrigação da seguradora de ressarcir danos sofridos por terceiros pressupõe a responsabilidade civil do segurado, a qual, de regra, não poderá ser reconhecida em demanda na qual este não interveio, sob pena de vulneração do devido processo legal e da ampla defesa" (STJ-2ª Seção, REsp 962.230, Min. Luis Felipe, j. 8.2.12, DJ 20.4.12).

"Impõe-se demandar quem se apresenta como responsável direto para suportar possível condenação, cabendo a este, se for o caso, denunciar da lide aquele que, por contrato, se obrigou a indenizar os prejuízos advindos de eventual sucumbência (art. 70, III, CPC)" (STJ-RT 693/264: 4ª T.).

Contra: "Pode a vítima em acidente de veículos propor ação de indenização diretamente, também, contra a seguradora, sendo irrelevante que o contrato envolva, apenas, o segurado, causador do acidente, que se nega a usar a cobertura do seguro" (STJ-RJTAMG 81/402: 3ª T.). No mesmo sentido: RSTJ 168/377 e RDPr 16/340 (4ª T.), JTJ 318/156 (AP 1.009.622-0/6).

"A interpretação do contrato de seguro dentro de uma perspectiva social autoriza e recomenda que a indenização prevista para reparar os danos causados pelo segurado a terceiro seja por este diretamente reclamada da seguradora. Não obstante o contrato de seguro ter sido celebrado apenas entre o segurado e a seguradora, dele não fazendo parte o recorrido, ele contém uma estipulação em favor de terceiro. E é em favor desse terceiro — na hipótese, o recorrido — que a importância segurada será paga. Daí a possibilidade de ele requerer diretamente da seguradora o referido pagamento. O fato de o segurado não integrar o polo passivo da ação não retira da seguradora a possibilidade de demonstrar a inexistência do dever de indenizar" (STJ-3ª T., REsp 1.245.618, Min. Nancy Andrighi, j. 22.11.11, DJ 30.11.11).

Art. 927: 6. A **seguradora** que se limita a resistir à pretensão do segurado, no caso, com apoio na inadimplência deste, não pode ser responsabilizada pela consequente demora no pagamento do valor do seguro, atrelada ao legítimo **exercício do direito de demandar,** que, assim, não pode ser apontada como causa da falência do segurado (STJ-4ª T., REsp 660.904, Min. Fernando Gonçalves, j. 4.3.08, DJ 15.9.08).

Todavia: "O atraso indevido no pagamento da indenização securitária consiste em ato ilícito, que impõe reparação própria e de natureza extracontratual, ou seja, com amparo nas normas relativas à responsabilidade civil" (STJ-RMDECC 23/113: 4ª T., REsp 631.198).

Art. 927: 6a. "Inexistindo expressa previsão estatutária, não é a **entidade sociorrecreativa**, assim como por igual acontece nos condomínios, responsável pelo furto de veículos ocorrido em suas dependências, dada a natureza comunitária entre os filiados, sem caráter lucrativo" (STJ-3ª T., REsp 310.953, Min. Aldir Passarinho Jr., j. 10.4.07, DJU 7.5.07). V. tb. art. 1.334, nota 1a.

Todavia: "Responsabilidade civil. Associação de classe. Clube recretativo. Piscina aparentemente semiolímpica. Diferentes níveis de profundidade. Ausência de informações e pessoal para garantir a segurança dos usuários. Acidente. Tetraplegia. Negligência" (STJ-3ª T., REsp 1.226.974, Min. João Otávio, j. 12.8.14, DJ 30.9.14). No caso, afirmou-se a culpa concorrente da vítima (v. art. 945, nota 2).

"Ação de indenização por danos materiais e morais. Falecimento de menor impúbere vítima de afogamento em piscina de clube associativo. Culpa *in vigilando*. A partir do momento em que a associação recreativa permitiu que os pais deixassem os filhos menores impúberes na portaria do clube para frequentar as aulas na escolinha de futebol — o que inclusive se tornou corriqueiro —, aceitou a incumbência de guarda sobre eles, surgindo, em contrapartida, para ela o dever de zelar por sua incolumidade física ou demonstrar que, se não o fez, foi por algum motivo que escapou ao seu controle, a fim de tornar evidente que não incorreu em falta de vigilância ou não agiu com culpa" (STJ-3ª T., REsp 1.346.320, Min. Marco Bellizze, j. 16.8.16, DJ 5.9.16). No caso, afastou-se a culpa concorrente da vítima (v. art. 945, nota 3).

Art. 927: 6b. "Só se pode responsabilizar **shopping center** e estabelecimentos assemelhados por **furto** de bolsas, carteiras e outros objetos de guarda pessoal, se comprovada culpa do estabelecimento" (STJ-3ª T., REsp 772.818, Min. Castro Filho, j. 23.8.07, um voto vencido, DJU 1.10.07).

Isentando o *shopping center* de qualquer responsabilidade por **homicídio** ocorrido em sala de cinema nas suas dependências: STJ-4ª T., REsp 1.164.889, Min. Honildo Castro, j. 4.5.10, DJ 19.11.10; RT 906/820 (TJSP, AP 994.06.123661-0). "A culpa de terceiro, que realiza disparos de arma de fogo contra o público no interior de sala de cinema, rompe o nexo causal entre o dano e a conduta do *shopping center* no interior do qual ocorrido o crime, haja vista configurar hipótese de caso fortuito, imprevisível, inevitável e autônomo, sem origem ou relação com o comportamento deste último. Não se revela razoável exigir das equipes de segurança de um cinema ou de uma administradora de *shopping centers* que previssem, evitassem ou estivessem antecipadamente preparadas para conter os danos resultantes de uma investida homicida promovida por terceiro usuário, mesmo porque tais medidas não estão compreendidas entre os deveres e cuidados ordinariamente exigidos de estabelecimentos comerciais de tais espécies" (STJ-3ª T., REsp 1.384.630, Min. Ricardo Cueva, j. 20.2.14, maioria, RT 948/389).

"Tratando-se de **postos de combustíveis**, a ocorrência de **delito (roubo)** a clientes de tal estabelecimento não traduz, em regra, evento inserido no âmbito da prestação específica do comerciante, cuidando-se de caso fortuito externo, ensejando-se, por conseguinte, a exclusão de sua responsabilidade pelo lamentável incidente" (STJ-3ª T., REsp 1.243.970, Min. Massami Uyeda, j. 24.4.12, RT 923/779).

Todavia: "Quando a atividade da empresa exige segurança, e este é o caso daquela que explora o **bingo,** o roubo de pertences do cliente não constitui força maior para o efeito de excluir a responsabilidade civil; a natureza do negócio exige medidas preventivas" (STJ-3ª T., AI 1.027.203-AgRg, Min. Ari Pargendler, j. 12.8.08, DJ 26.9.08).

"Ação de indenização por danos morais e estéticos. Assalto nas dependências de *shopping center*. Vítima atingida por projétil de arma de fogo. Força maior. Inexistência. É dever de estabelecimentos como *shopping centers* zelar pela segurança de seu ambiente, de modo que não há falar em força maior para eximi-los da responsabilidade civil decorrente de roubos violentos" (STJ-4ª T., Ag em REsp 1.027.025-AgInt, Min. Raul Araújo, j. 18.6.19, DJ 28.6.19).

Afirmando a responsabilidade de **supermercado** pela morte de consumidora acontecida durante assalto nas suas dependências: "Ao contrário de outros contratos, como o de transporte, o roubo ocorrido no interior das dependências de grande loja de eletrodomésticos constitui o que a melhor doutrina denomina de fortuito interno. Na lição clássica de Agostinho Alvim, é o fortuito interno ligado à própria atividade geradora do dano, ou à pessoa do devedor e, por isso, leva à responsabilidade do causador do evento. Somente o fortuito externo, ou força maior, é que exoneraria o devedor, mas exigiria fato externo, que não se liga à pessoa ou empresa por nenhum laço de conexidade (Da Inexecução das Obrigações e suas Consequências, Saraiva, 1949, p. 291)" (JTJ 333/375: AP 424.258-4/3; a citação é do voto do relator, Des. Francisco Loureiro).

V. tb. CDC 14, nota 3b.

Art. 927: 6c. "A empresa que explora o serviço de **estacionamento** de veículos é responsável pela eficiente guarda e conservação dos mesmos, devendo, por isso, empreender todos os esforços necessários a tanto, dotando o local de sistema de vigilância adequado ao mister que se propõe realizar, desservindo como excludente, a título de força maior, haver sofrido roubo, fato absolutamente previsível em atividade dessa natureza, mormente dado o elevado valor dos bens que lhe são confiados, altamente visados por marginais, por servirem, inclusive, como instrumento à prática de outros crimes" (STJ-4ª T., REsp 131.662, Min. Aldir Passarinho Jr., j. 17.8.00, DJU 16.10.00).

"Tanto a instituição bancária locadora da área como a empresa administradora do estacionamento são responsáveis pela segurança das pessoas e veículos que dele fazem uso. A exploração comercial de estacionamento, que tem por escopo oferecer espaço e segurança aos usuários, afasta a alegação de força maior em caso de roubo havido dentro de suas instalações" (STJ-4ª T., REsp 503.208, Min. Aldir Passarinho Jr., j. 26.5.08, DJU 23.6.08). No mesmo sentido: JTJ 315/168 (AP 469.576.4/3), 330/567 (AP 573.661-4/5), 343/306 (AP 7.062.548-8), 347/298 (AP 991.07.024761-4).

"A instituição bancária responde objetivamente pelos furtos, roubos e latrocínios ocorridos nas dependências de estacionamento que oferecera aos veículos de seus clientes. Não há falar em caso fortuito nessas hipóteses como excludente da responsabilidade civil, porquanto o proveito financeiro indireto obtido pela instituição atrai-lhe o ônus de proteger o consumidor" (STJ-3ª T., REsp 1.045.775, Min. Massami Uyeda, j. 23.4.09, DJ 4.8.09).

"É responsável a instituição bancária pelo serviço prestado de maneira defeituosa, eis que não se incumbiu de zelar e tomar as providências necessárias à segurança do serviço colocado no mercado de consumo, deixando que o usuário fosse assaltado por agente que aguardava na saída de seu estacionamento, roubando-lhe quantia considerável de dinheiro" (RT 869/332, maioria).

"Indenização. Roubo em estacionamento de supermercado. Obrigação de vigilância. Responsabilidade pela guarda. Dever de indenizar configurado" (RT 868/229). No mesmo sentido: STJ-3ª T., REsp 582.047, Min. Massami Uyeda, j. 17.2.09, DJ 4.8.09.

O estabelecimento comercial responde pelo sequestro acontecido nas dependências do estacionamento disponibilizado a seus clientes (STJ-3ª T., REsp 1.772.480-EDcl-AgInt, Min. Marco Bellizze, j. 1.7.19, DJ 6.8.19; RT 834/327, maioria; 911/727: TJSP, AP 9131941-76.2007.8.26.0000; RJM 178/142). Assim: "'Sequestro-relâmpago' ocorrido no interior de estacionamento de supermercado. Consumidor que tem a legítima expectativa, fomentada pelo fornecedor, de segurança enquanto frui dos serviços do estabelecimento. Estacionamento integrado ao edifício do supermercado e, em última análise, nada mais é do que uma extensão do estabelecimento, pouco importando se é gratuito ou pago. Comodidade posta à disposição dos clientes como atrativo e fator determinante para consumidores frequentarem o supermercado. Dever de segurança. Fato previsível e evitável. Ocorrência de fortuito interno, decorrente do próprio risco do negócio" (RT 905/262: TJSP, AP 990.10.111310-4).

"Ação indenizatória. Responsabilidade civil por roubo ocorrido no estacionamento externo de farmácia. Fortuito interno. O fornecimento de vigilância no local causa expectativa de segurança ao consumidor. Serviço que funciona como atrativo de clientes" (STJ-4ª T., Ag em REsp 1.317.166-AgInt, Min. Raul Araújo, j. 7.2.19, DJ 19.2.19).

"Roubo de relógio, mediante assalto a mão armada, em estacionamento de clube. A ocorrência de roubo não constitui causa excludente de responsabilidade civil nos casos em que a garantia de segurança física e patrimonial do consumidor é inerente ao serviço prestado pelo estabelecimento comercial. Reconhecimento da ocorrência de danos materiais e morais" (STJ-3ª T., REsp 1.687.632-AgInt, Min. Paulo Sanseverino, j. 24.4.18, DJ 30.4.18).

"Assalto à mão armada em *drive-thru* de estabelecimento comercial. Fortuito interno. Fato do serviço. Relação de consumo. Obrigação de indenizar. Assim como ocorre nos assaltos em estacionamentos, a rede de restaurantes, ao disponibilizar o serviço de *drive-thru* em troca dos benefícios financeiros indiretos decorrentes desse acréscimo de conforto aos consumidores, assumiu o dever implícito de lealdade e segurança em qualquer relação contratual, como incidência concreta do princípio da confiança (inteligência da Súm. 130 do STJ). Ao estender a sua atividade para a modalidade *drive-thru*, a lanchonete buscou, no espectro da atividade econômica, aumentar os seus ganhos e proventos, pois, por meio do novo serviço, ampliou o acesso aos seus produtos e serviços, facilitou a compra e venda, aumentou as suas receitas, perfazendo um diferencial competitivo para atrair e fidelizar ainda mais a sua clientela. Por conseguinte, chamou para si o ônus de fornecer a segurança legitimamente esperada em razão dessa nova atividade" (STJ-4ª T., REsp 1.450.434, Min. Luis Felipe, j. 18.9.18, DJ 9.11.18).

Todavia: "A prática do crime de roubo, com emprego inclusive de arma de fogo, de cliente de lanchonete *fast-food*, ocorrido no estacionamento externo e gratuito por ela oferecido, constitui verdadeira hipótese de caso fortuito (ou motivo de força maior) que afasta do estabelecimento comercial proprietário da mencionada área o dever de indenizar (art. 393 do Código Civil)" (STJ-3ª T., REsp 1.431.606, Min. Ricardo Cueva, j. 15.8.17, maioria, DJ 13.10.17). Esse acórdão foi confirmado nos subsequentes embargos de divergência (STJ-2ª Seção, ED no REsp 1.431.606, Min. Isabel Gallotti, j. 27.3.19, DJ 2.5.19).

"Restando inequívoco o fato de que o autor se utilizou do estacionamento público externo ao centro comercial, não há que se falar em responsabilidade deste pelo furto de veículo, sob pena de se responsabilizar todo aquele que possua estabelecimento próximo a estacionamento público, ainda que sem qualquer ingerência em sua administração ou responsabilidade legal por sua segurança" (STJ-4ª T., REsp 883.452, Min. Aldir Passarinho Jr., j. 1.12.09, DJ 18.12.09). No mesmo sentido: STJ-3ª T., REsp 1.642.397, Min. Ricardo Cueva, j. 20.3.18, DJ 23.3.18.

"Caso do estacionamento de veículo particular e autônomo — absolutamente independente e desvinculado do banco — a quem não se pode imputar a responsabilidade pela segurança individual do cliente, tampouco pela proteção de numerário anteriormente sacado na agência e dos pertences que carregava consigo, elementos não compreendidos no contrato firmado entre as partes, que abrange exclusivamente o depósito do automóvel. Não se trata, aqui, de resguardar os interesses da parte hipossuficiente da relação de consumo, mas de assegurar ao consumidor apenas aquilo que ele legitimamente poderia esperar do serviço contratado, no caso, a guarda do veículo. O roubo à mão armada exclui a responsabilidade de quem explora o serviço de estacionamento de veículos" (STJ-3ª T., REsp 1.232.795, Min. Nancy Andrighi, j. 2.4.13, DJ 10.4.13).

"Responsabilidade civil. Danos materiais e morais. Assalto seguido de sequestro-relâmpago em estacionamento. Vítima abordada após se utilizar de caixa eletrônico. Estacionamento que não se qualifica como atrativo de clientela. Ausência de falha no serviço. Nos casos em que o estacionamento representa mera comodidade, sendo área aberta, gratuita e de livre acesso a todos, a instituição financeira não pode ser responsabilizada por crimes tais como roubos e sequestros, por relacionarem-se a fato de terceiro, excludente da responsabilidade (fortuito externo)" (STJ-4ª T., REsp 1.487.050, Min. Luis Felipe, j. 5.11.19, DJ 4.2.20).

V. tb. nota 1 (Súmula 130 do STJ) e CDC 14, notas 8 e 9b.

Art. 927: 6d. "A segurança é prestação essencial à atividade bancária. Não configura caso fortuito ou força maior, para efeito de isenção de responsabilidade civil, a ação de terceiro que **furta**, do interior do próprio **banco**, talonário de cheques e cartão de garantia emitidos em favor de cliente do estabelecimento" (STJ-4ª T., REsp 126.819, Min. Aldir Passarinho Jr., j. 15.6.00, DJU 21.8.00). No mesmo sentido: JTJ 315/193 (AP 7.113.272-0).

V. tb. CDC 14, nota 9.

"Esta Corte tem entendimento firme no sentido da responsabilidade do banco por **roubo** ocorrido no interior de agência bancária, por ser a instituição financeira obrigada por lei (Lei n. 7.102/83) a tomar todas as cautelas necessárias a assegurar a incolumidade dos cidadãos, não podendo alegar força maior, por ser o roubo fato previsível na atividade bancária" (STJ-4ª T., REsp 227.364, Min. Sálvio de Figueiredo, j. 24.4.01, DJU 11.6.01).

"Ação movida por cliente que foi alvo de roubo ao sair da agência bancária, onde possuía conta corrente, buscando o ressarcimento de quantia sacada no interior da agência. Aos consumidores que saquem quaisquer valores nos caixas de bancos, deve ser destinado um mínimo espaço reservado para que tenham absoluta certeza de que outrem não esteja visualizando os procedimentos de recebimento dos valores e sua conferência. Responsabilidade do banco que deve zelar pela segurança dos destinatários de seus serviços, principalmente quando efetuem operações que envolvam a retirada de valores elevados. Manutenção da sentença de procedência" (RT 878/284 e RMDCPC 26/123: TJRJ, AP 2008.001.08511).

"Ação de indenização por danos materiais, morais e estéticos promovida por transeunte em face de instituição financeira e de empresa de segurança, atingido por projétil disparado com arma de fogo, no momento em que ocorreu tentativa de roubo de malotes de dinheiro retirados em frente à agência bancária, na consecução de operação típica. Caso a atividade bancária venha a ser desenvolvida fora dos limites físicos da agência, também com a movimentação de expressivos valores monetários, a conduta ilícita, ainda que ocorrida na via pública, compreende-se igualmente no risco do empreendimento, devendo a instituição financeira, por isso, responsabilizar-se objetivamente ante danos daí advindos, suportados por clientes ou terceiros" (STJ-4ª T., REsp 1.098.236, Min. Marco Buzzi, j. 24.6.14, DJ 5.8.14).

Todavia: "Não houve qualquer demonstração de falha na segurança interna da agência bancária que propiciasse a atuação dos criminosos fora das suas dependências. Ausência, portanto, de vício na prestação de serviços. O ilícito ocorreu na via pública, sendo do Estado, e não da instituição financeira, o dever de garantir a segurança dos cidadãos e de evitar a atuação dos criminosos. O risco inerente à atividade exercida pela instituição financeira não a torna responsável pelo assalto sofrido pela autora, fora das suas dependências" (STJ-3ª T., REsp 1.284.962, Min. Nancy Andrighi, j. 11.12.12, DJ 4.2.13).

Art. 927: 6e. "Os **bancos** depositários são, em tese, responsáveis pelo ressarcimento dos danos materiais e morais causados em decorrência do furto ou roubo dos bens colocados sob sua custódia em **cofres** de segurança alugados aos seus clientes, independentemente da prévia discriminação dos objetos ali guardados" (STJ-4ª T., REsp 767.923, Min. Cesar Rocha, j. 5.6.07, DJU 6.8.07). No mesmo sentido: RT 887/259 (TJSP, AP 1206506-0/3), JTJ 329/432 (AP 7.173.531-2), Bol. AASP 2.678 (TJSP, AP 7.290.641-9).

"No caso de assalto de cofres bancários, o banco tem responsabilidade objetiva, decorrente do risco empresarial, devendo indenizar o valor correspondente aos bens reclamados. Em se tratando de instituição financeira, os roubos são eventos totalmente previsíveis e até esperados, não se podendo admitir as excludentes de responsabilidade pretendidas pelo recorrente — caso fortuito ou força maior e culpa de terceiros" (STJ-3ª T., REsp 1.286.180, Min. Nancy Andrighi, j. 3.11.11, DJ 17.11.11).

"A despeito da maior ou menor engenhosidade dos delinquentes, descabe a alegação de força maior (ou de caso fortuito), pois a segurança é elemento essencial do contrato de locação de cofres junto a instituições financeiras, estando a responsabilidade fincada na falha do serviço oferecido" (STJ-4ª T., REsp 994.040, Min. Raul Araújo, j. 7.4.11, DJ 18.4.11).

"Ainda que os bens comprovadamente depositados no cofre roubado sejam de propriedade de terceiros, alheios à relação contratual, permanece hígido o dever de indenizar do banco, haja vista sua responsabilidade objetiva frente a todas as vítimas do fato do serviço, sejam elas consideradas consumidores *stricto sensu* ou consumidores por equiparação" (STJ-3ª T., REsp 1.045.897, Min. Nancy Andrighi, j. 24.5.11, DJ 1.6.11).

Todavia: "O contrato, ao limitar o uso do receptáculo posto à disposição do cliente, preceitua que a instituição financeira tem por obrigação zelar pela segurança e incolumidade do receptáculo posto à disposição do cliente, devendo ressarci-lo, na hipótese de roubo ou de furto, os prejuízos referentes aos bens subtraídos que, por contrato, poderiam encontrar-se no interior do compartimento. Sobre os **bens, indevidamente armazenados,** segundo o contrato, não há dever de proteção, já que refoge, inclusive, do risco profissional assumido. O Banco não tem acesso (nem ciência) sobre o que é efetivamente armazenado, não podendo impedir, por conseguinte, que o cliente infrinja os termos contratados e insira, no interior do cofre, objeto sobre o qual, por cláusula contratual (limitativa de uso), o banco não se comprometeu a, indiretamente, proteger. É de se ponderar, contudo, que, se o cliente assim proceder, deve arcar com as consequências de eventuais perdas decorrentes de roubo ou furto dos objetos não protegidos, não havendo falar, nesse caso, em inadimplemento contratual por parte da instituição financeira. Aliás, o inadimplemento contratual é do cliente que inseriu objeto sobre o qual recaía expressa vedação de guarda" (STJ-RT 907/558: 3ª T., REsp 1.163.137).

V. tb. art. 186, nota 3b, e CDC 51, nota 7c.

Em matéria de penhor, v. art. 1.435, nota 1a.

Art. 927: 7. "As instituições bancárias respondem objetivamente pelos danos causados por fraudes ou delitos praticados por terceiros — como, por exemplo, abertura de conta corrente ou recebimento de empréstimos mediante fraude ou utilização de documentos falsos —, porquanto tal responsabilidade decorre do risco do empreendimento, caracterizando-se como fortuito interno" (STJ-RT 915/614: 2ª Seção, REsp 1.197.929).

V. tb. nota 1 (Súmula 479 do STJ).

Art. 927: 7a. "O cliente que dá a terceiro acesso à senha do cartão que movimenta sua **conta bancária** não pode atribuir à instituição financeira a responsabilidade pelos **saques** subsequentes" (STJ-3ª T., AI 962.927-AgRg, Min. Ari Pargendler, j. 27.5.08, DJ 22.8.08). No mesmo sentido: STJ-4ª T., REsp 601.805, Min. Jorge Scartezzini, j. 20.10.05, DJU 14.11.05; JTJ 314/215 (AP 7.059.080-6), 341/320 (AP 7.280.811-8).

"Não é possível reconhecer a responsabilidade civil do banco na hipótese em que o dano foi causado em razão da culpa exclusiva da vítima, pois os **valores** somente foram **desviados** da empresa em razão da **fraude** perpetrada por seus próprios funcionários" (STJ-3ª T., REsp 1.414.391, rel. Min. Paulo Sanseverino, j. 10.5.16, DJ 17.5.16).

"Autora efetuara transação em terminal de autoatendimento bancário. Alegação de que terceiro teria auxiliado na operação e trocado de cartão. Culpa exclusiva da titular da conta corrente. Ausência de responsabilidade do réu. Portadora do cartão deve observar os cuidados necessários durante sua utilização. Apelante vítima de estelionatário. Restituição de valores sacados não pode sobressair" (RMDECC 47/143: TJSP, AP 0008278-52.2011.8.26.0568).

Todavia, condenando o banco a indenizar parte dos prejuízos sofridos pelo correntista, em circunstâncias semelhantes, por entender maior o grau de culpa da instituição financeira no caso concreto: RT 879/278 (TJSP, AP 1.249.014-7).

"Não se pode presumir a negligência do correntista quanto ao sigilo da senha à a vigilância sobre seu cartão, havendo de ser afastada a alegação de culpa da vítima, porquanto a instituição bancária não demonstrou que o autor permitira ou facilitara a utilização indevida do seu cartão" (RMDCPC 9/117).

"Indenização. Banco. Saque indevido em conta-corrente. Cartão bancário. Responsabilidade objetiva do fornecedor do serviço. Inversão do ônus da prova" (JTJ 318/174: AP 7.085.339-7). No mesmo sentido: JTJ 321/1.591 (AP 1.250.651-7).

"Saque de valores de contas poupanças e contas correntes por falsário, com o uso de procuração pública falsa em nome da correntista. A tese de ausência de culpa por ser a procuração um documento aparentemente autêntico, não se aceita, pois o risco às contas passaria a ser da correntista-poupadora, que em nada contribuiu para o ilícito, enquanto o depositário dos valores, o que obtém lucro com a atividade, ficaria liberto de qualquer responsabilidade. Os pagamentos e movimentações de valores em decorrência de documento falso, sem a concorrência de culpa da correntista-poupadora, constituem ofensa ao direito desta se tais pagamentos são lançados à sua conta e a culpa consiste exatamente na efetivação do pagamento ao falsário" (JTJ 358/220: AP 7.340.301-7).

"Responsabilidade civil. Instituição financeira. Resgate de aplicações financeiras e saque imediato da quantia resgatada (R$ 5.000,00). Extravio efetuado por assaltantes que o tomaram por refém e sacaram a quantia em postos de gasolina. Afirmação da casa bancária de que o uso de cartão magnético e senha eram de uso pessoal e que não poderia se responsabilizar por fato típico ocorrido longe de suas agências. Relação de consumo em que o banco tem o dever de guardar e bem administrar os valores do correntista. Sistema de débito automático falho que causou todo o ocorrido. Dever de impedir uso por estranhos, de modo evidentemente atípico. Responsabilidade civil objetiva do fornecedor de serviços bancários" (JTJ 323/479: AP 1.286.643-8).

"Golpe do motoboy. Responsabilidade civil. Uso de cartão e senha. Dever de segurança. Falha na prestação de serviço. A vulnerabilidade do sistema bancário, que admite operações totalmente atípicas em relação ao padrão de consumo dos consumidores, viola o dever de segurança que cabe às instituições financeiras e, por conseguinte, incorre em falha da prestação de serviço" (STJ-3ª T., REsp 1.995.458, Min. Nancy Andrighi, j. 9.8.22, DJ 18.8.22).

V. tb. art. 945, nota 2, e CDC 14, nota 9c.

Art. 927: 7b. "**Cheque** com adulteração sofisticada. Falso hábil. Caso fortuito interno. Caracterização da responsabilidade objetiva da instituição financeira. Danos materiais e morais indenizáveis" (STJ-4ª T., REsp 1.093.440, Min. Luis Felipe, j. 2.4.13, DJ 17.4.13).

Todavia: "Pagamento de cheques pelo banco, emitidos por preposto(s) da correntista mediante a falsificação de assinaturas por imitação. Culpa *in vigilando* e *in eligendo* da correntista na guarda de talonários e controle de cheques. Circunstâncias que eximem o banco, à míngua de provas da falta de acuidade deste na confrontação das assinaturas. Falso grosseiro repelido. Prejuízo material a ser suportado exclusivamente pela correntista" (JTJ 320/411: AP 7.022.003-2).

V. tb. art. 945, nota 2, e LCh 39 § ún., especialmente nota 3.

Art. 927: 7c. "O banco sacado não responde por prejuízos de ordem material eventualmente causados a terceiros beneficiários de **cheques** emitidos por seus correntistas e devolvidos por **falta de provisão de fundos**. O fato de existir em circulação grande número de cheques ou de ser recente a relação havida entre o banco sacado e seu cliente, emitente dos referidos títulos, não revela a ocorrência de defeito na prestação dos serviços bancários e, consequentemente, afasta a possibilidade de que, por tais motivos, seja o eventual beneficiário das cártulas elevado à condição de consumidor por equiparação" (STJ-3ª T., REsp 1.665.290, Min. Ricardo Cueva, j. 13.10.20, DJ 19.10.20).

Art. 927: 7d. "Ação declaratória de inexistência de relação jurídica e ação indenizatória. Danos moral e material. Prestação de serviços. TV a cabo. Demanda interposta contra a instituição financeira em que foram efetuados **débitos automáticos não autorizados** para pagamento de mensalidades do serviço não contratado. Admissibilidade. Estabelecimento bancário que tinha a obrigação de investigar, junto ao cliente, a viabilidade e exatidão da dívida cobrada por terceiro" (RT 899/194: TJSP, AP 990.10.001309-2; ementa da redação).

Art. 927: 8. "O STJ, em casos análogos, assentou posicionamento no sentido da inexistência de nexo de causalidade entre a eventual falta ou deficiência de fiscalização por parte do Banco Central do Brasil e o dano causado a investidores em decorrência da **quebra de instituição financeira**" (STJ-1ª T., REsp 647.552, Min. Teori Zavascki, j. 15.5.08, DJU 2.6.08). No mesmo sentido: STJ-2ª T., REsp 522.856, Min. João Otávio, j. 3.5.07, DJU 25.5.07.

Art. 927: 8a. "Para a configuração da responsabilidade civil, não basta a ocorrência de uma perda, de uma redução do patrimônio, mas esse prejuízo deve ser precedido de um fato antijurídico que constitua a sua causa. O administrador de **fundo de investimento** não se compromete a entregar ao investidor uma rentabilidade contratada, mas apenas empregar os melhores esforços — portanto, uma obrigação de meio — no sentido de obter os melhores ganhos possíveis frente a outras possibilidades de investimento existentes no mercado" (STJ-3ª T., REsp 1.724.722, Min. Nancy Andrighi, j. 27.8.19, DJ 29.8.19).

"No investimento em fundos derivativos, principalmente os vinculados ao dólar-americano, é ínsito o alto grau de risco, tanto para grandes ganhos como para perdas consideráveis. Aqueles que se encorajam a investir em fundos arrojados estão cientes dos riscos do negócio" (STJ-3ª T., REsp 1.003.893, Min. Massami Uyeda, j. 10.8.10, DJ 8.9.10).

"Em regra, descabe indenização por danos materiais ou morais a aplicador em fundos derivativos, pois o alto risco é condição inerente aos investimentos nessas aplicações. Tanto é assim que são classificados no mercado financeiro como voltados para investidores experientes, de perfil agressivo, podendo o consumidor ganhar ou perder, sem nenhuma garantia de retorno do capital. Como é da lógica do mercado financeiro, quanto maior a possibilidade de lucro e rentabilidade de produto oferecido, maiores também os riscos envolvidos no investimento. No caso em exame, o consumidor buscou aplicar recursos em fundo agressivo, objetivando ganhos muito maiores do que os de investimentos conservadores, sendo razoável entender-se que conhecia plenamente os altos riscos envolvidos em tais negócios especulativos, mormente quando se sabe que o perfil médio do consumidor brasileiro é o de aplicação em caderneta de poupança, de menor rentabilidade e maior segurança. Não fica caracterizado defeito na prestação do serviço por parte do gestor de negócios, o qual, não obstante remunerado pelo investidor para providenciar as aplicações mais rentáveis, não assumiu obrigação de resultado, vinculando-se a lucro certo, mas obrigação de meio, de bem gerir o investimento, visando à tentativa de máxima obtenção de lucro. Não pode ser considerado defeituoso serviço que não garante resultado (ganho) financeiro ao consumidor" (STJ-4ª T., REsp 799.241, Min. Raul Araújo, j. 14.8.12, DJ 26.2.13).

"No caso de aplicação em fundo de investimentos de alto risco, por investidores qualificados, experientes em aplicações financeiras, não há que se reconhecer direito a serem imunes a rendimentos significativamente menores em período de perdas gerais no setor, à invocação do dever de informar e de inversão do ônus da prova (expressamente afastada, no caso dos autos), sob a alegação de contradição entre os prospectos, que não deixam expresso o direito sustentado, e os regulamentos do fundo de investimentos, que claramente estabelecem a possibilidade até mesmo de perda total — não ocorrida, no caso, em que, a despeito da significativa queda de rendimento no período, obtiveram, os investidores, rendimentos elevados no período total de aplicação. Afastamento, pelo Tribunal de origem, de violação do princípio da boa-fé objetiva, consignando-se, na origem, o conhecimento do risco de perdas pelos investidores" (STJ-3ª T., REsp 1.214.318, Min. Sidnei Beneti, j. 12.6.12, DJ 18.9.12).

Todavia: "O princípio da boa-fé e seus deveres anexos devem ser aplicados na proteção do investidor-consumidor que utiliza os serviços de fornecedores de serviços bancários, o que implica a exigência, por parte desses, de informações adequadas, suficientes e específicas sobre o serviço que está sendo prestado com o patrimônio daquele que o escolheu como parceiro. O redirecionamento das aplicações do recorrente ao fundo gerido pelo Banco Santos S/A. configura-se operação realizada pela instituição bancária fora de seu compromisso contratual e legal, que extrapola, por essa razão, a *alea* natural do contrato. Essa situação não pode ser equiparada, a título exemplificativo, ao risco de que o real se desvalorize frente ao dólar ou de que determinada ação sofra uma queda abrupta na bolsa de valores, pois não se pode chamar de risco, a desonerar a instituição bancária de sua responsabilidade, o que foi sua própria escolha, elemento volitivo, com o qual o conceito de risco é incompatível. Não estando inserida na *alea* natural do contrato a aplicação junto ao Banco Santos S/A do capital investido pelo recorrente enquanto correntista da instituição financeira recorrida, a mera presunção de conhecimento ou anuência acerca desses riscos não é fundamento para desonerar a instituição bancária da obrigação de ressarcir ao consumidor-investidor os valores aplicados. Deve restar demonstrada a autorização expressa quanto à finalidade pretendida, ônus que cabe ao banco e do qual, na espécie, não se desincumbiu" (STJ-3ª T., REsp 1.131.073, Min. Nancy Andrighi, j. 5.4.11, dois votos vencidos, DJ 13.6.11). No mesmo sentido: STJ-4ª T., REsp 1.194.699-AgRg, Min. Isabel Gallotti, j. 22.5.12, DJ 29.5.12.

✎ "Os contratos de derivativos e a teoria da imprevisão", por Paula Greco Bandeira (RT 904/97).

Art. 927: 8b. "**Ações em bolsa** de valores. **Venda** promovida **sem autorização** do titular. Responsabilidade civil. **Perda de uma chance.** Dano consistente na impossibilidade de negociação das ações com melhor valor, em momento futuro. Indenização pela perda da oportunidade. A teoria da perda de uma chance não se presta a reparar danos fantasiosos, não servindo ao acolhimento de meras expectativas, que pertencem tão somente ao campo do íntimo desejo, cuja indenização é vedada pelo ordenamento jurídico, mas sim um dano concreto (perda de probabilidade). A indenização será devida, quando constatada a privação real e séria de chances, quando detectado que, sem a conduta do réu, a vítima teria obtido o resultado desejado. No caso concreto, houve venda de ações sem a autorização do titular, configurando o ato ilícito. O dano suportado consistiu exatamente na perda da chance de obter uma vantagem, qual seja a venda daquelas ações por melhor valor. Presente, também, o nexo de causalidade entre o ato ilícito (venda antecipada não autorizada) e o dano (perda da chance de venda valorizada), já que a venda pelo titular das ações, em momento futuro, por melhor preço, não pode ocorrer justamente porque os papéis já não estavam disponíveis para serem colocados em negociação" (STJ-4ª T., REsp 1.540.153, Min. Luis Felipe, j. 17.4.18, DJ 6.6.18).

S/ perda de uma chance, v. tb. notas 3a, 3c e 5c, arts. 402, nota 7, e 951, notas 1c e 7a, e CDC 14, notas 2, *in fine*, 3a, e 7a.

Art. 927: 9. "O lojista que aceita pagamento com **cartões de crédito** clonados, descumprindo com seu dever de identificar o portador do cartão ao não requerer a apresentação de identidade e de colher a respectiva assinatura, não pode exigir da administradora de cartões que arque com os prejuízos decorrentes dos estornos dos créditos efetuados em seu desfavor. Aquele que age culposamente em virtude de negligência no cumprimento de suas obrigações deve arcar única e exclusivamente com os danos que a si mesmo ocasionou" (STJ-4ª T., REsp 945.154, Min. João Otávio, j. 8.4.08, DJU 28.4.08).

Art. 927: 9a. "Participação em processo licitatório. Impossibilidade. Envio da proposta pelo **correio** a Estado diverso da federação. Possibilidade concreta de êxito. Prejuízo real. O êxito em licitação, possibilidade frustrada em virtude da conduta ilícita da empresa responsável pela entrega, em tempo hábil, da documentação devidamente enviada, enseja dano concreto, aferível à luz do art. 159 do Código Civil de 1916" (STJ-3ª T., REsp 614.266, Min. Ricardo Cueva, j. 18.12.12, DJ 2.8.13).

Art. 927: 10. "O **proprietário** da **obra** responde solidariamente com o empreiteiro, pelos danos causados a terceiro" (STJ-3ª T., REsp 473.107-AgRg, Min. Gomes de Barros, j. 26.10.06, DJU 18.12.06).

Art. 927: 10a. A conclusão da obra e a outorga das chaves, mas sem o "habite-se", não libera a construtora da obrigação de **entregar o imóvel** em condições de habitação. Por isso, até a concessão do "habite-se", a construtora responde pelos danos sofridos pelo comprador em razão da privação do uso do imóvel (RT 867/165).

Art. 927: 10b. "A **legítima defesa putativa** supõe negligência na apreciação dos fatos, e por isso não exclui a responsabilidade civil pelos danos que dela decorram" (STJ-3ª T., REsp 513.891, Min. Ari Pargendler, j. 20.3.07, DJU 16.4.07).

V. tb. art. 188, nota 2a.

Art. 927: 10c. "Nos acidentes de trabalho, cabe ao **empregador** provar que cumpriu seu dever contratual de preservação da integridade física do empregado, respeitando as normas de segurança e medicina do trabalho. Em outras palavras, fica estabelecida a presunção relativa de culpa do empregador" (STJ-3ª T., REsp 1.067.738, Min. Nancy Andrighi, j. 26.5.09, DJ 25.6.09).

"Uma vez comprovado o nexo de causalidade entre o sinistro e o exercício da atividade laboral, torna-se presumida a culpa do empregador pelo acidente de trabalho, ficando para este o encargo de demonstrar alguma causa excludente de sua responsabilidade ou de redução do valor da indenização" (STJ-4ª T., REsp 876.144, Min. Raul Araújo, j. 3.5.12, DJ 20.8.12).

Todavia: "A responsabilidade civil do empregador não decorre automaticamente dos riscos pertinentes à atividade empresarial, mas de eventual violação, por ação ou omissão voluntária, negligência ou imprudência em relação ao cumprimento das normas de higiene e segurança do trabalho inerentes à relação jurídica estabelecida com seus empregados, ônus que incumbe ao autor provar por força do disposto no art. 333, I, do CPC" (RT 870/237).

Art. 927: 10d. "Restando incontroverso que a autora foi gravemente vitimada pela quebra de cadeira onde desempenhava sua função de confeiteira, torna-se **empregadora** civilmente responsável pelo acidente pela má qualidade do móvel usado no ambiente de trabalho, desservindo como excludente a alegação de que a peça fora adquirida de fabricante idôneo ou que não apresentava defeito visível" (STJ-4ª T., REsp 555.801, Min. Aldir Passarinho Jr., j. 22.9.09, DJ 19.10.09).

Art. 927: 10e. Responde o sindicato pelos danos causados à coletividade em razão de **greve** abusiva (JTJ 309/211).

Art. 927: 10f. "O **cúmplice de cônjuge infiel** não tem o dever de indenizar o traído, uma vez que o conceito de ilicitude está imbricado na violação de um dever legal ou contratual, do qual resulta dano para outrem, e não há no ordenamento jurídico pátrio norma de direito público ou privado que obrigue terceiros a velar pela fidelidade conjugal em casamento do qual não faz parte. Não há como o Judiciário impor um 'não fazer' ao cúmplice, decorrendo disso a impossibilidade de se indenizar o ato por inexistência de norma posta — legal e não moral — que assim determine. O réu é estranho à relação jurídica existente entre o autor e sua ex-esposa, relação da qual se origina o dever de fidelidade mencionado no art. 1.566, I, do CC/02. De outra parte, não se reconhece solidariedade do réu por suposto ilícito praticado pela ex-esposa do autor, tendo em vista que o art. 942, caput e § único, do CC/02 (art. 1.518 do CC/16), somente tem aplicação quando o ato do coautor ou partícipe for, em si, ilícito, o que não se verifica na hipótese dos autos" (STJ-4ª T., REsp 1.122.547, Min. Luis Felipe, j. 10.11.09, DJ 27.11.09). No mesmo sentido: STJ-3ª T., REsp 922.462, Min. Ricardo Cueva, j. 4.4.13, RT 937/538, com comentário de Rolf Madaleno.

✎ "Ensaio sobre possíveis opções dogmáticas para viabilizar de pretensão indenizatória do cônjuge ou convivente traído em face de amante: breves comentários ao REsp 1.122.547/MG", por Felipe Raminelli Leonardi (RBDFS 17/100).

✎ **Art. 927: 11.** "A responsabilidade civil no parágrafo único do artigo 927 do Código Civil e alguns apontamentos do direito comparado", por Leonardo de Faria Beraldo (RSDCPC 31/56, RF 376/131, RDPr 20/217 e RJM 168/21); "Risco, solidariedade e responsabilidade objetiva", por Maria Celina Bodin de Moraes (RT 854/11).

Art. 927: 12. v. art. 932 c/c art. 933 (outros casos de responsabilidade objetiva).

V. ainda Lei 6.453, de 17.10.77 (responsabilidade por danos nucleares); Dec. 83.540, de 4.6.79 (poluição de óleos); CDC 6º-I e 8º a 17.

Art. 927: 13. CF 21-XXIII-d: "a responsabilidade civil por danos nucleares independe da existência de culpa" (alínea acrescida pela Em. Const. 49, de 8.2.06).

Art. 927: 13a. Enunciado 38 do CEJ: "A responsabilidade fundada no risco da atividade, como prevista na 2ª parte do parágrafo único do art. 927 do novo Código Civil, configura-se quando a atividade normalmente desenvolvida pelo autor do dano causar a pessoa determinada um ônus maior do que aos demais membros da coletividade".

Enunciado 377 do CEJ: "O art. 7º, inc. XXVIII, da Constituição Federal não é impedimento para a aplicação do disposto no art. 927, parágrafo único, do Código Civil quando se tratar de atividade de risco".

Art. 927: 14. "O artigo 927, parágrafo único, do Código Civil é compatível com o artigo 7º, XXVIII, da Constituição Federal, sendo constitucional a responsabilização objetiva do empregador por danos decorrentes de **acidentes de trabalho,** nos casos especificados em lei, ou quando a atividade normalmente desenvolvida, por sua natureza, apresentar exposição habitual a risco especial, com potencialidade lesiva e implicar ao trabalhador ônus maior do que aos demais membros da coletividade" (STF-Pleno, RE 828.040, Min. Alexandre de Moraes, j. 12.3.20, maioria, DJ 26.6.20).

Art. 927: 14a. A responsabilidade objetiva libera a vítima apenas da prova da culpa. Ela não dispensa a prova do dano e do nexo de causalidade. Sem a prova desses dois elementos, não se cogita da obrigação de reparação.

Art. 927: 14b. "Mesmo antes da entrada em vigor do Código Civil de 2002, já se reconhecia a responsabilidade objetiva da empresa concessionária de energia elétrica, em virtude do risco da atividade, com fundamento no art. 37, § 6º, da CF/88. O risco da atividade de **fornecimento de energia elétrica** é altíssimo, sendo necessária a manutenção e fiscalização rotineira das instalações. Reconhecida, portanto, a responsabilidade objetiva e o dever de indenizar" (STJ-3ª T., REsp 1.095.575, Min. Nancy Andrighi, j. 18.12.12, maioria, DJ 26.3.13). No mesmo sentido: "Ressarcimento de danos. Concessionária de serviço público. Oscilação de energia. Dano a equipamentos. Responsabilidade objetiva. Nexo de causalidade reconhecido pelo tribunal de origem" (STJ-4ª T., Ag em REsp 1.337.558-AgInt, Min. Raul Araújo, j. 7.2.19, DJ 20.2.19).

V. tb. art. 945, nota 2.

Art. 927: 14c. "A **responsabilidade por dano ambiental** é objetiva, informada pela teoria do risco integral, sendo o nexo de causalidade o fator aglutinante que permite que o risco se integre na unidade do ato, sendo descabida a invocação, pela empresa responsável pelo dano ambiental, de excludentes de responsabilidade civil para afastar sua obrigação de indenizar" (STJ-2ª Seção, REsp 1.374.284, Min. Luis Felipe, j. 27.8.14, DJ 5.9.14).

"A alegação de culpa exclusiva de terceiro pelo acidente em causa, como excludente de responsabilidade, deve ser afastada, ante a incidência da teoria do risco integral e da responsabilidade objetiva ínsita ao dano ambiental (art. 225, § 3º, da CF e art. 14, § 1º, da Lei 6.938/81), responsabilizando o degradador em decorrência do princípio do poluidor-pagador" (STJ-2ª Seção, REsp 1.114.398, Min. Sidnei Beneti, j. 8.2.12, DJ 16.2.12).

"A responsabilidade civil por danos ambientais, seja por lesão ao meio ambiente propriamente dito (dano ambiental público), seja por ofensa a direitos individuais (dano ambiental privado), é objetiva, fundada na teoria do risco integral, em face do disposto no art. 14, § 10, da Lei n. 6.938/81. A colocação de placas no local indicando a presença de material orgânico não é suficiente para excluir a responsabilidade civil. Irrelevância da eventual culpa exclusiva ou concorrente da vítima" (STJ-3ª T., REsp 1.373.788, Min. Paulo Sanseverino, j. 6.5.14, DJ 20.5.14). Do voto do relator: "Tratando-se de responsabilidade objetiva pelo risco integral, somente uma conduta dolosa da própria vítima (v.g. atentado terrorista suicida contra uma usina nuclear) teria o condão de interferir no nexo causal, o que evidentemente não ocorreu na espécie".

Todavia: "Em que pese a responsabilidade por dano ambiental seja objetiva (e lastreada pela teoria do risco integral), faz-se imprescindível, para a configuração do dever de indenizar, a demonstração da existência de nexo de causalidade apto a vincular o resultado lesivo efetivamente verificado ao comportamento (comissivo ou omissivo) daquele a quem se repute a condição de agente causador" (STJ-2ª Seção, REsp 1.602.106, Min. Ricardo Cueva, j. 25.10.17, DJ 22.11.17; no caso, foi afastada a responsabilidade da empresa que simplesmente adquiriu a carga transportada por embarcação que explodiu).

V. tb. nota 1 (Súmula 652 do STJ).

Art. 927: 15. "É objetiva a responsabilidade do construtor pelos danos que, a vizinhos ou terceiros, causar a **construção.** Entre tais danos se inclui aquele sofrido por transeunte que despenca em vala da obra" (JTJ 292/182).

Art. 927: 16. "Ação de indenização por danos materiais e morais, promovida por familiares de jornalista, vítima de acidente automobilístico, ocorrido por ocasião do serviço de transporte contratado pela **montadora de veículos,** para a **cobertura jornalística** e de divulgação de **lançamento de um produto** seu no mercado. Remuneração indireta. Responsabilidade objetiva do contratante do serviço de transporte, ajustado no interesse exclusivo de sua atividade econômica, pelos prejuízos advindos de acidente automobilístico por ocasião de sua prestação. Reconhecimento. Teoria do risco. Cláusula geral de responsabilidade objetiva. Incidência" (STJ-3ª T., REsp 1.717.114, Min. Marco Bellizze, j. 29.3.22, DJ 5.4.22).

Art. 928. O incapaz[1] responde[1a] pelos prejuízos que causar, se as pessoas por ele responsáveis não tiverem obrigação de fazê-lo ou não dispuserem de meios suficientes.[1b]

Parágrafo único. A indenização prevista neste artigo, que deverá ser equitativa, não terá lugar se privar do necessário o incapaz ou as pessoas que dele dependem.[2]

Art. 928: 1. v. arts. 3º e 4º.

Art. 928: 1a. "Responsabilidade civil do incapaz no novo Código Civil", por Alexandre Nader e Ana Rita Nery Nader (RSDCPC 32/35); "Enfoque processual do art. 928 do Código Civil (responsabilidade civil do incapaz)", por Rodrigo Mazzei (RBDP 61/45); "Responsabilidade civil do incapaz. Busca pela harmonização do sistema", por José Fernando Simão (RBDFS 10/85).

Art. 928: 1b. v. arts. 932-I e II, 933 e 934. V. tb. ECA 116.

Art. 928: 2. Enunciado 39 do CEJ: "A impossibilidade de privação do necessário à pessoa, prevista no art. 928, traduz um dever de indenização equitativa, informado pelo princípio constitucional da proteção à dignidade da pessoa humana. Como consequência, também os pais, tutores e curadores serão beneficiados pelo limite humanitário do dever de indenizar, de modo que a passagem ao patrimônio do incapaz se dará não quando esgotados todos os recursos do responsável, mas quando reduzidos estes ao montante necessário à manutenção de sua dignidade".

Enunciado 40 do CEJ: "O incapaz responde pelos prejuízos que causar de maneira subsidiária ou excepcionalmente, como devedor principal, na hipótese do ressarcimento devido pelos adolescentes que praticarem atos infracionais, nos termos do art. 116 do Estatuto da Criança e do Adolescente, no âmbito das medidas socioeducativas ali previstas".

Enunciado 41 do CEJ: "A única hipótese em que poderá haver responsabilidade solidária do menor de 18 anos com seus pais é ter sido emancipado nos termos do art. 5º, parágrafo único, inciso I, do novo Código Civil".

Art. 929. Se a pessoa lesada, ou o dono da coisa, no caso do inciso II do art. 188, não forem culpados do perigo, assistir-lhes-á direito à indenização do prejuízo que sofreram.[1]

Art. 929: 1. Nesse caso, o lesado deve sempre buscar a reparação do dano junto àquele que por ação ou omissão sua causou o prejuízo (princípio da causalidade). Cabe a este, quando imputáveis a um terceiro as consequências daquela ação ou omissão, lançar mão do direito de regresso (art. 930).

Art. 930. No caso do inciso II do art. 188, se o perigo ocorrer por culpa de terceiro, contra este terá o autor do dano ação regressiva para haver a importância que tiver ressarcido ao lesado.[1-1a]

Parágrafo único. A mesma ação competirá contra aquele em defesa de quem se causou o dano (art. 188, inciso I).[2]

Art. 930: 1. v. art. 929 e CPC 125-II.

Art. 930: 1a. "O motorista que, ao desviar de 'fechada' provocada por terceiro, vem a colidir com automóvel que se encontra regularmente estacionado responde perante o proprietário deste pelos danos causados, não sendo elisiva da obrigação indenizatória a circunstância de ter agido em estado de necessidade. Em casos tais, ao agente causador do dano assiste tão somente direito de regresso contra o terceiro que deu causa a situação de perigo" (STJ-4ª T., REsp 12.840, Min. Sálvio de Figueiredo, j. 22.2.94, DJU 28.3.94). "Acidente de trânsito ocorrido em estrada federal consistente na colisão de um automóvel com uma motocicleta, que trafegava em sua mão de direção. Alegação do motorista do automóvel de ter agido em estado de necessidade, pois teve a sua frente cortada por outro veículo, obrigando-o a invadir a outra pista da estrada. Irrelevância da alegação, mostrando-se correto o julgamento antecipado da lide por se tratar de hipótese de responsabilidade civil por ato lícito prevista nos arts. 929 e 930 do Código Civil. O estado de necessidade não afasta a responsabilidade civil do agente, quando o dono da coisa atingida ou a pessoa lesada pelo evento danoso não for culpado pela situação de perigo. A prova pleiteada pelo recorrente somente seria relevante para efeito de ação de regresso contra o terceiro causador da situação de perigo (art. 930 do CC/02). Ausência de cerceamento de defesa" (STJ-3ª T., REsp 1.278.627, Min. Paulo Sanseverino, j. 18.12.12, DJ 4.2.13). V. tb. art. 927, nota 4d.

Art. 930: 2. i.e., quem, em legítima defesa de outro, causar dano a um terceiro terá ação regressiva contra aquele outro, caso esse terceiro lhe mova ação de indenização. Nesse caso, aquele outro em defesa de quem se causou o dano também terá ação regressiva contra uma quarta pessoa: o causador do perigo que motivou o ato de legítima defesa.

Art. 931. Ressalvados outros casos previstos em lei especial, os empresários individuais e as empresas respondem independentemente de culpa pelos danos causados pelos produtos postos em circulação.[1 a 2]

Art. 931: 1. Enunciado 42 do CEJ: "O art. 931 amplia o conceito de fato do produto, existente no art. 12 do Código de Defesa do Consumidor, imputando responsabilidade civil à empresa e aos empresários individuais vinculados à circulação dos produtos".

Enunciado 43 do CEJ: "A responsabilidade civil pelo fato do produto, prevista no art. 931 do novo Código Civil, também inclui os riscos do desenvolvimento".

Enunciado 190 do CEJ: "A regra do art. 931 do novo CC não afasta as normas acerca da responsabilidade pelo fato do produto previstas no art. 12 do CDC, que continuam mais favoráveis ao consumidor lesado".

Enunciado 378 do CEJ: "Aplica-se o art. 931 do Código Civil, haja ou não relação de consumo".

✎ Art. 931: 1a. "A responsabilidade empresarial no Código Civil. O art. 931, seu conteúdo e alcance", por Humberto Manoel Alves Afonso (RJ 321/73).

Art. 931: 2. v. CDC 6º-VI e VII, 8º a 10 e 12.

Art. 932. São também responsáveis pela reparação civil:[1]

I — os pais, pelos filhos menores que estiverem sob sua autoridade e em sua companhia;[2 a 3b]

II — o tutor e o curador, pelos pupilos e curatelados, que se acharem nas mesmas condições;

III — o empregador ou comitente, por seus empregados, serviçais e prepostos, no exercício do trabalho que lhes competir, ou em razão dele;[3c a 5c]

IV — os donos de hotéis, hospedarias, casas ou estabelecimentos onde se albergue por dinheiro, mesmo para fins de educação, pelos seus hóspedes, moradores e educandos;[6]

V — os que gratuitamente houverem participado nos produtos do crime, até a concorrente quantia.

Art. 932: 1. s/ responsável pela reparação civil e: responsabilidade objetiva, v. art. 933; ressarcimento pelo causador do dano, v. art. 934; responsabilidade solidária, v. art. 942 § ún.

V. tb. arts. 43 (responsabilidade da pessoa jurídica de direito público interno pelo ato de seu agente), 149 (responsabilidade do representado pelo dolo do representante), 927, nota 4a (responsabilidade do proprietário do veículo pelo ato do condutor), 928 (responsabilidade do incapaz pelos prejuízos que causar).

✎ Art. 932: 2. "Maioridade aos 18 anos e responsabilidade civil dos pais. Algumas reflexões", por Rosaldo Elias Pacagnan e Francisco Smarczewski (RJ 320/57); "Responsabilidade civil dos pais pelos atos dos filhos no antigo e no novo Código Civil", por Clarissa Costa de Lima (Ajuris 96/55); "*Bullying* e responsabilidade civil: uma nova visão do Direito de Família à luz do Direito Civil Constitucional", por Silvano Andrade do Bomfim (RBDFS 22/60).

Art. 932: 2a. s/ obrigação do adolescente de reparar dano decorrente de ato infracional, v. ECA 116.

Art. 932: 2b. "A responsabilidade dos pais só ocorre em consequência de ato ilícito de filho menor. O **pai não responde**, a esse título, **por** nenhuma obrigação do **filho maior**, ainda que viva em sua companhia, nos termos do inciso I do art. 932 do Código Civil" (STJ-4ª T., REsp 1.734.536, Min. Luis Felipe, j. 6.8.19, DJ 24.9.19).

Art. 932: 3. "Os pais, ou responsável, que **não exercem autoridade de fato sobre o filho,** embora ainda detenham o poder familiar, não respondem por ele, nos termos do inciso I do art. 932 do Código Civil" (STJ-3ª T., REsp 1.232.011, rel. Min. João Otávio, j. 17.12.15, DJ 4.2.16).

"No presente caso, sem adentrar-se no exame das provas, pela simples leitura da decisão recorrida, tem-se claramente que a genitora assumiu o risco da ocorrência de uma tragédia, ao comprar, três ou quatro dias antes do fato, o revólver que o filho utilizou para o crime, arma essa adquirida de modo irregular e guardada sem qualquer cautela. Essa realidade, narrada no voto vencido do v. acórdão recorrido, é situação excepcional que isenta o **genitor, que não detém a guarda e não habita no mesmo domicílio,** de responder solidariamente pelo ato ilícito cometido pelo menor" (STJ-RJ 387/119: 3ª T., REsp 777.327).

Todavia: "A mera separação dos pais não isenta o cônjuge, com o qual os filhos não residem, da responsabilidade em relação aos atos praticados pelos menores, pois permanece o dever de criação e orientação, especialmente se o poder familiar é exercido conjuntamente" (STJ-4ª T., REsp 1.074.937, Min. Luis Felipe, j. 1.10.09, DJ 19.10.09).

Art. 932: 3a. "A emancipação voluntária, diversamente da operada por força de lei, não exclui a responsabilidade civil dos pais pelos atos praticados por seus filhos menores" (STJ-4ª T., AI 1.239.557-AgRg, Min. Isabel Gallotti, j. 9.10.12, DJ 17.10.12). No mesmo sentido: STJ-3ª T., REsp 122.573, Min. Eduardo Ribeiro, j. 23.6.98, DJ 18.12.98.

Art. 932: 3b. "O art. 932, I do CC ao se referir a autoridade e companhia dos pais em relação aos filhos, quis explicitar o poder familiar (a autoridade parental não se esgota na guarda), compreendendo um plexo de deveres como, proteção, cuidado, educação, informação, afeto, dentre outros, independentemente da vigilância investigativa e diária, sendo **irrelevante a proximidade física no momento** em que os menores venham a causar danos" (STJ-4ª T., REsp 1.436.401, Min. Luis Felipe, j. 2.2.17, DJ 16.3.17).

Art. 932: 3c. "Responsabilidade civil patronal por atos dos empregados ou prepostos", por Sebastião Geraldo de Oliveira (RJ 423/45).

Art. 932: 4. s/ responsabilidade do preponente pelo ato do gerente, contabilista ou outros auxiliares, v. arts. 1.175, 1.177 § ún. e 1.178.

S/ ressarcimento do empregador ou comitente que pagou pelo dano causado pelo empregado ou preposto, v. art. 934, especialmente nota 1 (Enunciado 44 do CEJ).

Art. 932: 4a. Lei 7.565, de 19.12.86 — Código Brasileiro de Aeronáutica: **"Art. 297.** A pessoa jurídica empregadora responderá solidariamente com seus prepostos, agentes, empregados ou intermediários, pelas infrações por eles cometidas no exercício das respectivas funções".

Art. 932: 4b. Súmula 341 do STF: "É presumida a culpa do patrão ou comitente pelo ato culposo do empregado ou preposto". Essa Súmula, editada à luz do CC rev., comporta uma releitura, à luz do disposto no CC 933: atualmente, há mais do que presunção de culpa do patrão ou comitente pelo ato culposo do empregado ou preposto; a responsabilidade daqueles pelo ato culposo destes agora é objetiva.

Súmula 221 do STJ: "São civilmente responsáveis pelo ressarcimento de dano, decorrente de publicação pela imprensa, tanto o autor do escrito quanto o proprietário do veículo de divulgação".

Art. 932: 4c. Enunciado 191 do CEJ: "A instituição hospitalar privada responde, na forma do art. 932-III do CC, pelos atos culposos praticados por médicos integrantes de seu corpo clínico".

V. CDC 14, nota 2.

Art. 932: 4d. "Tanto em casos regidos pelo Código Civil de 1916 quanto nos regidos pelo Código Civil de 2002, responde o empregador pelo ato ilícito do preposto se este, embora não estando efetivamente no exercício do labor que lhe foi confiado ou mesmo fora do horário de trabalho, vale-se das circunstâncias propiciadas pelo trabalho para agir, se de tais circunstâncias resultou facilitação ou auxílio, ainda que de forma incidental, local ou cronológica, à ação do empregado. No caso, o preposto teve acesso à máquina retroescavadeira — que foi utilizada para transportar a vítima em sua 'concha' — em razão da função de **caseiro** que desempenhava no sítio de propriedade dos empregadores, no qual a mencionada máquina estava depositada, ficando por isso evidenciado o liame funcional entre o ilícito e o trabalho prestado" (STJ-4ª T., REsp 1.072.577, Min. Luis Felipe, j. 12.4.12, DJ 26.4.12).

"Segundo o art. 932, II, do CC/02, não se exige que o preposto esteja efetivamente em pleno exercício do trabalho, bastando que o fato ocorra 'em razão dele', mesmo que esse nexo causal seja meramente incidental, mas propiciado pelos encargos derivados da relação de subordinação. Na espécie, em virtude de desavenças relativas ao usufruto das águas que provinham das terras que pertencem aos requeridos, o recorrente foi ferido por tiro desferido pelo caseiro de referida propriedade. O dano, portanto, foi resultado de ato praticado no exercício das atribuições funcionais de mencionado empregado — de zelar pela manutenção da propriedade pertencente aos recorridos — e relaciona-se a desentendimento propiciado pelo trabalho a ele confiado — relativo à administração da fonte de água controvertida" (STJ-3ª T., REsp 1.433.566, Min. Nancy Andrighi, j. 23.5.17, DJ 31.5.17).

Art. 932: 4e. "Responde o preponente, se o preposto, ao executar serviços de dedetização, penetra residência aproveitando-se para conhecer os locais de acesso e fuga, para — no dia seguinte — furtar vários bens. Se o ilícito foi facilitado pelo acesso do preposto à residência, em função de serviços executados, há relação causal entre a função exercida e os danos. Deve o empregador, portanto, responder pelos atos do empregado" (STJ-3ª T., REsp 623.040, Min. Gomes de Barros, j. 16.11.06, DJ 4.12.06).

Art. 932: 4f. "Ação indenizatória. Responsabilidade civil do empregador por ato de preposto (art. 932, III, CC). Teoria da aparência. Responsabilidade objetiva. O autor do evento danoso atuou na qualidade de vigia do local e, ainda que em gozo de licença médica e desobedecendo os procedimentos da ré, praticou o ato negligente na proteção do estabelecimento" (STJ-4ª T., REsp 1.365.339, Min. Isabel Gallotti, j. 2.4.13, DJ 16.4.13).

Art. 932: 4g. "Ofende o art. 1.521, III, do Código Civil de 1916, correspondente ao art. 932, III, do Código de 2002, o acórdão recorrido quando entende que a responsabilidade da empresa por ato de seu preposto (um dos assassinos) é subjetiva. É subjetiva a responsabilidade do empregado da empresa, autor do homicídio. Esta já foi reconhecida por sentença penal condenatória. Reconhecida a prática de ato doloso do empregado partícipe, o qual teve conhecimento prévio da data e das circunstâncias relacionadas ao transporte dos valores exatamente em razão de suas atividades na empresa, a responsabilidade da empregadora pelos danos causados por seu empregado é objetiva" (STJ-4ª T., REsp 1.385.943, Min. Isabel Gallotti, j. 20.2.14, DJ 11.4.14).

Art. 932: 4h. "O empregador responde objetivamente pelos atos ilícitos de seus empregados e prepostos praticados no exercício do trabalho que lhes competir, ou em razão dele (arts. 932, III, e 933 do Código Civil). Tendo o Tribunal de origem admitido que o preposto da instituição de ensino entregou obra literária de terceiro para disponibilização no sítio eletrônico daquela, sem autorização e indicação clara de seu verdadeiro autor, o reconhecimento da responsabilidade da instituição empregadora pelos danos causados é de rigor, ainda que não haja culpa de sua parte" (STJ-4ª T., REsp 1.201.340, Min. Isabel Gallotti, j. 3.11.11, DJ 2.8.12).

Art. 932: 4i. "Relação de preposição entre a **Diocese** e o **padre** a ela vinculado. Subordinação configurada. Responsabilidade solidária e objetiva da instituição. Evidencia-se, no particular, a subordinação caracterizadora da relação de preposição, porque demonstrada a relação voluntária de dependência entre o padre e a Diocese à qual era vinculado, de sorte que o primeiro recebia ordens, diretrizes e toda uma gama de funções do segundo, e, portanto, estava sob seu poder de direção e vigilância, mesmo que a ele submetido por mero ato gracioso (voto religioso). A gravidade dos fatos reconhecidos em juízo, sobre crimes sexuais praticados por religiosos contra menores, acarreta responsabilidade civil da entidade religiosa, dado o agir aproveitando-se da condição religiosa, traindo a confiança que nela depositam os fiéis. Notadamente em circunstâncias como a dos autos, em que o preposto, como sacerdote, é, em geral, pessoa de poucas posses, às vezes por causa do voto de pobreza, e, portanto, sem possuir os meios necessários para garantir a justa indenização, assume o preponente nítida posição de garantidor da reparação devida à vítima do evento danoso, porque, em regra, possui melhores condições de fazê-lo" (STJ-3ª T., REsp 1.393.699, Min. Nancy Andrighi, j. 19.11.13, DJ 24.2.14).

Art. 932: 4j. "Para a configuração da responsabilidade objetiva indireta, é **prescindível** a existência de um **contrato típico de trabalho,** sendo suficiente que alguém preste serviço sob o interesse e o comando de outrem. Comprovada a relação jurídica entre o **sindicato** e o autor do dano — profissional este colocado à disposição dos sindicalizados para prestar-lhes assistência jurídica, responde a entidade sindical de forma objetiva e solidária pelos atos ilícitos praticados pelo **advogado** no exercício do trabalho que lhe competir, ou em razão dele" (STJ-3ª T., REsp 1.920.332, Min. Marco Bellizze, j. 8.6.21, DJ 11.6.21).

Art. 932: 5. "O fato de o suposto causador do ato ilícito ser funcionário **terceirizado** não exime a tomadora do serviço de sua eventual responsabilidade. A jurisprudência do STJ entende como preposto aquele que possui relação de dependência ou presta serviço sob o interesse de outrem" (STJ-3ª T., REsp 904.127, Min. Nancy Andrighi, j. 18.9.08, DJ 3.10.08). Ainda: "Responsabilidade civil. Usina. Transporte de trabalhadores rurais. Motorista. Prestador de serviço terceirizado. Vínculo de preposição. Reconhecimento. Para o reconhecimento do vínculo de preposição, não é preciso que exista um contrato típico de trabalho; é suficiente a relação de dependência ou que alguém preste serviço sob o interesse e o comando de outrem" (STJ-4ª T., REsp 304.673, Min. Barros Monteiro, j. 25.9.01, DJ 11.3.02). "Caracteriza-se a responsabilidade solidária da empresa contratante de serviço de transporte por acidente causado por motorista da empresa transportadora terceirizada" (STJ-3ª T., Ag em REsp 438.006-AgRg, Min. Ricardo Cueva, j. 7.10.14, DJ 10.10.14). No mesmo sentido: STJ-4ª T., REsp 1.282.069, Min. Luis Felipe, j. 17.5.16, DJ 7.6.16.

Todavia, afirmando que, se não restar caracterizada relação de subordinação entre a empresa tomadora e a empresa prestadora de serviço ou entre aquela e os funcionários desta, não é possível a responsabilização da primeira com fundamento neste inciso III: STJ-RJ 398/143 (3ª T., REsp 1.171.939).

Art. 932: 5a. "Condomínio. Porteiro que recusa receber carta enviada pela Prefeitura Municipal à moradora do prédio contendo convocação para exercício de investidura em cargo público, o que se revelou inexplicável diante da identificação correta da destinatária. Dever de indenizar que se impõe em virtude de a autora ter perdido o direito do concurso para a qual foi aprovada, embora devesse a interessada diligenciar *sponte sua* o andamento do concurso e a sua posição para escolha da vaga. Perda de chance de modificar projeto de vida e que causa grave perturbação, produzindo dano moral indenizável (art. 5º, V e X, da CF e art. 932, III, do CC). Inadmissibilidade de condenar o condomínio e sua administradora a pagar os vencimentos do cargo público, em razão da incerteza da nomeação" (RMDCPC 34/131: TJSP, AP 994.08.051305-4; acórdão relatado pelo Des. Ênio Zuliani).

"A conduta do empregado do condomínio demandado que, mesmo fora do seu horário de expediente, mas em razão do seu trabalho, resolve dirigir o veículo de um dos condôminos, causando o evento danoso, constitui causa adequada ou determinante para a ocorrência dos prejuízos sofridos pela vítima demandante. O empregador é responsável pelos atos ilícitos praticados por seus empregados ou prepostos no exercício do trabalho ou em razão dele, conforme o disposto no art. 932, III, do Código Civil" (STJ-3ª T., REsp 1.787.026, Min. Paulo Sanseverino, j. 26.10.21, DJ 5.11.21).

Art. 932: 5b. Afastando a incidência do inc. III na relação mantida entre a **fabricante e a distribuidora de bebidas:** "Não se tratando de relação de consumo, a empresa concedente não é parte legítima para responder solidariamente por danos contra terceiros, causados pela empresa concessionária no exercício da atividade de distribuição" (STJ-3ª T., REsp 1.157.859, Min. Ricardo Cueva, j. 19.6.12, maioria, DJ 14.11.12).

Art. 932: 5c. "Responde civilmente o empregador pelo ato de seu preposto que matou pessoa por tentar pegar o **ônibus** sem pagamento de passagem (art. 1.521 do Código Civil). Culpa *in eligendo* e culpa *in vigilando* do empregador por permitir que seu funcionário dirigisse armado" (STJ-3ª T., REsp 1.279.346, Min. Ricardo Cueva, j. 26.11.13, DJ 29.11.13).

Art. 932: 6. v. art. 649 § ún. (responsabilidade do hospedeiro por danos às bagagens dos hóspedes).

Art. 933. As pessoas indicadas nos incisos I a V do artigo antecedente, ainda que não haja culpa de sua parte, responderão pelos atos praticados pelos terceiros ali referidos.[1]

Art. 933: 1. "O novo Código Civil (art. 933), seguindo evolução doutrinária, considera a responsabilidade civil por ato de terceiro como sendo objetiva, aumentando sobejamente a garantia da vítima. Malgrado a responsabilização objetiva do empregador, esta só exsurgirá se, antes, for demonstrada a culpa do empregado ou preposto, à exceção, por evidência, da relação de consumo" (STJ-4ª T., REsp 1.135.988, Min. Luis Felipe, j. 8.10.13, DJ 17.10.13).

Art. 934. Aquele que ressarcir o dano causado por outrem pode reaver o que houver pago daquele por quem pagou,[1] salvo se o causador do dano for descendente seu, absoluta ou relativamente incapaz.[2-3]

Art. 934: 1. Enunciado 44 do CEJ: "Na hipótese do art. 934, o empregador e o comitente somente poderão agir regressivamente contra o empregado ou preposto se estes tiverem causado dano com dolo ou culpa".

Art. 934: 2. v. arts. 304 a 307. S/ incapacidade, v. arts. 3º e 4º.

Art. 934: 3. v. art. 349, nota 1 (Súmula 188 do STF), e art. 735, nota 1 (Súmula 187 do STF).

Art. 935. A responsabilidade civil é independente da criminal,[1-1a] não se podendo questionar mais sobre a existência do fato, ou sobre quem seja o seu autor, quando estas questões se acharem decididas no juízo criminal.[2-3]

Art. 935: 1. v. CPP 63 a 67 e 92 a 94, CP 91-I, CPC 313-V-*a*, 315 e 515-VI; Lei 13.869/2019, arts. 6º a 8º.

✎ **Art. 935: 1a.** "Jurisdição penal e civil: integração e conflitos", por Ênio Santarelli Zuliani (RSDCPC 38/130).

Art. 935: 2. CPP: "**Art. 65.** Faz coisa julgada no cível a sentença penal que reconhecer ter sido o ato praticado em estado de necessidade, em legítima defesa, em estrito cumprimento de dever legal ou no exercício regular de direito.

"**Art. 66.** Não obstante a sentença absolutória no juízo criminal, a ação civil poderá ser proposta quando não tiver sido, categoricamente, reconhecida a inexistência material do fato.

"**Art. 67.** Não impedirão igualmente a propositura da ação civil:

"I — o despacho de arquivamento do inquérito ou das peças de informação;

"II — a decisão que julgar extinta a punibilidade;

"III — a sentença absolutória que decidir que o fato imputado não constitui crime".

Art. 935: 3. Enunciado 45 do CEJ: "No caso do art. 935, não mais se poderá questionar sobre a existência do fato ou sobre quem seja o seu autor se estas questões se acharem categoricamente decididas no juízo criminal".

"Para fins de indenização por danos morais, em razão de ofensas dirigidas em programa jornalístico, o fato de a queixa-crime ter sido julgada procedente, implica a impossibilidade de indagação sobre a ofensa injuriosa ou sobre sua autoria, nos termos do art. 935 do CC/02" (RT 846/289; ementa da redação).

"Faz coisa julgada no cível a sentença penal que reconhecer ter sido o ato praticado em exercício regular de direito. A afirmação de que a publicação da matéria jornalística se deu no exercício regular do direito-dever de imprensa constitucionalmente assegurado, tratando-se, portanto, de um ato lícito, em decisão penal com trânsito em julgado, impede a reabertura da discussão no cível para indagar acerca do direito à reparação civil, especialmente em se tratando de responsabilidade civil subjetiva" (STJ-3ª T., REsp 1.793.052, Min. Ricardo Cueva, j. 1.12.20, maioria, DJ 10.12.20).

"A sentença absolutória criminal, em relação a um dos corréus, deu-se com fundamento no art. 386, IV, do CPP — reconhecendo que esse corréu, ora agravado, não concorreu para o acidente que levou a óbito a filha dos ora recorrentes —, razão pela qual não se mostrava possível ao juízo cível perscrutar novamente a dinâmica dos fatos, de forma a responsabilizar o recorrido, por acarretar violação à coisa julgada, nos termos do art. 935, do CC" (STJ-3ª T., Ag em REsp 1.380.027-AgInt, Min. Marco Bellizze, j. 29.6.20, DJ 3.8.20).

"A circunstância de a absolvição criminal ter ocorrido mediante soberano veredicto do Tribunal do Júri, em que vige o princípio da livre convicção íntima dos jurados, não afasta a aplicabilidade da regra contida no art. 935 do Código Civil" (STJ-1ª T., REsp 1.128.572, Min. Sérgio Kukina, j. 20.4.21, DJ 28.4.21).

"O juízo cível somente está vinculado à decisão proferida no juízo criminal em relação ao fato e à autoria, nos termos do art. 935 do CC. A decisão fundamentada na ausência de justa causa para o exercício da ação penal, como no presente caso, não restringe o exame da questão na esfera cível" (STJ-4ª T., Ag em REsp 412.858-AgRg, Min. Isabel Gallotti, j. 5.6.14, DJ 20.6.14).

"A decisão fundamentada na falta de provas aptas a ensejar a condenação criminal, como no particular, não restringe o exame da questão na esfera cível. A sentença criminal ainda não transitada em julgado revela-se inapta a irradiar o efeito vinculante pretendido pelo recorrente" (STJ-3ª T., REsp 1.164.236, Min. Nancy Andrighi, j. 21.2.13, DJ 28.2.13).

"Em caso de sentença condenatória com trânsito em julgado, há incontornável dever de indenizar, e em caso de sentença absolutória em virtude do reconhecimento de inexistência do fato, da negativa de autoria, não haverá dever de indenizar. Não havendo sentença condenatória com trânsito em julgado, deve-se avaliar os elementos de prova para aferir a responsabilidade do réu pela reparação do dano. No caso, ainda que ausente a condenação criminal definitiva, não se pode negar a existência incontroversa do dano sofrido pela autora com a morte de seu filho e a autoria do crime que gerou esse dano. A acentuada reprovabilidade da conduta do réu, ainda que a vítima apresentasse comportamento agressivo e que tenha havido 'luta corporal' entre vítima e o réu, não afasta o dever do causador do dano de indenizar" (STJ-3ª T., REsp 1.829.682, Min. Ricardo Cueva, j. 2.6.20, DJ 9.6.20).

"A sentença criminal que, em decorrência da insuficiência de provas, absolve o condutor do veículo acidentado com base no art. 386, VI, do CPP, sem negar a autoria ou a materialidade do fato, não gera a preclusão da discussão da culpa da pessoa jurídica de que possa decorrer eventual responsabilidade civil" (STJ-4ª T., REsp 594.392, Min. Cesar Rocha, j. 6.4.04, DJ 13.9.04). Em sentido semelhante: STJ-3ª T., REsp 228.414, Min. Ari Pargendler, j. 6.12.01, DJ 25.3.02; STJ-2ª T., REsp 1.780.046, Min. Herman Benjamin, j. 15.8.19, DJ 11.10.19.

"A sentença criminal absolutória por ausência de culpa do réu não se amolda a quaisquer das ressalvas previstas no art. 1.525 do CC/16 (*art. 935 do CC/02*), segundo o qual a responsabilidade criminal repercutirá na civil apenas quando se acharem decididas no juízo criminal a existência do fato ou quem seja o seu autor, caso em que tais questões não mais poderão ser discutidas" (STJ-RT 856/170: 4ª T., REsp 789.072).

"A decisão na esfera criminal somente gera influência na jurisdição cível, impedindo a rediscussão do tema, quando tratar de aspectos comuns às duas jurisdições, ou seja, quando tratar da materialidade do fato ou da autoria, segundo previsto no art. 935 do CC/02 (que repetiu o disposto no art. 1.525 do CC/16). O reconhecimento da legítima defesa do vigilante no juízo criminal não implica, automaticamente, a impossibilidade de a parte autora requerer indenização pelos danos ocorridos, especialmente quando, como no caso ora em análise, pugna pelo reconhecimento da responsabilidade civil objetiva do banco e da empresa de vigilância, obrigados em face do risco da atividade" (STJ-4ª T., REsp 686.486, Min. Luis Felipe, j. 14.4.09, DJ 27.4.09).

"A responsabilidade civil é independente da criminal, não interferindo, pois, no andamento da ação de reparação de danos que tramita no juízo cível eventual absolvição por sentença criminal que, a despeito de reconhecer a culpa exclusiva da vítima pelo acidente, não ilide a autoria ou a existência do fato" (STJ-RJTJERGS 265/40: 3ª T.,

REsp 759.120). No mesmo sentido: STJ-2ª T., REsp 1.140.387, Min. Herman Benjamin, j. 13.4.10, DJ 23.4.10; STJ-4ª T., REsp 964.851-AgRg-EDcl, Min. João Otávio, j. 5.8.10, DJ 19.8.10.

"Tendo em vista a independência das esferas cível e criminal, a absolvição nesse juízo apenas vincula a esfera cível quando restar reconhecida a inexistência do fato ou atestar não ter sido o demandado seu autor, o que não ocorreu no caso, posto que o juízo reconheceu apenas não constituir o fato infração penal e não a inexistência do fato em si" (STJ-2ª T., Ag em REsp 519.456-AgRg, Min. Mauro Campbell, j. 21.8.14, DJ 26.8.14).

"O reconhecimento da prescrição retroativa, por se referir à forma de prescrição da pretensão punitiva, extingue a punibilidade, afastando todos os efeitos principais (aqueles concernentes à imposição das penas ou medidas de segurança) e secundários da sentença penal condenatória (custas, reincidência, confisco etc.), incluindo-se nestes últimos o efeito civil de que trata o art. 91, I, do Código Penal. Afastado o obrigatório aproveitamento da sentença penal condenatória que não transitou em julgado, deve o juízo cível, no âmbito de sua livre convicção, pautar-se nos elementos de prova apresentados no âmbito de todo o processo, inclusive em eventual prova emprestada do processo criminal do qual tenha participado o réu (garantia do contraditório), a fim de aferir a responsabilidade da parte ré pela reparação do dano. Recurso especial parcialmente provido, com retorno dos autos ao colendo Tribunal *a quo*, para novo julgamento da apelação cível" (STJ-4ª T., REsp 678.143, Min. Raul Araújo, j. 22.5.12, DJ 30.4.13). No mesmo sentido: STJ-3ª T., REsp 1.642.331, Min. Nancy Andrighi, j. 24.4.18, DJ 18.5.18.

"O que é defeso por força do disposto no art. 935 do Código Civil é tão somente que o juízo cível contrarie a existência do fato e a autoria afirmadas pela Justiça criminal. Fora isso, conclusões outras acerca do dever dos agravantes de indenizar a agravada devem derivar do entendimento do julgador sobre a responsabilidade civil daqueles — a partir das provas a serem produzidas no processo —, sem nenhum vínculo de dependência com a compreensão alcançada pela Justiça penal, até mesmo porque, consoante já exaustivamente frisado, a ação penal em questão não absolveu os agravantes da prática do crime, afinal, estes não foram denunciados" (STJ-3ª T., Ag em REsp 504.470-EDcl-AgRg, Min. Marco Bellizze, j. 23.10.14, DJ 4.11.14).

Art. 936. O dono, ou detentor,¹ do animal ressarcirá o dano por este causado,¹ª se não provar culpa da vítima² ou força maior.³ ª ⁶

Art. 936: 1. "Presume-se guardião da coisa o proprietário, de sorte que, ocorrendo fato danoso, sobre ele recai o dever de indenizar. Porém, demonstrado que a guarda foi, de fato, transferida a terceiro (como ocorre, v. g., nos contratos de locação, comodato, depósito e penhor), não é possível responsabilizar aquele que não mais ostentava poder fático sobre o bem" (RT 919/1.169: TJSC, AP 2009.066890-2).

Art. 936: 1a. v. LCP 31.

Art. 936: 2. v. art. 945.

Art. 936: 3. v. art. 393.

Art. 936: 4. "O tratamento legal acerca da responsabilidade civil por fato de animal, atualmente, não mais apenas prega a presunção de culpa em desfavor do dono ou detentor do animal. Na verdade o Código Civil de 2002 trouxe em seu bojo o entendimento de que se trata de **responsabilidade objetiva,** que independe de culpa, restando afastada apenas quando comprovada culpa da vítima ou força maior" (RJTJERGS 272/280: AP 70022138721).

Art. 936: 5. "Incumbe ao dono a obrigação de cuidar do animal e, portanto, da cerca do pasto em que o gado se encontra, respondendo pelo prejuízo causado por invasão de imóvel vizinho" (JTJ 312/205).

Art. 936: 6. "Contexto probatório evidencia que o bovino que ingressou no leito da rodovia integrava o rebanho de propriedade do demandado. Responsabilidade objetiva do proprietário pelos danos causados pelo animal nos termos do CC 936. Ausente a comprovação de mácula na conduta do demandante" (RF 411/381: TJRS, AP 70035596972).

Art. 937. O dono de edifício ou construção responde pelos danos que resultarem de sua ruína, se esta provier de falta de reparos, cuja necessidade fosse manifesta.¹

Art. 937: 1. v. art. 1.280; cf. art. 618.

Art. 938. Aquele que habitar prédio, ou parte dele, responde pelo dano proveniente das coisas que dele caírem ou forem lançadas em lugar indevido.¹⁻²

Art. 938: 1. "Na impossibilidade de identificar o causador, o condomínio responde pelos danos resultantes de objetos lançados sobre prédio vizinho" (STJ-3ª T., REsp 246.830, Min. Gomes de Barros, j. 22.2.05, DJU 14.3.05). No mesmo sentido: RT 848/323, JTJ 324/459 (AP 160.237-4/4-00).

Art. 938: 2. s/ condomínio, v. arts. 1.331 a 1.358 e LCE (no tít. CONDOMÍNIO E INCORPORAÇÃO).

> **Art. 939.** O credor que demandar o devedor antes de vencida a dívida,[1] fora dos casos em que a lei o permita,[2] ficará obrigado a esperar o tempo que faltava para o vencimento, a descontar os juros correspondentes, embora estipulados, e a pagar as custas em dobro.

Art. 939: 1. v. art. 941; cf. art. 162. S/ cobrança indevida, contra o consumidor, v. CDC 42 § ún. V. tb. CPC 79 a 81 (dano processual) e EA 32 § ún. (responsabilidade solidária do advogado).

Art. 939: 2. v. arts. 333, 1.425, 1.426, 1.465.

> **Art. 940.** Aquele que demandar por dívida já paga, no todo ou em parte, sem ressalvar as quantias recebidas ou pedir mais do que for devido, ficará obrigado a pagar ao devedor, no primeiro caso, o dobro do que houver cobrado e, no segundo, o equivalente do que dele exigir, salvo se houver prescrição.[1 a 5]

Art. 940: 1. v. art. 941. S/ cobrança indevida contra o consumidor, v. CDC 42 § ún. e notas. V. tb. CPC 79 a 81 (dano processual) e 776 (responsabilidade do exequente) e EA 32 § ún. (responsabilidade solidária do advogado).

Art. 940: 2. Súmula 159 do STF: "Cobrança excessiva, mas de boa-fé, não dá lugar às sanções do art. 1.531 do Código Civil". O art. 1.531 do CC antigo corresponde ao atual art. 940.

"Não incide a sanção do art. 1.531 do CC/16 contra aquele que não é credor, pois o dispositivo pressupõe uma vinculação de confiança anterior entre as partes, ou seja, uma dívida existente já paga, no todo ou em parte, sem ressalva das quantias já recebidas" (STJ-4ª T., REsp 788.700, Min. Luis Felipe, j. 10.11.09, DJ 30.11.09).

"É entendimento desta Corte que a aplicação da sanção prevista no art. 1.531 do CC de 1916 (mantida pelo art. 940 do CC/02) — pagamento em dobro por dívida já paga ou pagamento equivalente a valor superior do que é devido — depende da demonstração de má-fé, dolo ou malícia, por parte do credor" (STJ-1ª T., REsp 697.133, Min. Teori Zavascki, j. 18.10.05, DJU 7.11.05). No mesmo sentido: STJ-2ª T., REsp 595.706, Min. Castro Meira, j. 12.8.08, DJ 2.9.08; STJ-2ª Seção, REsp 1.111.270, Min. Marco Buzzi, j. 25.11.15, DJ 16.2.16; RT 871/240, JTJ 314/46 (AP 1.024.076-0/3), RJM 195/187 (AP 1.0313.09.278295-9/001).

"Por terem fundamentos diferentes, o reconhecimento da litigância de má-fé não importa aplicação automática da penalidade do artigo 1.531 do estatuto revogado" (STJ-3ª T., REsp 730.861, Min. Castro Filho, j. 10.10.06, DJU 13.11.06). No mesmo sentido: STJ-4ª T., REsp 1.455.017-AgInt-EDcl-AgInt, Min. Isabel Gallotti, j. 27.2.18, DJ 8.3.18. Mas: "Sendo uma só a conduta supostamente caracterizadora tanto da litigância de má-fé quanto do dolo na cobrança de dívida já paga — qual seja, a recusa de submeter parte dos livros contábeis à análise pericial — e não tendo o Tribunal Estadual enquadrado esse comportamento nas hipóteses do art. 17 do CPC, deve-se, por coerência, afastar também a incidência da sanção do art. 1.531 do CC/16" (STJ-3ª T., REsp 1.286.704, Min. Nancy Andrighi, j. 22.10.13, DJ 28.10.13).

"Aplicação simultânea dos institutos de direito material e processual. Possibilidade. As penalidades decorrentes da violação das normas contidas nos arts. 17, 18 do Estatuto Processual Civil e 940 do Código Civil são distintas, pois destinam-se à proteção e à eficácia de objetos jurídicos diversos. A primeira tutela a prestação jurisdicional, o processo e as suas finalidades. Já a segunda visa a defesa das relações jurídicas materiais, com o escopo de conformá-las com os vetores morais vigentes" (STJ-4ª T., REsp 1.339.625, Min. Marco Buzzi, j. 17.12.13, DJ 14.2.14).

"A simples circunstância de o credor haver deixado de deduzir do montante cobrado o valor da caução contratual não dá ensejo, por si só, à sanção cominada no art. 1.531 do CC de 1916" (STJ-2ª T., REsp 595.706, Min. Castro Meira, j. 12.8.08, DJ 2.9.08).

"A incidência da norma do art. 1.531 do CC (*atual art. 940 do CC*) pressupõe a cobrança judicial de dívida já paga, não se lhe assimilando a cobrança de dívida forjada" (STJ-3ª T., REsp 892.839, Min. Ari Pargendler, j. 21.8.08, DJ 26.3.09).

"A discussão judicial de cláusulas contratuais, com controvérsia acerca de seu alcance e da extensão exata das obrigações pactuadas, não se identifica com a hipótese 'cobrança indevida', núcleo do suporte fático do art. 1.531

(*atual art. 940 do CC*) a condicionar a sanção do pagamento em dobro do que cobrado. A ação de execução e a ação cautelar que lhe correspondia foram extintas não por se considerar inexistente a dívida e indevida a cobrança — fatos ainda controvertidos — mas por se considerar inexistente o título executivo, por ausência de liquidez e exigibilidade. Assim, foi a exequente considerada carecedora da ação executiva, sem que se possa impor a ela o pagamento em dobro do que pretendia haver do executado. Sentindo-se prejudicado pela constrição decorrente da concessão de medida cautelar de arresto pedida pela recorrida, pode a recorrente ajuizar ação autônoma a fim de provar os danos materiais e morais alegados, mas não exigir, em embargos do devedor, a aplicação do preceito do art. 1531 do Código Civil (1916) — pagamento em dobro da dívida exigida na ação de execução" (STJ-3ª T., REsp 759.690, Min. Sidnei Beneti, j. 6.10.09, DJ 3.11.09).

"A repetição do indébito de valores cobrados por instituição financeira, quando concernente a taxas e índices objeto de controvérsia mesmo no âmbito do Poder Judiciário há ser feita na forma simples" (STJ-4ª T., REsp 1.226.286-AgRg, Min. Aldir Passarinho Jr., j. 22.3.11, DJ 28.3.11).

"A iniciativa da empresa recorrida de reajustar as prestações do plano de saúde, com base na mudança da faixa etária, encontra-se amparada em cláusula contratual e presumidamente aceita pelas partes. Desse modo, não há razão para concluir que a conduta da administradora do plano de saúde foi motivada por má-fé, de forma a possibilitar a repetição em dobro de valores" (STJ-4ª T., Ag em REsp 268.154-AgRg, Min. Luis Felipe, j. 11.2.14, DJ 14.2.14).

"Quando a cobrança estiver calcada em cláusula de contrato que as partes livremente pactuaram, ainda que seja ela declarada nula, não se vislumbra, *a priori*, má-fé ou dolo" (RT 862/261).

"Este Tribunal admite a aplicação da penalidade estabelecida no art. 1.531 do CC/16 (*art. 940 do CC/02*) somente quando demonstrada conduta maliciosa do credor. Pratica conduta maliciosa o credor que, após demonstrado cabalmente o pagamento pelo devedor, insiste na cobrança de dívida já paga e continua praticando atos processuais, levando o processo até o final" (STJ-3ª T., REsp 608.887, Min. Nancy Andrighi, j. 18.8.05, dois votos vencidos, DJU 13.3.06).

"O ajuizamento de execução, quando o credor já recebeu, pela seguradora, parte da importância cobrada, e o restante, no curso da própria ação, constitui-se em vulneração do art. 940 do CC-02, e desobediência à regra de conduta de boa-fé entre os contratantes" (STJ-3ª T., REsp 1.068.271, Min. Nancy Andrighi, j. 24.4.12, DJ 15.6.12).

Art. 940: 3. "A aplicação da sanção civil do pagamento em dobro por cobrança judicial de dívida já adimplida (cominação encartada no artigo 1.531 do Código Civil de 1916, reproduzida no artigo 940 do Código Civil de 2002) pode ser postulada pelo réu na própria defesa, **independendo** da propositura **de ação autônoma ou** do manejo de **reconvenção,** sendo imprescindível a demonstração de má-fé do credor" (STJ-2ª Seção, REsp 1.111.270, Min. Marco Buzzi, j. 25.11.15, DJ 16.2.16). Em sentido semelhante: STJ-2ª T., REsp 759.929, Min. Eliana Calmon, j. 21.6.07, DJU 29.6.07.

"Nos termos do art. 745, V, do CPC/73 (reproduzido no art. 917 do NCPC), todas as matérias defensivas podem ser suscitadas nos **embargos do devedor,** devendo ser considerada como tal a incidência da penalidade prevista no art. 940 do CC na medida em que implica abuso do direito de ação que deve ser sancionado de forma análoga à do art. 18 do CPC/73, correspondente ao art. 81 do NCPC" (STJ-3ª T., REsp 1.638.535, Min. Moura Ribeiro, j. 7.2.17, DJ 4.4.17).

Indo além, para afirmar a "possibilidade da imposição da sanção civil prevista no art. 1.531 do CC/16 até mesmo de ofício porque ela configura um exercício abusivo do direito de ação, assim como ocorre na litigância de má-fé": STJ-2ª Seção, ED no REsp 1.106.999, Min. Moura Ribeiro, j. 27.2.19, DJ 13.3.19.

Contra, no sentido de que "a aplicação do artigo 1.531 do Código Civil está sujeita à reconvenção": STJ-3ª T., AI 326.119-AgRg, Min. Ari Pargendler, j. 17.4.01, DJU 4.6.01.

Art. 940: 4. "Conquanto represente pena e imponha indenização tarifada, cuja base de cálculo equivale ao dobro do valor cobrado por dívida já paga, por dizer respeito a espécie de responsabilidade civil, a aplicação do art. 940 do CC não pode resultar em condenação exorbitante, sem nenhuma correlação com a dívida quitada e com os danos sofridos. O valor indenizado, ainda que presumido por lei, conforme a regra geral do art. 944 do CC, deve sempre estar relacionado com a extensão do dano" (STJ-3ª T., REsp 1.119.803, Min. Ricardo Cueva, j. 3.5.12, DJ 13.9.12).

Art. 940: 5. "Na espécie, a construtora não tinha a possibilidade de satisfazer a obrigação pecuniária — a sanção privada, prevista no art. 940 do CC/02, de pagamento em dobro de quantia cobrada e já paga — enquanto não fixada esta obrigação pelo Tribunal de origem. Portanto, são devidos os **juros moratórios** desde a data em que condenada a construtora à pena prevista no art. 940 do CC/02. A **correção monetária** tem por objetivo exatamente a recomposição no tempo do valor da moeda em que se expressa determinada obrigação pecuniária. Logo, na presente hipótese, deve-se reconhecer que o termo inicial de sua incidência remonta à data em que se deu o ajuizamento da ação monitória, já que o valor, à época em que cobrado indevidamente — e que deverá ser restituído ao condomínio —, é que deve submeter-se à correção monetária" (STJ-3ª T., REsp 1.628.544, Min. Nancy Andrighi, j. 11.6.19, DJ 13.6.19).

Art. 941. As penas previstas nos arts. 939 e 940 não se aplicarão quando o autor desistir da ação¹ antes de contestada a lide, salvo ao réu o direito de haver indenização por algum prejuízo² que prove ter sofrido.

Art. 941: 1. v. CPC 200 § ún. e 485-VIII.

Art. 941: 2. v. arts. 402 a 405 e CPC 79 a 81.

Art. 942. Os bens do responsável pela ofensa ou violação do direito de outrem ficam sujeitos à reparação do dano causado;¹ e, se a ofensa tiver mais de um autor,² todos responderão solidariamente³ pela reparação.³ª⁻³ᵇ

Parágrafo único. São solidariamente responsáveis com os autores os coautores e as pessoas designadas no art. 932.⁴⁻⁵

Art. 942: 1. v. arts. 391 e 1.659-IV. V. tb. CPC 789.

Art. 942: 2. "Há coparticipação quando as condutas de duas ou mais pessoas concorrem efetivamente para o evento, gerando responsabilidade solidária. Cada um dos coagentes que concorre adequadamente para o evento é considerado pessoalmente causador do dano e obrigado a indenizar" (RF 378/314).

Art. 942: 3. v. arts. 275 a 285. V. tb. art. 944, nota 4b.

Art. 942: 3a. "Havendo mais de um causador de um mesmo dano ambiental, todos respondem solidariamente pela reparação, na forma do art. 942 do Código Civil. De outro lado, se diversos forem os causadores da degradação ocorrida em diferentes locais, ainda que contíguos, não há como atribuir-se a responsabilidade solidária adotando-se apenas o critério geográfico, por falta de nexo causal entre o dano ocorrido em um determinado lugar por atividade poluidora realizada em outro local" (STJ-RDPr 37/345: 2ª T., REsp 647.493).

Art. 942: 3b. "A solidariedade prevista no art. 1.518 do Código Civil de 1916 (art. 942 do Código Civil de 2002) tem suas bases na ilicitude do ato praticado, e não na impossibilidade de individualização das condutas" (STJ-4ª T., REsp 739.289, Min. Aldir Passarinho Jr., j. 4.5.10, DJ 24.5.10).

Art. 942: 4. Todavia, quanto às pessoas dos incs. I e II do art. 932, v. art. 928-*caput*, de acordo com o qual "o filho menor não é responsável solidário com seus genitores, pelos danos causados, mas subsidiário" (STJ-3ª T., REsp 1.319.626, Min. Nancy Andrighi, j. 26.2.13, DJ 5.3.13; a citação é do voto da relatora).

Art. 942: 5. "A diretoria de instituição de ensino é órgão da pessoa jurídica, por meio do qual esta pratica os atos inerentes à atividade de administração e direção da escola. Portanto, os ditos atos de direção, ainda que praticados por intermédio da pessoa física do diretor, são próprios da pessoa jurídica, e não de terceiro. Uma vez configurado o dano, surge a responsabilidade direta da pessoa jurídica ou por fato próprio. Ao ofendido é possível escolher entre ajuizar a ação reparatória do dano contra a pessoa jurídica em conjunto com a pessoa física que atuou como órgão daquela, causando o dano, ou separadamente, preferindo acionar um ou outro. Há um laço de solidariedade entre a pessoa jurídica e a física, a qual age como órgão daquela, causando dano a terceiro (CC/16, art. 1.518; CC/02, art. 942)" (STJ-4ª T., REsp 705.870, Min. Raul Araújo, j. 21.8.12, DJ 23.4.13).

Art. 943. O direito de exigir reparação e a obrigação de prestá-la transmitem-se com a herança.¹

Art. 943: 1. dentro das forças desta (v. arts. 1.792, 1.821 e 1.997-*caput*); v. tb. art. 1.700. V. ainda arts. 12 § ún. (legitimidade para a tutela de direito da personalidade), 20 § ún. (legitimidade para a tutela da honra). No CPC, v. art. 75-VII (representação do espólio em juízo).

Capítulo II | DA INDENIZAÇÃO

Art. 944. A indenização mede-se pela extensão do dano.¹ ᵃ ⁵ᵇ

Parágrafo único. Se houver excessiva desproporção entre a gravidade da culpa e o dano, poderá o juiz reduzir, equitativamente, a indenização.⁶⁻⁷

✎ **Art. 944: 1.** "Os artigos 944 e 945 do novo Código Civil brasileiro: grau de culpa e redução equitativa da indenização", por Miguel Kfouri Neto (RJ 318/60); "Por uma nova teoria da reparação por danos morais", por Nehemias Domingos de Melo (RSDCPC 33/66).

Art. 944: 2. s/ indenização por danos morais, v. tb. art. 186 e notas; s/ extensão do dano, v. tb. art. 402 e notas; s/ indenização em caso de homicídio, v. art. 948 e notas.

Art. 944: 3. Súmula 491 do STF (Morte de filho menor): "É indenizável o acidente que cause a morte de filho menor, ainda que não exerça trabalho remunerado".

✎ "Súmula 491 do STF *versus* Súmula 37 do STJ", por Yussef Said Cahali (RF 379/173).

Súmula 562 do STF (Correção monetária): "Na indenização de danos materiais decorrentes de ato ilícito cabe a atualização de seu valor, utilizando-se, para esse fim, dentre outros critérios, dos índices de correção monetária".

Súmula 37 do STJ: "São cumuláveis as indenizações por dano material e dano moral oriundos do mesmo fato".

Súmula 43 do STJ (Correção monetária): "Incide a correção monetária sobre dívida por ato ilícito a partir da data do efetivo prejuízo".

Súmula 54 do STJ (Juros de mora): "Os juros moratórios fluem a partir do evento danoso, em caso de responsabilidade extracontratual". V. art. 398.

Súmula 246 do STJ: "O valor do seguro obrigatório deve ser deduzido da indenização judicialmente fixada" (v. jurisprudência s/ esta Súmula em RT 787/183 e RSTJ 144/239).

"A dedução do valor do seguro obrigatório da indenização judicialmente fixada dispensa a comprovação de seu recebimento ou mesmo de seu requerimento" (STJ-2ª Seção, ED no REsp 1.191.598, Min. Marco Bellizze, j. 26.4.17, DJ 3.5.17).

Todavia, negando a dedução em caso de dano moral acontecido no contexto de acidente de veículo, por entender que o prejuízo identificado no caso não estava coberto pelo seguro DPVAT: STJ-2ª Seção, REsp 1.365.540, Min. Nancy Andrighi, j. 23.4.14, DJ 5.5.14.

V. tb. Lei 6.194, de 19.12.74, art. 3º, nota 6 (no tít. SEGUROS).

Súmula 498 do STJ: "**Não incide imposto de renda** sobre a indenização por danos morais".

"A indenização por dano estritamente moral não é fato gerador do imposto de renda, pois limita-se a recompor o patrimônio imaterial da vítima, atingido pelo ato ilícito praticado. *In casu*, a negativa de incidência do imposto de renda não se faz por força de isenção, mas em decorrência da ausência de riqueza nova — oriunda dos frutos do capital, do trabalho ou da combinação de ambos — capaz de caracterizar acréscimo patrimonial. A indenização por dano moral não aumenta o patrimônio do lesado, apenas o repõe, pela via da substituição monetária, *in statu quo ante*. A vedação de incidência do imposto de renda sobre indenização por danos morais é também decorrência do princípio da reparação integral, um dos pilares do Direito brasileiro. A tributação, nessas circunstâncias e, especialmente, na hipótese de ofensa a direitos da personalidade, reduziria a plena eficácia material do princípio, transformando o erário simultaneamente em sócio do infrator e beneficiário do sofrimento do contribuinte" (STJ-RDPr 39/334: 1ª Seção, REsp 963.387).

Com isso, tende a ficar superado o entendimento no sentido da incidência do imposto de renda nessas circunstâncias (p/ esse entendimento, v. STJ-1ª T., REsp 748.868).

Art. 944: 3a. Enunciado 379 do CEJ: "O art. 944, *caput*, do Código Civil não afasta a possibilidade de se reconhecer a função punitiva ou pedagógica da responsabilidade civil".

Art. 944: 4. "Os valores recebidos a título de indenização não sofrem a incidência do imposto sobre a renda, pois representam compensação pela perda da capacidade laboral, e não acréscimo patrimonial. Ainda que a indenização seja paga sob a forma de pensionamento mensal, os pagamentos não perdem a natureza indenizatória, não subsistindo razão para a retenção de imposto de renda na fonte" (STJ-4ª T., REsp 1.106.854, Min. Raul Araújo, j. 4.10.11, DJ 17.10.11). Da mesma forma, "não pode haver a dedução de quaisquer parcelas pagas à vítima a título de benefício previdenciário" (STJ-4ª T., REsp 248.412, Min. Aldir Passarinho Jr., j. 9.4.02, DJU 19.8.02).

Art. 944: 4a. "As duas únicas variações que abrem a possibilidade de alteração do valor da **prestação de alimentos decorrentes de indenização por ato ilícito** são: (i) o decréscimo das condições econômicas da vítima, dentre elas inserida a eventual defasagem da indenização fixada; (ii) a capacidade de pagamento do devedor: se houver acréscimo, possibilitará o pedido de revisão para mais, por parte da vítima, até atingir a integralidade do dano material futuro; se sofrer decréscimo, possibilitará pedido de revisão para menos, por parte do próprio devedor, em atenção a princípios outros, como a dignidade da pessoa humana e a própria faculdade então outorgada pelo art. 602, § 3º, do CPC (atual art. 475-Q, § 3º, do CPC). Entendimento em sentido contrário puniria a vítima do ilícito, por ter, mediante esforço sabidamente incomum, revertido situação desfavorável pelas limitações físicas sofridas" (STJ-RMDCPC 27/107: 3ª T., REsp 913.431).

V. tb. art. 950, nota 1c.

Art. 944: 4b. "Tendo o autor da ação de indenização obtido do empregador o ressarcimento pleno dos danos materiais, morais e estéticos sofridos em decorrência do acidente, não lhe assiste o direito de obter outra indenização para compor exatamente o mesmo dano já indenizado, ressalvada a existência de outro tipo de prejuízo não incluído na indenização trabalhista e, portanto, ainda não ressarcido. A **indenização** mede-se pela extensão do dano (Código Civil, art. 944), de forma que **não cabe multiplicá-la** conforme seja o número de partícipes do ato ilícito que o causou, todos eles **responsáveis solidários** pelo ressarcimento pleno do prejuízo (Código Civil, art. 942). O dano material — pensão correspondente ao trabalho para o qual a vítima ficou inabilitada — por sua natureza vitalícia haverá de ser composto ao longo dos anos. Isso não justifica o recebimento de duas pensões mensais, mas deve ser reconhecida a solidariedade dos responsáveis em face da vítima pelo pagamento da pensão, sendo exigível o pagamento mensal em face de cada um ou de todos os obrigados" (STJ-4ª T., Ag em REsp 1.505.915-AgInt, Min. Isabel Gallotti, j. 16.6.20, maioria, DJ 4.8.20).

Art. 944: 5. No sentido de que a pessoa afetada pela perda de capacidade laborativa que já recebe o respectivo **benefício previdenciário** pode receber, ainda, indenização por danos materiais com base no mesmo evento danoso: STJ-4ª T., REsp 476.409, Min. Aldir Passarinho Jr., j. 26.2.08, DJU 14.4.08. Em sentido semelhante: STJ-3ª T., REsp 1.295.001-AgRg, Min. Paulo Sanseverino, j. 25.6.13, DJ 1.7.13.

V. tb. art. 948, nota 3.

Art. 944: 5a. "A extensão do dano, enquanto medida da indenização, deve ser apurada por critério que aponte o real desfalque no patrimônio da vítima. Tratando-se o dano material da perda dos bens entregues em garantia (joias empenhadas), e não de indenização por posição contratual, deve-se apurar o valor de mercado, real e atual, do bem perdido" (STJ-3ª T., REsp 1.320.973, Min. Nancy Andrighi, j. 18.3.14, DJ 26.3.14).

S/ impossibilidade de restituição do bem empenhado e valor a ser pago, v. tb. CDC 51, nota 1e. S/ prescrição nessas circunstâncias, v. CDC 27, nota 2c.

Art. 944: 5b. "Na hipótese em que se divulga ao mercado informação desabonadora a respeito de empresa-concorrente, gerando-se desconfiança geral da cadeia de fornecimento e dos consumidores, agrava-se a culpa do causador do dano, que resta beneficiado pela lesão que ele próprio provocou. Isso justifica o aumento da indenização fixada, de modo a incrementar o seu caráter pedagógico, prevenindo-se a repetição da conduta" (STJ-3ª T., REsp 1.353.896, Min. Nancy Andrighi, j. 20.5.14, DJ 15.8.14).

Art. 944: 6. "Graus da culpa e redução equitativa da indenização", por Miguel Kfouri Neto (RT 839/47); "Redução da indenização na responsabilidade objetiva", por Kleber Luiz Zanchim (RDPr 33/201); "Indenização por equidade: desproporção entre a culpa e o dano", por Diogo Naves Mendonça (RMDCPC 28/80).

Art. 944: 7. Enunciado 46 do CEJ: "A possibilidade de redução do montante da indenização em face do grau de culpa do agente, estabelecida no parágrafo único do art. 944 do novo Código Civil, deve ser interpretada restritivamente, por representar uma exceção ao princípio da reparação integral do dano" (redação de acordo com o Enunciado 380 do CEJ).

Art. 945. Se a vítima tiver concorrido culposamente para o evento danoso,[1 a 3] a sua indenização será fixada tendo-se em conta a gravidade de sua culpa em confronto com a do autor do dano.

Art. 945: 1. v. arts. 738 § ún. (transporte de pessoas), 936 (dono ou detentor de animal), LCh 39, nota 2 (endosso fraudulento).

Art. 945: 1a. Enunciado 47 do CEJ: "O art. 945 do Código Civil, que não encontra correspondente no Código Civil de 1916, não exclui a aplicação da **teoria da causalidade adequada**".

"A partir da teoria da causalidade adequada, a concorrência de culpas, que na verdade consubstancia concorrência de causas para o evento danoso, só deve ser admitida em casos excepcionais, quando não se cogita de preponderância causal manifesta e provada da conduta do agente. Sempre que seja possível estabelecer a inocuidade de um ato, ainda que imprudente, se não tivesse intervindo outro ato imprudente, não se deve falar de concorrência de culpa, ou seja, a culpa grave necessária e suficiente para o dano exclui a concorrência de culpas" (STJ-3ª T., REsp 1.007.692, Min. Nancy Andrighi, j. 17.8.10, DJ 14.10.10).

"A configuração da culpa concorrente exige a simultaneidade dos atos jurídicos. Em consequência, a sucessividade no descumprimento dos deveres contratuais implica o seu afastamento" (STJ-3ª T., REsp 1.581.075, Min. Moura Ribeiro, j. 19.3.19, DJ 22.3.19).

Art. 945: 2. Casos em que se afirmou haver culpa concorrente:

— "Mal conservado o muro que cerca a **via férrea**, viabilizando a passagem de pedestre, o **atropelamento** deste resulta de concorrência de culpas: do pedestre, por imprudência; da empresa que explora a ferrovia, por negligência" (STJ-Bol. AASP 2.516/4.261: 3ª T., REsp 778.466). No mesmo sentido: STJ-2ª T., REsp 1.155.559, Min. Herman Benjamin, j. 25.5.10, DJ 30.6.10; RSTJ 202/381 (4ª T., REsp 705.859). "A vítima teve acesso aos trilhos por intermédio de passagem clandestina, ocasião em que foi colhida por composição férrea pertencente à recorrida. Em situações como a relatada nos autos, a jurisprudência desta Corte Superior é tranquila em reconhecer a concorrência de culpa da vítima e da empresa prestadora de serviço público" (STJ-4ª T., REsp 503.046, Min. Luis Felipe, j. 28.4.09, DJ 25.5.09).

"Em casos de atropelamentos por composição férrea, com vítima fatal, a jurisprudência desta Corte entende que a aferição quanto ao cenário do local do acidente é ponto nodal para se determinar a quem deve ser imputada a culpa, porquanto cabe à empresa prestadora do serviço impedir que pedestres invadam a área destinada ao trânsito férreo. Isso se dá, por exemplo, com a vigilância e cercamento de áreas propícias a tais infortúnios, notadamente as de grande concentração urbana, como é o caso" (STJ-4ª T., REsp 979.129, Min. Luis Felipe, j. 2.4.09, DJ 13.4.09).

"Não obstante constitua ônus da empresa concessionária de transporte ferroviário a fiscalização de suas linhas em meios urbanos, a fim de evitar a irregular transposição da via por transeuntes, é de se reconhecer a concorrência de culpas quando a vítima, tendo a sua disposição passarela construída nas proximidades para oferecer percurso seguro, age com descaso e imprudência, optando por trilhar caminho perigoso, levando-o ao acidente fatal" (STJ--4ª T., REsp 1.046.535, Min. Aldir Passarinho Jr., j. 18.6.09, DJ 10.8.09). No mesmo sentido: STJ-2ª Seção, REsp 1.172.421, Min. Luis Felipe, j. 8.8.12, RT 928/759.

Para situação similar em que se entendeu não haver culpa concorrente, v. nota seguinte; haver culpa exclusiva da vítima, v. Dec. 2.681/1912;

— "Admissível a concorrência de culpa em **transporte ferroviário,** quando verificado comportamento aventureiro da vítima, a dificultar, consideravelmente, a eficiência do serviço de fiscalização da empresa transportadora" (STJ-4ª T., REsp 746.894, Min. Aldir Passarinho Jr., j. 15.8.06, DJU 18.9.06; no caso, o passageiro viajava na escada do trem). Em sentido semelhante: STJ-3ª T., REsp 1.034.302, Min. Nancy Andrighi, j. 12.4.11, DJ 27.4.11. Para situação similar em que se entendeu: não haver culpa concorrente, v. nota seguinte; haver culpa exclusiva da vítima, v. Dec. 2.681/1912;

— **Acidente de trânsito.** "Há concorrência de culpas: a do motorista por atravessar o cruzamento simplesmente ignorando a **ausência da sinalização** que ali deveria existir, a da Municipalidade em decorrência de omissão que permitiu e contribuiu para um tal proceder" (RSTJ 197/222: 2ª T., REsp 716.250). No mesmo sentido: RSTJ 43/329 (1ª T., REsp 13.369);

— "Responde civilmente o órgão público competente pela conservação das **estradas** de rodagem por não tomar providências quanto à proteção de bueiro de captação de águas pluviais e **sinalização** indicativa de perigo, capaz de provocar acidentes com danos em transeuntes" (RIDA 7/395);

— "Ao mesmo tempo em que se exige da vítima, em tais circunstâncias, prudência e discernimento — já que pelo senso comum não se deve mergulhar em local desconhecido —, imperioso reconhecer, também, que, ao franquear a entrada de visitantes em **balneário público,** sejam eles menores ou não, deve o Estado proporcionar satisfatórias condições de segurança, mormente nos finais de semana" (STJ-2ª T., REsp 418.713, Min. Franciulli Netto, j. 20.5.03, DJU 8.9.03).

"Acidente. Tetraplegia. Negligência. Vítima em idade suficiente para antever o perigo. Falta de cautela. Concorrência de culpas. Subsistência da obrigação de indenizar. Redução do *quantum*. Caracterizada a culpa da **associação** e constatado que o comportamento do usuário também correu para o acidente, justifica-se aferir a existência de culpa concorrente e reduzir o valor da indenização" (STJ-3ª T., REsp 1.226.974, Min. João Otávio, j. 12.8.14, DJ 30.9.14). V. tb. nota seguinte;

— "A responsabilidade dos pais é dever decorrente do exercício do poder familiar, prerrogativa a que não podem renunciar. O Estatuto da Criança e do Adolescente (ECA) considera a vulnerabilidade da criança e do adolescente, impondo aos pais, em razão do poder familiar, obrigações materiais, afetivas, morais e psíquicas, entre as quais o dever de educar os filhos e sobre eles manter vigilância, preservando sua segurança. Ocorrido **acidente** que leve **menor** a óbito e constatado que, além da responsabilidade objetiva da empresa por ato de seu preposto, houve falha quanto ao **dever de vigilância dos pais** sobre o menor acidentado, caracterizada está a culpa concorrente, de forma que a indenização deve ser fixada na proporção da culpa de cada parte" (STJ-3ª T., REsp 1.415.474, Min. João Otávio, j. 14.6.16, DJ 16.6.16). V. tb. nota seguinte;

— "Situação em que se identifica, com base no voto médio, a concorrência de culpas da autora e do **banco,** a primeira por entregar o **cartão** e informar senha a pessoa amiga, que permitiu o acesso a terceiro sobre os dados sigilosos, e do réu por atuar negligentemente quando da solicitação, pelo fraudador, via telefônica, da transferência de valores da conta de poupança para a corrente, o que viabilizou a retirada subsequentemente" (RSTJ 193/401: 4ª T., REsp 235.385, maioria). V. tb. art. 927, nota 7a;

— "Pode o **banco** responder pelos danos sofridos por comerciante, quando recebe cheque como forma de pagamento, posteriormente devolvido por ser de **talonário furtado** ainda sob a guarda da instituição financeira. Resta caracterizada, no entanto, a culpa concorrente se o comerciante não toma cautelas mínimas quando do recebimento do cheque" (STJ-4ª T., REsp 435.230, Min. Sálvio de Figueiredo, j. 22.10.02, DJU 14.4.03).

"A guarda do talonário de cheques é de responsabilidade de seu titular; agindo este com negligência, não tendo a diligência necessária para evitar o furto do talão, assume o risco de restar caracterizada a culpa concorrente" (RJM 178/194). V. tb. art. 927, nota 7b;

— "Age com culpa o banco que não apresenta as informações necessárias para o **encerramento de conta bancária,** permitindo a evolução de saldo devedor e, posteriormente, a inscrição em órgão de proteção ao crédito, o que configura a responsabilidade contratual prevista no art. 14 do CDC. Mas, todavia, age também com culpa o consumidor que não verifica se o seu pedido de encerramento de conta bancária foi atendido, permanecendo inerte e não tomando as medidas necessárias para a verificação do atendimento de seu pleito de encerramento de conta ou de eventual saldo devedor, tomando o conhecimento de tal situação após passados quatro anos da solicitação de encerramento de conta bancária. Caracterização de culpa concorrente" (JTJ 322/2.654: AP 7.119.456-0);

— "De um lado, a prestadora do **serviço de telefonia** tem o dever de zelar, até porque maior interessada na relação, pela entrega da **fatura** no endereço indicado pelo cliente. Sem ela, não pode o consumidor conferir a prestação do serviço para fins de efetuar o pagamento. De outro, o assinante deve entrar em contato com a prestadora de serviços, informando-a do não recebimento da fatura na data aprazada" (STJ-RJ 293/99: 4ª T., REsp 327.420);

— "O acidente decorreu da concorrência de causas, uma vez que, concomitantemente à ausência da indispensável atuação fiscalizatória por parte da **concessionária de energia elétrica,** deve ser considerado o fato de que a residência da família foi construída de forma irregular, sem respeitar a distância mínima da rede de energia preexistente, o que possibilitou que, ao manusear uma barra de ferro próxima à fiação, a vítima viesse a sofrer o acidente fatal" (STJ-3ª T., REsp 1.693.414, Min. Marco Bellizze, j. 6.10.20, DJ 14.10.20). V. tb. art. 927, nota 14b;

— "Fuga de paciente menor de **estabelecimento hospitalar.** Agravamento da doença. Morte subsequente. Nexo de causalidade. Concorrência de culpas. Reconhecimento. Redução da condenação. As circunstâncias invocadas pelas instâncias ordinárias levaram a que concluíssem que a causa direta e determinante do falecimento do menor fora a omissão do hospital em impedir a evasão do paciente menor, enquanto se encontrava sob sua guarda para tratamento de doença que poderia levar à morte. Contudo, não se pode perder de vista sobretudo a atitude negligente dos pais após a fuga do menor, contribuindo como causa direta e também determinante para o trágico evento danoso. Está-se, assim, diante da concorrência de causas, atualmente prevista expressamente no art. 945 do Código Civil de 2002, mas, há muito, levada em conta pela doutrina e jurisprudência pátrias. A culpa concorrente é fator determinante para a redução do valor da indenização, mediante a análise do grau de culpa de cada um dos litigantes, e, sobretudo, das colaborações individuais para confirmação do resultado danoso, considerando a relevância da conduta de cada qual. O evento danoso resulta da conduta culposa das partes nele envolvidas, devendo a indenização medir-se conforme a extensão do dano e o grau de cooperação de cada uma das partes à sua eclosão" (STJ-4ª T., REsp 1.307.032, Min. Raul Araújo, j. 18.6.13, maioria, DJ 1.8.13). V. tb. CDC 14, nota 2;

— "A mera disponibilização ao empregado de **equipamentos de segurança** não isenta o **empregador** de responsabilidade em caso de acidentes. É necessário também que ele promova a fiscalização de sua utilização. Culpa concorrente do empregador reconhecida na morte do empregado, eletrocutado ao promover a manutenção de equipamentos em poste de alta tensão" (STJ-3ª T., REsp 555.468, Min. Nancy Andrighi, j. 4.10.05, DJU 14.11.05).

Art. 945: 3. Casos em que se afirmou não haver culpa concorrente:

— **Atropelamento por trem em via férrea.** "Se a prova dos autos revela a intenção da vítima, não de se utilizar do trecho para chegar à plataforma, mas de ocultar-se do público, na companhia de uma mulher, com outras finalidades, é de ser afastada a responsabilidade da empresa ré, uma vez que, na hipótese, o dever de guarda não se mostra apto a evitar a concretização da vontade das vítimas de permanecer, às escuras, em local inadequado. Ao assim proceder, assumiram a exclusividade da culpa pelo acidente" (STJ-3ª T., REsp 530.610, Min. Castro Filho, j. 22.3.07, DJU 16.4.07).

Para situação similar em que se entendeu: haver culpa concorrente, v. nota anterior; haver culpa exclusiva da vítima, v. Dec. 2.681/1912;

— "Risco assumido inteiramente pelo **'surfista ferroviário',** sendo inexigível e até mesmo impraticável nessa hipótese a fiscalização por parte da empresa" (STJ-4ª T., REsp 261.027, Min. Barros Monteiro, j. 19.4.01, maioria, DJU 13.8.01). No mesmo sentido: RSTJ 73/405 (3ª T., REsp 60.929). Para situação similar em que se entendeu: haver culpa concorrente, v. nota anterior; haver culpa exclusiva da vítima, v. Dec. 2.681/1912;

— "Acidente de transporte. **Passageiro** que trafegava com **braço para fora** do coletivo. Colisão entre dois coletivos. Distensão muscular e cicatriz no braço. Culpa exclusiva da vítima reconhecida" (RT 874/332: TJRJ, AP 10425/08);

— Acidente de trânsito envolvendo pessoa não habilitada ou que dirigia com a **carteira de habilitação vencida** (v. art. 927, nota 4b);

— a falta de uso de **capacete** pelo motoqueiro em acidente causado por culpa exclusiva do motorista de veículo que obstruiu a passagem da moto (RT 868/322);

— "O **excesso de velocidade** não implica o reconhecimento da culpa concorrente se nem foi a causa determinante do acidente nem do agravamento dos danos sofridos" (STJ-3ª T., REsp 438.925, Min. Ari Pargendler, j. 7.4.03, DJU 2.6.03);

— "É exclusivamente do **pedestre** que, **desatento** ao tráfego, atravessa correndo a rua para alcançar parada de ônibus, a culpa pelo próprio atropelamento, em não havendo qualquer indício autuado de procedimento inadequado do condutor do veículo atropelante" (RMDCPC 17/133);

— "Ação de indenização por danos materiais e morais. Falecimento de menor impúbere vítima de **afogamento em piscina de clube associativo**. Não deve ser acolhida a alegação de culpa concorrente dos pais, o que importaria em redução do valor da indenização, haja vista que, tendo havido a aceitação tácita por parte da associação do dever de guarda dos filhos dos autores, reside nesse fato o elemento ontológico da responsabilidade, o qual se sobrepõe à eventual ausência dos pais no momento do trágico incidente, como causa direta e imediata do dano" (STJ-3ª T., REsp 1.346.320, Min. Marco Bellizze, j. 16.8.16, DJ 5.9.16). V. tb. nota anterior;

— "A simples **ausência da genitora** no local e momento do incidente que vitimou sua filha, a despeito de lhe imposto dever de vigilância pelo Estatuto da Criança e do Adolescente, não configura a culpa concorrente da mesma pelo afogamento da menina em razão de ter ela seus cabelos sugados por sistema hidráulico de drenagem e filtragem superdimensionado para o local e instalado de forma indevida pelo Condomínio-réu" (STJ-RDPr 41/342: 4ª T., REsp 1.081.432). V. tb. nota anterior.

Art. 946. Se a obrigação for indeterminada, e não houver na lei ou no contrato disposição fixando a indenização devida pelo inadimplente, apurar-se-á o valor das perdas e danos[1] na forma que a lei processual[2] determinar.

Art. 946: 1. v. arts. 402 a 405.

Art. 946: 2. A lei processual não determina propriamente uma forma para a apuração do valor das perdas e danos. Em se tratando de obrigação sem um valor predeterminado, o que se pode dizer é que se faz necessária a instauração de um processo de conhecimento para a investigação das suas exatas dimensões.

A liquidação de sentença (CPC 509 e segs.), nas suas distintas modalidades, não é mecanismo adequado para a determinação do valor de obrigação indeterminada que não esteja expressa em sentença. Ela somente tem lugar nos casos em que uma sentença ilíquida tenha sido anteriormente proferida.

Daí a reafirmação de que a lei processual praticamente nada determina em matéria de obrigação indeterminada e apuração de perdas e danos.

Art. 947. Se o devedor não puder cumprir a prestação na espécie ajustada, substituir-se-á pelo seu valor, em moeda corrente.

Art. 948. No caso de homicídio, a indenização consiste, sem excluir outras reparações:[1]

I — no pagamento das despesas com o tratamento da vítima, seu funeral e o luto da família;[1a]

II — na prestação de alimentos às pessoas a quem o morto os devia, levando-se em conta a duração provável da vida da vítima.[2 a 10]

Art. 948: 1. v. art. 951.

Art. 948: 1a. "Desnecessidade de comprovação das despesas de funeral para a obtenção do ressarcimento dos causadores do sinistro, em face da certeza do fato, da modicidade da verba quando dentro dos parâmetros previstos pela Previdência Social e da imperiosidade de se dar proteção e respeito à dignidade humana" (STJ-4ª T., REsp 625.161, Min. Aldir Passarinho Jr., j. 27.11.07, DJU 17.12.07). No mesmo sentido: STJ-3ª T., REsp 1.095.575, Min. Nancy Andrighi, j. 18.12.12, maioria, DJ 26.3.13; STJ-2ª T., REsp 1.799.104, Min. Herman Benjamin, j. 9.6.20, DJ 28.8.20.

"Cabível a indenização por luto, que dispensa comprovação das despesas, quando fixada em parâmetro compatível" (STJ-4ª T., REsp 853.921, Min. João Otávio, j. 16.3.10, DJ 24.5.10).

Art. 948: 2. v. art. 944, nota 3 (Súmulas 491 e 562 do STF e 37 do STJ).

V. tb., no CPCLPV, CPC 533 e notas.

Art. 948: 2a. Súmula 490 do STF: "A pensão correspondente à indenização oriunda de responsabilidade civil deve ser calculada com base no salário mínimo vigente ao tempo da sentença e ajustar-se-á às variações ulteriores".

Fixada a pensão com base em salário mínimo, não se cogita da "incidência de correção monetária, na medida em que o valor do salário mínimo sofre natural e periódico reajuste, que já engloba a perda inflacionária ocorrida. Disso decorre que, calculado o número de salários mínimos devidos, basta multiplicá-lo pelo valor do salário mínimo vigente na data do pagamento para obter o montante, em moeda corrente e já atualizado, a ser pago. Esse critério é válido tanto para determinação do valor das prestações vencidas como das vincendas" (RSTJ 63/212: 4ª T., REsp 11.599; a citação é do voto do relator, Min. Sálvio de Figueiredo).

Contra: "A pensão fixada a título de indenização por ato ilícito em número de salários mínimos também deve ser corrigida monetariamente, não sendo lícito afirmar que ela apenas será reajustada com a alteração do valor do próprio salário mínimo" (STJ-3ª T., AI 816.398-AgRg, Min. Sidnei Beneti, j. 7.8.08, DJ 28.8.08; nota: o precedente mencionado nesse acórdão não autorizava essa conclusão, pois fez incidir a correção monetária em caso no qual se considerava o valor do salário mínimo vigente à época dos fatos, e não o atual).

Art. 948: 2b. "As prestações devidas a título de pensão indenizatória devem, para garantir o princípio da *restitutio in integrum*, acompanhar a variação salarial da categoria funcional a que pertencia a vítima" (STJ-3ª T., REsp 39.625-5, Min. Cláudio Santos, j. 17.4.95, DJU 15.5.95).

Art. 948: 2c. "Os filhos da vítima fatal recebiam pensão alimentícia do pai no valor de 15 salários mínimos, devendo esse valor nortear a pensão devida pelo ato ilícito (art. 1.537, II, do Código Civil de 1916), e não um valor presumido de 2/3 de um salário mínimo, o que, na medida do possível, recoloca as partes em situação equivalente ao momento anterior ao evento danoso" (STJ-2ª T., REsp 1.090.861, Min. Castro Meira, j. 21.5.09, DJ 1.6.09).

Art. 948: 3. Abatimento do benefício previdenciário. "O acórdão recorrido determinou o pagamento à viúva, por parte da causadora do evento danoso, de pensão mensal vitalícia em face dos danos materiais sofridos; contudo, o falecido era magistrado estadual e, em face de seu cargo, a viúva tem assegurada pensão mensal vitalícia, a ser paga pelo Estado, no valor integral dos vencimentos do *de cujus*. A indenização por dano material, porém, só pode dizer respeito ao ressarcimento daquilo que, em cada situação, representou uma diminuição indevida do patrimônio do ofendido. Colocada tal premissa, o que se verifica é a existência de uma previsão legal de assunção dos riscos previdenciários relativos à carreira da magistratura pelo Estado, em razão da importância e seriedade do exercício desse mister. Se assim é, e se o acórdão afirma existir o direito da viúva à percepção integral, a título de pensão por morte, dos vencimentos do magistrado falecido, qualquer quantia recebida a mais sobre a mesma base representaria a fruição de uma vantagem pecuniária indevida, ultrapassando os limites do ressarcimento ao dano causado" (STJ-RDPr 30/334: 3ª T., REsp 604.758, maioria). No mesmo sentido: "Impossível a cumulação de auxílio-reclusão, convertido em pensão após o óbito do beneficiário, com a indenização por danos materiais aplicada a título de pensionamento à família do *de cujus*. A indenização por dano material só pode dizer respeito ao ressarcimento do que representou a diminuição indevida do patrimônio do ofendido" (STJ-2ª T., REsp 1.125.195, Min. Herman Benjamin, j. 20.4.10, DJ 1.7.10). Ainda: "Incabível o recebimento de pensão mensal, em razão da concessão da aposentadoria por invalidez" (JTJ 348/449: AP 994.05.108625-5). Também: JTJ 314/163 (AP 407.765-5/6-00).

Contra: "O benefício previdenciário não pode ser abatido do pensionamento decorrente de ato ilícito, ante a diversidade da sua origem, constituição do direito e fins" (STJ-4ª T., REsp 373.843, Min. Aldir Passarinho Jr., j. 7.11.06, DJU 11.12.06).

V. tb. art. 944, nota 5.

Art. 948: 4. "No caso de **culpa concorrente,** a indenização, que tem característica típica de alimentos, deve ser fixada na metade do valor da prestação pretendida" (STJ-3ª T., REsp 35.446-3, Min. Waldemar Zveiter, j. 19.10.93, DJU 14.3.94).

Art. 948: 4a. "Pensão por morte. **Companheira** do falecido. Comprovação de **dependência econômica**. Desnecessidade. **Presunção** configurada" (STJ-2ª T., Ag em REsp 1.903.593-AgInt, Min. Assusete Magalhães, j. 17.10.22, DJ 25.10.22).

Art. 948: 4b. "**Vítima dona de casa.** Indenização por dano material. O fato de a vítima não exercer atividade remunerada não nos autoriza concluir que, por isso, não contribuía ela com a manutenção do lar, haja vista que os trabalhos domésticos prestados no dia a dia podem ser mensurados economicamente, gerando reflexos patrimoniais imediatos" (STJ-RT 827/200, um voto vencido).

Art. 948: 5. Alimentos devidos aos pais por morte de filho:

"A morte de **filho que já colabora para as despesas da casa** pode ser indenizada, cumulativamente, tanto pelo dano moral como pelo **dano patrimonial**" (RSTJ 105/341 — voto do relator bastante esclarecedor, sobre todas as hipóteses do assunto). No mesmo sentido: RT 783/432. "A concessão de pensão por morte de filho que já atingiu a idade adulta exige a demonstração da efetiva dependência econômica dos pais em relação à vítima na época do óbito. Na hipótese dos autos, a pensão mensal é devida à genitora da vítima, haja vista a existência de prova testemunhal atestando que o filho, antes do óbito, prestava assistência financeira à mãe" (STJ-3ª T., REsp 1.616.128, Min. Nancy Andrighi, j. 14.3.17, DJ 21.3.17).

Considerando devida, a nosso ver sem razão, a indenização por danos materiais aos pais de **vítima que ainda não trabalhava:**

— por se tratar de **família de baixa renda,** "no pressuposto de que, em se tratando de família humilde, o filho falecido iria colaborar com a manutenção do lar onde residia com sua família" (STJ-4ª T., REsp 740.059, Min. Aldir Passarinho Jr., j. 12.6.07, DJU 6.8.07). "Em família de poucos recursos, o dano patrimonial resultante da morte de um de seus membros é de ser presumido" (RSTJ 76/257: 1ª T., REsp 58.519). No mesmo sentido: STJ-Corte Especial, ED no REsp 147.412, Min. Laurita Vaz, j. 15.2.06, DJU 27.3.06. Estimando que a indenização por danos materiais deve corresponder ao auxílio que, no futuro, o filho poderia prestar aos pais: STJ-3ª T., REsp 437.681, Min. Ari Pargendler, j. 8.10.02, DJU 2.12.02. Concedendo indenização, no caso de morte de **filho recém-nascido:** STJ-2ª T., REsp 738.413, Min. João Otávio, j. 18.10.05, DJU 21.11.05. Ainda, no caso de **filho com deficiência mental:** STJ-3ª T., REsp 1.069.288, Min. Massami Uyeda, j. 14.12.10, DJ 4.2.11;

— independentemente da situação econômica da família: "Assentou a Corte que sendo a vítima menor, sem participar, comprovadamente, das despesas do lar, não configurando nem a sentença nem o acórdão a família como de baixa renda, o cálculo da pensão deve considerar o limite de 25 anos de idade" (STJ-3ª T., REsp 208.363, Min. Menezes Direito, j. 10.12.99, DJU 8.3.00).

Entendendo que, mesmo no caso de vítima que não trabalhava, "cabe ao causador do ilícito desconstituir a presunção de que o acidentado não auxiliaria materialmente a sua família": STJ-3ª T., REsp 1.069.288, Min. Massami Uyeda, j. 14.12.10, DJ 4.2.11.

"O encarceramento não afasta a presunção de ajuda mútua familiar, pois, após a soltura, existe a possibilidade de contribuição do filho para o sustento da família, especialmente em razão do avançar etário dos pais" (STJ-2ª T., Ag em REsp 812.782-AgInt, Min. Og Fernandes, j. 17.10.18, DJ 23.10.18).

Afirmando, a nosso ver com razão, que, **se o filho não trabalhava, sua morte somente pode ser indenizada a título de dano moral:** "Em se tratando de menor que ainda não estava trabalhando, seus pais não fazem jus ao pensionamento decorrente de danos materiais, mas tão somente aos morais" (STJ-4ª T., REsp 74.532, Min. Sálvio de Figueiredo, j. 11.3.97, DJU 12.5.97). "A concessão de pensão por morte de filho que já atingira a idade adulta exige a demonstração da efetiva dependência econômica dos pais em relação à vítima na época do óbito (art. 948, II, do CC)" (STJ-3ª T., REsp 1.320.715, Min. Paulo Sanseverino, j. 7.11.13, DJ 27.2.14). "O *de cujus* não contribuía com nenhum tipo de ajuda financeira para com a autora, e a mera expectativa de que ele viesse a ajudar os pais nos trabalhos da casa ou no exercício de profissão não são razoáveis para a atribuição de pensão" (RT 884/358: TRF-2ª Reg., AP 2006.71.03.002270-3). "Renda mensal não ocorre na espécie, pois filho origina gastos e não rendimentos" (JTJ 341/226: AP 467.471.4/0-00).

Considerando que nas **famílias mais ricas** a morte do filho menor não gera danos materiais por perda de renda nem dá direito à consequente pensão, pois presume-se que nessas situações aquele se dedicaria aos estudos e não à atividade remunerada: STJ-RT 807/219. "Impossibilidade de se determinar o pagamento de pensão, se a vítima é filho menor de pais de classe média e profissão definida" (JTJ 331/621: AP 425.386.4/4-00).

"É cabível a fixação de salário mensal em favor dos pais de menores vítimas fatais de acidente de trânsito e oriundos de famílias de baixa renda. Contudo, não comprovado o último requisito, não cabe o pensionamento até a idade em que a vítima completaria 65 anos" (STJ-3ª T., REsp 1.302.599, Min. João Otávio, j. 26.4.16, DJ 6.5.16).

Art. 948: 5a. Termo inicial da pensão devida aos pais pela morte de filho:

"A indenização por danos materiais, nos casos de falecimento de menor, é devida a partir da data em que este teria idade para o trabalho (14 anos), sendo fixada à base de 2/3 do salário mínimo até que a vítima completasse 25 anos, e reduzida para 1/3 até os 65 anos, tratando-se de família de baixa renda" (STJ-3ª T., REsp 422.911, Min. Ari Pargendler, j. 7.4.03, DJU 29.9.03). No mesmo sentido, quanto ao termo inicial: STJ-Corte Especial, ED no REsp 107.617, Min. Ari Pargendler, j. 4.5.05, DJU 1.8.05; RSTJ 165/391 (4ª T., REsp 302.298).

Todavia: "Essa presunção relativa, criada pela jurisprudência do STJ, cede ante à constatação de que, na hipótese específica dos autos, a realidade era outra e que, ao falecer, a vítima tinha 16 anos de idade e não exercia atividade remunerada. Afastada a presunção de que a vítima trabalhava desde os 14 anos de idade, estabelece-se outra, no sentido de que, por ser de família de baixa renda, completados 18 anos, integraria o mercado de trabalho. Por maior que seja o empenho dos pais para retardar o ingresso dos filhos no mercado de trabalho, é de se supor que, com idade suficiente para terem encerrado o ensino médio, já adultos e em condições de se sustentar, sejam estes compelidos a trabalhar, até mesmo para fazer frente às suas crescentes necessidades financeiras, bem como para aliviar ao menos parte do fardo imposto até então aos seus pais" (STJ-3ª T., REsp 1.045.389, Min. Nancy Andrighi, j. 19.11.09, DJ 26.11.09).

Termo final da pensão devida aos pais pela morte de filho:

No sentido de que os alimentos devem ser pagos até a data em que a vítima completaria 65 anos: RSTJ 50/305, 83/101, 111/263, 133/327, 147/324; STJ-RT 698/237, 712/286, dois votos vencidos, 713/230, 721/292; STJ-RJM 122/262; STJ-RTJE 118/207; STJ-Bol. AASP 1.813/393; STJ-1ª T.: RSTJ 57/286; STJ-3ª T., REsp 297.544, Min. Pádua Ribeiro, j. 22.5.03, DJU 30.6.03; STJ-4ª T., REsp 138.373, Min. Sálvio de Figueiredo, j. 21.5.98, DJU 29.6.98. No mesmo sentido, porém determinando, na data em que a vítima completaria 25 anos de idade:

— a redução de 50% do valor da pensão: "Assim como é dado presumir-se que o filho, vítima de acidente fatal, teria, não fosse o infausto evento, uma sobrevida até os sessenta e cinco anos, e até lá auxiliaria a seus pais, prestando alimentos, também pode-se supor, pela ordem natural dos fatos da vida, que ele se casaria aos vinte e cinco anos, momento a partir do qual já não mais teria a mesma disponibilidade para ajudar materialmente a seus pais, pois que, a partir do casamento, passaria a suportar novos encargos, que da constituição de uma nova família são decorrentes. A pensão fixada, com base nas peculiaridades da espécie pelo Tribunal de origem, deve, a partir de quando a vítima viesse a completar vinte e cinco anos, ser reduzida pela metade, assim ficando, caso haja a sobrevida dos pais, até os presumíveis sessenta e cinco anos da vítima" (STJ-2ª Seção, ED no REsp 106.327, Min. Cesar Rocha, j. 23.2.00, quatro votos vencidos, DJU 1.10.01). No mesmo sentido: STJ-2ª T., REsp 653.597, Min. Castro Meira, j. 24.8.04, DJU 4.10.04. Reduzindo a pensão de 2/3 do salário mínimo recebida até os 25 anos para 1/3 daí em diante: STJ-RT 828/178 (4ª T., REsp 514.384), STJ-RT 842/143 (2ª T., REsp 586.443);

— a redução de 2/3 (dois terços) da pensão integral recebida até então: STJ-2ª T., REsp 507.120, Min. Eliana Calmon, j. 2.10.03, DJU 10.11.03.

No sentido de que os alimentos devem ser pagos até a data em que a vítima completaria 70 anos, com valor de 2/3 do salário mínimo entre os 14 e os 25 anos e de 1/3 do salário mínimo entre os 25 e os 70 anos: STJ-3ª T., REsp 646.482, Min. Menezes Direito, j. 15.12.05, DJU 8.5.06.

Adotando os mesmos valores e idade como parâmetro, mas fixando como termo final "a longevidade provável prevista em tabela expedida pela Previdência Social": STJ-4ª T., REsp 740.059, Min. Aldir Passarinho Jr., j. 12.6.07, DJU 6.8.07.

Em qualquer caso, **a pensão cessa se o beneficiário falecer antes do termo final** previsto para o pagamento dos alimentos (RSTJ 70/159).

No sentido de que a pensão é **vitalícia:** "Pensão devida aos pais da vítima. Não há limite para a duração dessa pensão, que, por natureza, é vitalícia" (STJ-3ª T., REsp 437.681-EDcl, Min. Ari Pargendler, j. 10.2.04, DJU 29.3.04).

Art. 948: 6. Alimentos devidos aos filhos, pela morte do pai:

Entendendo que o pensionamento aos filhos da vítima é devido "até a data de aniversário dos 25 anos": STJ-2ª T., REsp 592.671, Min. Eliana Calmon, j. 6.4.04, DJU 17.5.04. No mesmo sentido: STJ-3ª T., REsp 650.853, Min. Menezes Direito, j. 26.4.05, DJU 13.6.05; STJ-4ª T., AI 718.562-AgRg, Min. Carlos Mathias, j. 5.8.08, DJ 25.8.08.

"A obrigação de dar pensão, pela morte do pai, ao filho menor, cessa quando este completar 25 anos. Tal regra incide apenas quando o pensionário é física e mentalmente são" (STJ-1ª T.: RSTJ 134/88).

"Os filhos menores de vítima de ato ilícito fazem jus à pensão no equivalente à renda mensal da falecida, desde a data do ilícito até a data de suas colações de grau em curso superior ou, se não concluído, até os 25 anos de idade, excetuando-se o primogênito, emancipado por outorga paterna logo após o fato, para o qual a data da cessação do benefício corresponde à data do registro da emancipação" (RT 870/328).

Art. 948: 6a. "O direito a pensão mensal surge exatamente da necessidade de reparação de dano material decorrente da perda de ente familiar que contribuía com o sustento de parte que era economicamente dependente até o momento do óbito. O fato de a **vítima já ter ultrapassado a idade correspondente à expectativa de vida** média do brasileiro, por si só, não é óbice ao deferimento do benefício, pois muitos são os casos em que referida faixa etária é ultrapassada. É cabível a utilização da tabela de sobrevida, de acordo com os cálculos elaborados pelo IBGE, para melhor valorar a expectativa de vida da vítima quando do momento do acidente automobilístico e, consequentemente, fixar o termo final da pensão" (STJ-3ª T., REsp 1.311.402, Min. João Otávio, j. 18.2.16, DJ 7.3.16).

Art. 948: 6b. Direito de acrescer. "Ao cessar, para um dos beneficiários, o direito a receber pensão relativa à indenização dos danos materiais por morte, sua cota-parte acresce, proporcionalmente, aos demais" (STJ-3ª T., REsp 408.802, Min. Nancy Andrighi, j. 27.6.02, DJU 16.9.02). "Responsabilidade civil. A responsabilidade do réu quanto à integralidade da pensão permanece a mesma, em face do direito de acrescer" (STJ-4ª T., REsp 333.462, Min. Barros Monteiro, j. 5.11.02, DJU 24.2.03). No mesmo sentido: STJ-2ª T., REsp 1.155.559-EDcl, Min. Herman Benjamin, j. 16.11.10, DJ 4.2.11; RSTJ 26/514, RT 865/233.

Súmula 57 do TFR: "É cabível a reversão da pensão previdenciária e daquela decorrente de ato ilícito aos demais beneficiários, em caso de morte do respectivo titular ou a sua perda por força de impedimento legal".

"O direito de acrescer decorre logicamente do pedido formulado na petição inicial das ações de natureza indenizatória, cujo escopo é recompor o estado das coisas existente antes do evento danoso. Assim, o direito de acrescer encontra fundamento no fato de que a renda da vítima sempre seria revertida em benefício dos demais familiares quando qualquer deles não mais necessitasse dela. Não se afigura razoável que, cessado o direito de um dos familiares ao recebimento da pensão, o valor correspondente simplesmente deixe de ser pago pelo réu. Para manter a coerência da premissa que justifica a própria imposição da pensão mensal — de que o pai de família participaria do orçamento doméstico até a sua morte natural — esta deve continuar a ser paga integralmente. A saída de um dos filhos do núcleo familiar não permite inferir que a contribuição do pai diminuiria; apenas significa que esse valor seria distribuído de forma diferente" (STJ-3ª T., REsp 1.155.739, Min. Nancy Andrighi, j. 2.12.10, DJ 10.10.11).

"Cabimento do direito de acrescer, independentemente de previsão no título executivo, no caso de pensão *intuitu familiae*, como na espécie" (STJ-3ª T., AI 1.209.255-EDcl-AgRg, Min. Paulo Sanseverino, j. 7.8.12, DJ 13.8.12).

S/ direito de acrescer e julgamento *extra petita*, v., no CPCLPV, CPC 492, nota 16c.

Art. 948: 7. Segundo **tabela elaborada pelo IBGE**, a expectativa de vida do brasileiro, nas diversas faixas etárias, é a seguinte (idade atual/número de anos que a pessoa ainda viverá):

0	77,0
1	76,9
5	73,0
10	68,1
15	63,2
20	58,5
25	53,9
30	49,2
40	40,0
45	35,5
50	31,1
55	27,0
60	23,0
65	19,2
70	15,7
75	12,6
80 ou mais	9,9

Essa tabela pode ser consultada, na íntegra, em <https://www.ibge.gov.br/estatisticas/sociais/populacao/9126-tabuas-completas-de-mortalidade.html?=&t=resultados>.

Em decisão do Min. Sálvio de Figueiredo (ED no REsp 119.649, DJU 12.6.01, p. 97, *in fine*), verifica-se que essa tabela tem sido aceita em julgados do STJ. No mesmo sentido: STJ-4ª T., REsp 503.046, Min. Luis Felipe, j. 28.4.09, DJ 25.5.09; STJ-2ª T., REsp 1.027.318, Min. Herman Benjamin, j. 7.5.09, DJ 31.8.09; STJ-1ª T., REsp 1.124.471, Min. Luiz Fux, j. 17.6.10, DJ 1.7.10.

Mas: "Sendo a **vítima** do evento um **estrangeiro**, residente e domiciliado nos Estados Unidos da América, revela-se adequada a substituição da tabela do IBGE (para fins de fixação do termo final da pensão mensal devida a seu respectivo cônjuge) por apontamento estatístico que indique, com maior precisão, a expectativa média de vida naquele país. No caso, cumpre bem essa finalidade a base de dados do Banco Mundial, segundo a qual a expectativa de vida do norte-americano no ano de 2001 era pouco superior a 76 anos" (STJ-3ª T., REsp 1.677.955, Min. Ricardo Cueva, j. 18.9.18, DJ 26.9.18).

Art. 948: 7a. Negando o pagamento da pensão de uma só vez: RTJ 114/427. V. art. 950, nota 6a. Mas: "A satisfação do dano moral deve ser paga de uma só vez, de imediato" (RSTJ 76/257).

Art. 948: 8. A pensão devida a título de indenização por morte não pode ser igual aos rendimentos que eram percebidos pela vítima, porque "desse montante deve ser **descontado** o que lhe era necessário para o **sustento próprio**" (STJ-3ª T., REsp 191.379, Min. Ari Pargendler, j. 27.8.01, DJU 1.10.01).

Entendendo que essa redução deve corresponder à terça parte dos rendimentos da vítima: STJ-2ª T., REsp 26.810-6, Min. Pádua Ribeiro, j. 15.9.93, DJU 4.10.93; STJ-4ª T., REsp 100.927, Min. Cesar Rocha, j. 26.10.01, DJU 15.10.01.

Art. 948: 9. "A ausência de prova de que a vítima possuía, ao tempo do acidente, vínculo empregatício constitui óbice à inclusão do **décimo terceiro salário** e da gratificação de **férias** no montante da indenização" (STJ-4ª T., REsp 1.075.663-AgRg, Min. João Otávio, j. 3.2.09, DJ 16.2.09). No mesmo sentido, quanto ao 13º salário: STJ-3ª T., REsp 1.279.173, Min. Paulo Sanseverino, j. 4.4.13, DJ 9.4.13.

"Consignado que a vítima era empregada assalariada, a pensão fixada em favor de seus familiares deve contemplar os valores relativos a férias" (STJ-3ª T., REsp 1.137.708, Min. Nancy Andrighi, j. 13.10.09, DJ 6.11.09). No mesmo sentido: JTJ 330/162 (AI 568.058-4/1-00).

"É cabível a inclusão do 13º salário, das férias remuneradas acrescidas de 1/3 e do **FGTS** no cálculo do pensionamento por ato ilícito quando existir prova de trabalho assalariado da vítima na época do sinistro. Na apuração do valor da pensão mensal por ato ilícito, não podem ser consideradas as promoções futuras na carreira e a participação nos lucros nem as verbas atinentes ao plano de aquisição de ações e ao adicional de automóvel em face da eventualidade de tais fatos e do caráter indenizatório de alguns (e não salarial), não se enquadrando no conceito jurídico de lucros cessantes" (STJ-3ª T., REsp 1.422.873, Min. Ricardo Cueva, j. 13.3.18, DJ 20.3.18).

Art. 948: 9a. "Inexistindo comprovação dos rendimentos da vítima do acidente ensejador de seu direito ao recebimento de pensão mensal por incapacidade laboral, a jurisprudência desta Corte Superior é firme no sentido de que tal verba deve corresponder a 1 salário mínimo. No caso, em virtude da **nacionalidade** da autora e do fato de **residir no exterior,** impõe-se que a pensão seja fixada em **valor** equivalente ao **do salário mínimo** do Estado da Califórnia, nos Estados Unidos da América" (STJ-3ª T., REsp 1.677.955, Min. Ricardo Cueva, j. 18.9.18, DJ 26.9.18).

Art. 948: 9b. Novo casamento do cônjuge beneficiário da pensão. "A pensão prestada à viúva pelos danos materiais decorrentes da morte de seu marido não termina em face da remaridação, tanto porque o casamento não constitui nenhuma garantia da cessação das necessidades da viúva alimentanda, quanto porque o prevalecimento da tese oposta importa na criação de obstáculo para que a viúva venha a contrair novas núpcias, contrariando o interesse social que estimula que as relações entre homem e mulher sejam estabilizadas com o vínculo matrimonial" (STJ-4ª T., REsp 100.927, Min. Cesar Rocha, j. 26.10.01, DJU 15.10.01).

Art. 948: 10. Súmula 493 do STF: "O valor da indenização, se consistente em prestações periódicas e sucessivas, compreenderá, para que se mantenha inalterável na sua fixação, parcelas compensatórias do imposto de renda, incidente sobre os juros do capital gravado ou caucionado, nos termos dos arts. 911 e 912 do CPC". Os arts. 911 e 912 do CPC/39 correspondem ao atual art. 533 do CPC.

Art. 949. No caso de lesão ou outra ofensa à saúde,[1-1a] o ofensor indenizará o ofendido das despesas do tratamento e dos lucros cessantes até ao fim da convalescença,[2 a 5] além de algum outro prejuízo que o ofendido prove haver sofrido.[6]

Art. 949: 1. v. arts. 950 e 951.

Art. 949: 1a. "As sequelas físicas decorrentes do ato ilícito, mesmo que não sejam visíveis de ordinário e, por isso, não causem repercussão negativa na aparência da vítima, certamente provocam intenso sofrimento. Desta forma, as lesões não precisam estar expostas a terceiros para que sejam indenizáveis, pois o que se considera para os danos estéticos é a degradação da integridade física da vítima, decorrente do ato ilícito" (STJ-3ª T., REsp 899.869, Min. Gomes de Barros, j. 13.2.07, DJU 26.3.07).

S/ cumulação de dano moral e dano estético, v. art. 186, nota 2b.

Art. 949: 2. Enunciado 192 do CEJ: "Os danos oriundos das situações previstas nos arts. 949 e 950 do Código Civil de 2002 devem ser analisados em conjunto, para o efeito de atribuir indenização por perdas e danos materiais, cumulada com dano moral e estético".

Art. 949: 3. "Não obstante a lei determine 'até o fim da convalescença', nada obsta que o juiz, dentro do poder de cautela que lhe é inerente e já se adiantando a tumultos processuais certamente ocorrentes se não delimitada a matéria, estabeleça, pelo menos, um ponto de partida para a obrigação de reparar o dano. O ponto de partida encontrado na sentença foi a fase de liquidação, onde se apurará o estado atual do autor, os tratamentos necessários e possíveis para abrandar o mal impingido, suas conveniências e possibilidades, sem o risco de que, na hipótese de ser deixado em aberto o período da convalescença, terminasse o réu suportando além do que se obrigou, seja pelo advento de outras mazelas, seja pelo decurso do tempo, seja pela própria acentuação da idade do demandante" (RJTJERGS 255/199).

Art. 949: 3a. "A condenação deve incluir todas as intervenções que se fizeram necessárias durante a tramitação do demorado processo e das que devam ser feitas no tratamento das sequelas deixadas pelo acidente, ainda que não possam ser desde logo definidas em número e em valor, o que ficará para a liquidação de sentença. Conforme a perícia, a natureza das lesões exige constantes e periódicas intervenções, até sua definitiva consolidação" (STJ-4ª T., REsp 297.007, Min. Ruy Rosado, j. 14.8.01, DJU 18.3.02).

"Tratando-se de sequelas duradouras, que exijam tratamento contínuo e prolongado, a indenização devida ao prejudicado também deve abranger essas despesas, sendo desnecessária a propositura de novas ações" (STJ-3ª T., REsp 651.225, Min. Castro Filho, j. 19.8.04, DJU 20.9.04).

V. tb. art. 950, nota 2.

Art. 949: 4. "Pedindo a autora a condenação da ré no pagamento de pensão mensal para custear futuros tratamentos médicos, remédios, exames e outros, não é lícito ao juiz julgar procedente o pedido para determinar que a ré pague plano de saúde para a autora" (STJ-3ª T., REsp 899.869, Min. Gomes de Barros, j. 13.2.07, DJU 26.3.07).

Art. 949: 5. v. arts. 402 e 403.

Art. 949: 6. v. art. 944, nota 3 (Súmula 37 do STJ).

Art. 950. Se da ofensa resultar defeito[1-1a] pelo qual o ofendido não possa exercer o seu ofício ou profissão, ou se lhe diminua a capacidade de trabalho,[1b a 1f] a indenização, além das despesas do tratamento e lucros cessantes até o fim da convalescença,[1g-2] incluirá pensão correspondente à importância do trabalho para que se inabilitou, ou da depreciação que ele sofreu.[2a a 5]

Parágrafo único. O prejudicado, se preferir, poderá exigir que a indenização seja arbitrada e paga de uma só vez.[6 a 8]

Art. 950: 1. v. arts. 949 e 951.

Art. 950: 1a. v. art. 949, nota 2 (Enunciado 192 do CEJ).

Art. 950: 1b. "Presume-se a redução da capacidade laborativa da vítima de ato ilícito que sofre graves sequelas físicas permanentes, evidentemente limitadoras de uma vida plena. O só fato de se presumir que a vítima de ato ilícito portadora de limitações está capacitada para exercer algum trabalho não exclui o pensionamento, pois a experiência mostra que o deficiente mercado de trabalho brasileiro é restrito mesmo quando se trata de pessoa sem qualquer limitação física" (STJ-3ª T., REsp 899.869, Min. Gomes de Barros, j. 13.2.07, DJU 26.3.07).

"A vítima do evento danoso — que sofre redução parcial e permanente da capacidade laborativa — tem direito ao pensionamento previsto no art. 950 do CC, **independentemente** da existência **de capacidade para o exercício de outras atividades,** em face do maior sacrifício tanto na busca de um emprego quanto na maior dificuldade na realização do serviço" (STJ-2ª T., REsp 1.269.274, Min. Mauro Campbell, j. 4.12.12, DJ 10.12.12). No mesmo sentido: STJ-1ª T., REsp 1.843.679-AgInt, Min. Sérgio Kukina, j. 6.4.20, DJ 14.4.20.

Art. 950: 1c. "Diversamente do benefício previdenciário, a indenização de cunho civil tem por objetivo não apenas o ressarcimento de ordem econômica, mas, igualmente, o de compensar a vítima pela lesão física causada pelo ato ilícito do empregador, que reduziu a sua capacidade laboral em caráter definitivo, inclusive pelo natural obstáculo de ensejar a busca por melhores condições e remuneração na mesma empresa ou no mercado de trabalho. Destarte, ainda que o empregado passe a exercer funções melhor remuneradas, o desempenho do trabalho com maior sacrifício em face das sequelas permanentes há de ser compensado pelo pagamento de uma pensão indenizatória total" (STJ-4ª T., REsp 579.888, Min. Aldir Passarinho Jr., j. 6.8.09, DJ 21.9.09).

"O art. 950 do Código Civil não exige que tenha havido também a perda do emprego ou a redução dos rendimentos da vítima para que fique configurado o direito ao recebimento da pensão. O dever de indenizar decorre unicamente da perda da capacidade laboral, que, na hipótese, foi expressamente reconhecida pelo acórdão recorrido. A indenização de cunho civil não se confunde com aquela de natureza previdenciária. Assim, é **irrelevante o fato de que** o recorrente, durante o período do seu afastamento do trabalho, **continuou auferindo renda** através do sistema previdenciário dos servidores públicos. A indenização civil, diferentemente da previdenciária, busca o ressarcimento da lesão física causada, não propriamente a mera compensação sob a ótica econômica" (STJ-3ª T., REsp 1.062.692, Min. Nancy Andrighi, j. 4.10.11, DJ 11.10.11).

V. tb. art. 944, nota 4a.

S/ dimensionamento da pensão, v. tb. notas 3 e segs.

Art. 950: 1d. "É devida a indenização ao adolescente que teve sua capacidade laborativa reduzida. O fato de **não exercer atividade remunerada,** no momento do acidente, **não afasta a pretensão** indenizatória, pois a redução da aptidão para o trabalho, por si só, gera prejuízo que refletirá em toda a sua vida" (STJ-3ª T., REsp 712.293, Min. Castro Filho, j. 21.11.06, DJU 4.12.06). No mesmo sentido: RT 868/273.

"O art. 950 do Código Civil admite ressarcir não apenas a quem, na ocasião da lesão, exerça atividade profissional, mas também aquele que, muito embora não a exercitando, veja restringida sua capacidade de futuro trabalho" (STJ-4ª T., REsp 1.281.742, Min. Marco Buzzi, j. 13.11.12, DJ 5.12.12). Do voto do relator: "A circunstância de estar o autor, ao tempo do acidente, já aposentado, não exclui o seu direito ao recebimento da pensão".

Art. 950: 1e. "Na hipótese como a dos autos, em que a acidentada desenvolvia **atividade meramente intelectual,** apurando-se que a perda do braço esquerdo em nada prejudicou suas atividades profissionais, indevido é o pensionamento pretendido" (STJ-4ª T., REsp 799.989, Min. João Otávio, j. 26.8.08, DJ 8.9.08).

Art. 950: 1f. "A amputação de membro, no caso, configura invalidez permanente notória, a qual é presumida independentemente de laudo médico, sendo a vítima profissional cuja **atividade depende de plena aptidão física,** como, na espécie, a profissão de gari. Diante da inequívoca invalidez total e permanente da vítima do acidente de trânsito, mostra-se despicienda a produção de prova pericial para atestar o percentual de redução da capacidade para fins de fixação da pensão" (STJ-4ª T., Ag em REsp 1.358.259-AgInt, Min. Raul Araújo, j. 27.11.18, DJ 7.12.18).

Art. 950: 1g. v. arts. 402 e 403.

Art. 950: 2. "Não encontra respaldo legal a condenação ao pagamento de **danos emergentes** em forma de pensão mensal, com base em estimativa de custos com o tratamento. O ressarcimento deve corresponder ao exato montante desembolsado, sob pena de enriquecimento ilícito" (STJ-RF 397/476: 2ª T., REsp 718.632).

V. tb. art. 949, nota 3a.

Art. 950: 2a. v. arts. 944, nota 3, e 948, nota 2a (Súmulas 490 e 562 do STF).

Art. 950: 3. Para o **dimensionamento da pensão,** "o que vale para a fixação do percentual, em princípio, é a incapacidade para o trabalho que exerce no momento do ato lesivo, pouco relevando que haja incapacidade apenas parcial para outras atividades, salvo a comprovação de que o ofendido efetivamente exerce outro emprego remunerado. A mera possibilidade de fazê-lo está fora da presunção legal" (STJ-RT 837/160: 3ª T., REsp 569.351). No caso, tendo o laudo atestado incapacidade total para a atividade anteriormente exercida e estando a pessoa desempregada, foi fixada a pensão em valor equivalente a cem por cento do que ela recebia em seu trabalho, pouco importando a constatação pelo perito de incapacidade simplesmente parcial para o desenvolvimento de atividades laborativas em geral.

"Em razão de acidente de trabalho, o desempenho do labor, embora com maior sacrifício, em face das sequelas permanentes, há de ser compensado pelo pagamento de uma pensão indenizatória total, ainda que o trabalhador exerça outra função melhor remunerada" (STJ-4ª T., REsp 796.037-AgRg, Min. Luis Felipe, j. 15.12.09, dois votos vencidos, DJ 10.8.10).

"Quanto ao valor da pensão, deverá ser equivalente ao percentual de perda da capacidade aplicado sobre o valor da renda que o recorrente auferia à época do acidente, devidamente corrigida" (STJ-3ª T., REsp 1.062.692, Min. Nancy Andrighi, j. 4.10.11, DJ 11.10.11; a citação é do voto da relatora).

"A pensão mensal vitalícia fixada em razão da incapacidade laborativa total ou parcial resultante de moléstia profissional, mercê do caráter indenizatório, deve ser corrigida monetariamente a partir do evento danoso. Nesse contexto, a remuneração mensal da autora declarada na petição inicial deve ser corrigida monetariamente desde a data do evento danoso, para fins de determinação do valor inicial da pensão mensal vitalícia, incidindo correção monetária sobre o valor devido a contar de cada vencimento" (STJ-4ª T., REsp 813.209-EDcl, Min. Antonio Ferreira, j. 27.11.12, DJ 6.12.12).

"O termo inicial para o pensionamento vitalício, em caso de responsabilidade civil decorrente de ato ilícito, é a data do fato ensejador da reparação, qual seja, o evento danoso. No cálculo da pensão vitalícia deve-se tomar por base os valores dos salários mínimos correspondentes a cada período transcorrido desde o acidente" (STJ-4ª T., REsp 1.281.742-EDcl, Min. Marco Buzzi, j. 2.9.14, DJ 11.9.14).

"A pensão por incapacidade permanente decorrente de lesão corporal é vitalícia, não havendo o limitador da expectativa de vida" (STJ-3ª T., REsp 1.278.627, Min. Paulo Sanseverino, j. 18.12.12, DJ 4.2.13). No mesmo sentido, ponderando que no caso "o tempo de pensionamento é pautado pela longevidade real": STJ-4ª T., REsp 775.332, Min. Aldir Passarinho Jr., j. 5.3.09, DJ 23.3.09.

S/ direito à pensão, v. tb. notas 1b e segs.

Art. 950: 3a. "**Sem provas** do exercício **de atividade remunerada,** tampouco de eventual remuneração recebida antes do ato ilícito, a vítima tem direito a pensão mensal de 1 (um) salário mínimo, desde o evento danoso até o fim de sua vida. A indicação de termo final do pensionamento só é cabível quando se pretende pensão por morte, pois deve-se presumir que a vítima, não fosse o ato ilícito, viveria tempo equivalente à expectativa média de vida do brasileiro. É lícito ao juiz determinar que o réu constitua capital para garantir o adimplemento da pensão a que foi condenado, mesmo sem pedido do autor" (STJ-3ª T., REsp 899.869, Min. Gomes de Barros, j. 13.2.07, DJU 26.3.07). No mesmo sentido: STJ-4ª T., AI 599.565-AgRg, Min. Fernando Gonçalves, j. 11.11.08, DJ 1.12.08.

Art. 950: 4. "Em se tratando de ato ilícito gerador de incapacidade para o trabalho, o **salário a ser considerado** para efeito de cálculos das verbas indenizatórias, deve ser aquele que o trabalhador recebia à **época do evento**, na hipótese, o fixado em carteira de trabalho" (STJ-RT 850/215: 4ª T., REsp 240.406).

Art. 950: 5. "Indenização por ato ilícito não se confunde com pensão enquanto benefício previdenciário (REsp 811.193/GO, Min. Rel. Jorge Scartezzini, 4ª T., DJ de 6.11.06). A indenização, reconhecida em sentença, representada por pensão mensal vitalícia, devida a quem teve reduzida a capacidade laborativa, tem caráter personalíssimo, perdurando enquanto vivo o seu titular. **Falecido o credor,** em respeito à natureza da obrigação e aos limites da coisa julgada, os seus dependentes não têm direito a continuar percebendo a indenização" (STJ-RT 864/197: 1ª T., RMS 21.611). "Em que pese a natureza indenizatória da pensão mensal fixada em função da perda da capacidade laborativa do empregado que perdeu a mão em acidente do trabalho, tal indenização somente pode ser paga enquanto se produzir o dano correspondente. Se o empregado, que mensalmente é remunerado em conformidade com o que se determinou na sentença, vem a falecer antes da data-limite nela fixada, não há como habilitar os sucessores a receber a pensão mensal" (STJ-3ª T., REsp 997.056, Min. Nancy Andrighi, j. 3.4.08, um voto vencido, DJ 22.8.08). No mesmo sentido: STJ-2ª T., REsp 1.320.214, Min. Castro Meira, j. 21.8.12, DJ 29.8.12.

Art. 950: 6. Enunciado 48 do CEJ: "O parágrafo único do art. 950 do novo Código Civil institui **direito potestativo** do lesado para exigir pagamento da indenização de uma só vez, mediante arbitramento do valor pelo juiz, atendido ao disposto nos artigos 944 e 945 e à possibilidade econômica do ofensor".

Enunciado 381 do CEJ: "O lesado pode exigir que a indenização, sob a forma de pensionamento, seja arbitrada e paga de uma só vez, salvo impossibilidade econômica do devedor, caso em que o juiz poderá fixar outra forma de pagamento, atendendo à condição financeira do ofensor e aos benefícios resultantes do pagamento antecipado".

Art. 950: 6a. "O **direito potestativo** de a vítima solicitar o pagamento imediato da indenização material ocorre apenas na hipótese de redução da capacidade laboral e não nos casos de falecimento (artigo 948 do Código Civil)" (STJ-2ª T., REsp 1.230.007, Min. Castro Meira, j. 17.2.11, DJ 28.2.11; a citação é do voto do relator).

Art. 950: 6b. "O parágrafo único do art. 950 do Código Civil de 2002, que prevê a possibilidade de pagamento de cota única de pensão decorrente de ato ilícito, **não se aplica aos casos de pensão vitalícia.** O pagamento, em parcela única, implica, em tese, a desnaturação do próprio instituto da vitaliciedade, pois a vítima do acidente pode ficar desamparada em determinado momento de sua vida ou provocar o enriquecimento sem causa do credor, caso este faleça de forma prematura. A regra de constituição de capital, aplicada pelo aresto impugnado, nos moldes da Súmula 313 do STJ e do art. 475-Q do Código de Processo Civil de 1973, segue os interesses de ambas as partes e garante o pagamento mensal da pensão vitalícia" (STJ-4ª T., REsp 1.282.069, Min. Luis Felipe, j. 17.5.16, DJ 7.6.16).

Art. 950: 7. "O pagamento de indenização em parcela única **não se configura em um direito absoluto da vítima,** mas, caso requerido, deve ser apreciado pelo julgador, que ponderará as circunstâncias do caso, em especial, a capacidade econômica do ofensor" (STJ-3ª T., REsp 1.531.096, Min. Ricardo Cueva, j. 17.5.16, DJ 23.5.16). No mesmo sentido: STJ-4ª T., Ag em REsp 1.243.487-AgInt, Min. Marco Buzzi, j. 8.10.19, DJ 4.12.19.

"Deve-se, entretanto, atentar à situação de cada caso, à higidez econômica do devedor e à possibilidade e conveniência de que a pensão seja paga de uma só vez. Deve-se dosar e ponderar a incidência dessa norma, não se podendo aplicar ao pé da letra a disposição referida, antecipando-se as prestações vincendas que deverão ser pagas no decorrer dos anos. Além disso, quando a vítima sobrevive ao evento, como ocorre nos autos, a antecipação das prestações daria ensejo a que o pagamento em parcela única deixasse de atender ao seu estrito objetivo, permitindo enriquecimento ilícito" (STJ-3ª T., REsp 876.448, Min. Sidnei Beneti, j. 17.6.10, DJ 21.9.10; a citação é do voto do relator).

Art. 950: 8. "A regra contida no art. 950, parágrafo único, do Código Civil, ao explicitar que 'o prejudicado, se preferir, poderá exigir que a indenização seja arbitrada e paga de uma só vez', **apenas** pode ser suscitada pela parte interessada **na fase de conhecimento,** pois é o momento que a indenização é arbitrada e que são aferidas as circunstâncias exigidas no *caput* do mencionado normativo para a substituição do regime de pensão. No caso, o aresto recorrido concluiu que o requerimento para o pagamento da pensão por meio de parcela única apenas ocorreu na fase de execução, não tendo constado do título judicial transitado em julgado" (STJ-2ª T., REsp 1.797.688-AgInt, Min. Og Fernandes, j. 13.8.19, DJ 19.8.19).

Art. 951. O disposto nos arts. 948, 949 e 950 aplica-se ainda no caso de indenização devida por aquele que, no exercício de atividade profissional, por negligência, imprudência ou imperícia, causar a morte do paciente, agravar-lhe o mal, causar-lhe lesão, ou inabilitá-lo para o trabalho.[1 a 9]

Art. 951: 1. "A responsabilidade médica na experiência brasileira contemporânea", por Gustavo Tepedino (RJ 311/18); "Responsabilidade civil do médico", por Márcia Regina Lusa Cadore Weber (Ajuris 95/201, RDPr 18/144 e RSDCPC 36/138); "Responsabilidade civil por erro médico", por Misael Montenegro Filho (RDA 229/125); "Entendendo problemas médico-jurídicos em ginecologia e obstetrícia", por Judith Martins-Costa (RT 831/106); "Erro médico, complicação e prática não médica. Por uma classificação da responsabilidade do profissional de saúde", por Edmundo Machado Ferraz e Roberto Wanderley Nogueira (RT 835/33); "O dever de esclarecimento e a responsabilidade médica", por André Gonçalo Dias Pereira (RT 839/69); "A responsabilidade civil médica frente ao ordenamento jurídico atual", por Domingos Afonso Kriger Filho (RF 380/33); "O erro médico: lei, doutrina e jurisprudência", por Amadeu de Almeida Weinmann (RMDCPC 6/42); "O consumidor e seus direitos diante de erros médicos e falhas de serviços hospitalares", por Andréa de Almeida Brunhari e Ênio Santarelli Zuliani (RMDCPC 47/58, RMDECC 43/35 e RSDCPC 77/95).

Art. 951: 1a. s/ responsabilidade civil dos hospitais, v. CDC 14, notas 1 e 2. V. tb CDC 14 § 4º.

Art. 951: 1b. A responsabilidade do médico "não decorre do mero insucesso no diagnóstico ou no tratamento, seja clínico ou cirúrgico. Cabe ao paciente demonstrar que o resultado funesto teve por causa a negligência, imprudência ou imperícia do médico, sendo a **prova da culpa imprescindível**" (RF 377/345, acórdão relatado pelo Des. Sergio Cavalieri). No mesmo sentido: RP 119/200.

"A responsabilidade do médico pressupõe o estabelecimento do nexo causal entre causa e efeito da alegada falta médica, tendo em vista que, embora se trate de responsabilidade contratual — cuja obrigação gerada é de meio —, é subjetiva, devendo ser comprovada ainda a culpa do profissional" (STJ-RJM 188/333: 4ª T., REsp 1.078.057).

S/ inversão do ônus da prova nesses casos, v. CDC 6º, nota 8b.

Art. 951: 1c. "Nas hipóteses em que se discute erro médico, a incerteza não está no dano experimentado, notadamente nas situações em que a vítima vem a óbito. A incerteza está na participação do médico nesse resultado, à medida que, em princípio, o dano é causado por força da doença, e não pela falha de tratamento. Conquanto seja viva a controvérsia, sobretudo no direito francês, acerca da aplicabilidade da teoria da responsabilidade civil pela **perda de uma chance** nas situações de erro médico, é forçoso reconhecer sua aplicabilidade. Basta, nesse sentido, notar que a chance, em si, pode ser considerada um bem autônomo, cuja violação pode dar lugar à indenização de seu equivalente econômico, a exemplo do que se defende no direito americano. Prescinde-se, assim, da difícil sustentação da teoria da causalidade proporcional. Admitida a indenização pela chance perdida, o valor do bem deve ser calculado em uma proporção sobre o prejuízo final experimentado pela vítima. A chance, contudo, jamais pode alcançar o valor do bem perdido. É necessária uma redução proporcional" (STJ-3ª T., REsp 1.254.141, Min. Nancy Andrighi, j. 4.12.12, DJ 20.2.13).

Todavia: "A chamada 'teoria da perda da chance', de inspiração francesa e citada em matéria de responsabilidade civil, aplica-se aos casos em que o dano seja real, atual e certo, dentro de um juízo de probabilidade, e não de mera possibilidade, porquanto o dano potencial ou incerto, no âmbito da responsabilidade civil, em regra, não é indenizável. In casu, o v. acórdão recorrido concluiu haver mera possibilidade de o resultado morte ter sido evitado caso a paciente tivesse acompanhamento prévio e contínuo do médico no período pós-operatório, sendo inadmissível, pois, a responsabilização do médico com base na aplicação da 'teoria da perda da chance'" (STJ-RF 405/448: 3ª T., REsp 1.104.665).

S/ perda de uma chance, v. tb. nota 7a, arts. 402, nota 7, e 927, notas 3a, 3c, 5c e 8b, CDC 14, notas 2, in fine, 3a, e 7a.

Art. 951: 1d. "O médico que deixa de informar o paciente acerca dos riscos da cirurgia incorre em negligência, e responde civilmente pelos danos resultantes da operação" (STJ-3ª T., AI 818.144-AgRg, Min. Ari Pargendler, j. 9.10.07, DJU 5.11.07). No mesmo sentido: "Dano moral que ocorre in re ipsa, sendo obrigação do profissional da saúde os esclarecimentos acerca de qualquer procedimento ou tratamento, notadamente aquele que poderá agravar o quadro e prejudicar a qualidade de sobrevida" (JTJ 355/620: AP 994.09.285412-0, maioria).

Art. 951: 1e. "Na medicina moderna a operação cirúrgica não pode ser compreendida apenas em seu aspecto unitário, pois frequentemente nela interferem múltiplas especialidades médicas. Nesse contexto, normalmente só caberá a responsabilização solidária e objetiva do cirurgião chefe da equipe médica quando o causador do dano for profissional que atue sob predominante subordinação àquele. No caso de médico anestesista, em razão de sua capacitação especializada e de suas funções específicas durante a cirurgia, age com acentuada autonomia, segundo técnicas médico-científicas que domina e suas convicções e decisões pessoais, assumindo, assim, responsabilidades próprias, segregadas, dentro da equipe médica. Destarte, se o dano ao paciente advém, comprovadamente, de ato praticado pelo anestesista, no exercício de seu mister, este responde individualmente pelo evento. O Código de Defesa do Consumidor, em seu art. 14, *caput*, prevê a responsabilidade objetiva aos fornecedores de serviço pelos danos causados ao consumidor em virtude de defeitos na prestação do serviço ou nas informações prestadas — fato do serviço. Todavia, no § 4º do mesmo artigo, excepciona a regra, consagrando a responsabilidade subjetiva dos profissionais liberais. Não há, assim, solidariedade decorrente de responsabilidade objetiva, entre o cirurgião-chefe e o anestesista, por erro médico deste último durante a cirurgia" (STJ-2ª Seção, ED no REsp 605.435, Min. Raul Araújo, j. 14.9.11, maioria, DJ 28.11.12). **Contra:** "Em regra, o cirurgião chefe dirige a equipe, estando os demais profissionais, que participam do ato cirúrgico, subordinados às suas ordens, de modo que a intervenção se realize a contento. No caso ora em análise, restou incontroverso que o anestesista, escolhido pelo chefe da equipe, agiu com culpa, gerando danos irreversíveis à autora, motivo pelo qual não há como afastar a **responsabilidade solidária do cirurgião chefe,** a quem estava o anestesista diretamente subordinado" (STJ-4ª T., REsp 605.435, Min. Luis Felipe, j. 22.9.09, um voto vencido, DJ 16.11.09; nota: esse acórdão foi cassado no julgamento dos subsequentes embargos de divergência).

Art. 951: 1f. "Médico que deixa de prestar **assistência pós-cirúrgica** a paciente que tem seu estado de saúde agravado, alegando que a piora não decorre do ato cirúrgico que realizou, mas de outras causas, encaminhando-a a profissionais diversos, deve responder pelo dano ocasionado à paciente, pois deixou de agir com a cautela necessária, sendo negligente" (STJ-4ª T., REsp 914.329, Min. Luis Felipe, j. 19.8.08, DJ 13.10.08).

Art. 951: 2. "Constatada a realização de **cirurgia reparadora e estética,** o cirurgião assume, na primeira, obrigação de meio, e, provado que agiu culposamente, fica obrigado a ressarcir os prejuízos materiais experimentados pela vítima. Na segunda, assume obrigação de resultado (responsabilidade contratual ou objetiva), devendo indenizar a vítima pelo não cumprimento do contrato, decorrente da deformidade ou de alguma irregularidade" (RT 813/354). "Nas cirurgias de natureza mista — estética e reparadora —, a responsabilidade do médico não pode ser generalizada, devendo ser analisada de forma fracionada, sendo de resultado em relação à sua parcela estética e de meio em relação à sua parcela reparadora" (STJ-RT 914/536: 3ª T., REsp 1.097.955). No mesmo sentido: STJ-4ª T., REsp 819.008, Min. Raul Araújo, j. 4.10.12, DJ 29.10.12. Também enfatizando a condição da cirurgia reparadora como obrigação de meio: RT 849/348, RJM 174/171.

"A obrigação assumida pelo médico, normalmente, é obrigação de meios, posto que objeto do contrato estabelecido com o paciente não é a cura assegurada, mas sim o compromisso do profissional no sentido de uma prestação de cuidados precisos e em consonância com a ciência médica na busca pela cura. Apesar de abalizada doutrina em sentido contrário, este Superior Tribunal de Justiça tem entendido que a situação é distinta, todavia, quando o médico se compromete com o paciente a alcançar um determinado resultado, o que ocorre no caso da cirurgia plástica meramente estética. Nesta hipótese, segundo o entendimento nesta Corte Superior, o que se tem é uma obrigação de resultados e não de meios. No caso das obrigações de meio, à vítima incumbe, mais do que demonstrar o dano, provar que este decorreu de culpa por parte do médico. Já nas obrigações de resultado, como a que serviu de origem à controvérsia, basta que a vítima demonstre, como fez, o dano (que o médico não alcançou o resultado prometido e contratado) para que a culpa se presuma, havendo, destarte, a inversão do ônus da prova. Não se priva, assim, o médico da possibilidade de demonstrar, pelos meios de prova admissíveis, que o evento danoso tenha decorrido, por exemplo, de motivo de força maior, caso fortuito ou mesmo de culpa exclusiva da 'vítima' (paciente)" (STJ-RDPr 41/323: 4ª T., REsp 236.708).

"A cirurgia estética é uma obrigação de resultado, pois o contratado se compromete a alcançar um resultado específico, que constitui o cerne da própria obrigação, sem o que haverá a inexecução desta. Nessas hipóteses, há a presunção de culpa, com inversão do ônus da prova. O uso da técnica adequada na cirurgia estética não é suficiente para isentar o médico da culpa pelo não cumprimento de sua obrigação" (STJ-3ª T., REsp 1.395.254, Min. Nancy Andrighi, j. 15.10.13, DJ 29.11.13).

"A cirurgia plástica com fim exclusivo ou preponderantemente estético é obrigação de resultado, presumindo-se a culpa do cirurgião, a quem incumbe provar sua inocência ou causa exonerativa" (RT 883/283: TJMS, AP 2006.021397-3/0000-00).

"A obrigação do médico na cirurgia plástica meramente estética é de resultado, pois ninguém em sã consciência se submete aos riscos de uma cirurgia, nem se dispõe a fazer elevados gastos para ficar mais feio do que já era, ou com a mesma aparência" (JTJ 327/441: AP 200.098-4/9-00; a citação é do voto do relator, na p. 445).

Todavia: "Os procedimentos cirúrgicos de fins meramente estéticos caracterizam verdadeira obrigação de resultado, pois neles o cirurgião assume verdadeiro compromisso pelo efeito embelezador prometido. Nas obrigações de resultado, a responsabilidade do profissional da medicina permanece subjetiva. Cumpre ao médico, contudo, demonstrar que os eventos danosos decorreram de fatores externos e alheios à sua atuação durante a cirurgia. Apesar de não prevista expressamente no CDC, a eximente de caso fortuito possui força liberatória e exclui a responsabilidade do cirurgião plástico, pois rompe o nexo de causalidade entre o dano apontado pelo paciente e o serviço prestado pelo profissional. Age com cautela e conforme os ditames da boa-fé objetiva o médico que colhe a assinatura do paciente em 'termo de consentimento informado', de maneira a alertá-lo acerca de eventuais problemas que possam surgir durante o pós-operatório" (STJ-RT 903/196: 3ª T., REsp 1.180.815).

"Malgrado se trate de cirurgia plástica, a cicatrização varia conforme a reação de cada organismo, de modo que eventual aparência em desconformidade com o esperado pela paciente não está abrangido pela denominada obrigação de resultado. Logo, a responsabilização do médico depende da prova de conduta culposa, circunstância ausente na espécie, pois o conjunto probatório revela a adoção de técnica correta e, ainda, inadequado comportamento pós-cirúrgico da autora. Demonstrado que a autora foi devidamente cientificada dos riscos da cirurgia, não houve descumprimento do dever de informação pelo médico" (RT 892/265: TJPR, AP 572.009-2).

Art. 951: 3. "Quando o médico, para salvar a vida do paciente, vê-se na contingência de proceder a intervenção que contenha o risco de causar efeito colateral leve ou grave, sequela, cicatriz aparente ou *deficit* sensorial, não lhe restando outra alternativa para preservar a vida, está-se diante de **inexigibilidade de conduta diversa,** que atua como causa excludente de responsabilidade, ainda que esta seja objetiva" (RT 824/222: caso envolvendo hospital público e relatado pelo Des. Rui Stoco).

Art. 951: 4. "Esquecimento de **agulha no abdômen** da paciente. Negligência. Nexo de causalidade configurado. Indenização por danos morais fixada. Pagamento das despesas com tratamento determinado" (JTJ 333/428: AP 591.562-4/5-00).

Todavia: "A ilicitude desaparece quando, antevendo risco de morte do paciente em caso de prolongamento de cirurgia urgente, o médico encerra o procedimento, mesmo sabendo que fragmento de agulha cirúrgica se perdeu, acidentalmente, no organismo do enfermo. Não sofre danos morais paciente que, tão logo se recupera da cirurgia de urgência, é informado de que parte de material cirúrgico foi deixado em seu organismo e, conscientemente, decide não realizar simples intervenção para extrair o fragmento" (STJ-3ª T., REsp 902.537, Min. Gomes de Barros, j. 17.3.08, DJU 13.5.08).

Art. 951: 5. "Em se tratando de demanda ressarcitória fundada em responsabilidade civil do nosocômio em virtude de danos decorrentes de **infecção hospitalar,** são partes passivas ilegítimas o médico que realizou a intervenção cirúrgica e a entidade mantenedora do plano de saúde" (RT 858/393).

Art. 951: 6. "Responsabilidade civil. Cirurgia de laqueadura de trompas. **Gravidez** após 4 anos. Ausência de provas que pudessem configurar negligência ou imperícia por parte do médico. Não há técnica que tenha finalidade de esterilização por ligadura de trompas que seja eficaz em 100% (cem por cento). Falta de comprovação, no percurso instrutório, de nexo de causalidade ou de qualquer conduta por parte do médico ou da casa de saúde, que pudesse ensejar a condenação a título de dano moral" (RT 871/342). No mesmo sentido: RT 905/336 (TJPR, AP 698.808-7), JTJ 345/210 (AP 591.727.4/9, maioria). Ainda, no caso de uso de dispositivo intrauterino (DIU): RT 904/394 (TRF-2ª Reg., AP 2003.51.01.017872-6).

"A literatura médica informa percentual de insucessos na cirurgia de vasectomia, atribuídos aos mais variados fatores, não sendo a mesma considerada infalível. Não tendo o paciente demonstrado qualquer culpa ou conduta ilícita do médico, muito menos a ausência de informações corretas a respeito do procedimento de vasectomia realizado, a improcedência do pedido de indenização decorrente de gravidez indesejada é medida que se impõe" (RJM 192/214: AP 1.0395.07.016168-6/001). No mesmo sentido, afirmando que a vasectomia é "procedimento médico de meio e não de resultado": JTJ 365/297 (AP 9162172-23.2006.8.26.0000). **Todavia:** "Restou comprovada a veiculação de propaganda enganosa pelo demandado, que prometeu êxito na cirurgia de vasectomia, levando o autor a acreditar que estava estéril e, consequentemente, duvidar da fidelidade de sua mulher, que engravidou após o procedimento" (RJTJERGS 278/269: AP 70034402461).

Art. 951: 6a. "Câncer na tireoide, recidiva após uma primeira cirurgia anos antes. Ablação total contra que se insurge a autora, afirmando previamente não haver sido consultada sobre a necessidade de sua realização. **Autorização escrita** a liberar o cirurgião, todavia, para todos os procedimentos que se fizessem necessários. Necessidade de extração de três tumores que depois se verificou serem malignos. Procedimento correto e de rotina mantido pelo cirurgião, improcedência bem decretada. Afirmação, de que a extração poderia ter sido parcial e não total, cabalmente desmentida pela perícia técnica" (RT 876/187: TJSP, AP 259.975.4/8-00).

Art. 951: 7. "Responsabilidade civil. Paciente que se interna para ablação do ovário esquerdo e que sofre **extirpação do ovário** direito, cuja biopsia não indicou malignidade; hipótese em que ficou caracterizado o erro do médico em extrair órgão sadio, sem prévio diagnóstico, sendo impossível admitir como legítima a mudança de diretriz em pleno curso da operação, por falta de informação e consentimento da mulher. Dever de indenizar do médico e do hospital" (JTJ 314/184: AP 268.872-4/9-00).

"Negligência comprovada de cirurgião que, não obstante os exames terem demonstrado a necessidade de retirada do ovário esquerdo, retira somente o direito e afirma que extirpou os dois. Dano moral consubstanciado nas dores de que padeceu a autora pela hipertrofia do órgão doente, agravado pelo fato de que a afirmativa do requerido de que retirara ambos os ovários dificultou a descoberta da origem das dores" (JTJ 321/1.599: AP 531.387-4/7).

Art. 951: 7a. "Responsabilidade civil por **erro de diagnóstico e perda de uma chance.** Configura negligente atuação do médico que, ao atender jovem que para ele se dirige reclamando de dor abdominal e no testículo, não examina a região escrotal e dispensa o paciente após melhora do quadro doloroso (pela aplicação de Buscopan), porque o diagnóstico de cálculo renal a que chegou pelo equivocado serviço impediu que se detectasse a torção do cordão espermático (infarto testicular), passível de ser revertida se fosse realizada, dentro de 24 horas, a destorção. Paciente que, cinco dias depois, sofre ablação do testículo. Dano moral indenizável, embora inalteradas as funções sexuais e reprodutivas pela preservação de um dos testículos. Espécie de dano estético e fisiológico" (RT 907/872: TJSP, AP 0118869-69.2007.8.26.0100).

Todavia: "A apreciação do erro de diagnóstico por parte do juiz deve ser cautelosa, com tônica especial quando os métodos científicos são discutíveis ou sujeitos a dúvidas, pois nesses casos o erro profissional não pode ser considerado imperícia, imprudência ou negligência. A dúvida sobre o diagnóstico exato da paciente foi atestada por vários especialistas, não sendo possível, portanto, imputar ao recorrente erro crasso passível de caracterizar frustração de uma oportunidade de cura incerta" (STJ-3ª T., REsp 1.622.538, Min. Nancy Andrighi, j. 21.3.17, DJ 24.3.17).

S/ perda de uma chance, v. tb. nota 1c, arts. 402, nota 7, e 927, notas 3a, 3c, 5c e 8b, e CDC 14, notas 2, *in fine*, 3a, e 7a.

Art. 951: 8. "Intervenção cirúrgica para retirada de um mioma que resultou na retirada de todos os órgãos reprodutivos. Inexistência de provas conclusivas que afastam a necessidade do procedimento adotado, em razão do 'achado cirúrgico'. Tratamento previsto na literatura médica para tratamento da patologia. Profissionais que têm **obrigação de meio** e não de resultado. Responsabilidade não configurada" (JTJ 331/424: AP 555.674-4/2-00).

"Na hipótese, dentre os diversos tratamentos disponibilizados pela medicina para a disfunção erétil (medicamentos orais, injeção intracavernosa, terapia, revascularização, bomba de vácuo etc.), foi indicada a cirurgia de colocação de prótese peniana, o que denota inexistir obrigação de resultado, pois a cirurgia não é considerada de natureza estética. Em se tratando de intervenção cirúrgica que não ostenta natureza estética, mas sim reparadora/terapêutica, a responsabilidade do médico é de meio, ou seja, assume a obrigação de se valer de todos os métodos, em consonância com a técnica (e ética) admitida pela ciência médica, para alcançar determinado resultado, sem, entretanto, responsabilizar-se por este último" (STJ-4ª T., REsp 1.046.632, Min. Marco Buzzi, j. 24.9.13, DJ 13.11.13; a citação é do voto do relator).

Art. 951: 9. "Nos **procedimentos odontológicos,** mormente os ortodônticos, os profissionais da saúde especializados nessa ciência, em regra, comprometem-se pelo resultado, visto que os objetivos relativos aos tratamentos, de cunho estético e funcional, podem ser atingidos com previsibilidade. Tendo a autora demonstrado não ter sido atingida a meta avençada, há presunção de culpa do profissional, com a consequente inversão do ônus da prova, cabendo ao réu demonstrar que não agiu com negligência, imprudência ou imperícia, ou mesmo que o insucesso se deu em decorrência de culpa exclusiva da autora" (STJ-4ª T., REsp 1.238.746, Min. Luis Felipe, j. 18.10.11, DJ 4.11.11).

"Verificada a imperfeição do **tratamento odontológico,** mediante dados concretos, completos e a convencer da existência de ato ilícito, moldado em ação/omissão do profissional, resta configurada a responsabilidade indenizatória. Com relação aos cirurgiões-dentistas, mesmo que em alguns casos se possa dizer que a sua obrigação é de meio, na maioria das vezes apresenta-se como obrigação de resultado" (RJM 189/57: AP 1.0549.05.001623-3/001).

"Implantação de prótese dentária pelo recorrente na cavidade bucal da apelada. Insucesso do procedimento adotado pelo recorrente. Falta do necessário planejamento na execução da implantação. Nexo causal entre a conduta e a lesão. Reconhecimento por prova pericial. Inexistência de indicativo no sentido de que a recorrida teria concorrido para o insucesso da implantação da prótese. Obrigação, na espécie, de resultado. Dano material. Restituição daquilo que foi pago pelo serviço executado pelo réu. Dano moral. Configuração. Intenso sofrimento físico e psíquico experimentado pela autora. Situação constrangedora, ademais, vivenciada pela autora, já que não podia abrir a boca pelo inchaço e pelo odor dela emanado" (JTJ 333/626: AP 567.654-4/4-00).

"Paciente que, ao realizar cirurgia para remoção de sobra de material (fragmento metálico) utilizado no trabalho do canal, perde parte da sensibilidade da mandíbula direita. Obrigação de resultado, sendo que o efeito adverso prova o cumprimento defeituoso do serviço contratado. Dever de indenizar os danos morais, independentemente da reversibilidade ou não da parestesia bucal" (RMDECC 38/124: TJSP, AP 0230907-58.2006.8.26.0100).

Art. 952. Havendo usurpação ou esbulho[1] do alheio, além da restituição da coisa, a indenização consistirá em pagar o valor das suas deteriorações e o devido a título de lucros cessantes;[2] faltando a coisa, dever-se-á reembolsar o seu equivalente ao prejudicado.[3]

Parágrafo único. Para se restituir o equivalente, quando não exista a própria coisa, estimar-se-á ela pelo seu preço ordinário e pelo de afeição, contanto que este não se avantaje àquele.[4]

Art. 952: 1. v. art. 1.212. V. tb. CP 161 e 162 e CPC 555-I.

Art. 952: 2. v. arts. 402 e 403.

Art. 952: 3. v. art. 944, nota 3 (Súmula 562 do STF e Súmula 54 do STJ).

Art. 952: 4. Entendemos que a limitação do preço de afeição ao valor da coisa, além de inócua, é incorreta. Isso porque há vários exemplos de bens pessoais que, embora de pequeno valor de mercado, têm grande valor sentimental. Ademais, prevalece no ordenamento jurídico nacional a regra da ampla reparabilidade do dano moral (CF 5º-V e X).

Art. 953. A indenização por injúria, difamação[1] ou calúnia consistirá na reparação do dano que delas resulte ao ofendido.[2-2a]

Parágrafo único. Se o ofendido não puder provar prejuízo material, caberá ao juiz fixar, equitativamente, o valor da indenização, na conformidade das circunstâncias do caso.[3]

Art. 953: 1. "Irrelevante a alegação acerca da veracidade dos fatos imputados à pessoa, para os fins a que se propõe o art. 953 do CC/2002, uma vez que, até para a caracterização do ilícito penal de **difamação,** tal averiguação é dispensada" (RJM 173/240).

Art. 953: 2. Indenização por dano moral: CF 5º-V e X.

Art. 953: 2a. No âmbito eleitoral, v. Lei 4.737, de 15.7.65, art. 243-IX e § 1º. V. tb. CP 138 a 145.

Art. 953: 3. v. art. 944, nota 3 **(Súmula 37 do STJ).**

Art. 954. A indenização por ofensa à liberdade pessoal consistirá no pagamento das perdas e danos[1] que sobrevierem ao ofendido,[1a] e se este não puder provar prejuízo, tem aplicação o disposto no parágrafo único do artigo antecedente.

Parágrafo único. Consideram-se ofensivos da liberdade pessoal:

I — o cárcere privado;[2]

II — a prisão por queixa ou denúncia falsa e de má-fé;[3]

III — a prisão ilegal.[4]

Art. 954: 1. v. arts. 402 a 405.

Art. 954: 1a. v. arts. 927, nota 1, e 944, nota 3 (Súmula 37 do STJ).

Art. 954: 2. v. CP 148.

Art. 954: 3. v. CP 339.

Art. 954: 4. CF 5º: "LXXV — o Estado indenizará o condenado por erro judiciário, assim como o que ficar preso além do tempo fixado na sentença".

V. tb. art. 43, nota 3.

Título X | DAS PREFERÊNCIAS E PRIVILÉGIOS CREDITÓRIOS[1]

TÍT. X: 1. "Concurso de preferência e privilégios na execução (com alterações do novo Código Civil brasileiro)", por Cledi de Fátima Manica Moscon (RF 366/17); "Direitos de preferências e privilégios no concurso particular de credores na execução", por Cledi de Fátima Manica Moscon (RP 131/36).

Art. 955. Procede-se à declaração de insolvência toda vez que as dívidas excedam à importância dos bens do devedor.[1]

Art. 955: 1. v. CPC/73 art. 748.

Art. 956. A discussão entre os credores¹ pode versar quer sobre a preferência entre eles disputada, quer sobre a nulidade,² simulação,³ fraude,⁴⁻⁴ᵃ ou falsidade das dívidas e contratos.

Art. 956: 1. v. CPC/73 art. 768-*caput*.

Art. 956: 2. v. art. 166.

Art. 956: 3. v. art. 167.

Art. 956: 4. v. arts. 158 a 165.

Art. 956: 4a. CTN 185: "Presume-se fraudulenta a alienação ou oneração de bens ou rendas, ou seu começo, por sujeito passivo em débito para com a Fazenda Pública, por crédito tributário regularmente inscrito como dívida ativa".

Art. 957. Não havendo título legal à preferência, terão os credores igual direito sobre os bens do devedor comum.

Art. 958. Os títulos legais de preferência são os privilégios e os direitos reais.¹ ᵃ ³

Art. 958: 1. v. art. 1.225. V. tb. art. 1.422.

Art. 958: 2. v. CTN 186 a 192 (privilégio fiscal); LEF 4º § 4º e 29 (dívida ativa da Fazenda Pública); CLT 449 § 1º (preferência dos créditos trabalhistas); LRF 83 e 84 (classificação dos créditos na falência).

Art. 958: 2a. Esse dispositivo diz respeito aos direitos reais de garantia (arts. 1.225-VIII, IX e X e 1.419 a 1.510).

Art. 958: 3. Súmula 144 do STJ: "Os créditos de natureza alimentícia gozam de preferência, desvinculados os precatórios da ordem cronológica dos créditos de natureza diversa" (v. jurisprudência s/ esta Súmula em RT 719/254 e em RSTJ 80/301 a 333).

Art. 959. Conservam seus respectivos direitos os credores, hipotecários ou privilegiados:¹

I — sobre o preço do seguro da coisa gravada com hipoteca ou privilégio, ou sobre a indenização devida, havendo responsável pela perda ou danificação da coisa;

II — sobre o valor da indenização, se a coisa obrigada a hipoteca ou privilégio for desapropriada.²

Art. 959: 1. v. arts. 960 e 1.425 § 1º (preferência do credor pignoratício, hipotecário ou anticrético, no caso de perecimento da coisa dada em garantia).

Art. 959: 2. v. art. 1.425-V e LD 31.

Art. 960. Nos casos a que se refere o artigo antecedente, o devedor do seguro, ou da indenização, exonera-se pagando sem oposição dos credores hipotecários ou privilegiados.

Art. 961. O crédito real¹ prefere ao pessoal de qualquer espécie; o crédito pessoal privilegiado, ao simples; e o privilégio especial,² ao geral.³

Art. 961: 1. v. arts. 1.419 a 1.509 (especialmente o art. 1.422).

Art. 961: 2. v. arts. 963 e 964.

Art. 961: 3. v. arts. 963 e 965.

Art. 962. Quando concorrerem aos mesmos bens, e por título igual, dois ou mais credores da mesma classe especialmente privilegiados, haverá entre eles rateio proporcional ao valor dos respectivos créditos, se o produto não bastar para o pagamento integral de todos.[1]

Art. 962: 1. v. art. 964. V. tb., no CPCLPV, CPC 908 e notas.

Art. 963. O privilégio especial[1] só compreende os bens sujeitos, por expressa disposição de lei, ao pagamento do crédito que ele favorece; e o geral,[2] todos os bens não sujeitos a crédito real nem a privilégio especial.

Art. 963: 1. v. art. 964.
Art. 963: 2. v. art. 965.

Art. 964. Têm privilégio especial:[1 a 2]

I — sobre a coisa arrecadada e liquidada, o credor de custas e despesas judiciais feitas com a arrecadação e liquidação;

II — sobre a coisa salvada, o credor por despesas de salvamento;[3]

III — sobre a coisa beneficiada, o credor por benfeitorias necessárias ou úteis;[4]

IV — sobre os prédios rústicos ou urbanos, fábricas, oficinas, ou quaisquer outras construções, o credor[5] de materiais, dinheiro, ou serviços para a sua edificação, reconstrução, ou melhoramento;

V — sobre os frutos agrícolas, o credor por sementes, instrumentos e serviços à cultura, ou à colheita;

VI — sobre as alfaias e utensílios de uso doméstico, nos prédios rústicos ou urbanos, o credor de aluguéis, quanto às prestações do ano corrente e do anterior;[6]

VII — sobre os exemplares da obra existente na massa do editor, o autor dela, ou seus legítimos representantes, pelo crédito fundado contra aquele no contrato da edição;[7]

VIII — sobre o produto da colheita, para a qual houver concorrido com o seu trabalho, e precipuamente a quaisquer outros créditos, ainda que reais, o trabalhador agrícola, quanto à dívida dos seus salários.

IX — sobre os produtos do abate, o credor por animais.[8]

Art. 964: 1. "O crédito pela nota de crédito rural tem privilégio especial sobre os bens discriminados no art. 1.563 do Código Civil" revogado **(art. 28 do Dec. lei 167, de 14.2.67,** no tít. TÍTULOS DE CRÉDITO RURAL).

"A duplicata rural goza de privilégio especial sobre os bens enumerados no art. 1.563 do Código Civil" revogado **(art. 53 do Dec. lei 167** — v. acima).

"O crédito pela nota de crédito industrial tem privilégio especial sobre os bens discriminados no art. 1.563 do Código Civil" revogado **(Dec. lei 413, de 9.1.69, art. 17,** no tít. TÍTULOS DE CRÉDITO INDUSTRIAL).

Art. 964: 1a. Dec. lei 70, de 21.11.66: "Art. 35. O agente fiduciário é autorizado, independentemente de mandato do credor ou do devedor, a receber as quantias que resultarem da purgação do débito ou do primeiro ou segundo públicos leilões, que deverá entregar ao credor ou ao devedor, conforme o caso, deduzidas de sua própria remuneração. ... § 2º Os créditos previstos neste artigo, contra agente fiduciário, são privilegiados, em caso de falência ou concordata".

Lei 7.565, de 19.12.86: "Art. 189. Além dos previstos em lei, constituem créditos privilegiados da União nos processos de liquidação ou falência de empresa de transporte aéreo: I — a quantia despendida pela União para financiamento ou pagamento de aeronaves e produtos aeronáuticos adquiridos pela empresa de transporte aéreo; II — a quantia por que a União se haja obrigado, ainda que parceladamente, para pagamento de aeronaves e produtos aeronáuticos, importados pela empresa de transporte aéreo".

Art. 964: 2. O crédito por honorários de advogado é privilegiado (EA 24-*caput*). A lei vigente não esclarece se o privilégio é geral ou especial; a anterior considerava-o especial (Lei 4.215, de 27.4.63, art. 102).

Art. 964: 3. Lei 7.203, de 3.7.84 — Dispõe sobre a assistência e salvamento de embarcação, coisa ou bem em perigo no mar, nos portos e nas vias navegáveis interiores (em Lex 1984/334, RDA 157/381): "**Art. 13**. As dívidas decorrentes das operações de assistência e salvamento gozam de privilégio em relação às embarcações, coisas ou bens que estavam em perigo, tendo preferência mesmo em relação aos créditos garantidos por hipoteca ou penhor sobre os referidos bens".

Art. 964: 4. v. art. 96 §§ 3º e 2º, respectivamente.

Art. 964: 5. "A emissão de duplicatas não exclui o privilégio assegurado pelo art. 1.566, IV, do Código Civil, nem produz novação" **(Lei 4.068, de 9.6.62, art. 5º,** em Lex 1962/82, RF 199/403). O art. 1.566-IV do CC 1916 corresponde ao CC atual 964-IV.

Conquanto a Lei 4.068 haja sido revogada, na parte relativa à duplicata, pelo art. 28 da Lei 5.474, de 18.7.68 (RT 393/458, Lex 1968/975, RF 224/413), a disposição supra, por meramente interpretativa, pode ser considerada em vigor.

Art. 964: 6. "O penhor cedular de máquinas e aparelhos utilizados na indústria tem preferência sobre o penhor legal do locador do imóvel de sua situação" **(art. 46-*caput* do Dec. lei 413, de 9.1.69,** em TÍTULOS DE CRÉDITO INDUSTRIAL).

Art. 964: 7. v. LDA 57 a 62.

Art. 964: 8. O inc. IX foi acrescido pela Lei 13.176, de 21.10.15.

Art. 965. Goza de privilégio geral,[1-2] na ordem seguinte, sobre os bens do devedor:

I — o crédito por despesa de seu funeral, feito segundo a condição do morto e o costume do lugar;[2a]

II — o crédito por custas judiciais, ou por despesas com a arrecadação e liquidação da massa;

III — o crédito por despesas com o luto do cônjuge sobrevivo e dos filhos do devedor falecido, se foram moderadas;

IV — o crédito por despesas com a doença de que faleceu o devedor, no semestre anterior à sua morte;

V — o crédito pelos gastos necessários à mantença do devedor falecido e sua família, no trimestre anterior ao falecimento;

VI — o crédito pelos impostos devidos à Fazenda Pública, no ano corrente e no anterior;[3-4]

VII — o crédito pelos salários dos empregados do serviço doméstico do devedor, nos seus derradeiros seis meses de vida;

VIII — os demais créditos de privilégio geral.[5]

Art. 965: 1. s/ honorários de advogado, v. art. 964, nota 2.

Art. 965: 2. "**Art. 707**. O crédito do comissário, relativo a comissões e despesas feitas, goza de privilégio geral, no caso de falência ou insolvência do comitente".

Art. 965: 2a. v. art. 1.998.

Art. 965: 3. s/ concurso de preferência, em execuções fiscais, v. LEF 29 § ún.

Art. 965: 4. CTN: "**Art. 186** (*redação da LC n. 118, de 9.2.05*). O crédito tributário prefere a qualquer outro, seja qual for sua natureza ou o tempo de sua constituição, ressalvados os créditos decorrentes da legislação do trabalho ou do acidente de trabalho.

"Parágrafo único (*redação da LC 118, de 9.2.05*). Na falência:

"I (*redação da LC 118, de 9.2.05*) — o crédito tributário não prefere aos créditos extraconcursais ou às importâncias passíveis de restituição, nos termos da lei falimentar, nem aos créditos com garantia real, no limite do valor do bem gravado;

"II (*redação da LC 118, de 9.2.05*) — a lei poderá estabelecer limites e condições para a preferência dos créditos decorrentes da legislação do trabalho; e

"III (*redação da LC 118, de 9.2.05*) — a multa tributária prefere apenas aos créditos subordinados.

"**Art. 187** (*redação da LC 118, de 9.2.05*). A cobrança judicial do crédito tributário não é sujeita a concurso de credores ou habilitação em falência, recuperação judicial, concordata, inventário ou arrolamento. (...)

"**Art. 188** (*redação da LC 118, de 9.2.05*). São extraconcursais os créditos tributários decorrentes de fatos geradores ocorridos no curso do processo de falência.

"§ 1º Contestado o crédito tributário, o juiz remeterá as partes ao processo competente, mandando reservar bens suficientes à extinção total do crédito e seus acrescidos, se a massa não puder efetuar a garantia da instância por outra forma, ouvido, quanto à natureza e valor dos bens reservados, o representante da Fazenda Pública interessada.

"§ 2º O disposto neste artigo aplica-se aos processos de concordata.

"**Art. 189**. São pagos preferencialmente a quaisquer créditos habilitados em inventário ou arrolamento, ou a outros encargos do monte, os créditos tributários vencidos ou vincendos, a cargo do *de cujus* ou de seu espólio, exigíveis no decurso do processo de inventário ou arrolamento.

"Parágrafo único. Contestado o crédito tributário, proceder-se-á na forma do disposto no § 1º do artigo anterior.

"**Art. 190**. São pagos preferencialmente a quaisquer outros os créditos tributários vencidos ou vincendos, a cargo de pessoas jurídicas de direito privado em liquidação judicial ou voluntária, exigíveis no decurso da liquidação.

"**Art. 191** (*redação da LC 118, de 9.2.05*). A extinção das obrigações do falido requer prova de quitação de todos os tributos.

"**Art. 191-A** (*acrescido pela LC 118, de 9.2.05*). A concessão de recuperação judicial depende da apresentação da prova de quitação de todos os tributos, observado o disposto nos arts. 151, 205 e 206 desta Lei.

"**Art. 192**. Nenhuma sentença de julgamento de partilha ou adjudicação será proferida sem prova da quitação de todos os tributos relativos aos bens do espólio, ou às suas rendas".

Art. 965: 5. Goza de privilégio geral o crédito do comissário, relativo a comissões e despesas feitas (art. 707).

Livro II | DO DIREITO DE EMPRESA[1-2]

Título I | DO EMPRESÁRIO[1]

Capítulo I | DA CARACTERIZAÇÃO E DA INSCRIÇÃO

LIV. II: 1. "A empresa: novo instituto jurídico", por Jorge Lobo (RT 795/81); "O novo Código Civil e o Livro II 'Do direito de empresa'", por Paulo Roberto Colombo Arnoldi (RT 803/18, RJ 297/19); "A função social da empresa", por Eduardo Tomasevicius Filho (RT 810/33); "O direito empresarial no Mercosul", por Paulo Roberto Colombo Arnoldi (RJ 310/38); "O novo Código Civil brasileiro e a teoria da empresa", por Daniel Carneiro Machado (RDPr 15/9); "O novo conceito de empresa", por Flávia Trentini (RT 813/13); "Análise dos conceitos de *affectio societatis* e de *ligabilidad* como elementos de caracterização das sociedades comerciais", por Álvaro Rodrigues Junior (RDPr 14/87); "O direito da empresa no novo Código Civil", por Cássio Machado Cavalli (RT 828/43, RF 386/51, Ajuris 93/87); "Novo Código Civil. Pessoas jurídicas, empresário, sociedade, estabelecimento, nome comercial e/ou nome empresarial, perdas e danos e prescrição", por José Carlos Tinoco Soares (RT 798/11); "O empresário, a empresa e o Código Civil", por Arnoldo Wald (RF 372/51); "Do direito comercial ao direito empresarial. Formação histórica e tendências do direito brasileiro", por Bruno Nubens Barbosa Miragem (RDPr 17/71); "O empresário no Código Civil brasileiro", por Vinícius José Marques Gontijo (RT 831/147); "Apontamentos sobre a função social da empresa e o moderno direito privado", por Cássio Cavalli (RDPr 22/22); "A empresa no novo Código Civil: elemento unificador do Direito Privado", por Adria Paula Ferronatto (RT 843/11); "Direito de empresa, atividade empresarial, empresa e empresário (à luz do novo Código Civil)", por Irineu Mariani (RT 844/28 e Ajuris 101/111); "Notas sobre o conceito de empresário e empresa no Código Civil brasileiro", por Rachel Sztajn (RDPr 25/233); "Empresa e meio ambiente", por Gisele Ferreira de Araújo (Ajuris 103/147); "A norma de configuração do papel social de empresário no direito brasileiro", por Cássio Machado Cavalli (Ajuris 106/31); "A recente evolução da empresa e o direito", por Arnoldo Wald (RMDCPC 27/5); "Boa-fé nas relações entre sócios", por Ana Beatriz Nunes Barbosa (RF 407/31); "Empreendedorismo e função social da empresa", por Eduardo Tomasevicius Filho (RT 946/129).

LIV. II: 2. LC 123, de 14.12.06 — Institui o Estatuto Nacional da Microempresa e da Empresa de Pequeno Porte, e dá outras providências: **"Art. 3º** (*redação da LC 139, de 10.11.11, em vigor a partir de 1.1.12*). Para os efeitos desta Lei Complementar, consideram-se microempresas ou empresas de pequeno porte a sociedade empresária, a sociedade simples, a empresa individual de responsabilidade limitada e o empresário a que se refere o art. 966 da Lei n. 10.406, de 10 de janeiro de 2002 (Código Civil), devidamente registrados no Registro de Empresas Mercantis ou no Registro Civil de Pessoas Jurídicas, conforme o caso, desde que:

"I — no caso da microempresa, aufira, em cada ano-calendário, receita bruta igual ou inferior a R$ 360.000,00 (trezentos e sessenta mil reais); e

"II (*redação da LC 155, de 27.10.16, produzindo efeitos a partir de 1º de janeiro de 2018*) — no caso de empresa de pequeno porte, aufira, em cada ano-calendário, receita bruta superior a R$ 360.000,00 (trezentos e sessenta mil reais) e igual ou inferior a R$ 4.800.000,00 (quatro milhões e oitocentos mil reais)".

TÍT. I: 1. Disposições transitórias sobre empresas e empresários: arts. 2.031, 2.033, 2.034 e 2.037.

Art. 966. Considera-se empresário[1-2] quem exerce profissionalmente atividade econômica organizada para a produção ou a circulação de bens ou de serviços.[2a]

Parágrafo único. Não se considera empresário quem exerce profissão intelectual,[3] de natureza científica, literária ou artística, ainda com o concurso de auxiliares ou colaboradores, salvo se o exercício da profissão constituir elemento de empresa.

Art. 966: 1. Enunciado 53 do CEJ: "Deve-se levar em consideração o princípio da função social na interpretação das normas relativas à empresa, a despeito da falta de referência expressa".

Enunciado 54 do CEJ: "É caracterizador do elemento empresa a declaração da atividade-fim, assim como a prática de atos empresariais".

Enunciado 194 do CEJ: "Os profissionais liberais não são considerados empresários, salvo se a organização dos fatores da produção for mais importante que a atividade pessoal desenvolvida".

Enunciado 195 do CEJ: "A expressão 'elemento de empresa' demanda interpretação econômica, devendo ser analisada sob a égide da absorção da atividade intelectual, de natureza científica, literária ou artística, como um dos fatores da organização empresarial".

Enunciado 197 do CEJ: "A pessoa natural, maior de 16 e menor de 18 anos, é reputada empresário regular se satisfizer os requisitos dos arts. 966 e 967; todavia, não tem direito a concordata preventiva, por não exercer regularmente a atividade por mais de dois anos". A concordata preventiva deu lugar à recuperação judicial ou extrajudicial.

Art. 966: 2. Nome, firma ou denominação do empresário: arts. 1.156, 1.163 a 1.168; adaptação dos empresários ao CC/02: art. 2.031; aplicação aos empresários das leis não revogadas pelo CC/02: art. 2.037.

Art. 966: 2a. "Por exercício profissional da atividade econômica, elemento que integra o núcleo do conceito de empresa, há que se entender a exploração de atividade com finalidade lucrativa. Em se tratando o ECAD de associação civil, que não explora de fato qualquer atividade econômica, visto que desprovida de intento lucrativo, não se subsume, à toda evidência, no conceito de empresa" (STJ-2ª T., REsp 623.367, Min. João Otávio, j. 15.6.04, DJ 9.8.04).

Art. 966: 3. Enunciado 193 do CEJ: "O exercício das atividades de natureza exclusivamente intelectual está excluído do conceito de empresa".

Enunciado 196 do CEJ: "A sociedade de natureza simples não tem seu objeto restrito às atividades intelectuais".

Art. 967. É obrigatória a inscrição do empresário[1-1a] no Registro Público de Empresas Mercantis[2] da respectiva sede, antes do início de sua atividade.[2a]

Art. 967: 1. Também é obrigatória a inscrição da sociedade empresária (as do art. 983, nota 1) no Registro Público de Empresas Mercantis (v. art. 985).

Art. 967: 1a. Enunciado 198 do CEJ: "A inscrição do empresário na Junta Comercial não é requisito para a sua caracterização, admitindo-se o exercício da empresa sem tal providência. O empresário irregular reúne os requisitos do art. 966, sujeitando-se às normas do Código Civil e da legislação comercial, salvo naquilo em que forem incompatíveis com a sua condição ou diante de expressa disposição em contrário".

Enunciado 199 do CEJ: "A inscrição do empresário ou sociedade empresária é requisito delineador de sua regularidade, e não da sua caracterização".

Art. 967: 2. s/ registro, v. arts. 1.150 a 1.154.

Art. 967: 2a. Lei 4.728, de 14.7.65 — Disciplina o mercado de capitais e estabelece medidas para o seu desenvolvimento (v. arts. 7º, 8º e 15).

Dec. lei 73, de 21.11.66 — Dispõe sobre o Sistema Nacional de Seguros Privados, regula as operações de seguros e resseguros e dá outras providências (v. arts. 72 a 88).

Lei 8.934, de 18.11.94 — Dispõe sobre o Registro Público de Empresas Mercantis e atividades afins e dá outras providências. Regulamentada pelo **Dec. 1.800, de 30.1.96**.

Dec. 1.102, de 21.11.1903 — Institui regras para o estabelecimento de empresas de armazéns gerais, determinando os direitos e obrigações dessas empresas.

Art. 968. A inscrição do empresário far-se-á mediante requerimento que contenha:

I — o seu nome,[1] nacionalidade, domicílio,[1a] estado civil e, se casado, o regime de bens;[1b]

II — a firma, com a respectiva assinatura autógrafa que poderá ser substituída pela assinatura autenticada com certificação digital ou meio equivalente que comprove a sua autenticidade, ressalvado o disposto no inciso I do § 1º do art. 4º da Lei Complementar n. 123, de 14 de dezembro de 2006;[1c-1d]

III — o capital;

IV — o objeto e a sede[2] da empresa.

§ 1º Com as indicações estabelecidas neste artigo, a inscrição será tomada por termo no livro próprio do Registro Público de Empresas Mercantis, e obedecerá a número de ordem contínuo para todos os empresários inscritos.

§ 2º À margem da inscrição, e com as mesmas formalidades, serão averbadas quaisquer modificações nela ocorrentes.³

§ 3º Caso venha a admitir sócios, o empresário individual poderá solicitar ao Registro Público de Empresas Mercantis a transformação de seu registro de empresário para registro de sociedade empresária, observado, no que couber, o disposto nos arts. 1.113 a 1.115 deste Código.⁴⁻⁴ᵃ

§ 4º O processo de abertura, registro, alteração e baixa do microempreendedor individual de que trata o art. 18-A da Lei Complementar n. 123, de 14 de dezembro de 2006,⁴ᵇ bem como qualquer exigência para o início de seu funcionamento deverão ter trâmite especial e simplificado, preferentemente eletrônico, opcional para o empreendedor, na forma a ser disciplinada pelo Comitê para Gestão da Rede Nacional para a Simplificação do Registro e da Legalização de Empresas e Negócios — CGSIM, de que trata o inciso III do art. 2º da mesma Lei.⁵

§ 5º Para fins do disposto no § 4º, poderão ser dispensados o uso da firma, com a respectiva assinatura autógrafa, o capital, requerimentos, demais assinaturas, informações relativas à nacionalidade, estado civil e regime de bens, bem como remessa de documentos, na forma estabelecida pelo CGSIM.⁶

Art. 968: 1. Nome empresarial: v. arts. 1.155 a 1.168.

Art. 968: 1a. s/ domicílio da pessoa jurídica, v. art. 75-IV e §§ 1º e 2º.

Art. 968: 1b. v. arts. 978 a 980 e 1.639 a 1.688.

Art. 968: 1c. Redação do inc. II de acordo com a LC 147, de 7.8.14.

Art. 968: 1d. LC 123, de 14.12.06 — Instituiu o Estatuto Nacional da Microempresa e da Empresa de Pequeno Porte, e dá outras providências: "**Art. 4º** Na elaboração de normas de sua competência, os órgãos e entidades envolvidos na abertura e fechamento de empresas, dos 3 (três) âmbitos de governo, deverão considerar a unicidade do processo de registro e de legalização de empresários e de pessoas jurídicas, para tanto devendo articular as competências próprias com aquelas dos demais membros, e buscar, em conjunto, compatibilizar e integrar procedimentos, de modo a evitar a duplicidade de exigências e garantir a linearidade do processo, da perspectiva do usuário. **§ 1º** *(redação da LC 147, de 7.8.14)* O processo de abertura, registro, alteração e baixa da microempresa e empresa de pequeno porte, bem como qualquer exigência para o início de seu funcionamento, deverão ter trâmite especial e simplificado, preferencialmente eletrônico, opcional para o empreendedor, observado o seguinte: **I** — poderão ser dispensados o uso da firma, com a respectiva assinatura autógrafa, o capital, requerimentos, demais assinaturas, informações relativas ao estado civil e regime de bens, bem como remessa de documentos, na forma estabelecida pelo CGSIM".

Art. 968: 2. Enunciado 55 do CEJ: "O domicílio da pessoa jurídica empresarial regular é o estatutário ou o contratual, em que indicada a sede da empresa, na forma dos arts. 968, IV, e 969, combinados com o art. 1.150, todos do Código Civil".

Art. 968: 3. s/ inscrições e averbações no Registro Público de Empresas Mercantis, v. arts. 976, 979, 980, 1.032, 1.048, 1.057 § ún., 1.063, 1.083, 1.084 § 2º, 1.086, 1.102 § ún., 1.121, 1.138 § ún. e 1.174.

Art. 968: 4. O § 3º foi acrescido pela LC 128, de 19.12.08.

Art. 968: 4a. v. art. 1.245, nota 1d.

Art. 968: 4b. LC 123, de 14.12.06 — Instituiu o Estatuto Nacional da Microempresa e da Empresa de Pequeno Porte, e dá outras providências: "**Art. 18-A.** O Microempreendedor Individual — MEI poderá optar pelo recolhimento dos impostos e contribuições abrangidos pelo Simples Nacional em valores fixos mensais, independentemente da receita bruta por ele auferida no mês, na forma prevista neste artigo.

"**§ 1º** *(redação da LC 155, de 27.10.16, produzindo efeitos a partir de 1º de janeiro de 2018)* Para os efeitos desta Lei Complementar, considera-se MEI o empresário individual que se enquadre na definição do art. 966 da Lei n. 10.406, de 10 de janeiro de 2002 — Código Civil, ou o empreendedor que exerça as atividades de industrialização, comercialização e prestação de serviços no âmbito rural, que tenha auferido receita bruta, no ano-calendário anterior, de até R$ 81.000,00 (oitenta e um mil reais), que seja optante pelo Simples Nacional e que não esteja impedido de optar pela sistemática prevista neste artigo.

"**§ 2º** *(redação da LC 155, de 27.10.16, produzindo efeitos a partir de 1º de janeiro de 2018)* No caso de início de atividades, o limite de que trata o § 1º será de R$ 6.750,00 (seis mil, setecentos e cinquenta reais) multiplicados pelo número de meses compreendido entre o início da atividade e o final do respectivo ano-calendário, consideradas as frações de meses como um mês inteiro".

Art. 968: 5. O § 4º foi acrescido pela Lei 12.470, de 31.8.11.

Art. 968: 6. O § 5º foi acrescido pela Lei 12.470, de 31.8.11.

Art. 969. O empresário que instituir sucursal, filial ou agência, em lugar sujeito à jurisdição de outro Registro Público de Empresas Mercantis, neste deverá também inscrevê-la, com a prova da inscrição originária.

Parágrafo único. Em qualquer caso, a constituição do estabelecimento secundário deverá ser averbada no Registro Público de Empresas Mercantis da respectiva sede.[1]

Art. 969: 1. A sociedade simples possui disposição análoga (art. 1.000).

Art. 970. A lei assegurará tratamento favorecido, diferenciado e simplificado ao empresário rural e ao pequeno empresário,[1 a 2] quanto à inscrição e aos efeitos daí decorrentes.[3-3a]

Art. 970: 1. v. art. 1.179 § 2º.

Art. 970: 1a. LC 123, de 14.12.06 — Institui o Estatuto Nacional da Microempresa e da Empresa de Pequeno Porte, e dá outras providências: "**Art. 68** (*redação da LC 139, de 10.11.11, em vigor a partir de 1.1.12*). Considera-se pequeno empresário, para efeito de aplicação do disposto nos arts. 970 e 1.179 da Lei n. 10.406, de 10 de janeiro de 2002 (Código Civil), o empresário individual caracterizado como microempresa na forma desta Lei Complementar que aufira receita bruta anual até o limite previsto no § 1º do art. 18-A". V. nota 4b ao art. 968.

Art. 970: 2. Enunciado 200 do CEJ: "É possível a qualquer empresário individual, em situação regular, solicitar seu enquadramento como microempresário ou empresário de pequeno porte, observadas as exigências e restrições legais".

Art. 970: 3. s/ questões falimentares referentes às microempresas e empresas de pequeno porte, v. LRF 51 § 2º, 70 a 72 e 168 § 4º.

Art. 970: 3a. LC 48, de 10.12.84 — Estabelece normas integrantes do Estatuto da Microempresa, relativas à isenção do Imposto sobre Circulação de Mercadorias — ICM e do Imposto sobre Serviços — ISS.

Lei 8.174, de 30.1.91 — Dispõe sobre princípios de Política Agrícola, estabelecendo atribuições ao Conselho Nacional de Política Agrícola (CNPA), tributação compensatória de produtos agrícolas, amparo ao pequeno produtor e regras de fixação e liberação dos estoques públicos.

Lei 10.194, de 14.2.01 — Dispõe sobre a instituição de sociedades de crédito ao microempreendedor, e dá outras providências.

Art. 971. O empresário, cuja atividade rural[1-1a] constitua sua principal profissão, pode, observadas as formalidades de que tratam o art. 968 e seus parágrafos, requerer inscrição[2] no Registro Público de Empresas Mercantis da respectiva sede, caso em que, depois de inscrito, ficará equiparado, para todos os efeitos, ao empresário sujeito a registro.[3]

Parágrafo único. Aplica-se o disposto no *caput* deste artigo à associação que desenvolva atividade futebolística em caráter habitual e profissional, caso em que, com a inscrição, será considerada empresária, para todos os efeitos.[4]

Art. 971: 1. Enunciado 201 do CEJ: "O empresário rural e a sociedade empresária rural, inscritos no registro público de empresas mercantis, estão sujeitos à falência e podem requerer concordata".

Art. 971: 1a. "Princípio da função social da empresa agrária", por Frederico Garcia Pinheiro (RMDECC 28/50).

Art. 971: 2. Enunciado 202 do CEJ: "O registro do empresário ou sociedade rural na Junta Comercial é facultativo e de natureza constitutiva, sujeitando-o ao regime jurídico empresarial. É inaplicável esse regime ao empresário ou sociedade rural que não exercer tal opção".

Art. 971: 3. v. art. 984.
Art. 971: 4. Incluído pela Lei 14.193, de 6.8.21.

Capítulo II | DA CAPACIDADE[1]

CAP. II: 1. Enunciado 396 do CEJ: "A capacidade para contratar a constituição da sociedade submete-se à lei vigente no momento do registro".

Art. 972. Podem exercer a atividade de empresário os que estiverem em pleno gozo da capacidade civil[1] e não forem legalmente impedidos.[2]

Art. 972: 1. "O menor empresário: uma análise sob a perspectiva do novo Código Civil e da nova Lei de Falências e Recuperação de Empresas", por Igor Silva de Lima (RT 840/37); "O sócio incapaz nas sociedades limitadas", por Cássio Cavalli (RDPr 54/183).

Art. 972: 2. v. art. 1.011 § 1º (impedimento para administrar sociedade). V. tb. LOM 36-I (magistrados); CF 54-II-*a* (deputados e senadores), 128 § 5º-II-*c* (membros do MP) e 222 (empresa jornalística e de radiodifusão); LRF 102 e 103 (falido); LSA 147 § 1º e 159 § 2º (sociedade por ações).

V. ainda: Lei 6.880, de 9.12.80 (Estatuto dos Militares), art. 29; Lei 8.625, de 12.2.93 (Lei Orgânica Nacional do MP), art. 44-III; Dec. lei 1.001, de 21.10.69 (Código Penal Militar), art. 204; Dec. 84.934, de 21.7.80 (Agências de Turismo), art. 29.

Art. 973. A pessoa legalmente impedida de exercer atividade própria de empresário, se a exercer, responderá pelas obrigações contraídas.

Art. 974. Poderá o incapaz, por meio de representante ou devidamente assistido, continuar a empresa antes exercida por ele enquanto capaz, por seus pais ou pelo autor de herança.[1-1a]

§ 1º Nos casos deste artigo, precederá autorização judicial,[2] após exame das circunstâncias e dos riscos da empresa, bem como da conveniência em continuá-la, podendo a autorização ser revogada pelo juiz, ouvidos os pais, tutores ou representantes legais do menor ou do interdito, sem prejuízo dos direitos adquiridos por terceiros.

§ 2º Não ficam sujeitos ao resultado da empresa os bens que o incapaz já possuía, ao tempo da sucessão ou da interdição, desde que estranhos ao acervo daquela, devendo tais fatos constar do alvará que conceder a autorização.

§ 3º O Registro Público de Empresas Mercantis a cargo das Juntas Comerciais deverá registrar contratos ou alterações contratuais de sociedade que envolva sócio incapaz, desde que atendidos, de forma conjunta, os seguintes pressupostos:[3]

I — o sócio incapaz não pode exercer a administração da sociedade;

II — o capital social deve ser totalmente integralizado;

III — o sócio relativamente incapaz deve ser assistido e o absolutamente incapaz deve ser representado por seus representantes legais.[4]

Art. 974: 1. v. art. 976. V. tb. arts. 115 a 120 (representação).

Art. 974: 1a. Enunciado 203 do CEJ: "O exercício da empresa por empresário incapaz, representado ou assistido somente é possível nos casos de incapacidade superveniente ou incapacidade do sucessor na sucessão por morte".

Art. 974: 2. v. art. 976.

Art. 974: 3. O § 3º e os seus incisos foram acrescidos pela Lei 12.399, de 1.4.11.

Art. 974: 4. O absolutamente incapaz (art. 3º) e o relativamente incapaz (art. 4º) são representados ou assistidos por tutor ou curador (arts. 1.774 e 1.781 c/c art. 1.747-I).

Art. 975. Se o representante ou assistente do incapaz for pessoa que, por disposição de lei, não puder exercer atividade de empresário,[1] nomeará, com a aprovação do juiz, um ou mais gerentes.

§ 1º Do mesmo modo será nomeado gerente em todos os casos em que o juiz entender ser conveniente.

§ 2º A aprovação do juiz não exime o representante ou assistente do menor ou do interdito da responsabilidade pelos atos dos gerentes nomeados.

Art. 975: 1. v. art. 972, nota 2.

Art. 976. A prova da emancipação e da autorização do incapaz, nos casos do art. 974, e a de eventual revogação desta, serão inscritas ou averbadas no Registro Público de Empresas Mercantis.

Parágrafo único. O uso da nova firma caberá, conforme o caso, ao gerente; ou ao representante do incapaz; ou a este, quando puder ser autorizado.

Art. 977. Faculta-se aos cônjuges contratar sociedade, entre si ou com terceiros, desde que não tenham casado no regime da comunhão universal de bens,[1] ou no da separação obrigatória.[1a a 4]

Art. 977: 1. v. arts. 1.667 a 1.671.

Art. 977: 1a. "Sociedade entre cônjuges: aplicação do art. 977 do CC/02 às sociedades simples", por Rolf Madaleno e Bibiana Brum Ohira (RBDFS 35/5).

Art. 977: 2. v. art. 1.641.

Art. 977: 3. Enunciado 204 do CEJ: "A proibição de sociedade entre pessoas casadas sob o regime da comunhão universal ou da separação obrigatória só atinge as sociedades constituídas após a vigência do Código Civil de 2002".

Enunciado 205 do CEJ: "Adotar as seguintes interpretações ao art. 977: (1) a vedação à participação de cônjuges casados nas condições previstas no artigo refere-se unicamente a uma mesma sociedade; (2) o artigo abrange tanto a participação originária (na constituição da sociedade) quanto a derivada, isto é, fica vedado o ingresso de sócio casado em sociedade de que já participa o outro cônjuge".

Art. 977: 3a. "Ação anulatória. Casamento em regime de comunhão universal de bens. **Constituição de sociedade com terceiros por um dos cônjuges. Possibilidade.** A interpretação do art. 977 do Código Civil permite concluir pela inexistência de impedimento legal para que alguém casado sob o regime de comunhão universal ou de separação obrigatória participe, sozinho, de sociedade com terceiro, sendo a restrição apenas de participação dos cônjuges casados sob tais regimes numa mesma sociedade" (STJ-3ª T., REsp 1.721.600-AgInt, Min. Marco Bellizze, j. 30.9.19, DJ 4.10.19).

Art. 977: 4. "As restrições previstas no art. 977 do CC/02 impossibilitam que os cônjuges casados sob os regimes de bens ali previstos contratem entre si tanto **sociedades empresárias** quanto **sociedades simples**" (STJ-3ª T., REsp 1.058.165, Min. Nancy Andrighi, j. 14.4.09, DJ 21.8.09).

Art. 978. O empresário casado pode, sem necessidade de outorga conjugal, qualquer que seja o regime de bens, alienar os imóveis que integrem o patrimônio da empresa ou gravá-los de ônus real.[1-2]

Art. 978: 1. "Disposição dos bens da empresa unipessoal: necessidade de outorga uxória do empresário casado", por Olga Juliana Auad e William Teles Freitas (RMDECC 39/5).

Art. 978: 2. Este artigo constitui exceção ao disposto no art. 1.647-I.

Art. 979. Além de no Registro Civil,¹ serão arquivados e averbados, no Registro Público de Empresas Mercantis, os pactos e declarações antenupciais do empresário,² o título de doação, herança, ou legado, de bens clausulados de incomunicabilidade ou inalienabilidade.³

Art. 979: 1. As escrituras antenupciais devem ser **registradas** no Livro 3 do Registro de Imóveis do domicílio conjugal e **averbadas** nas matrículas dos imóveis do casal (LRP 167-I-12 e II-1, 244 e 245).

Art. 979: 2. v. arts. 1.653 e 1.657.

Art. 979: 3. v. arts. 1.848 e 1.911.

Art. 980. A sentença que decretar ou homologar a separação judicial¹⁻¹ᵃ do empresário e o ato de reconciliação² não podem ser opostos a terceiros, antes de arquivados e averbados no Registro Público de Empresas Mercantis.

Art. 980: 1. v., porém, art. 1.571, nota 2b **(Em. Const. 66, de 13.7.10).**

Art. 980: 1a. Também está sujeita a arquivamento e averbação no Registro Público de Empresas Mercantis a sentença proferida em ação de divórcio do empresário.

Art. 980: 2. v. art. 1.577; LDi 46 e 33.

Título I-A ....¹

TÍT. I-A: 1. Revogado pela Lei 14.382, de 27.6.22.

Art. 980-A. ....¹

Art. 980-A: 1. Revogado pela Lei 14.382, de 27.6.22.

Título II | DA SOCIEDADE¹ ᴬ ⁴

Capítulo Único | DISPOSIÇÕES GERAIS

TÍT. II: 1. "Novo Código Civil. Pessoas jurídicas, empresário, sociedade, estabelecimento, nome comercial e/ou nome empresarial, perdas e danos e prescrição", por José Carlos Tinoco Soares (RT 798/11); "As sociedades e o novo Código Civil: uma primeira abordagem do tema", por Pedro Paulo Cristofaro (RF 364/241); "O direito societário e as alterações introduzidas pelo novo Código Civil", por Antonio Cecílio Moreira Pires e João Antonio Wiegerinck (RT 816/11); "Novo Código Civil: unificação do direito das obrigações e direito societário", por Suzy Cavalcante Koury (RDPr 17/184); "Associações e sociedades: semelhanças e distinções à luz da noção de contrato plurilateral", por Rachel Sztajn (RDPr 21/223); "Responsabilidade civil dos sócios e dos administradores de sociedades empresárias (à luz do novo Código Civil)", por Irineu Mariani (RT 834/58 e Ajuris 97/103); "O negócio jurídico societário e hipóteses de responsabilidade dos sócios por dívidas da sociedade empresária", por Augusto Passamani Bufulin (RDPr 57/203).

TÍT. II: 2. Lei aplicável: LINDB 11-*caput*.

TÍT. II: 3. Disposições transitórias s/ sociedades: arts. 2.031, 2.033, 2.034 e 2.037.

TÍT. II: 4. LC 123, de 14.12.06 — Institui o Estatuto Nacional da Microempresa e da Empresa de Pequeno Porte, e dá outras providências: "**Art. 61-A** (*acrescido pela LC 155, de 27.10.16*). Para incentivar as atividades de inovação e os investimentos produtivos, a sociedade enquadrada como microempresa ou empresa de pequeno porte, nos termos desta Lei Complementar, poderá admitir o aporte de capital, que não integrará o capital social da empresa. § 1º As finalidades de fomento à inovação e investimentos produtivos deverão constar do contrato de participação, com vigência não superior a sete anos. § 2º (*redação da LC 182, de 1.6.21*) O aporte de capital poderá ser realizado por pessoa física, por pessoa jurídica ou por fundos de investimento, conforme regulamento da Comissão de Valores Mobiliários, que serão denominados investidores-anjos. § 3º A atividade constitutiva do objeto social é exercida unicamente por sócios regulares, em seu nome individual e sob sua exclusiva responsabilidade. § 4º O investidor-anjo: **I** *(redação da LC 182, de 1.6.21)* — não será considerado sócio nem terá qualquer direito a gerência ou a voto na administração da empresa, resguardada a possibilidade de participação nas deliberações em caráter estritamente consultivo, conforme pactuação contratual; **II** — não responderá por qualquer dívida da empresa, inclusive em recuperação judicial, não se aplicando a ele o art. 50 da Lei n. 10.406, de 10 de janeiro de 2002 — Código Civil; **III** *(redação da LC 182, de 1.6.21)* — será remunerado por seus aportes, nos termos do contrato de participação, pelo prazo máximo de 7 (sete) anos; **IV** *(redação da LC 182, de 1.6.21)* — poderá exigir dos administradores as contas justificadas de sua administração e, anualmente, o inventário, o balanço patrimonial e o balanço de resultado econômico; e **V** *(redação da LC 182, de 1.6.21)* — poderá examinar, a qualquer momento, os livros, os documentos e o estado do caixa e da carteira da sociedade, exceto se houver pactuação contratual que determine época própria para isso. **§ 5º** Para fins de enquadramento da sociedade como microempresa ou empresa de pequeno porte, os valores de capital aportado não são considerados receitas da sociedade. **§ 6º** *(redação da LC 182, de 1.6.21)* As partes contratantes poderão: **I** *(redação da LC 182, de 1.6.21)* — estipular remuneração periódica, ao final de cada período, ao investidor-anjo, conforme contrato de participação; ou **II** *(redação da LC 182, de 1.6.21)* — prever a possibilidade de conversão do aporte de capital em participação societária. **§ 7º** *(redação da LC 182, de 1.6.21)* O investidor-anjo somente poderá exercer o direito de resgate depois de decorridos, no mínimo, 2 (dois) anos do aporte de capital, ou prazo superior estabelecido no contrato de participação, e seus haveres serão pagos na forma prevista no art. 1.031 da Lei n. 10.406, de 10 de janeiro de 2002 (Código Civil), não permitido ultrapassar o valor investido devidamente corrigido por índice previsto em contrato. **§ 8º** O disposto no § 7º deste artigo não impede a transferência da titularidade do aporte para terceiros. **§ 9º** A transferência da titularidade do aporte para terceiro alheio à sociedade dependerá do consentimento dos sócios, salvo estipulação contratual expressa em contrário. **§ 10.** O Ministério da Fazenda poderá regulamentar a tributação sobre retirada do capital investido.

"**Art. 61-B** *(acrescido pela LC 155, de 27.10.16).* A emissão e a titularidade de aportes especiais não impedem a fruição do Simples Nacional.

"**Art. 61-C** *(acrescido pela LC 155, de 27.10.16).* Caso os sócios decidam pela venda da empresa, o investidor-anjo terá direito de preferência na aquisição, bem como direito de venda conjunta da titularidade do aporte de capital, nos mesmos termos e condições que forem ofertados aos sócios regulares.

"**Art. 61-D** *(redação da LC 182, de 1.6.21).* Os fundos de investimento poderão aportar capital como investidores-anjos em microempresas e em empresas de pequeno porte, conforme regulamentação da Comissão de Valores Mobiliários.

"**Art. 61-E** *(redação da LC 169, de 2.12.19).* É autorizada a constituição de sociedade de garantia solidária (SGS), sob a forma de sociedade por ações, para a concessão de garantia a seus sócios participantes. **§ 1º** (VETADO). **§ 2º** (VETADO). **§ 3º** Os atos da sociedade de garantia solidária serão arquivados no Registro Público de Empresas Mercantis e Atividades Afins. **§ 4º** É livre a negociação, entre sócios participantes, de suas ações na respectiva sociedade de garantia solidária, respeitada a participação máxima que cada sócio pode atingir. **§ 5º** Podem ser admitidos como sócios participantes os pequenos empresários, microempresários e microempreendedores e as pessoas jurídicas constituídas por esses associados. **§ 6º** (VETADO). **§ 7º** Sem prejuízo do disposto nesta Lei Complementar, aplicam-se à sociedade de garantia solidária as disposições da lei que rege as sociedades por ações.

"**Art. 61-F** *(redação da LC 169, de 2.12.19, em vigor após decorridos 180 dias de sua publicação — DOU 3.12.19).* O contrato de garantia solidária tem por finalidade regular a concessão da garantia pela sociedade ao sócio participante, mediante o recebimento de taxa de remuneração pelo serviço prestado, devendo fixar as cláusulas necessárias ao cumprimento das obrigações do sócio beneficiário perante a sociedade. **Parágrafo único.** Para a concessão da garantia, a sociedade de garantia solidária poderá exigir contragarantia por parte do sócio participante beneficiário, respeitados os princípios que orientam a existência daquele tipo de sociedade.

"**Art. 61-G** *(redação da LC 169, de 2.12.19, em vigor após decorridos 180 dias de sua publicação — DOU 3.12.19).* A sociedade de garantia solidária pode conceder garantia sobre o montante de recebíveis de seus sócios participantes que sejam objeto de securitização.

"**Art. 61-H** *(redação da LC 169, de 2.12.19, em vigor após decorridos 180 dias de sua publicação — DOU 3.12.19).* É autorizada a constituição de sociedade de contragarantia, que tem como finalidade o oferecimento de contragarantias à sociedade de garantia solidária, nos termos a serem definidos por regulamento.

"**Art. 61-I** *(redação da LC 169, de 2.12.19, em vigor após decorridos 180 dias de sua publicação — DOU 3.12.19).* A sociedade de garantia solidária e a sociedade de contragarantia integrarão o Sistema Financeiro Nacional e terão sua constituição, organização e funcionamento disciplinados pelo Conselho Monetário Nacional, observado o disposto nesta Lei Complementar".

Art. 981. Celebram contrato de sociedade[1-2] as pessoas que reciprocamente se obrigam a contribuir, com bens ou serviços, para o exercício de atividade econômica e a partilha, entre si, dos resultados.

Parágrafo único. A atividade pode restringir-se à realização de um ou mais negócios determinados.

Art. 981: 1. v. tít. SOCIEDADES (onde estão a Lei 5.764, de 16.12.71, s/ sociedades cooperativas, e o EA 15 a 17, s/ sociedades de advogados); CF 5º-XVII a 21; CC 44 a 52; LINDB 11; LRP 114 a 126.

— s/ associações, v. CC 53 a 61; s/ fundações, v. CC 62 a 69;

— s/ sociedades imobiliárias, v. Lei 4.380, de 21.8.64, arts. 35 a 43, e Lei 4.728, de 14.7.65, arts. 62 a 65;

— s/ associações de poupança e empréstimo, v. Dec. lei 70, de 21.11.66, arts. 1º a 8º (no tít. CÉDULA HIPOTECÁRIA);

— s/ sociedades seguradoras, v. Dec. lei 73, de 21.11.66 (arts. 72 a 88);

— s/ sociedades de caça, v. Lei 5.197, de 3.1.67;

— s/ aeroclubes, v. Dec. lei 205, de 27.2.67;

— s/ participação de capital estrangeiro nas empresas jornalísticas e de radiodifusão sonora e de sons e imagens, v. Lei 10.610, de 20.12.02;

— s/ recuperação judicial e extrajudicial e falência da sociedade empresária, v. LRF (Lei 11.101, de 9.2.05);

— s/ cadastro obrigatório das sociedades empresárias, sociedades simples e empresários individuais que prestam serviços turísticos remunerados, v. Dec. 5.406, de 30.3.05.

Art. 981: 2. Dec. 7.984, de 8.4.13 — Regulamenta a Lei 9.615, de 24.3.98, que institui normas gerais sobre desporto: "**Art. 42.** É facultado às entidades desportivas profissionais, inclusive às de prática de futebol profissional, constituírem-se como sociedade empresária, segundo um dos tipos regulados pelos arts. 1.039 a 1.092 da Lei n. 10.406, de 10 de janeiro de 2002 — Código Civil".

Art. 982. Salvo as exceções expressas, considera-se empresária[1-1a] a sociedade que tem por objeto o exercício de atividade própria de empresário sujeito a registro[2-2a] (art. 967); e, simples, as demais.[3 a 3b]

Parágrafo único. Independentemente de seu objeto, considera-se empresária a sociedade por ações;[3c] e, simples, a cooperativa.[3d a 5a]

Art. 982: 1. Especificação das sociedades empresárias: art. 983, nota 1.

Art. 982: 1a. Lei 9.615, de 24.3.98: "**Art. 27 § 9º** (*redação da Lei 10.672, de 15.5.03*) É facultado às entidades desportivas profissionais constituírem-se regularmente em sociedade empresária, segundo um dos tipos regulados nos arts. 1.039 a 1.092 da Lei n. 10.406, de 10 de janeiro de 2002 — Código Civil".

Lei 14.193, de 6.8.21 — Institui a Sociedade Anônima do Futebol e dispõe sobre normas de constituição, governança, controle e transparência, meios de financiamento da atividade futebolística, tratamento dos passivos das entidades de práticas desportivas e regime tributário específico; e altera as Leis ns. 9.615, de 24 de março de 1998, e 10.406, de 10 de janeiro de 2002 (Código Civil).

Art. 982: 2. ou inscrição (cf. art. 967).

Art. 982: 2a. s/ registro da sociedade empresária e da sociedade simples, v. art. 1.150.

Art. 982: 3. "Empresa no novo Código Civil: conceituação e dicotomia entre sociedades simples e empresárias", por Suzy Cavalcante Koury (RDPr 22/277).

Art. 982: 3a. "O novo Código Civil distingue claramente entre sociedade, de fins econômicos, e associações de fins puramente culturais. A sociedade formada por advogados, médicos, etc., constitui sociedade simples, bem distinta da empresária" (Miguel Reale).

Enunciado 196 do CEJ: "A sociedade de natureza simples não tem seu objeto restrito às atividades intelectuais".

Enunciado 382 do CEJ: "Nas sociedades, o registro observa a natureza da atividade (empresarial ou não — art. 966); as demais questões seguem as normas pertinentes ao tipo societário adotado (art. 983). São exceções as sociedades por ações e as cooperativas (art. 982, parágrafo único)".

Art. 982: 3b. Mesmo sendo simples, a sociedade pode adotar qualquer um dos tipos da sociedade empresária, cf. art. 983-*caput*.

Art. 982: 3c. s/ sociedade anônima, v. LSA (Lei 6.404, de 15.12.76).

Art. 982: 3d. s/ sociedade cooperativa, v. Lei 5.764, de 16.12.71 (no tít. SOCIEDADES).

Art. 982: 4. Embora se trate de sociedade simples, a sociedade cooperativa deve ser inscrita no Registro Público de Empresas Mercantis, a cargo das Juntas Comerciais (v. art. 1.093, nota 4, e Lei 5.764, de 16.12.71, art. 18 § 6º, no tít. SOCIEDADES).

Art. 982: 5. A sociedade em conta de participação também é simples, ressalvado o disposto no art. 983 § ún.

Art. 982: 5a. Enunciado 207 do CEJ: "A natureza de sociedade simples da cooperativa, por força legal, não a impede de ser sócia de qualquer tipo societário, tampouco de praticar ato de empresa".

Art. 983. A sociedade empresária deve constituir-se segundo um dos tipos regulados nos arts. 1.039 a 1.092;[1] a sociedade simples[1a-1b] pode constituir-se de conformidade com um desses tipos,[2] e, não o fazendo, subordina-se às normas que lhe são próprias.

Parágrafo único. Ressalvam-se as disposições concernentes à sociedade em conta de participação[3] e à cooperativa,[4] bem como as constantes de leis especiais que, para o exercício de certas atividades, imponham a constituição da sociedade segundo determinado tipo.

Art. 983: 1. i. e.: sociedade em nome coletivo (arts. 1.039 a 1.044); sociedade em comandita simples (arts. 1.045 a 1.051); sociedade limitada (arts. 1.052 a 1.087); sociedade anônima (arts. 1.088 e 1.089); sociedade em comandita por ações (arts. 1.090 a 1.092).

Art. 983: 1a. Enunciado 206 do CEJ: "A contribuição do sócio exclusivamente em prestação de serviços é permitida nas sociedades cooperativas (art. 1.094, I) e nas sociedades simples propriamente ditas (art. 983, 2ª parte)".

Art. 983: 1b. v. arts. 997 a 1.038.

Art. 983: 2. Enunciado 57 do CEJ: "A opção pelo tipo empresarial não afasta a natureza simples da sociedade".

Art. 983: 3. v. arts. 991 a 996.

Art. 983: 4. v. arts. 1.093 a 1.096 e, no tít. SOCIEDADES, Lei 5.764, de 16.12.71.

Art. 984. A sociedade que tenha por objeto o exercício de atividade própria de empresário rural[1] e seja constituída, ou transformada, de acordo com um dos tipos de sociedade empresária, pode, com as formalidades do art. 968, requerer inscrição[2] no Registro Público de Empresas Mercantis da sua sede, caso em que, depois de inscrita, ficará equiparada, para todos os efeitos, à sociedade empresária.

Parágrafo único. Embora já constituída a sociedade segundo um daqueles tipos, o pedido de inscrição se subordinará, no que for aplicável, às normas que regem a transformação.[3]

Art. 984: 1. v. art. 971, nota 1 (Enunciado 201 do CEJ). V. tb. art. 970.

Art. 984: 2. v. art. 971, nota 2 (Enunciado 202 do CEJ).

Art. 984: 3. s/ transformação das sociedades, v. arts. 1.113 a 1.115.

Art. 985. A sociedade adquire personalidade jurídica com a inscrição,[1] no registro próprio[2] e na forma da lei, dos seus atos constitutivos (arts. 45 e 1.150).[3]

Art. 985: 1. v. arts. 988 e 986.

Art. 985: 2. v. art. 1.150. O empresário e as sociedades empresárias (art. 983, nota 1) devem inscrever-se no Registro Público de Empresas Mercantis (art. 967; cf. art. 984); as sociedades simples (arts. 997 a 1.038) devem ser inscritas no Registro Civil das Pessoas Jurídicas (art. 998), salvo as sociedades cooperativas (v. arts. 982, nota 4, e 1.093, nota 2).

Art. 985: 3. s/ inscrição das sociedades simples (exceto a cooperativa), v. LRP 114 a 126. V. tb. Lei 4.503, de 30.11.64 (cadastro geral de pessoas jurídicas, do Ministério da Fazenda); Lei 8.906, de 4.7.94, arts. 1º § 2º e 15 § 1º (Estatuto da Advocacia); Lei 8.934, de 18.11.94 (Registro Público de Empresas Mercantis e atividades afins), regulamentada pelo Dec. 1.800, de 30.1.96; Lei 9.096, de 19.9.95, arts. 7º a 11 (registro dos partidos políticos); Lei 7.433, de 18.12.85 (requisitos para a lavratura de escrituras públicas), regulamentada pelo Dec. 93.240, de 9.9.86.

Subtítulo I | DA SOCIEDADE NÃO PERSONIFICADA[1]

Capítulo I | DA SOCIEDADE EM COMUM[1 A 2]

SUBTÍT. I: 1. "Sociedades não personificadas no Código Civil", por Alexandre Gir Gomes (RDPr 25/59).
CAP. I: 1. s/ união homoafetiva, v. art. 1.723, notas 2 a 2c.
CAP. I: 1a. A **sociedade irregular** é aquela cujo contrato social não está inscrito no registro próprio, ou está, mas de forma inadequada; já a **sociedade de fato** é aquela que nem mesmo possui contrato social escrito. Ambas, sociedade irregular e de fato, **compõem a categoria da sociedade em comum.**

S/ sociedade de fato entre concubinos, v. art. 1.727 e notas.

CAP. I: 2. Enunciado 58 do CEJ: "A sociedade em comum compreende as figuras doutrinárias da sociedade de fato e da irregular".
Enunciado 209 do CEJ: "O art. 986 deve ser interpretado em sintonia com os arts. 985 e 1.150, de modo a ser considerada em comum a sociedade que não tenha seu ato constitutivo inscrito no registro próprio ou em desacordo com as normas legais previstas para esse registro (art. 1.150), ressalvadas as hipóteses de registros efetuados de boa-fé".

Art. 986. Enquanto não inscritos[1-1a] os atos constitutivos, reger-se-á a sociedade, exceto por ações[1b] em organização, pelo disposto neste Capítulo, observadas, subsidiariamente e no que com ele forem compatíveis, as normas da sociedade simples.[2-2a]

Art. 986: 1. v. art. 985.
Art. 986: 1a. CPC 75 § 2º: "A sociedade ou associação sem personalidade jurídica não poderá opor a irregularidade de sua constituição quando demandada".
Art. 986: 1b. s/ sociedade por ações, v. **LSA** (Lei 6.404, de 15.12.76).
Art. 986: 2. v. arts. 997 a 1.038.
Art. 986: 2a. Enunciado 383 do CEJ: "A falta de registro do contrato social (irregularidade originária — art. 998) ou de alteração contratual versando sobre matéria referida no art. 997 (irregularidade superveniente — art. 999, parágrafo único) conduzem à aplicação das regras da sociedade em comum (art. 986)".

Art. 987. Os sócios, nas relações entre si ou com terceiros, somente por escrito podem provar a existência da sociedade, mas os terceiros podem prová-la de qualquer modo.[1-2]

Art. 987: 1. s/ meios de prova, v. art. 212.
Art. 987: 2. "Restringindo-se o debate à existência de sociedade empresarial irregular (de fato), a exigência intransigente de prova exclusivamente documental da relação jurídica resulta no esvaziamento do instituto, prestigia o enriquecimento sem causa e deturpa o sistema jurídico brasileiro" (STJ-3ª T., REsp 1.430.750, Min. Nancy Andrighi, j. 21.8.14, DJ 8.9.14).

Art. 988. Os bens e dívidas sociais constituem patrimônio especial,[1] do qual os sócios são titulares em comum.

Art. 988: 1. Enunciado 210 do CEJ: "O patrimônio especial a que se refere o art. 988 é aquele afetado ao exercício da atividade, garantidor de terceiro, e de titularidade dos sócios em comum, em face da ausência de personalidade jurídica".

Art. 989. Os bens sociais respondem pelos atos de gestão praticados por qualquer dos sócios, salvo pacto expresso limitativo de poderes, que somente terá eficácia contra o terceiro que o conheça ou deva conhecer.[1-2]

Art. 989: 1. cf. art. 1.024.

Art. 989: 2. Enunciado 211 do CEJ: "Presume-se disjuntiva a administração dos sócios a que se refere o art. 989".

Art. 990. Todos os sócios[1-1a] respondem solidária[2] e ilimitadamente pelas obrigações sociais, excluído do benefício de ordem, previsto no art. 1.024, aquele que contratou pela sociedade.

Art. 990: 1. s/ entidades esportivas profissionais, v. art. 50, nota 3, e art. 981, nota 2.

Art. 990: 1a. Enunciado 59 do CEJ: "Os sócios gestores e os administradores das empresas são responsáveis subsidiária e ilimitadamente pelos atos ilícitos praticados, de má gestão ou contrários ao previsto no contrato social ou estatuto, conforme estabelecem os arts. 990, 1.009, 1.016, 1.017 e 1.091, todos do Código Civil".

Enunciado 212 do CEJ: "Embora a sociedade em comum não tenha personalidade jurídica, o sócio que tem seus bens constritos por dívida contraída em favor da sociedade, e não participou do ato por meio do qual foi contraída a obrigação, tem o direito de indicar bens afetados às atividades empresariais para substituir a constrição".

Art. 990: 2. v. arts. 275 a 285.

Capítulo II | DA SOCIEDADE EM CONTA DE PARTICIPAÇÃO[1]

CAP. II: 1. "Sociedade em conta de participação", por Eduardo Carlezzo (RSDCPC 23/159); "Da sociedade em conta de participação", por Fábio Martins de Andrade (RDPr 33/39); "Reflexos processuais da sociedade em conta de participação", por Eduardo Henrique de Oliveira Yoshikawa (RDDP 116/30).

Art. 991. Na sociedade em conta de participação,[1 a 2] a atividade constitutiva do objeto social é exercida unicamente pelo sócio ostensivo, em seu nome individual e sob sua própria e exclusiva responsabilidade, participando os demais dos resultados correspondentes.

Parágrafo único. Obriga-se perante terceiro tão somente o sócio ostensivo;[3] e, exclusivamente perante este, o sócio participante, nos termos do contrato social.

Art. 991: 1. Proibição de ter firma ou denominação: art. 1.162. Forma de constituição: art. 983 § ún.

Art. 991: 1a. Dec. lei 2.303, de 21.11.86 — Altera a legislação tributária federal, e dá outras providências: "**Art. 7º** Equiparam-se a pessoas jurídicas, para os efeitos da legislação do imposto de renda, as sociedades em conta de participação. Parágrafo único. Na apuração dos resultados dessas sociedades, assim como na tributação dos lucros apurados e dos distribuídos, serão observadas as normas aplicáveis às demais pessoas jurídicas".

Dec. 3.000, de 26.3.99 — Regulamenta a tributação, fiscalização, arrecadação e administração do Imposto sobre a Renda e Proventos de Qualquer Natureza: "**Art. 254.** A escrituração das operações de sociedade em conta de participação poderá, à opção do sócio ostensivo, ser efetuada nos livros deste ou em livros próprios, observando-se o seguinte: I — quando forem utilizados os livros do sócio ostensivo, os registros contábeis deverão ser feitos de forma a evidenciar os lançamentos referentes à sociedade em conta de participação; II — os resultados e o lucro real correspondentes à sociedade em conta de participação deverão ser apurados e demonstrados destacadamente dos resultados e do lucro real do sócio ostensivo, ainda que a escrituração seja feita nos mesmos livros; III — nos documentos relacionados com a atividade da sociedade em conta de participação, o sócio ostensivo deverá fazer constar indicação de modo a permitir identificar sua vinculação com a referida sociedade".

Art. 991: 2. Enunciado 208 do CEJ: "As normas do Código Civil para as sociedades em comum e em conta de participação são aplicáveis independentemente da atividade dos sócios, ou do sócio ostensivo, ser ou não própria de empresário sujeito a registro (distinção feita pelo art. 982 do Código Civil entre sociedade simples e empresária)".

Art. 991: 3. "Na sociedade em conta de participação o sócio ostensivo é quem se obriga para com terceiros pelos resultados das transações e das obrigações sociais, realizadas ou empreendidas em decorrência da sociedade, nunca o sócio participante ou oculto que nem é conhecido dos terceiros nem com estes nada trata" (STJ-4ª T., REsp 192.603, Min. Barros Monteiro, j. 15.4.04, DJU 1.7.04).

Art. 992. A constituição da sociedade em conta de participação independe de qualquer formalidade[1-2] e pode provar-se por todos os meios de direito.[3]

Art. 992: 1. A sociedade em conta de participação pode ser constituída inclusive por contrato verbal. Todavia, a validade de qualquer negócio jurídico depende da observância do art. 104.

Art. 992: 2. O registro do contrato social não é obrigatório. V. art. 993.

Art. 992: 3. s/ meios de prova, v. art. 212.

Art. 993. O contrato social produz efeito somente entre os sócios, e a eventual inscrição de seu instrumento em qualquer registro não confere personalidade jurídica à sociedade.[1-2]

Parágrafo único. Sem prejuízo do direito de fiscalizar a gestão dos negócios sociais, o sócio participante não pode tomar parte nas relações do sócio ostensivo com terceiros, sob pena de responder solidariamente[3] com este pelas obrigações em que intervier.

Art. 993: 1. Dec. lei 2.303, de 21.11.86 — Altera a legislação tributária federal, e dá outras providências: "Art. 7º Equiparam-se a pessoas jurídicas, para os efeitos da legislação do imposto de renda, as sociedades em conta de participação. Parágrafo único. Na apuração dos resultados dessas sociedades, assim como na tributação dos lucros apurados e dos distribuídos, serão observadas as normas aplicáveis às demais pessoas jurídicas".

Art. 993: 2. "Não há falar em citação da sociedade em conta de participação, que não tem personalidade jurídica, nem existência perante terceiros" (RSTJ 173/244: 3ª T., REsp 474.704).

Art. 993: 3. v. arts. 275 a 285.

Art. 994. A contribuição do sócio participante constitui, com a do sócio ostensivo, patrimônio especial, objeto da conta de participação relativa aos negócios sociais.

§ 1º A especialização patrimonial somente produz efeitos em relação aos sócios.

§ 2º A falência do sócio ostensivo acarreta a dissolução da sociedade e a liquidação da respectiva conta, cujo saldo constituirá crédito quirografário.[1]

§ 3º Falindo o sócio participante, o contrato social fica sujeito às normas que regulam os efeitos da falência nos contratos bilaterais[2] do falido.

Art. 994: 1. i. e., sem privilégio.

Art. 994: 2. v. LRF 117, 119 e 120.

Art. 995. Salvo estipulação em contrário, o sócio ostensivo não pode admitir novo sócio sem o consentimento expresso dos demais.

Art. 996. Aplica-se à sociedade em conta de participação, subsidiariamente e no que com ela for compatível, o disposto para a sociedade simples,[1] e a sua liquidação rege-se pelas normas relativas à prestação de contas,[2-3] na forma da lei processual.

Parágrafo único. Havendo mais de um sócio ostensivo, as respectivas contas serão prestadas e julgadas no mesmo processo.

Art. 996: 1. v. arts. 997 a 1.038.

Art. 996: 2. v. CPC 550 a 553.

Art. 996: 3. "A sociedade em conta de participação extingue-se quando termina o negócio para que se formou, devendo, portanto, o sócio ostensivo, desde logo, prestar contas ao sócio oculto ou participante. Assim sendo, inexistindo a prestação de contas, o sócio oculto pode exigi-la pela via judicial, do que emerge a admissibilidade da eclosão de medida cautelar preparatória, na busca de documentos comuns, aos quais não teve acesso, limitando-se, no entanto, tal exibição a livros-diário, livros-razão e balancetes contábeis, ou seja, a documentos que digam respeito à participação do requerente no negócio" (RT 768/221).

Subtítulo II | DA SOCIEDADE PERSONIFICADA¹

Capítulo I | DA SOCIEDADE SIMPLES¹

Seção I | DO CONTRATO SOCIAL

🔖 **SUBTÍT. II: 1. Enunciado 384 do CEJ:** "Nas sociedades personificadas previstas no Código Civil, exceto a cooperativa, é admissível o acordo de sócios, por aplicação analógica das normas relativas às sociedades por ações pertinentes ao acordo de acionistas".

🔖 **CAP. I: 1.** "As sociedades simples do novo Código Civil", por Marlon Tomazette (RT 800/36).

Art. 997. A sociedade constitui-se mediante contrato escrito, particular ou público, que, além de cláusulas estipuladas pelas partes, mencionará:[1 a 2b]

I — nome, nacionalidade, estado civil, profissão e residência dos sócios, se pessoas naturais, e a firma ou a denominação, nacionalidade e sede dos sócios, se jurídicas;

II — denominação, objeto, sede e prazo da sociedade;[3]

III — capital da sociedade, expresso em moeda corrente, podendo compreender qualquer espécie de bens, suscetíveis de avaliação pecuniária;

IV — a quota de cada sócio no capital social, e o modo de realizá-la;

V — as prestações a que se obriga o sócio, cuja contribuição consista em serviços;[4]

VI — as pessoas naturais incumbidas da administração da sociedade, e seus poderes e atribuições;[5]

VII — a participação de cada sócio nos lucros e nas perdas;[6]

VIII — se os sócios respondem, ou não, subsidiariamente,[7] pelas obrigações sociais.

Parágrafo único. É ineficaz em relação a terceiros qualquer pacto separado, contrário ao disposto no instrumento do contrato.

Art. 997: 1. A alteração das matérias mencionadas no art. 997 depende do consentimento de todos os sócios (art. 999).

Art. 997: 2. Ainda que a sociedade simples adote um dos tipos de sociedade empresária, ela se vinculará ao Registro Civil das Pessoas Jurídicas. Mas, nesta hipótese, obedecer-se-ão as normas fixadas para o Registro Público de Empresas Mercantis (cf. art. 1.150 e notas).

V. **Lei 8.934, de 18.11.94** — Dispõe sobre o Registro Público de Empresas Mercantis e atividades afins e dá outras providências (regulamentada pelo Dec. 1.800, de 30.1.96).

Art. 997: 2a. s/ cláusula de eleição de foro, v. art. 1.054, nota 2; requisitos do ato constitutivo da pessoa jurídica, v. LRP 120.

Art. 997: 2b. Enunciado 214 do CEJ: "As indicações contidas no art. 997 não são exaustivas, aplicando-se outras exigências contidas na legislação pertinente para fins de registro".

Art. 997: 3. Enunciado 213 do CEJ: "O art. 997, inc. II, não exclui a possibilidade de sociedade simples utilizar firma ou razão social".

Art. 997: 4. v. arts. 1.006 e 1.007.

Art. 997: 5. v. arts. 1.010 a 1.021 (especialmente art. 1.013).

Art. 997: 6. v. art. 1.007.

Art. 997: 7. Enunciado 61 do CEJ: "O termo 'subsidiariamente', constante do inciso VIII do art. 997 do Código Civil, deverá ser substituído por 'solidariamente', a fim de compatibilizar esse dispositivo com o art. 1.023 do mesmo Código".

Art. 998. Nos trinta dias subsequentes à sua constituição, a sociedade deverá requerer a inscrição do contrato social no Registro Civil das Pessoas Jurídicas[1-1a] do local de sua sede.[2-2a]

§ 1º O pedido de inscrição será acompanhado do instrumento autenticado do contrato, e, se algum sócio nele houver sido representado por procurador, o da respectiva procuração, bem como, se for o caso, da prova de autorização[3] da autoridade competente.

§ 2º Com todas as indicações enumeradas no artigo antecedente, será a inscrição tomada por termo no livro de registro próprio, e obedecerá a número de ordem contínua para todas as sociedades inscritas.

Art. 998: 1. Registro Civil de Pessoas Jurídicas: LRP 114 a 126.

Art. 998: 1a. cf. arts. 45 e 1.150, *in fine*.

Art. 998: 2. Enunciado 215 do CEJ: "A sede a que se refere o *caput* do art. 998 poderá ser a da administração ou a do estabelecimento onde se realizam as atividades sociais".

Art. 998: 2a. v. art. 986, nota 2a (Enunciado 383 do CEJ).

Art. 998: 3. v. arts. 1.123 a 1.141.

Art. 999. As modificações do contrato social, que tenham por objeto matéria indicada no art. 997, dependem do consentimento de todos os sócios; as demais podem ser decididas por maioria absoluta de votos, se o contrato não determinar a necessidade de deliberação unânime.[1]

Parágrafo único. Qualquer modificação do contrato social será averbada, cumprindo-se as formalidades previstas no artigo antecedente.[2-2a]

Art. 999: 1. Enunciado 385 do CEJ: "A unanimidade exigida para a modificação do contrato social somente alcança as matérias referidas no art. 997, prevalecendo, nos demais casos de deliberação dos sócios, a maioria absoluta, se outra mais qualificada não for prevista no contrato".

Art. 999: 2. v. arts. 45, 1.002 a 1.004 § ún., 1.030, 1.058 e 2.033.

Art. 999: 2a. v. art. 986, nota 2a (Enunciado 383 do CEJ).

Art. 1.000. A sociedade simples que instituir sucursal, filial ou agência na circunscrição de outro Registro Civil das Pessoas Jurídicas, neste deverá também inscrevê-la, com a prova da inscrição originária.

Parágrafo único. Em qualquer caso, a constituição da sucursal, filial ou agência deverá ser averbada no Registro Civil da respectiva sede.[1]

Art. 1.000: 1. Hipótese análoga ocorre em caso de constituição de estabelecimento empresarial secundário, cf. art. 969 § ún.

Seção II | **DOS DIREITOS E OBRIGAÇÕES DOS SÓCIOS**

Art. 1.001. As obrigações[1] dos sócios começam imediatamente com o contrato, se este não fixar outra data, e terminam quando, liquidada a sociedade, se extinguirem as responsabilidades sociais.

Art. 1.001: 1. s/ desconsideração da personalidade jurídica, v. art. 50 e CDC 28.

Art. 1.002. O sócio não pode ser substituído no exercício das suas funções, sem o consentimento dos demais sócios, expresso em modificação do contrato social.[1]

Art. 1.002: 1. v. arts. 999, 1.018 e 1.019. V. tb. LRF 81 § 1º.

Art. 1.003. A cessão[1] total ou parcial de quota, sem a correspondente modificação do contrato social com o consentimento dos demais sócios, não terá eficácia quanto a estes e à sociedade.

Parágrafo único. Até dois anos depois de averbada a modificação do contrato,[1a] responde o cedente solidariamente[2] com o cessionário, perante a sociedade e terceiros, pelas obrigações que tinha como sócio.[3 a 4]

Art. 1.003: 1. v. art. 1.057.

Art. 1.003: 1a. "Considerando a distinção entre a pessoa jurídica e a pessoa dos sócios, bem como o objetivo de evitar fraudes, a melhor solução para o caso dos autos é interpretar estritamente o disposto nos arts. 1.003 e 1.057, no sentido de que os efeitos da cessão com relação à sociedade somente se operem depois da efetiva averbação na Junta Comercial. Desse modo, computando-se o prazo a partir da averbação, não se verifica o transcurso de dois anos, devendo-se, portanto, afastar a decadência proclamada pelo Tribunal *a quo*" (STJ-3ª T., REsp 1.415.543, Min. Paulo Sanseverino, j. 7.6.16, DJ 13.6.16; a citação é do voto do relator).

Art. 1.003: 2. v. arts. 275 a 285.

Art. 1.003: 3. v. arts. 1.032 e 1.057 § ún. V. tb. LRF 81 § 1º.

Art. 1.003: 3a. "Na hipótese de cessão de quotas sociais, a responsabilidade do cedente pelo prazo de até 2 anos após a averbação da respectiva modificação contratual restringe-se às **obrigações sociais contraídas** no período em que ele ainda ostentava a qualidade de sócio, ou seja, **antes da sua retirada** da sociedade" (STJ-3ª T., REsp 1.537.521, Min. Ricardo Cueva, j. 5.2.19, DJ 12.2.19). No mesmo sentido: STJ-4ª T., Ag em REsp 1.520.206-AgInt, Min. Luis Felipe, j. 29.10.19, DJ 5.11.19.

Art. 1.003: 4. "Os prazos prescricionais previstos para os casos de retirada de sócio da sociedade empresarial, dispostos nos arts. 1.003 e 1.032 do CC, **não são aplicáveis às hipóteses de desconsideração da personalidade jurídica,** pois se referem a uma responsabilidade extraordinária, fundada na existência de abuso de direito" (STJ-3ª T., REsp 1.631.322-AgInt, Min. Marco Bellizze, j. 21.9.17, DJ 2.10.17). No mesmo sentido: STJ-4ª T., Ag em REsp 1.554.017-AgInt, Min. Antonio Ferreira, j. 17.2.20, DJ 20.2.20.

Art. 1.004. Os sócios são obrigados, na forma e prazo previstos, às contribuições estabelecidas no contrato social,[1] e aquele que deixar de fazê-lo, nos trinta dias seguintes ao da notificação pela sociedade, responderá perante esta pelo dano emergente da mora.[2]

Parágrafo único. Verificada a mora, poderá a maioria[3] dos demais sócios preferir, à indenização, a exclusão do sócio remisso,[4] ou reduzir-lhe a quota ao montante já realizado, aplicando-se, em ambos os casos, o disposto no § 1º do art. 1.031.

Art. 1.004: 1. v. art. 997-IV e V.

Art. 1.004: 2. s/ mora, v. arts. 394 a 401.

Art. 1.004: 3. Enunciado 216 do CEJ: "O *quorum* de deliberação previsto no art. 1.004, parágrafo único, e no art. 1.030 é de maioria absoluta do capital representado pelas quotas dos demais sócios, consoante a regra geral fixada no art. 999 para as deliberações na sociedade simples. Esse entendimento aplica-se ao art. 1.058 em caso de exclusão de sócio remisso ou redução do valor de sua quota ao montante já integralizado".

Art. 1.004: 4. v. arts. 1.030, 1.032 e 1.058.

Art. 1.005. O sócio que, a título de quota social, transmitir domínio, posse ou uso, responde pela evicção;[1] e pela solvência do devedor, aquele que transferir crédito.[2]

Art. 1.005: 1. v. arts. 447 a 457.

Art. 1.005: 2. v. art. 297.

Art. 1.006. O sócio, cuja contribuição consista em serviços, não pode, salvo convenção em contrário, empregar-se em atividade estranha à sociedade, sob pena de ser privado de seus lucros e dela excluído.[1]

Art. 1.006: 1. v. arts. 1.030 e 1.032. V. tb. art. 997-V.

Art. 1.007. Salvo estipulação em contrário, o sócio participa dos lucros e das perdas,[1] na proporção das respectivas quotas, mas aquele, cuja contribuição consiste em serviços, somente participa dos lucros na proporção da média do valor das quotas.[2]

Art. 1.007: 1. v. art. 997-VII. V. tb. art. 1.008 e notas.

Art. 1.007: 2. s/ sócio que contribui com serviços, v. art. 997-V.

Art. 1.008. É nula a estipulação contratual[1] que exclua qualquer sócio de participar dos lucros e das perdas.[2-3]

Art. 1.008: 1. Nula é apenas a cláusula, pois o restante do contrato social subsiste.

Art. 1.008: 2. v. art. 1.007.

Art. 1.008: 3. Para a nulidade da estipulação contratual, não se exige que o sócio fique excluído tanto dos lucros quanto das perdas: basta a sua exclusão de um deles para a caracterização da chamada "sociedade leonina", vedada pela lei.

Art. 1.009. A distribuição de lucros ilícitos ou fictícios acarreta responsabilidade solidária[1] dos administradores que a realizarem e dos sócios que os receberem, conhecendo ou devendo conhecer-lhes a ilegitimidade.[2-3]

Art. 1.009: 1. v. arts. 275 a 285.

Art. 1.009: 2. v. art. 990, nota 1a.

Art. 1.009: 3. v. art. 422 (boa-fé).

Seção III | DA ADMINISTRAÇÃO[1]

SEÇ. III: 1. Administração da sociedade: em nome coletivo, art. 1.042; limitada, arts. 1.060 a 1.065.

Art. 1.010. Quando, por lei ou pelo contrato social, competir aos sócios decidir sobre os negócios da sociedade, as deliberações[1] serão tomadas por maioria de votos, contados segundo o valor das quotas de cada um.

§ 1º Para formação da maioria absoluta são necessários votos correspondentes a mais de metade do capital.

§ 2º Prevalece a decisão sufragada por maior número de sócios no caso de empate, e, se este persistir, decidirá o juiz.

§ 3º Responde por perdas e danos[2] o sócio que, tendo em alguma operação interesse contrário[2a] ao da sociedade, participar da deliberação que a aprove graças a seu voto.[3]

Art. 1.010: 1. s/ deliberações, v. arts. 1.071 a 1.080.

Art. 1.010: 2. v. arts. 402 a 405.

Art. 1.010: 2a. Enunciado 217 do CEJ: "Com a regência supletiva da sociedade limitada, pela lei das sociedades por ações, ao sócio que participar de deliberação na qual tenha interesse contrário ao da sociedade aplicar-se-á o disposto no art. 115, § 3º, da Lei n. 6.404/76. Nos demais casos, aplica-se o disposto no art. 1.010, § 3º, se o voto proferido foi decisivo para a aprovação da deliberação, ou o art. 187 (abuso do direito), se o voto não tiver prevalecido".

Art. 1.010: 3. v. art. 1.017 § ún.

Art. 1.011. O administrador da sociedade deverá ter, no exercício de suas funções, o cuidado e a diligência que todo homem ativo e probo costuma empregar na administração de seus próprios negócios.

§ 1º Não podem ser administradores, além das pessoas impedidas por lei especial, os condenados a pena que vede, ainda que temporariamente, o acesso a cargos públicos; ou por crime falimentar,[1] de prevaricação, peita ou suborno,[1a] concussão, peculato;[1b] ou contra a economia popular,[1c] contra o sistema financeiro nacional,[1d] contra as normas de defesa da concorrência,[1e] contra as relações de consumo,[1f] a fé pública[1g] ou a propriedade,[1h] enquanto perdurarem os efeitos da condenação.[2]

§ 2º Aplicam-se à atividade dos administradores, no que couber, as disposições concernentes ao mandato.[3]

Art. 1.011: 1. v. LRF 64 e 168 a 178.

Art. 1.011: 1a. Enunciado 60 do CEJ: "As expressões de peita ou suborno do § 1º do art. 1.011 do novo Código Civil devem ser entendidas como corrupção, ativa ou passiva".

Enunciado 218 do CEJ: "Não são necessárias certidões de nenhuma espécie para comprovar os requisitos do art. 1.011 no ato de registro da sociedade, bastando declaração de desimpedimento".

Art. 1.011: 1b. s/ peculato, v. CP 312; s/ concussão, v. CP 316; s/ prevaricação, v. CP 319.

Art. 1.011: 1c. Lei 1.521, de 26.12.51 — Altera dispositivos da legislação vigente sobre crimes contra a economia popular.

V. tb. art. 65 da LCE.

Art. 1.011: 1d. Lei 7.492, de 16.6.86 — Define os crimes contra o sistema financeiro nacional, e dá outras providências.

Lei 9.613, de 3.3.98 — Dispõe sobre os crimes de "lavagem" ou ocultação de bens, direitos e valores; a prevenção da utilização do sistema financeiro para os ilícitos previstos nesta Lei; cria o Conselho de Controle de Atividades Financeiras (COAF), e dá outras providências.

Lei 6.385, de 7.12.76 — Dispõe sobre o mercado de valores mobiliários e cria a Comissão de Valores Mobiliários. Os arts. 27-C a 27-F dessa Lei dispõem sobre os crimes contra os mercados de capitais.

Art. 1.011: 1e. Lei 12.529, de 30.11.11 — Estrutura o Sistema Brasileiro de Defesa da Concorrência; dispõe sobre a prevenção e repressão às infrações contra a ordem econômica; altera a Lei n. 8.137, de 27 de dezembro de 1990, o Decreto-Lei n. 3.689, de 3 de outubro de 1941 — Código de Processo Penal, e a Lei n. 7.347, de 24 de julho de

1985; revoga dispositivos da Lei n. 8.884, de 11 de junho de 1994, e a Lei n. 9.781, de 19 de janeiro de 1999; e dá outras providências.

Lei 8.884, de 11.6.94 — Transforma o Conselho Administrativo de Defesa Econômica (Cade) em autarquia, dispõe sobre a prevenção e a repressão às infrações contra a ordem econômica e dá outras providências.

Lei 8.176, de 8.2.91 — Define crimes contra a ordem econômica e cria o Sistema de Estoques de Combustíveis.

Art. 1.011: 1f. Lei 8.137, de 27.12.90 — Define crimes contra a ordem tributária, econômica e contra as relações de consumo. Alterada pela **Lei 12.529, de 30.11.11**.

V. tb. CDC 61 a 80.

Art. 1.011: 1g. v. CP 289 a 311.

Art. 1.011: 1h. v. CP 155 a 183.

Art. 1.011: 2. v. arts. 972 e 1.066 § 1º.

V. LIA, principalmente arts. 9º a 11.

Lei 8.112, de 11.12.90 — Dispõe sobre o regime jurídico dos servidores públicos civis da União, das autarquias e das fundações públicas federais: "**Art. 117**. Ao servidor é proibido: ... **X** — participar de gerência ou administração de sociedade privada, personificada ou não personificada, salvo a participação nos conselhos de administração e fiscal de empresas ou entidades em que a União detenha, direta ou indiretamente, participação no capital social ou em sociedade cooperativa constituída para prestar serviços a seus membros, e exercer o comércio, exceto na qualidade de acionista, cotista ou comanditário" (redação de acordo com a Lei 11.094, de 13.1.05).

Art. 1.011: 3. v. arts. 653 a 691.

Art. 1.012. O administrador, nomeado por instrumento em separado, deve averbá-lo¹ à margem da inscrição da sociedade, e, pelos atos que praticar, antes de requerer a averbação, responde pessoal e solidariamente com a sociedade.

Art. 1.012: 1. v. art. 999 § ún.

Art. 1.013. A administração da sociedade, nada dispondo o contrato social, compete separadamente a cada um dos sócios.

§ 1º Se a administração competir separadamente a vários administradores, cada um pode impugnar operação pretendida por outro, cabendo a decisão aos sócios, por maioria de votos.¹

§ 2º Responde por perdas e danos² perante a sociedade o administrador que realizar operações, sabendo ou devendo saber que estava agindo em desacordo com a maioria.

Art. 1.013: 1. v. art. 1.010.

Art. 1.013: 2. v. arts. 402 a 405.

Art. 1.014. Nos atos de competência conjunta de vários administradores, torna-se necessário o concurso de todos, salvo nos casos urgentes, em que a omissão ou retardo das providências possa ocasionar dano irreparável ou grave.

Art. 1.015. No silêncio do contrato, os administradores podem praticar todos os atos pertinentes à gestão da sociedade; não constituindo objeto social, a oneração ou a venda de bens imóveis depende do que a maioria dos sócios decidir.¹

Parágrafo único. ....²

Art. 1.015: 1. Enunciado 219 do CEJ: "Está positivada a teoria *ultra vires* no Direito brasileiro, com as seguintes ressalvas: (a) o ato *ultra vires* não produz efeito apenas em relação à sociedade; (b) sem embargo, a sociedade poderá, por meio de seu órgão deliberativo, ratificá-lo; (c) o Código Civil amenizou o rigor da teoria *ultra vires*, admitindo os poderes implícitos dos administradores para realizar negócios acessórios ou conexos ao objeto social, os quais não constituem operações evidentemente estranhas aos negócios da sociedade; (d) não se aplica o art. 1.015 às sociedades por ações, em virtude da existência de regra especial de responsabilidade dos administradores (art. 158, II, Lei n. 6.404/76)".

Art. 1.015: 2. O § ún. foi revogado pela Lei 14.195, de 26.8.21.

> **Art. 1.016.** Os administradores[1] respondem solidariamente[2-2a] perante a sociedade[2b] e os terceiros prejudicados, por culpa no desempenho de suas funções.[3]

Art. 1.016: 1. v. art. 990, nota 1a.
Art. 1.016: 2. v. arts. 275 a 285.
Art. 1.016: 2a. "Em regra, o administrador não tem responsabilidade pessoal pelas obrigações que contrair em nome da sociedade e em decorrência de regulares atos de gestão. Todavia, os administradores serão obrigados pessoalmente e solidariamente pelo ressarcimento do dano, na forma da responsabilidade civil por ato ilícito, perante a sociedade e terceiros prejudicados quando, dentro de suas atribuições e poderes, agirem de forma culposa. Considerando-se que na hipótese dos autos ficou comprovado que todos os onze sócios eram administradores e que realizaram uma má gestão da sociedade autora que lhe acarretou comprovados prejuízos de ordem material e que não há incompatibilidade qualquer entre a solidariedade passiva e as obrigações divisíveis, está o credor autorizado a exigir de qualquer dos devedores o cumprimento integral da obrigação, cuja satisfação não extingue os deveres dos coobrigados, os quais podem ser demandados em ação regressiva" (STJ-3ª T., REsp 1.087.142, Min. Nancy Andrighi, j. 18.8.11, DJ 24.8.11).

Art. 1.016: 2b. Enunciado 220 do CEJ: "É obrigatória a aplicação do art. 1.016 do Código Civil de 2002, que regula a responsabilidade dos administradores, a todas as sociedades limitadas, mesmo àquelas cujo contrato social preveja a aplicação supletiva das normas das sociedades anônimas".

Art. 1.016: 3. Esta disposição se aplica aos membros do conselho fiscal (v. art. 1.070-*caput*).

> **Art. 1.017.** O administrador que, sem consentimento escrito dos sócios, aplicar créditos ou bens sociais em proveito próprio ou de terceiros, terá de restituí-los à sociedade, ou pagar o equivalente, com todos os lucros resultantes, e, se houver prejuízo, por ele também responderá.[1]
> **Parágrafo único.** Fica sujeito às sanções o administrador que, tendo em qualquer operação interesse contrário ao da sociedade, tome parte na correspondente deliberação.[2]

Art. 1.017: 1. v. arts. 402 a 405 (perdas e danos) e 1.170 (responsabilidade do preposto).
Art. 1.017: 2. v. arts. 990, nota 1a, e 1.010 § 3º.

> **Art. 1.018.** Ao administrador é vedado fazer-se substituir no exercício de suas funções, sendo-lhe facultado, nos limites de seus poderes, constituir mandatários da sociedade, especificados no instrumento os atos e operações que poderão praticar.

> **Art. 1.019.** São irrevogáveis os poderes do sócio investido na administração por cláusula expressa do contrato social,[1] salvo justa causa, reconhecida judicialmente, a pedido de qualquer dos sócios.[2]
> **Parágrafo único.** São revogáveis, a qualquer tempo, os poderes conferidos a sócio por ato separado, ou a quem não seja sócio.[3]

Art. 1.019: 1. v. arts. 997-VI e 999.
Art. 1.019: 2. v. art. 1.060, nota 1.
Art. 1.019: 3. v. arts. 999 e 1.012.

Art. 1.020. Os administradores são obrigados a prestar aos sócios contas justificadas de sua administração, e apresentar-lhes o inventário anualmente, bem como o balanço patrimonial e o de resultado econômico.[1]

Art. 1.020: 1. v. arts. 1.065, 1.069-III, 1.078-I e § 3º, 1.140 e 1.179 a 1.195. V. tb. LRF 168 § 1º-I e II.

Art. 1.021. Salvo estipulação que determine época própria, o sócio pode, a qualquer tempo, examinar os livros e documentos, e o estado da caixa e da carteira da sociedade.[1 a 3]

Art. 1.021: 1. s/ escrituração, v. arts. 1.179 a 1.195. S/ exibição de documento ou coisa, v. tb. CPC 396 a 404 e 417 a 421; s/ o Livro de Registro de Duplicatas, v. LDu 19.

Art. 1.021: 2. Súmula 260 do STF: "O exame de livros comerciais, em ação judicial, fica limitado às transações entre os litigantes".

Art. 1.021: 3. v. LC 123, de 14.12.06, que institui o Estatuto Nacional da Microempresa e da Empresa de Pequeno Porte, e dá outras providências, em especial arts. 25 a 27.

Seção IV | DAS RELAÇÕES COM TERCEIROS

Art. 1.022. A sociedade adquire direitos, assume obrigações e procede judicialmente, por meio de administradores com poderes especiais, ou, não os havendo, por intermédio de qualquer administrador.

Art. 1.023. Se os bens da sociedade não lhe cobrirem as dívidas, respondem os sócios pelo saldo, na proporção em que participem das perdas sociais,[1] salvo cláusula de responsabilidade solidária.[2-3]

Art. 1.023: 1. i. e., na proporção das respectivas quotas (art. 1.007).

Art. 1.023: 2. s/ solidariedade passiva, v. arts. 275 a 285; s/ responsabilidade dos sócios, v. CPC 790-II e 795. V. ainda art. 997, nota 7 (Enunciado 61 do CEJ).

Art. 1.023: 3. "Nas sociedades em que a responsabilidade dos sócios perante as obrigações sociais é ilimitada, como ocorre nas sociedades simples (art. 1.023 do CC/02), não se faz necessária, para que os bens pessoais de seus sócios respondam pelas suas obrigações, a desconsideração da sua personalidade" (STJ-3ª T., REsp 895.792, Min. Paulo Sanseverino, j. 7.4.11, DJ 25.4.11).

Art. 1.024. Os bens particulares dos sócios não podem ser executados por dívidas da sociedade,[1] senão depois de executados os bens sociais.[2]

Art. 1.024: 1. salvo o disposto no art. 990, *in fine*.

Art. 1.024: 2. Esse direito é chamado de benefício de ordem ou benefício da **excussão**. V. tb. CPC 795.

Art. 1.025. O sócio, admitido em sociedade já constituída, não se exime das dívidas sociais anteriores à admissão.[1]

Art. 1.025: 1. v. art. 1.003 § ún. (responsabilidade do cedente pelas obrigações que tinha como sócio).

Art. 1.026. O credor particular de sócio pode, na insuficiência de outros bens do devedor, fazer recair a execução sobre o que a este couber nos lucros da sociedade, ou na parte que lhe tocar em liquidação.¹ ᵃ ²ᵃ

Parágrafo único. Se a sociedade não estiver dissolvida, pode o credor requerer a liquidação da quota do devedor,³ cujo valor, apurado na forma do art. 1.031, será depositado em dinheiro, no juízo da execução, até noventa dias após aquela liquidação.

Art. 1.026: 1. v. art. 1.030 § ún.

Art. 1.026: 1a. "A penhora de quotas da sociedade limitada: a harmonia entre os arts. 1.026 do CC/2002 e 655, VI, do CPC", por Cristiano Gomes de Brito (RP 171/49).

Art. 1.026: 2. Enunciado 387 do CEJ: "A opção entre fazer a execução recair sobre o que ao sócio couber no lucro da sociedade, ou na parte que lhe tocar em dissolução, orienta-se pelos princípios da menor onerosidade e da função social da empresa".

Enunciado 388 do CEJ: "O disposto no art. 1.026 do Código Civil não exclui a possibilidade de o credor fazer recair a execução sobre os direitos patrimoniais da quota de participação que o devedor possui no capital da sociedade".

Enunciado 389 do CEJ: "Quando se tratar de sócio de serviço, não poderá haver penhora das verbas descritas no art. 1.026, se de caráter alimentar".

Art. 1.026: 2a. "Tendo em vista o disposto no artigo 1.026, combinado com o artigo 1.053, ambos do Código Civil, e os princípios da conservação da empresa e da menor onerosidade da execução, cabia à exequente adotar as devidas cautelas impostas pela lei, requerendo a **penhora dos lucros** relativos às quotas sociais correspondentes à devedora, conforme também a inteligência do artigo 1.027 do Código Civil, **não** podendo ser deferida, **de imediato, a penhora das quotas sociais** de sociedade empresária que se encontra em plena atividade, em prejuízo de terceiros, por dívida estranha à referida pessoa jurídica" (STJ-4ª T., REsp 1.346.712-AgInt, Min. Luis Felipe, j. 14.3.17, DJ 20.3.17).

Art. 1.026: 3. Enunciado 386 do CEJ: "Na apuração dos haveres do sócio, por consequência da liquidação de suas quotas na sociedade para pagamento ao seu credor (art. 1.026, parágrafo único), não devem ser consideradas eventuais disposições contratuais restritivas à determinação de seu valor".

Art. 1.027. Os herdeiros do cônjuge de sócio, ou o cônjuge do que se separou judicialmente, não podem exigir desde logo a parte que lhes couber na quota social, mas concorrer à divisão periódica dos lucros, até que se liquide a sociedade.¹

Art. 1.027: 1. O art. 1.027 está **revogado, em termos,** pelo CPC 600 § ún.: "O cônjuge ou companheiro do sócio cujo casamento, união estável ou convivência terminou poderá requerer a apuração de seus haveres na sociedade, que serão pagos à conta da quota social titulada por este sócio".

Seção V | DA RESOLUÇÃO DA SOCIEDADE EM RELAÇÃO A UM SÓCIO¹

SEÇ. V: 1. v. arts. 1.085 e 1.086 (resolução da sociedade em relação a sócios minoritários). V. tb. CPC 599 e segs. (ação de dissolução parcial de sociedade).

Art. 1.028. No caso de morte de sócio,¹ liquidar-se-á sua quota, salvo:

I — se o contrato dispuser diferentemente;

II — se os sócios remanescentes optarem pela dissolução da sociedade;²

III — se, por acordo com os herdeiros, regular-se a substituição do sócio falecido.³⁻⁴

Art. 1.028: 1. v. art. 1.032.

Art. 1.028: 2. v. arts. 1.033 a 1.038.

Art. 1.028: 3. Enunciado 221 do CEJ: "Diante da possibilidade de o contrato social permitir o ingresso na sociedade do sucessor de sócio falecido, ou de os sócios acordarem com os herdeiros a substituição de sócio falecido, sem liquidação da quota em ambos os casos, é lícita a participação de menor em sociedade limitada, estando o capital integralizado, em virtude da inexistência de vedação no Código Civil".

Art. 1.028: 4. "O falecimento de sócio, em regra, dissolve parcialmente a sociedade por quotas de responsabilidade limitada, hipótese em que caberá ao espólio, representado pelo inventariante, administração transitória das quotas enquanto se apuram os haveres e a divisão do espólio (art. 993, parágrafo único, II, do CPC). Resguarda o art. 1.028, III, do CC/02, em observância ao princípio da preservação da empresa, a possibilidade de os sócios remanescentes e herdeiros acordarem a substituição do sócio falecido. A inclusão do espólio no contrato social, mediante alteração contratual arquivada na junta comercial competente, e o regular exercício da atividade empresarial sob o novo quadro societário ao longo de 16 anos denotam a concreta intenção das partes de ajustarem a sucessão do sócio falecido" (STJ-3ª T., REsp 1.422.934, Min. João Otávio, j. 14.10.14, DJ 25.11.14).

Art. 1.029. Além dos casos previstos na lei ou no contrato, qualquer sócio pode retirar-se da sociedade;[1-1a] se de prazo indeterminado, mediante notificação[1b] aos demais sócios, com antecedência mínima de sessenta dias; se de prazo determinado, provando judicialmente justa causa.

Parágrafo único. Nos trinta dias subsequentes à notificação, podem os demais sócios optar pela dissolução da sociedade.[2]

Art. 1.029: 1. "O direito de retirada imotivada de sócio de **sociedade limitada** por tempo indeterminado constitui direito potestativo à luz dos princípios da autonomia da vontade e da liberdade de associação" (STJ-3ª T., REsp 1.403.947, Min. Ricardo Cueva, j. 24.4.18, DJ 30.4.18).

"Direito de retirada imotivada que, por decorrer da liberdade constitucional de não permanecer associado, garantida pelo inciso XX do art. 5º da CF, deve ser observado ainda que a sociedade limitada tenha regência supletiva da Lei n. 6.404/76 (Lei das Sociedades Anônimas). A ausência de previsão na Lei n. 6.404/76 acerca da retirada imotivada não implica sua proibição nas sociedades limitadas regidas supletivamente pelas normas relativas às sociedades anônimas, especialmente quando o art. 1.089 do CC determina a aplicação supletiva do próprio Código Civil nas hipóteses de omissão daquele diploma" (STJ-3ª T., REsp 1.839.078, Min. Paulo Sanseverino, j. 9.3.21, DJ 26.3.21).

Art. 1.029: 1a. "Sociedade limitada com dois sócios de capital idêntico. Exclusão do outro. Impossibilidade. Com a dissolução parcial da sociedade fundamentada na falta de *affectio societatis*, pode o sócio de sociedade por cotas de responsabilidade limitada pleitear em juízo a sua retirada da referida sociedade. Todavia, tal pedido não é viável para impor aos demais sócios a sua retirada" (RJM 192/163: AP 1.0713.08.078196-4/001).

Art. 1.029: 1b. "O direito de retirada do sócio da sociedade, preconizado no art. 1.029 do CC, fica condicionado à notificação aos demais sócios e sua consequente alteração contratual, devidamente registrada perante o órgão competente" (RJM 189/205: AP 1.0024.06.077611-9/001).

Art. 1.029: 2. v. arts. 1.033 a 1.038.

Art. 1.030. Ressalvado o disposto no art. 1.004 e seu parágrafo único, pode o sócio ser excluído judicialmente, mediante iniciativa da maioria[1] dos demais sócios, por falta grave no cumprimento de suas obrigações,[1a a 2] ou, ainda, por incapacidade superveniente.[3-3a]

Parágrafo único. Será de pleno direito excluído da sociedade o sócio declarado falido,[4] ou aquele cuja quota tenha sido liquidada nos termos do parágrafo único do art. 1.026.

Art. 1.030: 1. Enunciado 216 do CEJ: "O *quorum* de deliberação previsto no art. 1.004, § ún., e no art. 1.030 é de maioria absoluta do capital representado pelas quotas dos demais sócios, consoante a regra geral fixada no art. 999 para as deliberações na sociedade simples. Esse entendimento aplica-se ao art. 1.058 em caso de exclusão de sócio remisso ou redução do valor de sua quota ao montante já integralizado".

"Na apuração da maioria absoluta do capital social para fins de exclusão judicial de sócio de sociedade limitada, consideram-se apenas as quotas dos demais sócios, excluídas aquelas pertencentes ao sócio que se pretende excluir, não incidindo a condicionante prevista no art. 1.085 do Código Civil de 2002, somente aplicável na hipótese de exclusão extrajudicial de sócio por deliberação da maioria representativa de mais da metade do capital social, mediante alteração do contrato social" (STJ-3ª T., REsp 1.653.421, Min. Ricardo Cueva, j. 10.10.17, DJ 13.11.17).

Art. 1.030: 1a. Enunciado 67 do CEJ: "A quebra do *affectio societatis* não é causa para a exclusão do sócio minoritário, mas apenas para dissolução (parcial) da sociedade".

V. art. 1.085. V. tb art. 1.029, nota 1a.

Art. 1.030: 1b. "Para exclusão judicial de sócio, **não basta** a alegação de **quebra da *affectio societatis*,** mas a demonstração de justa causa, ou seja, dos motivos que ocasionaram essa quebra" (STJ-RT 914/573: 3ª T., REsp 1.129.222). No mesmo sentido: STJ-4ª T., REsp 1.479.860-AgInt, Min. Lázaro Guimarães, j. 20.9.18, DJ 26.9.18; RT 928/891 (TJSP, EI 0025880-63.2010.8.26.0577/50000, maioria).

Art. 1.030: 1c. "A **prática de atos reiterados** como padrão de normalidade por ambos os sócios e nas três sociedades que mantêm há mais de 40 anos, ainda que irregulares e espúrios, não servem como causa necessária da quebra da *affectio societatis* a fim de configurar justa causa para exclusão de sócio" (STJ-3ª T., REsp 1.286.708, Min. Nancy Andrighi, j. 27.5.14, DJ 5.6.14). Do voto da relatora: "Diante do contexto probatório, a justa causa apontada não foi demonstrada, e as causas consideradas justas pelo Tribunal de origem, no contexto prático da gestão de ambos os sócios, não seriam fundamento para romper o vínculo de afinidade porque tolerado e praticado mutuamente por ambos os sócios. Assim, não há comprovação quanto à culpa pelo rompimento desse vínculo societário, de tal sorte que não se pode impor a um dos sócios a pena de seu desligamento compulsório".

Art. 1.030: 2. Autorizando a exclusão de sócio em **sociedade anônima fechada,** ante a caracterização de justo motivo para tanto: STJ-4ª T., REsp 917.531, Min. Luis Felipe, j. 17.11.11, DJ 1.2.12.

Art. 1.030: 3. "Sociedade contratual e o sócio incapaz (incapacidade superveniente) no Código Civil de 2002: uma evidente inconstitucionalidade", por Olney Queiroz Assis (RSDCPC 27/115).

Art. 1.030: 3a. s/ exercício da empresa por empresário incapaz, v. art. 974.

Art. 1.030: 4. v. LRF 94 e 99-V.

> **Art. 1.031.** Nos casos em que a sociedade se resolver em relação a um sócio, o valor da sua quota, considerada pelo montante efetivamente realizado, liquidar-se-á, salvo disposição contratual em contrário, com base na situação patrimonial da sociedade, à data da resolução, verificada em balanço especialmente levantado.[1-2]
>
> § 1º O capital social sofrerá a correspondente redução, salvo se os demais sócios suprirem o valor da quota.[3]
>
> § 2º A quota liquidada será paga em dinheiro, no prazo de noventa dias, a partir da liquidação, salvo acordo, ou estipulação contratual em contrário.[4 a 5]

Art. 1.031: 1. O *caput* do art. 1.031 está **implicitamente revogado** pelo CPC 606, na medida em que este passou a regular a matéria relativa à liquidação do valor da quota, ali tratada como apuração de haveres.

Art. 1.031: 2. v. arts. 1.026 § ún. e 1.077. Em matéria de fim de casamento ou união estável, v. arts. 1.660, nota 1a, e 1.725, notas 2e e 2f.

Art. 1.031: 3. v. art. 1.004 § ún.

Art. 1.031: 4. "O **prazo contratual** previsto para o pagamento dos haveres do sócio que se retira da sociedade supõe *quantum* incontroverso; se houver divergência a respeito, e só for dirimida em ação judicial, cuja tramitação tenha esgotado o aludido prazo, o pagamento dos haveres é exigível de imediato" (STJ-3ª T., REsp 1.371.843, Min. Paulo Sanseverino, j. 20.3.14, DJ 26.3.14).

Art. 1.031: 4a. "A apuração de haveres — levantamento dos valores referentes à participação do sócio que se retira ou que é excluído da sociedade — se processa da forma prevista no contrato social, uma vez que, nessa seara, prevalece o princípio da força obrigatória dos contratos, cujo fundamento é a autonomia da vontade, desde que observados os limites legais e os princípios gerais do direito. Em ação que versa sobre o **inadimplemento dos haveres** oriundos da retirada de sócio, a sociedade é constituída em **mora com a citação válida,** que passa então a ser considerada como termo inicial para o pagamento das parcelas, sendo certo que aquelas que venceram no curso do processo devem ser pagas de imediato, após o trânsito em julgado da sentença condenatória, enquanto as remanescentes serão adimplidas consoante determinado no contrato social" (STJ-4ª T., REsp 1.239.754, Min. Luis Felipe, j. 15.5.12, DJ 22.5.12).

Art. 1.031: 5. "A retirada do sócio por dissolução parcial da empresa não se confunde com o direito de recesso, que possui hipóteses de incidência restrita e forma de apuração de haveres distinta. A existência de cláusula contratual específica para pagamento de haveres na hipótese de exercício do direito de recesso não pode ser aplicada por analogia, para os fins de afastar a incidência do art. 1.031, § 2º, do CC/02 na situação concreta de retirada do sócio. Os **juros de mora** eventualmente devidos em razão do pagamento dos haveres devidos em decorrência da retirada do sócio, no novo contexto legal do art. 1.031, § 2º, do CC/02, terão por termo inicial o **vencimento do prazo legal nonagesimal,** contado desde a liquidação dos haveres" (STJ-3ª T., REsp 1.286.708, Min. Nancy Andrighi, j. 27.5.14, DJ 5.6.14).

Art. 1.032. A retirada, exclusão ou morte do sócio, não o exime, ou a seus herdeiros, da responsabilidade pelas obrigações sociais anteriores, até dois anos após averbada a resolução da sociedade; nem nos dois primeiros casos, pelas posteriores e em igual prazo, enquanto não se requerer a averbação.[1]

Art. 1.032: 1. v. arts. 968 § 2º, 1.003 § ún. e 1.025. V. tb. LRF 81 § 1º.

Seção VI | DA DISSOLUÇÃO[1 A 2]

SEÇ. VI: 1. "Dissolução, liquidação e extinção da sociedade empresária", por Jonabio Barbosa dos Santos e Anna Tereza de Mendonça Gonçalves (RJ-Lex 52/103).

SEÇ. VI: 1a. v. arts. 51 e 2.034.

S/ dissolução da sociedade por ações, v. LSA 206 e 207; s/ dissolução das sociedades que houverem adquirido personalidade jurídica mediante falsa declaração de seus fins ou que tenham finalidades ilícitas e nocivas, v. Dec. lei 9.085, de 25.3.46, art. 6º (no tít. REGISTROS PÚBLICOS).

SEÇ. VI: 2. Dec. lei 368, de 19.12.68 — Dispõe sobre efeitos de débitos salariais e dá outras providências: "**Art. 1º** A empresa em débito salarial com seus empregados não poderá: ... **III** — ser dissolvida".

Art. 1.033. Dissolve-se a sociedade[1 a 3] quando ocorrer:

I — o vencimento do prazo de duração, salvo se, vencido este e sem oposição de sócio, não entrar a sociedade em liquidação, caso em que se prorrogará por tempo indeterminado;

II — o consenso unânime dos sócios;

III — a deliberação dos sócios, por maioria absoluta, na sociedade de prazo indeterminado;

IV — .... [3a]

V — a extinção, na forma da lei, de autorização para funcionar.[4]

Parágrafo único. .... [5]

Art. 1.033: 1. v. art. 1.030, nota 1.
Art. 1.033: 2. v. arts. 1.044 e 1.051.
Art. 1.033: 3. "Regularmente dissolvida a sociedade com registro no órgão competente, os ex-sócios têm legitimidade para reclamar a reparação de eventuais prejuízos sofridos" (RT 871/301).
Art. 1.033: 3a. O inc. IV foi revogado pela Lei 14.195, de 26.8.21.
Art. 1.033: 4. v. art. 1.037. V. tb. Dec. lei 9.085, de 25.3.46, art. 6º (no tít. REGISTROS PÚBLICOS).
Art. 1.033: 5. O § ún. foi revogado pela Lei 14.195, de 26.8.21.

Art. 1.034. A sociedade pode ser dissolvida judicialmente, a requerimento de qualquer dos sócios, quando:

I — anulada a sua constituição;

II — exaurido o fim social, ou verificada a sua inexequibilidade.[1]

Art. 1.034: 1. "A *affectio societatis* é um elemento específico do contrato de sociedade empresarial, que se exterioriza pela vontade comum dos sócios de que o empreendimento prospere, em prol da sociedade e da atividade por ela desenvolvida. Inexistindo a *affectio societatis*, a consecução do fim social se torna impossível, permitindo a dissolução da sociedade empresarial, a teor do art. 1.034, inciso II, do Código Civil" (RJM 189/205: AP 1.0024.06.077611-9/001).

Todavia: "Se um dos sócios de uma **sociedade por cotas de responsabilidade limitada** pretende dar-lhe continuidade, mesmo contra a vontade da maioria, que busca a sua dissolução total, deve-se prestigiar o princípio da preservação da empresa, acolhendo-se o pedido de sua desconstituição apenas parcial, formulado por aquele, pois a sua continuidade ajusta-se ao interesse coletivo, por importar em geração de empregos, em pagamento de impostos, em promoção do desenvolvimento das comunidades em que se integra, e em outros benefícios gerais" (RSTJ 106/324).

"Admite-se dissolução parcial de **sociedade anônima fechada** de cunho familiar quando houver a quebra da *affectio societatis*, com a retirada dos sócios dissidentes, após a apuração de seus haveres em função do valor real do ativo e do passivo. Se o legislador autorizou os acionistas majoritários a pleitearem a dissolução total da sociedade — hipótese que leva à liquidação da empresa, com a saída de todos os sócios, inclusive os minoritários — está admitida também a sua dissolução parcial. Não há sentido em impedir que os acionistas majoritários busquem permanecer no controle da empresa, até porque representam a maioria do capital social e, a rigor, a vontade dominante no que se refere aos interesses convergentes que, desde o início, caracterizaram a *affectio societatis* e a forma de exploração do objeto social. Nada impede os acionistas minoritários de apresentarem, em sede de defesa, reconvenção, caso concordem com a dissolução parcial mas entendam que os acionistas majoritários é que devem se afastar. Todavia, o que não se pode admitir é que, numa sociedade *intuito personae* com ruptura da *affectio societatis*, os sócios minoritários se postem contrários à dissolução parcial mas não demonstrem interesse em assumir o controle da empresa" (STJ-3ª T., REsp 1.128.431, Min. Nancy Andrighi, j. 11.10.11, DJ 25.10.11). Em sentido semelhante: STJ-4ª T., REsp 917.531, Min. Luis Felipe, j. 17.11.11, DJ 1.2.12.

Art. 1.035. O contrato pode prever outras causas de dissolução, a serem verificadas judicialmente quando contestadas.

Art. 1.036. Ocorrida a dissolução, cumpre aos administradores providenciar imediatamente a investidura do liquidante, e restringir a gestão própria aos negócios inadiáveis, vedadas novas operações, pelas quais responderão solidária[1] e ilimitadamente.[2]

Parágrafo único. Dissolvida de pleno direito a sociedade, pode o sócio requerer, desde logo, a liquidação judicial.

Art. 1.036: 1. v. arts. 275 a 285.
Art. 1.036: 2. v. arts. 1.102 a 1.112 e 2.034.

Art. 1.037. Ocorrendo a hipótese prevista no inciso V do art. 1.033, o Ministério Público, tão logo lhe comunique a autoridade competente, promoverá a liquidação judicial da sociedade, se os administradores não o tiverem feito nos trinta dias seguintes à perda da autorização, ou se o sócio não houver exercido a faculdade assegurada no parágrafo único do artigo antecedente.

Parágrafo único. Caso o Ministério Público não promova a liquidação judicial da sociedade nos quinze dias subsequentes ao recebimento da comunicação, a autoridade competente para conceder a autorização nomeará interventor com poderes para requerer a medida e administrar a sociedade até que seja nomeado o liquidante.

Art. 1.038. Se não estiver designado no contrato social, o liquidante será eleito por deliberação dos sócios, podendo a escolha recair em pessoa estranha à sociedade.

§ 1º O liquidante pode ser destituído, a todo tempo:

I — se eleito pela forma prevista neste artigo, mediante deliberação dos sócios;

II — em qualquer caso, por via judicial, a requerimento de um ou mais sócios, ocorrendo justa causa.

§ 2º A liquidação da sociedade se processa de conformidade com o disposto no Capítulo IX, deste Subtítulo.[1]

Art. 1.038: 1. i. e., de acordo com os arts. 1.102 a 1.112.

Capítulo II | DA SOCIEDADE EM NOME COLETIVO

Art. 1.039. Somente pessoas físicas podem tomar parte na sociedade em nome coletivo,[1] respondendo todos os sócios, solidária[2] e ilimitadamente, pelas obrigações sociais.

Parágrafo único. Sem prejuízo da responsabilidade perante terceiros, podem os sócios, no ato constitutivo, ou por unânime convenção posterior, limitar[3] entre si a responsabilidade de cada um.

Art. 1.039: 1. Firma da sociedade em nome coletivo: art. 1.157.

Art. 1.039: 2. v. arts. 275 a 285.

Art. 1.039: 3. Embora essa limitação não tenha incidência perante terceiros, o sócio que satisfez a dívida em quantia superior a ela poderá, posteriormente, exigir dos outros sócios as respectivas parcelas. V. art. 283.

Art. 1.040. A sociedade em nome coletivo se rege pelas normas deste Capítulo e, no que seja omisso, pelas do Capítulo antecedente.[1]

Art. 1.040: 1. i. e., pelos arts. 997 a 1.038.

Art. 1.041. O contrato deve mencionar, além das indicações referidas no art. 997, a firma social.[1]

Art. 1.041: 1. Firma social é o nome empresarial dessa sociedade, formada, em regra, pelo nome dos sócios ou de alguns deles e pela expressão "& Companhia" ou "& Cia.".

Art. 1.042. A administração da sociedade compete exclusivamente a sócios, sendo o uso da firma, nos limites do contrato, privativo dos que tenham os necessários poderes.

Art. 1.043. O credor particular de sócio não pode, antes de dissolver-se a sociedade, pretender a liquidação da quota do devedor.[1]

Parágrafo único. Poderá fazê-lo quando:

I — a sociedade houver sido prorrogada tacitamente;

II — tendo ocorrido prorrogação contratual, for acolhida judicialmente oposição do credor, levantada no prazo de noventa dias, contado da publicação do ato dilatório.

Art. 1.043: 1. Segundo o **Enunciado 63 do CEJ**, o art. 1.043 deve ser interpretado "no sentido de que só será aplicado às sociedades ajustadas por prazo determinado".

Art. 1.044. A sociedade se dissolve de pleno direito por qualquer das causas enumeradas no art. 1.033 e, se empresária,[1] também pela declaração da falência.[2]

Art. 1.044: 1. v. arts. 982 e 983.

Art. 1.044: 2. v. LRF 77, 81 e 94 a 101. V. ainda, no nosso CPCLPV, LRF 159, nota 1.

Capítulo III | DA SOCIEDADE EM COMANDITA SIMPLES[1]

🔖 **CAP. III: 1.** "Hora e vez da sociedade em comandita simples", por Douglas Genelhu de Abreu Guilherme (RSDCPC 78/122).

Art. 1.045. Na sociedade em comandita simples tomam parte sócios de duas categorias: os comanditados, pessoas físicas, responsáveis solidária[1] e ilimitadamente pelas obrigações sociais; e os comanditários, obrigados somente pelo valor de sua quota.[2-2a]

Parágrafo único. O contrato deve discriminar os comanditados e os comanditários.

Art. 1.045: 1. v. arts. 275 a 285.

Art. 1.045: 2. v. LRF 123-*caput*.

Art. 1.045: 2a. Porém, se o comanditário praticar ato de gestão ou tiver nome na firma social, sua responsabilidade passará a ser solidária e ilimitada, cf. art. 1.047.

Art. 1.046. Aplicam-se à sociedade em comandita simples as normas da sociedade em nome coletivo,[1] no que forem compatíveis com as deste Capítulo.

Parágrafo único. Aos comanditados cabem os mesmos direitos e obrigações dos sócios da sociedade em nome coletivo.

Art. 1.046: 1. v. arts. 1.039 a 1.044.

Art. 1.047. Sem prejuízo da faculdade de participar das deliberações da sociedade e de lhe fiscalizar as operações, não pode o comanditário praticar qualquer ato de gestão, nem ter o nome na firma social, sob pena de ficar sujeito às responsabilidades de sócio comanditado.

Parágrafo único. Pode o comanditário ser constituído procurador da sociedade, para negócio determinado e com poderes especiais.

Art. 1.048. Somente após averbada a modificação do contrato, produz efeito, quanto a terceiros, a diminuição da quota do comanditário, em consequência de ter sido reduzido o capital social, sempre sem prejuízo dos credores preexistentes.

Art. 1.049. O sócio comanditário não é obrigado à reposição de lucros recebidos de boa-fé e de acordo com o balanço.

Parágrafo único. Diminuído o capital social por perdas supervenientes, não pode o comanditário receber quaisquer lucros, antes de reintegrado aquele.

Art. 1.050. No caso de morte de sócio comanditário, a sociedade, salvo disposição do contrato, continuará com os seus sucessores, que designarão quem os represente.

Art. 1.051. Dissolve-se de pleno direito a sociedade:

I — por qualquer das causas previstas no art. 1.044;¹

II — quando por mais de cento e oitenta dias perdurar a falta de uma das categorias de sócio.

Parágrafo único. Na falta de sócio comanditado, os comanditários nomearão administrador provisório para praticar, durante o período referido no inciso II e sem assumir a condição de sócio, os atos de administração.

Art. 1.051: 1. v. art. 1.033.

Capítulo IV | DA SOCIEDADE LIMITADA[1-2]

Seção I | DISPOSIÇÕES PRELIMINARES

CAP. IV: 1. "A regulamentação das sociedades limitadas", por Vinícius José Marques Gontijo (RT 810/20); "Sociedade limitada ou anônima fechada? O novo dilema dos empreendedores nacionais", por Ricardo Guimarães Moreira (RF 386/203); "Operacionalidade das cláusulas gerais em direito societário (distribuição de dividendos nas sociedades limitadas)", por Norberto da Costa Caruso MacDonald (Ajuris 110/303); "O sócio incapaz nas sociedades limitadas", por Cássio Cavalli (RDPr 54/183); "A natureza das sociedades limitadas: tratamento jurídico conferido às sociedades empresárias e às sociedades simples", por Aline França Campos (RT 940/185).

CAP. IV: 2. Quadro comparativo da legislação vigente s/ sociedades limitadas no Dec. 3.708, de 10.1.1919, e no CC: Bol. AASP 2.302, de 17.2.03, supl.

Art. 1.052. Na sociedade limitada,[1-2] a responsabilidade de cada sócio é restrita ao valor de suas quotas, mas todos respondem solidariamente[3] pela integralização do capital social.[4 a 6]

§ 1º A sociedade limitada pode ser constituída por 1 (uma) ou mais pessoas.[7-7a]

§ 2º Se for unipessoal, aplicar-se-ão ao documento de constituição do sócio único, no que couber, as disposições sobre o contrato social.[8-9]

Art. 1.052: 1. Enunciado 65 do CEJ: "A expressão 'sociedade limitada', tratada nos arts. 1.052 e seguintes do novo Código Civil, deve ser interpretada *stricto sensu*, como 'sociedade por quotas de responsabilidade limitada'".

Art. 1.052: 2. Firma ou denominação: art. 1.158.

Art. 1.052: 3. v. arts. 275 a 285.

Art. 1.052: 4. v. art. 1.056 § 2º. V. tb. art. 1.058.

Art. 1.052: 4a. "Responsabilidade dos administradores por débitos negociais das sociedades limitadas", por Gustavo Saad Diniz (RDPr 18/42); "Responsabilidade dos sócios na sociedade limitada", por André Gustavo Livonesi (RDPr 20/53); "A responsabilidade dos sócios e administradores nas sociedades limitadas", por José Carlos Carota (RF 414/555).

Art. 1.052: 5. A responsabilidade solidária dos sócios pela integralização do capital social somente existe perante terceiros. Nessas condições, ela se faz presente em qualquer caso, não ficando circunscrita a situações específicas (p. ex., falência).

Não há responsabilidade solidária dos sócios pela integralização do capital social perante a sociedade. Aqui, cabe à sociedade cobrar a integralização apenas do sócio inadimplente.

Algumas exceções à regra da limitação da responsabilidade dos sócios: arts. 50 (responsabilidade por abuso da personalidade jurídica); 1.010 § 3º (responsabilidade por voto em deliberação na qual o votante tenha interesse contrário ao da sociedade); 1.012, 1.015, 1.016, 1.017 e 1.158 § 3º (responsabilidade do sócio-administrador); 1.080 (responsabilidade por deliberações infringentes do contrato ou da lei).

Art. 1.052: 6. Se os bens da sociedade limitada sem o capital social totalmente integralizado forem insuficientes para a satisfação da dívida, é lícito ao credor executar bens dos sócios (CPC 790-II), até o valor do capital social não integralizado.

S/ benefício da excussão, v. art. 1.024.

Art. 1.052: 7. O § 1º foi acrescido pela Lei 13.874, de 20.9.19.

Art. 1.052: 7a. "Na hipótese de indícios de abuso da autonomia patrimonial, a **personalidade jurídica** da EIRELI **pode ser desconsiderada,** de modo a atingir os bens particulares do empresário individual para a satisfação de dívidas contraídas pela pessoa jurídica. Também se admite a desconsideração da personalidade jurídica de maneira inversa, quando se constatar a utilização abusiva, pelo empresário individual, da blindagem patrimonial conferida à EIRELI, como forma de ocultar seus bens pessoais. Em uma ou em outra situação, todavia, é **imprescindível a instauração do incidente** de desconsideração da personalidade jurídica de que tratam os arts. 133 e seguintes do CPC/2015, de modo a permitir a inclusão do novo sujeito no processo — o empresário individual ou a EIRELI —, atingido em seu patrimônio em decorrência da medida" (STJ-3ª T., REsp 1.874.256, Min. Nancy Andrighi, j. 17.8.21, DJ 19.8.21).

S/ desconsideração da personalidade jurídica, v. art. 50 e notas.

Art. 1.052: 8. O § 2º foi acrescido pela Lei 13.874, de 20.9.19.

Art. 1.052: 9. v. arts. 997 a 1.000 (contrato social).

Art. 1.053. A sociedade limitada rege-se, nas omissões deste Capítulo, pelas normas da sociedade simples.[1 a 1b]

Parágrafo único. O contrato social poderá prever a regência supletiva da sociedade limitada pelas normas da sociedade anônima.[2-2a]

Art. 1.053: 1. v. arts. 997 a 1.038.

✎ **Art. 1.053: 1a.** "Aplicação subsidiária das normas na sociedade limitada", por Luís Rodolfo Cruz e Creuz (RIDCPC 43/88).

Art. 1.053: 1b. Enunciado 222 do CEJ: "O art. 997, V, não se aplica a sociedade limitada na hipótese de regência supletiva pelas regras das sociedades simples".

Art. 1.053: 2. v. arts. 1.088 e 1.089; Lei 6.404, de 15.12.76 (LSA); v. tb. art. 1.010, nota 2a (Enunciado 217 do CEJ).

Art. 1.053: 2a. Enunciado 223 do CEJ: "O parágrafo único do art. 1.053 não significa a aplicação em bloco da Lei n. 6.404/76 ou das disposições sobre a sociedade simples. O contrato social pode adotar, nas omissões do Código sobre as sociedades limitadas, tanto as regras das sociedades simples quanto as das sociedades anônimas".

Art. 1.054. O contrato[1] mencionará, no que couber, as indicações do art. 997, e, se for o caso, a firma social.[1a-2]

Art. 1.054: 1. v. art. 981.

Art. 1.054: 1a. s/ firma social, v. arts. 1.064, 1.155 e 1.158.

Art. 1.054: 2. "Nem no regime anterior nem no novo regime do Código Civil há qualquer disposição que impeça os sócios das sociedades limitadas de estabelecer cláusula de eleição do foro para dirimir suas desavenças" (STJ-RT 866/144: 3ª T., REsp 684.760).

Seção II | DAS QUOTAS[1]

✎ **SEÇ. II: 1.** "Intersecções necessárias entre o direito de família e o direito comercial: as quotas da sociedade limitada na dissolução do casamento, da união estável e na sucessão", por Edenilza Gobbo e Lucíola Fabrete Lopes Nerillo (RBDF 27/5).

Art. 1.055. O capital social divide-se em quotas,[1] iguais ou desiguais, cabendo uma ou diversas a cada sócio.

§ 1º Pela exata estimação de bens conferidos ao capital social respondem solidariamente[2-2a] todos os sócios, até o prazo de cinco anos da data do registro da sociedade.

§ 2º É vedada contribuição que consista em prestação de serviços.

Art. 1.055: 1. Enunciado 391 do CEJ: "A sociedade limitada pode adquirir suas próprias quotas, observadas as condições estabelecidas na Lei das Sociedades por Ações".

Art. 1.055: 2. v. arts. 275 a 285.

Art. 1.055: 2a. Enunciado 224 do CEJ: "A solidariedade entre os sócios da sociedade limitada pela exata estimação dos bens conferidos ao capital social abrange os casos de constituição e aumento do capital e cessa após cinco anos da data do respectivo registro".

Art. 1.056. A quota é indivisível[1] em relação à sociedade, salvo para efeito de transferência, caso em que se observará o disposto no artigo seguinte.

§ 1º No caso de condomínio de quota, os direitos a ela inerentes somente podem ser exercidos pelo condômino representante, ou pelo inventariante do espólio de sócio falecido.

§ 2º Sem prejuízo do disposto no art. 1.052, os condôminos de quota indivisa respondem solidariamente[2] pelas prestações necessárias à sua integralização.

Art. 1.056: 1. cf. art. 87.

Art. 1.056: 2. v. arts. 275 a 285.

Art. 1.057. Na omissão do contrato, o sócio pode ceder sua quota, total ou parcialmente, a quem seja sócio, independentemente de audiência dos outros, ou a estranho, se não houver oposição de titulares de mais de um quarto do capital social.[1-1a]

Parágrafo único. A cessão terá eficácia quanto à sociedade e terceiros, inclusive para os fins do parágrafo único do art. 1.003, a partir da averbação do respectivo instrumento, subscrito pelos sócios anuentes.[2]

Art. 1.057: 1. v. art. 1.081 § 2º.

Art. 1.057: 1a. "A cessão de quotas sociais em uma sociedade por responsabilidade limitada deve observar regras específicas, previstas no art. 1.057 do CC, em cujo *caput* há permissão para que o contrato social franqueie também a terceiros não sócios o livre-ingresso na sociedade — aproximando-se, assim, das sociedades de capitais — ou imponha condições e restrições de toda ordem à admissão do novo sócio, priorizando o elemento humano como fator de aglutinação na formação do ente social. De uma forma ou de outra, a previsão contratual em sentido diverso prevalece sobre o aludido preceito legal. Quando o instrumento de contrato social silenciar total ou parcialmente — embora a redação do art. 1.057 do CC não seja suficientemente clara —, é possível, desmembrando as suas normas, conceber a existência de duas regras distintas: (i) a livre-cessão aos sócios; e (ii) a possibilidade de cessão a terceiros estranhos ao quadro social, desde que não haja a oposição de titulares de mais de 25% do capital social. No caso, a validade do negócio jurídico vê-se comprometida pela oposição expressa de cerca de 67% do quadro social, sendo certo que o contrato social apresenta omissão quanto aos critérios a serem observados para a implementação da cessão de posição societária, limitando-se a mencionar a possibilidade dessa operação na hipótese do não exercício do direito de preferência pelos sócios remanescentes. Causa certa estranheza o fato de os sócios remanescentes terem perquirido aos cedentes a qualificação dos cessionários e eles terem se recusado a fornecer, sob a mera alegação de que o contrato não os obrigava a tanto. Afinal, o pedido de esclarecimento consubstanciado na indicação do interessado na aquisição das quotas sociais, conquanto não fosse expressamente previsto no contrato social, era medida previsível e salutar, cujo escopo precípuo era justamente a preservação da *affectio societatis* e, em última instância, da ética, transparência e boa-fé objetiva, elementos que devem nortear as relações interpessoais tanto *externa quanto interna corporis*" (STJ-4ª T., REsp 1.309.188, Min. Luis Felipe, j. 24.4.14, maioria, DJ 15.8.14).

Art. 1.057: 2. Enunciado 225 do CEJ: "Sociedade limitada. Instrumento de cessão de quotas. Na omissão do contrato social, a cessão de quotas sociais de uma sociedade limitada pode ser feita por instrumento próprio, averbado junto ao registro da sociedade, independentemente de alteração contratual, nos termos do art. 1.057 e parágrafo único do Código Civil".

Art. 1.058. Não integralizada a quota de sócio remisso, os outros sócios[1] podem, sem prejuízo do disposto no art. 1.004 e seu parágrafo único, tomá-la para si ou transferi-la a terceiros, excluindo o primitivo titular e devolvendo-

-lhe o que houver pago, deduzidos os juros da mora, as prestações estabelecidas no contrato mais as despesas.²

Art. 1.058: 1. v. art. 1.004, nota 3 (Enunciado 216 do CEJ).

Art. 1.058: 2. s/ juros da mora, v. arts. 406 e 407.

Art. 1.059. Os sócios serão obrigados à reposição dos lucros e das quantias retiradas, a qualquer título, ainda que autorizados pelo contrato, quando tais lucros ou quantia se distribuírem com prejuízo do capital.¹⁻²

Art. 1.059: 1. s/ modificação do capital social, v. arts. 1.081 a 1.084.

Art. 1.059: 2. Esse dispositivo visa a atender ao "princípio da integridade do capital social", existente para proteger os direitos de terceiros.

Seção III | DA ADMINISTRAÇÃO

Art. 1.060. A sociedade limitada é administrada¹ por uma ou mais pessoas designadas no contrato social ou em ato separado.

Parágrafo único. A administração atribuída no contrato a todos os sócios² não se estende de pleno direito aos que posteriormente adquiram essa qualidade.

Art. 1.060: 1. "As discussões judiciais acerca da administração de sociedades limitadas deve caminhar, via de regra, não para a intervenção judicial na empresa, que só ocorrerá em hipóteses excepcionais, mas para a responsabilização do administrador ímprobo, para a anulação de negócios específicos que prejudiquem a sociedade ou, em última análise, para a retirada do sócio dissidente ou dissolução parcial da empresa. A atuação do Poder Judiciário em causas que versem sobre a administração das sociedades deve pautar-se sempre por um critério de intervenção mínima. A Lei permite o afastamento de sócio majoritário da administração da sociedade, mas isso não implica que ele perca os poderes inerentes à sua condição de sócio, entre os quais está o poder de nomear administrador" (STJ-3ª T., MC 14.561, Min. Nancy Andrighi, j. 16.9.08, DJ 8.10.08).

Art. 1.060: 2. "O parágrafo único, do art. 1.060, do NCC, só se aplica aos administradores sócios da empresa, e não a procuradores constituídos pela pessoa jurídica" (STJ-3ª T., REsp 772.687, Min. Gomes de Barros, j. 6.10.05, DJU 14.11.05).

Art. 1.061. A designação de administradores não sócios dependerá da aprovação de, no mínimo, 2/3 (dois terços) dos sócios, enquanto o capital não estiver integralizado, e da aprovação de titulares de quotas correspondentes a mais da metade do capital social, após a integralização.¹⁻²

Art. 1.061: 1. Redação da Lei 14.451, de 21.9.22, em vigor após decorridos 30 dias de sua publicação oficial (DOU 22.9.22).

Art. 1.061: 2. v. art. 1.076.

Art. 1.062. O administrador designado em ato separado investir-se-á no cargo mediante termo de posse no livro de atas da administração.¹⁻¹ᵃ

§ 1º Se o termo não for assinado nos trinta dias seguintes à designação, esta se tornará sem efeito.

§ 2º Nos dez dias seguintes ao da investidura, deve o administrador² requerer seja averbada sua nomeação no registro competente, mencionando o seu nome, nacionalidade, estado civil, residência, com exibição de documento de identidade, o ato e a data da nomeação e o prazo de gestão.

Art. 1.062: 1. A sociedade por ações tem disposição análoga (LSA 149).

Art. 1.062: 1a. A formalidade prevista neste dispositivo legal não se aplica ao administrador designado no contrato social, cuja investidura no cargo se dá pela simples assinatura do instrumento societário — de constituição da sociedade ou de alteração do contrato social — do qual consta sua nomeação.

Art. 1.062: 2. Enunciado 66 do CEJ: "A teor do § 2º do art. 1.062 do Código Civil, o administrador só pode ser pessoa natural".

Art. 1.063. O exercício do cargo de administrador cessa pela destituição, em qualquer tempo, do titular, ou pelo término do prazo se, fixado no contrato ou em ato separado, não houver recondução.

§ 1º Tratando-se de sócio nomeado administrador no contrato, sua destituição somente se opera pela aprovação de titulares de quotas correspondentes a mais da metade do capital social, salvo disposição contratual diversa.[1-1a]

§ 2º A cessação do exercício do cargo de administrador deve ser averbada no registro competente, mediante requerimento apresentado nos dez dias seguintes ao da ocorrência.

§ 3º A renúncia de administrador torna-se eficaz, em relação à sociedade, desde o momento em que esta toma conhecimento da comunicação escrita do renunciante; e, em relação a terceiros, após a averbação e publicação.[2]

Art. 1.063: 1. Redação do § 1º de acordo com a Lei 13.792, de 3.1.19.

Art. 1.063: 1a. v. art. 1.076.

Art. 1.063: 2. A sociedade por ações tem disposição análoga (LSA 151).

Art. 1.064. O uso da firma ou denominação social é privativo dos administradores que tenham os necessários poderes.

Art. 1.065. Ao término de cada exercício social, proceder-se-á à elaboração do inventário, do balanço patrimonial e do balanço de resultado econômico.[1]

Art. 1.065: 1. v. arts. 1.020, 1.069-III, 1.078-I e § 3º, 1.140 e 1.179 a 1.195.

Seção IV | DO CONSELHO FISCAL[1]

SEÇ. IV: 1. s/ Conselho Fiscal da sociedade por ações, v. LSA 161 a 165.

Art. 1.066. Sem prejuízo dos poderes da assembleia dos sócios,[1] pode o contrato instituir conselho fiscal composto de três ou mais membros e respectivos suplentes, sócios ou não, residentes no País, eleitos na assembleia anual prevista no art. 1.078.

§ 1º Não podem fazer parte do conselho fiscal, além dos inelegíveis enumerados no § 1º do art. 1.011, os membros dos demais órgãos da sociedade ou de outra por ela controlada, os empregados de quaisquer delas ou dos respectivos administradores, o cônjuge ou parente destes até o terceiro grau.

§ 2º É assegurado aos sócios minoritários, que representarem pelo menos um quinto do capital social, o direito de eleger, separadamente, um dos membros do conselho fiscal e o respectivo suplente.

Art. 1.066: 1. v. arts. 1.072 a 1.080.

Art. 1.067. O membro ou suplente eleito, assinando termo de posse lavrado no livro de atas e pareceres do conselho fiscal, em que se mencione o seu nome, nacionalidade, estado civil, residência e a data da escolha, ficará investido nas suas funções, que exercerá, salvo cessação anterior, até a subsequente assembleia anual.

Parágrafo único. Se o termo não for assinado nos trinta dias seguintes ao da eleição, esta se tornará sem efeito.

Art. 1.068. A remuneração dos membros do conselho fiscal será fixada, anualmente, pela assembleia dos sócios que os eleger.

Art. 1.069. Além de outras atribuições determinadas na lei ou no contrato social, aos membros do conselho fiscal incumbem, individual ou conjuntamente, os deveres seguintes:

I — examinar, pelo menos trimestralmente, os livros e papéis da sociedade e o estado da caixa e da carteira, devendo os administradores ou liquidantes prestar-lhes as informações solicitadas;

II — lavrar no livro de atas e pareceres do conselho fiscal o resultado dos exames referidos no inciso I deste artigo;

III — exarar no mesmo livro e apresentar à assembleia anual dos sócios parecer sobre os negócios e as operações sociais do exercício em que servirem, tomando por base o balanço patrimonial e o de resultado econômico;[1]

IV — denunciar os erros, fraudes ou crimes que descobrirem, sugerindo providências úteis à sociedade;

V — convocar a assembleia dos sócios[2] se a diretoria retardar por mais de trinta dias a sua convocação anual, ou sempre que ocorram motivos graves e urgentes;[2a]

VI — praticar, durante o período da liquidação da sociedade, os atos a que se refere este artigo, tendo em vista as disposições especiais reguladoras da liquidação.[3]

Art. 1.069: 1. v. arts. 1.020, 1.065, 1.078-I e § 3º, 1.140, 1.179, 1.188 e 1.189.
Art. 1.069: 2. v. art. 1.152 § 3º.
Art. 1.069: 2a. v. art. 1.073-II.
Art. 1.069: 3. v. arts. 1.102 a 1.112.

Art. 1.070. As atribuições e poderes conferidos pela lei ao conselho fiscal não podem ser outorgados a outro órgão da sociedade, e a responsabilidade de seus membros obedece à regra que define a dos administradores (art. 1.016).

Parágrafo único. O conselho fiscal poderá escolher para assisti-lo no exame[1] dos livros, dos balanços e das contas, contabilista legalmente habilitado,[1a-2] mediante remuneração aprovada pela assembleia dos sócios.

Art. 1.070: 1. v. art. 1.069-I.
Art. 1.070: 1a. v. arts. 1.177 e 1.178.
Art. 1.070: 2. Dec. lei 9.295, de 27.5.46 — Cria o Conselho Federal de Contabilidade, define as atribuições do Contador e do Guarda-livros, e dá outras providências.

Seção V | DAS DELIBERAÇÕES DOS SÓCIOS

Art. 1.071. Dependem da deliberação[1] dos sócios, além de outras matérias indicadas na lei ou no contrato:

I — a aprovação das contas da administração;[2]
II — a designação dos administradores, quando feita em ato separado;[3]
III — a destituição dos administradores;[4]
IV — o modo de sua remuneração, quando não estabelecido no contrato;[5]
V — a modificação do contrato social;[6]
VI — a incorporação, a fusão e a dissolução da sociedade,[7] ou a cessação do estado de liquidação;
VII — a nomeação e destituição dos liquidantes[8] e o julgamento das suas contas;
VIII — o pedido de concordata.[9-9a]

Art. 1.071: 1. *Quorum* para as deliberações: art. 1.076.
Art. 1.071: 2. v. art. 1.065.
Art. 1.071: 3. v. arts. 1.060, 1.061 e 1.076-II.
Art. 1.071: 4. v. arts. 1.063 § 1º e 1.076-II.
Art. 1.071: 5. v. art. 1.076-II.
Art. 1.071: 6. s/ aumento ou redução do capital, v. arts. 1.081 a 1.086; s/ dissolução da sociedade limitada, v. art. 1.087 c/c arts. 1.044 e 1.033. V. tb. art. 1.076-I.
Art. 1.071: 7. v. arts. 1.113 a 1.122. V. tb. art. 1.076-I.
Art. 1.071: 8. v. art. 1.038.
Art. 1.071: 9. v. art. 1.072 § 4º. V. tb. art. 1.076-II.
Art. 1.071: 9a. A concordata deu lugar à recuperação judicial ou extrajudicial.

Art. 1.072. As deliberações dos sócios,[1] obedecido o disposto no art. 1.010, serão tomadas em reunião ou em assembleia,[1a] conforme previsto no contrato social, devendo ser convocadas[2] pelos administradores[3] nos casos previstos em lei ou no contrato.

§ 1º A deliberação em assembleia será obrigatória se o número dos sócios for superior a dez.

§ 2º Dispensam-se as formalidades de convocação previstas no § 3º do art. 1.152, quando todos os sócios comparecerem ou se declararem, por escrito, cientes do local, data, hora e ordem do dia.

§ 3º A reunião ou a assembleia tornam-se dispensáveis quando todos os sócios decidirem, por escrito, sobre a matéria que seria objeto delas.

§ 4º No caso do inciso VIII do artigo antecedente, os administradores, se houver urgência e com autorização de titulares de mais da metade do capital social, podem requerer concordata preventiva.[4]

§ 5º As deliberações tomadas de conformidade com a lei e o contrato[5] vinculam todos os sócios, ainda que ausentes ou dissidentes.

§ 6º Aplica-se às reuniões dos sócios, nos casos omissos no contrato, o disposto na presente Seção sobre a assembleia.[6]

Art. 1.072: 1. v. art. 1.079.
Art. 1.072: 1a. LC 123, de 14.12.06 — Institui o Estatuto Nacional da Microempresa e da Empresa de Pequeno Porte, e dá outras providências: "**Art. 70.** As microempresas e as empresas de pequeno porte são desobrigadas da

realização de reuniões e assembleias em qualquer das situações previstas na legislação civil, as quais serão substituídas por deliberação representativa do primeiro número inteiro superior à metade do capital social.

"§ 1º O disposto no *caput* deste artigo não se aplica caso haja disposição contratual em contrário, caso ocorra hipótese de justa causa que enseje a exclusão de sócio ou caso um ou mais sócios ponham em risco a continuidade da empresa em virtude de atos de inegável gravidade.

"§ 2º Nos casos referidos no § 1º deste artigo, realizar-se-á reunião ou assembleia de acordo com a legislação civil".

Art. 1.072: 2. Prazo da convocação: art. 1.152 § 3º.

Art. 1.072: 3. Convocação pelo conselho fiscal: art. 1.069-V; v. tb. art. 1.073.

Art. 1.072: 4. A concordata deu lugar à recuperação judicial ou extrajudicial.

Art. 1.072: 5. s/ as deliberações infringentes da lei ou do contrato, v. art. 1.080.

Art. 1.072: 6. v. arts. 1.074 a 1.080 (o art. 1.079, especialmente, complementa o art. 1.072 § 6º).

Art. 1.073. A reunião ou a assembleia podem também ser convocadas:

I — por sócio, quando os administradores retardarem a convocação, por mais de sessenta dias, nos casos previstos em lei ou no contrato, ou por titulares de mais de um quinto do capital, quando não atendido, no prazo de oito dias, pedido de convocação fundamentado, com indicação das matérias a serem tratadas;

II — pelo conselho fiscal, se houver, nos casos a que se refere o inciso V do art. 1.069.

Art. 1.074. A assembleia dos sócios instala-se com a presença, em primeira convocação, de titulares de no mínimo três quartos do capital social,[1] e, em segunda, com qualquer número.

§ 1º O sócio pode ser representado na assembleia por outro sócio, ou por advogado, mediante outorga de mandato[2] com especificação dos atos autorizados, devendo o instrumento ser levado a registro, juntamente com a ata.

§ 2º Nenhum sócio, por si ou na condição de mandatário, pode votar matéria que lhe diga respeito diretamente.[3]

Art. 1.074: 1. Enunciado 226 do CEJ: "A exigência da presença de três quartos do capital social, como *quorum* mínimo de instalação em primeira convocação, pode ser alterada pelo contrato de sociedade limitada com até dez sócios, quando as deliberações sociais obedecerem à forma de reunião, sem prejuízo da observância das regras do art. 1.076 referentes ao *quorum* de deliberação".

Art. 1.074: 2. EA 7º: "São direitos do advogado: ... VI — ingressar livremente: ... d) em qualquer assembleia ou reunião de que participe ou possa participar o seu cliente, ou perante a qual este deva comparecer, desde que munido de poderes especiais".

Art. 1.074: 3. "Em regra, o direito de sócio participar nas deliberações sociais é proporcional à sua quota no capital social. Por outro lado, o § 2º do art. 1.074 do Código Civil veda expressamente, com fundamento no princípio da moralidade e do conflito de interesses, que sócio participe de votação de matéria que lhe diga respeito diretamente, como sói a **exclusão de sócio**, haja vista que atinge diretamente sua esfera pessoal e patrimonial" (STJ-4ª T., REsp 1.459.190, Min. Luis Felipe, j. 15.12.15, DJ 1.2.16).

V. tb. art. 1.085, nota 2.

Art. 1.075. A assembleia será presidida e secretariada por sócios escolhidos entre os presentes.

§ 1º Dos trabalhos e deliberações será lavrada, no livro de atas da assembleia, ata assinada pelos membros da mesa e por sócios participantes da reunião, quantos bastem à validade das deliberações, mas sem prejuízo dos que queiram assiná-la.

§ 2º Cópia da ata autenticada pelos administradores, ou pela mesa, será, nos vinte dias subsequentes à reunião, apresentada ao Registro Público de Empresas Mercantis[1] para arquivamento e averbação.

§ 3º Ao sócio, que a solicitar, será entregue cópia autenticada da ata.

Art. 1.075: 1. Lei 8.934, de 18.11.94 — Dispõe sobre o Registro Público de Empresas Mercantis e atividades afins e dá outras providências. Regulamentada pelo **Dec. 1.800, de 30.1.96.**

Art. 1.076. Ressalvado o disposto no art. 1.061, as deliberações dos sócios serão tomadas:[1-1a]

I — (revogado);[2]

II — pelos votos correspondentes a mais da metade do capital social, nos casos previstos nos incisos II, III, IV, V, VI e VIII do *caput* do art. 1.071 deste Código;[3]

III — pela maioria de votos dos presentes, nos demais casos previstos na lei ou no contrato, se este não exigir maioria mais elevada.

Art. 1.076: 1. Redação do *caput* de acordo com a Lei 13.792, de 3.1.19.

Art. 1.076: 1a. Enunciado 227 do CEJ: "O *quorum* mínimo para a deliberação da cisão da sociedade limitada é de três quartos do capital social".

Art. 1.076: 2. Revogado pela Lei 14.451, de 21.9.22, em vigor após decorridos 30 dias de sua publicação oficial (DOU 22.9.22).

Art. 1.076: 3. Redação da Lei 14.451, de 21.9.22, em vigor após decorridos 30 dias de sua publicação oficial (DOU 22.9.22).

Art. 1.077. Quando houver modificação do contrato, fusão da sociedade, incorporação de outra, ou dela por outra,[1] terá o sócio que dissentiu o direito de retirar-se da sociedade, nos trinta dias subsequentes à reunião, aplicando-se, no silêncio do contrato social antes vigente, o disposto no art. 1.031.[2]

Art. 1.077: 1. s/ transformação, incorporação, fusão e cisão das sociedades, v. arts. 1.113 a 1.122.

Art. 1.077: 2. Enunciado 392 do CEJ: "Nas hipóteses do art. 1.077 do Código Civil, cabe aos sócios delimitarem seus contornos para compatibilizá-los com os princípios da preservação e da função social da empresa, aplicando-se, supletiva (art. 1.053, parágrafo único) ou analogicamente (art. 4º da LICC), o art. 137, § 3º, da Lei das Sociedades por Ações, para permitir a reconsideração da deliberação que autorizou a retirada do sócio dissidente".

Art. 1.078. A assembleia dos sócios deve realizar-se ao menos uma vez por ano, nos quatro meses seguintes ao término do exercício social, com o objetivo de:

I — tomar as contas dos administradores e deliberar sobre o balanço patrimonial e o de resultado econômico;[1]

II — designar administradores, quando for o caso;[2]

III — tratar de qualquer outro assunto constante da ordem do dia.

§ 1º Até trinta dias antes da data marcada para a assembleia, os documentos referidos no inciso I deste artigo devem ser postos, por escrito, e com a prova do respectivo recebimento, à disposição dos sócios que não exerçam a administração.

§ 2º Instalada a assembleia, proceder-se-á à leitura dos documentos referidos no parágrafo antecedente, os quais serão submetidos, pelo presidente, a discussão e votação, nesta não podendo tomar parte os membros da administração e, se houver, os do conselho fiscal.[3]

§ 3º A aprovação, sem reserva, do balanço patrimonial e do de resultado econômico, salvo erro, dolo ou simulação,³ª exonera de responsabilidade os membros da administração e, se houver, os do conselho fiscal.⁴

§ 4º Extingue-se em dois anos o direito de anular a aprovação a que se refere o parágrafo antecedente.

Art. 1.078: 1. v. arts. 1.020, 1.065, 1.069-III, 1.140, 1.179, 1.188 e 1.189.

Art. 1.078: 2. e os membros do conselho fiscal (art. 1.066).

Art. 1.078: 3. cf. art. 1.074 § 2º.

Art. 1.078: 3a. s/ erro, v. arts. 138 a 144; s/ dolo, v. arts. 145 a 150; s/ simulação, v. art. 167.

Art. 1.078: 4. Enunciado 228 do CEJ: "As sociedades limitadas estão dispensadas da publicação das demonstrações financeiras a que se refere o § 3º do art. 1.078. Naquelas de até dez sócios, a deliberação de que trata o art. 1.078 pode dar-se na forma dos §§ 2º e 3º do art. 1.072, e a qualquer tempo, desde que haja previsão contratual nesse sentido".

Art. 1.079. Aplica-se às reuniões dos sócios, nos casos omissos no contrato, o estabelecido nesta Seção sobre a assembleia, obedecido o disposto no § 1º do art. 1.072.¹

Art. 1.079: 1. Este artigo complementa o art. 1.072 § 6º.

Art. 1.080. As deliberações infringentes do contrato ou da lei tornam ilimitada a responsabilidade dos que expressamente as aprovaram.¹ ª ³

Art. 1.080: 1. s/ desconsideração da personalidade jurídica, v. art. 50; deliberações em conformidade com a lei e o contrato, v. art. 1.072 § 5º.

Art. 1.080: 2. Enunciado 229 do CEJ: "A responsabilidade ilimitada dos sócios pelas deliberações infringentes da lei ou do contrato torna desnecessária a desconsideração da personalidade jurídica, por não constituir a autonomia patrimonial da pessoa jurídica escudo para a responsabilização pessoal e direta".

Art. 1.080: 3. "O 'fechamento de fato' da sociedade empresária, com a cessação de suas atividades sem a correspondente baixa no registro do comércio, constitui atitude que pode permitir a aplicação da teoria da desconsideração. Age de forma lícita a sociedade empresária que faz a 'baixa' regular de sua inscrição na Junta, cessando formalmente suas atividades; alternativamente, se não tiver condições de efetuar tal 'baixa' (v.g., por ter dívidas em aberto), deve valer-se do art. 105 da Lei 11.101/05, a Lei de Recuperação e Falências, e requerer sua autofalência, na qual explicitará as causas de sua derrocada, salvaguardando assim o patrimônio pessoal de seus sócios quotistas, ao comprovar a inexistência de atos ilícitos, ao demonstrar que a falência foi apenas resultado do natural risco da atividade empresarial. Encerramento irregular da empresa. Ato ilícito. Responsabilidade do sócio-gerente pela totalidade do débito exequendo, independentemente da proporção da participação no capital social, a teor do art. 1.080 do Código Civil" (JTJ 354/411: AP 992.07.000056-4).

Art. 1.080-A. O sócio poderá participar e votar a distância em reunião ou em assembleia, nos termos do regulamento do órgão competente do Poder Executivo federal.¹

Parágrafo único. A reunião ou a assembleia poderá ser realizada de forma digital, respeitados os direitos legalmente previstos de participação e de manifestação dos sócios e os demais requisitos regulamentares.

Art. 1.080-A: 1. O art. 1.080-A foi acrescido pela Lei 14.030, de 28.7.20.

Seção VI | DO AUMENTO E DA REDUÇÃO DO CAPITAL

Art. 1.081. Ressalvado o disposto em lei especial, integralizadas as quotas, pode ser o capital¹ aumentado, com a correspondente modificação do contrato.¹ª

§ 1º Até trinta dias após a deliberação, terão os sócios preferência para participar do aumento, na proporção das quotas de que sejam titulares.²

§ 2º À cessão do direito de preferência, aplica-se o disposto no *caput* do art. 1.057.

§ 3º Decorrido o prazo da preferência, e assumida pelos sócios, ou por terceiros, a totalidade do aumento, haverá reunião ou assembleia dos sócios, para que seja aprovada a modificação do contrato.

Art. 1.081: 1. O capital social é uma ficção jurídica que representa o valor dos aportes de recursos que os sócios declaram ter realizado para a consecução do objeto da sociedade.

Representando o montante das quotas subscritas, o capital social tem valor fixo no contrato social, e a sua modificação deve obedecer às disposições legais.

Art. 1.081: 1a. v. arts. 1.071-V e 1.076-I. V. tb. LSA 166.

Art. 1.081: 2. v. LSA 171.

Art. 1.082. Pode a sociedade reduzir o capital, mediante a correspondente modificação do contrato:¹

I — depois de integralizado, se houver perdas irreparáveis;²

II — se excessivo em relação ao objeto da sociedade.³

Art. 1.082: 1. v. arts. 1.071-V e 1.076-I. V. tb. LSA 173.

Art. 1.082: 2. v. art. 1.083.

Art. 1.082: 3. v. art. 1.084.

Art. 1.083. No caso do inciso I do artigo antecedente, a redução do capital será realizada com a diminuição proporcional do valor nominal das quotas, tornando-se efetiva a partir da averbação, no Registro Público de Empresas Mercantis,¹ da ata da assembleia que a tenha aprovado.

Art. 1.083: 1. Lei 8.934, de 18.11.94 — Dispõe sobre o Registro Público de Empresas Mercantis e atividades afins e dá outras providências. Regulamentada pelo **Dec. 1.800, de 30.1.96**.

Art. 1.084. No caso do inciso II do art. 1.082, a redução do capital será feita restituindo-se parte do valor das quotas aos sócios, ou dispensando-se as prestações ainda devidas, com diminuição proporcional, em ambos os casos, do valor nominal das quotas.

§ 1º No prazo de noventa dias, contado da data da publicação da ata da assembleia que aprovar a redução, o credor quirografário, por título líquido anterior a essa data, poderá opor-se ao deliberado.

§ 2º A redução somente se tornará eficaz se, no prazo estabelecido no parágrafo antecedente, não for impugnada, ou se provado o pagamento da dívida ou o depósito judicial do respectivo valor.

§ 3º Satisfeitas as condições estabelecidas no parágrafo antecedente, proceder-se-á à averbação, no Registro Público de Empresas Mercantis,¹ da ata que tenha aprovado a redução.

Art. 1.084: 1. Lei 8.934, de 18.11.94 — Dispõe sobre o Registro Público de Empresas Mercantis e atividades afins e dá outras providências. Regulamentada pelo **Dec. 1.800, de 30.1.96**.

Seção VII — DA RESOLUÇÃO DA SOCIEDADE EM RELAÇÃO A SÓCIOS MINORITÁRIOS[1]

SEÇ. VII: 1. v. arts. 1.028 a 1.032 (resolução da sociedade em relação a um sócio).

Art. 1.085. Ressalvado o disposto no art. 1.030, quando a maioria dos sócios, representativa de mais da metade do capital social, entender que um ou mais sócios estão pondo em risco a continuidade da empresa, em virtude de atos de inegável gravidade, poderá excluí-los da sociedade, mediante alteração do contrato social, desde que prevista neste a exclusão por justa causa.[1 a 2]

Parágrafo único. Ressalvado o caso em que haja apenas dois sócios na sociedade, a exclusão de um sócio somente poderá ser determinada em reunião ou assembleia especialmente convocada para esse fim, ciente o acusado em tempo hábil para permitir seu comparecimento e o exercício do direito de defesa.[2a a 3]

Art. 1.085: 1. s/ decadência do direito à invalidação da deliberação de exclusão de sócio, v. art. 48, nota 2.

Art. 1.085: 1a. Enunciado 67 do CEJ: "A quebra do *affectio societatis* não é causa para a exclusão do sócio minoritário, mas apenas para dissolução (parcial) da sociedade".

V. art. 1.030. V. tb art. 1.029, nota 1a.

Art. 1.085: 2. "Para fins de **quórum de deliberação,** não pode ser computada a participação no capital social do sócio excluendo, devendo a apuração se lastrear em 100% do capital restante, isto é, daqueles legitimados a votar. Na hipótese, a exclusão foi aprovada por unanimidade, mas, apesar de reconhecer isso, o Tribunal de origem entendeu pela ilegalidade da deliberação ao fundamento de que os sócios votantes eram detentores do percentual de 79,58% do capital social, inferior aos 85% exigidos pelo contrato social. Nesse contexto, todavia, excluindo-se as quotas representativas de 20,413% do capital da ora recorrida, percebe-se que houve unanimidade dos sócios votantes representativos, por causa da exclusão desta, de 100% do capital social legitimado a deliberar. Portanto, presentes todos os requisitos legais, sendo o expulso sócio minoritário, havendo cláusula permissiva no contrato social com convocação de reunião dos sócios especialmente para tal finalidade, tendo havido a cientificação do excluendo e com conclave realizado com sócios titulares de mais de metade do capital social, necessário reconhecer a legitimidade da deliberação de exclusão" (STJ-4ª T., REsp 1.459.190, Min. Luis Felipe, j. 15.12.15, DJ 1.2.16).

V. tb. art. 1.074, nota 3.

Art. 1.085: 2a. Redação do § ún. de acordo com a Lei 13.792, de 3.1.19.

Art. 1.085: 2b. CF 5º-LV: "Aos litigantes, em processo judicial ou administrativo, e aos acusados em geral são assegurados o contraditório e ampla defesa, com os meios e recursos a ela inerentes".

Art. 1.085: 3. "Ação de anulação de deliberação de assembleia. Verificado que o sócio excluído não foi convocado para se defender de seu ato de exclusão, julga-se procedente o pedido" (RT 920/532: TJSP, AP 9130800-27.2004.8.26.0000).

Art. 1.086. Efetuado o registro da alteração contratual, aplicar-se-á o disposto nos arts. 1.031 e 1.032.

Seção VIII — DA DISSOLUÇÃO

Art. 1.087. A sociedade dissolve-se, de pleno direito, por qualquer das causas previstas no art. 1.044.[1]

Art. 1.087: 1. O art. 1.044 remete ao art. 1.033.

Capítulo V | DA SOCIEDADE ANÔNIMA[1 A 3]

Seção Única | DA CARACTERIZAÇÃO

CAP. V: 1. Lei das Sociedades Anônimas: Lei 6.404, de 15.12.76, muito modificada pela legislação posterior.

CAP. V: 2. "Sociedade limitada ou anônima fechada? O novo dilema dos empreendedores nacionais", por Ricardo Guimarães Moreira (RF 386/203).

CAP. V: 3. LRF 96 § 1º: "Não será decretada a falência de sociedade anônima após liquidado e partilhado seu ativo nem do espólio após 1 (um) ano da morte do devedor".

Art. 1.088. Na sociedade anônima[1] ou companhia, o capital divide-se em ações,[2-3] obrigando-se cada sócio ou acionista somente pelo preço de emissão das ações que subscrever ou adquirir.

Art. 1.088: 1. Denominação: art. 1.160.

Art. 1.088: 2. A sociedade anônima é sempre considerada sociedade empresária (cf. art. 982 § ún.).

Art. 1.088: 3. Súmula 329 do STF: "O imposto de transmissão *inter vivos* não incide sobre a transferência de ações de sociedade imobiliária".

Súmula 476 do STF: "Desapropriadas as ações de uma sociedade, o poder desapropriante, imitido na posse, pode exercer, desde logo, todos os direitos inerentes aos respectivos títulos".

Art. 1.089. A sociedade anônima rege-se por lei especial,[1] aplicando-se-lhe, nos casos omissos, as disposições deste Código.[1a]

Art. 1.089: 1. Lei 6.404, de 15.12.76.

Art. 1.089: 1a. Enunciado 230 do CEJ: "A fusão e a incorporação de sociedade anônima continuam reguladas pelas normas previstas na Lei n. 6.404/76, não revogadas pelo Código Civil (art. 1.089), quanto a esse tipo societário".

Capítulo VI | DA SOCIEDADE EM COMANDITA POR AÇÕES

Art. 1.090. A sociedade em comandita por ações[1] tem o capital dividido em ações,[2] regendo-se pelas normas relativas à sociedade anônima,[3] sem prejuízo das modificações constantes deste Capítulo, e opera sob firma ou denominação.

Art. 1.090: 1. Firma ou denominação: art. 1.161.

Art. 1.090: 2. A sociedade em comandita por ações é sociedade empresária (cf. art. 982 § ún.).

Art. 1.090: 3. v. LSA 280 a 284.

Art. 1.091. Somente o acionista tem qualidade para administrar a sociedade e, como diretor, responde subsidiária e ilimitadamente pelas obrigações da sociedade.[1]

§ 1º Se houver mais de um diretor, serão solidariamente responsáveis,[2] depois de esgotados os bens sociais.

§ 2º Os diretores serão nomeados no ato constitutivo da sociedade, sem limitação de tempo, e somente poderão ser destituídos por deliberação de acionistas que representem no mínimo dois terços do capital social.

§ 3º O diretor destituído ou exonerado continua, durante dois anos, responsável pelas obrigações sociais contraídas sob sua administração.

Art. 1.091: 1. v. LSA 282.

Art. 1.091: 2. v. art. 990, nota 1a. S/ responsabilidade solidária, v. arts. 275 a 285.

Art. 1.092. A assembleia geral não pode, sem o consentimento dos diretores, mudar o objeto essencial da sociedade, prorrogar-lhe o prazo de duração, aumentar ou diminuir o capital social, criar debêntures, ou partes beneficiárias.[1]

Art. 1.092: 1. v. LSA 283.

Capítulo VII | DA SOCIEDADE COOPERATIVA[1-1A]

CAP. VII: 1. v. CF 5º-XVIII, 174 §§ 2º a 4º e 187-VI.

CAP. VII: 1a. Lei 5.764, de 16.12.71 — Define a Política Nacional de Cooperativismo, institui o regime jurídico das sociedades cooperativas e dá outras providências (no tít. SOCIEDADES).

Lei 9.867, de 10.11.99 — Dispõe sobre a criação e o funcionamento de cooperativas sociais, visando a integração social dos cidadãos, conforme especifica.

LC 130, de 17.4.09 — Dispõe sobre o Sistema Nacional de Crédito Cooperativo e revoga dispositivos das Leis n. 4.595, de 31 de dezembro de 1964, e 5.764, de 16 de dezembro de 1971.

Lei 12.690, de 19.7.12 — Dispõe sobre a organização e o funcionamento das Cooperativas de Trabalho; institui o Programa Nacional de Fomento às Cooperativas de Trabalho — PRONACOOP; e revoga o § ún. do art. 442 da Consolidação das Leis do Trabalho — CLT, aprovada pelo Dec. lei n. 5.452, de 1º de maio de 1943 (no tít. SOCIEDADES).

Lei 12.815, de 5.6.13 — Dispõe sobre a exploração direta e indireta pela União de portos e instalações portuárias e sobre as atividades desempenhadas pelos operadores portuários; e dá outras providências: "**Art. 29.** As cooperativas formadas por trabalhadores portuários avulsos, registrados de acordo com esta Lei, poderão estabelecer-se como operadores portuários".

Art. 1.093. A sociedade cooperativa[1] reger-se-á pelo disposto no presente Capítulo, ressalvada a legislação especial.[2 a 4]

Art. 1.093: 1. s/ denominação, v. art. 1.159.

Art. 1.093: 2. s/ legislação especial, v., logo acima, nota 1a a este Cap. VII. V., especialmente, Lei 5.764, de 16.12.71, int., no tít. SOCIEDADES.

Art. 1.093: 3. A sociedade cooperativa é sempre sociedade simples (cf. art. 982 § ún.).

Art. 1.093: 4. Enunciado 69 do CEJ: "As sociedades cooperativas são sociedades simples, sujeitas a inscrição nas juntas comerciais".

V. Lei 5.764, de 16.12.71, art. 18 § 6º, no tít. SOCIEDADES.

Art. 1.094. São características[1] da sociedade cooperativa:

I — variabilidade, ou dispensa do capital social;[2]

II — concurso de sócios em número mínimo necessário a compor a administração da sociedade, sem limitação de número máximo;[3]

III — limitação do valor da soma de quotas do capital social que cada sócio poderá tomar;

IV — intransferibilidade das quotas do capital a terceiros estranhos à sociedade, ainda que por herança;

V — *quorum*, para a assembleia geral funcionar e deliberar, fundado no número de sócios presentes à reunião, e não no capital social representado;

VI — direito de cada sócio a um só voto nas deliberações, tenha ou não capital a sociedade, e qualquer que seja o valor de sua participação;

VII — distribuição dos resultados, proporcionalmente ao valor das operações efetuadas pelo sócio com a sociedade, podendo ser atribuído juro fixo ao capital realizado;

VIII — indivisibilidade do fundo de reserva entre os sócios, ainda que em caso de dissolução da sociedade.

Art. 1.094: 1. v. art. 4º da Lei 5.764, de 16.12.71 (no tít. SOCIEDADES).

Art. 1.094: 2. Enunciado 206 do CEJ: "A contribuição do sócio exclusivamente em prestação de serviços é permitida nas sociedades cooperativas (art. 1.094, I) e nas sociedades simples propriamente ditas (art. 983, 2ª parte)".

Art. 1.094: 3. v. art. 6º da Lei 5.764, de 16.12.71 (no tít. SOCIEDADES).

Art. 1.095. Na sociedade cooperativa, a responsabilidade dos sócios pode ser limitada ou ilimitada.

§ 1º É limitada a responsabilidade na cooperativa em que o sócio responde somente pelo valor de suas quotas e pelo prejuízo verificado nas operações sociais, guardada a proporção de sua participação nas mesmas operações.[1]

§ 2º É ilimitada a responsabilidade na cooperativa em que o sócio responde solidária[2] e ilimitadamente pelas obrigações sociais.[3]

Art. 1.095: 1. v. art. 11 da Lei 5.764, de 16.12.71 (no tít. SOCIEDADES).
Art. 1.095: 2. v. arts. 275 a 285.
Art. 1.095: 3. v. art. 12 da Lei 5.764, de 16.12.71 (no tít. SOCIEDADES).

Art. 1.096. No que a lei for omissa, aplicam-se as disposições referentes à sociedade simples,[1] resguardadas as características estabelecidas no art. 1.094.
Art. 1.096: 1. v. arts. 997 a 1.038.

Capítulo VIII | DAS SOCIEDADES COLIGADAS

Art. 1.097. Consideram-se coligadas[1] as sociedades que, em suas relações de capital, são controladas, filiadas, ou de simples participação, na forma dos artigos seguintes.[2]

Art. 1.097: 1. s/ balanço patrimonial, v. art. 1.188 § ún.
Art. 1.097: 2. v. LSA 243 a 264 e LRF 43.

Art. 1.098. É controlada:[1]

I — a sociedade de cujo capital outra sociedade possua a maioria dos votos nas deliberações dos quotistas ou da assembleia geral e o poder de eleger a maioria dos administradores;

II — a sociedade cujo controle, referido no inciso antecedente, esteja em poder de outra, mediante ações ou quotas possuídas por sociedades ou sociedades por esta já controladas.

Art. 1.098: 1. v. LSA 243 § 2º.

Art. 1.099. Diz-se coligada ou filiada a sociedade de cujo capital outra sociedade participa com dez por cento ou mais, do capital da outra, sem controlá-la.[1]

Art. 1.099: 1. v. LSA 243 § 1º.

Art. 1.100. É de simples participação a sociedade de cujo capital outra sociedade possua menos de dez por cento do capital com direito de voto.

Art. 1.101. Salvo disposição especial de lei, a sociedade não pode participar de outra, que seja sua sócia, por montante superior, segundo o balanço, ao das próprias reservas, excluída a reserva legal.[1]

Parágrafo único. Aprovado o balanço em que se verifique ter sido excedido esse limite, a sociedade não poderá exercer o direito de voto correspondente às ações ou quotas em excesso, as quais devem ser alienadas nos cento e oitenta dias seguintes àquela aprovação.

Art. 1.101: 1. v. LSA 244.

Capítulo IX | DA LIQUIDAÇÃO DA SOCIEDADE[1-2]

CAP. IX: 1. v. tb. dissolução da sociedade (arts. 1.033 a 1.038).

CAP. IX: 2. s/ liquidação da sociedade e direito intertemporal, v. art. 2.034; s/ liquidação da sociedade anônima, v. LSA 208 a 218.

Art. 1.102. Dissolvida a sociedade e nomeado o liquidante na forma do disposto neste Livro,[1] procede-se à sua liquidação, de conformidade com os preceitos deste Capítulo, ressalvado o disposto no ato constitutivo ou no instrumento da dissolução.

Parágrafo único. O liquidante, que não seja administrador da sociedade, investir-se-á nas funções, averbada a sua nomeação no registro próprio.

Art. 1.102: 1. v. art. 1.038.

Art. 1.103. Constituem deveres do liquidante:[1]

I — averbar e publicar a ata, sentença ou instrumento de dissolução da sociedade;

II — arrecadar os bens, livros e documentos da sociedade, onde quer que estejam;

III — proceder, nos quinze dias seguintes ao da sua investidura e com a assistência, sempre que possível, dos administradores, à elaboração do inventário e do balanço geral do ativo e do passivo;

IV — ultimar os negócios da sociedade, realizar o ativo, pagar o passivo e partilhar o remanescente entre os sócios ou acionistas;

V — exigir dos quotistas, quando insuficiente o ativo à solução do passivo, a integralização de suas quotas e, se for o caso, as quantias necessárias, nos limites da responsabilidade de cada um e proporcionalmente à respectiva participação nas perdas, repartindo-se, entre os sócios solventes e na mesma proporção, o devido pelo insolvente;

VI — convocar assembleia dos quotistas, cada seis meses, para apresentar relatório e balanço do estado da liquidação, prestando conta dos atos praticados durante o semestre, ou sempre que necessário;

VII — confessar a falência da sociedade e pedir concordata,[2] de acordo com as formalidades prescritas para o tipo de sociedade liquidanda;

VIII — finda a liquidação, apresentar aos sócios o relatório da liquidação e as suas contas finais;

IX — averbar a ata da reunião ou da assembleia, ou o instrumento firmado pelos sócios, que considerar encerrada a liquidação.

Parágrafo único. Em todos os atos, documentos ou publicações, o liquidante empregará a firma ou denominação social sempre seguida da cláusula "em liquidação" e de sua assinatura individual, com a declaração de sua qualidade.

Art. 1.103: 1. v. LSA 210 a 212.

Art. 1.103: 2. A concordata deu lugar à recuperação judicial ou extrajudicial.

Art. 1.104. As obrigações e a responsabilidade do liquidante regem-se pelos preceitos peculiares às dos administradores[1] da sociedade liquidanda.[2]

Art. 1.104: 1. Administrador de sociedade simples: arts. 1.010 a 1.021.

Art. 1.104: 2. v. LSA 217.

Art. 1.105. Compete ao liquidante representar a sociedade e praticar todos os atos necessários à sua liquidação, inclusive alienar bens móveis ou imóveis, transigir, receber e dar quitação.[1]

Parágrafo único. Sem estar expressamente autorizado pelo contrato social, ou pelo voto da maioria dos sócios, não pode o liquidante gravar de ônus reais os móveis e imóveis, contrair empréstimos, salvo quando indispensáveis ao pagamento de obrigações inadiáveis, nem prosseguir, embora para facilitar a liquidação, na atividade social.

Art. 1.105: 1. v. LSA 211.

Art. 1.106. Respeitados os direitos dos credores preferenciais,[1] pagará o liquidante as dívidas sociais proporcionalmente, sem distinção entre vencidas e vincendas, mas, em relação a estas, com desconto.[2]

Parágrafo único. Se o ativo for superior ao passivo, pode o liquidante, sob sua responsabilidade pessoal, pagar integralmente as dívidas vencidas.

Art. 1.106: 1. v. arts. 955 a 965.

Art. 1.106: 2. v. LSA 214.

Art. 1.107. Os sócios podem resolver, por maioria de votos, antes de ultimada a liquidação, mas depois de pagos os credores, que o liquidante faça rateios por antecipação da partilha, à medida em que se apurem os haveres sociais.[1]

Art. 1.107: 1. v. LSA 215.

Art. 1.108. Pago o passivo e partilhado o remanescente, convocará o liquidante assembleia dos sócios para a prestação final de contas.[1]

Art. 1.108: 1. v. LSA 216.

Art. 1.109. Aprovadas as contas, encerra-se a liquidação, e a sociedade se extingue, ao ser averbada no registro próprio a ata da assembleia.[1]

Parágrafo único. O dissidente tem o prazo de trinta dias, a contar da publicação da ata, devidamente averbada, para promover a ação que couber.[2]

Art. 1.109: 1. v. LSA 216 § 1º.
Art. 1.109: 2. v. LSA 216 § 2º.

Art. 1.110. Encerrada a liquidação, o credor não satisfeito só terá direito a exigir dos sócios, individualmente, o pagamento do seu crédito, até o limite da soma por eles recebida em partilha, e a propor contra o liquidante ação de perdas e danos.[1-2]

Art. 1.110: 1. v. arts. 402 a 405.
Art. 1.110: 2. v. LSA 218.

Art. 1.111. No caso de liquidação judicial, será observado o disposto na lei processual.[1]

Art. 1.111: 1. v. tb. LSA 209.

Art. 1.112. No curso de liquidação judicial, o juiz convocará, se necessário, reunião ou assembleia para deliberar sobre os interesses da liquidação, e as presidirá, resolvendo sumariamente as questões suscitadas.[1]

Parágrafo único. As atas das assembleias serão, em cópia autêntica, apensadas ao processo judicial.

Art. 1.112: 1. v. LSA 213 § 2º.

Capítulo X | DA TRANSFORMAÇÃO, DA INCORPORAÇÃO, DA FUSÃO E DA CISÃO DAS SOCIEDADES[1 A 4]

CAP. X: 1. "Concentração de poder econômico e grupos não acionários perante a ótica do Código Civil (breve análise pontual)", por Vera Helena de Mello Franco (RT 908/205).

CAP. X: 1a. v. art. 2.033. V. tb. LSA 220 a 234.

CAP. X: 2. LRF 50: "Constituem meios de recuperação judicial, observada a legislação pertinente a cada caso, dentre outros: ... II — cisão, incorporação, fusão ou transformação de sociedade, constituição de subsidiária integral, ou cessão de cotas ou ações, respeitados os direitos dos sócios, nos termos da legislação vigente".

CAP. X: 3. Enunciado 70 do CEJ: "As disposições sobre incorporação, fusão e cisão previstas no Código Civil não se aplicam às sociedades anônimas. As disposições da Lei n. 6.404/76 sobre essa matéria aplicam-se por analogia às demais sociedades, naquilo em que o Código Civil for omisso".

Enunciado 231 do CEJ: "A cisão de sociedades continua disciplinada na Lei n. 6.404/76, aplicável a todos os tipos societários, inclusive no que se refere aos direitos dos credores. Interpretação dos arts. 1.116 a 1.122 do Código Civil".

Enunciado 232 do CEJ: "Nas fusões e incorporações entre sociedades reguladas pelo Código Civil, é facultativa a elaboração de protocolo firmado pelos sócios ou administradores das sociedades; havendo sociedade anônima ou comandita por ações envolvida na operação, a obrigatoriedade do protocolo e da justificação somente a ela se aplica".

CAP. X: 4. "A **cisão** é uma forma sem onerosidade de sucessão entre pessoas jurídicas, em que o patrimônio da sucedida ou cindida é vertido, total ou parcialmente, para uma ou mais sucessoras, sem contraprestação destas para aquela" (STJ-4ª T., REsp 553.042-SE, Min. Cesar Rocha, j. 25.11.03, DJU 14.6.04).

"Sendo a cisão um ato jurídico sem onerosidade, não há espaço para eventual responsabilidade da sociedade cindida por vícios redibitórios, evicção ou eventual falha da documentação da cadeia dominial dos bens entregues à sociedade cindenda. Na cisão parcial, ocorre a fragmentação do patrimônio da sociedade cindida de modo que os seus sócios não podem ser considerados terceiros nessa operação, pois, anteriormente à cisão, já eram titulares indiretos dos bens vertidos, não podendo alegar desconhecimento quanto à situação dos referidos bens" (STJ-3ª T., REsp 1.839.673, Min. Paulo Sanseverino, j. 10.3.20, DJ 13.3.20).

Art. 1.113. O ato de transformação independe de dissolução ou liquidação da sociedade, e obedecerá aos preceitos reguladores da constituição e inscrição próprios do tipo em que vai converter-se.[1]

Art. 1.113: 1. v. LSA 220.

Art. 1.114. A transformação depende do consentimento de todos os sócios, salvo se prevista no ato constitutivo, caso em que o dissidente poderá retirar-se da sociedade, aplicando-se, no silêncio do estatuto ou do contrato social, o disposto no art. 1.031.[1]

Art. 1.114: 1. v. LSA 221.

Art. 1.115. A transformação não modificará nem prejudicará, em qualquer caso, os direitos dos credores.[1]

Parágrafo único. A falência da sociedade transformada somente produzirá efeitos em relação aos sócios que, no tipo anterior, a eles estariam sujeitos, se o pedirem os titulares de créditos anteriores à transformação, e somente a estes beneficiará.[2]

Art. 1.115: 1. v. LSA 222-*caput*.

Art. 1.115: 2. v. LSA 222 § ún.

Art. 1.116. Na incorporação, uma ou várias sociedades são absorvidas por outra, que lhes sucede em todos os direitos e obrigações, devendo todas aprová-la, na forma estabelecida para os respectivos tipos.[1]

Art. 1.116: 1. v. LSA 227.

Art. 1.117. A deliberação dos sócios da sociedade incorporada deverá aprovar as bases da operação e o projeto de reforma do ato constitutivo.

§ 1º A sociedade que houver de ser incorporada tomará conhecimento desse ato, e, se o aprovar, autorizará os administradores a praticar o necessário à incorporação, inclusive a subscrição em bens pelo valor da diferença que se verificar entre o ativo e o passivo.

§ 2º A deliberação dos sócios da sociedade incorporadora compreenderá a nomeação dos peritos para a avaliação do patrimônio líquido da sociedade, que tenha de ser incorporada.[1]

Art. 1.117: 1. v. arts. 1.071-VI e 1.076-I. V. tb. LSA 227 §§ 1º e 2º.

Art. 1.118. Aprovados os atos da incorporação, a incorporadora declarará extinta a incorporada, e promoverá a respectiva averbação no registro próprio.[1]

Art. 1.118: 1. v. LSA 227 § 3º.

Art. 1.119. A fusão determina a extinção das sociedades que se unem, para formar sociedade nova, que a elas sucederá nos direitos e obrigações.[1]

Art. 1.119: 1. v. LSA 228-*caput*.

Art. 1.120. A fusão será decidida, na forma estabelecida para os respectivos tipos, pelas sociedades que pretendam unir-se.

§ 1º Em reunião ou assembleia dos sócios de cada sociedade, deliberada a fusão e aprovado o projeto do ato constitutivo da nova sociedade, bem como o plano de distribuição do capital social, serão nomeados os peritos para a avaliação do patrimônio da sociedade.[1]

§ 2º Apresentados os laudos, os administradores convocarão reunião ou assembleia dos sócios para tomar conhecimento deles, decidindo sobre a constituição definitiva da nova sociedade.

§ 3º É vedado aos sócios votar o laudo de avaliação do patrimônio da sociedade de que façam parte.[2]

Art. 1.120: 1. v. arts. 1.071-VI e 1.076-I. V. tb. LSA 228 §§ 1º e 2º.

Art. 1.120: 2. cf. art. 1.074 § 4º.

Art. 1.121. Constituída a nova sociedade, aos administradores incumbe fazer inscrever,[1] no registro próprio da sede, os atos relativos à fusão.[2]

Art. 1.121: 1. v. art. 968.

Art. 1.121: 2. v. LSA 228 § 3º.

Art. 1.122. Até noventa dias[1] após publicados os atos relativos à incorporação, fusão ou cisão,[1a] o credor anterior, por ela prejudicado, poderá promover judicialmente a anulação deles.

§ 1º A consignação em pagamento prejudicará a anulação pleiteada.

§ 2º Sendo ilíquida a dívida, a sociedade poderá garantir-lhe a execução, suspendendo-se o processo de anulação.

§ 3º Ocorrendo, no prazo deste artigo, a falência da sociedade incorporadora, da sociedade nova ou da cindida, qualquer credor anterior terá direito a pedir a separação dos patrimônios, para o fim de serem os créditos pagos pelos bens das respectivas massas.[2]

Art. 1.122: 1. Para as sociedades anônimas, esse prazo é de sessenta dias, cf. art. 1.089 c/c LSA 232-*caput*.

Art. 1.122: 1a. s/ cisão em geral, v. nota 4 ao Cap. X, que antecede o art. 1.113.

Art. 1.122: 2. v. LSA 232 §§ 1º a 3º.

Capítulo XI | DA SOCIEDADE DEPENDENTE DE AUTORIZAÇÃO[1-2]

Seção I | DISPOSIÇÕES GERAIS

CAP. XI: 1. v. Dec. lei 2.627, de 26.9.40, arts. 59 a 73 (dispõem s/ a sociedade anônima ou companhia cujo funcionamento depende de autorização do governo, sociedades anônimas ou companhias nacionais e estrangeiras), expressamente mantidos pelo art. 300 da LSA; Dec. lei 73, de 21.11.66, arts. 74 a 77 (dispõem s/ a autorização para o funcionamento das sociedades seguradoras); Lei 5.764, de 16.12.71 (no tít. SOCIEDADES), arts. 17 a 20 e 63-VI; Lei 7.565, de 19.12.86 (Código Brasileiro de Aeronáutica), arts. 99, 215 e 217 (autorização para o funcionamento de aeroclubes, escolas ou cursos de aviação ou de atividade a ela vinculada, bem como para a exploração de serviços aéreos públicos nacionais ou internacionais); CF 176 § 1º (autorização para pesquisa e lavra de recursos minerais e aproveitamento dos potenciais de energia hidráulica); e LSA 255 e 268.

CAP. XI: 2. Lei 4.595, de 31.12.64 — Dispõe sobre a Política e as Instituições Monetárias, Bancárias e Creditícias, cria o Conselho Monetário Nacional e dá outras providências: "**Art. 10.** Compete privativamente ao Banco Central da República do Brasil: ... **IX** — Exercer a fiscalização das instituições financeiras e aplicar as penalidades previstas; **X** — Conceder autorização às instituições financeiras, a fim de que possam: **a)** funcionar no País; ... § 1º No exercício das atribuições a que se refere o inc. IX deste artigo, com base nas normas estabelecidas pelo Conselho Monetário Nacional, o Banco Central da República do Brasil, estudará os pedidos que lhe sejam formulados e resolverá conceder ou recusar a autorização pleiteada, podendo incluir as cláusulas que reputar convenientes ao interesse público. § 2º Observado o disposto no parágrafo anterior, as instituições financeiras estrangeiras dependem de autorização do Poder Executivo, mediante decreto, para que possam funcionar no País".

Lei 4.728, de 14.7.65 — Disciplina o mercado de capitais e estabelece medidas para o seu desenvolvimento: "**Art. 11.** Depende de prévia autorização do Banco Central, o funcionamento de sociedades ou firmas individuais que tenham por objeto a subscrição para revenda e a distribuição no mercado de títulos ou valores mobiliários. Parágrafo único. Depende igualmente de aprovação pelo Banco Central: a) a modificação de contratos ou estatutos sociais das sociedades referidas neste artigo; b) a investidura de administradores, responsáveis ou prepostos das sociedades e empresas referidas neste artigo.

"**Art. 49.** Depende de prévia autorização do Banco Central o funcionamento das sociedades de investimento que tenham por objeto: **I** — a aplicação de capital em Carteira diversificada de títulos ou valores mobiliários ou; **II** — a administração de fundos em condomínio ou de terceiros, para aplicação nos termos do inciso anterior. ... § 4º A alteração do estatuto social e a investidura de administradores das sociedades de investimentos dependerão de prévia aprovação do Banco Central".

Lei 8.934, de 18.11.94 — Dispõe sobre o Registro Público de Empresas Mercantis e atividades afins e dá outras providências: "**Art. 35.** (...) **Parágrafo único** (*redação da Lei 13.874, de 20.9.19*). O registro dos atos constitutivos e de suas alterações e extinções ocorrerá independentemente de autorização governamental prévia, e os órgãos públicos deverão ser informados pela Rede Nacional para a Simplificação do Registro e da Legalização de Empresas e Negócios (Redesim) a respeito dos registros sobre os quais manifestarem interesse".

Art. 1.123. A sociedade que dependa de autorização do Poder Executivo para funcionar reger-se-á por este título, sem prejuízo do disposto em lei especial.¹

Parágrafo único. A competência para a autorização será sempre do Poder Executivo federal.

Art. 1.123: **1.** v. arts. 45, 1.033-V, 1.132 e 1.133. V. tb. LINDB 11 § 1º.

Art. 1.124. Na falta de prazo estipulado em lei ou em ato do poder público, será considerada caduca a autorização se a sociedade não entrar em funcionamento nos doze meses seguintes à respectiva publicação.

Art. 1.125. Ao Poder Executivo é facultado, a qualquer tempo, cassar a autorização concedida a sociedade nacional ou estrangeira que infringir disposição de ordem pública ou praticar atos contrários aos fins declarados no seu estatuto.¹

Art. 1.125: **1.** Dec. lei 2.627, de 26.9.40 — Dispõe sobre as sociedades por ações: "**Art. 73.** O Governo Federal poderá, a qualquer tempo, e sem prejuízo da responsabilidade penal que couber, cassar a autorização, concedida às sociedades anônimas, nacionais ou estrangeiras, quando infringirem disposição de ordem pública ou praticarem atos contrários aos fins declarados nos estatutos ou nocivos à economia nacional". Esse dispositivo foi expressamente mantido pelo art. 300 da LSA.

Seção II | DA SOCIEDADE NACIONAL

Art. 1.126. É nacional a sociedade organizada de conformidade com a lei brasileira e que tenha no País a sede de sua administração.¹⁻¹ᵃ

Parágrafo único. Quando a lei exigir que todos ou alguns sócios sejam brasileiros,² as ações da sociedade anônima revestirão, no silêncio da lei, a forma nominativa. Qualquer que seja o tipo da sociedade, na sua sede ficará arquivada cópia autêntica do documento comprobatório da nacionalidade dos sócios.

Art. 1.126: 1. "Nacionalidade da pessoa jurídica: sistemática no novo Código Civil", por Luiz Antonio Soares Hentz e Gustavo Saad Diniz (RSDCPC 35/48).

Art. 1.126: 1a. v. LINDB 11.

Art. 1.126: 2. v. CF 176 § 1º (pesquisa e lavra de recursos minerais e aproveitamento dos potenciais de energia hidráulica) e 222 e 223 (empresa jornalística e de radiodifusão, regulamentados pela Lei 10.610, de 20.12.02, e pelo Dec. 2.617, de 5.6.98).

V. tb. art. 60 do Dec. lei 2.627, de 26.9.40, expressamente mantido pelo art. 300 da LSA.

Art. 1.127. Não haverá mudança de nacionalidade de sociedade brasileira sem o consentimento unânime dos sócios ou acionistas.

Art. 1.128. O requerimento de autorização de sociedade nacional deve ser acompanhado de cópia do contrato, assinada por todos os sócios, ou, tratando-se de sociedade anônima, de cópia, autenticada pelos fundadores, dos documentos exigidos pela lei especial.[1]

Parágrafo único. Se a sociedade tiver sido constituída por escritura pública, bastará juntar-se ao requerimento a respectiva certidão.

Art. 1.128: 1. v. art. 1.131.

Art. 1.129. Ao Poder Executivo é facultado exigir que se procedam a alterações ou aditamento no contrato ou no estatuto, devendo os sócios, ou, tratando-se de sociedade anônima, os fundadores, cumprir as formalidades legais para revisão dos atos constitutivos, e juntar ao processo prova regular.[1]

Art. 1.129: 1. v. art. 1.131.

Art. 1.130. Ao Poder Executivo é facultado recusar a autorização, se a sociedade não atender às condições econômicas, financeiras ou jurídicas especificadas em lei.[1]

Art. 1.130: 1. v. art. 62 do Dec. lei 2.627, de 26.9.40, expressamente mantido pelo art. 300 da LSA.

Art. 1.131. Expedido o decreto de autorização, cumprirá à sociedade publicar os atos referidos nos arts. 1.128 e 1.129, em trinta dias, no órgão oficial da União, cujo exemplar representará prova para inscrição, no registro próprio, dos atos constitutivos da sociedade.[1]

Parágrafo único. A sociedade promoverá, também no órgão oficial da União e no prazo de trinta dias, a publicação do termo de inscrição.[2]

Art. 1.131: 1. v. art. 1.135 § ún.

V. tb. art. 61 § 3º do Dec. lei 2.627, de 26.9.40, expressamente mantido pelo art. 300 da LSA.

Art. 1.131: 2. v. art. 1.136 § 3º.

Art. 1.132. As sociedades anônimas nacionais, que dependam de autorização do Poder Executivo para funcionar, não se constituirão sem obtê-la, quando seus fundadores pretenderem recorrer a subscrição pública para a formação do capital.[1]

§ 1º Os fundadores deverão juntar ao requerimento cópias autênticas do projeto do estatuto e do prospecto.

§ 2º Obtida a autorização e constituída a sociedade, proceder-se-á à inscrição dos seus atos constitutivos.

Art. 1.132: 1. v. art. 63 do Dec. lei 2.627, de 26.9.40, expressamente mantido pelo art. 300 da LSA. V. tb. LSA 82 a 87 (constituição por subscrição pública).

Art. 1.133. Dependem de aprovação as modificações do contrato ou do estatuto de sociedade sujeita a autorização do Poder Executivo, salvo se decorrerem de aumento do capital social, em virtude de utilização de reservas ou reavaliação do ativo.

Seção III | DA SOCIEDADE ESTRANGEIRA[1-2]

SEÇ. III: 1. v. LINDB 11 § 1º e 17.

SEÇ. III: 2. Dec. 5.664, de 10.1.06 — Delega competência ao Ministro de Estado do Desenvolvimento, Indústria e Comércio Exterior para autorizar o funcionamento no Brasil de sociedade estrangeira, bem como suas alterações estatutárias ou contratuais, nacionalização e cassação da autorização, nas formas previstas nos arts. 1.134, 1.139 e 1.141 da Lei 10.406, de 10.1.02 — Código Civil, e nos arts. 59 e 73 do Dec. lei 2.627, de 26.9.40, esses últimos expressamente mantidos pelo art. 300 da LSA.

Dec. 92.319, de 23.1.86 — Dispõe sobre o funcionamento, no país, de empresas estrangeiras que têm por objeto a exploração do transporte aéreo e de serviços acessórios.

Lei 8.934, de 18.11.94 — Dispõe sobre o Registro Público de Empresas Mercantis e atividades afins e dá outras providências: "**Art. 32.** O registro compreende: ... **II** — O arquivamento: ... **c)** dos atos concernentes a empresas mercantis estrangeiras autorizadas a funcionar no Brasil".

Lei 12.529, de 30.11.11 — Estrutura o Sistema Brasileiro de Defesa da Concorrência; dispõe sobre a prevenção e repressão às infrações contra a ordem econômica; e dá outras providências: "**Art. 2º § 1º** Reputa-se domiciliada no território nacional a empresa estrangeira que opere ou tenha no Brasil filial, agência, sucursal, escritório, estabelecimento, agente ou representante.

"**§ 2º** A empresa estrangeira será notificada e intimada de todos os atos processuais previstos nesta Lei, independentemente de procuração ou de disposição contratual ou estatutária, na pessoa do agente ou representante ou pessoa responsável por sua filial, agência, sucursal, estabelecimento ou escritório instalado no Brasil".

Art. 1.134. A sociedade estrangeira, qualquer que seja o seu objeto, não pode, sem autorização do Poder Executivo, funcionar no País, ainda que por estabelecimentos subordinados, podendo, todavia, ressalvados os casos expressos em lei, ser acionista de sociedade anônima brasileira.

§ 1º Ao requerimento de autorização devem juntar-se:

I — prova de se achar a sociedade constituída conforme a lei de seu país;

II — inteiro teor do contrato ou do estatuto;

III — relação dos membros de todos os órgãos da administração da sociedade, com nome, nacionalidade, profissão, domicílio e, salvo quanto a ações ao portador, o valor da participação de cada um no capital da sociedade;

IV — cópia do ato que autorizou o funcionamento no Brasil e fixou o capital destinado às operações no território nacional;

V — prova de nomeação do representante no Brasil, com poderes expressos para aceitar as condições exigidas para a autorização;

VI — último balanço.[1]

§ 2º Os documentos serão autenticados, de conformidade com a lei nacional da sociedade requerente, legalizados no consulado brasileiro da respectiva sede e acompanhados de tradução em vernáculo.

Art. 1.134: 1. v. arts. 1.135 § ún. e 1.141 § 1º. V. tb. art. 64 do Dec. lei 2.627, de 26.9.40, expressamente mantido pelo art. 300 da LSA.

Art. 1.135. É facultado ao Poder Executivo, para conceder a autorização, estabelecer condições convenientes à defesa dos interesses nacionais.[1]

Parágrafo único. Aceitas as condições, expedirá o Poder Executivo decreto de autorização, do qual constará o montante de capital destinado às operações no País, cabendo à sociedade promover a publicação dos atos referidos no art. 1.131 e no § 1º do art. 1.134.[2]

Art. 1.135: 1. v. LINDB 17 e art. 65 do Dec. lei 2.527, de 26.9.40, expressamente mantido pelo art. 300 da LSA.

Art. 1.135: 2. v. art. 1.136 § 1º.

Art. 1.136. A sociedade autorizada não pode iniciar sua atividade antes de inscrita no registro próprio do lugar em que se deva estabelecer.

§ 1º O requerimento de inscrição será instruído com exemplar da publicação exigida no parágrafo único do artigo antecedente, acompanhado de documento do depósito em dinheiro, em estabelecimento bancário oficial, do capital ali mencionado.[1]

§ 2º Arquivados esses documentos, a inscrição será feita por termo em livro especial para as sociedades estrangeiras, com número de ordem contínuo para todas as sociedades inscritas; no termo constarão:

I — nome, objeto, duração e sede da sociedade no estrangeiro;

II — lugar da sucursal, filial ou agência, no País;

III — data e número do decreto de autorização;

IV — capital destinado às operações no País;

V — individuação do seu representante permanente.

§ 3º Inscrita a sociedade, promover-se-á a publicação determinada no parágrafo único do art. 1.131.

Art. 1.136: 1. v. art. 65 § ún. do Dec. lei 2.627, de 26.9.40, expressamente mantido pelo art. 300 da LSA.

Art. 1.137. A sociedade estrangeira autorizada a funcionar ficará sujeita às leis e aos tribunais brasileiros, quanto aos atos ou operações praticados no Brasil.[1]

Parágrafo único. A sociedade estrangeira funcionará no território nacional com o nome que tiver em seu país de origem, podendo acrescentar as palavras "do Brasil" ou "para o Brasil".[2]

Art. 1.137: 1. v. CPC 21 a 24 e LINDB 9º e 12. V. tb. art. 68 do Dec. lei 2.627, de 26.9.40, expressamente mantido pelo art. 300 da LSA.

Art. 1.137: 2. v. art. 66 do Dec. lei 2.627, de 26.9.40, expressamente mantido pelo art. 300 da LSA.

Art. 1.138. A sociedade estrangeira autorizada a funcionar é obrigada a ter, permanentemente, representante no Brasil, com poderes para resolver quaisquer questões e receber citação judicial pela sociedade.[1]

Parágrafo único. O representante somente pode agir perante terceiros depois de arquivado e averbado o instrumento de sua nomeação.

Art. 1.138: 1. v. CPC 75 § 3º e art. 67 do Dec. lei 2.627, de 26.9.40, esse último expressamente mantido pelo art. 300 da LSA.

Art. 1.139. Qualquer modificação no contrato ou no estatuto dependerá da aprovação do Poder Executivo, para produzir efeitos no território nacional.[1]

Art. 1.139: 1. v. art. 69 do Dec. lei 2.627, de 26.9.40, expressamente mantido pelo art. 300 da LSA.

Art. 1.140. A sociedade estrangeira deve, sob pena de lhe ser cassada a autorização, reproduzir no órgão oficial da União, e do Estado, se for o caso, as publicações que, segundo a sua lei nacional, seja obrigada a fazer relativamente ao balanço patrimonial e ao de resultado econômico, bem como aos atos de sua administração.[1]

Parágrafo único. Sob pena, também, de lhe ser cassada a autorização, a sociedade estrangeira deverá publicar o balanço patrimonial e o de resultado econômico das sucursais, filiais ou agências existentes no País.[2]

Art. 1.140: 1. v. arts. 1.020, 1.065, 1.069-III, 1.078-I e § 3º, 1.179, 1.188 e 1.189.

V. tb. art. 70-*caput* do Dec. lei 2.627, de 26.9.40, expressamente mantido pelo art. 300 da LSA.

Art. 1.140: 2. v. art. 70 § ún. do Dec. lei 2.627, de 26.9.40, expressamente mantido pelo art. 300 da LSA.

Art. 1.141. Mediante autorização do Poder Executivo, a sociedade estrangeira admitida a funcionar no País pode nacionalizar-se, transferindo sua sede para o Brasil.[1]

§ 1º Para o fim previsto neste artigo, deverá a sociedade, por seus representantes, oferecer, com o requerimento, os documentos exigidos no art. 1.134, e ainda a prova da realização do capital, pela forma declarada no contrato, ou no estatuto, e do ato em que foi deliberada a nacionalização.

§ 2º O Poder Executivo poderá impor as condições que julgar convenientes à defesa dos interesses nacionais.[2]

§ 3º Aceitas as condições pelo representante, proceder-se-á, após a expedição do decreto de autorização, à inscrição da sociedade e publicação do respectivo termo.

Art. 1.141: 1. v. art. 71 do Dec. lei 2.627, de 26.9.40, expressamente mantido pelo art. 300 da LSA.
Art. 1.141: 2. v. LINDB 17.

Título III | DO ESTABELECIMENTO

Capítulo Único | DISPOSIÇÕES GERAIS[1]

CAP. ÚN.: 1. Enunciado 233 do CEJ: "A sistemática do contrato de trespasse delineada pelo Código Civil nos arts. 1.142 e ss., especialmente seus efeitos obrigacionais, aplica-se somente quando o conjunto de bens transferidos importar a transmissão da funcionalidade do estabelecimento empresarial".

Art. 1.142. Considera-se estabelecimento todo complexo de bens organizado, para exercício da empresa, por empresário, ou por sociedade empresária.[1-2]

§ 1º O estabelecimento não se confunde com o local onde se exerce a atividade empresarial, que poderá ser físico ou virtual.[3]

§ 2º Quando o local onde se exerce a atividade empresarial for virtual, o endereço informado para fins de registro poderá ser, conforme o caso, o endereço do empresário individual ou o de um dos sócios da sociedade empresária.[4]

§ 3º Quando o local onde se exerce a atividade empresarial for físico, a fixação do horário de funcionamento competirá ao Município, observada a regra geral prevista no inciso II do *caput* do art. 3º da Lei n. 13.874, de 20 de setembro de 2019.[5]

Art. 1.142: 1. "Novo Código Civil. Pessoas jurídicas, empresário, sociedade, estabelecimento, nome comercial e/ou nome empresarial, perdas e danos e prescrição", por José Carlos Tinoco Soares (RT 798/11); "Empresa e estabelecimento. A avaliação do *Goodwill*", por Sérgio Dulac Müller e Thomas Müller (RJ 318/24); "Apontamentos sobre a teoria do estabelecimento empresarial no direito brasileiro", por Cássio Machado Cavalli (RJ 347/45, RT 858/30).

Art. 1.142: 2. "A discriminação do patrimônio da empresa, mediante a criação de filiais, não afasta a unidade patrimonial da pessoa jurídica, que, na condição de devedora, deve responder com todo o ativo do patrimônio social por suas dívidas, à luz de regra de direito processual prevista no art. 591 do Código de Processo Civil" (STJ-1ª Seção, REsp 1.355.812, Min. Mauro Campbell, j. 22.5.13, DJ 31.5.13).

Art. 1.142: 3 a 5. Redação da Lei 14.382, de 27.6.22.

Art. 1.143. Pode o estabelecimento ser objeto unitário de direitos e de negócios jurídicos, translativos ou constitutivos, que sejam compatíveis com a sua natureza.[1]

Art. 1.143: 1. v. art. 1.164 § ún.

Art. 1.144. O contrato que tenha por objeto a alienação,[1] o usufruto ou arrendamento do estabelecimento, só produzirá efeitos quanto a terceiros depois de averbado à margem da inscrição do empresário, ou da sociedade empresária, no Registro Público de Empresas Mercantis, e de publicado na imprensa oficial.

Art. 1.144: 1. Enunciado 393 do CEJ: "A validade da alienação do estabelecimento empresarial não depende de forma específica, observado o regime jurídico dos bens que a exijam".

Art. 1.145. Se ao alienante não restarem bens suficientes para solver o seu passivo, a eficácia da alienação do estabelecimento depende do pagamento de todos os credores, ou do consentimento destes, de modo expresso ou tácito, em trinta dias a partir de sua notificação.[1]

Art. 1.145: 1. LRF: "Art. 94. Será decretada a falência do devedor que: ... III — pratica qualquer dos seguintes atos, exceto se fizer parte de plano de recuperação judicial: ... c) transfere estabelecimento a terceiro, credor ou não, sem o consentimento de todos os credores e sem ficar com bens suficientes para solver seu passivo".

"Art. 129. São ineficazes em relação à massa falida, tenha ou não o contratante conhecimento do estado de crise econômico-financeira do devedor, seja ou não intenção deste fraudar credores: ... VI — a venda ou transferência de estabelecimento feita sem o consentimento expresso ou o pagamento de todos os credores, a esse tempo existentes, não tendo restado ao devedor bens suficientes para solver o seu passivo, salvo se, no prazo de 30 (trinta) dias, não houver oposição dos credores, após serem devidamente notificados, judicialmente ou pelo oficial do registro de títulos e documentos".

V. ainda LRF 50-VII.

Art. 1.146. O adquirente do estabelecimento responde pelo pagamento dos débitos anteriores à transferência, desde que regularmente contabilizados, continuando o devedor primitivo solidariamente[1] obrigado pelo prazo de um ano, a partir, quanto aos créditos vencidos, da publicação,[2] e, quanto aos outros, da data do vencimento.[3]

Art. 1.146: 1. v. arts. 275 a 285.

Art. 1.146: 2. publicação na imprensa oficial do contrato de alienação do estabelecimento (v. arts. 1.144 e 1.152).

Art. 1.146: 3. CTN 133: "A pessoa natural ou jurídica de direito privado que adquirir de outra, por qualquer título, fundo de comércio ou estabelecimento comercial, industrial ou profissional, e continuar a respectiva exploração, sob a mesma ou outra razão social ou sob firma ou nome individual, responde pelos tributos, relativos ao fundo ou estabelecimento adquirido, devidos até à data do ato:

"I — integralmente, se o alienante cessar a exploração do comércio, indústria ou atividade;

"II — subsidiariamente com o alienante, se este prosseguir na exploração ou iniciar dentro de seis meses a contar da data da alienação, nova atividade no mesmo ou em outro ramo de comércio, indústria ou profissão.

"§ 1º O disposto no *caput* deste artigo não se aplica na hipótese de alienação judicial (*parágrafo incluído pela LC 118, de 9.2.05*):

"I — em processo de falência (*inciso incluído pela LC 118, de 9.2.05*);

"II — de filial ou unidade produtiva isolada, em processo de recuperação judicial (*inciso incluído pela LC 118, de 9.2.05*).

"§ 2º Não se aplica o disposto no § 1º deste artigo quando o adquirente for (*parágrafo incluído pela LC 118, de 9.2.05*):

"I — sócio da sociedade falida ou em recuperação judicial, ou sociedade controlada pelo devedor falido ou em recuperação judicial (*inciso incluído pela LC 118, de 9.2.05*);

"II — parente, em linha reta ou colateral até o 4º (quarto) grau, consanguíneo ou afim, do devedor falido ou em recuperação judicial ou de qualquer de seus sócios (*inciso incluído pela LC 118, de 9.2.05*); ou

"III — identificado como agente do falido ou do devedor em recuperação judicial com o objetivo de fraudar a sucessão tributária" (*inciso incluído pela LC 118, de 9.2.05*).

Art. 1.147. Não havendo autorização expressa, o alienante do estabelecimento não pode fazer concorrência ao adquirente, nos cinco anos subsequentes à transferência.

Parágrafo único. No caso de arrendamento ou usufruto do estabelecimento, a proibição prevista neste artigo persistirá durante o prazo do contrato.

Art. 1.148. Salvo disposição em contrário, a transferência importa a sub-rogação[1] do adquirente nos contratos[2] estipulados para exploração do estabelecimento, se não tiverem caráter pessoal, podendo os terceiros rescindir o contrato em noventa dias a contar da publicação da transferência, se ocorrer justa causa, ressalvada, neste caso, a responsabilidade do alienante.[3]

Art. 1.148: 1. v. arts. 346 a 351.

Art. 1.148: 2. Enunciado 234 do CEJ: "Quando do trespasse do estabelecimento empresarial, o contrato de locação do respectivo ponto não se transmite automaticamente ao adquirente".

Art. 1.148: 3. v. art. 90 (universalidade).

Art. 1.149. A cessão[1] dos créditos referentes ao estabelecimento transferido produzirá efeito em relação aos respectivos devedores, desde o momento da publicação da transferência, mas o devedor ficará exonerado se de boa-fé pagar ao cedente.

Art. 1.149: 1. v. arts. 286 a 298.

Título IV | DOS INSTITUTOS COMPLEMENTARES

Capítulo I | DO REGISTRO[1-2]

CAP. I: 1. s/ registro no direito de empresa, v. arts. 45, 967 a 971, 976, 979, 980, 984, 985, 997 a 1.000, 1.075 § 2º, 1.083, 1.084 § 3º, 1.144, 1.174 e 1.181.

CAP. I: 2. EA 15 § 1º: "A sociedade de advogados adquire personalidade jurídica com o registro aprovado dos seus atos constitutivos no Conselho Seccional da OAB em cuja base territorial tiver sede".

CPC 75 § 2º: "A sociedade ou associação sem personalidade jurídica não poderá opor a irregularidade de sua constituição quando demandada".

Lei 10.610, de 20.12.02 — Dispõe sobre a participação de capital estrangeiro nas empresas jornalísticas e de radiodifusão sonora e de sons e imagens, conforme o § 4º do art. 222 da Constituição, altera os arts. 38 e 64 da Lei n. 4.117, de 27 de agosto de 1962, o § 3º do art. 12 do Decreto-Lei n. 236, de 28 de fevereiro de 1967, e dá outras providências: "**Art. 5º** Os órgãos de registro comercial ou de registro civil das pessoas jurídicas não procederão ao registro ou arquivamento dos atos societários de empresas jornalísticas e de radiodifusão, caso seja constatada infração dos limites percentuais de participação previstos no art. 2º, sendo nulo o ato de registro ou arquivamento baseado em declaração que omita informação ou contenha informação falsa".

Art. 1.150. O empresário e a sociedade empresária vinculam-se ao Registro Público de Empresas Mercantis[1-2] a cargo das Juntas Comerciais, e a sociedade simples[3-3a] ao Registro Civil das Pessoas Jurídicas,[4-4a] o qual deverá obedecer às normas fixadas para aquele registro, se a sociedade simples adotar um dos tipos de sociedade empresária.

Art. 1.150: 1. v. arts. 967 a 971 (inscrição do empresário).

V. tb. art. 968, nota 2 (Enunciado 55 do CEJ).

Art. 1.150: 2. Lei 8.934, de 18.11.94 — Dispõe sobre o Registro Público de Empresas Mercantis e atividades afins, e dá outras providências: "**Art. 35.** Não podem ser arquivados: **I** — os documentos que não obedecerem às prescrições legais ou regulamentares ou que contiverem matéria contrária aos bons costumes ou à ordem pública, bem como os que colidirem com o respectivo estatuto ou contrato não modificado anteriormente; **II** — os documentos de constituição ou alteração de empresas mercantis de qualquer espécie ou modalidade em que figure como titular ou administrador pessoa que esteja condenada pela prática de crime cuja pena vede o acesso à atividade mercantil; **III** — os atos constitutivos de empresas mercantis que, além das cláusulas exigidas em lei, não designarem o respectivo capital e a declaração de seu objeto, cuja indicação no nome empresarial é facultativa; **IV** (*revogado pela Lei 14.195, de 26.8.21*); **V** — os atos de empresas mercantis com nome idêntico a outro já existente; **VI** — a alteração contratual, por deliberação majoritária do capital social, quando houver cláusula restritiva; **VII** — os contratos sociais ou suas alterações em que haja incorporação de imóveis à sociedade, por instrumento particular, quando do instrumento não constar: **a)** a descrição e identificação do imóvel, sua área, dados relativos à sua titulação, bem como o número da matrícula no registro imobiliário; **b)** a outorga uxória ou marital, quando necessária; **VIII** — os contratos ou estatutos de sociedades mercantis, ainda não aprovados pelo Governo, nos casos em que for necessária essa aprovação, bem como as posteriores alterações, antes de igualmente aprovadas. **§ 1º** O registro dos atos constitutivos e de suas alterações e extinções ocorrerá independentemente de autorização governamental prévia, e os órgãos públicos deverão ser informados pela Rede Nacional para a Simplificação do Registro e da Legalização de Empresas e Negócios (Redesim) a respeito dos registros sobre os quais manifestarem interesse. **§ 2º** Eventuais casos de confronto entre nomes empresariais por semelhança poderão ser questionados pelos interessados, a qualquer tempo, por meio de recurso ao Drei".

Art. 1.150: 3. São sempre sociedades simples as sociedades cooperativas (v. art. 982 § ún.); entretanto, devem ser registradas na Junta Comercial, cf. art. 18 § 6º da Lei 5.764, de 16.12.71 (no tít. SOCIEDADES).

V. art. 1.093, nota 4 (Enunciado 69 do CEJ).

Art. 1.150: 3a. s/ **distinção** entre sociedade empresária e sociedade simples, v. art. 982-*caput*. Apesar da distinção, pode a sociedade simples adotar qualquer um dos tipos da sociedade empresária (cf. art. 983-*caput*), mas, ainda que o faça, ela deverá ser registrada no Registro Civil das Pessoas Jurídicas.

Art. 1.150: 4. v. LRP 114 a 121.

Art. 1.150: 4a. Dec. lei 9.085, de 25.3.46 — Dispõe sobre o registro civil das pessoas jurídicas.

Art. 1.151. O registro dos atos sujeitos à formalidade exigida no artigo antecedente será requerido pela pessoa obrigada em lei, e, no caso de omissão ou demora, pelo sócio ou qualquer interessado.

§ 1º Os documentos necessários[1-1a] ao registro deverão ser apresentados no prazo de trinta dias,[2] contado da lavratura dos atos respectivos.

§ 2º Requerido além do prazo previsto neste artigo, o registro somente produzirá efeito a partir da data de sua concessão.

§ 3º As pessoas obrigadas a requerer o registro responderão por perdas e danos,³ em caso de omissão ou demora.

Art. 1.151: 1. v. arts. 37 e 63 da Lei 8.934, de 18.11.94.

Art. 1.151: 1a. "A exigência de certidão de regularidade fiscal estadual para o registro de alteração contratual perante a Junta Comercial não está prevista na lei de regência (Lei 8.934/94), nem no decreto federal que a regulamentou (Dec. 1.800/96), mas em decreto estadual, razão pela qual se mostra ilegítima" (STJ-4ª T., REsp 724.015, Min. Antonio Ferreira, j. 15.5.12, DJ 22.5.12).

"Junta Comercial. Exigência de certidão negativa tributária. Antinomia jurídica de segundo grau. Conflito entre o critério cronológico e o da especialidade. Hipótese de prevalência do critério cronológico. Derrogação tácita dos dispositivos de leis tributárias anteriores que condicionavam o ato de arquivamento na Junta Comercial à apresentação de certidão negativa de débitos" (STJ-3ª T., REsp 1.290.954, Min. Paulo Sanseverino, j. 11.2.14, DJ 25.2.14).

Art. 1.151: 2. v. art. 36 da Lei 8.934, de 18.11.94.

Art. 1.151: 3. v. arts. 402 a 405.

Art. 1.152. Cabe ao órgão incumbido do registro verificar a regularidade das publicações¹ determinadas em lei, de acordo com o disposto nos parágrafos deste artigo.

§ 1º Salvo exceção expressa, as publicações ordenadas neste Livro serão feitas no órgão oficial da União ou do Estado, conforme o local da sede do empresário ou da sociedade, e em jornal de grande circulação.

§ 2º As publicações das sociedades estrangeiras serão feitas nos órgãos oficiais da União e do Estado onde tiverem sucursais, filiais ou agências.

§ 3º O anúncio de convocação² da assembleia de sócios será publicado por três vezes, ao menos, devendo mediar, entre a data da primeira inserção e a da realização da assembleia, o prazo mínimo de oito dias, para a primeira convocação, e de cinco dias, para as posteriores.³

Art. 1.152: 1. LC 123, de 14.12.06 — Institui o Estatuto Nacional da Microempresa e da Empresa de Pequeno Porte, e dá outras providências: "**Art. 71.** Os empresários e as sociedades de que trata esta Lei Complementar, nos termos da legislação civil, ficam dispensados da publicação de qualquer ato societário".

Art. 1.152: 2. s/ dispensa de convocação, v. art. 1.072 § 2º.

Art. 1.152: 3. v. LSA 124.

Art. 1.153. Cumpre à autoridade competente, antes de efetivar o registro, verificar a autenticidade e a legitimidade do signatário do requerimento, bem como fiscalizar a observância das prescrições legais concernentes ao ato ou aos documentos apresentados.¹

Parágrafo único. Das irregularidades encontradas deve ser notificado o requerente, que, se for o caso, poderá saná-las, obedecendo às formalidades da lei.

Art. 1.153: 1. v. LSA 97. V. tb. art. 40 da Lei 8.934, de 18.11.94.

Art. 1.154. O ato sujeito a registro, ressalvadas disposições especiais da lei, não pode, antes do cumprimento das respectivas formalidades, ser oposto a terceiro, salvo prova de que este o conhecia.

Parágrafo único. O terceiro não pode alegar ignorância, desde que cumpridas as referidas formalidades.

Capítulo II | DO NOME EMPRESARIAL[1]

CAP. II: 1. Lei 8.934, de 18.11.94 — Dispõe sobre o Registro Público de Empresas Mercantis e atividades afins e dá outras providências: "**Art. 33.** A proteção ao nome empresarial decorre automaticamente do arquivamento dos atos constitutivos de firma individual e de sociedades, ou de suas alterações.

"**Art. 34.** O nome empresarial obedecerá aos princípios da veracidade e da novidade".

Lei 9.279, de 14.5.96 — Regula direitos e obrigações relativos à propriedade industrial: "**Art. 124.** Não são registráveis como marca: ... **V** — reprodução ou imitação de elemento característico ou diferenciador de título de estabelecimento ou nome de empresa de terceiros, suscetível de causar confusão ou associação com estes sinais distintivos".

Art. 1.155. Considera-se nome empresarial[1-1a] a firma ou a denominação adotada,[2] de conformidade com este Capítulo, para o exercício de empresa.

Parágrafo único. Equipara-se ao nome empresarial, para os efeitos da proteção da lei, a denominação das sociedades simples, associações e fundações.

Art. 1.155: 1. "Novo Código Civil. Pessoas jurídicas, empresário, sociedade, estabelecimento, nome comercial e/ou nome empresarial, perdas e danos e prescrição", por José Carlos Tinoco Soares (RT 798/11); "Nome empresarial", por Luiz Marcelo Figueiras de Góis (RF 385/127); "Nome empresarial: natureza jurídica, distinções, composição e proteção", por Leonardo Gomes de Aquino (RDPr 32/148); "Nome empresarial e a normatização do DNRC", por Cássio Cavalli (RT 912/213); "Nome empresarial: funções e peculiaridades do instituto. Críticas e sugestões a seu tratamento jurídico (estudo realizado de acordo com as alterações da IN DNRC 116/2011)", por Victor Emendörfer Neto (RT 921/215).

Art. 1.155: 1a. v. art. 2.031, nota 1a (Enunciado 395 do CEJ).

Art. 1.155: 2. A **firma** (ou **razão social**) deve ser composta pelo nome de todos os sócios da sociedade, de alguns deles ou de apenas um; já a **denominação** pode ser composta por uma expressão de fantasia, devendo no entanto designar o tipo de atividade realizada pela sociedade.

A firma é obrigatória para o empresário individual, para a sociedade em comandita simples e para a sociedade em nome coletivo; a denominação é obrigatória para a sociedade cooperativa e para a sociedade anônima.

Art. 1.156. O empresário[1] opera sob firma constituída por seu nome, completo ou abreviado, aditando-lhe, se quiser, designação mais precisa da sua pessoa ou do gênero de atividade.

Art. 1.156: 1. s/ conceito de empresário, v. art. 966.

Art. 1.157. A sociedade em que houver sócios de responsabilidade ilimitada operará sob firma, na qual somente os nomes daqueles poderão figurar, bastando para formá-la aditar ao nome de um deles a expressão "e companhia" ou sua abreviatura.

Parágrafo único. Ficam solidária[1] e ilimitadamente responsáveis pelas obrigações contraídas sob a firma social aqueles que, por seus nomes, figurarem na firma da sociedade de que trata este artigo.

Art. 1.157: 1. v. arts. 275 a 285.

Art. 1.158. Pode a sociedade limitada[1] adotar firma ou denominação, integradas pela palavra final "limitada" ou a sua abreviatura.[2]

§ 1º A firma será composta com o nome de um ou mais sócios, desde que pessoas físicas, de modo indicativo da relação social.

§ 2º A denominação deve designar o objeto da sociedade, sendo permitido nela figurar o nome de um ou mais sócios.

§ 3º A omissão da palavra "limitada" determina a responsabilidade solidária[3] e ilimitada dos administradores que assim empregarem a firma ou a denominação da sociedade.

Art. 1.158: 1. v. arts. 1.052 a 1.087.

Art. 1.158: 2. v. arts. 1.054 e 1.064.

Art. 1.158: 3. v. arts. 275 a 285.

Art. 1.159. A sociedade cooperativa[1] funciona sob denominação integrada pelo vocábulo "cooperativa".[2]

Art. 1.159: 1. v. arts. 1.093 a 1.096.

Art. 1.159: 2. v. art. 5º da Lei 5.764, de 16.12.71 (no tít. SOCIEDADES).

Art. 1.160. A sociedade anônima[1] opera sob denominação integrada pelas expressões sociedade anônima ou companhia, por extenso ou abreviadamente,[2] facultada a designação do objeto social.[3]

Parágrafo único. Pode constar da denominação o nome do fundador, acionista, ou pessoa que haja concorrido para o bom êxito da formação da empresa.

Art. 1.160: 1. v. arts. 1.088 e 1.089.

Art. 1.160: 2. v. LSA 3º.

Art. 1.160: 3. Redação da Lei 14.382, de 27.6.22.

Art. 1.161. A sociedade em comandita por ações[1] pode, em lugar de firma, adotar denominação aditada da expressão "comandita por ações",[2] facultada a designação do objeto social.[3]

Art. 1.161: 1. v. arts. 1.090 a 1.092.

Art. 1.161: 2. v. LSA 281.

Art. 1.161: 3. Redação da Lei 14.382, de 27.6.22.

Art. 1.162. A sociedade em conta de participação não pode ter firma ou denominação.[1]

Art. 1.162: 1. v. arts. 991 a 996.

Art. 1.163. O nome de empresário deve distinguir-se de qualquer outro já inscrito no mesmo registro.[1]

Parágrafo único. Se o empresário tiver nome idêntico ao de outros já inscritos, deverá acrescentar designação que o distinga.

Art. 1.163: 1. Lei 8.934, de 18.11.94 — Dispõe sobre o Registro Público de Empresas Mercantis e atividades afins e dá outras providências: "**Art. 35.** Não podem ser arquivados: ... **V** — os atos de empresas mercantis com nome idêntico a outro já existente".

LSA 3º § 2º: "Se a denominação for idêntica ou semelhante a de companhia já existente, assistirá à prejudicada o direito de requerer a modificação, por via administrativa (artigo 97) ou em juízo, e demandar as perdas e danos resultantes".

Lei 9.279, de 14.5.96 — Regula direitos e obrigações relativos à propriedade industrial: "**Art. 195.** Comete crime de concorrência desleal quem: ... **V** — usa, indevidamente, nome comercial, título de estabelecimento ou insígnia alheios ou vende, expõe ou oferece à venda ou tem em estoque produto com essas referências".

Art. 1.164. O nome empresarial não pode ser objeto de alienação.

Parágrafo único. O adquirente de estabelecimento, por ato entre vivos, pode, se o contrato o permitir, usar o nome do alienante, precedido do seu próprio, com a qualificação de sucessor.¹

Art. 1.164: 1. v. art. 1.143.

Art. 1.165. O nome de sócio que vier a falecer, for excluído ou se retirar, não pode ser conservado na firma social.¹

Art. 1.165: 1. em obediência ao princípio da veracidade (v. art. 34 da Lei 8.934, de 18.11.94).

Art. 1.166. A inscrição do empresário, ou dos atos constitutivos das pessoas jurídicas, ou as respectivas averbações, no registro próprio, asseguram o uso exclusivo do nome nos limites do respectivo Estado.¹

Parágrafo único. O uso previsto neste artigo estender-se-á a todo o território nacional, se registrado na forma da lei especial.²

Art. 1.166: 1. Lei 9.279, de 14.5.96 — Regula direitos e obrigações relativos à propriedade industrial: "Art. 195. Comete crime de concorrência desleal quem: ... **V** — usa, indevidamente, nome comercial, título de estabelecimento ou insígnia alheios ou vende, expõe ou oferece à venda ou tem em estoque produto com essas referências".

Art. 1.166: 2. Lei 8.934, de 18.11.94 — Dispõe sobre o Registro Público de Empresas Mercantis e atividades afins e dá outras providências. Regulamentada pelo Dec. 1.800, de 30.1.96.

Art. 1.167. Cabe ao prejudicado, a qualquer tempo, ação para anular a inscrição do nome empresarial feita com violação da lei ou do contrato.¹

Art. 1.167: 1. LSA 3º § 2º: "Se a denominação for idêntica ou semelhante a de companhia já existente, assistirá à prejudicada o direito de requerer a modificação, por via administrativa (artigo 97) ou em juízo, e demandar as perdas e danos resultantes".

Art. 1.168. A inscrição do nome empresarial será cancelada, a requerimento de qualquer interessado, quando cessar o exercício da atividade para que foi adotado, ou quando ultimar-se a liquidação da sociedade que o inscreveu.¹

Art. 1.168: 1. v. art. 59 da Lei 8.934, de 18.11.94.

Capítulo III | DOS PREPOSTOS

Seção I | DISPOSIÇÕES GERAIS

Art. 1.169. O preposto¹ não pode, sem autorização escrita, fazer-se substituir no desempenho da preposição, sob pena de responder pessoalmente pelos atos do substituto e pelas obrigações por ele contraídas.

Art. 1.169: 1. O gerente é uma espécie de preposto, cuja peculiaridade é o caráter permanente de sua condição (cf. art. 1.172).

Art. 1.170. O preposto,¹ salvo autorização expressa, não pode negociar por conta própria ou de terceiro, nem participar, embora indiretamente, de operação do mesmo gênero da que lhe foi cometida, sob pena de responder por perdas e danos² e de serem retidos pelo preponente os lucros da operação.

Art. 1.170: 1. Responsabilidade do preponente por ato do preposto: arts. 1.178 e 932-III.
Art. 1.170: 2. v. arts. 402 a 405.

Art. 1.171. Considera-se perfeita a entrega de papéis, bens ou valores ao preposto, encarregado pelo preponente, se os recebeu sem protesto, salvo nos casos em que haja prazo para reclamação.

Seção II | DO GERENTE

Art. 1.172. Considera-se gerente o preposto[1] permanente no exercício da empresa, na sede desta, ou em sucursal, filial ou agência.

Art. 1.172: 1. v. arts. 1.169 a 1.171.

Art. 1.173. Quando a lei não exigir poderes especiais,[1] considera-se o gerente autorizado a praticar todos os atos necessários ao exercício dos poderes que lhe foram outorgados.
Parágrafo único. Na falta de estipulação diversa, consideram-se solidários[2] os poderes conferidos a dois ou mais gerentes.

Art. 1.173: 1. v. art. 661 § 1º.
Art. 1.173: 2. v. arts. 275 a 285.

Art. 1.174. As limitações contidas na outorga de poderes, para serem opostas a terceiros, dependem do arquivamento e averbação do instrumento no Registro Público de Empresas Mercantis,[1-2] salvo se provado serem conhecidas da pessoa que tratou com o gerente.[3]
Parágrafo único. Para o mesmo efeito e com idêntica ressalva, deve a modificação ou revogação do mandato ser arquivada e averbada no Registro Público de Empresas Mercantis.

Art. 1.174: 1. Lei 8.934, de 18.11.94 — Dispõe sobre o Registro Público de Empresas Mercantis e atividades afins e dá outras providências. Regulamentada pelo **Dec. 1.800, de 30.1.96**.
Art. 1.174: 2. v. arts. 1.150 a 1.154.
Art. 1.174: 3. v. arts. 660, 661, 1.178 e 1.182.

Art. 1.175. O preponente responde com o gerente pelos atos que este pratique em seu próprio nome, mas à conta daquele.[1]

Art. 1.175: 1. v. arts. 932-III, 933, 1.177 e 1.178. V. tb. CDC 34.

Art. 1.176. O gerente pode estar em juízo em nome do preponente, pelas obrigações resultantes do exercício da sua função.

Seção III | DO CONTABILISTA E OUTROS AUXILIARES

Art. 1.177. Os assentos lançados nos livros ou fichas do preponente, por qualquer dos prepostos encarregados de sua escrituração,[1-1a] produzem, salvo se houver procedido de má-fé, os mesmos efeitos como se o fossem por aquele.

Parágrafo único. No exercício de suas funções, os prepostos são pessoalmente responsáveis, perante os preponentes, pelos atos culposos; e, perante terceiros, solidariamente² com o preponente, pelos atos dolosos.³

Art. 1.177: 1. v. art. 1.182 (responsabilidade do contabilista).

Art. 1.177: 1a. Dec. lei 9.295, de 27.5.46 — Cria o Conselho Federal de Contabilidade, define as atribuições do Contador e do Guarda-livros, e dá outras providências.

Art. 1.177: 2. v. arts. 275 a 285.

Art. 1.177: 3. "Atrocidades contábeis no novo Código Civil", por Eliseu Martins (Rev. AASP 68/87); "A responsabilidade do contabilista — o Código Civil brasileiro e o Decreto-Lei n. 9.295/1946 devidamente atualizado", por Voltaire Marensi (RMDECC 40/24, RJ-Lex 52/58).

Art. 1.178. Os preponentes são responsáveis¹ pelos atos de quaisquer prepostos, praticados nos seus estabelecimentos e relativos à atividade da empresa, ainda que não autorizados por escrito.

Parágrafo único. Quando tais atos forem praticados fora do estabelecimento, somente obrigarão o preponente nos limites dos poderes conferidos por escrito, cujo instrumento pode ser suprido pela certidão ou cópia autêntica do seu teor.

Art. 1.178: 1. v. art. 932-III c/c art. 933.

Capítulo IV | DA ESCRITURAÇÃO¹

CAP. IV: 1. Dec. lei 9.295, de 27.5.46 — Cria o Conselho Federal de Contabilidade, define as atribuições do Contador e do Guarda-livros, e dá outras providências.

Dec. lei 486, de 3.3.69 — Dispõe sobre escrituração e livros mercantis e dá outras providências (regulamentado pelo Dec. 64.567, de 22.5.69).

Dec. 6.022, de 22.1.07 — Institui o Sistema Público de Escrituração Digital (Sped).

Art. 1.179. O empresário e a sociedade empresária são obrigados a seguir um sistema de contabilidade, mecanizado ou não, com base na escrituração uniforme de seus livros, em correspondência com a documentação respectiva, e a levantar anualmente o balanço patrimonial¹ e o de resultado econômico.¹ᵃ⁻²

§ 1º Salvo o disposto no art. 1.180, o número e a espécie de livros ficam a critério dos interessados.³

§ 2º É dispensado das exigências deste artigo o pequeno empresário⁴ a que se refere o art. 970.

Art. 1.179: 1. v. arts. 1.186 a 1.189.

Art. 1.179: 1a. v. arts. 1.020, 1.065, 1.069-III, 1.078-I e § 3º, 1.140, 1.188 e 1.189.

Art. 1.179: 2. v. LRF 168 §§ 1º a 4º. V. tb. art. 1º do Dec. lei 486, de 3.3.69 e LSA 175 a 188.

Art. 1.179: 3. v. LSA 100 a 102 e CP 297 § 2º.

Art. 1.179: 4. LC 123, de 14.12.06 — Institui o Estatuto Nacional da Microempresa e da Empresa de Pequeno Porte, e dá outras providências: "**Art. 68** (*redação da LC 139, de 10.11.11, em vigor a partir de 1.1.12*). Considera-se pequeno empresário, para efeito de aplicação do disposto nos arts. 970 e 1.179 da Lei n. 10.406, de 10 de janeiro de 2002 (Código Civil), o empresário individual caracterizado como microempresa na forma desta Lei Complementar que aufira receita bruta anual até o limite previsto no § 1º do art. 18-A". **V. nota 4b ao art. 968.**

Art. 1.180. Além dos demais livros exigidos por lei,¹⁻¹ᵃ é indispensável o Diário,² que pode ser substituído por fichas no caso de escrituração mecanizada ou eletrônica.

Parágrafo único. A adoção de fichas não dispensa o uso de livro apropriado para o lançamento do balanço patrimonial e do de resultado econômico.

Art. 1.180: 1. cf. art. 1.179 § 1º.

Art. 1.180: 1a. v. arts. 32 § 1º e 40 § ún. da Lei 4.728, de 14.7.65; art. 5º do Dec. lei 486, de 3.3.69; LSA 100 a 105; e LDu 19 (no tít. DUPLICATA).

Art. 1.180: 2. v. arts. 1.184 a 1.186.

Art. 1.181. Salvo disposição especial de lei, os livros obrigatórios e, se for o caso, as fichas, antes de postos em uso, devem ser autenticados no Registro Público de Empresas Mercantis.[1]

Parágrafo único. A autenticação não se fará sem que esteja inscrito o empresário, ou a sociedade empresária, que poderá fazer autenticar livros não obrigatórios.

Art. 1.181: 1. v. art. 39 da Lei 8.934, de 18.11.94.

Art. 1.182. Sem prejuízo do disposto no art. 1.174, a escrituração ficará sob a responsabilidade de contabilista legalmente habilitado, salvo se nenhum houver na localidade.[1-1a]

Art. 1.182: 1. Dec. lei 9.295, de 27.5.46 — Cria o Conselho Federal de Contabilidade, define as atribuições do Contador e do Guarda-livros, e dá outras providências.

Dec. lei 806, de 4.9.69 — Dispõe sobre a profissão de atuário e dá outras providências (regulamentado pelo Dec. 66.408, de 3.4.70).

Art. 1.182: 1a. v. art. 3º do Dec. lei 486, de 3.3.69.

Art. 1.183. A escrituração será feita em idioma e moeda corrente nacionais e em forma contábil, por ordem cronológica de dia, mês e ano, sem intervalos em branco, nem entrelinhas, borrões, rasuras, emendas ou transportes para as margens.[1-1a]

Parágrafo único. É permitido o uso de código de números ou de abreviaturas, que constem de livro próprio, regularmente autenticado.

Art. 1.183: 1. v. art. 226. V. tb. CPC 417 a 419.

Art. 1.183: 1a. v. art. 2º do Dec. lei 486, de 3.3.69, e art. 2º do Dec. 64.567, de 22.5.69.

Art. 1.184. No Diário[1] serão lançadas, com individuação, clareza e caracterização do documento respectivo, dia a dia, por escrita direta ou reprodução, todas as operações relativas ao exercício da empresa.

§ 1º Admite-se a escrituração resumida do Diário, com totais que não excedam o período de trinta dias, relativamente a contas cujas operações sejam numerosas ou realizadas fora da sede do estabelecimento, desde que utilizados livros auxiliares regularmente autenticados, para registro individualizado, e conservados os documentos que permitam a sua perfeita verificação.

§ 2º Serão lançados no Diário o balanço patrimonial e o de resultado econômico, devendo ambos ser assinados por técnico em Ciências Contábeis legalmente habilitado e pelo empresário ou sociedade empresária.

Art. 1.184: 1. v. art. 1.180.

V. ainda art. 5º do Dec. lei 486, de 3.3.69.

Art. 1.185. O empresário ou sociedade empresária que adotar o sistema de fichas de lançamentos poderá substituir o livro Diário pelo livro Balancetes Diários e Balanços, observadas as mesmas formalidades extrínsecas exigidas para aquele.[1]

Art. 1.185: 1. v. arts. 1.180, 1.183, 1.184 e 1.186.

Art. 1.186. O livro Balancetes Diários e Balanços[1] será escriturado de modo que registre:

I — a posição diária de cada uma das contas ou títulos contábeis, pelo respectivo saldo, em forma de balancetes diários;

II — o balanço patrimonial e o de resultado econômico, no encerramento do exercício.

Art. 1.186: 1. v. art. 1.185.

Art. 1.187. Na coleta dos elementos para o inventário serão observados os critérios de avaliação a seguir determinados:[1]

I — os bens destinados à exploração da atividade serão avaliados pelo custo de aquisição, devendo, na avaliação dos que se desgastam ou depreciam com o uso, pela ação do tempo ou outros fatores, atender-se à desvalorização respectiva, criando-se fundos de amortização para assegurar-lhes a substituição ou a conservação do valor;

II — os valores mobiliários, matéria-prima, bens destinados à alienação, ou que constituem produtos ou artigos da indústria ou comércio da empresa, podem ser estimados pelo custo de aquisição ou de fabricação, ou pelo preço corrente, sempre que este for inferior ao preço de custo, e quando o preço corrente ou venal estiver acima do valor do custo de aquisição, ou fabricação, e os bens forem avaliados pelo preço corrente, a diferença entre este e o preço de custo não será levada em conta para a distribuição de lucros, nem para as percentagens referentes a fundos de reserva;

III — o valor das ações e dos títulos de renda fixa pode ser determinado com base na respectiva cotação da Bolsa de Valores; os não cotados e as participações não acionárias serão considerados pelo seu valor de aquisição;

IV — os créditos serão considerados de conformidade com o presumível valor de realização, não se levando em conta os prescritos ou de difícil liquidação, salvo se houver, quanto aos últimos, previsão equivalente.

Parágrafo único. Entre os valores do ativo podem figurar, desde que se preceda, anualmente, à sua amortização:

I — as despesas de instalação da sociedade, até o limite correspondente a dez por cento do capital social;

II — os juros pagos aos acionistas da sociedade anônima, no período antecedente ao início das operações sociais, à taxa não superior a doze por cento ao ano, fixada no estatuto;

III — a quantia efetivamente paga a título de aviamento de estabelecimento adquirido pelo empresário ou sociedade.

Art. 1.187: 1. v. LSA 183.

Art. 1.188. O balanço patrimonial deverá exprimir, com fidelidade e clareza, a situação real da empresa e, atendidas as peculiaridades desta, bem como as disposições das leis especiais, indicará, distintamente, o ativo e o passivo.

Parágrafo único. Lei especial disporá sobre as informações que acompanharão o balanço patrimonial, em caso de sociedades coligadas.¹

Art. 1.188: 1. v. arts. 1.097 a 1.101 e LSA 247 a 250.

Art. 1.189. O balanço de resultado econômico, ou demonstração da conta de lucros e perdas, acompanhará o balanço patrimonial e dele constarão crédito e débito, na forma da lei especial.¹

Art. 1.189: 1. v. LSA 176.

Art. 1.190. Ressalvados os casos previstos em lei,¹⁻¹ᵃ nenhuma autoridade, juiz ou tribunal, sob qualquer pretexto, poderá fazer ou ordenar diligência para verificar se o empresário ou a sociedade empresária observam, ou não, em seus livros e fichas, as formalidades prescritas em lei.²

Art. 1.190: 1. CTN 195: "Para os efeitos da legislação tributária, não têm aplicação quaisquer disposições legais excludentes ou limitativas do direito de examinar mercadorias, livros, arquivos, documentos, papéis e efeitos comerciais ou fiscais, dos comerciantes industriais ou produtores, ou da obrigação destes de exibi-los. **Parágrafo único.** Os livros obrigatórios de escrituração comercial e fiscal e os comprovantes dos lançamentos neles efetuados serão conservados até que ocorra a prescrição dos créditos tributários decorrentes das operações a que se refiram".

Lei 8.212, de 24.7.91 — Dispõe sobre a organização da Seguridade Social, institui Plano de Custeio, e dá outras providências: "**Art. 33** (...) **§ 1º** (*redação da Lei 11.941, de 27.5.09*) É prerrogativa da Secretaria da Receita Federal do Brasil, por intermédio dos Auditores-Fiscais da Receita Federal do Brasil, o exame da contabilidade das empresas, ficando obrigados a prestarem todos os esclarecimentos e informações solicitados o segurado e os terceiros responsáveis pelo recolhimento das contribuições previdenciárias e das contribuições devidas a outras entidades e fundos".

Dec. 3.048, de 6.5.99 — Aprova o Regulamento da Previdência Social, e dá outras providências: "**Art. 231.** É prerrogativa do Ministério da Previdência e Assistência Social, do Instituto Nacional do Seguro Social e da Secretaria da Receita Federal o exame da contabilidade da empresa, não prevalecendo para esse efeito o disposto nos arts. 17 e 18 do Código Comercial, ficando obrigados a empresa e o segurado a prestarem todos os esclarecimentos e informações solicitados".

LRF 22: "Ao administrador judicial compete, sob a fiscalização do juiz e do Comitê, além de outros deveres que esta Lei lhe impõe: **I** — na recuperação judicial e na falência: ... **c)** dar extratos dos livros do devedor, que merecerão fé de ofício, a fim de servirem de fundamento nas habilitações e impugnações de créditos; ... **III** — na falência: ... **b)** examinar a escrituração do devedor".

Art. 1.190: 1a. "No exercício de sua atividade fiscalizatória, a teor da combinada exegese dos **arts. 2º, 10, c, e 25 do Decreto-Lei 9.295/46**, podem os Conselhos Regionais de Contabilidade examinar livros e fichas contábeis de empresários e de sociedades empresárias em poder de contadores" (STJ-1ª T., REsp 1.420.396, Min. Sérgio Kukina, j. 19.9.17, DJ 29.9.17).

Art. 1.190: 2. Súmula 439 do STF: "Estão sujeitos à fiscalização tributária ou previdenciária quaisquer livros comerciais, limitado o exame aos pontos objeto da investigação".

Art. 1.191. O juiz só poderá autorizar a exibição integral dos livros¹ e papéis de escrituração quando necessária para resolver questões relativas a sucessão,¹ᵃ⁻¹ᵇ comunhão ou sociedade, administração ou gestão à conta de outrem, ou em caso de falência.²

§ 1º O juiz ou tribunal que conhecer de medida cautelar ou de ação pode, a requerimento ou de ofício, ordenar que os livros de qualquer das partes, ou de ambas, sejam examinados na presença do empresário ou da sociedade empresária a que pertencerem, ou de pessoas por estes nomeadas, para deles se extrair o que interessar à questão.²ᵃ

§ 2º Achando-se os livros em outra jurisdição, nela se fará o exame, perante o respectivo juiz.

Art. 1.191: 1. v. CPC 420 e 421.

Art. 1.191: 1a. Este dispositivo refere-se tanto à sucessão *causa mortis* quanto à comercial, relativa à transferência de quotas, ações ou do próprio estabelecimento.

Art. 1.191: 1b. "Não é escusa para a exibição da escrituração da sociedade o incomprovado encerramento das atividades, já que incumbe ao administrador da sociedade diligenciar não só a escrituração da empresa, mas também a comunicação aos sócios de todos os incidentes e percalços ocorridos, sendo certo que o eventual encerramento das atividades sociais, assim como a sucessão da empresa, deveria ter sido precedido da prévia comunicação e anuência de todos os sócios" (Bol. AASP 2.599: TJRJ, AP 58.989/2007; a citação é do voto do relator).

Art. 1.191: 2. v. LSA 105. V. tb. art. 1.192.

Art. 1.191: 2a. Súmula 260 do STF: "O exame de livros comerciais, em ação judicial, fica limitado às transações entre os litigantes".

Súmula 390 do STF: "A exibição judicial de livros comerciais pode ser requerida como medida preventiva".

Art. 1.192. Recusada[1] a apresentação dos livros, nos casos do artigo antecedente, serão apreendidos judicialmente e, no do seu § 1º, ter-se-á como verdadeiro o alegado pela parte contrária para se provar pelos livros.[2]

Parágrafo único. A confissão[3] resultante da recusa pode ser elidida por prova documental em contrário.

Art. 1.192: 1. CP 330: "Desobedecer a ordem legal de funcionário público: Pena — detenção, de quinze dias a seis meses, e multa".

Art. 1.192: 2. v. CPC 400.

Art. 1.192: 3. v. CPC 389 a 395.

Art. 1.193. As restrições estabelecidas neste Capítulo ao exame da escrituração, em parte ou por inteiro, não se aplicam às autoridades fazendárias, no exercício da fiscalização do pagamento de impostos, nos termos estritos das respectivas leis especiais.[1]

Art. 1.193: 1. v. CTN 195 e 198; Lei 8.137, de 27.12.90, art. 1º (omissão de informação ou declaração falsa diante de autoridades fazendárias); e Lei 8.212, de 24.7.91, art. 33 § 1º.

V. tb. art. 1.190, nota 2 (Súmula 439 do STF).

Art. 1.194. O empresário e a sociedade empresária são obrigados a conservar em boa guarda toda a escrituração, correspondência e mais papéis concernentes à sua atividade, enquanto não ocorrer prescrição ou decadência[1] no tocante aos atos neles consignados.[2]

Art. 1.194: 1. v. arts. 189 a 211.

Art. 1.194: 2. v. art. 4º do Dec. lei 486, de 3.3.69, e art. 5º do Dec. 64.567, de 22.5.69.

Art. 1.195. As disposições deste Capítulo aplicam-se às sucursais, filiais ou agências, no Brasil, do empresário ou sociedade com sede em país estrangeiro.[1]

Art. 1.195:1. v. arts. 1.134 a 1.141 (e notas).

Livro III | DO DIREITO DAS COISAS¹

Título I | DA POSSE¹⁻²

Capítulo I | DA POSSE E SUA CLASSIFICAÇÃO

LIV. III: 1. "O projeto de Código Civil e o direito das coisas", por Sérgio José Porto (RT 794/36); "O novo Código Civil e o direito das coisas", por Jackson Rocha Guimarães (RT 798/51); "A limitação da autonomia privada nos direitos reais e pessoais", por Luiz Fernando do Vale de Almeida Guilherme (RDPr 14/281); "Algumas inovações e críticas ao livro dos 'Direitos das coisas' no novo Código Civil", por Eduardo Cambi (RT 823/11).

TÍT. I: 1. "A posse e a propriedade no novo Código Civil", por Edílson Pereira Nobre Jr. (RF 364/67 e RDPr 15/17); "A posse e a tutela possessória", por Moacir Adiers (RT 820/61 e RJ 306/19); "Defesa da posse e ações possessórias", por Arruda Alvim (RP 114/9); "Posse no direito brasileiro: para além do *animus* e do *corpus*", por Paulo Lobo (RJ 436/79).

TÍT. I: 2. Ações possessórias: CPC 554 e segs.

Art. 1.196. Considera-se possuidor¹⁻² todo aquele que tem de fato o exercício, pleno ou não, de algum dos poderes inerentes à propriedade.³ ᵃ ⁵

Art. 1.196: 1. Enunciado 236 do CEJ: "Considera-se possuidor, para todos os efeitos legais, também a coletividade desprovida de personalidade jurídica".

Art. 1.196: 2. "A ocupação de área pública, quando irregular, não pode ser considerada como posse, mas como mera detenção" (STJ-2ª T., REsp 556.721, Min. Eliana Calmon, j. 15.9.05, DJU 3.10.05).

Todavia: "Na ocupação de bem público, duas situações devem ter tratamentos distintos: i) aquela em que o particular invade imóvel público e almeja proteção possessória ou indenização/retenção em face do ente estatal e ii) as **contendas possessórias entre particulares** no tocante a imóvel situado em terras públicas. A posse deve ser protegida como um fim em si mesma, exercendo o particular o poder fático sobre a res e garantindo sua função social, sendo que o critério para aferir se há posse ou detenção não é o estrutural e sim o funcional. É a afetação do bem a uma finalidade pública que dirá se pode ou não ser objeto de atos possessórios por um particular. A jurisprudência do STJ é sedimentada no sentido de que o particular tem apenas detenção em relação ao Poder Público, não se cogitando de proteção possessória. É possível o manejo de interditos possessórios em litígio entre particulares sobre bem público dominical, pois entre ambos a disputa será relativa à posse. Nos bens do patrimônio disponível do Estado (dominicais), despojados de destinação pública, permite-se a proteção possessória pelos ocupantes da terra pública que venham a lhe dar função social. A ocupação por particular de um bem público abandonado/desafetado — isto é, sem destinação ao uso público em geral ou a uma atividade administrativa —, confere justamente a função social da qual o bem está carente em sua essência. A exegese que reconhece a posse nos **bens dominicais** deve ser conciliada com a regra que veda o reconhecimento da usucapião nos bens públicos (STF, Súm. 340; CF, arts. 183, § 3º; e 192; CC, art. 102); um dos efeitos jurídicos da posse — a usucapião — será limitado, devendo ser mantido, no entanto, a possibilidade de invocação dos interditos possessórios pelo particular" (STJ-4ª T., REsp 1.296.964, Min. Luis Felipe, j. 18.10.16, DJ 7.12.16).

"A ocupação de área pública, sem autorização expressa e legítima do titular do domínio, não pode ser confundida com a mera detenção. Aquele que invade terras e nela constrói sua moradia jamais exercerá a posse em nome alheio. Não há entre ele e o proprietário ou quem assim possa ser qualificado como o que ostenta *jus possidendi* uma relação de dependência ou subordinação. Ainda que a posse não possa ser oposta ao ente público senhor da propriedade do bem, ela pode ser oposta contra outros particulares, tornando admissíveis as ações possessórias entre invasores" (STJ-3ª T., REsp 1.484.304, Min. Moura Ribeiro, j. 10.3.16, DJ 15.3.16).

"Diferentemente do que ocorre com a situação de fato existente sobre bens públicos dominicais — sobre os quais o exercício de determinados poderes ocorre a pretexto de mera detenção —, é possível a posse de particulares sobre **bens públicos de uso comum,** a qual, inclusive, é exercida coletivamente, como composse. Estando presentes a possibilidade de configuração de posse sobre bens públicos de uso comum e a possibilidade de as autoras serem titulares desse direito, deve ser reconhecido o preenchimento das condições da ação" (STJ-3ª T., REsp 1.582.176, Min. Nancy Andrighi, j. 20.9.16, DJ 30.9.16).

S/ detenção, v. art. 1.198; s/ ocupação de área pública, v. arts. 1.219, notas 4, 4a e 7a, e 1.255, nota 2.

Art. 1.196: 3. s/ aquisição da posse, v. arts. 1.204 e segs.; s/ efeitos da posse, v. arts. 1.210 e segs.; s/ perda da posse, v. arts. 1.223 e 1.224.

Art. 1.196: 4. Os poderes inerentes à propriedade são o de usar, gozar, dispor e reivindicar (art. 1.228).

Art. 1.196: 5. "Desnecessária a residência no imóvel para comprovação da posse, na medida em que a concepção atual de posse dispensa permanente contato físico do possuidor com o objeto. Logo, vigilância, limpeza, cercamento do imóvel e depoimentos de testemunhas mostram-se aptos a revelar exercício de posse. Tratando-se da disputa de posse contra posse, há que ser resguardado aquele que exercer a melhor posse, assim considerado o possuidor que detém a posse mais antiga" (RMDAU 45/118: TJDFT, AP 2012.01.1.148007-4).

Art. 1.197. A posse direta,[1] de pessoa que tem a coisa em seu poder, temporariamente, em virtude de direito pessoal, ou real, não anula a indireta,[2] de quem aquela foi havida, podendo o possuidor direto defender a sua posse contra o indireto.[3]

Art. 1.197: 1. Exemplos de possuidores diretos: usufrutuário, locatário, comodatário.

Art. 1.197: 2. Exemplos de possuidores indiretos: nu-proprietário, locador, comodante.

Art. 1.197: 3. Enunciado 76 do CEJ: "O possuidor direto tem direito de defender a sua posse contra o indireto e este contra aquele (art. 1.197, *in fine*, do novo Código Civil)".

Art. 1.198. Considera-se detentor[1-1a] aquele que, achando-se em relação de dependência para com outro, conserva a posse em nome deste e em cumprimento de ordens ou instruções suas.[2-2a]

Parágrafo único. Aquele que começou a comportar-se do modo como prescreve este artigo, em relação ao bem e à outra pessoa, presume-se detentor, até que prove o contrário.

Art. 1.198: 1. s/ ocupação de área pública, v. nota 2 ao art. 1.196; outras situações de mera detenção, v. art. 1.208.

Art. 1.198: 1a. detentor ou "fâmulo da posse".

Art. 1.198: 2. Enunciado 301 do CEJ: "É possível a conversão da detenção em posse, desde que rompida a subordinação, na hipótese de exercício em nome próprio dos atos possessórios".

Art. 1.198: 2a. O detentor, cujo exemplo clássico é o caseiro, não tem o direito de invocar proteção possessória, já que a posse não está em seu nome.

"Tendo sido contratado como caseiro, é forçoso reconhecer, portanto, que o agravante não pode ser qualificado como possuidor do imóvel, mas sim como mero detentor, nos termos do art. 1.198 do Código Civil, não adquirindo, assim, a posse do imóvel em questão, consoante previsto no art. 1.208 deste mesmo Código" (JTJ 342/212: AI 7.361.658-1; a citação é do voto do relator).

Art. 1.199. Se duas ou mais pessoas possuírem coisa indivisa, poderá cada uma exercer sobre ela atos possessórios, contanto que não excluam os dos outros compossuidores.[1 a 3]

Art. 1.199: 1. s/ direitos e deveres dos condôminos, v. art. 1.314 e §.

Art. 1.199: 2. "Área comum *pro indiviso*. Turbação. É cabível ação possessória intentada por compossuidores para combater turbação ou esbulho praticado por um deles, cercando fração da gleba comum" (STJ-4ª T., REsp 136.922, Min. Ruy Rosado, j. 18.12.97, DJU 16.3.98).

"Cada compossuidor só poderá exercer sobre a coisa atos possessórios que não excluam a posse dos demais compossuidores. E à semelhança do condomínio, o compossuidor não pode ceder seus direitos sem a anuência dos demais compossuidores. Desse modo, é vedado a qualquer dos compossuidores, por sua própria iniciativa, transformar a composse *pro indiviso* em *pro diviso*, estabelecendo-se em parte da área, à sua livre escolha, e praticando atos de demolição, com notada ofensa ao art. 488 do CC, configurando esbulho à posse dos demais compossuidores, e devendo responder por perdas e danos" (RT 734/347: 1º TASP, AP 594.839-4; ementa da redação). O art. 488 do CC rev. corresponde ao CC 1.199.

Art. 1.199: 3. "O exercício da composse, pelo pretenso usucapiente, não exclui o dos demais compossuidores (aliás, característica fundamental da composse, a teor do artigo 488 do Código Civil de 1916 e artigo 1.199 do Código Civil vigente). Não há se cogitar, portanto, de posse exclusiva exercida pelas autoras, a ensejar a declaração da prescrição aquisitiva" (JTJ 338/335: AP 190.746-4/1-00).

Art. 1.200. É justa a posse que não for violenta, clandestina ou precária.[1 a 4]

Art. 1.200: 1. "Os vícios objetivos da posse no ordenamento jurídico brasileiro", por Claudio Ferreira Pazini (RDPr 34/67).

Art. 1.200: 1a. v. art. 1.208.

Art. 1.200: 2. Posse precária é aquela que, adquirida de forma provisória, permanece após o fim do seu prazo de duração, havendo o descumprimento do dever de restituir.

Art. 1.200: 3. Enunciado 302 do CEJ: "Pode ser considerado justo título para a posse de boa-fé o ato jurídico capaz de transmitir a posse *ad usucapionem*, observado o disposto no art. 113 do Código Civil".

Art. 1.200: 4. "A invasão é necessariamente clandestina ou violenta, não pode, assim, gerar posse" (STJ-1ª T., REsp 219.579, Min. Gomes de Barros, j. 26.9.00, DJU 4.12.00).

"O fato de o imóvel encontrar-se sem utilização pode evidenciar o descumprimento da função social estabelecida pela Constituição, mas não legitima a ocupação clandestina pela via da invasão coletiva e organizada. As medidas cabíveis para forçar o atendimento do preceito constitucional devem partir da autoridade pública" (RT 739/425: TARS, AI 196.177.349).

Art. 1.201. É de boa-fé[1 a 2a] a posse, se o possuidor ignora o vício, ou o obstáculo que impede a aquisição da coisa.

Parágrafo único. O possuidor com justo título[3 a 5] tem por si a presunção de boa-fé, salvo prova em contrário, ou quando a lei expressamente não admite esta presunção.

Art. 1.201: 1. "A função social do contrato e o princípio da boa-fé no novo Código Civil Brasileiro", por Adriana Mandim Theodoro de Mello (RF 364/3).

Art. 1.201: 2. v. art. 1.202; s/ posse de boa-fé, v. arts. 1.214, 1.217, 1.219, 1.222, 1.238, 1.242, 1.243, 1.254 a 1.260; s/ posse de má-fé, v. arts. 1.216, 1.218, 1.220, 1.222, 1.254, 1.256, 1.258 § ún. e 1.259.

Art. 1.201: 2a. "Embora seja certo que o recorrido sempre teve ciência da mencionada ação rescisória, tendo sido, inclusive, citado para respondê-la, na qualidade de parte (réu), esse fato não transmuda sua posse de boa-fé em posse de má-fé, situação que afastaria o direito de retenção pelas benfeitorias realizadas no imóvel. O fato dos recorrentes terem promovido a ação rescisória não implicaria necessariamente que lhes fosse outorgada a tutela jurisdicional pretendida, de declaração de nulidade da ação de extinção de condomínio, permanecendo, portanto, incólume a boa-fé do recorrido no exercício da posse do bem" (STJ-3ª T., REsp 1.217.597, Min. Nancy Andrighi, j. 27.8.13, DJ 6.9.13).

Art. 1.201: 3. s/ conceito de justo título, v. art. 1.242, nota 1a.

Art. 1.201: 3a. Enunciado 303 do CEJ: "Considera-se justo título para presunção relativa da boa-fé do possuidor o justo motivo que lhe autoriza a aquisição derivada da posse, esteja ou não materializado em instrumento público ou particular. Compreensão na perspectiva da função social da posse".

Art. 1.201: 3b. "A função social da posse deve complementar o exame da 'melhor posse' para fins de utilização dos interditos possessórios. Quer dizer, alia-se a outros elementos, tais como a antiguidade e a qualidade do título, não podendo ser analisada dissociada de tais critérios, estabelecidos pelo legislador de 2002, a teor do art. 1.201, parágrafo único, do Código Civil, conferindo-se, inclusive, ao portador do justo título a presunção de boa-fé. É importante deixar assente que a própria função social da posse, como valor e critério jurídico-normativo, não tem caráter absoluto, sob pena deste Tribunal, caso coteje de modo preponderante apenas um dos fatores ou requisitos integrados no instituto jurídico, gerar insegurança jurídica no trato de tema por demais relevante, em que o legislador ordinário e o próprio constituinte não pretenderam regrar com cláusulas amplamente abertas. É preciso considerar o critério da função social da posse, complementado a outros parâmetros, como a antiguidade e a qualidade do título, a existência real da relação material com a coisa, sua intensidade, tendo como norte hermenêutico a definição do art. 1.201, parágrafo único, do Código Civil. No caso em foco, o exame do vetor alusivo à função social da posse, como critério jurídico-normativo único, não teria isoladamente influência suficiente para alterar o resultado do processo, a ponto de beneficiar qualquer litigante, porquanto os elementos existentes e, sobretudo, a equivalência de forças dos documentos apresentados tornam dispensáveis considerações segmentadas, não conjunturais, em relação àquele elemento. Merece ser mantida incólume a conclusão das instâncias ordinárias, que valoraram adequadamente os requisitos do art. 927 do CPC e concluíram por negar ao recorrente a melhor posse, com base nos argumentos da antiguidade do título e da efetiva relação material com a coisa possuída. Além disso, observando-se a ordem de alienação do imóvel objeto do presente litígio, verifica-se, em princípio, a correção na cadeia de transferência dominial do bem, até a aquisição da posse pela ora recorrida" (STJ-4ª T., REsp 1.148.631, Min. Marco Buzzi, j. 15.8.13, maioria, DJ 4.4.14).

Art. 1.201: 4. "Nos termos do artigo 1.201 do Código Civil, a existência de justo título instaura a presunção de que a posse é exercida de boa-fé, mas a sua falta, ao contrário, não autoriza a conclusão de que há má-fé. Com efeito, para que a posse seja considerada de boa-fé, basta que o possuidor ignore a existência de obstáculo legal à aquisição da coisa" (STJ-RP 189/380: 3ª T., REsp 855.040).

Art. 1.201: 5. "Estando o contrato de dação de imóvel em pagamento impossibilitado de produzir efeitos jurídicos, o negócio subsiste nos planos da existência e validade, mas fica impedido de produzir resultado no plano da sua eficácia, de modo que o referido instrumento não constitui justo título para fins de proteção possessória. O direito à posse é relativo, podendo esta ser justa em relação a uns e injusta em relação a outros, a depender da relação existente entre os sujeitos, a ser analisada casuisticamente" (STJ-3ª T., REsp 1.347.390, Min. Nancy Andrighi, j. 4.2.14, DJ 17.2.14).

Art. 1.202. A posse de boa-fé só perde este caráter no caso e desde o momento em que as circunstâncias façam presumir que o possuidor não ignora que possui indevidamente.

Art. 1.203. Salvo prova em contrário, entende-se manter a posse o mesmo caráter com que foi adquirida.¹ ᵃ ⁴

Art. 1.203: 1. "Da possibilidade de interversão da posse precária e a sua configuração em posse *ad usucapionem*", por Carlos José Cordeiro e Josiane Araújo Gomes (RDPr 45/241).

Art. 1.203: 1a. v. art. 1.206. V. tb. art. 1.208, *in fine*.

Art. 1.203: 2. Enunciado 237 do CEJ: "É cabível a modificação do título da posse — *interversio possessionis* — na hipótese em que o até então possuidor direto demonstrar ato exterior e inequívoco de oposição ao antigo possuidor indireto, tendo por efeito a caracterização do *animus domini*".

Art. 1.203: 3. "Nada impede que o caráter originário da posse se modifique, motivo pelo qual o fato de ter havido no início da posse da autora um vínculo locatício, não é embaraço ao reconhecimento de que, a partir de um determinado momento, essa mesma mudou de natureza e assumiu a feição de posse em nome próprio, sem subordinação ao antigo dono e, por isso mesmo, com força *ad usucapionem*" (RSTJ 143/370: 4ª T., REsp 154.733).

Mas: "Decorrente a posse da autora de contrato de locação, a ela incumbia produzir prova da transmutação da posse. Para que se verifique a mudança do caráter da posse não própria para própria, o possuidor deve passar a externar conduta típica de proprietário, intitulando-se e agindo como tal perante a comunidade e a administração pública, seja mediante a formulação de pleitos junto à municipalidade, pagamento de tributos, e rompimento, ainda que apenas pelo descumprimento, do contrato por meio do qual a ele transmitida a posse pelo titular do domínio ou anterior possuidor, o que não ocorreu no caso *sub judice*" (RT 912/988: TJRS, AP 70024502494).

S/ inadimplemento do locatário e subsistência do contrato de locação, v., no CPCLPV, LI 9º, nota 7a.

Art. 1.203: 4. "Patente a inversão no caráter da posse, vez que cessada a relação de emprego, permaneceram os autores na posse do imóvel por mais de 20 anos, usando a área usucapienda como se sua fosse, sem interrupção e qualquer oposição dos demandados" (RJTJERGS 270/345: AP 70022738488).

"Templo. Pastor que se desfilia dos quadros de obreiros da religião. Transmudação da detenção em posse. Desde quando se desligou da instituição recorrida, rompendo sua subordinação e convertendo a sua detenção em posse, fez-se possível, em tese, a contagem do prazo para fins da usucapião — diante da mudança da natureza jurídica de sua apreensão" (STJ-4ª T., REsp 1.188.937, Min. Luis Felipe, j. 11.3.14, DJ 2.4.14).

Capítulo II | DA AQUISIÇÃO DA POSSE

Art. 1.204. Adquire-se a posse desde o momento em que se torna possível o exercício, em nome próprio, de qualquer dos poderes inerentes à propriedade.¹

Art. 1.204: 1. v. art. 1.198, nota 2 (Enunciado 301 do CEJ).

Art. 1.205. A posse pode ser adquirida:[1]

I — pela própria pessoa que a pretende ou por seu representante;

II — por terceiro sem mandato, dependendo de ratificação.[2-2a]

Art. 1.205: 1. Enunciado 77 do CEJ: "A posse das coisas móveis e imóveis também pode ser transmitida pelo constituto possessório". V., a propósito, art. 1.267 § ún.

Art. 1.205: 2. v. art. 662 § ún.

Art. 1.205: 2a. Enquanto não ocorrer a ratificação, esse terceiro será considerado gestor de negócio (v. arts. 861 a 875, especialmente o art. 873).

Art. 1.206. A posse transmite-se aos herdeiros ou legatários do possuidor com os mesmos caracteres.[1]

Art. 1.206: 1. v. arts. 1.203 e 1.784, notas 3b e 4.

Art. 1.207. O sucessor universal[1] continua de direito a posse do seu antecessor;[2] e ao sucessor singular é facultado unir sua posse à do antecessor, para os efeitos legais.[3-4]

Art. 1.207: 1. p. ex., o herdeiro. V. art. 1.206.

Art. 1.207: 2. v. art. 1.203.

Art. 1.207: 3. v. art. 1.243.

Art. 1.207: 4. mas não é possível adquiri-la por adjudicação em inventário ou arrolamento (RJM 168/184).

Art. 1.208. Não induzem posse os atos de mera permissão ou tolerância assim como não autorizam a sua aquisição os atos violentos, ou clandestinos, senão depois de cessar a violência ou a clandestinidade.[1-2]

Art. 1.208: 1. Ou seja, enquanto perdurar a violência ou a clandestinidade, não haverá posse, mas mera detenção. Cessadas aquelas, nasce posse injusta, porque viciada na sua origem.

S/ posse injusta, v. art. 1.200. V. tb. art. 1.203.

Art. 1.208: 2. "A posse *ad usucapionem* deve ser exercida, com *animus domini*, de forma mansa e pacífica, durante o lapso prescricional estabelecido em lei. Ausência de *animus domini*. Herdeira que permaneceu no imóvel após o falecimento dos genitores. Não possuía condições financeiras de residir em imóvel próprio. Mera permissão dos demais herdeiros. Posse precária" (JTJ 322/358: AP 990.10.261936-2; maioria).

Art. 1.209. A posse do imóvel faz presumir, até prova contrária, a das coisas móveis que nele estiverem.[1]

Art. 1.209: 1. Esse dispositivo atende ao princípio de que o acessório segue o principal (v. art. 92).

Capítulo III | DOS EFEITOS DA POSSE[1]

CAP. III: 1. v. art. 1.826 (efeitos sobre o possuidor de herança).

Art. 1.210. O possuidor tem direito a ser mantido na posse[1 a 1c] em caso de turbação, restituído no de esbulho,[2-2a] e segurado de violência iminente, se tiver justo receio de ser molestado.[3-3a]

§ 1º O possuidor turbado, ou esbulhado, poderá manter-se ou restituir-se por sua própria força, contanto que o faça logo;[4-4a] os atos de defesa, ou de desforço, não podem ir além do indispensável à manutenção, ou restituição da posse.⁵

§ 2º Não obsta à manutenção ou reintegração na posse a alegação de propriedade, ou de outro direito sobre a coisa.⁵ᵃ ᵃ ⁶ᵃ

Art. 1.210: 1. "A posse e a tutela possessória", por Moacir Adiers (RJ 306/19); "Da oposição fundada na propriedade: sua viabilidade em sede de ação possessória", por Marcelo Silva Moreira (RDPr 21/175 e 22/201).

Art. 1.210: 1a. Enunciado 239 do CEJ: "Na falta de demonstração inequívoca de posse que atenda à função social, deve-se utilizar a noção de 'melhor posse', com base nos critérios previstos no parágrafo único do art. 507 do CC/1916".

Enunciado 238 do CEJ: "Ainda que a ação possessória seja intentada além de 'ano e dia' da turbação ou esbulho, e, em razão disso, tenha seu trâmite regido pelo procedimento ordinário (CPC, art. 924), nada impede que o juiz conceda a tutela possessória liminarmente, mediante antecipação de tutela, desde que presentes os requisitos autorizadores do art. 273, I ou II, bem como aqueles previstos no art. 461-A e §§, todos do CPC".

Art. 1.210: 1b. "A hipoteca, por si só, não limita de nenhuma forma o pleno exercício da posse" (STJ-3ª T., REsp 768.102, Min. Nancy Andrighi, j. 17.4.08, DJU 30.4.08).

Art. 1.210: 1c. "Bem público não pode ser objeto de posse, porque há obstáculo legal. A destinação das coisas públicas é servir ao público" (RT 870/229).

Todavia: "Pode o particular postular a tutela possessória de bem público destinado ao uso comum (estrada municipal), se teve a posse molestada por terceiro" (RJM 180/154).

Art. 1.210: 2. A via adequada para fazer cessar a turbação é a ação de manutenção de posse. Já o remédio para o esbulho é a reintegração de posse. De todo modo, as ações possessórias são fungíveis (CPC 554).

Art. 1.210: 2a. Embora a Administração, pelo princípio da autoexecutoriedade, possa reintegrar-se *ex proprio Marte* na posse de bem público de uso comum, nada impede que o faça através do Judiciário (JTA 118/213, maioria).

Art. 1.210: 3. A ação de *interdito proibitório* é a via adequada para fazer cessar ameaça de turbação ou de esbulho (CPC 567 e 568).

S/ fungibilidade das ações possessórias, v. CPC 554.

Art. 1.210: 3a. Súmula 228 do STJ (Direito autoral): "É inadmissível o interdito proibitório para a proteção do direito autoral".

Art. 1.210: 4. v. art. 1.224.

Art. 1.210: 4a. "A turbação e o esbulho ambiental-urbanístico podem — e no caso do Estado, devem — ser combatidos pelo desforço imediato, medida prevista atualmente no art. 1.210, § 1º, do CC e imprescindível à manutenção da autoridade e da credibilidade da Administração, da integridade do patrimônio estatal, da legalidade, da ordem pública e da conservação de bens intangíveis e indisponíveis associados à qualidade de vida das presentes e futuras gerações" (STJ-2ª T., REsp 1.071.741, Min. Herman Benjamin, j. 24.3.09, DJ 16.12.09).

Art. 1.210: 5. v. CP 23-II c/c 25.

Art. 1.210: 5a. Súmula 487 do STF: "Será deferida a posse a quem, evidentemente, tiver o domínio, se com base neste for ela disputada".

"A Súmula 487 só se aplica nas hipóteses em que ambos os litigantes pretendem a posse a título de domínio, e não quando um deles a defende por ela mesma, até porque não é proprietário do imóvel" (RTJ 123/770). Ainda: "Será deferida a posse a quem evidentemente tiver domínio, apenas se com base neste for a posse disputada por um e por outro dos litigantes" (STJ-4ª T., REsp 6.012, Min. Athos Carneiro, j. 13.8.91, DJU 9.9.91). "Não se aplica a Súmula 487/STF quando não se disputa a posse com base no domínio" (STJ-4ª T., REsp 94.076, Min. Ruy Rosado, j. 27.8.96, DJU 7.10.96).

"Não cabe, em sede possessória, a discussão sobre o domínio, salvo se ambos os litigantes disputam a posse alegando propriedade ou quando duvidosas ambas as posses alegadas" (STJ-4ª T., REsp 5.462, Min. Athos Carneiro, j. 20.8.91, DJU 7.10.91). No mesmo sentido: STJ-RF 410/317 (3ª T., REsp 842.559).

"Não nega vigência ao art. 505 do Cód. Civil e nem contraria a Súmula 487 do STF o acórdão que, ante dúvida existente sobre o domínio, defere a posse a quem a detém" (STJ-3ª T., REsp 3.068, Min. Dias Trindade, j. 5.3.91, DJU 25.3.91). O art. 505 do CC rev. corresponde ao CC 1.210 § 2º.

Art. 1.210: 5b. Súmula 637 do STJ: "O **ente público** detém legitimidade e interesse para intervir, incidentalmente, na ação possessória entre particulares, podendo deduzir qualquer matéria defensiva, inclusive, se for o caso, o domínio".

CC – arts. 1.210 a 1.214

Art. 1.210: 6. "O art. 923 do CPC/73 (atual art. 557 do CPC/2015), ao proibir, na pendência de demanda possessória, a propositura de ação de reconhecimento do domínio, apenas pode ser compreendido como uma forma de se manter restrito o objeto da demanda possessória ao exame da posse, não permitindo que se amplie o objeto da possessória para o fim de se obter sentença declaratória a respeito de quem seja o titular do domínio. A vedação constante do art. 923 do CPC/73 (atual art. 557 do CPC/2015), contudo, não alcança a hipótese em que o proprietário alega a **titularidade** do domínio apenas **como fundamento para pleitear a tutela possessória**. Conclusão em sentido contrário importaria chancelar eventual fraude processual e negar tutela jurisdicional a direito fundamental. Titularizar o domínio, de qualquer sorte, não induz necessariamente êxito na demanda possessória. Art. 1.210, parágrafo 2º, do CC/2002. A tutela possessória deverá ser deferida a quem ostente melhor posse, que poderá ser não o proprietário, mas o cessionário, arrendatário, locatário, depositário, etc. A alegação de domínio, embora não garanta por si só a obtenção de tutela possessória, pode ser formulada incidentalmente com o fim de se obter tutela possessória" (STJ-Corte Especial, ED no REsp 1.134.446, Min. Benedito Gonçalves, j. 21.3.18, DJ 4.4.18).

Art. 1.210: 6a. Enunciado 78 do CEJ: "Tendo em vista a não recepção, pelo novo Código Civil, da *exceptio proprietatis* (art. 1.210, § 2º), em caso de ausência de prova suficiente para embasar decisão liminar ou sentença final ancorada exclusivamente no *jus possessionis* deverá o pedido ser indeferido e julgado improcedente, não obstante eventual alegação e demonstração de direito real sobre o bem litigioso".

Enunciado 79 do CEJ: "A *exceptio proprietatis*, como defesa oponível às ações possessórias típicas, foi abolida pelo Código Civil de 2002, que estabeleceu a absoluta separação entre os juízos possessório e petitório".

Art. 1.211. Quando mais de uma pessoa se disser possuidora, manter-se-á provisoriamente a que tiver a coisa, se não estiver manifesto que a obteve de alguma das outras por modo vicioso.[1]

Art. 1.211: 1. v. art. 1.200.

Art. 1.212. O possuidor pode intentar a ação de esbulho, ou a de indenização,[1] contra o terceiro, que recebeu a coisa esbulhada sabendo que o era.[2]

Art. 1.212: 1. v. art. 952; CPC 555-I.

Art. 1.212: 2. Enunciado 80 do CEJ: "É inadmissível o direcionamento de demanda possessória ou ressarcitória contra terceiro possuidor de boa-fé, por ser parte passiva ilegítima, diante do disposto no art. 1.212 do novo Código Civil. Contra o terceiro de boa-fé cabe tão somente a propositura de demanda de natureza real".

Art. 1.213. O disposto nos artigos antecedentes não se aplica às servidões não aparentes,[1] salvo quando os respectivos títulos provierem do possuidor do prédio serviente, ou daqueles de quem este o houve.

Art. 1.213: 1. Súmula 415 do STF (Servidão de trânsito): "Servidão de trânsito não titulada, mas tornada permanente, sobretudo pela natureza das obras realizadas, considera-se aparente, conferindo direito à proteção possessória".

Art. 1.214. O possuidor de boa-fé tem direito, enquanto ela durar, aos frutos percebidos.[1-1a]

Parágrafo único. Os frutos pendentes ao tempo em que cessar a boa-fé devem ser restituídos, depois de deduzidas as despesas da produção e custeio; devem ser também restituídos os frutos colhidos com antecipação.[2-3]

Art. 1.214: 1. s/ construções e plantações, v. arts. 1.253 a 1.259; s/ frutos da coisa comum, v. arts. 1.319 e 1.326.

Art. 1.214: 1a. v. art. 1.200, nota 3 (Enunciado 302 do CEJ).

✎ **Art. 1.214: 2.** "Os efeitos da posse em relação aos frutos e a responsabilidade pela perda ou deterioração da coisa no Código Civil de 2002", por Cláudio Antônio Soares Levada (RDPr 13/9).

Art. 1.214: 3. v. arts. 242 § ún. e 878.

Art. 1.215. Os frutos naturais e industriais reputam-se colhidos e percebidos, logo que são separados; os civis reputam-se percebidos dia por dia.¹

Art. 1.215: 1. No caso de usufruto, v. arts. 1.396 a 1.398.

Art. 1.216. O possuidor de má-fé responde por todos os frutos colhidos e percebidos, bem como pelos que, por culpa sua, deixou de perceber, desde o momento em que se constituiu de má-fé; tem direito às despesas da produção e custeio.¹

Art. 1.216: 1. s/ vedação ao enriquecimento sem causa, v. art. 884.

Art. 1.217. O possuidor de boa-fé não responde pela perda ou deterioração da coisa, a que não der causa.

Art. 1.218. O possuidor de má-fé responde pela perda, ou deterioração da coisa, ainda que acidentais, salvo se provar que de igual modo se teriam dado, estando ela na posse do reivindicante.

Art. 1.219. O possuidor de boa-fé tem direito à indenização das benfeitorias¹ ᵃ ⁵ᵃ necessárias e úteis, bem como, quanto às voluptuárias, se não lhe forem pagas, a levantá-las, quando o puder sem detrimento da coisa, e poderá exercer o direito de retenção⁶ ᵃ ⁸ pelo valor das benfeitorias necessárias e úteis.

Art. 1.219: 1. v. art. 96.

Art. 1.219: 2. "Art. 578. Salvo disposição em contrário, o locatário goza do direito de retenção, no caso de benfeitorias necessárias, ou no de benfeitorias úteis, se estas houverem sido feitas com expresso consentimento do locador".

Súmula 158 do STF (Direito de retenção pelo locatário): "Salvo estipulação contratual averbada no registro imobiliário, não responde o adquirente pelas benfeitorias do locatário".

Art. 1.219: 3. No caso de loteamento urbano, se o contrato for rescindido por culpa do adquirente, "as benfeitorias necessárias ou úteis por ele levadas a efeito no imóvel deverão ser indenizadas, sendo de nenhum efeito qualquer disposição contratual em contrário" (Lei 6.766, de 19.12.79, art. 34, no tít. PROMESSA DE COMPRA E VENDA E LOTEAMENTO, ínt.).

Embora as construções não sejam benfeitorias, a disposição *supra*, pela sua finalidade, abrange umas e outras.

O arrendatário rural tem direito à indenização das benfeitorias necessárias e úteis; quanto às voluptuárias, somente terá direito a indenização se autorizadas pelo locador do solo (ET 95-VIII).

Art. 1.219: 3a. Não vale a cláusula de renúncia, pelo consumidor, ao direito de indenização por benfeitorias necessárias (CDC 51-*caput*-XVI).

Art. 1.219: 4. Súmula 619 do STJ: "A ocupação indevida de **bem público** configura mera detenção, de natureza precária, insuscetível de retenção ou indenização por acessões e benfeitorias".

"O particular jamais exerce poderes de propriedade (art. 1.196 do CC) sobre imóvel público, impassível de usucapião (art. 183, § 3º, da CF). Não poderá, portanto, ser considerado possuidor dessas áreas, senão mero detentor. Essa impossibilidade, por si só, afasta a viabilidade de indenização por acessões ou benfeitorias, pois não prescindem da posse de boa-fé (arts. 1.219 e 1.255 do CC)" (STJ-2ª T., REsp 945.055, Min. Herman Benjamin, j. 2.6.09, DJ 20.8.09). No mesmo sentido: RT 897/222 (TJSP, AP 994.06.107737-2), JTJ 330/512 (AP 332.366-5/4-00).

"A nulidade do contrato de alienação de bem público celebrado entre particulares impõe o retorno das partes ao estado anterior, o que deve ser feito sem que se imponha a indenização por acessões e benfeitorias. Isso porque tais acréscimos não são validamente incorporados ao domínio daquele a quem será restituída a ocupação irregular. Caso contrário, a parte adquirente seria indenizada enquanto a parte alienante, que não realizou as construções, estaria sujeita a perdê-las em definitivo para o ente público titular do domínio sem direito à reparação" (STJ-4ª T., REsp 1.025.552, Min. Isabel Gallotti, j. 4.4.17, maioria, DJ 23.5.17).

Contra, concedendo indenização nessas circunstâncias: STJ-3ª T., REsp 855.040, Min. Sidnei Beneti, j. 22.6.10, DJ 1.7.10; RIDCPC 41/133.

S/ ocupação de área pública, v. tb. nota seguinte, nota 7a e arts. 1.196, nota 2, e 1.255, nota 2.

Art. 1.219: 4a. "Os imóveis pertencentes à União Federal são regidos pelo Decreto-Lei 9.760/46, que em seu art. 71 dispõe que, na falta de assentimento (expresso, inequívoco, válido e atual) da autoridade legitimamente incumbida na sua guarda e zelo, o ocupante poderá ser sumariamente despejado e perderá, sem direito a indenização, tudo quanto haja incorporado ao solo, ficando ainda sujeito ao disposto nos arts. 513, 515 e 517 do Código Civil de 1916. A apropriação, ao arrepio da lei, de terras e imóveis públicos (mais ainda de bem tombado desde 1937), além de acarretar o dever de imediata desocupação da área, dá ensejo à aplicação das sanções administrativas e penais previstas na legislação, bem como à obrigação de reparar eventuais danos causados. Aplica-se às benfeitorias e acessões em área ou imóvel público a lei especial que rege a matéria, e não o Código Civil, daí caber indenização tão só se houver prévia notificação do proprietário (art. 90 do Decreto-Lei 9.760/46). Simples detenção precária não dá ensejo a indenização por acessões e benfeitorias, nem mesmo as ditas necessárias, definidas como 'as que têm por fim conservar o bem ou evitar que se deteriore' (Código Civil, art. 96, § 3º). Situação difícil de imaginar em construções que deverão ser demolidas, por imprestabilidade ou incompatibilidade com as finalidades do Jardim Botânico (visitação pública e conservação da flora), a antítese do 'conservar o bem ou evitar que se deteriore'. Para fazer jus a indenização por acessões e benfeitorias, ao administrado incumbe o ônus de provar: a) a regularidade e a boa-fé da ocupação, exploração ou uso do bem, lastreadas em assentimento expresso, inequívoco, válido e atual; b) o caráter necessário das benfeitorias e das acessões; c) a notificação, escorreita na forma e no conteúdo, do órgão acerca da realização dessas acessões e benfeitorias. Eventual indenização, em nome das acessões e benfeitorias que o ocupante ilegal tenha realizado, deve ser buscada após a desocupação do imóvel, momento e instância em que o Poder Público também terá a oportunidade, a preço de mercado, de cobrar-lhe pelo período em que, irregularmente, ocupou ou explorou o imóvel e por despesas de demolição, assim como pelos danos que tenha causado ao próprio bem, à coletividade e a outros valores legalmente protegidos. Inexiste boa-fé contra expressa determinação legal. Ao revés, entende-se agir de má-fé o particular que, sem título expresso, inequívoco, válido e atual ocupa imóvel público, mesmo depois de notificação para abandoná-lo, situação típica de esbulho permanente, em que cabível a imediata reintegração judicial. Na ocupação, uso ou exploração de bem público, a boa-fé é impresumível, requisitando prova cabal a cargo de quem a alega. Incompatível com a boa-fé agir com o reiterado ânimo de se furtar e até de burlar a letra e o espírito da lei, com sucessivas reformas e ampliações de construção em imóvel público, por isso mesmo feitas à sua conta e risco" (STJ-2ª T., REsp 808.708, Min. Herman Benjamin, j. 18.8.09, DJ 4.5.11).

V. tb. nota anterior.

Art. 1.219: 4b. "Não se podem considerar como benfeitorias indenizáveis construções que, obrigatoriamente, em face do risco que representam e por determinação legal, terão de ser demolidas" (RJM 170/175).

Art. 1.219: 5. "Considerando-se como úteis as benfeitorias que 'aumentam a capacidade de uso da coisa, tornando-a mais produtiva ou de utilização mais fácil', tem-se como tais os armários embutidos e carpete instalados no imóvel" (STJ-3ª T., REsp 845.247, Min. Sidnei Beneti, j. 1.6.10, DJ 18.6.10).

Art. 1.219: 5a. "O pedido de indenização por benfeitorias, ainda que formulado após a contestação, é consequência lógica da procedência do pedido de resolução do contrato, cujo resultado prático é o retorno das partes ao *status quo ante*. Com a retomada do imóvel pela promitente-vendedora, esta não pode locupletar-se, recebendo seu terreno com a construção realizada pelos promitentes-compradores sem a correspondente indenização" (STJ-3ª T., REsp 764.529, Min. Paulo Sanseverino, j. 26.10.10, DJ 9.11.10).

Art. 1.219: 6. v. CPC 917-IV (embargos de retenção por benfeitorias).

Art. 1.219: 7. Enunciado 81 do CEJ: "O direito de retenção previsto no art. 1.219 do Código Civil, decorrente da realização de benfeitorias necessárias e úteis, também se aplica às acessões (construções e plantações), nas mesmas circunstâncias".

Art. 1.219: 7a. "Configurada a ocupação indevida de bem público, não há falar em posse, mas em mera detenção, de natureza precária, o que afasta o direito de retenção por benfeitorias" (STJ-3ª T., REsp 699.374, Min. Menezes Direito, j. 22.3.07, DJU 18.6.07). No mesmo sentido: RIDCPC 41/133.

S/ ocupação de área pública, v. tb. notas 4 e 4a e arts. 1.196, nota 2, e 1.255, nota 2.

Art. 1.219: 7b. "O direito de retenção decorrente da realização de benfeitoria no bem, hipótese excepcional de autotutela prevista no ordenamento jurídico pátrio, **só** pode ser invocado pelo **possuidor** de boa-fé, por expressa disposição do art. 1.219 do Código Civil de 2002. Nos termos do art. 1.196 do Código Civil de 2002, possuidor é aquele que pode exercer algum dos poderes inerentes à propriedade, circunstância não configurada na espécie. Na hipótese, o veículo foi deixado na concessionária pela proprietária somente para a realização de reparos, sem que isso conferisse à recorrente sua posse. A concessionária teve **somente a detenção do bem,** que ficou sob sua custódia por determinação e liberalidade da proprietária, em uma espécie de vínculo de subordinação. O direito de retenção, sob a justificativa de realização de benfeitoria no bem, não pode ser invocado por aquele que possui tão somente a detenção do bem" (STJ-3ª T., REsp 1.628.385, Min. Ricardo Cueva, j. 22.8.17, DJ 29.8.17).

Art. 1.219: 7c. "Não há vedação para que seja contratada a renúncia do direito de retenção por benfeitorias, afastada a aplicação do Código de Defesa do Consumidor, porquanto operação de compra e venda entre particulares, destacando o acórdão que não existe desequilíbrio entre as partes" (STJ-3ª T., REsp 697.138, Min. Menezes Direito, j. 7.4.05, DJU 23.5.05).

Art. 1.219: 8. "O direito de retenção assegurado ao possuidor de boa-fé não é absoluto. Pode ele ser limitado pelos princípios da vedação ao enriquecimento sem causa e da boa-fé objetiva, de forma que a retenção não se estenda por prazo indeterminado e interminável. O possuidor de boa-fé tem o direito de detenção sobre a coisa, não sendo obrigado a devolvê-la até que seu crédito seja satisfeito, mas não pode se utilizar dela ou perceber seus frutos. Reter uma coisa não equivale a servir-se dela. O uso da coisa retida constitui abuso, gerando o dever de indenizar os prejuízos como se aluguel houvesse. Afigura-se justo que o proprietário deva pagar pelas acessões introduzidas, de boa-fé, no terreno e que, por outro lado, os possuidores sejam obrigados a pagar um valor, a ser arbitrado, a título de aluguel, pelo uso do imóvel. Os créditos recíprocos haverão de ser compensados de forma que o direito de retenção será exercido no limite do proveito que os retentores tenham da propriedade alheia" (STJ-RDPr 37/336: 3ª T., REsp 613.387, um voto vencido).

V. tb. art. 884, nota 7.

Art. 1.220. Ao possuidor de má-fé serão ressarcidas somente as benfeitorias necessárias; não lhe assiste o direito de retenção pela importância destas, nem o de levantar as voluptuárias.[1-2]

Art. 1.220: 1. s/ benfeitorias, v. art. 96.

Art. 1.220: 2. Possuidor de má-fé é aquele que sabe ser sua posse violenta, clandestina ou precária (arts. 1.200 e 1.201).

Art. 1.221. As benfeitorias compensam-se[1] com os danos, e só obrigam ao ressarcimento se ao tempo da evicção[2-3] ainda existirem.[4]

Art. 1.221: 1. v. arts. 368 a 380.

Art. 1.221: 2. i. e., da perda da posse pelo vencido.

Art. 1.221: 3. s/ evicção, v. arts. 447 a 457.

Art. 1.221: 4. "Para a compensação do valor das benfeitorias com o valor dos danos, no qual foram incluídos, pelas instâncias ordinárias, os aluguéis pagos pelos autores da ação, estes devem corresponder ao tempo em que cessou a boa-fé dos possuidores (data da citação na ação de imissão) até a data em que manifestaram, nos embargos que vieram a ser julgados procedentes, a pretensão de serem indenizados pelas benfeitorias necessárias e úteis, uma vez que a partir daí estavam exercendo o direito de retenção. O valor dos aluguéis deve corresponder, aproximadamente, ao valor locativo do imóvel objeto da ação" (STJ-4ª T., REsp 279.303, Min. Ruy Rosado, j. 14.12.00, DJU 12.3.01).

Art. 1.222. O reivindicante, obrigado a indenizar as benfeitorias ao possuidor de má-fé, tem o direito de optar entre o seu valor atual e o seu custo; ao possuidor de boa-fé indenizará pelo valor atual.

Capítulo IV | DA PERDA DA POSSE

Art. 1.223. Perde-se a posse quando cessa, embora contra a vontade do possuidor, o poder sobre o bem, ao qual se refere o art. 1.196.

Art. 1.224. Só se considera perdida a posse para quem não presenciou o esbulho, quando, tendo notícia dele, se abstém de retornar[1] a coisa, ou, tentando recuperá-la, é violentamente repelido.[2]

Art. 1.224: 1. "Retornar" ou "retomar"?
Art. 1.224: 2. v. art. 1.210 § 1º.

Título II | DOS DIREITOS REAIS

Capítulo Único | DISPOSIÇÕES GERAIS

Art. 1.225. São direitos reais:[1-1a]
I — a propriedade;[2]
II — a superfície;[3]
III — as servidões;[4]
IV — o usufruto;[5]
V — o uso;[6]
VI — a habitação;[7]
VII — o direito do promitente comprador do imóvel;[8]
VIII — o penhor;[9]
IX — a hipoteca;[10]
X — a anticrese;[11]
XI — a concessão de uso especial para fins de moradia;[12]
XII — a concessão de direito real de uso; e[13]
XIII — a laje.[14]

Art. 1.225: 1. Há outros direitos reais (cf. LRP 167). Quanto à enfiteuse, v. art. 2.038.

Art. 1.225: 1a. "Multipropriedade imobiliária (*time-sharing*). Natureza jurídica de direito real. Unidades fixas de tempo. Uso exclusivo e perpétuo durante certo período anual. Parte ideal do multiproprietário. Penhora. Insubsistência" (STJ-3ª T., REsp 1.546.165, Min. João Otávio, j. 26.4.16, maioria, DJ 6.9.16).

Art. 1.225: 2. v. arts. 1.228 a 1.368.
Art. 1.225: 3. v. arts. 1.369 a 1.377.
Art. 1.225: 4. v. arts. 1.378 a 1.389.
Art. 1.225: 5. v. arts. 1.390 a 1.411.
Art. 1.225: 6. v. arts. 1.412 e 1.413.
Art. 1.225: 7. v. arts. 1.414 a 1.416.
Art. 1.225: 8. v. arts. 1.417 e 1.418.
Art. 1.225: 9. v. arts. 1.431 a 1.472.
Art. 1.225: 10. v. arts. 1.473 a 1.505.
Art. 1.225: 11. v. arts. 1.506 a 1.510.
Art. 1.225: 12. O inc. XI foi acrescido pela Lei 11.481, de 31.5.07.
Art. 1.225: 13. Redação do inciso XII de acordo com a Lei 13.465, de 11.7.17.
Art. 1.225: 14. O inciso XIII foi acrescido pela Lei 13.465, de 11.7.17.

Art. 1.226. Os direitos reais sobre coisas móveis, quando constituídos, ou transmitidos por atos entre vivos, só se adquirem[1] com a tradição.[2]

Art. 1.226: 1. Adquirem-se também pela ocupação (art. 1.263).
Art. 1.226: 2. v. arts. 1.267 e 1.268.

Art. 1.227. Os direitos reais sobre imóveis constituídos, ou transmitidos por atos entre vivos, só se adquirem com o registro no Cartório de Registro de Imóveis[1] dos referidos títulos (arts. 1.245 a 1.247),[1a] salvo os casos expressos neste Código.[2]

Art. 1.227: 1. v. LRP 167 a 259.

Art. 1.227: 1a. v. arts. 108, 215, 1.369, 1.378, 1.379, 1.417 e 1.492.

Art. 1.227: 2. Não depende de registro o usufruto de imóveis decorrente de usucapião (art. 1.391) e o dos pais sobre os bens dos filhos menores (art. 1.689-I).

Título III | DA PROPRIEDADE[1 A 3]

Capítulo I | DA PROPRIEDADE EM GERAL

Seção I | DISPOSIÇÕES PRELIMINARES

TÍT. III: 1. "A posse e a propriedade no novo Código Civil", por Edílson Pereira Nobre Jr. (RF 364/67); "A transmissão de propriedade no Código Civil brasileiro e no BGB alemão. Um estudo comparado", por Erasmo Gomes (RT 815/38).

TÍT. III: 2. v. CF 5º-XXII a XXVI; CC 1.228 a 1.368; CP 155 a 170 e 180; v. títs. CONDOMÍNIO E INCORPORAÇÃO, CONTRATOS IMOBILIÁRIOS, DESAPROPRIAÇÃO, DIREITO AUTORAL, PROMESSA DE COMPRA E VENDA E LOTEAMENTO, TERRA.

TÍT. III: 3. Principais restrições ao direito de propriedade, fora do CC:

ÁGUAS: Dec. 24.643, de 10.7.34 — Código de Águas.

ÁGUAS MINERAIS: Dec. lei 7.841, de 8.8.45 — Código de Águas Minerais.

CAÇA: v. Fauna.

CONSERVAÇÃO DA NATUREZA: Lei 9.985, de 18.7.00 — Regulamenta o art. 225, § 1º, incisos I, II, III e VII da Constituição Federal, institui o Sistema Nacional de Unidades de Conservação da Natureza, e dá outras providências.

Lei 11.428, de 22.12.06 — Dispõe sobre a utilização e proteção da vegetação nativa do Bioma Mata Atlântica, e dá outras providências (DOU 26.12.06).

Dec. 6.660, de 21.11.08 — Regulamenta dispositivos da Lei n. 11.428, de 22 de dezembro de 2006, que dispõe sobre a utilização e proteção da vegetação nativa do Bioma Mata Atlântica (DOU 24.11.08).

DESAPROPRIAÇÃO: v. tít. correspondente.

ESTATUTO DA TERRA: Lei 4.504, de 30.11.64 — Dispõe sobre o Estatuto da Terra e dá outras providências (no tít. TERRA, transcrição dos arts. 17 a 23 e 92 a 102).

FAIXA DE FRONTEIRA (v. tb. CF 20 § 2º): **Lei 13.178, de 22.10.15** — Dispõe sobre a ratificação dos registros imobiliários decorrentes de alienações e concessões de terras públicas situadas nas faixas de fronteira; e revoga o Decreto-Lei n. 1.414, de 18 de agosto de 1975, e a Lei n. 9.871, de 23 de novembro de 1999.

Lei 6.634, de 2.5.79 — Dispõe sobre a Faixa de Fronteira, altera o Dec. lei n. 1.135, de 3 de dezembro de 1970, e dá outras providências. Estabelece restrições ao direito de propriedade numa faixa interna de 150 km, paralela à linha divisória do território nacional. Regulamentada pelo **Dec. 85.064, de 26.8.80.**

Lei 9.871, de 23.11.99 — Estabelece prazo para as ratificações de concessões e alienações de terras feitas pelos Estados na faixa de fronteira, e dá outras providências (DOU 24.11.99).

FAUNA: Lei 5.197, de 3.1.67 — Dispõe sobre a proteção à fauna e dá outras providências.

FLORESTAS (v. tb. CF 225 § 4º): **Lei 12.651, de 25.5.12** — Dispõe sobre a proteção da vegetação nativa e dá outras providências (Código Florestal).

Dec. 7.830, de 17.10.12 — Dispõe sobre o Sistema de Cadastro Ambiental Rural, o Cadastro Ambiental Rural, estabelece normas de caráter geral aos Programas de Regularização Ambiental, de que trata a Lei n. 12.651, de 25 de maio de 2012, e dá outras providências.

Dec. 6.514, de 22.7.08 — Dispõe sobre as infrações e sanções administrativas ao meio ambiente, estabelece o processo administrativo federal para apuração destas infrações, e dá outras providências.

Lei 11.284, de 2.3.06 — Dispõe sobre a gestão de florestas públicas para a produção sustentável; institui, na estrutura do Ministério do Meio Ambiente, o Serviço Florestal Brasileiro — SFB; cria o Fundo Nacional de Desenvolvimento Florestal — FNDF; e dá outras providências. Regulamentada pelo **Dec. 6.063, de 20.3.07.**

MINERAÇÃO (v. tb. CF 176 e 177, ADCT 43 e 44, MINÉRIOS PARA A PRODUÇÃO DE ENERGIA NUCLEAR, PETRÓLEO): **Dec. lei 227, de 28.2.67** — Dá nova redação ao Dec. lei n. 1.985 (Código de Minas), de 29 de janeiro de 1940. Esta Lei tem o nome de Código de Mineração.

Lei 7.805, de 18.7.89. Criou o regime de permissão de lavra garimpeira, extinguiu o de matrícula, e deu outras providências. Regulamentada pelo **Dec. 9.406, de 12.6.18.**

Lei 8.901, de 30.6.94 — Regulamenta o disposto no § 2º do art. 176 da Constituição Federal e altera dispositivos do Dec. lei n. 227, de 28 de fevereiro de 1967 — Código de Mineração, adaptando-o às normas constitucionais vigentes.

MINÉRIOS PARA A PRODUÇÃO DE ENERGIA NUCLEAR (v. tb. CF 21-XXIII, 22-XXVI, 225 § 6º e MINERAÇÃO): **Dec. 30.230, de 1.12.51** — Aprova regulamento para pesquisa e lavra de minerais de interesse para a produção de energia atômica.

Dec. lei 1.865, de 26.2.81 — Dispõe sobre a ocupação provisória de imóveis para pesquisa e lavra de substâncias minerais que contenham elementos nucleares.

PATRIMÔNIO HISTÓRICO E CULTURAL (v. tb. CF 216, 5º-LXXIII, 20-X, 23-III, 24-VII e VIII): **Dec. lei 25, de 30.11.37** — Organiza a proteção do patrimônio histórico e artístico nacional.

PESCA: Dec. lei 221, de 28.2.67 — Dispõe sobre a proteção e estímulos à pesca e dá outras providências.

Lei 7.643, de 18.12.87. Proibiu a pesca da baleia, nas águas jurisdicionais brasileiras.

Lei 11.959, de 29.6.09 — Dispõe sobre a Política Nacional de Desenvolvimento Sustentável da Aquicultura e da Pesca, regula as atividades pesqueiras, revoga a Lei 7.679 e dispositivos do Dec. lei 221, e dá outras providências.

PETRÓLEO E GÁS NATURAL (v. CF 177 e ADCT 45; v. tb. MINERAÇÃO): **Lei 9.478, de 6.8.97** — Dispõe sobre a política energética nacional, as atividades relativas ao monopólio do petróleo, institui o Conselho Nacional de Política Energética e a Agência Nacional do Petróleo, e dá outras providências.

Lei 6.340, de 5.7.76 — Estabelece regime especial para o aproveitamento das jazidas de substâncias minerais em áreas específicas objeto de pesquisa ou lavra de petróleo, e dá outras providências.

Dec. lei 1.864, de 26.2.81 — Dispõe sobre a ocupação provisória de imóveis para pesquisa e lavra de petróleo.

Lei 12.351, de 22.12.10 — Dispõe sobre a exploração e a produção de petróleo, de gás natural e de outros hidrocarbonetos fluidos, sob o regime de partilha de produção, em áreas do pré-sal e em áreas estratégicas; cria o Fundo Social — FS e dispõe sobre sua estrutura e fontes de recursos; altera dispositivos da Lei n. 9.478, de 6 de agosto de 1997; e dá outras providências.

Lei 12.490, de 16.9.11 — Altera as Leis ns. 9.478, de 6 de agosto de 1997, e 9.847, de 26 de outubro de 1999, que dispõem sobre a política e a fiscalização das atividades relativas ao abastecimento nacional de combustíveis; e dá outras providências.

Lei 12.734, de 30.11.12 — Modifica as Leis n. 9.478, de 6 de agosto de 1997, e n. 12.351, de 22 de dezembro de 2010, para determinar novas regras de distribuição entre os entes da Federação dos *royalties* e da participação especial devidos em função da exploração de petróleo, gás natural e outros hidrocarbonetos fluidos, e para aprimorar o marco regulatório sobre a exploração desses recursos no regime de partilha.

Lei 14.134, de 8.4.21 — Dispõe sobre as atividades relativas ao transporte de gás natural, de que trata o art. 177 da Constituição Federal, e sobre as atividades de escoamento, tratamento, processamento, estocagem subterrânea, acondicionamento, liquefação, regaseificação e comercialização de gás natural; altera as Leis ns. 9.478, de 6 de agosto de 1997, e 9.847, de 26 de outubro de 1999; e revoga a Lei n. 11.909, de 4 de março de 2009, e dispositivo da Lei n. 10.438, de 26 de abril de 2002.

PROPRIEDADE INDUSTRIAL: Lei 9.279, de 14.5.96 — Regula direitos e obrigações relativos à propriedade industrial.

PROPRIEDADE RURAL ADQUIRIDA POR ESTRANGEIRO: v. Lei 5.709/71.

ZONAS DE PROTEÇÃO A AERÓDROMOS: Lei 7.565, de 19.12.86 — Dispõe sobre o Código Brasileiro de Aeronáutica. Os arts. 43 a 46 dispõem s/ restrições especiais às propriedades vizinhas dos aeródromos e das instalações de auxílio à navegação aérea.

ZONAS DE PROTEÇÃO A ESTAÇÕES DE RADIOGONOMETRIA E RADIOMONITORAGEM: Lei 6.442, de 26.9.77 — Dispõe sobre áreas de proteção para o funcionamento das estações radiogonométricas de alta frequência do Ministério da Marinha e de radiomonitoragem do Ministério das Comunicações. A edificação de prédios e de estruturas metálicas, numa faixa de terras de 1.000 metros de largura, contígua às estações radiogonométricas e de radiomonitoragem, só é permitida com assentimento ou do Ministério da Marinha, ou do Ministério das Comunicações.

Art. 1.228. O proprietário tem a faculdade de usar, gozar e dispor da coisa, e o direito de reavê-la do poder de quem quer que injustamente a possua ou detenha.[1 a 1b]

§ 1º O direito de propriedade deve ser exercido em consonância com as suas finalidades econômicas e sociais[2-2a] e de modo que sejam preservados, de conformidade com o estabelecido em lei especial, a flora, a fauna, as belezas naturais, o equilíbrio ecológico e o patrimônio histórico e artístico, bem como evitada a poluição do ar e das águas.

§ 2º São defesos os atos que não trazem ao proprietário qualquer comodidade, ou utilidade, e sejam animados pela intenção de prejudicar outrem.[3-3a]

§ 3º O proprietário pode ser privado da coisa, nos casos de desapropriação,[4] por necessidade ou utilidade pública ou interesse social, bem como no de requisição, em caso de perigo público iminente.[4a]

§ 4º O proprietário também pode ser privado da coisa se o imóvel reivindicado consistir em extensa área, na posse ininterrupta e de boa-fé, por mais de cinco anos,[5] de considerável número de pessoas, e estas nela houverem realizado, em conjunto ou separadamente, obras e serviços considerados pelo juiz de interesse social e econômico relevante.[6-6a]

§ 5º No caso do parágrafo antecedente, o juiz fixará a justa indenização[7-7a] devida ao proprietário; pago o preço, valerá a sentença como título para o registro do imóvel em nome dos possuidores.[8]

Art. 1.228: 1. "Compreendendo os novos limites à propriedade: uma análise do artigo 1.228 do Código Civil brasileiro", por Camilo de Lelis Colani Barbosa e Rodolfo Pamplona Filho (RMDCPC 9/73).

Art. 1.228: 1a. s/ ação reivindicatória em matéria de: condomínio edilício, v. art. 1.331, nota 1; usufruto, v. art. 1.394, nota 2.

Art. 1.228: 1b. A ação própria é a reivindicatória, que segue o procedimento comum (CPC 318 e segs.).

"Extrai-se do art. 1.228 do CC/2002, como requisitos para a propositura da ação reivindicatória, que o autor tenha titularidade do domínio sobre a coisa reivindicada, que a mesma seja individuada, identificada e esteja injustamente em poder do réu. Em ação reivindicatória o objetivo é assegurar ao titular do domínio, o uso e gozo da coisa, *ex vi* do art. 524, hoje art. 1.228 do CC de 2002. Ausente o domínio, a extinção do processo é medida que se impõe" (RT 876/318: TJMG, AP 1.0351.07.080101-1/001).

"A ação de imissão na posse é uma ação real que possui como causas de pedir a propriedade e o direito de sequela (*ius possidendi*). Possui fundamento no art. 1.228 do CC/2002. Assim sendo, é requisito imprescindível desta demanda que a parte autora possua o título de propriedade. A prova carreada nos autos demonstra que a autora adquiriu mediante cessão de direitos hereditários a posse que os alienantes detinham sobre o terreno. Daí se conclui que a autora não é a titular do direito de propriedade do imóvel" (RT 873/305: TJRJ, AP 2008.001.05591).

Art. 1.228: 2. Disposição transitória: "Art. 2.035 § ún. "Nenhuma convenção prevalecerá se contrariar preceitos de ordem pública, tais como os estabelecidos por este Código para assegurar a função social da propriedade e dos contratos".

Art. 1.228: 2a. "A função social da cidade e da propriedade privada urbana como propriedade de funções", por Jacques Távora Alfonsin (Ajuris 96/141); "A função social dos imóveis agrários", por Fernando Campos Scaff (RT 840/107); "Estatuto da cidade e a função social da propriedade", por Regina Maria Macedo Nery Ferrari (RT 867/52).

Art. 1.228: 3. "Abuso do direito: contradição entre o § 2º do art. 1.228 e o art. 187 do Código Civil", por Rodrigo Mazzei (RF 396/207).

Art. 1.228: 3a. Enunciado 49 do CEJ: "A regra do art. 1.228, § 2º, do novo Código Civil interpreta-se restritivamente, em harmonia com o princípio da função social da propriedade e com o disposto no art. 187 da mesma lei".

V. art. 187 (abuso de direito).

Art. 1.228: 4. s/ desapropriação, v. CF 5º-XXIV (procedimento), 182 § 3º (prévia e justa indenização em dinheiro), 184 a 186 (desapropriação para fins de reforma agrária).

V. tb. Dec. lei 3.365, de 21.6.41, no tít. DESAPROPRIAÇÃO.

Art. 1.228: 4a. Enunciado 305 do CEJ: "Tendo em vista as disposições dos §§ 3º e 4º do art. 1.228 do Código Civil, o Ministério Público tem o poder-dever de atuação nas hipóteses de desapropriação, inclusive a indireta, que envolvam relevante interesse público, determinado pela natureza dos bens jurídicos envolvidos".

Art. 1.228: 5. v. art. 2.030 (acréscimo do prazo por disposição transitória).

Art. 1.228: 6. Enunciado 82 do CEJ: "É constitucional a modalidade aquisitiva de propriedade imóvel prevista nos §§ 4º e 5º do art. 1.228 do novo Código Civil".

Enunciado 83 do CEJ: "Nas ações reivindicatórias propostas pelo Poder Público, não são aplicáveis as disposições constantes dos §§ 4º e 5º do art. 1.228 do novo Código Civil".

Enunciado 84 do CEJ: "A defesa fundada no direito de aquisição com base no interesse social (art. 1.228, §§ 4º e 5º, do novo Código Civil) deve ser arguida pelos réus da ação reivindicatória, eles próprios responsáveis pelo pagamento da indenização".

Enunciado 304 do CEJ: "São aplicáveis as disposições dos §§ 4º e 5º do art. 1.228 do Código Civil às ações reivindicatórias relativas a bens públicos dominicais, mantido, parcialmente, o Enunciado 83 da I Jornada de Direito Civil, no que concerne às demais classificações dos bens públicos".

Enunciado 306 do CEJ: "A situação descrita no § 4º do art. 1.228 do Código Civil enseja a improcedência do pedido reivindicatório".

Enunciado 307 do CEJ: "Na desapropriação judicial (art. 1.228, § 4º), poderá o juiz determinar a intervenção dos órgãos públicos competentes para o licenciamento ambiental e urbanístico".

Enunciado 309 do CEJ: "O conceito de posse de boa-fé de que trata o art. 1.201 do Código Civil não se aplica ao instituto previsto no § 4º do art. 1.228".

Enunciado 310 do CEJ: "Interpreta-se extensivamente a expressão 'imóvel reivindicado' (art. 1.228, § 4º), abrangendo pretensões tanto no juízo petitório quanto no possessório".

S/ **usucapião especial urbana coletiva,** v. art. 10 da Lei 10.257, de 10.7.01, no tít. USUCAPIÃO ESPECIAL.

Art. 1.228: 6a. "Posse *pro labore* do novo Código Civil", por Alex Sandro Ribeiro (RSDCPC 23/148); "A extensão do conceito de 'boa-fé' em limitação ao direito de propriedade definida no art. 1.228, § 4º, do Código Civil: o controvertido instituto da 'expropriação judicial'", por Joel Dias Figueira Júnior (RDPr 21/123); "Hermenêutica e operabilidade dos §§ 4º e 5º do art. 1.228 do Código Civil", por Lucas Abreu Barroso (RDPr 21/130); "Desapropriação judicial no Código Civil", por Luís Paulo Cotrim Guimarães (RT 833/97); "Controvérsias constitucionais acerca do usucapião coletivo", por Pablo Stolze Gagliano (RMDCPC 12/37); "Considerações acerca do instituto previsto no art. 1.228, §§ 4º e 5º, do Código Civil", por Rodrigo Trugillo del Cueto Narbondo (Ajuris 103/271); "A aquisição da propriedade imobiliária pela Acessão Invertida Social: análise sistemática dos parágrafos 4º e 5º do artigo 1.228 do Código Civil", por Pablo Rentería (RTDC 34/71); "Critérios objetivos da 'justa indenização' na desapropriação judicial", por Luís Paulo Cotrim Guimarães (RF 398/155); "A trajetória doutrinária e judicial da desapropriação judicial — perspectivas e prognósticos (§§ 4º e 5º do art. 1.228 do Código Civil)", por Voltaire de Freitas Michel (RBDP 81/143).

Art. 1.228: 7. Enunciado 240 do CEJ: "A justa indenização a que alude o parágrafo 5º do art. 1.228 não tem como critério valorativo, necessariamente, a avaliação técnica lastreada no mercado imobiliário, sendo indevidos os juros compensatórios".

Enunciado 241 do CEJ: "O registro da sentença em ação reivindicatória, que opera a transferência da propriedade para o nome dos possuidores, com fundamento no interesse social (art. 1.228, § 5º), é condicionado ao pagamento da respectiva indenização, cujo prazo será fixado pelo juiz".

Enunciado 308 do CEJ: "A justa indenização devida ao proprietário em caso de desapropriação judicial (art. 1.228, § 5º) somente deverá ser suportada pela Administração Pública no contexto das políticas públicas de reforma urbana ou agrária, em se tratando de possuidores de baixa renda e desde que tenha havido intervenção daquela nos termos da lei processual. Não sendo os possuidores de baixa renda, aplica-se a orientação do Enunciado 84 da I Jornada de Direito Civil".

Enunciado 311 do CEJ: "Caso não seja pago o preço fixado para a desapropriação judicial, e ultrapassado o prazo prescricional para se exigir o crédito correspondente, estará autorizada a expedição de mandado para registro da propriedade em favor dos possuidores".

Art. 1.228: 7a. A fixação da justa indenização e os seus desdobramentos (pagamento do preço e registro do imóvel em nome dos possuidores) somente devem ter lugar nos casos em que o réu formular pretensão nesse sentido, isto é, nos casos em que o réu reconvir para essa finalidade. Nas situações em que o réu simplesmente se defender da ação reivindicatória com arrimo na exceção prevista no § 4º, o desfecho do processo deve trazer tão somente a improcedência da demanda.

Art. 1.228: 8. v. nota 2. S/ registro, v. LRP 176-B-V.

Art. 1.229. A propriedade do solo abrange a do espaço aéreo e subsolo correspondentes, em altura e profundidade úteis ao seu exercício, não podendo o proprietário opor-se a atividades que sejam realizadas, por terceiros, a uma altura ou profundidade tais, que não tenha ele interesse legítimo em impedi-las.[1-2]

Art. 1.229: 1. v. art. 1.286 (passagem de cabos e tubulações). V. tb. CF 26 (bens dos Estados) e 177 (monopólio da União das jazidas de petróleo e gás natural); Dec. lei 1.985, de 29.1.40 (Código de Minas); Lei 8.901, de 30.6.94 (regime jurídico das jazidas); Dec. lei 227, de 28.2.67 (Código de Mineração); Dec. lei 3.263, de 12.5.41 (jazidas de petróleos e gases raros); Dec. lei 2.375, de 24.11.87 (Terras Públicas); Lei 6.634, de 2.5.79 (Faixa de Fronteira); Dec. 24.643, de 10.7.34 (Código de Águas); Dec. 28.840, de 8.11.50 (plataforma submarina); Lei 8.617, de 4.1.93 (mar territorial); Lei 9.478, de 6.8.97 (monopólio do petróleo); Lei 12.351, de 22.12.10 (pré-sal); Lei 14.134, de 8.4.21 (gás natural).

Art. 1.229: 2. "O legislador adotou o critério da utilidade como parâmetro definidor da propriedade do subsolo, limitando-a ao proveito normal e atual que pode proporcionar, conforme as possibilidades técnicas então existentes" (STJ-RT 919/770: 3ª T., REsp 1.233.852). Do voto da relatora: "Não tendo havido nenhum prejuízo ou restrição ao direito de uso, gozo e fruição, conclui-se que a parcela do subsolo utilizada pelos recorridos para a realização de obras em seu imóvel não deve ser considerada parte integrante da propriedade dos recorrentes".

Art. 1.230. A propriedade do solo não abrange as jazidas, minas e demais recursos minerais, os potenciais de energia hidráulica,[1] os monumentos arqueológicos e outros bens referidos por leis especiais.[2-3]

Parágrafo único. O proprietário do solo tem o direito de explorar os recursos minerais de emprego imediato na construção civil, desde que não submetidos a transformação industrial, obedecido o disposto em lei especial.

Art. 1.230: 1. CF 176: "As jazidas, em lavra ou não, e demais recursos minerais e os potenciais de energia hidráulica constituem propriedade distinta da do solo, para efeito de exploração ou aproveitamento, e pertencem à União, garantida ao concessionário a propriedade do produto da lavra. § 1º A pesquisa e a lavra de recursos minerais e o aproveitamento dos potenciais a que se refere o *caput* deste artigo somente poderão ser efetuados mediante autorização ou concessão da União, no interesse nacional, por brasileiros ou empresa constituída sob as leis brasileiras e que tenha sua sede e administração no País, na forma da lei, que estabelecerá as condições específicas quando essas atividades se desenvolverem em faixa de fronteira ou terras indígenas. § 2º É assegurada participação ao proprietário do solo nos resultados da lavra, na forma e no valor que dispuser a lei. § 3º A autorização de pesquisa será sempre por prazo determinado, e as autorizações e concessões previstas neste artigo não poderão ser cedidas ou transferidas, total ou parcialmente, sem prévia anuência do poder concedente. § 4º Não dependerá de autorização ou concessão o aproveitamento do potencial de energia renovável de capacidade reduzida".

Art. 1.230: 2. v. art. 1.229, nota 1.
Art. 1.230: 3. v. art. 1.392 § 2º.

Art. 1.231. A propriedade presume-se plena e exclusiva,[1] até prova em contrário.

Art. 1.231: 1. s/ propriedade resolúvel, v. arts. 1.359 e 1.360.

Art. 1.232. Os frutos[1] e mais produtos da coisa pertencem, ainda quando separados, ao seu proprietário, salvo se, por preceito jurídico especial, couberem a outrem.

Art. 1.232: 1. v., no índice, Frutos.

Seção II | DA DESCOBERTA

Art. 1.233. Quem quer que ache coisa alheia perdida[1] há de restituí-la ao dono ou legítimo possuidor.[2-2a]

Parágrafo único. Não o conhecendo, o descobridor fará por encontrá-lo, e, se não o encontrar, entregará a coisa achada à autoridade competente.[3]

Art. 1.233: 1. v. tb. arts. 1.264 a 1.266 (achado do tesouro).
Art. 1.233: 2. v. CP 169 § ún.-II (crime de apropriação de coisa achada).
Art. 1.233: 2a. A descoberta diz respeito à coisa alheia perdida. Se for coisa **sem dono** trata-se de ocupação, cujas consequências jurídicas são diversas (v. art. 1.263).
Art. 1.233: 3. v. CPC 746.

Art. 1.234. Aquele que restituir a coisa achada, nos termos do artigo antecedente, terá direito a uma recompensa não inferior a cinco por cento do seu valor, e à indenização pelas despesas que houver feito com a conservação e transporte da coisa, se o dono não preferir abandoná-la.

Parágrafo único. Na determinação do montante da recompensa, considerar-se-á o esforço desenvolvido pelo descobridor para encontrar o dono, ou o legítimo possuidor, as possibilidades que teria este de encontrar a coisa e a situação econômica de ambos.

Art. 1.235. O descobridor responde pelos prejuízos causados ao proprietário ou possuidor legítimo, quando tiver procedido com dolo.

Art. 1.236. A autoridade competente dará conhecimento da descoberta através da imprensa e outros meios de informação, somente expedindo editais se o seu valor os comportar.[1]

Art. 1.236: 1. v. CPC 746 § 2º.

Art. 1.237. Decorridos sessenta dias da divulgação da notícia pela imprensa, ou do edital, não se apresentando quem comprove a propriedade sobre a coisa, será esta vendida em hasta pública[1] e, deduzidas do preço as despesas, mais a recompensa do descobridor, pertencerá o remanescente ao Município em cuja circunscrição se deparou o objeto perdido.

Parágrafo único. Sendo de diminuto valor, poderá o Município abandonar a coisa em favor de quem a achou.

Art. 1.237: 1. v. CPC 730.

Capítulo II | DA AQUISIÇÃO DA PROPRIEDADE IMÓVEL

Seção I | DA USUCAPIÃO[1 a 3]

SEÇ. I: 1. s/ usucapião: de servidão aparente, v. art. 1.379; e pessoa estrangeira, v. Lei 5.709/71, art. 1º; especial, v. CF 183 e 191 e, no tít. USUCAPIÃO ESPECIAL, Lei 6.969, de 10.12.81, e Lei 10.257, de 10.7.01, arts. 9º a 14.

SEÇ. I: 2. "Aquisição e perda da propriedade. Usucapião: roupagem dada pelo novo Código Civil", por Newman Debs (RT 811/24); "Usucapião administrativa: uma alternativa possível", por Fernanda Loures de Oliveira (RDPr 48/129).

SEÇ. I: 3. Lei 14.010, de 10.6.20 — Dispõe sobre o Regime Jurídico Emergencial e Transitório das relações jurídicas de Direito Privado (RJET) no período da pandemia do coronavírus (Covid-19): **"Art. 10** Suspendem-se os prazos de aquisição para a propriedade imobiliária ou mobiliária, nas diversas espécies de usucapião, a partir da entrada em vigor desta Lei até 30 de outubro de 2020". **Nota:** A Lei 14.010, de 10.6.20, entrou em vigor na data de sua publicação (DOU 12.6.20).

Art. 1.238. Aquele que, por quinze anos, sem interrupção, nem oposição,[1 a 1b] possuir como seu[2] um imóvel, adquire-lhe a propriedade,[2a a 2e] independentemente de título e boa-fé[2f]; podendo requerer ao juiz que assim o declare por sentença,[3] a qual servirá de título para o registro no Cartório de Registro de Imóveis.[3a-3b]

Parágrafo único. O prazo estabelecido neste artigo reduzir-se-á a dez anos[4] se o possuidor houver estabelecido no imóvel a sua moradia habitual, ou nele realizado obras ou serviços de caráter produtivo.[5]

Art. 1.238: 1. No sentido de que "uma vez julgada improcedente a ação possessória, a citação não tem efeito interruptivo da prescrição aquisitiva. Notificação judicial ou protesto para interromper a prescrição aquisitiva deve ter fim específico e declarado": RSTJ 176/351 (4ª T., REsp 149.186, maioria).

Art. 1.238: 1a. "A contestação na ação de usucapião não pode ser erigida à oposição prevista em lei, não tendo o condão de interromper, só por si, o prazo da prescrição aquisitiva" (STJ-3ª T., REsp 234.240, Min. Pádua Ribeiro, j. 2.12.04, dois votos vencidos, DJU 11.4.05; a contestação referida na ementa tinha sido apresentada em ação de usucapião entre as mesmas partes e sobre o mesmo imóvel, julgada improcedente, anteriormente à ação objeto do recurso especial). No mesmo sentido: STJ-4ª T., REsp 1.210.396, Min. Luis Felipe, j. 12.4.12, DJ 19.6.12.

Art. 1.238: 1b. "O bem imóvel, ocupado por quem tem expectativa de adquiri-lo por meio da usucapião, passa a compor um só patrimônio afetado na **decretação da falência,** correspondente à massa falida objetiva. Assim, o **curso da prescrição aquisitiva** da propriedade de bem que compõe a massa falida é **interrompido** com a decretação da falência, pois o possuidor (seja ele o falido ou terceiros) perde a posse pela incursão do Estado na sua esfera jurídica" (STJ-3ª T., REsp 1.680.357, Min. Nancy Andrighi, j. 10.10.17, DJ 16.10.17).

"O bem imóvel de propriedade de **instituição financeira** que se encontra **em regime de liquidação extrajudicial** é insuscetível de usucapião. Na liquidação extrajudicial de instituição financeira, a exemplo do que ocorre no processo falimentar, cujas disposições contidas na Lei de Falências têm aplicação subsidiária por força do artigo 34 da Lei 6.024/1974, ocorre a formação de um concurso universal de credores que buscam satisfazer seus créditos de forma igualitária por intermédio do patrimônio remanescente unificado (princípio da *par conditio creditorum*). Da mesma forma que ocorre no processo falimentar, a decretação da liquidação extrajudicial obsta a fluência do prazo da prescrição aquisitiva sobre bens inseridos na universalidade de bens já marcados pela indisponibilidade, pois, apesar de suscetíveis de comercialização, só podem ser alienados em certas circunstâncias, com o objetivo de atender aos interesses econômicos e sociais de determinadas pessoas. A aquisição da propriedade pela via da usucapião pressupõe a inércia do proprietário em reaver o bem, que não pode ser imputada ao titular do domínio que, a partir da decretação da liquidação extrajudicial, não conserva mais todas as faculdades inerentes à propriedade: usar, fruir e dispor livremente da coisa" (STJ-3ª T., REsp 1.876.058, Min. Ricardo Cueva, j. 24.5.22, DJ 26.5.22).

Art. 1.238: 2. A posse direta (art. 1.197) em regra não gera usucapião: "A posse que conduz à usucapião deve ser exercida por certo tempo com *animus domini*, mansa e pacificamente, contínua e ininterruptamente. Preleciona o art. 579 do CC/2002 que comodato é o empréstimo gratuito de coisas não fungíveis. Os atos de mera detenção ou tolerância não induzem posse, conforme preleciona o art. 1.208 do CC/2002" (RT 873/272: TJMG, AP 1.0471.03.005494-7/001). Também negando a usucapião, em caso de posse oriunda de contrato de locação: RT 874/201 (TJSP, AP 400.101.4/2-00).

"Não há que se falar em aquisição da propriedade por usucapião se a posse decorre de contrato de comodato, renovado sucessivas vezes. A recorrente conhecia a titularidade do imóvel que ocupava e, ainda que alegue ter tido expectativa de vir a ser donatária do bem, sua posse era subordinada ao livre poder de disposição da titular do domínio" (STJ-4ª T., REsp 1.448.756, Min. Isabel Gallotti, j. 1.12.20, DJ 19.2.21).

Todavia, há notícia de acórdãos que aceitam a modificação da natureza da posse ao longo do tempo: "O fato de ser possuidor direto na condição de promitente-comprador de imóvel, a princípio, não impede que este adquira a propriedade do bem por usucapião, uma vez que é possível a transformação do caráter originário daquela posse, de não própria, para própria" (STJ-3ª T., REsp 220.200, Min. Nancy Andrighi, j.16.9.03, DJU 20.10.03). No mesmo sentido: STJ-4ª T., REsp 143.976, Min. Barros Monteiro, j. 6.4.04, DJU 14.6.04.

Entendendo possível a aquisição da propriedade via usucapião por possuidor que inicialmente encontrava-se na posse direta como locatário, mas que, diante do desinteresse do proprietário em cobrar aluguel, passou a exercê-la com *animus domini*: RSTJ 143/370 (4ª T., REsp 154.733).

V. tb. art. 1.261, nota 2.

Art. 1.238: 2a. v. Estatuto do Índio (Lei 6.001, de 19.12.73, em Lex 1973/1.957, RT 458/488, RDA 116/575 e RF 245/457), arts. 33 e 38. V. tb. CF 231 § 4º.

Art. 1.238: 2b. Os bens públicos não estão sujeitos a usucapião (art. 102). V. notas ao art. 102 para usucapião e: domínio útil de bem público sobre o qual haja enfiteuse; bem de sociedade de economia mista.

Art. 1.238: 2c. "O reconhecimento da usucapião extraordinária, mediante o preenchimento dos requisitos específicos, não pode ser obstado em razão de a área usucapienda ser **inferior ao módulo** estabelecido em lei municipal" (STJ-2ª Seção, REsp 1.667.843, Min. Luis Felipe, j. 3.12.20, DJ 5.4.21).

Todavia, não admitindo usucapião de **imóvel rural** de área inferior ao módulo: RT 652/65, RJTJESP 62/230, maioria. S/ módulo rural, v. ET 4º e 5º.

Ainda, não admitindo usucapião sobre imóvel que "não atende às normas municipais que estabelecem o módulo mínimo local, para **parcelamento do solo urbano**": RSTJ 185/430 (REsp 402.792, 4ª T.). V. Lei 6.766/79, no tít. PROMESSA DE COMPRA E VENDA E LOTEAMENTO.

Art. 1.238: 2d. "O usucapião por **condômino** é possível, desde que a posse seja exercida com exclusividade sobre o bem almejado" (RJ 175/59). No mesmo sentido: STJ-3ª T., Ag em REsp 22.114-AgRg, Min. João Otávio, j. 5.11.13, DJ 11.11.13; STJ-RDDP 92/134 (4ª T., REsp 668.131).

"Aberta a sucessão, a herança transmite-se, desde logo, aos herdeiros legítimos e testamentários (art. 1.784 do CC/02). A partir dessa transmissão, cria-se um condomínio *pro indiviso* sobre o acervo hereditário, regendo-se o direito dos coerdeiros, quanto à propriedade e posse da herança, pelas normas relativas ao condomínio, como mesmo disposto no art. 1.791, parágrafo único, do CC/02. O condômino tem legitimidade para usucapir em nome próprio, desde que exerça a posse por si mesmo, ou seja, desde que comprovados os requisitos legais atinentes à usucapião, bem como tenha sido exercida posse exclusiva com efetivo *animus domini* pelo prazo determinado em lei, sem qualquer oposição dos demais proprietários. Sob essa ótica, tem-se, assim, que é possível à recorrente pleitear a declaração da prescrição aquisitiva em desfavor de seu irmão — o outro herdeiro/condômino —, desde que, obviamente, observados os requisitos para a configuração da usucapião extraordinária, previstos no art. 1.238 do CC/02, quais sejam, lapso temporal de 15 (quinze) anos cumulado com a posse exclusiva, ininterrupta e sem oposição do bem" (STJ-3ª T., REsp 1.631.859, Min. Nancy Andrighi, j. 22.5.18, DJ 29.5.18).

"Dissolvida a sociedade conjugal, o bem imóvel comum do casal rege-se pelas regras relativas ao condomínio, ainda que não realizada a partilha de bens, cessando o estado de mancomunhão anterior. Nesse contexto, possui legitimidade para usucapir em nome próprio o condômino que exerça a posse por si mesmo, sem nenhuma oposição dos demais coproprietários, tendo sido preenchidos os demais requisitos legais. Ademais, a posse de um condômino sobre bem imóvel exercida por si mesma, com ânimo de dono, ainda que na qualidade de possuidor indireto, sem nenhuma oposição dos demais coproprietários, nem reivindicação dos frutos e direitos que lhes são inerentes, confere à posse o caráter de *ad usucapionem*, a legitimar a procedência da usucapião em face dos demais condôminos que resignaram do seu direito sobre o bem" (STJ-3ª T., REsp 1.840.561, Min. Marco Bellizze, j. 3.5.22, DJ 17.5.22).

Art. 1.238: 2e. "Corredor de 60 cm existente entre os imóveis das partes. Usucapião extraordinária. Impossibilidade de reconhecimento. Atos possessórios praticados sobre a coisa insuficientes à configuração de posse qualificada. Proprietário não desidioso. Servidão. Ocorrência de quase posse. **Possibilidade de usucapir a servidão e não a propriedade.** Qualquer que seja a espécie de usucapião alegada, a comprovação do exercício da posse sobre a coisa será sempre obrigatória, sendo condição indispensável à aquisição da propriedade. Isso porque a usucapião é efeito da posse, instrumento de conversão da situação fática do possuidor em direito de propriedade ou em outro direito real. Se não se identificar posse com ânimo de dono, acrescido do despojamento da propriedade, que qualifica a posse, o exercício de fato sobre a coisa não servirá à aquisição da propriedade. No caso concreto, ainda que os recorrentes tenham se **utilizado** do **corredor** de propriedade dos recorridos, por longos anos, **como forma de acesso** aos fundos de sua casa, isso não importou constatação de abandono, desídia ou não exercício de posse pelos proprietários da área" (STJ-4ª T., REsp 1.644.897, Min. Luis Felipe, j. 19.3.19, DJ 7.5.19).

V. tb. art. 1.379, nota 2b.

Art. 1.238: 2f. s/ boa-fé, v. art. 1.201.

Art. 1.238: 3. No mesmo sentido: art. 1.241.

Art. 1.238: 3a. v. LRP-I-28 e 226.

Art. 1.238: 3b. Esse dispositivo trata da **usucapião extraordinária.** S/ usucapião ordinária, v. art. 1.242.

Art. 1.238: 4. v. art. 2.029 (acréscimo do prazo por disposição transitória).

Art. 1.238: 5. "A redução do prazo de prescrição prevista no parágrafo único do art. 1.238 do CC não é aplicável ao **Poder Público,** sendo benefício exclusivo do particular para fins de usucapião" (STJ-1ª T., REsp 1.548.180, Min. Benedito Gonçalves, j. 3.10.17, maioria, DJ 19.12.17).

Art. 1.239. Aquele que, não sendo proprietário de imóvel rural ou urbano, possua como sua,[1] por cinco anos ininterruptos, sem oposição, área de terra em zona rural não superior a cinquenta hectares, tornando-a produtiva por seu trabalho ou de sua família, tendo nela sua moradia, adquirir-lhe-á a propriedade.[2-3]

Art. 1.239: 1. Este artigo reproduz textualmente o disposto na CF 191-*caput*, corrigindo um erro de redação: "como sua", em vez de "como seu".

Art. 1.239: 2. Esse dispositivo trata da **usucapião especial rural** ou **usucapião** *pro labore* (v. tb. art. 1º da Lei 6.969, de 10.12.81, no tít. USUCAPIÃO ESPECIAL). S/ usucapião especial urbana, v. art. 1.240.

Art. 1.239: 3. Enunciado 312 do CEJ: "Observado o teto constitucional, a fixação da área máxima para fins de usucapião especial rural levará em consideração o módulo rural e a atividade agrária regionalizada".

Enunciado 313 do CEJ: "Quando a posse ocorre sobre área superior aos limites legais, não é possível a aquisição pela via da usucapião especial, ainda que o pedido restrinja a dimensão do que se quer usucapir".

V. tb. art. 1.243, nota 2 (Enunciado 317 do CEJ).

Art. 1.240. Aquele que possuir, como sua, área urbana[1] de até duzentos e cinquenta metros quadrados,[1a a 3a] por cinco anos ininterruptamente e sem oposição,[4-4a] utilizando-a para sua moradia ou de sua família,[4b] adquirir-lhe-á o domínio, desde que não seja proprietário de outro imóvel urbano ou rural.[5-6]

§ 1º O título de domínio e a concessão de uso serão conferidos ao homem ou à mulher, ou a ambos, independentemente do estado civil.

§ 2º O direito previsto no parágrafo antecedente não será reconhecido ao mesmo possuidor mais de uma vez.

Art. 1.240: 1. Enunciado 85 do CEJ: "Para efeitos do art. 1.240, *caput*, do novo Código Civil, entende-se por 'área urbana' o imóvel edificado ou não, inclusive unidades autônomas vinculadas a condomínios edilícios".

Art. 1.240: 1a. Entendendo possível a usucapião especial urbana de **apartamento:** "Tratando-se de unidade condominial — apartamento —, cumpre perquirir se a fração ideal correspondente e a metragem de área real privativa não suplantam, cada qual individualmente, os 250m² previstos como limite" (STF-Pleno, RE 305.416, Min. Marco Aurélio, j. 31.8.20, DJ 3.12.20).

Art. 1.240: 1b. "**Módulo mínimo do lote urbano municipal** fixado como área de 360 m2. Pretensão da parte autora de usucapir porção de 225 m2, destacada de um todo maior, dividida em composse. Preenchidos os requisitos do art. 183 da Constituição Federal, o reconhecimento do direito à usucapião especial urbana não pode ser obstado por legislação infraconstitucional que estabeleça módulos urbanos na respectiva área em que situado o imóvel (dimensão do lote)" (STF-Pleno, RE 422.349, Min. Dias Toffoli, j. 29.4.15, maioria, DJ 5.8.15). No mesmo sentido: "Cuida-se de ação de usucapião especial urbana em que a autora pretende usucapir imóvel com área de 35,49 m2. Pedido declaratório indeferido pelas instâncias ordinárias sob o fundamento de que o imóvel usucapiendo apresenta metragem inferior à estabelecida na legislação infraconstitucional que dispõe sobre o parcelamento do solo urbano e nos planos diretores municipais. Recurso especial provido" (STJ-3ª T., REsp 1.360.017, Min. Ricardo Cueva, j. 5.5.16, DJ 27.5.16).

Art. 1.240: 2. v. art. 1.239, nota 3 (Enunciado 313 do CEJ).

Art. 1.240: 3. Enunciado 314 do CEJ: "Para os efeitos do art. 1.240, não se deve computar, para fins de limite de metragem máxima, a extensão compreendida pela fração ideal correspondente à área comum".

Art. 1.240: 3a. "A metragem da área usucapienda na modalidade de usucapião constitucional/especial deve ser de até 250 m², ainda que inserida em área maior, ou seja, cuja matrícula indique metragem superior. O importante é que a posse sobre a área pretendida a usucapir tenha sido exercida unicamente sobre a área de até 250 m². No caso concreto, comprovado foi que a posse exercida pelos autores ocorreu apenas sobre a área postulada de 161,51 m², que é um lote irregular inserido dentro do grande terreno previsto na matrícula" (RMDAU 44/133: TJRS, AP 13163-23.2012.8.21.7000).

"O simples fato de a área usucapienda estar compreendida em terrenos de dimensão superior ao limite legal de duzentos e cinquenta metros quadrados não demonstra impedimento à sua aquisição" (RMDAU 46/122: TJMG, AP 1.0433.09.301608-0/001).

Art. 1.240: 4. A oposição iniciada após o lapso de cinco anos ininterruptos de posse mansa e pacífica não é capaz de impedir a usucapião especial urbana (RMDAU 46/122: TJMG, AP 1.0433.09.301608-0/001). Do voto do relator: "A posse da autora restou inconteste desde o ano de 1988 até o momento da imissão na posse, cujo mandado foi expedido em 10 de julho de 2009, ultrapassando, portanto, o lapso temporal de 5 anos exigíveis *in casu*. É cediço que a sentença da ação de usucapião possui natureza meramente declaratória, e não constitutiva, limitando-se a reconhecer uma prerrogativa já consolidada no mundo jurídico em virtude dos fatos que a originaram, existindo, portanto, o direito de aquisição desde o momento em que cumpridos os requisitos legais, ainda que não reconhecidos judicialmente, pois estes apenas pretendem reconhecer domínio, já anteriormente obtido. Dessa maneira, resta indubitável, no caso em tela, a existência de posse mansa e pacífica pelo prazo necessário à aquisição da mesma pela usucapião, qual seja, 5 anos, pois o despejo mencionado pelas testemunhas somente ocorrera posteriormente à consolidação do direito de aquisição, não constituindo, assim, um empecilho à sua declaração".

Art. 1.240: 4a. "Imóveis destinados à população de baixa renda e financiados por meio do **Sistema Financeiro de Habitação,** gerido pela Caixa Econômica Federal, não estão sujeitos à aquisição originária pela usucapião urbana especial do Estatuto da Cidade se, no período de cinco anos de posse previsto no art. 9º da Lei 10.257/2001, a CEF promovia os atos jurídicos necessários à retomada e refinanciamento. Para efeitos da usucapião, mesmo a especial urbana, a posse exercida com *animus domini* ultrapassa a mera vontade de possuir, devendo resultar do título pelo qual é detida, de forma que posse decorrente de relações contratuais que afetem o proprietário do imóvel prescinde do *animus domini*" (STJ-3ª T., REsp 1.221.243, Min. João Otávio, j. 25.2.14, DJ 10.3.14).

Art. 1.240: 4b. "O art. 1.240 do CC/2002 **não** direciona para a **necessidade de destinação exclusiva** residencial do bem a ser usucapido. Assim, o exercício simultâneo de pequena atividade comercial pela família domiciliada no imóvel objeto do pleito não inviabiliza a prescrição aquisitiva buscada" (STJ-3ª T., REsp 1.777.404, Min. Nancy Andrighi, j. 5.5.20, DJ 11.5.20). No mesmo sentido: RT 744/367.

Art. 1.240: 5. Esse dispositivo reproduz o disposto na CF 183-*caput* e trata da **usucapião especial urbana individual** (v. tb. art. 9º da Lei 10.257, de 10.7.01, no tít. USUCAPIÃO ESPECIAL). S/ usucapião especial urbana coletiva, v. art. 10 da Lei 10.257, de 10.7.01, no tít. USUCAPIÃO ESPECIAL. S/ usucapião especial rural, v. art. 1.239.

Art. 1.240: 6. "O fato de os possuidores serem **proprietários de metade do imóvel usucapiendo** não recai na vedação de não possuir 'outro imóvel' urbano, contida no artigo 1.240 do Código Civil" (STJ-3ª T., REsp 1.909.276, Min. Ricardo Cueva, j. 27.9.22, DJ 30.9.22).

Art. 1.240-A. Aquele que exercer, por 2 (dois) anos ininterruptamente e sem oposição, posse direta, com exclusividade, sobre imóvel urbano de até 250m² (duzentos e cinquenta metros quadrados) cuja propriedade divida com ex-cônjuge ou ex-companheiro que abandonou o lar, utilizando-o para sua moradia ou de sua família, adquirir-lhe-á o domínio integral, desde que não seja proprietário de outro imóvel urbano ou rural.[1-2]

§ 1º O direito previsto no *caput* não será reconhecido ao mesmo possuidor mais de uma vez.

§ 2º (VETADO).

Art. 1.240-A: 1. O art. 1.240-A foi acrescido pela Lei 12.424, de 16.6.11.

🔖 **Art. 1.240-A: 2.** "Primeiras anotações sobre os pressupostos e a processualização da usucapião familiar", por Roberto Paulino de Albuquerque Jr. e Roberto P. Campos Gouveia Filho (RP 199/369); "Usucapião especial e abandono de lar. Usucapião entre ex-casal", por Maria Aglaé Tedesco Vilardo (RBDFS 27/46); "Usucapião por abandono do lar conjugal: repercussões no direito de família", por Mônica Guazzelli (RBDFS 28/97); "Aspectos polêmicos da 'usucapião conjugal': questões afetas ao art. 1.240-A do Código Civil brasileiro", por Guilherme Calmon Nogueira da Gama e Thaís Boia Marçal (RDPr 54/257).

> **Art. 1.241.** Poderá o possuidor requerer ao juiz[1-2] seja declarada adquirida, mediante usucapião, a propriedade imóvel.[2a]
>
> **Parágrafo único.** A declaração obtida na forma deste artigo constituirá título hábil para o registro no Cartório de Registro de Imóveis.[3-4]

Art. 1.241: 1. Ação de usucapião especial: Lei 6.969, de 10.12.81, no tít. USUCAPIÃO ESPECIAL, art. 4º, e Lei 10.257, de 10.7.01, no mesmo tít., art. 10.

Art. 1.241: 2. Súmula 237 do STF: "O usucapião pode ser arguido em defesa". O CC atual consigna, corretamente: "a usucapião".

Súmula 391 do STF: "O confinante certo deve ser citado pessoalmente para a ação de usucapião".

Art. 1.241: 2a. Enunciado 315 do CEJ: "O art. 1.241 do Código Civil permite que o possuidor que figurar como réu em ação reivindicatória ou possessória formule pedido contraposto e postule ao juiz seja declarada adquirida, mediante usucapião, a propriedade imóvel, valendo a sentença como instrumento para registro imobiliário, ressalvados eventuais interesses de confinantes e terceiros".

Art. 1.241: 3. v. LRP 167-I-28.

Art. 1.241: 4. "A sentença proferida no processo de usucapião (art. 941 do CPC) possui **natureza meramente declaratória** (e não constitutiva), pois apenas reconhece, com oponibilidade *erga omnes*, um direito já existente com a posse *ad usucapionem*, exalando, por isso mesmo, efeitos *ex tunc*. O efeito retroativo da sentença se dá desde a consumação da prescrição aquisitiva. O registro da sentença de usucapião no cartório extrajudicial não é essencial para a consolidação da propriedade imobiliária, porquanto, ao contrário do que ocorre com as aquisições derivadas de imóveis, o ato registral, em tais casos, não possui caráter constitutivo. Assim, a sentença oriunda do processo de usucapião é tão somente título para registro (arts. 945 do CPC; 550 do CC/1916; 1.241, parágrafo único, do CC/2002) — e não título constitutivo do direito do usucapiente, buscando este, com a demanda, atribuir segurança jurídica e efeitos de coisa julgada com a declaração formal de sua condição. O registro da usucapião no cartório de imóveis serve não para constituir, mas para dar publicidade à aquisição originária (alertando terceiros), bem como para permitir o exercício do *ius disponendi* (direito de dispor), além de regularizar o próprio registro cartorial" (STJ-3ª T., REsp 118.360, Min. Vasco Della Giustina, j. 16.12.10, DJ 2.2.11).

"A declaração de usucapião é forma de aquisição originária da propriedade ou de outros direitos reais, modo que se opõe à aquisição derivada, a qual se opera mediante a sucessão da propriedade, seja de forma singular, seja de forma universal. Vale dizer que, na usucapião, a propriedade não é adquirida do anterior proprietário, mas, em boa verdade, contra ele. A propriedade é absolutamente nova e não nasce da antiga. É adquirida a partir da objetiva situação de fato consubstanciada na posse *ad usucapionem* pelo interregno temporal exigido por lei. Aliás, é até mesmo desimportante que existisse antigo proprietário" (STJ-4ª T., REsp 941.464, Min. Luis Felipe, j. 24.4.12, DJ 29.6.12).

"Hipoteca judicial de gleba de terras. Posterior procedência de ação de usucapião de parte das terras hipotecadas. Participação do credor hipotecário na ação de usucapião como assistente do réu. Ausência de cerceamento de defesa. Prevalência da usucapião. Efeitos *ex tunc* da sentença declaratória. Cancelamento parcial da hipoteca judicial" (STJ-4ª T., REsp 620.610, Min. Raul Araújo, j. 3.9.13, DJ 19.2.14).

V. tb. art. 1.499, nota 3a (declaração de usucapião e extinção de hipoteca).

> **Art. 1.242.** Adquire também a propriedade do imóvel aquele que, contínua e incontestadamente,[1] com justo título[1a-1b] e boa-fé,[2] o possuir por dez anos.[2a]
>
> **Parágrafo único.** Será de cinco anos[3] o prazo previsto neste artigo se o imóvel houver sido adquirido, onerosamente, com base no registro constante do respectivo cartório, cancelada[4] posteriormente, desde que os possuidores nele tiverem estabelecido a sua moradia, ou realizado investimentos de interesse social e econômico.[5]

Art. 1.242: 1. "A **mera lavratura de boletim de ocorrência,** por iniciativa de quem se declara proprietário de imóvel litigioso, não é capaz de, por si só, interromper a prescrição aquisitiva" (STJ-3ª T., REsp 1.584.447, Min. Ricardo Cueva, j. 9.3.21, DJ 12.3.21).

Art. 1.242: 1a. Enunciado 86 do CEJ: "A expressão 'justo título', contida nos arts. 1.242 e 1.260 do Código Civil, abrange todo e qualquer ato jurídico hábil, em tese, a transferir a propriedade, independentemente do registro".

Art. 1.242: 1b. "Ainda que não passível de registro, a jurisprudência do STJ reconhece como justo título, hábil a demonstrar a posse, o instrumento particular de compromisso de compra e venda" (STJ-4ª T., REsp 171.204, Min. Aldir Passarinho Jr., j. 26.6.03, DJU 1.3.04).

"A falta de registro de compromisso de compra e venda não é suficiente para descaracterizar o justo título como requisito necessário ao reconhecimento da usucapião ordinária" (STJ-3ª T., REsp 1.584.447, Min. Ricardo Cueva, j. 9.3.21, DJ 12.3.21).

"Por justo título, para efeito da usucapião ordinária, deve-se compreender o ato ou fato jurídico que, em tese, possa transmitir a propriedade, mas que, por lhe faltar algum requisito formal ou intrínseco (como a venda *a non domino*), não produz tal efeito jurídico. Tal ato ou fato jurídico, por ser juridicamente aceito pelo ordenamento jurídico, confere ao possuidor, em seu consciente, a legitimidade de direito à posse, como se dono do bem transmitido fosse (*cum animo domini*). O contrato particular de cessão e transferência de direitos e obrigações de instrumento particular de compra e venda, o qual originou a longeva posse exercida pela ora recorrente, para efeito de comprovação da posse, deve ser reputado justo título" (STJ-3ª T., REsp 652.449, Min. Massami Uyeda, j. 15.12.09, DJ 23.3.10). No mesmo sentido: RT 893/299 (TJPR, AP 583.537-8).

Art. 1.242: 2. s/ conceito de boa-fé, v. art. 1.201.

A existência de justo título gera presunção de boa-fé, cf. art. 1.201 § ún.

Art. 1.242: 2a. Esse dispositivo trata da **usucapião ordinária.** S/ usucapião extraordinária, v. art. 1.238.

Art. 1.242: 3. v. art. 2.029 (acréscimo do prazo por disposição transitória).

Art. 1.242: 4. Deve ser "cancelado", e não "cancelada".

Art. 1.242: 5. "Se, por uma peculiaridade do direito brasileiro, é possível promover a restrição do direito de propriedade do adquirente para a proteção de um crédito, a prescrição aquisitiva que beneficia esse adquirente somente pode ser interrompida por um ato que inequivocamente indique a intenção do credor de realizar esse crédito. Se, após dez anos a partir do bloqueio da matrícula, o INSS não requer a declaração de nulidade da compra e venda, não executa o crédito previdenciário que mantém perante o vendedor do imóvel, não requer o reconhecimento de fraude à execução, não penhora o bem controvertido, enfim, não toma providência alguma, é possível reconhecer, ao menos em *status assertionis*, a ocorrência de usucapião tabular, de modo que o indeferimento da petição inicial da ação que a requer é providência exagerada" (STJ-3ª T., REsp 1.133.451, Min. Nancy Andrighi, j. 27.3.12, DJ 18.4.12).

Art. 1.243. O possuidor pode, para o fim de contar o tempo exigido pelos artigos antecedentes, acrescentar à sua posse a dos seus antecessores (art. 1.207), contanto que todas sejam contínuas, pacíficas e, nos casos do art. 1.242, com justo título e de boa-fé.[1-2]

Art. 1.243: 1. "*Accessio possessionis* e usucapião constitucional agrário: inaplicabilidade do art. 1.243, primeira parte do Código Civil", por Lucas Abreu Barroso e Gustavo Elias Kallás Rezek (RDPr 28/113).

Art. 1.243: 2. Enunciado 317 do CEJ: "A *accessio possessionis*, de que trata o art. 1.243, 1ª parte, do Código Civil, não encontra aplicabilidade relativamente aos arts. 1.239 e 1.240 do mesmo diploma legal, em face da normatividade do usucapião constitucional urbano e rural, arts. 183 e 191, respectivamente".

Art. 1.244. Estende-se ao possuidor o disposto quanto ao devedor acerca das causas que obstam, suspendem ou interrompem a prescrição,[1] as quais também se aplicam à usucapião.[2]

Art. 1.244: 1. v. arts. 197, inclusive nota 2a, a 204.

Art. 1.244: 2. Se o prazo da usucapião não corre contra um dos coproprietários, em razão de sua incapacidade, também não corre contra os demais (JTJ 259/219).

Seção II | DA AQUISIÇÃO PELO REGISTRO DO TÍTULO[1-2]

SEÇ. II: 1. Lei 5.972, de 11.12.73 — Regula o procedimento para o registro da propriedade de bens imóveis discriminados administrativamente ou possuídos pela União.

Lei 6.739, de 5.12.79 — Dispõe sobre a Matrícula e o Registro de Imóveis Rurais, e dá outras providências.

Lei 7.433, de 18.12.85 — Dispõe sobre os requisitos para a lavratura de escrituras públicas (regulamentada pelo Dec. 93.240, de 9.9.86).

Lei 8.935, de 18.11.94 — Regulamenta o art. 236 da Constituição Federal, dispondo sobre serviços notariais e de registro (Lei dos Cartórios).

SEÇ. II: 2. v. tít. REGISTROS PÚBLICOS.

Art. 1.245. Transfere-se entre vivos a propriedade mediante o registro[1 a 1g] do título translativo[2] no Registro de Imóveis.

§ 1º Enquanto não se registrar o título translativo,[3] o alienante continua a ser havido como dono do imóvel.

§ 2º Enquanto não se promover, por meio de ação própria, a decretação de invalidade do registro, e o respectivo cancelamento, o adquirente continua a ser havido como dono do imóvel.[3a a 5]

Art. 1.245: 1. "Imposto de transmissão de bens imóveis por ato *inter vivos*. Momento da transferência da propriedade. Registro no álbum imobiliário", por Adelar José Drescher (RJ 320/45).

Art. 1.245: 1a. s/ registro e usucapião, v. art. 1.241, nota 4; s/ registro em nome do expropriante, v. LD 29.

Art. 1.245: 1b. "Duas sendo as promessas de compra e venda sobre o mesmo imóvel, nada importa qual a respectiva ordem cronológica; produz efeitos aquela que foi inscrita no Ofício Imobiliário, não podendo o outro promitente comprador averbar na matrícula do imóvel a pretensão que possa ter contra o promitente vendedor" (STJ-3ª T., RMS 21.479, Min. Ari Pargendler, j. 7.8.07, DJU 16.5.08).

Art. 1.245: 1c. Havendo duas praças do mesmo bem, em processos distintos de execução, prevalece a carta de arrematação registrada em primeiro lugar (Lex-JTA 141/57). "A carta de arrematação é o título de domínio, mas este só se transfere com o registro daquela no Cartório de Registro de Imóveis" (STJ-2ª Seção, CC 105.386, Min. Sidnei Beneti, j. 8.9.10, DJ 15.9.10).

"A arrematação, como dito no art. 694, *caput*, do Código de Processo Civil, após a assinatura do auto, será considerada 'perfeita, acabada e irretratável', contudo a eficácia destinada pelo referido dispositivo não pode se sobrepor a lógica posta pelo sistema registral brasileiro. Ou seja, pela matrícula do bem é que se toma conhecimento de eventuais gravames incidentes sobre ele e pelo registro do título é que se opera a transmissão da propriedade. Dar eficácia *erga omnes* a primeira arrematação não registrada desprestigia a confiança no registro e a boa-fé daqueles que nele confiam" (STJ-4ª T., REsp 1.045.258, Min. Marco Buzzi, j. 26.11.13, DJ 10.12.13).

"A pretensão de quem objetiva a imissão na posse fundamenta-se no direito de propriedade. Visa à satisfação daquele que, sem nunca ter exercido a posse, espera obtê-la judicialmente. Logo, na medida em que a transferência da propriedade imobiliária ocorre com o registro do título aquisitivo — no particular, a carta de arrematação — perante o Registro de Imóveis, somente depois da prática desse ato é que o arrematante estará capacitado a exigir sua imissão na posse do bem" (STJ-3ª T., REsp 1.238.502, Min. Nancy Andrighi, j. 28.5.13, DJ 13.6.13).

Mas: "O arrematante de imóvel tem o direito de receber os valores relativos ao aluguel a partir da lavratura do auto de arrematação, não sendo preciso esperar o registro no cartório do registro de imóveis" (STJ-3ª T., REsp 1.232.559, Min. João Otávio, j. 11.2.14, DJ 17.2.14). No mesmo sentido: STJ-4ª T., REsp 698.234, Min. Raul Araújo, j. 25.3.14, DJ 30.4.14.

Art. 1.245: 1d. "A estipulação prevista no contrato social de integralização do capital social por meio de imóvel indicado pelo sócio, por si, não opera a transferência de propriedade do bem à sociedade empresarial. De igual modo, a inscrição do ato constitutivo com tal disposição contratual, no Registro Público de Empresas Mercantis, a cargo das Juntas Comerciais, não se presta a tal finalidade. A integralização do capital social da empresa pode se dar por meio da realização de dinheiro ou bens móveis ou imóveis, havendo de se observar, necessariamente, o modo pelo qual se dá a transferência de titularidade de cada qual. Em se tratando de imóvel, como se dá no caso dos autos, a incorporação do bem à sociedade empresarial haverá de observar, detidamente, os ditames do art. 1.245 do Código Civil, que dispõe: transfere-se entre vivos a propriedade mediante o registro do título translativo no Registro de Imóveis. O registro do título translativo no Registro de Imóveis, como condição imprescindível à transferência de propriedade de bem imóvel entre vivos, propugnada pela lei civil, não se confunde, tampouco pode ser substituído para esse efeito, pelo registro do contrato social na Junta Comercial, como sugere a insurgente" (STJ-3ª T., REsp 1.743.088, Min. Marco Bellizze, j. 12.3.19, DJ 22.3.19).

"'Transformação' do empresário individual em sociedade limitada. Operação *sui generis*, distinta da transformação de sociedades. Integralização de capital com bem imóvel. Necessidade de registro para transmissão do domínio" (STJ-4ª T., REsp 703.419-AgRg, Min. Antonio Ferreira, j. 2.4.13, DJ 16.4.13).

Art. 1.245: 1e. "O imóvel objeto de separação consensual devidamente homologada pela Vara de Família e Sucessões, cuja propriedade ficou a cargo da ex-esposa do executado, não pode ser objeto de penhora, ainda que o registro da partilha só tenha ocorrido em momento posterior ao ajuizamento da ação de execução" (STJ-3ª T., Ag em REsp 159.917-AgRg, Min. Sidnei Beneti, j. 6.8.13, DJ 30.8.13).

V. tb., no nosso CPCLPV, CPC 674, nota 12, inclusive com a Súmula 84 do STJ.

Art. 1.245: 1f. "A **doação** efetuada, **em partilha** decorrente de separação judicial, pelos genitores dos autores antes mesmo de o imóvel ser hipotecado, por **não** ter sido **registrada** no cartório de registro de imóveis, gera efeitos obrigacionais apenas para os alienantes (doadores) e para os donatários, de modo que não torna ineficaz nem inválida a **hipoteca** dada a terceiro de boa-fé pelos efetivos proprietários" (STJ-4ª T., REsp 1.358.062, Min. Luis Felipe, j. 15.8.19, DJ 3.9.19).

Art. 1.245: 1g. "O registro em cartório de escritura pública de compra e venda com pacto adjeto de alienação fiduciária **não obsta o direito à resolução por inadimplemento** fundado no artigo 475 do Código Civil" (STJ-3ª T., REsp 1.739.994, Min. Ricardo Cueva, j. 11.5.21, DJ 20.5.21).

Art. 1.245: 2. Enunciado 87 do CEJ: "Considera-se também título translativo, para fins do art. 1.245 do novo Código Civil, a promessa de compra e venda devidamente quitada (arts. 1.417 e 1.418 do Código Civil e § 6º do art. 26 da Lei n. 6.766/79)".

Art. 1.245: 3. v. art. 1.275 § ún.

Art. 1.245: 3a. Súmula 496 do STJ: "Os registros de propriedade particular de imóveis situados em terrenos de marinha não são oponíveis à União".

Art. 1.245: 4. "O **bloqueio administrativo** da matrícula do imóvel não impede a pretensão reivindicatória do suposto proprietário, tendo em vista que 'enquanto não se promover, por meio de ação própria, a decretação de invalidade do registro e o respectivo cancelamento, o adquirente continua a ser havido como dono do imóvel' (art. 1.245, § 2º, CC/2002)" (RT 871/271).

Também não impede a pretensão reivindicatória a **simples propositura da ação própria** para a invalidação do registro: "Não basta, para ilidir a fé pública que o registro imobiliário reveste, o ajuizamento de ação tendente a invalidá-lo; exige-se sua procedência" (STJ-3ª T., REsp 988.505, Min. Nancy Andrighi, j. 26.6.08, DJ 5.8.08).

Art. 1.245: 5. "Não obstante o Juízo de Família seja competente para reconhecer e dissolver a união estável, bem como para determinar a partilha dos bens adquiridos na constância da convivência, eventual nulificação de registro de escritura pública de transferência de propriedade a terceiro que não participou da lide familiar, ainda que com base em simulação, deve ser realizada em **ação autônoma**, a teor do art. 1.245 do CC/02, em decorrência do princípio da fé pública" (STJ-3ª T., REsp 1.485.014, Min. Moura Ribeiro, j. 25.4.17, DJ 15.5.17).

Art. 1.246. O registro é eficaz desde o momento em que se apresentar o título ao oficial do registro, e este o prenotar no protocolo.[1]

Art. 1.246: 1. v. LRP 174, 175, 182 a 188 e 205.

Art. 1.247. Se o teor do registro não exprimir a verdade, poderá o interessado reclamar que se retifique[1] ou anule.

Parágrafo único. Cancelado o registro, poderá o proprietário[2] reivindicar o imóvel, independentemente da boa-fé ou do título do terceiro adquirente.

Art. 1.247: 1. v. LRP 212 a 213 (retificação administrativa) e 216 (retificação contenciosa).

Art. 1.247: 2. i. e., aquele que teve ou terá seu registro revalidado por força do cancelamento do registro posterior.

Seção III | DA AQUISIÇÃO POR ACESSÃO[1]

SEÇ. III: 1. s/ bens imóveis por acessão física, v. art. 79; s/ indenização paga ao evicto por conta de acessão, v. nota 2 ao art. 453.

Art. 1.248. A acessão pode dar-se:
I — por formação de ilhas;[1]
II — por aluvião;[2]
III — por avulsão;[3]
IV — por abandono de álveo;[4]
V — por plantações ou construções.[5]

Art. 1.248: 1. v. art. 1.249 e CA 23 a 25.
Art. 1.248: 2. v. art. 1.250 e CA 16 a 18.
Art. 1.248: 3. v. art. 1.251 e CA 19 a 22.
Art. 1.248: 4. v. art. 1.252 e CA 26 e 27.
Art. 1.248: 5. v. arts. 1.253 a 1.259.

Subseção I | DAS ILHAS

Art. 1.249. As ilhas que se formarem em correntes comuns ou particulares pertencem aos proprietários ribeirinhos fronteiros, observadas as regras seguintes:[1-2]
I — as que se formarem no meio do rio consideram-se acréscimos sobrevindos aos terrenos ribeirinhos fronteiros de ambas as margens, na proporção de suas testadas, até a linha que dividir o álveo em duas partes iguais;
II — as que se formarem entre a referida linha e uma das margens consideram-se acréscimos aos terrenos ribeirinhos fronteiros desse mesmo lado;
III — as que se formarem pelo desdobramento de um novo braço do rio continuam a pertencer aos proprietários dos terrenos à custa dos quais se constituíram.

Art. 1.249: 1. v. CF 20-IV e 26-II e III.
Art. 1.249: 2. v. CA 23 a 25.

Subseção II | DA ALUVIÃO

Art. 1.250. Os acréscimos formados, sucessiva e imperceptivelmente, por depósitos e aterros naturais ao longo das margens das correntes, ou pelo desvio das águas destas, pertencem aos donos dos terrenos marginais, sem indenização.[1]
Parágrafo único. O terreno aluvial, que se formar em frente de prédios de proprietários diferentes, dividir-se-á entre eles, na proporção da testada de cada um sobre a antiga margem.

Art. 1.250: 1. v. CA 16 a 18.

Subseção III | DA AVULSÃO

Art. 1.251. Quando, por força natural violenta, uma porção de terra se destacar de um prédio e se juntar a outro, o dono deste adquirirá a propriedade do acréscimo, se indenizar o dono do primeiro ou, sem indenização, se, em um ano, ninguém houver reclamado.[1]

Parágrafo único. Recusando-se ao pagamento de indenização, o dono do prédio a que se juntou a porção de terra deverá aquiescer a que se remova a parte acrescida.

Art. 1.251: 1. v. CA 19 a 22.

Subseção IV | DO ÁLVEO ABANDONADO

Art. 1.252. O álveo abandonado de corrente pertence aos proprietários ribeirinhos das duas margens, sem que tenham indenização os donos dos terrenos por onde as águas abrirem novo curso, entendendo-se que os prédios marginais se estendem até o meio do álveo.[1]

Art. 1.252: 1. v. CA 9º, 26 e 27.

Subseção V | DAS CONSTRUÇÕES E PLANTAÇÕES

Art. 1.253. Toda construção ou plantação existente em um terreno presume-se feita pelo proprietário e à sua custa, até que se prove o contrário.

Art. 1.254. Aquele que semeia, planta ou edifica em terreno próprio com sementes, plantas ou materiais alheios, adquire a propriedade destes; mas fica obrigado a pagar-lhes o valor,[1] além de responder por perdas e danos,[2] se agiu de má-fé.

Art. 1.254: 1. i. e., o valor das sementes, plantas ou materiais empregados.
Art. 1.254: 2. v. arts. 402 a 405.

Art. 1.255. Aquele que semeia, planta ou edifica em terreno alheio perde, em proveito do proprietário, as sementes, plantas e construções; se procedeu de boa-fé,[1-1a] terá direito a indenização.[2-3]

Parágrafo único. Se a construção ou a plantação exceder consideravelmente o valor do terreno, aquele que, de boa-fé, plantou ou edificou, adquirirá a propriedade do solo, mediante pagamento da indenização fixada judicialmente, se não houver acordo.

Art. 1.255: 1. s/ conceito de boa-fé, v. art. 1.201.

Art. 1.255: 1a. Boa-fé e construção em terreno alheio. "A ausência de contrato de compra e venda e a existência de registro de penhora, com eficácia *erga omnes*, afastam a presunção de boa-fé do apelante, razão pela qual não há que se falar em dever de indenizar" (RT 897/305: TJPR, AP 614.651-8).

Art. 1.255: 2. "A jurisprudência assentada no Superior Tribunal de Justiça considera indevida a indenização por acessões construídas sobre **área pública** irregularmente ocupada" (STJ-1ª T., REsp 850.970, Min. Teori Zavascki, j. 1.3.11, DJ 11.3.11).

S/ ocupação de área pública, v. arts. 1.196, nota 2, e 1.219, notas 4, 4a e 7a.

Art. 1.255: 3. "Ação de dissolução de sociedade de fato cumulada com alimentos, guarda e partilha de bens. Reconhecimento da sociedade conjugal e dissolução decretada. Pretensão à partilha de imóvel construído em terreno alheio. Direito à meação inexistente. Indenização a ser verificada em ação própria. Inteligência do art. 1.255 do CC" (RT 896/330: TJSC, AP 2009.065059-6). Em sentido semelhante: STJ-4ª T., REsp 1.327.652, Min. Luis Felipe, j. 10.10.17, DJ 22.11.17.

Art. 1.256. Se de ambas as partes houve má-fé, adquirirá o proprietário as sementes, plantas e construções, devendo ressarcir o valor das acessões.¹

Parágrafo único. Presume-se má-fé no proprietário, quando o trabalho de construção, ou lavoura, se fez em sua presença e sem impugnação sua.

Art. 1.256: 1. v. art. 1.257.

Art. 1.257. O disposto no artigo antecedente aplica-se ao caso de não pertencerem as sementes, plantas ou materiais a quem de boa-fé os empregou em solo alheio.¹

Parágrafo único. O proprietário das sementes, plantas ou materiais poderá cobrar do proprietário do solo a indenização devida, quando não puder havê-la do plantador ou construtor.

Art. 1.257: 1. ou seja: as sementes, plantas e materiais serão adquiridos pelo proprietário do solo, o qual indenizará o antigo dono daqueles, caso o plantador ou construtor não possam fazê-lo.

Art. 1.258. Se a construção, feita parcialmente em solo próprio, invade solo alheio em proporção não superior à vigésima parte deste, adquire o construtor de boa-fé a propriedade da parte do solo invadido, se o valor da construção exceder o dessa parte, e responde por indenização que represente, também, o valor da área perdida e a desvalorização da área remanescente.¹

Parágrafo único. Pagando em décuplo as perdas e danos¹ᵃ previstos neste artigo, o construtor de má-fé adquire a propriedade da parte do solo que invadiu, se em proporção à vigésima parte deste e o valor da construção exceder consideravelmente o dessa parte e não se puder demolir a porção invasora sem grave prejuízo para a construção.²

Art. 1.258: 1. "Aquisição construtiva de solo alheio: princípio *superficies solo cedit*, boa-fé e função social à luz do Código Civil brasileiro", por Luiz Edson Fachin (RT 922/123).

Art. 1.258: 1a. v. arts. 402 a 405.

Art. 1.258: 2. Enunciado 318 do CEJ: "O direito à aquisição da propriedade do solo em favor do construtor de má-fé (art. 1.258, parágrafo único) somente é viável quando, além dos requisitos explícitos previstos em lei, houver necessidade de proteger terceiros de boa-fé".

Art. 1.259. Se o construtor estiver de boa-fé, e a invasão do solo alheio exceder a vigésima parte deste, adquire a propriedade da parte do solo invadido, e responde por perdas e danos que abranjam o valor que a invasão acrescer à construção, mais o da área perdida e o da desvalorização da área remanescente; se de má-fé, é obrigado a demolir o que nele construiu, pagando as perdas e danos apurados, que serão devidos em dobro.¹

Art. 1.259: 1. s/ perdas e danos, v. arts. 402 a 405.

Capítulo III | DA AQUISIÇÃO DA PROPRIEDADE MÓVEL

Seção I | DA USUCAPIÃO¹⁻²

SEÇ. I: 1. "Usucapião de coisa móvel nas relações de consumo", por Rogério Ferraz Donnini (RDPr 25/271).

SEÇ. I: 2. Lei 14.010, de 10.6.20 — Dispõe sobre o Regime Jurídico Emergencial e Transitório das relações jurídicas de Direito Privado (RJET) no período da pandemia do coronavírus (Covid-19): "**Art. 10** Suspendem-se os prazos de aquisição para a propriedade imobiliária ou mobiliária, nas diversas espécies de usucapião, a partir da entrada em vigor desta Lei até 30 de outubro de 2020". **Nota:** A Lei 14.010, de 10.6.20, entrou em vigor na data de sua publicação (DOU 12.6.20).

Art. 1.260. Aquele que possuir coisa móvel[1-1a] como sua, contínua e incontestadamente durante três anos, com justo título[2] e boa-fé,[3] adquirir--lhe-á a propriedade.[4-4a]

Art. 1.260: 1. s/ usucapião de imóvel, v. arts. 1.238 a 1.244.

Art. 1.260: 1a. "As ações ao portador transformadas em nominativas são bens usucapíveis, como bens móveis corpóreos" (STJ-3ª T., REsp 1.077.658, Min. Sidnei Beneti, j. 6.3.12, DJ 7.5.12).

Art. 1.260: 2. s/ justo título, v. art. 1.242, nota 1a.

Art. 1.260: 3. s/ conceito de boa-fé, v. art. 1.201.

Art. 1.260: 4. Os bens públicos não estão sujeitos a usucapião (art. 102).

Art. 1.260: 4a. v. LRP-I-28 e 226.

Art. 1.261. Se a posse da coisa móvel se prolongar por cinco anos, produzirá usucapião, independentemente de título ou boa-fé.[1-2]

Art. 1.261: 1. "A posse de bem por **contrato de alienação fiduciária** em garantia **não pode levar a usucapião,** seja pelo adquirente, seja por cessionário deste, porque essa posse remonta ao fiduciante, que é a financiadora, a qual, no ato do financiamento, adquire a propriedade do bem, cuja posse direta passa ao comprador fiduciário, conservando a posse indireta (Ihering) e restando essa posse como resolúvel por todo o tempo, até que o financiamento seja pago. A posse, nesse caso, é justa enquanto válido o contrato. Ocorrido o inadimplemento, transforma-se em posse injusta, incapaz de gerar direito a usucapião" (STJ-RT 885/199: 3ª T., REsp 844.098, um voto vencido).

"A transferência a terceiro de veículo gravado como propriedade fiduciária, à revelia do proprietário (credor), constitui ato de clandestinidade, incapaz de induzir posse (art. 1.208 do Código Civil de 2002), sendo por isso mesmo impossível a aquisição do bem por usucapião. De fato, em contratos com alienação fiduciária em garantia, sendo o desdobramento da posse e a possibilidade de busca e apreensão do bem inerentes ao próprio contrato, conclui-se que a transferência da posse direta a terceiros — porque modifica a essência do contrato, bem como a garantia do credor fiduciário — deve ser precedida de autorização" (STJ-RT 898/169: 4ª T., REsp 881.270).

Art. 1.261: 2. "A existência de **contrato de arrendamento mercantil** do bem móvel **impede** a aquisição de sua propriedade pela **usucapião,** em vista da precariedade da posse exercida pelo devedor arrendatário. **Contudo, verificada a prescrição da dívida,** inexiste óbice legal para prescrição aquisitiva. A pretensão de cobrança de dívida líquida constante de instrumento público ou particular, conforme o art. 206, § 5º, I, do Código Civil, prescreve em cinco anos. No caso, apesar do contrato de arrendamento que tornava possível o manejo da ação para a cobrança das prestações em atraso e ensejava, concomitantemente, a reintegração de posse, permaneceu inerte o credor arrendante. Após o transcurso do prazo de cinco anos, no qual se verificou a prescrição do direito do credor arrendante, a autora da ação de usucapião permaneceu com a posse do veículo, que adquirira do devedor arrendatário, por mais de cinco anos, fato que ensejou a ocorrência da prescrição aquisitiva" (STJ-4ª T., REsp 1.528.626, Min. Raul Araújo, j. 17.12.19, maioria, DJ 16.3.20).

V. tb. art. 1.238, nota 2.

Art. 1.262. Aplica-se à usucapião das coisas móveis o disposto nos arts. 1.243 e 1.244.

Seção II | DA OCUPAÇÃO

Art. 1.263. Quem se assenhorear de coisa[1] sem dono[2-2a] para logo lhe adquire a propriedade, não sendo essa ocupação defesa por lei.[3]

Art. 1.263: 1. móvel

Art. 1.263: 2. s/ coisa perdida que tenha dono, v. arts. 1.233 a 1.237 (descoberta).

Art. 1.263: 2a. A coisa abandonada por seu proprietário (*res derelictae*) e a coisa que nunca foi apropriada (*res nullius*) são consideradas sem dono, podendo sofrer ocupação.

Art. 1.263: 3. Lei 9.605, de 12.2.98 — Dispõe sobre as sanções penais e administrativas derivadas de condutas e atividades lesivas ao meio ambiente (os **arts. 29 a 37** dispõem s/ os crimes contra a fauna).

Dec. 6.514, de 22.7.08 — Dispõe sobre as infrações e sanções administrativas ao meio ambiente, estabelece o processo administrativo federal para apuração destas infrações, e dá outras providências.

Lei 5.197, de 3.1.67 — Dispõe sobre a proteção à fauna.

Dec. lei 221, de 28.2.67 — Dispõe sobre a proteção e estímulos à pesca.

Lei 11.959, de 29.6.09 — Dispõe sobre a Política Nacional de Desenvolvimento Sustentável da Aquicultura e da Pesca, regula as atividades pesqueiras, revoga a Lei 7.679 e dispositivos do Dec. lei 221, e dá outras providências.

Seção III | DO ACHADO DO TESOURO

Art. 1.264. O depósito antigo de coisas preciosas, oculto e de cujo dono não haja memória, será dividido por igual entre o proprietário do prédio e o que achar o tesouro casualmente.[1-2]

Art. 1.264: 1. v. arts. 1.233 a 1.237 (descoberta); art. 1.392 § 3º (tesouro e usufruto); CP 169 § ún.-I (apropriação de tesouro) e 169 § ún.-II (apropriação de coisa achada).

Art. 1.264: 2. CF 20: "São bens da União: (...) **IX** — os recursos minerais, inclusive os do subsolo; **X** — as cavidades naturais subterrâneas e os sítios arqueológicos e pré-históricos".

Lei 3.924, de 26.7.61 — Dispõe sobre os monumentos arqueológicos e pré-históricos: "**Art. 17.** A posse e a salvaguarda dos bens de natureza arqueológica ou pré-histórica constituem, em princípio, direito imanente ao Estado.

"**Art. 18.** A descoberta fortuita de quaisquer elementos de interesse arqueológico ou pré-histórico, histórico, artístico ou numismático, deverá ser imediatamente comunicada à Diretoria do Patrimônio Histórico e Artístico Nacional, ou aos órgãos oficiais autorizados, pelo autor do achado ou pelo proprietário do local onde tiver ocorrido. Parágrafo único. O proprietário ou ocupante do imóvel onde se tiver verificado o achado, é responsável pela conservação provisória da coisa descoberta, até pronunciamento e deliberação da Diretoria do Patrimônio Histórico e Artístico Nacional.

"**Art. 19.** A infringência da obrigação imposta no artigo anterior implicará na apreensão sumária do achado, sem prejuízo da responsabilidade do inventor pelos danos que vier a causar ao Patrimônio Nacional, em decorrência da omissão".

Art. 1.265. O tesouro pertencerá por inteiro ao proprietário do prédio, se for achado por ele, ou em pesquisa que ordenou, ou por terceiro não autorizado.[1]

Art. 1.265: 1. Pela leitura do art. 1.264-*in fine*, conclui-se, *contrario sensu*, que esse terceiro não autorizado é aquela pessoa que não achou casualmente o tesouro em prédio alheio, mas sim de forma intencional e sem permissão do proprietário.

Art. 1.266. Achando-se em terreno aforado, o tesouro será dividido por igual entre o descobridor e o enfiteuta,[1] ou será deste por inteiro quando ele mesmo seja o descobridor.

Art. 1.266: 1. s/ enfiteuse, v. arts. 2.038 do CC atual e 678 a 694 do CC revogado.

Seção IV | DA TRADIÇÃO[1-2]

SEÇ. IV: 1. "Tradição e contrato de mútuo, de conta-corrente e de compra e venda", por Álvaro Villaça Azevedo (RF 392/3).

SEÇ. IV: 2. v. arts. 234, 237, 291, 444, 492, 495, 529, 541 § ún., 579, 809 e 1.226.

Art. 1.267. A propriedade das coisas[1] não se transfere pelos negócios jurídicos antes da tradição.[1a-1b]

Parágrafo único. Subentende-se a tradição quando o transmitente continua a possuir pelo constituto possessório;[2] quando cede ao adquirente o direito à restituição da coisa, que se encontra em poder de terceiro; ou quando o adquirente já está na posse da coisa, por ocasião do negócio jurídico.

Art. 1.267: 1. móveis

Art. 1.267: 1a. Na venda sobre documentos, substitui-se a tradição da coisa pela entrega do seu título representativo, cf. art. 529.

Art. 1.267: 1b. "A transferência da propriedade de veículo automotor se dá com a tradição, sendo desnecessário registro da transferência junto ao DETRAN" (RT 885/294: TJMA, AP 001606/2009).

Art. 1.267: 2. Por meio do constituto possessório, o transmitente permanece na posse do bem, mas em nome do adquirente.

Art. 1.268. Feita por quem não seja proprietário, a tradição não aliena a propriedade,[1] exceto se a coisa, oferecida ao público, em leilão ou estabelecimento comercial, for transferida em circunstâncias tais que, ao adquirente de boa-fé, como a qualquer pessoa, o alienante se afigurar dono.

§ 1º Se o adquirente estiver de boa-fé e o alienante adquirir depois a propriedade, considera-se realizada a transferência desde o momento em que ocorreu a tradição.[1a]

§ 2º Não transfere a propriedade a tradição, quando tiver por título um negócio jurídico nulo.[2]

Art. 1.268: 1. "Nas hipóteses de furto ou roubo não se dá a transmissão da propriedade, nem se transfere legitimamente a posse. Portanto, não perde o titular o direito de sequela, de seguir a coisa e obtê-la de quem a detenha ou possua. E ao terceiro de boa-fé cabe o direito de regresso contra quem lhe transferiu o bem" (STJ-5ª T., RMS 1.710, Min. Edson Vidigal, j. 31.8.94, DJ 7.11.94).

Art. 1.268: 1a. cf. art. 1.420 § 1º.

Art. 1.268: 2. v. art. 166.

Seção V | DA ESPECIFICAÇÃO

Art. 1.269. Aquele que, trabalhando em matéria-prima em parte alheia, obtiver espécie nova, desta será proprietário, se não se puder restituir à forma anterior.[1-2]

Art. 1.269: 1. Outro caso de especificação: art. 1.274 (v. nota 2).

Art. 1.269: 2. v. exemplos de especificação no início do art. 1.270 § 2º.

Art. 1.270. Se toda a matéria for alheia, e não se puder reduzir à forma precedente, será do especificador de boa-fé a espécie nova.

§ 1º Sendo praticável a redução, ou quando impraticável, se a espécie nova se obteve de má-fé,[1] pertencerá ao dono da matéria-prima.

§ 2º Em qualquer caso, inclusive o da pintura em relação à tela, da escultura, escritura e outro qualquer trabalho gráfico em relação à matéria-prima, a espécie nova será do especificador, se o seu valor exceder consideravelmente o da matéria-prima.

Art. 1.270: 1. v. art. 1.271.

Art. 1.271. Aos prejudicados, nas hipóteses dos arts. 1.269 e 1.270, se ressarcirá o dano que sofrerem, menos ao especificador de má-fé, no caso do § 1º do artigo antecedente, quando irredutível a especificação.

Seção VI | DA CONFUSÃO, DA COMISSÃO[1] E DA ADJUNÇÃO

SEÇ. VI: 1. Deve ser "comistão" (v. art. 1.273, nota 1).

Art. 1.272. As coisas pertencentes a diversos donos, confundidas, misturadas ou adjuntadas[1] sem o consentimento deles, continuam a pertencer-lhes, sendo possível separá-las sem deterioração.

§ 1º Não sendo possível a separação das coisas, ou exigindo dispêndio excessivo, subsiste indiviso o todo, cabendo a cada um dos donos quinhão proporcional ao valor da coisa com que entrou para a mistura ou agregado.

§ 2º Se uma das coisas puder considerar-se principal,[2] o dono sê-lo-á do todo, indenizando os outros.

Art. 1.272: 1. Confusão é a mistura de líquidos; comistão é a mistura de sólidos; e adjunção é a justaposição de uma coisa à outra.
Art. 1.272: 2. v. art. 92.

Art. 1.273. Se a confusão, comissão[1] ou adjunção se operou de má-fé, à outra parte caberá escolher entre adquirir a propriedade do todo, pagando o que não for seu, abatida a indenização que lhe for devida, ou renunciar ao que lhe pertencer, caso em que será indenizado.

Art. 1.273: 1. O CC revogado, na Seção III, que antecedia o art. 615, consignava, corretamente, "comistão", e não "comissão".

Art. 1.274. Se da união de matérias de natureza diversa se formar espécie nova, à confusão, comissão[1] ou adjunção aplicam-se as normas dos arts. 1.272 e 1.273.[2]

Art. 1.274: 1. v. art. 1.273, nota 1.
Art. 1.274: 2. A remissão deve ser aos arts. 1.269 a 1.271, que cuidam da formação de espécie nova (especificação). Era neste sentido a remissão feita pelo art. 617 do CC rev.

Capítulo IV | DA PERDA DA PROPRIEDADE

Art. 1.275. Além das causas consideradas neste Código, perde-se a propriedade:
 I — por alienação;
 II — pela renúncia;
 III — por abandono;[1]
 IV — por perecimento da coisa;
 V — por desapropriação.[2]
Parágrafo único. Nos casos dos incisos I e II, os efeitos da perda da propriedade imóvel serão subordinados ao registro do título transmissivo ou do ato renunciativo no Registro de Imóveis.[3-4]

Art. 1.275: 1. s/ abandono de imóvel, v. art. 1.276.

Art. 1.275: 2. s/ desapropriação, v. CF 5º-XXII, XXIII, XXIV, 22-II e § ún., 100, 182 § 3º e § 4º-III, 184 a 186; ADCT 33; CC 1.387-*caput*, 1.409, 1.425-V e § 2º, 1.509 § 2º, 519, 959-II e 960 (CC rev. 590, 708, 738, 762-V e § 2º, 808 § 2º, 1.150, 1.558-II e 1.559). V. tb. art. 8º da Lei 10.257, de 10.7.01 (desapropriação de imóvel urbano que não cumpre sua função social, com pagamento em títulos).

V., adiante, no tít. DESAPROPRIAÇÃO, texto integral, com todas as alterações, das seguintes leis sobre desapropriação:

— **Dec. lei 3.365, de 21.6.41** — Dispõe sobre desapropriações por utilidade pública.

— **Lei 4.132, de 10.9.62** — Define os casos de desapropriação por interesse social e dispõe sobre sua aplicação.

— **Lei 8.629, de 25.2.93** — Dispõe sobre a regulamentação dos dispositivos constitucionais relativos à reforma agrária, previstos no Cap. III, Tít. VII, da Constituição Federal.

Art. 1.275: 3. s/ escritura pública de alienação ou renúncia da propriedade, v. art. 108.

S/ registro, no Registro de Imóveis, de títulos transmissíveis de imóveis, v. arts. 1.245 a 1.247 e LRP 167-I. A renúncia da propriedade de imóvel deve ser averbada na matrícula (LRP 167-II).

Art. 1.275: 4. "Tem-se, portanto, que a alteração do registro, em razão do abandono da propriedade, não tem o condão de desconstituir a propriedade do titular, mas, sim, declarar a perda da propriedade daquele" (STJ-3ª T., REsp 1.176.013, Min. Massami Uyeda, j. 22.6.10, DJ 1.7.10).

Art. 1.276. O imóvel urbano que o proprietário abandonar, com a intenção de não mais o conservar em seu patrimônio, e que se não encontrar na posse de outrem, poderá ser arrecadado, como bem vago,¹ e passar, três anos depois, à propriedade do Município ou à do Distrito Federal, se se achar nas respectivas circunscrições.¹ᵃ⁻²

§ 1º O imóvel situado na zona rural, abandonado nas mesmas circunstâncias, poderá ser arrecadado, como bem vago, e passar, três anos depois, à propriedade da União, onde quer que ele se localize.

§ 2º Presumir-se-á de modo absoluto a intenção a que se refere este artigo, quando, cessados os atos de posse, deixar o proprietário de satisfazer os ônus fiscais.³

Art. 1.276: 1. v. CPC 746.

Art. 1.276: 1a. Enunciado 316 do CEJ: "Eventual ação judicial de abandono de imóvel, caso procedente, impede o sucesso de demanda petitória".

Art. 1.276: 2. "A inconstitucionalidade do art. 1.276 do novo CC e a garantia do direito de propriedade", por Adolfo Mamoru Nishiyama (RDPr 18/9); "Abandono e arrecadação de imóveis urbanos na perspectiva da política urbana", por Fernando G. Bruno Filho (RMDAU 42/5).

Art. 1.276: 3. Enunciado 242 do CEJ: "A aplicação do art. 1.276 depende do devido processo legal, em que seja assegurado ao interessado demonstrar a não cessação da posse".

Enunciado 243 do CEJ: "A presunção de que trata o § 2º do art. 1.276 não pode ser interpretada de modo a contrariar a norma-princípio do art. 150, IV, da Constituição da República".

Capítulo V | DOS DIREITOS DE VIZINHANÇA¹ ᴬ ³

Seção I | DO USO ANORMAL DA PROPRIEDADE¹

CAP. V: 1. "Direito de vizinhança: condicionamentos públicos e privados", por Mariana Mencio (IP 66/167); "Direito de vizinhança — o uso abusivo da propriedade imóvel", por José Eulálio Figueiredo de Almeida (RMDAU 41/5).

CAP. V: 2. s/ direito de vizinhança e foro competente, v. CPC 47.

CAP. V: 3. Lei 10.257, de 10.7.01 (Estatuto da Cidade) — Regulamenta os arts. 182 e 183 da Constituição Federal, estabelece diretrizes gerais da política urbana e dá outras providências. Os arts. 36 a 38 dispõem sobre **estudo de impacto de vizinhança**.

SEÇ. I: 1. v. tb. arts. 1.331 a 1.346 e LCE 19 (uso da propriedade em condomínios edilícios).

Art. 1.277. O proprietário ou o possuidor de um prédio tem o direito de fazer cessar as interferências prejudiciais à segurança, ao sossego e à saúde dos que o habitam, provocadas pela utilização de propriedade vizinha.[1 a 4]

Parágrafo único. Proíbem-se as interferências considerando-se a natureza da utilização, a localização do prédio, atendidas as normas que distribuem as edificações em zonas,[5] e os limites ordinários de tolerância dos moradores da vizinhança.

Art. 1.277: 1. s/ direito de construir, v. arts. 1.299 a 1.302 e respectivas notas.

Art. 1.277: 1a. Enunciado 319 do CEJ: "A condução e a solução das causas envolvendo conflitos de vizinhança devem guardar estreita sintonia com os princípios constitucionais da intimidade, da inviolabilidade da vida privada e da proteção ao meio ambiente".

Art. 1.277: 2. Vizinho não é apenas o prédio contíguo (RT 505/74, 696/105, RJTJESP 47/164, Bol. AASP 1.002/34).

"O ocupante do imóvel é parte legítima para figurar no polo passivo da ação de obrigação de fazer, ajuizada pelo proprietário ou pelo inquilino do imóvel vizinho, fundada no mau uso da propriedade" (STJ-3ª T., REsp 622.303, Min. Nancy Andrighi, j. 16.3.04, DJU 26.4.04).

"A ação do proprietário pelo uso nocivo do prédio vizinho pode ser dirigida contra o dono, ainda que locada a coisa" (STJ-4ª T., REsp 480.621, Min. Ruy Rosado, j. 17.6.03, DJU 12.8.03).

Art. 1.277: 3. "Fere o direito de vizinhança e caracteriza o uso nocivo da propriedade a mantença de inúmeros **animais** em precárias condições de higiene e cuidados, que causam aos vizinhos perturbações de toda ordem, especialmente em razão da sujeira, do mau cheiro, do barulho e das invasões na propriedade alheia" (JTJ 292/511).

Todavia: "Obrigação de não fazer. Proprietários de loteamento fechado que visam à interdição de granja avícola em imóvel vizinho. Inadmissibilidade. Irregularidade quanto à autorização para funcionamento expedida pelo órgão de fiscalização agropecuária sanada no curso do processo. Odor inerente a atividade que são incômodos toleráveis. Plano diretor do Município, ademais, que classifica a região como não exclusivamente residencial, autorizando o seu uso rural. Perturbação à segurança, à saúde e ao sossego que não se evidenciam" (RT 922/956: TJSP, AP 0010584-84.2008.8.26.0281; ementa da redação).

Art. 1.277: 4. "Direito de vizinhança. Perturbação ao sossego alheio. Funcionamento de bar em quiosque ao ar livre, com utilização de som mecânico e ao vivo. **Ruídos excessivos.** Limitações ao direito de propriedade, face ao incômodo causado aos vizinhos" (RT 884/315 e Bol. AASP 2.696: TJRS, AP 70018092973).

"A constatação de que o estabelecimento comercial produz elevados níveis de ruído, a ponto de causar grave perturbação ao sossego da vizinhança, fato que constitui dano à saúde da coletividade, justifica a determinação da paralisação de suas atividades, até porque os elementos de prova já apresentados evidenciam a reiterada prática, desrespeitando preceitos a que se encontrava vinculado. Sabendo-se, ademais, que os níveis sonoros apurados são prejudiciais ao sossego, à saúde e à segurança das pessoas, com consequências praticamente irreparáveis, identificado está o *periculum in mora*, a justificar o prevalecimento da medida, não sendo suficiente para afastá-la a afirmação de prejuízo econômico-financeiro propiciado ao réu" (JTJ 347/104: AI 990.09.292840-6).

"Poluição sonora. Imóvel destinado à locação para festas e eventos. Prova técnica. Prescindibilidade. Hipótese em que os depoimentos das testemunhas corroboraram as alegações ministeriais, tornando desnecessária a medição do ruído proveniente do local. Os ruídos urbanos são, hoje, considerados fatores altamente prejudiciais à população urbana, razão pela qual, além da disposição genérica do Código Civil que permite ao proprietário impedir que o vizinho perturbe o seu sossego (art. 1.277), o Poder Público vem alargando, por normas regulamentares, as exigências do silêncio, e os tribunais não têm negado ação, quer aos particulares, quer à Municipalidade, quer ao Ministério Público, para impedir os ruídos molestos aos vizinhos, individualmente, ou à coletividade em geral. Demonstrando a prova testemunhal que os distúrbios noticiados nos autos se referem à realização de eventos noturnos com níveis muito altos de emissão sonora, de se confirmar a sentença que impôs a proibição no que concerne aos eventos/festas, sendo prescindível, para tanto, a realização de prova pericial" (RT 897/295: TJMG, AP 1.0694.07.039949-8/001).

"Direito de vizinhança. Obrigação de não fazer. Mau uso da propriedade. Poluição sonora. Ruído excessivo oriundo de festa realizada pelos apelantes que gerou perturbação aos moradores vizinhos. Relações de vizinhança que limitam o uso do direito de propriedade em prol da boa convivência social (art. 1.277 do CC/2002)" (RT 900/260: TJSP, AP 992.07.025249-0).

Todavia: "Direito de vizinhança. Ruídos decorrentes da utilização do *playground* pelos moradores do próprio edifício dos autores. Uso normal da propriedade. Incômodo considerado como dentro dos limites ordinários de tolerância, que se impõe diante da convivência em sociedade" (JTJ 331/370: AP 285.633-4/3-00).

Art. 1.277: 5. "Utilização de imóvel para **fins comerciais** em área exclusivamente residencial. Mau uso caracterizado" (RDPr 16/364; ementa da redação).

Art. 1.278. O direito a que se refere o artigo antecedente não prevalece quando as interferências forem justificadas por interesse público, caso em que o proprietário ou o possuidor, causador delas, pagará ao vizinho indenização cabal.

Art. 1.279. Ainda que por decisão judicial devam ser toleradas as interferências, poderá o vizinho exigir a sua redução, ou eliminação, quando estas se tornarem possíveis.

Art. 1.280. O proprietário ou o possuidor tem direito a exigir do dono do prédio vizinho a demolição, ou a reparação deste, quando ameace ruína,[1] bem como que lhe preste caução pelo dano iminente.

Art. 1.280: 1. v. art. 937.

Art. 1.281. O proprietário ou o possuidor de um prédio, em que alguém tenha direito de fazer obras, pode, no caso de dano iminente, exigir do autor delas as necessárias garantias contra o prejuízo eventual.[1]

Art. 1.281: 1. v. arts. 1.311 a 1.313 e LI 9º-IV e 26.

S/ pesquisa mineral em terreno alheio, v. principalmente arts. 27 e 28 do Dec. lei 227, de 28.2.67 (Código de Mineração).

Seção II | DAS ÁRVORES LIMÍTROFES

Art. 1.282. A árvore, cujo tronco estiver na linha divisória, presume-se pertencer em comum aos donos dos prédios confinantes.

Art. 1.283. As raízes e os ramos de árvore, que ultrapassarem a estrema do prédio, poderão ser cortados, até o plano vertical divisório, pelo proprietário do terreno invadido.

Art. 1.284. Os frutos caídos de árvore do terreno vizinho pertencem ao dono do solo onde caíram, se este for de propriedade particular.

Seção III | DA PASSAGEM FORÇADA

Art. 1.285. O dono do prédio que não tiver acesso a via pública, nascente ou porto, pode, mediante pagamento de indenização cabal, constranger o vizinho a lhe dar passagem, cujo rumo será judicialmente fixado, se necessário.[1-2]

§ 1º Sofrerá o constrangimento o vizinho cujo imóvel mais natural e facilmente se prestar à passagem.

§ 2º Se ocorrer alienação parcial do prédio, de modo que uma das partes perca o acesso a via pública, nascente ou porto, o proprietário da outra deve tolerar a passagem.

§ 3º Aplica-se o disposto no parágrafo antecedente ainda quando, antes da alienação, existia passagem através de imóvel vizinho, não estando o proprietário deste constrangido, depois, a dar uma outra.

Art. 1.285: 1. Enunciado 88 do CEJ: "O direito de passagem forçada, previsto no art. 1.285 do Código Civil, também é garantido nos casos em que o acesso à via pública for insuficiente ou inadequado, consideradas inclusive as necessidades de exploração econômica".

Art. 1.285: 2. "A passagem forçada constitui modalidade onerosa do direito de vizinhança, cujo pressuposto é o **encravamento do imóvel**; juridicamente, encravado é o imóvel cujo acesso exige do respectivo proprietário despesas excessivas" (STJ-3ª T., REsp 850.867, Min. Ari Pargendler, j. 26.8.08, DJ 26.9.08).

Todavia, dispensando o requisito do encravamento: "Apesar de não se tratar de imóvel encravado, a concessão da servidão funda-se em razões humanitárias e tem por finalidade facilitar a locomoção da beneficiária, pessoa doente e com dificuldades de locomoção. Na hipótese dos autos, a utilização da passagem deve ser estendida ao cônjuge da titular da servidão judicial, enquanto em sua companhia, de forma a garantir efetividade à decisão judicial e facilitar-lhe a locomoção digna" (STJ-3ª T., REsp 1.370.210, Min. Nancy Andrighi, j. 27.8.13, RT 940/575).

Seção IV | DA PASSAGEM DE CABOS E TUBULAÇÕES

Art. 1.286. Mediante recebimento de indenização que atenda, também, à desvalorização da área remanescente, o proprietário é obrigado a tolerar a passagem, através de seu imóvel, de cabos, tubulações e outros condutos subterrâneos de serviços de utilidade pública, em proveito de proprietários vizinhos, quando de outro modo for impossível ou excessivamente onerosa.[1]

Parágrafo único. O proprietário prejudicado pode exigir que a instalação seja feita de modo menos gravoso ao prédio onerado, bem como, depois, seja removida, à sua custa, para outro local do imóvel.

Art. 1.286: 1. v. art. 1.294.

Art. 1.287. Se as instalações oferecerem grave risco, será facultado ao proprietário do prédio onerado exigir a realização de obras de segurança.[1]

Art. 1.287: 1. v. art. 1.294.

Seção V | DAS ÁGUAS[1]

SEÇ. V: 1. v. Dec. 24.643, de 10.7.34 (Código de Águas), arts. 1º a 138.

V. tb. Dec. lei 3.094, de 5.3.41 (fontes de águas minerais, termais e gasosas), e Dec. lei 7.841, de 8.8.45 (Código de Águas Minerais).

Art. 1.288. O dono ou o possuidor do prédio inferior é obrigado a receber as águas que correm naturalmente do superior,[1-1a] não podendo realizar obras que embaracem o seu fluxo; porém a condição natural e anterior do prédio inferior não pode ser agravada por obras feitas pelo dono ou possuidor do prédio superior.[1b a 3]

Art. 1.288: 1. Incumbe ao proprietário do prédio inferior "arcar com as obras necessárias à canalização das águas que correm naturalmente de um prédio ao outro, descabendo imputá-las ao réu, proprietário do prédio superior" (RJTJERGS 262/356, AP 70016391476).

Art. 1.288: 1a. "O dono do prédio inferior tem por obrigação receber as águas que correm naturalmente do superior (art. 1.288 do CC), sendo estas águas, no entanto, as pluviais, e não o esgoto" (JTJ 323/649: AP 7.030.324-1).

Art. 1.288: 1b. v. CA 69, no mesmo sentido.

Art. 1.288: 2. "Desabamento de muros e inundação, pelas águas de forte chuva, da residência dos autores, com danificação da própria construção, bem como de móveis e utensílios. Evento decorrente do rebaixamento da guia de calçada, para ingresso e estacionamento de caminhões de transportadora, feito pelo dono do prédio superior, provocando desnível. Artigos 563 do Código Civil e 69 do Código de Águas. Inocorrência de força maior, não se devendo o acidente simplesmente à excepcionalidade pluviométrica" (Lex-JTA 159/112: 1º TASP, AP 636.089-6). O art. 563 do CC rev. corresponde ao CC 1.288.

Art. 1.288: 3. "O art. 1.288 do CC/02 há de ser interpretado à luz do princípio constitucional da função social, que qualifica a propriedade como uma relação jurídica complexa, em que se estabelecem direitos e deveres recíprocos, a partir da articulação entre o interesse do titular e a utilidade social. O prédio inferior é obrigado a tolerar o fluxo de águas pluviais apenas quando este decorrer da ação da natureza; do contrário, havendo atuação humana no prédio superior que, de qualquer forma, interfira no curso natural das águas pluviais, causando prejuízo ao proprietário ou possuidor do prédio inferior, a este será devida a respectiva indenização. Hipótese em que, embora os recorrentes não tenham realizado obras no imóvel, ficou comprovado que a atividade de pasto por eles exercida no prédio superior provocou o agravamento da condição natural e anterior do prédio inferior, surgindo, pois, o dever de indenizar" (STJ-3ª T., REsp 1.589.352, Min. Nancy Andrighi, j. 2.4.19, DJ 4.4.19).

Art. 1.289. Quando as águas, artificialmente levadas ao prédio superior, ou aí colhidas, correrem dele para o inferior, poderá o dono deste reclamar que se desviem, ou se lhe indenize o prejuízo que sofrer.[1]

Parágrafo único. Da indenização será deduzido o valor do benefício obtido.

Art. 1.289: 1. v. CA 92.

Art. 1.290. O proprietário de nascente,[1] ou do solo onde caem águas pluviais, satisfeitas as necessidades de seu consumo, não pode impedir, ou desviar[2] o curso natural das águas remanescentes pelos prédios inferiores.

Art. 1.290: 1. v. art. 1.310, CA 89 a 92.

Art. 1.290: 2. v. CA 103 § ún.-2º.

Art. 1.291. O possuidor do imóvel superior não poderá poluir[1] as águas indispensáveis às primeiras necessidades da vida dos possuidores dos imóveis inferiores; as demais, que poluir, deverá recuperar, ressarcindo os danos que estes sofrerem, se não for possível a recuperação ou o desvio do curso artificial das águas.[2]

Art. 1.291: 1. v. arts. 1.228 § 1º, *in fine*, 1.309, CA 109 a 116.

Art. 1.291: 2. Enunciado 244 do CEJ: "O art. 1.291 deve ser interpretado conforme a Constituição, não sendo facultada a poluição das águas, quer sejam essenciais ou não às primeiras necessidades da vida".

Art. 1.292. O proprietário tem direito de construir barragens, açudes, ou outras obras para represamento de água em seu prédio; se as águas represadas invadirem prédio alheio, será o seu proprietário indenizado pelo dano sofrido, deduzido o valor do benefício obtido.

Art. 1.293. É permitido a quem quer que seja, mediante prévia indenização aos proprietários prejudicados, construir canais,[1] através de prédios alheios, para receber as águas a que tenha direito, indispensáveis às primeiras necessidades da vida, e, desde que não cause prejuízo considerável à agricultura e à indústria, bem como para o escoamento de águas supérfluas ou acumuladas, ou a drenagem de terrenos.[1a-1b]

§ 1º Ao proprietário prejudicado, em tal caso, também assiste direito a ressarcimento pelos danos que de futuro lhe advenham da infiltração ou irrupção das águas, bem como da deterioração das obras destinadas a canalizá-las.

§ 2º O proprietário prejudicado poderá exigir que seja subterrânea a canalização que atravessa áreas edificadas, pátios, hortas, jardins ou quintais.

§ 3º O aqueduto[2] será construído de maneira que cause o menor prejuízo aos proprietários dos imóveis vizinhos, e a expensas do seu dono, a quem incumbem também as despesas de conservação.

Art. 1.293: 1. v. art. 1.296, CA 117.

Art. 1.293: 1a. Enunciado 245 do CEJ: "Muito embora omisso acerca da possibilidade de canalização forçada de águas por prédios alheios, para fins da agricultura ou indústria, o art. 1.293 não exclui a possibilidade da canalização forçada pelo vizinho, com prévia indenização aos proprietários prejudicados".

Art. 1.293: 1b. Esse dispositivo assegura o direito à servidão de aqueduto.

Art. 1.293: 2. v. CA 117 a 138.

Art. 1.294. Aplica-se ao direito de aqueduto o disposto nos arts. 1.286 e 1.287.

Art. 1.295. O aqueduto não impedirá que os proprietários cerquem os imóveis e construam sobre ele, sem prejuízo para a sua segurança e conservação; os proprietários dos imóveis poderão usar das águas do aqueduto para as primeiras necessidades da vida.[1]

Art. 1.295: 1. v. CA 130.

Art. 1.296. Havendo no aqueduto águas supérfluas, outros poderão canalizá-las, para os fins previstos no art. 1.293, mediante pagamento de indenização aos proprietários prejudicados e ao dono do aqueduto, de importância equivalente às despesas que então seriam necessárias para a condução das águas até o ponto de derivação.[1]

Parágrafo único. Têm preferência os proprietários dos imóveis atravessados pelo aqueduto.

Art. 1.296: 1. v. CA 134.

Seção VI — DOS LIMITES ENTRE PRÉDIOS E DO DIREITO DE TAPAGEM

Art. 1.297. O proprietário tem direito a cercar, murar, valar ou tapar de qualquer modo o seu prédio, urbano ou rural, e pode constranger o seu confinante a proceder com ele à demarcação[1 a 1c] entre os dois prédios, a aviventar rumos apagados e a renovar marcos destruídos ou arruinados, repartindo-se proporcionalmente entre os interessados as respectivas despesas.[2]

§ 1º Os intervalos, muros, cercas e os tapumes divisórios,[3] tais como sebes vivas, cercas de arame ou de madeira, valas ou banquetas, presumem-se, até prova em contrário, pertencer a ambos os proprietários confinantes, sendo estes obrigados, de conformidade com os costumes da localidade, a concorrer, em partes iguais, para as despesas de sua construção e conservação.[4]

§ 2º As sebes vivas, as árvores, ou plantas quaisquer, que servem de marco

CC – arts. 1.297 a 1.299

divisório, só podem ser cortadas, ou arrancadas, de comum acordo entre proprietários.

§ 3º A construção de tapumes especiais para impedir a passagem de animais de pequeno porte, ou para outro fim, pode ser exigida de quem provocou a necessidade deles, pelo proprietário, que não está obrigado a concorrer para as despesas.

Art. 1.297: 1. v. CPC 569 e segs.

Art. 1.297: 1a. v. LRP 167-I-23.

Art. 1.297: 1b. "Ação demarcatória visando a fixar os limites, dentro de um mesmo edifício (objeto de condomínio por unidades autônomas) entre uma dessas unidades e a parte comum. Aplicação, no caso, naquilo que for cabível, das normas que regulam a pretensão de demarcar" (STJ-3ª T., REsp 165.223, Min. Eduardo Ribeiro, j. 17.12.98, DJU 8.3.99).

Art. 1.297: 1c. "Mesmo havendo marcos no terreno, permite-se o manejo da demarcatória para fixar os limites se existe divergência de área entre a realidade e os títulos dominiais, geradora de insegurança e controvérsia entre as partes. O ponto decisivo a distinguir a demarcatória em relação à reivindicatória é 'a circunstância de ser imprecisa, indeterminada ou confusa a verdadeira linha de confrontação a ser estabelecida ou restabelecida no terreno'" (STJ-4ª T., REsp 60.110, Min. Sálvio de Figueiredo, j. 5.9.95, DJU 2.10.95).

"Se a linha divisória existente não corresponde aos títulos e não há outros limites, devidamente definidos no terreno, cabível a demarcatória. A reivindicatória supõe a perfeita individuação da coisa" (RSTJ 13/399: 3ª T., REsp 3.193).

Contra, em termos: "Na demarcatória, a confusão dos limites é resultado do desconhecimento do lugar certo em que deve passar a linha que separa os dois prédios. Se essa linha pode ser determinada a partir de marcos já existentes, não há falar em desconhecimento do seu lugar certo" (JTJ 208/35, a citação é do voto do relator).

Art. 1.297: 2. v. CPC 89 (despesas no juízo divisório).

Art. 1.297: 3. condomínio s/ paredes, cercas, muros, valas e tapumes: arts. 1.327 a 1.330.

Art. 1.297: 4. Se um dos confinantes for usufrutuário, v. art. 1.392 § 3º.

Art. 1.298. Sendo confusos, os limites, em falta de outro meio, se determinarão de conformidade com a posse justa;[1] e, não se achando ela provada, o terreno contestado se dividirá por partes iguais entre os prédios, ou, não sendo possível a divisão cômoda, se adjudicará a um deles, mediante indenização ao outro.

Art. 1.298: 1. s/ posse justa, v. art. 1.200.

Seção VII | DO DIREITO DE CONSTRUIR[1]

SEÇ. VII: 1. Dec. lei 25, de 30.11.37 — Organiza a proteção do patrimônio histórico e artístico nacional: "**Art. 18.** Sem prévia autorização do Serviço do Patrimônio Histórico e Artístico Nacional, não se poderá, na vizinhança da coisa tombada, fazer construção que lhe impeça ou reduza a visibilidade, nem nela colocar anúncios ou cartazes, sob pena de ser mandada destruir a obra ou retirar o objeto, impondo-se neste caso a multa de cinquenta por cento do valor do mesmo objeto".

Lei 10.257, de 10.7.01 (Estatuto da Cidade) — Regulamenta os arts. 182 e 183 da Constituição Federal, estabelece diretrizes gerais da política urbana e dá outras providências. Seus **arts. 28 a 31** dispõem s/ a outorga onerosa do direito de construir e seu **art. 35** dispõe s/ a transferência do direito de construir.

Art. 1.299. O proprietário pode levantar em seu terreno as construções que lhe aprouver, salvo o direito dos vizinhos e os regulamentos administrativos.[1 a 3]

Art. 1.299: 1. "Não é qualquer inconveniente relacionado com construção em imóvel contíguo que lesa direito e autoriza o embargo. Ainda que o prédio sofra algum prejuízo no tocante à ventilação e à vista, o proprietário não pode, só por isso, sem que se haja apurado a infração de disposição legal, impedir que o vizinho realize a obra" (RT 664/129).

"A colocação de placa de propaganda que altere a fachada de prédio (em condomínio) se insere no conceito de obra nova, para os efeitos da ação prevista no *caput* do art. 934 do CPC, visto que a expressão deve ser compreendida em seu significado mais amplo" (RJTAMG 53/143).

Art. 1.299: 2. "Direito Administrativo. Poder de Polícia da Municipalidade que além de ter competência para fiscalizar construções irregulares no âmbito de seu território, poderá determinar o seu refazimento, até mesmo a sua demolição, se for o caso. Aplicação do art. 30, VIII, da CF e do art. 1.299, do CC. Uso e ocupação do solo deve ocorrer de forma que melhor atenda ao interesse público" (RT 876/192: TJSP, AP 432.626.5/0-00).

Art. 1.299: 3. "O direito de construir previsto no art. 1.299 do CC/02 abrange inclusive o subsolo, respeitado o critério de utilidade delineado no art. 1.229 do mesmo diploma legal" (STJ-3ª T., REsp 1.233.852, Min. Nancy Andrighi, j. 15.12.11, DJ 1.2.12).

Art. 1.300. O proprietário construirá de maneira que o seu prédio não despeje águas, diretamente, sobre o prédio vizinho.[1]

Art. 1.300: 1. v. CA 105.

Art. 1.301. É defeso abrir janelas, ou fazer eirado, terraço ou varanda, a menos de metro e meio do terreno vizinho.[1 a 3]

§ 1º As janelas cuja visão não incida sobre a linha divisória, bem como as perpendiculares, não poderão ser abertas a menos de setenta e cinco centímetros.

§ 2º As disposições deste artigo não abrangem as aberturas para luz ou ventilação, não maiores de dez centímetros de largura sobre vinte de comprimento e construídas a mais de dois metros de altura de cada piso.

Art. 1.301: 1. Súmula 120 do STF: "Parede de tijolos de vidro translúcido pode ser levantada a menos de metro e meio do prédio vizinho, não importando servidão sobre ele".

Súmula 414 do STF: "Não se distingue a visão direta da oblíqua na proibição de abrir janela, ou fazer terraço, eirado, ou varanda, a menos de metro e meio do prédio de outrem".

Art. 1.301: 1a. "A proibição inserta no art. 1.301, *caput*, do Código Civil — de não construir janelas a menos de um metro e meio do terreno vizinho — possui **caráter objetivo**, traduzindo verdadeira presunção de devassamento, que não se limita à visão, englobando outras espécies de invasão (auditiva, olfativa e principalmente física). A aferição do descumprimento do disposto na referida regra legal independe da aferição de aspectos subjetivos relativos à eventual atenuação do devassamento visual, se direto ou oblíquo, se efetivo ou potencial" (STJ-3ª T., REsp 1.531.094, Min. Ricardo Cueva, j. 18.10.16, DJ 24.10.16).

Art. 1.301: 2. "Contra a construção do terraço a menos de metro e meio do terreno vizinho, cabia ação de nunciação de obra nova até o momento de sua conclusão, entendendo-se como tal aquela a que faltem apenas trabalhos secundários. Uma vez concluída a obra (faltava apenas a pintura), cabível a ação demolitória, com prazo decadencial de ano e dia, que se iniciou a partir da conclusão e não se interrompeu com a notificação administrativa" (STJ-RT 798/239: 4ª T., REsp 311.507).

Inversamente, se a obra ainda não está concluída, cabe a nunciação; e é possível converter aquela nesta (RJTJESP 113/343, JTJ 165/114).

Art. 1.301: 2a. "Um muro, a limitar imóveis urbanos e de reduzidas dimensões, não pode ser considerado como concluído se ainda lhe falta o reboco. Isso porque se trata de obra que pode ser edificada em exíguo período de tempo" (RJTJERGS 146/212).

Art. 1.301: 3. "A regra do Código Civil que proíbe abertura de janela a menos de metro e meio do prédio vizinho não colide com normas municipais que dilargam essa distância, segundo o gabarito da obra" (STJ-3ª T., REsp 6.501, Min. Dias Trindade, j. 10.12.90, DJU 18.2.91).

Art. 1.302. O proprietário pode, no lapso de ano e dia após a conclusão da obra, exigir que se desfaça janela, sacada, terraço ou goteira sobre o seu prédio;[1-1a] escoado o prazo, não poderá, por sua vez, edificar sem atender ao disposto no artigo antecedente, nem impedir, ou dificultar, o escoamento das águas da goteira, com prejuízo para o prédio vizinho.

Parágrafo único. Em se tratando de vãos, ou aberturas para luz, seja qual for a quantidade, altura e disposição, o vizinho poderá, a todo tempo, levantar a sua edificação, ou contramuro, ainda que lhes vede a claridade.²

Art. 1.302: 1. v. art. 1.312.

Art. 1.302: 1a. "O prazo decadencial de ano e dia para a propositura da ação demolitória previsto no artigo 576 do Código Civil/1916 é limitado às espécies nele mencionadas: janela, sacada, terraço, goteira ou similares. Referido prazo não tem aplicação no caso dos autos, que trata de construção de escada externa integralmente em terreno alheio, invadindo 15 m2 do lote limítrofe" (STJ-3ª T., REsp 1.218.605, Min. Ricardo Cueva, j. 2.12.14, DJ 9.12.14).

Art. 1.302: 2. "A expressão 'em se tratando de vãos' (parágrafo único do art. 1.302 do CC/02 — equivalente ao § 2º do art. 573 do CC/16) há de ser interpretada como ali subsumida a ventilação, ou areação, no mesmo nível da expressão 'claridade', esta já compreendida explicitamente na locução 'aberturas para luz'" (STJ-3ª T., AI 686.902-AgRg, Min. Vasco Della Giustina, j. 10.11.09, DJ 16.12.09).

Art. 1.303. Na zona rural, não será permitido levantar edificações a menos de três metros do terreno vizinho.

Art. 1.304. Nas cidades, vilas e povoados cuja edificação estiver adstrita a alinhamento, o dono de um terreno pode nele edificar, madeirando na parede divisória do prédio contíguo, se ela suportar a nova construção; mas terá de embolsar ao vizinho metade do valor da parede e do chão correspondentes.

Art. 1.305. O confinante, que primeiro construir, pode assentar a parede divisória até meia espessura no terreno contíguo, sem perder por isso o direito a haver meio valor dela se o vizinho a travejar, caso em que o primeiro fixará a largura e a profundidade do alicerce.

Parágrafo único. Se a parede divisória pertencer a um dos vizinhos, e não tiver capacidade para ser travejada pelo outro, não poderá este fazer-lhe alicerce ao pé sem prestar caução àquele, pelo risco a que expõe a construção anterior.

Art. 1.306. O condômino da parede-meia pode utilizá-la até ao meio da espessura, não pondo em risco a segurança ou a separação dos dois prédios, e avisando previamente o outro condômino das obras que ali tenciona fazer;¹ não pode sem consentimento do outro, fazer, na parede-meia, armários, ou obras semelhantes, correspondendo a outras, da mesma natureza, já feitas do lado oposto.

Art. 1.306: 1. "Muro divisório. Construção clandestina de varanda e abrigo para auto com a utilização de técnica inadequada ao apoiar as vigas de sustentação no muro limítrofe. Comprovação por prova pericial que a obra foi erigida no alinhamento das paredes da residência dos autores. Demolitória procedente com a consequente reconstrução do muro divisório onde antes estava" (Lex-JTA 152/113: 1º TASP, AP 606.255-1).

Art. 1.307. Qualquer dos confinantes pode altear a parede divisória, se necessário reconstruindo-a, para suportar o alteamento; arcará com todas as despesas, inclusive de conservação, ou com metade, se o vizinho adquirir meação também na parte aumentada.

Art. 1.308. Não é lícito encostar à parede divisória chaminés, fogões, fornos ou quaisquer aparelhos ou depósitos suscetíveis de produzir infiltrações ou interferências prejudiciais ao vizinho.

Parágrafo único. A disposição anterior não abrange as chaminés ordinárias e os fogões de cozinha.

Art. 1.309. São proibidas construções capazes de poluir,[1] ou inutilizar, para uso ordinário, a água do poço, ou nascente alheia, a elas preexistentes.

Art. 1.309: 1. v. art. 1.291. V. tb. art. 1.228 § 1º-*in fine* e CA 98.

Art. 1.310. Não é permitido fazer escavações ou quaisquer obras que tirem ao poço ou à nascente de outrem a água indispensável às suas necessidades normais.[1]

Art. 1.310: 1. v. CA 96 a 101.

Art. 1.311. Não é permitida a execução de qualquer obra ou serviço suscetível de provocar desmoronamento ou deslocação de terra, ou que comprometa a segurança do prédio vizinho, senão após haverem sido feitas as obras acautelatórias.[1]

Parágrafo único. O proprietário do prédio vizinho tem direito a ressarcimento pelos prejuízos que sofrer, não obstante haverem sido realizadas as obras acautelatórias.[2]

Art. 1.311: 1. v. art. 1.281.
Art. 1.311: 2. v. art. 927 § ún.

Art. 1.312. Todo aquele que violar as proibições estabelecidas nesta Seção é obrigado a demolir as construções feitas, respondendo por perdas e danos.[1]

Art. 1.312: 1. v. arts. 402 a 405.

Art. 1.313. O proprietário ou ocupante do imóvel é obrigado a tolerar que o vizinho entre no prédio, mediante prévio aviso, para:
I — dele temporariamente usar, quando indispensável à reparação, construção, reconstrução ou limpeza de sua casa ou do muro divisório;
II — apoderar-se de coisas suas, inclusive animais que aí se encontrem casualmente.[1]
§ 1º O disposto neste artigo aplica-se aos casos de limpeza ou reparação de esgotos, goteiras, aparelhos higiênicos, poços e nascentes e ao aparo de cerca viva.
§ 2º Na hipótese do inciso II, uma vez entregues as coisas buscadas pelo vizinho, poderá ser impedida a sua entrada no imóvel.
§ 3º Se do exercício do direito assegurado neste artigo provier dano, terá o prejudicado direito a ressarcimento.

Art. 1.313: 1. v. art. 1.297 § 3º (tapumes para impedir a passagem de animais).

S/ invasão de animais em propriedade vizinha, v. art. 1.277, nota 3.

Capítulo VI | DO CONDOMÍNIO GERAL[1]

Seção I | DO CONDOMÍNIO VOLUNTÁRIO

Subseção I | DOS DIREITOS E DEVERES DOS CONDÔMINOS

CAP. VI: 1. v. tít. CONDOMÍNIO E INCORPORAÇÃO.

Art. 1.314. Cada condômino[1-1a] pode usar da coisa conforme sua destinação, sobre ela exercer todos os direitos compatíveis com a indivisão,[2] reivindicá-la de terceiro,[2a] defender a sua posse[2b] e alhear a respectiva parte ideal,[3] ou gravá-la.[4]

Parágrafo único. Nenhum dos condôminos pode alterar a destinação da coisa comum, nem dar posse, uso ou gozo dela a estranhos, sem o consenso dos outros.[5]

Art. 1.314: 1. "A imissão provisória do expropriante diante do direito condominial", por Nelson Kojranski (RIASP ano 5, n. 10, p. 144).

Art. 1.314: 1a. s/ condômino e: usucapião, v. art. 1.238, nota 2d; falência, v. LRF 123 § 2º; retificação de registro ou averbação, v. LRP 213-II § 10.

Art. 1.314: 2. v. art. 1.791 § ún.

Art. 1.314: 2a. "Qualquer dos condôminos tem legitimidade para reivindicar de terceiro a coisa em comum" (RSTJ 75/380).

Art. 1.314: 2b. No sentido de que a ação de imissão na posse não pode ser ajuizada por um condômino em face do outro, mas apenas por condômino em face de terceiro: JTJ 309/259.

Art. 1.314: 3. com a restrição do art. 1.322.

Art. 1.314: 4. Pode também exigir a divisão da coisa comum (art. 1.320).

Art. 1.314: 5. "Ainda que seja exigível a anuência da maioria absoluta dos coproprietários para dar posse da coisa comum a terceiros, eventual inexistência desse consentimento não enseja a nulidade do **contrato de locação**, tornando-o incapaz de produzir qualquer efeito jurídico. No caso, não se verifica nenhum dos vícios capazes de ensejar a nulidade do negócio jurídico (arts. 166 e 167 do Código Civil). É incontroverso que o contrato foi celebrado em 15/6/2012, com transmissão da posse ao locatário, o qual, a partir dessa data, passou a ter a posse do imóvel, embora tenha deixado de pagar os aluguéis em setembro daquele ano. Isentar o locatário de qualquer dever com o locador implicaria ofensa ao princípio da vedação do enriquecimento sem causa, consagrado no art. 884 do Código Civil" (STJ-3ª T., REsp 1.861.062, Min. Ricardo Cueva, j. 15.12.20, DJ 18.12.20).

Art. 1.315. O condômino é obrigado, na proporção de sua parte, a concorrer para as despesas de conservação ou divisão da coisa, e a suportar os ônus a que estiver sujeita.[1 a 3]

Parágrafo único. Presumem-se iguais as partes ideais dos condôminos.

Art. 1.315: 1. v. arts. 1.320, 1.321 e CPC 89.

S/ cobrança por associação de moradores de despesas de manutenção de loteamento, v. Lei 6.766, de 19.12.79, art. 36-A, nota 1 (no tít. PROMESSA DE COMPRA E VENDA E LOTEAMENTO).

Art. 1.315: 1a. "Os **cônjuges,** coproprietários de imóvel, respondem solidariamente pelas despesas de condomínio, mas esta responsabilidade não implica litisconsórcio necessário em razão da natureza pessoal da ação de cobrança de cotas condominiais" (STJ-3ª T., REsp 838.526, Min. Sidnei Beneti, j. 26.2.08, DJU 13.3.08).

Art. 1.315: 1b. O **ex-cônjuge,** coproprietário do imóvel, responde pelas despesas condominiais, ainda que não mais resida no imóvel (RJM 199/95: AP 1.0024.09.733825-5/001; no caso, havia acordo homologado judicialmente por ocasião da separação do casal, relegando a partilha dos bens para momento ulterior e destinando o apartamento provisoriamente para a residência da ex-cônjuge). Do voto do relator: "A despeito de o negócio jurídico celebrado pelo apelante não ser apto a gerar efeitos perante o condomínio, nada obsta seja eventual direito de regresso exercido em ação própria, caso convencionado que apenas o possuidor arcará com as despesas para conservação da coisa".

S/ uso exclusivo do imóvel por um dos ex-cônjuges e despesas condominiais, v. tb. art. 1.667, nota 4.

Art. 1.315: 1c. "A **inventariante reside de forma exclusiva** no imóvel objeto de discussão, tolhendo o uso por parte dos demais herdeiros, não havendo, tampouco, qualquer pagamento de aluguel ou indenização referente à cota-parte de cada um na herança. Dessa forma, em relação ao respectivo imóvel, não se mostra razoável que as verbas de condomínio e de IPTU, após a data do óbito do autor da herança, sejam custeadas pelos demais herdeiros, sob pena de enriquecimento sem causa, devendo, portanto, as referidas despesas ser descontadas do quinhão da inventariante" (STJ-3ª T., REsp 1.704.528, Min. Marco Bellizze, j. 14.8.18, DJ 24.8.18).

Art. 1.315: 2. "Se a despesa condominial é **dívida propter rem** que onera o próprio bem e se o coproprietário por ela responde integralmente como devedor solidário, a coisa comum pode ser penhorada por inteiro, mesmo que executado apenas um dos codevedores. Inteligência do art. 1.315 c/c os arts. 275 e 280, do Código Civil de 2002" (JTJ 297/324). Nesses casos, o terceiro que teve o bem constrito não deve ficar alheio aos atos do processo. Faz-se indispensável, ao menos, sua intimação acerca da constrição levada a efeito e da eventual praça ou leilão do bem penhorado, na medida em que lhe é dado defender seu patrimônio por meio de embargos ou impugnação.

Art. 1.315: 3. "**Desnecessidade de aplicação da teoria da desconsideração da personalidade jurídica aos condomínios.** Possibilidade de redirecionamento da execução em relação aos condôminos após esgotadas as tentativas de constrição de bens do condomínio, em respeito ao princípio da menor onerosidade para o devedor. Hipótese em que houve penhora de créditos, mas não se esgotaram as possibilidades de realização desses créditos em favor do exequente. Redirecionamento da execução descabido no caso concreto" (STJ-3ª T., REsp 1.486.478, Min. Paulo Sanseverino, j. 5.4.16, DJ 28.4.16).

Art. 1.316. Pode o condômino eximir-se do pagamento das despesas e dívidas, renunciando à parte ideal.

§ 1º Se os demais condôminos assumem as despesas e as dívidas, a renúncia lhes aproveita, adquirindo a parte ideal de quem renunciou, na proporção dos pagamentos que fizerem.

§ 2º Se não há condômino que faça os pagamentos, a coisa comum será dividida.

Art. 1.317. Quando a dívida houver sido contraída por todos os condôminos, sem se discriminar a parte de cada um na obrigação, nem se estipular solidariedade,[1] entende-se que cada qual se obrigou proporcionalmente ao seu quinhão na coisa comum.

Art. 1.317: 1. v. arts. 275 a 285.

Art. 1.318. As dívidas contraídas por um dos condôminos em proveito da comunhão, e durante ela, obrigam o contratante; mas terá este ação regressiva[1] contra os demais.

Art. 1.318: 1. v. CPC 125-II.

Art. 1.319. Cada condômino responde aos outros pelos frutos que percebeu da coisa[1-2] e pelo dano que lhe causou.

Art. 1.319: 1. No mesmo sentido: art. 1.326.

Art. 1.319: 2. "Na propriedade em comum, quem **ocupa** integralmente **imóvel** de que é **coproprietário,** deve **pagar aluguel** aos demais condôminos, aos quais são assegurados os direitos inerentes ao domínio e perceber os frutos produzidos pela coisa comum" (STJ-6ª T., REsp 72.190, Min. Vicente Leal, j. 24.6.97, DJU 1.9.97).

"Se apenas um dos condôminos ocupa o imóvel com exclusividade, faz jus, o outro, à indenização, a título de aluguel, na proporção de sua cota-parte" (RT 864/325).

"Se existe impedimento concreto para a utilização conjunta do bem por ambos os usufrutuários, alternativa não resta senão a imposição da obrigação de pagar aluguel por aquele que o utiliza com exclusividade" (RJM 181/63).

"Convencionado na separação do casal que o imóvel residencial seria partilhado, tocando metade para cada cônjuge, e permanecendo em comum até a alienação, o fato de o marido deter a posse exclusiva dá à mulher o direito à indenização correspondente ao uso da propriedade comum" (STJ-2ª Seção, ED no REsp 130.605, Min. Ruy Rosado, j. 13.10.99, maioria, DJU 23.4.01). Considerando que, para tal indenização, "não se leva em consideração o valor locativo do bem, que de locação não se trata": STJ-4ª T., REsp 399.640, Min. Ruy Rosado, j. 6.8.02, DJU 16.9.02.

"Com a separação do casal cessa a comunhão de bens, de modo que, embora ainda não operada a partilha do patrimônio comum do casal, é facultado a um dos ex-cônjuges exigir do outro que estiver na posse e uso exclusivos de determinado imóvel, a título de indenização, parcela correspondente à metade da renda de um presumido aluguel, devida a partir da citação. Enquanto não dividido o imóvel, a propriedade do casal sobre o bem remanesce, sob as regras que regem o instituto do condomínio, notadamente aquela que estabelece que cada condômino responde aos outros pelos frutos que percebeu da coisa, nos termos do art. 1.319 do CC/02. Assim, se apenas um dos condôminos reside no imóvel, abre-se a via da indenização àquele que se encontra privado da fruição da coisa. Subsiste, em igual medida, a obrigação de ambos os condôminos, na proporção de cada parte, de concorrer para as despesas inerentes à manutenção da coisa, o que engloba os gastos resultantes da necessária regularização do imóvel junto aos órgãos competentes, dos impostos, taxas e encargos que porventura onerem o bem, além, é claro, da obrigação de promover a sua venda, para que se ultime a partilha, nos termos em que formulado o acordo entre as partes. Inteligência do art. 1.315 do CC/02" (STJ-3ª T., REsp 983.450, Min. Nancy Andrighi, j. 2.2.10, DJ 10.2.10).

"Na separação e no divórcio, sob pena de gerar enriquecimento sem causa, o fato de certo bem comum ainda pertencer indistintamente aos ex-cônjuges, por não ter sido formalizada a partilha, não representa automático empecilho ao pagamento de indenização pelo uso exclusivo do bem por um deles, desde que a parte que toca a cada um tenha sido definida por qualquer meio inequívoco. Na hipótese dos autos, tornado certo pela sentença o quinhão que cabe a cada um dos ex-cônjuges, aquele que utiliza exclusivamente o bem comum deve indenizar o outro, proporcionalmente. Registre-se que a indenização pelo uso exclusivo do bem por parte do alimentante pode influir no valor da prestação de alimentos, pois afeta a renda do obrigado, devendo as obrigações serem reciprocamente consideradas pelas instâncias ordinárias, sempre a par das peculiaridades do caso concreto. O termo inicial para o ressarcimento deve ser a data da ciência do pedido da parte contrária, que, no caso, deu-se com a intimação" (STJ-2ª Seção, REsp 1.250.362, Min. Raul Araújo, j. 8.2.17, maioria, DJ 20.2.17).

"O marco temporal para o cômputo do período a ser indenizado não é a data em que houve a ocupação exclusiva pela ex-cônjuge, tampouco é a data do divórcio, mas, sim, é a data da citação para a ação judicial de arbitramento de alugueis, ocasião em que se configura a extinção do comodato gratuito que antes vigorava" (STJ-3ª T., REsp 1.375.271, Min. Nancy Andrighi, j. 21.9.17, DJ 2.10.17). Mas: "Circunstâncias específicas da hipótese que excepcionam a regra geral, diante da presença de elementos concretos que atestam a efetiva oposição dos demais herdeiros à fruição exclusiva do bem anteriormente ao ajuizamento da ação de indenização pelo uso exclusivo do bem imóvel, aliada a comprovada procrastinação do herdeiro possuidor exclusivo do bem, também administrador provisório, em ultimar a partilha" (STJ-3ª T., REsp 1.583.973, Min. Nancy Andrighi, j. 5.10.17, DJ 13.10.17). No caso, fixou-se como termo *a quo* para o aluguel a citação em anterior ação de inventário.

Todavia, ponderando que para um condômino poder exigir do outro contraprestação em razão do uso da coisa comum é preciso que haja resistência a esse uso e que ele impeça a fruição do bem por outrem, não sendo nada devido quando a utilização exclusiva acontece por simples desinteresse: STJ-RT 844/201 (Corte Especial, ED no REsp 622.472).

"Nos termos do artigo 1.571, III, do Código Civil, a sociedade conjugal apenas termina pela separação judicial, razão pela qual não há que se falar em ato ilícito gerador do dever de indenizar durante a constância do casamento, sendo o uso exclusivo do imóvel decorrente de cumprimento de ordem judicial que determinou a separação de corpos" (STJ-3ª T., AI 1.212.247-AgRg, Min. Sidnei Beneti, j. 27.4.10, DJ 12.5.10).

"União estável. Ressarcimento de aluguel por uso exclusivo de bem comum ainda não partilhado formalmente. Ausência de definição da parte que toca a cada um dos ex-cônjuges. Impossibilidade da cobrança. Na hipótese, não houve definição ou reconhecimento inequívoco da cota que caberia a cada uma das partes sobre o imóvel em comento, não se prestando, para tanto, apenas o registro público do imóvel em que ambos constam como adquirentes, especialmente no caso em que expressamente indeferida a partilha do bem, por decisão transitada em julgado, ante a controvertida contribuição das partes para a aquisição do imóvel" (STJ-4ª T., REsp 1.456.716-AgRg, Min. Raul Araújo, j. 18.4.17, DJ 10.5.17).

"A utilização do bem pela descendente dos coproprietários beneficia a ambos, motivo pelo qual não se encontra configurado o fato gerador da obrigação reparatória, ou seja, o uso do imóvel comum em benefício exclusivo de ex-cônjuge" (STJ-4ª T., REsp 1.699.013, Min. Luis Felipe, j. 4.5.21, DJ 4.6.21).

"Em se tratando de imóvel ainda pertencente à sociedade conjugal, tendo em vista que, mesmo após a separação judicial, não foi providenciada a partilha do patrimônio do casal, a sua ocupação somente pela ex-esposa deve ser tida como mero uso de coisa comum, sem, no entanto, gerar a obrigação de pagamento de aluguel mensal ao ex-marido" (RJM 182/182, AP 1.0145.05.280729-7/001).

"Difere o condomínio propriamente dito, que é o chamado condomínio de quotas, de origem romana, da comunhão entre cônjuges, de origem germânica, que é a chamada comunhão de 'mãos juntas'. No primeiro, há uma cotitularidade sobre cada objeto individualizado, e sua essência é a possibilidade de alienação da respectiva parte ideal; no segundo, há uma cotitularidade sobre um conjunto de patrimônio, em que os comunheiros não têm uma determinada parte ideal na propriedade comum, mas apenas o direito de uso e gozo da coisa comum. Somente a cessação da comunhão pela partilha definirá os bens que caberão na meação de cada consorte, apreciando-se o patrimônio total existente na época da separação de fato. Enquanto tal não ocorrer, exerce a ré um direito de família próprio, de uso da coisa comum, não suscetível de ser remunerado, porquanto o autor, deixando o imóvel que era o lar conjugal para formar outro lar com outra mulher, renunciou ao seu uso" (RT 784/232: TJSP, AP 105.964-4/9).

"Afigura-se descabido o arbitramento de aluguel, com base no disposto no art. 1.319 do CC/2002, em desfavor da coproprietária vítima de violência doméstica, que, em razão de medida protetiva de urgência decretada judicialmente, detém o uso e gozo exclusivo do imóvel de cotitularidade do agressor, seja pela desproporcionalidade constatada em cotejo com o art. 226, § 8º, da CF/1988, seja pela ausência de enriquecimento sem causa (art. 884 do CC/2002)" (STJ-3ª T., REsp 1.966.556, Min. Marco Bellizze, j. 8.2.22, DJ 17.2.22).

V. tb. arts. 1.689, nota 2a, e 2.020, nota 1a.

S/ uso exclusivo do imóvel por um dos ex-cônjuges e despesas condominiais, v. arts. 1.315, nota 1b, e 1.667, nota 4.

Art. 1.320. A todo tempo será lícito ao condômino exigir a divisão[1] da coisa comum,[2-2a] respondendo o quinhão de cada um pela sua parte nas despesas da divisão.[3]

§ 1º Podem os condôminos acordar que fique indivisa a coisa comum por prazo não maior de cinco anos, suscetível de prorrogação ulterior.

§ 2º Não poderá exceder de cinco anos a indivisão estabelecida pelo doador ou pelo testador.

§ 3º A requerimento de qualquer interessado e se graves razões o aconselharem, pode o juiz determinar a divisão da coisa comum antes do prazo.

Art. 1.320: 1. v. CPC 588 e segs.

Art. 1.320: 2. divisível. Do contrário, aplica-se o art. 1.322.

Art. 1.320: 2a. "Em sendo divisível a coisa comum, não pode o condômino exigir sua alienação. No caso, o condomínio resolve-se com a divisão (Código Beviláqua, art. 629). Ofende o art. 629 do CC/1916 (*art. 1.320 do CC/2002*) a decisão que — em reconhecendo ser divisível o bem sob condomínio — determina sua venda" (STJ-3ª T., REsp 791.147, Min. Gomes de Barros, j. 27.2.07, DJU 26.3.07).

Art. 1.320: 3. v. CPC 89.

Art. 1.321. Aplicam-se à divisão do condomínio, no que couber, as regras de partilha de herança (arts. 2.013 a 2.022).

Art. 1.322. Quando a coisa for indivisível, e os consortes não quiserem adjudicá-la a um só, indenizando os outros, será vendida e repartido o apurado, preferindo-se, na venda, em condições iguais de oferta, o condômino ao estranho, e entre os condôminos aquele que tiver na coisa benfeitorias mais valiosas, e, não as havendo, o de quinhão maior.[1 a 5]

Parágrafo único. Se nenhum dos condôminos tem benfeitorias na coisa comum e participam todos do condomínio em partes iguais, realizar-se-á licitação entre estranhos e, antes de adjudicada a coisa àquele que ofereceu maior lanço, proceder-se-á à licitação entre os condôminos, a fim de que a coisa seja adjudicada a quem afinal oferecer melhor lanço, preferindo, em condições iguais, o condômino ao estranho.

Art. 1.322: 1. LRF 123 § 2º: "Nos casos de condomínio indivisível de que participe o falido, o bem será vendido e deduzir-se-á do valor arrecadado o que for devido aos demais condôminos, facultada a estes a compra da quota-parte do falido nos termos da melhor proposta obtida".

Art. 1.322: 2. s/ preferência do condômino para a aquisição da coisa indivisível, v. art. 504; s/indivisibilidade de imóvel rural em fração inferior ao módulo, v. ET 65; Lei 4.947, de 6.4.66, art. 10 § 2º (na redação da Lei 5.672, de 2.7.71); Lei 5.868, de 12.12.72, art. 8º; Dec. 62.504, de 8.4.68; Dec. 72.106, de 18.4.73, art. 39.

Quanto às alterações de uso do solo rural, para fins urbanos, v. Lei 6.766, de 19.12.79, art. 53, no tít. PROMESSA DE COMPRA E VENDA E LOTEAMENTO.

Art. 1.322: 3. s/ loteamento rural, em face do módulo, v. Lei 4.947, de 6.4.66, art. 10 (cujo § 2º foi alterado pela Lei 5.672, de 2.7.71), que se acha transcrito na nota 2 ao art. 1º do Dec. lei 58, de 10.12.37, no tít. PROMESSA DE COMPRA E VENDA E LOTEAMENTO.

Art. 1.322: 4. "Mesmo sendo **pessoa jurídica de direito público a proprietária de fração ideal do bem imóvel indivisível**, é legítima a sua alienação pela forma da extinção de condomínio, por provocação de outro condômino. Nesse caso, a autorização legislativa para a alienação da fração ideal pertencente ao domínio público é dispensável, porque inerente ao regime da propriedade condominial" (STJ-RJM 174/404: 1ª T., REsp 655.787, um voto vencido).

Art. 1.322: 4a. "A existência de cláusula de inalienabilidade recaindo sobre uma fração de bem imóvel, não impede a extinção do condomínio. Na hipótese, haverá sub-rogação da cláusula de inalienabilidade, que incidirá sobre o produto da alienação do bem, no percentual correspondente a fração gravada" (STJ-3ª T., REsp 729.701, Min. Nancy Andrighi, j. 15.12.05, DJU 1.2.06).

Art. 1.322: 5. "Pressuposto imprescindível para a extinção do condomínio é a copropriedade, a qual se comprova mediante registro de título translativo hábil no Cartório de Registro de Imóveis (CC/2002, art. 1.245). Embasada a causa de pedir em meros contratos de promessa de compra e venda, que sequer registrados estão, impõe-se o reconhecimento da carência de ação" (RT 871/352).

Subseção II | DA ADMINISTRAÇÃO DO CONDOMÍNIO

Art. 1.323. Deliberando a maioria[1] sobre a administração da coisa comum, escolherá o administrador, que poderá ser estranho ao condomínio; resolvendo alugá-la, preferir-se-á, em condições iguais, o condômino ao que não o é.[1a]

Art. 1.323: 1. v. art. 1.325.

Art. 1.323: 1a. s/ exercício de preferência por condômino, v. arts. 504 e 1.322.

V. tb. CPC 725-IV.

Art. 1.324. O condômino que administrar sem oposição dos outros presume-se representante comum.[1]

Art. 1.324: 1. Esse é um caso de mandato tácito (v. art. 656).

Art. 1.325. A maioria será calculada pelo valor dos quinhões.

§ 1º As deliberações serão obrigatórias, sendo tomadas por maioria absoluta.

§ 2º Não sendo possível alcançar maioria absoluta, decidirá o juiz, a requerimento de qualquer condômino, ouvidos os outros.

§ 3º Havendo dúvida quanto ao valor do quinhão, será este avaliado judicialmente.

Art. 1.326. Os frutos da coisa comum, não havendo em contrário estipulação ou disposição de última vontade, serão partilhados na proporção dos quinhões.[1]

Art. 1.326: 1. No mesmo sentido: art. 1.319.

Seção II | DO CONDOMÍNIO NECESSÁRIO

Art. 1.327. O condomínio por meação de paredes, cercas, muros e valas regula-se pelo disposto neste Código (arts. 1.297 e 1.298; 1.304 a 1.307).

Art. 1.328. O proprietário que tiver direito a estremar um imóvel com paredes, cercas, muros, valas ou valados, tê-lo-á igualmente a adquirir meação na parede, muro, valado ou cerca do vizinho,[1] embolsando-lhe metade do que atualmente valer a obra e o terreno por ela ocupado (art. 1.297).

Art. 1.328: 1. v. art. 1.330.

Art. 1.329. Não convindo os dois no preço da obra, será este arbitrado por peritos, a expensas de ambos os confinantes.

Art. 1.330. Qualquer que seja o valor da meação, enquanto aquele que pretender a divisão não o pagar ou depositar, nenhum uso poderá fazer na parede, muro, vala, cerca ou qualquer outra obra divisória.

Capítulo VII | DO CONDOMÍNIO EDILÍCIO[1 A 4]

Seção I | DISPOSIÇÕES GERAIS

CAP. VII: 1. "O condomínio edilício no novo Código Civil", por Carlos Alberto Dabus Maluf (Rev. AASP 68/61); "Natureza jurídica do condomínio no sistema jurídico dos Estados Unidos da América do Norte", por Maria Regina Pagetti Cross (RDPr 18/163); "Condomínio em edifícios: o problema da sua atual regulamentação sob a perspectiva civil-constitucional", por Samir José Caetano Martins (RT 841/77); "Natureza jurídica do condomínio voluntário e edilício", por Carlos Alberto Dabus Maluf (Rev. AASP 98/75); "Responsabilidade civil em condomínios edilícios", por Tarlei Lemos Pereira (RDPr 46/149); "Condomínio edilício — aspectos controvertidos", por Ênio Santarelli Zuliani (RMDCPC 43/87, RJ-Lex 52/81).

CAP. VII: 2. v. Lei 4.591, de 16.12.64, no tít. CONDOMÍNIO E INCORPORAÇÃO.

S/ a não aplicação das normas do CDC às relações entre condomínio e condômino, v. CDC, nota 1 à Lei 8.078.

CAP. VII: 3. Enunciado 89 do CEJ: "O disposto nos arts. 1.331 a 1.358 do novo Código Civil aplica-se, no que couber, aos condomínios assemelhados, tais como loteamentos fechados, multipropriedade imobiliária e clubes de campo".

Enunciado 90 do CEJ: "Deve ser reconhecida personalidade jurídica ao condomínio edilício" (redação conforme o Enunciado 246, que suprimiu a parte final: "nas relações jurídicas inerentes às atividades de seu peculiar interesse").

CAP. VII: 4. Assuntos principais:

— Administração 1.347 a 1.356

— Assembleia geral 1.349 a 1.355, 1.341, 1.342, 1.348-I e VIII, 1.357; LCE 24 a 27, 30

— Comissão de representantes LCE 50, 61

— Conselho consultivo LCE 23

— Conselho Fiscal 1.356

— Construção LCE 48 a 62: por administração LCE 58 a 62; por empreitada LCE 55 a 57

— Convenção do condomínio 1.333, 1.334, 1.351; LCE 9º a 11

— Demolição e reconstrução LCE 14, 17

— Desapropriação 1.358

— Despesas LCE 12

— Deveres do condômino 1.336 a 1.338; LCE 10

— Direitos do condômino 1.335, 1.339

— Guarda de veículos LCE 2º § 1º

— Incorporação LCE 28 a 31

— Incorporador LCE 29 e 30, 32 a 47

— Infrações LCE 63 a 66
— Locação 1.338
— Multas 1.336 § 2º, 1.337; LCE 12 § 3º
— Reconstrução ou venda do edifício 1.357
— Regimento interno 1.334-V
— Seguro 1.346, 1.348-IX; LCE 13
— Síndico 1.347, 1.348 a 1.350; LCE 22
— Sinistro LCE 16

Art. 1.331. Pode haver, em edificações, partes que são propriedade exclusiva, e partes que são propriedade comum dos condôminos.[1]

§ 1º As partes suscetíveis de utilização independente, tais como apartamentos, escritórios, salas, lojas e sobrelojas, com as respectivas frações ideais no solo e nas outras partes comuns, sujeitam-se a propriedade exclusiva, podendo ser alienadas e gravadas livremente por seus proprietários, exceto os abrigos para veículos, que não poderão ser alienados ou alugados a pessoas estranhas ao condomínio, salvo autorização expressa na convenção de condomínio.[1a a 1c]

§ 2º O solo, a estrutura do prédio, o telhado, a rede geral de distribuição de água, esgoto, gás e eletricidade, a calefação e refrigeração centrais, e as demais partes comuns, inclusive o acesso ao logradouro público, são utilizados em comum[2-2a] pelos condôminos, não podendo ser alienados separadamente, ou divididos.

§ 3º A cada unidade imobiliária caberá, como parte inseparável, uma fração ideal no solo e nas outras partes comuns, que será identificada em forma decimal ou ordinária no instrumento de instituição do condomínio.[3]

§ 4º Nenhuma unidade imobiliária pode ser privada do acesso ao logradouro público.

§ 5º O terraço de cobertura é parte comum, salvo disposição contrária da escritura de constituição do condomínio.[4]

Art. 1.331: 1. "Em se tratando de assenhoreamento de área comum de condomínio edilício por terceiro, a competente **ação reivindicatória** só poderá ser ajuizada pelo próprio condomínio, salvo se o uso desse espaço comum for: (1) exclusivo de um ou mais condôminos ou (2) essencial ao exercício do direito de usar, fruir ou dispor de uma ou mais unidades autônomas. Nesses dois casos excepcionais, haverá legitimação concorrente e interesse de agir tanto do condomínio como dos condôminos diretamente prejudicados" (STJ-RF 405/433: 3ª T., REsp 1.015.652).

"Em condomínio edilício, a vaga de garagem pode ser enquadrada como: (i) unidade autônoma (art. 1.331, § 1º, do CC), desde que lhe caiba matrícula independente no Registro de Imóveis, sendo, então, de uso exclusivo do titular; (ii) direito acessório, quando vinculado a um apartamento, sendo, assim, de uso particular; ou (iii) área comum, quando sua fruição couber a todos os condôminos indistintamente. A via da ação reivindicatória não é franqueada àquele que pretende obter direito exclusivo de vaga no estacionamento, quando este, na verdade, configura direito acessório da unidade autônoma ou área de uso comum, uma vez que, nessas hipóteses, inexiste requisito essencial ao seu ajuizamento, qual seja, a individualização do bem reivindicando. No caso em exame, as vagas na garagem encontram-se na área comum do edifício ou são acessórias aos apartamentos, a depender do que regula a convenção do condomínio, o que se torna ainda mais evidente ante a ausência de matrícula autônoma no Registro de Imóveis, descabendo, por isso, o manejo da ação reivindicatória" (STJ-4ª T., REsp 1.152.148, Min. Luis Felipe, j. 13.8.13, DJ 2.9.13).

Art. 1.331: 1a. Redação do § 1º conforme a Lei 12.607, de 4.4.12.

✎ **Art. 1.331: 1b.** "Ponderações acerca da nova redação do § 1º do art. 1.331 do Código Civil: uma nova hipótese de impenhorabilidade?", por Venceslau Tavares Costa Filho (RP 220/355).

Art. 1.331: 1c. v. LCE 2º § 2º. V. ainda art. 1.338, nota 2 (Enunciado 320 do CEJ).

S/ convenção de condomínio, v. especialmente art. 1.333 e LCE 9º.

Art. 1.331: 2. Enunciado 247 do CEJ: "No condomínio edilício é possível a utilização exclusiva de área 'comum' que, pelas próprias características da edificação, não se preste ao 'uso comum' dos demais condôminos".

Art. 1.331: 2a. "Diante das circunstâncias concretas dos autos, nos quais os proprietários de duas unidades condominiais fazem uso exclusivo de área de propriedade comum, que há mais de 30 anos só eram utilizadas pelos moradores das referidas unidades, pois eram os únicos com acesso ao local, e estavam autorizados por assembleia condominial, tal situação deve ser mantida, por aplicação do princípio da boa-fé objetiva" (RSTJ 159/366: 3ª T., REsp 356.821).

Todavia: "Possessória. Interdito proibitório. Uso e gozo exclusivo de área comum destinada a vaga de garagem em condomínio edilício. Impossibilidade. Área comum de condomínio que não pode ser utilizada privativamente, nem vendida separadamente ou dividida. Impossibilidade de ser negado direito aos demais condôminos ao uso de área comum. Ato de tolerância do condomínio e demais condôminos permitindo a utilização da referida área por longa data, que não induz a posse" (JTJ 341/345: AP 7.345.650-5).

"A mera explicitação de que o uso exclusivo do terraço não é transmissível a terceiros, além de convergir com a natureza transitória do instituto, não frustra qualquer expectativa do condômino beneficiado. Entretanto, a superveniente exigência de uma remuneração pelo uso (não inferior à taxa condominial), após o transcurso de mais de trinta anos de exercício sem contraprestação de ordem pecuniária (apenas de conservação e manutenção) destoa da boa-fé objetiva que deve permear a relação jurídica *sub judice*" (STJ-4ª T., REsp 1.035.778, Min. Marco Buzzi, j. 5.12.13, maioria, DJ 3.3.15).

Art. 1.331: 3. Redação do § 3º conforme a Lei 10.931, de 2.8.04.

Art. 1.331: 4. v. art. 1.344.

Art. 1.332. Institui-se o condomínio edilício por ato entre vivos ou testamento, registrado no Cartório de Registro de Imóveis,[1-1a] devendo constar daquele ato, além do disposto em lei especial:[2-2a]

I — a discriminação e individualização das unidades de propriedade exclusiva, estremadas uma[3] das outras e das partes comuns;

II — a determinação da fração ideal atribuída a cada unidade, relativamente ao terreno e partes comuns;

III — o fim a que as unidades se destinam.

Art. 1.332: 1. v. LRP 167-I-17.

Art. 1.332: 1a. "Registro em nome do condomínio de carta de arrematação de imóvel. Inadmissibilidade. Ausência de capacidade aquisitiva" (JTJ 322/2.388: TJSP, AI 524.302-4/4-00).

Art. 1.332: 2. e no art. 1.334

Art. 1.332: 2a. v. LCE 7º.

Art. 1.332: 3. Deve ser "umas", e não "uma".

Art. 1.333. A convenção[1 a 2a] que constitui o condomínio edilício deve ser subscrita pelos titulares de, no mínimo, dois terços das frações ideais e torna-se, desde logo, obrigatória para os titulares de direito sobre as unidades, ou para quantos sobre elas tenham posse ou detenção.

Parágrafo único. Para ser oponível contra terceiros, a convenção do condomínio deverá ser registrada no Cartório de Registro de Imóveis.[3]

Art. 1.333: 1. v. arts. 1.334 e 1.351; LCE 9º a 11.

Art. 1.333: 2. Súmula 260 do STJ (Convenção de condomínio): "A convenção de condomínio aprovada, ainda que sem registro, é eficaz para regular as relações entre os condôminos" (v. jurisprudência s/ esta Súmula em RSTJ 155/237 a 257).

Art. 1.333: 2a. Aplicam-se as regras do novo CC às convenções condominiais anteriores à sua vigência (RJ 313/117).

Art. 1.333: 3. v. LRP 167-I-17.

Art. 1.334. Além das cláusulas referidas no art. 1.332¹ e das que os interessados houverem por bem estipular, a convenção determinará:¹ª

I — a quota proporcional e o modo de pagamento das contribuições dos condôminos para atender às despesas ordinárias e extraordinárias do condomínio;¹ᵇ

II — sua forma de administração;

III — a competência das assembleias, forma de sua convocação e *quorum* exigido para as deliberações;

IV — as sanções a que estão sujeitos os condôminos, ou possuidores;

V — o regimento interno.²

§ 1º A convenção poderá ser feita por escritura pública ou por instrumento particular.

§ 2º São equiparados aos proprietários, para os fins deste artigo, salvo disposição em contrário, os promitentes compradores e os cessionários de direitos relativos às unidades autônomas.³

Art. 1.334: 1. e das exigidas pela LCE 9º § 3º.

Art. 1.334: 1a. "O condomínio só responde por furtos ocorridos nas suas áreas comuns se isso estiver expressamente previsto na respectiva convenção" (STJ-2ª Seção, ED no REsp 268.669, Min. Ari Pargendler, j. 8.3.06, DJU 26.4.06). No mesmo sentido: RT 870/226.

Por isso, "a circunstância de existir porteiro ou vigia na guarita não resulta em que o condomínio estaria a assumir a prefalada guarda e vigilância dos automóveis, que se encontram estacionados na área comum" (STJ-4ª T., REsp 618.533, Min. Quaglia Barbosa, j. 3.5.07, DJU 4.6.07).

"Ação de ressarcimento de danos. Furto de bens no interior de unidade condominial. Inexistência do dever de guarda do condomínio, expressamente assumido em convenção ou deliberação assemblear regular, pelos bens dos condôminos que se achem nas respectivas unidades autônomas. Culpa não demonstrada. Improcedência da demanda" (RT 878/211: TJSP, AP 1.001.516-0/0).

"O condomínio não responde pelos danos morais sofridos por condômino, em virtude de lesão corporal provocada por outro condômino, em suas áreas comuns, salvo se o dever jurídico de agir e impedir a ocorrência do resultado estiver previsto na respectiva convenção condominial" (STJ-RJ 386/151: 3ª T., REsp 1.036.917).

S/ responsabilidade civil do condomínio por ato de empregado seu, v. CC 932, nota 5a.

Art. 1.334: 1b. v. art. 1.336-I e notas.

Art. 1.334: 2. Enunciado 248 do CEJ: "O *quorum* para alteração do regimento interno do condomínio edilício pode ser livremente fixado na convenção".

A convenção de condomínio pode prever *quorum* qualificado de 2/3 para alteração do regimento interno (STJ-4ª T., REsp 1.169.865, Min. Luis Felipe, j. 13.8.13, DJ 2.9.13).

Art. 1.334: 3. s/ promitentes compradores, v. arts. 1.417 e 1.418; s/ cessão de crédito, v. arts. 286 a 298.

Art. 1.335. São direitos do condômino:¹

I — usar, fruir e livremente dispor das suas unidades;¹ª ª ²ª

II — usar das partes comuns,³ conforme a sua destinação, e contanto que não exclua a utilização dos demais compossuidores;

III — votar nas deliberações da assembleia e delas participar, estando quite.⁴

Art. 1.335: 1. v. tb. art. 1.339.

Art. 1.335: 1a. s/ utilização da unidade para hospedagem atípica, por intermédio de plataformas digitais, v. art. 1.336, nota 3d.

Art. 1.335: 2. Por isso: "É vedado à assembleia de condomínio extinguir vagas de garagem que dispõem de matrícula própria e pertencem a um dos condôminos, ausente à reunião, sob alegação de que a quantidade total não é comportada no espaço físico disponível" (STJ-4ª T., REsp 400.767, Min. Aldir Passarinho Jr., j. 24.4.07, DJU 28.5.07).

"Assembleia que decide mudar o desenho das vagas de garagens do subsolo, aplicando um mecanismo de junção das três vagas, que são independentes, dos autores, como se formassem um conjunto, com total prejuízo da função desses bens. Alteração que caracteriza esbulho e autoriza a proteção possessória" (RMDAU 14/149).

Art. 1.335: 2a. "A medida restritiva ao direito de propriedade, consistente em **impedir**, de forma absoluta, o proprietário de **entrar em sua unidade** condominial é adequada para atingir o objetivo pretendido, qual seja, evitar a disseminação da COVID-19, assegurando o **direito à saúde e à vida** dos condôminos. Entretanto, a medida não é necessária, tendo em vista a existência de outros meios menos gravosos e igualmente adequados, como a implementação, pelo síndico, de um cronograma para que os proprietários possam acessar suas respectivas unidades condominiais em horários pré-determinados, mantendo vedado o acesso ao público externo. Hipótese em que se reconhece a indevida restrição ao direito de propriedade do recorrente pela medida adotada pelo síndico do condomínio recorrido de vedar totalmente o acesso do prédio aos proprietários; e, consequentemente, o direito de o recorrente adentrar em sua unidade condominial" (STJ-3ª T., REsp 1.971.304, Min. Nancy Andrighi, j. 14.6.22, DJ 21.6.22).

Art. 1.335: 3. "Perturbação da área condominial de uso comum", por Julio Pinheiro Faro Homem de Siqueira (RDPr 42/276).

Art. 1.335: 4. "A unidade isolada constitui elemento primário da formação do condomínio edilício, e se sujeita a direitos e deveres, que devem ser entendidos como inerentes a cada unidade, o que é corroborado pela natureza *propter rem* da obrigação condominial. Estando a obrigação de pagar a taxa condominial vinculada não à pessoa do condômino, mas à unidade autônoma, também o dever de quitação e a penalidade advinda do seu descumprimento estão relacionados a cada unidade. O fato de um condômino ser proprietário de mais de uma unidade autônoma em nada altera a relação entre unidade isolada e condomínio. Se o condômino está quite em relação a alguma unidade, não pode ter seu direito de participação e voto — em relação àquela unidade — tolhido" (STJ-3ª T., REsp 1.375.160, Min. Nancy Andrighi, j. 1.10.13, DJ 7.10.13).

Art. 1.336. São deveres do condômino:[1]

I — contribuir para as despesas do condomínio[1a a 2a] na proporção das suas frações ideais,[2b] salvo disposição em contrário na convenção;[2c a 3a]

II — não realizar obras que comprometam a segurança da edificação;

III — não alterar a forma e a cor da fachada, das partes e esquadrias externas;[3b-3c]

IV — dar às suas partes a mesma destinação que tem a edificação,[3d] e não as utilizar de maneira prejudicial ao sossego, salubridade e segurança dos possuidores, ou aos bons costumes.[3e-3f]

§ 1º O condômino que não pagar a sua contribuição ficará sujeito aos juros moratórios convencionados[3g-3h] ou, não sendo previstos, os de um por cento ao mês e multa de até dois por cento sobre o débito.[4 a 4e]

§ 2º O condômino, que não cumprir qualquer dos deveres estabelecidos nos incisos II a IV, pagará a multa prevista no ato constitutivo ou na convenção, não podendo ela ser superior a cinco vezes o valor de suas contribuições mensais, independentemente das perdas e danos[5] que se apurarem; não havendo disposição expressa, caberá à assembleia geral, por dois terços no mínimo dos condôminos restantes, deliberar sobre a cobrança da multa.[6-7]

Art. 1.336: 1. v. LCE 10. S/ deveres relacionados ao uso de partes comuns, v. art. 1.335, nota 3 (referência bibliográfica); s/ responsabilidade do locador, v., no CPCLPV, LI 22, nota 1.

Art. 1.336: 1a. "A responsabilidade pelo pagamento de cotas condominiais no regime da propriedade horizontal", por Eduardo Sócrates Castanheira Sarmento Filho (RF 346/65); "Despesas de condomínio: abusos da minoria qualificada", por Murilo Giordan Santos (RDPr 16/216); "Despesas condominiais devidas por lojas térreas em edifícios", por Renato Ventura Ribeiro (RT 849/111).

Art. 1.336: 1b. s/ despesas condominiais e: prescrição da pretensão de cobrança, v. art. 206, nota 8; uso exclusivo do imóvel por um dos ex-cônjuges, v. arts. 1.315, nota 1b, e 1.667, nota 4; imóvel objeto de alienação fiduciária, v. Lei 9.514/97, art. 27 § 8º, inclusive nota 3 (no tít. ALIENAÇÃO FIDUCIÁRIA).

Art. 1.336: 1c. "A 'responsabilidade pelas despesas de condomínio pode recair tanto sobre o promitente vendedor quanto sobre o promissário comprador, dependendo das circunstâncias do caso' (EREsp 138.389/MG, Rel. Min. Sálvio de Figueiredo, DJ de 13.9.99). No presente caso, havendo prova de que os recibos foram emitidos pelo condomínio contra o atual ocupante, com isso mostrando ter pleno conhecimento do fato, não tem a empresa responsabilidade pelo pagamento das cotas condominiais, sendo insuficiente a simples ausência de registro" (STJ-3ª T., REsp 579.943, Min. Menezes Direito, j. 5.8.04, DJU 16.11.04).

"O promitente-vendedor não responde pelos encargos condominiais devidos após a alienação do imóvel feita por meio de promessa de compra e venda em caráter irrevogável e irretratável, mesmo que, apesar de transferida a posse, não tenha sido alterado o registro do imóvel" (STJ-4ª T., REsp 655.267, Min. Jorge Scartezzini, j. 17.2.05, DJU 21.3.05).

"Despesas de condomínio. Cobrança. **Legitimidade passiva do promissário comprador.** Ausência de registro da promessa de compra e venda no Cartório de Registro de Imóveis. Irrelevância. Ciência do condomínio. Exercício da posse pelo promissário-comprador. Responsabilidade pelas despesas" (JTJ 292/60).

"Compromisso de compra e venda não registrado. Ciência inequívoca do condomínio. Ilegitimidade passiva do vendedor. Tendo o condomínio ciência inequívoca da venda do imóvel e tratando-se de **ônus *propter rem*** que grava o próprio bem, a dívida condominial se transfere ao comprador, que tem de saldá-la para manter o equilíbrio econômico-financeiro da comunidade que passou a integrar" (Bol. AASP 2.676: TJSP, AP 992.09.085379-1). No mesmo sentido: JTJ 302/43 (AP 903.482-0/9).

"A dívida condominial constitui obrigação *propter rem*, de sorte que, aderindo ao imóvel, passa à responsabilidade do novo adquirente, ainda que se cuide de **cotas anteriores à transferência do domínio,** ressalvado o seu direito de regresso contra o antigo proprietário" (STJ-4ª T., REsp 869.155, Min. Aldir Passarinho Jr., j. 15.5.07, DJU 25.6.07).

Dando pela responsabilidade do promitente vendedor: "No caso, havendo no acórdão recorrido informação de que o condomínio não tinha conhecimento da cessão, não há falar em ilegitimidade passiva" (STJ-3ª T., REsp 541.878, Min. Menezes Direito, j. 5.2.04, DJU 29.3.04). No mesmo sentido: STJ-4ª T., REsp 327.429, Min. Barros Monteiro, j. 21.8.01, DJU 19.11.01; JTJ 305/394.

"Alienada a propriedade por 'compromisso de compra e venda', 'enquanto não se registrar o título translativo, o alienante continua a ser havido como dono do imóvel' (art. 1.245, § 1º, do novo CC). Se não há elemento seguro a indicar que o promitente comprador exerceu posse direta sobre o imóvel, a responsabilidade pelo pagamento das cotas condominiais é do promitente vendedor" (STJ-3ª T., REsp 722.501, Min. Gomes de Barros, j. 27.2.07, um voto vencido, DJU 28.5.07).

"A existência de eventual cláusula no compromisso de venda e compra, atribuindo de forma diversa a responsabilidade pelo pagamento das cotas condominiais, quando não há imissão na posse do bem pelo promitente comprador, obriga somente os contratantes e poderá fundamentar o exercício do direito de regresso, mas não vincula o condomínio" (STJ-3ª T., REsp 1.297.239, Min. Nancy Andrighi, j. 8.4.14, DJ 29.4.14).

Em síntese: "O que define a responsabilidade pelo pagamento das obrigações condominiais não é o registro do compromisso de compra e venda, mas a relação jurídica material com o imóvel, representada pela imissão na posse pelo promissário comprador e pela ciência inequívoca do condomínio acerca da transação. Havendo compromisso de compra e venda não levado a registro, a responsabilidade pelas despesas de condomínio pode recair tanto sobre o promitente vendedor quanto sobre o promissário comprador, dependendo das circunstâncias de cada caso concreto. Se ficar comprovado: (i) que o promissário comprador se imitira na posse; e (ii) o condomínio teve ciência inequívoca da transação, afasta-se a legitimidade passiva do promitente vendedor para responder por despesas condominiais relativas a período em que a posse foi exercida pelo promissário comprador" (STJ-2ª Seção, REsp 1.345.331, Min. Luis Felipe, j. 8.4.15, DJ 20.4.15). Em sentido semelhante, ponderando que se o adquirente se recusar ilegitimamente a se imitir na posse do imóvel, ele deve pagar as taxas condominiais "a partir do momento no qual as chaves estavam à sua disposição": STJ-3ª T., REsp 1.847.734, Min. Ricardo Cueva, j. 29.3.22, DJ 31.3.22).

Mas, no sentido de que, se o compromisso de compra e venda é desfeito e o promitente vendedor retoma o imóvel para si, ele responde pelas despesas condominiais contemporâneas à posse do promissário comprador, sem prejuízo do direito de regresso: STJ-3ª T., REsp 1.293.855-AgRg, Min. Marco Bellizze, j. 17.12.15, DJ 2.2.16; STJ-4ª T., REsp 1.252.025-AgRg, Min. Marco Buzzi, j. 27.2.18, DJ 2.3.18.

V. tb. art. 1.345 e notas; LCE 4º § ún. e 12, com respectivas notas.

Art. 1.336: 1d. "A parcela relativa às despesas condominiais, por sua peculiar natureza, é indivisível perante o condomínio, de sorte que, em caso de inadimplemento, sendo a unidade de propriedade de dois ou mais titulares, face ao princípio da solidariedade, pode o credor optar pela cobrança exclusiva de qualquer um dos condôminos" (JTJ 321/1.389: AP 1.078.558-0/0).

"Ação de cobrança. Cotas condominiais. Legitimidade passiva do herdeiro, que detém a posse do imóvel, ainda que não tenha sido homologada a partilha. Até a partilha, o direito dos coerdeiros será indivisível e regular-se-á pelas normas relativas ao condomínio. Cabe ao condômino antecipar as despesas para pagar o débito, referente às cotas condominiais, tendo ação regressiva contra os demais, ou contra o próprio espólio" (RT 843/350).

Art. 1.336: 1e. "O propósito recursal é definir se a proprietária do imóvel gerador dos débitos condominiais pode ter o seu bem penhorado no bojo de ação de cobrança, já em fase de cumprimento de sentença, da qual não figurou no polo passivo, uma vez que ajuizada, em verdade, em face da então locatária do imóvel. Em se tratando a dívida de condomínio de obrigação *propter rem* e partindo-se da premissa de que o próprio imóvel gerador das despesas constitui garantia ao pagamento da dívida, o proprietário do imóvel pode ter seu bem penhorado no bojo de ação de cobrança, já em fase de cumprimento de sentença, da qual não figurou no polo passivo" (STJ-3ª T., REsp 1.829.663, Min. Nancy Andrighi, j. 5.11.19, DJ 7.11.19).

Art. 1.336: 1f. "É o usufrutuário responsável pelo pagamento das cotas de condomínio" (RSTJ 174/311).

Art. 1.336: 2. "As cotas condominiais são imprescindíveis à manutenção do condomínio, que sobrevive da contribuição de todos em benefício da propriedade comum que usufruem, e representam os gastos efetuados mês a mês, de sorte que gozam de autonomia umas das outras, não prevalecendo a presunção contida no art. 322 do Código Civil (correspondente ao art. 943 do Código de 1916), de que a mais antiga parcela estaria paga se as subsequentes o estiverem" (STJ-2ª Seção, ED no REsp 712.106, Min. João Otávio, j. 9.12.09, DJ 16.12.09). Assim: "Constitui ônus do condômino comprovar que efetuou o pagamento de cada uma, ainda que já vencida há mais tempo" (STJ-4ª T., REsp 679.010, Min. Aldir Passarinho Jr., j. 27.9.05, um voto vencido, DJU 5.12.05). **Contra:** "O art. 943 do Código Civil, ao dizer que 'quando o pagamento for em quotas periódicas, a quitação da última estabelece, até prova em contrário, a presunção de estarem solvidas as anteriores', estabelece uma presunção relativa em favor do devedor, incumbindo ao credor, uma vez por aquele demonstrado o pagamento das parcelas posteriores, produzir prova que desconstitua tal presunção, não havendo de invocar-se a inaplicabilidade dessa norma às verbas condominiais, posto que se refere ela às obrigações em geral" (STJ-4ª T., REsp 70.170, Min. Sálvio de Figueiredo, j. 18.4.00, DJU 12.6.00).

Art. 1.336: 2a. O condômino que litiga contra o condomínio não fica excluído do rateio das despesas para o custeio dos honorários do advogado que patrocina os interesses deste no respectivo processo (STJ-3ª T., REsp 1.185.061, Min. Ricardo Cueva, j. 16.9.14, DJ 30.9.14; JTJ 342/410: AP 460.886-4/2-00; v. p. 415).

V. tb. LCE 12, nota 1a.

Art. 1.336: 2b. "Não há ilegalidade no **pagamento a maior** de taxa condominial por apartamentos em **cobertura** decorrente da fração ideal do imóvel" (STJ-3ª T., REsp 1.778.522, Min. Ricardo Cueva, j. 2.6.20, DJ 4.6.20).

Art. 1.336: 2c. Redação do inciso I conforme a Lei 10.931, de 2.8.04.

Art. 1.336: 2d. "Não ostentando a convenção de condomínio natureza puramente contratual, **inadmissível** é ao condômino invocar a **exceção de contrato não cumprido** para escusar-se ao pagamento das cotas condominiais" (STJ-RT 832/180).

Art. 1.336: 2e. "Alterada a convenção de condomínio quanto ao rateio das despesas comuns, com a adoção de parâmetro razoável, baseado na **proporção das áreas privativas** de cada apartamento e com a observância das exigências formais previstas em lei, e não estando caracterizado nenhum vício de consentimento, enriquecimento sem causa ou violação de princípio ou norma de Direito, não se mostra devida a intervenção judicial para anular a cláusula convencionada ou restabelecer o método anterior para o rateio das despesas condominiais" (STJ-4ª T., REsp 1.733.390, Min. Raul Araújo, j. 6.4.21, DJ 18.5.21).

Art. 1.336: 3. "A unidade condominial com **acesso direto à via pública** não está sujeita às taxas gerais atinentes aos demais apartamentos, salvo se a convenção dispõe em contrário" (STJ-4ª T., REsp 646.406, Min. Jorge Scartezzini, j. 1.3.05, DJU 21.3.05). No mesmo sentido: STJ-RT 772/178.

Mas: "Lojas térreas. Responsabilidade dos titulares dessas unidades pelo rateio de despesas, se assim o determinar a convenção, pouco importando que tais imóveis tenham acesso independente e não se sirvam das áreas e equipamentos comuns" (JTJ 312/53). No mesmo sentido: RJTJERGS 258/315 (AP 70015874852).

S/ despesas do condomínio edilício, v. LCE 12.

Art. 1.336: 3a. "A convenção outorgada pela **construtora/incorporadora** não pode estabelecer **benefício de caráter subjetivo** a seu favor com a finalidade de reduzir ou isentar do pagamento da taxa condominial. A taxa condominial é fixada de acordo com a previsão orçamentária de receitas e de despesas, bem como para constituir o fundo de reserva com a finalidade de cobrir eventuais gastos de emergência. A redução ou isenção da cota condominial a favor de um ou vários condôminos implica oneração dos demais, com evidente violação da regra da proporcionalidade prevista no inciso I do art. 1.334 do CC/2002" (STJ-3ª T., REsp 1.816.039, Min. Ricardo Cueva, j. 4.2.20, DJ 6.2.20; no caso, invalidou-se disposição no sentido de que as unidades imobiliárias não comercializadas responderiam por 30% do valor da taxa condominial).

Art. 1.336: 3b. "Da alteração de fachada no condomínio horizontal", por Vanderci Alvarez (RDPr 23/271).

Art. 1.336: 3c. "Modificação de janelas e esquadrias sem autorização do condomínio. Desfazimento determinado. Ainda que luxuosa a modificação, se ela altera o exterior de cada unidade, deve se submeter ao crivo assemblear ou estar autorizada pela convenção, sob pena de desfazimento" (RJM 191/260: AP 1.0024.08.966234-0/001).

"Tendo o proprietário de um dos apartamentos substituído as janelas originais por venezianas de alumínio, alterando consideravelmente a fachada e as laterais do edifício e perturbando a harmonia da construção, deve ser condenado a desfazer a obra, em prazo razoável, sob pena de multa diária" (RJM 174/109).

"Condomínio. Colocação de blindex na varanda de unidade residencial. Alteração da forma externa. Fachada. Violação às normas da convenção do condomínio e do Código Civil" (RT 871/372).

Todavia: "Condômino que utilizou vidro fumê liso ao invés do vidro incolor canelado estabelecido como norma condominial. Material que não compromete a estética ou a segurança do prédio" (JTJ 314/50: AP 226.926-4/9-00). Do voto do relator: "a ideia de uniformidade visual estética não pode ser levada a ponto de exigir exatamente a mesma aparência para todas as unidades condominiais, de forma tão rigorosamente indistinta, coibindo qualquer detalhe de personalização, como se pudessem ser impostos a todos exatamente os mesmos gostos e preferências e na espécie não se vislumbra na vidraça em questionamento nada que extrapole o limite de uniformidade da aparência externa do edifício em questão".

"Esquadrias e janelas substituídas por peças semelhantes às originais, mas em alumínio e com proteção termo-acústica. Inocorrência de prejuízo estético ou afetação negativa da área comum. Instalação de aparelhos de ar-condicionado. Sistema *split*. Unidades externas colocadas em área de uso comum. Parte interna de muretas que envolvem o telhado. Possibilidade. Adequação ao local. Uso de modernas técnicas. Invisibilidade externa. Fachada não afetada. Segurança geral e estrutural do prédio preservada. Alterações que não prejudicam os demais condôminos nem ofendem substancialmente a convenção de condomínio ou a legislação civil" (JTJ 333/579: AP 1.162.849-0/9).

V. tb. Lei 4.591, de 16.12.64, art. 10 (no tít. CONDOMÍNIO E INCORPORAÇÃO).

Art. 1.336: 3d. "Os conceitos de domicílio e residência (CC/2002, arts. 70 a 78), centrados na ideia de permanência e habitualidade, não se coadunam com as características de transitoriedade, eventualidade e temporariedade efêmera, presentes na hospedagem, particularmente naqueles moldes anunciados por meio de **plataformas digitais de hospedagem.** Existindo na convenção de condomínio regra impondo destinação residencial, mostra-se indevido o uso de unidades particulares que, por sua natureza, implique o desvirtuamento daquela finalidade (CC/2002, arts. 1.332, III, e 1.336, IV). Não obstante, ressalva-se a possibilidade de os próprios condôminos de um condomínio edilício de fim residencial deliberarem em assembleia, por maioria qualificada (de dois terços das frações ideais), permitir a utilização das unidades condominiais para fins de hospedagem atípica, por intermédio de plataformas digitais ou outra modalidade de oferta, ampliando o uso para além do estritamente residencial e, posteriormente, querendo, incorporarem essa modificação à Convenção do Condomínio" (STJ-4ª T., REsp 1.819.075, Min. Raul Araújo, j. 20.4.21, maioria, DJ 27.5.21). "A afetação do sossego, da salubridade e da segurança, causada pela alta rotatividade de pessoas estranhas e sem compromisso duradouro com a comunidade na qual estão temporariamente inseridas, é o que confere razoabilidade à restrição imposta na espécie, em que, mediante alteração da convenção condominial, com observância do quórum de 2/3 dos condôminos, foi proibida a locação de unidades autônomas por prazo inferior a 90 dias. O direito de propriedade, assegurado constitucionalmente, não é só de quem explora economicamente o seu imóvel, mas sobretudo daquele que faz dele a sua moradia e que nele almeja encontrar, além de um lugar seguro para a sua família, a paz e o sossego necessários para recompor as energias gastas ao longo do dia" (STJ-3ª T., REsp 1.884.483-EDcl, Min. Ricardo Cueva, j. 26.4.22, DJ 5.5.22).

Art. 1.336: 3e. "O exercício de posições jurídicas encontra-se limitado pela boa-fé objetiva. Assim, o condômino não pode exercer suas pretensões de forma anormal ou exagerada com a finalidade de prejudicar seu vizinho. Mais especificamente não se pode impor ao vizinho uma convenção condominial que jamais foi observada na prática e que se encontra completamente desconexa da realidade vivenciada no condomínio. A *suppressio*, regra que se desdobra do princípio da boa-fé objetiva, reconhece a perda da eficácia de um direito quando este longamente não é exercido ou observado. Não age no exercício regular de direito a sociedade empresária que se estabelece em edifício cuja destinação mista é aceita, de fato, pela coletividade dos condôminos e pelo próprio condomínio, pretendendo justificar o excesso de ruído por si causado com a imposição de regra constante da convenção condominial, que impõe o uso exclusivamente comercial, mas que é letra morta desde sua origem" (STJ-3ª T., REsp 1.096.639, Min. Nancy Andrighi, j. 9.12.08, DJU 12.2.09).

Art. 1.336: 3f. "Se a convenção proíbe a **criação e** a **guarda de animais** de quaisquer espécies, a restrição pode se revelar desarrazoada, haja vista determinados animais não apresentarem risco à incolumidade e à tranquilidade dos demais moradores e dos frequentadores ocasionais do condomínio. Na hipótese, a restrição imposta ao condômino não se mostra legítima, visto que o condomínio não demonstrou nenhum fato concreto apto a comprovar que o animal (gato) provoque prejuízos à segurança, à higiene, à saúde e ao sossego dos demais moradores" (STJ-3ª T., REsp 1.783.076, Min. Ricardo Cueva, j. 14.5.19, DJ 19.8.19).

"Pretensão visando o ingresso e permanência de animal de pequeno porte. Convenção condominial que proíbe a manutenção de qualquer espécie de animal nas dependências do condomínio. Abusividade, na hipótese. Ausência de prova de que o animal coloque em risco a salubridade do ambiente ou importune o sossego dos demais moradores" (RMDAU 34/131: TJSP, AP 9135048-65.2006.8.26.0000).

"Embora expresso o regimento interno do condomínio proibindo manter cães e gatos nas unidades autônomas, a observância da regra exige o exame de provas e das circunstâncias peculiares do caso. Demonstrado que se trata de animal de pequeno porte (gato), inofensivo e saudável, e que mantê-lo no interior do apartamento não traz qualquer incômodo, transtorno ou perigo aos demais condôminos, mitiga-se a regra" (RMDAU 48/136: TJDFT, AI 2013.00.2.009684-4).

Todavia: "Cão de grande porte que circula com liberdade em área comum de condomínio. Animal que, em razão do porte, representa perigo para os vizinhos. Sentença de procedência, para determinar a retirada do animal do condomínio. Possibilidade de manter o animal no condomínio, desde que tomadas as precauções necessárias. Recurso dos requeridos parcialmente provido, para autorizar a permanência do animal, desde que tomadas as cautelas necessárias para garantir a integridade de pessoas, com a imposição de multa de R$ 3.000,00 (nesta data) no primeiro descumprimento e imediata remoção do animal ao centro de controle de zoonoses do Município (ou da região, se o caso), no caso de reincidência" (RT 918/941: TJSP, AP 0000799-82.2010.8.26.0587).

"Perturbação do sossego alheio comprovado. Situação anômala que interfere na esfera do direito da vizinhança. Criação de cães em apartamento. Número de animais (05) que deve ser tido como excessivo. Animais que latem constantemente conforme depoimentos prestados por testemunhas. Adoção de critério de razoabilidade. Requerido deve restringir a dois animais em sua unidade condominial" (RT 934/772: TJPR, AP 957.797-9).

Contra: "Pretendida permissão de manutenção de animal em unidade autônoma. Inadmissibilidade. Vedação pela convenção condominial. Inexistência de quaisquer outros animais no local, por opção dos moradores. Direito individual que não pode ser imposto à coletividade de moradores" (JTJ 315/68: AP 345.553-4/4-00, maioria). No mesmo sentido: RMDAU 14/115.

A permanência de cão da raça *pit bull* no edifício representa um risco à segurança dos condôminos e funcionários (RDPr 25/331).

Art. 1.336: 3g. "Após o advento do Código Civil de 2002, é possível fixar na convenção do condomínio **juros moratórios acima de 1% ao mês** em caso de inadimplemento das taxas condominiais" (STJ-RT 903/164: 3ª T., REsp 1.002.525).

Art. 1.336: 3h. "Os juros moratórios e a correção monetária incidem a partir do vencimento de cada parcela na ação de cobrança de cotas condominiais" (STJ-4ª T., Ag 1.291.541-EDcl, Min. João Otávio, j. 5.5.11, DJ 12.5.11).

⚡ Art. 1.336: 4. "Condomínio: qual a porcentagem que deve incidir sobre a multa por inadimplência?", por Fábio Campos de Aquino (RDPr 16/83).

Art. 1.336: 4a. v. LCE 12 § 3º.

Art. 1.336: 4b. A 2ª Seção do STJ tem dado conotação cogente à disposição que limita o valor da multa a dois por cento: STJ-4ª T., REsp 753.546, Min. Jorge Scartezzini, j. 4.8.05, DJU 29.8.05; STJ-3ª T., REsp 718.217, Min. Menezes Direito, j. 14.6.05, DJU 1.7.05. No mesmo sentido: JTJ 337/636 (AP 1.036.263-0/9).

Contra, ponderando que este § 1º tem caráter dispositivo também no tocante à multa, autorizando as partes a "contratar de forma diversa da lei, já que versa sobre interesse particular dos condôminos, daí por que prevalece a norma convencional em sentido contrário, que prevê multa mais pesada", inclusive, por não existir relação de consumo no caso (RJ 311/116). No mesmo sentido, consignando que este § 1º não revogou o art. 12, § 3º, da LCE: RT 826/344.

Art. 1.336: 4c. "O abatimento concedido pelo condomínio ao pagamento antecipado reflete uma cobrança dissimulada de multa em percentual proibido, eis que, de acordo com o art. 1.336, § 1º, do Código Civil, a multa pelo atraso no pagamento da contribuição condominial deve ser de até 2% sobre o débito. O desconto de 13% concedido para as cotas condominiais pagas antes do prazo estipulado é vedado pela legislação" (RT 900/326: TJRJ, AP 0008726-74.2004.8.19.0209).

Art. 1.336: 4d. A partir do vencimento da cota condominial são **devidos juros e correção monetária** (STJ-4ª T., REsp 679.019, Min. Jorge Scartezzini, j. 2.6.05, DJU 20.6.05).

Art. 1.336: 4e. "O inadimplemento de taxas condominiais **não autoriza a suspensão,** por determinação da assembleia geral de condôminos, quanto ao uso **de serviços essenciais,** em clara afronta ao direito de propriedade e sua função social e à dignidade da pessoa humana, em detrimento da utilização de meios expressamente previstos em lei para a cobrança da dívida condominial. Não sendo o elevador um mero conforto em se tratando de edifício de diversos pavimentos, com apenas um apartamento por andar, localizando-se o apartamento da recorrente no oitavo pavimento, o equipamento passa a ter *status* de essencial à própria utilização da propriedade exclusiva. O corte do serviço dos elevadores gerou dano moral, tanto do ponto de vista subjetivo, analisando as peculiaridades da situação concreta, em que a condição de inadimplente restou ostensivamente exposta, como haveria, também, tal dano *in re ipsa*, pela mera violação de um direito da personalidade" (STJ-3ª T., REsp 1.401.815, Min. Nancy Andrighi, j. 3.12.13, DJ 13.12.13).

"**Restrição** imposta na convenção condominial **de acesso à área comum destinada ao lazer do condômino em mora** e de seus familiares. Ilicitude. Reconhecimento. A vedação de acesso e de utilização de qualquer área comum pelo condômino e de seus familiares, independentemente de sua destinação (se de uso essencial, recreativo, social, lazer etc.), com o único e ilegítimo propósito de expor ostensivamente a condição de inadimplência perante o meio social em que residem, desborda dos ditames do princípio da dignidade humana" (STJ-3ª T., REsp 1.564.030, Min. Marco Bellizze, j. 9.8.16, DJ 19.8.16). No mesmo sentido: STJ-4ª T., Ag em REsp 1.220.353-EDcl-AgInt, Min. Isabel Gallotti, j. 5.2.19, DJ 12.2.19.

Art. 1.336: 5. v. arts. 402 a 405.

Art. 1.336: 6. "Condomínio que providenciou o desligamento do registro de água por inadimplemento de despesas condominiais pelo autor. Inadmissibilidade. Serviço de natureza essencial. Impossibilidade de uso arbitrário das próprias razões. Débitos condominiais devem ser exigidos de forma própria" (RT 865/190).

Art. 1.336: 7. Multa e solidariedade entre proprietário e locatário. "O proprietário do apartamento responde *in solidum* por fato imputável ao seu locatário, em face da obrigação de vigilância que deve ter o titular de domínio sobre os acontecimentos relacionados com o imóvel de sua propriedade" (RT 893/343: TJSC, AP 2007.006431-1).

> **Art. 1.337.** O condômino, ou possuidor, que não cumpre reiteradamente com os seus deveres[1] perante o condomínio poderá, por deliberação de três quartos dos condôminos restantes, ser constrangido a pagar multa[1a] correspondente até ao quíntuplo do valor atribuído à contribuição para as despesas condominiais, conforme a gravidade das faltas e a reiteração, independentemente das perdas e danos[2] que se apurem.[3-4]
>
> **Parágrafo único.** O condômino ou possuidor que, por seu reiterado comportamento antissocial, gerar incompatibilidade de convivência com os demais condôminos ou possuidores, poderá ser constrangido a pagar multa correspondente ao décuplo do valor atribuído à contribuição para as despesas condominiais, até ulterior deliberação da assembleia.[5-6]

Art. 1.337: 1. previstos em lei, na convenção ou no regimento interno.

Art. 1.337: 1a. independentemente de previsão no ato constitutivo ou na convenção.

Art. 1.337: 2. v. arts. 402 a 405.

Art. 1.337: 3. v. tb. LCE 21.

Art. 1.337: 4. Enunciado 92 do CEJ: "As sanções do art. 1.337 do novo Código Civil não podem ser aplicadas sem que se garanta direito de defesa ao condômino nocivo".

Contra, entendendo que a aplicação de multa ao condômino não exige "a obediência a normas do devido processo legal, próprias do processo judicial": RT 807/310.

✎Art. 1.337: 5. "Tutela de exclusão do condômino nocivo", por Jorge Elias Nehme (RT 806/44); "Exclusão do condômino por reiterado comportamento antissocial à luz do novo Código Civil", por Américo Isidoro Angélico (RDPr 17/99); "Da possibilidade de 'expulsão' do condômino antissocial", por Werner Braun Rizk (RJ 330/77); "Condomínio edilício e exclusão do condômino nocivo", por Álvaro Villaça Azevedo (RMDCPC 27/48); "O que fazer com o condômino antissocial que não muda o comportamento nocivo, apesar das multas aplicadas?", por Ênio Santarelli Zuliani (RMDCPC 39/25).

Art. 1.337: 6. ou seja: a multa é aplicada pelo síndico e deve ser ulteriormente submetida à apreciação da assembleia. V. art. 1.348-VII.

> **Art. 1.338.** Resolvendo o condômino alugar área no abrigo para veículos, preferir-se-á, em condições iguais, qualquer dos condôminos a estranhos,[1] e, entre todos, os possuidores.[2]

Art. 1.338: 1. v. art. 1.331 § 1º.

Art. 1.338: 2. Enunciado 320 do CEJ: "O direito de preferência de que trata o art. 1.338 deve ser assegurado não apenas nos casos de locação, mas também na hipótese de venda da garagem".

Art. 1.339. Os direitos de cada condômino às partes comuns são inseparáveis de sua propriedade exclusiva; são também inseparáveis das frações ideais correspondentes as unidades imobiliárias, com as suas partes acessórias.[1]

§ 1º Nos casos deste artigo é proibido alienar ou gravar os bens em separado.

§ 2º É permitido ao condômino alienar parte acessória de sua unidade imobiliária a outro condômino, só podendo fazê-lo a terceiro se essa faculdade constar do ato constitutivo do condomínio, e se a ela não se opuser a respectiva assembleia geral.[2]

Art. 1.339: 1. "Não se aplica o art. 1.339 do CC a boxe de estacionamento autonomamente registrado no registro de imóveis" (STJ-4ª T., AI 1.179.583-EDcl, Min. Isabel Gallotti, j. 15.5.12, DJ 24.5.12).

Art. 1.339: 2. v. art. 1.331 § 1º.

Art. 1.340. As despesas[1] relativas a partes comuns de uso exclusivo de um condômino, ou de alguns deles, incumbem a quem delas se serve.[2]

Art. 1.340: 1. s/ despesas do condomínio, v. art. 1.336-I (bem como o § 1º) e LCE 12.

Art. 1.340: 2. "O condômino não deve arcar, no rateio de despesas condominiais, com aquelas que digam respeito a serviços ou utilidades que não têm nenhuma utilidade para ele, a exemplo de despesas de gás e manobrista de lojas, quando o contrato de locação tem como objeto vagas de garagem" (Bol. AASP 2.573).

Art. 1.341. A realização de obras no condomínio depende:

I — se voluptuárias,[1] de voto de dois terços dos condôminos;

II — se úteis, de voto da maioria dos condôminos.

§ 1º As obras ou reparações necessárias podem ser realizadas, independentemente de autorização,[2] pelo síndico, ou, em caso de omissão ou impedimento deste, por qualquer condômino.

§ 2º Se as obras ou reparos necessários forem urgentes e importarem em despesas excessivas, determinada sua realização, o síndico ou o condômino que tomou a iniciativa delas dará ciência à assembleia, que deverá ser convocada imediatamente.

§ 3º Não sendo urgentes, as obras ou reparos necessários, que importarem em despesas excessivas, somente poderão ser efetuadas após autorização da assembleia, especialmente convocada pelo síndico, ou, em caso de omissão ou impedimento deste, por qualquer dos condôminos.

§ 4º O condômino que realizar obras ou reparos necessários será reembolsado das despesas que efetuar, não tendo direito à restituição das que fizer com obras ou reparos de outra natureza, embora de interesse comum.

Art. 1.341: 1. obras voluptuárias, úteis ou necessárias: v. art. 96.

Art. 1.341: 2. Independem de autorização apenas se forem urgentes e não implicarem despesas excessivas, cf. § 3º.

Art. 1.342. A realização de obras, em partes comuns, em acréscimo às já existentes, a fim de lhes facilitar ou aumentar a utilização, depende da aprovação de dois terços dos votos dos condôminos, não sendo permitidas construções, nas partes comuns, suscetíveis de prejudicar a utilização, por qualquer dos condôminos, das partes próprias, ou comuns.

Art. 1.343. A construção de outro pavimento, ou, no solo comum, de outro edifício, destinado a conter novas unidades imobiliárias, depende da aprovação da unanimidade dos condôminos.

Art. 1.344. Ao proprietário do terraço de cobertura incumbem as despesas da sua conservação, de modo que não haja danos às unidades imobiliárias inferiores.¹

Art. 1.344: 1. v. arts. 1.331 § 5º e 1.336.

Art. 1.345. O adquirente de unidade responde pelos débitos do alienante, em relação ao condomínio, inclusive multas e juros moratórios.¹ ª ³

Art. 1.345: 1. "O **adquirente de imóvel** em condomínio responde pelas cotas condominiais em atraso, ainda que anteriores à aquisição, ressalvado o seu direito de regresso contra o antigo proprietário" (STJ-3ª T., REsp 1.119.090, Min. Nancy Andrighi, j. 22.2.11, DJ 2.3.11).

"A obrigação de pagamento dos débitos condominiais alcança os novos titulares do imóvel que não participaram da fase de conhecimento da ação de cobrança, em razão da natureza *propter rem* da dívida. Em caso de alienação de objeto litigioso, a sentença proferida entre as partes originárias, estende seus efeitos ao adquirente ou ao cessionário" (STJ-3ª T., REsp 1.653.143, Min. Nancy Andrighi, j. 16.5.17, DJ 22.5.17).

"O adquirente do imóvel do qual se originaram as despesas de condomínio é responsável pelo pagamento dos débitos anteriores à aquisição, de modo que admissível a substituição do polo passivo da execução como autoriza o disposto no art. 1.345 do CC/2002" (JTJ 302/380).

"O **arrematante** de imóvel em condomínio responde pelas cotas condominiais em atraso, ainda que anteriores à aquisição" (STJ-3ª T., REsp 682.664-AgRg, Min. Nancy Andrighi, j. 18.8.05, DJ 5.9.05). No mesmo sentido: STJ-4ª T., REsp 506.183, rel. Min. Fernando Gonçalves, j. 2.12.03, DJU 25.2.04; RT 815/410, RF 288/241, JTJ 372/152 (AI 308222-98.2011.8.26.0000). **Todavia,** em caso no qual o edital da hasta pública não informa a existência dos débitos condominiais, o arrematante foi liberado do pagamento desses débitos (STJ-3ª T., REsp 1.044.890-EDcl, Min. Sidnei Beneti, j. 2.12.10, DJ 17.2.11). Assim: "A responsabilização do arrematante por eventuais encargos omitidos no edital de praça é incompatível com os princípios da segurança jurídica e da proteção da confiança. Considerando a ausência de menção no edital da praça acerca dos ônus incidentes sobre o imóvel, conclui-se pela impossibilidade de substituição do polo passivo da ação de cobrança de cotas condominiais, mesmo diante da natureza *propter rem* da obrigação" (STJ-3ª T., REsp 1.297.672, Min. Nancy Andrighi, j. 24.9.13, DJ 1.10.13). **Ainda,** liberando o arrematante de pagar o valor remanescente cobrado pelo condomínio, em caso no qual o produto da arrematação foi insuficiente para quitar todos os débitos condominiais: JTJ 375/604 (EI 149585-11.2009.8.26.0100/50002, um voto vencido).

"A dívida condominial constitui obrigação *propter rem*, respondendo o arrematante pelos débitos constituídos a partir da conclusão da arrematação do imóvel, ainda que não imitido na posse do bem e não formalizado o registro imobiliário respectivo, uma vez que tais circunstâncias decorrem de relações jurídicas estranhas ao condomínio e que, por isso, não lhe podem ser impostas" (STJ-4ª T., Ag em REsp 1.347.829-AgInt, Min. Raul Araújo, j. 10.12.19, DJ 19.12.19).

"O adquirente de imóvel em condomínio responde pelas cotas condominiais em atraso, ainda que anteriores à aquisição, ressalvado o seu direito de regresso contra o antigo proprietário. Entendimento que se aplica à União na hipótese de ingresso de imóveis em seu patrimônio em decorrência de **pena de perdimento** aplicada em processo criminal. O condomínio se enquadra no conceito de lesado previsto nos arts. 91, II, do CP, e 133, parágrafo único, do CPP, não podendo ser prejudicado em virtude do confisco do bem em prol da União, cujo direito de propriedade, nesse caso, subsiste apenas em caráter precário (até que haja a arrematação do bem em hasta pública) e residual (recebendo o saldo credor, após o ressarcimento das vítimas, lesados e terceiros de boa-fé). Sendo o imóvel confiscado pela União objeto de execução para pagamento de dívida condominial, o bem é litigioso, sujeitando-se ao comando do art. 42, § 3º, do CPC, que excepciona a regra do art. 472 do CPC, possibilitando que a sentença proferida entre as partes originárias repercuta na esfera jurídica do terceiro adquirente. Nada impede a realização das hastas públicas nos autos da execução movida pelo condomínio, devendo o produto da arrematação dos imóveis confiscados ser primeiro destinado à satisfação do débito condominial, repassando-se o saldo à União, que passará a ter direito de regresso contra os executados pelo período anterior ao perdimento dos imóveis" (STJ-3ª T., REsp 1.366.894, Min. Nancy Andrighi, j. 22.4.14, DJ 2.6.14).

V. tb. art. 1.336, nota 1c, e LCE 4º § ún. e 12, com respectivas notas.

Art. 1.345: 2. "Se o vendedor declarou inexistir débitos condominiais, havendo-os, o adquirente do imóvel tem pretensão e ação contra ele, não contra o condomínio" (STJ-3ª T., AI 653.907-AgRg, Min. Ari Pargendler, j. 20.4.06, DJU 13.3.08).

Art. 1.345: 3. "A obrigação de pagar as **verbas de sucumbência,** ainda que sejam elas decorrentes de sentença proferida em ação de cobrança de cotas condominiais, não pode ser qualificada como ambulatória (*propter rem*), seja porque tal prestação **não se enquadra** dentre as hipóteses previstas **no art. 1.345 do CC/02** para o pagamento de despesas indispensáveis e inadiáveis do condomínio, seja porque os honorários constituem direito autônomo do advogado, não configurando débito do alienante em relação ao condomínio, senão débito daquele em relação ao advogado deste. Hipótese em que não se justifica a alienação judicial do imóvel do recorrente-adquirente para o pagamento das verbas de sucumbência devidas pelo recorrido-alienante" (STJ-3ª T., REsp 1.730.651, Min. Nancy Andrighi, j. 9.4.19, DJ 12.4.19).

Art. 1.346. É obrigatório o seguro de toda a edificação[1] contra o risco de incêndio ou destruição, total ou parcial.

Art. 1.346: 1. v. art. 1.348-IX, LCE 13.

Seção II | DA ADMINISTRAÇÃO DO CONDOMÍNIO

Art. 1.347. A assembleia[1] escolherá um síndico,[2-3] que poderá não ser condômino, para administrar o condomínio, por prazo não superior a dois anos, o qual poderá renovar-se.

Art. 1.347: 1. s/ assembleia geral, v. arts. 1.349 a 1.355, 1.341, 1.342, 1.348-I e VIII, 1.357, LCE 24 a 27, 30.

Art. 1.347: 2. s/ síndico, v. arts. 1.348, 1.349, 1.350, LCE 22.

Art. 1.347: 3. O condomínio edilício regularmente instituído, registrado no Registro de Imóveis (art. 1.332), é representado pelo síndico (art. 1.348-II); quanto à representação do condomínio edilício irregular, sem registro, incide o art. 1.324.

Art. 1.348. Compete ao síndico:

I — convocar a assembleia dos condôminos;

II — representar, ativa e passivamente, o condomínio, praticando, em juízo ou fora dele, os atos necessários à defesa dos interesses comuns;[1 a 1b]

III — dar imediato conhecimento à assembleia da existência de procedimento judicial ou administrativo, de interesse do condomínio;

IV — cumprir e fazer cumprir a convenção, o regimento interno e as determinações da assembleia;

V — diligenciar a conservação e a guarda das partes comuns e zelar pela prestação dos serviços que interessem aos possuidores;

VI — elaborar o orçamento da receita e da despesa relativa a cada ano;

VII — cobrar dos condôminos as suas contribuições, bem como impor e cobrar as multas devidas;

VIII — prestar contas à assembleia, anualmente e quando exigidas;[1c]

IX — realizar o seguro da edificação.[2]

§ 1º Poderá a assembleia investir outra pessoa, em lugar do síndico, em poderes de representação.

§ 2º O síndico pode transferir a outrem, total ou parcialmente, os poderes de representação ou as funções administrativas, mediante aprovação da assembleia, salvo disposição em contrário da convenção.

Art. 1.348: 1. v. LCE 22 § 1º-*a* e CPC 75-XI.

Art. 1.348: 1a. Enunciado 90 do CEJ: "Deve ser reconhecida personalidade jurídica ao condomínio edilício" (redação conforme o Enunciado 246, que suprimiu a parte final: "nas relações jurídicas inerentes às atividades de seu peculiar interesse").

Art. 1.348: 1b. O condomínio, através do síndico, tem legitimidade:

— "para pleitear reparação de danos por defeitos de construção ocorridos na área comum do edifício, bem como na área individual de cada unidade habitacional, podendo defender tanto os interesses coletivos quanto os individuais homogêneos dos moradores" (RSTJ 104/334). No mesmo sentido: STJ-3ª T., REsp 63.941-7, Min. Eduardo Ribeiro, j. 26.6.96, DJU 26.8.96;

— "para propor ação de indenização por danos ao prédio que afetem a todos os condôminos" (RSTJ 101/335);

— para a ação de desapropriação indireta de parte de sua área comum (STJ-2ª T., REsp 412.774, Min. Eliana Calmon, j. 4.6.02, DJU 19.8.02).

— para pedir o adimplemento de servidão de água (STJ-3ª T., REsp 1.124.506, Min. Nancy Andrighi, j. 19.6.12, DJ 14.11.12).

Todavia: "O condomínio é parte ilegítima para pleitear pedido de compensação por danos morais em nome dos condôminos" (STJ-3ª T., REsp 1.177.862, Min. Nancy Andrighi, j. 3.5.11, DJ 1.8.11). No mesmo sentido: STJ-4ª T., REsp 1.812.546-AgInt, Min. Isabel Gallotti, j. 26.11.19, DJ 9.12.19.

V. art. 186, nota 8a. V. tb. LCE 22, nota 1a. V. ainda, no CPCLPV, CPC 75, nota 26.

Art. 1.348: 1c. "Não há dúvidas a respeito da responsabilidade do síndico, na qualidade de representante e administrador do condomínio, de prestar contas de sua gestão, já que lhe cabe administrar e gerir valores e interesses alheios. Forçoso, portanto, reconhecer a ilegitimidade do condomínio para figurar no polo passivo da demanda" (STJ-3ª T., REsp 707.506, Min. Sidnei Beneti, j. 15.12.09, DJ 18.12.09).

V. tb. LCE 22, nota 1d.

Art. 1.348: 2. v. art. 1.346, LCE 13.

Art. 1.349. A assembleia,¹ especialmente convocada para o fim estabelecido no § 2º do artigo antecedente, poderá, pelo voto da maioria absoluta de seus membros, destituir o síndico que praticar irregularidades, não prestar contas, ou não administrar convenientemente o condomínio.²

Art. 1.349: 1. "Pretensão de destituição de síndico. Ação aforada por condômino. Inviabilidade. Ato de competência privativa do órgão que o escolheu, qual seja, a assembleia geral" (RJTJERGS 273/438: AP 70026129908).

Art. 1.349: 2. "A destituição do síndico decorre da prática de irregularidades, recusa à prestação de contas ou administração inconveniente, por deliberação da maioria absoluta dos membros de assembleia específica (CC 1.349). **Confusão patrimonial e desorganização gerencial,** isto é, a administração inconveniente do condomínio, levou a assembleia a deliberar legitimamente pela destituição da síndica" (Bol. AASP 2.718: TJDFT, AP 20080410114603).

Art. 1.350. Convocará o síndico, anualmente, reunião da assembleia dos condôminos, na forma prevista na convenção, a fim de aprovar o orçamento das despesas, as contribuições dos condôminos e a prestação de contas, e eventualmente eleger-lhe o substituto e alterar o regimento interno.¹

§ 1º Se o síndico não convocar a assembleia, um quarto dos condôminos poderá fazê-lo.

§ 2º Se a assembleia não se reunir, o juiz decidirá, a requerimento de qualquer condômino.

Art. 1.350: 1. s/ assembleias extraordinárias, v. art. 1.355.

Art. 1.351. Depende da aprovação de 2/3 (dois terços) dos votos dos condôminos a alteração da convenção,¹ bem como a mudança da destinação do edifício ou da unidade imobiliária.²

Art. 1.351: 1. "Expressa a convenção de condomínio a exigir unanimidade para alteração do critério de rateio da contribuição condominial, inválida a alteração da convenção, para suprimir essa cláusula, ao *quorum* de somente dois terços, sob invocação do disposto no art. 1.351 do Cód. Civil de 2002" (STJ-3ª T., REsp 1.230.916, Min. Sidnei Beneti, j. 27.3.12, DJ 11.5.12).

Art. 1.351: 2. Redação da Lei 14.405, de 12.7.22.

Art. 1.352. Salvo quando exigido *quorum* especial,[1] as deliberações da assembleia serão tomadas, em primeira convocação, por maioria de votos dos condôminos presentes que representem pelo menos metade das frações ideais.[1a a 3]

Parágrafo único. Os votos serão proporcionais às frações ideais no solo e nas outras partes comuns pertencentes a cada condômino, salvo disposição diversa da convenção de constituição do condomínio.[4]

Art. 1.352: 1. *quorum* especial: v. arts. 1.336 § 2º, 1.337, 1.341 a 1.343, 1.349 e 1.357-*caput*.

Art. 1.352: 1a. Este artigo prevê um *quorum* **para a instalação da assembleia** em primeira convocação, que ocorrerá com a presença de condôminos "que representem pelo menos metade das frações ideais", e outro ***quorum* para as deliberações,** que se darão por "maioria de votos dos condôminos presentes", salvo quando exigido *quorum* especial.

V. tb. art. 1.353, nota 1.

Art. 1.352: 2. "A assembleia, na qualidade de órgão deliberativo, é o palco onde, sob os influxos dos argumentos e dos contra-argumentos, pode-se chegar ao voto que melhor reflita a vontade dos condôminos e, portanto, não é de admitir-se a ratificação posterior para completar *quorum* eventualmente não verificado na sua realização" (STJ-3ª T., REsp 1.120.140, Min. Massami Uyeda, j. 6.10.09, DJ 23.10.09).

Art. 1.352: 3. "O uso de **procurações** em assembleias condominais constitui questão situada no âmbito dos direitos patrimoniais disponíveis dos condôminos. Dessa forma, cada condomínio edilício tem a liberdade de definir, em convenção, as regras de utilização de procurações por seus condôminos, não podendo o Poder Judiciário interferir ou regular a manifestação de vontade dos condôminos sobre atos que digam respeito exclusivamente ao uso, gozo e disposição de seu patrimônio, sobretudo porque inexiste, no Código Civil ou na Lei 4.591/64, qualquer dispositivo legal que limite o quantitativo de procurações em assembleias de condomínios edilícios" (RJ-Lex 60/281: TJDFT, AI 2012.00.2.009532-9).

Art. 1.352: 4. Afirmando a licitude de "cláusula que limita votos para aqueles que possuem muitas unidades no condomínio": STJ-4ª T., Ag em REsp 1.077.879, Min. Lázaro Guimarães, j. 24.10.17, DJ 31.10.17 (no caso, o recorrente tinha 29 unidades, mas a convenção de condomínio limitava a 10 a quantidade de votos por proprietário).

Art. 1.353. Em segunda convocação, a assembleia poderá deliberar por maioria dos votos dos presentes,[1] salvo quando exigido *quorum* especial.[2]

§ 1º Quando a deliberação exigir *quorum* especial previsto em lei ou em convenção e ele não for atingido, a assembleia poderá, por decisão da maioria dos presentes, autorizar o presidente a converter a reunião em sessão permanente, desde que cumulativamente:[3]

I — sejam indicadas a data e a hora da sessão em seguimento, que não poderá ultrapassar 60 (sessenta) dias, e identificadas as deliberações pretendidas, em razão do *quorum* especial não atingido;[3a]

II — fiquem expressamente convocados os presentes e sejam obrigatoriamente convocadas as unidades ausentes, na forma prevista em convenção;[3b]

III — seja lavrada ata parcial, relativa ao segmento presencial da reunião da assembleia, da qual deverão constar as transcrições circunstanciadas de todos os argumentos até então apresentados relativos à ordem do dia, que deverá ser remetida aos condôminos ausentes;[3c]

IV — seja dada continuidade às deliberações no dia e na hora designados, e seja a ata correspondente lavrada em seguimento à que estava parcialmente redigida, com a consolidação de todas as deliberações.[3d]

§ 2º Os votos consignados na primeira sessão ficarão registrados, sem que haja necessidade de comparecimento dos condôminos para sua confirmação, os quais poderão, se estiverem presentes no encontro seguinte, requerer a alteração do seu voto até o desfecho da deliberação pretendida.[4]

§ 3º A sessão permanente poderá ser prorrogada tantas vezes quantas necessárias, desde que a assembleia seja concluída no prazo total de 90 (noventa) dias, contado da data de sua abertura inicial.[5]

Art. 1.353: 1. Em segunda convocação, **não se exige** *quorum* **para a instalação da assembleia**. Mas as deliberações continuam dependentes da aprovação da "maioria dos votos dos presentes, salvo quando exigido *quorum* especial".

V. tb. art. 1.352, nota 1a.

Art. 1.353: 2. *quorum* especial: v. arts. 1.336 § 2º, 1.337, 1.341 a 1.343, 1.349 e 1.357-*caput*.

Art. 1.353: 3 a 5. Redação da Lei 14.309, de 8.3.22.

Art. 1.354. A assembleia não poderá deliberar se todos os condôminos não forem convocados para a reunião.[1-2]

Art. 1.354: 1. v. arts. 1.348-I e 1.350.

Art. 1.354: 2. "Ainda que de forma diversa da convenção condominial, se o ato convocatório alcançar seu objetivo, qual seja, dar prévia ciência à coletividade sobre a realização da assembleia, não se justifica sua anulação, tratando-se, assim, de mera irregularidade. Se a esmagadora maioria compareceu e votou unanimemente pelo reajuste da taxa e ainda elegeu os cargos de direção, têm-se por legítimas as decisões tomadas na assembleia e a eficácia inequívoca da convocação realizada" (Bol. AASP 2.691: TJDFT, AP 20060910146100).

Art. 1.354-A. A convocação, a realização e a deliberação de quaisquer modalidades de assembleia poderão dar-se de forma eletrônica, desde que:[1]

I — tal possibilidade não seja vedada na convenção de condomínio;

II — sejam preservados aos condôminos os direitos de voz, de debate e de voto.

§ 1º Do instrumento de convocação deverá constar que a assembleia será realizada por meio eletrônico, bem como as instruções sobre acesso, manifestação e forma de coleta de votos dos condôminos.

§ 2º A administração do condomínio não poderá ser responsabilizada por problemas decorrentes dos equipamentos de informática ou da conexão à internet dos condôminos ou de seus representantes nem por quaisquer outras situações que não estejam sob o seu controle.

§ 3º Somente após a somatória de todos os votos e a sua divulgação será lavrada a respectiva ata, também eletrônica, e encerrada a assembleia geral.

§ 4º A assembleia eletrônica deverá obedecer aos preceitos de instalação, de funcionamento e de encerramento previstos no edital de convocação e poderá ser realizada de forma híbrida, com a presença física e virtual de condôminos concomitantemente no mesmo ato.

§ 5º Normas complementares relativas às assembleias eletrônicas poderão ser previstas no regimento interno do condomínio e definidas mediante aprovação da maioria simples dos presentes em assembleia convocada para essa finalidade.

§ 6º Os documentos pertinentes à ordem do dia poderão ser disponibilizados de forma física ou eletrônica aos participantes.

Art. 1.354-A: 1. O art. 1.354-A foi acrescido pela Lei 14.309, de 8.3.22.

Art. 1.355. Assembleias extraordinárias poderão ser convocadas pelo síndico ou por um quarto dos condôminos.[1]

Art. 1.355: 1. s/ assembleia ordinária, v. art. 1.350.

Art. 1.356. Poderá haver no condomínio um conselho fiscal,[1] composto de três membros, eleitos pela assembleia, por prazo não superior a dois anos, ao qual compete dar parecer sobre as contas do síndico.

Art. 1.356: 1. A LCE 23 prevê tb. a eleição de um conselho consultivo.

Seção III | DA EXTINÇÃO DO CONDOMÍNIO

Art. 1.357. Se a edificação for total ou consideravelmente destruída, ou ameace ruína, os condôminos deliberarão em assembleia sobre a reconstrução, ou venda, por votos que representem metade mais uma das frações ideais.

§ 1º Deliberada a reconstrução, poderá o condômino eximir-se do pagamento das despesas respectivas, alienando os seus direitos a outros condôminos, mediante avaliação judicial.

§ 2º Realizada a venda, em que se preferirá, em condições iguais de oferta, o condômino ao estranho, será repartido o apurado entre os condôminos, proporcionalmente ao valor das suas unidades imobiliárias.

Art. 1.358. Se ocorrer desapropriação, a indenização será repartida na proporção a que se refere o § 2º do artigo antecedente.

Seção IV | DO CONDOMÍNIO DE LOTES[1]

SEÇ. IV: 1. A Seção IV foi acrescida pela Lei 13.465, de 11.7.17.

Art. 1.358-A. Pode haver, em terrenos, partes designadas de lotes que são propriedade exclusiva e partes que são propriedade comum dos condôminos.[1]

§ 1º A fração ideal de cada condômino poderá ser proporcional à área do solo de cada unidade autônoma, ao respectivo potencial construtivo ou a outros critérios indicados no ato de instituição.

§ 2º Aplica-se, no que couber, ao condomínio de lotes:[2]

I — o disposto sobre condomínio edilício neste Capítulo, respeitada a legislação urbanística; e[3]

II — o regime jurídico das incorporações imobiliárias de que trata o Capítulo I do Título II da Lei n. 4.591, de 16 de dezembro de 1964, equiparando-se o empreendedor ao incorporador quanto aos aspectos civis e registrários.[4]

§ 3º Para fins de incorporação imobiliária, a implantação de toda a infraestrutura ficará a cargo do empreendedor.

Art. 1.358-A: 1. O art. 1.358-A foi acrescido pela Lei 13.465, de 11.7.17.

Art. 1.358-A: 2 a 4. Redação da Lei 14.382, de 27.6.22.

Capítulo VII-A | DO CONDOMÍNIO EM MULTIPROPRIEDADE[1]

CAP. VII-A: 1. O Cap. VII-A foi acrescido pela Lei 13.777, de 20.12.18.

Seção I | DISPOSIÇÕES GERAIS

Art. 1.358-B. A multipropriedade reger-se-á pelo disposto neste Capítulo e, de forma supletiva e subsidiária, pelas demais disposições deste Código e pelas disposições das Leis ns. 4.591, de 16 de dezembro de 1964, e 8.078, de 11 de setembro de 1990 (Código de Defesa do Consumidor).

Art. 1.358-C. Multipropriedade é o regime de condomínio em que cada um dos proprietários de um mesmo imóvel é titular de uma fração de tempo, à qual corresponde a faculdade de uso e gozo, com exclusividade, da totalidade do imóvel, a ser exercida pelos proprietários de forma alternada.

Parágrafo único. A multipropriedade não se extinguirá automaticamente se todas as frações de tempo forem do mesmo multiproprietário.

Art. 1.358-D. O imóvel objeto da multipropriedade:

I — é indivisível, não se sujeitando a ação de divisão ou de extinção de condomínio;

II — inclui as instalações, os equipamentos e o mobiliário destinados a seu uso e gozo.

Art. 1.358-E. Cada fração de tempo é indivisível.

§ 1º O período correspondente a cada fração de tempo será de, no mínimo, 7 (sete) dias, seguidos ou intercalados, e poderá ser:

I — fixo e determinado, no mesmo período de cada ano;

II — flutuante, caso em que a determinação do período será realizada de forma periódica, mediante procedimento objetivo que respeite, em relação a todos os multiproprietários, o princípio da isonomia, devendo ser previamente divulgado; ou

III — misto, combinando os sistemas fixo e flutuante.

§ 2º Todos os multiproprietários terão direito a uma mesma quantidade mínima de dias seguidos durante o ano, podendo haver a aquisição de frações maiores que a mínima, com o correspondente direito ao uso por períodos também maiores.

Seção II | DA INSTITUIÇÃO DA MULTIPROPRIEDADE

Art. 1.358-F. Institui-se a multipropriedade por ato entre vivos ou testamento, registrado no competente cartório de registro de imóveis, devendo constar daquele ato a duração dos períodos correspondentes a cada fração de tempo.

Art. 1.358-G. Além das cláusulas que os multiproprietários decidirem estipular, a convenção de condomínio em multipropriedade determinará:

I — os poderes e deveres dos multiproprietários, especialmente em matéria de instalações, equipamentos e mobiliário do imóvel, de manutenção ordinária e extraordinária, de conservação e limpeza e de pagamento da contribuição condominial;

II — o número máximo de pessoas que podem ocupar simultaneamente o imóvel no período correspondente a cada fração de tempo;

III — as regras de acesso do administrador condominial ao imóvel para cumprimento do dever de manutenção, conservação e limpeza;

IV — a criação de fundo de reserva para reposição e manutenção dos equipamentos, instalações e mobiliário;

V — o regime aplicável em caso de perda ou destruição parcial ou total do imóvel, inclusive para efeitos de participação no risco ou no valor do seguro, da indenização ou da parte restante;

VI — as multas aplicáveis ao multiproprietário nas hipóteses de descumprimento de deveres.

Art. 1.358-H. O instrumento de instituição da multipropriedade ou a convenção de condomínio em multipropriedade poderá estabelecer o limite máximo de frações de tempo no mesmo imóvel que poderão ser detidas pela mesma pessoa natural ou jurídica.

Parágrafo único. Em caso de instituição da multipropriedade para posterior venda das frações de tempo a terceiros, o atendimento a eventual limite de frações de tempo por titular estabelecido no instrumento de instituição será obrigatório somente após a venda das frações.

Seção III — DOS DIREITOS E DAS OBRIGAÇÕES DO MULTIPROPRIETÁRIO

Art. 1.358-I. São direitos do multiproprietário, além daqueles previstos no instrumento de instituição e na convenção de condomínio em multipropriedade:

I — usar e gozar, durante o período correspondente à sua fração de tempo, do imóvel e de suas instalações, equipamentos e mobiliário;

II — ceder a fração de tempo em locação ou comodato;

III — alienar a fração de tempo, por ato entre vivos ou por causa de morte, a título oneroso ou gratuito, ou onerá-la, devendo a alienação e a qualificação do sucessor, ou a oneração, ser informadas ao administrador;

IV — participar e votar, pessoalmente ou por intermédio de representante ou procurador, desde que esteja quite com as obrigações condominiais, em:

a) assembleia geral do condomínio em multipropriedade, e o voto do multiproprietário corresponderá à quota de sua fração de tempo no imóvel;

b) assembleia geral do condomínio edilício, quando for o caso, e o voto do multiproprietário corresponderá à quota de sua fração de tempo em relação à quota de poder político atribuído à unidade autônoma na respectiva convenção de condomínio edilício.

Art. 1.358-J. São obrigações do multiproprietário, além daquelas previstas no instrumento de instituição e na convenção de condomínio em multipropriedade:

I — pagar a contribuição condominial do condomínio em multipropriedade e, quando for o caso, do condomínio edilício, ainda que renuncie ao uso e gozo, total ou parcial, do imóvel, das áreas comuns ou das respectivas instalações, equipamentos e mobiliário;

II — responder por danos causados ao imóvel, às instalações, aos equipamentos e ao mobiliário por si, por qualquer de seus acompanhantes, convidados ou prepostos ou por pessoas por ele autorizadas;

III — comunicar imediatamente ao administrador os defeitos, avarias e vícios no imóvel dos quais tiver ciência durante a utilização;

IV — não modificar, alterar ou substituir o mobiliário, os equipamentos e as instalações do imóvel;

V — manter o imóvel em estado de conservação e limpeza condizente com os fins a que se destina e com a natureza da respectiva construção;

VI — usar o imóvel, bem como suas instalações, equipamentos e mobiliário, conforme seu destino e natureza;

VII — usar o imóvel exclusivamente durante o período correspondente à sua fração de tempo;

VIII — desocupar o imóvel, impreterivelmente, até o dia e hora fixados no instrumento de instituição ou na convenção de condomínio em multipropriedade, sob pena de multa diária, conforme convencionado no instrumento pertinente;

IX — permitir a realização de obras ou reparos urgentes.

§ 1º Conforme previsão que deverá constar da respectiva convenção de condomínio em multipropriedade, o multiproprietário estará sujeito a:

I — multa, no caso de descumprimento de qualquer de seus deveres;

II — multa progressiva e perda temporária do direito de utilização do imóvel no período correspondente à sua fração de tempo, no caso de descumprimento reiterado de deveres.

§ 2º A responsabilidade pelas despesas referentes a reparos no imóvel, bem como suas instalações, equipamentos e mobiliário, será:

I — de todos os multiproprietários, quando decorrentes do uso normal e do desgaste natural do imóvel;

II — exclusivamente do multiproprietário responsável pelo uso anormal, sem prejuízo de multa, quando decorrentes de uso anormal do imóvel.

§ 3º (VETADO).

§ 4º (VETADO).

§ 5º (VETADO).

Art. 1.358-K. Para os efeitos do disposto nesta Seção, são equiparados aos multiproprietários os promitentes compradores e os cessionários de direitos relativos a cada fração de tempo.

Seção IV | DA TRANSFERÊNCIA DA MULTIPROPRIEDADE

Art. 1.358-L. A transferência do direito de multipropriedade e a sua produção de efeitos perante terceiros dar-se-ão na forma da lei civil e não dependerão da anuência ou cientificação dos demais multiproprietários.

§ 1º Não haverá direito de preferência na alienação de fração de tempo, salvo se estabelecido no instrumento de instituição ou na convenção do condomínio em multipropriedade em favor dos demais multiproprietários ou do instituidor do condomínio em multipropriedade.

§ 2º O adquirente será solidariamente responsável com o alienante pelas obrigações de que trata o § 5º do art. 1.358-J deste Código caso não obtenha a declaração de inexistência de débitos referente à fração de tempo no momento de sua aquisição.

Seção V | DA ADMINISTRAÇÃO DA MULTIPROPRIEDADE

Art. 1.358-M. A administração do imóvel e de suas instalações, equipamentos e mobiliário será de responsabilidade da pessoa indicada no instrumento de instituição ou na convenção de condomínio em multipropriedade, ou, na falta de indicação, de pessoa escolhida em assembleia geral dos condôminos.

§ 1º O administrador exercerá, além daquelas previstas no instrumento de instituição e na convenção de condomínio em multipropriedade, as seguintes atribuições:

I — coordenação da utilização do imóvel pelos multiproprietários durante o período correspondente a suas respectivas frações de tempo;

II — determinação, no caso dos sistemas flutuante ou misto, dos períodos concretos de uso e gozo exclusivos de cada multiproprietário em cada ano;

III — manutenção, conservação e limpeza do imóvel;

IV — troca ou substituição de instalações, equipamentos ou mobiliário, inclusive:

a) determinar a necessidade da troca ou substituição;

b) providenciar os orçamentos necessários para a troca ou substituição;

c) submeter os orçamentos à aprovação pela maioria simples dos condôminos em assembleia;

V — elaboração do orçamento anual, com previsão das receitas e despesas;

VI — cobrança das quotas de custeio de responsabilidade dos multiproprietários;

VII — pagamento, por conta do condomínio edilício ou voluntário, com os fundos comuns arrecadados, de todas as despesas comuns.

§ 2º A convenção de condomínio em multipropriedade poderá regrar de forma diversa a atribuição prevista no inciso IV do § 1º deste artigo.

Art. 1.358-N. O instrumento de instituição poderá prever fração de tempo destinada à realização, no imóvel e em suas instalações, em seus equipamentos e em seu mobiliário, de reparos indispensáveis ao exercício normal do direito de multipropriedade.

§ 1º A fração de tempo de que trata o *caput* deste artigo poderá ser atribuída:

I — ao instituidor da multipropriedade; ou

II — aos multiproprietários, proporcionalmente às respectivas frações.

§ 2º Em caso de emergência, os reparos de que trata o *caput* deste artigo poderão ser feitos durante o período correspondente à fração de tempo de um dos multiproprietários.

Seção VI | DISPOSIÇÕES ESPECÍFICAS RELATIVAS ÀS UNIDADES AUTÔNOMAS DE CONDOMÍNIOS EDILÍCIOS

Art. 1.358-O. O condomínio edilício poderá adotar o regime de multipropriedade em parte ou na totalidade de suas unidades autônomas, mediante:

I — previsão no instrumento de instituição; ou

II — deliberação da maioria absoluta dos condôminos.

Parágrafo único. No caso previsto no inciso I do *caput* deste artigo, a iniciativa e a responsabilidade para a instituição do regime da multipropriedade serão atribuídas às mesmas pessoas e observarão os mesmos requisitos indicados nas alíneas *a*, *b* e *c* e no § 1º do art. 31 da Lei n. 4.591, de 16 de dezembro de 1964.

Art. 1.358-P. Na hipótese do art. 1.358-O, a convenção de condomínio edilício deve prever, além das matérias elencadas nos arts. 1.332, 1.334 e, se for o caso, 1.358-G deste Código:

I — a identificação das unidades sujeitas ao regime da multipropriedade, no caso de empreendimentos mistos;

II — a indicação da duração das frações de tempo de cada unidade autônoma sujeita ao regime da multipropriedade;

III — a forma de rateio, entre os multiproprietários de uma mesma unidade autônoma, das contribuições condominiais relativas à unidade, que, salvo se disciplinada de forma diversa no instrumento de instituição ou na convenção de condomínio em multipropriedade, será proporcional à fração de tempo de cada multiproprietário;

IV — a especificação das despesas ordinárias, cujo custeio será obrigatório, independentemente do uso e gozo do imóvel e das áreas comuns;

V — os órgãos de administração da multipropriedade;

VI — a indicação, se for o caso, de que o empreendimento conta com sistema de administração de intercâmbio, na forma prevista no § 2º do art. 23 da Lei n. 11.771, de 17 de setembro de 2008, seja do período de fruição da fração de tempo, seja do local de fruição, caso em que a responsabilidade e as obrigações da companhia de intercâmbio limitam-se ao contido na documentação de sua contratação;

VII — a competência para a imposição de sanções e o respectivo procedimento, especialmente nos casos de mora no cumprimento das obrigações de custeio e nos casos de descumprimento da obrigação de desocupar o imóvel até o dia e hora previstos;

VIII — o quórum exigido para a deliberação de adjudicação da fração de tempo na hipótese de inadimplemento do respectivo multiproprietário;[1]

IX — o quórum exigido para a deliberação de alienação, pelo condomínio edilício, da fração de tempo adjudicada em virtude do inadimplemento do respectivo multiproprietário.[2]

Art. 1.358-P: 1 e 2. v. art. 1.358-S.

Art. 1.358-Q. Na hipótese do art. 1.358-O deste Código, o regimento interno do condomínio edilício deve prever:

I — os direitos dos multiproprietários sobre as partes comuns do condomínio edilício;

II — os direitos e obrigações do administrador, inclusive quanto ao acesso ao imóvel para cumprimento do dever de manutenção, conservação e limpeza;

III — as condições e regras para uso das áreas comuns;

IV — os procedimentos a serem observados para uso e gozo dos imóveis e das instalações, equipamentos e mobiliário destinados ao regime da multipropriedade;

V — o número máximo de pessoas que podem ocupar simultaneamente o imóvel no período correspondente a cada fração de tempo;

VI — as regras de convivência entre os multiproprietários e os ocupantes de unidades autônomas não sujeitas ao regime da multipropriedade, quando se tratar de empreendimentos mistos;

VII — a forma de contribuição, destinação e gestão do fundo de reserva específico para cada imóvel, para reposição e manutenção dos equipamentos, instalações e mobiliário, sem prejuízo do fundo de reserva do condomínio edilício;

VIII — a possibilidade de realização de assembleias não presenciais, inclusive por meio eletrônico;

IX — os mecanismos de participação e representação dos titulares;

X — o funcionamento do sistema de reserva, os meios de confirmação e os requisitos a serem cumpridos pelo multiproprietário quando não exercer diretamente sua faculdade de uso;

XI — a descrição dos serviços adicionais, se existentes, e as regras para seu uso e custeio.

Parágrafo único. O regimento interno poderá ser instituído por escritura pública ou por instrumento particular.

Art. 1.358-R. O condomínio edilício em que tenha sido instituído o regime de multipropriedade em parte ou na totalidade de suas unidades autônomas terá necessariamente um administrador profissional.

§ 1º O prazo de duração do contrato de administração será livremente convencionado.

§ 2º O administrador do condomínio referido no *caput* deste artigo será também o administrador de todos os condomínios em multipropriedade de suas unidades autônomas.

§ 3º O administrador será mandatário legal de todos os multiproprietários, exclusivamente para a realização dos atos de gestão ordinária da multipropriedade, incluindo manutenção, conservação e limpeza do imóvel e de suas instalações, equipamentos e mobiliário.

§ 4º O administrador poderá modificar o regimento interno quanto aos aspectos estritamente operacionais da gestão da multipropriedade no condomínio edilício.

§ 5º O administrador pode ser ou não um prestador de serviços de hospedagem.

Art. 1.358-S. Na hipótese de inadimplemento, por parte do multiproprietário, da obrigação de custeio das despesas ordinárias ou extraordinárias, é cabível, na forma da lei processual civil, a adjudicação ao condomínio edilício da fração de tempo correspondente.¹

Parágrafo único. Na hipótese de o imóvel objeto da multipropriedade ser parte integrante de empreendimento em que haja sistema de locação das frações de tempo no qual os titulares possam ou sejam obrigados a locar suas frações de tempo exclusivamente por meio de uma administração única, repartindo entre si as receitas das locações independentemente da efetiva ocupação de cada unidade autônoma, poderá a convenção do condomínio edilício regrar que em caso de inadimplência:

I — o inadimplente fique proibido de utilizar o imóvel até a integral quitação da dívida;

II — a fração de tempo do inadimplente passe a integrar o *pool* da administradora;

III — a administradora do sistema de locação fique automaticamente munida de poderes e obrigada a, por conta e ordem do inadimplente, utilizar a integralidade dos valores líquidos a que o inadimplente tiver direito para amortizar suas dívidas condominiais, seja do condomínio edilício, seja do condomínio em multipropriedade, até sua integral quitação, devendo eventual saldo ser imediatamente repassado ao multiproprietário.

Art. 1.358-S: 1. v. art. 1.358-P-VIII e IX.

Art. 1.358-T. O multiproprietário somente poderá renunciar de forma translativa a seu direito de multipropriedade em favor do condomínio edilício.

Parágrafo único. A renúncia de que trata o *caput* deste artigo só é admitida se o multiproprietário estiver em dia com as contribuições condominiais, com os tributos imobiliários e, se houver, com o foro ou a taxa de ocupação.

Art. 1.358-U. As convenções dos condomínios edilícios, os memoriais de loteamentos e os instrumentos de venda dos lotes em loteamentos urbanos poderão limitar ou impedir a instituição da multipropriedade nos respectivos imóveis, vedação que somente poderá ser alterada no mínimo pela maioria absoluta dos condôminos.

Capítulo VIII | DA PROPRIEDADE RESOLÚVEL[1]

CAP. VIII: 1. v. art. 1.953.

Art. 1.359. Resolvida a propriedade pelo implemento da condição[1] ou pelo advento do termo,[2] entendem-se também resolvidos os direitos reais[3] concedidos na sua pendência, e o proprietário, em cujo favor se opera a resolução, pode reivindicar a coisa do poder de quem a possua ou detenha.

Art. 1.359: 1. v. art. 121.
Art. 1.359: 2. v. art. 131.
Art. 1.359: 3. v. art. 1.225.

Art. 1.360. Se a propriedade se resolver por outra causa superveniente,[1] o possuidor, que a tiver adquirido por título anterior à sua resolução, será considerado proprietário perfeito, restando à pessoa, em cujo benefício houve a resolução, ação contra aquele cuja propriedade se resolveu para haver a própria coisa ou o seu valor.

Art. 1.360: 1. i. e., se ela se resolver fora das hipóteses de condição resolutiva e termo final, como nos casos de revogação da doação por ingratidão ou por inexecução de encargo (v. arts. 555, 557 e 563).

Capítulo IX | DA PROPRIEDADE FIDUCIÁRIA[1-2]

CAP. IX: 1. v., no tít. ALIENAÇÃO FIDUCIÁRIA, Lei 4.728, de 14.7.65, art. 66-B (contrato de alienação fiduciária celebrado no âmbito do mercado financeiro e de capitais, bem como em garantia de créditos fiscais e previdenciários), Dec. lei 911, de 1.11.69 (normas processuais sobre alienação fiduciária), e Lei 9.514, de 20.11.97 (alienação fiduciária de coisa imóvel). V. tb. Lei 7.565, de 19.12.86 — Código Brasileiro de Aeronáutica (Lex 1986/1.285, RF 296/483), cujos arts. 148 a 152 dispõem sobre a alienação fiduciária de aeronave.
CAP. IX: 2. v. LRF 49 § 3º e LI 32 § ún.

Art. 1.361. Considera-se fiduciária a propriedade resolúvel[1] de coisa móvel infungível[2] que o devedor, com escopo de garantia, transfere ao credor.

§ 1º Constitui-se a propriedade fiduciária com o registro do contrato, celebrado por instrumento público ou particular, que lhe serve de título, no Registro de Títulos e Documentos[3] do domicílio do devedor,[3a] ou, em se tratando de veículos, na repartição competente para o licenciamento, fazendo-se a anotação no certificado de registro.[3b a 5]

§ 2º Com a constituição da propriedade fiduciária, dá-se o desdobramento da posse, tornando-se o devedor possuidor direto[6] da coisa.

§ 3º A propriedade superveniente, adquirida pelo devedor, torna eficaz, desde o arquivamento, a transferência da propriedade fiduciária.

Art. 1.361: 1. v. arts. 1.359 e 1.360.
Art. 1.361: 2. v. art. 85.

Art. 1.361: 3. v. LRP 129-5º. A alienação fiduciária de coisa **imóvel** se constitui pelo registro, do contrato que lhe serve de título, no Registro de Imóveis (Lei 9.514, de 20.11.97, art. 23, no tít. ALIENAÇÃO FIDUCIÁRIA). Neste sentido: LRP 167-I-35.

Art. 1.361: 3a. Cartório competente para o registro do contrato. "Alienação fiduciária. Registro duplo. Necessidade. Pela Lei 6.015, em seu art. 130, os contratos devem ser registrados no domicílio das partes contratantes, e quando eles forem diversos, em cada um dos ofícios se fará o registro" (RTJE 113/113). "Para surtir efeitos em relação a terceiros, os contratos de alienação fiduciária em que forem as partes residentes em circunscrições territoriais diversas deverão ser registrados em todas elas, ou seja, tanto no domicílio do credor como no do financiado alienante" (RT 648/117). No mesmo sentido: RF 322/240.

Art. 1.361: 3b. "O Código Civil e a alienação fiduciária de veículos", por Arruda Alvim (RJ 356/27).

Art. 1.361: 3c. Em matéria de coisa fungível e de cessão fiduciária envolvendo coisas móveis e títulos de crédito, v. Lei 4.728, de 14.7.65, art. 66-B, nota 6.

Art. 1.361: 3d. Súmula 92 do STJ (Registro do contrato): "A terceiro de boa-fé não é oponível a alienação fiduciária não anotada no Certificado de Registro do veículo automotor" (v. jurisprudência s/ esta Súmula em RSTJ 61/145).

Art. 1.361: 4. "O registro do contrato de alienação fiduciária no Cartório de Títulos e Documentos, previsto no inciso 5º do art. 129 da Lei de Registros Públicos (Lei n. 6.015/73), não revela condição para a transferência da propriedade do bem, senão, procedimento tendente a emprestar publicidade e, *a fortiori*, efeito *erga omnes* ao ato translatício, evitando prejuízos jurídicos ao terceiro de boa-fé" (STJ-1ª Seção, ED no REsp 875.634-AgRg, Min. Luiz Fux, j. 10.2.10, DJ 1.3.10). "Não é necessário o registro do contrato garantido por alienação fiduciária no Cartório de Títulos e Documentos para que tenha validade e eficácia, uma vez que tal providência tem o intuito apenas de dar ciência a terceiros" (STJ-4ª T., Ag em REsp 206.250-EDcl-AgInt, Min. Isabel Gallotti, j. 4.4.17, DJ 18.4.17).

Assim: "Inviável determinar que o órgão administrativo exija o prévio registro cartorial do contrato de alienação fiduciária para a expedição do certificado de registro do veículo, sem que a lei o faça" (STJ-2ª T., REsp 770.315, Min. Peçanha Martins, j. 4.4.06, DJU 15.5.06).

Art. 1.361: 5. Antes do advento do CC/02, há notícia de acórdão no sentido de que a **alienação fiduciária de aeronave** "vale contra terceiros se registrado o respectivo instrumento no Registro de Títulos e Documentos, independente de anotação no Registro Aeronáutico Brasileiro" (STF-Pleno, RTJ 92/221).

Art. 1.361: 6. v. art. 1.197.

Art. 1.362. O contrato, que serve de título à propriedade fiduciária, conterá:[1]

I — o total da dívida, ou sua estimativa;

II — o prazo, ou a época do pagamento;

III — a taxa de juros, se houver;

IV — a descrição da coisa objeto da transferência, com os elementos indispensáveis à sua identificação.

Art. 1.362: 1. CDC 53-*caput*: "Nos contratos de compra e venda de móveis ou imóveis mediante pagamento em prestações, bem como nas alienações fiduciárias em garantia, consideram-se nulas de pleno direito as cláusulas que estabeleçam a perda total das prestações pagas em benefício do credor que, em razão do inadimplemento, pleitear a resolução do contrato e a retomada do produto alienado".

Art. 1.363. Antes de vencida a dívida, o devedor, a suas expensas e risco, pode usar[1] a coisa segundo sua destinação, sendo obrigado, como depositário:

I — a empregar na guarda da coisa a diligência exigida por sua natureza;

II — a entregá-la ao credor, se a dívida não for paga no vencimento.

Art. 1.363: 1. v. art. 1.361 § 2º.

Art. 1.364. Vencida a dívida, e não paga,[1] fica o credor obrigado a vender, judicial ou extrajudicialmente, a coisa a terceiros, a aplicar o preço no pagamento de seu crédito e das despesas de cobrança, e a entregar o saldo, se houver, ao devedor.

Art. 1.364: 1. Súmula 72 do STJ (Comprovação da mora): "A comprovação da mora é imprescindível à busca e apreensão do bem alienado fiduciariamente" (v. jurisprudência s/ esta Súmula em RSTJ 49/17 a 33).

Art. 1.365. É nula a cláusula que autoriza o proprietário fiduciário a ficar com a coisa alienada em garantia, se a dívida não for paga no vencimento.[1-2]
Parágrafo único. O devedor pode, com a anuência do credor, dar seu direito eventual à coisa em pagamento da dívida, após o vencimento desta.

Art. 1.365: 1. No mesmo sentido: art. 1.428.

Art. 1.365: 2. ou seja: é nulo, nesse caso, o denominado **pacto comissório**.

Art. 1.366. Quando, vendida a coisa, o produto não bastar para o pagamento da dívida e das despesas de cobrança, continuará o devedor obrigado pelo restante.

Art. 1.367. A propriedade fiduciária em garantia de bens móveis ou imóveis sujeita-se às disposições do Capítulo I do Título X do Livro III da Parte Especial deste Código e, no que for específico, à legislação especial pertinente, não se equiparando, para quaisquer efeitos, à propriedade plena de que trata o art. 1.231.[1]

Art. 1.367: 1. Redação de acordo com a Lei 13.043, de 13.11.14.

Art. 1.368. O terceiro, interessado ou não, que pagar a dívida, se sub-rogará[1] de pleno direito no crédito e na propriedade fiduciária.

Art. 1.368: 1. v. arts. 346 a 351.

Art. 1.368-A. As demais espécies de propriedade fiduciária ou de titularidade fiduciária submetem-se à disciplina específica das respectivas leis especiais, somente se aplicando as disposições deste Código naquilo que não for incompatível com a legislação especial.[1-2]

Art. 1.368-A: 1. O art. 1.368-A foi acrescido pela Lei 10.931, de 2.8.04.

Art. 1.368-A: 2. v. nota 1 ao Cap. IX, que antecede o art. 1.361.

Art. 1.368-B. A alienação fiduciária em garantia de bem móvel ou imóvel confere direito real de aquisição ao fiduciante, seu cessionário ou sucessor.[1]
Parágrafo único. O credor fiduciário que se tornar proprietário pleno do bem, por efeito de realização da garantia, mediante consolidação da propriedade, adjudicação, dação ou outra forma pela qual lhe tenha sido transmitida a propriedade plena, passa a responder pelo pagamento dos tributos sobre a propriedade e a posse, taxas, despesas condominiais e quaisquer outros encargos, tributários ou não, incidentes sobre o bem objeto da garantia, a partir da data em que vier a ser imitido na posse direta do bem.[2]

Art. 1.368-B: 1. O art. 1.368-B foi acrescido pela Lei 13.043, de 13.11.14.

Art. 1.368-B: 2. v. Lei 9.514, de 20.11.97, art. 27 § 8º, nota 3.

Capítulo X | DO FUNDO DE INVESTIMENTO[1]

CAP. X: 1. O Cap. X foi acrescido pela Lei 13.874, de 20.9.19.

Art. 1.368-C. O fundo de investimento é uma comunhão de recursos, constituído sob a forma de condomínio de natureza especial, destinado à aplicação em ativos financeiros, bens e direitos de qualquer natureza.[1]

§ 1º Não se aplicam ao fundo de investimento as disposições constantes dos arts. 1.314 ao 1.358-A deste Código.

§ 2º Competirá à Comissão de Valores Mobiliários disciplinar o disposto no *caput* deste artigo.

§ 3º O registro dos regulamentos dos fundos de investimentos na Comissão de Valores Mobiliários é condição suficiente para garantir a sua publicidade e a oponibilidade de efeitos em relação a terceiros.

Art. 1.368-C: 1. O art. 1.368-C foi acrescido pela Lei 13.874, de 20.9.19.

Art. 1.368-D. O regulamento do fundo de investimento poderá, observado o disposto na regulamentação a que se refere o § 2º do art. 1.368-C desta Lei, estabelecer:[1]

I — a limitação da responsabilidade de cada investidor ao valor de suas cotas;

II — a limitação da responsabilidade, bem como parâmetros de sua aferição, dos prestadores de serviços do fundo de investimento, perante o condomínio e entre si, ao cumprimento dos deveres particulares de cada um, sem solidariedade; e

III — classes de cotas com direitos e obrigações distintos, com possibilidade de constituir patrimônio segregado para cada classe.

§ 1º A adoção da responsabilidade limitada por fundo de investimento constituído sem a limitação de responsabilidade somente abrangerá fatos ocorridos após a respectiva mudança em seu regulamento.

§ 2º A avaliação de responsabilidade dos prestadores de serviço deverá levar sempre em consideração os riscos inerentes às aplicações nos mercados de atuação do fundo de investimento e a natureza de obrigação de meio de seus serviços.

§ 3º O patrimônio segregado referido no inciso III do *caput* deste artigo só responderá por obrigações vinculadas à classe respectiva, nos termos do regulamento.

Art. 1.368-D: 1. O art. 1.368-D foi acrescido pela Lei 13.874, de 20.9.19.

Art. 1.368-E. Os fundos de investimento respondem diretamente pelas obrigações legais e contratuais por eles assumidas, e os prestadores de serviço não respondem por essas obrigações, mas respondem pelos prejuízos que causarem quando procederem com dolo ou má-fé.[1]

§ 1º Se o fundo de investimento com limitação de responsabilidade não possuir patrimônio suficiente para responder por suas dívidas, aplicam-se as regras de insolvência previstas nos arts. 955 a 965 deste Código.

§ 2º A insolvência pode ser requerida judicialmente por credores, por deliberação própria dos cotistas do fundo de investimento, nos termos de seu regulamento, ou pela Comissão de Valores Mobiliários.

Art. 1.368-E: 1. O art. 1.368-E foi acrescido pela Lei 13.874, de 20.9.19.

Art. 1.368-F. O fundo de investimento constituído por lei específica e regulamentado pela Comissão de Valores Mobiliários deverá, no que couber, seguir as disposições deste Capítulo.¹

Art. 1.368-F: 1. O art. 1.368-F foi acrescido pela Lei 13.874, de 20.9.19.

Título IV | DA SUPERFÍCIE¹ ᴬ ³

TÍT. IV: 1. "O direito de superfície e o novo Código Civil", por Ricardo Pereira Lira (RF 364/251); "Direito de superfície e espaço aéreo", por Ricardo Pereira Lira (RF 365/191); "Direito de superfície", por Sílvio de Salvo Venosa (RMDCPC 5/5); "Noções conceituais sobre o direito de superfície no Código Civil e no Estatuto da Cidade", por Leandro Soares Lomeu (RIDCPC 54/103); "O direito de superfície sobre propriedade urbana", por Carlos Bastide Horbach (RDPr 40/110); "O direito de superfície e a *sobrelevação* (o direito de construir na edificação alheia ou *direito de laje*)", por Rodrigo Mazzei (RF 416/243, RJ 409/67).

TÍT. IV: 2. Lei 10.257, de 10.7.01 (Estatuto da Cidade) — Regulamenta os arts. 182 e 183 da Constituição Federal, estabelece diretrizes gerais da política urbana e dá outras providências: **"Art. 21.** O proprietário urbano poderá conceder a outrem o direito de superfície do seu terreno, por tempo determinado ou indeterminado, mediante escritura pública registrada no cartório de registro de imóveis.

"§ 1º O direito de superfície abrange o direito de utilizar o solo, o subsolo ou o espaço aéreo relativo ao terreno, na forma estabelecida no contrato respectivo, atendida a legislação urbanística.

"§ 2º A concessão do direito de superfície poderá ser gratuita ou onerosa.

"§ 3º O superficiário responderá integralmente pelos encargos e tributos que incidirem sobre a propriedade superficiária, arcando, ainda, proporcionalmente à sua parcela de ocupação efetiva, com os encargos e tributos sobre a área objeto da concessão do direito de superfície, salvo disposição em contrário do contrato respectivo.

"§ 4º O direito de superfície pode ser transferido a terceiros, obedecidos os termos do contrato respectivo.

"§ 5º Por morte do superficiário, os seus direitos transmitem-se a seus herdeiros.

"Art. 22. Em caso de alienação do terreno, ou do direito de superfície, o superficiário e o proprietário, respectivamente, terão direito de preferência, em igualdade de condições à oferta de terceiros.

"Art. 23. Extingue-se o direito de superfície:

I — pelo advento do termo;

II — pelo descumprimento das obrigações contratuais assumidas pelo superficiário.

"Art. 24. Extinto o direito de superfície, o proprietário recuperará o pleno domínio do terreno, bem como das acessões e benfeitorias introduzidas no imóvel, independentemente de indenização, se as partes não houverem estipulado o contrário no respectivo contrato.

"§ 1º Antes do termo final do contrato, extinguir-se-á o direito de superfície se o superficiário der ao terreno destinação diversa daquela para a qual for concedida.

"§ 2º A extinção do direito de superfície será averbada no cartório de registro de imóveis".

TÍT. IV: 3. Enunciado 93 do CEJ: "As normas previstas no Código Civil, regulando o direito de superfície, não revogam as normas relativas a direito de superfície constantes do Estatuto da Cidade (Lei n. 10.257/2001), por ser instrumento de política de desenvolvimento urbano".

Art. 1.369. O proprietário pode conceder a outrem o direito¹ de construir ou de plantar em seu terreno, por tempo determinado,¹ᵃ mediante escritura pública devidamente registrada no Cartório de Registro de Imóveis.²

Parágrafo único. O direito de superfície não autoriza obra no subsolo,³ salvo se for inerente ao objeto da concessão.

Art. 1.369: 1. Enunciado 249 do CEJ: "A propriedade superficiária pode ser autonomamente objeto de direitos reais de gozo e de garantia, cujo prazo não exceda a duração da concessão da superfície, não se lhe aplicando o art. 1.474".

Enunciado 250 do CEJ: "Admite-se a constituição do direito de superfície por cisão".

Enunciado 321 do CEJ: "Os direitos e obrigações vinculados ao terreno e, bem assim, aqueles vinculados à construção ou à plantação formam patrimônios distintos e autônomos, respondendo cada um dos seus titulares exclusivamente por suas próprias dívidas e obrigações, ressalvadas as fiscais decorrentes do imóvel".

Art. 1.369: 1a. Apenas o direito de superfície sobre os imóveis rurais não pode ser concedido por tempo indeterminado; quanto aos imóveis urbanos, há permissão expressa no Estatuto da Cidade (art. 21-*caput*).

Art. 1.369: 2. s/ direito de superfície de imóvel urbano, v. nota 2 ao Tít. IV que antecede o art. 1.369; s/ registros públicos, v. LRP 167-I-39 e II-20.

Art. 1.369: 3. O direito de superfície sobre imóvel urbano autoriza obra no subsolo (Estatuto da Cidade, art. 21 § 1º), mas são bens da União "os recursos minerais, inclusive os do subsolo".

> **Art. 1.370.** A concessão da superfície será gratuita ou onerosa; se onerosa, estipularão as partes se o pagamento será feito de uma só vez, ou parceladamente.[1-2]

Art. 1.370: 1. v. art. 21 § 2º da Lei 10.257, de 10.7.01, em nota 2 ao Tít. IV que antecede o art. 1.369 (direito de superfície de imóvel urbano).

Art. 1.370: 2. A remuneração que se estabelece no contrato de concessão onerosa de superfície chama-se *solarium*.

> **Art. 1.371.** O superficiário responderá pelos encargos e tributos que incidirem sobre o imóvel.[1-2]

Art. 1.371: 1. Enunciado 94 do CEJ: "As partes têm plena liberdade para deliberar, no contrato respectivo, sobre o rateio dos encargos e tributos que incidirão sobre a área objeto da concessão do direito de superfície".

Art. 1.371: 2. v. art. 21 § 3º da Lei 10.257, de 10.7.01, em nota 2 ao Tít. IV que antecede o art. 1.369 (direito de superfície de imóvel urbano).

> **Art. 1.372.** O direito de superfície pode transferir-se a terceiros e, por morte do superficiário, aos seus herdeiros.[1]
>
> **Parágrafo único.** Não poderá ser estipulado pelo concedente, a nenhum título, qualquer pagamento pela transferência.

Art. 1.372: 1. v. art. 21 §§ 4º e 5º da Lei 10.257, de 10.7.01, em nota 2 ao Tít. IV que antecede o art. 1.369 (direito de superfície de imóvel urbano).

> **Art. 1.373.** Em caso de alienação do imóvel ou do direito de superfície, o superficiário ou o proprietário tem direito de preferência, em igualdade de condições.[1]

Art. 1.373: 1. v. art. 22 da Lei 10.257, de 10.7.01, em nota 2 ao Tít. IV que antecede o art. 1.369 (direito de superfície de imóvel urbano).

> **Art. 1.374.** Antes do termo final, resolver-se-á a concessão se o superficiário der ao terreno destinação diversa daquela para que foi concedida.[1]

Art. 1.374: 1. v. art. 24 § 1º da Lei 10.257, de 10.7.01, em nota 2 ao Tít. IV que antecede o art. 1.369 (direito de superfície de imóvel urbano).

> **Art. 1.375.** Extinta a concessão, o proprietário passará a ter a propriedade plena sobre o terreno, construção ou plantação, independentemente de indenização, se as partes não houverem estipulado o contrário.[1]

Art. 1.375: 1. v. art. 24-*caput* da Lei 10.257, de 10.7.01, em nota 2 ao Tít. IV que antecede o art. 1.369 (direito de superfície de imóvel urbano).

Art. 1.376. No caso de extinção do direito de superfície em consequência de desapropriação, a indenização cabe ao proprietário e ao superficiário, no valor correspondente ao direito real de cada um.¹

Art. 1.376: 1. Enunciado 322 do CEJ: "O momento da desapropriação e as condições da concessão superficiária serão considerados para fins da divisão do montante indenizatório (art. 1.376), constituindo-se litisconsórcio passivo necessário simples entre proprietário e superficiário".

Art. 1.377. O direito de superfície, constituído por pessoa jurídica de direito público interno, rege-se por este Código, no que não for diversamente disciplinado em lei especial.¹⁻²

Art. 1.377: 1. v., em nota 2 ao Tít. IV que antecede o art. 1.369, arts. 21 a 24 da Lei 10.257, de 10.7.01 (Estatuto da Cidade). V. tb. nota 3 ao Tít. IV que antecede o art. 1.369 (Enunciado 93 do CEJ).

Art. 1.377: 2. Lei 4.947, de 6.4.66 — Fixa normas de Direito Agrário, dispõe sobre o sistema de organização e funcionamento do Instituto Brasileiro de Reforma Agrária, e dá outras providências.

Lei 8.629, de 25.2.93 — Dispõe sobre a regulamentação dos dispositivos constitucionais relativos à reforma agrária, previstos no Cap. III, Tít. VII, da Constituição Federal.

Lei 9.636, de 15.5.98 — Dispõe sobre a regularização, administração, aforamento e alienação de bens imóveis de domínio da União, altera dispositivos dos Decs. leis 9.760, de 5.9.46, e 2.398, de 21.12.87, regulamenta o § 2º do art. 49 do ADCT, e dá outras providências.

Título V | DAS SERVIDÕES¹ ᴬ ³

Capítulo I | DA CONSTITUIÇÃO DAS SERVIDÕES

TÍT. V: 1. Os arts. 59 e 60 do Código de Mineração **(Dec. lei 227, de 28.2.67** — RT 381/367, Lex 1967/499, RF 219/429), conforme renumeração determinada pelo Dec. lei 318, de 14.3.67, instituem servidão, em favor do minerador, sobre a propriedade onde se localiza a jazida, bem como sobre as limítrofes.

TÍT. V: 2. Os arts. 9º-A, 9º-B e 9º-C da Lei 6.938, de 31.8.81, dispõem sobre a instituição de servidão ambiental pelo proprietário, com o intuito de limitar o uso de toda a sua propriedade, ou de parte dela, para preservar, conservar ou recuperar os recursos ambientais existentes. Essa servidão ambiental deverá ser averbada no Registro de Imóveis, cf. LRP 167-II-23.

TÍT. V: 3. s/ cancelamento da servidão, v. LRP 256 e 257; s/ servidão de trânsito e águas, v. CA 12, 17 e 35; s/ servidão de aqueduto, v. CA 77 e 117 a 138.

Art. 1.378. A servidão¹ proporciona utilidade para o prédio dominante, e grava o prédio serviente,² que pertence a diverso dono, e constitui-se mediante declaração expressa dos proprietários, ou por testamento, e subsequente registro no Cartório de Registro de Imóveis.³ ᵃ ⁴

Art. 1.378: 1. Súmula 120 do STF: "Parede de tijolos de vidro translúcido pode ser levantada a menos de metro e meio do prédio vizinho, não importando servidão sobre ele".

Art. 1.378: 2. O prédio serviente suporta o encargo de permitir alguma ação do prédio dominante ou o de não fazer algo em relação a este último.

Art. 1.378: 3. v. LRP 167-I-6.

Art. 1.378: 3a. "Tendo a presente demanda dois escopos básicos — quais sejam, constituir a servidão e indenizar a limitação à propriedade daí advinda —, devem figurar no polo passivo tanto os proprietários da área na qual se pretende implantar a limitação, como também os possuidores legítimos do terreno. A posse é um fenômeno fático que merece proteção jurídica, e, via de consequência, pode ser indenizada. Nem se diga que a indenização do possuidor caberia ao proprietário, porque quem causa o prejuízo na hipótese, ainda que licitamente, é o ente que pretende instituir a servidão, e não o proprietário" (STJ-2ª T., REsp 953.910, Min. Mauro Campbell, j. 18.8.09, DJ 10.9.09).

Art. 1.378: 4. A servidão de trânsito não se confunde com a passagem forçada (art. 1.285). Ao contrário desta, cuja constituição é compulsória ao prédio serviente, aquela geralmente se origina de um acordo de vontades ou de um exercício incontestado e contínuo por um período de tempo (art. 1.379).

> **Art. 1.379.** O exercício incontestado e contínuo de uma servidão aparente,[1] por dez anos, nos termos do art. 1.242,[1a] autoriza o interessado a registrá-la em seu nome no Registro de Imóveis, valendo-lhe como título a sentença que julgar consumado[2] a usucapião.[2a-2b]
>
> **Parágrafo único.** Se o possuidor não tiver título, o prazo da usucapião será de vinte anos.[3-4]

Art. 1.379: 1. s/ servidão aparente, v. art. 1.385, nota 1b (Súmula 415 do STF).

Art. 1.379: 1a. i. e., com justo título e boa-fé.

Art. 1.379: 2. sic; deve ser "consumada".

Art. 1.379: 2a. v. LRP 167-I-28.

Art. 1.379: 2b. "Corredor de 60 cm existente entre os imóveis das partes. Usucapião extraordinária. Impossibilidade de reconhecimento. Atos possessórios praticados sobre a coisa insuficientes à configuração de posse qualificada. Proprietário não desidioso. Servidão. Ocorrência de quase posse. **Possibilidade de usucapir a servidão** e não a propriedade. Servidão é a relação jurídica real por meio da qual o proprietário vincula o seu imóvel, dito serviente, a prestar certa utilidade a outro prédio, dito dominante, pertencente a dono distinto. Sendo assim, o poder de fato exercido pelo titular do prédio dominante não constitui posse qualificada para usucapir a propriedade. Na servidão, o sujeito exerce quase posse e age com *animus domini*, mas não da propriedade do bem serviente. O *animus domini* relaciona-se à própria servidão: a posse é exteriorização da propriedade, enquanto a quase-posse seria a expressão da exteriorização da servidão. Na hipótese, não ocorrendo desídia do proprietário em relação à área reivindicada e a natureza de quase-posse dos atos praticados, além de não posse, essencial à aquisição da propriedade, configura-se o direito à usucapião da servidão, expressada pela **intenção de transitar, como se fossem donos daquela servidão,** e não da coisa sobre a qual o direito real recaía" (STJ-4ª T., REsp 1.644.897, Min. Luis Felipe, j. 19.3.19, DJ 7.5.19).

V. tb. art. 1.238, nota 2e.

Art. 1.379: 3. Enunciado 251 do CEJ: "O prazo máximo para a usucapião extraordinário de servidões deve ser de 15 anos, em conformidade com o sistema geral de usucapião previsto no Código Civil".

Art. 1.379: 4. O legislador não foi razoável ao estabelecer prazo de usucapião extraordinário de 20 anos para constituir servidão. Na medida em que para usucapir a propriedade plena do imóvel bastam 15 anos (art. 1.238), não há razão de se exigir prazo maior para autorizar o interessado a registrar simples direito real sobre coisa alheia em seu nome.

Capítulo II | DO EXERCÍCIO DAS SERVIDÕES

> **Art. 1.380.** O dono de uma servidão[1] pode fazer todas as obras necessárias à sua conservação e uso, e, se a servidão pertencer a mais de um prédio, serão as despesas rateadas entre os respectivos donos.

Art. 1.380: 1. i. e., o dono do prédio dominante, em benefício do qual a servidão foi instituída.

> **Art. 1.381.** As obras a que se refere o artigo antecedente devem ser feitas pelo dono do prédio dominante, se o contrário não dispuser expressamente o título.

> **Art. 1.382.** Quando a obrigação incumbir ao dono do prédio serviente, este poderá exonerar-se, abandonando, total ou parcialmente, a propriedade ao dono do dominante.

Parágrafo único. Se o proprietário do prédio dominante se recusar a receber a propriedade do serviente, ou parte dela, caber-lhe-á custear as obras.

Art. 1.383. O dono do prédio serviente não poderá embaraçar de modo algum o exercício legítimo da servidão.

Art. 1.384. A servidão pode ser removida, de um local para outro, pelo dono do prédio serviente e à sua custa, se em nada diminuir as vantagens do prédio dominante, ou pelo dono deste e à sua custa, se houver considerável incremento da utilidade e não prejudicar o prédio serviente.[1]

Art. 1.384: 1. "A remoção de servidão antiga, conquanto admissível, nos termos do CC 1.384, não pode ser feita **unilateralmente**. A situação anterior deve ser restaurada" (JTJ 371/442: AP 92596-91.2009.8.26.0000).

Art. 1.385. Restringir-se-á o exercício da servidão às necessidades do prédio dominante, evitando-se, quanto possível, agravar o encargo ao prédio serviente.[1]

§ 1º Constituída para certo fim, a servidão não se pode ampliar a outro.[1a]

§ 2º Nas servidões de trânsito,[1b] a de maior inclui a de menor ônus, e a menor exclui a mais onerosa.[2]

§ 3º Se as necessidades da cultura, ou da indústria, do prédio dominante impuserem à servidão maior largueza, o dono do serviente é obrigado a sofrê-la; mas tem direito a ser indenizado pelo excesso.

Art. 1.385: 1. "Não se vislumbra qualquer turbação ao direito de passagem do apelante, decorrente da colocação de uma porteira pelos apelados, se a chave do respectivo cadeado foi por estes disponibilizada àquele" (RJM 185/57: AP 1.0116.06.007134-1/002). **Contra:** JTJ 338/164 (AI 7.328.851-8).

Art. 1.385: 1a. "O art. 1.385 do diploma material, que disciplina a servidão, é claro ao dispor que ela não se constitui para propiciar ao dono do prédio dominante a realização de caprichos e veleidades, mas sim para permitir-lhe a razoável satisfação de necessidades ligadas à utilização do imóvel de que é titular. Restando induvidoso que o imóvel do requerido não se encontra encravado, na medida em que existe outra via a permitir o seu acesso, configura ato turbativo a ampliação de simples passagem de pedestres, para permitir o trânsito de veículos, por mera conveniência e comodidade" (RJM 192/259: AI 1.0297.08.008394-4/001).

Art. 1.385: 1b. Súmula 415 do STF: "Servidão de trânsito não titulada, mas tornada permanente, sobretudo pela natureza das obras realizadas, considera-se aparente, conferindo direito à proteção possessória".

Art. 1.385: 2. p. ex.: uma servidão de trânsito para automóveis (mais onerosa) inclui a de trânsito para pedestres (menos onerosa), e essa exclui aquela.

Art. 1.386. As servidões prediais são indivisíveis, e subsistem, no caso de divisão dos imóveis, em benefício de cada uma das porções do prédio dominante, e continuam a gravar cada uma das do prédio serviente, salvo se, por natureza, ou destino, só se aplicarem a certa parte de um ou de outro.

Capítulo III | DA EXTINÇÃO DAS SERVIDÕES

Art. 1.387. Salvo nas desapropriações, a servidão, uma vez registrada, só se extingue, com respeito a terceiros, quando cancelada.[1]

Parágrafo único. Se o prédio dominante estiver hipotecado, e a servidão se mencionar no título hipotecário, será também preciso, para a cancelar, o consentimento do credor.[2]

Art. 1.387: 1. v. arts. 1.388 e 1.389. V. tb. LRP 256 e 257.

Art. 1.387: 2. v. LRP 256.

Art. 1.388. O dono do prédio serviente tem direito, pelos meios judiciais,[1] ao cancelamento do registro, embora o dono do prédio dominante lho impugne:

I — quando o titular houver renunciado a sua servidão;

II — quando tiver cessado, para o prédio dominante, a utilidade ou a comodidade, que determinou a constituição da servidão;

III — quando o dono do prédio serviente resgatar a servidão.[2]

Art. 1.388: 1. "Não é possível ao juízo negar cumprimento a uma servidão estabelecida em registro público, com fundamento na invalidade ou na caducidade desse registro, se não há uma ação proposta para esse fim específico pelo titular do prédio serviente. O que motiva a existência de registros públicos é a necessidade de conferir a terceiros segurança jurídica quanto às relações neles refletidas. Para que se repute ineficaz a servidão, é preciso que seja retificado o registro, e tal retificação somente pode ser requerida em ação na qual figurem, no polo passivo, todos os proprietários dos terrenos nos quais tal servidão se desmembrou, notadamente considerando a indivisibilidade desse direito real. Não obstante, a lei é expressa em reputar a água bem essencial à vida. Se há escassez no condomínio que fora beneficiado pela servidão, não é possível, em ponderação de valores, privilegiar o uso comercial da água, pelo titular do prédio serviente, em detrimento de seu uso para o abastecimento humano. A falta de requerimento de implementação da servidão por anos após firmado o contrato indica que o condomínio cumpriu com seu dever de colaboração, buscando seu abastecimento por fontes autônomas. Uma vez constatada a insuficiência dessas fontes, contudo, não se pode reputar caduca a servidão com fundamento no instituto da *supressio*. O princípio da boa-fé objetiva não pode atuar contrariamente a quem colaborou para o melhor encaminhamento da relação jurídica de direito material" (STJ-3ª T., REsp 1.124.506, Min. Nancy Andrighi, j. 19.6.12, maioria, DJ 14.11.12).

Art. 1.388: 2. O resgate é uma renúncia expressa, mediante escritura pública, através da qual o serviente libera-se do encargo pagando ao dominante uma determinada quantia.

Art. 1.389. Também se extingue a servidão, ficando ao dono do prédio serviente a faculdade de fazê-la cancelar, mediante a prova da extinção:

I — pela reunião dos dois prédios no domínio da mesma pessoa;[1]

II — pela supressão das respectivas obras por efeito de contrato, ou de outro título expresso;

III — pelo não uso, durante dez anos contínuos.

Art. 1.389: 1. Isso porque a diversidade de donos é requisito essencial para a existência de servidão (v. art. 1.378).

Título VI | DO USUFRUTO[1 A 3]

Capítulo I | DISPOSIÇÕES GERAIS

TÍT. VI: 1. "Venda de imóveis com reserva de usufruto e regime das reparações ordinárias e extraordinárias — O novo mercado da nua-propriedade imobiliária", por Eduardo C. Silveira Marchi (RTDC 34/3, RT 875/11).

TÍT. VI: 2. CF 231: "§ 2º: As terras tradicionalmente ocupadas pelos índios destinam-se a sua posse permanente, cabendo-lhes o usufruto exclusivo das riquezas do solo, dos rios e dos lagos nelas existentes".

TÍT. VI: 3. s/ diferença entre usufruto e uso, v. art. 1.412, nota 1.

Art. 1.390. O usufruto[1] pode recair em um ou mais bens, móveis ou imóveis, em um patrimônio inteiro,[2] ou parte deste, abrangendo-lhe, no todo ou em parte, os frutos e utilidades.

Art. 1.390: 1. s/ usufruto, v. arts. 1.144, 1.147 § ún., 1.416, 1.652-I, 1.689-I, 1.693, 1.816 § ún., 1.921, 1.946 e 1.952 § ún.

V. tb. CPC 799-II, 804 § 6º, 889-III.

Art. 1.390: 2. "Usufruto. Instituição sobre todo o patrimônio imobiliário. Usufrutuária casada com o instituidor sob o regime de separação obrigatória de bens. Morte do instituidor que ocasionou aos filhos, herdeiros necessários, restrição do exercício dos direitos sobre a legítima da herança. Determinação judicial para que a usufrutuária deposite, em Juízo, a metade dos aluguéis dos imóveis. Dedução apenas do valor da metade das despesas de administração e conservação, devidamente comprovadas no ato dos depósitos" (Bol. AASP 2.579).

Art. 1.391. O usufruto de imóveis, quando não resulte de usucapião, constituir-se-á mediante registro no Cartório de Registro de Imóveis.[1-2]

Art. 1.391: 1. v. LRP 167-I-7.

Art. 1.391: 2. Não depende de registro no Cartório de Registro de Imóveis o usufruto dos bens dos filhos pelos pais, previsto no art. 1.689-I.

Art. 1.392. Salvo disposição em contrário, o usufruto estende-se aos acessórios da coisa e seus acrescidos.[1]

§ 1º Se, entre os acessórios e os acrescidos, houver coisas consumíveis,[1a-1b] terá o usufrutuário o dever de restituir, findo o usufruto, as que ainda houver e, das outras, o equivalente em gênero, qualidade e quantidade, ou, não sendo possível, o seu valor, estimado ao tempo da restituição.

§ 2º Se há no prédio em que recai o usufruto florestas ou os recursos minerais a que se refere o art. 1.230, devem o dono e o usufrutuário prefixar-lhe a extensão do gozo e a maneira de exploração.

§ 3º Se o usufruto recai sobre universalidade[2] ou quota-parte de bens, o usufrutuário tem direito à parte do tesouro achado[3] por outrem, e ao preço pago pelo vizinho do prédio usufruído, para obter meação em parede, cerca, muro, vala ou valado.[4]

Art. 1.392: 1. s/ acessórios, v. art. 92; s/ acrescidos, v. arts. 1.248 a 1.259.

Art. 1.392: 1a. s/ bens consumíveis, v. art. 86.

Art. 1.392: 1b. O usufruto sobre bens consumíveis é conhecido como **usufruto impróprio**.

Art. 1.392: 2. v. art. 90.

Art. 1.392: 3. v. arts. 1.264 a 1.266.

Art. 1.392: 4. v. art. 1.297-*caput*.

Art. 1.393. Não se pode transferir o usufruto por alienação;[1] mas o seu exercício pode ceder-se por título gratuito[1a] ou oneroso.[2-3]

Art. 1.393: 1. "Descabe a **partilha de usufruto,** porquanto direito real que não admite, nos termos do CC 1.393, transferência por alienação, mas, unicamente, cedência de seu exercício a título oneroso ou gratuito. Impossibilidade, consequentemente, de exercício comum e de partilha, tampouco de ressarcimento pela fruição do bem" (Bol. AASP 2.721: TJRS, AP 70034054791).

Art. 1.393: 1a. Essa cessão a título gratuito equivale ao comodato (v. arts. 579 a 585).

Art. 1.393: 2. Essa cessão a título oneroso equivale à locação (v. arts. 565 a 578).

Art. 1.393: 3. O **direito real de usufruto** não é penhorável (RT 797/274), mas a penhora pode recair sobre a **nua-propriedade** (STJ-RDPr 43/409: 3ª T., REsp 925.687, com a ressalva de que se resguarda "o direito real de usufruto, inclusive após a arrematação ou a adjudicação, até que haja sua extinção"; RT 668/112, 828/253, RJTAMG 69/359) ou sobre o exercício do usufruto — notadamente os **frutos** (STJ-3ª T., REsp 242.031, Min. Ari Pargendler, j. 2.10.03, um voto vencido, DJU 29.3.04; JTJ 332/69: AI 589.181-4/6-00).

A penhora do exercício do usufruto "recairá sobre as comodidades do usufruto e sobre a faculdade de perceber os frutos e vantagens da coisa frutuária" (RT 573/196). No mesmo sentido: RT 592/127, 649/104, 717/218, 759/278, JTJ 170/249, Lex-JTA 141/30, maioria, JTJ 310/97. É preciso, por isso, que seja bem individuada, mencionando com clareza sobre o que incide (RT 654/89, RJTJESP 126/309, 766/306).

A penhora do exercício do usufruto é possível independentemente de estar ou não o usufrutuário ocupando pessoalmente o imóvel (RT 592/127, 649/104). **Contra,** admitindo a penhora sobre o exercício do usufruto somente no caso de o usufrutuário não utilizar diretamente a coisa: RT 796/304; JTJ 336/211: AI 7.317.163-6; ou, se esta se acha alugada, não constituir renda para a sua manutenção: RT 638/123.

Há um acórdão entendendo que, como o usufruto é alienável somente ao nu-proprietário, só é possível sua penhora em execução por este movida contra o usufrutuário (RT 654/89 e Bol. AASP 1.636/106).

Capítulo II | DOS DIREITOS DO USUFRUTUÁRIO

Art. 1.394. O usufrutuário tem direito à posse, uso, administração e percepção dos frutos.[1-2]

Art. 1.394: 1. s/ frutos, v. arts. 1.395 a 1.398.

Art. 1.394: 2. "O usufrutuário — na condição de possuidor direto do bem — pode valer-se das ações possessórias contra o possuidor indireto (nu-proprietário) e — na condição de titular de um direito real limitado (usufruto) — também tem legitimidade/interesse para a propositura de ações de caráter petitório, tal como a reivindicatória, contra o nu-proprietário ou contra terceiros" (STJ-3ª T., REsp 1.202.843, Min. Ricardo Cueva, j. 21.10.14, DJ 28.10.14).

Art. 1.395. Quando o usufruto recai em títulos de crédito, o usufrutuário tem direito a perceber os frutos e a cobrar as respectivas dívidas.

Parágrafo único. Cobradas as dívidas, o usufrutuário aplicará, de imediato, a importância em títulos da mesma natureza,[1] ou em títulos da dívida pública federal, com cláusula de atualização monetária segundo índices oficiais regularmente estabelecidos.

Art. 1.395: 1. v. art. 1.410-VII.

Art. 1.396. Salvo direito adquirido por outrem, o usufrutuário faz seus os frutos naturais, pendentes ao começar o usufruto, sem encargo de pagar as despesas de produção.

Parágrafo único. Os frutos naturais,[1] pendentes ao tempo em que cessa o usufruto, pertencem ao dono, também sem compensação das despesas.[2]

Art. 1.396: 1. cf. art. 1.215.

Art. 1.396: 2. v. art. 1.214.

Art. 1.397. As crias dos animais pertencem ao usufrutuário, deduzidas quantas bastem para inteirar as cabeças de gado existentes ao começar o usufruto.

Art. 1.398. Os frutos civis,[1] vencidos na data inicial do usufruto, pertencem ao proprietário, e ao usufrutuário os vencidos na data em que cessa o usufruto.

Art. 1.398: 1. v. art. 1.215.

Art. 1.399. O usufrutuário pode usufruir em pessoa, ou mediante arrendamento,[1] o prédio, mas não mudar-lhe a destinação econômica, sem expressa autorização do proprietário.

Art. 1.399: 1. A possibilidade de arrendamento encontra amparo no art. 1.393, o qual permite a transferência do exercício de usufruto.

Capítulo III | DOS DEVERES DO USUFRUTUÁRIO

Art. 1.400. O usufrutuário, antes de assumir o usufruto, inventariará, à sua custa, os bens que receber, determinando o estado em que se acham, e dará caução, fidejussória ou real, se lha exigir o dono, de velar-lhes pela conservação,[1] e entregá-los findo o usufruto.

Parágrafo único. Não é obrigado à caução o doador que se reservar o usufruto da coisa doada.

Art. 1.400: 1. v. art. 1.402.

Art. 1.401. O usufrutuário que não quiser ou não puder dar caução suficiente perderá o direito de administrar o usufruto; e, neste caso, os bens serão administrados pelo proprietário, que ficará obrigado, mediante caução, a entregar ao usufrutuário o rendimento deles, deduzidas as despesas de administração, entre as quais se incluirá a quantia fixada pelo juiz como remuneração do administrador.

Art. 1.402. O usufrutuário não é obrigado a pagar as deteriorações resultantes do exercício regular do usufruto.[1]

Art. 1.402: 1. No mesmo sentido: para locação de coisas, v. art. 569-IV.

Art. 1.403. Incumbem ao usufrutuário:[1]

I — as despesas ordinárias de conservação dos bens no estado em que os recebeu;

II — as prestações e os tributos devidos pela posse ou rendimento da coisa usufruída.[2]

Art. 1.403: 1. s/ extinção do usufruto por culpa do usufrutuário, v. art. 1.410-VII e notas.

Art. 1.403: 2. "Segundo lição do saudoso mestre Pontes de Miranda, 'o direito de usufruto compreende o usar e fruir, ainda que não exerça, e a pretensão a que outrem, inclusive o dono, se o há, do bem, ou do patrimônio, se abstenha de intromissão tal que fira o uso e a fruição exclusivos. É direito, *erga omnes*, de exclusividade do usar e do fruir'. O renomado jurista perlustra, ainda, acerca do dever do usufrutuário de suportar certos encargos, que 'os encargos públicos ordinários são os impostos e taxas, que supõem uso e fruto da propriedade, como o imposto territorial e o predial'. Dessarte, nas hipóteses de usufruto de imóvel, não há falar em solidariedade passiva do proprietário e do usufrutuário no tocante ao imposto sobre a propriedade predial e territorial urbana quando apenas o usufrutuário é quem detém o direito de usar e fruir exclusivamente do bem" (STJ-2ª T., REsp 691.714, Min. Franciulli Netto, j. 22.3.05, DJ 27.6.05). No mesmo sentido: "O usufrutuário, que colhe os proveitos do bem, é o responsável pelo pagamento do IPTU, nos termos do art. 733, II, do Código Civil, na proporção de seu usufruto" (STJ-3ª T., REsp 203.098, Min. Menezes Direito, j. 9.12.99, DJ 8.3.00). O art. 733-II do CC rev. corresponde ao CC 1.403-II.

Art. 1.404. Incumbem ao dono as reparações extraordinárias e as que não forem de custo módico; mas o usufrutuário lhe pagará os juros do capital despendido com as que forem necessárias à conservação, ou aumentarem o rendimento da coisa usufruída.

§ 1º Não se consideram módicas as despesas superiores a dois terços do líquido rendimento em um ano.

§ 2º Se o dono não fizer as reparações a que está obrigado, e que são indispensáveis à conservação da coisa, o usufrutuário pode realizá-las, cobrando daquele a importância despendida.

Art. 1.405. Se o usufruto recair num patrimônio,¹ ou parte deste, será o usufrutuário obrigado aos juros da dívida que onerar o patrimônio ou a parte dele.

Art. 1.405: 1. v. arts. 89 a 91.

Art. 1.406. O usufrutuário é obrigado a dar ciência ao dono de qualquer lesão produzida contra a posse da coisa, ou os direitos deste.

Art. 1.407. Se a coisa estiver segurada,¹ incumbe ao usufrutuário pagar, durante o usufruto, as contribuições do seguro.

§ 1º Se o usufrutuário fizer o seguro, ao proprietário caberá o direito dele resultante contra o segurador.

§ 2º Em qualquer hipótese, o direito do usufrutuário fica sub-rogado² no valor da indenização do seguro.

Art. 1.407: 1. v. art. 1.408.
Art. 1.407: 2. v. arts. 346 a 351.

Art. 1.408. Se um edifício sujeito a usufruto for destruído sem culpa do proprietário, não será este obrigado a reconstruí-lo, nem o usufruto se restabelecerá, se o proprietário reconstruir à sua custa o prédio; mas se a indenização do seguro¹ for aplicada à reconstrução do prédio, restabelecer-se-á o usufruto.

Art. 1.408: 1. v. art. 1.407.

Art. 1.409. Também fica sub-rogada no ônus do usufruto, em lugar do prédio, a indenização paga, se ele for desapropriado,¹ ou a importância do dano, ressarcido pelo terceiro responsável no caso de danificação ou perda.

Art. 1.409: 1. LD 31: "Ficam sub-rogados no preço quaisquer ônus ou direitos que recaiam sobre o bem expropriado".

Capítulo IV | DA EXTINÇÃO DO USUFRUTO

Art. 1.410. O usufruto extingue-se,¹⁻¹ᵃ cancelando-se² o registro no Cartório de Registro de Imóveis:

I — pela renúncia²ᵃ ou morte do usufrutuário;

II — pelo termo de sua duração;³

III — pela extinção da pessoa jurídica, em favor de quem o usufruto foi constituído, ou, se ela perdurar, pelo decurso de trinta anos da data em que se começou a exercer;

IV — pela cessação do motivo de que se origina;

V — pela destruição da coisa, guardadas as disposições dos arts. 1.407, 1.408, 2ª parte, e 1.409;

VI — pela consolidação;⁴

VII — por culpa do usufrutuário, quando aliena,⁴ᵃ deteriora,⁴ᵇ ou deixa arruinar os bens, não lhes acudindo com os reparos de conservação,⁴ᶜ ou quando, no usufruto de títulos de crédito, não dá às importâncias recebidas a aplicação prevista no parágrafo único do art. 1.395;

VIII — pelo não uso, ou não fruição, da coisa em que o usufruto recai (arts. 1.390 e 1.399).[5 a 7]

Art. 1.410: 1. v. CPC 725-VI.

Art. 1.410: 1a. "O art. 1.410 do Código Civil elenca, exaustivamente, as causas de extinção do usufruto voluntário. Os motivos alegados pelo nu-proprietário não são suficientes para extinguir o usufruto instituído por sua livre manifestação de vontade. Não estabelecido termo ou condição, o usufruto é vitalício" (RF 388/327).

Art. 1.410: 2. v. LRP 248 a 254.

Art. 1.410: 2a. "A renúncia ao usufruto não alcança o direito real de habitação, que decorre de lei e se destina a proteger o cônjuge sobrevivente mantendo-o no imóvel destinado à residência da família" (RSTJ 200/309: 3ª T., REsp 565.820, um voto vencido).

Art. 1.410: 3. Legado sem termo expresso: art. 1.921

Art. 1.410: 4. i. e., pela reunião das condições de usufrutuário e proprietário em uma só pessoa.

Art. 1.410: 4a. "Também carece de razoabilidade o argumento recursal de que deve o recurso ser provido para que se declare a extinção do usufruto em razão de o apelado haver locado o imóvel objeto consubstanciador da lide, haja vista que, nos termos do art. 1.393 do Código Civil, o que é vedado é a transferência do usufruto por alienação, podendo, no entanto, ser objeto de cessão o respectivo exercício, onerosa ou gratuitamente" (Bol. AASP 2.647: TJMG, AP 1.0105.06.188112-1/001; a citação é do voto do relator).

Art. 1.410: 4b. "A exegese do inciso VII do art. 1.410 do Código Civil indica a possibilidade da extinção de usufruto quando o usufrutuário não envida os cuidados necessários para a preservação do bem. Todavia, não é toda e qualquer deterioração que autoriza a extinção do usufruto com fulcro em tal preceito, sendo imprescindível a comprovação de uma deterioração anormal, que ultrapasse os limites do mero uso, transmudando-se em manifesto abuso" (Bol. AASP 2.647: TJMG, AP 1.0105.06.188112-1/001).

Art. 1.410: 4c. "O acúmulo de dívidas de responsabilidade do usufrutuário sobre o imóvel inclui-se entre as causas de extinção descritas nesse inciso, notadamente na hipótese em que a desídia do usufrutuário chega a ponto de permitir a propositura de ação de execução pelos credores, da qual resultaria o praceamento do bem. A perda do imóvel em alienação judicial não se diferencia, do ponto de vista substancial, de sua deterioração ou de sua ruína" (STJ-RTDC 36/213: 3ª T., REsp 1.018.179).

Todavia: "Embora seja obrigação do usufrutuário efetivar o pagamento de tributos devidos pela posse ou rendimento da coisa usufruída (art. 1.403-II), a falta do respectivo pagamento não enseja a extinção do usufruto, conforme se extrai da leitura do art. 1.410 e incisos do Código Civil. A alegação de risco de que o imóvel possa vir a ser objeto de execução fiscal, resultando inclusive em sua perda, embora séria, não se afigura determinante para a consecução do seu intento de querer ver declarada a extinção do usufruto, por falta de enquadramento legal. Anote-se, no entanto, que o apelante, na qualidade de nu-proprietário do imóvel em referência e de filho do apelado, poderá evitar ocorrência de tal perda, quitando o mencionado imposto" (Bol. AASP 2.647: TJMG, AP 1.0105.06.188112-1/001; a citação é do voto do relator).

Art. 1.410: 5. Enunciado 252 do CEJ: "A extinção do usufruto pelo não uso, de que trata o art. 1.410, inc. VIII, independe do prazo previsto no art. 1.389, inc. III, operando-se imediatamente. Tem-se por desatendida, nesse caso, a função social do instituto".

"No intuito de assegurar o cumprimento da função social da propriedade gravada, o Código Civil, sem prever prazo determinado, autoriza a extinção do usufruto pelo não uso ou pela não fruição do bem sobre o qual ele recai. A aplicação de prazos de natureza prescricional não é cabível quando a demanda não tem por objetivo compelir a parte adversa ao cumprimento de uma prestação. Tratando-se de usufruto, tampouco é admissível a incidência, por analogia, do prazo extintivo das servidões, pois a circunstância que é comum a ambos os institutos — extinção pelo não uso — não decorre, em cada hipótese, dos mesmos fundamentos. A extinção do usufruto pelo não uso pode ser levada a efeito sempre que, diante das circunstâncias da hipótese concreta, se constatar o não atendimento da finalidade social do bem gravado. No particular, as premissas fáticas assentadas pelo acórdão recorrido revelam, de forma cristalina, que a finalidade social do imóvel gravado pelo usufruto não estava sendo atendida pela usufrutuária, que tinha o dever de adotar uma postura ativa de exercício de seu direito" (STJ-3ª T., REsp 1.179.259, Min. Nancy Andrighi, j. 14.5.13, DJ 24.5.13). **Todavia:** "Usufruto vitalício. Ausência de exercício. Divórcio. Abandono do imóvel. Decadência. Art. 205 do Código Civil de 2002. O termo inicial do prazo decadencial de 10 anos para o exercício do direito é a data em que o usufrutuário poderia exercê-lo, motivo pelo qual está fulminado, porquanto já escoado o lapso temporal" (STJ-3ª T., REsp 1.651.270, Min. Ricardo Cueva, j. 19.10.21, DJ 21.10.21).

Art. 1.410: 6. "Não procede a reintegração de posse com fundamento no direito de usufruto se este se encontra extinto pelo não uso" (RJM 192/238: AP 1.0382.07.071542-2/001; no caso, considerou-se "que o autor durante seis anos não exerceu posse sobre o imóvel").

Art. 1.410: 7. "A **vitaliciedade** não significa que o usufruto seja eternizado, pois, consoante o artigo 1.410, inciso VIII do Código Civil, o não uso ou fruição do bem é causa de sua extinção" (STJ-3ª T., REsp 1.651.270, Min. Ricardo Cueva, j. 19.10.21, DJ 21.10.21).

> **Art. 1.411.** Constituído o usufruto em favor de duas ou mais pessoas, extinguir-se-á a parte em relação a cada uma das que falecerem, salvo se, por estipulação expressa, o quinhão desses couber ao sobrevivente.[1]

Art. 1.411: 1. cf. art. 1.946.

Título VII | DO USO[1]

TÍT. VII: 1. v. LRP 167-I-7.

> **Art. 1.412.** O usuário usará da coisa e perceberá os seus frutos, quanto o exigirem as necessidades suas e de sua família.[1]
> § 1º Avaliar-se-ão as necessidades pessoais do usuário conforme a sua condição social e o lugar onde viver.
> § 2º As necessidades da família do usuário compreendem as de seu cônjuge, dos filhos solteiros e das pessoas de seu serviço doméstico.

Art. 1.412: 1. Tanto no uso como no usufruto há um direito real de uso da coisa. Porém, no uso a percepção dos frutos (direito real de fruição) é algo excepcional, limitado às necessidades do usuário e de sua família; já no usufruto a percepção dos frutos faz parte da essência do instituto, não sofrendo aquele tipo de limitação.

> **Art. 1.413.** São aplicáveis ao uso, no que não for contrário à sua natureza, as disposições relativas ao usufruto.[1]

Art. 1.413: 1. v. arts. 1.390 a 1.411.

Título VIII | DA HABITAÇÃO[1]

TÍT. VIII: 1. v. LRP 167-I-7.

> **Art. 1.414.** Quando o uso consistir no direito de habitar gratuitamente casa alheia,[1] o titular deste direito não a pode alugar, nem emprestar, mas simplesmente ocupá-la com sua família.[2]

Art. 1.414: 1. O cônjuge sobrevivente tem direito real de habitação no imóvel que era destinado à residência da família (art. 1.831). Isso também se aplica à união estável (v. arts. 1.723, nota 1a, e 1.831, nota 1a).

Art. 1.414: 2. "A renúncia ao usufruto não alcança o direito real de habitação, que decorre de lei e se destina a proteger o cônjuge sobrevivente mantendo-o no imóvel destinado à residência da família" (RSTJ 200/309: 3ª T., REsp 565.820, um voto vencido).

> **Art. 1.415.** Se o direito real de habitação for conferido a mais de uma pessoa, qualquer delas que sozinha habite a casa não terá de pagar aluguel à outra, ou às outras, mas não as pode inibir de exercerem, querendo, o direito, que também lhes compete, de habitá-la.

Art. 1.416. São aplicáveis à habitação, no que não for contrário à sua natureza, as disposições relativas ao usufruto.[1]

Art. 1.416: 1. v. arts. 1.390 a 1.411.

Título IX | DO DIREITO DO PROMITENTE COMPRADOR[1-2]

TÍT. IX: 1. v. Dec. lei 58, de 10.12.37, no tít. PROMESSA DE COMPRA E VENDA E LOTEAMENTO; LRP 216-B.

✎ **TÍT. IX: 2.** "Compromisso de compra e venda com eficácia real. Direito do promitente comprador", por Sílvio de Salvo Venosa (RMDCPC 1/77).

Art. 1.417. Mediante promessa de compra e venda,[1] em que se não pactuou arrependimento,[1a] celebrada por instrumento público ou particular, e registrada no Cartório de Registro de Imóveis,[2] adquire o promitente comprador direito real à aquisição do imóvel.[3-4]

Art. 1.417: 1. s/ contrato preliminar, v. arts. 462 a 466.

Art. 1.417: 1a. Súmula 412 do STF (Arrependimento na promessa de venda): "No compromisso de compra e venda com cláusula de arrependimento, a devolução do sinal, por quem o deu, ou a sua restituição em dobro, por quem o recebeu, exclui indenização maior, a título de perdas e danos, salvo os juros moratórios e os encargos do processo". V. art. 420.

Art. 1.417: 2. v. LRP 167-I-9, 18 e 20.

Art. 1.417: 3. Enunciado 95 do CEJ: "O direito à adjudicação compulsória (art. 1.418 do novo Código Civil), quando exercido em face do promitente vendedor, não se condiciona ao registro da promessa de compra e venda no cartório do registro imobiliário (Súmula n. 239 do STJ)".

A **Súmula 239 do STJ** dispõe o seguinte:

"O direito à adjudicação compulsória não se condiciona ao registro do compromisso de compra e venda no cartório de imóveis".

Art. 1.417: 4. Enunciado 253 do CEJ: "O promitente comprador, titular de direito real (art. 1.417), tem a faculdade de reivindicar de terceiro o imóvel prometido à venda".

Art. 1.418. O promitente comprador, titular de direito real, pode exigir do promitente vendedor, ou de terceiros, a quem os direitos deste forem cedidos, a outorga da escritura definitiva de compra e venda, conforme o disposto no instrumento preliminar; e, se houver recusa, requerer ao juiz a adjudicação do imóvel.[1 a 3]

✎ **Art. 1.418: 1.** "Compromisso de compra e venda em face do Código Civil de 2002: contrato preliminar e adjudicação compulsória", por Hamid Charaf Bdine Jr. (RT 843/58).

Art. 1.418: 2. v. art. 1.417, nota 3, art. 16 do Dec. lei 58, de 10.12.37 (no tít. PROMESSA E LOTEAMENTO), e LRP 216-B (adjudicação compulsória extrajudicial).

Art. 1.418: 3. "A **quitação do preço** do bem imóvel pelo comprador constitui pressuposto para postular sua adjudicação compulsória", ainda que a pretensão de cobrança esteja coberta pela prescrição (STJ-4ª T., Ag em REsp 1.816.356-AgInt, Min. Raul Araújo, j. 12.9.22, DJ 20.9.22).

Título X | DO PENHOR, DA HIPOTECA E DA ANTICRESE[1]

Capítulo I | DISPOSIÇÕES GERAIS

TÍT. X: 1. Outros direitos reais de garantia: alienação fiduciária (arts. 1.361 a 1.368 e tít. ALIENAÇÃO FIDUCIÁRIA) e cédula hipotecária (art. 1.486 e tít. CÉDULA HIPOTECÁRIA). V. tb. os títs. CÉDULA DE PRODUTO RURAL, TÍTU-

LOS DE CRÉDITO À EXPORTAÇÃO, TÍTULOS DE CRÉDITO COMERCIAL, TÍTULOS DE CRÉDITO INDUSTRIAL e TÍTULOS DE CRÉDITO RURAL.

V., ainda, Lei 10.931, de 2.8.04, arts. 12 a 17 (letra de crédito imobiliário), 18 a 25 (cédula de crédito imobiliário) e 26 a 45 (cédula de crédito bancário), no tít. CONDOMÍNIO E INCORPORAÇÃO.

Art. 1.419. Nas dívidas garantidas por penhor, anticrese ou hipoteca, o bem dado em garantia fica sujeito, por vínculo real, ao cumprimento da obrigação.[1]

Art. 1.419: 1. v. LRF 50 § 1º, 129-III e 163 § 4º. V. tb. CPC 674 § 2º-IV (embargos de terceiro e garantia real).

Art. 1.420. Só aquele que pode alienar poderá empenhar, hipotecar ou dar em anticrese;[1] só os bens que se podem alienar poderão ser dados em penhor, anticrese ou hipoteca.[1a]

§ 1º A propriedade superveniente[2] torna eficaz, desde o registro, as garantias reais estabelecidas por quem não era dono.

§ 2º A coisa comum a dois ou mais proprietários não pode ser dada em garantia real, na sua totalidade, sem o consentimento de todos; mas cada um pode individualmente dar em garantia real a parte que tiver.[3]

Art. 1.420: 1. v. art. 1.245, nota 1f.

Art. 1.420: 1a. Exemplos de restrições a alienabilidade: arts. 1.647-I, 1.691-*caput* e 1.717.

Art. 1.420: 2. s/ aquisição superveniente da propriedade: e tradição, v. art. 1.268 § 1º; e propriedade fiduciária, v. art. 1.361 § 3º.

Art. 1.420: 3. v. art. 1.314.

Art. 1.421.[1] O pagamento de uma ou mais prestações da dívida não importa exoneração correspondente da garantia, ainda que esta compreenda vários bens, salvo disposição expressa no título ou na quitação.[2]

Art. 1.421: 1. Os arts. 1.421, 1.425, 1.426, 1.427 e 1.436 aplicam-se à alienação fiduciária (v. art. 1.367).

Art. 1.421: 2. v. arts. 324 e 902 §§ 1º e 2º.

Art. 1.422. O credor hipotecário e o pignoratício têm o direito de excutir[1] a coisa hipotecada ou empenhada, e preferir,[1a] no pagamento, a outros credores, observada, quanto à hipoteca, a prioridade no registro.[1b]

Parágrafo único. Excetuam-se da regra estabelecida neste artigo as dívidas que, em virtude de outras leis,[2-2a] devam ser pagas precipuamente a quaisquer outros créditos.

Art. 1.422: 1. v. arts. 1.430 e 1.455 § ún., *in fine*.

Art. 1.422: 1a. v. arts. 958, 959 e 961.

Art. 1.422: 1b. v. art. 1.493 § ún.

Art. 1.422: 2. v. arts. 955 a 965.

Art. 1.422: 2a. v. CTN 186 a 192 (privilégio fiscal); LEF 4º § 4º e 29 (dívida ativa da Fazenda Pública); CLT 449 § 1º (preferência dos créditos trabalhistas); LRF 83 e 84 (classificação dos créditos na falência).

Art. 1.423. O credor anticrético tem direito a reter em seu poder o bem, enquanto a dívida não for paga; extingue-se esse direito decorridos quinze anos da data de sua constituição.[1]

Art. 1.423: 1. v. art. 1.507 § 2º.

Art. 1.424. Os contratos de penhor, anticrese ou hipoteca declararão, sob pena de não terem eficácia:¹

I — o valor do crédito, sua estimação, ou valor máximo;

II — o prazo fixado para pagamento;

III — a taxa dos juros, se houver;

IV — o bem dado em garantia com as suas especificações.¹ᵃ⁻²

Art. 1.424: 1. "Os requisitos elencados no art. 761 do Código revogado (art. 1.424 do CC/2002) não constituem elementos nucleares do penhor, sem os quais inexistiria o próprio contrato; sequer se ligam à validade mesma do acordo. Constituem, ao revés, verdadeiras condições de sua plena eficácia no mundo jurídico, isto é, da validade de sua oponibilidade a terceiros. Assim, devem ser mantidas, porque válidas, as disposições firmadas entre as partes originárias" (STJ-4ª T., REsp 226.041, Min. Quaglia Barbosa, j. 12.6.07, DJU 29.6.07).

Art. 1.424: 1a. v. art. 1.474, nota 1a.

Art. 1.424: 2. "Instituída a hipoteca sobre certas unidades que seriam construídas, devidamente especificadas e numeradas no ato levado a registro, não pode a garantia ter eficácia frente a terceiros para estender-se sobre outras não indicadas no registro" (STJ-4ª T., REsp 239.231, Min. Ruy Rosado, j. 16.12.99, DJ 3.4.00).

Art. 1.425. A dívida considera-se vencida:¹ ᵃ ²ᵃ

I — se, deteriorando-se, ou depreciando-se o bem dado em segurança, desfalcar a garantia, e o devedor, intimado, não a reforçar ou substituir;²ᵇ

II — se o devedor cair em insolvência³ ou falir;³ᵃ

III — se as prestações não forem pontualmente pagas, toda vez que deste modo se achar estipulado o pagamento.⁴ Neste caso, o recebimento posterior da prestação atrasada importa renúncia do credor ao seu direito de execução imediata;

IV — se perecer o bem dado em garantia, e não for substituído;⁴ᵃ⁻⁵

V — se se desapropriar o bem dado em garantia, hipótese na qual se depositará a parte do preço que for necessária para o pagamento integral do credor.⁶⁻⁶ᵃ

§ 1º Nos casos de perecimento da coisa dada em garantia, esta se sub-rogará na indenização do seguro, ou no ressarcimento do dano, em benefício do credor, a quem assistirá sobre ela preferência até seu completo reembolso.⁷

§ 2º Nos casos dos incisos IV e V, só se vencerá a hipoteca antes do prazo estipulado, se o perecimento, ou a desapropriação recair sobre o bem dado em garantia, e esta não abranger outras; subsistindo, no caso contrário, a dívida reduzida, com a respectiva garantia sobre os demais bens, não desapropriados ou destruídos.

Art. 1.425: 1. Também se considera vencida nos casos do art. 333 e do art. 1.445 § ún.

Art. 1.425: 1a. v. art. 1.426.

Art. 1.425: 2. Outra hipótese de vencimento antecipado do crédito hipotecário: art. 1.475 § ún.

Art. 1.425: 2a. O art. 1.425 aplica-se às alienações fiduciárias (v. art. 1.367).

Art. 1.425: 2b. v., porém, art. 1.427.

Art. 1.425: 3. v. CPC/73 art. 751-I.

Art. 1.425: 3a. v. LRF 77, 129-III e 163 § 4º.

Art. 1.425: 4. s/ purgação da mora pelo devedor, v. art. 401-I.

Art. 1.425: 4a. v. art. 959-I.

Art. 1.425: 5. v. §§ 1º e 2º.

Art. 1.425: 6. v. § 2º.

Art. 1.425: 6a. v. arts. 959-II e 1.509 § 2º. V. tb. LD 31.

Art. 1.425: 7. quanto à anticrese, v., porém, art. 1.509 § 2º.

> **Art. 1.426.** Nas hipóteses do artigo anterior, de vencimento antecipado da dívida, não se compreendem os juros correspondentes ao tempo ainda não decorrido.

> **Art. 1.427.** Salvo cláusula expressa, o terceiro que presta garantia real por dívida alheia não fica obrigado a substituí-la, ou reforçá-la, quando, sem culpa sua, se perca, deteriore, ou desvalorize.[1]

Art. 1.427: 1. v. art. 1.425-I.

> **Art. 1.428.** É nula a cláusula que autoriza o credor pignoratício, anticrético ou hipotecário a ficar com o objeto da garantia, se a dívida não for paga no vencimento.[1 a 2c]
>
> **Parágrafo único.** Após o vencimento, poderá o devedor dar a coisa em pagamento da dívida.[3]

Art. 1.428: 1. ou seja: é nulo, nesse caso, o denominado **pacto comissório**.

Art. 1.428: 2. Lei 4.864, de 29.11.65, art. 23 § 3º: "É nula a cláusula que autoriza o cessionário fiduciário a ficar com os direitos cedidos em garantia, se a dívida não for paga no seu vencimento". V. tb. art. 1.365.

Art. 1.428: 2a. A nulidade do pacto comissório não prejudica a validade da cláusula que legitimamente instituiu o direito real de garantia (RSTJ 28/564: 3ª T., REsp 10.952). V. art. 184.

Art. 1.428: 2b. "Resta perfeitamente configurada a figura do pacto comissório, pois, simulando a celebração de contratos de compromisso de compra e venda, foram instituídas verdadeiras garantias reais aos ajustes de *factoring*, permitindo que, em caso de inadimplência, fossem os bens transmitidos diretamente ao credor. Avença nula de pleno direito, consoante o disposto no art. 765 do CC/16, atual art. 1.428 do CC/02" (STJ-4ª T., REsp 954.903, Min. Marco Buzzi, j. 11.12.12, DJ 1.2.13).

Art. 1.428: 2c. "No caso em exame, não se verifica a cristalização de pacto comissório, mormente porque o **contrato de mútuo** foi firmado em 30.7.2002, ao passo que o **compromisso de compra e venda** do imóvel ocorreu em 6.5.2003, isto é, quase 1 ano após a celebração do contrato primevo. Além disso, não houve previsão, no contrato de mútuo, de cláusula que estabelecesse que, em caso de não pagamento, o imóvel passaria a pertencer ao credor. Verifica-se, portanto, que, na hipótese vertente, não ocorreu nulidade, notadamente porque os contratos **não foram celebrados concomitantemente**, sendo o ato de compra posterior ao mútuo, caracterizando-se, em verdade, a legítima possibilidade de dar a coisa em pagamento da dívida após o vencimento, máxime em virtude da natureza jurídica alternativa das obrigações que ficaram à livre escolha do devedor, consubstanciadas no pagamento do empréstimo ou na venda de 61% dos imóveis oferecidos em garantia" (STJ-4ª T., REsp 1.424.930, Min. Luis Felipe, j. 13.12.16, maioria, DJ 24.2.17).

Art. 1.428: 3. "Admissível a dação em pagamento, não o é, entretanto, a promessa de fazê-la, mediante avença no mesmo ato em que contratado o mútuo e constituída a garantia hipotecária" (RSTJ 28/564: 3ª T., REsp 10.952).

> **Art. 1.429.** Os sucessores do devedor não podem remir[1] parcialmente o penhor ou a hipoteca na proporção dos seus quinhões; qualquer deles, porém, pode fazê-lo no todo.
>
> **Parágrafo único.** O herdeiro ou sucessor que fizer a remição fica sub-rogado nos direitos do credor pelas quotas que houver satisfeito.

Art. 1.429: 1. v. art. 1.481.

Art. 1.430. Quando, excutido[1] o penhor, ou executada a hipoteca, o produto não bastar para pagamento da dívida e despesas judiciais, continuará o devedor obrigado pessoalmente pelo restante.[2 a 4]

Art. 1.430: 1. v. art. 1.422-*caput*.
Art. 1.430: 2. v. LRF 83-VI-*b*.
Art. 1.430: 3. cf. CPC/73 arts. 774 a 776.
Art. 1.430: 4. v. art. 1.488 § 3º.

Capítulo II | DO PENHOR[1]

Seção I | DA CONSTITUIÇÃO DO PENHOR

CAP. II: 1. v. arts. 1.419 a 1.430, bem como títs. CÉDULA DE PRODUTO RURAL e TÍTULOS DE CRÉDITO RURAL.

Art. 1.431. Constitui-se o penhor[1] pela transferência efetiva da posse que, em garantia do débito ao credor ou a quem o represente, faz o devedor, ou alguém por ele, de uma coisa móvel, suscetível de alienação.

Parágrafo único. No penhor rural, industrial, mercantil e de veículos, as coisas empenhadas continuam em poder do devedor, que as deve guardar e conservar.[2]

Art. 1.431: 1. v. CPC 784-V, 799-I, 804-*caput* e 889-V. V. tb. LINDB 8º § 2º.
Art. 1.431: 2. "O Código Comercial, a teor do revogado art. 271, tratava o penhor mercantil como contrato, todavia o Código Civil inclui o penhor entre os direitos reais de garantia, sem que tenha procedido à substancial modificação em sua disciplina. Com efeito, em que pese o Diploma civilista não dispor textualmente acerca da possibilidade de fazer-se a tradição simbólica, isso ressai nítido da leitura de seu art. 1.431, parágrafo único, que estabelece que no penhor rural, industrial, mercantil e de veículos, 'as coisas empenhadas continuam em poder do devedor'. À luz do art. 1.431, § ún., do Código Civil c/c os arts. 31 e 35 da Lei 10.931/04, ainda que o dador não figure como emitente (devedor) da cédula de crédito bancário (obrigação principal), sendo, pois, terceiro em relação a essa avença, é possível que a garantia real seja constituída por bem de sua titularidade" (STJ-4ª T., REsp 1.377.908, Min. Luis Felipe, j. 21.5.13, DJ 1.7.13).

Art. 1.432. O instrumento do penhor deverá ser levado a registro, por qualquer dos contratantes; o do penhor comum será registrado no Cartório de Títulos e Documentos.[1]

Art. 1.432: 1. v. LRP 127-II (penhor comum) e IV; penhor de máquinas: LRP 167-I-4; penhor rural: LRP 167-I-15.

Seção II | DOS DIREITOS DO CREDOR PIGNORATÍCIO

Art. 1.433. O credor pignoratício tem direito:

I — à posse da coisa empenhada;

II — à retenção dela, até que o indenizem das despesas devidamente justificadas, que tiver feito, não sendo ocasionadas por culpa sua;

III — ao ressarcimento do prejuízo que houver sofrido por vício[1] da coisa empenhada;

IV — a promover a execução judicial,[2] ou a venda amigável, se lhe permitir expressamente o contrato, ou lhe autorizar o devedor mediante procuração;

V — a apropriar-se dos frutos[3] da coisa empenhada que se encontra em seu poder;

VI — a promover a venda antecipada, mediante prévia autorização judicial, sempre que haja receio fundado de que a coisa empenhada se perca ou deteriore, devendo o preço ser depositado. O dono da coisa empenhada pode impedir a venda antecipada, substituindo-a, ou oferecendo outra garantia real idônea.

Art. 1.433: 1. v. arts. 441 a 446.

Art. 1.433: 2. v. art. 1.435-V, CPC 784-V.

Art. 1.433: 3. v. art. 1.435-III.

Art. 1.434. O credor não pode ser constrangido a devolver a coisa empenhada, ou uma parte dela, antes de ser integralmente pago, podendo o juiz, a requerimento do proprietário, determinar que seja vendida apenas uma das coisas, ou parte da coisa empenhada, suficiente para o pagamento do credor.

Seção III | DAS OBRIGAÇÕES DO CREDOR PIGNORATÍCIO

Art. 1.435. O credor pignoratício é obrigado:
I — à custódia da coisa, como depositário,[1] e a ressarcir ao dono a perda ou deterioração de que for culpado, podendo ser compensada na dívida, até a concorrente quantia, a importância da responsabilidade;[1a]
II — à defesa da posse da coisa empenhada e a dar ciência, ao dono dela, das circunstâncias que tornarem necessário o exercício de ação possessória;
III — a imputar o valor dos frutos, de que se apropriar (art. 1.433, inciso V) nas despesas de guarda e conservação, nos juros e no capital da obrigação garantida, sucessivamente;
IV — a restituí-la, com os respectivos frutos e acessões, uma vez paga a dívida;
V — a entregar o que sobeje do preço, quando a dívida for paga, no caso do inciso IV do art. 1.433.[2]

Art. 1.435: 1. v. arts. 627 a 652.

Art. 1.435: 1a. "Na hipótese de roubo ou furto de joias que se encontravam depositadas em agência bancária, por força de contrato de penhor, o credor pignoratício, vale dizer, o banco, deve pagar ao proprietário das joias subtraídas a quantia equivalente ao valor de mercado das mesmas, descontando-se os valores dos mútuos referentes ao contrato de penhor" (STJ-3ª T., REsp 730.925, Min. Nancy Andrighi, j. 20.4.06, DJ 15.5.06).

"O credor pignoratício assume o *status* de depositário dos bens empenhados, respondendo pela perda ou deterioração que a coisa vier a sofrer, salvo nas hipóteses de força maior, caso fortuito ou culpa exclusiva da vítima. Entretanto, os casos de roubo e furto a bancos não se inserem em tais excludentes, porquanto a própria natureza da atividade bancária pressupõe a prevenção contra tais riscos. Em outras palavras, cabe à instituição financeira tomar as medidas necessárias para evitar a ocorrência desses eventos, sob pena de responder a terceiros pelos prejuízos que lhes forem causados. A indenização estabelecida por meio do contrato de mútuo celebrado é passível de revisão pelo Judiciário, tendo em vista que tais negócios jurídicos revestem-se da característica de típicos contratos de adesão. De fato, a cláusula limitadora da indenização fixa o *quantum* indenizatório à proporção de 150% do valor estabelecido por conta da avaliação unilateralmente realizada pela instituição financeira. Tal avaliação, contudo, por ser realizada exclusivamente pelos profissionais pertencentes aos quadros funcionais da CEF, não está imune de reexame na via judicial para o fim de ser aferido o seu acerto ou não. Tal função é precípua do Poder Judiciário, sendo o mesmo responsável por ditar o direito com a característica da definitividade própria aos provimentos que emite, atributo de que não se revestem os atos praticados pela empresa pública em referência" (RT 925/803: TRF-3ª Reg., AP 0002688-76.2001.4.03.6111-AgRg).

V. tb. art. 927, nota 6e.

Art. 1.435: 2. v. CPC 907.

Seção IV | DA EXTINÇÃO DO PENHOR

Art. 1.436. Extingue-se o penhor:

I — extinguindo-se a obrigação;

II — perecendo a coisa;¹

III — renunciando o credor;¹ᵃ

IV — confundindo-se na mesma pessoa as qualidades de credor e de dono da coisa;²

V — dando-se a adjudicação judicial, a remissão³ ou a venda da coisa empenhada, feita pelo credor ou por ele autorizada.

§ 1º Presume-se a renúncia do credor quando consentir na venda particular do penhor sem reserva de preço, quando restituir a sua posse ao devedor,⁴ ou quando anuir à sua substituição por outra garantia.

§ 2º Operando-se a confusão tão somente quanto a parte da dívida pignoratícia, subsistirá inteiro o penhor quanto ao resto.

Art. 1.436: 1. "O perecimento por completo da coisa empenhada não induz à extinção da obrigação principal, pois o penhor é apenas acessório desta, perdurando, por conseguinte, a obrigação do devedor, embora com caráter pessoal e não mais real" (STJ-3ª T., REsp 730.925, Min. Nancy Andrighi, j. 20.4.06, DJ 15.5.06).

Art. 1.436: 1a. v. § 1º.

Art. 1.436: 2. v. § 2º. V. tb. arts. 381 a 384.

Art. 1.436: 3. No caso, trata-se de "remição" (resgate, pagamento), e não de "remissão" (renúncia, perdão).

Art. 1.436: 4. v. art. 387.

Art. 1.437. Produz efeitos a extinção do penhor depois de averbado o cancelamento¹ do registro,² à vista da respectiva prova.

Art. 1.437: 1. v. LRP 248 a 250.

Art. 1.437: 2. v. art. 1.432 e nota 1.

Seção V | DO PENHOR RURAL¹

Subseção I | DISPOSIÇÕES GERAIS

SEÇ. V: 1. Lei 492, de 30.9.37 — Regula o penhor rural e a cédula pignoratícia.

Os dispositivos dessa lei cuja matéria foi objeto de expressa regulação pelo Código Civil estão **implicitamente revogados**. É o caso, p. ex., dos arts. 7º-*caput* e 13-*caput* da Lei 492, cuja matéria foi expressamente regulada pelo art. 1.439 do CC.

V. tb. títs. CÉDULA DE PRODUTO RURAL e TÍTULOS DE CRÉDITO RURAL.

Art. 1.438. Constitui-se o penhor rural mediante instrumento público ou particular, registrado no Cartório de Registro de Imóveis da circunscrição em que estiverem situadas as coisas empenhadas.¹⁻¹ᵃ

Parágrafo único. Prometendo pagar em dinheiro a dívida, que garante com penhor rural, o devedor poderá emitir, em favor do credor, cédula rural pignoratícia, na forma determinada em lei especial.²

Art. 1.438: 1. v. LRP 167-I-15.

Art. 1.438: 1a. O registro do penhor rural tem natureza constitutiva, "de sorte que não se pode tratar como tal o ajuste ao qual falte esse requisito formal" (STJ-4ª T., REsp 35.109, Min. Sálvio de Figueiredo, j. 3.9.96, DJU 23.9.96).

Art. 1.438: 2. v., no tít. TÍTULOS DE CRÉDITO RURAL, arts. 14 a 19 do Dec. lei 167, de 14.2.67.

Art. 1.439. O penhor agrícola e o penhor pecuário não podem ser convencionados por prazos superiores aos das obrigações garantidas.[1-1a]

§ 1º Embora vencidos os prazos, permanece a garantia, enquanto subsistirem os bens que a constituem.

§ 2º A prorrogação deve ser averbada[2] à margem do registro respectivo, mediante requerimento do credor e do devedor.

Art. 1.439: 1. Redação do *caput* de acordo com a Lei 12.873, de 24.10.13.

Art. 1.439: 1a. v., no tít. TÍTULOS DE CRÉDITO RURAL, art. 61 do Dec. lei 167, de 14.2.67.

S/ prazo do penhor de veículos, v. art. 1.466.

Art. 1.439: 2. v. LRP 246-*caput*.

Art. 1.440. Se o prédio estiver hipotecado, o penhor rural poderá constituir-se independentemente da anuência do credor hipotecário, mas não lhe prejudica o direito de preferência, nem restringe a extensão da hipoteca, ao ser executada.

Art. 1.441. Tem o credor direito a verificar o estado das coisas empenhadas, inspecionando-as onde se acharem, por si ou por pessoa que credenciar.[1-2]

Art. 1.441: 1. O penhor industrial e mercantil (art. 1.450) e o penhor de veículos têm disposições similares. V. ainda art. 1.431 § ún.

Art. 1.441: 2. Se houver expedição de cédula de crédito rural, os bens empenhados deverão ser necessariamente segurados (cf. art. 76 do Dec. lei 167, de 14.2.67, no tít. TÍTULOS DE CRÉDITO RURAL).

Subseção II | DO PENHOR AGRÍCOLA[1]

SUBSEÇ. II: 1. s/ prazo máximo do penhor agrícola, v. art. 1.439.

Art. 1.442. Podem ser objeto de penhor:

I — máquinas[1] e instrumentos de agricultura;
II — colheitas pendentes, ou em via de formação;[2]
III — frutos acondicionados ou armazenados;
IV — lenha cortada e carvão vegetal;
V — animais do serviço ordinário de estabelecimento agrícola.

Art. 1.442: 1. v. LRP 167-I-4.

Art. 1.442: 2. v. art. 1.443.

Art. 1.443. O penhor agrícola que recai sobre colheita pendente, ou em via de formação, abrange a imediatamente seguinte, no caso de frustrar-se ou ser insuficiente a que se deu em garantia.[1]

Parágrafo único. Se o credor não financiar a nova safra, poderá o devedor constituir com outrem novo penhor, em quantia máxima equivalente à do primeiro; o segundo penhor terá preferência sobre o primeiro, abrangendo este apenas o excesso apurado na colheita seguinte.

Art. 1.443: 1. "Plano de recuperação aprovado. Novação de créditos anteriores ao pedido de recuperação. Inexistência de esvaziamento, substituição ou supressão de garantias reais (penhora agrícola de safras). Harmonização entre o art. 50, § 1º, da Lei 11.101/05 e o art. 1.443 do Código Civil. Preservação não apenas dos interesses dos credores, mas também das próprias garantias contratadas, fazendo, na espécie, aplicar-se o art. 1.443 do CCB, cuja incidência não ofende o quanto disposto no § 1º do art. 50 da Lei 11.101/05, já que não se estará a substituir o penhor agrícola das safras, nem a suprimi-lo, restando a garantia hígida, acaso sobrevenha o insucesso da recuperação. Impedir a empresa em recuperação de transformar as suas colheitas no produto que será objeto de renda para o pagamento das suas diuturnas obrigações, e de cumprir os contratos consoante esquematizado no plano, apenas malograria o objetivo principal da recuperação" (STJ-3ª T., REsp 1.388.948, Min. Paulo Sanseverino, j. 1.4.14, DJ 8.4.14).

Subseção III | DO PENHOR PECUÁRIO

Art. 1.444. Podem ser objeto de penhor os animais que integram a atividade pastoril, agrícola ou de laticínios.¹

Art. 1.444: 1. s/ prazo máximo do penhor pecuário, v. art. 1.439.

Art. 1.445. O devedor não poderá alienar os animais empenhados sem prévio consentimento, por escrito, do credor.¹

Parágrafo único. Quando o devedor pretende alienar o gado empenhado ou, por negligência, ameace prejudicar o credor, poderá este requerer se depositem os animais sob a guarda de terceiro, ou exigir que se lhe pague a dívida de imediato.

Art. 1.445: 1. v. CP 171 § 2º-III (crime de defraudação de penhor).

Art. 1.446. Os animais da mesma espécie, comprados para substituir os mortos, ficam sub-rogados no penhor.

Parágrafo único. Presume-se a substituição prevista neste artigo, mas não terá eficácia contra terceiros, se não constar de menção adicional ao respectivo contrato, a qual deverá ser averbada.

Seção VI | DO PENHOR INDUSTRIAL E MERCANTIL[1-2]

SEÇ. VI: 1. v. tít. TÍTULOS DE CRÉDITO INDUSTRIAL.
SEÇ. VI: 2. Dec. lei 4.191, de 18.3.42 — Dispõe sobre o penhor de máquinas e aparelhos utilizados na indústria quando instalados em imóvel alugado a terceiro e dá outras providências.

Art. 1.447. Podem ser objeto de penhor máquinas, aparelhos, materiais, instrumentos, instalados e em funcionamento, com os acessórios ou sem eles; animais, utilizados na indústria; sal e bens destinados à exploração das salinas; produtos de suinocultura, animais destinados à industrialização de carnes e derivados; matérias-primas e produtos industrializados.¹

Parágrafo único. Regula-se pelas disposições relativas aos armazéns gerais o penhor das mercadorias neles depositadas.²

Art. 1.447: 1. v., s/ penhor cedular, art. 20 do Dec. lei 413, de 9.1.69, no tít. TÍTULOS DE CRÉDITO INDUSTRIAL.
Art. 1.447: 2. Dec. 1.102, de 21.11.1903 (Armazéns gerais) — Institui regras para o estabelecimento de empresas de armazéns gerais, determinando os direitos e obrigações dessas empresas. O CC de 1916 e o novo CC não

estabeleceram regras específicas para as empresas de armazéns gerais (STJ-3ª T., REsp 476.458, Min. Nancy Andrighi, j. 4.8.05, DJU 29.8.05).

Art. 1.448. Constitui-se o penhor industrial, ou o mercantil, mediante instrumento público ou particular, registrado no Cartório de Registro de Imóveis da circunscrição onde estiverem situadas as coisas empenhadas.[1]
Parágrafo único. Prometendo pagar em dinheiro a dívida, que garante com penhor industrial ou mercantil, o devedor poderá emitir, em favor do credor, cédula do respectivo crédito, na forma e para os fins que a lei especial determinar.[2]

Art. 1.448: 1. v. LRP 167-I-4.

Art. 1.448: 2. v., no tít. TÍTULOS DE CRÉDITO INDUSTRIAL, Dec. lei 413, de 9.1.69, arts. 9º a 14.

Art. 1.449. O devedor não pode, sem o consentimento por escrito do credor, alterar as coisas empenhadas ou mudar-lhes a situação, nem delas dispor. O devedor que, anuindo o credor, alienar as coisas empenhadas, deverá repor outros bens da mesma natureza, que ficarão sub-rogados no penhor.[1]

Art. 1.449: 1. O penhor rural pecuário tem dispositivos similares: arts. 1.445 e 1.446.

Art. 1.450. Tem o credor direito a verificar o estado das coisas empenhadas, inspecionando-as onde se acharem, por si ou por pessoa que credenciar.[1]

Art. 1.450: 1. O penhor rural (art. 1.441) e o penhor de veículos (art. 1.464) têm disposições similares. V. ainda art. 1.431 § ún.

Seção VII | DO PENHOR DE DIREITOS E TÍTULOS DE CRÉDITO[1-2]

SEÇ. VII: 1. s/ títulos de crédito, v. arts. 887 a 926 e títs. CHEQUE e LETRA DE CÂMBIO.

SEÇ. VII: 2. s/ penhor de títulos de crédito e recuperação judicial, v. LRF 49 § 5º.

Art. 1.451. Podem ser objeto de penhor direitos, suscetíveis de cessão, sobre coisas móveis.[1]

Art. 1.451: 1. v. art. 83-II.

Art. 1.452. Constitui-se o penhor de direito mediante instrumento público ou particular, registrado no Registro de Títulos e Documentos.[1]
Parágrafo único. O titular de direito empenhado deverá entregar ao credor pignoratício os documentos comprobatórios desse direito, salvo se tiver interesse legítimo em conservá-los.

Art. 1.452: 1. v. LRP 127-III e 129.

Art. 1.453. O penhor de crédito não tem eficácia senão quando notificado ao devedor; por notificado tem-se o devedor que, em instrumento público ou particular, declarar-se ciente da existência do penhor.

Art. 1.454. O credor pignoratício deve praticar os atos necessários à conservação e defesa do direito empenhado e cobrar os juros e mais prestações acessórias compreendidas na garantia.

Art. 1.455. Deverá o credor pignoratício cobrar o crédito empenhado, assim que se torne exigível. Se este consistir numa prestação pecuniária, depositará a importância recebida, de acordo com o devedor pignoratício, ou onde o juiz determinar; se consistir na entrega da coisa, nesta se sub-rogará o penhor.

Parágrafo único. Estando vencido o crédito pignoratício, tem o credor direito a reter, da quantia recebida, o que lhe é devido, restituindo o restante ao devedor; ou a excutir[1-1a] a coisa a ele entregue.[2]

Art. 1.455: 1. v. CPC 784-V.
Art. 1.455: 1a. v. art. 1.422-*caput*.
Art. 1.455: 2. v. arts. 1.433 e 1.459.

Art. 1.456. Se o mesmo crédito for objeto de vários penhores, só ao credor pignoratício, cujo direito prefira[1] aos demais, o devedor deve pagar; responde por perdas e danos[2] aos demais credores o credor preferente que, notificado por qualquer um deles, não promover oportunamente a cobrança.

Art. 1.456: 1. em razão de registro anterior de sua penhora.
Art. 1.456: 2. v. arts. 402 a 405.

Art. 1.457. O titular do crédito empenhado só pode receber o pagamento com a anuência, por escrito, do credor pignoratício, caso em que o penhor se extinguirá.[1-2]

Art. 1.457: 1. v. arts. 1.436 e 1.437. V. tb. LRP 164 a 166.
Art. 1.457: 2. extinguir-se-á porque essa anuência corresponde a uma renúncia do credor pignoratício à garantia (mas não ao crédito em si).

Art. 1.458. O penhor, que recai sobre título de crédito, constitui-se mediante instrumento público ou particular ou endosso pignoratício,[1] com a tradição do título ao credor, regendo-se pelas Disposições Gerais deste Título[2] e, no que couber, pela presente Seção.

Art. 1.458: 1. v. art. 918.
Art. 1.458: 2. v. arts. 1.419 a 1.430.

Art. 1.459. Ao credor, em penhor de título de crédito, compete o direito de:[1]
  I — conservar a posse do título e recuperá-la de quem quer que o detenha;
  II — usar dos meios judiciais convenientes para assegurar os seus direitos, e os do credor do título empenhado;
  III — fazer intimar ao devedor do título que não pague ao seu credor, enquanto durar o penhor;[2]
  IV — receber a importância consubstanciada no título e os respectivos juros, se exigíveis, restituindo o título ao devedor, quando este solver a obrigação.

Art. 1.459: 1. v. arts. 1.433 e 1.455.
Art. 1.459: 2. v. art. 1.460.

Art. 1.460. O devedor do título empenhado que receber a intimação prevista no inciso III do artigo antecedente, ou se der por ciente do penhor, não poderá pagar ao seu credor. Se o fizer, responderá solidariamente[1] por este, por perdas e danos,[2] perante o credor pignoratício.[3]

Parágrafo único. Se o credor der quitação ao devedor do título empenhado, deverá saldar imediatamente a dívida, em cuja garantia se constituiu o penhor.[4]

Art. 1.460: 1. v. arts. 275 a 285.

Art. 1.460: 2. v. arts. 402 a 405.

Art. 1.460: 3. v. art. 1.453.

Art. 1.460: 4. v., porém, art. 1.457.

Seção VIII | DO PENHOR DE VEÍCULOS[1]

SEÇ. VIII: 1. v. TCI 20-V (no tít. TÍTULOS DE CRÉDITO INDUSTRIAL).

Art. 1.461. Podem ser objeto de penhor os veículos empregados em qualquer espécie de transporte ou condução.[1-2]

Art. 1.461: 1. Este dispositivo comporta algumas ressalvas. A principal delas refere-se a navios e aeronaves, que não podem ser objeto de penhor, mas sim de hipoteca (art. 1.473-VI e VII).

Art. 1.461: 2. "É inadmissível a penhora de elevador de edifício de apartamento, porquanto se encontra incorporado à estrutura do prédio" (RSTJ 192/414: 4ª T., REsp 259.994).

Art. 1.462. Constitui-se o penhor, a que se refere o artigo antecedente, mediante instrumento público ou particular, registrado no Cartório de Títulos e Documentos[1] do domicílio do devedor, e anotado no certificado de propriedade.[1a]

Parágrafo único. Prometendo pagar em dinheiro a dívida garantida com o penhor, poderá o devedor emitir cédula de crédito,[2] na forma e para os fins que a lei especial determinar.

Art. 1.462: 1. v. LRP 129-7º.

Art. 1.462: 1a. Como regra geral, o penhor constitui-se mediante a transferência efetiva da posse da coisa móvel (art. 1.431). Esse não é o caso, entretanto, do penhor especial de veículos, já que neste o bem permanece com o devedor.

Art. 1.462: 2. s/ cédula de crédito industrial, v. Dec. lei 413, de 9.1.69, arts. 9º a 14, no tít. TÍTULOS DE CRÉDITO INDUSTRIAL.

Art. 1.463. ....[1]

Art. 1.463: 1. Revogado pela Lei 14.179, de 30.6.21.

Art. 1.464. Tem o credor direito a verificar o estado do veículo empenhado, inspecionando-o onde se achar, por si ou por pessoa que credenciar.[1]

Art. 1.464: 1. O penhor rural (art. 1.441) e o penhor industrial e mercantil (art. 1.450) possuem disposições similares. V. ainda art. 1.431 § ún.

Art. 1.465. A alienação, ou a mudança, do veículo empenhado sem prévia comunicação ao credor importa no vencimento antecipado[1] do crédito pignoratício.[2]

Art. 1.465: 1. v. tb. art. 1.425. V. ainda arts. 333-III e 1.426.

Art. 1.465: 2. CP 171 § 2º-III (crime de defraudação de penhor).

Art. 1.466. O penhor de veículos só se pode convencionar pelo prazo máximo de dois anos, prorrogável até o limite de igual tempo, averbada[1] a prorrogação à margem do registro respectivo.[2]

Art. 1.466: 1. v. LRP 167-II-5.

Art. 1.466: 2. s/ prazos do penhor rural, v. art. 1.439.

Seção IX | DO PENHOR LEGAL

Art. 1.467. São credores pignoratícios, independentemente de convenção:[1]

I — os hospedeiros, ou fornecedores de pousada ou alimento,[2] sobre as bagagens, móveis, joias ou dinheiro que os seus consumidores ou fregueses tiverem consigo nas respectivas casas ou estabelecimentos, pelas despesas ou consumo que aí tiverem feito;

II — o dono do prédio rústico ou urbano, sobre os bens móveis que o rendeiro ou inquilino tiver guarnecendo o mesmo prédio, pelos aluguéis ou rendas.

Art. 1.467: 1. Lei 6.533, de 24.5.78 — Dispõe sobre a regulamentação das profissões de artista e de técnico em espetáculos de diversões, e dá outras providências: "Art. 31. Os profissionais de que trata esta lei têm penhor legal sobre o equipamento e todo o material de propriedade do empregador, utilizado na realização de programa, espetáculo ou produção, pelo valor das obrigações não cumpridas pelo empregador".

Art. 1.467: 2. v. art. 1.468. V. tb. arts. 1.469 e 1.470.

Art. 1.468. A conta das dívidas enumeradas no inciso I do artigo antecedente será extraída conforme a tabela impressa, prévia e ostensivamente exposta na casa, dos preços de hospedagem, da pensão ou dos gêneros fornecidos, sob pena de nulidade do penhor.[1]

Art. 1.468: 1. cf. CDC 6º-III.

Art. 1.469. Em cada um dos casos do art. 1.467, o credor poderá tomar em garantia um ou mais objetos até o valor da dívida.

Art. 1.470. Os credores, compreendidos no art. 1.467, podem fazer efetivo o penhor, antes de recorrerem à autoridade judiciária, sempre que haja perigo na demora, dando aos devedores comprovante dos bens de que se apossarem.

Art. 1.471. Tomado o penhor, requererá o credor, ato contínuo, a sua homologação judicial.[1]

Art. 1.471: 1. v. CPC 703 a 706.

Art. 1.472. Pode o locatário impedir a constituição do penhor mediante caução idônea.[1]

Art. 1.472: 1. v. art. 1.467-II. V. tb. LI 37 a 42.

Capítulo III | DA HIPOTECA¹

Seção I | DISPOSIÇÕES GERAIS

CAP. III: 1. v. tít. CÉDULA HIPOTECÁRIA; v. tb., em TÍTULOS DE CRÉDITO RURAL, Dec. lei 167, de 14.2.67 (arts. 20 a 24: cédula rural hipotecária; arts. 25 a 26: cédula rural hipotecária e pignoratícia). V., ainda, **Súmula 308 do STJ** em LCE 31-A, nota 1, e Lei 4.864/65, art. 22.

Art. 1.473. Podem ser objeto de hipoteca:

I — os imóveis e os acessórios dos imóveis conjuntamente com eles;
II — o domínio direto;
III — o domínio útil;
IV — as estradas de ferro;¹
V — os recursos naturais a que se refere o art. 1.230, independentemente do solo onde se acham;
VI — os navios;²
VII — as aeronaves;³
VIII — o direito de uso especial para fins de moradia;⁴
IX — o direito real de uso;⁵
X — a propriedade superficiária.⁶

§ 1º A hipoteca dos navios e das aeronaves reger-se-á pelo disposto em lei especial.⁷

§ 2º Os direitos de garantia instituídos nas hipóteses dos incisos IX e X do *caput* deste artigo ficam limitados à duração da concessão ou direito de superfície, caso tenham sido transferidos por período determinado.⁸

Art. 1.473: 1. v. arts. 1.502 a 1.505.

Art. 1.473: 2. Dec. 18.871, de 13.8.29 — Promulga a Convenção de Direito Internacional Privado, de Havana (RT 72/476). Esta Convenção, conhecida sob a denominação de Código Bustamante, dispõe: **"Art. 278.** A hipoteca marítima e os privilégios e garantias de caráter real, constituídos de acordo com a lei do pavilhão, têm efeitos extraterritoriais, até nos países cuja legislação não conheça ou não regule essa hipoteca ou esses privilégios".

Lei 7.652, de 3.2.88 — Dispõe sobre o registro da propriedade marítima, e dá outras providências (Lex 1988/89, RF 301/357). Os arts. 12 a 14 dispõem sobre o registro da hipoteca naval e outros ônus.

Art. 1.473: 3. v. Lei 7.565, de 19.12.86 (Código Brasileiro de Aeronáutica), arts. 138 a 146.

Art. 1.473: 4. O inc. VIII foi acrescido pela Lei 11.481, de 31.5.07.

Art. 1.473: 5. O inc. IX foi acrescido pela Lei 11.481, de 31.5.07.

Art. 1.473: 6. O inc. X foi acrescido pela Lei 11.481, de 31.5.07.

Art. 1.473: 7. O § ún. passou a § 1º, com a inserção do § 2º pela Lei 11.481, de 31.5.07.

Art. 1.473: 8. O § 2º foi acrescido pela Lei 11.481, de 31.5.07.

Art. 1.474. A hipoteca abrange todas as acessões, melhoramentos ou construções do imóvel.¹⁻¹ᵃ Subsistem os ônus reais constituídos e registrados, anteriormente à hipoteca, sobre o mesmo imóvel.²

Art. 1.474: 1. s/ benfeitorias, v. arts. 96 e 97; s/ acessões, v. art. 1.248.

Art. 1.474: 1a. "O princípio da especialização, segundo o qual é imprescindível a descrição pormenorizada de bens imóveis dados em garantia hipotecária, não impede a **extensão dos efeitos da hipoteca sobre as benfeitorias** que neles venham a ser incorporadas. Irrelevância do fato de se incorporarem as benfeitorias posteriormente à instituição do gravame ou mesmo de não haver nenhuma menção a elas no termo constitutivo da hipoteca. Eventual direito de indenização por benfeitorias construídas por terceiro de boa-fé deve ser direcionado contra o proprietário do imóvel, não sendo oponível ao titular do direito real de garantia. Admitir que terceiros possam exercer direito de retenção sobre benfeitoriais erguidas em imóveis dados em hipoteca equivaleria a retirar a eficácia do próprio direito real de garantia e a tornar letra morta a disposição contida no art. 1.474 do Código Civil" (STJ-3ª T., REsp 1.361.214, Min. Ricardo Cueva, j. 27.11.18, DJ 6.12.18).

Art. 1.474: 2. Assim, a anterior hipoteca já constituída e registrada também subsiste diante da nova garantia.

Art. 1.475. É nula a cláusula que proíbe ao proprietário alienar imóvel hipotecado.[1-2]

Parágrafo único. Pode convencionar-se que vencerá o crédito hipotecário, se o imóvel for alienado.

Art. 1.475: 1. Este dispositivo preserva o *jus disponendi* do proprietário do imóvel, que abrange, dentre outros direitos, o de constituir outras hipotecas sobre o bem hipotecado (v. art. seguinte).

Art. 1.475: 2. "O art. 1.475 do diploma civil vigente considera nula a cláusula que veda a alienação do imóvel hipotecado, admitindo, entretanto, que a referida transmissão importe no vencimento antecipado da dívida. Dispensa-se, assim, a anuência do credor para alienação do imóvel hipotecado em enunciação explícita de um princípio fundamental dos direitos reais. Deveras, jamais houve vedação de alienação do imóvel hipotecado, ou gravado com qualquer outra garantia real, porquanto função da sequela, o titular do direito real tem o direito de seguir o imóvel em poder de quem quer que o detenha, podendo excuti-lo mesmo que tenha sido transferido para o patrimônio de outrem distinto da pessoa do devedor. Dessarte, referida regra não alcança as hipotecas vinculadas ao **Sistema Financeiro da Habitação,** posto que para esse fim há lei especial — Lei n. 8.004/90 —, a qual não veda a alienação, mas apenas estabelece como requisito a interveniência do credor hipotecário e a assunção, pelo novo adquirente, do saldo devedor existente na data da venda, em sintonia com a regra do art. 303 do Código Civil de 2002" (STJ-1ª T., REsp 627.424, Min. Luiz Fux, j. 6.3.07, maioria, DJ 28.5.07).

"A cessão do mútuo hipotecário não pode se dar contra a vontade do agente financeiro; a concordância deste depende de requerimento instruído pela prova de que o cessionário atende às exigências do Sistema Financeiro da Habitação" (STJ-Corte Especial, REsp 783.389, Min. Ari Pargendler, j. 21.5.08, DJ 30.10.08).

V. Lei 8.004, de 14.3.90, especialmente art. 1º.

Art. 1.476. O dono do imóvel hipotecado pode constituir outra hipoteca[1] sobre ele, mediante novo título, em favor do mesmo ou de outro credor.[2-3]

Art. 1.476: 1. v. arts. 1.477 e 1.478.

Art. 1.476: 2. Esse instituto é conhecido como **sub-hipoteca,** a qual só poderá realizar-se caso o valor do imóvel seja superior ao da dívida garantida pela primeira hipoteca.

Art. 1.476: 3. A constituição de nova(s) hipoteca(s) independe de prévia anuência do credor hipotecário em primeiro grau, tendo em vista que ela não interfere nos efeitos da garantia já constituída (v. art. 1.474, nota 2).

Todavia, s/ concordância do credor hipotecário a respeito da alienação ou oneração do imóvel no Sistema Financeiro da Habitação, v. art. 1.475, nota 2.

Art. 1.477. Salvo o caso de insolvência do devedor,[1] o credor da segunda hipoteca, embora vencida, não poderá executar o imóvel antes de vencida a primeira.[2]

Parágrafo único. Não se considera insolvente o devedor por faltar ao pagamento das obrigações garantidas por hipotecas posteriores à primeira.

Art. 1.477: 1. s/ insolvência, v. art. 955. V. tb. CPC/73 art. 748.

Art. 1.477: 2. Este dispositivo regula a relação de todas as hipotecas de grau superior em relação às de grau inferior. Assim, p. ex., o credor da terceira hipoteca, embora vencida, não pode executá-la enquanto não vencerem as hipotecas registradas anteriormente.

Art. 1.478. Se o devedor da obrigação garantida pela primeira hipoteca não se oferecer, no vencimento, para pagá-la, o credor da segunda[1] pode promover-lhe a extinção,[1a] consignando a importância[2] e citando o primeiro credor para recebê-la e o devedor para pagá-la; se este não pagar, o segundo credor, efetuando o pagamento, se sub-rogará nos direitos da hipoteca anterior, sem prejuízo dos que lhe competirem contra o devedor comum.[3]

Parágrafo único. Se o primeiro credor estiver promovendo a execução da hipoteca, o credor da segunda depositará a importância do débito e as despesas judiciais.

Art. 1.478: 1. ou da terceira, ou da quarta... (v. art. 1.477, nota 2).

Art. 1.478: 1a. A rigor, nesse caso, não ocorre a extinção da hipoteca, mas mera sub-rogação do credor com hipoteca posterior nos direitos do credor com hipoteca anterior.

Art. 1.478: 2. v. CPC 539 e segs.

Art. 1.478: 3. v. LRP 270 a 273 (remição de imóvel hipotecado). V. tb. nota 1 a LRP 270.

Art. 1.479. O adquirente do imóvel hipotecado, desde que não se tenha obrigado pessoalmente a pagar as dívidas aos credores hipotecários, poderá exonerar-se da hipoteca, abandonando-lhes[1] o imóvel.

Art. 1.479: 1. i. e., abandonando em favor dos credores hipotecários, para que eles promovam a excussão do imóvel.

Art. 1.480. O adquirente notificará o vendedor e os credores hipotecários, deferindo-lhes, conjuntamente, a posse do imóvel, ou o depositará em juízo.[1]

Parágrafo único. Poderá o adquirente exercer a faculdade de abandonar o imóvel hipotecado, até as vinte e quatro horas subsequentes à citação, com que se inicia o procedimento executivo.

Art. 1.480: 1. v. art. 1.479.

Art. 1.481. Dentro em trinta dias, contados do registro do título aquisitivo, tem o adquirente do imóvel hipotecado o direito de remi-lo,[1] citando os credores hipotecários e propondo importância não inferior ao preço por que o adquiriu.

§ 1º Se o credor impugnar o preço da aquisição ou a importância oferecida, realizar-se-á licitação, efetuando-se a venda judicial a quem oferecer maior preço, assegurada preferência ao adquirente do imóvel.

§ 2º Não impugnado pelo credor, o preço da aquisição ou o preço proposto pelo adquirente, haver-se-á por definitivamente fixado para a remissão[2] do imóvel, que ficará livre de hipoteca, uma vez pago ou depositado o preço.

§ 3º Se o adquirente deixar de remir o imóvel, sujeitando-o a execução, ficará obrigado a ressarcir os credores hipotecários da desvalorização que, por sua culpa, o mesmo vier a sofrer, além das despesas judiciais da execução.

§ 4º Disporá de ação regressiva contra o vendedor o adquirente que ficar privado do imóvel em consequência de licitação ou penhora, o que pagar a hipoteca, o que, por causa de adjudicação ou licitação, desembolsar com o pagamento da hipoteca importância excedente à da compra e o que suportar custas e despesas judiciais.

Art. 1.481: 1. s/ remição do imóvel hipotecado, v. art. 1.484, LRP 266 a 276; s/ assunção do débito pelo adquirente de imóvel hipotecado, v. art. 303.

Art. 1.481: 2. *sic*; deve ser "remição".

Art. 1.482. ....[1]

Art. 1.482: 1. Revogado expressamente pela Lei 13.105, de 16.3.15, em vigor um ano após sua publicação (DOU 17.3.15).

Art. 1.483. ....[1]

Art. 1.483: 1. Revogado expressamente pela Lei 13.105, de 16.3.15, em vigor um ano após sua publicação (DOU 17.3.15).

Art. 1.484. É lícito aos interessados fazer constar das escrituras o valor entre si ajustado dos imóveis hipotecados, o qual, devidamente atualizado, será a base para as arrematações, adjudicações e remições, dispensada a avaliação.[1-2]

Art. 1.484: 1. v. CPC 871-I.

Art. 1.484: 2. "Não prevalência da disposição de caráter processual do art. 818 do Código Civil, em face dos preceitos adjetivos mais modernos, que autorizam a avaliação dos bens dados em garantia, independentemente do valor acordado para o bem na escritura em que constituída a hipoteca" (STJ-4ª T., AI 305.622-AgRg, Min. Aldir Passarinho Jr., j. 12.3.02, DJU 20.5.02). No mesmo sentido: STJ-3ª T., REsp 1.163.585-AgRg, Min. Ricardo Cueva, j. 17.10.13, DJ 28.10.13. O art. 818 do CC rev. corresponde ao CC 1.484.

Art. 1.485. Mediante simples averbação,[1] requerida por ambas as partes, poderá prorrogar-se a hipoteca, até (30) trinta anos da data do contrato. Desde que perfaça esse prazo,[1a] só poderá subsistir o contrato de hipoteca[1b] reconstituindo-se por novo título e novo registro; e, nesse caso, lhe será mantida a precedência, que então lhe competir.[2 a 3]

Art. 1.485: 1. v. LRP 246-*caput*.

Art. 1.485: 1a. O prazo de perempção da hipoteca é decadencial, razão pela qual ele não se suspende nem se interrompe.

Art. 1.485: 1b. Esta regra, portanto, não vale para as hipotecas legais e judiciárias, mas tão somente para as convencionais. V. tb. art. 1.498.

Art. 1.485: 2. Redação alterada pela Lei 10.931, de 2.8.04.

Art. 1.485: 2a. "A extinção da hipoteca pelo decurso do tempo no regime do Código Civil de 2002", por Humberto Theodoro Jr. (RMDCPC 22/17).

Art. 1.485: 3. v. LRP 238.

Art. 1.486. Podem o credor e o devedor, no ato constitutivo da hipoteca, autorizar a emissão da correspondente cédula hipotecária,[1] na forma e para os fins previstos em lei especial.

Art. 1.486: 1. v. Dec. lei 70, de 21.11.66, arts. 9º a 28, no tít. CÉDULA HIPOTECÁRIA.

Art. 1.487. A hipoteca pode ser constituída para garantia de dívida futura ou condicionada, desde que determinado o valor máximo do crédito a ser garantido.[1]

§ 1º Nos casos deste artigo, a execução da hipoteca dependerá de prévia e expressa concordância do devedor quanto à verificação da condição, ou ao montante da dívida.

§ 2º Havendo divergência entre o credor e o devedor, caberá àquele fazer prova de seu crédito. Reconhecido este, o devedor responderá, inclusive, por perdas e danos,[2] em razão da superveniente desvalorização do imóvel.

Art. 1.487: 1. "Hipoteca de dívida futura e processo de execução", por Eduardo Henrique de Oliveira Yoshikawa (RDDP 35/38).

Art. 1.487: 2. v. arts. 402 a 405.

Art. 1.488. Se o imóvel, dado em garantia hipotecária, vier a ser loteado, ou se nele se constituir condomínio edilício,[1] poderá o ônus ser dividido, gravando cada lote ou unidade autônoma, se o requererem ao juiz o credor, o devedor ou os donos, obedecida a proporção entre o valor de cada um deles e o crédito.[2]

§ 1º O credor só poderá se opor ao pedido de desmembramento do ônus, provando que o mesmo importa em diminuição de sua garantia.

§ 2º Salvo convenção em contrário, todas as despesas judiciais ou extrajudiciais necessárias ao desmembramento do ônus correm por conta de quem o requerer.

§ 3º O desmembramento do ônus não exonera o devedor originário da responsabilidade a que se refere o art. 1.430, salvo anuência do credor.

Art. 1.488: 1. v. arts. 1.331 a 1.358.

Art. 1.488: 2. "O art. 1.488 do CC/02, que regula a possibilidade de fracionamento de hipoteca, consubstancia uma das hipóteses de materialização do princípio da função social dos contratos, aplicando-se, portanto, imediatamente às relações jurídicas em curso, nos termos do art. 2.035 do CC/02" (STJ-3ª T., REsp 691.738, Min. Nancy Andrighi, j. 12.5.05, um voto vencido, DJU 26.9.05).

Seção II | DA HIPOTECA LEGAL[1]

SEÇ. II: 1. v. ECA 201-IV, LRP 274.

Art. 1.489. A lei confere hipoteca:[1-2]

I — às pessoas de direito público interno (art. 41) sobre os imóveis pertencentes aos encarregados da cobrança, guarda ou administração dos respectivos fundos e rendas;

II — aos filhos, sobre os imóveis do pai ou da mãe que passar a outras núpcias, antes de fazer o inventário do casal anterior;[3]

III — ao ofendido, ou aos seus herdeiros, sobre os imóveis do delinquente, para satisfação do dano causado pelo delito e pagamento das despesas judiciais;[3a]

IV — ao coerdeiro, para garantia do seu quinhão ou torna da partilha, sobre o imóvel adjudicado ao herdeiro reponente;[4]

V — ao credor sobre o imóvel arrematado, para garantia do pagamento do restante do preço da arrematação.

Art. 1.489: 1. s/ hipoteca judiciária, v. CPC 495.

Art. 1.489: 2. A quem incumbe promover a especialização da hipoteca legal? v. art. 1.497 § 1º.

Art. 1.489: 3. v. arts. 1.523-I e 1.641-I.

Art. 1.489: 3a. Enquanto ainda for incerta a obrigação de indenizar o dano causado pelo crime, o pedido de especialização da hipoteca legal deve ser dirigido ao juízo penal (RT 810/270: 1º TACSP, AP 1.095.212-8). V. tb. CP 91-I.

Art. 1.489: 4. v. art. 2.019 § 1º.

Art. 1.490. O credor da hipoteca legal, ou quem o represente, poderá, provando a insuficiência dos imóveis especializados, exigir do devedor que seja reforçado com outros.

Art. 1.491. A hipoteca legal pode ser substituída por caução de títulos da dívida pública federal ou estadual, recebidos pelo valor de sua cotação mínima no ano corrente; ou por outra garantia, a critério do juiz, a requerimento do devedor.

Seção III | DO REGISTRO DA HIPOTECA

Art. 1.492. As hipotecas serão registradas no cartório do lugar do imóvel, ou no de cada um deles, se o título se referir a mais de um.¹
Parágrafo único. Compete aos interessados,² exibido o título, requerer o registro da hipoteca.

Art. 1.492: 1. v. LRP 169. V. tb. LRP 167-I-2.

Art. 1.492: 2. Interessados no registro da hipoteca podem ser, p. ex., além do credor hipotecário, o devedor ou o terceiro prestador da garantia.

Art. 1.493. Os registros e averbações seguirão a ordem em que forem requeridas,¹ verificando-se ela pela da sua numeração sucessiva no protocolo.²
Parágrafo único. O número de ordem determina a prioridade, e esta a preferência entre as hipotecas.³⁻³ᵃ

Art. 1.493: 1. sic; o correto é "requeridos".

Art. 1.493: 2. v. LRP 182.

Art. 1.493: 3. v. LRP 186.

Art. 1.493: 3a. v. arts. 1.422-caput, in fine, e 1.495.

Art. 1.494. ....¹

Art. 1.494: 1. Revogado pela Lei 14.382, de 27.6.22.

Art. 1.495. Quando se apresentar ao oficial do registro título de hipoteca que mencione a constituição de anterior, não registrada, sobrestará ele na inscrição da nova, depois de a prenotar, até trinta dias, aguardando que o interessado inscreva a precedente;¹ esgotado o prazo, sem que se requeira a inscrição desta, a hipoteca ulterior será registrada e obterá preferência.

Art. 1.495: 1. v. LRP 189.

Art. 1.496. Se tiver dúvida¹ sobre a legalidade do registro requerido, o oficial fará, ainda assim, a prenotação do pedido. Se a dúvida, dentro em noventa dias, for julgada improcedente, o registro efetuar-se-á com o mesmo número que teria na data da prenotação; no caso contrário, cancelada esta, receberá o registro o número correspondente à data em que se tornar a requerer.

Art. 1.496: 1. v., s/ dúvida, LRP 198 a 207.

Art. 1.497. As hipotecas legais, de qualquer natureza, deverão ser registradas e especializadas.[1]

§ 1º O registro e a especialização das hipotecas legais incumbem a quem está obrigado a prestar a garantia, mas os interessados podem promover a inscrição delas, ou solicitar ao Ministério Público que o faça.

§ 2º As pessoas, às quais incumbir o registro e a especialização das hipotecas legais, estão sujeitas a perdas e danos[2] pela omissão.

Art. 1.497: 1. v. art. 1.498.

Art. 1.497: 2. v. arts. 402 a 405.

Art. 1.498. Vale o registro da hipoteca, enquanto a obrigação perdurar;[1] mas a especialização, em completando vinte anos, deve ser renovada.

Art. 1.498: 1. s/ prazo de perempção da hipoteca convencional, v. art. 1.485. V. tb. LRP 238.

Seção IV | DA EXTINÇÃO DA HIPOTECA

Art. 1.499. A hipoteca extingue-se:[1]

I — pela extinção da obrigação principal;[2]

II — pelo perecimento da coisa;

III — pela resolução da propriedade;[3-3a]

IV — pela renúncia do credor;

V — pela remição;[4]

VI — pela arrematação ou adjudicação.[5]

Art. 1.499: 1. Este rol não é exaustivo. A hipoteca também pode se extinguir, p. ex., pela perempção (art. 1.485) ou pela consolidação (i. e., pela reunião em uma só pessoa das figuras de credor hipotecário e proprietário do imóvel). V. tb. art. 1.500.

S/ cancelamento da hipoteca, v. ainda LRP 248 a 259.

Art. 1.499: 2. "Se a obrigação principal não foi completamente adimplida, devem subsistir os gravames hipotecários sobre os bens dados em garantia da dívida" (STJ-3ª T., REsp 299.118, Min. Nancy Andrighi, j. 18.12.01, DJU 3.6.02).

Art. 1.499: 3. v. art. 1.359.

Art. 1.499: 3a. "Os direitos reais de garantia não subsistem se desaparecer o 'direito principal' que lhe dá suporte, como no caso de perecimento da propriedade por qualquer motivo. Com a **usucapião,** a propriedade anterior, gravada pela hipoteca, extingue-se e dá lugar a uma outra, *ab novo*, que não decorre da antiga, porquanto não há transferência de direitos, mas aquisição originária. Se a própria propriedade anterior se extingue, dando lugar a uma nova, originária, tudo o que gravava a antiga propriedade — e lhe era acessório — também se extinguirá. Assim, com a declaração de aquisição de domínio por usucapião, deve desaparecer o gravame real hipotecário constituído pelo antigo proprietário, antes ou depois do início da posse *ad usucapionem*, seja porque a sentença apenas declara a usucapião com efeitos *ex tunc*, seja porque a usucapião é forma originária de aquisição de propriedade, não decorrente da antiga e não guardando com ela relação de continuidade" (STJ-4ª T., REsp 941.464, Min. Luis Felipe, j. 24.4.12, DJ 29.6.12).

S/ efeitos da declaração de usucapião, v. art. 1.241, nota 4.

Art. 1.499: 4. v. arts. 1.481 a 1.484.

Art. 1.499: 5. v., porém, art. 1.501.

S/ adjudicação, v. CPC 876 a 878.

Art. 1.500. Extingue-se ainda a hipoteca com a averbação, no Registro de Imóveis, do cancelamento do registro, à vista da respectiva prova.[1]

Art. 1.500: 1. v. LRP 251 e 259.

Art. 1.501. Não extinguirá a hipoteca, devidamente registrada, a arrematação ou adjudicação, sem que tenham sido notificados judicialmente os respectivos credores hipotecários, que não forem de qualquer modo partes na execução.[1]

Art. 1.501: 1. "Se o credor hipotecário foi notificado dos termos da execução e deixou o processo correr, sem manifestar o seu interesse, opera-se a extinção da hipoteca" (RTJ 97/817). No mesmo sentido: RTJ 99/901; STJ-4ª T., REsp 36.757-3, Min. Barros Monteiro, j. 24.5.94, DJU 5.9.94; JTA 104/235.

"O objetivo da notificação, de que trata o art. 1.501 do Código Civil, é levar ao conhecimento do credor hipotecário o fato de que o bem gravado foi penhorado e será levado à praça de modo que este possa vir a juízo em defesa de seus direitos, adotando as providências que entender mais convenientes, dependendo do caso concreto. Realizada a intimação do credor hipotecário, nos moldes da legislação de regência (arts. 619 e 698 do Código de Processo Civil), a arrematação extingue a hipoteca, operando-se a sub-rogação do direito real no preço e transferindo-se o bem ao adquirente livre e desembaraçado de tais ônus por força do efeito purgativo do gravame. Extinta a hipoteca pela arrematação, eventual saldo remanescente em favor do credor hipotecário poderá ser buscado contra o devedor originário, que responderá pessoalmente pelo restante do débito (art. 1.430 do Código Civil). Sem notícia nos autos de efetiva impugnação da avaliação do bem ou da arrematação em virtude de preço vil, não é possível concluir pela manutenção do gravame simplesmente porque o valor foi insuficiente para quitar a integralidade do crédito hipotecário" (STJ-3ª T., REsp 1.201.108, Min. Ricardo Cueva, j. 17.5.12, DJ 23.5.12).

V. tb., no nosso CPCLPV, CPC 799-I, 804-*caput* e 889-V, bem como respectivas notas.

Seção V | DA HIPOTECA DE VIAS FÉRREAS[1]

SEÇ. V: 1. Dec. lei 3.109, de 12.3.41 — Dispõe sobre o registro de alienações de estradas de ferro.

Art. 1.502. As hipotecas sobre as estradas de ferro serão registradas no Município da estação inicial da respectiva linha.[1]

Art. 1.502: 1. v. LRP 171.

Art. 1.503. Os credores hipotecários não podem embaraçar a exploração da linha, nem contrariar as modificações, que a administração deliberar, no leito da estrada, em suas dependências, ou no seu material.

Art. 1.504. A hipoteca será circunscrita à linha ou às linhas especificadas na escritura e ao respectivo material de exploração, no estado em que ao tempo da execução estiverem; mas os credores hipotecários poderão opor-se à venda da estrada, à de suas linhas, de seus ramais ou de parte considerável do material de exploração; bem como à fusão com outra empresa, sempre que com isso a garantia do débito enfraquecer.

Art. 1.505. Na execução das hipotecas será intimado o representante da União ou do Estado, para, dentro em quinze dias, remir a estrada de ferro hipotecada, pagando o preço da arrematação ou da adjudicação.

Capítulo IV | DA ANTICRESE[1]

CAP. IV: 1. v. CPC 784-V, 799-I, 804-*caput* e 889-V. V. tb. LRP 167-I-11, 178-I, 220-IV e 241. V. ainda art. 17 § 3º da Lei 9.514, de 20.11.97 (no tít. ALIENAÇÃO FIDUCIÁRIA).

Art. 1.506. Pode o devedor ou outrem por ele, com a entrega do imóvel ao credor, ceder-lhe o direito de perceber, em compensação da dívida, os frutos e rendimentos.

§ 1º É permitido estipular que os frutos e rendimentos do imóvel sejam percebidos pelo credor à conta de juros, mas se o seu valor ultrapassar a taxa máxima[1] permitida em lei para as operações financeiras, o remanescente será imputado ao capital.[2]

§ 2º Quando a anticrese recair sobre bem imóvel, este poderá ser hipotecado pelo devedor ao credor anticrético, ou a terceiros, assim como o imóvel hipotecado poderá ser dado em anticrese.

Art. 1.506: 1. s/ taxa de juros, v. art. 406 e notas.
Art. 1.506: 2. s/ imputação do pagamento, v. arts. 352 a 355.

Art. 1.507. O credor anticrético pode administrar os bens dados em anticrese e fruir seus frutos e utilidades, mas deverá apresentar anualmente balanço, exato e fiel, de sua administração.

§ 1º Se o devedor anticrético não concordar com o que se contém no balanço, por ser inexato, ou ruinosa a administração, poderá impugná-lo, e, se o quiser, requerer a transformação em arrendamento, fixando o juiz o valor mensal do aluguel, o qual poderá ser corrigido anualmente.

§ 2º O credor anticrético pode, salvo pacto em sentido contrário, arrendar os bens dados em anticrese a terceiro, mantendo, até ser pago, direito de retenção do imóvel,[1] embora o aluguel desse arrendamento não seja vinculativo para o devedor.

Art. 1.507: 1. v. art. 1.423.

Art. 1.508. O credor anticrético responde pelas deteriorações que, por culpa sua, o imóvel vier a sofrer,[1] e pelos frutos e rendimentos que, por sua negligência, deixar de perceber.

Art. 1.508: 1. v. art. 569-IV.

Art. 1.509. O credor anticrético pode vindicar os seus direitos contra o adquirente dos bens, os credores quirografários[1] e os hipotecários posteriores ao registro da anticrese.

§ 1º Se executar os bens por falta de pagamento da dívida, ou permitir que outro credor o execute, sem opor o seu direito de retenção[2] ao exequente, não terá preferência sobre o preço.

§ 2º O credor anticrético não terá preferência sobre a indenização do seguro, quando o prédio seja destruído,[3] nem, se forem desapropriados os bens, com relação à desapropriação.[4]

Art. 1.509: 1. i. e., sem privilégio algum.
Art. 1.509: 2. v. art. 1.507 § 2º.

Art. 1.509: 3. v. art. 1.425 § 1º.
Art. 1.509: 4. v. art. 1.425-V.

Art. 1.510. O adquirente dos bens dados em anticrese poderá remi-los,[1] antes do vencimento da dívida, pagando a sua totalidade à data do pedido de remição[1a] e imitir-se-á, se for o caso, na sua posse.

Art. 1.510: 1. v. art. 1.481.
Art. 1.510: 1a. Terá o adquirente direito de regresso contra o vendedor para reaver a quantia paga pela remição dos bens dados em anticrese.

Título XI | DA LAJE[1]

TÍT. XI: 1. O Tít. XI foi acrescido pela Lei 13.465, de 11.7.17.

Art. 1.510-A. O proprietário de uma construção-base poderá ceder a superfície superior ou inferior de sua construção a fim de que o titular da laje mantenha unidade distinta daquela originalmente construída sobre o solo.[1]

§ 1º O direito real de laje contempla o espaço aéreo ou o subsolo de terrenos públicos ou privados, tomados em projeção vertical, como unidade imobiliária autônoma, não contemplando as demais áreas edificadas ou não pertencentes ao proprietário da construção-base.

§ 2º O titular do direito real de laje responderá pelos encargos e tributos que incidirem sobre a sua unidade.

§ 3º Os titulares da laje, unidade imobiliária autônoma constituída em matrícula própria, poderão dela usar, gozar e dispor.

§ 4º A instituição do direito real de laje não implica a atribuição de fração ideal de terreno ao titular da laje ou a participação proporcional em áreas já edificadas.

§ 5º Os Municípios e o Distrito Federal poderão dispor sobre posturas edilícias e urbanísticas associadas ao direito real de laje.

§ 6º O titular da laje poderá ceder a superfície de sua construção para a instituição de um sucessivo direito real de laje, desde que haja autorização expressa dos titulares da construção-base e das demais lajes, respeitadas as posturas edilícias e urbanísticas vigentes.

Art. 1.510-A: 1. O art. 1.510-A foi acrescido pela Lei 13.465, de 11.7.17.

Art. 1.510-B. É expressamente vedado ao titular da laje prejudicar com obras novas ou com falta de reparação a segurança, a linha arquitetônica ou o arranjo estético do edifício, observadas as posturas previstas em legislação local.[1]

Art. 1.510-B: 1. O art. 1.510-B foi acrescido pela Lei 13.465, de 11.7.17.

Art. 1.510-C. Sem prejuízo, no que couber, das normas aplicáveis aos condomínios edilícios, para fins do direito real de laje, as despesas necessárias à conservação e fruição das partes que sirvam a todo o edifício e ao pagamento de serviços de interesse comum serão partilhadas entre o proprietário da construção-base e o titular da laje, na proporção que venha a ser estipulada em contrato.[1]

§ 1º São partes que servem a todo o edifício:

I — os alicerces, colunas, pilares, paredes-mestras e todas as partes restantes que constituam a estrutura do prédio;

II — o telhado ou os terraços de cobertura, ainda que destinados ao uso exclusivo do titular da laje;

III — as instalações gerais de água, esgoto, eletricidade, aquecimento, ar condicionado, gás, comunicações e semelhantes que sirvam a todo o edifício; e

IV — em geral, as coisas que sejam afetadas ao uso de todo o edifício.

§ 2º É assegurado, em qualquer caso, o direito de qualquer interessado em promover reparações urgentes na construção na forma do parágrafo único do art. 249 deste Código.

Art. 1.510-C: 1. O art. 1.510-C foi acrescido pela Lei 13.465, de 11.7.17.

Art. 1.510-D. Em caso de alienação de qualquer das unidades sobrepostas, terão direito de preferência, em igualdade de condições com terceiros, os titulares da construção-base e da laje, nessa ordem, que serão cientificados por escrito para que se manifestem no prazo de trinta dias, salvo se o contrato dispuser de modo diverso.[1]

§ 1º O titular da construção-base ou da laje a quem não se der conhecimento da alienação poderá, mediante depósito do respectivo preço, haver para si a parte alienada a terceiros, se o requerer no prazo decadencial de cento e oitenta dias, contado da data de alienação.

§ 2º Se houver mais de uma laje, terá preferência, sucessivamente, o titular das lajes ascendentes e o titular das lajes descendentes, assegurada a prioridade para a laje mais próxima à unidade sobreposta a ser alienada.

Art. 1.510-D: 1. O art. 1.510-D foi acrescido pela Lei 13.465, de 11.7.17.

Art. 1.510-E. A ruína da construção-base implica extinção do direito real de laje, salvo:[1]

I — se este tiver sido instituído sobre o subsolo;

II — se a construção-base for reconstruída no prazo de 5 (cinco) anos.[2]

Parágrafo único. O disposto neste artigo não afasta o direito a eventual reparação civil contra o culpado pela ruína.

Art. 1.510-E: 1. O art. 1.510-E foi acrescido pela Lei 13.465, de 11.7.17.

Art. 1.510-E: 2. Redação da Lei 14.382, de 27.6.22.

Livro IV | DO DIREITO DE FAMÍLIA[1 A 2]

Título I | DO DIREITO PESSOAL

Subtítulo I | DO CASAMENTO[1-2]

Capítulo I | DISPOSIÇÕES GERAIS

LIV. IV: 1. "O direito de família e o novo Código Civil: principais alterações", por Sérgio Gischkow Pereira (RT 804/43); "Direito de família no novo Código Civil", por Euclides Benedito de Oliveira (RIASP ano 5, n. 10, p. 236, e RT 822/11); "O direito de família e o Código Civil de 2002", por Heloisa Helena Barboza (RF 364/151); "Notas sobre as ações de família à luz do novo Código Civil", por José Maria Rosa Tesheiner (RJ 311/44); "Reflexões sobre o Direito de Família no novo Código Civil", por João Batista Arruda Giordano (Ajuris 87/183); "O Direito de Família e o novo Código Civil", por Sérgio Gischkow Pereira (RJ 313/7); "A proteção social à família", por Wagner Balera (RDPr 13/264); "O direito de família e o novo Código Civil: alguns aspectos polêmicos ou inovadores", por Sérgio Gischkow Pereira (Ajuris 90/285 e RT 823/87); "Direito de família no novo Código Civil", por Ricardo Rodrigues Gama (RF 370/147); "A família da pós-modernidade: em busca da dignidade perdida da pessoa humana", por Cristiano Chaves de Farias (RDPr 19/56 e RMDCPC 2/101); "A repersonalização das relações de família", por Paulo Luiz Netto Lôbo (RDPr 19/243 e RBDF 24/136); "Sociedade de afeto: um nome para a família", por Maria Berenice Dias (RBDF 22/32); "Os sete pecados capitais do novo Direito de Família", por Eduardo de Oliveira Leite (RT 833/66); "O valor do afeto para a dignidade humana nas relações de família", por Cleber Affonso Angeluci (RJ 331/75); "Direito constitucional à família", por Cristiano Chaves de Farias (RBDF 23/5); "As sociedades afetivas e sua evolução", por José Russo (RBDF 32/40); "O direito de família no contexto de organizações socioafetivas: dinâmica, instabilidade e polifamiliaridade", por Andréa Aldrovandi e Rafael Lazzarotto Simioni (RBDF 34/5); "O princípio da boa-fé objetiva no direito de família", por Flávio Tartuce (RBDF 35/5); "Acercamiento al derecho de familia y al sistema judicial de familia de Costa Rica", por Diego Benavides Santos (Ajuris 102/369); "O Código Civil de 2002 e as entidades familiares. Direito convivencial: uma tentativa de conformação principiológica", por Roberto Figueiredo (RBDF 36/17); "Princípio da solidariedade familiar", por Paulo Lôbo (RBDFS 0/144); "Novas perspectivas do Direito de Família", por Euclides de Oliveira (Just. 197/121); "Socioafetividade no direito de família: a persistente trajetória de um conceito fundamental", por Paulo Luiz Netto Lôbo (RBDFS 5/5); "A companhia de capital fechado no direito de família", por Rolf Madaleno (RJ 371/39); "Inovação e tradição do direito de família contemporâneo sob o novo Código Civil brasileiro", por Luiz Edson Fachin (RJ 389/77); "Teoria tridimensional do direito de família", por Belmiro Pedro Marx Welter (RJ 390/11); "A teoria da perda de uma chance aplicada ao direito de família: utilizar com moderação", por Cristiano Chaves de Farias (RF 406/87).

LIV. IV: 1a. CF 226-*caput*: "A família, base da sociedade, tem especial proteção do Estado".

LIV. IV: 2. v. arts. 1.511 a 1.783, LINDB 7º, 18 e 19, CP 235 a 249; v. tb. títs. ALIMENTOS, CRIANÇA E ADOLESCENTE, DIVÓRCIO E SEPARAÇÃO JUDICIAL, INVESTIGAÇÃO DE PATERNIDADE, UNIÃO ESTÁVEL.

S/ responsabilidade civil nas relações familiares, v. art. 186, nota 4.

SUBTÍT. I: 1. "A ditadura do afeto: uma crítica à introdução do sentimento como valor jurídico", por Caio Martins Cabeleira (RDFAS 1/43).

SUBTÍT. I: 2. O Estatuto dos **Militares** (Lei 6.880, de 9.12.80), em seus arts. 144 e 145, dispõe sobre casamento de militar da ativa.

A Lei 11.440, de 29.12.06, disciplina, dentre outros assuntos, a autorização para casamento, com pessoa estrangeira, de **funcionário do Serviço Exterior** do Ministério das Relações Exteriores.

Art. 1.511. O casamento estabelece comunhão plena de vida, com base na igualdade[1] de direitos e deveres[2-2a] dos cônjuges.

Art. 1.511: 1. "A mulher e o novo Código Civil: a confirmação do princípio da isonomia", por Karina Melissa Cabral (RDPr 17/135).

Art. 1.511: 2. s/ direitos e deveres dos cônjuges, v. arts. 1.565 a 1.570.

Art. 1.511: 2a. CF 226: "§ 5º Os direitos e deveres referentes à sociedade conjugal são exercidos igualmente pelo homem e pela mulher".

Art. 1.512. O casamento é civil e gratuita a sua celebração.¹

Parágrafo único. A habilitação para o casamento, o registro e a primeira certidão serão isentos de selos, emolumentos e custas, para as pessoas cuja pobreza for declarada,² sob as penas da lei.

Art. 1.512: 1. cf. CF 226 § 1º.

Art. 1.512: 2. O termo "declarada" deve ser interpretado no sentido de que basta a simples afirmação dos nubentes de sua pobreza para que seja concedida a isenção, podendo a autoridade competente exigir comprovação em caso de fundada suspeita, a exemplo do que ocorre nos casos de gratuidade da justiça (v. CPC 99 § 2º).

Art. 1.513. É defeso a qualquer pessoa, de direito público ou privado, interferir na comunhão de vida instituída pela família.¹⁻²

Art. 1.513: 1. CF 226: "§ 7º Fundado nos princípios da dignidade da pessoa humana e da paternidade responsável, o planejamento familiar é livre decisão do casal, competindo ao Estado propiciar recursos educacionais e científicos para o exercício desse direito, vedada qualquer forma coercitiva por parte de instituições oficiais ou privadas".

V. ainda art. 1.565 § 2º.

Art. 1.513: 2. Lei 9.263, de 12.1.96 — Regula o § 7º do art. 226 da Constituição Federal, que trata do planejamento familiar, estabelece penalidades e dá outras providências.

Art. 1.514. O casamento se realiza no momento em que o homem e a mulher¹⁻¹ᵃ manifestam, perante o juiz, a sua vontade de estabelecer vínculo conjugal, e o juiz os declara casados.²

Art. 1.514: 1. Res. 175 do CNJ, de 14.5.13: "Art. 1º É vedada às autoridades competentes a recusa de habilitação, celebração de casamento civil ou de conversão de união estável em casamento entre pessoas de mesmo sexo.

"Art. 2º A recusa prevista no art. 1º implicará a imediata comunicação ao respectivo juiz corregedor para as providências cabíveis".

Art. 1.514: 1a. Autorizando o casamento entre **pessoas do mesmo sexo:** "Os arts. 1.514, 1.521, 1.523, 1.535 e 1.565, todos do Código Civil de 2002, não vedam expressamente o casamento entre pessoas do mesmo sexo, e não há como se enxergar uma vedação implícita ao casamento homoafetivo sem afronta a caros princípios constitucionais, como o da igualdade, o da não discriminação, o da dignidade da pessoa humana e os do pluralismo e livre planejamento familiar" (STJ-4ª T., REsp 1.183.378, Min. Luis Felipe, j. 25.10.11, maioria, RJ-Lex 59/182 e RT 925/379).

S/ união estável entre pessoas do mesmo sexo, v. art. 1.723, notas 2 e segs.

Art. 1.514: 2. v. arts. 1.535, 1.538, 1.540 e 1.542.

Art. 1.515. O casamento religioso,¹⁻² que atender às exigências da lei para a validade do casamento civil, equipara-se a este, desde que registrado³ no registro próprio, produzindo efeitos a partir da data de sua celebração.⁴

✎ **Art. 1.515: 1.** "A recepção do casamento religioso e o novo Código Civil", por Paulo Restiffe Neto e Félix Ruiz Alonso (RT 817/35).

Art. 1.515: 2. CF 226: "§ 2º O casamento religioso tem efeito civil, nos termos da lei".

Art. 1.513: 3. s/ registro do casamento religioso para efeitos civis, v. LRP 71 a 75.

Art. 1.515: 4. Lei 1.110, de 23.5.50 — Regula o reconhecimento dos efeitos civis ao casamento religioso.

Art. 1.516. O registro do casamento religioso submete-se aos mesmos requisitos exigidos para o casamento civil.¹

§ 1º O registro civil do casamento religioso deverá ser promovido dentro de noventa dias de sua realização, mediante comunicação do celebrante ao ofício competente, ou por iniciativa de qualquer interessado, desde que haja sido homologada previamente a habilitação regulada neste Código. Após o referido prazo, o registro dependerá de nova habilitação.

§ 2º O casamento religioso, celebrado sem as formalidades exigidas neste Código, terá efeitos civis se, a requerimento do casal, for registrado, a qualquer tempo, no registro civil, mediante prévia habilitação perante a autoridade competente e observado o prazo do art. 1.532.

§ 3º Será nulo o registro civil do casamento religioso se, antes dele, qualquer dos consorciados houver contraído com outrem casamento civil.²

Art. 1.516: 1. v. arts. 1.525 a 1.532 e 1.536. S/ registro do casamento religioso para efeitos civis, v. LRP 71 a 75.
Art. 1.516: 2. v. art. 1.521-VI.

Capítulo II | DA CAPACIDADE PARA O CASAMENTO¹

CAP. II: 1. "Incapacidades e impedimentos matrimoniais no novo Código Civil", por Inacio de Carvalho Neto (RIDF 44/94).

Art. 1.517. O homem e a mulher com dezesseis anos podem casar, exigindo-se autorização de ambos os pais, ou de seus representantes legais, enquanto não atingida a maioridade civil.¹⁻²

Parágrafo único. Se houver divergência entre os pais, aplica-se o disposto no parágrafo único do art. 1.631.

Art. 1.517: 1. É anulável o casamento celebrado com infração ao art. 1.517 (v. art. 1.550-I e II). S/ invalidade do casamento, v. tb arts. 1.550 a 1.553.
Art. 1.517: 2. Dec. 66.605, de 20.5.70 — Promulga a Convenção sobre consentimento para casamento, idade mínima para casamento e registro de casamento, adotada pela Assembleia Geral das Nações Unidas.

Art. 1.518. Até a celebração do casamento podem os pais ou tutores revogar a autorização.¹⁻²

Art. 1.518: 1. Redação da Lei 13.146, de 6.7.15, em vigor 180 dias após a sua publicação (DOU 7.7.15).
Art. 1.518: 2. v. art. 1.514.

Art. 1.519. A denegação do consentimento, quando injusta, pode ser suprida pelo juiz.¹⁻²

Art. 1.519: 1. Nesse caso, o regime de bens deverá ser o da separação, cf. art. 1.641-III.
Art. 1.519: 2. v. ECA 148 § ún.-c.

Art. 1.520. Não será permitido, em qualquer caso, o casamento de quem não atingiu a idade núbil, observado o disposto no art. 1.517 deste Código.¹

Art. 1.520: 1. Redação da Lei 13.811, de 12.3.19.

Capítulo III | DOS IMPEDIMENTOS¹⁻²

CAP. III: 1. "Reflexões sobre os impedimentos matrimoniais e a união estável no novo Código Civil", por Débora Vanessa Caús Brandão (RT 805/11).
CAP. III: 2. v. LINDB 7º § 1º.

Art. 1.521. Não podem casar:[1 a 2]

I — os ascendentes com os descendentes, seja o parentesco natural ou civil;[2a]

II — os afins[3] em linha reta;[4-4a]

III — o adotante com quem foi cônjuge do adotado e o adotado com quem o foi do adotante;

IV — os irmãos, unilaterais ou bilaterais, e demais colaterais,[5] até o terceiro grau inclusive;[6 a 6c]

V — o adotado com o filho do adotante;

VI — as pessoas casadas;[7]

VII — o cônjuge sobrevivente com o condenado por homicídio ou tentativa de homicídio contra o seu consorte.

Art. 1.521: 1. s/ casamento entre pessoas do mesmo sexo, v. art. 1.514, notas 1 e segs.

S/ crime de: bigamia, v. CP 235; induzimento a erro essencial e ocultação de impedimento, v. CP 236; conhecimento prévio de impedimento, v. CP 237.

Art. 1.521: 1a. "Art. 1.723 § 1º A **união estável** não se constituirá se ocorrerem os impedimentos do art. 1.521; não se aplicando a incidência do inciso VI no caso de a pessoa casada se achar separada de fato ou judicialmente".

V. tb. nota 3 ao art. 1.523.

Art. 1.521: 2. É nulo o casamento celebrado com infringência de impedimento (art. 1.548-II).

Art. 1.521: 2a. "Art. 1.593. O parentesco é natural ou civil, conforme resulte de consanguinidade ou outra origem".

Art. 1.521: 3. v. art. 1.595.

Art. 1.521: 4. v. art. 1.591.

Art. 1.521: 4a. "Casamento. Ação de anulação fundada na existência do impedimento previsto no artigo 1.521, II, do Código Civil. Mulher que vivia em união estável com o filho do contraente. Vínculo de afinidade caracterizado (artigo 1.595 do Código Civil) a nulificar o matrimônio" (JTJ 339/426: AP 604.649-4/0-00).

Art. 1.521: 5. v. art. 1.592.

Art. 1.521: 6. Dec. lei n. 3.200, de 19.4.41 — Dispõe sobre a organização e proteção da família: "**Art. 1º** O casamento de colaterais, legítimos ou ilegítimos do terceiro grau, é permitido nos termos do presente decreto-lei.

"**Art. 2º** Os colaterais do terceiro grau, que pretendam casar-se, ou seus representantes legais, se forem menores, requererão ao juiz competente para a habilitação que nomeie dois médicos de reconhecida capacidade, isentos de suspeição para examiná-los e atestar-lhes a sanidade, afirmando não haver inconveniente, sob o ponto de vista da saúde de qualquer deles e da prole, na realização do matrimônio.

"§ 1º Se os dois médicos divergirem quanto à conveniência do matrimônio, poderão os nubentes, conjuntamente, requerer ao Juiz que nomeie terceiro, como desempatador.

"§ 2º Sempre que, a critério do Juiz, não for possível a nomeação de dois médicos idôneos, poderá ele incumbir do exame um só médico, cujo parecer será conclusivo.

"§ 3º O exame médico será feito extrajudicialmente, sem qualquer formalidade, mediante simples apresentação do requerimento despachado pelo Juiz.

"§ 4º Poderá o exame médico concluir não apenas pela declaração da possibilidade ou da irrestrita inconveniência do casamento, mas ainda pelo reconhecimento de sua viabilidade em época ulterior, uma vez feito, por um dos nubentes ou por ambos, o necessário tratamento de saúde. Nesta última hipótese, provando a realização do tratamento, poderão os interessados pedir ao juiz que determine novo exame médico, na forma do presente artigo.

"§ 5º (Revogado pela Lei 5.891, de 12.6.73.)

"§ 6º O atestado, constante de um só ou mais instrumentos, será entregue aos interessados, não podendo qualquer que se refira ao outro, sob penas do art. 153 do Código Penal.

"§ 7º Quando o atestado dos dois médicos, havendo ou não desempatador, ou do único médico, no caso do § 2º deste artigo, afirmar a inexistência de motivo que desaconselhe o matrimônio, poderão os interessados promover o processo de habilitação, apresentando, com o requerimento inicial, a prova de sanidade, devidamente autenticada. Se o atestado declarar a inconveniência do casamento, prevalecerá, em toda a plenitude, o impedimento matrimonial.

"§ 8º Sempre que na localidade não se encontrar médico que possa ser nomeado, o juiz designará profissional de localidade próxima a que irão os nubentes.

"§ 9º (Revogado pela Lei 5.891, de 12.6.73.)

"**Art. 3º** Se algum dos nubentes, para frustrar os efeitos do exame médico desfavorável, pretender habilitar-se, ou habilitar-se para casamento, perante outro juiz, incorrerá na pena do art. 237 do Código Penal".

Art. 1.521: 6a. Enunciado 98 do CEJ: "O inciso IV do art. 1.521 do novo Código Civil deve ser interpretado à luz do Dec. lei n. 3.200/41, no que se refere à possibilidade do casamento entre colaterais de terceiro grau".

Art. 1.521: 6b. Não há antinomia entre o Dec. lei 3.200 e o CC/02 (RT 887/325: TJRN, AP 2009.002388-5; RBDF 41/91, com comentário de Euclides de Oliveira).

Art. 1.521: 6c. "Matrimônio realizado entre tio e sobrinha. Ato que não pode ser validado com a realização de perícia médica, pois esta deve ser feita antes da celebração do casamento. Alegação de desconhecimento da lei que não procede, diante da declaração dos nubentes de serem primos, quando da habilitação. Inteligência do art. 1.521, IV, do CC" (RT 840/249: TJSP, AP 374.941-4/2-00).

Todavia: "A discussão relativa à nulidade preconizada pelo art. 1.548 do CC-02, que se reporta aos impedimentos, na espécie, consignados no art. 1.521, IV, do CC-02 (casamento entre colaterais, até o terceiro grau, inclusive), fenece por falta de escopo, tendo em vista que o quase imediato óbito de um dos nubentes não permitiu o concúbito pós-casamento, não havendo que se falar, por conseguinte, em riscos eugênicos, realidade que, na espécie, afasta a impositividade da norma, porquanto lhe retira seu lastro teleológico" (STJ-3ª T., REsp 1.330.023, Min. Nancy Andrighi, j. 5.11.13, DJ 29.11.13).

Art. 1.521: 7. A ação para declarar a nulidade do casamento por bigamia é imprescritível (RSTJ 132/398: 4ª T., REsp 85.794).

Art. 1.522. Os impedimentos podem ser opostos,[1] até o momento da celebração do casamento, por qualquer pessoa capaz.[2-2a]

Parágrafo único. Se o juiz, ou o oficial de registro, tiver conhecimento da existência de algum impedimento, será obrigado a declará-lo.

Art. 1.522: 1. v. art. 1.529.

Art. 1.522: 2. v. LRP 67 § 5º.

Art. 1.522: 2a. Já as causas suspensivas, por serem de interesse privado dos familiares, somente podem ser arguidas pelos parentes em linha reta de um dos nubentes ou pelos colaterais em segundo grau, cf. art. 1.524.

Capítulo IV | DAS CAUSAS SUSPENSIVAS

Art. 1.523. Não devem casar:[1 a 3]

I — o viúvo ou a viúva que tiver filho do cônjuge falecido, enquanto não fizer inventário dos bens do casal e der partilha aos herdeiros;[4-4a]

II — a viúva, ou a mulher cujo casamento se desfez por ser nulo ou ter sido anulado, até dez meses depois do começo da viuvez, ou da dissolução da sociedade conjugal;[5]

III — o divorciado, enquanto não houver sido homologada ou decidida a partilha dos bens do casal;[6]

IV — o tutor ou o curador e os seus descendentes, ascendentes, irmãos, cunhados ou sobrinhos, com a pessoa tutelada ou curatelada, enquanto não cessar a tutela ou curatela, e não estiverem saldadas as respectivas contas.[7]

Parágrafo único. É permitido aos nubentes solicitar ao juiz que não lhes sejam aplicadas as causas suspensivas previstas nos incisos I, III e IV deste artigo, provando-se a inexistência de prejuízo, respectivamente, para o herdeiro, para o ex-cônjuge e para a pessoa tutelada ou curatelada; no caso do inciso II, a nubente deverá provar nascimento de filho, ou inexistência de gravidez, na fluência do prazo.

Art. 1.523: 1. Também não devem casar os menores de 18 anos e maiores de 16, salvo se autorizados pelos pais ou seus representantes legais (arts. 1.517 a 1.520).

Art. 1.523: 2. É obrigatório o regime da **separação de bens** aos que se casarem com infração do art. 1.523 (v. art. 1.641-I).

Art. 1.523: 3. "Art. 1.723 § 2º As causas suspensivas do art. 1.523 não impedirão a caracterização da **união estável**".

V. tb. nota 1a ao art. 1.521.

Art. 1.523: 4. v. art. 1.489-II (caso de hipoteca legal).

Art. 1.523: 4a. "Não se faz necessário a efetiva homologação da partilha (por meio de sentença), para se permitir o regime de comunhão universal de bens nas novas núpcias do viúvo que tem filhos do casamento anterior, desde que aquela tenha sido iniciada, com a apresentação de todos os bens a serem partilhados, de modo a afastar a possibilidade de confusão de patrimônios dos bens do novo casal com os dos filhos da união anterior" (RSTJ 182/360: REsp 343.719, 4ª T.).

Art. 1.523: 5. v. art. 1.598.

Art. 1.523: 6. O divórcio pode ser concedido sem que haja prévia partilha dos bens do casal (art. 1.581). Nessa situação, o novo casamento do divorciado deverá ter o regime da separação obrigatória de bens (art. 1.641-I).

V. tb. § ún.

Art. 1.523: 7. s/ prestação de contas na tutela e curatela, v. arts. 1.755 a 1.762 e 1.781; s/ cessação da tutela e curatela, v. arts. 1.763 a 1.766 e 1.781.

> **Art. 1.524.** As causas suspensivas da celebração do casamento podem ser arguidas pelos parentes em linha reta de um dos nubentes, sejam consanguíneos ou afins, e pelos colaterais em segundo grau, sejam também consanguíneos ou afins.[1 a 3]

Art. 1.524: 1. Já os impedimentos, por serem de interesse público, podem ser opostos por qualquer pessoa capaz, cf. art. 1.522. Ademais, as causas suspensivas não podem ser reconhecidas pelo juiz ou pelo oficial de registro, por falta de expressa previsão legal, ao contrário dos impedimentos, cf. art. 1.522 § ún.

Art. 1.524: 2. s/ relações de parentesco, v. arts. 1.591 a 1.595.

Art. 1.524: 3. Enunciado 330 do CEJ: "As causas suspensivas da celebração do casamento poderão ser arguidas inclusive pelos parentes em linha reta de um dos nubentes e pelos colaterais em segundo grau, por vínculo decorrente de parentesco civil".

Capítulo V — DO PROCESSO DE HABILITAÇÃO PARA O CASAMENTO[1]

CAP. V: 1. v. LRP 67 a 69.

> **Art. 1.525.** O requerimento de habilitação para o casamento será firmado por ambos os nubentes,[1] de próprio punho, ou, a seu pedido, por procurador, e deve ser instruído com os seguintes documentos:
>
> I — certidão de nascimento ou documento equivalente;
>
> II — autorização por escrito das pessoas sob cuja dependência legal estiverem, ou ato judicial que a supra;[2]
>
> III — declaração de duas testemunhas maiores, parentes ou não, que atestem conhecê-los e afirmem não existir impedimento que os iniba de casar;
>
> IV — declaração do estado civil, do domicílio e da residência atual dos contraentes e de seus pais, se forem conhecidos;

V — certidão de óbito do cônjuge falecido, de sentença declaratória de nulidade ou de anulação de casamento, transitada em julgado, ou do registro da sentença de divórcio.

Art. 1.525: 1. s/ casamento entre pessoas do mesmo sexo, v. art. 1.514, notas 1 e segs.
Art. 1.525: 2. v. art. 1.517.

Art. 1.526. A habilitação será feita pessoalmente perante o oficial do Registro Civil,[1] com a audiência do Ministério Público.[1a-2]
Parágrafo único. Caso haja impugnação do oficial, do Ministério Público ou de terceiro, a habilitação será submetida ao juiz.[3]

Art. 1.526: 1. v. LRP 67-*caput*.
Art. 1.526: 1a. Redação do *caput* de acordo com a Lei 12.133, de 17.12.09, em vigor 30 dias após a sua publicação (DOU 18.12.09).
Art. 1.526: 2. v. LRP 67 § 1º.
Art. 1.526: 3. O § ún. foi acrescido pela Lei 12.133, de 17.12.09, em vigor 30 dias após a sua publicação (DOU 18.12.09).

Art. 1.527. Estando em ordem a documentação, o oficial extrairá o edital, que se afixará durante quinze dias nas circunscrições do Registro Civil de ambos os nubentes, e, obrigatoriamente, se publicará na imprensa local, se houver.[1]
Parágrafo único. A autoridade competente, havendo urgência,[2] poderá dispensar a publicação.

Art. 1.527: 1. v. art. 1.531.
Art. 1.527: 2. v. arts. 1.520, 1.539 e 1.540.

Art. 1.528. É dever do oficial do registro esclarecer os nubentes a respeito dos fatos que podem ocasionar a invalidade do casamento,[1] bem como sobre os diversos regimes de bens.[2-3]

Art. 1.528: 1. v. arts. 1.521 e 1.548 a 1.564.
Art. 1.528: 2. v. arts. 1.639 a 1.688.
Art. 1.528: 3. v. LRP 28. V. tb. art. 1.640, nota 1b (Enunciado 331 do CEJ).

Art. 1.529. Tanto os impedimentos[1] quanto as causas suspensivas[2] serão opostos em declaração escrita e assinada, instruída com as provas do fato alegado, ou com a indicação do lugar onde possam ser obtidas.

Art. 1.529: 1. v. art. 1.521.
Art. 1.529: 2. v. art. 1.523.

Art. 1.530. O oficial do registro dará aos nubentes ou a seus representantes nota da oposição, indicando os fundamentos, as provas e o nome de quem a ofereceu.[1]
Parágrafo único. Podem os nubentes requerer prazo razoável para fazer prova contrária aos fatos alegados, e promover as ações civis e criminais contra o oponente de má-fé.

Art. 1.530: 1. v. LRP 67 § 5º.

Art. 1.531. Cumpridas as formalidades dos arts. 1.526 e 1.527 e verificada a inexistência de fato obstativo, o oficial do registro extrairá o certificado de habilitação.[1]

Art. 1.531: 1. v. arts. 1.532 e 1.533.

Art. 1.532. A eficácia da habilitação será de noventa dias, a contar da data em que foi extraído o certificado.

Capítulo VI | DA CELEBRAÇÃO DO CASAMENTO[1]

CAP. VI: 1. Lei 1.110, de 23.5.50 — Regula o reconhecimento dos efeitos civis ao casamento religioso. S/ a conversão da união estável em casamento, v. art. 1.726; s/ o registro do casamento religioso para efeitos civis, v. LRP 71 a 75.

Art. 1.533. Celebrar-se-á o casamento, no dia, hora e lugar previamente designados pela autoridade que houver de presidir o ato, mediante petição dos contraentes, que se mostrem habilitados com a certidão do art. 1.531.

Art. 1.534. A solenidade realizar-se-á na sede do cartório, com toda publicidade, a portas abertas, presentes pelo menos duas testemunhas, parentes ou não dos contraentes, ou, querendo as partes e consentindo a autoridade celebrante, noutro edifício público ou particular.

§ 1º Quando o casamento for em edifício particular, ficará este de portas abertas durante o ato.

§ 2º Serão quatro as testemunhas na hipótese do parágrafo anterior e se algum dos contraentes não souber ou não puder escrever.

Art. 1.535. Presentes os contraentes, em pessoa ou por procurador[1] especial, juntamente com as testemunhas e o oficial do registro, o presidente do ato, ouvida aos nubentes a afirmação de que pretendem casar por livre e espontânea vontade, declarará efetuado o casamento, nestes termos:[2]

"De acordo com a vontade que ambos acabais de afirmar perante mim, de vos receberdes por marido e mulher, eu, em nome da lei, vos declaro casados".

Art. 1.535: 1. v. art. 1.542.
Art. 1.535: 2. v. arts. 1.514 e 1.538.

Art. 1.536. Do casamento, logo depois de celebrado, lavrar-se-á o assento[1] no livro de registro. No assento, assinado pelo presidente do ato, pelos cônjuges, as testemunhas, e o oficial do registro, serão exarados:[2]

I — os prenomes, sobrenomes, datas de nascimento, profissão, domicílio e residência atual dos cônjuges;[3]

II — os prenomes, sobrenomes, datas de nascimento ou de morte, domicílio e residência atual dos pais;

III — o prenome e sobrenome do cônjuge precedente e a data da dissolução do casamento anterior;

IV — a data da publicação dos proclamas e da celebração do casamento;

V — a relação dos documentos apresentados ao oficial do registro;

VI — o prenome, sobrenome, profissão, domicílio e residência atual das testemunhas;

VII — o regime do casamento, com a declaração da data e do cartório em cujas notas foi lavrada a escritura antenupcial,⁴ quando o regime não for o da comunhão parcial, ou o obrigatoriamente estabelecido.⁵

Art. 1.536: 1. v. LRP 70.

Art. 1.536: 2. Também será consignado o instrumento da autorização para casar (art. 1.537).

Art. 1.536: 3. O assento deverá consignar também o sobrenome que os nubentes adotarão após o casamento (v., a propósito, art. 1.565 § 1º).

Art. 1.536: 4. v. arts. 1.653 a 1.657.

Art. 1.536: 5. Se o regime de bens for o obrigatoriamente estabelecido por lei (art. 1.641), o assento, quando possível, deve mencionar essa circunstância.

Art. 1.537. O instrumento da autorização para casar¹ transcrever-se-á integralmente na escritura antenupcial.²

Art. 1.537: 1. v. arts. 1.517 a 1.520 e 1.525-II.

Art. 1.537: 2. v. art. 1.654 (eficácia do pacto antenupcial realizado por menor).

Art. 1.538. A celebração do casamento será imediatamente suspensa se algum dos contraentes:¹

I — recusar a solene afirmação da sua vontade;

II — declarar que esta não é livre e espontânea;

III — manifestar-se arrependido.

Parágrafo único. O nubente que, por algum dos fatos mencionados neste artigo, der causa à suspensão do ato, não será admitido a retratar-se no mesmo dia.

Art. 1.538: 1. v. art. 1.535.

Art. 1.539. No caso de moléstia grave de um dos nubentes, o presidente do ato irá celebrá-lo onde se encontrar o impedido, sendo urgente, ainda que à noite, perante duas testemunhas que saibam ler e escrever.

§ 1º A falta ou impedimento da autoridade competente para presidir o casamento suprir-se-á por qualquer dos seus substitutos legais, e a do oficial do Registro Civil por outro *ad hoc*, nomeado pelo presidente do ato.

§ 2º O termo avulso, lavrado pelo oficial *ad hoc*, será registrado no respectivo registro dentro em cinco dias, perante duas testemunhas, ficando arquivado.

Art. 1.540. Quando algum dos contraentes estiver em iminente risco de vida,¹⁻² não obtendo a presença da autoridade à qual incumba presidir o ato, nem a de seu substituto, poderá o casamento ser celebrado na presença de seis testemunhas, que com os nubentes não tenham parentesco em linha reta, ou, na colateral, até segundo grau.³ ᵃ ⁵

Art. 1.540: 1. v. LRP 76.

Art. 1.540: 2. Indeferindo o pedido de homologação do casamento nuncupativo, em razão da falta de urgência: "Inobstante a gravidade da doença seja evidente, entre a data da declaração e o óbito decorreu mais de vinte dias, o suficiente para que as providências previstas no art. 1.539 do CC fossem tomadas" (RT 881/221: TJSP, AP 504.155-4/6-00; a citação é do voto do relator).

Art. 1.540: 3. Trata-se do **casamento nuncupativo**.

A respeito, v. tb. arts. 1.521, nota 6c, *in fine*, 1.541 e 1.542 § 2º.

Art. 1.540: 3a. "A inquestionável manifestação da vontade do nubente enfermo, no momento do casamento, fato corroborado pelas 6 testemunhas exigidas por lei, ainda que não realizada de viva voz, supre a exigência legal quanto ao ponto" (STJ-3ª T., REsp 1.330.023, Min. Nancy Andrighi, j. 5.11.13, DJ 29.11.13).

Art. 1.540: 4. O casamento nuncupativo depende da observância de todas as formalidades previstas neste artigo e no art. 1.541, não sendo suficiente para o seu aperfeiçoamento a simples manifestação de vontade do nubente à beira da morte (RT 841/338: TJRN, AP 2004.003554-3; 798/385: TJRN, AP 98.000855-7).

Art. 1.540: 5. "Não existem objetivos pré-constituídos para o casamento, que descumpridos, imporiam sua nulidade, mormente naqueles realizados com evidente possibilidade de óbito de um dos nubentes — casamento nuncupativo —, pois esses se afastam tanto do usual que, salvaguardadas as situações constantes dos arts. 166 e 167 do CC-02, que tratam das nulidades do negócio jurídico, devem, independentemente do fim perseguido pelos nubentes, ser ratificados judicialmente. E no amplo espectro que se forma com essa assertiva, nada impede que o casamento nuncupativo realizado tenha como motivação central, ou única, a consolidação de meros efeitos sucessórios em favor de um dos nubentes — pois essa circunstância não macula o ato com um dos vícios citados nos arts. 166 e 167 do CC-02: incapacidade; ilicitude do motivo e do objeto; malferimento da forma, fraude ou simulação" (STJ-3ª T., REsp 1.330.023, Min. Nancy Andrighi, j. 5.11.13, DJ 29.11.13).

Art. 1.541. Realizado o casamento, devem as testemunhas comparecer perante a autoridade judicial mais próxima, dentro em dez dias,[1] pedindo que lhes tome por termo a declaração de:

I — que foram convocadas por parte do enfermo;

II — que este parecia em perigo de vida, mas em seu juízo;

III — que, em sua presença, declararam os contraentes, livre e espontaneamente, receber-se por marido e mulher.

§ 1º Autuado o pedido e tomadas as declarações, o juiz procederá às diligências necessárias para verificar se os contraentes podiam ter-se habilitado, na forma ordinária,[2] ouvidos os interessados que o requererem, dentro em quinze dias.

§ 2º Verificada a idoneidade dos cônjuges para o casamento, assim o decidirá a autoridade competente, com recurso voluntário às partes.

§ 3º Se da decisão não se tiver recorrido, ou se ela passar em julgado, apesar dos recursos interpostos, o juiz mandará registrá-la no livro do Registro dos Casamentos.

§ 4º O assento assim lavrado retrotrairá os efeitos do casamento, quanto ao estado dos cônjuges, à data da celebração.

§ 5º Serão dispensadas as formalidades deste e do artigo antecedente, se o enfermo convalescer e puder ratificar o casamento na presença da autoridade competente e do oficial do registro.

Art. 1.541: 1. "**Inobservância do prazo de 10 dias**. Requisito que não se relaciona com a substância do ato. **Flexibilização. Possibilidade.** A observância do prazo de 10 dias para que as testemunhas compareçam à autoridade judicial, conquanto diga respeito à formalidade do ato, não trata de sua essência e de sua substância e, consequentemente, não está associado à sua existência, validade ou eficácia, razão pela qual se trata, em tese, de formalidade suscetível de flexibilização, especialmente quando constatada a ausência de má-fé. Hipótese em que as instâncias ordinárias recusaram o registro do casamento somente ao fundamento de inobservância do prazo legal, sem examinar, contudo, os demais elementos estruturais do ato jurídico, bem como deixaram de considerar, especificamente quanto ao prazo, a ausência de má-fé do contraente supérstite, o curto período entre o casamento e o falecimento da nubente, o período de luto do contraente sobrevivente, a dificuldade de cumprimento do prazo pelas testemunhas e o natural desconhecimento da tramitação e formalização dessa rara hipótese de celebração do matrimônio" (STJ-3ª T., REsp 1.978.121, Min. Nancy Andrighi, j. 22.3.22, DJ 25.3.22).

Art. 1.541: 2. v. arts. 1.525 a 1.532.

Art. 1.542. O casamento pode celebrar-se mediante procuração,[1-1a] por instrumento público, com poderes especiais.

§ 1º A revogação do mandato não necessita chegar ao conhecimento do mandatário; mas, celebrado o casamento sem que o mandatário ou o outro contraente tivessem ciência da revogação, responderá o mandante por perdas e danos.[2]

§ 2º O nubente que não estiver em iminente risco de vida poderá fazer-se representar no casamento nuncupativo.[3-4]

§ 3º A eficácia do mandato não ultrapassará noventa dias.

§ 4º Só por instrumento público se poderá revogar o mandato.

Art. 1.542: 1. v. art. 1.550-V.

Art. 1.542: 1a. Entendendo, por analogia, que é possível também mediante procuração requerer a extinção do vínculo matrimonial: RIDF 45/164 (no caso, a parte autora residia no exterior e o outro cônjuge estava em local incerto).

Art. 1.542: 2. v. arts. 402 a 405.

Art. 1.542: 3. Casamento nuncupativo é aquele previsto no art. 1.540.

Art. 1.542: 4. *A contrario sensu*, o nubente que estiver em iminente risco de vida não poderá ser representado por procurador.

Capítulo VII | DAS PROVAS DO CASAMENTO

Art. 1.543. O casamento celebrado no Brasil prova-se pela certidão do registro.[1-2]

Parágrafo único. Justificada a falta ou perda do registro civil, é admissível qualquer outra espécie de prova.

Art. 1.543: 1. v. arts. 9º-I, 1.515 e 1.516. V. tb. LRP 70 a 76.

Art. 1.543: 2. Dec. lei 7.485, de 23.4.45 — Dispõe sobre a prova do casamento nas habilitações aos benefícios do seguro social, e dá outras providências.

Art. 1.544. O casamento de brasileiro, celebrado no estrangeiro, perante as respectivas autoridades ou os cônsules brasileiros,[1] deverá ser registrado em cento e oitenta dias,[1a] a contar da volta de um ou de ambos os cônjuges ao Brasil, no cartório do respectivo domicílio, ou, em sua falta, no 1º Ofício da Capital do Estado em que passarem a residir.[2-3]

Art. 1.544: 1. "Casamento perante autoridade consular", por José Russo (RBDF 23/55).

Art. 1.544: 1a. "O casamento entre brasileiros celebrado no exterior produz efeitos no território nacional mesmo que averbado após o prazo de 180 dias previsto no art. 1.544 do CC/02, porquanto o traslado da referida certidão para o cartório brasileiro se destina apenas a fazer prova de sua celebração, não interferindo em sua validade e eficácia no âmbito do território nacional" (RJM 191/98: AP 1.0024.07.506350-3/002).

Art. 1.544: 2. v. LINDB 7º, especialmente nota 7c, 18 e 19. V. tb. LRP 32, especialmente nota 3.

Art. 1.544: 3. Dec. 23.102, de 28.5.47 — Aprova o Regulamento para o Serviço Consular Honorário do Brasil: "Art. 15. São expressamente proibidos aos Consulados ou Vice-Consulados honorários os seguintes atos: ... VII) celebrar casamentos".

Art. 1.545. O casamento de pessoas que, na posse do estado de casadas,[1] não possam manifestar vontade, ou tenham falecido, não se pode contestar em prejuízo da prole comum, salvo mediante certidão do Registro Civil que prove que já era casada alguma delas, quando contraiu o casamento impugnado.[2]

Art. 1.545: 1. Posse do estado de casados é a situação de fato que demonstre o convívio público, notório e estável de duas pessoas como marido e mulher, servindo de prova indireta e excepcional do casamento nos termos do artigo *supra*.

Art. 1.545: 2. v. art. 1.547.

Art. 1.546. Quando a prova da celebração legal do casamento resultar de processo judicial, o registro da sentença no livro do Registro Civil produzirá, tanto no que toca aos cônjuges como no que respeita aos filhos, todos os efeitos civis desde a data do casamento.

Art. 1.547. Na dúvida entre as provas favoráveis e contrárias, julgar-se-á pelo casamento, se os cônjuges, cujo casamento se impugna, viverem ou tiverem vivido na posse do estado de casados.[1]

Art. 1.547: 1. s/ posse do estado de casados, v. art. 1.545, nota 1.

Capítulo VIII | DA INVALIDADE DO CASAMENTO[1-2]

CAP. VIII: 1. Na hipótese de casamento nulo, a ação declaratória de nulidade pode ser proposta por qualquer interessado ou pelo MP; não há prazo para a propositura dessa ação e pode o juiz conhecer *ex officio* da nulidade. Na hipótese de casamento anulável, a ação anulatória de casamento sujeita-se a prazo decadencial (arts. 1.555 e 1.560), somente poderá ser proposta pelo cônjuge prejudicado ou, em alguns casos, por interessados previstos em lei, e a anulabilidade não pode ser conhecida de ofício. No entanto, contrariando a regra geral das nulidades no direito privado, nos dois casos, o decreto de invalidade produz efeitos *ex tunc*, salvo exceção prevista pelos arts. 1.561 e 1.563.

CAP. VIII: 2. v. LRP 100.

Art. 1.548. É nulo o casamento contraído:
I — (Revogado);[1]
II — por infringência de impedimento.[2]

Art. 1.548: 1. O inc. I foi revogado pela Lei 13.146, de 6.7.15, em vigor 180 dias após a sua publicação (DOU 7.7.15).

Art. 1.548: 2. v. art. 1.521.

Art. 1.549. A decretação de nulidade de casamento,[1] pelos motivos previstos no artigo antecedente, pode ser promovida mediante ação direta, por qualquer interessado, ou pelo Ministério Público.[2]

Art. 1.549: 1. Postula-se a nulidade do casamento através da ação de nulidade de casamento (ou ação declaratória de nulidade de casamento).

Art. 1.549: 2. v. CPC 17 e 177.

Art. 1.550. É anulável o casamento:[1 a 1b]
I — de quem não completou a idade mínima para casar;[2]
II — do menor em idade núbil, quando não autorizado por seu representante legal;[3]
III — por vício da vontade, nos termos dos arts. 1.556 a 1.558;[4-4a]
IV — do incapaz de consentir ou manifestar, de modo inequívoco, o consentimento;

V — realizado pelo mandatário,[5] sem que ele ou o outro contraente soubesse da revogação[6] do mandato, e não sobrevindo coabitação entre os cônjuges;

VI — por incompetência da autoridade celebrante.[7-7a]

§ 1º Equipara-se à revogação a invalidade do mandato judicialmente decretada.[8]

§ 2º A pessoa com deficiência mental ou intelectual em idade núbia poderá contrair matrimônio, expressando sua vontade diretamente ou por meio de seu responsável ou curador.[9-10]

Art. 1.550: 1. "Casamento anulável no Código Civil e repercussões da Lei 11.106/2005", por Gustavo Filipe Barbosa Garcia (RT 840/114).

Art. 1.550: 1a. Prazos para a anulação: arts. 1.560 e 1.555.

S/ competência para a ação de anulação de casamento, v. CPC 53-I.

Art. 1.550: 1b. "O pedido de anulação de casamento não está sem objeto diante do julgamento da ação de divórcio, considerando que seus efeitos são mais intensos e abrangentes" (STJ-3ª T., REsp 650.133, Min. Menezes Direito, j. 25.9.06, DJU 26.2.07).

Art. 1.550: 2. v. arts. 1.551, 1.517, 1.552 e 1.553.

Art. 1.550: 3. v. arts. 1.551, 1.517 e 1.555.

Art. 1.550: 4. v. arts. 1.556 a 1.559: erro essencial e coação.

Art. 1.550: 4a. v. CP 239.

Art. 1.550: 5. v. arts. 1.542 e 1.535.

Art. 1.550: 6. v. § 1º.

Art. 1.550: 7. v. art. 1.554.

Art. 1.550: 7a. v. CP 238.

Art. 1.550: 8. O primitivo § ún. foi renumerado pela Lei 13.146, de 6.7.15, em vigor 180 dias após a sua publicação (DOU 7.7.15).

Art. 1.550: 9. O § 2º foi incluído pela Lei 13.146, de 6.7.15, em vigor 180 após a sua publicação (DOU 7.7.15).

Art. 1.550: 10. v. arts. 1.767 e segs. V. tb. Lei 13.146, de 6.7.15, art. 6º-I.

Art. 1.551. Não se anulará, por motivo de idade, o casamento de que resultou gravidez.[1]

Art. 1.551: 1. v. arts. 1.517, 1.520 e 1.550-I.

Art. 1.552. A anulação do casamento dos menores de dezesseis anos será requerida:[1]

I — pelo próprio cônjuge menor;

II — por seus representantes legais;

III — por seus ascendentes.

Art. 1.552: 1. v. art. 1.560 § 1º.

Art. 1.553. O menor que não atingiu a idade núbil[1] poderá, depois de completá-la, confirmar seu casamento, com a autorização de seus representantes legais, se necessária, ou com suprimento judicial.

Art. 1.553: 1. v. art. 1.550-I. V. tb. art. 1.517.

Art. 1.554. Subsiste o casamento celebrado por aquele que, sem possuir a competência exigida na lei, exercer publicamente as funções de juiz de casamentos e, nessa qualidade, tiver registrado o ato no Registro Civil.¹

Art. 1.554: 1. v. art. 1.550-VI.

Art. 1.555. O casamento do menor em idade núbil, quando não autorizado por seu representante legal,¹ só poderá ser anulado se a ação for proposta em cento e oitenta dias,² por iniciativa do incapaz, ao deixar de sê-lo, de seus representantes legais ou de seus herdeiros necessários.

§ 1º O prazo estabelecido neste artigo será contado do dia em que cessou a incapacidade, no primeiro caso; a partir do casamento, no segundo; e, no terceiro, da morte do incapaz.

§ 2º Não se anulará o casamento quando à sua celebração houverem assistido os representantes legais do incapaz, ou tiverem, por qualquer modo, manifestado sua aprovação.

Art. 1.555: 1. v. art. 1.550-II.

Art. 1.555: 2. Também é de 180 dias o prazo para anulação do casamento de menor sem idade núbil, cf. art. 1.560 § 1º.

Art. 1.556. O casamento pode ser anulado por vício da vontade,¹ ᵃ ¹ᵇ se houve por parte de um dos nubentes, ao consentir, erro essencial² quanto à pessoa do outro.³

Art. 1.556: 1. v. art. 1.550-III.

Art. 1.556: 1a. É causa de anulação de matrimônio a **gravidez simulada** que foi determinante para que o noivo consentisse em se casar (JTJ 262/36).

Art. 1.556: 1b. "Se o cônjuge varão contrai núpcias com a mulher em razão de sua gravidez e vem a descobrir posteriormente que o **filho**, na realidade, **pertence a terceiro**, resta configurado o erro essencial quanto à pessoa do outro, investido de força bastante à anulação do casamento, a teor do art. 218 do CC, independentemente de a esposa ter ou não agido dolosamente" (RT 767/235: TJSP, AP 88.837-4/8, ementa da redação). O art. 218 do CC rev. corresponde ao CC 1.556. No mesmo sentido, inclusive condenando a ré em indenização por danos morais: JTJ 350/624 (AP 994.09.318754-4). V. tb. art. 1.557-I.

Art. 1.556: 2. v. arts. 138 e 139-II. V. tb. art. 1.560-III (prazo para anulação do casamento).

Art. 1.556: 3. v. CP 236 (crime de induzimento a erro essencial e ocultação de impedimento).

Art. 1.557. Considera-se erro essencial¹ sobre a pessoa do outro cônjuge:

I — o que diz respeito à sua identidade,¹ᵃ sua honra e boa fama, sendo esse erro tal que o seu conhecimento ulterior torne insuportável a vida em comum ao cônjuge enganado;¹ᵇ ᵃ ³

II — a ignorância de crime, anterior ao casamento, que, por sua natureza, torne insuportável a vida conjugal;³ᵃ

III — a ignorância, anterior ao casamento, de defeito físico irremediável³ᵇ que não caracterize deficiência ou de moléstia grave e transmissível, por contágio ou por herança, capaz de pôr em risco a saúde do outro cônjuge ou de sua descendência;³ᶜ⁻³ᵈ

IV — (Revogado).⁴

Art. 1.557: 1. v. arts. 138 e 139-II. V. tb. art. 1.560-III (prazo para anulação do casamento).

Art. 1.557: 1a. O noivo que mente à noiva, afirmando ter curso superior e ser proprietário de estabelecimento de ensino, não diz a verdade quanto à sua identidade civil ou social, o que enseja a anulação do casamento por erro essencial (RT 842/199).

Art. 1.557: 1b. v. art. 1.556, notas 1a e 1b.

Art. 1.557: 1c. "Caso em que restou bem demonstrado que a apelada, ao aceitar casar com o apelante, tinha apenas a intenção de obter metade do patrimônio dele, e que sequer admitiu a ocorrência de relação sexual, nos menos de três meses de convivência conjugal. Hipótese na qual resta bem caracterizado o erro essencial, que deve levar à decretação de anulação do casamento" (RT 925/1.057: TJRS, AP 70046384459).

Art. 1.557: 2. A ulterior descoberta de que o cônjuge mantinha **relacionamento amoroso fora do namoro** influencia na sua honra e boa fama e configura erro essencial quanto à pessoa, ensejador da invalidação do casamento (JTJ 298/43). No mesmo sentido: "Erro essencial. Narração de adultério e abandono do lar nos primeiros dias após as bodas" (JTJ 312/48, ementa da redação).

Art. 1.557: 2a. A ulterior descoberta de que o cônjuge é **toxicômano** torna a convivência e a coabitação insuportáveis (JTJ 249/31).

Art. 1.557: 2b. O fato de o marido assumir compromissos comerciais acima de suas posses não enseja a anulação do matrimônio (RSTJ 142/320: 4ª T., REsp 134.690). No mesmo sentido, não configura erro de identidade moral apto a anular casamento o fato de o cônjuge fazer gastos desmedidos com despesas pessoais (JTJ 265/233, acórdão bem fundamentado).

Art. 1.557: 2c. "Alegação de que, após o casamento, o apelado demitiu-se do emprego e passou a viver às expensas da apelante. Ausência dos requisitos necessários à anulação dispostos no artigo 1.557, inciso I, do Código Civil. Apelante que continuou convivendo com o marido mesmo após ciência dos fatos. Iniciativa do apelado em deixar o lar conjugal. Aplicação da regra contida no art. 1.559 do mesmo diploma de lei. Erro que, ademais, pressupõe preexistência do vício de conduta e não seu aparecimento após o matrimônio" (JTJ 341/237: AP 607.487-4/1-00).

Art. 1.557: 3. "Se a opção pela rápida celebração do casamento com pessoa que conheceu por site de relacionamento retirou do autor a possibilidade de convivência prévia para conhecer a personalidade instável da requerida, não há falar em anulação de casamento. As hipóteses do art. 1.557 do CC/2002 que caracterizam erro essencial constituem *numerus clausus*, descabendo interpretação extensiva. No caso, não configurado erro de identidade, honra e boa fama" (RT 907/1.082: TJRS, AP 70039523204).

Art. 1.557: 3a. "Pedido ajuizado três meses após o enlace, por ter se revelado a sequência de crimes de estelionato praticados pela esposa antes do casamento. Elementos que indicam que o autor desconhecia a vida pregressa da esposa quando se casou. Prova da ciência do marido anterior ao casamento que incumbia à ré e não foi realizada. Incidência do art. 1.557, I e II, do CC" (JTJ 375/293: AP 17329-96.2008.8.26.0405).

Art. 1.557: 3b. "Marido, portador de deformidade peniana congênita (hipospádia). Ausência de comprovação de anterior ciência da mulher. Defeito equiparável à **impotência instrumental,** que frustra a plena satisfação sexual também procurada no casamento" (JTJ 251/39).

Art. 1.557: 3c. Redação do inc. III de acordo com a Lei 13.146, de 6.7.15, em vigor 180 dias após a sua publicação (DOU 7.7.15).

Art. 1.557: 3d. v. art. 1.559.

Art. 1.557: 4. O inc. IV foi revogado pela Lei 13.146, de 6.7.15, em vigor 180 dias após a sua publicação (DOU 7.7.15).

Art. 1.558. É anulável o casamento em virtude de coação,[1] quando o consentimento de um ou de ambos os cônjuges houver sido captado mediante fundado temor de mal considerável e iminente para a vida, a saúde e a honra, sua ou de seus familiares.[2]

Art. 1.558: 1. v. art. 1.550-III. V. tb. arts. 151 a 155 (coação). V. ainda art. 1.560-IV (prazo para anulação do casamento).

Art. 1.558: 2. "Casamento. Anulação. Inadmissibilidade. Adolescente que, por **temor reverencial ao pai,** precipita-se em contrair núpcias, em face do conhecimento, pelos genitores, da manutenção de relações sexuais com seu namorado. Situação que não caracteriza coação, pois não restou configurado que a vontade emitida pela nubente foi induzida por força da insinuação de outrem" (RT 778/335: TJAL, REO 99.000977-7).

Art. 1.559. Somente o cônjuge que incidiu em erro, ou sofreu coação, pode demandar a anulação do casamento; mas a coabitação, havendo ciência do vício, valida o ato, ressalvadas as hipóteses dos incisos III e IV do art. 1.557.

Art. 1.560. O prazo para ser intentada a ação de anulação do casamento, a contar da data da celebração, é de:

I — cento e oitenta dias, no caso do inciso IV do art. 1.550;

II — dois anos, se incompetente a autoridade celebrante;[1]

III — três anos, nos casos dos incisos I a IV do art. 1.557;

IV — quatro anos, se houver coação.[2-2a]

§ 1º Extingue-se, em cento e oitenta dias, o direito de anular o casamento dos menores de dezesseis anos,[3] contado o prazo para o menor do dia em que perfez essa idade; e da data do casamento, para seus representantes legais ou ascendentes.

§ 2º Na hipótese do inciso V do art. 1.550, o prazo para anulação do casamento é de cento e oitenta dias, a partir da data em que o mandante tiver conhecimento da celebração.

Art. 1.560: 1. v. arts. 1.550-VI e 1.554.

Art. 1.560: 2. v. art. 1.558.

Art. 1.560: 2a. Esse inciso **alterou** o art. 1º do Dec. lei 4.529, de 30.7.42, o qual estabelecia que "a ação do cônjuge coacto para anular o casamento prescreverá em dois anos contados da data da sua celebração".

Art. 1.560: 3. Também é de 180 dias o prazo para anulação do casamento de menor com idade núbil, cf. art. 1.555.

Art. 1.561. Embora anulável ou mesmo nulo,[1] se contraído de boa-fé por ambos os cônjuges, o casamento, em relação a estes como aos filhos, produz todos os efeitos até o dia da sentença anulatória.[2 a 2b]

§ 1º Se um dos cônjuges estava de boa-fé ao celebrar o casamento, os seus efeitos civis só a ele e aos filhos aproveitarão.[3]

§ 2º Se ambos os cônjuges estavam de má-fé ao celebrar o casamento, os seus efeitos civis só aos filhos aproveitarão.[4]

Art. 1.561: 1. v. art. 1.563.

Art. 1.561: 2. "Considerações sobre o casamento putativo", por Gustavo Filipe Barbosa Garcia (RT 919/109).

Art. 1.561: 2a. Esse dispositivo trata do denominado **casamento putativo**.

Art. 1.561: 2b. "A mulher que reclama alimentos a eles tem direito mas até à data da sentença. Anulado ou declarado nulo o casamento, desaparece a condição de cônjuges" (RSTJ 130/225: 3ª T., REsp 69.108). No mesmo sentido: "O casamento putativo gera efeitos civis até a declaração de nulidade do ato. A partir de então o contraente de boa-fé deixa de ter direitos patrimoniais e de pensão alimentícia, por não mais existir a condição de cônjuge" (RT 840/334: TJMS, AP 2003.010814-9/0000-00).

Art. 1.561: 3. s/ casamento anulado por culpa de um dos cônjuges, v. art. 1.564; união estável putativa, v. art. 1.727, nota 3.

Art. 1.561: 4. v. LDi 14 § ún. V. tb. art. 1.617.

Art. 1.562. Antes de mover a ação de nulidade do casamento, a de anulação, a de separação judicial,[1] a de divórcio direto ou a de dissolução de união estável, poderá requerer a parte, comprovando sua necessidade, a separação de corpos,[1a a 3a] que será concedida pelo juiz com a possível brevidade.

Art. 1.562: 1. v. art. 1.571, nota 2b **(Em. Const. 66, de 13.7.10)**.

Art. 1.562: 1a. "Ponderações relevantes sobre a separação de corpos: aspectos processuais, substanciais e seu tratamento pela doutrina e jurisprudência modernas", por Maria Isabel El Maerrawi (RIDF 45/136).

Art. 1.562: 1b. v. LDi 7º § 1º. S/ alimentos provisórios, v. LA 4º.

Quanto à guarda dos filhos, v. art. 1.585 c/c art. 1.584.

Art. 1.562: 1c. "Separação de corpos. Decretação que depende apenas do **exame da existência do casamento**. Hipótese em que se mostra inoportuna e impertinente a discussão que envolva fatos a serem apreciados na ação de separação judicial" (RT 819/289: TJCE, AI 2000.0013.1944-3/0). No mesmo sentido: "Na separação provisória de corpos como processo cautelar, a única prova a ser examinada é a da existência do casamento. A gravidade do fato que a legitimar resulta, por presunção legal, do enunciado da própria ação de dissolução da sociedade conjugal que vai ser proposta" (RT 722/165). **Contra,** entendendo que deva ser feita menção ao direito ameaçado pela permanência do requerente no lar conjugal e à lesão que lhe possa advir da coabitação com a mulher: RJTJESP 53/137.

Art. 1.562: 1d. A separação de corpos pode ser concedida, a requerimento conjunto dos cônjuges, mesmo antes de completado o **prazo** para ser requerida a **separação consensual** (RT 518/95 e RJTJESP 53/169, RT 601/74, 636/71, 699/69, 862/227, RJTJESP 94/179, 96/185, 99/176, JTJ 199/75, 200/124, 207/130, RF 301/175, 321/202, RCJ 1/77, RP 44/286, com comentário de Gelson Amaro de Souza) e, neste caso, não se exige que o pedido principal seja formulado no prazo de trinta dias (RT 756/225). V. CPC 308.

Não é possível, porém, que no pedido cautelar de separação de corpos os cônjuges estabeleçam condições somente cabíveis no caso de separação consensual (RT 640/98), como, por exemplo, a partilha dos bens do casal (RT 715/129, maioria, e JTJ 174/120, maioria).

Art. 1.562: 2. "Separação de corpos. Relevância prática da distinção entre simples pedido de afastamento espontâneo do lar e pedido de **afastamento coativo do outro cônjuge**. Na última hipótese, salvo casos excepcionais, deve o magistrado ouvir o réu, antes de resolver sobre solicitação de liminar; outrossim, poderá ordenar provas para verificar quem deve retirar-se do lar ou dele ser retirado" (RJTJERGS 176/706).

Art. 1.562: 2a. "Separação de corpos. Ajuizamento para fixação da data da **separação de fato** do casal. Admissibilidade, ainda que fora dos casos usuais, para preservação de outros aspectos juridicamente relevantes até a separação consensual ou judicial" (JTJ 273/146: AP 271.396-4/3).

Art. 1.562: 3. "A anterior separação de fato não impede que seja outorgado alvará de separação de corpos com o objetivo de legalizar a situação em que se encontram os cônjuges, sendo a medida perfeitamente admissível, inclusive para regularizar situação, na tentativa de se evitar a alegação de **abandono do lar** como argumento de defesa ou acusação no processo de separação judicial, não havendo como prevalecer a decisão que julga extinto o processo por falta de interesse de agir" (RT 781/349: TJMG, AP 142.444/9). No mesmo sentido: RT 525/66, 541/97, 712/148, 781/349, 810/391, RJTJESP 61/189, 63/135, 99/175, 100/207, JTJ 165/141, 169/231, RTJE 148/224, Bol. AASP 1.061/78.

Art. 1.562: 3a. Separação de corpos entre companheiros. "A concubina tem o direito líquido e certo de ver apreciado seu pedido de separação de corpos, cujo processo não pode ser extinto sob a alegação de que tal providência somente cabe aos casados, estando ela livre para seguir o seu caminho, abandonando lar e filhos" (STJ 4ª T., RMS 5.422-5, Min. Ruy Rosado, j. 24.4.95, DJU 29.5.95).

"Em face do novo sistema constitucional, que reconhece a **união estável** como entidade familiar, possível a concessão da liminar para o afastamento de um dos concubinos do imóvel onde coabitam, com base na medida cautelar inominada prevista no art. 798 do CPC" (RJTAMG 58/46). No mesmo sentido: RSTJ 25/472, STJ-RJ 171/49, RT 721/87, 785/231, RJTJESP 132/202, JTJ 141/142, 160/53, 164/119, 183/144, 187/63, 212/122, 236/152, 236/154, RJTJERGS 146/298, 166/233, Bol. AASP 1.773/486, maioria, JTJ 310/218.

Contra: RT 675/186, 695/88.

"A medida cautelar inominada que visa ao afastamento do companheiro do lar conjugal **não pode ter caráter satisfativo,** devendo, destarte, ser ajuizada no prazo legal a ação principal, uma vez que há a necessidade de se preservar o exercício dos direitos e obrigações dos companheiros, como se casados fossem" (RT 808/234).

Art. 1.563. A sentença que decretar[1] a nulidade do casamento retroagirá à data da sua celebração,[2] sem prejudicar a aquisição de direitos, a título oneroso, por terceiros de boa-fé, nem a resultante de sentença transitada em julgado.

Art. 1.563: 1. v. LRP 100.

Art. 1.563: 2. v., porém, art. 1.561.

Art. 1.564. Quando o casamento for anulado por culpa de um dos cônjuges, este incorrerá:[1]

I — na perda de todas as vantagens havidas do cônjuge inocente;[1a]

II — na obrigação de cumprir as promessas que lhe fez no contrato antenupcial.[2]

Art. 1.564: 1. v. art. 1.561 § 1º.

Art. 1.564: 1a. "Se a autora já era casada, não poderia ter contraído novas núpcias, pelo que, nulificado o segundo matrimônio, verifica-se também inviável o reconhecimento da existência de sociedade de fato geradora de direitos patrimoniais justamente em favor da ex-cônjuge virago, que cometeu patente ilegalidade" (STJ-4ª T., REsp 513.895, Min. Aldir Passarinho Jr., j. 10.6.08, DJ 29.3.10).

No caso de concubinato, v. art. 1.727, nota 3.

Art. 1.564: 2. v. arts. 1.639 e 1.653 a 1.657.

Capítulo IX | DA EFICÁCIA DO CASAMENTO

Art. 1.565. Pelo casamento, homem e mulher assumem mutuamente a condição de consortes, companheiros e responsáveis pelos encargos da família.

§ 1º Qualquer dos nubentes, querendo, poderá acrescer ao seu o sobrenome do outro.[1 a 2b]

§ 2º O planejamento familiar é de livre decisão do casal, competindo ao Estado propiciar recursos educacionais e financeiros para o exercício desse direito, vedado qualquer tipo de coerção por parte de instituições privadas ou públicas.[3]

Art. 1.565: 1. v. LRP 57 e notas.

Art. 1.565: 2. O acréscimo de sobrenome deverá constar do assento matrimonial. Com a extinção da sociedade conjugal, tal acréscimo de sobrenome poderá ser mantido (art. 1.571 § 2º) ou perdido (art. 1.578), conforme o caso.

Art. 1.565: 2a. "Desde que não haja prejuízo à ancestralidade, nem à sociedade, é possível a supressão de um patronímico, pelo casamento, pois o nome civil é direito da personalidade" (STJ-RF 385/299: 3ª T., REsp 662.799).

No sentido de que o cônjuge pode adotar o patronímico familiar do outro, mas não pode excluir totalmente o sobrenome de sua família: RF 347/335, maioria.

Art. 1.565: 2b. "O art. 1.565, § 1º, do Código Civil de 2002 **não impõe limitação temporal** para a retificação do registro civil e o acréscimo de patronímico do outro cônjuge por retratar manifesto direito de personalidade" (STJ-3ª T., REsp 1.648.858, Min. Ricardo Cueva, j. 20.8.19, DJ 28.8.19).

"A alteração de preferência deve ocorrer no momento da habilitação, mas não há óbices legais para que ocorra posteriormente, ainda mais se não causar prejuízo à personalidade da requerente nem à de terceiros" (RJM 185/89: AP 1.0024.06.130477-0/001).

Art. 1.565: 3. v. art. 1.513.

Art. 1.566. São deveres[1 a 2a] de ambos os cônjuges:

I — fidelidade recíproca;[2b-3]

II — vida em comum, no domicílio conjugal;[4]

III — mútua assistência;[4a]

IV — sustento, guarda e educação dos filhos;[5-5a]

V — respeito e consideração mútuos.

Art. 1.566: 1. s/ deveres dos companheiros, v. art. 1.724.

Art. 1.566: 2. CF 226: "§ 5º Os direitos e deveres referentes à sociedade conjugal são exercidos igualmente pelo homem e pela mulher".

Art. 1.566: 2a. CF 229: "Os pais têm o dever de assistir, criar e educar os filhos menores, e os filhos maiores têm o dever de ajudar e amparar os pais na velhice, carência ou enfermidade".

Art. 1.566: 2b. Cessam, com o divórcio, os deveres de fidelidade conjugal e de vida em comum (art. 1.576).

Art. 1.566: 3. "Transgride o dever de sinceridade o cônjuge que, deliberadamente, omite a verdadeira paternidade biológica dos filhos gerados na constância do casamento, mantendo o consorte na ignorância" (STJ-RBDFS 1/84: 3ª T., REsp 742.137).

Art. 1.566: 4. v. nota 2b.

Art. 1.566: 4a. "O dever de mútua assistência permanece até que sejam definitivamente rompidos os laços conjugais", motivo pelo qual "os alimentos provisionais são deferidos para a mantença da mulher durante o processo de separação judicial" (RT 840/358).

✎Art. 1.566: 5. "O caráter não patrimonial do dever de sustento na perspectiva constitucional", por Flávio Luís de Oliveira (RBDF 22/5).

Art. 1.566: 5a. v. art. 1.568; v. tb. Alimentos (arts. 1.694 a 1.710), Guarda de filho (arts. 1.583 a 1.590) e Poder familiar (arts. 1.630 a 1.638). V. ainda ECA 22.

Art. 1.567. A direção da sociedade conjugal será exercida, em colaboração, pelo marido e pela mulher,¹ sempre no interesse do casal e dos filhos.¹ᵃ
Parágrafo único. Havendo divergência, qualquer dos cônjuges poderá recorrer ao juiz, que decidirá tendo em consideração aqueles interesses.²

Art. 1.567: 1. salvo nas hipóteses contidas no art. 1.570.
Art. 1.567: 1a. v. arts. 1.647, 1.648 e 1.651. V. tb. CPC 73 e 74.
Art. 1.567: 2. v. arts. 1.720-*caput*, 1.631 § ún. e 1.517 § ún.; ECA 21.

Art. 1.568. Os cônjuges são obrigados a concorrer, na proporção de seus bens e dos rendimentos do trabalho, para o sustento da família e a educação dos filhos,¹ qualquer que seja o regime patrimonial.²

Art. 1.568: 1. A maioridade do filho, por si só, não afasta a obrigação de alimentar (v. LA 13, nota 5).
Art. 1.568: 2. Mas no regime da separação de bens admite-se estipulação contrária no pacto antenupcial, cf. art. 1.688.

Art. 1.569. O domicílio¹ do casal será escolhido por ambos os cônjuges, mas um e outro podem ausentar-se do domicílio conjugal para atender a encargos públicos, ao exercício de sua profissão, ou a interesses particulares relevantes.²

Art. 1.569: 1. v. arts. 70 a 79.
Art. 1.569: 2. v. arts. 1.566-II e 1.573-IV.

Art. 1.570. Se qualquer dos cônjuges estiver em lugar remoto ou não sabido,¹ encarcerado por mais de cento e oitenta dias, interditado² judicialmente ou privado, episodicamente, de consciência, em virtude de enfermidade ou de acidente, o outro exercerá com exclusividade a direção da família, cabendo-lhe a administração dos bens.

Art. 1.570: 1. v. art. 25.
Art. 1.570: 2. v. arts. 1.767 e segs. V. tb. CPC 747 e segs.

Capítulo X
DA DISSOLUÇÃO DA SOCIEDADE E DO VÍNCULO CONJUGAL¹

CAP. X: 1. "Da possibilidade de ressarcimento dos danos decorrentes da dissolução da sociedade conjugal", por Nara Rubia Alves de Resende (RBDF 21/5).

Art. 1.571. A sociedade conjugal termina:
I — pela morte de um dos cônjuges;¹
II — pela nulidade ou anulação do casamento;¹ª
III — pela separação judicial;² ª ²ᶜ
IV — pelo divórcio.³⁻³ª

§ 1º O casamento válido só se dissolve pela morte de um dos cônjuges ou pelo divórcio, aplicando-se a presunção estabelecida neste Código quanto ao ausente.⁴⁻⁴ª

§ 2º Dissolvido o casamento pelo divórcio direto⁵ ou por conversão,⁶⁻⁶ª o cônjuge poderá manter⁷⁻⁷ª o nome de casado; salvo, no segundo caso, dispondo em contrário a sentença de separação judicial.⁸

Art. 1.571: 1. "A morte presumida como causa de dissolução do casamento", por Inacio de Carvalho Neto (Ajuris 98/99).

Art. 1.571: 1a. Casamento nulo: art. 1.548; anulável: arts. 1.550, 1.556 e 1.559.

Art. 1.571: 2. "A Emenda Constitucional n. 66/2010: semelhanças, diferenças e inutilidades entre separação e divórcio — O direito intertemporal", por Rodrigo da Cunha Pereira (RMDCPC 37/5, RBDFS 17/5); "A nova Emenda do divórcio: primeiras reflexões", por Pablo Stolze Gagliano (RBDFS 16/5, RF 410/439); "O divórcio, após a Emenda Constitucional n. 66, de 2010", por Pedro Roberto Decomain (RDDP 90/108); "Emenda Constitucional n. 66 e a possibilidade jurídica do pedido de separação", por Walsir Edson Rodrigues Jr. e Dierle Nunes (RBDFS 18/5); "A PEC do divórcio. A revolução do século em matéria de direito de família. A passagem de um sistema antidivorcista para o divorcista pleno", por José Fernando Simão (RBDFS 17/14); "Emenda Constitucional do divórcio", por Álvaro Villaça Azevedo (RMDCPC 39/88); "O divórcio e separação no Brasil — algumas considerações após a aprovação da EC 66", por Marianna Chaves (RBDFS 20/5); "Sobrevive a separação conjugal", por Clito Fornaciari Jr. (RMDCPC 43/40); "Emenda Constitucional n. 66/2010 e a supressão dos prazos para o divórcio: pontos positivos e negativos", por Lígia Barbieri Mantovani e Giana Lisa Zanardo Sartori (RJ 421/57).

Art. 1.571: 2a. A separação judicial pode ser consensual ou litigiosa. Aplicam-se tanto à esta quanto àquela a LDi 3º, 7º, 8º, 13, 15, 16, 21 a 25, 41, 42 e 46; e tão somente à separação consensual a LDi 4º, 9º, 34 (principalmente) e 39.

A LDi foi muito alterada pelo atual CC (v. arts. 1.572 a 1.578).

V. nota seguinte.

Art. 1.571: 2b. Em. Const. 66, de 13.7.10 — Dá nova redação à CF 226 § 6º, que dispõe sobre a dissolubilidade do casamento civil pelo divórcio, suprimindo o requisito de prévia separação judicial por mais de 1 ano ou de comprovada separação de fato por mais de 2 anos.

A antiga redação da CF 226 § 6º era do seguinte teor: "O casamento civil pode ser dissolvido pelo divórcio, após prévia separação judicial por mais de um ano nos casos expressos em lei, ou comprovada separação de fato por mais de dois anos". Com o advento da **Em. Const. 66, de 13.7.10**, o referido § 6º passou a dispor apenas que "o casamento civil pode ser dissolvido pelo divórcio".

Não obstante, é importante registrar que nenhum dispositivo legal foi **revogado expressamente** por conta da referida Em. Const.

Seguem manifestações jurisprudenciais a respeito do tema:

— "A separação é modalidade de extinção da sociedade conjugal, pondo fim aos deveres de coabitação e fidelidade, bem como ao regime de bens, podendo, todavia, ser revertida a qualquer momento pelos cônjuges (Código Civil, arts. 1571, III e 1.577). O divórcio, por outro lado, é forma de dissolução do vínculo conjugal e extingue o casamento, permitindo que os ex-cônjuges celebrem novo matrimônio (Código Civil, arts. 1571, IV e 1.580). São institutos diversos, com consequências e regramentos jurídicos distintos. A Emenda Constitucional 66/2010 **não revogou os artigos do Código Civil que tratam da separação judicial**" (STJ-4ª T., REsp 1.247.098, Min. Isabel Gallotti, j. 14.3.17, maioria, DJ 16.5.17). "A Emenda à Constituição 66/2010 apenas excluiu os requisitos temporais para facilitar o divórcio. O constituinte derivado reformador não revogou, expressa ou tacitamente, a legislação ordinária que cuida da separação judicial, que remanesce incólume no ordenamento pátrio, conforme previsto pelo Código de Processo Civil de 2015 (arts. 693, 731, 732 e 733 da Lei 13.105/2015). A opção pela separação faculta às partes uma futura reconciliação e permite discussões subjacentes e laterais ao rompimento da relação. A possibilidade de eventual arrependimento durante o período de separação preserva, indubitavelmente, a autonomia da vontade das partes, princípio basilar do direito privado. O atual sistema brasileiro se amolda ao sistema dualista opcional que não condiciona o divórcio à prévia separação judicial ou de fato" (STJ-3ª T., REsp 1.431.370, Min. Ricardo Cueva, j. 15.8.17, DJ 22.8.17).

"A aprovação da EC 66/2010, ao dar nova redação ao § 6º do art. 226 da CF/1988, que dispõe sobre a dissolubilidade do casamento civil pelo divórcio, não enseja automática revogação da legislação infraconstitucional que disciplina a dissolução da sociedade e do vínculo conjugal. Para que isso ocorra, indispensável seja modificado o Código Civil, que, por ora, preserva em pleno vigor os dispositivos atinentes à separação judicial e ao divórcio. Inteligência do art. 2º § 1º da LICC (Dec.-lei 4.657/1942)" (RT 910/1.046: TJRS, AP 70040795247, maioria; bem fundamentado). No mesmo sentido: RT 906/870 (TJES, AI 24100917921), 924/1.058 (TJRS, AP 70045626108).

"A Emenda Constitucional 66/10 não aboliu a separação judicial do ordenamento jurídico pátrio, limitando-se à desconstitucionalização do tema, conferindo ao legislador ordinário liberdade para sua regulamentação, em consonância com os reclamos da sociedade pós-moderna. Deve ser reformada a sentença que converte a ação de separação judicial em divórcio, sem observância do lapso temporal exigido pelo art. 1.580 do Código Civil" (RT 918/1.101: TJMG, AP 1.0028.11.000116-2/001).

Contra: "Separação judicial litigiosa. Instituto extinto pela EC n. 66, que deu nova redação ao art. 226 § 6º da CF. Intimação das partes para que se manifestassem sobre o interesse da conversão da ação em divórcio. Inércia das partes. Divórcio decretado" (JTJ 366/292: AP 9211780.87.2006.8.26.0000).

— No sentido de que "o divórcio passou a **independer de restrição temporal ou causal,** tornando-se o simples exercício de um direito potestativo": RBDFS 19/145 [TJMG, AP 1.0210.09.061665-2/001(1)].

"A Emenda Constitucional n. 66/2010 modificou o § 6º do art. 226 da Constituição Federal e, assim, não mais requer o decurso de dois anos para a conversão da separação de fato em divórcio, como consignava o art. 1.580, § 2º, do Código Civil; neste novo contexto normativo, a sentença estrangeira pode ser integrada sem ofender o panorama jurídico pátrio" (STJ-Corte Especial, SE 261, Min. Humberto Martins, j. 19.6.13, DJ 1.7.13).

"Evidente a eliminação da exigência de comprovação de lapso temporal para ingresso com o divórcio. Não é correto, do ponto de vista da moderna hermenêutica que hoje se aplica, ignorar a prevalência absoluta, sobre todas as outras, da norma constitucional, que tem vida e efetividade desde o momento que adquire vigência, reformando tudo que está no ordenamento infraconstitucional em desacordo com a norma atual. Como todas as leis retiram a sua validade direta ou indiretamente da Constituição, a mudança da norma constitucional determina consequentemente a mudança no fundamento de validade das normas encontradas em vigor. Não se pode exigir, para dar efeito à Emenda Constitucional em referência, que revela claramente a nova ordem constitucional da dissolução do casamento, que se faça a reforma da lei não recepcionada" (JTJ 373/104: AI 0244014-08.2011.8.26.0000).

— No sentido de que a separação não mais depende de requisito temporal para sua efetivação: "Em uma interpretação lógico-sistêmica, não há como entender preservados os requisitos de um ano de separação de fato, quando litigioso o pedido (art. 1.572, § 1º, do CC), ou ano de casamento, quando consensual (art. 1.574 do CC), na medida em que, para o divórcio, este mesmo Colegiado já disse não mais subsistirem (Súmula 37). Ocorre que, notoriamente, o instituto do divórcio possui efeitos muito mais contundentes do que o da separação judicial, pois rompe o vínculo matrimonial, enquanto esta última desfaz apenas a sociedade conjugal. Logo, não se mostra coerente exigir mais para o menos e menos para o mais" (RT 924/1.058: TJRS, AP 70045626108).

Art. 1.571: 2c. ou extrajudicial (CPC 733).

Art. 1.571: 3. v. arts. 1.579 a 1.582.

Art. 1.571: 3a. "Falecendo o varão antes de transitada em julgado a decisão que concedeu o divórcio, embora em execução provisória, porque pendente o julgamento de recursos contra os despachos que não admitiram os especiais, o estado civil do cônjuge sobrevivente é de viúva, não de divorciada" (STJ-3ª T., REsp 239.195, Min. Menezes Direito, j. 20.9.01, maioria, DJU 5.11.01).

✎Art. 1.571: 4. "Novo casamento do cônjuge do ausente", por Zeno Veloso (RBDF 23/37); "O momento de dissolução do casamento do ausente", por Jayme de Souza Vieira Lima Filho (RBDF 42/5).

Art. 1.571: 4a. v. arts. 6º e 22.

Art. 1.571: 5. v. art. 1.580 § 2º e LDi 40. V. tb. CPC 733.

Art. 1.571: 6. v. art. 1.580.

Art. 1.571: 6a. v. nota 2b **(Em. Const. 66, de 13.7.10).**

Art. 1.571: 7. v. art. 1.565 § 1º e notas.

Art. 1.571: 7a. Autorizando a mulher a seguir com o nome de casada, em razão de ela assim ser conhecida no seu círculo social há 45 anos e de o homem não ter trazido qualquer motivo plausível em prol da sua oposição: RT 843/352.

Art. 1.571: 8. v. art. 1.578.

Art. 1.572. Qualquer dos cônjuges poderá propor a ação de separação judicial,[1] imputando ao outro qualquer ato que importe grave violação dos deveres do casamento e torne insuportável a vida em comum.[1a a 2]

§ 1º A separação judicial pode também ser pedida se um dos cônjuges provar ruptura da vida em comum há mais de um ano[3] e a impossibilidade de sua reconstituição.

§ 2º O cônjuge pode ainda pedir a separação judicial quando o outro estiver acometido de doença mental grave, manifestada após o casamento, que torne impossível a continuação da vida em comum, desde que, após uma duração de dois anos, a enfermidade tenha sido reconhecida de cura improvável.

§ 3º No caso do § 2º, reverterão ao cônjuge enfermo, que não houver pedido a separação judicial, os remanescentes dos bens que levou para o casamento, e se o regime dos bens adotado o permitir, a meação dos adquiridos na constância da sociedade conjugal.

Art. 1.572: 1. v. art. 1.571, nota 2b **(Em. Const. 66, de 13.7.10)**.

Art. 1.572: 1a. "A proclamação da liberdade de não permanecer casado (ou: um réquiem para a culpa na dissolução das relações afetivas)", por Cristiano Chaves de Farias (RDPr 16/46 e 20/83); "A culpa na ruptura do casamento", por Regina Beatriz Tavares da Silva (RIASP ano 5, n. 10, p. 149); "Redesenhando os contornos da dissolução do casamento (casar e permanecer casado: eis a questão)", por Cristiano Chaves de Farias (RJ 318/45); "Danos morais em família? Conjugalidade, parentalidade e responsabilidade civil", por Maria Celina Bodin de Moraes (RF 386/183); "A culpa nas relações de casamento e de união estável", por Regina Beatriz Tavares da Silva (Rev. AASP 98/186).

Art. 1.572: 1b. v. art. 1.573. V. tb. LDi 5º e notas. S/ deveres dos cônjuges, v. art. 1.566.

Art. 1.572: 2. Enunciado 100 do CEJ: "Na separação, recomenda-se apreciação objetiva de fatos que tornem evidente a impossibilidade da vida em comum".

Art. 1.572: 3. i. e., se for provada a separação de fato por mais de um ano.

Art. 1.573. Podem caracterizar a impossibilidade da comunhão de vida a ocorrência de algum dos seguintes motivos:[1]

I — adultério;
II — tentativa de morte;
III — sevícia ou injúria grave;
IV — abandono voluntário do lar conjugal, durante um ano contínuo;
V — condenação por crime infamante;
VI — conduta desonrosa.

Parágrafo único. O juiz poderá considerar outros fatos[2-2a] que tornem evidente a impossibilidade da vida em comum.

Art. 1.573: 1. "Irrelevante, para fins de procedência de ação de separação judicial fundamentada em grave violação dos deveres do casamento, o simples fato de o autor ainda frequentar o antigo lar conjugal, o que não representa indulgência do lesado" (RT 667/91).

"Ainda que tenha havido pretenso ou tácito perdão do cônjuge varão atinente à conduta irregular pretérita da varoa, esse pretenso perdão não serve de óbice a posterior decreto de separação judicial fundada em culpa da varoa, mormente se esta persiste em sua conduta irregular" (RBDF 34/119).

V. art. 1.571, nota 2b **(Em. Const. 66, de 13.7.10).**

✎Art. 1.573: 2. "O afeto como fator preponderante para a manutenção da sociedade conjugal", por Ezequiel Paulo Zanellato (RBDF 28/45 e Ajuris 99/93).

Art. 1.573: 2a. "Na linha de entendimento mais recente e em atenção às diretrizes do novo Código Civil, evidenciado o desejo de ambos os cônjuges em extinguir a sociedade conjugal, a separação deve ser decretada, mesmo que a pretensão posta em juízo tenha como causa de pedir a existência de conduta desonrosa" (STJ-4ª T., REsp 433.206, Min. Sálvio de Figueiredo, j. 6.3.03, DJU 7.4.03).

"Ainda que se requeira a separação judicial com imputação de culpa e essa não reste provada nos autos, o juiz pode decretá-la caso verifique, nas provas coligidas aos autos, a insuportabilidade da vida em comum, situação em que a decretação da separação não implica julgamento diverso do pedido" (STJ-3ª T., REsp 466.329, Min. Nancy Andrighi, j. 22.6.04, DJU 11.10.04).

"É possível entender 'falta de amor' como fundamento suficiente para aquilatar a impossibilidade da vida em comum" (JTJ 351/443: AP 994.04.072296-1; a citação é do voto do relator).

"Separação. Ação e reconvenção. Improcedência de ambos os pedidos. Evidenciada a insuportabilidade da vida em comum, e manifestado por ambos os cônjuges, pela ação e reconvenção, o propósito de se separarem, o mais conveniente é reconhecer esse fato e decretar a separação, sem imputação da causa a qualquer das partes" (RSTJ 174/411: 4ª T., REsp 467.184). No mesmo sentido: STJ-3ª T., REsp 783.137, Min. Nancy Andrighi, j. 25.9.06, DJU 9.10.06.

"Restando demonstrado nos autos, pelo depoimento das partes e de suas testemunhas, o lapso temporal de um ano e a impossibilidade de reconstituição da vida comum (art. 1.572, § 1º, do CC/2002), impõe-se a decretação da separação litigiosa, com a consequente dissolução da sociedade conjugal, independentemente da existência de culpa de qualquer dos cônjuges" (RT 865/289).

"Separação judicial. Não comprovadas as recíprocas imputações de injúria grave deduzidas pelos cônjuges. Evidenciada, entretanto, a ruptura da vida em comum há vários anos e a impossibilidade de sua reconstituição. Transformação da separação-sanção em separação-remédio. Aplicação da regra do § único do artigo 1.573 do Código Civil" (RT 893/229: TJSP, AP 615.313.4/2-00).

Enunciado 254 do CEJ: "Formulado o pedido de separação judicial com fundamento na culpa (art. 1.572 e/ou art. 1.573 e incisos), o juiz poderá decretar a separação do casal diante da constatação da insubsistência da comunhão plena de vida (art. 1.511) — que caracteriza hipótese de 'outros fatos que tornem evidente a impossibilidade da vida em comum' — sem atribuir culpa a nenhum dos cônjuges".

V. LDi 5º e notas.

Art. 1.574. Dar-se-á a separação judicial[1] por mútuo consentimento dos cônjuges[1a] se forem casados por mais de um ano e o manifestarem perante o juiz, sendo por ele devidamente homologada a convenção.[1b a 3]

Parágrafo único. O juiz pode recusar a homologação e não decretar a separação judicial se apurar que a convenção não preserva suficientemente os interesses dos filhos ou de um dos cônjuges.

Art. 1.574: 1. v. art. 1.571, nota 2b **(Em. Const. 66, de 13.7.10).**

Art. 1.574: 1a. O mútuo consentimento também autoriza a separação extrajudicial, uma vez atendidos os demais requisitos do CPC 733.

Art. 1.574: 1b. É válida a cláusula de renúncia a alimentos em separação judicial (v. art. 1.707, nota 3).

Art. 1.574: 1c. Súmula 336 do STJ: "A mulher que renunciou aos alimentos na separação judicial tem direito à pensão previdenciária por morte do ex-marido, comprovada a necessidade econômica superveniente".

Art. 1.574: 2. Quanto à guarda dos filhos, v. art. 1.583.

Art. 1.574: 3. s/ aspectos processuais da separação consensual, v. CPC 731.

Art. 1.575. A sentença de separação judicial[1] importa a separação de corpos[1a] e a partilha de bens.[1b a 3]

Parágrafo único. A partilha de bens poderá ser feita mediante proposta dos cônjuges e homologada pelo juiz ou por este decidida.

Art. 1.575: 1. v. art. 1.571, nota 2b **(Em. Const. 66, de 13.7.10).**

Art. 1.575: 1a. se esta já não tiver sido concedida antes (v. art. 1.562).

✎**Art. 1.575: 1b.** "As manobras dolosas e contrárias à boa-fé objetiva perfilhadas ao ensejo da partilha de bens", por Priscila M. P. Corrêa da Fonseca (RBDFS 7/38); "Partilha amigável na dissolução da sociedade conjugal e da união estável. Anulação por vício de consentimento. Manifesta desproporção de quinhões. Boa-fé", por Humberto Theodoro Júnior e Juliana Cordeiro de Faria (RMDCPC 62/75).

Art. 1.575: 1c. v. LDi 7º.

S/ promessa de doação ou doação dos pais aos filhos, feita na partilha, em separação judicial, v. art. 538, nota 3, e art. 541, nota 3.

Art. 1.575: 2. Enunciado 255 do CEJ: "Não é obrigatória a partilha de bens na separação judicial".

A partilha de bens não guarda relação de necessariedade com a dissolução da sociedade conjugal (v. arts. 1.580, nota 2, e 1.581).

Art. 1.575: 3. "Verificada severa **desproporcionalidade da partilha,** a sua anulação pode ser decretada sempre que, pela dimensão do prejuízo causado a um dos consortes, verifique-se a ofensa à sua dignidade. O critério de considerar violado o princípio da dignidade da pessoa humana apenas nas hipóteses em que a partilha conduzir um dos cônjuges a situação de miserabilidade não pode ser tomado de forma absoluta. Há situações em que, mesmo destinando-se a um dos consortes patrimônio suficiente para a sua sobrevivência, a intensidade do prejuízo por ele sofrido, somada a indicações de que houve dolo por parte do outro cônjuge, possibilitam a anulação do ato" (STJ-RT 906/627 e RDDP 96/177: 3ª T., REsp 1.200.708).

Art. 1.576. A separação judicial¹ põe termo aos deveres de coabitação e fidelidade recíproca¹ª e ao regime de bens.²⁻³

Parágrafo único. O procedimento judicial da separação caberá somente aos cônjuges,⁴ e, no caso de incapacidade,⁵ serão representados pelo curador, pelo ascendente ou pelo irmão.

Art. 1.576: 1. e a extrajudicial também (CPC 733).

V. art. 1.571, nota 2b **(Em. Const. 66, de 13.7.10).**

Art. 1.576: 1a. v. art. 1.566-I e II.

Art. 1.576: 2. v. arts. 1.639 a 1.688.

Art. 1.576: 3. v. LDi 3º.

Art. 1.576: 4. No divórcio, v. art. 1.582.

Art. 1.576: 5. v. arts. 3º e 4º.

Art. 1.577. Seja qual for a causa da separação judicial¹ e o modo como esta se faça, é lícito aos cônjuges restabelecer,¹ª a todo tempo, a sociedade conjugal, por ato regular em juízo.²⁻²ª

Parágrafo único. A reconciliação em nada prejudicará o direito de terceiros, adquirido antes e durante o estado de separado, seja qual for o regime de bens.³⁻⁴

Art. 1.577: 1. v. art. 1.571, nota 2b **(Em. Const. 66, de 13.7.10).**

Art. 1.577: 1a. Averbação, no registro público, da reconciliação: v. art. 10-I. V. tb. LRP 101 e 107 § 2º.

Art. 1.577: 2. v. LDi 46.

Art. 1.577: 2a. "Falecimento do cônjuge varão após o pedido. Remanesce o interesse processual da outra parte no julgamento da demanda. Restando satisfeitos os requisitos do art. 1.577 do Código Civil, não há razão para negativa do pedido inicial. A superveniente morte do varão não impede o julgamento de mérito do pedido" (Bol. AASP 2.586: TJDFT, AP 2005.01.1.095769-8).

"Separação judicial. Pedido de reconstituição da sociedade conjugal, formulado diretamente pelos cônjuges e pelo advogado comum. Demora no exame do pedido, com o falecimento do varão. Extinção do processo decretada.

Inadmissibilidade. Recurso provido para se homologar a reconstituição, retroagidos os efeitos à data da manifestação de vontade dos cônjuges" (JTJ 273/200: AP 269.563-4/6-00).

Art. 1.577: 3. s/ reconciliação de empresário, v. art. 980.

Art. 1.577: 4. A sentença homologatória da reconciliação produz **efeitos** somente **ex nunc,** justamente para preservar direitos de terceiros (JTJ 261/418: AI 250.419-4/6).

Art. 1.578. O cônjuge declarado culpado na ação de separação judicial[1] perde o direito de usar o sobrenome do outro,[1a] desde que expressamente requerido pelo cônjuge inocente e se a alteração não acarretar:[1b]

I — evidente prejuízo para a sua identificação;

II — manifesta distinção entre o seu nome de família e o dos filhos havidos da união dissolvida;

III — dano grave reconhecido na decisão judicial.

§ 1º O cônjuge inocente na ação de separação judicial poderá renunciar, a qualquer momento, ao direito de usar o sobrenome do outro.[2]

§ 2º Nos demais casos caberá a opção pela conservação do nome de casado.[3]

Art. 1.578: 1. v. art. 1.571, nota 2b **(Em. Const. 66, de 13.7.10).**

Art. 1.578: 1a. v. art. 1.565 § 1º. V. tb. art. 1.571 § 2º.

Art. 1.578: 1b. "O art. 1.578 do Código Civil prevê a perda do direito de uso do nome de casado para o caso de o cônjuge ser declarado culpado na ação de separação judicial. Mesmo nessas hipóteses, porém, a perda desse direito somente terá lugar se não ocorrer uma das situações previstas nos incisos I a III do referido dispositivo legal. Assim, a perda do direito ao uso do nome é exceção, e não regra" (STJ-4ª T., Ag em REsp 204.908-AgRg, Min. Raul Araújo, j. 4.11.14, DJ 3.12.14).

Art. 1.578: 2. "Pode a mulher, a qualquer tempo depois da separação ou divórcio, escolher voltar ou não a utilizar seu nome de solteira. Faculdade que encontra amparo no exercício do direito personalíssimo da mulher" (RT 872/372: TJRS, AP 70022522148).

Art. 1.578: 3. "A conservação do nome de casado depende da opção do cônjuge que adotou o nome do outro ao casar, não podendo um exigir do outro a retomada imotivada do nome de solteiro. Inteligência do artigo 1.578, § 2º, do Código Civil" (RT 893/321: TJRS, AP 70031551237).

"A não apresentação de contestação ao pedido de divórcio pelo cônjuge virago não pode ser entendida como manifestação de vontade no sentido de opção pelo uso do nome de solteira (CC, art. 1.578, § 2º)" (STJ-4ª T., Ag em REsp 204.908-AgRg, Min. Raul Araújo, j. 4.11.14, DJ 3.12.14).

V. tb., no nosso CPCLPV, CPC 345, nota 5a.

Art. 1.579. O divórcio[1] não modificará os direitos e deveres[1a] dos pais em relação aos filhos.

Parágrafo único. Novo casamento de qualquer dos pais, ou de ambos, não poderá importar restrições aos direitos e deveres previstos neste artigo.[2]

Art. 1.579: 1. s/ divórcio, v. Lei 6.515, de 26.12.77, no tít. DIVÓRCIO E SEPARAÇÃO JUDICIAL. S/ divórcio extrajudicial, v. CPC 733.

Art. 1.579: 1a. v. arts. 1.566-IV, 1.568 e ECA 22.

Art. 1.579: 2. v. arts. 1.636 e 1.588.

Art. 1.580. Decorrido um ano do trânsito em julgado da sentença que houver decretado a separação judicial, ou da decisão concessiva da medida cautelar de separação de corpos, qualquer das partes poderá requerer sua conversão em divórcio.[1 a 3]

§ 1º A conversão em divórcio da separação judicial dos cônjuges será decretada por sentença, da qual não constará referência à causa que a determinou.

§ 2º O divórcio poderá ser requerido, por um ou por ambos os cônjuges, no caso de comprovada separação de fato por mais de dois anos.²ᵃ⁻³

Art. 1.580: 1. s/ divórcio, v. Lei 6.515, de 26.12.77, no tít. DIVÓRCIO E SEPARAÇÃO JUDICIAL. S/ divórcio extrajudicial, v. CPC 733.

Art. 1.580: 1a. CF 226: "§ 6º (redação da Em. Const. 66, de 13.7.10) O casamento civil pode ser dissolvido pelo divórcio".

V., ainda, art. 1.571, notas 2 e 2b.

Art. 1.580: 1b. Trata-se do **divórcio indireto** (conversão da separação em divórcio).

Art. 1.580: 2. "Divórcio indireto (por conversão). Requisitos para deferimento. Prévia partilha de bens. Inexigibilidade. Nova perspectiva do direito de família. Arts. 1.580 e 1.581 do CC/02. A regulamentação das ações de estado, na perspectiva contemporânea do fenômeno familiar, afasta-se da tutela do direito essencialmente patrimonial, ganhando autonomia e devendo ser interpretada com vistas à realização ampla da dignidade da pessoa humana. A tutela jurídica do direito patrimonial, por sua vez, deve ser atendida por meio de vias próprias e independentes, desobstruindo o caminho para a realização do direito fundamental de busca da felicidade" (STJ-3ª T., REsp 1.281.236, Min. Nancy Andrighi, j. 19.3.13, DJ 26.3.13). No mesmo sentido: RJ 316/121.

Art. 1.580: 2a. v., porém, art. 1.571, nota 2b **(Em. Const. 66, de 13.7.10).**

Art. 1.580: 3. Trata-se do **divórcio direto**.

Art. 1.581. O divórcio pode ser concedido sem que haja prévia partilha de bens.¹ ᵃ ³

Art. 1.581: 1. v. art. 1.580, nota 2.

S/ novo casamento do divorciado, sem que tenha havido a partilha de bens do casamento anterior, v. arts. 1.523-III e 1.641-I; s/ sentença da separação judicial e partilha de bens, v. art. 1.575, inclusive nota 2; s/ partilha de bens, na petição de separação consensual, v., no nosso CPCLPV, CPC 731-I, inclusive nota 4.

Art. 1.581: 2. Súmula 197 do STJ: "O divórcio direto pode ser concedido sem que haja partilha dos bens" (v. jurisprudência s/ esta Súmula em RSTJ 101/421).

Art. 1.581: 3. "Divórcio litigioso. Determinada partilha de bem imóvel. Inviabilidade. Apartamento pertencente ao Projeto Cingapura. Autora que detém apenas permissão de uso. Ato administrativo unilateral e precário. Natureza do ato que obsta a partilha" (RT 868/218).

Art. 1.582. O pedido de divórcio somente competirá aos cônjuges.¹
Parágrafo único. Se o cônjuge for incapaz para propor a ação ou defender-se, poderá fazê-lo o curador,² o ascendente ou o irmão.

Art. 1.582: 1. Na separação judicial, v. art. 1.576 § ún.

Art. 1.582: 2. "Justamente por ser excepcional o ajuizamento da ação de dissolução de vínculo conjugal por terceiro em representação do cônjuge, deve ser restritiva a interpretação da norma jurídica que indica os representantes processuais habilitados a fazê-lo, não se admitindo, em regra, o ajuizamento da referida ação por quem possui apenas a **curatela provisória,** cuja nomeação, que deve delimitar os atos que poderão ser praticados, melhor se amolda à hipótese de concessão de uma espécie de tutela provisória e que tem por finalidade específica permitir que alguém — o curador provisório — exerça atos de gestão e de administração patrimonial de bens e direitos do interditando e que deve possuir, em sua essência e como regra, a ampla e irrestrita possibilidade de reversão dos atos praticados. O ajuizamento de ação de dissolução de vínculo conjugal por curador provisório é admissível, em situações ainda mais excepcionais, quando houver prévia autorização judicial e oitiva do Ministério Público. É irrelevante o fato de ter havido a produção de prova pericial na ação de interdição que concluiu que a cônjuge possui doença de Alzheimer, uma vez que não se examinou a possibilidade de adoção do procedimento de tomada de decisão apoiada, preferível em relação à interdição e que depende da apuração do estágio e da evolução da doença e da capacidade de discernimento e de livre manifestação da vontade pelo cônjuge acerca do desejo de romper ou não o vínculo conjugal" (STJ-3ª T., REsp 1.645.612, Min. Nancy Andrighi, j. 16.10.18, DJ 12.11.18).

Capítulo XI | DA PROTEÇÃO DA PESSOA DOS FILHOS[1]

CAP. XI: 1. v. ECA 33 a 35, bem como suas respectivas notas.

Art. 1.583. A guarda será unilateral ou compartilhada.[1 a 5]

§ 1º Compreende-se por guarda unilateral a atribuída a um só dos genitores ou a alguém que o substitua (art. 1.584, § 5º) e, por guarda compartilhada a responsabilização conjunta e o exercício de direitos e deveres do pai e da mãe que não vivam sob o mesmo teto, concernentes ao poder familiar dos filhos comuns.[5a]

§ 2º Na guarda compartilhada, o tempo de convívio com os filhos deve ser dividido de forma equilibrada com a mãe e com o pai, sempre tendo em vista as condições fáticas e os interesses dos filhos.[6-6a]

§ 3º Na guarda compartilhada, a cidade considerada base de moradia dos filhos será aquela que melhor atender aos interesses dos filhos.[7-7a]

§ 4º (VETADO)

§ 5º A guarda unilateral obriga o pai ou a mãe que não a detenha a supervisionar os interesses dos filhos, e, para possibilitar tal supervisão, qualquer dos genitores sempre será parte legítima para solicitar informações e/ou prestação de contas, objetivas ou subjetivas, em assuntos ou situações que direta ou indiretamente afetem a saúde física e psicológica e a educação de seus filhos.[8-9]

Art. 1.583: 1. Redação do *caput* de acordo com a Lei 11.698, de 13.6.08, em vigor 60 dias após a sua publicação (DOU 16.6.08).

Art. 1.583: 1a. "Da guarda compartilhada em oposição à guarda unilateral", por Claudete Carvalho Canezin (RBDF 28/5); "Anotações sobre a guarda compartilhada", por Flávio Augusto de Oliveira Santos (RDPr 22/96); "As perspectivas e o exercício da guarda compartilhada consensual e litigiosa", por Fabíola Santos Albuquerque (RBDF 31/19); "Guarda compartilhada de filhos", por Edivane Paixão e Fernanda Oltramari (RBDF 32/50); "Guarda de filhos", por Ênio Santarelli Zuliani (RIDCPC 43/66, RMDCPC 13/38, RJ 349/33); "Guarda compartilhada", por Águida Arruda Barbosa (RMDCPC 6/60); "Guarda compartilhada — Considerações interdisciplinares", por Giselle Câmara Groeninga (RJ 371/31); "Guarda e convivência dos filhos após a Lei n. 11.698/2008", por Paulo Lôbo (RBDFS 6/23); "A guarda compartilhada e a Lei n. 11.698/2008", por Leonardo Barreto Moreira Alves (RBDFS 6/36); "Razões e contrarrazões para aplicação da guarda compartilhada", por Leila Maria Torraca de Brito e Emmanuela Neves Gonsalves (RT 886/69); "Guarda compartilhada e visitas: a nova perspectiva de impor sanções por violações ao direito de ter o filho em sua companhia ou de visitá-lo, como estabelecido", por Ênio Santarelli Zuliani (RMDCPC 35/9); "Guarda compartilhada — a difícil passagem da teoria à prática: a realidade da Lei n. 11.698/2008", por Maria Lúcia Luz Leiria (RJ 409/10).

Art. 1.583: 2. s/ proteção da pessoa dos filhos, v. LDi 9º a 16; s/ guarda de filhos e regime de visita, na petição inicial da separação judicial, v. CPC 731-III. V. ainda ECA 33 a 35 (guarda de filho menor).

No CPCLPV, v. CPC 343, nota 2c (atribuição da guarda ao réu e necessidade de reconvenção).

Art. 1.583: 3. "Nos processos em que se litiga pela guarda de menor, não se atrela a temática ao direito da mãe ou do pai, ou ainda de outro familiar, mas sim, e sobretudo, ao **direito da criança** a uma estrutura familiar que lhe confira segurança e todos os elementos necessários a um crescimento equilibrado" (STJ-3ª T., REsp 916.350, Min. Nancy Andrighi, j. 11.3.08, DJU 26.3.08).

"A proteção integral, conferida pelo ECA, à criança e ao adolescente como pessoa em desenvolvimento, deve pautar de forma indelével as decisões que poderão afetar o menor em sua subjetividade. Sob a ótica dos direitos da criança e do adolescente, não são os pais que têm direito ao filho, mas sim, e sobretudo, é o menor que tem direito a uma estrutura familiar que lhe confira segurança e todos os elementos necessários a um crescimento equilibrado. Devem as partes pensar de forma comum no bem-estar do menor, sem intenções egoísticas, para que ele possa, efetivamente, usufruir harmonicamente da família que possui, tanto a materna, quanto a paterna, porque toda criança ou adolescente tem direito a ser criado e educado no seio da sua família, conforme dispõe o art. 19 do ECA" (STJ-3ª T., REsp 1.076.834, Min. Nancy Andrighi, j. 10.2.09, DJ 4.8.09).

Art. 1.583: 4. "A **guarda compartilhada** busca a plena proteção do melhor interesse dos filhos, pois reflete, com muito mais acuidade, a realidade da organização social atual que caminha para o fim das rígidas divisões de papéis sociais definidas pelo gênero dos pais. A guarda compartilhada é o ideal a ser buscado no exercício do poder familiar entre pais separados, mesmo que demandem deles reestruturações, concessões e adequações diversas, para que seus filhos possam usufruir, durante sua formação, do ideal psicológico de duplo referencial. Apesar de a separação ou do divórcio usualmente coincidirem com o ápice do distanciamento do antigo casal e com a maior evidenciação das diferenças existentes, o melhor interesse do menor, ainda assim, dita a aplicação da guarda compartilhada como regra, **mesmo na hipótese de ausência de consenso.** A inviabilidade da guarda compartilhada, por ausência de consenso, faria prevalecer o exercício de uma potestade inexistente por um dos pais. E diz-se inexistente, porque contrária ao escopo do poder familiar que existe para a proteção da prole. A imposição judicial das atribuições de cada um dos pais, e o período de convivência da criança sob guarda compartilhada, quando não houver consenso, é medida extrema, porém necessária à implementação dessa nova visão, para que não se faça do texto legal, letra morta. A **custódia física conjunta** é o ideal a ser buscado na fixação da guarda compartilhada, porque sua implementação quebra a monoparentalidade na criação dos filhos, fato corriqueiro na guarda unilateral, que é substituída pela implementação de condições propícias à continuidade da existência de fontes bifrontais de exercício do poder familiar. A fixação de um lapso temporal qualquer, em que a custódia física ficará com um dos pais, permite que a mesma rotina do filho seja vivenciada à luz do contato materno e paterno, além de habilitar a criança a ter uma visão tridimensional da realidade, apurada a partir da síntese dessas isoladas experiências interativas. O estabelecimento da custódia física conjunta, sujeita-se, contudo, à possibilidade prática de sua implementação, devendo ser observadas as peculiaridades fáticas que envolvem pais e filho, como a localização das residências, capacidade financeira das partes, disponibilidade de tempo e rotinas do menor, além de outras circunstâncias que devem ser observadas. A guarda compartilhada deve ser tida como regra, e a custódia física conjunta — sempre que possível — como sua efetiva expressão" (STJ-3ª T., REsp 1.251.000, Min. Nancy Andrighi, j. 23.8.11, DJ 31.8.11).

"A nova redação do art. 1.584 do Código Civil irradia, com força vinculante, a peremptoriedade da guarda compartilhada. O termo 'será' não deixa margem a debates periféricos, fixando a presunção — *jure tantum* — de que se houver interesse na guarda compartilhada por um dos ascendentes, será esse o sistema eleito, salvo se um dos genitores [ascendentes] declarar ao magistrado que não deseja a guarda do menor (art. 1.584, § 2º, *in fine*, do CC)" (STJ-3ª T., REsp 1.626.495, Min. Nancy Andrighi, j. 15.9.16, DJ 30.9.16).

"A guarda compartilhada não se confunde com a guarda alternada e não demanda custódia física conjunta, tampouco tempo de convívio igualitário dos filhos com os pais, sendo certo, ademais, que, dada sua flexibilidade, esta modalidade de guarda comporta as fórmulas mais diversas para sua implementação concreta, notadamente para o regime de convivência ou de visitas, a serem fixadas pelo juiz ou por acordo entre as partes em atenção às circunstâncias fáticas de cada família individualmente considerada. É admissível a fixação da guarda compartilhada na hipótese em que os genitores residem em **cidades,** estados, ou, até mesmo, países **diferentes,** máxime tendo em vista que, com o avanço tecnológico, é plenamente possível para a guarda compartilhada a responsabilidade sobre a prole, participando ativamente das decisões acerca da vida dos filhos" (STJ-3ª T., REsp 1.878.041, Min. Nancy Andrighi, j. 25.5.21, DJ 31.5.21). Implementando a guarda compartilhada em caso de países diferentes: STJ-3ª T., REsp 2.038.760, Min. Nancy Andrighi, j. 6.12.22, DJ 9.12.22.

Determinando o compartilhamento da guarda mesmo em situação de ausência de consenso entre os pais: RT 925/1.077 (TJSE, AP 6867/2011, maioria).

"A peculiaridade da situação dos autos, que retrata a longa coabitação do menor com a **avó e o tio paternos,** desde os quatro meses de idade, os bons cuidados àquele dispensados, e a anuência dos genitores quanto à pretensão dos recorrentes, também endossada pelo Ministério Público Estadual, é recomendável, em benefício da criança, a concessão da guarda compartilhada" (STJ-4ª T., REsp 1.147.138, Min. Aldir Passarinho Jr., j. 11.5.10, DJ 27.5.10).

"É possível deferir a guarda compartilhada entre os **pais e a avó materna,** visto que a pretensão resulta do consenso entre as partes e visa ampliar a proteção da criança" (RBDFS 18/151: TJMS, AP 2010.016220-8/0000-00).

Todavia: "A guarda compartilhada não pode ser exercida quando os guardiões possuem uma **relação conflituosa,** sob o risco de se comprometer o bem-estar dos menores e perpetuar o litígio parental. Na definição de guarda de filhos menores, é preciso atender, antes de tudo, aos interesses deles" (RT 878/271: TJMG, AP 1.0775.05.004678-5/001). No mesmo sentido: RJTJERGS 273/93 (AI 70025244955).

"A guarda compartilhada deve ser buscada no exercício do poder familiar entre pais separados, mesmo que demandem deles reestruturações, concessões e adequações diversas para que os filhos possam usufruir, durante a formação, do ideal psicológico de duplo referencial. Em atenção ao melhor interesse do menor, mesmo na ausência de consenso dos pais, a guarda compartilhada deve ser aplicada, cabendo ao Judiciário a imposição das atribuições de cada um. Contudo, essa regra cede quando os desentendimentos dos pais ultrapassarem o mero dissenso, podendo resvalar, em razão da imaturidade de ambos e da atenção aos próprios interesses antes dos do menor, em prejuízo de sua formação e saudável desenvolvimento (art. 1.586 do CC/2002)" (STJ-3ª T., REsp 1.417.868, Min. João Otávio, j. 10.5.16, DJ 10.6.16).

"As peculiaridades do caso concreto inviabilizam a implementação da guarda compartilhada, tais como a **dificuldade geográfica** e a realização do princípio do melhor interesse dos menores, que obstaculizam, a princípio, sua efetivação" (STJ-3ª T., REsp 1.605.477, Min. Ricardo Cueva, j. 21.6.16, DJ 27.6.16).

V. tb. art. 1.584, nota 3a.

Art. 1.583: 4a. "A alternância da posse física do menor entre os genitores, sendo aquele submetido ora aos cuidados do pai, ora da mãe, configura **guarda alternada**, repudiada pela doutrina e pela jurisprudência, e não guarda compartilhada, na qual os pais regem, em conjunto, a vida da prole, tomando as decisões necessárias à sua educação e criação. Apurando-se através dos estudos sociais realizados nos autos que a criança tem maior vínculo afetivo com seu pai, deve ser fixada sua residência naquela do genitor" (Bol. AASP 2.701: TJMG, AP 1.0324.07.057434-2/001). Do voto do relator: "A guarda compartilhada é aquela pela qual pai e mãe fazem-se presentes em todas as decisões da vida dos filhos, ainda que o casal não mais conviva sob o mesmo teto, pois este instituto não exige a posse física da criança por ambos, mas apenas a posse jurídica, consubstanciada na participação constante dos genitores, em conjunto e harmonicamente, em todas as decisões que envolvem sua prole; já a guarda alternada pressupõe a posse física do menor por ambos os pais para que eles possam reger sua vida, devendo aquele permanecer determinado período com o pai e outro com a mãe. Assim, ao pretender que o menor permaneça uma semana com a mãe e outra com o pai, alternando-se o responsável pelos seus cuidados, pleiteiam as partes, em verdade, guarda alternada".

Todavia, chancelando a seguinte regulação para a guarda, por entender que no caso há efetiva guarda compartilhada, e não alternada: "Quanto aos dias que cada qual deverá ficar com a criança deverá imperar o bom senso dos pais levando-se em conta os interesses da própria criança, aliás, como já decidido. De qualquer forma, entendo que cada um dos pais deverá ter a criança, de forma alternada aos sábados, domingos e feriados. Nos dias da semana o pai poderá ficar com a criança por 4 dias na primeira semana e a mãe por 3, também de forma alternada, quando a mãe, na próxima semana ficará com a criança por 4 e o pai por 3 e assim sucessivamente. Idem com relação às festas de fim de ano, quando deverá ser também de forma alternada: um ficará no Natal e o outro na Confraternização Universal (primeiro dia do ano). Cada um terá a criança em sua companhia por 15 dias nas férias escolares de meio e fim de ano, também alternadamente" (STJ-3ª T., REsp 1.251.000, Min. Nancy Andrighi, j. 23.8.11, DJ 31.8.11; a citação é do voto da relatora). Ainda do voto da relatora: "De se ressaltar, ainda, que a custódia física conjunta, preconizada na guarda compartilhada, em muito se diferencia da guarda alternada. Na guarda alternada, a criança fica em um período de tempo — semana, mês, semestre ou ano — sob a guarda de um dos pais que detém e exerce, durante o respectivo período, o Poder Familiar de forma exclusiva".

Art. 1.583: 4b. "A **guarda unilateral** somente será fixada se um dos genitores declarar que não deseja a guarda do menor ou se o juiz entender que um deles não está apto a exercer o poder familiar, nos termos do que dispõe o art. 1.584, § 2º, do Código Civil, sem contar, também, com a possibilidade de afastar a guarda compartilhada diante de situações excepcionais, em observância ao princípio do melhor interesse da criança e do adolescente. Na hipótese dos autos, revela-se prudente o deferimento da guarda unilateral em favor da genitora, considerando a completa ausência do recorrido em relação aos filhos menores, pois demorou mais de 2 anos para ser citado em virtude das constantes mudanças de endereço, permanecendo as crianças nesse período apenas com a mãe, fato que demonstra que não tem o menor interesse em cuidar ou mesmo conviver com eles" (STJ-3ª T., REsp 1.773.290, Min. Marco Bellizze, j. 21.5.19, DJ 24.5.19).

"A guarda deverá ser atribuída ao genitor que revele **melhores condições** para exercê-la e, objetivamente, mais aptidão para propiciar ao filho, afeto — não só no universo genitor-filho como também no do grupo familiar em que está a criança inserida —, saúde, segurança e educação" (STJ-3ª T., REsp 1.076.834, Min. Nancy Andrighi, j. 10.2.09, DJ 4.8.09).

"Se a conduta da mãe, nos termos do traçado probatório delineado pelo Tribunal de origem, denota plenas condições de promover o sustento, a guarda, a educação do menor, bem assim assegurar a efetivação de seus direitos e facultar seu desenvolvimento físico, intelectual, moral, espiritual e social, em condições de liberdade e de dignidade, com todo o amor, carinho e zelo inerentes à relação materno-filial, deve-lhe ser atribuída a guarda da filha, porquanto revela melhores condições para exercê-la, conforme dispõe o art. 1.584 do CC/02. Melhores condições para o exercício da guarda de menor, na acepção jurídica do termo, evidencia não só o aparelhamento econômico daquele que se pretende guardião do menor, mas, acima de tudo, o atendimento ao melhor interesse da criança, no sentido mais completo alcançável" (STJ-3ª T., REsp 916.350, Min. Nancy Andrighi, j. 11.3.08, DJU 26.3.08).

"Ação de guarda. Genitora. Ré confessa do assassinato do pai dos menores. Direito das crianças de viverem no seio da família natural e usufruir do convívio materno. Genitora que reúne perfeitas condições de criar e educar os filhos, apesar da tragédia envolvendo a morte do companheiro. Crianças submetidas a fortes pressões psicológicas por parte da avó paterna com relação à mãe" (RJM 181/58: AP 1.0672.02.080641-6/001).

"A guarda tem por finalidade o amparo e a proteção ao menor, tanto no que diz respeito à assistência econômica como também no que se refere ao amparo moral, emocional e disciplinar de que necessita uma criança para ver definido quem é a autoridade em sua vida, devendo ser preservada sua rotina e o contato frequente com o genitor que não possuir sua guarda. No presente caso, há de se considerar que o menor possui atualmente 7 anos de idade, e convive no núcleo familiar paterno desde o seu nascimento, com o consentimento expresso de sua mãe. O parecer técnico realizado pelo Serviço Psicossocial Forense atesta que o menor está sendo bem cuidado pelos avós na casa destes, onde se encontra totalmente adaptado e tendo nesta o seu referencial de lar. Logo, não há motivo para a transferência da guarda" (Bol. AASP 2.571: TJDFT, AP 2004.09.1.013852-8).

"Restando demonstrado que a mãe vem descurando da boa formação psicológica e educacional do filho, por manter conduta moral inadequada, enquanto o pai possui melhores condições para prover assistência material, moral e educacional ao infante, defere-se a guarda definitiva ao progenitor" (RBDF 28/122).

Art. 1.583: 5. Modificação de guarda. "No direito de família, notadamente quando se trata do interesse de menores, a responsabilidade do julgador é redobrada: é a vida da criança que está para ser decidida, e para uma criança, muitas vezes, um simples gesto implica causar-lhe um trauma tão profundo, que se refletirá por toda a sua vida adulta. Por esse motivo, toda a mudança brusca deve ser, na medida do possível, evitada. Nos processos envolvendo a guarda de menores, a verossimilhança deve ser analisada com maior rigor. Tirar a criança do convívio com sua mãe, com quem esteve, sempre, desde o nascimento, é medida que só pode ser adotada em casos extremos" (STJ-3ª T., AI 1.121.907-AgRg, Min. Nancy Andrighi, j. 5.5.09, maioria, DJ 3.6.09).

"Modificação de guarda. Menor que é deixada com tia, juntamente com outros cinco irmãos. Pai que pretende a guarda da filha. Possibilidade. Situação retratada nos autos que enseja o deferimento do pedido, sempre atendendo ao melhor interesse da criança" (RT 882/180: TJSP, AP 551.636.4/0-00).

Art. 1.583: 5a. O § 1º foi acrescido pela Lei 11.698, de 13.6.08, em vigor 60 dias após a sua publicação (DOU 16.6.08).

Art. 1.583: 6. O § 2º foi alterado pela Lei 13.058, de 22.12.14.

Art. 1.583: 6a. v. nota 4a.

Art. 1.583: 7. O § 3º foi alterado pela Lei 13.058, de 22.12.14.

Art. 1.583: 7a. v. nota 4, *in fine*.

Art. 1.583: 8. O § 5º foi acrescido pela Lei 13.058, de 22.12.14.

Art. 1.583: 9. v., no nosso CPCLPV, CPC 550, nota 6 *in fine*.

Art. 1.584. A guarda, unilateral ou compartilhada,¹ poderá ser:¹ᵃ

I — requerida, por consenso, pelo pai e pela mãe, ou por qualquer deles, em ação autônoma de separação,¹ᵇ de divórcio, de dissolução de união estável ou em medida cautelar;

II — decretada pelo juiz, em atenção a necessidades específicas do filho, ou em razão da distribuição de tempo necessário ao convívio deste com o pai e com a mãe.

§ 1º Na audiência de conciliação, o juiz informará ao pai e à mãe o significado da guarda compartilhada, a sua importância, a similitude de deveres e direitos atribuídos aos genitores e as sanções pelo descumprimento de suas cláusulas.²

§ 2º Quando não houver acordo entre a mãe e o pai quanto à guarda do filho, encontrando-se ambos os genitores aptos a exercer o poder familiar, será aplicada a guarda compartilhada, salvo se um dos genitores declarar ao magistrado que não deseja a guarda do menor.³⁻³ᵃ

§ 3º Para estabelecer as atribuições do pai e da mãe e os períodos de convivência sob guarda compartilhada, o juiz, de ofício ou a requerimento do Ministério Público, poderá basear-se em orientação técnico-profissional ou de equipe interdisciplinar, que deverá visar à divisão equilibrada do tempo com o pai e com a mãe.⁴ ᵃ ⁵

§ 4º A alteração não autorizada ou o descumprimento imotivado de cláusula de guarda unilateral ou compartilhada poderá implicar a redução de prerrogativas atribuídas ao seu detentor.⁶

§ 5º Se o juiz verificar que o filho não deve permanecer sob a guarda do pai ou da mãe, deferirá a guarda a pessoa que revele compatibilidade com a natureza da medida, considerados, de preferência, o grau de parentesco e as relações de afinidade e afetividade.[7 a 11]

§ 6º Qualquer estabelecimento público ou privado é obrigado a prestar informações a qualquer dos genitores sobre os filhos destes, sob pena de multa de R$ 200,00 (duzentos reais) a R$ 500,00 (quinhentos reais) por dia pelo não atendimento da solicitação.[12]

Art. 1.584: 1. s/ guarda compartilhada, v. tb. art. 1.583, especialmente nota 4; s/ guarda alternada, v. art. 1.583, nota 4a.

Art. 1.584: 1a. Redação do *caput* de acordo com a Lei 11.698, de 13.6.08, em vigor 60 dias após a sua publicação (DOU 16.6.08).

Art. 1.584: 1b. v. art. 1.571, nota 2b **(Em. Const. 66, de 13.7.10)**.

Art. 1.584: 2. O § 1º foi acrescido pela Lei 11.698, de 13.6.08, em vigor 60 dias após a sua publicação (DOU 16.6.08).

Art. 1.584: 3. O § 2º foi alterado pela Lei 13.058, de 22.12.14.

Art. 1.584: 3a. "A nova redação do art. 1.584 do Código Civil irradia, com força vinculante, a peremptoriedade da guarda compartilhada. O termo 'será' não deixa margem a debates periféricos, fixando a presunção — *jure tantum* — de que se houver interesse na guarda compartilhada por um dos ascendentes, será esse o sistema eleito, salvo se um dos genitores [ascendentes] declarar ao magistrado que não deseja a guarda do menor (art. 1.584, § 2º, *in fine*, do CC). A guarda compartilhada somente deixará de ser aplicada, quando houver inaptidão de um dos ascendentes para o exercício do poder familiar, fato que deverá ser declarado prévia ou incidentalmente à ação de guarda, por meio de decisão judicial, no sentido da suspensão ou da perda do poder familiar" (STJ-3ª T., REsp 1.629.994, Min. Nancy Andrighi, j. 6.12.16, DJ 15.12.16).

V. tb. art. 1.583, nota 4.

Art. 1.584: 4. O § 3º foi alterado pela Lei 13.058, de 22.12.14.

Art. 1.584: 4a. Distinção entre guarda compartilhada e guarda alternada: v. art. 1.583, nota 4a.

Art. 1.584: 5. Enunciado 335 do CEJ: "A guarda compartilhada deve ser estimulada, utilizando-se, sempre que possível, da mediação e da orientação de equipe interdisciplinar".

Art. 1.584: 6. O § 4º foi alterado pela Lei 13.058, de 22.12.14.

Art. 1.584: 7. O § 5º foi alterado pela Lei 13.058, de 22.12.14.

Art. 1.584: 8. s/ guarda compartilhada entre tio e avó, v. art. 1.583, nota 4; direito de visita, v. art. 1.589 e notas; inserção da criança ou adolescente em família substituta, v. ECA 28.

Art. 1.584: 9. Enunciado 334 do CEJ: "A guarda de fato pode ser reputada como consolidada diante da estabilidade da convivência familiar entre a criança ou o adolescente e o terceiro guardião, desde que seja atendido o princípio do melhor interesse".

Art. 1.584: 10. "Dar-se preferência a alguém pertencente ao grupo familiar — na hipótese a **avó** — para que seja preservada a identidade da criança bem como seu vínculo com os pais biológicos, significa resguardar ainda mais o interesse do menor, que poderá ser acompanhado de perto pelos genitores e ter a continuidade do afeto e a proximidade da avó materna, sua guardiã desde tenra idade, que sempre lhe destinou todos os cuidados, atenção, carinhos e prové sua assistência moral, educacional e material. O deferimento da guarda não é definitivo, tampouco faz cessar o poder familiar, o que permite aos pais, futuramente, quando alcançarem estabilidade financeira, reverter a situação se assim entenderem, na conformidade do art. 35 do ECA" (STJ-3ª T., REsp 993.458, Min. Nancy Andrighi, j. 7.10.08, DJ 23.10.08).

Todavia: "Ação de guarda ajuizada por avó paterna em face dos pais. Genitora que contesta a ação e pretende exercer a guarda. Preferência legal de exercício da guarda pelos pais. Os motivos que autorizam a excepcional concessão da guarda a terceiros dizem respeito à existência de riscos à segurança, saúde, formação moral ou instrução do infante, bem como a presença de pressupostos que justifiquem a destituição do poder familiar. Na hipótese, a despeito de ter havido uma aparente melhor ambientação do menor durante o convívio com a avó paterna com quem residiu durante determinado período, não há absolutamente nenhum fato que desabone a genitora, não há nenhum risco à menor e nem tampouco há quaisquer circunstâncias que justificariam, em tese, a destituição do poder familiar — comprovada, inclusive, por recente audiência realizada com base no art. 28, § 2º, do ECA —, não se admitindo, em princípio, que se subverta drasticamente a lógica instituída pelo legislador ordinário com base na aplicação do princípio do melhor interesse do menor, que deve ser conformado com as regras

legais específicas que disciplinam a matéria" (STJ-3ª T., REsp 1.711.037, Min. Nancy Andrighi, j. 11.2.20, DJ 13.2.20).
V. tb. ECA 33, nota 2a.

Art. 1.584: 10a. "Verificado que estudo social, o parecer psicológico e o relatório psicossocial realizados nos autos apresentam robustos elementos desfavoráveis à concessão da guarda de adolescente especial do sexo feminino ao pai, o qual, inclusive, responde a inquérito por suspeita de ser autor do assassinato que vitimou a mãe da menor, não se apresenta recomendável deferir-lhe a guarda da filha. Demonstrado robustamente nos autos que a guarda da menor pela **tia materna** atende perfeitamente ao princípio do melhor interesse do menor, faz-se imperioso o acolhimento dos embargos infringentes" (RT 923/1.030: TJMA, EI 112.143/2012).

Todavia: "Os concêntricos patamares estabelecidos em lei para a fixação da guarda de menor focam-se, primeiramente, na ideia de que a convivência familiar — *stricto sensu* — é, primariamente, um direito da própria criança, pois, da teia familiar originária, aufere o conforto psicológico da sensação de pertencimento e retira os primeiros elementos para a construção do sentimento de sua própria identidade, originando-se, daí, a ordem hierárquica de presunção de maior bem-estar para a criança e o adolescente, em relação ao ambiente em que devem conviver, dado pela sequência: família natural, família natural estendida e família substituta. Somente, na consecutiva impossibilidade de manutenção da criança nesses núcleos de família natural, poderão os menores ser colocados em família natural estendida, devendo os fatores que justifiquem a excepcionalidade ser objetivamente comprovados, como pareceres técnicos que informem a existência de sólidos elementos desabonadores da conduta do genitor preterido. À mingua dessas excepcionais circunstâncias, a questão fática de residir a criança durante algum período com a tia não pode servir de obstáculo à concretização do direito do infante à convivência com sua família natural, mormente se nunca houve abandono do genitor em relação à sua prole" (STJ-3ª T., REsp 1.388.966, Min. Nancy Andrighi, j. 22.5.14, DJ 13.6.14).

Art. 1.584: 11. "Guarda. Ação procedente. Fixação em favor da **madrasta**. Prova dos autos que demonstra que o *decisum* melhor atende aos interesses do menor" (RT 880/180: TJSP, AP 555.582-4/2-00).

Art. 1.584: 12. O § 6º foi acrescido pela Lei 13.058, de 22.12.14.

Art. 1.585. Em sede de medida cautelar de separação de corpos,[1] em sede de medida cautelar de guarda ou em outra sede de fixação liminar de guarda, a decisão sobre guarda de filhos, mesmo que provisória, será proferida preferencialmente após a oitiva de ambas as partes perante o juiz, salvo se a proteção aos interesses dos filhos exigir a concessão de liminar sem a oitiva da outra parte, aplicando-se as disposições do art. 1.584.[2-3]

Art. 1.585: 1. v. art. 1.562.

Art. 1.585: 2. Redação de acordo com a Lei 13.058, de 22.12.14.

Art. 1.585: 3. e as do art. 1.586.

Art. 1.586. Havendo motivos graves, poderá o juiz, em qualquer caso, a bem dos filhos, regular de maneira diferente da estabelecida nos artigos antecedentes a situação deles para com os pais.[1]

Art. 1.586: 1. cf. LINDB 5º.

Art. 1.587. No caso de invalidade do casamento,[1] havendo filhos comuns, observar-se-á o disposto nos arts. 1.584 e 1.586.

Art. 1.587: 1. i. e., tanto na hipótese de casamento nulo como na de anulável (v. cap. que antecede o art. 1.548). Casamento: nulo (art. 1.548); anulável (art. 1.550).

Art. 1.588. O pai ou a mãe que contrair novas núpcias não perde o direito de ter consigo os filhos,[1] que só lhe poderão ser retirados por mandado judicial, provado que não são tratados convenientemente.[2]

Art. 1.588: 1. v. arts. 1.630 e 1.579 § ún. V. tb. art. 1.636.

Art. 1.588: 2. Enunciado 337 do CEJ: "O fato de o pai ou a mãe constituírem nova união não repercute no direito de terem os filhos do leito anterior em sua companhia, salvo quando houver comprometimento da sadia formação e do integral desenvolvimento da personalidade destes".

Enunciado 338 do CEJ: "A cláusula de não tratamento conveniente para a perda da guarda dirige-se a todos os que integrem, de modo direto ou reflexo, as novas relações familiares".

Art. 1.589. O pai ou a mãe, em cuja guarda não estejam os filhos, poderá visitá-los[1 a 2c] e tê-los em sua companhia, segundo o que acordar[3] com o outro cônjuge, ou for fixado pelo juiz, bem como fiscalizar sua manutenção e educação.[4-4a]

Parágrafo único. O direito de visita estende-se a qualquer dos avós, a critério do juiz, observados os interesses da criança ou do adolescente.[5 a 7]

Art. 1.589: 1. "Direito à visita ou poder-dever de visitar: o princípio da afetividade como orientação dignificante no direito de família humanizado", por Joubert R. Rezende (RBDF 28/150); "Guarda de filhos não é posse ou propriedade", por Regina Beatriz Tavares da Silva (RJ 374/51).

Art. 1.589: 2. "Com base no princípio do melhor interesse da criança e no novo conceito eudemonista socioafetivo de família consagrado pela Constituição Federal de 1988, o direito de visita, que anteriormente era concebido apenas a quem detinha a guarda ou o poder familiar da criança, deve ser estendido a outras pessoas que com ela possuam relação de amor, carinho e afeto. Assim, considerando que o requerente conviveu com o requerido, menor de idade, durante cinco preciosos anos de sua vida, como se seu pai fosse, não se pode negar o **vínculo socioafetivo** que os une, advindo daí a fundamentação para o pedido de visita" (RT 883/298: TJMG, AP 1.0024.07.803449-3/001).

Art. 1.589: 2a. "Revogação do direito de visitação de filha menor. Possibilidade. Genitor ausente e cumprindo pena privativa de liberdade. Preservação do melhor interesse da criança. O **direito de visitação** garantido ao pai ou à mãe que não tenha a guarda da criança, não obstante a sua natureza afetiva, não tem caráter definitivo e não é absoluto. Ele **pode ser restringido temporariamente ou suprimido em situações excepcionais**, como na hipótese em que tal direito confronte diretamente com o princípio da proteção integral da criança e do adolescente, consagrado no art. 227 da CF/1988 e no Estatuto da Criança e do Adolescente (Lei n. 8.069/1990), de modo que eles tenham sua integridade física e emocional preservadas" (STJ-3ª T., REsp 1.497.628, Min. Moura Ribeiro, j. 1.3.16, DJ 7.3.16).

"Agravo de instrumento. Destituição do poder familiar. Pedido de suspensão de visitas do pai à menor, mesmo em local público a tanto destinado. Ocorrência de denúncia do Ministério Público, quanto à prática de crime sexual contra infante, pelo genitor. Laudo psicológico recomendando a suspensão de visitas pelo genitor, por ora. Agravo provido para determinar a providência, considerado tanto o princípio do *cuidado*, com o valor jurídico a ele pertinente, e o quanto disposto nos arts. 1º, III, 227 e 229, 2ª parte, da CF, até final julgamento da lide, ressalvada ulterior e diversa deliberação" (JTJ 347/41: AI 661.476-4/7-00).

Art. 1.589: 2b. "A determinação de que o paciente se submeta a exame toxicológico para que seja viável a decisão acerca da visitação das filhas menores não caracteriza constrangimento da sua liberdade de ir e vir, tão pouco, ilegalidade ou abuso de poder passível de exame em *habeas corpus*" (STJ-4ª T., HC 269.499, Min. Isabel Gallotti, j. 24.6.14, DJ 1.8.14).

Art. 1.589: 2c. "Na dissolução da entidade familiar em que haja algum conflito em relação ao **animal de estimação,** independentemente da qualificação jurídica a ser adotada, a resolução deverá buscar atender, sempre a depender do caso em concreto, aos fins sociais, atentando para a própria evolução da sociedade, com a proteção do ser humano e do seu vínculo afetivo com o animal. Na hipótese, o Tribunal de origem reconheceu que a cadela fora adquirida na constância da união estável e que estaria demonstrada a relação de afeto entre o recorrente e o animal de estimação, reconhecendo o seu direito de visitas ao animal, o que deve ser mantido" (STJ-4ª T., REsp 1.713.167, Min. Luis Felipe, j. 19.6.18, maioria, DJ 9.10.18).

Art. 1.589: 3. v. CPC 731-III.

Art. 1.589: 4. "Menor. Viagem ao exterior. Genitora que recebeu proposta de emprego em Lisboa. Novo domicílio da detentora da guarda. Pretensão a envolver melhorias nas condições de vida. Pai que não ofereceu oposição séria e fundada ao pedido" (JTJ 269/355: AI 278.124-4/4-00).

Todavia: "Menor. Suprimento de autorização paterna para viagem ao exterior. Indeferimento. Prejuízo à criança que se afastaria da escola em pleno período letivo, além de mantê-la distante do meio sociofamiliar que tanto preza. Transtornos evidentes ao direito de visitas pelo progenitor" (JTJ 262/174, AP 96.988-0/5-00).

Art. 1.589: 4a. Negando a ação de prestação de contas para o pai contra a mãe, em relação à pensão alimentícia paga ao filho, com a ponderação de que, no caso, cabe ao alimentante apenas fiscalizar a aplicação dos valores pagos, ressalvado o direito de o próprio filho exigir contas da mãe quanto à pensão paga pelo pai, o que pode ser feito através do MP: JTJ 239/164.

"Aquele que presta alimentos não detém interesse processual para ajuizar ação de prestação de contas em face da mãe da alimentada, porquanto ausente a utilidade do provimento jurisdicional invocado, notadamente porque quaisquer valores que sejam porventura apurados em favor do alimentante estarão cobertos pelo manto do princípio da irrepetibilidade dos alimentos já pagos" (STJ-3ª T., REsp 985.061, Min. Nancy Andrighi, j. 20.5.08, DJU 16.6.08). No mesmo sentido: STJ-4ª T., REsp 970.147, Min. Marco Buzzi, j. 4.9.12, maioria, DJ 16.10.12.

Afirmando que "a guardiã legal dos menores não tem o dever de prestar contas acerca da utilização dos alimentos em favor dos menores": RT 863/241.

Art. 1.589: 5. O § ún. foi acrescido pela Lei 12.398, de 28.3.11.

Art. 1.589: 5a. "Direitos e deveres dos avós — alimentos e visitação", por Álvaro Villaça Azevedo (RIDF 45/38); "Poder familiar, tutela, curatela e guarda de incapazes e o direito dos avós de visita aos netos — aspectos abrangentes da Lei 12.398/2011", por Rosa Maria Barreto Borrielo de Andrade Nery (RT 907/21); "Direito dos avós", por Lourival Serejo (RBDFS 25/65).

Art. 1.589: 6. Enunciado 333 do CEJ: "O direito de visita pode ser estendido aos avós e pessoas com as quais a criança ou o adolescente mantenha vínculo afetivo, atendendo ao seu melhor interesse".

Art. 1.589: 7. "As eventuais **desavenças existentes entre os avós e os pais** do menor não são suficientes, por si sós, para restringir ou suprimir o exercício do direito à visitação, devendo o exame acerca da viabilidade do pedido se limitar a existência de benefício ou de prejuízo ao próprio menor. Na hipótese, tendo sido o menor diagnosticado com TEA — Transtorno do Espectro do Autismo, devidamente demonstrado por estudos psicossociais que atestam as suas especialíssimas condições psíquicas e que recomenda a sua não exposição a ambientes desequilibrados, a situações conturbadas ou a experiências traumáticas, sob pena de regressão em seu tratamento psicológico, descabe ao Poder Judiciário, em atenção ao melhor interesse do menor, impor a observância da regra que permite a visitação" (STJ-3ª T., REsp 1.573.635, Min. Nancy Andrighi, j. 27.11.18, DJ 6.12.18).

"Menor. Regulamentação de visita. Avó que não possui convivência boa com o pai da já adolescente. Imposição da visitação à neta. Inadequacidade. Consideração, sempre que possível, da vontade da menor, a fim de serem evitados efeitos indesejados, como a rejeição" (JTJ 312/245: AP 362.735-4/0-00).

Art. 1.590. As disposições relativas à guarda e prestação de alimentos aos filhos menores estendem-se aos maiores incapazes.[1]

Art. 1.590: 1. s/ alimentos, v. arts. 1.694 a 1.710.

Subtítulo II | DAS RELAÇÕES DE PARENTESCO[1-2]

Capítulo I | DISPOSIÇÕES GERAIS

SUBTÍT. II: 1. "Os operadores do direito frente às questões da parentalidade", por Euclides de Oliveira (RBDF 20/150); "A tripla parentalidade (biológica, registral e socioafetiva)", por Adalgisa Wiedemann Chaves (RBDF 31/143).

SUBTÍT. II: 2. Súmula Vinculante 13 do STF: "A nomeação de cônjuge, companheiro ou parente em linha reta, colateral ou por afinidade, até o terceiro grau, inclusive, da autoridade nomeante ou de servidor da mesma pessoa jurídica investido em cargo de direção, chefia ou assessoramento, para o exercício de cargo em comissão ou de confiança ou, ainda, de função gratificada na administração pública direta e indireta em qualquer dos Poderes da União, dos Estados, do Distrito Federal e dos Municípios, compreendido o ajuste mediante designações recíprocas, viola a Constituição Federal".

Art. 1.591. São parentes em linha reta[1] as pessoas que estão umas para com as outras na relação de ascendentes e descendentes.

Art. 1.591: 1. v. art. 1.595 § 2º.

Art. 1.592. São parentes em linha colateral¹ ou transversal, até o quarto grau, as pessoas provenientes de um só tronco, sem descenderem uma da outra.²

Art. 1.592: 1. v. arts. 12 § ún., 228-V, 1.521-IV, 1.524, 1.540, 1.731-II, 1.822 § ún., 1.829-IV, 1.839, 1.840 e 1.850.

Art. 1.592: 2. ex.: irmãos, tios, sobrinhos e primos. Os irmãos podem ser germanos (oriundos dos mesmos pais) ou unilaterais (oriundos apenas da mesma mãe ou do mesmo pai).

Art. 1.593. O parentesco é natural ou civil, conforme resulte de consanguinidade ou outra origem.¹ ᵃ ³

Art. 1.593: 1. v. arts. 1.596, nota 2 (paternidade sociológica ou socioafetiva), 1.597-V (filhos por inseminação artificial heteróloga) e 1.618 e 1.619 e ECA 39 a 52-D (adoção).

Art. 1.593: 2. Enunciado 103 do CEJ: "O Código Civil reconhece, no art. 1.593, outras espécies de parentesco civil além daquele decorrente da adoção, acolhendo, assim, a noção de que há também parentesco civil no vínculo parental proveniente quer das técnicas de reprodução assistida heteróloga relativamente ao pai (ou mãe) que não contribuiu com seu material fecundante, quer da paternidade socioafetiva, fundada na posse do estado de filho".

Enunciado 256 do CEJ: "A posse do estado de filho (parentalidade socioafetiva) constitui modalidade de parentesco civil".

"União homoafetiva. Reprodução assistida. Possibilidade de registro simultâneo do pai biológico e do pai socioafetivo no assento de nascimento. A doadora do material genético, no caso, não estabeleceu qualquer vínculo com a criança, tendo expressamente renunciado ao poder familiar. Inocorrência de hipótese de adoção, pois não se pretende o desligamento do vínculo com o pai biológico, que reconheceu a paternidade no registro civil de nascimento da criança. A reprodução assistida e a paternidade socioafetiva constituem nova base fática para incidência do preceito 'ou outra origem' do art. 1.593 do Código Civil" (STJ-3ª T., REsp 1.608.005, Min. Paulo Sanseverino, j. 14.5.19, DJ 21.5.19).

V. tb. ECA 41, nota 2.

Art. 1.593: 3. "A atual concepção de família implica um conceito amplo, no qual a afetividade é reconhecidamente fonte de parentesco e sua configuração, a considerar o caráter essencialmente fático, não se restringe ao parentesco em linha reta. É possível, assim, compreender-se que a socioafetividade constitui-se tanto na relação de parentalidade/filiação quanto no âmbito das relações mantidas entre irmãos, associada a outros critérios de determinação de parentesco (de cunho biológico ou presuntivo) ou mesmo de forma individual/autônoma. Inexiste qualquer vedação legal ao reconhecimento da **fraternidade/irmandade socioafetiva**, ainda que *post mortem*" (STJ-4ª T., REsp 1.674.372, Min. Marco Buzzi, j. 4.10.22, maioria, DJ 24.11.22).

V. tb. art. 1.614, nota 1c.

Art. 1.594. Contam-se, na linha reta, os graus de parentesco pelo número de gerações, e, na colateral, também pelo número delas, subindo de um dos parentes até ao ascendente comum, e descendo até encontrar o outro parente.

Art. 1.595. Cada cônjuge ou companheiro é aliado aos parentes do outro pelo vínculo da afinidade.

§ 1º O parentesco por afinidade limita-se aos ascendentes, aos descendentes e aos irmãos do cônjuge ou companheiro.

§ 2º Na linha reta, a afinidade não se extingue com a dissolução do casamento ou da união estável.¹

Art. 1.595: 1. Assim, mesmo após o fim do casamento ou da união estável, permanecem os laços entre sogro e nora, sogra e genro, padrasto e enteada etc., de modo que um continua impedido de casar com o outro.

Já na linha colateral, o parentesco por afinidade desaparece com a extinção do casamento ou da união estável, de modo que os cunhados podem se casar nessas circunstâncias.

Capítulo II | DA FILIAÇÃO[1]

CAP. II: 1. "Direito ao estado de filiação e direito à origem genética: uma distinção necessária", por Paulo Luiz Netto Lôbo (RJ 316/19 e RBDF 19/133); "Filhos do coração", por Rolf Madaleno (RBDF 23/22); "Filiação sucessória", por Rolf Madaleno (RBDFS 1/25).

Art. 1.596. Os filhos, havidos ou não da relação de casamento, ou por adoção, terão os mesmos direitos e qualificações,[1-2] proibidas quaisquer designações discriminatórias relativas à filiação.[3]

Art. 1.596: 1. CF 227: "§ 6º Os filhos, havidos ou não da relação do casamento, ou por adoção, terão os mesmos direitos e qualificações, proibidas quaisquer designações discriminatórias relativas à filiação".

Art. 1.596: 2. "A **paternidade sociológica** é um ato de opção, fundando-se na liberdade de escolha de quem ama e tem afeto, o que não acontece, às vezes, com quem apenas é a fonte geratriz. Embora o ideal seja a concentração entre as paternidades jurídica, biológica e socioafetiva, o reconhecimento da última não significa o desapreço à biologização, mas atenção aos novos paradigmas oriundos da instituição das entidades familiares. Uma de suas formas é a 'posse do estado de filho', que é a exteriorização da condição filial, seja por levar o nome, seja por ser aceito como tal pela sociedade, com visibilidade notória e pública. Liga-se ao princípio da aparência, que corresponde a uma situação que se associa a um direito ou estado, e que dá segurança jurídica, imprimindo caráter de seriedade à relação aparente. Isso ainda ocorre com o 'estado de filho afetivo', que além do nome, que não é decisivo, ressalta o tratamento e a reputação, eis que a pessoa é amparada, cuidada e atendida pelo indigitado pai, como se filho fosse. O ativismo judicial e a peculiar atuação do juiz de família impõem, em afago à solidariedade humana e veneração respeitosa ao princípio da dignidade da pessoa, que se supere a formalidade processual, determinando o registro da filiação do autor, com veredito declaratório nesta investigação de paternidade socioafetiva, e todos os seus consectários" (RJTJERGS 248/229, maioria).

"Paternidade e maternidade socioafetiva. Autora que, com o óbito da mãe biológica, contando com apenas quatro anos de idade, ficou sob a guarda de casal que por mais de duas décadas dispensou a ela o mesmo tratamento concedido aos filhos genéticos, sem quaisquer distinções. Prova eloquente demonstrando que a demandante era tratada como filha, tanto que os nomes dos pais afetivos, contra os quais é direcionada a ação, encontram-se timbrados nos convites de debutante, formatura e casamento da acionante" (RT 928/1.071: TJSC, AP 2011.034517-3).

"A paternidade ou maternidade socioafetiva é concepção jurisprudencial e doutrinária recente, ainda não abraçada, expressamente, pela legislação vigente, mas a qual se aplica, de forma analógica, no que forem pertinentes, as regras orientadoras da filiação biológica. A norma princípio estabelecida no art. 27, *in fine*, do ECA afasta as restrições à busca do reconhecimento de filiação e, quando conjugada com a possibilidade de filiação socioafetiva, acaba por reorientar, de forma ampliativa, os restritivos comandos legais hoje existentes, para assegurar ao que procura o reconhecimento de vínculo de filiação socioafetivo, trânsito desimpedido de sua pretensão. Nessa senda, não se pode olvidar que a construção de uma relação socioafetiva, na qual se encontre caracterizada, de maneira indelével, a posse do estado de filho, dá a esse o direito subjetivo de pleitear, em juízo, o reconhecimento desse vínculo, mesmo por meio de ação de investigação de paternidade, *a priori*, restrita ao reconhecimento forçado de vínculo biológico. Não demonstrada a chamada posse do estado de filho, torna-se inviável a pretensão" (STJ-3ª T., REsp 1.189.663, Min. Nancy Andrighi, j. 6.9.11, DJ 15.9.11).

V. tb. arts. 1.603, nota 3, 1.606, nota 2, e 1.614, nota 1d.

V. ainda art. 1.593 e notas.

Art. 1.596: 3. Lei 8.560, de 29.12.92 — Regula a investigação de paternidade dos filhos havidos fora do casamento e dá outras providências: "**Art. 5º** No registro de nascimento não se fará qualquer referência à natureza da filiação, à sua ordem em relação a outros irmãos do mesmo prenome, exceto gêmeos, ao lugar e cartório do casamento dos pais e ao estado civil destes.

"**Art. 6º** Das certidões de nascimento não constarão indícios de a concepção haver sido decorrente de relação extraconjugal.

"§ 1º Não deverá constar, em qualquer caso, o estado civil dos pais e a natureza da filiação, bem como o lugar e cartório do casamento, proibida referência à presente lei".

Art. 1.597. Presumem-se concebidos na constância do casamento os filhos:[1]

I — nascidos cento e oitenta dias, pelo menos, depois de estabelecida a convivência conjugal;

II — nascidos nos trezentos dias subsequentes à dissolução da sociedade conjugal, por morte, separação judicial,[1a] nulidade e anulação do casamento;[1b]

III — havidos por fecundação artificial[1c-1d] homóloga,[1e] mesmo que falecido o marido;[1f]

IV — havidos, a qualquer tempo, quando se tratar de embriões excedentários,[2] decorrentes de concepção artificial homóloga;

V — havidos por inseminação artificial heteróloga,[2a-2b] desde que tenha prévia autorização do marido.[3]

✎**Art. 1.597: 1.** "Reprodução humana assistida e filiação na perspectiva dos direitos de personalidade", por José Jairo Gomes (RDPr 22/136); "O fenômeno da paternidade socioafetiva: a filiação e a revolução da genética", por Jédison Daltrozo Maidana (RBDF 24/50); "Técnicas de reprodução assistida e o biodireito", por Jesualdo Eduardo de Almeida Júnior (RT 838/87); "Reproduções assistidas à luz do novo Código Civil", por Lidia Elizabeth Penaloza Jaramillo Gama (RF 380/493); "Reprodução assistida: os direitos dos embriões congelados e daqueles que os geram", por Suzana Stoffel Martins Albano (RBDF 34/72); "Considerações acerca dos efeitos jurídicos do uso indevido de material genético", por Domingos Afonso Kriger Filho (RJ 347/87).

Art. 1.597: 1a. v. art. 1.571, nota 2b **(Em. Const. 66, de 13.7.10)**.

Art. 1.597: 1b. "Se nosso ordenamento jurídico, notadamente o próprio texto constitucional (art. 226, § 3º), admite a **união estável** e reconhece nela a existência de entidade familiar, nada mais razoável de se conferir interpretação sistemática ao art. 1.597, inciso II, do Código Civil, para que passe a contemplar, também, a presunção de concepção dos filhos na constância de união estável. Na espécie, o companheiro da mãe da menor faleceu 239 (duzentos e trinta e nove) dias antes do seu nascimento. Portanto, dentro da esfera de proteção conferida pelo inciso II do art. 1.597 do Código Civil, que presume concebidos na constância do casamento os filhos nascidos nos trezentos dias subsequentes, entre outras hipóteses, em razão de sua morte" (STJ-3ª T., REsp 1.194.059, Min. Massami Uyeda, j. 6.11.12, RBDFS 31/109, com comentário de Cristiano Chaves de Farias).

Art. 1.597: 1c. Enunciado 105 do CEJ: "As expressões 'fecundação artificial', 'concepção artificial' e 'inseminação artificial' constantes, respectivamente, dos incisos III, IV e V do art. 1.597 deverão ser interpretadas como 'técnica de reprodução assistida'".

Enunciado 106 do CEJ: "Para que seja presumida a paternidade do marido falecido, será obrigatório que a mulher, ao se submeter a uma das técnicas de reprodução assistida com o material genético do falecido, esteja na condição de viúva, sendo obrigatório, ainda, que haja autorização escrita do marido para que se utilize seu material genético após sua morte".

Enunciado 257 do CEJ: "As expressões 'fecundação artificial', 'concepção artificial' e 'inseminação artificial', constantes, respectivamente, dos incs. III, IV e V do art. 1.597 do Código Civil, devem ser interpretadas restritivamente, não abrangendo a utilização de óvulos doados e a gestação de substituição".

Art. 1.597: 1d. v. CF 225 § 1º-II e V, regulamentados pela Lei 11.105, de 24.3.05.

Art. 1.597: 1e. A fecundação artificial homóloga é aquela realizada com sêmen do próprio cônjuge. Se o sêmen utilizado for de outro homem, a fecundação artificial é heteróloga (v. inc. V).

Art. 1.597: 1f. "A decisão de autorizar a utilização de embriões consiste em disposição *post mortem*, que, para além dos efeitos patrimoniais, sucessórios, relaciona-se intrinsecamente à personalidade e dignidade dos seres humanos envolvidos, genitor e os que seriam concebidos, atraindo, portanto, a imperativa obediência à forma expressa e incontestável, alcançada por meio do testamento ou instrumento que o valha em formalidade e garantia. A declaração posta em contrato padrão de prestação de serviços de reprodução humana é instrumento absolutamente inadequado para legitimar a implantação *post mortem* de embriões excedentários, cuja autorização, expressa e específica, haverá de ser efetivada por testamento ou por documento análogo" (STJ-4ª T., REsp 1.918.421, Min. Luis Felipe, j. 8.6.21, maioria, DJ 26.8.21).

Art. 1.597: 2. Enunciado 107 do CEJ: "Finda a sociedade conjugal, na forma do art. 1.571, a regra do inciso IV somente poderá ser aplicada se houver autorização prévia, por escrito, dos ex-cônjuges, para a utilização dos embriões excedentários, só podendo ser revogada até o início do procedimento de implantação desses embriões".

✎**Art. 1.597: 2a.** "A reprodução assistida heteróloga sob a ótica do novo Código", por Guilherme Calmon Nogueira da Gama (RT 817/11 e RBDF 19/41); "A inseminação artificial heteróloga", por Lidia Elizabeth Penaloza Jaramillo Gama (RF 377/451).

Art. 1.597: 2b. v. nota 1e.

Art. 1.597: 3. Enunciado 104 do CEJ: "No âmbito das técnicas de reprodução assistida envolvendo o emprego de material fecundante de terceiros, o pressuposto fático da relação sexual é substituído pela vontade (ou, eventualmente, pelo risco da situação jurídica matrimonial) juridicamente qualificada, gerando presunção absoluta ou relativa de paternidade no que tange ao marido da mãe da criança concebida, dependendo da manifestação expressa (ou implícita) de vontade no curso do casamento".

Enunciado 258 do CEJ: "Não cabe a ação prevista no art. 1.601 do Código Civil se a filiação tiver origem em procriação assistida heteróloga, autorizada pelo marido nos termos do inc. V do art. 1.597, cuja paternidade configura presunção absoluta".

Art. 1.598. Salvo prova em contrário, se, antes de decorrido o prazo previsto no inciso II do art. 1.523, a mulher contrair novas núpcias e lhe nascer algum filho, este se presume do primeiro marido, se nascido dentro dos trezentos dias a contar da data do falecimento deste e, do segundo, se o nascimento ocorrer após esse período e já decorrido o prazo a que se refere o inciso I do art. 1.597.

Art. 1.599. A prova da impotência do cônjuge para gerar, à época da concepção, ilide a presunção da paternidade.

Art. 1.600. Não basta o adultério da mulher, ainda que confessado, para ilidir a presunção legal da paternidade.[1]

Art. 1.600: 1. v. arts. 1.601 e 1.602.

Art. 1.601. Cabe ao marido[1] o direito de contestar a paternidade[1a a 2] dos filhos nascidos de sua mulher, sendo tal ação imprescritível.[2a a 4]

Parágrafo único. Contestada a filiação, os herdeiros do impugnante têm direito de prosseguir na ação.

Art. 1.601: 1. ou ao companheiro (STJ-RT 814/193: 4ª T., REsp 440.394).

Fora eles, ninguém mais tem legitimidade para propor a ação negatória de paternidade. Assim: "Cabe apenas ao marido a propositura da ação negatória de paternidade, prevista no art. 1.601 do CC/02, tendo por objeto restritivamente a impugnação da paternidade de filhos havidos no casamento" (STJ-4ª T., Ag em REsp 199.308-AgRg, Min. Luis Felipe, j. 25.9.12, DJ 3.10.12).

"Somente o pai registral possui legitimidade para a ação na qual se busca impugnar a paternidade — usualmente denominada de ação negatória de paternidade —, não podendo ser ajuizada por terceiros com mero interesse econômico" (STJ-4ª T., REsp 1.412.946, Min. Luis Felipe, j. 17.3.16, DJ 22.4.16).

S/ legitimidade para a ação declaratória de inexistência de filiação, fundada em falsidade ideológica, v. art. 1.604, nota 1b.

Art. 1.601: 1a. "Ação de investigação de paternidade", por Alexandre Betini (RT 799/725); "Prazo para impugnar a paternidade", por Marco Túlio de Carvalho Rocha (RJ 296/42); "Negatória de paternidade e anulação de registro civil: certezas e instabilidades", por Leila Maria Torraca de Brito (RBDF 36/5).

Art. 1.601: 1b. v. art. 1.597, nota 3 (Enunciados 104 e 258 do CEJ). V. tít. INVESTIGAÇÃO DE PATERNIDADE. V. ainda LRP 29 § 1º-b e 102-1º.

Art. 1.601: 1c. "Mesmo considerando a prevalência dos interesses da criança que deve nortear a condução do processo em que se discute de um lado o direito do pai de negar a paternidade em razão do estabelecimento da verdade biológica e, de outro, o direito da criança de ter preservado seu estado de filiação, verifica-se que não há prejuízo para esta, porquanto à menor socorre o direito de perseguir a verdade real em ação investigatória de paternidade, para valer-se, aí sim, do direito indisponível de reconhecimento do estado de filiação e das consequências, inclusive materiais, daí advindas" (STJ-3ª T., REsp 878.954, Min. Nancy Andrighi, j. 7.5.07, DJU 28.5.07).

Art. 1.601: 2. "O filho nascido na constância do casamento, tem legitimidade para propor ação para identificar seu verdadeiro ancestral. A ação negatória de paternidade atribuída privativamente ao marido, não exclui a ação de investigação de paternidade proposta pelo filho contra o suposto pai ou seus sucessores" (STJ-3ª T., REsp 765.479, Min. Gomes de Barros, j. 7.3.06, DJU 24.4.06). Em sentido semelhante: STF-Pleno, AR 1.244-EI, Min. Cármen Lúcia, j. 22.9.16, DJ 30.3.17.

Art. 1.601: 2a. ECA 27: "O reconhecimento do estado de filiação é direito personalíssimo, indisponível e imprescritível, podendo ser exercitado contra o pai ou seus herdeiros, sem qualquer restrição, observado o segredo de justiça".

Art. 1.601: 3. Súmula 149 do STF (Prescrição): "É imprescritível a ação de investigação de paternidade, mas não o é a de petição de herança".

V. tb. arts. 205, nota 3, 1.604, nota 2a, 1.614, nota 2, e 1.824, nota 1.

Art. 1.601: 4. No processo instaurado para a declaração negativa da paternidade, não há espaço para o ingresso de terceiro interessado na tutela dos direitos do filho, que são tutelados pelo MP (STJ-3ª T., REsp 886.124, Min. Gomes de Barros, j. 20.9.07, DJU 19.11.07). Ou seja, não há aplicação analógica do art. 1.615.

Art. 1.602. Não basta a confissão materna para excluir a paternidade.[1]

Art. 1.602: 1. v. art. 1.600. V. tb. art. 213 e CPC 392.

Art. 1.603. A filiação prova-se pela certidão do termo de nascimento registrada no Registro Civil.[1 a 3]

Art. 1.603: 1. v. LRP 50 a 66.

Art. 1.603: 1a. v. art. 9º-I.

Art. 1.603: 2. Enunciado 108 do CEJ: "No fato jurídico do nascimento, mencionado no art. 1.603, compreende-se, à luz do disposto no art. 1.593, a filiação consanguínea e também a socioafetiva".

Art. 1.603: 3. "A relação socioafetiva serve para preservar uma filiação juridicamente já constituída, modo voluntário, pelo registro (que define, no plano jurídico, a existência do laço — art. 1.603 do CC), jamais sendo suficiente para constituí-la de modo forçado, à revelia da vontade do genitor. Dar tamanha extensão à parentalidade socioafetiva resultará, por certo, não em proteção aos interesses de crianças e de adolescentes, mas, ao contrário, em desserviço a eles, pois, se consolidada tal tese, ninguém mais correrá o risco de tomar uma criança em guarda, com receio de, mais adiante, se ver réu de uma investigatória de paternidade ou maternidade" (RJTJERGS 259/218: AP 70014775159, maioria).

V. tb. art. 1.596, nota 2.

Art. 1.604. Ninguém pode vindicar estado contrário ao que resulta do registro de nascimento, salvo provando-se erro ou falsidade do registro.[1 a 3]

Art. 1.604: 1. "As verdades parentais e a ação vindicatória de filho", por Flávio Tartuce (RBDFS 4/29).

Art. 1.604: 1a. v. art. 1.608. V. tb. LRP 113 e CP 241 a 243.

Art. 1.604: 1b. "A ação declaratória de inexistência de filiação legítima, por comprovada falsidade ideológica, é suscetível de ser intentada não só pelo suposto filho, mas também por outros **legítimos interessados**" (STJ-4ª T., REsp 139.118, Min. Sálvio de Figueiredo, j. 26.5.03, DJU 25.8.03). "A anulação do registro de nascimento ajuizada com fulcro no art. 348 do Código Civil, em virtude de falsidade ideológica, pode ser pleiteada por quem tenha legítimo interesse moral ou material na declaração da nulidade" (STJ-4ª T., REsp 257.119, Min. Cesar Rocha, j. 20.2.01, DJU 2.4.01). "Não se tratando de negatória de paternidade, mas de ação declaratória de inexistência de filiação, por alegada falsidade ideológica no registro de nascimento, não apenas o pai é legítimo para intentá-la, mas também outros legítimos interessados" (STJ-3ª T., REsp 939.657-AgRg, Min. Nancy Andrighi, j. 1.12.09, DJ 14.12.09).

Consideram-se legitimados para pedir a desconstituição do registro:

— os **filhos** do pai registral, ou seja, os irmãos da pessoa registrada como filha: "O pretenso **irmão** da ré tem legitimidade ativa para pleitear a anulação do registro de seu nascimento, com fundamento na falsidade ideológica (art. 348 do CC de 1916, atual art. 1.604)" (STJ-RJ 373/147: 4ª T., REsp 799.588). No mesmo sentido: STJ-3ª T., REsp 1.170.148-AgRg, Min. Paulo Sanseverino, j. 15.3.12, DJ 21.3.12; RJM 184/162 (AI 1.0607.06.028958-6/001);

— "os **irmãos** daquele que prestou declarações falsas ao registro civil, atribuindo-se a paternidade da criança", ou seja, os **tios** da pessoa registrada como filha (STJ-4ª T., REsp 434.759, Min. Ruy Rosado, j. 17.9.02, DJU 10.2.03);

— os **pais** do suposto pai, ou seja, os **avós** da pessoa registrada como filha (RSTJ 30/322, RF 377/361, Bol. AASP 2.252/2.147, RJM 166/208);

— aquele que afirma ser o **verdadeiro pai** (RSTJ 96/249), podendo, inclusive, cumular pedido de reconhecimento de paternidade (RJM 168/236). **Contra,** negando esse direito ao pretenso pai biológico: RT 897/340 (TJSC, AP 2009.037289-8), JTJ 316/380 (AI 457.549-4/8, maioria).

Todavia, entendendo que carecem "a esposa e os demais filhos de legitimidade, sobretudo **enquanto vivo o 'pai do registro',** o qual nunca suscitou erro ou falsidade na concepção do ato registral": Bol. AASP 2.574 (a citação é do voto do relator).

"Ação de anulação de registro de nascimento. Art. 1.604 do Código Civil. Pretensão que vindica bem jurídico próprio dos herdeiros. **Ilegitimidade ativa do espólio.** O espólio não detém legitimidade para o ajuizamento da ação, uma vez que a sua capacidade processual é voltada para a defesa de interesses que possam afetar a esfera patrimonial dos bens que compõem a herança, até que ocorra a partilha. Como, no caso, a demanda veicula direito de natureza pessoal, que não importa em aumento ou diminuição do acervo hereditário, a legitimidade ativa deve ser reconhecida apenas em favor dos herdeiros, que poderão ingressar com nova ação, em nome próprio, se assim o desejarem" (STJ-3ª T., REsp 1.497.676, Min. Marco Bellizze, j. 9.5.17, DJ 31.5.17).

"Afastada a existência de união estável, mediante decisão transitada em julgado, verifica-se a **perda superveniente da legitimidade** e interesse **da pretensa convivente** para figurar no polo ativo de ação na qual objetiva a anulação de registro civil de filho de pessoa já falecida e com a qual manteve simples relacionamento ocasional" (STJ-4ª T., Ag em REsp 677.722-EDcl-EDcl-AgRg, Min. Isabel Gallotti, j. 17.8.17, DJ 22.8.17).

S/ legitimidade para a ação negatória de paternidade, v. art. 1.601, nota 1; s/ ação de reconhecimento de vínculo biológico de irmandade, v. art. 1.614, nota 1c.

Art. 1.604: 1c. Nas demandas em que se vindicar estado contrário ao que resulta do registro de nascimento, a citação do pai registral é impositiva, na condição de litisconsorte necessário (CPC 114). "Conquanto desnecessária a prévia propositura de ação anulatória de registro civil, sendo bastante o ajuizamento direto da ação investigatória de paternidade, é essencial, sob pena de nulidade, a integração à lide, como litisconsorte necessário, do pai registral, que deve ser obrigatoriamente citado para a demanda onde é interessado direto, pois nela concomitantemente postulada a desconstituição da sua condição de genitor" (STJ-4ª T., REsp 512.278, Min. Aldir Passarinho Jr., j. 14.10.08, DJ 3.11.08).

Art. 1.604: 2. "É **inadmissível** a homologação de **acordo extrajudicial de retificação de registro civil** em juízo, ainda que fundada no princípio da instrumentalidade das formas, devendo ser respeitados os requisitos e o procedimento legalmente instituídos para essa finalidade, que compreendem, dentre outros, a investigação acerca de erro ou falsidade do registro anterior, a concreta participação do Ministério Público, a realização de prova pericial consistente em exame de DNA em juízo e sob o crivo do mais amplo contraditório e a realização de estudos psicossociais que efetivamente apurem a existência de vínculos socioafetivos com o pai registral e com a sua família extensa" (STJ-3ª T., REsp 1.698.717, Min. Nancy Andrighi, j. 5.6.18, DJ 7.6.18).

"É ilegítimo o pedido de retificação de assento de nascimento, fundado em acordo extrajudicial de reconhecimento de paternidade, para a inclusão de terceiro como pai do menor, em substituição àquele constante do respectivo assento de nascimento, uma vez que, por tratar-se de direito indisponível, é imprescindível que a pretensão se dê pela via judicial, mediante propositura de ação de nulidade do registro de nascimento, oportunizando a participação de todos os interessados na lide, morimente se o suposto genitor, que levou a efeito o registro e deu a alegada falsa declaração de paternidade, é casado com a mãe do infante" (RT 844/247; ementa da redação).

Art. 1.604: 2a. "A falsidade ideológica de registro de nascimento torna-o anulável, e não nulo, e, portanto, a ação que visa desconstituir o aludido ato jurídico sujeita-se a **prazo decadencial de quatro anos"** (STJ-4ª T., REsp 844.462-AgRg, Min. João Otávio, j. 20.5.10, DJ 27.5.10).

Todavia, no sentido de que é **"imprescritível** o direito ao reconhecimento do estado filial, interposto com fundamento na falsidade do registro": RSTJ 171/297 (4ª T., REsp 139.118). No caso, "trata-se de ação de irmão contra irmã, fundada no art. 348 do mesmo diploma legal, requerendo a nulidade do registro dessa última". O art. 348 do CC rev. corresponde ao CC 1.604.

"O filho tem o direito de buscar sua identidade biológica a qualquer tempo, não ocorrendo decadência ou prescrição da pretensão, pois busca conhecer a verdade real e, conforme o caso, alterar o assento de nascimento" (STJ-3ª T., Ag em REsp 309.548-AgRg, Min. João Otávio, j. 27.5.14, DJ 3.6.14).

V. tb. arts. 205, nota 3, 1.601, 1.614, nota 2, e 1.824, nota 1.

Art. 1.604: 3. Enunciado 339 do CEJ: "A paternidade socioafetiva, calcada na vontade livre, não pode ser rompida em detrimento do melhor interesse do filho".

"A ausência de vínculo biológico é fato que por si só não revela a falsidade da declaração de vontade consubstanciada no ato do reconhecimento. A relação socioafetiva é fato que não pode ser, e não é, desconhecido pelo Direito. Inexistência de nulidade do assento lançado em registro civil. O STJ vem dando prioridade ao critério biológico para o reconhecimento da filiação naquelas circunstâncias em que há dissenso familiar, onde a relação socioafetiva desapareceu ou nunca existiu. Não se pode impor os deveres de cuidado, de carinho e de sustento a alguém que, não sendo o pai biológico, também não deseja ser pai socioafetivo. A *contrario sensu*, se o afeto persiste de forma que pais e filhos constroem uma relação de mútuo auxílio, respeito e amparo, é acertado desconsiderar o vínculo meramente sanguíneo, para reconhecer a existência de filiação jurídica" (STJ-RIDF 44/153: 3ª T., REsp 878.941). No mesmo sentido: STJ-RT 893/194 e RBDFS 13/130 (4ª T., REsp 709.608). Ainda: "Desconsiderar o vínculo socioafetivo enraizado entre o pai que consta do registro e a adolescente, em prol apenas de uma mera vinculação genética, é ignorar a nova exegese do Direito de Família brasileiro que busca pautar-se, entre outros valores, no princípio da paternidade responsável" (Bol. AASP 2.650: TJRJ, AP 2008.001.51947-AgRg).

"Apesar do resultado negativo do exame de DNA, deve ser **mantido o assento de paternidade** no registro de nascimento, tendo em vista o **caráter socioafetivo** da relação que perdurou por aproximadamente vinte anos, como se pai e filha fossem" (RBDF 0/102).

"O reconhecimento espontâneo da paternidade somente pode ser desfeito quando demonstrado vício de consentimento, isto é, para que haja possibilidade de anulação do registro de nascimento de menor cuja paternidade foi reconhecida, é necessária prova robusta no sentido de que o 'pai registral' foi de fato, por exemplo, induzido a erro, ou, ainda, que tenha sido coagido a tanto" (STJ-RDDP 72/139: 3ª T., REsp 1.003.628). "Negatória de paternidade. Inadmissibilidade. Reconhecimento livre e espontâneo, sem indução por erro ou qualquer outro vício de consentimento, durante período de convivência em união estável. Hipótese de paternidade socioafetiva" (RT 864/250). "As alegações do recorrido de que foi convencido pela mãe do menino a registrá-lo como se seu filho fosse e de que o fez por apreço a ela não configuram erro ou qualquer outro vício do consentimento, e, portanto, não são, por si sós, motivos hábeis a justificar a anulação do assento de nascimento, levado a efeito por ele, quatro anos antes, quando, em juízo, voluntariamente reconheceu ser o pai da criança, embora sabendo não sê-lo" (STJ-3ª T., REsp 1.229.044, Min. Nancy Andrighi, j. 4.6.13, DJ 13.6.13). No mesmo sentido: RT 868/383, 889/382 (TJSC, AP 2009.004712-2).

"O ajuizar de uma ação negatória de paternidade com o intuito de dissipar dúvida sobre a existência de vínculo biológico, restando inequívoco nos autos, conforme demonstrado no acórdão impugnado, que o pai sempre suspeitou a respeito da ausência de tal identidade e, mesmo assim, registrou, de forma voluntária e consciente, a criança como sua filha, coloca por terra qualquer possibilidade de se alegar a existência de vício de consentimento, o que indiscutivelmente acarreta a carência da ação, sendo irreprochável a extinção do processo, sem resolução do mérito. Se a causa de pedir da negatória de paternidade repousa em mera dúvida acerca do vínculo biológico, extingue-se o processo, sem resolução do mérito, nos termos do art. 267-VI do CPC, por carência da ação" (STJ-3ª T., REsp 1.067.438, Min. Nancy Andrighi, j. 3.3.09, DJ 20.5.09).

"O reconhecimento espontâneo da paternidade daquele que, mesmo tendo dúvidas quanto à paternidade biológica, registra como seu filho que não o é, tipifica verdadeira adoção, irrevogável, descabendo posteriormente a pretensão anulatória do registro de nascimento" (RBDF 19/94). No mesmo sentido: RBDF 36/128, RT 874/197 (TJSP, AP 389.953-4/1-00), 886/234 (TJDFT, EI na AP 1999061003958-5, maioria).

"Para que fique caracterizado o erro, é necessária a prova do engano não intencional na manifestação da vontade de registrar. Mesmo que não tenha ficado demonstrada a construção de qualquer vínculo de afetividade entre as partes, no decorrer de mais de 50 anos, a dúvida que o recorrente confessa que sempre existiu, mesmo antes da criança nascer, de que ele era seu filho, já é suficiente para afastar a ocorrência do vício de consentimento — erro — no momento do registro voluntário. No entendimento desta Corte, para que haja efetiva possibilidade de anulação do registro de nascimento, é necessária prova robusta no sentido de que o pai foi de fato induzido a erro, ou ainda, que tenha sido coagido a tanto" (STJ-3ª T., REsp 1.433.470, Min. Nancy Andrighi, j. 15.5.14, DJ 22.5.14).

"Sendo a filiação um estado social, comprovada a posse do estado de filho, não se justifica a anulação de registro de nascimento por nele não constar o nome do pai biológico, e sim o do pai afetivo" (RJTJERGS 248/257). No mesmo sentido: RT 862/363, 870/370, 872/341 (TJPA, AP 2007.3007294-5).

"A paternidade biológica não tem o condão de vincular, inexoravelmente, a filiação, apesar de deter peso específico ponderável, ante o liame genético para definir questões relativas à filiação. Pressupõe, no entanto, para a sua prevalência, da concorrência de elementos imateriais que efetivamente demonstrem a ação volitiva do genitor em tomar posse da condição de pai ou mãe. A filiação socioafetiva, por seu turno, ainda que despida de ascendência genética, constitui uma relação de fato que deve ser reconhecida e amparada juridicamente. Isso porque a parentalidade que nasce de uma decisão espontânea, frise-se, arrimada em boa-fé, deve ter guarida no Direito de Família. Nas relações familiares, o princípio da boa-fé objetiva deve ser observado e visto sob suas funções integrativas e limitadoras, traduzidas pela figura do *venire contra factum proprium* (proibição de comportamento contraditório), que exige coerência comportamental daqueles que buscam a tutela jurisdicional para a solução de conflitos no âmbito do Direito de Família. Na hipótese, a evidente má-fé da genitora e a incúria do recorrido, que conscientemente deixou de agir para tornar pública sua condição de pai biológico e, quiçá, buscar a construção da necessária paternidade socioafetiva, toma-lhes o direito de se insurgirem contra os fatos consolidados. A omissão do recorrido, que contribuiu decisivamente para a perpetuação do engodo urdido pela mãe, atrai o entendimento de que a ninguém é dado alegar a própria torpeza em seu proveito (*nemo auditur propriam turpitudinem allegans*) e faz fenecer a sua legitimidade para pleitear o direito de buscar a alteração no registro de nascimento de sua filha biológica" (STJ-3ª T., REsp 1.087.163, Min. Nancy Andrighi, j. 18.8.11, DJ 31.8.11).

"Ação de investigação de paternidade c/c retificação de registro de nascimento. Filho havido de relação extraconjugal. Conflito entre paternidade socioafetiva e biológica. Os princípios da paternidade responsável e do melhor interesse da criança inviabilizam, no caso concreto, o reconhecimento da multiparentalidade. A possibilidade de se estabelecer a concomitância das parentalidades sociafetiva e biológica não é uma regra, pelo contrário, a multiparentalidade é uma casuística, passível de conhecimento nas hipóteses em que as circunstâncias fáticas a justifiquem, não sendo admissível que o Poder Judiciário compactue com uma pretensão contrária aos princípios da afetividade, da solidariedade e da parentalidade responsável" (STJ-3ª T., REsp 1.674.849, Min. Marco Bellizze, j. 17.4.18, DJ 23.4.18; a citação é do voto do relator). Ainda do voto do relator: "Levando-se em consideração que a presente ação foi intentada pela menor absolutamente incapaz, representada por sua genitora (reafirme-se, no interesse próprio desta), deve-se ressalvar o direito da filha de buscar a inclusão da paternidade biológica em seu registro civil quando atingir a maioridade, tendo em vista que o estado de filiação configura direito personalíssimo, indisponível e imprescritível, que pode ser exercitado, portanto, sem nenhuma restrição, contra os pais ou seus herdeiros".

Julgando improcedente ação declaratória de maternidade cumulada com pedido de anulação de registro, ajuizada pela mãe biológica em face do casal para o qual ela espontaneamente entregara a criança, sob o argumento de não ter condições para criá-la na época: "Tendo como prisma a integridade psicológica da menor, não se pode entender como justa e razoável sua retirada de lugar que considera seu lar e com pessoas que considera seus pais, lá criada desde os primeiros dias de vida, como medida protetiva ao direito daquela que, nada obstante tenha emprestado à criança seus dados genéticos, contribuiu decisivamente para a consolidação dos laços afetivos supra referidos" (RF 392/431).

Todavia: "Se, à época da realização do registro de nascimento, a filiação foi declarada tão somente com base nas afirmativas feitas pela genitora do menor, que induziram o declarante a acreditar ser o pai da criança, é possível questionar a paternidade em ação negatória, com base em vício de consentimento. Se o vínculo biológico foi afastado por prova genética (exame de DNA) e, por depoimentos, comprovou-se a ausência de vínculo afetivo entre o declarante e o menor, não há como manter filiação em desacordo com a realidade. Nas ações de estado, prevalece o princípio da verdade real, que deve ser afastado apenas em circunstâncias particulares e especiais, considerando-se o caso concreto" (STJ-3ª T., REsp 1.362.557, Min. João Otávio, j. 7.10.14, maioria, DJ 9.12.14).

"O fato de ambos os genitores não terem ciência ou ao menos mera desconfiança de que o menor não era fruto do relacionamento amoroso por eles vivenciado caracteriza erro que justifica a alteração do registro de nascimento, na forma do art. 1.604 do Código Civil. A prática de atos, pelo pai registral, que demonstram desinteresse no exercício da paternidade, que visam promover o efetivo afastamento do menor e que pretendem impedir a criação de uma relação fraterna, amorosa e afetuosa, descaracteriza a relação paterno-filial socioafetiva, não sendo suficiente para tanto a mera convivência entre o pai registral e o menor por um curto lapso temporal e as eventuais incertezas por ele vivenciadas nesse período. A intervenção do pai biológico do menor no curso do processo, manifestando expressamente o seu interesse em exercer a plena paternidade e reivindicando não apenas a paternidade registral, como também a biológica e a socioafetiva, torna inviável a manutenção do vínculo registral inicialmente realizado" (STJ-3ª T., REsp 1.676.877, Min. Nancy Andrighi, j. 17.10.17, DJ 20.10.17).

"É admissível presumir que os filhos concebidos na constância de um vínculo conjugal estável foram registrados pelo genitor convicto de que realmente existiria vínculo de natureza genética com a prole e, portanto, em situação de erro substancial, especialmente na hipótese em que não se suscitam dúvidas sérias ou razoáveis acerca do desconhecimento da inexistência de relação biológica pelo genitor ao tempo da realização do registro civil. Mesmo quando configurado o erro substancial no registro civil, é relevante investigar a eventual existência de vínculos socioafetivos entre o genitor e a prole, na medida em que a inexistência de vínculo paterno-filial de natureza biológica deve, por vezes, ceder à existência de vínculo paterno-filial de índole socioafetiva. Hipótese em que, conquanto tenha havido um longo período de convivência e de relação filial socioafetiva entre as partes, é incontroverso o fato de que, após a realização do exame de DNA, todos os laços mantidos entre pai registral e filhas foram abrupta e definitivamente rompidos, situação que igualmente se mantém pelo longo período de mais de 6 anos, situação em que a manutenção da paternidade registral com todos os seus consectários legais (alimentos, dever de cuidado, criação e educação, guarda, representação judicial ou extrajudicial etc.) seria um ato unicamente ficcional diante da realidade" (STJ-3ª T., REsp 1.741.849, Min. Nancy Andrighi, j. 20.10.20, DJ 26.10.20).

"Conquanto tenha a investigante sido acolhida em lar 'adotivo' e usufruído de uma relação socioafetiva, nada lhe retira o direito, em havendo sua insurgência ao tomar conhecimento de sua real história, de ter acesso à sua verdade biológica que lhe foi usurpada, desde o nascimento até a idade madura" (STJ-RBDFS 19/137: 3ª T., REsp 833.712). No mesmo sentido, ponderando que, "se o pai registral não passou de um pai no papel, se não surgiu entre ambos um vínculo de afetividade, se não se está na presença de uma filiação socioafetiva, imperativo será desconstituir o vínculo registral, fazer reconhecer a verdade biológica e proceder à alteração do registro": RBDF 43/105 (a citação é do voto da relatora, Des. Maria Berenice Dias).

"Se é o próprio **filho** quem **busca o reconhecimento do vínculo biológico** com outrem, porque durante toda a sua vida foi induzido a acreditar em uma verdade que lhe foi imposta por aqueles que o registraram, não é razoável que se lhe imponha a prevalência da paternidade socioafetiva, a fim de impedir sua pretensão. O reconhecimento do estado de filiação constitui direito personalíssimo, indisponível e imprescritível, que pode ser exercitado, portanto, sem qualquer restrição, em face dos pais ou seus herdeiros. Ainda que haja a consequência patrimonial advinda do reconhecimento do vínculo jurídico de parentesco, ela não pode ser invocada como argumento para negar o direito do recorrido à sua ancestralidade. Afinal, todo o embasamento relativo à possibilidade de investigação da paternidade, na hipótese, está no valor supremo da dignidade da pessoa humana e no direito do recorrido à sua identidade genética" (STJ-3ª T., REsp 1.401.719, Min. Nancy Andrighi, j. 8.10.13, DJ 15.10.13).

"Na ação investigatória, ajuizada pelo pretenso filho em face do suposto pai e que é manifestação concreta dos direitos à filiação, à identidade genética e à busca da ancestralidade, é desnecessário investigar a existência de erro ou de falsidade ocorrida em registro anterior, para os quais o filho não concorreu, bem como é irrelevante o fato de existirem prévios vínculos paterno-filiais de índole registral ou socioafetivo" (STJ-3ª T., REsp 1.893.978, Min. Nancy Andrighi, j. 25.11.21, DJ 29.11.21).

"É de prevalecer a paternidade socioafetiva sobre a biológica para garantir direitos aos filhos, na esteira do princípio do melhor interesse da prole, sem que, necessariamente, a assertiva seja verdadeira quando é o filho que busca a paternidade biológica em detrimento da socioafetiva. No caso de ser o filho — o maior interessado na manutenção do vínculo civil resultante do liame socioafetivo — quem vindica estado contrário ao que consta no registro civil, socorre-lhe a existência de 'erro ou falsidade' (art. 1.604 do CC/02) para os quais não contribuiu. Afastar a possibilidade de o filho pleitear o reconhecimento da paternidade biológica, no caso de 'adoção à brasileira', significa impor-lhe que se conforme com essa situação criada à sua revelia e à margem da lei. A paternidade biológica gera, necessariamente, uma responsabilidade não evanescente e que não se desfaz com a prática ilícita da chamada 'adoção à brasileira', independentemente da nobreza dos desígnios que a motivaram. E, do mesmo modo, a filiação socioafetiva desenvolvida com os pais registrais não afasta os direitos da filha resultantes da filiação biológica, não podendo, no caso, haver equiparação entre a adoção regular e a chamada 'adoção à brasileira'" (STJ-4ª T., REsp 1.167.993, Min. Luis Felipe, j. 18.12.12, maioria, DJ 15.3.13).

"A filiação socioafetiva encontra amparo na cláusula geral de tutela da personalidade humana, que salvaguarda a filiação como elemento fundamental na formação da identidade e definição da personalidade da criança. A superveniência do fato jurídico representado pela morte da criança, ocorrido após a interposição do recurso especial, impõe o emprego da norma contida no art. 462 do CPC, porque faz fenecer o direito, que tão somente à criança pertencia, de ser abrigada pela filiação socioafetiva" (STJ-3ª T., REsp 450.566, Min. Nancy Andrighi, j. 3.5.11, DJ 11.5.11).

Contra, no sentido de que o resultado do exame de DNA basta para a desconstituição do registro: "O reconhecimento dos filhos através de registro público é irrevogável, no entanto, tal fato não implica na vedação de questionamentos em torno da filiação, desde que haja elementos suficientes para buscar a desconstituição do reconhecimento anteriormente formulado. Para desconstituir o registro de nascimento é necessário erro ou falsidade, contudo tenho que o exame de DNA, por ter como resultado um erro essencial sobre o estado da pessoa, é prova capaz de desconstituí-lo, pois derruba, por completo, a verdade jurídica nele estabelecida. Diante de uma prova tecnológica e cientificamente avançada como o exame de DNA e, ainda, não havendo, nos autos, elementos suficientes para contradizer o resultado por ele alcançado, não há razão para decidir contrariamente à sua conclusão" (RT 869/311, maioria).

Mais liberal: "A paternidade socioafetiva, declarada ou não em registro público, não impede o reconhecimento do **vínculo de filiação concomitante** baseado na origem biológica, com os efeitos jurídicos próprios" (STF-Pleno, RE 898.060, Min. Luiz Fux, j. 23.8.17, maioria, DJ 24.8.17). No mesmo sentido: "Extrai-se dos autos que o marido da mãe assumiu a paternidade do menor de forma voluntária, mesmo sabendo que não era seu filho biológico, e desse reconhecimento estabeleceu-se um vínculo afetivo que, certamente, só vem se fortalecendo com o tempo, haja vista que ele permanece casado com a genitora da criança registrada, participando, em consequência, do seu convívio diário. Por sua vez, desde que teve ciência da possibilidade de ser o pai biológico, o ora recorrido sempre buscou ter reconhecida essa condição. Inicialmente, mediante a realização do exame de DNA e, posteriormente, com o ajuizamento da presente ação, seguida da obtenção de regulamentação de visitas, o que também lhe permitiu conviver com o menor, desde quando ele tinha pouco mais de 2 anos de idade, e com ele estabelecer verdadeira relação paternal. Os elementos fáticos do caso, portanto, revelam o surgimento de filiação por origens distintas, do qual emerge um modelo familiar diverso da concepção tradicional, pela presença concomitante, tanto de vínculos estabelecidos por relação afetiva, quanto daqueles oriundos de ascendência biológica, e para cuja solução, vislumbrando o melhor interesse do menor, não se impõe a prevalência de um sobre o outro, mas o reconhecimento jurídico de ambos" (STJ-3ª T., REsp 1.548.187, Min. Marco Bellizze, j. 27.2.18, DJ 2.4.18). Ainda: "Ação de investigação de paternidade de filho que já fora adotado pelos tios maternos. Investigação de paternidade julgada procedente. Multiparentalidade. Possibilidade. O fato de ter havido a adoção plena do autor não o impede de forma alguma de ter reconhecida a verdade biológica quanto a sua filiação. A procedência do pedido de investigação de paternidade — o que não é objeto de insurgência por ambas as partes — de filho que fora adotado pelos tios maternos, com o pleito de novo assento, constando o nome do pai verdadeiro, implica o reconhecimento de todas as consequências patrimoniais e extrapatrimoniais daí advindas" (STJ-4ª T., REsp 1.607.056-EDcl-EDcl--AgInt, Min. Luis Felipe, j. 15.10.19, DJ 24.10.19). V. ECA 27, nota 3.

V. tb. arts. 1.601, nota 1c, e 1.609, nota 1.

Art. 1.605. Na falta, ou defeito, do termo de nascimento, poderá provar-se[1-2] a filiação por qualquer modo admissível em direito:[3]

I — quando houver começo de prova por escrito, proveniente dos pais, conjunta ou separadamente;

II — quando existirem veementes presunções resultantes de fatos já certos.

Art. 1.605: 1. Enunciado 109 do CEJ: "A restrição da coisa julgada oriunda de demandas reputadas improcedentes por insuficiência de prova não deve prevalecer para inibir a busca da identidade genética pelo investigando".

Art. 1.605: 2. s/ prova, v. arts. 212 a 232.

Art. 1.605: 3. v. CPC 400-II.

Art. 1.606. A ação de prova de filiação compete ao filho, enquanto viver, passando aos herdeiros, se ele morrer menor ou incapaz.[1 a 3]

Parágrafo único. Se iniciada a ação pelo filho, os herdeiros poderão continuá-la, salvo se julgado extinto o processo.

Art. 1.606: 1. v. ECA 27 e LRP 102-2º. V. ainda, no tít. INVESTIGAÇÃO DE PATERNIDADE, art. 2º da Lei 8.560, de 29.12.92.

Art. 1.606: 2. "O direito ao reconhecimento judicial de **vínculo paternal**, seja ele genético ou **socioafetivo**, é pessoal, podendo ser transferido entre filhos e netos apenas de forma sucessiva, na hipótese em que a ação tiver sido iniciada pelo próprio filho e não houver sido extinto o processo. Interpretação do art. 1.606 e parágrafo único, do Código Civil. A ação foi proposta pelos netos objetivando o reconhecimento de vínculo socioafetivo entre a mãe, pré-morta, e os avós, um deles também já falecido, que a teriam criado como filha desde os 3 anos de idade, carecendo os autores, portanto, de legitimidade ativa *ad causam*, sendo-lhes resguardado, porém, o direito de demandar em nome próprio" (STJ-3ª T., REsp 1.492.861, Min. Marco Bellizze, j. 2.8.16, DJ 16.8.16).

V. tb. art. 1.596, nota 2.

Art. 1.606: 3. "**Reconhecimento de relação avoenga.** Natureza declaratória e personalíssima. **Petição de herança.** Natureza real, universal e condenatória. Embora não seja possível a sucessão processual e o regular prosseguimento da ação quanto ao pedido declaratório de existência de relação avoenga (com consequências registrais), não há óbice para que essa questão seja examinada, não mais em caráter principal, mas incidental, como causa de pedir e fundamento de um pedido em que se admite a sucessão processual, porque patrimonial e condenatório, que é a petição de herança" (STJ-3ª T., REsp 1.868.188, Min. Nancy Andrighi, j. 28.9.21, maioria, DJ 23.11.21).

Capítulo III | DO RECONHECIMENTO DOS FILHOS[1 A 3]

CAP. III: 1. v. tít. INVESTIGAÇÃO DE PATERNIDADE.

CAP. III: 2. v. ECA 27, LRP 59 e 113 e LJE 3º § 2º, *in fine*.

CAP. III: 3. Enunciado 339 do CEJ: "A paternidade socioafetiva, calcada na vontade livre, não pode ser rompida em detrimento do melhor interesse do filho".

Art. 1.607. O filho havido fora do casamento pode ser reconhecido pelos pais, conjunta ou separadamente.[1-2]

Art. 1.607: 1. v. arts. 1.596 e 1.693-I. V. tb. CF 227 § 6º e ECA 26.

Art. 1.607: 2. "O direito de reconhecer voluntariamente a prole é personalíssimo e, portanto, intransmissível aos herdeiros, não existindo no direito positivo pátrio norma que atribua efeitos jurídicos ao ato pelo qual aqueles reconheçam a condição de irmão, se o pai não o fez em vida. Falecido o suposto genitor sem manifestação expressa acerca da existência de filho *extra matrimonium*, a pretensão de inclusão do seu nome no registro de nascimento poderá ser deduzida apenas na via judicial, por meio de ação investigatória de paternidade" (STJ-3ª T., REsp 832.330, Min. Castro Filho, j. 20.3.07, DJU 2.4.07).

Todavia, há acórdãos no sentido de que os pais do pai já falecido, isto é, os avós, podem reconhecer extrajudicialmente o filho de seu filho, ou seja, o neto, em situações nas quais não haja conflito de interesses (RBDF 20/130, 21/89).

Art. 1.608. Quando a maternidade constar do termo do nascimento do filho, a mãe só poderá contestá-la, provando a falsidade do termo, ou das declarações nele contidas.[1]

Art. 1.608: 1. v. art. 1.604. V. tb. LRP 113 e CP 241 a 243.

Art. 1.609. O reconhecimento dos filhos havidos fora do casamento é irrevogável[1] e será feito:
I — no registro do nascimento;[1a]
II — por escritura pública ou escrito particular, a ser arquivado em cartório;
III — por testamento, ainda que incidentalmente manifestado;[2]
IV — por manifestação direta e expressa perante o juiz, ainda que o reconhecimento não haja sido o objeto único e principal do ato que o contém.
Parágrafo único. O reconhecimento pode preceder o nascimento do filho ou ser posterior ao seu falecimento, se ele deixar descendentes.

Art. 1.609: 1. O que a lei veda é a retratação pura e simples do reconhecimento; se este é inverídico, admite-se a propositura de ação para anulá-lo, movida pelo suposto pai (RT 779/227, 811/229, 851/213, 860/354, 863/239, RBDF 40/133) ou "intentada por quem quer que nisso tenha interesse" (RT 656/76).

V. tb. art. 1.604 e notas.

Art. 1.609: 1a. v. art. 10-II; LRP 29 § 1º-*b*, *c* e *d*.

Art. 1.609: 2. v. art. 1.610.

Art. 1.610. O reconhecimento não pode ser revogado,[1] nem mesmo quando feito em testamento.[2]

Art. 1.610: 1. v. art. 1.609, nota 1.

Art. 1.610: 2. v. art. 1.609-III.

Art. 1.611. O filho havido fora do casamento, reconhecido por um dos cônjuges, não poderá residir no lar conjugal sem o consentimento do outro.[1]

Art. 1.611: 1. Dec. lei 3.200, de 19.4.41 — Dispõe sobre a organização e proteção da família: "**Art. 15.** Se um dos cônjuges negar consentimento para que resida no lar conjugal o filho natural reconhecido do outro, caberá ao pai ou à mãe, que o reconheceu, prestar-lhe, fora do seu lar, inteira assistência, assim como alimentos correspondentes à condição social em que viva, iguais aos que prestar ao filho legítimo se o tiver".

Art. 1.612. O filho reconhecido, enquanto menor, ficará sob a guarda do genitor que o reconheceu, e, se ambos o reconheceram e não houver acordo, sob a de quem melhor atender aos interesses do menor.[1-2]

Art. 1.612: 1. v. arts. 1.583 a 1.586.

Quanto ao filho não reconhecido pelo pai, v. art. 1.633.

Art. 1.612: 2. Dec. lei 3.200, de 19.4.41 — Dispõe sobre a organização e proteção da família: "**Art. 16** (*redação dada pela Lei 5.582, de 16.6.70*). O filho natural enquanto menor ficará sob o poder do genitor que o reconheceu e, se ambos o reconheceram, sob o poder da mãe, salvo se de tal solução advier prejuízo ao menor.

"§ 1º (*incluído pela Lei 5.582, de 16.6.70*) Verificado que não deve o filho permanecer em poder da mãe ou do pai, deferirá o Juiz a sua guarda a pessoa notoriamente idônea, de preferência da família de qualquer dos genitores.

"§ 2º (*incluído pela Lei 5.582, de 16.6.70*) Havendo motivos graves, devidamente comprovados, poderá o Juiz, a qualquer tempo e caso, decidir de outro modo, no interesse do menor".

Art. 1.613. São ineficazes a condição[1] e o termo[2] apostos ao ato de reconhecimento do filho.

Art. 1.613: 1. v. art. 121.
Art. 1.613: 2. v. art. 131.

Art. 1.614. O filho maior não pode ser reconhecido sem o seu consentimento, e o menor pode impugnar o reconhecimento, nos quatro anos que se seguirem à maioridade, ou à emancipação.[1 a 2]

Art. 1.614: 1. "A investigação de paternidade e o artigo 1.614 do Código Civil", por Sérgio Gischkow Pereira (Ajuris 94/283); "Princípio constitucional da paternidade responsável: diretrizes para a reinterpretação do art. 1.614 do Código Civil", por Vanessa Ribeiro Corrêa Sampaio Souza (RBDFS 31/17).

Art. 1.614: 1a. v. art. 4º da Lei 8.560, de 29.12.92 (no tít. INVESTIGAÇÃO DE PATERNIDADE).

Art. 1.614: 1b. "Falece legítimo interesse econômico ou moral, faltando, pois, condição da ação (CPC, art. 267, VI), ao pretenso genitor que, durante clima de animosidade, demonstrado por acionamento judicial e dissensões, move ação de reconhecimento de paternidade e anulação de registro de nascimento contra suposta filha, registrada há cerca de quarenta anos, pelos mesmos genitores do autor e, portanto, sua irmã" (STJ-3ª T., REsp 903.613, Min. Sidnei Beneti, j. 24.6.08, DJ 5.8.08).

Art. 1.614: 1c. "Os **irmãos** unilaterais possuem legitimidade ativa para propor ação declaratória de **reconhecimento de parentesco natural com irmã pré-morta,** ainda que a relação paterno-filial com o pai comum, também pré-morto, não tenha sido reconhecida em vida, pois a ação veicula alegado direito próprio, autônomo e personalíssimo em ver reconhecida a existência da relação jurídica familiar e, eventualmente, concorrer na sucessão da irmã falecida. O fato de o hipotético acolhimento da pretensão deduzida revelar a existência de outros vínculos biológicos não desvendados em vida por outros familiares não pode obstar o exercício de direito próprio e autônomo dos irmãos, que apenas seriam partes ilegítimas se pretendessem o reconhecimento, em caráter principal, do suposto vínculo biológico entre a falecida irmã e o pai comum. Os irmãos unilaterais possuem interesse processual para propor ação declaratória de reconhecimento de parentesco natural com irmã pré-morta, quer seja porque se trata da medida necessária para o reconhecimento do vínculo de parentesco natural, bastante em si mesma para o exercício de direitos personalíssimos e passo necessário para a obtenção do direito sucessório, quer seja por se tratar da via adequada para essa finalidade diante da impossibilidade de reconhecimento da condição de herdeiro no bojo do inventário diante da necessidade de produção de prova distinta da documental. Não há, no ordenamento jurídico brasileiro, vedação expressa ou implícita à pretensão de direito autônomo à declaração de existência de relação de parentesco natural entre pessoas supostamente pertencentes à mesma família, calcada nos direitos personalíssimos de investigar a origem genética e biológica e a ancestralidade (corolários da dignidade da pessoa humana) e do qual pode eventualmente decorrer direito de natureza sucessória, não se aplicando à hipótese a regra do art. 1.614 do CC/2002" (STJ-3ª T., 1.892.941, Min. Nancy Andrighi, j. 1.6.21, DJ 8.6.21).

V. tb. art. 1.593, nota 3.

Art. 1.614: 1d. Julgando improcedente ação de reconhecimento de **maternidade socioafetiva** de filho maior *post mortem,* em razão da inviabilidade do consentimento deste: "A imprescindibilidade do consentimento do filho maior para o reconhecimento de filiação *post mortem* decorre da impossibilidade de se alterar, unilateralmente, a verdade biológica ou afetiva de alguém sem que lhe seja dada a oportunidade de se manifestar, devendo ser respeitadas a memória e a imagem póstumas de modo a preservar a história do filho e também de sua genitora biológica" (STJ-3ª T., REsp 1.688.470, Min. Nancy Andrighi, j. 10.4.18, DJ 13.4.18).

V. tb. art. 1.596, nota 2.

Art. 1.614: 2. "A regra que impõe o prazo de quatro anos para impugnar o reconhecimento da paternidade constante do registro civil só é aplicável ao filho natural que pretende afastar a paternidade por mero ato de vontade, com o objetivo único de desconstituir o reconhecimento da filiação, sem contudo buscar constituir nova relação. A decadência, portanto, não atinge o direito do filho que busca o reconhecimento da verdade biológica em investigação de paternidade e a consequente anulação do registro com base na falsidade deste" (STJ-3ª T., REsp 987.987, Min. Nancy Andrighi, j. 21.8.08, DJ 5.9.08). No mesmo sentido: STJ-4ª T., REsp 681.837, Min. Jorge Scartezzini, j. 2.6.05, DJU 20.6.05.

Contra: "Se a parte já contava mais de 30 anos de idade ao ajuizar a ação e sempre soube da inexistência do liame biológico com os pais registrais, mas manteve com eles e com o irmão proveniente dessa relação estreito liame social e afetivo, descabe buscar a desconstituição do vínculo, tendo ocorrido de forma indelével a decadência do seu direito" (RJTJERGS 248/248: AP 70011110327, maioria; no caso, foram cumulados os pedidos de investigação de paternidade, de anulação de registro e de petição de herança).

V. tb. arts. 205, nota 3, 1.601, 1.604, nota 2a, e 1.824, nota 1.

Art. 1.615. Qualquer pessoa, que justo interesse tenha, pode contestar a ação de investigação de paternidade,¹ ou maternidade.²

Art. 1.615: 1. v. art. 2º da Lei 8.560, de 29.12.92 (no tít. INVESTIGAÇÃO DE PATERNIDADE).

Art. 1.615: 2. Diversamente, para caso de ação declaratória negativa da paternidade, v. art. 1.601, nota 4.

Art. 1.616. A sentença que julgar procedente a ação de investigação produzirá os mesmos efeitos do reconhecimento;¹ mas poderá ordenar que o filho se crie e eduque fora da companhia dos pais ou daquele que lhe contestou essa qualidade.²

Art. 1.616: 1. v. LRP 29 § 1º-*d*.

Art. 1.616: 2. v. arts. 1.584 § 5º e 1.586.

Art. 1.617. A filiação materna ou paterna pode resultar de casamento declarado nulo, ainda mesmo sem as condições do putativo.¹⁻²

Art. 1.617: 1. Casamento putativo: art. 1.561. Casamento nulo: art. 1.548.

Art. 1.617: 2. Ou seja, subsiste a presunção de paternidade e de maternidade dos filhos havidos de casamento nulo, porque, ainda que provada a má-fé de ambos os cônjuges, os efeitos civis do casamento "aos filhos aproveitarão" (art. 1.561 § 2º).

Capítulo IV | DA ADOÇÃO¹ ᴬ ³

CAP. IV: 1. "Igualdade entre a filiação biológica e socioafetiva", por Belmiro Pedro Welter (RDPr 14/111); "A filiação adotiva dos menores e o novo modelo de família previsto na Constituição Federal de 1988", por Fernanda Stracke Moor (Ajuris 83/135); "A família nos estudos psicossociais de adoção: experiência de uma vara da infância e da juventude", por Niva Maria Vasques Campos e Liana Fortunato Costa (RT 813/114); "Adoção plena: um instituto do amor", por Anabel Vitória Mendonça de Souza (RBDF 28/78); "O processo de adoção. Brasil (1998-2006)", por Carla Hecht Domingos (RBDF 38/38).

CAP. IV: 2. v. arts. 558, 1.521-I, III e V, 1.593, 1.596, 1.635-IV e 1.763-II. V. tb. CF 227 § 6º.

CAP. IV: 3. Lei 10.421, de 15.4.02 — Estende à mãe adotiva o direito à licença-maternidade e ao salário-maternidade, alterando a Consolidação das Leis do Trabalho e a Lei 8.213, de 24.7.91.

V. arts. 208 e 210 da Lei 8.112, de 11.12.90 (concessão de licença para servidor público federal que adotar filho).

Art. 1.618. A adoção de crianças e adolescentes será deferida na forma prevista pela Lei n. 8.069, de 13 de julho de 1990 — Estatuto da Criança e do Adolescente.¹⁻²

Parágrafo único. .... ³

Art. 1.618: 1. Redação do *caput* de acordo com a Lei 12.010, de 3.8.09, em vigor 90 dias após a sua publicação (DOU 4.8.09).

Art. 1.618: 2. v. especialmente ECA 39 a 52-D e notas, no tít. CRIANÇA E ADOLESCENTE.

Art. 1.618: 3. O § ún. foi expressamente revogado pela Lei 12.010, de 3.8.09, em vigor 90 dias após a sua publicação (DOU 4.8.09).

Art. 1.619. A adoção de maiores de dezoito anos dependerá da assistência efetiva do poder público e de sentença constitutiva, aplicando-se, no que couber, as regras gerais da Lei n. 8.069, de 13 de julho de 1990 — Estatuto da Criança e do Adolescente.¹ ᵃ ⁴

Art. 1.619: 1. Redação do art. 1.619 de acordo com a Lei 12.010, de 3.8.09, em vigor 90 dias após a sua publicação (DOU 4.8.09).

Art. 1.619: 2. "Na vigência do Código Civil de 2002, é indispensável o processo judicial, mesmo para a adoção de maiores de 18 anos, não sendo possível realizar o ato por intermédio de escritura pública" (STJ-4ª T., REsp 703.362, Min. Luis Felipe, j. 25.10.10, DJ 8.6.10).

Art. 1.619: 3. "Remetendo o art. 1.619 do Código Civil, que trata da adoção de maiores de dezoito anos, a aplicação dos dispositivos da Lei 8.069/90 — Estatuto da Criança e do Adolescente, impõe-se a observância do rito processual nele encartado, no que couber. Os requisitos legais para a adoção da pessoa maior e capaz são os mesmos para a adoção do menor, a saber: a) diferença de idade de dezesseis anos entre adotante e adotado (art. 42, § 3º, ECA); b) consentimento do adotando maior de 18 anos (art. 45, § 2º, ECA); c) impedimentos matrimoniais quanto à família adotiva como em relação à família natural; d) proibição de ser adotado por avós, irmãos, tutores e curadores (art. 42, § 1º, ECA); e e) direito sucessório assegurado (art. 41, § 2º, ECA). Todavia, o requisito primordial à adoção é a demonstração de forma cabal da existência de vínculo afetivo que une os adotantes e adotados e da convivência harmônica entre os mesmos, eis que nos termos do art. 43 da Lei 8.069/90: 'a adoção será deferida quando apresentar reais vantagens para o adotando e fundar-se em motivos legítimos'. No caso em comento, além da irregularidade na manifestação de vontade e da falta de representação da pretensa adotante, não houve comprovação acerca da existência de laço afetivo entre os adotantes e o adotado, bem como de uma convivência harmônica entre os mesmos, pois residentes em países distintos, inegavelmente, desde fevereiro de 2008. Não preenchidos os requisitos necessários ao prosseguimento do feito, impõe-se a manutenção da sentença recorrida" (RT 932/901: TJES, AP 0017624-75.2011.8.08.0035).

Art. 1.619: 4. "A adoção de pessoa maior e plenamente capaz é questão que envolve interesse individual e disponível, **não dependente do consentimento dos pais biológicos** do adotando" (STJ-3ª T., REsp 1.421.409, Min. João Otávio, j. 18.8.16, DJ 25.8.16).

Art. 1.620.

Art. 1.620: 1. O art. 1.620 foi expressamente revogado pela Lei 12.010, de 3.8.09, em vigor 90 dias após a sua publicação (DOU 4.8.09).

Art. 1.621.
§ 1º
§ 2º

Art. 1.621: 1. O art. 1.621 foi expressamente revogado pela Lei 12.010, de 3.8.09, em vigor 90 dias após a sua publicação (DOU 4.8.09).

Art. 1.621: 2. O § 1º foi expressamente revogado pela Lei 12.010, de 3.8.09, em vigor 90 dias após a sua publicação (DOU 4.8.09).

Art. 1.621: 3. O § 2º foi expressamente revogado pela Lei 12.010, de 3.8.09, em vigor 90 dias após a sua publicação (DOU 4.8.09).

Art. 1.622.
Parágrafo único.

Art. 1.622: 1. O art. 1.622 foi expressamente revogado pela Lei 12.010, de 3.8.09, em vigor 90 dias após a sua publicação (DOU 4.8.09).

Art. 1.622: 2. O § ún. foi expressamente revogado pela Lei 12.010, de 3.8.09, em vigor 90 dias após a sua publicação (DOU 4.8.09).

Art. 1.623.
Parágrafo único.

Art. 1.623: 1. O art. 1.623 foi expressamente revogado pela Lei 12.010, de 3.8.09, em vigor 90 dias após a sua publicação (DOU 4.8.09).

Art. 1.623: 2. O § ún. foi expressamente revogado pela Lei 12.010, de 3.8.09, em vigor 90 dias após a sua publicação (DOU 4.8.09).

Art. 1.624.

Art. 1.624: 1. O art. 1.624 foi expressamente revogado pela Lei 12.010, de 3.8.09, em vigor 90 dias após a sua publicação (DOU 4.8.09).

Art. 1.625.

Art. 1.625: 1. O art. 1.625 foi expressamente revogado pela Lei 12.010, de 3.8.09, em vigor 90 dias após a sua publicação (DOU 4.8.09).

Art. 1.626.
Parágrafo único.

Art. 1.626: 1. O art. 1.626 foi expressamente revogado pela Lei 12.010, de 3.8.09, em vigor 90 dias após a sua publicação (DOU 4.8.09).

Art. 1.626: 2. O § ún. foi expressamente revogado pela Lei 12.010, de 3.8.09, em vigor 90 dias após a sua publicação (DOU 4.8.09).

Art. 1.627.

Art. 1.627: 1. O art. 1.627 foi expressamente revogado pela Lei 12.010, de 3.8.09, em vigor 90 dias após a sua publicação (DOU 4.8.09).

Art. 1.628.

Art. 1.628: 1. O art. 1.628 foi expressamente revogado pela Lei 12.010, de 3.8.09, em vigor 90 dias após a sua publicação (DOU 4.8.09).

Art. 1.629.

Art. 1.629: 1. O art. 1.629 foi expressamente revogado pela Lei 12.010, de 3.8.09, em vigor 90 dias após a sua publicação (DOU 4.8.09).

Capítulo V | DO PODER FAMILIAR[1]

Seção I | DISPOSIÇÕES GERAIS

CAP. V: 1. v. tít. CRIANÇA E ADOLESCENTE.

Art. 1.630. Os filhos estão sujeitos ao poder familiar, enquanto menores.[1]

Art. 1.630: 1. v. arts. 5º (maioridade civil) e 1.612 (guarda do filho).

Art. 1.631. Durante o casamento e a união estável, compete o poder familiar aos pais; na falta ou impedimento de um deles, o outro o exercerá com exclusividade.
Parágrafo único. Divergindo os pais quanto ao exercício do poder familiar, é assegurado a qualquer deles recorrer ao juiz para solução do desacordo.[1-2]

Art. 1.631: 1. "O direito de audição de crianças e jovens em processo de regulação do exercício do poder familiar", por Gustavo Ferraz de Campos Mônaco e Maria Luiza Ferraz de Campos (RBDF 32/5).

Art. 1.631: 2. v. arts. 1.567 § ún., 1.690 § ún., 1.517 § ún.; ECA 21.

Art. 1.632. A separação judicial,¹ o divórcio e a dissolução da união estável não alteram as relações entre pais e filhos senão quanto ao direito, que aos primeiros cabe, de terem em sua companhia os segundos.²

Art. 1.632: 1. v. art. 1.571, nota 2b **(Em. Const. 66, de 13.7.10).**
Art. 1.632: 2. v. arts. 1.583 a 1.590. V. tb. LDi 27.

Art. 1.633. O filho, não reconhecido pelo pai, fica sob poder familiar exclusivo da mãe; se a mãe não for conhecida ou capaz de exercê-lo, dar-se-á tutor ao menor.¹

Art. 1.633: 1. v. arts. 1.638 (destituição judicial do poder familiar) e 1.728 (tutela do filho menor).

Seção II | DO EXERCÍCIO DO PODER FAMILIAR¹

SEÇ. II: 1. s/ crimes ligados ao poder familiar, v. CP 244 a 249.

Art. 1.634. Compete a ambos os pais, qualquer que seja a sua situação conjugal, o pleno exercício do poder familiar, que consiste em, quanto aos filhos:¹
I — dirigir-lhes a criação e a educação;¹ᵃ
II — exercer a guarda unilateral ou compartilhada nos termos do art. 1.584;¹ᵇ
III — conceder-lhes ou negar-lhes consentimento para casarem;²
IV — conceder-lhes ou negar-lhes consentimento para viajarem ao exterior;²ᵃ
V — conceder-lhes ou negar-lhes consentimento para mudarem sua residência permanente para outro Município;
VI — nomear-lhes tutor³ por testamento ou documento autêntico, se o outro dos pais não lhe sobreviver, ou o sobrevivo não puder exercer o poder familiar;
VII — representá-los judicial e extrajudicialmente até os 16 (dezesseis) anos, nos atos da vida civil, e assisti-los, após essa idade,⁴ nos atos em que forem partes, suprindo-lhes o consentimento;⁵ ᵃ ⁷
VIII — reclamá-los de quem ilegalmente os detenha;
IX — exigir que lhes prestem obediência, respeito e os serviços próprios de sua idade e condição.

Art. 1.634: 1. Redação do *caput* e incisos de acordo com a Lei 13.058, de 22.12.14.
Art. 1.634: 1a. s/ dever dos pais de prestar alimentos aos filhos, v. art. 1.566-IV. V. tb. ECA 22.
Art. 1.634: 1b. v. arts. 1.583 a 1.589, 1.612 e 1.631 a 1.633. V. tb. ECA 33 a 35.
Art. 1.634: 2. v. arts. 1.517 e 1.555.
Art. 1.634: 2a. v. ECA 83 a 85.
Art. 1.634: 3. v. art. 1.729.
Art. 1.634: 4. "após essa idade", i. e., até completarem 18 anos (art. 5º).
Art. 1.634: 5. v. tb. art. 1.690.
Art. 1.634: 6. "O fato de ter sido concedida a guarda permanente a terceiro que não compõe o núcleo familiar não pode implicar em automática destituição — ou em injustificada restrição — do exercício do poder familiar

pela genitora, sobretudo porque medida dessa espécie não prescinde de cognição exauriente em ação a ser proposta especificamente para essa finalidade. Hipótese em que, não havendo nenhum óbice ao ajuizamento da ação investigatória de paternidade pelo menor representado pela genitora biológica, descabe a propositura da referida ação pela guardiã em representação do menor, ressalvada a possibilidade de, na inércia da genitora, a ação ser proposta pelo Ministério Público e, excepcionalmente, até mesmo pela própria guardiã, mas desde que presentes circunstâncias excepcionais que justifiquem a concessão a ela de poderes de representação judicial" (STJ-3ª T., REsp 1.761.274, Min. Nancy Andrighi, j. 4.2.20, DJ 6.2.20).

Art. 1.634: 7. "Caso concreto em que menores impúberes figuraram como cessionários em contrato de cessão de cotas de sociedade por cotas de responsabilidade limitada, **representados exclusivamente pelo genitor,** não tendo a genitora sequer tido ciência do negócio jurídico. A representação inadequada de pessoas absolutamente incapazes maculou a validade do negócio jurídico, desde sua formação, ensejando a sua nulidade absoluta, nos termos do art. 145, IV, do CC/16" (STJ-3ª T., REsp 1.816.742, Min. Nancy Andrighi, j. 27.10.20, DJ 19.11.20).

Seção III | DA SUSPENSÃO E EXTINÇÃO DO PODER FAMILIAR[1]

SEÇ. III: 1. v. ECA 155 a 163.

Art. 1.635. Extingue-se o poder familiar:
  I — pela morte dos pais ou do filho;
  II — pela emancipação, nos termos do art. 5º, parágrafo único;
  III — pela maioridade;[1]
  IV — pela adoção;[2]
  V — por decisão judicial, na forma do art. 1.638.

Art. 1.635: 1. i. e., aos 18 anos (art. 5º).
Art. 1.635: 2. A adoção transfere o poder familiar dos pais consanguíneos para os pais adotivos (ECA 41).

Art. 1.636. O pai ou a mãe que contrai novas núpcias, ou estabelece união estável, não perde, quanto aos filhos do relacionamento anterior, os direitos ao poder familiar,[1] exercendo-os sem qualquer interferência do novo cônjuge ou companheiro.

Parágrafo único. Igual preceito ao estabelecido neste artigo aplica-se ao pai ou à mãe solteiros que casarem ou estabelecerem união estável.

Art. 1.636: 1. v. art. 1.588.

Art. 1.637. Se o pai, ou a mãe, abusar de sua autoridade, faltando aos deveres a eles inerentes ou arruinando os bens dos filhos,[1] cabe ao juiz, requerendo algum parente, ou o Ministério Público,[1a] adotar a medida que lhe pareça reclamada pela segurança do menor e seus haveres, até suspendendo o poder familiar, quando convenha.

Parágrafo único. Suspende-se igualmente o exercício do poder familiar ao pai ou à mãe condenados por sentença irrecorrível, em virtude de crime cuja pena exceda a dois anos de prisão.[2]

Art. 1.637: 1. v. art. 1.691.
Art. 1.637: 1a. s/ legitimidade para o pedido de perda ou suspensão do poder familiar, v., mais amplamente, ECA 155.
Art. 1.637: 2. v. CP 92-II.

Art. 1.638. Perderá por ato judicial o poder familiar o pai ou a mãe que:[1-1a]
I — castigar imoderadamente o filho;[1b]
II — deixar o filho em abandono;[2-2a]
III — praticar atos contrários à moral e aos bons costumes;[3]
IV — incidir, reiteradamente, nas faltas previstas no artigo antecedente;
V — entregar de forma irregular o filho a terceiros para fins de adoção.[4]
Parágrafo único. Perderá também por ato judicial o poder familiar aquele que:[5]
I — praticar contra outrem igualmente titular do mesmo poder familiar:
a) homicídio, feminicídio ou lesão corporal de natureza grave ou seguida de morte, quando se tratar de crime doloso envolvendo violência doméstica e familiar ou menosprezo ou discriminação à condição de mulher;
b) estupro ou outro crime contra a dignidade sexual sujeito à pena de reclusão;
II — praticar contra filho, filha ou outro descendente:
a) homicídio, feminicídio ou lesão corporal de natureza grave ou seguida de morte, quando se tratar de crime doloso envolvendo violência doméstica e familiar ou menosprezo ou discriminação à condição de mulher;
b) estupro, estupro de vulnerável ou outro crime contra a dignidade sexual sujeito à pena de reclusão.

Art. 1.638: 1. v. art. 1.635-V.

Art. 1.638: 1a. "Destituição do pátrio poder. Menor. Família substituta. Caso peculiar. Migração da mãe para o sul do Brasil em busca de melhores condições. Maus-tratos e situação de risco. Confirmação. Pretensão de atribuição da guarda à avó materna. Inexistência de vínculo com a família estendida (avós, tios e primos). Adoção concluída. Prevalência do interesse do menor. Estabilidade na criação e formação. Estando a criança em situação de risco e não subsistindo nenhum vínculo afetivo entre ela e a família de origem, prevalece o interesse da menor, que deve ser inserida em família substituta, sobretudo quando há notícia de que o processo de adoção já foi concluído" (STJ-3ª T., REsp 1.422.929, Min. João Otávio, j. 24.4.14, maioria, DJ 12.8.14).

Art. 1.638: 1b. v. CP 136.

Art. 1.638: 2. v. CP 244 a 247 (crimes contra a assistência familiar).

Art. 1.638: 2a. "Se não há controvérsia sobre o fato de a menor ter sido vítima de negligência e de maus-tratos e encontrar-se em situação de risco, destitui-se o pátrio poder" (STJ-3ª T., REsp 1.422.929, Min. João Otávio, j. 24.4.14, maioria, DJ 12.8.14).

"Estando as crianças privadas dos cuidados indispensáveis à sua saúde, segurança pessoal e moralidade, caracterizado está o abandono destas pela mãe" (RT 827/421). No mesmo sentido: RBDF 31/104. Ainda, destituindo os pais do poder familiar "em virtude do alcoolismo e da falta de estrutura familiar": RT 826/335 (TJPR, AP 152.301-7). Também: RT 940/707 (TJDF, AP 2012.01.3.003029-2).

"Pais alcoólatras. Situação de risco evidenciada. Ambiente familiar não propício à formação da menor e ao seu desenvolvimento sadio. Constada, ademais, negligência daqueles em relação à infante. Ausência de cuidado com sua saúde, alimentação, educação e higiene" (RT 887/339: TJSC, AP 2009.001881-5).

"Comprovada a violação aos deveres inerentes ao poder familiar, em razão do histórico de negligência e drogadição da genitora, que abandonou a filha recém-nascida na maternidade, não mais voltando a procurá-la, resta configurada situação grave de risco autorizadora da destituição do poder familiar" (RT 901/321: TJRS, AP 70034858712).

"Destituição do poder familiar. Adolescente de 12 anos que engravida do padrasto e, após o nascimento da filha, envolve-se com drogas e prostituição. Riscos de que, mantida sob a guarda da avó, a garotinha venha a repetir a história da mãe. Núcleo familiar da bisavó tampouco adequado para a criação da menor. Impossibilidade de manutenção na família de origem. Princípio da proteção integral que deve prevalecer sobre o direito da adolescente em criar a filha" (RT 909/767: TJSP, AP 990.10.447562-7, maioria).

"Justifica a extinção do poder familiar a negligência nos deveres de sustentar, educar e guardar o menor, por não deter a mãe e a família biológica condições de provê-lo com os cuidados necessários ao seu desenvolvimento saudável, sob o aspecto físico, intelectual, emocional, afetivo, emotivo, espiritual e social. Hipótese em que o infante nasceu com problemas de atraso de desenvolvimento psicomotor e a mãe foi diagnosticada com retardo moderado, com idade mental de seis a nove anos, sendo incapaz de oferecer os cuidados mínimos ao seu filho" (RT 925/993: TJMG, AP 1.0702.10.008067-1/001).

Art. 1.638: 3. Extinguindo o poder familiar de mãe que se prostituía na frente da criança e sofria de alcoolismo: RT 872/213 (TJSP, AP 154.450-0/2-00).

Art. 1.638: 4. O inc. V foi acrescido pela Lei 13.509, de 22.11.17.

Art. 1.638: 5. O § ún. foi acrescido pela Lei 13.715, de 24.9.18.

Título II | DO DIREITO PATRIMONIAL[1]

Subtítulo I | DO REGIME DE BENS ENTRE OS CÔNJUGES[1 A 4]

Capítulo I | DISPOSIÇÕES GERAIS

TÍT. II: 1. "A questão patrimonial na relação matrimonial", por Schirlei Gonçalves de Oliveira (RJ 320/37); "Aspectos patrimoniais do direito de família no Brasil", por Cibele Pinheiro Marçal Tucci (RNDFS 1/37).

SUBTÍT. I: 1. Disposição transitória: "Art. 2.039. O regime de bens nos casamentos celebrados na vigência do Código Civil anterior, Lei n. 3.071, de 1º de janeiro de 1916, é o por ele estabelecido". V. art. 2.039, nota 2.

SUBTÍT. I: 2. Os cônjuges podem contratar sociedade entre si ou com terceiros, desde que não sejam casados no regime da comunhão universal de bens (arts. 1.667 a 1.671) ou no da separação obrigatória (art. 1.641). É o que dispõe o art. 977.

SUBTÍT. I: 3. "Regime de bens no Código Civil brasileiro vigente", por Denise Willhelm Gonçalves (RT 819/11 e RBDF 22/109); "Observações sobre os regimes de bens e o novo Código Civil", por Sérgio Gischkow Pereira (Ajuris 100/347 e RBDF 30/5); "Controvérsias sobre regime de bens no novo Código Civil", por Gustavo Tepedino (RBDFS 2/5 e Rev. AASP 98/111); "A crise conjugal e o colapso dos atuais modelos de regime de bens", por Rolf Madaleno (RBDFS 25/3); "A escolha do consorte e do regime de bens sob a perspectiva da análise econômica do direito", por Cristiana Sanchez Gomes-Ferreira (RJ 436/9).

SUBTÍT. I: 4. v. LRP 167-I-12 e II-1, 178-V e LINDB 7º §§ 4º e 5º.

Art. 1.639. É lícito aos nubentes, antes de celebrado o casamento, estipular, quanto aos seus bens, o que lhes aprouver.

§ 1º O regime de bens entre os cônjuges começa a vigorar desde a data do casamento.[1]

§ 2º É admissível alteração do regime de bens,[2 a 2b] mediante autorização judicial[3-3a] em pedido motivado de ambos os cônjuges, apurada a procedência das razões invocadas e ressalvados os direitos de terceiros.[4 a 6]

Art. 1.639: 1. A separação judicial põe termo ao regime de bens (art. 1.576).

Art. 1.639: 2. "Alteração do regime de bens e o art. 2.039 do Código Civil", por Heloisa Helena Barboza (RF 327/101); "Modificação do regime de bens no casamento: aspectos gerais e reflexos no patrimônio imobiliário do casal", por Luciano Lopes Passarelli (RDPr 21/139); "Mutabilidade do regime patrimonial de bens no casamento e na união estável. Conflito de normas", por Érica Verícia de Oliveira Canuto (RBDF 22/151); "A mudança do regime de bens no casamento em face do novo Código Civil brasileiro", por Clayton Reis (RBDF 20/5); "A alteração do regime de bens: possibilidade de retroagir", por Sérgio Gischkow Pereira (RBDF 23/66); "Modificação do regime de bens entre os cônjuges", por Laércio Galati (RDPr 23/234); "O direito adquirido e o regime de bens", por Rolf Madaleno (RJ 348/27); "Ação de modificação de regime matrimonial de bens", por Eduardo Henrique de Oliveira Yoshikawa (RDDP 73/36); "Questões relevantes sobre a mutabilidade do regime de bens do casamento", por José Tadeu Neves Xavier (RDPr 52/193).

Art. 1.639: 2a. Enunciado 113 do CEJ: "É admissível alteração do regime de bens entre os cônjuges, quando então o pedido, devidamente motivado e assinado por ambos os cônjuges, será objeto de autorização judicial, com ressalva dos direitos de terceiros, inclusive dos entes públicos, após perquirição de inexistência de dívida de qualquer natureza, exigida ampla publicidade".

Enunciado 260 do CEJ: "A alteração do regime de bens prevista no § 2º do art. 1.639 do Código Civil também é permitida nos casamentos realizados na vigência da legislação anterior". No mesmo sentido: STJ-RDDP 35/121 (4ª T., REsp 730.546); STJ-RMDCPC 16/105 (3ª T., REsp 821.807); RT 874/204 (TJSP, AP 448.010-4/8-00), JTJ 301/54, RBDF 25/76, RMDCPC 10/136. V. tb. art. 2.039, nota 2.

"Regime de bens. Separação obrigatória. Casamento realizado sob a égide do Código Civil de 1916. Mulher, à época, maior de 50 anos. Pretendida modificação para o regime da comunhão universal. Indeferimento da inicial. Processo extinto. Impossibilidade. Aplicação do art. 1.639 § 2º. Dispositivo legal que não contém restrição/ressalva a quaisquer dos regimes de bens. Inciso II do art. 1.641 do CC que fere frontalmente os princípios da igualdade e da dignidade da pessoa humana. Norma dissonante do regramento constitucional. Sentença anulada. Prosseguimento do feito determinado" (JTJ 323/276: AP 389.806.4/1-00). **Contra:** "Modificação de regime de bens no casamento. Matrimônio realizado na vigência do CC de 1916. Mulher, na ocasião, tinha 58 anos de idade. Regime da separação de bens observou o disposto no art. 258, § ún., II, do estatuto referido. Pretensão de alteração do regime, em decorrência do CC de 2002, não tem amparo legal, haja vista o caráter protetivo da legislação, não obstante os apelantes a adjetivarem de caprichosa e anacrônica" (RT 886/202: TJSP, AP 609.485.4/7-00).

Enunciado 262 do CEJ: "A obrigatoriedade da separação de bens, nas hipóteses previstas nos incs. I e III do art. 1.641 do Código Civil, não impede a alteração do regime, desde que superada a causa que o impôs".

Art. 1.639: 2b. "Regime de bens. Pretensão da mudança de comunhão parcial para separação de bens. Necessidade de as partes procederem ao **inventário** e à **partilha** de eventuais bens adquiridos após o casamento, a ser homologada pelo juiz, antes da expedição do mandado de averbação ao registro civil de pessoas naturais. A separação de bens **não retroage** à época da celebração do casamento, passando a vigorar daqui para diante" (JTJ 329/566: AP 561.634-4/0-00).

"Reconhecimento da eficácia 'ex nunc' da alteração do regime de bens, tendo por termo inicial a data do trânsito em julgado da decisão judicial que o modificou. Interpretação do art. 1.639, § 2º, do CC/2002" (STJ-3ª T., REsp 1.300.036, Min. Paulo Sanseverino, j. 13.5.14, DJ 20.5.14).

"A eleição de regime de bens diverso do legal, que deve ser feita por contrato escrito, tem efeitos apenas *ex nunc*, sendo inválida a estipulação de forma retroativa" (STJ-4ª T., REsp 1.751.645-AgInt, Min. Marco Buzzi, j. 4.11.19, DJ 11.11.19).

Todavia: "Alteração de regime de bens de casamento, de separação total para comunhão universal de bens, em face da permissão contida no § 2º do art. 1.639 do novo CC. Pretensão de que a alteração **retroaja** à data da celebração do casamento. Circunstâncias excepcionais que justificam o pleito. Superada a causa que impôs o regime da separação de bens (suprimento judicial por ausência de idade núbil da virago). Eventuais direitos de terceiros que devem ser ressalvados" (JTJ 341/408: AP 505.889-4/2-00).

Art. 1.639: 3. "O art. 1.639, § 2º, do novo CC, exige análise de requisitos específicos pelo douto magistrado singular para a modificação do regime de bens, sob pena de não o fazendo, acarretar a nulidade absoluta do pronunciamento judicial exarado" (RT 836/292).

Art. 1.639: 3a. "Sendo deferida a alteração de regime, desnecessário será lavrar escritura pública, sendo bastante a expedição do competente mandado judicial. O pacto antenupcial é ato notarial; a alteração do regime matrimonial é ato judicial" (RBDF 25/76).

Art. 1.639: 4. "A melhor interpretação que se deve conferir ao art. 1.639, § 2º, do CC/02 é a que não exige dos cônjuges justificativas exageradas ou provas concretas do prejuízo na manutenção do regime de bens originário, sob pena de se esquadrinhar indevidamente a própria intimidade e a vida privada dos consortes. No caso em exame, foi pleiteada a alteração do regime de bens do casamento dos ora recorrentes, manifestando eles como justificativa a constituição de sociedade de responsabilidade limitada entre o cônjuge varão e terceiro, providência que é acauteladora de eventual comprometimento do patrimônio da esposa com a empreitada do marido. A divergência conjugal quanto à condução da vida financeira da família é justificativa, em tese, plausível à alteração do regime de bens, divergência essa que, em não raras vezes, se manifesta ou se intensifica quando um dos cônjuges ambiciona enveredar-se por uma nova carreira empresarial, fundando, como no caso em apreço, sociedade com terceiros na qual algum aporte patrimonial haverá de ser feito, e do qual pode resultar impacto ao patrimônio comum do casal" (STJ-4ª T., REsp 1.119.462, Min. Luis Felipe, j. 26.2.13, RBDFS 34/98; com comentário de Érica Verícia Canuto de Oliveira Veras).

Art. 1.639: 4a. "A melhor interpretação que se pode conferir ao § 2º do art. 1.639 do CC é aquela no sentido de não se exigir dos cônjuges justificativas ou provas exageradas, desconectadas da realidade que emerge dos autos, sobretudo diante do fato de a decisão que concede a modificação do regime de bens operar efeitos *ex nunc*. Isso porque, na sociedade conjugal contemporânea, estruturada de acordo com os ditames assentados na Constituição de 1988, devem ser observados — seja por particulares, seja pela coletividade, seja pelo Estado — os limites impostos para garantia da dignidade da pessoa humana, dos quais decorrem a proteção da vida privada e da intimidade, sob o risco de, em situações como a que ora se examina, tolher indevidamente a liberdade dos cônjuges no que concerne à faculdade de escolha da melhor forma de condução da vida em comum. Destarte, no particular, considerando a presunção de boa-fé que beneficia os consortes e a proteção dos direitos de terceiros conferida pelo dispositivo legal em questão, bem como que os recorrentes apresentaram justificativa plausível à pretensão de mudança de regime de bens e acostaram aos autos farta documentação (certidões negativas das Justiças Estadual e Federal, certidões negativas de débitos tributários, certidões negativas da Justiça do Trabalho, certidões negativas de débitos trabalhistas, certidões negativas de protesto e certidões negativas de órgãos de proteção ao crédito), revela-se **despicienda** a juntada da **relação pormenorizada de seus bens**" (STJ-3ª T., REsp 1.904.498, Min. Nancy Andrighi, j. 4.5.21, DJ 6.5.21).

Art. 1.639: 5. "A manifestação de vontade das partes, comprovada a ausência de prejuízo a terceiros, possibilita a alteração do regime de bens adotado por ocasião da celebração do casamento, mesmo quando celebrado sob a égide do Código Civil de 1916. Há inadmissibilidade do pleito por colidência ao permissivo legal quando tramita ação indenizatória contra o cônjuge-varão na esfera cível, com sentença condenatória no juízo criminal, impossibilitando a conversão do regime de bens" (RJTJERGS 275/312: AP 70024823247).

"Alteração de regime de bens. Existência de execuções movidas em desfavor do varão. Ausência de patrimônio pela sociedade conjugal. Todavia, possibilidade de que futuros bens obtidos pelo esforço comum respondam pelo débito ao menos em sua meação. Inteligência do art. 591 do CPC e art. 1.658 do CC/02. Modificação que não pode estorvar interesses dos credores. Necessidade de prévia solução do passivo. Sentença de improcedência" (RT 880/187: TJSP, AP 589.897-4/3).

Art. 1.639: 6. "Dispensável a formalidade emanada de Provimento do Tribunal de Justiça de publicação de editais acerca da alteração do regime de bens, mormente pelo fato de se tratar de providência da qual não cogita a legislação aplicável. O princípio da publicidade, em tal hipótese, é atendido pela publicação da sentença que defere o pedido e pelas anotações e alterações procedidas nos registros próprios, com averbação no registro civil de pessoas naturais e, sendo o caso, no registro de imóveis" (STJ-4ª T., REsp 776.455, Min. Raul Araújo, j. 17.4.12, DJ 26.4.12).

Art. 1.640. Não havendo convenção, ou sendo ela nula ou ineficaz, vigorará, quanto aos bens entre os cônjuges, o regime da comunhão parcial.¹⁻¹ᵃ

Parágrafo único. Poderão os nubentes, no processo de habilitação, optar por qualquer dos regimes que este Código regula.¹ᵇ Quanto à forma, reduzir-se-á a termo a opção pela comunhão parcial,² fazendo-se o pacto antenupcial por escritura pública, nas demais escolhas.³⁻³ᵃ

Art. 1.640: 1. v. arts. 1.658 a 1.666.

Art. 1.640: 1a. O regime da comunhão parcial é também conhecido como **regime legal de bens** ou regime **supletivo**. Já o art. 1.641 dispõe s/ o regime da separação legal de bens.

Art. 1.640: 1b. Enunciado 331 do CEJ: "O estatuto patrimonial do casal pode ser definido por escolha de regime de bens distinto daqueles tipificados no Código Civil (art. 1.639 e parágrafo único do art. 1.640), e, para efeito de fiel observância do disposto no art. 1.528 do Código Civil, cumpre certificação a respeito, nos autos do processo de habilitação matrimonial".

Art. 1.640: 2. v. arts. 1.658 a 1.666. No caso do art. 1.665, há necessidade de pacto antenupcial.

Art. 1.640: 3. i. e., no regime de comunhão universal de bens (arts. 1.667 a 1.671), no de participação final nos aquestos (arts. 1.672 a 1.686; cf. art. 1.656) e no de separação de bens (arts. 1.687 e 1.688). Obviamente, no regime legal de separação obrigatória (art. 1.641) não cabe pacto antenupcial.

Art. 1.640: 3a. s/ escritura pública, v. art. 215.

Art. 1.641. É obrigatório o regime da separação de bens¹ ᵃ ²ᶜ no casamento:

I — das pessoas que o contraírem com inobservância das causas suspensivas da celebração do casamento;³

II — da pessoa maior de 70 (setenta) anos;³ᵃ ᵃ ⁴

III — de todos os que dependerem, para casar, de suprimento judicial.⁵

Art. 1.641: 1. s/ vedação de sociedade entre pessoas casadas sob o regime da separação obrigatória de bens, v. art. 977; s/ prerrogativas dos cônjuges, independentemente do regime de bens, v. art. 1.642; s/ regime de separação convencional de bens, v. arts. 1.687 e 1.688; s/ regime da separação obrigatória de bens e união estável, v. art. 1.725, nota 2a.

Art. 1.641: 2. Súmula 377 do STF: "No regime de separação legal de bens, comunicam-se os adquiridos na constância do casamento".

Segue a interpretação da jurisprudência para essa Súmula: "Em se tratando de regime de separação obrigatória (CC, art. 258 — art. 1.641 do CC atual), comunicam-se os bens adquiridos na constância do casamento pelo esforço comum. O enunciado n. 377 da Súmula do STF deve restringir-se aos aquestos resultantes da conjugação de esforços do casal, em exegese que se afeiçoa à evolução do pensamento jurídico e repudia o enriquecimento sem causa" (RSTJ 39/413, STJ-RT 691/194, STJ-RF 320/84). No mesmo sentido: STJ-2ª Seção, ED no REsp 1.623.858, Min. Lázaro Guimarães, j. 23.5.18, DJ 30.5.18; RT 846/256.

"Apesar de o casamento haver sido contraído pelo regime da separação de bens no exterior, os bens adquiridos na constância da vida comum, quase à totalidade transcorrida no Brasil, devem se comunicar, desde que resultantes do esforço comum. Exclusão, portanto, do patrimônio existente em nome da viúva, obtido pelo labor individual, doação ou herança, incorporando-se os demais ao espólio do cônjuge varão, para partilha e meação, a serem apurados em ação própria" (STJ-4ª T., REsp 123.633, Min. Aldir Passarinho Jr., j. 17.3.09, maioria, DJ 30.3.09).

Contra, a nosso ver sem razão, determinando a comunicação dos aquestos nessas circunstâncias independentemente da prova do esforço comum: STJ-3ª T., REsp 208.640, Min. Menezes Direito, j. 15.2.01, DJ 28.5.01; STJ-4ª T., REsp 1.008.684-AgRg, Min. Antonio Ferreira, j. 24.4.12, DJ 2.5.12.

S/ comunicabilidade de aquestos e: regime da separação de bens instituído por convenção dos cônjuges, v. art. 1.687, nota 2; pessoas em união estável que, se casadas fossem, deveriam sê-lo pelo regime da separação obrigatória de bens, v. art. 1.725, nota 2a.

Art. 1.641: 2a. "São válidas as **doações** promovidas, na constância do casamento, por cônjuges que contraíram matrimônio pelo regime da separação legal de bens, por três motivos: (i) o CC/16 não as veda, fazendo-no apenas com relação às doações antenupciais; (ii) o fundamento que justifica a restrição aos atos praticados por homens maiores de sessenta anos ou mulheres maiores que cinquenta, presente à época em que promulgado o CC/16, não mais se justifica nos dias de hoje, de modo que a manutenção de tais restrições representa ofensa ao princípio da dignidade da pessoa humana; (iii) nenhuma restrição seria imposta pela lei às referidas doações caso o doador não tivesse se casado com a donatária, de modo que o Código Civil, sob o pretexto de proteger o patrimônio dos cônjuges, acaba fomentando a união estável em detrimento do casamento, em ofensa ao art. 226, § 3º, da Constituição Federal" (STJ-RDDP 74/141 e RBDFS 10/141: 3ª T., REsp 471.958). No mesmo sentido: RT 901/228 (TJSP, AP 994.04.033199-7).

Art. 1.641: 2b. Sendo a situação impositiva do regime da separação obrigatória de bens, não se admite que os nubentes firmem pacto antenupcial para que o casamento seja regulado pelo regime da separação convencional de bens (RT 900/275: TJSP, AP 994.09.337258-8; caso de viúvo com filhos que casou antes da ultimação da partilha dos bens do cônjuge falecido).

Todavia, v. art. 1.725, nota 2a.

Art. 1.641: 2c. "**Afasta-se a obrigatoriedade** do regime de separação de bens quando o matrimônio é **precedido de** longo relacionamento em **união estável**, iniciado quando os cônjuges não tinham restrição legal à escolha do regime de bens, visto que não há que se falar na necessidade de proteção do idoso em relação a relacionamentos fugazes por interesse exclusivamente econômico. Interpretação da legislação ordinária que melhor a compatibiliza com o sentido do art. 226, § 3º, da CF, segundo o qual a lei deve facilitar a conversão da união estável em casamento" (STJ-4ª T., REsp 1.318.281, Min. Isabel Gallotti, j. 1.12.16, DJ 7.12.16).

Art. 1.641: 3. v. arts. 1.523 e 1.639, nota 2a (Enunciado 262 do CEJ).

Art. 1.641: 3a. Redação de acordo com a Lei 12.344, de 9.12.10. A redação anterior era a seguinte: "II — da pessoa maior de sessenta anos".

✎Art. 1.641: 3b. "Aspectos patrimoniais do casamento do maior de 60 anos: antes e depois do novo Código Civil", por Frederico Liserre Barruffini (RDPr 29/150).

Art. 1.641: 4. Enunciado 261 do CEJ: "A obrigatoriedade do regime da separação de bens não se aplica a pessoa maior de sessenta anos, quando o casamento for precedido de união estável iniciada antes dessa idade". No mesmo sentido: RT 848/319, RMDCPC 10/136.

Art. 1.641: 5. v. arts. 1.519 e 1.639, nota 2a (Enunciado 262 do CEJ).

Art. 1.642. Qualquer que seja o regime de bens, tanto o marido quanto a mulher podem livremente:[1]

I — praticar todos os atos de disposição e de administração necessários ao desempenho de sua profissão, com as limitações estabelecidas no inciso I do art. 1.647;

II — administrar os bens próprios;[1a]

III — desobrigar ou reivindicar os imóveis que tenham sido gravados ou alienados sem o seu consentimento ou sem suprimento judicial;[1b]

IV — demandar a rescisão dos contratos de fiança[1c] e doação, ou a invalidação do aval,[1d] realizados pelo outro cônjuge com infração do disposto nos incisos III e IV do art. 1.647;[2]

V — reivindicar os bens comuns, móveis ou imóveis, doados ou transferidos pelo outro cônjuge ao concubino, desde que provado que os bens não foram adquiridos pelo esforço comum destes, se o casal estiver separado de fato por mais de cinco anos;[3-4]

VI — praticar todos os atos que não lhes forem vedados expressamente.

Art. 1.642: 1. v. arts. 1.643 e 1.647.

Art. 1.642: 1a. v. ET 95, nota 1 (arrendamento rural).

Art. 1.642: 1b. v. arts. 1.645 e 1.646. V. tb. art. 1.647-I.

Art. 1.642: 1c. v. art. 1.647-III.

Art. 1.642: 1d. v. art. 1.647-III.

Art. 1.642: 2. v. arts. 1.645 e 1.646.

Art. 1.642: 3. v. art. 1.645.

Art. 1.642: 4. Para que a reivindicação seja possível, é necessário que marido e mulher não estejam separados de fato há mais de cinco anos e que o bem reivindicado não tenha sido adquirido pelo esforço comum dos concubinos.

Art. 1.643. Podem os cônjuges, independentemente de autorização um do outro:[1]

I — comprar, ainda a crédito, as coisas necessárias à economia doméstica;

II — obter, por empréstimo, as quantias que a aquisição dessas coisas possa exigir.

Art. 1.643: 1. v. art. 1.644.

Art. 1.644. As dívidas contraídas para os fins do artigo antecedente obrigam solidariamente[1-2] ambos os cônjuges.

Art. 1.644: 1. v. arts. 275 a 285.

Art. 1.644: 2. "Solidariedade dos cônjuges por dívidas contraídas em benefício da economia doméstica. Inteligência dos arts. 1.643 e 1.644 do CC de 2002. Legitimidade extraordinária do cônjuge, cujos bens se sujeitam à execução, na forma do art. 592, inciso IV, do CPC" (JTJ 342/217: AI 7.371.870-0).

"Mensalidades escolares. Dívidas contraídas em nome dos filhos da executada. Ausência de bens em nome da mãe para a satisfação do débito. Pretensão de inclusão do pai na relação jurídica processual. Possibilidade. Legitimidade extraordinária do responsável solidário pelo sustento e pela manutenção do menor matriculado em ensino regular. Nos arts. 1.643 e 1644 do Código Civil, o legislador reconheceu que, pelas obrigações contraídas para a manutenção da economia doméstica, e, assim, notadamente, em proveito da entidade familiar, o casal responderá solidariamente, podendo-se postular a excussão dos bens do legitimado ordinário e do coobrigado, extraordinariamente legitimado. Estão abrangidas na locução 'economia doméstica' as obrigações assumidas para a administração do lar e, pois, à satisfação das necessidades da família, no que se inserem as despesas educacionais" (STJ-3ª T., REsp 1.472.316, Min. Paulo Sanseverino, j. 5.12.17, DJ 18.12.17).

Todavia: "No âmbito do poder familiar estão contidos poderes jurídicos de direção da criação e da educação, envolvendo pretensões e faculdades dos pais em relação a seus filhos, correspondentes a um encargo privado imposto pelo Estado, com previsão em nível constitucional e infraconstitucional. As obrigações derivadas do poder familiar, contraídas nessa condição, quando casados os titulares, classificam-se como necessárias à economia doméstica, sendo, portanto, solidárias por força de lei e inafastáveis pela vontade das partes (art. 1644, do CC/2002). Nos casos de execução de obrigações contraídas para manutenção da economia doméstica, para que haja responsabilização de ambos os cônjuges, o processo judicial de conhecimento ou execução deve ser instaurado em face dos dois, com a devida citação e formação de litisconsórcio necessário. Nos termos do art. 10, § 1º, III, CPC/1973 (art. 73, § 1º, CPC/2015), se não houver a citação de um dos cônjuges, o processo será valido e eficaz para aquele que foi citado, e a execução não poderá recair sobre os bens que componham a meação ou os bens particulares do cônjuge não citado" (STJ-4ª T., REsp 1.444.511, Min. Luis Felipe, j. 11.2.20, DJ 19.5.20).

Art. 1.645. As ações fundadas nos incisos III, IV e V do art. 1.642 competem ao cônjuge prejudicado e a seus herdeiros.[1]

Art. 1.645: 1. v. arts. 1.646, 1.649 e 1.650.

Art. 1.646. No caso dos incisos III e IV do art. 1.642, o terceiro, prejudicado com a sentença favorável ao autor, terá direito regressivo contra o cônjuge, que realizou o negócio jurídico, ou seus herdeiros.

Art. 1.647. Ressalvado o disposto no art. 1.648, nenhum dos cônjuges pode, sem autorização do outro, exceto no regime da separação absoluta:[1 a 1d]

I — alienar ou gravar de ônus real[2] os bens imóveis;[2a a 5a]

II — pleitear, como autor ou réu, acerca desses bens ou direitos;[5b-6]

III — prestar fiança[7 a 8] ou aval;[8a a 9]

IV — fazer doação, não sendo remuneratória, de bens comuns, ou dos que possam integrar futura meação.

Parágrafo único. São válidas as doações nupciais feitas aos filhos quando casarem ou estabelecerem economia separada.

Art. 1.647: 1. "Ser ou não ser: outorga conjugal e solidariedade familiar", por José Fernando Simão (RBDFS 3/56).

Art. 1.647: 1a. Lei 14.118, de 12.1.21 — Institui o Programa Casa Verde e Amarela: **"Art. 13.** Os contratos e os registros efetivados no âmbito do Programa Casa Verde e Amarela serão formalizados, preferencialmente, em nome da mulher e, na hipótese de esta ser chefe de família, poderão ser firmados independentemente da outorga do cônjuge, afastada a aplicação do disposto nos arts. 1.647, 1.648 e 1.649 da Lei n. 10.406, de 10 de janeiro de 2002 (Código Civil). **§ 1º** O contrato firmado na forma prevista no *caput* deste artigo será registrado no cartório de registro de imóveis competente, sem a exigência de dados relativos ao cônjuge ou ao companheiro e ao regime de bens. **§ 2º** O disposto neste artigo não se aplica aos contratos de financiamento firmados com recursos do FGTS.

(...)

"**Art. 15.** Os prejuízos sofridos pelo cônjuge ou pelo companheiro em razão do disposto nos arts. 13 e 14 desta Lei serão resolvidos em perdas e danos".

Art. 1.647: 1b. No regime da separação absoluta de bens, nenhum dos cônjuges precisa de autorização do outro para praticar os atos previstos nos incisos I a IV. Entre os atos que pode livremente praticar, o mais importante vem a ser alienar bens ou gravá-los com ônus real (art. 1.687).

S/ suprimento judicial da autorização do cônjuge, v. art. 1.648.

Art. 1.647: 1c. A autorização da mulher é chamada de **outorga uxória** e a do marido de **outorga marital**.

Art. 1.647: 1d. Entendendo que a expressão "regime da separação absoluta" compreende apenas o regime da separação convencional de bens, não atingindo o regime da **separação legal de bens,** razão pela qual, neste regime, seria exigível a outorga uxória ou marital: "A exigência de outorga uxória ou marital para os negócios jurídicos de (presumidamente) maior expressão econômica previstos no artigo 1.647 do Código Civil (como a prestação de aval ou a alienação de imóveis) decorre da necessidade de garantir a ambos os cônjuges meio de controle da gestão patrimonial, tendo em vista que, em eventual dissolução do vínculo matrimonial, os consortes terão interesse na partilha dos bens adquiridos onerosamente na constância do casamento. Nas hipóteses de casamento sob o regime da separação legal, os consortes, por força da Súmula n. 377/STF, possuem o interesse pelos bens adquiridos onerosamente ao longo do casamento, razão por que é de rigor garantir-lhes o mecanismo de controle de outorga uxória/marital para os negócios jurídicos previstos no artigo 1.647 da lei civil" (STJ-RT 895/237: 3ª T., REsp 1.163.074, Min. Massami Uyeda). V. tb. nota 9.

Art. 1.647: 2. i. e., gravar de hipoteca, penhor ou anticrese.

Art. 1.647: 2a. v. art. 1.656 (regime de participação final nos aquestos e pacto antenupcial para livre disposição de bens).

Art. 1.647: 2b. Enunciado 340 do CEJ: "No regime da comunhão parcial de bens é sempre indispensável a autorização do cônjuge, ou seu suprimento judicial, para atos de disposição sobre bens imóveis".

Art. 1.647: 3. Se um dos cônjuges estiver impossibilitado para a administração dos bens, o outro poderá alienar os imóveis mediante autorização judicial, cf. art. 1.651-III.

Art. 1.647: 4. O empresário casado pode, sem necessidade de outorga conjugal, qualquer que seja o regime de bens, alienar os imóveis que integrem o patrimônio da empresa ou gravá-los de ônus real (art. 978).

Art. 1.647: 4a. "Não deve ser preservada a meação da **companheira** do devedor que agiu de má-fé, omitindo viver em união estável para oferecer bem do casal em **hipoteca**, sob pena de sacrifício da segurança jurídica em prejuízo do credor" (STJ-RT 866/173: 3ª T., REsp 952.141).

Todavia: "Somente aquele que pode alienar pode instituir hipoteca, de modo que a garantia real constituída sobre a integralidade do imóvel do casal, à revelia de um dos companheiros, prevalece somente sobre a parcela do bem pertencente àquele que estabeleceu o gravame" (RBDF 41/115).

V. tb. notas 5 e 8.

Art. 1.647: 5. "Reconhecimento da incidência da regra do art. 1.647, I, do CCB sobre as uniões estáveis, adequando-se, todavia, os efeitos do seu desrespeito às nuanças próprias da ausência de exigências formais para a constituição dessa entidade familiar. Necessidade de preservação dos efeitos, em nome da segurança jurídica, dos atos jurídicos praticados de boa-fé, que é presumida em nosso sistema jurídico. A invalidação da **alienação** de imóvel comum, realizada sem o consentimento do **companheiro,** dependerá da publicidade conferida à união estável mediante a averbação de contrato de convivência ou da decisão declaratória da existência de união estável no Ofício do Registro de Imóveis em que cadastrados os bens comuns, ou pela demonstração de má-fé do adquirente. Hipótese dos autos em que não há qualquer registro no álbum imobiliário em que inscrito o imóvel objeto de alienação em relação à copropriedade ou mesmo à existência de união estável, devendo-se preservar os interesses do adquirente de boa-fé" (STJ-3ª T., REsp 1.424.275, Min. Paulo Sanseverino, j. 4.12.14, DJ 16.12.14). No mesmo sentido: STJ-4ª T., REsp 1.706.745-AgInt, Min. Luis Felipe, j. 24.11.20, DJ 17.3.21.

V. tb. notas 4a e 8.

Art. 1.647: 5a. "Em se tratando de casamento celebrado na vigência do CC/1916 sob o regime da separação convencional de bens, somente aos negócios jurídicos celebrados na vigência da legislação revogada é que se poderá aplicar a regra do art. 235, I, do CC/1916, que previa a necessidade de autorização conjugal como condição de eficácia da hipoteca, independentemente do regime de bens. Contudo, aos negócios jurídicos celebrados após a entrada em vigor do CC/2002, deverá ser aplicada a regra do art. 1.647, I, do CC/2002, que prevê a dispensa de autorização conjugal como condição de eficácia da hipoteca quando o regime de bens for o da separação absoluta, ainda que se trate de **casamento celebrado na vigência da legislação civil revogada**" (STJ-3ª T., REsp 1.797.027, Min. Nancy Andrighi, j. 15.9.20, DJ 18.9.20).

Art. 1.647: 5b. "A participação das pessoas casadas no processo", por Fredie Didier Jr. (RMDCPC 8/5).

Art. 1.647: 6. v. CPC 73.

Art. 1.647: 7. Súmula 332 do STJ: "A fiança prestada sem autorização de um dos cônjuges implica a ineficácia total da garantia".

Daí não se poder cogitar de considerar a fiança "parcialmente eficaz para constranger a meação do cônjuge varão" (STJ-5ª T., REsp 772.419, Min. Arnaldo Esteves, j. 16.3.06, DJU 24.4.06). No mesmo sentido: STJ-4ª T., REsp 277.010, Min. Barros Monteiro, j. 8.6.04, DJU 27.9.04; RT 860/329.

Todavia: "Ao declarar estado civil diverso daquele que verdadeiramente ostenta, o fiador (cônjuge varão) violou os princípios da boa-fé objetiva e da lealdade contratual, por isso que não pode se aproveitar da própria torpeza a fim de se eximir da responsabilidade que assumira, em prejuízo dos locadores, que, no caso, são considerados terceiros de boa-fé. Contudo, a embargante não pode sofrer as consequências negativas decorrentes do procedimento indigno do cônjuge varão. Assim, emerge como correta a solução aplicada pelo sentenciante de piso no sentido de entender por eficaz a fiança prestada, ressalvando, contudo, de seus efeitos a meação da ora recorrente (embargante), vez que esta não participou do negócio jurídico em questão" (Bol. AASP 2.657: TJRJ, AP 2009.001.08581). No mesmo sentido: STJ-6ª T., REsp 1.095.441-AgRg, Min. Og Fernandes, j. 17.5.11, DJ 1.6.11; STJ-3ª T., REsp 1.328.235, Min. Sidnei Beneti, j. 4.6.13, DJ 28.6.13; RJM 200/88 (AP 1.0687.09.072314-3/001).

"Fiador que, ao prestar fiança em contrato de locação não se qualifica como casado, não se pode eximir dos efeitos de sua omissão. Inexigibilidade de outorga uxória. Validade da fiança" (RJTJERGS 254/294: AP 70012269585).

V. tb. nota 8b e art. 1.650, nota 2.

Art. 1.647: 7a. "Deve ser considerada válida a fiança prestada pelo cônjuge sem outorga uxória na hipótese em que a **esposa** encontrava-se em **local incerto e não sabido** há mais de 13 (treze) anos e a declaração de ausência somente foi requerida em juízo quando transcorridos mais de 4 (quatro) da concessão da garantia e quase 3 (três) anos da arrematação do imóvel pertencente ao casal, por terceiro de boa-fé, realizada nos autos da execução do contrato de locação inadimplido" (STJ-RT 901/163: 5ª T., REsp 900.255).

Art. 1.647: 7b. "A ausência do necessário consentimento do cônjuge para a prestação de fiança somente poderá ser suprida se for realizada por escrito, por meio de instrumento público ou particular autenticado. A **assinatura** do cônjuge, na qualidade de mera **testemunha** instrumental do contrato de locação, não é capaz de suprir essa exigência" (STJ-3ª T., REsp 1.185.982, Min. Nancy Andrighi, j. 14.12.10, DJ 2.2.11).

Art. 1.647: 7c. Mantendo "a exigência geral de outorga conjugal para prestar fiança, sendo indiferente o fato de o fiador prestá-la na condição de **comerciante ou empresário**, considerando a necessidade de proteção da segurança econômica familiar": STJ-4ª T., REsp 1.525.638, Min. Antonio Ferreira, j. 14.6.22, DJ 21.6.22.

Art. 1.647: 8. "Em sede de fiança, a exigência de outorga uxória ou marital só incide em hipóteses do civilmente casado, inaplicável ao instituto da **união estável**" (JTJ 373/372: AP 9121750-35.2008.8.26.0000).

"Contrato de locação. Fiança. Fiadora que convivia em união estável. Inexistência de outorga uxória. Dispensa. Validade da garantia. Inaplicabilidade da Súmula 332/STJ. A exigência de outorga uxória a determinados negócios jurídicos transita exatamente por este aspecto em que o tratamento diferenciado entre casamento e união estável é justificável. É por intermédio do ato jurídico cartorário e solene do casamento que se presume a publicidade do estado civil dos contratantes, de modo que, em sendo eles conviventes em união estável, hão de ser dispensadas as vênias conjugais para a concessão de fiança. Desse modo, não é nula nem anulável a fiança prestada por fiador convivente em união estável sem a outorga uxória do outro companheiro" (STJ-4ª T., REsp 1.299.866, Min. Luis Felipe, j. 25.2.14, DJ 21.3.14). No mesmo sentido: STJ-3ª T., Ag em REsp 841.104-AgInt, Min. Ricardo Cueva, j. 16.6.16, DJ 27.6.16.

V. tb. nota 8b. V. ainda notas 4a e 5.

Art. 1.647: 8a. "Conflito entre o novo Código Civil e a Lei Uniforme de Genebra quanto à obrigatoriedade da outorga uxória para validade do aval", por Paulo Roberto Colombo Arnoldi (RT 810/15).

Art. 1.647: 8b. "O **aval** prestado pelo cônjuge sem a devida outorga uxória é anulável, tendo o reconhecimento da nulidade o objetivo de tornar **insubsistente toda a garantia,** e não apenas de preservar a meação" (STJ-4ª T., REsp 1.028.014-AgInt, Min. Raul Araújo, j. 16.8.16, DJ 1.9.16).

Todavia: Enunciado 114 do CEJ: "O aval não pode ser anulado por falta de vênia conjugal, de modo que o inciso III do art. 1.647 apenas caracteriza a inoponibilidade do título ao cônjuge que não assentiu". No mesmo sentido: RMDECC 25/127 (TJMG, AP 1.0134.07.090325-4/001), JTJ 348/210 (AP 990.09.332996-4).

V. tb. nota 7.

Art. 1.647: 8c. Dispensando a outorga conjugal para o aval em **títulos de crédito típicos ou nominados:** "É imprescindível proceder-se à interpretação sistemática para a correta compreensão do art. 1.647, III, do CC/2002, de modo a harmonizar os dispositivos do Diploma civilista. Nesse passo, coerente com o espírito do Código Civil, em se tratando da disciplina dos títulos de crédito, o art. 903 estabelece que 'salvo disposição diversa em lei especial, regem-se os títulos de crédito pelo disposto neste Código'. No tocante aos títulos de crédito nominados, o Código Civil deve ter uma aplicação apenas subsidiária, respeitando-se as disposições especiais, pois o objetivo básico da regulamentação dos títulos de crédito, no novel Diploma civilista, foi permitir a criação dos denominados títulos atípicos ou inominados, com a preocupação constante de diferençar os títulos atípicos dos títulos de crédito tradicionais, dando aos primeiros menos vantagens. A necessidade de outorga conjugal para o aval em títulos inominados — de livre criação — tem razão de ser no fato de que alguns deles não asseguram nem mesmo direitos creditícios, a par de que a possibilidade de circulação é, evidentemente, deveras mitigada. A negociabilidade dos títulos de crédito é decorrência do regime jurídico-cambial, que estabelece regras que dão à pessoa para quem o crédito é transferido maiores garantias do que as do regime civil. As normas das leis especiais que regem os títulos de crédito nominados, *v.g.,* letra de câmbio, nota promissória, cheque, duplicata, cédulas e notas de crédito, continuam vigentes e se aplicam quando dispuserem diversamente do Código Civil de 2002, por força do art. 903 do Diploma civilista. Com efeito, com o advento do Diploma civilista, passou a existir uma dualidade de regramento legal: os títulos de crédito típicos ou nominados continuam a ser disciplinados pelas leis especiais de regência, enquanto os títulos atípicos ou inominados subordinam-se às normas do novo Código, desde que se enquadrem na definição de título de crédito constante no art. 887 do Código Civil" (STJ-4ª T., REsp 1.633.399, Min. Luis Felipe, j. 10.11.16, DJ 1.12.16). No mesmo sentido: STJ-3ª T., REsp 1.526.560, Min. Paulo Sanseverino, j. 16.3.17, DJ 16.5.17.

Art. 1.647: 9. "É necessária a vênia conjugal para a prestação de aval por pessoa casada sob o regime da **separação obrigatória de bens**, à luz do artigo 1.647, III, do Código Civil" (STJ-RT 895/237: 3ª T., REsp 1.163.074). V. tb. nota 1d.

Art. 1.648. Cabe ao juiz, nos casos do artigo antecedente, suprir a outorga, quando um dos cônjuges a denegue sem motivo justo, ou lhe seja impossível concedê-la.[1-2]

Art. 1.648: 1. v. arts. 1.567 § ún. e 1.570. V. tb. CPC 74.

Art. 1.648: 2. O CPC não previu expressamente o procedimento relativo ao suprimento de autorização ou de outorga. Aplicando no caso as regras dos procedimentos de jurisdição voluntária: RT 530/90, RJTJESP 59/219.

Art. 1.649. A falta de autorização, não suprida pelo juiz, quando necessária (art. 1.647), tornará anulável o ato praticado, podendo o outro cônjuge pleitear-lhe a anulação, até dois anos depois de terminada a sociedade conjugal.[1-2]

Parágrafo único. A aprovação torna válido o ato, desde que feita por instrumento público, ou particular, autenticado.

Art. 1.649: 1. v. arts. 1.645, 1.646 e 1.650. V. tb. CPC 74 § ún.

Art. 1.649: 2. "O prazo decadencial de 2 anos, estipulado inicialmente para o consorte prejudicado, reflete-se também nos **herdeiros** que, no lugar daquele, buscará a anulabilidade de um ato negocial defectível" (STJ-4ª T., REsp 1.273.639, Min. Luis Felipe, j. 10.3.16, DJ 18.4.16).

Art. 1.650. A decretação de invalidade dos atos praticados sem outorga, sem consentimento, ou sem suprimento do juiz, só poderá ser demandada pelo cônjuge a quem cabia concedê-la, ou por seus herdeiros.[1-2]

Art. 1.650: 1. v. arts. 1.645 e 1.649.

Art. 1.650: 2. "A nulidade da fiança só pode ser demandada pelo cônjuge que não a subscreveu, ou por seus respectivos herdeiros. Afasta-se a legitimidade do cônjuge autor da fiança para alegar sua nulidade, pois a ela deu causa. Tal posicionamento busca preservar o princípio consagrado na lei substantiva civil segundo a qual não poder invocar a nulidade do ato aquele que o praticou, valendo-se da própria ilicitude para desfazer o negócio. A nulidade da fiança também não pode ser declarada *ex officio*, à falta de base legal, por não se tratar de nulidade absoluta, à qual a lei comine tal sanção, independentemente da provocação do cônjuge ou herdeiros, legitimados a argui-la. Ao contrário, trata-se de nulidade relativa, válida e eficaz entre o cônjuge que a concedeu, o afiançado e o credor da obrigação, sobrevindo sua invalidade quando, e se, legitimamente suscitada, por quem de direito, vier a ser reconhecida judicialmente, quando, então, em sua totalidade será desconstituído tal contrato acessório" (STJ-5ª T., REsp 772.419, Min. Arnaldo Esteves, j. 16.3.06, DJU 24.4.06). No mesmo sentido: STJ-6ª T., REsp 1.024.785-EDcl-AgRg, Min. Paulo Gallotti, j. 14.10.08, DJ 17.11.08; STJ-RSDCPC 71/144 (4ª T., Ag 1.165.674-EDcl--AgRg); RMDCPC 13/129.

Art. 1.651. Quando um dos cônjuges não puder exercer a administração dos bens que lhe incumbe,[1] segundo o regime de bens, caberá ao outro:

I — gerir os bens comuns e os do consorte;[2]

II — alienar os bens móveis comuns;

III — alienar os imóveis comuns e os móveis ou imóveis do consorte, mediante autorização judicial.

Art. 1.651: 1. v. art. 1.570. V. tb. arts. 1.775 e 1.783.

Art. 1.651: 2. v. art. 1.652.

Art. 1.652. O cônjuge, que estiver na posse dos bens particulares do outro, será para com este e seus herdeiros responsável:

I — como usufrutuário, se o rendimento for comum;[1]

II — como procurador, se tiver mandato expresso ou tácito para os administrar;[2]

III — como depositário, se não for usufrutuário, nem administrador.[3]

Art. 1.652: 1. v. arts. 1.390 a 1.411.

Art. 1.652: 2. v. arts. 653 a 691.

Art. 1.652: 3. v. arts. 627 a 652.

Capítulo II | DO PACTO ANTENUPCIAL

Art. 1.653. É nulo o pacto antenupcial[1] se não for feito por escritura pública,[2-2a] e ineficaz se não lhe seguir o casamento.

Art. 1.653: 1. s/ vigência do regime da comunhão parcial, no caso de nulidade ou ineficácia da convenção, v. art. 1.640; s/ eficácia do pacto antenupcial em relação a união estável, v. art. 1.725, nota 2b.

Art. 1.653: 2. v. art. 1.640 § ún., 2ª parte.

Art. 1.653: 2a. "A certidão de casamento não é suficiente para demonstrar que o casamento foi celebrado sob o regime de separação de bens. É imprescindível tenha havido pacto antenupcial com convenção nesse sentido" (STJ-RT 783/255: 3ª T., REsp 173.018).

Art. 1.654. A eficácia do pacto antenupcial, realizado por menor, fica condicionada à aprovação de seu representante legal, salvo as hipóteses de regime obrigatório de separação de bens.[1]

Art. 1.654: 1. Somente se cogita de pacto antenupcial envolvendo menor nas situações de casamento realizado mediante autorização dos pais ou representantes legais (art. 1.517). Tal pacto, evidentemente, não é obrigatório, mas se for da vontade dos nubentes celebrá-lo, nessas condições, deverão obter a aprovação do seu representante.

Na hipótese de casamento realizado mediante suprimento judicial (arts. 1.519 e 1.520), não há espaço para pacto antenupcial, já que o regime de bens deve ser necessariamente o da separação obrigatória (art. 1.641-III).

Art. 1.655. É nula a convenção ou cláusula dela que contravenha disposição absoluta de lei.[1]

Art. 1.655: 1. "É inviável a pretensão de estender o regime de bens do casamento, de separação total, para alcançar os direitos sucessórios dos cônjuges, obstando a comunicação dos bens do falecido com os do cônjuge supérstite. As regras sucessórias são de ordem pública, não admitindo, por isso, disposição em contrário pelas partes" (STJ-4ª T., REsp 1.622.459-AgInt, Min. Raul Araújo, j. 3.12.19, DJ 19.12.19).

V. art. 1.829, notas 3a e 6.

Art. 1.656. No pacto antenupcial, que adotar o regime de participação final nos aquestos,[1] poder-se-á convencionar a livre disposição dos bens imóveis, desde que particulares.

Art. 1.656: 1. v. arts. 1.672 a 1.686.

Art. 1.657. As convenções antenupciais não terão efeito perante terceiros senão depois de registradas, em livro especial, pelo oficial do Registro de Imóveis do domicílio dos cônjuges.[1]

Art. 1.657: 1. v. LRP 167-I-12 e II-1, 178-V, 244 e 245.

Capítulo III | DO REGIME DE COMUNHÃO PARCIAL

Art. 1.658. No regime de comunhão parcial, comunicam-se os bens que sobrevierem ao casal, na constância do casamento, com as exceções dos artigos seguintes.[1]

Art. 1.658: 1. Aplica-se o regime de comunhão parcial aos casos de pacto antenupcial ausente, nulo ou ineficaz (art. 1.640) e à união estável, salvo contrato escrito entre os companheiros (art. 1.725).

Art. 1.659. Excluem-se da comunhão:[1 a 1b]

I — os bens que cada cônjuge possuir ao casar,[1c a 1e] e os que lhe sobrevierem, na constância do casamento, por doação[1f-1g] ou sucessão, e os sub-rogados em seu lugar;

II — os bens adquiridos com valores exclusivamente pertencentes a um dos cônjuges em sub-rogação dos bens particulares;[2-2a]

III — as obrigações anteriores ao casamento;[2b]

IV — as obrigações provenientes de atos ilícitos, salvo reversão em proveito do casal;[3]

V — os bens de uso pessoal, os livros e instrumentos de profissão;

VI — os proventos do trabalho pessoal de cada cônjuge;[4 a 6]

VII — as pensões, meios-soldos, montepios e outras rendas semelhantes.[7]

Art. 1.659: 1. "Regime de bens e algumas absurdas incomunicabilidades", por Maria Berenice Dias (RMDCPC 13/34); "Da comunicabilidade de bens no regime da comunhão parcial de bens e a justa interpretação do art. 1.659 do Código Civil", por Marco Antonio de Oliveira Camargo (RDPr 34/153); "A incomunicabilidade das quotas de sociedades de advogados", por Paulo Macedonia Pereira (RMDCPC 62/92).

Art. 1.659: 1a. "O conjunto de bens adquiridos por um dos cônjuges, após a **separação de fato**, não se comunica ao outro, não podendo, por isso, ser partilhado" (STJ-3ª T., AI 682.230-AgRg, Min. Vasco Della Giustina, j. 16.6.09, DJ 24.6.09).

V. tb. arts. 1.660, nota 2, e 1.668, nota 1a.

Art. 1.659: 1b. "No que concerne aos **créditos decorrentes de ação de reparação civil** movida pelo ex-cônjuge em face de terceiro, considerando que não há, no acórdão impugnado, qualquer elucidação a respeito do que teria gerado a pretensão reparatória, fazendo apenas alusão a 'eventuais valores provenientes de ações de dano moral e patrimonial', deve ser mantida a incomunicabilidade de possíveis valores advindos do julgamento da referida ação, porque, conforme declarado no acórdão recorrido, os prováveis danos sofridos unicamente pelo ex-cônjuge revestem-se de **caráter 'personalíssimo'**" (STJ-3ª T., REsp 1.024.169, Min. Nancy Andrighi, j. 13.4.10, DJ 28.4.10).

Art. 1.659: 1c. No mesmo sentido: art. 1.661.

Art. 1.659: 1d. "O imóvel adquirido pelo varão antes da constância do casamento e quitado posteriormente deve ser também partilhado meio a meio para os divorciados, porque a **quitação** ocorreu com o concurso do trabalho de ambos os cônjuges" (RJM 166/71).

Art. 1.659: 1e. "A **valorização patrimonial das cotas sociais** adquiridas antes do casamento não deve integrar o patrimônio comum a ser partilhado, por ser decorrência de um fenômeno econômico que dispensa a comunhão de esforços do casal" (STJ-4ª T., Ag em REsp 297.242-AgInt, Min. Lázaro Guimarães, j. 7.11.17, DJ 13.11.17).

V. tb. arts. 1.660, nota 1, e 1.725, nota 2d.

Art. 1.659: 1f. "O regime de comunhão parcial de bens tem, por testa, a ideia de que há compartilhamento dos esforços do casal na construção do patrimônio comum, mesmo quando a aquisição do patrimônio decorre, diretamente, do labor de apenas um dos consortes. Na **doação**, no entanto, há claro descolamento entre a aquisição de patrimônio e uma perceptível congruência de esforços do casal, pois não se verifica a contribuição do não donatário na incorporação do patrimônio. Nessa hipótese, o aumento patrimonial de um dos consortes prescinde da participação direta ou indireta do outro, sendo fruto da liberalidade de terceiros, razão pela qual, a doação realizada a um dos cônjuges, em relações matrimoniais regidas pelo regime de comunhão parcial de bens, somente serão comunicáveis quando o doador expressamente se manifestar neste sentido e, no silêncio, presumir-se-á feitas **apenas ao donatário**" (STJ-3ª T., REsp 1.318.599, Min. Nancy Andrighi, j. 23.4.13, DJ 2.5.13).

Art. 1.659: 1g. "No regime da comunhão parcial de bens, a cláusula de **incomunicabilidade** dos bens recebidos em doação por um dos cônjuges **decorre da lei** (art. 1659, inc. I, do Código Civil/2002), sendo desnecessária a inclusão dessa regra no contrato correspondente" (STJ-4ª T., REsp 1.351.529-AgInt, Min. Isabel Gallotti, j. 13.3.18, maioria, DJ 24.4.18).

V. tb. art. 541, nota 5.

Art. 1.659: 2. i.e., se um dos cônjuges, durante o casamento, adquirir um bem com o produto da venda de um outro bem que já era dele antes do casamento, o bem adquirido não entra na comunhão.

Art. 1.659: 2a. "No regime de comunhão parcial, a aquisição de bem durante o matrimônio por um dos cônjuges, mediante pagamento cuja origem tenha sido a venda de bens exclusivos, em princípio conduz à exclusão desse bem da comunhão, seja porque tem por título uma causa preexistente ao casamento (art. 272, CC/16), seja porque se configurou a sub-rogação de bem particular (art. 269, inciso II). Porém, 'para que a sub-rogação possa produzir esse efeito, deve o bem ser adquirido com valores exclusivamente pertencentes ao dono do bem substituído. Se com valores dele concorrerem valores da comunhão ou do outro cônjuge, estabelecer-se-á um condomínio' (SANTOS, J. M. de Carvalho. *Código Civil Brasileiro interpretado*. vol. V. 14 ed. Rio de Janeiro: Freitas Bastos, 1988, p. 89). Havendo aquisição de bens durante o casamento pagos parcialmente mediante sub-rogação de patrimônio particular de um dos cônjuges, somente o quinhão proporcional à sub-rogação será excluído da partilha — e destinado exclusivamente a um dos cônjuges —, devendo a diferença ser dividida à razão de 50% para cada um dos consortes" (STJ-4ª T., REsp 963.983, Min. Luis Felipe, j. 12.6.12, DJ 16.8.12).

Art. 1.659: 2b. O regime de comunhão universal possui disposição similar: art. 1.668-III.

Art. 1.659: 3. Súmula 251 do STJ: "A meação só responde pelo ato ilícito quando o credor, na execução fiscal, provar que o enriquecimento dele resultante aproveitou ao casal".

Art. 1.659: 4. LDA 39: "Os direitos patrimoniais do autor, excetuados os rendimentos resultantes de sua exploração, não se comunicam, salvo pacto antenupcial em contrário".

Art. 1.659: 5. "Ao cônjuge casado pelo regime de comunhão parcial de bens é devida a meação das **verbas trabalhistas** pleiteadas judicialmente durante a constância do casamento. As verbas indenizatórias decorrentes da rescisão de contrato de trabalho só devem ser excluídas da comunhão quando o direito trabalhista tenha nascido ou tenha sido pleiteado após a separação do casal" (STJ-3ª T., REsp 646.529, Min. Nancy Andrighi, j. 21.6.05, DJU 22.8.05).

"A indenização trabalhista correspondente a direitos adquiridos na constância do casamento integra o acervo patrimonial partilhável" (STJ-4ª T., Ag em REsp 1.152-AgRg, Min. Marco Buzzi, j. 7.5.13, DJ 13.5.13).

"O entendimento que melhor se coaduna com a essência do regime da comunhão parcial de bens, no que se refere aos direitos trabalhistas perseguidos por um dos cônjuges em ação judicial, é aquele que estabelece sua comunicabilidade, desde o momento em que pleiteados. Assim o é porque o 'fato gerador' de tais créditos ocorre no momento em que se dá o desrespeito, pelo empregador, aos direitos do empregado, fazendo surgir uma pretensão resistida. Sob esse contexto, se os acréscimos laborais tivessem sido pagos à época em que nascidos os respectivos direitos, não haveria dúvida acerca da sua comunicação entre os cônjuges, não se justificando tratamento desigual apenas por uma questão temporal imposta pelos trâmites legais a que está sujeito um processo perante o Poder Judiciário. Para que o ganho salarial insira-se no monte-partível é necessário, portanto, que o cônjuge tenha exercido determinada atividade laborativa e adquirido direito de retribuição pelo trabalho desenvolvido, na constância do casamento. Se um dos cônjuges efetivamente a exerceu e, pleiteando os direitos dela decorrentes, não lhe foram reconhecidas as vantagens daí advindas, tendo que buscar a via judicial, a sentença que as reconhece é declaratória, fazendo retroagir, seus efeitos, à época em que proposta a ação. O direito, por conseguinte, já lhe pertencia, ou seja, já havia ingressado na esfera de seu patrimônio, e, portanto, integrado os bens comuns do casal. Consequentemente, ao cônjuge que durante a constância do casamento arcou com o ônus da defasagem salarial de seu consorte, o que presumivelmente demandou-lhe maior colaboração no sustento da família, não se pode negar o direito à partilha das verbas trabalhistas nascidas e pleiteadas na constância do casamento, ainda que percebidas após a ruptura da vida conjugal" (STJ-3ª T., REsp 1.024.169, Min. Nancy Andrighi, j. 13.4.10, DJ 28.4.10).

"Deve ser reconhecido o direito à meação dos valores do FGTS auferidos durante a constância do casamento", o que afasta da meação parcela de imóvel adquirida com valores depositados no FGTS antes do casamento: STJ-2ª Seção, REsp 1.399.199, Min. Luis Felipe, j. 9.3.16, maioria, DJ 22.4.16.

Todavia, afirmando que o valor depositado em conta vinculada ao Fundo de Garantia por Tempo de Serviço fica excluído da comunhão: "Partilha indevida, por não integrar o patrimônio comum" (RT 888/223: TJSP, AP 566.291-4/0-00).

V. tb. arts. 1.668, notas 5 e segs., e 1.725, notas 3 e 4.

Art. 1.659: 6. "Os **proventos de aposentadoria,** percebidos por cônjuge casado em regime de comunhão universal e durante a vigência da sociedade conjugal, constituem patrimônio particular do consorte ao máximo enquanto mantenham caráter alimentar. Perdida essa natureza, como na hipótese de **acúmulo do capital** mediante depósito das verbas em **aplicação financeira,** o valor originado dos proventos de um dos consortes passa a integrar o patrimônio comum do casal, devendo ser partilhado quando da extinção da sociedade conjugal. Interpretação sistemática dos comandos contidos nos arts. 1.659, VI, 1.668, V, 1.565, 1.566, III, e 1.568, todos do Código Civil" (STJ-4ª T., REsp 1.053.473, Min. Marco Buzzi, j. 2.10.12, DJ 10.10.12).

"O **crédito previdenciário** decorrente de aposentadoria pela previdência pública que, conquanto somente veio a ser recebido após o divórcio, tem como elemento causal uma ação judicial ajuizada na constância da sociedade conjugal e na qual se concedeu o benefício retroativamente a período em que as partes ainda se encontravam vinculadas pelo casamento, deve ser objeto de partilha" (STJ-3ª T., REsp 1.651.292, Min. Nancy Andrighi, j. 19.5.20, DJ 25.5.20).

Art. 1.659: 7. "**Planos de previdência privada aberta.** Regime marcado pela liberdade do investidor. Contribuição, depósitos, aportes e resgates flexíveis. Natureza jurídica multifacetada. Seguro previdenciário. Investimento ou aplicação financeira. Dessemelhanças entre os planos de previdência privada aberta e fechada, este último insuscetível de partilha. Embora, de acordo com a SUSEP, o PGBL seja um plano de previdência complementar aberta com cobertura por sobrevivência e o VGBL seja um plano de seguro de pessoa com cobertura por sobrevivência, a natureza securitária e previdenciária complementar desses contratos é marcante no momento em que o investidor passa a receber, a partir de determinada data futura e em prestações periódicas, os valores que acumulou ao longo da vida, como forma de complementação do valor recebido da previdência pública e com o propósito de manter um determinado padrão de vida. Todavia, no período que antecede a percepção dos valores, ou seja, durante as contribuições e formação do patrimônio, com múltiplas possibilidades de depósitos, de aportes diferenciados e de retiradas, inclusive antecipadas, a natureza preponderante do contrato de previdência complementar aberta é de investimento, razão pela qual o valor existente em plano de previdência complementar aberta, antes de sua conversão em renda e pensionamento ao titular, possui natureza de aplicação e investimento, devendo ser objeto de partilha por ocasião da dissolução do vínculo conjugal por não estar abrangido pela regra do art. 1.659, VII, do CC/2002" (STJ-3ª T., REsp 1.698.774, Min. Nancy Andrighi, j. 1.9.20, DJ 9.9.20).

V. tb. arts. 1.668, nota 5c, e 1.725, notas 3 e 4.

Art. 1.660. Entram na comunhão:[1-1a]

I — os bens adquiridos na constância do casamento por título oneroso, ainda que só em nome de um dos cônjuges;[1b-1c]

II — os bens adquiridos por fato eventual,[2] com ou sem o concurso de trabalho ou despesa anterior;

III — os bens adquiridos por doação, herança ou legado, em favor de ambos os cônjuges;

IV — as benfeitorias[3] em bens particulares de cada cônjuge;

V — os frutos dos bens comuns, ou dos particulares de cada cônjuge,[4-5] percebidos na constância do casamento, ou pendentes ao tempo de cessar a comunhão.

Art. 1.660: 1. "O **valor do capital social** integralizado de determinada empresa é parâmetro adequado para a partilha especialmente quando a separação de fato do casal, ocasião em que finda o regime de bens, ocorre em momento muito próximo à sua constituição. Ausência de necessidade de realização de balanço contábil referente a apenas um mês para aferir o valor real a ser partilhado, já que o percentual de participação do recorrido em tão curto período de tempo não justificaria a alteração do critério adotado pelo Tribunal de origem, à luz das provas constantes dos autos" (STJ-3ª T., REsp 1.595.775, Min. Ricardo Cueva, j. 9.8.16, DJ 16.8.16).

V. tb. arts. 1.659, nota 1e, e 1.725, nota 2d.

Art. 1.660: 1a. "Casamento em regime de comunhão parcial de bens. Partilha de bens. **Momento de avaliação da expressão econômica das cotas de sociedade.** A participação em sociedade não constitui um patrimônio partilhável, automaticamente, no rompimento de uma relação conjugal, detendo o ex-cônjuge sócio a singular administração da integralidade das cotas do ex-casal. Essa circunstância, que deprime, em nome da preservação da sociedade empresarial, o pleno direito de propriedade do ex-cônjuge, não sócio, pode dar ensejo a manipulações que afetem ainda mais o já vulnerável direito à propriedade. Nessa linha, verifica-se a existência de mancomunhão sobre o patrimônio, ou parte dele, expresso, na hipótese, em cotas de sociedade, que somente se dissolverá com a partilha e consequente pagamento, ao cônjuge não sócio, da expressão econômica das cotas que lhe caberiam por força da anterior relação conjugal. Sob a égide dessa singular relação de propriedade, o valor das cotas de sociedade empresária deverá sempre refletir o momento efetivo da **partilha**" (STJ-3ª T., REsp 1.537.107, Min. Nancy Andrighi, j. 17.11.16, DJ 25.11.16).

V. tb. art. 1.725, nota 2e.

Art. 1.660: 1b. Diversamente, no regime de participação final nos aquestos: art. 1.681.

Art. 1.660: 1c. v., porém, art. 1.659-II.

Art. 1.660: 2. p. ex.: prêmio de loteria, de sorteio, de rifa, etc. Todavia: "Se um dos cônjuges adquire bilhete de loteria premiado durante a separação de fato, sendo evidente a ausência de contribuição do outro consorte, o prêmio não deve ser partilhado" (RJM 169/114). V. arts. 1.659, nota 1a, e 1.668, nota 1a.

V. tb. art. 1.725, nota 2a.

Art. 1.660: 3. realizadas na constância do casamento.

Art. 1.660: 4. Todavia: "O doador pode dispor em cláusula expressa a incomunicabilidade dos frutos de bem doado no benefício exclusivo do cônjuge beneficiário antes da celebração de casamento sob o regime de comunhão parcial dos bens. O mandamento legal previsto no art. 265 do Código Civil de 1916 (correspondente ao art. 1.669 do atual Código Civil), de natureza genérica, não veda previsão em sentido contrário" (STJ-3ª T., REsp 1.164.887, Min. Ricardo Cueva, j. 24.4.14, DJ 29.4.14).

Art. 1.660: 5. "A capitalização de reservas e lucros decorrente da própria atividade empresarial constitui produto da sociedade por incrementar o seu capital social. O **lucro destinado à conta de reserva,** que não é distribuído aos sócios, não integra o acervo comum do casal, tendo em vista pertencer apenas à sociedade e não ao sócio. A **quantia destinada a futuro aumento de capital não** deve ser objeto de **partilha** em virtude do fim de união estável, pois não está incluída no conceito de fruto, à luz do art. 1.660, inciso V, do Código Civil" (STJ-3ª T., REsp 1.595.775, Min. Ricardo Cueva, j. 9.8.16, DJ 16.8.16).

Art. 1.661. São incomunicáveis os bens cuja aquisição tiver por título uma causa anterior ao casamento.[1-2]

Art. 1.661: 1. cf. art. 1.659-I. V. tb. art. 1.659-II.

Art. 1.661: 2. "Imóvel cuja aquisição tenha causa anterior ao casamento realizado sob o regime de comunhão parcial de bens, com transcrição no registro imobiliário na constância deste, é incomunicável" (STJ-3ª T., REsp 707.092, Min. Nancy Andrighi, j. 28.6.05, DJ 1.8.05).

Art. 1.662. No regime da comunhão parcial, presumem-se adquiridos na constância do casamento os bens móveis,[1] quando não se provar que o foram em data anterior.

Art. 1.662: 1. s/ bens móveis, v. arts. 82 a 84.

Art. 1.663. A administração do patrimônio comum compete a qualquer dos cônjuges.[1-1a]

§ 1º As dívidas contraídas no exercício da administração obrigam os bens comuns e particulares do cônjuge que os administra, e os do outro na razão do proveito que houver auferido.[2-3]

§ 2º A anuência de ambos os cônjuges é necessária para os atos, a título gratuito, que impliquem cessão do uso ou gozo dos bens comuns.

§ 3º Em caso de malversação dos bens, o juiz poderá atribuir a administração a apenas um dos cônjuges.

Art. 1.663: 1. v. arts. 1.567, 1.570 e 1.642-II.

Art. 1.663: 1a. Já a administração do patrimônio particular compete ao cônjuge proprietário, salvo convenção diversa (cf. art. 1.665).

Art. 1.663: 2. Quanto às dívidas contraídas na administração dos bens particulares, v. art. 1.666. S/ dívidas contraídas por um dos cônjuges no regime de participação final nos aquestos, v. art. 1.677. V. ainda art. 1.664.

Art. 1.663: 3. "Dívida contraída pelo apelado, mas na vigência do casamento, e em proveito do negócio que servia de fonte de renda ao casal, deve ser dividida igualitariamente. Comprovado que o apelado utilizava cheques da apelante para pagamento de despesas comuns (ou até exclusivas dele), mostra-se de rigor determinar a partilha de saldo devedor em conta corrente da apelante, na data da separação de fato. Débito que estava sendo cobrado da apelante em ação de execução, e que ela já pagou, deve ser reconhecido como sendo comum, porquanto comprovado que teve por origem a aquisição de um veículo, em plena constância do casamento" (RT 902/340: TJRS, AP 70037084142).

Art. 1.664. Os bens da comunhão respondem pelas obrigações contraídas pelo marido ou pela mulher para atender aos encargos da família, às despesas de administração e às decorrentes de imposição legal.[1]

Art. 1.664: 1. v. arts. 1.643 e 1.663 § 1º.

Art. 1.665. A administração e a disposição dos bens constitutivos do patrimônio particular competem ao cônjuge proprietário, salvo convenção diversa em pacto antenupcial.[1-2]

Art. 1.665: 1. Já a administração do patrimônio comum compete a qualquer dos cônjuges, cf. art. 1.663-caput.

Art. 1.665: 2. v. art. 1.642-II.

Art. 1.666. As dívidas, contraídas por qualquer dos cônjuges na administração de seus bens particulares[1] e em benefício destes,[2] não obrigam os bens comuns.

Art. 1.666: 1. Quanto às dívidas contraídas na administração do patrimônio comum, v. art. 1.663 § 1º. S/ dívidas contraídas por um dos cônjuges no regime de participação final nos aquestos, v. art. 1.677.

Art. 1.666: 2. v., por outro lado, art. 1.664.

Capítulo IV | DO REGIME DE COMUNHÃO UNIVERSAL

Art. 1.667. O regime de comunhão universal importa a comunicação de todos os bens presentes e futuros dos cônjuges[1-2] e suas dívidas passivas,[3-4] com as exceções do artigo seguinte.

Art. 1.667: 1. v. arts. 977, 1.783, 1.829-I. V. tb. LA 4º § ún.

Art. 1.667: 2. "Regime de bens. Comunhão universal. Alegação de que os bens foram adquiridos com os proventos exclusivos do agravante. Irrelevância. Dinheiro utilizado para a formação do patrimônio comum do casal. Aplicação do disposto no art. 1.667 do CC. Desnecessidade de apuração da origem dos recursos para a formação do acervo de bens" (JTJ 300/379).

Art. 1.667: 3. "No regime da comunhão universal de bens partilham-se todas as dívidas contraídas na constância do casamento, tenham ou não revertido em prol do casal. Inteligência do artigo 1.667 do CCB" (RT 893/321: TJRS, AP 70031551237).

Art. 1.667: 4. "Débito de prestações de financiamento e tributos, decorrentes de contrato de financiamento imobiliário no qual os dois ex-cônjuges figuram como compradores, deve ser suportado por ambos, independentemente de quem faz uso do bem. Mas o débito condominial relativo ao mesmo imóvel deve ser suportado integralmente pela parte que, exclusivamente, fez uso do imóvel comum" (RT 893/321: TJRS, AP 70031551237).

S/ uso exclusivo do imóvel por um dos ex-cônjuges e despesas condominiais, v. tb. art. 1.315, nota 1b.

Art. 1.668. São excluídos da comunhão:[1 a 1b]

I — os bens doados ou herdados com a cláusula de incomunicabilidade[2-2a] e os sub-rogados em seu lugar;

II — os bens gravados de fideicomisso[3] e o direito do herdeiro fideicomissário, antes de realizada a condição suspensiva;

III — as dívidas anteriores ao casamento,³ª salvo se provierem de despesas com seus aprestos, ou reverterem em proveito comum;

IV — as doações antenupciais⁴ feitas por um dos cônjuges ao outro com a cláusula de incomunicabilidade;

V — os bens referidos nos incisos V a VII do art. 1.659.⁵ ᵃ ⁶

Art. 1.668: 1. As obrigações provenientes de ato ilícito são excluídas da comunhão? v. art. 1.659-IV, relativo ao regime da comunhão parcial, e, no CC rev., art. 263-VI.

Art. 1.668: 1a. "Os bens adquiridos por um dos cônjuges **separado de fato** há longos anos não integram o patrimônio do casal para efeito de partilha, desde que havidos após a separação de fato" (RT 831/365).

"Veículo adquirido por financiamento, pago quase que inteiramente pelo varão após a separação de fato, deve permanecer com ele e não deve ser partilhado. A partilha deve se dar apenas em relação aos valores do financiamento que foram pagos na constância do casamento" (RT 893/321: TJRS, AP 70031551237).

Não tem direito à meação da herança "o cônjuge que encontrava-se separado de fato quando transmitida a herança. Tal fato ocasionaria enriquecimento sem causa, porquanto o patrimônio foi adquirido individualmente, sem qualquer colaboração do cônjuge. A preservação do condomínio patrimonial entre cônjuges após a separação de fato é incompatível com orientação do novo Código Civil, que reconhece a união estável estabelecida nesse período, regulada pelo regime da comunhão parcial de bens (CC 1.725). Assim, em regime de comunhão universal, a comunicação de bens e dívidas deve cessar com a ruptura da vida comum, respeitado o direito de meação do patrimônio adquirido na constância da vida conjugal" (STJ-RF 402/442: 4ª T., REsp 555.771). No mesmo sentido: RT 840/251 (TJSP, AI 388.303-4/9-00), 893/321 (TJRS, AP 70031551237).

V. tb. arts. 1.659, nota 1a, e 1.660, nota 2.

Art. 1.668: 1b. "A sobrepartilha é instituto utilizado em casos de desconhecimento de uma das partes a respeito de determinado bem, no momento da partilha, seja ou não por ocultação maliciosa ou, ainda, se situados em lugar remoto da sede do juízo. Embora os bens sonegados não se confundam com os descobertos após a partilha, ambos pressupõem o desconhecimento de sua existência por umas das partes. Nessa linha, é bem de ver que não é todo e qualquer bem que não foi partilhado que pode ser considerado sonegado. São considerados sonegados os bens que, embora devessem ser partilhados, não o foram, em razão de ocultação daquele que estava em sua administração. Isto é, a sobrepartilha de bens sonegados encontra fundamento no desconhecimento ou ocultação sobre determinado bem por uma das partes. No caso em exame, como assinalado, tal não ficou caracterizado, de acordo com o que entendeu o Tribunal de origem, não servindo o instituto a corrigir arrependimentos quanto à divisão já realizada. O prévio conhecimento da autora sobre a existência das cotas e ações objeto da ação de sobrepartilha apurado pelo Tribunal de origem é fundamento suficiente para a improcedência da ação no caso concreto" (STJ-4ª T., REsp 1.204.253, Min. Luis Felipe, j. 27.5.14, DJ 15.8.14).

Art. 1.668: 2. v. arts. 1.669 e 1.911.

Art. 1.668: 2a. "Divórcio. Regime da comunhão universal de bens. Imóvel doado com cláusula temporária de inalienabilidade. Bem incomunicável. Separação de fato. Termo do regime de bens. Na hipótese dos autos, a **separação de fato** se deu ainda **na vigência da cláusula de inalienabilidade**, de modo que o imóvel estava excluído da comunhão, sendo indiferente ter a sentença de divórcio sido proferida quando verificado o prazo estabelecido na cláusula restritiva" (STJ-3ª T., REsp 1.760.281, Min. Marco Bellizze, j. 24.5.22, DJ 31.5.22).

Art. 1.668: 3. v. arts. 1.951 a 1.960.

Art. 1.668: 3a. O regime de comunhão parcial possui disposição similar: art. 1.659-III.

Art. 1.668: 4. v. art. 546.

Art. 1.668: 5. "No regime de comunhão universal de bens, os honorários advocatícios, provenientes do trabalho do cônjuge inventariado, percebidos no decorrer do casamento, ingressam no patrimônio comum do casal, porquanto lhes guarneceram do necessário para seu sustento, devendo, portanto, integrar a meação da viúva inventariante. Muito embora as relações intrafamiliares tenham adquirido matizes diversos, com as mais inusitadas roupagens, há de se ressaltar a peculiaridade que se reproduz infindavelmente nos lares mais tradicionais não só brasileiros, como no mundo todo, em que o marido exerce profissão, dela auferindo renda, e a mulher, mesmo que outrora inserida no mercado de trabalho, abandonou a profissão que exercia antes do casamento, por opção ou até mesmo por imposição das circunstâncias, para se dedicar de corpo e alma à criação dos filhos do casal e à administração do lar, sem o que o falecido não teria a tranquilidade e serenidade necessárias para ascender profissionalmente e, consequentemente, acrescer o patrimônio, fruto, portanto, do trabalho e empenho de ambos" (STJ-RT 874/166: 3ª T., REsp 895.344). **Contra:** "As terras nuas e as TDAs recebidas pelo falecido, a título de pagamento de honorários advocatícios, são frutos civis do trabalho e não comunicam com a viúva, casados que eram sob o regime da comunhão universal de bens" (RJTJERGS 258/127: EI 70012506572, maioria).

"Integra a comunhão a indenização trabalhista correspondente a direitos adquiridos durante o tempo de casamento sob o regime de comunhão universal" (STJ-2ª Seção, ED no REsp 421.801, Min. Cesar Rocha, j. 22.9.04, um voto vencido, DJU 17.12.04). No mesmo sentido: RT 893/321 (TJRS, AP 70031551237; nota: a ementa oficial foi reproduzida de forma equivocada na revista).

V. tb. arts. 1.659, notas 5 e segs., e 1.725, notas 3 e 4.

Art. 1.668: 5a. "Admite-se a comunicação da indenização decorrente de anistia política, mesmo que percebida após a ruptura da vida conjugal, na medida em que coincidirem o período considerado para o cálculo da indenização e a constância do matrimônio" (STJ-3ª T., REsp 1.205.188, Min. Nancy Andrighi, j. 12.4.11, DJ 25.4.11).

Art. 1.668: 5b. "No regime da comunhão universal de bens, as verbas percebidas a título de benefício previdenciário resultantes de um direito que nasceu e foi pleiteado durante a constância do casamento devem entrar na partilha, ainda que recebidas após a ruptura da vida conjugal" (STJ-RBDFS 6/138 e Bol. AASP 2.611: 3ª T., REsp 918.173).

Art. 1.668: 5c. "As contribuições feitas para **plano de previdência fechado**, em percentual do salário do empregado, aportadas pelo beneficiário e pelo patrocinador, conforme definido pelo estatuto da entidade, não integram o patrimônio sujeito à comunhão de bens a ser partilhado quando da extinção do vínculo conjugal. Hipótese em que, após o início do recebimento do benefício complementar, houve a retirada do patrocínio pelo ex-empregador, ensejando a opção pelo resgate da reserva de poupança pelo assistido. O resgate dos valores originalmente destinados a custear, ao longo dos anos, o benefício extinto não lhes retira a natureza previdenciária e personalíssima, motivo pelo qual não se trata de bem integrante da comunhão sujeito à partilha decorrente do fim do casamento ou união estável (art. 1.659, inc VII, c/c o art. 1.668, inc. V, do CC/2002 e art. 263, inc. I, do CC/2016)" (STJ-4ª T., REsp 1.545.217, Min. Isabel Gallotti, j. 7.12.21, maioria, DJ 9.2.22).

V. tb. arts. 1.659, nota 7, e 1.725, notas 3 e 4.

Art. 1.668: 6. "A indenização, ou pensão mensal, decorrente de seguro por invalidez não integra a comunhão universal de bens. Entendimento diverso provocaria um comprometimento da subsistência do segurado, com a diminuição da renda destinada ao seu sustento após a invalidez, e, ao mesmo tempo, ensejaria o enriquecimento indevido do ex-cônjuge, porquanto seria um bem conseguido por esse apenas às custas do sofrimento e do prejuízo pessoal daquele" (STJ-3ª T., REsp 631.475, Min. Nancy Andrighi, j. 13.11.07, um voto vencido, DJU 8.2.08). V. tb. art. 1.725, nota 4.

Art. 1.669. A incomunicabilidade dos bens enumerados no artigo antecedente não se estende aos frutos, quando se percebam ou vençam durante o casamento.[1]

Art. 1.669: 1. Este artigo não impede que o doador estabeleça no ato da doação a incomunicabilidade dos frutos (v. art. 1.660, nota 4).

Art. 1.670. Aplica-se ao regime da comunhão universal o disposto no Capítulo antecedente, quanto à administração dos bens.[1]

Art. 1.670: 1. v. arts. 1.663, 1.665 e 1.666.

Art. 1.671. Extinta a comunhão, e efetuada a divisão do ativo e do passivo, cessará a responsabilidade de cada um dos cônjuges para com os credores do outro.

Capítulo V | DO REGIME DE PARTICIPAÇÃO FINAL NOS AQUESTOS[1]

CAP. V: 1. "O regime da participação final nos aquestos no Código Civil de 2002", por Silvano Andrade do Bomfim (RBDFS 9/59).

Art. 1.672. No regime de participação final nos aquestos, cada cônjuge possui patrimônio próprio, consoante disposto no artigo seguinte, e lhe cabe, à época da dissolução da sociedade conjugal, direito à metade dos bens adquiridos pelo casal, a título oneroso, na constância do casamento.

Art. 1.673. Integram o patrimônio próprio os bens que cada cônjuge possuía ao casar e os por ele adquiridos, a qualquer título, na constância do casamento.

Parágrafo único. A administração desses bens é exclusiva de cada cônjuge, que os poderá livremente alienar, se forem móveis.[1-2]

Art. 1.673: 1. s/ bens móveis, v. arts. 82 a 84.

Art. 1.673: 2. Quanto à alienação de bens imóveis, em regra, há necessidade de autorização do outro cônjuge (art. 1.647-I).Todavia, esta pode ser dispensada no pacto antenupcial (art. 1.656).

Art. 1.674. Sobrevindo a dissolução da sociedade conjugal, apurar-se-á o montante dos aquestos, excluindo-se da soma dos patrimônios próprios:[1]

I — os bens anteriores ao casamento e os que em seu lugar se sub-rogaram;

II — os que sobrevieram a cada cônjuge por sucessão ou liberalidade;

III — as dívidas relativas a esses bens.

Parágrafo único. Salvo prova em contrário, presumem-se adquiridos durante o casamento os bens móveis.[2]

Art. 1.674: 1. Conforme o *caput* e os incisos deste artigo, entrarão, no montante dos aquestos, somente os bens adquiridos por cada cônjuge de forma onerosa e na constância do casamento. Cf. tb. art. 1.672.

Art. 1.674: 2. v., porém, art. 1.680, nota 1.

Art. 1.675. Ao determinar-se o montante dos aquestos, computar-se-á o valor das doações feitas por um dos cônjuges, sem a necessária autorização do outro;[1] nesse caso, o bem poderá ser reivindicado pelo cônjuge prejudicado ou por seus herdeiros, ou declarado no monte partilhável, por valor equivalente ao da época da dissolução.

Art. 1.675: 1. v. art. 1.647-IV e § ún. V. tb. arts. 176 e 1.649.

Art. 1.676. Incorpora-se ao monte o valor dos bens alienados em detrimento da meação,[1] se não houver preferência do cônjuge lesado, ou de seus herdeiros, de os reivindicar.

Art. 1.676: 1. i.e., quando a alienação for intencionalmente prejudicial à futura meação.

Art. 1.677. Pelas dívidas posteriores ao casamento, contraídas por um dos cônjuges, somente este responderá, salvo prova[1] de terem revertido, parcial ou totalmente, em benefício do outro.[2]

Art. 1.677: 1. É do credor o ônus da prova.

Art. 1.677: 2. v. art. 1.686. No regime de comunhão parcial, v. arts. 1.663 § 1º e 1.666.

Art. 1.678. Se um dos cônjuges solveu uma dívida do outro com bens do seu patrimônio, o valor do pagamento deve ser atualizado e imputado, na data da dissolução, à meação do outro cônjuge.

Art. 1.679. No caso de bens adquiridos pelo trabalho conjunto, terá cada um dos cônjuges uma quota igual no condomínio ou no crédito por aquele modo estabelecido.

Art. 1.680. As coisas móveis, em face de terceiros, presumem-se do domínio do cônjuge devedor, salvo se o bem for de uso pessoal do outro.[1-2]

Art. 1.680: 1. Esse dispositivo tem como principal objetivo facilitar a execução da dívida que um dos cônjuges tenha em favor de terceiro de boa-fé, ao presumir que as coisas móveis do casal são de domínio do cônjuge devedor.

Art. 1.680: 2. v. art. 1.674 § ún.

Art. 1.681. Os bens imóveis são de propriedade do cônjuge cujo nome constar no registro.

Parágrafo único. Impugnada a titularidade, caberá ao cônjuge proprietário provar a aquisição regular dos bens.

Art. 1.682. O direito à meação não é renunciável, cessível ou penhorável na vigência do regime matrimonial.

Art. 1.683. Na dissolução do regime de bens por separação judicial[1] ou por divórcio,[2] verificar-se-á o montante dos aquestos à data em que cessou a convivência.

Art. 1.683: 1. v. art. 1.571, nota 2b **(Em. Const. 66, de 13.7.10).**

Art. 1.683: 2. v. art. 1.571-IV.

Art. 1.684. Se não for possível nem conveniente a divisão de todos os bens em natureza, calcular-se-á o valor de alguns ou de todos para reposição em dinheiro ao cônjuge não proprietário.

Parágrafo único. Não se podendo realizar a reposição em dinheiro, serão avaliados e, mediante autorização judicial, alienados tantos bens quantos bastarem.

Art. 1.685. Na dissolução da sociedade conjugal por morte,[1] verificar-se-á a meação do cônjuge sobrevivente de conformidade com os artigos antecedentes, deferindo-se a herança aos herdeiros na forma estabelecida neste Código.[2]

Art. 1.685: 1. v. art. 1.571-I.

Art. 1.685: 2. v. arts. 1.829 a 1.844.

Art. 1.686. As dívidas de um dos cônjuges, quando superiores à sua meação, não obrigam ao outro, ou a seus herdeiros.[1]

Art. 1.686: 1. v. art. 1.677.

Capítulo VI | DO REGIME DE SEPARAÇÃO DE BENS[1]

CAP. VI: 1. Regime da separação obrigatória de bens: art. 1.641.

Art. 1.687. Estipulada a separação de bens, estes permanecerão sob a administração exclusiva de cada um dos cônjuges, que os poderá livremente alienar ou gravar de ônus real.[1-2]

Art. 1.687: 1. s/ desnecessidade de autorização do cônjuge para a prática de determinados atos no regime da separação de bens, v. art. 1.647.

Art. 1.687: 2. "A cláusula do pacto antenupcial que exclui a comunicação dos aquestos impede o reconhecimento de uma sociedade de fato entre marido e mulher para o efeito de dividir os bens adquiridos depois do casamento" (STJ-RIDCPC 48/149: 3ª T., REsp 404.088, um voto vencido). No mesmo sentido: STJ-RT 776/176 (4ª T., REsp 83.750).

Todavia: "A circunstância de os cônjuges haverem pactuado, como regime de bens, o da separação, não impede que se unam, em empreendimento estranho ao casamento. Isso ocorrendo, poderá caracterizar-se a sociedade de fato, admitindo-se sua dissolução, com a consequente partilha de bens. O que não se há de reconhecer é a existência de tal sociedade, apenas em virtude da vida em comum, com o entendimento dos deveres que decorram da existência do consórcio" (STJ-3ª T., REsp 30.513, Min. Eduardo Ribeiro, j. 26.4.94, DJU 13.6.94). No mesmo sentido: "O regime jurídico da separação de bens voluntariamente estabelecido é imutável e deve ser observado, admitindo-se, todavia, excepcionalmente, a participação patrimonial de um cônjuge sobre bem do outro, se efetivamente demonstrada, de modo concreto, a aquisição patrimonial pelo esforço comum, caso dos autos, em que uma das fazendas foi comprada mediante permuta com cabeças de gado que pertenciam ao casal" (STJ-4ª T., REsp 286.514, Min. Aldir Passarinho Jr., j. 2.8.07, DJU 22.10.07).

S/ comunicabilidade de aquestos e regime da separação legal de bens, v. art. 1.641, nota 2.

Art. 1.688. Ambos os cônjuges são obrigados a contribuir para as despesas do casal na proporção dos rendimentos de seu trabalho e de seus bens, salvo estipulação em contrário no pacto antenupcial.[1]

Art. 1.688: 1. v. arts. 1.567 e 1.568.

Subtítulo II — DO USUFRUTO E DA ADMINISTRAÇÃO DOS BENS DE FILHOS MENORES

Art. 1.689. O pai e a mãe, enquanto no exercício do poder familiar:[1]

I — são usufrutuários dos bens dos filhos;[2-2a]

II — têm a administração dos bens dos filhos menores sob sua autoridade.[3 a 5]

Art. 1.689: 1. v., porém, art. 1.693.

Art. 1.689: 2. s/ usufruto, v. arts. 1.390 a 1.411.

Art. 1.689: 2a. "O exercício do direito real de usufruto de imóvel de filho, com base no poder familiar, compete aos pais de forma conjunta, conforme o disposto no art. 1.689, I, do CC-02. A aplicação direta do regramento, contudo, apenas é possível na constância do relacionamento, pois, findo o casamento, ou a união estável, no mais das vezes, ocorre a separação física do casal, fato que torna inviável o exercício do usufruto de forma conjunta. Nessa hipótese, é factível cobrança do equivalente à metade da locação do imóvel, pois a simples ocupação do bem por um dos ex-consortes representa impedimento de cunho concreto, ou mesmo psicológico, à utilização simultânea pelo outro usufrutuário" (STJ-3ª T., REsp 1.098.864, Min. Nancy Andrighi, j. 4.9.12, DJ 21.9.12).

V. tb. arts. 1.319, nota 2, e 2.020, nota 1a.

Art. 1.689: 3. v. art. 1.691. S/ curador especial para menor herdeiro, v. art. 1.733 § 2º.

Art. 1.689: 4. "Não há óbice a que a genitora levante os valores da indenização que cabem a cada um dos filhos menores, de família humilde, para aplicação em alimentação, instrução e educação visando ao seu futuro, o que constitui melhor investimento social do que a mera manutenção do numerário por longos anos em caderneta de poupança até a maioridade, como ditado pelas instâncias ordinárias, aplicação que, a longo prazo, tem revelado perdas em relação à inflação real" (STJ-4ª T., REsp 534.521, Min. Aldir Passarinho Jr., j. 16.10.08, DJ 3.11.08).

"Os valores destinados aos irmãos menores da vítima de acidente fatal, depositados em cadernetas de poupança, podem ser livremente movimentados pela mãe, porque no exercício do poder familiar e da administração dos bens dos filhos" (STJ-3ª T., REsp 727.056, Min. Nancy Andrighi, j. 17.8.06, DJ 4.9.06). Em sentido semelhante: RT 877/297 (TJPA, AI 2007.3.009782-8).

Todavia: "O poder legal de administração dos bens dos filhos menores aos pais, conferido pela redação do art. 1.689, II, do Código Civil, não comporta o de disposição. Dessa forma, sendo as quantias expressivas, sua entrega incondicionada à genitora significaria, na verdade, a possibilidade de dispor das referidas importâncias como lhe aprouvesse, o que não está amparado pela Lei e não atende, sobretudo, aos interesses dos menores. A disposição do art. 1.689, II, do Código Civil, não pode ser interpretada de forma absoluta mas, sim, em harmonia com outros diplomas legais, que enfrentam o exercício do poder familiar, à luz de princípios que objetivam, em última análise, a proteção integral dos interesses dos filhos menores. Em casos de recebimento de indenizações em favor de menores, é mister que convertam-se estas em pecúlio, a serem preservados até a maioridade, ou se levantado antes, seja comprovada a necessidade, mediante a evidente utilidade para o beneficiário. Ainda que adquiridos por direito próprio, a indenização devida aos menores, submete-se, igualmente, às disposições da Lei n. 6.858/80. Tratando-se de numerário decorrente de indenização, não se percebe qualquer ilegalidade na determinação que pretendeu preservar o montante percebido desde logo, de forma a servir, em momento próprio e oportuno, aos próprios interesses dos menores, quiçá para estudos ou para a própria subsistência. Tais cautelas não significam, de forma alguma, ingerência no poder familiar, sendo que o direito ao levantamento permanece e poderá ser exercido sempre que circunstâncias se apresentem, bastando, para tanto, a devida justificação" (STJ-RMDCPC 39/116: 3ª T., REsp 1.110.775).

Art. 1.689: 5. "Partindo-se da premissa de que o poder dos pais, em relação ao usufruto e à administração dos bens de filhos menores, não é absoluto, deve-se permitir, em caráter excepcional, o ajuizamento de **ação de prestação de contas** pelo filho, sempre que a causa de pedir estiver fundada na suspeita de abuso de direito no exercício desse poder, como ocorrido na espécie" (STJ-3ª T., REsp 1.623.098, Min. Marco Bellizze, j. 13.3.18, DJ 23.3.18).

Art. 1.690. Compete aos pais, e na falta de um deles ao outro, com exclusividade, representar os filhos menores de dezesseis anos, bem como assisti-los até completarem a maioridade ou serem emancipados.[1]

Parágrafo único. Os pais devem decidir em comum as questões relativas aos filhos e a seus bens; havendo divergência, poderá qualquer deles recorrer ao juiz para a solução necessária.[2]

Art. 1.690: 1. No mesmo sentido: art. 1.634-V.

Art. 1.690: 2. v. art. 1.631 § ún.

Art. 1.691. Não podem os pais alienar, ou gravar de ônus real os imóveis dos filhos, nem contrair, em nome deles, obrigações que ultrapassem os limites da simples administração, salvo por necessidade ou evidente interesse da prole, mediante prévia autorização do juiz.[1 a 3]

Parágrafo único. Podem pleitear a declaração de nulidade dos atos previstos neste artigo:[4]

I — os filhos;[4a]

II — os herdeiros;[4b]

III — o representante legal.

Art. 1.691: 1. v. art. 1.637 (suspensão do poder familiar).

Art. 1.691: 2. "A contratação de advogado com pactuação de honorários advocatícios *ad exitum* por representante do incapaz caracteriza ato simples de administração. A prática de atos de simples administração, decorrente do poder familiar, prescinde de prévia autorização judicial" (STJ-3ª T., REsp 1.233.261, Min. Nancy Andrighi, j. 21.2.13, DJ 27.2.13; no caso, porém, houve redução da verba honorária combinada de 30% do valor da condenação para 15% do valor depositado judicialmente).

"Ação de inventário. Contratação, pela inventariante e genitora, de advogado para a representação do herdeiro menor sem prévia autorização judicial. Possibilidade. Ato de simples administração. Contratação exclusivamente com base em futuro êxito, que resultou em acréscimo ao patrimônio do herdeiro e que envolveu outros processos judiciais. Atendimento do melhor interesse do menor. Impossibilidade de modificação, inclusive de ofício, do percentual avençado entre as partes" (STJ-3ª T., REsp 1.694.350, Min. Nancy Andrighi, j. 16.10.18, DJ 18.10.18; no caso, o recurso especial foi provido para a preservação dos honorários advocatícios *ad exitum*, convencionados em 20% sobre o monte partilhável).

"Embora se reconheça mais prudente, sem dúvida, a prévia obtenção de autorização judicial, tem-se que a atuação da genitora ao constituir advogados para defesa dos interesses patrimoniais de seus filhos na sucessão aberta configura exercício do poder familiar, compatível com o conceito de ato de simples administração, que pode prescindir da autorização judicial (CC/2002, arts. 1.630, 1.631, 1.634, VI e VII, 1.689, II, 1.690 e 1.691)" (STJ-4ª T., REsp 1.566.852, Min. Raul Araújo, j. 17.8.21, DJ 4.10.21).

Todavia: "O Código Civil, apesar de outorgar aos pais amplos poderes de administração sobre os bens dos filhos, não autoriza a realização de atos que extrapolem a simples gerência e conservação do patrimônio do representado. Se o representante legal assume, sem prévia autorização judicial, contrato de prestação de serviços advocatícios em nome da filha, sendo o valor fixado dos honorários desproporcional (30% do valor total da causa), com o consequente comprometimento do patrimônio da representada, deve avocar para si a obrigação, ainda mais se considerado que, no caso concreto, os advogados contratados prestaram mais serviços ao representante do que à representada" (STJ-3ª T., AI 1.065.953-AgRg, Min. Sidnei Beneti, j. 7.10.08, DJ 28.10.08).

"Prestação de serviços advocatícios. Honorários. Contrato escrito firmado pela genitora representando sua filha menor. Nulidade absoluta por ausência de formalidade legal (autorização judicial). Arbitramento compatível com a razoabilidade, sem destoar do teor do trabalho realizado, afastando-se estimativa modesta ou que implique em lucro excessivo ao causídico" (JTJ 342/639: AP 1.124.343-0/3; no caso, foram fixados honorários em 6% do benefício econômico, em vez dos combinados "20% sobre o valor comercial dos bens inventariados").

Art. 1.691: 3. "A transação, por ser negócio jurídico bilateral, que implica concessões recíprocas, não constitui ato de mera administração a autorizar o pai a praticá-la em nome dos filhos menores independentemente de autorização judicial" (STJ-3ª T., REsp 292.974, Min. Nancy Andrighi, j. 29.5.01, DJU 25.6.01). Esse acórdão foi mantido no julgamento dos subsequentes embargos de divergência: "São indispensáveis a autorização judicial e a intervenção do Ministério Público em acordo extrajudicial firmado pelos pais dos menores, em nome deles, para fins de receber indenização por ato ilícito" (STJ-2ª Seção, ED no REsp 292.974, Min. Sálvio de Figueiredo Teixeira, j. 12.2.03, um voto vencido, DJU 15.9.03).

Art. 1.691: 4. A prescrição não corre entre ascendentes e descendentes durante o poder familiar (art. 197-II), nem contra os absolutamente incapazes (art. 198-I).

Art. 1.691: 4a. Se o filho for menor, aplica-se o disposto no art. 1.692.

Art. 1.691: 4b. i. e., os herdeiros do filho, após o falecimento deste.

Art. 1.692. Sempre que no exercício do poder familiar colidir o interesse dos pais com o do filho, a requerimento deste ou do Ministério Público o juiz lhe dará curador especial.[1 a 3]

Art. 1.692: 1. v. ECA 142 § ún. e 148 § ún.-*f*.

Art. 1.692: 2. Embora este dispositivo legal esteja localizado em subtítulo que trata da administração dos bens dos filhos, ele pode ser aplicado em outras hipóteses de conflito entre o interesse destes com o dos pais.

Art. 1.692: 3. "Pensão alimentícia. Ação de prestação de contas. Pretensão manifestada pelo pai, ex-marido, contra a mãe, ex-esposa. Ilegitimidade *ad causam*. Colidência de interesses entre a genitora, guardiã e administradora dos bens, com os interesses dos filhos, que impõe que a ação seja intentada através de curador especial. Inteligência do art. 387 do CC" (RT 781/239: TJSP, AP 151.703-4/0). O art. 387 do CC rev. corresponde ao CC 1.692.

Art. 1.693. Excluem-se do usufruto e da administração dos pais:[1]

I — os bens adquiridos pelo filho havido fora do casamento, antes do reconhecimento;

II — os valores auferidos pelo filho maior de dezesseis anos, no exercício de atividade profissional e os bens com tais recursos adquiridos;

III — os bens deixados ou doados ao filho, sob a condição de não serem usufruídos, ou administrados, pelos pais;

IV — os bens que aos filhos couberem na herança, quando os pais forem excluídos da sucessão.[2]

Art. 1.693: 1. v. art. 1.689.

Art. 1.693: 2. v. arts. 1.814 e 1.816 § ún.

Subtítulo III | DOS ALIMENTOS[1 A 3]

✎ SUBTÍT. III: 1. "Os alimentos no novo Código Civil", por Luiz Felipe Brasil Santos (Ajuris 89/217); "A obrigação alimentar no novo Código Civil", por Marcelo Truzzi (RBDF 21/33); "O princípio da solidariedade e algumas de suas aplicações ao direito de família — abandono afetivo e alimentos", por Flávio Tartuce (RBDFS 30/5, RJ-Lex 60/165).

SUBTÍT. III: 2. v. no tít. ALIMENTOS: Lei 5.478, de 25.7.68 (ação de alimentos), e Lei 11.804, de 5.11.08 (alimentos gravídicos).

SUBTÍT. III: 3. v. CPC 189-II (segredo de justiça), 215-II (não suspensão da ação de alimentos durante as férias forenses), 292-III (valor da causa na ação de alimentos), 528 a 533 (cumprimento da sentença que condena ao pagamento de alimentos), 911 a 913 (execução de alimentos), 1.012 § 1º-II (efeito da apelação contra sentença que condena a pagar alimentos).

Em matéria de idoso, v. EId 11 a 14.

Art. 1.694. Podem os parentes, os cônjuges ou companheiros pedir uns aos outros os alimentos de que necessitem para viver de modo compatível com a sua condição social, inclusive para atender às necessidades de sua educação.

§ 1º Os alimentos devem ser fixados na proporção das necessidades do reclamante e dos recursos da pessoa obrigada.[1 a 5b]

§ 2º Os alimentos serão apenas os indispensáveis à subsistência, quando a situação de necessidade resultar de culpa de quem os pleiteia.[6]

Art. 1.694: 1. v. arts. 1.699 (mudança superveniente da situação financeira do alimentante ou alimentando), 1.700 (transmissão da obrigação aos herdeiros) e 1.702 (alimentos para o cônjuge inocente na separação litigiosa).

Para algumas diretrizes na fixação do valor dos alimentos, v. LA 11 e notas.

S/ a influência da guarda do alimentando no valor da pensão, v. art. 1.701, nota 1a.

Art. 1.694: 2. Súmula 226 do STF. "Na ação de desquite, os alimentos são **devidos desde a inicial** e não da data da decisão que os concede".

Art. 1.694: 2a. "O processo de identificação do valor ou do percentual respectivo a ser arbitrado pelo julgador a título de alimentos pode ser dividido em **dois momentos distintos:** (i) no primeiro, caberá ao julgador, diante das provas e do contexto socioeconômico apresentado, estabelecer **inicialmente apenas** quais seriam as **necessidades vitais do alimentado,** fixando os alimentos apenas sob a perspectiva do que seria um valor ideal para que o credor possua uma sobrevivência digna e tenha acesso às necessidades mais básicas e elementares no seu contexto social e econômico; (ii) **no segundo,** caberá ao julgador investigar se o valor ideal se amolda às reais **condições econômicas do alimentante.** Se constatar que a necessidade do alimentado poderá ser integralmente satisfeita pelo alimentante, devem ser fixados os alimentos no valor ou percentual respectivo que originalmente se concluiu ser o ideal para o sustento do alimentando, sendo desnecessário investigar sobre a possibilidade de o alimentante eventualmente dispor de valor ou percentual maior do que aquele reputado como ideal, na medida em que a necessidade do alimentado foi plenamente satisfeita. Se observar que o valor de que dispõe o alimentante não é suficiente para o pagamento do valor ideal da prestação alimentar que fora inicialmente estabelecido, deverá o julgador reduzi-lo proporcionalmente até que se ajuste à capacidade contributiva do alimentante, sempre sem prejuízo de, em ação revisional, ser demonstrada a melhoria das condições socioeconômicas do alimentante e, assim, de ser majorada a quantia até que finalmente se atinja o valor ideal inicialmente delineado" (STJ-2ª Seção, REsp 1.872.706, Min. Nancy Andrighi, j. 9.12.20, maioria, DJ 2.3.21).

Art. 1.694: 3. "Do princípio da igualdade entre os filhos, previsto no art. 227, § 6º, da Constituição Federal, deduz-se que não deverá haver, em regra, diferença no valor ou no percentual dos alimentos destinados a prole, pois se presume que, em tese, os filhos — indistintamente — possuem as mesmas demandas vitais, tenham as mesmas condições dignas de sobrevivência e igual acesso às necessidades mais elementares da pessoa humana. A igualdade entre os filhos, todavia, não tem natureza absoluta e inflexível, devendo, de acordo com a concepção aristotélica de isonomia e justiça, tratar-se igualmente os iguais e desigualmente os desiguais, na medida de suas desigualdades, de modo que é **admissível a fixação de alimentos em valor ou percentual distinto entre os filhos** se demonstrada a existência de necessidades diferenciadas entre eles ou, ainda, de capacidades contributivas diferenciadas dos genitores. Na hipótese, tendo sido apurado que havia maior capacidade contributiva de uma das genitoras em relação a outra, é justificável que se estabeleçam percentuais diferenciados de alimentos entre os filhos, especialmente porque é dever de ambos os cônjuges contribuir para a manutenção dos filhos na proporção de seus recursos" (STJ-3ª T., REsp 1.624.050, Min. Nancy Andrighi, j. 19.6.18, DJ 22.6.18). Também admitindo a fixação de pensões distintas para filhos de relacionamentos diferentes do mesmo alimentante: RJM 55/106.

Art. 1.694: 3a. "Não se justifica o arbitramento de verba alimentar em favor de ex-esposa, se os elementos trazidos aos autos são suficientes para comprovar que a mesma deles não necessita, máxime em razão do longo período de separação de fato, sem pedido de auxílio material, restando, ainda, ausente a comprovação acerca da possibilidade do alimentante" (RT 871/307).

Art. 1.694: 3b. "União estável. Caracterização. Pedido de alimentos pela ex-companheira. Não cabimento. Mulher jovem, com profissão e apta ao trabalho" (RT 865/177).

Art. 1.694: 4. "Na hipótese de o cônjuge apontado como culpado ser o prestador de alimentos, desnecessária a realização de provas que firam seu direito à intimidade e privacidade, porquanto a pensão não será aferida em razão da medida de sua culpabilidade (pensão não é pena), mas pela possibilidade que tem de prestar associada à necessidade de receber do alimentando" (STJ-4ª T., RMS 28.336, Min. João Otávio, j. 24.3.09, DJ 6.4.09).

Art. 1.694: 5. "Os alimentos devidos entre ex-cônjuges devem ser fixados por **prazo certo,** suficiente para, levando-se em conta as condições próprias do alimentado, permitir-lhe uma potencial inserção no mercado de trabalho" (STJ-3ª T., REsp 1.559.564, Min. Nancy Andrighi, j. 22.11.16, DJ 30.11.16). Do voto da relatora: "Tirando hipóteses excepcionais, como a incapacidade física duradoura para o labor ou, ainda, a impossibilidade prática de inserção no mercado de trabalho, os alimentos devidos ao ex-cônjuge devem ser fixados por prazo determinado **(alimentos temporários),** considerado suficiente para permitir a adaptação do alimentado à nova realidade, que a ruptura do relacionamento lhe impôs, e possibilitar a reconstrução de sua vida sem a dependência econômica do ex-cônjuge. Essa é a plena absorção do conceito de excepcionalidade dos alimentos devidos entre ex-cônjuges, que repudia a anacrônica tese de que o alimentado possa quedar-se inerte — quando tenha capacidade laboral — e deixar ao alimentante a perene obrigação de sustentá-lo".

"A obrigação de prestar alimentos transitórios — a tempo certo — é cabível, em regra, quando o alimentando é pessoa com idade, condições e formação profissional compatíveis com uma provável inserção no mercado de trabalho, necessitando dos alimentos apenas até que atinja sua autonomia financeira, momento em que se emancipará da tutela do alimentante — outrora provedor do lar —, que será então liberado da obrigação, a qual se extinguirá automaticamente" (STJ-RT 903/180 e RBDFS 18/125: 3ª T., REsp 1.025.769). No caso, foram fixados alimentos para os dois anos seguintes ao trânsito em julgado da decisão que os concedeu.

"Alimentos transitórios — de cunho resolúvel — são obrigações prestadas, notadamente entre ex-cônjuges ou ex-companheiros, em que o credor, em regra pessoa com idade apta para o trabalho, necessita dos alimentos apenas até que se projete determinada condição ou ao final de certo tempo, circunstância em que a obrigação extinguir-se-á automaticamente. Na hipótese dos autos, o pagamento da mensalidade referente à pós-graduação era possível, no curso da sociedade conjugal, em razão da condição financeira do casal. Após a ruptura da sociedade conjugal, embora a ex-companheira exerça atividade laboral, seu salário tornou-se insuficiente para arcar com os custos referentes ao mestrado, motivo pelo qual são devidos alimentos transitórios, até a conclusão do curso de pós-graduação" (STJ-3ª T., REsp 1.388.955, Min. Nancy Andrighi, j. 19.11.13, DJ 29.11.13).

"Admite-se a fixação provisória de alimentos quando, rompida a relação matrimonial, necessita o ex-cônjuge alimentado de período para adequar-se à nova realidade profissional e financeira. É princípio do direito alimentar que, observado o caso concreto, tanto quanto possível, a pensão seja fixada, considerando-se a capacidade do alimentante e o padrão de vida propiciado à alimentada" (STJ-3ª T., REsp 1.353.941, Min. João Otávio, j. 16.4.13, maioria, DJ 24.5.13). No caso, fixaram-se alimentos no valor de R$ 50.000,00 por 18 meses.

"Os chamados alimentos compensatórios, ou prestação compensatória, não têm por finalidade suprir as necessidades de subsistência do credor, tal como ocorre com a pensão alimentícia regulada pelo art. 1.694 do CC/2002, senão corrigir ou atenuar grave desequilíbrio econômico-financeiro ou abrupta alteração do padrão de vida do cônjuge desprovido de bens e de meação. Os alimentos devidos entre ex-cônjuges devem, em regra, ser fixados com termo certo, assegurando-se ao alimentando tempo hábil para sua inserção, recolocação ou progressão no mercado de trabalho, que lhe possibilite manter, pelas próprias forças, o *status* social similar ao período do relacionamento" (STJ-4ª T., REsp 1.290.313, Min. Antonio Ferreira, j. 12.11.13, maioria, DJ 7.11.14). No caso, foi determinada a cessação dos alimentos quando se completarem três anos da publicação do acórdão do recurso especial.

"A estipulação de pensão alimentícia pelo lapso temporal de 12 (doze) meses se mostra razoável, uma vez que a requerida é uma pessoa saudável, com apenas 29 anos de idade, que tem condição de se inserir no mercado de trabalho e conseguir uma vaga de emprego com remuneração suficiente para sua subsistência" (RBDFS 31/176: TJDFT, AP 2011.07.1.014430-7).

Todavia: "*In casu*, o Tribunal de origem, analisando o acervo fático-probatório dos autos, entendeu por fixar a pensão para ex-cônjuge por **prazo indeterminado,** considerando sua idade avançada e o fato de não ter exercido atividade remunerada durante os trinta anos de casamento, o que dificultaria, certamente, seu ingresso no mercado de trabalho. Tal entendimento está em sintonia com a jurisprudência desta Corte" (STJ-3ª T., Ag em REsp 896.324-AgInt, Min. Marco Bellizze, j. 1.9.16, DJ 8.9.16).

V. tb. arts. 422, nota 3b, e 1.699, nota 3b.

Art. 1.694: 5a. "A obrigação alimentícia deve ser mantida enquanto pendente a partilha do patrimônio comum do ex-casal manifestamente procrastinada pelo ex-cônjuge recalcitrante, que se encontra na exclusiva posse e administração dos bens e não coopera para que a controvérsia seja dirimida judicialmente" (STJ-3ª T., REsp 1.287.579, Min. Ricardo Cueva, j. 11.6.13, DJ 2.8.13).

V. tb. LA 4º, nota 6.

Art. 1.694: 5b. "A mera circunstância de o **devedor de alimentos** estar **recolhido à prisão** pela prática de crime não afasta a sua obrigação alimentar, tendo em vista a possibilidade de desempenho de atividade remunerada na prisão ou fora dela a depender do regime prisional do cumprimento da pena. É imprescindível aferir a possibilidade financeira do réu preso tanto no regime prisional fechado, como no semiaberto ou aberto, em que é possível, inclusive, o trabalho externo" (STJ-3ª T., REsp 1.882.798, Min. Ricardo Cueva, j. 10.8.21, DJ 17.8.21).

Art. 1.694: 6. v. art. 1.704 § ún.

> **Art. 1.695.** São devidos os alimentos quando quem os pretende não tem bens suficientes, nem pode prover, pelo seu trabalho, à própria mantença, e aquele, de quem se reclamam, pode fornecê-los, sem desfalque do necessário ao seu sustento.[1-2]

Art. 1.695: 1. v. CP 244 (crime de abandono material).

Art. 1.695: 2. CF 5º-LXVII: "Não haverá prisão civil por dívida, salvo a do responsável pelo inadimplemento voluntário e inescusável de obrigação alimentícia e a do depositário infiel".

CF 229: "Os pais têm o dever de assistir, criar e educar os filhos menores, e os filhos maiores têm o dever de ajudar e amparar os pais na velhice, carência ou enfermidade".

> **Art. 1.696.** O direito à prestação de alimentos é recíproco entre pais e filhos,[1 a 1c] e extensivo a todos os ascendentes, recaindo a obrigação nos mais próximos em grau, uns em falta de outros.[2]

Art. 1.696: 1. s/ maioridade do filho credor de alimentos, v. LA 13, nota 5.

Art. 1.696: 1a. cf. CF 229.

Art. 1.696: 1b. Enunciado 341 do CEJ: "Para os fins do art. 1.696, a relação socioafetiva pode ser elemento gerador de obrigação alimentar".

Enunciado 112 do CEJ: "Em acordos celebrados antes do advento do novo Código, ainda que expressamente convencionado que os alimentos cessarão com a maioridade, o juiz deve ouvir os interessados, apreciar as circunstâncias do caso concreto e obedecer ao princípio *rebus sic stantibus*".

Art. 1.696: 1c. "É descabido o pedido de alimentos, com fundamento no dever de solidariedade, pelo genitor que nunca cumpriu com os deveres inerentes ao poder familiar, deixando de pagar alimentos e prestar aos filhos os cuidados e o afeto de que necessitavam em fase precoce de seu desenvolvimento" (RBDF 35/107).

Art. 1.696: 2. v. arts. 871, 1.697 e 1.698. V. tb. LA 1º e notas.

S/ legitimidade passiva de avós, v. LA 1º, notas 6a e 6b.

> **Art. 1.697.** Na falta[1] dos ascendentes cabe a obrigação aos descendentes, guardada a ordem de sucessão e, faltando estes, aos irmãos, assim germanos como unilaterais.[1a a 2]

Art. 1.697: 1. "São chamados, primeiramente, a prestar alimentos, os parentes mais próximos em grau, só fazendo recair a obrigação nos mais remotos, à falta daqueles; essa **falta** deve ser compreendida, conforme interpretação conjugada dos arts. 1.697 e 1.698 do CC/02, para além da **ausência** de parentes de grau mais próximo, como a **impossibilidade** ou, ainda, a **insuficiência financeira** desses de suportar o encargo" (STJ-3ª T., REsp 1.120.922, Min. Nancy Andrighi, j. 23.11.10, DJ 7.12.10).

Art. 1.697: 1a. Irmãos germanos são os oriundos dos mesmos pais; unilaterais são os provenientes apenas da mesma mãe ou do mesmo pai.

Art. 1.697: 1b. Assim: "A obrigação alimentar entre irmãos (germanos ou unilaterais) é subsidiária, porque somente ocorre na falta ou incapacidade de ascendentes e descendentes" (RJM 183/139: AP 1.0027.07.118511-3/001). No mesmo sentido: JTJ 327/208 (AP 520.523-4/3-00).

Art. 1.697: 2. "Na falta de ascendentes e descendentes, a obrigação é estendida somente aos irmãos tanto germanos quanto unilaterais. Não houve extensão aos **tios, sobrinhos ou primos**" (RJM 187/50: AI 1.0112.07.072770-9/001).

V. tb. art. 305, nota 2, e LA 1º, nota 6e.

Art. 1.698. Se o parente, que deve alimentos em primeiro lugar, não estiver em condições de suportar totalmente o encargo, serão chamados a concorrer os de grau imediato;[1] sendo várias as pessoas obrigadas a prestar alimentos, todas devem concorrer na proporção dos respectivos recursos, e, intentada ação contra uma delas, poderão as demais ser chamadas a integrar a lide.[2 a 3a]

Art. 1.698: 1. Súmula 596 do STJ: "A **obrigação alimentar dos avós** tem natureza complementar e subsidiária, somente se configurando no caso de impossibilidade total ou parcial de seu cumprimento pelos pais".

V. art. 1.694 § 1º e LA 1º, nota 6a.

Art. 1.698: 2. "A intervenção de terceiros sob a luz do art. 1.698 do novo CC e o Estatuto do Idoso", por Nelson Finotti Silva (RP 119/285).

Art. 1.698: 3. v. art. 1.694 § 1º e CPC 113.

Art. 1.698: 3a. Ressalvado o caso específico de idoso (v. EId 12), não há solidariedade em matéria de obrigação alimentar. Por isso, a integração do devedor de alimentos ao processo previamente instaurado não ocorre por meio de chamamento ao processo. Trata-se de integração *sui generis*, que não encontra paralelo nas figuras de intervenção de terceiros reguladas no Código de Processo Civil.

Uma vez integrado o terceiro ao processo nessas circunstâncias, tem-se a formação de litisconsórcio facultativo ulterior.

"Não obstante se possa inferir do texto do art. 1.698 do CC — norma de natureza especial — que o credor de alimentos detém a faculdade de ajuizar ação apenas contra um dos coobrigados, não há óbice legal a que o demandado exponha, circunstanciadamente, a arguição de não ser o único devedor e, por conseguinte, adote a iniciativa de chamamento de outro potencial devedor para integrar a lide" (STJ-4ª T., REsp 964.866, Min. João Otávio, j. 1.3.11, DJ 11.3.11).

"Quando se tratar de credor de alimentos que reúna plena capacidade processual, cabe a ele, exclusivamente, provocar a integração posterior do polo passivo, devendo a sua inércia ser interpretada como concordância tácita com os alimentos que puderem ser prestados pelo réu por ele indicado na petição inicial, sem prejuízo de eventual e futuro ajuizamento de ação autônoma de alimentos em face dos demais coobrigados. Nas hipóteses em que por necessária a representação processual do credor de alimentos incapaz, cabe também ao devedor provocar a integração posterior do polo passivo, a fim de que os demais coobrigados também componham a lide, inclusive aquele que atua como representante processual do credor dos alimentos, bem como cabe provocação do Ministério Público, quando a ausência de manifestação de quaisquer dos legitimados no sentido de chamar ao processo possa causar prejuízos aos interesses do incapaz. A natureza jurídica do mecanismo de integração posterior do polo passivo previsto no art. 1.698 do CC/2002 é de litisconsórcio facultativo ulterior simples, com a particularidade, decorrente da realidade do direito material, de que a formação dessa singular espécie de litisconsórcio não ocorre somente por iniciativa exclusiva do autor, mas também por provocação do réu ou do Ministério Público, quando o credor dos alimentos for incapaz. No que tange ao momento processual adequado para a integração do polo passivo pelos coobrigados, cabe ao autor requerê-lo em sua réplica à contestação; ao réu, em sua contestação; e ao Ministério Público, após a prática dos referidos atos processuais pelas partes, respeitada, em todas as hipóteses, a impossibilidade de ampliação objetiva ou subjetiva da lide após o saneamento e organização do processo, em homenagem ao contraditório, à ampla defesa e à razoável duração do processo. Na hipótese, a credora dos alimentos é menor emancipada, possui capacidade processual plena e optou livremente por ajuizar a ação somente em face do genitor, cabendo a ela, com exclusividade, provocar a integração posterior do polo passivo, devendo a sua inércia em fazê-lo ser interpretada como a abdicação, ao menos neste momento, da quota-parte que lhe seria devida pela genitora coobrigada, sem prejuízo de eventualmente ajuizar, no futuro, ação de alimentos autônoma em face da genitora" (STJ-3ª T., REsp 1.715.438, Min. Nancy Andrighi, j. 13.11.18, DJ 21.11.18).

V. tb. LA 1º, notas 6a e 6b.

Art. 1.699. Se, fixados os alimentos, sobrevier mudança na situação financeira[1 a 2] de quem os supre, ou na de quem os recebe,[3] poderá o interessado reclamar ao juiz, conforme as circunstâncias, exoneração,[3a-3b] redução ou majoração do encargo.[4 a 6]

Art. 1.699: 1. "Os alimentos devidos entre ex-cônjuges serão fixados com termo certo, a depender das circunstâncias fáticas próprias da hipótese sob discussão, assegurando-se, ao alimentado, tempo hábil para sua inserção, recolocação ou progressão no mercado de trabalho, que lhe possibilite manter pelas próprias forças, *status* social similiar ao período do relacionamento. Serão, no entanto, perenes, nas excepcionais circunstâncias de incapacidade laboral permanente, ou ainda, quando se constatar a impossibilidade prática de inserção no mercado de trabalho. Em qualquer uma das hipóteses, sujeitam-se os alimentos à cláusula *rebus sic stantibus*, podendo os valores ser alterados quando houver variação no binômio necessidade/possibilidade. Se os alimentos devidos a ex-cônjuge não forem fixados por termo certo, o pedido de desoneração total, ou parcial, poderá **dispensar a existência de variação no binômio necessidade/possibilidade,** quando demonstrado o pagamento de pensão por lapso temporal suficiente para que o alimentado revertesse a condição desfavorável que detinha, no momento da fixação desses alimentos" (STJ-RDDP 102/144: 3ª T., REsp 1.188.399). Em sentido semelhante: STJ-4ª T., REsp 1.370.778, Min. Marco Buzzi, j. 10.3.16, maioria, DJ 4.4.16.

"Há casos em que é possível revisar o pensionamento mesmo sem comprovada alteração nas condições financeiras das partes. Tal ocorre, por exemplo, naquelas hipóteses onde é inquestionável que a manutenção do pensionamento no valor em que foi originalmente fixado, mediante acordo, acarretará a ruína financeira do alimentante" (RJ 316/115: TJRS, AP 70007212673).

Art. 1.699: 1a. "A modificação das condições econômicas de possibilidade ou de necessidade das partes constitui elemento condicionante da revisão e da exoneração de alimentos, sem o que não há que se adentrar na esfera de análise do pedido, fulcrado no art. 1.699 do CC/02. As necessidades do reclamante e os recursos da pessoa obrigada devem ser sopesados tão somente após a verificação da necessária ocorrência da mudança na situação financeira das partes, isto é, para que se faça o cotejo do binômio, na esteira do princípio da proporcionalidade, previsto no art. 1.694, § 1º, do CC/02, deve o postulante primeiramente demonstrar de maneira satisfatória os elementos condicionantes da revisional de alimentos, nos termos do art. 1.699 do CC/02. Se não há prova do decréscimo das necessidades dos credores, ou do depauperamento das condições econômicas do devedor, a **constituição de nova família,** resultando ou não em nascimento de filho, não importa na redução da pensão alimentícia prestada a filhos havidos da união anterior" (STJ-3ª T., REsp 1.027.930, Min. Nancy Andrighi, j. 3.3.09, DJ 16.3.09). Em sentido semelhante: STJ-4ª T., Ag em REsp 808.033-AgRg, Min. Raul Araújo, j. 17.3.16, DJ 13.4.16.

Todavia: "A constituição de nova família pelo alimentante, com filhos, constitui motivo a ser ponderado para a verificação da alegada mudança em sua situação financeira" (RSTJ 176/348: 4ª T., REsp 109.259).

"O advento de prole resultante da celebração de um novo casamento representa encargo superveniente que pode autorizar a diminuição do valor da prestação alimentícia antes estipulado, uma vez que, por princípio de equidade, todos os filhos comungam do mesmo direito de terem o seu sustento provido pelo genitor comum, na proporção das possibilidades deste e necessidades daqueles" (STJ-3ª T., REsp 244.015, Min. Castro Filho, j. 19.4.05, dois votos vencidos, DJU 5.9.05).

Art. 1.699: 2. "A simples alegação de desemprego não é o bastante para eximir o devedor do pagamento das prestações acordadas" (STJ-4ª T., HC 22.489, Min. Barros Monteiro, j. 17.9.02, DJU 2.12.02).

"Não basta ao alimentante asserir que se acha desempregado. É de rigor que demonstre, de modo cabal, não lhe ser possível arcar com o pagamento da prestação acordada" (RT 840/250).

Art. 1.699: 3. v. arts. 1.694 § 1º e 1.695.

Art. 1.699: 3a. "Por restar fixado pelo Tribunal Estadual, de forma induvidosa, que a alimentanda não apenas apresenta plenas condições de inserção no mercado de trabalho como também efetivamente exerce atividade laboral, e mais, caracterizada essa atividade como potencialmente apta a mantê-la com o mesmo *status* social que anteriormente gozava, ou ainda alavancá-la a patamares superiores, deve ser julgado procedente o pedido de exoneração deduzido pelo alimentante" (STJ-3ª T., REsp 933.355, Min. Nancy Andrighi, j. 25.3.08, DJU 11.4.08).

Art. 1.699: 3b. "Os alimentos devidos entre ex-cônjuges não podem servir de fomento ao ócio ou ao enriquecimento sem causa. Por isso, quando fixados sem prazo determinado, a análise da pretensão do devedor de se exonerar da obrigação não se restringe à prova da alteração do binômio necessidade-possibilidade, mas deve agregar e ponderar outras circunstâncias, como a capacidade potencial do alimentado para o trabalho e o tempo decorrido entre o início da prestação alimentícia e a data do pedido de desoneração. Particularmente, impõe-se a exoneração da obrigação alimentar tendo em vista que a alimentada está trabalhando, embora tenha afirmado que o valor recebido em contrapartida é insuficiente à própria manutenção, sendo, ademais, relevante o fato de que a obrigação de prestar alimentos, correspondentes a doze salários mínimos, subsiste há mais de dezoito anos, tempo esse suficiente e além do razoável para que ela pudesse se restabelecer e seguir a vida sem o apoio financeiro do ex-cônjuge" (STJ-3ª T., REsp 1.396.957, Min. Nancy Andrighi, j. 3.6.14, DJ 20.6.14).

"Os alimentos devidos entre ex-cônjuges devem ser fixados por prazo certo, suficiente para, levando-se em conta as condições próprias do alimentado, permitir-lhe uma potencial inserção no mercado de trabalho em igualdade de condições com o alimentante. Particularmente, impõe-se a exoneração da obrigação alimentar tendo em vista que a alimentada tem condições de exercer sua profissão, tem uma fonte de renda e recebeu pensão alimentícia por nove anos, tempo esse suficiente e além do razoável para que ela pudesse se restabelecer e seguir a vida sem o apoio financeiro do ex-cônjuge" (STJ-3ª T., REsp 1.616.889, Min. Nancy Andrighi, j. 13.12.16, DJ 1.2.17).

V. tb. arts. 422, nota 3b, e 1.694, nota 5.

Art. 1.699: 4. v. LA 13 e 15. V. tb. CPC 505-I.

Art. 1.699: 5. "O pensionamento deve atender tanto às necessidades do alimentando quanto às possibilidades do alimentante, sendo as partes envolvidas as mais indicadas para proceder a essa avaliação, ficando a atuação do órgão jurisdicional, em princípio, restrita à homologação de um acordo de vontades, reservada a sua intervenção direta tão somente para as situações de dissensão, quando não for possível a conciliação. Destarte, em âmbito de ação revisional, tendo o próprio alimentante sugerido na inicial a fixação dos alimentos provisórios em determinado valor, o qual foi adotado de pronto pelo juiz, fica o tribunal impossibilitado de, utilizando-se de parâmetros outros, rever essa decisão, para arbitrá-los em patamar inferior, agravando a situação dos beneficiários" (STJ-3ª T., REsp 595.900, Min. Castro Filho, j. 7.12.06, DJU 12.2.07).

Art. 1.699: 6. "A variabilidade — característica dos alimentos —, além de possibilitar a majoração, redução, ou mesmo exoneração da obrigação alimentar, também pode ser aplicada à fórmula para o cumprimento da obrigação que inclui a prestação de alimentos *in natura*, notadamente quando a alimentada aponta dificuldades para usufruir dessa fração dos alimentos" (STJ-3ª T., REsp 1.284.177, Min. Nancy Andrighi, j. 4.10.11, DJ 24.10.11).

Art. 1.700. A obrigação de prestar alimentos transmite-se aos herdeiros[1 a 3] do devedor, na forma do art. 1.694.[4]

Art. 1.700: 1. "Nota sobre a transmissão dos alimentos no novo Código Civil", por Maria Teresa Moreira Lima (RF 364/229); "Os alimentos e a transmissibilidade da obrigação de prestá-los", por Walsir Edson Rodrigues Júnior (RBDF 37/42).

Art. 1.700: 1a. No mesmo sentido: art. 943, quanto a pensão que tenha como causa ato ilícito.

Art. 1.700: 2. A transmissão somente se dá *intra vires hereditatis* (v. art. 1.792).

Enunciado 343 do CEJ: "A transmissibilidade da obrigação alimentar é limitada às forças da herança".

Art. 1.700: 2a. "O espólio tem a obrigação de prestar alimentos àquele a quem o *de cujus* devia, mesmo vencidos após a sua morte. Enquanto não encerrado o inventário e pagas as quotas devidas aos sucessores, o autor da ação de alimentos e presumível herdeiro não pode ficar sem condições de subsistência no decorrer do processo. Exegese do art. 1.700 do novo CC" (STJ-2ª Seção, REsp 219.199, Min. Fernando Gonçalves, j. 10.12.03, um voto vencido, DJU 3.5.04). No mesmo sentido: RT 839/317 (ponderando, todavia, que "os valores recebidos a tal título serão descontados do quinhão hereditário que couber ao alimentado"), JTJ 205/17, 312/347, RJ 179/84.

"Malgrado a divergência doutrinária e jurisprudencial sobre o alcance da alteração sobre o tema no âmbito do Código Civil de 2002, e apesar de sua natureza personalíssima, o fato é que previu o novo Código que 'a obrigação de prestar alimentos transmite-se aos herdeiros do devedor' (art. 1.700), não podendo a massa inventariada nem os herdeiros, contudo, responder por valores superiores à força da herança, haja vista ser a dívida oriunda de obrigação pretérita do morto e não originária daqueles (arts. 1.792 e 1.997 e En. 343 do CJF)" (STJ-4ª T., HC 256.793, Min. Luis Felipe, j. 1.10.13, DJ 15.10.13).

Todavia: "Observado que os alimentos pagos pelo *de cujus* à recorrida, ex-companheira, decorrem de acordo celebrado no momento do encerramento da união estável, a referida obrigação, de natureza personalíssima, extingue-se com o óbito do alimentante, cabendo ao espólio recolher, tão somente, eventuais débitos não quitados pelo devedor quando em vida. Fica ressalvada a irrepetibilidade das importâncias percebidas pela alimentada" (STJ-2ª Seção, REsp 1.354.693, Min. Antonio Ferreira, j. 26.11.14, maioria, DJ 20.2.15).

Art. 1.700: 3. "**Inexistindo condenação prévia** do autor da herança, não há por que falar em transmissão do dever jurídico de prestar alimentos, em razão do seu caráter personalíssimo e, portanto, intransmissível" (STJ-4ª T., REsp 775.180, Min. João Otávio, j. 15.12.09, DJ 2.2.10). No mesmo sentido: "Se a obrigação alimentar não foi constituída antes da morte do companheiro da apelante, não há falar em fixação de alimentos em face do espólio, uma vez que a correta interpretação do CC 1.700 é no sentido de que se transmite aos herdeiros a dívida constituída antes do falecimento do devedor, sem que isso signifique a transferência da condição de alimentante" (RJM 190/177: AP 1.0024.09.632850-5/001). Ainda: STJ-3ª T., Ag em REsp 271.410-AgRg, Min. Sidnei Beneti, j. 23.4.13, DJ 7.5.13.

Art. 1.700: 4. v. arts. 1.821, 1.997 e LDi 23.

Art. 1.701. A pessoa obrigada a suprir alimentos poderá pensionar o alimentando, ou dar-lhe hospedagem e sustento, sem prejuízo do dever de prestar o necessário à sua educação, quando menor.[1-1a]

Parágrafo único. Compete ao juiz, se as circunstâncias o exigirem, fixar a forma do cumprimento da prestação.[2]

Art. 1.701: 1. v. arts. 1.920 e 1.928 § ún.

Art. 1.701: 1a. "A partir da modificação da guarda de menor, quando este passa a viver com o alimentante, torna-se mister a redução do percentual da pensão alimentícia, na parte que cabe a esse filho, sob pena de ser criado um acréscimo injustificável no valor do débito alimentar" (RJM 165/136). V. tb. LA 11, nota 5.

Art. 1.701: 2. "O fim do consenso que regulava a forma de prestação alimentar, aliado a pedido do alimentado para que haja conversão dos alimentos *in natura* para pecúnia, são elementos suficientes para autorizar o julgador, com base no § ún. do art. 1.701 do CC/02, a fixar de pronto nova forma de cumprimento da prestação que deverá, prioritariamente, privilegiar o pagamento de alimentos em dinheiro" (STJ-3ª T., REsp 1.284.177, Min. Nancy Andrighi, j. 4.10.11, DJ 24.10.11).

Art. 1.702. Na separação judicial litigiosa, sendo um dos cônjuges inocente e desprovido de recursos, prestar-lhe-á o outro a pensão alimentícia que o juiz fixar, obedecidos os critérios estabelecidos no art. 1.694.[1]

Art. 1.702: 1. v. arts. 1.572, 1.573, 1.704 e LDi 19. No caso de separação e divórcio consensuais, v. art. 1.574, nota 1b, LDi 40 § 2º-II e CPC 731-II.

V. art. 1.571, nota 2b **(Em. Const. 66, de 13.7.10)**.

Art. 1.703. Para a manutenção dos filhos, os cônjuges separados judicialmente[1-2] contribuirão na proporção de seus recursos.[3]

Art. 1.703: 1. v. art. 1.571, nota 2b **(Em. Const. 66, de 13.7.10)**.

Art. 1.703: 2. ou divorciados.

Art. 1.703: 3. "O dever de prestar alimentos aos filhos menores impúberes independe da demonstração da necessidade"; nesse caso, "para que se estabeleça a relação obrigacional entre o alimentante e o alimentando, basta que haja a comprovação do vínculo jurídico a unir as partes" (STJ-3ª T., REsp 241.832, Min. Menezes Direito, j. 17.6.03, DJU 1.9.03).

S/ cessação dos alimentos, em razão da maioridade do filho, v. LA 13, nota 5.

Art. 1.704. Se um dos cônjuges separados judicialmente vier a necessitar de alimentos, será o outro obrigado a prestá-los mediante pensão a ser fixada pelo juiz, caso não tenha sido declarado culpado na ação de separação judicial.[1-2]

Parágrafo único. Se o cônjuge declarado culpado vier a necessitar de alimentos, e não tiver parentes em condições de prestá-los, nem aptidão para o trabalho, o outro cônjuge será obrigado a assegurá-los, fixando o juiz o valor indispensável à sobrevivência.[3-4]

Art. 1.704: 1. v. art. 1.702.

V., ainda, art. 1.571, nota 2b **(Em. Const. 66, de 13.7.10)**.

Art. 1.704: 2. "Não há falar-se em renúncia do direito aos alimentos ante a **simples inércia** de seu exercício, porquanto o ato abdicativo do direito deve ser expresso e inequívoco. Em atenção ao princípio da mútua assistência, **mesmo após o divórcio,** não tendo ocorrido a renúncia aos alimentos por parte do cônjuge que, em razão dos longos anos de duração do matrimônio, não exercera atividade econômica, se vier a padecer de recursos materiais, por não dispor de meios para suprir as próprias necessidades vitais (alimentos necessários), seja por incapacidade laborativa, seja por insuficiência de bens, poderá requerê-la de seu ex-consorte, desde que preenchidos os requisitos legais" (STJ-4ª T., REsp 1.073.052, Min. Marco Buzzi, j. 11.6.13, DJ 2.9.13).

V. tb. art. 1.707, nota 3.

Art. 1.704: 3. "O novo divórcio e seus reflexos no direito a alimentos", por Rodolfo Pamplona Filho e Luiz Carlos de Assis Jr. (RJ-Lex 61/50).

Art. 1.704: 4. cf. art. 1.694 § 2º. V. tb. art. 1.572.

Art. 1.705. Para obter alimentos, o filho havido fora do casamento pode acionar o genitor, sendo facultado ao juiz determinar, a pedido de qualquer das partes, que a ação se processe em segredo de justiça.[1]

Art. 1.705: 1. v. art. 7º da Lei 8.560, de 29.12.92 (no tít. INVESTIGAÇÃO DE PATERNIDADE). V. tb. CPC 189-II (segredo de justiça), 215-II (não suspensão da ação de alimentos durante as férias forenses), 292-III (valor da causa na ação de alimentos), 528 a 533 (cumprimento da sentença que condena ao pagamento de alimentos), 911 a 913 (execução de alimentos), 1.012 § 1º-II (efeito da apelação contra sentença que condena a pagar alimentos).

Art. 1.706. Os alimentos provisionais serão fixados pelo juiz, nos termos da lei processual.[1]

Art. 1.706: 1. A lei processual não mais disciplina alimentos provisionais. S/ alimentos provisórios, v. LA 4º.

Art. 1.707. Pode o credor não exercer, porém lhe é vedado renunciar[1 a 4a] o direito a alimentos, sendo o respectivo crédito insuscetível de cessão, compensação[5] ou penhora.

Art. 1.707: 1. "Renúncia a alimentos", por Rolf Madaleno (RBDF 27/146).

Art. 1.707: 2. Enunciado 263 do CEJ: "O art. 1.707 do Código Civil não impede seja reconhecida válida e eficaz a renúncia manifestada por ocasião do divórcio (direto ou indireto) ou da dissolução da 'união estável'. A irrenunciabilidade do direito a alimentos somente é admitida enquanto subsista vínculo de Direito de Família".

Art. 1.707: 3. Aos olhos da jurisprudência, a irrenunciabilidade prevista no art. 1.707 contempla apenas os parentes, não alcançando os cônjuges:

"A cláusula de renúncia a alimentos, constante em acordo de separação devidamente homologado, é válida e eficaz, não permitindo ao ex-cônjuge que renunciou a pretensão de ser pensionado ou voltar a pleitear o encargo" (STJ-3ª T., REsp 701.902, Min. Nancy Andrighi, j. 15.9.05, DJU 3.10.05). Ainda: STJ-4ª T., REsp 199.427, Min. Fernando Gonçalves, j. 9.3.04, DJU 29.3.04; JTJ 284/20, 309/40 (bem fundamentado); RT 854/195, 860/252; RBDF 19/90; Bol. AASP 2.686 (TJDFT, AP 20080111480364).

Com isso, segue **superada** a **Súmula 379 do STF** ("No acordo de desquite não se admite renúncia aos alimentos, que poderão ser pleiteados ulteriormente, verificados os pressupostos legais"), que já não vinha sendo aplicada mesmo antes do advento do vigente CC. V. STJ-RT 713/228 (3ª T., REsp 37.151), RSTJ 145/419 (4ª T., REsp 70.630).

V. tb. arts. 1.574, notas 1b e 1c, e 1.704, nota 2.

Art. 1.707: 3a. "União estável. Dissolução. Se no momento da separação há dispensa quanto à prestação alimentícia sem nenhuma ressalva quanto a essa parcela, não pode um dos ex-companheiros, posteriormente, postular alimentos, dado que já definitivamente dissolvido qualquer vínculo existente entre eles" (STJ-4ª T., REsp 674.233, Min. Fernando Gonçalves, j. 12.4.05, DJU 9.5.05).

Art. 1.707: 3b. "União estável. Escritura pública de reconhecimento. Alimentos. Cláusula de dispensa prévia. Alteração da situação financeira na constância da união. Ação de alimentos ajuizada após a dissolução do vínculo. Viabilidade. Irrenunciabilidade dos alimentos devidos na constância do vínculo conjugal. Nulidade da cláusula de renúncia. São irrenunciáveis os alimentos devidos na constância do vínculo familiar (art. 1.707 do CC/2002). Não obstante considere-se válida e eficaz a renúncia manifestada por ocasião de acordo de separação judicial ou de divórcio, nos termos da reiterada jurisprudência do Superior Tribunal de Justiça, não pode ser admitida enquanto perdurar a união estável" (STJ-4ª T., REsp 1.178.233, Min. Raul Araújo, j. 18.11.14, DJ 9.12.14).

Art. 1.707: 4. "A obrigação de prestar alimentos somente se instaura entre cônjuges ou, no caso de estar desfeito o vínculo matrimonial pelo divórcio, se os ex-cônjuges a pactuaram ainda durante o casamento, no máximo no ajuste de divórcio. Se as partes são divorciadas, não produz efeito de obrigação alimentícia o acerto particular em que uma assume o ônus de entregar determinada quantia à outra" (RT 836/308: TJRJ, AP 11820/04).

Art. 1.707: 4a. "É irrenunciável o direito aos alimentos presentes e futuros (art. 1.707 do Código Civil), mas pode o credor **renunciar aos alimentos pretéritos devidos e não prestados,** isso porque a irrenunciabilidade atinge o direito, e não o seu exercício. Na hipótese, a extinção da execução em virtude da celebração de acordo em que o débito foi exonerado não resultou em prejuízo, visto que não houve renúncia aos alimentos vincendos e que são indispensáveis ao sustento das alimentandas. As partes transacionaram somente o crédito das parcelas específicas dos alimentos executados, em relação aos quais inexiste óbice legal" (STJ-3ª T., REsp 1.529.532, Min. Ricardo Cueva, j. 9.6.20, DJ 16.6.20).

Art. 1.707: 5. s/ compensação em matéria de alimentos, v. LA 1º, nota 10a.

Art. 1.708. Com o casamento, a união estável ou o concubinato do credor, cessa o dever de prestar alimentos.[1 a 2a]

Parágrafo único. Com relação ao credor cessa, também, o direito a alimentos, se tiver procedimento indigno em relação ao devedor.[2b a 3]

✎ **Art. 1.708: 1.** "A exoneração da pensão alimentícia devida ao ex-cônjuge", por Priscila Maria Pereira Corrêa da Fonseca (RBDFS 16/20).

Art. 1.708: 1a. s/ união estável, v. art. 1.723; s/ concubinato, v. art. 1.727.

Art. 1.708: 1b. Enunciado 265 do CEJ: "Na hipótese de concubinato, haverá necessidade de demonstração da assistência material prestada pelo concubino a quem o credor de alimentos se uniu".

Art. 1.708: 1c. "A desoneração de alimentos prestados a ex-cônjuge, por força da constituição de novo relacionamento familiar da alimentada, abrange tanto os alimentos pagos em dinheiro como aqueles prestados diretamente, por meio de utilidades ou gêneros alimentícios. O proveito direto é o elemento a ser considerado para se definir o destinatário dos alimentos que não são pagos em dinheiro. Os débitos relativos ao IPTU, luz, água e telefone, embora não possam ser considerados, todos, como obrigações *propter rem*, são de alguma forma ligados ao imóvel e, à exceção do IPTU, caracterizam obrigação pessoal, usualmente do proprietário do imóvel, se este residir no local. Sob essa orientação, o pagamento de IPTU, água, luz e telefone, invariavelmente, encontrará o proprietário do imóvel como destinatário ou porque está mantendo desonerado o seu patrimônio — no caso da obrigação *propter rem* — ou, ainda, porque está, tão somente, adimplindo obrigações pessoais que assumiu e das quais usufrui, à medida que lhe convém. Os benefícios reflexos que os filhos têm pelo pagamento dos referidos débitos são, *in casu*, absorvidos pela obrigação materna em relação à sua prole, que continua a existir, embora haja o pagamento de alimentos pelo pai, porquanto cediço que a obrigação de criar os filhos é conjunta" (STJ-RT 913/595: 3ª T., REsp 1.087.164).

Art. 1.708: 2. "O fato de a mulher manter relacionamento afetivo com outro homem não é causa bastante para a dispensa da pensão alimentar prestada pelo ex-marido, acordada quando da separação consensual, diferentemente do que aconteceria se estabelecida união estável" (STJ-RT 797/200). No mesmo sentido: RBDF 25/74. **Contra:** RBDF 19/110.

Mas para a caracterização da união estável exoneratória do credor, não se exige a "convivência sob o mesmo teto" (RT 887/2237: TJSP, AP 551.812.4/4-00).

Art. 1.708: 2a. "Tendo a requerida, após o casamento desfeito, instaurado nova sociedade afetiva, impõe-se a exoneração alimentar do devedor para com a alimentada, a teor do art. 1.708 do CC. Se os princípios da boa-fé e da eticidade subjugam a relação pós-matrimônio entre ex-cônjuges, a alimentada tem obrigação de comunicar ao alimentante a cessação de seu crédito alimentício, sob pena de pagamento indevido do devedor para a credora através de ardil que leva ao locupletamento ilícito. Ausente a licitude na conduta da credora, deve ela **restituir** ao suposto devedor a **verba alimentar** indevida e ilicitamente recebida ao longo do tempo, a partir da sociedade afetiva que o ex-cônjuge desconhecia" (RT 876/367: TJSC, AP 2004.034220-9).

✎ **Art. 1.708: 2b.** "A indignidade como causa de escusabilidade do dever de alimentar", por Giselda Maria Fernandes Novaes Hironaka (Rev. AASP 98/101).

Art. 1.708: 2c. s/ revogação de doação por ingratidão, v. art. 557; s/ redução do valor da pensão alimentícia para quantia indispensável à sobrevivência do cônjuge culpado pela separação, v. art. 1.704 § ún.; s/ exclusão da sucessão por indignidade, v. art. 1.814-I e II.

Art. 1.708: 3. Enunciado 264 do CEJ: "Na interpretação do que seja procedimento indigno do credor, apto a fazer cessar o direito a alimentos, aplicam-se, por analogia, as hipóteses dos incs. I e II do art. 1.814 do Código Civil".

Enunciado 345 do CEJ: "O 'procedimento indigno' do credor em relação ao devedor, previsto no parágrafo único do art. 1.708 do Código Civil, pode ensejar a exoneração ou apenas a redução do valor da pensão alimentícia para quantia indispensável à sobrevivência do credor".

Art. 1.709. O novo casamento do cônjuge devedor não extingue a obrigação constante da sentença de divórcio.[1-2]

Art. 1.709: 1. v. art. 1.699, nota 1a, e LDi 30.

Art. 1.709: 2. "O simples fato de constituir nova família não importa em redução de pensão à ex-esposa, especialmente se não houve modificação para pior na situação econômica do ex-marido" (STJ-3ª T., REsp 475.167, Min. Pádua Ribeiro, j. 25.2.03, DJU 24.3.03).

Art. 1.710. As prestações alimentícias, de qualquer natureza,[1] serão atualizadas segundo índice oficial regularmente estabelecido.[2 a 4]

Art. 1.710: 1. "De qualquer natureza"; ou seja, também as prestações alimentícias previstas como reparação de ato ilícito. V. art. 948-II. V. tb. CPC 533.

Art. 1.710: 2. s/ pensão alimentícia e salário mínimo, v. LA 11, nota 2a.

Art. 1.710: 3. "Nos termos do art. 1.710 do CC/02, a atualização monetária deve constar expressamente da decisão concessiva de alimentos, os quais podem ser fixados em número de salários mínimos" (STJ-RT 903/180 e RBDFS 18/125: 3ª T., REsp 1.025.769).

Art. 1.710: 4. "Por ser a correção monetária mera recomposição do valor real da pensão alimentícia, é de rigor que conste, expressamente, da decisão concessiva de alimentos — sejam **provisórios ou definitivos** —, o índice de atualização monetária, conforme determina o art. 1.710 do Código Civil. Diante do lapso temporal transcorrido, deveria ter havido incidência da correção monetária sobre o valor dos alimentos provisórios, independentemente da iminência da prolação de sentença, na qual seria novamente analisado o binômio necessidade-possibilidade para determinação do valor definitivo da pensão. Na hipótese, para a correção monetária, faz-se mais adequada a utilização do **INPC**, em consonância com a jurisprudência do STJ, no sentido da utilização do referido índice para correção monetária dos débitos judiciais" (STJ-3ª T., REsp 1.258.824, Min. Nancy Andrighi, j. 24.4.14, DJ 30.5.14).

Subtítulo IV | DO BEM DE FAMÍLIA[1-2]

SUBTÍT. IV: 1. "Bem de família e o novo Código Civil brasileiro", por Denise Willhelm Gonçalves (RDPr 17/116); "Instituição voluntária do bem de família conforme o novo Código Civil", por Josiane Dalla Vechia (RSDCPC 32/75).

SUBTÍT. IV: 2. Dec. lei 3.200, de 19.4.41 — Dispõe sobre a organização e proteção da família (v. seus arts. 8º § 5º e 19 a 23). V. tb. LRP 260 a 265.

Art. 1.711. Podem os cônjuges, ou a entidade familiar,[1] mediante escritura pública[2] ou testamento, destinar parte de seu patrimônio para instituir bem de família, desde que não ultrapasse um terço do patrimônio líquido existente ao tempo da instituição, mantidas as regras sobre a impenhorabilidade do imóvel residencial estabelecida em lei especial.[3]

Parágrafo único. O terceiro poderá igualmente instituir bem de família por testamento ou doação, dependendo a eficácia do ato da aceitação expressa de ambos os cônjuges beneficiados ou da entidade familiar beneficiada.

Art. 1.711: 1. "Da instituição de bem de família no caso de união estável", por Mariana Ribeiro Santiago (RDPr 18/176).

Art. 1.711: 2. v. art. 1.713 § 1º.

Art. 1.711: 3. v. Lei 8.009, de 29.3.90, no CPCLPV, tít. BEM DE FAMÍLIA.

Art. 1.712. O bem de família consistirá em prédio residencial urbano ou rural, com suas pertenças e acessórios,[1] destinando-se[2] em ambos os casos a domicílio familiar, e poderá abranger valores mobiliários,[3] cuja renda será aplicada na conservação do imóvel e no sustento da família.

Art. 1.712: 1. s/ pertenças e acessórios, v. arts. 92 e 93.

Art. 1.712: 2. v. art. 1.717.

Art. 1.712: 3. v. art. 1.713.

Art. 1.713. Os valores mobiliários, destinados aos fins previstos no artigo antecedente, não poderão exceder o valor do prédio instituído em bem de família, à época de sua instituição.

§ 1º Deverão os valores mobiliários ser devidamente individualizados no instrumento de instituição do bem de família.

§ 2º Se se tratar de títulos nominativos,[1] a sua instituição como bem de família deverá constar dos respectivos livros de registro.

§ 3º O instituidor poderá determinar que a administração dos valores mobiliários seja confiada a instituição financeira,[2] bem como disciplinar a forma de pagamento da respectiva renda aos beneficiários, caso em que a responsabilidade dos administradores obedecerá às regras do contrato de depósito.[3]

Art. 1.713: 1. s/ títulos nominativos, v. arts. 921 a 926.

Art. 1.713: 2. v. art. 1.718.

Art. 1.713: 3. v. arts. 627 a 646.

Art. 1.714. O bem de família, quer instituído pelos cônjuges ou por terceiro, constitui-se pelo registro de seu título no Registro de Imóveis.[1]

Art. 1.714: 1. v. LRP 167-I-1 e 260 a 265.

Art. 1.715. O bem de família é isento de execução por dívidas posteriores à sua instituição, salvo as que provierem de tributos relativos ao prédio, ou de despesas de condomínio.[1]

Parágrafo único. No caso de execução pelas dívidas referidas neste artigo, o saldo existente será aplicado em outro prédio, como bem de família, ou em títulos da dívida pública, para sustento familiar, salvo se motivos relevantes aconselharem outra solução, a critério do juiz.

Art. 1.715: 1. v. art. 1.716. V. tb. CPC 832 c/c 833-I e LRF 108 § 4º.

Art. 1.716. A isenção de que trata o artigo antecedente durará enquanto viver um dos cônjuges, ou, na falta destes, até que os filhos completem a maioridade.[1]

Art. 1.716: 1. v. arts. 1.719, 1.721 e 1.722.

Art. 1.717. O prédio e os valores mobiliários, constituídos como bem da família, não podem ter destino diverso do previsto no art. 1.712 ou serem alienados sem o consentimento dos interessados e seus representantes legais, ouvido o Ministério Público.[1]

Art. 1.717: 1. v. art. 1.719. V. tb. CPC 832 c/c 833-I e LRF 108 § 4º.

Art. 1.718. Qualquer forma de liquidação da entidade administradora, a que se refere o § 3º do art. 1.713, não atingirá os valores a ela confiados, ordenando o juiz a sua transferência para outra instituição semelhante, obedecendo-se, no caso de falência, ao disposto sobre pedido de restituição.[1]

Art. 1.718: 1. s/ pedido de restituição, v. LRF 85 a 93.

Art. 1.719. Comprovada a impossibilidade da manutenção do bem de família nas condições em que foi instituído, poderá o juiz, a requerimento dos interessados, extingui-lo ou autorizar a sub-rogação dos bens que o constituem em outros, ouvidos o instituidor e o Ministério Público.

Art. 1.720. Salvo disposição em contrário do ato de instituição, a administração do bem de família compete a ambos os cônjuges, resolvendo o juiz em caso de divergência.[1]
Parágrafo único. Com o falecimento de ambos os cônjuges, a administração passará ao filho mais velho, se for maior, e, do contrário, a seu tutor.[2]

Art. 1.720: 1. v. art. 1.567 § ún.
Art. 1.720: 2. v. art. 1.741.

Art. 1.721. A dissolução[1] da sociedade conjugal não extingue o bem de família.
Parágrafo único. Dissolvida a sociedade conjugal pela morte de um dos cônjuges,[2] o sobrevivente poderá pedir a extinção do bem de família, se for o único bem do casal.

Art. 1.721: 1. v. arts. 1.571 a 1.582.
Art. 1.721: 2. cf. art. 1.571-I.

Art. 1.722. Extingue-se,[1] igualmente, o bem de família com a morte de ambos os cônjuges e a maioridade dos filhos, desde que não sujeitos a curatela.[2]

Art. 1.722: 1. v. arts. 1.716 e 1.721.
Art. 1.722: 2. v. art. 1.767 (sujeitos a curatela).

Título III | DA UNIÃO ESTÁVEL[1 A 3]

TÍT. III: 1. CF 226: "§ 3º Para efeito da proteção do Estado, é reconhecida a união estável entre o homem e a mulher como entidade familiar, devendo a lei facilitar sua conversão em casamento.
"§ 4º Entende-se, também, como entidade familiar a comunidade formada por qualquer dos pais e seus descendentes".

TÍT. III: 2. Segundo o enunciado 97 do CEJ (texto integral em nota 1 ao art. 25), as regras do Código Civil que se referem apenas ao cônjuge devem ser estendidas ao companheiro.

TÍT. III: 3. "Reflexões sobre os impedimentos matrimoniais e a união estável no novo Código Civil", por Débora Vanessa Caús Brandão (RT 805/11); "Dano moral na separação, divórcio e união estável", por Belmiro Pedro Welter (RT 775/128); "O novo Código Civil e a união estável", por José Carlos Barbosa Moreira (RDPr 13/51 e RS-DCPC 21/5); "A união estável perante o novo Código Civil", por Helder Martinez Dal Col (RT 818/11 e RF 379/97); "Da união estável no novo Código Civil", pelo Min. Carlos Alberto Menezes Direito (RF 369/51); "União estável como direito fundamental e lacunas em nosso ordenamento", por Sergio Luiz Monteiro Salles (RDPr 21/235); "União estável e casamento: adequação da disciplina da união estável no Código Civil à Constituição Federal", por Wilson J. Comel e Denise Damo Comel (RT 832/37); "Novo Código Civil e família informal", por José de Farias Tavares (RBDF 19/5); "União estável e concubinato no novo Código Civil", por Marco Túlio Murano Garcia (RBDF 20/32); "União estável e contratos de namoro no NCCB", por Helder Martinez Dal Col (RBDF 23/126); "A escritura pública de união estável como prova *juris tantum* da paternidade", por Assuelma Arantes da Silva (RDPr 41/31); "Contratos afetivos: o temor do amor", por Sílvio de Salvo Venosa (RMDCPC 44/82, RJ-Lex 53/183).

Art. 1.723. É reconhecida como entidade familiar a união estável[1 a 1c] entre o homem e a mulher,[2 a 2c] configurada na convivência pública, contínua e duradoura[3] e estabelecida com o objetivo de constituição de família.[3a a 3e]

§ 1º A união estável não se constituirá se ocorrerem os impedimentos do art. 1.521;[4] não se aplicando a incidência do inciso VI no caso de a pessoa casada se achar separada de fato ou judicialmente.[4a]

§ 2º As causas suspensivas do art. 1.523 não impedirão a caracterização da união estável.

Art. 1.723: 1. s/ presunção da concepção de filho na constância da união estável, v. art. 1.597, nota 1b; s/ pensão previdenciária, v. nota 1c.

No CPCLPV, v. CPC 53-I (foro competente para ação de dissolução), 612, nota 3 (reconhecimento em sede de inventário), 628, nota 2a (reserva de bens em inventário).

Art. 1.723: 1a. Entendemos que as **Leis 8.971, de 29.12.94, e 9.278, de 10.5.96, foram implícita e parcialmente revogadas** pelos arts. 1.723 a 1.727 do CC, na medida em que estes passaram a regular a matéria relativa à união estável. Ficaram a salvo da revogação os arts. 7º § ún. (direito real de habitação) e 9º (regras processuais) da Lei 9.278, de 10.5.96, que tratam de temas não disciplinados pela legislação ulterior e, assim, continuam em vigor.

Lei 9.278, de 10.5.96: "**Art. 7º § ún.** Dissolvida a união estável por morte de um dos conviventes, o sobrevivente terá direito real de habitação, enquanto viver ou não constituir nova união ou casamento, relativamente ao imóvel destinado à residência da família.

(...)

"**Art. 9º** Toda a matéria relativa à união estável é de competência do Juízo da Vara de Família, assegurado o segredo de justiça".

S/ revogação implícita, v. LINDB 2º e §§ e CC 2.045, nota 2.

S/ competência do Juízo da Vara de Família, v. tb. nota seguinte; s/ direito real de habitação, v. tb. art. 1.831, nota 1a.

Art. 1.723: 1b. É cabível a ação de dissolução da união estável (v. art. 1.562).

"União estável. Dissolução. Interesse de agir. Partilha do patrimônio comum. Ajuste consensual. A união estável autoriza os parceiros a procurar, amigavelmente, o Poder Judiciário para fazer a respectiva dissolução" (STJ-3ª T., REsp 178.262, Min. Menezes Direito, j. 19.5.05, dois votos vencidos, DJU 29.8.05).

"A ação declaratória de união estável e sua dissolução, em que pese tratar-se de direito personalíssimo, admite plenamente, após a morte da parte originária, sua **substituição**, no caso, **pelos herdeiros** do *de cujus*" (RT 900/292: TJGO, AP 249588-54).

"Os **herdeiros** do falecido companheiro têm legitimidade para **propor ação** de reconhecimento da união estável" (RJTJERGS 250-251/247).

"Ação de reconhecimento e dissolução de união estável. **Desconsideração da personalidade jurídica. Legitimidade passiva.** Pessoa jurídica. As sociedades empresárias, cuja personalidade jurídica se pretende desconsiderar, têm legitimidade passiva para integrar a demanda que busca, em última análise, a partilha de bens do casal" (STJ-3ª T., REsp 1.625.826-AgInt, Min. Ricardo Cueva, j. 1.10.18, DJ 4.10.18).

"É competente o **Juízo da Família** não só para o processo e julgamento de ações visando ao reconhecimento da união estável, mas também para a partilha do patrimônio durante ela amealhado pelos conviventes, em consonância com o prescrito no art. 9º da Lei 9.278/96. Embora, em um primeiro momento, a pretensão inicial em ação declaratória de reconhecimento de sociedade de fato vise precipuamente a decisão judicial sobre a existência do relacionamento afetivo mantido entre os conviventes, impossível dissociar as questões atinentes à aquisição patrimonial da análise desse relacionamento, de modo que inconveniente a cisão da competência entre o Juízo de reconhecimento da união estável e o da partilha do patrimônio adquirido durante a união, a que tudo, afinal, remonta" (STJ-3ª T., REsp 1.281.552, Min. Sidnei Beneti, j. 3.11.11, DJ 2.2.12). V. tb. art. 1.727, nota 2b.

Todavia: "Discussão relativa à legitimidade ativa de **credor** para propositura de ação declaratória de união estável entre o devedor e terceiro. Compete exclusivamente aos titulares da relação que se pretende ver declarada, a demonstração do *animus*, ou seja, do elemento subjetivo consubstanciado no desejo anímico de constituir família. Ainda que possa haver algum interesse econômico ou financeiro de terceiro credor no reconhecimento da união estável, ele terá caráter reflexo e indireto, o que não justifica a sua intervenção na relação processual que tem por objetivo declarar a existência de relacionamento afetivo entre as partes" (STJ-3ª T., REsp 1.353.039, Min. Nancy Andrighi, j. 7.11.13, DJ 18.11.13).

Art. 1.723: 1c. "A **previdência** privada não perde o seu caráter social pelo só fato de decorrer de avença firmada entre particulares. Assim, incontroversa a união estável, como no caso, a companheira de participante de plano dessa natureza faz jus à pensão por morte, mesmo não estando expressamente inscrita no instrumento de adesão" (STJ-RT 863/202: 4ª T., REsp 844.522). "Comprovada a união estável, a companheira de participante de plano de previdência privada faz jus ao recebimento do benefício de pensão por morte, ainda que não tenha sido designada como beneficiária por ocasião da adesão ao respectivo plano, ressalvando-se que o pagamento deverá ser feito conforme a sua cota-parte, caso haja outros inscritos recebendo devidamente o benefício" (STJ-3ª T., REsp 1.705.576, Min. Marco Bellizze, j. 27.2.18, DJ 6.3.18).

"É prescindível a designação pelo servidor falecido de sua companheira como beneficiária de pensão vitalícia, se a união estável restou comprovada por outros meios" (STJ-6ª T., REsp 550.141, Min. Quaglia Barbosa, j. 16.9.04, DJU 4.10.04). No mesmo sentido: STJ-5ª T., REsp 553.115, Min. Jorge Scartezzini, j. 25.5.04, DJU 2.8.04.

"A inclusão da companheira, ao lado da ex-esposa, no rol de beneficiários da previdência privada, mesmo no caso de omissão do participante quando da inscrição no plano, promoverá o aperfeiçoamento do regime complementar fechado, à semelhança do que já acontece na previdência social e nas previdências do servidor público e do militar nos casos de pensão por morte. Em tais situações, é recomendável o rateio igualitário do benefício entre o ex-cônjuge e o companheiro do instituidor da pensão, visto que não há ordem de preferência entre eles" (STJ-3ª T., REsp 1.715.485, Min. Ricardo Cueva, j. 27.2.18, DJ 6.3.18).

✎Art. 1.723: 2. "O casamento como um instituto de direito civil: a homoafetividade", por Gabriela Soares Balestero (RBDFS 22/25); "A inclusão dos excluídos: a regulamentação jurisdicional para a família homoafeiva e o ativismo judicial", por César Leandro de Almeida Rabelo, Cláudia Mara de Almeida Rabelo Viegas e Leonardo Macedo Poli (RBDFS 27/106).

Art. 1.723: 2a. s/ casamento entre pessoas do mesmo sexo, v. art. 1.514, notas 1 e segs.

S/ união homoafetiva e: adoção, v. ECA 42, notas 1 e 1a; pedido de reserva de bens no inventário, v., no CPCLPV, CPC 628, nota 3.

Art. 1.723: 2b. Res. 175, de 14.5.13, do CNJ — Dispõe sobre a habilitação, celebração de casamento civil, ou de conversão de união estável em casamento, entre pessoas de mesmo sexo:

"Art. 1º É vedada às autoridades competentes a recusa de habilitação, celebração de casamento civil ou de conversão de união estável em casamento entre pessoas de mesmo sexo.

"Art. 2º A recusa prevista no art. 1º implicará a imediata comunicação ao respectivo juiz corregedor para as providências cabíveis".

Art. 1.723: 2c. "Ante a possibilidade de interpretação em sentido preconceituoso ou discriminatório do art. 1.723 do Código Civil, não resolúvel à luz dele próprio, faz-se necessária a utilização da técnica de 'interpretação conforme a Constituição'. Isso para excluir do dispositivo em causa qualquer significado que impeça o reconhecimento da união contínua, pública e duradoura entre **pessoas do mesmo sexo** como família. Reconhecimento que é de ser feito segundo as mesmas regras e com as mesmas consequências da união estável heteroafetiva" (STF-Pleno, ADI 4.277, Min. Ayres Britto, j. 5.5.11, DJ 14.10.11).

"O Supremo Tribunal Federal — apoiando-se em valiosa hermenêutica construtiva e invocando princípios essenciais (como os da dignidade da pessoa humana, da liberdade, da autodeterminação, da igualdade, do pluralismo, da intimidade, da não discriminação e da busca da felicidade) — reconhece assistir, a qualquer pessoa, o direito fundamental à orientação sexual, havendo proclamado, por isso mesmo, a plena legitimidade ético-jurídica da união homoafetiva como entidade familiar, atribuindo-lhe, em consequência, verdadeiro estatuto de cidadania, em ordem a permitir que se extraiam, em favor de parceiros homossexuais, relevantes consequências no plano do Direito, notadamente no campo previdenciário, e, também, na esfera das relações sociais e familiares. A **extensão, às uniões**

homoafetivas, do mesmo regime jurídico aplicável à união estável entre pessoas de gênero distinto justifica-se e legitima-se pela direta incidência, dentre outros, dos princípios constitucionais da igualdade, da liberdade, da dignidade, da segurança jurídica e do postulado constitucional implícito que consagra o direito à busca da felicidade, os quais configuram, numa estrita dimensão que privilegia o sentido de inclusão decorrente da própria Constituição da República (art. 1º, III, e art. 3º, IV), fundamentos autônomos e suficientes aptos a conferir suporte legitimador à qualificação das conjugalidades entre pessoas do mesmo sexo como espécie do gênero entidade familiar. A proteção das minorias e dos grupos vulneráveis qualifica-se como fundamento imprescindível à plena legitimação material do Estado Democrático de Direito. Incumbe, por isso mesmo, ao Supremo Tribunal Federal, em sua condição institucional de guarda da Constituição (o que lhe confere 'o monopólio da última palavra' em matéria de interpretação constitucional), desempenhar função contramajoritária, em ordem a dispensar efetiva proteção às minorias contra eventuais excessos (ou omissões) da maioria, eis que ninguém se sobrepõe, nem mesmo os grupos majoritários, à autoridade hierárquico-normativa e aos princípios superiores consagrados na Lei Fundamental do Estado" (STF-2ª T., RE 477.554-AgRg, Min. Celso de Mello, j. 16.8.11, DJ 26.8.11). No mesmo sentido: RT 849/165, 883/273 (TJMA, AP 020371/2008), RJTJERGS 261/256 (AP 70016660383).

"Os princípios da igualdade e da dignidade humana, que têm como função principal a promoção da autodeterminação e impõem tratamento igualitário entre as diferentes estruturas de convívio sob o âmbito do direito de família, justificam o reconhecimento das parcerias afetivas entre homossexuais como mais uma das várias modalidades de entidade familiar. O art. 4º da LICC permite a equidade na busca da Justiça. O manejo da analogia frente à lacuna da lei é perfeitamente aceitável para alavancar, como entidades familiares, as uniões de afeto entre pessoas do mesmo sexo. Para ensejar o reconhecimento, como entidades familiares, é de rigor a demonstração inequívoca da presença dos elementos essenciais à caracterização de entidade familiar diversa e que serve, na hipótese, como parâmetro diante do vazio legal — a de união estável — com a evidente exceção da diversidade de sexos. Demonstrada a convivência, entre duas pessoas do mesmo sexo, pública, contínua e duradoura, estabelecida com o objetivo de constituição de família, sem a ocorrência dos impedimentos do art. 1.521 do CC/02, com a exceção do inc. VI quanto à pessoa casada separada de fato ou judicialmente, haverá, por consequência, o reconhecimento dessa parceria como entidade familiar, com a respectiva atribuição de efeitos jurídicos dela advindos. Comprovada a existência de união afetiva entre pessoas do mesmo sexo, é de se reconhecer o direito do companheiro à **meação dos bens** adquiridos a título oneroso ao longo do relacionamento, mesmo que registrados unicamente em nome de um dos parceiros, **sem que se exija**, para tanto, a **prova do esforço comum**, que nesses casos é presumida" (STJ-2ª Seção, REsp 1.085.646, Min. Nancy Andrighi, j. 11.5.11, maioria, DJ 26.9.11).

"Comprovada a existência de união afetiva entre pessoas do mesmo sexo, é de se reconhecer o direito do companheiro sobrevivente de receber **benefícios previdenciários** decorrentes do plano de previdência privada no qual o falecido era participante, com os idênticos efeitos operados pela união estável. Se, por força do art. 16 da Lei 8.213/91, a necessária dependência econômica para a concessão da pensão por morte entre companheiros de união estável é presumida, também o é no caso de companheiros do mesmo sexo, diante do emprego da analogia que se estabeleceu entre essas duas entidades familiares" (STJ-RT 896/157: 3ª T., REsp 1.026.981).

"É de ser reconhecida judicialmente a união homoafetiva mantida entre duas mulheres de forma pública e ininterrupta pelo período de 16 anos. A homossexualidade é um fato social que se perpetua através dos séculos, não mais podendo o Judiciário se olvidar de emprestar a tutela jurisdicional a uniões que, enlaçadas pelo afeto, assumem feição de família. A união pelo amor é que caracteriza a entidade familiar, e não apenas a diversidade de sexos. É o afeto a mais pura exteriorização do ser e do viver, de forma que a marginalização das relações homoafetivas constitui afronta aos direitos humanos por ser forma de privação do direito à vida, violando os princípios da dignidade humana e da igualdade" (RJTJERGS 255/183; acórdão relatado pela Des. Maria Berenice Dias).

"A pretensão expressamente manifestada de reconhecimento judicial de união estável homoafetiva é dotada de interesse de agir, não se prestando a escritura pública de declaração de sociedade de fato para efeitos patrimoniais — anteriormente firmada pelos recorrentes — à consecução dos mesmos efeitos decorrentes da declaração de existência de uma entidade familiar. A pretensão de ver reconhecida a união estável homoafetiva como uma sociedade de natureza familiar vai além de eventual intenção de se fazer prova voltada à concessão de visto definitivo de permanência do recorrente estrangeiro no Brasil, afigurando-se o procedimento de justificação insuficiente para a consecução do fim almejado pelos autores" (STJ-3ª T., REsp 1.370.542, Min. Nancy Andrighi, j. 5.11.13, DJ 29.11.13).

"O *status* de entidade familiar atribuído às uniões homoafetivas pelo STF exige que os julgamentos que versam acerca do reconhecimento das aludidas uniões sejam realizados pelos **Juízos das Varas de Família**, e não mais pelos Juízos das Varas Cíveis" (RT 910/927: TJES, CC 100100029121). No mesmo sentido: STJ-4ª T., REsp 964.489, Min. Antonio Ferreira, j. 12.3.13, DJ 20.3.13; STJ-3ª T., REsp 1.291.924, Min. Nancy Andrighi, j. 28.5.13, RT 938/584; RT 918/970 (TJSP, CC 0130844-58.2011.8.26.0000).

Assim, ficou **superado** o entendimento no sentido de que a união entre pessoas do mesmo sexo configuraria mera sociedade de fato (p/ esse entendimento, v. STJ-3ª T., REsp 773.136, Min. Nancy Andrighi, j. 10.10.06, DJU 13.11.06; STJ-RJ 332/113: 4ª T., REsp 502.995; JTJ 312/467; 341/464: AP 643.179-4/0-00, maioria; 352/270: AP 990.10.120213-1).

Art. 1.723: 3. Para a configuração da união estável, a lei **não exige um prazo mínimo de convivência** (JTJ 366/255: AP 9254236-86.2005.8.26.0000).

Mas: "Apesar de não haver previsão de um prazo mínimo, exige a norma que a convivência seja duradoura, em período suficiente a demonstrar a intenção de constituir família, permitindo que se dividam alegrias e tristezas, que se compartilhem dificuldades e projetos de vida, sendo necessário um tempo razoável de relacionamento. Na hipótese, o relacionamento do casal teve um tempo muito exíguo de duração — apenas dois meses de namoro, sendo duas semanas em coabitação —, que não permite a configuração da estabilidade necessária para o reconhecimento da união estável" (STJ-4ª T., REsp 1.761.887, Min. Luis Felipe, j. 6.8.19, DJ 24.9.19).

Art. 1.723: 3a. "O ânimo de constituir família como elemento caracterizador da união estável", por Fernando Malheiros Filho (Ajuris 98/83 e RDPr 22/66).

Art. 1.723: 3b. Embora seja um importante elemento indicador da união estável, a coabitação não lhe é indispensável. Nesse sentido, **Súmula 382 do STF:** "A vida em comum sob o mesmo teto, *more uxorio*, não é indispensável à caracterização do concubinato" (essa súmula é anterior ao novo CC, quando não havia distinção entre união estável e concubinato).

"Não exige a lei específica a coabitação como requisito essencial para caracterizar a união estável. Na realidade, a convivência sob o mesmo teto pode ser um dos fundamentos a demonstrar a relação comum, mas a sua ausência não afasta, de imediato, a existência da união estável" (STJ-RDPr 21/359: 4ª T., REsp 474.962). No mesmo sentido: STJ-rt 879/202 e RDPr 36/315 (3ª T., REsp 275.839); JTJ 343/431 (AP 278.001-4/3-00).

"Mesmo que a ex-convivente tenha ido morar no exterior, a qual enviava, periodicamente, dinheiro para aquele que ficou no Brasil, a fim de contribuir para o sustento da entidade familiar, existe a união estável" (RJM 183/72: AP 1.0451.05.004111-5/001).

Art. 1.723: 3c. "Caso em que se reconhece a união estável. Prova que as partes buscaram ter filhos tanto com inseminação *in vitro* como pela via da adoção, que faz reconhecer mais relevância e maior constância da relação entre apelante e apelado, do que eventuais outros relacionamentos" (RJTJERGS 266/239: AP 70018626648).

Art. 1.723: 3d. "A configuração da união estável é ditada pela confluência dos parâmetros expressamente declinados, hoje, no art. 1.723 do CC-02, que tem elementos objetivos descritos na norma: convivência pública, sua continuidade e razoável duração, e um elemento subjetivo: o desejo de constituição de família. A congruência de todos os fatores objetivos descritos na norma, não levam, necessariamente, à conclusão sobre a existência de união estável, mas tão somente informam a existência de um relacionamento entre as partes. O desejo de constituir uma família, por seu turno, é essencial para a caracterização da união estável pois distingue um relacionamento, dando-lhe a marca da união estável, ante outros tantos que, embora públicos, duradouros e não raras vezes com prole, não têm o escopo de serem família, porque assim não quiseram seus atores principais. A demanda declaratória de união estável não pode prescindir de um diligente perscrutar sobre o 'querer constituir família', desejo anímico, que deve ser nutrido por ambos os conviventes, e a falta dessa conclusão impede o reconhecimento da união estável" (STJ-3ª T., REsp 1.263.015, Min. Nancy Andrighi, j. 19.6.12, DJ 26.6.12).

"O propósito de constituir família, alçado pela lei de regência como requisito essencial à constituição da união estável — a distinguir, inclusive, esta entidade familiar do denominado **'namoro qualificado'** —, não consubstancia mera proclamação, para o futuro, da intenção de constituir uma família. É mais abrangente. Esta deve se afigurar presente durante toda a convivência, a partir do efetivo compartilhamento de vidas, com irrestrito apoio moral e material entre os companheiros. É dizer: a família deve, de fato, restar constituída" (STJ-3ª T., REsp 1.454.643, Min. Marco Bellizze, j. 3.3.15, DJ 10.3.15).

"A dedicação e a solidariedade prestadas pela ora recorrente ao namorado, ponto incontroverso nos autos, por si só, não tem o condão de transmudar a relação de namoro para a de união estável, assim compreendida como unidade familiar. Revela-se imprescindível, para tanto, a presença inequívoca do intuito de constituir uma família, de ambas as partes, desiderato, contudo, que não se infere das condutas e dos comportamentos exteriorizados" (STJ-3ª T., REsp 1.257.819, Min. Massami Uyeda, j. 1.12.11, DJ 15.12.11).

"O relacionamento afetivo-sexual entre homem e mulher, ainda que ostensivo e de alguma duração, não caracteriza, necessariamente, a existência de união estável. Entre pessoas maduras e de bom nível sociocultural é comum o envolvimento emocional, que se materializa com a frequência a festas, viagens ao exterior e troca de bilhetes amorosos, sem que isso implique desejo de constituir família" (RDPr 15/364).

Art. 1.723: 3e. "A lealdade ao convivente não é um elemento necessário à caracterização da união estável, mas, ao revés, um valor jurídico tutelado pelo ordenamento que a erige ao *status* de dever que decorre da relação por eles entabulada, isto é, a ser observado após a sua caracterização. Se o descumprimento dos **deveres de lealdade ou de fidelidade** não necessariamente implica ruptura do vínculo conjugal ou convivencial, justamente porque está na esfera das partes deliberar sobre esse aspecto da relação, *a fortiori* somente se pode concluir que a pré-existência ou observância desses deveres também não é elemento essencial para a concretização do casamento ou da união estável. Dado que os deveres de fidelidade e de lealdade são bastante abrangentes e indeterminados, exige-se a sua exata conformação a partir da realidade que vier a ser estipulada por cada casal, a quem caberá, soberanamente, definir exatamente o que pode, ou não, ser considerado um ato infiel ou desleal no contexto de sua específica relação afetiva, estável e duradoura. Na hipótese, conquanto tenham sido numerosas as relações extraconjugais mantidas por um dos conviventes na constância de seu vínculo estável, da qual resultou prole igualmente extensa (23 filhos), ficou demonstrado, a partir de robustos e variados elementos de fato e de prova, a existência a da união estável entre as partes desde dezembro de 1980 até a data do falecimento de um dos conviventes e que as relações extraconjugais por um deles mantidas com terceiros foram eventuais e sem o propósito de constituição de relação estável e duradoura. Os deveres de fidelidade e de lealdade podem ser relevantes para impedir o eventual reconhecimento de relações estáveis e duradouras simultâneas, concomitantes ou paralelas, em virtude da consagração da monogamia e desses deveres como princípios orientadores das relações afetivas estáveis e duradouras. Contudo, esses deveres não são relevantes na hipótese em que as relações estáveis e duradouras são sucessivas, iniciada a segunda após a separação de fato na primeira, e na qual os relacionamentos extraconjugais mantidos por um dos conviventes eram eventuais, não afetivos, não estáveis, não duradouros e, bem assim, insuscetíveis de impedir a configuração da união estável" (STJ-3ª T., REsp 1.974.218, Min. Nancy Andrighi, j. 8.11.22, DJ 11.11.22).

Todavia: "A análise dos requisitos para configuração da união estável deve centrar-se na conjunção de fatores presente em cada hipótese, como a *affectio societatis* familiar, a participação de esforços, a posse do estado de casado, a continuidade da união, e também a **fidelidade**. Uma sociedade que apresenta como elemento estrutural a monogamia não pode atenuar o dever de fidelidade — que integra o conceito de lealdade e respeito mútuo — para o fim de inserir no âmbito do Direito de Família relações afetivas paralelas e, por consequência, desleais, sem descurar que o núcleo familiar contemporâneo tem como escopo a busca da realização de seus integrantes, vale dizer, a busca da felicidade. Ao analisar as lides que apresentam paralelismo afetivo, deve o juiz, atento às peculiaridades multifacetadas apresentadas em cada caso, decidir com base na dignidade da pessoa humana, na solidariedade, na afetividade, na busca da felicidade, na liberdade, na igualdade, bem assim, com redobrada atenção ao primado da monogamia, com os pés fincados no princípio da eticidade. Na hipótese, a recorrente não logrou êxito em demonstrar, nos termos da legislação vigente, a existência da união estável com o recorrido, podendo, no entanto, pleitear, em processo próprio, o reconhecimento de uma eventual sociedade de fato entre eles" (STJ-3ª T., REsp 1.348.458, Min. Nancy Andrighi, j. 8.5.14, DJ 25.6.14).

V. tb. art. 1.727, nota 3.

✎ "Famílias simultâneas *versus* família monogâmica: a nova decisão do STJ", por Débora Gozzo e Wilson Ricardo Ligiera (RNDFS 1/58).

Art. 1.723: 4. s/ sociedade de fato mantida por homem e mulher, um dos quais casado com outra pessoa, v. art. 1.727 e notas.

Art. 1.723: 4a. A convivência de pessoas impedidas de casar (art. 1.521) constitui concubinato (art. 1.727) e não união estável. Todavia, o impedimento do inciso VI do art. 1.521 ("as pessoas casadas") é mitigado. Assim, pessoa casada mas separada de fato ou judicialmente pode constituir união estável.

"Se rompido de fato há anos, o casamento não impede o reconhecimento da união estável" (STJ-3ª T., AI 966.256-AgRg, Min. Ari Pargendler, j. 27.5.08, DJ 5.11.08). No mesmo sentido: JTJ 342/431 (AP 617.651-4/9-00), RJ 416/155 (TRF-2ª Reg., AP 2003.51.10.004649-5).

V., ainda, art. 1.571, nota 2b **(Em. Const. 66, de 13.7.10).**

Art. 1.724. As relações pessoais entre os companheiros obedecerão aos deveres de lealdade, respeito e assistência, e de guarda, sustento e educação dos filhos.[1]

Art. 1.724: 1. cf. art. 1.566. S/ direito a alimentos, v. art. 1.694, nota 3b; s/ renúncia a alimentos, v. art. 1.707, notas 3a e 3b; s/ oferta de alimentos, v. LA 24, nota 2a.

Art. 1.725. Na união estável, salvo contrato escrito entre os companheiros,[1-1a] aplica-se às relações patrimoniais, no que couber, o regime da comunhão parcial de bens.[1b a 4]

Art. 1.725: 1. "O pacto de convivência formulado em particular, pelo casal, na qual se opta pela adoção da regulação patrimonial da futura relação como símil ao regime de comunhão universal, é válido, desde que escrito" (STJ-3ª T., REsp 1.459.597, Min. Nancy Andrighi, j. 1.12.16, DJ 15.12.16).

Art. 1.725: 1a. "O contrato escrito na forma de simples instrumento particular e de conhecimento limitado aos contratantes, todavia, é incapaz de projetar efeitos para fora da relação jurídica mantida pelos conviventes, em especial em relação a terceiros porventura credores de um deles, exigindo-se, para que se possa examinar a eventual **oponibilidade *erga omnes***, no mínimo, a **prévia existência de registro** e publicidade aos terceiros. Na hipótese, a penhora que recaiu sobre os bens móveis supostamente titularizados com exclusividade pela embargante foi requerida pela credora e deferida pelo juiz em junho/2018, a fim de satisfazer dívida contraída pelo convivente da embargante, ao passo que o registro em cartório do instrumento particular de união estável com cláusula de separação total de bens somente veio a ser efetivado em julho/2018. O fato de a penhora ter sido efetivada apenas em agosto/2018 é irrelevante, na medida em que, quando deferida a medida constritiva, o instrumento particular celebrado entre a embargante e o devedor era de ciência exclusiva dos conviventes, não projetava efeitos externos à união estável e, bem assim, era inoponível à credora" (STJ-3ª T., REsp 1.988.228, Min. Nancy Andrighi, j. 7.6.22, DJ 13.6.22).

✎Art. 1.725: 1b. "A retroatividade restritiva do contrato de convivência", por Rolf Madaleno (RBDF 33/147).

Art. 1.725: 1c. v. arts. 1.658 a 1.666.

Art. 1.725: 1d. "Às uniões estáveis não contratualizadas ou contratualizadas **sem dispor sobre o regime de bens**, aplica-se o regime legal da comunhão parcial de bens do art. 1.725 do CC/2002, não se admitindo que uma escritura pública de reconhecimento de união estável e declaração de incomunicabilidade de patrimônio seja considerada mera declaração de fato pré-existente, a saber, que a incomunicabilidade era algo existente desde o princípio da união estável, porque se trata, em verdade, de **inadmissível** alteração de regime de bens com **eficácia *ex tunc***" (STJ-3ª T., REsp 1.845.416, Min. Nancy Andrighi, j. 17.8.21, maioria, DJ 24.8.21).

V. tb. nota 2b.

Art. 1.725: 2. Enunciado 115 do CEJ: "Há presunção de comunhão de aquestos na constância da união extramatrimonial mantida entre os companheiros, sendo desnecessária a prova do esforço comum para se verificar a comunhão dos bens".

Enunciado 346 do CEJ: "Na união estável o regime patrimonial obedecerá à norma vigente no momento da aquisição de cada bem, salvo contrato escrito".

"A comunicabilidade de bens adquiridos na constância da união estável é regra e, como tal, deve prevalecer sobre as exceções, que merecem interpretação restritiva. Deve-se reconhecer a contribuição indireta do companheiro, que consiste no apoio, conforto moral e solidariedade para a formação de uma família. Se a participação de um dos companheiros se resume a isto, ao auxílio imaterial, tal fato não pode ser ignorado pelo direito" (STJ-3ª T., REsp 915.297, Min. Nancy Andrighi, j. 13.11.08, dois votos vencidos, DJ 3.3.09).

"Ficando comprovada a união estável, presume-se a mútua colaboração dos conviventes para aquisição do imóvel residencial. A ausência de provas acerca da contribuição material à formação do patrimônio não permite, por si, a exclusão do direito à meação do imóvel. A contribuição imaterial para formação do núcleo familiar enseja o direito à partilha do imóvel" (STJ-3ª T., REsp 1.136.345, Min. Sidnei Beneti, j. 23.2.10, DJ 18.3.10).

"Na união estável, vigente o regime da comunhão parcial, há presunção absoluta de que os bens adquiridos onerosamente na constância da união são resultado do esforço comum dos conviventes. Desnecessidade de comprovação da participação financeira de ambos os conviventes na aquisição de bens, considerando que o suporte emocional e o apoio afetivo também configuram elemento imprescindível para a construção do patrimônio comum. Os bens adquiridos onerosamente apenas não se comunicam quando configurarem bens de uso pessoal ou instrumentos da profissão ou ainda quando há sub-rogação de bens particulares, o que deve ser provado em cada caso" (STJ-3ª T., REsp 1.295.991, Min. Paulo Sanseverino, j. 11.4.13, DJ 17.4.13).

"Uma vez reconhecida a união estável, impera sejam partilhados igualitariamente os bens adquiridos, a título oneroso, na sua vigência, sem que se perquira da contribuição de cada convivente, bastando que fiquem comprovadas, portanto, a época e a forma de aquisição" (RT 831/399). No mesmo sentido: RT 864/305.

Art. 1.725: 2a. Súmula 655 do STJ: "Aplica-se à união estável contraída por septuagenário o regime da **separação obrigatória de bens**, comunicando-se os adquiridos na constância, quando **comprovado o esforço comum**".

"No casamento ou na união estável regidos pelo regime da separação obrigatória de bens, é possível que os nubentes/companheiros, em exercício da autonomia privada, estipulando o que melhor lhes aprouver em relação aos bens futuros, pactuem cláusula mais protetiva ao regime legal, com o afastamento da Súmula n. 377 do STF, impedindo a comunhão dos aquestos. A *mens legis* do art. 1.641, II, do Código Civil é justamente conferir proteção ao patrimônio do idoso que está casando-se e aos interesses de sua prole, impedindo a comunicação dos aquestos. Por uma interpretação teleológica da norma, é possível que o pacto antenupcial venha a estabelecer cláusula ainda mais protetiva aos bens do nubente septuagenário, preservando o espírito do Código Civil de impedir a comunhão dos bens do ancião. O que não se mostra possível é a vulneração dos ditames do regime restritivo e protetivo, seja afastando a incidência do regime da separação obrigatória, seja adotando pacto que o torne regime mais ampliativo e comunitário em relação aos bens" (STJ-4ª T., REsp 1.922.347, Min. Luis Felipe, j. 7.12.21, DJ 1.2.22).

Todavia, determinando a divisão do prêmio de loteria percebido durante união estável de casal sujeito à separação obrigatória de bens: STJ-4ª T., REsp 1.689.152, Min. Luis Felipe, j. 24.10.17, DJ 22.11.17. S/ prêmio de loteria, v. art. 1.660, nota 2.

V. Súmula 377 do STF, em art. 1.641, nota 2.

Art. 1.725: 2b. O **pacto antenupcial** de separação de bens não atinge o patrimônio comum dos cônjuges, amealhado durante o período de união estável anterior ao casamento (STJ-RDPr 26/355: 4ª T., REsp 680.738).

"O pacto antenupcial prévio ao segundo casamento, adotando o regime da separação total de bens ainda durante a convivência em união estável, possui o efeito imediato de regular os atos a ele posteriores havidos na relação patrimonial entre os conviventes, uma vez que não houve estipulação diversa" (STJ-4ª T., REsp 1.483.863, Min. Isabel Gallotti, j. 10.5.16, maioria, DJ 22.6.16). Também reconhecendo eficácia imediata para o pacto antenupcial na união estável existente, mesmo quando o casamento não chega a se concretizar: "O pacto antenupcial por escritura pública, mesmo que não seguido pelo casamento, deve ser tido como um ato celebrado que deve ser aproveitado na sua eficácia como contrato de convivência" (STJ-4ª T., REsp 1.318.249-EDcl-EDcl-EDcl-AgInt, Min. Luis Felipe, j. 24.9.19, DJ 30.9.19; a citação é do voto do relator).

"Convolada em casamento uma união estável ou sociedade de fato, optando o casal por um regime restritivo de compartilhamento do patrimônio individual, devem liquidar o patrimônio até então construído para, após sua partilha, estabelecer novas bases de compartilhamento patrimonial. A não liquidação e partilha do patrimônio adquirido durante o convívio pré-nupcial, caracterizado como sociedade de fato ou união estável, importa na prorrogação da cotitularidade, antes existente, para dentro do casamento, sendo desinfluente, quanto a esse acervo, o regime de bens adotado para viger no casamento" (STJ-3ª T., REsp 1.263.234, Min. Nancy Andrighi, j. 11.6.13, DJ 1.7.13).

V. tb. nota 1d.

Art. 1.725: 2c. Os bens adquiridos com recursos obtidos antes do início da convivência ficam excluídos da meação apurada por ocasião da morte de um dos conviventes (RT 844/235).

Art. 1.725: 2d. "A valorização patrimonial das cotas sociais de sociedade limitada, adquiridas antes do início do período de convivência, decorrente de mero fenômeno econômico, e não do esforço comum dos companheiros, não se comunica" (STJ-3ª T., REsp 1.173.931, Min. Paulo Sanseverino, j. 22.10.13, RT 940/440).

V. tb. arts. 1659, nota 1e, e 1.660, nota 1.

Art. 1.725: 2e. "Dissolução de união estável. **Cotas sociais** a serem partilhadas. **Valores** apurados na data da partilha" (STJ-3ª T., REsp 1.723.688-EDcl-AgInt, Min. Marco Bellizze, j. 26.6.18, DJ 29.6.18).

V. tb. art. 1.660, nota 1a.

Art. 1.725: 2f. "Ação de dissolução de união estável cumulada com partilha de bens. Pretensão de partilhar **quotas sociais da sociedade de advogados** então pertencentes ao varão. Possibilidade de divisão do conteúdo econômico da participação societária" (STJ-3ª T., REsp 1.807.787-AgInt, Min. Marco Bellizze, j. 20.4.20, DJ 24.4.20).

Art. 1.725: 3. De acordo com a jurisprudência, **entra na partilha de bens** em razão da dissolução da união estável:

— "**créditos trabalhistas** nascidos e pleiteados na constância da união estável" (STJ-4ª T., Ag em REsp 604.725-AgInt, Min. Marco Buzzi, j. 1.9.16, DJ 8.9.16);

— "A conta vinculada mantida para depósitos mensais do **FGTS** pelo empregador constitui um crédito de evolução contínua, que se prolonga no tempo, isto é, ao longo da vida laboral do empregado o fato gerador da referida verba se protrai, não se evidenciando a sua disponibilidade a qualquer momento, mas tão somente nas hipóteses em que a lei permitir. As verbas de natureza trabalhista nascidas e pleiteadas na constância da união estável comunicam-se entre os companheiros" (STJ-3ª T., REsp 758.548, Min. Nancy Andrighi, j. 3.10.06, DJ 13.11.06).

"Os valores relacionados ao Fundo de Garantia por Tempo de Serviço — FGTS, consoante exegese dos arts. 1.658 e 1.660, I, do CC, são exclusivos de seu titular e, por esse motivo, não se comunicam. Contudo, uma vez movimentados tais recursos para a aquisição de bens na constância do casamento ou união estável, perdem a característica da incomunicabilidade e se transformam em patrimônio comum do casal" (RT 893/264: TJDFT, EI 2005.01.1.028758-6, maioria);

— "Considerando que os **planos de previdência privada aberta,** de que são exemplos o VGBL e o PGBL, não apresentam os mesmos entraves de natureza financeira e atuarial que são verificados nos planos de previdência fechada, a eles não se aplicam os óbices à partilha por ocasião da dissolução do vínculo conjugal. No período que antecede a percepção dos valores, ou seja, durante as contribuições e formação do patrimônio, com múltiplas possibilidades de depósitos, de aportes diferenciados e de retiradas, inclusive antecipadas, a natureza preponderante do contrato de previdência complementar aberta é de investimento, razão pela qual o valor existente em plano de previdência complementar aberta, antes de sua conversão em renda e pensionamento ao titular, possui natureza de aplicação e investimento, devendo ser objeto de partilha por ocasião da dissolução do vínculo conjugal por não estar abrangido pela regra do art. 1.659, VII, do CC" (STJ-3ª T., REsp 1.880.056, Min. Nancy Andrighi, j. 16.3.21, DJ 22.3.21). No mesmo sentido: STJ-4ª T., REsp 1.593.026, Min. Isabel Gallotti, j. 23.11.21, maioria, DJ 17.12.21. V. tb. nota seguinte e arts. 1.659, nota 7, e 1.668, nota 5c;

— os bens adquiridos com o **resultado do trabalho** pessoal do convivente: "Os frutos civis do trabalho são comunicáveis quando percebidos, sendo que a incomunicabilidade apenas atinge o direito ao seu recebimento. Interpretação restritiva do art. 1.659, VI, do Código Civil, sob pena de se malferir a própria natureza do regime da comunhão parcial. Caso concreto em que o automóvel deve integrar a partilha, por ser presumido o esforço do recorrente na construção da vida conjugal, a despeito de qualquer participação financeira. Sub-rogação de bem particular da recorrida que deve ser preservada, devendo integrar a partilha apenas a parte do bem imóvel integrante do patrimônio comum" (STJ-3ª T., REsp 1.295.991, Min. Paulo Sanseverino, j. 11.4.13, DJ 17.4.13);

— "as **dívidas** e os **encargos** existentes até o momento da separação de fato" (STJ-3ª T., REsp 1.477.937, Min. Ricardo Cueva, j. 27.4.17, DJ 20.6.17);

— "**direitos** de concessão de **uso** para **moradia** de imóvel público" (STJ-4ª T., REsp 1.494.302, Min. Luis Felipe, j. 13.6.17, DJ 15.8.17).

V. tb. arts. 1.659, notas 5 e segs., e 1.668, notas 5 e segs.

Art. 1.725: 4. De acordo com a jurisprudência, **não entra na partilha de bens** em razão da dissolução da união estável:

— "Na dissolução da união estável, a partilha de bens refere-se ao patrimônio comum formado pelo casal, não se computando **indenizações** percebidas a título personalíssimo por quaisquer dos ex-companheiros, tal qual a recebida em razão de acidentes de trabalho, pois certo que a reparação deve ser feita àquele que sofreu o dano e que carrega consigo a deficiência adquirida. A indenização recebida em razão do pagamento de seguro de pessoa cujo risco previsto era a invalidez temporária ou permanente não constitui frutos ou rendimentos do trabalho" (STJ-RDDP 70/134: 4ª T., REsp 848.998). V. tb. art. 1.668, nota 6;

— "O artigo 1.659, inciso VII, do CC/2002 expressamente exclui da comunhão de bens as pensões, meios-soldos, montepios e outras rendas semelhantes, como, por analogia, é o caso da **previdência complementar fechada**. O equilíbrio financeiro e atuarial é princípio nuclear da previdência complementar fechada, motivo pelo qual permitir o resgate antecipado de renda capitalizada, o que em tese não é possível à luz das normas previdenciárias e estatutárias, em razão do regime de casamento, representaria um novo parâmetro para a realização de cálculo já extremamente complexo e desequilibraria todo o sistema, lesionando participantes e beneficiários, terceiros de boa-fé, que assinaram previamente o contrato de um fundo sem tal previsão" (STJ-3ª T., REsp 1.477.937, Min. Ricardo Cueva, j. 27.4.17, DJ 20.6.17). V. tb. nota anterior e arts. 1.659, nota 7, e 1.668, nota 5c;

— "**Imóvel alienado pelo varão à companheira,** no período de vida em comum, não é bem sujeito à partilha. É que, havendo compra e venda do imóvel, com o respectivo pagamento das parcelas ao réu, como apontado pelas instâncias ordinárias, a manutenção do bem no inventário de partilha implicaria o enriquecimento ilícito da parte, que já recebera o valor correspondente ao imóvel ao aliená-lo à companheira. Eventual discussão sobre a validade do negócio jurídico concluído pelos companheiros somente poderá ser realizada mediante ação própria" (STJ-4ª T., REsp 738.464, Min. Luis Felipe, j. 13.10.09, DJ 2.2.10);

— **imóvel construído em terreno alheio** (v. art. 1.255, nota 3).

Art. 1.726. A união estável poderá converter-se em casamento, mediante pedido dos companheiros ao juiz e assento no Registro Civil.[1]

Art. 1.726: 1. v. CF 226 § 3º, *in fine*; LRP 70-A.

Art. 1.727. As relações não eventuais entre o homem e a mulher, impedidos de casar,[1-1a] constituem concubinato.[1b a 4]

Art. 1.727: 1. s/ impedimentos para casar, v. art. 1.521.

Art. 1.727: 1a. A pessoa casada mas separada de fato ou judicialmente pode constituir união estável (v. art. 1.723 § 1º, especialmente nota 4a).

Art. 1.727: 1b. "União estável e concubinato no novo Código Civil", por Marco Túlio Murano Garcia (RBDF 20/32).

Art. 1.727: 2. Súmula 380 do STF: "Comprovada a existência de **sociedade de fato** entre os concubinos, é cabível a sua dissolução judicial, com a partilha do patrimônio adquirido pelo **esforço comum**".

Diferentemente do que ocorre na união estável (v. art. 1.725 e notas), no concubinato deverá haver prova do esforço comum a fim de que a partilha seja feita.

Assim, a união estável, por ser reconhecida como entidade familiar, recebe proteção legal e automática quanto às suas relações patrimoniais; já no concubinato o máximo que se pode reconhecer é a existência de sociedade de fato entre os concubinos, mediante comprovação do esforço comum na aquisição de bens.

"A inexistência da prova de patrimônio adquirido pelo esforço comum é circunstância suficiente para afastar a configuração de sociedade de fato, porque é pressuposto para seu reconhecimento. Desse modo, a simples convivência sob a roupagem de concubinato não confere direito ao reconhecimento de sociedade de fato, que somente emerge diante da efetiva comprovação de esforço mútuo despendido pelos concubinos para a formação de patrimônio comum. Isso porque a existência de sociedade de fato pressupõe, necessariamente, a aquisição de bens ao longo do relacionamento, para que se possa ter por caracterizado o patrimônio comum" (STJ-3ª T., REsp 1.170.799-AgRg, Min. Nancy Andrighi, j. 3.8.10, um voto vencido, DJ 6.12.10).

Art. 1.727: 2a. "Em ação de dissolução de sociedade de fato cumulada com partilha de bens imóveis ajuizada em face de homem casado sob o regime da comunhão universal, deve a esposa figurar no polo passivo da demanda, ante o litisconsórcio passivo necessário" (STJ-RBDFS 10/151: 4ª T., REsp 885.951).

Art. 1.727: 2b. "A **Vara de Família** não está impedida de analisar o concubinato impuro, e seus eventuais reflexos jurídicos no âmbito familiar, nos termos dos arts. 1.727 do Código Civil de 2002 e 9º da Lei 9.278/1996" (STJ-3ª T., REsp 1.628.701, Min. Ricardo Cueva, j. 7.11.17, DJ 17.11.17).

V. tb. art. 1.723, nota 1b.

Art. 1.727: 3. "A **preexistência de casamento ou de união estável** de um dos conviventes, ressalvada a exceção do artigo 1.723, § 1º, do Código Civil, impede o reconhecimento de novo vínculo referente ao mesmo período, inclusive para fins previdenciários, em virtude da consagração do dever de fidelidade e da monogamia pelo ordenamento jurídico-constitucional brasileiro" (STF-Pleno, RE 1.045.273, Min. Alexandre de Moraes, j. 21.12.20, maioria, DJ 9.4.21).

"A existência de impedimento para se casar por parte de um dos companheiros, como, por exemplo, na hipótese de a pessoa ser casada, mas não separada de fato ou judicialmente, obsta a constituição de união estável" (STJ-4ª T., REsp 684.407, Min. Jorge Scartezzini, j. 3.5.05, DJU 27.6.05; STJ-3ª T., REsp 631.465, Min. Nancy Andrighi, j. 5.8.04, DJU 23.8.04). Ainda: "Não caracteriza união estável legalmente protegida o relacionamento adulterino na constância do casamento" (JTJ 294/64). No mesmo sentido: STJ-5ª T., REsp 813.175, Min. Felix Fischer, j. 23.8.07, dois votos vencidos, DJU 29.10.07; JTJ 288/81, RJM 169/97.

"Constando expressamente que muito embora tenha o falecido se relacionado com a recorrente por longo período — 30 anos — com prole comum, em nenhum momento o cônjuge varão deixou a mulher, ainda que separados judicialmente — mas não de fato —, o que confirma o **paralelismo das relações afetivas** mantidas pelo falecido, deve ser confirmado o quanto decidido pelo TJPR, que, rente aos fatos, rente à vida, verificou a ausência de comprovação de requisitos para a configuração da união estável, em especial, a posse do estado de casados" (STJ-3ª T., REsp 1.107.192, Min. Nancy Andrighi, j. 20.4.10, um voto vencido, DJ 27.5.10).

"Havendo sentença transitada em julgado a reconhecer a união estável entre o falecido e sua companheira em determinado período, descabe o reconhecimento de outra união estável, simultânea àquela, com pessoa diversa" (STJ-4ª T., REsp 912.926, Min. Luis Felipe, j. 22.2.11, DJ 7.6.11). No mesmo sentido: STJ-RT 900/238: 3ª T., REsp 1.157.273.

Nessas condições, quem conviveu com pessoa casada ou em prévia união estável não participa da sucessão desta (STJ-RJTJERGS 267/39: 3ª T., REsp 931.155) nem pode postular parte da pensão deixada pelo *de cujus* (STF-RDDP 69/149: 1ª T., RE 397.762, um voto vencido; STJ-5ª T., REsp 813.175, Min. Felix Fischer, j. 23.8.07, dois votos vencidos, DJU 29.10.07; STJ-6ª T., REsp 674.176, Min. Hamilton Carvalhido, j. 17.3.09, dois votos vencidos, DJ 31.8.09; STJ-2ª T., REsp 1.344.664-AgRg, Min. Humberto Martins, j. 6.11.12, DJ 14.11.12; STJ-RDDP 98/139: 4ª T., REsp 1.185.653; RT 890/377: TRF-2ª Reg., AP 447.664; 897/344: TJSC, AI 2009.066056-6; 908/791: TRF-5ª Reg., AP 2006.81.02.000831-2; 925/794: TRF-2ª Reg., AP 2007.51.03.003335-8; JTJ 342/377: AP 267.616-5/8-00; RSDA 101/114: TRF-2ª Reg., AP 2010.51.51.002753-5, maioria).

Todavia, reconhecendo a **união estável putativa**, em caso no qual a companheira desconhecia o casamento do outro companheiro, o qual apenas "mantinha convivência esporádica com a esposa": Bol. AASP 2.676 (TJSP, AP 634.281-4/4-00; maioria). Em sentido semelhante: "É de se dar proteção jurídica a ambas as companheiras em comprovado o estado de recíproca putatividade quanto ao duplo convívio com o mesmo varão, mostrando-se justa a solução que alvitra a divisão da pensão derivada do falecimento dele e da terceira mulher com quem fora casado" (RBDFS 25/164 e RJ-Lex 54/296: TJSC, AP 2009.041434-7). V. tb. art. 1.561 § 1º.

"Pensão por morte de falecido servidor. Rateio entre a esposa e a companheira. Possibilidade. Comprovação da vida em comum que teve com o falecido servidor. Existência. Prova material. Ação declaratória. Filho do casal" (RT 908/785: TRF-5ª Reg., AP 2005.82.00.011690-3).

Ponderando que na **"sociedade de fato entre concubinos** é, para as consequências jurídicas que lhe decorram das relações obrigacionais, irrelevante o casamento de qualquer deles": STJ-4ª T., REsp 229.069, Min. Fernando Gonçalves, j. 26.4.05, DJU 16.5.05.

"A sociedade de fato mantida com a concubina rege-se pelo direito das obrigações e não pelo de família. Inexiste impedimento a que o homem casado, além da sociedade conjugal, mantenha outra, de fato ou de direito, com terceiro. Não há cogitar de pretensa dupla meação. A censurabilidade do adultério não haverá de conduzir a que se locuplete, com o esforço alheio, exatamente aquele que o pratica" (RSTJ 68/368, RT 719/295, RJ 214/48; o mesmo acórdão, da 3ª Turma do STJ).

No sentido de que quem conviveu com pessoa casada somente participa nos bens desta se provar o esforço comum para a aquisição do patrimônio: STJ-3ª T., REsp 1.916.031, Min. Nancy Andrighi, j. 3.5.22, DJ 5.5.22; RT 865/174.

Contra, reconhecendo união estável constituída na constância do casamento: "A presença da afetividade, como fundamento, e a finalidade da entidade, além da estabilidade, com comunhão de vida, e a ostensibilidade, levam ao reconhecimento de famílias simultâneas" (RT 920/1.105: TJPE, AP 176862-7).

"Estando demonstrada, no plano dos fatos, a coexistência de duas relações afetivas públicas, duradouras e contínuas, mantidas com a finalidade de constituir família, é devido o seu reconhecimento jurídico à conta de uniões estáveis, sob pena de negar a ambas a proteção do direito. Ausentes os impedimentos previstos no art. 1.521 do Código Civil, a caracterização da união estável paralela como concubinato somente decorreria da aplicação analógica do art. 1.727 da mesma lei, o que implicaria ofensa ao postulado hermenêutico que veda o emprego da analogia para a restrição de direitos. Os bens adquiridos na constância da união dúplice são partilhados entre as companheiras e o companheiro. Meação que se transmuda em 'triação', pela simultaneidade das relações" (RNDFS 1/158: TJPE, AP 296.862-5, maioria).

V. tb. art. 1.723, nota 3e.

No caso de pessoa já casada que se casa novamente, v. art. 1.564, nota 1a.

✎ "União estável de pessoas casadas (breves comentários ao acórdão do STJ prolatado nos autos do REsp 1.107.192-PR)", por Mário Luiz Delgado (RBDFS 18/84).

Art. 1.727: 4. "Se com o término do casamento não há possibilidade de se pleitear indenização por serviços domésticos prestados, tampouco quando se finda a união estável, muito menos com o cessar do concubinato haverá qualquer viabilidade de se postular tal direito, sob pena de se cometer grave discriminação frente ao casamento, que tem primazia constitucional de tratamento; ora, se o cônjuge no casamento nem o companheiro na união estável fazem jus à indenização, muito menos o concubino pode ser contemplado com tal direito, pois teria mais do que se casado fosse. A concessão da indenização por serviços domésticos prestados à concubina situaria o concubinato em posição jurídica mais vantajosa que o próprio casamento, o que é incompatível com as diretrizes constitucionais fixadas pelo art. 226 da CF/88 e com o Direito de Família, tal como concebido. A relação de cumplicidade, consistente na troca afetiva e na mútua assistência havida entre os concubinos, ao longo do concubinato, em que auferem proveito de forma recíproca, cada qual a seu modo, seja por meio de auxílio moral, seja por meio de auxílio material, não admite que após o rompimento da relação, ou ainda, com a morte de um deles, a outra parte cogite pleitear indenização por serviços domésticos prestados, o que certamente caracterizaria locupletação ilícita. Não se pode mensurar o afeto, a intensidade do próprio sentimento, o desprendimento e a solidariedade na dedicação mútua que se visualiza entre casais. O amor não tem preço. Não há valor econômico em uma relação afetiva. Acaso houver necessidade de dimensionar-se a questão em termos econômicos, poder-se-á incorrer na conivência e até mesmo estímulo àquela conduta reprovável em que uma das partes serve-se sexualmente da outra e, portanto, recompensa-a com favores" (STJ-RDDP 82/134: 3ª T., REsp 872.659).

"Inviável a concessão de indenização à concubina, que mantivera relacionamento com homem casado, uma vez que tal providência eleva o concubinato a nível de proteção mais sofisticado que o existente no casamento e na união estável, tendo em vista que nessas uniões não se há falar em indenização por serviços domésticos prestados, porque, verdadeiramente, de serviços domésticos não se cogita, senão de uma contribuição mútua para o bom funcionamento do lar, cujos benefícios ambos experimentam ainda na constância da união" (STJ-RBDFS 16/133: 4ª T., REsp 988.090).

Contra: "Pacífica é a orientação das Turmas da 2ª Seção do STJ no sentido de indenizar os serviços domésticos prestados pela concubina ao companheiro durante o período da relação, direito que não é esvaziado pela circunstância de ser o concubino casado, se possível, como no caso, identificar a existência de dupla vida em comum, com a esposa e a companheira, por período superior a trinta anos. Pensão devida durante o período do concubinato, até o óbito do concubino" (STJ-4ª T., REsp 303.604, Min. Aldir Passarinho Jr., j. 20.3.03, DJ 23.6.03).

"Não é razoável deixar ao desamparo a companheira de mais de uma dezena de anos, o que representa o locupletamento à custa do afeto e dedicação alheia, sendo cabível estimar-se indenização correspondente ao tempo de convivência" (RJTJERGS 249/188; no caso tratava-se de concubina, apesar de constar 'companheira' na ementa).

Concedendo indenização por serviços prestados no valor de R$ 12.000,00 por ano de convivência concubinária para a concubina que não comprovou contribuição direta para o acervo patrimonial do amásio: RT 881/208 (TJSP, AP 395.385-4/8-00).

Título IV — DA TUTELA, DA CURATELA E DA TOMADA DE DECISÃO APOIADA[1 A 3]

Capítulo I — DA TUTELA[1-2]

Seção I — DOS TUTORES

TÍT. IV: 1. Redação do Tít. IV de acordo com a Lei 13.146, de 6.7.15, em vigor 180 dias após a sua publicação (DOU 7.7.15).

TÍT. IV: 2. s/ tutela e curatela, v. CPC 759 a 763; s/ processo de interdição, v. CPC 747 a 758.

Em matéria penal, v. CP 92-II, 248 e 249.

TÍT. IV: 3. "Art. 197. Não corre a prescrição: ... III — entre tutelados ou curatelados e seus tutores ou curadores, durante a tutela ou curatela".

CAP. I: 1. v. ECA 28, 32, 36 a 38, 131 a 140, 148 § ún.-*a*, 164 a 170 e 249. V. tb. arts. 7º a 11 da Lei 6.001, de 19.12.73 (Estatuto do Índio).

CAP. I: 2. "Art. 206. Prescreve: ... § 4º Em quatro anos, a pretensão relativa à tutela, a contar da data da aprovação das contas".

Art. 1.728. Os filhos menores são postos em tutela:

I — com o falecimento dos pais, ou sendo estes julgados ausentes;[1]

II — em caso de os pais decaírem do poder familiar.[2]

Art. 1.728: 1. v. arts. 6º, 22 a 39 e 1.635-I.

Art. 1.728: 2. v. arts. 1.635-V, 1.637 e 1.638.

Art. 1.729. O direito de nomear tutor compete aos pais, em conjunto.[1]

Parágrafo único. A nomeação deve constar de testamento[2] ou de qualquer outro documento autêntico.[3]

Art. 1.729: 1. v. art. 1.634-VI.

Art. 1.729: 2. v. arts. 1.857 e segs.

Art. 1.729: 3. v. ECA 37.

Art. 1.730. É nula a nomeação de tutor pelo pai ou pela mãe que, ao tempo de sua morte, não tinha o poder familiar.[1]

Art. 1.730: 1. v. arts. 1.635 e 1.638.

Art. 1.731. Em falta de tutor nomeado pelos pais incumbe a tutela aos parentes consanguíneos do menor, por esta ordem:[1-2]

I — aos ascendentes, preferindo o de grau mais próximo ao mais remoto;

II — aos colaterais até o terceiro grau, preferindo os mais próximos aos mais remotos, e, no mesmo grau, os mais velhos aos mais moços; em qualquer dos casos, o juiz escolherá entre eles o mais apto a exercer a tutela em benefício do menor.

Art. 1.731: 1. s/ relações de parentesco, v. arts. 1.591 a 1.595; s/ incapazes de exercer a tutela, v. art. 1.735; s/ escusa dos tutores, v. arts. 1.736 a 1.739.

Art. 1.731: 2. que não é inflexível, "podendo ser alterada no interesse do menor" (STJ-3ª T., REsp 710.204, Min. Nancy Andrighi, j. 17.8.06, DJU 4.9.06).

Art. 1.732. O juiz nomeará tutor idôneo e residente no domicílio do menor:

I — na falta de tutor testamentário[1] ou legítimo;[1a]

II — quando estes forem excluídos ou escusados da tutela;[2]

III — quando removidos por não idôneos o tutor legítimo e o testamentário.[3]

Art. 1.732: 1. v. art. 1.729 § ún.

Art. 1.732: 1a. v. art. 1.731.

Art. 1.732: 2. v. arts. 1.735, 1.736 e 1.766.

Art. 1.732: 3. v. art. 1.735. V. tb. CPC 761 a 763.

Art. 1.733. Aos irmãos órfãos dar-se-á um só tutor.

§ 1º No caso de ser nomeado mais de um tutor por disposição testamentária sem indicação de precedência, entende-se que a tutela foi cometida ao primeiro, e que os outros lhe sucederão pela ordem de nomeação, se ocorrer morte, incapacidade, escusa ou qualquer outro impedimento.[1]

§ 2º Quem institui um menor herdeiro, ou legatário seu,[2] poderá nomear-lhe curador especial para os bens deixados, ainda que o beneficiário se encontre sob o poder familiar, ou tutela.

Art. 1.733: 1. v. arts. 1.735 a 1.737.

Art. 1.733: 2. s/ disposições testamentárias, v. arts. 1.897 e segs.

Art. 1.734. As crianças e os adolescentes cujos pais forem desconhecidos, falecidos ou que tiverem sido suspensos ou destituídos do poder familiar terão tutores nomeados pelo Juiz ou serão incluídos em programa de colocação familiar, na forma prevista pela Lei n. 8.069, de 13 de julho de 1990 — Estatuto da Criança e do Adolescente.[1-2]

Art. 1.734: 1. Redação de acordo com a Lei 12.010, de 3.8.09, em vigor 90 dias após a sua publicação (DOU 4.8.09).

Art. 1.734: 2. v. art. 1.752-*caput*. V. tb. ECA 28 a 38 e 90 a 97.

Seção II | DOS INCAPAZES DE EXERCER A TUTELA

Art. 1.735. Não podem ser tutores e serão exonerados da tutela, caso a exerçam:

I — aqueles que não tiverem a livre administração de seus bens;

II — aqueles que, no momento de lhes ser deferida a tutela, se acharem constituídos em obrigação para com o menor, ou tiverem que fazer valer direitos contra este, e aqueles cujos pais, filhos ou cônjuges tiverem demanda contra o menor;[1]

III — os inimigos do menor, ou de seus pais, ou que tiverem sido por estes expressamente excluídos da tutela;

IV — os condenados por crime de furto, roubo, estelionato, falsidade, contra a família ou os costumes, tenham ou não cumprido pena;[2]

V — as pessoas de mau procedimento, ou falhas em probidade, e as culpadas de abuso em tutorias anteriores;

VI — aqueles que exercerem função pública incompatível com a boa administração da tutela.

Art. 1.735: 1. v. art. 1.751.

Art. 1.735: 2. v. CP 155 a 157, 171 e 213 a 239.

Seção III | DA ESCUSA DOS TUTORES

Art. 1.736. Podem escusar-se da tutela:

I — mulheres casadas;

II — maiores de sessenta anos;

III — aqueles que tiverem sob sua autoridade mais de três filhos;

IV — os impossibilitados por enfermidade;

V — aqueles que habitarem longe do lugar onde se haja de exercer a tutela;

VI — aqueles que já exercerem tutela ou curatela;

VII — militares em serviço.

Art. 1.737. Quem não for parente do menor não poderá ser obrigado a aceitar a tutela, se houver no lugar parente idôneo, consanguíneo ou afim, em condições de exercê-la.[1]

Art. 1.737: 1. s/ relações de parentesco, v. arts. 1.591 a 1.595.

Art. 1.738. A escusa apresentar-se-á nos dez dias[1] subsequentes à designação, sob pena de entender-se renunciado o direito de alegá-la; se o motivo escusatório ocorrer depois de aceita a tutela,[2] os dez dias contar-se-ão do em que ele sobrevier.

Art. 1.738: 1. v. CPC 760, que estipula no caso prazo de 5 dias.

Art. 1.738: 2. v. art. 1.764-II.

Art. 1.739. Se o juiz não admitir a escusa, exercerá o nomeado a tutela, enquanto o recurso interposto não tiver provimento, e responderá desde logo pelas perdas e danos[1] que o menor venha a sofrer.[2]

Art. 1.739: 1. v. arts. 402 a 405.

Art. 1.739: 2. v. CPC 760 § 2º.

Seção IV | DO EXERCÍCIO DA TUTELA

Art. 1.740. Incumbe ao tutor, quanto à pessoa do menor:[1-1a]

I — dirigir-lhe a educação, defendê-lo e prestar-lhe alimentos, conforme os seus haveres e condição;

II — reclamar do juiz que providencie, como houver por bem, quando o menor haja mister correção;

III — adimplir os demais deveres que normalmente cabem aos pais, ouvida a opinião do menor, se este já contar doze anos de idade.

Art. 1.740: 1. v. arts. 932-II, 933, 942 e 1.768-I. V. tb. ECA 53 a 58.

Art. 1.740: 1a. CTN 134: "Nos casos de impossibilidade de exigência do cumprimento da obrigação principal pelo contribuinte, respondem solidariamente com este nos atos em que intervierem ou pelas omissões de que forem responsáveis: ... II — os tutores e curadores, pelos tributos devidos por seus tutelados ou curatelados".

Art. 1.741. Incumbe ao tutor, sob a inspeção do juiz,[1] administrar os bens do tutelado, em proveito deste, cumprindo seus deveres com zelo e boa-fé.

Art. 1.741: 1. "Cabe ao juiz que decidiu a interdição analisar o pedido de alvará judicial para a venda de bem do curatelado" (RT 860/292).

Art. 1.742. Para fiscalização dos atos do tutor, pode o juiz nomear um protutor.[1]

Art. 1.742: 1. v. art. 1.752 §§ 1º e 2º.

Art. 1.743. Se os bens e interesses administrativos exigirem conhecimentos técnicos, forem complexos, ou realizados em lugares distantes do domicílio do tutor, poderá este, mediante aprovação judicial, delegar a outras pessoas físicas ou jurídicas o exercício parcial da tutela.

Art. 1.744. A responsabilidade do juiz será:[1]

I — direta e pessoal, quando não tiver nomeado o tutor, ou não o houver feito oportunamente;

II — subsidiária, quando não tiver exigido garantia legal do tutor,[2] nem o removido, tanto que se tornou suspeito.

Art. 1.744: 1. v. CPC 143-II.

Art. 1.744: 2. v. art. 1.745 § ún.

Art. 1.745. Os bens do menor serão entregues ao tutor mediante termo especificado deles e seus valores, ainda que os pais o tenham dispensado.

Parágrafo único. Se o patrimônio do menor for de valor considerável, poderá o juiz condicionar o exercício da tutela à prestação de caução bastante, podendo dispensá-la se o tutor for de reconhecida idoneidade.[1 a 3]

Art. 1.745: 1. v. arts. 1.744-II, CPC 759 e ECA 37.

Art. 1.745: 2. Disposição transitória: "Art. 2.040. A hipoteca legal dos bens do tutor ou curador inscrita em conformidade com o inciso IV do art. 827 do Código Civil anterior, Lei n. 3.071, de 1º de janeiro de 1916, poderá ser cancelada, obedecido o disposto no parágrafo único do art. 1.745 deste Código".

Art. 1.745: 3. O Código Civil não exige a hipoteca legal para o exercício da função de tutor, de modo que o juiz pode condicionar o exercício da tutela à qualquer forma de garantia (RT 852/345: TJRJ, AP 2005.001.43577).

Art. 1.746. Se o menor possuir bens, será sustentado e educado a expensas deles, arbitrando o juiz para tal fim as quantias que lhe pareçam necessárias, considerado o rendimento da fortuna do pupilo quando o pai ou a mãe não as houver fixado.[1]

Art. 1.746: 1. v. arts. 1.740-I e 1.753.

Art. 1.747. Compete mais ao tutor:

I — representar o menor, até os dezesseis anos, nos atos da vida civil, e assisti-lo, após essa idade,[1] nos atos em que for parte;

II — receber as rendas e pensões do menor, e as quantias a ele devidas;

III — fazer-lhe as despesas de subsistência e educação, bem como as de administração, conservação e melhoramentos de seus bens;

IV — alienar os bens do menor destinados a venda;[2]

V — promover-lhe, mediante preço conveniente, o arrendamento de bens de raiz.

Art. 1.747: 1. i. e., até os 18 anos (v. art. 5º).

Art. 1.747: 2. v. art. 1.750.

Art. 1.748. Compete também ao tutor, com autorização do juiz:

I — pagar as dívidas do menor;

II — aceitar por ele heranças, legados ou doações,[1] ainda que com encargos;

III — transigir;

IV — vender-lhe os bens móveis, cuja conservação não convier, e os imóveis[2] nos casos em que for permitido;

V — propor em juízo as ações, ou nelas assistir o menor, e promover todas as diligências a bem deste, assim como defendê-lo nos pleitos contra ele movidos.[3]

Parágrafo único. No caso de falta de autorização, a eficácia de ato do tutor depende da aprovação ulterior do juiz.

Art. 1.748: 1. v., porém, art. 543.

Art. 1.748: 2. v. art. 1.750.

Art. 1.748: 3. "Curatela. Ação de complementação de proventos. Decisão que determinou regularização da representação processual dos coautores incapazes, nos termos do art. 1.748, V, do CC. Descabimento. Ajuizamento da demanda não implica em risco de prejuízo patrimonial para os interessados. O escopo dos dispositivos do Código Civil é o de proteger o hipossuficiente e não obstar o exercício de seus direitos" (JTJ 358/180: AI 990.10.503625-2). V. art. 1.774.

Art. 1.749. Ainda com a autorização judicial, não pode o tutor, sob pena de nulidade:

I — adquirir por si, ou por interposta pessoa, mediante contrato particular, bens móveis ou imóveis pertencentes ao menor;[1]

II — dispor dos bens do menor a título gratuito;[2]

III — constituir-se cessionário de crédito ou de direito, contra o menor.

Art. 1.749: 1. v. art. 497-I.

Art. 1.749: 2. v. art. 580.

Art. 1.750. Os imóveis pertencentes aos menores sob tutela somente podem ser vendidos quando houver manifesta vantagem, mediante prévia avaliação judicial e aprovação do juiz.[1-2]

Art. 1.750: 1. v. arts. 1.747-IV e 1.748-IV. V. tb. CPC 725-III e 730.

Art. 1.750: 2. "Pedido de expedição de alvará para permuta da parte pertencente a interdito (1/7) em imóvel rural com imóveis urbanos, um dos quais de residência dele. Indeferimento, ao argumento de que ficará na mesma situação financeira. Permuta cuja natureza não compreende essa vantagem. Benefício consistente em que deixa ele estado de comunhão em área rural que não administra e de que não aufere benefício, para ser titular de imóveis urbanos, usando um como moradia e podendo obter renda do outro. Sentença reformada para autorizar a expedição do alvará" (JTJ 342/267: AP 546.769.4/5-00).

Art. 1.751. Antes de assumir a tutela, o tutor declarará tudo o que o menor lhe deva, sob pena de não lhe poder cobrar, enquanto exerça a tutoria, salvo provando que não conhecia o débito quando a assumiu.[1]

Art. 1.751: 1. v. art. 1.735-II.

Art. 1.752. O tutor responde pelos prejuízos que, por culpa, ou dolo, causar ao tutelado; mas tem direito a ser pago pelo que realmente despender no exercício da tutela, salvo no caso do art. 1.734, e a perceber remuneração proporcional à importância dos bens administrados.[1-1a]

§ 1º Ao protutor será arbitrada uma gratificação módica pela fiscalização efetuada.[2]

§ 2º São solidariamente[3] responsáveis pelos prejuízos as pessoas às quais competia fiscalizar a atividade do tutor, e as que concorreram para o dano.[3a]

Art. 1.752: 1. v. arts. 197-III, 1.741, 1.760 e 1.761.

Art. 1.752: 1a. "O curador tem direito de receber remuneração pela administração do patrimônio do interdito, à luz do disposto no art. 1.752, *caput*, do CC/02, aplicável ao instituto da curatela, por força da redação do art. 1.774 do CC/02. Afigura-se, no entanto, indevida a fixação realizada pelo próprio curador e a consequente retenção de rendas do interdito. A **remuneração do curador** deverá ser requerida ao **Juiz que a fixará** com comedição, para não combalir o patrimônio do interdito, mas ainda assim compensar o esforço e tempo despendidos pelo curador no exercício de seu múnus" (STJ-3ª T., REsp 1.205.113, Min. Nancy Andrighi, j. 6.9.11, DJ 14.9.11).

Art. 1.752: 2. v. art. 1.742.

Art. 1.752: 3. v. arts. 275 a 285.

Art. 1.752: 3a. v. arts. 1.741 a 1.744.

Seção V | DOS BENS DO TUTELADO

Art. 1.753. Os tutores não podem conservar em seu poder dinheiro dos tutelados, além do necessário para as despesas ordinárias com o seu sustento, a sua educação e a administração de seus bens.[1]

§ 1º Se houver necessidade, os objetos de ouro e prata, pedras preciosas e móveis serão avaliados por pessoa idônea e, após autorização judicial, alienados, e o seu produto convertido em títulos, obrigações e letras de responsabilidade direta ou indireta da União ou dos Estados, atendendo-se prefe-

CC – arts. 1.753 a 1.756

rentemente à rentabilidade, e recolhidos ao estabelecimento bancário oficial[1a] ou aplicado na aquisição de imóveis, conforme for determinado pelo juiz.[2]

§ 2º O mesmo destino previsto no parágrafo antecedente terá o dinheiro proveniente de qualquer outra procedência.

§ 3º Os tutores respondem pela demora na aplicação dos valores acima referidos, pagando os juros legais[3] desde o dia em que deveriam dar esse destino, o que não os exime da obrigação, que o juiz fará efetiva, da referida aplicação.

Art. 1.753: 1. v. art. 1.746. V. tb. CP 168 § 1º-II (crime de apropriação indébita).

Art. 1.753: 1a. "Depósito de numerário pertencente ao interdito. Determinação a que se proceda em banco oficial do Estado. Aplicação do CC 1.753 §§ 1º e 2º, c/c CPC 666-I. Possibilidade do levantamento do dinheiro necessário para as despesas ordinárias" (JTJ 288/187: AP 342.056-4/4; ementa da redação).

Art. 1.753: 2. v. arts. 1.748-IV, 1.754 e 1.757 § ún. V. tb. CPC 725-III e 730.

Art. 1.753: 3. v. arts. 406 e 407.

Art. 1.754. Os valores que existirem em estabelecimento bancário oficial, na forma do artigo antecedente, não se poderão retirar, senão mediante ordem do juiz, e somente:

I — para as despesas com o sustento e educação do tutelado, ou a administração de seus bens;[1-2]

II — para se comprarem bens imóveis e títulos, obrigações ou letras, nas condições previstas no § 1º do artigo antecedente;

III — para se empregarem em conformidade com o disposto por quem os houver doado, ou deixado;

IV — para se entregarem aos órfãos, quando emancipados, ou maiores, ou, mortos eles, aos seus herdeiros.

Art. 1.754: 1. cf. art. 1.747-III.

Art. 1.754: 2. "Seguro de vida e acidentes pessoais. Ação de consignação em pagamento. Pedido da segurada, por intermédio de sua filha e curadora, de levantamento da quantia depositada pela seguradora. Admissibilidade. Curadora da segurada (interditada) que detém o poder de administrar seus bens e zelar por sua saúde. Valor depositado pela seguradora a título de indenização que não se mostra superior ao necessário para as despesas ordinárias com o seu sustento e a administração de seus bens, tal como previsto nos artigos 1.753 e 1.754 do Código Civil. Tem a segurada inválida, que se encontra interditada, direito de receber o montante da indenização de seguro de vida e acidentes pessoais, por intermédio de sua filha e curadora, pois não se pode admitir que a quantia contratada fique *ad eternum* depositada em juízo em razão de sua incapacidade. É da curadora, em favor da curatelada, a disposição sobre o numerário a ser recebido" (RT 901/198: TJSP, AI 990.09.318362-5).

Seção VI | DA PRESTAÇÃO DE CONTAS[1]

SEÇ. VI: 1. s/ ação de exigir contas, v. CPC 550 a 553.

Art. 1.755. Os tutores, embora o contrário tivessem disposto os pais dos tutelados, são obrigados a prestar contas da sua administração.[1]

Art. 1.755: 1. Se o curador for o cônjuge do interdito, v. art. 1.783.

Art. 1.756. No fim de cada ano de administração, os tutores submeterão ao juiz o balanço respectivo, que, depois de aprovado, se anexará aos autos do inventário.

Art. 1.757. Os tutores prestarão contas de dois em dois anos, e também quando, por qualquer motivo, deixarem o exercício da tutela ou toda vez que o juiz achar conveniente.

Parágrafo único. As contas serão prestadas em juízo,[1] e julgadas depois da audiência dos interessados, recolhendo o tutor imediatamente a estabelecimento bancário oficial os saldos, ou adquirindo bens imóveis, ou títulos, obrigações ou letras, na forma do § 1º do art. 1.753.

Art. 1.757: 1. v. CPC 550 a 553.

Art. 1.758. Finda a tutela pela emancipação ou maioridade, a quitação do menor não produzirá efeito antes de aprovadas as contas pelo juiz, subsistindo inteira, até então, a responsabilidade do tutor.[1]

Art. 1.758: 1. v. art. 206 § 4º (prescrição da pretensão relativa à tutela).

Art. 1.759. Nos casos de morte, ausência, ou interdição do tutor, as contas serão prestadas por seus herdeiros ou representantes.

Art. 1.760. Serão levadas a crédito do tutor todas as despesas justificadas e reconhecidamente proveitosas ao menor.[1]

Art. 1.760: 1. v. art. 1.752-*caput*.

Art. 1.761. As despesas com a prestação das contas serão pagas pelo tutelado.[1]

Art. 1.761: 1. v. art. 1.752-*caput*.

Art. 1.762. O alcance do tutor,[1] bem como o saldo contra o tutelado, são dívidas de valor e vencem juros[2] desde o julgamento definitivo das contas.

Art. 1.762: 1. Alcance é o eventual saldo a favor do tutelado e a débito do tutor, decorrente de desfalque ocorrido no patrimônio daquele por conta de ato ou omissão deste.
Art. 1.762: 2. v. arts. 405 a 407.

Seção VII | DA CESSAÇÃO DA TUTELA

Art. 1.763. Cessa a condição de tutelado:
I — com a maioridade ou a emancipação do menor;[1]
II — ao cair o menor sob o poder familiar, no caso de reconhecimento[2] ou adoção.[2a]

Art. 1.763: 1. v. art. 5º.
Art. 1.763: 2. v. arts. 1.607 a 1.617.
Art. 1.763: 2a. v. arts. 1.618 e 1.619 e ECA 39 a 52-D (adoção).

Art. 1.764. Cessam as funções do tutor:
I — ao expirar o termo, em que era obrigado a servir;[1]
II — ao sobrevir escusa legítima;[2]
III — ao ser removido.[3]

Art. 1.764: 1. v. art. 1.765.
Art. 1.764: 2. v. arts. 1.736 a 1.739.
Art. 1.764: 3. v. arts. 1.735, 1.744-II e 1.766. V. tb. ECA 38 e 164 e CPC 761 a 763.

> **Art. 1.765.** O tutor é obrigado a servir por espaço de dois anos.[1]
> **Parágrafo único.** Pode o tutor continuar no exercício da tutela, além do prazo previsto neste artigo, se o quiser e o juiz julgar conveniente ao menor.

Art. 1.765: 1. v. art. 1.764-I e CPC 763.

> **Art. 1.766.** Será destituído o tutor, quando negligente, prevaricador ou incurso em incapacidade.[1]

Art. 1.766: 1. v. arts. 1.735, 1.744-II e 1.764-III. V. tb. ECA 38 e 164 e CPC 761 a 763.

Capítulo II | DA CURATELA[1-2]

Seção I | DOS INTERDITOS[1-2]

CAP. II: 1. v. CPC 747 e segs. V. tb. CP 92-II, 248 e 249. V. ainda LRP 94-6º e 104.

CAP. II: 2. Lei 10.216, de 6.4.01 — Dispõe sobre a proteção e os direitos das pessoas portadoras de transtornos mentais e redireciona o modelo assistencial em saúde mental.

Lei 13.146, de 6.7.15 — Institui a Lei Brasileira de Inclusão da Pessoa com Deficiência (Estatuto da Pessoa com Deficiência).

SEÇ. I: 1. "Aspectos da ação de interdição", por Eduardo Henrique de Oliveira Yoshikawa (RDDP 62/15).

SEÇ. I: 2. s/ registro público da interdição, v. art. 9º-III. V. tb. LRP 29-V, 92 e 93.

> **Art. 1.767.** Estão sujeitos a curatela:
> I — aqueles que, por causa transitória ou permanente, não puderem exprimir sua vontade;[1 a 4a]
> II — (Revogado);[4b]
> III — os ébrios habituais e os viciados em tóxico;[5-5a]
> IV — (Revogado);[6]
> V — os pródigos.[7]

Art. 1.767: 1. Redação do inc. I de acordo com a Lei 13.146, de 6.7.15, em vigor 180 dias após a sua publicação (DOU 7.7.15).

Art. 1.767: 2. v. arts. 4º-III, 1.775-A e 1.777.
V. tb. Lei 13.146, de 6.7.15, art. 6º-I.

Art. 1.767: 3. No sentido de que falta interesse processual ao pedido de interdição de **menor** absolutamente incapaz, ainda que este seja **portador de Síndrome de Down,** na medida em que ele já está sujeito ao poder familiar em razão da idade: JTJ 313/224.

Art. 1.767: 3a. "**Transtorno afetivo** apenas **episódico**" não configura doença mental a exigir interdição (RBDF 43/79).

Art. 1.767: 3b. "A doença que acomete o interditando classifica-se como **Hipomania** (CID-F30), a qual não é capaz de interditá-lo, pois esta não implica limitações deste ou qualquer incapacidade para manifestar sua vontade (Centro Brasileiro de Estimulação Magnética Transcraniana — CBREMT e Revista de Psiquiatria Clínica). O laudo médico constante nos autos afirmou que o interditando possui condições de gerir seus atos, trabalhar para se manter, capacidade de aprendizado, mesmo sendo a patologia de caráter irreversível. Digo isso, porque o fato de ser irreversível não significa dizer que a doença apresentada o incapacita para tais atos" (RT 931/751: TJPA, AP 20113008078-6).

Art. 1.767: 4. "Interdição. Pedido formulado por genitor objetivando a interdição de filho. **Transtorno bipolar.** Laudo pericial que concluiu pela incapacidade do interditando de gerir sua vida e administrar seus bens, com comprometimento mental crescente. Réu que já sofreu ação penal pública por atirar contra pessoas, bem como ação de cobrança na ocasião em que tentou alienar bens da residência. Procedência do pedido" (RT 921/876: TJSP, AP 0026429-64.2007.8.26.0032).

Todavia: "Interdição. Pessoa portadora de transtorno afetivo bipolar. Ausência de incapacidade total para os atos da vida civil. Descabimento. Se os laudos médicos atestam que a interditanda não apresenta total incapacidade para os atos da vida civil, descabe a medida extrema de interdição" (RT 891/378: TJRS, AP 70032057432).

Art. 1.767: 4a. "Recurso especial no qual se discute se pessoa que praticou atos infracionais equivalentes aos crimes tipificados no art. 121, § 2º, II, III e IV **(homicídios triplamente qualificados),** dos quais foram vítimas o padrasto, a mãe de criação e seu irmão de 03 (três) anos de idade, e que ostenta condição psiquiátrica descrita como **transtorno não especificado da personalidade** (CID 10 — F 60.9), está sujeita à curatela, em processo de interdição promovido pelo Ministério Público Estadual. A sociopatia, quando há prévia manifestação de violência por parte do sociopata, demonstra, inelutavelmente, percepção desvirtuada das regras sociais, dos limites individuais e da dor e sofrimento alheio, condições que apesar de não infirmarem, per se, a capacidade do indivíduo gerenciar sua vida civil, por colocarem em xeque a própria vida do interditando e de outrem, autorizam a sua curatela para que ele possa ter efetivo acompanhamento psiquiátrico, de forma voluntária ou coercitiva, com ou sem restrições à liberdade, a depender do quadro mental constatado, da evolução — se houver — da patologia, ou de seu tratamento" (STJ-3ª T., REsp 1.306.687, Min. Nancy Andrighi, j. 18.3.14, maioria, DJ 22.4.14).

Art. 1.767: 4b. O inc. II foi revogado pela Lei 13.146, de 6.7.15, em vigor 180 dias após a sua publicação (DOU 7.7.15).

Art. 1.767: 5. Redação do inc. III de acordo com a Lei 13.146, de 6.7.15, em vigor 180 dias após a sua publicação (DOU 7.7.15).

Art. 1.767: 5a. v. art. 4º-II.

Art. 1.767: 6. O inc. IV foi revogado pela Lei 13.146, de 6.7.15, em vigor 180 dias após a sua publicação (DOU 7.7.15).

Art. 1.767: 7. v. arts. 4º-IV e 1.782.

Art. 1.768. O processo que define os termos da curatela deve ser promovido:[1 a 1b]

I — ....[2]

II — ....[3]

III — ....[4]

IV — pela própria pessoa.[5]

Art. 1.768: 1. Redação do *caput* de acordo com a Lei 13.146, de 6.7.15, em vigor 180 dias após a sua publicação (DOU 7.7.15).

Art. 1.768: 1a. O CPC 1.072-II dispôs sobre a revogação do art. 1.768. Ocorre que ulteriormente sobreveio a Lei 13.146, de 6.7.15, dando nova redação ao *caput* e ao inc. IV do CC 1.768, que subsistem, por prevalecer, no ponto, a lei posterior (cf. LINDB 2º § 1º).

Art. 1.768: 1b. s/ processo de interdição, v. CPC 747 e segs., em especial, CPC 747, que traz rol com outras pessoas legitimadas a pedir a sua instauração, além da própria pessoa.

Art. 1.768: 2. O inc. I foi revogado pela Lei 13.105, de 16.3.15, em vigor um ano após a sua publicação (DOU 17.3.15).

Art. 1.768: 3. O inc. II foi revogado pela Lei 13.105, de 16.3.15, em vigor um ano após a sua publicação (DOU 17.3.15).

Art. 1.768: 4. O inc. III foi revogado pela Lei 13.105, de 16.3.15, em vigor um ano após a sua publicação (DOU 17.3.15).

Art. 1.768: 5. O inc. IV foi acrescido pela Lei 13.146, de 6.7.15, em vigor 180 dias após a sua publicação (DOU 7.7.15).

Art. 1.769. O Ministério Público somente promoverá o processo que define os termos da curatela:[1 a 2]
I — nos casos de deficiência mental ou intelectual;[2a]
II — ....[3]
III — se, existindo, forem menores ou incapazes as pessoas mencionadas no inciso II.[4-5]

Art. 1.769: 1. Redação do *caput* de acordo com a Lei 13.146, de 6.7.15, em vigor 180 dias após a sua publicação (DOU 7.7.15).

Art. 1.769: 1a. O CPC 1.072-II dispôs sobre a revogação do art. 1.769. Ocorre que ulteriormente sobreveio a Lei 13.146, de 6.7.15, dando nova redação ao *caput* e aos incs. I e III do CC 1.769, que subsistem, por prevalecer, no ponto, a lei posterior (cf. LINDB 2º § 1º).

Art. 1.769: 2. V. CPC 748.

Art. 1.769: 2a. Redação do inc. I de acordo com a Lei 13.146, de 6.7.15, em vigor 180 dias após a sua publicação (DOU 7.7.15).

Art. 1.769: 3. O inc. II foi revogado pela Lei 13.105, de 16.3.15, em vigor um ano após a sua publicação (DOU 17.3.15).

Art. 1.769: 4. Redação do inc. III de acordo com a Lei 13.146, de 6.7.15, em vigor 180 dias após a sua publicação (DOU 7.7.15).

Art. 1.769: 5. O inc. II foi revogado (v. nota 3). Para disposições semelhantes, v. CPC 748-II.

Art. 1.770. ....[1]

Art. 1.770: 1. O art. 1.770 foi expressamente revogado pela Lei 13.105, de 16.3.15, em vigor um ano após a sua publicação (DOU 17.3.15).

Art. 1.771. Antes de se pronunciar acerca dos termos da curatela, o juiz, que deverá ser assistido por equipe multidisciplinar, entrevistará pessoalmente o interditando.[1 a 2]

Art. 1.771: 1. Redação de acordo com a Lei 13.146, de 6.7.15, em vigor 180 dias após a sua publicação (DOU 7.7.15).

Art. 1.771: 1a. O CPC 1.072-II dispôs sobre a revogação do art. 1.771. Ocorre que ulteriormente sobreveio a Lei 13.146, de 6.7.15, dando nova redação ao CC 1.771, que subsiste, por prevalecer, no ponto, a lei posterior (cf. LINDB 2º § 1º).

Art. 1.771: 2. v. CPC 751 a 754.

Art. 1.772. O juiz determinará, segundo as potencialidades da pessoa, os limites da curatela,[1] circunscritos às restrições constantes do art. 1.782, e indicará curador.[1a-2]
Parágrafo único. Para a escolha do curador, o juiz levará em conta a vontade e as preferências do interditando, a ausência de conflito de interesses e de influência indevida, a proporcionalidade e a adequação às circunstâncias da pessoa.

Art. 1.772: 1. v. CPC 755, EPD 85 e LRP 92-6º.

Art. 1.772: 1a. O CPC 1.072-II dispôs sobre a revogação do art. 1.772. Ocorre que ulteriormente sobreveio a Lei 13.146, de 6.7.15, dando nova redação ao *caput* do CC 1.772 e acrescentando-lhe parágrafo único, que subsistem, por prevalecer, no ponto, a lei posterior (cf. LINDB 2º § 1º).

Art. 1.772: 2. Redação do *caput* e do § ún. de acordo com a Lei 13.146, de 6.7.15, em vigor 180 dias após a sua publicação (DOU 7.7.15).

Art. 1.773. ....[1]

Art. 1.773: 1. O art. 1.773 foi expressamente revogado pela Lei 13.105, de 16.3.15, em vigor um ano após a sua publicação (DOU 17.3.15).

Art. 1.774. Aplicam-se à curatela as disposições concernentes à tutela,[1-2] com as modificações dos artigos seguintes.

Art. 1.774: 1. No mesmo sentido: art. 1.781.

Art. 1.774: 2. v. arts. 1.728 a 1.766, bem como as respectivas notas.

Art. 1.775. O cônjuge ou companheiro, não separado judicialmente ou de fato, é, de direito, curador do outro, quando interdito.[1-2]

§ 1º Na falta do cônjuge ou companheiro, é curador legítimo o pai ou a mãe; na falta destes, o descendente que se demonstrar mais apto.

§ 2º Entre os descendentes, os mais próximos precedem aos mais remotos.

§ 3º Na falta das pessoas mencionadas neste artigo, compete ao juiz a escolha do curador.[3]

Art. 1.775: 1. v. arts. 1.570 e 1.651. V. tb. art. 1.783. V. ainda CPC 755.

Art. 1.775: 2. "Ainda que o cônjuge mulher separada de fato do interditando não tivesse legitimidade para propor a ação de interdição, em razão do disposto no art. 1.775 do CC/2002, no caso específico, onde não há notícia de outra pessoa capaz de exercer a curadoria dele, justifica-se a sua legitimidade, se a filha maior, que pretende exercer o encargo, também apresenta fragilidade emocional, já tendo sido internada em clínica psiquiátrica" (RT 858/378).

Art. 1.775: 3. Ao contrário do que sugere o texto legal, **a ordem de preferência de nomeação nele expressa não tem caráter absoluto.** Nesse sentido, nomeando curador:

— a filha, em detrimento do cônjuge: JTJ 343/35 (AI 623.956-4/0-00);

— a irmã, em detrimento da filha, pois "a curatela somente deve ser deferida a quem tem melhores condições de exercer o encargo": RJM 174/211;

— dativo, ante a animosidade entre os filhos do interditando: RT 877/190 (TJSP, AI 561.389-4/0-00). No mesmo sentido: RT 902/224 (TJSP, AI 990.10.059370-6).

Art. 1.775-A. Na nomeação de curador para a pessoa com deficiência, o juiz poderá estabelecer curatela compartilhada a mais de uma pessoa.[1-2]

Art. 1.775-A: 1. O art. 1.775-A foi introduzido pela Lei 13.146, de 6.7.15, em vigor 180 dias após a sua publicação (DOU 7.7.15).

Art. 1.775-A: 2. "Ao contrário do que ocorre com a guarda compartilhada, o dispositivo legal que consagra, no âmbito do direito positivo, o instituto da curatela compartilhada não impõe, obrigatória e expressamente, a sua adoção. A redação do novel art. 1.775-A do CC/2002 é hialina ao estatuir que, na nomeação de curador, o juiz 'poderá' estabelecer curatela compartilhada, não havendo, portanto, peremptoriedade, mas sim **facultatividade**. Não há obrigatoriedade na fixação da curatela compartilhada, o que só deve ocorrer quando (a) ambos os genitores apresentarem interesse no exercício da curatela, (b) revelarem-se aptos ao exercício do *munus* e (c) o juiz, a partir das circunstâncias fáticas da demanda, considerar que a medida é a que melhor resguarda os interesses do curatelado" (STJ-3ª T., REsp 1.795.395, Min. Nancy Andrighi, j. 4.5.21, DJ 6.5.21).

Art. 1.776. ....[1]

Art. 1.776: 1. O art. 1.776 foi expressamente revogado pela Lei 13.146, de 6.7.15, em vigor 180 dias após a sua publicação (DOU 7.7.15).

Art. 1.777. As pessoas referidas no inciso I do art. 1.767 receberão todo o apoio necessário para ter preservado o direito à convivência familiar e comunitária, sendo evitado o seu recolhimento em estabelecimento que os afaste desse convívio.¹⁻³

Art. 1.777: 1. Redação de acordo com a Lei 13.146, de 6.7.15, em vigor 180 dias após a sua publicação (DOU 7.7.15).

Art. 1.777: 2. v. Lei 13.146, de 6.7.15, art. 6º-V e Lei 10.216, de 6.4.01, art 4º.

Art. 1.777: 3. "A internação compulsória deve ser evitada, quando possível, e somente adotada como última opção, em defesa do internado e, secundariamente, da própria sociedade. É claro, portanto, o seu caráter excepcional, exigindo-se, para sua imposição, laudo médico circunstanciado que comprove a necessidade de tal medida. A interdição civil com internação compulsória, tal como determinada pelas instâncias inferiores, encontra fundamento jurídico tanto na Lei n. 10.216/2001 quanto no artigo 1.777 do Código Civil. No caso, foi cumprido o requisito legal para a imposição da medida de internação compulsória, tendo em vista que a internação do paciente está lastreada em laudos médicos. A internação compulsória em sede de ação de interdição, como é o caso dos autos, não tem caráter penal, não devendo ser comparada à medida de segurança ou à medida socioeducativa à que esteve submetido no passado o paciente em face do cometimento de atos infracionais análogos a homicídio e estupro. Não se ambiciona nos presentes autos aplicar sanção ao ora paciente, seja na espécie de pena, seja na forma de medida de segurança" (STJ-4ª T., HC 169.172, Min. Luis Felipe, j. 10.12.13, DJ 5.2.14). Em sentido semelhante: STJ-3ª T., HC 135.271, Min. Sidnei Beneti, j. 17.12.13, DJ 4.2.14.

Art. 1.778. A autoridade do curador estende-se à pessoa e aos bens dos filhos do curatelado, observado o art. 5º.¹

Art. 1.778: 1. v. art. 1.779 § ún.

Seção II | DA CURATELA DO NASCITURO E DO ENFERMO OU PORTADOR DE DEFICIÊNCIA FÍSICA

Art. 1.779. Dar-se-á curador ao nascituro,¹ se o pai falecer estando grávida a mulher, e não tendo o poder familiar.¹ª

Parágrafo único. Se a mulher estiver interdita, seu curador será o do nascituro.²

Art. 1.779: 1. v. art. 2º.
Art. 1.779: 1a. v. arts. 1.638 e 1.800.
Art. 1.779: 2. v. art. 1.778.

Art. 1.780. ....¹

Art. 1.780: 1. O art. 1.780 foi expressamente revogado pela Lei 13.146, de 6.7.15, em vigor 180 dias após a sua publicação (DOU 7.7.15).

Seção III | DO EXERCÍCIO DA CURATELA

Art. 1.781. As regras a respeito do exercício da tutela¹ aplicam-se ao da curatela, com a restrição do art. 1.772 e as desta Seção.²

Art. 1.781: 1. v. arts. 1.728 a 1.766.
Art. 1.781: 2. No mesmo sentido: art. 1.774.

Art. 1.782. A interdição do pródigo só o privará de, sem curador, emprestar, transigir, dar quitação, alienar, hipotecar, demandar ou ser demandado, e praticar, em geral, os atos que não sejam de mera administração.[1]

Art. 1.782: 1. v. arts. 1.767-V e 1.772.

Art. 1.783. Quando o curador for o cônjuge e o regime de bens do casamento for de comunhão universal,[1] não será obrigado à prestação de contas,[2] salvo determinação judicial.[3-4]

Art. 1.783: 1. v. arts. 1.667 a 1.671.

Art. 1.783: 2. v. arts. 1.755 a 1.762 c/c arts. 1.774 e 1.781.

Art. 1.783: 3. v. arts. 1.570, 1.651 e 1.775-*caput*.

Art. 1.783: 4. "O magistrado poderá (deverá) decretar a prestação de contas pelo cônjuge curador, resguardando o interesse prevalente do curatelado e a proteção especial do interdito quando: a) houver qualquer indício ou dúvida de malversação dos bens do incapaz, com a periclitação de prejuízo ou desvio de seu patrimônio, no caso de bens comuns; e b) se tratar de bens incomunicáveis, excluídos da comunhão, ressalvadas situações excepcionais" (STJ-4ª T., REsp 1.515.701, Min. Luis Felipe Salomão, j. 2.10.18, DJ 31.10.18).

Capítulo III | DA TOMADA DE DECISÃO APOIADA[1]

CAP. III: 1. Capítulo acrescido pela Lei 13.146, de 6.7.15, em vigor 180 dias após a sua publicação (DOU 7.7.15).

Art. 1.783-A. A tomada de decisão apoiada é o processo pelo qual a pessoa com deficiência elege pelo menos 2 (duas) pessoas idôneas, com as quais mantenha vínculos e que gozem de sua confiança, para prestar-lhe apoio na tomada de decisão sobre atos da vida civil, fornecendo-lhes os elementos e informações necessários para que possa exercer sua capacidade.

§ 1º Para formular pedido de tomada de decisão apoiada, a pessoa com deficiência e os apoiadores devem apresentar termo em que constem os limites do apoio a ser oferecido e os compromissos dos apoiadores, inclusive o prazo de vigência do acordo e o respeito à vontade, aos direitos e aos interesses da pessoa que devem apoiar.

§ 2º O pedido de tomada de decisão apoiada será requerido pela pessoa a ser apoiada,[1] com indicação expressa das pessoas aptas a prestarem o apoio previsto no *caput* deste artigo.

§ 3º Antes de se pronunciar sobre o pedido de tomada de decisão apoiada, o juiz, assistido por equipe multidisciplinar, após oitiva do Ministério Público,[1a] ouvirá pessoalmente o requerente e as pessoas que lhe prestarão apoio.

§ 4º A decisão tomada por pessoa apoiada terá validade e efeitos sobre terceiros, sem restrições, desde que esteja inserida nos limites do apoio acordado.

§ 5º Terceiro com quem a pessoa apoiada mantenha relação negocial pode solicitar que os apoiadores contra-assinem o contrato ou acordo, especificando, por escrito, sua função em relação ao apoiado.

§ 6º Em caso de negócio jurídico que possa trazer risco ou prejuízo relevante, havendo divergência de opiniões entre a pessoa apoiada e um dos apoiadores, deverá o juiz, ouvido o Ministério Público,[2] decidir sobre a questão.

§ 7º Se o apoiador agir com negligência, exercer pressão indevida ou não adimplir as obrigações assumidas, poderá a pessoa apoiada ou qualquer pessoa apresentar denúncia ao Ministério Público ou ao juiz.

§ 8º Se procedente a denúncia, o juiz destituirá o apoiador e nomeará, ouvida a pessoa apoiada e se for de seu interesse, outra pessoa para prestação de apoio.

§ 9º A pessoa apoiada pode, a qualquer tempo, solicitar o término de acordo firmado em processo de tomada de decisão apoiada.

§ 10. O apoiador pode solicitar ao juiz a exclusão de sua participação do processo de tomada de decisão apoiada, sendo seu desligamento condicionado à manifestação do juiz sobre a matéria.

§ 11. Aplicam-se à tomada de decisão apoiada, no que couber, as disposições referentes à prestação de contas na curatela.³

Art. 1.783-A: 1. "Conforme se extrai da interpretação sistemática dos parágrafos § 1º, § 2º e § 3º do Art. 1.783-A, a tomada de decisão apoiada exige requerimento da pessoa com deficiência, que detém a legitimidade exclusiva para pleitear a implementação da medida, **não** sendo possível a sua instituição **de ofício** pelo juiz" (STJ-3ª T., REsp 1.795.395, Min. Nancy Andrighi, j. 4.5.21, DJ 6.5.21).

Art. 1.783-A: 1a. v. CPC 178-II.

Art. 1.783-A: 2. v. CPC 178-II.

Art. 1.783-A: 3. v. arts. 1.781 e 1.783 c/c arts. 1.755 a 1.762.

Livro V | DO DIREITO DAS SUCESSÕES¹⁻²

Título I | DA SUCESSÃO EM GERAL¹

Capítulo I | DISPOSIÇÕES GERAIS

LIV. V: 1. CF 5º: "XXX — é garantido o direito de herança".

LIV. V: 2. "O novo direito sucessório brasileiro", por Rolf Madaleno (RJ 291/35); "Direito das sucessões brasileiro. Disposições gerais e sucessão legítima", por Giselda Maria Fernandes Novaes Hironaka (RT 808/20); "O direito das sucessões no novo Código Civil brasileiro", por Maria Aracy Menezes da Costa (Ajuris 88/261); "Planejamento sucessório: uma questão de reflexão", por Silvia Maria Benedetti Teixeira (RBDF 31/5); "Princípios constitucionais e o Direito das Sucessões", por Carlos Roberto Barbosa Moreira (RF 390/45); "Novo Código Civil — sucessão dos cônjuges", por Zeno Veloso (Rev. AASP 98/234); "Casar ou não casar? Dúvidas sobre questões sucessórias", por Maria Berenice Dias (RBDFS 17/27).

TÍT. I: 1. v. arts. 6º, 26 a 39, 80-II, 426, 1.206 e 1.207. V. tb. LINDB 10.

S/ processo de inventário e partilha, v. CPC 610 a 673.

Art. 1.784. Aberta a sucessão,¹ a herança transmite-se, desde logo, aos herdeiros legítimos e testamentários.² ª ⁵

Art. 1.784: 1. A sucessão abre-se no momento da morte do autor da herança.

Art. 1.784: 2. A transmissão desde logo da herança (*droit de saisine*) não tem lugar no caso de **vacância** (v. art. 1.822, nota 2a).

Art. 1.784: 2a. "Em observância ao princípio da *saisine*, corolário da premissa de que inexiste direito sem o respectivo titular, a herança, compreendida como sendo o acervo de bens, obrigações e direitos, transmite-se, como um todo, imediata e indistintamente aos herdeiros. Ressalte-se, contudo, que os herdeiros, neste primeiro momento, imiscuir-se-ão apenas na posse indireta dos bens transmitidos. A posse direta, conforme se demonstrará, ficará a cargo de quem detém a posse de fato dos bens deixados pelo *de cujus* ou do inventariante, a depender da existência ou não de inventário aberto. De todo modo, enquanto não há individualização da quota pertencente a cada herdeiro, o que se efetivará somente com a consecução da partilha, é a herança, nos termos do artigo supracitado, que responde por eventual obrigação deixada pelo *de cujus*. Nessa perspectiva, o espólio, que também pode ser conceituado como a universalidade de bens deixada pelo *de cujus*, assume, por expressa determinação legal, o viés jurídico-formal, que lhe confere legitimidade *ad causam* para demandar e ser demandado em todas aquelas ações em que o *de cujus* integraria o polo ativo ou passivo da demanda, se vivo fosse. Pode-se concluir que o fato de inexistir, até o momento da prolação do acórdão recorrido, inventário aberto (e, portanto, inventariante nomeado), não faz dos herdeiros, individualmente considerados, partes legítimas para responder pela obrigação, objeto da ação de cobrança, pois, como assinalado, **enquanto não há partilha,** é a herança que responde por eventual obrigação deixada pelo *de cujus* e **é o espólio**, como parte formal, **que detém legitimidade passiva** *ad causam* **para integrar a lide**. Na espécie, por tudo o que se expôs, revela-se absolutamente correta a promoção da ação de cobrança em face do espólio, representado pela cônjuge supérstite, que, nessa qualidade, detém, preferencialmente, a administração, de fato, dos bens do *de cujus*, conforme dispõe o artigo 1.797 do Código Civil" (STJ-RP 203/398: 3ª T., REsp 1.125.510).

V., no CPCLPV, CPC 75, nota 17.

Art. 1.784: 3. que já "podem defendê-la em sua totalidade" (STJ-4ª T., REsp 650.821, Min. Cesar Rocha, j. 27.3.07, DJU 17.9.07; no caso, considerou-se que os herdeiros, mesmo antes da ultimação do inventário, já poderiam tomar medidas como a de pedir a dissolução de sociedade anônima, nos termos da LSA 206-III, considerando-se, para efeito do preenchimento do requisito necessário para tanto — representação mínima de 5% do capital social —, as ações deixadas pelo *de cujus*).

Todavia: "Ação de nulidade de deliberações assembleares. Sociedade anônima. Falecimento do titular das ações. Transferência. Necessidade de averbação no livro de registro. Legitimidade ativa de um dos herdeiros. Ausência" (STJ-3ª T., REsp 1.953.211, Min. Nancy Andrighi, j. 15.3.22, DJ 21.3.22). Do voto da relatora: "Antes, portanto, de perfectibilizada a transferência, ao recorrente, da titularidade das ações então pertencentes ao *de cujus* — o que, como visto, somente ocorre após a partilha, com a averbação no livro de Registro de Ações Nominativas —, o exercício dos direitos a elas inerentes somente pode ser levado a cabo pelo espólio".

Art. 1.784: 3a. Legitimidade ativa *ad causam* concorrente entre o espólio e os herdeiros. "Por força do princípio da *saisine*, previsto no art. 1.784 do CC, a morte de uma pessoa opera de pleno direito a transmissão de seus bens e direitos aos herdeiros, que adquirem, ao lado do espólio, a legitimidade para a defesa do acervo hereditário. Interpretação conjunta dos arts. 1.791 e 1.314 do CC" (RT 896/276: TJMG, AP 1.0433.08.264977-6/001).

V., no CPCLPV, CPC 75, nota 16c.

Art. 1.784: 3b. "A **transmissão da posse** ao herdeiro se dá *ex lege*. O exercício fático da posse não é requisito essencial para que este tenha direito à proteção possessória contra eventuais atos de turbação ou esbulho, tendo em vista que a transmissão da posse (seja ela direta ou indireta) dos bens da herança se dá *ope legis*, independentemente da prática de qualquer outro ato" (STJ-RJ 391/129 e RP 188/362: 3ª T., REsp 537.363).

Art. 1.784: 4. "Não apenas de propriedades formalmente constituídas é composto o acervo partilhável em razão do falecimento do autor da herança, na medida em que existem bens e direitos com indiscutível expressão econômica que, por vícios de diferentes naturezas, não se encontram legalmente regularizados ou formalmente constituídos sob a titularidade do falecido. Diante da autonomia existente entre o direito de propriedade e o direito possessório, a existência de expressão econômica do direito possessório como objeto de partilha e a existência de parcela significativa de bens que se encontram em situação de irregularidade por motivo distinto da má-fé dos possuidores, é possível a **partilha de direitos possessórios** sobre bens imóveis não escriturados" (STJ-3ª T., REsp 1.984.847, Min. Nancy Andrighi, j. 21.6.22, DJ 24.6.22).

Art. 1.784: 4a. "Em razão do princípio da *saisine*, o herdeiro não necessita proceder ao registro do formal de partilha para que os bens herdados lhe sejam transmitidos" (STJ-RP 207/478: 6ª T., REsp 1.290.042).

"O direito hereditário é forma de aquisição da propriedade imóvel (direito de *Saisine*). Aberta a sucessão, o domínio e a posse da herança transmitem-se *incontinenti* aos herdeiros, podendo qualquer um dos coerdeiros reclamar bem, integrante do acervo hereditário, de terceiro que indevidamente o possua (CC/1916, arts. 530, IV, 1.572 e 1.580, parágrafo único; CC/2002, arts. 1.784 e 1.791, parágrafo único). Legitimidade ativa de herdeiro na **ação reivindicatória** reconhecida" (STJ-4ª T., REsp 1.117.018, Min. Raul Araújo, j. 18.5.17, DJ 14.6.17).

"O prévio registro do título translativo no Registro de Imóveis, anotando-se a situação de copropriedade sobre frações ideais entre os herdeiros e não mais a copropriedade sobre o todo indivisível chamado herança, não é condição *sine qua non* para o ajuizamento de **ação de divisão ou de extinção do condomínio** por qualquer deles, especialmente porque a finalidade do registro é a produção de efeitos em relação a terceiros e a viabilização dos atos de disposição pelos herdeiros, mas não é indispensável para a comprovação da propriedade que foi transferida aos herdeiros em razão da *saisine*" (STJ-3ª T., REsp 1.813.862, Min. Nancy Andrighi, j. 15.12.20, DJ 18.12.20).

V. tb., no nosso CPCLPV, CPC 588, nota 7.

Art. 1.784: 4b. "O herdeiro tem legitimidade *ad causam* para ajuizar ação declaratória de nulidade de negócio jurídico realizado pelo inventariante" (STJ-3ª T., REsp 1.101.708, Min. Massami Uyeda, j. 28.6.11, DJ 2.8.11).

Art. 1.784: 5. Transmite-se com a herança o **aval** dado pelo *de cujus*. V. art. 897, nota 3.

Art. 1.785. A sucessão abre-se no lugar do último domicílio do falecido.[1]

Art. 1.785: 1. v. CPC 23-II e 48.

Art. 1.786. A sucessão dá-se por lei[1] ou por disposição de última vontade.[2]

Art. 1.786: 1. v. arts. 1.829 a 1.856.

Art. 1.786: 2. v. arts. 1.857 a 1.990.

Art. 1.787. Regula a sucessão e a legitimação para suceder a lei vigente ao tempo da abertura daquela.[1 a 3]

Art. 1.787: 1. Disposição transitória: "Art. 2.041. As disposições deste Código relativas à ordem da vocação hereditária (arts. 1.829 a 1.844) não se aplicam à sucessão aberta antes de sua vigência, prevalecendo o disposto na lei anterior (Lei n. 3.071, de 1º de janeiro de 1916)."

Art. 1.787: 2. CF 5º: "XXXI — a sucessão de bens de estrangeiros situados no País será regulada pela lei brasileira em benefício do cônjuge ou dos filhos brasileiros, sempre que não lhes seja mais favorável a lei pessoal do *de cujus*".

V. tb. LINDB 10 § 1º.

Art. 1.787: 3. "Deve ser mantida a sentença que reduz as disposições testamentárias formalizadas sob a égide do Código Civil de 1916 quando, ocorrida a morte do cônjuge já na vigência do Código Civil de 2002, o sobrevivente, agora considerado herdeiro necessário, restou excluído da sucessão, visando, assim, não só à preservação da vontade do testador, mas, também, a parte cabível a este último" (RT 893/290: TJMG, 1.0261.08.059923-4/001). V. art. 1.967, nota 3.

Art. 1.788. Morrendo a pessoa sem testamento, transmite¹ a herança aos herdeiros legítimos; o mesmo ocorrerá quanto aos bens que não forem compreendidos no testamento;² e subsiste a sucessão legítima se o testamento caducar,³ ou for julgado nulo.³ª

Art. 1.788: 1. *sic*; deve ser "transmite-se".

Art. 1.788: 2. No mesmo sentido: arts. 1.906, 1.908 e 1.966; de certo modo, tb. art. 1.944.

Art. 1.788: 3. v. arts. 1.939 e 1.940.

Art. 1.788: 3a. v. arts. 1.909 e 1.969 a 1.975.

Art. 1.789. Havendo herdeiros necessários,¹ o testador só poderá dispor da metade da herança.²⁻²ª

Art. 1.789: 1. v. arts. 1.845 a 1.850.

Art. 1.789: 2. Essa metade da qual o testador não pode dispor, destinada aos herdeiros necessários, denomina-se **legítima**.

Art. 1.789: 2a. v. arts. 1.846, 1.857 § 1º e 2.018.

Art. 1.790. A companheira ou o companheiro participará da sucessão do outro,¹ quanto aos bens adquiridos onerosamente na vigência da união estável, nas condições seguintes:

I — se concorrer com filhos comuns, terá direito a uma quota equivalente à que por lei for atribuída ao filho;

II — se concorrer com descendentes só do autor da herança, tocar-lhe-á a metade do que couber a cada um daqueles;

III — se concorrer com outros parentes sucessíveis, terá direito a um terço da herança;

IV — não havendo parentes sucessíveis, terá direito à totalidade da herança.

Art. 1.790: 1. "No sistema constitucional vigente, é **inconstitucional** a distinção de regimes sucessórios entre cônjuges e companheiros, devendo ser aplicado, em ambos os casos, o regime estabelecido no art. 1.829 do CC/2002" (STF-Pleno, RE 646.721, Min. Roberto Barroso, j. 10.5.17, maioria, DJ 11.9.17). Em sentido semelhante: "O tratamento diferenciado acerca da participação na herança do companheiro ou cônjuge falecido conferido pelo art. 1.790 do Código Civil/2002 ofende frontalmente os princípios da igualdade, da dignidade humana, da proporcionalidade e da vedação ao retrocesso. Ausência de razoabilidade do discrímen à falta de justo motivo no plano sucessório" (STJ-3ª T., REsp 1.332.773, Min. Ricardo Cueva, j. 27.6.17, DJ 1.8.17). Ainda: STJ-4ª T., REsp 1.337.420, Min. Luis Felipe, j. 22.8.17, DJ 21.9.17.

V. art. 1.829 e notas.

Capítulo II | DA HERANÇA E DE SUA ADMINISTRAÇÃO

Art. 1.791. A herança defere-se como um todo unitário,¹ ainda que vários sejam os herdeiros.

Parágrafo único. Até a partilha, o direito dos coerdeiros, quanto à propriedade e posse da herança, será indivisível,[1a a 2b] e regular-se-á pelas normas relativas ao condomínio.[3 a 5]

Art. 1.791: 1. v. art. 91.

Art. 1.791: 1a. "Efeitos da indivisibilidade da herança", por Eduardo Henrique de Oliveira Yoshikawa (RDDP 118/9).

Art. 1.791: 2. v. art. 88. V. tb. arts. 1.784, notas 3 e segs., e 1.991, nota 3; Lei 8.629, de 25.2.93, art. 2º, nota 1a (no tít. DESAPROPRIAÇÃO).

Art. 1.791: 2a. "Aberta a sucessão, o domínio é transmitido de imediato aos herdeiros e os direitos são indivisíveis, até a partilha, de sorte que é vedado ao viúvo-meeiro, da mesma forma que em vida não poderia fazê-lo sem a outorga uxória, gravar imóvel objeto do inventário já aberto com ônus hipotecário" (STJ-4ª T., REsp 304.800, Min. Aldir Passarinho Jr., j. 19.4.07, DJU 28.5.07).

Art. 1.791: 2b. "Considerando que é a própria indivisibilidade do bem objeto da herança que cria em favor dos herdeiros a situação de condomínio que lhes autoriza a, *de per si*, atuar na defesa do patrimônio comum, é de se concluir que sempre que presente essa situação, estará configurada a legitimidade destacada. Em outras palavras, a restrição temporal imposta pelo artigo 1.580 do Código Civil de 1916 — 'até a partilha', só se aplica em relação aos bens que foram objeto da partilha, porque em relação aos demais, sujeitos a uma sobrepartilha, persiste a situação de indivisibilidade e, por conseguinte, a legitimação" (STJ-3ª T., REsp 844.248, Min. Sidnei Beneti, j. 20.5.10, DJ 10.6.10).

Art. 1.791: 3. v. arts. 1.314 a 1.322. S/ ocupação exclusiva de imóvel do *de cujus* e custeio das suas despesas, v. art. 1.315, nota 1c.

Art. 1.791: 4. "Tal como ocorre em relação a um condômino, ao coerdeiro é dada a legitimidade *ad causam* para reivindicar, independentemente da formação de litisconsórcio com os demais coerdeiros, a coisa comum que esteja indevidamente em poder de terceiro, nos moldes no art. 1.314 da lei civil" (STJ-3ª T., REsp 1.192.027, Min. Massami Uyeda, j. 19.8.10, DJ 6.9.10).

Art. 1.791: 5. "Ainda que a coisa seja passível de divisão, enquanto não tiver ocorrido a partilha ou a delimitação do espaço a ser utilizado por cada condômino, necessária a anuência dos compossuidores para que determinado condômino possa dar posse, uso ou gozo da propriedade comum a terceiro" (STJ-3ª T., REsp 1.168.834, Min. Nancy Andrighi, j. 21.6.11, DJ 30.6.11).

"O princípio da indivisibilidade da herança, inserto no art. 1.580 do Código Civil de 1916, veda a alienação, por herdeiro, de coisa singularmente considerada do patrimônio a ser inventariado. Sem embargo, poderá ser realizada a alienação de bem específico, desde que haja concordância de todos os sucessores e autorização judicial, providência esta que viabilizará o controle de legalidade do negócio jurídico, coibindo fraudes e prejuízo aos demais herdeiros e aos credores" (STJ-4ª T., REsp 1.072.511, Min. Marco Buzzi, j. 12.3.13, DJ 30.4.13).

"O termo aditivo ao contrato de compra e venda de imóvel rural, questionado pelos ora agravados, foi corretamente anulado pelo Tribunal de Justiça, pois fora firmado entre o comprador e a viúva-meeira, como vendedora, antes da nomeação desta como inventariante do espólio do cônjuge varão falecido, também vendedor na versão original do contrato. A invalidação operou-se por ter sido o aditivo firmado sem autorização judicial e sem a participação dos filhos, herdeiros do *de cujus*, os quais passaram a ser coproprietários de parcela do patrimônio do falecido tão logo aberta a sucessão, em harmonia com o princípio da *saisine*. A viúva-meeira não pode ser considerada 'inventariante natural', mas sim administradora provisória, até ser nomeada e assinar o termo de compromisso de inventariante" (STJ-4ª T., REsp 1.145.366-AgRg, Min. Raul Araújo, j. 8.4.14, DJ 30.4.14).

Art. 1.792. O herdeiro não responde por encargos superiores às forças da herança;[1 a 4] incumbe-lhe, porém, a prova do excesso, salvo se houver inventário que a escuse, demonstrando o valor dos bens herdados.

Art. 1.792: 1. No mesmo sentido: arts. 1.821 e 1.997-*caput*. V. tb. CPC 796.

Em matéria de: alimentos, v. art. 1.700, nota 2 (Enunciado 343 do CEJ); improbidade administrativa, v., no CPCLPV, LIA 8º, nota 1.

Art. 1.792: 2. Entre tais encargos, está o aval dado pelo *de cujus*.

V. art. 897, nota 3.

Art. 1.792: 3. "Nos casos legalmente previstos de sucessão por representação (por estirpe), os descendentes de classe mais distante concorrerão com os mais próximos, na proporção que seria cabível ao herdeiro natural pré-

-morto, porém em nome próprio e em decorrência de expressa convocação hereditária legal. O **patrimônio herdado por representação,** nem mesmo por ficção legal, jamais integra o patrimônio do descendente pré-morto e, por isso, não pode ser alcançado para pagamento de suas dívidas. Para tanto, limita-se a responsabilidade patrimonial dos sucessores de devedor às forças da herança por ele deixada" (STJ-3ª T., REsp 1.627.110, Min. Marco Bellizze, j. 12.9.17, DJ 15.9.17).

Art. 1.792: 4. "A **impenhorabilidade do imóvel herdado,** ainda que mantida, não afasta a sucessão obrigacional, decorrente, em última análise, da livre aceitação da herança" (STJ-3ª T., REsp 1.591.288, Min. Marco Bellizze, j. 21.11.17, DJ 30.11.17). Do voto do relator: "A responsabilidade pelas dívidas existentes não estará adstrita ao patrimônio transferido, mas tão somente limitada à proporção da parte que na herança lhe coube (que, no caso, corresponde a 100%), até a força do quinhão hereditário. Logo, ainda que o imóvel herdado seja protegido pela impenhorabilidade, a aceitação da herança operou contra o recorrente a responsabilização pessoal, dentro dos limites legais, razão pela qual, não sendo possível o alcance do bem herdado, nada obstará que outros bens respondam".

Art. 1.793. O direito à sucessão aberta, bem como o quinhão de que disponha o coerdeiro, pode ser objeto de cessão por escritura pública.[1 a 1d]

§ 1º Os direitos, conferidos ao herdeiro em consequência de substituição[2] ou de direito de acrescer,[2a] presumem-se[2b] não abrangidos pela cessão feita anteriormente.[2c]

§ 2º É ineficaz a cessão, pelo coerdeiro, de seu direito hereditário sobre qualquer bem da herança considerado singularmente.[3]

§ 3º Ineficaz é a disposição, sem prévia autorização do juiz da sucessão, por qualquer herdeiro, de bem componente do acervo hereditário, pendente a indivisibilidade.[4]

Art. 1.793: 1. "A forma dos negócios jurídicos no direito das sucessões", por Kleber Luiz Zanchim (RDPr 35/173).

Art. 1.793: 1a. s/ escritura pública, v. art. 215. V. tb. art. 1.795, nota 1.

Art. 1.793: 1b. "Art. 80. Consideram-se imóveis para os efeitos legais: ... II — o direito à sucessão aberta".

Art. 1.793: 1c. somente após a abertura da sucessão, já que a herança de pessoa viva não pode ser objeto de contrato (art. 426).

Art. 1.793: 1d. "A cessão de direitos hereditários, sem outorga uxória, pelo marido casado em regime de comunhão de bens, é ineficaz em relação à metade da mulher" (STJ-4ª T., REsp 60.820, Min. Ruy Rosado, j. 21.6.95, DJU 14.8.95).

Art. 1.793: 2. v. arts. 1.947 a 1.960.

Art. 1.793: 2a. v. arts. 1.941 a 1.946.

Art. 1.793: 2b. Essa presunção é relativa, na medida em que o herdeiro pode ceder também os direitos de representação e de acrescer.

Art. 1.793: 2c. Os negócios jurídicos benéficos interpretam-se restritivamente (art. 114).

Art. 1.793: 3. Esse dispositivo justifica-se pelo caráter unitário e indivisível da herança até a partilha, cf. art. 1.791.

Art. 1.793: 4. v. CPC 619-I.

Art. 1.794. O coerdeiro não poderá ceder a sua quota hereditária a pessoa estranha à sucessão, se outro coerdeiro a quiser, tanto por tanto.[1 a 2]

Art. 1.794: 1. v. arts. 504, especialmente nota 1a, e 1.795.

Art. 1.794: 1a. "Apesar de o recorrente ter sido chamado a se manifestar a respeito de eventual interesse na aquisição da quota hereditária de seu irmão, não foi naquele ato cientificado a respeito do **preço** e das **condições de pagamento** que foram avençadas entre este e terceiro estranho à sucessão, situação que revela a deficiência de sua **notificação** por obstar o exercício do direito de preferência do coerdeiro na aquisição, tanto por tanto, do objeto da cessão" (STJ-3ª T., REsp 1.620.705, Min. Ricardo Cueva, j. 21.11.17, DJ 30.11.17).

Art. 1.794: 2. "O direito de preferência disciplinado nos arts. 1.794 e 1.795 do CC é inerente à qualidade de herdeiro, que não se transfere ao cessionário. De consequência, este não tem legitimidade ativa *ad causam* para pleitear a anulação de cessão de direitos hereditários feita por um dos herdeiros a terceiro" (RT 857/294).

Art. 1.795. O coerdeiro, a quem não se der conhecimento da cessão, poderá, depositado o preço, haver para si a quota cedida a estranho, se o requerer até cento e oitenta dias após a transmissão.[1-2]

Parágrafo único. Sendo vários os coerdeiros a exercer a preferência, entre eles se distribuirá o quinhão cedido, na proporção das respectivas quotas hereditárias.

Art. 1.795: 1. "A cessão de direitos hereditários, sem a observância do direito de preferência dos demais herdeiros, encontra óbice no CC 1.795. O prazo decadencial imposto ao coerdeiro prejudicado conta-se a partir da transmissão, contudo, será contado apenas da sua ciência acerca do negócio jurídico quando não é seguida a formalidade legal imposta pelo CC 1.793 e a transmissão não se dá por escritura pública" (RJM 190/237: AP 1.0251.07.021397-9/001).

Art. 1.795: 2. "O exercício desse direito de preferência ocorre, em regra, independentemente da atuação jurisdicional, bastando que, notificado, o coerdeiro adquira os direitos hereditários por valor idêntico e pelas mesmas condições oferecidas ao eventual terceiro estranho interessado na cessão. Todavia, uma vez ultimado o negócio sem observância da notificação prévia do coerdeiro, a solução da questão somente pode se dar na via judicial, pela **ação de preferência** c.c. adjudicação compulsória. A prova do **depósito do preço** para adjudicação do bem, na petição inicial, é **condição de procedibilidade** da referida ação. Por se tratar de condição de procedibilidade, a omissão do autor em depositar o valor da cessão de direitos hereditários deve ensejar a oportunidade de correção do citado defeito processual, em homenagem aos princípios da instrumentalidade das formas e da economia processual. Portanto, sobretudo na hipótese em que a ação é ajuizada antes do termo final do prazo decadencial de 180 dias, sendo corrigido o defeito, com o depósito da quantia, o exercício do direito deve retroagir à data do ingresso em juízo" (STJ-3ª T., REsp 1.870.836, Min. Nancy Andrighi, j. 13.10.20, DJ 19.10.20).

V. tb. art. 504, nota 2b.

Art. 1.796. No prazo de trinta dias,[1] a contar da abertura da sucessão, instaurar-se-á inventário do patrimônio hereditário, perante o juízo[1a] competente no lugar da sucessão,[1b] para fins de liquidação e, quando for o caso, de partilha da herança.[2-3]

Art. 1.796: 1. Este prazo passou a ser de **dois meses** (v. CPC 611).

Art. 1.796: 1a. Se todos os herdeiros forem capazes e concordes, é possível também a abertura de inventário perante o tabelionato de notas (cf. CPC 610).

Art. 1.796: 1b. v. CPC 48.

Art. 1.796: 2. s/ inventário e partilha, v. arts. 1.991 a 2.022 e CPC 610 a 673.

Art. 1.796: 3. Súmula 542 do STF: "Não é inconstitucional a multa instituída pelo estado-membro, como sanção pelo retardamento do início ou da ultimação do inventário".

Art. 1.797. Até o compromisso do inventariante,[1] a administração da herança caberá, sucessivamente:[1a]

I — ao cônjuge ou companheiro, se com o outro convivia ao tempo da abertura da sucessão;

II — ao herdeiro que estiver na posse e administração dos bens, e, se houver mais de um nessas condições, ao mais velho;

III — ao testamenteiro;[2]

IV — a pessoa de confiança do juiz, na falta ou escusa das indicadas nos incisos antecedentes, ou quando tiverem de ser afastadas por motivo grave levado ao conhecimento do juiz.

Art. 1.797: 1. v. art. 1.991.

Art. 1.797: 1a. s/ a figura do administrador provisório, v. CPC 613 e 614.

Art. 1.797: 2. v. arts. 1.976 a 1.990.

Capítulo III | DA VOCAÇÃO HEREDITÁRIA[1]

CAP. III: 1. s/ ordem da vocação hereditária, v. arts. 1.829 a 1.844.

Art. 1.798. Legitimam-se a suceder as pessoas nascidas ou já concebidas[1 a 2] no momento da abertura da sucessão.

Art. 1.798: 1. v. art. 2º.

Art. 1.798: 1a. "A reprodução humana assistida *post mortem* e o direito sucessório do concebido — uma interpretação constitucional da legitimidade sucessória a partir do princípio da isonomia", por Dario Alexandre Guimarães Nóbrega (RBDFS 20/39).

Art. 1.798: 2. Enunciado 267 do CEJ: "A regra do art. 1.798 do Código Civil deve ser estendida aos embriões formados mediante o uso de técnicas de reprodução assistida, abrangendo, assim, a vocação hereditária da pessoa humana a nascer cujos efeitos patrimoniais se submetem às regras previstas para a petição da herança".

Art. 1.799. Na sucessão testamentária podem ainda ser chamados a suceder:

I — os filhos, ainda não concebidos, de pessoas indicadas pelo testador, desde que vivas estas ao abrir-se a sucessão;[1 a 1b]

II — as pessoas jurídicas;[2]

III — as pessoas jurídicas, cuja organização for determinada pelo testador sob a forma de fundação.[3]

Art. 1.799: 1. "Fideicomisso e sucessores não concebidos: exame de uma questão controvertida", por Carlos Roberto Barbosa Moreira (RF 399/49).

Art. 1.799: 1a. v. art. 1.800.

Art. 1.799: 1b. Enunciado 268 do CEJ: "Nos termos do inc. I do art. 1.799, pode o testador beneficiar filhos de determinada origem, não devendo ser interpretada extensivamente a cláusula testamentária respectiva".

Art. 1.799: 2. v. arts. 40 a 69.

Art. 1.799: 3. v. arts. 62 a 69.

Art. 1.800. No caso do inciso I do artigo antecedente, os bens da herança serão confiados, após a liquidação ou partilha, a curador nomeado pelo juiz.

§ 1º Salvo disposição testamentária em contrário, a curatela caberá à pessoa cujo filho o testador esperava ter por herdeiro, e, sucessivamente, às pessoas indicadas no art. 1.775.

§ 2º Os poderes, deveres e responsabilidades do curador, assim nomeado, regem-se pelas disposições concernentes à curatela dos incapazes,[1] no que couber.

§ 3º Nascendo com vida o herdeiro esperado, ser-lhe-á deferida a sucessão, com os frutos e rendimentos relativos à deixa, a partir da morte do testador.

§ 4º Se, decorridos dois anos após a abertura da sucessão, não for concebido o herdeiro esperado, os bens reservados, salvo disposição em contrário do testador, caberão aos herdeiros legítimos.

Art. 1.800: 1. v. arts. 1.767 a 1.783.

Art. 1.801. Não podem ser nomeados herdeiros nem legatários:[1]

I — a pessoa que, a rogo, escreveu o testamento, nem o seu cônjuge ou companheiro, ou os seus ascendentes e irmãos;[1a-1b]

II — as testemunhas do testamento;

III — o concubino do testador casado, salvo se este, sem culpa sua, estiver separado de fato do cônjuge há mais de cinco anos;[2-3]

IV — o tabelião, civil ou militar, ou o comandante ou escrivão, perante quem se fizer, assim como o que fizer ou aprovar o testamento.

Art. 1.801: 1. v. art. 1.900-V.

Art. 1.801: 1a. O descendente de quem escreveu o testamento também não pode ser nomeado legatário (cf. CC 1.802 § ún.).

Art. 1.801: 1b. "As testemunhas impedidas de participarem do ato são as resultantes de parentesco por consanguinidade, não as por afinidade" (RSTJ 81/274: 4ª T., REsp 7.197).

Art. 1.801: 2. Enunciado 269 do CEJ: "A vedação do art. 1.801, inc. III, do Código Civil não se aplica à união estável, independentemente do período de separação de fato (art. 1.723, § 1º)".

Art. 1.801: 3. s/ concubinato, v. art. 1.727. V., porém, art. 1.803.

Art. 1.802. São nulas as disposições testamentárias em favor de pessoas não legitimadas a suceder, ainda quando simuladas sob a forma de contrato oneroso, ou feitas mediante interposta pessoa.[1]

Parágrafo único. Presumem-se pessoas interpostas os ascendentes, os descendentes, os irmãos e o cônjuge ou companheiro do não legitimado a suceder.

Art. 1.802: 1. v. arts. 1.801 e 1.900-V.

Art. 1.803. É lícita a deixa ao filho do concubino, quando também o for do testador.[1-1a]

Art. 1.803: 1. No mesmo sentido, a **Súmula 447 do STF:** "É válida a disposição testamentária em favor de filho adulterino do testador com sua concubina".

Art. 1.803: 1a. Diferentemente do concubino (v. art. 1.801-III), o filho deste com o testador tem vocação hereditária.

Capítulo IV | DA ACEITAÇÃO E RENÚNCIA DA HERANÇA

Art. 1.804. Aceita a herança, torna-se definitiva a sua transmissão ao herdeiro, desde a abertura da sucessão.[1-2]

Parágrafo único. A transmissão tem-se por não verificada quando o herdeiro renuncia à herança.

Art. 1.804: 1. Há presunção relativa de que o herdeiro aceitou a herança, que só pode ser afastada por meio de renúncia expressa (v. § ún. e art. 1.806). V. tb. art. 1.807, *in fine*.

Art. 1.804: 2. A aceitação pode ser expressa ou tácita (v. art. 1.805).

Art. 1.805. A aceitação da herança, quando expressa, faz-se por declaração escrita; quando tácita, há de resultar tão somente de atos próprios da qualidade de herdeiro.[1]

§ 1º Não exprimem aceitação de herança os atos oficiosos, como o funeral do finado, os meramente conservatórios, ou os de administração e guarda provisória.

§ 2º Não importa igualmente aceitação a cessão gratuita, pura e simples, da herança, aos demais coerdeiros.

Art. 1.805: 1. s/ aceitação tácita, v. art. 1.812, nota 1.

Art. 1.806. A renúncia da herança deve constar expressamente de instrumento público[1-1a] ou termo judicial.[2 a 7]

Art. 1.806: 1. s/ escritura pública, v. art. 215.

Art. 1.806: 1a. "Art. 80. Consideram-se imóveis para os efeitos legais: ... II — o direito à sucessão aberta".

Art. 1.806: 2. v., porém, art. 1.913 (legado com encargo).

Art. 1.806: 3. A renúncia da herança por termo nos autos do processo dispensa a lavratura de escritura pública (RT 840/253).

Art. 1.806: 4. "A renúncia à herança depende de ato solene, a saber, escritura pública ou termo nos autos de inventário; petição manifestando a renúncia, com a promessa de assinatura do termo judicial, não produz efeitos sem que essa formalidade seja ultimada" (STJ-3ª T., REsp 431.695, Min. Ari Pargendler, j. 21.5.02, DJ 5.8.02).

Art. 1.806: 5. "O ato de renúncia à herança deve constar expressamente de instrumento público ou de termo nos autos, sob pena de invalidade. Daí se segue que a constituição de mandatário para a renúncia à herança deve obedecer à mesma forma, não tendo validade a outorga por instrumento particular" (STJ-3ª T., REsp 1.236.671, Min. Sidnei Beneti, j. 9.10.12, um voto vencido, DJ 4.3.13). No mesmo sentido: STJ-4ª T., REsp 1.551.430, Min. Luis Felipe, j. 21.9.17, maioria, DJ 16.11.17.

Art. 1.806: 6. "Embora o art. 1.806 do Código Civil admita que a renúncia à herança possa ser efetivada por instrumento público ou termo judicial, a meação não se confunde com a herança" (STJ-3ª T., REsp 1.196.992, Min. Nancy Andrighi, j. 6.8.13, RP 226/409).

V. tb. art. 541, nota 1a.

Art. 1.806: 7. "O Tribunal na origem, ao nulificar todos os atos decisórios em virtude da ausência de litisconsorte passiva necessária, também decretou por arrastamento a nulidade da própria renúncia à herança anteriormente realizada, pois, a despeito de se tratar de ato de disposição de natureza preponderantemente material, a renúncia à herança também possui um requisito de validade específico de índole processual, a saber, a exigência legal de que ocorra por meio de termo judicial" (STJ-3ª T., REsp 1.402.675, Min. Nancy Andrighi, j. 12.12.17, DJ 18.12.17).

Art. 1.807. O interessado em que o herdeiro declare se aceita, ou não, a herança, poderá, vinte dias após aberta a sucessão, requerer ao juiz prazo razoável, não maior de trinta dias, para, nele, se pronunciar o herdeiro, sob pena de se haver a herança por aceita.[1]

Art. 1.807: 1. v. arts. 1.805-*caput* e 1.806.

Art. 1.808. Não se pode aceitar ou renunciar a herança em parte, sob condição[1] ou a termo.[2]

§ 1º O herdeiro, a quem se testarem legados,[3] pode aceitá-los, renunciando a herança; ou, aceitando-a, repudiá-los.

§ 2º O herdeiro, chamado, na mesma sucessão, a mais de um quinhão hereditário, sob títulos sucessórios diversos, pode livremente deliberar quanto aos quinhões que aceita e aos que renuncia.

Art. 1.808: 1. v. art. 121.

Art. 1.808: 2. v. art. 131.

Art. 1.808: 3. s/ legados, v. arts. 1.912 a 1.940.

Art. 1.809. Falecendo o herdeiro antes de declarar se aceita a herança, o poder de aceitar passa-lhe aos herdeiros, a menos que se trate de vocação adstrita a uma condição suspensiva,[1] ainda não verificada.[2]

Parágrafo único. Os chamados à sucessão do herdeiro falecido antes da aceitação, desde que concordem em receber a segunda herança, poderão aceitar ou renunciar a primeira.

Art. 1.809: 1. v. arts. 125 e 1.897.
Art. 1.809: 2. v. art. 1.933.

Art. 1.810. Na sucessão legítima, a parte do renunciante acresce à dos outros herdeiros da mesma classe e, sendo ele o único desta, devolve-se aos da subsequente.[1]

Art. 1.810: 1. s/ ordem da vocação hereditária na sucessão legítima, v. arts. 1.829 a 1.844.

Art. 1.811. Ninguém pode suceder, representando herdeiro renunciante.[1] Se, porém, ele for o único legítimo da sua classe, ou se todos os outros da mesma classe renunciarem a herança, poderão os filhos vir à sucessão, por direito próprio, e por cabeça.

Art. 1.811: 1. v. arts. 1.810, 1.851 e 1.856.

Art. 1.812. São irrevogáveis os atos de aceitação ou de renúncia da herança.[1]

Art. 1.812: 1. "A concordância com os termos das primeiras declarações apresentadas pela inventariante, bem como a juntada aos autos de instrumento de procuração, constituem formas de aceitação tácita da herança, que, nos termos do art. 1.812 do CC/2002, é irrevogável" (RJM 189/101: AI 1.0223.07.217289-1/001).

Art. 1.813. Quando o herdeiro prejudicar os seus credores, renunciando à herança, poderão eles, com autorização do juiz, aceitá-la em nome do renunciante.[1-2]

§ 1º A habilitação dos credores se fará no prazo de trinta dias seguintes ao conhecimento do fato.

§ 2º Pagas as dívidas do renunciante, prevalece a renúncia quanto ao remanescente, que será devolvido aos demais herdeiros.

Art. 1.813: 1. v. arts. 158 a 165 (fraude à execução).
V. tb. art. 391 e CPC 789.

Art. 1.813: 2. "O pedido de aceitação da herança realizado pelo credor do executado/renunciante, nos autos do arrolamento de bens do falecido pai deste, somente pode ser formulado até o momento imediatamente anterior ao da sentença de homologação da partilha. Após a divisão do patrimônio do *de cujus*, acolhida a renúncia por parte do executado, os bens passaram a integrar o patrimônio dos demais herdeiros. Inexistindo recurso de terceiro prejudicado e transitada em julgado a sentença que homologou a partilha, resta ao credor, se for o caso e se preenchidos os demais requisitos legais, arguir, em ação própria, a anulação da partilha homologada" (STJ-RT 893/205: 4ª T., REsp 754.468).

Capítulo V | DOS EXCLUÍDOS DA SUCESSÃO

Art. 1.814. São excluídos da sucessão[1] os herdeiros ou legatários:[2-2a]

I — que houverem sido autores, coautores ou partícipes de homicídio doloso,[2b] ou tentativa deste, contra a pessoa de cuja sucessão se tratar, seu cônjuge, companheiro, ascendente ou descendente;

II — que houverem acusado caluniosamente em juízo o autor da herança[2c] ou incorrerem em crime contra a sua honra,[3] ou de seu cônjuge ou companheiro;

III — que, por violência ou meios fraudulentos, inibirem ou obstarem o autor da herança de dispor livremente de seus bens por ato de última vontade.

Art. 1.814: 1. v. tb. deserdação (arts. 1.961 a 1.965).

Art. 1.814: 2. Esse dispositivo trata da exclusão por **indignidade**.

Art. 1.814: 2a. s/ conferência de doações recebidas por aquele que foi excluído da sucessão, v. art. 2.008.

Art. 1.814: 2b. "Se o enunciado normativo do art. 1.814, I, do CC/2002, na perspectiva teleológica-finalística, é de que não terá direito à herança quem atentar, propositalmente, contra a vida de seus pais, ainda que a conduta não se consume, independentemente do motivo, a diferença técnico-jurídica entre o homicídio doloso e o ato análogo ao homicídio doloso, conquanto relevante para o âmbito penal diante das substanciais diferenças nas consequências e nas repercussões jurídicas do ato ilícito, não se reveste da mesma relevância no âmbito civil, sob pena de ofensa aos valores e às finalidades que nortearam a criação da norma e de completo esvaziamento de seu conteúdo. Hipótese em que é incontroverso o fato de que o recorrente, que à época dos fatos possuía 17 anos e 6 meses, ceifou propositalmente a vida de seu pai e de sua mãe, motivo pelo qual é correta a interpretação segundo a qual a regra do art. 1.814, I, do CC/2002, contempla também o **ato análogo ao homicídio**, devendo ser mantida a exclusão do recorrente da sucessão de seus pais" (STJ-3ª T., REsp 1.943.848, Min. Nancy Andrighi, j. 15.2.22, DJ 18.2.22).

Art. 1.814: 2c. "Realçando-se o viés punitivo da deserdação, entende-se que a melhor interpretação jurídica acerca da questão consiste em compreender que o artigo 1.595, II, do Código Civil 1916 não se contenta com a acusação caluniosa em juízo qualquer, senão em **juízo criminal**. Ausente a comprovação de que as manifestações do herdeiro recorrido tenham ensejado 'investigação policial, processo judicial, instauração de investigação administrativa, inquérito civil ou ação de improbidade administrativa' (artigo 339 do Código Penal) em desfavor do testador, a improcedência da ação de deserdação é medida que se impõe" (STJ-RMDCPC 41/114: 3ª T., REsp 1.185.122).

Art. 1.814: 3. v. CP 138 a 145.

Art. 1.815. A exclusão do herdeiro ou legatário, em qualquer desses casos de indignidade, será declarada por sentença.[1]

§ 1º O direito de demandar a exclusão do herdeiro ou legatário extingue-se em quatro anos, contados da abertura da sucessão.[2-3]

§ 2º Na hipótese do inciso I do art. 1.814, o Ministério Público tem legitimidade para demandar a exclusão do herdeiro ou legatário.[4]

Art. 1.815: 1. v. art. 1.939-IV.

Art. 1.815: 2. O § ún. foi renumerado pela Lei 13.532, de 7.12.17.

Art. 1.815: 3. "Se o autor não possui herdeiros necessários que possam vir a ajuizar ação de indignidade quando este vier a falecer, nem é possível deserdar sua companheira por testamento, em razão de não ser sua herdeira necessária, a ação de indignidade por ele proposta, mesmo que em vida, apontando que a companheira não é digna de herdar, deve ser processada, diante da lacuna legislativa referente à hipótese contida nos autos" (RT 879/331: TJMS, AP 2007.026708-9/0000-00).

Art. 1.815: 4. O § 2º foi acrescido pela Lei 13.532, de 7.12.17.

Art. 1.816. São pessoais os efeitos da exclusão; os descendentes do herdeiro excluído sucedem,[1] como se ele morto fosse antes da abertura da sucessão.

Parágrafo único. O excluído da sucessão não terá direito ao usufruto ou à administração dos bens que a seus sucessores couberem na herança, nem à sucessão eventual desses bens.[2]

Art. 1.816: 1. Já no caso de renúncia à herança, em regra, os descendentes do renunciante não sucedem (v. art. 1.811).

Art. 1.816: 2. v. arts. 1.689 e 1.693-IV.

Art. 1.817. São válidas as alienações onerosas de bens hereditários a terceiros de boa-fé,[1] e os atos de administração legalmente praticados pelo herdeiro, antes da sentença de exclusão; mas aos herdeiros subsiste, quando prejudicados, o direito de demandar-lhe perdas e danos.[2]

Parágrafo único. O excluído da sucessão é obrigado a restituir os frutos e rendimentos que dos bens da herança houver percebido, mas tem direito a ser indenizado das despesas com a conservação deles.

Art. 1.817: 1. v. art. 1.827 § ún.

Art. 1.817: 2. v. arts. 402 a 405.

Art. 1.818. Aquele que incorreu em atos que determinem a exclusão da herança será admitido a suceder, se o ofendido o tiver expressamente reabilitado em testamento, ou em outro ato autêntico.

Parágrafo único. Não havendo reabilitação expressa, o indigno, contemplado em testamento do ofendido, quando o testador, ao testar, já conhecia a causa da indignidade, pode suceder no limite da disposição testamentária.

Capítulo VI | DA HERANÇA JACENTE[1]

CAP. VI: 1. v. CPC 738 e segs.

Art. 1.819. Falecendo alguém sem deixar testamento nem herdeiro legítimo notoriamente conhecido, os bens da herança, depois de arrecadados,[1] ficarão sob a guarda e administração de um curador,[2-3] até a sua entrega ao sucessor devidamente habilitado ou à declaração de sua vacância.[4]

Art. 1.819: 1. v. art. 28 § 2º.

Art. 1.819: 2. s/ representação em juízo da herança jacente, v. CPC 75-VI.

Art. 1.819: 3. "Tratando-se de herança jacente, não tem aplicação a norma do CPC 985, que trata da figura do administrador provisório no inventário, mas sim a do CPC 1.143" (STJ-3ª T., AI 475.911-AgRg, Min. Ari Pargendler, j. 16.10.03, DJ 19.12.03).

Art. 1.819: 4. Os bens da herança jacente são arrecadados e confiados à guarda e administração de um curador nomeado pelo juiz. Trata-se de um estado provisório, tendo em vista que a herança jacente passa a ser vacante, se não aparecer herdeiro dentro do prazo para habilitação. V. art. 1.820.

Art. 1.820. Praticadas as diligências de arrecadação e ultimado o inventário, serão expedidos editais na forma da lei processual, e, decorrido um ano de sua primeira publicação, sem que haja herdeiro habilitado, ou penda habilitação, será a herança declarada vacante.[1-2]

Art. 1.820: 1. Herança vacante: CPC 743.

Art. 1.820: 2. "Antes da declaração da vacância, o bem arrecadado não passa ao domínio do ente público" (RSTJ 94/215). No mesmo sentido: RSTJ 142/216, STJ-RT 738/236, 755/201.

Art. 1.821. É assegurado aos credores o direito de pedir o pagamento das dívidas reconhecidas, nos limites das forças da herança.[1]

Art. 1.821: 1. No mesmo sentido: arts. 1.792 e 1.997-*caput*. V. tb. CPC 741 § 4º.

Art. 1.822. A declaração de vacância da herança não prejudicará os herdeiros que legalmente se habilitarem;[1] mas, decorridos cinco anos da abertura da sucessão, os bens arrecadados passarão ao domínio do Município ou do Distrito Federal, se localizados nas respectivas circunscrições, incorporando-se ao domínio da União quando situados em território federal.[2-2a]

Parágrafo único. Não se habilitando até a declaração de vacância, os colaterais[3] ficarão excluídos da sucessão.

Art. 1.822: 1. v. CPC 743.

Art. 1.822: 2. Dec. lei 8.207, de 22.11.45: "**Art. 3º** Adquirindo o domínio dos bens arrecadados, a União, o Estado ou o Distrito Federal ficam obrigados a aplicá-los em fundações destinadas ao desenvolvimento do ensino universitário, e o Ministério Público respectivo velará por essa aplicação".

Art. 1.822: 2a. "Os bens jacentes são transferidos ao ente público no momento da declaração da vacância, não se aplicando, desta forma, o princípio da *saisine*" (STJ-3ª T., AI 851.228-AgRg, Min. Sidnei Beneti, j. 23.9.08, DJ 13.10.08). No mesmo sentido: STJ-4ª T., REsp 100.290, Min. Barros Monteiro, j. 14.5.02, DJU 26.8.02.

"Até a declaração de vacância a favor do Estado, corre o prazo para que o imóvel possa ser usucapido pelo particular que o detém" (STJ-4ª T., REsp 170.666, Min. Aldir Passarinho Jr., j. 14.2.06, DJU 13.3.06).

"Usucapião. Constitucional urbano. Art. 183-*caput* da CF. Alegação de não ser o imóvel suscetível de aquisição por usucapião, por ser ele bem público. Descabimento. Inaplicabilidade do princípio da *saisine*. Estado que não é herdeiro. Herança jacente que somente passa ao domínio do Poder Público após a declaração de vacância. Inocorrência no presente caso. *Animus domini* do requerente demonstrado. Sentença de procedência mantida" (JTJ 323/657: AP 224.107-4/7-00).

Art. 1.822: 3. v. art. 1.592.

Art. 1.823. Quando todos os chamados a suceder renunciarem[1] à herança, será esta desde logo declarada vacante.

Art. 1.823: 1. v. arts. 1.804 § ún., 1.806 e 1.812.

Capítulo VII | DA PETIÇÃO DE HERANÇA

Art. 1.824. O herdeiro pode, em ação de petição de herança,[1-1a] demandar o reconhecimento de seu direito sucessório, para obter a restituição da herança, ou de parte dela, contra quem, na qualidade de herdeiro, ou mesmo sem título, a possua.[2]

Art. 1.824: 1. Súmula 149 do STF (Prescrição): "É imprescritível a ação de investigação de paternidade, mas não o é a de petição de herança".

Prescreve a ação de petição de herança **em dez anos** (art. 205).

"O prazo prescricional para propor ação de petição de herança **conta-se da abertura da sucessão**, aplicada a corrente objetiva acerca do princípio da *actio nata* (arts. 177 do CC/1916 e 189 do CC/2002). A ausência de prévia propositura de ação de investigação de paternidade, imprescritível, e de seu julgamento definitivo não constitui óbice para o ajuizamento de ação de petição de herança e para o início da contagem do prazo prescricional. A definição da paternidade e da afronta ao direito hereditário, na verdade, apenas interfere na procedência da ação de petição de herança" (STJ-2ª Seção, ED no Ag em REsp 1.260.418, Min. Antonio Carlos, j. 26.10.22, maioria, DJ 24.11.22). "O termo inicial do prazo prescricional da pretensão de petição de herança conta-se da abertura da sucessão, ou, em se tratando de herdeiro absolutamente incapaz, da data em que completa 16 anos, momento em que, em ambas as hipóteses, nasce para o herdeiro, ainda que não legalmente reconhecido, o direito de reivindicar os direitos sucessórios (*actio nata*)" (STJ-4ª T., Ag em REsp 1.430.937-AgInt, Min. Raul Araújo, j. 10.12.19, DJ 6.3.20).

Contra: "A teor do art. 189 do Código Civil, o **termo inicial** para o ajuizamento da ação de petição de herança é a data do trânsito em julgado da ação de investigação de paternidade, quando, em síntese, confirma-se a condição de herdeiro" (STJ-3ª T., REsp 1.475.759, Min. João Otávio, j. 17.5.16, DJ 20.5.16).

V. tb. art. 205, nota 3, 1.601, 1.604, nota 2a, e 1.614, nota 2.

Art. 1.824: 1a. "A ação rescisória não é o remédio processual adequado a ser manejado pelos herdeiros que não participaram do processo de inventário, buscando atacar a partilha homologada em procedimento sem contencioso. Inteligência das regras dos arts. 1.824 e 1.825 do Código Civil de 2002" (STJ-3ª T., REsp 940.455, Min. Paulo Sanseverino, j. 17.5.11, DJ 23.5.11).

Art. 1.824: 2. v. CPC 628.

Art. 1.825. A ação de petição de herança, ainda que exercida por um só dos herdeiros, poderá compreender todos os bens hereditários.

Art. 1.826. O possuidor da herança está obrigado à restituição dos bens do acervo, fixando-se-lhe a responsabilidade segundo a sua posse, observado o disposto nos arts. 1.214 a 1.222.

Parágrafo único. A partir da citação, a responsabilidade do possuidor se há de aferir pelas regras concernentes à posse de má-fé e à mora.¹

Art. 1.826: 1. s/ posse de má-fé, v. arts. 1.216, 1.218, 1.220 e 1.222; s/ mora, v. arts. 394 a 401 e 405.

Art. 1.827. O herdeiro pode demandar os bens da herança, mesmo em poder de terceiros, sem prejuízo da responsabilidade do possuidor originário pelo valor dos bens alienados.

Parágrafo único. São eficazes as alienações feitas, a título oneroso, pelo herdeiro aparente¹ a terceiro de boa-fé.²

Art. 1.827: 1. ex. de herdeiro aparente: herdeiro excluído por indignidade ou afastado por testamento posterior; sucessor testamentário que o deixa de ser em virtude de rompimento ou anulação do testamento.

Art. 1.827: 2. cf. art. 1.817-*caput*.

Art. 1.828. O herdeiro aparente, que de boa-fé houver pago um legado,¹ não está obrigado a prestar o equivalente ao verdadeiro sucessor, ressalvado a este o direito de proceder contra quem o recebeu.

Art. 1.828: 1. v. art. 1.934.

Título II | DA SUCESSÃO LEGÍTIMA¹

Capítulo I | DA ORDEM DA VOCAÇÃO HEREDITÁRIA¹⁻²

TÍT. II: 1. "Sucessão legítima no novo Código Civil", por Gustavo Rene Nicolau (RDPr 21/112, RIDF 44/48).

CAP. I: 1. "Concorrência sucessória à luz dos princípios norteadores do Código Civil de 2002", por Guilherme Calmon Nogueira da Gama (RBDF 29/11); "Concorrência sucessória e a nova ordem de vocação hereditária", por Euclides de Oliveira (RBDF 29/26); "Concorrência sucessória e conflito de leis", por Gustavo Ferraz de Campos Monaco (RBDF 29/173).

CAP. I: 2. Disposição transitória: "Art. 2.041. As disposições deste Código relativas à ordem da vocação hereditária (arts. 1.829 a 1.844) não se aplicam à sucessão aberta antes de sua vigência, prevalecendo o disposto na lei anterior (Lei n. 3.071, de 1º de janeiro de 1916)".

Art. 1.829. A sucessão legítima defere-se na ordem seguinte:¹⁻¹ᵃ

I — aos descendentes, em concorrência com o cônjuge sobrevivente,²⁻²ᵃ salvo se casado este com o falecido no regime da comunhão universal,²ᵇ ou no da separação obrigatória de bens (art. 1.640, parágrafo único);³ ᵃ ³ᶜ ou se, no regime da comunhão parcial, o autor da herança não houver deixado bens particulares;⁴⁻⁵

II — aos ascendentes, em concorrência com o cônjuge;⁵ᵃ

III — ao cônjuge sobrevivente;⁵ᵇ ᵃ ⁶ᵃ

IV — aos colaterais.⁷

Art. 1.829: 1. "A nova ordem de vocação hereditária e a sucessão dos cônjuges", por Eduardo de Oliveira Leite (RT 815/32); "Cônjuge sobrevivente, herdeiro concorrente", por Wilson J. Comel (RT 820/50); "A vocação hereditária e a concorrência do cônjuge com os descendentes ou ascendentes do falecido (art. 1.829, I, do Código Civil de 2002)", por João Agnaldo Donizeti Gandini e Cristiane Bassi Jacob (RBDF 25/9, RJ 322/56 e RT 834/11); "A herança do cônjuge sobrevivo e o novo Código Civil", por Fernanda de Souza Rabello (Ajuris 86/111); "Os direitos sucessórios do cônjuge sobrevivo", por José Carlos Teixeira Giorgis (RBDF 29/88); "Reflexões acerca do direito sucessório do cônjuge no Código Civil de 2002", por Helena de Azeredo Orselli (RIDCPC 39/110); "Os direitos sucessórios do cônjuge e do companheiro no Código Civil de 2002: uma abordagem à luz do Direito Civil Constitucional", por Ana Luiza Maia Nevares (RBDF 36/139); "A sucessão do cônjuge e do companheiro no novo Código Civil", por Inacio de Carvalho Neto (RT 803/11); "Sucessão em torno do cônjuge herdeiro: a polêmica instalada sobre o assunto", por Rogério Licastro Torres de Mello (RMDCPC 14/56); "Sucessão do cônjuge à luz da Constituição Federal", por Carlos José de Castro Costa (RBDFS 14/5).

Art. 1.829: 1a. Um mesmo herdeiro pode **participar concomitantemente** da **sucessão legítima,** ainda que na condição de colateral, **e** da sucessão **testamentária** (STJ-3ª T., REsp 1.674.162, Min. Ricardo Cueva, j. 16.10.18, DJ 26.10.18).

Art. 1.829: 2. Não se deve confundir **herança** com **participação na sociedade conjugal.**

O cônjuge sobrevivente pode ser **herdeiro** do morto:

— se concorrer com descendentes deste (arts. 1.829-I e 1.832);

— se concorrer com ascendentes deste (arts. 1.829-II, 1.836 e 1.837);

— na falta de ascendentes ou descendentes do morto (arts. 1.829-III e 1.838).

Além disso, tem direito real de habitação sobre o imóvel de residência da família (art. 1.831).

Art. 1.829: 2a. Enunciado 270 do CEJ: "O art. 1.829, inc. I, só assegura ao cônjuge sobrevivente o direito de concorrência com os descendentes do autor da herança quando casados no regime da separação convencional de bens ou, se casados nos regimes da comunhão parcial ou participação final nos aquestos, o falecido possuísse bens particulares, hipóteses em que a concorrência se restringe a tais bens, devendo os bens comuns (meação) ser partilhados exclusivamente entre os descendentes".

Art. 1.829: 2b. "Quando casado no regime da comunhão universal de bens, considerando que metade do patrimônio já pertence ao cônjuge sobrevivente (meação), este não terá o direito de herança, posto que a exceção do art. 1.829, I, o exclui da condição de herdeiro concorrente com os descendentes" (STJ-3ª T., RMS 22.684, Min. Nancy Andrighi, j. 7.5.07, DJU 28.5.07).

Art. 1.829: 3. A remissão deve ser ao art. 1.641, e não ao art. 1.640 § ún.

Art. 1.829: 3a. "O cônjuge, qualquer que seja o regime de bens adotado pelo casal, é herdeiro necessário (art. 1.845 do Código Civil). **No regime de separação convencional de bens, o cônjuge sobrevivente concorre com os descendentes do falecido.** A lei afasta a concorrência apenas quanto ao regime da separação legal de bens prevista no art. 1.641 do Código Civil. Interpretação do art. 1.829, I, do Código Civil" (STJ-2ª Seção, REsp 1.382.170, Min. João Otávio, j. 22.4.15, um voto vencido, DJ 26.5.15). Em sentido semelhante: Bol. AASP 2.673 (TJSP, AI 595.009-4/1-00, bem fundamentado).

"O art. 1.829, I, do Código Civil de 2002 confere ao cônjuge casado sob a égide do regime de separação convencional a condição de herdeiro necessário, que concorre com os descendentes do falecido independentemente do período de duração do casamento, com vistas a garantir-lhe o mínimo necessário para uma sobrevivência digna. O intuito de plena comunhão de vida entre os cônjuges (art. 1.511 do Código Civil) conduziu o legislador a incluir o cônjuge sobrevivente no rol dos herdeiros necessários (art. 1.845), o que reflete irrefutável avanço do Código Civil de 2002 no campo sucessório, à luz do princípio da vedação ao retrocesso social. O pacto antenupcial celebrado no regime de separação convencional somente dispõe acerca da incomunicabilidade de bens e o seu modo de administração no curso do casamento, não produzindo efeitos após a morte por inexistir no ordenamento pátrio previsão de ultratividade do regime patrimonial apta a emprestar eficácia póstuma ao regime matrimonial. O fato gerador no direito sucessório é a morte de um dos cônjuges, e não, como cediço no direito de família, a vida em comum. As situações, porquanto distintas, não comportam tratamento homogêneo, à luz do princípio da especificidade, motivo pelo qual a intransmissibilidade patrimonial não se perpetua *post mortem*. O concurso hereditário na separação convencional impõe-se como norma de ordem pública, sendo nula qualquer convenção em sentido contrário, especialmente porque o referido regime não foi arrolado como exceção à regra da concorrência posta no art. 1.829, I, do Código Civil. O regime da separação convencional de bens escolhido livremente pelos nubentes à luz do princípio da autonomia de vontade (por meio do pacto antenupcial), não se confunde com o regime da separação legal ou obrigatória de bens, que é imposto de forma cogente pela legislação (art. 1.641 do Código Civil), e no qual efetivamente não há concorrência do cônjuge com o descendente. Aplicação da máxima de hermenêutica de que não pode o intérprete restringir onde a lei não excepcionou, sob pena de violação do dogma da separação dos Poderes (art. 2º da Constituição Federal de 1988). O novo Código Civil, ao ampliar os direitos do cônjuge sobrevivente, assegurou ao casado pela comunhão parcial cota na herança dos bens particulares, ainda que os únicos deixados pelo falecido, direito que pelas mesmas razões deve ser conferido ao casado pela separação convencional, cujo patrimônio é, inexoravelmente, composto somente por acervo particular" (STJ-3ª T., REsp 1.472.945, Min. Ricardo Cueva, j. 23.10.14, maioria, DJ 19.11.14). Esse acórdão foi mantido no julgamento dos subsequentes embargos de divergência (STJ-2ª Seção, ED no REsp 1.472.945-AgRg, Min. Antonio Ferreira, j. 24.6.15, DJ 29.6.15).

Contra: "O regime de separação obrigatória de bens, previsto no art. 1.829, inc. I, do CC/02, é gênero que congrega duas espécies: (i) separação legal; (ii) separação convencional. Uma decorre da lei e a outra da vontade das partes, e ambas obrigam os cônjuges, uma vez estipulado o regime de separação de bens, à sua observância. Não remanesce, para o cônjuge casado mediante separação de bens, direito à meação, tampouco à concorrência sucessória, respeitando-se o regime de bens estipulado, que obriga as partes na vida e na morte. Nos dois casos, portanto, o cônjuge sobrevivente não é herdeiro necessário. Entendimento em sentido diverso, suscitaria clara antinomia entre os arts. 1.829, inc. I, e 1.687, do CC/02, o que geraria uma quebra da unidade sistemática da lei codificada, e provocaria a morte do regime de separação de bens. Por isso, deve prevalecer a interpretação que conjuga e torna complementares os citados dispositivos. Se o casal firmou pacto no sentido de não ter patrimônio comum e, se não requereu a alteração do regime estipulado, não houve doação de um cônjuge ao outro durante o casamento, tampouco foi deixado testamento ou legado para o cônjuge sobrevivente, quando seria livre e lícita qualquer dessas providências, não deve o intérprete da lei alçar o cônjuge sobrevivente à condição de herdeiro necessário, concorrendo com os descendentes, sob pena de clara violação ao regime de bens pactuado. Haveria, induvidosamente, em tais situações, a alteração do regime matrimonial de bens *post mortem*, ou seja, com o fim do casamento pela morte de um dos cônjuges, seria alterado o regime de separação convencional de bens pactuado em vida, permitindo ao cônjuge sobrevivente o recebimento de bens de exclusiva propriedade do autor da herança, patrimônio ao qual recusou, quando do pacto antenupcial, por vontade própria" (STJ-3ª T., REsp 992.749, Min. Nancy Andrighi, j. 1.12.09, RDPr 42/402). Do voto da relatora: "Ao volver os olhos para o processo em análise, imprescindível auscultar a situação fática vivenciada pelo casal — declarada desde já a insuscetibilidade de seu reexame nesta via recursal: (i) não houve longa convivência, mas um casamento que durou meses, mais especificamente, 10 meses; (ii) quando desse segundo casamento, o autor da herança já havia formado todo seu patrimônio e padecia de doença incapacitante".

Também afirmando que o cônjuge sobrevivente casado pelo regime da separação convencional de bens não concorre com os descendentes: RT 864/129 e RF 391/498 (o mesmo acórdão), RMDCPC 61/147 (TJSP, AI 2053432-46.2013.8.26.0000).

✎ "Separação convencional, separação legal e separação obrigatória: reflexões a respeito da concorrência sucessória e o alcance do artigo 1.829, I, do CC — Recurso especial n. 992.749/MS", por José Fernando Simão (RBDFS 15/5).

S/ cláusula de extensão do regime de bens para os direitos sucessórios, v. art. 1.655, nota 1.

Art. 1.829: 3b. "Na hipótese, o *de cujus* e a sua companheira celebraram escritura pública de união estável quando do primeiro contava com 77 anos de idade — com observância, portanto, do regime da **separação obrigatória de bens** —, oportunidade em que as partes, de livre e espontânea vontade, realizaram **pacto antenupcial** estipulando termos **ainda mais protetivos** ao enlace, demonstrando o claro intento de não terem os seus bens comunicados, com o afastamento da incidência da Súmula n. 377 do STF. Portanto, não há falar em meação de bens nem em sucessão da companheira (CC, art. 1.829, I)" (STJ-4ª T., REsp 1.922.347, Min. Luis Felipe, j. 7.12.21, DJ 1.2.22).

Art. 1.829: 3c. "Direito sucessório. Regime de separação de bens. Separação convencional. Cônjuge supérstite. Herdeiro necessário. Concorrência com os descendentes. O **superveniente falecimento do cônjuge supérstite**, no curso do inventário, não altera os seus direitos sucessórios, que têm por fato gerador o falecimento anterior do seu cônjuge, autor da herança, de modo que desde a abertura da sucessão a herança lhe foi transmitida ('droit de saisine') em concorrência com os descendentes do 'de cujus', a teor dos artigos 1.845 e 1.821, I, do Código Civil" (STJ-3ª T., REsp 1.830.753, Min. Paulo Sanseverino, j. 3.12.19, DJ 6.12.19).

Art. 1.829: 4. No regime de **comunhão parcial**, o cônjuge só concorrerá com os descendentes se houver **bens particulares, e somente quanto a esses bens,** pois quanto aos bens comuns ele já teve sua participação garantida por meio da meação. Do contrário, teriam os descendentes uma enorme desvantagem: o cônjuge receberia metade dos bens comuns na condição de cônjuge-meeiro e mais outra parte desses bens como herdeiro, restando aos descendentes uma proporção muito pequena.

"Nos termos do art. 1.829, I, do Código Civil de 2002, o cônjuge sobrevivente, casado no regime de comunhão parcial de bens, concorrerá com os descendentes do cônjuge falecido somente quando este tiver deixado bens particulares. A referida concorrência dar-se-á exclusivamente quanto aos bens particulares constantes do acervo hereditário do *de cujus*" (STJ-2ª Seção, REsp 1.368.123, Min. Raul Araújo, j. 22.4.15, maioria, DJ 8.6.15).

"No regime da comunhão parcial de bens, o cônjuge sobrevivente não concorre com os descendentes em relação aos bens integrantes da meação do falecido. Interpretação do art. 1.829, inc. I, do Código Civil. Tendo em vista as circunstâncias da causa, restaura-se a decisão que determinou a partilha, entre o cônjuge sobrevivente e a descendente, apenas dos bens particulares do falecido" (STJ-4ª T., REsp 974.241, Min. Isabel Gallotti, j. 7.6.11, DJ 5.10.11).

Contra, incluindo na herança do cônjuge supérstite bem comum e excluindo dela bens particulares: "A melhor interpretação, portanto, é aquela que prima pela valorização da vontade das partes na escolha do regime de bens, mantendo-a intacta, assim na vida como na morte dos cônjuges. Desse modo, preserva-se o regime da comunhão parcial de bens, de acordo com o postulado da autodeterminação, ao contemplar o cônjuge sobrevivente com o direito à meação, além da concorrência hereditária sobre os bens comuns, haja ou não bens particulares, partilháveis, estes, unicamente entre os descendentes" (STJ-3ª T., REsp 1.377.084, Min. Nancy Andrighi, j. 8.10.13, RDPr 56/415; a citação é do voto da relatora).

Art. 1.829: 5. v. arts. 1.832 a 1.835.

Art. 1.829: 5a. v. arts. 1.836 e 1.837.

Art. 1.829: 5b. v. arts. 1.830, 1.831 e 1.838.

Art. 1.829: 6. "A definição da ordem de vocação hereditária é competência atribuída ao legislador, que, no novo Código Civil, erigiu o cônjuge sobrevivente à condição de herdeiro necessário, **independentemente do regime de bens** adotado no casamento. O regime de bens entre os cônjuges, contratado por meio do pacto antenupcial, extingue-se com a morte de um dos contratantes, não podendo produzir efeitos depois de extinto" (STJ-3ª T., REsp 1.501.332, Min. João Otávio, j. 23.8.16, DJ 26.8.16). V. art. 1.845.

S/ cláusula de extensão do regime de bens para os direitos sucessórios, v. art. 1.655, nota 1.

Art. 1.829: 6a. "Direito das sucessões. **Bem gravado com cláusula de inalienabilidade. Cônjuge que não perde a condição de herdeiro.** O art. 1.829 do Código Civil enumera os chamados a suceder e define a ordem em que a sucessão é deferida. O dispositivo preceitua que o cônjuge é também herdeiro e nessa qualidade concorre com descendentes (inciso I) e ascendentes (inciso II). Na falta de descendentes e ascendentes, o cônjuge herda sozinho (inciso III). Só no inciso IV é que são contemplados os colaterais. A cláusula de incomunicabilidade imposta a um bem não se relaciona com a vocação hereditária. Assim, se o indivíduo recebeu por doação ou testamento bem imóvel com a referida cláusula, sua morte não impede que seu herdeiro receba o mesmo bem" (STJ-4ª T., REsp 1.552.553, Min. Isabel Gallotti, j. 24.11.15, DJ 11.2.16).

V. tb. art. 1.911, nota 2.

Art. 1.829: 7. v. arts. 1.592 a 1.594 e 1.839 a 1.843.

Art. 1.830. Somente é reconhecido direito sucessório ao cônjuge sobrevivente se, ao tempo da morte do outro, não estavam separados judicialmente, nem separados de fato há mais de dois anos, salvo prova, neste caso, de que essa convivência se tornara impossível sem culpa do sobrevivente.[1-2]

Art. 1.830: 1. "A concorrência sucessória e o trânsito processual: a culpa mortuária", por Rolf Madaleno (RBDF 29/144).

Art. 1.830: 2. v. art. 1.571, nota 2b **(Em. Const. 66, de 13.7.10)**.

Art. 1.831. Ao cônjuge sobrevivente, qualquer que seja o regime de bens, será assegurado, sem prejuízo da participação que lhe caiba na herança, o direito real de habitação relativamente ao imóvel destinado à residência da família, desde que seja o único daquela natureza a inventariar.[1 a 6]

Art. 1.831: 1. s/ direito real de habitação, v. arts. 1.414 a 1.416.

Art. 1.831: 1a. Enunciado 117 do CEJ: "O direito real de habitação deve ser estendido ao **companheiro**, seja por não ter sido revogada a previsão da Lei n. 9.278/96, seja em razão da interpretação analógica do art. 1.831, informado pelo art. 6º, *caput*, da Constituição Federal de 1988."

"A disciplina geral promovida pelo Código Civil acerca do regime sucessório dos companheiros não revogou as disposições constantes da Lei 9.278/96 nas questões em que verificada a compatibilidade. A legislação especial, ao conferir direito real de habitação ao companheiro sobrevivente, subsiste diante da omissão do Código Civil em disciplinar tal direito àqueles que convivem em união estável" (STJ-4ª T., REsp 1.156.744, Min. Marco Buzzi, j. 9.10.12, DJ 18.10.12).

Reconhecendo que o direito real de habitação ao companheiro subsiste mesmo com o advento do novo Código Civil: JTJ 337/37 (AI 589.196-4/4-00), RT 922/937 (TJSP, AP 0002036-90.2010.8.26.0187).

"É possível a arguição do direito real de habitação para fins exclusivamente possessórios, independentemente de seu reconhecimento anterior em ação própria declaratória de união estável. No caso, a sentença apenas veio a declarar a união estável na motivação do decisório, de forma incidental, sem repercussão na parte dispositiva e, por conseguinte, sem alcançar a coisa julgada (CPC, art. 469), mantendo aberta eventual discussão no tocante ao reconhecimento da união estável e seus efeitos decorrentes" (STJ-4ª T., REsp 1.203.144, Min. Luis Felipe, j. 27.5.14, DJ 15.8.14).

"Direito real de habitação. Companheiro sobrevivente. Aplicação dos mesmos direitos e dos mesmos deveres atribuídos ao cônjuge sobrevivente. Celebração de contrato de locação ou comodato do imóvel objeto do direito de uso. Impossibilidade" (STJ-3ª T., REsp 1.654.060, Min. Nancy Andrighi, j. 2.10.18, DJ 4.10.18). V. nota 4.

V. tb. art. 1.723, nota 1a, e Lei 9.278, de 10.5.96, art. 7º § ún.

✎ "O direito real da habitação e o usufruto nas leis concubinárias frente ao novo Código Civil", por Luciana Rezende Souza (RF 373/155); "Da inexistência do direito real de habitação em favor do companheiro sobrevivente após o advento do Código Civil de 2002", por Rogério Ribeiro Domingues (RF 395/665); "O direito real de habitação na sucessão do companheiro", por José Tadeu Neves Xavier (RDpr 59/261).

Art. 1.831: 2. Enunciado 271 do CEJ: "O cônjuge pode renunciar ao direito real de habitação, nos autos do inventário ou por escritura pública, sem prejuízo de sua participação na herança".

Art. 1.831: 2a. "A constituição do direito real de habitação do cônjuge supérstite emana exclusivamente da lei, sendo certo que seu reconhecimento de forma alguma repercute na definição de propriedade dos bens partilhados. Em se tratando de direito *ex vi lege*, seu reconhecimento não precisa necessariamente dar-se por ocasião da partilha dos bens deixados pelo *de cujus*, inocorrendo, por conseguinte, ofensa à coisa julgada. Nesse quadro, a superveniente declaração do direito real de habitação dispensa prévia rescisão ou anulação da partilha, pois com ela não encerra qualquer oposição" (STJ-4ª T., REsp 1.125.901, Min. Marco Buzzi, j. 20.6.13, DJ 6.9.13).

Art. 1.831: 2b. O direito real de habitação conferido ao cônjuge sobrevivente **não exige o registro imobiliário** (STJ-4ª T., REsp 74.729, Min. Sálvio de Figueiredo, j. 9.12.97, DJU 2.3.98; STJ-RDPr 27/336: 3ª T., REsp 565.820, um voto vencido; RJTJESP 95/255).

Art. 1.831: 3. "O fato de a companheira ter adquirido **outro imóvel residencial** com o dinheiro recebido pelo seguro de vida do falecido não resulta exclusão de seu direito real de habitação referente ao imóvel em que residia com o companheiro, ao tempo da abertura da sucessão. Ademais, o imóvel em questão adquirido pela ora recorrente não faz parte dos bens a inventariar" (STJ-4ª T., REsp 1.249.227, Min. Luis Felipe, j. 17.12.13, maioria, DJ 25.3.14).

"Os dispositivos legais relacionados com a matéria não impõem como requisito para o reconhecimento do direito real de habitação a inexistência de outros bens, seja de que natureza for, no patrimônio próprio do cônjuge/companheiro sobrevivente. O objetivo da lei é permitir que o cônjuge/companheiro sobrevivente permaneça no mesmo imóvel familiar que residia ao tempo da abertura da sucessão como forma, não apenas de concretizar o direito constitucional à moradia, mas também por razões de ordem humanitária e social, já que não se pode negar a existência de vínculo afetivo e psicológico estabelecido pelos cônjuges/companheiros com o imóvel em que, no transcurso de sua convivência, constituíram não somente residência, mas um lar" (STJ-3ª T., REsp 1.582.178, Min. Ricardo Cueva, j. 11.9.18, maioria, DJ 14.9.18).

Art. 1.831: 3a. "O direito real de habitação sobre o imóvel que servia de residência do casal deve ser conferido ao cônjuge/companheiro sobrevivente não apenas quando houver descendentes comuns, mas também quando concorrerem **filhos exclusivos** do *de cujus*" (STJ-3ª T., REsp 1.134.387, Min. Sidnei Beneti, j. 16.4.13, maioria, DJ 29.5.13).

Art. 1.831: 3b. "O cônjuge sobrevivente tem direito real de habitação sobre o imóvel em que residia o casal, desde que seja o único dessa natureza e que integre o patrimônio comum ou particular do cônjuge falecido no momento da abertura da sucessão. Peculiaridade do caso, pois o cônjuge falecido já não era mais proprietário do imóvel residencial, mas mero usufrutuário, tendo sido extinto o usufruto pela sua morte. Figurando a viúva sobrevivente como mera comodatária, correta a decisão concessiva da reintegração de posse em favor dos herdeiros do falecido" (STJ-3ª T., REsp 1.273.222, Min. Paulo Sanseverino, j. 18.6.13, DJ 21.6.13).

Art. 1.831: 3c. "A **copropriedade anterior** à abertura da sucessão **impede** o reconhecimento do **direito real de habitação,** visto que de titularidade comum a terceiros estranhos à relação sucessória que ampararia o pretendido direito" (STJ-2ª Seção, ED no REsp 1.520.294, Min. Isabel Gallotti, j. 26.8.20, DJ 2.9.20).

"Não há direito real de habitação se o imóvel no qual os companheiros residiam era propriedade conjunta do falecido e de mais doze irmãos. O direito real à habitação limita os direitos de propriedade, porém, quem deve suportar tal limitação são os herdeiros do *de cujus*, e não quem já era proprietário do imóvel antes do óbito e havia permitido sua utilização a título de comodato" (STJ-4ª T., REsp 1.212.121, Min. Luis Felipe, j. 3.12.13, RT 942/328).

"Toda a matriz sociológica e constitucional que justifica a concessão do direito real de habitação ao cônjuge supérstite deixa de ter razoabilidade, em especial porque o condomínio formado pelos irmãos do falecido preexiste à abertura da sucessão, pois a copropriedade foi adquirida muito antes do óbito do marido da recorrida, e não em decorrência deste evento" (STJ-3ª T., REsp 1.184.492, Min. Nancy Andrighi, j. 1.4.14, DJ 7.4.14).

Art. 1.831: 4. O direito real de habitação não dá direito à percepção de frutos (v. nota 1a e art. 2.020, nota 2).

Art. 1.831: 5. "O direito real de habitação tem caráter gratuito, razão pela qual os herdeiros **não podem exigir remuneração** do companheiro sobrevivente pelo uso do imóvel. Seria um contrassenso atribuir-lhe a prerrogativa de permanecer no imóvel em que residia antes do falecimento do seu companheiro, e, ao mesmo tempo, exigir dele uma contrapartida pelo uso exclusivo" (STJ-3ª T., REsp 1.846.167, Min. Nancy Andrighi, j. 9.2.21, DJ 11.2.21). Do voto da relatora: "Não podem os herdeiros exigir remuneração da companheira sobrevivente, nem da filha que com ela reside no imóvel".

Art. 1.831: 6. "Aos herdeiros **não** é autorizado exigir a **extinção do condomínio** e a alienação do bem imóvel comum enquanto perdurar o direito real de habitação" (STJ-3ª T., REsp 1.846.167, Min. Nancy Andrighi, j. 9.2.21, DJ 11.2.21).

Art. 1.832. Em concorrência com os descendentes (art. 1.829, inciso I) caberá ao cônjuge quinhão igual ao dos que sucederem por cabeça, não podendo a sua quota ser inferior à quarta parte da herança, se for ascendente dos herdeiros com que concorrer.[1-2]

Art. 1.832: 1. "A concorrência sucessória do cônjuge nos casos de filiação híbrida", por Gustavo André Guimarães Medeiros (RBDFS 25/77).

Art. 1.832: 2. "A interpretação mais razoável do enunciado normativo do art. 1.832 do Código Civil é a de que a reserva de 1/4 da herança restringe-se à hipótese em que o cônjuge ou companheiro concorrem com os descendentes comuns. Enunciado 527 da Jornada de Direito Civil. A interpretação restritiva dessa disposição legal assegura a igualdade entre os filhos, que dimana do Código Civil (art. 1.834 do CCB) e da própria Constituição Federal (art. 227, § 6º, da CF), bem como o direito dos descendentes exclusivos não verem seu patrimônio injustificadamente reduzido mediante interpretação extensiva de norma. **Não haverá** falar em **reserva** quando a concorrência se estabelece entre o cônjuge/companheiro e os **descendentes apenas do autor da herança ou,** ainda, na hipótese de **concorrência híbrida,** ou seja, quando concorrem descendentes comuns e exclusivos do falecido. Especificamente na hipótese de concorrência híbrida o quinhão hereditário do consorte há de ser igual ao dos descendentes" (STJ-3ª T., REsp 1.617.501, Min. Paulo Sanseverino, j. 11.6.19, DJ 6.9.19).

Art. 1.833. Entre os descendentes, os em grau mais próximo excluem os mais remotos, salvo o direito de representação.[1]

Art. 1.833: 1. v. arts. 1.851 a 1.856.

Art. 1.834. Os descendentes da mesma classe têm os mesmos direitos à sucessão de seus ascendentes.[1-2]

Art. 1.834: 1. v. CF 227 § 6º.

Art. 1.834: 2. i.e., cada um dos descendentes de mesmo grau receberá parte igual à dos demais.

Art. 1.835. Na linha descendente, os filhos sucedem por cabeça, e os outros descendentes, por cabeça ou por estirpe,[1] conforme se achem ou não no mesmo grau.[1a-2]

Art. 1.835: 1. Sucessão por cabeça é aquela que envolve herdeiros de igual classe e grau.

Já a **sucessão por estirpe** ocorre nos casos em que há concorrência de herdeiros de graus diferentes dentro da mesma classe, sendo que os mais remotos são chamados por representação (arts. 1.851 e segs.). Assim, p. ex., se o *de cujus* tinha três filhos vivos e um premorto, que deixou dois filhos, estes também participarão da herança. Nesse caso, a herança será dividida em quatro partes: três delas cabendo aos filhos sobreviventes, que herdam por direito próprio, e a quarta parte cabendo aos dois netos, filhos do descendente premorto, que herdam por estirpe.

Art. 1.835: 1a. Grau: art. 1.594.

Art. 1.835: 2. v. art. 1.833.

Art. 1.836. Na falta de descendentes, são chamados à sucessão os ascendentes, em concorrência com o cônjuge sobrevivente.[1-1a]

§ 1º Na classe dos ascendentes, o grau mais próximo exclui o mais remoto, sem distinção de linhas.[2-3]

§ 2º Havendo igualdade em grau e diversidade em linha, os ascendentes da linha paterna herdam a metade, cabendo a outra aos da linha materna.[4]

Art. 1.836: 1. cf. art. 1.829-II.
V. tb. arts. 1.830 e 1.837.

Art. 1.836: 1a. "Em nenhum momento o legislador condicionou a concorrência entre ascendentes e cônjuge supérstite ao **regime de bens** adotado no casamento. Com a dissolução da sociedade conjugal operada pela morte de um dos cônjuges, o sobrevivente terá direito, além do seu quinhão na herança do *de cujus*, conforme o caso, à sua meação, agora sim regulado pelo regime de bens adotado no casamento" (STJ-3ª T., REsp 954.567, Min. Massami Uyeda, j. 10.5.11, DJ 18.5.11).

Art. 1.836: 2. v. art. 1.852.

Art. 1.836: 3. Isso significa que a existência, p. ex., de avó paterna exclui a possibilidade de serem chamados a suceder, concomitantemente, os bisavós pela linha materna.

Art. 1.836: 4. Assim, p. ex., deixando o *de cujus*, pela linha paterna, somente o avô, e pela materna, avô e avó, caberá ao primeiro 50% da herança, ao avô materno 25% e à avó os restantes 25% da herança do neto.

Art. 1.837. Concorrendo com ascendente em primeiro grau, ao cônjuge tocará um terço da herança; caber-lhe-á a metade desta se houver um só ascendente, ou se maior for aquele grau.[1]

Art. 1.837: 1. i. e., se concorrer com o pai e a mãe do falecido, o cônjuge terá direito a um terço; se concorrer com um só dos pais do falecido ou com seus avós ou bisavós, terá direito à metade da herança.

Art. 1.838. Em falta de descendentes e ascendentes, será deferida a sucessão por inteiro ao cônjuge sobrevivente.[1]

Art. 1.838: 1. cf. art. 1.829-III.
V., porém, art. 1.830.

Art. 1.839. Se não houver cônjuge sobrevivente, nas condições estabelecidas no art. 1.830, serão chamados a suceder os colaterais até o quarto grau.[1]

Art. 1.839: 1. cf. art. 1.829-IV.
V. tb. arts. 1.592 e 1.840 a 1.842.

Art. 1.840. Na classe dos colaterais,[1-1a] os mais próximos excluem os mais remotos,[1b] salvo o direito de representação concedido aos filhos de irmãos.[2 a 3]

Art. 1.840: 1. v. arts. 1.592 e 1.594.
Art. 1.840: 1a. Para excluir os colaterais, v. art. 1.850.
Art. 1.840: 1b. Tanto os tios do autor da herança quantos os sobrinhos deste são seus colaterais de 3º grau. Não obstante, havendo concorrência entre eles, o Código Civil optou por dar preferência aos sobrinhos, filhos de irmãos falecidos, em detrimento dos tios (art. 1.843). Trata-se portanto de exceção à regra da igualdade entre herdeiros de mesmo grau.

Art. 1.840: 2. v. art. 1.853.

Art. 1.840: 2a. "Na classe colateral, apenas os sobrinhos herdam por representação, sendo que, nas demais situações, aqueles que se encontrarem em grau de parentesco mais próximo herdarão, excluindo o direito de representação dos mais distantes. Os parentes colaterais de 4º grau só são chamados a suceder por direito próprio, mas não por representação, ou seja, só herdam se o falecido não tiver deixado nenhum colateral de 3º grau" (STJ-4ª T., REsp 950.301-AgRg, Min. João Otávio, j. 22.6.10, DJ 1.7.10; caso em que a prima do *de cujus* foi excluída da sucessão, por não concorrer com os tios deste).

Art. 1.840: 2b. "Inventário. Exclusão de colateral. Sobrinha-neta. Existência de outros herdeiros colaterais de grau mais próximo. Herança por representação de sobrinho premorto. Impossibilidade" (STJ-RT 915/429 e RMDCPC 45/109: 3ª T., REsp 1.064.363). Do voto da relatora: "Na hipótese, os dois irmãos da falecida são premortos, tendo, portanto, sido chamados a suceder, por cabeça, nos termos do referido art. 1.617 do Código Civil (*art. 1.843 do Código Civil de 2002*), os seus sobrinhos, na condição de colaterais de terceiro grau. O pai da recorrente era sobrinho da falecida. Todavia, ele já havia falecido e o direito de representação, na sucessão colateral, por expressa disposição legal, está limitado aos filhos dos irmãos, não se estendendo aos sobrinhos-netos, como é o caso da recorrente".

Art. 1.840: 3. "Tratando a hipótese de sucessão transversal, em que não há concorrência entre tios do falecido e sobrinhos filhos de irmãos deste, mas sim, entre os tios (3º grau) e sobrinhos-netos (4º grau), os tios preferem aos sobrinhos, herdando por cabeça, prevalecendo a regra do art. 1.840, de que o grau mais próximo exclui o mais remoto" (RJTJERGS 257/205).

Art. 1.841. Concorrendo à herança do falecido irmãos bilaterais com irmãos unilaterais, cada um destes herdará metade do que cada um daqueles herdar.[1-2]

Art. 1.841: 1. v., simetricamente, art. 1.843 § 2º.

Art. 1.841: 2. "A constitucional discriminação entre irmãos germanos e unilaterais na sucessão dos colaterais", por Inacio de Carvalho Neto (Ajuris 84/133).

Art. 1.842. Não concorrendo à herança irmão bilateral, herdarão, em partes iguais, os unilaterais.[1]

Art. 1.842: 1. v., simetricamente, art. 1.843 § 3º.

Art. 1.843. Na falta de irmãos, herdarão os filhos destes e, não os havendo, os tios.[1]

§ 1º Se concorrerem à herança somente filhos de irmãos falecidos, herdarão por cabeça.

§ 2º Se concorrem filhos de irmãos bilaterais com filhos de irmãos unilaterais, cada um destes herdará a metade do que herdar cada um daqueles.[2]

§ 3º Se todos forem filhos de irmãos bilaterais, ou todos de irmãos unilaterais, herdarão por igual.[3]

Art. 1.843: 1. s/ direito de representação na linha transversal, v. art. 1.853. V. ainda art. 1.840, nota 1b.

Art. 1.843: 2. v., simetricamente, art. 1.841.

Art. 1.843: 3. v., simetricamente, art. 1.842.

Art. 1.844. Não sobrevivendo cônjuge, ou companheiro, nem parente algum sucessível, ou tendo eles renunciado a herança, esta se devolve ao Município ou ao Distrito Federal, se localizada nas respectivas circunscrições, ou à União, quando situada em território federal.[1]

Art. 1.844: 1. v. art. 1.822.

Capítulo II | DOS HERDEIROS NECESSÁRIOS

Art. 1.845. São herdeiros necessários os descendentes, os ascendentes e o cônjuge.[1]

Art. 1.845: 1. v. art. 1.829-I a III. S/ relações de parentesco, v. arts. 1.591 a 1.595.

Art. 1.846. Pertence[1] aos herdeiros necessários, de pleno direito, a metade dos bens da herança, constituindo a legítima.[2-3]

Art. 1.846: 1. v., porém, arts. 1.814 e 1.961.

✍Art. 1.846: 2. "O princípio da intangibilidade da legítima", por Rodrigo Santos Neves (RJ 375/61).

Art. 1.846: 3. v. arts. 1.789, 1.857 § 1º e 2.018.

Art. 1.847. Calcula-se a legítima sobre o valor dos bens existentes na abertura da sucessão, abatidas as dívidas e as despesas do funeral, adicionando-se, em seguida, o valor dos bens sujeitos a colação.[1]

Art. 1.847: 1. v. art. 1.789. S/ colação, v. arts. 2.002 a 2.012.

Art. 1.848. Salvo se houver justa causa, declarada no testamento, não pode o testador estabelecer cláusula de inalienabilidade, impenhorabilidade, e de incomunicabilidade, sobre os bens da legítima.[1 a 1c]

§ 1º Não é permitido ao testador estabelecer a conversão dos bens da legítima em outros de espécie diversa.

§ 2º Mediante autorização judicial e havendo justa causa, podem ser alienados os bens gravados,[2] convertendo-se o produto em outros bens, que ficarão sub-rogados nos ônus dos primeiros.

Art. 1.848: 1. **Disposição transitória:** "Art. 2.042. Aplica-se o disposto no *caput* do art. 1.848, quando aberta a sucessão no prazo de um ano após a entrada em vigor deste Código, ainda que o testamento tenha sido feito na vigência do anterior, Lei n. 3.071, de 1º de janeiro de 1916; se, no prazo, o testador não aditar o testamento para declarar a justa causa de cláusula aposta à legítima, não subsistirá a restrição".

Art. 1.848: 1a. v. art. 1.911, nota 2.

Art. 1.848: 1b. "Embora o autor da herança tenha deixado testamento público no qual fez inserir, como disposição única, que todos os bens imóveis deixados aos seus filhos deveriam ser gravados com cláusula de incomunicabilidade, com a vigência do CC de 2002 passou-se a exigir a indicação de justa causa para que a restrição tivesse eficácia, tendo sido concedido o prazo de 1 ano após a entrada em vigor do Código, para que fosse feito o aditamento (CC, art. 1.848 c/c 2.042), o que não foi observado, no caso, pelo testador" (STJ-3ª T., REsp 1.207.103, Min. Marco Bellizze, j. 2.12.14, DJ 11.12.14).

Art. 1.848: 1c. "Não podem se tornar incongruentes as regras do Direito de Família e do Direito Sucessório, mas se imbricar, quando cuidem de tratos comuns. As normas sobre a incomunicabilidade de bens transitam um e outro Direito, sem confronto, mas o mesmo não ocorre quando se cogite dos **frutos** do patrimônio, cuja incomunicabilidade é vedada no cânone matrimonial, sem que no Direito Hereditário se permita ou proíba sua clausulação. Numa interpretação sistemática, frente à existência de uma única disposição, e proibitiva no âmbito da família, não se admite possa estender a incomunicabilidade também aos frutos, pois isso acarretaria uma violação da única regra existente, fragilizando a leitura coerente do sistema civil. É impositiva a conclusão, desta forma, que não se podem clausular os frutos" (RJTJERGS 248/268).

Art. 1.848: 2. **Dec. lei 6.777, de 8.8.44** — Dispõe sobre a sub-rogação de imóveis gravados ou inalienáveis (RT 152/337, Lex 1944/283, RF 100/197):

"Art. 1º Na sub-rogação de imóveis gravados ou inalienáveis, estes serão sempre substituídos por outros imóveis ou apólices da dívida pública.

"Art. 2º Se requerida a sub-rogação mediante permuta por apólices da dívida pública, o juiz mandará vender o imóvel em hasta pública, ressalvando ao interessado o direito de conservá-lo livre, desde que, antes de assinado o auto de arrematação, ofereça, em substituição, apólices de valor igual ou superior ao do maior lanço acima da avaliação, ou ao desta, na falta de licitante".

S/ o assunto, v. art. 1.911 § ún.; CPC 725-II.

Art. 1.849. O herdeiro necessário, a quem o testador deixar a sua parte disponível, ou algum legado, não perderá o direito à legítima.[1]

Art. 1.849: 1. v. art. 1.789.

Art. 1.850. Para excluir da sucessão os herdeiros colaterais, basta que o testador disponha de seu patrimônio sem os contemplar.[1]

Art. 1.850: 1. Isso porque os parentes colaterais não fazem parte do rol de herdeiros necessários (cf. art. 1.845). E, caso não haja herdeiros necessários, inexistirá legítima (art. 1.846), podendo o testador dispor de todo o seu patrimônio em favor de quem ele quiser (cf. art. 1.789).

Capítulo III | DO DIREITO DE REPRESENTAÇÃO

Art. 1.851. Dá-se o direito de representação, quando a lei chama certos parentes do falecido a suceder em todos os direitos, em que ele sucederia, se vivo fosse.[1]

Art. 1.851: 1. Exercendo o direito de representação, o parente do autor da herança concorre **por estirpe** (v. art. 1.835, nota 1).

Art. 1.852. O direito de representação dá-se na linha reta descendente,[1] mas nunca na ascendente.[2]

Art. 1.852: 1. v. art. 1.833.
Art. 1.852: 2. Por isso, o ascendente só pode herdar por direito próprio. V. art. 1.836 §§ 1º e 2º, notas 3 e 4.

Art. 1.853. Na linha transversal,[1] somente se dá o direito de representação em favor dos filhos de irmãos do falecido, quando com irmãos deste concorrerem.[2]

Art. 1.853: 1. v. art. 1.592.
Art. 1.853: 2. v. art. 1.840.

Art. 1.854. Os representantes só podem herdar, como tais, o que herdaria o representado, se vivo fosse.[1]

Art. 1.854: 1. cf. art. 1.851.

Art. 1.855. O quinhão do representado partir-se-á por igual entre os representantes.

Art. 1.856. O renunciante à herança de uma pessoa poderá representá-la na sucessão de outra.[1]

Art. 1.856: 1. s/ renúncia e representação, v. tb. art. 1.811.

Título III | DA SUCESSÃO TESTAMENTÁRIA[1 A 2A]

Capítulo I | DO TESTAMENTO EM GERAL

✎ **TÍT. III: 1.** "Propriedade e herança: o testamento por meios eletrônicos e a relação com os direitos da personalidade do testador", por Jorge José Lawand (RF 405/257).

TÍT. III: 2. v. CPC 735 a 737.

TÍT. III: 2a. Enquanto o testador ainda estiver vivo, seu testamento não pode ser considerado ato jurídico perfeito. Por conta disso, lei superveniente à elaboração do testamento é apta a modificar as disposições que regulam esse instituto. V. art. 2.042.

Art. 1.857. Toda pessoa capaz[1] pode dispor, por testamento,[1a] da totalidade dos seus bens, ou de parte deles, para depois de sua morte.

§ 1º A legítima dos herdeiros necessários não poderá ser incluída no testamento.[2]

§ 2º São válidas as disposições testamentárias de caráter não patrimonial,[3] ainda que o testador somente a elas se tenha limitado.

Art. 1.857: 1. v. arts. 1.860 e 1.861.

Art. 1.857: 1a. "Constatada em perícia judicial a falsidade 'grosseira' da assinatura da testadora, o Magistrado pode reconhecê-la, independentemente de prévio pleito das partes, visto tratar-se de matéria de ordem pública" (STJ-4ª T., REsp 594.112, Min. Massami Uyeda, j. 3.4.08, DJU 16.6.08).

Art. 1.857: 2. v. arts. 1.845 a 1.848. S/ testamento e legislação superveniente em matéria de herdeiro necessário, v. art. 1.787, nota 3.

Art. 1.857: 3. v. arts. 1.609-III, 1.729 § ún. e 1.881.

Art. 1.858. O testamento é ato personalíssimo, podendo ser mudado a qualquer tempo.[1-2]

Art. 1.858: 1. s/ revogação do testamento, v. arts. 1.969 a 1.972.

Art. 1.858: 2. O reconhecimento de filho, feito em testamento, é irrevogável (arts. 1.609-III e 1.610).

Art. 1.859. Extingue-se em cinco anos o direito de impugnar a validade do testamento, contado o prazo da data do seu registro.[1]

Art. 1.859: 1. v. arts. 1.900, 1.903 e 1.909.

Capítulo II | DA CAPACIDADE DE TESTAR

Art. 1.860. Além dos incapazes,[1] não podem testar os que, no ato de fazê-lo, não tiverem pleno discernimento.[2 a 3]

Parágrafo único. Podem testar os maiores de dezesseis anos.

Art. 1.860: 1. A lei exige pleno discernimento da pessoa para testar e não prevê que ela possa se valer da assistência para praticar esse ato, tendo em vista seu caráter personalíssimo. Sendo assim, em regra, além dos absolutamente incapazes (art. 3º), também os relativamente incapazes (art. 4º) não podem testar, ressalvado o caso dos maiores de 16 e menores de 18 anos (v. § ún.).

Art. 1.860: 2. "Anulação de testamento. Testador que era detentor de mal de Hodgkin. Hipótese, entretanto, de ausência de comprometimento da saúde mental. Existência de provas da conservação da lucidez do testador até os últimos momentos da sua vida" (RT 887/230: TJSP, AP 333.342.4/0).

Art. 1.860: 2a. "Só a dificuldade de falar, a afasia, não induz ausência de juízo perfeito para testar. Ausência de comprovação da incapacidade mental ou falta de lucidez do finado para testar. Exigência de prova cabal de que o finado, quando da lavratura do testamento, não tivesse plena capacidade de discernimento de seus atos. Incabível a anulação. Testemunhas instrumentárias do testamento público, que disseram que o finado estava entendendo bem. Mera suspeita de incapacidade em virtude do AVC, do finado. Prova que era ônus dos autores" (JTJ 342/401: AP 429.976-4/6-00).

Art. 1.860: 3. "Testamento. Anulação. Testador psicopata esquizofrênico. Incapacidade mental reconhecida pelo órgão previdenciário, sem revisão superveniente, mais de vinte anos antes do ato. Prova oral convergente. Sentença de procedência" (JTJ 318/339: AP 490.569.4/0-00).

Art. 1.861. A incapacidade superveniente do testador não invalida o testamento, nem o testamento do incapaz se valida com a superveniência da capacidade.[1]

Art. 1.861: 1. Isso significa que a capacidade testamentária ativa deve existir no momento de elaboração do testamento.

Capítulo III | DAS FORMAS ORDINÁRIAS DO TESTAMENTO

Seção I | DISPOSIÇÕES GERAIS

Art. 1.862. São testamentos ordinários:[1]
I — o público;[1a]
II — o cerrado;[2]
III — o particular.[3]

Art. 1.862: 1. s/ testamentos especiais, v. arts. 1.886 a 1.896.
Art. 1.862: 1a. v. arts. 1.864 a 1.867.
Art. 1.862: 2. v. arts. 1.868 a 1.875.
Art. 1.862: 3. v. arts. 1.876 a 1.880.

Art. 1.863. É proibido o testamento conjuntivo,[1] seja simultâneo, recíproco ou correspectivo.[2-3]

Art. 1.863: 1. i. e., o testamento realizado por mais de uma pessoa, dispondo sobre seus patrimônios em um mesmo instrumento.

Art. 1.863: 2. Simultâneo é o testamento em que dois ou mais testadores beneficiam terceiro. **Recíproco** é o testamento em que dois ou mais testadores se beneficiam mutuamente. **Correspectivo** é o testamento em que dois ou mais testadores fazem disposições que retribuem outras correspondentes.

Art. 1.863: 3. O Código Civil "veda o testamento conjuntivo, em que há, no mesmo ato, a participação de mais alguém além do testador, a indicar que o ato, necessariamente unilateral na sua realização, assim não o foi, pela presença direta de outro testador, a descaracterizá-lo com o vício da nulidade. Não se configurando, na espécie, a última hipótese, já que o testamento do *de cujus*, deixando suas cotas para sua ex-sócia e concubina, e o outro por ela feito, constituíram atos distintos, em que cada um compareceu individualmente para expressar seu desejo sucessório" (STJ-RT 787/189: 4ª T., REsp 88.388).

"Não ocorreu, no caso, testamento conjuntivo, *uno contextu*, ou de mão comum, mas foram feitos dois testamentos em separado, relativamente aos quais o tabelião, com sua fé, certificou, sem qualquer elemento de prova em contrário, a plena capacidade dos testadores e a livre manifestação de sua vontade. O fato de marido e mulher fazerem, cada qual, o seu testamento, na mesma data, local e perante as mesmas testemunhas e tabelião, legando um ao outro a respectiva parte disponível, não importa em se tolherem, mutuamente, a liberdade, desde que o façam em testamentos distintos: cada um conserva a liberdade de revogar ou modificar o seu testamento" (STF-1ª T., RE 93.603, Min. Néri da Silveira, j. 31.5.94, maioria, DJ 4.8.95).

Seção II | DO TESTAMENTO PÚBLICO

Art. 1.864. São requisitos essenciais do testamento público:[1]

I — ser escrito por tabelião ou por seu substituto legal em seu livro de notas, de acordo com as declarações do testador, podendo este servir-se de minuta, notas ou apontamentos;

II — lavrado o instrumento, ser lido[1a] em voz alta pelo tabelião ao testador e a duas testemunhas,[2 a 2b] a um só tempo; ou pelo testador, se o quiser, na presença destas e do oficial;

III — ser o instrumento, em seguida à leitura, assinado pelo testador,[3] pelas testemunhas e pelo tabelião.[4]

Parágrafo único. O testamento público pode ser escrito manualmente ou mecanicamente, bem como ser feito pela inserção da declaração de vontade em partes impressas de livro de notas, desde que rubricadas todas as páginas pelo testador, se mais de uma.

Art. 1.864: 1. O testamento público pode ser lavrado fora das dependências do tabelionato, sem que isso afete a sua validade (RT 870/211). Mas, nesse caso, é requisito de validade do testamento que ele tenha sido lavrado por tabelião atuante no município da sua lavratura (RJ-Lex 59/233: TJAL, AP 2011.003823-0; no caso, anulou-se testamento lavrado em Maceió por tabelião de Coruripe).

V. Lei 8.935, de 18.11.94, arts. 8º e 9º.

Art. 1.864: 1a. v. art. 1.866.

Art. 1.864: 2. v. art. 228.

Art. 1.864: 2a. "Art. 1.801. Não podem ser nomeados herdeiros nem legatários: ... II — as testemunhas do testamento".

Art. 1.864: 2b. "Nos termos do art. 228, IV e V, do Código Civil vigente (CC/16, art. 1.650), **não podem ser admitidos como testemunhas** o interessado no litígio, o amigo íntimo ou o inimigo capital das partes, bem como os cônjuges, os ascendentes, os descendentes e os colaterais, até o terceiro grau de alguma das partes, por consanguinidade, ou afinidade. *In casu*, houve violação dos referidos dispositivos legais, na medida em que o testamento público teve como testemunhas um amigo íntimo e a nora da única beneficiária da disposição de última vontade" (STJ-4ª T., REsp 1.155.641, Min. Raul Araújo, j. 13.12.11, DJ 28.9.12).

Todavia: "Ainda que se admitisse que a testemunha instrumentária efetivamente possuísse relação de amizade com o herdeiro testamentário, a hipótese em exame diz respeito a testamento por escritura pública, uma das modalidades mais seguras para certificação de que aquela era realmente a vontade do testador, e o questionamento recai apenas sobre a suposta amizade de uma das testemunhas com um dos herdeiros, circunstâncias insuficientes para o reconhecimento da invalidade do testamento. A jurisprudência desta Corte se consolidou no sentido de que é admissível a flexibilização das formalidades inerentes aos testamentos, inclusive dos particulares, sabidamente menos seguros e suscetíveis às fraudes, notadamente em relação às testemunhas, tendo como base a preservação da vontade do testador" (STJ-3ª T., REsp 2.005.052, Min. Nancy Andrighi, j. 4.10.22, DJ 6.10.22).

Art. 1.864: 3. v. art. 1.865.

Art. 1.864: 4. "A vontade manifestada pelo autor do testamento de dispor sobre os bens disponíveis da herança, em detrimento da filha reconhecida *a posteriori* — intuito sobre o qual, como visto, nem mesmo a recorrente controverte —, restou substancialmente demonstrada, cuja verificação deu-se, de modo uníssono, pelas instâncias ordinárias com esteio nos elementos de prova reunidos nos autos. Segundo apurado, o testador, contando com oitenta e oito anos à época da efetuação do testamento, justamente para prevenir posterior e infundada alegação de incapacidade, apresentou laudos médicos que atestavam sua plena sanidade mental. É dizer, o testador, por sua própria iniciativa, deixou comprovado, por ocasião da confecção do documento, que a manifestação acerca da destinação de seus bens, na parte disponível da herança, expressada no testamento público por ele subscrito, representava, de modo livre e consciente, verdadeiramente a sua última vontade. O proceder adotado pelo testador revelou inequívoca preocupação em assegurar que as disposições de última vontade insertas em seu testamento fossem efetivamente observadas. Não há na lei de regência qualquer limitação (máxima) de idade para testar, tampouco exigência de que o autor do testamento comprove sua capacidade para o ato. Não obstante, o testador assim acautelou-se. Há que se pontuar, ainda, não remanescer qualquer dúvida, a considerar o laudo pericial conclusivo, acolhido pelas instâncias precedentes, de que o autor do testamento efetivamente após sua assinatura no documento, por ocasião de sua lavratura. Aliás, a própria adoção da forma pública do testamento revela a intenção do testador de valer-se da segurança e seriedade a ela inerente. Todas essas circunstâncias, de fato, deixaram evidenciada a congruência entre o disposto no testamento e o real propósito de seu autor. Em que pese a existência de vício de forma (testemunhas instrumentárias, funcionários do cartório, que não presenciaram a lavratura do testamento, apondo as respectivas assinaturas posteriormente), a confirmar a reiterada atuação antijurídica da Tabeliã, a quem incumbia, imediatamente, zelar pela observância dos requisitos formais, inviável, na hipótese dos autos, frustrar a manifestação de última vontade encerrada no testamento público, quando esta, a partir dos elementos de prova reunidos nos autos, refletiu, indene de dúvidas, a real intenção de seu autor" (STJ-3ª T., REsp 1.419.726, Min. Marco Bellizze, j. 9.12.14, DJ 16.12.14).

Art. 1.865. Se o testador não souber, ou não puder assinar, o tabelião ou seu substituto legal assim o declarará, assinando, neste caso, pelo testador, e, a seu rogo, uma das testemunhas instrumentárias.[1-2]

Art. 1.865: 1. v. art. 1.864-III.

Art. 1.865: 2. Mas "não podem ser nomeados herdeiros nem legatários a pessoa que, a rogo, escreveu o testamento, nem o seu cônjuge ou companheiro, ou os seus ascendentes e irmãos" (art. 1.801-I).

Art. 1.866. O indivíduo inteiramente surdo, sabendo ler, lerá o seu testamento, e, se não o souber, designará quem o leia em seu lugar, presentes as testemunhas.

Art. 1.867. Ao cego só se permite o testamento público, que lhe será lido, em voz alta, duas vezes, uma pelo tabelião ou por seu substituto legal, e a outra por uma das testemunhas, designada pelo testador, fazendo-se de tudo circunstanciada menção no testamento.[1]

Art. 1.867: 1. "Atendidos os pressupostos básicos da sucessão testamentária — i) capacidade do testador; ii) atendimento aos limites do que pode dispor e; iii) lídima declaração de vontade —, a ausência de umas das formalidades exigidas por lei pode e deve ser colmatada para a preservação da vontade do testador, pois as regulações atinentes ao testamento tem por escopo único a preservação da vontade do testador. Evidenciada tanto a capacidade cognitiva do testador quanto o fato de que o testamento, lido pelo tabelião, correspondia exatamente à manifestação de vontade do *de cujus*, não cabe então reputar como nulo o testamento, por terem sido preteridas solenidades fixadas em lei, porquanto o fim dessas — assegurar a higidez da manifestação do *de cujus* — foi completamente satisfeito com os procedimentos adotados" (STJ-3ª T., REsp 1.677.931, Min. Nancy Andrighi, j. 15.8.17, DJ 22.8.17) Do voto da relatora: "Na hipótese, o testamento público, apesar de produzido em cartório, lido em voz alta pelo tabelião na presença do testador e de duas testemunhas, **suprimiu** a exigência legal de uma **segunda leitura** e da expressa menção no corpo do documento da **condição de cego** do testador".

Seção III | DO TESTAMENTO CERRADO

Art. 1.868. O testamento escrito pelo testador, ou por outra pessoa, a seu rogo,[1] e por aquele assinado, será válido se aprovado pelo tabelião ou seu substituto legal, observadas as seguintes formalidades:

I — que o testador o entregue ao tabelião em presença de duas testemunhas;[2-2a]

II — que o testador declare que aquele é o seu testamento e quer que seja aprovado;

III — que o tabelião lavre, desde logo, o auto de aprovação, na presença de duas testemunhas, e o leia, em seguida, ao testador e testemunhas;

IV — que o auto de aprovação seja assinado pelo tabelião, pelas testemunhas e pelo testador.

Parágrafo único. O testamento cerrado pode ser escrito mecanicamente, desde que seu subscritor numere e autentique, com a sua assinatura, todas as páginas.

Art. 1.868: 1. v. art. 1.801-1.
Art. 1.868: 2. v. art. 228.
Art. 1.868: 2a. "Art. 1.801. Não podem ser nomeados herdeiros nem legatários: ... II — as testemunhas do testamento".

Art. 1.869. O tabelião deve começar o auto de aprovação imediatamente depois da última palavra do testador, declarando, sob sua fé, que o testador lhe entregou para ser aprovado na presença das testemunhas; passando a cerrar e coser o instrumento aprovado.[1]
Parágrafo único. Se não houver espaço na última folha do testamento, para início da aprovação, o tabelião aporá nele o seu sinal público, mencionando a circunstância no auto.

Art. 1.869: 1. Revogação: art. 1.972.

Art. 1.870. Se o tabelião tiver escrito o testamento a rogo do testador, poderá, não obstante, aprová-lo.

Art. 1.871. O testamento pode ser escrito em língua nacional ou estrangeira, pelo próprio testador, ou por outrem, a seu rogo.[1]

Art. 1.871: 1. cf. art. 1.868-*caput*.

Art. 1.872. Não pode dispor de seus bens em testamento cerrado quem não saiba ou não possa[1] ler.

Art. 1.872: 1. O cego só pode dispor em testamento público, cf. art. 1.867.

Art. 1.873. Pode fazer testamento cerrado o surdo-mudo, contanto que o escreva todo, e o assine de sua mão, e que, ao entregá-lo ao oficial público, ante as duas testemunhas, escreva, na face externa do papel ou do envoltório, que aquele é o seu testamento, cuja aprovação lhe pede.

Art. 1.874. Depois de aprovado e cerrado, será o testamento entregue ao testador, e o tabelião lançará, no seu livro, nota do lugar, dia, mês e ano em que o testamento foi aprovado e entregue.

Art. 1.875. Falecido o testador, o testamento será apresentado ao juiz, que o abrirá e o fará registrar, ordenando seja cumprido, se não achar vício externo que o torne eivado de nulidade ou suspeito de falsidade.[1]

Art. 1.875: 1. v. art. 1.972 e CPC 735.

Seção IV | DO TESTAMENTO PARTICULAR[1]

SEÇ. IV: 1. "O testamento particular no Código Civil de 2002", por Sílvio de Salvo Venosa (RMDCPC 11/46).

Art. 1.876. O testamento particular pode ser escrito de próprio punho ou mediante processo mecânico.[1]

§ 1º Se escrito de próprio punho, são requisitos essenciais à sua validade seja lido[1a] e assinado por quem o escreveu,[1b] na presença de pelo menos três testemunhas,[1c a 2a] que o devem subscrever.

§ 2º Se elaborado por processo mecânico, não pode conter rasuras ou espaços em branco, devendo ser assinado pelo testador,[2b-2c] depois de o ter lido na presença de pelo menos três testemunhas, que o subscreverão.[3]

Art. 1.876: 1. s/ testamento escrito em língua estrangeira, v. art. 1.880.

Art. 1.876: 1a. "Não há falar em nulidade do ato de disposição de última vontade (testamento particular), apontando-se preterição de formalidade essencial (leitura do testamento perante as três testemunhas), quando as provas dos autos confirmam, de forma inequívoca, que o documento foi firmado pelo próprio testador, por livre e espontânea vontade, e por três testemunhas idôneas, não pairando qualquer dúvida quanto à capacidade mental do *de cujus*, no momento do ato. O rigor formal deve ceder ante a necessidade de se atender à finalidade do ato, regularmente praticado pelo testador" (STJ-3ª T., REsp 828.616, Min. Castro Filho, j. 5.9.06, DJU 23.10.06).

Art. 1.876: 1b. "A jurisprudência desta Corte tem flexibilizado as formalidades prescritas em lei no tocante às testemunhas do testamento particular quando o documento tiver sido escrito e assinado pelo testador e as demais circunstâncias dos autos indicarem que o ato reflete a vontade do testador. No caso dos autos, o testamento é **apócrifo**, não sendo, portanto, possível concluir, de modo seguro, que o testamento redigido de próprio punho exprime a real vontade do testador" (STJ-3ª T., REsp 1.444.867, Min. Ricardo Cueva, j. 23.9.14, maioria, DJ 31.10.14).

V. tb. nota 2b.

Art. 1.876: 1c. v. art. 228.

Art. 1.876: 2. "Art. 1.801. Não podem ser nomeados herdeiros nem legatários: ... II — as testemunhas do testamento".

Art. 1.876: 2a. "Em se tratando de sucessão testamentária, em especial nas hipóteses de testamento particular, é indispensável a busca pelo equilíbrio entre a necessidade de cumprimento de formalidades essenciais nos testamentos particulares e a necessidade, também premente, de abrandamento de determinadas formalidades para que sejam adequadamente respeitadas as manifestações de última vontade do testador. Nesse contexto, são suscetíveis de superação os vícios de menor gravidade, que podem ser denominados de puramente formais e que se relacionam essencialmente com aspectos externos do testamento particular, ao passo que vícios de maior gravidade, que podem ser chamados de formais-materiais porque transcendem a forma do ato e contaminam o seu próprio conteúdo, acarretam a invalidade do testamento lavrado sem a observância das formalidades que servem para conferir exatidão à vontade do testador. Os vícios pertencentes à primeira espécie — puramente formais — são suscetíveis de superação quando não houver mais nenhum outro motivo para que se coloque em dúvida a vontade do testador, ao passo que os vícios pertencentes à segunda espécie — formais-materiais —, por atingirem diretamente a substância do ato de disposição, implicam a impossibilidade de se reconhecer a validade do próprio testamento. Na hipótese em exame, é incontroverso que o testamento particular teria sido escrito de próprio punho pelo autor da herança **sem a presença e sem a leitura perante** nenhuma **testemunha**, que não houve a declaração, na cédula testamentária, de circunstâncias excepcionais que justificassem a ausência de testemunhas (tampouco foram demonstradas tais circunstâncias na fase instrutória) e que a veracidade da assinatura atribuída à testadora, que não foi objeto de prova pericial, somente foi atestada por uma testemunha, inexistindo, pois, a possibilidade de registro, confirmação e cumprimento do testamento particular apresentado" (STJ-3ª T., REsp 2.005.877, Min. Nancy Andrighi, j. 30.8.22, DJ 1.9.22).

Art. 1.876: 2b. "Em uma sociedade que é comprovadamente menos formalista, na qual as pessoas não mais se individualizam por sua assinatura de próprio punho, mas, sim, pelos seus *tokens*, chaves, *logins* e senhas, ID's, certificações digitais, reconhecimentos faciais, digitais e oculares e, até mesmo, pelos seus hábitos profissionais, de consumo e de vida captados a partir da reiterada e diária coleta de seus dados pessoais, e na qual se admite a celebração de negócios jurídicos complexos e vultosos até mesmo por redes sociais ou por meros cliques, o papel e a caneta esferográfica perdem diariamente o seu valor e a sua relevância, devendo ser examinados em conjunto com os demais elementos que permitam aferir se aquela a real vontade do contratante. A regra segundo a qual a assinatura de próprio punho é requisito de validade do testamento particular, pois, traz consigo a presunção de que aquela é a real vontade do testador, tratando-se, todavia, de uma presunção *juris tantum*, admitindo-se, ainda que excepcionalmente, a prova de que, se porventura ausente a assinatura nos moldes exigidos pela lei, ainda assim era aquela a real vontade do testador. Hipótese em que, a despeito da **ausência de assinatura de próprio punho do testador** e do testamento ter sido lavrado a rogo e apenas com a aposição de sua impressão digital, não havia dúvida acerca da manifestação de última vontade da testadora que, embora sofrendo com limitações físicas, não possuía nenhuma restrição cognitiva" (STJ-2ª Seção, REsp 1.633.254, Min. Nancy Andrighi, j. 11.3.20, maioria, DJ 18.3.20).

Todavia: "No caso dos autos, além de o **testamento não** ter sido **assinado pelo próprio testador,** há fundada dúvida acerca da higidez da manifestação de vontade ali expressa. Segundo a doutrina especializada, na confecção do testamento particular não se admite a assinatura a rogo" (STJ-3ª T., REsp 1.618.754, Min. Ricardo Cueva, j. 26.9.17, maioria, DJ 13.10.17).

V. tb. nota 1b.

Art. 1.876: 2c. "Segundo o art. 1.876, § 2º, do CC/02, o testamento particular, quando elaborado por processo mecânico, não poderá conter rasuras ou espaços em branco, devendo ser assinado pelo testador, depois de o ter lido na presença de pelo menos três testemunhas, que o subscreverão. **Não se exige**, pois, **que** o documento **seja digitado pelo próprio testador**. Inexistência de irregularidade que denote a necessidade de anulação do testamento" (STJ-4ª T., Ag em REsp 1.534.315-AgInt, Min. Marco Buzzi, j. 29.3.22, DJ 26.5.22).

Art. 1.876: 3. "Testamento particular datilografado. **Ausência de leitura e de assinaturas** da testadora e de testemunhas **nas duas primeiras laudas** do instrumento. Recurso a que se dá provimento para anular a escritura" (RBDFS 1/110: TJMG, AP 1.0024.00.136365-4/001, maioria).

Art. 1.877. Morto o testador, publicar-se-á em juízo o testamento, com citação dos herdeiros legítimos.[1]

Art. 1.877: 1. s/ sucessão legítima, v. art. 1.829; procedimento de confirmação do testamento particular, v. CPC 737.

Art. 1.878. Se as testemunhas forem contestes[1] sobre o fato da disposição, ou, ao menos, sobre a sua leitura perante elas, e se reconhecerem as próprias assinaturas, assim como a do testador, o testamento será confirmado.

Parágrafo único. Se faltarem testemunhas, por morte ou ausência, e se pelo menos uma delas o reconhecer, o testamento poderá ser confirmado, se, a critério do juiz, houver prova suficiente de sua veracidade.

Art. 1.878: 1. i.e., se elas estiverem de acordo.

Art. 1.879. Em circunstâncias excepcionais declaradas na cédula, o testamento particular de próprio punho e assinado pelo testador, sem testemunhas, poderá ser confirmado, a critério do juiz.[1-2]

Art. 1.879: 1. "Notas sobre testamento particular excepcional", por José Carlos Teixeira Giorgis (RBDF 43/5).

Art. 1.879: 2. Esse dispositivo refere-se ao denominado **testamento de emergência**.

Art. 1.880. O testamento particular pode ser escrito em língua estrangeira, contanto que as testemunhas a compreendam.

Capítulo IV | DOS CODICILOS[1]

CAP. IV: 1. v. CPC 737.

Art. 1.881. Toda pessoa capaz de testar[1] poderá, mediante escrito particular seu, datado e assinado, fazer disposições especiais sobre o seu enterro,[2] sobre esmolas de pouca monta a certas e determinadas pessoas, ou, indeterminadamente, aos pobres[3] de certo lugar, assim como legar móveis, roupas ou joias, de pouco valor, de seu uso pessoal.

Art. 1.881: 1. v. art. 1.860.
Art. 1.881: 2. v. art. 1.998.
Art. 1.881: 3. v. art. 1.902.

Art. 1.882. Os atos a que se refere o artigo antecedente, salvo direito de terceiro, valerão como codicilos, deixe ou não testamento o autor.¹

Art. 1.882: 1. Mas se ele deixar testamento feito posteriormente, este deverá confirmar ou modificar tais atos, sob pena de se considerarem revogados, cf. art. 1.884.

Art. 1.883. Pelo modo estabelecido no art. 1.881, poder-se-ão nomear ou substituir testamenteiros.¹

Art. 1.883: 1. s/ testamenteiro, v. arts. 1.976 a 1.990.

Art. 1.884. Os atos previstos nos artigos antecedentes revogam-se por atos iguais, e consideram-se revogados, se, havendo testamento posterior, de qualquer natureza, este os não confirmar ou modificar.

Art. 1.885. Se estiver fechado o codicilo, abrir-se-á do mesmo modo que o testamento cerrado.¹

Art. 1.885: 1. v. art. 1.875. V. tb. CPC 735.

Capítulo V | DOS TESTAMENTOS ESPECIAIS

Seção I | DISPOSIÇÕES GERAIS

Art. 1.886. São testamentos especiais:
I — o marítimo;¹
II — o aeronáutico;²
III — o militar.³

Art. 1.886: 1. v. arts. 1.888 a 1.892.
Art. 1.886: 2. v. arts. 1.888 a 1.892.
Art. 1.886: 3. v. arts. 1.893 a 1.896.

Art. 1.887. Não se admitem outros testamentos especiais além dos contemplados neste Código.

Seção II | DO TESTAMENTO MARÍTIMO E DO TESTAMENTO AERONÁUTICO¹⁻²

SEÇ. II: 1. v. CPC 737.

SEÇ. II: 2. "Art. 1.801. Não podem ser nomeados herdeiros nem legatários: ... IV — o tabelião, civil ou militar, ou o comandante ou escrivão, perante quem se fizer, assim como o que fizer ou aprovar o testamento".

Art. 1.888. Quem estiver em viagem, a bordo de navio nacional, de guerra ou mercante, pode testar perante o comandante, em presença de duas testemunhas, por forma que corresponda ao testamento público¹ ou ao cerrado.²
Parágrafo único. O registro do testamento será feito no diário de bordo.

Art. 1.888: 1. v. arts. 1.864 a 1.867.
Art. 1.888: 2. v. arts. 1.868 a 1.875.

Art. 1.889. Quem estiver em viagem, a bordo de aeronave militar ou comercial, pode testar perante pessoa designada pelo comandante, observado o disposto no artigo antecedente.

Art. 1.890. O testamento marítimo ou aeronáutico ficará sob a guarda do comandante, que o entregará às autoridades administrativas do primeiro porto ou aeroporto nacional, contra recibo averbado no diário de bordo.

Art. 1.891. Caducará o testamento marítimo, ou aeronáutico, se o testador não morrer na viagem, nem nos noventa dias subsequentes ao seu desembarque em terra, onde possa fazer, na forma ordinária, outro testamento.

Art. 1.892. Não valerá o testamento marítimo, ainda que feito no curso de uma viagem, se, ao tempo em que se fez, o navio estava em porto onde o testador pudesse desembarcar e testar na forma ordinária.

Seção III | DO TESTAMENTO MILITAR[1-2]

SEÇ. III: 1. v. CPC 737.
SEÇ. III: 2. "Art. 1.801. Não podem ser nomeados herdeiros nem legatários: ... IV — o tabelião, civil ou militar, ou o comandante ou escrivão, perante quem se fizer, assim como o que fizer ou aprovar o testamento".

Art. 1.893. O testamento dos militares e demais pessoas a serviço das Forças Armadas em campanha, dentro do País ou fora dele, assim como em praça sitiada, ou que esteja de comunicações interrompidas, poderá fazer-se, não havendo tabelião ou seu substituto legal, ante duas, ou três testemunhas, se o testador não puder, ou não souber assinar, caso em que assinará por ele uma delas.[1]

§ 1º Se o testador pertencer a corpo ou seção de corpo destacado, o testamento será escrito pelo respectivo comandante, ainda que de graduação ou posto inferior.

§ 2º Se o testador estiver em tratamento em hospital, o testamento será escrito pelo respectivo oficial de saúde, ou pelo diretor do estabelecimento.

§ 3º Se o testador for o oficial mais graduado, o testamento será escrito por aquele que o substituir.

Art. 1.893: 1. i. e., se o testador souber e puder assinar, necessitará de duas testemunhas; se não souber ou não puder, necessitará de três.

Art. 1.894. Se o testador souber escrever, poderá fazer o testamento de seu punho, contanto que o date e assine por extenso, e o apresente aberto ou cerrado, na presença de duas testemunhas ao auditor, ou ao oficial de patente, que lhe faça as vezes neste mister.

Parágrafo único. O auditor, ou o oficial a quem o testamento se apresente notará, em qualquer parte dele, lugar, dia, mês e ano, em que lhe for apresentado, nota esta que será assinada por ele e pelas testemunhas.

Art. 1.895. Caduca o testamento militar, desde que, depois dele, o testador esteja, noventa dias seguidos, em lugar onde possa testar na forma ordinária, salvo se esse testamento apresentar as solenidades prescritas no parágrafo único do artigo antecedente.

Art. 1.896. As pessoas designadas no art. 1.893, estando empenhadas em combate, ou feridas, podem testar oralmente, confiando a sua última vontade a duas testemunhas.[1]

Parágrafo único. Não terá efeito o testamento se o testador não morrer na guerra ou convalescer do ferimento.

Art. 1.896: 1. Trata-se do **testamento militar nuncupativo**.

Capítulo VI | DAS DISPOSIÇÕES TESTAMENTÁRIAS

Art. 1.897. A nomeação de herdeiro, ou legatário,[1] pode fazer-se pura e simplesmente, sob condição,[1a] para certo fim[2] ou modo, ou por certo motivo.[3]

Art. 1.897: 1. Herdeiro é aquele que herda a título universal toda a herança ou uma fração dela. Já o legatário herda a título singular um ou mais bens determinados pelo testador.

Art. 1.897: 1a. v. arts. 121 e segs. V. tb. art. 1.693-III.

Art. 1.897: 2. v. arts. 62 e 1.902.

Art. 1.897: 3. Se o motivo indicado constar como razão determinante da disposição testamentária, é possível a invalidação desta se provado o erro do testador, p. ex., quanto à pessoa designada no testamento (cf. art. 1.903).

Art. 1.898. A designação do tempo em que deva começar ou cessar o direito do herdeiro,[1] salvo nas disposições fideicomissárias,[2] ter-se-á por não escrita.

Art. 1.898: 1. Já quanto ao legatário essa designação é permitida, cf. art. 1.924.

Art. 1.898: 2. v. arts. 1.951 a 1.960.

Art. 1.899. Quando a cláusula testamentária for suscetível de interpretações diferentes, prevalecerá a que melhor assegure a observância da vontade do testador.[1 a 3]

Art. 1.899: 1. cf. art. 112.

Art. 1.899: 2. Os prazos no testamento presumem-se em favor do herdeiro (art. 133).

Art. 1.899: 3. "A interpretação do testamento segundo a vontade do testador é relevante nas hipóteses em que a **cláusula testamentária** é **equívoca ou suscita dúvidas** acerca de seu real sentido, de modo que, ausentes tais condições, deve-se considerar como vontade do testador aquela manifestada por ele como sendo a sua declaração de última vontade, aposta de forma expressa e inequívoca na própria cédula testamentária, excluindo-se o exame de elementos colaterais, como testemunhos e declarações" (STJ-3ª T., REsp 1.694.394, Min. Nancy Andrighi, j. 22.3.18, DJ 26.3.18).

Art. 1.900. É nula a disposição:[1]

I — que institua herdeiro ou legatário sob a condição captatória de que este disponha, também por testamento, em benefício do testador, ou de terceiro;

II — que se refira a pessoa incerta, cuja identidade não se possa averiguar;[2]

III — que favoreça a pessoa incerta, cometendo a determinação de sua identidade a terceiro;[3]

IV — que deixe a arbítrio do herdeiro, ou de outrem, fixar o valor do legado;[4]

V — que favoreça as pessoas a que se referem os arts. 1.801 e 1.802.

Art. 1.900: 1. v. art. 1.859 (prazo para anulação do testamento) e art. 1.909 (prazo para anulação de disposições testamentárias).

Art. 1.900: 2. v. art. 1.903.
Art. 1.900: 3. v., porém, art. 1.901-I.
Art. 1.900: 4. v., porém, art. 1.901-II.

Art. 1.901. Valerá a disposição:
I — em favor de pessoa incerta que deva ser determinada por terceiro, dentre duas ou mais pessoas mencionadas pelo testador, ou pertencentes a uma família, ou a um corpo coletivo, ou a um estabelecimento por ele designado;[1]
II — em remuneração de serviços prestados ao testador, por ocasião da moléstia de que faleceu, ainda que fique ao arbítrio do herdeiro ou de outrem determinar o valor do legado.[2]

Art. 1.901: 1. v. art. 1.900-III.
Art. 1.901: 2. v. art. 1.900-IV.

Art. 1.902. A disposição geral em favor dos pobres, dos estabelecimentos particulares de caridade, ou dos de assistência pública, entender-se-á relativa aos pobres do lugar do domicílio do testador ao tempo de sua morte, ou dos estabelecimentos aí sitos, salvo se manifestamente constar que tinha em mente beneficiar os de outra localidade.[1]
Parágrafo único. Nos casos deste artigo, as instituições particulares preferirão sempre às públicas.

Art. 1.902: 1. v. art. 1.881 (codicilo).

Art. 1.903. O erro na designação da pessoa do herdeiro, do legatário, ou da coisa legada anula a disposição,[1] salvo se, pelo contexto do testamento, por outros documentos, ou por fatos inequívocos, se puder identificar a pessoa ou coisa a que o testador queria referir-se.[2]

Art. 1.903: 1. v. art. 1.909 § ún. (prazo).
Art. 1.903: 2. v. arts. 142. V. tb. arts. 1.899 (regra interpretativa) e 1.900-II (nulidade de disposição em favor de pessoa incerta).

Art. 1.904. Se o testamento nomear dois ou mais herdeiros, sem discriminar a parte de cada um, partilhar-se-á por igual, entre todos, a porção disponível[1] do testador.[2]

Art. 1.904: 1. v. art. 1.789.
Art. 1.904: 2. v. art. 1.907.

Art. 1.905. Se o testador nomear certos herdeiros individualmente e outros coletivamente, a herança será dividida em tantas quotas quantos forem os indivíduos e os grupos designados.[1]

Art. 1.905: 1. i.e., cada grupo será considerado como uma parte, equiparando-se ao herdeiro individual: se houver um herdeiro individualmente nomeado e três grupos de herdeiros coletivamente nomeados, a herança será dividida em quatro partes.

Art. 1.906. Se forem determinadas as quotas de cada herdeiro, e não absorverem toda a herança, o remanescente pertencerá aos herdeiros legítimos, segundo a ordem da vocação hereditária.¹

Art. 1.906: 1. Em sentido semelhante, v. arts. 1.788 e 1.966. V. tb. arts. 1.829 e 1.908.

Art. 1.907. Se forem determinados os quinhões de uns e não os de outros herdeiros, distribuir-se-á por igual a estes últimos o que restar, depois de completas as porções hereditárias dos primeiros.¹

Art. 1.907: 1. v. art. 1.904.

Art. 1.908. Dispondo o testador que não caiba ao herdeiro instituído certo e determinado objeto, dentre os da herança, tocará ele aos herdeiros legítimos.¹

Art. 1.908: 1. Em sentido semelhante, v. art. 1.788. V. tb. art. 1.906.

Art. 1.909. São anuláveis as disposições testamentárias inquinadas de erro,¹ dolo² ou coação.³
Parágrafo único. Extingue-se em quatro anos o direito de anular a disposição, contados de quando o interessado tiver conhecimento do vício.⁴

Art. 1.909: 1. v. arts. 138 a 144. V. tb. art. 1.903.

Art. 1.909: 2. v. arts. 145 a 150.

Art. 1.909: 3. v. arts. 151 a 155.

Art. 1.909: 4. Já para anular todo o testamento, o prazo é de cinco anos, contado da data do seu registro (v. art. 1.859).

Art. 1.910. A ineficácia de uma disposição testamentária importa a das outras que, sem aquela, não teriam sido determinadas pelo testador.¹

Art. 1.910: 1. cf. art. 184.

Art. 1.911. A cláusula de inalienabilidade, imposta aos bens por ato de liberalidade,¹⁻¹ᵃ implica impenhorabilidade e incomunicabilidade.¹ᵇ ᵃ ²ᵇ
Parágrafo único. No caso de desapropriação de bens clausulados, ou de sua alienação, por conveniência econômica do donatário ou do herdeiro,³ mediante autorização judicial, o produto da venda converter-se-á em outros bens, sobre os quais incidirão as restrições apostas aos primeiros.⁴

Art. 1.911: 1. s/ cláusula de inalienabilidade, imposta em testamento, v. art. 1.848; s/ registro, no Registro de Imóveis, v. LRP 167-II-11.

Art. 1.911: 1a. Há um acórdão admitindo **cláusula de inalienabilidade adjeta à garantia hipotecária** e seu registro no Registro de Imóveis: "Oferecido o bem ao credor hipotecário, com adicional garantia de inalienabilidade, devidamente registrada, sem possibilidade de se configurar fraude à execução, porque anterior ao ajuizamento desta, fica inviável a penhora decorrente" (STJ-3ª T., REsp 440.798, Min. Menezes Direito, j. 26.6.03, DJU 8.9.03).

Art. 1.911: 1b. **CPC 832:** "Não estão sujeitos à execução os bens que a lei considera impenhoráveis ou inalienáveis".

Art. 1.911: 1c. **Súmula 49 do STF:** "A cláusula de inalienabilidade inclui a incomunicabilidade dos bens".

Art. 1.911: 1d. "A exegese do *caput* do art. 1.911 do Código Civil de 2002 conduz ao entendimento de que: a) há possibilidade de imposição autônoma das cláusulas de inalienabilidade, impenhorabilidade e incomunicabilidade, a critério do doador/instituidor; b) uma vez aposto o gravame da inalienabilidade, pressupõe-se, *ex vi lege*, automaticamente, a impenhorabilidade e a incomunicabilidade; c) **a inserção exclusiva da proibição de não penhorar e/ou não comunicar não gera a presunção do ônus da inalienabilidade;** e d) a instituição autônoma da impenhorabilidade, por si só, não pressupõe a incomunicabilidade e vice-versa" (STJ-4ª T., REsp 1.155.547, Min. Marco Buzzi, j. 6.11.18, DJ 9.11.18). Do voto do relator: "Dá-se provimento ao recurso especial a fim de julgar procedentes os pedidos veiculados na demanda para declarar que a aposição somente das cláusulas de incomunicabilidade e impenhorabilidade sobre o imóvel objeto do presente feito não impede a sua alienação, que poderá ser realizada sem exigência de sub-rogação das cláusulas em outro bem".

Art. 1.911: 2. "Os gravames da inalienabilidade, impenhorabilidade e incomunicabilidade são instituídos em garantia do donatário, sendo possível o cancelamento do vínculo pelo doador em vida, com anuência do donatário. Porém, após a morte do doador, as cláusulas tornam-se irretratáveis, perdurando até o falecimento do donatário, ou do último sobrevivente, se houver mais de um donatário, mesmo em se tratando de adiantamento de legítima" (RJ 313/112).

"A cláusula de inalienabilidade vitalícia tem vigência enquanto viver o beneficiário, passando livres e desembaraçados aos seus herdeiros os bens objeto da restrição" (STJ-3ª T., REsp 1.101.702, Min. Nancy Andrighi, j. 22.9.09, DJ 9.10.09). "Assim, as cláusulas de inalienabilidade, incomunicabilidade e impenhorabilidade não tornam nulo o testamento que dispõe sobre transmissão *causa mortis* de bem gravado, haja vista que o ato de disposição somente produz efeitos após a morte do testador, quando então ocorrerá a transmissão da propriedade" (STJ-4ª T., REsp 1.641.549, Min. Antonio Ferreira, j. 13.8.19, DJ 20.8.19).

Todavia: "A doação do genitor para os filhos e a instituição de cláusula de inalienabilidade, por representar adiantamento de legítima, deve ser interpretada na linha do que prescreve o art. 1.848 do CCB, exigindo-se justa causa notadamente para a instituição da restrição ao direito de propriedade. Possibilidade de cancelamento da cláusula de inalienabilidade após a morte dos doadores, passadas quase duas décadas do ato de liberalidade, em face da ausência de justa causa para a sua manutenção. Interpretação do art. 1.848 do Código Civil à luz do princípio da função social da propriedade" (STJ-3ª T., REsp 1.631.278, Min. Paulo Sanseverino, j. 19.3.19, DJ 29.3.19).

V. tb. art. 1.829, nota 6a.

V., ainda, no nosso CPCLPV, CPC 833, nota 13a.

Art. 1.911: 2a. "Se a alienação do imóvel gravado permite uma melhor adequação do patrimônio à sua função social e possibilita ao herdeiro sua sobrevivência e bem-estar, a comercialização do bem vai ao encontro do propósito do testador, que era, em princípio, o de amparar adequadamente o beneficiário das cláusulas de inalienabilidade, impenhorabilidade e incomunicabilidade. A vedação contida no art. 1.676 do CC/16 poderá ser amenizada sempre que for verificada a presença de situação excepcional de necessidade financeira, apta a recomendar a liberação das restrições instituídas pelo testador" (STJ-RDPr 46/426: 3ª T., REsp 1.158.679).

"Doação. Cancelamento de cláusulas restritivas de inalienabilidade e impenhorabilidade. Possibilidade. Desnecessidade de sub-rogação. Donatárias que dispõem de outros bens, mas não têm disponibilidade financeira para o pagamento de impostos e custeio para reforma de imóveis destinados à produção de renda (JTJ 374/314: AP 9169028-66.2007.8.26.0000; ementa da redação).

Art. 1.911: 2b. "As dívidas dos herdeiros não serão pagas com os bens que lhes foram transmitidos em herança, quando gravados com cláusulas de inalienabilidade e impenhorabilidade, por disposição de última vontade. Tais bens respondem, entretanto, pelas dívidas contraídas pelo autor da herança. A cláusula testamentária de inalienabilidade não impede a penhora em execução contra o espólio" (STJ-RT 871/207 e RIDF 46/154: 3ª T., REsp 998.031).

O bem gravado com cláusulas de incomunicabilidade, impenhorabilidade e inalienabilidade responde por dívidas condominiais em função dele devidas (JTJ 315/379: AI 1.080.053-0/1).

Art. 1.911: 3. Dec. lei 6.777, de 8.8.44 — Dispõe sobre a sub-rogação de imóveis gravados ou inalienáveis (RT 152/337, Lex 1944/283, RF 100/197):

"Art. 1º Na sub-rogação de imóveis gravados ou inalienáveis, estes serão sempre substituídos por outros imóveis ou apólices da dívida pública.

"Art. 2º Se requerida a sub-rogação mediante permuta por apólices da dívida pública, o juiz mandará vender o imóvel em hasta pública, ressalvando ao interessado o direito de conservá-lo livre, desde que, antes de assinado o auto de arrematação, ofereça, em substituição, apólices de valor igual ou superior ao do maior lanço acima da avaliação, ou ao desta, na falta de licitante".

V. art. 1.848 § 2º.

Art. 1.911: 4. "A existência de cláusula de inalienabilidade recaindo sobre uma fração de bem imóvel, não impede a extinção do condomínio. Na hipótese, haverá sub-rogação da cláusula de inalienabilidade, que incidirá sobre o produto da alienação do bem, no percentual correspondente a fração gravada" (STJ-3ª T., REsp 729.701, Min. Nancy Andrighi, j. 15.12.05, DJU 1.2.06).

Capítulo VII | DOS LEGADOS

Seção I | DISPOSIÇÕES GERAIS

Art. 1.912. É ineficaz o legado de coisa certa que não pertença ao testador no momento da abertura da sucessão.[1-2]

Art. 1.912: 1. v. art. 1.939-II.

Art. 1.912: 2. "Nos termos dos arts. 16, I, e 76, § 2º, ambos da Lei 8.213/91; e do art. 1.678 do CC/1916 (correspondente ao art. 1.912 do CC atual), os benefícios previdenciários decorrentes da morte do segurado não podem ser objeto de disposição testamentária, eis que não são direitos pertencentes ao testador, mas aos seus beneficiários" (STJ-3ª T., REsp 887.271, Min. Nancy Andrighi, j. 18.9.07, DJU 8.10.07).

Art. 1.913. Se o testador ordenar que o herdeiro ou legatário entregue coisa de sua propriedade a outrem,[1] não o cumprindo ele, entender-se-á que renunciou à herança ou ao legado.[2]

Art. 1.913: 1. s/ possibilidade de ressarcimento, v. art. 1.935.

Art. 1.913: 2. s/ renúncia da herança, v. arts. 1.804 a 1.813.

Art. 1.914. Se tão somente em parte a coisa legada pertencer ao testador, ou, no caso do artigo antecedente, ao herdeiro ou ao legatário, só quanto a essa parte valerá o legado.[1]

Art. 1.914: 1. v. art. 1.916.

Art. 1.915. Se o legado for de coisa que se determine pelo gênero,[1] será o mesmo cumprido, ainda que tal coisa não exista entre os bens deixados pelo testador.[2]

Art. 1.915: 1. Pode o testador, p. ex., estabelecer que o legado consistirá em uma casa cujo valor não ultrapasse R$ 200.000,00.

Art. 1.915: 2. s/ forma de cumprimento dessa disposição testamentária, v. arts. 1.929 a 1.931.

Art. 1.916. Se o testador legar coisa sua, singularizando-a, só terá eficácia o legado se, ao tempo do seu falecimento, ela se achava entre os bens da herança; se a coisa legada existir entre os bens do testador, mas em quantidade inferior à do legado, este será eficaz apenas quanto à existente.[1]

Art. 1.916: 1. v. art. 1.914.

Art. 1.917. O legado de coisa que deva encontrar-se em determinado lugar só terá eficácia se nele for achada, salvo se removida a título transitório.

Art. 1.918. O legado de crédito, ou de quitação de dívida,[1] terá eficácia somente até a importância desta, ou daquele, ao tempo da morte do testador.

§ 1º Cumpre-se o legado, entregando o herdeiro ao legatário o título respectivo.

§ 2º Este legado não compreende as dívidas posteriores à data do testamento.

Art. 1.918: 1. O legado de quitação de dívida corresponde ao perdão (remissão) de uma dívida em que o testador seja o credor e o legatário seja o devedor.

Art. 1.919. Não o declarando expressamente o testador, não se reputará compensação[1] da sua dívida o legado que ele faça ao credor.

Parágrafo único. Subsistirá integralmente o legado, se a dívida lhe foi posterior, e o testador a solveu antes de morrer.

Art. 1.919: 1. s/ compensação, v. arts. 368 a 380.

Art. 1.920. O legado de alimentos[1] abrange o sustento, a cura, o vestuário e a casa, enquanto o legatário viver, além da educação, se ele for menor.[2]

Art. 1.920: 1. v. art. 1.928 § ún.

Art. 1.920: 2. Pode o testador estipular o valor exato dos alimentos, bem como uma limitação temporal para as prestações (p. ex., até o legatário atingir a maioridade). No silêncio do testamento, entende-se que o legado deve ser vitalício e fixado conforme os critérios previstos neste dispositivo legal, considerando-se também as necessidades específicas do alimentante e as próprias forças da herança (v. art. 1.792).

Art. 1.921. O legado de usufruto, sem fixação de tempo, entende-se deixado ao legatário por toda a sua vida.[1]

Art. 1.921: 1. s/ extinção do usufruto, v. art. 1.410.

Art. 1.922. Se aquele que legar um imóvel lhe ajuntar depois novas aquisições, estas, ainda que contíguas, não se compreendem no legado, salvo expressa declaração em contrário do testador.

Parágrafo único. Não se aplica o disposto neste artigo às benfeitorias necessárias, úteis ou voluptuárias[1] feitas no prédio legado.

Art. 1.922: 1. v. art. 96.

Seção II | DOS EFEITOS DO LEGADO E DO SEU PAGAMENTO

Art. 1.923. Desde a abertura da sucessão, pertence ao legatário a coisa certa, existente no acervo, salvo se o legado estiver sob condição[1] suspensiva.[2]

§ 1º Não se defere de imediato a posse da coisa, nem nela pode o legatário entrar por autoridade própria.

§ 2º O legado de coisa certa existente na herança transfere também ao legatário os frutos que produzir,[3] desde a morte do testador, exceto se dependente de condição suspensiva, ou de termo inicial.

Art. 1.923: 1. v. art. 121.

Art. 1.923: 2. v. art. 1.924.

Art. 1.923: 3. "Recaindo o legado em ações de sociedade comercial e sendo o dividendo a parcela do lucro que corresponde a cada ação, uma vez resolvida sua distribuição, integra o patrimônio do legatário" desde o dia da morte do testador (RT 659/75: TJSP, AP 120.733-1).

Art. 1.924. O direito de pedir o legado não se exercerá, enquanto se litigue sobre a validade do testamento, e, nos legados condicionais, ou a prazo, enquanto esteja pendente a condição ou o prazo não se vença.

Art. 1.925. O legado em dinheiro só vence juros[1] desde o dia em que se constituir em mora[2] a pessoa obrigada a prestá-lo.

Art. 1.925: 1. v. arts. 405 a 407.
Art. 1.925: 2. v. arts. 394 a 401.

Art. 1.926. Se o legado consistir em renda vitalícia ou pensão periódica, esta ou aquela correrá da morte do testador.[1-2]

Art. 1.926: 1. v. art. 1.928 § ún.
Art. 1.926: 2. Pode o testador estipular, no entanto, termo inicial ou condição suspensiva para o pagamento do legado (v. art. 1.924, *in fine*).

Art. 1.927. Se o legado for de quantidades certas, em prestações periódicas, datará da morte do testador o primeiro período, e o legatário terá direito a cada prestação, uma vez encetado cada um dos períodos sucessivos, ainda que venha a falecer antes do termo dele.[1]

Art. 1.927: 1. i.e., uma vez iniciado cada período, o legatário terá direito à respectiva prestação *in totum*, ainda que venha a falecer antes do seu termo. Neste caso, portanto, seus sucessores terão direito à prestação inteira, de maneira que dela não se exclui a fração referente aos dias decorridos após a morte do legatário.

S/ exigibilidade da prestação periódica, v. art. 1.928.

Art. 1.928. Sendo periódicas as prestações, só no termo de cada período se poderão exigir.
Parágrafo único. Se as prestações forem deixadas a título de alimentos,[1] pagar-se-ão no começo de cada período, sempre que outra coisa não tenha disposto o testador.

Art. 1.928: 1. v. art. 1.920 e notas.

Art. 1.929. Se o legado consiste em coisa determinada pelo gênero, ao herdeiro tocará escolhê-la, guardando o meio-termo entre as congêneres da melhor e pior qualidade.[1-2]

Art. 1.929: 1. v. art. 244.
Art. 1.929: 2. v. arts. 1.915, 1.930 e 1.931.

Art. 1.930. O estabelecido no artigo antecedente será observado, quando a escolha for deixada a arbítrio de terceiro; e, se este não a quiser ou não a puder exercer, ao juiz competirá fazê-la, guardado o disposto na última parte do artigo antecedente.[1]

Art. 1.930: 1. v. art. 252 § 4º.

Art. 1.931. Se a opção foi deixada ao legatário, este poderá escolher, do gênero determinado, a melhor coisa que houver na herança; e, se nesta não existir coisa de tal gênero, dar-lhe-á de outra congênere o herdeiro, observada a disposição na última parte do art. 1.929.

Art. 1.932. No legado alternativo, presume-se deixada ao herdeiro a opção.[1]

Art. 1.932: 1. s/ obrigações alternativas, v. arts. 252 a 256; perecimento da coisa legada, v. art. 1.940.

Art. 1.933. Se o herdeiro ou legatário a quem couber a opção falecer antes de exercê-la, passará este poder aos seus herdeiros.

Art. 1.934. No silêncio do testamento, o cumprimento dos legados incumbe aos herdeiros e, não os havendo, aos legatários, na proporção do que herdaram.
Parágrafo único. O encargo estabelecido neste artigo, não havendo disposição testamentária em contrário, caberá ao herdeiro ou legatário incumbido pelo testador da execução do legado; quando indicados mais de um, os onerados dividirão entre si o ônus, na proporção do que recebam da herança.

Art. 1.935. Se algum legado consistir em coisa pertencente a herdeiro ou legatário (art. 1.913), só a ele incumbirá cumpri-lo, com regresso contra os coerdeiros, pela quota de cada um, salvo se o contrário expressamente dispôs o testador.

Art. 1.936. As despesas e os riscos da entrega do legado correm à conta do legatário, se não dispuser diversamente o testador.

Art. 1.937. A coisa legada entregar-se-á, com seus acessórios,[1] no lugar e estado em que se achava ao falecer o testador, passando ao legatário com todos os encargos[2] que a onerarem.[3]

Art. 1.937: 1. v. art. 92.
V. tb. arts. 1.922 e 1.923 § 2º.
Art. 1.937: 2. v. arts. 136, 137 e 1.938.
Art. 1.937: 3. "A caução em dinheiro, dada pelo locatário a locador posteriormente falecido, com a extinção da locação passa a ser dívida da herança, incumbindo a esta o ônus de sua devolução, e não ao legatário, que adquiriu a propriedade do imóvel locado sem o encargo expresso da restituição" (RSTJ 47/337: 4ª T., REsp 26.871).

Art. 1.938. Nos legados com encargo,[1] aplica-se ao legatário o disposto neste Código quanto às doações de igual natureza.[2]

Art. 1.938: 1. v. arts. 136 e 137.
Art. 1.938: 2. v. arts. 553, 555 e 562.

Seção III | DA CADUCIDADE DOS LEGADOS

Art. 1.939. Caducará o legado:
I — se, depois do testamento, o testador modificar a coisa legada, ao ponto de já não ter a forma nem lhe caber a denominação que possuía;
II — se o testador, por qualquer título, alienar no todo ou em parte a coisa legada; nesse caso, caducará até onde ela deixou de pertencer ao testador;[1]
III — se a coisa perecer ou for evicta,[2] vivo ou morto o testador, sem culpa do herdeiro ou legatário incumbido do seu cumprimento;[3]
IV — se o legatário for excluído da sucessão, nos termos do art. 1.815;
V — se o legatário falecer antes do testador.

Art. 1.939: 1. v. arts. 1.912 e 1.914.
Art. 1.939: 2. v. arts. 447 a 457.
Art. 1.939: 3. v. art. 1.934.

Art. 1.940. Se o legado for de duas ou mais coisas alternativamente,[1] e algumas delas perecerem, subsistirá quanto às restantes;[2] perecendo parte de uma, valerá, quanto ao seu remanescente, o legado.

Art. 1.940: 1. v. art. 1.932.
Art. 1.940: 2. v., analogamente, art. 253.

Capítulo VIII | DO DIREITO DE ACRESCER ENTRE HERDEIROS E LEGATÁRIOS[1]

🕮 **CAP. VIII: 1.** "Direito de acrescer: breves apontamentos e análise jurisprudencial", por Luiz Ricardo Coragem Dumit (RDPr 24/135).

Art. 1.941. Quando vários herdeiros, pela mesma disposição testamentária, forem conjuntamente chamados à herança em quinhões não determinados,[1] e qualquer deles não puder ou não quiser aceitá-la, a sua parte acrescerá à dos coerdeiros, salvo o direito do substituto.[2]

Art. 1.941: 1. "Quando o testador **fixa a cota ou o objeto** de cada sucessor, **não há direito de acrescer** entre os demais herdeiros ou legatários. Ocorre a conjunção *verbis tantum* quando são utilizadas as expressões 'partes iguais', 'partes equivalentes', ou outras que denotem o mesmo significado, o que exclui o direito de acrescer" (STJ--3ª T., REsp 565.097, Min. Castro Filho, j. 9.3.04, DJ 19.4.04).

"Na hipótese de quinhões determinados, não há falar no direito de acrescer. Se o herdeiro testamentário pleiteado com quota fixa falecer antes da abertura da sucessão, sem previsão de substituto, aquela parcela deve retornar ao monte e ser objeto de partilha com todos os herdeiros legítimos" (STJ-3ª T., REsp 1.674.162, Min. Ricardo Cueva, j. 16.10.18, DJ 26.10.18).

Art. 1.941: 2. v. art. 1.947.

Art. 1.942. O direito de acrescer competirá aos colegatários, quando nomeados conjuntamente a respeito de uma só coisa, determinada e certa, ou quando o objeto do legado não puder ser dividido sem risco de desvalorização.[1]

Art. 1.942: 1. v. art. 1.943.

Art. 1.943. Se um dos coerdeiros ou colegatários, nas condições do artigo antecedente, morrer antes do testador; se renunciar a herança ou legado, ou destes for excluído, e, se a condição sob a qual foi instituído não se verificar, acrescerá o seu quinhão, salvo o direito do substituto, à parte dos coerdeiros ou colegatários conjuntos.
Parágrafo único. Os coerdeiros ou colegatários, aos quais acresceu o quinhão daquele que não quis ou não pôde suceder, ficam sujeitos às obrigações ou encargos que o oneravam.[1]

Art. 1.943: 1. s/ encargos, v. arts. 136, 1.937 e 1.938.

Art. 1.944. Quando não se efetua o direito de acrescer, transmite-se aos herdeiros legítimos[1] a quota vaga do nomeado.[2]
Parágrafo único. Não existindo o direito de acrescer entre os colegatários, a quota do que faltar acresce ao herdeiro ou ao legatário incumbido de satisfazer esse legado, ou a todos os herdeiros, na proporção dos seus quinhões, se o legado se deduziu da herança.

Art. 1.944: 1. v. art. 1.829.

Art. 1.944: 2. s/ requisitos para existir o direito de acrescer entre: herdeiros testamentários, v. art. 1.941; colegatários, v. art. 1.942.

Art. 1.945. Não pode o beneficiário do acréscimo repudiá-lo separadamente[1] da herança ou legado que lhe caiba, salvo se o acréscimo comportar encargos especiais impostos pelo testador; nesse caso, uma vez repudiado, reverte o acréscimo para a pessoa a favor de quem os encargos foram instituídos.

Art. 1.945: 1. i. e., ele somente poderá repudiar o acréscimo se renunciar à totalidade da herança ou do legado.

Art. 1.946. Legado um só usufruto conjuntamente a duas ou mais pessoas, a parte da que faltar acresce aos colegatários.

Parágrafo único. Se não houver conjunção entre os colegatários, ou se, apesar de conjuntos, só lhes foi legada certa parte do usufruto, consolidar-se-ão na propriedade as quotas dos que faltarem, à medida que eles forem faltando.

Capítulo IX | DAS SUBSTITUIÇÕES

Seção I | DA SUBSTITUIÇÃO VULGAR E DA RECÍPROCA

Art. 1.947. O testador pode substituir outra pessoa ao herdeiro ou ao legatário nomeado, para o caso de um ou outro não querer ou não poder aceitar a herança ou o legado, presumindo-se que a substituição foi determinada para as duas alternativas, ainda que o testador só a uma se refira.[1]

Art. 1.947: 1. A parte final deste dispositivo não passa de simples **regra interpretativa,** tendo em vista que é a vontade do testador que deve subsistir, se houver disposição em sentido contrário ao da presunção legal. Assim, se o testador dispuser expressamente que a substituição não deverá ocorrer em determinado caso, essa manifestação prevalecerá.

Art. 1.948. Também é lícito ao testador substituir muitas pessoas por uma só, ou vice-versa, e ainda substituir com reciprocidade[1] ou sem ela.

Art. 1.948: 1. i. e., um herdeiro ou legatário será substituto de outro e vice-versa.

Art. 1.949. O substituto fica sujeito à condição[1] ou encargo[2] imposto ao substituído, quando não for diversa a intenção manifestada pelo testador, ou não resultar outra coisa da natureza da condição ou do encargo.

Art. 1.949: 1. v. art. 121.

Art. 1.949: 2. v. arts. 136 e 137.

Art. 1.950. Se, entre muitos coerdeiros ou legatários de partes desiguais, for estabelecida substituição recíproca, a proporção dos quinhões fixada na primeira disposição entender-se-á mantida na segunda;[1-2] se, com as outras anteriormente nomeadas, for incluída mais alguma pessoa na substituição, o quinhão vago pertencerá em partes iguais aos substitutos.

Art. 1.950: 1. p. ex.: caso sejam nomeados quatro coerdeiros ou legatários, substitutos entre si, com direito a 2/5, 1/5, 1/5 e 1/5 da herança ou legado, não aceitando esse último sua quota, os outros três a receberão na mesma proporção em que foram nomeados, com o primeiro deles recebendo o dobro dos demais.

Art. 1.950: 2. A contrario sensu, se forem coerdeiros ou legatários de parcelas iguais, o quinhão vago pertencerá em partes iguais aos substitutos.

Seção II | DA SUBSTITUIÇÃO FIDEICOMISSÁRIA[1]

SEÇ. II: 1. "O novo Código Civil e as inovações no direito das sucessões: a nova forma da substituição fideicomissária", por Hélio Borghi (RDPr 31/91).

Art. 1.951. Pode o testador[1] instituir herdeiros ou legatários, estabelecendo que, por ocasião de sua morte, a herança ou o legado se transmita ao fiduciário, resolvendo-se[2] o direito deste, por sua morte, a certo tempo ou sob certa condição, em favor de outrem, que se qualifica de fideicomissário.[3-4]

Art. 1.951: 1. fideicomitente.

Art. 1.951: 2. s/ propriedade resolúvel, v. arts. 1.359 e 1.360.

Art. 1.951: 3. s/ propriedade fiduciária, v. arts. 1.361 a 1.368-A. V. tb. art. 1.668-II (bens excluídos da comunhão), LRP 167-II-11 (averbação da constituição de fideicomisso).

Art. 1.951: 4. "Fideicomisso. Instituto que não pode servir para deserdação ou mera atribuição de usufruto ao herdeiro necessário para que a herança seja transmitida a terceiro. Legítima do herdeiro necessário que não é alcançada por ato de vontade do autor da herança" (RT 789/222: TJSP, AP 110.559-4/2-00).

Art. 1.952. A substituição fideicomissária somente se permite em favor dos não concebidos ao tempo da morte do testador.[1]

Parágrafo único. Se, ao tempo da morte do testador, já houver nascido o fideicomissário, adquirirá este a propriedade dos bens fideicometidos, convertendo-se em usufruto[2] o direito do fiduciário.

Art. 1.952: 1. v. arts. 1.799-I e 1.959.

Art. 1.952: 2. v. arts. 1.390 a 1.411.

Art. 1.953. O fiduciário tem a propriedade da herança ou legado, mas restrita e resolúvel.[1-2]

Parágrafo único. O fiduciário é obrigado a proceder ao inventário dos bens gravados, e a prestar caução de restituí-los se o exigir o fideicomissário.

Art. 1.953: 1. s/ propriedade resolúvel, v. arts. 1.359 e 1.360.

Art. 1.953: 2. "Patenteando-se que a venda de imóvel objeto de fideicomisso realizou-se em prejuízo de menor fideicomissária, ainda que mediante alvará judicial em que representada pelo fiduciário, ante a aquisição de imóvel de valor sensivelmente menor, anula-se a venda do imóvel fideicomitido" (STJ-3ª T., REsp 945.027, Min. Sidnei Beneti, j. 19.8.08, maioria, DJ 24.11.08).

Art. 1.954. Salvo disposição em contrário do testador, se o fiduciário renunciar a herança ou o legado, defere-se ao fideicomissário o poder de aceitar.

Art. 1.955. O fideicomissário pode renunciar[1] a herança ou o legado, e, neste caso, o fideicomisso caduca, deixando de ser resolúvel a propriedade do fiduciário, se não houver disposição contrária do testador.[2]

Art. 1.955: 1. v. art. 1.806.

Art. 1.955: 2. v. art. 1.958 (morte do fideicomissário).

CC – arts. 1.956 a 1.961

Art. 1.956. Se o fideicomissário aceitar a herança ou o legado, terá direito à parte que, ao fiduciário, em qualquer tempo acrescer.[1]

Art. 1.956: 1. s/ direito de acrescer, v. arts. 1.941 a 1.946.

Art. 1.957. Ao sobrevir a sucessão,[1] o fideicomissário responde pelos encargos da herança que ainda restarem.

Art. 1.957: 1. i.e., a transmissão da herança ou do legado do fiduciário ao fideicomissário (v. art. 1.951).

Art. 1.958. Caduca o fideicomisso se o fideicomissário morrer antes do fiduciário, ou antes de realizar-se a condição resolutória do direito deste último; nesse caso, a propriedade consolida-se no fiduciário, nos termos do art. 1.955.[1-2]

Art. 1.958: 1. s/ substituição do fideicomissário, v. art. 1.959, nota 2.

Art. 1.958: 2. "Fideicomisso. Caducidade. Morte do fideicomissário anterior à do fiduciário. Propriedade consolidada na pessoa do fiduciário. Direito eventual que não se transmite aos herdeiros do fideicomissário premorto. Extinção do fideicomisso" (JTJ 159/75: AP 201.307-1).

Art. 1.959. São nulos os fideicomissos além do segundo grau.[1-2]

Art. 1.959: 1. i. e., é nulo o fideicomisso pelo qual o fideicomissário deva transmitir a herança ou o legado a outrem. Desse modo, admite-se a substituição fideicomissária uma única vez.

Todavia, a nulidade da determinação de fideicomisso além de 2º grau não atinge a validade daquele de 1º grau (v. art. 1.960).

Art. 1.959: 2. "A lei veda a substituição fiduciária além do segundo grau. **O fideicomissário, porém, pode ter substituto**, que terá posição idêntica à do substituído, pois o que se proíbe é a sequência de fiduciários, não a substituição vulgar do fiduciário ou do fideicomissário. A substituição fideicomissária é compatível com a substituição vulgar e ambas podem ser estipuladas na mesma cláusula testamentária. Dá-se o que a doutrina denomina substituição compendiosa. Assim, é válida a cláusula testamentária pela qual o testador pode dar substituto ao fideicomissário para o caso deste vir a falecer antes do fiduciário ou de se realizar a condição resolutiva, com o que se impede a caducidade do fideicomisso. É o que se depreende do art. 1.958 c.c. 1.955, parte final, do Código Civil" (STJ-4ª T., REsp 1.221.817, Min. Isabel Gallotti, j. 10.12.13, DJ 18.12.13).

Art. 1.960. A nulidade da substituição ilegal não prejudica a instituição, que valerá sem o encargo resolutório.[1]

Art. 1.960: 1. i. e., ainda que haja disposição testamentária estabelecendo a substituição do fideicomissário (v. art. 1.959, nota 1), deve subsistir a instituição do fideicomisso até o 2º grau. Nesse caso, desconsidera-se aquela previsão e o fideicomissário adquire a propriedade plena dos bens que lhe forem transmitidos pelo fiduciário.

Capítulo X | DA DESERDAÇÃO[1]

CAP. X: 1. "Apontamentos sobre a deserdação", por Cristiano Pretto (RBDFS 21/19); "Aspectos processuais da deserdação", por Eduardo Henrique de Oliveira Yoshikawa (RDDP 117/32).

Art. 1.961. Os herdeiros necessários podem ser privados de sua legítima, ou deserdados, em todos os casos em que podem ser excluídos da sucessão.[1 a 3]

Art. 1.961: 1. Casos de exclusão: art. 1.814.

S/ exclusão de herdeiros colaterais, v. art. 1.850.

Art. 1.961: 2. A deserdação só pode ser ordenada em testamento e com expressa declaração de causa (v. art. 1.964). Essa disposição testamentária, todavia, não produz efeitos automáticos, pois "ao herdeiro instituído, ou àquele a quem aproveite a deserdação, incumbe provar a veracidade da causa alegada pelo testador" (art. 1.965).

Art. 1.961: 3. Por analogia com a exclusão por indignidade (v. art. 1.816), deve-se entender que também na deserdação a pena é pessoal, podendo os herdeiros do deserdado herdar por representação (art. 1.851).

Art. 1.962. Além das causas mencionadas no art. 1.814, autorizam a deserdação dos descendentes por seus ascendentes:

I — ofensa física;
II — injúria grave;[1]
III — relações ilícitas com a madrasta ou com o padrasto;
IV — desamparo do ascendente em alienação mental ou grave enfermidade.

Art. 1.962: 1. O ajuizamento de ação de interdição e o pedido de remoção do cargo de inventariante consistem em exercício regular de direito, de modo que, por si, não configuram injúria grave para fins de deserdação, "o que poderia ocorrer, ao menos em tese, se restasse devidamente caracterizado o abuso de tal direito, circunstância não verificada na espécie" (STJ-RMDCPC 41/114: 3ª T., REsp 1.185.122).

Art. 1.963. Além das causas enumeradas no art. 1.814, autorizam a deserdação dos ascendentes pelos descendentes:

I — ofensa física;
II — injúria grave;
III — relações ilícitas com a mulher ou companheira do filho ou a do neto, ou com o marido ou companheiro da filha ou o da neta;
IV — desamparo do filho ou neto com deficiência mental ou grave enfermidade.

Art. 1.964. Somente com expressa declaração de causa pode a deserdação ser ordenada em testamento.[1]

Art. 1.964: 1. v. art. 1.965.

Art. 1.965. Ao herdeiro instituído, ou àquele a quem aproveite a deserdação, incumbe provar a veracidade da causa alegada pelo testador.

Parágrafo único. O direito de provar a causa da deserdação extingue-se no prazo de quatro anos, a contar da data da abertura do testamento.[1]

Art. 1.965: 1. O prazo para demandar a exclusão por indignidade também é de quatro anos, só que "contados da abertura da sucessão" (art. 1.815 § ún.).

Capítulo XI | DA REDUÇÃO DAS DISPOSIÇÕES TESTAMENTÁRIAS

Art. 1.966. O remanescente pertencerá aos herdeiros legítimos,[1] quando o testador só em parte dispuser da quota hereditária disponível.[2]

Art. 1.966: 1. s/ sucessão legítima, v. arts. 1.829 e segs.
Art. 1.966: 2. Em sentido semelhante, v. arts. 1.788 e 1.906.

Art. 1.967. As disposições que excederem a parte disponível[1] reduzir-se-ão aos limites dela, de conformidade com o disposto nos parágrafos seguintes.[1a]

§ 1º Em se verificando excederem as disposições testamentárias a porção disponível, serão proporcionalmente reduzidas as quotas do herdeiro ou herdeiros instituídos, até onde baste,[1b] e, não bastando, também os legados, na proporção do seu valor.[2-3]

§ 2º Se o testador, prevenindo o caso, dispuser que se inteirem, de preferência, certos herdeiros e legatários, a redução far-se-á nos outros quinhões ou legados, observando-se a seu respeito a ordem estabelecida no parágrafo antecedente.

Art. 1.967: 1. Se o testador tiver herdeiros necessários, ele só poderá dispor de metade de sua herança; a outra metade constitui a legítima (v. art. 1.846).

Art. 1.967: 1a. s/ doação, v. art. 549.

Art. 1.967: 1b. Assim, suponha-se que o *de cujus* tenha deixado três filhos e herança no montante de R$ 120.000,00. Tendo ele instituído dois outros herdeiros por testamento, cada um deles com 1/3 da herança (R$ 40.000,00), e ainda tendo beneficiado legatário com um bem no valor de R$ 20.000,00, as disposições testamentárias somariam R$ 100.000,00, excedendo a parte disponível em R$ 40.000,00. Nesse caso, se fosse exigida a redução do excesso, esta se daria com a retirada de R$ 20.000,00 de cada um dos herdeiros testamentários.

Art. 1.967: 2. Assim, suponha-se que o *de cujus* tenha deixado três filhos e herança no montante de R$ 120.000,00. Tendo ele instituído dois outros herdeiros por testamento, cada um deles com 1/6 da herança (R$ 20.000,00), e ainda tendo beneficiado legatário com um bem no valor de R$ 70.000,00, as disposições testamentárias somariam R$ 110.000,00, excedendo a parte disponível em R$ 50.000,00. Nesse caso, se fosse exigida a complementação da legítima, os herdeiros instituídos nada herdariam e ainda seria preciso reduzir o legado em R$ 10.000,00.

Art. 1.967: 3. Enunciado 118 do CEJ: "O testamento anterior à vigência do novo Código Civil se submeterá à redução prevista no § 1º do art. 1.967, naquilo que atingir a porção reservada ao cônjuge sobrevivente, elevado que foi à condição de herdeiro necessário". V. art. 1.787, nota 3.

Art. 1.968. Quando consistir em prédio divisível[1] o legado sujeito a redução, far-se-á esta dividindo-o proporcionalmente.

§ 1º Se não for possível a divisão, e o excesso do legado montar a mais de um quarto do valor do prédio, o legatário deixará inteiro na herança o imóvel legado, ficando com o direito de pedir aos herdeiros o valor que couber na parte disponível; se o excesso não for de mais de um quarto, aos herdeiros fará tornar em dinheiro o legatário, que ficará com o prédio.

§ 2º Se o legatário for ao mesmo tempo herdeiro necessário,[2] poderá inteirar sua legítima no mesmo imóvel, de preferência aos outros, sempre que ela e a parte subsistente do legado lhe absorverem o valor.

Art. 1.968: 1. v. art. 87.

Art. 1.968: 2. v. arts. 1.845 a 1.850.

Capítulo XII | DA REVOGAÇÃO DO TESTAMENTO

Art. 1.969. O testamento pode ser revogado[1] pelo mesmo modo e forma como pode ser feito.[2 a 3a]

Art. 1.969: 1. É irrevogável, porém, a disposição testamentária que contenha reconhecimento de filho (arts. 1.609-III e 1.610).

Art. 1.969: 2. v. art. 1.858.

Art. 1.969: 3. "Manuscrito desprovido da necessária formalidade não possui o condão de revogar testamento anterior, lavrado com observância das solenidades legais" (RSTJ 81/274: 4ª T., REsp 7.197).

Art. 1.969: 3a. "Testamento. Revogação do revogador. Restabelecimento do primeiro testamento. Inadmissibilidade. Inexistência no terceiro de declaração explícita do testador nesse sentido. É lícito ao testador fazer reviver disposições testamentárias já revogadas, necessário sendo, porém, que manifeste sua intenção desenganadamente" (JTJ 150/151: AP 195.539-1). Analogicamente, v. LINDB 2º § 3º.

Art. 1.970. A revogação do testamento pode ser total ou parcial.[1]

Parágrafo único. Se parcial, ou se o testamento posterior não contiver cláusula revogatória expressa, o anterior subsiste em tudo que não for contrário ao posterior.

Art. 1.970: 1. "Embora admissível, a **revogação parcial do testamento não se presume,** dependendo, obrigatoriamente, da existência de declaração de que o testamento posterior é apenas parcial ou da inexistência de cláusula revogatória expressa, que não se pode inferir pelo simples exame de compatibilidade entre o conteúdo do testamento anterior e o posterior, sobretudo se existente longo lapso temporal entre ambos" (STJ-3ª T., REsp 1.694.394, Min. Nancy Andrighi, j. 22.3.18, DJ 26.3.18).

Art. 1.971. A revogação produzirá seus efeitos, ainda quando o testamento, que a encerra, vier a caducar por exclusão, incapacidade ou renúncia do herdeiro nele nomeado; não valerá, se o testamento revogatório for anulado por omissão ou infração de solenidades essenciais ou por vícios intrínsecos.

Art. 1.972. O testamento cerrado[1] que o testador abrir ou dilacerar, ou for aberto ou dilacerado com seu consentimento, haver-se-á como revogado.

Art. 1.972: 1. v. arts. 1.868 a 1.875.

Capítulo XIII | DO ROMPIMENTO DO TESTAMENTO

Art. 1.973. Sobrevindo descendente sucessível ao testador, que não o tinha ou não o conhecia quando testou, rompe-se o testamento em todas as suas disposições, se esse descendente sobreviver ao testador.[1 a 2]

Art. 1.973: 1. s/ ação de investigação de paternidade e rompimento do testamento, v. art. 1.975, nota 4.

Art. 1.973: 1a. Esse dispositivo se explica pela presunção de que o testador não teria feito testamento se possuísse ou conhecesse descendente seu, ou o teria contemplado naquele.

Art. 1.973: 1b. "No caso concreto, **o novo herdeiro,** que sobreveio, por adoção *post mortem,* **já era conhecido do testador** que expressamente o contemplou no testamento e ali consignou, também, a sua intenção de adotá-lo. A pretendida incidência absoluta do art. 1.750 do Cód. Civil de 1916, em vez de preservar a vontade esclarecida do testador, implicaria a sua frustração" (STJ-3ª T., REsp 985.093, Min. Sidnei Beneti, j. 5.8.10, maioria, DJ 24.9.10).

Art. 1.973: 2. Se o testador já tinha descendente sucessível por ocasião da confecção do testamento, o surgimento de um novo herdeiro não afeta a disposição de última vontade (STJ-3ª T., REsp 539.605, Min. Castro Filho, j. 27.4.04, DJU 10.5.04; STJ-4ª T., REsp 240.720, Min. Aldir Passarinho Jr., j. 21.8.03, DJU 6.10.03).

"O art. 1.973 somente tem incidência se, à época da disposição testamentária, o falecido não tivesse prole ou não a conhecesse, mostrando-se inaplicável na hipótese de o falecido já possuir descendente e sobrevir outro(s) depois da lavratura do testamento" (STJ-4ª T., REsp 1.169.639, Min. Luis Felipe, j. 11.12.12, DJ 4.2.13).

Art. 1.974. Rompe-se também o testamento feito na ignorância de existirem outros herdeiros necessários.[1]

Art. 1.974: 1. s/ herdeiros necessários, v. arts. 1.845 e segs. V. tb. art. 1.973, nota 2.

Art. 1.975. Não se rompe o testamento, se o testador dispuser da sua metade,[1] não contemplando os herdeiros necessários[2] de cuja existência saiba, ou quando os exclua dessa parte.[3-4]

Art. 1.975: 1. v. art. 1.789.

Art. 1.975: 2. v. arts. 1.845 e 1.846.

Art. 1.975: 3. Isso porque o testador é obrigado a destinar metade da herança aos herdeiros necessários (art. 1.789), mas não a contemplá-los na parte disponível correspondente à outra metade, quando deles tenha conhecimento.

Art. 1.975: 4. "Rompimento de testamento pela superveniência de descendentes herdeiras necessárias, reconhecidas como tal por força de **investigação de paternidade** após a feitura do documento. Conhecimento do testador acerca da existência das filhas não reconhecidas. Disposição sobre a metade disponível com o claro propósito de beneficiar uma das filhas. Possibilidade. Art. 1.975 do CC/02. Não se rompe o testamento se, do contexto, se conclui que o inventariante tinha conhecimento da existência de outras filhas e claramente pretendeu beneficiar aquela havida no casamento, limitando-se a contemplá-la com sua parte disponível" (RJTJERGS 258/153: AI 70015732878, maioria). No mesmo sentido: RT 897/309 (TJPR, AP 625.169-2).

Capítulo XIV | DO TESTAMENTEIRO

Art. 1.976. O testador pode nomear[1] um ou mais[2] testamenteiros, conjuntos ou separados, para lhe darem cumprimento às disposições de última vontade.[3]

Art. 1.976: 1. A nomeação ou substituição de testamenteiro pode ser feita através de codicilo (art. 1.883).

Art. 1.976: 2. v. art. 1.986.

Art. 1.976: 3. s/ ausência de disposição testamentária nomeando testamenteiro, v. art. 1.984.

Art. 1.977. O testador pode conceder ao testamenteiro a posse e a administração da herança, ou de parte dela, não havendo cônjuge ou herdeiros necessários.[1]

Parágrafo único. Qualquer herdeiro pode requerer partilha imediata, ou devolução da herança, habilitando o testamenteiro com os meios necessários para o cumprimento dos legados, ou dando caução de prestá-los.

Art. 1.977: 1. v. arts. 1.797-III (testamenteiro administrador da herança), 1.990 e CPC 617-V (testamenteiro inventariante).

Art. 1.978. Tendo o testamenteiro a posse e a administração dos bens, incumbe-lhe requerer inventário e cumprir o testamento.[1]

Art. 1.978: 1. v. CPC 615 e 616-IV.

Art. 1.979. O testamenteiro nomeado, ou qualquer parte interessada, pode requerer, assim como o juiz pode ordenar, de ofício, ao detentor do testamento, que o leve a registro.

Art. 1.980. O testamenteiro é obrigado a cumprir as disposições testamentárias,[1] no prazo marcado pelo testador, e a dar contas do que recebeu e despendeu, subsistindo sua responsabilidade enquanto durar a execução do testamento.

Art. 1.980: 1. Não cumpre as disposições testamentárias o testamenteiro que "somente apresentou testamento quando encerrado o inventário com a devida partilha e arquivados os autos" (JTJ 301/454).

Art. 1.981. Compete ao testamenteiro, com ou sem o concurso do inventariante e dos herdeiros instituídos, defender a validade do testamento.

Art. 1.982. Além das atribuições exaradas nos artigos antecedentes, terá o testamenteiro as que lhe conferir o testador, nos limites da lei.

Art. 1.983. Não concedendo o testador prazo maior, cumprirá o testamenteiro o testamento e prestará contas em cento e oitenta dias, contados da aceitação da testamentaria.[1]
Parágrafo único. Pode esse prazo ser prorrogado se houver motivo suficiente.

Art. 1.983: 1. v. art. 1.980.

Art. 1.984. Na falta de testamenteiro nomeado pelo testador,[1] a execução testamentária compete a um dos cônjuges, e, em falta destes, ao herdeiro nomeado pelo juiz.

Art. 1.984: 1. v. art. 1.976.

Art. 1.985. O encargo da testamentaria não se transmite aos herdeiros do testamenteiro, nem é delegável; mas o testamenteiro pode fazer-se representar[1] em juízo e fora dele, mediante mandatário[2] com poderes especiais.[3]

Art. 1.985: 1. s/ representação, v. arts. 115 a 120.
Art. 1.985: 2. s/ mandato, v. arts. 653 a 691.
Art. 1.985: 3. Não pode o testamenteiro outorgar mandato com **poderes gerais** de administração (arts. 660 e 661), pois isso equivaleria à delegação do encargo da testamentaria.

Art. 1.986. Havendo simultaneamente mais de um testamenteiro, que tenha aceitado o cargo, poderá cada qual exercê-lo, em falta dos outros; mas todos ficam solidariamente[1] obrigados a dar conta dos bens que lhes forem confiados, salvo se cada um tiver, pelo testamento, funções distintas, e a elas se limitar.

Art. 1.986: 1. v. arts. 275 a 285.

Art. 1.987. Salvo disposição testamentária em contrário, o testamenteiro, que não seja herdeiro ou legatário, terá direito a um prêmio,[1-2] que, se o testador não o houver fixado,[3] será de um a cinco por cento,[3a] arbitrado pelo juiz, sobre a herança líquida,[4-5] conforme a importância dela e maior ou menor dificuldade na execução do testamento.
Parágrafo único. O prêmio arbitrado será pago à conta da parte disponível, quando houver herdeiro necessário.

Art. 1.987: 1. "Considerações acerca do prêmio devido ao testamenteiro", por Luís Borrelli Neto (RDPr 43/311).
Art. 1.987: 2. "A despeito de a ineficácia da referida cláusula afetar todo o testamento, não há que se falar em afastamento do pagamento do prêmio ao testamenteiro, a pretexto de que a sua atuação no feito teria sido singela, uma vez que o maior ou menor esforço no cumprimento das disposições testamentárias deve ser considerado apenas como critério para a fixação da vintena, que poderá variar entre o mínimo de 1% e o máximo de 5% sobre a herança líquida (CC, art. 1.987), mas não para ensejar a sua supressão. Na hipótese, a fiel execução da disposição testamentária foi obstada pela própria inação do disponente ante a exigência da lei, razão pela qual não pode ser atribuída ao testamenteiro nenhuma responsabilidade por seu descumprimento, sendo de se ressaltar que a perda

do direito ao prêmio só é admitida, excepcionalmente, em caso de sua remoção, nas situações previstas em lei (CC, art. 1.989 e CPC, art. 1.140, I e II)" (STJ-3ª T., REsp 1.207.103, Min. Marco Bellizze, j. 2.12.14, DJ 11.12.14).

Art. 1.987: 3. "Se é lícito ao juiz remover o testamenteiro ou determinar a perda do prêmio por não cumprir as disposições testamentárias (CPC 1.140), é-lhe possível arbitrar um valor compatível para remunerar o trabalho irregular e negligente na execução do testamento", que, no caso, foi de 1%, não obstante o testador o houvesse fixado em 5% (STJ-3ª T., REsp 418.931, Min. Gomes de Barros, j. 25.4.06, dois votos vencidos, DJU 1.8.06).

Art. 1.987: 3a. Há um acórdão entendendo que assiste ao testamenteiro o direito de insurgir-se contra homologação de partilha amigável, a fim de que seja feita a avaliação dos bens e apurado o justo valor de seu prêmio (RT 664/142).

Art. 1.987: 4. s/ conceito de herança líquida, v. RT 507/73 e Bol. AASP 970/85.

Art. 1.987: 5. "Testamenteiro. Prêmio. Tem como base de cálculo o total da herança líquida, ainda que haja herdeiros necessários, e não apenas a metade disponível, ou os bens de que dispôs em testamento o *de cujus*. Pelo pagamento, entretanto, não responderão as legítimas dos herdeiros necessários, deduzindo-se o prêmio da metade disponível" (RSTJ 66/395: 3ª T., REsp 39.891).

Art. 1.988. O herdeiro ou o legatário nomeado testamenteiro poderá preferir o prêmio à herança ou ao legado.[1]

Art. 1.988: 1. v. art. 1.987, 1ª parte.

Art. 1.989. Reverterá à herança o prêmio que o testamenteiro perder, por ser removido ou por não ter cumprido o testamento.[1]

Art. 1.989: 1. Não cumpre as disposições testamentárias o testamenteiro que "somente apresentou testamento quando encerrado o inventário com a devida partilha e arquivados os autos" (JTJ 301/454).

Art. 1.990. Se o testador tiver distribuído toda a herança em legados,[1] exercerá o testamenteiro as funções de inventariante.[2]

Art. 1.990: 1. v. arts. 1.912 a 1.940.

Art. 1.990: 2. v. art. 1.991. V. tb. CPC 617-V e 618 e segs.

Título IV | DO INVENTÁRIO E DA PARTILHA

Capítulo I | DO INVENTÁRIO[1-2]

CAP. I: 1. v. CPC 610 e segs.

CAP. I: 2. Quem pode requerer o inventário? v. CPC 615 e 616. Quanto ao testamenteiro, v. art. 1.978 e CPC 616-IV.

Art. 1.991. Desde a assinatura do compromisso[1] até a homologação da partilha, a administração da herança será exercida pelo inventariante.[2 a 4]

Art. 1.991: 1. Antes da assinatura do compromisso, v. art. 1.797.

Art. 1.991: 2. s/ inventário, v. CPC 610 e segs., bem como respectivas notas, no CPCLPV.

Art. 1.991: 3. "A administração pelo inventariante do acervo hereditário, tornado indivisível pelas regras do Direito das Sucessões, não esbarra no **direito de meação,** este oriundo do Direito de Família, e que é conferido ao companheiro quando da dissolução da união estável ou pela morte de um dos consortes. O art. 1.725 do CC/02 estabelece o regime da comunhão parcial de bens para reger as relações patrimoniais entre os companheiros, excetuando estipulação escrita em contrário. Assim, com a morte de um dos companheiros, do patrimônio do autor da herança retira-se a meação do companheiro sobrevivente, que não se transmite aos herdeiros do falecido por ser decorrência patrimonial do término da união estável, conforme os postulados do Direito de Família. Ou seja, entrega-se a meação ao companheiro sobrevivo, e, somente então, defere-se a herança aos herdeiros do falecido, conforme as normas que regem o Direito Sucessório. Frisa-se, contudo, que, sobre a provável ex-companheira, incidirão as mesmas obrigações que oneram o inventariante, devendo ela requerer autorização judicial para promover qualquer alienação, bem como prestar contas dos bens sob sua administração" (STJ-3ª T., REsp 975.964, Min. Nancy Andrighi, j. 15.2.11, DJ 16.5.11).

Art. 1.991: 4. "Os **poderes de administração do inventariante** são aqueles relativos à conservação dos bens inventariados para a futura partilha, dentre os quais se pode citar o pagamento de tributos e aluguéis, a realização de reparos e a aplicação de recursos, atendendo o interesse dos herdeiros. A atuação do inventariante, alienando bens sociais e buscando modificar a natureza das ações e a própria estrutura de poder da sociedade anônima, está fora dos limites dos poderes de administração e conservação do patrimônio" (STJ-3ª T., REsp 1.627.286, Min. Ricardo Cueva, j. 20.6.17, maioria, DJ 3.10.17).

Capítulo II | DOS SONEGADOS[1]

CAP. II: 1. v. CPC 621 e 669-I; s/ sobrepartilha dos bens sonegados, v. art. 2.022.

Art. 1.992. O herdeiro que sonegar bens da herança, não os descrevendo no inventário quando estejam em seu poder, ou, com o seu conhecimento, no de outrem, ou que os omitir na colação,[1] a que os deva levar, ou que deixar de restituí-los, perderá o direito que sobre eles lhe cabia.[2 a 5]

Art. 1.992: 1. v. arts. 2.002 a 2.012.

Art. 1.992: 2. v. arts. 1.993, 1.995 e 2.002-*caput*.

Art. 1.992: 3. "A ação de sonegados não tem como pressuposto a prévia interpelação do herdeiro, nos autos do inventário. Se houver a arguição, a omissão ou a negativa do herdeiro caracterizará o dolo, admitida prova em contrário. Inexistindo arguição nos autos do inventário, a prova do dolo deverá ser apurada durante a instrução. Admitido o desvio de bens, mas negado o dolo, não é aplicável a pena de sonegados, mas os bens devem ser sobrepartilhados" (STJ-4ª T., REsp 163.195, Min. Ruy Rosado, j. 12.5.98, DJU 29.6.98). Também no sentido de que a **omissão escusável** de herdeiro não enseja a pena de sonegados, que somente deve ser aplicada se presente a intenção de fraudar a legítima: JTJ 312/310.

"A simples renitência do herdeiro, mesmo após interpelação, não configura dolo, sendo necessário, para tanto, demonstração inequívoca de que seu comportamento foi inspirado pela fraude. Não caracterizado o dolo de sonegar, afasta-se a pena da perda dos bens (CC, art. 1.992)" (STJ-3ª T., REsp 1.196.946, Min. João Otávio, j. 19.8.14, maioria, DJ 5.9.14).

Entendendo que há sonegação ainda que o inventariante não haja procedido com dolo, mas deixando de impor a pena de sonegados porque o processo de inventário já se findara e os bens que deveriam ser sobrepartilhados tinham sido alienados: JTJ 159/110 (no caso, reconheceu-se ao autor da ação de sonegados o direito a indenização). V. art. 1.995.

Art. 1.992: 4. "É cabível o ajuizamento da ação de sonegados quando não trazidos à colação os numerários doados pelo pai a alguns dos herdeiros para a aquisição de bens imóveis" (STJ-3ª T., REsp 1.196.946, Min. João Otávio, j. 19.8.14, maioria, DJ 5.9.14).

Art. 1.992: 4a. "Na conta corrente bancária coletiva e solidária, cada cotitular possui o direito de movimentar a integralidade dos fundos disponíveis, sendo que a solidariedade se estabelece apenas entre os correntistas e a instituição financeira mantenedora da conta, mas não em relação a terceiros. O cotitular de **conta corrente conjunta** não pode sofrer constrição em virtude de negócio jurídico celebrado pelo outro cotitular e por ele inadimplido, podendo, nessa hipótese, comprovar os valores que compõem o patrimônio de cada um e, na ausência ou na impossibilidade de prova nesse sentido, far-se-á a divisão do saldo de modo igualitário. Esse mesmo entendimento deve se aplicar na hipótese de superveniente falecimento de um dos cotitulares da conta corrente conjunta, na medida em que a atribuição de propriedade exclusiva sobre a totalidade do saldo ao cotitular remanescente representaria grave ofensa aos direitos sucessórios dos herdeiros necessários, de modo que a importância titularizada pelo falecido deverá, obrigatoriamente, constar do inventário e da partilha. Não sendo possível esclarecer a autoria, a propriedade e a origem dos aportes realizados na conta corrente conjunta, deverá incidir a presunção de que o saldo existente na conta corrente ao tempo do falecimento pertencia a ambas as partes em igualdade de condições, razão pela qual o valor deve ser dividido em quotas-parte idênticas. Considerando que a jurisprudência do STJ se consolidou no sentido de que a aplicação da pena de sonegados pressupõe a prova de dolo, fraude ou má-fé, com ressalva pessoal de entendimento desta relatora, não se afigura razoável a aplicação da referida penalidade na hipótese em que a autoria, propriedade e origem dos recursos existentes na conta corrente conjunta mantida pelo autor da herança é duvidosa" (STJ-3ª T., REsp 1.836.130, Min. Nancy Andrighi, j. 10.3.20, DJ 12.3.20).

Art. 1.992: 5. "No regime da comunhão universal de bens, cada cônjuge tem a posse e propriedade em comum, indivisa de todos os bens, cabendo a cada um a metade ideal. Assim, entende-se que cada cônjuge contribui com metade das doações feitas, razão pela qual não se pode apontar como sonegada, no inventário do marido, a metade doada pela esposa" (STJ-3ª T., REsp 1.196.946, Min. João Otávio, j. 19.8.14, maioria, DJ 5.9.14).

Art. 1.993. Além da pena cominada no artigo antecedente, se o sonegador for o próprio inventariante, remover-se-á, em se provando a sonegação, ou negando ele a existência dos bens, quando indicados.¹

Art. 1.993: 1. v. CPC 622-VI.

Art. 1.994. A pena de sonegados só se pode requerer e impor em ação movida pelos herdeiros¹ ou pelos credores da herança.¹ᵃ ᵃ ²ᵃ

Parágrafo único. A sentença que se proferir na ação de sonegados, movida por qualquer dos herdeiros ou credores, aproveita aos demais interessados.³

Art. 1.994: 1. ou pelos legatários.

Art. 1.994: 1a. "Como a colação tem por escopo equalizar as legítimas dos herdeiros necessários, falece interesse jurídico à viúva-meeira para o ajuizamento das ações de sonegados, visto que estes não serão acrescidos à sua meação" (STJ-3ª T., REsp 1.196.946, Min. João Otávio, j. 19.8.14, maioria, DJ 5.9.14).

Art. 1.994: 2. "O cônjuge meeiro ou comparte em algum bem comum, com o *de cujus* e depois com os herdeiros, responde passivamente à ação de sonegados" (RSTJ 3/1.067).

Art. 1.994: 2a. A ação de sonegados está sujeita a prazo prescricional de dez anos (art. 205). Nesse sentido: STJ-3ª T., REsp 1.196.946-EDcl-AgRg, Min. Sidnei Beneti, j. 18.11.10, DJ 21.3.11.

V. tb. arts. 205, nota 10, e 1.996, nota 2a.

Art. 1.994: 3. "A ação de sonegados pode ser ajuizada pelo herdeiro em benefício próprio e dos demais" (STJ-3ª T., REsp 36.450, Min. Cláudio Santos, j. 18.4.95, DJU 15.5.95).

Art. 1.995. Se não se restituírem os bens sonegados, por já não os ter o sonegador em seu poder, pagará ele a importância dos valores que ocultou, mais as perdas e danos.¹

Art. 1.995: 1. v. arts. 402 a 405.

Art. 1.996. Só se pode arguir de sonegação o inventariante depois de encerrada a descrição dos bens, com a declaração, por ele feita, de não existirem outros por inventariar e partir, assim como arguir o herdeiro, depois de declarar-se no inventário que não os possui.¹ ᵃ ³

✎ **Art. 1.996: 1.** "O termo inicial da prescrição da ação de sonegados e algumas questões práticas de ordem processual e material", por Leonardo de Faria Beraldo (RBDFS 30/67).

Art. 1.996: 2. v., no CPCLPV, CPC 621 e notas.

Art. 1.996: 2a. "A **prescrição** da ação de sonegados, de dez anos, conta-se a partir do encerramento do inventário, pois, até essa data, podem ocorrer novas declarações, trazendo-se bens a inventariar" (STJ-3ª T., REsp 1.196.946, Min. João Otávio, j. 19.8.14, maioria, DJ 5.9.14).

Todavia: "Na hipótese de ocultação de bem imóvel ocorrida mediante artifício que não permitiu que os demais herdeiros sequer identificassem a existência do bem durante a tramitação do inventário do *de cujus*, o termo inicial da prescrição da pretensão de sonegados não deve ser contado da data das primeiras declarações ou da data do encerramento do inventário, devendo ser aplicada a teoria da *actio nata* em sua vertente subjetiva. A mera citação dos demais herdeiros em anterior ação de bens reservados ajuizada pelos supostos sonegadores, fundada em dúvida suscitada pelo registrador do bem imóvel por ocasião de sua venda a terceiro, conquanto dê à parte ciência da existência do bem imóvel, é insuficiente, em regra, para a configuração da ciência inequívoca da lesão indispensável para que se inicie o prazo prescricional da pretensão de sonegados, tendo em vista o cenário de incerteza e controvérsia acerca da existência e extensão da lesão e do dano. A descoberta, em audiência de instrução e julgamento realizada em ação de bens reservados, de que a proprietária do imóvel alegadamente sonegado não exercia atividade remunerada que justificaria a aquisição exclusiva do imóvel apenas configura prova indiciária da sonegação, mas não resulta, por si só, em ciência inequívoca da lesão e do dano que justifica o início do prazo prescricional da pretensão de sonegados. Se o fato determinante para a configuração da ciência inequívoca da lesão e do dano deve ser examinado a partir de outro processo em que essa questão também está em debate, o único marco razoavelmente seguro e objetivo para que se inicie o cômputo do prazo prescricional da pretensão de sonegados será, em regra, o trânsito em julgado da sentença que, promovendo ao acerto definitivo da relação jurídica de direito material, declarar que o bem sonegado não é de propriedade exclusiva de quem o registrou, ressalvadas as hipóteses de confissão ou de incontrovérsia fática" (STJ-3ª T., REsp 1.698.732, Min. Nancy Andrighi, j. 12.5.20, DJ 18.5.20).

V. tb. arts. 205, nota 10, e 1.994, nota 2a.

Art. 1.996: 3. "A ação de sonegados deve ser intentada após as últimas declarações prestadas no inventário, no sentido de não haver mais bens a inventariar. Sem haver a declaração, no inventário, de não haver outros bens a inventariar, falta à ação de sonegados uma das condições, o interesse processual, em face da desnecessidade de utilização do procedimento" (STJ-RT 816/180: 4ª T., REsp 265.859). No mesmo sentido: RSTJ 3/1.067 (3ª T., REsp 52).

Capítulo III | DO PAGAMENTO DAS DÍVIDAS

Art. 1.997. A herança responde pelo pagamento das dívidas do falecido;[1] mas, feita a partilha, só respondem os herdeiros, cada qual em proporção da parte que na herança lhe coube.[2]

§ 1º Quando, antes da partilha, for requerido no inventário o pagamento de dívidas constantes de documentos, revestidos de formalidades legais, constituindo prova bastante da obrigação, e houver impugnação, que não se funde na alegação de pagamento, acompanhada de prova valiosa, o juiz mandará reservar,[3] em poder do inventariante, bens suficientes para solução do débito, sobre os quais venha a recair oportunamente a execução.

§ 2º No caso previsto no parágrafo antecedente, o credor será obrigado a iniciar a ação de cobrança no prazo de trinta dias, sob pena de se tornar de nenhum efeito a providência indicada.

Art. 1.997: 1. No mesmo sentido: arts. 1.792 e 1.821.

No CPCLPV, v. CPC 642 a 646 e 796 e respectivas notas.

Art. 1.997: 2. "Após a homologação da partilha e havendo mais de um herdeiro, revela-se incabível a constrição de bem herdado por um deles para a garantia de toda a dívida deixada pela de *cujus*, pois a responsabilidade do sucessor é proporcional ao seu quinhão" (STJ-6ª T., REsp 1.290.042, Min. Maria Thereza, j. 1.12.11, DJ 29.2.12).

Art. 1.997: 3. v. CPC 643 § ún.

Art. 1.998. As despesas funerárias, haja ou não herdeiros legítimos, sairão do monte da herança;[1] mas as de sufrágios[1a] por alma do falecido só obrigarão a herança quando ordenadas em testamento ou codicilo.[2]

Art. 1.998: 1. v. arts. 965-I e 1.847.

Art. 1.998: 1a. como missas e eventos religiosos.

Art. 1.998: 2. v. art. 1.881.

Art. 1.999. Sempre que houver ação regressiva de uns contra outros herdeiros, a parte do coerdeiro insolvente dividir-se-á em proporção entre os demais.

Art. 2.000. Os legatários e credores da herança podem exigir que do patrimônio do falecido se discrimine o do herdeiro, e, em concurso com os credores deste, ser-lhes-ão preferidos no pagamento.¹

Art. 2.000: 1. i. e., os legatários e credores da herança terão preferência sobre os credores do herdeiro.

Art. 2.001. Se o herdeiro for devedor ao espólio, sua dívida será partilhada igualmente entre todos, salvo se a maioria consentir que o débito seja imputado inteiramente no quinhão do devedor.

Capítulo IV | DA COLAÇÃO¹⁻²

CAP. IV: 1. "O instituto da colação no Código Civil de 2002", por Fernanda Souza Rabello (RJ 326/89); "Inventário. Superveniência de filhos. Colação de bens. A admissibilidade do sequestro dos frutos e dos rendimentos", por Alexandre Pasquali Parise (RBDF 33/11 e Ajuris 99/7).

CAP. IV: 2. v., no CPCLPV, CPC 639 a 641 e respectivas notas. S/ colação e herdeiro ausente, renunciante ou excluído, v. CPC 618-VI.

Art. 2.002. Os descendentes¹⁻¹ᵃ que concorrerem à sucessão do ascendente comum são obrigados, para igualar as legítimas,² a conferir o valor das doações que dele em vida receberam, sob pena de sonegação.³ ᵃ ⁴ᵃ

Parágrafo único. Para cálculo da legítima, o valor dos bens conferidos será computado na parte indisponível, sem aumentar a disponível.⁵

Art. 2.002: 1. "Todo ato de liberalidade, inclusive doação, feito a descendente e/ou herdeiro necessário, nada mais é que adiantamento de legítima, impondo, portanto, o dever de trazer à colação, sendo irrelevante a condição dos demais herdeiros: se supervenientes ao ato de liberalidade, se irmãos germanos ou unilaterais" (STJ-3ª T., REsp 730.483, Min. Nancy Andrighi, j. 3.5.05, DJ 20.6.05).

Art. 2.002: 1a. Além dos descendentes do *de cujus*, também seu **cônjuge** supérstite deve conferir o valor das doações que dele recebeu (v. art. 544). V. tb. art. 2.003.

Art. 2.002: 2. v. art. 1.846.

Art. 2.002: 3. "Devem ser relacionados no inventário valores vultosos de caderneta de poupança conjunta, mantida por herdeiros com o *de cujus*, ante a retirada deste da titularidade da conta, permanecendo o valor, não trazido ao inventário, em poder dos herdeiros. Válido o julgamento da matéria obrigacional, antecedente do direito à colação, de alta indagação e dependente de provas, por Juízo de Vara Cível, para o qual declinada, sem recurso, a competência, pelo Juízo do inventário. Ação de colação adequada, não se exigindo a propositura, em seu lugar, de ação de sobrepartilha, consequência do direito de colação de sonegados cujo reconhecimento é antecedente necessário da sobrepartilha. O direito à colação de bens do *de cujus* em proveito de herdeiros necessários subsiste diante da partilha amigável no processo de inventário, em que omitida a declaração dos bens doados inoficiosamente e que, por isso, devem ser colacionados" (STJ-3ª T., REsp 1.343.263, Min. Sidnei Beneti, j. 4.4.13, DJ 11.4.13).

Art. 2.002: 3a. "Havendo partilha em vida e distribuição equânime dos bens entre os herdeiros (CC, art. 1.776), não se justifica a colação, ainda que faltando a dispensa expressa, pelo doador, no ato da liberalidade" (RT 662/83).

O art. 1.776 do CC rev. corresponde ao art. 2.018 do CC.

Art. 2.002: 3b. "Inventário. Pedido de colação do valor corresponde à **ocupação** e ao **uso de imóvel residencial** por uma das herdeiras necessárias. Descabimento. Art. 2.002 do CC. Utilização do bem a título de empréstimo gratuito (comodato). Inocorrência de adiantamento da legítima" (STJ-3ª T., REsp 1.722.691, Min. Paulo Sanseverino, j. 12.3.19, DJ 15.3.19).

Art. 2.002: 4. "O instituto da colação diz respeito, tão somente, à sucessão legítima; assim, os bens eventualmente conferidos não aumentam a metade disponível do autor da herança, de sorte que benefício algum traz ao **herdeiro testamentário** a reivindicação de bem não colacionado no inventário. Destarte, o herdeiro testamentário não tem legitimidade ativa para exigir à colação bem sonegado por herdeiro necessário (descendente sucessivo) em processo de inventário e partilha" (STJ-RT 898/164: 3ª T., REsp 400.948).

Art. 2.002: 4a. "O direito de exigir colação é privativo dos herdeiros necessários. Ilegitimidade de o **testamenteiro** exigir a colação" (STJ-3ª T., REsp 170.037, Min. Waldemar Zveiter, j. 13.4.99, DJ 24.5.99).

Art. 2.002: 5. v. art. 1.847.

Art. 2.003. A colação tem por fim igualar, na proporção estabelecida neste Código, as legítimas dos descendentes e do cônjuge sobrevivente, obrigando também os donatários que, ao tempo do falecimento do doador, já não possuírem os bens doados.

Parágrafo único. Se, computados os valores das doações feitas em adiantamento de legítima,[1] não houver no acervo bens suficientes para igualar as legítimas dos descendentes e do cônjuge, os bens assim doados serão conferidos em espécie, ou, quando deles já não disponha o donatário, pelo seu valor ao tempo da liberalidade.

Art. 2.003: 1. v. art. 544.

Art. 2.004. O valor de colação dos bens doados será aquele, certo ou estimativo, que lhes atribuir o ato de liberalidade.[1 a 1c]

§ 1º Se do ato de doação não constar valor certo, nem houver estimação feita naquela época, os bens serão conferidos na partilha pelo que então se calcular valessem ao tempo da liberalidade.

§ 2º Só o valor dos bens doados entrará em colação; não assim o das benfeitorias[2] acrescidas, as quais pertencerão ao herdeiro donatário, correndo também à conta deste os rendimentos ou lucros, assim como os danos e perdas que eles sofrerem.

Art. 2.004: 1. O CPC 639 dispôs diversamente sobre o valor de colação dos bens doados e, por ser lei posterior, prevalece no ponto (cf. LINDB 2º § 1º).

V., no CPCLPV, CPC 639 e notas.

Art. 2.004: 1a. Enunciado 119 do CEJ: "Para evitar o enriquecimento sem causa, a colação será efetuada com base no valor da época da doação, nos termos do *caput* do art. 2.004, exclusivamente na hipótese em que o bem doado não mais pertença ao patrimônio do donatário. Se, ao contrário, o bem ainda integrar seu patrimônio, a colação se fará com base no valor do bem na época da abertura da sucessão, nos termos do art. 1.014 do CPC, de modo a preservar a quantia que efetivamente integrará a legítima quando esta se constituiu, ou seja, na data do óbito (resultado da interpretação sistemática do art. 2.004 e seus parágrafos, juntamente com os arts. 1.832 e 884 do Código Civil)".

Art. 2.004: 1b. "O valor de colação dos bens deverá ser aquele atribuído ao tempo da liberalidade, **corrigido monetariamente** até a data da abertura da sucessão" (STJ-4ª T., REsp 1.166.568, Min. Lázaro Guimarães, j. 12.12.17, DJ 15.12.17).

Art. 2.004: 1c. "O legislador civil estabeleceu critério específico e objetivo para a quantificação do valor do bem para fins de colação, a saber, o valor certo ou estimado do bem, a fim de que a doação não sofra influências de elementos externos de natureza econômica, temporal ou mercadológica, que, se porventura existentes, deverão ser experimentados exclusivamente pelo donatário, não impactando o acertamento igualitário da legítima, de modo que não é possível substituir o critério legal pelo proveito ou benefício econômico representado por imóveis obtidos a partir do crédito cedido. Na hipótese, o valor do crédito recebido pelo autor da herança em decorrência da venda de terreno à construtora, posteriormente cedido a parte dos herdeiros, deve ser levado à colação pelo seu **valor estimado e não pelo proveito ou pelo benefício econômico** representado pelos bens imóveis posteriormente escriturados em nome dos cessionários do referido crédito" (STJ-3ª T., REsp 1.713.098, Min. Nancy Andrighi, j. 14.5.19, DJ 16.5.19).

Art. 2.004: 2. v. art. 96.

Art. 2.005. São dispensadas da colação as doações que o doador determinar saiam da parte disponível, contanto que não a excedam, computado o seu valor ao tempo da doação.[1]

Parágrafo único. Presume-se imputada na parte disponível a liberalidade feita a descendente que, ao tempo do ato, não seria chamado à sucessão na qualidade de herdeiro necessário.²

Art. 2.005: 1. v. art. 2.006.

Art. 2.005: 2. p. ex.: a doação feita ao neto quando o filho estava vivo.

Art. 2.006. A dispensa da colação pode ser outorgada pelo doador em testamento, ou no próprio título de liberalidade.

Art. 2.007. São sujeitas à redução as doações em que se apurar excesso quanto ao que o doador poderia dispor, no momento da liberalidade.¹

§ 1º O excesso será apurado com base no valor que os bens doados tinham, no momento da liberalidade.

§ 2º A redução da liberalidade far-se-á pela restituição ao monte do excesso assim apurado; a restituição será em espécie, ou, se não mais existir o bem em poder do donatário, em dinheiro, segundo o seu valor ao tempo da abertura da sucessão, observadas, no que forem aplicáveis, as regras deste Código sobre a redução das disposições testamentárias.²

§ 3º Sujeita-se a redução, nos termos do parágrafo antecedente, a parte da doação feita a herdeiros necessários que exceder a legítima e mais a quota disponível.

§ 4º Sendo várias as doações a herdeiros necessários, feitas em diferentes datas, serão elas reduzidas a partir da última, até a eliminação do excesso.

Art. 2.007: 1. v. art. 549.

Art. 2.007: 2. v. art. 2.003 § ún.

Art. 2.008. Aquele que renunciou¹ a herança ou dela foi excluído,² deve, não obstante, conferir as doações recebidas, para o fim de repor o que exceder o disponível.³

Art. 2.008: 1. v. arts. 1.804 a 1.813.

Art. 2.008: 2. v. arts. 1.814 e 1.961.

Art. 2.008: 3. v. CPC 618-VI e 640.

Art. 2.009. Quando os netos, representando¹ os seus pais, sucederem aos avós, serão obrigados a trazer à colação, ainda que não o hajam herdado, o que os pais teriam de conferir.

Art. 2.009: 1. v. arts. 1.851 a 1.856.

Art. 2.010. Não virão à colação os gastos ordinários do ascendente com o descendente, enquanto menor, na sua educação, estudos, sustento, vestuário, tratamento nas enfermidades, enxoval, assim como as despesas de casamento, ou as feitas no interesse de sua defesa em processo-crime.

Art. 2.011. As doações remuneratórias de serviços feitos ao ascendente também não estão sujeitas a colação.¹⁻²

Art. 2.011: 1. Isso porque as doações remuneratórias, até o valor dos serviços prestados (art. 540), não configuram mera liberalidade.

Art. 2.011: 2. Para a caracterização da doação como remuneratória, no seu instrumento deve haver "expressa menção dos motivos e valor dos serviços que a liberalidade visou gratificar, bem como a declaração expressa da desnecessidade de colação daquela doação, sob pena de entendê-la como adiantamento de legítima" (RJM 169/203 — ementa da redação).

Art. 2.012. Sendo feita a doação por ambos os cônjuges, no inventário de cada um se conferirá por metade.[1]

Art. 2.012: 1. Este dispositivo somente se aplica no caso de doação por ambos os cônjuges. No caso de doação por um só dos cônjuges, ainda que casado sob o regime da comunhão universal de bens, ele não incide (STJ-3ª T., AI 1.001.208-AgRg, Min. Sidnei Beneti, j. 19.2.09, DJ 9.3.09).

Capítulo V | DA PARTILHA

Art. 2.013. O herdeiro pode sempre requerer a partilha,[1] ainda que o testador o proíba, cabendo igual faculdade aos seus cessionários e credores.[2]

Art. 2.013: 1. v. CPC 610 a 614 e 647 a 658.

Art. 2.013: 2. s/ registro do formal de partilha, v. LRP-I-25.

Art. 2.014. Pode o testador indicar os bens e valores que devem compor os quinhões hereditários, deliberando ele próprio a partilha,[1] que prevalecerá, salvo se o valor dos bens não corresponder às quotas estabelecidas.

Art. 2.014: 1. v. art. 2.018.

Art. 2.015. Se os herdeiros forem capazes, poderão fazer partilha amigável,[1] por escritura pública,[1a] termo nos autos do inventário, ou escrito particular, homologado pelo juiz.[2]

Art. 2.015: 1. Prazo para anulação da partilha: art. 2.027 § ún.

Art. 2.015: 1a. "De uma leitura sistemática do *caput* e do § 1º do art. 610 do CPC/2015, c/c os arts. 2.015 e 2.016 do CC/2002, mostra-se possível o inventário extrajudicial, ainda que exista testamento, se os interessados forem capazes e concordes e estiverem assistidos por advogado, desde que o testamento tenha sido previamente registrado judicialmente ou haja a expressa autorização do juízo competente" (STJ-4ª T., REsp 1.808.767, Min. Luis Felipe, j. 15.10.19, DJ 3.12.19).

Art. 2.015: 2. s/ arrolamento, v. CPC 659 a 667.

Art. 2.016. Será sempre judicial a partilha,[1] se os herdeiros divergirem,[1a] assim como se algum deles for incapaz.[2]

Art. 2.016: 1. v. CPC 647 a 658.

Art. 2.016: 1a. Havendo divergência entre os herdeiros, o juiz pode nomear perito para a avaliação dos bens que compõem o acervo hereditário, a fim de que a partilha seja a mais igual possível (RT 862/231).

Art. 2.016: 2. v. arts. 3º a 5º.

Art. 2.017. No partilhar os bens, observar-se-á, quanto ao seu valor, natureza e qualidade, a maior igualdade possível.[1]

Art. 2.017: 1. Assim, p. ex., se a herança é composta tanto de bens móveis quanto de imóveis, cada quinhão hereditário deverá ser composto, na medida do possível, por uns e por outros.

Art. 2.018. É válida a partilha feita por ascendente, por ato entre vivos ou de última vontade,[1] contanto que não prejudique a legítima dos herdeiros necessários.[2 a 3]

Art. 2.018: 1. v. art. 2.014.

Art. 2.018: 2. s/ legítima e herdeiros necessários, v. arts. 1.789 e 1.845 a 1.850; nulidade de doação sem reserva de parte e usufruto, v. art. 548, nota 1.

Art. 2.018: 2a. Se a partilha em vida não atender a legítima de algum herdeiro necessário, parece-nos que o problema se resolveria por meio da redução dos quinhões dos demais herdeiros (v. arts. 1.966 a 1.968). Não seria caso de colação, porque a partilha antecipada não pode ser equiparada à doação propriamente dita, embora a esta muito se assemelhe.

Art. 2.018: 3. "Havendo partilha em vida e distribuição equânime dos bens entre os herdeiros (CC, art. 1.776), não se justifica a colação, ainda que faltando a dispensa expressa, pelo doador, no ato da liberalidade" (RT 662/83: TJSP, AI 130.745-1). O art. 1.776 do CC rev. corresponde ao CC 2.018.

Art. 2.019. Os bens insuscetíveis de divisão cômoda, que não couberem na meação do cônjuge sobrevivente[1] ou no quinhão de um só herdeiro, serão vendidos[1a] judicialmente, partilhando-se o valor apurado, a não ser que haja acordo para serem adjudicados a todos.[2]

§ 1º Não se fará a venda judicial se o cônjuge sobrevivente ou um ou mais herdeiros requererem lhes seja adjudicado o bem, repondo aos outros, em dinheiro, a diferença, após avaliação atualizada.

§ 2º Se a adjudicação for requerida por mais de um herdeiro, observar-se-á o processo da licitação.

Art. 2.019: 1. "Na partilha dos bens do espólio, o julgador deve evitar, ao máximo, a constituição de condomínio sobre os mesmos, sendo esta uma forma de serem prevenidos futuros litígios. Sendo possível a inclusão do imóvel em que residia o casal na meação do cônjuge supérstite e não se opondo diretamente os demais herdeiros contra isso, imperiosa a invalidação da sentença que homologou o plano judicial de partilha contra a vontade das partes interessadas" (RJM 180/112).

Art. 2.019: 1a. "Não se afigura correta a decisão do juiz que defere o pedido de alvará para a alienação de apenas 50% do bem" (RJM 168/116).

Art. 2.019: 2. s/ alienação de coisa indivisível, v. art. 1.322; hipoteca legal para garantia de quinhão hereditário ou torna da partilha, v. 1.489-IV.

Art. 2.020. Os herdeiros em posse dos bens da herança, o cônjuge sobrevivente e o inventariante[1] são obrigados a trazer ao acervo os frutos que perceberam, desde a abertura da sucessão;[1a-2] têm direito ao reembolso das despesas necessárias e úteis que fizerem, e respondem pelo dano a que, por dolo ou culpa, deram causa.

Art. 2.020: 1. v. CPC 614 (administrador provisório).

Art. 2.020: 1a. "Aquele que ocupa exclusivamente imóvel deixado pelo falecido deverá pagar aos demais herdeiros valores a título de aluguel proporcional, quando demonstrada oposição à sua ocupação exclusiva. O termo inicial para o pagamento dos valores deve coincidir com a efetiva oposição, judicial ou extrajudicial, dos demais herdeiros" (STJ-3ª T., REsp 570.723, Min. Nancy Andrighi, j. 27.3.07, dois votos vencidos, DJU 20.8.07).

V. tb. arts. 1.319, nota 2, e 1.689, nota 2a.

S/ custeio das despesas do imóvel pelo seu ocupante exclusivo, v. art. 1.315, nota 1c.

Art. 2.020: 2. "Arrolamento. Legatária e companheira sobrevivente na posse de imóvel comum a ex-cônjuge e demais herdeiras. Dever de trazer ao acervo os frutos percebidos (art. 2.020 do CC). Direito real de habitação que não se confunde com o usufruto e não abrange a percepção de aluguéis. Determinação de prestar contas mantida" (RT 871/220).

Art. 2.021. Quando parte da herança consistir em bens remotos do lugar do inventário, litigiosos, ou de liquidação morosa ou difícil, poderá proceder-se, no prazo legal, à partilha dos outros, reservando-se aqueles para uma ou mais sobrepartilhas, sob a guarda e a administração do mesmo ou diverso inventariante, e consentimento da maioria dos herdeiros.[1-2]

Art. 2.021: 1. v. CPC 669-III, IV e § ún. e 670. V. tb. art. 2.022.

Em matéria de prescrição, v. art. 189, nota 6a.

Art. 2.021: 2. "Na hipótese de existirem bens sujeitos à sobrepartilha por serem litigiosos ou por estarem situados em lugar remoto da sede do juízo onde se processa o inventário, o espólio permanece existindo, ainda que transitada em julgado a sentença que homologou a partilha dos demais bens do espólio" (STJ-3ª T., REsp 284.669, Min. Nancy Andrighi, j. 10.4.01, DJU 13.8.01). Assim: "Encerrado o inventário, mas ainda havendo bens a partilhar, não se pode concluir pela extinção da figura do espólio" (STJ-4ª T., REsp 977.365, Min. Fernando Gonçalves, j. 26.2.08, DJU 10.3.08).

Art. 2.022. Ficam sujeitos a sobrepartilha[1] os bens sonegados[1a] e quaisquer outros bens da herança de que se tiver ciência após a partilha.[2]

Art. 2.022: 1. v. art. 2.021.

Art. 2.022: 1a. v. arts. 1.992 a 1.996.

Art. 2.022: 2. v. CPC 669-I e II e 670.

S/ sobrepartilha de bem sonegado em matéria de separação judicial, v. art. 1.668, nota 1b.

Capítulo VI | DA GARANTIA DOS QUINHÕES HEREDITÁRIOS

Art. 2.023. Julgada a partilha, fica o direito de cada um dos herdeiros circunscrito aos bens do seu quinhão.

Art. 2.024. Os coerdeiros são reciprocamente obrigados a indenizar-se no caso de evicção[1] dos bens aquinhoados.[2]

Art. 2.024: 1. v. arts. 447 a 457.

Art. 2.024: 2. v., porém, art. 2.025.

Art. 2.025. Cessa a obrigação mútua estabelecida no artigo antecedente, havendo convenção em contrário, e bem assim dando-se a evicção por culpa do evicto, ou por fato posterior à partilha.[1]

Art. 2.025: 1. v. art. 448.

Art. 2.026. O evicto será indenizado pelos coerdeiros na proporção de suas quotas hereditárias, mas, se algum deles se achar insolvente, responderão os demais na mesma proporção, pela parte desse, menos a quota que corresponderia ao indenizado.

Capítulo VII | DA ANULAÇÃO DA PARTILHA

Art. 2.027. A partilha é anulável pelos vícios e defeitos que invalidam, em geral, os negócios jurídicos.[1 a 3]

Parágrafo único. Extingue-se em um ano o direito de anular a partilha.[4-5]

Art. 2.027: 1. Redação da Lei 13.105, de 16.3.15, em vigor um ano após sua publicação (DOU 17.3.15).

Art. 2.027: 2. s/ vícios e defeitos do negócio jurídico, v. arts. 138 a 165; desconstituição de partilha, v. CPC 657 e 658.

Art. 2.027: 3. "A invalidação de partilha não opera necessariamente apenas sobre a metade atribuída aos herdeiros, mas pode atingir a própria meação da viúva, dês que questionadas a justeza e igualdade na divisão entre o cônjuge supérstite e os herdeiros" (RSTJ 32/381: 4ª T., REsp 12.824).

Art. 2.027: 4. s/ partilha e união estável, v. art. 178, nota 1b.

Art. 2.027: 5. "O prazo prescricional de um ano para anulação da partilha, previsto no art. 178, § 6º, V, do Código Civil de 1916, diz respeito a vícios de menor gravidade que representam nulidades relativas, dirigindo-se aos atos celebrados por relativamente incapazes ou por pessoas cujo consentimento estava viciado. A hipótese dos autos constitui inequívoco caso de **nulidade absoluta**, pois a inclusão, no inventário, de pessoa que não é herdeira torna a partilha nula de pleno direito, porquanto contrária à ordem hereditária prevista na norma jurídica, a cujo respeito as partes não podem transigir ou renunciar. A anulação da partilha, decorrente de ato nulo de pleno direito, está sujeita ao **prazo prescricional máximo**, no caso vinte anos (art. 177 do Código Civil de 1916, vigente à época dos fatos)" (STJ-4ª T., Ag em REsp 226.991-AgInt, Min. Lázaro Guimarães, j. 7.11.17, DJ 13.11.17). Esse acórdão foi mantido no julgamento dos subsequentes embargos de divergência (STJ-2ª Seção, ED no Ag em REsp 226.991, Min. Ricardo Cueva, j. 10.6.20, DJ 1.7.20).

"Na espécie, a pretensão autoral refere-se à declaração de nulidade de partilha efetivada sem que o herdeiro sequer soubesse que estava dispondo de seus bens, não tendo vontade nem consciência do negócio jurídico perpetrado por seu mandatário, devendo ser afastada a incidência do prazo ânuo previsto nos arts. 2.027, parágrafo único, do CC e 1.029, parágrafo único, do CPC/1973" (STJ-4ª T., REsp 1.551.430, Min. Luis Felipe, j. 21.9.17, maioria, DJ 16.11.17).

Livro Complementar | DAS DISPOSIÇÕES FINAIS E TRANSITÓRIAS[1]

LIV. COMPL.: 1. "As disposições finais e transitórias do novo Código Civil", por José Raimundo Gomes da Cruz (RF 364/195).

Art. 2.028. Serão os da lei anterior os prazos,[1] quando reduzidos por este Código, e se, na data de sua entrada em vigor, já houver transcorrido mais da metade do tempo estabelecido na lei revogada.[1a a 3]

Art. 2.028: 1. Este dispositivo regula apenas prazos prescricionais ou também é aplicável aos decadenciais?

Humberto Theodoro Jr. entende que essa regra de transição fica restrita aos prazos prescricionais, pois os decadenciais devem sempre ser regidos pela lei em vigor no momento da constituição do direito a que aderem (RMDCPC 22/21).

Art. 2.028: 1a. "O direito intertemporal e a aplicabilidade do novo Código Civil", por Vilian Bollmann (RF 364/281); "Prescrição: os prazos reduzidos pelo novo Código Civil e a crise na aplicação da regra transitória de prescrição", por Samir El Hajjar (RSDCPC 24/133); "A redução dos prazos de prescrição e o novo Código Civil", por Jânio de Souza Machado (RT 805/20); "Prescrição. Os prazos prescricionais e o direito intertemporal à luz do princípio constitucional da isonomia: interpretação do art. 2.028 do novo Código Civil", por Guilherme Soares de Oliveira Ortolan (RSDCPC 27/93 e RF 384/455); "Indispensável reequacionamento das questões fundamentais de direito intertemporal", por Fernando Noronha (RJ 325/38 e RT 837/55); "A aplicação da lei nova a prazos prescricionais em curso: o Código Civil de 2002 e suas regras de transição", por Alexandre dos Santos Cunha (Ajuris 102/9); "A intertemporalidade e seus critérios", por José Roberto de Castro Neves (RF 382/105); "A redução do prazo prescricional no Código Civil brasileiro de 2002 para a indenização por responsabilidade civil e a segurança jurídica: análise crítica da redação do art. 2.028 do CC/2002", por Leonardo Cesar de Agostini (RDPr 26/183).

Art. 2.028: 2. O texto estabelece dois requisitos para que continue sendo aplicável ao prazo a lei velha: a) que ele tenha sido reduzido pela lei nova; b) que, contado pela lei velha, haja decorrido mais de metade do prazo. Não preenchidos esses requisitos, aplica-se o atual Código Civil.

"Dois requisitos cumulativos devem estar presentes para viabilizar a incidência do prazo prescricional do CC/16: i) o prazo da lei anterior deve ter sido reduzido pelo CC/02; e ii) mais da metade do prazo estabelecido na lei revogada já deveria ter transcorrido no momento em que o CC/02 entrou em vigor, em 11.1.03" (STJ-3ª T., REsp 1.032.952, Min. Nancy Andrighi, j. 17.3.09, DJ 26.3.09).

Outra coisa, porém, é saber a partir de quando, neste caso, incide o prazo da lei nova: do fato gerador ou da vigência do Código Civil? É óbvio que só poderá ser a partir do Código Civil, pois, do contrário, o prazo, na maior parte das vezes, estaria consumado antes de seu início, o que é absurdo. Nesse sentido: RT 832/246, 871/221; RMDCPC 12/110, JTJ 337/181 (AI 7.286.445-8), 357/420 (AP 991.07.042139-0).

Assim: "A contagem do prazo reduzido se dá por inteiro e com marco inicial no dia 11.1.03, em homenagem à segurança e à estabilidade das relações jurídicas" (STJ-4ª T., REsp 717.457, Min. Cesar Rocha, j. 27.3.07, DJU 21.5.07). No mesmo sentido: STJ-3ª T., REsp 896.635, Min. Nancy Andrighi, j. 26.2.08, DJU 10.3.08.

Cf., a propósito, a nota 1a ao art. 1º da Lei 6.969, de 10.12.81, e, mais extensamente, a nota 1 ao art. 9º da Lei 10.257, de 10.7.01 (estes dois últimos no tít. USUCAPIÃO ESPECIAL).

Art. 2.028: 3. "Nos termos da regra de transição disposta no artigo 2.028 do Código Civil de 2002, devem ser observados os prazos prescricionais do Codex revogado, quando presentes as seguintes condições: (i) redução do lapso pelo diploma atual; e (ii) transcurso de mais da metade do tempo estabelecido na norma prescricional anterior. Assim, uma vez verificado que, em 11.01.2003, transcorrera mais de dez anos do prazo prescricional previsto no código revogado, a contagem do lapso que remanescer dos vinte anos continuará até seu término; caso contrário, a partir de então (data da vigência do Código Civil de 2002), iniciar-se-á o cômputo da prescrição trienal, que passou a ser aplicável para o exercício da pretensão de cobrança de indenização securitária obrigatória. Nada obstante, a incidência da aludida regra de transição não poderá caracterizar situação prejudicial ao exercício da pretensão pelo menor de 16 (dezesseis anos), em relação ao qual não corre a prescrição durante o período de incapacidade absoluta. Isso porque a **norma impeditiva do curso do prazo prescricional em relação aos menores impúberes** (artigo 169 do Código Civil de 1916 e artigo 198 do Código Civil de 2002) deve ser interpretada à luz de sua *ratio essendi* e em consonância com o paradigma da proteção integral (corolário do princípio da dignidade da pessoa humana). Desse modo, observando-se o princípio da proteção integral, não se pode consagrar interpretação que, ao fim e ao cabo, consubstancie situação menos benéfica ao menor e, o pior, em razão da incidência de regra que deveria favorecê-lo. Tal contradição ou incoerência não pode prosperar. Na espécie, a morte da mãe da autora (em virtude de acidente de trânsito) ocorreu em 25.05.1989, época em que vigorava o prazo prescricional ordinário de vinte anos, previsto no artigo 177 do Código Civil de 1916, aplicável ao exercício da pretensão de cobrança de seguro obrigatório. Nada obstante, o termo inicial da prescrição quedou obstado por ser a autora, nascida em 12.08.1984, menor absolutamente incapaz. Sua maioridade ocorreu em 12.08.2000, quando completou dezesseis anos. Apenas em 20.06.2007, foi ajuizada a ação de cobrança do seguro DPVAT, ocasião na qual vigente o prazo prescricional trienal estipulado no Código Civil de 2002 (inciso IX do § 3º do artigo 206). De acordo com a seguradora (ora recorrente), aplicada a regra de transição do artigo 2.028 do atual Codex Civil, deve ser reconhecida a prescrição da pretensão deduzida na inicial. Alega que, uma vez não decorrido mais de dez anos (metade do lapso previsto no código revogado) entre a data da deflagração da prescrição (data da maioridade da autora: 12.08.2000) e a data da vigência do novo código (11.01.2003), deve ser observado o prazo trienal a partir da vigência do Código Civil de 2002, consumando-se a prescrição em 11.01.2006. Contudo, tal exegese não merece guarida, por traduzir situação pior ao menor que, em vez de beneficiado pela regra impeditiva do curso prescricional, teria sido, em verdade, prejudicado, o que vai de encontro ao princípio da proteção integral e, consequentemente, ao princípio da dignidade da pessoa humana atinente ao hipervulnerável. Assim, deve-se computar a metade da regra revogada desde o fato gerador da pretensão (no caso, a morte da genitora por acidente de trânsito) para fins de observância da norma de transição prevista no artigo 2.028 do Código Civil de 2002. Sob essa ótica, em 11.01.2003, já haveria transcorrido mais da metade do prazo prescricional revogado (13 anos desde 25.05.1989), podendo a demanda ser ajuizada até 25.05.2009, encontrando-se, portanto, hígida a pretensão deduzida em 20.06.2007" (STJ-4ª T., REsp 1.349.599, Min. Luis Felipe, j. 13.6.17, DJ 1.8.17). No mesmo sentido: STJ-3ª T., REsp 1.458.694, Min. Ricardo Cueva, j. 5.2.19, DJ 15.2.19.

Art. 2.029. Até dois anos após a entrada em vigor deste Código, os prazos estabelecidos no parágrafo único do art. 1.238 e no parágrafo único do art. 1.242 serão acrescidos de dois anos, qualquer que seja o tempo transcorrido na vigência do anterior, Lei n. 3.071, de 1º de janeiro de 1916.

Art. 2.030. O acréscimo de que trata o artigo antecedente, será feito nos casos a que se refere o § 4º do art. 1.228.

Art. 2.031. As associações, sociedades e fundações, constituídas na forma das leis anteriores, bem como os empresários, deverão se adaptar às disposições deste Código até 11 de janeiro de 2007.[1-1a]

Parágrafo único. O disposto neste artigo não se aplica às organizações religiosas[2] nem aos partidos políticos.[2a-3]

Art. 2.031: 1. Redação de acordo com a Lei 11.127, de 28.6.05 (DOU 29.6.05).

Art. 2.031: 1a. Enunciado 73 do CEJ: "Não havendo a revogação do art. 1.060 do Código Civil, nem a modificação do § 2º do art. 1.158 do mesmo diploma, é de interpretar-se este dispositivo no sentido de não aplicá-lo à denominação das sociedades anônimas e sociedades limitadas já existentes, em razão de se tratar de direito inerente à sua personalidade".

Enunciado 394 do CEJ: "Ainda que não promovida a adequação do contrato social no prazo previsto no art. 2.031 do Código Civil, as sociedades não perdem a personalidade jurídica adquirida antes de seu advento".

Enunciado 395 do CEJ: "A sociedade registrada antes da vigência do Código Civil não está obrigada a adaptar seu nome às novas disposições".

Art. 2.031: 2. s/ organizações religiosas, v. art. 44-IV e § 1º.

Art. 2.031: 2a. § ún. acrescido pela Lei 10.825, de 22.12.03 (DOU 23.12.03).

Art. 2.031: 3. s/ partidos políticos, v. art. 44-V e § 3º.

Art. 2.032. As fundações, instituídas segundo a legislação anterior, inclusive as de fins diversos dos previstos no parágrafo único do art. 62, subordinam-se, quanto ao seu funcionamento, ao disposto neste Código.[1]

Art. 2.032: 1. v. arts. 62 a 69.

Art. 2.033. Salvo o disposto em lei especial, as modificações dos atos constitutivos das pessoas jurídicas referidas no art. 44, bem como a sua transformação, incorporação, cisão ou fusão,[1] regem-se desde logo por este Código.

Art. 2.033: 1. v. arts. 1.113 a 1.122 e 2.034.

Art. 2.034. A dissolução e a liquidação das pessoas jurídicas referidas no artigo antecedente, quando iniciadas antes da vigência deste Código, obedecerão ao disposto nas leis anteriores.[1-2]

Art. 2.034: 1. "À dissolução da sociedade deve ser aplicada a regra vigente no momento do ajuizamento da ação. Pouco importa, por isso, que a sociedade tenha sido constituída antes do advento do novo Código Civil, ou mesmo a antecedência dos fatos que deram origem à ação de dissolução" (RJ 316/112; a citação é do voto do relator).

Art. 2.034: 2. v. arts. 1.102 a 1.112. V. tb. LSA 206 a 218.

Art. 2.035. A validade dos negócios e demais atos jurídicos,[1] constituídos antes da entrada em vigor deste Código, obedece ao disposto nas leis anteriores, referidas no art. 2.045, mas os seus efeitos, produzidos após a vigência deste Código, aos preceitos dele se subordinam, salvo se houver sido prevista pelas partes determinada forma de execução.[1a-1b]

Parágrafo único. Nenhuma convenção prevalecerá se contrariar preceitos de ordem pública, tais como os estabelecidos por este Código para assegurar a função social da propriedade e dos contratos.[2]

Art. 2.035: 1. v. arts. 104 a 188.

Art. 2.035: 1a. "Direito intertemporal e os contratos de trato sucessivo no novo Código Civil", por Daniel Guerra Gunzburger (RF 380/21); "Controvérsias constitucionais no Código Civil: o art. 2.035 e a necessidade de uma nova abordagem sobre o princípio da (ir)retroatividade", por Mário Luiz Delgado Régis (RMDCPC 3/40).

Art. 2.035: 1b. Enunciado 300 do CEJ: "A lei aplicável aos efeitos atuais dos contratos celebrados antes do novo Código Civil será a vigente na época da celebração; todavia, havendo alteração legislativa que evidencie anacronismo da lei revogada, o juiz equilibrará as obrigações das partes contratantes, ponderando os interesses traduzidos pelas regras revogada e revogadora, bem como a natureza e a finalidade do negócio".

Art. 2.035: 2. s/ função social: dos contratos, v. art. 421; da propriedade, v. art. 1.228 § 1º.

Art. 2.036. A locação do prédio urbano, que esteja sujeita à lei especial,[1] por esta continua a ser regida.

Art. 2.036: 1. v. Lei 8.245, de 18.10.91 (LOCAÇÃO).

Art. 2.037. Salvo disposição em contrário, aplicam-se aos empresários[1] e sociedades empresárias[2] as disposições de lei não revogadas por este Código, referentes a comerciantes, ou a sociedades comerciais, bem como a atividades mercantis.[3]

Art. 2.037: 1. v. arts. 966 a 980.

Art. 2.037: 2. v. art. 982.

Art. 2.037: 3. v. tít. SOCIEDADES. S/ sociedades seguradoras, v. Dec. lei 73, de 21.11.66 (arts. 72 a 88); s/ sociedades de caça, v. Lei 5.197, de 3.1.67; s/ sociedades imobiliárias, v. Lei 4.728, de 14.7.65, arts. 62 a 65; s/ aeroclubes, v. Dec. lei 205, de 27.2.67; s/ recuperação judicial e extrajudicial e falência da sociedade empresária, v. LRF (Lei 11.101, de 9.2.05); s/ sociedade por ações, v. LSA (Lei 6.404, de 15.12.76); s/ registro público de empresas mercantis e atividades afins, v. Lei 8.934, de 18.11.94 (regulamentada pelo Dec. 1.800, de 30.1.96); s/ microempresa e empresa de pequeno porte, v. LC 123, de 14.12.06; s/ franquia empresarial, v. Lei 13.966, de 26.12.19.

Art. 2.038. Fica proibida a constituição de enfiteuses e subenfiteuses, subordinando-se as existentes, até sua extinção, às disposições do Código Civil anterior, Lei n. 3.071, de 1º de janeiro de 1916, e leis posteriores.[1]

§ 1º Nos aforamentos a que se refere este artigo é defeso:

I — cobrar laudêmio ou prestação análoga nas transmissões de bem aforado, sobre o valor das construções ou plantações;

II — constituir subenfiteuse.

§ 2º A enfiteuse dos terrenos de marinha e acrescidos regula-se por lei especial.[2]

Art. 2.038: 1. v. CC rev. 678 a 694.

Art. 2.038: 2. Dec. lei 9.760, de 5.9.46 — Dispõe sobre os bens imóveis da União e dá outras providências (arts. 64 § 2º, 99 a 103).

Lei 9.636, de 15.5.98 — Dispõe sobre a regularização, administração, aforamento e alienação de bens imóveis de domínio da União, altera dispositivos dos Decs. leis 9.760, de 5.9.46, e 2.398, de 21.12.87, regulamenta o § 2º do art. 49 do ADCT, e dá outras providências.

Art. 2.039. O regime de bens nos casamentos[1] celebrados na vigência do Código Civil anterior, Lei n. 3.071, de 1º de janeiro de 1916, é o por ele estabelecido.[2]

Art. 2.039: 1. v. arts. 1.639 a 1.688, especialmente nota 5a ao art. 1.647.

Art. 2.039: 2. "Apresenta-se razoável, *in casu*, não considerar o art. 2.039 do CC/2002 como óbice à aplicação de norma geral, constante do art. 1.639, § 2º, do CC/2002, concernente à alteração incidental de regime de bens nos casamentos ocorridos sob a égide do CC/1916, desde que ressalvados os direitos de terceiros e apuradas as razões invocadas pelos cônjuges para tal pedido, não havendo que se falar em retroatividade legal" (STJ-4ª T., REsp 730.546, Min. Jorge Scartezzini, j. 23.8.05, DJU 3.10.05). No mesmo sentido: Bol. AASP 2.647 (TJSP, AP 415.328-4/2).

Art. 2.040. A hipoteca legal dos bens do tutor ou curador, inscrita em conformidade com o inciso IV do art. 827 do Código Civil anterior, Lei n. 3.071, de 1º de janeiro de 1916, poderá ser cancelada,[1] obedecido o disposto no parágrafo único do art. 1.745 deste Código.

Art. 2.040: 1. v. LRP 251.

Art. 2.041. As disposições deste Código relativas à ordem da vocação hereditária (arts. 1.829 a 1.844) não se aplicam à sucessão aberta antes de sua vigência,[1] prevalecendo o disposto na lei anterior (Lei n. 3.071, de 1º de janeiro de 1916).[2]

Art. 2.041: 1. cf. art. 1.787.

Art. 2.041: 2. v. CC rev. 1.603 a 1.619.

Art. 2.042. Aplica-se o disposto no *caput* do art. 1.848, quando aberta a sucessão no prazo de um ano após a entrada em vigor deste Código, ainda que o testamento tenha sido feito na vigência do anterior, Lei n. 3.071, de 1º de janeiro de 1916; se, no prazo, o testador não aditar o testamento para declarar a justa causa de cláusula aposta à legítima, não subsistirá a restrição.[1]

Art. 2.042: 1. v. nota 2a ao Tít. III que antecede o art. 1.857.

Art. 2.043. Até que por outra forma se disciplinem, continuam em vigor as disposições de natureza processual, administrativa ou penal, constantes de leis cujos preceitos de natureza civil hajam sido incorporados a este Código.

Art. 2.044. Este Código entrará em vigor 1 (um) ano após a sua publicação.¹

Art. 2.044: 1. Publicado no DOU de 11.1.02, o novo Código Civil entrou em vigor em 12.1.03, de acordo com o art. 8º § 1º da LC 95, de 26.2.98, na redação da LC 107, de 26.4.01 (v. texto desse § 1º, já atualizado, em nota 1 ao art. 132).

Art. 2.045. Revogam-se a Lei n. 3.071, de 1º de janeiro de 1916 — Código Civil e a Parte Primeira do Código Comercial, Lei n. 556, de 25 de junho de 1850.¹⁻²

Art. 2.045: 1. A revogação refere-se aos arts. 1º a 456 do CCo, continuando, porém, em vigor as demais disposições.

Enunciado 75 do CEJ: "A disciplina de matéria mercantil no novo Código Civil não afeta a autonomia do direito comercial".

Art. 2.045: 2. Enunciado 74 do CEJ: "Apesar da falta de menção expressa, como exigido pelas LCs 95/98 e 107/2001, estão revogadas as disposições de leis especiais que contiverem matéria regulada inteiramente no novo Código Civil, como, v.g., as disposições da Lei n. 6.404/76, referente à sociedade comandita por ações, e do Decreto n. 3.708/1919, sobre sociedade de responsabilidade limitada".

Art. 2.046. Todas as remissões, em diplomas legislativos, aos Códigos referidos no artigo antecedente, consideram-se feitas às disposições correspondentes deste Código.

Brasília, 10 de janeiro de 2002; 181º da Independência e 114º da República — FERNANDO HENRIQUE CARDOSO — *Aloysio Nunes Ferreira Filho.*

Alienação Fiduciária

Lei n. 4.728, de 14 de julho de 1965

Disciplina o mercado de capitais e estabelece medidas para o seu desenvolvimento.

O Presidente da República
Faço saber que o Congresso Nacional decreta e eu sanciono a seguinte Lei:

Seção XIV | ALIENAÇÃO FIDUCIÁRIA EM GARANTIA NO ÂMBITO DO MERCADO FINANCEIRO E DE CAPITAIS[1]

SEÇ. XIV: 1. A Seção XIV teve seu título alterado pela Lei 10.931, de 2.8.04.

Art. 66. ....[1]

Art. 66: 1. O art. 66, que dispunha sobre alienação fiduciária de coisa móvel, foi alterado pelo art. 1º do Dec. lei 911, de 1.10.69, e, posteriormente, revogado pela Lei 10.931, de 2.8.04.

Art. 66-A. ....[1]

Art. 66-A: 1. O art. 66-A, sobre alienação em garantia de coisa fungível ou de direito, foi acrescido pela Med. Prov. 2.160-25, de 23.8.01, e revogado pela Lei 10.931, de 2.8.04.

Art. 66-B. O contrato de alienação fiduciária[1 a 2] celebrado no âmbito do mercado financeiro[2a a 3a] e de capitais, bem como em garantia de créditos fiscais e previdenciários, deverá conter, além dos requisitos definidos na Lei n. 10.406, de 10 de janeiro de 2002 — Código Civil,[4] a taxa de juros, a cláusula penal, o índice de atualização monetária, se houver, e as demais comissões e encargos.

§ 1º Se a coisa objeto de propriedade fiduciária não se identifica por números, marcas e sinais no contrato de alienação fiduciária, cabe ao proprietário fiduciário o ônus da prova, contra terceiros, da identificação dos bens do seu domínio que se encontram em poder do devedor.

§ 2º O devedor que alienar, ou der em garantia a terceiros, coisa que já alienara fiduciariamente em garantia, ficará sujeito à pena prevista no art. 171, § 2º, I, do Código Penal.[5 a 5b]

§ 3º É admitida a alienação fiduciária de coisa fungível e a cessão fiduciária de direitos sobre coisas móveis, bem como de títulos de crédito, hipóteses em que, salvo disposição em contrário, a posse direta e indireta do bem objeto da propriedade fiduciária ou do título representativo do direito ou do crédito é atribuída ao credor, que, em caso de inadimplemento ou mora da obrigação garantida, poderá vender a terceiros o bem objeto da propriedade fiduciária independente de leilão, hasta pública ou qualquer outra medida judicial ou extrajudicial, devendo aplicar o preço da venda no pagamento do seu crédito e das despesas decorrentes da realização da garantia, entregando ao devedor o saldo, se houver, acompanhado do demonstrativo da operação realizada.[6]

§ 4º No tocante à cessão fiduciária de direitos sobre coisas móveis ou sobre títulos de crédito aplica-se, também, o disposto nos arts. 18 a 20 da Lei n. 9.514, de 20 de novembro de 1997.[6a-6b]

§ 5º Aplicam-se à alienação fiduciária e à cessão fiduciária de que trata esta Lei os arts. 1.421, 1.425, 1.426, 1.435 e 1.436 da Lei n. 10.406, de 10 de janeiro de 2002.

§ 6º Não se aplica à alienação fiduciária e à cessão fiduciária de que trata esta Lei o disposto no art. 644 da Lei n. 10.406, de 10 de janeiro de 2002.[7]

Art. 66-B: 1. "A alienação fiduciária em garantia e a lei de sociedades anônimas", por Paulo Restiffe Neto e Paulo Sérgio Restiffe (RT 764/60).

Art. 66-B: 1a. v. ementário de jurisprudência s/ alienação fiduciária, por Arruda Alvim e Antonio Alberti Neto, em RP 39/328.

Art. 66-B: 1b. s/ registro do contrato de alienação fiduciária, v. CC 1.361 e LRP 129-5º.

No CPCLPV, s/ embargos de terceiro opostos pelo proprietário fiduciante, v. CPC 674, nota 12; s/ penhora de bem alienado fiduciariamente, v. CPC 833, nota 11 (inclusive Súmula 242 do TFR).

Art. 66-B: 1c. Súmula 28 do STJ: "O contrato de alienação fiduciária em garantia pode ter por objeto **bem que já integrava o patrimônio do devedor**" (v. jurisprudência s/ esta Súmula em RSTJ 33/165 a 216).

Art. 66-B: 2. "Em caso de simulação bilateral em negócio de mútuo, com suposto de alienação fiduciária de **bem inexistente**, declara-se a nulidade deste, com a subsistência do empréstimo" (STJ-RT 677/233).

Se o depósito é fictício, por não existir em realidade a coisa, descabe pedido de prisão do devedor (JTA 59/114).

Art. 66-B: 2a. Lei 4.595, de 31.12.64 — Dispõe sobre a Política e as Instituições monetárias, bancárias e creditícias, cria o Conselho Monetário Nacional e dá outras providências: "**Art. 17.** Consideram-se instituições financeiras, para os efeitos da legislação em vigor, as pessoas jurídicas públicas ou privadas, que tenham como atividade principal ou acessória a coleta, intermediação ou aplicação de recursos financeiros próprios ou de terceiros, em moeda nacional ou estrangeira, e a custódia de valor de propriedade de terceiros.

"Parágrafo único. Para os efeitos desta Lei e da legislação em vigor, equiparam-se às instituições financeiras as pessoas físicas que exerçam qualquer das atividades referidas neste artigo, de forma permanente ou eventual.

"**Art. 18.** As instituições financeiras somente poderão funcionar no País mediante prévia autorização do Banco Central da República do Brasil ou decreto do Poder Executivo, quando forem estrangeiras (...)".

O Banco Central da República Federativa do Brasil passou a denominar-se Banco Central do Brasil, conforme o art. 1º do Dec. lei 278, de 28.2.67.

Art. 66-B: 2b. "A jurisprudência predominante, inclusive a do Pretório Excelso, consolidou entendimento segundo o qual qualquer instituição financeira em sentido amplo, entre as quais as entidades bancárias que não são sociedades financeiras, pode utilizar-se da alienação fiduciária para garantia de seus financiamentos concedidos" (STJ-RT 660/211, maioria).

Art. 66-B: 3. É legal a exigência de prova, sob pena de extinção liminar do processo, de que a autora se encontra regularmente registrada perante o Banco Central do Brasil como instituição financeira (JTA 104/37).

Art. 66-B: 3a. Súmula 6 do 1º TASP (Consórcio): "Os consórcios de financiamento, regularmente constituídos, podem efetuar financiamentos mediante a alienação fiduciária de bens em garantia e, por consequência, requerer a busca e apreensão, nos termos do Dec. lei n. 911/69" (RT 624/100 e JTA 97/9, reportando-se a JTA 64/160).

"Alienação fiduciária em garantia. Lícita a utilização dessa garantia nas operações de consórcio, regularmente constituído na forma da Lei 5.768/71, dependentes de autorização do Poder Público para funcionamento e sujeitas a sua fiscalização" (RSTJ 9/358).

Art. 66-B: 4. CDC 53-*caput*: "Nos contratos de compra e venda de móveis ou imóveis mediante pagamento em prestações, bem como nas alienações fiduciárias em garantia, consideram-se nulas de pleno direito as cláusulas que estabeleçam a perda total das prestações pagas em benefício do credor que, em razão do inadimplemento, pleitear a resolução do contrato e a retomada do produto alienado".

Art. 66-B: 5. O segundo depósito é nulo, não autorizando, por isso, ação de depósito (RTJ 94/1.253).

Art. 66-B: 5a. Pena: reclusão, de um a cinco anos, e multa.

Art. 66-B: 5b. Súmula Vinculante 25 do STF: "É ilícita a prisão civil de depositário infiel, qualquer que seja a modalidade do depósito".

Art. 66-B: 6. "A **exigência de registro,** para efeito de constituição da propriedade fiduciária, **não se faz presente** no tratamento legal ofertado pela Lei n. 4.728/95, em seu art. 66-B (introduzido pela Lei n. 10.931/2004) à cessão fiduciária de direitos sobre coisas móveis, bem como de títulos de crédito (bens incorpóreos e fungíveis, por excelência), tampouco com ela se coaduna. A constituição da propriedade fiduciária, oriunda de cessão fiduciária de direitos sobre coisas móveis e de títulos de crédito, dá-se a partir da própria contratação, afigurando-se, desde então, plenamente válida e eficaz entre as partes. A consecução do registro do contrato, no tocante à garantia ali inserta, afigura-se relevante, quando muito, para produzir efeitos em relação a terceiros, dando-lhes a correlata publicidade. Efetivamente, todos os direitos e prerrogativas conferidas ao credor fiduciário, decorrentes da cessão fiduciária, devidamente explicitados na lei (tais como, o direito de posse do título, que pode ser conservado e recuperado 'inclusive contra o próprio cedente'; o direito de 'receber diretamente dos devedores os créditos cedidos fiduciariamente', a outorga do uso de todas as ações e instrumentos, judiciais e extrajudiciais, para receber os créditos cedidos, entre outros) são exercitáveis imediatamente à contratação da garantia, independente de seu registro. Por consectário, absolutamente descabido reputar constituída a obrigação principal (mútuo bancário, representado pela cédula de crédito bancário emitida em favor da instituição financeira) e, ao mesmo tempo, considerar pendente de formalização a indissociável garantia àquela, condicionando a existência desta última ao posterior registro" (STJ-3ª T., REsp 1.412.529, Min. Marco Bellizze, j. 17.12.15, maioria, DJ 2.3.16). No mesmo sentido: STJ-4ª T., Ag em REsp 1.224.714-AgInt, Min. Antonio Carlos, j. 14.12.21, DJ 17.12.21.

Art. 66-B: 6a. v., adiante, neste tít., **Lei 9.514, de 20.11.97** (Dispõe sobre o Sistema de Financiamento Imobiliário, institui a alienação fiduciária de coisa imóvel e dá outras providências).

Art. 66-B: 6b. "Dos termos do art. 18, IV, e 19, I, da Lei n. Lei n. 9.514/1997, ressai absolutamente claro que a cessão fiduciária sobre títulos de créditos opera a transferência da titularidade dos créditos cedidos. Ou seja, **o objeto da cessão fiduciária são os direitos creditórios** que hão de estar **devidamente especificados** no instrumento contratual, **e não o título,** o qual apenas os representa. Por meio da cessão fiduciária de direitos creditórios, representados pelos correlatos títulos, o devedor fiduciante, a partir da contratação, cede 'seus recebíveis' à instituição financeira (credor fiduciário), como garantia ao mútuo bancário, que, inclusive, poderá apoderar-se diretamente do crédito constante em conta vinculada ('trava bancária') ou receber o respectivo pagamento diretamente do terceiro (devedor do devedor fiduciante). Por consectário, em atenção à própria natureza do direito creditício sobre o qual recai a garantia fiduciária — bem incorpóreo e fungível, por excelência —, sua identificação no respectivo contrato, naturalmente, referir-se-á à mensuração do valor constante da conta vinculada ou dos 'recebíveis', cedidos em garantia ao débito proveniente do mútuo bancário e representados por títulos de crédito. A exigência de especificação do título representativo do crédito, como requisito formal à conformação do negócio fiduciário, além de não possuir previsão legal — o que, por si, obsta a adoção de uma interpretação judicial ampliativa — cede a uma questão de ordem prática incontornável. Por ocasião da realização da cessão fiduciária, afigura-se absolutamente possível que o título representativo do crédito cedido não tenha sido nem sequer emitido, a inviabilizar, desde logo, sua determinação no contrato. Registre-se, inclusive, que a lei especial de regência (Lei n. 10.931/2004, que disciplina a cédula de crédito bancário) é expressa em admitir que a cessão fiduciária em garantia da cédula de crédito bancário recaia sobre um crédito futuro (a performar), o que, *per si,* inviabiliza a especificação do correlato título (já que ainda não emitido)" (STJ-3ª T., REsp 1.797.196, Min. Marco Bellizze, j. 9.4.19, DJ 12.4.19).

Art. 66-B: 7. O art. 66-B foi acrescido pela Lei 10.931, de 2.8.04.

Art. 83. A presente Lei entra em vigor na data de sua publicação.

Art. 84. Revogam-se as disposições em contrário.

Brasília, 14 de julho de 1965; 144º da Independência e 77º da República — H. CASTELLO BRANCO.

Lei n. 9.514, de 20 de novembro de 1997

Dispõe sobre o Sistema de Financiamento Imobiliário, institui a alienação fiduciária[1-2] de coisa imóvel e dá outras providências.

O Presidente da República

Faço saber que o Congresso Nacional decreta e eu sanciono a seguinte lei:

LEI 9.514: 1. s/ propriedade fiduciária, v. CC 1.361 a 1.368.

LEI 9.514: 2. "Aspectos da alienação fiduciária de coisa imóvel", por Paulo Eduardo Fucci (RT 753/80); "Alienação fiduciária de coisa imóvel", por Ernane Fidélis dos Santos (RJ 261/21); "Alguns aspectos do regime jurídico do sistema financeiro imobiliário (Lei n. 9.514/97)", por Arnoldo Wald (RF 359/29); "A execução extrajudicial de créditos do Sistema de Financiamento Imobiliário", por Samir José Caetano Martins (RDDP 41/123).

Capítulo I | DO SISTEMA DE FINANCIAMENTO IMOBILIÁRIO

Seção I | DA FINALIDADE

Art. 1º O Sistema de Financiamento Imobiliário — SFI tem por finalidade promover o financiamento imobiliário em geral, segundo condições compatíveis com as da formação dos fundos respectivos.

Seção II | DAS ENTIDADES

Art. 2º Poderão operar no SFI as caixas econômicas, os bancos comerciais, os bancos de investimento, os bancos com carteira de crédito imobiliário, as sociedades de crédito imobiliário, as associações de poupança e empréstimo, as companhias hipotecárias e, a critério do Conselho Monetário Nacional — CMN, outras entidades.

Art. 3º As companhias securitizadoras de créditos imobiliários, instituições não financeiras constituídas sob a forma de sociedade por ações, terão por finalidade a aquisição e securitização desses créditos e a emissão e colocação, no mercado financeiro, de Certificados de Recebíveis Imobiliários,[1] podendo emitir outros títulos de crédito, realizar negócios e prestar serviços compatíveis com as suas atividades.

Parágrafo único. O Conselho Monetário Nacional — CMN poderá fixar condições para o funcionamento das companhias de que trata este artigo.[2]

Art. 3º: 1. v. art. 6º.

Art. 3º: 2. Lei 13.097, de 19.1.15: "Art. 169. Ficam **revogados**: (...) **IV** — após o decurso de 180 (cento e oitenta dias) da data de publicação desta Lei, o parágrafo único do art. 3º da Lei n. 9.514, de 20 de novembro de 1997".
Nota: a Lei 13.097, de 19.1.15, foi publicada no DOU de 20.1.15.

Seção III | DO FINANCIAMENTO IMOBILIÁRIO

Art. 4º As operações de financiamento imobiliário em geral serão livremente efetuadas pelas entidades autorizadas a operar no SFI, segundo condições de mercado e observadas as prescrições legais.

Parágrafo único. Nas operações de que trata este artigo, poderão ser empregados recursos provenientes da captação nos mercados financeiro e de valores mobiliários, de acordo com a legislação pertinente.

Art. 5º As operações de financiamento imobiliário em geral, no âmbito do SFI, serão livremente pactuadas pelas partes, observadas as seguintes condições essenciais:

I — reposição integral do valor emprestado e respectivo reajuste;
II — remuneração do capital emprestado às taxas convencionadas no contrato;
III — capitalização dos juros;[1]
IV — contratação, pelos tomadores de financiamento, de seguros contra os riscos de morte e invalidez permanente.

§ 1º As partes poderão estabelecer os critérios do reajuste de que trata o inciso I, observada a legislação vigente.[2]

§ 2º (*redação da Lei 10.931, de 2.8.04*) As operações de comercialização de imóveis, com pagamento parcelado, de arrendamento mercantil de imóveis e de financiamento imobiliário em geral poderão ser pactuadas nas mesmas condições permitidas para as entidades autorizadas a operar no SFI.

§ 3º Na alienação de unidades em edificação sob o regime da Lei n. 4.591, de 16 de dezembro de 1964,[3] a critério do adquirente e mediante informação obrigatória do incorporador, poderá ser contratado seguro que garanta o ressarcimento ao adquirente das quantias por este pagas, na hipótese de inadimplemento do incorporador ou construtor quanto à entrega da obra.

Art. 5º: 1. v. art. 7º-VIII.

Art. 5º: 2. O § 1º do art. 5º foi revogado pela Med. Prov. 2.223, de 4.9.01, por sua vez revogada pela Lei 10.931, de 2.8.04.

Art. 5º: 3. Lei 4.591: no tít. CONDOMÍNIO E INCORPORAÇÃO.

Seção IV | DO CERTIFICADO DE RECEBÍVEIS IMOBILIÁRIOS

Art. 6º O Certificado de Recebíveis Imobiliários — CRI é título de crédito nominativo, de livre negociação, lastreado em créditos imobiliários e constitui promessa de pagamento em dinheiro.

Parágrafo único. .... [1]

Art. 6º: 1. Revogado pela Lei 14.430, de 3.8.22.

Art. 7º .... [1]

Art. 8º .... [1]

Art. 9º .... [1]

| **Art. 10.** .... [1]

| **Art. 11.** .... [1]

| **Art. 12.** .... [1]

| **Art. 13.** .... [1]

| **Art. 14.** .... [1]

| **Art. 15.** .... [1]

| **Art. 16.** .... [1]

Arts. 7º a 16: 1. Revogados pela Lei 14.430, de 3.8.22.

Seção VII | DAS GARANTIAS

| **Art. 17.** As operações de financiamento imobiliário em geral poderão ser garantidas por:

I — hipoteca;

II — cessão fiduciária[1] de direitos creditórios decorrentes de contratos de alienação de imóveis;

III — caução de direitos[2] creditórios ou aquisitivos decorrentes de contratos de venda ou promessa de venda de imóveis;

IV — alienação fiduciária de coisa imóvel.

§ 1º As garantias a que se referem os incisos II, III e IV deste artigo constituem direito real sobre os respectivos objetos.

§ 2º Aplicam-se à caução dos direitos creditórios a que se refere o inciso III deste artigo as disposições dos arts. 789 a 795 do Código Civil.[2a]

§ 3º As operações do SFI que envolvam locação poderão ser garantidas suplementarmente por anticrese.[3]

Art. 17: 1. v. art. 18; LRP 167-II-8.
Art. 17: 2. v. art. 21; LRP 167-II-8.
Art. 17: 2a. Os arts. 789 a 795 do CC rev. correspondem ao CC 1.459 e 1.460. V. tb. CC 1.458.
Art. 17: 3. v. CC 1.506 a 1.510 (CC rev. 805 a 808).

| **Art. 18.** O contrato de cessão fiduciária em garantia[1] opera a transferência ao credor da titularidade dos créditos cedidos, até a liquidação da dívida garantida, e conterá, além de outros elementos, os seguintes:

I — o total da dívida ou sua estimativa;

II — o local, a data e a forma de pagamento;

III — a taxa de juros;

IV — a identificação dos direitos creditórios objeto da cessão fiduciária.[2]

Art. 18: 1. v. art. 35.
Art. 18: 2. v., neste tít., Lei 4.728/65, art. 66-B, nota 6b.

Art. 19. Ao credor fiduciário compete o direito de:

I — conservar e recuperar a posse dos títulos representativos dos créditos cedidos, contra qualquer detentor, inclusive o próprio cedente;

II — promover a intimação dos devedores que não paguem ao cedente, enquanto durar a cessão fiduciária;

III — usar das ações, recursos e execuções, judiciais e extrajudiciais, para receber os créditos cedidos e exercer os demais direitos conferidos ao cedente no contrato de alienação do imóvel;

IV — receber diretamente dos devedores os créditos cedidos fiduciariamente.

§ 1º As importâncias recebidas na forma do inciso IV deste artigo, depois de deduzidas as despesas de cobrança e de administração, serão creditadas ao devedor cedente, na operação objeto da cessão fiduciária, até final liquidação da dívida e encargos, responsabilizando-se o credor fiduciário perante o cedente, como depositário, pelo que receber além do que este lhe devia.

§ 2º Se as importâncias recebidas, a que se refere o parágrafo anterior, não bastarem para o pagamento integral da dívida e seus encargos, bem como das despesas de cobrança e de administração daqueles créditos, o devedor continuará obrigado a resgatar o saldo remanescente nas condições convencionadas no contrato.

Art. 20. Na hipótese de falência do devedor cedente e se não tiver havido a tradição dos títulos representativos dos créditos cedidos fiduciariamente, ficará assegurada ao cessionário fiduciário a restituição na forma da legislação pertinente.

Parágrafo único. Efetivada a restituição, prosseguirá o cessionário fiduciário no exercício de seus direitos na forma do disposto nesta seção.

Art. 21. São suscetíveis de caução, desde que transmissíveis, os direitos aquisitivos sobre imóvel, ainda que em construção.

§ 1º O instrumento da caução, a que se refere este artigo, indicará o valor do débito e dos encargos e identificará o imóvel cujos direitos aquisitivos são caucionados.

§ 2º Referindo-se a caução a direitos aquisitivos de promessa de compra e venda cujo preço ainda não tenha sido integralizado, poderá o credor caucionário, sobrevindo a mora do promissário comprador, promover a execução do seu crédito ou efetivar, sob protesto, o pagamento do saldo da promessa.

§ 3º Se, nos termos do disposto no parágrafo anterior, o credor efetuar o pagamento, o valor pago, com todos os seus acessórios e eventuais penalidades, será adicionado à dívida garantida pela caução, ressalvado ao credor o direito de executar desde logo o devedor, inclusive pela parcela da dívida assim acrescida.

Capítulo II | DA ALIENAÇÃO FIDUCIÁRIA DE COISA IMÓVEL[1]

CAP. II: 1. "Alienação fiduciária de bem imóvel", por Álvaro Villaça Azevedo (RMDCPC 1/41).

Art. 22. A alienação fiduciária regulada por esta lei é o negócio jurídico pelo qual o devedor, ou fiduciante, com o escopo de garantia, contrata a transferência ao credor, ou fiduciário, da propriedade resolúvel de coisa imóvel.[1 a 1b]

§ 1º A alienação fiduciária poderá ser contratada por pessoa física ou jurídica, não sendo privativa das entidades que operam no SFI, podendo ter como objeto, além da propriedade plena:[2-2a]

I — bens enfitêuticos, hipótese em que será exigível o pagamento do laudêmio, se houver a consolidação do domínio útil no fiduciário;

II — o direito de uso especial para fins de moradia;

III — o direito real de uso, desde que suscetível de alienação;

IV — a propriedade superficiária.

§ 2º Os direitos de garantia instituídos nas hipóteses dos incisos III e IV do § 1º deste artigo ficam limitados à duração da concessão ou direito de superfície, caso tenham sido transferidos por período determinado.[3]

Art. 22: 1. v. LCE 31-A, nota 1 (incorporação imobiliária).

Art. 22: 1a. Enunciado 325 do CEJ: "É impenhorável, nos termos da Lei n. 8.009/90, o direito real de aquisição do devedor fiduciante".

Art. 22: 1b. "Alienação fiduciária de bem imóvel reconhecido como **bem de família**. Possibilidade. Não se pode concluir que o bem de família legal seja inalienável e, por conseguinte, que não possa ser alienado fiduciariamente por seu proprietário, se assim for de sua vontade, nos termos do art. 22 da Lei 9.514/97. Reconhecida, na espécie, a validade da cláusula que prevê a alienação fiduciária do bem de família, há que se admitir que o imóvel, após a consolidação da propriedade em nome do credor fiduciário, seja vendido, nos termos do art. 27 da já referida lei" (STJ-3ª T., REsp 1.677.015, Min. Nancy Andrighi, j. 28.8.18, maioria, DJ 6.9.18). No mesmo sentido: STJ-4ª T., REsp 1.559.348, Min. Luis Felipe, j. 18.6.19, DJ 5.8.19.

Art. 22: 2. O § 1º foi acrescido pela Lei 11.481, de 31.5.07.

Art. 22: 2a. "Muito embora a alienação fiduciária de imóveis tenha sido introduzida no ordenamento jurídico pela Lei 9.514/1997, que dispõe sobre o Sistema Financiamento Imobiliário, seu alcance ultrapassa os limites das transações relacionadas à aquisição de imóvel. A lei não exige que o contrato de alienação fiduciária de imóvel se vincule ao financiamento do próprio bem, de modo que é legítima a sua formalização como **garantia de toda e qualquer obrigação pecuniária**" (STJ-4ª T., Ag em REsp 1.307.645-AgInt, Min. Marco Buzzi, j. 23.4.19, DJ 26.4.19).

Art. 22: 3. O § 2º foi acrescido pela Lei 11.481, de 31.5.07.

Art. 23. Constitui-se a propriedade fiduciária de coisa imóvel mediante registro, no competente Registro de Imóveis,[1] do contrato que lhe serve de título.[2]

Parágrafo único. Com a constituição da propriedade fiduciária, dá-se o desdobramento da posse, tornando-se o fiduciante possuidor direto e o fiduciário possuidor indireto da coisa imóvel.

Art. 23: 1. v. LRP 167-I-35.

Art. 23: 2. "No regime especial da Lei 9.514/97, o registro do contrato tem **natureza constitutiva**, sem o qual a propriedade fiduciária e a garantia dela decorrente não se perfazem. Na ausência de registro do contrato que serve de título à propriedade fiduciária no competente Registro de Imóveis, como determina o art. 23 da Lei 9.514/97, não é exigível ao adquirente que se submeta ao procedimento de venda extrajudicial do bem para só então receber eventuais diferenças do vendedor" (STJ-3ª T., REsp 1.835.598, Min. Nancy Andrighi, j. 9.2.21, maioria, DJ 17.2.21).

Art. 24. O contrato que serve de título ao negócio fiduciário conterá:

I — o valor do principal da dívida;

II — o prazo e as condições de reposição do empréstimo ou do crédito do fiduciário;

III — a taxa de juros e os encargos incidentes;

IV — a cláusula de constituição da propriedade fiduciária, com a descrição do imóvel objeto da alienação fiduciária e a indicação do título e modo de aquisição;

V — a cláusula assegurando ao fiduciante, enquanto adimplente, a livre utilização, por sua conta e risco, do imóvel objeto da alienação fiduciária;

VI — a indicação, para efeito de venda em público leilão, do valor do imóvel e dos critérios para a respectiva revisão;

VII — a cláusula dispondo sobre os procedimentos de que trata o art. 27.

Parágrafo único (*acrescido pela Lei 13.465, de 11.7.17*). Caso o valor do imóvel convencionado pelas partes nos termos do inciso VI do *caput* deste artigo seja inferior ao utilizado pelo órgão competente como base de cálculo para a apuração do imposto sobre transmissão inter vivos, exigível por força da consolidação da propriedade em nome do credor fiduciário, este último será o valor mínimo para efeito de venda do imóvel no primeiro leilão.

Art. 25. Com o pagamento da dívida e seus encargos, resolve-se, nos termos deste artigo, a propriedade fiduciária do imóvel.

§ 1º No prazo de trinta dias, a contar da data de liquidação da dívida, o fiduciário fornecerá o respectivo termo de quitação ao fiduciante, sob pena de multa em favor deste, equivalente a meio por cento ao mês, ou fração, sobre o valor do contrato.

§ 2º À vista do termo de quitação de que trata o parágrafo anterior, o oficial do competente Registro de Imóveis efetuará o cancelamento do registro da propriedade fiduciária.

§ 3º (*revogado pela Lei 12.810, de 15.5.13*).

Art. 26. Vencida e não paga, no todo ou em parte, a dívida e constituído em mora[1] o fiduciante, consolidar-se-á, nos termos deste artigo, a propriedade do imóvel em nome do fiduciário.[1a a 2a]

§ 1º Para os fins do disposto neste artigo, o fiduciante, ou seu representante legal ou procurador regularmente constituído, será intimado, a requerimento do fiduciário, pelo oficial do competente Registro de Imóveis, a satisfazer, no prazo de quinze dias, a prestação vencida e as que se vencerem até a data do pagamento, os juros convencionais, as penalidades e os demais encargos contratuais, os encargos legais, inclusive tributos, as contribuições condominiais imputáveis ao imóvel, além das despesas de cobrança e de intimação.[3]

§ 2º O contrato definirá o prazo de carência após o qual será expedida a intimação.

§ 3º A intimação far-se-á pessoalmente ao fiduciante, ou ao seu representante legal ou ao procurador regularmente constituído, podendo ser promovida, por solicitação do oficial do Registro de Imóveis, por oficial de Registro de Títulos e Documentos da comarca da situação do imóvel ou do domicílio de quem deva recebê-la, ou pelo correio, com aviso de recebimento.[3a]

§ 3º-A (*acrescido pela Lei 13.465, de 11.7.17*) Quando, por duas vezes, o oficial de registro de imóveis ou de registro de títulos e documentos ou o serventuário por eles credenciado houver procurado o intimando em seu domicílio ou residência sem o encontrar, deverá, havendo suspeita motivada de ocultação, intimar qualquer pessoa da família ou, em sua falta, qualquer vizinho de que, no dia útil imediato, retornará ao imóvel, a fim de efetuar a intimação, na hora que designar, aplicando-se subsidiariamente o disposto nos arts. 252, 253 e 254 da Lei n. 13.105, de 16 de março de 2015 (Código de Processo Civil).

§ 3º-B (*acrescido pela Lei 13.465, de 11.7.17*) Nos condomínios edilícios ou outras espécies de conjuntos imobiliários com controle de acesso, a intimação de que trata o § 3º-A poderá ser feita ao funcionário da portaria responsável pelo recebimento de correspondência.

§ 4º (*redação da Lei 13.043, de 13.11.14*) Quando o fiduciante, ou seu cessionário, ou seu representante legal ou procurador encontrar-se em local ignorado, incerto ou inacessível, o fato será certificado pelo serventuário encarregado da diligência e informado ao oficial de Registro de Imóveis, que, à vista da certidão, promoverá a intimação por edital[3b] publicado durante 3 (três) dias, pelo menos, em um dos jornais de maior circulação local ou noutro de comarca de fácil acesso, se no local não houver imprensa diária, contado o prazo para purgação da mora da data da última publicação do edital.

§ 5º Purgada a mora no Registro de Imóveis, convalescerá o contrato de alienação fiduciária.

§ 6º O oficial do Registro de Imóveis, nos três dias seguintes à purgação da mora, entregará ao fiduciário as importâncias recebidas, deduzidas as despesas de cobrança e de intimação.

§ 7º (*redação da Lei 10.931, de 2.8.04*) Decorrido o prazo de que trata o § 1º sem a purgação da mora, o oficial do competente Registro de Imóveis, certificando esse fato, promoverá a averbação, na matrícula do imóvel, da consolidação da propriedade em nome do fiduciário,[4] à vista da prova do pagamento por este, do imposto de transmissão *inter vivos* e, se for o caso, do laudêmio.

§ 8º (*acrescido pela Lei 10.931, de 2.8.04*) O fiduciante pode, com a anuência do fiduciário, dar seu direito eventual ao imóvel em pagamento da dívida, dispensados os procedimentos previstos no art. 27.

Art. 26: 1. v. § 1º. V. tb. CC 1.245, nota 1g.

Art. 26: 1a. "A execução extrajudicial do contrato de alienação fiduciária de bem imóvel. Exame crítico da Lei 9.514, de 2.11.1997", por Manoel Justino Bezerra Filho (RT 819/65).

Art. 26: 2. "Em contrato de compra e venda de imóvel com garantia de alienação fiduciária devidamente registrado em cartório, a resolução do pacto, na hipótese de inadimplemento do devedor, devidamente constituído em mora, deverá observar a forma prevista na Lei 9.514/97, por se tratar de legislação específica, **afastando-se**, por conseguinte, a aplicação do **Código de Defesa do Consumidor**" (STJ-2ª Seção, REsp 1.891.498, Min. Marco Buzzi, j. 26.10.22, DJ 19.12.22).

Art. 26: 2a. "O **inadimplemento**, referido pelas disposições dos arts. 26 e 27 da Lei 9.514/97, não pode ser interpretado restritivamente à mera não realização do pagamento no tempo, modo e lugar convencionados (mora), devendo ser entendido, também, como o comportamento contrário à manutenção do contrato ou ao direito do credor fiduciário. O pedido de resolução do contrato de compra e venda com pacto de alienação fiduciária em garantia por desinteresse do adquirente, mesmo que ainda não tenha havido mora no pagamento das prestações, configura quebra antecipada do contrato ('antecipatory breach'), decorrendo daí a possibilidade de aplicação do disposto nos arts. 26 e 27 da Lei 9.514/97 para a satisfação da dívida garantida fiduciariamente e devolução do que sobejar ao adquirente" (STJ-3ª T., REsp 1.867.209, Min. Paulo Sanseverino, j. 8.9.20, DJ 30.9.20).

"Nos casos de compra e venda de imóvel com pacto adjeto de alienação fiduciária, a rescisão do contrato deve se dar de acordo com os arts. 26 e 27 da Lei n. 9.514/97, **prejudicando o direito do consumidor de rescindir** unilateralmente" (STJ-4ª T., REsp 1.927.025-AgInt, Min. Isabel Gallotti, j. 13.12.21, DJ 15.12.21).

"O inadimplemento do comprador fiduciante conduz ao retorno da propriedade ao vendedor fiduciário. Falta de interesse processual para a rescisão pretendida pelo comprador inadimplente, inclusive para a devolução das parcelas pagas que se dará conforme a lei e o contrato após a venda do bem e o desconto da dívida" (JTJ 315/75: AP 433.293-4/3).

Art. 26: 3. "Alienação fiduciária de imóvel. Cota de consórcio. Reintegração de posse. Notificação extrajudicial que constitui o devedor em mora na qual constou qualificação de pessoa diversa daquela relacionada ao real credor. Nulidade reconhecida. Art. 26 da lei n. 9.514/1997" (STJ-4ª T., REsp 1.172.025, Min. Luis Felipe, j. 7.10.14, DJ 29.10.14).

Art. 26: 3a. "É **nula a intimação** do devedor que não se dirigiu à sua pessoa, sendo processada por carta com aviso de recebimento no qual consta como receptor pessoa alheia aos autos e desconhecida" (STJ-3ª T., REsp 1.531.144, Min. Moura Ribeiro, j. 15.3.16, DJ 28.3.16). No mesmo sentido: STJ-4ª T., REsp 1.803.468-AgInt, Min. Luis Felipe, j. 7.6.21, DJ 14.6.21.

Art. 26: 3b. "A exemplo do que ocorre nos procedimentos regidos pelo Decreto-Lei 70/66 e pelo Decreto-Lei 911/69, a validade da intimação por edital para fins de purgação da mora no procedimento de alienação fiduciária de coisa imóvel, regrado pela Lei 9.514/97, pressupõe o **esgotamento de** todas as **possibilidades de localização**

do devedor. No caso dos autos, o próprio contrato de financiamento firmado entre as partes indicava o endereço residencial do mutuário, que foi ignorado para fins de intimação pessoal" (STJ-3ª T., REsp 1.367.179, Min. Ricardo Cueva, j. 3.6.14, DJ 16.6.14).

"Intimação da devedora fiduciante para a purgação da mora. Edital. Ausência de esgotamento de todos os meios para a intimação pessoal. Invalidade da consolidação da propriedade do imóvel e do procedimento expropriatório. Na espécie, tem-se que o credor fiduciário sequer tentou promover a intimação pessoal da recorrida por meio dos correios, com aviso de recebimento, passando diretamente, após três tentativas de intimação pessoal pelo oficial cartorário, a promover a intimação por edital da mesma. Ademais, a intimação por edital, nos termos do art. 26, § 4º, da Lei 9.514/97, por ser medida extrema, exige que o fiduciante, seu representante legal ou procurador encontre-se em local ignorado, incerto ou inacessível, o que não se confunde com a hipótese dos autos em que, realizadas as tentativas de intimação, não foi o oficial do Cartório recebido pela recorrida — por alegados motivos de doença e locomoção em cadeira de rodas —, mas confirmado, pelo funcionário que trabalha no edifício, que a mesma residia no local diligenciado" (STJ-3ª T., REsp 1.906.475, Min. Nancy Andrighi, j. 18.5.21, DJ 20.5.21).

Art. 26: 4. "Os dispositivos da Lei 9.514/97, notadamente seus arts. 26, 27, 30 e 37-A, comportam dupla interpretação: é possível dizer, por um lado, que o direito do credor fiduciário à reintegração da posse do imóvel alienado decorre automaticamente da consolidação de sua propriedade sobre o bem nas hipóteses de inadimplemento; ou é possível afirmar que referido direito possessório somente nasce a partir da realização dos leilões a que se refere o art. 27 da Lei 9.514/97. A interpretação sistemática de uma lei exige que se busque, não apenas em sua arquitetura interna, mas no sentido jurídico dos institutos que regula, o modelo adequado para sua aplicação. Se a posse do imóvel, pelo devedor fiduciante, é derivada de um contrato firmado com o credor fiduciário, a resolução do contrato no qual ela encontra fundamento torna-a ilegítima, sendo possível qualificar como esbulho sua permanência no imóvel. **A consolidação da propriedade do bem no nome do credor fiduciário confere-lhe o direito à posse do imóvel.** Negá-lo implicaria autorizar que o devedor fiduciante permaneça em bem que não lhe pertence, sem pagamento de contraprestação, na medida em que a Lei 9.514/97 estabelece, em seu art. 37-A, o pagamento de taxa de ocupação apenas depois da realização dos leilões extrajudiciais. Se os leilões são suspensos, como ocorreu na hipótese dos autos, a lacuna legislativa não pode implicar a imposição, ao credor fiduciário, de um prejuízo a que não deu causa" (STJ-3ª T., REsp 1.155.716, Min. Nancy Andrighi, j. 13.3.12, RT 921/493, com comentário de Augusto Passamani Bufulin).

Art. 26-A (*acrescido pela Lei 13.465, de 11.7.17*). Os procedimentos de cobrança, purgação de mora e consolidação da propriedade fiduciária relativos às operações de financiamento habitacional, inclusive as operações do Programa Minha Casa, Minha Vida, instituído pela Lei n. 11.977, de 7 de julho de 2009, com recursos advindos da integralização de cotas no Fundo de Arrendamento Residencial (FAR), sujeitam-se às normas especiais estabelecidas neste artigo.

§ 1º (*acrescido pela Lei 13.465, de 11.7.17*) A consolidação da propriedade em nome do credor fiduciário será averbada no registro de imóveis trinta dias após a expiração do prazo para purgação da mora de que trata o § 1º do art. 26 desta Lei.

§ 2º (*acrescido pela Lei 13.465, de 11.7.17*) Até a data da averbação da consolidação da propriedade fiduciária, é assegurado ao devedor fiduciante pagar as parcelas da dívida vencidas e as despesas de que trata o inciso II do § 3º do art. 27, hipótese em que convalescerá o contrato de alienação fiduciária.

Art. 27. Uma vez consolidada a propriedade em seu nome,[1] o fiduciário, no prazo de trinta dias,[1a] contados da data do registro de que trata o § 7º do artigo anterior, promoverá público leilão para a alienação do imóvel.

§ 1º (*redação da Lei 13.465, de 11.7.17*) Se no primeiro leilão público o maior lance oferecido for inferior ao valor do imóvel, estipulado na forma do inciso VI e do parágrafo único do art. 24 desta Lei, será realizado o segundo leilão nos quinze dias seguintes.

§ 2º No segundo leilão, será aceito o maior lance oferecido, desde que igual ou superior ao valor da dívida, das despesas, dos prêmios de seguro, dos encargos legais, inclusive tributos, e das contribuições condominiais.

§ 2º-A (*acrescido pela Lei 13.465, de 11.7.17*) Para os fins do disposto nos §§ 1º e 2º deste artigo, as datas, horários e locais dos leilões serão comunicados ao devedor mediante correspondência dirigida aos endereços constantes do contrato, inclusive ao endereço eletrônico.

§ 2º-B (*acrescido pela Lei 13.465, de 11.7.17*) Após a averbação da consolidação da propriedade fiduciária no patrimônio do credor fiduciário e até a data da realização do segundo leilão, é assegurado ao devedor fiduciante o direito de preferência para adquirir o imóvel por preço correspondente ao valor da dívida, somado aos encargos e despesas de que trata o § 2º deste artigo, aos valores correspondentes ao imposto sobre transmissão *inter vivos* e ao laudêmio, se for o caso, pagos para efeito de consolidação da propriedade fiduciária no patrimônio do credor fiduciário, e às despesas inerentes ao procedimento de cobrança e leilão, incumbindo, também, ao devedor fiduciante o pagamento dos encargos tributários e despesas exigíveis para a nova aquisição do imóvel, de que trata este parágrafo, inclusive custas e emolumentos.

§ 3º Para os fins do disposto neste artigo, entende-se por:

I — dívida: o saldo devedor da operação de alienação fiduciária, na data do leilão, nele incluídos os juros convencionais, as penalidades e os demais encargos contratuais;

II — despesas: a soma das importâncias correspondentes aos encargos e custas de intimação e as necessárias à realização do público leilão, nestas compreendidas as relativas aos anúncios e à comissão do leiloeiro.

§ 4º Nos cinco dias que se seguirem à venda do imóvel no leilão, o credor entregará ao devedor a importância que sobejar, considerando-se nela compreendido o valor da indenização de benfeitorias, depois de deduzidos os valores da dívida e das despesas e encargos de que tratam os §§ 2º e 3º, fato esse que importará em recíproca quitação, não se aplicando o disposto na parte final do art. 516 do Código Civil.[2]

§ 5º Se, no segundo leilão, o maior lance oferecido não for igual ou superior ao valor referido no § 2º, considerar-se-á extinta a dívida e exonerado o credor da obrigação de que trata o § 4º.[2a]

§ 6º Na hipótese de que trata o parágrafo anterior, o credor, no prazo de cinco dias a contar da data do segundo leilão, dará ao devedor quitação da dívida, mediante termo próprio.

§ 7º (*redação da Lei 10.931, de 2.8.04*) Se o imóvel estiver locado, a locação poderá ser denunciada com o prazo de trinta dias para desocupação, salvo se tiver havido aquiescência por escrito do fiduciário, devendo a denúncia ser realizada no prazo de noventa dias a contar da data da consolidação da propriedade no fiduciário, devendo essa condição constar expressamente em cláusula contratual específica, destacando-se das demais por sua apresentação gráfica.

§ 8º (*redação da Lei 10.931, de 2.8.04*) Responde o fiduciante pelo pagamento dos impostos, taxas, contribuições condominiais[3] e quaisquer outros encargos que recaiam ou venham a recair sobre o imóvel, cuja posse tenha sido transferida para o fiduciário, nos termos deste artigo, até a data em que o fiduciário vier a ser imitido na posse.

§ 9º (*acrescido pela Lei 13.465, de 11.7.17*) O disposto no § 2º-B deste artigo aplica-se à consolidação da propriedade fiduciária de imóveis do FAR, na forma prevista na Lei n. 11.977, de 7 de julho de 2009.

Art. 27: 1. v. art. 26, nota 4.

Art. 27: 1a. "O prazo de 30 dias para a promoção do leilão extrajudicial contido no art. 27 da Lei n. 9.514/1997, por não se referir ao exercício de um direito potestativo do credor fiduciário, mas à observância de uma imposição legal — inerente ao próprio rito de execução extrajudicial da garantia —, **não é decadencial,** de forma que a sua extrapolação não extingue a obrigação de alienar o bem imóvel nem restaura o *status quo ante* das partes, acarretando apenas mera irregularidade, a impedir tão somente o agravamento da situação do fiduciante decorrente da demora imputável exclusivamente ao fiduciário" (STJ-3ª T., REsp 1.649.595, Min. Marco Bellizze, j. 13.10.20, DJ 16.10.20).

Art. 27: 2. O art. 516 do CC rev. corresponde ao CC 1.219.

Art. 27: 2a. "O § 5º do art. 27 da Lei 9.514/1997 abrange a situação em que **não houver, no segundo leilão,** interessados na aquisição do imóvel, fracassando a alienação do bem, sem a apresentação de **nenhum lance.** Na hipótese, frustrado o segundo leilão do imóvel, a dívida é compulsoriamente extinta e as partes contratantes são exoneradas das suas obrigações, ficando o imóvel com o credor fiduciário" (STJ-3ª T., REsp 1.654.112, Min. Ricardo Cueva, j. 23.10.18, DJ 26.10.18).

Art. 27: 3. "Nos contratos de alienação fiduciária em garantia de bem imóvel, a **responsabilidade pelo pagamento das despesas condominiais** recai sobre o devedor fiduciante enquanto estiver na posse direta do imóvel. O credor fiduciário somente responde pelas dívidas condominiais incidentes sobre o imóvel se consolidar a propriedade para si, tornando-se o possuidor direto do bem. Com a utilização da garantia, o credor fiduciário receberá o imóvel no estado em que se encontra, até mesmo com os débitos condominiais anteriores, pois são obrigações de caráter *propter rem* (por causa da coisa). Na hipótese, o credor fiduciário não pode responder pelo pagamento das despesas condominiais por não ter a posse direta do imóvel, devendo, em relação a ele, ser julgado improcedente o pedido" (STJ-3ª T., REsp 1.696.038, Min. Ricardo Cueva, j. 28.8.18, DJ 3.9.18).

V. tb. CC 1.368-B.

Art. 28. A cessão do crédito objeto da alienação fiduciária implicará a transferência, ao cessionário, de todos os direitos[1] e obrigações inerentes à propriedade fiduciária em garantia.

Art. 28: 1. v. art. 18.

Art. 29. O fiduciante, com anuência expressa do fiduciário, poderá transmitir os direitos de que seja titular sobre o imóvel objeto da alienação fiduciária em garantia, assumindo o adquirente as respectivas obrigações.

Art. 30. É assegurada ao fiduciário, seu cessionário[1] ou sucessores, inclusive o adquirente do imóvel por força do público leilão de que tratam os §§ 1º e 2º do art. 27, a reintegração na posse do imóvel, que será concedida liminarmente, para desocupação em sessenta dias, desde que comprovada, na forma do disposto no art. 26, a consolidação da propriedade em seu nome.[2]

Parágrafo único (*acrescido pela Lei 13.465, de 11.7.17*). Nas operações de financiamento imobiliário, inclusive nas operações do Programa Minha Casa, Minha Vida, instituído pela Lei n. 11.977, de 7 de julho de 2009, com recursos advindos da integralização de cotas no Fundo de Arrendamento Residencial (FAR), uma vez averbada a consolidação da propriedade fiduciária, as ações judiciais que tenham por objeto controvérsias sobre as estipulações contratuais ou os requisitos procedimentais de cobrança e leilão, excetuada a exigência de notificação do devedor fiduciante, serão resolvidas em perdas e danos e não obstarão a reintegração de posse de que trata este artigo.

Art. 30: 1. v. art. 35 e nota 1.
Art. 30: 2. v. art. 26, nota 4.

Art. 31. O fiador ou terceiro interessado que pagar a dívida ficará sub-rogado, de pleno direito, no crédito e na propriedade fiduciária.

Parágrafo único. (*redação da Lei 12.810, de 15.5.13*). Nos casos de transferência de financiamento para outra instituição financeira, o pagamento da dívida à instituição credora original poderá ser feito, a favor do mutuário, pela nova instituição credora.

Art. 32. Na hipótese de insolvência do fiduciante, fica assegurada ao fiduciário a restituição do imóvel alienado fiduciariamente, na forma da legislação pertinente.

Art. 33. Aplicam-se à propriedade fiduciária, no que couber, as disposições dos arts. 647 e 648 do Código Civil.[1]

Art. 33: 1. Os arts. 647 e 648 do CC rev. correspondem ao CC 1.359 e 1.360.

Capítulo II-A | DO REFINANCIAMENTO COM TRANSFERÊNCIA DE CREDOR[1]

CAP. II-A: 1. O Cap. II-A foi incluído pela Lei 12.810, de 15.5.13.

Art. 33-A (*redação da Lei 12.810, de 15.5.13*). A transferência de dívida de financiamento imobiliário com garantia real, de um credor para outro, inclusive sob a forma de sub-rogação, obriga o credor original a emitir documento que ateste, para todos os fins de direito, inclusive para efeito de averbação,[1] a validade da transferência.

Parágrafo único. A emissão do documento será feita no prazo máximo de 2 (dois) dias úteis após a quitação da dívida original.

Art. 33-A: 1. v. LRP 167-II-30.

Art. 33-B (*redação da Lei 12.810, de 15.5.13*). Para fins de efetivação do disposto no art. 33-A, a nova instituição credora deverá informar à instituição credora original, por documento escrito ou, quando solicitado, eletrônico, as condições de financiamento oferecidas ao mutuário, inclusive as seguintes:

I — a taxa de juros do financiamento;
II — o custo efetivo total;
III — o prazo da operação;
IV — o sistema de pagamento utilizado; e
V — o valor das prestações.

§ 1º A instituição credora original terá prazo máximo de 5 (cinco) dias úteis, contados do recebimento das informações de que trata o *caput*, para solicitar à instituição proponente da transferência o envio dos recursos necessários para efetivar a transferência.

§ 2º O mutuário da instituição credora original poderá, a qualquer tempo, enquanto não encaminhada a solicitação de envio dos recursos necessários para efetivar a transferência de que trata o § 1º, decidir pela não efetivação da transferência, sendo vedada a cobrança de qualquer tipo de ônus ou custa por parte das instituições envolvidas.

§ 3º A eventual desistência do mutuário deverá ser informada à instituição credora original, que terá até 2 (dois) dias úteis para transmiti-la à instituição proponente da transferência.

Art. 33-C (*redação da Lei 12.810, de 15.5.13*). O credor original deverá fornecer a terceiros, sempre que formalmente solicitado pelo mutuário, as informações sobre o crédito que se fizerem necessárias para viabilizar a transferência referida no art. 33-A.

Parágrafo único. O credor original não poderá realizar ações que impeçam, limitem ou dificultem o fornecimento das informações requeridas na forma do *caput*.

Art. 33-D (*redação da Lei 12.810, de 15.5.13*). A instituição credora original poderá exigir ressarcimento financeiro pelo custo de originação da operação de crédito, o qual não poderá ser repassado ao mutuário.

§ 1º O ressarcimento disposto no *caput* deverá ser proporcional ao valor do saldo devedor apurado à época da transferência e decrescente com o decurso de prazo desde a assinatura do contrato, cabendo sua liquidação à instituição proponente da transferência.

§ 2º O Conselho Monetário Nacional disciplinará o disposto neste artigo, podendo inclusive limitar o ressarcimento considerando o tipo de operação de crédito ou o prazo decorrido desde a assinatura do contrato de crédito com a instituição credora original até o momento da transferência.

Art. 33-E (*redação da Lei 12.810, de 15.5.13*). O Conselho Monetário Nacional e o Conselho Curador do Fundo de Garantia do Tempo de Serviço, no âmbito de suas respectivas competências, expedirão as instruções que se fizerem necessárias à execução do disposto no parágrafo único do art. 31 e nos arts. 33-A a 33-D desta Lei.

Art. 33-F (*redação da Lei 12.810, de 15.5.13*). O disposto nos arts. 33-A a 33-E desta Lei não se aplica às operações de transferência de dívida decorrentes de cessão de crédito entre entidades que compõem o Sistema Financeiro da Habitação, desde que a citada transferência independa de manifestação do mutuário.

Capítulo III | DISPOSIÇÕES GERAIS E FINAIS

Art. 34. Os contratos relativos ao financiamento imobiliário em geral poderão estipular que litígios ou controvérsias entre as partes sejam dirimidos mediante arbitragem, nos termos do disposto na Lei n. 9.307, de 24 de setembro de 1996.[1]

Art. 34: 1. Lei 9.307: no CPCLPV, tít. ARBITRAGEM.

Art. 35. Nas cessões de crédito a que aludem os arts. 3º,[1] 18 e 28, é dispensada a notificação do devedor.

Art. 35: 1. Deve ser 30, e não 3º.

Art. 36. Nos contratos de venda de imóveis a prazo, inclusive alienação fiduciária, de arrendamento mercantil de imóveis, de financiamento imobiliário em geral e nos títulos de que tratam os arts. 6º, 7º e 8º, admitir-se-á, respeitada a legislação pertinente, a estipulação de cláusula de reajuste e das condições e critérios de sua aplicação.[1]

Art. 36: 1. O art. 36 foi revogado pela Med. Prov. 2.223, de 4.9.01, por sua vez revogada pela Lei 10.931, de 2.8.04.

Art. 37. Às operações de arrendamento mercantil de imóveis não se aplica a legislação pertinente à locação de imóveis residenciais, não residenciais ou comerciais.

Art. 37-A (*redação da Lei 13.465, de 11.7.17*). O devedor fiduciante pagará ao credor fiduciário, ou a quem vier a sucedê-lo, a título de taxa de ocupação do imóvel, por mês ou fração, valor correspondente a 1% (um por cento) do valor a que se refere o inciso VI ou o parágrafo único do art. 24 desta Lei, computado e exigível desde a data da consolidação da propriedade fiduciária no patrimônio do credor fiduciante até a data em que este, ou seus sucessores, vier a ser imitido na posse do imóvel.
Parágrafo único (*acrescido pela Lei 13.465, de 11.7.17*). O disposto no *caput* deste artigo aplica-se às operações do Programa Minha Casa, Minha Vida, instituído pela Lei n. 11.977, de 7 de julho de 2009, com recursos advindos da integralização de cotas no Fundo de Arrendamento Residencial (FAR).

Art. 37-B (*redação da Lei 10.931, de 2.8.04*). Será considerada ineficaz, e sem qualquer efeito perante o fiduciário ou seus sucessores, a contratação ou a prorrogação de locação de imóvel alienado fiduciariamente por prazo superior a um ano sem concordância por escrito do fiduciário.

Art. 38 (*redação da Lei 11.076, de 30.12.04*). Os atos e contratos referidos nesta Lei ou resultantes da sua aplicação, mesmo aqueles que visem à constituição, transferência, modificação ou renúncia de direitos reais sobre imóveis, poderão ser celebrados por escritura pública ou por instrumento particular com efeitos de escritura pública.[1]

Art. 38: 1. v. CC 108. V. tb. CC rev. 134.

Art. 39 (*redação da Lei 13.465, de 11.7.17*). Às operações de crédito compreendidas no sistema de financiamento imobiliário, a que se refere esta Lei:
I — não se aplicam as disposições da Lei n. 4.380, de 21 de agosto de 1964, e as demais disposições legais referentes ao Sistema Financeiro da Habitação — SFH;
II (*redação da Lei 13.465, de 11.7.17*) — aplicam-se as disposições dos arts. 29 a 41 do Decreto-Lei n. 70, de 21 de novembro de 1966,[1] exclusivamente aos procedimentos de execução de créditos garantidos por hipoteca.

Art. 39: 1. Dec. lei 70: no tít. CÉDULA HIPOTECÁRIA.

Art. 40. Os incisos I e II do art. 167 da Lei n. 6.015, de 31 de dezembro de 1973, passam a vigorar acrescidos, respectivamente, dos seguintes itens:
"Art. 167. ....
I — ....
35) da alienação fiduciária em garantia de coisa imóvel.
II — ....
17) do Termo de Securitização de créditos imobiliários, quando submetidos a regime fiduciário".

Art. 41 (*redação da Lei 13.097, de 19.1.15*). O Conselho Monetário Nacional poderá regulamentar o disposto nesta Lei, inclusive estabelecer prazos mínimos e outras condições para emissão e resgate de CRI e diferenciar tais condições de acordo com o tipo de crédito imobiliário vinculado à emissão e com o indexador adotado contratualmente.

Art. 42. Esta lei entra em vigor na data de sua publicação.

Brasília, 20 de novembro de 1997; 176º da Independência e 109º da República — FERNANDO HENRIQUE CARDOSO — **Pedro Malan** — **Antonio Kandir.**

Alimentos

Lei n. 5.478, de 25 de julho de 1968

Dispõe sobre ação de alimentos e dá outras providências.

O Presidente da República

Faço saber que o Congresso Nacional decreta e eu sanciono a seguinte lei:

Art. 1º A ação de alimentos[1 a 10a] é de rito especial, independe de prévia distribuição e de anterior concessão do benefício de gratuidade.[11]

§ 1º A distribuição será determinada posteriormente por ofício do juízo, inclusive para o fim de registro do feito.

§ 2º A parte que não estiver em condições de pagar as custas do processo, sem prejuízo do sustento próprio ou de sua família, gozará do benefício da gratuidade, por simples afirmativa dessas condições perante o juiz, sob pena de pagamento até o décuplo das custas judiciais.

§ 3º Presume-se pobre, até prova em contrário, quem afirmar essa condição, nos termos desta lei.

§ 4º A impugnação do direito à gratuidade não suspende o curso do processo de alimentos e será feita em autos apartados.

Art. 1º: 1. "Direitos a alimentos e à sucessão entre companheiros", por Segismundo Gontijo (RT 714/37); "Alimentos e FGTS", por Wallace Paiva Martins Jr. (Just. 166/58); "A regulamentação infraconstitucional dos alimentos na união estável", por Luis Alberto d'Azevedo Aurvalle (Ajuris 64/244); "Alimentos *ex delicto*", por Maria Berenice Dias (Ajuris 64/289); "Concubinato. Alimentos. Sucessão. Partilha de bens", por José Amir do Amaral (Ajuris 65/141); "Investigação de paternidade — Os alimentos provisórios e a retroatividade dos alimentos definitivos", por Fernando Malheiros (Ajuris 72/199, à p. 203); "Alimentos no concubinato adulterino", por Edison Tetsuzo Namba (RT 778/143); "Alimentos e desconsideração da pessoa jurídica", por Jorge Luis Costa Beber (Ajuris 76/257); "Pensão alimentícia entre cônjuges e o conceito de necessidade", por Maria Aracy Menezes da Costa (Ajuris 85/424); "Alimentos: um tema e três questões", por Maria Berenice Dias (RMDCPC 15/87); "Obrigação, dever de assistência e alimentos transitórios", por Rolf Madaleno (RJ 317/34); "Reconhecer a obrigação alimentar nas uniões homoafetivas: uma questão de respeito à Constituição da República", por Cristiano Chaves de Farias (RDPr 22/30 e RBDF 28/26); "Arbitragem e alimentos, uma conexão possível", por Ilza Andrade Campos Silva (RBDF 35/159); "Paternidade alimentar", por Rolf Madaleno (RBDF 37/133); "Alimentos processuais", por Rolf Madaleno (RBDFS 5/23); "Alimentos", por Ênio Santarelli Zuliani (RMDCPC 29/11); "Dos alimentos decorrentes da união estável e do concubinato", por Ênio Santarelli Zuliani (RJ-Lex 51/46).

Art. 1º: 1a. v. jurisprudência s/ alimentos, por Arruda Alvim e Antonio Alberti Neto (RP 33/284).

Art. 1º: 2. s/ alimentos: CF 5º-LXVII, 100-*caput*; CC 1.694 a 1.710; LDi 19 a 23, 16 e 28 a 30; na separação consensual, CPC 731-II e IV; em ação de investigação de paternidade, v. LIP 7º.

S/ alimentos gravídicos, v. Lei 11.804, de 5.11.08 (adiante, texto integral).

S/ alimentos provisórios a favor de criança ou adolescente que tenha sofrido agressão, v. ECA 130 § ún.

S/ alimentos prestados ao idoso, v. Eld 11 a 14.

Art. 1º: 3. s/ ação de alimentos: v., no nosso CPCLPV, CPC 53-II (alimentos), 61, nota 2 (competência para a revisional de alimentos), 189-II (segredo de justiça), 292-III (valor da causa), 528, nota 14 (competência para a execução da sentença de alimentos), 528 a 533 e 911 a 913 (execução), 1.012 § 1º-II (efeitos da apelação); LJE 3º § 2º (incompetência do Juizado Especial para conhecer de ações de alimentos).

Art. 1º: 4. A ação de alimentos é **intransmissível** (STJ-3ª T., REsp 1.681.877, Min. Marco Bellizze, j. 19.2.19, DJ 26.2.19; RJTJESP 111/39).

Art. 1º: 4a. "A obrigação alimentar não se presta somente aos casos de necessidade, devendo-se considerar a **condição social do alimentado**" (RT 665/75).

Art. 1º: 4b. Filho entregue à adoção e pai biológico. Reconhecendo o direito do filho adotado de pedir alimentos ao pai biológico, não obstante as disposições do ECA 41: STJ-3ª T., REsp 813.604, Min. Nancy Andrighi, j. 16.8.07, DJU 17.9.07. No caso, levou-se em conta a circunstância de constar do assento de nascimento apenas o nome da mãe biológica e o fato de a adoção ter sido efetivada unicamente por uma mulher.

Reconhecendo a possibilidade jurídica do pedido nessas circunstâncias: STJ-RDDP 80/152 (4ª T., REsp 220.623).

S/ ação de investigação de paternidade ajuizada por filho adotado, v. ECA 27, nota 3.

Art. 1º: 4c. "O fato de o ex-marido sustentar os filhos unilaterais da ex-mulher ao longo do casamento não se traduz, automaticamente, no seu dever de seguir custeando-lhes o sustento após a separação" (RT 865/191).

Art. 1º: 5. Filho adulterino. O filho havido fora do casamento pode mover ação de alimentos contra o suposto pai, não sendo obrigado a cumulá-la com ação de investigação de paternidade.

Art. 1º: 5a. Alimentos e ação de anulação ou nulidade de casamento. "A mulher que reclama alimentos a eles tem direito, mas até a data da sentença. Anulado ou declarado nulo o casamento, desaparece a condição de cônjuge. Direito a alimentos até o dia da sentença anulatória" (RSTJ 130/226).

Todavia, anulado o casamento, porém declarado putativo, o cônjuge inocente tem direito a alimentos, sem limitação no tempo (STF-RTJ 89/495, RJTJESP 56/40, maioria).

Art. 1º: 5b. Alimentos e coabitação. "A circunstância de os cônjuges residirem na mesma casa não impede que entre eles se verifique a separação de fato com o correlato direito, conforme as circunstâncias, de a mulher exigir alimentos do marido, se este se omite no cumprimento da obrigação de prover o sustento da família" (RTJ 105/848 e STF-RT 574/271). No mesmo sentido: RT 500/74, RJTJESP 114/43, JTJ 300/304.

Art. 1º: 6. Alimentos pedidos pelo marido. O marido pode pedir que a mulher lhe preste alimentos, desde que presentes as condições exigidas em lei (RT 623/60).

Art. 1º: 6a. Súmula 596 do STJ: "A **obrigação alimentar dos avós** tem natureza complementar e subsidiária, somente se configurando no caso de impossibilidade total ou parcial de seu cumprimento pelos pais".

"O fato de o genitor já vir prestando alimentos ao filho não impede que este último possa reclamá-los dos avós paternos, desde que demonstrada a insuficiência do que recebe. A responsabilidade dos avós não é apenas sucessiva em relação à responsabilidade dos progenitores, mas também é complementar para o caso em que os pais não se encontrem em condições de arcar com a totalidade da pensão alimentícia, ostentando os avós, de seu turno, possibilidades financeiras para tanto" (RSTJ 100/195). No mesmo sentido: STJ-RT 771/189, STJ-Bol. AASP 2.410/3.409, STJ-RJM 149/474, RT 722/150, RJTJERGS 165/256, Bol. AASP 2.577. Ainda, mesmo no caso de o credor dos alimentos ser filho adotivo: JTJ 260/40.

Todavia, a obrigação alimentar dos avós não substitui inteiramente a dos pais: "Os avós podem ser instados a pagar alimentos aos netos por obrigação própria, complementar e/ou sucessiva, mas não solidária. Na hipótese de alimentos complementares, a obrigação de prestá-los se dilui entre todos os avós, paternos e maternos, associada à responsabilidade primária dos pais de alimentarem os seus filhos" (STJ-4ª T., REsp 366.837, Min. Cesar Rocha, j. 19.12.02, um voto vencido, DJU 22.9.03; o voto vencido determinava o pagamento da pensão integralmente). No mesmo sentido: STJ-3ª T., REsp 514.356-AgRg, Min. Gomes de Barros, j. 29.11.06, DJU 18.12.06.

Extinguindo sem julgamento do mérito o processo, no caso de demanda proposta diretamente contra os avós, sem que os pais tenham sido previamente acionados: STJ-RP 193/472 (4ª T., REsp 1.077.010).

Julgando improcedente ação contra avós porque não se provou a incapacidade do pai para prestar os alimentos: JTJ 236/36, 314/335 (AP 390.865-4/2-00), RDDP 56/155.

Não provado que o pai está de fato desaparecido, não tem cabimento ação de alimentos dirigida aos avós (JTJ 316/54, AP 462.011-4/5-00).

Em caso de pai preso, decidiu-se que o avô paterno deveria pagar alimentos aos netos apenas até a obtenção do auxílio-reclusão (JTJ 315/29: AP 466.767-4/3-00).

"Documentos indicativos de que o pai passou a efetuar pagamentos regulares. Fato novo, que faz desaparecer a causa dos alimentos avoengos. Ação de exoneração procedente" (Bol. AASP 2.626: TJSP, AP 576.970.4/7-00).

Há acórdãos admitindo a propositura de ação de alimentos contra os avós na pendência de outra ação contra o pai (RT 624/82) ou execução (JTJ 176/22). V. tb., s/ revisional, neste caso, art. 15, nota 2. **Contra,** entendendo que os avós somente podem ser chamados a juízo com a prova de que os genitores estão impossibilitados de prestar alimentos: RT 832/321.

Além da impossibilidade dos pais, deve-se levar em conta para a definição da obrigação alimentar avoenga, naturalmente, a possibilidade dos avós: "A obrigação alimentar avoenga, de caráter sempre complementar e subsidiário, não poderia ser imputada a quem, reconhecidamente, sequer reunia condições de subsistência por si só, dependendo de auxílio material dos filhos para sobreviver dignamente" (STJ-3ª T., REsp 1.698.643, Min. Nancy Andrighi, j. 10.4.18, DJ 13.4.18).

✎ "Direitos e deveres dos avós — alimentos e visitação", por Álvaro Villaça Azevedo (RIDF 45/38 e Rev. AASP 98/39).

Art. 1º: 6b. Litisconsórcio entre os avós. Entendendo ser impositiva a integração dos avós maternos ao polo passivo de demanda por alimentos, requerida pelos réus (pai e avós paternos), à luz do CC 1.698: STJ-RBDF 37/90 (4ª T., REsp 658.139). Em sentido semelhante: RJ-Lex 61/226 (TJAP, AP 0019939-22.2011.8.03.0001).

No sentido de que o credor não está obrigado a mover a ação contra todos os avós, entre os quais, na condição de devedores de alimentos ao neto, não há litisconsórcio passivo necessário: RT 787/242. Todavia, "não se propondo a instauração de litisconsórcio facultativo impróprio entre devedores eventuais, sujeita-se ele às consequências de sua omissão" (RSTJ 71/360). Dentre tais consequências, está a de que os avós demandados somente respondem pelos alimentos na proporção que lhes diz respeito; a não inclusão dos demais avós no polo passivo da demanda não faz variar o montante devido por cada um deles (RT 838/326).

No sentido de que o CC 1.698 autoriza os avós-réus a chamar ao processo os avós não insertos no polo passivo: JTJ 307/345.

V. tb. CC 1.698, nota 3a.

Art. 1º: 6c. "A **obrigação alimentar entre irmãos** (germanos ou unilaterais) é subsidiária, porque somente ocorre na falta ou incapacidade de ascendentes e descendentes" (RJM 183/139: AP 1.0027.07.118511-3/001). No mesmo sentido: JTJ 327/208 (AP 520.523-4/3-00).

Art. 1º: 6d. O pai pode pedir alimentos à filha casada, sem rendimento próprio e dependente do marido (JTJ 189/29).

"Ação de alimentos. Mãe idosa pleiteia em desfavor da filha maior. O dever de alimentar surge da mera comprovação do parentesco, não podendo ser elidida pela filha, mesmo tendo comprovado que durante toda a sua vida foi a avó quem lhe supriu os laços afetivos, psicológicos e materiais" (RT 939/580: TJDF, AP 20060110542066).

Art. 1º: 6e. Não cabe ação de alimentos contra tio do autor (STJ-3ª T., REsp 1.032.846, Min. Nancy Andrighi, j. 18.12.08, DJ 16.6.09; STJ-RT 786/217).

V. CC 1.697, nota 2.

Art. 1º: 7. Ação de nora contra sogro. "A obrigação alimentar decorre da lei, não se podendo ampliar a pessoas por ela não contempladas. Inexiste esse dever em relação à nora" (STJ-3ª T., RMS 957, Min. Eduardo Ribeiro, j. 9.8.93, DJU 23.8.93). No mesmo sentido: STJ-RT 703/193.

"Inocorrente obrigação alimentar fundada em parentesco por afinidade, ex-sogros não têm obrigação alimentícia para com ex-nora" (RT 845/402).

Art. 1º: 7a. "Tratando-se de **separação de fato** acordada entre os cônjuges, ainda assim subsiste na sua plenitude a obrigação alimentar" (JTJ 172/13).

Art. 1º: 7b. Ação de exoneração. Há um acórdão entendendo que a Lei 5.478 não se aplica às ações que objetivam exoneração total do encargo alimentar (RJTJESP 21/198). V., porém, art. 13.

Art. 1º: 7c. Ação de modificação de cláusula de separação ou divórcio. "Ainda que se cuide de modificação substancial de cláusula estabelecida em separação consensual, aplica-se o rito especial estabelecido na Lei 5.478, de 25.7.68. Posição vencida do Relator" (STJ-4ª T., REsp 33.503-0, Min. Barros Monteiro, j. 5.12.95, DJU 19.8.96). No mesmo sentido, entendendo cabível a ação revisional de alimentos: RT 541/649.

O mesmo se diga quanto à cláusula de renúncia ou dispensa de alimentos (RJTJESP 103/41, RF 311/160).

Contra, considerando, nesses casos, inaplicável a Lei 5.478/68, cabendo ao interessado mover ação de modificação da respectiva cláusula: "Para obter alimentos, a mulher separada deve valer-se da ação ordinária de modificação da cláusula que dispensou ex-marido do encargo. A ação de rito sumário, da Lei n. 5.478/68, destina-se àqueles casos em que se presuma de logo o direito ao pensionamento" (TJRS-RT 662/145 e RJTJERGS 134/262). No mesmo sentido: RT 491/190, 605/189, em., RJTJESP 127/184.

Todavia: "Não se considera modificação das condições estabelecidas em separação judicial, para efeitos de exoneração da obrigação de alimentar, o fato de o alimentando passar a exercer alguma profissão, de acordo com sua formação e condições intelectuais, fato já previsível quando da fixação dos alimentos, não se verificando, pois, qualquer ocorrência de acontecimento extraordinário de modo a justificar a alteração" (RT 610/72).

Art. 1º: 8. "É admissível o pedido reconvencional em ação de alimentos, desde que o pleito seja de feitio ordinário" (RT 517/127). Ainda, a lei não impede a reconvenção na ação ordinária de exoneração de alimentos (RSTJ 99/255, RT 479/92).

Todavia, no sentido de que as ações que seguem o rito da Lei 5.478 não admitem reconvenção: RJTJESP 45/55, 84/263, JTJ 165/15.

S/ reconvenção em ação revisional de alimentos, v. art. 15, nota 1c.

Art. 1º: 9. Sem a **prova pré-constituída** da obrigação alimentar, não cabe, com o rito previsto na Lei 5.478/68, a ação de alimentos (RSTJ 11/268; RTJ 64/526, 69/434, 84/950, 113/675, 115/1.231; STF-Pleno: Amagis 8/459, maioria; RT 461/257, 463/229, 499/155, 501/215, 501/229, 502/73, 505/217, 506/95, 601/194, RF 291/261, RJTJESP 46/36, 50/32, 97/61, 113/48, Bol. AASP 975/101). Todavia, movida indevidamente a ação de alimentos sem a prova pré-constituída do vínculo, admite-se a conversão ao procedimento comum (RTJE 142/118, maioria). V. nota 3 ao art. 2º.

Contra: RT 590/181, RF 246/375, RJTJESP 47/231, 64/44, Bol. AASP 955/40 (entendendo, porém, que, neste caso, não podem ser concedidos alimentos provisórios; e, porque não houve tal concessão, considerou-se válido o processo que seguiu o rito da Lei 5.478/68, embora havido como inadequado: RJTJESP 60/38).

Antes da atual Constituição se entendia que, mesmo quando fosse admitida a possibilidade (que a jurisprudência em geral negava) de ser movida pelo filho adulterino ação com o rito da Lei 5.478, não cabia, neste caso, a concessão, *initio litis*, de alimentos provisórios (RT 608/62, RJTJESP 91/377). Hoje, parece mais acertada a jurisprudência de que, presentes os requisitos do *fumus boni juris* e do *periculum in mora*, não é possível denegar ao filho havido fora do matrimônio o direito a receber alimentos provisórios, sob pena de estabelecer-se uma discriminação que o novo texto constitucional não comporta (RJTJERGS 148/221).

Art. 1º: 10. Admitindo a **antecipação da tutela** quanto a pedido de alimentos, em ação de investigação de paternidade: JTJ 188/188, 214/214. **Contra:** JTJ 187/126.

Art. 1º: 10a. Compensação e repetição de alimentos. Em princípio, não se admite compensação ou repetição de alimentos. "A jurisprudência e a doutrina assentaram entendimento no sentido de que os valores atinentes à pensão alimentícia são incompensáveis e irrepetíveis, porque restituí-los seria privar o alimentado dos recursos indispensáveis à própria mantença, condenando-o assim a inevitável perecimento. Daí que o credor da pessoa alimentada não pode opor seu crédito, quando exigida a pensão" (STJ-RT 697/202). No mesmo sentido: RJTJERGS 167/258.

"Alimentos. Embargos à execução. Pagamento *in natura*. Pedido de compensação. Impossibilidade" (STJ-4ª T., REsp 1.257.779-AgRg, Min. Antonio Ferreira, j. 4.11.14, DJ 12.11.14). Do voto do relator: "Uma vez fixados os alimentos, incumbe ao devedor cumprir a obrigação na forma determinada pela sentença e eventual despesa paga em pecúnia ou *in natura*, que extrapole o encargo fixado na sentença, deve ser considerada mera liberalidade". No mesmo sentido: STJ-3ª T., REsp 1.744.597-AgInt, Min. Paulo Sanseverino, j. 16.12.19, DJ 19.12.19.

"A mulher não está obrigada a restituir ao marido os alimentos por ele pagos em favor da criança que, depois se soube, era filha de outro homem" (STJ-4ª T., REsp 412.684, Min. Ruy Rosado, j. 20.8.02, DJU 25.11.02).

Mas, se o pagamento resultou de **erro** de cálculo do contador, podem ser deduzidos nas prestações futuras, para se evitar o enriquecimento sem causa (RJTJESP 123/236, bem fundamentado). No mesmo sentido: Bol. AASP 1.714/278.

Admitindo a repetição por ter o credor ocultado o novo casamento: Bol. AASP 1.810/362.

Considerando cabível a compensação, em razão de ter o credor, involuntariamente, efetuado pagamentos além do *quantum* da pensão alimentícia: RJTJESP 123/236, citando RT 616/147. Também considerando cabível a compensação, em caso no qual o alimentante pagara IPTU e despesas condominiais referentes ao imóvel habitado pelos alimentandos, que não estavam a seu cargo: STJ-4ª T., REsp 1.577.110-EDcl-AgInt, Min. Isabel Gallotti, j. 8.5.18, maioria, DJ 1.8.18; STJ-RJ 372/127 (3ª T., REsp 982.857).

"O desconto indevido realizado nos proventos do alimentante, por erro de terceiro, é passível de compensação nas prestações vincendas relativas à pensão alimentícia, evitando-se o enriquecimento sem causa da parte beneficiária em detrimento da obrigada" (STJ-4ª T., REsp 1.287.950, Min. Raul Araújo, j. 6.5.14, DJ 19.5.14).

Art. 1º: 11. v. §§ 2º a 4º e arts. 2º e 3º; v. tb., no CPCLPV, tít. ASSISTÊNCIA JUDICIÁRIA.

Art. 2º O credor,¹ pessoalmente,¹ᵃ ou por intermédio de advogado,²⁻²ᵃ dirigir-se-á ao juiz competente, qualificando-se, e exporá suas necessidades,²ᵇ⁻²ᶜ provando,³ apenas, o parentesco ou a obrigação de alimentar do devedor, indicando seu nome e sobrenome, residência ou local de trabalho, profissão e naturalidade, quanto ganha aproximadamente ou os recursos de que dispõe.

§ 1º Dispensar-se-á a produção inicial de documentos probatórios:

I — quando existente em notas, registros, repartições ou estabelecimentos públicos e ocorrer impedimento ou demora em extrair certidões;

II — quando estiverem em poder do obrigado, as prestações alimentícias ou de terceiro⁴ residente em lugar incerto ou não sabido.

§ 2º Os documentos públicos ficam isentos de reconhecimento de firma.

§ 3º Se o credor comparecer pessoalmente e não indicar profissional que haja concordado em assisti-lo, o juiz designará desde logo quem o deva fazer.

Art. 2º: 1. A mãe de filho natural impúbere pode, em nome deste, pedir alimentos, representando-o (RT 505/68).

"Na ação em que se pleiteia alimentos em favor de filhos menores, é destes a legitimidade ativa, devendo o genitor assisti-los ou representá-los, conforme a idade. A formulação, porém, de pedido de alimentos pela mãe, em nome próprio, em favor dos filhos, em que pese representar má-técnica processual, consubstancia mera irregularidade, não justificando o pedido de anulação de todo o processo, se fica claro, pelo teor da inicial, que o valor solicitado se destina à manutenção da família" (STJ-RBDFS 13/137: 3ª T., REsp 1.046.130).

Art. 2º: 1a. "Ajuizada a ação de alimentos com a assistência da mãe, o menor não pode, sem a anuência desta, considerar quitada a obrigação do pai" (STJ-3ª T., REsp 127.652, Min. Ari Pargendler, j. 25.9.00, DJU 23.10.00).

Art. 2º: 2. s/ atribuição do MP para promover e acompanhar as ações de alimentos devidos a pessoas idosas, v. Eld 74-II.

Art. 2º: 2a. Súmula 594 do STJ: "O Ministério Público tem legitimidade ativa para ajuizar ação de alimentos em proveito de criança ou adolescente independentemente do exercício do poder familiar dos pais, ou do fato de o menor se encontrar nas situações de risco descritas no art. 98 do Estatuto da Criança e do Adolescente, ou de quaisquer outros questionamentos acerca da existência ou eficiência da Defensoria Pública na comarca".

"O MP é parte legítima tanto para ajuizar ação de alimentos como para postular execuções de prestações alimentícias em favor de criança ou adolescente, independentemente da existência de Assistência Judiciária na comarca, conforme interpretação do art. 201, III, da Lei 8.069/90" (RT 752/189).

Art. 2º: 2b. "As parcelas referentes a medicamentos, vestuário, matrícula e mensalidades escolares constituem necessidades vitais e sociais básicas, que, acordadas em processo de separação do casal, constituem débitos alimentícios. Não pagos, sujeitam o devedor à pena de prisão civil" (STJ-3ª T., HC 33.455-EDcl, Min. Pádua Ribeiro, j. 10.8.04, DJU 4.10.04).

Art. 2º: 2c. "O pedido de alimentos pode ser formulado, quer em ação típica, quer cumulativamente em ação de investigação de paternidade, sem a especificação do *quantum* desejado pelo autor, o que poderá ser apurado durante a fase de conhecimento ou mesmo no juízo sucessivo da execução. Tal permissão não caracteriza infringência ao art. 286 do Código de Processo Civil" (JTJ 142/226).

V. tb. art. 11, nota 7.

Art. 2º: 3. Do modo como está redigida a lei, a prova deve ser feita *initio litis*, o que justifica a conclusão de que o rito da Lei 5.478/68 não é adequado para as ações em que a prova da obrigação alimentar não for feita liminarmente (v. nota 9 ao art. 1º).

Art. 2º: 4. Conforme publicação oficial. Deve ser: "quando estiverem em poder do obrigado às prestações alimentícias, ou de terceiro", etc. (e é assim que consta na rep. pelo DOU 8.4.74, supl.).

Art. 3º O pedido será apresentado por escrito, em 3 (três) vias, e deverá conter a indicação do juiz a quem for dirigido, os elementos referidos no artigo anterior e um histórico sumário dos fatos.¹

§ 1º Se houver sido designado pelo juiz defensor para assistir o solicitante, na forma prevista no art. 2º, formulará o designado, dentro de 24 (vinte e quatro) horas da nomeação, o pedido, por escrito, podendo, se achar conveniente, indicar seja a solicitação verbal reduzida a termo.

§ 2º O termo previsto no parágrafo anterior será em 3 (três) vias, datadas e assinadas pelo escrivão, observado, no que couber, o disposto no *caput* do presente artigo.

Art. 3º: 1. Valor da causa: CPC 292-III.

Art. 4º Ao despachar o pedido, o juiz fixará[1] desde logo alimentos provisórios[2 a 4c] a serem pagos pelo devedor, salvo se o credor expressamente declarar que deles não necessita.

Parágrafo único. Se se tratar de alimentos provisórios pedidos pelo cônjuge, casado pelo regime da comunhão universal de bens, o juiz determinará igualmente que seja entregue ao credor, mensalmente, parte da renda líquida dos bens comuns, administrados pelo devedor.[5-6]

Art. 4º: 1. A disposição é cogente: "o juiz fixará". Neste sentido: RJTJESP 104/44.

Art. 4º: 2. s/ **alimentos provisórios**, v. art. 13 §§ 1º e 3º. V. tb., em ação de indenização por ato ilícito, art. 13, nota 6a; em ação de separação judicial, LDi 19, nota 4. S/ correção monetária, v. CC 1.710, inclusive nota 4.

S/ alimentos provisórios e provisionais, em ação de investigação de paternidade, v. LIP 7º e notas.

Art. 4º: 3. Os alimentos ou são provisórios ou definitivos.

Alimentos **provisórios** são os fixados *initio litis* nas ações de alimentos que seguem o rito prescrito na Lei 5.478/68 (cf. seu art. 4º). Mas podem também ser concedidos, por expressa disposição do art. 13 dessa mesma lei, nas ações de separação contenciosa, nas de nulidade e anulação de casamento, na revisão de sentenças proferidas em pedidos de alimentos e nas respectivas execuções.

Definitivos são os alimentos que decorrem de sentença transitada em julgado e que, por isso mesmo, substituem os provisórios.

Art. 4º: 4. Admite-se a fixação de alimentos provisórios também em ação revisional, tanto liminarmente (STF--RTJ 100/101, por 4 votos a 1, RT 597/179, JTJ 192/168, RF 293/289, RJTJESP 89/333, 99/348), como no curso da lide (RJTJESP 42/210). **Contra,** não admitindo a fixação liminar: RT 517/54 (concessão de mandado de segurança para cassar a liminar), JTJ 156/262 (segurança concedida unicamente para dar efeito suspensivo a agravo contra liminar deferida em revisional de alimentos), RF 247/160, Bol. AASP 1.036/204, em. 04.

Art. 4º: 4a. "Qualificando-se como interlocutória a decisão que fixa *initio litis* os alimentos provisórios, o recurso dela cabível é o de agravo de instrumento" (RSTJ 30/305). Conta-se o prazo da juntada aos autos do mandado de citação do réu, devidamente cumprido (JTJ 164/220).

Art. 4º: 4b. "Na fase de alimentos provisórios, prioriza-se suprir necessidade imediata, mostrando-se prudente fixar quantia razoável que, de plano, seja compatível com as necessidades do alimentando e as possibilidades do alimentante. Arbitrar valor excessivo implicaria incorrer no risco de fixar-se quantia exorbitante, além da capacidade do devedor, podendo ensejar o descumprimento precoce da obrigação imposta" (RT 870/268, maioria).

Art. 4º: 4c. "As variações positivas na remuneração total do alimentante, de regra, não terão impacto no valor dos alimentos, salvo se as necessidades do alimentado, constatadas inicialmente, não tiverem sido supridas integralmente, ou ainda, quando houver superveniente alteração no elemento necessidade. Supridas as necessidades legalmente preconizadas pelo valor já pago, e não sendo os alimentos provisórios, provisionais ou *pro tempore*, cota de participação no sucesso do alimentante, razão não há para que o aumento dos rendimentos do alimentante, mormente aqueles oriundos de verbas não regulares, tenha reflexos proporcionais no monte destinado aos alimentos" (STJ-3ª T., REsp 1.261.247, Min. Nancy Andrighi, j. 16.4.13, RT 936/447).

S/ base de cálculo, v. tb. art. 11, nota 3.

Art. 4º: 5. "A inadimplência em relação à 'parte da renda líquida dos bens comuns, administrados pelo devedor', prevista no art. 4º, § ún., da Lei de Alimentos, por não cuidar de alimentos em sentido estrito, não enseja a prisão civil prevista no art. 733, § 1º, do CPC" (STJ-RT 831/219).

Art. 4º: 6. "Os alimentos provisórios fixados em favor do cônjuge casado sob o regime da comunhão universal não podem ser arbitrados, sob o fundamento de o patrimônio comum do casal encontrar-se sob a administração do devedor da pensão, em quantia que exorbite os critérios de necessidade do alimentando e possibilidade do alimentante. O repasse de parte da renda mensal líquida dos bens comuns administrados pelo devedor dos alimentos (Lei 5.478/68, art. 4º, parágrafo único) não possui as características peculiares da prestação alimentícia. Com efeito, a ausência ou insuficiência de seu pagamento não enseja execução sob pena de prisão, além de ser admissível, em tese, pedido de repetição, caso se apure excesso no valor repassado. Deverá o Tribunal de origem estabelecer a pensão alimentícia mensal, a partir do binômio necessidade/possibilidade, além de determinar o repasse à beneficiária de parte da renda líquida dos bens comuns administrados pelo devedor, caso a metade da renda mensal dos bens comuns ultrapasse o valor da pensão alimentícia" (STJ-4ª T., REsp 1.343.955-EDcl-EDcl, Min. Isabel Gallotti, j. 10.6.14, DJ 12.8.14).

Art. 5º O escrivão, dentro em 48 (quarenta e oito) horas, remeterá ao devedor a segunda via da petição ou do termo, juntamente com a cópia do despacho do juiz, e a comunicação do dia e hora da realização da audiência de conciliação e julgamento.

§ 1º Na designação da audiência, o juiz fixará o prazo razoável que possibilite ao réu a contestação da ação proposta e a eventualidade de citação por edital.

§ 2º A comunicação, que será feita mediante registro postal isento de taxas e com aviso de recebimento, importa em citação, para todos os efeitos legais.

§ 3º Se o réu criar embaraços ao recebimento da citação, ou não for encontrado, repetir-se-á a diligência por intermédio do oficial de justiça, servindo de mandado a terceira via da petição ou do termo.

§ 4º Impossibilitada a citação do réu por qualquer dos modos acima previstos, será ele citado por edital afixado na sede do juízo e publicado 3 (três) vezes consecutivas no órgão oficial do Estado, correndo a despesa por conta do vencido, a final, sendo previamente a conta juntada aos autos.

§ 5º O edital deverá conter um resumo do pedido inicial, a íntegra do despacho nele exarado, a data e a hora da audiência.

§ 6º O autor será notificado da data e hora da audiência no ato de recebimento da petição, ou da lavratura do termo.

§ 7º O juiz, ao marcar a audiência, oficiará ao empregador do réu, ou, se o mesmo for funcionário público, ao responsável por sua repartição, solicitando o envio, no máximo até a data marcada para a audiência, de informações sobre o salário ou os vencimentos do devedor, sob as penas previstas no art. 22 desta lei.

§ 8º (redação da Lei 6.014, de 27.12.73) A citação do réu, mesmo no caso dos arts. 200 e 201 do Código de Processo Civil, far-se-á na forma do § 2º do art. 5º desta lei.

Art. 6º Na audiência de conciliação e julgamento[1] deverão estar presentes autor e réu, independentemente de intimação e de comparecimento de seus representantes.

Art. 6º: 1. "Em ação de alimentos, regulada pela Lei 5.478/68, a realização da audiência de instrução e julgamento é imprescindível, pouco importando seja revel o demandado" (RT 599/55).

Art. 7º O não comparecimento do autor determina o arquivamento do pedido,[1-1a] e a ausência do réu importa em revelia, além de confissão quanto à matéria de fato.

Art. 7º: 1. e não a sua extinção (STJ-4ª T., REsp 38.170-3, Min. Ruy Rosado, j. 28.3.95, DJU 12.6.95; RJTJESP 89/227, JTJ 288/46). No mesmo sentido, determinando a realização de nova audiência: RJTJESP 106/37, maioria.

Art. 7º: 1a. Afastando o arquivamento do processo em caso de autor domiciliado em outro país: "Peculiaridade do caso concreto, porém, em que o autor é menor e residente na Espanha, presumindo-se o seu interesse na demanda alimentar" (STJ-3ª T., RHC 29.777, Min. Paulo Sanseverino, j. 5.5.11, DJ 11.5.11).

Art. 8º Autor e réu comparecerão à audiência acompanhados de suas testemunhas, 3 (três) no máximo,¹ apresentando, nessa ocasião, as demais provas.

Art. 8º: 1. A republicação no DOU 8.4.74 consigna, erroneamente, "3 (três), no mínimo".

Art. 9º (*redação da Lei 6.014, de 27.12.73*). Aberta a audiência, lida a petição, ou o termo, e a resposta, se houver, ou dispensada a leitura, o juiz ouvirá as partes litigantes e o representante do Ministério Público, propondo conciliação.¹

§ 1º Se houver acordo, lavrar-se-á o respectivo termo, que será assinado pelo juiz, escrivão, partes e representantes do Ministério Público.²

§ 2º Não havendo acordo, o juiz tomará o depoimento pessoal das partes e das testemunhas,²ª ouvidos os peritos se houver,³ podendo julgar o feito sem a mencionada produção de provas, se as partes concordarem.

Art. 9º: 1. s/ transações relativas a alimentos prestados ao idoso, celebradas perante o Promotor de Justiça, v. Eld 13.

Art. 9º: 2. "Noticiado acordo extrajudicial entre o representante dos alimentados e o alimentante, é obrigatória a intervenção do Ministério Público para assegurar que os interesses dos menores se acham preservados. *In casu*, sequer a aludida transação foi carreada aos autos" (STJ-4ª T., REsp 896.310, Min. Aldir Passarinho Jr., j. 5.2.09, DJ 26.2.09).

"Legitimado que é, o Ministério Público, para velar pelo interesse do incapaz, e considerado o notório prejuízo à alimentada com a redução dos alimentos, no acordo homologado em Juízo, sem a presença e tampouco a manifestação prévia do fiscal da lei, deve ser anulado o processo, a partir da audiência em que prolatada a sentença homologatória de acordo" (STJ-3ª T., REsp 1.058.689, Min. Nancy Andrighi, j. 12.5.09, DJ 25.5.09).

Art. 9º: 2a. v. CPC 361; tb. 385 a 388 e 456 a 460.

Art. 9º: 3. v. CPC 361-I e 477 § 3º.

Art. 10. A audiência de julgamento será contínua; mas, se não for possível, por motivo de força maior, concluí-la no mesmo dia, o juiz marcará a sua continuação para o primeiro dia desimpedido, independentemente de novas intimações.

Art. 11. Terminada a instrução, poderão as partes e o Ministério Público aduzir alegações finais, em prazo não excedente de 10 (dez) minutos para cada um.

Parágrafo único. Em seguida, o juiz renovará a proposta de conciliação¹ e, não sendo aceita, ditará sua sentença,² ª ⁷ que conterá sucinto relatório do ocorrido na audiência.

Art. 11: 1. Embora obrigatória a renovação da proposta de conciliação, sua falta não acarreta a nulidade da sentença (RJTJESP 20/215). No mesmo sentido: RJTJESP 103/36.

Contra, declarando a nulidade: RT 511/243, em., RJTJESP 89/46 (revisional).

Art. 11: 2. Súmula 226 do STF (Alimentos na separação contenciosa): "Na ação de desquite, os alimentos são devidos desde a inicial e não da data da decisão que os concede". Ação de desquite = ação de separação litigiosa.

No sentido de que atualização monetária desses alimentos tem como termo inicial a data da citação, e não a da sentença: RT 571/69.

Art. 11: 2a. "Segundo a jurisprudência dominante no C. Supremo Tribunal Federal e nesta Corte, admissível é fixar-se a prestação alimentícia com base no **salário mínimo**" (RSTJ 96/322). Essa fixação não ofende a CF de 1988, art. 7º-IV (RTJ 139/971, STF-RT 724/223, STF-RT 741/226).

No mesmo sentido, quanto à possibilidade de fixar a pensão em salários mínimos: STJ-4ª T., REsp 343.517, Min. Aldir Passarinho Jr., j. 23.4.02, maioria, DJU 2.9.02. Constou do voto do relator que as parcelas pretéritas "serão calculadas na data do vencimento, de acordo com o salário mínimo da época e atualizadas desde então". Ainda: STJ-3ª T., AI 861.075-AgRg, Min. Massami Uyeda, j. 5.5.09, DJ 19.5.09.

Todavia: "O salário mínimo não pode mais se prestar para indexar os alimentos, sob pena de, a curto prazo, desestabilizar o equilíbrio do binômio alimentar. E, dentre os indexadores, o IGP-M é o que se mostra mais adequado" (RBDF 38/154).

V., no CPCLPV, CPC 533, nota 10 (Súmula 490 do STF).

Art. 11: 2b. "Os alimentos arbitrados em valor fixo devem ser analisados de forma diversa daqueles arbitrados em percentuais sobre 'vencimento', 'salário', 'rendimento', 'provento', dentre outros *ad valorem*. No primeiro caso, a dívida se consolida com a fixação do valor e periodicidade em que deve ser paga, não se levando em consideração nenhuma outra base de cálculo. O débito alimentar arbitrado em valor fixo — por sentença transitada em julgado — deve ser pago pelo montante e na exata periodicidade constante no título judicial, revelando-se ofensa à coisa julgada a determinação para que o valor arbitrado seja pago a propósito do recebimento de outras verbas pelo devedor. No caso concreto, as circunstâncias fáticas incontroversas nas quais a sentença foi proferida dão guarida ao pleito recursal, pois não há nenhum vestígio no título de que a verba deveria incidir na forma como entendeu o Tribunal *a quo*. De fato, mostrou-se relevante ao arbitramento em valor fixo o fato de o réu auferir rendimentos por fontes que não empregatícias, fato que reforça a conclusão de que a pensão, na hipótese, não deve incidir sobre verbas outras, como aquelas indicadas pelo acórdão recorrido" (STJ-4ª T., REsp 1.091.095, Min. Luis Felipe, j. 16.4.13, DJ 25.4.13).

Art. 11: 2c. A fixação com indexação não é obrigatória (v. LDi 22: "Salvo decisão judicial", etc.). Diversos critérios podem ser adotados, como o de um percentual sobre os salários do empregado ou sobre os vencimentos do funcionário, etc.

"A Corte guarda algum entendimento de que alimentos em prol de apenas 1 filho, sem necessidades especiais, devem ser fixados em cerca de 20% dos rendimentos líquidos do alimentante" (RMDCPC 41/129: TJRS, AI 85189-53.2011.8.21.7000; dec. mon.).

Art. 11: 2d. Afirmando a "incidência da pensão alimentícia sobre o **décimo terceiro salário** e o **terço constitucional de férias":** STJ-RT 917/740 (2ª Seção, REsp 1.106.654, um voto vencido).

No mesmo sentido, em relação ao décimo terceiro: RT 727/190, JTJ 284/23.

Contra, no que diz respeito ao terço de férias: JTJ 174/178, 306/42.

Art. 11: 3. "O FGTS não é verba salarial; por isso, à falta de cláusula expressa em acordo, sobre ele não incide a pretensão alimentar fixada com base no salário do devedor" (STJ-4ª T., REsp 99.795, Min. Ruy Rosado, j. 22.10.96, DJU 30.6.97). No mesmo sentido: RT 724/302, JTJ 171/165, 206/168, 260/432.

Mais amplo: "Não integram, normalmente, o débito alimentar, as verbas recebidas pelo devedor na rescisão do pacto laborativo" (JTJ 172/172). No mesmo sentido: JTJ 284/23.

Entendendo devidos os alimentos sobre aviso prévio e férias indenizadas recebidos pelo alimentante, mas não sobre as verbas decorrentes de rescisão de contrato de trabalho, FGTS, abono de um terço das férias e multa por dispensa imotivada: JTJ 174/178. S/ terço de férias, v. nota 2d.

Ponderando que os alimentos devem ter por base "os rendimentos permanentes do alimentante, excluída a incidência sobre o FGTS, horas extras, verbas rescisórias e participação nos lucros": RMDCPC 26/130 (TJSP, AP 537.731-4/1-00).

"O valor recebido pelo alimentante a título de horas extras, mesmo que não habituais, embora não ostente caráter salarial para efeitos de apuração de outros benefícios trabalhistas, é verba de natureza remuneratória e integra a base de cálculo para a incidência dos alimentos fixados em percentual sobre os rendimentos líquidos do devedor" (STJ-4ª T., REsp 1.098.585, Min. Luis Felipe, j. 25.6.13, maioria, DJ 29.8.13). No mesmo sentido: STJ-3ª T., REsp 1.741.716, Min. Paulo Sanseverino, j. 25.5.21, DJ 11.6.21. **Contra,** no sentido de que as horas extras não se incluem na base de cálculo dos alimentos: JTJ 176/25, 306/42.

"Alimentos. Inclusão dos valores percebidos pelo devedor a título de participação em lucros e resultados — PLR — nos alimentos fixados em percentual sobre a remuneração. Natureza jurídica indenizatória da participação em lucros e resultados. Verba de caráter eventual e que depende do sucesso empresarial do empregador. Desvinculação do salário ou da remuneração habitual. Não há relação direta e indissociável entre as eventuais variações positivas nos rendimentos auferidos pelo alimentante (como na hipótese da participação nos lucros e resultados) e o automático e correspondente acréscimo do valor dos alimentos, ressalvadas as hipóteses de ter havido redução proporcional do percentual para se ajustar à capacidade contributiva do alimentante ou de haver superveniente alteração no elemento necessidade, casos em que as variações positivas eventuais do alimentante deverão ser incorporadas aos alimentos a fim de satisfazer integralmente às necessidades do alimentado. Na hipótese, diante da inexistência de circunstâncias específicas ou excepcionais que justifiquem a efetiva necessidade de incorporação da participação nos lucros e resultados aos alimentos prestados à ex-cônjuge, é de se concluir que a verba denominada PLR deve ser excluída da base de cálculo dos alimentos" (STJ-2ª Seção, REsp 1.872.706, Min. Nancy Andrighi,

Alimentos – Lei 5.478, de 25.7.68 (LA), arts. 11 a 13

j. 9.12.20, maioria, DJ 2.3.21). **Mas:** "Diante da revelia do alimentante e da notória hipossuficiência econômica do alimentado, deve ser presumida a necessidade de incorporação da participação nos lucros e resultados aos alimentos prestados ao menor, ressalvando-se, evidentemente, a possibilidade de o alimentante, em ação revisional, demonstrar a desnecessidade de inclusão da referida verba" (STJ-2ª Seção, REsp 1.854.512, Min. Nancy Andrighi, j. 9.12.20, maioria, DJ 2.3.21).

Excluindo da base de cálculo quaisquer gratificações adicionais: JTJ 284/23, 306/42.

"Os alimentos incidem sobre verbas pagas em caráter habitual, aquelas incluídas permanentemente no salário do empregado. A verba alimentar incide, portanto, sobre vencimentos, salários ou proventos, valores auferidos pelo devedor no desempenho de sua função ou de suas atividades empregatícias, decorrentes dos rendimentos ordinários do devedor. As parcelas denominadas auxílio-acidente, cesta-alimentação e vale-alimentação, que tem natureza indenizatória, estão excluídas do desconto para fins de pensão alimentícia porquanto verbas transitórias" (STJ-3ª T., REsp 1.159.408, Min. Ricardo Cueva, j. 7.11.13, DJ 25.11.13). No mesmo sentido, para "as parcelas denominadas diárias e tempo de espera indenizado": STJ-3ª T., REsp 1.747.540, Min. Ricardo Cueva, j. 10.3.20, DJ 13.3.20.

S/ base de cálculo, v. tb. art. 4º, nota 4c.

S/ bloqueio dos valores depositados no FGTS do alimentante, em razão da suspensão do desconto em folha, v., no CPCLPV, CPC 529, nota 4a.

✎ "A pensão alimentícia e o FGTS", por Segismundo Gontijo (RF 338/419); "Alimentos e FGTS", por Wallace Paiva Martins Jr. (Just. 166/58).

Art. 11: 3a. "Alimentos. Ruptura do relacionamento que traz uma diminuição na disponibilidade dos envolvidos. Necessidade de conscientização dos filhos, ante as dificuldades decorrentes de um lar desfeito. Fixação dos alimentos definitivos no mesmo montante fixado a título provisório. Valor condizente com a situação do alimentante e suficiente para os filhos" (JTJ 314/33: AP 436.732-4/0-00).

Art. 11: 4. "Quando a pensão alimentícia, em separação judicial, é fixada de maneira global, presume-se que é *intuitu familiae*, existindo direito de acrescer, pois visa o necessário à manutenção da situação familiar como um todo, sob o comando da esposa" (JTJ 172/170).

Art. 11: 5. "A obrigação alimentar é conjunta e solidária dos pais. Todavia, considerando que ambos trabalham e recebem salários, não se pode deixar de valorar, como critério para a fixação dos alimentos, a dupla jornada de quem tem a guarda, via de regra a mãe, para diferenciar o valor da verba alimentar" (RJM 173/324).

S/ a influência da guarda do alimentando no valor da pensão, v. CC 1.701, nota 1a.

Art. 11: 6. "Despesas comprovadas que favoreçam o núcleo familiar e não exclusivamente a alimentanda. Genitora que possui renda equivalente ou superior ao alimentante. Quanto provisório que serviu, ao longo do processo, para o sustento e mantença da alimentanda. Pensão reduzida e fixada em 20% da renda líquida" (RT 867/184: TJSP, AP 462.592.4/5-00). No mesmo sentido: RMDCPC 26/130 (TJSP, AP 537.731-4/1-00).

Art. 11: 6a. "Julgado procedente o pedido de alimentos, ainda que em valor menor do que aquele pleiteado na petição inicial, não há que se falar em sucumbência recíproca, mas, sim, em condenação do réu ao pagamento integral das custas e honorários sucumbenciais" (STJ-2ª Seção, REsp 1.872.706, Min. Nancy Andrighi, j. 9.12.20, maioria, DJ 2.3.21).

Art. 11: 7. "Nas demandas de caráter alimentar, as regras que proíbem a decisão *ultra petita* merecem exegese menos rigorosa. Precedentes do STJ" (RSTJ 29/337). No mesmo sentido: RSTJ 29/317, RT 676/156.

Assim: "Ação revisional de alimentos. Não constitui decisão *ultra petita* o eventual arbitramento em montante superior ao do pedido na inicial, uma vez que este serve, apenas, de mera estimativa" (STJ-3ª T., REsp 39.201-2, Min. Waldemar Zveiter, j. 2.8.94, DJU 12.9.94).

Não constitui "julgamento *extra petita* a atualização monetária da pensão alimentícia" (STJ-3ª T., REsp 66.169, Min. Cláudio Santos, j. 19.9.95, DJU 16.10.95).

Todavia, no sentido de que, uma vez requeridos na petição inicial alimentos a partir da sentença, não podem ser eles fixados a partir da citação: STJ-3ª T., REsp 1.079.190, Min. Nancy Andrighi, j. 7.10.08, DJ 23.10.08.

Art. 12. Da sentença serão as partes intimadas, pessoalmente ou através de seus representantes, na própria audiência, ainda quando ausentes, desde que intimadas de sua realização.

Art. 13. O disposto nesta lei aplica-se igualmente, no que couber,[1] às ações ordinárias de desquite,[2-3] nulidade e anulação de casamento, à revisão[4 a 6] de sentenças proferidas em pedidos de alimentos e respectivas execuções.

§ 1º Os alimentos provisórios fixados na inicial poderão ser revistos[7] a qualquer tempo, se houver modificação na situação financeira das partes, mas o pedido será sempre processado em apartado.[8]

§ 2º Em qualquer caso, os alimentos fixados retroagem à data da citação.[9 a 12]

§ 3º Os alimentos provisórios serão devidos até a decisão final, inclusive o julgamento do recurso extraordinário.[13 a 15]

Art. 13: 1. "no que couber", i.e., no que se refere à obrigação alimentar.

Segue-se que os alimentos provisórios podem ser fixados, pelo juiz, ao despachar as iniciais de ações ordinárias de separação judicial e de nulidade ou anulação de casamento (RF 297/244). **Contra,** no sentido de que é inadmissível o arbitramento de alimentos provisórios em ação de separação judicial de rito ordinário: RT 717/140, RJTJESP 135/263.

Art. 13: 2. "desquite": atualmente, separação judicial.

V., CC 1.571, nota 2b **(Em. Const. 66, de 13.7.10).**

Art. 13: 3. "Ação de separação judicial cumulada com pedido de alimentos. Fixação *initio litis* dos alimentos provisórios. Ao despachar a inicial, é possível ao magistrado fixar os alimentos provisórios, sendo desnecessária nesse caso a instauração de medida acautelatória em autos apartados. Arts. 4º e 13 da Lei n. 5.478, de 25.7.68" (STJ-4ª T., REsp 9.113-0, Min. Barros Monteiro, j. 12.5.92, maioria, DJU 28.6.93). No mesmo sentido: JTJ 164/220, 204/227.

Art. 13: 4. v. art. 1º, nota 7c (modificação de acordo para prestar alimentos já homologado judicialmente).

No nosso CPCLPV, v. CPC 61, nota 2 (competência para ação revisional), 492, nota 19 (sentença que, na ação de exoneração, defere a redução dos alimentos), 533 § 3º (revisão de alimentos concedidos como indenização de ato ilícito).

Art. 13: 5. Súmula 358 do STJ: "O cancelamento de pensão alimentícia de filho que atingiu a maioridade está sujeito à decisão judicial, mediante contraditório, ainda que nos próprios autos".

Enunciado 344 do CEJ: "A obrigação alimentar originada do poder familiar, especialmente para atender às necessidades educacionais, pode não cessar com a maioridade".

Enunciado 112 do CEJ: "Em acordos celebrados antes do advento do novo Código, ainda que expressamente convencionado que os alimentos cessarão com a maioridade, o juiz deve ouvir os interessados, apreciar as circunstâncias do caso concreto e obedecer ao princípio *rebus sic stantibus*".

Assim: "Com a maioridade cessa o pátrio poder, mas não termina, automaticamente, o dever de prestar alimentos" (STJ-2ª Seção, REsp 442.502, Min. Pádua Ribeiro, j. 6.12.04, dois votos vencidos, DJU 15.6.05). No mesmo sentido: RT 857/248, 868/231, 877/187 (TJSP, AP 560.921-4/2-00, um voto vencido), RF 395/461, RJ 178/64, JTJ 310/37.

Presume-se que o maior já não necessite de alimentos, cabendo-lhe o ônus da prova em contrário (RJTJERGS 168/334, 169/333).

Em síntese: "O advento da maioridade não extingue, de forma automática, o direito à percepção de alimentos, mas esses deixam de ser devidos em face do poder familiar e passam a ter fundamento nas relações de parentesco, em que se exige a prova da necessidade do alimentado. A necessidade do alimentado, na ação de exoneração de alimentos, é fato impeditivo do direito do autor, cabendo àquele a comprovação de que permanece tendo necessidade de receber alimentos" (STJ-3ª T., REsp 1.198.105, Min. Nancy Andrighi, j. 1.9.11, DJ 14.9.11).

Todavia: "Devem os alimentos prosseguir até o evento que ocorrer primeiro, ou a conclusão do curso técnico profissionalizante, ou a idade de 25 anos" (RT 725/227). No mesmo sentido: RMDCPC 16/132, RT 860/284.

"O dever de sustento oriundo do poder familiar cessa com a maioridade ou emancipação, contudo tal regra é afastada quando o alimentando acha-se cursando ensino superior e até que ele perfaça 24 anos, salvo se comprovado que o mesmo é capaz de prover a sua mantença" (RT 864/289, maioria). No mesmo sentido: RT 892/187 (TJSP, AP 679.994-4/7-00).

Contra, entendendo que a obrigação dos pais de prestar alimentos "cessa quando o filho se emancipa ou atinge a maioridade. Neste caso, **a exoneração é automática,** não dependente da propositura de ação própria para o seu reconhecimento": JTJ 260/282 (a citação é do voto do relator). No mesmo sentido: JTJ 173/15, 191/24 (cuja ementa dispõe que "a fixação alimentar de pais para filhos menores, a menos que explicitamente se tenha disposto em contrário ao ser feita, cessa ao ensejo da maioridade"), 286/35, RJTJERGS 168/334.

Sustentando que a exoneração automática também ocorre em razão de emancipação decorrente de casamento: RT 722/153.

Ponderando que "excluem-se do encargo alimentar a filha que completou 25 anos de idade sem estar frequentando escola, bem como a filha menor que se uniu a um companheiro, formando 'entidade familiar'": RJTJERGS 153/354.

"Acolhe-se o pedido de exoneração de alimentos quando as circunstâncias dos autos revelam que o alimentando é maior de 24 anos — termo presumido pela jurisprudência como bastante para o desaparecimento da necessidade de que justificaria a extensão da obrigação alimentícia além da maioridade — e deixou de frequentar a instituição de ensino superior em que estava matriculado, bem como que não se encontra impossibilitado de auferir renda para prover o próprio sustento" (RT 876/273: TJDFT, EI 20040110666522, maioria).

"É presumível — presunção *iuris tantum* — a necessidade dos filhos de continuarem a receber alimentos após a maioridade, quando frequentam curso universitário ou técnico, por força do entendimento de que a obrigação parental de cuidar dos filhos inclui a outorga de adequada formação profissional. Porém, o estímulo à qualificação profissional dos filhos não pode ser imposto aos pais de forma perene, sob pena de subverter o instituto da obrigação alimentar oriunda das relações de parentesco, que tem por objetivo, tão só, preservar as condições mínimas de sobrevida do alimentado. Em rigor, a formação profissional se completa com a graduação, que, de regra, permite ao bacharel o exercício da profissão para a qual se graduou, independentemente de posterior especialização, podendo assim, em tese, prover o próprio sustento, circunstância que afasta, por si só, a presunção *iuris tantum* de necessidade do filho estudante. Persistem, a partir de então, as relações de parentesco, que ainda possibilitam a percepção de alimentos, tanto de descendentes quanto de ascendentes, porém desde que haja prova de efetiva necessidade do alimentado" (STJ-3ª T., REsp 1.218.510, Min. Nancy Andrighi, j. 27.9.11, DJ 3.10.11). No mesmo sentido: STJ-4ª T., REsp 1.312.706, Min. Luis Felipe, j. 21.2.13, maioria, DJ 12.4.13; RT 924/986 (TJGO, AI 496656-45.2011.8.09.0000).

V. tb. CC 1.696; s/ alimentos devidos ao filho maior inválido, v. LDi 16.

✎ "Alimentos para filhos maiores", por Ênio Santarelli Zuliani (RIDCPC 45/49, RIDF 44/125).

Art. 13: 5a. "Quando se trata de **filho com doença mental incapacitante,** a necessidade do alimentado se presume, e deve ser suprida nos mesmo moldes dos alimentos prestados em razão do poder familiar. Mesmo que haja variações positivas nos rendimentos do alimentado — *in casu*, recebimento de benefício de prestação continuada —, se o valor auferido não é suficiente para o suprimento das necessidades básicas de filho com doença mental, mantém-se a obrigação alimentar" (STJ-3ª T., REsp 1.642.323, Min. Nancy Andrighi, j. 28.3.17, DJ 30.3.17).

Art. 13: 6. "O recurso cabível contra a decisão que defere pedido de exoneração de alimentos formulado nos próprios autos de alimentos é o de agravo de instrumento, por ser decisão interlocutória (CPC, art. 513), não se podendo falar que o Juízo de 1º grau conferiu à decisão a qualificação jurídica de sentença. Em se tratando de questão alimentar, de evidente caráter determinativo, alterável diante da mudança de condições de alimentante e alimentado, a decisão interlocutória era possível" (STJ-3ª T., AI 819.940-AgRg, Min. Sidnei Beneti, j. 27.5.08, DJU 20.6.08).

Art. 13: 7. v. art. 4º.

Art. 13: 8. "Nada tem de incivil a redução dos alimentos provisórios dentro da própria ação de alimentos" (RT 591/89 e RJTJESP 90/425). Contra essa decisão cabe agravo, e não apelação (RTJ 112/337).

✎ **Art. 13: 9.** "O termo inicial dos alimentos e a ação de investigação de paternidade", por Antônio Carlos Mathias Coltro (RIASP 6/50); "Alimentos e sua restituição judicial", por Rolf Madaleno (RJ 211/5); "Alimentos provisórios e provisionais, desde e até quando?", por Maria Berenice Dias (Ajuris 96/187); "Alimentos, desde quando?", por Maria Berenice Dias (RBDF 33/5).

Art. 13: 10. cf. **Súmula 226 do STF (Alimentos na separação judicial):** "Na ação de desquite, os alimentos são devidos desde a inicial e não da data da decisão que os concede".

No sentido de que a atualização monetária desses alimentos tem como termo inicial a data da citação, e não a da sentença: RT 571/69.

Art. 13: 10a. Súmula 277 do STJ (Alimentos na investigação de paternidade): "Julgada procedente a investigação de paternidade, os alimentos são devidos a partir da citação". V. LIP 7º.

Art. 13: 10b. "Não há razão, portanto, para que o efetivo pagamento inicie-se somente depois do decurso de 30 dias da citação, mesmo porque a verba alimentar, como sói acontecer, é destinada à sobrevivência do alimentando, plasmada, sobretudo, no dever de cuidado à pessoa que dela necessita, não possuindo assim natureza ressarcitória" (STJ-4ª T., REsp 660.731, Min. Luis Felipe, j. 8.6.10, DJ 15.6.10).

Art. 13: 11. "Na ação de alimentos, ainda que não submetida ao procedimento da Lei 5.478/68, serão eles devidos a partir da citação" (STJ-3ª T., RJ 184/43).

Art. 13: 11a. Na **ação de alimentos,** "fixados os **alimentos definitivos em valor inferior ao dos provisórios,** retroagirão à data da citação, ressalvadas as possíveis prestações já quitadas em virtude da irrepetibilidade daquilo que já foi pago" (STJ-3ª T., REsp 209.098, Min. Nancy Andrighi, j. 14.12.04, DJU 21.2.05). No mesmo sentido: STJ-4ª T., AI 982.233-AgRg, Min. Aldir Passarinho Jr., j. 17.6.08, DJ 25.8.08. **Contra,** defendendo efeitos prospectivos para a sentença nessas circunstâncias: STJ-3ª T., REsp 1.175.407-AgRg, Min. Massami Uyeda, j. 28.8.12, DJ 4.9.12.

"Os alimentos definitivos, quando fixados em valor inferior ao dos provisórios, não geram para o alimentante o direito de pleitear o que foi pago a maior, tendo em vista irrepetibilidade própria da verba alimentar. Todavia, quando **fixados definitivamente em valor superior ao dos provisórios,** terão efeito retroativo (Lei 5.478/68, art. 13, § 2º), facultando-se ao credor pleitear a diferença" (STJ-3ª T., REsp 1.318.844, Min. Sidnei Beneti, j. 7.3.13, RT 935/450).

"Em hipóteses excepcionais, **contudo**, é possível que os efeitos da sentença que majora ou reduz alimentos não retroaja à data da citação, desde que as circunstâncias do caso concreto assim o justifique, como na hipótese de alteração do binômio necessidade/possibilidade após o ajuizamento da ação. No caso, proferido o acórdão que majorou os alimentos fixados na sentença, no âmbito da ação de guarda combinada com alimentos, os efeitos da referida majoração, em razão das circunstâncias peculiares — analisadas pelas instâncias ordinárias —, não retroagem à data da respectiva citação, mas incidem **a partir da data do julgamento** do recurso" (STJ-4ª T., REsp 1.850.649-EDcl-AgInt, Min. Raul Araújo, j. 29.3.22, DJ 24.5.22). V. tb. nota 14.

Art. 13: 11b. Súmula 621 do STJ: "Os efeitos da sentença que reduz, majora ou exonera o alimentante do pagamento retroagem à data da citação, vedadas a compensação e a repetibilidade".

"Nas ações de revisão, os alimentos retroagem à data da citação" (RTJ 90/197), o que também ocorre nas ações de alteração de cláusula fixando pensão em separação consensual (RTJ 119/712).

Acerca do termo *ad quem* dos alimentos fixados anteriormente, em matéria de revisão ou exoneração de pensão, v., no CPCLPV, CPC 1.012, notas 14 e 15.

Art. 13: 11c. "Deve ser recebido apenas no efeito devolutivo o recurso de apelação interposto contra sentença que decida pedido revisional de **alimentos,** seja para majorar, **diminuir ou exonerar** o alimentante do encargo. Valoriza-se, dessa forma, a convicção do juiz que, mais próximo das provas produzidas, pode avaliar com maior precisão as necessidades do alimentando conjugadas às possibilidades do alimentante, para uma adequada fixação ou até mesmo exoneração do encargo. Com a atribuição do duplo efeito, há potencial probabilidade de duplo dano ao alimentante quando a sentença diminuir o encargo alimentar: (i) dano patrimonial, por continuar pagando a pensão alimentícia que a sentença reconhece indevida e por não ter direito à devolução da quantia despendida, caso a sentença de redução do valor do pensionamento seja mantida, em razão do postulado da irrepetibilidade dos alimentos; (ii) dano pessoal, pois o provável inadimplemento ditado pela ausência de condições financeiras poderá levar o alimentante à prisão" (STJ-3ª T., REsp 595.209, Min. Nancy Andrighi, j. 8.3.07, DJU 2.4.07). No mesmo sentido: RJTJESP 82/274.

Assim, determinando que se receba apenas no efeito devolutivo a apelação interposta contra a sentença de exoneração do alimentante: STJ-3ª T., REsp 1.280.171, Min. Massami Uyeda, j. 2.8.12, DJ 15.8.12.

Contra: "A apelação contra a sentença que determina a redução dos alimentos deve ser recebida também no efeito suspensivo, em obséquio ao princípio que privilegia o interesse dos menores em detrimento do direito dos adultos" (STJ-4ª T., REsp 332.897-AgRg, Min. Sálvio de Figueiredo, j. 23.4.02, DJU 12.8.02). No mesmo sentido: RJTJESP 130/342, RT 810/219, JTJ 214/228, Bol. AASP 1.672/10.

Ainda contra, no sentido de que deve ser recebida em ambos os efeitos a apelação contra sentença que exonera da prestação alimentícia: RSTJ 30/422, STJ-RT 674/238, STJ-RTJE 97/108 e STJ-Bol. AASP 1.729/39; STJ-JTJ 247/125; RT 710/130, 718/127, JTJ 173/143; Bol. AASP 2.426/3.537.

"Mesmo considerando sentença de procedência da ação exoneratória, importa que, até a data de seu trânsito em julgado, os alimentos são devidos" (STJ-3ª T., HC 41.074, Min. Nancy Andrighi, j. 5.4.05, DJU 18.4.05). Em outras palavras: "Os efeitos da exoneração da pensão alimentícia não retroagem à data da citação, mas apenas têm incidência a partir do trânsito em julgado da decisão" (STJ-3ª T., REsp 886.537, Min. Sidnei Beneti, j. 8.4.08, DJU 25.4.08). No mesmo sentido: STJ-RT 793/198, dois votos vencidos (4ª T.).

Art. 13: 12. Há um acórdão entendendo que, em ação revisional movida pelo alimentando, se a sentença julga procedente reconvenção e reduz os alimentos primitivamente fixados, essa redução é devida a partir da data em que o autor foi intimado para contestar a reconvenção (RJTJERGS 165/346).

Art. 13: 13. s/ o caráter não repetível dos alimentos, v. art. 1º, nota 10a.

Art. 13: 13a. Não é bem assim. Os alimentos provisórios não são imunes a decisões que levam à sua cassação e estão com a eficácia liberada. Assim, julgada improcedente a ação de alimentos e cassados os alimentos provisórios, fica o alimentante desde logo livre do seu pagamento (v., no CPCLPV, CPC 1.012, nota 16); os alimentos provisórios apenas voltam a ser devidos se houver no processo pronunciamento que os restabeleça.

Alimentos – Lei 5.478, de 25.7.68 (LA), arts. 13 a 15

"A apelação contra improcedência de pedido alimentar não restabelece liminar de alimentos provisórios, revogada pela sentença" (STJ-3ª T., REsp 746.760, Min. Gomes de Barros, j. 6.11.07, DJU 14.11.07).

Os alimentos provisórios somente serão devidos até o final do processo se as decisões proferidas no seu curso levarem a isso.

Art. 13: 14. Alimentos provisórios atrasados. Sentença posterior que julga improcedente o pedido ou reduz os alimentos provisórios. Efeitos da sentença com relação às verbas em aberto. "Ofende o princípio da irrepetibilidade a retroação, à data da citação, dos efeitos da sentença que fixou os alimentos definitivos em valor inferior ao dos provisórios, anteriormente estabelecidos" (STJ-4ª T., REsp 905.986, Min. Aldir Passarinho Jr., j. 23.11.10, DJ 6.12.10).

"O alimentando poderá executar os alimentos provisórios não pagos correspondentes ao período compreendido entre o momento em que foram fixados na concessão liminar e aquele em que foram cassados pela sentença" (STJ-3ª T., REsp 1.155.653, Min. Sidnei Beneti, j. 26.4.11, DJ 4.5.11; a citação é do voto do relator).

V. tb. nota 11a.

Art. 13: 15. Os pagamentos feitos além do *quantum* da pensão alimentícia, não sendo voluntários, podem ser havidos como adiantamento, a ser considerado nas prestações futuras (RJTJESP 123/236, citando RT 616/147).

Art. 14 (*redação da Lei 6.014, de 27.12.73*). Da sentença caberá apelação no efeito devolutivo.[1]

Art. 14: 1. No mesmo sentido, CPC 1.012 § 1º-II (v. notas a esse dispositivo no nosso CPCLPV).

Art. 15. A decisão judicial sobre alimentos não transita em julgado e pode a qualquer tempo ser revista,[1 a 2c] em face da modificação da situação financeira dos interessados.[3]

Art. 15: 1. "Ação revisional de alimentos", por Jedor Pereira Baleeiro (RCDUFU 15/117, RF 301/326); "Da competência territorial, na ação de revisão de alimentos", por Luiz Antônio Câmara e outro (RP 56/210, RTJE 68/20).

Art. 15: 1a. No nosso CPCLPV, v. CPC 61, nota 2 (competência para a ação revisional), e 327, nota 10 (cumulação de ações revisionais, propostas uma pela mãe e outra, pelo filho).

Art. 15: 1b. LDi 28: "Os alimentos devidos pelos pais e fixados na sentença de separação poderão ser alterados a qualquer tempo".

A alteração deve ser pleiteada mediante ação revisional.

Art. 15: 1c. Cabe **reconvenção** em ação revisional de alimentos, especialmente se esta seguir o procedimento comum (JTJ 173/116, 202/202, RJTJERGS 167/268).

Outros casos de reconvenção: art. 1º, nota 8.

Art. 15: 1d. Em ação revisional, somente se concede redução liminar de alimentos "em circunstâncias excepcionais, quando comprovado, de pronto, que os alimentos antes fixados se colocaram em desacordo com a fortuna das partes" (RJTJERGS 167/275).

Art. 15: 2. "O direito à revisional de alimentos é autônomo, sendo que seu exercício não tem vinculação com a ação de alimentos. Por isso, em princípio, podem os parentes remotos, na linha de devedores, figurar na revisional ainda que não tenham participado da ação primitiva. A mudança da necessidade do alimentando será discutida, como, também, a disponibilidade do obrigado a alimentar, e acrescendo-se o parente remoto para prestar a obrigação conjuntamente" (RT 632/103).

Art. 15: 2a. "Os encargos alimentícios podem ser alterados, segundo a necessidade do que os recebe e os recursos do que os presta" (STJ-3ª T., REsp 9.309, Min. Dias Trindade, j. 13.5.91, DJU 10.6.91).

Art. 15: 2b. No sentido de que a ação revisional pode ser proposta antes do trânsito em julgado da sentença na ação de alimentos: JTJ 176/90.

Art. 15: 2c. "Em se tratando de obrigação alimentar fixada *intuitu familiae*, há necessidade da participação de todos os beneficiários na demanda. É caso de litisconsórcio passivo **obrigatório,** conforme preceitua o art. 47 do CPC. Considerando a potencialidade da ação revisional, é indispensável que para os autos venham todas as pessoas alimentadas que fazem parte da coletividade de credores solidários" (RJTJER GS 255/192).

Art. 15: 3. s/ revisão de alimentos independentemente de modificação da situação financeira dos interessados, v. CC 1.699, nota 1.

Art. 16. 1

Art. 16: 1. O art. 16 foi expressamente revogado pela Lei 13.105, de 16.3.15, em vigor um ano após a sua publicação (DOU 17.3.15).

V. CPC 1.072-V.

Art. 17. 1

Art. 17: 1. O art. 17 foi expressamente revogado pela Lei 13.105, de 16.3.15, em vigor um ano após a sua publicação (DOU 17.3.15).

V. CPC 1.072-V.

Art. 18. 1

Art. 18: 1. O art. 18 foi expressamente revogado pela Lei 13.105, de 16.3.15, em vigor um ano após a sua publicação (DOU 17.3.15).

V. CPC 1.072-V.

Art. 19. O juiz, para instrução da causa ou na execução da sentença ou do acordo, poderá tomar todas as providências necessárias para seu esclarecimento ou para o cumprimento do julgado ou do acordo, inclusive a decretação de prisão do devedor até 60 (sessenta) dias.[1]

§ 1º (redação da Lei 6.014, de 27.12.73) O cumprimento integral da pena de prisão não eximirá o devedor do pagamento das prestações alimentícias, vincendas ou vencidas e não pagas.

§ 2º (redação da Lei 6.014, de 27.12.73) Da decisão que decretar a prisão do devedor, caberá agravo de instrumento.

§ 3º (redação da Lei 6.014, de 27.12.73) A interposição do agravo não suspende a execução da ordem de prisão.

Art. 19: 1. Entendemos que este artigo está **implicitamente revogado pelo CPC 528**.

Art. 20. As repartições públicas, civis ou militares, inclusive do Imposto de Renda, darão todas as informações necessárias à instrução dos processos previstos nesta lei e à execução do que for decidido ou acordado em juízo.

Art. 21. O art. 244 do Código Penal passa a vigorar com a seguinte redação:[1]
"**Art. 244.** Deixar, sem justa causa, de prover a subsistência do cônjuge, ou de filho menor de 18 anos ou inapto para o trabalho ou de ascendente inválido ou valetudinário, não lhes proporcionando os recursos necessários ou faltando ao pagamento de pensão alimentícia judicialmente acordada, fixada ou majorada;[1a] deixar, sem justa causa, de socorrer descendente ou ascendente gravemente enfermo:

Pena — Detenção de 1 (um) ano a 4 (quatro) anos e multa.[2]

Parágrafo único. Nas mesmas penas incide quem, sendo solvente, frustra ou ilide,[3] de qualquer modo, inclusive por abandono injustificado de emprego ou função, o pagamento de pensão alimentícia judicialmente acordada, fixada ou majorada".

Art. 21: 1. Eld 110: "O **Decreto-lei n. 2.848, de 7 de dezembro de 1940,** Código Penal, passa a vigorar com as seguintes alterações: ... 'Art. 244. Deixar, sem justa causa, de prover a subsistência do cônjuge, ou de filho menor de 18 (dezoito) anos ou inapto para o trabalho, ou de ascendente inválido ou maior de 60 (sessenta) anos, não lhes proporcionando os recursos necessários ou faltando ao pagamento de pensão alimentícia judicialmente acordada, fixada ou majorada; deixar, sem justa causa, de socorrer descendente ou ascendente, gravemente enfermo:'".

Art. 21: 1a. Vírgula, e não ponto e vírgula, no texto oficial.

Art. 21: 2. A redação, acima, do art. 244 do CP, quanto à pena, foi por nós **corrigida**, para ficar de acordo com o disposto na Lei 7.209, de 11.7.84 (Lex 1984/350), art. 2º.

Art. 21: 3. No texto oficial, está "ilide"; deve ser "elide" (cf. "Pequeno Vocabulário Ortográfico da Língua Portuguesa": elidir = eliminar, e ilidir = refutar; Séguier: elidir = suprimir, eliminar, e ilidir = rebater, refutar; Aurélio: elidir = eliminar, suprimir, e ilidir = rebater, contestar, refutar).

Art. 22. Constitui crime contra a administração da Justiça deixar o empregador ou funcionário público de prestar ao juízo competente as informações necessárias à instrução de processo ou execução de sentença ou acordo que fixe pensão alimentícia:

Pena — Detenção de 6 (seis) meses a 1 (um) ano, sem prejuízo da pena acessória de suspensão do emprego de 30 (trinta) a 90 (noventa) dias.

Parágrafo único. Nas mesmas penas incide quem, de qualquer modo, ajuda o devedor a eximir-se ao pagamento de pensão alimentícia judicialmente acordada, fixada ou majorada, ou se recusa, ou procrastina a executar ordem de descontos em folhas de pagamento, expedida pelo juiz competente.

Art. 23. A prescrição quinquenal referida no art. 178, § 10, inciso I, do Código Civil[1] só alcança as prestações mensais e não o direito a alimentos, que, embora irrenunciável,[1a-2] pode ser provisoriamente dispensado.

Art. 23: 1. CC rev.: "Art. 178. Prescreve: ... § 10. Em cinco anos: I — As prestações de pensões alimentícias".

O art. 178 § 10-I corresponde ao **CC 206 § 2º:** "Prescreve: ... Em dois anos, a pretensão para haver prestações alimentares, a partir da data em que se vencerem".

Art. 23: 1a. v. CC 1.707 e notas.

Art. 23: 2. O autor pode desistir da ação de alimentos, mas não pode renunciar ao direito a haver alimentos (RTJ 130/1.160).

Art. 24. A parte responsável pelo sustento da família, e que deixar a residência comum por motivo que não necessitará declarar, poderá tomar a iniciativa de comunicar ao juízo[1] os rendimentos de que dispõe e de pedir a citação do credor, para comparecer à audiência de conciliação e julgamento destinada à fixação dos alimentos a que está obrigado.[2 a 3]

Art. 24: 1. Na republicação do DOU 8.4.74, supl., está: "comunicar ao juiz". O texto primitivo consigna: "comunicar ao juízo".

Art. 24: 2. Na republicação pelo DOU 8.4.74, supl., lê-se: "a que está obrigada"; o texto primitivo reza: "a que está obrigado".

Art. 24: 2a. O companheiro tem legitimidade para ofertar alimentos (RSTJ 147/357).

Art. 24: 3. Ao contrário do que ocorre na hipótese do art. 7º, o não comparecimento do autor à audiência de instrução e julgamento não acarreta o arquivamento do feito (RJTJESP 98/29).

Art. 25. A prestação não pecuniária estabelecida no art. 403 do Código Civil,[1] só pode ser autorizada pelo juiz se a ela anuir o alimentando capaz.

Art. 25: 1. CC 1.701: "A pessoa obrigada a suprir alimentos poderá pensionar o alimentando, ou dar-lhe hospedagem e sustento, sem prejuízo do dever de prestar o necessário à sua educação, quando menor.

"Parágrafo único. Compete ao juiz, se as circunstâncias o exigirem, fixar a forma do cumprimento da prestação".

Art. 26. É competente para as ações de alimentos decorrentes da aplicação do Decreto Legislativo n. 10, de 13 de novembro de 1958, e Decreto n. 56.826, de 2 de setembro de 1965,[1 a 3] o juízo federal[3a] da Capital da Unidade Federativa Brasileira em que reside o devedor, sendo considerada instituição intermediária, para os fins dos referidos decretos, a Procuradoria-Geral da República.[4]

Parágrafo único. Nos termos do inciso III, art. 2º, da Convenção Internacional sobre ações de alimentos, o Governo Brasileiro comunicará, sem demora, ao Secretário Geral das Nações Unidas, o disposto neste artigo.

Art. 26: 1. Dec. leg. 10, de 13.11.58 — Aprova a Convenção sobre a prestação de alimentos no estrangeiro.

Dec. 56.826, de 2.9.65 — Promulga a Convenção sobre prestação de alimentos no estrangeiro (RT 362/663, Lex 1965/1.233).

Dec. leg. 1, de 28.2.96 — Aprova a Convenção Interamericana sobre Obrigação Alimentar.

Art. 26: 2. "O art. 26 da Lei 5.478/68 se aplica às hipóteses em que o devedor da prestação alimentícia resida em território nacional e atue a Procuradoria-Geral da República como 'instituição intermediária'. Caso em que os autores da ação residem no Brasil e demandam contra réu domiciliado em Portugal, não tendo funcionado a Procuradoria-Geral da República como 'instituição intermediária'" (STJ-2ª Seção, CC 3.833-8, Min. Sálvio de Figueiredo, j. 10.2.93, DJU 8.3.93).

Art. 26: 3. "*Charges du mariage*. Configurando ter natureza e valor de alimentos a prestação a que foi condenado o cônjuge varão, conclui-se pela legitimidade da Instituição Intermediária, definida pela Convenção de Nova York, promulgada pelo Decreto n. 56.826, de 2.9.65" (STF-Pleno: RTJ 134/611, maioria).

Art. 26: 3a. Mas: "Conforme jurisprudência tranquila desta Corte, compete à Justiça Comum do Estado processar e julgar ação de alimentos pertinente ao Decreto n. 56.826/65, que promulgou a Convenção sobre Prestação de Alimentos no Estrangeiro, quando o devedor esteja domiciliado no exterior" (STJ-2ª Seção, CC 20.175, rel. Min. Menezes Direito, j. 14.10.98, DJU 7.12.98).

"Só é competente a Justiça Federal para processar e julgar a ação de alimentos quando, por residir o demandante no exterior e o devedor em território nacional, atua a Procuradoria-Geral da República como 'instituição intermediária'" (RSTJ 6/127). No mesmo sentido: STJ-2ª Seção, CC 1.594, Min. Nilson Naves, j. 10.4.91, DJU 6.5.91.

Cf. RTFR 149/253, RJTJESP 103/265.

Art. 26: 4. "A competência para processar e julgar ação de alimentos quando o alimentante reside no exterior se determina em razão da matéria, quando não é a mesma proposta pela Procuradoria-Geral da República (Convenção sobre Prestação de Alimentos no Estrangeiro)" (STJ-2ª Seção, CC 6.654-9, Min. Dias Trindade, j. 9.2.94, DJU 28.3.94).

Art. 27. Aplicam-se supletivamente nos processos regulados por esta lei as disposições do Código de Processo Civil.

Art. 28. Esta lei entrará em vigor 30 (trinta) dias depois de sua publicação.

Art. 29. Revogam-se as disposições em contrário.

Brasília, 25 de julho de 1968; 147º da Independência e 80º da República — A. Costa e Silva — **Luís Antônio da Gama e Silva**.

Lei n. 11.804, de 5 de novembro de 2008

Disciplina o direito a alimentos gravídicos e a forma como ele será exercido e dá outras providências.

O Presidente da República

Faço saber que o Congresso Nacional decreta e eu sanciono a seguinte Lei:

Art. 1º Esta Lei disciplina o direito de alimentos da mulher gestante e a forma como será exercido.[1]

Art. 1º: 1. "Alimentos gravídicos", por Jesualdo Eduardo de Almeida Júnior (RT 882/9, RJ 374/67); "A tutela jurisdicional do direito a alimentos gravídicos: análise às *técnicas processuais diferenciadas* instituídas pela Lei n. 11.804/08", por Lúcio Delfino (RBDP 68/179); "Os alimentos gravídicos no teatro da vida", por Rozane da Rosa Cachapuz (RBDFS 17/74).

Art. 2º Os alimentos de que trata esta Lei compreenderão os valores suficientes para cobrir as despesas adicionais do período de gravidez e que sejam dela decorrentes, da concepção ao parto, inclusive as referentes a alimentação especial, assistência médica e psicológica, exames complementares, internações, parto, medicamentos e demais prescrições preventivas e terapêuticas indispesáveis, a juízo do médico, além de outras que o juiz considere pertinentes.

Parágrafo único. Os alimentos de que trata este artigo referem-se à parte das despesas que deverá ser custeada pelo futuro pai, considerando-se a contribuição que também deverá ser dada pela mulher grávida, na proporção dos recursos de ambos.

Art. 3º (VETADO)

Art. 4º (VETADO)

Art. 5º (VETADO)

Art. 6º Convencido da existência de indícios da paternidade,[1] o juiz fixará alimentos gravídicos que perdurarão até o nascimento da criança, sopesando as necessidades da parte autora e as possibilidades da parte ré.[1a]

Parágrafo único. Após o nascimento com vida, os alimentos gravídicos ficam convertidos em pensão alimentícia em favor do menor até que uma das partes solicite a sua revisão.[1b-2]

Art. 6º: 1. "Alimentos gravídicos. Ajuizamento da ação que não depende de prova pré-constituída da paternidade. Exegese do art. 6º da Lei n. 11.804/08. Conjunto probatório que, no entanto, ainda não é suficiente para demonstrar a existência de indícios de paternidade. Alimentos provisórios indeferidos. Necessidade de dilação probatória" (JTJ 347/36: AI 657.860-4/5-00).

"O deferimento de alimentos gravídicos à gestante pressupõe a demonstração de fundados indícios da paternidade atribuída ao demandado, não bastando a mera imputação da paternidade. Exegese do art. 6º da Lei n. 11.804/08. Ônus da mulher diante da impossibilidade de se exigir prova negativa por parte do indigitado pai. Ausente comprovação mínima das alegações iniciais, resta inviabilizada, na fase, a concessão dos alimentos reclamados, sem prejuízo de decisão em contrário diante de provas nos autos" (RJTJERGS 275/183: AI 70028646594).

Todavia: "O requisito exigido para a concessão dos alimentos gravídicos, qual seja, 'indícios de paternidade', nos termos do art. 6º da Lei n. 11.804/08, deve ser examinado, em sede de cognição sumária, sem muito rigorismo, tendo em vista a dificuldade na comprovação do alegado vínculo de parentesco já no momento do ajuizamento da ação, sob pena de não se atender à finalidade da lei, que é proporcionar ao nascituro seu sadio desenvolvimento. No caso, a nota fiscal relativa à aquisição de um berço infantil em nome do agravado, juntada ao instrumento, confere certa verossimilhança à indicação da insurgente acerca do suposto pai, o que autoriza, em sede liminar, o deferimento dos alimentos gravídicos postulados, no valor de 30% do salário mínimo, quantia significativamente módica" (RJTJERGS 284/197: AI 70046905147).

Art. 6º: 1a. Para algumas diretrizes na fixação do valor dos alimentos, v. LA 11 e notas. V. tb. CC 1.694 § 1º e notas.

Art. 6º: 1b. "Em regra, a ação de alimentos gravídicos **não** se extingue ou **perde** seu **objeto com o nascimento da criança,** pois os referidos alimentos ficam convertidos em pensão alimentícia até eventual ação revisional em que se solicite a exoneração, redução ou majoração do valor dos alimentos ou até mesmo eventual resultado em ação de investigação ou negatória de paternidade" (STJ-3ª T., REsp 1.629.423, Min. Marco Bellizze, j. 6.6.17, DJ 22.6.17).

Art. 6º: 2. A previsão de revisão da pensão alimentícia é da maior pertinência, na medida em que os fatores que norteiam a fixação de alimentos gravídicos são absolutamente diferentes daqueles que orientam o dimensionamento dos alimentos em favor do recém-nascido. Enquanto aqueles se pautam pelas necessidades da mãe atreladas à gestação e ao parto, estes se guiam pelas necessidades do menor. E dificilmente haverá coincidência entre os valores requeridos para satisfazer essas distintas necessidades. Pode acontecer tanto de as necessidades da mãe no período de gravidez serem maiores do que as do recém-nascido (p. ex., gravidez com complicações e recém-nascido que se alimenta exclusivamente de leite materno) quanto as deste serem maiores do que as daquela (p. ex., gravidez sem sobressaltos e recém-nascido acometido por alguma doença). Como se isso não bastasse, as necessidades do menor sofrem intensa variação com o passar do tempo, o que desaconselha, definitivamente, a vinculação entre o valor dos alimentos gravídicos e o valor dos alimentos devidos em favor do filho.

Art. 7º O réu será citado para apresentar resposta em 5 (cinco) dias.

Art. 8º (VETADO)

Art. 9º (VETADO)

Art. 10. (VETADO)

Art. 11. Aplicam-se supletivamente nos processos regulados por esta Lei as disposições das Leis n. 5.478, de 25 de julho de 1968, e 5.869, de 11 de janeiro de 1973 — Código de Processo Civil.

Art. 12. Esta Lei entra em vigor na data de sua publicação.

Brasília, 5 de novembro de 2008; 187º da Independência e 120º da República — LUIZ INÁCIO LULA DA SILVA — **Tarso Genro** — **José Antonio Dias Toffoli** — **Dilma Rousseff.**

Cédula de Produto Rural

Lei n. 8.929, de 22 de agosto de 1994

Institui a Cédula de Produto Rural, e dá outras providências.

O Presidente da República
Faço saber que o Congresso Nacional decreta e eu sanciono a seguinte lei:

Art. 1º (*redação da Lei 13.986, de 7.4.20*) Fica instituída a Cédula de Produto Rural (CPR), representativa de promessa de entrega de produtos rurais, com ou sem garantias cedularmente constituídas.

§ 1º (*redação da Lei 13.986, de 7.4.20*) Fica permitida a liquidação financeira da CPR, desde que observadas as condições estipuladas nesta Lei.

§ 2º (*redação da Lei 13.986, de 7.4.20*) Para os efeitos desta Lei, produtos rurais são aqueles obtidos nas atividades:

I (*redação da Lei 14.421, de 20.7.22*) — agrícola, pecuária, florestal, de extrativismo vegetal e de pesca e aquicultura, seus derivados, subprodutos e resíduos de valor econômico, inclusive quando submetidos a beneficiamento ou a primeira industrialização;

II (*redação da Lei 14.421, de 20.7.22*) — relacionadas à conservação, à recuperação e ao manejo sustentável de florestas nativas e dos respectivos biomas, à recuperação de áreas degradadas, à prestação de serviços ambientais na propriedade rural ou que vierem a ser definidas pelo Poder Executivo como ambientalmente sustentáveis;[1]

III (*redação da Lei 14.421, de 20.7.22*) — de industrialização dos produtos resultantes das atividades relacionadas no inciso I deste parágrafo;

IV (*redação da Lei 14.421, de 20.7.22*) — de produção ou de comercialização de insumos agrícolas, de máquinas e implementos agrícolas e de equipamentos de armazenagem.

§ 3º (*redação da Lei 13.986, de 7.4.20*) O Poder Executivo poderá regulamentar o disposto neste artigo, inclusive relacionar os produtos passíveis de emissão de CPR.

Art. 1º: 1. Dec. 10.828, de 1.10.21 — Regulamenta a emissão de Cédula de Produto Rural, relacionada às atividades de conservação e recuperação de florestas nativas e de seus biomas, de que trata o inciso II do § 2º do art. 1º da Lei n. 8.929, de 22 de agosto de 1994.

Art. 2º (*redação da Lei 14.421, de 20.7.22*) Têm legitimação para emitir CPR:

I (*redação da Lei 14.421, de 20.7.22*) — o produtor rural, pessoa natural ou jurídica, inclusive com objeto social que compreenda em caráter não exclusivo a produção rural, a cooperativa agropecuária e a associação de produtores rurais que tenha por objeto a produção, a comercialização e a industrialização dos produtos rurais de que trata o art. 1º desta Lei;

II (*redação da Lei 14.421, de 20.7.22*) — as pessoas naturais ou jurídicas que beneficiam ou promovem a primeira industrialização dos produtos rurais referidos no art. 1º desta Lei ou que empreendem as atividades constantes dos incisos II, III e IV do § 2º do art. 1º desta Lei.

§ 1º (*revogado pela Lei 14.421, de 20.7.22*).

§ 2º (*redação da Lei 14.421, de 20.7.22*) Sobre a CPR emitida pelas pessoas constantes do inciso II do *caput* deste artigo incidirá o imposto sobre operações de crédito, câmbio e seguro, ou sobre operações relativas a títulos ou valores mobiliários, e não será aplicado o disposto no inciso V do *caput* do art. 3º da Lei n. 11.033, de 21 de dezembro de 2004, nem quaisquer outras isenções.

Art. 3º A CPR conterá os seguintes requisitos, lançados em seu contexto:[1 a 3]

I (*redação da Lei 13.986, de 7.4.20*) — denominação "Cédula de Produto Rural" ou "Cédula de Produto Rural com Liquidação Financeira", conforme o caso;

II (*redação da Lei 13.986, de 7.4.20*) — data da entrega ou vencimento e, se for o caso, cronograma de liquidação;

III (*redação da Lei 13.986, de 7.4.20*) — nome e qualificação do credor e cláusula à ordem;

IV (*redação da Lei 13.986, de 7.4.20*) — promessa pura e simples de entrega do produto, sua indicação e as especificações de qualidade, de quantidade e do local onde será desenvolvido o produto rural;

V — local e condições da entrega;

VI (*redação da Lei 13.986, de 7.4.20*) — descrição dos bens cedularmente vinculados em garantia, com nome e qualificação dos seus proprietários e nome e qualificação dos garantidores fidejussórios;

VII — data e lugar da emissão;

VIII (*redação da Lei 13.986, de 7.4.20*) — nome, qualificação e assinatura do emitente e dos garantidores, que poderá ser feita de forma eletrônica;

IX (*redação da Lei 13.986, de 7.4.20*) — forma e condição de liquidação; e

X (*redação da Lei 13.986, de 7.4.20*) — critérios adotados para obtenção do valor de liquidação da cédula.

§ 1º (*redação da Lei 13.986, de 7.4.20*) Sem caráter de requisito essencial, a CPR, emitida sob a forma cartular ou escritural, poderá conter outras cláusulas lançadas em seu contexto.

§ 2º A descrição dos bens vinculados em garantia pode ser feita em documento à parte, assinado pelo emitente, fazendo-se, na cédula, menção a essa circunstância.

§ 3º (*redação da Lei 13.986, de 7.4.20*) Os bens vinculados em garantia serão descritos de modo simplificado e, quando for o caso, serão identificados pela sua numeração própria e pelo número de registro ou matrícula no registro oficial competente, dispensada, no caso de imóveis, a indicação das respectivas confrontações.

§ 4º (*redação da Lei 14.421, de 20.7.22*) As partes contratantes, observada a legislação específica, estabelecerão a forma e o nível de segurança da assinatura eletrônica que serão admitidos para fins de validade, eficácia e executividade, observadas as seguintes disposições:

I (*redação da Lei 14.421, de 20.7.22*) — na CPR e no documento à parte com a descrição dos bens vinculados em garantia, se houver, será admitida a utilização de assinatura eletrônica simples, avançada ou qualificada; e

II (*redação da Lei 14.421, de 20.7.22*) — no registro e na averbação de garantia real constituída por bens móveis e imóveis, será admitida a utilização de assinatura eletrônica avançada ou qualificada.

§ 5º (*redação da Lei 13.986, de 7.4.20*) A CPR poderá ser aditada, ratificada e retificada por termo aditivo que a integre, datado e assinado pelo emitente, pelo garantidor e pelo credor, com a formalização e o registro na forma do título original, conforme o art. 3º-A desta Lei, fazendo-se, na cédula, menção a essa circunstância.

§ 6º (*redação da Lei 13.986, de 7.4.20*) No caso da CPR com liquidação física, os procedimentos para definição da qualidade do produto obedecerão ao disposto em regulamento do Poder Executivo, quando houver.

§ 7º (*redação da Lei 13.986, de 7.4.20*) O Poder Executivo poderá regulamentar o disposto neste artigo.

Art. 3º: 1. "Da desnecessidade de pagamento prévio para caracterização da Cédula de Produto Rural", por Arnoldo Wald (RF 374/3).

Art. 3º: 2. "A Lei 8.929/94 **não impõe,** como requisito essencial para a emissão de uma Cédula de Produto Rural, o **prévio pagamento** pela aquisição dos produtos agrícolas nela representados. A emissão desse título pode se dar para financiamento da safra, com o pagamento antecipado do preço, mas também pode ocorrer numa operação de *hedge*, na qual o agricultor, independentemente do recebimento antecipado do pagamento, pretende apenas se proteger contra os riscos de flutuação de preços no mercado futuro" (STJ-3ª T., REsp 910.537, Min. Nancy Andrighi, j. 25.5.10, DJ 7.6.10). No mesmo sentido: STJ-2ª Seção, ED no Ag em REsp 61.706-AgInt, Min. Antonio Ferreira, j. 8.11.17, DJ 13.11.17.

"Inocorrência de nulidade do título por desvio de finalidade na hipótese em que o emitente alega não ter recebido pagamento antecipado pelos produtos descritos na cártula. Impossibilidade de se acolher, no curso da execução proposta pelo endossatário, alegação de inexistência do negócio jurídico subjacente à CPR, tendo em vista a inoponibilidade das exceções pessoais ao endossatário de boa-fé (art. 17 da Lei Uniforme de Genebra — LUG)" (STJ--3ª T., REsp 1.435.979, Min. Paulo Sanseverino, j. 30.3.17, DJ 5.5.17).

Art. 3º: 3. "Inaplicabilidade da limitação dos **juros moratórios** a 1% ao ano, prevista no art. 5º, p. u., do Decreto-Lei 167/1967, por se tratar de norma específica da Cédula de Crédito Rural — CCR. Distinção entre a CPR e a CCR, quanto à autonomia da vontade das partes, sendo esta ampla na CPR e restrita na CCR" (STJ-3ª T., REsp 1.435.979, Min. Paulo Sanseverino, j. 30.3.17, DJ 5.5.17). No mesmo sentido: STJ-4ª T., REsp 1.569.408-AgInt, Min. Lázaro Guimarães, j. 21.6.18, DJ 1.8.18.

Art. 3º-A (*redação da Lei 13.986, de 7.4.20*). A CPR poderá ser emitida sob a forma cartular ou escritural.

§ 1º (*redação da Lei 13.986, de 7.4.20*) A emissão na forma escritural, que poderá valer-se de processos eletrônicos ou digitais, será objeto de lançamento em sistema eletrônico de escrituração gerido por entidade autorizada pelo Banco Central do Brasil a exercer a atividade de escrituração.

§ 2º (*redação da Lei 13.986, de 7.4.20*) A CPR emitida sob a forma cartular assumirá a forma escritural enquanto permanecer depositada em entidade autorizada pelo Banco Central do Brasil a exercer a atividade de depósito centralizado de ativos financeiros ou de valores mobiliários.

§ 3º (*redação da Lei 13.986, de 7.4.20*) Os negócios ocorridos durante o período em que a CPR emitida sob a forma cartular estiver depositada não serão transcritos no verso do título, cabendo ao sistema referido no § 1º deste artigo o controle da titularidade.

§ 4º (*redação da Lei 13.986, de 7.4.20*) A CPR será considerada ativo financeiro, para os fins de registro e de depósito em entidades autorizadas pelo Banco Central do Brasil a exercer tais atividades.

Art. 3º-B (*redação da Lei 13.986, de 7.4.20*). Compete ao Banco Central do Brasil:

I (*redação da Lei 13.986, de 7.4.20*) — estabelecer as condições para o exercício da atividade de escrituração de que trata o § 1º do art. 3º-A desta Lei; e

II (*redação da Lei 13.986, de 7.4.20*) — autorizar e supervisionar o exercício da atividade prevista no inciso I do *caput* deste artigo.

§ 1º (*redação da Lei 13.986, de 7.4.20*) A autorização de que trata o inciso II do *caput* deste artigo poderá, a critério do Banco Central do Brasil, ser concedida por segmento, por espécie ou por grupos de entidades que atendam a critérios específicos, dispensada a autorização individualizada.

§ 2º (*redação da Lei 13.986, de 7.4.20*) A entidade de que trata o § 1º do art. 3º-A desta Lei deverá expedir, mediante solicitação:

I (*redação da Lei 13.986, de 7.4.20*) — certidão de inteiro teor do título, inclusive para fins de protesto, de procedimento extrajudicial ou de medida judicial, mesmo contra garantidores;

II (*redação da Lei 13.986, de 7.4.20*) — certidão de registro de cédulas escrituradas em nome do emitente e garantidor, quando aplicável.

§ 3º (*redação da Lei 13.986, de 7.4.20*) As certidões previstas no § 2º deste artigo podem ser emitidas de forma eletrônica, observados requisitos de segurança que garantam a autenticidade e a integridade do documento, que lhe conferem liquidez, certeza e exigibilidade.

Art. 3º-C (*redação da Lei 13.986, de 7.4.20*). O sistema eletrônico de escrituração de que trata o § 1º do art. 3º-A desta Lei fará constar:

I (*redação da Lei 13.986, de 7.4.20*) — os requisitos essenciais do título;

II (*redação da Lei 13.986, de 7.4.20*) — as transferências de titularidade realizadas;

III (*redação da Lei 13.986, de 7.4.20*) — os aditamentos, as ratificações e as retificações;

IV (*redação da Lei 13.986, de 7.4.20*) — a inclusão de notificações, de cláusulas contratuais e de outras informações;

V (*redação da Lei 13.986, de 7.4.20*) — a forma de liquidação de entrega ajustada no título;

VI (*redação da Lei 13.986, de 7.4.20*) — a entrega ou pagamento em até 30 (trinta) dias após suas ocorrências; e

VII (*redação da Lei 13.986, de 7.4.20*) — as garantias do título.

Parágrafo único (*redação da Lei 13.986, de 7.4.20*). As garantias dadas na CPR, ou, ainda, a constituição de ônus e gravames sobre o título, deverão ser informadas no sistema ao qual se refere o § 1º do art. 3º-A desta Lei.

Art. 3º-D (*redação da Lei 13.986, de 7.4.20*). A CPR poderá ser negociada, desde que registrada ou depositada em entidade autorizada pelo Banco Central do Brasil a exercer a atividade de registro ou depósito centralizado de ativos financeiros.

Parágrafo único (*redação da Lei 13.986, de 7.4.20*). A CPR será considerada ativo financeiro e a operação ficará isenta do imposto sobre operações de crédito, câmbio e seguro, ou relativas a títulos ou valores mobiliários, na hipótese de ocorrência da negociação de que trata o *caput* deste artigo.

Art. 3º-E (*redação da Lei 13.986, de 7.4.20*). As infrações às normas legais regulamentares que regem a atividade de escrituração eletrônica sujeitam a entidade responsável pelo sistema eletrônico de escrituração, os seus administradores e os membros de seus órgãos estatutários ou contratuais ao disposto na Lei n. 13.506, de 13 de novembro de 2017.

Art. 4º (*redação da Lei 13.986, de 7.4.20*) A CPR é título líquido e certo,[1] exigível pela quantidade e qualidade de produto ou pelo valor nela previsto, no caso de liquidação financeira.

Parágrafo único (*redação da Lei 13.986, de 7.4.20*). A CPR admite prestação única ou parcelada, hipótese em que as condições e o cronograma de cumprimento das obrigações deverão estar previstos no título.

Art. 4º: 1. v. art. 15.

Art. 4º-A (*redação da Lei 13.986, de 7.4.20*). A emissão de CPR com liquidação financeira deverá observar as seguintes condições:

I (*redação da Lei 14.421, de 20.7.22*) — que sejam explicitados, em seu corpo, a identificação do preço acordado entre as partes e adotado para obtenção do valor da CPR e, quando aplicável, a identificação do índice de preços, da taxa de juros, fixa ou flutuante, da atualização monetária ou da variação cambial a serem utilizados na liquidação da CPR, bem como a instituição responsável por sua apuração ou divulgação, a praça ou o mercado de formação do preço e o nome do índice;

II — que os indicadores de preço de que trata o inciso anterior sejam apurados por instituições idôneas e de credibilidade junto às partes contratantes, tenham divulgação periódica, preferencialmente diária, e ampla divulgação ou facilidade de acesso, de forma a estarem facilmente disponíveis para as partes contratantes;

III — que seja caracterizada por seu nome, seguido da expressão "financeira".

§ 1º (*redação da Lei 13.986, de 7.4.20*) A CPR com liquidação financeira é título líquido e certo, exigível, na data de seu vencimento, pelo resultado da multiplicação do preço praticado para o produto, aplicados eventuais índices de preços ou de conversão de moedas apurados segundo os critérios previstos neste artigo, pela quantidade do produto especificado.

§ 2º (*redação da Lei 10.200, de 14.2.01*) Para cobrança da CPR com liquidação financeira, cabe ação de execução por quantia certa.[1]

§ 3º (*redação da Lei 13.986, de 7.4.20*) A CPR com liquidação financeira poderá ser emitida com cláusula de correção pela variação cambial, podendo o Conselho Monetário Nacional regulamentar o assunto.

§ 4º (*redação da Lei 14.421, de 20.7.22*) Cabe exclusivamente a emissão de CPR com liquidação financeira quando se tratar dos produtos relacionados nos incisos III e IV do § 2º do art. 1º desta Lei.

Art. 4º-A: 1. "O § 2º do art. 4º-A da Lei n. 8.929/94 autoriza o uso da via executiva para cobrança da CPR, porém não veda a utilização de outras medidas legais postas à disposição do credor, como a ação de cobrança" (STJ-RT 915/597: 3ª T., REsp 1.087.170).

Art. 4º-B (*redação da Lei 13.986, de 7.4.20*). A liquidação do pagamento em favor do legítimo credor, por qualquer meio de pagamento existente no âmbito do Sistema de Pagamentos Brasileiro, constituirá prova de pagamento total ou parcial da CPR emitida sob a forma escritural.

Parágrafo único (*redação da Lei 13.986, de 7.4.20*). A prova de pagamento de que trata o *caput* deste artigo será informada no sistema eletrônico de escrituração de que trata o § 1º do art. 3º-A desta Lei, com referência expressa à CPR amortizada ou liquidada.

Art. 5º (*redação da Lei 13.986, de 7.4.20*). A CPR admite a constituição de quaisquer dos tipos de garantia previstos na legislação, devendo ser observado o disposto nas normas que as disciplinam, salvo na hipótese de conflito, quando prevalecerá esta Lei.

I (*revogado pela Lei 13.986, de 7.4.20*);
II (*revogado pela Lei 13.986, de 7.4.20*);
III (*revogado pela Lei 13.986, de 7.4.20*).

§ 1º (*redação da Lei 13.986, de 7.4.20*) A informação eventualmente prestada pelo emitente sobre a essencialidade dos bens móveis e imóveis dados em garantia fiduciária a sua atividade empresarial deverá constar na cédula a partir do momento de sua emissão.

§ 2º (*redação da Lei 14.421, de 20.7.22*) As garantias cedulares poderão, a critério das partes, ser constituídas por instrumento público ou particular, independentemente do seu valor ou do valor do título garantido.

§ 3º (*redação da Lei 14.421, de 20.7.22*) A CPR com liquidação financeira poderá ser utilizada como instrumento para fixar limite de crédito e garantir dívida futura concedida por meio de outras CPRs a ela vinculadas.

Art. 6º Podem ser objeto de hipoteca cedular imóveis rurais e urbanos.

Parágrafo único. Aplicam-se à hipoteca cedular os preceitos da legislação sobre hipoteca,[1] no que não colidirem com esta lei.

Art. 6º: 1. v. CC 1.473 a 1.505.

Art. 7º Podem ser objeto de penhor cedular, nas condições desta lei, os bens suscetíveis de penhor rural e de penhor mercantil, bem como os bens suscetíveis de penhor cedular.

§ 1º Salvo se se tratar de títulos de crédito, os bens apenhados continuam na posse imediata do emitente ou do terceiro prestador da garantia, que responde por sua guarda e conservação como fiel depositário.

§ 2º Cuidando-se de penhor constituído por terceiro, o emitente da cédula responderá solidariamente com o empenhador pela guarda e conservação dos bens.

§ 3º Aplicam-se ao penhor constituído por CPR, conforme o caso, os preceitos da legislação sobre penhor,[1] inclusive o mercantil, o rural[2] e o constituído por meio de cédulas, no que não colidirem com os desta lei.

Art. 7º: 1. v. CC 1.431 a 1.472.
Art. 7º: 2. v. tít. TÍTULOS DE CRÉDITO RURAL.

Art. 8º A não identificação dos bens objeto de alienação fiduciária não retira a eficácia da garantia, que poderá incidir sobre outros do mesmo gênero, qualidade e quantidade, de propriedade do garante.

§ 1º (*redação da Lei 13.986, de 7.4.20*) A alienação fiduciária de produtos agropecuários e de seus subprodutos poderá recair sobre bens presentes ou futuros, fungíveis ou infungíveis, consumíveis ou não, cuja titularidade pertença ao fiduciante, devedor ou terceiro garantidor, e sujeita-se às disposições previstas na Lei n. 10.406, de 10 de janeiro de 2002 (Código Civil), e na legislação especial a respeito do penhor, do penhor rural e do penhor agrícola e mercantil e às disposições sobre a alienação fiduciária de bens infungíveis, em tudo o que não for contrário ao disposto nesta Lei.

§ 2º (*redação da Lei 13.986, de 7.4.20*) O beneficiamento ou a transformação dos gêneros agrícolas dados em alienação fiduciária não extinguem o vínculo real que se transfere, automaticamente, para os produtos e subprodutos resultantes de beneficiamento ou transformação.

§ 3º (*redação da Lei 13.986, de 7.4.20*) Em caso de necessidade de busca e apreensão dos bens alienados fiduciariamente aplicar-se-á o disposto nos arts. 3º e seguintes do Decreto-Lei n. 911, de 1º de outubro de 1969.

Art. 9º A CPR poderá ser aditada, ratificada e retificada por aditivos, que a integram, datados e assinados pelo emitente e pelo credor, fazendo-se, na cédula, menção a essa circunstância.

Art. 10. Aplicam-se à CPR, no que forem cabíveis, as normas de direito cambial,¹ com as seguintes modificações:

I — os endossos devem ser completos;

II — os endossantes não respondem pela entrega do produto, mas, tão somente, pela existência da obrigação;

III — é dispensado o protesto cambial para assegurar o direito de regresso contra avalistas.

Parágrafo único (*redação da Lei 13.986, de 7.4.20*). No caso de CPR emitida sob forma escritural, a transferência de titularidade da cédula produzirá os mesmos efeitos jurídicos do endosso.

Art. 10: 1. v. tít. LETRA DE CÂMBIO.

Art. 11 (*redação da Lei 14.112, de 24.12.20*). Não se sujeitarão aos efeitos da recuperação judicial os créditos e as garantias cedulares vinculados à CPR com liquidação física, em caso de antecipação parcial ou integral do preço, ou, ainda, representativa de operação de troca por insumos (*barter*), subsistindo ao credor o direito à restituição de tais bens que se encontrarem em poder do emitente da cédula ou de qualquer terceiro, salvo motivo de caso fortuito ou força maior que comprovadamente impeça o cumprimento parcial ou total da entrega do produto.

Art. 12 (*redação da Lei 14.421, de 20.7.22*). A CPR, bem como seus aditamentos, para não perder validade e eficácia, deverá:

I (*redação da Lei 14.421, de 20.7.22*) — se emitida até 10 de agosto de 2022, ser registrada ou depositada em até 10 (dez) dias úteis da data de emissão ou aditamento, em entidade autorizada pelo Banco Central do Brasil a exercer a atividade de registro ou de depósito centralizado de ativos financeiros ou de valores mobiliários;

II (*redação da Lei 14.421, de 20.7.22*) — se emitida a partir de 11 de agosto de 2022, ser registrada ou depositada em até 30 (trinta) dias úteis da data de emissão ou aditamento, em entidade autorizada pelo Banco Central do Brasil a exercer a atividade de registro ou de depósito centralizado de ativos financeiros ou de valores mobiliários.

§ 1º (*redação da Lei 13.986, de 7.4.20*) Sem prejuízo do disposto no *caput* deste artigo, a hipoteca, o penhor rural e a alienação fiduciária sobre bem imóvel garantidores da CPR serão levados a registro no cartório de registro de imóveis em que estiverem localizados os bens dados em garantia.

§ 2º (*redação da Lei 13.986, de 7.4.20*) A validade e eficácia da CPR não dependem de registro em cartório, que fica dispensado, mas as garantias reais a ela vinculadas ficam sujeitas, para valer contra terceiros, à averbação no cartório de registro de imóveis em que estiverem localizados os bens dados em garantia, devendo ser efetuada no prazo de 3 (três) dias úteis, contado da apresentação do título ou certidão de inteiro teor, sob pena de responsabilidade funcional do oficial encarregado de promover os atos necessários.

§ 3º (*redação da Lei 13.986, de 7.4.20*) A cobrança de emolumentos e custas cartorárias relacionada ao registro de garantias vinculadas à CPR será regida pelas normas aplicáveis ao registro de garantias vinculadas à Cédula de Crédito Rural, de que trata o Decreto-Lei n. 167, de 14 de fevereiro de 1967.[1]

§ 4º (*redação da Lei 14.421, de 20.7.22*) A alienação fiduciária em garantia de produtos agropecuários e de seus subprodutos, nos termos do art. 8º desta Lei, será registrada no cartório de registro de imóveis em que estiverem localizados os bens dados em garantia, aplicando-se ao registro o disposto no § 2º do art. 2º da Lei n. 10.169, de 29 de dezembro de 2000.

§ 5º (*redação da Lei 13.986, de 7.4.20*) Fica o Conselho Monetário Nacional autorizado a:

I (*redação da Lei 13.986, de 7.4.20*) — estabelecer normas complementares para o cumprimento do disposto no *caput* deste artigo, inclusive acerca das informações requeridas para o registro ou o depósito;

II (*redação da Lei 13.986, de 7.4.20*) — dispensar o registro ou o depósito de que trata o *caput* deste artigo, com base em critérios de:

a) (*redação da Lei 13.986, de 7.4.20*) valor;

b) (*redação da Lei 13.986, de 7.4.20*) forma de liquidação; e

c) (*redação da Lei 13.986, de 7.4.20*) características do emissor.

§ 6º (*redação da Lei 13.986, de 7.4.20*) A dispensa de que trata o inciso II do § 5º deste artigo não se aplica à CPR emitida após 31 de dezembro de 2023.

§ 7º (*redação da Lei 14.421, de 20.7.22*) As certidões emitidas pelas entidades autorizadas pelo Banco Central do Brasil a exercer a atividade de registro ou de depósito centralizado de ativos financeiros ou de valores mobiliários deverão indicar a CPR com liquidação financeira prevista no § 3º do art. 5º desta Lei com registro próprio e as CPRs a ela vinculadas.

Art. 12: 1. v. tít. TÍTULOS DE CRÉDITO RURAL.

Art. 13. A entrega do produto antes da data prevista na cédula depende da anuência do credor.

Art. 14. A CPR poderá ser considerada vencida na hipótese de inadimplemento de qualquer das obrigações do emitente.

Art. 15. Para cobrança da CPR, cabe a ação de execução para entrega de coisa incerta.[1]

Art. 15: 1. v. CPC 811 a 813.

Art. 16 (*redação da Lei 13.986, de 7.4.20*). A busca e apreensão ou o leilão do bem alienado fiduciariamente, promovidos pelo credor, não elidem posterior execução, inclusive da hipoteca e do penhor constituído na mesma cédula, para satisfação do crédito remanescente.[1]

Parágrafo único. No caso a que se refere o presente artigo, o credor tem direito ao desentranhamento do título, após efetuada a busca e apreensão, para instruir a cobrança do saldo devedor em ação própria.

Art. 16: 1. cf. LAF 1º § 5º.

Art. 17 (*redação da Lei 13.986, de 7.4.20*). Pratica crime de estelionato[1] aquele que fizer declarações falsas ou inexatas acerca de sua natureza jurídica ou qualificação, bem como dos bens oferecidos em garantia da CPR, inclusive omitir declaração de já estarem eles sujeitos a outros ônus ou responsabilidade de qualquer espécie, até mesmo de natureza fiscal.

Art. 17: 1. v. CP 171.

Art. 18. Os bens vinculados à CPR não serão penhorados[1-2] ou sequestrados por outras dívidas do emitente ou do terceiro prestador da garantia real, cumprindo a qualquer deles denunciar a existência da cédula às autoridades incumbidas da diligência, ou a quem a determinou, sob pena de responderem pelos prejuízos resultantes de sua omissão.

Art. 18: 1. v. CPC 831 e segs.

Art. 18: 2. "A **impenhorabilidade** criada por lei é **absoluta** em oposição à impenhorabilidade por simples vontade individual. A impenhorabilidade absoluta é aquela que se constitui por interesse público, e não por interesse particular, sendo possível o afastamento apenas desta última hipótese. O direito de prelação em favor do credor cedular se concretiza no pagamento prioritariamente com o produto da venda judicial do bem objeto da garantia excutida, não significando, entretanto, tratamento legal discriminatório e anti-isonômico, já que é justificado pela existência da garantia real que reveste o crédito privilegiado. Os bens vinculados à cédula rural são impenhoráveis em virtude de lei, mais propriamente do interesse público de estimular o crédito agrícola, devendo prevalecer mesmo diante de penhora realizada para garantia de créditos trabalhistas" (STJ-4ª T., REsp 1.327.643, Min. Luis Felipe, j. 21.5.19, DJ 6.8.19).

Art. 19 (*revogado pela Lei 13.986, de 7.4.20*).

Art. 19-A. (VETADO).

Art. 20. Esta lei entra em vigor na data de sua publicação.

Brasília, 22 de agosto de 1994; 173º da Independência e 106º da República — ITAMAR FRANCO — **Rubens Ricupero** — **Synval Guazzelli**.

Cédula Hipotecária

Decreto-lei n. 70,
de 21 de novembro de 1966[1-1a]

Autoriza o funcionamento de associações de poupança e empréstimo, institui a cédula hipotecária e dá outras providências.

O Presidente da República, com base no disposto pelo art. 31, parágrafo único, do Ato Institucional n. 2, de 27 de outubro de 1965, e tendo em vista o Ato Complementar n. 23, de 20 de outubro de 1966, decreta:

DEC. LEI 70: 1. "Aspectos constitucionais e processuais relativos à limitação da cognição horizontal do magistrado: uma breve abordagem ante as situações específicas das expropriações em geral e da busca e apreensão em alienação fiduciária", por José Eulálio Figueiredo de Almeida (RSDCPC 23/48); "A execução extrajudicial de créditos do Sistema Financeiro da Habitação", por Samir José Caetano Martins (RDDP 36/102).

DEC. LEI 70: 1a. É **constitucional** o Dec. lei 70/66: "O procedimento de execução extrajudicial previsto pelo Decreto-Lei n. 70/66 não é realizado de forma aleatória, uma vez que se submete a efetivo controle judicial em ao menos uma de suas fases, pois o devedor é intimado a acompanhá-lo e pode lançar mão de recursos judiciais se irregularidades vierem a ocorrer durante seu trâmite. Bem por isso, há muito a jurisprudência da Suprema Corte tem estabelecido que as normas constantes do Decreto-lei n. 70/66, a disciplinar a execução extrajudicial, foram devidamente recepcionadas pela Constituição Federal de 1988" (STF-Pleno, RE 627.106, Min. Dias Toffoli, j. 8.4.21, maioria, DJ 14.6.21). No mesmo sentido: STJ-1ª T., REsp 46.050-6, Min. Garcia Vieira, j. 27.4.94, DJU 30.5.94; STJ-4ª T., REsp 1.388.674-EDcl-AgRg, Min. Luis Felipe, j. 3.4.14, DJ 11.4.14. V. tb. art. 37, nota 3.
Afirmando a constitucionalidade do Dec. lei 70/66 com o argumento de que, "além de prever uma fase de controle judicial, conquanto *a posteriori*, da venda do imóvel objeto da garantia pelo agente fiduciário, não impede que eventual ilegalidade perpetrada no curso do procedimento seja reprimida, de logo, pelos meios processuais adequados": STF-RJ 258/67 e RT 760/188 (1ª T., RE 223.075).
Contra, decretando a inconstitucionalidade dos arts. 30, parte final, e 31 a 38 do Dec. lei 70: 1º TASP-Órgão Especial (Lex-JTA 151/186, 4 votos vencidos, JTJ 300/470). No mesmo sentido e considerando, ainda, inconstitucional o art. 29: TARS-Órgão Especial (JTAERGS 76/81, um voto vencido). Considerando inconstitucionais os arts. 31 a 38: RT 758/383, 796/297. Entendendo que a imissão de posse deve ser feita pelo procedimento comum: 1º TASP-RT 510/140, maioria.
Súmula 39 do 1º TASP (Inconstitucionalidade do Dec. lei 70): "São inconstitucionais os arts. 30, parte final, e 31 a 38 do Dec. lei n. 70, de 21.11.66".

Capítulo I | DAS ASSOCIAÇÕES DE POUPANÇA E EMPRÉSTIMO[1]

CAP. I: 1. v. Res. 199, de 1.11.83, do BNH, que dispõe s/ associações de poupança e empréstimo (Lex-Marg. 1983/1.590).

Art. 1º Dentro das normas gerais que forem estabelecidas pelo Conselho Monetário Nacional, poderão ser autorizadas a funcionar, nos termos deste decreto-lei, associações de poupança e empréstimo, que se constituirão obrigatoriamente sob a forma de sociedades civis, de âmbito regional restrito, tendo por objetivos fundamentais:

I — propiciar ou facilitar a aquisição de casa própria aos associados;

II — captar, incentivar e disseminar a poupança.

§ 1º As associações de poupança e empréstimo estarão compreendidas no Sistema Financeiro da Habitação no item IV do art. 8º da Lei n. 4.380, de 21 de agosto de 1964, e legislação complementar, com todos os encargos e vantagens decorrentes.

§ 2º As associações de poupança e empréstimo e seus administradores ficam subordinados aos mesmos preceitos e normas atinentes às instituições financeiras, estabelecidos no capítulo V da Lei n. 4.595, de 31 de dezembro de 1964.[1]

Art. 1º: 1. Lei 4.595, de 31.12.64 — Dispõe sobre a política e as instituições monetárias, bancárias e creditícias, cria o Conselho Monetário Nacional e dá outras providências.

Art. 2º São características essenciais das associações de poupança e empréstimo:

I — a formação de vínculo societário, para todos os efeitos legais, através de depósitos em dinheiro efetuados por pessoas físicas interessadas em delas participar;

II — a distribuição aos associados, como dividendos, da totalidade dos resultados líquidos operacionais, uma vez deduzidas as importâncias destinadas à constituição dos fundos de reserva e de emergência e a participação da administração nos resultados das associações.

Art. 3º É assegurado aos associados:

I — retirar ou movimentar seus depósitos, observadas as condições regulamentares;

II — tomar parte nas assembleias gerais, com plena autonomia deliberativa, em todos os assuntos da competência delas;

III — votar e ser votado.

Art. 4º Para o exercício de seus direitos societários, cada associado terá pelo menos um voto, qualquer que seja o volume de seus depósitos na associação, e terá tantos votos quantas Unidades-Padrão de Capital do Banco Nacional da Habitação se contenham no respectivo depósito, nos termos do art. 52 e seus parágrafos da Lei n. 4.380, de 21.8.64,[1] e art. 9º e seus parágrafos deste decreto-lei.

§ 1º Quando o associado dispuser de mais de um voto, a soma respectiva será apurada na forma prevista neste artigo, sendo desprezadas as frações inferiores a uma unidade-padrão de capital.

§ 2º Poderá ser limitado, como norma geral, variável de região a região, o número máximo de votos correspondentes a cada depósito ou a cada depositante.

Art. 4º: 1. O art. 52 da Lei 4.380, de 21.8.64, foi **revogado** pela Lei 13.137, de 19.6.15.

Art. 5º Será obrigatório, como despesa operacional das associações de poupança e empréstimo, o pagamento de prêmio para seguro dos depósitos.

Art. 6º O Banco Nacional da Habitação poderá determinar, deliberando inclusive quanto à maneira de fazê-lo, a reorganização, incorporação, fusão ou liquidação de associações de poupança e empréstimo, bem como intervir nas mesmas, através de interventor ou interventores especialmente nomeados, independentemente das respectivas assembleias gerais, sempre que verificada uma ou mais das seguintes hipóteses:

a) insolvência;

b) violação das leis ou dos regulamentos;

c) negativa em exibir papéis e documentos ou tentativa de impedir inspeções;

d) realização de operações inseguras ou antieconômicas;

e) operação em regime de perda.

Art. 7º As associações de poupança e empréstimo são isentas de imposto de renda; são também isentas de imposto de renda as correções monetárias que vierem a pagar a seus depositantes.

Art. 8º Aplicam-se às associações de poupança e empréstimo, no que este decreto-lei não contrariar, os arts. 1.363 e seguintes do Código Civil ou legislação substitutiva ou modificativa deles.

Capítulo II | DA CÉDULA HIPOTECÁRIA

Art. 9º Os contratos de empréstimo com garantia hipotecária, com exceção das que consubstanciam operações de crédito rural,[1] poderão prever o reajustamento das respectivas prestações de amortização e juros com a consequente correção monetária[2] da dívida.

§ 1º Nas hipotecas não vinculadas ao Sistema Financeiro da Habitação,[3] a correção monetária da dívida obedecerá ao que for disposto para o Sistema Financeiro da Habitação.[4]

§ 2º A menção a Obrigações Reajustáveis do Tesouro Nacional nas operações mencionadas no § 2º do art. 1º do Decreto-lei n. 19, de 30 de agosto de 1966,[5] e neste decreto-lei entende-se como equivalente a menção de Unidades-padrão de capital do Banco Nacional da Habitação e o valor destas será sempre corrigido monetariamente durante a vigência do contrato, segundo os critérios do art. 7º, § 1º, da Lei n. 4.357-64.[6]

§ 3º A cláusula de correção monetária utilizável nas operações do Sistema Financeiro da Habitação poderá ser aplicada em todas as operações mencionadas no § 2º do art. 1º do Decreto-lei n. 19, de 30.8.66, que vierem a ser pactuadas por pessoas não integrantes daquele Sistema, desde que os atos jurídicos se refiram a operações imobiliárias.

Art. 9º: 1. s/ correção monetária e capitalização de juros nos débitos rurais, v., no tít. TÍTULO DE CRÉDITO RURAL, Dec. lei 167/67, art. 71, notas 1 (inclusive Súmula 16 do STJ) e 1a.

Art. 9º: 2. s/ correção monetária, v. arts. 7º, 12, 25, 34-II, 40.

Art. 9º: 3. v., no índice, Sistema Financeiro da Habitação.

Art. 9º: 4. v. Lei 4.380/64.

Art. 9º: 5. Dec. lei 19, de 30.8.66 — Obriga a adoção da cláusula de correção monetária nas operações do Sistema Financeiro da Habitação e dá outras providências (RT 373/402, Lex 1966/1.227).

Art. 9º: 6. Lei 4.357, de 16.7.64 — Autoriza a emissão de Obrigações do Tesouro Nacional, altera a legislação do imposto sobre a renda, e dá outras providências (RT 348/623, Lex 1964/532, RDA 79/508).

S/ UPC, v. Lei 8.177, de 1.3.91, arts. 15 e 16.

Os valores da UPC são fixados de acordo com o Dec. 94.548, de 2.7.87 (em Lex 1987/401, RF 299/466, Bol. AASP 1.505/4), art. 3º.

Art. 10. É instituída a cédula hipotecária[1] para hipotecas inscritas[2]. no registro geral de imóveis, como instrumento hábil para a representação dos respectivos créditos hipotecários, a qual poderá ser emitida pelo credor hipotecário nos casos de:

I — operações compreendidas no Sistema Financeiro da Habitação;

II — hipotecas de que sejam credores instituições financeiras em geral, e companhias de seguro;

III — hipotecas entre outras partes, desde que a cédula hipotecária seja originariamente emitida em favor das pessoas jurídicas a que se refere o inciso II supra.

§ 1º A cédula hipotecária poderá ser integral, quando representar a totalidade do crédito hipotecário, ou fracionária, quando representar parte dele, entendido que a soma do principal das cédulas hipotecárias fracionárias emitidas sobre uma determinada hipoteca e ainda em circulação não poderá exceder, em hipótese alguma, o valor total do respectivo crédito hipotecário em nenhum momento.

§ 2º Para os efeitos do valor total mencionado no parágrafo anterior, admite-se o cômputo das correções efetivamente realizadas, na forma do art. 9º, do valor monetário da dívida envolvida.

§ 3º As cédulas hipotecárias fracionárias poderão ser emitidas em conjunto ou isoladamente, a critério do credor, a qualquer momento antes do vencimento da correspondente dívida hipotecária.

Art. 10: 1. v. CC 1.486.

Art. 10: 2. hoje, registradas (LRP 168).

Art. 11. É admitida a emissão de cédula hipotecária sobre segunda hipoteca, desde que tal circunstância seja expressamente declarada com evidência no seu anverso.

Art. 12. O valor nominal de cada cédula hipotecária vinculada ao Sistema Financeiro da Habitação poderá ser expresso pela sua equivalência em Obrigações Reajustáveis do Tesouro Nacional ou Unidades-Padrão de Capital do Banco Nacional da Habitação e representado pelo quociente da divisão do valor inicial da dívida ou da prestação, prestações ou frações de prestações de amortizações e juros da dívida originária pelo valor corrigido de uma Obrigação Reajustável do Tesouro Nacional ou Unidade-Padrão de Capital do Banco Nacional da Habitação no trimestre de constituição da dívida.

§ 1º O valor real ou valor corrigido de cada cédula hipotecária corresponderá ao produto de seu valor nominal, definido neste artigo, pelo valor corrigido de uma Obrigação Reajustável do Tesouro Nacional ou Unidade-Padrão de Capital do Banco Nacional da Habitação no momento da apuração desse valor real.

§ 2º O valor nominal discriminará, na forma deste artigo, a parcela de amortização de capital e a parcela de juros representados pela cédula hipotecária, bem como o prêmio mensal dos seguros obrigatórios estipulados pelo Banco Nacional da Habitação.

Art. 13. A cédula hipotecária só poderá ser lançada à circulação depois de averbada[1] à margem da inscrição[2] da hipoteca a que disser respeito, no registro geral de imóveis, observando-se para essa averbação o disposto na legislação e regulamentação dos serviços concernentes aos registros públicos, no que couber.³

Parágrafo único. Cada cédula hipotecária averbada será autenticada pelo oficial do registro geral de imóveis competente, com indicação do seu número, série e data, bem como do livro, folhas e a data da inscrição da hipoteca a que corresponder a emissão e à margem da qual for averbada.

Art. 13: 1. v. LRP 167-II-7.
Art. 13: 2. atualmente, registro, e não inscrição (LRP 168).
Art. 13: 3. v. LRP 169-I, 246 e 247.

Art. 14. Não será permitida a averbação da cédula hipotecária, quando haja prenotação,¹ inscrição² ou averbação de qualquer outro ônus real, ação, penhora ou procedimento judicial que afetem o imóvel, direta ou indiretamente, ou de cédula hipotecária anterior, salvo nos casos dos arts. 10, § 1º, e 11.

Art. 14: 1. v. LRP 182, 183, 205.
Art. 14: 2. i. e., registro, atualmente (LRP 168).

Art. 15. A cédula hipotecária conterá obrigatoriamente:
I — no anverso:
a) nome, qualificação e endereço do emitente, e do devedor;
b) número e série da cédula hipotecária, com indicação da parcela ou totalidade do crédito que represente;
c) número, data, livro e folhas do registro geral de imóveis em que foi inscrita a hipoteca e averbada a cédula hipotecária;
d) individualização do imóvel dado em garantia;
e) o valor da cédula, como previsto nos arts. 10 e 12, os juros convencionados e a multa estipulada para o caso de inadimplemento;
f) o número de ordem da prestação a que corresponder a cédula hipotecária, quando houver;
g) a data do vencimento da cédula hipotecária ou, quando representativa de várias prestações, os seus vencimentos de amortização e juros;
h) a autenticação feita pelo oficial do registro geral de imóveis;
i) a data da emissão, e as assinaturas do emitente, com a promessa de pagamento do devedor;
j) o lugar de pagamento do principal, juros, seguros e taxa;
II — no verso, a menção ou locais apropriados para o lançamento dos seguintes elementos:
a) data ou datas de transferência por endosso;
b) nome, assinatura e endereço do endossante;
c) nome, qualificação, endereço e assinatura do endossatário;
d) as condições do endosso;
e) a designação do agente recebedor e sua comissão.

Parágrafo único. A cédula hipotecária vinculada ao Sistema Financeiro da Habitação deverá conter ainda, no verso, a indicação dos seguros obrigatórios, estipulados pelo Banco Nacional da Habitação.

Art. 16. A cédula hipotecária é sempre nominativa, e de emissão do credor da hipoteca a que disser respeito, podendo ser transferida por endosso em pre-

to lançado no seu verso, na forma do art. 15, II, aplicando-se à espécie, no que este decreto-lei não contrarie, os arts. 1.065 e seguintes[1] do Código Civil.
Parágrafo único. Emitida a cédula hipotecária, passa a hipoteca sobre a qual incidir a[2] fazer parte integrante dela, acompanhando-a nos endossos subsequentes, sub-rogando-se automaticamente o favorecido ou o endossatário em todos os direitos creditícios respectivos, que serão exercidos pelo último deles, titular pelo endosso em preto.

Art. 16: 1. Correspondem aos arts. 286 a 298 do Código Civil atual.
Art. 16: 2. Na Coleção das Leis da União, está "e", e não "a".

Art. 17. Na emissão e no endosso da cédula hipotecária, o emitente e o endossante permanecem solidariamente[1] responsáveis pela boa liquidação do crédito, a menos que avisem o devedor hipotecário e o segurador, quando houver, de cada emissão ou endosso, até 30 (trinta) dias após sua realização através de carta (do emitente ou do endossante, conforme o caso), entregue mediante recibo ou enviada pelo registro de títulos e documentos, ou ainda por meio de notificação judicial, indicando-se, na carta ou na notificação, o nome, a qualificação e o endereço completo do beneficiário (se se tratar de emissão) ou do endossatário (se se tratar de endosso).
§ 1º O Conselho Monetário Nacional fixará as condições em que as companhias de seguro e as instituições financeiras poderão realizar endossos de cédulas hipotecárias, permanecendo solidariamente responsáveis por sua boa liquidação, inclusive despesas judiciais, hipótese em que deverão indicar na própria cédula, obrigatoriamente, o custo de tais serviços.
§ 2º Na emissão e no endosso da cédula hipotecária é dispensável a outorga uxória.

Art. 17: 1. v. CC 275 a 285.

Art. 18. A liquidação total ou parcial da hipoteca sobre a qual haja sido emitida cédula hipotecária prova-se pela restituição da mesma cédula hipotecária, quitada, ao devedor, ou, na falta dela, por outros meios admitidos em lei.
Parágrafo único. O emitente, endossante, ou endossatário de cédula hipotecária que receber seu pagamento sem restituí-la ao devedor, permanece responsável por todas as consequências de sua permanência em circulação.

Art. 19. Nenhuma cédula hipotecária poderá ter prazo de resgate diferente do prazo da dívida hipotecária a que disser respeito, cujo vencimento antecipado, por qualquer motivo, acarretará automaticamente o vencimento, identicamente antecipado, de todas as cédulas hipotecárias que sobre ela houverem sido emitidas.[1]

Art. 19: 1. Na Coleção das Leis da União, está "emitidos".

Art. 20. É a cédula hipotecária resgatável antecipadamente, desde que o devedor efetue o pagamento correspondente ao seu valor, corrigido monetariamente até a data da liquidação antecipada; se o credor recusar infundadamente o recebimento, poderá o devedor consignar judicialmente[1] as importâncias devidas, cabendo ao juízo determinar a expedição de comunicação ao registro geral de imóveis para o cancelamento da correspondente averbação ou da inscrição hipotecária,[2] quando se trate de liquidação integral desta.

Art. 20: 1. v. CC 334 a 345; CPC 539 e segs.

Art. 20: 2. hoje, do registro hipotecário (v. LRP 168).

Art. 21. É vedada a emissão de cédulas hipotecárias sobre hipotecas cujos contratos não prevejam a obrigação do devedor de:

I — conservar o imóvel hipotecado em condições normais de uso;

II — pagar nas épocas próprias todos os impostos, taxas, multas ou quaisquer outras obrigações fiscais que recaiam ou venham a recair sobre o imóvel;

III — manter o imóvel segurado por quantia no mínimo correspondente à[1] do seu valor monetário corrigido.

Parágrafo único. O Conselho de Administração do Banco Nacional da Habitação poderá determinar a adoção de instrumentos-padrão, cujos termos fixará, para as hipotecas do Sistema Financeiro da Habitação.

Art. 21: 1. Na Coleção das Leis da União, está "ao", e não "à".

Art. 22. As instituições financeiras em geral e as companhias de seguro poderão adquirir cédulas hipotecárias ou recebê-las em caução,[1] nas condições que o Conselho Monetário Nacional estabelecer.

Art. 22: 1. v. CC 1.451 a 1.460.

Art. 23. Na hipótese de penhora,[1] arresto,[2] sequestro ou outra medida judicial que venha a recair em imóvel objeto de hipoteca sobre a qual haja sido emitida cédula hipotecária, fica o devedor obrigado a denunciar ao juízo da ação ou execução a existência do fato, comunicando-o "incontinenti" aos oficiais incumbidos da diligência, sob pena de responder pelos prejuízos que de sua omissão advierem para o credor.

Art. 23: 1. v. CPC 831 e segs.

Art. 23: 2. Na Coleção das Leis da União, está "aresto".

Art. 24. O cancelamento da averbação da cédula hipotecária e da inscrição da hipoteca respectiva, quando se trate de liquidação integral desta, far-se-ão:

I — à vista das cédulas hipotecárias devidamente quitadas, exibidas pelo devedor ao oficial do registro geral de imóveis;

II — nos casos dos arts. 18 e 20, *in fine*;

III — por sentença judicial transitada em julgado.

Parágrafo único. Se o devedor não possuir a cédula hipotecária quitada, poderá suprir a falta com a apresentação de declaração de quitação do emitente ou endossante em documento à parte.

Art. 25. É proibida a emissão de cédulas hipotecárias sobre hipotecas convencionadas anteriormente à vigência deste decreto-lei, salvo novo acordo entre credor e devedor, ou quando tenha sido prevista a correção monetária nos termos dos arts. 9º e 11.

Art. 26. Todos os atos previstos neste decreto-lei poderão ser feitos por instrumento particular, aplicando-se ao seu extravio, no que couber, o disposto no Título VII, do Livro IV, do Código de Processo Civil.[1]

Art. 26: 1. Refere-se ao CPC/39, mais especialmente aos seus arts. 336 a 342, que regulavam o procedimento para a recuperação de títulos ao portador. No CPC de 2015, não há mais um procedimento próprio para tanto, de modo que se observa aqui o procedimento comum, com atenção para a particularidade do CPC 259-II.

Art. 27. A emissão ou o endosso de cédula hipotecária com infringência deste decreto-lei, constitui, para o emitente ou o endossante, crime de estelionato, sujeitando-o às sanções do art. 171 do Código Penal.[1]

Art. 27: 1. i. e., reclusão, de um a cinco anos, e multa, de acordo com o art. 2º da Lei 7.209, de 11.7.84.

Art. 28. Ficam isentos do imposto de operações financeiras os atos jurídicos e os instrumentos mencionados neste capítulo, bem como todas as operações passivas de entidades integrantes do Sistema Financeiro da Habitação; não estarão sujeitos, outrossim, ao[1] imposto de renda:

I — durante o exercício financeiro de 1967, os juros das operações previstas no mesmo capítulo, quando vinculados ao Sistema Financeiro da Habitação;

II — a correção monetária dessas operações, em todos os casos.

Art. 28: 1. Na Coleção das Leis da União, está "no", e não "ao".

Capítulo III[1 a 2]

CAP. III: 1. s/ constitucionalidade dos arts. 31 a 38, v. nota 1a no início deste dec. lei.

CAP. III: 1a. Sem epígrafe, na publicação oficial.

CAP. III: 2. Lei 9.514, de 20.11.97 — Dispõe sobre o Sistema de Financiamento Imobiliário, institui a alienação fiduciária de coisa imóvel e dá outras providências (no tít. ALIENAÇÃO FIDUCIÁRIA): "**Art. 39** (*redação da Lei 13.465, de 11.7.17*). Às operações de crédito compreendidas no sistema de financiamento imobiliário, a que se refere esta Lei: ... II (*redação da Lei 13.465, de 11.7.17*) — aplicam-se as disposições dos arts. 29 a 41 do Decreto-Lei n. 70, de 21 de novembro de 1966, exclusivamente aos procedimentos de execução de créditos garantidos por hipoteca".

Art. 29. As hipotecas a que se referem os arts. 9º e 10 e seus incisos, quando não pagas no vencimento, poderão, à escolha do credor, ser objeto de execução na forma do Código de Processo Civil (arts. 298 e 301)[1] ou deste decreto-lei (arts. 31 a 38).[2]

Parágrafo único. A falta de pagamento do principal, no todo ou em parte, ou de qualquer parcela de juros, nas épocas próprias, bem como o descumprimento das obrigações constantes do art. 21, importará, automaticamente, salvo disposição diversa do contrato de hipoteca, em exigibilidade imediata de toda a dívida.

Art. 29: 1. A citação é do CPC/39; atualmente, CPC 771 e segs.

Art. 29: 2. v. art. 31, nota 1c, ou, ainda, de acordo com a Lei 5.741, de 1.12.71 (v. tít. CONTRATOS IMOBILIÁRIOS, ínt.).

Art. 30. Para os efeitos de exercício da opção do art. 29, será agente fiduciário,[1] com as funções determinadas nos arts. 31 a 38:[2]

I — nas hipotecas compreendidas no Sistema Financeiro da Habitação, o Banco Nacional da Habitação;

II — nas demais, as instituições financeiras inclusive sociedades de crédito imobiliário, credenciadas a tanto pelo Banco Central da República do Brasil, nas condições que o Conselho Monetário Nacional venha a autorizar.

§ 1º O Conselho de Administração do Banco Nacional da Habitação poderá determinar que este exerça as funções de agente fiduciário, conforme o inciso I, diretamente ou através das pessoas jurídicas mencionadas no inciso II, fixando os critérios de atuação delas.

§ 2º As pessoas jurídicas mencionadas no inciso II, a fim de poderem exercer as funções de agente fiduciário deste decreto-lei, deverão ter sido escolhidas para tanto, de comum acordo entre o credor e o devedor, no contrato originário de hipoteca ou em aditamento ao mesmo, salvo se estiverem agindo em nome do Banco Nacional da Habitação ou nas hipóteses do art. 41.[3]

§ 3º Os agentes fiduciários não poderão ter ou manter vínculos societários com os credores ou devedores das hipotecas em que sejam envolvidos.

§ 4º É lícito às partes, em qualquer tempo, substituir o agente fiduciário eleito, em aditamento ao contrato de hipoteca.

Art. 30: 1. s/ descabimento de mandado de segurança contra ato de agente fiduciário, praticado com fundamento no art. 30 do Dec. lei 70/66, v., no CPCLPV, LMS 1º, nota 33.

Art. 30: 2. s/ inconstitucionalidade deste artigo e de seus parágrafos, v. nota 1a, no princípio do Dec. lei 70. V. tb. arts. 39 a 41.

Art. 30: 3. Súmula 586 do STJ: "A exigência de acordo entre o credor e o devedor na escolha do agente fiduciário aplica-se, exclusivamente, aos contratos não vinculados ao Sistema Financeiro da Habitação — SFH".

Art. 31 (*redação da Lei 8.004, de 14.3.90*). Vencida e não paga a dívida hipotecária, no todo ou em parte, o credor que houver preferido executá-la de acordo com este decreto-lei[1 a 2b] formalizará ao agente fiduciário a solicitação de execução da dívida, instruindo-a com os seguintes documentos:

I — o título da dívida devidamente registrado;

II — a indicação discriminada do valor das prestações e encargos não pagos;

III — o demonstrativo do saldo devedor, discriminando as parcelas relativas a principal, juros, multa e outros encargos contratuais e legais; e

IV — cópia dos avisos[3] reclamando pagamento da dívida, expedidos segundo instruções regulamentares relativas ao SFH.

§ 1º (*redação da Lei 8.004, de 14.3.90*) Recebida a solicitação da execução da dívida, o agente fiduciário, nos dez dias subsequentes,[3a] promoverá a notificação do devedor, por intermédio de Cartório de Títulos e Documentos, concedendo-lhe o prazo de vinte dias para a purgação da mora.[4-5]

§ 2º (*redação da Lei 8.004, de 14.3.90*) Quando o devedor se encontrar em lugar incerto ou não sabido, o oficial certificará o fato, cabendo, então, ao agente fiduciário promover a notificação por edital,[6] publicado por três dias, pelo menos, em um dos jornais de maior circulação local ou noutro de comarca de fácil acesso, se no local não houver imprensa diária.

Art. 31: 1. A execução também poderá ser feita nos termos da Lei 5.741, de 1.12.71 (no tít. CONTRATOS IMOBILIÁRIOS).

s/ inconstitucionalidade deste artigo e de seus parágrafos, v. nota 1a, no princípio do Dec. lei 70.

Art. 31: 2. Lei 8.004, de 14.3.90: "Art. 21. Somente serão objeto de execução na conformidade dos procedimentos do Dec. lei 70, de 21 de novembro de 1966, ou da Lei 5.741, de 1º de dezembro de 1971, os financiamentos em que se verificar atraso de pagamento de três ou mais prestações".

Art. 31: 2a. "Para a demanda relativa à cédula rural pignoratícia e hipotecária contra pessoa jurídica de direito privado, inexistindo foro de eleição, o autor pode renunciar ao benefício contido na alínea *b*, inciso IV, art. 100, do CPC, postulando perante o juízo do lugar onde se situa a sede da ré" (ementa de acórdão do TJDFT, confirmado pelo STJ em RSTJ 73/222).

Art. 31: 2b. "A execução extrajudicial, tal como prevista no Dec. lei n. 70, de 1966, pressupõe **crédito hipotecário incontroverso**, sendo imprestável para cobrar prestações cujo montante está sob discussão judicial" (STJ-2ª Seção, ED no REsp 462.629, Min. Ari Pargendler, j. 24.8.05, DJU 9.11.05). No mesmo sentido: STJ-2ª T., REsp 191.276, Min. Ari Pargendler, j. 17.12.98, DJU 1.3.99.

V. tb. art. 32, nota 1a.

Art. 31: 3. O leilão é válido se "foi feita correspondência própria, com aviso de recebimento, não negada pelo devedor" (STJ-3ª T., REsp 479.854, Min. Menezes Direito, j. 17.6.03, DJU 1.9.03). Mais liberal, admitindo os avisos "remetidos pelo correio, com aviso de recebimento, encaminhados para o endereço do imóvel hipotecado", não obstante "recebidos por pessoa diversa": RT 811/454.

Há um acórdão entendendo que os avisos devem ser feitos "através de carta entregue mediante recibo ou enviada pelo Registro de Títulos e Documentos, ou ainda por meio de notificação judicial" (RT 490/111, maioria de votos).

Art. 31: 3a. "O prazo a que alude o § 1º do art. 31 do Dec. lei n. 70/66 não se encontra inserido no art. 177 do CPC, porquanto o seu descumprimento não impõe nenhuma sanção ao agente fiduciário, razão pela qual esse prazo é impróprio" (STJ-Corte Especial, REsp 1.160.435, Min. Benedito Gonçalves, j. 6.4.11, DJ 28.4.11).

Art. 31: 4. v. art. 34-I e II.

Art. 31: 5. "O Dec. lei n. 70/66 confere ao mutuário a prerrogativa de ser intimado pessoalmente, para purgação da mora (art. 31, § 1º). É defeso ao agente financeiro eleger, arbitrariamente, o local do imóvel hipotecado, como domicílio do devedor, para efeito de notificação" (RSTJ 50/314).

"Embora legítima, no processo judicial, a citação ou intimação editalícia, no extrajudicial não, porquanto no primeiro, ela só é feita após criteriosa análise, pelo órgão julgador, dos fatos que levam à convicção do desconhecimento do paradeiro dos réus e da impossibilidade de serem encontrados por outras diligências, além das já realizadas, enquanto na segunda situação, não; fica, tudo, ao arbítrio, justamente da parte adversa, daí as suas naturais limitações na condução da execução extrajudicial" (STJ-4ª T., REsp 611.920, Min. Aldir Passarinho Jr., j. 5.8.10, DJ 19.8.10).

V. tb. art. 32, nota 2a.

Art. 31: 6. A publicação de edital para ciência do devedor somente se justifica depois de feitas as necessárias diligências para localização deste; não basta a simples verificação de que não foi encontrado no imóvel adquirido (RT 554/198, RJTJESP 68/318).

"Apenas nos casos em que realizadas várias tentativas de intimação, por meio de expedição de avisos de cobrança e carta de notificação por oficial de cartório — e consequente lavratura de certidão com a constatação de que o devedor encontra-se em lugar incerto e não sabido —, será válida a notificação por edital, nos termos do § 2º do art. 31" (STJ-4ª T., REsp 1.388.674-EDcl-AgRg, Min. Luis Felipe, j. 3.4.14, DJ 11.4.14).

"A notificação premonitória tratada no art. 31, § 2º, do Dec. lei 70/66, acaso frustrada aquela promovida por carta pelo Cartório do Registro Especial, deve ser feita por notificação judicial. Somente depois de esgotada esta hipótese é que se justifica a notificação por edital" (JTAERGS 72/122). No mesmo sentido: STJ-4ª T., REsp 427.771, Min. Aldir Passarinho Jr., j. 15.8.02, DJU 24.3.03.

> **Art. 32.** Não acudindo o devedor à purgação do débito, o agente fiduciário estará de pleno direito autorizado a publicar editais e a efetuar no decurso dos 15 (quinze) dias imediatos, o primeiro público leilão do imóvel hipotecado.[1 a 2a]
>
> § 1º Se, no primeiro público leilão, o maior lance obtido for inferior ao saldo devedor no momento,[2b] acrescido das despesas constantes do art. 33, mais as do anúncio e contratação da praça, será realizado o segundo público leilão, nos 15 (quinze) dias seguintes, no qual será aceito o maior lance apurado, ainda que inferior à soma das aludidas quantias.
>
> § 2º Se o maior lance do segundo público leilão for inferior àquela soma, serão pagas inicialmente as despesas componentes da mesma soma, e a diferença entregue ao credor, que poderá cobrar do devedor, por via executiva,[3] o valor remanescente de seu crédito, sem nenhum direito de retenção ou indenização sobre o imóvel alienado.
>
> § 3º Se o lance de alienação do imóvel, em qualquer dos dois públicos leilões, for superior ao total das importâncias referidas no *caput* deste artigo, a diferença afinal apurada será entregue ao devedor.[4]

§ 4º A morte do devedor pessoa física, ou a falência, concordata[5] ou dissolução do devedor pessoa jurídica, não impede a aplicação deste artigo.

Art. 32: 1. s/ inconstitucionalidade deste artigo e de seus parágrafos, v. nota 1a, no princípio do Dec. lei 70.

Art. 32: 1a. A execução regulada neste Dec. lei pressupõe ausência de discussão judicial sobre o débito (v. art. 31, nota 1c). Se o devedor se antecipa à execução extrajudicial e ajuíza ação questionando a dívida, "é cabível o ajuizamento de ação cautelar para suspender a execução extrajudicial disciplinada pelo Dec. lei 70/66" (STJ-2ª T., REsp 635.168, Min. Castro Meira, j. 25.5.04, DJU 16.8.04).

Sobre os requisitos para a tutela cautelar nessas circunstâncias: "A execução extrajudicial de que trata o Dec. lei 70/66, enquanto perdurar a demanda, poderá ser suspensa, uma vez preenchidos os requisitos para a concessão da tutela cautelar, independentemente de caução ou do depósito de valores incontroversos, desde que: a) exista discussão judicial contestando a existência integral ou parcial do débito; b) essa discussão esteja fundamentada em jurisprudência do Superior Tribunal de Justiça ou do Supremo Tribunal Federal (*fumus boni iuris*)" (STJ-2ª Seção, REsp 1.067.237, Min. Luis Felipe, j. 24.6.09, DJ 23.9.09).

V., no CPCLPC, CPC 921, nota 2.

Art. 32: 1b. Não se admitem embargos do devedor (RT 568/142), que só poderá defender-se após imissão do arrematante na posse (art. 37 §§ 2º e 3º). Também poderá mover ação anulatória do leilão (cf. RTJ 104/333).

Art. 32: 2. "Tanto quanto na execução judicial prevista na Lei n. 5.741, de 1.12.71, na execução hipotecária extrajudicial instituída pelo Dec. Lei n. 70, de 21.11.66, a prévia avaliação do imóvel a ser alienado constitui uma exigência para garantia do mutuário e de terceiros eventualmente interessados" (STJ-4ª T., Resp 480.475, Min. Barros Monteiro, j. 3.5.05, dois votos vencidos, DJU 5.6.06).

Contra: "O rito da execução extrajudicial disciplinada pelo Decreto-lei 70/66, reiteradamente proclamado compatível com a Constituição de 1988 pelo STF, não prevê etapa formal de avaliação do imóvel, ao contrário do que sucede em execuções promovidas em juízo" (STJ-4ª T., Resp 1.147.713, Min. Isabel Gallotti, j. 23.11.10, DJ 15.12.10).

V. tb. nota 1 ao art. 6º da Lei 5.741, de 1.12.71, no tít. **CONTRATOS IMOBILIÁRIOS**.

Art. 32: 2a. Para validade do leilão, é necessária a **comunicação do devedor**, na forma do CPC 889-I (STJ-4ª T., REsp 547.249, Min. Cesar Rocha, j. 4.11.03, DJU 19.12.03; STJ-3ª T., REsp 417.955, Min. Menezes Direito, j. 24.9.02, DJU 4.11.02; RSTJ 54/322, 79/64; RT 899/306: TRF-1ª Reg., AP 200238030051694; Lex-JTA 71/132, JTA 119/209).

V. tb. art. 31, nota 5a.

Art. 32: 2b. v. art. 33-*caput*.

Art. 32: 3. v. CPC 771 e segs., especialmente 784-XII.

Art. 32: 4. "A entrega da quantia remanescente da arrematação extrajudicial de imóvel hipotecado ao devedor mutuário, prevista no art. 32 do Dec. lei 70/66, tem lugar em situação normal, onde inexistam outras execuções contra o devedor. Na hipótese, havia, em ação de execução, constrição judicial sobre o mesmo imóvel hipotecado, pelo que não poderiam o credor hipotecário ou o arrematante, e muito menos o juízo da execução, simplesmente ignorar a penhora e entregar o saldo remanescente da arrematação diretamente ao mutuário, pois este estava sendo executado também judicialmente e o arrematante certamente iria requerer, como requereu, o cancelamento da penhora. Em tal contexto, o saldo remanescente da arrematação extrajudicial do bem hipotecado, e que estava também penhorado judicialmente, deve ser destinado ao pagamento do credor quirografário exequente. Uma vez realizada a penhora judicial de bem anteriormente hipotecado, o produto da arrecadação decorrente da arrematação extrajudicial estará também comprometido com a satisfação do credor quirografário exequente, após quitada a hipoteca. Registre-se que a destinação do saldo à satisfação de outros débitos do mutuário não significa que esse valor não lhe pertença, pois é justamente essa a razão pela qual, sendo direito de crédito do executado, poderá ser utilizado em proveito do mutuário para quitação de outras dívidas com outros credores. O entendimento acima não inviabiliza que o devedor na ação de execução possa, por via de embargos ou outra medida judicial cabível, defender seus interesses, pois a execução judicial oferece essas oportunidades, inclusive, sendo o caso, para o executado alegar a impenhorabilidade daquele saldo proveniente da arrematação, quando for o bem alienado tutelado pela Lei 8.009/90. A matéria de defesa do executado será devidamente analisada pelo juízo da execução" (STJ-4ª T., REsp 362.385, Min. Raul Araújo, j. 10.4.12, DJ 8.6.12).

Art. 32: 5. A concordata deu lugar à recuperação judicial ou extrajudicial.

> **Art. 33.** Compreende-se[1] no montante do débito hipotecado,[2] para os efeitos do art. 32, a qualquer momento de sua execução, as demais obrigações contratuais vencidas, especialmente em relação à fazenda pública, federal, estadual

ou municipal, e a prêmios de seguro, que serão pagos com preferência sobre o credor hipotecário.²ᵃ

Parágrafo único. Na hipótese do segundo público leilão não cobrir sequer as despesas do artigo supra, o credor nada receberá, permanecendo íntegra a responsabilidade de³ adquirente do imóvel por este garantida, em relação aos créditos remanescentes da fazenda pública e das seguradoras.

Art. 33: 1. sic; deve ser "Compreendem-se".
Art. 33: 2. sic; deve ser "hipotecário".
Art. 33: 2a. s/ inconstitucionalidade deste artigo e de seu § ún., v. nota 1a, no princípio do Dec. lei 70.
Art. 33: 3. sic; deve ser "do".

Art. 34. É lícito ao devedor, a qualquer momento, até a assinatura do auto de arrematação, purgar o débito,¹⁻¹ᵃ totalizado de acordo com o art. 33, e acrescido ainda dos seguintes encargos:

I — se a purgação se efetuar conforme o § 1º do art. 31, o débito será acrescido das penalidades previstas no contrato de hipoteca, até 10% (dez por cento) do valor do mesmo débito, e da remuneração do agente fiduciário;

II — daí em diante, o débito, para os efeitos de purgação, abrangerá ainda os juros de mora e a correção monetária incidente até o momento da purgação.

Art. 34: 1. s/ inconstitucionalidade deste artigo e seus incisos, v. nota 1a, no princípio do Dec. lei 70.
Art. 34: 1a. Não vale a cláusula que prevê o vencimento antecipado de toda a dívida se não for paga qualquer prestação em atraso (JTA 71/66).

Art. 35. O agente fiduciário é autorizado, independentemente de mandato do credor ou do devedor, a receber as quantias que resultarem da purgação do débito ou do primeiro ou segundo públicos leilões, que deverá entregar ao credor ou ao devedor, conforme o caso, deduzidas de sua própria remuneração.¹

§ 1º A entrega em causa será feita até 5 (cinco) dias após o recebimento das quantias envolvidas, sob pena de cobrança, contra o agente fiduciário, pela parte que tiver direito às quantias, por ação executiva.¹ᵃ

§ 2º Os créditos previstos neste artigo, contra agente fiduciário, são privilegiados, em caso de falência ou concordata.²

Art. 35: 1. s/ inconstitucionalidade deste artigo e seus parágrafos, v. nota 1a, no princípio do Dec. lei 70.
Art. 35: 1a. v. CPC 771 e segs.
Art. 35: 2. A concordata deu lugar à recuperação judicial ou extrajudicial.

Art. 36. Os públicos leilões regulados pelo art. 32 serão anunciados e realizados, no que este decreto-lei não prever,¹ de acordo com o que estabelecer o contrato de hipoteca, ou, quando se tratar do Sistema Financeiro da Habitação, o que o Conselho de Administração do Banco Nacional da Habitação estabelecer.²

Parágrafo único. Considera-se não escrita a cláusula contratual que sob qualquer pretexto preveja condições que subtraiam ao devedor o conhecimento dos públicos leilões de imóvel hipotecado, ou que autorizem sua promoção e realização sem publicidade pelo menos igual à usualmente adotada pelos leiloeiros públicos em sua atividade corrente.

Art. 36: 1. sic.
Art. 36: 2. s/ inconstitucionalidade deste artigo e seu parágrafo, v. nota 1a, no princípio do Dec. lei 70.

Art. 37. Uma vez efetivada a alienação do imóvel, de acordo com o art. 32, será emitida a respectiva carta de arrematação,[1] assinada pelo leiloeiro, pelo credor, pelo agente fiduciário, e por cinco pessoas físicas idôneas, absolutamente capazes, como testemunhas, documento que servirá como título para a transcrição[1a] no registro geral de imóveis.[1b]

§ 1º O devedor, se estiver presente ao público leilão, deverá assinar a carta de arrematação que, em caso contrário, conterá necessariamente a constatação de sua ausência ou de sua recusa em subscrevê-la.

§ 2º Uma vez transcrita no registro geral de imóveis a carta de arrematação, poderá o adquirente requerer ao juízo competente imissão de posse no imóvel,[2 a 3b] que lhe será concedida liminarmente, após decorridas as 48 horas mencionadas no § 3º deste artigo, sem prejuízo de se prosseguir no feito, em rito ordinário,[4] para o debate das alegações que o devedor porventura aduzir em contestação.

§ 3º A concessão da medida liminar do parágrafo anterior só será negada se o devedor, citado, comprovar, no prazo de 48 (quarenta e oito) horas, que resgatou ou consignou judicialmente o valor de seu débito, antes da realização do primeiro ou do segundo público leilão.

Art. 37: 1. Se não houver licitantes, pode o credor adjudicar o bem leiloado (RJ 308/128).

"Após a adjudicação do bem, com o consequente registro da carta de arrematação no Cartório de Registro de Imóveis, a relação obrigacional decorrente do contrato de mútuo habitacional extingue-se com a transferência do imóvel. Ausência de interesse em propor ação de revisão de cláusulas contratuais do negócio jurídico extinto" (STJ-3ª T., AI 1.356.222-AgRg, Min. Paulo Sanseverino, j. 6.3.12, DJ 15.3.12). **Contra:** "Inocorre a ausência de interesse de agir do mutuário ou a perda superveniente do objeto da ação revisional em decorrência da adjudicação do imóvel ocorrida em sede de execução extrajudicial" (STJ-3ª T., REsp 1.119.859, Min. Paulo Sanseverino, j. 28.8.12, DJ 31.8.12).

Art. 37: 1a. hoje, registro (LRP 168).

Art. 37: 1b. s/ inconstitucionalidade deste artigo e seus parágrafos, v. nota 1a, no princípio do Dec. lei 70.

Art. 37: 2. O credor hipotecário também pode arrematar e mover a ação de imissão de posse prevista no § 2º (RTJ 79/1.029, 87/660).

Art. 37: 2a. "Também aquele que adjudica o bem penhorado, porque assim se extrai do sistema jurídico, pode ajuizar ação de imissão na posse" (STJ-3ª T., REsp 1.211.073, Min. Sidnei Beneti, j. 4.11.10, DJ 12.11.10).

Art. 37: 3. "Imissão na posse. Dec. lei n. 70/66, art. 37 §§ 2º e 3º. As disposições desse Dec. lei, pertinentes à imissão na posse de quem adquiriu o imóvel hipotecado em leilão, não foram revogadas pelo vigente CPC" (RSTJ 20/394).

V. tb. nota 1a, no princípio do Dec. lei 70.

Art. 37: 3a. Esta ação "pode ser proposta contra o devedor ou quem está na posse do imóvel" (STJ-4ª T., REsp 12.508-0, Min. Torreão Braz, j. 21.9.93, DJU 11.10.93). Mas é essencial que se faça também a citação do devedor (STJ-4ª T., REsp 2.496, Min. Fontes de Alencar, j. 8.5.90, DJU 4.6.90; STJ-4ª T., REsp 2.792, Min. Sálvio de Figueiredo, j. 14.8.90, DJU 17.9.90).

Exigindo a citação do mutuário, pena de nulidade: RT 682/73.

Art. 37: 3b. "Compete à Justiça Estadual conhecer de ação possessória promovida por agente financeiro do SFH contra mutuário, tendo como objeto imóvel arrematado com base no Dec. lei 70/66" (STJ-1ª Seção, CC 17.746, Min. Gomes de Barros, j. 28.8.96, DJU 14.10.96).

Art. 37: 4. v. CPC 318 e segs.

Art. 38. No período que mediar entre a transcrição[1] da carta de arrematação no registro geral de imóveis e a efetiva imissão do adquirente na posse do imóvel alienado em público leilão, o juiz arbitrará uma taxa mensal de ocupação compatível com o rendimento que deveria proporcionar o investimento realizado na aquisição, cobrável por ação executiva.[1a-2]

Art. 38: 1. "Transcrição": hoje, "registro".
Art. 38: 1a. v. CPC 771 e segs.
Art. 38: 2. s/ inconstitucionalidade deste artigo e seus parágrafos, v. nota 1a, no princípio do Dec. lei 70.

Art. 39. O contrato de hipoteca deverá prever os honorários do agente fiduciário, que somente lhe serão devidos se se verificar sua intervenção na cobrança do crédito; tais honorários não poderão ultrapassar a 5% (cinco por cento) do mesmo crédito, no momento da intervenção.
Parágrafo único. Para as hipotecas do Sistema Financeiro da Habitação, o Conselho de Administração do Banco Nacional da Habitação poderá fixar tabelas de remuneração do[1] agente fiduciário, dentro dos limites fixados neste artigo.

Art. 39: 1. Na Coleção das Leis da União, está "no", em vez de "do".

Art. 40. O agente fiduciário que, mediante ato ilícito, fraude, simulação ou comprovada má-fé, alienar imóvel hipotecado em prejuízo do credor ou devedor envolvido, responderá por seus atos, perante as autoridades competentes, na forma do Capítulo V da Lei n. 4.595, de 31 de dezembro de 1964,[1] e, perante a parte lesada, por perdas e danos,[2] que levarão em conta os critérios de correção monetária adotados neste decreto-lei ou no contrato hipotecário.

Art. 40: 1. v. nota 1 ao art. 1º.
Art. 40: 2. v. CC 402 a 405.

Art. 41. Se, por qualquer motivo, o agente fiduciário eleito no contrato hipotecário não puder continuar no exercício da função, deverá comunicar o fato imediatamente ao credor e ao devedor, que, se não chegarem a acordo para eleger outro, em aditamento ao mesmo contrato, poderão pedir ao juízo competente, a nomeação de substituto.
§ 1º Se o credor ou o devedor, a qualquer tempo antes do início da execução conforme o art. 31, tiverem fundadas razões para pôr em dúvida a imparcialidade ou idoneidade do agente fiduciário eleito no contrato hipotecário, e se não houver acordo entre eles para substituí-lo, qualquer dos dois poderá pedir ao juízo competente sua destituição.
§ 2º Os pedidos a que se referem este artigo e o parágrafo anterior serão processados segundo o que determina o Código de Processo Civil para as ações declaratórias,[1] com a citação das outras partes envolvidas no contrato hipotecário e do agente fiduciário.
§ 3º O pedido previsto no § 2º pode ser de iniciativa do agente fiduciário.
§ 4º Destituído o agente fiduciário, o juiz nomeará outro em seu lugar, que assumirá imediatamente as funções, mediante termo lavrado nos autos, que será levado a averbação no registro geral de imóveis e passará a constituir parte integrante do contrato hipotecário.
§ 5º Até a sentença destitutória transitar em julgado, o agente fiduciário destituído continuará no pleno exercício de suas funções, salvo nos casos do parágrafo seguinte.
§ 6º Sempre que o juiz julgar necessário, poderá, nos casos deste artigo, nomear liminarmente o novo agente fiduciário, mantendo-o ou substituindo-o na decisão final do pedido.

§ 7º A destituição do agente fiduciário não exclui a aplicação de sanções cabíveis, em virtude de sua ação ou omissão dolosa.

Art. 41: 1. v. CPC 318 e segs.

Capítulo IV | DAS DISPOSIÇÕES FINAIS

Art. 42 (*Revogado expressamente pelo Dec. lei 1.494, de 7.12.76*).

Art. 43. Os empréstimos destinados ao financiamento da construção ou da venda de unidades imobiliárias poderão ser garantidos pela caução, cessão parcial ou cessão fiduciária dos direitos decorrentes de alienação de imóveis, aplicando-se, no que couber, o disposto nos §§ 1º e 2º do art. 22 da Lei n. 4.864, de 29 de dezembro de 1965.

Parágrafo único. As garantias a que se refere este artigo constituem direitos reais[1] sobre os respectivos imóveis.

Art. 43: 1. v. CC 1.225.

Art. 44. São passíveis de inscrição,[1] nos cartórios do registro de imóveis, os contratos a que se refere o art. 43, e os de hipoteca de unidades imobiliárias em construção ou já construídas mas ainda sem "habite-se" das autoridades públicas competentes e respectiva averbação, desde que estejam devidamente registrados os lotes de terreno em que elas se situem.

Art. 44: 1. atualmente, registro (LRP 168).

Art. 45. Este decreto-lei entra em vigor na data de sua publicação.

Art. 46. Revogam-se as disposições em contrário.

Brasília, 21 de novembro de 1966; 145º da Independência e 78º da República — H. CASTELLO BRANCO — **Carlos Medeiros Silva** — **Eduardo Lopes Rodrigues** — **Paulo Egydio Martins**.

Cheque

Lei n. 7.357, de 2 de setembro de 1985

Dispõe sobre o cheque e dá outras providências.

O Presidente da República

Faço saber que o Congresso Nacional decreta e eu sanciono a seguinte lei:

Capítulo I | DA EMISSÃO E DA FORMA DO CHEQUE

Art. 1º O cheque[1] contém:

I — a denominação "cheque" inscrita no contexto do título e expressa na língua em que este é redigido;

II — a ordem incondicional de pagar quantia determinada;

III — o nome do banco ou da instituição financeira que deve pagar (sacado);[1a]

IV — a indicação do lugar de pagamento;[2]

V — a indicação da data[2a] e do lugar de emissão;[3]

VI — a assinatura de emitente (sacador), ou de seu mandatário com poderes especiais.[4-5]

Parágrafo único. A assinatura do emitente ou a de seu mandatário com poderes especiais pode ser constituída, na forma de legislação específica, por chancela mecânica ou processo equivalente.

Art. 1º: 1. s/ cheque e curso forçado, v. CDC 39, nota 4d.

Art. 1º: 1a. v. art. 3º.

Art. 1º: 2. v. art. 2º-I.

Art. 1º: 2a. "Os riscos da emissão de cheque com claros recaem particularmente sobre seu emitente, considerando a inoponibilidade de exceção de abuso no preenchimento do cheque quando ele é feito por terceiro portador de boa-fé. Não pode o julgador deduzir a existência de má-fé pelo portador do cheque pelo simples fato do **preenchimento da data de emissão** ocorrer **após a contraordem** para revogação do cheque, a não ser que se determine expressamente a existência de má-fé pelo exequente" (STJ-3ª T., REsp 1.647.871, Min. Nancy Andrighi, j. 23.10.18, DJ 26.10.18).

V. tb. art. 59, nota 4.

Art. 1º: 3. v. art. 2º-II.

Art. 1º: 4. No sentido de que a falta de assinatura no cheque retira da cártula sua autonomia e literalidade, sendo imprestável como começo de prova escrita para instrumentalizar ação monitória: JTJ 313/251.

Art. 1º: 5. v. § ún.

Art. 2º O título a que falte qualquer dos requisitos enumerados no artigo precedente não vale como cheque, salvo nos casos determinados a seguir:

I — na falta de indicação especial, é considerado lugar de pagamento o lugar designado junto ao nome do sacado; se designados vários lugares, o cheque é pagável no primeiro deles; não existindo qualquer indicação, o cheque é pagável no lugar de sua emissão;

II — não indicado o lugar de emissão, considera-se emitido o cheque no lugar indicado junto ao nome do emitente.

Art. 3º O cheque é emitido contra banco, ou instituição financeira que lhe seja equiparada, sob pena de não valer como cheque.

Art. 4º O emitente deve ter fundos disponíveis em poder do sacado e estar autorizado a sobre eles emitir cheque, em virtude de contrato expresso ou tácito. A infração desses preceitos não prejudica a validade do título como cheque.

§ 1º A existência de fundos disponíveis é verificada no momento da apresentação do cheque para pagamento.

§ 2º Consideram-se fundos disponíveis:

a) os créditos constantes de conta-corrente bancária não subordinados a termo;

b) o saldo exigível de conta-corrente contratual;

c) a soma proveniente de abertura de crédito.

Art. 5º (VETADO)

Art. 6º O cheque não admite aceite, considerando-se não escrita qualquer declaração com esse sentido.

Art. 7º Pode o sacado, a pedido do emitente ou do portador legitimado, lançar e assinar, no verso do cheque não ao portador e ainda não endossado, visto, certificação ou outra declaração equivalente, datada e por quantia igual à indicada no título.

§ 1º A aposição de visto, certificação ou outra declaração equivalente obriga o sacado a debitar à conta do emitente a quantia indicada no cheque e a reservá-la em benefício do portador legitimado, durante o prazo de apresentação,[1] sem que fiquem exonerados o emitente, endossantes e demais coobrigados.

§ 2º O sacado creditará à conta do emitente a quantia reservada, uma vez vencido o prazo de apresentação, e antes disso, se o cheque lhe for entregue para inutilização.

Art. 7º: 1. v. art. 33.

Art. 8º Pode-se estipular no cheque que seu pagamento seja feito:

I — a pessoa nomeada, com ou sem cláusula expressa "à ordem";

II — a pessoa nomeada, com a cláusula "não à ordem", ou outra equivalente;

III — ao portador.[1-2]

Parágrafo único. Vale como cheque ao portador o que não contém indicação do beneficiário e o emitido em favor de pessoa nomeada com a cláusula "ou ao portador", ou expressão equivalente.

Art. 8º: 1. Lei 9.069, de 29.6.95 — Dispõe sobre o Plano Real, o Sistema Monetário Nacional, estabelece as regras e condições de emissão do Real e os critérios para conversão das obrigações para o Real, e dá outras providências (Lex 1995/1.216, RT 716/568, RF 330/531, RDA 200/384): "**Art. 69.** A partir de 1º de julho de 1994, fica vedada a emissão, pagamento e compensação de cheque de valor superior a R$ 100,00 (cem Reais), sem identificação do beneficiário".

O texto acima é o que consta do DOU. Na Coleção das Leis da União, lê-se: "a emissão, o pagamento e a compensação".

Art. 8º: 2. "O cheque emitido sem identificação do beneficiário do pagamento é considerado título ao portador. O preenchimento da lacuna destinada ao nome de referido beneficiário por terceiro de boa-fé, detentor do título, não constitui qualquer tipo de vício. O endosso somente é imprescindível para a circulação do título quando sua transferência se faz do beneficiário identificado na cártula para terceiro" (RT 815/376).

Art. 9º O cheque pode ser emitido:

I — à ordem do próprio sacador;

II — por conta de terceiro;

III — contra o próprio banco sacador, desde que não ao portador.

Art. 10. Considera-se não escrita a estipulação de juros inserida no cheque.

Art. 11. O cheque pode ser pagável no domicílio de terceiro, quer na localidade em que o sacado tenha domicílio, quer em outra, desde que o terceiro seja banco.

Art. 12. Feita a indicação da quantia em algarismo e por extenso, prevalece esta no caso de divergência. Indicada a quantia mais de uma vez, quer por extenso, quer por algarismos, prevalece, no caso de divergência, a indicação da menor quantia.

Art. 13. As obrigações contraídas no cheque são autônomas e independentes.[1-2]

Parágrafo único. A assinatura de pessoa capaz cria obrigações para o signatário, mesmo que o cheque contenha assinatura de pessoas incapazes de se obrigar por cheque, ou assinaturas falsas, ou assinaturas de pessoas fictícias, ou assinaturas que, por qualquer outra razão, não poderiam obrigar as pessoas que assinaram o cheque, ou em nome das quais ele foi assinado.

Art. 13: 1. v. art. 25, nota 2.

Art. 13: 2. "O cheque é título autônomo que não se vincula à *causa debendi*, e, por isso, o emitente não pode alegar a terceiro possuidor e credor do título negócio realizado com outra pessoa que deu origem à cártula" (RJM 178/176).

Todavia: "A autonomia e independência do cheque em relação à relação jurídica que o originou é presumida, porém não absoluta, sendo possível a investigação da *causa debendi* e o afastamento da cobrança quando verificado que a obrigação subjacente claramente se ressente de embasamento legal" (STJ-4ª T., REsp 43.513, Min. Aldir Passarinho Jr., j. 7.2.02, DJU 15.4.02).

"Se a praxe no mercado aceita o cheque em garantia, vedar, em tese, a investigação da *causa debendi* propiciaria um desequilíbrio na relação jurídica entre as partes, uma das quais, em casos de extrema necessidade, ficaria a depender do arbítrio da outra" (STJ-3ª T., REsp 111.154, Min. Menezes Direito, j. 21.11.97, DJU 19.12.97).

"O cheque ostenta a natureza de título de crédito, portanto, é não causal (CPC, art. 585, I), ou seja, em decorrência de sua autonomia e abstração, não comporta discussão sobre o negócio jurídico originário. Entretanto, se o cheque não houver circulado, estando, pois, ainda atrelado à relação jurídica originária estabelecida entre seu emitente (sacador) e seu beneficiário (tomador), é possível que se discuta a *causa debendi*" (STJ-4ª T., REsp 1.228.180, Min. Raul Araújo, j. 17.3.11, DJ 28.3.11).

Art. 14. Obriga-se pessoalmente quem assina cheque como mandatário ou representante, sem ter poderes para tal, ou excedendo os que lhe foram conferidos. Pagando o cheque, tem os mesmos direitos daquele em cujo nome assinou.

Art. 15. O emitente garante o pagamento, considerando-se não escrita a declaração pela qual se exima dessa garantia.¹

Art. 15: 1. "Cheques emprestados a terceiro. Na trilha da literalidade indireta, fundada na boa-fé objetiva, é possível admitir a inclusão de terceiro no polo passivo da ação monitória para exigir-lhe o pagamento do cheque, quando ele, inequivocamente, assumiu, perante o beneficiário, a obrigação a que corresponde o título. A flexibilização das normas de regência, à luz do princípio da boa-fé objetiva, não tem o condão de excluir o dever de garantia do emitente do cheque, previsto no art. 15 da Lei 7.357/85, sob pena de se comprometer a segurança na tutela do crédito, pilar fundamental das relações jurídicas desse jaez" (STJ-3ª T., REsp 1.787.274, Min. Nancy Andrighi, j. 23.4.19, DJ 26.4.19).

Art. 16. Se o cheque, incompleto no ato de emissão, for completado com inobservância do convencionado com o emitente, tal fato não pode ser oposto ao portador, a não ser que este tenha adquirido o cheque de má-fé.

Capítulo II | DA TRANSMISSÃO

Art. 17. O cheque pagável à pessoa nomeada, com ou sem cláusula expressa "à ordem", é transmissível por via de endosso.¹

§ 1º O cheque pagável à pessoa nomeada, com a cláusula "não à ordem", ou outra equivalente, só é transmissível pela forma e com os efeitos de cessão.²

§ 2º O endosso pode ser feito ao emitente, ou a outro obrigado, que podem novamente endossar o cheque.

Art. 17: 1. "O cheque emitido nominalmente a terceiro se transfere mediante endosso. Caso em que não é possível verificar se o título foi endossado. Ilegitimidade ativa do mero portador" (RT 876/353: TJRS, AP 70023043433).

Art. 17: 2. v. CC 286 a 298.

Art. 18. O endosso deve ser puro e simples, reputando-se não escrita qualquer condição a que seja subordinado.

§ 1º São nulos o endosso parcial e o do sacado.

§ 2º Vale como em branco o endosso ao portador. O endosso ao sacado vale apenas como quitação, salvo no caso de o sacado ter vários estabelecimentos e o endosso ser feito em favor de estabelecimento diverso daquele contra o qual o cheque foi emitido.

Art. 19. O endosso deve ser lançado no cheque ou na folha de alongamento e assinado pelo endossante ou seu mandatário com poderes especiais.

§ 1º O endosso pode não designar o endossatário. Consistindo apenas na assinatura do endossante (endosso em branco), só é válido quando lançado no verso do cheque ou na folha de alongamento.

§ 2º A assinatura do endossante, ou a de seu mandatário com poderes especiais, pode ser constituída, na forma de legislação específica, por chancela mecânica, ou processo equivalente.

Art. 20. O endosso transmite todos os direitos resultantes do cheque. Se o endosso é em branco, pode o portador:

I — completá-lo com o seu nome ou com o de outra pessoa;

II — endossar novamente o cheque, em branco ou a outra pessoa;

III — transferir o cheque a um terceiro, sem completar o endosso e sem endossar.

Art. 21. Salvo estipulação em contrário, o endossante garante o pagamento.[1]
Parágrafo único. Pode o endossante proibir novo endosso; neste caso, não garante o pagamento a quem seja o cheque posteriormente endossado.

Art. 21: 1. sendo irrelevante a vinculação do cheque a operação de *factoring* para que o endossante garanta o pagamento (STJ-Bol. AASP 2.578: 3ª T., REsp 820.672).

Art. 22. O detentor de cheque "à ordem" é considerado portador legitimado, se provar seu direito por uma série ininterrupta de endossos, mesmo que o último seja em branco. Para esse efeito, os endossos cancelados são considerados não escritos.
Parágrafo único. Quando um endosso em branco for seguido de outro, entende-se que o signatário deste adquiriu o cheque pelo endosso em branco.

Art. 23. O endosso num cheque passado ao portador torna o endossante responsável, nos termos das disposições que regulam o direito de ação, mas nem por isso converte o título num cheque "à ordem".

Art. 24. Desapossado alguém de um cheque, em virtude de qualquer evento, novo portador legitimado não está obrigado a restituí-lo, se não o adquiriu de má-fé.
Parágrafo único. Sem prejuízo do disposto neste artigo, serão observadas, nos casos de perda, extravio, furto, roubo ou apropriação indébita do cheque, as disposições legais relativas à anulação e substituição de títulos ao portador,[1] no que for aplicável.

Art. 24: 1. O CPC de 2015 acabou com o procedimento especial para anulação e substituição de títulos ao portador, de modo que se observa aqui o procedimento comum, com atenção para a particularidade do CPC 259-II.

Art. 25. Quem for demandado por obrigação resultante de cheque não pode opor ao portador exceções fundadas em relações pessoais com o emitente, ou com os portadores anteriores, salvo se o portador o adquiriu conscientemente em detrimento do devedor.[1-2]

Art. 25: 1. v. art. 13, nota 2.

Art. 25: 2. "De acordo com o que dispõem o Código Civil de 2002, em seus arts. 915 e 916, e a Lei do Cheque, em seu art. 25, o devedor somente pode opor ao portador as exceções fundadas em relação pessoal com este ou em relação ao título, em aspectos formais e materiais. Nada pode opor ao atual portador relativamente a relações pessoais com os portadores precedentes ou mesmo com o emitente do título. A única **ressalva** legal, que viabiliza as exceções mencionadas, tem cabimento quando o portador estiver agindo de **má-fé**, circunstância que não se verifica na espécie" (STJ-4ª T., REsp 889.713, Min. Raul Araújo, j. 7.10.14, DJ 17.11.14). No mesmo sentido: STJ-3ª T., REsp 1.513.521-AgInt, Min. Paulo Sanseverino, j. 13.6.17, DJ 23.6.17.

"A obrigação decorrente de cheque é desvinculada da causa que lhe deu origem, razão pela qual o emitente do título não poderá opor ao seu portador de boa-fé as exceções pessoais que teria em face do primitivo credor, salvo se comprovar que aquele agiu de má-fé ao receber o título" (RMDCPC 41/125: TJMG, AP 3988752-11.2008.8.13.0279).

"Indícios de má-fé do endossatário-embargado. O endosso dos títulos, em prejuízo do devedor emitente, autoriza invocar exceções pessoais, com discussão do negócio subjacente. Invocada a prática de agiotagem e havendo verossimilhança nas alegações, estabelece-se a inversão do ônus da prova. A embargante afirmou terem os cheques origem em empréstimos, com cobrança de juros a taxas de 8% a 10% ao mês. Colacionadas peças de processo-crime, no qual figura o exequente como réu pela prática de usura pecuniária. Plausibilidade da alegação evidenciada. Em contraposição, o credor não produziu prova do negócio subjacente, ou do valor originalmente emprestado, devendo prevalecer a versão da embargante. Desta sorte, carecem as cártulas de certeza e liquidez" (RJTJERGS 266/314: AP 70018043539).

Admitindo "em certas circunstâncias especiais, como a prática de ilícito pelo vendedor de mercadoria não entregue, após fraude notória na praça, a investigação da causa subjacente e o esvaziamento do título pré-datado em poder de empresa de *factoring*, que o recebeu por endosso": STJ-4ª T., REsp 434.433, Min. Aldir Passarinho Jr., j. 25.3.03, DJU 23.6.03.

"Ocorrida a **prescrição** cambial, o cheque perde os atributos cambiários, sendo possível, na ação monitória, a discussão do negócio jurídico subjacente e a oposição de exceções pessoais a portadores precedentes ou ao próprio emitente do título" (STJ-2ª Seção, ED no REsp 1.575.781, Min. Nancy Andrighi, j. 26.10.22, DJ 4.11.22).

Art. 26. Quando o endosso contiver a cláusula "valor em cobrança", "para cobrança", "por procuração", ou qualquer outra que implique apenas mandato, o portador pode exercer todos os direitos resultantes do cheque, mas só pode lançar no cheque endosso-mandato. Neste caso, os obrigados somente podem invocar contra o portador as exceções oponíveis ao endossante.

Parágrafo único. O mandato contido no endosso não se extingue por morte do endossante ou por superveniência de sua incapacidade.

Art. 27. O endosso posterior ao protesto, ou declaração equivalente, ou à expiração do prazo de apresentação produz apenas os efeitos de cessão.[1] Salvo prova em contrário, o endosso sem data presume-se anterior ao protesto, ou declaração equivalente, ou à expiração do prazo de apresentação.

Art. 27: 1. v. CC 286 a 298.

Art. 28. O endosso no cheque nominativo, pago pelo banco contra o qual foi sacado, prova o recebimento da respectiva importância pela pessoa a favor da qual foi emitido, e pelos endossantes subsequentes.

Parágrafo único. Se o cheque indica a nota, fatura, conta cambial, imposto lançado ou declarado a cujo pagamento se destina, ou outra causa da sua emissão, o endosso pela pessoa a favor da qual foi emitido e a sua liquidação pelo banco sacado provam a extinção da obrigação indicada.

Capítulo III | DO AVAL

Art. 29. O pagamento do cheque pode ser garantido, no todo ou em parte, por aval prestado por terceiro, exceto o sacado, ou mesmo por signatário do título.

Art. 30. O aval é lançado no cheque ou na folha de alongamento. Exprime-se pelas palavras "por aval", ou fórmula equivalente, com a assinatura do avalista. Considera-se como resultante da simples assinatura do avalista, aposta no anverso do cheque, salvo quando se tratar da assinatura do emitente.[1]

Parágrafo único. O aval deve indicar o avalizado. Na falta de indicação, considera-se avalizado o emitente.

Art. 30: 1. "Denotado que o cheque, na hipótese vertente, não é ao portador, mas nominal, e a assinatura constante do seu verso é de outra pessoa, que não o seu beneficiário, a conclusão é de que somente pode ter sido efetivada como aval, ainda que não especificada a sua finalidade (por aval), pois, do contrário, estar-se-ia admitindo quebra na cadeia creditícia. Somente poderia ser endosso se a assinatura constante no verso da cártula coincidisse com quem dela seja o beneficiário, o que não ocorre na espécie, pois o beneficiário é pessoa diversa daquela que apôs a assinatura no dorso do cheque em apreço. A assinatura, que não se pode ter por inútil no título, faz atribuir à pessoa que a após coobrigação e responsabilidade pelo crédito por ele representado" (STJ-4ª T., REsp 493.861, Min. Fernando Gonçalves, j. 4.9.08, maioria, DJ 1.12.08).

Art. 31. O avalista se obriga da mesma maneira que o avalizado. Subsiste sua obrigação, ainda que nula a por ele garantida, salvo se a nulidade resultar de vício de forma.

Parágrafo único. O avalista que paga o cheque adquire todos os direitos dele resultantes contra o avalizado e contra os obrigados para com este em virtude do cheque.

Capítulo IV | DA APRESENTAÇÃO E DO PAGAMENTO

Art. 32. O cheque é pagável[1] à vista. Considera-se não escrita qualquer menção em contrário.

Parágrafo único. O cheque apresentado para pagamento antes do dia indicado como data de emissão é pagável no dia da apresentação.[2-3]

Art. 32: 1. s/ pagamento, v. tb. arts. 8º e 11.

Art. 32: 2. "O cheque pré-datado e o direito do consumidor", por Rizzatto Nunes (RJ 302/7 e 319/7).

Art. 32: 3. "A prática comercial de emissão de cheque com data futura de apresentação, popularmente conhecido como cheque 'pré-datado', não desnatura a sua qualidade cambiariforme, representando garantia de dívida com a consequência de ampliar o prazo de apresentação" (RSTJ 138/324).

Mas: "A pactuação da pós-datação de cheque, para que seja hábil a ampliar o prazo de apresentação à instituição financeira sacada, deve espelhar a data de emissão estampada no campo específico da cártula" (STJ-2ª Seção, REsp 1.423.464, Min. Luis Felipe, j. 27.4.16, DJ 27.5.16).

S/ protesto de cheque pré-datado, v. art. 48, nota 1a; s/ dano moral, pela apresentação do cheque antes da data ajustada entre as partes, v. CC 186, nota 2.

Art. 33. O cheque deve ser apresentado para pagamento, a contar do dia da emissão, no prazo de 30 (trinta) dias, quando emitido no lugar onde houver de ser pago; e de 60 (sessenta) dias, quando emitido em outro lugar do País ou no exterior.[1]

Parágrafo único. Quando o cheque é emitido entre lugares com calendários diferentes, considera-se como de emissão o dia correspondente do calendário do lugar de pagamento.

Art. 33: 1. "O prazo estabelecido para a apresentação do cheque (30 dias, quando emitido no lugar onde houver de ser pago, e de 60 dias, quando emitido em outra praça) serve, entre outras coisas, como limite temporal da obrigação que o emitente tem de manter provisão de fundos em conta bancária, suficiente para a compensação do título. Ultrapassado o prazo de apresentação, não se justifica a devolução do cheque pelos 'motivos 11 e 12' do Manual Operacional da COMPE. Isso depõe contra a honra do sacador, na medida em que ele passa por inadimplente quando, na realidade, não já que não tinha mais a obrigação de manter saldo em conta. Tal conclusão ainda mais se reforça quando, além do prazo de apresentação, também transcorreu o prazo de prescrição, hipótese em que o próprio Manual determinava a devolução por motivo diverso ('motivo 44')" (STJ-3ª T., REsp 1.297.353, Min. Sidnei Beneti, j. 16.10.12, DJ 19.10.12).

Art. 34. A apresentação do cheque à câmara de compensação equivale à apresentação a pagamento.

Art. 35. O emitente do cheque pagável no Brasil pode revogá-lo, mercê de contraordem dada por aviso epistolar, ou por via judicial ou extrajudicial, com as razões motivadoras do ato.

Parágrafo único. A revogação ou contraordem só produz efeito depois de expirado o prazo de apresentação e, não sendo promovida, pode o sacado pagar o cheque até que decorra o prazo de prescrição, nos termos do artigo 59 desta lei.

Art. 36. Mesmo durante o prazo de apresentação, o emitente e o portador legitimado podem fazer sustar o pagamento, manifestando ao sacado, por escrito, oposição fundada em relevante razão de direito.

§ 1º A oposição do emitente e a revogação ou contraordem se excluem reciprocamente.

§ 2º Não cabe ao sacado julgar da relevância da razão invocada pelo oponente.

Art. 37. A morte do emitente ou sua incapacidade superveniente à emissão não invalidam os efeitos do cheque.

Art. 38. O sacado pode exigir, ao pagar o cheque, que este lhe seja entregue quitado pelo portador.

Parágrafo único. O portador não pode recusar pagamento parcial, e, nesse caso, o sacado pode exigir que esse pagamento conste do cheque e que o portador lhe dê a respectiva quitação.

Art. 39. O sacado que paga cheque "à ordem" é obrigado a verificar a regularidade da série de endossos, mas não a autenticidade das assinaturas dos endossantes. A mesma obrigação incumbe ao banco apresentante do cheque a câmara de compensação.[1 a 2]

Parágrafo único. Ressalvada a responsabilidade do apresentante, no caso da parte final deste artigo, o banco sacado responde pelo pagamento do cheque falso, falsificado ou alterado, salvo dolo ou culpa do correntista,[3] do endossante ou do beneficiário, dos quais poderá o sacado, no todo ou em parte, reaver o que pagou.

Art. 39: 1. "O estabelecimento bancário está desobrigado, nos termos da lei (art. 39 da Lei do Cheque), a verificar a autenticidade da assinatura do endosso. Por outro lado, todavia, tal não significa que a instituição financeira estaria dispensada de conferir a regularidade dos endossos, aí incluída a legitimidade do endossante. O banco, ao aceitar cheques endossados, deve tomar a cautela de exigir prova da legitimidade do endossante, como, por exemplo, cópia do contrato social da empresa, quando nominal a pessoa jurídica" (RSTJ 148/456). Esse acórdão foi mantido em embargos de divergência (STJ-2ª Seção, ED no REsp 280.285, Min. Pádua Ribeiro, j. 25.6.03, quatro votos vencidos, DJU 28.6.04). No mesmo sentido: JTJ 327/455 (AP 1.144.666-9).

Art. 39: 1a. "Nos termos do art. 39 da Lei do Cheque, a regularidade do endosso deve ser verificada não só pelo banco sacado, mas também pelo banco apresentante do título à câmara de compensação. Trata-se de responsabilidade solidária pela regularidade da cadeia de endossos. Na hipótese, cabia à instituição financeira apresentante a constatação de que, sendo o cheque nominal e cruzado depositado em conta de particular correntista, emitido em favor da Fazenda Pública para quitação de tributo estadual, não seria possível seu endosso, independentemente de a assinatura no verso da cártula ser ou não autêntica, pois sabidamente as despesas públicas têm seus pagamentos realizados por via de empenho (Lei 4.320/64, arts. 58 e segs.), exigindo formalidades que não admitem transmissão de cheques de terceiro contribuinte por via de simples endosso" (STJ-4ª T., REsp 701.381, Min. Raul Araújo, j. 17.4.12, DJ 2.5.12).

Art. 39: 2. "A responsabilidade do banco sacado e a do banco intercalar, determinada pelo art. 39, 1ª e 2ª parte da Lei do Cheque (Lei 7.357/85) pode compensar-se em parte com a responsabilidade do beneficiário, com fundamento no art. 175 do CC de 1916, no caso de este haver parte da culpa pela ação de seu representante, que endossa fraudulentamente numerosos cheques por longo tempo, sem providências obstativas do prosseguimento da ação ilícita por parte do beneficiário dos títulos. É integral a responsabilidade do endossante fraudulento de cheques, descontados diretamente no sacado ou depositado com sucesso em sua conta-corrente em banco diverso" (STJ-3ª T., REsp 874.372, Min. Sidnei Beneti, j. 17.11.09, DJ 30.11.09).

"Há responsabilidade objetiva do banco, que paga cheques assinados apenas por gerente, quando exigível dupla assinatura. Aplicação do art. 14 do CDC. A responsabilidade concorrente é admissível, ainda que no caso de responsabilidade objetiva do fornecedor ou prestador, quando há responsabilidade subjetiva patente e irrecusável também do consumidor, não se exigindo, no caso, a exclusividade da culpa" (STJ-3ª T., REsp 1.349.894, Min. Sidnei Beneti, j. 4.4.13, DJ 11.4.13).

Todavia, aplicando a teoria da causalidade adequada em caso de endosso fraudulento para a responsabilização exclusiva dos bancos-réus, "ainda que tenha havido a participação dolosa de prepostos de ambas as partes": STJ-3ª T., REsp 1.007.692, Min. Nancy Andrighi, j. 17.8.10, DJ 14.10.10.

Art. 39: 3. Súmula 28 do STF (Cheque falso): "O estabelecimento bancário é responsável pelo pagamento de cheque falso, ressalvadas as hipóteses de culpa exclusiva ou concorrente do correntista".

V. tb. CC 927, nota 7b.

Art. 40. O pagamento se fará à medida em que forem apresentados os cheques e se 2 (dois) ou mais forem apresentados simultaneamente, sem que os fundos disponíveis bastem para o pagamento de todos, terão preferência os de emissão mais antiga e, se da mesma data, os de número inferior.

Art. 41. O sacado pode pedir explicações ou garantia para pagar cheque mutilado, rasgado ou partido, ou que contenha borrões, emendas e dizeres que não pareçam formalmente normais.

Art. 42. O cheque em moeda estrangeira é pago, no prazo de apresentação, em moeda nacional ao câmbio do dia do pagamento, obedecida a legislação especial.

Parágrafo único. Se o cheque não for pago no ato da apresentação, pode o portador optar entre o câmbio do dia da apresentação e o do dia do pagamento para efeito de conversão em moeda nacional.

Art. 43. (Vetado)
§ 1º (Vetado)
§ 2º (Vetado)

Capítulo V | DO CHEQUE CRUZADO

Art. 44. O emitente ou o portador podem cruzar o cheque, mediante a aposição de dois traços paralelos no anverso do título.

§ 1º O cruzamento é geral se entre os dois traços não houver nenhuma indicação ou existir apenas a indicação "banco", ou outra equivalente. O cruzamento é especial se entre os dois traços existir a indicação do nome do banco.

§ 2º O cruzamento geral pode ser convertido em especial, mas este não pode converter-se naquele.

§ 3º A inutilização do cruzamento ou a do nome do banco é reputada como não existente.

Art. 45. O cheque com cruzamento geral só pode ser pago pelo sacado a banco ou a cliente do sacado, mediante crédito em conta. O cheque com cruzamento especial só pode ser pago pelo sacado ao banco indicado, ou, se este for o sacado, a cliente seu, mediante crédito em conta. Pode, entretanto, o banco designado incumbir outro da cobrança.

§ 1º O banco só pode adquirir cheque cruzado de cliente seu ou de outro banco. Só pode cobrá-lo por conta de tais pessoas.

§ 2º O cheque com vários cruzamentos especiais só pode ser pago pelo sacado no caso de dois cruzamentos, um dos quais para cobrança por câmara de compensação.

§ 3º Responde pelo dano, até a concorrência do montante do cheque, o sacado ou o banco portador que não observar as disposições precedentes.

Capítulo VI | DO CHEQUE PARA SER CREDITADO EM CONTA

Art. 46. O emitente ou o portador podem proibir que o cheque seja pago em dinheiro mediante a inscrição transversal, no anverso do título, da cláusula "para ser creditado em conta", ou outra equivalente. Nesse caso, o sacado só pode proceder a lançamento contábil (crédito em conta, transferência ou compensação), que vale como pagamento. O depósito do cheque em conta de seu beneficiário dispensa o respectivo endosso.

§ 1º A inutilização da cláusula é considerada como não existente.

§ 2º Responde pelo dano, até a concorrência do montante do cheque, o sacado que não observar as disposições precedentes.

Capítulo VII | DA AÇÃO POR FALTA DE PAGAMENTO

Art. 47. Pode o portador promover a execução do cheque:[1]

I — contra o emitente e seu avalista;[1a]

II — contra os endossantes e seus avalistas, se o cheque apresentado em tempo hábil e a recusa de pagamento é comprovada pelo protesto ou por declaração do sacado, escrita e datada sobre o cheque, com indicação do dia de apresentação, ou, ainda, por declaração escrita e datada por câmara de compensação.

§ 1º Qualquer das declarações previstas neste artigo dispensa o protesto e produz os efeitos deste.

§ 2º Os signatários respondem pelos danos causados por declarações inexatas.

§ 3º O portador que não apresentar o cheque em tempo hábil, ou não comprovar a recusa de pagamento pela forma indicada neste artigo, perde o direito de execução contra o emitente, se este tinha fundos disponíveis durante o prazo de apresentação e os deixou de ter, em razão de fato que não lhe seja imputável.[2]

§ 4º A execução independe do protesto e das declarações previstas neste artigo, se a apresentação ou o pagamento do cheque são obstados pelo fato de o sacado ter sido submetido a intervenção, liquidação extrajudicial ou falência.

Art. 47: 1. "Necessidade de o executado figurar no cheque como emitente ou garante, não sendo possível a integração da cártula por fatos outros ocorridos no mundo fenomênico, alheios à relação cambial estabelecida. Caso concreto em que a **esposa do emitente do cheque**, em não tendo contraído qualquer obrigação no título em que lastreada a execução, e não sendo a hipótese daquelas que a lei estabelece a sua responsabilidade, **é parte ilegítima para figurar como executada** e, assim, para responder pelo seu pagamento" (STJ-3ª T., REsp 1.708.694, Min. Paulo Sanseverino, j. 2.4.19, DJ 5.4.19).

Art. 47: 1a. "A execução em questão é promovida contra o emitente do cheque e sua avalista e quando ainda não decorrido o prazo prescricional da ação cambiária. Portanto, a hipótese se enquadra no inciso I do art. 47 da Lei 7.357/85, que não prevê a necessidade do prévio protesto do título para comprovação da recusa do pagamento" (STJ-4ª T., REsp 487.250-AgRg-EDcl, Min. Raul Araújo, j. 4.4.13, DJ 23.4.13).

Art. 47: 2. "O beneficiário de cheque que não apresenta o título para pagamento, via de regra, vê-se impossibilitado de promover a execução, haja vista a ausência de requisito essencial aos títulos executivos — a exigibilidade —, que somente exsurge com a comprovação da falta de pagamento imotivada, a qual pode ocorrer pelo protesto, por declaração do banco sacado ou da câmara de compensação. Não obstante, no caso concreto, a instância ordinária consignou a existência de provas irrefutáveis acerca da sustação do cheque — entre as quais a declaração de funcionário do banco sacado —, o que impeliu o tomador a ajuizar a execução em virtude da inocuidade da prévia apresentação do título" (STJ-4ª T., REsp 1.315.080, Min. Luis Felipe, j. 7.3.13, DJ 14.3.13).

Art. 48. O protesto[1 a 2] ou as declarações do artigo anterior devem fazer-se no lugar de pagamento ou do domicílio do emitente, antes da expiração do prazo de apresentação. Se esta ocorrer no último dia do prazo, o protesto ou as declarações podem fazer-se no primeiro dia útil seguinte.

§ 1º A entrega do cheque para protesto deve ser prenotada em livro especial e o protesto tirado no prazo de 3 (três) dias úteis a contar do recebimento do título.

§ 2º O instrumento do protesto, datado e assinado pelo oficial público competente, contém:

a) a transcrição literal do cheque, com todas as declarações nele inseridas, na ordem em que se acham lançadas;

b) a certidão da intimação do emitente, de seu mandatário especial ou representante legal, e as demais pessoas obrigadas no cheque;

c) a resposta dada pelos intimados ou a declaração da falta de resposta;

d) a certidão de não haverem sido encontrados ou de serem desconhecidos o emitente ou os demais obrigados, realizada a intimação, nesse caso, pela imprensa.

§ 3º O instrumento de protesto, depois de registrado em livro próprio, será entregue ao portador legitimado ou àquele que houver efetuado o pagamento.

§ 4º Pago o cheque depois do protesto, pode este ser cancelado, a pedido de qualquer interessado, mediante arquivamento de cópia autenticada da quitação que contenha perfeita identificação do título.

Art. 48: 1. v., em PROTESTO DE TÍTULOS, Lei 9.492, de 10.9.97 ("Define competência, regulamenta os serviços concernentes ao protesto de títulos e outros documentos de dívida e dá outras providências").

Art. 48: 1a. "Cártula estampando, no campo específico, data de emissão diversa da pactuada para sua apresentação. Considera-se, para contagem do prazo de apresentação, aquela constante no espaço próprio. Protesto, com indicação do emitente do cheque como devedor, ainda que **após o prazo de apresentação,** mas dentro do período para ajuizamento de ação cambial de execução. Possibilidade" (STJ-2ª Seção, REsp 1.423.464, Min. Luis Felipe, j. 27.4.16, DJ 27.5.16).

Art. 48: 2. "Cautelar de sustação de protesto. **Cheque prescrito.** Protesto indevido. Não se pode exigir o pronto cumprimento — e, portanto, não se pode falar em prova de inadimplemento — de uma dívida que não se revista das características de certeza, liquidez e exigibilidade. O cheque prescrito não se reveste das características de certeza e exigibilidade. A expressão 'outros documentos de dívida' a que alude o art. 1º da Lei n. 9.492/1997 apenas abrange aqueles documentos representativos de dívidas líquidas, certas e exigíveis" (STJ-3ª T., REsp 1.256.566, Min. João Otávio, j. 18.3.14, DJ 1.4.14). No mesmo sentido: STJ-4ª T., Ag em REsp 593.208-AgRg, Min. Raul Araújo, j. 25.11.14, DJ 19.12.14.

"Uma vez desaparecida a relação cambial, pela prescrição do título, o protesto torna-se inoperante e deixa de ter utilidade para o credor, portanto não havendo razão para que seja tirado" (JTJ 322/2.476: AP 7.010.855-5).

"Protesto após prazo de apresentação. Inviabilidade. Inteligência dos arts. 33 e 48 da Lei 7.357/85. Sustação definitiva" (JTJ 323/285: AP 7.127.299-0).

Contra, no sentido de que a perda da eficácia executiva do cheque não impede sua remessa a protesto: JTJ 316/296 (AP 7.086.471-4), 330/541 (AP 7.160.416-5), RMDECC 17/119.

V. tb. LCa 28, nota 2, e Lei 9.492/97, art. 9º (no tít. PROTESTO DE TÍTULOS). S/ dano moral, v. CC 186, nota 3b.

Art. 49. O portador deve dar aviso da falta de pagamento a seu endossante e ao emitente, nos 4 (quatro) dias úteis seguintes ao do protesto ou das declarações previstas no artigo 47 desta lei ou, havendo cláusula "sem despesa", ao da apresentação.

§ 1º Cada endossante deve, nos 2 (dois) dias úteis seguintes ao do recebimento do aviso, comunicar seu teor ao endossante precedente, indicando os nomes e endereços dos que deram os avisos anteriores, e assim por diante, até o emitente, contando-se os prazos do recebimento do aviso precedente.

§ 2º O aviso dado a um obrigado deve estender-se, no mesmo prazo, a seu avalista.

§ 3º Se o endossante não houver indicado seu endereço, ou o tiver feito de forma ilegível, basta o aviso ao endossante que o preceder.

§ 4º O aviso pode ser dado por qualquer forma, até pela simples devolução do cheque.

§ 5º Aquele que estiver obrigado a aviso deverá provar que o deu no prazo estipulado. Considera-se observado o prazo se, dentro dele, houver sido posta no correio a carta de aviso.

§ 6º Não decai do direito de regresso o que deixa de dar o aviso no prazo estabelecido. Responde, porém, pelo dano causado por sua negligência, sem que a indenização exceda o valor do cheque.

Art. 50. O emitente, o endossante e o avalista podem, pela cláusula "sem despesa", "sem protesto", ou outra equivalente, lançada no título e assinada, dispensar o portador, para promover a execução do título, do protesto ou da declaração equivalente.

§ 1º A cláusula não dispensa o portador da apresentação do cheque no prazo estabelecido, nem dos avisos. Incumbe a quem alega a inobservância de prazo a prova respectiva.

§ 2º A cláusula lançada pelo emitente produz efeito em relação a todos os obrigados; a lançada por endossante ou por avalista produz efeito somente em relação ao que lançar.

§ 3º Se, apesar da cláusula lançada pelo emitente, o portador promove o protesto, as despesas correm por sua conta. Por elas respondem todos os obrigados, se a cláusula é lançada por endossante ou avalista.

Art. 51. Todos os obrigados respondem solidariamente[1] para com o portador do cheque.

§ 1º O portador tem o direito de demandar todos os obrigados, individual ou coletivamente, sem estar sujeito a observar a ordem em que se obrigaram. O mesmo direito cabe ao obrigado que pagar o cheque.

§ 2º A ação contra um dos obrigados não impede sejam os outros demandados, mesmo que se tenham obrigado posteriormente àquele.

§ 3º Regem-se pelas normas das obrigações solidárias[1a] as relações entre obrigados do mesmo grau.

Art. 51: 1. Os cotitulares de conta-corrente conjunta não são devedores solidários perante o portador de cheque emitido por qualquer um deles sem suficiente provisão de fundos (STJ-4ª T., REsp 336.632, Min. Aldir Passarinho Jr., j. 6.2.03, DJU 31.3.03; STJ-RT 899/137: 3ª T., REsp 981.081). **Contra:** RMDECC 28/102 (TRF-4ª Reg., AP 2005.70.00.005145-7).

V. tb. CDC 43, nota 1j.

Art. 51: 1a. v. CC 275 a 285.

Art. 52. O portador pode exigir do demandado:
   I — a importância do cheque não pago;
   II — os juros legais desde o dia da apresentação;[1]

III — as despesas que fez;

IV — a compensação pela perda do valor aquisitivo da moeda, até o embolso das importâncias mencionadas nos itens antecedentes.

Art. 52: 1. "Em qualquer ação utilizada pelo portador para cobrança de cheque, a correção monetária incide a partir da data de emissão estampada na cártula, e os juros de mora a contar da primeira apresentação à instituição financeira sacada ou câmara de compensação" (STJ-2ª Seção, REsp 1.556.834, Min. Luis Felipe, j. 22.6.16, DJ 10.8.16).

"Os juros relativos à cobrança de crédito estampado em cheque são disciplinados pela Lei do Cheque, que veda a cobrança de juros compensatórios (art. 10) e estabelece que a incidência dos juros de mora é a contar da primeira apresentação da cártula (art. 52, II). O art. 219 do CPC, assim como o art. 405 do CC/02, deve ser interpretado à luz do ordenamento jurídico, tendo aplicação residual para casos de mora *ex persona*, nas hipóteses de obrigações ilíquidas ou sem termo certo, se ainda não houve a prévia constituição em mora por outra forma legalmente admitida" (STJ-4ª T., REsp 1.354.934, Min. Luis Felipe, j. 20.8.13, DJ 25.9.13).

"Inexistindo apresentação do cheque para a respectiva compensação junto ao banco sacado, os juros de mora devem incidir a partir do primeiro ato do beneficiário tendente à satisfação do crédito estampado na cártula de cheque, o que, na hipótese, ocorreu com a citação do devedor" (STJ-4ª T., REsp 1.768.022, Min. Marco Buzzi, j. 17.8.21, DJ 25.8.21; a citação é do voto do relator).

S/ correção monetária em monitória fundada em cheque prescrito, v., no CPCLPV, CPC 700, nota 12.

Art. 53. Quem paga o cheque pode exigir de seus garantes:

I — a importância integral que pagou;

II — os juros legais, a contar do dia do pagamento;

III — as despesas que fez;

IV — a compensação pela perda do valor aquisitivo da moeda, até o embolso das importâncias mencionadas nos itens antecedentes.

Art. 54. O obrigado contra o qual se promova execução, ou que a esta esteja sujeito, pode exigir, contra pagamento, a entrega do cheque, com o instrumento de protesto ou da declaração equivalente e a conta de juros e despesas quitada.

Parágrafo único. O endossante que pagou o cheque pode cancelar seu endosso e os dos endossantes posteriores.

Art. 55. Quando disposição legal ou caso de força maior impedir a apresentação do cheque, o protesto ou a declaração equivalente nos prazos estabelecidos, consideram-se estes prorrogados.

§ 1º O portador é obrigado a dar aviso imediato da ocorrência de força maior a seu endossante e a fazer menção do aviso dado mediante declaração datada e assinada por ele no cheque ou folha de alongamento. São aplicáveis, quanto ao mais, as disposições do artigo 49 e seus parágrafos desta lei.

§ 2º Cessado o impedimento, deve o portador, imediatamente, apresentar o cheque para pagamento e, se couber, promover o protesto ou a declaração equivalente.

§ 3º Se o impedimento durar por mais de 15 (quinze) dias, contados do dia em que o portador, mesmo antes de findo o prazo de apresentação, comunicou a ocorrência de força maior a seu endossante, poderá ser promovida a execução, sem necessidade da apresentação do protesto ou declaração equivalente.

§ 4º Não constituem casos de força maior os fatos puramente pessoais relativos ao portador ou à pessoa por ele incumbida da apresentação do cheque, do protesto ou da obtenção da declaração equivalente.

Capítulo VIII | DA PLURALIDADE DE EXEMPLARES

Art. 56. Excetuado o cheque ao portador, qualquer cheque emitido em um país e pagável em outro pode ser feito em vários exemplares idênticos, que devem ser numerados no próprio texto do título, sob pena de cada exemplar ser considerado cheque distinto.

Art. 57. O pagamento feito contra a apresentação de um exemplar é liberatório, ainda que não estipulado que o pagamento torna sem efeito os outros exemplares.
Parágrafo único. O endossante que transferir os exemplares a diferentes pessoas e os endossantes posteriores respondem por todos os exemplares que assinarem e que não forem restituídos.

Capítulo IX | DAS ALTERAÇÕES

Art. 58. No caso de alteração do texto do cheque, os signatários posteriores à alteração respondem nos termos do texto alterado e os signatários anteriores, nos do texto original.
Parágrafo único. Não sendo possível determinar se a firma foi aposta no título antes ou depois de sua alteração, presume-se que o tenha sido antes.

Capítulo X | DA PRESCRIÇÃO

Art. 59. Prescrevem em 6 (seis) meses, contados da expiração do prazo de apresentação, a ação que o artigo 47 desta lei assegura ao portador.[1 a 4]
Parágrafo único. A ação de regresso de um obrigado ao pagamento do cheque contra outro prescreve em 6 (seis) meses, contados do dia em que o obrigado pagou o cheque ou do dia em que foi demandado.

Art. 59: 1. s/ prazo de apresentação, v. art. 33.

Art. 59: 1a. Súmula 299 do STJ: "É admissível a **ação monitória** fundada em **cheque prescrito**" (v. jurisprudência s/ essa Súmula em RSTJ 183/622, 185/668).

Art. 59: 2. "O lapso prescricional previsto no art. 59 da Lei n. 7.357, de 2.9.1985, somente tem **início** a partir da **expiração do prazo para apresentação do cheque**, independentemente de o credor havê-lo feito em data anterior" (STJ-4ª T., REsp 539.777, Min. Barros Monteiro, j. 3.2.04, DJU 12.4.04). No mesmo sentido: RMDECC 46/113 (TJDFT, AI 2012.00.2.011746-3).
Contra: "O termo inicial da prescrição previsto no art. 59 da Lei n. 7.357, de 1985, pressupõe que o cheque não haja sido apresentado no prazo legal. Caso contrário, a prescrição passa a correr da **data da primeira apresentação**" (RSTJ 59/414: 3ª T., REsp 45.512).

Art. 59: 3. "Ainda que a emissão de cheques pós-datados seja prática costumeira, não encontra previsão legal. Admitir-se que do acordo extracartular decorra a dilação do prazo prescricional, importaria na alteração da natureza do cheque como ordem de pagamento à vista e na infringência do art. 192 do CC, além de violação dos princípios da literalidade e abstração. O termo inicial de contagem do prazo prescricional da ação de execução do cheque pelo beneficiário é de 6 meses, prevalecendo, para fins de contagem do prazo prescricional de cheque pós-datado, a data nele regularmente consignada" (STJ-2ª Seção, REsp 1.068.513, Min. Nancy Andrighi, j. 14.9.11, DJ 17.5.12). "A Lei do Cheque estabelece o lapso prescricional para o ajuizamento da execução, o qual flui a partir da **data da emissão**, contado o prazo da apresentação, e **não da data acordada entre credor e devedor**" (RT 873/243: TJDFT, AP 20050110252906, maioria). No mesmo sentido: RT 926/1.098 (TJMS, AI 2012.015208-3/0000-00).

Contra: "A data da prescrição dos cheques pós-datados não pode ser considerada com base na data da emissão, e sim de quando deva ser apresentado ao banco. É que, exigindo-se que o portador do **cheque pós-datado** aguarde, no mínimo, o prazo consignado no título para apresentá-lo ao banco, seria ilógico considerar a data de sua emissão para o cômputo do prazo prescricional" (RMDECC 28/104: TJMG, AP 1.0024.05.739316-7/001).

V. tb. CC 206, nota 6a.

Art. 59: 4. Ainda que a **data da emissão** tenha sido **aposta** no cheque **anos após** a contraordem, é ela que vai balizar o prazo de apresentação e o correlato prazo prescricional semestral (STJ-3ª T., REsp 1.647.871, Min. Nancy Andrighi, j. 23.10.18, DJ 26.10.18).

V. tb. art. 1º, nota 2a.

Art. 60. A interrupção da prescrição produz efeito somente contra o obrigado em relação ao qual foi promovido o ato interruptivo.

Art. 61. A ação de enriquecimento contra o emitente ou outros obrigados, que se locupletaram injustamente com o não pagamento do cheque, prescreve em 2 (dois) anos, contados do dia em que se consumar a prescrição prevista no art. 59 e seu parágrafo desta lei.[1-2]

Art. 61: 1. "O cheque prescrito serve como instrumento de ação monitória, mesmo vencido o prazo de dois anos para a ação de enriquecimento (Lei do Cheque, art. 61)" (STJ-3ª T., AI 666.617-AgRg, Min. Gomes de Barros, j. 1.3.07, DJU 19.3.07). No mesmo sentido: STJ-4ª T., AI 1.011.969-EDcl, Min. João Otávio, j. 20.11.08, DJ 1.12.08; JTJ 345/255 (AP 7.114.891-9).

Contra: "Ação de enriquecimento ilícito, sob o rito monitório, fundada em cheques prescritos — art. 61 da Lei 7.357/85. Prazo prescricional próprio, 2 anos, contados da prescrição da ação cambial" (STJ-3ª T., AI 854.860-AgRg, Min. Vasco Della Giustina, j. 17.8.10, DJ 26.8.10).

V. tb. CC 206, nota 6.

Art. 61: 2. "A ação ordinária de cobrança é via hábil para exigir-se dívida representada por cheque, não recebida pelo credor, por insuficiente provisão de fundos, quando o título encontra-se prescrito para o aforamento da ação executiva. Tal fato constitui ato ilícito, razão suficiente para que a **correção monetária** incida a partir da data da emissão do cheque, que representa ordem de pagamento à vista. Incidência do enunciado da Súmula n. 43, do STJ" (RSTJ 71/354).

Art. 62. Salvo prova de novação,[1] a emissão ou a transferência do cheque não exclui a ação fundada na relação causal,[2] feita a prova do não pagamento.

Art. 62: 1. v. CC 360 a 367.

Art. 62: 2. "Na ação de cobrança prevista no art. 62 da Lei 7.357/1985 — hipótese dos autos — é imprescindível a demonstração da *causa debendi*, não apenas porque o cheque já perdeu sua natureza cambial, mas porque o referido dispositivo legal é claro ao afirmar que tal ação deve ser 'fundada na relação causal'" (STJ-4ª T., REsp 1.104.489-AgRg, Min. Marco Buzzi, j. 10.6.14, DJ 18.6.14).

Capítulo XI — DOS CONFLITOS DE LEIS EM MATÉRIA DE CHEQUES

Art. 63. Os conflitos de leis em matéria de cheques serão resolvidos de acordo com as normas constantes das Convenções[1] aprovadas, promulgadas e mandadas aplicar no Brasil, na forma prevista pela Constituição Federal.

Art. 63: 1. Dec. 57.595, de 7.1.66 — Promulga as Convenções para adoção de uma lei uniforme em matéria de cheques (Lex 1966/27, RT 366/371).

Dec. 1.240, de 15.9.94 — Promulga a Convenção Interamericana sobre Conflitos de Leis em Matéria de Cheque, adotada em Montevidéu, em 8 de maio de 1979 (DOU 16.9.94, seção I, p. 14.040). Aprovada pelo **Dec. leg. 9, de 7.2.94**.

Capítulo XII | DAS DISPOSIÇÕES GERAIS

Art. 64. A apresentação do cheque, o protesto ou a declaração equivalente só podem ser feitos ou exigidos em dia útil, durante o expediente dos estabelecimentos de crédito, câmaras de compensação e cartórios de protestos.
Parágrafo único. O cômputo dos prazos estabelecidos nesta lei obedece às disposições do direito comum.

Art. 65. Os efeitos penais da emissão do cheque sem suficiente provisão de fundos, da frustração do pagamento do cheque, da falsidade, da falsificação e da alteração do cheque continuam regidos pela legislação criminal.

Art. 66. Os vales ou cheques postais, os cheques de poupança ou assemelhados, e os cheques de viagem regem-se pelas disposições especiais a eles referentes.

Art. 67. A palavra "banco", para os fins desta lei, designa também a instituição financeira contra a qual a lei admite a emissão de cheque.

Art. 68. Os bancos e casas bancárias poderão fazer prova aos seus depositantes dos cheques por estes sacados, mediante apresentação de cópia fotográfica ou microfotográfica.

Art. 69. Fica ressalvada a competência do Conselho Monetário Nacional, nos termos e nos limites da legislação específica, para expedir normas relativas à matéria bancária relacionada com o cheque.
Parágrafo único. É da competência do Conselho Monetário Nacional:
a) a determinação das normas a que devem obedecer as contas de depósito para que possam ser fornecidos os talões de cheques aos depositantes;
b) a determinação das consequências do uso indevido do cheque, relativamente à conta do depositante;
c) a disciplina das relações entre o sacado e o oponente, na hipótese do art. 36 desta lei.

Art. 70. Esta lei entra em vigor na data de sua publicação.

Art. 71. Revogam-se as disposições em contrário.

Brasília, 2 de setembro de 1985; 164º da Independência e 97º da República — JOSÉ SARNEY — **Dilson Domingos Funaro.**

Condomínio e Incorporação

Lei n. 4.591, de 16 de dezembro de 1964[1]

Dispõe sobre o condomínio em edificações e as incorporações imobiliárias.

O Presidente da República,
Faço saber que o Congresso Nacional decreta e eu sanciono a seguinte lei:

🔖 **LEI 4.591: 1.** s/ dispositivos da Lei 4.591, de 16.12.64, incompatíveis com o novo Código Civil, v. "Condomínio e o novo Código Civil", por Paulo Eduardo Fucci (RT 809/91); "Condomínio em edifícios: o problema da sua atual regulamentação sob a perspectiva civil-constitucional", por Samir José Caetano Martins (RT 841/77).

Título I | DO CONDOMÍNIO[1]

TÍT. I: 1. A lei foi publicada sem a epígrafe do Cap. I do Tít. I.

Art. 1º As edificações ou conjuntos de edificações, de um ou mais pavimentos, construídos sob a forma de unidades isoladas entre si, destinadas a fins residenciais ou não residenciais, poderão ser alienados, no todo ou em parte, objetivamente considerados, e constituirá, cada unidade, propriedade autônoma, sujeita às limitações desta lei.

§ 1º Cada unidade será assinalada por designação especial, numérica ou alfabética, para efeitos de identificação e discriminação.

§ 2º A cada unidade caberá, como parte inseparável, uma fração ideal do terreno e coisas comuns, expressa sob forma decimal ou ordinária.

Art. 2º Cada unidade com saída para a via pública, diretamente ou por processo de passagem comum, será sempre tratada como objeto de propriedade exclusiva, qualquer que seja o número de suas peças e sua destinação, inclusive (VETADO) edifício-garagem, com ressalva das restrições que se lhe imponham.

§ 1º (*redação da Lei 4.864, de 29.11.65*) O direito à guarda de veículos[1] nas garagens ou locais a isso destinados nas edificações ou conjuntos de edificações será tratado como objeto de propriedade exclusiva, com ressalva das restrições que ao mesmo sejam impostas por instrumentos contratuais adequados, e será vinculada[2] à unidade habitacional a que corresponder, no caso de não lhe ser atribuída fração ideal específica de terreno.

§ 2º (*redação da Lei 4.864, de 29.11.65*) O direito de que trata o § 1º deste artigo poderá ser transferido a outro condômino, independentemente da alienação da unidade a que corresponder, vedada sua transferência a pessoas estranhas ao condomínio.[3]

§ 3º (*redação da Lei 4.864, de 29.11.65*) Nos edifícios-garagem, às vagas serão atribuídas frações ideais de terreno específicas.

Art. 2º: 1. s/ abrigo para veículos, v. CC 1.331 § 1º e 1.338.

Art. 2º: 2. *sic*; devia ser "vinculado".

Art. 2º: 3. "Como direito acessório, a vaga de garagem adere à unidade, sendo, contudo, desta destacável para efeito de sua cessão a outro condômino" (STJ-3ª T., REsp 954.861, Min. Nancy Andrighi, j. 6.11.08, um voto vencido, DJ 26.11.08).

Art. 3º O terreno em que se levantam a edificação ou o conjunto de edificações e suas instalações, bem como as fundações, paredes externas, o teto, as áreas internas de ventilação, e tudo o mais que sirva a qualquer dependência de uso comum dos proprietários ou titulares de direito à aquisição de unidades ou ocupantes, constituirão condomínio de todos, e serão insuscetíveis de divisão, ou de alienação destacada da respectiva unidade. Serão, também, insuscetíveis de utilização exclusiva por qualquer condômino (VETADO).

Art. 4º A alienação de cada unidade, a transferência de direitos pertinentes à sua aquisição e a constituição de direitos reais sobre ela independerão do consentimento dos condôminos (VETADO).

Parágrafo único (*redação da Lei 7.182, de 27.3.84*). A alienação ou transferência de direitos de que trata este artigo dependerá de prova de quitação das obrigações do alienante para com o respectivo condomínio.[1-2]

Art. 4º: 1. "O art. 4º, § ún., da Lei 4.591/64, na redação dada pela Lei 7.182/84, constitui norma de proteção do condomínio, de sorte que se, porventura, a alienação ou transferência da unidade autônoma se faz sem a prévia comprovação da quitação da dívida, evidenciando má-fé do transmitente, e negligência ou consciente concordância do adquirente, responde este último pelo débito, como novo titular do imóvel, ressalvado o seu direito de regresso contra o alienante" (STJ-4ª T., REsp 547.638, Min. Aldir Passarinho Jr., j. 10.8.04, DJU 25.10.04).

V. CC 1.336-I e notas.

Art. 4º: 2. "O art. 4º, § ún., da LCE, que não foi revogado pelo art. 1.345 do CC, prevê expressamente que a alienação de unidade condominial e a transferência de direitos a ela relativos dependem de prova da quitação das obrigações do alienante para com o respectivo condomínio. Desta feita, agiu com acerto o Oficial Registrador, em harmonia com a jurisprudência pacífica deste Conselho Superior da Magistratura, a qual exige essa comprovação para acesso do título ao fólio real" (JTJ 358/1.296: AP 990.10.278.510-6; a citação é do voto do relator). V. tb. CC 1.345 e notas.

Art. 5º O condomínio por meação de parede, soalhos, e tetos das unidades isoladas, regular-se-á pelo disposto no Código Civil,[1] no que lhe for aplicável.

Art. 5º: 1. v. CC 1.327 a 1.330.

Art. 6º Sem prejuízo do disposto nesta lei, regular-se-á pelas disposições de direito comum[1] o condomínio por cota ideal de mais de uma pessoa sobre a mesma unidade autônoma.

Art. 6º: 1. v. CC 1.314 a 1.326.

Art. 7º O condomínio por unidades autônomas instituir-se-á por ato entre vivos ou por testamento, com inscrição obrigatória no registro de imóveis,[1] dele constando: a individualização de cada unidade, sua identificação e discriminação, bem como a fração ideal sobre o terreno e partes comuns, atribuída a cada unidade, dispensando-se a descrição interna da unidade.

Art. 7º: 1. v. LRP 167-I-17.

Art. 8º Quando, em terreno onde não houver edificação, o proprietário, o promitente comprador, o cessionário deste ou o promitente cessionário sobre ele desejar erigir mais de uma edificação,[1-2] observar-se-á também o seguinte:

a) em relação às unidades autônomas que se constituírem em casas térreas ou assobradadas, será discriminada a parte do terreno ocupada pela edificação e também aquela eventualmente reservada como de utilização exclusiva dessas casas, como jardim e quintal, bem assim a fração ideal do todo do terreno e de partes comuns, que corresponderá às unidades;

b) em relação às unidades autônomas que constituírem edifícios de dois ou mais pavimentos, será discriminada a parte do terreno ocupada pela edificação, aquela que eventualmente for reservada como de utilização exclusiva, correspondente às unidades do edifício, e ainda a fração ideal do todo do terreno e de partes comuns que corresponderá a cada uma das unidades;

c) serão discriminadas as partes do total do terreno que poderão ser utilizadas em comum pelos titulares de direito sobre os vários tipos de unidades autônomas;

d) serão discriminadas as áreas que se constituírem em passagem comum para as vias públicas ou para as unidades entre si.

Art. 8º: 1. Lei 4.864, de 29.11.65, art. 6º: "No caso de um conjunto de edificações a que se refere o art. 8º da Lei n. 4.591, de 16 de dezembro de 1964, poder-se-á estipular o desdobramento da incorporação em várias incorporações, fixando a convenção de condomínio ou contrato prévio, quando a incorporação ainda estiver subordinada a períodos de carência, os direitos e as relações de propriedade entre condôminos de várias edificações".

Art. 8º: 2. "Condomínio horizontal de lotes. Edificação de livre escolha do condômino", por Décio Antonio Erpen, João Pedro Lamana Paiva e Mario Pazutti Mezzari (RJ 310/69).

Capítulo II | DA CONVENÇÃO DE CONDOMÍNIO[1-2]

CAP. II: 1. s/ convenção do condomínio, v. CC 1.332 a 1.339.
CAP. II: 2. Súmula 260 do STJ: "A convenção de condomínio aprovada, ainda que sem registro, é eficaz para regular as relações entre os condôminos".

Art. 9º Os proprietários, promitentes compradores, cessionários ou promitentes cessionários dos direitos pertinentes à aquisição de unidades autônomas, em edificações a serem construídas, em construção ou já construídas, elaborarão, por escrito, a convenção de condomínio, e deverão, também, por contrato ou por deliberação, em assembleia, aprovar o regimento interno da edificação ou conjunto de edificações.

§ 1º Far-se-á o registro da convenção no registro de imóveis,[1] bem como a averbação das suas eventuais alterações.

§ 2º Considera-se aprovada, e obrigatória para os proprietários de unidades, promitentes compradores, cessionários e promitentes cessionários, atuais e futuros, como para qualquer ocupante, a convenção que reúna as assinaturas de titulares de direitos que representem, no mínimo, 2/3 das frações ideais que compõem o condomínio.

§ 3º Além de outras normas aprovadas pelos interessados, a convenção deverá conter:

a) a discriminação das partes de propriedade exclusiva, e as de condomínio, com especificações das diferentes áreas;
b) o destino das diferentes partes;
c) o modo de usar as coisas e serviços comuns;
d) encargos, forma e proporção das contribuições dos condôminos para as despesas de custeio e para as extraordinárias;
e) o modo de escolher o síndico e o conselho consultivo;
f) as atribuições do síndico, além das legais;
g) a definição da natureza gratuita ou remunerada de suas funções;
h) o modo e o prazo de convocação das assembleias gerais dos condôminos;
i) o *quorum* para os diversos tipos de votações;
j) a forma de contribuição para constituição de fundo de reserva;
l) a forma e o *quorum* para as alterações de convenção;
m) a forma e o *quorum* para a aprovação do regimento interno, quando não incluídos na própria convenção.

§ 4º (*redação da Lei 4.864, de 29.11.65*) No caso de conjunto de edificações, a que se refere o art. 8º, a convenção de condomínio fixará os direitos e as relações de propriedade entre os condôminos das várias edificações, podendo estipular formas pelas quais se possam desmembrar e alienar porções do terreno, inclusive as edificadas.

Art. 9º: 1. v. LRP 167-I-17.

Art. 10. É defeso a qualquer condômino:[1]

I — alterar a forma externa da fachada;
II — decorar as partes e esquadrias externas com tonalidades ou cores diversas das empregadas no conjunto da edificação;
III — destinar a unidade a utilização diversa de[1a] finalidade do prédio, ou usá-la de forma nociva ou perigosa ao sossego, à salubridade e à segurança dos demais condôminos;
IV — embaraçar o uso das partes comuns.

§ 1º O transgressor ficará sujeito ao pagamento de multa prevista na convenção ou no regulamento do condomínio, além de ser compelido a desfazer a obra ou abster-se da prática do ato, cabendo, ao síndico, com autorização judicial, mandar desmanchá-la, à custa do transgressor, se este não a desfizer no prazo que lhe for estipulado.

§ 2º O proprietário ou titular de direito à aquisição de unidade poderá fazer obra que (VETADO) ou modifique sua fachada, se obtiver a aquiescência da unanimidade dos condôminos.[2]

Art. 10: 1. v. CC 1.336.
Art. 10: 1a. *sic*; deve ser "da".
Art. 10: 2. Texto cf. ret. no DOU 1.2.65.

Art. 11. Para efeitos tributários, cada unidade autônoma será tratada como prédio isolado, contribuindo o respectivo condômino, diretamente, com as importâncias relativas aos impostos e taxas federais, estaduais e municipais, na forma dos respectivos lançamentos.

Capítulo III | DAS DESPESAS DO CONDOMÍNIO[1]

CAP. III: 1. s/ despesas do condomínio, v. CC 1.340 a 1.346.

Art. 12. Cada condômino concorrerá nas despesas do condomínio, recolhendo, nos prazos previstos na convenção, a cota-parte que lhe couber em rateio.[1-1a]

§ 1º Salvo disposição em contrário na convenção, a fixação da cota no rateio corresponderá à fração ideal de terreno de cada unidade.

§ 2º Cabe ao síndico arrecadar as contribuições, competindo-lhe promover, por via executiva,[1b] a cobrança judicial das cotas atrasadas.

§ 3º O condômino que não pagar a sua contribuição no prazo fixado na convenção fica sujeito ao juro moratório de 1% ao mês, e multa de até 20% sobre o débito,[2] que será atualizado, se o estipular a convenção, com a aplicação dos índices de correção monetária levantados pelo Conselho Nacional de Economia, no caso de mora por período igual ou superior a seis meses.[3]

§ 4º As obras que interessarem à estrutura integral da edificação ou conjunto de edificações, ou ao serviço comum, serão feitas com o concurso pecuniário de todos os proprietários ou titulares de direito à aquisição de unidades, mediante orçamento prévio aprovado em assembleia geral, podendo incumbir-se de sua execução o síndico, ou outra pessoa, com aprovação da assembleia.

§ 5º A renúncia de qualquer condômino aos seus direitos, em caso algum valerá como escusa para exonerá-lo de seus encargos.

Art. 12: 1. v. CC 1.336-I e notas; s/ responsabilidade pelo pagamento das contribuições condominiais, no caso de alienação da unidade autônoma, v. art. 4º, nota 1.

Art. 12: 1a. "Condômino autor em ação ajuizada contra o condomínio deve suportar a cota-parte, que lhe couber, de despesa referente a honorários de advogado, constituído para defesa daquele. Tal despesa é de interesse comum e todos os comunheiros estão a ela obrigados, e como tal suportarão os prejuízos se o condomínio sair vencido, morlmente quando prevista em dispositivo da ata da assembleia geral" (STJ-3ª T., REsp 89.501, Min. Waldemar Zveiter, j. 15.10.96, DJ 16.12.96).

V. tb. art. 1.336, nota 2a.

Art. 12: 1b. v. CPC 784-X.

Art. 12: 2. O § 3º está **revogado** pelo **CC 1.336 § 1º**, deste teor: "O condômino que não pagar a sua contribuição ficará sujeito aos **juros moratórios** convencionados ou, não sendo previstos, os de um por cento ao mês e multa de até dois por cento sobre o débito". **Contra:** RT 826/344. V. tb. CC 1.336, nota 4b.

Art. 12: 3. O período de carência de seis meses já não vigora, em face da LCM; a correção monetária é devida a partir do ajuizamento da ação (JTA 81/92). No mesmo sentido: RT 591/134.

Capítulo IV | DO SEGURO,[1] DO INCÊNDIO, DA DEMOLIÇÃO E DA RECONSTRUÇÃO OBRIGATÓRIA

CAP. IV: 1. s/ seguro, v. CC 1.346.

Art. 13. Proceder-se-á ao seguro[1] da edificação ou do conjunto de edificações, neste caso, discriminadamente, abrangendo todas as unidades autônomas e partes comuns, contra incêndio ou outro sinistro que cause destruição no todo ou em parte, computando-se o prêmio nas despesas ordinárias do condomínio.

Parágrafo único. O seguro de que trata este artigo será obrigatoriamente feito dentro de 120 dias, contados da data de concessão do "habite-se", sob pena de ficar o condomínio sujeito à multa mensal equivalente a 1/12 do imposto predial, cobrável executivamente[2] pela municipalidade.

Art. 13: 1. v. art. 23 do Dec. 61.867, de 7.12.67.
Art. 13: 2. v. CPC 784-IX.

Art. 14. Na ocorrência de sinistro total, ou que destrua mais de dois terços de uma edificação, seus condôminos reunir-se-ão em assembleia especial, e deliberarão sobre a sua reconstrução ou venda do terreno e materiais, por *quorum* mínimo de votos que representem metade mais uma das frações ideais do respectivo terreno.

§ 1º Rejeitada a proposta de reconstrução, a mesma assembleia, ou outra para este fim convocada, decidirá, pelo mesmo *quorum*, do destino a ser dado ao terreno, e aprovará a partilha do valor do seguro entre os condôminos, sem prejuízo do que receber cada um pelo seguro facultativo de sua unidade.

§ 2º Aprovada, a reconstrução será feita, guardados, obrigatoriamente, o mesmo destino, a mesma forma externa e a mesma disposição interna.

§ 3º Na hipótese do parágrafo anterior, a minoria não poderá ser obrigada a contribuir para a reedificação, caso em que a maioria poderá adquirir as partes dos dissidentes, mediante avaliação judicial, feita em vistoria.[1]

Art. 14: 1. v. CPC 381 a 383.

Art. 15. Na hipótese de que trata o § 3º do artigo antecedente, à maioria poderão ser adjudicadas, por sentença, as frações ideais da minoria.

§ 1º Como condição para o exercício da ação prevista neste artigo, com a inicial, a maioria oferecerá e depositará, à disposição do juízo, as importâncias arbitradas na vistoria para avaliação, prevalecendo as de eventual desempatador.

§ 2º Feito o depósito de que trata o parágrafo anterior, o juiz, liminarmente, poderá autorizar a adjudicação à maioria, e a minoria poderá levantar as importâncias depositadas; o oficial de registro de imóveis, nestes casos, fará constar do registro que a adjudicação foi resultante de medida liminar.

§ 3º Feito o depósito, será expedido o mandado de citação, com o prazo de dez dias para a contestação (VETADO).

§ 4º Se não contestado, o juiz, imediatamente, julgará o pedido.

§ 5º Se contestado o pedido, seguirá o processo o rito ordinário.[1]

§ 6º Se a sentença fixar valor superior ao da avaliação feita na vistoria, o condomínio, em execução, restituirá à minoria a respectiva diferença, acrescida de juros de mora à razão de 1% ao mês, desde a data da concessão de eventual liminar, ou pagará o total devido, com os juros de mora a contar da citação.

§ 7º Transitada em julgado a sentença, servirá ela de título definitivo para a maioria, que deverá registrá-la no registro de imóveis.

§ 8º A maioria poderá pagar e cobrar da minoria, em execução de sentença, encargos fiscais necessários à adjudicação definitiva a cujo pagamento se recusar a minoria.

Art. 15: 1. v. CPC 318 e segs.

Art. 16. Em caso de sinistro que destrua menos de dois terços da edificação, o síndico promoverá o recebimento do seguro e a reconstrução ou os reparos nas partes danificadas.

Art. 17 (*redação da Lei 6.709, de 31.10.79*). Os condôminos que representem, pelo menos, 2/3 (dois terços) do total de unidades isoladas e frações ideais correspondentes a 80% (oitenta por cento) do terreno e coisas comuns poderão decidir sobre a demolição e reconstrução do prédio, ou sua alienação, por motivos urbanísticos ou arquitetônicos, ou, ainda, no caso de condenação do edifício pela autoridade pública, em razão de sua insegurança ou insalubridade.

§ 1º (*redação da Lei 6.709, de 31.10.79*) A minoria não fica obrigada a contribuir para as obras, mas assegura-se à maioria o direito de adquirir as partes dos dissidentes, mediante avaliação judicial, aplicando-se o processo previsto no art. 15.

§ 2º (*redação da Lei 6.709, de 31.10.79*) Ocorrendo desgaste, pela ação do tempo, das unidades habitacionais de uma edificação, que deprecie seu valor unitário em relação ao valor global do terreno onde se acha construída, os condôminos, pelo *quorum* mínimo de votos que representem 2/3 (dois terços) das unidades isoladas e frações ideais correspondentes a 80% (oitenta por cento) do terreno e coisas comuns, poderão decidir por sua alienação total, procedendo-se em relação à minoria na forma estabelecida no art. 15, e seus parágrafos, desta lei.

§ 3º (*redação da Lei 6.709, de 31.10.79*) Decidida por maioria a alienação do prédio, o valor atribuído à cota dos condôminos vencidos será correspondente ao preço efetivo e, no mínimo, à avaliação prevista no § 2º ou, a critério desses, a imóvel localizado em área próxima ou adjacente com a mesma área útil de construção.

Art. 18 (*redação do Dec. lei 981, de 21.10.69*). A aquisição parcial de uma edificação, ou de um conjunto de edificações, ainda que por força de desapropriação, importará no ingresso do adquirente no condomínio, ficando sujeito às disposições desta lei, bem assim às da convenção do condomínio e do regulamento interno.

Capítulo V	UTILIZAÇÃO DA EDIFICAÇÃO OU DO CONJUNTO DE EDIFICAÇÕES

Art. 19. Cada condômino tem o direito de usar e fruir, com exclusividade, de sua unidade autônoma, segundo suas conveniências e interesses, condicionados, umas e outros, às normas de boa vizinhança, e poderá usar as partes e coisas comuns de maneira a não causar dano ou incômodo aos demais condôminos ou moradores, nem obstáculo ou embaraço ao bom uso das mesmas partes por todos.
Parágrafo único. (VETADO)

Art. 20. Aplicam-se ao ocupante do imóvel, a qualquer título, todas as obrigações referentes ao uso, fruição e destino da unidade.

Art. 21. A violação de qualquer dos deveres estipulados na convenção sujeitará o infrator à multa fixada na própria convenção ou no regimento interno, sem prejuízo da responsabilidade civil ou criminal que, no caso, couber.

Parágrafo único. Compete ao síndico a iniciativa do processo e a cobrança da multa, por via executiva,[1] em benefício do condomínio, e, em caso de omitir-se ele, a qualquer condômino.

Art. 21: 1. v. CPC 784-XII.

Capítulo VI | DA ADMINISTRAÇÃO DO CONDOMÍNIO[1]

CAP. VI: 1. s/ administração do condomínio, v. CC 1.347 e 1.348, bem como respectivas notas.

Art. 22. Será eleito, na forma prevista pela convenção, um síndico do condomínio, cujo mandato não poderá exceder a 2 anos, permitida a reeleição.

§ 1º Compete ao síndico:

a) representar, ativa e passivamente, o condomínio, em juízo ou fora dele, e praticar os atos de defesa dos interesses comuns, nos limites das atribuições conferidas por esta lei ou pela convenção;[1-1a]

b) exercer a administração interna da edificação ou do conjunto de edificações, no que respeita à sua vigilância, moralidade e segurança, bem como aos serviços que interessam a todos os moradores;[1b]

c) praticar os atos que lhe atribuírem as leis, a convenção e o regimento interno;

d) impor as multas estabelecidas na lei, na convenção ou no regimento interno;

e) cumprir e fazer cumprir a convenção e o regimento interno, bem como executar e fazer executar as deliberações da assembleia;

f) prestar contas à assembleia dos condôminos;[1c-1d]

g) (*redação da Lei 6.434, de 15.7.77*) manter guardada durante o prazo de cinco anos, para eventuais necessidades[2] de verificação contábil, toda a documentação relativa ao condomínio.[2a-2b]

§ 2º As funções administrativas podem ser delegadas a pessoas de confiança do síndico, e sob a sua inteira responsabilidade, mediante aprovação da assembleia geral dos condôminos.

§ 3º A convenção poderá estipular que dos atos do síndico caiba recurso para a assembleia, convocada pelo interessado.

§ 4º Ao síndico, que poderá ser condômino ou pessoa física ou jurídica estranha ao condomínio, será fixada a remuneração pela mesma assembleia que o eleger, salvo se a convenção dispuser diferentemente.

§ 5º O síndico poderá ser destituído, pela forma e sob as condições previstas na convenção, ou, no silêncio desta, pelo voto de dois terços dos condôminos, presentes, em assembleia geral especialmente convocada.[3]

§ 6º A convenção poderá prever a eleição de subsíndicos, definindo-lhes atribuições e fixando-lhes o mandato, que não poderá exceder de 2 anos, permitida a reeleição.

Art. 22: 1. v. CC 1.348-II e CPC 75-XI.

Art. 22: 1a. "Para fins de reconhecimento da legitimidade passiva de condomínio para figurar na ação de desapropriação, o art. 22 da Lei 4.591/64 cede lugar ao dispositivo especial da Lei de Desapropriação (art. 16 do Dec. lei 3.565/41)" (RSTJ 152/157).

V. tb. CC 1.348, nota 1b. V. ainda, no CPCLPV, CPC 75, nota 26.

Art. 22: 1b. "No caso, a conduta do zelador do edifício, que há muito prestava serviços ao Condomínio, foi temerária, contudo não era razoável esperar que a síndica pudesse ter antevisto a tragédia e a negligência do preposto, porquanto este, após a pintura, simplesmente 'encostou' a porta do elevador para que se fechasse, sem ao menos aferir se houve o travamento. Embora aconselhável avisar aos moradores a respeito da pintura, foi o fato de a porta do elevador estar destravada que deu causa ao acidente" (STJ-4ª T., REsp 955.464, Min. Luis Felipe, j. 6.12.11, DJ 1.2.12).

Art. 22: 1c. v. nota 2b.

Art. 22: 1d. "O condômino, isoladamente, não possui legitimidade para propor ação de prestação de contas, pois a obrigação do síndico é de prestar contas à assembleia, nos termos do art. 22, § 1º, 'f', da Lei 4.591/1964" (STJ-3ª T., REsp 1.046.652, Min. Ricardo Cueva, j. 16.9.14, DJ 30.9.14).

"As contas do síndico devem ser prestadas perante assembleia especialmente convocada para essa finalidade e, caso não o sejam, é cabível a ação de prestação de contas. A mera entrega de documentos — cujo teor, no caso, sequer é conhecido — feita à administradora do condomínio não isenta o síndico de prestar contas na forma prevista em lei" (STJ-4ª T., Ag em REsp 1.120.189-AgInt, Min. Isabel Gallotti, j. 26.2.19, DJ 6.3.19).

Art. 22: 2. No texto oficial da lei está escrito "necessidade".

Art. 22: 2a. "Ação cautelar de **exibição de documentos.** Condomínio. A legitimidade passiva na ação cautelar de exibição de documentos é do síndico, pois trata-se de obrigação pessoal de guarda de documentos" (STJ-3ª T., Ag em REsp 430.735-AgRg, Min. Ricardo Cueva, j. 16.6.16, DJ 24.6.16).

Art. 22: 2b. "A obrigação constante do art. 22, § 1º, 'g', da Lei 4.591/64 circunscreve-se à obrigação da guarda de documentação pelo síndico — o que fulminaria, sim, uma suposta pretensão de exibição de documentos —, ao passo que a **prestação de contas** poderá ser feita de outras formas, ainda que não se esteja mais na posse desta documentação" (STJ-3ª T., REsp 1.820.603, Min. Nancy Andrighi, j. 10.12.19, DJ 17.12.19).

V. tb., no CPCLPV, CPC 550, nota 12b.

Art. 22: 3. "*Quorum* de 2/3 a que alude o art. 22, § 5º, da Lei n. 4.591/64, que se refere aos condôminos presentes na assembleia (ou regularmente representados) e não à totalidade da massa condominial" (JTJ 348/371: AP 994.02.013986-0).

Art. 23. Será eleito, na forma prevista na convenção, um conselho consultivo, constituído de três condôminos, com mandatos que não poderão exceder de 2 anos, permitida a reeleição.

Parágrafo único. Funcionará o conselho como órgão consultivo do síndico, para assessorá-lo na solução dos problemas que digam respeito ao condomínio, podendo a convenção definir suas atribuições específicas.

Capítulo VII | DA ASSEMBLEIA GERAL[1]

CAP. VII: 1. s/ assembleia geral, v. CC 1.349 a 1.355.

Art. 24. Haverá, anualmente, uma assembleia geral ordinária dos condôminos, convocada pelo síndico na forma prevista na convenção, à qual compete, além das demais matérias inscritas na ordem do dia, aprovar, por maioria dos presentes, as verbas para as despesas de condomínio, compreendendo as de conservação da edificação ou conjunto de edificações, manutenção de seus serviços e correlatas.

§ 1º As decisões da assembleia, tomadas, em cada caso, pelo *quorum* que a convenção fixar, obrigam todos os condôminos.

§ 2º O síndico, nos oito dias subsequentes à assembleia, comunicará aos condôminos o que tiver sido deliberado, inclusive no tocante à previsão orçamentária, o rateio das despesas, e promoverá a arrecadação, tudo na forma que a convenção previr.

§ 3º Nas assembleias gerais, os votos serão proporcionais às frações ideais do terreno e partes comuns, pertencentes a cada condômino, salvo disposição diversa da convenção.

§ 4º (*redação da Lei 9.267, de 25.3.96*) Nas decisões da assembleia que não envolvam despesas extraordinárias do condomínio, o locatário poderá votar, caso o condômino-locador a ela não compareça.

Art. 25. Ressalvado o disposto no § 3º do art. 22, poderá haver assembleias gerais extraordinárias, convocadas pelo síndico ou por condôminos que representem um quarto, no mínimo, do condomínio, sempre que o exigirem os interesses gerais.

Parágrafo único. Salvo estipulação diversa da convenção, esta só poderá ser modificada em assembleia geral extraordinária, pelo voto mínimo de condôminos que representem 2/3 do total das frações ideais.

Art. 26. (VETADO)

Art. 27. Se a assembleia não se reunir para exercer qualquer dos poderes que lhe competem, 15 dias após o pedido de convocação, o juiz decidirá a respeito, mediante requerimento dos interessados.

Título II | DAS INCORPORAÇÕES[1-2]

Capítulo I | DISPOSIÇÕES GERAIS[1]

TÍT. II: 1. "Incorporações imobiliárias. Atualidade do regime jurídico instituído pela Lei n. 4.591/1964", por Humberto Theodoro Jr. (RF 376/81).

TÍT. II: 2. Lei 4.864, de 29.11.65, art. 9º: "As disposições dos arts. 28 e seguintes, da Lei n. 4.591, de 16 de dezembro de 1964, não se aplicam às incorporações iniciadas antes de 10 de março de 1965.

"§ 1º Caracteriza o início da incorporação, para o efeito deste artigo, a venda, promessa de venda, cessão ou promessa de cessão de cota ideal de terreno vinculada a projeto de construção, ou o contrato de construção assinado pelo incorporador, ou por adquirente.

"§ 2º Os instrumentos de contrato referidos no parágrafo anterior somente farão prova de início da execução da incorporação, quando o respectivo imposto do selo tiver sido pago antes da data desta lei".

CAP. I: 1. Comissão de Representantes: arts. 50 e 61.

Art. 28. As incorporações imobiliárias, em todo o território nacional, reger-se-ão pela presente lei.

Parágrafo único. Para efeito desta lei, considera-se incorporação imobiliária a atividade exercida com o intuito de promover e realizar a construção, para alienação total ou parcial, de edificações ou conjunto de edificações compostas de unidades autônomas (VETADO).

Art. 29. Considera-se incorporador a pessoa física ou jurídica, comerciante ou não, que, embora não efetuando a construção, compromisse ou efetive a venda de frações ideais de terreno objetivando a vinculação de tais frações a unidades autônomas, (VETADO) em edificações a serem construídas ou em construção sob regime condominial, ou que meramente aceita propostas para efetivação de tais transações, coordenando e levando a termo a incorporação e responsabilizando-se, conforme o caso, pela entrega, a certo prazo, preço e determinadas condições, das obras concluídas.

Parágrafo único. Presume-se a vinculação entre a alienação das frações do terreno e o negócio de construção, se, ao ser contratada a venda, ou promessa de venda ou de cessão das frações de terreno, já houver sido aprovado e estiver em vigor, ou pender de aprovação de autoridade administrativa, o respectivo projeto de construção, respondendo o alienante como incorporador.

Art. 30. Estende-se a condição de incorporador aos proprietários e titulares de direitos aquisitivos que contratem a construção de edifícios que se destinem a constituição em condomínio, sempre que iniciarem as alienações antes da conclusão das obras.

Art. 31. A iniciativa e a responsabilidade das incorporações imobiliárias caberão ao incorporador, que somente poderá ser:

a) o proprietário do terreno, o promitente comprador, o cessionário deste ou promitente cessionário com título que satisfaça os requisitos da alínea *a* do art. 32;

b) o construtor (Decretos ns. 23.569, de 11.12.33, e 3.995, de 31.12.41, e Decreto-lei n. 8.620, de 10.1.46)[1] ou corretor de imóveis (Lei n. 4.116, de 27.8.62);[2]

c) (*redação da Lei 12.424, de 16.6.11*) o ente da Federação imitido na posse a partir de decisão proferida em processo judicial de desapropriação em curso ou o cessionário deste, conforme comprovado mediante registro no registro de imóveis competente.

§ 1º No caso da alínea *b*, o incorporador será investido, pelo proprietário de terreno, o promitente comprador e cessionário deste ou o promitente cessionário, de mandato outorgado por instrumento público, onde se faça menção expressa desta lei e se transcreva o disposto no § 4º, do art. 35, para concluir todos os negócios tendentes à alienação das frações ideais do terreno, mas se obrigará pessoalmente pelos atos que praticar na qualidade de incorporador.

§ 2º Nenhuma incorporação poderá ser proposta à venda sem a indicação expressa do incorporador, devendo também seu nome permanecer indicado ostensivamente no local da construção.

§ 3º Toda e qualquer incorporação, independentemente da forma por que seja constituída, terá um ou mais incorporadores solidariamente responsáveis,[3] ainda que em fase subordinada a período de carência, referido no art. 34.

Art. 31: 1. O Dec. 23.569, de 11.12.33, o Dec. lei 3.995, de 31.12.41, e o Dec. lei 8.620, de 10.1.46, estão implicitamente revogados pela **Lei 5.194, de 24.12.66** — Regula o exercício das profissões de engenheiro, arquiteto e engenheiro agrônomo, e dá outras providências (Lex 1966/1.990 e 1967/1.201, p. vets., porém mantidas), que, em seu art. 7º, alíneas *e, f, g*, e em seu art. 9º, dispõe s/ a construção por engenheiro, arquiteto ou empresas de construção.

Art. 31: 2. A Lei 4.116, de 27.8.62, foi revogada e substituída pela **Lei 6.530, de 12.5.78** — Dá nova regulamentação à profissão de corretor de imóveis, disciplina o funcionamento de seus órgãos de fiscalização e dá outras providências (Lex 1978/373 e 1979/283, ret.).

Art. 31: 3. v. CC 275 a 285. V. tb. CC 618, nota 2c.

Capítulo I-A[1 a 2] | DO PATRIMÔNIO DE AFETAÇÃO

CAP. I-A: 1. O Capítulo I-A foi introduzido pela Lei 10.931, de 2.8.04.

CAP. I-A: 1a. s/ distrato ou resolução da compra e venda do imóvel, v. art. 67-A, especialmente § 5º.

✎ **CAP. I-A: 2.** "Patrimônio de afetação na incorporação imobiliária", por Cláudia Fonseca Tutikian (RSDCPC 31/46); "Incorporação imobiliária, patrimônio de afetação e garantia dos imóveis", por Cláudia Fonseca Tutikian (RIDCPC 49/112).

Art. 31-A (*redação da Lei 10.931, de 2.8.04*). A critério do incorporador, a incorporação poderá ser submetida ao regime da afetação, pelo qual o terreno e as acessões objeto de incorporação imobiliária, bem como os demais bens e direitos a ela vinculados, manter-se-ão apartados do patrimônio do incorporador e constituirão patrimônio de afetação, destinado à consecução da incorporação correspondente e à entrega das unidades imobiliárias aos respectivos adquirentes.

§ 1º (*redação da Lei 10.931, de 2.8.04*) O patrimônio de afetação não se comunica com os demais bens, direitos e obrigações do patrimônio geral do incorporador ou de outros patrimônios de afetação por ele constituídos e só responde por dívidas e obrigações vinculadas à incorporação respectiva.

§ 2º (*redação da Lei 10.931, de 2.8.04*) O incorporador responde pelos prejuízos que causar ao patrimônio de afetação.

§ 3º (*redação da Lei 10.931, de 2.8.04*) Os bens e direitos integrantes do patrimônio de afetação somente poderão ser objeto de garantia real em operação de crédito cujo produto seja integralmente destinado à consecução da edificação correspondente e à entrega das unidades imobiliárias aos respectivos adquirentes.

§ 4º (*redação da Lei 10.931, de 2.8.04*) No caso de cessão, plena ou fiduciária, de direitos creditórios oriundos da comercialização das unidades imobiliárias componentes da incorporação, o produto da cessão também passará a integrar o patrimônio de afetação, observado o disposto no § 6º.

§ 5º (*redação da Lei 10.931, de 2.8.04*) As quotas de construção correspondentes a acessões vinculadas a frações ideais serão pagas pelo incorporador até que a responsabilidade pela sua construção tenha sido assumida por terceiros, nos termos da parte final do § 6º do art. 35.

§ 6º (*redação da Lei 10.931, de 2.8.04*) Os recursos financeiros integrantes do patrimônio de afetação serão utilizados para pagamento ou reembolso das despesas inerentes à incorporação.

§ 7º (*redação da Lei 10.931, de 2.8.04*) O reembolso do preço de aquisição do terreno somente poderá ser feito quando da alienação das unidades autônomas, na proporção das respectivas frações ideais, considerando-se tão somente os valores efetivamente recebidos pela alienação.

§ 8º (*redação da Lei 10.931, de 2.8.04*) Excluem-se do patrimônio de afetação:
I — os recursos financeiros que excederem a importância necessária à conclusão da obra (art. 44), considerando-se os valores a receber até sua conclusão e, bem assim, os recursos necessários à quitação de financiamento para a construção, se houver; e
II — o valor referente ao preço de alienação da fração ideal de terreno de cada unidade vendida, no caso de incorporação em que a construção seja contratada sob o regime por empreitada (art. 55) ou por administração (art. 58).

§ 9º (*redação da Lei 10.931, de 2.8.04*) No caso de conjuntos de edificações de que trata o art. 8º, poderão ser constituídos patrimônios de afetação separados, tantos quantos forem os:
I — subconjuntos de casas para as quais esteja prevista a mesma data de conclusão (art. 8º, alínea *a*); e
II — edifícios de dois ou mais pavimentos (art. 8º, alínea *b*).

§ 10 (*redação da Lei 10.931, de 2.8.04*). A constituição de patrimônios de afetação separados de que trata o § 9º deverá estar declarada no memorial de incorporação.

§ 11 (*redação da Lei 10.931, de 2.8.04*). Nas incorporações objeto de financiamento, a comercialização das unidades deverá contar com a anuência da instituição financiadora ou deverá ser a ela cientificada, conforme vier a ser estabelecido no contrato de financiamento.

§ 12 (*redação da Lei 10.931, de 2.8.04*). A contratação de financiamento e constituição de garantias,[1] inclusive mediante transmissão, para o credor, da propriedade fiduciária sobre as unidades imobiliárias integrantes da incorporação, bem como a cessão, plena ou fiduciária, de direitos creditórios decorrentes da comercialização dessas unidades, não implicam a transferência para o credor de nenhuma das obrigações ou responsabilidades do cedente, do incorporador ou do construtor, permanecendo estes como únicos responsáveis pelas obrigações e pelos deveres que lhes são imputáveis.

Art. 31-A: 1. Súmula 308 do STJ: "A hipoteca firmada entre a construtora e o agente financeiro, anterior ou posterior à celebração da promessa de compra e venda, não tem eficácia perante os adquirentes do imóvel" (v. jurisprudência s/ esta Súmula em RSTJ 190/645).

No mesmo sentido, em matéria de alienação fiduciária firmada entre a construtora e o agente financeiro: STJ-3ª T., REsp 1.576.164, Min. Nancy Andrighi, j. 14.5.19, DJ 23.5.19.

"Pacificou-se na Segunda Seção não prevalecer, em relação aos compradores, a hipoteca instituída pela construtora ou incorporadora de imóvel junto ao agente financeiro, no âmbito do Sistema Financeiro da Habitação. Destarte, o adquirente da unidade habitacional responde, tão somente, pelo pagamento do seu débito" (STJ-2ª Seção, ED no REsp 415.667, Min. Castro Filho, j. 26.5.04, DJ 21.6.04). Ainda: "O promissário comprador de unidade habitacional pelo S.F.H. somente é responsável pelo pagamento integral da dívida relativa ao imóvel que adquiriu, não podendo sofrer constrição patrimonial em razão do inadimplemento da empresa construtora perante o financiador do empreendimento" (STJ-2ª Seção, ED no REsp 187.940, rel. Min. Pádua Ribeiro, j. 22.9.04, DJ 29.11.04).

"A mera existência de compensação como forma de pagamento de parcela significativa do preço não é suficiente para afastar a incidência da Súmula 308/STJ" (STJ-3ª T., REsp 1.592.489, Min. Marco Bellizze, j. 18.6.19, DJ 28.6.19).

Todavia: "A Súmula 308/STJ não se aplica aos contratos de aquisição de imóveis comerciais, incidindo apenas nos contratos submetidos ao Sistema Financeiro de Habitação — SFH, em que a hipoteca recai sobre imóvel residencial. É válida a hipoteca outorgada pela construtora ao agente financiador quando firmada anteriormente à celebração da promessa de compra e venda de imóvel comercial" (STJ-4ª T., REsp 1.702.163-AgInt, Min. Antonio Ferreira, j. 15.10.19, DJ 6.11.19).

Mas: "Compromisso de compra e venda de imóvel comercial. Hipoteca firmada entre a construtora e o agente financeiro posteriormente à avença. A hipoteca outorgada pela construtora ao agente financiador em data posterior à celebração da promessa de compra e venda não tem eficácia em relação ao promissário-comprador" (STJ-4ª T., REsp 1.702.181-AgInt, Min. Raul Araújo, j. 15.10.19, DJ 6.11.19).

V. Lei 4.864/65, art. 22.

Art. 31-B (*redação da Lei 10.931, de 2.8.04*). Considera-se constituído o patrimônio de afetação mediante averbação, a qualquer tempo, no Registro de Imóveis, de termo firmado pelo incorporador e, quando for o caso, também pelos titulares de direitos reais de aquisição sobre o terreno.[1]

Parágrafo único (*redação da Lei 10.931, de 2.8.04*). A averbação não será obstada pela existência de ônus reais que tenham sido constituídos sobre o imóvel objeto da incorporação para garantia do pagamento do preço de sua aquisição ou do cumprimento de obrigação de construir o empreendimento.

Art. 31-B: 1. Enunciado 323 do CEJ: "É dispensável a anuência dos adquirentes de unidades imobiliárias no 'termo de afetação' da incorporação imobiliária".

Enunciado 324 do CEJ: "É possível a averbação do termo de afetação de incorporação imobiliária (Lei n. 4.591/64, art. 31-B) a qualquer tempo, na matrícula do terreno, mesmo antes do registro do respectivo Memorial de Incorporação no Registro de Imóveis".

Art. 31-C (*redação da Lei 10.931, de 2.8.04*). A Comissão de Representantes e a instituição financiadora da construção poderão nomear, às suas expensas, pessoa física ou jurídica para fiscalizar e acompanhar o patrimônio de afetação.

§ 1º (*redação da Lei 10.931, de 2.8.04*) A nomeação a que se refere o *caput* não transfere para o nomeante qualquer responsabilidade pela qualidade da obra, pelo prazo de entrega do imóvel ou por qualquer outra obrigação decorrente da responsabilidade do incorporador ou do construtor, seja legal ou a oriunda dos contratos de alienação das unidades imobiliárias, de construção e de outros contratos eventualmente vinculados à incorporação.

§ 2º (*redação da Lei 10.931, de 2.8.04*) A pessoa que, em decorrência do exercício da fiscalização de que trata o *caput* deste artigo, obtiver acesso às informações comerciais, tributárias e de qualquer outra natureza referentes ao patrimônio afetado responderá pela falta de zelo, dedicação e sigilo destas informações.

§ 3º (*redação da Lei 10.931, de 2.8.04*) A pessoa nomeada pela instituição financiadora deverá fornecer cópia de seu relatório ou parecer à Comissão de Representantes, a requerimento desta, não constituindo esse fornecimento quebra de sigilo de que trata o § 2º deste artigo.

Art. 31-D (*redação da Lei 10.931, de 2.8.04*). Incumbe ao incorporador:

I — promover todos os atos necessários à boa administração e à preservação do patrimônio de afetação, inclusive mediante adoção de medidas judiciais;
II — manter apartados os bens e direitos objeto de cada incorporação;
III — diligenciar a captação dos recursos necessários à incorporação e aplicá-los na forma prevista nesta Lei, cuidando de preservar os recursos necessários à conclusão da obra;
IV — entregar à Comissão de Representantes, no mínimo a cada três meses, demonstrativo do estado da obra e de sua correspondência com o prazo pactuado ou com os recursos financeiros que integram o patrimônio de afetação recebidos no período, firmados por profissionais habilitados, ressalvadas eventuais modificações sugeridas pelo incorporador e aprovadas pela Comissão de Representantes;
V — manter e movimentar os recursos financeiros do patrimônio de afetação em conta de depósito aberta especificamente para tal fim;
VI — entregar à Comissão de Representantes balancetes coincidentes com o trimestre civil, relativos a cada patrimônio de afetação;
VII — assegurar à pessoa nomeada nos termos do art. 31-C o livre acesso à obra, bem como aos livros, contratos, movimentação da conta de depósito exclusiva referida no inciso V deste artigo e quaisquer outros documentos relativos ao patrimônio de afetação; e
VIII — manter escrituração contábil completa, ainda que esteja desobrigado pela legislação tributária.

Art. 31-E (*redação da Lei 10.931, de 2.8.04*). O patrimônio de afetação extinguir-se-á pela:

I — averbação da construção, registro dos títulos de domínio ou de direito de aquisição em nome dos respectivos adquirentes e, quando for o caso, extinção das obrigações do incorporador perante a instituição financiadora do empreendimento;

II — revogação em razão de denúncia da incorporação, depois de restituídas aos adquirentes as quantias por eles pagas (art. 36), ou de outras hipóteses previstas em lei; e

III — liquidação deliberada pela assembleia geral nos termos do art. 31-F, § 1º.

§ 1º (*redação da Lei 14.382, de 27.6.22*) Na hipótese prevista no inciso I do *caput* deste artigo, uma vez averbada a construção, o registro de cada contrato de compra e venda ou de promessa de venda, acompanhado do respectivo termo de quitação da instituição financiadora da construção, importará a extinção automática do patrimônio de afetação em relação à respectiva unidade, sem necessidade de averbação específica.

§ 2º (*redação da Lei 14.382, de 27.6.22*) Por ocasião da extinção integral das obrigações do incorporador perante a instituição financiadora do empreendimento e após a averbação da construção, a afetação das unidades não negociadas será cancelada mediante averbação, sem conteúdo financeiro, do respectivo termo de quitação na matrícula matriz do empreendimento ou nas respectivas matrículas das unidades imobiliárias eventualmente abertas.

§ 3º (*redação da Lei 14.382, de 27.6.22*) A extinção no patrimônio de afetação nas hipóteses do inciso I do *caput* e do § 1º deste artigo não implica a extinção do regime de tributação instituído pelo art. 1º da Lei n. 10.931, de 2 de agosto de 2004.

§ 4º (*redação da Lei 14.382, de 27.6.22*) Após a denúncia da incorporação, proceder-se-á ao cancelamento do patrimônio de afetação, mediante o cumprimento das obrigações previstas neste artigo, no art. 34 desta Lei e nas demais disposições legais.

Art. 31-F (*redação da Lei 10.931, de 2.8.04*). Os efeitos da decretação da falência ou da insolvência civil do incorporador não atingem os patrimônios de afetação constituídos, não integrando a massa concursal o terreno, as acessões e demais bens, direitos creditórios, obrigações e encargos objeto da incorporação.[1]

§ 1º (*redação da Lei 10.931, de 2.8.04*) Nos sessenta dias que se seguirem à decretação da falência[1a] ou da insolvência civil[2] do incorporador, o condomínio dos adquirentes, por convocação da sua Comissão de Representantes ou, na sua falta, de um sexto dos titulares de frações ideais, ou, ainda, por determinação do juiz prolator da decisão, realizará assembleia geral, na qual, por maioria simples, ratificará o mandato da Comissão de Representantes ou elegerá novos membros, e, em primeira convocação, por dois terços dos votos dos adquirentes ou, em segunda convocação, pela maioria absoluta desses votos, instituirá o condomínio da construção, por instrumento público ou particular, e deliberará sobre os termos da continuação da obra ou da liquidação do patrimônio de afetação (art. 43, inciso III); havendo financiamento para construção, a convocação poderá ser feita pela instituição financiadora.

§ 2º (*redação da Lei 10.931, de 2.8.04*) O disposto no § 1º aplica-se também à hipótese de paralisação das obras prevista no art. 43, inciso VI.

§ 3º (*redação da Lei 10.931, de 2.8.04*) Na hipótese de que tratam os §§ 1º e 2º, a Comissão de Representantes ficará investida de mandato irrevogável para firmar com os adquirentes das unidades autônomas o contrato definitivo a que estiverem obrigados o incorporador, o titular do domínio e o titular dos direitos aquisitivos do imóvel objeto da incorporação em decorrência de contratos preliminares.

§ 4º (*redação da Lei 10.931, de 2.8.04*) O mandato a que se refere o § 3º será válido mesmo depois de concluída a obra.

§ 5º (*redação da Lei 10.931, de 2.8.04*) O mandato outorgado à Comissão de Representantes confere poderes para transmitir domínio, direito, posse e ação, manifestar a responsabilidade do alienante pela evicção e imitir os adquirentes na posse das unidades respectivas.

§ 6º (*redação da Lei 10.931, de 2.8.04*) Os contratos definitivos serão celebrados mesmo com os adquirentes que tenham obrigações a cumprir perante o incorporador ou a instituição financiadora, desde que comprovadamente adimplentes, situação em que a outorga do contrato fica condicionada à constituição de garantia real sobre o imóvel, para assegurar o pagamento do débito remanescente.

§ 7º (*redação da Lei 10.931, de 2.8.04*) Ainda na hipótese dos §§ 1º e 2º, a Comissão de Representantes ficará investida de mandato irrevogável para, em nome dos adquirentes, e em cumprimento da decisão da assembleia geral que deliberar pela liquidação do patrimônio de afetação, efetivar a alienação do terreno e das acessões, transmitindo posse, direito, domínio e ação, manifestar a responsabilidade pela evicção, imitir os futuros adquirentes na posse do terreno e das acessões.

§ 8º (*redação da Lei 10.931, de 2.8.04*) Na hipótese do § 7º, será firmado o respectivo contrato de venda, promessa de venda ou outra modalidade de contrato compatível com os direitos objeto da transmissão.

§ 9º (*redação da Lei 10.931, de 2.8.04*) A Comissão de Representantes cumprirá o mandato nos termos e nos limites estabelecidos pela deliberação da assembleia geral e prestará contas aos adquirentes, entregando-lhes o produto líquido da alienação, no prazo de cinco dias da data em que tiver recebido o preço ou cada parcela do preço.

§ 10 (*redação da Lei 10.931, de 2.8.04*). Os valores pertencentes aos adquirentes não localizados deverão ser depositados em Juízo pela Comissão de Representantes.

§ 11 (*redação da Lei 10.931, de 2.8.04*). Caso decidam pela continuação da obra, os adquirentes ficarão automaticamente sub-rogados nos direitos, nas obrigações e nos encargos relativos à incorporação, inclusive aqueles relativos ao contrato de financiamento da obra, se houver.

§ 12 (*redação da Lei 10.931, de 2.8.04*). Para os efeitos do § 11 deste artigo, cada adquirente responderá individualmente pelo saldo porventura existente entre as receitas do empreendimento e o custo da conclusão da incorporação na proporção dos coeficientes de construção atribuíveis às respectivas unidades, se outro critério de rateio não for deliberado em assembleia geral por dois terços dos votos dos adquirentes, observado o seguinte:

I — os saldos dos preços das frações ideais e acessões integrantes da incorporação que não tenham sido pagos ao incorporador até a data da decretação da falência ou da insolvência civil passarão a ser pagos à Comissão de Representantes, permanecendo o somatório desses recursos submetido à afetação, nos termos do art. 31-A, até o limite necessário à conclusão da incorporação;

II — para cumprimento do seu encargo de administradora da incorporação, a Comissão de Representantes fica investida de mandato legal, em caráter irrevogável, para, em nome do incorporador ou do condomínio de construção, conforme o caso, receber as parcelas do saldo do preço e dar quitação, bem como promover as medidas extrajudiciais ou judiciais necessárias a esse recebimento, praticando todos os atos relativos ao leilão de que trata o art. 63 ou os atos relativos à consolidação da propriedade e ao leilão de que tratam os arts. 26 e 27 da Lei n. 9.514, de 20 de novembro de 1997, devendo realizar a garantia e aplicar na incorporação todo o produto do recebimento do saldo do preço e do leilão;

III — consideram-se receitas do empreendimento os valores das parcelas a receber, vincendas e vencidas e ainda não pagas, de cada adquirente, correspondentes ao preço de aquisição das respectivas unidades ou do preço de custeio de construção, bem como os recursos disponíveis afetados; e

IV — compreendem-se no custo de conclusão da incorporação todo o custeio da construção do edifício e a averbação da construção das edificações para efeito de individualização e discriminação das unidades, nos termos do art. 44.

§ 13 (redação da Lei 10.931, de 2.8.04). Havendo saldo positivo entre as receitas da incorporação e o custo da conclusão da incorporação, o valor correspondente a esse saldo deverá ser entregue à massa falida pela Comissão de Representantes.

§ 14 (redação da Lei 10.931, de 2.8.04). Para assegurar as medidas necessárias ao prosseguimento das obras ou à liquidação do patrimônio de afetação, a Comissão de Representantes, no prazo de sessenta dias, a contar da data de realização da assembleia geral de que trata o § 1º, promoverá, em leilão público, com observância dos critérios estabelecidos pelo art. 63, a venda das frações ideais e respectivas acessões que, até a data da decretação da falência ou insolvência não tiverem sido alienadas pelo incorporador.

§ 15 (redação da Lei 10.931, de 2.8.04). Na hipótese de que trata o § 14, o arrematante ficará sub-rogado, na proporção atribuível à fração e acessões adquiridas, nos direitos e nas obrigações relativas ao empreendimento, inclusive nas obrigações de eventual financiamento, e, em se tratando da hipótese do art. 39 desta Lei, nas obrigações perante o proprietário do terreno.

§ 16 (redação da Lei 10.931, de 2.8.04). Dos documentos para anúncio da venda de que trata o § 14 e, bem assim, o inciso III do art. 43, constarão o valor das acessões não pagas pelo incorporador (art. 35, § 6º) e o preço da fração ideal do terreno e das acessões (arts. 40 e 41).

§ 17 (redação da Lei 10.931, de 2.8.04). No processo de venda de que trata o § 14, serão asseguradas, sucessivamente, em igualdade de condições com terceiros:

I — ao proprietário do terreno, nas hipóteses em que este seja pessoa distinta da pessoa do incorporador, a preferência para aquisição das acessões vinculadas à fração objeto da venda, a ser exercida nas vinte e quatro horas seguintes à data designada para a venda; e

II — ao condomínio, caso não exercida a preferência de que trata o inciso I, ou caso não haja licitantes, a preferência para aquisição da fração ideal e acessões, desde que deliberada em assembleia geral, pelo voto da maioria simples dos adquirentes presentes, e exercida no prazo de quarenta e oito horas a contar da data designada para a venda.

§ 18 (redação da Lei 10.931, de 2.8.04). Realizada a venda prevista no § 14, incumbirá à Comissão de Representantes, sucessivamente, nos cinco dias que se seguirem ao recebimento do preço:

I — pagar as obrigações trabalhistas, previdenciárias e tributárias, vinculadas ao respectivo patrimônio de afetação, observada a ordem de preferência prevista na legislação, em especial o disposto no art. 186 do Código Tributário Nacional;

II — reembolsar aos adquirentes as quantias que tenham adiantado, com recursos próprios, para pagamento das obrigações referidas no inciso I;

III — reembolsar à instituição financiadora a quantia que esta tiver entregue para a construção, salvo se outra forma for convencionada entre as partes interessadas;

IV — entregar ao condomínio o valor que este tiver desembolsado para construção das acessões de responsabilidade do incorporador (§ 6º do art. 35 e § 5º do art. 31-A), na proporção do valor obtido na venda;

V — entregar ao proprietário do terreno, nas hipóteses em que este seja pessoa distinta da pessoa do incorporador, o valor apurado na venda, em proporção ao valor atribuído à fração ideal; e

VI — entregar à massa falida o saldo que porventura remanescer.

§ 19 (*redação da Lei 10.931, de 2.8.04*). O incorporador deve assegurar à pessoa nomeada nos termos do art. 31-C, o acesso a todas as informações necessárias à verificação do montante das obrigações referidas no § 12, inciso I, do art. 31-F vinculadas ao respectivo patrimônio de afetação.

§ 20 (*redação da Lei 10.931, de 2.8.04*). Ficam excluídas da responsabilidade dos adquirentes as obrigações relativas, de maneira direta ou indireta, ao imposto de renda e à contribuição social sobre o lucro, devidas pela pessoa jurídica do incorporador, inclusive por equiparação, bem como as obrigações oriundas de outras atividades do incorporador não relacionadas diretamente com as incorporações objeto de afetação.

Art. 31-F: 1. "As sociedades de propósito específico que atuam na atividade de incorporação imobiliária e administram **patrimônio de afetação** estão submetidas a regime de incomunicabilidade, criado pela Lei de Incorporações, em que os créditos oriundos dos contratos de alienação das unidades imobiliárias, assim como as obrigações vinculadas à atividade de construção e entrega dos referidos imóveis, são insuscetíveis de novação, sendo, portanto, **incompatível com** o regime da **recuperação judicial**" (STJ-3ª T., REsp 1.978.444, Min. Ricardo Cueva, j. 22.11.22, DJ 29.11.22).

Todavia: "As sociedades de propósito específico que não administram patrimônio de afetação podem se valer dos benefícios da recuperação judicial, desde que não utilizem a consolidação substancial como forma de soerguimento e a incorporadora não tenha sido destituída pelos adquirentes na forma do art. 43, VI, da Lei 4.591/1964" (STJ-3ª T., REsp 2.011.970, Min. Ricardo Cueva, j. 22.11.22, DJ 29.11.22).

Art. 31-F: 1a. LRF 119: "Nas relações contratuais a seguir mencionadas prevalecerão as seguintes regras: ... **IX** — os patrimônios de afetação, constituídos para cumprimento de destinação específica, obedecerão ao disposto na legislação respectiva, permanecendo seus bens, direitos e obrigações separados dos do falido até o advento do respectivo termo ou até o cumprimento de sua finalidade, ocasião em que o administrador judicial arrecadará o saldo a favor da massa falida ou inscreverá na classe própria o crédito que contra ela remanescer".

Art. 31-F: 2. s/ insolvência civil, v. CPC/73 arts. 748 e segs.

Capítulo II | DAS OBRIGAÇÕES E DIREITOS DO INCORPORADOR

Art. 32 (*redação da Lei 14.382, de 27.6.22*). O incorporador somente poderá alienar ou onerar as frações ideais de terrenos e acessões que corresponderão às futuras unidades autônomas após o registro, no registro de imóveis competente, do memorial de incorporação composto pelos seguintes documentos:[1 a 1b]

a) título de propriedade de terreno, ou de promessa, irrevogável e irretratável, de compra e venda ou de cessão de direitos ou de permuta, do qual conste cláusula de imissão na posse do imóvel, não haja estipulações impeditivas de sua alienação em frações ideais e inclua para consentimento para demolição e construção, devidamente registrado;

b) certidões negativas de impostos federais, estaduais e municipais, de protesto de títulos, de ações cíveis e criminais e de ônus reais relativamente ao imóvel, aos alienantes do terreno e ao incorporador;

c) histórico dos títulos de propriedade do imóvel, abrangendo os últimos 20 anos, acompanhado de certidão dos respectivos registros;

d) projeto de construção devidamente aprovado pelas autoridades competentes;

e) cálculo das áreas das edificações, discriminando, além da global, a das partes comuns, e indicando, para cada tipo de unidade, a respectiva metragem de área construída;[2]

f) certidão negativa de débito para com a Previdência Social, quando o titular de direitos sobre o terreno for responsável pela arrecadação das respectivas contribuições;

g) memorial descritivo das especificações da obra projetada, segundo modelo a que se refere o inciso IV, do art. 53, desta lei;

h) avaliação do custo global da obra,[3] atualizada à data do arquivamento, calculada de acordo com a norma do inciso III, do art. 53, com base nos custos unitários referidos no art. 54, discriminando-se, também, o custo de construção de cada unidade, devidamente autenticada pelo profissional responsável pela obra;

i) (*redação da Lei 14.382, de 27.6.22*) instrumento de divisão do terreno em frações ideais autônomas que contenham a sua discriminação e a descrição, a caracterização e a destinação das futuras unidades e partes comuns que a elas acederão;

j) (*redação da Lei 14.382, de 27.6.22*) minuta de convenção de condomínio que disciplinará o uso das futuras unidades e partes comuns do conjunto imobiliário;

l) declaração em que se defina a parcela do preço de que trata o inciso II, do art. 39;

m) certidão do instrumento público de mandato, referido no § 1º do art. 31;

n) declaração expressa em que se fixe, se houver, o prazo de carência (art. 34);

o) (*revogada pela Lei 14.382, de 27.6.22*);

p) (*redação da Lei 4.864, de 29.11.65*) declaração, acompanhada de plantas elucidativas, sobre o número de veículos que a garagem comporta e os locais destinados à guarda dos mesmos.

§ 1º A documentação referida neste artigo, após o exame do oficial de registro de imóveis, será arquivada em cartório, fazendo-se o competente registro.

§ 1º-A (*redação da Lei 14.382, de 27.6.22*) O registro do memorial de incorporação sujeita as frações do terreno e as respectivas acessões a regime condominial especial, investe o incorporador e os futuros adquirentes na faculdade de sua livre disposição ou oneração e independe de anuência dos demais condôminos.

§ 2º (*redação da Lei 10.931, de 2.8.04*) Os contratos de compra e venda, promessa de venda, cessão ou promessa de cessão de unidades autônomas são irretratáveis e, uma vez registrados, conferem direito real oponível a terceiros, atribuindo direito a adjudicação compulsória perante o incorporador ou a quem o suceder, inclusive na hipótese de insolvência posterior ao término da obra.

§ 3º O número do registro referido no § 1º, bem como a indicação do cartório competente, constará, obrigatoriamente, dos anúncios, impressos, publicações, propostas, contratos, preliminares ou definitivos, referentes à incorporação, salvo dos anúncios "classificados".[4]

§ 4º O registro de imóveis dará certidão ou fornecerá, a quem o solicitar, cópia fotostática, heliográfica, termofax, microfilmagem ou outra equivalente, dos documentos especificados neste artigo, ou autenticará cópia apresentada pela parte interessada.

§ 5º A existência de ônus fiscais ou reais, salvo os impeditivos de alienação, não impedem[5] o registro, que será feito com as devidas ressalvas, mencionando-se, em todos os documentos, extraídos do registro, a existência e a extensão dos ônus.

§ 6º (*redação da Lei 14.382, de 27.6.22*) Os oficiais do registro de imóveis terão 10 (dez) dias úteis para apresentar, por escrito, todas as exigências que julgarem necessárias ao registro e, satisfeitas as referidas exigências, terão o prazo de 10 (dez) dias úteis para fornecer certidão e devolver a segunda via autenticada da documentação, quando apresentada por meio físico, com exceção dos documentos públicos, e caberá ao oficial, em caso de divergência, suscitar a dúvida,[6] segundo as normas processuais aplicáveis.

§ 7º O oficial do registro de imóveis responde, civil e criminalmente, se efetuar o arquivamento de documentação contraveniente à lei ou der certidão ... (VETADO) ... sem o arquivamento de todos os documentos exigidos.

§ 8º (*redação da Lei 4.864, de 29.11.65*) O oficial do registro de imóveis que não observar os prazos previstos no § 6º ficará sujeito a penalidade imposta pela autoridade judiciária competente em montante igual ao dos emolumentos devidos pelo registro de que trata este artigo, aplicável por quinzena ou fração de quinzena de superação de cada um daqueles prazos.

§ 9º (*redação da Lei 4.864, de 29.11.65*) O oficial do registro de imóveis não responde pela exatidão dos documentos que lhe forem apresentados para arquivamento em obediência ao disposto nas alíneas *e*, *g*, *h*, *l* e *p* deste artigo, desde que assinados pelo profissional responsável pela obra.

§ 10 (*redação da Lei 4.864, de 29.11.65*). As plantas do projeto aprovado (alínea *d* deste artigo) poderão ser apresentadas em cópia autenticada pelo profissional responsável pela obra, acompanhada de cópia de licença de construção.

§ 11 (*redação da Lei 4.864, de 29.11.65*). Até 30 de junho de 1966, se, dentro de 15 (quinze) dias da entrega ao cartório do registro de imóveis da documentação completa prevista neste artigo, feita por carta enviada pelo ofício de títulos e documentos, não tiver o cartório de imóveis entregue a certidão de arquivamento e registro, nem formulado, por escrito, as exigências previstas no § 6º, considerar-se-á de pleno direito completado o registro provisório.

§ 12 (*redação da Lei 4.864, de 29.11.65*). O registro provisório previsto no parágrafo anterior autoriza o incorporador a negociar as unidades da incorporação, indicando na sua publicação o número do registro de títulos e documentos referente à remessa dos documentos ao cartório de imóveis, sem prejuízo, todavia, da sua responsabilidade perante o adquirente da unidade e da obrigação de satisfazer as exigências posteriormente formuladas pelo cartório, bem como de completar o registro definitivo.

§ 13 (*redação da Lei 12.424, de 16.6.11*) Na incorporação sobre imóvel objeto de imissão na posse registrada conforme item 36 do inciso I do art. 167 da Lei n. 6.015, de 31 de dezembro de 1973,[7] fica dispensada a apresentação, relativamente ao ente público, dos documentos mencionados nas alíneas *a*, *b*, *c*, *f* e *o* deste artigo, devendo o incorporador celebrar contrato de cessão de posse com os adquirentes das unidades autônomas, aplicando-se a regra prevista nos §§ 4º, 5º e 6º do art. 26 da Lei n. 6.766, de 19 de dezembro de 1979.[8]

§ 14 (*redação da Lei 14.382, de 27.6.22*). Quando demonstrar de modo suficiente o estado do processo e a repercussão econômica do litígio, a certidão esclarecedora de ação cível ou penal poderá ser substituída por impressão do andamento do processo digital.

§ 15 (*redação da Lei 14.382, de 27.6.22*). O registro do memorial de incorporação e da instituição do condomínio sobre as frações ideais constitui ato registral único.

Art. 32: 1. v. LRP 167-I-17.

Art. 32: 1a. "A ausência de registro da incorporação não importa, automaticamente, na nulidade dos contratos de promessa de compra e venda, restando, de outra parte, inviabilizada a pretensão rescisória da avença se antes do ajuizamento da ação e citação, a irregularidade resta sanada" (STJ-4ª T., REsp 281.684, Min. Aldir Passarinho Jr., j. 12.6.07, DJU 6.8.07).

"O promitente comprador poderá pleitear a rescisão, assim como se abster de pagar as prestações enquanto não sanada a falta. Suprida essa, desaparecem as razões que justificavam tais consequências. Se o suprimento deu-se após a citação, o fato deve, não obstante, ser considerado (CPC art. 462)" (STJ-3ª T., REsp 49.847, Min. Eduardo Ribeiro, j. 28.8.95, DJU 9.10.95).

"Inviável a adjudicação do imóvel, pois o memorial de incorporação não foi devidamente registrado no Cartório de Registro de Imóveis e a comercialização dos bens se deu por pessoa que não possuía sequer uma perspectiva de aquisição do domínio do terreno. Contudo, o descumprimento da obrigação de registro do memorial de incorporação pelo incorporador não implica a invalidade ou nulidade do contrato de compromisso de compra e venda, pois este gera efeitos obrigacionais entre as partes e, até mesmo, contra terceiros. Assim, a questão deverá ser resolvida pela rescisão do contrato e a condenação da suposta incorporadora por perdas e danos" (STJ-3ª T., REsp 1.770.095, Min. Marco Bellizze, j. 10.5.22, DJ 17.5.22).

Todavia, decretando a nulidade do contrato nessas circunstâncias: STJ-4ª T., REsp 334.838-AgRg, Min. João Otávio, j. 18.5.10, DJ 27.5.10.

Art. 32: 1b. "O incorporador só se acha habilitado a negociar unidades autônomas do empreendimento imobiliário quando registrados, no Cartório de Registro Imobiliário competente, os documentos previstos no art. 32 da Lei n. 4.591/1964. Descumprida a exigência legal, impõe-se a aplicação da multa do art. 35, § 5º, da mesma lei" (STJ-4ª T., REsp 334.838-AgRg, Min. João Otávio, j. 18.5.10, DJ 27.5.10). No mesmo sentido: STJ-3ª T., REsp 325.876, Min. Menezes Direito, j. 8.4.02, DJ 20.5.02.

Art. 32: 2. Texto cf. ret. no DOU 1.2.65.

Art. 32: 3. Lei 4.864, de 29.11.65, art. 14 § ún.: "O incorporador, ao elaborar a avaliação do custo global da obra para atendimento do disposto na alínea *h* do art. 32 da Lei n. 4.591, de 16 de dezembro de 1964, utilizará o custo unitário, divulgado pelo sindicato na forma deste artigo, referente ao tipo de prédio padronizado que mais se aproxime do prédio objeto da incorporação".

Art. 32: 4. Lei 6.530, de 12.5.78 (já cit. em nota 2 ao art. 31): "**Art. 20.** Ao corretor de imóveis e à pessoa jurídica inscritos nos órgãos de que trata a presente lei é vedado: ... V — anunciar imóvel loteado ou em condomínio sem mencionar o número de registro do loteamento ou da incorporação no registro de imóveis". Esta lei foi regulamentada pelo **Dec. 81.871, de 29.6.78** (Lex 1978/568).

Art. 32: 5. *sic*; deve ser "não impede".

Art. 32: 6. v. LRP 198 e segs.

Art. 32: 7. Lei dos Registros Públicos (no tít. REGISTROS PÚBLICOS, ínt.).

Art. 32: 8. v. Lei 6.766, de 19.12.79, no tít. PROMESSA DE COMPRA E VENDA E LOTEAMENTO.

Art. 33 (*redação da Lei 14.382, de 27.6.22*). Se, após 180 (cento e oitenta) dias da data do registro da incorporação, ela ainda não se houver concretizado, por meio da formalização da alienação ou da oneração de alguma unidade futura, da contratação de financiamento para a construção ou do início das obras do empreendimento, o incorporador somente poderá negociar unidades depois de averbar a atualização das certidões e de eventuais documentos com prazo de validade vencido a que se refere o art. 32 desta Lei.

Parágrafo único (*redação da Lei 14.382, de 27.6.22*). Enquanto não concretizada a incorporação, o procedimento de que trata o *caput* deste artigo deverá ser realizado a cada 180 (cento e oitenta) dias.

Art. 34. O incorporador poderá fixar, para efetivação da incorporação, prazo de carência dentro do qual lhe é lícito desistir do empreendimento.

§ 1º A fixação do prazo de carência será feita pela declaração a que se refere a alínea n, do art. 32, onde se fixem as condições que autorizarão o incorporador a desistir do empreendimento.

§ 2º Em caso algum poderá o prazo de carência ultrapassar o termo final do prazo de validade do registro ou, se for o caso, de sua revalidação.

§ 3º Os documentos preliminares de ajuste, se houver, mencionarão, obrigatoriamente, o prazo de carência, inclusive para efeitos do art. 45.

§ 4º A desistência da incorporação será denunciada, por escrito, ao registro de imóveis ... (VETADO) ... e comunicada por escrito, a cada um dos adquirentes ou candidatos à aquisição, sob pena de responsabilidade civil e criminal do incorporador.

§ 5º Será averbada no registro da incorporação a desistência de que trata o parágrafo anterior, arquivando-se em cartório o respectivo documento.

§ 6º O prazo de carência é improrrogável.

Art. 35. O incorporador terá o prazo máximo de 45 dias,[1-2] a contar do termo final do prazo de carência, se houver, para promover a celebração do competente contrato relativo à fração ideal de terreno, e, bem assim, do contrato de construção e da convenção do condomínio, de acordo com discriminação constante da alínea i, do art. 32.

§ 1º No caso de não haver prazo de carência, o prazo acima se contará da data de qualquer documento de ajuste preliminar.

§ 2º Quando houver prazo de carência, a obrigação somente deixará de existir se o incorporador tiver denunciado, dentro do mesmo prazo e nas condições previamente estabelecidas, por escrito, ao registro de imóveis, a não concretização do empreendimento.

§ 3º Se, dentro do prazo de carência, o incorporador não denunciar a incorporação, embora não se tenham reunido as condições a que se refere o § 1º, o outorgante do mandato de que trata o § 1º, do art. 31, poderá fazê-lo nos cinco dias subsequentes ao prazo de carência, e nesse caso ficará solidariamente responsável[3] com o incorporador pela devolução das quantias que os adquirentes ou candidatos à aquisição houverem entregue ao incorporador, resguardado o direito de regresso sobre eles, dispensando-se, então, do cumprimento da obrigação fixada no *caput* deste artigo.

§ 4º Descumprida pelo incorporador e pelo mandante de que trata o § 1º do art. 31 a obrigação da outorga dos contratos referidos no *caput* deste artigo nos prazos ora fixados, a carta-proposta ou o documento de ajuste preliminar poderão ser averbados no registro de imóveis, averbação que conferirá direito real oponível a terceiros, com o consequente direito à obtenção compulsória do contrato correspondente.

§ 5º Na hipótese do parágrafo anterior, o incorporador incorrerá também na multa de 50% sobre a quantia que efetivamente tiver recebido,[3a] cobrável por via executiva,[4] em favor do adquirente ou candidato à aquisição.

§ 6º Ressalvado o disposto no art. 43, do contrato de construção deverá constar expressamente a menção dos responsáveis pelo pagamento da construção de cada uma das unidades. O incorporador responde, em igualdade de condições, com os demais contratantes, pelo pagamento da construção das unidades que não tenham tido a responsabilidade pela sua construção assumida por terceiros e até que o tenham.

Art. 35: 1. Texto cf. ret. no DOU 1.2.65.

Art. 35: 2. Lei 4.864, de 29.11.65, art. 13: "É de 60 (sessenta) dias o prazo máximo concedido ao incorporador, no art. 35 da Lei n. 4.591, de 16 de dezembro de 1964".

Art. 35: 3. v. CC 275 a 285.

Art. 35: 3a. "Dever do incorporador de registrar a incorporação. Multa de 50% do valor pago. Redução equitativa, com base no art. 413 do CC/02. Possibilidade. A multa estipulada pelo art. 35, § 5º, da Lei 4.591/64 é cláusula penal inserida no contrato firmado entre o incorporador e o adquirente, sujeitando-se, portanto, aos dispositivos do Código Civil que dispõem sobre as limitações da cláusula penal" (STJ-3ª T., REsp 1.799.881, Min. Nancy Andrighi, j. 2.4.19, DJ 4.4.19).

Art. 35: 4. v. CPC 784-XII. Para autorizar a execução, "suficiente prova de que existe o compromisso, não carecendo da exigência de que tal prova seja o contrato assinado por duas testemunhas" (STJ-3ª T., REsp 724.934, Min. Menezes Direito, j. 13.12.05, DJU 6.3.06).

S/ prazo prescricional, v. CC 205, nota 7a.

Art. 35-A (*redação da Lei 13.786, de 27.12.18*). Os contratos de compra e venda, promessa de venda, cessão ou promessa de cessão de unidades autônomas integrantes de incorporação imobiliária serão iniciados por quadro-resumo, que deverá conter:

I (*redação da Lei 13.786, de 27.12.18*) — o preço total a ser pago pelo imóvel;

II (*redação da Lei 13.786, de 27.12.18*) — o valor da parcela do preço a ser tratada como entrada, a sua forma de pagamento, com destaque para o valor pago à vista, e os seus percentuais sobre o valor total do contrato;

III (*redação da Lei 13.786, de 27.12.18*) — o valor referente à corretagem, suas condições de pagamento e a identificação precisa de seu beneficiário;

IV (*redação da Lei 13.786, de 27.12.18*) — a forma de pagamento do preço, com indicação clara dos valores e vencimentos das parcelas;

V (*redação da Lei 13.786, de 27.12.18*) — os índices de correção monetária aplicáveis ao contrato e, quando houver pluralidade de índices, o período de aplicação de cada um;

VI (*redação da Lei 13.786, de 27.12.18*) — as consequências do desfazimento do contrato, seja por meio de distrato, seja por meio de resolução contratual motivada por inadimplemento de obrigação do adquirente ou do incorporador, com destaque negritado para as penalidades aplicáveis e para os prazos para devolução de valores ao adquirente;

VII (*redação da Lei 13.786, de 27.12.18*) — as taxas de juros eventualmente aplicadas, se mensais ou anuais, se nominais ou efetivas, o seu período de incidência e o sistema de amortização;

VIII (*redação da Lei 13.786, de 27.12.18*) — as informações acerca da possibilidade do exercício, por parte do adquirente do imóvel, do direito de arrependimento previsto no art. 49 da Lei n. 8.078, de 11 de setembro de 1990 (Código de Defesa do Consumidor), em todos os contratos firmados em estandes de vendas e fora da sede do incorporador ou do estabelecimento comercial;

IX (*redação da Lei 13.786, de 27.12.18*) — o prazo para quitação das obrigações pelo adquirente após a obtenção do auto de conclusão da obra pelo incorporador;

X (*redação da Lei 13.786, de 27.12.18*) — as informações acerca dos ônus que recaiam sobre o imóvel, em especial quando o vinculem como garantia real do financiamento destinado à construção do investimento;

XI (*redação da Lei 13.786, de 27.12.18*) — o número do registro do memorial de incorporação, a matrícula do imóvel e a identificação do cartório de registro de imóveis competente;

XII (*redação da Lei 13.786, de 27.12.18*) — o termo final para obtenção do auto de conclusão da obra (habite-se) e os efeitos contratuais da intempestividade prevista no art. 43-A desta Lei.[1]

§ 1º (*redação da Lei 13.786, de 27.12.18*) Identificada a ausência de quaisquer das informações previstas no *caput* deste artigo, será concedido prazo de 30 (trinta) dias para aditamento do contrato e saneamento da omissão, findo o qual, essa omissão, se não sanada, caracterizará justa causa para rescisão contratual por parte do adquirente.

§ 2º (*redação da Lei 13.786, de 27.12.18*) A efetivação das consequências do desfazimento do contrato, referidas no inciso VI do *caput* deste artigo, dependerá de anuência prévia e específica do adquirente a seu respeito, mediante assinatura junto a essas cláusulas, que deverão ser redigidas conforme o disposto no § 4º do art. 54 da Lei n. 8.078, de 11 de setembro de 1990 (Código de Defesa do Consumidor).

Art. 35-A: 1. "Programa Minha Casa, Minha Vida. Promessa de compra e venda de imóvel em construção. Na aquisição de unidades autônomas em construção, o contrato deverá estabelecer, de forma clara, expressa e inteligível, o prazo certo para a entrega do imóvel, o qual não poderá estar vinculado à concessão do financiamento, ou a nenhum outro negócio jurídico, exceto o acréscimo do prazo de tolerância" (STJ-2ª Seção, REsp 1.729.593, Min. Marco Bellizze, j. 25.9.19, DJ 27.9.19).

Art. 36. No caso de denúncia de incorporação, nos termos do art. 34, se o incorporador, até 30 dias a contar da denúncia, não restituir aos adquirentes as importâncias pagas, estes poderão cobrá-la[1] por via executiva,[2] reajustado o seu valor a contar da data do recebimento, em função do índice geral de preços mensalmente publicado pelo Conselho Nacional de Economia, que reflita as variações no poder aquisitivo da moeda nacional, e acrescido de juros de 6% ao ano, sobre o total corrigido.

Art. 36: 1. *sic*; devia ser "cobrá-las".
Art. 36: 2. v. CPC 784-XII.

Art. 37. Se o imóvel estiver gravado de ônus real ou fiscal ou se contra os alienantes houver qualquer ação que possa comprometê-lo, o fato será obrigatoriamente mencionado em todos os documentos de ajuste, com a indicação de sua natureza e das condições de liberação.

Art. 38. Também constará, obrigatoriamente, dos documentos de ajuste, se for o caso, o fato de encontrar-se ocupado o imóvel, esclarecendo-se a que título se deve esta ocupação e quais as condições de desocupação.

Art. 39. Nas incorporações em que a aquisição do terreno se der com pagamento total ou parcial em unidades a serem construídas, deverão ser discriminadas em todos os documentos de ajuste:

I — a parcela que, se houver, será paga em dinheiro;

II — a cota-parte da área das unidades a serem entregues em pagamento do terreno que corresponderá a cada uma das unidades, a qual deverá ser expressa em metros quadrados.

Parágrafo único. Deverá constar, também, de todos os documentos de ajuste, se o alienante do terreno ficou ou não sujeito a qualquer prestação ou encargo.

Art. 40. No caso de rescisão de contrato de alienação do terreno ou de fração ideal, ficarão rescindidas as cessões ou promessas de cessão de direitos correspondentes à aquisição do terreno.

§ 1º Nesta hipótese, consolidar-se-á, no alienante em cujo favor se opera a resolução, o direito sobre a construção porventura existente.

§ 2º No caso do parágrafo anterior, cada um dos ex-titulares de direito à aquisição de unidades autônomas haverá do mencionado alienante o valor da parcela de construção que haja adicionado à unidade, salvo se a rescisão houver sido causada pelo ex-titular.[1]

§ 3º Na hipótese dos parágrafos anteriores, sob pena de nulidade, não poderá o alienante em cujo favor se operou a resolução voltar a negociar seus direitos sobre a unidade autônoma, sem a prévia indenização aos titulares, de que trata o § 2º.

§ 4º No caso do parágrafo anterior, se os ex-titulares tiverem de recorrer à cobrança judicial do que lhes for devido, somente poderão garantir o seu pagamento a unidade e respectiva fração de terreno objeto do presente artigo.

Art. 40: 1. "Desfeita a promessa de compra e venda, a parte que não deu causa à respectiva rescisão faz jus ao *statu quo ante*, sendo injustificável que deixe de receber tudo quanto investiu no negócio; o art. 40 § 2º da Lei 4.591/64 não contraria o princípio universal de direito que proíbe o enriquecimento sem causa" (STJ-3ª T., AI 611.358-AgRg-EDcl, Min. Ari Pargendler, j. 27.5.08, DJ 5.8.08).

"Em contrato de permuta, no qual uma das partes entra com o imóvel e outra com a construção, não tendo os proprietários do terreno exercido atos de incorporação — uma vez que não tomaram a iniciativa nem assumiram a responsabilidade da incorporação, não havendo contratado a construção do edifício — não cumprida pela construtora sua parte, deve ser deferida aos proprietários do imóvel a reintegração na posse. O deferimento, no entanto, fica condicionado às exigências do § 2º do art. 40 da Lei das Incorporações, para inclusive resguardar os interesses de eventuais terceiros interessados" (STJ-rsdcpc 67/50: 3ª T., REsp 879.548).

"Nem sempre o proprietário do terreno incorporado participa ativamente da incorporação, como incorporador. Este, não raro, firma compromisso de compra e venda com o proprietário do imóvel, assumindo a obrigação de efetuar o pagamento do preço, no todo ou em parte, com unidades do empreendimento, modalidade que encontra previsão no art. 39 da Lei 4.591/64 e que é denominada de 'permuta no local'. Nessa circunstância, o proprietário do terreno assumirá o *status* jurídico de mero condômino, em igualdade de condições com qualquer outro adquirente de unidades da incorporação. A figura do proprietário do terreno se equipara à do consumidor, nos termos do art. 2º do CDC, tendo o incorporador como fornecedor. O dono do imóvel só difere dos demais adquirentes porque paga sua unidade autônoma com o próprio terreno no qual foi erguido o empreendimento, mas tal circunstância não tem o condão de desvirtuar a relação de consumo. A natureza da relação entre o proprietário do terreno e os demais adquirentes, contudo, não é de consumo, mas civil, tanto na conclusão regular do empreendimento — quando serão todos condôminos — quanto na rescisão do contrato de alienação do terreno — hipótese em que surgirá para o seu proprietário uma obrigação de reparação civil, visando a evitar o seu enriquecimento sem causa. O dever de indenização previsto no art. 40 da Lei 4.591/64 deve limitar-se à vantagem financeira auferida pelo proprietário do terreno, a qual não se confunde com o valor integral pago pelos demais adquirentes à incorporadora. Na prática, considerando que todas as unidades do empreendimento sejam de igual valor, deve-se apurar o custo total da edificação, dividindo-o pelo número total de adquirentes, excluído o proprietário do terreno. O resultado encontrado corresponderá ao valor da parcela de construção adicionado à unidade por cada adquirente" (STJ-3ª T., REsp 686.198, Min. Nancy Andrighi, j. 23.10.07, DJ 1.2.08).

Art. 41. Quando as unidades imobiliárias forem contratadas pelo incorporador por preço global compreendendo cota de terreno e construção, inclusive com parte do pagamento após a entrega da unidade, discriminar-se-ão, no contrato, o preço da cota de terreno e o da construção.

§ 1º Poder-se-á estipular que, na hipótese de o adquirente atrasar o pagamento de parcela relativa a construção, os efeitos da mora recairão não apenas sobre a aquisição da parte construída, mas, também, sobre a fração ideal de terreno, ainda que esta tenha sido totalmente paga.

§ 2º Poder-se-á também estipular que, na hipótese de o adquirente atrasar o pagamento da parcela relativa à fração ideal de terreno, os efeitos da mora recairão não apenas sobre a aquisição da fração ideal, mas, também, sobre a parte construída, ainda que totalmente paga.

Art. 42. No caso de rescisão do contrato relativo à fração ideal de terreno e partes comuns, a pessoa em cujo favor se tenha operado a resolução sub-rogar-se-á nos direitos e obrigações[1] contratualmente atribuídos ao inadimplente, com relação à construção.

Art. 42: 1. v. CC 346 a 351.

Art. 43. Quando o incorporador contratar a entrega da unidade a prazo[1] e preços certos, determinados ou determináveis, mesmo quando pessoa física, ser-lhe-ão impostas as seguintes normas:

I (*redação da Lei 14.382, de 27.6.22*) — encaminhar à comissão de representantes:

a) (*redação da Lei 14.382, de 27.6.22*) a cada 3 (três) meses, o demonstrativo do estado da obra e de sua correspondência com o prazo pactuado para entrega do conjunto imobiliário; e

b) (*redação da Lei 14.382, de 27.6.22*) quando solicitada, a relação dos adquirentes com os seus endereços residenciais e eletrônicos, devendo os integrantes da comissão de representantes, no tratamento de tais dados, atender ao disposto na Lei n. 13.709, de 14 de agosto de 2018 (Lei Geral de Proteção de Dados Pessoais), no que for aplicável;

II — responder civilmente pela execução da incorporação, devendo indenizar os adquirentes ou compromissários, dos prejuízos que a estes advierem do fato de não se concluir a edificação ou de se retardar injustificadamente a conclusão das obras, cabendo-lhe ação regressiva contra o construtor, se for o caso e se a este couber a culpa;

III — em caso de falência do incorporador, pessoa física ou jurídica, e não ser possível à maioria prosseguir na construção das edificações, os subscritores ou candidatos à aquisição de unidades serão credores privilegiados pelas quantias que houverem pago ao incorporador, respondendo subsidiariamente os bens pessoais deste;[1a-1b]

IV — é vedado ao incorporador alterar o projeto, especialmente no que se refere à unidade do adquirente e às partes comuns, modificar as especificações, ou desviar-se do plano da construção, salvo autorização unânime dos interessados ou exigência legal;

V — não poderá modificar as condições de pagamento nem reajustar o preço das unidades, ainda no caso de elevação dos preços dos materiais e da mão de obra, salvo se tiver sido expressamente ajustada a faculdade de reajustamento, procedendo-se, então, nas condições estipuladas;

VI — se o incorporador, sem justa causa devidamente comprovada, paralisar as obras por mais de 30 dias, ou retardar-lhes excessivamente o andamento, poderá o juiz notificá-lo para que no prazo mínimo de 30 dias as reinicie ou torne a dar-lhes o andamento normal. Desatendida a notificação, poderá o incorporador ser destituído pela maioria absoluta dos votos dos adquirentes, sem prejuízo da responsabilidade civil[1c] ou penal que couber, sujeito à cobrança executiva[2] das importâncias comprovadamente devidas,[2a] facultando-se aos interessados prosseguir na obra (VETADO);

VII (*redação da Lei 10.931, de 2.8.04*) — em caso de insolvência do incorporador que tiver optado pelo regime da afetação e não sendo possível à maioria prosseguir na construção, a assembleia geral poderá, pelo voto de dois terços dos adquirentes, deliberar pela venda do terreno, das acessões e demais bens e direitos integrantes do patrimônio de afetação, mediante leilão ou outra forma que estabelecer, distribuindo entre si, na proporção dos recursos que comprovadamente tiverem aportado, o resultado líquido da venda, depois de pagas as dívidas do patrimônio de afetação e deduzido[3] e entregue ao proprietário do terreno a quantia que lhe couber, nos termos do art. 40; não se obtendo, na venda, a reposição dos aportes efetivados pelos adquirentes, reajustada na forma da lei e de acordo com os critérios do contrato celebrado com o incorporador, os adquirentes serão credores privilegiados pelos valores da diferença não reembolsada, respondendo subsidiariamente os bens pessoais do incorporador.

§ 1º (*redação da Lei 14.382, de 27.6.22*) Deliberada a destituição de que tratam os incisos VI e VII do *caput* deste artigo, o incorporador será notificado extrajudicialmente pelo oficial do registro de imóveis da circunscrição em que estiver localizado o empreendimento para que, no prazo de 15 (quinze) dias, contado da data da entrega da notificação na sede do incorporador ou no seu endereço eletrônico:

I (*redação da Lei 14.382, de 27.6.22*) — imita a comissão de representantes na posse do empreendimento e lhe entregue:

a) (*redação da Lei 14.382, de 27.6.22*) os documentos correspondentes à incorporação; e

b) (*redação da Lei 14.382, de 27.6.22*) os comprovantes de quitação das quotas de construção de sua responsabilidade a que se referem o § 5º do art. 31-A e o § 6º do art. 35 desta Lei; ou

II (*redação da Lei 14.382, de 27.6.22*) — efetive o pagamento das quotas que estiverem pendentes, de modo a viabilizar a realização da auditoria a que se refere o art. 31-C desta Lei.

§ 2º (*redação da Lei 14.382, de 27.6.22*) Da ata da assembleia geral que deliberar a destituição do incorporador deverão constar os nomes dos adquirentes presentes e as seguintes informações:

I (*redação da Lei 14.382, de 27.6.22*) — a qualificação;

II (*redação da Lei 14.382, de 27.6.22*) — o documento de identidade;

III (*redação da Lei 14.382, de 27.6.22*) — as inscrições no Cadastro de Pessoas Físicas (CPF) ou no Cadastro Nacional da Pessoa Jurídica (CNPJ) da Secretaria Especial da Receita Federal do Brasil do Ministério da Economia;

IV (*redação da Lei 14.382, de 27.6.22*) — os endereços residenciais ou comerciais completos; e

V (*redação da Lei 14.382, de 27.6.22*) — as respectivas frações ideais e acessões a que se vincularão as suas futuras unidades imobiliárias, com a indicação dos correspondentes títulos aquisitivos, públicos ou particulares, ainda que não registrados no registro de imóveis.

§ 3º (*redação da Lei 14.382, de 27.6.22*) A ata de que trata o § 2º deste artigo, registrada no registro de títulos e documentos, constituirá documento hábil para:

I (*redação da Lei 14.382, de 27.6.22*) — averbação da destituição do incorporador na matrícula do registro de imóveis da circunscrição em que estiver registrado o memorial de incorporação; e

II (*redação da Lei 14.382, de 27.6.22*) — implementação das medidas judiciais ou extrajudiciais necessárias:

a) (*redação da Lei 14.382, de 27.6.22*) à imissão da comissão de representantes na posse do empreendimento;

b) (*redação da Lei 14.382, de 27.6.22*) à investidura da comissão de representantes na administração e nos poderes para a prática dos atos de disposição que lhe são conferidos pelos arts. 31-F e 63 desta Lei;

c) (*redação da Lei 14.382, de 27.6.22*) à inscrição do respectivo condomínio da construção no CNPJ; e

d) (*redação da Lei 14.382, de 27.6.22*) quaisquer outros atos necessários à efetividade da norma instituída no *caput* deste artigo, inclusive para prosseguimento da obra ou liquidação do patrimônio da incorporação.

§ 4º (*redação da Lei 14.382, de 27.6.22*) As unidades não negociadas pelo incorporador e vinculadas ao pagamento das correspondentes quotas de construção nos termos do § 6º do art. 35 desta Lei ficam indisponíveis e insuscetíveis de constrição por dívidas estranhas à respectiva incorporação até que o incorporador comprove a regularidade do pagamento.

§ 5º (*redação da Lei 14.382, de 27.6.22*) Fica autorizada a comissão de representantes a promover a venda, com fundamento no § 14 do art. 31-F e no art. 63 desta Lei, das unidades de que trata o § 4º, expirado o prazo da notificação a que se refere o § 1º deste artigo, com aplicação do produto obtido no pagamento do débito correspondente.

Art. 43: 1. s/ prazo de tolerância, v. CDC 51, nota 7c.

Art. 43: 1a. "Embora o art. 43, III, da Lei 4.591/64 não admita expressamente excluir do patrimônio da incorporadora falida e transferir para comissão formada por adquirentes de unidades a propriedade do empreendimento, de maneira a viabilizar a continuidade da obra, esse caminho constitui a melhor maneira de assegurar a funcionalidade econômica e preservar a função social do contrato de incorporação, do ponto de vista da coletividade dos contratantes e não dos interesses meramente individuais de seus integrantes. Apesar de o legislador não excluir o direito de qualquer adquirente pedir individualmente a rescisão do contrato e o pagamento de indenização frente ao inadimplemento do incorporador, o espírito da Lei 4.591/64 se volta claramente para o interesse coletivo da incorporação, tanto que seus arts. 43, III e VI, e 49, autorizam, em caso de mora ou falência do incorporador, que a administração do empreendimento seja assumida por comissão formada por adquirentes das unidades, cujas decisões, tomadas em assembleia, serão soberanas e vincularão a minoria" (STJ-3ª T., REsp 1.115.605, Min. Nancy Andrighi, j. 7.4.11, DJ 18.4.11).

Art. 43: 1b. "O art. 43, III, da Lei n. 4.591/1964 preconiza que, no caso de decretação da quebra do incorporador e ante a impossibilidade de ultimação da construção do edifício pela maioria dos adquirentes, estes se tornam credores privilegiados em relação aos valores já pagos ao incorporador em razão da compra do imóvel. No caso, os créditos pleiteados ostentam natureza manifestamente diversa, porquanto são oriundos de mero ressarcimento com os custos das obras de finalização do empreendimento imobiliário, enquadrando-se, portanto, na classe dos quirografários" (STJ-4ª T., REsp 1.185.336, Min. Luis Felipe, j. 2.9.14, DJ 25.9.14).

Art. 43: 1c. Para a ação de responsabilidade civil do incorporador, em razão da paralisação das obras ou do seu atraso, é desnecessária a notificação prévia (STJ-4ª T., REsp 74.011, Min. Aldir Passarinho Jr., j. 3.4.03, DJU 15.9.03).

Art. 43: 2. v. CPC 784-XII.

Art. 43: 2a. "O dano moral exsurge *in re ipsa*. A circunstância que conduz o adquirente à assunção de uma obra que, por força contratual, deveria ter sido entregue no prazo estipulado, e não foi, detém a gravidade suficiente para ensejar a hipótese extraordinária necessária para a composição do dano extrapatrimonial" (STJ-3ª T., REsp 1.881.806, Min. Ricardo Cueva, j. 4.5.21, DJ 7.5.21).

Art. 43: 3. *sic*; o correto é "deduzida".

Art. 43-A (*redação da Lei 13.786, de 27.12.18*). A entrega do imóvel em até 180 (cento e oitenta) dias corridos da data estipulada contratualmente como data prevista para conclusão do empreendimento, desde que expressamente pactuado, de forma clara e destacada, não dará causa à resolução do contrato por parte do adquirente nem ensejará o pagamento de qualquer penalidade pelo incorporador.

§ 1º (*redação da Lei 13.786, de 27.12.18*) Se a entrega do imóvel ultrapassar o prazo estabelecido no *caput* deste artigo, desde que o adquirente não tenha dado causa ao atraso, poderá ser promovida por este a resolução do contrato, sem prejuízo da devolução da integralidade de todos os valores pagos e da multa estabelecida,[1-1a] em até 60 (sessenta) dias corridos contados da resolução, corrigidos[1b] nos termos do § 8º do art. 67-A desta Lei.[2]

§ 2º (*redação da Lei 13.786, de 27.12.18*) Na hipótese de a entrega do imóvel estender-se por prazo superior àquele previsto no *caput* deste artigo, e não se tratar de resolução do contrato, será devida ao adquirente adimplente, por ocasião da entrega da unidade, indenização de 1% (um por cento) do valor efetivamente pago à incorporadora, para cada mês de atraso, *pro rata die*, corrigido monetariamente conforme índice estipulado em contrato.[3-4]

§ 3º (*redação da Lei 13.786, de 27.12.18*) A multa prevista no § 2º deste artigo, referente a mora no cumprimento da obrigação, em hipótese alguma poderá ser cumulada com a multa estabelecida no § 1º deste artigo, que trata da inexecução total da obrigação.

Art. 43-A: 1. "No contrato de adesão firmado entre o comprador e a construtora/incorporadora, havendo previsão de **cláusula penal** apenas para o **inadimplemento do adquirente**, deverá ela ser **considerada para** a fixação da indenização pelo **inadimplemento do vendedor**. As obrigações heterogêneas (obrigações de fazer e de dar) serão convertidas em dinheiro, por arbitramento judicial" (STJ-2ª Seção, REsp 1.614.721, Min. Luis Felipe, j. 22.5.19, maioria, DJ 25.6.19).

Art. 43-A: 1a. "Nas hipóteses em que não chegou a haver a entrega das chaves de imóvel objeto de contrato de compra e venda, pois sobreveio sentença de procedência pela rescisão contratual, o **marco final da multa** compensatória por atraso na entrega do bem deve ser a data em que transitou em julgado a sentença" (STJ-3ª T., REsp 1.997.300, Min. Nancy Andrighi, j. 6.9.22, DJ 14.9.22).

Art. 43-A: 1b. "O **marco inicial da correção monetária** nas condenações de restituição das importâncias pagas pelo comprador do imóvel, ante a inadimplência do construtor em entregar a obra na data aprazada, sem culpa do comprador, é a **data do desembolso** de cada quantia paga pelo adquirente, com o propósito de evitar-se o enriquecimento sem causa do construtor" (STJ-2ª Seção, ED no REsp 876.527, Min. Sidnei Beneti, j. 10.12.08, DJ 18.3.09).

Art. 43-A: 2 e 3. s/ lucros cessantes, v. CC 402, nota 4b.

Art. 43-A: 4. "A cláusula penal moratória tem a finalidade de indenizar pelo adimplemento tardio da obrigação, e, em regra, estabelecida em valor equivalente ao locativo, afasta-se sua **cumulação com lucros cessante**" (STJ-2ª Seção, REsp 1.498.484, Min. Luis Felipe, j. 22.5.19, maioria, DJ 25.6.19).

Art. 44 (*redação da Lei 14.382, de 27.6.22*). Após a concessão do habite-se pela autoridade administrativa, incumbe ao incorporador a averbação[1] da construção em correspondência às frações ideais discriminadas na matrícula do terreno, respondendo perante os adquirentes pelas perdas e danos[2] que resultem da demora no cumprimento dessa obrigação.

§ 1º Se o incorporador não requerer a averbação (VETADO) o construtor requerê-la-á; (VETADO) sob pena de ficar solidariamente responsável[3] com o incorporador perante os adquirentes.

§ 2º Na omissão do incorporador e do construtor, a averbação poderá ser requerida por qualquer dos adquirentes de unidade.

Art. 44: 1. v. LRP 167-II-4.

Art. 44: 2. v. CC 402 a 405.

Art. 44: 3. v. CC 275 a 285.

Art. 45. É lícito ao incorporador recolher o imposto do selo devido, mediante apresentação dos contratos preliminares, até 10 dias a contar do vencimento do prazo de carência a que se refere o art. 34, extinta a obrigação se, dentro deste prazo, for denunciada a incorporação.

Art. 46. Quando o pagamento do imposto sobre lucro imobiliário e respectivos acréscimos e adicionais for de responsabilidade do vendedor do terreno, será lícito ao adquirente reter o pagamento das últimas prestações anteriores à data-limite em que é lícito pagar, sem reajuste, o referido imposto e os adicionais, caso o vendedor não apresente a quitação até 10 dias[1] antes do vencimento das prestações cujo pagamento torne inferior ao débito fiscal a parte do preço a ser ainda paga até a referida data-limite.
Parágrafo único. No caso de retenção pelo adquirente, este ficará responsável, para todos os efeitos, perante o Fisco, pelo recolhimento do tributo, adicionais e acréscimos, inclusive pelos reajustamentos que vier a sofrer o débito fiscal (VETADO).
Art. 46: 1. Texto cf. ret. no DOU 1.2.65.

Art. 47. Quando se fixar no contrato que a obrigação do pagamento do imposto sobre lucro imobiliário, acréscimos e adicionais devidos pelo alienante é transferida ao adquirente, dever-se-á explicitar o montante que tal obrigação atingiria, se sua satisfação se desse na data da escritura.
§ 1º Neste caso, o adquirente será tido, para todos os efeitos, como responsável perante o Fisco.
§ 2º Havendo parcela restituível, a restituição será feita ao adquirente e, se for o caso, em nome deste serão emitidas as obrigações do Tesouro Nacional a que se refere o art. 4º da Lei n. 4.357, de 16.7.64.
§ 3º Para efeitos fiscais, não importará em aumento do preço de aquisição a circunstância de obrigar-se o adquirente ao pagamento do imposto sobre lucro imobiliário, seus acréscimos e adicionais.

Capítulo III | DA CONSTRUÇÃO DE EDIFICAÇÕES EM CONDOMÍNIO

Seção I | DA CONSTRUÇÃO EM GERAL

Art. 48. A construção de imóveis, objeto de incorporação, nos moldes previstos nesta lei, poderá ser contratada sob o regime da empreitada ou de administração, conforme adiante definidos, e poderá estar incluída no contrato com o incorporador (VETADO), ou ser contratada diretamente entre os adquirentes e o construtor.
§ 1º O projeto e o memorial descritivo das edificações farão parte integrante e complementar do contrato.[1]
§ 2º Do contrato deverá constar o prazo da entrega das obras e as condições e formas de sua eventual prorrogação.
Art. 48: 1. No texto oficial, constam dois §§ 2º, e nenhum § 1º do art. 48.

Art. 49. Os contratantes da construção, inclusive no caso do art. 43, para tratar de seus interesses, com relação a ela, poderão reunir-se em assembleia cujas deliberações, desde que aprovadas por maioria simples dos votos presentes, serão válidas e obrigatórias para todos eles, salvo no que afetar ao direito de propriedade previsto na legislação.

§ 1º As assembleias serão convocadas, pelo menos, por 1/3 (um terço) dos votos dos contratantes, pelo incorporador ou pelo construtor, com menção expressa do assunto a tratar, sendo admitido comparecimento de procurador bastante.

§ 2º A convocação da assembleia será feita por carta registrada ou protocolo, com antecedência mínima de 5 dias para a primeira convocação, e mais 3 dias para a segunda, podendo ambas as convocações ser feitas no mesmo aviso.[1]

§ 3º A assembleia instalar-se-á, no mínimo, com metade dos contratantes, em primeira convocação, e com qualquer número, em segunda, sendo, porém, obrigatória a presença, em qualquer caso, do incorporador ou do construtor, quando convocantes, e, pelo menos, com metade dos contratantes que a tenham convocado, se for o caso.

§ 4º Na assembleia, os votos dos contratantes serão proporcionais às respectivas frações ideais de terreno.

Art. 49: 1. "A exigência de carta registrada ou protocolar para convocação da assembleia geral do condomínio, nos termos do art. 49, § 2º, da Lei n. 4.591/64, diz respeito tão somente ao período em que o edifício está em construção. Validade da assembleia convocada por carta simples, em condomínio habitado" (STJ-3ª T., REsp 801.295, Min. Castro Filho, j. 21.2.06, DJU 24.4.06).

Art. 50 (*redação da Lei 14.382, de 27.6.22*). Será designada no contrato de construção ou eleita em assembleia geral a ser realizada por iniciativa do incorporador no prazo de até 6 (seis) meses, contado da data do registro do memorial de incorporação, uma comissão de representantes[1] composta por, no mínimo, 3 (três) membros escolhidos entre os adquirentes para representá-los perante o construtor ou, no caso previsto no art. 43 desta Lei, o incorporador, em tudo o que interessar ao bom andamento da incorporação e, em especial, perante terceiros, para praticar os atos resultantes da aplicação do disposto nos art. 31-A a art. 31-F desta Lei.

§ 1º Uma vez eleita a Comissão, cuja constituição se comprovará com a ata da assembleia, devidamente inscrita no registro de títulos e documentos, esta ficará de pleno direito investida dos poderes necessários para exercer todas as atribuições e praticar todos os atos que esta lei e o contrato de construção lhe deferirem, sem necessidade de instrumento especial outorgado pelos contratantes, ou, se for caso, pelos que se sub-rogarem nos direitos e obrigações destes.

§ 2º (*redação da Lei 10.931, de 2.8.04*) A assembleia geral poderá, pela maioria absoluta dos votos dos adquirentes, alterar a composição da Comissão de Representantes e revogar qualquer de suas decisões, ressalvados os direitos de terceiros quanto aos efeitos já produzidos.

§ 3º Respeitados os limites constantes desta lei, o contrato poderá discriminar as atribuições da Comissão e deverá dispor sobre os mandatos de seus membros, sua destituição e a forma de preenchimento das vagas eventuais, sendo lícita a estipulação de que o mandato conferido a qualquer membro, no caso de sub-rogação de seu contrato a terceiros, se tenha por transferido, de pleno direito, ao sub-rogatário, salvo se este não o aceitar.

§ 4º Nas incorporações em que o número de contratantes de unidades for igual ou inferior a 3, a totalidade deles exercerá, em conjunto, as atribuições que esta lei confere à Comissão, aplicando-se, no que couber, o disposto nos parágrafos anteriores.

Art. 50: 1. Uma vez extinta a Comissão de Representantes, a responsabilidade por seus atos passa a ser do condomínio que lhe sucede (STJ-4ª T., REsp 329.856, Min. Aldir Passarinho Jr., j. 22.5.07, DJU 25.6.07).

Art. 51. Nos contratos de construção, seja qual for seu regime, deverá constar expressamente a quem caberão as despesas com ligações de serviços públicos, devidas ao Poder Público, bem como as despesas indispensáveis à instalação, funcionamento e regulamentação do condomínio.

Parágrafo único. Quando o serviço público for explorado mediante concessão, os contratos de construção deverão também especificar a quem caberão as despesas com as ligações que incumbam às concessionárias, no caso de não estarem elas obrigadas a fazê-las ou, em o estando, se a isto se recusarem ou alegarem impossibilidade.

Art. 52. Cada contratante da construção só será imitido na posse de sua unidade se estiver em dia com as obrigações assumidas, inclusive as relativas à construção, exercendo o construtor e o condomínio, até então, o direito de retenção sobre a respectiva unidade; no caso do art. 43, este direito será exercido pelo incorporador.

Art. 53. O Poder Executivo, através do Banco Nacional da Habitação, promoverá a celebração de contratos com a Associação Brasileira de Normas Técnicas (A.B.N.T.), no sentido de que esta, tendo em vista o disposto na Lei n. 4.150, de 21 de novembro de 1962,[1] prepare, no prazo máximo de 120 dias, normas que estabeleçam, para cada tipo de prédio que padronizar:

I — critérios e normas para cálculo de custos unitários de construção, para uso dos sindicatos, na forma do art. 54;

II — critérios e normas para execução de orçamentos de custos de construção, para fins do disposto no art. 59;

III — critérios e normas para a avaliação de custo global de obra, para fins da alínea *h*, do art. 32;

IV — modelo de memorial descritivo dos acabamentos de edificação, para fins do disposto no art. 32;

V — critério para entrosamento entre o cronograma das obras e o pagamento das prestações, que poderá ser introduzido nos contratos de incorporação, inclusive para o efeito de aplicação do disposto no § 2º do art. 48.

§ 1º O número de tipos padronizados deverá ser reduzido e na fixação se atenderá primordialmente:

a) o número de pavimentos e a existência de pavimentos especiais (subsolo, pilotis etc.);

b) o padrão da construção (baixo, normal, alto), tendo em conta as condições de acabamento, a qualidade dos materiais empregados, os equipamentos, o número de elevadores e as inovações de conforto;

c) as áreas de construção.

§ 2º Para custear o serviço a ser feito pela A.B.N.T., definido neste artigo, fica autorizado o Poder Executivo a abrir um crédito especial no valor de Cr$ 10.000.000 (dez milhões de cruzeiros), em favor do Banco Nacional da Habitação, vinculado a este fim, podendo o Banco adiantar a importância à A.B.N.T., se necessário.

§ 3º No contrato a ser celebrado com a A.B.N.T., estipular-se-á a atualização periódica das normas previstas neste artigo, mediante remuneração razoável.

Art. 53: 1. Lei 4.150, de 21.11.62 — Institui o regime obrigatório de preparo e observância das normas técnicas nos contratos de obras e compras do serviço público de execução direta, concedida, autárquica ou de economia mista, através da Associação Brasileira de Normas Técnicas, e dá outras providências (RDA 72/489).

Art. 54. Os sindicatos estaduais da indústria da construção civil ficam obrigados a divulgar mensalmente, até o dia 5 de cada mês, os custos unitários de construção a serem adotados nas respectivas regiões jurisdicionais, calculados com observância dos critérios e normas a que se refere o inciso I, do artigo anterior.

§ 1º O sindicato estadual que deixar de cumprir a obrigação prevista neste artigo deixará de receber dos cofres públicos, enquanto perdurar a omissão, qualquer subvenção ou auxílio que pleiteie ou a que tenha direito.

§ 2º Na ocorrência de omissão de sindicato estadual, o construtor usará os índices fixados por outro sindicato estadual, em cuja região os custos de construção mais lhe pareçam aproximados dos da sua.

§ 3º Os orçamentos ou estimativas baseados nos custos unitários a que se refere este artigo só poderão ser considerados atualizados, em certo mês, para os efeitos desta lei, se baseados em custos unitários relativos ao próprio mês ou a um dos dois meses anteriores.

Seção II | DA CONSTRUÇÃO POR EMPREITADA

Art. 55. Nas incorporações em que a construção seja feita pelo regime de empreitada, esta poderá ser a preço fixo, ou a preço reajustável por índices previamente determinados.

§ 1º Na empreitada a preço fixo o preço da construção será irreajustável, independentemente das variações que sofrer o custo efetivo das obras e quaisquer que sejam suas causas.

§ 2º Na empreitada a preço reajustável, o preço fixado no contrato será reajustado na forma e nas épocas nele expressamente previstas, em função da variação dos índices adotados, também previstos obrigatoriamente no contrato.

§ 3º Nos contratos de construção por empreitada, a Comissão de Representantes fiscalizará o andamento da obra e a obediência ao projeto e às especificações, exercendo as demais obrigações inerentes à sua função representativa dos contratantes e fiscalizadora da construção.

§ 4º Nos contratos de construção fixados sob regime de empreitada, reajustável, a Comissão de Representantes fiscalizará, também, o cálculo do reajustamento.

§ 5º No contrato deverá ser mencionado o montante do orçamento atualizado da obra, calculado de acordo com as normas do inciso III, do art. 53, com base nos custos unitários referidos no art. 54, quando o preço estipulado for inferior ao mesmo.

§ 6º Na forma[1] de expressa referência, os contratos de empreitada entendem-se como sendo a preço fixo.

Art. 55: 1. sic; será: "Na falta"?

Art. 56. Em toda a publicidade ou propaganda escrita, destinada a promover a venda de incorporação com construção pelo regime de empreitada reajustável, em que conste preço, serão discriminados explicitamente o preço da fração ideal do terreno e o preço da construção, com indicação expressa da reajustabilidade.

§ 1º As mesmas indicações deverão constar em todos os papéis utilizados para a realização da incorporação, tais como cartas, propostas, escrituras, contratos e documentos semelhantes.

§ 2º Esta exigência será dispensada nos anúncios "classificados" dos jornais.

Art. 57. Ao construtor que contratar, por empreitada a preço fixo, uma obra de incorporação, aplicar-se-á, no que couber, o disposto nos itens II, III, IV (VETADO) e VI, do art. 43.[1]

Art. 57: 1. Texto cf. ret. no DOU 1.2.65.

Seção III | DA CONSTRUÇÃO POR ADMINISTRAÇÃO

Art. 58. Nas incorporações em que a construção for contratada pelo regime de administração, também chamado "a preço de custo", será de responsabilidade dos proprietários ou adquirentes[1] o pagamento do custo integral de obra, observadas as seguintes disposições:

I — todas as faturas, duplicatas, recibos e quaisquer documentos referentes às transações ou aquisições para construção, serão emitidos em nome do condomínio dos contratantes da construção;[2]

II — todas as contribuições dos condôminos para qualquer fim relacionado com a construção serão depositadas em contas abertas em nome do condomínio dos contratantes em estabelecimentos bancários, as quais serão movimentadas pela forma que for fixada no contrato.

Art. 58: 1. "No regime de construção por administração, a responsabilidade pelo andamento, recebimento das prestações e administração da obra é dos adquirentes, condôminos, por intermédio da comissão de representantes, e não da **incorporadora, parte ilegítima** para figurar no polo passivo de ação que visa à devolução de valores pagos por adquirente inadimplente" (STJ-3ª T., REsp 679.627, Min. Nancy Andrighi, j. 26.10.06, DJU 20.11.06).

"Tratando-se de construção sob o regime de administração ou preço de custo, o construtor não pode ser considerado parte legítima para figurar no polo passivo de ação cujo escopo seja a restituição de parcelas pagas diretamente ao condomínio e por ele administradas para investimento na construção" (STJ-4ª T., REsp 860.064, Min. Raul Araújo, j. 27.3.12, DJ 2.8.12).

Todavia, reconhecendo a legitimidade do incorporador em situação especial: "No caso ora em análise, embora exista a figura do condomínio, os valores devidos para a realização da construção eram pagos diretamente ao alienante das frações ideais, o qual se confunde com os incorporadores, restando ao condomínio, somente, a fiscalização das obras realizadas, razão pela qual não há falar em carência da ação, respondendo os réus, em tese, pela devolução dos valores pagos e pelos eventuais danos decorrentes do alegado inadimplemento da obrigação" (STJ-4ª T., REsp 426.934, Min. Luis Felipe, j. 16.3.10, DJ 12.4.10).

Art. 58: 2. Lei 4.864, de 29.11.65, art. 18 § 2º: "O disposto na letra k da nota 7ª da alínea I do Anexo I da Lei n. 4.505, de 30 de novembro de 1964, aplica-se ao financiamento da venda de bens móveis destinados à construção de imóveis em que o adquirente for o condomínio a que se refere o inciso I do art. 58 da Lei n. 4.591, de 16 de dezembro de 1964".

Art. 59. No regime de construção por administração, será obrigatório constar do respectivo contrato o montante do orçamento do custo da obra, elaborado com estrita observância dos critérios e normas referidos no inciso II, do art. 53, e a data em que se iniciará efetivamente a obra.

§ 1º Nos contratos lavrados até o término das fundações, este montante não poderá ser inferior ao da estimativa atualizada, a que se refere o § 3º, do art. 54.

§ 2º Nos contratos celebrados após o término das fundações, este montante não poderá ser inferior à última revisão efetivada na forma do artigo seguinte.

Condomínio e Incorporação – Lei 4.591, de 16.12.64 (LCE), arts. 59 a 62

§ 3º Às transferências e sub-rogações do contrato, em qualquer fase da obra, aplicar-se-á o disposto neste artigo.

Art. 60. As revisões da estimativa de custo da obra serão efetuadas, pelo menos semestralmente, em comum entre a Comissão de Representantes e o construtor. O contrato poderá estipular que, em função das necessidades da obra, sejam alteráveis os esquemas de contribuições quanto ao total, ao número, ao valor e à distribuição no tempo das prestações.[1]

Parágrafo único. Em caso de majoração de prestações, o novo esquema deverá ser comunicado aos contratantes, com antecedência mínima de 45 dias da data em que deverão ser efetuados os depósitos das primeiras prestações alteradas.

Art. 60: 1. "Na construção a preço de custo o incorporador oferece a unidade mediante estimativa de despesa, que *variará na medida das oscilações de mercado, obrigando-se o adquirente a cobrir os gastos na medida em que se fizerem, mediante a atualização periódica das prestações* (PEREIRA, Caio Mário da Silva. *Condomínio e Incorporações*. Rio de Janeiro: Forense, 1991, p. 306). Destarte, é despicienda a prova de que houve mudança no projeto para justificar o custeio extra de novos insumos, bem como a aprovação unânime dos condôminos, o que torna totalmente infundada a defesa apresentada pela acionada, a quem compete arcar com a obrigação em aberto" (RMDAU 42/137: TJSC, AP 2012.027427-9).

Art. 61. A Comissão de Representantes terá poderes para, em nome de todos os contratantes e na forma prevista no contrato:[1]

a) examinar os balancetes organizados pelos construtores, dos recebimentos e despesas do condomínio dos contratantes, aprová-los ou impugná-los, examinando a documentação respectiva;

b) fiscalizar concorrências relativas às compras dos materiais necessários à obra ou aos serviços a ela pertinentes;

c) contratar, em nome do condomínio, com qualquer condômino, modificações por ele solicitadas em sua respectiva unidade, a serem administradas pelo construtor, desde que não prejudiquem unidade de outro condômino e não estejam em desacordo com o parecer técnico do construtor;

d) fiscalizar a arrecadação das contribuições destinadas à construção;

e) exercer as demais obrigações inerentes a sua função representativa dos contratantes e fiscalizadora da construção e praticar todos os atos necessários ao funcionamento regular do condomínio.

Art. 61: 1. "Na construção por administração, também chamada a preço de custo, os direitos e deveres referentes a unidade individual são do adquirente, que realiza o pagamento dos valores ajustados, e, por essa razão, não é razoável que comissão de representantes, que representa os interesses coletivos, seja a única legitimada a exigir as contas daquele que deve prestá-las, decidindo acerca do direito individual da propriedade exclusiva em construção. Adquirente de unidade habitacional detém legitimidade para ajuizar ação de prestação de contas em desfavor do construtor, apesar das atribuições legalmente acometidas a comissão de representantes" (STJ-4ª T., REsp 592.839, Min. João Otávio, j. 10.11.09, DJ 23.11.09). No mesmo sentido: STJ-3ª T., REsp 233.001, Min. Nancy Andrighi, j. 26.11.01, DJU 18.2.02.

Art. 62. Em toda publicidade ou propaganda escrita destinada a promover a venda de incorporação com construção pelo regime de administração, em que conste preço, serão discriminados explicitamente o preço da fração ideal de terreno e o montante do orçamento atualizado do custo da construção, na forma dos arts. 59 e 60, com a indicação do mês a que se refere o dito orçamento e do tipo padronizado a que se vincule o mesmo.

§ 1º As mesmas indicações deverão constar em todos os papéis utilizados para a realização da incorporação, tais como cartas, propostas, escrituras, contratos e documentos semelhantes.

§ 2º Esta exigência será dispensada nos anúncios "classificados" dos jornais.

Capítulo IV | DAS INFRAÇÕES

Art. 63. É lícito estipular no contrato, sem prejuízo de outras sanções, que a falta de pagamento,[1] por parte do adquirente ou contratante, de 3 prestações do preço da construção, quer estabelecidas inicialmente, quer alteradas ou criadas posteriormente, quando for o caso, depois de prévia notificação com o prazo de 10 dias para purgação da mora,[2] implique na rescisão do contrato, conforme nele se fixar, ou que, na falta de pagamento, pelo débito respondem os direitos à respectiva fração ideal de terreno e à parte construída adicionada, na forma abaixo estabelecida, se outra forma não fixar o contrato.

§ 1º Se o débito não for liquidado no prazo de 10 dias, após solicitação da Comissão de Representantes, esta ficará, desde logo, de pleno direito, autorizada a efetuar, no prazo que fixar, em público leilão anunciado pela forma que o contrato previr, a venda, promessa de venda ou de cessão, ou a cessão da cota de terreno e correspondente parte construída e direitos, bem como a sub-rogação do contrato de construção.

§ 2º Se o maior lanço obtido for inferior ao desembolso efetuado pelo inadimplente, para a cota do terreno e a construção, despesas acarretadas e as percentagens expressas no parágrafo seguinte, será realizada nova praça no prazo estipulado no contrato. Nesta segunda praça, será aceito o maior lanço apurado, ainda que inferior àquele total (VETADO).

§ 3º No prazo de 24 horas após a realização do leilão final, o condomínio, por decisão unânime de assembleia geral, em condições de igualdade com terceiros, terá preferência na aquisição dos bens, caso em que serão adjudicados ao condomínio.

§ 4º Do preço que for apurado no leilão, serão deduzidas as quantias em débito, todas as despesas ocorridas, inclusive honorários de advogado e anúncios, e mais 5% a título de comissão e 10% de multa compensatória, que reverterão em benefício do condomínio de todos os contratantes, com exceção do faltoso, ao qual será entregue o saldo, se houver.

§ 5º Para os fins das medidas estipuladas neste artigo, a Comissão de Representantes ficará investida de mandato irrevogável, isento do imposto de selo, na vigência do contrato geral de construção da obra, com poderes necessários para, em nome do condômino inadimplente, efetuar as citadas transações, podendo para este fim fixar preços, ajustar condições, sub-rogar o arrematante nos direitos e obrigações decorrentes do contrato de construção e da cota de terreno e construção; outorgar as competentes escrituras e contratos, receber preços, dar quitações; imitir o arrematante na posse do imóvel; transmitir domínio, direito e ação; responder pela evicção; receber citação, propor e variar de ações; e também dos poderes *ad judicia*, a serem substabelecidos a advogado legalmente habilitado.

§ 6º A morte, falência ou concordata[3] do condômino ou sua dissolução, se se tratar de sociedade, não revogará o mandato de que trata o parágrafo anterior, o qual poderá ser exercido pela Comissão de Representantes até a conclusão dos pagamentos devidos, ainda que a unidade pertença a menor de idade.

§ 7º Os eventuais débitos, fiscais ou para com a Previdência Social, não impedirão a alienação por leilão público. Neste caso, ao condômino somente será entregue o saldo, se houver, desde que prove estar quite com o Fisco e a Previdência Social, devendo a Comissão de Representantes, em caso contrário, consignar judicialmente[4] a importância equivalente aos débitos existentes, dando ciência do fato à entidade credora.

§ 8º Independentemente das disposições deste artigo e seus parágrafos, e como penalidades preliminares, poderá o contrato de construção estabelecer a incidência de multas e juros de mora em caso de atraso no depósito de contribuições, sem prejuízo do disposto no parágrafo seguinte.

§ 9º O contrato poderá dispor que o valor das prestações pagas com atraso seja corrigível em função da variação do índice geral de preços mensalmente publicado pelo Conselho Nacional de Economia, que reflita as oscilações do poder aquisitivo da moeda nacional.

§ 10. O membro da Comissão de Representantes que incorrer na falta prevista neste artigo, estará sujeito à perda automática do mandato e deverá ser substituído segundo dispuser o contrato.

Art. 63: 1. s/ nulidade das cláusulas que estabeleçam a perda total das prestações pagas, v. CDC 53.

Art. 63: 2. "Reconhecimento da nulidade da execução e do leilão extrajudicial do imóvel pertencente à recorrente. Inobservância, entre outras circunstâncias, do prazo de 10 dias previsto no art. 63 da Lei 4.591/64" (STJ-3ª T., REsp 1.344.825, Min. Paulo Sanseverino, j. 18.12.12, maioria, DJ 15.2.13).

Art. 63: 3. A concordata deu lugar à recuperação judicial ou extrajudicial.

Art. 63: 4. v. CPC 539 e segs.

Art. 64. Os órgãos de informação e publicidade que divulgarem publicidade sem os requisitos exigidos pelo § 3º do art. 32 e pelos arts. 56 e 62, desta lei, sujeitar-se-ão à multa em importância correspondente ao dobro do preço pago pelo anunciante, a qual reverterá em favor da respectiva Municipalidade.

Art. 65. É crime contra a economia popular promover incorporação, fazendo, em proposta, contratos, prospectos ou comunicação ao público ou aos interessados, afirmação falsa sobre a constituição do condomínio, alienação das frações ideais do terreno ou sobre a construção das edificações.

Pena — reclusão de um a quatro anos e multa de cinco a cinquenta vezes o maior salário mínimo[1] legal vigente no país.

§ 1º Incorrem na mesma pena:

I — o incorporador, o corretor[2] e o construtor, individuais, bem como os diretores ou gerentes de empresa coletiva, incorporadora, corretora ou construtora que, em proposta, contrato, publicidade, prospecto, relatório, parecer, balanço ou comunicação ao público ou aos condôminos, candidatos ou subscritores de unidades, fizerem afirmação falsa sobre a constituição do condomínio, alienação das frações ideais ou sobre a construção das edificações;

II — o incorporador, o corretor e o construtor individuais, bem como os diretores ou gerentes de empresa coletiva, incorporadora, corretora ou construtora que usar, ainda que a título de empréstimo, em proveito próprio ou de terceiro, bens ou haveres destinados a incorporação contratada por administração, sem prévia autorização dos interessados.

§ 2º O julgamento destes crimes será de competência de juízo singular, aplicando-se os arts. 5º, 6º e 7º da Lei n. 1.521, de 26 de dezembro de 1951.[3]

§ 3º (*redação da Lei 4.864, de 29.11.65*) Em qualquer fase do procedimento criminal objeto deste artigo, a prisão do indiciado[4] dependerá sempre de mandado do juízo referido no § 2º.

Art. 65: 1. De acordo com jurisprudência do STF, a pena pecuniária criminal continua a ser calculada com base no salário mínimo, e não no valor de referência, sendo inaplicável, em consequência, o art. 2º da Lei 6.205, de 29.4.75.

Art. 65: 2. v. nota 4 ao art. 32.

Art. 65: 3. Lei 1.521, de 26.12.51 — Altera dispositivos da legislação vigente sobre crimes contra a economia popular (RT 197/530, Lex 1951/521, RF 139/563).

O art. 5º da Lei 1.521 foi alterado pela Lei 3.290, de 23.10.57 (RT 267/857, Lex 1957/665, RF 174/510).

Art. 65: 4. No texto oficial, está "indicado".

Art. 66. São contravenções relativas à economia popular, puníveis na forma do art. 10 da Lei n. 1.521, de 26 de dezembro de 1951:

I — negociar o incorporador frações ideais de terreno, sem previamente satisfazer às exigências constantes desta lei;

II — omitir o incorporador, em qualquer documento de ajuste, as indicações a que se referem os arts. 37 e 38, desta lei;

III — deixar o incorporador, sem justa causa, no prazo do art. 35 e ressalvada a hipótese de seus §§ 2º e 3º, de promover a celebração do contrato relativo à fração ideal de terreno, do contrato de construção ou da convenção do condomínio;

IV — (VETADO);

V — omitir o incorporador, no contrato, a indicação a que se refere o § 5º do art. 55, desta lei;

VI — paralisar o incorporador a obra, por mais de 30 dias, ou retardar-lhe excessivamente o andamento sem justa causa.

Pena — multa de 5 a 20 vezes o maior salário mínimo[1] legal vigente no país.

Parágrafo único. No caso de contratos relativos a incorporações, de que não participe o incorporador, responderão solidariamente pelas faltas capituladas neste artigo o construtor, o corretor, o proprietário ou titular de direitos aquisitivos do terreno, desde que figurem no contrato, com direito regressivo sobre o incorporador, se as faltas cometidas lhe forem imputáveis.

Art. 66: 1. v. nota 1 ao art. 65.

Capítulo V | DAS DISPOSIÇÕES FINAIS E TRANSITÓRIAS

Art. 67. Os contratos poderão consignar exclusivamente as cláusulas, termos[1] ou condições variáveis ou específicas.

§ 1º As cláusulas comuns a todos os adquirentes não precisarão figurar expressamente nos respectivos contratos.

§ 2º Os contratos, no entanto, consignarão obrigatoriamente que as partes contratantes adotam e se comprometem[2] a cumprir as cláusulas, termos e condições contratuais a que se refere o parágrafo anterior, sempre transcritas, *verbo ad verbum*, no respectivo cartório ou ofício, mencionando, inclusive, o número do livro e das folhas do competente registro.

§ 3º Aos adquirentes, ao receberem os respectivos instrumentos, será obrigatoriamente entregue cópia impressa ou mimeografada, autenticada, do contrato-padrão, contendo as cláusulas, termos e condições referidas no § 1º deste artigo.

§ 4º Os cartórios de registro de imóveis, para os devidos efeitos, receberão dos incorporadores, autenticadamente, o instrumento a que se refere o parágrafo anterior.

Art. 67: 1. Na publicação oficial, está "termo".

Art. 67: 2. Na publicação oficial, está: "as partes contratantes, adotem e se comprometam", etc.

Art. 67-A (redação da Lei 13.786, de 27.12.18). Em caso de desfazimento do contrato celebrado exclusivamente com o incorporador, mediante distrato ou resolução por inadimplemento absoluto de obrigação do adquirente, este fará jus à restituição das quantias que houver pago diretamente ao incorporador, atualizadas com base no índice contratualmente estabelecido para a correção monetária das parcelas do preço do imóvel,[1 a 3] delas deduzidas, cumulativamente:

I (redação da Lei 13.786, de 27.12.18) — a integralidade da comissão de corretagem;

II (redação da Lei 13.786, de 27.12.18) — a pena convencional, que não poderá exceder a 25% (vinte e cinco por cento) da quantia paga.

§ 1º (redação da Lei 13.786, de 27.12.18) Para exigir a pena convencional, não é necessário que o incorporador alegue prejuízo.

§ 2º (redação da Lei 13.786, de 27.12.18) Em função do período em que teve disponibilizada a unidade imobiliária, responde ainda o adquirente, em caso de resolução ou de distrato, sem prejuízo do disposto no caput e no § 1º deste artigo, pelos seguintes valores:

I (redação da Lei 13.786, de 27.12.18) — quantias correspondentes aos impostos reais incidentes sobre o imóvel;

II (redação da Lei 13.786, de 27.12.18) — cotas de condomínio e contribuições devidas a associações de moradores;

III (redação da Lei 13.786, de 27.12.18) — valor correspondente à fruição do imóvel, equivalente à 0,5% (cinco décimos por cento) sobre o valor atualizado do contrato, pro rata die;[3a]

IV (redação da Lei 13.786, de 27.12.18) — demais encargos incidentes sobre o imóvel e despesas previstas no contrato.[4]

§ 3º (redação da Lei 13.786, de 27.12.18) Os débitos do adquirente correspondentes às deduções de que trata o § 2º deste artigo poderão ser pagos mediante compensação com a quantia a ser restituída.

§ 4º (redação da Lei 13.786, de 27.12.18) Os descontos e as retenções de que trata este artigo, após o desfazimento do contrato, estão limitados aos valores efetivamente pagos pelo adquirente, salvo em relação às quantias relativas à fruição do imóvel.

§ 5º (redação da Lei 13.786, de 27.12.18) Quando a incorporação estiver submetida ao regime do patrimônio de afetação, de que tratam os arts. 31-A a 31-F desta Lei, o incorporador restituirá os valores pagos pelo adquirente, deduzidos os valores descritos neste artigo e atualizados com base no índice contratualmente estabelecido para a correção monetária das parcelas do preço do imóvel, no prazo máximo de 30 (trinta) dias após o habite-se ou documento equivalente expedido pelo órgão público municipal competente, admitindo-se, nessa hipótese, que a pena referida no inciso II do caput deste artigo seja estabelecida até o limite de 50% (cinquenta por cento) da quantia paga.

§ 6º (redação da Lei 13.786, de 27.12.18) Caso a incorporação não esteja submetida ao regime do patrimônio de afetação de que trata a Lei n. 10.931, de 2 de agosto de 2004, e após as deduções a que se referem os parágrafos anteriores, se houver remanescente a ser ressarcido ao adquirente, o pagamento será realizado em parcela única, após o prazo de 180 (cento e oitenta) dias, contado da data do desfazimento do contrato.

§ 7º (*redação da Lei 13.786, de 27.12.18*) Caso ocorra a revenda da unidade antes de transcorrido o prazo a que se referem os §§ 5º ou 6º deste artigo, o valor remanescente devido ao adquirente será pago em até 30 (trinta) dias da revenda.

§ 8º (*redação da Lei 13.786, de 27.12.18*) O valor remanescente a ser pago ao adquirente nos termos do § 7º deste artigo deve ser atualizado com base no índice contratualmente estabelecido para a correção monetária das parcelas do preço do imóvel.

§ 9º (*redação da Lei 13.786, de 27.12.18*) Não incidirá a cláusula penal contratualmente prevista na hipótese de o adquirente que der causa ao desfazimento do contrato encontrar comprador substituto que o sub-rogue nos direitos e obrigações originalmente assumidos, desde que haja a devida anuência do incorporador e a aprovação dos cadastros e da capacidade financeira e econômica do comprador substituto.

§ 10 (*redação da Lei 13.786, de 27.12.18*). Os contratos firmados em estandes de vendas e fora da sede do incorporador permitem ao adquirente o exercício do direito de arrependimento, durante o prazo improrrogável de 7 (sete) dias, com a devolução de todos os valores eventualmente antecipados, inclusive a comissão de corretagem.

§ 11 (*redação da Lei 13.786, de 27.12.18*). Caberá ao adquirente demonstrar o exercício tempestivo do direito de arrependimento por meio de carta registrada, com aviso de recebimento, considerada a data da postagem como data inicial da contagem do prazo a que se refere o § 10 deste artigo.

§ 12 (*redação da Lei 13.786, de 27.12.18*). Transcorrido o prazo de 7 (sete) dias a que se refere o § 10 deste artigo sem que tenha sido exercido o direito de arrependimento, será observada a irretratabilidade do contrato de incorporação imobiliária, conforme disposto no § 2º do art. 32 da Lei n. 4.591, de 16 de dezembro de 1964.

§ 13 (*redação da Lei 13.786, de 27.12.18*). Poderão as partes, em comum acordo, por meio de instrumento específico de distrato, definir condições diferenciadas das previstas nesta Lei.

§ 14 (*redação da Lei 13.786, de 27.12.18*). Nas hipóteses de leilão de imóvel objeto de contrato de compra e venda com pagamento parcelado, com ou sem garantia real, de promessa de compra e venda ou de cessão e de compra e venda com pacto adjeto de alienação fiduciária em garantia, realizado o leilão no contexto de execução judicial ou de procedimento extrajudicial de execução ou de resolução, a restituição far-se-á de acordo com os critérios estabelecidos na respectiva lei especial ou com as normas aplicáveis à execução em geral.

Art. 67-A: 1. s/ juros moratórios no caso, v. CC 405, nota 4.

Art. 67-A: 1a. Está **superada** a **Súmula 543 do STJ:** "Na hipótese de resolução de contrato de promessa de compra e venda de imóvel submetido ao Código de Defesa do Consumidor, deve ocorrer a imediata restituição das parcelas pagas pelo promitente comprador — integralmente, em caso de culpa exclusiva do promitente vendedor/construtor, ou parcialmente, caso tenha sido o comprador quem deu causa ao desfazimento". V. § 6º.

Art. 67-A: 1b. Em contrato de compra e venda de imóvel, é **nula a cláusula que prevê** a restituição dos valores pagos pelo adquirente por meio de **carta de crédito para a aquisição de outro imóvel** da mesma construtora, pois "isso significa, efetivamente, que não haverá devolução alguma, permanecendo o consumidor-adquirente submetido à construtora, visto que o único caminho para não perder as prestações já pagas será o de adquirir uma outra unidade imobiliária" (STJ-4ª T., REsp 437.607, Min. Quaglia Barbosa, j. 15.5.07, DJU 4.6.07).

Art. 67-A: 2. "No caso de rescisão de contrato de compra e venda de imóvel em construção, o índice de **atualização monetária** para corrigir as parcelas a serem devolvidas pela vendedora é o INCC, por estar vinculado ao contrato; após o ajuizamento da ação, o INPC" (STJ-3ª T., REsp 1.151.282-AgRg, Min. João Otávio, j. 20.8.13, DJ 29.8.13).

"Considerando, de um lado, que o mutuário não pode ser prejudicado por descumprimento contratual imputável exclusivamente à construtora e, de outro, que a correção monetária visa apenas a recompor o valor da moeda, a solução que melhor reequilibra a relação contratual nos casos em que, ausente má-fé da construtora, há atraso na entrega da obra, é a substituição, como indexador do saldo devedor, do Índice Nacional de Custo de Construção (INCC, que afere os custos dos insumos empregados em construções habitacionais, sendo certo que sua variação em geral supera a variação do custo de vida médio da população) pelo Índice Nacional de Preços ao Consumidor Amplo (IPCA, indexador oficial calculado pelo IBGE e que reflete a variação do custo de vida de famílias com renda mensal entre 01 e 40 salários mínimos), salvo se o INCC for menor. Essa substituição se dará com o transcurso da data limite estipulada no contrato para a entrega da obra, incluindo-se eventual prazo de tolerância previsto no instrumento" (STJ-3ª T., REsp 1.454.139, Min. Nancy Andrighi, j. 3.6.14, DJ 17.6.14).

"Programa Minha Casa, Minha Vida. O descumprimento do prazo de entrega do imóvel, computado o período de tolerância, faz cessar a incidência de correção monetária sobre o saldo devedor com base em indexador setorial, que reflete o custo da construção civil, o qual deverá ser substituído pelo IPCA, salvo quando este último for mais gravoso ao consumidor" (STJ-2ª Seção, REsp 1.729.593, Min. Marco Bellizze, j. 25.9.19, DJ 27.9.19).

V. tb. Lei 4.864/65, art. 1º.

Art. 67-A: 2a. "Em contratos submetidos ao Código de Defesa do Consumidor, é **abusiva** a cláusula contratual que determina a **restituição** dos valores devidos **somente ao término da obra** ou de forma parcelada, na hipótese de resolução de contrato de promessa de compra e venda de imóvel, por culpa de quaisquer contratantes" (STJ-2ª Seção, REsp 1.300.418, Min. Luis Felipe, j. 13.11.13, DJ 10.12.13).

"É abusiva, por ofensa ao art. 51, incisos II e IV, do Código de Defesa do Consumidor, a cláusula contratual que determina, em caso de rescisão de promessa de compra e venda de imóvel, por culpa exclusiva da construtora/incorporadora, a restituição das parcelas pagas somente ao término da obra, haja vista que poderá o promitente vendedor, uma vez mais, revender o imóvel a terceiros e, a um só tempo, auferir vantagem com os valores retidos, além do que a conclusão da obra atrasada, por óbvio, pode não ocorrer" (STJ-4ª T., REsp 877.980, Min. Luis Felipe, j. 3.8.10, DJ 12.8.10). No mesmo sentido: STJ-3ª T., REsp 1.219.345-AgRg, Min. Sidnei Beneti, j. 15.2.11, DJ 28.2.11.

Art. 67-A: 3. "Reconhecido que o promitente comprador tem direito à **devolução** do que foi pago, posto que negado o pleito do autor no sentido da perda das importâncias correspondentes, as partes haverão de ser repostas no estado anterior. Possibilidade de determinar-se a devolução, **sem necessidade de reconvenção**" (RSTJ 74/348), ou mesmo "independentemente de pedido" (JTAERGS 86/213).

"Decretada a resolução do contrato de promessa de compra e venda, deve o juiz, ainda que não tenha sido expressamente provocado pela parte interessada, determinar a restituição, pelo promitente vendedor, das parcelas do preço pagas pelos promitentes compradores. Concretização da eficácia restitutória da resolução, aplicável em benefício das duas partes do contrato, como consequência natural da desconstituição do vínculo contratual. Inocorrência de decisão *extra petita*" (STJ-3ª T., REsp 1.286.144, Min. Paulo Sanseverino, j. 7.3.13, DJ 1.4.13).

"Compromisso de compra e venda. Rescisão. Nada impede que o juiz, independentemente de reconvenção, em atendimento a pedido do réu na contestação, referente à devolução de quantias pagas, já condene o autor a lhe pagar o valor devido, habilitando-o à execução dessa condenação no mesmo processo" (JTJ 173/119).

Reconhecendo a existência de interesse em pedido reconvencional nessas circunstâncias, "posto que necessário o reconhecimento da possibilidade de restituição dos valores pagos": RT 869/353.

V., no CPCLPV, CPC 492, nota 9.

Art. 67-A: 3a. "Apesar de a rescisão contratual ter ocorrido por culpa da construtora (fornecedor), é devido o pagamento de **aluguéis,** pelo adquirente (consumidor), em razão do tempo em que este ocupou o imóvel. O pagamento da verba consubstancia simples retribuição pelo usufruto do imóvel durante determinado interregno temporal, rubrica que não se relaciona diretamente com danos decorrentes do rompimento da avença, mas com a utilização de bem alheio. Daí por que se mostra desimportante indagar quem deu causa à rescisão do contrato, se o suporte jurídico da condenação é a vedação do enriquecimento sem causa" (STJ-4ª T., REsp 955.134, Min. Luis Felipe, j. 16.8.12, DJ 29.8.12).

"Decretada a resolução do contrato de compra e venda de imóvel, com a restituição das parcelas pagas pelo comprador, o retorno das partes ao estado anterior implica o pagamento de indenização pelo tempo em que o comprador ocupou o bem, desde a data em que a posse lhe foi transferida. A pretensão de que apenas fosse indenizada a posse do imóvel a partir do momento em que o comprador se tornou inadimplente ensejaria enriquecimento ilícito do ocupante" (STJ-4ª T., REsp 1.216.477-AgInt, Min. Isabel Gallotti, j. 10.4.18, maioria, DJ 7.6.18).

V. tb. CC 884, nota 7.

Art. 67-A: 4. No sentido de ser nula a cláusula que impõe, ao promissário comprador que tenciona dissolver o contrato e reaver os valores pagos, **desconto** anual de 5% do valor da venda do imóvel, **a título de depreciação:** RP 150/250 (TJSP, AR 455.873-4/1-00).

> **Art. 68** (*redação da Lei 14.382, de 27.6.22*). A atividade de alienação de lotes integrantes de desmembramento ou loteamento, quando vinculada à construção de casas isoladas ou geminadas, promovida por uma das pessoas indicadas no art. 31 desta Lei ou no art. 2º-A da Lei n. 6.766, de 19 de dezembro de 1979, caracteriza incorporação imobiliária sujeita ao regime jurídico instituído por esta Lei e às demais normas legais a ele aplicáveis.
>
> § 1º (*redação da Lei 14.382, de 27.6.22*) A modalidade de incorporação de que trata este artigo poderá abranger a totalidade ou apenas parte dos lotes integrantes do parcelamento, ainda que sem área comum, e não sujeita o conjunto imobiliário dela resultante ao regime do condomínio edilício, permanecendo as vias e as áreas por ele abrangidas sob domínio público.
>
> § 2º (*redação da Lei 14.382, de 27.6.22*) O memorial de incorporação do empreendimento indicará a metragem de cada lote e da área de construção de cada casa, dispensada a apresentação dos documentos referidos nas alíneas *e*, *i*, *j*, *l* e *n* do *caput* do art. 32 desta Lei.
>
> § 3º (*redação da Lei 14.382, de 27.6.22*) A incorporação será registrada na matrícula de origem em que tiver sido registrado o parcelamento, na qual serão também assentados o respectivo termo de afetação de que tratam o art. 31-B desta Lei e o art. 2º da Lei n. 10.931, de 2 de agosto de 2004, e os demais atos correspondentes à incorporação.
>
> § 4º (*redação da Lei 14.382, de 27.6.22*) Após o registro do memorial de incorporação, e até a emissão da carta de habite-se do conjunto imobiliário, as averbações e os registros correspondentes aos atos e negócios relativos ao empreendimento sujeitam-se às normas do art. 237-A da Lei n. 6.015, de 31 de dezembro de 1973 (Lei de Registros Públicos).

> **Art. 69.** O Poder Executivo baixará, no prazo de 90 dias, regulamento sobre o registro no registro de imóveis (VETADO).[1]

Art. 69: 1. v. Dec. 55.815, de 8.3.65, em CCLCV, 9ª ed., p. 339. O Dec. 55.815 foi revogado pelo Dec. 11, de 18.1.91.

> **Art. 70.** A presente lei entrará em vigor na data de sua publicação, revogados o Decreto n. 5.481, de 25 de junho de 1928,[1] e quaisquer disposições em contrário.

Art. 70: 1. Dec. 5.481, de 25.6.28 — Dispõe sobre a alienação parcial dos edifícios de mais de cinco andares e dá outras providências (RT 66/643, RF 50/664). O art. 1º tinha sido alterado pela **Lei 285, de 5.6.48** (RT 175/847, Lex 1948/177, RF 118/625).

Brasília, 16 de dezembro de 1964; 143º da Independência e 76º da República — H. CASTELLO BRANCO — **Milton Soares Campos**.

Lei n. 10.931, de 2 de agosto de 2004

Dispõe sobre o patrimônio de afetação de incorporações imobiliárias, Letra de Crédito Imobiliário, Cédula de Crédito Imobiliário, Cédula de Crédito Bancário, altera o Decreto-lei n. 911, de 1º de outubro de 1969, as Leis n. 4.591, de 16 de dezembro de 1964, n. 4.728, de 14 de julho de 1965, e n. 10.406, de 10 de janeiro de 2002, e dá outras providências.

O Presidente da República
Faço saber que o Congresso Nacional decreta e eu sanciono a seguinte Lei:

Capítulo I — DO REGIME ESPECIAL TRIBUTÁRIO DO PATRIMÔNIO DE AFETAÇÃO

Art. 1º Fica instituído o regime especial de tributação aplicável às incorporações imobiliárias, em caráter opcional e irretratável enquanto perdurarem direitos de crédito ou obrigações do incorporador junto aos adquirentes dos imóveis que compõem a incorporação.

Art. 2º A opção pelo regime especial de tributação de que trata o art. 1º será efetivada quando atendidos os seguintes requisitos:

I — entrega do termo de opção ao regime especial de tributação na unidade competente da Secretaria da Receita Federal, conforme regulamentação a ser estabelecida; e

II — afetação do terreno e das acessões objeto da incorporação imobiliária, conforme disposto nos arts. 31-A a 31-E da Lei n. 4.591, de 16 de dezembro de 1964.

Art. 3º O terreno e as acessões objeto da incorporação imobiliária sujeitas ao regime especial de tributação, bem como os demais bens e direitos a ela vinculados, não responderão por dívidas tributárias da incorporadora relativas ao Imposto de Renda das Pessoas Jurídicas — IRPJ, à Contribuição Social sobre o Lucro Líquido — CSLL, à Contribuição para o Financiamento da Seguridade Social — COFINS e à Contribuição para os Programas de Integração Social e de Formação do Patrimônio do Servidor Público — PIS/PASEP, exceto aquelas calculadas na forma do art. 4º sobre as receitas auferidas no âmbito da respectiva incorporação.

Parágrafo único. O patrimônio da incorporadora responderá pelas dívidas tributárias da incorporação afetada.

Art. 4º (*redação da Lei 12.844, de 19.7.13*). Para cada incorporação submetida ao regime especial de tributação, a incorporadora ficará sujeita ao pagamento equivalente a 4% (quatro por cento) da receita mensal recebida, o qual corresponderá ao pagamento mensal unificado do seguinte imposto e contribuições:

I — Imposto de Renda das Pessoas Jurídicas — IRPJ;

II — Contribuição para os Programas de Integração Social e de Formação do Patrimônio do Servidor Público — PIS/PASEP;

III — Contribuição Social sobre o Lucro Líquido — CSLL; e

IV — Contribuição para Financiamento da Seguridade Social — COFINS.

§ 1º Para fins do disposto no *caput*, considera-se receita mensal a totalidade das receitas auferidas pela incorporadora na venda das unidades imobiliárias que compõem a incorporação, bem como as receitas financeiras e variações monetárias decorrentes desta operação.

§ 2º (*alterado pela Lei 11.196, de 21.11.05*) O pagamento dos tributos e contribuições na forma do disposto no *caput* deste artigo será considerado definitivo, não gerando, em qualquer hipótese, direito à restituição ou à compensação com o que for apurado pela incorporadora.

§ 3º (*alterado pela Lei 11.196, de 21.11.05*) As receitas, custos e despesas próprios da incorporação sujeita a tributação na forma deste artigo não deverão ser computados na apuração das bases de cálculo dos tributos e contribuições de que trata o *caput* deste artigo devidos pela incorporadora em virtude de suas outras atividades empresariais, inclusive incorporações não afetadas.

§ 4º (*alterado pela Lei 11.196, de 21.11.05*) Para fins do disposto no § 3º deste artigo, os custos e despesas indiretos pagos pela incorporadora no mês serão apropriados a cada incorporação na mesma proporção representada pelos custos diretos próprios da incorporação, em relação ao custo direto total da incorporadora, assim entendido como a soma de todos os custos diretos de todas as incorporações e o de outras atividades exercidas pela incorporadora.

§ 5º (*renumerado pela Lei 11.196, de 21.11.05*) A opção pelo regime especial de tributação obriga o contribuinte a fazer o recolhimento dos tributos, na forma do *caput* deste artigo, a partir do mês da opção.

§ 6º (*redação da Lei 13.970, de 27.12.19*) Para os projetos de incorporação de imóveis residenciais de interesse social cuja construção tenha sido iniciada ou contratada a partir de 31 de março de 2009, o percentual correspondente ao pagamento unificado dos tributos de que trata o *caput* deste artigo será equivalente a 1% (um por cento) da receita mensal recebida, desde que, até 31 de dezembro de 2018, a incorporação tenha sido registrada no cartório de imóveis competente ou tenha sido assinado o contrato de construção.

§ 7º (*redação da Lei 12.767, de 27.12.12*) Para efeito do disposto no § 6º, consideram-se projetos de incorporação de imóveis de interesse social os destinados à construção de unidades residenciais de valor de até R$ 100.000,00 (cem mil reais) no âmbito do Programa Minha Casa, Minha Vida, de que trata a Lei n. 11.977, de 7 de julho de 2009.

§ 8º (*acrescido pela Lei 12.024, de 27.8.09*) As condições para utilização do benefício de que trata o § 6º serão definidas em regulamento.

Art. 5º (*redação da Lei 12.024, de 27.8.09*) O pagamento unificado de impostos e contribuições efetuado na forma do art. 4º deverá ser feito até o vigésimo dia do mês subsequente àquele em que houver sido auferida a receita.

Art. 6º Os créditos tributários devidos pela incorporadora na forma do disposto no art. 4º não poderão ser objeto de parcelamento.

Art. 7º O incorporador fica obrigado a manter escrituração contábil segregada para cada incorporação submetida ao regime especial de tributação.

Art. 8º (*redação da Lei 12.844, de 19.7.13*). Para fins de repartição de receita tributária e do disposto no § 2º do art. 4º, o percentual de 4% (quatro por cento) de que trata o *caput* do art. 4º será considerado:

I (*redação da Lei 12.844, de 19.7.13*) — 1,71% (um inteiro e setenta e um centésimos por cento) como Cofins;

II (*redação da Lei 12.844, de 19.7.13*) — 0,37% (trinta e sete centésimos por cento) como Contribuição para o PIS/Pasep;

III (*redação da Lei 12.844, de 19.7.13*) — 1,26% (um inteiro e vinte e seis centésimos por cento) como IRPJ; e

IV (*redação da Lei 12.844, de 19.7.13*) — 0,66% (sessenta e seis centésimos por cento) como CSLL.

Parágrafo único (*acrescido pela Lei 12.024, de 27.8.09*). O percentual de 1% (um por cento) de que trata o § 6º do art. 4º será considerado para os fins do *caput*:

I — 0,44% (quarenta e quatro centésimos por cento) como Cofins;

II — 0,09% (nove centésimos por cento) como Contribuição para o PIS/Pasep;

III — 0,31% (trinta e um centésimos por cento) como IRPJ; e

IV — 0,16% (dezesseis centésimos por cento) como CSLL.

Art. 9º Perde eficácia a deliberação pela continuação da obra a que se refere o § 1º do art. 31-F da Lei n. 4.591, de 1964, bem como os efeitos do regime de afetação instituídos por esta Lei, caso não se verifique o pagamento das obrigações tributárias, previdenciárias e trabalhistas, vinculadas ao respectivo patrimônio de afetação, cujos fatos geradores tenham ocorrido até a data da decretação da falência, ou insolvência do incorporador, as quais deverão ser pagas pelos adquirentes em até um ano daquela deliberação, ou até a data da concessão do habite-se, se esta ocorrer em prazo inferior.

Art. 10. O disposto no art. 76 da Medida Provisória n. 2.158-35, de 24 de agosto de 2001, não se aplica ao patrimônio de afetação de incorporações imobiliárias definido pela Lei n. 4.591, de 1964.

Art. 11. ....¹

Art. 11: 1. O art. 11 foi expressamente revogado pela Lei 11.196, de 21.11.05.

Art. 11-A (*acrescido pela Lei 13.970, de 27.12.19*). O regime especial de tributação previsto nesta Lei será aplicado até o recebimento integral do valor das vendas de todas as unidades que compõem o memorial de incorporação registrado no cartório de imóveis competente, independentemente da data de sua comercialização, e, no caso de contratos de construção, até o recebimento integral do valor do respectivo contrato.

Capítulo II | DA LETRA DE CRÉDITO IMOBILIÁRIO

Art. 12. Os bancos comerciais, os bancos múltiplos com carteira de crédito imobiliário, a Caixa Econômica Federal, as sociedades de crédito imobiliário, as associações de poupança e empréstimo, as companhias hipotecárias e demais espécies de instituições que, para as operações a que se refere este artigo, venham a ser expressamente autorizadas pelo Banco Central do Brasil, poderão emitir, independentemente de tradição efetiva, Letra de Crédito

Imobiliário — LCI, lastreada por créditos imobiliários garantidos por hipoteca ou por alienação fiduciária de coisa imóvel, conferindo aos seus tomadores direito de crédito pelo valor nominal, juros e, se for o caso, atualização monetária nelas estipulados.

§ 1º A LCI será emitida sob a forma nominativa, podendo ser transferível mediante endosso em preto, e conterá:

I — o nome da instituição emitente e as assinaturas de seus representantes;

II — o número de ordem, o local e a data de emissão;

III — a denominação "Letra de Crédito Imobiliário";

IV — o valor nominal e a data de vencimento;

V — a forma, a periodicidade e o local de pagamento do principal, dos juros e, se for o caso, da atualização monetária;

VI — os juros, fixos ou flutuantes, que poderão ser renegociáveis, a critério das partes;

VII — a identificação dos créditos caucionados e seu valor;

VIII — o nome do titular; e

IX — cláusula à ordem, se endossável.

§ 2º (redação da Lei 13.986, de 7.4.20) A LCI poderá ser emitida sob a forma escritural, por meio do lançamento em sistema eletrônico do emissor, e deverá ser registrada ou depositada em entidade autorizada pelo Banco Central do Brasil a exercer a atividade de registro ou de depósito centralizado de ativos financeiros.

Art. 13. A LCI poderá ser atualizada mensalmente por índice de preços, desde que emitida com prazo mínimo de trinta e seis meses.

Parágrafo único. É vedado o pagamento dos valores relativos à atualização monetária apropriados desde a emissão, quando ocorrer o resgate antecipado, total ou parcial, em prazo inferior ao estabelecido neste artigo, da LCI emitida com previsão de atualização mensal por índice de preços.

Art. 14. A LCI poderá contar com garantia fidejussória adicional de instituição financeira.

Art. 15. A LCI poderá ser garantida por um ou mais créditos imobiliários, mas a soma do principal das LCI emitidas não poderá exceder o valor total dos créditos imobiliários em poder da instituição emitente.

§ 1º A LCI não poderá ter prazo de vencimento superior ao prazo de quaisquer dos créditos imobiliários que lhe servem de lastro.

§ 2º O crédito imobiliário caucionado poderá ser substituído por outro crédito da mesma natureza por iniciativa do emitente da LCI, nos casos de liquidação ou vencimento antecipados do crédito, ou por solicitação justificada do credor da letra.

Art. 16. O endossante da LCI responderá pela veracidade do título, mas contra ele não será admitido direito de cobrança regressiva.

Art. 17 (redação da Lei 13.097, de 19.1.15). O Conselho Monetário Nacional poderá estabelecer o prazo mínimo e outras condições para emissão e resgate de LCI, observado o disposto no art. 13 desta Lei, podendo inclusive diferenciar tais condições de acordo com o tipo de indexador adotado contratualmente.

Capítulo III | DA CÉDULA DE CRÉDITO IMOBILIÁRIO

Art. 18. É instituída a Cédula de Crédito Imobiliário — CCI para representar créditos imobiliários.

§ 1º A CCI será emitida pelo credor do crédito imobiliário e poderá ser integral, quando representar a totalidade do crédito, ou fracionária, quando representar parte dele, não podendo a soma das CCI fracionárias emitidas em relação a cada crédito exceder o valor total do crédito que elas representam.

§ 2º As CCI fracionárias poderão ser emitidas simultaneamente ou não, a qualquer momento antes do vencimento do crédito que elas representam.

§ 3º A CCI poderá ser emitida com ou sem garantia, real ou fidejussória, sob a forma escritural ou cartular.

§ 4º (*redação da Lei 13.986, de 7.4.20*) A emissão da CCI sob a forma escritural ocorrerá por meio de escritura pública ou instrumento particular, que permanecerá custodiado em instituição financeira.

§ 4º-A (*redação da Lei 13.986, de 7.4.20*). A negociação da CCI emitida sob forma escritural ou a substituição da instituição custodiante de que trata o § 4º deste artigo será precedida de registro ou depósito em entidade autorizada pelo Banco Central do Brasil a exercer a atividade de registro ou de depósito centralizado de ativos financeiros.

§ 4º-B (*redação da Lei 13.986, de 7.4.20*). O Conselho Monetário Nacional poderá estabelecer as condições para o registro e o depósito centralizado de CCI e a obrigatoriedade de depósito da CCI em entidade autorizada pelo Banco Central do Brasil a exercer a atividade de depósito centralizado de ativos financeiros.

§ 4º-C (*redação da Lei 13.986, de 7.4.20*). Na hipótese de a CCI ser liquidada antes de ser negociada, a instituição custodiante declarará a inexistência do registro ou do depósito de que trata o § 4º-A deste artigo, para fins do disposto no art. 24 desta Lei.

§ 5º Sendo o crédito imobiliário garantido por direito real, a emissão da CCI será averbada no Registro de Imóveis da situação do imóvel, na respectiva matrícula, devendo dela constar, exclusivamente, o número, a série e a instituição custodiante.

§ 6º A averbação da emissão da CCI e o registro da garantia do crédito respectivo, quando solicitados simultaneamente, serão considerados como ato único para efeito de cobrança de emolumentos.

§ 7º A constrição judicial que recaia sobre crédito representado por CCI será efetuada nos registros da instituição custodiante ou mediante apreensão da respectiva cártula.

§ 8º O credor da CCI deverá ser imediatamente intimado de constrição judicial que recaia sobre a garantia real do crédito imobiliário representado por aquele título.

§ 9º No caso de CCI emitida sob a forma escritural, caberá à instituição custodiante identificar o credor, para o fim da intimação prevista no § 8º.

Art. 19. A CCI deverá conter:

I — a denominação "Cédula de Crédito Imobiliário", quando emitida cartularmente;

II — o nome, a qualificação e o endereço do credor e do devedor e, no caso de emissão escritural, também o do custodiante;

III — a identificação do imóvel objeto do crédito imobiliário, com a indicação da respectiva matrícula no Registro de Imóveis competente e do registro da constituição da garantia, se for o caso;
IV — a modalidade da garantia, se for o caso;
V — o número e a série da cédula;
VI — o valor do crédito que representa;
VII — a condição de integral ou fracionária e, nessa última hipótese, também a indicação da fração que representa;
VIII — o prazo, a data de vencimento, o valor da prestação total, nela incluídas as parcelas de amortização e juros, as taxas, seguros e demais encargos contratuais de responsabilidade do devedor, a forma de reajuste e o valor das multas previstas contratualmente, com a indicação do local de pagamento;
IX — o local e a data da emissão;
X — a assinatura do credor, quando emitida cartularmente;
XI — a autenticação pelo Oficial do Registro de Imóveis competente, no caso de contar com garantia real; e
XII — cláusula à ordem, se endossável.

Art. 20. A CCI é título executivo extrajudicial, exigível pelo valor apurado de acordo com as cláusulas e condições pactuadas no contrato que lhe deu origem.

Parágrafo único. O crédito representado pela CCI será exigível mediante ação de execução, ressalvadas as hipóteses em que a lei determine procedimento especial, judicial ou extrajudicial para satisfação do crédito e realização da garantia.

Art. 21. A emissão e a negociação de CCI independe de autorização do devedor do crédito imobiliário que ela representa.

Art. 22 (redação da Lei 13.986, de 7.4.20). A cessão do crédito representado por CCI poderá ocorrer por meio de sistema de entidade autorizada pelo Banco Central do Brasil a exercer a atividade de depósito centralizado de ativos financeiros na qual a CCI tenha sido depositada.

§ 1º A cessão do crédito representado por CCI implica automática transmissão das respectivas garantias ao cessionário, sub-rogando-o em todos os direitos representados pela cédula, ficando o cessionário, no caso de contrato de alienação fiduciária, investido na propriedade fiduciária.

§ 2º A cessão de crédito garantido por direito real, quando representado por CCI emitida sob a forma escritural, está dispensada de averbação no Registro de Imóveis, aplicando-se, no que esta Lei não contrarie, o disposto nos arts. 286 e seguintes da Lei n. 10.406, de 10 de janeiro de 2002 — Código Civil Brasileiro.

Art. 23. ....[1]

Art. 23: 1. Revogado pela Lei 14.430, de 3.8.22.

Art. 24. O resgate da dívida representada pela CCI prova-se com a declaração de quitação, emitida pelo credor, ou, na falta desta, por outros meios admitidos em direito.

Art. 25. É vedada a averbação da emissão de CCI com garantia real quando houver prenotação ou registro de qualquer outro ônus real sobre os direitos imobiliários respectivos, inclusive penhora ou averbação de qualquer mandado ou ação judicial.

Capítulo IV | DA CÉDULA DE CRÉDITO BANCÁRIO[1]

CAP. IV: 1. "A cédula de crédito bancário como título executivo extrajudicial no direito brasileiro", por Humberto Theodoro Jr. (RJ 362/11).

Art. 26. A Cédula de Crédito Bancário é título de crédito emitido, por pessoa física ou jurídica, em favor de instituição financeira ou de entidade a esta equiparada, representando promessa de pagamento em dinheiro, decorrente de operação de crédito, de qualquer modalidade.

§ 1º A instituição credora deve integrar o Sistema Financeiro Nacional, sendo admitida a emissão da Cédula de Crédito Bancário em favor de instituição domiciliada no exterior, desde que a obrigação esteja sujeita exclusivamente à lei e ao foro brasileiros.

§ 2º A Cédula de Crédito Bancário em favor de instituição domiciliada no exterior poderá ser emitida em moeda estrangeira.

Art. 27. A Cédula de Crédito Bancário poderá ser emitida, com ou sem garantia, real ou fidejussória, cedularmente constituída.

Parágrafo único. A garantia constituída será especificada na Cédula de Crédito Bancário, observadas as disposições deste Capítulo e, no que não forem com elas conflitantes, as da legislação comum ou especial aplicável.

Art. 27-A (redação da Lei 13.986, de 7.4.20). A Cédula de Crédito Bancário poderá ser emitida sob a forma escritural, por meio do lançamento em sistema eletrônico de escrituração.

Parágrafo único (redação da Lei 13.986, de 7.4.20). O sistema eletrônico de escrituração de que trata o caput deste artigo será mantido em instituição financeira ou em outra entidade autorizada pelo Banco Central do Brasil a exercer a atividade de escrituração eletrônica.

Art. 27-B (redação da Lei 13.986, de 7.4.20). Compete ao Banco Central do Brasil:

I (redação da Lei 13.986, de 7.4.20) — estabelecer as condições para o exercício da atividade de escrituração eletrônica de que trata o parágrafo único do art. 27-A desta Lei; e

II (redação da Lei 13.986, de 7.4.20) — autorizar e supervisionar o exercício da atividade prevista no inciso I do caput deste artigo.

§ 1º (redação da Lei 13.986, de 7.4.20) A autorização de que trata o parágrafo único do art. 27-A desta Lei poderá, a critério do Banco Central do Brasil, ser concedida por segmento, por espécie ou por grupos de entidades que atendam a critérios específicos, dispensada a concessão de autorização individualizada.

§ 2º (redação da Lei 13.986, de 7.4.20) As infrações às normas legais e regulamentares que regem a atividade de escrituração eletrônica sujeitam a entidade responsável pelo sistema eletrônico de escrituração, os seus administradores e os membros de seus órgãos estatutários ou contratuais ao disposto na Lei n. 13.506, de 13 de novembro de 2017.

Art. 27-C (*redação da Lei 13.986, de 7.4.20*). A entidade responsável pelo sistema eletrônico de escrituração de que trata o art. 27-A desta Lei expedirá, mediante solicitação de seu titular, certidão de inteiro teor do título, a qual corresponderá a título executivo extrajudicial.

Parágrafo único (*redação da Lei 13.986, de 7.4.20*). A certidão de que trata o *caput* deste artigo poderá ser emitida na forma eletrônica, observados os requisitos de segurança que garantam a autenticidade e a integridade do documento.

Art. 27-D (*redação da Lei 13.986, de 7.4.20*). O Banco Central do Brasil poderá regulamentar a emissão, a assinatura, a negociação e a liquidação da Cédula de Crédito Bancário emitida sob a forma escritural.

Art. 28. A Cédula de Crédito Bancário é título executivo extrajudicial e representa dívida em dinheiro, certa, líquida e exigível, seja pela soma nela indicada, seja pelo saldo devedor demonstrado em planilha de cálculo, ou nos extratos da conta corrente, elaborados conforme previsto no § 2º.[1-2]

§ 1º Na Cédula de Crédito Bancário poderão ser pactuados:[3]

I — os juros sobre a dívida, capitalizados ou não, os critérios de sua incidência e, se for o caso, a periodicidade de sua capitalização, bem como as despesas e os demais encargos decorrentes da obrigação.

II — os critérios de atualização monetária ou de variação cambial como permitido em lei;

III — os casos de ocorrência de mora e de incidência das multas e penalidades contratuais, bem como as hipóteses de vencimento antecipado da dívida;

IV — os critérios de apuração e de ressarcimento, pelo emitente ou por terceiro garantidor, das despesas de cobrança da dívida e dos honorários advocatícios, judiciais ou extrajudiciais, sendo que os honorários advocatícios extrajudiciais não poderão superar o limite de dez por cento do valor total devido;

V — quando for o caso, a modalidade de garantia da dívida, sua extensão e as hipóteses de substituição de tal garantia;

VI — as obrigações a serem cumpridas pelo credor;

VII — a obrigação do credor de emitir extratos da conta-corrente ou planilhas de cálculo da dívida, ou de seu saldo devedor, de acordo com os critérios estabelecidos na própria Cédula de Crédito Bancário, observado o disposto no § 2º; e

VIII — outras condições de concessão do crédito, suas garantias ou liquidação, obrigações adicionais do emitente ou do terceiro garantidor da obrigação, desde que não contrariem as disposições desta Lei.

§ 2º Sempre que necessário, a apuração do valor exato da obrigação, ou de seu saldo devedor, representado pela Cédula de Crédito Bancário, será feita pelo credor, por meio de planilha de cálculo e, quando for o caso, de extrato emitido pela instituição financeira, em favor da qual a Cédula de Crédito Bancário foi originalmente emitida, documentos esses que integrarão a Cédula, observado que:

I — os cálculos realizados deverão evidenciar de modo claro, preciso e de fácil entendimento e compreensão, o valor principal da dívida, seus encargos e despesas contratuais devidos, a parcela de juros e os critérios de sua incidência, a parcela de atualização monetária ou cambial, a parcela correspondente a multas e demais penalidades contratuais, as despesas de cobrança e de honorários advocatícios devidos até a data do cálculo e, por fim, o valor total da dívida; e

II — a Cédula de Crédito Bancário representativa de dívida oriunda de contrato de abertura de crédito bancário em conta-corrente será emitida pelo valor total do crédito posto à disposição do emitente, competindo ao credor, nos termos deste parágrafo, discriminar nos extratos da conta-corrente ou nas planilhas de cálculo, que serão anexados a Cédula, as parcelas utilizadas do crédito aberto, os aumentos do limite do crédito inicialmente concedido, as eventuais amortizações da dívida e a incidência dos encargos nos vários períodos de utilização do crédito aberto.

§ 3º O credor que, em ação judicial, cobrar o valor do crédito exequendo em desacordo com o expresso na Cédula de Crédito Bancário, fica obrigado a pagar ao devedor o dobro do cobrado a maior, que poderá ser compensado na própria ação, sem prejuízo da responsabilidade por perdas e danos.

Art. 28: 1. "A cédula de crédito bancário, mesmo quando o valor nela expresso seja oriundo de saldo devedor em **contrato de abertura de crédito em conta corrente,** tem natureza de título executivo" (STJ-4ª T., REsp 1.038.215-AgRg, Min. Maria Isabel, j. 26.10.10, DJ 19.11.10). No mesmo sentido: STJ-3ª T., REsp 1.330.460-AgRg, Min. Ricardo Cueva, j. 20.8.13, DJ 29.8.13; RT 925/1.020 (TJPE, Ag 0277508-4/01).

"A Lei 10.931/04 estabelece que a Cédula de Crédito Bancário é título executivo extrajudicial, representativo de operações de crédito de qualquer natureza, circunstância que autoriza sua emissão para documentar a abertura de crédito em conta corrente, nas modalidades de crédito rotativo ou cheque especial. Para tanto, o título de crédito deve vir acompanhado de claro demonstrativo acerca dos valores utilizados pelo cliente, trazendo o diploma legal a relação de exigências que o credor deverá cumprir, de modo a conferir liquidez e exequibilidade à Cédula (art. 28, § 2º, I e II, da Lei 10.931/04)" (STJ-2ª Seção, REsp 1.283.621, Min. Luis Felipe, j. 23.5.12, DJ 18.6.12).

Art. 28: 2. "A Cédula de Crédito Bancário, desde que satisfeitas as exigências do art. 28, § 2º, I e II, da Lei 10.931/2004, de modo a lhe conferir liquidez e exequibilidade, e desde que preenchidos os requisitos do art. 29 do mesmo diploma legal, é título executivo extrajudicial. A **constituição de garantia fiduciária** como pacto adjeto ao financiamento instrumentalizado por meio de Cédula de Crédito Bancário em nada modifica o direito do credor de optar por executar o seu crédito de maneira diversa daquela estatuída na Lei 9.514/1997 (execução extrajudicial)" (STJ-3ª T., REsp 1.965.973, Min. Ricardo Cueva, j. 15.2.22, DJ 22.2.22).

Art. 28: 3. "Não há vedação à adoção da variação dos Certificados de Depósitos Interbancários — **CDI como encargo financeiro** em contratos bancários, devendo o abuso ser observado na hipótese, em cotejo com as taxas médias de mercado regularmente divulgadas pelo Banco Central do Brasil para as operações de mesma espécie" (STJ-3ª T., REsp 1.978.445, Min. Nancy Andrighi, j. 25.10.22, DJ 28.10.22).

Art. 29. A Cédula de Crédito Bancário deve conter os seguintes requisitos essenciais:

I — a denominação "Cédula de Crédito Bancário";

II — a promessa do emitente de pagar a dívida em dinheiro, certa, líquida e exigível no seu vencimento ou, no caso de dívida oriunda de contrato de abertura de crédito bancário, a promessa do emitente de pagar a dívida em dinheiro, certa, líquida e exigível, correspondente ao crédito utilizado;

III — a data e o lugar do pagamento da dívida e, no caso de pagamento parcelado, as datas e os valores de cada prestação, ou os critérios para essa determinação;

IV — o nome da instituição credora, podendo conter cláusula à ordem;

V — a data e o lugar de sua emissão; e

VI — a assinatura do emitente e, se for o caso, do terceiro garantidor da obrigação, ou de seus respectivos mandatários.

§ 1º A Cédula de Crédito Bancário será transferível mediante endosso em preto, ao qual se aplicarão, no que couberem, as normas do direito cambiário, caso em que o endossatário, mesmo não sendo instituição financeira ou entidade a ela equiparada, poderá exercer todos os direitos por ela conferidos, inclusive cobrar os juros e demais encargos na forma pactuada na Cédula.

§ 2º (redação da Lei 13.986, de 7.4.20) Na hipótese de emissão sob a forma cartular, a Cédula de Crédito Bancário será emitida em tantas vias quantas forem as partes que nela intervierem, assinadas pelo emitente e pelo terceiro garantidor, se houver, ou por seus respectivos mandatários, e cada parte receberá uma via.

§ 3º Somente a via do credor será negociável, devendo constar nas demais vias a expressão "não negociável".

§ 4º A Cédula de Crédito Bancário pode ser aditada, retificada e ratificada mediante documento escrito, datado, com os requisitos previstos no *caput*, passando esse documento a integrar a Cédula para todos os fins.

§ 5º (redação da Lei 13.986, de 7.4.20) A assinatura de que trata o inciso VI do *caput* deste artigo poderá ocorrer sob a forma eletrônica, desde que garantida a identificação inequívoca de seu signatário.

Art. 30. A constituição de garantia da obrigação representada pela Cédula de Crédito Bancário é disciplinada por esta Lei, sendo aplicáveis as disposições da legislação comum ou especial que não forem com elas conflitantes.

Art. 31. A garantia da Cédula de Crédito Bancário poderá ser fidejussória ou real,[1] neste último caso constituída por bem patrimonial de qualquer espécie, disponível e alienável, móvel ou imóvel, material ou imaterial, presente ou futuro, fungível ou infungível, consumível ou não, cuja titularidade pertença ao próprio emitente ou a terceiro garantidor da obrigação principal.

Art. 31: 1. "O art. 31 da Lei 10.931/2004, ao estabelecer que 'a garantia da Cédula de Crédito Bancário poderá ser fidejussória ou real', não veda a constituição de **mais de uma garantia**" (STJ-4ª T., REsp 1.685.259-AgInt, Min. Isabel Gallotti, j. 24.4.18, DJ 3.5.18).

Art. 32. A constituição da garantia poderá ser feita na própria Cédula de Crédito Bancário ou em documento separado, neste caso fazendo-se, na Cédula, menção a tal circunstância.

Art. 33. O bem constitutivo da garantia deverá ser descrito e individualizado de modo que permita sua fácil identificação.

Parágrafo único. A descrição e individualização do bem constitutivo da garantia poderá ser substituída pela remissão a documento ou certidão expedida por entidade competente, que integrará a Cédula de Crédito Bancário para todos os fins.

Art. 34. A garantia da obrigação abrangerá, além do bem principal constitutivo da garantia, todos os seus acessórios, benfeitorias de qualquer espécie, valorizações a qualquer título, frutos e qualquer bem vinculado ao bem principal por acessão física, intelectual, industrial ou natural.

§ 1º O credor poderá averbar, no órgão competente para o registro do bem constitutivo da garantia, a existência de qualquer outro bem por ela abrangido.

§ 2º Até a efetiva liquidação da obrigação garantida, os bens abrangidos pela garantia não poderão, sem prévia autorização escrita do credor, ser alterados, retirados, deslocados ou destruídos, nem poderão ter sua destinação modificada, exceto quando a garantia for constituída por semoventes ou por veículos, automotores ou não, e a remoção ou o deslocamento desses bens for inerente à atividade do emitente da Cédula de Crédito Bancário, ou do terceiro prestador da garantia.

Art. 35. Os bens constitutivos de garantia pignoratícia ou objeto de alienação fiduciária poderão, a critério do credor, permanecer sob a posse direta do emitente ou do terceiro prestador da garantia, nos termos da cláusula de constituto possessório, caso em que as partes deverão especificar o local em que o bem será guardado e conservado até a efetiva liquidação da obrigação garantida.

§ 1º O emitente e, se for caso, o terceiro prestador da garantia responderão solidariamente pela guarda e conservação do bem constitutivo da garantia.

§ 2º Quando a garantia for prestada por pessoa jurídica, esta indicará representantes para responder nos termos do § 1º.

Art. 36. O credor poderá exigir que o bem constitutivo da garantia seja coberto por seguro até a efetiva liquidação da obrigação garantida, em que o credor será indicado como exclusivo beneficiário da apólice securitária e estará autorizado a receber a indenização para liquidar ou amortizar a obrigação garantida.

Art. 37. Se o bem constitutivo da garantia for desapropriado, ou se for danificado ou perecer por fato imputável a terceiro, o credor sub-rogar-se-á no direito à indenização devida pelo expropriante ou pelo terceiro causador do dano, até o montante necessário para liquidar ou amortizar a obrigação garantida.

Art. 38. Nos casos previstos nos arts. 36 e 37 desta Lei, facultar-se-á ao credor exigir a substituição da garantia, ou o seu reforço, renunciando ao direito à percepção do valor relativo à indenização.

Art. 39. O credor poderá exigir a substituição ou o reforço da garantia, em caso de perda, deterioração ou diminuição de seu valor.

Parágrafo único. O credor notificará por escrito o emitente e, se for o caso, o terceiro garantidor, para que substituam ou reforcem a garantia no prazo de quinze dias, sob pena de vencimento antecipado da dívida garantida.

Art. 40. Nas operações de crédito rotativo, o limite de crédito concedido será recomposto, automaticamente e durante o prazo de vigência da Cédula de Crédito Bancário, sempre que o devedor, não estando em mora ou inadimplente, amortizar ou liquidar a dívida.

Art. 41. A Cédula de Crédito Bancário poderá ser protestada por indicação, desde que o credor apresente declaração de posse da sua única via negociável, inclusive no caso de protesto parcial.

Art. 42. A validade e eficácia da Cédula de Crédito Bancário não dependem de registro, mas as garantias reais, por ela constituídas, ficam sujeitas, para valer contra terceiros, aos registros ou averbações previstos na legislação aplicável, com as alterações introduzidas por esta Lei.

Art. 42-A *(redação da Lei 13.986, de 7.4.20)*. Na hipótese de Cédula de Crédito Bancário emitida sob a forma escritural, o sistema eletrônico de escrituração de que trata o art. 27-A desta Lei fará constar:

I *(redação da Lei 13.986, de 7.4.20)* — a emissão do título, com seus requisitos essenciais;

II *(redação da Lei 13.986, de 7.4.20)* — a forma de pagamento ajustada no título;

III *(redação da Lei 13.986, de 7.4.20)* — o endosso em preto de que trata o § 1º do art. 29 desta Lei e a cadeia de endossos, se houver;

IV *(redação da Lei 13.986, de 7.4.20)* — os aditamentos, as retificações e as ratificações de que trata o § 4º do art. 29 desta Lei;

V *(redação da Lei 13.986, de 7.4.20)* — a inclusão de notificações, de cláusulas contratuais, de informações, inclusive sobre o fracionamento, quando houver, ou de outras declarações referentes à Cédula de Crédito Bancário ou ao certificado de que trata o art. 43 desta Lei; e

VI *(redação da Lei 13.986, de 7.4.20)* — as ocorrências de pagamento, se houver.

§ 1º *(redação da Lei 13.986, de 7.4.20)* Na hipótese de serem constituídos garantias e quaisquer outros gravames e ônus, tais ocorrências serão informadas no sistema eletrônico de escrituração de que trata o art. 27-A desta Lei.

§ 2º *(redação da Lei 13.986, de 7.4.20)* As garantias dadas na Cédula de Crédito Bancário ou, ainda, a constituição de gravames e ônus sobre o título deverão ser informadas no sistema ao qual se refere o art. 27-A desta Lei.

Art. 42-B *(redação da Lei 13.986, de 7.4.20)*. Para fins da cobrança de emolumentos e custas cartorárias relacionadas ao registro da garantia, fica a Cédula de Crédito Bancário, quando utilizada para a formalização de operações de crédito rural, equiparada à Cédula de Crédito Rural de que trata o Decreto-Lei n. 167, de 14 de fevereiro de 1967.

Art. 43 *(redação da Lei 13.986, de 7.4.20)*. As instituições financeiras, nas condições estabelecidas pelo Conselho Monetário Nacional, poderão emitir título representativo das Cédulas de Crédito Bancário por elas mantidas em custódia, do qual constarão:

I — o local e a data da emissão;

II (r*edação da Lei 13.986, de 7.4.20)* — o nome e a qualificação do custodiante das Cédulas de Crédito Bancário;

III — a denominação "Certificado de Cédulas de Crédito Bancário";

IV *(redação da Lei 13.986, de 7.4.20)* — a especificação das cédulas custodiadas, o nome dos seus emitentes e o valor, o lugar e a data do pagamento do crédito por elas incorporado;

V — o nome da instituição emitente;

VI *(redação da Lei 13.986, de 7.4.20)* — a declaração de que a instituição financeira, na qualidade e com as responsabilidades de custodiante e mandatária do titular do certificado, promoverá a cobrança das Cédulas de Crédito Bancário, e a declaração de que as cédulas custodiadas, o produto da cobrança do seu principal e os seus encargos serão entregues ao titular do certificado somente com a apresentação deste;

VII *(redação da Lei 13.986, de 7.4.20)* — o lugar da entrega do objeto da custódia; e

VIII (*redação da Lei 13.986, de 7.4.20*) — a remuneração devida à instituição financeira pela custódia das cédulas objeto da emissão do certificado, se convencionada.

§ 1º (*redação da Lei 13.986, de 7.4.20*) A instituição financeira responderá pela origem e pela autenticidade das Cédulas de Crédito Bancário nela custodiadas.

§ 2º Emitido o certificado, as Cédulas de Crédito Bancário e as importâncias recebidas pela instituição financeira a título de pagamento do principal e de encargos não poderão ser objeto de penhora, arresto, sequestro, busca e apreensão, ou qualquer outro embaraço que impeça a sua entrega ao titular do certificado, mas este poderá ser objeto de penhora, ou de qualquer medida cautelar por obrigação do seu titular.

§ 3º (*redação da Lei 13.986, de 7.4.20*) O certificado poderá ser emitido sob forma escritural, por meio do lançamento no sistema eletrônico de escrituração, hipótese em que se aplica, no que couber, com as devidas adaptações, o disposto nos arts. 27-A, 27-B, 27-C, 27-D e 42-A desta Lei.

§ 4º (*redação da Lei 13.986, de 7.4.20*) O certificado será transferido somente por meio de endosso, ainda que por intermédio de sistema eletrônico de escrituração, hipótese em que a transferência deverá ser datada e assinada por seu titular ou mandatário com poderes especiais e, na hipótese de certificado cartular, averbada na instituição financeira emitente, no prazo de 2 (dois) dias, contado da data do endosso.

§ 5º As despesas e os encargos decorrentes da transferência e averbação do certificado serão suportados pelo endossatário ou cessionário, salvo convenção em contrário.

§ 6º (*redação da Lei 13.986, de 7.4.20*) O endossatário do certificado, ainda que não seja instituição financeira ou entidade a ela equiparada, fará jus a todos os direitos nele previstos, incluídos a cobrança de juros e os demais encargos.

§ 7º (*redação da Lei 13.986, de 7.4.20*) O certificado poderá representar:

I (*redação da Lei 13.986, de 7.4.20*) — uma única cédula;
II (*redação da Lei 13.986, de 7.4.20*) — um agrupamento de cédulas; ou
III (*redação da Lei 13.986, de 7.4.20*) — frações de cédulas.

§ 8º (*redação da Lei 13.986, de 7.4.20*) Na hipótese de que trata o inciso III do § 7º deste artigo, o certificado somente poderá representar frações de Cédulas de Crédito Bancário emitidas sob forma escritural, e essa informação deverá constar do sistema de que trata o § 3º deste artigo.

Art. 44. Aplica-se às Cédulas de Crédito Bancário, no que não contrariar o disposto nesta Lei, a legislação cambial,[1-2] dispensado o protesto para garantir o direito de cobrança contra endossantes, seus avalistas e terceiros garantidores.

Art. 44: 1. v. tít. LETRA DE CÂMBIO E NOTA PROMISSÓRIA.

Art. 44: 2. "Nos termos do que dispõe o art. 44 da Lei 10.931/2004, aplica-se às Cédulas de Crédito Bancário, no que couber, a legislação cambial, de modo que se mostra de rigor a incidência do art. 70 da LUG, que prevê o **prazo prescricional de 3 anos** a contar do vencimento da dívida" (STJ-4ª T., Ag em REsp 353.702-AgRg, Min. Luis Felipe, j. 15.5.14, DJ 22.5.14).

Art. 45. Os títulos de crédito e direitos creditórios, representados sob a forma escritural ou física, que tenham sido objeto de desconto, poderão ser admitidos a redesconto junto ao Banco Central do Brasil, observando-se as normas e instruções baixadas pelo Conselho Monetário Nacional.

§ 1º Os títulos de crédito e os direitos creditórios de que trata o *caput* considerar-se-ão transferidos, para fins de redesconto, à propriedade do Banco Central do Brasil, desde que inscritos em termo de tradição eletrônico constante do Sistema de Informações do Banco Central — SISBACEN, ou, ainda, no termo de tradição previsto no § 1º do art. 5º do Decreto n. 21.499, de 9 de junho de 1932, com a redação dada pelo art. 1º do Decreto n. 21.928, de 10 de outubro de 1932.

§ 2º Entendem-se inscritos nos termos de tradição referidos no § 1º os títulos de crédito e direitos creditórios neles relacionados e descritos, observando-se os requisitos, os critérios e as formas estabelecidas pelo Conselho Monetário Nacional.

§ 3º A inscrição produzirá os mesmos efeitos jurídicos do endosso, somente se aperfeiçoando com o recebimento, pela instituição financeira proponente do redesconto, de mensagem de aceitação do Banco Central do Brasil, ou, não sendo eletrônico o termo de tradição, após a assinatura das partes.

§ 4º Os títulos de crédito e documentos representativos de direitos creditórios, inscritos nos termos de tradição, poderão, a critério do Banco Central do Brasil, permanecer na posse direta da instituição financeira beneficiária do redesconto, que os guardará e conservará em depósito, devendo proceder, como comissária *del credere*, à sua cobrança judicial ou extrajudicial.

Art. 45-A (*redação da Lei 13.986, de 7.4.20*). Para fins do disposto no § 1º do art. 2º da Lei n. 6.385, de 7 de dezembro de 1976, a Cédula de Crédito Bancário, o Certificado de Cédulas de Crédito Bancário e a Cédula de Crédito Imobiliário são títulos cambiais de responsabilidade de instituição financeira ou de entidade autorizada a funcionar pelo Banco Central do Brasil, desde que a instituição financeira ou a entidade:

I (*redação da Lei 13.986, de 7.4.20*) — seja titular dos direitos de crédito por eles representados;

II (*redação da Lei 13.986, de 7.4.20*) — preste garantia às obrigações por eles representadas; ou

III (*redação da Lei 13.986, de 7.4.20*) — realize, até a liquidação final dos títulos, o serviço de monitoramento dos fluxos de recursos entre credores e devedores e de eventuais inadimplementos.

Capítulo V | DOS CONTRATOS DE FINANCIAMENTO DE IMÓVEIS

Art. 46. Nos contratos de comercialização de imóveis, de financiamento imobiliário em geral e nos de arrendamento mercantil de imóveis, bem como nos títulos e valores mobiliários por eles originados, com prazo mínimo de trinta e seis meses, é admitida estipulação de cláusula de reajuste, com periodicidade mensal, por índices de preços setoriais ou gerais ou pelo índice de remuneração básica dos depósitos de poupança.

§ 1º É vedado o pagamento dos valores relativos à atualização monetária apropriados nos títulos e valores mobiliários, quando ocorrer o resgate antecipado, total ou parcial, em prazo inferior ao estabelecido no *caput*.

§ 2º Os títulos e valores mobiliários a que se refere o *caput* serão cancelados pelo emitente na hipótese de resgate antecipado em que o prazo a decorrer for inferior a trinta e seis meses.

§ 3º Não se aplica o disposto no § 1º, no caso de quitação ou vencimento antecipados dos créditos imobiliários que lastreiem ou tenham originado a emissão dos títulos e valores mobiliários a que se refere o *caput*.

Art. 47. São nulos de pleno direito quaisquer expedientes que, de forma direta ou indireta, resultem em efeitos equivalentes à redução do prazo mínimo de que trata o *caput* do art. 46.

Parágrafo único. O Conselho Monetário Nacional poderá disciplinar o disposto neste artigo.

Art. 48. Fica vedada a celebração de contratos com cláusula de equivalência salarial ou de comprometimento de renda, bem como a inclusão de cláusulas desta espécie em contratos já firmados, mantidas, para os contratos firmados até a data de entrada em vigor da Medida Provisória n. 2.223, de 4 de setembro de 2001, as disposições anteriormente vigentes.

Art. 49. No caso do não pagamento tempestivo, pelo devedor, dos tributos e das taxas condominiais incidentes sobre o imóvel objeto do crédito imobiliário respectivo, bem como das parcelas mensais incontroversas de encargos estabelecidos no respectivo contrato e de quaisquer outros encargos que a lei imponha ao proprietário ou ao ocupante de imóvel, poderá o juiz, a requerimento do credor, determinar a cassação de medida liminar, de medida cautelar ou de antecipação dos efeitos da tutela que tenha interferido na eficácia de cláusulas do contrato de crédito imobiliário correspondente ou suspendido encargos dele decorrentes.

Art. 50. Nas ações judiciais que tenham por objeto obrigação decorrente de empréstimo, financiamento ou alienação imobiliários, o autor deverá discriminar na petição inicial, dentre as obrigações contratuais, aquelas que pretende controverter, quantificando o valor incontroverso, sob pena de inépcia.[1]

§ 1º O valor incontroverso[2] deverá continuar sendo pago no tempo e modo contratados.

§ 2º A exigibilidade do valor controvertido poderá ser suspensa mediante depósito do montante correspondente, no tempo e modo contratados.

§ 3º Em havendo concordância do réu, o autor poderá efetuar o depósito de que trata o § 2º deste artigo, com remuneração e atualização nas mesmas condições aplicadas ao contrato:

I — na própria instituição financeira credora, oficial ou não; ou

II — em instituição financeira indicada pelo credor, oficial ou não, desde que estes tenham pactuado nesse sentido.

§ 4º O juiz poderá dispensar o depósito de que trata o § 2º em caso de relevante razão de direito e risco de dano irreparável ao autor, por decisão fundamentada na qual serão detalhadas as razões jurídicas e fáticas da ilegitimidade da cobrança no caso concreto.

§ 5º É vedada a suspensão liminar da exigibilidade da obrigação principal sob a alegação de compensação com valores pagos a maior, sem o depósito do valor integral desta.

Art. 50: 1. "A revisão dos contratos de crédito imobiliário à luz do art. 50 da Lei 10.931/04", por Eduardo de Sampaio Soares e Jurandyr Souza Junior (RP 140/86).

Art. 50: 2. "Matéria incontroversa na Lei 10.931/04, sobre financiamento imobiliário", por Ruy Rosado de Aguiar Júnior (Ajuris 100/317); "Boa-fé objetiva e adimplemento da obrigação incontroversa. Notas sobre os arts. 49 e 50 da Lei 10.931/2004", por Luiz Rodrigues Wambier (RT 846/117, RJ 341/27, RP 143/26).

Art. 51. Sem prejuízo das disposições do Código Civil, as obrigações em geral também poderão ser garantidas, inclusive por terceiros, por cessão fiduciária de direitos creditórios decorrentes de contratos de alienação de imóveis, por caução de direitos creditórios ou aquisitivos decorrentes de contratos de venda ou promessa de venda de imóveis e por alienação fiduciária de coisa imóvel.

Art. 52. Uma vez protocolizados todos os documentos necessários à averbação ou ao registro dos atos e dos títulos a que se referem esta Lei e a Lei n. 9.514, de 1997, o oficial de Registro de Imóveis procederá ao registro ou à averbação, dentro do prazo de quinze dias.

Capítulo VI | DISPOSIÇÕES FINAIS

Normas Complementares a esta Lei

Art. 63. Nas operações envolvendo recursos do Sistema Financeiro da Habitação e do Sistema Financeiro Imobiliário, relacionadas com a moradia, é vedado cobrar do mutuário a elaboração de instrumento contratual particular, ainda que com força de escritura pública.

Art. 63-A (*revogado pela Lei 13.476, 28.8.17*).

Art. 64. (VETADO)

Art. 65. O Conselho Monetário Nacional e a Secretaria da Receita Federal, no âmbito das suas respectivas atribuições, expedirão as instruções que se fizerem necessárias à execução das disposições desta Lei.

Vigência

Art. 66. Esta Lei entra em vigor na data de sua publicação.
Revogações

Art. 67. Ficam revogadas as Medidas Provisórias n. 2.160-25, de 23 de agosto de 2001, 2.221, de 4 de setembro de 2001, e 2.223, de 4 de setembro de 2001, e os arts. 66 e 66-A da Lei n. 4.728, de 14 de julho de 1965.

Brasília, 2 de agosto de 2004; 183º da Independência e 116º da República — Luiz Inácio Lula da Silva — **Márcio Thomaz Bastos** — **Antonio Palocci Filho** — **Marina Silva** — **Olívio de Oliveira Dutra** — **José Dirceu de Oliveira e Silva** — **Álvaro Augusto Ribeiro Costa**.

Consumidor

Lei n. 8.078, de 11 de setembro de 1990

Dispõe sobre a proteção[1] do consumidor e dá outras providências.

O Presidente da República,
Faço saber que o Congresso Nacional decreta e eu sanciono a seguinte lei:

LEI 8.078: 1. Súmula 297 do STJ: "O Código de Defesa do Consumidor é aplicável às instituições financeiras" (v. jurisprudência s/ esta Súmula em RSTJ 185/666).

A aplicação do CDC às relações de consumo de natureza bancária foi declarada constitucional pelo STF (STF-RT 855/79: Pleno, ADI 2.591).

✎ "Relações bancárias com clientes pessoas jurídicas: existência (ou não) de relação de consumo", por Marcio Koji Oya (RP 128/149); "A proteção do consumidor titular de cartões de crédito", por Maria Fernanda Raposo de Medeiros Tavares Martins (RDPr 24/172); "O direito monetário na recente jurisprudência do Supremo Tribunal Federal", por Arnoldo Wald (RT 861/11); "Abertura e encerramento de contas bancárias", por Gladston Mamede (RM-DECC 15/5); "Responsabilidade civil dos estabelecimentos bancários e o Código de Defesa do Consumidor", por Rui Stoco (RJ 358/49).

Súmula 563 do STJ: "O Código de Defesa do Consumidor é aplicável às entidades abertas de previdência complementar, não incidindo nos contratos previdenciários celebrados com entidades fechadas".

Foi **cancelada a Súmula 321 do STJ**, que não distinguia as entidades de previdência para a aplicação da legislação consumerista: "O Código de Defesa do Consumidor é aplicável à relação jurídica entre a entidade de previdência privada e seus participantes".

Súmula 602 do STJ: "O Código de Defesa do Consumidor é aplicável aos empreendimentos habitacionais promovidos pelas sociedades cooperativas".

Súmula 608 do STJ: "Aplica-se o Código de Defesa do Consumidor aos contratos de plano de saúde, salvo os administrados por entidades de autogestão".

V. art. 51, nota 7.

Também se aplica o CDC:

— à Caixa de Previdência dos Militares (STJ-4ª T., AI 80.671-AgRg, Min. Ruy Rosado, j. 16.4.96, DJU 20.5.96);

— aos espectadores pagantes, por qualquer meio, de espetáculo ou evento desportivo (Lei 9.615, de 24.3.98, art. 42 § 3º);

— no "relacionamento entre a emissora de televisão e seu público telespectador" (STJ-2ª T., REsp 1.665.213, Min. Herman Benjamin, j. 22.8.17, DJ 13.9.17);

— aos fornecedores de produtos ou serviços, em geral, independentemente de sua natureza jurídica, mesmo no caso de "sociedade civil, sem fins lucrativos, de caráter beneficente e filantrópico, bastando que desempenhem determinada atividade no mercado de consumo mediante remuneração" (STJ-3ª T., REsp 519.310, Min. Nancy Andrighi, j. 20.4.04, DJU 24.5.04);

— às relações resultantes da exploração comercial da internet: "O fato de o serviço prestado pelo provedor de serviço de internet ser gratuito não desvirtua a relação de consumo, pois o termo mediante remuneração, contido no art. 3º, § 2º, do CDC, deve ser interpretado de forma ampla, de modo a incluir o ganho indireto do fornecedor" (STJ-3ª T., REsp 1.308.830, Min. Nancy Andrighi, j. 8.5.12, RT 923/637);

— aos sites que intermedeiam negócios na Internet, recebendo comissão na venda (RT 899/287: TJRN, AP 2008.001217-1; RIDCPC 48/25: TJRS, AP 70016093080; Bol. AASP 2.627: TJRS, AP 70025673856; RJTJERGS 273/364: AP 70026228668). **Todavia:** "A relação entre o ofertante e o intermediador será ou não de consumo a depender da natureza da atividade exercida pelo anunciante do produto ou serviço. Se o vendedor for um profissional que realiza a venda de produtos com habitualidade, ele não se enquadrará no conceito de fornecedor instituído no art. 3º do CDC, de modo que a responsabilidade civil do *site* será regida pelas normas previstas no Código Civil. Lado outro, caso o vendedor não seja um profissional e não venda produtos ou ofereça serviços de forma habitual, havendo falha na prestação de serviços por parte do intermediário, aplicam-se as normas previstas no CDC" (STJ-3ª T., REsp 1.880.344, Min. Nancy Andrighi, j. 9.3.21, DJ 11.3.21);

— na prestação de serviço de corretagem imobiliária (STJ-4ª T., REsp 1.364.574, Min. Luis Felipe, j. 24.10.17, DJ 30.11.17);

— na relação entre o proprietário do imóvel e a administradora contratada para gerenciá-lo: "A atividade da imobiliária, que é normalmente desenvolvida com o escopo de propiciar um outro negócio jurídico, uma nova contratação, envolvendo uma terceira pessoa física ou jurídica, pode também se resumir ao cumprimento de uma agenda de pagamentos (taxas, impostos e emolumentos) ou apenas à conservação do bem, à sua manutenção e até mesmo, em casos extremos, ao simples exercício da posse, presente uma eventual impossibilidade do próprio dono, tudo a evidenciar a sua destinação final econômica em relação ao contratante" (STJ-3ª T., REsp 509.304, Min. Ricardo Cueva, j. 16.5.13, RT 936/417);

— nas relações entre os agentes financeiros do SFH e seus mutuários (STJ-3ª T., AI 478.167-AgRg, Min. Nancy Andrighi, j. 25.3.03, DJU 22.4.03; STJ-4ª T., AI 465.114-AgRg, Min. Aldir Passarinho Jr., j. 20.2.03, DJ 31.3.03; RT 840/298). **Todavia:** "Nos contratos de financiamento do SFH vinculados ao Fundo de Compensação de Variação Salarial — FCVS, pela presença da garantia do Governo em relação ao saldo devedor, aplica-se a legislação própria e protetiva do mutuário hipossuficiente e do próprio Sistema, afastando-se o CDC, se colidentes as regras jurídicas" (STJ-RT 863/177: 1ª Seção, REsp 489.701, maioria). **Contra,** afastando a aplicação do CDC em geral: RT 838/409 (TRF-2ª Reg., AI 2004.02.01.011414-3);

— "a cooperativa de crédito integra o sistema financeiro nacional, estando sujeita às normas do CDC" (STJ-3ª T., AI 1.224.838-AgRg, Min. Nancy Andrighi, j. 4.3.10, DJ 15.3.10);

— "ao contrato de corretagem de ações" (RMDECC 50/127: TJDFT, AP 2011.01.1.127098-5). Em sentido semelhante: "Impõe-se reconhecer a relação de consumo existente entre o contratante que visa a atender necessidades próprias e as sociedades que prestam de forma habitual e profissional o serviço de corretagem de valores e títulos mobiliários" (STJ-3ª T., REsp 1.599.535, Min. Nancy Andrighi, j. 14.3.17, DJ 21.3.17);

— "na relação entre a administradora do clube de ações, que presta serviço de gerência de investimentos, e seu cotista, já que o vínculo societário existente entre as partes não afasta a relação de consumo, a qual se caracteriza pelo objeto contratado, sendo irrelevante a natureza jurídica da entidade que presta os serviços, ainda que se diga sem caráter lucrativo" (STJ-4ª T., Ag em REsp 516.581-AgInt, Min. Lázaro Guimarães, j. 18.9.18, DJ 21.9.18);

— nos contratos de cartão de crédito (STJ-3ª T., REsp 393.798, Min. Menezes Direito, j. 27.6.02, DJU 23.9.02; RF 368/352);

— "aos contratos de cédula de crédito rural" (STJ-2ª T., REsp 1.127.805, Min. Eliana Calmon, j. 6.10.09, DJ 19.10.09). No mesmo sentido: STJ-4ª T., REsp 794.526-AgRg, Min. Aldir Passarinho Jr., j. 16.3.06, DJ 24.4.06;

— nos contratos de arrendamento mercantil de bens móveis — *leasing* (STJ-3ª T., REsp 431.031, Min. Pádua Ribeiro, j. 25.2.03, DJU 24.3.03; STJ-4ª T., REsp 364.140, Min. Ruy Rosado, j. 18.6.02, DJU 12.8.02; RF 347/359, RJM 174/153); **contra:** Bol. AASP 2.123/4;

— "à relação travada entre os titulares do direito de uso dos jazigos situados em cemitério particular e a administradora ou proprietária deste, que comercializa os jazigos e disponibiliza a prestação de outros serviços funerários" (STJ-RT 912/606: 3ª T., REsp 1.090.044);

— "na hipótese de serviço público prestado por concessionária, tendo em vista que a relação jurídica tem natureza de Direito Privado e o pagamento é contraprestação feita sob a modalidade de tarifa, que não se classifica como taxa" (STJ-2ª T., Ag 1.398.696-AgRg, Min. Castro Meira, j. 3.11.11, DJ 10.11.11). Assim, p. ex., o CDC é aplicável às concessionárias de serviços rodoviários, nas suas relações com os usuários da estrada (STJ-3ª T., REsp 467.883, Min. Menezes Direito, j. 17.6.03, DJU 1.9.03). No mesmo sentido: STJ-4ª T., REsp 687.799, Min. Aldir Passarinho Jr., j. 15.10.09, DJ 30.11.09;

— no caso de "coleta de sangue de doador, exercida pelo hemocentro como parte de sua atividade comercial" (STJ-RT 891/248: 4ª T., REsp 540.922);

— nas relações entre os estabelecimentos de ensino e seus alunos (STJ-4ª T., REsp 1.094.769, Min. Marco Buzzi, j. 18.3.14, maioria, DJ 15.8.14; RF 368/348, RJM 174/113);

— no âmbito dos programas de fidelidade, que, "embora não sejam ofertados de maneira onerosa, proporcionam grande lucratividade às empresas aéreas, tendo em vista a adesão de um grande número de pessoas, as quais são atraídas pela diversidade dos benefícios que lhes são oferecidos" (STJ-4ª T., REsp 1.966.032, Min. Luis Felipe, j. 16.8.22, DJ 9.9.22).

Por outro lado, tais disposições não incidem:

— no atendimento prestado por hospital público: "Quando o serviço público é prestado diretamente pelo Estado e custeado por meio de receitas tributárias não se caracteriza uma relação de consumo" (STJ-2ª T., REsp 1.187.456, Min. Castro Meira, j. 16.11.10, DJ 1.12.10);

— nas atividades notariais (STJ-RF 387/275: 3ª T., REsp 625.144, dois votos vencidos; RJM 188/87: AP 1.0105.08.257296-4/001);

— nas relações entre os advogados e seus clientes (STJ-RT 878/170: 4ª T., REsp 914.105; STJ-3ª T., REsp 757.867, Min. Gomes de Barros, j. 21.9.06, DJU 9.10.06). **Contra:** RSTJ 182/276 (3ª T., REsp 364.168, dois votos vencidos);

— nas relações entre franqueador e franqueado (STJ-RJ 349/139: 3ª T., REsp 687.322; STJ-4ª T., REsp 632.958, Min. Aldir Passarinho Jr., j. 4.3.10, DJ 29.3.10; JTJ 297/315);

— nas relações entre o representante comercial e a sociedade representada (STJ-3ª T., REsp 761.557, Min. Sidnei Beneti, j. 24.11.09, DJ 3.12.09);

— na "relação existente entre distribuidores e revendedores de combustíveis" (STJ-4ª T., REsp 782.852, Min. Luis Felipe, j. 7.4.11, DJ 29.4.11);

— no "contrato de fornecimento de insumos agrícolas celebrado entre cooperativa e cooperado, por se tratar de ato cooperativo típico" (STJ-3ª T., REsp 1.122.507-AgRg, Min. Paulo Sanseverino, j. 7.8.12, DJ 13.8.12);

— nas relações entre condomínio e condômino (STJ-4ª T., REsp 655.267, Min. Jorge Scartezzini, j. 17.2.05, DJU 21.3.05; STJ-RT 132/338: 3ª T.; RT 808/297, JTJ 235/15);

— nos contratos de locação de imóvel (v., no CPCLPV, LI 1º, nota 1a);

— na hipótese de inadimplemento do devedor em matéria de alienação fiduciária de bem imóvel (v. Lei 9.514/97, art. 26, nota 2, no tít. ALIENAÇÃO FIDUCIÁRIA);

— em contrato administrativo, "em que a Administração é quem detém posição de supremacia justificada pelo interesse público" (STJ-2ª T., RMS 31.073, Min. Eliana Calmon, j. 26.8.10, DJ 31.8.10). "Inaplicabilidade também, por extensão, ao contrato de fiança bancária acessório ao contrato administrativo" (STJ-3ª T., REsp 1.745.415, Min. Paulo Sanseverino, j. 14.5.19, DJ 21.5.19);

— nas relações entre a Caixa Econômica Federal e os estudantes beneficiários do Programa de Crédito Educativo, regido pela Lei 8.436/92 (STJ-2ª T., REsp 562.565, Min. Franciulli Netto, j. 21.10.04, DJU 11.4.05). **Todavia:** "Embora a jurisprudência desta Corte Superior seja no sentido da não aplicação do CDC aos Contratos de Crédito Educativo, não se deve olvidar a ideologia do Código Consumerista consubstanciada no equilíbrio da relação contratual, partindo-se da premissa da maior vulnerabilidade de uma das partes. O CDC, mesmo não regendo diretamente a espécie sob exame, projeta luz na sua compreensão. Neste caso, o CDC foi referido apenas como ilustração da orientação jurídica moderna, que valoriza o equilíbrio entre as partes da relação contratual, porquanto essa diretriz está posta hoje em dia, no próprio Código Civil. Tratando-se no caso dos autos de Contrato de Crédito Educativo e levando-se em conta a elevada finalidade social da sua instituição, mostra-se desarrazoada uma multa contratual no valor de 10%" (STJ-1ª T., REsp 1.272.995-AgRg, Min. Napoleão Maia Filho, j. 7.2.12, DJ 15.2.12);

— em "contrato de financiamento de dívida pública, no qual a Caixa Econômica Federal atuou, apenas, como agente executiva de políticas públicas determinadas pela União" (STJ-1ª T., REsp 355.099, Min. Denise Arruda, j. 3.10.06, DJU 16.11.06);

— nos contratos de *factoring* (STJ-4ª T., REsp 938.979, Min. Luis Felipe, j. 19.6.12, RT 924/509);

— nas operações efetuadas por meio da cédula de crédito industrial (RJM 165/156);

— no "seguro obrigatório (DPVAT). Com efeito, em se tratando de obrigação imposta por lei, na qual não há acordo de vontade entre as partes, tampouco qualquer ingerência das seguradoras componentes do consórcio do seguro DPVAT nas regras atinentes à indenização securitária (extensão do seguro; hipóteses de cobertura; valores correspondentes; dentre outras), além de inexistir sequer a opção de contratação ou escolha do produto ou fornecedor pelo segurado, revela-se ausente relação consumerista na espécie, ainda que se valha das figuras equiparadas de consumidor dispostas na Lei n. 8.078/90" (STJ-3ª T., REsp 1.635.398, Min. Marco Bellizze, j. 17.10.17, DJ 23.10.17). No mesmo sentido: STJ-2ª Seção, REsp 1.091.756, Min. Marco Bellizze, j. 13.12.17, maioria, DJ 5.2.18;

— no transporte aéreo internacional de passageiros, pois, "nos termos do art. 178 da Constituição da República, as normas e os tratados internacionais limitadores da responsabilidade das transportadoras aéreas de passageiros, especialmente as Convenções de Varsóvia e Montreal, têm prevalência em relação ao Código de Defesa do Consumidor" (STF-Pleno, Ag em RE 766.618, Min. Roberto Barroso, j. 25.5.17, maioria, DJ 13.11.17). No mesmo sentido: STJ-3ª T., REsp 673.048, Min. Marco Bellizze, j. 8.5.18, DJ 18.5.18.

V. tb. art. 27, nota 1c, e CC 186, nota 4c, e 749, nota 3.

V. ainda arts. 2º, 17 e 29.

S/ a aplicação ou não do CDC à luz da noção de destinatário final, v. art. 2º, nota 2.

Título I | DOS DIREITOS DO CONSUMIDOR

Capítulo I | DISPOSIÇÕES GERAIS

Art. 1º O presente Código[1] estabelece normas de proteção e defesa do consumidor, de ordem pública e interesse social, nos termos dos arts. 5º, inciso XXXII, 170, inciso V, da Constituição Federal e art. 48 de suas Disposições Transitórias.

Art. 1º: 1. "O direito do consumidor", por Antônio Herman V. Benjamin (RT 670/49); "Lineamentos jurídicos da empresa e o Código do Consumidor", por Francisco Wildo Lacerda Dantas (RT 671/61); "Tutelas administrativas e penais do Código de Defesa do Consumidor", por Paulo Brasil Dill Soares (RF 362/109); "Considerações sobre os princípios do Código de Defesa do Consumidor", por Antonio de Pádua Ferraz Nogueira (RF 348/37); "O representante comercial autônomo e a sua responsabilidade na relação de consumo", por Maurício Scheinman (RDPr 13/170); "Os fundos de investimentos financeiros à luz do Código de Defesa do Consumidor: a proteção jurídica do investidor", por Rodrigo Alves da Silva (RDPr 13/187); "Anatomia da relação de consumo", por Christiana Motta Gomes (RJM 166/27); "A proteção do consumidor na era da globalização", por Cristiano Chaves de Farias (RF 369/63); "A proteção ao consumidor no sistema jurídico brasileiro", pelo Min. Sálvio de Figueiredo Teixeira (RF 370/177); "O Código de Defesa do Consumidor e a jurisprudência do Tribunal de Justiça do Estado de São Paulo", por Ênio Santarelli Zuliani (RT 822/110 e RSDCPC 29/37); "Princípios nucleares do Código Brasileiro de Defesa do Consumidor", por Henrique Alves Pinto (RDA 236/83); "A defesa do consumidor no Brasil", por Nelson Nery Jr. (RDPr 18/218); "Os direitos de personalidade e os direitos do consumidor", por Bruno Miragem (Ajuris 97/33); "O contrato de seguro à luz do Código de Defesa do Consumidor e do novo Código Civil", por Luiz Felipe Silveira Difini (Ajuris 98/195); "Os serviços de interesse geral e o princípio fundamental da protecção dos interesses económicos do consumidor", por Mário Frota (Ajuris 100/381); "A defesa do consumidor constitucional", por Ricardo H. Weber (RJ 346/33); "Direitos do consumidor no comércio eletrônico", por Fábio Ulhoa Coelho (RIDCPC 48/7); "A incidência do Código de Defesa do Consumidor nos contratos marítimos de transporte de mercadorias e fretamento de navios no direito brasileiro", por Eliane M. Octaviano Martins (RIDCPC 52/141); "Usucapião de coisa móvel nas relações de consumo", por Rogério Donnini (RF 399/509); "Natureza jurídica da responsabilidade civil nas relações de consumo", por Roberto Grassi Neto (RF 401/303).

Art. 2º Consumidor é toda pessoa física ou jurídica que adquire ou utiliza produto ou serviço como destinatário final.[1 a 3]

Parágrafo único. Equipara-se a consumidor a coletividade de pessoas, ainda que indetermináveis, que haja intervindo nas relações de consumo.

Art. 2º: 1. v. arts. 17 e 29. V. ainda nota 1 no início desta lei.

Art. 2º: 1a. "Do conceito ampliado de consumidor", por Nehemias Domingos de Melo (RSDCPC 30/55).

Art. 2º: 2. A noção de destinatário final para o conceito de consumidor e para a aplicação do CDC não é pacífica.

— Defendendo a **corrente subjetiva** (finalista), para a qual destinatário final é quem adquire bem ou serviço para atender necessidade própria e não para desenvolver atividade profissional ou produtiva (**conceito econômico de destinatário final**):

"A aquisição de bens ou a utilização de serviços, por pessoa natural ou jurídica, com o escopo de implementar ou incrementar a sua atividade negocial, não se reputa como relação de consumo" (STJ-2ª Seção, REsp 541.867, Min. Barros Monteiro, j. 10.11.04, quatro votos vencidos, DJU 16.5.05). No mesmo sentido: JTJ 348/312 (AP 992.06.028829-6).

"Tratando-se de financiamento obtido por empresário, destinado precipuamente a incrementar a sua atividade negocial, não se podendo qualificá-lo, portanto, como destinatário final, inexistente é a pretendida relação de consumo" (STJ-4ª T., REsp 264.126, Min. Barros Monteiro, j. 8.5.01, DJU 27.8.01). No mesmo sentido: STJ-3ª T., REsp 1.033.736-AgRg, Min. Ricardo Cueva, j. 20.5.14, DJ 30.5.14.

"O posto revendedor de combustível recorrido não se enquadra no conceito de consumidor final (art. 2º, *caput*, do CDC), haja vista estar o contrato que celebrou com o recorrente vinculado à sua atividade lucrativa" (STJ-6ª T., REsp 475.220, Min. Paulo Medina, j. 24.6.03, DJU 15.9.03).

"Se o transportador contrata seguro visando à proteção da carga pertencente a terceiro, em regra, não pode ser considerado consumidor, uma vez que utiliza os serviços securitários como instrumento dentro do processo de prestação de serviços e com a finalidade lucrativa" (STJ-4ª T., Ag em REsp 1.096.881-AgInt, Min. Luis Felipe, j. 15.3.18, DJ 20.3.18). V. tb. CC 786, nota 2b.

"Seguro RC D&O. Inaplicabilidade do CDC. No seguro RC D&O, o objeto é diverso daquele relativo ao seguro patrimonial da pessoa jurídica, pois busca garantir o risco de eventuais prejuízos causados em consequência de atos ilícitos culposos praticados por executivos durante a gestão da sociedade, o que acaba fomentando administrações arrojadas e empreendedoras, as quais poderiam não acontecer caso houvesse a possibilidade de responsabilização pessoal delas decorrente. Assim, a sociedade empresária segurada não atua como destinatária final do seguro, utilizando a proteção securitária como insumo para suas atividades e para alcançar melhores resultados societários" (STJ-3ª T., REsp 1.926.477, Min. Marco Bellizze, j. 18.10.22, DJ 27.10.22). V. tb. CC 757, nota 4a.

— Defendendo a **corrente objetiva** (maximalista), para a qual destinatário final é quem retira o bem ou serviço do mercado, pouco importando se eles são utilizados no processo produtivo ou no desenvolvimento de atividade profissional (**conceito fático de destinatário final**):

"Aquele que exerce empresa assume a condição de consumidor dos bens e serviços que adquire ou utiliza como destinatário final, isto é, quando o bem ou serviço, ainda que venha a compor o estabelecimento empresarial, não integre diretamente — por meio de transformação, montagem, beneficiamento ou revenda — o produto ou serviço que venha a ser ofertado a terceiros" (STJ-2ª Seção, CC 41.056, Min. Nancy Andrighi, j. 23.6.04, três votos vencidos, DJU 20.9.04).

"O agricultor que adquire bem móvel com a finalidade de utilizá-lo em sua atividade produtiva, deve ser considerado destinatário final, para os fins do artigo 2º do Código de Defesa do Consumidor" (STJ-3ª T., REsp 445.854, Min. Castro Filho, j. 2.12.03, DJU 19.12.03). Também considerando o agricultor como consumidor nessas circunstâncias: STJ-4ª T., AI 1.370.994-AgRg, Min. Isabel Gallotti, j. 1.3.16, DJ 7.3.16.

"'O conceito de destinatário final, do Código de Defesa do Consumidor, alcança a empresa ou o profissional que adquire bens ou serviços e os utiliza em benefício próprio'. No caso em exame, a recorrente enquadra-se em tal conceituação, visto ser empresa prestadora de serviços médico-hospitalares, que utiliza a água para a manutenção predial e o desenvolvimento de suas atividades, ou seja, seu consumo é em benefício próprio" (STJ-1ª T., REsp 1.025.472, Min. Francisco Falcão, j. 3.4.08, DJU 30.4.08). Em sentido semelhante: JTJ 316/102 (AP 881.544-0/0).

— Em seus pronunciamentos mais recentes, a 3ª e a 4ª Turmas do STJ têm afirmado a prevalência da **corrente subjetiva, com temperamentos:** "Cumpre consignar a existência de certo abrandamento na interpretação finalista, na medida em que se admite, excepcionalmente e desde que demonstrada *in concreto* a vulnerabilidade técnica, jurídica ou econômica, a aplicação das normas do Código de Defesa do Consumidor a determinados consumidores profissionais, como pequenas empresas e profissionais liberais. Quer dizer, não se deixa de perquirir acerca do uso, profissional ou não, do bem ou serviço; apenas, como exceção, e à vista da hipossuficiência concreta de determinado adquirente ou utente, não obstante seja um profissional, passa-se a considerá-lo consumidor" (STJ-4ª T., REsp 661.145, Min. Jorge Scartezzini, j. 22.2.05, DJU 28.3.05). No mesmo sentido: STJ-RDPr 40/382 (3ª T., REsp 1.080.719). Por isso, "o fato de o recorrido adquirir o veículo para uso comercial — táxi — não afasta a sua condição de hipossuficiente na relação com a empresa-recorrente, ensejando a aplicação das normas protetivas do Código de Defesa do Consumidor" (STJ-RT 835/189: 4ª T.). "Aplica-se o Código de Defesa do Consumidor aos contratos firmados entre instituições financeiras e agricultor, pessoa física, ainda que para viabilizar o seu trabalho como produtor rural" (STJ-RT 876/164: 3ª T., REsp 866.389-EDcl-AgRg).

"Não perde a condição de consumidor o motorista profissional que adquire os serviços de recuperação de pneus da fornecedora para deles se beneficiar em sua profissão. Havendo vulnerabilidade na relação, devem ser aplicadas as regras do Código de Defesa do Consumidor" (JTJ 326/47: AI 1.159.796-0/2). "Sociedade empresária. Consumidor. Destinatário econômico final. Mitigação. Pessoa jurídica. Excepcionalidade. Vulnerabilidade. Aplicabilidade do Código de Defesa do Consumidor" (RT 930/606: TJAL, AI 2012.003484-0).

— A prevalência da corrente subjetiva não impede o enquadramento de empresa na condição de consumidora, independentemente da questão da hipossuficiência. Basta que ela seja a destinatária final do bem do ponto de vista econômico: "O que qualifica uma pessoa jurídica como consumidora é a aquisição ou utilização de produtos ou serviços em benefício próprio; isto é, para satisfação de suas necessidades pessoais, sem ter o interesse de repassá-los a terceiros, nem empregá-los na geração de outros bens ou serviços. Se a pessoa jurídica contrata o seguro visando a proteção contra roubo e furto do patrimônio próprio dela e não o dos clientes que se utilizam dos seus serviços, ela é considerada consumidora nos termos do art. 2º do CDC" (STJ-3ª T., REsp 733.560, Min. Nancy Andrighi, j. 11.4.06, DJU 2.5.06). No mesmo sentido: STJ-4ª T., REsp 814.060, Min. Luis Felipe, j. 6.4.10, DJ 13.4.10; RT 921/583 (TJPA, AP 2009.3.012072-6). Ainda: "Compra de aeronave por empresa administradora de imóveis. Aquisição como destinatária final. Produto adquirido para atender a uma necessidade própria da pessoa jurídica, não se incorporando ao serviço prestado aos clientes. Existência de relação de consumo, à luz da teoria finalista mitigada" (STJ-3ª T., REsp 1.321.083, Min. Paulo Sanseverino, j. 9.9.14, DJ 25.9.14). Também: "Restando comprovado que a aquisição do veículo, embora possa ser considerada relevante para o funcionamento da empresa, não influenciaria em sua cadeia lucrativa, tratando-se de uso em sua atividade-meio, aplicável o Código de Defesa do Consumidor" (RT 846/350).

V. tb. art. 29, nota 1.

Art. 2º: 3. "Aquele que **comparece a espetáculo** aberto ao público se qualifica como consumidor nos termos da teoria finalista, já que não dá continuidade ao serviço. A ausência de cobrança de ingresso para assistir ao evento não afasta, por si só, a incidência do CDC. O termo 'mediante remuneração' presente no art. 3º, § 2º, desse diploma legal inclui o ganho indireto e não significa que o serviço deva ser oneroso ao consumidor" (STJ-3ª T., REsp 1.955.083, Min. Nancy Andrighi, j. 15.2.22, DJ 18.2.22).

Art. 3º Fornecedor é toda pessoa física ou jurídica,[1-1a] pública ou privada, nacional ou estrangeira, bem como os entes despersonalizados, que desenvolvem atividades[2] de produção, montagem, criação, construção, transformação, importação, exportação, distribuição ou comercialização de produtos ou prestações de serviços.[2a]

§ 1º Produto é qualquer bem, móvel ou imóvel, material ou imaterial.

§ 2º Serviço é qualquer atividade fornecida no mercado de consumo, mediante remuneração,[2b] inclusive as de natureza bancária,[3] financeira, de crédito e securitária, salvo as decorrentes das relações de caráter trabalhista.

Art. 3º: 1. s/ desconsideração da pessoa jurídica, v. art. 28 e CC 50.

Art. 3º: 1a. "Para o fim de aplicação do CDC, o reconhecimento de uma pessoa física ou jurídica ou de um ente despersonalizado como fornecedor de serviços atende aos critérios puramente objetivos, sendo irrelevantes a sua natureza jurídica, a espécie dos serviços que prestam e até mesmo o fato de se tratar de uma sociedade civil, sem fins lucrativos, de caráter beneficente e filantrópico, bastando que desempenhem determinada atividade no mercado de consumo mediante remuneração" (STJ-3ª T., REsp 519.310, Min. Nancy Andrighi, j. 20.4.04, DJU 24.5.04, p. 262). V. ainda nota 1 no início desta lei.

Art. 3º: 2. Conforme publicação no DOU. Na Coleção das Leis da União, está: "atividade".

Art. 3º: 2a. "Sendo o terceiro **mero patrocinador** do evento, que não participou da sua organização e, assim, não assumiu a garantia de segurança dos participantes, não pode ser enquadrado no conceito de 'fornecedor' para fins de responsabilização pelo acidente de consumo" (STJ-3ª T., REsp 1.955.083, Min. Nancy Andrighi, j. 15.2.22, DJ 18.2.22).

Art. 3º: 2b. "O fato de o serviço prestado pelo fornecedor ser **gratuito** não desvirtua a relação de consumo, pois o termo 'mediante remuneração', contido no art. 3º, § 2º, do CDC, deve ser interpretado de forma ampla, de modo a incluir o ganho indireto do fornecedor" (STJ-4ª T., REsp 1.984.282, Min. Luis Felipe, j. 16.8.22, DJ 22.11.22). V. tb. art. 2º, nota 3.

Art. 3º: 3. s/ a constitucionalidade da aplicação do CDC às relações de consumo de natureza bancária, v. nota 1 no início desta lei.

Capítulo II | DA POLÍTICA NACIONAL DE RELAÇÕES DE CONSUMO

Art. 4º (redação da Lei 9.008, de 21.3.95) A Política Nacional das Relações de Consumo tem por objetivo o atendimento das necessidades dos consumidores, o respeito à sua dignidade, saúde e segurança, a proteção de seus interesses econômicos, a melhoria da sua qualidade de vida, bem como a transparência e harmonia das relações de consumo, atendidos os seguintes princípios:[1]

I — reconhecimento da vulnerabilidade do consumidor no mercado de consumo;

II — ação governamental no sentido de proteger efetivamente o consumidor:

a) por iniciativa direta;

b) por incentivos à criação e desenvolvimento de associações representativas;

c) pela presença do Estado no mercado de consumo;
d) pela garantia dos produtos e serviços com padrões adequados de qualidade, segurança, durabilidade e desempenho;

III — harmonização dos interesses dos participantes das relações de consumo e compatibilização da proteção do consumidor com a necessidade de desenvolvimento econômico e tecnológico, de modo a viabilizar os princípios nos quais se funda a ordem econômica (art. 170, da Constituição Federal), sempre com base na boa-fé e equilíbrio nas relações entre consumidores e fornecedores;

IV — educação e informação de fornecedores e consumidores, quanto aos seus direitos e deveres, com vistas à melhoria do mercado de consumo;

V — incentivo à criação pelos fornecedores de meios eficientes de controle de qualidade e segurança de produtos e serviços, assim como de mecanismos alternativos de solução de conflitos de consumo;

VI — coibição e repressão eficientes de todos os abusos praticados no mercado de consumo, inclusive a concorrência desleal e utilização indevida de inventos e criações industriais,[2] das marcas e nomes comerciais e signos distintivos, que possam causar prejuízos aos consumidores;

VII — racionalização e melhoria dos serviços públicos;

VIII — estudo constante das modificações do mercado de consumo;

IX (*acrescido pela Lei 14.181, de 1.7.21*) — fomento de ações direcionadas à educação financeira e ambiental dos consumidores;

X (*acrescido pela Lei 14.181, de 1.7.21*) — prevenção e tratamento do superendividamento como forma de evitar a exclusão social do consumidor.

Art. 4º: 1. "Administrativo. Poder de polícia. Aplicação de multa pelo PROCON à empresa pública federal. Possibilidade. A proteção da relação de consumo pode e deve ser feita pelo Sistema Nacional de Defesa do Consumidor — SNDC — conforme dispõem os arts. 4º e 5º do CDC, e é de competência do PROCON a fiscalização das operações, inclusive financeiras, no tocante às relações de consumo com seus clientes, por incidir o referido diploma legal" (STJ-2ª T., REsp 1.103.826, Min. Mauro Campbell, j. 23.6.09, DJ 6.8.09).

Art. 4º: 2. Colocamos uma vírgula no texto.

Art. 5º Para a execução da Política Nacional das Relações de Consumo, contará o Poder Público com os seguintes instrumentos, entre outros:

I — manutenção de assistência jurídica, integral e gratuita para o consumidor carente;

II — instituição de Promotorias de Justiça de Defesa do Consumidor, no âmbito do Ministério Público;

III — criação de delegacias de polícia especializadas no atendimento de consumidores vítimas de infrações penais de consumo;

IV — criação de Juizados Especiais de Pequenas Causas e Varas Especializadas para a solução de litígios de consumo;

V — concessão de estímulos à criação e desenvolvimento das Associações de Defesa do Consumidor;

VI (*acrescido pela Lei 14.181, de 1.7.21*) — instituição de mecanismos de prevenção e tratamento extrajudicial e judicial do superendividamento e de proteção do consumidor pessoa natural;

VII (*acrescido pela Lei 14.181, de 1.7.21*) — instituição de núcleos de conciliação e mediação de conflitos oriundos de superendividamento.

§ 1º (VETADO)

§ 2º (VETADO)

Capítulo III | DOS DIREITOS BÁSICOS DO CONSUMIDOR[1]

CAP. III: 1. s/ direito do consumidor à informação sobre a qualidade da água para consumo, v. Dec. 5.440, de 4.5.05.

Art. 6º São direitos básicos do consumidor:

I — a proteção da vida, saúde e segurança[1] contra os riscos provocados por práticas no fornecimento de produtos e serviços considerados perigosos ou nocivos;

II — a educação e divulgação sobre o consumo adequado dos produtos e serviços, asseguradas a liberdade de escolha e a igualdade nas contratações;

III (*redação da Lei 12.741, de 8.12.12*) — a informação adequada e clara sobre os diferentes produtos e serviços, com especificação correta de quantidade, características, composição, qualidade, tributos incidentes[1a] e preço, bem como sobre os riscos que apresentem;[2 a 3d]

IV — a proteção contra a publicidade enganosa e abusiva,[4] métodos comerciais coercitivos ou desleais, bem como contra práticas e cláusulas abusivas ou impostas no fornecimento de produtos e serviços;

V — a modificação[4a] das cláusulas contratuais que estabeleçam prestações desproporcionais ou sua revisão em razão de fatos supervenientes que as tornem excessivamente onerosas;[4b a 5b]

VI — a efetiva prevenção e reparação de danos patrimoniais e morais, individuais, coletivos e difusos;[6]

VII — o acesso aos órgãos judiciários e administrativos, com vistas à prevenção ou reparação de danos patrimoniais e morais, individuais, coletivos ou difusos, assegurada a proteção jurídica, administrativa e técnica aos necessitados;

VIII — a facilitação da defesa de seus direitos, inclusive com a inversão do ônus da prova,[7 a 8b] a seu favor, no processo civil, quando, a critério do juiz, for verossímil a alegação ou quando for ele hipossuficiente, segundo as regras ordinárias de experiências;

IX — (VETADO);

X — a adequada e eficaz prestação dos serviços públicos em geral;[9]

XI (*acrescido pela Lei 14.181, de 1.7.21*) — a garantia de práticas de crédito responsável, de educação financeira e de prevenção e tratamento de situações de superendividamento, preservado o mínimo existencial, nos termos da regulamentação, por meio da revisão e da repactuação da dívida, entre outras medidas;

XII (*acrescido pela Lei 14.181, de 1.7.21*) — a preservação do mínimo existencial, nos termos da regulamentação, na repactuação de dívidas e na concessão de crédito;

XIII (*acrescido pela Lei 14.181, de 1.7.21*) — a informação acerca dos preços dos produtos por unidade de medida, tal como por quilo, por litro, por metro ou por outra unidade, conforme o caso.

Parágrafo único. A informação de que trata o inciso III do *caput* deste artigo deve ser acessível à pessoa com deficiência, observado o disposto em regulamento.[10 a 12]

Art. 6º: 1. v. arts. 8º a 11.

Art. 6º: 1a. A expressão "tributos incidentes" foi acrescida pela Lei 12.741, de 8.12.12, em vigor 6 (seis) meses após a sua publicação (DOU 10.12.12).

Art. 6º: 2. v. § ún. e arts. 8º, 9º, 12-*caput*, 14-*caput*, 30, 31, 36 § ún., 37, 52 e 66 a 69 (penas).

Art. 6º: 2a. Lei 10.962, de 11.10.04 — Dispõe sobre a oferta e as formas de afixação de preços de produtos e serviços para o consumidor (regulamentada pelo Dec. 5.903, de 20.9.06).

Dec. 5.903, de 20.9.06 — Regulamenta a Lei 10.962, de 11.10.04, e dispõe sobre as práticas infracionais que atentam contra o direito básico do consumidor de obter informação adequada e clara sobre produtos e serviços, previstas na Lei 8.078, de 11.9.90.

Dec. 7.962, de 15.3.13 — Regulamenta o CDC, para dispor sobre a contratação no comércio eletrônico (v., adiante, texto integral).

Lei 13.455, de 26.6.17 — Dispõe sobre a diferenciação de preços de bens e serviços oferecidos ao público em função do prazo ou do instrumento de pagamento utilizado, e altera a Lei n. 10.962, de 11 de outubro de 2004.

Art. 6º: 2b. "Informação adequada, nos termos do art. 6º, III, do CDC, é aquela que se apresenta simultaneamente completa, gratuita e útil, vedada, neste último caso, a diluição da comunicação efetivamente relevante pelo uso de informações soltas, redundantes ou destituídas de qualquer serventia para o consumidor" (STJ-2ª T., REsp 586.316, Min. Herman Benjamin, j. 17.4.07, DJ 19.3.09).

"Os arts. 6º, III, e 46 do CDC instituem o dever de informação e consagram o princípio da transparência, que alcança o negócio em sua essência, na medida em que a informação repassada ao consumidor integra o próprio conteúdo do contrato. Trata-se de dever intrínseco ao negócio e que deve estar presente não apenas na formação do contrato, mas também durante toda a sua execução. O direito à informação visa a assegurar ao consumidor uma escolha consciente, permitindo que suas expectativas em relação ao produto ou serviço sejam de fato atingidas, manifestando o que vem sendo denominado de consentimento informado ou vontade qualificada. Diante disso, o comando do art. 6º, III, do CDC, somente estará sendo efetivamente cumprido quando a informação for prestada ao consumidor de forma adequada, assim entendida como aquela que se apresenta simultaneamente completa, gratuita e útil, vedada, neste último caso, a diluição da comunicação efetivamente relevante pelo uso de informações soltas, redundantes ou destituídas de qualquer serventia para o consumidor" (STJ-3ª T., REsp 1.144.840, Min. Nancy Andrighi, j. 20.3.12, DJ 11.4.12).

Art. 6º: 2c. "A aferição daquilo que o consumidor razoavelmente pode esperar de um serviço está intimamente ligada com a observância do direito do consumidor à informação, previsto no inciso III do art. 6º do CDC. Além de claras e precisas, as informações prestadas pelo fornecedor devem conter as advertências necessárias para alertar o consumidor a respeito dos riscos que, eventualmente, podem frustrar a utilização do serviço contratado. Para além de constituir direito básico do consumidor, a correta prestação de informações revela-se, ainda, consectário da lealdade inerente à boa-fé objetiva e constitui o ponto de partida a partir do qual é possível determinar a perfeita coincidência entre o serviço oferecido e o efetivamente prestado. Na hipótese, em que as consumidoras adquiriram passagens aéreas internacionais com o intuito de juntas conhecer a França, era necessário que a companhia aérea se manifestasse de forma escorreita acerca das medidas que deveriam ser tomadas pelas passageiras para viabilizar o sucesso da viagem, o que envolve desde as advertências quanto ao horário de comparecimento no balcão de *check-in* até mesmo o alerta em relação à necessidade de obtenção do visto. Verificada a negligência da recorrida em fornecer as informações necessárias para as recorrentes, impõe-se o reconhecimento de vício de serviço e se mostra devida a fixação de compensação pelos danos morais sofridos" (STJ-3ª T., REsp 988.595, Min. Nancy Andrighi, j. 19.11.09, DJ 9.12.09).

Art. 6º: 2d. "Com o advento da Lei 10.962/04, restou afastada a obrigatoriedade de etiquetamento individual dos produtos colocados à venda em supermercados e hipermercados, dentre outros estabelecimentos comerciais (art. 2º), sendo possível a utilização do sistema de código de barras" (STJ-2ª T., REsp 813.626, Min. Eliana Calmon, j. 1.10.09, DJ 4.11.09). No mesmo sentido: STJ-3ª T., REsp 688.151, Min. Nancy Andrighi, j. 7.4.05, DJ 8.8.05. **Contra,** exigindo a afixação do preço em cada produto: RIDCPC 41/150.

Art. 6º: 2e. Considerando não haver falta de transparência nas informações constantes de anúncio, em razão de seu público-alvo: "Bens de consumo caros e duráveis, voltados a consumidores que não integram o grande contingente de hipossuficientes econômicos ou culturais que povoa o país. Inocorrência de propaganda enganosa *in casu*" (JTJ 318/119: AP 649.313-5/0-00).

Art. 6º: 3. Súmula 357 do STJ: "A pedido do assinante, que responderá pelos custos, é obrigatória, a partir de 1º de janeiro de 2006, a discriminação de pulsos excedentes e ligações de telefone fixo para celular". Essa Súmula foi **revogada** pela 1ª Seção, em julgamento com o seguinte teor: "a partir de 1.8.07, data da implementação total do sistema, passou a ser exigido das concessionárias o detalhamento de todas as ligações na modalidade local, independentemente de ser dentro ou fora da franquia contratada, por inexistir qualquer restrição a respeito, conforme se observa do constante do artigo 83 do anexo à Resolução 426/2005, que regulamentou o sistema de telefonia fixa. Também no artigo 83 do anexo à Resolução 426/2005, restou reafirmada a determinação para que a concessionária forneça, mediante solicitação do assinante, documento de cobrança contendo o detalhamento das chamadas locais, entretanto ficou consignado que o fornecimento do detalhamento seria gratuito para o assinante, modificando, neste ponto, o constante do artigo 7º, X, do Decreto n. 4.733/2003. A solicitação do fornecimento das faturas discriminadas, sem ônus para o assinante, basta ser feita uma única vez, marcando para a concessionária o momento a partir do qual o consumidor pretende obter suas faturas com detalhamento. Revogação da súmula 357/STJ que se impõe" (STJ-RDPr 40/374: 1ª Seção, REsp 1.074.799).

"Repetição de indébito. Cobrança de pulsos além da franquia. Relação de consumo. Dever de informação. Ressarcimento. Não se desincumbindo a prestadora de serviços de telefonia de demonstrar que a cobrança efetivada condizia com a real prestação de serviços, implica o reconhecimento do direito de o consumidor ser ressarcido dos valores cobrados indevidamente, pois não é obrigado a pagar por um serviço que não lhe foi comprovadamente prestado" (RT 863/315). No mesmo sentido: RJM 182/30 (IUJur 1.0000.06.441889-0/000, maioria).

Art. 6º: 3a. "Questão referente à possibilidade de exposição à venda de cerveja que, embora classificada em seu rótulo com a expressão 'sem álcool', possua teor alcoólico de até 0,5%. A informação 'sem álcool', constante do rótulo do produto, é falsa e, por isso, está em clara desconformidade com o que dispõe o Código de Defesa do Consumidor, notadamente em prejuízo do direito à informação clara e adequada. O fato de existir decreto regulamentar que classifica como 'sem álcool' a cerveja com teor alcoólico de até 0,5% não autoriza que a empresa desrespeite os direitos mais básicos do consumidor, garantidos em lei especial, naturalmente prevalecente na espécie" (STJ-Corte Especial, ED no REsp 1.185.323, Min. Laurita Vaz, j. 24.10.16, um voto vencido, DJ 29.11.16).

"Venda de refrigerante em volume menor que o habitual. Redução de conteúdo informada na parte inferior do rótulo e em letras reduzidas. Inobservância do dever de informação. Dever positivo do fornecedor de informar. Violação do princípio da confiança. Produto antigo no mercado. Frustração das expectativas legítimas do consumidor" (STJ-2ª T., REsp 1.364.915, Min. Humberto Martins, j. 14.5.13, DJ 24.5.13).

"Informação. Valor nutricional. Variação de 20%. Advertência em rótulo de produtos alimentícios. Sobretudo em alimentos e medicamentos, os rótulos constituem a via mais fácil, barata, ágil e eficaz de transmissão de informações aos consumidores. São eles mudados frequentemente para atender a oportunidades efêmeras de marketing e de negócio, como eventos desportivos ou culturais. Não parece razoável, por conseguinte, alegar que a inclusão expressa da frase 'variação de 20% dos valores nutricionais' das matérias-primas utilizadas cause onerosidade excessiva aos fabricantes" (STJ-2ª T., REsp 1.537.571, Min. Herman Benjamin, j. 27.9.16, DJ 20.8.20).

V. tb. art. 31, nota 4.

Art. 6º: 3b. "A rede conveniada constitui informação primordial na relação do associado frente à operadora do plano de saúde, mostrando-se determinante na decisão quanto à contratação e futura manutenção do vínculo contratual. Tendo em vista a importância que a rede conveniada assume para a continuidade do contrato, a operadora somente cumprirá o dever de informação se comunicar individualmente cada associado sobre o descredenciamento de médicos e hospitais" (STJ-3ª T., REsp 1.144.840, Min. Nancy Andrighi, j. 20.3.12, DJ 11.4.12).

V. tb. Lei 9.656/98, art. 17 § 1º, inclusive nota 2 (no tít. SEGUROS).

Art. 6º: 3c. "O art. 6º, III, do CDC que institui o dever de informação e consagra o princípio da transparência, alcançou o negócio jurídico entabulado entre as partes, porquanto a aluna/consumidora foi adequadamente informada acerca da possibilidade de extinção do curso em razão de ausência de *quorum* mínimo, tanto em razão de cláusula contratual existente no pacto, quanto no manual do discente" (STJ-4ª T., REsp 1.094.769, Min. Marco Buzzi, j. 18.3.14, maioria, DJ 15.8.14).

Art. 6º: 3d. "Embora seja possível, em tese, que se veicule anúncio publicitário informando como área total do imóvel à venda a soma das áreas do apartamento e da(s) vaga(s) de garagem, é absolutamente imprescindível que, nesse caso, a publicidade seja clara e inequívoca, de modo que os consumidores destinatários não tenham nenhuma dúvida quanto ao fato de que o apartamento, em si, possui área menor do que aquela área total anunciada. Aplicação pura e simples do princípio da transparência, previsto no CDC" (STJ-4ª T., REsp 1.139.285, Min. Marco Buzzi, j. 18.11.14, DJ 27.11.14).

Art. 6º: 4. v. art. 37.

Art. 6º: 4a. Em certos casos, as cláusulas que estabelecem prestações desproporcionais para o consumidor, em vez de apenas deverem ser modificadas, como diz o texto, são nulas (v., especialmente, art. 51-IV; v. tb. arts. 25, 52 § 1º, 53, etc.).

Art. 6º: 4b. "O fenômeno do superendividamento — inexistência de direito do consumidor à renegociação e de justa causa para intervenção judicial nos contratos", por Demócrito Reinaldo Filho (RMDECC 41/79, RSDCPC 74/78, RF 415/409).

Art. 6º: 5. v. art. 51 § 1º-III.

S/ onerosidade excessiva nos contratos em geral, v. CC 478.

V. tb. CC 317, nota 2a.

Art. 6º: 5a. "O preceito insculpido no inciso V do art. 6º do CDC dispensa a prova do caráter imprevisível do fato superveniente, bastando a demonstração objetiva da excessiva onerosidade advinda para o consumidor. A desvalorização da moeda nacional frente à moeda estrangeira que serviu de parâmetro ao reajuste contratual, por ocasião da crise cambial de janeiro de 1999, apresentou grau expressivo de oscilação, a ponto de caracterizar a onerosidade excessiva que impede o devedor de solver as obrigações pactuadas" (STJ-RJ 287/101: 3ª T., REsp 268.661, maioria). No mesmo sentido: STJ-4ª T., REsp 598.342, Min. Aldir Passarinho Jr., j. 18.2.10, DJ 15.3.10.

"Variação cambial. Fato superveniente. Onerosidade excessiva. Distribuição dos efeitos. A brusca alteração da política cambial do governo, elevando o valor das prestações mensais dos contratos de longa duração, como o *leasing*, constitui fato superveniente que deve ser ponderado pelo juiz para modificar o contrato e repartir entre os contratantes os efeitos do fato novo. Com isso, nem se mantém a cláusula da variação cambial em sua inteireza, porque seria muito gravoso ao arrendatário, nem se a substitui por outro índice interno de correção, porque oneraria demasiadamente o arrendador que obteve recurso externo, mas se permite a atualização pela variação cambial, cuja diferença é cobrável do arrendatário por metade" (STJ-4ª T., REsp 401.021, Min. Ruy Rosado, j. 17.12.02, DJU 22.9.03).

Art. 6º: 5b. "Pandemia da COVID-19. Redução do **valor das mensalidades escolares**. Supressão de disciplinas e veiculação das aulas pelo modo virtual. Serviço defeituoso e onerosidade excessiva. Inexistência. Exigência de desequilíbrio econômico-financeiro imoderado. Enriquecimento sem causa do fornecedor. Irrelevância. Observância aos postulados da função social e da boa-fé contratual. Repartição dos ônus. Ausência de fundamento apto à revisão do contrato na hipótese" (STJ-4ª T., REsp 1.998.206, Min. Luis Felipe, j. 14.6.22, DJ 4.8.22).

V. tb. CC 317, nota 2b, e 478, nota 1c.

Art. 6º: 6. s/ danos coletivos e difusos, v. arts. 81 a 90.

Art. 6º: 7. v. arts. 38 e 51-VI; cf. CPC 373.

✎ Art. 6º: 7a. "O ônus da prova no Código de Defesa do Consumidor", por Cecília Matos (Just. 170/94); "Anotações sobre o ônus da prova no Código de Processo Civil e no Código de Defesa do Consumidor", por Voltaire de Lima Moraes (Ajuris 74/44); "Inversão do ônus da prova", por Vanessa Verdolim Hudson Andrade (RJTAMG 75/35); "Inversão do ônus da prova e defesa do consumidor (considerações adicionais)", por Carlos Roberto Barbosa Moreira (RF 351/581); "A inversão do ônus da prova no Código do Consumidor", por Ricardo Rodrigues Gama e Elizabeth Wanderley Riggio (RJ 277/26); "A responsabilidade do Estado e o ônus da prova no Código de Defesa do Consumidor sob o enfoque da teoria do risco administrativo", por Mirna Cianci (RT 789/94); "A inversão do ônus da prova como instrumento de efetividade na prestação da tutela jurisdicional dos interesses dos consumidores", por Cláudio Castello de Campos Pereira (RJ 290/51); "Ainda na inversão do ônus da prova no CDC", por Milton Paulo de Carvalho Filho (RT 807/56); "Inversão do ônus da prova na ação de responsabilidade civil fundada em erro médico", por Ênio Santarelli Zuliani (RT 811/43 e RSDCPC 26/135); "A inexistência do ônus da impugnação específica e da presunção de veracidade dos fatos não contestados, para o consumidor, nas relações de consumo", por Eduardo Cambi (RDPr 14/259); "O ônus da prova na culpa médica", por Cleonice Rodrigues Casarin da Rocha (Ajuris 90/106); "A inversão do ônus da prova no Código de Defesa do Consumidor. O momento em que se opera a inversão e outras questões", por André Gustavo C. de Andrade (RF 371/33); "O momento para a inversão do ônus da prova com fundamento no Código de Defesa do Consumidor", por Manoel de Souza Mendes Júnior (RP 114/67); "Divergência jurisprudencial: inversão do ônus da prova e o ônus de antecipar o pagamento dos honorários periciais", por Eduardo Cambi (RSDCPC 23/15); "Inversão do ônus da prova e tutela dos direitos transindividuais: alcance exegético do art. 6º, VIII, do CDC", por Eduardo Cambi (RP 127/101); "Inversão do ônus da prova: regra de julgamento ou de procedimento", por Domingos Afonso Kriger Filho (RJ 337/53 e RP 138/277); "A distribuição do ônus probatório nas lides de consumo: a falsa inversão do ônus da prova do art. 6º, VIII, do CDC", por André Luis Mota Novakoski (RDDP 37/9); "Questões velhas e novas sobre a inversão do ônus da prova (CDC, art. 6º, VIII)", por Heitor Vitor Mendonça Sica (RP 146/49); "A inversão do ônus da prova no Código de Defesa do Consumidor", por Luiz Eduardo Boaventura Pacífico (RT 917/175).

Art. 6º: 7b. V. tb., no CPCLPV, CPC 373 e notas. V., ainda no CPCLPV, LACP 1º, nota 1c (ação civil pública).

Art. 6º: 8. "A inversão ou não do ônus da prova, prevista no art. 6º, VIII, da Lei n. 8.078/90, depende da análise de requisitos básicos (verossimilhança das alegações e hipossuficiência do consumidor), aferidos com base nos aspectos fático-probatórios peculiares de cada caso concreto" (STJ-4ª T., REsp 284.995, Min. Fernando Gonçalves, j. 26.10.04, DJU 22.11.04).

"A chamada inversão do ônus da prova, no Código de Defesa do Consumidor, deve ser compreendida no contexto da facilitação da defesa dos direitos do consumidor, ficando subordinada ao 'critério do juiz, quando for verossímil a alegação ou quando for ele hipossuficiente, segundo as regras ordinárias da experiência' (art. 6º, VIII). Vai daí não ser automática a inversão do ônus da prova. Para que ocorra, necessita ela de circunstâncias concretas que serão apuradas pelo juiz no contexto da 'facilitação da defesa' dos direitos do consumidor" (RT 783/332, a citação é do voto do relator, Juiz Amorim Cantuária). Ou seja, "a regra do art. 6º, VIII, relativa à inversão do ônus da prova, não há de ser considerada aplicável *a priori*, ou utilizada sem análise individual e pormenorizada da *quaestio*" (JTAERGS 100/381). No mesmo sentido: RSTJ 115/271, 152/348; STJ-RT 770/210; STJ-RDPr 14/336. Ainda: "Mesmo caracterizada relação de consumo, o ônus da prova só é de ser invertido quando a parte requerente tiver dificuldades para a demonstração de seu direito" (JTAERGS 102/213).

A nosso ver sem razão, no sentido de que "a verossimilhança da alegação e a hipossuficiência do consumidor constituem requisitos alternativos — e não cumulativos": STJ-RDDP 68/139 (3ª T., REsp 915.599; a citação é do voto da relatora).

"A hipossuficiência a que faz remissão o referido inciso VIII deve ser analisada não apenas sob o prisma econômico e social, mas, sobretudo, quanto ao aspecto da produção de prova técnica" (STJ-RDDP 68/139: 3ª T., REsp 915.599; a citação é do voto da relatora).

"A hipossuficiência não deve ser presumida apenas pelo fato de uma parte ser economicamente mais forte que a outra. Para que ela se concretize é necessário que haja desigualdade entre as partes de tal sorte que impossibilite ou dificulte a produção da defesa" (JTJ 292/388).

"Ainda que se trate de relação regida pelo CDC, não se concebe inverter-se o ônus da prova para, retirando tal incumbência de quem poderia fazê-lo mais facilmente, atribuí-la a quem, por impossibilidade lógica e natural, não o conseguiria. Assim, diante da não comprovação da ingestão dos aludidos placebos pela autora — quando lhe era, em tese, possível provar —, bem como levando em conta a inviabilidade de a ré produzir prova impossível, a celeuma deve se resolver com a improcedência do pedido" (STJ-4ª T., REsp 720.930, Min. Luis Felipe, j. 20.10.09, DJ 9.11.09).

"Admite-se a inversão do ônus da prova em ação de indenização e responsabilidade civil, por hipossuficiência do autor em relação de consumo. Em se tratando, contudo, de comprovação documental de alegação de não recebimento de solicitação de cancelamento de passagem aérea, ressalva deve ser feita, pois diz respeito à prova de fato negativo — que o réu não está obrigado a comprovar, pela impossibilidade de atribuir a quem quer que seja o ônus da prova de natureza negativa" (RT 845/271; ementa da redação). **Contra**, autorizando a inversão do ônus da prova em caso de prova de fato negativo: "tendo a recorrente alegado na inicial que foi furtada no interior de estabelecimento do recorrido, onde se encontrava efetuando compras, bastaria a ré ter comprovado que a recorrente não esteve em seu estabelecimento naquele dia e horário ou que, ainda que lá se encontrasse, não teria ocorrido o furto" (STJ-3ª T., REsp 1.050.554, Min. Nancy Andrighi, j. 25.8.09, DJ 9.9.09; a citação é do voto da relatora).

"Na ação de repetição do indébito é ônus do autor comprovar o efetivo pagamento dos valores que sustenta serem indevidos. Inexistência de dificuldades no cumprimento do ônus da prova, sendo incabível, na hipótese, a inversão do ônus da prova" (JTJ 291/456).

No sentido de que a parte deve comprovar a sua condição de consumidor para poder postular a inversão do ônus da prova prevista no CDC: STJ-3ª T., REsp 1.007.077, Min. Gomes de Barros, j. 24.3.08, DJU 13.5.08.

Invertendo o ônus da prova em caso de serviço de telefonia: "A requerente não tem meios para comprovar o fato negativo da não realização das chamadas indicadas pela apelante no demonstrativo encaminhado, enquanto, para a requerida, é possível trazer aos autos elementos seguros sobre as ligações realizadas" (JTJ 318/283: AP 945.811-0/7).

"A descrição da bagagem extraviada feita pela apelante é verossímil. Todos os itens são comumente encontrados em bagagens, especialmente considerando tratar-se de viagem de 24 dias ao exterior, e o valor individual não é elevado. A aquisição de alguns deles, aliás, foi demonstrada pelas faturas de cartão de crédito. Como a autora não tem condições de demonstrar a afirmação, admissível a inversão do ônus da prova" (RT 895/260: TJSP, AP 991.08.045099-6; a citação é do voto do relator, Des. Roberto Bedaque).

Art. 6º: 8a. Serviços bancários. "O juiz pode ordenar ao banco réu a juntada de cópia de contrato e de extrato bancário, atendendo aos princípios da inversão do ônus da prova e da facilitação da defesa do direito do consumidor em juízo" (RSTJ 154/438).

"É cabível a inversão do ônus da prova em favor do consumidor para o fim de determinar às instituições financeiras a exibição de extratos bancários, enquanto não estiver prescrita a eventual ação sobre eles, tratando-se de obrigação decorrente de lei e de integração contratual compulsória, não sujeita à recusa ou condicionantes, tais como o adiantamento dos custos da operação pelo correntista e a prévia recusa administrativa da instituição financeira em exibir os documentos, com a ressalva de que ao correntista, autor da ação, incumbe a demonstração da plausibilidade da relação jurídica alegada, com indícios mínimos capazes de comprovar a existência da contratação, devendo, ainda, especificar, de modo preciso, os períodos em que pretenda ver exibidos os extratos" (STJ-2ª Seção, REsp 1.133.872, Min. Massami Uyeda, j. 14.12.11, DJ 28.3.12).

No sentido de que, provado que o consumidor costumava guardar bens valiosos no cofre do banco, inverte-se o ônus da prova "no que concerne ao valor dos bens depositados no cofre locado": STJ-3ª T., REsp 974.994, Min. Nancy Andrighi, j. 5.6.08, maioria, DJ 3.11.08.

"Reconhecida a hipossuficiência técnica do consumidor, em ação que versa sobre a realização de saques não autorizados em contas bancárias, mostra-se imperiosa a inversão do ônus probatório" (STJ-3ª T., REsp 915.599, Min.

Nancy Andrighi, j. 21.8.08, DJ 5.9.08). No mesmo sentido: JTJ 309/195, 321/1.591 (AP 1.250.651-7), 331/73 (AI 7.272.037-7), RT 916/832 (TRF-3ª Reg., AI 0018222-11.2011.4.03.0000).

Art. 6º: 8b. Entendendo inadmissível a inversão do ônus da prova em ação de responsabilidade civil por **serviços médicos** defeituosos, "porque os médicos, assim como os demais profissionais liberais, só podem ser responsabilizados por atos que realizem no exercício de suas atividades quando tenham agido com imprudência, negligência ou imperícia, circunstâncias que devem ser comprovadas pelo próprio autor da pretensão": RT 785/237. No mesmo sentido: RP 119/200.

Todavia, autorizando a inversão do ônus da prova em demanda ajuizada em face dos hospitais que atenderam o autor: RT 828/222.

Contra, autorizando a inversão do ônus da prova em desfavor do médico: STJ-4ª T., Ag 969.015-AgRg, Min. Isabel Gallotti, j. 7.4.11, DJ 28.4.11; JTJ 342/67 (AI 653.300-4/1-00).

V. tb. CC 951, nota 2.

Art. 6º: 9. v. arts. 22 e 59 § 1º.

Art. 6º: 10. O § ún. foi acrescido pela Lei 13.146, de 6.7.15, em vigor 180 dias após a sua publicação (DOU 7.7.15).

Art. 6º: 11. v. EPD 3º-V, 9º-V e 63 e segs., especialmente, 69.

Art. 6º: 12. "O **método Braille** é oficial e obrigatório no território nacional para uso na escrita e leitura dos deficientes visuais e a sua não utilização, durante todo o ajuste bancário, impede o referido consumidor hipervulnerável de exercer, em igualdade de condições, os direitos básicos, consubstanciando, além de intolerável discriminação e evidente violação aos deveres de informação adequada, vulneração à dignidade humana da pessoa deficiente" (STJ-4ª T., REsp 1.349.188, Min. Luis Felipe, j. 10.5.16, DJ 22.6.16).

Art. 7º Os direitos previstos neste Código não excluem outros decorrentes de tratados ou convenções internacionais de que o Brasil seja signatário, da legislação interna ordinária, de regulamentos expedidos pelas autoridades administrativas competentes, bem como dos que derivem dos princípios gerais do direito, analogia, costumes e equidade.

Parágrafo único. Tendo mais de um autor a ofensa, todos responderão solidariamente[1] pela reparação dos danos previstos nas normas de consumo.

Art. 7º: 1. s/ solidariedade, v. arts. 18-*caput*, 19-*caput*, 25 §§ 1º e 2º, 28 § 3º, 34 e 51-III (nulidade de cláusula que transfere responsabilidade a terceiro); cf. CC 264 a 266 e 275 a 285.

Capítulo IV | **DA QUALIDADE DE PRODUTOS E SERVIÇOS, DA PREVENÇÃO E DA REPARAÇÃO DOS DANOS**

Seção I | **DA PROTEÇÃO À SAÚDE E SEGURANÇA**

Art. 8º Os produtos e serviços colocados no mercado de consumo não acarretarão riscos à saúde ou segurança[1] dos consumidores, exceto os considerados normais e previsíveis em decorrência de sua natureza e fruição, obrigando-se os fornecedores, em qualquer hipótese, a dar as informações[2-2a] necessárias e adequadas a seu respeito.

§ 1º (*renumerado pela Lei 13.486, de 3.10.17*) Em se tratando de produto industrial, ao fabricante cabe prestar as informações a que se refere este artigo, através de impressos apropriados que devam acompanhar o produto.

§ 2º (*acrescido pela Lei 13.486, de 3.10.17*) O fornecedor deverá higienizar os equipamentos e utensílios utilizados no fornecimento de produtos ou serviços, ou colocados à disposição do consumidor, e informar, de maneira ostensiva e adequada, quando for o caso, sobre o risco de contaminação.

Art. 8º: 1. v. arts. 6º-I e 8º a 11. Penas: arts. 63, 64, 66 e 68.

Art. 8º: 2. v. arts. 6º-III, 9º, 12-*caput*, 14-*caput*, 30, 31, 36 § ún., 37, 52 e 66 a 69 (penas).

Art. 8º: 2a. Lei 11.291, de 26.4.06 — Dispõe sobre a inclusão nos locais indicados de aviso alertando sobre os malefícios resultantes do uso de equipamentos de som em potência superior a 85 (oitenta e cinco) decibéis.

Art. 9º O fornecedor de produtos e serviços potencialmente nocivos ou perigosos à saúde ou segurança deverá informar,[1] de maneira ostensiva e adequada, a respeito da sua nocividade ou periculosidade, sem prejuízo da adoção de outras medidas cabíveis em cada caso concreto.

Art. 9º: 1. Pena: art. 63.

Art. 10. O fornecedor não poderá colocar no mercado de consumo produto ou serviço que sabe ou deveria saber[1] apresentar alto grau de nocividade ou periculosidade à saúde ou segurança.

§ 1º O fornecedor de produtos e serviços que, posteriormente à sua introdução no mercado de consumo, tiver conhecimento da periculosidade que apresentem, deverá comunicar o fato imediatamente às autoridades competentes e aos consumidores, mediante anúncios publicitários.[1a a 2]

§ 2º Os anúncios publicitários a que se refere o parágrafo anterior serão veiculados na imprensa, rádio e televisão, às expensas do fornecedor do produto ou serviço.

§ 3º Sempre que tiverem conhecimento de periculosidade de produtos ou serviços à saúde ou segurança dos consumidores, a União, os Estados, o Distrito Federal e os Municípios deverão informá-los a respeito.

Art. 10: 1. "Não se pode exigir do fornecedor do produto ou serviço mais cuidado em relação à segurança do que a legislação aplicável determina, pois o CDC refere-se a vício que se 'sabe' ou 'deveria' saber, e não a 'poderia'" (Bol. AASP 2.625: TJSP, AP 681.974-5/0-00).

✎ **Art. 10: 1a.** "A aplicação do princípio da precaução no direito do consumidor e sua direta relação com o instituto do *recall*", por Ednara Pontes de Avelar e Rafaela Granja Porto (RDPr 36/93).

Art. 10: 1b. v. art. 64 (pena).

Art. 10: 2. Deverá também retirá-los imediatamente do mercado, quando determinado pela autoridade competente (art. 64 § ún.).

Art. 11. (VETADO)

Seção II | DA RESPONSABILIDADE PELO FATO DO PRODUTO E DO SERVIÇO[1]

✎ **SEÇ. II: 1.** "Consequências práticas da distinção entre vício e fato do produto: uma análise de decisões judiciais escolhidas", por Flavia Portella Puschel (RDPr 25/164); "Responsabilidade pelo risco de desenvolvimento", por Marco Aurélio Lopes Ferreira da Silva (RJ 345/45); "Defesa do consumidor e responsabilidade pelo risco do desenvolvimento", por Rui Stoco (RT 855/46).

Art. 12. O fabricante, o produtor, o construtor, nacional ou estrangeiro, e o importador respondem, independentemente da existência de culpa, pela reparação dos danos causados aos consumidores por defeitos decorrentes de projeto, fabricação, construção, montagem, fórmulas, manipulação, apresentação ou acondicionamento de seus produtos, bem como por informações insuficientes ou inadequadas sobre sua utilização e riscos.[1 a 2a]

§ 1º O produto é defeituoso quando não oferece a segurança que dele legitimamente se espera,[3 a 4] levando-se em consideração as circunstâncias relevantes, entre as quais:

I — sua apresentação;

II — o uso e os riscos que razoavelmente dele se esperam;

III — a época em que foi colocado em circulação.

§ 2º O produto não é considerado defeituoso pelo fato de outro de melhor qualidade ter sido colocado no mercado.

§ 3º O fabricante, o construtor, o produtor ou importador só não será responsabilizado quando provar:[4a-4b]

I — que não colocou o produto no mercado;

II — que, embora haja colocado o produto no mercado, o defeito inexiste;[4c-5]

III — a culpa exclusiva do consumidor[5a a 6b] ou de terceiro.[7]

Art. 12: 1. v. arts. 6º-III, 8º, 9º, 14-*caput*, 30, 31, 36 § ún., 37, 52 e 66 a 69 (penas).

V. tb. CC 186, nota 3b (dano moral e alimento com animal ou corpo estranho).

Art. 12: 1a. "Há diferença fundamental entre a responsabilidade por vício e a responsabilidade por fato do produto: a primeira trata de perda patrimonial para o consumidor que normalmente não ultrapassa os limites do valor do próprio produto ou serviço, estando a responsabilidade na própria coisa; a segunda é normalmente de maior vulto, pois nos acidentes de consumo os danos materiais podem ultrapassar em muito o valor dos produtos ou serviços adquiridos, cumulando-se ainda com danos físicos e morais" (RT 844/318).

Art. 12: 1b. "É dever do fornecedor a ampla publicidade ao mercado de consumo a respeito dos riscos inerentes a seus produtos e serviços. A posterior alteração da bula do medicamento, que passou a ser indicado para o tratamento de transtornos depressivos, com alto risco de dependência, não é suficiente para retirar do fornecedor a responsabilidade pelos danos causados aos consumidores. O aumento da periculosidade do medicamento deveria ser amplamente divulgado nos meios de comunicação. A mera alteração da bula e do controle de receitas na sua comercialização não são suficientes para prestar a adequada informação ao consumidor. A circunstância de o paciente ter consumido o produto sem prescrição médica não retira do fornecedor a obrigação de indenizar. Pelo sistema do CDC, o fornecedor somente se desobriga nas hipóteses de culpa exclusiva do consumidor (art. 12, § 3º, do CDC), o que não ocorre na hipótese, já que a própria bula do medicamento não indicava os riscos associados à sua administração, caracterizando culpa concorrente do laboratório" (STJ-3ª T., REsp 971.845, Min. Nancy Andrighi, j. 21.8.08, dois votos vencidos, DJ 1.12.08).

"O consumidor pode vir a sofrer dano por defeito (não necessariamente do produto), mas da informação inadequada ou insuficiente que o acompanhe, seja por ter informações deficientes sobre a sua correta utilização, seja pela falta de advertência sobre os riscos por ele ensejados. Na hipótese, como constatado pelo Juízo *a quo*, mera anotação pela recorrente, em letras minúsculas e discretas na embalagem do produto, fazendo constar que deve ser evitado o 'contato prolongado com a pele' e que 'depois de utilizar' o produto, o usuário deve lavar, e secar as mãos, não basta, como de fato no caso não bastou, para alertar de forma eficiente a autora, na condição de consumidora do produto, quanto aos riscos desse" (STJ-4ª T., REsp 1.358.615, Min. Luis Felipe, j. 2.5.13, DJ 1.7.13).

V. tb. nota 5.

Art. 12: 2. "Produto alimentício destinado especificamente para bebês exposto em gôndola de supermercado, com o **prazo de validade vencido**, que coloca em risco a saúde de bebê com apenas três meses de vida, causando-lhe gastroenterite aguda, enseja a responsabilização por fato do produto, ante a existência de vício de segurança previsto no art. 12 do CDC. O comerciante e o **fabricante** estão inseridos no âmbito da cadeia de produção e distribuição, razão pela qual não podem ser tidos como terceiros estranhos à relação de consumo. A eventual configuração da culpa do comerciante que coloca à venda produto com prazo de validade vencido não tem o condão de afastar o direito de o consumidor propor ação de reparação pelos danos resultantes da ingestão da mercadoria estragada em face do fabricante" (STJ-3ª T., REsp 980.860, Min. Nancy Andrighi, j. 23.4.09, um voto vencido, DJ 2.6.09).

V. tb. nota 6a.

Art. 12: 2a. "A existência de **corpo estranho em produtos alimentícios**, como no caso dos autos, configura hipótese de fato do produto (defeito), previsto nos arts. 12 e 13 do Código de Defesa do Consumidor, não se tratando, como alegado pelas recorrentes, de vício do produto (CDC, art. 18 e seguintes)" (STJ-3ª T., REsp 1.968.143, Min. Marco Bellizze, j. 8.2.22, DJ 17.2.22).

V. tb. art. 13, nota 1.

Art. 12: 3. "A tutela do consumidor diante das noções de produto e serviço 'defeituosos'. A questão do tabaco", por Luiz Guilherme Marinoni (RBDP 63/11 e RJ 370/29).

Art. 12: 3a. cf. art. 18 § 6º.

Art. 12: 3b. "Um biscoito, com corpo duro em seu interior, viola padrões de segurança socialmente aceitáveis e defrauda a legítima expectativa do consumidor. Isso torna vulnerável o consumidor, que não se acautela ao morder o biscoito, pois tem a confiança de que a textura do produto será macia" (JTJ 323/465: AP 482.531.4/4-00; a citação é do voto do relator, na p. 468).

Art. 12: 4. "Veiculada a informação aos consumidores sobre o funcionamento do sistema de **air bags**, e, considerada a dinâmica do grave acidente em que o veículo dos demandantes restou envolvido (forte desaceleração, decorrente de colisão frontal, nos termos da sentença e do acórdão recorrido, ressalta-se), o não acionamento do referido mecanismo de segurança (em franco descompasso, repisa-se, com a publicidade ofertada) tem o condão de frustrar, por si, a legítima expectativa de segurança gerada no íntimo do consumidor, com significativo abalo de ordem psíquica. Nesse contexto, é de se reconhecer a presença dos requisitos necessários à responsabilização objetiva do fornecedor" (STJ-3ª T., REsp 768.503, Min. Marco Bellizze, j. 25.11.14, maioria, DJ 19.12.14).

Entendendo que também a abertura defeituosa do *air bag* leva à responsabilização da montadora pelos danos daí decorrentes: STJ-3ª T., REsp 1.656.614, Min. Nancy Andrighi, j. 23.5.17, DJ 2.6.17.

Art. 12: 4a. "Se o consumidor não demonstrou que o réu da ação fabricou o produto defeituoso e, portanto, é o responsável pelo dano que alegou ter suportado, não têm aplicação as regras de apresentação de provas previstas no art. 12, § 3º, do CDC (inversão do ônus da prova *ope legis*). Caberia a inversão do ônus de comprovar a identidade do fabricante do produto defeituoso (nexo causal entre o dano e a ação do réu de fabricar o produto), mas esta inversão tem por fundamento o art. 6º, inciso VIII, do CDC (fundamento adotado pelo acórdão da apelação e pelo acórdão embargado), e deveria ter sido determinada pelo juiz, na fase de instrução, ou ao menos seguir-se da reabertura da instrução, a fim de dar oportunidade ao réu de demonstrar que não produziu, fabricou, construiu ou importou a mercadoria reputada defeituosa" (STJ-2ª Seção, ED no REsp 422.778, Min. Isabel Gallotti, j. 29.2.12, maioria, DJ 21.6.12; a citação é do voto da relatora).

V. tb., no nosso CPCLPV, CPC 373, nota 8a.

Art. 12: 4b. "Considerando que não foi elidido no caso dos autos o nexo de causalidade entre os danos sofridos pelos recorrentes e a fabricação do automóvel adquirido da recorrida, tendo em vista que **não houve a comprovação de qualquer causa excludente da responsabilidade, pairando dúvida** acerca da causa do incêndio, é imperioso o provimento do presente recurso especial para imputar a indenização a título de dano material e moral, da forma determinada no acórdão da apelação, o qual julgou a demanda em estrita consonância com a principiologia consumerista e o entendimento deste Tribunal e, portanto, deve prevalecer" (STJ-4ª T., REsp 1.171.767, Min. Marco Buzzi, j. 2.8.16, DJ 16.8.16).

Art. 12: 4c. "Ônus da prova da inexistência de defeito do produto atribuído pelo legislador ao fabricante. Caracterização da violação à regra do inciso II do § 3º do art. 12 do CDC" (STJ-3ª T., REsp 1.288.008, Min. Paulo Sanseverino, j. 4.4.13, DJ 11.4.13). Do voto do relator: "A inversão do ônus da prova, nessa hipótese específica, não decorre de um ato do juiz, nos termos do art. 6º, VIII, do CDC, mas derivou de decisão política do próprio legislador, estatuindo a regra acima aludida. É a distinção entre a inversão do ônus da prova *ope legis* (ato do legislador) e a inversão *ope judicis* (ato do juiz)".

Art. 12: 5. "O Código de Defesa do Consumidor acolheu a teoria do risco do empreendimento (ou da atividade) segundo a qual o fornecedor responde objetivamente por todos os danos causados ao consumidor pelo produto ou serviço que se revele defeituoso (ou com a pecha de defeituoso, em que o fornecedor não se desonera do ônus de comprovar que seu produto não ostenta o defeito a ele imputado), na medida em que a atividade econômica é desenvolvida, precipuamente, em seu benefício, devendo, pois, arcar com os riscos 'de consumo' dela advindos. Há que se bem delimitar, contudo, o fundamento desta responsabilidade, que, é certo, não é integral, pois pressupõe requisitos próprios (especialmente, o defeito do produto como causador do dano experimentado pelo consumidor) e comporta excludentes. O fornecedor, assim, não responde objetivamente pelo fato do produto simplesmente porque desenvolve uma atividade perigosa ou produz um bem de periculosidade inerente, mas sim, concretamente, caso venha a infringir o dever jurídico de segurança (adentrando no campo da ilicitude), o que se dá com a fabricação e a inserção no mercado de um produto defeituoso (de concepção técnica, de fabricação ou de informação), de modo a frustrar a legítima expectativa dos consumidores. Para a responsabilização do fornecedor por acidente do produto não basta ficar evidenciado que os danos foram causados pelo medicamento Vioxx (circunstância, ressalta-se, infirmada pela prova técnica, que imputou o evento morte à doença autoimune que acometeu o paciente, mas admitida pelos depoimentos dos médicos, baseados em indícios), tal como compreendeu o Tribunal de origem. Mais que isso. O defeito do produto deve apresentar-se, concretamente, como o causador do dano experimentado pelo consumidor, fator que se revelou ausente a partir das provas coligidas nos autos (reproduzidas e/ou indicadas no acórdão recorrido), a esvaziar, por completo, a responsabilidade do fornecedor.

Restou incontroverso da prova haurida dos autos (seja a partir do laudo pericial que excluiu peremptoriamente o nexo causal entre o uso do medicamento e a morte do paciente, seja do depoimento médico transcrito que embasou o decreto condenatório) que todo anti-inflamatório, como o é o medicamento Vioxx, possui, como reação adversa, a possibilidade de desenvolver doenças renais graves (circunstância, no caso dos autos, devidamente informada na bula do medicamento, com advertência ao consumidor deste risco). Em se tratando de **produto de periculosidade inerente,** cujos riscos são normais à sua natureza (medicamento com contra-indicações) e previsíveis (na medida em que o consumidor é deles expressamente advertido), eventual dano por ele causado ao consumidor não enseja a responsabilização do fornecedor, pois, **de produto defeituoso, não se cuida.** O descumprimento do dever de segurança, que se dá com a fabricação e inserção no mercado de produto defeituoso, a ser devidamente investigado, deve pautar-se na concepção coletiva da sociedade de consumo, e não na concepção individual do consumidor-vítima, especialmente no caso de vir este a apresentar uma condição especial (doença autoimune, desencadeadora da patologia desenvolvida pelo paciente, segundo prova técnica produzida e não infirmada pelo depoimento médico que embasou o decreto condenatório). Tampouco o fato de o medicamento ter sido retirado voluntariamente do mercado pelo laboratório fornecedor, ocasião em que contava com a plena autorização dos órgãos de controle (Anvisa), pode caracterizar, por si, o alegado defeito do produto, ou como entendeu o Tribunal de origem, um indicativo revestido de verossimilhança, se a sua retirada não guarda nenhuma relação com os fatos descritos na exordial" (STJ-3ª T., REsp 1.599.405, Min. Marco Bellizze, j. 4.4.17, DJ 17.4.17).

V. tb. nota 1b.

Art. 12: 5a. "A circunstância de o adquirente não levar o veículo para conserto, em atenção a recall, não isenta o fabricante da obrigação de indenizar" (STJ-RDDP 66/120: 3ª T., REsp 1.010.392).

Art. 12: 6. "Acidente ocorrido com trator de 13 anos de idade em que a prova conduz à conclusão de ter ocorrido não por defeito, mas por falta de manutenção adequada. Prova suficiente para excluir a responsabilidade da fabricante. Improcedência acertada" (JTJ 331/616: AP 577.938-4/9).

Art. 12: 6a. "O fabricante, ao estabelecer prazo de validade para consumo de seus produtos, atende aos comandos imperativos do próprio Código de Defesa do Consumidor, especificamente, acerca da segurança do produto, bem como a saúde dos consumidores. O prazo de validade é resultado de estudos técnicos, químicos e biológicos, a fim de possibilitar ao mercado consumidor a segurança de que, naquele prazo, o produto estará em plenas condições de consumo. Dessa forma, na oportunidade em que o produto foi consumido, o mesmo já estava com **prazo de validade expirado.** E essa circunstância rompe o nexo de causalidade e, via de consequência, afasta o dever de indenizar" (STJ-3ª T., REsp 1.252.307, Min. Massami Uyeda, j. 7.2.12, dois votos vencidos, DJ 2.8.12).

V. tb. nota 2.

Art. 12: 6b. "Fato do produto. Dermatite de contato. O uso do sabão em pó para limpeza do chão dos cômodos da casa, além da lavagem do vestuário, por si só, não representou conduta descuidada apta a colocar a consumidora em risco, uma vez que não se trata de uso negligente ou anormal do produto" (STJ-4ª T., REsp 1.358.615, Min. Luis Felipe, j. 2.5.13, DJ 1.7.13).

Art. 12: 7. "Ação de responsabilidade civil. Distúrbios digestivos apresentados pelo autor logo após a ingestão de refrigerante fabricado e enlatado pelas primeiras recorridas. Laudo pericial conclusivo acerca da ocorrência de violação das embalagens, perpetrada por terceiros após a colocação do produto no mercado. Ausência de responsabilidade das rés pela consequente deterioração. Fato de terceiro a impedir a configuração do nexo causal" (RT 904/355: TJRJ, AP 0053092-51.2001.8.19.0001).

Art. 13. O comerciante é igualmente responsável, nos termos do artigo anterior, quando:[1]

I — o fabricante, o construtor, o produtor ou o importador não puderem ser identificados;

II — o produto for fornecido sem identificação clara do seu fabricante, produtor, construtor ou importador;

III — não conservar adequadamente os produtos perecíveis.[1a]

Parágrafo único. Aquele que efetivar o pagamento ao prejudicado poderá exercer o direito de regresso[2] contra os demais responsáveis, segundo sua participação na causação do evento danoso.

Art. 13: 1. "A regra geral da responsabilidade pelo defeito do produto é objetiva e solidária entre o fabricante, o produtor, o construtor e o importador, a teor do que dispõe o art. 12 do CDC. Ou seja, todos os fornecedores acima elencados, que integram a cadeia de consumo, irão responder conjuntamente independentemente de culpa. Entretanto, ao tratar da responsabilidade do comerciante pelo fato do produto, o Código Consumerista disciplinou de forma diversa, estabelecendo que ele somente será responsabilizado (i) quando o fabricante, o construtor, o produtor ou o importador não puderem ser identificados; (ii) quando o produto for fornecido sem identificação clara do seu fabricante, produtor, construtor ou importador; ou (iii) quando o comerciante não conservar adequadamente os produtos perecíveis (CDC, art. 13, incisos I a III). Assim, ao contrário dos demais fornecedores, a **responsabilidade do comerciante** pelo fato do produto **é subsidiária**" (STJ-3ª T., REsp 1.968.143, Min. Marco Bellizze, j. 8.2.22, DJ 17.2.22).

V. tb. CC 844, nota 5.

Art. 13: 1a. v. art. 12, nota 2.

Art. 13: 2. vedada a denunciação da lide (v. art. 88).

Art. 14. O fornecedor de serviços responde,[1 a 7a] independentemente da existência de culpa,[7b] pela reparação dos danos causados aos consumidores por defeitos relativos à prestação dos serviços, bem como por informações insuficientes ou inadequadas sobre sua fruição e riscos.

§ 1º O serviço é defeituoso quando não fornece a segurança[8] que o consumidor dele pode esperar, levando-se em consideração as circunstâncias relevantes, entre as quais:

I — o modo de seu fornecimento;

II — o resultado e os riscos que razoavelmente dele se esperam;

III — a época em que foi fornecido.

§ 2º O serviço não é considerado defeituoso pela adoção de novas técnicas.

§ 3º O fornecedor de serviços só não será responsabilizado quando provar:

I — que, tendo prestado o serviço, o defeito inexiste;

II — a culpa exclusiva do consumidor ou de terceiro.[9 a 9c]

§ 4º A responsabilidade pessoal dos profissionais liberais[10-11] será apurada mediante a verificação de culpa.

Art. 14: 1. "A responsabilidade civil dos hospitais e o defeito na prestação dos serviços médicos", por Rafael Nichele (Ajuris 91/185); "A responsabilidade médico-hospitalar à luz do Código do Consumidor", por Sérgio Cavalieri Filho (RF 346/133); "Os fundos de investimento financeiro à luz do Código de Defesa do Consumidor: a proteção jurídica do investidor", por Rodrigo Alves da Silva (RDPr 17/217); "Responsabilidade civil dos estabelecimentos bancários e o Código de Defesa do Consumidor", por Rui Stoco (RT 819/39); "A responsabilidade dos médicos e do hospital por falha no dever de informar ao consumidor", por Cláudia Lima Marques (RT 827/11); "Responsabilidade civil dos *shopping centers* por danos causados em seus estacionamentos: um brado contra a indevida informação", por Cristiano Chaves de Farias (RJ 327/63 e RDPr 21/69); "Responsabilidade de concessionárias de serviço público de energia elétrica por danos decorrentes de descargas atmosféricas", por Márcio Louzada Carpena e Jaqueline Franceschetti (RT 841/118); "Responsabilidade civil dos bancos por assaltos em terminais eletrônicos", por Pablo Stolze Gagliano (RMDCPC 7/87); "A responsabilidade civil por infecção hospitalar", por Domingos Afonso Kriger Filho (RF 405/691, RT 899/65); "O crime de 'saidinha de banco' e o fortuito interno", por João Hora Neto (RDPr 51/231).

Art. 14: 1a. v. arts. 8º, 9º, 12-*caput*, 30, 31, 36 § ún., 37, 52 e 66 a 69 (penas).

Art. 14: 2. "A responsabilidade do **hospital** somente tem espaço quando o dano decorrer de falha de serviços cuja atribuição é afeta única e exclusivamente ao hospital. Nas hipóteses de dano decorrente de falha técnica restrita ao profissional médico, mormente quando este não tem nenhum vínculo com o hospital — seja de emprego ou de mera preposição — não cabe atribuir ao nosocômio a obrigação de indenizar. Se, na ocorrência de dano impõe-se ao hospital que responda objetivamente pelos erros cometidos pelo médico, estar-se-á aceitando que o contrato firmado seja de resultado, pois se o médico não garante o resultado, o hospital garantirá. Isso leva ao seguinte absurdo: na hipótese de intervenção cirúrgica, ou o paciente sai curado ou será indenizado — daí um contrato de resultado firmado às avessas da legislação. O cadastro que os hospitais normalmente mantêm de médicos que utilizam suas instalações para a realização de cirurgias não é suficiente para caracterizar relação de subordinação entre médico e hospital. Na verdade, tal procedimento representa um mínimo de organização empresarial" (STJ-2ª Seção, REsp 908.359, Min. João Otávio, j. 27.8.08, quatro votos a três, DJ 17.12.08).

"A Santa Casa, apesar de ser instituição sem fins lucrativos, responde solidariamente pelo erro do seu médico" (STJ-4ª T., REsp 467.878, Min. Ruy Rosado, j. 5.12.02, DJU 10.2.03). No mesmo sentido: JTJ 315/226 (AP 442.231-4/2-00).

"Uma vez caracterizada a culpa do médico que atua em determinado serviço disponibilizado por estabelecimento de saúde (art. 14, § 4º, CDC), responde a clínica de forma objetiva e solidária pelos danos decorrentes do defeito no serviço prestado, nos termos do art. 14, § 1º, CDC" (STJ-4ª T., REsp 605.435, Min. Luis Felipe, j. 22.9.09, um voto vencido, DJ 16.11.09).

"Responde o hospital pelo ato culposo praticado por profissional de sua equipe médica, mesmo que sem vínculo empregatício com a instituição. A circunstância de os serviços médicos terem sido prestados gratuitamente, ou remunerados pelo SUS, não isenta o profissional e a instituição da responsabilidade civil por erro médico" (STJ-4ª T,. REsp 774.963, Min. Isabel Gallotti, j. 6.12.12, DJ 7.3.13).

"Embora o art. 14, § 4º, do CDC afaste a responsabilidade objetiva dos médicos, não se exclui, uma vez comprovada a culpa desse profissional e configurada uma cadeia de fornecimento do serviço, a solidariedade do hospital imposta pelo *caput* do art. 14 do CDC. A cadeia de fornecimento de serviços se caracteriza por reunir inúmeros contratos numa relação de interdependência, como na hipótese dos autos, em que concorreram, para a realização adequada do serviço, o hospital, fornecendo centro cirúrgico, equipe técnica, medicamentos, hotelaria; e o médico, realizando o procedimento técnico principal, ambos auferindo lucros com o procedimento. Há o dever de o hospital responder qualitativamente pelos profissionais que escolhe para atuar nas instalações por ele oferecidas. O reconhecimento da responsabilidade solidária do hospital não transforma a obrigação de meio do médico, em obrigação de resultado, pois a responsabilidade do hospital somente se configura quando comprovada a culpa do médico, conforme a teoria de responsabilidade subjetiva dos profissionais liberais abrigada pelo Código de Defesa do Consumidor. Admite-se a denunciação da lide na hipótese de defeito na prestação de serviço" (STJ-3ª T., REsp 1.216.424, Min. Nancy Andrighi, j. 9.8.11, DJ 19.8.11).

"Quando o paciente é internado sob a responsabilidade de seu médico, previamente escolhido, a responsabilidade do hospital fica confinada aos seus domínios, como antes mencionado, não havendo nexo de causalidade com o erro do médico propriamente dito. Todavia, quando o paciente procura o hospital para tratamento, principalmente naqueles casos de emergência, e recebe atendimento do médico que se encontra em serviço no local, a responsabilidade em razão das consequências danosas da terapia pertence ao hospital. Em tal situação, pouco releva a circunstância de ser o médico empregado do hospital, porquanto ele se encontrava vinculado ao serviço de emergência oferecido" (STJ-3ª T., REsp 400.843, Min. Menezes Direito, j. 17.2.05, DJU 18.4.05).

"É muito comum surgirem controvérsias sobre o vínculo entre médicos e hospitais quando pacientes reclamam indenizações por danos, e isso fez com que a jurisprudência passasse a exigir prova efetiva e concreta da parte de quem pretende se livrar do processo, da completa desvinculação com o serviço médico que se diz defeituoso. O hospital somente não responde, de forma solidária, quando cede (aluga) seus departamentos para que médicos que não integram seu corpo clínico operem nas suas salas" (JTJ 314/184: AP 268.872-4/9-00; a citação é do voto do relator, Des. Enio Zuliani).

"Ação de indenização movida contra estabelecimento hospitalar. Cirurgia. Erro médico. Denunciação à lide de médicos. Descabimento. Se não se acha plenamente configurado que houve escolha pessoal da autora na contratação dos médicos que a operaram, os quais integravam a equipe que atuava no hospital credenciado do SUS, onde se internara após exame em posto de saúde, inexiste razão para tal denunciação, devendo prosseguir a ação exclusivamente contra o nosocômio indicado como réu pela vítima, ressalvado o direito de regresso em feito próprio" (STJ-4ª T., REsp 125.669, Min. Aldir Passarinho Jr., j. 20.9.01, DJU 4.2.02). Ainda: "Médica plantonista que atendeu menor que faleceu no dia seguinte. Ação de indenização contra o hospital. Denunciação da médica à lide. Impossibilidade. Serviço de emergência. Relação de preposição do médico com o hospital. Responsabilidade objetiva do hospital. Produção de provas que não interessam ao paciente" (STJ-3ª T., REsp 801.691, Min. Ricardo Cueva, j. 6.12.11, DJ 15.12.11).

"Configura cerceamento de defesa se o hospital é impedido de provar, na cobertura do art. 14, § 3º, II, do Código de Defesa do Consumidor, a culpa exclusiva de terceiro, no caso, a médica responsável pela cirurgia, que com ele não mantém relação de emprego" (STJ-3ª T., REsp 419.026, Min. Menezes Direito, j. 26.10.04, maioria, RT 836/133).

Enfim: "A responsabilidade objetiva para o prestador de serviço, prevista no art. 14 do CDC, na hipótese de tratar-se de hospital, limita-se aos serviços relacionados ao estabelecimento empresarial, tais como estadia do paciente (internação e alimentação), instalações, equipamentos e serviços auxiliares (enfermagem, exames, radiologia). Se o dano decorre de falha técnica restrita ao profissional médico, que não possui qualquer vínculo com o hospital — seja de emprego ou de mera preposição — não cabe atribuir ao nosocômio a obrigação de indenizar a vítima" (STJ-3ª T,. REsp 1.733.387, Min. Nancy Andrighi, j. 15.5.18, DJ 18.5.18). "No caso específico dos hospitais, será objetiva a responsabilidade apenas no que toca aos serviços única e exclusivamente relacionados com o estabelecimento empresarial propriamente dito, ou seja, aqueles que digam respeito à estadia do paciente (internação), instalações físicas, equipamentos, serviços auxiliares (enfermagem, exames, radiologia) etc. e não aos serviços técnico-profissionais dos médicos que ali atuam ou que tenham alguma relação com o nosocômio (convênio por exemplo), permanecendo estes na relação subjetiva de preposição (culpa)" (STJ-4ª T., REsp 258.389, Min. Fernando Gonçalves, j. 16.6.05, DJU 22.8.05; a citação é do voto do relator). Em sentido semelhante: RT 868/346, JTJ 300/376. **Todavia:** "A responsabilidade do hospital é objetiva quanto à atividade de seu profissional plantonista (CDC, art. 14), de modo que dispensada demonstração da culpa do hospital relativamente a atos lesivos decorrentes de culpa de médico integrante de seu corpo clínico no atendimento" (STJ-3ª T., REsp 696.284, Min. Sidnei Beneti, j. 3.12.09, DJ 18.12.09). "Demanda indenizatória proposta pelo marido de paciente morta em clínica médica, alegando defeito na prestação dos serviços médicos. A regra geral do art. 14, *caput*, do CDC, é a responsabilidade objetiva dos fornecedores pelos danos causados aos consumidores. A exceção prevista no § 4º do art. 14 do CDC, imputando-lhes responsabilidade subjetiva, é restrita aos profissionais liberais. Impossibilidade de interpretação extensiva de regra de exceção. O ônus da prova da inexistência de defeito na prestação dos serviços médicos é da clínica recorrida por imposição legal (inversão *ope legis*). Inteligência do art. 14, § 3º, I, do CDC" (STJ-3ª T., REsp 986.648, Min. Paulo Sanseverino, j. 10.5.11, maioria, DJ 2.3.12).

"Se os danos suportados pela autora decorrem de falha na prestação do serviço hospitalar pelas sociedades empresárias envolvidas, e não de erro médico, a responsabilidade é objetiva, sendo desnecessária a verificação da culpa" (STJ-4ª T., Ag em REsp 281.610-AgRg, Min. Isabel Gallotti, j. 7.3.13, DJ 14.3.13).

"A opção do hospital em contratar profissional em regime de sobreaviso (plantão não presencial) trouxe inegavelmente o agravamento do risco de não fornecer em tempo e modo adequados os serviços de atenção à saúde que disponibilizou para o mercado de consumo. Esta conduta exemplifica situação de vício de qualidade por inadequação do serviço, pois o torna carente de idoneidade para realização do fim a que é destinado. Recurso especial conhecido e provido, para reconhecer a responsabilidade objetiva do hospital, decorrente do defeito na prestação do serviço de urgência para a parturiente vítima de hemorragia pós parto" (STJ-3ª T., REsp 1.736.039, Min. Nancy Andrighi, j. 5.6.18, DJ 7.6.18).

"A responsabilidade do hospital é objetiva pelos danos causados em decorrência de atos típicos de sua atividade, estando entre eles a de ministrar medicação" (STJ-3ª T., Ag em REsp 377.201-AgRg, Min. João Otávio, j. 8.4.14, DJ 14.4.14).

"O hospital responde objetivamente pela infecção hospitalar, pois esta decorre do fato da internação e não da atividade médica em si" (STJ-4ª T., REsp 629.212, Min. Cesar Rocha, j. 15.5.07, DJU 17.9.07). No mesmo sentido: STJ-3ª T., REsp 1.472.367-AgInt, Min. Nancy Andrighi, j. 6.12.16, DJ 1.2.17; RT 858/393.

Caso em que se condenou o hospital por infecção hospitalar: "Recém-nascida contaminada por pseudonomas. Inversão do ônus da prova determinada por anterior aresto. Circunstâncias dos autos indicativas de que a contaminação se deu no interior da maternidade. Inexistência de comissão de controle de infecção hospitalar, em desacordo com normas de regência do Ministério da Saúde" (RT 889/257: TJSP, AP 417.906.4/5-00).

"Adotadas as cautelas possíveis pelo hospital e não tendo sido identificada a hepatite C no sangue doado, não é razoável afirmar que o só fato da existência do fenômeno 'janela imunológica' seria passível de tornar o serviço defeituoso. No limite, a tese subverte todos os fundamentos essenciais da responsabilidade civil, ensejando condenações por presunções. Não se pode eliminar, aqui, o risco de transfundir sangue contaminado a um paciente mesmo com a adoção das medidas adequadas à análise do sangue. Para minimizar essa possibilidade, adotam-se medidas de triagem do doador, que não são todas infalíveis, eis que dependentes da veracidade e precisão das informações por este prestadas. Trata-se, como se vê, de um risco reduzido, porém não eliminável. Parece correto sustentar, assim, que aquilo que o consumidor pode legitimamente esperar não é, infelizmente, que sangue contaminado jamais seja utilizado em transfusões sanguíneas, mas sim que todas as medidas necessárias à redução desse risco ao menor patamar possível sejam tomadas pelas pessoas ou entidades responsáveis pelo processamento do sangue" (STJ-4ª T., REsp 1.322.387, Min. Luis Felipe, j. 20.8.13, DJ 26.9.13). **Todavia:** "Não se questiona acerca do intrínseco risco ao receptor de transfusão sanguínea, que atualmente ainda não foi eliminado do ambiente médico-científico. Em vez disso, a questão jurídica relevante está em verificar se a transfusão ocorreu com defeito, ou seja, identificar em concreto se o serviço foi prestado sem a segurança que o consumidor pôde esperar. O defeito na prestação do serviço consiste justamente em, apesar de saber do risco da janela imunológica, ainda assim, o hospital optar por realizar a transfusão de sangue. Este cálculo diz respeito à conduta do hospital, como risco adquirido no desenvolvimento de sua atividade, e não do paciente que se submete ao procedimento" (STJ-3ª T., REsp 1.645.786, Min. Nancy Andrighi, j. 18.5.17, DJ 26.5.17).

"Ação de indenização por danos materiais e compensação por danos morais. Soro contaminado. Contaminação comprovadamente ocorrida durante as etapas do processo de produção. Responsabilidade exclusiva do fabricante do produto. A responsabilidade objetiva para o prestador do serviço prevista no art. 14 do CDC, na hipótese do hospital, limita-se aos serviços relacionados ao estabelecimento empresarial, tais como à estadia do paciente (internação), instalações, equipamentos e serviços auxiliares (enfermagem, exames, radiologia). Quando a contaminação ocorre nas etapas de fabricação do produto, a responsabilidade por danos causados aos consumidores em razão da sua utilização é exclusiva do fabricante e não do hospital. Na hipótese, o hospital não prestou serviço defeituoso, pois restou demonstrado que todos os serviços intrínsecos à sua atividade foram corretos e a causa da contaminação dos pacientes decorreu exclusivamente do fabricante do produto, hipótese de fato exclusivo de terceiro, prevista no art. 14, § 3º, II, do CDC" (STJ-3ª T., REsp 1.556.973, Min. Nancy Andrighi, j. 6.3.18, maioria, DJ 23.4.18).

"Injeção que, por imperícia do funcionário do hospital, atingiu o nervo ciático do paciente, ocasionando-lhe atrofia no membro inferior esquerdo; responsabilidade do hospital" (STJ-3ª T., AI 973.150-AgRg, Min. Ari Pargendler, j. 27.5.08, DJ 22.8.08).

"O hospital é responsável pela incolumidade do paciente internado em suas dependências. Isso implica a obrigação de tratamento de qualquer patologia relevante apresentada por esse paciente, ainda que não relacionada especificamente à doença que motivou a internação. Se o paciente, durante o tratamento de câncer, apresenta quadro depressivo acentuado, com tendência suicida, é obrigação do hospital promover tratamento adequado dessa patologia, ministrando antidepressivos ou tomando qualquer outra medida que, do ponto de vista médico, seja cabível. Na hipótese de ausência de qualquer providência por parte do hospital, é possível responsabilizá-lo pelo suicídio cometido pela vítima dentro de suas dependências" (STJ-RTDC 29/181: 3ª T., REsp 494.206, um voto vencido).

"A alta do paciente, imprudente e negligente, autorizada, sem avaliação médica, por enfermeira do hospital, acarreta a responsabilidade civil deste" (STJ-3ª T., AI 1.009.647-AgRg, Min. Ari Pargendler, j. 5.8.08, DJ 28.10.08).

"Hospital particular. Recusa de atendimento. Omissão. Perda de uma chance. Danos morais. Cabimento. Restando evidenciado que nossas leis estão refletindo e representando quais as prerrogativas que devem ser prioritariamente observadas, a recusa de atendimento médico, que privilegiou trâmites burocráticos em detrimento da saúde da menor, não tem respaldo legal ou moral. A omissão adquire relevância jurídica e torna o omitente responsável quando este tem o dever jurídico de agir, de praticar um ato para impedir o resultado, como na hipótese, criando, assim, sua omissão, risco da ocorrência do resultado. A simples chance (de cura ou sobrevivência) passa a ser considerada como bem juridicamente protegido, pelo que sua privação indevida vem a ser considerada como passível de ser reparada" (STJ-3ª T., REsp 1.335.622, Min. Ricardo Cueva, j. 18.12.12, maioria, DJ 27.2.13). S/ perda de uma chance, v. tb. notas 3a e 7a e CC 402, nota 7, 927, notas 3a, 3c, 5c e 8b, e 951, notas 1c e 7a.

S/ culpa concorrente, v. CC 945, nota 2.

Art. 14: 2a. "A prestadora de serviços de **plano de saúde** é responsável, concorrentemente, pela qualidade do atendimento oferecido ao contratante em hospitais e por médicos por ela credenciados, aos quais aquele teve de obrigatoriamente se socorrer sob pena de não fruir a respectiva cobertura" (STJ-4ª T., REsp 164.084, Min. Aldir Passarinho Jr., j. 17.2.00, DJU 17.4.00). No mesmo sentido: STJ-3ª T., AI 682.875, Min. Paulo Furtado, j. 15.9.09, DJ 15.10.09; JTJ 294/406, 347/517 (AP 604.363-4/4-00), RJM 172/156.

"Se a empresa de plano de saúde não autorizou o procedimento médico realizado, não pode ser responsabilizada pelos danos causados pelo médico, máxime se não é locadora direta dos serviços médico-hospitalares prestados à paciente, não havendo relação de preposição a ensejar sua responsabilização. Todavia, se credencia médico sem os necessários cuidados quanto às qualificações indicadas, responde pelos danos causados ao usuário do plano" (RT 883/283: TJMS, AP 2006.021397-3/0000-00).

"Ausente vínculo entre o profissional causador do dano e a operadora de plano de saúde, em razão da contratação em caráter exclusivamente particular, não se pode imputar a esta a responsabilidade pelo ilícito para o qual não contribuiu de nenhuma maneira" (STJ-3ª T,. REsp 1.733.387, Min. Nancy Andrighi, j. 15.5.18, DJ 18.5.18).

"Em se tratando de demanda ressarcitória fundada em responsabilidade civil do nosocômio em virtude de danos decorrentes de infecção hospitalar, são partes passivas ilegítimas o médico que realizou a intervenção cirúrgica e a entidade mantenedora do plano de saúde" (RT 858/393).

Em síntese: "Se o contrato for fundado na livre escolha pelo beneficiário/segurado de médicos e hospitais com reembolso das despesas no limite da apólice, conforme ocorre, em regra, nos chamados seguros-saúde, não se poderá falar em responsabilidade da seguradora pela má prestação do serviço, na medida em que a eleição dos médicos ou hospitais aqui é feita pelo próprio paciente ou por pessoa de sua confiança, sem indicação de profissionais credenciados ou diretamente vinculados à referida seguradora. A responsabilidade será direta do médico e/ou hospital, se for o caso. Se o contrato é fundado na prestação de serviços médicos e hospitalares próprios e/ou credenciados, no qual a operadora de plano de saúde mantém hospitais e emprega médicos ou indica um rol de conveniados, não há como afastar sua responsabilidade solidária pela má prestação do serviço. A operadora do plano de saúde, na condição de fornecedora de serviço, responde perante o consumidor pelos defeitos em sua prestação, seja quando os fornece por meio de hospital próprio e médicos contratados ou por meio de médicos e hospitais credenciados, nos termos dos arts. 2º, 3º, 14 e 34 do Código de Defesa do Consumidor, art. 1.521, III, do Código Civil de 1916 e art. 932, III, do Código Civil de 2002. Essa responsabilidade é objetiva e solidária em relação ao consumidor, mas, na relação interna, respondem o hospital, o médico e a operadora do plano de saúde nos limites da sua culpa" (STJ-4ª T., REsp 866.371, Min. Raul Araújo, j. 27.3.12, DJ 20.8.12).

Afastando a responsabilidade da operadora de plano de saúde administrado por entidade de autogestão por dano acontecido nas dependências de hospital credenciado, com fundamento na inexistência de relação de consumo nessas circunstâncias: STJ-2ª Seção, REsp 1.285.483, Min. Luis Felipe, j. 22.6.16, DJ 16.8.16.

Art. 14: 3. A responsabilidade dos **laboratórios** de análises clínicas é "de resultado, de natureza objetiva (art. 14 c/c o 3º do CDC)" (STJ-3ª T., REsp 594.962, Min. Pádua Ribeiro, j. 9.11.04, DJU 17.12.04). Eventual ressalva quanto às conclusões erroneamente atestadas "reduz a responsabilização do laboratório, mas não a exclui totalmente" (STJ-4ª T., REsp 401.592, Min. Ruy Rosado, j. 16.5.02, DJU 2.9.02). No mesmo sentido: RT 895/281 (TJSP, AP 994.09.323337-2), RF 377/345 (acórdão relatado pelo Des. Sergio Cavalieri), 396/436 (TJRS, AP 70020533717).

"Reconhece-se a responsabilidade do hospital que emite exame com laudo positivo de HIV, repetido e confirmado, ainda que com a ressalva de que poderia ser necessário exame complementar" (STJ-3ª T., REsp 1.291.576, Min. Nancy Andrighi, j. 28.2.12, maioria, DJ 28.6.12).

"Prova do erro de diagnóstico do vírus HIV-AIDS por parte do laboratório que realizou o exame de sangue. Responsabilidade objetiva do laboratório que fornece resultado 'falso positivo', repetido e confirmado, ainda que com ressalva de que poderia ser necessário exame complementar. Defeito no fornecimento do serviço, nos termos do art. 14 do CDC" (JTJ 327/412: AP 484.024.4/5-00). No mesmo sentido: STJ-4ª T., REsp 1.251.721-EDcl-AgRg, Min. Antonio Ferreira, j. 23.4.13, DJ 26.4.13.

"O exame ultrassonográfico para controle de gravidez implica em obrigação de resultado, caracterizada pela responsabilidade objetiva. O erro no diagnóstico de gestação gemelar, quando existente um único nascituro, resulta em danos morais passíveis de indenização" (STJ-RT 882/146: 3ª T., AI 744.181-AgRg).

"É incontroverso que o exame de DNA realizado pelo laboratório recorrente apresentou resultado equivocado, atribuindo ao recorrido paternidade inexistente. Outrossim, não logrou o recorrente comprovar quaisquer das excludentes de responsabilidade previstas no § 3º do art. 14 do CDC, a saber, a inexistência do defeito ou a culpa exclusiva do consumidor ou de terceiro. Não socorre ao laboratório o argumento de que o falso positivo decorreu do 'isolamento genético' da comunidade onde viviam o recorrido, a criança e sua mãe. Essa circunstância se insere dentre os riscos assumidos pela instituição no exercício de sua atividade empresarial, na medida em que o teste de DNA para investigação de paternidade envolve o uso de dados estatísticos referentes ao perfil genético da população. Perante o consumidor responde apenas o laboratório, pois o médico subscritor do laudo do exame de DNA não se enquadra no conceito de fornecedor, haja vista que não ofereceu no mercado qualquer serviço, atuando como mera mão-de-obra daquele. Assim, é despiciendo perquirir acerca da existência de culpa do médico na realização do exame, discussão que somente interessa ao laboratório e seu preposto, em eventual ação regressiva" (STJ-3ª T., REsp 1.386.129, Min. Nancy Andrighi, j. 3.10.17, DJ 13.10.17).

Todavia: "Mesmo que o indivíduo não tenha interesse ou não queira ter conhecimento sobre a enfermidade que lhe acomete (seja qual for a razão), a informação correta e sigilosa sobre seu estado de saúde dada pelo hospital ou laboratório, ainda que de forma involuntária, tal como ocorrera na hipótese dos autos, não tem o condão de afrontar sua intimidade, na medida em que lhe proporciona a proteção a um direito maior. Não se afigura permitido, tão pouco razoável, que o indivíduo, com o desiderato inequívoco de resguardar sua saúde, após recorrer ao seu médico, que lhe determinou a realização de uma série de exames, vir a juízo aduzir justamente que tinha o direito de não saber que é portador de determinada doença, ainda que o conhecimento desta tenha se dado de forma involuntária" (STJ-RT 909/538: 3ª T., REsp 1.195.995, maioria).

"O autor doou sangue em 1993, mas não retornou ao hemocentro para tomar ciência do resultado do exame de controle em sua amostra de sangue. Não forneceu, na época, telefone próprio e o endereço indicado estava errado. Em 1997, voltando para nova doação, tomou ciência do resultado positivo para HIV. Alega dano moral, em virtude do sofrimento causado pela possibilidade de contaminação de sua companheira (também autora da ação) e filhos concebidos após a data da primeira doação. Inexistência de dano moral causado pelo hemocentro réu. O sofrimento causado pela ciência da contaminação em 1997 teria ocorrido igualmente em 1993. Não houve consequências danosas decorrentes do período de desconhecimento do vírus, entre 1993 e 1997. Não se alega tenha o autor tido eventual tratamento prejudicado pela demora na ciência do vírus. Sequer se sabe se nele se desenvolveu a moléstia. Resultado negativo do exame ao qual se submeteu sua companheira. Ausência de ilegalidade ou culpa na conduta do réu" (STJ-4ª T., REsp 619.185, Min. Isabel Gallotti, j. 13.12.11, DJ 1.2.12).

"Responsabilidade civil do Estado. Exame de HIV em hospital público. Falso positivo. Responsabilidade estatal pelo resultado equivocado. Inocorrência. Possibilidade de erro ínsita ao próprio exame, para a qual não contribuiu qualquer ação ou omissão dos prepostos do réu. O autor não estava insciente da advertência constante no laudo, acerca da necessidade de segunda amostra para confirmar o resultado, tanto que realizou novos exames" (JTJ 343/595: AP 919.275-5/8-00).

"Descabe indenização pleiteada a laboratório que, diante de diagnóstico falso-positivo de HIV, nos termos da Portaria MS 488/98, solicita a submissão a novo exame, diante do fato de o Método ELISA, então utilizado, apresentar elevado número de falsos-positivos" (STJ-3ª T., REsp 1.248.996, Min. Sidnei Beneti, j. 27.9.11, DJ 5.10.11).

"O dever de informação a cargo do fornecedor de serviço, nos termos do art. 14 do CDC, diz respeito aos riscos que razoavelmente se esperam do serviço oferecido; no caso, possíveis riscos a que se expõe um paciente ao realizar determinado exame de imagem. Não compete à clínica de serviços diagnósticos informar os riscos de qualquer doença que pudesse eventualmente acometer o feto, mas apenas realizar o exame prescrito pelo médico, valendo-se da técnica adequada. Avaliar a necessidade de exames complementares cabe ao médico do paciente, detentor de todos os conhecimentos sobre o quadro clínico respectivo, e não à clínica de medicina diagnóstica. Tendo sido assentada pelas instâncias ordinárias a inexistência de falha na prestação do serviço de ultrassonografia pela clínica ré, conforme perícia que atestou que os exames foram realizados de acordo com as normas técnicas, não há que se falar em nexo de causalidade com o dano sofrido em razão da morte do recém-nascido e, por consequência, no dever de indenizar" (STJ-4ª T., REsp 1.441.463, Min. Isabel Gallotti, j. 12.3.19, DJ 15.3.19).

"Ação de indenização por danos morais. Prestação de serviço de exame laboratorial. Erro no resultado de exame parasitológico. Dano moral não configurado. Embora caracterizada a falha na prestação do serviço laboratorial, em razão da inconsistência no resultado de exame parasitológico, a paciente menor não tomou nenhuma medicação e a comunicação entre a genitora e a médica responsável, ao tratar do assunto, ocorreu em clima de tranquilidade" (STJ-4ª T., Ag em REsp 1.556.253-AgInt, Min. Raul Araújo, j. 26.11.19, DJ 19.12.19).

Art. 14: 3a. "A teoria da perda de uma chance aplica-se quando o evento danoso acarreta para alguém a frustração da chance de obter um proveito determinado ou de evitar uma perda. Não se exige a comprovação da existência do dano final, bastando prova da certeza da chance perdida, pois esta é o objeto de reparação. Caracterização de dano extrapatrimonial para criança que tem frustrada a chance de ter suas **células embrionárias** colhidas e armazenadas para, se for preciso, no futuro, fazer uso em tratamento de saúde" (STJ-3ª T., REsp 1.291.247, Min. Paulo Sanseverino, j. 19.8.14, maioria, DJ 1.10.14).

S/ perda de uma chance, v. tb. notas 2, *in fine*, e 7a e CC 402, nota 7, 927, notas 3a, 3c, 5c e 8b, e 951, notas 1c e 7a.

Art. 14: 3b. "Responde o comerciante, independentemente de culpa, pela reparação dos danos causados aos consumidores por defeitos relativos à prestação de serviços, entendendo-se como tal, em face da abrangência do conceito legal, toda a atividade por ele realizada no propósito de tornar o seu negócio viável e atraente, aí incluídos o estacionamento, as instalações confortáveis e outras facilidades colocadas à disposição da sua clientela. Assim, provado que a vítima escorregou e caiu quando fazia compra em seu **estabelecimento comercial,** impõe-se o dever de indenizar os danos decorrentes da queda independentemente de culpa" (RT 865/305). No mesmo sentido: "Queda de cliente em *shopping center*. Escorregão. Piso molhado sem sinalização de alerta. Lesão no tornozelo. Relação de consumo. Falha na prestação do serviço" (RJ 426/155: TJRS, AP 70052665890).

"A responsabilidade civil do *shopping center* no caso de danos causados à integridade física dos consumidores ou aos seus bens não pode, em regra, ser afastada sob a alegação de caso fortuito ou força maior, pois a prestação de segurança devida por este tipo de estabelecimento é inerente à atividade comercial exercida por ele. Um consumidor que está no interior de uma loja, em um *shopping center*, não imagina que o teto irá desabar sobre si, ainda que haja uma forte tempestade no exterior do empreendimento, afinal, a estrutura do estabelecimento deve — sempre, em qualquer época do ano — ser hábil a suportar rajadas de vento e fortes chuvas. Ademais, a par da ocorrência da chuva, a área em questão encontrava-se em obras, sem qualquer restrição à circulação do público. O próprio laudo produzido pela Superintendência da Polícia Técnico-Científica demonstra que houve concorrência da situação das obras de expansão para a ocorrência do evento. Assim, por medida de cautela e em razão do estágio em que se encontravam as obras na oportunidade, poderia o *shopping* recorrido ter isolado temporariamente parte do imóvel, impedindo o acesso de consumidores, evitando eventuais acidentes que pudessem ser desencadeados em razão dos temporais e ventos. Nesse diapasão, não é possível isentar o empreendimento pelas lesões sofridas pela recorrente" (STJ-3ª T., REsp 1.764.439, Min. Nancy Andrighi, j. 21.5.19, DJ 24.5.19).

V. tb. nota 8 e CC 186, nota 3b, e 927, nota 6b.

Art. 14: 4. "A **concessionária** contratada para consertar **veículo** é parte legítima para responder pelo pedido de indenização por serviço mal executado. Irrelevante a circunstância de a seguradora ter pago ou autorizado o serviço" (STJ-3ª T., REsp 993.237, Min. Gomes de Barros, j. 24.3.08, DJU 13.5.08).

Art. 14: 4a. "A **seguradora** de seguro de responsabilidade civil, na condição de fornecedora, responde solidariamente perante o consumidor pelos danos materiais decorrentes de defeitos na prestação dos serviços por parte da **oficina** que credenciou ou indicou, pois, ao fazer tal indicação ao segurado, estende sua responsabilidade também aos consertos realizados pela credenciada, nos termos dos arts. 7º, § ún., 14, 25, § 1º, e 34 do Código de Defesa do Consumidor. O ato de credenciamento ou de indicação de oficinas como aptas a proporcionar ao segurado um serviço adequado no conserto do objeto segurado sinistrado não é uma simples gentileza ou comodidade proporcionada pela seguradora ao segurado. Esse credenciamento ou indicação se faz após um prévio acerto entre a seguradora e a oficina, em que certamente ajustam essas sociedades empresárias vantagens recíprocas, tais como captação de mais clientela pela oficina e concessão por esta de descontos nos preços dos serviços de reparos cobrados das seguradoras. Passa, então, a existir entre a seguradora e a oficina credenciada ou indicada uma relação institucional, de trato duradouro, baseada em ajuste vantajoso para ambas" (STJ-4ª T., REsp 827.833, Min. Raul Araújo, j. 24.4.12, DJ 16.5.12). No mesmo sentido: STJ-3ª T., Ag em REsp 345.322-AgRg, Min. Ricardo Cueva, j. 18.9.14, DJ 25.9.14.

Art. 14: 4b. "Ao selecionar seus clientes com base em informações telefônicas, a **operadora de telefonia** assume o risco pela veracidade das informações passadas verbalmente, respondendo por eventual prejuízo que causar àquele que efetivamente não solicitou a assinatura, não podendo o consumidor, sob qualquer pretexto, ser lesado por práticas ilícitas" (JTJ 314/192: AP 997.986-0/1).

"Restou incontroverso que o sistema de telefonia móvel oferecido pela apelante está sujeito a fraudes e por isso deve suportar a sua responsabilização frente ao apelado, uma vez que se trata do risco de sua atividade diante de uma tecnologia de comunicação que não oferece a segurança necessária para afastar a prática de clonagem dos aparelhos telefônicos de seus clientes" (RT 883/242: TJSP, AP 7294004-2).

V. tb. nota 9a.

Art. 14: 4c. "Acidente ocorrido com aluno durante excursão organizada pelo colégio. Existência de defeito. Fato do serviço. Responsabilidade objetiva. Ausência de excludentes de responsabilidade. Os **estabelecimentos de ensino** têm dever de segurança em relação ao aluno no período em que estiverem sob sua vigilância e autoridade, dever este do qual deriva a responsabilidade pelos danos ocorridos" (STJ-4ª T., REsp 762.075, Min. Luis Felipe, j. 16.6.09, DJ 29.6.09).

Art. 14: 5. Súmula 595 do STJ: "As instituições de ensino superior respondem objetivamente pelos danos suportados pelo aluno/consumidor pela realização de curso **não reconhecido pelo Ministério da Educação**, sobre o qual não lhe tenha sido dada prévia e adequada informação".

"Se, apesar do descadastramento da instituição privada de ensino superior junto ao MEC, for providenciada a transferência do aluno para outra entidade, nos termos do art. 57, II e III, do atual Decreto 9.235/2017 (art. 57, §§ 1º e 2º, do antigo Decreto 5.773/2006), viabilizando-se, por conseguinte, o término do curso, estará configurado o adimplemento parcial, não havendo que se falar em restituição, ao aluno, do montante pago para cursar as disciplinas finalizadas. Por outro lado, se a instituição descredenciada não proporcionar o término do curso em outra entidade e não houver prova de que o aluno usufruiu das disciplinas concluídas junto à instituição, porque obteve êxito no seu aproveitamento em outra entidade, o valor pago pelo aluno referente às matérias cursadas deverá ser a ele restituído. Nessa hipótese, a parcela do contrato cumprida pela instituição de ensino privada não teve utilidade para o credor. No particular, as recorridas não providenciaram a transferência da recorrente para outra instituição de ensino, a fim de que pudesse concluir o curso de administração à distância, tampouco comprovaram que a recorrente obteve efetivo aproveitamento das disciplinas cursadas junto à outra instituição de ensino superior. Ou seja, a parcela da obrigação contratual adimplida pelas recorridas revelou-se inútil à recorrente, o que caracteriza inadimplemento total e não parcial da avença" (STJ-3ª T., REsp 2.008.038, Min. Nancy Andrighi, j. 8.11.22, DJ 11.11.22).

V. tb. CC 186, nota 3b.

Art. 14: 5a. "O art. 14 do CDC estabelece regra de responsabilidade solidária entre os fornecedores de uma mesma cadeia de serviços, razão pela qual as 'bandeiras'/marcas de **cartão de crédito** respondem solidariamente com os bancos e as administradoras de cartão de crédito pelos danos decorrentes da má prestação de serviços" (STJ-3ª T., REsp 1.029.454, Min. Nancy Andrighi, j. 1.10.09, DJ 19.10.09). No mesmo sentido: STJ-4ª T., REsp 1.116.569-AgRg, Min. Antonio Ferreira, j. 21.2.13, DJ 4.3.13.

Art. 14: 5b. "A **agência de viagens** que vende pacote turístico responde pelo dano decorrente da má prestação dos serviços" (STJ-3ª T., REsp 850.768-AgRg, Min. Sidnei Beneti, j. 27.10.09, DJ 23.11.09). No mesmo sentido: STJ-4ª T., REsp 888.751, Min. Raul Araújo, j. 25.10.11, DJ 27.10.11; JTJ 325/121 (AI 1.148.309-0/7), 328/365 (AP 1.090.239-9), 337/579 (AP 994.530-0/6).

Todavia: "Ação de indenização. Extravio de bagagem. Responsabilidade da agência de turismo. Desacolhimento. Agência de turismo não é transportadora e não assumiu a obrigação de conduzir o autor a seu destino final. Manutenção do reconhecimento de ilegitimidade passiva" (JTJ 323/509: AP 1.300.206-9). No mesmo sentido: STJ-3ª T., REsp 1.994.563, Min. Moura Ribeiro, j. 25.10.22, maioria, DJ 30.11.22.

"Pacote turístico para Portugal. Brasileiro barrado no aeroporto de Lisboa e deportado. Ato discricionário do país. Ausência de responsabilidade ou culpa da agência de viagens e da intermediadora. Responsabilidade exclusiva de terceiros" (JTJ 337/335: AP 7.142.387-1). No mesmo sentido: JTJ 373/330 (AP 9177045-91.2007.8.26.0000).

Art. 14: 6. "Sociedade empresária. **Comercialização de ingressos on-line.** Evento cancelado/adiado. Falha na prestação do serviço (fato do serviço). Responsabilidade solidária. A venda de ingresso para um determinado espetáculo cultural é parte típica do negócio, risco da própria atividade empresarial que visa ao lucro e integrante do investimento do fornecedor, compondo, portanto, o custo básico embutido no preço. Com efeito, é impossível conceber a realização de espetáculo cultural, cujo propósito seja a obtenção de lucro por meio do acesso do público consumidor, sem que a venda do ingresso integre a própria escala produtiva e comercial do empreendimento. A recorrente e as demais sociedades empresárias que atuaram na organização e na administração da festividade e da estrutura do local integram a mesma cadeia de fornecimento e, portanto, são solidariamente responsáveis pelos danos suportados pelos recorridos, em virtude da falha na prestação do serviço, ao não prestar informação adequada, prévia e eficaz acerca do cancelamento/adiamento do evento" (STJ-3ª T., REsp 1.985.198, Min. Nancy Andrighi, j. 5.4.22, DJ 7.4.22).

Art. 14: 6a. "Comércio eletrônico. Compra e venda de aparelho celular via Internet. Não entrega de mercadoria. Legitimidade do **site** que disponibiliza a realização de negócios e recebe uma comissão do anunciante" (RJTJERGS 273/364: AP 70026228668). Em sentido semelhante: RT 899/287 (TJRN, AP 2008.001217-1), RIDCPC 48/25 (TJRS, AP 70016093080), Bol. AASP 2.627 (TJRS, AP 70025673856).

"O Mercadolivre.com não se confunde com mero classificado. Ao revés, participa ativamente das transações como autêntico intermediador entre o comprador e o anunciante, daí auferindo lucros. Além disso, disponibiliza o espaço virtual para quem pretenda algo vender, cadastrando vendedor e comprador e estabelecendo mecanismos de segurança para que os envolvidos nas negociações recebam aquilo pelo que pagaram ou entregaram. Portanto, responde civilmente por eventuais prejuízos decorrentes de fraudes que seu sistema de segurança não consiga impedir, porque neste caso coloca no mercado um serviço pouco confiável e que facilita a ação de fraudadores, estes que conseguem se cadastrar no site sem maiores dificuldades e, ainda, ousam aplicar golpes em escala, alcançando inúmeros consumidores" (RT 910/1.004: TJPE, AP 6233-05.2008.8.17.0480).

"A empresa que opera *site* de **vendas coletivas** atua efetivamente como fornecedora dos produtos e serviços, visto que os anuncia por seus próprios meios e, posteriormente, realiza a contratação em seu próprio sistema, não se tratando de intermediação nem corretagem. Figurando efetivamente como fornecedora, sua responsabilidade é solidária com os demais integrantes da cadeia de fornecimento, conforme disciplina do CDC. Ilegitimidade passiva afastada. A oferta vincula as condições de fornecimento do produto ou serviço, não se aplicando posteriormente à compra restrições que não se encontravam explícitas na propaganda divulgada. A recusa em fornecer pacote de viagem que se encontrava dentro dos limites de contratação divulgados no *site* ocasiona transtornos à viagem familiar, viola a boa-fé objetiva, considerada a desproposital causa da recusa, ofende a honra subjetiva e gera dano moral" (RMDECC 48/131: TJDFT, AP 2012.01.1.076639-4).

Todavia: "Não obstante a evidente relação de consumo existente, a sociedade recorrida responsável pela plataforma de anúncios 'OLX', no presente caso, atuou como mera **página eletrônica de 'classificados'**, não podendo, portanto, ser responsabilizada pelo descumprimento do contrato eletrônico firmado entre seus usuários ou por eventual fraude cometida, pois não realizou qualquer intermediação dos negócios jurídicos celebrados na respectiva plataforma, visto que as contratações de produtos ou serviços foram realizadas diretamente entre o fornecedor e o consumidor. Ademais, na hipótese, os autores, a pretexto de adquirirem um veículo '0 km', por meio da plataforma online 'OLX', efetuaram o depósito de parte do valor na conta de pessoa física desconhecida, sem diligenciar junto à respectiva concessionária acerca da veracidade da transação, circunstância que caracteriza nítida culpa exclusiva da vítima e de terceiros, apta a afastar eventual responsabilidade do fornecedor" (STJ-3ª T., REsp 1.836.349, Min. Marco Bellizze, j. 21.6.22, DJ 24.6.22).

V. tb. art. 18, nota 1g.

Ainda, v. adiante, neste tít., Dec. 7.962, de 15.3.13.

Art. 14: 6b. "A fiscalização prévia, pelo **provedor** de conteúdo, do teor das informações postadas na **web** por cada usuário não é atividade intrínseca ao serviço prestado, de modo que não se pode reputar defeituoso, nos termos do art. 14 do CDC, o site que não examina e filtra os dados e imagens nele inseridos" (STJ-3ª T., REsp 1.308.830, Min. Nancy Andrighi, j. 8.5.12, RT 923/637).

"A filtragem do conteúdo das pesquisas feitas por cada usuário não constitui atividade intrínseca ao serviço prestado pelos provedores de pesquisa, de modo que não se pode reputar defeituoso, nos termos do art. 14 do CDC, o site que não exerce esse controle sobre os resultados das buscas" (STJ-3ª T., REsp 1.316.921, Min. Nancy Andrighi, j. 26.6.12, RT 924/535; com comentário de Fernanda Nunes Barbosa).

V. tb. CC 927, nota 4, e MCI 19, nota 3.

Art. 14: 7. "A presença de animais na pista coloca em risco a segurança dos usuários da **rodovia,** respondendo as **concessionárias** pelo defeito na prestação do serviço que lhes é outorgado pelo Poder Público concedente" (STJ-4ª T., REsp 687.799, Min. Aldir Passarinho Jr., j. 15.10.09, DJ 30.11.09).

Art. 14: 7a. "As empresas públicas prestadoras de serviços públicos submetem-se ao regime de responsabilidade civil objetiva, previsto no art. 14 do CDC, de modo que a responsabilidade civil objetiva pelo risco administrativo, prevista no art. 37, § 6º, da CF/88, é confirmada e reforçada com a celebração de contrato de consumo, do qual emergem deveres próprios do microssistema erigido pela Lei 8.078/90. No caso, a contratação dos **serviços postais oferecidos pelos Correios** revela a existência de contrato de consumo, mesmo que tenha sido celebrado entre a mencionada empresa pública e um advogado, para fins de envio de suas petições ao Poder Judiciário. Não se confunde a responsabilidade do advogado, no cumprimento dos prazos processuais, com a dos Correios, no cumprimento dos contratos de prestação de serviço postal. A responsabilidade do advogado pela protocolização de recurso no prazo é de natureza endoprocessual, que gera consequências para o processo, de modo que a não apresentação de recursos no prazo tem consequências próprias, em face das quais não se pode, certamente, arguir a falha na prestação de serviços pelos Correios. Porém, essa responsabilidade processual do causídico não afasta a responsabilidade de natureza contratual dos Correios pelos danos eventualmente causados pela falha do serviço, de modo que, fora do processo, o advogado — como qualquer consumidor — pode discutir o vício do serviço por ele contratado, e ambas as responsabilidades convivem: a do advogado, que se limita às consequências internas ao processo, e a dos Correios, que decorre do descumprimento do contrato e da prestação de um serviço defeituoso. Assim, muito embora não se possa opor a culpa dos Correios para efeitos processuais da perda do prazo, extraprocessualmente a empresa responde pela falha do serviço prestado como qualquer outra. Descabe, no caso, a condenação dos Correios por danos materiais, porquanto não comprovada sua ocorrência. Também não estão presentes as exigências para o reconhecimento da responsabilidade civil pela **perda de uma chance,** uma vez que as alegações de danos experimentados pelo autor se revelam extremamente fluidas. Existia somente uma remota expectativa e improvável possibilidade de seu cliente se sagrar vitorioso na demanda trabalhista, tendo em vista que o recurso cujo prazo não foi cumprido eram embargos de declaração em recurso de revista no Tribunal Superior do Trabalho, circunstância que revela a exígua chance de êxito na demanda pretérita. Porém, quanto aos danos morais, colhe êxito a pretensão. É de cursivo conhecimento, no ambiente forense e acadêmico, que a perda de prazo recursal é exemplo clássico de advocacia relapsa e desidiosa, de modo que a publicação na imprensa oficial de um julgamento em que foi reconhecida a intempestividade de recurso é acontecimento apto a denegrir a imagem de um advogado diligente, com potencial perda de clientela e de credibilidade. É natural presumir que eventos dessa natureza sejam capazes de abalar a honra subjetiva (apreço por si próprio) e a objetiva (imagem social cultivada por terceiros) de um advogado, razão suficiente para reconhecer a ocorrência de um dano moral indenizável" (STJ-4ª T., REsp 1.210.732, Min. Luis Felipe, j. 2.10.12, maioria, DJ 15.3.13). S/ perda de uma chance, v. tb. notas 2, *in fine*, e 3a e CC 402, nota 7, 927, notas 3a, 3c, 5c e 8b, e 951, notas 1c e 7a.

"O extravio de correspondência registrada acarreta dano moral *in re ipsa*" (STJ-4ª T., REsp 1.097.266, Min. Raul Araújo, j. 7.2.13, maioria, DJ 23.8.13). Esse acórdão foi mantido no julgamento dos subsequentes embargos de divergência (STJ-2ª Seção, ED no REsp 1.097.266, Min. Ricardo Cueva, j. 10.12.14, maioria, DJ 24.2.15).

Art. 14: 7b. Todavia, para os profissionais liberais, v. § 4º.

Art. 14: 8. "Responde o *shopping center* réu, objetivamente, nos termos do CDC, pelo serviço prestado de maneira defeituosa, visto que não se incumbiu de zelar e tomar as providências necessárias à segurança do serviço colocado no mercado de consumo, deixando que sua cliente fosse abordada por assaltante armado em seu **estacionamento**" (RJM 176-177/193).

"Assalto à mão armada iniciado dentro de estacionamento coberto de hipermercado. Tentativa de estupro. Morte da vítima ocorrida fora do estabelecimento, em ato contínuo. Relação de consumo. Fato do serviço. Força maior. Hipermercado e shopping center. Prestação de segurança aos bens e à integridade física do consumidor. Atividade inerente ao negócio. Excludente afastada" (STJ-3ª T., REsp 419.059, Min. Nancy Andrighi, j. 19.10.04, DJ 29.11.04). Esse acórdão foi mantido no julgamento dos subsequentes embargos de divergência (STJ-2ª Seção, ED no REsp 419.059, Min. Luis Felipe, j. 11.4.12, maioria, DJ 12.6.12).

V. tb. notas 3b e 9b e CC 927, nota 6c.

Art. 14: 9. "O **banco** é responsável pelos danos morais causados por deficiência na prestação do serviço (art. 14 do CDC), consistente em extravio de talonários de cheques, que posteriormente vêm a ser utilizados fraudulentamente por terceiros e são devolvidos, causando situação de desconforto e abalo psíquico à correntista. Em casos que tais, o dano é considerado *in re ipsa*, isto é, não se faz necessária a prova do prejuízo, que é presumido e decorre do próprio fato e da experiência comum. A exclusão da responsabilidade da instituição financeira por ato de terceiro pressupõe a ausência de defeito na prestação do serviço, o que não se verifica nos autos" (STJ-3ª T., REsp 1.087.487, Min. Sidnei Beneti, j. 3.3.09, DJ 4.8.09). Mas: "O extravio de cheque, por si só, não gera dano moral a ser indenizado. O dano somente surge quando o extravio é acompanhado de algum prejuízo financeiro ou de ordem moral, como a inscrição em cadastro negativo de crédito, o protesto de um cheque extraviado ou o recebimento de cartas de cobrança" (STJ-4ª T., REsp 623.711-AgRg, Min. Luis Felipe, j. 17.12.09, DJ 8.2.10).

"Não caracteriza a excludente do fato exclusivo de terceiro, prevista no artigo 14, § 3º, II, do CDC, quando o fato alegado não é causa exclusiva do evento danoso" (STJ-3ª T., REsp 1.374.726, Min. Paulo Sanseverino, j. 18.2.14, DJ 8.9.14). Do voto do relator: "O evento danoso não decorreu apenas do fato de terceiro (sequestro), tendo contado com a colaboração da conduta desidiosa dos prepostos do banco recorrente, agindo com negligência na liberação da quantia vultuosa, o que caracteriza a sua concorrência para o evento danoso".

Todavia: "Ao receber um cheque para saque, é dever do banco conferir se está presente algum dos motivos para devolução do cheque, conforme previsto no artigo 6º da Resolução do BACEN 1.682/90. Caso o valor do título seja superior ao saldo ou ao eventual limite de crédito rotativo, deve o banco devolver o cheque por falta de fundos (motivo 11 ou 12). Não havendo mácula nessa conferência, não há defeito na prestação do serviço e, portanto, não cabe, com base no Código de Defesa do Consumidor, imputar ao banco conduta ilícita ou risco social inerente à atividade econômica que implique responsabilização por fato do serviço. Na forma do disposto no art. 4º da Lei 7.387/85 'a existência de fundos disponíveis é verificada no momento da apresentação do cheque para pagamento'.

A responsabilidade por verificar a capacidade de pagamento é de quem contrata. Ademais, o credor pode se negar a receber cheques, caso não queira correr o risco da devolução por falta de fundos" (STJ-4ª T., REsp 1.538.064, Min. Isabel Gallotti, j. 18.2.16, DJ 2.3.16). "Ação indenizatória. Emissão de cheques sem provisão de fundos. Consumidor por equiparação. Não caracterização. Responsabilidade civil da instituição financeira afastada. Inaplicabilidade do Código de Defesa do Consumidor. Não há que se equiparar a consumidor os terceiros lesados pela não compensação bancária de cheques realizada de acordo com a legislação, ou seja, por cheques sem provisão de fundos emitidos por seus clientes" (STJ-3ª T., REsp 1.581.927-AgRg, Min. Marco Bellizze, j. 10.5.16, DJ 17.5.16).

S/ responsabilidade civil dos bancos, v. tb. CC 186, nota 3b, e 927, notas 6d e segs.

Art. 14: 9a. Deficiência na prestação de serviços telefônicos. "Os atos da operadora local não podem ser tomados pela operadora de longa distância como causa de isenção de responsabilidade com fundamento no art. 14, § 3º, II, CDC" (STJ-3ª T., REsp 790.992, Min. Nancy Andrighi, j. 24.4.07, DJU 14.5.07). No mesmo sentido: STJ-4ª T., REsp 820.381, Min. Jorge Scartezzini, j. 21.3.06, DJU 2.5.06.

"A empresa que integra, como parceira, a cadeia de fornecimento de serviços é responsável solidária pelos danos causados ao consumidor por defeitos no serviço prestado" (STJ-3ª T., REsp 759.791, Min. Sidnei Beneti, j. 3.4.08, DJU 15.4.08).

V. tb. nota 4b.

Art. 14: 9b. "O fato de terceiro, como excludente da responsabilidade pelo fato do serviço (art. 14, § 3º, II, do CDC), deve surgir como causa exclusiva do evento danoso para ensejar o rompimento do nexo causal. No serviço de manobristas de rua (*valets*), as hipóteses de roubo constituem, em princípio, fato exclusivo de terceiro, não havendo prova da concorrência do fornecedor, mediante defeito na prestação do serviço, para o evento danoso. Reconhecimento pelo acórdão recorrido do rompimento do nexo causal pelo roubo praticado por terceiro, **excluindo a responsabilidade civil do restaurante fornecedor do serviço do manobrista** (art. 14, § 3º, II, do CDC)" (STJ-3ª T., REsp 1.321.739, Min. Paulo Sanseverino, j. 5.9.13, DJ 10.9.13).

"**Empresa concessionária de rodovia. Roubo e sequestro ocorridos em dependência de suporte ao usuário,** mantido pela concessionária. **Fortuito externo.** Excludente de responsabilidade. O fato de terceiro pode romper o nexo de causalidade, exceto nas circunstâncias que guardar conexidade com as atividades desenvolvidas pela concessionária de serviço público. Na hipótese dos autos, é impossível afirmar que a ocorrência do dano sofrido pelos recorridos guarda conexidade com as atividades desenvolvidas pela recorrente. A ocorrência de roubo e sequestro, com emprego de arma de fogo, é evento capaz e suficiente para romper com a existência de nexo causal, afastando-se, assim, a responsabilidade da recorrente" (STJ-3ª T., REsp 1.749.941, Min. Nancy Andrighi, j. 4.12.18, DJ 7.12.18).

V. tb. nota 8 e CC 927, nota 6c.

Art. 14: 9c. "Danos decorrentes de pagamento mediante a **apresentação de cartão bancário** de uso mediante senha, **por terceiro,** amoldam-se à hipótese estabelecida no art. 14, § 3º, II, do Código de Defesa do Consumidor, não podendo ser imputado ao estabelecimento comercial. Não comete ato ilícito o estabelecimento comercial que deixa de exigir documento de identidade no momento do pagamento mediante cartão com uso de senha, porquanto inexiste lei federal que estabeleça obrigação nesse sentido" (STJ-3ª T., REsp 1.676.090, Min. Ricardo Cueva, j. 27.8.19, DJ 3.9.19).

V. tb. CC 927, nota 7a.

Art. 14: 10. "A obrigação de diligência e a responsabilidade civil do profissional liberal", por Nagib Slaibi Filho (RJ 348/11).

Art. 14: 11. s/ responsabilidade civil do médico, v. CC 951 e notas.

Art. 15. (VETADO)

Art. 16. (VETADO)

Art. 17. Para os efeitos desta Seção, equiparam-se aos consumidores todas as vítimas do evento.[1 a 6]

Art. 17: 1. "Nos termos do que dispõe o art. 17 da Lei n. 8.078/90, equipara-se à qualidade de consumidor, para os efeitos legais, aquele que, embora não tenha participado diretamente da relação de consumo, sofre as consequências do evento danoso decorrente do defeito exterior que ultrapassa o objeto e provoca lesões, gerando risco à sua segurança física e psíquica" (STJ-4ª T., REsp 1.000.329-AgRg, Min. João Otávio, j. 10.8.10, DJ 19.8.10).

Art. 17: 2. "O art. 17 do CDC prevê a figura do consumidor por equiparação (*bystander*), sujeitando à proteção do CDC aqueles que, embora não tenham participado diretamente da relação de consumo, sejam vítimas de evento danoso decorrente dessa relação. Em acidente de trânsito envolvendo fornecedor de serviço de transporte, o terceiro vitimado em decorrência dessa relação de consumo deve ser considerado consumidor por equiparação. Excepciona-se essa regra se, no momento do acidente, o fornecedor não estiver prestando o serviço, inexistindo, pois, qualquer relação de consumo de onde se possa extrair, por equiparação, a condição de consumidor do terceiro" (STJ-3ª T., REsp 1.125.276, Min. Nancy Andrighi, j. 28.2.12, DJ 7.3.12).

Art. 17: 2a. "Atropelamento fatal. Travessia na faixa de pedestre. Rodovia sob concessão. Consumidora por equiparação. Concessionária rodoviária. Responsabilidade objetiva em relação a terceiros usuários e não usuários do serviço. Art. 37, § 6º, CF. Via em manutenção. Falta de iluminação e sinalização precária. Nexo causal configurado. No caso, a autora é consumidora por equiparação em relação ao defeito na prestação do serviço, nos termos do art. 17 do Código consumerista. Isso porque prevê o dispositivo que 'equiparam-se aos consumidores todas as vítimas do evento', ou seja, estende o conceito de consumidor àqueles que, mesmo não tendo sido consumidores diretos, acabam por sofrer as consequências do acidente de consumo, sendo também chamados de *bystanders*" (STJ-4ª T., REsp 1.268.743, Min. Luis Felipe, j. 4.2.14, DJ 7.4.14).

Art. 17: 3. "Utilização de cheque furtado para a compra de produtos em joalheria, ensejando a inscrição do seu titular no SPC e o protesto da cártula em tabelionato. Enquadramento da vítima no conceito ampliado de consumidor, pois, embora não tenha mantido relação negocial com a empresa demandada, sofreu dano moral causado por defeito na prestação de serviço da empresa recorrente. Aplicação da regra do art. 17 do Código de Defesa do Consumidor" (STJ-3ª T., REsp 1.192.871-EDcl-AgRg, Min. Paulo Sanseverino, j. 20.9.12, DJ 26.9.12). Em sentido semelhante: STJ-2ª Seção, CC 128.079, Min. Raul Araújo, j. 12.3.14, DJ 9.4.14.

Art. 17: 3a. "Pretensão indenizatória veiculada contra o banco demandado por não correntista, vítima de extorsão mediante sequestro, pela utilização dos serviços bancários para o recebimento do resgate, liberado sem as devidas cautelas para integrante da organização criminosa. Ampliação do conceito básico de consumidor pelo art. 17 do CDC para proteger todas as vítimas de um acidente de consumo" (STJ-3ª T., REsp 1.374.726, Min. Paulo Sanseverino, j. 18.2.14, DJ 8.9.14).

Art. 17: 4. "Comerciante atingido em seu olho esquerdo pelos estilhaços de uma garrafa de cerveja, que estourou em suas mãos quando a colocava em um freezer, causando graves lesões. Enquadramento do comerciante, que é vítima de um acidente de consumo, no conceito ampliado de consumidor estabelecido pela regra do art. 17 do CDC (*bystander*). Reconhecimento do nexo causal entre as lesões sofridas pelo consumidor e o estouro da garrafa de cerveja" (STJ-3ª T., REsp 1.288.008, Min. Paulo Sanseverino, j. 4.4.13, DJ 11.4.13). No mesmo sentido, em caso envolvendo "transportador de mercadoria (motorista)": STJ-4ª T., REsp 1.700.824-AgInt, Min. Isabel Gallotti, j. 4.6.19, DJ 7.6.19.

Art. 17: 4a. "Os pescadores artesanais prejudicados pelo derramamento de óleo no litoral do Estado do Rio de Janeiro — caracterizado como acidente de consumo, ante o suposto prejuízo de suas atividades pesqueiras — são considerados consumidores por equiparação, nos termos do art. 17 do CDC" (STJ-2ª Seção, CC 132.505-EDcl-AgInt, j. 23.11.16, DJ 28.11.16).

Art. 17: 4b. "Tratando-se de danos individuais decorrentes do exercício de **atividade empresarial poluidora** destinada à fabricação de produtos para comercialização, é possível, em virtude da caracterização do acidente de consumo, o reconhecimento da figura do consumidor por equiparação" (STJ-2ª Seção, REsp 2.005.977, Min. Nancy Andrighi, j. 28.9.22, DJ 30.9.22).

Art. 17: 5. "A caracterização do consumidor por equiparação possui como pressuposto a ausência de vínculo jurídico entre fornecedor e vítima; caso contrário, existente uma relação jurídica entre as partes, é com base nela que se deverá apurar eventual responsabilidade pelo evento danoso. Hipótese em que fornecedor e vítima mantinham uma relação jurídica específica, de natureza trabalhista, circunstância que **obsta a aplicação do art. 17 do CDC**, impedindo seja a empregada equiparada à condição de consumidora frente à sua própria empregadora" (STJ-3ª T., REsp 1.370.139, Min. Nancy Andrighi, j. 3.12.13, DJ 12.12.13).

Art. 17: 6. Negando a incidência deste art. 17 no caso da mãe que viajava com a filha para o exterior, dependia desta para o custeio das despesas e alegou danos morais pelo fato de a filha ficar impossibilitada de usar o cartão de crédito para tanto: "Em caso de **vício do produto ou serviço** (arts. 18 a 25 do CDC), **não incide o art. 17 do CDC**, porquanto a Lei restringiu a sua aplicação às hipóteses previstas nos arts. 12 a 16 do CDC. Hipótese em que a má prestação de serviço consistente em bloqueio de cartão de crédito sem notificação, impedindo a sua utilização em viagem internacional, configura apenas um vício de qualidade que torna o serviço impróprio ao consumo, na forma do art. 20 do CDC, não incidindo, assim, os arts. 17 e 29 do CDC" (STJ-3ª T., REsp 1.967.728, Min. Nancy Andrighi, j. 22.3.22, DJ 25.3.22).

Seção III — DA RESPONSABILIDADE POR VÍCIO DO PRODUTO E DO SERVIÇO[1]

SEÇ. III: 1. "Dos vícios do produto no novo Código Civil e no Código de Defesa do Consumidor e suas repercussões no âmbito da responsabilidade civil", por Clarissa Costa de Lima (Ajuris 101/79); "Consequências práticas da distinção entre vício e fato do produto: uma análise de decisões judiciais escolhidas", por Flavia Portella Puschel (RDPr 25/164).

Art. 18. Os fornecedores de produtos de consumo duráveis ou não duráveis respondem[1] solidariamente[1a a 1i] pelos vícios[1j] de qualidade[2 a 2b] ou quantidade[3] que os tornem impróprios ou inadequados ao consumo a que se destinam ou lhes diminuam o valor, assim como por aqueles decorrentes da disparidade, com as indicações constantes do recipiente, da embalagem, rotulagem ou mensagem publicitária, respeitadas as variações decorrentes de sua natureza, podendo o consumidor exigir a substituição das partes viciadas.

§ 1º Não sendo o vício sanado no prazo máximo de trinta dias,[4 a 5b] pode o consumidor exigir, alternativamente e à sua escolha:[6-6a]

I — a substituição do produto por outro da mesma espécie, em perfeitas condições de uso;[6b-6c]

II — a restituição imediata da quantia paga,[6d-6e] monetariamente atualizada,[7] sem prejuízo de eventuais perdas e danos;

III — o abatimento proporcional do preço.

§ 2º Poderão as partes convencionar a redução ou ampliação do prazo previsto no parágrafo anterior, não podendo ser inferior a sete nem superior a cento e oitenta dias. Nos contratos de adesão,[8] a cláusula de prazo deverá ser convencionada em separado, por meio de manifestação expressa do consumidor.

§ 3º O consumidor poderá fazer uso imediato das alternativas do § 1º deste artigo sempre que, em razão da extensão do vício, a substituição das partes viciadas puder comprometer a qualidade ou características do produto, diminuir-lhe o valor ou se tratar de produto essencial.

§ 4º Tendo o consumidor optado pela alternativa do inciso I do § 1º deste artigo, e não sendo possível a substituição do bem, poderá haver substituição por outro de espécie, marca ou modelo diversos, mediante complementação ou restituição de eventual diferença de preço, sem prejuízo do disposto nos incisos[9] II e III do § 1º deste artigo.[9a]

§ 5º No caso de fornecimento de produtos *in natura*, será responsável perante o consumidor o fornecedor imediato, exceto quando identificado claramente seu produtor.

§ 6º São impróprios ao uso e consumo:[10]

I — os produtos cujos prazos de validade estejam vencidos;

II — os produtos deteriorados, alterados, adulterados, avariados, falsificados, corrompidos, fraudados, nocivos à vida ou à saúde, perigosos ou, ainda, aqueles em desacordo com as normas regulamentares de fabricação, distribuição ou apresentação;

III — os produtos que, por qualquer motivo, se revelem inadequados ao fim a que se destinam.

Art. 18: 1. A responsabilidade por vício do produto ou do serviço é objetiva.

"Não havendo nos autos prova de que o defeito foi ocasionado por culpa do consumidor, subsume-se o caso vertente na regra contida no *caput* do artigo 18 da Lei n. 8.078/90, o qual consagra a responsabilidade objetiva dos fornecedores de bens de consumo duráveis pelos vícios de qualidade que os tornem impróprios ou inadequados ao consumo a que se destinam ou lhes diminuam o valor, impondo-se o ressarcimento integral dos prejuízos sofridos" (STJ-3ª T., REsp 760.262, Min. Sidnei Beneti, j. 3.4.08, DJU 15.4.08).

Art. 18: 1a. s/ solidariedade, v. arts. 7º § ún., 19-*caput*, 25 §§ 1º e 2º, 28 § 3º, 34 e 51-III (nulidade da cláusula que transfere responsabilidade a terceiro); CC 275 a 285.

Art. 18: 1b. O banco que financia a aquisição do bem não responde pelos vícios do produto, que são de responsabilidade exclusiva do fabricante (STJ-RF 395/430: 4ª T., REsp 444.699). Em sentido semelhante: STJ-3ª T., REsp 1.946.388, Min. Paulo Sanseverino, j. 7.12.21, maioria, DJ 17.12.21.

"Por certo que o banco não está obrigado a responder por defeito de produto que não forneceu tão somente porque o consumidor adquiriu-o com valores obtidos por meio de financiamento bancário. Se o banco fornece dinheiro, o consumidor é livre para escolher o produto que lhe aprouver. No caso de o bem apresentar defeito, o comprador ainda continua devedor da instituição financeira. Não há relação de acessoriedade entre o contrato de compra e venda de bem de consumo e o de financiamento que propicia numerário ao consumidor para aquisição de bem que, pelo registro do contrato de alienação fiduciária, tem sua propriedade transferida para o credor" (STJ-4ª T., REsp 1.014.547, Min. João Otávio, j. 25.8.09, maioria, DJ 7.12.09).

Todavia: "Responsabilidade por vício do produto. Veículo novo defeituoso. Responsabilidade solidária do 'banco da montadora' integrante da cadeia de consumo. Aplicação do art. 18 do CDC. Distinção em relação às instituições financeiras que atuam como 'banco de varejo', apenas concedendo financiamento ao consumidor para aquisição de um veículo novo ou usado sem vinculação direta com o fabricante" (STJ-3ª T., REsp 1.379.839, Min. Paulo Sanseverino, j. 11.11.14, maioria, DJ 15.12.14). Em sentido semelhante: STJ-4ª T., REsp 1.752.619-EDcl-AgInt, Min. Isabel Gallotti, j. 25.6.19, DJ 1.7.19.

Art. 18: 1c. "Cuidando-se de vício do produto, a responsabilidade da revendedora é solidária e não subsidiária" (RT 874/345: AI 70023560212).

"Comprado veículo novo com defeito, aplica-se o art. 18 do Código de Defesa do Consumidor e não os arts. 12 e 13 do mesmo Código", de modo que respondem solidariamente perante o consumidor tanto o fabricante quanto o concessionário que vendeu o veículo (STJ-3ª T., REsp 554.876, Min. Menezes Direito, j. 17.2.04, DJ 3.5.04). No mesmo sentido: STJ-4ª T., REsp 821.624, Min. Aldir Passarinho Jr., j. 19.10.10, DJ 4.11.10.

S/ responsabilidade solidária entre montadora e concessionária de veículos, v. tb. art. 34, nota 3.

Art. 18: 1d. "Ação de anulação de negócio jurídico. Veículo usado. Venda. Hodômetro adulterado. Responsabilidade. Proprietário. Agência contratada. Solidariedade. Art. 18 do CDC. Fornecedor originário. Inaplicabilidade. Relações de consumo distintas. Cadeia de fornecimento. Ruptura. O fornecimento de bem durável ao seu destinatário final, por removê-lo do mercado de consumo, põe termo à cadeia de seus fornecedores originais. A revenda desse mesmo bem por seu adquirente constitui nova relação jurídica obrigacional, obstando que seja considerada solidariamente responsável por prejuízos resultantes dessa segunda relação, com esteio no art. 18 do CDC, empresa integrante daquela primeira cadeia de fornecimento interrompida" (STJ-3ª T., REsp 1.517.800, Min. Ricardo Cueva, j. 2.5.17, DJ 5.5.17).

Art. 18: 1e. "Contrato. Seguro. Apólice não emitida. Aceitação do seguro. Responsabilidade. **Seguradora e corretores.** Cadeia de fornecimento. Solidariedade. A melhor exegese dos arts. 14 e 18 do CDC indica que todos aqueles que participem da introdução do produto ou serviço no mercado devem responder solidariamente por eventual defeito ou vício, isto é, imputa-se a toda a cadeia de fornecimento a responsabilidade pela garantia de qualidade e adequação. No sistema do CDC fica a critério do consumidor a escolha dos fornecedores solidários que irão integrar o polo passivo da ação. Poderá exercitar sua pretensão contra todos ou apenas contra alguns desses fornecedores, conforme sua comodidade e/ou conveniência. O art. 126 do Dec. lei 73/66 não afasta a responsabilidade solidária entre corretoras e seguradoras; ao contrário, confirma-a, fixando o direito de regresso destas por danos causados por aquelas. Tendo o consumidor realizado a vistoria prévia, assinado proposta e pago a primeira parcela do prêmio, pressupõe-se ter havido a aceitação da seguradora quanto à contratação do seguro, não lhe sendo mais possível exercer a faculdade de recusar a proposta" (STJ-3ª T., REsp 1.077.911, Min. Nancy Andrighi, j. 4.10.11, DJ 14.10.11).

"Devido à atuação ostensiva do corretor como representante do segurador, estabelece-se uma cadeia de fornecimento a tornar solidários seus participantes. Como o pagamento do prejuízo pela corretora verificou-se em decorrência de obrigação solidária existente entre esta e a seguradora perante o consumidor-segurado, é possível, na relação interna de solidariedade, a cobrança regressiva do todo ou da quota do segurador" (STJ-4ª T., REsp 658.938, Min. Raul Araújo, j. 15.5.12, DJ 20.8.12).

Art. 18: 1f. "**Promessa de compra e venda de imóvel.** Rescisão contratual com pedido de restituição de valores pagos. Desistência dos promitentes compradores. **Corretora.** Legitimidade passiva. Inexistência. Não se verificando qualquer falha na prestação do serviço de corretagem nem se constatando o envolvimento da corretora no empreendimento imobiliário, não se mostra viável o reconhecimento da sua responsabilidade solidária em razão da sua inclusão na cadeia de fornecimento" (STJ-3ª T., REsp 1.811.153, Mn. Marco Bellizze, j. 15.2.22, DJ 21.2.22).

"Não sendo imputada falha alguma na prestação do serviço de corretagem e nem se cogitando do envolvimento da intermediadora na cadeia de fornecimento do produto, vale dizer, nas atividades de incorporação e construção do imóvel ou mesmo se tratar a corretora de empresa do mesmo grupo econômico das responsáveis pela obra, hipótese em que se poderia cogitar de confusão patrimonial, não é possível seu enquadramento como integrante da cadeia de fornecimento a justificar sua condenação, de forma solidária, pelos danos causados ao autor adquirente" (STJ-4ª T., REsp 1.779.271-AgInt, Min. Isabel Gallotti, j. 1.6.21, maioria, DJ 25.6.21).

Todavia: "Compromisso de compra e venda. **Atraso na entrega de imóvel. Corretora imobiliária.** Legitimidade passiva. Cadeia de fornecimento. Responsabilidade solidária. Dano moral. Ocorrência. Apesar de não ter liame jurídico com o consumidor, a corretora pertence, sim, à cadeia de fornecimento do produto, visto se tratar de fenômeno eminentemente econômico, sendo solidária a responsabilidade de todos os fornecedores que se beneficiem da cadeia de fornecimento" (STJ-3ª T., REsp 1.866.097-AgInt, Min. Nancy Andrighi, j. 29.6.20, DJ 1.7.20). No mesmo sentido: STJ-4ª T., Ag em REsp 1.804.311-AgInt, Min. Luis Felipe, j. 23.8.22, DJ 9.9.22.

V. tb. CC 264, nota 8.

Art. 18: 1g. "Ao publicar anúncios em **caderno de classificados**, a **empresa jornalística** atua como **mera divulgadora** de ofertas elaboradas por terceiros, não assumindo, por isso, a condição de fornecedora dos produtos e/ou serviços que ali são efetivamente oferecidos por seus anunciantes. A editora responsável pela publicação de jornais não responde objetivamente pela reparação de eventuais prejuízos causados a consumidores por vício do produto ou defeito na prestação de serviços anunciados na seção de classificados dos referidos periódicos, sendo completamente descabido pretender inseri-la na cadeia de fornecimento de seus anunciantes" (STJ-3ª T., REsp 1.427.314, Min. Ricardo Cueva, j. 25.9.18, maioria, DJ 11.10.18).

V. tb. art. 14, nota 6a.

Art. 18: 1h. "Ação de reparação de danos decorrentes de procedimento estético realizado por empresa franqueada. **Responsabilidade solidária da franqueadora.** CDC, arts. 14 e 18" (STJ-4ª T., Ag em REsp 278.198-AgInt, Min. Raul Araújo, j. 18.6.19, DJ 28.6.19).

Todavia: "Inexiste responsabilidade solidária da franqueadora de serviços educacionais pelos danos materiais e morais decorrentes da morte de aluno em razão de acidente de trânsito, causado por culpa do motorista de ônibus escolar, pois o serviço de transporte escolar realizado por terceiro foi contratado exclusivamente pela franqueada, sendo serviço autônomo e alheio aos serviços prestados em razão da franquia de metodologia de ensino" (STJ-4ª T., Ag em REsp 1.456.249-AgInt, Min. Raul Araújo, j. 7.6.22, DJ 20.6.22).

Art. 18: 1i. "O **fornecedor aparente** em prol das vantagens da utilização de **marca internacionalmente reconhecida** não pode se eximir dos ônus daí decorrentes, em atenção à teoria do risco da atividade adotada pelo Código de Defesa do Consumidor. Dessa forma, reconhece-se a responsabilidade solidária do fornecedor aparente para arcar com os danos causados pelos bens comercializados sob a mesma identificação (nome/marca), de modo que resta configurada sua legitimidade passiva para a respectiva ação de indenização em razão do fato ou vício do produto ou serviço" (STJ-4ª T., REsp 1.580.432, Min. Marco Buzzi, j. 6.12.18, DJ 4.2.19).

Art. 18: 1j. Para uma distinção entre vício e fato do produto, v. art. 12, nota 1a.

Art. 18: 2. v. § 6º e arts. 20 e 23.

Art. 18: 2a. "Configura vício do produto incidente em veículo automotor a incompatibilidade, não informada ao consumidor, entre o tipo de combustível necessário ao adequado funcionamento de veículo comercializado no mercado nacional e aquele disponibilizado nos postos de gasolina brasileiros. No caso, o automóvel comercializado, importado da Alemanha, não estava preparado para funcionar adequadamente com o tipo de diesel ofertado no Brasil" (STJ-3ª T., REsp 1.443.268, Min. Sidnei Beneti, j. 3.6.14, maioria, DJ 8.9.14).

Art. 18: 2b. "**Compra e venda de veículo usado.** Vício do produto. Caso concreto que aponta a quebra da barra de direção seis dias após a venda. Caminhão com oito anos de uso. Alegação de desgaste natural. Responsabilidade do vendedor. Garantia legal. Art. 18 do CDC. A responsabilidade do fornecedor envolvendo a venda de produto usado há que conjugar os critérios da garantia de utilização do bem segundo a funcionalidade do produto (análise do intervalo de tempo mínimo no qual não se espera que haja deterioração do objeto) associado, em se tratando de vício oculto, ao critério de vida útil do bem (a contar da constatação do vício segundo a durabilidade variável de cada bem). Nessa circunstância, a responsabilidade do fornecedor sobressai em razão do dever a este inerente de inserir no mercado de consumo produto adequado ao seu uso, ainda que segundo a sua própria qualidade de bem usado, por um prazo mínimo para o seu uso" (STJ-4ª T., REsp 1.661.913, Min. Luis Felipe, j. 20.10.20, DJ 10.2.21).

Art. 18: 3. v. art. 19.

Art. 18: 4. s/ prazo para propositura de ação, v. arts. 26 e 27.

Art. 18: 5. "A primeira solução que o Código apresenta ao consumidor é a substituição das partes viciadas do produto. Não se está diante de uma 'opção' propriamente dita, de vez que, como regra, o consumidor não tem outra alternativa a não ser aceitar tal substituição" (STJ-RT 872/205 e RF 398/393: 2ª T., REsp 991.985).

Art. 18: 5a. "Em havendo sucessiva manifestação de idênticos vícios em automotor novo, o aludido lapso conferido para o fornecedor os equacionar é computado de forma global, isto é, não se renova cada vez que o veículo é entregue à fabricante ou comerciante em razão do mesmo problema. A solução para o imperfeito funcionamento do produto deve ser implementada dentro do prazo de trinta dias, norma que, uma vez inobservada, faz nascer para o consumidor o direito potestativo de optar, segundo sua conveniência, entre a substituição do produto, a restituição imediata da quantia paga ou o abatimento proporcional do preço (art. 18, § 1º, I, II e III, do CDC). Não é legítimo esperar que um produto novo apresente defeitos imediatamente após a sua aquisição e que o consumidor tenha que, indefinidamente, suportar os ônus da ineficácia dos meios empregados para a correção dos problemas apresentados. O prazo de 30 dias constante do art. 18, § 1º, do CDC, consoante o princípio da proteção integral (art. 6º, VI), deve ser contabilizado de forma a impedir o prolongamento do injusto transtorno causado ao consumidor, na medida em que é terminantemente vedada a transferência, pelo fornecedor de produtos e serviços, dos riscos da sua atividade econômica" (STJ-4ª T., REsp 1.297.690, Min. Marco Buzzi, j. 4.6.13, DJ 6.8.13). No mesmo sentido: STJ-3ª T., REsp 1.684.132, Min. Nancy Andrighi, j. 2.10.18, DJ 4.10.18.

"Não é possível afirmar que o vício do produto tenha sido sanado no prazo de 30 dias, estabelecido pelo artigo 18, § 1º, *caput*, do Código de Defesa do Consumidor, se o automóvel, após retornar da oficina, reincidiu no mesmo problema, por diversas vezes. A necessidade de novos e sucessivos reparos é indicativo suficiente de que o veículo, embora substituídas as peças danificadas pela utilização do combustível impróprio, não foi posto em condições para o uso que dele razoavelmente se esperava" (STJ-3ª T., REsp 1.443.268, Min. Sidnei Beneti, j. 3.6.14, maioria, DJ 8.9.14).

Art. 18: 5b. "Como a defesa do consumidor foi erigida a princípio geral da atividade econômica pelo art. 170, V, da Constituição Federal, é ele — consumidor — quem deve escolher a alternativa que lhe parece menos onerosa ou embaraçosa para exercer seu direito de ter sanado o vício em 30 dias — levar o produto ao comerciante, à assistência técnica ou diretamente ao fabricante —, não cabendo ao fornecedor impor-lhe a opção que mais convém" (STJ-3ª T., REsp 1.634.851, Min. Nancy Andrighi, j. 12.9.17, maioria, DJ 15.2.18).

Art. 18: 6. Para outras hipóteses mais ou menos semelhantes, v. arts. 19-*caput*, 20-*caput* e 35.

Art. 18: 6a. "A faculdade assegurada no § 1º do art. 18 do Estatuto Consumerista permite que o consumidor opte pela substituição do produto no caso de um dos vícios de qualidade previstos no *caput* do mesmo dispositivo, entre eles o que diminui o valor do bem, não exigindo que o vício apresentado impeça o uso do produto. No presente caso, a substituição do veículo por outro em perfeitas condições de uso foi a alternativa escolhida pelo consumidor. Então, não poderia o Juízo de piso alterar essa escolha, ainda que a pretexto de desonerar o consumidor, sob pena de maltrato ao art. 18, § 1º, do CDC" (STJ-4ª T., REsp 1.016.519, Min. Raul Araújo, j. 11.10.11, DJ 25.5.12).

Art. 18: 6b. v. § 4º.

Art. 18: 6c. "Na hipótese de responsabilidade pelo vício, a substituição do produto 'por outro da mesma espécie' – prevista no inciso I, do § 1º, do art. 18 do CDC — implica a substituição por outro **produto novo na data da substituição**" (STJ-3ª T., REsp 1.982.739, Min. Nancy Andrighi, j. 15.3.22, DJ 21.3.22).

V. tb. nota 6d.

Art. 18: 6d. "Ocorrendo a **alienação do produto viciado**, a restituição da quantia paga prevista no inciso II, § 1º, do art. 18 do CDC, deverá corresponder à diferença entre o valor de um produto novo na data da alienação a terceiros e o valor recebido nesta transação" (STJ-3ª T., REsp 1.982.739, Min. Nancy Andrighi, j. 15.3.22, DJ 21.3.22).

V. tb. nota 6c.

Art. 18: 6e. "Para que o regresso ao estado anterior efetivamente se verifique, o fornecedor deve restituir ao consumidor o valor despendido por este no momento da aquisição do produto viciado. O **abatimento** da quantia correspondente à **desvalorização do bem**, haja vista a sua **utilização** pelo adquirente, **não** encontra **respaldo** na legislação consumerista, a qual consagra o direito do consumidor de optar pela 'restituição imediata da quantia paga'. Ademais, não se pode admitir que o consumidor, que foi obrigado a conviver, durante considerável lapso temporal, com um produto viciado — na hipótese, um veículo zero quilômetro —, e que, portanto, ficou privado de usufruir dele plenamente, suporte o ônus da ineficiência dos meios empregados para a correção do problema" (STJ-3ª T., REsp 2.000.701, Min. Nancy Andrighi, j. 30.8.22, DJ 1.9.22).

Art. 18: 7. v. art. 51-*caput*-II.

Art. 18: 8. v. art. 54.

Art. 18: 9. No texto oficial, está "inciso", no singular.

Art. 18: 9a. "Não havendo outro veículo nas mesmas condições do adquirido pelo autor nos estoques das recorridas, é de se aplicar o disposto no § 4º do art. 18 do CDC, que permite a substituição por outro produto de espécie, marca ou modelo diversos, mediante complementação ou restituição da diferença de preço, permanecendo abertas as alternativas dos incisos II e III daquele § 1º. Então, na hipótese, o consumidor dispõe das seguintes alternativas: a) receber todo o valor atualizado do preço pago na ocasião da compra, desde que restitua o bem viciado ao fornecedor; b) caso não faça a restituição, receber a diferença entre o valor atualizado do preço pago na ocasião da compra e o valor equivalente ao preço médio de mercado do bem usado; ou, ainda, c) adquirir novo produto do fornecedor, pagando ou recebendo a diferença entre o valor do novo bem e o saldo credor que detém. Cumpre assinalar que o consumidor não tem direito a juros de mora na espécie, pois já foi indenizado pelas perdas e danos decorrentes da mora do fornecedor com o uso e gozo do bem durante o trâmite do processo" (STJ-4ª T., REsp 1.016.519, Min. Raul Araújo, j. 11.10.11, DJ 25.5.12).

Também afirmando que, "no período em que o consumidor se manteve na posse do bem, não incidem juros de mora sobre a quantia a lhe ser restituída": STJ-3ª T., REsp 1.734.541-EDcl, Min. Nancy Andrighi, j. 23.4.19, DJ 29.4.19.

Art. 18: 10. v. arts. 12 § 1º e 58.

Art. 19. Os fornecedores respondem solidariamente[1] pelos vícios de quantidade[2] do produto sempre que, respeitadas as variações decorrentes de sua natureza, seu conteúdo líquido for inferior às indicações constantes do recipiente, da embalagem, rotulagem ou de mensagem publicitária, podendo o consumidor exigir, alternativamente e à sua escolha:[3]

I — o abatimento proporcional do preço;

II — complementação do peso ou medida;

III — a substituição do produto por outro da mesma espécie, marca ou modelo, sem os aludidos vícios;

IV — a restituição imediata da quantia paga, monetariamente atualizada,[4] sem prejuízo de eventuais perdas e danos.

§ 1º Aplica-se a este artigo o disposto no § 4º do artigo anterior.

§ 2º O fornecedor imediato será responsável quando fizer a pesagem ou a medição e o instrumento utilizado não estiver aferido segundo os padrões oficiais.

Art. 19: 1. s/ solidariedade, v. arts. 7º § ún., 18-*caput*, 25 §§ 1º e 2º, 28 § 3º, 34 e 51-III (nulidade de cláusula que transfere responsabilidade a terceiro); CC 275 a 285.

Art. 19: 2. v. art. 58.

Art. 19: 3. v. art. 18, nota 6.

Art. 19: 4. v. art. 51-*caput*-II.

Art. 20. O fornecedor de serviços responde pelos vícios de qualidade[1-1a] que os tornem impróprios ao consumo ou lhes diminuam o valor, assim como por aqueles decorrentes da disparidade com as indicações constantes da oferta ou mensagem publicitária, podendo o consumidor exigir, alternativamente e à sua escolha:[2]

I — a reexecução dos serviços, sem custo adicional e quando cabível;

II — a restituição imediata da quantia paga, monetariamente atualizada,[3] sem prejuízo de eventuais perdas e danos;

III — o abatimento proporcional do preço.

§ 1º A reexecução dos serviços poderá ser confiada a terceiros devidamente capacitados, por conta e risco do fornecedor.

§ 2º São impróprios os serviços que se mostrem inadequados para os fins que razoavelmente deles se esperam, bem como aqueles que não atendam as normas regulamentares de prestabilidade.

Art. 20: 1. "A responsabilidade dos bancos pelos prejuízos resultantes do *phishing*", por Demócrito Reinaldo Filho (RF 405/85, RMDECC 21/50).

Art. 20: 1a. v. art. 58.

Art. 20: 2. v. art. 18, nota 6.

Art. 20: 3. v. art. 51-*caput*-II.

Art. 21. No fornecimento de serviços que tenham por objetivo a reparação de qualquer produto considerar-se-á implícita a obrigação do fornecedor de empregar componentes de reposição originais adequados e novos, ou que mantenham as especificações técnicas do fabricante, salvo, quanto a estes últimos, autorização em contrário do consumidor.[1]

Art. 21: 1. Pena: art. 70.

Art. 22. Os órgãos públicos,[1] por si ou suas empresas,[2] concessionárias, permissionárias ou sob qualquer outra forma de empreendimento, são obrigados a fornecer serviços adequados, eficientes, seguros e, quanto aos essenciais, contínuos.[2a a 5a]

Parágrafo único. Nos casos de descumprimento, total ou parcial, das obrigações referidas neste artigo, serão as pessoas jurídicas compelidas a cumpri-las e a reparar os danos causados, na forma prevista neste Código.

Art. 22: 1. CF 175: "Incumbe ao Poder Público, na forma da lei, diretamente ou sob regime de concessão ou permissão, sempre através de licitação, a prestação de serviços públicos."

"Parágrafo único. A lei disporá sobre:

"I — o regime das empresas concessionárias e permissionárias de serviços públicos, o caráter especial de seu contrato e de sua prorrogação, bem como as condições de caducidade, fiscalização e rescisão da concessão ou permissão;

"II — os direitos dos usuários;

"III — política tarifária;

"IV — a obrigação de manter serviço adequado".

Art. 22: 2. Lei 8.987, de 13.2.95 — Dispõe sobre o regime de concessão e permissão da prestação de serviços públicos previsto no art. 175 da Constituição Federal, e dá outras providências: "**Art. 6º** Toda concessão ou permissão pressupõe a prestação de serviço adequado ao pleno atendimento dos usuários, conforme estabelecido nesta lei, nas normas pertinentes e no respectivo contrato.

"§ 1º Serviço adequado é o que satisfaz as condições de regularidade, continuidade, eficiência, segurança, atualidade, generalidade, cortesia na sua prestação e modicidade das tarifas.

"§ 2º A atualidade compreende a modernidade das técnicas, do equipamento e das instalações e a sua conservação, bem como a melhoria e expansão do serviço.

"§ 3º Não se caracteriza como descontinuidade do serviço a sua interrupção em situação de emergência ou após prévio aviso, quando:

"I — motivada por razões de ordem técnica ou de segurança das instalações; e,

"II — por inadimplemento do usuário, considerado o interesse da coletividade.

"§ 4º (*acrescido pela Lei 14.015, de 15.6.20*) A interrupção do serviço na hipótese prevista no inciso II do § 3º deste artigo não poderá iniciar-se na sexta-feira, no sábado ou no domingo, nem em feriado ou no dia anterior a feriado".

Art. 22: 2a. Lei 9.427, de 26.12.96 — Institui a Agência Nacional de Energia Elétrica — ANEEL, disciplina o regime das concessões de serviços públicos de energia elétrica e dá outras providências: "**Art. 17.** A suspensão, por falta de pagamento, do fornecimento de energia elétrica a consumidor que preste serviço público ou essencial à população e cuja atividade sofra prejuízo será comunicada com antecedência de quinze dias ao Poder Público local ou ao Poder Executivo Estadual".

Art. 22: 2b. Lei 12.007, de 29.7.09 — Dispõe sobre a emissão de declaração de quitação anual de débitos pelas pessoas jurídicas prestadoras de serviços públicos ou privados: "**Art. 1º** As pessoas jurídicas prestadoras de serviços públicos ou privados são obrigadas a emitir e a encaminhar ao consumidor declaração de quitação anual de débitos.

"**Art. 2º** A declaração de quitação anual de débitos compreenderá os meses de janeiro a dezembro de cada ano, tendo como referência a data do vencimento da respectiva fatura.

"§ 1º Somente terão direito à declaração de quitação anual de débitos os consumidores que quitarem todos os débitos relativos ao ano em referência.

"§ 2º Caso o consumidor não tenha utilizado os serviços durante todos os meses do ano anterior, terá ele o direito à declaração de quitação dos meses em que houve faturamento dos débitos.

"§ 3º Caso exista algum débito sendo questionado judicialmente, terá o consumidor o direito à declaração de quitação dos meses em que houve faturamento dos débitos.

"**Art. 3º** A declaração de quitação anual deverá ser encaminhada ao consumidor por ocasião do encaminhamento da fatura a vencer no mês de maio do ano seguinte ou no mês subsequente à completa quitação dos débitos do ano anterior ou dos anos anteriores, podendo ser emitida em espaço da própria fatura.

"**Art. 4º** Da declaração de quitação anual deverá constar a informação de que ela substitui, para a comprovação do cumprimento das obrigações do consumidor, as quitações dos faturamentos mensais dos débitos do ano a que se refere e dos anos anteriores.

"**Art. 5º** O descumprimento do disposto nesta Lei sujeitará os infratores às sanções previstas na Lei n. 8.987, de 13 de fevereiro de 1995, sem prejuízo daquelas determinadas pela legislação de defesa do consumidor".

Art. 22: 2c. Lei 12.587, de 3.1.12 — Institui as diretrizes da Política Nacional de Mobilidade Urbana: "**Art. 14.** São direitos dos usuários do Sistema Nacional de Mobilidade Urbana, sem prejuízo dos previstos nas Leis ns. 8.078, de 11 de setembro de 1990, e 8.987, de 13 de fevereiro de 1995:

"I — receber o serviço adequado, nos termos do art. 6º da Lei n. 8.987, de 13 de fevereiro de 1995;

"II — participar do planejamento, da fiscalização e da avaliação da política local de mobilidade urbana;

"III — ser informado nos pontos de embarque e desembarque de passageiros, de forma gratuita e acessível, sobre itinerários, horários, tarifas dos serviços e modos de interação com outros modais; e

"IV — ter ambiente seguro e acessível para a utilização do Sistema Nacional de Mobilidade Urbana, conforme as Leis ns. 10.048, de 8 de novembro de 2000, e 10.098, de 19 de dezembro de 2000.

"Parágrafo único. Os usuários dos serviços terão o direito de ser informados, em linguagem acessível e de fácil compreensão, sobre:

"I — seus direitos e responsabilidades;

"II — os direitos e obrigações dos operadores dos serviços; e

"III — os padrões preestabelecidos de qualidade e quantidade dos serviços ofertados, bem como os meios para reclamações e respectivos prazos de resposta".

Art. 22: 2d. Lei 13.460, de 26.6.17 — Dispõe sobre participação, proteção e defesa dos direitos do usuário dos serviços públicos da administração pública.

Art. 22: 3. v. art. 6º-X.

Art. 22: 4. A 1ª Seção do STJ pacificou entendimento no sentido da possibilidade de **interrupção** do **fornecimento** de serviço público essencial, ante o **inadimplemento** do consumidor:

— **energia elétrica**: "É legítima sua interrupção após prévio aviso por inadimplemento do usuário, considerado o interesse da coletividade" (STJ-1ª Seção, ED no REsp 576.242, Min. Teori Zavascki, j. 26.4.06, DJU 15.5.06). No mesmo sentido: RT 826/257, 837/237, RJTJERGS 265/123 (IUJur 70017417692, maioria). "O valor incontroverso de débitos vencidos não deve ser depositado à ordem do juízo; deve ser pago ao credor. Recurso especial conhecido e provido para autorizar o corte no fornecimento de energia elétrica, acaso a consumidora não converta o depósito do incontroverso em pagamento e deixe de pagar o débito remanescente no prazo assinado pelo tribunal *a quo*" (STJ-1ª T., REsp 1.384.670, Min. Ari Pargendler, j. 19.11.13, DJ 29.11.13). "Débito apurado unilateralmente pela concessionária de energia elétrica, por suposta **fraude** no relógio medidor a cargo do consumidor, autoriza o corte de fornecimento de energia elétrica, eis que calcada na Resolução da ANEEL, que por sua vez encontra respaldo na Lei n. 9.427/96. O Termo de Ocorrência de Irregularidade — TOI é hábil à comprovação da alegada fraude no relógio medidor de energia elétrica, elaborado de forma unilateral com permissão constitucional e prevista em lei ordinária. Ademais, cabe ao consumidor a desconstituição da validade do TOI, ou, ainda, demonstrar, por qualquer meio, que não houve irregularidade na medição, ou, se houve, não foi de sua responsabilidade" (RT 900/252: TJSP, AP 990.10.186542-4). **Todavia**, exigindo para a interrupção que se trate de "inadimplemento de conta regular, relativa ao mês do consumo, restando incabível tal conduta quando for relativa a **débitos antigos** não pagos, em que há os meios ordinários de cobrança, sob pena de infringência ao disposto no art. 42 do CDC": STJ-1ª T., REsp 772.486, Min. Francisco Falcão, j. 6.12.05, DJU 6.3.06. No mesmo sentido: STJ-2ª T., REsp 845.695, Min. Humberto Martins, j. 28.11.06, DJU 11.12.06. "O fornecimento de energia elétrica não pode ser interrompido por conta de débitos pretéritos, mesmo que constatada fraude na medição" (STJ-1ª T., REsp 1.222.882, Min. Ari Pargendler, j. 15.8.13, DJ 4.2.14). Flexibilizando o requisito da atualidade do débito em caso de fraude do medidor por parte do consumidor: STJ-RT 880/151 (2ª T., REsp 806.985, um voto vencido). "Na hipótese de débito estrito de recuperação de consumo efetivo por fraude no aparelho medidor atribuída ao consumidor, desde que apurado em observância aos princípios do contraditório e da ampla defesa, é possível o corte administrativo do fornecimento do serviço de energia elétrica, mediante prévio aviso ao consumidor, pelo inadimplemento do consumo recuperado correspondente ao período de 90 dias anterior à constatação da fraude, contanto que executado o corte em até 90 dias após o vencimento do débito, sem prejuízo do direito de a concessionária utilizar os meios judiciais ordinários de cobrança da dívida, inclusive antecedente aos mencionados 90 dias de retroação" (STJ-1ª Seção, REsp 1.412.433, Min. Herman Benjamin, j. 25.4.18, DJ 28.9.18). **Há situações em que não se tem autorizado interrupção do fornecimento:** "Hipótese em que o Tribunal de origem consignou que a consumidora — portadora de enfermidade grave — utiliza medicação que necessita ser mantida sob refrigeração constante. É ilegítimo o corte administrativo no fornecimento de energia elétrica quando puder acarretar **lesão irreversível à integridade física do usuário**" (STJ-2ª T., AI 903.590-AgRg, Min. Herman Benjamin, j. 20.11.08, DJ 9.3.09). "É ilegítimo o corte administrativo no fornecimento de energia elétrica quando o débito decorrer de suposta **fraude** no medidor de consumo de energia, **apurada unilateralmente** pela concessionária" (STJ-2ª T., REsp 906.357, Min. Herman Benjamin, j. 23.9.08, DJ 17.3.09; com interessante panorama sobre o tema). "Por ser a interrupção no fornecimento de energia elétrica medida excepcional, o art. 6º, § 3º, II, da Lei n. 8.987/95 deve ser interpretado restritivamente, de forma a permitir que o corte recaia apenas sobre o **imóvel que originou o débito,** e não sobre outros imóveis de propriedade do inadimplente" (STJ-1ª T., REsp 662.214, Min. Teori Zavascki, j. 6.2.07, DJU 22.2.07). **Contra** a possibilidade de **interrupção em geral:** RSTJ 134/145, RT 811/262, RT 839/248 (desde que o débito esteja sendo discutido judicialmente e o consumidor apresente caução).

No mesmo sentido, a Corte Especial tem autorizado a suspensão do fornecimento de energia elétrica a **município inadimplente,** tal qual "expressamente previsto na Lei 9.427/96, art. 17, sendo exigida, apenas, a notificação prévia do devedor" (STJ-Corte Especial, SL 78-AgRg, Min. Edson Vidigal, j. 1.12.04, dois votos vencidos, DJU 5.12.05). **Contra,** no sentido de que o município não pode ter a energia cortada: RJM 168/112.

Todavia, excluindo do corte "áreas cuja falta de energia colocaria em demasiado perigo a população, como ruas, hospitais e escolas públicas": STJ-2ª T., REsp 594.095, Min. João Otávio, j. 1.3.07, DJU 19.3.07. Do voto do relator: "A interrupção de fornecimento de energia elétrica de Município inadimplente somente é considerada ilegítima quando atinge as unidades públicas provedoras das necessidades inadiáveis da comunidade, entendidas estas, por analogia à Lei de Greve, como 'aquelas que, não atendidas, coloquem em perigo iminente a sobrevivência, a saúde ou a segurança da população' (art. 11, § ún., da Lei 7.783/89)". Em sentido semelhante: STJ-1ª Seção, ED no REsp 845.982, Min. Luiz Fux, j. 24.6.09, DJ 3.8.09.

"A iluminação pública é indispensável à segurança dos cidadãos; a inadimplência do Município quanto ao pagamento do respectivo serviço não justifica o corte do fornecimento da energia elétrica necessária para esse efeito" (STJ-Corte Especial, SL 1.048-AgRg, Min. Ari Pargendler, j. 7.10.09, DJ 5.11.09).

Preservando do corte as "unidades públicas cuja paralisação é inadmissível. Legalidade do corte para as praças, ruas, ginásios de esporte, repartições públicas, etc.": STJ-1ª Seção, ED no REsp 721.119, Min. Eliana Calmon, j. 8.8.07, um voto vencido, DJU 10.9.07.

V. tb. CC 187, nota 5.

✎ "Suspensão do fornecimento de energia elétrica sob a ótica do Código de Defesa do Consumidor", por Nilton Carlos de Almeida Coutinho (RIDA 2/97).

— **água:** a relação entre a concessionária de serviço público e o consumidor tem natureza privada, sendo o pagamento a cargo deste uma contraprestação pelo serviço prestado, que pode "ser interrompido em caso de inadimplemento", na medida em que o CDC "admite a exceção do contrato não cumprido" (STJ-2ª T., REsp 337.965, Min. Eliana Calmon, j. 2.9.03, um voto vencido, DJU 20.10.03). Este acórdão foi mantido nos subsequentes embargos de divergência: STJ-1ª Seção, ED no REsp 337.965, Min. Luiz Fux, j. 22.9.04, DJU 8.11.04. No mesmo sentido: RT 825/265, JTJ 302/348. **Contra:** STJ-RTJE 178/167, RT 809/262, Bol. AASP 2.621 (TJRS, AP 70022766166).

"Mesmo quando o consumidor é **órgão público,** o corte do fornecimento de água está autorizado por lei sempre que resultar da falta injustificada de pagamento, e desde que não afete a prestação de serviços públicos essenciais, v.g., hospitais, postos de saúde, creches, escolas; caso em que só os órgãos burocráticos foram afetados pela medida" (STJ-Corte Especial, SS 1.764-AgRg, Min. Ari Pargendler, j. 27.11.08, maioria, DJ 16.3.08).

Art. 22: 4a. "É lícito à empresa concessionária de **telefonia** interromper os serviços quando o usuário se mantém inadimplente mesmo após receber a comunicação a respeito" (STJ-4ª T., REsp 592.477, Min. Aldir Passarinho Jr., j. 19.5.09, DJ 8.6.09).

Art. 22: 5. "A questão resume-se à possibilidade ou não da suspensão do fornecimento de água em razão de débito de consumo gerado pelo antigo proprietário do imóvel. No caso, independentemente da natureza da obrigação (se pessoal ou *propter rem*), não cabe a suspensão do fornecimento de água por se tratar de débito consolidado. Ou seja, o novo proprietário do imóvel está sendo privado do fornecimento em razão de dívida pretérita do antigo morador, hipótese que não encontra albergue na jurisprudência do STJ. Ambas as turmas da Primeira Seção concluíram que o art. 6º, § 3º, II, da Lei n. 8.987/95 refere-se ao inadimplemento do usuário, ou seja, do efetivo consumidor do serviço. Inviável, portanto, responsabilizar o atual usuário por débito pretérito relativo ao consumo de água do anterior" (STJ-2ª T., AI 1.107.257-AgRg, Min. Mauro Campbell, j. 16.6.09, DJ 30.6.09). No mesmo sentido: STJ-1ª T., REsp 1.327.162-AgRg, Min. Napoleão Maia Filho, j. 20.9.12, DJ 28.9.12; RT 882/188 (TJSP, AP 1163530-0/1, maioria; caso de fraude cometida pelo antigo proprietário), 901/304 (TJPE, AI 0006806-57.2010.8.17.0000), 912/764 (TRF-3ª Reg., AP 0006601-69.2010.4.03.6105), JTJ 321/1.352 (AP 995.758-0/1).

Todavia: "A obrigação resultante do consumo de água, de natureza *propter rem*, é de responsabilidade solidária do antigo locatário e do proprietário do imóvel, não tendo o novo inquilino, a pretexto de que não é responsável pelo débito, direito ao restabelecimento do corte efetuado pela concessionária" (RT 840/265). No mesmo sentido: JTJ 323/259 (AP 1.130.853-0/7).

Art. 22: 5a. "A cobrança pelo fornecimento de água aos condomínios em que o consumo total de água é medido por único hidrômetro deve se dar pelo consumo real aferido. O Superior Tribunal de Justiça firmou já entendimento de não ser lícita a cobrança de tarifa de água no valor do consumo mínimo multiplicado pelo número de economias existentes no imóvel, quando houver único hidrômetro no local" (STJ-RT 907/597: 1ª Seção, REsp 1.166.561).

> **Art. 23.** A ignorância do fornecedor sobre os vícios de qualidade[1] por inadequação dos produtos e serviços não o exime de responsabilidade.

Art. 23: 1. v. art. 18 § 6º.

> **Art. 24.** A garantia legal[1] de adequação do produto ou serviço independe de termo expresso, vedada a exoneração contratual do fornecedor.

Art. 24: 1. cf. arts. 50 e 74.

> **Art. 25.** É vedada a estipulação contratual de cláusula que impossibilite, exonere ou atenue a obrigação de indenizar prevista nesta e nas Seções anteriores.
>
> **§ 1º** Havendo mais de um responsável pela causação do dano, todos responderão solidariamente[1] pela reparação prevista nesta e nas Seções anteriores.
>
> **§ 2º** Sendo o dano causado por componente ou peça incorporada ao produto ou serviço, são responsáveis solidários[2] seu fabricante, construtor ou importador e o que realizou a incorporação.

Art. 25: 1. s/ solidariedade, v. arts. 7º § ún., 18-*caput*, 19-*caput*, 28 § 3º, 34 e 51-III (nulidade de cláusula que transfere responsabilidade a terceiro); CC 275 a 285.

Art. 25: 2. v. nota 1 a este art.

Seção IV | DA DECADÊNCIA[1] E DA PRESCRIÇÃO[2-3]

SEÇ. IV: 1. v. CC 207 a 211.

SEÇ. IV: 2. "Os institutos da prescrição e da decadência no Código Brasileiro de Defesa do Consumidor", por Marcelo Fonseca Boaventura (RDPr 14/300); "As causas impeditivas e suspensivas da decadência no direito do consumidor e os seus reflexos no direito material e processual coletivo", por Pablo Stolze Gagliano (RMDECC 22/78).

SEÇ. IV: 3. v. CC 189 a 206.

> **Art. 26.** O direito de reclamar pelos vícios aparentes ou de fácil constatação caduca em:[1 a 2d]
>
> I — trinta dias, tratando-se de fornecimento de serviço e de produto não duráveis;
>
> II — noventa dias, tratando-se de fornecimento de serviço e de produto duráveis.[2e]

§ 1º Inicia-se a contagem do prazo decadencial a partir da entrega efetiva do produto ou do término da execução dos serviços.

§ 2º Obstam a decadência:

I — a reclamação[3] comprovadamente formulada pelo consumidor[3a] perante o fornecedor de produtos e serviços até a resposta negativa correspondente, que deve ser transmitida de forma inequívoca;[3b]

II — (VETADO);

III — a instauração de inquérito civil,[4] até seu encerramento.

§ 3º Tratando-se de vício oculto, o prazo decadencial inicia-se no momento em que ficar evidenciado o defeito.

Art. 26: 1. "Tratando-se de **pedido** alternativo **indenizatório,** em compra de produto novo com defeito, aplica-se o **prazo prescricional de 5 anos** do art. 27 do CDC e não o prazo decadencial de 90 dias do art. 26 deste diploma" (JTJ 347/363: AP 992.05.012335-0).

"Escoado o prazo decadencial de 90 dias previsto no art. 26, II, do CDC, não poderá o consumidor exigir do fornecedor do serviço as providências previstas no art. 20 do mesmo diploma — reexecução do serviço, restituição da quantia paga ou o abatimento proporcional do preço —, porém, a pretensão de indenização dos danos por ele experimentados pode ser ajuizada durante o prazo prescricional de 5 anos, porquanto rege a hipótese o art. 27 do CDC" (STJ-4ª T., REsp 683.809, Min. Luis Felipe, j. 20.4.10, DJ 3.5.10).

"Se o produto apresenta vício quanto à quantidade ou qualidade, ou que lhe diminua o valor, estar-se-á diante de vício aparente ou de fácil constatação, de acordo com o art. 26 do Código Consumerista. No caso, decaiu em 90 (noventa) dias o direito de os autores reclamarem da diferença entre a metragem do imóvel veiculada em propaganda e a área do apartamento descrita na promessa de contra e venda. A pretensão de indenização pelos danos morais experimentados pelos autores pode ser ajuizada no prazo prescricional de 5 (cinco) anos" (STJ-3ª T., REsp 1.488.239, Min. Ricardo Cueva, j. 1.3.16, DJ 7.3.16).

Indo além: "Defeitos aparentes da obra. Metragem a menor. Prazo decadencial. Inaplicabilidade. Pretensão indenizatória. Sujeição à prescrição. Prazo decenal. Art. 205 do Código Civil" (STJ-3ª T., REsp 1.534.831, Min. Nancy Andrighi, j. 20.2.18, maioria, DJ 2.3.18).

"A entrega de bem imóvel em metragem diversa da contratada não pode ser considerada vício oculto, mas sim aparente, dada a possibilidade de ser verificada com a mera medição das dimensões do imóvel — o que, por precaução, o adquirente, inclusive, deve providenciar tão logo receba a unidade imobiliária. É de 90 dias o prazo para o consumidor reclamar por vícios aparentes ou de fácil constatação no imóvel por si adquirido, contado a partir da efetiva entrega do bem (art. 26, II e § 1º, do CDC). O prazo decadencial previsto no art. 26 do CDC relaciona-se ao período de que dispõe o consumidor para exigir em juízo alguma das alternativas que lhe são conferidas pelos arts. 18, § 1º, e 20, *caput*, do mesmo diploma legal (a saber, a substituição do produto, a restituição da quantia paga, o abatimento proporcional do preço e a reexecução do serviço), não se confundindo com o prazo prescricional a que se sujeita o consumidor para pleitear indenização decorrente da má-execução do contrato. Quando a pretensão do consumidor é de natureza indenizatória (isto é, de ser ressarcido pelo prejuízo decorrente dos vícios do imóvel) não há incidência de prazo decadencial. A ação, tipicamente condenatória, sujeita-se a prazo de prescrição. À falta de prazo específico no CDC que regule a pretensão de indenização por inadimplemento contratual, deve incidir o prazo geral decenal previsto no art. 205 do CC/02" (STJ-3ª T., REsp 1.819.058, Min. Nancy Andrighi, j. 3.12.19, DJ 5.12.19).

V. tb. nota seguinte.

Art. 26: 1a. "Para as situações em que as dimensões do imóvel adquirido não correspondem às noticiadas pelo vendedor, cujo preço da venda foi estipulado por medida de extensão ou com determinação da respectiva área **(venda *ad mensuram*),** aplica-se o disposto no art. 501 do CC/02, que prevê o prazo decadencial de 1 ano para a propositura das ações previstas no antecedente artigo (exigir o complemento da área, reclamar a resolução do contrato ou o abatimento proporcional do preço)" (STJ-3ª T., REsp 1.890.327, Min. Nancy Andrighi, j. 20.4.21, maioria, DJ 26.4.21).

Art. 26: 1b. "O prazo decadencial de 30 dias do CDC **não se aplica às ações indenizatórias** decorrentes de **atrasos em voos.** Não seria razoável entender-se que o CDC teria diminuído, em prejuízo ao consumidor, os prazos decadenciais e prescricionais do Código Civil" (STJ-3ª T., REsp 877.446, Min. Nancy Andrighi, j. 9.12.08, DJ 3.2.09).

Art. 26: 1c. Súmula 477 do STJ: "A decadência do art. 26 do CDC **não é aplicável à prestação de contas** para obter esclarecimentos sobre cobrança de taxas, tarifas e encargos bancários".

O direito do correntista de questionar os lançamentos efetuados pelo banco em sua conta-corrente não se submete ao regime do art. 26, pois, no caso, "não se trata de nenhum vício, mas, sim, de falta de prova do que o banco pretende cobrar" (STJ-3ª T., REsp 685.297, Min. Menezes Direito, j. 7.6.05, DJ 29.8.05).

"Para as ações de prestações de contas nas quais o correntista questiona lançamentos indevidos efetivados em sua conta-corrente mantida em instituição financeira, o prazo prescricional é o vintenário (sob a égide do Código Civil de 1916) ou decenal (na vigência do novo *Codex*), não incidindo os arts. 26 ou 27 do CDC" (STJ-4ª T., Ag em REsp 832.638-AgRg, Min. Marco Buzzi, j. 2.8.16, DJ 16.8.16).

V. tb. CC 205, nota 5c.

Art. 26: 1d. "O pedido para repetição de taxas e tarifas bancárias pagas indevidamente, por serviço não prestado, não se equipara às hipóteses estabelecidas nos arts. 20 e 26, CDC. Repetir o pagamento indevido não equivale a exigir reexecução do serviço, à redibição e tampouco ao abatimento do preço, pois não se trata de má prestação do serviço, mas de manifesto enriquecimento sem causa, porque o banco cobra por serviço que jamais prestou" (STJ-3ª T., REsp 1.094.270, Min. Nancy Andrighi, j. 2.12.08, DJ 19.12.08).

"A cobrança a maior não se caracteriza em vício de serviços ou produtos, mas sim de atividade vinculada, erroneamente apresentada, mas que não se confunde com o próprio serviço, devendo ser afastado o prazo nonagesimal previsto no artigo 26 do CDC para o ajuizamento de ação judicial. A cobrança a maior enseja repetição de indébito, a qual, dirigindo-se contra pessoa jurídica de natureza privada, tem como prazo prescricional aquele de vinte anos previsto no artigo 177 do CCR c/c o art. 2.028 do NCC" (STJ-1ª T., REsp 762.000, Min. Francisco Falcão, j. 17.2.09, DJ 2.3.09).

V. tb. art. 27, nota 2a, e CC 205, nota 2 (Súmula 412 do STJ), e 206, nota 3b.

Art. 26: 1e. "O prazo decadencial previsto no art. 26 do Código de Defesa do Consumidor é inaplicável à ação revisional de contratos, que se submete às disposições do Código Civil" (RF 384/351). **Contra:** JTJ 334/307 (AP 7.282.414-7).

Art. 26: 2. "O prazo de decadência para a reclamação de defeitos surgidos no produto não se confunde com o prazo de garantia pela qualidade do produto — a qual pode ser convencional ou, em algumas situações, legal. O Código de Defesa do Consumidor não traz, exatamente, no art. 26, um prazo de garantia legal para o fornecedor responder pelos vícios do produto. Há apenas um prazo para que, tornando-se aparente o defeito, possa o consumidor reclamar a reparação, de modo que, se este realizar tal providência dentro do prazo legal de decadência, ainda é preciso saber se o fornecedor é ou não responsável pela reparação do vício. Por óbvio, o fornecedor não está, *ad aeternum*, responsável pelos produtos colocados em circulação, mas sua responsabilidade não se limita pura e simplesmente ao prazo contratual de garantia, o qual é estipulado unilateralmente por ele próprio. Deve ser considerada para a aferição da responsabilidade do fornecedor a natureza do vício que inquinou o produto, mesmo que tenha ele se manifestado somente ao término da garantia. Os prazos de garantia, sejam eles legais ou contratuais, visam a acautelar o adquirente de produtos contra defeitos relacionados ao desgaste natural da coisa, como sendo um intervalo mínimo de tempo no qual não se espera que haja deterioração do objeto. Depois desse prazo, tolera-se que, em virtude do uso ordinário do produto, algum desgaste possa mesmo surgir. Coisa diversa é o vício intrínseco do produto existente desde sempre, mas que somente veio a se manifestar depois de expirada a garantia. Nessa categoria de vício intrínseco certamente se inserem os defeitos de fabricação relativos a projeto, cálculo estrutural, resistência de materiais, entre outros, os quais, em não raras vezes, somente se tornam conhecidos depois de algum tempo de uso, mas que, todavia, não decorrem diretamente da fruição do bem, e sim de uma característica oculta que esteve latente até então. Cuidando-se de vício aparente, é certo que o consumidor deve exigir a reparação no prazo de noventa dias, em se tratando de produtos duráveis, iniciando a contagem a partir da entrega efetiva do bem e não fluindo o citado prazo durante a garantia contratual. Porém, conforme assevera a doutrina consumerista, o Código de Defesa do Consumidor, no § 3º do art. 26, no que concerne à disciplina do vício oculto, adotou o critério da vida útil do bem, e não o critério da garantia, podendo o fornecedor se responsabilizar pelo vício em um espaço largo de tempo, mesmo depois de expirada a garantia contratual. Com efeito, em se tratando de vício oculto não decorrente do desgaste natural gerado pela fruição ordinária do produto, mas da própria fabricação, e relativo a projeto, cálculo estrutural, resistência de materiais, entre outros, o prazo para reclamar pela reparação se inicia no momento em que ficar evidenciado o defeito, não obstante tenha isso ocorrido depois de expirado o prazo contratual de garantia, devendo ter-se sempre em vista o critério da vida útil do bem" (STJ-4ª T., REsp 984.106, Min. Luis Felipe, j. 4.10.12, DJ 20.11.12). No mesmo sentido: STJ-3ª T., REsp 1.787.287, Min. Ricardo Cueva, j. 14.12.21, DJ 16.12.21.

Art. 26: 2a. "Se ao término do prazo de garantia contratado, o veículo se achava retido pela oficina mecânica para conserto, impõe-se reconhecer o comprovado período que o automóvel passou nas dependências da oficina mecânica autorizada, sem solução para o defeito, como de suspensão do curso do prazo de garantia. Prorroga-se, nessa circunstância, o prazo de garantia inicialmente ofertado, até a efetiva devolução do veículo ao consumidor, sendo este momento fixado como *dies a quo* do prazo decadencial para se reclamar vícios aparentes em produtos duráveis" (STJ-3ª T., REsp 579.941, Min. Nancy Andrighi, j. 28.6.07, um voto vencido, DJ 10.12.08).

"O prazo de decadência para a reclamação de vícios do produto (art. 26 do CDC) não corre durante o período de garantia contratual, em cujo curso o veículo foi, desde o primeiro mês da compra, reiteradamente apresentado à concessionária com defeitos" (STJ-4ª T., REsp 547.794, Min. Isabel Gallotti, j. 15.2.11, DJ 22.2.11).

Art. 26: 2b. "Diferentemente do que ocorre com a garantia legal contra vícios de adequação, cujos prazos de reclamação estão contidos no art. 26 do CDC, a lei não estabelece prazo de reclamação para a garantia contratual. Nessas condições, uma interpretação teleológica e sistemática do CDC permite integrar analogicamente a regra relativa à garantia contratual, estendendo-lhe os prazos de reclamação atinentes à garantia legal, ou seja, a partir do término da garantia contratual, o consumidor terá 30 (bens não duráveis) ou 90 (bens duráveis) dias para reclamar por vícios de adequação surgidos no decorrer do período desta garantia" (STJ-3ª T., REsp 967.623, Min. Nancy Andrighi, j. 16.4.09, maioria, DJ 29.6.09).

Art. 26: 2c. "Na hipótese em que o consumidor não adquire bem propriamente defeituoso, mas alega ter se enganado quanto ao objeto adquirido, comprando o automóvel intermediário em vez do mais luxuoso, não há, necessariamente, qualquer defeito a ser corrigido durante o prazo de garantia. A decadência para pleitear a devolução da mercadoria, a troca do produto ou o abatimento do preço, portanto, conta-se, sendo aparente a diferença entre os modelos, da data da compra" (STJ-RT 899/141: 3ª T., REsp 1.021.261).

Art. 26: 2d. "O vestuário representa produto durável por natureza, porque não se exaure no primeiro uso ou em pouco tempo após a aquisição, levando certo tempo para se desgastar, mormente quando classificado como artigo de luxo, a exemplo do vestido de noiva, que não tem uma razão efêmera. O bem durável é aquele fabricado para servir durante determinado transcurso temporal, que variará conforme a qualidade da mercadoria, os cuidados que lhe são emprestados pelo usuário, o grau de utilização e o meio ambiente no qual inserido. Por outro lado, os produtos 'não duráveis' extinguem-se em um único ato de consumo, porquanto imediato o seu desgaste" (STJ-3ª T., REsp 1.161.941, Min. Ricardo Cueva, j. 5.11.13, RT 941/305).

Art. 26: 3. v. art. 18-*caput* e § 1º.

Art. 26: 3a. "A lei não preestabelece uma forma para a realização da reclamação, exigindo apenas comprovação de que o fornecedor tomou ciência inequívoca quanto ao propósito do consumidor de reclamar pelos vícios do produto ou serviço. A reclamação obstativa da decadência, prevista no art. 26, § 2º, I, do CDC, pode ser feita documentalmente — por meio físico ou eletrônico — ou mesmo verbalmente — pessoalmente ou por telefone — e, consequentemente, a sua comprovação pode dar-se por todos os meios admitidos em direito" (STJ-3ª T., REsp 1.442.597, Min. Nancy Andrighi, j. 24.10.17, DJ 30.10.17).

Art. 26: 3b. "Termo inicial do prazo decadencial. Data em que o consumidor teve ciência da recusa do fornecedor. Dicção do art. 26, § 2º, I, do CDC. Prazo de decadência não se suspende, não se interrompe nem comporta prorrogação" (JTJ 314/71: AP 944.794-0/2).

Art. 26: 4. v. art. 90 e Lei 7.347, de 24.7.85 (no CPCLPV, tít. AÇÃO CIVIL PÚBLICA), art. 8º § 1º e art. 9º.

Art. 27. Prescreve em cinco anos a pretensão[1 a 4] à reparação pelos danos causados por fato do produto ou do serviço prevista na Seção II deste Capítulo,[5] iniciando-se a contagem do prazo a partir do conhecimento do dano e de sua autoria.[6-7]

Parágrafo único. (VETADO)

Art. 27: 1. s/ ação de reparação de danos, v. arts. 101 a 102.

Art. 27: 1a. "Aplica-se a prescrição do Código de Defesa do Consumidor (art. 27), em caso de ação de indenização decorrente de dano causado em mercadoria durante o respectivo **transporte marítimo,** não importando para a definição do destinatário final do serviço de transporte o que é feito com o produto transportado. No caso, o serviço de transporte foi consumado com a chegada da mercadoria no seu destino, terminando aí a relação de consumo, estabelecida entre a transportadora e a empresa que a contratou" (RSTJ 175/349, 3ª T., dois votos vencidos).

V. tb. CC 786, nota 2b.

Art. 27: 1b. Transporte aéreo nacional. "Consumidor. Prescrição. Transporte aéreo de pessoas. A reparação de danos resultantes da má prestação do serviço pode ser pleiteada no prazo de **cinco anos**" (STJ-3ª T., REsp 742.447, Min. Ari Pargendler, j. 20.3.07, um voto vencido, DJU 16.4.07; o voto vencido dava pelo prazo de dois anos previsto no art. 317 do Código Brasileiro de Aeronáutica, em razão da especialidade deste em confronto com o CDC).

"Acidente aéreo. Pessoa em superfície que alega abalo moral em razão do cenário trágico. Queda de avião nas cercanias de sua residência. Consumidor por equiparação. Art. 17 do CDC. Prazo prescricional. Código Civil de

1916. Inaplicabilidade. Conflito entre prazo previsto no Código Brasileiro de Aeronáutica (CBA) e no CDC. Prevalência deste. Prescrição, todavia, reconhecida" (STJ-4ª T., REsp 1.281.090, Min. Luis Felipe, j. 7.2.12, DJ 15.3.12).

"O Código Brasileiro de Aeronáutica não se limita a regulamentar apenas o transporte aéreo regular de passageiros, realizado por quem detém a respectiva concessão, mas todo serviço de exploração de aeronave, operado por pessoa física ou jurídica, proprietária ou não, com ou sem fins lucrativos, de forma que seu art. 317, II, não foi revogado e será plenamente aplicado, desde que a relação jurídica não esteja regida pelo CDC, cuja força normativa é extraída diretamente da CF (5º, XXXII). Demonstrada a existência de relação de consumo entre o transportador e aqueles que sofreram o resultado do evento danoso (consumidores por equiparação), configurado está o fato do serviço, pelo qual responde o fornecedor, à luz do art. 14 do CDC, incidindo, pois, na hipótese, o prazo prescricional quinquenal previsto no seu art. 27" (STJ-3ª T., REsp 1.202.013, Min. Nancy Andrighi, j. 18.6.13, DJ 27.6.13).

Contra, dando pela prescrição em dois anos: "Indenização. Danos morais. Acidente aéreo sofrido por vítima terrestre. Prescrição reconhecida na r. sentença. Art. 317, II, do Código Brasileiro Aeronáutico" (JTJ 342/253: AP 429.251.4/8-00).

S/ prescrição e: consumidor por equiparação, v. tb. nota 1e; extravio de mercadoria em transporte aéreo, v. CC 205, nota 5a.

Art. 27: 1c. Transporte aéreo internacional. "Embora válida a norma do Código de Defesa do Consumidor quanto aos consumidores em geral, no caso específico de contrato de transporte internacional aéreo, com base no art. 178 da Constituição Federal de 1988, prevalece a Convenção de Varsóvia, que determina prazo prescricional de **dois anos**" (STF-RJM 176-177/468: 2ª T., RE 297.901). No mesmo sentido: "A prescrição é regulada pelo art. 29 da Convenção de Varsóvia (Decreto n. 20.704/31), que confere aos interessados um prazo de dois anos para ingressar em juízo, 'a contar da data de chegada, ou do dia, em que a aeronave, devia ter chegado a seu destino, ou do da interrupção do transporte'" (STF-Pleno, Ag em RE 766.618, Min. Roberto Barroso, j. 25.5.17, maioria, DJ 13.11.17; a citação é do voto do relator). Ainda: "Transporte aéreo internacional de carga. Tratamento aduaneiro. Despesas de armazenagem. Indenização. Convenção de Montreal. Aplicabilidade. Prescrição bienal. Ocorrência" (STJ-3ª T, REsp 1.615.981, Min. Paulo Sanseverino, j. 24.4.18, DJ 30.4.18).

Contra, no sentido de que mesmo no transporte aéreo internacional observa-se o prazo quinquenal do art. 27 do CDC: STJ-2ª Seção, ED no REsp 258.132, Min. Ari Pargendler, j. 26.10.05, DJU 1.2.06; JTJ 342/147 (AI 7.293.267-5).

V. tb. nota 1 no início desta lei.

S/ prescrição e extravio de mercadoria em transporte aéreo, v. CC 205, nota 5a.

Art. 27: 1d. Transporte rodoviário. "O art. 734 fixa expressamente a responsabilidade objetiva do transportador pelos danos causados às pessoas por ele transportadas, o que engloba o dever de garantir a segurança do passageiro, de modo que ocorrências que afetem o bem-estar do viajante devem ser classificadas de defeito na prestação do serviço de transporte de pessoas. Como decorrência lógica, os contratos de transporte de pessoas ficam sujeitos ao prazo prescricional específico do art. 27 do CDC. Deixa de incidir, por ser genérico, o prazo prescricional do Código Civil" (STJ-3ª T., REsp 958.833, Min. Nancy Andrighi, j. 8.2.08, DJU 25.2.08).

Art. 27: 1e. "Ação indenizatória. **Atropelamento por composição férrea.** Prescrição. Prazo quinquenal. O Superior Tribunal de Justiça entende possível a aplicação das normas do Código de Defesa do Consumidor nas relações entre o fornecedor e o **consumidor por equiparação,** sendo aplicado, portanto, o prazo quinquenal" (STJ-3ª T., Ag em REsp 1.017.427-AgInt, Min. Ricardo Cueva, j. 4.5.17, DJ 19.5.17).

S/ prescrição e consumidor por equiparação, v. tb. nota 1b.

Art. 27: 2. "Ação de indenização por danos morais e materiais. **Contrato de seguro.** Demora injustificada da seguradora. Prestação de serviços. Deficiência. Prazo prescricional quinquenal. Extremo aborrecimento que extrapola o mero dissabor decorrente de inadimplemento contratual. Dano moral indenizável. O artigo 206, § 1º, II, do Código Civil de 2002 (correspondente ao artigo 178, § 6º, II, do Código Civil de 1916), segundo o qual prescreve em um ano a pretensão do segurado contra o segurador, dirige-se à pretensão resultante de inadimplemento contratual, envolvendo a cobertura securitária em si. No caso em que a pretensão decorre de prestação de serviço defeituosa, incide o prazo prescricional estabelecido no artigo 27 do Código de Defesa do Consumidor" (STJ-4ª T., REsp 1.192.274-AgInt, Min. Raul Araújo, j. 2.2.17, DJ 10.2.17).

Todavia: "Nos casos de cobrança de seguro não se aplica o art. 27 do CDC valendo a prescrição prevista no Código Civil" (STJ-3ª T., REsp 595.720, Min. Menezes Direito, j. 7.12.04, DJU 4.4.05). "A prescrição do direito acionário é a ânua, do art. 206, § 1º, II, b, do CC vigente, e, não, a do Código de Defesa do Consumidor (arts. 26 e 27), esta aplicável, exclusivamente, aos chamados 'acidentes de consumo', inconfundíveis com a responsabilidade decorrente de recusa da seguradora a indenizar" (RT 868/347).

V. tb. CC 206, nota 2.

Art. 27: 2a. "Em se tratando de pretensão de **repetição de indébito** decorrente de **descontos indevidos,** por falta de contratação de empréstimo com a instituição financeira, ou seja, em decorrência de defeito do serviço bancário, aplica-se o prazo prescricional do art. 27 do CDC" (STJ-4ª T., Ag em REsp 1.377.042-AgInt, Min. Luis Felipe, j. 26.3.19, DJ 29.3.19). "Apesar de denominada taxa, o valor cobrado pela expedição e registro de diploma universitário não tem natureza tributária; trata-se, na verdade, de preço por serviço prestado, em relação de consumo. Entretanto, já se pacificou na jurisprudência pátria o entendimento de que a universidade não pode exigir aludida taxa para expedir a primeira via de diploma ao aluno, configurando-se, tal cobrança, como abusiva, nos termos do art. 51 do CDC, impondo-se a restituição dos valores indevidamente pagos a esse título. Por se tratar de cobrança indevida, feita em relação de consumo, a pretensão de restituição dos valores indevidamente pagos submete-se à prescrição quinquenal, prevista no art. 27 do CDC, e não ao art. 205 do Código Civil, conforme afirmado pela Corte de origem" (STJ-1ª T., REsp 1.329.607, Min. Napoleão Maia Filho, j. 19.8.14, DJ 2.9.14).

Contra: "A incidência da regra de prescrição prevista no art. 27 do CDC tem como requisito essencial a formulação de pedido de reparação de danos causados por fato do produto ou do serviço, o que não ocorreu na espécie. Ante à ausência de disposições no CDC acerca do prazo prescricional aplicável à prática comercial indevida de cobrança excessiva, é de rigor a aplicação das normas relativas a prescrição insculpidas no Código Civil" (STJ-3ª T., REsp 1.032.952, Min. Nancy Andrighi, j. 17.3.09, DJ 26.3.09).

V. tb. art. 26, nota 1d, e CC 205, nota 2 (Súmula 412 do STJ), e 206, nota 3b.

Art. 27: 2b. "Demanda indenizatória movida por correntista contra instituição financeira em face da entrega talonário de cheques a terceiros, com a emissão de várias cártulas devolvidas, gerando a sua **inscrição indevida em órgãos de proteção ao crédito.** Caracterização do fato do serviço, disciplinado no art. 14 do CDC, em face da defeituosa prestação de serviço pela instituição bancária, não atendendo à segurança esperada pelo consumidor. Aplicação do prazo prescricional previsto no art. 27 do CDC" (STJ-3ª T., REsp 1.254.883, Min. Paulo Sanseverino, j. 3.4.14, DJ 10.4.14).

Todavia: "O defeito do serviço ensejador de negativação indevida do nome do consumidor, ato ilícito em essência, caracterizando-se também infração administrativa (art. 56 do CDC c/c o art. 13, inc. XIII, do Dec. 2.181/1997) e ilícito penal (arts. 72 e 73 do CDC), gerando direito à indenização por danos morais, não se confunde com o fato do serviço, que pressupõe um risco à segurança do consumidor. Portanto, não se aplica, no caso, o art. 27 CDC, que se refere aos arts. 12 a 17 do mesmo diploma legal. Inexistindo norma específica quanto ao prazo prescricional aplicável ao caso, é de rigor a incidência do art. 177 do CC/1916" (STJ-RJ 389/139: 4ª T., REsp 740.061). O art. 177 do CC rev. corresponde ao CC 205.

V. tb. CC 206, nota 3f.

Art. 27: 2c. "Consumidor. Negócios jurídicos bancários. Investimento fictício. **Estelionato praticado por gerente de instituição financeira.** Aplicação do CDC. Defeito do serviço. Pretensão indenizatória. Prescrição quinquenal" (STJ-3ª T., REsp 1.391.627-AgRg, Min. Paulo Sanseverino, j. 4.2.16, DJ 12.2.16).

"O **furto das joias, objeto do penhor,** constitui falha do serviço prestado pela instituição financeira e não inadimplemento contratual, devendo incidir o prazo prescricional de 5 (cinco) anos para as ações de indenização, previsto no art. 27 do Código de Defesa do Consumidor" (STJ-4ª T., REsp 1.369.579, Min. Luis Felipe, j. 24.10.17, DJ 23.11.17).

Art. 27: 2d. "O fato de se exigir comprovação da culpa para poder responsabilizar o **profissional liberal** pelos serviços prestados de forma inadequada, não é motivo suficiente para afastar a regra de prescrição estabelecida no art. 27 da legislação consumerista, que é especial em relação às normas contidas no Código Civil" (STJ-3ª T., REsp 731.078, Min. Castro Filho, j. 13.12.05, DJU 13.2.06).

"O prazo prescricional, na relação médica profissional-cliente, na condição de consumidor, é o ajustado no art. 27 do CDC" (STJ-4ª T., REsp 704.272, Min. Honildo Castro, j. 18.5.10, DJ 8.6.10).

"O prazo de prescrição para o ajuizamento da ação de indenização por erro médico é quinquenal" (STJ-3ª T., Ag em REsp 792.009-AgRg, Min. Ricardo Cueva, j. 1.3.16, DJ 7.3.16).

Contra: "A causa determinante para a verificação dos danos suportados pelos recorrentes foi o ato culposo do preposto do hospital recorrido, e não o exercício das atividades hospitalares, estritamente consideradas. A causa de pedir não está fundamentada no acidente de consumo, mas sim na imperícia do preposto. Ao justificar sua pretensão por meio da menção aos princípios que regem a responsabilidade civil do empregador por ato culposo de preposto, os recorrentes não restringiram a fundamentação de seu pleito à relação de consumo estabelecida entre as partes, de modo que há espaço para a aplicação das regras contidas no CC/16 à espécie. Considerando-se que o prazo prescricional da pretensão indenizatória dos autores começou a fluir em 12.6.1998, data em que ocorreu o falecimento do pai dos autores, bem como que, na data em que passou a viger o CC/02, não havia transcorrido mais da metade do lapso temporal previsto no art. 177 do CC/16, incide, na espécie, o disposto no art. 206, § 3º, V, do CC/02, que reduziu o prazo prescricional para 3 anos, nos moldes do que dispõe a regra de transição do art. 2.028 do CC/02" (STJ-3ª T., REsp 1.444.600, Min. Nancy Andrighi, j. 7.8.14, DJ 15.8.14).

V. tb. CC 205, nota 5.

Art. 27: 2e. "O prazo decadencial para o ajuizamento de ação de indenização por danos morais e materiais decorrentes de **inadimplemento absoluto** da obrigação do fornecedor de produtos ou serviços é de 5 (cinco) anos, nos termos do art. 27 do CDC" (STJ-3ª T., REsp 1.076.496, Min. Massami Uyeda, j. 2.6.11, DJ 14.6.11).

Art. 27: 3. "Pacote turístico. Fornecedora que não entrega todos os **ingressos** para que os consumidores assistissem aos **jogos da Copa do Mundo** ou o faz após muita incerteza e angústia. Hipótese de defeito e não de vício do serviço. Aplicabilidade do art. 27 e não 26 do CDC. Decadência afastada" (JTJ 298/194).

Também se aplica o art. 27 e não o art. 26 em caso no qual o consumidor compra ingresso numerado para evento esportivo e se vê na contingência de assisti-lo em pé e em condições temerárias, dada a superlotação e a falta de segurança no local (RT 868/225).

Art. 27: 3a. "Diante do fundamento da inicial de ocorrência do fato do produto, e não vício, no **mau funcionamento de herbicida** que, por não combater as ervas daninhas, enseja prejuízo à safra, e consequentemente, ao patrimônio do usuário, o prazo decadencial é de 5 anos (CDC, art. 27)" (STJ-3ª T., REsp 953.187, Min. Sidnei Beneti, j. 23.6.09, DJ 29.6.09).

Art. 27: 4. "A pretensão do autor, apoiada na existência de vícios de segurança, é de informação relativa ao **consumo de cigarros** — responsabilidade por fato do produto. A ação de responsabilidade por fato do produto prescreve em cinco anos, consoante dispõe o art. 27 do Código de Defesa do Consumidor" (STJ-2ª Seção, REsp 489.895, Min. Fernando Gonçalves, j. 10.3.10, um voto vencido, DJ 23.4.10).

"A pretensão de ressarcimento do próprio fumante (cuja prescrição é quinquenal, REsp. 489.895/SP), que desenvolvera moléstias imputadas ao fumo, manifesta-se em momento diverso da pretensão dos herdeiros, em razão dos alegados danos morais experimentados com a morte do fumante. Só a partir do óbito nasce para estes ação exercitável (*actio nata*), com o escopo de compensar o pretenso dano próprio" (STJ-4ª T., REsp 1.113.804, Min. Luis Felipe, j. 27.4.10, DJ 24.6.10).

Art. 27: 5. v. arts. 12 a 17.

Art. 27: 6. "A prescrição da ação de reparação por fato do produto é contada do conhecimento do dano e da autoria, nada importa a renovação da lesão no tempo, pois, ainda que a lesão seja contínua, a fluência da prescrição já se iniciou com o conhecimento do dano e da autoria" (STJ-3ª T., REsp 304.724, Min. Gomes de Barros, j. 24.5.05, DJU 22.8.05). No mesmo sentido: JTJ 328/354 (AP 297.806.4/6-00).

Art. 27: 7. "Além dos dois requisitos elencados pelo legislador para que seja deflagrado o início da contagem do prazo prescricional — o conhecimento do dano e o conhecimento da autoria —, é necessário, ainda, o **conhecimento do defeito**, isto é, a consciência do consumidor de que o dano sofrido está relacionado a defeito do produto ou do serviço. A combinação desses três critérios tem por objetivo conferir maior proteção à vítima que, em determinadas situações, pode ter conhecimento do dano e da identidade do fornecedor, porém, só mais tarde saber que o dano resulta de um defeito do produto adquirido ou do serviço contratado. Na hipótese dos autos, conquanto os danos sofridos pela autora tenham se iniciado com a colocação das próteses de silicone, conforme alegado na exordial, o suposto defeito do produto somente veio a ser conhecido, de forma inequívoca, quando da realização do exame que atestou o rompimento das próteses e o vazamento do gel no organismo da consumidora. Não há se falar, destarte, no implemento do prazo prescricional" (STJ-3ª T., REsp 1.698.676, Min. Nancy Andrighi, j. 23.11.17, DJ 30.11.17).

V. tb. CC 189, nota 2.

Seção V | DA DESCONSIDERAÇÃO DA PERSONALIDADE JURÍDICA[1]

SEÇ. V: 1. "Desconsideração da personalidade jurídica no Código de Defesa do Consumidor e no Código Civil", por Gustavo Filipe Barbosa Garcia (RT 846/11 e RJ 344/67); "A desconsideração da personalidade jurídica no âmbito consumerista e a responsabilização pessoal dos sócios de sociedade limitada", por Aline França Campos (RT 932/105).

Art. 28. O juiz poderá desconsiderar a personalidade jurídica[1] da sociedade quando, em detrimento do consumidor, houver abuso de direito, excesso de poder, infração da lei, fato ou ato ilícito ou violação dos estatutos ou contrato social. A desconsideração também será efetivada quando houver falência, estado de insolvência, encerramento ou inatividade da pessoa jurídica provocados por má administração.

§ 1º (VETADO)

§ 2º As sociedades integrantes dos grupos societários e as sociedades controladas, são subsidiariamente responsáveis pelas obrigações decorrentes deste Código.

§ 3º As sociedades consorciadas[1a] são solidariamente[2] responsáveis pelas obrigações decorrentes deste Código.

§ 4º As sociedades coligadas só responderão por culpa.

§ 5º Também poderá ser desconsiderada a pessoa jurídica sempre que sua personalidade for, de alguma forma, obstáculo ao ressarcimento de prejuízos causados aos consumidores.[3]

Art. 28: 1. v. tb. CC 50.

Art. 28: 1a. "Na hipótese de responsabilidade derivada de relação de consumo, afasta-se a regra geral da ausência de solidariedade entre as consorciadas por força da disposição expressa contida no art. 28, § 3º, do CDC. Essa exceção em matéria consumerista justifica-se pela necessidade de se atribuir máxima proteção ao consumidor, mediante o alargamento da base patrimonial hábil a suportar a indenização. Não obstante, é certo que, por se tratar de exceção à regra geral, a previsão de solidariedade contida no art. 28, § 3º, do CDC deve ser interpretada restritivamente, de maneira a abarcar **apenas as obrigações resultantes do objeto do consórcio,** e não quaisquer obrigações assumidas pelas consorciadas em suas atividades empresariais. Ademais, a exceção em comento **não alcança o próprio consórcio,** que apenas responderá solidariamente com suas integrantes se houver previsão contratual nesse sentido" (STJ-3ª T., REsp 1.635.637, Min. Nancy Andrighi, j. 18.9.18, DJ 21.9.18).

Art. 28: 2. s/ solidariedade, v. arts. 7º § ún., 18-*caput*, 19-*caput*, 25 §§ 1º e 2º, 34 e 51-III (nulidade de cláusula que transfere responsabilidade a terceiro); CC 275 a 285.

Art. 28: 3. A incidência do § 5º do art. 28 do CDC não se subordina à demonstração dos requisitos previstos no *caput*, "mas apenas à prova de causar, a mera existência da pessoa jurídica, obstáculo ao ressarcimento de prejuízos causados aos consumidores" (STJ-3ª T., REsp 279.273, Min. Nancy Andrighi, j. 4.12.03, dois votos vencidos, DJU 29.3.04).

"Possível a desconsideração da personalidade jurídica da empresa ré, com fundamento no art. 28, § 5º, do Código de Defesa do Consumidor, com base na teoria menor, segundo a qual, a mera prova de insolvência da pessoa jurídica para o pagamento de suas obrigações, independentemente da existência de desvio de finalidade ou de confusão patrimonial, é o suficiente para se 'levantar o véu' da personalidade jurídica da sociedade empresária" (STJ-4ª T., REsp 1.106.072-AgRg, Min. Marco Buzzi, j. 2.9.14, DJ 18.9.14; a citação é do voto do relator).

"A simples inatividade da pessoa jurídica, nas relações de consumo, justifica a desconsideração de sua personalidade, dispensada a prova da má administração pelo requerente" (JTJ 347/44: AI 672.069-4/5-00).

Todavia: "Não havendo previsão expressa no código consumeirista quanto à possibilidade de se atingir os bens do administrador não-sócio, pelo simples inadimplemento da pessoa jurídica (ausência de bens) ou mesmo pela baixa registral da empresa executada, é forçoso reconhecer a impossibilidade de atribuição dos efeitos da desconsideração da personalidade jurídica ao administrador não-sócio" (STJ-3ª T., REsp 1.658.648, Min. Moura Ribeiro, j. 7.11.17, DJ 20.11.17). No mesmo sentido: STJ-4ª T., REsp 1.860.333, Min. Marco Buzzi, j. 11.10.22, DJ 27.10.22.

"A despeito de não se exigir prova de abuso ou fraude para fins de aplicação da teoria menor da desconsideração da personalidade jurídica, tampouco de confusão patrimonial, o § 5º do art. 28 do CDC não dá margem para admitir a responsabilização pessoal de quem jamais atuou como gestor da empresa. A desconsideração da personalidade jurídica de uma sociedade cooperativa, ainda que com fundamento no art. 28, § 5º, do CDC (teoria menor), não pode atingir o patrimônio pessoal de membros do Conselho Fiscal sem que haja a mínima presença de indícios de que estes contribuíram, ao menos culposamente, e com desvio de função, para a prática de atos de administração" (STJ-3ª T., REsp 1.766.093, Min. Ricardo Cueva, j. 12.11.19, maioria, DJ 28.11.19). V. tb. CC 50, nota 5.

Capítulo V | DAS PRÁTICAS COMERCIAIS

Seção I | DAS DISPOSIÇÕES GERAIS

Art. 29. Para os fins deste Capítulo e do seguinte, equiparam-se aos consumidores[1] todas as pessoas determináveis ou não, expostas às práticas nele previstas.

Art. 29: 1. "A relação jurídica qualificada por ser 'de consumo' não se caracteriza pela presença de pessoa física ou jurídica em seus polos, mas pela presença de uma parte vulnerável de um lado (consumidor), e de um fornecedor, de outro. Mesmo nas relações entre pessoas jurídicas, se da análise da hipótese concreta decorrer inegável vulnerabilidade entre a pessoa jurídica consumidora e a fornecedora, deve-se aplicar o CDC na busca do equilíbrio entre as partes. Ao consagrar o critério finalista para interpretação do conceito de consumidor, a jurisprudência deste STJ também reconhece a necessidade de, em situações específicas, abrandar o rigor do critério subjetivo do conceito de consumidor, para admitir a aplicabilidade do CDC nas relações entre fornecedores e consumidores-empresários em que fique evidenciada a relação de consumo" (STJ-3ª T., REsp 476.428, Min. Nancy Andrighi, j. 19.4.05, DJU 9.5.05). No mesmo sentido: STJ-2ª T., RMS 27.541, Min. Herman Benjamin, j. 18.8.09, DJ 27.4.11.

S/ conceito de consumidor, v. art. 2º, nota 2.

Seção II | DA OFERTA

Art. 30. Toda informação¹ ou publicidade, suficientemente precisa, veiculada por qualquer forma ou meio de comunicação com relação a produtos e serviços oferecidos ou apresentados, obriga o fornecedor que a fizer veicular ou dela se utilizar e integra o contrato que vier a ser celebrado.² ᵃ ⁵

Art. 30: 1. v. arts. 6º-III, 8º, 9º, 12-*caput*, 14-*caput*, 31, 36 § ún., 37, 52 e 66 a 69 (penas).

Art. 30: 2. s/ efeito vinculativo da oferta, v. tb. CC 429.

Art. 30: 3. "O art. 30 do CDC consagra o princípio da boa-fé, que deve vigorar nas relações de consumo desde a fase pré-contratual, obrigando o fornecedor a cumprir o prometido em sua propaganda. No entanto, não se pode obrigar o fornecedor a vender mercadoria pelo preço anunciado, se não se vislumbra a existência de dolo, mas sim de evidente erro na informação, denunciado pela grande desproporção entre o preço real do equipamento e o anunciado. A boa-fé que a lei exige do fornecedor também é exigida do consumidor" (Bol. AASP 2.582; um voto vencido).
"Com vistas ao princípio da boa-fé objetiva, inexiste propaganda enganosa quando o preço de produto divulgado em anúncio for muito inferior ao praticado no mercado, incompatível com o seu preço à vista. Constitui erro material escusável facilmente perceptível pelo homem médio e que não obriga o fornecedor" (RJM 201/145: AP 1.0145.11.001114-8/001).
"Cancelamento de reserva de bilhete aéreo. Falha no sistema de carregamento de preços. Ausência de emissão de bilhete eletrônico. Ausência de lançamento do débito no cartão de crédito do consumidor. Comunicação rápida a respeito da não formalização da compra. Falha na prestação do serviço. Inocorrência. Obrigação de fazer afastada" (STJ-3ª T., REsp 1.794.991, Min. Nancy Andrighi, j. 5.5.20, DJ 11.5.20).

Art. 30: 3a. "Tratando-se de sociedade anônima que oferece **planos de previdência** privada em regime de mercado, impõe-se a observância estrita do dever de informar adequadamente o consumidor, desde a fase pré-contratual até o encerramento da relação jurídica, no caso, o efetivo pagamento do pecúlio contratualmente previsto. No caso concreto, a entidade de previdência privada informava periodicamente ao consumidor o **valor estimado da indenização do pecúlio** contratado, o qual acompanhava os aumentos periódicos da prestação mensal. Entretanto, após aproximadamente 20 anos de contribuição, com a efetiva ocorrência do risco contratado — falecimento do contratante —, a entidade pagou à beneficiária indenização em valor substancialmente inferior ao prometido, a pretexto de adequá-lo aos cálculos atuariais. As entidades de previdência privada devem observar o equilíbrio atuarial ao estabelecer os planos de previdência oferecidos no mercado, equilibrando, de um lado, as contribuições mensais dos aderentes, de outro, os benefícios a serem pagos. Entretanto, a existência de erro de cálculo atuarial insere-se no risco do negócio e não pode servir de escudo para subtrair da entidade de previdência o dever de pagar ao beneficiário a indenização informada na contratação. A informação equivocada prestada de forma reiterada ao consumidor vincula o prestador de serviço, uma vez que a opção do consumidor de se manter vinculado ao contrato é também periodicamente reiterada a partir dessas informações" (STJ-4ª T., REsp 1.966.034, Min. Raul Araújo, j. 24.5.22, maioria, DJ 1.8.22).

Art. 30: 4. "Indenização. Dano material. Contrato de assinatura de revista que oferecia, após quitação, *voucher* para troca por passagem aérea fornecida por empresa que veio a encerrar suas atividades, impossibilitando o consumidor a fazer uso do brinde promocional. Promessa por fato de terceiro que não exime de responsabilidades a empresa que vinculou a oferta ao público. Inteligência do art. 30 do CDC. Indenização devida" (JTJ 323/425: AP 307.498-4/4-00).

Art. 30: 5. "A publicidade que gera expectativa de entrega da obra na forma divulgada é parte integrante do contrato celebrado entre as partes, impondo-se o dever de indenizar, na hipótese de não atendimento" (STJ-4ª T., Ag em REsp 125.934-AgInt, Min. Antonio Ferreira, j. 22.5.18, DJ 29.5.18).

Art. 31. A oferta e apresentação de produtos ou serviços devem assegurar informações[1] corretas, claras, precisas, ostensivas e em língua portuguesa sobre suas características, qualidades, quantidade, composição, preço, garantia, prazos de validade e origem, entre outros dados, bem como sobre os riscos que apresentam à saúde e segurança dos consumidores.[2 a 4a]

Parágrafo único. As informações de que trata este artigo, nos produtos refrigerados oferecidos ao consumidor, serão gravadas de forma indelével.[5]

Art. 31: 1. v. arts. 6º-III, 8º, 9º, 12-*caput*, 14-*caput*, 30, 36 § ún., 37 e 66 a 69 (penas).

S/ dever de informação e comissão de corretagem em contratos de promessa de compra e venda de unidade autônoma, v. art. 51, nota 7c.

Art. 31: 2. Port. 1, de 6.3.91, do Dep. Nacional de Proteção e Defesa do Consumidor — Estabelece normas sobre os dados exigidos pelo art. 31 do CDC (Lex-Marg. 1991/408).

Art. 31: 3. "A informação deve ser correta (= verdadeira), clara (= de fácil entendimento), precisa (= não prolixa ou escassa), ostensiva (= de fácil constatação ou percepção) e, por óbvio, em língua portuguesa. A obrigação de informação é desdobrada pelo art. 31 do CDC, em quatro categorias principais, imbricadas entre si: a) informação-conteúdo (= características intrínsecas do produto e serviço), b) informação-utilização (= como se usa o produto ou serviço), c) informação-preço (= custo, formas e condições de pagamento), e d) informação-advertência (= riscos do produto ou serviço). A obrigação de informação exige comportamento positivo, pois o CDC rejeita tanto a regra do *caveat emptor* como a subinformação, o que transmuda o silêncio total ou parcial do fornecedor em patologia repreensível, relevante apenas em desfavor do profissional, inclusive como oferta e publicidade enganosa por omissão" (STJ-2ª T., REsp 586.316, Min. Herman Benjamin, j. 17.4.07, DJ 19.3.09).

Art. 31: 4. "Inexistência de antinomia entre a Lei 10.674/2003, que surgiu para proteger a saúde (imediatamente) e a vida (mediatamente) dos portadores da doença celíaca, e o art. 31 do CDC, que prevê sejam os consumidores informados sobre o 'conteúdo' e alertados sobre os 'riscos' dos produtos ou serviços à saúde e à segurança. Complementaridade entre os dois textos legais. Distinção, na análise das duas leis, que se deve fazer entre obrigação geral de informação e obrigação especial de informação, bem como entre informação-conteúdo e informação-advertência. O CDC estatui uma obrigação geral de informação (= comum, ordinária ou primária), enquanto outras leis, específicas para certos setores (como a Lei 10.674/03), dispõem sobre obrigação especial de informação (= secundária, derivada ou tópica). Esta, por ter um caráter mínimo, não isenta os profissionais de cumprirem aquela. Embora toda advertência seja informação, nem toda informação é advertência. Quem informa nem sempre adverte. No campo da saúde e da segurança do consumidor (e com maior razão quanto a alimentos e medicamentos), em que as normas de proteção devem ser interpretadas com maior rigor, por conta dos bens jurídicos em questão, seria um despropósito falar em dever de informar baseado no *homo medius* ou na generalidade dos consumidores, o que levaria a informação a não atingir quem mais dela precisa, pois os que padecem de enfermidades ou de necessidades especiais são frequentemente a minoria no amplo universo dos consumidores" (STJ-2ª T., REsp 586.316, Min. Herman Benjamin, j. 17.4.07, DJ 19.3.09).

"O fornecedor de alimentos deve complementar a informação-conteúdo 'contém glúten' com a informação-advertência de que o glúten é prejudicial à saúde dos consumidores com doença celíaca" (STJ-Corte Especial, ED no REsp 1.515.895, Min. Humberto Martins, j. 20.9.17, DJ 27.9.17).

V. tb. art. 6º, nota 3a.

Art. 31: 4a. "O dever de o fornecedor assegurar informações corretas, claras e precisas na apresentação dos produtos e serviços ofertados no mercado de consumo (art. 31 da Lei n. 8.078/90) não contempla a obrigação de transcrever a garantia legal nos rótulos/embalagens, porquanto esta deflui diretamente da própria lei (art. 24 e 26 do CDC), a qual o ordenamento jurídico presume ser de conhecimento de todos ('ninguém se escusa de cumprir a lei, alegando que não a conhece' — art. 3º da Lei de Introdução do Direito Brasileiro)" (STJ-4ª T., REsp 1.067.530, Min. Marco Buzzi, j. 28.5.13, DJ 10.6.13).

Art. 31: 5. § ún. acrescido pela Lei 11.989, de 27.7.09, em vigor 180 dias após a sua publicação (DOU 28.7.09).

Art. 32. Os fabricantes e importadores deverão assegurar a oferta de componentes e peças de reposição enquanto não cessar a fabricação ou importação do produto.[1]

Parágrafo único. Cessadas a produção ou importação, a oferta deverá ser mantida por período razoável de tempo, na forma da lei.

Art. 32: 1. v. art. 70.

Art. 33. Em caso de oferta ou venda por telefone[1] ou reembolso postal, deve constar o nome do fabricante e endereço na embalagem, publicidade e em todos os impressos utilizados na transação comercial.
Parágrafo único. É proibida a publicidade de bens e serviços por telefone, quando a chamada for onerosa ao consumidor que a origina.[2]

Art. 33: 1. v. tb. art. 49-*caput*.

Art. 33: 2. § ún. acrescido pela Lei 11.800, de 29.10.08.

Art. 34. O fornecedor do produto ou serviço é solidariamente[1] responsável pelos atos de seus prepostos[2] ou representantes autônomos.[3-4]

Art. 34: 1. v. arts. 7º § ún., 18-*caput*, 19-*caput*, 25 §§ 1º e 2º, 28 § 3º e 51-III (nulidade da cláusula que transfere responsabilidade a terceiro); CC 275 a 285.

Art. 34: 2. No texto oficial, está "propostos".

Art. 34: 3. "A montadora de veículos responde pelo inadimplemento da concessionária credenciada que deixa de entregar veículo comprado e totalmente pago pelo consumidor. A posição jurídica da fornecedora de veículos automotores para revenda — montadora concedente — enquadra-se perfeitamente no que preceitua o art. 34 do CDC, segundo o qual o 'fornecedor do produto ou serviço é solidariamente responsável pelos atos de seus prepostos ou representantes autônomos', norma essa que consagra a responsabilidade de qualquer dos integrantes da cadeia de fornecimento que dela se beneficia, pelo descumprimento dos deveres de boa-fé, transparência, informação e confiança. A utilização de marca de renome — utilização essa consentida até por força de Lei (art. 3º, inciso III, da Lei n. 6.729/79) — gera no consumidor legítima expectativa de que o contrato é garantido pela montadora, razão pela qual deve esta responder por eventuais desvios próprios dos negócios jurídicos celebrados nessa seara" (STJ-4ª T., REsp 1.309.981, Min. Luis Felipe, j. 24.9.13, DJ 17.12.13).

Contra: "Se não há participação da concedente (Fiat) no consórcio, restando impossibilitada a aplicação da teoria da aparência, tampouco se enquadrando a concessionária (única operadora do consórcio) como representante autônoma da fabricante, não se pode responsabilizar a Fiat pelo não cumprimento do contrato, ficando afastada, no caso, a aplicação do art. 34 do CDC" (STJ-4ª T., REsp 566.735, Min. Fernando Gonçalves, j. 10.11.09, dois votos vencidos, DJ 1.3.10).

S/ responsabilidade solidária entre montadora e concessionária de veículos, v. tb. art. 18, nota 1c.

Art. 34: 4. Caso de responsabilidade solidária entre corretora e seguradora. "O art. 34 do CDC materializa a teoria da aparência, fazendo com que os deveres de boa-fé, cooperação, transparência e informação alcancem todos os fornecedores, diretos ou indiretos, principais ou auxiliares, enfim todos aqueles que, aos olhos do consumidor, participem da cadeia de fornecimento" (STJ-3ª T., REsp 1.077.911, Min. Nancy Andrighi, j. 4.10.11, DJ 14.10.11).

Art. 35. Se o fornecedor de produtos ou serviços recusar cumprimento à oferta, apresentação ou publicidade, o consumidor poderá, alternativamente e à sua livre escolha:[1]

I — exigir o cumprimento forçado da obrigação, nos termos da oferta, apresentação ou publicidade;[2-2a]

II — aceitar outro produto ou prestação de serviço equivalente;

III — rescindir o contrato, com direito à restituição de quantia eventualmente antecipada, monetariamente atualizada,[3] e a perdas e danos.

Art. 35: 1. v. art. 18, nota 6.

Art. 35: 2. v. art. 84.

Art. 35: 2a. "Ação de obrigação de fazer. Comércio eletrônico. Compra e venda de mercadoria pela internet. Recursa ao cumprimento da oferta. Art. 35 do CDC. Antecipação da tutela. **Ausência de produto em estoque.** Cumprimento forçado da obrigação. Possibilidade. A impossibilidade do cumprimento da obrigação de entregar coisa, no contrato de compra e venda, que é consensual, deve ser restringida exclusivamente à inexistência absoluta do produto, na hipótese em que não há estoque e não haverá mais, pois aquela espécie, marca e modelo não é mais fabricada" (STJ-3ª T., REsp 1.872.048, Min. Nancy Andrighi, j. 23.2.21, DJ 1.3.21).

Art. 35: 3. v. art. 51-*caput*-II.

Seção III | **DA PUBLICIDADE**[1]

🔖 **SEÇ. III: 1.** "A proteção do consumidor na sociedade de informação", pelo Min. Carlos Alberto Menezes Direito (RF 346/21); "O direito de marcas e a publicidade comparativa", por Lélio Denícoli Schmidt (RT 797/140); "Ensaio sobre a publicidade e o seu regime jurídico no direito brasileiro", por Marcelo Abelha Rodrigues (RT 864/20).

Art. 36. A publicidade deve ser veiculada de tal forma que o consumidor, fácil e imediatamente, a identifique como tal.
Parágrafo único. O fornecedor, na publicidade de seus produtos ou serviços, manterá, em seu poder, para informação dos legítimos interessados, os dados fáticos, técnicos e científicos que dão sustentação à mensagem.[1]

Art. 36: 1. Pena: art. 69.

Art. 37. É proibida toda publicidade enganosa ou abusiva.[1]
§ 1º É enganosa qualquer modalidade de informação ou comunicação de caráter publicitário, inteira ou parcialmente falsa, ou, por qualquer outro modo, mesmo por omissão, capaz de induzir em erro o consumidor a respeito da natureza, características, qualidade, quantidade, propriedades, origem, preço e quaisquer outros dados sobre produtos e serviços.[1a a 2]
§ 2º É abusiva, dentre outras, a publicidade discriminatória de qualquer natureza,[3] a que incite à violência, explore o medo ou a superstição, se aproveite da deficiência de julgamento e experiência da criança,[3a a 4] desrespeita valores ambientais, ou que seja capaz de induzir o consumidor a se comportar de forma prejudicial ou perigosa à sua saúde ou segurança.[5]
§ 3º Para os efeitos deste Código, a publicidade é enganosa por omissão quando deixar de informar sobre dado essencial do produto ou serviço.[6]
§ 4º (VETADO)

Art. 37: 1. s/ publicidade enganosa ou abusiva e: tamanho da fonte, v. art. 54, nota 1c; contrapropaganda, v. art. 60; infração penal, v. art. 67; responsabilidade civil, v. CC 927, nota 3b.

V. tb. Dec. 2.181, de 20.3.97, art. 14.

Art. 37: 1a. "A publicidade enganosa, à luz do Código de Defesa do Consumidor (art. 37, CDC), não exige, para sua configuração, a prova da vontade de enganar o consumidor, tampouco tal nefanda prática também colha que deva estar evidenciada de plano sua ilegalidade, ou seja, a publicidade pode ter aparência de absoluta legalidade na sua vinculação, mas, por **omitir dado essencial** para formação do juízo de opção do consumidor, finda por induzi-lo a erro ou tão somente coloca dúvidas acerca do produto ou serviço oferecido, contaminando sua decisão. Em razão do princípio da veracidade da publicidade, fica evidenciado que a publicidade veiculada pela recorrida é capaz de induzir o consumidor a erro quanto ao preço do serviço, podendo ser considerada enganosa" (STJ-2ª T., REsp 1.317.338, Min. Mauro Campbell, j. 19.3.13, DJ 1.4.13).

"Direito do consumidor. Internet. Banda larga. Velocidade. Publicidade enganosa por omissão. Ausência de informações essenciais. No que diz respeito à publicidade enganosa por omissão, a indução a engano decorre da circunstância de o fornecedor negligenciar algum dado essencial sobre o produto ou serviço por ele comercializado, induzindo o consumidor à contratação por meio de erro, por não ter consciência sobre elemento que, se conhecido, prejudicaria sua vontade em concretizar a transação. Na hipótese em exame, verifica-se a ocorrência da publicidade enganosa por omissão, haja vista a ausência de informação clara sobre qual a qualidade do serviço que está sendo contratado e que será prestado ao consumidor, prejudicando seu conhecimento sobre as características do serviço (informação-conteúdo) e sobre a utilidade do serviço, o que pode dele esperar (informação-utilização)" (STJ-3ª T,. REsp 1.540.566, Min. Nancy Andrighi, j. 11.9.18, DJ 18.9.18).

Art. 37: 1b. "Anúncio publicitário que informa a não inclusão do **valor do frete** no preço ofertado e, ao mesmo tempo, não especifica o seu valor correspondente, por si só, não configura publicidade enganosa ou abusiva, ainda que essa informação conste no rodapé do anúncio veiculado em jornal" (STJ-2ª T., REsp 1.057.828, Min. Eliana Calmon, j. 2.9.10, DJ 27.9.10).

Todavia: "Propaganda enganosa (art. 37 § 1º do CDC). Veículos. Divulgação ostensiva do preço de aquisição. Inclusão do frete, no valor final do produto, não informado com o mesmo destaque da oferta. Utilização de letras miúdas, em notas de rodapé. Falta de advertência necessária, quanto à não inclusão do frete no preço anunciado, para se evitar que o consumidor fosse enganado" (RT 864/239).

Art. 37: 1c. "O anúncio, em português, expressando o **valor** monetário do veículo importado em dólar norte-americano (US$) e indicando, ainda, em **nota de rodapé**, que a conversão se dará pelo dólar comercial na data da celebração do negócio jurídico, não revela, nem potencialmente, capacidade de induzir em erro o consumidor a respeito do preço. Mesmo em relação aos cidadãos de menor escolaridade, está evidente que o preço não foi grafado em reais e que a moeda indicada será, conforme o texto do anúncio, convertida pelo valor do dólar comercial na data da venda. A suposta ilegalidade na indicação do preço em moeda estrangeira, por si, não implica potencialidade de induzir em erro o consumidor, estando descaracterizada a propaganda enganosa prevista no art. 37, § 1º, do Código de Defesa do Consumidor" (STJ-2ª T., REsp 1.057.483, Min. Castro Meira, j. 18.4.13, DJ 24.4.13).

Todavia, considerando enganosa publicidade nos seguintes termos: "A empresa publicou no jornal publicidade ofertando veículo por entrada + parcelas de R$ 299. Em mensagem secundária, cita no rodapé, somente as 12 primeiras parcelas têm o valor de R$ 299 e as 48 parcelas restantes são no valor de R$ 597,83" (STJ-1ª T., Ag em REsp 1.086.752-AgInt, Min. Napoleão Maia Filho, j. 15.12.20, DJ 18.12.20). Do voto do relator: "O anúncio em questão não conduz o consumidor a atentar-se para o valor total do veículo, levando-o a crer que as parcelas de R$ 299,00 iriam vigorar até o final do contrato".

Art. 37: 1d. "Constitui publicidade enganosa o lançamento de um **novo modelo** de veículo, totalmente remodelado, no mesmo ano em que já fora comercializado modelo anterior, ambos noticiados como o modelo do ano seguinte" (STJ-4ª T., REsp 871.172, Min. Isabel Gallotti, j. 14.6.16, DJ 24.8.16).

"Embora lícito ao fabricante de veículos antecipar o lançamento de um modelo meses antes da virada do ano, prática usual no País, constitui prática comercial abusiva e propaganda enganosa e não de 'reestilização' lícita, lançar e comercializar veículo no ano corrente sendo modelo do ano seguinte e, depois, adquiridos esses modelos pelos consumidores, paralisar a fabricação desse modelo e lançar outro, com novos detalhes, no mesmo ano, como modelo do ano seguinte, nem mesmo comercializando mais o anterior em aludido ano seguinte. Caso em que o fabricante, após divulgar e passar a comercializar o automóvel 'Pálio Fire Ano 2006 Modelo 2007', vendido apenas em 2006, simplesmente lançou outro automóvel 'Pálio Fire Modelo 2007', com alteração de vários itens, o que leva a concluir haver ela oferecido em 2006 um modelo 2007 que não viria a ser produzido em 2007, ferindo a fundada expectativa de consumo de seus adquirentes em terem, no ano de 2007, um veículo do ano. Ao adquirir um automóvel, o consumidor, em regra, opta pela compra do modelo do ano, isto é, aquele cujo modelo deverá permanecer por mais tempo no mercado, circunstância que minimiza o efeito da desvalorização decorrente da depreciação natural. Daí a necessidade de que as informações sobre o produto sejam prestadas ao consumidor, antes e durante a contratação, de forma clara, ostensiva, precisa e correta, visando a sanar quaisquer dúvidas e assegurar o equilíbrio da relação entre os contratantes, sendo de se salientar que um dos principais aspectos da boa-fé objetiva é seu efeito vinculante em relação à oferta e à publicidade que se veicula, de modo a proteger a legítima expectativa criada pela informação, quanto ao fornecimento de produtos ou serviços" (STJ-3ª T., REsp 1.342.899, Min. Sidnei Beneti, j. 20.8.13, DJ 9.9.13).

"Impossível negar o intuito de ludibriar o consumidor, no comportamento adotado por empresa revendedora de automóveis que, meses antes do lançamento de determinado **modelo** no mercado nacional, inunda a imprensa especializada com **informações falsas** a respeito do mesmo, de modo a criar no imaginário popular a falsa impressão de que seria infinitamente superior aos veículos de mesma categoria oferecidos por suas concorrentes" (STJ-3ª T., REsp 1.546.170, Min. Ricardo Cueva, j. 18.2.20, DJ 5.3.20).

Todavia: "Lícito ao fabricante de veículos antecipar o lançamento de um modelo meses antes da virada do ano, prática usual no mercado de veículos. Não há falar em prática comercial abusiva ou propaganda enganosa quando o consumidor, no ano de 2007, adquire veículo modelo 2008 e a reestilização do produto atinge apenas os de modelo 2009, ou seja, não realizada no mesmo ano. Situação diversa da ocorrida no julgamento do REsp 1.342.899" (STJ-3ª T., REsp 1.330.174, Min. Sidnei Beneti, j. 22.10.13, DJ 4.11.13).

Art. 37: 1e. "A **propaganda comparativa** é forma de publicidade que identifica explícita ou implicitamente concorrente de produtos ou serviços afins, consagrando-se, em verdade, como um instrumento de decisão do público consumidor. Embora não haja lei vedando ou autorizando expressamente a publicidade comparativa, o tema sofre influência das legislações consumerista e de propriedade industrial, tanto no âmbito marcário quanto concorrencial. A publicidade comparativa não é vedada pelo Código de Defesa do Consumidor, desde que obedeça ao princípio da veracidade das informações, seja objetiva e não abusiva" (STJ-4ª T., REsp 1.377.911, Min. Luis Felipe, j. 2.10.14, maioria, DJ 19.12.14). No mesmo sentido: STJ-3ª T., REsp 1.668.550, Min. Nancy Andrighi, j. 23.5.17, DJ 26.5.17. Ainda: "A propaganda comparativa somente se mostra enganosa ou falsa, de molde a configurar a concorrência desleal, quando fornecer informações incorretas ou difamar os concorrentes intencionalmente" (JTJ 349/155: AI 994.09.279145-7; a citação é do voto do relator).

Art. 37: 2. "Tratando-se de promoção para distribuição de prêmios a título de propaganda destinada a estimular o consumo de refrigerantes, configura-se enganosa a publicidade veiculada, nos termos do art. 37, § 1º, da Lei 8.078/90, se a empresa responsável pelo evento omite-se de informar a todos os participantes do sorteio da existência de lote com problema de legibilidade das tampinhas premiadas e da utilização de mecanismos para conferir a autenticidade das mesmas, razão pela qual inadmissível prejudicar consumidor que, desconhecendo tais fatos ao comprar o produto, acreditou ter sido sorteado, por possuir as tampas com os códigos vencedores, sendo, portanto, indiscutível o seu direito de receber o valor prometido, já que munido dos elementos que garantiam o prêmio" (RT 773/384: TAMG, AP 268.552-3).

Art. 37: 3. "Ação civil pública. Consumidor. Indenização. Dano moral coletivo. Campanha publicitária de cerveja que exibe modelo de biquíni sendo fabricada, em série, para entrega em domicílio de diversos homens. Emprego de mulher como objeto sexual que não revela propósito de ofender ou mercantilizar gênero ou grupo social. Filme publicitário que reflete aspecto cultural da realidade brasileira e não uma conduta discriminatória. Intenção de menoscabar o sexo feminino que não se evidencia. Verba indevida. Inteligência do art. 186 do CC/02 e arts. 6º, VI, e 37, § 2º, da Lei 8.078/90" (RT 923/954: TJSP, AP 9000005-45.2009.8.26.0100; ementa da redação).

Art. 37: 3a. v. arts. 39-IV e 60-*caput*.

Art. 37: 3b. "Não obstante possa incluir a ingestão de refrigerantes calóricos entre as causas que explicam o excesso de peso, já considerado em estudos como epidêmica em alguns países, não se justifica restringir o *marketing* do fabricante, impedindo que implemente campanhas publicitárias voltadas ao público infantil, pela impossibilidade de caracterizar a estratégia comercial como publicidade enganosa, sendo já sensato exigir que investimentos se façam na área da educação para o consumo racional, inclusive dos pais e educadores, ao invés de práticas interditais que, nesse contexto, se aproximam dos atos de censura de atividades licenciadas" (RDPr 41/392: TJSP, AP 566.275.4/7).

Art. 37: 4. "É abusiva a campanha publicitária que, em emissoras de rádio cujo público alvo é o jovem, simula diálogo havido entre pai e filha adolescente, por meio do qual aquele permite que esta mantenha relações sexuais no interior da residência familiar, cause distúrbios aos vizinhos, desde que não tenha que lhe emprestar o automóvel de sua propriedade" (RT 911/987: TJSC, AP 2007.024920-1).

Art. 37: 5. Pena: art. 68.

Art. 37: 6. Pena: art. 66 ("omitir informação relevante").

Art. 38. O ônus da prova[1] da veracidade e correção da informação ou comunicação publicitária cabe a quem as patrocina.

Art. 38: 1. v. arts. 6º-VIII e 51-VI; cf. CPC 373.

Seção IV | DAS PRÁTICAS ABUSIVAS[1]

SEÇ. IV: 1. "A internet banda larga e seus provedores: imposição legal ou abusiva venda casada?", por Guilherme Ferreira da Cruz (RT 851/44).

Art. 39 (*redação da Lei 8.884, de 11.6.94*). É vedado ao fornecedor de produtos ou serviços, dentre outras práticas abusivas:[1]

I — condicionar o fornecimento de produto ou de serviço ao fornecimento de outro produto ou serviço, bem como, sem justa causa, a limites quantitativos;[1a a 2]

II — recusar atendimento às demandas dos consumidores, na exata medida de suas disponibilidades de estoque, e, ainda, de conformidade com os usos e costumes;

III — enviar ou entregar ao consumidor, sem solicitação prévia, qualquer produto, ou fornecer qualquer serviço;[2a a 2c]

IV — prevalecer-se da fraqueza ou ignorância do consumidor, tendo em vista sua idade, saúde, conhecimento ou condição social, para impingir-lhe seus produtos ou serviços;[3-3a]

V — exigir do consumidor vantagem manifestamente excessiva;[3b-3c]

VI — executar serviços sem a prévia elaboração de orçamento[4] e autorização expressa do consumidor, ressalvadas as decorrentes de práticas anteriores entre as partes;

VII — repassar informação depreciativa, referente a ato praticado pelo consumidor no exercício de seus direitos;

VIII — colocar, no mercado de consumo, qualquer produto ou serviço em desacordo com as normas expedidas pelos órgãos oficiais competentes ou, se normas específicas não existirem, pela Associação Brasileira de Normas Técnicas ou outra entidade credenciada pelo Conselho Nacional de Metrologia, Normalização e Qualidade Industrial — CONMETRO;

IX (*redação da Lei 8.884, de 11.6.94*) — recusar a venda de bens ou a prestação de serviços, diretamente a quem se disponha a adquiri-los mediante pronto pagamento, ressalvados os casos de intermediação regulados em leis especiais;[4a a 4d]

X — elevar sem justa causa o preço de produtos ou serviços;[5-6]

XI — ....[7]

XII (*redação da Lei 9.008, de 21.3.95*) — deixar de estipular prazo para o cumprimento de sua obrigação ou deixar a fixação de seu termo inicial a seu exclusivo critério;[8]

XIII (*redação da Lei 9.870, de 23.11.99*) — aplicar fórmula ou índice de reajuste diverso do legal ou contratualmente estabelecido;

XIV (*redação da Lei 13.425, de 30.03.17*)[9] — permitir o ingresso em estabelecimentos comerciais ou de serviços de um número maior de consumidores que o fixado pela autoridade administrativa como máximo.

Parágrafo único. Os serviços prestados e os produtos remetidos ou entregues ao consumidor, na hipótese prevista no inciso III, equiparam-se às amostras grátis, inexistindo obrigação de pagamento.

Art. 39: 1. "A prática da conferência indistinta de mercadorias pelos estabelecimentos comerciais, após a consumação da venda, é em princípio lícito e tem como base o exercício do direito de vigilância e proteção ao patrimônio, razão pela qual não constitui, por si só, prática abusiva. Se a **revista dos bens adquiridos** é realizada em observância aos limites da urbanidade e civilidade, constitui mero desconforto, a que atualmente a grande maioria dos consumidores se submete, em nome da segurança" (STJ-3ª T., REsp 1.120.113, Min. Nancy Andrighi, j. 15.2.11, DJ 10.10.11).

Art. 39: 1a. Súmula 473 do STJ: "O mutuário do SFH **não pode ser compelido a contratar o seguro habitacional** obrigatório com a instituição financeira mutuante ou com a seguradora por ela indicada". No mesmo sentido: RJ 346/135.

"Nos contratos bancários em geral, o consumidor não pode ser compelido a contratar seguro com a instituição financeira ou com seguradora por ela indicada" (STJ-2ª Seção, REsp 1.639.320, Min. Paulo Sanseverino, j. 12.12.18, DJ 17.12.18).

Art. 39: 1b. Afirmando **não ser possível condicionar** a vantagem de pagar a prazo por um produto (gasolina) à compra de outro (refrigerante): "O art. 39, I, do CDC, inclui no rol das práticas abusivas a popularmente denominada 'venda casada', ao estabelecer que é vedado ao fornecedor 'condicionar o fornecimento de produto ou de serviço ao fornecimento de outro produto ou serviço, bem como, sem justa causa, a limites quantitativos'. Na primeira situação descrita nesse dispositivo, a ilegalidade se configura pela vinculação de produtos e serviços de natureza distinta e usualmente comercializados em separado, tal como ocorrido na hipótese dos autos. A dilação de prazo para pagamento, embora seja uma liberalidade do fornecedor — assim como o é a própria colocação no comércio de determinado produto ou serviço —, não o exime de observar normas legais que visam a coibir abusos que vieram a reboque da massificação dos contratos na sociedade de consumo e da vulnerabilidade do consumidor. Tais normas de controle e saneamento do mercado, ao contrário de restringirem o princípio da liberdade contratual, o aperfeiçoam, tendo em vista que buscam assegurar a vontade real daquele que é estimulado a contratar. Apenas na segunda hipótese do art. 39, I, do CDC, referente aos limites quantitativos, está ressalvada a possibilidade de exclusão da prática abusiva por justa causa, não se admitindo justificativa, portanto, para a imposição de produtos ou serviços que não os precisamente almejados pelo consumidor" (STJ-2ª T., REsp 384.284, Min. Herman Benjamin, j. 20.8.09, DJ 15.12.09).

"Ao compelir o consumidor a comprar dentro do próprio cinema todo e qualquer produto alimentício, o estabelecimento dissimula uma venda casada (art. 39, I, do CDC), limitando a liberdade de escolha do consumidor (art. 6º, II, do CDC), o que revela prática abusiva" (STJ-3ª T., REsp 1.331.948, Min. Ricardo Cueva, j. 14.6.16, maioria, DJ 5.9.16).

"Trechos de ida e volta adquiridos conjuntamente. Não comparecimento do passageiro para o trecho de ida (*no show*). Cancelamento da viagem de volta. Conduta abusiva da transportadora. Falta de razoabilidade. Ofensa ao direito de informação. Venda casada configurada" (STJ-4ª T., REsp 1.595.731, Min. Luis Felipe, j. 14.11.17, DJ 1.2.18). No mesmo sentido: STJ-3ª T., REsp 1.699.780, Min. Marco Bellizze, j. 11.9.18, DJ 17.9.18. V. tb. art. 51, nota 7b.

Todavia, em caso de "venda casada" atrelada a contrato de participação em grupo de consórcio e a contrato de seguro: "Embora nula a cláusula por força da qual o apelante foi obrigado a contratar o seguro, o pedido de restituição do indébito somente foi deduzido após o término do consórcio, quando já não havia mais risco a ser coberto. Ele tinha ciência da obrigação e a cumpriu espontaneamente durante a vigência do contrato. Nessa medida, não pautou seu comportamento segundo o princípio da boa-fé contratual (CC, art. 422). Beneficiou-se dos efeitos dessa cláusula, pois, caso se verificasse o sinistro coberto pelo seguro, a indenização seria paga. Diante desse quadro, não pode o apelante, findo o contrato, pleitear o reconhecimento da nulidade e pleitear a devolução do valor correspondente ao prêmio. Não há prova de impugnação da cláusula no curso da relação jurídica" (JTJ 348/262: AP 991.08.056176-3; a citação é do voto do relator).

Art. 39: 1c. "O contrato de plano de pecúlio, celebrado com a finalidade de concretizar a filiação aos quadros de entidade aberta de previdência complementar, constitui-se em requisito para a concessão do empréstimo ao interessado e, portanto, **não se enquadra na** vedação à **'venda casada'** de que trata o art. 39, inc. I, da Lei 8.078/90" (STJ-4ª T., REsp 861.830, Min. Isabel Gallotti, j. 5.4.16, DJ 13.4.16). No mesmo sentido: STJ-3ª T., REsp 1.385.375, Min. Ricardo Cueva, j. 17.5.16, DJ 23.5.16.

Art. 39: 2. "O estabelecimento de uma **tarifa mínima** para a utilização do **estacionamento** do *shopping center*, ainda que o consumidor não venha a usar a totalidade do tempo ali abrangido — prática comercial largamente utilizada pelo segmento em exame — não encerra prática comercial abusiva. O empreendedor, levando-se em consideração uma série de fatores atinentes a sua atividade, pode eleger um valor mínimo que repute adequado para remunerar o serviço colocado à disposição do público, a fim de remunerar um custo inicial mínimo, cabendo ao consumidor, indiscutivelmente ciente do critério proposto, a faculdade de utilizar ou não o serviço de estacionamento do *shopping center*, inexistindo imposição ou condicionamento da aquisição do serviço a limites quantitativos sem justa causa" (STJ-3ª T., REsp 1.855.136, Min. Marco Bellizze, j. 15.12.20, maioria, DJ 18.12.20).

Art. 39: 2a. v. Dec. 2.181, de 20.3.97, arts. 12 a 17 (práticas infrativas).

Art. 39: 2b. v. § ún.

Art. 39: 2c. Súmula 532 do STJ: "Constitui prática comercial abusiva o **envio de cartão de crédito sem prévia e expressa solicitação** do consumidor, configurando-se ato ilícito indenizável e sujeito à aplicação de multa administrativa".

"O envio do cartão de crédito, ainda que bloqueado, sem pedido pretérito e expresso do consumidor, caracteriza prática comercial abusiva, violando frontalmente o disposto no art. 39, III, do Código de Defesa do Consumidor" (STJ-3ª T., REsp 1.199.117, Min. Paulo Sanseverino, j. 18.12.12, um voto vencido, RT 932/525). No mesmo sentido: STJ-2ª T., REsp 1.261.513, Min. Mauro Campbell, j. 27.8.13, DJ 4.9.13; STJ-4ª T., Ag em REsp 275.047-AgRg, Min. Marco Buzzi, j. 22.4.14, DJ 29.4.14.

"A reiteração de assinaturas de revistas não solicitadas é conduta considerada pelo Código de Defesa do Consumidor como prática abusiva (art. 39, III). Esse fato e os incômodos decorrentes das providências notoriamente dificultosas para o cancelamento significam sofrimento moral de monta, mormente em se tratando de pessoa de idade avançada, próxima dos 85 anos de idade à época dos fatos, circunstância que agrava o sofrimento moral" (STJ-3ª T., REsp 1.102.787, Min. Sidnei Beneti, j. 16.3.10, DJ 29.3.10).

Art. 39: 3. v. arts. 37 § 2º e 76-IV-*b* (circunstância agravante).

Art. 39: 3a. "Direito do consumidor. Ação indenizatória. Propaganda enganosa. Cogumelo do sol. Cura do câncer. Abuso de direito. Art. 39, inciso IV, do CDC. Hipervulnerabilidade. Responsabilidade objetiva. Danos morais. Indenização devida" (STJ-3ª T., REsp 1.329.556, Min. Ricardo Cueva, j. 25.11.14, maioria, DJ 9.12.14).

Art. 39: 3b. v. art. 51-IV.

Art. 39: 3c. "O fato de a empresa aérea não disponibilizar a **opção de cancelamento** de passagem por meio da **plataforma digital** da empresa (internet) configura prática abusiva, na forma do art. 39, inciso V, do CDC, especialmente quando a ferramenta é disponibilizada ao consumidor no caso de aquisição/resgate de passagens. A conduta, além de ser desprovida de fundamento técnico ou econômico, evidencia a imposição de ônus excessivo ao consumidor, considerando a necessidade de seu deslocamento às lojas físicas da empresa (apenas aquelas localizadas nos aeroportos) ou a utilização do *call center*, medidas indiscutivelmente menos efetivas quando comparadas ao meio eletrônico" (STJ-4ª T., REsp 1.966.032, Min. Luis Felipe, j. 16.8.22, DJ 9.9.22).

Art. 39: 4. v. art. 40.

A infração deste dispositivo sujeita o infrator à pena de multa (art. 56-*caput* c/c art. 57 § ún.).

Art. 39: 4a. "Nos dias de hoje a contratação de seguros, seja de saúde, de automóveis ou de vida, é pratica cada vez mais comum, integrando o dia a dia das pessoas. Assim, conquanto o direito securitário tenha um notório viés econômico, é inegável que também apresenta um acentuado componente social. Assim, a **negativa de aceitar um consumidor na contratação de seguro** deve ser regra absolutamente excepcional. Para a manutenção do equilíbrio da carteira de seguros, é importante que a companhia seguradora formule um preço que respeite o correto cálculo atuarial. Consumidores que apresentam grau de risco maior devem arcar com prêmios mais elevados, ao passo que consumidores cujo risco seja menor devem poder contratar o seguro a preço mais baixo. Se um jovem foi portador de leucemia, mas apresenta-se clinicamente curado, a pura e simples negativa de contratar seguro de vida é ilícita, violando a regra do art. 39, IX, do CDC. Diversas opções poderiam substituir a simples negativa, como a formulação de prêmio mais alto ou mesmo a redução da cobertura securitária, excluindo-se os sinistros relacionados à doença preexistente. Rejeitar o consumidor, pura e simplesmente, notadamente em situações em que o seguro é oferecido como consectário do contrato de estágio, gera dano moral. O consumidor, rejeitado pelo seguro, vê sua doença desnecessariamente exposta em seu ambiente de trabalho. O fato de o consumidor não ter cumulado a seu pedido de reparação de dano moral também um pedido de imposição da assinatura do contrato de seguro, não macula seu direito de se ver indenizado. Não é inusitado que a parte, ofendida pela postura da outra, decida não mais se vincular a ela por contrato, sem prejuízo do desejo de reparação" (STJ-3ª T., REsp 1.300.116, Min. Nancy Andrighi, j. 23.10.12, DJ 13.11.12).

Art. 39: 4b. "**Encerramento unilateral de conta bancária.** A regra do art. 39, IX, do CDC não se aplica às instituições financeiras, afastando-se a obrigatoriedade de manutenção do contrato de conta-corrente" (STJ-4ª T., REsp 1.733.345-AgInt, Min. Antonio Ferreira, j. 30.3.20, DJ 1.4.20). "Atendo-se à natureza do contrato bancário, notadamente o de conta-corrente, o qual se afigura *intuitu personae*, bilateral, oneroso, de execução continuada, prorrogando-se no tempo por prazo indeterminado, não se impõe às instituições financeiras a obrigação de contratar ou de manter em vigor específica contratação, a elas não se aplicando o art. 39, II e IX, do Código de Defesa do Consumidor" (STJ-3ª T., REsp 1.696.214, Min. Marco Bellizze, j. 9.10.18, maioria, DJ 16.10.18).

Contra: "Não pode o banco, por simples notificação unilateral imotivada, sem apresentar motivo justo, encerrar conta corrente antiga de longo tempo, ativa e em que mantida movimentação financeira razoável. Configurando contrato relacional ou cativo, o contrato de conta corrente bancária de longo tempo não pode ser encerrado unilateralmente pelo banco, ainda que após notificação, sem motivação razoável, por contrariar o preceituado no art. 39, IX, do Código de Defesa do Consumidor. Condenação do banco à manutenção das contas correntes dos autores. Dano moral configurado, visto que atingida a honra dos correntistas, deixando-os em situação vexatória, causadora de padecimento moral indenizável" (STJ-3ª T., REsp 1.277.762, Min. Sidnei Beneti, j. 4.6.13, DJ 13.8.13).

Art. 39: 4c. "A instituição financeira declinou as razões acerca da realidade de superendividamento da **população idosa**, da facilidade de acesso ao empréstimo consignado e o caráter irrevogável da operação, ao mesmo tempo em que registrou disponibilizar outras opções de acesso ao crédito em conformidade aos riscos assumidos na sua atividade no mercado financeiro. O critério de **vedação ao crédito consignado** — a soma da idade do cliente com o prazo do contrato não pode ser maior que 80 anos — não representa discriminação negativa que coloque em desvantagem exagerada a população idosa que pode se socorrer de outras modalidades de acesso ao crédito bancário" (STJ-3ª T., REsp 1.783.731, Min. Nancy Andrighi, j. 23.4.19, DJ 26.4.19).

Art. 39: 4d. "O **recebimento de cheques** é liberalidade dos comerciantes, a sua aceitação pode ser condicionada, como ocorreu no caso vertente, sem infringência ao Código de Defesa do Consumidor" (STJ-2ª T., Ag em REsp 552.457-AgRg, Min. Humberto Martins, j. 18.9.14, DJ 29.9.14).

Art. 39: 5. O primitivo inciso X havia sido vetado e, por isso, em seu lugar a Lei 8.884, de 11.6.94, acrescentou o texto reproduzido acima.

Art. 39: 6. "**Cobrança de preços diferenciados para venda de combustível em dinheiro, cheque e cartão de crédito. Prática de consumo abusiva.** Não se deve olvidar que o pagamento por meio de cartão de crédito garante ao estabelecimento comercial o efetivo adimplemento, já que, como visto, a administradora do cartão se responsabiliza integralmente pela compra do consumidor, assumindo o risco de crédito, bem como de eventual fraude. O consumidor, ao efetuar o pagamento por meio de cartão de crédito (que só se dará a partir da autorização da emissora), exonera-se de, imediato, de qualquer obrigação ou vinculação perante o fornecedor, que deverá conferir àquele plena quitação. Está-se, portanto, diante de uma forma de pagamento à vista e, ainda, *pro soluto* (que enseja a imediata extinção da obrigação). O custo pela disponibilização de pagamento por meio do cartão de crédito é inerente à própria atividade econômica desenvolvida pelo empresário, destinada à obtenção de lucro, em nada referindo-se ao preço de venda do produto final. Imputar mais este custo ao consumidor equivaleria a atribuir a este a divisão de gastos advindos do próprio risco do negócio (de responsabilidade exclusiva do empresário), o que, além de refugir da razoabilidade, destoa dos ditames legais, em especial do sistema protecionista do consumidor. O consumidor, pela utilização do cartão de crédito, já paga à administradora e emissora do cartão de crédito taxa por este serviço (taxa de administração). Atribuir-lhe ainda o custo pela disponibilização de pagamento por meio de cartão de crédito, responsabilidade exclusiva do empresário, importa em onerá-lo duplamente (*bis in idem*) e, por isso, em prática de consumo que se revela abusiva" (STJ-RDDP 87/158: 3ª T., REsp 1.133.410).

Todavia: "A simples oferta de desconto nas vendas feitas com dinheiro ou cheque, em relação às efetuadas por meio de cartão de crédito, não encontra óbice legal, pela inexistência de lei que proíba essa diferenciação, e por não caracterizar abuso de poder econômico" (STJ-2ª T., REsp 1.178.360-AgRg, Min. Humberto Martins, j. 5.8.10, DJ 19.8.10).

Art. 39: 7. A Med. Prov. 550, de 8.7.94, acrescentou inciso XI ao art. 39 do CDC e foi sucessivamente reeditada pelo Poder Executivo até 22.10.99, como Med. Prov. 1.890-67. A lei de conversão (9.870, de 23.11.99, em Lex 1999/6.402) acrescentou inciso XIII ao art. 39 do CDC, com a mesma redação dada por aquelas medidas provisórias ao inciso XI, que, portanto, deixou de existir.

Art. 39: 8. v. art. 51-IX e XI. V. tb. CC 122-*in fine*.

Art. 39: 9. Em vigor 180 dias após sua publicação (DOU 31.3.17).

Art. 40. O fornecedor de serviço será obrigado a entregar ao consumidor orçamento prévio discriminando o valor da mão de obra, dos materiais e equipamentos a serem empregados, as condições de pagamento, bem como as datas de início e término dos serviços.¹ ª ²

§ 1º Salvo estipulação em contrário, o valor orçado terá validade pelo prazo de dez dias, contado de seu recebimento pelo consumidor.

§ 2º Uma vez aprovado pelo consumidor, o orçamento obriga os contraentes e somente pode ser alterado mediante livre negociação das partes.

§ 3º O consumidor não responde por quaisquer ônus ou acréscimos decorrentes da contratação de serviços de terceiros, não previstos no orçamento prévio.

Art. 40: 1. v. art. 39-VI.

Art. 40: 1a. "Pedido cominatório para compelir **hospital** a incluir cláusula contratual estipulando a obrigação de apresentar orçamento prévio sobre os serviços contratados, bem como serviços prestados apenas em momento superveniente. Inserção de outra cláusula contratual para que, nos casos de urgência e indefinição do tratamento, seja apresentada tabela dos preços dos serviços disponíveis no nosocômio. Direito básico do consumidor à informação clara e adequada sobre os serviços que lhe são prestados, inclusive no que diz respeito ao preço. Art. 6º, III, do CDC. Dever de informação decorrente do princípio da boa-fé objetiva. Arts. 40 e 39, VI, do CDC. Dever dos fornecedores em geral de entrega de orçamento prévio dos serviços contratados. Recusa do hospital que configura prática abusiva. Precedentes jurisprudenciais que corroboram a sujeição dos hospitais ao dever legal de apresentação de orçamento prévio" (RT 905/271: TJSP, AP 992.07.021649-4).

Todavia: "Não há dúvida de que houve a prestação de serviço médico-hospitalar e que o caso guarda peculiaridades importantes, suficientes ao afastamento, para o próprio interesse do consumidor, da necessidade de prévia elaboração de instrumento contratual e apresentação de orçamento pelo fornecedor de serviço, prevista no artigo 40 do CDC, dado ser incompatível com a situação médica emergencial experimentada pela filha do réu" (STJ-4ª T., REsp 1.256.703, Min. Luis Felipe, j. 6.9.11, DJ 27.9.11).

Art. 40: 2. "Se o consumidor deixa de impugnar os valores cobrados pelos serviços prestados, não discordando, por conseguinte, do montante da dívida, não se há falar em prática abusiva pelo fornecedor, mesmo que ausente o orçamento prévio" (STJ-RF 395/376: 4ª T., REsp 285.241).

Art. 41. No caso de fornecimento de produtos ou de serviços sujeitos ao regime de controle ou de tabelamento de preços, os fornecedores deverão respeitar os limites oficiais sob pena de, não o fazendo, responderem pela restituição da quantia recebida em excesso, monetariamente atualizada, podendo o consumidor exigir, à sua escolha, o desfazimento do negócio, sem prejuízo de outras sanções cabíveis.

Seção V | DA COBRANÇA DE DÍVIDAS

Art. 42. Na cobrança de débitos, o consumidor inadimplente não será exposto a ridículo, nem será submetido a qualquer tipo de constrangimento ou ameaça.[1]

Parágrafo único. O consumidor cobrado em quantia indevida tem direito à repetição do indébito,[2-2a] por valor igual ao dobro do que pagou em excesso, acrescido de correção monetária e juros legais, salvo hipótese de engano justificável.[2b]

Art. 42: 1. Pena: art. 71.

Art. 42: 2. Impondo a condenação em dobro do valor cobrado indevidamente, ainda que não haja **pagamento** dessa quantia pelo consumidor: "Mesmo diante de uma relação de consumo, se inexistentes os pressupostos de aplicação do art. 42, parágrafo único, do CDC, deve ser aplicado o sistema geral do Código Civil, no que couber" (STJ-3ª T., REsp 1.645.589, Min. Ricardo Cueva, j. 4.2.20, DJ 6.2.20).

Contra: "A só remessa de carta de cobrança ao consumidor não preenche o suporte do art. 42, § ún., do CDC; diversamente do art. 1.531 do Código Civil, para o qual é suficiente a simples demanda, o CDC apenas autoriza a repetição se o consumidor tiver efetivamente pago o indébito" (STJ-3ª T., REsp 539.238, Min. Ari Pargendler, j. 12.8.03, DJU 29.3.04). O acórdão refere-se ao CC rev., cujo art. 1.531 corresponde ao art. 940 do CC atual.

"Não deve ser aplicado o art. 42, § ún., do CDC ao caso dos autos, tendo em vista que não houve efetivo pagamento dos valores incorretos, não havendo que se falar em repetição do indébito. Não basta a simples cobrança indevida para dar direito ao consumidor à restituição em dobro do valor em questão" (JTJ 314/325: AP 944.554-0/3). Em sentido semelhante: JTJ 374/429 (AP 150531-86.2009.8.26.0001).

Art. 42: 2a. O simples pagamento em excesso, sem que tenha efetivamente ocorrido uma cobrança indevida, não dá ensejo à restituição dobrada: "O § ún. do art. 42 do CDC deve ser interpretado sistematicamente. Na espécie, **não há cobrança** de dívida nem qualquer espécie de cobrança ofensiva, devendo ser aplicado o Código Civil, que prevê a restituição na forma simples e não em dobro" (STJ-3ª T., REsp 893.648, Min. Nancy Andrighi, j. 2.10.08, DJ 15.10.08). No mesmo sentido: STJ-4ª T., REsp 895.480, Min. Luis Felipe, j. 16.11.10, DJ 22.11.10.

"O preceito inserto no artigo 42 do CDC vincula-se à cobrança de dívida, não servindo ao propósito de reparação de dano decorrente de responsabilidade civil. No caso, não se verifica a existência de cobrança indevida por parte da instituição financeira, pois, exatamente em razão do ilícito (fraude), inclusive punível no âmbito criminal, empreendido pelo gerente ao promover a duplicação e compensação de inúmeros cheques junto à conta-corrente do demandante, é que o autor se viu desfalcado do seu patrimônio. Não há falar em cobrança em nome próprio por parte da casa bancária, isto é, em locupletamento da financeira, visto que essa não era credora e o montante descontado mediante fraude resultou em ilícito proveito exclusivamente do fraudador. Ainda que tenha ocorrido pagamento indevido por parte do consumidor, o desfalque operado em sua conta-corrente não se deu em razão da cobrança de dívida pelo banco, notadamente quando o instrumento utilizado para perfectibilizar a fraude (compensação de cheque) tem a financeira como o sacado, ou seja, a quem é dirigida a ordem para o pagamento da quantia determinada no título" (STJ-4ª T., REsp 1.358.431, Min. Marco Buzzi, j. 27.8.19, maioria, DJ 10.12.19).

Art. 42: 2b. "Repetição de indébito. Devolução em dobro. Requisito subjetivo. **Dolo/má-fé ou culpa. Irrelevância.** A repetição em dobro, prevista no parágrafo único do art. 42 do CDC, é cabível quando a cobrança indevida consubstanciar **conduta contrária à boa-fé objetiva,** ou seja, deve ocorrer independentemente da natureza do elemento volitivo" (STJ-Corte Especial, ED no Ag em REsp 600.663, Min. Herman Benjamin, j. 21.10.20, maioria, DJ 30.3.21).

"Constatada, por perícia, a inexistência de rede de esgotamento sanitário, a repetição em dobro dos pagamentos efetuados a título de tarifa de esgoto é medida que se impõe. Nem a cobrança indevida resultou de fato alheio à esfera de controle do fornecedor nem se verifica boa-fé quando, a despeito da constatação do *expert*, a empresa insiste em defender a cobrança" (STJ-2ª T., REsp 817.733, Min. Castro Meira, j. 15.5.07, DJU 25.5.07). No mesmo sentido: STJ-1ª T., REsp 821.634, Min. Teori Zavascki, j. 11.3.08, DJU 23.4.08.

"Dessume-se das premissas fáticas do acórdão recorrido que a concessionária agiu com culpa, pois incorreu em erro no cadastramento das unidades submetidas ao regime de economias. *In casu*, cabe a restituição em dobro do indébito cobrado após a vigência do CDC" (STJ-RF 404/356: 2ª T., REsp 1.079.064). No mesmo sentido: STJ-1ª T., REsp 1.084.815, Min. Denise Arruda, j. 23.6.09, DJ 5.8.09.

"A cobrança indevida caracterizou-se pela conduta da casa bancária de exigir dos mutuários, no bojo de contrato de mútuo, quantia superior à efetivamente utilizada para a aquisição das ações, diferença que passou a existir em decorrência de deságio sofrido pelas moedas da privatização. Não integra o conceito de engano justificável a conduta da embargante que, na condição de instituição financeira mandatária, constituída por consumidor para a realização de negócio jurídico de aquisição de ações, descumpre cláusula expressa da avença e, mesmo após reiteradas solicitações dos mandantes para a prestação de contas, atinente à comprovação do valor pago pelas moedas da privatização, recusa-se ao cumprimento da obrigação. Má-fé caracterizada, devendo haver a devolução em dobro das quantias indevidamente exigidas" (STJ-2ª Seção, ED no REsp 1.127.721, Min. Marco Buzzi, j. 28.11.12, maioria, DJ 13.3.13).

"Não se considera erro justificável a hipótese de 'dificuldade de interpretação e/ou dissídio jurisprudencial'. Nesse sentido, a doutrina abalizada de Herman Benjamim: 'No Código Civil, só a má-fé permite a aplicação da sanção. Na legislação especial, tanto a má-fé como a culpa (imprudência, negligência e imperícia) dão ensejo à punição do fornecedor do produto em restituição em dobro' (In Código Brasileiro de Defesa do Consumidor: Comentado pelos Autores do Anteprojeto. 8 ed. Rio de Janeiro: Forense Universitária, 2004, págs. 396-397)" (STJ-2ª T., REsp 1.117.014-AgRg, Min. Humberto Martins, j. 2.2.10, DJ 19.2.10).

Todavia, no sentido de que deve se fazer presente a má-fé para a condenação dobrada: "Para que se configure a restituição em dobro dos valores pagos indevidamente, necessária a comprovação de má-fé por parte do prestador do serviço, ou seja, que este aja de forma consciente, sabendo que não tem o direito pretendido" (STJ-2ª T., REsp 1.061.057, Min. Humberto Martins, j. 24.3.09, DJ 23.4.09). Ainda: STJ-1ª T., REsp 1.138.129-AgRg, Min. Hamilton Carvalhido, j. 3.5.11, DJ 16.5.11; STJ-2ª Seção, Rcl 4.892, Min. Raul Araújo, j. 27.4.11, DJ 11.5.11.

"O art. 42, § ún., do CDC não se aplica quando o objeto da cobrança está sujeito à controvérsia na jurisprudência dos Tribunais" (STJ-3ª T., REsp 528.186, Min. Menezes Direito, j. 18.12.03, DJU 22.3.04).

"Não incide a sanção do art. 42, parágrafo único, do CDC quando o encargo considerado indevido for objeto de controvérsia jurisprudencial e não estiver configurada a má-fé do credor" (STJ-1ª T., REsp 1.096.125-AgRg, Min. Denise Arruda, j. 16.4.09, DJ 7.5.09).

"Não se mostram contraditórias a conclusão de que a cobrança era abusiva e a condenação à devolução simples, porquanto o critério definidor da forma da restituição (simples ou dobrada) é a boa ou má-fé, bem como a culpa do fornecedor, não simplesmente a ilegalidade da cobrança" (STJ-2ª T., REsp 1.300.032, Min. Mauro Campbell, j. 7.3.13, DJ 13.3.13).

"Não poderia ser a devolução em dobro, porque a cobrança de encargos com base em previsão contratual não consubstancia má-fé, única hipótese em que cabível tal sanção, mesmo quando verificada a cobrança de encargos ilegais, tendo em vista o princípio que veda o enriquecimento sem causa do credor, independentemente da comprovação do erro no pagamento, ante a complexidade do contrato em discussão, no qual são inseridos valores sem que haja propriamente voluntariedade do devedor para tanto" (STJ-4ª T., Ag em REsp 18.867-AgRg, Min. Luis Felipe, j. 5.3.13, DJ 12.3.13).

"Estando a cobrança baseada no contrato, não há falar em restituição em dobro", mesmo que fundada em cláusula considerada abusiva (RJM 174/113).

"A restituição de valores pagos em excesso pelo promissário comprador em contratos de compromisso de compra e venda far-se-á de modo simples, salvo má-fé do promitente vendedor" (TJSP, IRDR 0023203-35.2016.8.26.000, Des. Francisco Loureiro, j. 31.8.17, DJ 5.9.17).

"O 'engano justificável' na cobrança de dívida de consumo não afasta a boa-fé objetiva, mas, *a contrario sensu*, o 'engano injustificável' caracteriza a má-fé do fornecedor, que 'erra' quando não poderia 'errar', tendo em vista as cautelas que lhe são exigidas por força de sua posição jurídica privilegiada. Isso porque, conforme o abalizado escólio doutrinário, o que o ordenamento jurídico visa com o princípio da boa-fé objetiva é assegurar que as partes colaborarão mutuamente para a consecução dos fins comuns perseguidos com o contrato, não se exigindo que o contratante colabore com o interesse privado e individual da contraparte, tampouco importe em sacrifício de posições contratuais de vantagem. No caso em julgamento, é descabida a devolução em dobro, pois a vedação à cobrança decorre da má redação dos instrumentos contratuais de adesão apontados na exordial, não ficando caracterizada a má-fé da incorporadora, pois cuida-se de abatimento justificável da comissão de corretagem, na vigência da Lei n. 13.786/2018, com expressa previsão legal, desde que estabelecida claramente no contrato, inclusive no quadro-resumo" (STJ-4ª T., REsp 1.947.698, Min. Luis Felipe, j. 8.3.22, DJ 7.4.22).

Art. 42-A (*redação da Lei 12.039, de 1.10.09*). Em todos os documentos de cobrança de débitos apresentados ao consumidor, deverão constar o nome, o endereço e o número de inscrição no Cadastro de Pessoas Físicas — CPF ou no Cadastro Nacional de Pessoa Jurídica — CNPJ do fornecedor do produto ou serviço correspondente.

Seção VI — DOS BANCOS DE DADOS E CADASTROS DE CONSUMIDORES[1]

SEÇ. VI: 1. v. tb., neste tít., Lei 12.414, de 9.6.11 (cadastro positivo).

Art. 43. O consumidor, sem prejuízo do disposto no art. 86, terá acesso[1] às informações[1a] existentes em cadastros, fichas, registros e dados pessoais e de consumo arquivados sobre ele,[1b] bem como sobre as suas respectivas fontes.

§ 1º Os cadastros e dados de consumidores devem ser objetivos, claros, verdadeiros[1c a 2a] e em linguagem de fácil compreensão, não podendo conter informações negativas referentes a período superior a cinco anos.[2b a 3]

§ 2º A abertura de cadastro, ficha, registro e dados pessoais e de consumo deverá ser comunicada[4 a 4d] por escrito ao consumidor, quando não solicitada por ele.

§ 3º O consumidor, sempre que encontrar inexatidão nos seus dados e cadastros, poderá exigir sua imediata correção,[5-5a] devendo o arquivista, no prazo de cinco dias úteis, comunicar a alteração aos eventuais destinatários das informações incorretas.

§ 4º Os bancos de dados e cadastros relativos a consumidores, os serviços de proteção ao crédito e congêneres são considerados entidades de caráter público.

§ 5º Consumada a prescrição[6-7] relativa à cobrança de débitos do consumidor, não serão fornecidas, pelos respectivos Sistemas de Proteção ao Crédito, quaisquer informações que possam impedir ou dificultar novo acesso ao crédito junto aos fornecedores.

§ 6º Todas as informações de que trata o *caput* deste artigo devem ser disponibilizadas em formatos acessíveis, inclusive para a pessoa com deficiência, mediante solicitação do consumidor.[8-9]

Art. 43: 1. Pena por ter dificultado ou impedido o acesso às informações: art. 72.

Art. 43: 1a. v. § 6º e art. 39-VII.

Art. 43: 1b. "As informações fornecidas pelas instituições financeiras ao **Sisbacen** afiguram-se como restritivas de crédito, visto que esse sistema de informação avalia a capacidade de pagamento do consumidor de serviços bancários. A inclusão do nome da parte autora no Sisbacen, enquanto o débito estiver *sub judice*, configura descumprimento de ordem judicial proferida em sede de ação revisional de contrato, que, em antecipação de tutela, determinou à instituição bancária que se abstenha de negativar o nome da recorrida em qualquer banco de dados de proteção ao crédito" (STJ-RMDCPC 38/127: 3ª T., REsp 1.099.527).

Art. 43: 1c. v., no CPCLPV, CPC 782 §§ 3º a 5º, bem como respectivas notas (execução), e LAF 5º, nota 2a (alienação fiduciária).

Art. 43: 1d. "A **vedação da inscrição** do nome do devedor em cadastro de inadimplentes somente deve ser deferida se presentes três requisitos, a saber: que exista ação ajuizada pelo devedor contestando total ou parcialmente o débito; que haja efetiva demonstração de que se trata de cobrança indevida e que, sendo a contestação de apenas parte do débito, deposite ou preste o devedor caução idônea alcançando o valor da parte tida por incontroversa (REsp 527.618)" (STJ-Corte Especial, ED no REsp 777.206, Min. Menezes Direito, j. 7.2.07, DJU 4.6.07). No mesmo sentido: RT 838/387, 862/315.

"A abstenção da inscrição/manutenção em cadastro de inadimplentes, requerida em antecipação de tutela e/ou medida cautelar, somente será deferida se, cumulativamente: i) a ação for fundada em questionamento integral ou parcial do débito; ii) houver demonstração de que a cobrança indevida se funda na aparência do bom direito e em jurisprudência consolidada do STF ou STJ; iii) houver depósito da parcela incontroversa ou for prestada a caução fixada conforme o prudente arbítrio do juiz" (STJ-2ª Seção, REsp 1.061.530, Min. Nancy Andrighi, j. 22.10.08, DJ 10.3.09).

Decisões mais favoráveis ao consumidor: "A inscrição de nome no cadastro de devedores dos serviços de proteção ao crédito somente é possível se a inadimplência for indiscutível" (Bol. AASP 2.320/2.695). No mesmo sentido: STJ-Bol. AASP 2.073/713, RT 746/260, 838/263.

Art. 43: 1e. "Aos bancos de dados e cadastros de inadimplentes cabem apenas as anotações das informações passadas pelos credores, não sendo de suas alçadas a confirmação por meio de documento formal dos dados fornecidos" (STJ-4ª T., REsp 1.033.274, Min. Luis Felipe, j. 6.8.13, DJ 27.9.13).

Art. 43: 1f. "A existência de **processo de execução** constitui, além de dado público (nos termos do art. 5º, incs. XXXIII e LX, da CF, e do art. 155 do CPC), fato verdadeiro, que não pode ser omitido dos cadastros mantidos pelos órgãos de proteção ao crédito pelo simples fato de o devedor estar impugnando a execução; porquanto tal supressão equivaleria à eliminação da notícia da distribuição da execução, no distribuidor forense, algo que não pode ser admitido e faria com que os cadastros e dados de consumidores deixassem de ser objetivos e verdadeiros, contrariando, portanto, o § 1º, do art. 43, do CDC. Não se pode vedar que se reproduzam os dados de processo de execução, constantes no cartório distribuidor, tendo em vista que o processo não deixa de existir tão somente pelo fato de estar o executado discutindo o título executivo em juízo. Se os órgãos de proteção ao crédito reproduzem fielmente o que consta no cartório de distribuição a respeito de determinado processo de execução, não se lhes pode tolher que forneçam tais dados públicos aos seus associados" (STJ-3ª T., REsp 866.198, Min. Nancy Andrighi, j. 14.12.06, DJU 5.2.07). No mesmo sentido: JTJ 302/171.

"Constatada a existência de processo executivo contra a postulante, objeto de registro por órgão mantenedor de cadastro de proteção ao crédito, o reconhecimento posterior de carência de ação não configura o dever de indenizar do pretenso exequente, em respeito ao direito de ação, e não reconhecida a má-fé processual. Ademais, tal acarretaria a responsabilização por ato de terceiro" (STJ-4ª T., REsp 780.583, Min. Aldir Passarinho Jr., j. 24.8.10, DJ 14.9.10).

Art. 43: 1g. "Pretensão do **exequente** de inscrever o nome do devedor contumaz de **alimentos** nos cadastros do SERASA e SCPC. Possibilidade de determinação judicial da medida. Inexistência de violação ao segredo de justiça, uma vez que as informações que constarão daqueles bancos de dados devem ser sucintas, dando conta apenas da existência de uma execução em curso. Privacidade do alimentante que, ademais, não é direito fundamental absoluto, podendo ser mitigada em face do direito do alimentado à sobrevivência com dignidade. Ausência de violação ao CDC 43, uma vez que tal artigo não faz qualquer restrição à natureza dos débitos a serem inscritos naqueles cadastros. Cadastros que, ademais, já se utilizam de informações oriundas de distribuidores judiciais para inscrição de devedores com execuções em andamento, execuções estas não limitadas às relações de consumo" (RBDFS 17/154: TJSP, AgRg 990.10.088682-7/50000, maioria).

"Execução de alimentos. Agravante requereu a expedição de ofícios ao SPC e ao SERASA para inscrição do alimentante em seus cadastros. Admissibilidade. O ordenamento jurídico confere ao magistrado poderes para adotar medidas coercitivas atípicas, adequadas ao caso concreto, com o objetivo de garantir a efetiva e célere satisfação do credor. Por conseguinte, não obstante a execução de alimentos ter procedimento próprio, o pleiteado pelo menor é também um meio coercitivo admitido" (RT 921/575: TJSP, AI 0285338-75.2011.8.26.0000, com comentário de Maria Berenice Dias).

V. CPC 782 §§ 3º a 5º.

Art. 43: 1h. "O título regularmente protestado e cujo registro não tenha sido cancelado pode constar do banco de dados dos órgãos de proteção ao crédito, mas nem toda informação constante desse órgão precisa estar calcada em título protestado, a teor da harmonização dos artigos 29, § 2º, da Lei n. 9.492/97 e 43 do CDC" (STJ-4ª T., REsp 686.203, Min. João Otávio, j. 4.6.09, DJ 15.6.09).

Art. 43: 1i. "A inscrição/manutenção do nome do devedor em cadastro de inadimplentes decidida na sentença ou no acórdão observará o que for decidido no mérito do processo. Caracterizada a mora, correta a inscrição/manutenção" (STJ-2ª Seção, REsp 1.061.530, Min. Nancy Andrighi, j. 22.10.08, DJ 10.3.09).

Art. 43: 1j. "Celebrado contrato de abertura de conta-corrente conjunta, no qual uma das cotitulares da conta emitiu cheque sem provisão de fundos, é indevida a inscrição do nome daquele que não emitiu o cheque em cadastro de proteção ao crédito" (STJ-RT 899/137: 3ª T., REsp 981.081). No mesmo sentido: JTJ 347/271 (AP 991.02.021941-5).

V. tb. LCh 51, nota 1.

Art. 43: 2. "A indevida inscrição no cadastro de inadimplentes, por si só, é fato gerador de indenização por **dano moral**, sendo **desnecessária a prova** objetiva do abalo à honra e à reputação sofrida pelo demandante" (RSTJ 180/297: 2ª T., REsp 468.573). No mesmo sentido: RSTJ 115/369 (4ª T., REsp 165.727); STJ-3ª T., AI 779.264-AgRg, Min. Ari Pargendler, j. 7.5.07, DJU 28.5.07; RF 395/469, JTJ 312/163, RMDECC 17/91.

"Comprovada a inscrição indevida nos órgãos de proteção ao crédito, o dano moral é presumido; irrelevante a circunstância de o autor da ação ser menor impúbere" (STJ-3ª T., AI 975.788-AgRg, Min. Ari Pargendler, j. 26.8.08, DJ 13.11.08).

"Ainda que a ilegalidade tenha permanecido por um prazo exíguo, por menor que seja tal lapso temporal esta circunstância não será capaz de afastar o direito do consumidor a uma justa compensação pelos danos morais sofridos. O curto lapso de permanência da inscrição indevida em cadastro restritivo, apesar de não afastar o reconhecimento dos danos morais suportados, deve ser levado em consideração na fixação do valor da reparação" (STJ-3ª T., REsp 994.253, Min. Nancy Andrighi, j. 15.5.08, DJ 24.11.08).

"A novação extingue a dívida anterior; estando o autor adimplente quanto ao novo débito, é ilícita a inscrição em órgãos de proteção ao crédito fundamentada em inadimplemento de parcela vencida anteriormente à novação" (STJ-3ª T., AI 948.785-AgRg, Min. Ari Pargendler, j. 27.5.08, DJ 5.8.08).

"Na hipótese dos autos, as anotações pretéritas existentes em nome da consumidora também são objeto de questionamento judicial, por se originarem de atos fraudulentos cometidos por terceiros, mediante a utilização de documentos pessoais que foram extraviados. Nessa situação, mostra-se razoável a flexibilização do entendimento firmado na Súmula 385/STJ, de modo a reconhecer o dano moral decorrente da inscrição indevida do nome da consumidora em cadastro restritivo, ainda que não tenha havido o trânsito em julgado das outras demandas" (STJ-3ª T., REsp 1.647.795, Min. Nancy Andrighi, j. 5.10.17, DJ 13.10.17). V. Súmula 385 do STJ em nota 4.

Todavia: "A inscrição indevida comandada pelo credor em cadastro de proteção ao crédito, quando **preexistente legítima inscrição,** não enseja indenização por dano moral, ressalvado o direito ao cancelamento" (STJ-2ª Seção, REsp 1.386.424, Min. Isabel Gallotti, j. 27.4.16, maioria, DJ 16.5.16; a citação é do voto da relatora). Também negando a ocorrência de dano moral nessas circunstâncias: JTJ 320/420 (AP 1.317.581-8), 326/506 (AP 1.134.712-0/5), 365/546 (AP 27464-40.2010.8.26.0554). Está assim superado o entendimento jurisprudencial no sentido de que a prévia existência de outros apontamentos não impediria a caracterização do dano moral nessas circunstâncias, repercutindo apenas na quantificação da indenização (p/ esse entendimento, v. STJ-4ª T., REsp 540.944; STJ-3ª T., REsp 688.547). V. tb. nota 4, especialmente Súmula 385 do STJ.

"Inscrição em cadastro de proteção ao crédito. Apontamentos diversos. Questionamento em várias ações. Para que se afaste a incidência da Súmula 385/STJ, autorizando a indenização por danos morais em razão de inscrição indevida em cadastro de inadimplentes, não basta o ajuizamento de ação para cada uma das inscrições; é necessário que haja verossimilhança nas alegações e, se existente dúvida, o depósito ao menos do valor de sua parte incontroversa" (STJ-4ª T., REsp 1.747.091, Min. Isabel Gallotti, j. 26.6.18, maioria, DJ 21.8.18).

"O **simples erro no valor** inscrito da dívida, em órgão de proteção ao crédito, não tem o condão de causar dano moral ao devedor, haja vista que não é o valor do débito que promove o dano moral ou o abalo de crédito, mas o registro indevido, que, no caso, não ocorreu, uma vez que a dívida existe, foi reconhecida pelo autor e comprovada, expressamente, pelo acórdão recorrido" (STJ-4ª T., REsp 831.162, Min. Jorge Scartezzini, j. 3.8.06, DJU 21.8.06). "Conquanto, no particular, seja evidente o aborrecimento gerado com a anotação de dívida a maior no cadastro de inadimplentes, dela não sobressai ofensa apta a se qualificar como dano moral, porque, embora fosse irregular, a inscrição era devida" (STJ-3ª T., REsp 1.660.152, Min. Nancy Andrighi, j. 14.8.18, DJ 17.8.18).

Art. 43: 2a. "A ação de indenização, nas hipóteses de fraude, deve ser dirigida apenas contra o credor direto, não contra a empresa mantenedora dos cadastros" (STJ-3ª T., REsp 987.483, Min. Nancy Andrighi, j. 17.12.09, DJ 2.2.10).

Art. 43: 2b. Súmula 323 do STJ: "A inscrição do nome do devedor pode ser mantida nos serviços de proteção ao crédito até o prazo máximo de cinco anos, independentemente da prescrição da execução".

Súmula 13 do TJRS: "A inscrição do nome do devedor no Serviço de Proteção ao Crédito (SPC) deve ser cancelada após o decurso do prazo de cinco anos se, antes disso, não ocorreu a prescrição da ação de cobrança (art. 43 §§ 1º e 5º da Lei n. 8.078/90), revisada a Súmula n. 11".

V. tb. nota 6.

Art. 43: 2c. O **prazo de 5 anos** tem como **termo a quo** "a efetiva inscrição no cadastro restritivo de crédito, não o vencimento da dívida, interpretação que provocaria distorção no sentido da norma insculpida no art. 43 § 1º da Lei 8.078/90" (STJ-4ª T., REsp 817.201, Min. Aldir Passarinho Jr., j. 12.9.06, DJ 30.10.06). No mesmo sentido: JTJ 334/299 (AP 7.279.173-6). **Contra:** "Interpretação literal, lógica, sistemática e teleológica do enunciado normativo do § 1º do art. 43 do CDC, conduzindo à conclusão de que o termo 'a quo' do quinquênio deve tomar por base a data do fato gerador da informação depreciadora. Vencida e não paga a obrigação, inicia-se, no dia seguinte, a contagem do prazo, independentemente da efetivação da inscrição pelo credor" (STJ-3ª T., REsp 1.316.117, Min. Paulo Sanseverino, j. 26.4.16, maioria, DJ 19.8.16). No mesmo sentido, ainda, com o seguinte comando: "Os arquivistas devem adotar a posição que evite o dano potencial ao direito da personalidade do consumidor, razão pela qual é legítima a imposição da obrigação de não-fazer, consistente em não incluir em sua base de dados informações coletadas dos cartórios de protestos, sem a informação do prazo de vencimento da dívida, para controle de ambos os limites temporais estabelecidos no art. 43 da Lei 8.078/90" (STJ-3ª T., REsp 1.630.659, Min. Nancy Andrighi, j. 11.9.18, maioria, DJ 21.9.18).

Art. 43: 2d. Afirmando que a manutenção da informação negativa além do prazo legal causa **dano moral:** STJ-3ª T., REsp 1.630.659, Min. Nancy Andrighi, j. 11.9.18, maioria, DJ 21.9.18.

Art. 43: 3. Súmula 548 do STJ: "Incumbe ao **credor** a **exclusão do registro** da dívida em nome do devedor no cadastro de inadimplentes no prazo de **cinco dias úteis,** a partir do integral e efetivo pagamento do débito".

"Cabe às entidades credoras que fazem uso dos serviços de cadastro de proteção ao crédito mantê-los atualizados, de sorte que, uma vez recebido o pagamento da dívida, devem providenciar, em breve espaço de tempo, o cancelamento do registro negativo do devedor, sob pena de gerarem, por omissão, lesão moral passível de indenização" (STJ-4ª T., REsp 299.456, Min. Aldir Passarinho Jr., j. 19.12.02, DJU 2.6.03). No mesmo sentido: STJ-3ª T., REsp 439.243, Min. Menezes Direito, j. 6.12.02, DJU 24.2.03; STJ-RT 837/169 (4ª T., REsp 581.814; com ponderação de que a indenização deve ser módica nessas situações), JTJ 319/216 (AP 974.193-0/8). **Todavia:** "O credor apenas tem a incumbência de requerer o cancelamento de inscrição negativa em nome do devedor caso ele tenha tido a iniciativa de promovê-la. Não sendo essa a hipótese dos autos, eis que a anotação foi efetivada pela própria entidade cadastral segundo informação prestada pelo Cartório de Protesto e por ela solicitada, é desarrazoado transferir à credora a responsabilidade pela retirada desse cadastro desabonador" (STJ-3ª T., REsp 1.821.958, Min. Nancy Andrighi, j. 2.2.21, DJ 5.2.21). **Contra:** "Ainda que extinto o débito na sua totalidade, a lei não impõe ao credor a obrigação de reabilitar o nome do devedor no cadastro de proteção ao crédito, cabendo a este, encontrando inexatidões nos seus dados, exigir sua imediata correção, conforme prevê o art. 43, § 3º, do CDC" (RT 849/253; ementa da redação).

"Quitada a dívida pelo devedor, a exclusão do seu nome deverá ser requerida pelo credor no prazo de 5 dias, contados da data em que houver o pagamento efetivo, sendo certo que as quitações realizadas mediante cheque, boleto bancário, transferência interbancária ou outro meio sujeito a confirmação dependerão do efetivo ingresso do numerário na esfera de disponibilidade do credor. Nada impede que as partes, atentas às peculiaridades de cada caso, estipulem prazo diverso do ora estabelecido, desde que não se configure uma prorrogação abusiva desse termo pelo fornecedor em detrimento do consumidor, sobretudo em se tratando de contratos de adesão. A inércia do credor em promover a atualização dos dados cadastrais, apontando o pagamento, e consequentemente, o cancelamento do registro indevido, gera o dever de indenizar, independentemente da prova do abalo sofrido pelo autor, sob forma de dano presumido" (STJ-3ª T., REsp 1.149.998, Min. Nancy Andrighi, j. 7.8.12, DJ 15.8.12).

"O cancelamento de inscrição em órgãos restritivos de crédito após o pagamento deve ser procedido pelo responsável pela inscrição, em prazo razoável, não superior a **dez dias,** sob pena de importar em indenização por dano moral" **(Enunciado n. 26 do I Encontro JECSP,** Bol. AASP 2.554).

No sentido de que apenas demora superior a **30 dias** para o cancelamento do registro negativo dá ensejo a danos morais: RT 861/325.

Ponderando que, "em face do inadimplemento contratual e do tempo bem maior em que perdurou a negativação, o lapso de apenas **38 dias** que mediou entre o pagamento do débito e a comprovação da baixa foi insignificante para presumir, automaticamente, a lesão alegadamente ocorrida": STJ-4ª T., REsp 742.590, Min. Aldir Passarinho Jr., j. 15.8.06, DJU 18.9.06.

Art. 43: 4. Súmula 359 do STJ: "Cabe ao órgão mantenedor do Cadastro de Proteção ao Crédito a **notificação do devedor antes** de proceder à inscrição".

Súmula 385 do STJ: "Da anotação irregular em cadastro de proteção ao crédito, não cabe indenização por dano moral, quando preexistente legítima inscrição, ressalvado o direito ao cancelamento". V. tb. nota 2 *in fine*.

"A ausência de prévia comunicação ao consumidor da inscrição do seu nome em cadastros de proteção ao crédito, prevista no art. 43, § 2º, do CDC, enseja o **direito à compensação por danos morais, salvo quando preexista inscrição desabonadora regularmente realizada**" (STJ-2ª Seção, REsp 1.061.134, Min. Nancy Andrighi, j. 10.12.08, um voto vencido, DJ 1.4.09). "Quem já é registrado como mau pagador não pode se sentir moralmente ofendido por mais uma inscrição do nome como inadimplente em cadastros de proteção ao crédito; dano moral, haverá se comprovado que as anotações anteriores foram realizadas sem a prévia notificação do interessado" (STJ-2ª Seção, REsp 1.002.985, Min. Ari Pargendler, j. 14.5.08, DJ 27.8.08). "Hipótese excepcional em que o devedor não nega, na inicial, a existência da dívida, aliás uma dentre muitas outras, o que exclui a ofensa moral, mas determina o cancelamento da inscrição, até o cumprimento da formalidade legal" (STJ-4ª T., REsp 901.204, Min. Aldir Passarinho Jr., j. 24.4.07, DJU 28.5.07). No mesmo sentido: RT 862/321.

No que diz respeito à **legitimidade passiva para a ação indenizatória** nessas circunstâncias: "Os **órgãos mantenedores de cadastros** possuem legitimidade passiva para as ações que buscam a reparação dos danos morais e materiais decorrentes da inscrição, sem prévia notificação, do nome de devedor em seus cadastros restritivos, inclusive quando os dados utilizados para a negativação são oriundos do CCF do Banco Central ou de outros cadastros mantidos por entidades diversas" (STJ-2ª Seção, REsp 1.061.134, Min. Nancy Andrighi, j. 10.12.08, DJ 1.4.09). A responsabilidade pelo dano causado ao consumidor é do "órgão responsável pela manutenção do cadastro e não do credor, que meramente informa a existência da dívida" (RSTJ 179/382: 4ª T.). No mesmo sentido: STJ-3ª T., REsp 471.091, Min. Nancy Andrighi, j. 22.5.03, DJU 23.6.03; JTJ 286/118, RF 385/340. "É parte legítima para a causa a entidade que se utiliza de cadastro aberto por outro banco de dados, porque dele aufere vantagens na sua área de atuação" (STJ-4ª T., REsp 793.926, Min. Aldir Passarinho Jr., j. 23.9.08, DJ 28.10.08). "Qualquer associação ou câmara de dirigentes que se sirva de banco de dados no qual o consumidor foi inscrito sem prévia notificação, tem legitimidade para responder ao pedido de reparação de danos (art. 7º, § ún., CDC)" (STJ-3ª T., REsp 974.212, Min. Gomes de Barros, j. 8.2.08, DJ 25.2.08). "O órgão de proteção ao crédito que inclui o nome do devedor no seu cadastro, ainda que utilizando-se de informação retirada de outro, mesmo que público, é legitimado para responder a ação de indenização por ausência de notificação prévia da inscrição que efetivou" (STJ-3ª T., REsp 990.576, Min. Ari Pargendler, j. 4.12.07, DJ 26.11.08). **Todavia,** há decisões **condenando o credor** que pediu a inscrição, em caso de ausência de comunicação prévia (RSTJ 115/369: 4ª T., 162/295: 3ª T.). No mesmo sentido, por entender haver solidariedade entre o credor e o órgão de proteção ao crédito: JTJ 299/219.

"Alegando a parte não ter sido notificada previamente de determinada inscrição que reputa indevida, tanto a empresa que solicitou a inclusão do nome no rol de inadimplentes (suposto credor), como o órgão mantenedor do cadastro, podem ser sujeitos passivos na respectiva ação de indenização por danos morais. O dano moral é causado pela inscrição indevida. A eventual ausência de prévia comunicação é elemento integrante do evento danoso, qualificando-o, o que pode influir no valor da indenização e na atribuição de responsabilidades, circunstância que deverá ser levada em consideração na ação de indenização proposta contra um dos autores do ato lesivo ou contra ambos. Se o autor optou por demandar somente contra o suposto credor e foi julgado procedente o pedido, não se mostra cabível o ajuizamento de nova demanda pedindo indenização pelo mesmo dano, agora contra a entidade mantenedora do cadastro, sob pena de pagamento de dupla indenização pelo mesmo dano, ocasionando enriquecimento ilícito do autor" (STJ-4ª T., Ag 881.401-EDcl-AgRg, Min. Isabel Gallotti, j. 10.5.11, DJ 16.5.11).

"Havendo notificação prévia pelo próprio credor da existência do débito e do encaminhamento do nome do devedor para inscrição em cadastro de inadimplência, entendem-se cumpridos os objetivos do § 2º, do art. 43, do CDC, razão pela qual não há falar-se em direito à percepção de indenização por dano moral em face do arquivista" (STJ-4ª T., REsp 1.143.648-AgRg, Min. Isabel Gallotti, j. 18.6.15, DJ 25.6.15).

Art. 43: 4a. Súmula 404 do STJ: "É dispensável o aviso de recebimento (AR) na carta de comunicação ao consumidor sobre a negativação de seu nome em bancos de dados e cadastros".

"Para adimplemento, pelos cadastros de inadimplência, da obrigação consubstanciada no art. 43, § 2º, do CDC, basta que comprovem a postagem, ao consumidor, de correspondência notificando-o quanto à inscrição de seu nome no respectivo cadastro, sendo desnecessário aviso de recebimento. A postagem deverá ser dirigida ao endereço fornecido pelo credor" (STJ-2ª Seção, REsp 1.083.291, Min. Nancy Andrighi, j. 9.9.09, DJ 20.10.09).

"Não há nada na lei a obrigar o órgão de proteção ao crédito a notificar por meio de aviso de recebimento, nem verificar se o notificado ainda reside no endereço, cabendo-lhe apenas comprovar que enviou a notificação" (STJ-3ª T., AI 833.769-AgRg, Min. Gomes de Barros, j. 3.12.07, DJU 12.12.07). No mesmo sentido: STJ-4ª T., AI 1.033.452-AgRg, Min. João Otávio, j. 7.10.08, DJ 3.11.08.

"A notificação independe de maior formalidade e prescinde de comprovação por aviso de recebimento, bastando a prova da postagem ao consumidor no endereço constante do contrato" (RT 868/350).

No tocante ao endereço para o encaminhamento da notificação: "Se o próprio consumidor teve a cautela de informar ao recorrente o endereço ao qual deveriam ser enviadas as futuras notificações, há de se concluir que não se está exigindo que o recorrente proceda à verificação das informações que lhe são prestadas, não se está criando qualquer obrigação desproporcional ou impossível. Observe-se que a responsabilidade civil pelos danos sofridos pelo recorrente ante a ausência de notificação prévia das anotações deve ser imputada à conduta negligente da recorrente, que, apesar de ter sido informada do endereço correto, ainda assim enviou a notificação a endereço diverso, impossibilitando o exercício de direito do recorrido de impugnar essa anotações" (STJ-3ª T., REsp 1.620.394, Min. Paulo Sanseverino, j. 15.12.16, DJ 6.2.17; a citação é do voto do relator).

Art. 43: 4b. "É desnecessária a comunicação prévia ao consumidor prevista no art. 43, § 2º, do CDC nos casos em que o arquivista apenas reproduz informações de domínio público" (STJ-3ª T., REsp 1.021.234-AgRg, Min. Sidnei Beneti, j. 20.5.08, DJU 16.6.08).

"Diante da presunção legal de veracidade e publicidade inerente aos registros do cartório de distribuição judicial, a reprodução objetiva, fiel, atualizada e clara desses dados na base de órgão de proteção ao crédito — ainda que sem a ciência do consumidor — não tem o condão de ensejar obrigação de reparação de danos" (STJ-2ª Seção, REsp 1.344.352, Min. Luis Felipe, j. 12.11.14, DJ 16.12.14). No mesmo sentido, em matéria de registro de cartório de protesto: STJ-2ª Seção, REsp 1.444.469, Min. Luis Felipe, j. 12.11.14, DJ 16.12.14.

Art. 43: 4c. Súmula 572 do STJ: "O Banco do Brasil, na condição de gestor do **Cadastro de Emitentes de Cheques sem Fundos (CCF)**, não tem a responsabilidade de notificar previamente o devedor acerca da sua inscrição no aludido cadastro, tampouco legitimidade passiva para as ações de reparação de danos fundadas na ausência de prévia comunicação".

"O Banco do Brasil, na condição de mero operador e gestor do Cadastro de Emitentes de Cheques sem Fundos — CCF, não detém legitimidade passiva para responder por danos resultantes da ausência de notificação prévia do correntista acerca de sua inscrição no referido cadastro, obrigação que incumbe ao banco sacado, junto ao qual o correntista mantém relação contratual" (STJ-2ª Seção, REsp 1.354.590, Min. Raul Araújo, j. 9.9.15, DJ 15.9.15).

Art. 43: 4d. "O '**cadastro de passagem**' ou 'cadastro de consultas anteriores' é um banco de dados de consumo no qual os comerciantes registram consultas feitas a respeito do histórico de crédito de consumidores que com eles tenham realizado tratativas ou solicitado informações gerais sobre condições de financiamento ou crediário. A despeito de ser lícita a manutenção do cadastro de passagem, que é banco de dados de natureza neutra, ela está subordinada, como ocorre com todo e qualquer banco de dados ou cadastro de consumo, às exigências previstas no art. 43 do CDC. A disponibilização das informações constantes de tal banco de dados — que ali foram inseridas sem prévia solicitação das pessoas a elas relacionadas — só é permitida, a teor do que expressamente dispõe o § 2º do art. 43 do CDC, após ser comunicado por escrito o consumidor de sua respectiva inclusão cadastral. No caso, restou evidenciada a ausência de comunicação prévia dos consumidores que tiveram seus dados inseridos no cadastro de passagem objeto da controvérsia. Tal prática, e não o cadastro de passagem em si, é que se revela ilegal, mesmo porque, sem ter ciência da própria existência de registros em seu nome, fica o consumidor indiretamente impedido de solicitar 'acesso às informações existentes em cadastros, fichas, registros e dados pessoais e de consumo arquivados sobre ele' (art. 43, *caput*, do CDC) e de, consequentemente, exigir a imediata correção de eventual inexatidão, prerrogativa que lhe é expressamente assegurada pelo § 3º do próprio art. 43 do CDC. A responsabilidade de adequar-se ao comando inserto no art. 43, § 2º, do CDC é exclusiva da mantenedora do banco de dados ora questionado. É sobre ela, por isso, que devem recair tanto a obrigação de abstenção da prática aqui reconhecida como ilícita quanto a obrigação de reparar e compensar eventuais prejuízos de ordem material e moral que, comprovadamente, tenham sido suportados por consumidores em virtude de injusta negativa de concessão de crédito fundada única e exclusivamente nas anotações constantes do chamado 'cadastro de passagem'" (STJ-3ª T., REsp 1.726.270, Min. Ricardo Cueva, j. 27.11.18, maioria, DJ 7.2.19).

✎ Art. 43: 5. "Obrigação de retificação dos dados do consumidor", por Marcos Alberto Sant'anna Bitelli (RT 812/41).

Art. 43: 5a. v. tb. nota 3 (cancelamento de informação negativa) e art. 73 (infração penal).

Art. 43: 6. "A prescrição relativa a cobrança de débitos, cogitada no § 5º do art. 43 do CDC, não é da ação executiva, mas de qualquer ação de cobrança" (RSTJ 194/334: 2ª Seção, REsp 472.203). Por isso, "enquanto não prescrita a pretensão de cobrança, a inscrição do inadimplemento pode ser mantida nos serviços de proteção ao crédito até o prazo máximo de cinco anos" (STJ-2ª Seção, REsp 873.690, Min. Nancy Andrighi, j. 8.11.06, DJ 10.10.08). Assim, p. ex., prescrita a ação executiva do cheque, mas podendo a dívida ainda ser exigida por outro meio, é regular a manutenção do nome do devedor no cadastro de inadimplentes (STJ-4ª T., AI 687.106-AgRg, Min. Fernando Gonçalves, j. 5.8.08, DJ 18.8.08).

V. tb. nota 2b.

Art. 43: 7. O registro negativo do consumidor deve indicar o título que lhe deu origem. Sem esse requisito, "não pode prevalecer a manutenção deste, porque impossível verificar se já ocorreu a prescrição" (STJ-3ª T., REsp 469.859, Min. Menezes Direito, j. 17.6.03, DJU 1.9.03).

Art. 43: 8. O § 6º foi acrescido pela Lei 13.146, de 6.7.15, em vigor 180 dias após a sua publicação (DOU 7.7.15).

Art. 43: 9. v. EPD 3º-V, 9º-V e 63 e segs., especialmente, 69.

Art. 44. Os órgãos públicos de defesa do consumidor manterão cadastros atualizados de reclamações fundamentadas contra fornecedores de produtos e serviços, devendo divulgá-los[1] pública e anualmente. A divulgação indicará se a reclamação foi atendida ou não pelo fornecedor.

§ 1º É facultado o acesso às informações lá constantes para orientação e consulta por qualquer interessado.

§ 2º Aplicam-se a este artigo, no que couber, as mesmas regras enunciadas no artigo anterior e as do parágrafo único do art. 22 deste Código.

Art. 44: 1. No texto oficial, está "divulgá-lo".

Art. 45. (VETADO)

Capítulo VI | DA PROTEÇÃO CONTRATUAL

Seção I | DISPOSIÇÕES GERAIS

Art. 46. Os contratos que regulam as relações de consumo não obrigarão os consumidores, se não lhes for dada a oportunidade de tomar conhecimento prévio de seu conteúdo, ou se os respectivos instrumentos forem redigidos de modo a dificultar a compreensão de seu sentido e alcance.

Art. 47. As cláusulas contratuais serão interpretadas de maneira mais favorável ao consumidor.

Art. 48. As declarações de vontade constantes de escritos particulares, recibos e pré-contratos relativos às relações de consumo vinculam o fornecedor, ensejando inclusive execução específica, nos termos do art. 84 e parágrafos.[1]

Art. 48: 1. v. tb. art. 35-I.

Art. 49. O consumidor pode desistir do contrato, no prazo de 7 dias a contar de sua assinatura ou do ato de recebimento do produto ou serviço, sempre que a contratação de fornecimento de produtos e serviços ocorrer fora do estabelecimento comercial,[1] especialmente por telefone[1a] ou a domicílio.[1b]
Parágrafo único. Se o consumidor exercitar o direito de arrependimento previsto neste artigo, os valores eventualmente pagos, a qualquer título, durante o prazo de reflexão, serão devolvidos, de imediato, monetariamente atualizados.[2 a 3]

Art. 49: 1. s/ direito de arrependimento do adquirente de imóvel, v. Lei 4.591, de 16.12.64, arts. 35-A-VIII e 67-A §§ 10 a 12 (no tít. CONDOMÍNIO E INCORPORAÇÃO).
Art. 49: 1a. v. tb. art. 33.
Art. 49: 1b. "O art. 49 do Código de Defesa do Consumidor dispõe que, quando o contrato de consumo for concluído fora do estabelecimento comercial, o consumidor tem o direito de desistir do negócio em 7 dias ('período de reflexão'), sem qualquer motivação. Trata-se do direito de arrependimento, que assegura ao consumidor a realização de uma compra consciente, equilibrando as relações de consumo" (STJ-2ª T., REsp 1.340.604, Min. Mauro Campbell, j. 15.8.13, DJ 22.8.13).
Art. 49: 2. v. art. 51-*caput*-II.
Art. 49: 2a. "Exercido o direito de arrependimento, o parágrafo único do art. 49 do CDC especifica que o consumidor terá de volta, imediatamente e monetariamente atualizados, **todos os valores** eventualmente pagos, a qualquer título, durante o prazo de reflexão, entendendo-se incluídos nestes valores **todas as despesas** com o serviço postal para a devolução do produto, quantia esta que não pode ser repassada ao consumidor. Eventuais prejuízos enfrentados pelo fornecedor neste tipo de contratação são inerentes à modalidade de venda agressiva fora do estabelecimento comercial (internet, telefone, domicílio). Aceitar o contrário é criar limitação ao direito de arrependimento legalmente não previsto" (STJ-2ª T., REsp 1.340.604, Min. Mauro Campbell, j. 15.8.13, DJ 22.8.13).
Art. 49: 3. Condenando a empresa aérea a devolver ao consumidor o valor que ele pagou a título de multa, corrigido monetariamente desde o dispêndio e acrescido de juros legais a partir da citação: RDDP 124/153 (TJDFT, AP 20120111194722). Do voto do relator: "Demonstrado nos autos que as passagens foram adquiridas pela *internet*, é aplicável o art. 49 do CDC. Assim, é indevida a multa cobrada pelo exercício do direito de arrependimento no prazo de reflexão".

Art. 50. A garantia contratual[1] é complementar à legal e será conferida mediante termo escrito.
Parágrafo único. O termo de garantia ou equivalente deve ser padronizado e esclarecer, de maneira adequada, em que consiste a mesma garantia, bem

como a forma, o prazo e o lugar em que pode ser exercitada e os ônus a cargo do consumidor, devendo ser-lhe entregue, devidamente preenchido pelo fornecedor,[2] no ato do fornecimento, acompanhado de manual de instrução, de instalação e uso de produto em linguagem didática, com ilustrações.

Art. 50: 1. cf. art. 24.

Os termos da garantia escrita devem ser fixados em convenção coletiva de consumo (art. 107).

Art. 50: 2. Pena: art. 74.

Seção II | DAS CLÁUSULAS ABUSIVAS[1]

SEÇ. II: 1. "Cláusulas contratuais abusivas nos serviços bancários e financeiros", por José de Oliveira Ascenção (RF 347/127); "As cláusulas abusivas nos contratos de planos privados de assistência à saúde: uma proposta de sistematização", por João Neumann Marinho da Nóbrega (RDPr 23/102); "Um estudo das cláusulas abusivas no Código de Defesa do Consumidor e no Código Civil de 2002", por Lucia Ancona Lopez de Magalhães Dias (RDPr 32/171).

Art. 51. São nulas de pleno direito,[1 a 1b] entre outras, as cláusulas contratuais relativas ao fornecimento de produtos e serviços que:

I — impossibilitem, exonerem ou atenuem a responsabilidade[1c-1d] do fornecedor por vícios[2-2a] de qualquer natureza dos produtos e serviços ou impliquem renúncia[3] ou disposição de direitos. Nas relações de consumo entre o fornecedor e o consumidor-pessoa jurídica, a indenização poderá ser limitada, em situações justificáveis;

II — subtraiam ao consumidor a opção de reembolso[4] da quantia já paga, nos casos previstos neste Código;

III — transfiram responsabilidades a terceiros;[5]

IV — estabeleçam obrigações consideradas iníquas, abusivas, que coloquem o consumidor em desvantagem exagerada, ou sejam incompatíveis com a boa-fé ou a equidade;[6 a 7d]

V — (VETADO);

VI — estabeleçam inversão do ônus da prova em prejuízo do consumidor;[7e]

VII — determinem a utilização compulsória de arbitragem;[7f-8]

VIII — imponham representante para concluir ou realizar outro negócio jurídico pelo consumidor;[8a]

IX — deixem ao fornecedor a opção de concluir ou não o contrato, embora obrigando o consumidor;[9]

X — permitam ao fornecedor, direta ou indiretamente, variação do preço de maneira unilateral;[9a-10]

XI — autorizem o fornecedor a cancelar o contrato unilateralmente, sem que igual direito seja conferido ao consumidor;[10a]

XII — obriguem o consumidor a ressarcir os custos de cobrança de sua obrigação, sem que igual direito lhe seja conferido contra o fornecedor;[11-11a]

XIII — autorizem o fornecedor a modificar unilateralmente o conteúdo ou a qualidade do contrato, após sua celebração;[12]

XIV — infrinjam ou possibilitem a violação de normas ambientais;

XV — estejam em desacordo com o sistema de proteção ao consumidor;

XVI — possibilitem a renúncia do direito de indenização por benfeitorias necessárias;[13]

XVII (*acrescido pela Lei 14.181, de 1.7.21*) — condicionem ou limitem de qualquer forma o acesso aos órgãos do Poder Judiciário;[13a]

XVIII (*acrescido pela Lei 14.181, de 1.7.21*) — estabeleçam prazos de carência em caso de impontualidade das prestações mensais ou impeçam o restabelecimento integral dos direitos do consumidor e de seus meios de pagamento a partir da purgação da mora ou do acordo com os credores;

XIX — (VETADO).

§ 1º Presume-se[14] exagerada,[15] entre outros casos, a vantagem que:

I — ofende os princípios fundamentais do sistema jurídico a que pertence;

II — restringe direitos ou obrigações fundamentais inerentes à natureza do contrato, de tal modo a ameaçar seu objeto ou o equilíbrio contratual;

III — se mostra excessivamente onerosa para o consumidor,[16] considerando-se a natureza e conteúdo do contrato, o interesse das partes e outras circunstâncias peculiares ao caso.

§ 2º A nulidade de uma cláusula contratual abusiva não invalida o contrato, exceto quando de sua ausência, apesar dos esforços de integração, decorrer ônus excessivo a qualquer das partes.[17]

§ 3º (VETADO)

§ 4º É facultado a qualquer consumidor ou entidade que o represente requerer ao Ministério Público que ajuíze a competente ação para ser declarada a nulidade de cláusula contratual que contrarie o disposto neste Código ou de qualquer forma não assegure o justo equilíbrio entre direitos e obrigações das partes.

Art. 51: 1. s/ nulidade da cláusula que exonera o fornecedor de garantir que o produto ou o serviço é adequado, v. art. 24; idem, quanto à que exclui ou reduz a responsabilidade do fornecedor, v. art. 25.

Art. 51: 1a. s/ o conhecimento de ofício dessa nulidade, v., no CPCLPV, CPC 492, nota 4.

Art. 51: 1b. s/ a possibilidade de exame de nulidade de cláusula contratual mesmo após o pagamento ou a novação, v. no CC a nota 3 ao Cap. I ("Do Pagamento") que antecede o art. 304. V. tb. CC 360, nota 2.

Art. 51: 1c. "A referência à área do imóvel nos contratos de compra e venda de imóvel adquirido na planta regidos pelo CDC não pode ser considerada simplesmente enunciativa, ainda que a diferença encontrada entre a área mencionada no contrato e a área real não exceda um vigésimo (5%) da extensão total anunciada, devendo a venda, nessa hipótese, ser caracterizada sempre como por medida, de modo a possibilitar ao consumidor o complemento da área, o abatimento proporcional do preço ou a rescisão do contrato. A disparidade entre a descrição do imóvel objeto de contrato de compra e venda e o que fisicamente existe sob titularidade do vendedor provoca instabilidade na relação contratual. Basta, assim, a ameaça do desequilíbrio para ensejar a correção das cláusulas do contrato, devendo sempre vigorar a interpretação mais favorável ao consumidor, que não participou da elaboração do contrato, consideradas a imperatividade e a indisponibilidade das normas do CDC. Uma disposição legal não pode ser utilizada para eximir de responsabilidade o contratante que age com notória má-fé em detrimento da coletividade" (STJ-3ª T., REsp 436.853, Min. Nancy Andrighi, j. 4.5.06, DJU 27.11.06).

Art. 51: 1d. Súmula 638 do STJ: "É abusiva a cláusula contratual que restringe a responsabilidade de instituição financeira pelos danos decorrentes de roubo, furto ou extravio de bem entregue em garantia no âmbito de **contrato de penhor** civil".

"No contrato de penhor é notória a hipossuficiência do consumidor, pois este, necessitando de empréstimo, apenas adere a um contrato cujas cláusulas são inegociáveis, submetendo-se à avaliação unilateral realizada pela instituição financeira. Nesse contexto, deve-se reconhecer a violação ao art. 51, I, do CDC, pois mostra-se abusiva a cláusula contratual que limita, em uma vez e meia o valor da avaliação, a indenização devida no caso de extravio, furto ou roubo das joias que deveriam estar sob a segura guarda da recorrida. O consumidor que opta pelo penhor assim o faz pretendendo receber o bem de volta, e, para tanto, confia que o mutuante o guardará pelo prazo ajustado. Se a joia empenhada fosse para o proprietário um bem qualquer, sem valor sentimental, provavelmente o consumidor optaria pela venda da joia, pois, certamente, obteria um valor maior" (STJ-4ª T., REsp 1.155.395, Min. Raul Araújo, j. 1.10.13, DJ 29.10.13).

S/ impossibilidade de restituição do bem empenhado e valor a ser pago, v. tb. CC 944, nota 5a. S/ prescrição nessas circunstâncias, v. CDC 27, nota 2c.

Art. 51: 2. s/ vícios de quantidade, v. art. 19; de qualidade, v. arts. 20 e 23.

Art. 51: 2a. "A cláusula que retira a garantia legal do produto é nula, *ex vi* do art. 51, I, do CDC, ainda que o contrato de compra e venda tenha como objeto **veículo usado**" (RIDCPC 39/158).

Art. 51: 3. v. inciso XVI.

Art. 51: 4. v. arts. 18 § 1º-II, 19-*caput*-IV, 20-*caput*-II, 35-III e 49 § ún.

Art. 51: 5. como, p. ex., exonerar-se da solidariedade prevista nos arts. 7º § ún., 18-*caput*, 19-*caput*, 25 §§ 1º e 2º, 28 § 3º e 34.

Art. 51: 6. "Ensaio sobre a lesão contratual nas relações de consumo, segundo a nova ordem civil", por Carlos Fernando Carvalho Motta Filho (RF 371/79); "O instituto da lesão no Código de Defesa do Consumidor — uma análise dirigida aos juros praticados em contratos bancários", por Viviane Perez (RJ 359/53).

Art. 51: 6a. v. § 1º. V. tb. art. 39-V.

Art. 51: 7. Súmula 302 do STJ: "É abusiva a cláusula contratual de plano de saúde que **limita no tempo a internação** hospitalar do segurado" (v. jurisprudência s/ esta Súmula em RSTJ 183/625, 185/671).

Súmula 597 do STJ: "A cláusula contratual de plano de saúde que prevê **carência** para utilização dos serviços de assistência médica nas **situações de emergência** ou de urgência é considerada abusiva se ultrapassado o prazo máximo de 24 horas contado da data da contratação".

Súmula 608 do STJ: "Aplica-se o Código de Defesa do Consumidor aos contratos de plano de saúde, salvo os administrados por entidades de autogestão". Também aplicando o CDC, em matéria de contrato de seguro-saúde: RSTJ 151/343, 154/193; Bol. AASP 2.405/3.371.

Todavia: "Contrato de plano de saúde coletivo empresarial. Relação jurídica entre estipulante e operadora. Não incidência do CDC. A demanda entre empregador e a operadora do plano de saúde coletivo não se rege pelo CDC, ressalvada a hipótese em que o contrato conta com menos de 30 beneficiários, situação que revela a condição de vulnerabilidade do estipulante" (STJ-3ª T., REsp 1.830.065, Min. Nancy Andrighi, j. 17.11.20, DJ 19.11.20). S/ rescindibilidade do contrato coletivo empresarial, v. nesta nota, abaixo.

Súmula 609 do STJ: "A recusa de cobertura securitária, sob a alegação de doença preexistente, é ilícita se não houve a exigência de exames médicos prévios à contratação ou a demonstração de má-fé do segurado".

Ainda em matéria de **seguro e plano de saúde:**

— "a finalidade essencial do seguro-saúde reside em proporcionar adequados meios de recuperação ao segurado, sob pena de esvaziamento da sua própria *ratio*, o que não se coaduna com a presença de **cláusula limitativa do valor indenizatório** de tratamento que as instâncias ordinárias consideraram coberto pelo contrato" (STJ-4ª T., REsp 326.147, Min. Aldir Passarinho Jr., j. 21.5.09, DJ 8.6.09);

— "reconhecida a incidência do Código de Defesa do Consumidor, impende reconhecer, também, a abusividade da cláusula contratual/estatutária que **limita a quantidade de sessões anuais de rádio e de quimioterapia** cobertas pelo plano. Aplicação, por analogia, da Súmula 302/STJ" (STJ-3ª T., REsp 1.115.588, Min. Sidnei Beneti, j. 25.8.09, DJ 16.9.09). "À luz do Código de Defesa do Consumidor, devem ser reputadas como abusivas as cláusulas que nitidamente afetam de maneira significativa a própria essência do contrato, impondo restrições ou limitações aos procedimentos médicos, fisioterápicos e hospitalares (*v.g.* limitação do tempo de internação, **número de sessões de fisioterapia,** entre outros) prescritos para doenças cobertas nos contratos de assistência e seguro de saúde dos contratantes. Se há cobertura de doenças ou sequelas relacionadas a certos eventos, em razão de previsão contratual, não há possibilidade de restrição ou limitação de procedimentos prescritos pelo médico como imprescindíveis para o êxito do tratamento, inclusive no campo da fisioterapia" (STJ-4ª T., REsp 1.349.647-AgInt, Min. Raul Araújo, j. 13.11.18, DJ 23.11.18). Ainda: "Contrato de plano de saúde. Limitação do **número de sessões de terapia ocupacional.** Abusividade" (STJ-3ª T., REsp 1.846.108, Min. Nancy Andrighi, j. 2.2.21, DJ 5.2.21);

— "a exclusão de cobertura de determinado procedimento médico/hospitalar, quando essencial para garantir a saúde e, em algumas vezes, a vida do segurado, vulnera a finalidade básica do contrato" (STJ-4ª T., REsp 183.719, Min. Luis Felipe, j. 18.9.08, DJ 13.10.08). "O plano de saúde pode estabelecer quais doenças estão sendo cobertas, mas não que **tipo de tratamento** está alcançado para a respectiva cura. Se a patologia está coberta, no caso, o câncer, é inviável vedar a quimioterapia pelo simples fato de ser esta uma das alternativas possíveis para a cura da doença. A abusividade da cláusula reside exatamente nesse preciso aspecto, qual seja, não pode o paciente, em razão de cláusula limitativa, ser impedido de receber tratamento com o método mais moderno disponível no momento em que instalada a doença coberta" (STJ-3ª T., REsp 668.216, Min. Menezes Direito, j. 15.3.07, DJU 2.4.07). No mesmo sentido: JTJ 310/311.

"Tratamento experimental é aquele em que não há comprovação médico-científica de sua eficácia, e não o procedimento que, a despeito de efetivado com a utilização de equipamentos modernos, é reconhecido pela ciência e

escolhido pelo médico como o método mais adequado à preservação da integridade física e ao completo restabelecimento do paciente" (STJ-4ª T., REsp 1.320.805, Min. Isabel Gallotti, j. 5.12.13, RT 942/341). "A Agência Nacional de Saúde Suplementar (ANS) editou a Resolução Normativa 338/2013, vigente ao tempo da demanda, disciplinando que consiste em tratamento experimental aquele que não possui as indicações descritas na bula/manual registrado na ANVISA (uso *off-label*). Quem decide se a situação concreta de enfermidade do paciente está adequada ao tratamento conforme as indicações da bula/manual da ANVISA daquele específico remédio é o profissional médico. Autorizar que a operadora negue a cobertura de tratamento sob a justificativa de que a doença do paciente não está contida nas indicações da bula representa inegável ingerência na ciência médica, em odioso e inaceitável prejuízo do paciente enfermo" (STJ-3ª T., REsp 1.721.705, Min. Nancy Andrighi, j. 28.8.18, DJ 6.9.18).
Todavia: "Fisioterapia pelo método TheraSuit. Ausência de previsão na relação editada pela autarquia ou no conteúdo adicional do contrato. Cobertura contratual. Inexistência. Método, ademais, tido pelo CFM como meramente experimental, sem evidência científica de superioridade com relação à fisioterapia convencional, segundo o NAT-Jus nacional e parecer daquele conselho federal. Imposição de custeio ao plano de saúde. Inviabilidade" (STJ-4ª T., Ag em REsp 1.497.534-AgInt, Min. Luis Felipe, j. 6.10.20, DJ 23.10.20). V. tb. Lei 9.656/98, art. 10, nota 1 (no tít. SEGUROS).

"A cláusula que exclui a realização do exame de ressonância magnética da cobertura do contrato de plano de saúde, restringindo a intervenção médica, é manifestamente abusiva" (RMDCPC 51/134: TJMG, AP 0028978-82.2012.8.13.0016).

"Negativa de pagamento de **medicamentos** necessários para realização de sessão de quimioterapia. Exclusão de cobertura afastada. Medicamentos prescritos por centro oncológico idôneo. Ilicitude da recusa" (RT 865/186). "É abusiva a cláusula contratual que exclui da cobertura do plano de saúde o fornecimento de medicamento para quimioterapia tão somente pelo fato de ser ministrado em ambiente domiciliar" (STJ-4ª T., Ag em REsp 147.376-AgRg, Min. Antonio Ferreira, j. 6.12.12, DJ 14.12.12). "Plano de saúde. Fornecimento. Medicação injetável intravenosa. Supervisão profissional. Cobertura obrigatória" (STJ-3ª T., REsp 1.898.392-AgInt, Min. Ricardo Cueva, j. 11.4.22, DJ 5.5.22). "Caso concreto em que o medicamento passou pelo crivo sanitário da ANVISA, tendo sofrido cancelamento de registro por motivo de desinteresse comercial. Ausência de risco sanitário no caso concreto. Legalidade da importação, a despeito do cancelamento do registro, desde que realizada em nome da pessoa física da paciente, conforme nota técnica da ANVISA. Manutenção da condenação da operadora a custear a importação do medicamento" (STJ-3ª T., REsp 1.816.768, Min. Paulo Sanseverino, j. 15.12.20, DJ 18.12.20). "A autorização da ANVISA para a importação excepcional do medicamento para uso hospitalar ou sob prescrição médica, é medida que, embora não substitua o devido registro, evidencia a segurança sanitária do fármaco, porquanto pressupõe a análise da agência reguladora quanto à sua segurança e eficácia, além de excluir a tipicidade das condutas previstas no art. 10, IV, da Lei 6.437/77, bem como nos arts. 12 c/c 66 da Lei 6.360/76. Necessária a realização da distinção (*distinguishing*) entre o entendimento firmado no precedente vinculante e a hipótese concreta dos autos, na qual o medicamento (Thiotepa/Tepadina) prescrito à beneficiária do plano de saúde, embora se trate de fármaco importado ainda não registrado pela ANVISA, teve a sua importação excepcionalmente autorizada pela referida Agência Nacional, sendo, pois, de cobertura obrigatória pela operadora de plano de saúde" (STJ-3ª T., REsp 1.923.107, Min. Nancy Andrighi, j. 10.8.21, DJ 16.8.21). Em sentido semelhante: JTJ 326/662 (AP 354.917-4/7-00), 343/501 (AP 492.867-4/5-00). **Todavia,** não se pode impor à empresa administradora do plano de saúde dever de fornecer medicamento de "importação e comercialização vetada pelos órgãos governamentais. Não pode o Judiciário impor a prestadora de serviços que realize ato tipificado como infração de natureza sanitária, previsto na Lei 6.360, art. 66, pois isso significaria, em última análise, a vulneração do princípio da legalidade previsto constitucionalmente" (STJ-RT 894/158: 4ª T., REsp 874.976). Mais amplamente: "As operadoras de plano de saúde não estão obrigadas a fornecer medicamento não registrado pela ANVISA" (STJ-2ª Seção, REsp 1.712.163, Min. Moura Ribeiro, j. 8.11.18, DJ 26.11.18). Ainda: "Os medicamentos receitados por médicos para uso doméstico e adquiridos comumente em farmácias não estão, em regra, cobertos pelos planos de saúde" (STJ-3ª T., REsp 1.692.938, Min. Ricardo Cueva, j. 27.4.21, DJ 4.5.21). No mesmo sentido: STJ-4ª T., Ag em REsp 1.732.234-AgInt, Min. Luis Felipe, j. 9.8.21, DJ 24.8.21. V. tb. Lei 9.656/98, art. 10-V (no tít. SEGUROS).

"Negativa de continuidade na cobertura de tratamento de câncer metastático do pulmão e anemia secundária à quimioterapia. Alegação de alta hospitalar. Situação excepcional de impossibilidade de deslocamento até o hospital, que não configura alta" (RT 868/216: TJSP, AP 319.755-4/0; no caso, o plano de saúde invocou a existência de cláusula contratual que excluiria despesas com medicamentos e curativos após alta hospitalar).

"Recusa na continuidade na prestação de serviço pelo sistema *home care*. Sucedâneo da internação hospitalar. Serviço necessário, que não se revela como mera comodidade para a paciente e seus familiares. Insubsistência da alegação de falta de imposição legal ou de cobertura contratual. Instabilidade do quadro clínico da autora a demandar cuidados, tal como concluído na perícia. Aplicação do CDC. Abusividade da limitação contratual que coloca em risco o objeto do próprio contrato" (JTJ 325/337: AP 531.310-4/7-00). No mesmo sentido: STJ-3ª Turma, Ag em REsp 869.843-AgInt, Min. Moura Ribeiro, j. 21.6.16, DJ 30.6.16; STJ-4ª T., Ag em REsp 1.086.737-AgInt, Min. Isabel Gallotti, j. 20.3.18, DJ 5.4.18; JTJ 347/626 (EI 516.075-4/5-01, maioria).

"É abusiva a cláusula contratual que exclui tratamento domiciliar quando essencial para garantir a saúde e, em algumas vezes, a vida do segurado" (STJ-3ª T., Ag em REsp 368.748-AgRg, Min. João Otávio, j. 10.6.14, DJ 20.6.14). **Todavia:** "Distinção entre internação domiciliar e assistência domiciliar, sendo esta entendida como conjunto de atividades de caráter ambulatorial, programadas e continuadas desenvolvidas em domicílio. No caso, do contexto delineado no acórdão recorrido, conclui-se que o tratamento pretendido pela autora amolda-se à hipótese de assistência domiciliar, e não de internação domiciliar, o que afasta a obrigatoriedade de custeio do plano de saúde" (STJ-3ª T., REsp 1.766.181, Min. Ricardo Cueva, j. 3.12.19, maioria, DJ 13.12.19).

"**O Rol de Procedimentos e Eventos em Saúde Suplementar é, em regra, taxativo.** A operadora de plano ou seguro de saúde não é obrigada a arcar com tratamento não constante do Rol da ANS se existe, para a cura do paciente, outro procedimento eficaz, efetivo e seguro já incorporado à lista. É possível a contratação de cobertura ampliada ou a negociação de aditivo contratual para a cobertura de procedimento extrarrol. Não havendo substituto terapêutico ou estando esgotados os procedimentos do Rol da ANS, pode haver, a título de excepcionalidade, a cobertura do tratamento indicado pelo médico ou odontólogo-assistente, desde que (i) não tenha sido indeferida expressamente pela ANS a incorporação do procedimento ao Rol da Saúde Suplementar; (ii) haja comprovação da eficácia do tratamento à luz da medicina baseada em evidências; (iii) haja recomendações de órgãos técnicos de renome nacionais (como Conitec e NatJus) e estrangeiros; e (iv) seja realizado, quando possível, o diálogo interinstitucional do magistrado com entes ou pessoas com expertise na área da saúde, incluída a Comissão de Atualização do Rol de Procedimentos e Eventos em Saúde Suplementar, sem deslocamento da competência do julgamento do feito para a Justiça Federal, ante a ilegitimidade passiva *ad causam* da ANS. No caso concreto, a parte autora da ação tem esquizofrenia paranoide e quadro depressivo severo e, como os tratamentos medicamentosos não surtiram efeito, vindica a estimulação magnética transcraniana — EMT, ainda não incluída no Rol da ANS. O Conselho Federal de Medicina, conforme a Resolução CFM n. 1.986/2012, reconhece a eficácia da técnica, com indicação para depressões uni e bipolar, alucinações auditivas, esquizofrenias, bem como para o planejamento de neurocirurgia, mantendo o caráter experimental para as demais indicações. Consoante notas técnicas de NatJus de diversos Estados e do DF, o procedimento, aprovado pelo FDA norte-americano, pode ser mesmo a solução imprescindível para o tratamento de pacientes que sofrem das enfermidades do recorrido e não responderam a tratamento com medicamentos — o que, no ponto, ficou incontroverso nos autos. Com efeito, como o Rol não contempla tratamento devidamente regulamentado pelo CFM, de eficácia comprovada, que, no quadro clínico do usuário do plano de saúde e à luz do Rol da ANS, é realmente a única solução imprescindível ao tratamento de enfermidade prevista na Classificação Internacional de Doenças e Problemas Relacionados com a Saúde — CID, notadamente por não haver nas diretrizes da relação editada pela Autarquia circunstância clínica que permita essa cobertura, é forçoso o reconhecimento do estado de ilegalidade, com a excepcional imposição da cobertura vindicada, que não tem preço significativamente elevado" (STJ-2ª Seção, ED no REsp 1.886.929, Min. Luis Felipe, j. 8.6.22, maioria, DJ 3.8.22). V. tb. Lei 9.656/98, art. 10 §§ 12 e 13;

— "A empresa de saúde realizou a **alteração contratual sem a participação do consumidor,** por isso é nula a modificação que determinou que a assistência médico-hospitalar fosse prestada apenas por estabelecimento credenciado ou, caso o consumidor escolhesse hospital não credenciado, que o ressarcimento das despesas estaria limitado a determinada tabela. Violação dos arts. 46 e 51, IV e § 1º, do CDC" (STJ-4ª T., REsp 418.572, Min. Luis Felipe, j. 10.3.09, DJ 30.3.09);

— "é nula, por expressa previsão legal, e em razão de sua abusividade, a cláusula inserida em contrato de plano de saúde que permite a sua **rescisão unilateral pela seguradora,** sob simples alegação de inviabilidade de manutenção da avença" (STJ-3ª T., REsp 602.397, Min. Castro Filho, j. 21.6.05, DJU 1.8.05). **Todavia:** "Plano de saúde. **Contrato coletivo.** Pleito ajuizado pela empresa contratante de plano de saúde para seus beneficiários. Pretendida declaração de nulidade da cláusula contratual que prevê o direito de rescisão, com pedido de manutenção do contrato. Descabimento. Previsão de rescisão contratual que não se mostra írrita ao bom direito, tanto mais porque prevista para ambos os contratantes e condicionada à prévia notificação. Ausência de violação a dispositivo da Lei n. 9.656/98, posto que esta aplica-se apenas aos contratos individuais e familiares" (JTJ 347/520: AP 651.005-4/0-00). No mesmo sentido: STJ-3ª T., REsp 1.630.049-AgInt, Min. Marco Bellizze, j. 2.5.17, DJ 12.5.17; STJ-4ª T., Ag em REsp 1.111.399-EDcl-AgInt, Min. Lázaro Guimarães, j. 6.2.18, DJ 9.2.18. **Mas:** "As avenças coletivas com número pequeno de usuários possuem natureza híbrida, pois ostentam valores similares aos planos individuais, já que há reduzida diluição do risco, além de possuírem a exigência do cumprimento de carências e, em contrapartida, estão sujeitos à rescisão unilateral pela operadora e possuem reajustes livremente pactuados, o que lhes possibilita a comercialização no mercado por preços mais baixos e atraentes. Inquestionável a vulnerabilidade dos planos coletivos com quantidade inferior a 30 beneficiários, cujos estipulantes possuem pouco poder de negociação diante da operadora, sendo maior o ônus de mudança para outra empresa caso as condições oferecidas não sejam satisfatórias. Não se pode transmudar o contrato coletivo empresarial com poucos beneficiários para plano familiar a fim de se aplicar a vedação do art. 13, parágrafo único, II, da Lei n. 9.656/1998, porém, a rescisão deve ser devidamente motivada, incidindo a legislação consumerista" (STJ-2ª Seção, ED no REsp 1.692.594, Min. Marco Bellizze, j. 12.2.20, DJ 19.2.20). Ainda: "A operadora, mesmo após o exercício regular do direito à rescisão unilateral de plano coletivo, deverá assegurar a continuidade dos cuidados assistenciais prescritos a usuário internado ou em pleno tratamento médico garantidor de sua sobrevivência ou de sua incolumidade física, até a efetiva alta, desde que o titular arque integralmente com a contraprestação (mensalidade) devida" (STJ-2ª Seção, REsp 1.842.751, Min. Luis Felipe, j. 22.6.22, DJ 1.8.22).

"Não obstante seja possível a resilição unilateral e imotivada do contrato de plano de saúde coletivo, deve ser resguardado o direito daqueles beneficiários que estejam internados ou em pleno tratamento médico, observando-se, assim, os princípios da boa-fé, da segurança jurídica e da dignidade da pessoa humana" (STJ-3ª T., REsp 1.818.495, Min. Marco Bellizze, j. 8.10.19, DJ 11.10.19). Em sentido semelhante: STJ-4ª T., Ag em REsp 1.434.412-AgInt, Min. Raul Araújo, j. 18.6.19, DJ 27.6.19. V. nesta nota, acima, anotações à **Súmula 608 do STJ;**

— "cláusula que suspende os efeitos do contrato pelo só **atraso no pagamento da prestação** mensal é abusiva. Um mínimo de tolerância deve ser estabelecido para tão grave tratamento. É preciso que o atraso se repita, revelando, mais do que isso, a inadimplência do contrato. Um critério razoável seria o de que a suspensão do contrato de seguro só ocorresse após o vencimento da prestação seguinte" (STJ-3ª T., REsp 343.698, Min. Ari Pargendler, j. 5.12.02, DJU 24.3.03). No mesmo sentido: RJTJERGS 272/201 (AP 70020948691). V. CC 763 e notas.

"Indevida a cláusula contratual que impõe o cumprimento de novo prazo de carência, equivalente ao período em que o consumidor restou inadimplente, para o restabelecimento do atendimento" (STJ-4ª T., REsp 285.618, Min. Luis Felipe, j. 18.12.08, DJ 26.2.09);

— "lídima a cláusula de **carência** estabelecida em contrato voluntariamente aceito por aquele que ingressa em plano de saúde, merecendo temperamento, todavia, a sua aplicação quando se revela circunstância excepcional, constituída por necessidade de tratamento de urgência decorrente de doença grave que, se não combatida a tempo, tornará inócuo o fim maior do pacto celebrado, qual seja, o de assegurar eficiente amparo à saúde e à vida" (STJ-4ª T., REsp 466.667, Min. Aldir Passarinho Jr., j. 27.11.07, DJU 17.12.07). "A interpretação de cláusula de carência estabelecida em contrato de plano de saúde deve, em circunstâncias excepcionais, como a necessidade de tratamento de urgência decorrente de doença grave, ser ponderada a fim de assegurar o eficiente amparo à vida e à saúde" (STJ-3ª T., Ag em REsp 340.767-AgRg, Min. João Otávio, j. 27.5.14, DJ 3.6.14). "Não obstante o contrato de assistência à saúde, firmado entre as partes, prever o prazo de carência de 300 dias para parto, faltando, à autora, implementar apenas alguns dias, a situação em tela autoriza a cobertura contratual, tendo em vista o disposto no art. 12, V, c, da Lei 9.656/98. Caso em que a mãe corria risco de morte, se não realizado o procedimento cirúrgico após o parto, na modalidade particular, enquadrando-se como urgência/emergência, com prazo de carência de 24 horas" (RT 869/301). No mesmo sentido: STJ-3ª T., REsp 1.055.199, Min. Sidnei Beneti, j. 3.5.11, DJ 18.5.11; RT 887/233 (TJSP, AP 467.534-4/8-00), JTJ 342/272 (AP 613.814-4/4). V., nesta nota, acima, **Súmula 597 do STJ;**

— "Mostra-se abusiva a cláusula restritiva de direito que prevê o não custeio de **prótese,** imprescindível para o êxito do procedimento cirúrgico coberto pelo plano, sendo indiferente, para tanto, se referido material é ou não importado" (STJ-3ª T., REsp 1.046.355, Min. Massami Uyeda, j. 15.5.08, DJ 5.8.08). No mesmo sentido: STJ-4ª T., AI 1.139.871-AgRg, Min. João Otávio, j. 27.4.10, DJ 10.5.10; JTJ 310/254, 315/343 (AP 462.210-4/3-00). "É abusiva a cláusula contratual que exclui de cobertura a colocação de **stent,** quando este é necessário ao bom êxito do procedimento cirúrgico coberto pelo plano de saúde" (STJ-3ª T., REsp 896.247, Min. Gomes de Barros, j. 21.11.06, DJU 18.12.06). No mesmo sentido: RT 867/201. Ainda: "Exclusão genérica de cobertura de próteses e acessórios em geral, que não especifica o stent. Desarrazoado exigir-se do consumidor, homem médio, a interpretação de que estaria descoberta a colocação de stent em cirurgia cardíaca. Interpretação de cláusulas contratuais de maneira mais favorável ao consumidor. Aplicação dos arts. 46 e 47 do CDC" (JTJ 314/86: AP 434.157-4/0-00). Também: "A lei estabelece que as operadoras de plano de saúde não podem negar o fornecimento de órteses, próteses e seus acessórios indispensáveis ao sucesso da cirurgia, como por exemplo a implantação de stents ou marcapassos em cirurgias cardíacas. Se o fornecimento de órtese essencial ao sucesso da cirurgia deve ser custeado, com muito mais razão a órtese que substitui esta cirurgia, por ter eficácia equivalente sem o procedimento médico invasivo do paciente portador de determinada moléstia" (STJ-3ª T., REsp 1.731.762, Min. Nancy Andrighi, j. 22.5.18, DJ 28.5.18). Determinando o custeio de prótese de platina pelo plano de saúde: STJ-4ª T., REsp 873.226, Min. Luis Felipe, j. 8.2.11, DJ 22.2.11. **Todavia:** "Nos planos de saúde, é obrigatória apenas a cobertura de órteses, próteses e materiais especiais (OPME) sem a finalidade estética e que necessitem de cirurgia para serem colocados ou retirados, ou seja, que se qualifiquem como dispositivos médicos implantáveis, independentemente de se tratar de produto de alto custo ou não. Para saber se uma prótese ou órtese está ligada ao ato cirúrgico e, portanto, coberta pelo plano de saúde, deve-se indagar se ela possui as seguintes características, inerentes aos dispositivos médicos implantáveis: (i) ser introduzida (total ou parcialmente) no corpo humano; (ii) ser necessário procedimento cirúrgico para essa introdução e (iii) permanecer no local onde foi introduzida, após o procedimento cirúrgico. As próteses de substituição de membros, a exemplo das endo ou exoesqueléticas para desarticulação de joelho, transfemural ou transtibial, são não implantáveis, o que as tornam objeto de exclusão de cobertura obrigatória pelos planos de saúde, pois não estão ligadas a ato cirúrgico" (STJ-3ª T., REsp 1.673.822, Min. Ricardo Cueva, j. 15.3.18, maioria, DJ 11.5.18). Ainda: "Plano de saúde. Prótese auditiva. Cobertura. Dispositivo médico não implantável. Exclusão assistencial. Legalidade" (STJ-3ª T., REsp 1.854.853-AgInt-AgInt, Min. Moura Ribeiro, j. 26.10.20, DJ 29.10.20). "Não há amparo legal para a pretensão de cobertura dos equipamentos necessários para a terapia PediaSuit, pois, nos termos do art. 10, VII, da Lei 9.656/1998, não há obrigatoriedade legal de cobertura de 'próteses, órteses e seus acessórios não ligados ao ato cirúrgico'" (STJ-3ª T., REsp 1.741.618, Min. Paulo Sanseverino, j. 15.12.20, DJ 1.2.21). No mesmo sentido: STJ-4ª T., Ag em REsp 1.732.234-AgInt, Min. Luis Felipe, j. 9.8.21, DJ 24.8.21;

— "é abusiva a cláusula contratual que exclui de cobertura securitária a utilização de **material importado,** quando este é necessário ao bom êxito do procedimento cirúrgico coberto pelo plano de saúde e não existente similar nacional" (STJ-3ª T., REsp 952.144, Min. Gomes de Barros, j. 17.3.08, DJU 13.5.08);

— "a **exclusão** de **doença preexistente** da cobertura securitária depende da prova da má-fé do segurado, ao não informar à seguradora sobre tal circunstância, no momento da contratação" (STJ-3ª T., AI 396.472-AgRg, Min. Nancy Andrighi, j. 15.10.01, DJU 19.11.01). Logicamente, essa má-fé não pode ser presumida (STJ-3ª T., REsp 617.239, Min. Menezes Direito, j. 14.9.04, DJU 17.12.04). No mesmo sentido: RT 871/287, JTJ 314/334 (AP 944.215-0/2), RJM 173/182.

"Não se justifica a recusa à cobertura de cirurgia necessária à sobrevida do segurado, ao argumento de se tratar de doença preexistente, quando a administradora do plano de saúde não se precaveu mediante realização de exames de admissão no plano, sobretudo no caso de obesidade mórbida, a qual poderia ser facilmente detectada. No caso, tendo sido as declarações do segurado submetidas à apreciação de médico credenciado pela recorrente, por ocasião do que não foi verificada qualquer incorreção na declaração de saúde do contratante, deve mesmo a seguradora suportar as despesas decorrentes de gastroplastia indicada como tratamento de obesidade mórbida" (STJ-4ª T., REsp 980.326, Min. Luis Felipe, j. 1.3.11, DJ 4.3.11).

"Provado nos autos que, no ato de assinatura do contrato, o recorrente já era portador de obesidade mórbida, os respectivos riscos certamente foram levados em consideração e aceitos pela seguradora ao admiti-lo como segurado, não se podendo falar em vício na manifestação de vontade. Ademais, diante do quadro de obesidade mórbida, era razoável supor que o segurado apresentasse problemas de saúde dela decorrentes — inclusive diabetes, hipertensão e cardiopatia — de sorte que, em respeito ao princípio da boa-fé, a seguradora não poderia ter adotado uma postura passiva, de simplesmente aceitar as negativas do segurado quanto à existência de problemas de saúde, depois se valendo disso para negar-lhe cobertura. Antes de concluir o contrato de seguro saúde, pode a seguradora exigir do segurado a realização de exames médicos para constatação de sua efetiva disposição física e psíquica, mas, não o fazendo e ocorrendo sinistro, não se eximirá do dever de indenizar, salvo se comprovar a má-fé do segurado ao informar seu estado de saúde. A má-fé do segurado somente implicará isenção de cobertura caso tenha tido o condão de ocultar ou dissimular o próprio risco segurado, isto é, a omissão do segurado deve ter sido causa determinante para a seguradora assumir o risco da cobertura que se pretende afastar. Somente se pode falar em vício da livre manifestação de vontade caso o comportamento do segurado tenha efetivamente influenciado a análise do risco, afetando de forma decisiva o desígnio da seguradora. O princípio da boa-fé contratual, contido nos arts. 422 do CC/02 e 4º, III, do CDC, inclui o dever de não se beneficiar da má-fé da parte contrária. Ter-se-á caracterizada, nessa situação, o dolo recíproco ou bilateral, previsto no art. 150 do CC/02, consistente em tirar proveito da leviandade da outra parte para obter vantagem indevida no negócio" (STJ-3ª T., REsp 1.230.233, Min. Nancy Andrighi, j. 3.5.11, DJ 11.5.11).

"Excepcionalmente, a omissão do segurado não é relevante quando contrata seguro e mantém vida regular por vários anos, demonstrando que possuía, ainda, razoável estado de saúde quando da contratação da apólice. Aufere vantagem manifestamente exagerada, de forma abusiva e em contrariedade à boa-fé objetiva, o segurador que, após longo período recebendo os prêmios devidos pelo segurado, nega cobertura, sob a alegação de que se trata de doença preexistente" (STJ-3ª T., REsp 1.080.973, Min. Nancy Andrighi, j. 9.12.08, DJ 3.2.09).

Todavia: "Configurada a má-fé do segurado, é lícita a recusa da cobertura securitária sob a alegação de doença preexistente à contratação do seguro-saúde" (STJ-4ª T., AI 1.102.845-AgRg, Min. João Otávio, j. 5.5.09, DJ 18.5.09).

Enunciado 372 do CEJ: "Em caso de negativa de cobertura securitária por doença preexistente, cabe à seguradora comprovar que o segurado tinha conhecimento inequívoco daquela".

V., nesta nota, acima, **Súmula 609 do STJ.**

V. tb. Lei 9.656/98, art. 11 (no tít. SEGUROS).

Em matéria de seguro de vida, v. CC 766, nota 2.

✎ "As doenças e lesões preexistentes nos planos privados de assistência à saúde interpretadas de acordo com o dever de informação", por Rodrigo Daniel Félix da Silva (RJ 346/55);

— "é da jurisprudência deste Tribunal a abusividade de cláusula que, em contrato de seguro-saúde, afasta o tratamento de **moléstias infectocontagiosas** de notificação compulsória, a exemplo da AIDS" (STJ-4ª T., REsp 265.872-AgRg, Min. Sálvio de Figueiredo, j. 18.9.03, DJU 19.12.03);

— "se a **fisioterapia** estava no contexto da recuperação cirúrgica, não poderia ela ser excluída da cobertura, sendo abusiva a cláusula que impede o pagamento. Não se trata de saber se o contrato prevê, ou não, o tratamento denominado de reabilitação; pode não prever, e, mesmo assim, se a fisioterapia é feita no hospital, em seguida ao procedimento cirúrgico, não há como negar o vínculo com a patologia da internação, com o tratamento necessário à recuperação do paciente, cenário que não autoriza a recusa do pagamento" (STJ-4ª T., REsp 439.410, Min. Menezes Direito, j. 10.12.02, DJU 10.3.03);

— "é nula a estipulação, em contrato de seguro saúde, excluindo cobertura de tratamento médico em virtude de **dependência química**" (RT 903/275: TJGO, AP 258673-42);

— é inválida a cláusula que exclui da cobertura eventos ligados ao tratamento da **obesidade mórbida** (RT 809/345, 846/278, 847/313, 849/352, 871/346, RJTJERGS 252/208, JTJ 310/251; 327/261: AP 382.720-5/1-00).

"A gastroplastia, indicada como tratamento para obesidade mórbida, longe de ser um procedimento estético ou mero tratamento emagrecedor, revela-se como cirurgia essencial à sobrevida do segurado, vocacionada, ademais, ao tratamento das outras tantas comorbidades que acompanham a obesidade em grau severo. Nessa hipótese, mostra-se ilegítima a negativa do plano de saúde em cobrir as despesas da intervenção cirúrgica" (STJ-4ª T., REsp 1.175.616, Min. Luis Felipe, j. 1.3.11, DJ 4.3.11). No mesmo sentido, determinando a "cobertura de gastroplastia redutora, conhecida como 'cirurgia de redução do estômago'": STJ-3ª T., REsp 1.106.789, Min. Nancy Andrighi, j. 15.10.09, maioria, DJ 18.11.09. Ainda: RT 914/911 (TJPR, AP 766.066-4).

"Encontrando-se o tratamento da obesidade mórbida coberto pelo plano de saúde entabulado entre as partes, a seguradora deve arcar com todos os tratamentos destinados à cura de tal patologia, o principal — cirurgia bariátrica (ou outra que se fizer pertinente) — e os subsequentes ou consequentes — cirurgias destinadas à retirada de excesso de tecido epitelial, que, nos termos assentados, na hipótese dos autos, não possuem natureza estética. As cirurgias de remoção de excesso de pele (retirada do avental abdominal, mamoplastia redutora e dermolipoctomia braçal) consistem no tratamento indicado contra infecções e manifestações propensas a ocorrer nas regiões onde a pele dobra sobre si mesma, o que afasta, inequivocamente, a tese sufragada pela parte ora recorrente no sentido de que tais cirurgias possuem finalidade estética. Considera-se, assim, ilegítima a recusa de cobertura das cirurgias destinadas à remoção de tecido epitelial, quando estas se revelarem necessárias ao pleno restabelecimento do paciente-segurado, acometido de obesidade mórbida" (STJ-RT 898/190: 3ª T., REsp 1.136.475). No mesmo sentido: STJ-4ª T., Ag em REsp 520.189-AgRg, Min. Raul Araújo, j. 24.6.14, DJ 4.8.14; JTJ 330/357 (AP 530.446-4/0-00).

V. tb. Lei 9.656/98, art. 10, nota 1b (no tít. SEGUROS).

S/ obesidade mórbida preexistente à contratação v. acima, nesta nota, tópico sobre doença preexistente;

— "não ofende a lei o acórdão que mantém a cláusula de exclusão da cobertura a **cirurgia estética** que não se destina a restaurar função de órgão ou membro" (STJ-4ª T., REsp 305.684, Min. Ruy Rosado, j. 4.12.01, DJU 18.3.02);

— "Em sendo clara e de entendimento imediato, não é abusiva a cláusula que exclui da cobertura contratual o **transplante** de órgãos. A clareza dos termos contratuais não está necessariamente vinculada ao modo como foram grafados" (STJ-3ª T., REsp 378.863-AgRg, Min. Gomes de Barros, j. 21.2.06, DJU 8.5.06). **Todavia:** "Com vistas à necessidade de se conferir maior efetividade ao direito integral à cobertura de proteção à saúde — por meio do acesso ao tratamento médico-hospitalar necessário —, deve ser invalidada a cláusula de exclusão de transplante do contrato de seguro-saúde, notadamente ante a peculiaridade de ter sido, o segurado, submetido a tratamento complexo, que incluía a probabilidade — e não a certeza — da necessidade do transplante, procedimento que, ademais, foi utilizado para salvar-lhe a vida, bem mais elevado no plano não só jurídico, como também metajurídico" (STJ-3ª T., REsp 1.053.810, Min. Nancy Andrighi, j. 17.12.09, um voto vencido, DJ 15.3.10). Ainda: "Paciente portador de *Diabetes Mellitus* Tipo 1. Doença grave e progressiva. Art. 10 da Lei 9.656/98 exclui transplantes, à exceção de córnea e rim. Autor que, no entanto, necessita de transplante duplo (pâncreas e rim). Recusa da seguradora descabida, já que somente o transplante de rim será insuficiente para a melhora da paciente. Afronta aos arts. 51, IV, § 1º, I, 46 e 47 do CDC. Mitigação do princípio *pacta sunt servanda*, porquanto está em jogo a vida daquele que deve se submeter ao transplante, que padece de grave enfermidade. Cobertura que, entretanto, deve ser feita na rede credenciada" (RT 863/236). No mesmo sentido: RT 886/193 (TJSP, AP 583.114.4/8);

— "Não há abusividade na cláusula contratual de exclusão de cobertura de **inseminação artificial**" (STJ-3ª T., REsp 1.590.221, Min. Nancy Andrighi, j. 7.11.17, DJ 13.11.17). "Salvo disposição contratual expressa, os planos de saúde não são obrigados a custear o tratamento médico de **fertilização *in vitro***" (STJ-2ª Seção, REsp 1.822.818, Min. Marco Buzzi, j. 13.10.21, maioria, DJ 27.10.21). **Todavia:** "Caso concreto em que se revela a necessidade de atenuação dos efeitos colaterais, previsíveis e evitáveis, da quimioterapia, dentre os quais a falência ovariana, em atenção ao princípio médico 'primum, non nocere' e à norma que emana do art. 35-F da Lei 9.656/1998, segundo a qual a cobertura dos planos de saúde abrange também a prevenção de doenças, no caso, a infertilidade. Manutenção da condenação da operadora à cobertura de parte do procedimento pleiteado, como medida de prevenção para a possível infertilidade da paciente, cabendo à beneficiária arcar com os eventuais custos do procedimento a partir da alta do tratamento quimioterápico. Distinção entre o caso dos autos, em que a paciente é fértil e busca a criopreservação como forma de prevenir a infertilidade, daqueloutros em que a paciente já é infértil, e pleiteia a criopreservação como meio para a reprodução assistida, casos para os quais não há obrigatoriedade de cobertura" (STJ-3ª T., REsp 1.815.796, Min. Paulo Sanseverino, j. 26.5.20, DJ 9.6.20). V. tb. Lei 9.656/98, art. 10-III (no tít. SEGUROS).

— "Há abusividade na cláusula contratual ou em ato da operadora de plano de saúde que importe em interrupção de **tratamento psicoterápico** por esgotamento do número de sessões anuais asseguradas no Rol de Procedimentos e Eventos em Saúde da ANS, visto que se revela incompatível com a equidade e a boa-fé, colocando o usuário (consumidor) em situação de desvantagem exagerada (art. 51, IV, da Lei 8.078/1990). O número de consultas/sessões anuais de psicoterapia fixado pela ANS no Rol de Procedimentos e Eventos em Saúde deve ser considerado apenas como cobertura obrigatória mínima a ser custeada plenamente pela operadora de plano de saúde. A quantidade de consultas psicoterápicas que ultrapassar as balizas de custeio mínimo obrigatório deverá ser suportada tanto pela operadora quanto pelo usuário, em regime de coparticipação, aplicando-se, por analogia, com adaptações, o que ocorre nas hipóteses de internação em clínica psiquiátrica, especialmente o percentual de contribuição do beneficiário (arts. 16, VIII, da Lei 9.656/1998; 2º, VII e VIII, e 4º, VII, da Resolução CONSU 8/1998 e 22, II, da RN ANS 387/2015). A estipulação de coparticipação se revela necessária, porquanto, por um lado, impede a concessão de consultas indiscriminadas ou o prolongamento excessivo em demasia de tratamentos e, por outro, restabelece o equilíbrio contratual (art. 51, § 2º, do CDC), já que as sessões de psicoterapia acima do limite mínimo estipulado pela ANS não foram consideradas no cálculo atuarial do fundo mútuo do plano, o que evita a onerosidade excessiva para ambas as partes" (STJ-3ª T., REsp 1.679.190, Min. Ricardo Cueva, j. 26.9.17, DJ 2.10.17). No mesmo sentido, em matéria de **terapia ocupacional**: STJ-3ª T,. REsp 1.642.255, Min. Nancy Andrighi, j. 17.4.18, DJ 20.4.18. Ainda, em matéria de sessões de **psicologia** e **fonoaudiologia**: STJ-3ª T., REsp 1.876.486-AgInt, Min. Ricardo Cueva, j. 25.10.21, DJ 3.11.21;

— é lícito o **reembolso** dentro dos **limites** contratualmente previstos para despesas com hospital não conveniado ou médico não referenciado, de modo a garantir a equação econômica do contrato e a preservar os interesses dos demais segurados (JTJ 304/351). No mesmo sentido, ponderando que há várias categorias de plano de saúde, que cabe ao consumidor escolher a que melhor atenda seus interesses (custo/benefício) e que, uma vez feita a escolha, não cabe a ele exigir cobertura de despesas que extrapolem o plano escolhido: JTJ 314/84 (AP 154.153-4/1-00). Ainda: "O beneficiário de plano de saúde familiar com coparticipação, que escolhe hospital privado de referência em seu segmento, de outra capital e de alto custo para realização do diagnóstico e tratamento, ainda que emergencial, da sua doença, tem o respectivo ônus financeiro de custear com o pagamento das despesas decorrentes de sua opção. Nesses contornos, a operadora do plano de saúde contratado tem o dever de reembolsar os valores nos limites do que foi estabelecido contratualmente" (STJ-3ª T., REsp 1.679.015, Min. Nancy Andrighi, j. 6.2.18, DJ 15.2.18). **Todavia:** "Seguro-saúde. Pedido de reembolso integral de despesas com cirurgia feita em hospital fora da área de cobertura do convênio e por médico não credenciado. Procedência. Se o convênio médico se obrigou a prestar serviço em uma especialidade, mas na área de cobertura não existe profissional habilitado, deve arcar integralmente com o custo desse serviço em outra cidade" (JTJ 341/220: AP 424.286-4/0);

— "Não há falar em ilegalidade na contratação de plano de saúde em regime de **coparticipação,** seja em percentual sobre o custo do tratamento seja em montante fixo, até mesmo porque 'percentual de coparticipação do consumidor ou beneficiário' (art. 16, VIII, da Lei 9.656/1998) é expressão da lei. Vedação, todavia, da instituição de fator que limite seriamente o acesso aos serviços de assistência à saúde, a exemplo de financiamentos quase integrais do procedimento pelo próprio usuário, a evidenciar comportamento abusivo da operadora. A coparticipação em percentual sobre o custo do tratamento é proibida apenas nos casos de internação, e somente para os eventos que não tenham relação com a saúde mental, devendo, no lugar, ser os valores prefixados (arts. 2º, VII e VIII, e 4º, VII, da Resolução CONSU 8/1998). O afastamento da cláusula de coparticipação equivaleria a admitir-se a mudança do plano de saúde para que o usuário arcasse com valores reduzidos de mensalidade sem a necessária contrapartida, o que causaria grave desequilíbrio contratual por comprometer a atuária e por onerar, de forma desproporcional, a operadora, a qual teria que custear a integralidade do tratamento" (STJ-3ª T., REsp 1.566.062, Min. Ricardo Cueva, j. 21.6.16, DJ 1.7.16). "Nos contratos de plano de saúde não é abusiva a cláusula de coparticipação expressamente ajustada e informada ao consumidor, à razão máxima de 50% do valor das despesas, nos casos de internação superior a 30 dias por ano, decorrente de transtornos psiquiátricos, preservada a manutenção do equilíbrio financeiro" (STJ-2ª Seção, REsp 1.755.866, Min. Marco Buzzi, j. 9.12.20, DJ 16.12.20). Em sentido semelhante: "A operadora está obrigada ao fornecimento de próteses, órteses e seus acessórios ligados ao ato cirúrgico (art. 10, VII, da Lei 9.656/98). Todavia, esta obrigação de fornecimento não implica dizer que o respectivo pagamento seja suportado exclusivamente pela operadora, pois é da própria essência da coparticipação servir como fator moderador na utilização dos serviços de assistência médica e hospitalar. A conduta da operadora, na hipótese dos autos, de cobrar 20% dos materiais cirúrgicos tem respaldo no art. 16, VII, da LPS e não implica restrição exagerada ao consumidor. Em relação à válvula utilizada no procedimento hospitalar, o acórdão recorrido registrou que apesar da disponibilização do produto de menor custo pela operadora, o médico-assistente e a usuária escolheram uma marca específica, de custo elevado. Assim, deve a usuária arcar com o valor adicional decorrente de sua opção, pois a prudência figura como importante instrumento de regulação do seu comportamento" (STJ-3ª T., REsp 1.671.827, Min. Nancy Andrighi, j. 13.3.18, DJ 20.3.18);

— é válida a recusa da operadora de plano de saúde a custear tratamento fora da sua **rede credenciada,** quando o contrato traz tal limitação e ela oferece outras categorias de plano mais abrangentes, que trazem o benefício postulado pelo consumidor, bastando a este fazer opção nesse sentido e arcar com a respectiva contrapartida (RT 839/218). Também: RT 886/193 (TJSP, AP 583.114.4/8), JTJ 325/334 (AP 463.120-4/0). "Realização de tratamento oncológico em hospital não conveniado. Falta dos requisitos para cabimento do custeio. Existência de estabelecimento adequado na área de abrangência da operadora contratada. Art. 12, VI, da Lei 9.656/98. Reembolso. Não cabimento" (STJ-3ª T., Ag em REsp 1.170.106-AgInt, Min. Moura Ribeiro, j. 24.4.18, DJ 30.4.18). "O tratamento médico percebido pelos demandantes no hospital de alto custo, com renomada e especializada equipe médica, após a alta hospitalar — e, portanto, quando não mais presente a situação de emergência ou de urgência do atendimento/tratamento —, ainda que indiscutivelmente importante e necessário a sua recuperação, não se encontrava, nos termos legitimamente ajustados, coberto pelo plano de assistência à saúde em comento. Improcede, por conseguinte, a pretensão de ressarcimento da totalidade das despesas expendidas" (STJ-3ª T., REsp 1.286.133, Min. Marco Bellizze, j. 5.4.16, DJ 11.4.16). **Todavia:** "O reembolso das despesas efetuadas pela internação em hospital não conveniado é exigível apenas em casos excepcionais (inexistência de estabelecimento credenciado no local, recusa do hospital conveniado de receber o paciente, urgência da internação etc.). Reconhecida a situação de emergência pelas instâncias ordinárias, possível o ressarcimento das despesas efetuadas" (STJ-3ª T., REsp 1.437.877, Min. Sidnei Beneti, j. 22.4.14, DJ 2.6.14). No mesmo sentido: STJ-4ª T., Ag em REsp 886.798-AgInt, Min. Luis Felipe, j. 9.8.16, DJ 16.8.16. **Mas:** "Em que pese ser devido o atendimento de urgência por emergência em entidade não credenciada pelo plano de saúde, é lícita a cláusula que limita o reembolso à tabela da prestadora de assistência à saúde, nos termos do artigo 12, VI, da Lei 9.656/98" (STJ-4ª T,. Ag em REsp 929.402, Min. Isabel Gallotti, j. 27.4.17, DJ 4.5.17).

"A operadora, ao divulgar e disponibilizar ao usuário a lista de prestadores conveniados, deve também providenciar a descrição dos serviços que cada um está apto a executar — pessoalmente ou por meio de terceiros —, segundo o contrato de credenciamento formalizado. Se a prestação do serviço (hospitalar, ambulatorial, médico-hospitalar, obstétrico e de urgência 24h) não for integral, deve ser indicada a restrição e quais especialidades oferecidas pela entidade não estão cobertas, sob pena de se considerar todas incluídas no credenciamento, principalmente em se tratando de hospitais, já que são estabelecimentos de saúde vocacionados a prestar assistência sanitária em regime de internação e de não internação, nas mais diversas especialidades médicas. O credenciamento, sem restrições, de hospital por operadora abrange, para fins de cobertura de plano de assistência à saúde, todas as especialidades médicas oferecidas pela instituição, ainda que prestadas sob o sistema de parceria com instituição não credenciada. Eventual divergência de índole administrativa entre operadora e prestador quanto aos serviços de atenção à saúde efetivamente cobertos no instrumento jurídico de credenciamento não pode servir de subterfúgio para prejudicar o consumidor de boa-fé, que confiou na rede conveniada e nas informações divulgadas pelo plano de saúde. As partes, nas relações contratuais, devem manter posturas de cooperação, transparência e lealdade recíprocas, de modo a respeitar as legítimas expectativas geradas no outro, sobretudo em contratos de longa duração, em que a confiança é elemento essencial e fonte de responsabilização civil" (STJ-3ª T., REsp 1.613.644, Min. Ricardo Cueva, j. 20.9.16, DJ 30.9.16).

V. tb. Lei 9.656/98, art. 17, nota 1a (no tít. SEGUROS);

— "A realização de exames, internações e demais procedimentos hospitalares não pode ser obstada aos usuários cooperados, exclusivamente pelo fato de terem sido solicitados por médico diverso daqueles que compõem o quadro da operadora, pois isso configura não apenas discriminação do galeno, mas também tolhe tanto o direito de usufruir do plano contratado como a liberdade de escolha do profissional que lhe aprouver. Assim, a cláusula contratual que prevê o indeferimento de quaisquer procedimentos médico-hospitalares, se estes forem solicitados por **médicos não cooperados,** deve ser reconhecida como cláusula abusiva, nos termos do art. 51, IV, do CDC" (STJ-4ª T., REsp 1.330.919, Min. Luis Felipe, j. 2.8.16, DJ 18.8.16);

— "Plano de saúde. **Honorários médicos complementares.** Responsabilidade do usuário. Opção por acomodação superior à contratada. Cláusula contratual. Legalidade. Ausência de abusividade. O consumidor, ao contratar um plano de saúde hospitalar, pode optar por cobertura em acomodação coletiva (enfermaria ou quarto com dois ou mais leitos) ou em acomodação individual (quarto privativo ou apartamento). Caso o usuário opte, no ato da internação, por uma acomodação superior à oferecida pelo seu plano, deverá pagar diretamente ao hospital as diferenças de estada. Apesar de a cobertura de despesas referentes a honorários médicos estar incluída no plano de saúde hospitalar, os custos decorrentes da escolha por uma acomodação superior à contratada não se restringem aos de hospedagem, pois é permitido também aos médicos cobrarem honorários complementares. É lícita a cobrança de honorários médicos complementares no setor privado, desde que seja acordado pelas partes e haja previsão contratual, sendo proibida apenas a cobrança em duplicidade pelo mesmo serviço (ato médico) realizado" (STJ-3ª T., REsp 1.178.555, Min. Ricardo Cueva, j. 9.12.14, DJ 15.12.14).

Todavia: "Atendimento por plano de saúde. Cobrança ou admissão, por parte do hospital, de que seja cobrado por empregado e/ou preposto, em tratamento médico-hospitalar coberto por plano de saúde, de **adicional** referente à **suplementação dos honorários médicos,** relativa à alegada majoração imposta pela prestação de serviço em **determinados horários.** Impossibilidade. Custo que deve estar presente no preço cobrado, na avença mercantil, pelo hospital da operadora do plano de saúde. Descabimento de sua imposição, em prevalecimento sobre a fragilidade do consumidor" (STJ-4ª T., REsp 1.324.712, Min. Luis Felipe, j. 24.9.13, maioria, DJ 13.11.13);

— "A Lei dos Planos de Saúde (LPS — Lei 9.656/98) estabelece as exceções (art. 10) as exigências mínimas (art. 12) e as hipóteses obrigatórias (art. 35-C) de cobertura assistencial, que as operadoras devem observar ao disponibilizar no mercado de consumo a prestação de serviços de assistência à saúde. Na disciplina do plano-referência, a lei destaca que a cobertura assistencial médico-ambulatorial compreende partos e tratamentos realizados exclusivamente no Brasil (art. 10). Além dessa expressa disposição, a lei criou uma disciplina para a contratação dos planos de saúde, com especial destaque para que nesses contratos constem dispositivos que indiquem com clareza a área geográfica de abrangência (art. 16, X). Na hipótese em exame, a recorrida é beneficiária dependente de plano de saúde; o contrato estabelece expressamente a exclusão de **tratamento realizado fora do território nacional** e o exame Oncotype DX prescrito pela médica assistente é realizado apenas no exterior. Assim, não há se falar em abusividade da conduta da operadora de plano de saúde ao negar a cobertura e o reembolso do procedimento internacional, pois sua conduta tem respaldo na Lei 9.656/98 (art. 10) e no contrato celebrado com a beneficiária" (STJ-3ª T., REsp 1.762.313, Min. Nancy Andrighi, j. 18.9.18, DJ 21.9.18);

— "O **reajuste de mensalidade** de plano de saúde individual ou familiar fundado na **mudança de faixa etária** do beneficiário é válido desde que (i) haja previsão contratual, (ii) sejam observadas as normas expedidas pelos órgãos governamentais reguladores e (iii) não sejam aplicados percentuais desarrazoados ou aleatórios que, concretamente e sem base atuarial idônea, onerem excessivamente o consumidor ou discriminem o idoso" (STJ-2ª Seção, REsp 1.568.244, Min. Ricardo Cueva, j. 14.12.16, DJ 19.12.16).

"Somente o reajuste desarrazoado, injustificado, que, em concreto, vise de forma perceptível a dificultar ou impedir a permanência do segurado idoso no plano de saúde implica a vedada discriminação, violadora da garantia da isonomia. Nesse contexto, deve-se admitir a validade de reajustes em razão da mudança de faixa etária, desde que atendidas certas condições, quais sejam: a) previsão no instrumento negocial; b) respeito aos limites e demais requisitos estabelecidos na Lei Federal 9.656/98; e c) observância ao princípio da boa-fé objetiva, que veda índices de reajuste desarrazoados ou aleatórios, que onerem em demasia o segurado. Sempre que o consumidor segurado perceber abuso no aumento de mensalidade de seu seguro de saúde, em razão de mudança de faixa etária, poderá questionar a validade de tal medida, cabendo ao Judiciário o exame da exorbitância, caso a caso" (STJ-4ª T., REsp 866.840, Min. Raul Araújo, j. 7.6.11, maioria, DJ 17.8.11). No mesmo sentido: STJ-3ª T., REsp 1.381.606, Min. João Otávio, j. 7.10.14, maioria, DJ 31.10.14.

"O surgimento de norma cogente (impositiva e de ordem pública), posterior à celebração do contrato de trato sucessivo, como aconteceu com o Estatuto do Idoso, impõe-lhe aplicação imediata, devendo incidir sobre todas as relações que, em execução contratual, realizarem-se a partir da sua vigência, abarcando os planos de saúde, ainda que firmados anteriormente à vigência do Estatuto do Idoso. O consumidor que atingiu a idade de 60 anos, quer seja antes da vigência do Estatuto do Idoso, quer seja a partir de sua vigência (1º de janeiro de 2004), está sempre amparado contra a abusividade de reajustes das mensalidades dos planos de saúde com base exclusivamente na mudança de faixa etária" (STJ-3ª T., REsp 1.228.904, Min. Nancy Andrighi, j. 5.3.13, DJ 8.3.13). "Veda-se a discriminação do idoso em razão da idade, nos termos do art. 15, § 3º, do Estatuto do Idoso, o que impede especificamente o reajuste das mensalidades dos planos de saúde sob alegação de alta sinistralidade do grupo, decorrente da maior concentração dos segurados nas faixas etárias mais avançadas; essa vedação não envolve, todavia, os demais reajustes permitidos em lei, os quais ficam garantidos às empresas prestadoras de planos de saúde, sempre ressalvada a abusividade" (STJ-3ª T., REsp 1.106.557, Min. Nancy Andrighi, j. 16.9.10, DJ 21.10.10). "Plano de saúde. Cláusula de reajuste diferenciado, aos sessenta anos do conveniado. Descabimento. Vedação expressa no Estatuto do Idoso (Lei 10.741/03, art. 15, § 3º). Aplicação da restrição mesmo a contratos anteriores à lei, desde que atingida a faixa etária citada em momento posterior. Inexistência de retroatividade. Exegese da garantia constitucional da proteção ao ato jurídico perfeito em face da lei nova" (RT 907/858: TJSP, AP 0015566-61.2010.8.26.0576, maioria).

"Deve ser declarada a abusividade e consequente nulidade de cláusula contratual que prevê reajuste de mensalidade de plano de saúde calcada exclusivamente na mudança de faixa etária — de 60 e 70 anos respectivamente, no percentual de 100% e 200%, ambas inseridas no âmbito de proteção do Estatuto do Idoso" (STJ-RT 881/189: 3ª T., REsp 989.380). "É nula a cláusula que prevê o aumento de 164,91% na mensalidade do plano de saúde tão logo o contratante complete a idade de 60 anos — sem prejuízo de que incidam os reajustes gerais decorrentes do custo dos serviços" (STJ-3ª T., REsp 809.329-EDcl, Min. Ari Pargendler, j. 17.6.08, um voto vencido, DJ 11.11.08). "Na hipótese em foco, o plano de saúde foi reajustado no percentual de 93% de variação da contraprestação mensal, quando do implemento da idade de 60 anos, majoração que, nas circunstâncias do presente caso, destoa significativamente dos aumentos previstos contratualmente para as faixas etárias precedentes, a possibilitar o reconhecimento, de plano, da abusividade da respectiva cláusula. Recurso especial provido, para reconhecer a abusividade do percentual de reajuste estipulado para a consumidora maior de sessenta anos, determinando-se, para efeito de integração do contrato, a apuração, na fase de cumprimento de sentença, do adequado aumento a ser computado na mensalidade do plano de saúde, à luz de cálculos atuariais voltados à aferição do efetivo incremento do risco contratado" (STJ-2ª Seção, REsp 1.280.211, Min. Marco Buzzi, j. 23.4.14, maioria, DJ 4.9.14). "Cláusula que determina reajuste de 5% ao ano após os 70 anos de idade. Alegação de abusividade. Procedência. Vedação do reajuste após os 60 anos. Art. 15 § ún. da Lei 9.656/98. Legislação aplicável aos contratos que a precederam, mas foram sucessivamente renovados após a sua vigência" (JTJ 323/320: AP 425.349.4/6-00);

— "É abusivo o **reajuste** de plano de saúde pelo **índice que melhor atende aos interesses do fornecedor,** sem que se acorde ou se dê ao consumidor qualquer informação a respeito do critério adotado" (STJ-3ª T., AI 1.087.391-AgRg, Min. Sidnei Beneti, j. 16.4.09, DJ 5.5.09);

— "Plano de saúde coletivo. Previsão contratual de **reajuste por aumento de sinistralidade**. Possibilidade. Afirmação genérica de abusividade. Inviabilidade. Apuração no caso concreto. Necessidade" (STJ-4ª T., REsp 1.676.857-AgInt, Min. Luis Felipe, j. 16.10.18, DJ 19.10.18). Mantendo acórdão que reconheceu a validade da cláusula de **reajuste do prêmio no caso de aumento da sinistralidade**: STJ-3ª T., REsp 1.102.848, Min. Massami Uyeda, j. 3.8.10, um voto vencido, DJ 25.10.10.

V. tb. art. 54, nota 3.

Art. 51: 7a. Súmula 382 do STJ: "A estipulação de **juros remuneratórios** superiores a 12% ao ano, por si só, não indica abusividade".

Súmula 530 do STJ: "Nos **contratos bancários,** na impossibilidade de comprovar a taxa de juros efetivamente contratada — por ausência de pactuação ou pela falta de juntada do instrumento aos autos —, aplica-se a taxa média de mercado, divulgada pelo Bacen, praticada nas operações da mesma espécie, salvo se a taxa cobrada for mais vantajosa para o devedor".

"Os negócios bancários estão sujeitos ao Código de Defesa do Consumidor, inclusive quanto aos juros remuneratórios; a abusividade destes, todavia, só pode ser declarada, caso a caso, à vista de taxa que comprovadamente discrepe, de modo substancial, da média do mercado na praça do empréstimo, salvo se justificada pelo risco da operação" (STJ-2ª Seção, REsp 407.097, Min. Ari Pargendler, j. 12.3.03, maioria, DJU 29.9.03). Mais recentemente: "A estipulação de juros remuneratórios superiores a 12% ao ano, por si só, não indica abusividade. É admitida a revisão das taxas de juros remuneratórios em situações excepcionais, desde que caracterizada a relação de consumo e que a abusividade (capaz de colocar o consumidor em desvantagem exagerada — art. 51, § 1º, do CDC) fique cabalmente demonstrada, ante às peculiaridades do julgamento em concreto" (STJ-2ª Seção, REsp 1.061.530, Min. Nancy Andrighi, j. 22.10.08, DJ 10.3.09).

"Não se pode dizer abusiva a taxa de juros só com base na estabilidade econômica do país, desconsiderando todos os demais aspectos que compõem o sistema financeiro e os diversos componentes do custo final do dinheiro emprestado, tais como o custo de captação, a taxa de risco, os custos administrativos (pessoal, estabelecimento, material de consumo, etc.) e tributários e, finalmente, o lucro do banco. Com efeito, a limitação da taxa de juros em face da suposta abusividade somente se justificaria diante de uma demonstração cabal da excessividade do lucro da intermediação financeira" (STJ-3ª T., REsp 774.591-EDcl-AgRg, Min. Menezes Direito, j. 24.8.06, DJU 5.2.07).

"A onerosidade excessiva do percentual dos juros remuneratórios somente pode ser demonstrada mediante perícia que propicie a comparação com as taxas praticadas por outras instituições financeiras, desde que coincidentes o produto, a praça e a época da firmatura do pacto" (STJ-4ª T., REsp 935.231-AgRg, Min. Aldir Passarinho Jr., j. 21.8.07, DJU 29.10.07).

"A circunstância de a taxa de juros remuneratórios praticada pela instituição financeira exceder a taxa média do mercado não induz, por si só, a conclusão de cobrança abusiva, consistindo a referida taxa em um referencial a ser considerado, e não em um limite que deva ser necessariamente observado pelas instituições financeiras" (STJ-4ª T., Ag em REsp 584.695-AgRg, Min. Raul Araújo, j. 23.10.14, DJ 21.11.14).

"Na hipótese de o contrato prever a incidência de juros remuneratórios, porém sem lhe precisar o montante, está correta a decisão que considera nula tal cláusula porque fica ao exclusivo arbítrio da instituição financeira o preenchimento de seu conteúdo. A fixação dos juros, porém, não deve ficar adstrita ao limite de 12% ao ano, mas deve ser feita segundo a média de mercado nas operações da espécie" (STJ-2ª Seção, REsp 715.894, Min. Nancy Andrighi, j. 26.4.06, maioria, DJU 19.3.07).

"A Selic não representa a taxa média praticada pelo mercado, sendo, portanto, inviável sua utilização como parâmetro de limitação de juros remuneratórios" (STJ-3ª T., REsp 930.156-AgRg, Min. Nancy Andrighi, j. 14.11.07, DJU 26.11.07). No mesmo sentido: STJ-4ª T., REsp 509.577-AgRg, Min. Jorge Scartezzini, j. 4.8.05, DJU 22.8.05.

"À míngua de contrato escrito, e tratando-se de relação jurídica resultante de um contrato de abertura de crédito, na modalidade 'cheque especial', são devidos os juros remuneratórios cobrados pela instituição financeira, salvo se forem abusivos — tudo porque, antes de sacar o dinheiro por conta do crédito previamente autorizado, o correntista tem a obrigação de se informar a respeito dos respectivos encargos, sabido que o empréstimo bancário é sempre oneroso" (STJ-3ª T., REsp 683.728-AgRg, Min. Ari Pargendler, j. 19.12.07, DJU 5.3.08).

"Não é potestativa a cláusula que estipula os encargos financeiros de contrato de abertura de crédito em percentual sobre a taxa média aplicável aos Certificados de Depósitos Interbancários (CDIs), visto que tal indexador é definido pelo mercado, a partir das oscilações econômico-financeiras, não se sujeitando a manipulações que possam atender aos interesses das instituições financeiras" (STJ-3ª T., REsp 1.781.959, Min. Ricardo Cueva, j. 11.2.20, DJ 20.2.20). Do voto do relator: "No caso em apreço, em contrato de abertura de crédito rotativo fixo, os respectivos encargos financeiros foram pactuados em 180% da taxa média dos CDIs, não havendo nenhum elemento nos autos capaz de demonstrar que a cláusula ajustada discrepa substancialmente da taxa média de mercado divulgada pelo Banco Central para operações da mesma espécie".

S/ juros remuneratórios, v. tb. CC 591 e notas; Dec. 22.626, de 7.4.33, art. 1º e notas (no tít. MÚTUO).

Art. 51: 7b. De acordo com a jurisprudência, **enquadra-se na** *fattispecie* **descrita no inciso IV:**

— "a cláusula contratual que prevê o pagamento integral da semestralidade, independentemente do número de disciplinas que o aluno irá cursar no período, pois consiste em contraprestação sem relação com os serviços educacionais efetivamente prestados" (STJ-RT 868/204 e RF 397/483: 3ª T., AI 906.980-AgRg). No mesmo sentido: STJ-4ª T., REsp 927.457, Min. Luis Felipe, j. 13.12.11, DJ 1.2.12; RJM 181/324. **Todavia:** "Devida a cobrança por serviços educacionais contratados e disponibilizados ao educando, mesmo quando ele não frequenta as aulas" (STJ-4ª T., Ag em REsp 481.951-AgRg, Min. Raul Araújo, j. 25.11.14, DJ 19.12.14);

— "Tem-se por nula de pleno direito, nos ditames do art. 51, § 1º, III, do CDC, a cláusula contratual que prevê a cobrança das mensalidades correspondentes ao período semestral em que solicitado o trancamento da matrícula. Ao trancar a matrícula, o aluno fica fora da faculdade, não frequenta aulas e não participa de nenhuma atividade relacionada com o curso, de modo que não pode ficar refém da instituição e ver-se compelido a pagar por serviços que não viria receber, para poder se afastar temporariamente da universidade" (STJ-1ª T., REsp 1.081.936, Min. Benedito Gonçalves, j. 18.11.08, DJ 26.11.08). No mesmo sentido: JTJ 330/527 (AP 1.064.793-0/9);

— "cláusula prevista em contrato de prestação de serviços de cartão de crédito, que autoriza o banco contratante a compartilhar dados dos consumidores com outras entidades financeiras, assim como com entidades mantenedoras de cadastros positivos e negativos de consumidores, sem que seja dada opção de discordar daquele compartilhamento" (STJ-4ª T., REsp 1.348.532, Min. Luis Felipe, j. 10.10.17, DJ 30.11.17);

— "as cláusulas contratuais que impõem ao consumidor a responsabilidade absoluta por compras realizadas com cartão de crédito furtado até o momento (data e hora) da comunicação do furto", pois "as administradoras e os vendedores têm o dever de apurar a regularidade no uso dos cartões" (STJ-RT 853/164: 3ª T., REsp 348.343). No mesmo sentido: STJ-4ª T., REsp 970.322, Min. Luis Felipe, j. 9.3.10, DJ 19.3.10; JTJ 314/178 (AP 1.047.213-8), 333/517 (AP 911.823-0/1). **Contra:** JTJ 313/63;

— "Sendo os serviços prestados pelo banco remunerados pela tarifa interbancária, conforme referido pelo Tribunal de origem, a cobrança de tarifa dos consumidores pelo pagamento mediante boleto/ficha de compensação constitui enriquecimento sem causa por parte das instituições financeiras, pois há 'dupla remuneração' pelo mesmo serviço, importando em vantagem exagerada dos bancos em detrimento dos consumidores, razão pela qual abusiva a cobrança da tarifa, nos termos do art. 39, V, do CDC c/c art. 51, § 1º, I e III, do CDC" (STJ-4ª T., REsp 794.752, Min. Luis Felipe, j. 16.3.10, DJ 12.4.10). No mesmo sentido: STJ-3ª T., REsp 1.161.411, Min. Nancy Andrighi, j. 1.9.11, DJ 10.10.11. Todavia, em matéria de serviços prestados por imobiliária, v. nota seguinte;

"Taxa para compensação de cheques de valor igual ou superior a cinco mil reais. Resolução do Banco Central do Brasil. A Resolução 3.919/10 veda expressamente a cobrança de tarifas em contraprestação de serviços essenciais às pessoas naturais. Não demonstrada a efetiva prestação de serviço especial a justificar a cobrança da referida taxa de compensação de cheques, deve ser reconhecida a sua abusividade" (STJ-3ª T., REsp 1.208.567, Min. Paulo Sanseverino, j. 20.2.14, DJ 10.3.14);

— "O direito ao resgate das contribuições pessoais vertidas ao plano antes da aquisição plena do direito aos benefícios, decorre da norma prevista no art. 21 da Lei n. 6.435/77, que dispõe sobre as entidades de previdência privada, assim como dos arts. 115 do Código Civil anterior e 51, IV, do Código de Defesa do Consumidor, os quais consideram nulas as cláusulas impostas arbitrariamente à parte mais fraca da relação contratual, ou qualquer conduta que importe prejuízo desmedido ao consumidor" (STJ-3ª T., REsp 573.761, Min. Castro Filho, j. 2.12.03, DJU 19.12.03). No mesmo sentido: RT 863/412, 865/311. **Todavia:** "Não é abusiva a cláusula que impede o ressarcimento dos valores pagos pelo beneficiário em substituição da patrocinadora, pois essa quantia, *in casu*, é convertida em favor de todo o grupo (equilíbrio atuarial), não ensejando vantagem ou desvantagem para qualquer das partes" (STJ-3ª T., REsp 1.053.644, Min. Massami Uyeda, j. 20.5.10, DJ 7.6.10);

— "É indevida a utilização da Tabela Price na atualização monetária dos contratos de financiamento de crédito educativo, uma vez que, nesse sistema, os juros crescem em progressão geométrica, sobrepondo-se juros sobre juros, caracterizando-se o anatocismo. A aplicação da Tabela Price, nos contratos em referência, encontra vedação na regra disposta nos arts. 6º, V, e 51, IV, § 1º, III, do CDC, em razão da excessiva onerosidade imposta ao consumidor, no caso, o estudante. Na atualização do contrato de crédito educativo, devem-se aplicar os juros legais, ajustados de forma não capitalizada ou composta" (STJ-1ª T., REsp 572.210, Min. José Delgado, j. 6.5.04, DJU 7.6.04). S/ Tabela Price, v. tb. Dec. 22.626, de 7.4.33, art. 4º, nota 2 (no tít. MÚTUO);

— a cláusula que, em contrato de capitalização, prevê para a hipótese de desistência retenção de mais de 10% dos valores pagos (RT 868/293);

— "a cláusula que fixa a multa pelo descumprimento do contrato com base não no valor das prestações pagas, mas no valor do imóvel, onerando demasiadamente o devedor" (STJ-3ª T., AI 664.744-EDcl-AgRg, Min. Sidnei Beneti, j. 26.8.08, DJ 11.9.08). No mesmo sentido: STJ-4ª T., Ag em REsp 1.068.171-AgInt, Min. Lázaro Guimarães, j. 5.12.17, DJ 12.12.17;

— a "cobrança pelo promitente-vendedor do serviço de assessoria técnico-imobiliária (SATI), ou atividade congênere, vinculado à celebração de promessa de compra e venda de imóvel" (STJ-2ª Seção, REsp 1.599.511, Min. Paulo Sanseverino, j. 24.8.16, DJ 6.9.16). S/ prescrição, v. CC 206, nota 3h;

— "Não é cabível a cobrança da taxa de cessão de direitos sobre o valor do contrato prevista nas avenças elencadas na inicial, pois é desproporcional, uma vez que não guarda correspondência com nenhum serviço prestado pela incorporadora, implicando desvantagem exagerada para o consumidor" (STJ-4ª T., REsp 1.947.698, Min. Luis Felipe, j. 8.3.22, DJ 7.4.22);

— "É abusiva a prática comercial consistente no cancelamento unilateral e automático de um dos trechos da passagem aérea, sob a justificativa de não ter o passageiro se apresentado para embarque no voo antecedente, por afrontar direitos básicos do consumidor, tais como a vedação ao enriquecimento ilícito, a falta de razoabilidade nas sanções impostas e, ainda, a deficiência na informação sobre os produtos e serviços prestados" (STJ-4ª T., REsp 1.595.731, Min. Luis Felipe, j. 14.11.17, DJ 1.2.18). No mesmo sentido: STJ-3ª T., REsp 1.699.780, Min. Marco Bellizze, j. 11.9.18, DJ 17.9.18. V. tb. art. 39, nota 1b;

— "Previsão contratual de perda total do valor antecipadamente pago na hipótese de desistência em período inferior a vinte e um dias da data do início da viagem. Reconhecimento da abusividade da cláusula penal seja com fundamento no art. 413 do Código Civil de 2002, seja com fundamento no art. 51, II e IV, do CDC" (STJ-3ª T., REsp 1.321.655, Min. Paulo Sanseverino, j. 22.10.13, DJ 28.10.13). "Na hipótese em exame, o valor da multa penitencial, de 25 a 100% do montante contratado, transfere ao consumidor os riscos da atividade empresarial desenvolvida pelo fornecedor e se mostra excessivamente onerosa para a parte menos favorecida, prejudicando o equilíbrio contratual. É equitativo reduzir o valor da multa aos patamares previstos na Deliberação Normativa 161 de 9/8/1985 da EMBRATUR, que fixa o limite de 20% do valor do contrato às desistências, condicionando a cobrança de valores superiores à efetiva prova de gastos irrecuperáveis pela agência de turismo. Na hipótese em tela, o contrato estabelece o início da cobrança da multa penitencial no 29º dia anterior ao início da viagem, devendo, assim, ser reduzido a 20% o percentual máximo de referida multa pelo exercício da desistência a partir do referido marco temporal, com o condicionamento da cobrança de valores superiores à prova de efetivos gastos irrecuperáveis" (STJ-3ª T., REsp 1.580.278, Min. Nancy Andrighi, j. 21.8.18, DJ 3.9.18). **Todavia:** "Ação civil pública. Contrato de agenciamento de viagem. Cláusula penal compensatória. Perda gradativa de valores pagos em caso de cancelamento tardio. Serviço de intermediação. Risco do negócio. Direito não homogêneo. Impropriedade da via eleita. Abusividade que deve ser verificada casuisticamente" (STJ-4ª T., REsp 1.314.884, Min. Isabel Gallotti, j. 13.11.18, maioria, DJ 5.2.19).

Art. 51: 7c. De acordo com a jurisprudência, **não se enquadra** nas hipóteses previstas no inciso IV e, consequentemente, **é válida:**

— a cláusula mandato nos contratos de cartão de crédito (STJ-4ª T., AI 947.298-AgRg, Min. Quaglia Barbosa, j. 18.12.07, DJU 11.2.08; STJ-3ª T., REsp 779.332-AgRg, Min. Paulo Sanseverino, j. 21.10.10, DJ 28.10.10; RT 845/295). **Todavia:** "A cláusula-mandato inserida nos contratos de cartão de crédito possui três acepções distintas, que embora decorram da relação de representação existente entre os interessados, ensejam efeitos jurídicos e materiais totalmente diversos. A primeira é inerente a todos os contratos de cartão de crédito, tenham eles sido estabelecidos com instituições financeiras ou administradoras de cartão *private label*, sendo o real objeto contratado, na qual a operadora se compromete a honrar o compromisso assumido por seu mandante/cliente/consumidor perante o comerciante/prestador de serviço, até o limite estabelecido mediante eventual remuneração (comumente denominada anuidade). A segunda, considerada válida e inerente aos contratos de cartão de crédito mantidos por operadoras de cartões *private label* refere-se à autorização dada pelo mandante (cliente/consumidor) ao mandatário (administradora de cartão de crédito), para que este obtenha recursos no mercado financeiro para saldar eventuais dívidas e financiamentos daquele. A terceira, reputada abusiva pelo ordenamento jurídico pátrio, é no sentido de admitir que o mandatário emita título de crédito em nome do devedor principal mandante/cliente/consumidor. Na presente hipótese, não se está a discutir as duas primeiras acepções que a cláusula-mandato possui, haja vista que somente fora reputada abusiva pelas instâncias precedentes a parte da cláusula do contrato padrão no que permite à administradora de cartão de crédito sacar título cambial em nome do mandante. Compreende-se por abusiva a cláusula-mandato que prevê a emissão de título de crédito, por parte do mandatário contra o mandante, haja vista que tal procedimento expõe o outorgante à posição de extrema vulnerabilidade, a ponto de converter-se em prática ilegítima, eis que dela resulta um instrumento cambial apto a possibilitar a pronta invasão de seu patrimônio por meio da compensação bancária direta ou pela via executiva, reduzindo, inegavelmente, a sua capacidade defensiva, porquanto a expropriação estará lastrada em cártula que, em regra, por mera autorização contratual firmada em contrato de adesão, será sacada independentemente da intervenção do devedor/mandante" (STJ-2ª Seção, REsp 1.084.640, Min. Marco Buzzi, j. 23.9.15, DJ 29.9.15);

— "a cláusula contratual que permite o bloqueio temporário do cartão de crédito após a verificação de descumprimento contratual pelo consumidor, pois não o coloca em situação de sujeição ao puro arbítrio da administradora (art. 122 do CC), porquanto o bloqueio decorre do fato de o consumidor não cumprir com suas obrigações contratuais, sendo que, 'nos contratos bilaterais, nenhum dos contratantes, antes de cumprida a sua obrigação, pode exigir o implemento da do outro' (art. 476 do CC/02)" (STJ-RT 893/209: 3ª T., REsp 770.053);

— "a cláusula inserta em contrato de cartão de crédito que autoriza a operadora/financeira a debitar na conta corrente do respectivo titular o pagamento do valor mínimo da fatura em caso de inadimplemento, ainda que contestadas as despesas lançadas" (STJ-4ª T., REsp 1.626.997, Min. Marco Buzzi, j. 1.6.21, DJ 4.6.21);

— a cláusula que sujeita toda operação com o cartão de crédito à aprovação da administradora (JTJ 316/163: AP 1.289.260-1);

— "a cláusula de renovação automática do contrato de abertura de crédito" (STJ-3ª T., REsp 697.379, Min. Menezes Direito, j. 1.3.07, DJU 21.5.07);

— **Súmula 565 do STJ:** "A pactuação das tarifas de abertura de crédito (TAC) e de emissão de carnê (TEC), ou outra denominação para o mesmo fato gerador, é válida apenas nos contratos bancários anteriores ao início da vigência da Resolução-CMN n. 3.518/2007, em 30/4/2008".

Súmula 566 do STJ: "Nos contratos bancários posteriores ao início da vigência da Resolução-CMN n. 3.518/2007, em 30/4/2008, pode ser cobrada a tarifa de cadastro no início do relacionamento entre o consumidor e a instituição financeira".

"Durante a vigência da Resolução CMN 2.303/1996 era lícita a cobrança pela prestação de quaisquer tipos de serviços pelas instituições financeiras, entre eles o de liquidação antecipada de operação de crédito, desde que efetivamente contratados e prestados e, somente com o advento da Resolução CMN 3.516/2007, é que foi expressamente vedada a cobrança de tarifa em decorrência de liquidação antecipada de contratos de concessão de crédito e de arrendamento mercantil financeiro. Viabilidade da cobrança da tarifa de liquidação antecipada de contrato, desde que expressamente prevista nos contratos entabulados até a data da entrada em vigor da Resolução 3.501/2007, ou seja, para as operações de crédito e arrendamento mercantil contratadas antes de 10/12/2007 podem ser cobradas tarifas pela liquidação antecipada no momento em que for efetivada a liquidação, desde que a cobrança dessa tarifa esteja claramente identificada no extrato de conferência" (STJ-2ª Seção, REsp 1.392.449, Min. Marco Buzzi, j. 24.5.17, DJ 2.6.17).

"Abusividade da cláusula que prevê a cobrança de ressarcimento de serviços prestados por terceiros, sem a especificação do serviço a ser efetivamente prestado. Abusividade da cláusula que prevê o ressarcimento pelo consumidor da comissão do correspondente bancário, em contratos celebrados a partir de 25/02/2011, data de entrada em vigor da Res.-CMN 3.954/2011, sendo válida a cláusula no período anterior a essa resolução, ressalvado o controle da onerosidade excessiva. Validade da tarifa de avaliação do bem dado em garantia, bem como da cláusula que prevê o ressarcimento de despesa com o registro do contrato, ressalvadas a: abusividade da cobrança por serviço não efetivamente prestado; e a possibilidade de controle da onerosidade excessiva, em cada caso concreto" (STJ-2ª Seção, REsp 1.578.553, Min. Paulo Sanseverino, j. 28.11.18, DJ 6.12.18).

"Abusividade da cláusula que prevê o ressarcimento pelo consumidor da despesa com o registro do pré-gravame, em contratos celebrados a partir de 25/02/2011, data de entrada em vigor da Res.-CMN 3.954/2011, sendo válida a cláusula pactuada no período anterior a essa resolução, ressalvado o controle da onerosidade excessiva" (STJ-2ª Seção, REsp 1.639.320, Min. Paulo Sanseverino, j. 12.12.18, DJ 17.12.18);

— a cláusula que, em contrato de aluguel de cofre, limita os bens que podem ser guardados neste: "A cláusula limitativa de uso, assim compreendida como sendo aquela que determina quais seriam os objetos que poderiam (ou não) ser armazenados e sobre os quais recairiam (ou não) a obrigação (indireta) de segurança e proteção, não se confunde com a cláusula que exclui a responsabilidade da instituição financeira" (STJ-3ª T., REsp 1.163.137, Min. Massami Uyeda, j. 14.12.10, DJ 3.2.11). "Nos contratos de aluguel de cofre, não é abusiva a cláusula que impõe limite aos valores e objetos que podem ser armazenados, sobre os quais incidirá a obrigação de segurança e proteção" (STJ-4ª T., REsp 1.746.909-AgInt, Min. Isabel Gallotti, j. 11.2.20, DJ 18.2.20). V. tb. CC 927, nota 6e *in fine*;

— "É lícita a conduta da prestadora de serviço que em período anterior à Resolução 528, de 17 de abril de 2009, da agência reguladora ANATEL, efetua cobranças por ponto extra de TV por assinatura, face a ausência de disposição regulamentar à época vedando o recolhimento a esse título. Não se afigura abusiva a percepção por aluguel de equipamentos adicionais de transmissão ou reprodução do sinal de TV, pois, por serem opcionais, permitem cobrança mensal em número correspondente ao de sua disponibilização, visto acarretarem custos para o fornecedor e vantagens para o consumidor" (STJ-4ª T., REsp 1.449.289, Min. Marco Buzzi, j. 14.11.17, maioria, DJ 13.12.17);

— "Nada há de abusivo nas cláusulas de fidelidade, cuja legalidade está intimamente ligada aos benefícios que o consumidor desfruta quando da contratação, notadamente, com a isenção da taxa de instalação da fiação e aparelho de recepção do sinal de TV a cabo. A utilização do serviço somente por três meses não dá direito à exclusão da multa, tampouco redução da penalidade" (RT 869/376). "A cláusula de fidelização, em contrato de telefonia, é legítima, na medida em que o assinante, em contrapartida, recebe benefícios, bem como em face da necessidade de garantir um retorno mínimo em relação aos gastos realizados" (STJ-3ª T., REsp 1.204.952-AgRg, Min. Paulo Sanseverino, j. 14.8.12, DJ 20.8.12). No mesmo sentido: STJ-2ª T., Ag em REsp 253.609-AgRg, Min. Mauro Campbell, j. 18.12.12, DJ 5.2.13; STJ-1ª T., REsp 1.445.560, Min. Napoleão Maia Filho, j. 16.6.14, DJ 18.8.14. **Todavia,** em matéria de telefonia móvel e comodato de aparelho celular: "Em que pese ser possível a fixação de prazo mínimo de permanência, na hipótese dos autos, o contrato de 'comodato' de estações móveis entabulado entre as partes estabeleceu a vigência por 24 meses, distanciando-se das determinações regulamentares da ANATEL (Norma Geral de Telecomunicações n. 23/96 e Resolução 477/07), de ordem a tornar tal estipulação, inequivocamente, abusiva, haja vista atentar contra a liberdade de escolha do consumidor, direito básico deste" (STJ-4ª T., REsp 1.097.582, Min. Marco Buzzi, j. 19.3.13, DJ 8.4.13). Considerando "abusiva a prática comercial adotada pela prestadora do serviço de TV a cabo, que, até 2011, cobrava a multa fidelidade integral dos consumidores, independentemente do tempo faltante para o término da relação de fidelização. Isso porque a cobrança integral da multa, sem computar o prazo de carência parcialmente cumprido pelo consumidor, coloca o fornecedor em vantagem exagerada, caracterizando conduta iníqua, incompatível com a equidade, consoante disposto no § 1º e inciso IV do artigo 51 do código consumerista": STJ-4ª T., REsp 1.362.084, Min. Luis Felipe, j. 16.5.17, maioria, DJ 1.8.17. **Contra,** afirmando a abusividade da cláusula que vincula o consumidor à empresa de telefonia celular por período mínimo: RT 844/331;

— **Súmula 356 do STJ:** "É legítima a cobrança da tarifa básica pelo uso dos serviços de telefonia fixa".

"É legal a cobrança de assinatura mensal pelas empresas de telefonia" (**Enunciado n. 22 do I Encontro JECSP,** Bol. AASP 2.554). Isso porque essa cobrança "não constitui abuso proibido pelo CDC, por, primeiramente, haver amparo legal e, em segundo lugar, tratar-se de serviço que, necessariamente, é disponibilizado, de modo contínuo e ininterrupto, aos usuários" (STJ-1ª Seção, REsp 911.802, Min. José Delgado, j. 24.10.07, um voto vencido, DJ 1.9.08). No mesmo sentido: RT 873/237 (TJCE, AP 2005.0017.6617-3/1), JTJ 312/316, 314/345. **Contra:** RT 869/279;

— "Os valores pagos a título de prêmio pelo seguro por invalidez ou morte não são passíveis de restituição, uma vez que a entidade suportou o risco. E, embora não tenha ocorrido o sinistro, nem por isso deixaram os associados de usufruir da prestação do serviço na vigência do contrato, que é, por natureza, oneroso" (STJ-3ª T., REsp 573.761, Min. Castro Filho, j. 2.12.03, DJU 19.12.03). No mesmo sentido: RT 863/412;

— "Controvérsia acerca da validade de cláusula de reajuste do prêmio por faixa etária em contrato de seguro de vida em grupo. Justificativa eminentemente patrimonial do seguro de vida em contraste com o fundamento humanitário (dignidade da pessoa humana) subjacente aos contratos de plano/seguro de saúde. Distinção impeditiva da aplicação, por analogia, da regra do art. 15 da Lei 9.656/1998 aos contratos de seguro de vida. Ressalva dos contratos de seguro de vida que estabeleçam alguma forma de compensação do 'desvio de risco', como a formação de reserva técnica para essa finalidade" (STJ-3ª T., REsp 1.816.750, Min. Paulo Sanseverino, j. 26.11.19, maioria, DJ 3.12.19). No mesmo sentido: STJ-4ª T., REsp 1.769.111, Min. Luis Felipe, j. 10.12.19, DJ 20.2.20. Do voto do relator: "Nada obsta a que as seguradoras estabeleçam em seus contratos uma cláusula de reajuste por faixa etária, cobrando um prêmio maior dos segurados idosos para compensar o desvio de risco verificado nessa classe de segurados. Nessa extensão, eventual revisão de cláusula desse teor para simplesmente eliminar o reajuste da faixa etária dos idosos por certo que abalaria significativamente o equilíbrio financeiro do contrato de seguro de vida, passando todo o desvio de risco daqueles segurados a ser suportado pelo fundo mútuo, sem nenhuma compensação no valor do prêmio". **Contra:** "Seguro de vida. Reajuste por faixa etária. Abusividade da cláusula que estabelece fatores de aumento do prêmio do seguro de acordo com a faixa etária, após o segurado implementar 60 anos de idade e mais de 10 anos de vínculo contratual. Analogia com os contratos de plano de saúde (art. 15 da Lei 9.656/98)" (STJ-3ª T., REsp 1.453.941-AgRg-EDcl, Min. Paulo Sanseverino, j. 25.11.14, DJ 4.12.14);

— a cláusula que prevê o pagamento do valor de mercado do automóvel segurado no momento do sinistro que leva à sua perda (v. CC 776, nota 1a);

— "As administradoras de consórcio possuem total liberdade para fixar a respectiva taxa de administração, nos termos do art. 33 da Lei 8.177/91 e da Circular 2.766/97 do BACEN, não sendo considerada ilegal ou abusiva, portanto, as taxas fixadas em percentual superior a 10%" (STJ-2ª Seção, ED no REsp 927.379, Min. Fernando Gonçalves, j. 12.11.08, DJ 19.12.08);

— "Nos contratos de capitalização, é válida a convenção que prevê, para o caso de resgate antecipado, o prazo de carência de até 24 (vinte e quatro) meses para a devolução do montante da provisão matemática. Não pode o juiz, com base no CDC, determinar a anulação de cláusula contratual expressamente admitida pelo ordenamento jurídico pátrio se não houver evidência de que o consumidor tenha sido levado a erro quanto ao seu conteúdo. No caso concreto, não há nenhuma alegação de que a recorrente tenha omitido informações aos aplicadores ou agido de maneira a neles incutir falsas expectativas. Deve ser utilizada a técnica do 'diálogo das fontes' para harmonizar a aplicação concomitante de dois diplomas legais ao mesmo negócio jurídico; no caso, as normas específicas que regulam os títulos de capitalização e o CDC, que assegura aos investidores a transparência e as informações necessárias ao perfeito conhecimento do produto" (STJ-RT 911/529: 4ª T., REsp 1.216.673). "Analisando detidamente os artigos 71, § 1º, da Resolução da CNSP n. 15/1992 e 23, §§ 1º e 2º, da Circular Susep n. 365/2008, nota-se que o primeiro admite, genericamente, a estipulação de prazo de carência, enquanto o segundo, de forma específica, permite a fixação do mesmo tipo de prazo, não superior a 24 (vinte e quatro) meses, contados da data de início de vigência do título de capitalização. Assim, não há falar em abusividade de cláusula contratual que estipule prazo de carência para devolução de valores aplicados em planos de capitalização, desde que redigida em estrita obediência ao previsto na legislação vigente sobre a matéria. A estipulação de cláusula de carência para resgate visa proteger os recursos da capitalização, a fim de impedir que a desistência de algum dos aderentes prejudique os demais detentores de títulos dentro de uma mesma sociedade de capitalização, impedindo o cumprimento de obrigações previstas pela companhia como, por exemplo, o pagamento da premiação por sorteio. Na espécie, a cláusula contratual que estipulou o prazo de carência foi elaborada em conformidade com a legislação vigente, não podendo ser considerada abusiva por não causar prejuízo ao consumidor, além de não ter tido a intenção de puni-lo; antes, teve por objetivo proteger o interesse coletivo dos participantes (também consumidores) dos planos de capitalização" (STJ-2ª Seção, ED no REsp 1.354.963, Min. Luis Felipe, j. 24.9.14, DJ 7.10.14);

— "Na incorporação imobiliária, o pagamento pela compra de um imóvel em fase de produção, a rigor, deve ser à vista. Nada obstante, pode o incorporador oferecer prazo ao adquirente para pagamento, mediante parcelamento do preço. Afigura-se, nessa hipótese, legítima a cobrança de juros compensatórios. Por isso, não se considera abusiva cláusula contratual que preveja a cobrança de juros antes da entrega das chaves, que, ademais, confere maior transparência ao contrato e vem ao encontro do direito à informação do consumidor (art. 6º, III, do CDC), abrindo a possibilidade de correção de eventuais abusos. No caso concreto, a exclusão dos juros compensatórios convencionados entre as partes, correspondentes às parcelas pagas antes da efetiva entrega das chaves, altera o equilíbrio financeiro da operação e a comutatividade da avença" (STJ-2ª Seção, ED no REsp 670.117, Min. Antonio Ferreira, j. 13.6.12, três votos vencidos, DJ 26.11.12). **Todavia:** "Programa Minha Casa, Minha Vida. É ilícito cobrar do adquirente juros de obra ou outro encargo equivalente, após o prazo ajustado no contrato para a entrega das chaves da unidade autônoma, incluído o período de tolerância" (STJ-2ª Seção, REsp 1.729.593, Min. Marco Bellizze, j. 25.9.19, DJ 27.9.19);

— a "cláusula contratual que transfere ao promitente-comprador a obrigação de pagar a comissão de corretagem nos contratos de promessa de compra e venda de unidade autônoma em regime de incorporação imobiliária, desde que previamente informado o preço total da aquisição da unidade autônoma, com o destaque do valor da comissão de corretagem" (STJ-2ª Seção, REsp 1.599.511, Min. Paulo Sanseverino, j. 24.8.16, DJ 6.9.16). S/ dever de informação, v. arts. 31 e 46; s/ prescrição, v. CC 206, nota 3h;

— "A cobrança de 'taxa administrativa' no razoável valor total de R$ 480,00 para remunerar 'serviços de pré-análise cadastral e de capacidade financeira do pagador', 'obtenção de documentos, certidões e outros com esse fim, para montagem e encaminhamento do dossiê do financiamento para a Caixa Econômica Federal, independentemente da aprovação do financiamento', por se tratar de serviço necessário e efetivamente prestado, não caracteriza cobrança arbitrária" (STJ-4ª T., REsp 1.947.698, Min. Luis Felipe, j. 8.3.22, DJ 7.4.22);

— "Validade da intermediação, pela internet, da venda de ingressos para eventos culturais e de entretenimento mediante cobrança de 'taxa de conveniência', desde que o consumidor seja previamente informado do preço total da aquisição do ingresso, com o destaque do valor. Descumprimento do dever de informação pela empresa demanda, na medida em que a referida taxa de conveniência vem sendo escamoteada na fase pré-contratual, como se estivesse embutida no preço, para depois ser cobrada como um valor adicional, gerando aumento indevido do preço total. Prática abusiva e prejudicial à livre concorrência" (STJ-3ª T., REsp 1.737.428-EDcl, Min. Paulo Sanseverino, j. 6.10.20, maioria, DJ 19.11.20);

— "A previsão contratual que outorga ao vendedor o direito de exigir o resíduo inflacionário não constitui manobra ilícita e nem frustra os fins da Lei 9.069/1995, mas, ao contrário, visa manter o equilíbrio econômico-financeiro das partes contratantes, como expressamente prevê o § 6º do art. 28 da referida Lei" (STJ-4ª T., REsp 1.142.348, Min. Luis Felipe, j. 2.10.14, DJ 30.10.14);

— "Contrato de financiamento imobiliário. Indexação pelo IGP-M. Possibilidade" (STJ-4ª T., Ag em REsp 165.318-AgRg, Min. Isabel Gallotti, j. 19.3.13, DJ 3.4.13);

— "Serviços prestados por imobiliária. Custos de cobrança. Boleto bancário. Repasse. Possibilidade. O boleto bancário não se constitui na única forma de pagamento colocada à disposição do consumidor, que pode se valer de outros meios de adimplemento das obrigações decorrentes dos contratos de locação celebrados com a empresa demandada, inclusive com instruções claras e adequadas sobre a possibilidade de pagamento com isenção da tarifa bancária. Ausência de prática ilegal ou abusiva" (STJ-3ª T., REsp 1.439.314, Min. Ricardo Cueva, j. 18.2.20, DJ 20.2.20). Todavia, em matéria de serviços prestados por banco, v. nota anterior;

— "A fixação de horários diversos de *check-in* (15:00hs) e *check-out* (12:00hs) atende a interesses legítimos do consumidor e do prestador dos serviços de hospedagem, espelhando antiga prática amplamente aceita dentro e fora do Brasil" (STJ-3ª T., REsp 1.717.111, Min. Paulo Sanseverino, j. 12.3.19, DJ 15.3.19).

Art. 51: 7d. "A imposição de **multa moratória** para a hipótese de atraso no pagamento da compra é revertida, sobretudo, em favor da instituição financeira que dá suporte à compra dos produtos adquiridos a prazo pelo consumidor. Sob este ângulo, sequer há reciprocidade negocial a justificar a **intervenção judicial** de maneira genérica nos contratos padronizados da recorrente. O vendedor do produto está obrigado a prestar seu serviço no tempo, lugar e forma contratados, e acaso incorra em mora deverá responder pelos respectivos prejuízos, mais juros, atualização monetária e honorários de advogado (arts. 394, 395, do CC). É indevida a intervenção estatal para fazer constar cláusula penal genérica contra o fornecedor de produto em contrato padrão de consumo, pois além de violar os princípios da livre iniciativa e da autonomia da vontade, a própria legislação já prevê mecanismos de punição daquele que incorre em mora" (STJ-2ª Seção, REsp 1.656.182, Min. Nancy Andrighi, j. 11.9.19, maioria, DJ 14.9.19).

Art. 51: 7e. v. arts. 6º-VIII e 38.

Art. 51: 7f. Lei 9.307, de 23.9.96: "Art. 4º § 2º Nos contratos de adesão, a cláusula compromissória só terá eficácia se o aderente tomar a iniciativa de instituir a arbitragem ou concordar, expressamente, com a sua instituição, desde que por escrito em documento anexo ou em negrito, com a assinatura ou visto especialmente para essa cláusula".

Art. 51: 8. "Com a promulgação da Lei de Arbitragem, passaram a conviver, em harmonia, três regramentos de diferentes graus de especificidade: (i) a regra geral, que obriga a observância da arbitragem quando pactuada pelas partes, com derrogação da jurisdição estatal; (ii) a regra específica, contida no art. 4º, § 2º, da Lei 9.307/96 e aplicável a contratos de adesão genéricos, que restringe a eficácia da cláusula compromissória; e (iii) a regra ainda mais específica, contida no art. 51, VII, do CDC, incidente sobre contratos derivados de relação de consumo, sejam eles de adesão ou não, impondo a nulidade de cláusula que determine a utilização compulsória da arbitragem, ainda que satisfeitos os requisitos do art. 4º, § 2º, da Lei 9.307/96. O art. 51, VII, do CDC se limita a vedar a adoção prévia e compulsória da arbitragem, no momento da celebração do contrato, mas não impede que, posteriormente, diante de eventual litígio, havendo consenso entre as partes (em especial a aquiescência do consumidor), seja instaurado o procedimento arbitral. As regras dos arts. 51, VII, do CDC e 34 da Lei 9.514/97 não são incompatíveis. Primeiro porque o art. 34 não se refere exclusivamente a financiamentos imobiliários sujeitos ao CDC e segundo porque, havendo relação de consumo, o dispositivo legal não fixa o momento em que deverá ser definida a efetiva utilização da arbitragem" (STJ-3ª T., REsp 1.169.841, Min. Nancy Andrighi, j. 6.11.12, RAM 37/503). Do voto da relatora: "Na hipótese específica dos autos, o ajuizamento da ação principal evidencia, ainda que de forma implícita, a discordância do recorrido em se submeter ao procedimento arbitral, não podendo, pois, nos termos do art. 51, VII, do CDC, prevalecer a cláusula que impõe sua utilização compulsória".

"Não há incompatibilidade entre os arts. 51, VII, do CDC e 4º, § 2º, da Lei n. 9.307/96. Visando conciliar os normativos e garantir a maior proteção ao consumidor é que entende-se que a cláusula compromissória só virá a ter eficácia caso este aderente venha a tomar a iniciativa de instituir a arbitragem, ou concorde, expressamente, com a sua instituição, não havendo, por conseguinte, falar em compulsoriedade. Ademais, há situações em que, apesar de se tratar de consumidor, não há vulnerabilidade da parte a justificar sua proteção. Dessarte, a instauração da arbitragem pelo consumidor vincula o fornecedor, mas a recíproca não se mostra verdadeira, haja vista que a propositura da arbitragem pelo policitante depende da ratificação expressa do oblato vulnerável, não sendo suficiente a aceitação da cláusula realizada no momento da assinatura do contrato de adesão. Com isso, evita-se qualquer forma de abuso, na medida em que o consumidor detém, caso desejar, o poder de libertar-se da via arbitral para solucionar eventual lide com o prestador de serviços ou fornecedor. É que a recusa do consumidor não exige qualquer motivação. Propondo ele ação no Judiciário, haverá negativa (ou renúncia) tácita da cláusula compromissória. Assim, é possível a cláusula arbitral em contrato de adesão de consumo quando não se verificar presente a sua imposição pelo fornecedor ou a vulnerabilidade do consumidor, bem como quando a iniciativa da instauração ocorrer pelo consumidor ou, no caso de iniciativa do fornecedor, venha a concordar ou ratificar expressamente com a instituição, afastada qualquer possibilidade de abuso. Na hipótese, os autos revelam contrato de adesão de consumo em que fora estipulada cláusula compromissória. Apesar de sua manifestação inicial, a mera propositura da presente ação pelo consumidor é apta a demonstrar o seu desinteresse na adoção da arbitragem — não haveria a exigível ratificação posterior da cláusula —, sendo que o recorrido/fornecedor não aventou em sua defesa qualquer das exceções que afastariam a jurisdição estatal, isto é: que o recorrente/consumidor detinha, no momento da pactuação, condições de equilíbrio com o fornecedor — não haveria vulnerabilidade da parte a justificar sua proteção; ou ainda, que haveria iniciativa da instauração de arbitragem pelo consumidor ou, em sendo a iniciativa do fornecedor, que o consumidor teria concordado com ela. Portanto, é de se reconhecer a ineficácia da cláusula arbitral" (STJ-4ª T., REsp 1.189.050, Min. Luis Felipe, j. 1.3.16, DJ 14.3.16).

Art. 51: 8a. cf. **Súmula 60 do STJ (Procurador do mutuário vinculado ao mutuante):** "É nula a obrigação cambial assumida por procurador do mutuário vinculado ao mutuante, no exclusivo interesse deste" (v. jurisprudência s/ esta Súmula em RSTJ 44/17 a 79).

"É nula a cláusula contratual, em pacto de adesão, que autoriza o credor a sacar letra de câmbio, na qual o devedor figura como sacado, sendo aplicável, por extensão, o enunciado da Súmula 60 do Superior Tribunal de Justiça" (STJ-3ª T., REsp 713.842-AgRg, Min. Paulo Furtado, j. 14.4.09, DJ 20.5.09).

Art. 51: 9. v. tb. art. 39-IX; cf. CC 122-parte final.

O inc. XI deste art. 51 repete quase a mesma disposição, mas com outra redação.

Art. 51: 9a. s/ possibilidade de fixação de preços diferenciados conforme a modalidade de pagamento, v. art. 39, nota 6.

Art. 51: 10. cf. inciso XIII, mais amplo.

Ficou proibido ao fornecedor escolher, a cada prestação e a seu inteiro critério, o índice de atualização monetária (v. tb. art. 51-*caput*-IV e § 1º-III).

Art. 51: 10a. v. inciso IX.

Art. 51: 11. s/ ressarcimento de custos de cobrança, v. CC 395, nota 1.

Art. 51: 11a. "Os honorários contratuais decorrentes de contratação de serviços advocatícios extrajudiciais são passíveis de ressarcimento, nos termos do art. 395 do CC/02. Em contratos de consumo, além da existência de cláusula expressa para a responsabilização do consumidor, deve haver reciprocidade, garantindo-se igual direito ao consumidor na hipótese de inadimplemento do fornecedor. A liberdade contratual integrada pela boa-fé objetiva acrescenta ao contrato deveres anexos, entre os quais o ônus do credor de minorar seu prejuízo buscando soluções amigáveis antes da contratação de serviço especializado. O exercício regular do direito de ressarcimento aos honorários advocatícios, portanto, depende da demonstração de sua imprescindibilidade para solução extrajudicial de impasse entre as partes contratantes ou para adoção de medidas preparatórias ao processo judicial, bem como da prestação efetiva de serviços privativos de advogado e da razoabilidade do valor dos honorários convencionados" (STJ-3ª T., REsp 1.274.629, Min. Nancy Andrighi, j. 16.5.13, DJ 20.6.13).

"É nula a cláusula contratual que fixa a cobrança dos honorários advocatícios, em caso de inadimplemento do consumidor, sem que igual direito lhe seja conferido contra o fornecedor, nos termos do art. 51, XII, do CDC" (RT 841/344).

"É nula a cláusula contratual que, em contrato de mútuo habitacional firmado no âmbito do SFH, concede vantagem unilateral a um dos contratantes, estabelecendo pena convencional aos devedores, equivalente a 10% sobre o total da dívida, em caso de deflagração de execução judicial ou extrajudicial, impondo, ainda, o pagamento de honorários advocatícios, ou do agente fiduciário, conforme o caso" (RDDP 59/167).

Art. 51: 12. v. inciso X.

Art. 51: 13. v. CC 96 § 3º.

Art. 51: 13a. v., no nosso CPCLPV, LArb 4º § 2º, bem como respectivas notas.

Art. 51: 14. Na publicação oficial, está "Pressume-se".

Art. 51: 15. v. inciso IV do *caput*.

Art. 51: 16. v. art. 6º-V.

Art. 51: 17. cf. CC 184 e 478 a 480.

> **Art. 52.** No fornecimento de produtos ou serviços que envolva outorga de crédito ou concessão de financiamento ao consumidor, o fornecedor deverá, entre outros requisitos, informá-lo[1] prévia e adequadamente sobre:
>
> I — preço do produto ou serviço em moeda corrente nacional;[2]
>
> II — montante dos juros de mora[3] e da taxa efetiva anual de juros;
>
> III — acréscimos legalmente previstos;
>
> IV — número e periodicidade das prestações;[4]
>
> V — soma total a pagar, com e sem financiamento.
>
> § 1º (*redação da Lei 9.298, de 1.8.96*) As multas de mora[4a] decorrentes do inadimplemento de obrigações no seu termo não poderão ser superiores a dois por cento do valor da prestação.[4b a 4d]
>
> § 2º É assegurada ao consumidor a liquidação antecipada do débito, total ou parcialmente, mediante redução proporcional dos juros e demais acréscimos.[5-6]
>
> § 3º (VETADO)

Art. 52: 1. Pena: art. 66.

Art. 52: 2. v. art. 53 § 2º. Pena: multa (art. 56-I c/c art. 57 § ún.).

Art. 52: 3. v. § 1º. Pena: multa (art. 56-I c/c art. 57 § ún.).

Art. 52: 4. Quanto a prestações, v. art. 51, nota 10.

Art. 52: 4a. s/ cláusula penal em geral, v. CC 408 a 416.

S/ intervenção judicial para inserção no contrato de multa moratória em favor do consumidor, v. art. 51, nota 7d.

Art. 52: 4b. cf., no mesmo sentido, CC 1.336 § 1º.

Art. 52: 4c. "Os contratos de prestação de serviços de telefonia, por envolver **relação de consumo**, estão sujeitos à regra prevista no § 1º do art. 52 do CDC, segundo a qual é de até 2% do valor da prestação (e não de 10%) a multa de mora decorrente do inadimplemento de obrigação no seu termo" (STJ-1ª T., REsp 436.224, Min. Teori Zavascki, j. 18.12.07, DJU 11.2.08).

"É aplicável aos contratos de prestações de serviços educacionais o limite de 2% para a multa moratória, em harmonia com o disposto no § 1º do art. 52 do CDC" (STJ-3ª T., REsp 476.649, Min. Nancy Andrighi, j. 20.11.03, DJU 25.2.04).

Art. 52: 4d. "A pessoa jurídica executada adquiriu os produtos como revendedora de combustíveis e produtos derivados de petróleo, **não** os utilizando na condição de **destinatária final**. Consequentemente, não cabe a redução da multa moratória, de 10% para 2%, com fundamento no Código de Defesa do Consumidor" (STJ-4ª T., Ag em REsp 1.136.463-AgInt-AgInt, Min. Raul Araújo, j. 17.9.19, DJ 3.10.19).

Art. 52: 5. Súmula 285 do STJ: "Nos contratos bancários posteriores ao Código de Defesa do Consumidor incide a multa moratória nele prevista" (v. jurisprudência s/ esta Súmula em RSTJ 177/157).

Art. 52: 6. cf. Dec. 22.626, de 7.4.33, art. 7º, no tít. MÚTUO.

Art. 53. Nos contratos de compra e venda de móveis ou imóveis[1-1a] mediante pagamento em prestações, bem como nas alienações fiduciárias em garantia, consideram-se nulas de pleno direito as cláusulas que estabeleçam a perda total das prestações pagas em benefício do credor que, em razão do inadimplemento, pleitear a resolução do contrato e a retomada do produto alienado.

§ 1º (VETADO)

§ 2º Nos contratos do sistema de consórcio[2] de produtos duráveis, a compensação ou a restituição das parcelas quitadas, na forma deste artigo, terá descontada, além da vantagem econômica auferida com a fruição, os prejuízos que o desistente ou inadimplente causar ao grupo.[3 a 4]

§ 3º Os contratos de que trata o *caput* deste artigo serão expressos em moeda corrente nacional.[4a-5]

Art. 53: 1. Por identidade de razões, aplica-se às promessas de compra e venda e às cessões de promessa de compra e venda.

Art. 53: 1a. v. Lei 4.591/64, art. 67-A e notas (no tít. CONDOMÍNIO E INCORPORAÇÃO).

Art. 53: 2. Lei 11.795, de 8.10.08 — Dispõe sobre o Sistema de Consórcio.

Art. 53: 3. "A possibilidade de se descontar dos valores devidos percentual a título de reparação pelos prejuízos causados ao grupo (art. 53, § 2º, do CDC) depende da efetiva prova do prejuízo sofrido, ônus que incumbe à administradora do consórcio. A atualização monetária das parcelas a serem restituídas deve ser realizada com base em índice que melhor reflita a desvalorização da moeda, o que não corresponde à variação do valor do bem objeto do consórcio" (STJ-3ª T., REsp 871.421, Min. Sidnei Beneti, j. 11.3.08, DJU 1.4.08).

Art. 53: 3a. "É devida a **restituição de valores vertidos por consorciado desistente ao grupo de consórcio**, mas não de imediato, e sim em até **trinta dias** a contar do prazo previsto contratualmente para o **encerramento do plano**" (STJ-2ª Seção, REsp 1.119.300, Min. Luis Felipe, j. 14.4.10, DJ 27.8.10). No mesmo sentido: JTJ 348/272 (AP 991.09.026966-8).

Contra: "A restituição dos valores pagos ao consorciado desistente deve ser **imediata**, e não após certo decurso de prazo, uma vez que, sempre que um consorciado desiste do plano, a administradora o substitui, livrando-se de qualquer prejuízo decorrente da desistência daquele" (RJM 179/200).

"Afigura-se abusiva e, portanto, nula a cláusula contratual que prevê para o caso de desistência do consórcio a devolução das prestações pagas somente após o encerramento do grupo. O consorciado desistente tem direito ao reembolso imediato das prestações pagas" (RT 876/276: TJDFT, EI 2006.01.1.086201-6, maioria).

No caso, s/ correção monetária, v. LCM 1º, nota 3 (Súmula 35 do STJ); juros de mora, v. CC 405, nota 5.

Art. 53: 3b. Negando o direito à restituição das parcelas pagas em caso de **consorciado** inadimplente que já havia sido **contemplado:** "Haveria indisfarçável desequilíbrio se fosse dado ao consumidor o direito à restituição integral do quanto pago após quase três anos de uso de um bem que, particularmente, sofre forte depreciação com o tempo" (STJ-3ª T., REsp 997.287, Min. Nancy Andrighi, j. 17.12.09, DJ 2.2.10).

Art. 53: 3c. "O **fundo de reserva** visa a conferir maior segurança ao grupo de consórcio, assegurando o seu perfeito equilíbrio e regular funcionamento, resguardando o fundo comum contra imprevistos como a inadimplência. Por se tratar de uma verba com destinação específica, uma vez encerrado o grupo, eventual saldo positivo da conta deverá ser rateado entre todos os consorciados, inclusive os desistentes, na proporção de sua contribuição. Considerando que o consorciado desistente somente irá receber seus haveres ao final, após o encerramento contábil do grupo — quando todos os participantes já terão sido contemplados e todas as despesas e encargos do grupo, inclusive os decorrentes de inadimplência e retirada antecipada, já estarão pagos — não há motivo para excluí-lo da devolução de eventual saldo do fundo de reserva" (STJ-3ª T., REsp 1.363.781, Min. Nancy Andrighi, j. 18.3.14, DJ 26.3.14).

Art. 53: 4. Súmula 538 do STJ: "As administradoras de consórcio têm liberdade para estabelecer a respectiva **taxa de administração,** ainda que fixada em percentual superior a dez por cento".

"As administradoras de consórcio possuem liberdade para fixar a respectiva taxa de administração, nos termos do art. 33 da Lei 8.177/91 e da Circular 2.766/97 do BACEN, não sendo considerada ilegal ou abusiva a taxa fixada em 13%" (STJ-2ª Seção, ED no REsp 992.740, Min. Luis Felipe, j. 9.6.10, DJ 15.6.10).

"Livremente contratada a taxa de administração de grupo consorcial, deve prevalecer o percentual acertado quando não demonstrado qualquer fato relevante que possa ensejar a nulidade da cláusula que o prevê, cuja taxa está dentro do que é normalmente cobrado pelas demais administradoras" (RJM 179/200).

Art. 53: 4a. Pena: multa (art. 56-I c/c art. 57 § ún.).

Art. 53: 5. v. nota 1.

Seção III | DOS CONTRATOS DE ADESÃO[1]

✎ **SEÇ. III: 1.** "Contratos de adesão e condições gerais dos contratos", por Eduardo Messias Gonçalves de Lyra Junior (RT 828/11).

Art. 54. Contrato de adesão[1] é aquele cujas cláusulas tenham sido aprovadas pela autoridade competente ou estabelecidas unilateralmente pelo fornecedor de produtos ou serviços, sem que o consumidor possa discutir ou modificar substancialmente seu conteúdo.

§ 1º A inserção de cláusula no formulário não desfigura a natureza de adesão do contrato.

§ 2º Nos contratos de adesão admite-se cláusula resolutória, desde que alternativa, cabendo a escolha ao consumidor, ressalvando-se o disposto no § 2º do artigo anterior.[1a]

§ 3º Os contratos de adesão escritos serão redigidos em termos claros e com caracteres ostensivos e legíveis, cujo tamanho da fonte não será inferior ao corpo doze, de modo a facilitar sua compreensão pelo consumidor.[1b-1c]

§ 4º As cláusulas que implicarem limitação de direito do consumidor deverão ser redigidas com destaque, permitindo sua imediata e fácil compreensão.[1d a 3]

§ 5º (VETADO)

Art. 54: 1. v. art. 18 § 2º-*in fine*.

Art. 54: 1a. "No caso, não se verifica o alegado defeito na prestação de serviços, haja vista que a extinção de cursos é procedimento legalmente previsto e admitido, não sendo dado atribuir-se a responsabilização à universidade por evento sobre o qual não há qualquer participação ou influência desta (ausência de alunos e não obtenção, pela aluna, de aprovação), mormente quando cumpre todos os deveres ínsitos à boa-fé objetiva. Na relação jurídica estabelecida com seu corpo discente, consoante atestado pelas instâncias ordinárias, a instituição de ensino forneceu adequada informação e, no momento em que verificada a impossibilidade de manutenção do curso superior, ofereceu alternativas à aluna, providenciando e viabilizando, conforme solicitado por esta, a transferência para outra faculdade" (STJ-4ª T., REsp 1.094.769, Min. Marco Buzzi, j. 18.3.14, maioria, DJ 15.8.14).

Art. 54: 1b. Redação do § 3º de acordo com a Lei 11.785, de 22.9.08.

Art. 54: 1c. "Existência de elementos de distinção entre o instrumento escrito dos contratos de adesão e o contexto dos **anúncios publicitários,** que impedem a aplicação da analogia. **Inaplicabilidade** da norma do art. 54, § 3º, do CDC ao contexto dos anúncios, sem prejuízo do controle da prática enganosa com base em outro fundamento" (STJ-3ª T., REsp 1.602.678, Min. Paulo Sanseverino, j. 23.5.17, DJ 31.5.17). No mesmo sentido: STJ-4ª T., Ag em REsp 1.074.382-AgInt, Min. Isabel Gallotti, j. 18.9.18, maioria, DJ 24.10.18.

Art. 54: 1d. v., a propósito: Lei 4.591/64, art. 35-A § 2º (no tít. CONDOMÍNIO E INCORPORAÇÃO); Lei 6.766/79, art. 26-A § 2º (no tít. PROMESSA DE COMPRA E VENDA E LOTEAMENTO); Lei 9.307, de 23.9.96, art. 4º § 2º (no CPCLPV, tít. ARBITRAGEM).

Art. 54: 1e. "Por se tratar de relação de consumo, a eventual limitação de direito do segurado deve constar, de forma clara e com destaque, nos moldes do art. 54, § 4º, do CDC e, obviamente, ser entregue ao consumidor **no ato da contratação,** não sendo admitida a entrega posterior. No caso concreto, surge incontroverso que o documento que integra o contrato de seguro de vida não foi apresentado por ocasião da contratação, além do que a cláusula restritiva constou tão somente do 'manual do segurado', enviado após a assinatura da proposta. Portanto, configurada a violação ao artigo 54, § 4º, do CDC" (STJ-4ª T., REsp 1.219.406, Min. Luis Felipe, j. 15.2.11, DJ 18.2.11).

Art. 54: 2. "Cláusula restritiva, contida em contrato de adesão, deve ser redigida com destaque a fim de se permitir, ao consumidor, sua imediata e fácil compreensão. O fato de a cláusula restritiva estar no meio de outras, em negrito, não é suficiente para se atender à exigência do art. 54, § 4º, do CDC. A lei não prevê — e nem o deveria — o modo como tais cláusulas deverão ser redigidas. Assim, a interpretação do art. 54 deve ser feita com o espírito protecionista, buscando sua máxima efetividade" (STJ-3ª T., REsp 774.035, Min. Gomes de Barros, j. 21.11.06, DJU 5.2.07).

Art. 54: 2a. "Contrato. **Seguro.** Furto qualificado. Cláusula restritiva de direito. Exclusão de bens que se encontrem em ambiente aberto. Exclusão constante apenas no Manual de Condições Gerais de Seguro. Cláusula limitativa de direito que deve ser expressa na apólice de seguro a ser redigida com destaque a permitir a fácil compreensão. Infringência do disposto no art. 54, § 4º, da Lei 8.078/90" (JTJ 302/303).

"Cláusula limitativa que restringe a cobertura a furto qualificado. Reprodução da letra da lei. Informação precária. Incidência do art. 54 § 4º do CDC. Os arts. 6º, inciso III, e 54, § 4º, do CDC, estabelecem que é direito do consumidor a informação plena do objeto do contrato, garantindo-lhe, ademais, não somente uma clareza física das cláusulas limitativas — o que é atingido pelo simples destaque destas —, mas, sobretudo, clareza semântica, um significado unívoco dessas cláusulas, que deverão estar infensas a duplo sentido. O esclarecimento contido no contrato acerca da abrangência da cobertura securitária que reproduz, em essência, a letra do art. 155 do Código Penal, à evidência, não satisfaz o comando normativo segundo o qual as cláusulas limitadoras devem ser claras, por óbvio, aos olhos dos seus destinatários, os consumidores, cuja hipossuficiência informacional é pressuposto do seu enquadramento como tal. Mostra-se inoperante a cláusula contratual que, a pretexto de informar o consumidor sobre as limitações da cobertura securitária, somente o remete para a letra da Lei acerca da tipicidade do furto qualificado, cuja interpretação, ademais, é por vezes controvertida até mesmo no âmbito dos Tribunais e da doutrina criminalista" (STJ-4ª T., REsp 814.060, Min. Luis Felipe, j. 6.4.10, DJ 13.4.10). No mesmo sentido: STJ-3ª T., REsp 1.293.006, Min. Massami Uyeda, j. 21.6.12, RT 926/869.

"A mera remissão a conceitos e artigos do Código Penal contida em cláusula de contrato de seguro não se compatibiliza com a exigência do art. 54, § 4º, do CDC, uma vez que materializa informação insuficiente, que escapa à compreensão do homem médio, incapaz de distinguir entre o crime de roubo e o delito de extorsão, dada sua aproximação topográfica, conceitual e da forma probatória. Dever de cobertura caracterizado" (STJ-4ª T., REsp 1.106.827, Min. Marco Buzzi, j. 16.10.12, DJ 23.10.12).

"Sinistro causado por sobrecarga elétrica advinda de faísca de raio. Danos em equipamentos e aparelhos domésticos. Queda de raio na área externa à do imóvel segurado. Recusa da seguradora no ressarcimento. Alegação de incidência da cláusula contratual que prevê cobertura se o dano resultar de queda de raio dentro da área do imóvel segurado. Abusividade. Afronta à boa-fé objetiva. Indenização devida" (JTJ 347/444: AP 359.221-4/7-00; ementa da redação).

Todavia: "Cobrança. Seguro de vida. Cobertura exclusiva para morte e invalidez decorrentes de acidente pessoal. Cláusulas contratuais que foram redigidas com clareza e precisão, não provocando desvantagem exagerada ao consumidor. Ausência de violação ao art. 47 da Lei 8.078/90. Ação improcedente" (JTJ 342/570: AP 1.246.339-0/6; no caso, pretendia-se que o contrato cobrisse também morte natural).

V. tb. CC 757 e notas.

Art. 54: 3. "Ainda que se deva, em princípio, dar interpretação favorável ao adquirente de **plano de saúde,** não há como impor-se responsabilidade por cobertura que, por cláusula expressa e de fácil verificação, tenha sido excluída do contrato" (STJ-3ª T., REsp 319.707, Min. Castro Filho, j. 7.11.02, dois votos vencidos, DJU 28.4.03).

Já se a redação da cláusula limitativa não observa os ditames do art. 54 § 4º, ela "não tem força para alcançar o consumidor" (STJ-3ª T., REsp 255.064, Min. Menezes Direito, j. 5.4.01, DJU 4.6.01).

"Em sendo clara e de entendimento imediato, não é abusiva a cláusula que exclui da cobertura contratual o transplante de órgãos. A clareza dos termos contratuais não está necessariamente vinculada ao modo como foram grafados" (STJ-3ª T., REsp 378.863-AgRg, Min. Gomes de Barros, j. 21.2.06, DJU 8.5.06).

V tb. art. 51, nota 7.

Capítulo VI-A | DA PREVENÇÃO E DO TRATAMENTO DO SUPERENDIVIDAMENTO[1-2]

CAP. VI-A: 1. O Capítulo VI-A foi acrescido pela Lei 14.181, de 1.7.21.

CAP. VI-A: 2. Lei 14.181, de 1.7.21: "Art. 3º A validade dos negócios e dos demais atos jurídicos de crédito em curso constituídos antes da entrada em vigor desta Lei obedece ao disposto em lei anterior, mas os efeitos produzidos após a entrada em vigor desta Lei subordinam-se aos seus preceitos".

Art. 54-A. Este Capítulo dispõe sobre a prevenção do superendividamento da pessoa natural, sobre o crédito responsável e sobre a educação financeira do consumidor.

§ 1º Entende-se por superendividamento a impossibilidade manifesta de o consumidor pessoa natural, de boa-fé, pagar a totalidade de suas dívidas de consumo, exigíveis e vincendas, sem comprometer seu mínimo existencial, nos termos da regulamentação.

§ 2º As dívidas referidas no § 1º deste artigo englobam quaisquer compromissos financeiros assumidos decorrentes de relação de consumo, inclusive operações de crédito, compras a prazo e serviços de prestação continuada.

§ 3º O disposto neste Capítulo não se aplica ao consumidor cujas dívidas tenham sido contraídas mediante fraude ou má-fé, sejam oriundas de contratos celebrados dolosamente com o propósito de não realizar o pagamento ou decorram da aquisição ou contratação de produtos e serviços de luxo de alto valor.

Art. 54-B. No fornecimento de crédito e na venda a prazo, além das informações obrigatórias previstas no art. 52 deste Código e na legislação aplicável à matéria, o fornecedor ou o intermediário deverá informar o consumidor, prévia e adequadamente, no momento da oferta, sobre:

I — o custo efetivo total e a descrição dos elementos que o compõem;

II — a taxa efetiva mensal de juros, bem como a taxa dos juros de mora e o total de encargos, de qualquer natureza, previstos para o atraso no pagamento;

III — o montante das prestações e o prazo de validade da oferta, que deve ser, no mínimo, de 2 (dois) dias;

IV — o nome e o endereço, inclusive o eletrônico, do fornecedor;

V — o direito do consumidor à liquidação antecipada e não onerosa do débito, nos termos do § 2º do art. 52 deste Código e da regulamentação em vigor.

§ 1º As informações referidas no art. 52 deste Código e no *caput* deste artigo devem constar de forma clara e resumida do próprio contrato, da fatura ou de instrumento apartado, de fácil acesso ao consumidor.

§ 2º Para efeitos deste Código, o custo efetivo total da operação de crédito ao consumidor consistirá em taxa percentual anual e compreenderá todos os valores cobrados do consumidor, sem prejuízo do cálculo padronizado pela autoridade reguladora do sistema financeiro.

§ 3º Sem prejuízo do disposto no art. 37 deste Código, a oferta de crédito ao consumidor e a oferta de venda a prazo, ou a fatura mensal, conforme o caso, devem indicar, no mínimo, o custo efetivo total, o agente financiador e a soma total a pagar, com e sem financiamento.

Art. 54-C. É vedado, expressa ou implicitamente, na oferta de crédito ao consumidor, publicitária ou não:

I — (VETADO);

II — indicar que a operação de crédito poderá ser concluída sem consulta a serviços de proteção ao crédito ou sem avaliação da situação financeira do consumidor;

III — ocultar ou dificultar a compreensão sobre os ônus e os riscos da contratação do crédito ou da venda a prazo;

IV — assediar ou pressionar o consumidor para contratar o fornecimento de produto, serviço ou crédito, principalmente se se tratar de consumidor idoso, analfabeto, doente ou em estado de vulnerabilidade agravada ou se a contratação envolver prêmio;

V — condicionar o atendimento de pretensões do consumidor ou o início de tratativas à renúncia ou à desistência de demandas judiciais, ao pagamento de honorários advocatícios ou a depósitos judiciais.

Parágrafo único. (VETADO).

Art. 54-D. Na oferta de crédito, previamente à contratação, o fornecedor ou o intermediário deverá, entre outras condutas:

I — informar e esclarecer adequadamente o consumidor, considerada sua idade, sobre a natureza e a modalidade do crédito oferecido, sobre todos os custos incidentes, observado o disposto nos arts. 52 e 54-B deste Código, e sobre as consequências genéricas e específicas do inadimplemento;

II — avaliar, de forma responsável, as condições de crédito do consumidor, mediante análise das informações disponíveis em bancos de dados de proteção ao crédito, observado o disposto neste Código e na legislação sobre proteção de dados;

III — informar a identidade do agente financiador e entregar ao consumidor, ao garante e a outros coobrigados cópia do contrato de crédito.

Parágrafo único. O descumprimento de qualquer dos deveres previstos no *caput* deste artigo e nos arts. 52 e 54-C deste Código poderá acarretar judicialmente a redução dos juros, dos encargos ou de qualquer acréscimo ao principal e a dilação do prazo de pagamento previsto no contrato original, conforme a gravidade da conduta do fornecedor e as possibilidades financeiras do consumidor, sem prejuízo de outras sanções e de indenização por perdas e danos, patrimoniais e morais, ao consumidor.

Art. 54-E. (VETADO)

Art. 54-F. São conexos, coligados ou interdependentes, entre outros, o contrato principal de fornecimento de produto ou serviço e os contratos acessórios de crédito que lhe garantam o financiamento quando o fornecedor de crédito:

I — recorrer aos serviços do fornecedor de produto ou serviço para a preparação ou a conclusão do contrato de crédito;

II — oferecer o crédito no local da atividade empresarial do fornecedor de produto ou serviço financiado ou onde o contrato principal for celebrado.

§ 1º O exercício do direito de arrependimento nas hipóteses previstas neste Código, no contrato principal ou no contrato de crédito, implica a resolução de pleno direito do contrato que lhe seja conexo.

§ 2º Nos casos dos incisos I e II do *caput* deste artigo, se houver inexecução de qualquer das obrigações e deveres do fornecedor de produto ou serviço, o consumidor poderá requerer a rescisão do contrato não cumprido contra o fornecedor do crédito.

§ 3º O direito previsto no § 2º deste artigo caberá igualmente ao consumidor:

I — contra o portador de cheque pós-datado emitido para aquisição de produto ou serviço a prazo;

II — contra o administrador ou o emitente de cartão de crédito ou similar quando o cartão de crédito ou similar e o produto ou serviço forem fornecidos pelo mesmo fornecedor ou por entidades pertencentes a um mesmo grupo econômico.

§ 4º A invalidade ou a ineficácia do contrato principal implicará, de pleno direito, a do contrato de crédito que lhe seja conexo, nos termos do *caput* deste artigo, ressalvado ao fornecedor do crédito o direito de obter do fornecedor do produto ou serviço a devolução dos valores entregues, inclusive relativamente a tributos.

Art. 54-G. Sem prejuízo do disposto no art. 39 deste Código e na legislação aplicável à matéria, é vedado ao fornecedor de produto ou serviço que envolva crédito, entre outras condutas:

I — realizar ou proceder à cobrança ou ao débito em conta de qualquer quantia que houver sido contestada pelo consumidor em compra realizada com cartão de crédito ou similar, enquanto não for adequadamente solucionada a controvérsia, desde que o consumidor haja notificado a administradora do cartão com antecedência de pelo menos 10 (dez) dias contados da data de vencimento da fatura, vedada a manutenção do valor na fatura seguinte e assegurado ao consumidor o direito de deduzir do total da fatura o valor em disputa e efetuar o pagamento da parte não contestada, podendo o emissor lançar como crédito em confiança o valor idêntico ao da transação contestada que tenha sido cobrada, enquanto não encerrada a apuração da contestação;

II — recusar ou não entregar ao consumidor, ao garante e aos outros coobrigados cópia da minuta do contrato principal de consumo ou do contrato de crédito, em papel ou outro suporte duradouro, disponível e acessível, e, após a conclusão, cópia do contrato;

III — impedir ou dificultar, em caso de utilização fraudulenta do cartão de crédito ou similar, que o consumidor peça e obtenha, quando aplicável, a anulação ou o imediato bloqueio do pagamento, ou ainda a restituição dos valores indevidamente recebidos.

§ 1º Sem prejuízo do dever de informação e esclarecimento do consumidor e de entrega da minuta do contrato, no empréstimo cuja liquidação seja feita mediante consignação em folha de pagamento, a formalização e a entrega da cópia do contrato ou do instrumento de contratação ocorrerão após o fornecedor do crédito obter da fonte pagadora a indicação sobre a existência de margem consignável.

§ 2º Nos contratos de adesão, o fornecedor deve prestar ao consumidor, previamente, as informações de que tratam o art. 52 e o *caput* do art. 54-B deste Código, além de outras porventura determinadas na legislação em vigor, e fica obrigado a entregar ao consumidor cópia do contrato, após a sua conclusão.

Capítulo VII | DAS SANÇÕES ADMINISTRATIVAS[1]

CAP. VII: 1. v. Dec. 2.181, de 20.3.97, arts. 18 a 28.

Art. 55. A União, os Estados e o Distrito Federal, em caráter concorrente e nas suas respectivas áreas de atuação administrativa, baixarão normas relativas à produção, industrialização, distribuição e consumo de produtos e serviços.

§ 1º A União, os Estados, o Distrito Federal e os Municípios fiscalizarão e controlarão a produção, industrialização, distribuição, a publicidade de produtos e serviços e o mercado de consumo, no interesse da preservação da vida, da saúde, da segurança, da informação e do bem-estar do consumidor, baixando as normas que se fizerem necessárias.

§ 2º (VETADO)

§ 3º Os órgãos federais, estaduais, do Distrito Federal e municipais com atribuições para fiscalizar e controlar o mercado de consumo manterão comissões permanentes para elaboração, revisão e atualização das normas referidas no § 1º, sendo obrigatória a participação dos consumidores e fornecedores.

§ 4º Os órgãos oficiais poderão expedir notificações aos fornecedores para que, sob pena de desobediência, prestem informações sobre questões de interesse do consumidor, resguardado o segredo industrial.[1]

Art. 55: 1. "A recusa do fornecedor em prestar informações pode ensejar o crime de desobediência, além de sujeitá-lo às demais sanções administrativas previstas no próprio art. 55, sistemática seguida pelo art. 33 § 2º do Dec. 2.181/1997" (STJ-2ª T., REsp 1.120.310, Min. Herman Benjamin, j. 24.8.10, DJ 14.9.10). No caso, a recusa à prestação de informações implicou a imposição de multa ao fornecedor.

Art. 56. As infrações das normas de defesa do consumidor ficam sujeitas, conforme o caso, às seguintes sanções administrativas, sem prejuízo das de natureza civil, penal e das definidas em normas específicas:[1 a 1c]

I — multa;[1d a 1f]

II — apreensão do produto;[2]

III — inutilização do produto;

IV — cassação do registro do produto junto ao órgão competente;

V — proibição de fabricação do produto;

VI — suspensão de fornecimento de produtos ou serviço;

VII — suspensão temporária de atividade;

VIII — revogação de concessão ou permissão de uso;

IX — cassação de licença do estabelecimento ou de atividade;[3]

X — interdição, total ou parcial, de estabelecimento, de obra ou de atividade;[4]

XI — intervenção administrativa;[5]

XII — imposição de contrapropaganda.[6]

Parágrafo único. As sanções previstas neste artigo serão aplicadas pela autoridade administrativa, no âmbito de sua atribuição, podendo ser aplicadas cumulativamente, inclusive por medida cautelar antecedente ou incidente de procedimento administrativo.

Art. 56: 1. S/ legitimidade para a imposição de multa, v. Dec. 2.181/97, art. 5º, bem como a nota seguinte.

Art. 56: 1a. "Constitui atribuição do **Procon** a análise de contratos e a aplicação de multas e outras penalidades, nos termos dos arts. 56 e 57 do CDC e 18 e 22 do Decreto 2.181/97" (STJ-2ª T., REsp 1.652.614, Min. Herman Benjamin, j. 6.4.17, DJ 27.4.17).

"Não obstante os órgãos de proteção e defesa do consumidor, que integram o Sistema Nacional de Defesa do Consumidor, serem autônomos e independentes quanto à fiscalização e controle do mercado de consumo, não se demonstra razoável e lícita a aplicação de sanções a fornecedor, decorrentes da mesma infração, por mais de uma autoridade consumerista, uma vez que tal conduta possibilitaria que todos os órgãos de defesa do consumidor existentes no País punissem o infrator, desvirtuando o poder punitivo do Estado" (STJ-1ª T., REsp 1.087.892, Min. Benedito Gonçalves, j. 22.6.10, DJ 3.8.10).

"Única infração ao Código do Consumidor, objeto de multas distintas, uma pelo DPDC (âmbito federal), no grau máximo, e outra pelo Procon-SP (esfera estadual). Inadmissibilidade (*bis in idem*). Confronto das situações previstas pelos arts. 10 e 8º do Código do Consumidor, que se excluem, não coexistem e, como tal, não podem ser, cumulativamente, sancionadas" (Bol. AASP 2.579: TJSP, AP 344.553-5/0).

Art. 56: 1b. "A **responsabilidade** administrativa de pessoa jurídica e as sanções previstas no art. 56 do CDC seguem o **regime objetivo e solidário** da responsabilidade civil, dispensados dolo ou culpa e com incidência sobre todos aqueles que compõem a cadeia de fornecedores" (STJ-2ª T., REsp 1.784.264, Min. Herman Benjamin, j. 25.6.19, DJ 20.8.20).

Art. 56: 1c. Autorizando a aplicação de sanção em caso de infração de norma consumerista contra um **único consumidor:** "A quantidade de reclamantes não é critério de imputação mas, sim, de dosimetria da pena a ser imposta" (STJ-2ª T., REsp 1.576.694, Min. Herman Benjamin, j. 22.11.16, DJ 27.8.20).

Art. 56: 1d. v. art. 57.

Art. 56: 1e. "A multa prevista no art. 56 do CDC não visa à reparação do dano sofrido pelo consumidor, mas sim à punição pela infração às normas que tutelam as relações de consumo" (STJ-1ª T., RMS 21.520, Min. Teori Zavascki, j. 8.8.06, DJU 17.8.06). No mesmo sentido: STJ-2ª T., RMS 22.015, Min. Castro Meira, j. 26.9.06, DJU 5.10.06.

Por isso: "A composição civil entre o consumidor e o fornecedor e/ou prestador de serviços, ainda que realizada em juízo, não tem o condão de afastar a imposição de penalidade de multa, aplicada por órgão de proteção e defesa do consumidor, no exercício do poder sancionatório do Estado" (STJ-RT 898/201: 1ª T., REsp 1.164.146).

Art. 56: 1f. Essa multa **não pode ser aplicada de ofício** pelo juiz (STJ-3ª T., REsp 1.377.463, Min. Nancy Andrighi, j. 27.2.18, DJ 2.3.18).

Art. 56: 2. Incisos II a VIII: v. art. 58.

Art. 56: 3. v. art. 59.

Art. 56: 4. v. art. 59.

Art. 56: 5. v. art. 59 § 2º.

Art. 56: 6. v. art. 60.

Art. 57 (*redação da Lei 8.656, de 21.5.93*). A pena de multa, graduada de acordo com a gravidade da infração, a vantagem auferida e a condição econômica do fornecedor,[1] será aplicada mediante procedimento administrativo, revertendo para o Fundo de que trata a Lei n. 7.347, de 24 de julho de 1985, os valores cabíveis à União, ou para os Fundos estaduais ou municipais de proteção ao consumidor nos demais casos.

Parágrafo único (*redação da Lei 8.703, de 6.9.93*). A multa[2] será em montante não inferior a duzentas e não superior a três milhões de vezes o valor da Unidade Fiscal de Referência (UFIR), ou índice equivalente que venha a substituí-lo.[3-4]

Art. 57: 1. "O valor da multa aplicada, por levar em conta a gravidade da infração, a vantagem auferida e a condição econômica do fornecedor (art. 57 do CDC), não pode ser revisto em sede de mandado de segurança, pois exige dilação probatória" (STJ-1ª T., RMS 21.818, Min. Denise Arruda, j. 17.10.06, DJU 26.10.06).

Art. 57: 2. O art. 3º da Lei 8.656, de 21.5.93, que dispunha sobre a pena de multa, foi revogado pela Lei 8.703, de 6.9.93.

Art. 57: 3. O § ún., suprimido implicitamente pela Lei 8.656, de 21.5.93, foi restabelecido, com a redação acima, pela Lei 8.703, de 6.9.93.

Art. 57: 4. "O comando do parágrafo único do art. 57 do CDC não é apto a sustentar a tese do recorrente de que o valor da multa deveria ter sido fixado em UFIR. A redação do referido dispositivo legal é clara e trata unicamente dos limites em UFIR para se estabelecer o montante da penalidade, de forma que o *quantum* da sanção pode ser fixado em reais" (STJ-1ª T., REsp 1.385.625-AgRg, Min. Sérgio Kukina, j. 3.9.13, DJ 11.9.13; a citação é do voto do relator).

> **Art. 58.** As penas de apreensão, de inutilização de produtos, de proibição de fabricação de produtos, de suspensão do fornecimento de produto ou serviço, de cassação do registro do produto e revogação da concessão ou permissão de uso serão aplicadas pela administração, mediante procedimento administrativo, assegurada ampla defesa, quando forem constatados vícios de quantidade[1] ou de qualidade[2] por inadequação ou insegurança do produto ou serviço.

Art. 58: 1. v. art. 19.
Art. 58: 2. v. art. 18 § 6º.

> **Art. 59.** As penas de cassação de alvará de licença, de interdição e de suspensão temporária da atividade, bem como a de intervenção administrativa serão aplicadas mediante procedimento administrativo, assegurada ampla defesa, quando o fornecedor reincidir[1] na prática das infrações de maior gravidade previstas neste Código e na legislação de consumo.
>
> **§ 1º** A pena de cassação da concessão será aplicada à concessionária de serviço público, quando violar obrigação legal ou contratual.[2]
>
> **§ 2º** A pena de intervenção administrativa será aplicada sempre que as circunstâncias de fato desaconselharem a cassação de licença, a interdição ou suspensão da atividade.
>
> **§ 3º** Pendendo ação judicial na qual se discuta a imposição de penalidade administrativa, não haverá reincidência até o trânsito em julgado da sentença.

Art. 59: 1. v. § 3º.
Art. 59: 2. v. arts. 6º-X e 22.

> **Art. 60.** A imposição de contrapropaganda será cominada quando o fornecedor incorrer na prática de publicidade enganosa ou abusiva, nos termos do art. 36 e seus parágrafos,[1-2] sempre às expensas do infrator.
>
> **§ 1º** A contrapropaganda será divulgada pelo responsável da mesma forma, frequência e dimensão e, preferencialmente no mesmo veículo, local, espaço e horário, de forma capaz de desfazer o malefício da publicidade enganosa ou abusiva.
>
> **§ 2º** (VETADO)
>
> **§ 3º** (VETADO)

Art. 60: 1. A remissão deve ser ao art. 37 e §§.
Art. 60: 2. v. tb. art. 67.

Título II | DAS INFRAÇÕES PENAIS[1]

✎ **TÍT. II: 1.** "Questões fundamentais da responsabilidade penal pelo produto defeituoso", por Fábio Guedes de Paula Machado (RT 910/177).

Art. 61. Constituem crimes contra as relações de consumo previstas neste Código, sem prejuízo do disposto no Código Penal e leis especiais,[1] as condutas tipificadas nos artigos seguintes.

Art. 61: 1. As penas dos arts. 63 a 80 podem ser impostas sem prejuízo das penalidades administrativas previstas no art. 56 (v. *caput* deste art.).

Art. 62. (VETADO)

Art. 63. Omitir dizeres ou sinais ostensivos sobre a nocividade ou periculosidade de produtos, nas embalagens, nos invólucros, recipientes ou publicidade:[1]
Pena — Detenção de seis meses a dois anos e multa.
§ 1º Incorrerá nas mesmas penas quem deixar de alertar, mediante recomendações escritas ostensivas, sobre a periculosidade do serviço a ser prestado.
§ 2º Se o crime é culposo:
Pena — Detenção de um a seis meses ou multa.

Art. 63: 1. v. arts. 9º, 12-*caput* e 14-*caput*; cf. art. 66.

Art. 64. Deixar de comunicar à autoridade competente e aos consumidores a nocividade ou periculosidade de produtos cujo conhecimento seja posterior à sua colocação no mercado:[1]
Pena — Detenção de seis meses a dois anos e multa.
Parágrafo único. Incorrerá nas mesmas penas quem deixar de retirar do mercado, imediatamente quando determinado pela autoridade competente, os produtos nocivos ou perigosos, na forma deste artigo.

Art. 64: 1. v. art. 10 § 1º.

Art. 65. Executar serviço de alto grau de periculosidade, contrariando determinação de autoridade competente:
Pena — Detenção de seis meses a dois anos e multa.
§ 1º As penas deste artigo são aplicáveis sem prejuízo das correspondentes à lesão corporal e à morte.[1-1a]
§ 2º A prática do disposto no inciso XIV do art. 39 desta Lei também caracteriza o crime previsto no *caput* deste artigo.[2]

Art. 65: 1. O § ún. foi renumerado pela Lei 13.425, de 30.3.17 (DOU 31.3.17).
Art. 65: 1a. causadas a terceiro, não ao executor (claro!).
Art. 65: 2. O § 2º foi acrescido pela Lei 13.425, de 30.03.17, em vigor 180 dias após sua publicação (DOU 31.3.17).

Art. 66. Fazer afirmação falsa ou enganosa, ou omitir informação relevante[1] sobre a natureza, característica, qualidade, quantidade, segurança, desempenho, durabilidade, preço ou garantia de produtos ou serviços:
Pena — Detenção de três meses a um ano e multa.

§ 1º Incorrerá nas mesmas penas quem patrocinar a oferta.
§ 2º Se o crime é culposo:
Pena — Detenção de um a seis meses ou multa.

Art. 66: 1. v. arts. 30, 37 § 3º e 52-*caput*; cf. tb. art. 63.

Art. 67. Fazer ou promover publicidade que sabe ou deveria saber ser enganosa ou abusiva:[1]
Pena — Detenção de três meses a um ano e multa.
Parágrafo único. (VETADO)

Art. 67: 1. v. arts. 37-*caput* e §§ e 60-*caput*.

Art. 68. Fazer ou promover publicidade que sabe ou deveria saber ser capaz de induzir o consumidor a se comportar de forma prejudicial ou perigosa a sua saúde ou segurança:[1]
Pena — Detenção de seis meses a dois anos e multa.
Parágrafo único. (VETADO)

Art. 68: 1. v. art. 37 § 2º-*in fine*.

Art. 69. Deixar de organizar dados fáticos, técnicos e científicos que dão base à publicidade:[1]
Pena — Detenção de um a seis meses ou multa.

Art. 69: 1. v. art. 36 § ún.

Art. 70. Empregar, na reparação de produtos, peças ou componentes de reposição usados, sem autorização do consumidor:[1]
Pena — Detenção de três meses a um ano e multa.

Art. 70: 1. v. arts. 21 e 32.

Art. 71. Utilizar, na cobrança de dívidas, de ameaça, coação, constrangimento físico ou moral, afirmações falsas, incorretas ou enganosas ou de qualquer outro procedimento que exponha o consumidor, injustificadamente, a ridículo ou interfira com seu trabalho, descanso ou lazer:[1]
Pena — Detenção de três meses a um ano e multa.

Art. 71: 1. v. art. 42.

Art. 72. Impedir ou dificultar o acesso do consumidor às informações que sobre ele constem em cadastros, banco de dados, fichas e registros:[1]
Pena — Detenção de seis meses a um ano ou multa.

Art. 72: 1. v. art. 43-*caput*.

Art. 73. Deixar de corrigir imediatamente[1] informação sobre consumidor constante de cadastro, banco de dados, fichas ou registros que sabe ou deveria saber ser inexata:

Pena — Detenção de um a seis meses ou multa.
Art. 73: 1. v. art. 43 § 3º.

Art. 74. Deixar de entregar ao consumidor o termo de garantia adequadamente preenchido e com especificação clara de seu conteúdo:[1]
Pena — Detenção de um a seis meses ou multa.
Art. 74: 1. v. art. 50.

Art. 75. Quem, de qualquer forma, concorrer para os crimes referidos neste Código incide nas penas a esses cominadas na medida de sua culpabilidade, bem como o diretor, administrador ou gerente da pessoa jurídica que promover, permitir ou por qualquer modo aprovar o fornecimento, oferta, exposição à venda ou manutenção em depósito de produtos ou a oferta e prestação de serviços nas condições por ele proibidas.

Art. 76. São circunstâncias agravantes dos crimes tipificados neste Código:
I — serem cometidos em época de grave crise econômica ou por ocasião de calamidade;
II — ocasionarem grave dano individual ou coletivo;
III — dissimular-se a natureza ilícita do procedimento;
IV — quando cometidos:
a) por servidor público, ou por pessoa cuja condição econômico-social seja manifestamente superior à da vítima;
b) em detrimento de operário ou rurícola; de menor de dezoito ou maior de sessenta anos ou de pessoas portadoras de deficiência mental, interditadas ou não;[1]
V — serem praticados em operações que envolvam alimentos, medicamentos ou quaisquer outros produtos ou serviços essenciais.
Art. 76: 1. v. art. 39-IV.

Art. 77. A pena pecuniária prevista nesta Seção será fixada em dias-multa, correspondente ao mínimo e ao máximo de dias de duração da pena privativa da liberdade cominada ao crime. Na individualização desta multa, o juiz observará o disposto no art. 60, § 1º do Código Penal.

Art. 78. Além das penas privativas de liberdade e de multa, podem ser impostas, cumulativa ou alternadamente, observado o disposto nos arts. 44 a 47, do Código Penal:
I — a interdição temporária de direitos;
II — a publicação em órgãos de comunicação de grande circulação ou audiência, às expensas do condenado, de notícia sobre os fatos e a condenação;
III — a prestação de serviços à comunidade.

Art. 79. O valor da fiança, nas infrações de que trata este Código, será fixado pelo juiz, ou pela autoridade que presidir o inquérito, entre cem e duzentas mil vezes o valor do Bônus do Tesouro Nacional — BTN, ou índice equivalente que venha substituí-lo.[1]

Parágrafo único. Se assim recomendar a situação econômica do indiciado ou réu, a fiança poderá ser:
a) reduzida até a metade de[2] seu valor mínimo;
b) aumentada pelo juiz até vinte vezes.

Art. 79: 1. Conforme publicação no DOU. Na Coleção de Leis da União, está: "venha a substituí-lo".

Art. 79: 2. Conforme publicação no DOU. Na Coleção de Leis da União, está: "do seu valor".

Art. 80. No processo penal atinente aos crimes previstos neste Código, bem como a outros crimes e contravenções que envolvam relações de consumo, poderão intervir, como assistentes do Ministério Público, os legitimados indicados no art. 82, inciso[1] III e IV, aos quais também é facultado propor ação penal subsidiária, se a denúncia não for oferecida no prazo legal.

Art. 80: 1. *sic*; deve ser "incisos".

Título III | DA DEFESA DO CONSUMIDOR EM JUÍZO[1]

TÍT. III: 1. "A execução específica e os interesses metaindividuais", por Francisco Wildo Lacerda Dantas (RT 712/25); "Defesa de direitos coletivos e defesa coletiva de direitos", por Teori Albino Zavascki (RF 329/147, RJ 212/16, RTJE 159/53); "A defesa nas ações do Código do Consumidor", por Humberto Theodoro Jr. (RT 751/11); "Considerações sobre os princípios do Código de Defesa do Consumidor", por Antonio de Pádua Ferraz Nogueira (RT 762/11); "A tutela específica do consumidor", por Luiz Guilherme Marinoni (RJ 315/7); "A defesa do consumidor no Brasil", por Nelson Nery Jr. (RDPr 18/218); "Ação civil pública e defesa do consumidor de serviços públicos", por Alice Gonzalez Borges (IP 27/13); "A defesa do consumidor constitucional", por Ricardo H. Weber (RJ 346/33).

Capítulo I | DISPOSIÇÕES GERAIS

Art. 81. A defesa dos interesses e direitos dos consumidores e das vítimas poderá ser exercida em juízo individualmente, ou a título coletivo.[1-1a]

Parágrafo único. A defesa coletiva será exercida quando se tratar de:
I — interesses ou direitos difusos,[2-3] assim entendidos, para efeitos deste Código, os transindividuais, de natureza indivisível, de que sejam titulares pessoas indeterminadas e ligadas por circunstâncias de fato;[4]
II — interesses ou direitos coletivos, assim entendidos, para efeitos deste Código, os transindividuais de natureza indivisível de que seja titular grupo, categoria ou classe de pessoas ligadas entre si ou com a parte contrária por uma relação jurídica base;[4a-4b]
III — interesses ou direitos individuais homogêneos,[5 a 9] assim entendidos os decorrentes de origem comum.

Art. 81: 1. Ação civil coletiva: art. 91 (competência: art. 93). Execução coletiva: art. 98 (competência: § 2º).

Art. 81: 1a. "As tutelas pleiteadas em ações civis públicas não são necessariamente puras e estanques. Não é preciso que se peça, de cada vez, uma tutela referente a direito individual homogêneo, em outra ação uma de direitos coletivos em sentido estrito e, em outra, uma de direitos difusos, notadamente em se tratando de ação manejada pelo Ministério Público, que detém legitimidade ampla no processo coletivo. Isso porque embora determinado direito não possa pertencer, a um só tempo, a mais de uma categoria, isso não implica dizer que, no mesmo cenário fático ou jurídico conflituoso, violações simultâneas de direitos de mais de uma espécie não possam ocorrer. No caso concreto, trata-se de ação civil pública de tutela híbrida. Percebe-se que: (a) há direitos individuais homogêneos referentes aos eventuais danos experimentados por aqueles contratantes que tiveram tratamento de saúde embaraçado por força da cláusula restritiva tida por ilegal; (b) há direitos coletivos resultantes da ilegalidade em abstrato da cláusula contratual em foco, a qual atinge igualmente e de forma indivisível o grupo de contratantes atuais do plano de saúde; (c) há direitos difusos, relacionados aos consumidores futuros do plano de saúde, coletividade essa formada por pessoas indeterminadas e indetermináveis" (STJ-4ª T., REsp 1.293.606, Min. Luis Felipe, j. 2.9.14, DJ 26.9.14).

Art. 81: 2. "Interesses **difusos** são aqueles que abrangem número indeterminado de pessoas unidas pelas mesmas circunstâncias de fato, e **coletivos** aqueles pertencentes a grupos, categorias ou classes de pessoas determináveis, ligadas entre si ou com a parte contrária por uma relação jurídica base. A indeterminidade é a característica fundamental dos interesses difusos e a determinidade, a daqueles interesses que envolvem os coletivos" (RTJ 178/377).

Art. 81: 3. "A regra geral é de não serem passíveis de **transação** os direitos difusos. Quando se tratar de direitos difusos que importem obrigação de fazer ou não fazer deve-se dar tratamento distinto, possibilitando dar à controvérsia a melhor solução na composição do dano, quando impossível o retorno ao *status quo ante*. A admissibilidade de transação de direitos difusos é exceção à regra" (STJ-2ª T., REsp 299.400, Min. Eliana Calmon, j. 1.6.06, um voto vencido, DJU 2.8.06).

Art. 81: 4. v. art. 104.

Art. 81: 4a. v. art. 104.

Art. 81: 4b. "Os **adquirentes de unidades imobiliárias** representam grupo de pessoas ligadas com os recorrentes por uma relação jurídica base, qual seja, os contratos de compra e venda de unidades imobiliárias, e sofrem uniformemente as consequências dos supostos vícios construtivos mencionados na inicial, o que evidencia o caráter coletivo em sentido estrito dos interesses e legitima a associação para sua defesa coletiva em juízo" (STJ-3ª T., REsp 1.891.572, Min. Nancy Andrighi, j. 24.11.20, DJ 1.12.20).

Art. 81: 5. "'Direitos individuais homogêneos' e relações jurídicas comunitárias", por Ovídio Araujo Baptista da Silva (RJ 276/58, Ajuris 79/174).

Art. 81: 6. v. arts. 93 a 100. S/ tutela de direitos individuais homogêneos em sede de Juizados Especiais Federais, v., no CPCLPV, LJEF 3º, nota 5a.

Art. 81: 7. "Direitos ou interesses **homogêneos** são os que têm a mesma origem comum (art. 81, III, da Lei n. 8.078, de 11 de setembro de 1990), constituindo-se em subespécie de direitos coletivos" (RTJ 178/377). É o caso, p. ex., de pessoas que consumiram água contaminada por um mesmo vazamento de produtos tóxicos e têm direito a indenização pelos correlatos danos pessoais (STJ-4ª T., REsp 982.923, Min. Fernando Gonçalves, j. 10.6.08, DJ 12.8.08).

"A origem comum, que caracteriza o interesse individual homogêneo, refere-se a um específico fato ou peculiar direito que é universal às inúmeras relações jurídicas individuais, a partir dos quais haverá conexão processual entre os interesses, caracterizada pela identidade de causa de pedir próxima ou remota. A divisibilidade e a presença de notas singulares são também características fundamentais dos interesses individuais homogêneos, as quais não os desqualificam como interesses coletivos em sentido amplo ou impedem sua tutela em ação civil coletiva de consumo. Na hipótese em exame, a petição inicial delimitou a controvérsia aos elementos genéricos das relações jurídicas singulares de cada um dos associados da recorrente" (STJ-3ª T., REsp 1.537.856, Min. Nancy Andrighi, j. 28.8.18, DJ 31.8.18).

"Ação coletiva. Consórcio. Desistência e exclusão. Direitos individuais homogêneos. Caracterização. A homogeneidade advém da previsão contratual de não devolução integral das parcelas adimplidas pelos desistentes, ainda que uma ou outra circunstância fática seja diversa, porquanto configurada a vinculação jurídica comum" (STJ-3ª T., REsp 1.304.939, Min. Ricardo Cueva, j. 5.2.19, DJ 6.3.19).

Art. 81: 8. "Nas ações em que se pretende a defesa de direitos individuais homogêneos, não obstante os sujeitos possam ser determináveis na fase de conhecimento (exigindo-se estejam determinados apenas na liquidação de sentença ou na execução), não se pode admitir seu ajuizamento sem que haja, ao menos, indícios de que a situação a ser tutelada é pertinente a um número razoável de consumidores. O promovente da ação civil pública deve demonstrar que **diversos sujeitos, e não apenas um ou dois**, estão sendo possivelmente lesados pelo fato de 'origem comum', sob pena de não ficar caracterizada a homogeneidade do interesse individual a ser protegido" (STJ-4ª T., REsp 823.063, Min. Raul Araújo, j. 14.2.12, DJ 22.2.12).

Todavia: "Ação coletiva de consumo. Vício do produto. Interesse individual homogêneo. A comercialização de garrafas de água impróprias para o consumo, em defeitos observados em 7 lotes do citado produto, ultrapassa os limites do interesse puramente particular do consumidor que efetivamente adquiriu o produto, pois ofende interesses superiores, correspondentes à proteção da vida, saúde e segurança dos potenciais consumidores dos produtos fabricados pela recorrente, como também a efetiva prevenção de danos patrimoniais e morais, de qualquer natureza, conforme previsto nos incisos I e VI do art. 6º do CDC, estando, assim, configurada a legitimidade do Ministério Público para sua proteção em juízo" (STJ-3ª T., REsp 1.888.383, Min. Nancy Andrighi, j. 24.11.20, DJ 1.12.20).

Art. 81: 9. "Ação civil pública ajuizada pela Defensoria Pública Estadual. Variados empréstimos consignados contraídos por servidores públicos estaduais e municipais. **Direitos** disponíveis e **heterogêneos**. Inadequação da via eleita. Carência de ação. Apesar de se vislumbrar, na hipótese, um grupo determinável de indivíduos, ligados por circunstâncias de fato comuns, já que todos são servidores públicos, ativos, inativos ou pensionistas, e são obrigados a abrir conta-corrente nas instituições bancárias rés indicadas pelo órgão pagador, para recebimento dos vencimentos, proventos ou pensões e outros benefícios, o direito dessas pessoas não pode ser conceituado como coletivo ou individual homogêneo, pois diz respeito a variadas modalidades de empréstimos e seus interesses, e supostos prejuízos são heterogêneos e disponíveis. Não há como decidir a lide de modo uniforme para todos os correntistas, reconhecendo-se como abusivas as cláusulas dos contratos de empréstimos que autorizem a retenção de vencimentos, proventos ou pensão, pois eventual ilegalidade ou abuso somente poderá ser reconhecida caso a caso. Cabe lembrar que nem todos os contraentes de variados empréstimos têm uma mesma situação financeira, quando, por exemplo: uns percebem elevados rendimentos; outros têm mais de um vencimento, aposentadoria ou pensão; outros, ainda, recebem remuneração de cargo público somada a ganhos privados de outras fontes lícitas, enfim, as situações são heterogêneas e o direito de fazer uso da remuneração é disponível. Nada impede que boa parte dos consumidores tenha interesse em aceitar a forma de amortização de empréstimo pela retenção dos vencimentos, proventos ou pensão depositados em conta-corrente, o que, certamente, assegura ao tomador de empréstimo maior volume de crédito e menores taxas de juros" (STJ-4ª T., Ag em REsp 197.916-AgInt, Min. Raul Araújo, j. 6.11.18, DJ 9.11.18).

"Ação civil pública. Contrato de agenciamento de viagem. Cláusula penal compensatória. Perda gradativa de valores pagos em caso de cancelamento tardio. Serviço de intermediação. Risco do negócio. Direito não homogêneo. Impropriedade da via eleita. Abusividade que deve ser verificada casuisticamente" (STJ-4ª T., REsp 1.314.884, Min. Isabel Gallotti, j. 13.11.18, maioria, DJ 5.2.19).

"Ação civil pública. Ministério Público. Direitos individuais heterogêneos. O requisito 'origem comum' é o que determina a transcendência do interesse particular para o interesse coletivo da tutela do direito. Protesto indevido de títulos prescritos não é apto, por si só, para o reconhecimento de uma origem comum. Ocorrência, no caso, de várias origens causando danos diversos, e não de uma origem única causadora de vários danos. Inviável a presunção de que todas as cobranças efetuadas pela ré sejam indevidas, pois não se pode supor que todos os títulos estejam prescritos. Necessidade de verificação, em cada demanda individual, da ocorrência de prática abusiva mediante o protesto de títulos prescritos" (STJ-3ª T., REsp 1.342.655-AgInt, Min. Paulo Sanseverino, j. 2.12.19, DJ 6.12.19).

> **Art. 82** (redação da Lei 9.008, de 21.3.95). Para os fins do art. 81, parágrafo único,[1] são legitimados[1a a 1e] concorrentemente:[1f]
>
> I — o Ministério Público;[2 a 2b]
>
> II — a União, os Estados, os Municípios e o Distrito Federal;
>
> III — as entidades e órgãos da administração pública, direta ou indireta, ainda que sem personalidade jurídica,[2c] especificamente destinados à defesa dos interesses e direitos protegidos por este Código;
>
> IV — as associações legalmente constituídas[3 a 3b] há pelo menos um ano e que incluam entre seus fins institucionais[3c] a defesa dos interesses e direitos protegidos por este Código, dispensada a autorização assemblear.[4]
>
> § 1º O requisito da pré-constituição pode ser dispensado pelo juiz, nas ações previstas no art. 91 e seguintes, quando haja manifesto interesse social evidenciado pela dimensão ou característica do dano, ou pela relevância do bem jurídico a ser protegido.
>
> § 2º (VETADO)
>
> § 3º (VETADO)

Art. 82: 1. i. e., para efeito de execução de sentença; cf. tb. art. 97.

Art. 82: 1a. "Direitos transindividuais: conceito e legitimidade para agir", por José Rogério Cruz e Tucci (RJ 331/9).

Art. 82: 1b. Lei 12.529, de 30.11.11 — Estrutura o Sistema Brasileiro de Defesa da Concorrência; dispõe sobre a prevenção e repressão às infrações contra a ordem econômica; e dá outras providências:" **Art. 47.** Os prejudicados, por si ou pelos legitimados referidos no art. 82 da Lei n. 8.078, de 11 de setembro de 1990, poderão ingressar em juízo para, em defesa de seus interesses individuais ou individuais homogêneos, obter a cessação de práticas que constituam infração da ordem econômica, bem como o recebimento de indenização por perdas e danos sofridos, independentemente do inquérito ou processo administrativo, que não será suspenso em virtude do ajuizamento de ação".

Art. 82: 1c. Lei 9.870, de 23.11.99 — Dispõe sobre o valor total das anuidades escolares, e dá outras providências: "**Art. 7º** São legitimados à propositura das ações previstas na Lei n. 8.078, de 1990, para a defesa dos direitos assegurados por esta lei e pela legislação vigente, as associações de alunos, de pais de alunos e responsáveis, sendo indispensável, em qualquer caso, o apoio de, pelo menos, vinte por cento dos pais de alunos do estabelecimento de ensino ou dos alunos, no caso de ensino superior".

Art. 82: 1d. LC 80, de 12.1.94 — Organiza a Defensoria Pública da União, do Distrito Federal e dos Territórios e prescreve normas gerais para sua organização nos Estados, e dá outras providências: "**Art. 4º** São funções institucionais da Defensoria Pública, dentre outras:... **VIII** (*redação da LC 132, de 7.10.09*) — exercer a defesa dos direitos e interesses individuais, difusos, coletivos e individuais homogêneos e dos direitos do consumidor, na forma do inciso LXXIV do art. 5º da Constituição Federal".

Art. 82: 1e. "A atribuição de legitimidade ativa não implica, automaticamente, **legitimidade passiva** dessas entidades para figurarem, como rés, em ações coletivas, salvo hipóteses excepcionais. Todos os projetos de Códigos de Processo Civil Coletivo regulam hipóteses de ações coletivas passivas, conferindo legitimidade a associações para representação da coletividade, como rés. Nas hipóteses de direitos individuais homogêneos, contudo, não há consenso. Pelo panorama legislativo atual, a disciplina da coisa julgada nas ações coletivas é incompatível com o pedido de declaração incidental formulado pelo réu, em face do sindicato-autor" (STJ-3ª T., REsp 1.051.302, Min. Nancy Andrighi, j. 23.3.10, DJ 28.4.10).

"O controle jurisdicional da legitimação coletiva e as ações coletivas passivas (o art. 82 do CDC)", por Fredie Didier Jr. (RMDCPC 6/70); "A legitimação, a representatividade adequada e a certificação nos processos coletivos e as ações coletivas passivas", por Aluisio Gonçalves de Castro Mendes (RP 209/243).

Art. 82: 1f. Redação do *caput* de acordo com a Lei 9.008, de 21.3.95, que corrigiu a remissão errada ao art. 100, § ún., para 81, § ún.

Art. 82: 2. "Ministério Público: sua legitimação frente ao Código do Consumidor", por Raimundo Gomes de Barros (RTJE 139/53); "A efetividade da tutela jurídica do consumidor através da atuação do MP", por Patricia Pimentel de Oliveira (RT 779/140).

Art. 82: 2a. v. art. 92; s/ legitimidade do MP para propor ação civil pública, v., no CPCLPV, LACP 5º, notas 1c e segs.

Art. 82: 2b. "O MP não haverá de necessariamente intervir em todas as causas em que se litigue a propósito de relações de consumo. Oficiará, como fiscal da lei, nas ações coletivas. A essas se refere o art. 92 do CDC" (RSTJ 98/260; do voto do relator, p. 262).

A intervenção do MP, nas ações em que se contende sobre relação de consumo, só é obrigatória nas ações coletivas (STJ-3ª T., REsp 121.018, Min. Eduardo Ribeiro, j. 9.6.97, DJU 1.9.97).

Art. 82: 2c. "Na apreciação da legitimação para a proposição de ações coletivas, não se deve entender restritivamente a expressão '**Administração Pública**', referida no art. 82, III, do CDC. Para o intérprete da lei, como o STJ, importa apenas indagar se o órgão em questão exerce, com base em autorização legal, função administrativa e, por meio dela, a defesa do consumidor, de modo análogo ou semelhante ao Procon" (STJ-2ª T., REsp 1.075.392, Min. Herman Benjamin, j. 15.12.09, dois votos vencidos, DJ 4.5.11). No caso, "a recorrente — **Comissão de Defesa do Consumidor da Assembleia Legislativa** do Estado do Rio de Janeiro — é entidade ou órgão técnico vinculado ao Poder Legislativo Estadual com competência, expressa e específica, para atuar na tutela do consumidor, integrando o Sistema Nacional de Defesa do Consumidor". No mesmo sentido: STJ-3ª T., REsp 1.002.813, Min. Nancy Andrighi, j. 2.12.10, um voto vencido, DJ 17.6.11; STJ-1ª T., REsp 928.888-AgRg, Min. Sérgio Kukina, j. 16.5.13, DJ 21.5.13.

"**Procuradoria de Assistência Judiciária** tem legitimidade ativa para propor ação civil pública objetivando indenização por danos materiais e morais decorrentes de explosão de estabelecimento que explorava o comércio de fogos de artifício e congêneres, porquanto, no que se refere à defesa dos interesses do consumidor por meio de ações coletivas, a intenção do legislador pátrio foi ampliar o campo da legitimação ativa, conforme se depreende do art. 82 e incisos do CDC, bem assim do art. 5º, inciso XXXII, da Constituição Federal, ao dispor expressamente que incumbe ao Estado promover, na forma da lei, a defesa do consumidor" (RSTJ 180/341).

"O NUDECON, órgão especializado, vinculado à **Defensoria Pública** do Estado do Rio de Janeiro, tem legitimidade ativa para propor ação civil pública objetivando a defesa dos interesses da coletividade de consumidores que assumiram contratos de arrendamento mercantil, para aquisição de veículos automotores, com cláusula de indexação monetária atrelada à variação cambial" (STJ-3ª T., REsp 555.111, Min. Castro Filho, j. 5.9.06, um voto vencido, DJU 18.12.06).

Art. 82: 3. "Apontamentos sobre a legitimação das entidades associativas para a propositura de ações coletivas em defesa de direitos individuais homogêneos de consumidores", por Nelson Nascimento Diz (RF 350/113).

Art. 82: 3a. Lei 9.494, de 10.9.97: "**Art. 2º-A** (introduzido pela Med. Prov. 2.180-35, de 24.8.01). A sentença civil prolatada em ação de caráter coletivo proposta por entidade associativa, na defesa dos interesses e direitos dos seus associados, abrangerá apenas os substituídos que tenham, na data da propositura da ação, domicílio no âmbito da competência territorial do órgão prolator".

Art. 82: 3b. "As associações a que se refere o art. 82, IV, do CDC têm legitimidade para pleitear em juízo em favor de quantos se encontrem na situação alcançada por seus fins institucionais, **ainda que não sejam seus associados**" (STJ-RT 784/188). No mesmo sentido: STJ-RT 794/239.

Art. 82: 3c. "CDC. Ação coletiva. A lei não faz nenhuma exigência quanto à especificidade dos fins da instituição, não impondo como requisito para a sua legitimidade processual que tenha por objetivo a defesa dos interesses violados em uma determinada relação jurídica" (RSTJ 113/277; a citação é do voto do relator). No mesmo sentido: RT 797/251.

Art. 82: 4. A autorização assemblear é exigida apenas nas demandas coletivas movidas em face da Fazenda Pública (v. art. 2º § ún. da Lei 9.494/97). Nos demais casos, ela não é exigível (STJ-2ª T., REsp 991.154, Min. Eliana Calmon, j. 18.11.08, DJ 15.12.08; STJ-4ª T., REsp 1.788.290-EDcl-AgInt, Min. Luis Felipe, j. 24.5.22, maioria, DJ 1.8.22; STJ-RT 874/165: 3ª T., REsp 879.773). V. tb., no CPCLPV, Lei 9.494/97, art. 2º-A, nota 2.

> **Art. 83.** Para a defesa dos direitos e interesses protegidos por este Código são admissíveis todas as espécies de ações capazes de propiciar sua adequada e efetiva tutela.
> **Parágrafo único.** (VETADO)

> **Art. 84.** Na ação que tenha por objeto o cumprimento da obrigação de fazer ou não fazer,[1] o juiz concederá a tutela específica[1a-1b] da obrigação ou determinará providências que assegurem o resultado prático equivalente ao do adimplemento.
> § 1º A conversão da obrigação em perdas e danos somente será admissível se por elas optar o autor ou se impossível a tutela específica ou a obtenção do resultado prático correspondente.
> § 2º A indenização por perdas e danos se fará sem prejuízo da multa (art. 287, do Código de Processo Civil).[1c a 2a]
> § 3º Sendo relevante o fundamento da demanda e havendo justificado receio de ineficácia do provimento final, é lícito ao juiz conceder a tutela liminarmente ou após justificação prévia, citado o réu.
> § 4º O juiz poderá, na hipótese do § 3º ou na sentença, impor multa diária ao réu, independentemente de pedido do autor, se for suficiente ou compatível com a obrigação, fixando prazo razoável para o cumprimento do preceito.
> § 5º Para a tutela específica ou para a obtenção do resultado prático equivalente, poderá o juiz determinar as medidas necessárias, tais como busca e apreensão, remoção de coisas e pessoas, desfazimento de obra, impedimento de atividade nociva, além de requisição de força policial.

Art. 84: 1. v. arts. 35-I e 48.

Art. 84: 1a. cf. CPC 497.

Art. 84: 1b. "Pacote turístico. Inadimplemento contratual. A tutela específica da obrigação deve ser de modo a que se realize na ordem prática o que foi contratado. Assim é que, descumprida a avença quanto à parte terrestre da excursão, impõe-se o fornecimento da passagem aérea, para o correto adimplemento do contrato", sem prejuízo da multa prevista no art. 84 § 2º (RSTJ 63/443).

Art. 84: 1c. v. CPC 500.

Art. 84: 2. v. § 4º.

Art. 84: 2a. Devida desde quando? cf. LACP 12 § 2º.

> **Art. 85.** (VETADO)

Art. 86. (VETADO)

Art. 87.
Nas ações coletivas de que trata este Código não haverá adiantamento de custas, emolumentos, honorários periciais e quaisquer outras despesas, nem condenação da associação autora, salvo comprovada má-fé, em honorários de advogados, custas e despesas processuais.[1]

Parágrafo único. Em caso de litigância de má-fé, a associação autora e os diretores responsáveis pela propositura da ação serão solidariamente condenados em honorários advocatícios e ao décuplo das custas, sem prejuízo da responsabilidade por perdas e danos.

Art. 87: 1. "A isenção de despesas processuais prevista no art. 87 do CDC se aplica tão somente às ações coletivas que têm por objeto relações de consumo" (RP 148/206). No mesmo sentido: STJ-1ª T., REsp 1.107.338, Min. Luiz Fux, j. 16.6.09, DJ 6.8.09; STJ-6ª T., Ag 1.253.191-AgRg, Min. Maria Thereza, j. 20.9.11, DJ 28.9.11. Assim: "É inaplicável a isenção de custas e emolumentos judiciais prevista no art. 87 da Lei 8.078/90 nas ações em que sindicato pleiteia direito de seus sindicalizados" (STJ-2ª T., Ag 1.340.784-AgRg, Min. Herman Benjamin, j. 4.11.10, DJ 2.2.11).

Art. 88.
Na hipótese do art. 13, parágrafo único deste Código, a ação de regresso poderá ser ajuizada em processo autônomo, facultada a possibilidade de prosseguir-se nos mesmos autos, vedada a denunciação da lide.[1 a 2]

Art. 88: 1. v. CPC 125 a 129.

Art. 88: 1a. "Nas hipóteses em que o réu impugna a possibilidade de a matéria *sub judice* ser regulada pelos dispositivos do CDC, a decisão acerca de se admitir a denunciação da lide torna-se capciosa: caso, no final da ação, se conclua que a relação jurídica não era de consumo, o eventual indeferimento da denunciação da lide terá provocado injusto prejuízo, em termos de tempo, ao réu. Por outro lado, caso, ao final, a sentença conclua que há relação de consumo, o eventual deferimento da litisdenunciação terá infringido a regra expressa do art. 88 do CDC, causando, com isso, prejuízo ao consumidor. A solução do impasse está em analisar a admissibilidade da litisdenunciação, sempre, em *status assertionis*, ou seja: caso, na inicial, se afirme, com argumentos plausíveis, que a controvérsia é regulada pelo CDC, o respectivo art. 88 tem aplicação imediata e a denunciação da lide não deve ser admitida, independentemente da possibilidade de, na sentença, concluir-se o contrário. Ressalva deve ser feita às hipóteses em que, *prima facie*, seja possível concluir de plano, meramente pela análise da inicial, da contestação e dos respectivos documentos, pela inexistência de relação de consumo. Nesses casos, a denunciação da lide deve ser admitida. Na hipótese dos autos, a denunciação da lide foi admitida pelo juízo de primeiro grau, o litisdenunciado foi citado e, comparecendo ao processo, apresentou defesa, produziu provas e interpôs recursos. Com isso, ainda que se tenha definido, depois, que a controvérsia era regida pelo CDC, imperioso notar que o prejuízo ao autor da ação já está consumado. Portanto, é correta a interpretação teleológica promovida pelo Tribunal *a quo*, que reputou válida a litisdenunciação, não obstante o art. 88 do CDC. Se o prejuízo ao consumidor já está consumado, e se não há cerceamento de defesa para nenhuma das partes, não há motivos para que não se aproveite a participação da litisdenunciada no processo" (STJ-3ª T., REsp 972.766, Min. Nancy Andrighi, j. 25.9.07, DJU 27.2.08).

Art. 88: 2. "A vedação à denunciação da lide prevista no art. 88 do CDC não se restringe à responsabilidade de comerciante por fato do produto (art. 13 do CDC), sendo aplicável também nas demais hipóteses de responsabilidade civil por **acidentes de consumo** (arts. 12 e 14 do CDC)" (STJ-3ª T., REsp 1.165.279, Min. Paulo Sanseverino, j. 22.5.12, RP 213/447). No mesmo sentido: STJ-4ª T., AI 1.249.523-EDcl, Min. Raul Araújo, j. 5.6.14, DJ 20.6.14.

Contra: "A restrição à denunciação da lide imposta pelo art. 88 do CDC, refere-se apenas às hipóteses de defeitos em produtos comercializados com consumidores, de que trata o art. 13 do CDC. Na hipótese de defeito na prestação de serviços (art. 14 do CDC), tal restrição não se aplica" (STJ-RP 145/302: 3ª T., REsp 741.898). No mesmo sentido: STJ-RF 395/399 (4ª T., REsp 439.233), JTJ 316/398 (AI 481.680-4/6-00), RJM 175/103, RJ-Lex 63/249 (TRF-3ª Reg., AI 0031164-41.2012.4.03.0000).

V. tb. art. 101, nota 4. V. ainda no CPCLPV, CPC 125, especialmente nota 4.

Art. 89. (VETADO)

Art. 90.
Aplicam-se às ações previstas neste Título as normas do Código de Processo Civil e da Lei n. 7.347, de 24 de julho de 1985,[1] inclusive no que respeita ao inquérito civil,[2] naquilo que não contrariar suas disposições.

Art. 90: 1. Lei 7.347, no CPCLPV, tít. AÇÃO CIVIL PÚBLICA.

Art. 90: 2. v. art. 26 § 2º-III; Lei 7.347, art. 8º § 1º e art. 9º.

Capítulo II — DAS AÇÕES COLETIVAS[1-2] PARA A DEFESA DE INTERESSES INDIVIDUAIS HOMOGÊNEOS

🔖 **CAP. II: 1.** "Tutela de urgência e demandas coletivas", por José Rubens Morato Leite e outro (Ajuris 69/323); "Ações coletivas no Codecon", por Rafael Pinheiro Aguilar (RF 365/391); "Ação civil pública consumerista", por José Geraldo Brito Filomeno (RJ 305/40).

CAP. II: 2. s/ ação coletiva, em geral: arts. 81 § ún., 87, 90 e 103 (coisa julgada); s/ ação coletiva para defesa de interesses individuais homogêneos (art. 81-III): arts. 91 a 100.

> **Art. 91** (*redação da Lei 9.008, de 21.3.95*). Os legitimados de que trata o art. 82 poderão propor, em nome próprio e no interesse das vítimas ou seus sucessores, ação civil coletiva de responsabilidade pelos danos individualmente sofridos, de acordo com o disposto nos artigos seguintes.

> **Art. 92.** O Ministério Público,[1] se não ajuizar a ação,[2] atuará sempre como fiscal da lei.
> **Parágrafo único.** (VETADO)

Art. 92: 1. v. art. 82-I e nota 2b; v. tb. art 51 § 4º.

Art. 92: 2. v. art. 82-I.

> **Art. 93.** Ressalvada a competência da justiça federal, é competente[1] para a causa a justiça local:
> I — no foro do lugar onde ocorreu ou deva ocorrer o dano, quando de âmbito local;[2-2a]
> II — no foro da Capital do Estado ou no do Distrito Federal, para os danos de âmbito nacional ou regional, aplicando-se as regras do Código de Processo Civil aos casos de competência concorrente.[2b a 3a]

Art. 93: 1. s/ cognoscibilidade de ofício da incompetência, v. art. 101, nota 3.

🔖 **Art. 93: 2.** "Competência na ação civil pública: dano de âmbito local, regional e nacional. Art. 93 do CDC", por Pedro Lenza (RP 129/272); "O problema da competência para o processo de conhecimento e execução nas ações coletivas", por Rizzatto Nunes (RDPr 24/125).

Art. 93: 2a. cf. CPC 53-IV-a.

Art. 93: 2b. v., p. ex., CPC 46 § 4º.

Art. 93: 3. Foros concorrentes. "Interpretando o art. 93, inc. II, do CDC, já se manifestou esta Corte no sentido de que não há exclusividade do foro do Distrito Federal para o julgamento de ação civil pública de âmbito nacional. Isto porque o referido artigo, ao se referir à Capital do Estado e ao Distrito Federal, invoca competências territoriais concorrentes, devendo ser analisada a questão estando a Capital do Estado e o Distrito Federal em planos iguais, sem conotação específica para o Distrito Federal" (STJ-2ª Seção, CC 17.533, Min. Menezes Direito, j. 13.9.00, DJU 30.10.00). Em poucas palavras: "Em se tratando de ação civil coletiva para o combate de dano de âmbito nacional, a competência não é exclusiva do foro do Distrito Federal" (STJ-2ª Seção: RSTJ 160/217). Assim, nesse caso, "cabe ao autor optar entre o foro da Capital de um dos Estados ou do Distrito Federal, à conveniência do autor" (STJ-2ª T., MC 13.660-AgRg, Min. Castro Meira, j. 4.3.08, DJU 17.3.08).

Contra: "Tratando-se de dano de âmbito nacional, caso em que o dano transcende a área geográfica de mais de um Estado, é competente para a causa o foro do Distrito Federal (CDC, art. 93, II)" (STJ-2ª Seção, CC 28.003, Min. Nilson Naves, j. 24.11.99, maioria, DJU 11.3.02).

S/ competência e ações coletivas conexas, v., no CPCLPV, CPC 55, nota 3d, 66, nota 1b, e LAP 5º, nota 1b, e LACP 2º, nota 3.

Art. 93: 3a. "O dano que atinge um vasto grupo de consumidores, espalhados na grande maioria dos municípios do estado do Mato Grosso, atrai ao foro da capital do Estado a competência para julgar a presente demanda" (STJ-RT 909/483: 3ª T., REsp 1.101.057).

Art. 94. Proposta a ação, será publicado edital[1-2] no órgão oficial, a fim de que os interessados possam intervir no processo como litisconsortes,[3 a 4] sem prejuízo de ampla divulgação pelos meios de comunicação social por parte dos órgãos de defesa do consumidor.

Art. 94: 1. "Edital", no singular; logo, uma só publicação.

Art. 94: 2. O prazo do edital, para que se considere perfeita a citação dos interessados, deve variar entre 20 dias, no mínimo, e 60, no máximo, contados da publicação pela imprensa (CPC 257-III).

Art. 94: 3. "Assistência coletiva simples: a intervenção dos substituídos nas ações coletivas para defesa de direitos individuais homogêneos", por Joaquim Felipe Spadoni (RP 116/40).

Art. 94: 3a. v. CPC 113 a 118.

V. tb. art. 103-III, especialmente nota 3a, e § 2º.

Art. 94: 4. "É sabido que o consumidor não tem legitimidade para ajuizar diretamente a ação coletiva. Contudo, previu o Código de Defesa do Consumidor, de forma excepcional, a possibilidade de sua integração facultativa ao feito na qualidade de litisconsorte, nos termos do art. 94. Nesse caso, sofrerá os efeitos de sua intervenção, em especial no que se refere à formação da coisa julgada material, pela qual será alcançado, nos termos da primeira parte do art. 472 do Código de Processo Civil, ficando impedido de intentar nova ação individual com o mesmo escopo (art. 103, § 2º, do Código de Defesa do Consumidor). O pedido de intervenção no feito como litisconsorte nada mais é do que incidente processual, haja vista que o consumidor, aproveitando-se do poder de disposição em aderir ou não ao processo coletivo, solicita seu ingresso no feito, na qualidade de litisconsorte facultativo ulterior. Em sendo assim, não cabe condenação da ré em custas e honorários advocatícios nesta fase" (STJ-4ª T., REsp 1.116.897, Min. Luis Felipe, j. 24.9.13, DJ 15.10.13).

Art. 95. Em caso de procedência do pedido, a condenação será genérica, fixando a responsabilidade do réu pelos danos causados.[1 a 2]

Art. 95: 1. "Em ações coletivas, é suficiente para a caracterização do interesse de agir a descrição exemplificativa de situações litigiosas de origem comum (art. 81, III, do CDC), que precisam ser solucionadas por decisão judicial. A exigência de que o autor arrole todas as ações judiciais ajuizadas pelos substituídos, nas quais teria ocorrido em tese a tributação indevida, é incompatível com o microssistema do processo coletivo, em que prevalece a repartição da atividade cognitiva em duas fases, caracterizada pela limitação da cognição, num primeiro momento, às questões fáticas e jurídicas comuns às situações dos envolvidos. Apenas posteriormente, em caso de procedência do pedido, é que a atividade cognitiva é integrada pela identificação das posições individuais de cada um dos substituídos (Processo coletivo: tutela de direitos coletivos e tutela coletiva de direitos, Teori Albino Zavascki, São Paulo, Editora Revista dos Tribunais, 2006, p. 162). Portanto, é prescindível que a causa de pedir da ação coletiva propriamente dita (primeira fase cognitiva) contemple descrição pormenorizada das situações individuais de todos os servidores que supostamente foram submetidos a pagamento indevido de Imposto de Renda" (STJ-2ª T., REsp 1.395.875, Min. Herman Benjamin, j. 20.2.14, DJ 7.3.14).

Art. 95: 1a. "A individualização da situação particular, bem assim a correspondente liquidação e execução dos valores devidos a cada um dos substituídos, se não compostas espontaneamente, serão objeto de ação própria, a ser promovida pelos interessados, ou pelo sindicato, aqui em regime de representação. Em se tratando de ação coletiva para tutela de direitos individuais homogêneos, que visa a uma sentença condenatória genérica, a prova do fato constitutivo do direito subjetivo individual deverá ser produzida por ocasião da ação de cumprimento, oportunidade em que se fará o exame das situações particulares dos substituídos, visando a identificar e mensurar cada um dos direitos subjetivos genericamente reconhecidos na sentença de procedência" (STJ-1ª T., REsp 487.202, Min. Teori Zavascki, j. 6.5.04, DJU 24.5.04).

Art. 95: 1b. "A generalidade da sentença a ser proferida em ação civil coletiva, em que se defendem direitos individuais homogêneos, decorre da própria impossibilidade prática de se determinar todos os elementos normalmente constantes da norma jurídica em questão, passível de imediata execução. Por tal razão, o espectro de conhecimento da sentença genérica restringe-se ao *núcleo de homogeneidade dos direitos afirmados na inicial*, atinente, basicamente, ao exame da prática de ato ilícito imputado à parte demandada, a ensejar a violação dos direitos e interesses individuais homogêneos postos em juízo, fixando-se, a partir de então, a responsabilidade civil por todos os danos daí advindos. A procedência da pretensão reparatória não exime o interessado em liquidação da sentença genérica — e não em uma nova ação individual — de comprovar o dano (se material, moral ou estético), a sua extensão, o nexo causal deste com a conduta considerada ilícita, além de sua qualidade de parte integrante da coletividade lesada. Diante do reconhecimento da conduta ilícita da recorrida, afigura-se procedente o pedido de reparação por todos os prejuízos suportados pelos segurados, mostrando-se, todavia, descabido, especificar na sentença genérica o tipo de dano, material e/ou moral" (STJ-3ª T., REsp 1.823.072, Min. Marco Bellizze, j. 5.11.19, DJ 8.11.19).

Art. 95: 1c. "Nada impede que decisão de ação para defesa de direitos individuais homogêneos contenha determinações que explicitem a forma de liquidação e/ou estabeleça meios tendentes a lhe conferir maior efetividade, desde que essas medidas se voltem uniformemente para todos os interessados, mantendo o caráter indivisível do julgado, com o que não haverá desvirtuamento da natureza genérica da condenação, imposta pelo art. 95 do CDC" (STJ-3ª T., REsp 1.304.953, Min. Nancy Andrighi, j. 26.8.14, DJ 8.9.14).

Art. 95: 1d. "Em razão do dever do juiz de assegurar o resultado prático do julgado, determinando todas as providências legais que entender necessárias para a satisfação do direito da ação e com vistas ao alcance do maior número de beneficiários, a obrigação imposta ao recorrente de **divulgar a sentença genérica** em jornais de grande circulação deve ser substituída pela publicação na internet, nos *sites* de órgãos oficiais e no da própria recorrente, pelo prazo de 15 dias" (STJ-3ª T., REsp 1.586.515, Min. Nancy Andrighi, j. 22.5.18, DJ 29.5.18).

Art. 95: 2. "Em ações coletivas a condenação deve ser genérica, de modo que a verificação quanto à prescrição do crédito de cada um dos particulares substituídos pela entidade legitimada à propositura da ação deve ser verificada em liquidação de sentença" (STJ-3ª T., REsp 1.051.305, Min. Nancy Andrighi, j. 23.3.10, DJ 28.4.10).

I Art. 96. (VETADO)

I Art. 97. A liquidação[1-1a] e a execução[2 a 3] de sentença poderão ser promovidas pela vítima e seus sucessores, assim como pelos legitimados de que trata o art. 82.[4]
Parágrafo único. (VETADO)

Art. 97: 1. "Independentemente da natureza do direito tutelado pelo Ministério Público Federal — se difuso, coletivo ou individual homogêneo — o juízo competente para a liquidação será o da ação condenatória" (STJ-1ª Seção, CC 113.523, Min. Castro Meira, j. 23.2.11, DJ 4.3.11).

V. tb. art. 98, nota 4.

Art. 97: 1a. "Os juros de mora incidem a partir da citação do devedor na fase de conhecimento da ação civil pública, quando esta se fundar em responsabilidade contratual" (STJ-Corte Especial, REsp 1.361.800, Min. Sidnei Beneti, j. 21.5.14, maioria, DJ 14.10.14).

"Embora a condenação imposta nas ações para tutela de direitos individuais homogêneos deva ser genérica, não podendo entrar no mérito dos prejuízos sofridos por cada interessado, ela irá necessariamente versar sobre o ressarcimento dos danos causados, reconhecendo o ato ilícito praticado pelo réu, o que, por conseguinte, já o constitui em mora desde a citação para responder aos termos da ação civil pública, nos termos do art. 219 do CPC" (STJ-3ª T., REsp 1.304.953, Min. Nancy Andrighi, j. 26.8.14, DJ 8.9.14).

Contra: "Ação civil pública. Indenização por lesão a direitos individuais homogêneos. Execução individual. Juros moratórios. Mora *ex persona*. Termo inicial. Citação na fase de liquidação de sentença. Nos termos dos artigos 219 do Código de Processo Civil e 397 do Código Civil, na hipótese, a mora verifica-se com a citação do devedor, realizada na fase de liquidação de sentença, e não a partir de sua citação na ação civil pública" (STJ-4ª T., REsp 1.348.512-AgRg, Min. Luis Felipe, j. 18.12.12, DJ 4.2.13).

Art. 97: 2. "As questões efetivamente decididas, de forma definitiva, no processo de conhecimento (ação civil pública), ainda que de ordem pública, como a legitimidade passiva à causa, não podem ser novamente debatidas, sobretudo no processo de execução, sob pena de vulneração à coisa julgada" (STJ-4ª T., REsp 917.974, Min. Luis Felipe, j. 5.4.11, DJ 4.5.11).

Art. 97: 2a. "A sentença genérica prolatada no âmbito da ação civil coletiva, por si, não confere ao vencido o atributo de devedor de 'quantia certa ou já fixada em liquidação' (art. 475-J do CPC), porquanto, 'em caso de procedência do pedido, a condenação será genérica', apenas 'fixando a responsabilidade do réu pelos danos causados' (art. 95 do CDC). A condenação, pois, não se reveste de liquidez necessária ao cumprimento espontâneo do comando sentencial, não sendo aplicável a reprimenda prevista no art. 475-J do CPC" (STJ-RP 205/470: Corte Especial, REsp 1.247.150).

Todavia: "A execução individual de sentença coletiva não pode ser considerada mera fase do processo anterior, porquanto uma nova relação jurídica processual se estabelece, a exemplo do que ocorre com a execução de sentenças estrangeiras, arbitrais ou penais. Assim, é necessária a citação do executado, nos termos do art. 475-N, aplicável à espécie por extensão. Tendo o executado comparecido espontaneamente aos autos para interpor agravo de instrumento impugnando a decisão que ordenara sua intimação pela imprensa oficial, considera-se suprido o vício de ausência de citação (art. 214, § 1º, do CPC). Assim, o prazo de 15 dias de que dispunha para pagar a dívida sem a incidência da multa estabelecida pelo art. 475-J do CPC conta-se da data de tal comparecimento" (STJ-RDDP 108/130: 3ª T., REsp 1.091.044).

Art. 97: 2b. "Execução de sentença coletiva proferida em ação civil pública. Inexistência de prévia liquidação. **Inviável a instauração direta da execução** individual/cumprimento de sentença, sem prévia prova quanto à existência e extensão do crédito vindicado pelo consumidor, pois a sentença genérica proferida na ação civil coletiva, por si, não confere ao vencido a posição de devedor de quantia líquida e certa, haja vista que a procedência do pedido determinou tão somente a responsabilização do réu pelos danos causados aos poupadores, motivo pelo qual a condenação não se reveste da liquidez necessária ao cumprimento espontâneo do comando sentencial, sendo necessário ao interessado provar sua condição de poupador e, assim, apurar o montante a menor que lhe foi depositado" (STJ-4ª T., Ag em REsp 536.859-AgRg, Min. Marco Buzzi, j. 16.9.14, DJ 24.9.14).

"O cumprimento da sentença genérica que condena ao pagamento de expurgos em caderneta de poupança deve ser precedido pela fase de liquidação por procedimento comum, que vai completar a atividade cognitiva parcial da ação coletiva mediante a comprovação de fatos novos determinantes do sujeito ativo da relação de direito material, assim também do valor da prestação devida, assegurando-se a oportunidade de ampla defesa e contraditório pleno ao executado" (STJ-2ª Seção, ED no REsp 1.590.294, Min. Luis Felipe, j. 9.12.20, maioria, DJ 17.8.21).

Todavia: "Se uma sentença coletiva reconhece uma obrigação inteiramente líquida, tanto sob a perspectiva do *cui* quanto do *quantum debeatur*, a **liquidação é dispensável**, pois a fixação dos beneficiários e dos critérios de cálculo da obrigação devida já está satisfatoriamente delineada na fase de conhecimento da ação coletiva. Na espécie, a determinação do *cui debeatur* depende apenas da verossimilhança das alegações do consumidor de ser cliente do Banco do Brasil, em janeiro de 1989 e com caderneta de poupança com aniversário em referido marco temporal, sendo, ademais, possível obter, mediante operações meramente aritméticas, o montante que os consumidores entendem corresponder ao seu específico direito" (STJ-3ª T., REsp 1.798.280, Min. Nancy Andrighi, j. 28.4.20, DJ 4.5.20).

Art. 97: 3. Prescrição e pretensão executiva. "Cuidando-se de execução individual de sentença proferida em ação coletiva, o beneficiário se insere em microssistema diverso e com regras pertinentes, sendo imperiosa a observância do prazo próprio das ações coletivas, que é quinquenal" (STJ-4ª T., REsp 1.275.215, Min. Luis Felipe, j. 27.9.11, DJ 1.2.12).

O início do prazo prescricional vinculado à pretensão executiva independe da tomada de medidas de divulgação da sentença (STJ-1ª Seção, REsp 1.388.000, Min. Og Fernandes, j. 26.8.15, maioria, DJ 12.4.16). "A providência de que trata o art. 94 da Lei 8.078/90 é desnecessária, sendo o prazo prescricional para a execução individual contado do trânsito em julgado da sentença coletiva" (STJ-4ª T., Ag em REsp 1.319.387-EdCl-AgInt, Min. Raul Araújo, j. 25.6.19, DJ 1.7.19).

Art. 97: 4. "Não obstante ser ampla a legitimação para impulsionar a liquidação e a execução da sentença coletiva, admitindo-se que a promovam o próprio titular do direito material, seus sucessores, ou um dos legitimados do art. 82 do CDC, o art. 97 impõe uma gradação de preferência que permite a legitimidade coletiva subsidiariamente, uma vez que, nessa fase, o ponto central é o dano pessoal sofrido por cada uma das vítimas" (STJ-4ª T., REsp 869.583, Min. Luis Felipe, j. 5.6.12, RT 928/501).

"Não se configura litispendência quando o beneficiário de ação coletiva busca executar individualmente a sentença da ação principal, mesmo já havendo execução pelo ente sindical que encabeçara a ação. Inteligência dos artigos 219 do Código de Processo Civil e 97 e 98 do Código de Defesa do Consumidor" (STJ-2ª T., REsp 995.932, Min. Castro Meira, j. 20.5.08, DJ 4.6.08). Do voto do relator: "Para que se evite eventual benefício duplo do autor, basta que seja oficiado ao juízo da ação coletiva para que efetive a retirada dele da lista de beneficiários no feito coletivo".

"Em ação civil pública proposta por associação, na condição de substituta processual de consumidores, possuem legitimidade para a liquidação e execução da sentença todos os beneficiados pela procedência do pedido, independentemente de serem filiados à associação promovente" (STJ-2ª Seção, REsp 1.438.263, Min. Raul Araújo, j. 28.4.21, DJ 24.5.21).

V. tb. art. 98, nota 1b. V. ainda no CPCLPV, CPC 75, nota 2a, e LACP 5º, nota 5b, e Lei 9.494, de 10.9.97, art. 2º-A, nota 2, no tít. FAZENDA PÚBLICA.

Art. 98 (*redação da Lei 9.008, de 21.3.95*). A execução[1-1a] poderá ser coletiva, sendo promovida pelos legitimados de que trata o art. 82,[1b] abrangendo as vítimas cujas indenizações já tiverem sido fixadas em sentença de liquidação,[2] sem prejuízo do ajuizamento de outras execuções.[3]

§ 1º A execução coletiva far-se-á com base em certidão das sentenças de liquidação, da qual deverá constar a ocorrência ou não do trânsito em julgado.

§ 2º É competente para a execução o juízo:

I — da liquidação da sentença ou da ação condenatória, no caso de execução individual;[4]

II — da ação condenatória, quando coletiva a execução.[5]

Art. 98: 1. "Execução nas ações coletivas", por Leonardo Greco (RF 369/119).

Art. 98: 1a. s/ execução coletiva promovida por sindicato, v., no CPCLPV, CPC 75, nota 2a.

Art. 98: 1b. "Sendo eficaz o título executivo judicial extraído de ação coletiva, nada impede que a associação, que até então figurava na qualidade de substituta processual, passe a atuar, na liquidação e execução, como representante de seus associados, na defesa dos direitos individuais homogêneos a eles assegurados. Viabiliza-se, assim, a satisfação de créditos individuais que, por questões econômicas, simplesmente não ensejam a instauração de custosos processos individuais" (STJ-3ª T., REsp 880.385, Min. Nancy Andrighi, j. 2.9.08, DJ 16.9.08).

Todavia: "No ressarcimento individual (arts. 97 e 98 do CDC), a liquidação e a execução serão obrigatoriamente personalizadas e divisíveis, devendo prioritariamente ser promovidas pelas vítimas ou seus sucessores de forma singular, uma vez que o próprio lesado tem melhores condições de demonstrar a existência do seu dano pessoal, o nexo etiológico com o dano globalmente reconhecido, bem como o montante equivalente à sua parcela. O art. 98 do CDC preconiza que a execução 'coletiva' terá lugar quando já houver sido fixado o valor da indenização devida em sentença de liquidação, a qual deve ser — em sede de direitos individuais homogêneos — promovida pelos próprios titulares ou sucessores. A legitimidade do Ministério Público para instaurar a execução exsurgirá — se for o caso — após o escoamento do prazo de um ano do trânsito em julgado se não houver a habilitação de interessados em número compatível com a gravidade do dano, nos termos do art. 100 do CDC. É que a hipótese versada nesse dispositivo encerra situação em que, por alguma razão, os consumidores lesados desinteressam-se quanto ao cumprimento individual da sentença, retornando a legitimação dos entes públicos indicados no art. 82 do CDC para requerer ao Juízo a apuração dos danos globalmente causados e a reversão dos valores apurados para o Fundo de Defesa dos Direitos Difusos (art. 13 da LACP), com vistas a que a sentença não se torne inócua, liberando o fornecedor que atuou ilicitamente de arcar com a reparação dos danos causados. No caso sob análise, não se tem notícia acerca da publicação de editais cientificando os interessados acerca da sentença exequenda, o que constitui óbice à sua habilitação na liquidação, sendo certo que o prazo decadencial nem sequer iniciou o seu curso, não obstante já se tenham escoado quase treze anos do trânsito em julgado" (STJ-4ª T., REsp 869.583, Min. Luis Felipe, j. 5.6.12, RT 928/501). No mesmo sentido: STJ-3ª T., REsp 1.801.518, Min. Paulo Sanseverino, j. 14.12.21, DJ 16.12.21.

V. tb. art. 97, nota 4. V. ainda no CPCLPV, CPC 75, nota 2a, e LACP 5º, nota 5b, e Lei 9.494, de 10.9.97, art. 2º-A, nota 2, no tít. FAZENDA PÚBLICA.

Art. 98: 2. s/ juízo competente para a liquidação, v. art. 97, nota 1.

Art. 98: 3. "Tratando-se de execução decorrente de ação coletiva, a falta de individualização dos créditos importa em nulidade da execução, para evitar duplicidade no pagamento da indenização, haja vista que as empresas filiadas não encontram vedação para ajuizar ações individuais sobre o mesmo crédito" (STJ-1ª T., REsp 766.134, Min. Francisco Falcão, j. 15.5.08, um voto vencido, DJ 27.8.08). Essa nulidade é cognoscível em sede de exceção de pré-executividade (v., no CPCLPV, CPC 803, nota 1b).

Art. 98: 4. "A liquidação e a execução individual de sentença genérica proferida em ação civil coletiva pode ser ajuizada no foro do domicílio do beneficiário" (STJ-Corte Especial, REsp 1.243.887, Min. Luis Felipe, j. 19.10.11, maioria, DJ 12.12.11). "O art. 98, I, do CDC permitiu expressamente que a liquidação e execução de sentença sejam feitas no domicílio do autor, em perfeita sintonia com o disposto no art. 101, I, do mesmo Código, que tem como objetivo garantir o acesso à Justiça. Não se pode determinar que os beneficiários de sentença coletiva sejam obrigados a liquidá-la e executá-la no foro em que a ação coletiva fora processada e julgada, sob pena de lhes inviabilizar a tutela dos direitos individuais, bem como congestionar o órgão jurisdicional" (STJ-3ª Seção, CC 96.682, Min. Arnaldo Esteves, j. 10.2.10, DJ 23.3.10). **Contra:** "Nos termos do art. 98, § 2º, I, do CDC, competente para a execução individual do julgado coletivo é o foro onde proferido o édito condenatório. Interpretação consentânea com o art. 2º da Lei 7.347/85. Possibilitar a execução no foro do domicílio do consumidor importa em repristinar o § ún. do art. 97 do CDC, que foi vetado" (STJ-4ª T., REsp 1.113.198, Min. Fernando Gonçalves, j. 25.8.09, um voto vencido, DJ 18.12.09).

Art. 98: 5. "Ação civil pública. Possibilidade de ajuizamento da **execução coletiva em foro diverso** ao foro do juízo sentenciante. Caso em que a execução coletiva de sentença condenatória favorável a grupo de consumidores foi ajuizada no foro do domicílio do executado, local em que também domiciliado parte dos beneficiados, não havendo cogitar-se do denominado *forum non conveniens*" (STJ-2ª Seção, CC 186.202-EDcl-AgInt, Min. Luis Felipe, j. 24.8.22, DJ 30.8.22).

Art. 99. Em caso de concurso de créditos decorrentes de condenação prevista na Lei n. 7.347, de 24 de julho de 1985, e de indenizações pelos prejuízos individuais resultantes do mesmo evento danoso, estas terão preferência no pagamento.

Parágrafo único. Para efeito do disposto neste artigo, a destinação da importância recolhida ao Fundo criado pela Lei n. 7.347, de 24 de julho de 1985,[1] ficará sustada enquanto pendentes de decisão de segundo grau as ações de indenização pelos danos individuais, salvo na hipótese de o patrimônio do devedor ser manifestamente suficiente para responder pela integralidade das dívidas.

Art. 99: 1. v. art. 13 da Lei 7.347.

Art. 100. Decorrido o prazo de um ano sem habilitação de interessados em número compatível com a gravidade do dano, poderão os legitimados do art. 82 promover a liquidação e execução da indenização devida.[1 a 2b]

Parágrafo único. O produto da indenização devida reverterá para o Fundo criado pela Lei n. 7.347, de 24 de julho de 1985.[3]

Art. 100: 1. "Ponderações sobre a *fluid recovery* do art. 100 do Código de Defesa do Consumidor", por Marcelo Abelha Rodrigues (RJ 321/43 e RP 116/325).

Art. 100: 2. "O **Ministério Público é parte legítima** para promover execução residual da chamada *fluid recovery*, a que se refere o art. 100, do CDC, com o escopo de reversão ao Fundo Público do valor residual, especialmente quando não houver interessados habilitados em número compatível com a extensão do dano. A reversão para o Fundo Público dos valores não levantados pelos beneficiários é providência cabível na fase de execução da sentença coletiva, descabendo por isso exigir que a inicial da ação de conhecimento já contenha tal pedido, cuja falta não induz julgamento *extra petita*, tampouco alteração do pedido na fase de execução" (STJ-4ª T., REsp 996.771, Min. Luis Felipe, j. 6.3.12, DJ 23.4.12).

Art. 100: 2a. "Se após o escoamento do prazo de um ano do trânsito em julgado, não houve habilitação de interessados em número compatível com a extensão do dano, exsurge a legitimidade do Ministério Público para instaurar a execução, nos termos do mencionado artigo 100 do Código de Defesa do Consumidor; nesse contexto, conquanto a sentença tenha determinado que os réus publicassem a parte dispositiva em dois jornais de ampla circulação local, esta obrigação, frise-se, destinada aos réus, não pode condicionar a possibilidade de reparação fluida, ante a ausência de disposição legal para tanto e, ainda, a sua eventual prejudicialidade à efetividade da ação coletiva, tendo em vista as dificuldades práticas para compelir os réus ao cumprimento" (STJ-4ª T., REsp 1.156.021, Min. Marco Buzzi, j. 6.2.14, DJ 5.5.14). Do voto do relator: "Conquanto seja necessário acolher a pretensão recursal no sentido de afastar o condicionamento estabelecido pelas instâncias ordinárias, não é possível, de plano, deferir o pedido de liquidação do julgado, nos termos pretendidos, porquanto necessária a **publicação**, no órgão oficial, do edital relativo ao conteúdo da sentença. Destaque-se, por oportuno, que a providência constante do artigo 94 do Código de Defesa do Consumidor — publicação de edital em órgão oficial — é passível de ser requerida e cumprida independentemente da atuação do devedor, *in casu*, dos réus da ação coletiva".

Art. 100: 2b. "Se o título executivo não prevê indenização estimada e possui os critérios para a liquidação e tendo em vista a identificação dos beneficiários, a liquidação deve levar em conta cada um dos contratos. No caso, pode ser realizada por **arbitramento**, de modo a se atingir a efetividade e celeridade da tutela coletiva, aliadas ao cumprimento do previsto no título. A reparação fluída (*fluid recovery*) é utilizada em situações nas quais os beneficiários do dano não são identificáveis, o prejuízo é individualmente irrelevante e globalmente relevante e, subsidiariamente, caso não haja habilitação dos beneficiários" (STJ-4ª T., REsp 1.187.632, Min. Antonio Ferreira, j. 5.6.12, maioria, DJ 6.6.13).

"A ausência das informações necessárias para a constatação dos prejuízos efetivos experimentados pelos beneficiários individuais da sentença coletiva não deve inviabilizar a utilização da reparação fluida. Nessa hipótese, a indenização poderá ser fixada por **estimativa**, podendo o juiz valer-se do princípio da cooperação insculpido no art. 6º do CPC/2015 e determinar que o executado forneça elementos para que seja possível o arbitramento de indenização adequada e proporcional. Não se pode permitir que o executado — autor do ato ilícito — se insurja contra a execução iniciada pelo legitimado coletivo, nos termos no art. 100 do CDC, com base no simples argumento de que não houve prova concreta dos prejuízos individuais, sob pena de a reparação fluida tornar-se inócua" (STJ-3ª T., REsp 1.927.098, Min. Nancy Andrighi, j. 22.11.22, DJ 24.11.22).

Art. 100: 3. v. art. 13 da Lei 7.347.

Capítulo III | DAS AÇÕES DE RESPONSABILIDADE DO FORNECEDOR DE PRODUTOS E SERVIÇOS

Art. 101. Na ação de responsabilidade civil do fornecedor de produtos e serviços,[1] sem prejuízo do disposto nos Capítulos I e II deste Título,[2] serão observadas as seguintes normas:

I — a ação pode ser proposta no domicílio do autor;[2a-3]

II — o réu que houver contratado seguro de responsabilidade[3a] poderá chamar ao processo o segurador,[4] vedada a integração do contraditório pelo Instituto de Resseguros do Brasil.[4a] Nesta hipótese, a sentença que julgar procedente o pedido condenará o réu nos termos do art. 80 do Código de Processo Civil.[5] Se o réu houver sido declarado falido, o síndico será intimado a informar a existência de seguro de responsabilidade, facultando-se, em caso afirmativo, o ajuizamento de ação de indenização diretamente contra o segurador, vedada a denunciação da lide ao Instituto de Resseguros do Brasil e dispensado o litisconsórcio obrigatório com este.

Art. 101: 1. Prescrição: art. 27.

Art. 101: 2. v. arts. 81 a 100.

Art. 101: 2a. A jurisprudência sobre o texto *supra* **do CDC está concentrada no CPCLPV, CPC 53-IV-*a*, em especial na nota 19c.**

S/ competência no CDC, v. tb. art. 93.

Art. 101: 3. "O magistrado pode, de ofício, declinar de sua competência para o juízo do domicílio do consumidor, porquanto a jurisprudência do STJ reconheceu que o critério determinativo da competência nas ações derivadas de relações de consumo é de ordem pública, caracterizando-se como regra de competência absoluta" (STJ-4ª T., REsp 1.049.639, Min. João Otávio, j. 16.12.08, DJ 2.2.09). No mesmo sentido: STJ-3ª T., REsp 1.084.036, Min. Nancy Andrighi, j. 3.3.09, DJ 17.3.09.

✎ **Art. 101: 3a.** "Seguro de responsabilidade. Legitimidade da vítima do dano para promoção da ação de reparação contra a seguradora. Disciplina da matéria no novo Código Civil e no Código de Defesa do Consumidor", por Urbano Ruiz (RT 820/145).

Art. 101: 4. "O fornecedor demandado poderá convocar ao processo o seu segurador, mas não para o exercício da ação incidente de garantia, que constitui a denunciação da lide, e sim para ampliar a legitimação passiva em favor do consumidor, o que se dá através do instituto do chamamento ao processo, disciplinado no CPC nos arts. 77 a 80" (RT 807/249, citando Kazuo Watanabe). No mesmo sentido: JTJ 340/42 (AI 618.537.4/6-00).

V. tb. art. 88.

Art. 101: 4a. v., no CPCLPV, CPC 125, nota 6.

Art. 101: 5. v. CPC 132.

Art. 102. Os legitimados a agir na forma deste Código[1] poderão propor ação visando compelir o Poder Público competente a proibir, em todo o território nacional, a produção, divulgação, distribuição ou venda, ou a determinar alteração na composição, estrutura, fórmula ou acondicionamento de produto, cujo uso ou consumo regular se revele nocivo ou perigoso à saúde pública e à incolumidade pessoal.

§ 1º (VETADO)
§ 2º (VETADO)

Art. 102: 1. v. art. 82.

Capítulo IV | DA COISA JULGADA

Art. 103. Nas ações coletivas de que trata este Código, a sentença fará coisa julgada:[1 a 1b]

I — *erga omnes*,[2] exceto se o pedido for julgado improcedente por insuficiência de provas, hipótese em que qualquer legitimado poderá intentar outra ação, com idêntico fundamento, valendo-se de nova prova, na hipótese do inciso I do parágrafo único do art. 81;

II — *ultra partes*,[2a] mas limitadamente ao grupo, categoria ou classe, salvo improcedência por insuficiência de provas, nos termos do inciso anterior, quando se tratar da hipótese prevista no inciso II do parágrafo único do art. 81;

III — *erga omnes*,[3] apenas no caso de procedência do pedido, para beneficiar todas as vítimas e seus sucessores,[3a] na hipótese do inciso III do parágrafo único do art. 81.[3b]

§ 1º Os efeitos da coisa julgada previstos nos incisos I e II não prejudicarão interesses e direitos individuais dos integrantes da coletividade, do grupo, categoria ou classe.

§ 2º Na hipótese prevista no inciso III, em caso de improcedência do pedido, os interessados que não tiverem intervindo no processo como litisconsortes[4] poderão propor ação de indenização a título individual.

§ 3º Os efeitos da coisa julgada de que cuida o art. 16, combinado com o art. 13 da Lei n. 7.347, de 24 de julho de 1985, não prejudicarão as ações de indenização por danos pessoalmente sofridos, propostas individualmente ou na forma prevista neste Código, mas, se procedente o pedido, beneficiarão as vítimas e seus sucessores, que poderão proceder à liquidação e à execução, nos termos dos arts. 96 a 99.

§ 4º Aplica-se o disposto no parágrafo anterior à sentença penal condenatória.

Art. 103: 1. cf. CPC 506.

✎ **Art. 103: 1a.** "A coisa julgada no Código do Consumidor", por José Ignácio Botelho de Mesquita (RF 326/79); "Coisa julgada e execução no processo coletivo", por Francisco Barros Dias (RTJE 125/27); "A coisa julgada no Código de Defesa do Consumidor e o conceito de parte", por Aroldo Plínio Gonçalves (RF 331/65); "A coisa julgada *erga omnes* nas ações coletivas (Código do Consumidor) e a Lei 9.494/97", por Paulo Valério Dal Pai Morais (RJ 264/56); "Notas sobre a mitigação da coisa julgada no processo coletivo", por Hugo Nigro Mazzilli (RSDCPC 36/38, RMDCPC 7/23 e RP 125/9); "Coisa julgada nas ações coletivas", por Eurico Zecchin Maiolino (RP 123/60); "Notas sobre a coisa julgada no processo individual e no processo coletivo", por Nelson Rodrigues Netto (RDDP 34/91); "Limites subjetivos da eficácia da sentença e da coisa julgada nas ações coletivas", por José Rogério Cruz e Tucci (RP 143/42).

Art. 103: 1b. v. art. 97, nota 2.

Art. 103: 2. v. art. 104.

Art. 103: 2a. v. art. 104.

Art. 103: 3. v. art. 104.

Art. 103: 3a. tenham ou não intervindo como litisconsortes (RSTJ 142/229).

Art. 103: 3b. "Ação coletiva julgada improcedente. Trânsito em julgado. **Repetição. Impossibilidade.** Inteligência dos artigos 81, inciso III, e 103, inciso III e § 2º, do CDC. Resguardo do direito individual dos atingidos pelo evento danoso" (STJ-2ª Seção, REsp 1.302.596, Min. Ricardo Cueva, j. 9.12.15, maioria, DJ 1.2.16).

Art. 103: 4. v. art. 94, nota 4.

Art. 104. As ações coletivas, previstas nos incisos I e II do parágrafo único do art. 81, não induzem litispendência[1] para as ações individuais, mas os efeitos da coisa julgada *erga omnes* ou *ultra partes* a que aludem os incisos II e III do artigo anterior não beneficiarão os autores das ações individuais, se não for requerida sua suspensão no prazo de trinta dias, a contar da ciência nos autos do ajuizamento da ação coletiva.[2 a 4]

Art. 104: 1. v. CPC 337 §§ 1º a 3º e no CPCLPV, LACP 1º, notas 1a e 1b.

✎ **Art. 104: 2.** "Ações individuais e coletivas sobre relação de consumo. Reunião de processos por conexão", por Humberto Theodoro Júnior (RSDCPC 37/13 e RIDCPC 44/56); "Relação entre demanda coletiva e demandas individuais", por Kazuo Watanabe (RP 139/28).

Art. 104: 2a. v. LMS 22 § 1º.

Art. 104: 3. "Ao contrário do que ocorre com os direitos transindividuais — invariavelmente tutelados por regime de substituição processual (em ação civil pública ou ação popular) —, os direitos individuais homogêneos podem ser tutelados tanto por ação coletiva (proposta por substituto processual), quanto por ação individual (proposta pelo próprio titular do direito, a quem é facultado vincular-se ou não à ação coletiva). Do sistema da tutela coletiva, disciplinado na Lei 8.078/90 (nomeadamente em seus arts. 103-III, combinado com os §§ 2º e 3º, e 104), resulta (a) que a ação individual pode ter curso independente da ação coletiva; (b) que a ação individual só se suspende por iniciativa do seu autor; e (c) que, não havendo pedido de suspensão, a ação individual não sofre efeito algum do resultado da ação coletiva, ainda que julgada procedente. Se a própria lei admite a convivência autônoma e harmônica de duas formas de tutela, fica afastada a possibilidade de decisões antagônicas e, portanto, o conflito. A existência de várias ações coletivas a respeito da mesma questão jurídica não representa, por si só, a possibilidade de ocorrer decisões antagônicas envolvendo as mesmas pessoas. É que os substituídos processuais (= titulares do direito individual em benefício de quem se pede tutela coletiva) não são, necessariamente, os mesmos em todas as ações. Pelo contrário: o normal é que sejam pessoas diferentes, e, para isso, concorrem pelo menos três fatores: (a) a limitação da representatividade do órgão ou entidade autor da demanda coletiva (= substituto processual), (b) o âmbito do pedido formulado na demanda e (c) a eficácia subjetiva da sentença imposta por lei" (STJ-1ª Seção, CC 47.731, Min. Teori Zavascki, j. 14.9.05, quatro votos vencidos, DJU 5.6.06).

Art. 104: 3a. "O ajuizamento de ação coletiva não induz, de imediato, o sobrestamento da individual, necessitando, para tanto, o requerimento do interessado, o qual pode optar em prosseguir singularmente em juízo" (STJ-3ª T., REsp 1.037.314, Min. Massami Uyeda, j. 10.6.08, DJU 20.6.08).

Todavia, autorizando o juiz a suspender a ação individual nessas circunstâncias, mesmo contra a vontade do autor: STJ-2ª Seção, REsp 1.110.549, Min. Sidnei Beneti, j. 28.10.09, um voto vencido, DJ 14.12.09. Do voto do relator: "A faculdade de suspensão, nos casos multitudinários, abre-se ao Juízo, em atenção ao interesse público de preservação da efetividade da Justiça, que se frustra se estrangulada por processos individuais multitudinários, contendo a mesma e única lide, de modo que válida a determinação de suspensão do processo individual, no aguardo do julgamento da macrolide trazida no processo de ação coletiva". No mesmo sentido: STJ-1ª Seção, REsp 1.353.801, Min. Mauro Campbell, j. 14.8.13, DJ 23.8.13.

Indo além: "Tendo-se admitido a suspensão de ofício por razões ligadas à melhor ordenação dos processos, privilegiando-se a sua solução uniforme e simultânea, otimizando a atuação do judiciário e desafogando-se sua estrutura, as mesmas razões justificam que se corrobore a retomada de ofício desses processos, **convertendo-se a ação individual em liquidação da sentença coletiva**. Essa medida colaborará para o mesmo fim: o de distribuir justiça de maneira mais célere e uniforme" (STJ-2ª Seção, REsp 1.189.679, Min. Nancy Andrighi, j. 24.11.10, DJ 17.12.10).

Art. 104: 3b. "Para que o pedido de suspensão surta os aludidos efeitos, é necessário que ele seja apresentado **antes de proferida a sentença** meritória no processo individual e, sobretudo, antes de transitada em julgado a sentença proferida na ação coletiva. Prestada a jurisdição em ambas as demandas, não é mais possível ao interessado buscar que o provimento judicial de uma prevaleça sobre o da outra, porquanto isso representaria clara afronta ao princípio do juiz natural" (STJ-1ª Seção, ED no REsp 1.405.424-Pet-AgInt, Min. Gurgel de Faria, j. 26.10.16, DJ 29.11.16).

Art. 104: 4. "Ação civil pública. Execução. Título executivo judicial. Pretensão manifestada por interessado que, posteriormente, impetrou mandado de segurança com pedido idêntico. Inadmissibilidade. Efeitos da coisa julgada da ação coletiva que não alcançam os autores de demandas individuais. Inexistência de requerimento de suspensão do feito individual no prazo de trinta dias, a contar da ciência nos autos do ajuizamento da demanda coletiva. Inteligência do art. 104 da Lei 8.078/90" (RP 130/230).

Capítulo V | DA CONCILIAÇÃO NO SUPERENDIVIDAMENTO[1-2]

CAP. V: 1. O Capítulo V foi acrescido pela Lei 14.181, de 1.7.21.

CAP. V: 2. Lei 14.181, de 1.7.21: "Art. 3º A validade dos negócios e dos demais atos jurídicos de crédito em curso constituídos antes da entrada em vigor desta Lei obedece ao disposto em lei anterior, mas os efeitos produzidos após a entrada em vigor desta Lei subordinam-se aos seus preceitos".

Art. 104-A. A requerimento do consumidor superendividado pessoa natural, o juiz poderá instaurar processo de repactuação de dívidas, com vistas à realização de audiência conciliatória, presidida por ele ou por conciliador credenciado no juízo, com a presença de todos os credores de dívidas previstas no art. 54-A deste Código, na qual o consumidor apresentará proposta de plano de pagamento com prazo máximo de 5 (cinco) anos, preservados o mínimo existencial, nos termos da regulamentação, e as garantias e as formas de pagamento originalmente pactuadas.

§ 1º Excluem-se do processo de repactuação as dívidas, ainda que decorrentes de relações de consumo, oriundas de contratos celebrados dolosamente sem o propósito de realizar pagamento, bem como as dívidas provenientes de contratos de crédito com garantia real, de financiamentos imobiliários e de crédito rural.

§ 2º O não comparecimento injustificado de qualquer credor, ou de seu procurador com poderes especiais e plenos para transigir, à audiência de conciliação de que trata o *caput* deste artigo acarretará a suspensão da exigibilidade do débito e a interrupção dos encargos da mora, bem como a sujeição compulsória ao plano de pagamento da dívida se o montante devido ao credor ausente for certo e conhecido pelo consumidor, devendo o pagamento a esse credor ser estipulado para ocorrer apenas após o pagamento aos credores presentes à audiência conciliatória.

§ 3º No caso de conciliação, com qualquer credor, a sentença judicial que homologar o acordo descreverá o plano de pagamento da dívida e terá eficácia de título executivo e força de coisa julgada.

§ 4º Constarão do plano de pagamento referido no § 3º deste artigo:

I — medidas de dilação dos prazos de pagamento e de redução dos encargos da dívida ou da remuneração do fornecedor, entre outras destinadas a facilitar o pagamento da dívida;

II — referência à suspensão ou à extinção das ações judiciais em curso;

III — data a partir da qual será providenciada a exclusão do consumidor de bancos de dados e de cadastros de inadimplentes;

IV — condicionamento de seus efeitos à abstenção, pelo consumidor, de condutas que importem no agravamento de sua situação de superendividamento.

§ 5º O pedido do consumidor a que se refere o *caput* deste artigo não importará em declaração de insolvência civil e poderá ser repetido somente após decorrido o prazo de 2 (dois) anos, contado da liquidação das obrigações previstas no plano de pagamento homologado, sem prejuízo de eventual repactuação.

Art. 104-B. Se não houver êxito na conciliação em relação a quaisquer credores, o juiz, a pedido do consumidor, instaurará processo por superendividamento para revisão e integração dos contratos e repactuação das dívidas remanescentes mediante plano judicial compulsório e procederá à citação de todos os credores cujos créditos não tenham integrado o acordo porventura celebrado.

§ 1º Serão considerados no processo por superendividamento, se for o caso, os documentos e as informações prestadas em audiência.

§ 2º No prazo de 15 (quinze) dias, os credores citados juntarão documentos e as razões da negativa de aceder ao plano voluntário ou de renegociar.

§ 3º O juiz poderá nomear administrador, desde que isso não onere as partes, o qual, no prazo de até 30 (trinta) dias, após cumpridas as diligências eventualmente necessárias, apresentará plano de pagamento que contemple medidas de temporização ou de atenuação dos encargos.

§ 4º O plano judicial compulsório assegurará aos credores, no mínimo, o valor do principal devido, corrigido monetariamente por índices oficiais de preço, e preverá a liquidação total da dívida, após a quitação do plano de pagamento consensual previsto no art. 104-A deste Código, em, no máximo, 5 (cinco) anos, sendo que a primeira parcela será devida no prazo máximo de 180 (cento e oitenta) dias, contado de sua homologação judicial, e o restante do saldo será devido em parcelas mensais iguais e sucessivas.

Art. 104-C. Compete concorrente e facultativamente aos órgãos públicos integrantes do Sistema Nacional de Defesa do Consumidor a fase conciliatória e preventiva do processo de repactuação de dívidas, nos moldes do art. 104-A deste Código, no que couber, com possibilidade de o processo ser regulado por convênios específicos celebrados entre os referidos órgãos e as instituições credoras ou suas associações.

§ 1º Em caso de conciliação administrativa para prevenir o superendividamento do consumidor pessoa natural, os órgãos públicos poderão promover, nas reclamações individuais, audiência global de conciliação com todos os credores e, em todos os casos, facilitar a elaboração de plano de pagamento, preservado o mínimo existencial, nos termos da regulamentação, sob a supervisão desses órgãos, sem prejuízo das demais atividades de reeducação financeira cabíveis.

§ 2º O acordo firmado perante os órgãos públicos de defesa do consumidor, em caso de superendividamento do consumidor pessoa natural, incluirá a data a partir da qual será providenciada a exclusão do consumidor de bancos de dados e de cadastros de inadimplentes, bem como o condicionamento de seus efeitos à abstenção, pelo consumidor, de condutas que importem no agravamento de sua situação de superendividamento, especialmente a de contrair novas dívidas.

Título IV | DO SISTEMA NACIONAL DE DEFESA DO CONSUMIDOR[1]

TÍT. IV: 1. v. Dec. 2.181, de 20.3.97, arts. 3º a 8º.

Art. 105. Integram o Sistema Nacional de Defesa do Consumidor — SNDC os órgãos federais, estaduais, do Distrito Federal e municipais e as entidades privadas de defesa do consumidor.

Art. 106. O Departamento Nacional de Defesa do Consumidor, da Secretaria Nacional de Direito Econômico-MJ, ou órgão federal que venha substituí-lo, é organismo de coordenação da política do Sistema Nacional de Defesa do Consumidor, cabendo-lhe:

I — planejar, elaborar, propor, coordenar e executar a política nacional de proteção ao consumidor;

II — receber, analisar, avaliar e encaminhar consultas, denúncias ou sugestões apresentadas por entidades representativas ou pessoas jurídicas de direito público ou privado;

III — prestar aos consumidores orientação permanente sobre seus direitos e garantias;

IV — informar, conscientizar e motivar o consumidor através dos diferentes meios de comunicação;

V — solicitar à polícia judiciária a instauração de inquérito policial para a apreciação de delito contra os consumidores, nos termos da legislação vigente;

VI — representar ao Ministério Público competente para fins de adoção de medidas processuais no âmbito de suas atribuições;

VII — levar ao conhecimento dos órgãos competentes as infrações de ordem administrativa que violarem os interesses difusos, coletivos, ou individuais dos consumidores;

VIII — solicitar o concurso de órgãos e entidades da União, Estados, do Distrito Federal e Municípios, bem como auxiliar a fiscalização de preços, abastecimento, quantidade e segurança de bens e serviços;

IX — incentivar, inclusive com recursos financeiros e outros programas especiais, a formação de entidades de defesa do consumidor pela população e pelos órgãos públicos estaduais e municipais;

X — (VETADO)

XI — (VETADO)

XII — (VETADO)

XIII — desenvolver outras atividades compatíveis com suas finalidades.

Parágrafo único. Para a consecução de seus objetivos, o Departamento Nacional de Defesa do Consumidor poderá solicitar o concurso de órgãos e entidades de notória especialização técnico-científica.

Título V | DA CONVENÇÃO COLETIVA DE CONSUMO

Art. 107. As entidades civis de consumidores e as associações de fornecedores ou sindicatos de categoria econômica podem regular, por convenção escrita, relações de consumo que tenham por objeto estabelecer condições relativas ao preço, à qualidade, à quantidade, à garantia[1] e características de produtos e serviços, bem como à reclamação e composição do conflito de consumo.

§ 1º A convenção tornar-se-á obrigatória a partir do registro do instrumento no cartório de títulos e documentos.

§ 2º A convenção somente obrigará os filiados às entidades signatárias.

§ 3º Não se exime de cumprir a convenção o fornecedor que se desligar da entidade em data posterior ao registro do instrumento.

Art. 107: 1. v. arts. 50 e 74.

Art. 108. (VETADO)

Título VI | DISPOSIÇÕES FINAIS

Art. 109. (VETADO)

Art. 110. Acrescente-se o seguinte inciso IV ao art. 1º da Lei n. 7.347, de 24 de julho de 1985:[1]

"IV — a qualquer outro interesse difuso ou coletivo".

Art. 110: 1. Lei 7.347: no CPCLPV, tít. AÇÃO CIVIL PÚBLICA.

Art. 111. O inciso II do art. 5º da Lei n. 7.347, de 24 de julho de 1985, passa a ter a seguinte redação:

"II — inclua, entre suas finalidades institucionais, a proteção ao meio ambiente, ao consumidor, ao patrimônio artístico, estético, histórico, turístico e paisagístico, ou a qualquer outro interesse difuso ou coletivo".[1]

Art. 111: 1. Esse inc. II foi alterado pela Lei 8.884, de 11.6.94, e posteriormente renumerado pela Lei 11.448, de 15.1.07.

Art. 112. O § 3º do art. 5º da Lei n. 7.347, de 24 de julho de 1985, passa a ter a seguinte redação:

"§ 3º Em caso de desistência infundada ou abandono da ação por associação legitimada, o Ministério Público ou outro legitimado assumirá a titularidade ativa".

Art. 113. Acrescente-se[1] os seguintes §§ 4º, 5º e 6º ao art. 5º da Lei n. 7.347, de 24 de julho de 1985:

"§ 4º O requisito da pré-constituição poderá ser dispensado pelo juiz, quando haja manifesto interesse social evidenciado pela dimensão ou característica do dano, ou pela relevância do bem jurídico a ser protegido.

"§ 5º Admitir-se-á o litisconsórcio facultativo entre os Ministérios Públicos da União, do Distrito Federal e dos Estados na defesa dos interesses e direitos de que cuida esta lei.[2]

"§ 6º Os órgãos públicos legitimados poderão tomar dos interessados compromisso de ajustamento de sua conduta às exigências legais, mediante cominações, que terá eficácia de título executivo extrajudicial".[3]

Art. 113: 1. sic.

Art. 113: 2. Os §§ 5º e 6º do art. 113 foram **vetados** (cf. DOU 12.9.90, supl., p. 11), mas, por inadvertência, estão publicados no texto oficial do CDC. V., a propósito, em nosso CPCLPV, tít. AÇÃO CIVIL PÚBLICA, nota 8 ao art. 5º da Lei 7.347.

Todavia, o eminente Ministro Ruy Rosado, em voto acompanhado por todos os seus ilustres pares, diz o seguinte:

"Procurei obter na Câmara dos Deputados a documentação sobre a tramitação e votação da referida mensagem, pela qual verifiquei que realmente não existe veto ao art. 113. Faltou na mensagem da Presidência da República a expressa menção ao art. 113 do CDC, que assim **não foi objeto de veto;** nem a referência constante daquele documento, quando tratava de justificar o veto ao art. 92, veio a ser votada no Congresso Nacional como compreensiva do tal veto" (RSTJ 134/401; citação da p. 406).

A informação que deram na Câmara dos Deputados ao excelso Ministro relator **não é exata: houve veto expresso** a esses parágrafos 5º e 6º, introduzidos pela Lei 8.078, de 11.9.90, conforme se pode verificar nas razões do veto transcritas no DOU 12.9.90, suplemento, p. 11 (pomos à disposição dos interessados cópia xerográfica do órgão oficial, onde se lê: "Assim também, **vetam-se, no aludido art. 113, os referidos parágrafos**").

Sem a expressa rejeição desse veto, portanto, os referidos parágrafos 5º e 6º não podem ser considerados em vigor.

Projeto de lei, vetado, não é lei. Ora, o CPC 784-XII é claríssimo em dizer que só é título executivo aquele "a que, por disposição expressa, **a lei** atribui força executiva". Logo, como não existe lei, porque a disposição do § 6º foi vetada, também não é possível falar, na hipótese, em título executivo.

Segundo julgados do STJ, os referidos parágrafos do art. 113 não foram vetados e estão em vigor (RSTJ 134/401; STJ-1ª T., REsp 222.582, Min. Milton Luiz Pereira, j. 12.3.02, DJU 29.4.02; STJ-2ª T., REsp 443.407, Min. João Otávio, j. 16.3.06, DJU 25.4.06).

Art. 113: 3. v. nota 2 a este art.

Art. 114. O art. 15 da Lei n. 7.347, de 24 de julho de 1985, passa a ter a seguinte redação:
"**Art. 15.** Decorridos sessenta dias do trânsito em julgado da sentença condenatória, sem que a associação autora lhe promova a execução, deverá fazê-lo o Ministério Público, facultada igual iniciativa aos demais legitimados".

Art. 115. Suprima-se o *caput* do art. 17 da Lei n. 7.347, de 24 de julho de 1985, passando o parágrafo único a constituir o *caput*, com a seguinte redação:
"**Art. 17.** Em caso de litigância de má-fé, a associação autora e os diretores responsáveis pela propositura da ação serão solidariamente condenados em honorários advocatícios e ao décuplo das custas, sem prejuízo da responsabilidade por perdas e danos".[1]

Art. 115: 1. Redação de acordo com retificação publicada no DOU 10.1.07, p. 1.

Art. 116. Dê-se a seguinte redação ao art. 18 da Lei n. 7.347, de 24 de julho de 1985:
"**Art. 18.** Nas ações de que trata esta lei, não haverá adiantamento de custas, emolumentos, honorários periciais e quaisquer outras despesas, nem condenação da associação autora, salvo comprovada má-fé, em honorários de advogado, custas e despesas processuais".

Art. 117. Acrescente-se à Lei n. 7.347, de 24 de julho de 1985, o seguinte dispositivo, renumerando-se os seguintes:
"**Art. 21.** Aplicam-se à defesa dos direitos e interesses difusos, coletivos e individuais, no que for cabível, os dispositivos do Título III da lei que instituiu o Código de Defesa do Consumidor".

Art. 118. Este Código entrará em vigor dentro de cento e oitenta dias a contar de sua publicação.[1]

Art. 118: 1. Publicada no DOU 12.9.90, supl.

Art. 119. Revogam-se as disposições em contrário.

Brasília, em 11 de setembro de 1990; 169º da Independência e 102º da República — FERNANDO COLLOR — **Bernardo Cabral** — **Zélia M. Cardoso de Mello** — **Ozires Silva**.

Lei n. 12.414, de 9 de junho de 2011

Disciplina a formação e consulta a bancos de dados com informações de adimplemento, de pessoas naturais ou de pessoas jurídicas, para formação de histórico de crédito.[1]

A Presidenta da República,
Faço saber que o Congresso Nacional decreta e eu sanciono a seguinte lei:

LEI 12.414: 1. Dec. 9.936, de 24.7.19 — Regulamenta a Lei n. 12.414, de 9 de junho de 2011, que disciplina a formação e a consulta a bancos de dados com informações de adimplemento, de pessoas naturais ou de pessoas jurídicas, para formação de histórico de crédito.

Art. 1º Esta Lei disciplina a formação e consulta a bancos de dados com informações de adimplemento, de pessoas naturais ou de pessoas jurídicas, para formação de histórico de crédito, sem prejuízo do disposto na Lei n. 8.078, de 11 de setembro de 1990 — Código de Proteção e Defesa do Consumidor.[1]

Parágrafo único. Os bancos de dados instituídos ou mantidos por pessoas jurídicas de direito público interno serão regidos por legislação específica.

Art. 1º: 1. Súmula 550 do STJ: "A utilização de escore de crédito, método estatístico de avaliação de risco que não constitui banco de dados, **dispensa o consentimento do consumidor,** que terá o **direito de solicitar esclarecimentos** sobre as informações pessoais valoradas e as fontes dos dados considerados no respectivo cálculo".

"O sistema 'credit scoring' é um método desenvolvido para avaliação do risco de concessão de crédito, a partir de modelos estatísticos, considerando diversas variáveis, com atribuição de uma pontuação ao consumidor avaliado (nota do risco de crédito). Essa prática comercial é lícita, estando autorizada pelo art. 5º, IV, e pelo art. 7º, I, da Lei 12.414/2011 (Lei do Cadastro Positivo). Na avaliação do risco de crédito, devem ser respeitados os limites estabelecidos pelo sistema de proteção do consumidor no sentido da tutela da privacidade e da máxima transparência nas relações negociais, conforme previsão do CDC e da Lei 12.414/2011. Apesar de desnecessário o consentimento do consumidor consultado, devem ser a ele fornecidos esclarecimentos, caso solicitados, acerca das fontes dos dados considerados (histórico de crédito), bem como as informações pessoais valoradas. O desrespeito aos limites legais na utilização do sistema 'credit scoring', configurando abuso no exercício desse direito (art. 187 do CC), pode ensejar a responsabilidade objetiva e solidária do fornecedor do serviço, do responsável pelo banco de dados, da fonte e do consulente (art. 16 da Lei 12.414/2011) pela ocorrência de danos morais nas hipóteses de utilização de informações excessivas ou sensíveis (art. 3º, § 3º, I e II, da Lei 12.414/2011), bem como nos casos de comprovada recusa indevida de crédito pelo uso de dados incorretos ou desatualizados" (STJ-2ª Seção, REsp 1.419.697, Min. Paulo Sanseverino, j. 12.11.14, DJ 17.11.14).

Art. 2º Para os efeitos desta Lei, considera-se:

I — banco de dados: conjunto de dados relativo a pessoa natural ou jurídica armazenados com a finalidade de subsidiar a concessão de crédito, a realização de venda a prazo ou de outras transações comerciais e empresariais que impliquem risco financeiro;

II — gestor: pessoa jurídica que atenda aos requisitos mínimos de funcionamento previstos nesta Lei e em regulamentação complementar, responsável pela administração de banco de dados, bem como pela coleta, pelo armazenamento, pela análise e pelo acesso de terceiros aos dados armazenados;[1]

III — cadastrado: pessoa natural ou jurídica cujas informações tenham sido incluídas em banco de dados;²

IV — fonte: pessoa natural ou jurídica que conceda crédito, administre operações de autofinanciamento ou realize venda a prazo ou outras transações comerciais e empresariais que lhe impliquem risco financeiro, inclusive as instituições autorizadas a funcionar pelo Banco Central do Brasil e os prestadores de serviços continuados de água, esgoto, eletricidade, gás, telecomunicações e assemelhados;³

V — consulente: pessoa natural ou jurídica que acesse informações em bancos de dados para qualquer finalidade permitida por esta Lei;

VI — anotação: ação ou efeito de anotar, assinalar, averbar, incluir, inscrever ou registrar informação relativa ao histórico de crédito em banco de dados; e

VII — histórico de crédito: conjunto de dados financeiros e de pagamentos, relativos às operações de crédito e obrigações de pagamento adimplidas ou em andamento por pessoa natural ou jurídica.⁴

Art. 2º: 1 a 4. Redação de acordo com a LC 166, de 8.4.19, em vigor após decorridos 91 (noventa e um) dias de sua publicação oficial (DOU 9.4.19).

Art. 3º Os bancos de dados poderão conter informações de adimplemento do cadastrado, para a formação do histórico de crédito, nas condições estabelecidas nesta Lei.

§ 1º Para a formação do banco de dados, somente poderão ser armazenadas informações objetivas, claras, verdadeiras e de fácil compreensão, que sejam necessárias para avaliar a situação econômica do cadastrado.

§ 2º Para os fins do disposto no § 1º, consideram-se informações:

I — objetivas: aquelas descritivas dos fatos e que não envolvam juízo de valor;

II — claras: aquelas que possibilitem o imediato entendimento do cadastrado independentemente de remissão a anexos, fórmulas, siglas, símbolos, termos técnicos ou nomenclatura específica;

III — verdadeiras: aquelas exatas, completas e sujeitas à comprovação nos termos desta Lei; e

IV — de fácil compreensão: aquelas em sentido comum que assegurem ao cadastrado o pleno conhecimento do conteúdo, do sentido e do alcance dos dados sobre ele anotados.

§ 3º Ficam proibidas as anotações de:

I — informações excessivas, assim consideradas aquelas que não estiverem vinculadas à análise de risco de crédito ao consumidor; e

II — informações sensíveis, assim consideradas aquelas pertinentes à origem social e étnica, à saúde, à informação genética, à orientação sexual e às convicções políticas, religiosas e filosóficas.

Art. 4º O gestor está autorizado, nas condições estabelecidas nesta Lei, a:¹

I — abrir cadastro em banco de dados com informações de adimplemento de pessoas naturais e jurídicas;¹ᵃ

II — fazer anotações no cadastro de que trata o inciso I do *caput* deste artigo;¹ᵇ

III — compartilhar as informações cadastrais e de adimplemento armazenadas com outros bancos de dados; e²

IV — disponibilizar a consulentes:³
a) a nota ou pontuação de crédito elaborada com base nas informações de adimplemento armazenadas; e⁴
b) o histórico de crédito, mediante prévia autorização específica do cadastrado.⁵
§ 1º (*revogado*).⁶
§ 2º (*revogado*).⁷
§ 3º (VETADO).
§ 4º A comunicação ao cadastrado deve:⁸
I — ocorrer em até 30 (trinta) dias após a abertura do cadastro no banco de dados, sem custo para o cadastrado;⁹
II — ser realizada pelo gestor, diretamente ou por intermédio de fontes; e
III — informar de maneira clara e objetiva os canais disponíveis para o cancelamento do cadastro no banco de dados.¹⁰
§ 5º Fica dispensada a comunicação de que trata o § 4º deste artigo caso o cadastrado já tenha cadastro aberto em outro banco de dados.¹¹
§ 6º Para o envio da comunicação de que trata o § 4º deste artigo, devem ser utilizados os dados pessoais, como endereço residencial, comercial, eletrônico, fornecidos pelo cadastrado à fonte.¹²
§ 7º As informações do cadastrado somente poderão ser disponibilizadas a consulentes 60 (sessenta) dias após a abertura do cadastro, observado o disposto no § 8º deste artigo e no art. 15 desta Lei.¹³
§ 8º É obrigação do gestor manter procedimentos adequados para comprovar a autenticidade e a validade da autorização de que trata a alínea *b* do inciso IV do *caput* deste artigo.¹⁴

Art. 4º: 1 a 5. Redação de acordo com a LC 166, de 8.4.19, em vigor após decorridos 91 (noventa e um) dias de sua publicação oficial (DOU 9.4.19).

Art. 4º: 6 e 7. Os §§ 1º e 2º foram revogados pela LC 166, de 8.4.19, em vigor após decorridos 91 (noventa e um) dias de sua publicação oficial (DOU 9.4.19).

Art. 4º: 8 a 14. Redação de acordo com a LC 166, de 8.4.19, em vigor após decorridos 91 (noventa e um) dias de sua publicação oficial (DOU 9.4.19).

Art. 5º São direitos do cadastrado:
I — obter o cancelamento ou a reabertura do cadastro, quando solicitado;¹
II — acessar gratuitamente, independentemente de justificativa, as informações sobre ele existentes no banco de dados, inclusive seu histórico e sua nota ou pontuação de crédito, cabendo ao gestor manter sistemas seguros, por telefone ou por meio eletrônico, de consulta às informações pelo cadastrado;¹ᵃ⁻¹ᵇ
III — solicitar a impugnação de qualquer informação sobre ele erroneamente anotada em banco de dados e ter, em até 10 (dez) dias, sua correção ou seu cancelamento em todos os bancos de dados que compartilharam a informação;¹ᶜ
IV — conhecer os principais elementos e critérios considerados para a análise de risco, resguardado o segredo empresarial;²
V — ser informado previamente sobre a identidade do gestor e sobre o armazenamento e o objetivo do tratamento dos dados pessoais;²ᵃ⁻²ᵇ
VI — solicitar ao consulente a revisão de decisão realizada exclusivamente por meios automatizados; e
VII — ter os seus dados pessoais utilizados somente de acordo com a finalidade para a qual eles foram coletados.

§ 1º (VETADO).

§ 2º (VETADO).

§ 3º O prazo para disponibilização das informações de que tratam os incisos II e IV do *caput* deste artigo será de 10 (dez) dias.³

§ 4º O cancelamento e a reabertura de cadastro somente serão processados mediante solicitação gratuita do cadastrado ao gestor.⁴

§ 5º O cadastrado poderá realizar a solicitação de que trata o § 4º deste artigo a qualquer gestor de banco de dados, por meio telefônico, físico e eletrônico.⁴ª

§ 6º O gestor que receber a solicitação de que trata o § 4º deste artigo é obrigado a, no prazo de até 2 (dois) dias úteis:⁵

I — encerrar ou reabrir o cadastro, conforme solicitado; e⁵ª

II — transmitir a solicitação aos demais gestores, que devem também atender, no mesmo prazo, à solicitação do cadastrado.⁵ᵇ

§ 7º O gestor deve proceder automaticamente ao cancelamento de pessoa natural ou jurídica que tenha manifestado previamente, por meio telefônico, físico ou eletrônico, a vontade de não ter aberto seu cadastro.⁶

§ 8º O cancelamento de cadastro implica a impossibilidade de uso das informações do histórico de crédito pelos gestores, para os fins previstos nesta Lei, inclusive para a composição de nota ou pontuação de crédito de terceiros cadastrados, na forma do art. 7º-A desta Lei.⁷

Art. 5º: 1 e 1a. Redação de acordo com a LC 166, de 8.4.19, em vigor após decorridos 91 (noventa e um) dias de sua publicação oficial (DOU 9.4.19).

Art. 5º: 1b. "Em relação ao sistema *credit scoring*, o **interesse de agir** para a propositura da ação cautelar de exibição de documentos exige, no mínimo, a prova de: i) requerimento para obtenção dos dados ou, ao menos, a tentativa de fazê-lo à instituição responsável pelo sistema de pontuação, com a fixação de prazo razoável para atendimento; e ii) que a recusa do crédito almejado ocorreu em razão da pontuação que lhe foi atribuída pelo sistema *scoring*" (STJ-2ª Seção, REsp 1.304.736, Min. Luis Felipe, j. 24.2.16, DJ 30.3.16).

Art. 5º: 1c. Redação de acordo com a LC 166, de 8.4.19, em vigor após decorridos 91 (noventa e um) dias de sua publicação oficial (DOU 9.4.19).

Art. 5º: 2. v. nota 1b e art. 1º, nota 1.

Art. 5º: 2a. Redação de acordo com a LC 166, de 8.4.19, em vigor após decorridos 91 (noventa e um) dias de sua publicação oficial (DOU 9.4.19).

Art. 5º: 2b. "Banco de dados. **Compartilhamento de informações pessoais. Dever de informação.** Violação. Dano moral *in re ipsa*. O fato, por si só, de se tratar de dados usualmente fornecidos pelos próprios consumidores quando da realização de qualquer compra no comércio, não afasta a responsabilidade do gestor do banco de dados, na medida em que, quando o consumidor o faz não está, implícita e automaticamente, autorizando o comerciante a divulgá-los no mercado; está apenas cumprindo as condições necessárias à concretização do respectivo negócio jurídico entabulado apenas entre as duas partes, confiando ao fornecedor a proteção de suas informações pessoais. Do mesmo modo, o fato de alguém publicar em rede social uma informação de caráter pessoal não implica o consentimento, aos usuários que acessam o conteúdo, de utilização de seus dados para qualquer outra finalidade, ainda mais com fins lucrativos" (STJ-3ª T., REsp 1.758.799, Min. Nancy Andrighi, j. 12.11.19, DJ 19.11.19).

Art. 5º: 3 a 7. Redação de acordo com a LC 166, de 8.4.19, em vigor após decorridos 91 (noventa e um) dias de sua publicação oficial (DOU 9.4.19).

Art. 6º Ficam os gestores de bancos de dados obrigados, quando solicitados, a fornecer ao cadastrado:

I — todas as informações sobre ele constantes de seus arquivos, no momento da solicitação;

II — indicação das fontes relativas às informações de que trata o inciso I, incluindo endereço e telefone para contato;

III — indicação dos gestores de bancos de dados com os quais as informações foram compartilhadas;

IV — indicação de todos os consulentes que tiveram acesso a qualquer informação sobre ele nos 6 (seis) meses anteriores à solicitação;[1]

V — cópia de texto com o sumário dos seus direitos, definidos em lei ou em normas infralegais pertinentes à sua relação com gestores, bem como a lista dos órgãos governamentais aos quais poderá ele recorrer, caso considere que esses direitos foram infringidos; e[2]

VI — confirmação de cancelamento do cadastro.[3]

§ 1º É vedado aos gestores de bancos de dados estabelecerem políticas ou realizarem operações que impeçam, limitem ou dificultem o acesso do cadastrado previsto no inciso II do art. 5º.

§ 2º O prazo para atendimento das informações de que tratam os incisos II, III, IV e V do *caput* deste artigo será de 10 (dez) dias.[4]

Art. 6º: 1 a 4. Redação de acordo com a LC 166, de 8.4.19, em vigor após decorridos 91 (noventa e um) dias de sua publicação oficial (DOU 9.4.19).

Art. 7º As informações disponibilizadas nos bancos de dados somente poderão ser utilizadas para:

I — realização de análise de risco de crédito do cadastrado; ou

II — subsidiar a concessão ou extensão de crédito e a realização de venda a prazo ou outras transações comerciais e empresariais que impliquem risco financeiro ao consulente.

Parágrafo único. Cabe ao gestor manter sistemas seguros, por telefone ou por meio eletrônico, de consulta para informar aos consulentes as informações de adimplemento do cadastrado.

Art. 7º-A. Nos elementos e critérios considerados para composição da nota ou pontuação de crédito de pessoa cadastrada em banco de dados de que trata esta Lei, não podem ser utilizadas informações:[1]

I — que não estiverem vinculadas à análise de risco de crédito e aquelas relacionadas à origem social e étnica, à saúde, à informação genética, ao sexo e às convicções políticas, religiosas e filosóficas;

II — de pessoas que não tenham com o cadastrado relação de parentesco de primeiro grau ou de dependência econômica; e

III — relacionadas ao exercício regular de direito pelo cadastrado, previsto no inciso II do *caput* do art. 5º desta Lei.

§ 1º O gestor de banco de dados deve disponibilizar em seu sítio eletrônico, de forma clara, acessível e de fácil compreensão, a sua política de coleta e utilização de dados pessoais para fins de elaboração de análise de risco de crédito.

§ 2º A transparência da política de coleta e utilização de dados pessoais de que trata o § 1º deste artigo deve ser objeto de verificação, na forma de regulamentação a ser expedida pelo Poder Executivo.

Art. 7º-A: 1. O art. 7º-A foi acrescido pela LC 166, de 8.4.19, em vigor após decorridos 91 (noventa e um) dias de sua publicação oficial (DOU 9.4.19).

Art. 8º São obrigações das fontes:

I — (*revogado*);[1]

II — (revogado);[1a]

III — verificar e confirmar, ou corrigir, em prazo não superior a 2 (dois) dias úteis, informação impugnada, sempre que solicitado por gestor de banco de dados ou diretamente pelo cadastrado;

IV — atualizar e corrigir informações enviadas aos gestores, em prazo não superior a 10 (dez) dias;[2]

V — manter os registros adequados para verificar informações enviadas aos gestores de bancos de dados; e

VI — fornecer informações sobre o cadastrado, em bases não discriminatórias, a todos os gestores de bancos de dados que as solicitarem, no mesmo formato e contendo as mesmas informações fornecidas a outros bancos de dados.

Parágrafo único. É vedado às fontes estabelecer políticas ou realizar operações que impeçam, limitem ou dificultem a transmissão a banco de dados de informações de cadastrados.[3]

Art. 8º: 1 e 1a. Os incisos I e II foram revogados pela LC 166, de 8.4.19, em vigor após decorridos 91 (noventa e um) dias de sua publicação oficial (DOU 9.4.19).

Art. 8º: 2 e 3. Redação de acordo com a LC 166, de 8.4.19, em vigor após decorridos 91 (noventa e um) dias de sua publicação oficial (DOU 9.4.19).

Art. 9º O compartilhamento de informações de adimplemento entre gestores é permitido na forma do inciso III do *caput* do art. 4º desta Lei.[1]

§ 1º O gestor que receber informação por meio de compartilhamento equipara-se, para todos os efeitos desta Lei, ao gestor que anotou originariamente a informação, inclusive quanto à responsabilidade por eventuais prejuízos a que der causa e ao dever de receber e processar impugnações ou cancelamentos e realizar retificações.[1a]

§ 2º O gestor originário é responsável por manter atualizadas as informações cadastrais nos demais bancos de dados com os quais compartilhou informações, sem nenhum ônus para o cadastrado.[1b]

§ 3º (revogado).[2]

§ 4º O gestor deverá assegurar, sob pena de responsabilidade, a identificação da pessoa que promover qualquer inscrição ou atualização de dados relacionados com o cadastrado, registrando a data desta ocorrência, bem como a identificação exata da fonte, do nome do agente que a efetuou e do equipamento ou terminal a partir do qual foi processada tal ocorrência.

Art. 9º: 1 a 1b. Redação de acordo com a LC 166, de 8.4.19, em vigor após decorridos 91 (noventa e um) dias de sua publicação oficial (DOU 9.4.19).

Art. 9º: 2. O § 3º foi revogado pela LC 166, de 8.4.19, em vigor após decorridos 91 (noventa e um) dias de sua publicação oficial (DOU 9.4.19).

Art. 10. É proibido ao gestor exigir exclusividade das fontes de informações.

Art. 11 (revogado).[1]

Art. 11: 1. O artigo foi revogado pela LC 166, de 8.4.19, em vigor após decorridos 91 (noventa e um) dias de sua publicação oficial (DOU 9.4.19).

Art. 12. As instituições autorizadas a funcionar pelo Banco Central do Brasil fornecerão as informações relativas a suas operações de crédito, de arrendamento mercantil e de autofinanciamento realizadas por meio de grupos de consórcio e a outras operações com características de concessão de crédito somente aos gestores registrados no Banco Central do Brasil.[1]

§ 1º (*revogado*).[2]

§ 2º (*revogado*).[2a]

§ 3º O Conselho Monetário Nacional adotará as medidas e normas complementares necessárias para a aplicação do disposto neste artigo.

§ 4º O compartilhamento de que trata o inciso III do *caput* do art. 4º desta Lei, quando referente a informações provenientes de instituições autorizadas a funcionar pelo Banco Central do Brasil, deverá ocorrer apenas entre gestores registrados na forma deste artigo.[3]

§ 5º As infrações à regulamentação de que trata o § 3º deste artigo sujeitam o gestor ao cancelamento do seu registro no Banco Central do Brasil, assegurado o devido processo legal, na forma da Lei n. 9.784, de 29 de janeiro de 1999.[4]

§ 6º O órgão administrativo competente poderá requerer aos gestores, na forma e no prazo que estabelecer, as informações necessárias para o desempenho das atribuições de que trata este artigo.[5]

§ 7º Os gestores não se sujeitam à legislação aplicável às instituições financeiras e às demais instituições autorizadas a funcionar pelo Banco Central do Brasil, inclusive quanto às disposições sobre processo administrativo sancionador, regime de administração especial temporária, intervenção e liquidação extrajudicial.[6]

§ 8º O disposto neste artigo não afasta a aplicação pelos órgãos integrantes do Sistema Nacional de Defesa do Consumidor (SNDC), na forma do art. 17 desta Lei, das penalidades cabíveis por violação das normas de proteção do consumidor.[7]

Art. 12: 1. Redação de acordo com a LC 166, de 8.4.19.

Art. 12: 2 e 2a. Os §§ 1º e 2º foram revogados pela LC 166, de 8.4.19, em vigor após decorridos 91 (noventa e um) dias de sua publicação oficial (DOU 9.4.19).

Art. 12: 3 e 4. Redação de acordo com a LC 166, de 8.4.19, em vigor após decorridos 91 (noventa e um) dias de sua publicação oficial (DOU 9.4.19).

Art. 12: 5. Redação de acordo com a LC 166, de 8.4.19.

Art. 12: 6 e 7. Redação de acordo com a LC 166, de 8.4.19, em vigor após decorridos 91 (noventa e um) dias de sua publicação oficial (DOU 9.4.19).

Art. 13. O Poder Executivo regulamentará o disposto nesta Lei, em especial quanto:[1]

I — ao uso, à guarda, ao escopo e ao compartilhamento das informações recebidas por bancos de dados;

II — aos procedimentos aplicáveis aos gestores de banco de dados na hipótese de vazamento de informações dos cadastrados, inclusive com relação à comunicação aos órgãos responsáveis pela sua fiscalização, nos termos do § 1º do art. 17 desta Lei; e

III — ao disposto nos arts. 5º e 7º-A desta Lei.

Art. 13: 1. Redação do art. 13, *caput* e incisos, de acordo com a LC 166, de 8.4.19, em vigor após decorridos 91 (noventa e um) dias de sua publicação oficial (DOU 9.4.19).

Art. 14. As informações de adimplemento não poderão constar de bancos de dados por período superior a 15 (quinze) anos.

Art. 15. As informações sobre o cadastrado constantes dos bancos de dados somente poderão ser acessadas por consulentes que com ele mantiverem ou pretenderem manter relação comercial ou creditícia.

Art. 16. O banco de dados, a fonte e o consulente são responsáveis, objetiva e solidariamente, pelos danos materiais e morais que causarem ao cadastrado, nos termos da Lei n. 8.078, de 11 de setembro de 1990 (Código de Proteção e Defesa do Consumidor).[1]

Art. 16: 1. Redação de acordo com a LC 166, de 8.4.19, em vigor após decorridos 91 (noventa e um) dias de sua publicação oficial (DOU 9.4.19).

Art. 17. Nas situações em que o cadastrado for consumidor, caracterizado conforme a Lei n. 8.078, de 11 de setembro de 1990 — Código de Proteção e Defesa do Consumidor, aplicam-se as sanções e penas nela previstas e o disposto no § 2º.

§ 1º Nos casos previstos no *caput*, a fiscalização e a aplicação das sanções serão exercidas concorrentemente pelos órgãos de proteção e defesa do consumidor da União, dos Estados, do Distrito Federal e dos Municípios, nas respectivas áreas de atuação administrativa.

§ 2º Sem prejuízo do disposto no *caput* e no § 1º deste artigo, os órgãos de proteção e defesa do consumidor poderão aplicar medidas corretivas e estabelecer aos bancos de dados que descumprirem o previsto nesta Lei a obrigação de excluir do cadastro informações incorretas, no prazo de 10 (dez) dias, bem como de cancelar os cadastros de pessoas que solicitaram o cancelamento, conforme disposto no inciso I do *caput* do art. 5º desta Lei.[1]

Art. 17: 1. Redação de acordo com a LC 166, de 8.4.19, em vigor após decorridos 91 (noventa e um) dias de sua publicação oficial (DOU 9.4.19).

Art. 17-A. A quebra do sigilo previsto na Lei Complementar n. 105, de 10 de janeiro de 2001, sujeita os responsáveis às penalidades previstas no art. 10 da referida Lei, sem prejuízo do disposto na Lei n. 8.078, de 11 de setembro de 1990 (Código de Proteção e Defesa do Consumidor).[1]

Art. 17-A: 1. O art. 17-A foi acrescido pela LC 166, de 8.4.19, em vigor após decorridos 91 (noventa e um) dias de sua publicação oficial (DOU 9.4.19).

Art. 18. Esta Lei entra em vigor na data de sua publicação.

Brasília, em 9 de junho de 2011; 190º da Independência e 123º da República — DILMA ROUSSEFF — **José Eduardo Cardozo** — **Guido Mantega**.

Decreto n. 7.962, de 15 de março de 2013

Regulamenta a Lei n. 8.078, de 11 de setembro de 1990, para dispor sobre a contratação no comércio eletrônico.

A Presidenta da República, no uso da atribuição que lhe confere o art. 84, *caput*, inciso IV, da Constituição, e tendo em vista o disposto na Lei n. 8.078, de 11 de setembro de 1990,

Decreta:

Art. 1º Este Decreto regulamenta a Lei n. 8.078, de 11 de setembro de 1990, para dispor sobre a contratação no comércio eletrônico,[1] abrangendo os seguintes aspectos:

I — informações claras a respeito do produto, serviço e do fornecedor;

II — atendimento facilitado ao consumidor; e

III — respeito ao direito de arrependimento.

Art. 1º: 1. v. CDC 14, nota 6a.

Art. 2º Os sítios eletrônicos ou demais meios eletrônicos utilizados para oferta ou conclusão de contrato de consumo devem disponibilizar, em local de destaque e de fácil visualização, as seguintes informações:

I — nome empresarial e número de inscrição do fornecedor, quando houver, no Cadastro Nacional de Pessoas Físicas ou no Cadastro Nacional de Pessoas Jurídicas do Ministério da Fazenda;

II — endereço físico e eletrônico, e demais informações necessárias para sua localização e contato;

III — características essenciais do produto ou do serviço, incluídos os riscos à saúde e à segurança dos consumidores;

IV — discriminação, no preço, de quaisquer despesas adicionais ou acessórias, tais como as de entrega ou seguros;

V — condições integrais da oferta, incluídas modalidades de pagamento, disponibilidade, forma e prazo da execução do serviço ou da entrega ou disponibilização do produto; e

VI — informações claras e ostensivas a respeito de quaisquer restrições à fruição da oferta.

Art. 3º Os sítios eletrônicos ou demais meios eletrônicos utilizados para ofertas de compras coletivas ou modalidades análogas de contratação deverão conter, além das informações previstas no art. 2º, as seguintes:

I — quantidade mínima de consumidores para a efetivação do contrato;

II — prazo para utilização da oferta pelo consumidor; e

III — identificação do fornecedor responsável pelo sítio eletrônico e do fornecedor do produto ou serviço ofertado, nos termos dos incisos I e II do art. 2º.

Art. 4º Para garantir o atendimento facilitado ao consumidor no comércio eletrônico, o fornecedor deverá:

I — apresentar sumário do contrato antes da contratação, com as informações necessárias ao pleno exercício do direito de escolha do consumidor, enfatizadas as cláusulas que limitem direitos;

II — fornecer ferramentas eficazes ao consumidor para identificação e correção imediata de erros ocorridos nas etapas anteriores à finalização da contratação;

III — confirmar imediatamente o recebimento da aceitação da oferta;

IV — disponibilizar o contrato ao consumidor em meio que permita sua conservação e reprodução, imediatamente após a contratação;

V — manter serviço adequado e eficaz de atendimento em meio eletrônico, que possibilite ao consumidor a resolução de demandas referentes a informação, dúvida, reclamação, suspensão ou cancelamento do contrato;

VI — confirmar imediatamente o recebimento das demandas do consumidor referidas no inciso, pelo mesmo meio empregado pelo consumidor; e

VII — utilizar mecanismos de segurança eficazes para pagamento e para tratamento de dados do consumidor.

Parágrafo único. A manifestação do fornecedor às demandas previstas no inciso V do *caput* será encaminhada em até cinco dias ao consumidor.

Art. 5º O fornecedor deve informar, de forma clara e ostensiva, os meios adequados e eficazes para o exercício do direito de arrependimento pelo consumidor.

§ 1º O consumidor poderá exercer seu direito de arrependimento pela mesma ferramenta utilizada para a contratação, sem prejuízo de outros meios disponibilizados.

§ 2º O exercício do direito de arrependimento implica a rescisão dos contratos acessórios, sem qualquer ônus para o consumidor.

§ 3º O exercício do direito de arrependimento será comunicado imediatamente pelo fornecedor à instituição financeira ou à administradora do cartão de crédito ou similar, para que:

I — a transação não seja lançada na fatura do consumidor; ou

II — seja efetivado o estorno do valor, caso o lançamento na fatura já tenha sido realizado.

§ 4º O fornecedor deve enviar ao consumidor confirmação imediata do recebimento da manifestação de arrependimento.

Art. 6º As contratações no comércio eletrônico deverão observar o cumprimento das condições da oferta, com a entrega dos produtos e serviços contratados, observados prazos, quantidade, qualidade e adequação.

Art. 7º A inobservância das condutas descritas neste Decreto ensejará aplicação das sanções previstas no art. 56 da Lei n. 8.078, de 1990.

Art. 8º O Decreto n. 5.903, de 20 de setembro de 2006, passa a vigorar com as seguintes alterações:

"Art. 10. ...

Parágrafo único. O disposto nos arts. 2º, 3º e 9º deste Decreto aplica-se às contratações no comércio eletrônico".[1]

Art. 8º: 1. Dec. 5.903, de 20.9.06 — Regulamenta a Lei 10.962, de 11.10.04, e dispõe sobre as práticas infracionais que atentam contra o direito básico do consumidor de obter informação adequada e clara sobre produtos e serviços, previstas na Lei 8.078, de 11.9.90:

"**Art. 2º** Os preços de produtos e serviços deverão ser informados adequadamente, de modo a garantir ao consumidor a correção, clareza, precisão, ostensividade e legibilidade das informações prestadas. **§ 1º** Para efeito do disposto no *caput* deste artigo, considera-se: **I** — correção, a informação verdadeira que não seja capaz de induzir o consumidor em erro; **II** — clareza, a informação que pode ser entendida de imediato e com facilidade pelo consumidor, sem abreviaturas que dificultem a sua compreensão, e sem a necessidade de qualquer interpretação ou cálculo; **III** — precisão, a informação que seja exata, definida e que esteja física ou visualmente ligada ao produto a que se refere, sem nenhum embaraço físico ou visual interposto; **IV** — ostensividade, a informação que seja de fácil percepção, dispensando qualquer esforço na sua assimilação; e **V** — legibilidade, a informação que seja visível e indelével.

(...)

"**Art. 3º** O preço de produto ou serviço deverá ser informado discriminando-se o total à vista. **Parágrafo único.** No caso de outorga de crédito, como nas hipóteses de financiamento ou parcelamento, deverão ser também discriminados: **I** — o valor total a ser pago com financiamento; **II** — o número, periodicidade e valor das prestações; **III** — os juros; e **IV** — os eventuais acréscimos e encargos que incidirem sobre o valor do financiamento ou parcelamento".

(...)

"**Art. 9º** Configuram infrações ao direito básico do consumidor à informação adequada e clara sobre os diferentes produtos e serviços, sujeitando o infrator às penalidades previstas na Lei n. 8.078, de 1990, as seguintes condutas: **I** — utilizar letras cujo tamanho não seja uniforme ou dificulte a percepção da informação, considerada a distância normal de visualização do consumidor; **II** — expor preços com as cores das letras e do fundo idêntico ou semelhante; **III** — utilizar caracteres apagados, rasurados ou borrados; **IV** — informar preços apenas em parcelas, obrigando o consumidor ao cálculo do total; **V** — informar preços em moeda estrangeira, desacompanhados de sua conversão em moeda corrente nacional, em caracteres de igual ou superior destaque; **VI** — utilizar referência que deixa dúvida quanto à identificação do item ao qual se refere; **VII** — atribuir preços distintos para o mesmo item; e **VIII** — expor informação redigida na vertical ou outro ângulo que dificulte a percepção".

Art. 9º Este Decreto entra em vigor sessenta dias após a data de sua publicação.[1]

Art. 9º: 1. O Dec. 7.962 foi publicado no DOU de 15.3.13 (ed. extra).

Brasília, 15 de março de 2013; 192º da Independência e 125º da República — DILMA ROUSSEFF — **José Eduardo Cardozo**.

Contratos Imobiliários

Lei n. 5.741, de 1º de dezembro de 1971[1]

Dispõe sobre a proteção do financiamento de bens imóveis vinculados ao Sistema Financeiro da Habitação.

O Presidente da República,
Faço saber que o Congresso Nacional decreta e eu sanciono a seguinte lei:

LEI 5.741: 1. A Lei 5.741/71 continua em plena vigência (RTJ 73/297, JTA 35/206, 35/216, 35/246, 49/71, 52/86, Bol. AASP 941/154).

A execução hipotecária pode ser intentada nos moldes da Lei 5.741/71, mesmo que o contrato seja anterior a esse diploma legal (RTJ 85/1.071, 86/353, 87/668, 93/1.197, RT 526/248). Com a devida vênia, não nos parece válida a afirmação, feita em JTA 92/87, de que o credor não pode optar pela execução comum.

Art. 1º Para a cobrança de crédito hipotecário vinculado ao Sistema Financeiro da Habitação criado pela Lei n. 4.380, de 21 de agosto de 1964,[1] é lícito ao credor promover a execução[1a] de que tratam os arts. 31 e 32 do Decreto-lei n. 70, de 21 de novembro de 1966,[2] ou ajuizar a ação executiva na forma da presente lei.[3]

Art. 1º: 1. Lei 4.380, de 21.8.64 — Institui a correção monetária nos contratos imobiliários de interesse social, o sistema financeiro para aquisição da casa própria, cria o Banco Nacional da Habitação (BNH), e sociedades de crédito imobiliário, as letras imobiliárias, o Serviço Federal de Habitação e Urbanismo, e dá outras providências.

Art. 1º: 1a. Lei 8.004, de 14.3.90: "**Art. 21.** Somente serão objeto de execução na conformidade dos procedimentos do Dec. lei n. 70, de 21 de novembro de 1966, ou da Lei n. 5.741, de 1º de dezembro de 1971, os financiamentos em que se verificar atraso de pagamento de três ou mais prestações".

Art. 1º: 2. Dec. lei 70: no tít. CÉDULA HIPOTECÁRIA, ínt.

Art. 1º: 3. "As regras previstas na Lei 5.741/71 são aplicáveis somente para os contratos vinculados ao SFH" (STJ-Corte Especial, ED no REsp 788.571, Min. José Delgado, j. 21.5.08, DJ 25.9.08).

Art. 2º (redação da Lei 6.071, de 3.7.74) A execução terá início por petição escrita, com os requisitos do art. 282 do Código de Processo Civil,[1] apresentada em três vias, servindo a segunda e terceira de mandado e contrafé, e sendo a primeira instruída com:

I — o título da dívida devidamente inscrita;

II — a indicação do valor das prestações e encargos cujo não pagamento deu lugar ao vencimento do contrato;

III — o saldo devedor, discriminadas as parcelas relativas a principal, juros, multa[2] e outros encargos contratuais, fiscais e honorários advocatícios;[3-4]

IV — cópia dos avisos regulamentares[5 a 6] reclamando o pagamento da dívida, expedidos segundo instruções do Banco Nacional da Habitação.[7]

Art. 2º: 1. v. CPC 319.

Súmula 12 do 1º TASP (Valor da causa): "O valor da causa na execução hipotecária regida pela Lei n. 5.741/71 corresponde ao montante das prestações em atraso e respectivos acréscimos" (RT 624/100 e JTA 97/10, reportando-se a RT 607/89 e JTA 97/135, com 5 votos vencidos). No mesmo sentido: RT 595/144, 595/150, JTJ 333/229 (AI 7.298.594-7), JTA 90/185, 93/118.

Art. 2º: 2. A multa, no silêncio do contrato, se calcula sobre as prestações vencidas e não pagas, em vez de recair sobre todo o saldo devedor (JTA 97/73).

Art. 2º: 3. Súmula 616 do STF: "É permitida a **cumulação** da **multa contratual** com os **honorários de advogado**, após o advento do Código de Processo Civil vigente". Para anotações a essa Súmula, v., no CPCLPV, CPC 85, nota 11.

Súmula 119 do TFR: "A partir da vigência do Código de Processo Civil de 1973, é cabível a cumulação da **multa** contratual com **honorários advocatícios**, na execução hipotecária, regida pela Lei n. 5.741, de 1971" (v. jurisprudência s/ esta Súmula em RTFR 95/111).

Art. 2º: 4. "Os honorários de advogado, na ação disciplinada pela Lei n. 5.741/71 (dispõe sobre a proteção do financiamento de bens imóveis vinculados ao Sistema Financeiro da Habitação), são calculados sobre o valor das prestações vencidas até o ingresso em juízo. Aliás, corresponde ao valor da causa" (STJ-2ª T., REsp 363, Min. Vicente Cernicchiaro, j. 7.2.90, DJU 5.3.90, apud Bol. AASP 1.660/248, em. 11).

Art. 2º: 5. Súmula 199 do STJ: "Na execução hipotecária de crédito vinculado ao Sistema Financeiro da Habitação, nos termos da Lei n. 5.741/71, a petição inicial deve ser instruída com, pelo menos, dois avisos de cobrança". V. jurisprudência s/ esta Súmula em RSTJ 101/469 a 495.

Art. 2º: 5a. Prova da entrega dos avisos aos devedores. "Não é necessário que os avisos de que trata o art. 2º, IV, da Lei 5.741/71, sejam pessoalmente recebidos pelos próprios mutuários, sendo suficiente a entrega no domicílio indicado" (STJ-3ª T., AI 750.395-AgRg, Min. Gomes de Barros, j. 14.11.07, DJU 26.11.07). No mesmo sentido: STJ-2ª T., REsp 995.054, Min. Eliana Calmon, j. 14.4.09, DJ 8.5.09; STJ-1ª T., REsp 822.155, Min. Teori Zavascki, j. 1.6.06, DJU 12.6.06; STJ-4ª T., REsp 308.678, Min. Barros Monteiro, j. 4.9.01, DJU 4.2.02; STJ-Bol. AASP 2.411/3.417, RT 877/381 (TRF-4ª Reg., AP 2000.70.01.002274-2).

"Execução hipotecária. A juntada de recibos de postagem não é suficiente para comprovar que os avisos foram entregues" (STJ-3ª T., REsp 457.764, Min. Menezes Direito, j. 27.5.03, DJU 25.8.03).

"O AR voltou aos autos sem assinatura do recebedor. Mais que isso, dele não consta, nem mesmo, o carimbo da unidade dos correios situada na localidade de destino. Não é razoável, nesses termos, afirmar que esse AR serve de prova da entrega da notificação" (STJ-RIDCPC 60/152: 3ª T., REsp 1.102.572).

"O aviso de cobrança remetido ao endereço do casal de mutuários devedores, mas expedido unicamente em nome do cônjuge varão, satisfaz a exigência contida no art. 2º, IV, da Lei 5.741/71. No caso dos autos, tais avisos, muito embora destinados somente ao cônjuge varão, chegaram também ao conhecimento de sua esposa, alcançando, assim, a finalidade da norma. Além disso, essas notificações constituem apenas uma exigência formal para o recebimento da petição inicial do processo de execução. A exibição desses avisos não dispensa a citação do devedor no processo de execução, não sendo possível afirmar, assim, que a sua ausência tenha causado algum prejuízo ao seu direito de ampla defesa" (STJ-3ª T., REsp 1.249.764, Min. Sidnei Beneti, j. 6.10.11, DJ 7.11.11).

Art. 2º: 5b. "A alegação de nulidade da execução hipotecária pelo descumprimento do disposto no art. 2º, inc. IV, da Lei n. 5.741, de 1971 só pode ser examinada em sede de embargos do devedor, não em exceção de pré-executividade, porque resulta de fato externo ao título executivo" (STJ-3ª T., AI 474.150-AgRg, Min. Ari Pargendler, j. 6.2.03, DJU 17.3.03).

S/ exceção de pré-executividade, v., no CPCLPV, CPC 803, notas 1 a 3.

Art. 2º: 5c. "Os avisos dirigidos ao devedor antes do ajuizamento da execução hipotecária devem mencionar o valor do débito" (RSTJ 97/151).

"Execução regida pela Lei 5.741/71. Aviso de constituição em mora. A indicação do montante da dívida constante dos avisos é o bastante, inexistindo exigência legal ou regulamentar para que deles conste a discriminação dos valores, parcela por parcela" (STJ-4ª T., REsp 538.323, Min. Aldir Passarinho Jr., j. 4.5.04, DJU 28.6.04). No mesmo sentido, entendendo desnecessário o detalhamento da dívida, "que será apresentado quando do ajuizamento da execução hipotecária": STJ-3ª T., REsp 561.223, Min. Menezes Direito, j. 26.8.04, DJU 11.10.04.

Art. 2º: 6. É ineficaz a notificação feita pela imprensa, se não consigna o montante do débito (JTA 99/28).

Art. 2º: 7. O BNH foi extinto e incorporado à Caixa Econômica Federal pelo Dec. lei 2.291, de 21.11.86 (Lex 1986/1.110, RDA 166/300, RF 296/509, Bol. AASP 1.459/4).

Art. 3º O devedor será citado para pagar o valor do crédito reclamado ou depositá-lo em juízo no prazo de vinte e quatro horas, sob pena de lhe ser penhorado o imóvel hipotecado.

§ 1º (*redação da Lei 8.004, de 14.3.90*) A citação far-se-á na pessoa do réu e de seu cônjuge ou de seus representantes legais.

§ 2º Se o executado e seu cônjuge se acharem fora da jurisdição da situação do imóvel, a citação far-se-á por meio de edital,[1] pelo prazo de 10 (dez) dias, publicado, uma vez, no órgão oficial do Estado e, pelo menos, duas vezes, em jornal local de grande circulação, onde houver.

Art. 3º: 1. se não tiver endereço conhecido; se o tiver, a citação há de ser feita por precatória (Bol. AASP 1.576/51).

Contra, entendendo que, ainda quando tenha endereço certo e sabido, desde que se encontre fora da comarca pode ser citado por edital: RT 651/163.

Art. 4º Se o executado não pagar[1] a dívida indicada no inciso II do art. 2º, acrescida das custas e honorários de advogado[1a] ou não depositar o saldo devedor, efetuar-se-á a penhora do imóvel hipotecado, sendo nomeado depositário o exequente ou quem este indicar.

§ 1º Se o executado não estiver na posse direta do imóvel, o juiz ordenará a expedição de mandado de desocupação contra a pessoa que o estiver ocupando, para entregá-lo ao exequente no prazo de 10 (dez) dias.[1b]

§ 2º Se o executado estiver na posse direta do imóvel, o juiz ordenará que o desocupe no prazo de 30 (trinta) dias, entregando-o ao exequente.[2-3]

Art. 4º: 1. "Efetuado o pagamento, mantém-se o contrato" (STJ-2ª T., REsp 363, Min. Vicente Cernicchiaro, j. 7.2.90, DJU 5.3.90).

Art. 4º: 1a. Súmula 119 do TFR: "A partir da vigência do Cód. de Proc. Civil de 1973, é cabível a cumulação da multa contratual com honorários advocatícios, na execução hipotecária, regida pela Lei n. 5.741, de 1971".

Art. 4º: 1b. "A desocupação do imóvel, dado em garantia em contrato de mútuo não adimplido pelo mutuário, pode ser feita no bojo da própria ação de execução. Art. 4º, §§ 1º e 2º, da Lei 5.741/71. Certificado no processo que o mutuário não mais está na posse do bem, pode o exequente requerer a expedição de mandado contra o terceiro possuidor para que desocupe o imóvel no prazo de dez dias. Tal procedimento não afronta as garantias processuais do terceiro que estiver na posse do bem, pois este poderá defender a sua condição de possuidor manejando os embargos de terceiro, cujo prazo de interposição se inicia a partir da respectiva turbação" (STJ-2ª T., REsp 266.062, Min. Castro Meira, j. 10.8.04, DJU 20.9.04). No mesmo sentido, aplicando o § 1º: Lex-JTA 137/24, RJTAMG 31/300.

"Tratando-se de execução regida pela Lei 5.471/71, a imissão na posse do imóvel, em poder de terceiro locatário do devedor executado, dá-se nos próprios autos do processo de execução, não sendo necessária a propositura de ação de imissão na posse autônoma pelo credor arrematante" (STJ-3ª T., AI 1.338.101, Min. Sidnei Beneti, j. 19.10.10, DJ 5.11.10).

Contra: "Não cabe mandado de imediata desocupação contra a pessoa que estiver na posse do imóvel hipotecado, considerando que o disposto no art. 4º, § 1º, da Lei n. 5.741/71 se encontra revogado pela norma constitucional, art. 5º, inciso LIV, no sentido de que ninguém será privado da liberdade ou de bem sem o devido processo legal. O terceiro que se encontra ocupando o imóvel e não é parte na relação jurídico-processual, a envolver a execução, não poderá sofrer os efeitos do processo, ou do julgado, sem oportunidade de defender eventuais direitos sobre o bem objetivado na execução especial" (JTAERGS 92/88). Não admitindo que seja decretada a desocupação sem que, antes, se manifeste o interessado: JTAERGS 76/184.

Art. 4º: 2. Este parágrafo não é inconstitucional (JTAERGS 88/198).

Art. 4º: 3. Pouco importa, no caso, que a penhora recaia em bem na posse de terceiro: a diferença reside, unicamente, no prazo para desocupação, conforme distinguem os §§ 1º e 2º (STF-RT 607/238).

Art. 5º (*redação da Lei 6.014, de 27.12.73*) O executado poderá opor embargos no prazo de dez (10) dias contados da penhora[1-1a] e que serão recebidos com efeito suspensivo, desde que alegue e prove:

I — que depositou por inteiro a importância reclamada na inicial;
II — que resgatou a dívida, oferecendo desde logo a prova da quitação.
Parágrafo único (*redação da Lei 6.014, de 27.12.73*). Os demais fundamentos de embargos, previstos no art. 741 do Código de Processo Civil, não suspendem a execução.[2-3]

Art. 5º: 1. Antes do advento do CPC, que estabelece o prazo de 15 dias para os embargos à execução (CPC 915), a jurisprudência controvertia sobre os impactos do CPC rev. na regulação do prazo para embargos previsto neste art. 5º:

— No sentido da prevalência das disposições do CPC rev., pois a Lei 5.741, de 1.12.71, não pode ser considerada de natureza especial: STJ-4ª T., REsp 596.930, Min. Aldir Passarinho Jr., j. 6.4.04, DJU 24.5.04. "O prazo para embargos do devedor, no processo de execução hipotecária regido pela Lei 5.741/71, é de 15 dias, mesmo do Código de Processo Civil para idêntico instrumento processual" (STJ-3ª T., REsp 840.730, Min. Sidnei Beneti, j. 13.4.10, DJ 22.4.10; a citação é do voto do relator).

— No sentido da prevalência das disposições da Lei 5.741, de 1.12.71, sob o argumento de que o CPC rev. somente incide quando a lei especial não regula expressamente a matéria: STJ-1ª T., REsp 201.487, Min. Garcia Vieira, j. 6.5.99, DJU 21.6.99.

Até que a jurisprudência se firme num ou noutro sentido, parece recomendável que o executado compute esse prazo da forma mais conservadora possível. Ou que se balize pelo prazo constante do mandado de citação (v. CPC 915, nota 13).

S/ confronto entre a Lei 5.741/71 e o CPC, v. tb. nota seguinte.

Art. 5º: 1a. "Os embargos à execução de crédito hipotecário somente têm **efeito suspensivo** se cumpridas as exigências dos incisos I e II do art. 5º da Lei n. 5.741/71, porquanto este diploma legal, por ser especial, prevalece sobre a regra geral do art. 739, § 1º, do CPC" (STJ-Corte Especial, ED no REsp 520.959, Min. Fernando Gonçalves, j. 5.10.05, DJU 17.10.05).

S/ confronto entre a Lei 5.741/71 e o CPC, v. tb. nota anterior.

Art. 5º: 2. v. CPC 917.

Art. 5º: 3. "O simples ajuizamento de ação ordinária com o objetivo de revisar cláusulas de contrato de financiamento, sem depósito da importância reclamada na inicial ou prova de resgate da dívida (Lei 5.741/71, art. 5º, I e II), não autoriza a suspensão de execução hipotecária fundada nesse mesmo contrato. A procedência da ação revisional, apontando a ilegalidade de cláusulas do contrato que embasa a execução, não torna ilíquido o crédito, ensejando apenas o ajustamento do valor da execução ao montante apurado na ação revisional. No caso dos autos, contudo, foi reconhecida, em sede revisional ainda não transitada em julgado, a própria extinção da dívida. Essa peculiaridade recomenda a abstenção da assinatura da carta de arrematação, adjudicação ou remissão decorrente do praceamento, até que se comprove o trânsito em julgado da decisão de procedência havida na ação revisional" (STJ-3ª T., REsp 1.306.390, Min. Sidnei Beneti, j. 17.10.13, maioria, DJ 24.2.14).

Art. 6º Rejeitados os embargos referidos no *caput* do artigo anterior, o juiz ordenará a venda do imóvel hipotecado, em praça pública,[1-2] por preço não inferior ao saldo devedor,[3] expedindo-se edital pelo prazo de 10 (dez) dias.

Parágrafo único. O edital será afixado à porta do edifício onde tiver sede o juízo e publicado três vezes, por extrato, em um dos jornais locais de maior circulação, onde houver.[4]

Art. 6º: 1. "A **prévia avaliação** de bem a ser alienado na execução hipotecária regida pela Lei 5.741/71 é uma exigência para garantia do interesse do mutuário" (STJ-4ª T., REsp 363.598, Min. Ruy Rosado, j. 4.6.02, DJU 5.8.02). "A decisão que determina a avaliação do bem em execução hipotecária não viola o art. 6º da Lei 5.741/71" (STJ-3ª T., REsp 345.884, Min. Menezes Direito, j. 16.4.02, DJU 5.8.02). No mesmo sentido: STJ-2ª T., REsp 134.949, Min. João Otávio, j. 7.12.04, DJU 21.2.05; STJ-1ª T., REsp 804.674, Min. Teori Zavascki, j. 11.11.08, DJ 17.11.08; RT 578/148, 737/284, 838/255; JTJ 342/144: AI 7.288.256-9; JTA 87/35, Lex-JTA 152/23, Bol. AASP 1.619/4. Também considerando necessária a avaliação, "não sendo permitida ao credor a adjudicação pelo valor de seu crédito, sob pena de redundar em enriquecimento ilícito do agente financeiro": RT 787/281.

Súmula 41 do 1º TASP: "Na execução especial de que trata a Lei n. 5.741, de 1971, é necessária a avaliação do bem penhorado para fim de praceamento" (Lex-JTA 153/208).

Contra: "Em se tratando de execução hipotecária regulada pela Lei 5.741/71, não há necessidade de avaliação prévia do imóvel para que ocorra a praça. O lance mínimo deverá corresponder ao valor do saldo devedor, sendo o imóvel adjudicado ao exequente, se não houver licitantes" (STJ-1ª T., REsp 96.556, Min. José Delgado, j. 10.10.96, DJU 4.11.96). No mesmo sentido: STJ-RF 368/311 (2ª T.), RSTJ 94/136, RT 597/126, 662/112, JTA 93/29, 95/182, 104/109, 105/76, Bol. AASP 1.442/189.

Súmula 207 do TFR: "Nas ações executivas regidas pela Lei 5.741, de 1971, o praceamento do imóvel penhorado independe de avaliação" (v. jurisprudência s/ esta Súmula em RTFR 142/97).

Art. 6º: 2. Não há necessidade de intimação pessoal do devedor, antes da realização da praça (RT 637/102, maioria, 681/124).

Art. 6º: 3. corrigido monetariamente (JTA 102/98).

Art. 6º: 4. Ou seja, dispensa-se a notificação do devedor por mandado (Lex-JTA 164/86).

> **Art. 7º** Não havendo licitante na praça pública, o juiz adjudicará,[1] dentro de quarenta e oito horas, ao exequente o imóvel hipotecado, ficando exonerado o executado da obrigação de pagar o restante da dívida.[1a a 4]

Art. 7º: 1. "Não havendo arrematação, a adjudicação far-se-á pelo valor do saldo devedor (Dec. lei 70/66, art. 32; Lei 5.741, art. 7º), nada importando qual seja o valor do imóvel" (STJ-3ª T., REsp 803.208, Min. Ari Pargendler, j. 12.9.06, DJ 26.11.08).

"O valor da adjudicação fica na dependência do tipo de execução. Segundo as regras do processo civil, o valor é, no mínimo, o da avaliação. Diferentemente, se de execução hipotecária se trata (Lei 5.741/71), a adjudicação será pelo valor do saldo devedor (art. 7º). Em havendo dispositivo específico, constante de lei especial, afasta-se a aplicação subsidiária do CPC" (STJ-RJ 302/100: 2ª T., REsp 427.776).

Todavia, autorizando, nos moldes do CPC, a adjudicação prévia à praça pública, desde que balizada pelo preço da avaliação e assegurada a exoneração do devedor: "Não há como se vedar o pleito do recorrente de adjudicação direta do imóvel pelo valor da avaliação judicial do bem, quando o mesmo expressamente curva-se à previsão da legislação especial de exoneração dos devedores ao pagamento do valor remanescente da dívida. A realização de hasta pública, na espécie, apenas comprometeria a celeridade da própria execução, ou seja, tardando a própria satisfação da dívida" (STJ-3ª T., REsp 1.721.731, Min. Nancy Andrighi, j. 27.11.18, DJ 6.12.18).

"Adjudicação do imóvel pelo agente financeiro pelo valor de avaliação. Saldo devedor inferior à avaliação. Devolução do que sobejar ao mutuário. Não é razoável que o credor fique com o que sobejar entre o valor da avaliação e o saldo devedor, sob pena de enriquecimento sem causa do agente financeiro" (STJ-3ª T., REsp 1.165.587, Min. Sidnei Beneti, j. 15.12.11, DJ 17.2.12).

Art. 7º: 1a. "O benefício da exoneração 'da obrigação de pagar o restante da dívida', decorrente da adjudicação compulsória prevista no art. 7º da Lei 5.741/71, **não abrange os honorários advocatícios** devidos na execução hipotecária" (STJ-3ª T., REsp 1.114.426, Min. Paulo Sanseverino, j. 2.5.13, DJ 8.5.13).

Contra, no sentido de que a exoneração abrange os honorários advocatícios: Amagis 10/170, RJTAMG 23/184.

Art. 7º: 2. Neste caso, o exequente está obrigado somente a pagar as custas em aberto, não se lhe podendo exigir, para expedição da carta de adjudicação, que recolha imposto de renda sobre os honorários de advogado correspondentes à verba de sucumbência (JTA 120/63, maioria).

Art. 7º: 3. "A Lei n. 5.741/71, que disciplina a cobrança de crédito hipotecário para financiamento da casa própria vinculado ao SFH, faculta ao credor adotar o outro procedimento para execução da dívida, além daquele nela previsto (art. 1º). Todavia, a opção de procedimento eleita pelo credor não importa modificação das normas de direito material, que são as mesmas em qualquer hipótese. A disposição normativa do art. 7º da Lei 5.741/71 (segundo a qual, com a adjudicação do imóvel pelo exequente, fica 'exonerado o executado da obrigação de pagar o restante da dívida') tem natureza de direito material, e não estritamente processual, já que consagra hipótese de extinção da obrigação. Como tal, é norma que se aplica à generalidade dos contratos vinculados ao SFH, independentemente do procedimento adotado para a sua execução" (STJ-1ª Seção, REsp 605.357, Min. Teori Zavascki, j. 12.12.04, DJU 2.5.05). No mesmo sentido: STJ-3ª T., REsp 573.946, Min. Menezes Direito, j. 14.12.04, DJU 25.4.05.

Art. 7º: 4. O art. 7º não se aplica aos casos de mútuo hipotecário desvinculado do Sistema Financeiro de Habitação (STJ-Corte Especial, ED no REsp 788.571, Min. José Delgado, j. 21.5.08, DJ 25.9.08).

> **Art. 8º** É lícito ao executado remir[1] o imóvel penhorado, desde que deposite em juízo, até a assinatura do auto de arrematação,[1a] a importância que baste ao pagamento da dívida reclamada[2] mais custas e honorários advocatícios; caso em que convalescerá o contrato hipotecário.

Art. 8º: 1. Não vale a cláusula contratual que impede o exercício do direito de remição assegurado por este art. (RF 297/189).

Art. 8º: 1a. v., no CPCLPV, CPC 903, nota 1.

Art. 8º: 2. i. e., das prestações em atraso, custas e honorários de advogado, e não o valor total da dívida (JTA 105/162).

Art. 9º Constitui crime de ação pública, punido com a pena de detenção de 6 (seis) meses a 2 (dois) anos e multa de cinco a vinte salários mínimos, invadir alguém, ou ocupar, com o fim de esbulho possessório, terreno ou unidade residencial, construída ou em construção, objeto de financiamento do Sistema Financeiro da Habitação.

§ 1º Se o agente usa de violência, incorre também nas penas a esta cominada.[1]

§ 2º É isento da pena de esbulho o agente que, espontaneamente, desocupa o imóvel antes de qualquer medida coativa.

§ 3º O salário a que se refere este artigo é o maior mensal vigente no país, à época do fato.

Art. 9º: 1. *sic*; deve ser "cominadas".

Art. 10. A ação executiva, fundada em outra causa que não a falta de pagamento pelo executado das prestações vencidas, será processada na forma do Código de Processo Civil,[1] que se aplicará, subsidiariamente, à ação executiva de que trata esta lei.

Art. 10: 1. v. CPC 771 a 925.

Art. 11. Ficam dispensadas de averbação no Registro de Imóveis as alterações contratuais de qualquer natureza, desde que não importem em novação objetiva da dívida, realizadas em operações do Sistema Financeiro da Habitação, criado pela Lei n. 4.380, de 21 de agosto de 1964, sejam as operações consubstanciadas em instrumentos públicos ou particulares, ou em cédulas hipotecárias.

Parágrafo único. O registro de cédula hipotecária limitar-se-á à averbação de suas características originais, a que se refere o art. 13 do Decreto-lei n. 70, de 21 de novembro de 1966,[1] ficando dispensadas de averbação também as alterações que decorram da circulação do título.

Art. 11: 1. Dec. lei 70: no tít. CÉDULA HIPOTECÁRIA.

Art. 12. As entidades credoras integrantes do Sistema Financeiro da Habitação ficam obrigadas a fornecer, por escrito, no prazo de cinco dias, as informações sobre as alterações de que trata o art. 11, quando requeridas por interessados.

Art. 13. Esta lei entra em vigor na data de sua publicação.

Art. 14. Revogam-se as disposições em contrário.

Brasília, 1º de dezembro de 1971; 150º da Independência e 83º da República — EMÍLIO G. MÉDICI — **Alfredo Buzaid** — **José Costa Cavalcanti.**

Correção Monetária

Lei n. 6.899, de 8 de abril de 1981

Determina a aplicação da correção monetária nos débitos oriundos de decisão judicial e dá outras providências.

O Presidente da República,
Faço saber que o Congresso Nacional decreta e eu sanciono a seguinte lei:

Art. 1º A correção monetária[1 a 4] incide sobre qualquer débito resultante de decisão judicial, inclusive sobre custas e honorários advocatícios.[4a]

§ 1º Nas execuções de títulos de dívida líquida e certa, a correção será calculada a contar do respectivo vencimento.[5]

§ 2º Nos demais casos, o cálculo far-se-á a partir do ajuizamento da ação.[6]

Art. 1º: 1. LEGISLAÇÃO SOBRE CORREÇÃO MONETÁRIA:

A Lei 9.069, de 29.6.95, em seus arts. 27 e 28, dispõe s/ correção monetária em geral, sendo particularmente importantes os seus arts. 24 § 5º, 27 § 2º e 28 § 1º. Além disso, contém disposições especiais s/: débitos fiscais federais (arts. 36 § 3º e 61); débitos fiscais estaduais e municipais (art. 44); contribuições previdenciárias (art. 36 § 5º); Sistema Financeiro da Habitação (art. 28 § 4º-I); demonstrações financeiras (art. 47); mercado de seguros (art. 27 § 5º).

Alguns outros exemplos de disposições s/ correção monetária: nas desapropriações (LD 26 § 2º); nas prestações alimentícias (LDi 22); na purgação da mora, em despejo (LI 62-II).

Art. 1º: 1a. Lei 10.192, de 14.2.01: "Art. 15. Permanecem em vigor as disposições legais relativas à correção monetária de débitos trabalhistas, de débitos resultantes de decisão judicial, de débitos relativos a ressarcimento em virtude de inadimplemento de obrigações contratuais e do passivo de empresas e instituições sob os regimes de concordata, falência, intervenção e liquidação extrajudicial".

Art. 1º: 2. "Quatro décadas da evolução da correção monetária", por Arnoldo Wald (RF 327/ 13); "A noção de *pro rata tempore*", por Eros Roberto Grau (RT 709/262); "A correção monetária e seus indexadores legais", por Antônio F. Álvares da Silva (RJ 203/20); "O real e o plano de estabilização econômica — As Medidas Provisórias ns. 542/94 e 566/94", por Leon Frejda Sklarowsky (RTJE 127/9); "O regime constitucional da correção monetária", por Carlos Ayres Britto (RDA 203/41); "Uma pequena história da desindexação no Brasil", por Letácio Jansen (RF 330/151); "IRPJ — Depósito judicial. Natureza jurídica da correção monetária", por Vittorio Cassone (RTJE 161/35); "Correção monetária de débitos judiciais", por José Luis Wagner e Rudi Meira Cassel (RDA 215/61); "Correção monetária: prescrição, preclusão e coisa julgada", por Lúcia Lea Guimarães Tavares (RF 349/109); "A desindexação das dívidas judiciais", por Letácio Jansen (RF 346/100).

Art. 1º: 3. SÚMULAS SOBRE CORREÇÃO MONETÁRIA:

Súmula Vinculante 42 do STF: "É inconstitucional a vinculação do reajuste de **vencimentos de servidores** estaduais ou municipais a índices federais de correção monetária".

Súmula 490 do STF (Pensão): "A pensão correspondente à indenização oriunda de responsabilidade civil deve ser calculada com base no salário mínimo vigente ao tempo da sentença e ajustar-se-á às variações ulteriores" (a redação está conforme ret. no DJU 11.6.70).

Súmula 562 do STF (Ilícito extracontratual): "Na indenização de danos materiais decorrentes de ato ilícito cabe a atualização de seu valor, utilizando-se, para esse fim, dentre outros critérios, dos índices de correção monetária". V. Súmula 43 do STJ.

Súmula 638 do STF: "A controvérsia sobre a incidência, ou não, de correção monetária em operações de crédito rural é de natureza infraconstitucional, não viabilizando recurso extraordinário".

Súmula 725 do STF: "É constitucional o § 2º do art. 6º da Lei 8.024/90, resultante da conversão da Med. Prov. 168/90, que fixou o BTN fiscal como índice de correção monetária aplicável aos depósitos bloqueados pelo Plano Collor I".

Súmula 8 do STJ (Créditos em concordata preventiva): "Aplica-se a correção monetária aos créditos habilitados em concordata preventiva, salvo durante o período compreendido entre as datas de vigência da Lei 7.274, de 10.12.84, e do Dec. lei 2.283, de 27.2.86" (v. jurisprudência s/ esta Súmula em RSTJ 16/219).

"Inaplicabilidade do entendimento consolidado na Súmula 8/STJ ('aplica-se a correção monetária aos créditos habilitados em concordata preventiva') à recuperação judicial, em face da natureza jurídica absolutamente distinta da concordata (favor legal) em relação ao plano de recuperação judicial (negócio jurídico plurilateral)" (STJ-3ª T., REsp 1.630.932, Min. Paulo Sanseverino, j. 18.6.19, DJ 1.7.19).

Súmula 14 do STJ (Honorários de advogado): "Arbitrados os honorários advocatícios em percentual sobre o valor da causa, a correção monetária incide a partir do respectivo ajuizamento" (v. jurisprudência s/ esta Súmula em RSTJ 16/361).

Se os honorários foram fixados sobre o **montante da condenação,** serão calculados com base nesta, abrangendo principal e juros (RT 601/178, JTA 80/125, Lex-JTA 74/132).

Se foram fixados em **quantia certa,** serão corrigidos monetariamente a partir da sentença ou do acórdão que os concedeu (RTJ 126/431, STF-RT 630/240; STJ-2ª T., REsp 1.155.708, Min. Castro Meira, j. 17.6.10, DJ 29.6.10; STJ-2ª Seção, REsp 1.119.300-EDcl, Min. Luis Felipe, j. 13.10.10, DJ 20.10.10; RSTJ 85/389: 6ª T., REsp 63.661; JTA 73/349, 89/367, 91/270, 92/402, 97/292). **Contra,** mandando, nesse caso, calcular a correção monetária desde o ajuizamento da ação: STJ-3ª T., REsp 11.852, Min. Dias Trindade, j. 20.8.91, DJU 16.9.91; JTA 87/97, maioria.

Súmula 16 do STJ (Crédito rural): "A legislação ordinária sobre crédito rural não veda a incidência da correção monetária" (v. jurisprudência s/ esta Súmula em RSTJ 16/411 e no tít. TÍTULOS DE CRÉDITO RURAL, Dec. lei 167/67, art. 71, nota 1).

Súmula 29 do STJ (Depósito elisivo da falência): "No pagamento em juízo para elidir falência, são devidos correção monetária, juros e honorários de advogado" (v. jurisprudência s/ esta Súmula em RSTJ 33/217).

Súmula 30 do STJ (Comissão de permanência): "A comissão de permanência e a correção monetária são inacumuláveis" (v. jurisprudência s/ esta Súmula em RSTJ 33/241).

Súmula 35 do STJ (Retirada de consórcio): "Incide correção monetária sobre as prestações pagas, quando de sua restituição, em virtude da retirada ou exclusão do participante de plano de consórcio" (v. jurisprudência s/ esta Súmula em RSTJ 33/417).

Súmula 36 do STJ (Restituição de adiantamento de câmbio): "A correção monetária integra o valor da restituição, em caso de adiantamento de câmbio, requerida em concordata ou falência" (v. jurisprudência s/ esta Súmula em RSTJ 33/477).

Súmula 43 do STJ (Ato ilícito): "Incide correção monetária sobre dívida por ato ilícito a partir da data do efetivo prejuízo" (v. jurisprudência s/ esta Súmula em RSTJ 38/91). V. Súmula 562 do STF.

Em matéria de: dano moral, v. adiante Súmula 362 do STJ; multa civil por improbidade administrativa, v., no nosso CPCLPV, LIA 12, nota 5a.

Súmula 67 do STJ (Desapropriação): "Na desapropriação, cabe a atualização monetária, ainda que por mais de uma vez, independente do decurso de prazo superior a um ano entre o cálculo e o efetivo pagamento da indenização" (v. jurisprudência s/ esta Súmula em RSTJ 44/197). V. tb. LD 26, nota 9.

Súmula 113 do STJ (Juros compensatórios): "Os juros compensatórios, na desapropriação direta, incidem a partir da imissão na posse, calculados sobre o valor da indenização, corrigido monetariamente".

Súmula 114 do STJ (Juros compensatórios): "Os juros compensatórios, na desapropriação indireta, incidem a partir da ocupação, calculados sobre o valor da indenização, corrigido monetariamente".

Súmula 141 do STJ (Honorários em desapropriação): "Os honorários de advogado em desapropriação direta são calculados sobre a diferença entre a indenização e a oferta, corrigidos monetariamente" (v. jurisprudência s/ esta Súmula em RSTJ 80/253 e em LD 27, nota 6).

Súmula 148 do STJ (Benefícios previdenciários): "Os débitos relativos a benefício previdenciário, vencidos e cobrados em juízo após a vigência da Lei n. 6.899/81, devem ser corrigidos monetariamente na forma prevista nesse diploma legal" (v. jurisprudência s/ esta Súmula em RSTJ 80/393).

Súmula 162 do STJ (Repetição de indébito tributário): "Na repetição de indébito tributário, a correção monetária incide a partir do pagamento indevido" (v. jurisprudência s/ esta Súmula em RSTJ 86/281).

Súmula 179 do STJ (Depósito judicial): "O estabelecimento de crédito que recebe dinheiro, em depósito judicial, responde pelo pagamento da correção monetária relativa aos valores recolhidos" (v. jurisprudência s/ esta Súmula em RSTJ 91/329). Nesse sentido: RSTJ 151/580, RT 869/239.

Súmula 252 do STJ (FGTS): "Os saldos das contas do FGTS, pela legislação infraconstitucional, são corrigidos em 42,72% (IPC) quanto às perdas de janeiro de 1989 e 44,80% (IPC) quanto às de abril de 1990, acolhidos pelo STJ os índices de 18,02% (LBC) quanto às perdas de junho de 1987, de 5,38% (BTN) para maio de 1990 e 7% (TR) para fevereiro de 1991, de acordo com o entendimento do STF (RE 226.855-7-RS)".

"A Súmula 252/STJ, por ser específica para a correção de saldos do FGTS, não tem aplicação nas demandas que envolvem previdência privada" (STJ-2ª Seção, REsp 1.177.973, Min. Raul Araújo, j. 14.11.12, DJ 28.11.12).

Súmula 271 do STJ (Depósito judicial): "A correção monetária dos depósitos judiciais independe de ação específica contra o banco depositário".

Súmula 287 do STJ: "A Taxa Básica Financeira (TBF) não pode ser utilizada como indexador de correção monetária nos contratos bancários" (v. jurisprudência s/ esta Súmula em RSTJ 177/223).

Súmula 288 do STJ: "A Taxa de Juros de Longo Prazo (TJLP) pode ser utilizada como indexador de correção monetária nos contratos bancários" (v. jurisprudência s/ esta Súmula em RSTJ 177/269).

Súmula 289 do STJ: "A restituição das parcelas pagas a plano de previdência privada deve ser objeto de correção plena, por índice que recomponha a efetiva desvalorização da moeda" (v. jurisprudência s/ esta Súmula em RSTJ 177/303).

"É devida a restituição da denominada reserva de poupança a ex-participantes de plano de benefícios de previdência privada, devendo ser corrigida monetariamente conforme os índices que reflitam a real inflação ocorrida no período, mesmo que o estatuto da entidade preveja critério de correção diverso, devendo ser incluídos os expurgos inflacionários (Súmula 289/STJ). A atualização monetária das contribuições devolvidas pela entidade de previdência privada ao associado deve ser calculada pelo IPC, por ser o índice que melhor traduz a perda do poder aquisitivo da moeda" (STJ-2ª Seção, REsp 1.177.973, Min. Raul Araújo, j. 14.11.12, DJ 28.11.12).

"Comprovada a migração do plano de benefícios de previdência privada sem que ocorra o rompimento definitivo do vínculo contratual entre o participante e a fundação, não há falar em aplicação do enunciado da Súmula 289/STJ" (STJ-2ª Seção, ED no Ag em REsp 107.469, Min. Marco Buzzi, j. 13.6.18, DJ 26.6.18).

Súmula 295 do STJ: "A Taxa Referencial (TR) é indexador válido para contratos posteriores à Lei n. 8.177/91, desde que pactuada" (v. jurisprudência s/ esta Súmula em RSTJ 185/664).

"O STF, no julgamento das ADIns 493, relator o Sr. Ministro Moreira Alves, 768, relator o Sr. Ministro Marco Aurélio, e 959-DF, relator o Sr. Ministro Sydney Sanches, não excluiu do universo jurídico a Taxa Referencial, TR, vale dizer, não decidiu no sentido de que a TR não pode ser utilizada como índice de indexação. O que o Supremo Tribunal decidiu, nas referidas ADIns, é que a TR não pode ser imposta como índice de indexação em substituição a índices estipulados em contratos firmados anteriormente à Lei n. 8.177, de 1.3.91. Essa imposição violaria os princípios constitucionais do ato jurídico perfeito e do direito adquirido" (RTJ 161/718).

"Com vários dispositivos da Lei n. 8.177/91 declarados inconstitucionais ou suspensos em decisões liminares em ações diretas de inconstitucionalidade pelo Colendo STF (ADIs n. 493, 768 e 959), e sem previsão expressa de sua aplicação sobre os valores decorrentes de títulos judiciais, em liquidação e execução, a atualização de tais valores, a partir da vigência da Med. Prov. n. 294, de 1º de fevereiro de 1991, não deve ser feita pela TR, mas pelos índices do INPC" (RSTJ 76/193).

Aplicando a TR nos débitos do INSS, sob o argumento de que, como o INSS recebe seus créditos atualizados pela TRD, deve, por isonomia, pagar seus débitos na mesma moeda: RSTJ 67/77.

Súmula 362 do STJ: "A correção monetária do **valor da indenização do dano moral** incide desde a data do arbitramento". No mesmo sentido: RP 151/227.

"Tendo o acórdão recorrido majorado o valor dos danos morais, por entender mais condizente com o ilícito produzido e o dano suportado pela parte, o início da correção monetária deve ser contado da data do acórdão" (STJ-3ª T., Ag em REsp 133.471-AgRg, Min. Sidnei Beneti, j. 24.4.12, DJ 11.5.12).

"Tendo o acórdão alterado o valor da compensação por danos morais, para reduzi-lo, de acordo com as particularidades da hipótese, verifica-se que ocorreu um novo arbitramento e, portanto, a correção monetária deveria incidir a partir de então, ou seja, da publicação do acórdão, e não da distribuição da ação" (STJ-3ª T., REsp 1.314.796, Min. Nancy Andrighi, j. 4.6.13, DJ 13.6.13). No mesmo sentido: STJ-4ª T., REsp 1.300.149-AgInt, Min. Raul Araújo, j. 13.12.16, DJ 1.2.17.

Para outros ilícitos, v. acima Súmula 43 do STJ.

Súmula 445 do STJ: "As diferenças de correção monetária resultantes de expurgos inflacionários sobre os **saldos de FGTS** têm como termo inicial a data em que deveriam ter sido creditadas".

Súmula 454 do STJ: "Pactuada a correção monetária nos **contratos do SFH** pelo mesmo índice aplicável à caderneta de poupança, incide a **taxa referencial** (TR) a partir da vigência da Lei n. 8.177/1991".

Súmula 459 do STJ: "A **Taxa Referencial** (TR) é o índice aplicável, a título de correção monetária, aos **débitos com o FGTS** recolhidos pelo empregador mas não repassados ao fundo".

Súmula 632 do STJ: "Nos contratos de seguro regidos pelo Código Civil, a correção monetária sobre a **indenização securitária** incide a partir da contratação até o efetivo pagamento".

Súmula 25 do TFR (Seguro obrigatório): "É aplicável a correção monetária, em razão da mora no pagamento da indenização decorrente de seguro obrigatório" (v. jurisprudência s/ esta Súmula em RTFR 77/144).

Súmula 45 do TFR (Multa fiscal): "As multas fiscais, sejam moratórias ou punitivas, estão sujeitas à correção monetária" (v. jurisprudência s/ esta Súmula em RTFR 78/190).

Súmula 47 do TFR (Restituição de depósito em garantia de instância): "Cancelado o débito fiscal, a correção monetária, relativa à restituição da importância depositada em garantia de instância, incide a partir da data da efetivação do depósito" (v. jurisprudência s/ esta Súmula em RTFR 79/40).

Súmula 68 do TFR (Unidade residencial do INSS): "A correção monetária não incide nas aquisições de unidades residenciais do INPS, quando a opção de compra tiver sido anterior à vigência do Dec. lei n. 19, de 1966, sendo irrelevantes, em face da Lei n. 5.049, de 1966, o valor ou a área do imóvel" (v. jurisprudência s/ esta Súmula em RTFR 80/98).

Súmula 71 do TFR: Esta Súmula está **revogada** pela Súmula 148 do STJ (v. acima). Nesse sentido: RSTJ 79/300, Bol. AASP 1.454/260.

"Cuidando-se de prestações devidas e cobradas, em juízo, já na vigência da Lei 6.899/81, já não cabe aplicar-se o critério da Súmula 71-TFR, senão que os das Súmulas 43 e 148-STJ" (STJ-3ª Seção, ED no REsp 47.447, Min. José Dantas, j. 27.11.96, DJU 3.2.97).

Mas: "Cuidando-se de prestações devidas antes da Lei 6.899/81, ainda que cobradas em juízo na sua vigência, cabe aplicar-se o critério da Súmula 71-TFR, porém somente até o advento da citada lei (Súmula 148-STJ)" (STJ-3ª Seção, ED no REsp 49.024, Min. José Dantas, j. 27.11.96, DJU 3.2.97).

Súmula 75 do TFR (Desapropriação): "Na desapropriação, a correção monetária prevista no § 2º do art. 26 do Dec. lei n. 3.365, de 1941, incide a partir da data do laudo de avaliação, observando-se a Lei n. 5.670, de 1971" (v. jurisprudência s/ esta Súmula em RTFR 80/124).

Art. 1º: 4. REGRAS GERAIS SOBRE CORREÇÃO MONETÁRIA:

— **Autoaplicabilidade da LCM.** A LCM independeu de regulamentação, para sua entrada em vigor (STF-RTJ 102/705 e RT 559/247, Lex-JTA 72/76, 73/338). V. Dec. 86.649, de 25.11.81.

— **Contrato omisso quanto à correção monetária.** "Não constituindo a correção monetária um *plus*, mas mero instrumento de atualização da moeda desvalorizada pela inflação, deve ela incidir mesmo nos contratos pactuados sem sua previsão" (STJ-RT 661/181).

"Há necessidade de expressa previsão contratual para a cobrança de correção monetária *pro rata*, ou seja, dia a dia, por constituir sistema excepcional de atualização" (JTJ 141/66).

— **Correção monetária contratual.** "Se a lei alcançar os efeitos futuros de contratos celebrados anteriormente a ela, será essa lei retroativa (retroatividade mínima), porque vai interferir na causa, que é um ato ou fato ocorrido no passado. O disposto no art. 5º, XXXVI, da CF se aplica a toda e qualquer lei infraconstitucional, sem qualquer distinção entre lei de direito público e lei de direito privado, ou entre lei de ordem pública e lei dispositiva. Precedente do STF" (RTJ 143/724).

"A existência de cláusula contratual prevendo a correção monetária de forma tarifada afasta a incidência da Lei n. 6.899/81, no que a disciplina, considerada a perda do poder aquisitivo da moeda. Descabe distinguir os períodos situados antes e depois do vencimento da dívida, sob pena de transgressão ao ato jurídico perfeito e ao direito adquirido" (RTJ 141/289, maioria).

"Se as partes, em contratos anteriores ao advento das novas regras econômicas, estabeleceram índices alternativos no caso de extinção do indexador vigente, tais é que devem prevalecer para as prestações que se vencerem *ad futurum*" (STJ-3ª T., Ag 25.578-0-AgRg-EDcl, Min. Waldemar Zveiter, j. 16.12.92, DJU 1.3.93).

"A previsão da Lei 6.899/81 diz com a hipótese de mora, não interferindo com a pactuada pelas partes" (STJ-3ª T., Ag 34.765-AgRg, Min. Eduardo Ribeiro, j. 26.4.93, DJU 10.5.93).

"A correção monetária sobre o valor consignado na promissória à vista flui, como regra, a partir do ajuizamento da execução. Não assim, porém, quando estipulada expressamente na cártula sua incidência desde a data da emissão" (RSTJ 56/274, 79/229).

— **Correção monetária recíproca.** "Constituindo a correção monetária mera atualização do valor da moeda corroída pelo processo inflacionário, incide a mesma sobre eventuais devoluções de cotas de consórcio" (STJ-4ª T., REsp 7.292, Min. Sálvio de Figueiredo, j. 18.6.91, maioria, DJU 5.8.91).

"A Fazenda do Estado de São Paulo não pode pretender atualizar seus créditos tributários com o índice de 70,28%, quando não concorda que seus débitos sejam com ele corrigidos" (STJ-1ª T., REsp 20.203, Min. Garcia Vieira, j. 13.5.92, DJU 15.6.92). Há um acórdão sustentando que, neste caso, a Fazenda do Estado se sujeita à pena de litigante de má-fé (Bol. AASP 1.759/336).

— **Correções monetárias sucessivas:** v., LD 26, nota 9 (inclusive Súmula 67 do STJ). V., no CPCLPV, CPC 535, nota 19a.

— **Débito já corrigido:** v. tb. Correções monetárias sucessivas.

Não cabe a correção monetária de débito que já tenha sido corrigido por outro critério que não o das ORTNs (p. ex., UPCs, salário mínimo, etc.).

No mesmo sentido: RT 564/171, citando Lei 5.741, de 1.12.71, art. 8º.

— **Depósito judicial.** "A jurisprudência desta Corte considera indevidos novos juros moratórios e atualização, tendo em vista o depósito judicial já contar com remuneração específica" (STJ-4ª T., REsp 1.120.846-AgRg, Min. Aldir Passarinho Jr., j. 10.8.10, DJ 3.9.10).

— **Desde quando é devida.** V. Termo inicial da correção monetária.

— **Direito de regresso.** "Em caso de ação regressiva, ajuizada pela seguradora contra o causador dos danos, o termo inicial da correção monetária é a data do desembolso da quantia, já que se opera a sub-rogação daquela nos direitos do segurado" (STJ-3ª T., AI 1.344.297-AgRg, Min. Sidnei Beneti, j. 15.5.12, DJ 28.5.12).

— **Dívida de valor.** Os §§ do art. 1º da LCM aplicam-se tão só às dívidas em dinheiro. As dívidas de valor devem ser corrigidas desde o momento em que se tornem exigíveis (v., p. ex., RJTJESP 101/63 e 65, dois acórdãos s/ corretagens).

Essa regra não se aplica na hipótese de cobrança de cheque prescrito através de ação monitória, caso em que se calcula a atualização do débito a partir do ajuizamento da ação. Nesse sentido: STJ-1ª T., REsp 237.626, Min. Milton Luiz Pereira, j. 6.12.01, DJU 15.4.02.

V., abaixo, nesta nota, Incidência da LCM.

— **Enriquecimento sem causa:** v. tb. Repetição de indébito.

"A jurisprudência do STJ pacificou-se no sentido de admitir a correção monetária incidente sobre valores de quaisquer débitos judiciais, ainda que se trate de título executivo que tenha perdido a cambiaridade" (STJ-3ª T., REsp 6.527, Min. Waldemar Zveiter, j. 19.12.90, DJU 11.3.91).

Na ação de enriquecimento injustificado cambiário, a correção monetária se conta do seu ajuizamento, e não do vencimento do título (Bol. AASP 1.592/150).

"Cabimento da ação de cobrança para se exigir dívida de valor, líquida e certa, inclusive, confessada pelo devedor, razão suficiente para que a correção monetária incida a partir do vencimento do título (art. 1º, § 1º)" (STJ-3ª T., REsp 20.188, Min. Waldemar Zveiter, j. 9.6.92, DJU 3.8.92).

Contra: "Sobre dívida decorrente de decisão judicial, em cobrança, por meio de processo de conhecimento, de dívida representada por notas promissórias que perderam sua força cambial, incide correção monetária, mas a partir do ajuizamento da ação, nos termos do § 2º do art. 1º da Lei 6.899/81" (STJ-RT 668/172).

— **Extensão da correção monetária.** "A correção monetária deve incidir sobre a totalidade do débito, abrangendo, englobadamente, todas as parcelas" (STF-RJ 234/52).

— **Ilícito contratual.** A correção monetária, no caso de ilícito contratual, é devida desde o efetivo prejuízo, e não a partir da citação (STJ-RT 669/200). "A jurisprudência do Supremo é pacífica no sentido de que, no ilícito contratual, é devida a correção monetária independentemente da Lei n. 6.899" (RTJ 122/419). Ainda: "O ilícito contratual é fonte direta de correção monetária, ainda que a lei ou o contrato não a tenha previsto" (RTJ 121/761).

Cabe correção monetária nos casos de inadimplemento contratual de dívida de valor, ainda antes da Lei 6.899/81 (RSTJ 25/497, 38/129; RTJ 106/345; Lex-JTA 72/28), mas deve haver pedido expresso na inicial (Lex-JTA 72/75). Faz-se a atualização desde o momento do inadimplemento contratual (STJ-4ª T., REsp 803, Min. Sálvio de Figueiredo, j. 10.10.89, maioria, DJU 20.11.89; RSTJ 38/133; RTJ 117/1.170, RT 560/117), i. e, "desde o evento lesivo" (STJRT 675/237); se a perícia fixou os prejuízos tomando por base determinada data, desta é que se há de partir para o cálculo da correção monetária.

Correção Monetária – Lei n. 6.899, de 8.4.81, art. 1º, nota 4

S/ ilícito extracontratual, v., na nota anterior, **Súmulas 490 e 562 do STF** e **Súmula 43 do STJ**. V. tb., no CPCLPV, CPC 533, notas 10 e 10a.

— **Imóvel. Atraso na entrega.** "É devida a incidência de correção monetária sobre o saldo devedor de imóvel comprado na planta durante a mora da construtora, porque apenas recompõe o valor da moeda, sem representar vantagem à parte inadimplente" (STJ-4ª T., Ag em REsp 677.950-AgInt, Min. Isabel Gallotti, j. 14.3.17, DJ 20.3.17).

— **Incidência da LCM.** A Lei 6.899/81 "não veio impedir a fluência da correção monetária nos casos em que, anteriormente, já era admitida, mas, sim, estendê-la a hipóteses a que essa correção não se aplicava" (RTJ 106/860). No mesmo sentido: RSTJ 23/307, 38/125 e STJ-RT 673/178; RTJ 119/300, 119/828; STF-JTA 91/230; JTA 72/252.

Assim, se a dívida é de valor, decorrente de ato ilícito contratual ou extracontratual, incide a correção monetária, mesmo antes da vigência da Lei 6.899/81 (RTJ 106/345, 121/335; STF-Amagis 9/369; RSTJ 23/307, 38/125 e STJ-RT 673/178).

"A partir da vigência da Lei n. 6.899, de 1981, todo débito resultante de decisão judicial deve ser corrigido pelos critérios estabelecidos por esse ordenamento e sua regulamentação" (TFR-2ª T., AC 93.133, Min. William Patterson, DJU 11.10.84).

— **Incidência genérica da correção monetária.** A correção monetária é extensiva a todos os débitos resultantes de decisão judicial (RSTJ 31/318, STJ-RT 738/253).

"É entendimento já consolidado desta Corte de que a evolução dos fatos econômicos tornou insustentável a não incidência da correção monetária, sob pena de prestigiar-se o enriquecimento sem causa do devedor, sendo ela imperativo econômico, jurídico e ético indispensável à plena indenização dos danos e ao fiel e completo adimplemento das obrigações" (RSTJ 84/268).

"Lei nenhuma pode determinar qualquer índice de correção inferior à inflação do período" (RSTJ 71/57).

"A correção monetária não constitui acréscimo, mas simples recomposição da moeda corroída pela espiral inflacionária" (RSTJ 71/367). No mesmo sentido: RSTJ 23/307, 38/125.

"A correção monetária não se constitui em um *plus*, senão em uma mera atualização da moeda, aviltada pela inflação, impondo-se como um imperativo de ordem jurídica, econômica e ética. Jurídica, porque o credor tem o direito tanto de ser integralmente ressarcido dos prejuízos da inadimplência, como o de ter por satisfeito, em toda a sua inteireza, o seu crédito pago com atraso. Econômica, porque a correção nada mais significa senão um mero instrumento de preservação do valor do crédito. Ética, porque o crédito pago sem correção importa em um verdadeiro enriquecimento sem causa do devedor, e a ninguém é lícito tirar proveito de sua própria inadimplência" (RSTJ 74/387).

"Em qualquer débito que for objeto de decisão judicial, deverá incidir a correção monetária, aplicando-se a Lei n. 6.899/81, indistintamente, tanto no processo de conhecimento quanto no de execução forçada" (STJ-3ª T., REsp 20.188, Min. Waldemar Zveiter, j. 9.6.92, DJU 3.8.92).

"Administrativo. Empreiteira. Contrato para realização de obras públicas. Atraso no pagamento das faturas. Correção monetária. Incidência, mesmo nos contratos celebrados sem previsão, em face da desvalorização da moeda pela inflação" (RSTJ 24/473).

— **Incidência imediata.** "Nos contratos de compra e venda ou quaisquer outros negócios jurídicos, as normas de ordem pública (planos econômicos) que estabelecem critérios de correção monetária incidem de imediato e, embora não alcancem o ato jurídico perfeito ou o direito adquirido, atingem até mesmo os contratos em curso" (RSTJ 132/321).

— **Índice. Eleição.** "Esta Corte decidiu que não há ilegalidade ou abusividade na adoção do **IGP-M** para atualização monetária de débitos, quando esse índice foi eleito pelas partes. Na hipótese, a convenção de condomínio não prevê qual índice deverá ser adotado para atualização de débitos. A correção pelo **INPC** é adequada à hipótese, além de estar em consonância com a jurisprudência do STJ, no sentido da utilização do referido índice para correção monetária dos débitos judiciais" (STJ-3ª T., REsp 1.198.479, Min. Nancy Andrighi, j. 6.8.13, DJ 22.8.13).

"No caso de rescisão de contrato de compra e venda de imóvel em construção, o índice de atualização monetária para corrigir as parcelas a serem devolvidas pela vendedora é o **INCC**, por estar vinculado ao contrato; após o ajuizamento da ação, o INPC" (STJ-3ª T., REsp 1.151.282-AgRg, Min. João Otávio, j. 20.8.13, DJ 29.8.13). V. tb. Lei 4.864/65, art. 1º.

— **Índice negativo.** "A correção monetária nada mais é do que um mecanismo de manutenção do poder aquisitivo da moeda, não devendo representar, consequentemente, por si só, nem um *plus* nem um *minus* em sua substância. Corrigir o valor nominal da obrigação representa, portanto, manter, no tempo, o seu poder de compra original, alterado pelas oscilações inflacionárias positivas e negativas ocorridas no período. Atualizar a obrigação levando em conta apenas oscilações positivas importaria distorcer a realidade econômica produzindo um resultado que não representa a simples manutenção do primitivo poder aquisitivo, mas um indevido acréscimo no valor real. Nessa linha, estabelece o Manual de Orientação de Procedimento de Cálculos aprovado pelo Conselho da Justiça Federal que, não havendo decisão judicial em contrário, 'os índices negativos de correção monetária (deflação) serão considerados no cálculo de atualização', com a ressalva de que, se, no cálculo final, 'a atualização implicar redução do principal, deve prevalecer o valor nominal'" (STJ-Corte Especial, REsp 1.265.580, Min. Teori Zavascki, j. 21.3.12, maioria, DJ 18.4.12).

Contra: "Impossibilidade de aplicação de índices negativos nos períodos em que o IGP-M aponta a ocorrência de deflação, sob pena de redução do total do débito, ocasionando enriquecimento ilícito por parte do devedor, devendo ser utilizado o índice zero em tais situações" (STJ-2ª T., REsp 1.240.771, Min. Mauro Campbell, j. 5.4.11, DJ 13.4.11).

— **Multa coercitiva:** v., no CPCLPV, CPC 537, nota 2c.

— **Natureza da correção monetária.** "A correção monetária não constitui parcela que se agrega ao principal, mas simples recomposição do valor e poder aquisitivo do mesmo. Trata-se, apenas, na verdade, de nova expressão numérica do valor monetário aviltado pela inflação. Quem recebe com correção monetária não recebe um *plus*, mas apenas o que lhe é devido, em forma atualizada" (JTA 109/372).

— **Pedido omisso.** A correção monetária é devida *ex vi legis*; independe de pedido expresso STJ-Corte Especial, REsp 1.112.524, Min. Luiz Fux, j. 1.9.10, DJ 30.9.10; RT 560/131, 613/165, JTA 72/93, Lex-JTA 72/249, 73/293, Amagis 6/132). Pode ser concedida na fase executória, embora não reclamada na inicial (STF-2ª T., RE 106.977, Min. Djaci Falcão, j. 12.11.85, DJU 6.12.85; RSTJ 45/129; RJTJESP 78/307 e Bol. AASP 1.228/154, 24 votos a 1), "podendo o juiz, inclusive, até de ofício, fazer incidi-la em processo de liquidação de sentença" (RSTJ 75/347).

Súmula 53 do TRF-4ª Reg.: "A sentença que, independentemente de pedido, determina a correção monetária do débito judicial não é *ultra* ou *extra petita*" (RT 752/391).

— **Repetição de indébito.** "Em caso de restituição de quantia indevidamente paga, a correção monetária do débito deve retroagir à data do recebimento pelo réu do valor, evitando-se o enriquecimento sem causa" (RSTJ 141/415). Assim, a data do pagamento indevido é o termo inicial para a incidência da correção monetária (STJ-2ª T., REsp 883.036, Min. Mauro Campbell, j. 4.11.08, DJ 28.11.08). No mesmo sentido: RJTJESP 101/52. **Contra,** em termos, considerando-a devida a partir do ajuizamento da ação, se tiver havido boa-fé por parte do *accipiens*: RT 592/116. V., no CPCLPV, CPC 292, nota 12c-Súmula 5 do TRF-4ª Reg.

— **Quitação dada por oficial de protesto ou banco.** Se a quitação não abrange a correção monetária, procede ação para cobrá-la, calculada do vencimento do título até o pagamento (RSTJ 31/389, STJ-RT 672/213, 709/201; RT 669/155, JTJ 174/233). Mesmo porque: "O Oficial de Protestos não há de ser considerado um mandatário com poderes para dispensar o pagamento de parte do débito. É isso o que ocorreria caso se admitisse que o pagamento apenas do valor nominal do título envolvesse sua quitação, o mesmo se podendo dizer dos acessórios. Possibilidade da cobrança da correção monetária e juros" (RSTJ 96/279).

S/ pagamento feito através de Tabelionato de Protesto, v. Lei 9.492, de 10.9.97 (no tít. PROTESTO DE TÍTULOS, int.), arts. 19 e 40.

— **Salário mínimo como indexador de prestação alimentícia. Súmula 490 do STF:** "A pensão correspondente à indenização oriunda de responsabilidade civil deve ser calculada com base no salário mínimo vigente ao tempo da sentença e ajustar-se-á às variações ulteriores" (a redação está conforme ret. no DJU 11.6.70).

"O julgador pode fixar o valor da pensão mensal tomando como referência o valor do salário mínimo. Contudo, não é devida a indexação do valor da indenização, arbitrando-a com base no salário mínimo com a incidência concomitante de atualização monetária, sem que haja sua conversão em valores líquidos. As parcelas de pensão fixadas em salário mínimo devem ser convertidas em valores líquidos à data do vencimento e, a partir de então, atualizadas monetariamente" (STJ-2ª Seção, ED no REsp 1.191.598, Min. Marco Bellizze, j. 26.4.17, DJ 3.5.17).

Contra: "A pensão fixada a título de indenização por ato ilícito em número de salários mínimos também deve ser corrigida monetariamente, não sendo lícito afirmar que ela apenas será reajustada com a alteração do valor do próprio salário mínimo" (STJ-3ª T., AI 816.398-AgRg, Min. Sidnei Beneti, j. 7.8.08, DJ 28.8.08; nota: o precedente mencionado nesse acórdão não autorizava essa conclusão, pois fez incidir a correção monetária em caso no qual se considerava o valor do salário mínimo vigente à época dos fatos, e não o atual).

V. LA 11, nota 2a, e no CPCLPV, v. CPC 533, nota 10.

— **Salário mínimo como parâmetro para a indenização.** "A indenização correspondente a salários mínimos deve considerar o salário mínimo vigente à época do evento, computando-se daí por diante a correção monetária" (STJ-4ª T., AI 918.956-AgRg, Min. João Otávio, j. 4.11.08, DJ 24.11.08).

Determinando a conversão do montante em salário mínimo para reais pelo valor daquele na data da decisão que quantificou a indenização e fazendo incidir a partir daí a correção monetária pelos índices oficiais: STJ-4ª T., REsp 1.140.213, Min. Aldir Passarinho Jr., j. 24.8.10, DJ 14.9.10; STJ-3ª T., REsp 1.174.486-EDcl-AgRg, Min. Sidnei Beneti, j. 28.9.10, DJ 14.10.10.

— **Seguro de vida.** "A correção monetária incide desde a data da celebração do contrato de seguro de vida até o dia do efetivo pagamento da indenização, pois a apólice deve refletir o valor contratado atualizado" (STJ-4ª T., REsp 1.715.056-AgInt, Min. Luis Felipe, j. 27.8.19, DJ 2.9.19).

— **SELIC.** "Se for pactuada a incidência da taxa Selic a título de correção monetária das parcelas contratuais, não será possível cumulá-la com juros remuneratórios, uma vez que os juros já estão englobados nesse índice. Isso não impedirá, contudo, a estipulação de juros de mora, já que possuem finalidade distinta dos juros remuneratórios. Na espécie, o contrato de compra e venda celebrado entre as partes prevê a incidência da taxa Selic a título de correção monetária das parcelas do contrato, sem a incidência cumulativa de juros remuneratórios. A previsão contratual não é, portanto, abusiva" (STJ-3ª T., REsp 2.011.360, Min. Nancy Andrighi, j. 25.10.22, DJ 27.10.22).

— **Sentença expressamente denegatória de correção monetária.** "Se a sentença condenatória transitada em julgado exclui expressamente a incidência de correção monetária, não pode esta, em fase de execução de sentença, ser incluída no cálculo" (STF-RT 658/193). Se isso ocorrer, admite-se que o juiz, de ofício e a todo tempo, determine a exclusão da correção monetária (RSTJ 37/354).

Mas se a sentença negou expressamente a correção monetária, porque não prevista em lei ao tempo em que foi proferida, o valor nela fixado é, não obstante, corrigível a partir da vigência da Lei 6.899/81. Nesse sentido, em rescisória julgada procedente: "Embora negada a correção monetária em decisão liquidanda ou exequenda proferida anteriormente ao advento da Lei 6.899/81, deve ela ser deferida desde a sua vigência na pendência de liquidação ou execução, sem se falar em ofensa à coisa julgada, pois o que se negou na época não foi a correção monetária da Lei 6.899/81, mas a que então fora postulada sem respaldo legal ou pretoriano" (RT 627/117, maioria).

Sobrevindo a LCM, a atualização monetária deve ser feita desde sua vigência, "ainda que indeferida na primeira instância e não interposto recurso" pelo interessado (Lex-JTA 72/24). No mesmo sentido, entendendo que, tendo sido a correção monetária expressamente denegada no processo de conhecimento, poderá ser concedida a partir da vigência da Lei 6.899/81, se esta for posterior à denegação: TFR-2ª T., AC 75.571, Min. Costa Lima, j. 13.8.82, DJU 29.10.82.

— **Sentença omissa ou restritiva quanto à correção monetária.** "Se a sentença for omissa quanto à matéria, é lícito ao Tribunal, mesmo de ofício, disciplinar a incidência dessas verbas, sem que se possa argumentar de extra ou ultrapetição" (STJ-3ª T., REsp 954.353, Min. Nancy Andrighi, j. 17.6.10, DJ 30.6.10).

"Enquanto não homologada a sentença de liquidação, ainda que a decisão final no processo de conhecimento não tenha mencionado a correção monetária, pode o julgador aplicar índices ou alterá-los, no intuito de garantir a exata satisfação do direito tutelado" (STJ-2ª T., REsp 312.285-AgRg, Min. Franciulli Netto, j. 5.11.02, DJU 19.5.03). No mesmo sentido, determinando a correção monetária na fase de liquidação, omissa no processo de conhecimento: RSTJ 96/212, RJTJESP 105/50, Lex-JTA 74/204.

"É legítima a correção monetária dos débitos decorrentes de sentença judicial, nada impedindo que, no silêncio da sentença, os respectivos índices sejam fixados no processo de execução. A ofensa ao princípio da imutabilidade da coisa julgada somente se caracterizaria na hipótese de inclusão, após o trânsito em julgado da sentença homologatória, de índices de correção monetária não considerados na conta de liquidação" (STJ-1ª T., REsp 663.713, Min. Teori Zavascki, j. 23.10.07, DJ 8.11.07).

"A correção é simples instrumento de atualização, em decorrência da desvalorização da moeda. Não ofende os arts. 467 e 468 do CPC acórdão que, em execução, estende a correção monetária, ultrapassando a data prevista na sentença exequenda (02.86)" (STJ-3ª T., REsp 4.147, Min. Nilson Naves, j. 11.9.90, DJU 9.10.90).

V. tb., no CPCLPV, CPC 535, nota 20.

— **Sentença omissa quanto ao índice de correção monetária.** "Inexistindo na sentença transitada em julgado fixação de determinado índice inflacionário, pode ser pleiteado, na liquidação de sentença, a incidência do IPC para corrigir o débito, por ser este indexador que representa a verdadeira inflação do período" (STJ-1ª T., REsp 353.883, Min. Garcia Vieira, j. 12.3.02, DJU 15.4.02).

"Aplicam-se os índices de correção monetária também na fase de execução, quando não definidos critérios próprios pela decisão exequenda" (STJ-2ª T., AI 486.736-AgRg, Min. João Otávio, j. 27.5.03, negaram provimento, DJU 16.6.03). Também autorizando a fixação de índice de correção monetária na fase de execução do julgado: STJ-3ª T., REsp 869.784, Min. Gomes de Barros, j. 6.3.08, DJU 1.4.08.

"Não ofende a coisa julgada incluir, em fase de execução, a Taxa Selic, a título de correção monetária e juros, quando o título executivo judicial determinar sejam os valores devidos corrigidos monetariamente e acrescidos de juros moratórios, sem especificar os índices a ser utilizados" (STJ-2ª T., REsp 1.041.081, Min. Castro Meira, j. 15.4.08, DJU 30.4.08).

Todavia: "A Taxa Selic é composta de taxa de juros e correção monetária, não podendo ser cumulada, a partir de sua incidência, com qualquer outro índice de atualização. Mostra-se inviável a inclusão da Taxa Selic após o trânsito em julgado de sentença que determinou a incidência de juros de mora em 1%, sob pena de violação do princípio da coisa julgada" (STJ-1ª Seção, ED no REsp 779.266, Min. Castro Meira, j. 14.2.07, DJU 5.3.07).

— **Sentença que contém critério de correção monetária.** "Fixado, por decisão cognitiva transitada em julgado, determinado critério de correção monetária, com indicação inclusive dos indexadores aplicáveis, não se mostra possível alterá-la na fase de liquidação" (STJ-4ª T., REsp 19.431, Min. Sálvio de Figueiredo, j. 25.8.92, DJU 21.9.92). No mesmo sentido: RSTJ 145/17, 146/24 e 445.

Igualmente: "Na atualização de cálculos com vista à expedição de precatório suplementar, a inclusão de índices de correção monetária correspondente ao IPC de períodos anteriores ao trânsito em julgado da sentença homologatória dos cálculos da liquidação implica em ofensa à coisa julgada" (RSTJ 132/252).

"A utilização de qualquer outro índice de correção monetária, que não o apontado na sentença da conta de liquidação, transitada em julgado, fere o princípio da imutabilidade da coisa julgada" (RSTJ 136/132).

V. tb., no CPCLPV, CPC 494, nota 15.

— **Taxa referencial (TR):** v., na nota anterior, Súmulas 295 e 454 do STJ.

— **Termo final da correção monetária.** Enquanto não satisfeito integralmente o julgado, é cabível a correção monetária, que incidirá sobre o *quantum* ainda não pago à data de vigência da LCM (RT 559/143, 560/144, 564/170, 565/216, em., RJTJESP 79/87, Lex-JTA 73/78).

Considerando indevida a correção monetária:

— depois de transitada em julgado a sentença homologatória da liquidação dos juros complementares, embora não pagos estes: RT 563/85;

— após a data da liquidação, a menos que o devedor retarde culposamente o adimplemento do débito: RT 563/227, em.

Exaurida a execução, com a integral satisfação do débito, não há falar-se em correção monetária do que não mais existe (RT 560/72, 561/93, 565/84, RJTJESP 76/60, 77/272, 78/88, 79/86, Bol. AASP 1.421/62). Há um acórdão que parece considerar necessária a sentença de extinção da execução (RT 559/141), o que não se afigura razoável.

Se o depósito da condenação estava à disposição do vencedor antes da vigência da LCM, é incabível a correção monetária (Lex-JTA 74/303).

— **Termo inicial da correção monetária.** "A correção monetária deve ser calculada desde a data em que o pagamento deveria ter sido efetuado" (STJ-Corte Especial, ED no REsp 28.819, Min. Hélio Mosimann, j. 19.3.97, DJU 11.5.98).

"Nos termos de jurisprudência assentada da Corte, consolidada nas Súmulas ns. 43 e 54, o termo inicial da correção e dos juros moratórios em caso de responsabilidade extracontratual é a data do **efetivo prejuízo**, no primeiro caso, e a do **evento danoso** no segundo caso" (RSTJ 137/282).

"Por se tratar de ato ilícito a reprodução de obras musicais sem o devido recolhimento dos direitos autorais, o termo inicial para a correção monetária é a data do evento danoso" (STJ-4ª T., REsp 1.393.385-EDcl, Min. Luis Felipe, j. 21.11.17, DJ 23.11.17).

"A jurisprudência do STJ firmou que a correção monetária incide sempre a partir do **vencimento** da dívida, partindo do princípio de que o reajustamento monetário não dá nem tira nada de ninguém, mas apenas corrige o valor aquisitivo da moeda, mormente quando a dívida é de valor" (STJ-3ª T., REsp 7.098, Min. Waldemar Zveiter, j. 12.3.91, maioria, DJU 29.4.91).

"Se a correção monetária tem por objetivo a recomposição, no tempo, do valor da moeda em que se expressa determinada obrigação pecuniária, nada mais lógico que sua incidência ocorra a partir da exigibilidade da referida prestação, máxime quando inexistente disposição contratual em sentido diverso. Consequentemente, não merece reparo o acórdão estadual que considerou, como termo inicial da correção monetária incidente sobre a cláusula penal, a data do inadimplemento da obrigação principal, vale dizer, a data em que o réu procedeu à rescisão unilateral do contrato de prestação de serviços sem observar o prazo de vigência estipulado, hipótese deflagradora da exigibilidade da pena convencional" (STJ-4ª T., REsp 1.340.199, Min. Luis Felipe, j. 10.10.17, DJ 6.11.17).

Se a quantificação dos prejuízos é feita em liquidação de sentença, a correção monetária deve ser efetuada a partir da **data do laudo** (RSTJ 75/272, especialmente p. 278).

"Ação ordinária de execução coativa de contrato de compra e venda. Correção monetária somente devida a partir do **ajuizamento do processo principal ou de conhecimento** e não desde o aforamento de medida cautelar, destinada à produção antecipada de prova" (RTJ 124/333).

"A correção monetária — nada importa a natureza do crédito — deve incidir a partir do **momento em que o devedor incidiu em mora**. De outro modo, o inadimplente será beneficiado por enriquecimento ilícito" (STJ-1ª T., REsp 11.882, Min. Gomes de Barros, j. 8.3.93, DJU 26.4.93).

S/ correção monetária em monitória fundada em cheque prescrito, v., no CPCLPV, CPC 700, nota 12.

— **Título de crédito com indexação.** "A circunstância de o título estar emitido em OTNs, ou conter também a expressão numérica a elas correspondente, não é motivo para invalidá-lo, ou retirar-lhe a executividade. Precedentes do STF: RREE 108.781 e 113.268; do STJ, REsp 607" (STJ-RT 681/232). No mesmo sentido: STF-RT 686/222, maioria, RSTJ 5/526, Lex-JTA 151/82.

"Sendo o valor da ORTN aferível a qualquer momento e em qualquer lugar do País, pode ser expresso, como o *quantum* do débito, em nota promissória, o número dessas obrigações, desde que para pagamento em moeda nacional. Com isso, não deixa de ser líquido e certo o valor da dívida" (RTJ 137/1.310, maioria).

"Nota promissória. Valor expresso em OTN. Admissibilidade" (STJ-3ª T., REsp 31.593, Min. Eduardo Ribeiro, j. 30.3.93, DJU 26.4.93).

Art. 1º: 4a. s/ correção monetária da verba honorária, v. nota 3 **(Súmula 14 do STJ).**

Art. 1º: 5. Os §§ 1º e 2º, combinados com o art. 3º, não revogam o disposto na **Lei 5.670, de 2.7.71**, deste teor: "**Art. 1º** O cálculo da correção monetária não recairá, em qualquer caso, sobre período anterior à data em que tenha entrado em vigor a lei que a instituiu".

Neste sentido: Dec. 86.649, de 25.11.81, art. 3º; RTJ 99/532, 99/539, STF-RT 559/247, STF-RT 560/224, STF-RT 561/226. Note-se, porém, que a Lei 6.899/81 "não veio impedir a fluência da correção monetária nos casos em que, anteriormente, já era admitida, mas, sim, estendê-la a hipóteses a que essa correção não se aplicava" (RTJ 106/860). Neste sentido: STF-JTA 91/230.

Art. 1º: 6. v. nota 5.

Art. 2º O Poder Executivo, no prazo de 60 (sessenta) dias, regulamentará a forma pela qual será efetuado o cálculo da correção monetária.[1]

Art. 2º: 1. v. Dec. 86.649, de 25.11.81.

Art. 3º O disposto nesta lei aplica-se a todas as causas pendentes de julgamento.

Art. 4º Esta lei entrará em vigor na data de sua publicação.

Art. 5º Revogam-se as disposições em contrário.

Brasília, em 8 de abril de 1981; 160º da Independência e 93º da República — João Figueiredo — **Ibrahim Abi-Ackel** — **Ernane Galvêas** — **José Flávio Pécora** — **Hélio Beltrão.**

Criança e Adolescente

Lei n. 8.069, de 13 de julho de 1990

Dispõe sobre o Estatuto da Criança e do Adolescente, e dá outras providências.[1]

O Presidente da República,

Faço saber que o Congresso Nacional decreta e eu sanciono a seguinte lei:

LEI 8.069: 1. "O décimo quinto aniversário da Convenção sobre os Direitos da Criança. Contributo para o aprofundamento e implementação do direito internacional dos direitos humanos", por Gustavo Ferraz de Campos Mônaco (RT 831/132); "Jurisdição da infância e juventude: o juiz participativo", por Anselmo Laghi Laranja (RF 406/3).

Livro I | PARTE GERAL

Título I | DAS DISPOSIÇÕES PRELIMINARES

Art. 1º Esta lei dispõe sobre a proteção integral à criança e ao adolescente.

Art. 2º Considera-se criança, para os efeitos desta lei, a pessoa até doze anos de idade incompletos, e adolescente aquela entre doze e dezoito anos de idade.
Parágrafo único. Nos casos expressos em lei,[1] aplica-se excepcionalmente este Estatuto às pessoas entre dezoito e vinte e um anos de idade.

Art. 2º: **1.** v. art. 36-*caput*.

Art. 3º A criança e o adolescente gozam de todos os direitos fundamentais inerentes à pessoa humana,[1] sem prejuízo da proteção integral de que trata esta lei, assegurando-se-lhes, por lei ou por outros meios, todas as oportunidades e facilidades, a fim de lhes facultar o desenvolvimento físico, mental, moral, espiritual e social, em condições de liberdade e de dignidade.
Parágrafo único (*acrescido pela Lei 13.257, de 8.3.16*). Os direitos enunciados nesta Lei aplicam-se a todas as crianças e adolescentes, sem discriminação de nascimento, situação familiar, idade, sexo, raça, etnia ou cor, religião ou crença, deficiência, condição pessoal de desenvolvimento e aprendizagem, condição econômica, ambiente social, região e local de moradia ou outra condição que diferencie as pessoas, as famílias ou a comunidade em que vivem.

Art. 3º: **1.** Alguns direitos mais importantes: v. Tít. II, nota 1, que antecede o art. 7º.

Art. 4º É dever da família, da comunidade, da sociedade em geral e do Poder Público assegurar, com absoluta prioridade, a efetivação dos direitos referentes à vida, à saúde, à alimentação, à educação, ao esporte, ao lazer, à profissionalização, à cultura, à dignidade, ao respeito, à liberdade e à convivência familiar e comunitária.

Parágrafo único. A garantia de prioridade compreende:

a) primazia de receber proteção e socorro em quaisquer circunstâncias;

b) precedência de atendimento nos serviços públicos ou de relevância pública;

c) preferência na formulação e na execução das políticas sociais públicas;

d) destinação privilegiada de recursos públicos nas áreas relacionadas com a proteção à infância e à juventude.

Art. 5º Nenhuma criança ou adolescente será objeto de qualquer forma de negligência, discriminação, exploração, violência, crueldade e opressão, punido na forma da lei qualquer atentado, por ação ou omissão, aos seus direitos fundamentais.[1]

Art. 5º: 1. v. CF 227 § 4º.

Art. 6º Na interpretação desta lei, levar-se-ão em conta os fins sociais a que ela se dirige, as exigências do bem comum, os direitos e deveres individuais e coletivos, e a condição peculiar da criança e do adolescente como pessoas em desenvolvimento.[1-2]

Art. 6º: 1. "A quebra do paradigma da incapacidade e o princípio do superior interesse da criança. O 'cavalo de Troia' do menorismo", por João Batista Costa Saraiva (Ajuris 96/167).

Art. 6º: 2. "O juiz deve observar a prevalência do Direito do Menor, em sua finalidade pedagógica e protecional, sobre as genéricas regras do Direito" (STJ-2ª Seção, CC 33.935, Min. Sálvio de Figueiredo, j. 9.4.03, DJU 5.5.03).

Título II | DOS DIREITOS FUNDAMENTAIS[1-2]

Capítulo I | DO DIREITO À VIDA E À SAÚDE

TÍT. II: 1. Alguns direitos expressamente instituídos pelo ECA em favor das crianças e dos adolescentes:

— direito de acesso à Defensoria Pública, ao Ministério Público e ao juiz (art. 141), bem como ao Conselho Tutelar (art. 136-I);

— direito de ser ouvido pessoalmente no caso de colocação em família substituta (arts. 28 § 1º e 168) e de modificação de guarda (art. 161 § 2º);

— direito de pedir revisão de prova escolar (art. 53-III).

Principais direitos assegurados ao adolescente:

— direito de ser ouvido pessoalmente pela autoridade competente (art. 111-V);

— direito de opor-se à sua adoção (art. 45 § 2º);

— direito de não ser identificado policialmente (art. 109);

— direito de não prestar trabalho forçado (art. 112 § 2º);

— em caso de apreensão: direito de comunicação imediata do fato à sua família e ao juiz (art. 107), bem como à identificação dos responsáveis pela sua apreensão, devendo ser informado de seus direitos (art. 106 § ún.);

— em caso de internação: direito de peticionar diretamente a qualquer autoridade (art. 124-II), de entrevistar-se pessoalmente com o representante do Ministério Público (art. 124-I) e de avistar-se reservadamente com seu defensor (art. 124-III); proibição de ser posto incomunicável (art. 124 § 1º).

TÍT. II: 2. Direitos protegidos por ação civil pública: art. 208.

Art. 7º A criança e o adolescente têm direito a proteção à vida e à saúde, mediante a efetivação de políticas sociais públicas que permitam o nascimento e o desenvolvimento sadio e harmonioso, em condições dignas de existência.

Art. 8º (*redação da Lei 13.257, de 8.3.16*) É assegurado a todas as mulheres o acesso aos programas e às políticas de saúde da mulher e de planejamento reprodutivo e, às gestantes, nutrição adequada, atenção humanizada à gravidez, ao parto e ao puerpério e atendimento pré-natal, perinatal e pós-natal integral no âmbito do Sistema Único de Saúde.[1]

§ 1º (*redação da Lei 13.257, de 8.3.16*) O atendimento pré-natal será realizado por profissionais da atenção primária.

§ 2º (*redação da Lei 13.257, de 8.3.16*) Os profissionais de saúde de referência da gestante garantirão sua vinculação, no último trimestre da gestação, ao estabelecimento em que será realizado o parto, garantido o direito de opção da mulher.

§ 3º (*redação da Lei 13.257, de 8.3.16*) Os serviços de saúde onde o parto for realizado assegurarão às mulheres e aos seus filhos recém-nascidos alta hospitalar responsável e contrarreferência na atenção primária, bem como o acesso a outros serviços e a grupos de apoio à amamentação.

§ 4º (*redação da Lei 12.010, de 3.8.09*) Incumbe ao poder público proporcionar assistência psicológica à gestante e à mãe, no período pré e pós-natal, inclusive como forma de prevenir ou minorar as consequências do estado puerperal.

§ 5º (*redação da Lei 13.257, de 8.3.16*) A assistência referida no § 4º deste artigo deverá ser prestada também a gestantes e mães que manifestem interesse em entregar seus filhos para adoção, bem como a gestantes e mães que se encontrem em situação de privação de liberdade.

§ 6º (*acrescido pela Lei 13.257, de 8.3.16*) A gestante e a parturiente têm direito a 1 (um) acompanhante de sua preferência durante o período do pré-natal, do trabalho de parto e do pós-parto imediato.

§ 7º (*acrescido pela Lei 13.257, de 8.3.16*) A gestante deverá receber orientação sobre aleitamento materno, alimentação complementar saudável e crescimento e desenvolvimento infantil, bem como sobre formas de favorecer a criação de vínculos afetivos e de estimular o desenvolvimento integral da criança.

§ 8º (*acrescido pela Lei 13.257, de 8.3.16*) A gestante tem direito a acompanhamento saudável durante toda a gestação e a parto natural cuidadoso, estabelecendo-se a aplicação de cesariana e outras intervenções cirúrgicas por motivos médicos.

§ 9º (*acrescido pela Lei 13.257, de 8.3.16*) A atenção primária à saúde fará a busca ativa da gestante que não iniciar ou que abandonar as consultas de pré-natal, bem como da puérpera que não comparecer às consultas pós-parto.

§ 10 (*acrescido pela Lei 13.257, de 8.3.16*). Incumbe ao poder público garantir, à gestante e à mulher com filho na primeira infância que se encontrem sob custódia em unidade de privação de liberdade, ambiência que atenda às normas sanitárias e assistenciais do Sistema Único de Saúde para o acolhimento do filho, em articulação com o sistema de ensino competente, visando ao desenvolvimento integral da criança.

Art. 8º: 1. v. CF 201-II.

Art. 8º-A (*redação da Lei 13.798, de 3.1.19*). Fica instituída a Semana Nacional de Prevenção da Gravidez na Adolescência, a ser realizada anualmente na semana que incluir o dia 1º de fevereiro, com o objetivo de disseminar informações sobre medidas preventivas e educativas que contribuam para a redução da incidência da gravidez na adolescência.

Parágrafo único (*redação da Lei 13.798, de 3.1.19*). As ações destinadas a efetivar o disposto no *caput* deste artigo ficarão a cargo do poder público, em conjunto com organizações da sociedade civil, e serão dirigidas prioritariamente ao público adolescente.

Art. 9º O Poder Público, as instituições e os empregadores propiciarão condições adequadas ao aleitamento materno, inclusive aos filhos de mães submetidas a medida privativa de liberdade.

§ 1º (*acrescido pela Lei 13.257, de 8.3.16*) Os profissionais das unidades primárias de saúde desenvolverão ações sistemáticas, individuais ou coletivas, visando ao planejamento, à implementação e à avaliação de ações de promoção, proteção e apoio ao aleitamento materno e à alimentação complementar saudável, de forma contínua.

§ 2º (*acrescido pela Lei 13.257, de 8.3.16*) Os serviços de unidades de terapia intensiva neonatal deverão dispor de banco de leite humano ou unidade de coleta de leite humano.

Art. 10. Os hospitais e demais estabelecimentos de atenção à saúde de gestantes, públicos e particulares,[1] são obrigados a:

I — manter registro das atividades desenvolvidas, através de prontuários individuais, pelo prazo de dezoito anos;

II — identificar o recém-nascido mediante o registro de sua impressão plantar e digital e da impressão digital da mãe, sem prejuízo de outras formas normatizadas pela autoridade administrativa competente;

III — proceder a exames visando ao diagnóstico e terapêutica de anormalidades[2] no metabolismo do recém-nascido, bem como prestar orientação aos pais;

IV — fornecer declaração de nascimento onde constem necessariamente as intercorrências do parto e do desenvolvimento do neonato;

V — manter alojamento conjunto, possibilitando ao neonato a permanência junto à mãe;

VI (*acrescido pela Lei 13.436, de 12.4.17*)[3] — acompanhar a prática do processo de amamentação, prestando orientações quanto à técnica adequada, enquanto a mãe permanecer na unidade hospitalar, utilizando o corpo técnico já existente.

§ 1º (*acrescido pela Lei 14.154, de 26.5.21*)[4] Os testes para o rastreamento de doenças no recém-nascido serão disponibilizados pelo Sistema Único de Saúde, no âmbito do Programa Nacional de Triagem Neonatal (PNTN), na forma da regulamentação elaborada pelo Ministério da Saúde, com implementação de forma escalonada, de acordo com a seguinte ordem de progressão:

I — etapa 1:

a) fenilcetonúria e outras hiperfenilalaninemias;

b) hipotireoidismo congênito;

c) doença falciforme e outras hemoglobinopatias;

d) fibrose cística;

e) hiperplasia adrenal congênita;

f) deficiência de biotinidase;
g) toxoplasmose congênita;
II — etapa 2:
a) galactosemias;
b) aminoacidopatias;
c) distúrbios do ciclo da ureia;
d) distúrbios da betaoxidação dos ácidos graxos;
III — etapa 3: doenças lisossômicas;
IV — etapa 4: imunodeficiências primárias;
V — etapa 5: atrofia muscular espinhal.

§ 2º (*acrescido pela Lei 14.154, de 26.5.21*)[5] A delimitação de doenças a serem rastreadas pelo teste do pezinho, no âmbito do PNTN, será revisada periodicamente, com base em evidências científicas, considerados os benefícios do rastreamento, do diagnóstico e do tratamento precoce, priorizando as doenças com maior prevalência no País, com protocolo de tratamento aprovado e com tratamento incorporado no Sistema Único de Saúde.

§ 3º (*acrescido pela Lei 14.154, de 26.5.21*)[6] O rol de doenças constante do § 1º deste artigo poderá ser expandido pelo poder público com base nos critérios estabelecidos no § 2º deste artigo.

§ 4º (*acrescido pela Lei 14.154, de 26.5.21*)[7] Durante os atendimentos de pré-natal e de puerpério imediato, os profissionais de saúde devem informar a gestante e os acompanhantes sobre a importância do teste do pezinho e sobre as eventuais diferenças existentes entre as modalidades oferecidas no Sistema Único de Saúde e na rede privada de saúde.

Art. 10: 1. Penas, a encarregados de serviço, dirigentes de estabelecimento, médicos e enfermeiros: arts. 228 e 229.
Art. 10: 2. Conforme publicação no DOU. Na Coleção de Leis da União, está: "normalidades".
Art. 10: 3. Em vigor após decorridos 90 dias de sua publicação oficial (DOU 13.4.17).
Art. 10: 4 a 7. Em vigor após decorridos 365 dias de sua publicação oficial (DOU 27.5.21).

Art. 11 (*redação da Lei 13.257, de 8.3.16*). É assegurado acesso integral às linhas de cuidado voltadas à saúde da criança e do adolescente, por intermédio do Sistema Único de Saúde, observado o princípio da equidade no acesso a ações e serviços para promoção, proteção e recuperação da saúde.

§ 1º (*redação da Lei 13.257, de 8.3.16*) A criança e o adolescente com deficiência serão atendidos, sem discriminação ou segregação, em suas necessidades gerais de saúde e específicas de habilitação e reabilitação.

§ 2º (*redação da Lei 13.257, de 8.3.16*) Incumbe ao poder público fornecer gratuitamente, àqueles que necessitarem, medicamentos, órteses, próteses e outras tecnologias assistivas relativas ao tratamento, habilitação ou reabilitação para crianças e adolescentes, de acordo com as linhas de cuidado voltadas às suas necessidades específicas.

§ 3º (*acrescido pela Lei 13.257, de 8.3.16*) Os profissionais que atuam no cuidado diário ou frequente de crianças na primeira infância receberão formação específica e permanente para a detecção de sinais de risco para o desenvolvimento psíquico, bem como para o acompanhamento que se fizer necessário.

Art. 12 (*redação da Lei 13.257, de 8.3.16*). Os estabelecimentos de atendimento à saúde, inclusive as unidades neonatais, de terapia intensiva e de cuidados intermediários, deverão proporcionar condições para a permanência em tempo integral de um dos pais ou responsável, nos casos de internação de criança ou adolescente.

Art. 13 (*redação da Lei 13.010, de 26.6.14*). Os casos de suspeita ou confirmação de castigo físico, de tratamento cruel ou degradante e de maus-tratos contra criança ou adolescente serão obrigatoriamente comunicados ao Conselho Tutelar[1] da respectiva localidade, sem prejuízo de outras providências legais.

§ 1º (*redação da Lei 13.257, de 8.3.16*) As gestantes ou mães que manifestem interesse em entregar seus filhos para adoção serão obrigatoriamente encaminhadas, sem constrangimento, à Justiça da Infância e da Juventude.

§ 2º (*acrescido pela Lei 13.257, de 8.3.16*) Os serviços de saúde em suas diferentes portas de entrada, os serviços de assistência social em seu componente especializado, o Centro de Referência Especializado de Assistência Social (Creas) e os demais órgãos do Sistema de Garantia de Direitos da Criança e do Adolescente deverão conferir máxima prioridade ao atendimento das crianças na faixa etária da primeira infância com suspeita ou confirmação de violência de qualquer natureza, formulando projeto terapêutico singular que inclua intervenção em rede e, se necessário, acompanhamento domiciliar.

Art. 13: 1. v. arts. 131 a 140.

Art. 14. O Sistema Único de Saúde promoverá programas de assistência médica e odontológica para a prevenção das enfermidades que ordinariamente afetam a população infantil, e campanhas de educação sanitária para pais, educadores e alunos.

§ 1º (*renumerado pela Lei 13.257, de 8.3.16*) É obrigatória a vacinação das crianças nos casos recomendados pelas autoridades sanitárias.

§ 2º (*acrescido pela Lei 13.257, de 8.3.16*) O Sistema Único de Saúde promoverá a atenção à saúde bucal das crianças e das gestantes, de forma transversal, integral e intersetorial com as demais linhas de cuidado direcionadas à mulher e à criança.

§ 3º (*acrescido pela Lei 13.257, de 8.3.16*) A atenção odontológica à criança terá função educativa protetiva e será prestada, inicialmente, antes de o bebê nascer, por meio de aconselhamento pré-natal, e, posteriormente, no sexto e no décimo segundo anos de vida, com orientações sobre saúde bucal.

§ 4º (*acrescido pela Lei 13.257, de 8.3.16*) A criança com necessidade de cuidados odontológicos especiais será atendida pelo Sistema Único de Saúde.

§ 5º (*acrescido pela Lei 13.438, de 26.4.17*)[1] É obrigatória a aplicação a todas as crianças, nos seus primeiros dezoito meses de vida, de protocolo ou outro instrumento construído com a finalidade de facilitar a detecção, em consulta pediátrica de acompanhamento da criança, de risco para o seu desenvolvimento psíquico.

Art. 14: 1. Em vigor 180 dias após sua publicação oficial (DOU 27.4.17).

Capítulo II | DO DIREITO À LIBERDADE, AO RESPEITO E À DIGNIDADE

Art. 15. A criança e o adolescente têm direito à liberdade, ao respeito e à dignidade como pessoas humanas em processo de desenvolvimento e como sujeitos de direitos civis, humanos e sociais garantidos na Constituição e nas leis.

Art. 16. O direito à liberdade compreende os seguintes aspectos:

I — ir, vir e estar nos logradouros públicos e espaços comunitários, ressalvadas as restrições legais;

II — opinião e expressão;

III — crença e culto religioso;

IV — brincar, praticar esportes e divertir-se;

V — participar da vida familiar e comunitária, sem discriminação;

VI — participar da vida política, na forma da lei;

VII — buscar refúgio, auxílio e orientação.

Art. 17. O direito ao respeito consiste na inviolabilidade da integridade física, psíquica e moral da criança e do adolescente, abrangendo a preservação da imagem, da identidade, da autonomia, dos valores, ideias e crenças, dos espaços e objetos pessoais.[1]

Art. 17: 1. "Responsabilidade civil. Danos à imagem. Reportagem televisiva que mostra pessoas presas, entre elas um menor. Ofensa à legislação especial. Cabimento de indenização. Responsabilização corretamente reconhecida. Interpretação do art. 17 da Lei 8.069/90" (RT 883/225: TJSP, AP 541.452.4/2-00).

V. tb. art. 143, nota 2a, e CC 20, nota 3.

Art. 18. É dever de todos velar pela dignidade da criança e do adolescente, pondo-os a salvo de qualquer tratamento desumano, violento, aterrorizante, vexatório ou constrangedor.

Art. 18-A (acrescido pela Lei 13.010, de 26.6.14). A criança e o adolescente têm o direito de ser educados e cuidados sem o uso de castigo físico ou de tratamento cruel ou degradante, como formas de correção, disciplina, educação ou qualquer outro pretexto, pelos pais, pelos integrantes da família ampliada, pelos responsáveis, pelos agentes públicos executores de medidas socioeducativas ou por qualquer pessoa encarregada de cuidar deles, tratá-los, educá-los ou protegê-los.

Parágrafo único. Para os fins desta Lei, considera-se:

I — castigo físico: ação de natureza disciplinar ou punitiva aplicada com o uso da força física sobre a criança ou o adolescente que resulte em:

a) sofrimento físico; ou

b) lesão;

II — tratamento cruel ou degradante: conduta ou forma cruel de tratamento em relação à criança ou ao adolescente que:

a) humilhe; ou

b) ameace gravemente; ou

c) ridicularize.

Art. 18-B (acrescido pela Lei 13.010, de 26.6.14). Os pais, os integrantes da família ampliada, os responsáveis, os agentes públicos executores de medidas socioeducativas ou qualquer pessoa encarregada de cuidar de crianças e de adolescentes, tratá-los, educá-los ou protegê-los que utilizarem castigo físico ou tratamento cruel ou degradante como formas de correção, disciplina, educação ou qualquer outro pretexto estarão sujeitos, sem prejuízo de outras sanções cabíveis, às seguintes medidas, que serão aplicadas de acordo com a gravidade do caso:

I — encaminhamento a programa oficial ou comunitário de proteção à família;
II — encaminhamento a tratamento psicológico ou psiquiátrico;
III — encaminhamento a cursos ou programas de orientação;
IV — obrigação de encaminhar a criança a tratamento especializado;
V — advertência.
VI (redação da Lei 14.344, de 24.5.22)[1] — garantia de tratamento de saúde especializado à vítima.
Parágrafo único. As medidas previstas neste artigo serão aplicadas pelo Conselho Tutelar, sem prejuízo de outras providências legais.

Art. 18-B: 1. Em vigor após decorridos 45 dias de sua publicação oficial (DOU 25.5.22).

Capítulo III | DO DIREITO À CONVIVÊNCIA FAMILIAR E COMUNITÁRIA[1]

Seção I | DISPOSIÇÕES GERAIS

CAP. III: 1. "Princípio da paternidade responsável", por Guilherme Calmon Nogueira da Gama (RDPr 18/21).

Art. 19 (redação da Lei 13.257, de 8.3.16). É direito da criança e do adolescente ser criado e educado no seio de sua família e, excepcionalmente,[1] em família substituta,[1a] assegurada a convivência familiar e comunitária, em ambiente que garanta seu desenvolvimento integral.

§ 1º (redação da Lei 12.010, de 3.8.09) Toda criança ou adolescente que estiver inserido em programa de acolhimento familiar ou institucional terá sua situação reavaliada, no máximo, a cada seis meses, devendo a autoridade judiciária competente, com base em relatório elaborado por equipe interprofissional ou multidisciplinar, decidir de forma fundamentada pela possibilidade de reintegração familiar ou colocação em família substituta, em quaisquer das modalidades previstas no art. 28 desta Lei.

§ 2º (redação da Lei 13.509, de 22.11.17) A permanência da criança e do adolescente em programa de acolhimento institucional não se prolongará por mais de 18 (dezoito meses), salvo comprovada necessidade que atenda ao seu superior interesse, devidamente fundamentada pela autoridade judiciária.

§ 3º (redação da Lei 13.257, de 8.3.16) A manutenção ou a reintegração de criança ou adolescente à sua família terá preferência em relação a qualquer outra providência, caso em que será esta incluída em serviços e programas de proteção, apoio e promoção, nos termos do § 1º do art. 23, dos incisos I e IV do caput do art. 101 e dos incisos I a IV do caput do art. 129 desta Lei.

§ 4º (redação da Lei 12.962, de 8.4.14) Será garantida a convivência da criança e do adolescente com a mãe ou o pai privado de liberdade, por meio de visitas periódicas promovidas pelo responsável ou, nas hipóteses de acolhimento institucional, pela entidade responsável, independentemente de autorização judicial.

§ 5º (acrescido pela Lei 13.509, de 22.11.17) Será garantida a convivência integral da criança com a mãe adolescente que estiver em acolhimento institucional.

§ 6º (acrescido pela Lei 13.509, de 22.11.17) A mãe adolescente será assistida por equipe especializada multidisciplinar.

Art. 19: 1. Lei 12.010, de 3.8.09 — Dispõe sobre adoção e dá outras providências: "**Art. 1º § 1º** A intervenção estatal, em observância ao disposto no *caput* do art. 226 da Constituição Federal, será prioritariamente voltada à orientação, apoio e promoção social da família natural, junto à qual a criança e o adolescente devem permanecer, ressalvada absoluta impossibilidade, demonstrada por decisão judicial fundamentada.

"**§ 2º** Na impossibilidade de permanência na família natural, a criança e o adolescente serão colocados sob adoção, tutela ou guarda, observadas as regras e princípios contidos na Lei n. 8.069, de 13 de julho de 1990, e na Constituição Federal".

Art. 19: 1a. v. arts. 28 a 32. V. tb. CC 1.638, nota 1a.

Art. 19-A (*acrescido pela Lei 13.509, de 22.11.17*). A gestante ou mãe que manifeste interesse em entregar seu filho para adoção, antes ou logo após o nascimento, será encaminhada à Justiça da Infância e da Juventude.

§ 1º A gestante ou mãe será ouvida pela equipe interprofissional da Justiça da Infância e da Juventude, que apresentará relatório à autoridade judiciária, considerando inclusive os eventuais efeitos do estado gestacional e puerperal.

§ 2º De posse do relatório, a autoridade judiciária poderá determinar o encaminhamento da gestante ou mãe, mediante sua expressa concordância, à rede pública de saúde e assistência social para atendimento especializado.

§ 3º A busca à família extensa, conforme definida nos termos do parágrafo único do art. 25 desta Lei, respeitará o prazo máximo de 90 (noventa) dias, prorrogável por igual período.

§ 4º Na hipótese de não haver a indicação do genitor e de não existir outro representante da família extensa apto a receber a guarda, a autoridade judiciária competente deverá decretar a extinção do poder familiar e determinar a colocação da criança sob a guarda provisória de quem estiver habilitado a adotá-la ou de entidade que desenvolva programa de acolhimento familiar ou institucional.

§ 5º Após o nascimento da criança, a vontade da mãe ou de ambos os genitores, se houver pai registral ou pai indicado, deve ser manifestada na audiência a que se refere o § 1º do art. 166 desta Lei, garantido o sigilo sobre a entrega.

§ 6º (VETADO).

§ 7º Os detentores da guarda possuem o prazo de 15 (quinze) dias para propor a ação de adoção, contado do dia seguinte à data do término do estágio de convivência.

§ 8º Na hipótese de desistência pelos genitores — manifestada em audiência ou perante a equipe interprofissional — da entrega da criança após o nascimento, a criança será mantida com os genitores, e será determinado pela Justiça da Infância e da Juventude o acompanhamento familiar pelo prazo de 180 (cento e oitenta) dias.

§ 9º É garantido à mãe o direito ao sigilo sobre o nascimento, respeitado o disposto no art. 48 desta Lei.

§ 10. (VETADO).

Art. 19-B (*acrescido pela Lei 13.509, de 22.11.17*). A criança e o adolescente em programa de acolhimento institucional ou familiar poderão participar de programa de apadrinhamento.

§ 1º O apadrinhamento consiste em estabelecer e proporcionar à criança e ao adolescente vínculos externos à instituição para fins de convivência familiar e comunitária e colaboração com o seu desenvolvimento nos aspectos social, moral, físico, cognitivo, educacional e financeiro.

§ 2º (VETADO).

§ 3º Pessoas jurídicas podem apadrinhar criança ou adolescente a fim de colaborar para o seu desenvolvimento.

§ 4º O perfil da criança ou do adolescente a ser apadrinhado será definido no âmbito de cada programa de apadrinhamento, com prioridade para crianças ou adolescentes com remota possibilidade de reinserção familiar ou colocação em família adotiva.

§ 5º Os programas ou serviços de apadrinhamento apoiados pela Justiça da Infância e da Juventude poderão ser executados por órgãos públicos ou por organizações da sociedade civil.

§ 6º Se ocorrer violação das regras de apadrinhamento, os responsáveis pelo programa e pelos serviços de acolhimento deverão imediatamente notificar a autoridade judiciária competente.

Art. 20. Os filhos, havidos ou não da relação do casamento, ou por adoção, terão os mesmos direitos e qualificações, proibidas quaisquer designações discriminatórias relativas à filiação.[1]

Art. 20: 1. Redação idêntica à da CF 227 § 6º.

Art. 21 (redação da Lei 12.010, de 3.8.09). O poder familiar será exercido, em igualdade de condições, pelo pai e pela mãe, na forma do que dispuser a legislação civil,[1] assegurado a qualquer deles o direito de, em caso de discordância, recorrer à autoridade judiciária competente para a solução da divergência.[2]

Art. 21: 1. v. arts. 22 a 24, 33 a 35 (guarda) e 155 a 163 (perda); v. tb. CC 1.630 a 1.638, especialmente 1.631 (CC rev. 379 a 395).

Art. 21: 2. v. art. 148 § ún.-*d*; CC 1.567 § ún.

Art. 22. Aos pais incumbe o dever de sustento, guarda e educação dos filhos menores,[1] cabendo-lhes ainda, no interesse destes, a obrigação de cumprir e fazer cumprir as determinações judiciais.[2]

Parágrafo único (acrescido pela Lei 13.257, de 8.3.16). A mãe e o pai, ou os responsáveis, têm direitos iguais e deveres e responsabilidades compartilhados no cuidado e na educação da criança, devendo ser resguardado o direito de transmissão familiar de suas crenças e culturas, assegurados os direitos da criança estabelecidos nesta Lei.

Art. 22: 1. cf. CF 229 e CC 1.566-IV. V. tb. art. 53 e notas.

Art. 22: 2. v. art. 24.

Art. 23 (redação da Lei 12.010, de 3.8.09). A falta ou a carência de recursos materiais não constitui motivo suficiente para a perda ou a suspensão do poder familiar.[1]

§ 1º (redação da Lei 13.257, de 8.3.16) Não existindo outro motivo que por si só autorize a decretação da medida, a criança ou o adolescente será mantido em sua família de origem, a qual deverá obrigatoriamente ser incluída em serviços e programas oficiais de proteção, apoio e promoção.

§ 2º (redação da Lei 13.715, de 24.9.18) A condenação criminal do pai ou da mãe não implicará a destituição do poder familiar, exceto na hipótese de condenação por crime doloso sujeito à pena de reclusão contra outrem igualmente titular do mesmo poder familiar ou contra filho, filha ou outro descendente.

Art. 23: 1. nem para a aplicação de qualquer medida contra o pai ou responsável (art. 129 § ún.).

Art. 24 (*redação da Lei 12.010, de 3.8.09*). A perda e a suspensão do poder familiar serão decretadas judicialmente, em procedimento contraditório,[1-2] nos casos previstos na legislação civil,[3] bem como na hipótese de descumprimento injustificado dos deveres e obrigações a que alude o art. 22.

Art. 24: 1. v. arts. 155 a 163.

Art. 24: 2. Também a destituição da tutela só pode ser decretada por ato judicial, em procedimento contraditório (v. art. 129 § ún.).

Art. 24: 3. v. CC 1.638 e 1.637.

Seção II | DA FAMÍLIA NATURAL

Art. 25. Entende-se por família natural a comunidade formada pelos pais ou qualquer deles e seus descendentes.[1]

Parágrafo único (*redação da Lei 12.010, de 3.8.09*). Entende-se por família extensa ou ampliada aquela que se estende para além da unidade pais e filhos ou da unidade do casal, formada por parentes próximos com os quais a criança ou adolescente convive e mantém vínculos de afinidade e afetividade.

Art. 25: 1. cf. **CF 226**: "§ 4º Entende-se, também, como entidade familiar a comunidade formada por qualquer dos pais e seus descendentes".

A expressão "família natural", no art. 25, abrange tanto a legítima como a ilegítima, e é usada por oposição à "família substituta" (arts. 28 a 52).

Art. 26. Os filhos havidos fora do casamento[1] poderão ser reconhecidos[2] pelos pais, conjunta ou separadamente, no próprio termo de nascimento, por testamento, mediante escritura ou outro documento público, qualquer que seja a origem da filiação.[3]

Parágrafo único. O reconhecimento pode preceder o nascimento do filho ou suceder-lhe ao falecimento, se deixar descendentes.

Art. 26: 1. sem qualquer distinção (abrangendo, portanto, os incestuosos).

Art. 26: 2. s/ reconhecimento, v. tb. CC 1.607 a 1.617.

Art. 26: 3. O art. supra está implicitamente **revogado** pelo art. 1º da **Lei 8.560, de 29.12.92** (no tít. Investigação de paternidade), deste teor:

"Art. 1º O reconhecimento dos filhos havidos fora do casamento é irrevogável e será feito:

"I — no registro de nascimento;

"II — por escritura pública ou escrito particular, a ser arquivado em cartório;

"III — por testamento, ainda que incidentalmente manifestado;

"IV — por manifestação expressa e direta perante o juiz, ainda que o reconhecimento não haja sido o objeto único e principal do ato que o contém".

Art. 27. O reconhecimento do estado de filiação é direito personalíssimo, indisponível e imprescritível,[1 a 3] podendo ser exercido contra os pais ou seus herdeiros, sem qualquer restrição, observado o segredo de justiça.[4]

Art. 27: 1. s/ ação de investigação de paternidade socioafetiva, v. CC 1.596, nota 2.

Art. 27: 1a. Lei 8.560, de 29.12.92 (no tít. INVESTIGAÇÃO DE PATERNIDADE): "**Art. 7º** Sempre que na sentença de primeiro grau se reconhecer a paternidade, nela se fixarão os alimentos provisionais ou definitivos do reconhecido que deles necessitar".

Art. 27: 2. Súmula 149 do STF: "É imprescritível a ação de investigação de paternidade, mas não o é a de petição de herança".

Art. 27: 3. "Investigação de paternidade. Requerente que, mesmo tendo sido adotado, pretende conhecer o pai biológico. Possibilidade" (JTJ 288/372). No mesmo sentido: "A lei determina o desaparecimento dos vínculos jurídicos com pais e parentes, mas, evidentemente, persistem os naturais, daí a ressalva quanto aos impedimentos matrimoniais. Possibilidade de existir, ainda, respeitável necessidade psicológica de se conhecer os verdadeiros pais" (STJ-3ª T., REsp 127.541, Min. Eduardo Ribeiro, j. 10.4.00, DJU 28.8.00). Ainda: STJ-RDDP 80/152 (4ª T., REsp 220.623).

V. CC 1.604, nota 3 *in fine*. S/ ação de alimentos do filho adotado em face do pai biológico, v. LA 1º, nota 4c.

Art. 27: 4. v. CPC 189.

Seção III | DA FAMÍLIA SUBSTITUTA

Subseção I | DAS DISPOSIÇÕES GERAIS

Art. 28. A colocação em família substituta[1] far-se-á mediante guarda,[2] tutela[3] ou adoção,[4] independentemente da situação jurídica da criança ou adolescente, nos termos desta lei.

§ 1º (*redação da Lei 12.010, de 3.8.09*) Sempre que possível, a criança ou o adolescente será previamente ouvido por equipe interprofissional, respeitado seu estágio de desenvolvimento e grau de compreensão sobre as implicações da medida, e terá sua opinião devidamente considerada.

§ 2º (*redação da Lei 12.010, de 3.8.09*) Tratando-se de maior de doze anos de idade, será necessário seu consentimento, colhido em audiência.

§ 3º (*redação da Lei 12.010, de 3.8.09*) Na apreciação do pedido levar-se-á em conta o grau de parentesco e a relação de afinidade ou de afetividade, a fim de evitar ou minorar as consequências decorrentes da medida.

§ 4º (*redação da Lei 12.010, de 3.8.09*) Os grupos de irmãos serão colocados sob adoção, tutela ou guarda da mesma família substituta, ressalvada a comprovada existência de risco de abuso ou outra situação que justifique plenamente a excepcionalidade de solução diversa, procurando-se, em qualquer caso, evitar o rompimento definitivo dos vínculos fraternais.

§ 5º (*redação da Lei 12.010, de 3.8.09*) A colocação da criança ou adolescente em família substituta será precedida de sua preparação gradativa e acompanhamento posterior, realizados pela equipe interprofissional a serviço da Justiça da Infância e da Juventude, preferencialmente com o apoio dos técnicos responsáveis pela execução da política municipal de garantia do direito à convivência familiar.

§ 6º (*redação da Lei 12.010, de 3.8.09*) Em se tratando de criança ou adolescente indígena ou proveniente de comunidade remanescente de quilombo, é ainda obrigatório:

I — que sejam consideradas e respeitadas sua identidade social e cultural, os seus costumes e tradições, bem como suas instituições, desde que não sejam incompatíveis com os direitos fundamentais reconhecidos por esta Lei e pela Constituição Federal;

II — que a colocação familiar ocorra prioritariamente no seio de sua comunidade ou junto a membros da mesma etnia;

III — a intervenção e oitiva de representantes do órgão federal responsável pela política indigenista, no caso de crianças e adolescentes indígenas, e de antropólogos, perante a equipe interprofissional ou multidisciplinar que irá acompanhar o caso.⁵

Art. 28: 1. s/ colocação em família substituta, v. tb. arts. 165 a 170, que dispõem s/ o procedimento cabível.

Art. 28: 2. v. arts. 33 a 35.

Art. 28: 3. v. arts. 36 a 38.

Art. 28: 4. v. arts. 39 a 52.

Art. 28: 5. "A **ausência de intervenção** obrigatória **da FUNAI** no processo de colocação de menor indígena em família substituta é causa de nulidade. A decretação de tal nulidade, contudo, deve ser avaliada em cada caso concreto, pois se, a despeito da não participação da FUNAI no processo, a adoção, a guarda ou tutela do menor indígena envolver tentativas anteriores de colocação em sua comunidade ou não for comprovado nenhum prejuízo ao menor, mas, ao contrário, forem atendidos seus interesses, não será recomendável decretar-se a nulidade do processo" (STJ-3ª T., REsp 1.566.808, Min. Marco Bellizze, j. 19.9.17, maioria, DJ 2.10.17).

Art. 29. Não se deferirá colocação em família substituta a pessoa que revele, por qualquer modo, incompatibilidade com a natureza da medida ou não ofereça ambiente familiar adequado.¹

Art. 29: 1. v. art. 50 § 2º.

Art. 30. A colocação em família substituta não admitirá transferência da criança ou adolescente a terceiros ou a entidades governamentais ou não governamentais, sem autorização judicial.

Art. 31. A colocação em família substituta estrangeira constitui medida excepcional, somente admissível na modalidade de adoção.¹

Art. 31: 1. v. art. 51.

Art. 32. Ao assumir a guarda ou a tutela, o responsável prestará compromisso de bem e fielmente desempenhar o encargo, mediante termo nos autos.

Subseção II | DA GUARDA¹

SUBSEÇ. II: 1. v. CC 1.583 a 1.590, 1.634-II.

Art. 33. A guarda¹ obriga à prestação de assistência material, moral e educacional à criança ou adolescente, conferindo a seu detentor o direito de opor-se a terceiros, inclusive aos pais.¹ᵃ

§ 1º A guarda destina-se a regularizar a posse de fato,² ᵃ ²ᵇ podendo ser deferida, liminar²ᶜ ou incidentalmente, nos procedimentos de tutela e adoção, exceto no de adoção por estrangeiros.

§ 2º Excepcionalmente, deferir-se-á a guarda,³ fora dos casos de tutela e adoção, para atender a situações peculiares⁴ ou suprir a falta eventual dos pais ou responsável, podendo ser deferido o direito de representação para a prática de atos determinados.

§ 3º A guarda confere à criança ou adolescente a condição de dependente, para todos os fins e efeitos de direito, inclusive previdenciários.⁵

Criança e Adolescente – Lei n. 8.069, de 13.7.90 (ECA), art. 33, notas 1 a 5

§ 4º (*redação da Lei 12.010, de 3.8.09*) Salvo expressa e fundamentada determinação em contrário, da autoridade judiciária competente, ou quando a medida for aplicada em preparação para adoção, o deferimento da guarda de criança ou adolescente a terceiros não impede o exercício do direito de visitas pelos pais, assim como o dever de prestar alimentos, que serão objeto de regulamentação específica, a pedido do interessado ou do Ministério Público.

Art. 33: 1. s/ guarda e ordem na lista de adoção, v. art. 50, nota 3; s/ guarda provisória, v. arts. 157 e 167.

Art. 33: 1a. "O fato de não estar regulamentada a guarda dos menores não impede a mãe, que alega exercer a guarda dos filhos desde a separação do casal, de propor Medida Cautelar de Busca e Apreensão dos infantes em face do pai, que as retirou da residência daquela sem seu consentimento" (Bol. AASP 2.572).

Art. 33: 2. Constitui infração: "Deixar de apresentar à autoridade judiciária de seu domicílio, no prazo de 5 (cinco) dias, com o fim de regularizar a guarda, adolescente trazido de outra comarca para a prestação de serviço doméstico, mesmo que autorizado pelos pais ou responsável" **(art. 248).**

Art. 33: 2a. "A avó busca resguardar situação fática já existente, por exercer a posse de fato da criança desde o nascimento, com o consentimento dos próprios pais, no intuito de preservar o bem-estar da criança, o que se coaduna com o disposto no art. 33, § 1º, do ECA" (STJ-3ª T., REsp 993.458, Min. Nancy Andrighi, j. 7.10.08, DJ 23.10.08). No mesmo sentido: STJ-RBDFS 12/136 (4ª T., REsp 945.283).

Todavia: "Guarda de menor. Pretensão formulada pelos avós paternos. Reconhecimento pela corte de origem do exercício regular da guarda pelo pai, que reside com o seu filho. Atração do enunciado 7/STJ. Finalidade meramente previdenciária. Inadmissibilidade. Tentativa de desvirtuamento do instituto da guarda regulado pelo art. 33, e seus parágrafos, do Estatuto da Criança e do Adolescente" (STJ-3ª T., REsp 1.297.881, Min. Paulo Sanseverino, j. 13.5.14, DJ 19.5.14).

V. tb. CC 1.584, nota 10.

Art. 33: 2b. "É inadmissível a concessão da guarda, ainda que fundada no princípio do melhor interesse do menor e na consolidação de vínculos afetivos por longo lapso temporal, quando a posse do estado de filho, objeto de reiterada oposição pelos genitores, deriva de **atos ilícitos graves** que configurem restrições ou privações da liberdade não apenas do infante, mas também de seus genitores biológicos. Na hipótese, a menor cuja guarda se disputa, logo após o seu nascimento, foi subtraída de um hospital, sem autorização dos pais biológicos, por um tio paterno que, agindo em conluio com o Conselho Tutelar, entregou-a ao casal que pleiteia a guarda e que, desde então, privou sistematicamente o convívio da menor com os seus pais biológicos, inclusive mediante utilização de manobras processuais e de reiterado descumprimento de ordem judicial de busca e apreensão da infante" (STJ-3ª T., REsp 1.773.065, Min. Nancy Andrighi, j. 11.12.18, DJ 13.12.18). **Todavia,** ulteriormente, tal guarda acabou se consolidando em favor do mencionado casal: "A despeito do vício de consentimento originário e da privação de liberdade arbitrária e injustificável praticada pelos adotantes, impõe-se a destituição do poder familiar em virtude de os pais biológicos não mais terem interesse em reassumir a guarda da filha subtraída há 10 anos, bem como se impõe, de igual modo, o deferimento da adoção, exclusivamente para proteção da criança que, além de estar sendo adequadamente cuidada, saudável e feliz, possui os adotantes como únicas referências parentais desde o nascimento" (STJ-3ª T., REsp 1.842.827, Min. Nancy Andrighi, j. 14.12.21, DJ 17.12.21).

Art. 33: 2c. "ainda que sem a prévia oitiva do Ministério Público ou sem a realização de estudo social do caso" (RT 902/283: TJDFT, AI 20090020125045).

Art. 33: 3. v. art. 32.

Art. 33: 4. v., p. ex., arts. 157 e 164.

Art. 33: 5. "Ao **menor sob guarda** deve ser assegurado o direito ao benefício da pensão por morte mesmo se o falecimento se deu após a modificação legislativa promovida pela Lei 9.528/97 na Lei 8.213/90. O **art. 33 § 3º da Lei 8.069/90 deve prevalecer** sobre a modificação legislativa promovida na Lei Geral da Previdência Social porquanto, nos termos do art. 227 da Constituição, é norma fundamental o princípio da proteção integral e preferência da criança e do adolescente" (STJ-Corte Especial, ED no REsp 1.141.788, Min. João Otávio, j. 7.12.16, DJ 16.12.16).

"Considerados a natureza alimentar do benefício previdenciário e o escopo protetivo do instituto da guarda, infere-se que a omissão constante na nova redação do art. 16, § 2º, da Lei n. 8.213/91 é plenamente suprida pelo disposto no § 3º do art. 33 do ECA, garantindo ao menor sob guarda a qualidade de dependente para fins de percepção de pensão por morte do segurado" (RBDF 32/95).

"A Lei 8.213/1991, que foi alterada pela Lei 9.528/1997, para a exclusão do menor sob guarda do rol dos dependentes, não pode afetar disposições específicas sobre o menor, pois lei geral não derroga lei especial" (RT 904/350: TJPI, AP 2009.0001.002295-3).

Contra: "Tratando-se de ação para fins de inclusão de menor sob guarda como dependente de segurado abrangido pelo Regime Geral da Previdência Social — RGPS, não prevalece o disposto no art. 33, § 3º, do ECA em face da alteração introduzida pela Lei 9.528/97" (STJ-3ª Seção, ED no REsp 602.483, Min. Hamilton Carvalhido, j. 26.3.08, DJU 4.8.08). No mesmo sentido: STJ-2ª T., Ag 1.347.407-AgRg, Min. Herman Benjamin, j. 15.2.11, DJ 16.3.11.

Art. 34 (*redação da Lei 12.010, de 3.8.09*). O poder público estimulará, por meio de assistência jurídica, incentivos fiscais e subsídios, o acolhimento, sob a forma de guarda, de criança ou adolescente afastado do convívio familiar.

§ 1º (*redação da Lei 12.010, de 3.8.09*) A inclusão da criança ou adolescente em programas de acolhimento familiar terá preferência a seu acolhimento institucional, observado, em qualquer caso, o caráter temporário e excepcional da medida, nos termos desta Lei.

§ 2º (*redação da Lei 12.010, de 3.8.09*) Na hipótese do § 1º deste artigo a pessoa ou casal cadastrado no programa de acolhimento familiar poderá receber a criança ou adolescente mediante guarda, observado o disposto nos arts. 28 a 33 desta Lei.

§ 3º (*acrescido pela Lei 13.257, de 8.3.16*) A União apoiará a implementação de serviços de acolhimento em família acolhedora como política pública, os quais deverão dispor de equipe que organize o acolhimento temporário de crianças e de adolescentes em residências de famílias selecionadas, capacitadas e acompanhadas que não estejam no cadastro de adoção.

§ 4º (*acrescido pela Lei 13.257, de 8.3.16*) Poderão ser utilizados recursos federais, estaduais, distritais e municipais para a manutenção dos serviços de acolhimento em família acolhedora, facultando-se o repasse de recursos para a própria família acolhedora.

Art. 35. A guarda poderá ser revogada a qualquer tempo, mediante ato judicial fundamentado, ouvido o Ministério Público.[1-2]

Art. 35: 1. cf. art. 129-VIII e 169 § ún. V. nota 2a ao art. 33. V. tb. nota 4b ao CC 1.583.

Art. 35: 2. Na hipótese de maus-tratos, opressão ou abuso sexual, v. art. 130.

Subseção III | DA TUTELA

Art. 36 (*redação da Lei 12.010, de 3.8.09*). A tutela[1] será deferida, nos termos da lei civil, a pessoa de até dezoito anos incompletos.[2]

Parágrafo único (*redação da Lei 12.010, de 3.8.09*). O deferimento da tutela pressupõe a prévia decretação da perda ou suspensão do poder familiar[3-4] e implica necessariamente o dever de guarda.[5]

Art. 36: 1. v. CC 1.728 a 1.766.

Art. 36: 2. v. art. 33 § 1º.

Art. 36: 3. Nos termos da lei civil, também se defere a tutela no caso de falecimento ou ausência dos pais (CC 1.728-I).

Art. 36: 4. v. arts. 155 a 163 (s/ perda ou suspensão do poder familiar).

Art. 36: 5. v. arts. 33 a 35.

Art. 37 (*redação da Lei 12.010, de 3.8.09*). O tutor nomeado por testamento ou qualquer documento autêntico, conforme previsto no parágrafo único do art. 1.729 da Lei n. 10.406, de 10 de janeiro de 2002 — Código Civil, deverá, no

Criança e Adolescente – Lei n. 8.069, de 13.7.90 (ECA), arts. 37 a 39

prazo de trinta dias após a abertura da sucessão, ingressar com pedido destinado ao controle judicial do ato, observando o procedimento previsto nos arts. 165 a 170 desta Lei.

Parágrafo único (*redação da Lei 12.010, de 3.8.09*). Na apreciação do pedido, serão observados os requisitos previstos nos arts. 28 e 29 desta Lei, somente sendo deferida a tutela à pessoa indicada na disposição de última vontade, se restar comprovado que a medida é vantajosa ao tutelando e que não existe outra pessoa em melhores condições de assumi-la.

Art. 38. Aplica-se à destituição da tutela o disposto no art. 24.[1]

Art. 38: 1. e nos arts. 129-IX e 164.

Subseção IV | DA ADOÇÃO[1-1A]

SUBSEÇ. IV: 1. Dec. leg. 60, de 19.6.96 — Aprova o texto da Convenção Interamericana sobre Conflitos de Leis em matéria de Adoção de Menores, celebrada em La Paz, em 24 de maio de 1984 (Lex 1996/1.535).

SUBSEÇ. IV: 1a. "A adoção depois do novo Código Civil", por Waldyr Grisard Filho (RT 816/26); "A filiação adotiva dos menores e o novo modelo de família previsto na Constituição Federal de 1988", por Fernanda Stracke Moor (Ajuris 83/135); "A família nos estudos psicossociais de adoção: experiência de uma vara da infância e da juventude", por Niva Maria Vasques Campos e Liana Fortunato Costa (RT 813/114); "Adoção plena: um instituto do amor", por Anabel Vitória Mendonça de Souza (RBDF 28/78); "Inconstitucionalidade do processo de adoção judicial", por Belmiro Pedro Welter (RT 829/36 e RBDF 27/401); "O processo de adoção. Brasil (1988-2006)", por Carla Hecht Domingos (RBDF 38/38).

Art. 39. A adoção de criança e de adolescente reger-se-á segundo o disposto nesta lei.

§ 1º (*redação da Lei 12.010, de 3.8.09*) A adoção é medida excepcional e irrevogável,[1 a 3] à qual se deve recorrer apenas quando esgotados os recursos de manutenção da criança ou adolescente na família natural ou extensa, na forma do parágrafo único do art. 25 desta Lei.

§ 2º (*redação da Lei 12.010, de 3.8.09*) É vedada a adoção por procuração.

§ 3º (*acrescido pela Lei 13.509, de 22.11.17*) Em caso de conflito entre direitos e interesses do adotando e de outras pessoas, inclusive seus pais biológicos, devem prevalecer os direitos e os interesses do adotando.

Art. 39: 1. "Embora ética e moralmente censurável, é juridicamente admissível a **desistência da adoção** conjunta por um dos adotantes no **curso do processo** judicial, eis que a adoção apenas se torna irrevogável com o trânsito em julgado da respectiva sentença constitutiva" (STJ-3ª T., REsp 1.849.530, Min. Nancy Andrighi, j. 3.11.20, DJ 19.11.20).

Art. 39: 1a. "Sentença concessiva da adoção. **Ação rescisória. Possibilidade.** Prova nova. Prova falsa. Levando-se em consideração (a) os princípios da proteção integral e do melhor interesse da criança e do adolescente, (b) a inexistência de contestação ao pleito dos adotantes e (c) que a regra da irrevogabilidade da adoção não possui caráter absoluto, mas sim protetivo, devem, excepcionalmente, ser julgados procedentes os pedidos formulados na presente ação rescisória com a consequente rescisão da sentença concessiva da adoção e retificação do registro civil do adotado" (STJ-3ª T., REsp 1.892.782, Min. Nancy Andrighi, j. 6.4.21, DJ 15.4.21).

Art. 39: 1b. "Adoção. Pretendida **revogação** formulada pelo adotado, fundamentada na intenção de contrair matrimônio com a irmã de criação, filha biológica do adotante, o qual anuiu ao pedido. Sentença que reconheceu a impossibilidade jurídica do pedido e extinguiu o feito sem resolução do mérito. Inviabilidade de acolhimento da pretensão, que encontra óbice no ordenamento jurídico vigente. Ato irrevogável" (RT 911/709: TJSP, AP 0030949-07.2010.8.26.0309).

Todavia, entendemos que a adoção pode ser excepcionalmente revogada em caso no qual a adotada acabou tendo um filho com o seu irmão, a fim de permitir a realização do casamento destes e, em última instância, proteger a criança, que seria considerada fruto de um relacionamento incestuoso: RBDFS 3/150.

Art. 39: 2. "Embora não se olvide haver inúmeras adoções dessa natureza positivas, mormente quando há ascendente — usualmente o pai — desconhecido, a **adoção unilateral** feita após o óbito de ascendente, com o consequente rompimento formal entre o adotado e parte de seu ramo biológico, por vezes, impõe demasiado sacrifício ao adotado. Diante desse cenário, e sabendo-se que a norma que proíbe a revogação da adoção é, indisfarçavelmente, de proteção ao menor adotado, não pode esse comando legal ser usado em descompasso com seus fins teleológicos, devendo se ponderar sobre o acerto de sua utilização, quando reconhecidamente prejudique o adotado. Na hipótese sob exame, a desvinculação legal entre o adotado e o ramo familiar de seu pai biológico, não teve o condão de romper os laços familiares preexistentes, colocando o adotado em um limbo familiar, no qual convivia intimamente com os parentes de seu pai biológico, mas estava atado, legalmente, ao núcleo familiar de seu pai adotivo. Nessas circunstâncias, e em outras correlatas, deve preponderar o melhor interesse da criança e do adolescente, que tem o peso principiológico necessário para impedir a aplicação de regramento claramente desfavorável ao adotado — in casu, a vedação da revogação da adoção — cancelando-se, assim, a adoção unilateral anteriormente estabelecida. Recurso provido para desde já permitir ao recorrente o restabelecimento do seu vínculo paterno-biológico, cancelando-se, para todos os efeitos legais, o deferimento do pedido de adoção feito em relação ao recorrente" (STJ-3ª T., REsp 1.545.959, Min. Nancy Andrighi, j. 6.6.17, maioria, DJ 1.8.17).

Art. 39: 3. "O pedido de **nova adoção** formulado pela **mãe biológica**, em relação à filha adotada por outrem, anteriormente, na infância, não se afigura juridicamente impossível, sob o argumento de ser irrevogável a primeira adoção, porque o escopo da norma do art. 39, § 1º, do ECA é proteger os interesses do menor adotado, vedando que os adotantes se arrependam da adoção efetivada. Nesta ação não se postula a nulidade ou revogação da adoção anterior, mas o deferimento de outra adoção" (STJ-4ª T., REsp 1.293.137, Min. Raul Araújo, j. 11.10.22, DJ 24.10.22).

Art. 40. O adotando deve contar com, no máximo, dezoito anos à data do pedido, salvo se já estiver sob a guarda ou tutela dos adotantes.

Art. 41. A adoção atribui a condição de filho ao adotado, com os mesmos direitos e deveres, inclusive sucessórios, desligando-o de qualquer vínculo com pais e parentes,[1 a 2] salvo os impedimentos matrimoniais.[3]

§ 1º Se um dos cônjuges ou concubinos adota o filho do outro, mantêm-se os vínculos de filiação entre o adotado e o cônjuge ou concubino do adotante e os respectivos parentes.[3a a 5]

§ 2º É recíproco o direito sucessório entre o adotado, seus descendentes, o adotante, seus ascendentes, descendentes e colaterais até o 4º grau, observada a ordem de vocação hereditária.

Art. 41: 1. consanguíneos.

✎ **Art. 41: 1a.** "O filho adotivo tem direito à visita de seus pais biológicos?", por Maria Isabel de Matos Rocha (RT 848/89).

Art. 41: 2. Enunciado 111 do CEJ: "A adoção e a reprodução assistida heteróloga atribuem a condição de filho ao adotado e à criança resultante de técnica conceptiva heteróloga; porém, enquanto na adoção haverá o desligamento dos vínculos entre adotado e seus parentes consanguíneos, na reprodução assistida heteróloga sequer será estabelecido o vínculo de parentesco entre a criança e o doador do material fecundante".

V. tb. CC 1.593, nota 2.

Art. 41: 3. v. art. 49 e CF 227 § 6º.

S/ ação de investigação de paternidade ajuizada em face do pai natural, v. art. 27, nota 3; impedimentos matrimoniais, v. CC 1.521-III e V; ação de alimentos do filho adotado em face do pai biológico, v. LA 1º, nota 4c.

Art. 41: 3a. s/ revogação de adoção unilateral, v. art. 39, nota 2; adoção por padrasto e pedido de destituição do poder familiar do pai biológico, v. art. 155, nota 3.

Art. 41: 4. "Filha adotada pela esposa do pai. Substituição do nome dos avós maternos. Medida impositiva. Manutenção do nome dos pais da mãe biológica como avós maternos é inviável" (JTJ 329/239: AP 562.276-4/2-00).

Art. 41: 5. Mantendo o decreto de procedência do "pedido de adoção unilateral de menor, deduzido pela companheira da mãe biológica da adotanda, no qual se afirma que a criança é fruto de planejamento do casal, que já vivia em união estável, e acordaram na inseminação artificial heteróloga, por doador desconhecido": STJ-3ª T., REsp 1.281.093, Min. Nancy Andrighi, j. 18.12.12, RBDFS 32/136 e RT 932/447 (com comentário de José Carlos Teixeira Giorgis).

V. tb. art. 42, nota 1a.

Art. 42 (*redação da Lei 12.010, de 3.8.09*). Podem adotar[1-1a] os maiores de dezoito anos, independentemente do estado civil.[1b]

§ 1º Não podem adotar os ascendentes[1c a 1e] e os irmãos do adotando.

§ 2º (*redação da Lei 12.010, de 3.8.09*) Para adoção conjunta, é indispensável que os adotantes sejam casados civilmente ou mantenham união estável, comprovada a estabilidade da família.[1f]

§ 3º O adotante há de ser, pelo menos, dezesseis anos mais velho do que o adotando.[2-2a]

§ 4º (*redação da Lei 12.010, de 3.8.09*) Os divorciados, os judicialmente separados e os ex-companheiros podem adotar conjuntamente, contanto que acordem sobre a guarda e o regime de visitas e desde que o estágio de convivência tenha sido iniciado na constância do período de convivência e que seja comprovada a existência de vínculos de afinidade e afetividade com aquele não detentor da guarda, que justifiquem a excepcionalidade da concessão.

§ 5º (*redação da Lei 12.010, de 3.8.09*) Nos casos do § 4º deste artigo, desde que demonstrado efetivo benefício ao adotando, será assegurada a guarda compartilhada, conforme previsto no art. 1.584 da Lei n. 10.406, de 10 de janeiro de 2002 — Código Civil.

§ 6º (*redação da Lei 12.010, de 3.8.09*) A adoção poderá ser deferida ao adotante que, após inequívoca manifestação de vontade, vier a falecer no curso do procedimento,[2b] antes de prolatada a sentença.[3]

Art. 42: 1. "Adoção entre pessoas do mesmo sexo e os princípios constitucionais", por Diogo de Calasans Melo Andrade (RBDF 30/99); "Adoção por casais homossexuais", por Enézio de Deus Silva Júnior (RBDF 30/124).

Art. 42: 1a. "Reconhecida como entidade familiar, merecedora da proteção estatal, a união formada por pessoas do mesmo sexo, com características de duração, publicidade, continuidade e intenção de constituir família, decorrência inafastável é a possibilidade de que seus componentes possam adotar. Os estudos especializados não apontam qualquer inconveniente em que crianças sejam adotadas por casais **homossexuais,** mais importante a qualidade do vínculo e do afeto que permeia o meio familiar em que são inseridas e que as liga aos seus cuidadores. É hora de abandonar de vez preconceitos e atitudes hipócritas desprovidas de base científica, adotando-se uma postura de firme defesa da absoluta prioridade que constitucionalmente é assegurada aos direitos das crianças e dos adolescentes (art. 227 da CF)" (RT 849/165 e RTDC 27/147: TJRS, AP 70013801592).

O acórdão referido acima foi mantido em sede de recurso especial: "A questão diz respeito à possibilidade de adoção de crianças por parte de requerente que vive em união homoafetiva com companheira que antes já adotara os mesmos filhos, circunstância a particularizar o caso em julgamento. Mister observar a imprescindibilidade da prevalência dos interesses dos menores sobre quaisquer outros, até porque está em jogo o próprio direito de filiação, do qual decorrem as mais diversas consequências que refletem por toda a vida de qualquer indivíduo. A matéria relativa à possibilidade de adoção de menores por casais homossexuais vincula-se obrigatoriamente à necessidade de verificar qual é a melhor solução a ser dada para a proteção dos direitos das crianças, pois são questões indissociáveis entre si. Os diversos e respeitados estudos especializados sobre o tema, fundados em fortes bases científicas (realizados na Universidade de Virgínia, na Universidade de Valência, na Academia Americana de Pediatria), 'não indicam qualquer inconveniente em que crianças sejam adotadas por casais homossexuais, mais importando a qualidade do vínculo e do afeto que permeia o meio familiar em que serão inseridas e que as liga a seus cuidadores'. Existência de consistente relatório social elaborado por assistente social favorável ao pedido da requerente, ante a constatação da estabilidade da família. Acórdão que se posiciona a favor do pedido, bem como parecer do Ministério Público Federal pelo acolhimento da tese autoral. É incontroverso que existem fortes vínculos afetivos entre a recorrida e os menores — sendo a afetividade o aspecto preponderante a ser sopesado numa situação como a que ora se coloca em julgamento. Se os estudos científicos não sinalizam qualquer prejuízo de qualquer natureza para as crianças, se elas vêm sendo criadas com amor e se cabe ao Estado, ao mesmo tempo, assegurar seus direitos, o deferimento da adoção é medida que se impõe. O Judiciário não pode fechar os olhos para a realidade fenomênica. Vale dizer, no plano da 'realidade', são ambas, a requerente e sua companheira, responsáveis pela criação e educação dos dois infantes, de modo que a elas, solidariamente, compete a responsabilidade. Não se pode olvidar que se trata de situação fática consolidada, pois as crianças já chamam as duas mulheres de mães e são cuidadas por ambas como filhos. Existe dupla maternidade desde o nascimento das crianças, e não houve qualquer prejuízo em suas criações. Com o deferimento da adoção, fica preservado o direito de convívio dos filhos com a requerente no caso de separação ou falecimento de sua companheira. Asseguram-se os direitos relativos a alimentos e sucessão, viabilizando-se, ainda, a inclusão dos adotandos em convênios de saúde da requerente e no ensino básico e superior, por ela ser professora universitária. A adoção, antes de mais nada, representa um ato de amor, desprendimento. Quando efetivada com o objetivo de atender aos interesses do menor, é um gesto de humanidade. Hipótese em que ainda se foi além, pretendendo-se a adoção de dois menores, irmãos biológicos, quando, segundo dados do Conselho Nacional de Justiça, que criou, em 29 de abril de 2008, o Cadastro Nacional de Adoção, 86% das pessoas que desejavam adotar limitavam sua intenção a apenas uma criança. Por qualquer ângulo que se analise a questão, seja em relação à situação fática consolidada, seja no tocante à expressa previsão legal de primazia à proteção integral das crianças, chega-se à conclusão de que, no caso dos autos, há mais do que reais vantagens para os adotandos, conforme preceitua o ECA 43. Na verdade, ocorrerá verdadeiro prejuízo aos menores caso não deferida a medida" (STJ-RT 903/146: 4ª T., REsp 889.852).

"O STF, ao julgar a ADI 4.277 e a ADPF 132, reconheceu a existência de entidade familiar quando duas pessoas do mesmo sexo se unem, para constituição de uma família. A vedação à discriminação impede qualquer interpretação proibitiva de que o casal homoafetivo, que vive em união estável, adote uma criança. Demonstrado nos autos que a genitora, com histórico de conduta agressiva e envolvimento com prostituição, abandonou a menor entregando-a aos cuidados das requerentes, e que a convivência com o casal homoafetivo atende, de forma inequívoca, o melhor interesse da criança, a destituição do poder familiar é medida que se impõe, nos termos do art. 1.638, II e III, do Código Civil. O pedido de adoção deve ser deferido em nome de ambas as autoras, sob pena de prejuízos à menor de ordem material (direito de herança, alimentos, dentre outros)" (RBDFS 26/168: TJMG, AP 0472546-21.2008.8.13.0470).

V. tb. art. 41, nota 5.

S/ união homoafetiva, v. CC 1.723, notas 2 a 2c.

Art. 42: 1b. Negando, a nosso ver sem razão, inscrição no cadastro de pretensos adotantes a homem solteiro, sob o argumento de que "é, antes de tudo, o interesse do adotando que se deve relevar, e não daquele que quer adotar", e não seria vantagem para o adotando ser criado por pessoa solteira: RBDF 31/119.

Art. 42: 1c. quer seja legítimo, quer ilegítimo o parentesco. A solução, no caso, é o reconhecimento do filho, e não a adoção.

Art. 42: 1d. "A vedação legal contida no § 1º do art. 42 do ECA, relativamente à adoção de descendente por ascendente, aplica-se somente em ação de adoção de menor de idade. Tratando-se de pedido de adoção de pessoa maior de idade — que dependerá da efetiva assistência do poder público e de sentença constitutiva (art. 1.619 do CC) —, as únicas vedações legais são aquelas referentes à impossibilidade de adoção por pessoa menor de 18 anos e com diferença de idade em relação ao adotando inferior a 16 anos — regras estas que permanecem exigíveis, a despeito da alteração da redação dos arts. 1.618 e 1.619 do CC pela Lei 12.010/09. A adoção está assentada na ideia de se oportunizar a uma pessoa humana a inserção em núcleo familiar, com a sua integração efetiva e plena, de modo a assegurar a sua dignidade, atendendo às suas necessidades de desenvolvimento da personalidade, inclusive pelo prisma psíquico, educacional e afetivo (Nelson Rosenvald, citado por Milton Paulo de Carvalho Filho). Nessa orientação, restando evidenciado nos autos que a adotanda, malgrado maior de idade, é pessoa absolutamente incapaz, por apresentar deficiência mental, bem como que, há muitos anos, é a sua avó paterna quem lhe propicia toda a assistência afetiva, material e psicológica necessárias ao seu bem-estar e à garantia de uma vida digna, tendo sido, por essa razão, nomeada a sua guardiã, durante a menoridade, e, posteriormente, a sua curadora, no bojo da ação de interdição, viável é o pedido de adoção, ausente qualquer impedimento legal" (RT 926/1.104: TJMG, AP 1.0024.10.270911-0/001).

Art. 42: 1e. "Pais que adotaram uma criança de oito anos de idade, já grávida, em razão de abuso sexual sofrido e, por sua tenríssima idade de mãe, passaram a exercer a paternidade socioafetiva de fato do filho dela, nascido quando contava apenas 9 anos de idade. A vedação da adoção de descendente por ascendente, prevista no art. 42, § 1º, do ECA, visou evitar que o instituto fosse indevidamente utilizado com intuitos meramente patrimoniais ou assistenciais, bem como buscou proteger o adotando em relação a eventual 'confusão mental e patrimonial' decorrente da 'transformação' dos avós em pais. Realidade diversa do quadro dos autos, porque os avós sempre exerceram e ainda exercem a função de pais do menor, caracterizando típica filiação socioafetiva. Observância do art. 6º do ECA" (STJ-3ª T., REsp 1.448.969, Min. Moura Ribeiro, j. 21.10.14, DJ 3.11.14). Em sentido semelhante: "Adoção de menor pleiteada pela avó paterna e seu companheiro (avô por afinidade). Mitigação da vedação prevista no § 1º do artigo 42 do ECA. Possibilidade" (STJ-4ª T., REsp 1.587.477, Min. Luis Felipe, j. 10.3.20, DJ 27.8.20).

Art. 42: 1f. "O art. 42, § 2º do ECA, que trata da adoção conjunta, buscou assegurar ao adotando a inserção em um núcleo familiar no qual pudesse desenvolver relações de afeto, aprender e apreender valores sociais, receber e dar amparo nas horas de dificuldades, entre outras necessidades materiais e imateriais supridas pela família que, nas suas diversas acepções, ainda constitui a base de nossa sociedade. A existência de núcleo familiar estável e a consequente rede de proteção social que podem gerar para o adotando são os fins colimados pela norma e, sob esse prisma, o conceito de núcleo familiar estável não pode ficar restrito às fórmulas clássicas de família, mas pode, e deve, ser ampliado para abarcar uma noção plena de família, apreendida nas suas bases sociológicas. Restringindo a lei, porém, a adoção conjunta aos que, casados civilmente ou que mantenham união estável, comprovem estabilidade na família, incorre em manifesto descompasso com o fim perseguido pela própria norma, ficando, teleologicamente órfã. Fato que ofende o senso comum e reclama atuação do intérprete para flexibilizá-la e adequá-la às transformações sociais que dão vulto ao anacronismo do texto de lei. O primado da família socioafetiva tem que romper os ainda existentes liames que atrelam o grupo familiar a uma diversidade de gênero e fins reprodutivos, não em um processo de extrusão, mas sim de evolução, onde as novas situações se acomodam ao lado de tantas outras, já existentes, como possibilidades de grupos familiares. O fim expressamente assentado pelo texto legal — colocação do adotando em família estável — foi plenamente cumprido, pois os **irmãos**, que viveram sob o mesmo teto, até o óbito de um deles, agiam como família que eram, tanto entre si como para o então infante, e naquele grupo familiar o adotado se deparou com relações de afeto, construiu — nos limites de suas possibilidades — seus valores sociais, teve amparo nas horas de necessidades físicas e emocionais, em suma, encontrou naqueles que o adotaram a referência necessária para crescer, desenvolver-se e inserir-se no grupo social que hoje faz parte. Nessa senda, a chamada família anaparental — sem a presença de um ascendente —, quando constatados os vínculos subjetivos que remetem à família, merece o reconhecimento e igual *status* daqueles grupos familiares descritos no art. 42, § 2º, do ECA" (STJ-3ª T., REsp 1.217.415, Min. Nancy Andrighi, j. 19.6.12, RT 925/731).

Art. 42: 2. "Adoção. Maior. Art. 42, § 3º, do ECA. **Idade. Diferença mínima. Flexibilização.** Possibilidade. Socioafetividade. Instrução probatória. Imprescindibilidade" (STJ-3ª T., REsp 1.785.754, Min. Ricardo Cueva, j. 8.10.19, DJ 11.10.19). No mesmo sentido: STJ-4ª T., REsp 1.717.167, Min. Luis Felipe, j. 11.2.20, DJ 10.9.20.

"Adotante que não é dezesseis anos mais velho do que o adotando. Irrelevância. Interesse do menor que sobreleva na espécie. Circunstâncias fáticas que recomendam a adoção. Falta do lapso que pode ser relevada, em prol de interpretação que melhor resguarda os interesses da criança adotada" (RT 873/202 e JTJ 325/262: AP 522.993-4/1-00). No mesmo sentido: RBDFS 7/153 (TJSE, AP 0068/2007).

Art. 42: 2a. "Tratando-se de pedido de adoção feito por casal, apenas um deles deve respeitar a diferença de idade prevista na lei, ainda mais quando a situação de fato já está consolidada, não se vislumbrando risco à menor" (JTJ 319/37: AP 147.179-0/9-00).

Art. 42: 2b. "Possível a convalidação da adoção após a morte dos adotantes, ainda que não iniciado o processo de adoção, porquanto evidenciado o elemento anímico, consubstanciada na posse do estado de filho amplamente retratada na prova dos autos" (RBDFS 7/147: TJRS, EI 70025810441, maioria).

"Demonstrada a posse de estado de filha relativamente à autora, que foi assim criada pela falecida e seu marido desde a tenra idade, os quais detinham sua guarda judicial onde se comprometeram a lhe dar tratamento de filha, mantém-se a sentença de procedência da ação de adoção póstuma, com todos os efeitos daí decorrentes, inclusive sucessórios, por aplicação do ECA 41, uma vez revogado o CC 1.628 pela Lei 12.010, de 2009" (RJTJERGS 276/281: AP 70033369158). V. nota 3.

"Para as adoções *post mortem*, vigem, como comprovação da inequívoca vontade do *de cujus* em adotar, as mesmas regras que comprovam a filiação socioafetiva: o tratamento do adotando como se filho fosse e o conhecimento público dessa condição. Em situações excepcionais, em que demonstrada a inequívoca vontade em adotar, diante da longa relação de afetividade, pode ser deferida adoção póstuma ainda que o adotante venha a falecer antes de iniciado o processo de adoção" (STJ-3ª T., REsp 1.663.137, Min. Nancy Andrighi, j. 15.8.17, DJ 22.8.17).

"A posse do estado de filho, que consiste no desfrute público e contínuo da condição de filho legítimo, foi atestada pelo Tribunal de origem diante das inúmeras fotos de família e eventos sociais, boletins escolares, convites de formatura e casamento, além da robusta prova testemunhal, cujos relatos foram uníssonos em demonstrar que os adotandos eram reconhecidos como filhos, tanto no tratamento como no sobrenome que ostentavam, e assim eram apresentados ao meio social" (STJ-4ª T., REsp 1.520.454-AgInt, Min. Lázaro Guimarães, j. 22.3.18, DJ 16.4.18).

"O reconhecimento da filiação na certidão de batismo, a que se conjugam outros elementos de prova, demonstra a inequívoca intenção de adotar, o que pode ser declarado ainda que ao tempo da morte não tenha tido início o procedimento para a formalização da adoção. Procedência da ação proposta pela mulher para que fosse decretada em nome dela e do marido premorto a adoção de menino criado pelo casal desde os primeiros dias de vida. Interpretação extensiva do art. 42, § 5º, do ECA" (STJ-RT 815/224: 4ª T., REsp 457.635). No mesmo sentido: Ajuris 87/473 (AP 70.003.643.145).

Deferindo a adoção póstuma em caso no qual o adotante já tinha assinado procuração conferindo a advogado poderes especiais para ser representado no procedimento de adoção: STJ-RBDFS 7/129 (3ª T., REsp 823.384).

Todavia: "Adoção póstuma. Ausência de início de procedimento ou de documento que demonstre, de forma inequívoca, a intenção de adotar. Ordenamento jurídico pátrio que não contempla a adoção implícita ou o instituto da posse do estado de filho. Carência da ação reconhecida" (JTJ 344/634: AP 664.133-4/4-00).

Art. 42: 3. Daí poderão resultar direitos sucessórios (v. art. 47 § 7º).

Art. 43. A adoção será deferida¹ quando apresentar reais vantagens para o adotando e fundar-se em motivos legítimos.

Art. 43: 1. pelo juiz (cf. art. 47-*caput*), devendo o requerimento conter, *mutatis mutandis*, os requisitos do art. 165 (v. § ún. deste).

Art. 44. Enquanto não der conta de sua administração e saldar o seu alcance, não pode o tutor ou o curador adotar o pupilo ou o curatelado.

Art. 45. A adoção depende do consentimento dos pais ou representante legal do adotando.¹ ᵃ ³

§ 1º (*redação da Lei 12.010, de 3.8.09*) O consentimento será dispensado em relação à criança ou adolescente cujos pais sejam desconhecidos ou tenham sido destituídos do poder familiar.

§ 2º Em se tratando de adotando maior de doze anos de idade, será também necessário o seu consentimento.

Art. 45: 1. "O deferimento da adoção plena não implica, automaticamente, na destituição do pátrio poder, que deve ser decretada em procedimento próprio autônomo, com a observância da legalidade estrita e da interpretação normativa restritiva. A cautela é imposta, não só pela gravidade da medida a ser tomada, uma vez que importa na perda do vínculo da criança com sua família natural, como também por força das relevantes repercussões em sua vida socioafetiva" (STJ-3ª T., REsp 476.382, Min. Castro Filho, j. 8.3.07, DJU 26.3.07).

Todavia: "Afigura-se desnecessária a prévia ação objetivando destituição do poder familiar paterno, pois a adoção do menor, que desde a tenra idade tem salutar relação paternal de afeto com o adotante — situação que perdura há mais de dez anos —, privilegiará o seu interesse" (STJ-RT 920/743: 4ª T., REsp 1.207.185).

Art. 45: 2. Flexibilizando a exigência do consentimento dos pais do adotando: "Falta de consentimento da mãe do adolescente para sua adoção. Casal que cria a criança desde seu nascimento e há mais de dezesseis anos. Peculiaridades do caso concreto que tornam imperiosa a procedência do pedido de adoção" (RT 881/328: TJRS, AP 70024389322).

Art. 45: 3. "A criança adotanda é o objeto de proteção legal primário em um processo de adoção, devendo a ela ser assegurada condições básicas para o seu bem-estar e desenvolvimento sociopsicológico. A constatação de **vício no consentimento** da genitora, com relação a entrega de sua filha para a adoção, não nulifica, por si só, a adoção já realizada, na qual é possível se constatar a boa-fé dos adotantes. O alçar do direito materno, em relação à sua prole, à condição de prevalência sobre tudo e todos, dando-se a coacta manifestação da mãe-adolescente a capacidade de apagar anos de convivência familiar, estabelecida sobre os auspícios do Estado, entre o casal adotante, seus filhos naturais e a adotanda, no único lar que essa sempre teve, importa em ignorar o direito primário da infante, vista mais como objeto litigioso e menos, ou quase nada, como indivíduo, detentora, ela própria, de direitos, que, no particular, se sobrepõe aos brandidos pelas partes. Apontando as circunstâncias fáticas para uma melhor qualidade de vida no lar adotivo e associando-se essas circunstâncias à convivência da adotanda, por lapso temporal significativo — 9 anos —, junto à família adotante, deve-se manter íntegro esse núcleo familiar" (STJ-RT 911/518: 3ª T., REsp 1.199.465).

Art. 46 (*redação da Lei 13.509, de 22.11.17*). A adoção será precedida de estágio de convivência¹ com a criança ou adolescente, pelo prazo máximo de 90 (noventa) dias, observadas a idade da criança ou adolescente e as peculiaridades do caso.

§ 1º (*redação da Lei 12.010, de 3.8.09*) O estágio de convivência poderá ser dispensado se o adotando já estiver sob a tutela ou guarda legal do adotante durante tempo suficiente para que seja possível avaliar a conveniência da constituição do vínculo.

§ 2º (*redação da Lei 12.010, de 3.8.09*) A simples guarda de fato não autoriza, por si só, a dispensa da realização do estágio de convivência.

§ 2º-A (*acrescido pela Lei 13.509, de 22.11.17*). O prazo máximo estabelecido no *caput* deste artigo pode ser prorrogado por até igual período, mediante decisão fundamentada da autoridade judiciária.

§ 3º (*redação da Lei 13.509, de 22.11.17*) Em caso de adoção por pessoa ou casal residente ou domiciliado fora do País,[2] o estágio de convivência será de, no mínimo, 30 (trinta) dias e, no máximo, 45 (quarenta e cinco) dias, prorrogável por até igual período, uma única vez, mediante decisão fundamentada da autoridade judiciária.

§ 3º-A (*acrescido pela Lei 13.509, de 22.11.17*). Ao final do prazo previsto no § 3º deste artigo, deverá ser apresentado laudo fundamentado pela equipe mencionada no § 4º deste artigo, que recomendará ou não o deferimento da adoção à autoridade judiciária.

§ 4º (*redação da Lei 12.010, de 3.8.09*) O estágio de convivência será acompanhado pela equipe interprofissional a serviço da Justiça da Infância e da Juventude, preferencialmente com apoio dos técnicos responsáveis pela execução da política de garantia do direito à convivência familiar, que apresentarão relatório minucioso acerca da conveniência do deferimento da medida.

§ 5º (*acrescido pela Lei 13.509, de 22.11.17*) O estágio de convivência será cumprido no território nacional, preferencialmente na comarca de residência da criança ou adolescente, ou, a critério do juiz, em cidade limítrofe, respeitada, em qualquer hipótese, a competência do juízo da comarca de residência da criança.

Art. 46: 1. v. art. 167.
Art. 46: 2. v. art. 52.

Art. 47. O vínculo da adoção constitui-se por sentença judicial,[1 a 2] que será inscrita no registro civil mediante mandado do qual não se fornecerá certidão.

§ 1º A inscrição consignará o nome dos adotantes como pais, bem como o nome de seus ascendentes.

§ 2º O mandado judicial, que será arquivado, cancelará o registro original do adotado.[2a]

§ 3º (*redação da Lei 12.010, de 3.8.09*) A pedido do adotante, o novo registro poderá ser lavrado no Cartório do Registro Civil do Município de sua residência.[2b]

§ 4º (*redação da Lei 12.010, de 3.8.09*) Nenhuma observação sobre a origem do ato poderá constar nas certidões do registro.

§ 5º (*redação da Lei 12.010, de 3.8.09*) A sentença conferirá ao adotado o nome do adotante e, a pedido de qualquer deles, poderá determinar a modificação do prenome.

§ 6º (*redação da Lei 12.010, de 3.8.09*) Caso a modificação de prenome seja requerida pelo adotante, é obrigatória a oitiva do adotando, observado o disposto nos §§ 1º e 2º do art. 28 desta Lei.

§ 7º (*redação da Lei 12.010, de 3.8.09*) A adoção produz seus efeitos a partir do trânsito em julgado da sentença constitutiva, exceto na hipótese prevista no § 6º do art. 42 desta Lei, caso em que terá força retroativa à data do óbito.[3-3a]

§ 8º (*redação da Lei 12.010, de 3.8.09*) O processo relativo à adoção assim como outros a ele relacionados serão mantidos em arquivo, admitindo-se seu armazenamento em microfilme ou por outros meios, garantida a sua conservação para consulta a qualquer tempo.

§ 9º (*redação da Lei 12.955, de 5.2.14*) Terão prioridade de tramitação os processos de adoção em que o adotando for criança ou adolescente com deficiência ou com doença crônica.

§ 10 (*acrescido pela Lei 13.509, de 22.11.17*). O prazo máximo para conclusão da ação de adoção será de 120 (cento e vinte) dias, prorrogável uma única vez por igual período, mediante decisão fundamentada da autoridade judiciária.

Art. 47: 1. v. arts. 39 § 1º e notas e 170.

Art. 47: 1a. ouvido, previamente, o Ministério Público (CF 227 § 5º).

Art. 47: 2. "A sentença que decide o processo de adoção possui natureza jurídica de provimento judicial constitutivo, fazendo coisa julgada material, não sendo a ação anulatória de atos jurídicos em geral, prevista no art. 486 do CPC, meio apto à sua desconstituição, sendo esta obtida somente pela via da **ação rescisória**" (STJ-3ª T., REsp 1.112.265, Min. Massami Uyeda, j. 18.5.10, DJ 2.6.10). No mesmo sentido: STJ-4ª T., REsp 1.423.291-AgRg, Min. Antonio Ferreira, j. 18.2.16, DJ 31.3.16.

Art. 47: 2a. v. art. 41, nota 4.

Art. 47: 2b. "Adoção: o novo registro do adotado", por Antonio Borges de Figueiredo (RJ-Lex 59/57, RMDCPC 50/77).

Art. 47: 3. o que proporcionará ao adotado a condição jurídica de herdeiro.

Art. 47: 3a. "Adoção pretendida por viúva que criou a adotanda desde os dez dias de idade, não obstante tenha sido esta adotada unilateralmente pelo falecido esposo daquela durante a vigência do Código Civil revogado. Hipótese na qual as provas demonstram que a adotanda sempre foi considerada filha da autora que lhe propiciou afeto e lhe forneceu todas as condições para o desenvolvimento de sua personalidade e de seu caráter. O falecimento superveniente da adotante, no curso do processo, não afeta a higidez da relação processual, tampouco impede a consumação da adoção, uma vez que a sentença assume caráter retroativo à época do óbito" (RIDF 44/168: TJMG, AP 1.0035.05.050237-2/001).

Art. 48 (*redação da Lei 12.010, de 3.8.09*). O adotado tem direito de conhecer sua origem biológica, bem como de obter acesso irrestrito ao processo no qual a medida foi aplicada e seus eventuais incidentes, após completar dezoito anos.[1]

Parágrafo único (*redação da Lei 12.010, de 3.8.09*). O acesso ao processo de adoção poderá ser também deferido ao adotado menor de dezoito anos, a seu pedido, assegurada orientação e assistência jurídica e psicológica.

Art. 48: 1. s/ ação de investigação de paternidade ajuizada por filho adotado, v. art. 27, nota 3; ação de alimentos do filho adotado em face do pai biológico, v. LA 1º, nota 4c.

Art. 49 (*redação da Lei 12.010, de 3.8.09*). A morte dos adotantes não restabelece o poder familiar dos pais naturais.

Art. 50. A autoridade judiciária manterá, em cada comarca ou foro regional, um registro de crianças e adolescentes em condições de serem adotados e outro de pessoas interessadas na adoção.[1 a 3]

§ 1º O deferimento da inscrição dar-se-á após prévia consulta aos órgãos técnicos do juizado, ouvido o Ministério Público.

§ 2º Não será deferida a inscrição se o interessado não satisfizer os requisitos legais, ou verificada qualquer das hipóteses previstas no art. 29.

§ 3º (*redação da Lei 12.010, de 3.8.09*) A inscrição de postulantes à adoção será precedida de um período de preparação psicossocial e jurídica, orientado pela equipe técnica da Justiça da Infância e da Juventude, preferencialmente com apoio dos técnicos responsáveis pela execução da política municipal de garantia do direito à convivência familiar.

§ 4º (*redação da Lei 12.010, de 3.8.09*) Sempre que possível e recomendável, a preparação referida no § 3º deste artigo incluirá o contato com crianças e adolescentes em acolhimento familiar ou institucional em condições de serem adotados, a ser realizado sob a orientação, supervisão e avaliação da equipe técnica da Justiça da Infância e da Juventude, com apoio dos técnicos responsáveis pelo programa de acolhimento e pela execução da política municipal de garantia do direito à convivência familiar.

§ 5º (*redação da Lei 12.010, de 3.8.09*) Serão criados e implementados cadastros estaduais e nacional de crianças e adolescentes em condições de serem adotados e de pessoas ou casais habilitados à adoção.

§ 6º (*redação da Lei 12.010, de 3.8.09*) Haverá cadastros distintos para pessoas ou casais residentes fora do País, que somente serão consultados na inexistência de postulantes nacionais habilitados nos cadastros mencionados no § 5º deste artigo.

§ 7º (*redação da Lei 12.010, de 3.8.09*) As autoridades estaduais e federais em matéria de adoção terão acesso integral aos cadastros, incumbindo-lhes a troca de informações e a cooperação mútua, para melhoria do sistema.

§ 8º (*redação da Lei 12.010, de 3.8.09*) A autoridade judiciária providenciará, no prazo de quarenta e oito horas, a inscrição das crianças e adolescentes em condições de serem adotados que não tiveram colocação familiar na comarca de origem, e das pessoas ou casais que tiveram deferida sua habilitação à adoção nos cadastros estadual e nacional referidos no § 5º deste artigo, sob pena de responsabilidade.

§ 9º (*redação da Lei 12.010, de 3.8.09*) Compete à Autoridade Central Estadual zelar pela manutenção e correta alimentação dos cadastros, com posterior comunicação à Autoridade Central Federal Brasileira.

§ 10 (*redação da Lei 13.509, de 22.11.17*). Consultados os cadastros e verificada a ausência de pretendentes habilitados residentes no País com perfil compatível e interesse manifesto pela adoção de criança ou adolescente inscrito nos cadastros existentes, será realizado o encaminhamento da criança ou adolescente à adoção internacional.

§ 11 (*redação da Lei 12.010, de 3.8.09*). Enquanto não localizada pessoa ou casal interessado em sua adoção, a criança ou o adolescente, sempre que possível e recomendável, será colocado sob guarda de família cadastrada em programa de acolhimento familiar.

§ 12 (*redação da Lei 12.010, de 3.8.09*). A alimentação do cadastro e a convocação criteriosa dos postulantes à adoção serão fiscalizadas pelo Ministério Público.

§ 13 (*redação da Lei 12.010, de 3.8.09*). Somente poderá ser deferida adoção em favor de candidato domiciliado no Brasil não cadastrado previamente nos termos desta Lei quando:

I — se tratar de pedido de adoção unilateral;

II — for formulada por parente com o qual a criança ou adolescente mantenha vínculos de afinidade e afetividade;[4]

III — oriundo o pedido de quem detém a tutela ou guarda legal de criança maior de três anos ou adolescente, desde que o lapso de tempo de convivência comprove a fixação de laços de afinidade e afetividade, e não seja constatada a ocorrência de má-fé ou qualquer das situações previstas nos arts. 237 ou 238 desta Lei.

§ 14 (*redação da Lei 12.010, de 3.8.09*). Nas hipóteses previstas no § 13 deste artigo, o candidato deverá comprovar, no curso do procedimento, que preenche os requisitos necessários à adoção, conforme previsto nesta Lei.

§ 15 (*acrescido pela Lei 13.509, de 22.11.17*). Será assegurada prioridade no cadastro a pessoas interessadas em adotar criança ou adolescente com deficiência, com doença crônica ou com necessidades específicas de saúde, além de grupo de irmãos.

Art. 50: 1. "A possibilidade de escolha das características do adotando no processo de adoção. Análise a partir dos fundamentos constitucionais", por Helena de Azeredo Orselli e Andressa Anastácio (RBDFS 13/30).

Art. 50: 1a. s/ inscrição de pessoa solteira no cadastro, v. art. 42, nota 1b.

Art. 50: 2. "É de rigor a fiel observância da sistemática imposta pelo art. 50 do ECA, somente se deferindo a adoção a pessoas previamente cadastradas e habilitadas. Não tendo a apelante realizado o cadastro prévio, nem atendido aos procedimentos de adoção na Vara da Infância e Juventude, o processo deve ser extinto sem julgamento do mérito, por falta de interesse de agir. Negado o pedido de adoção, deve a criança retornar à guarda da mãe biológica, enquanto não houver motivos para sua extinção (art. 1.635 do CC) e for isso declarado em decisão fundamentada, proferida sob o crivo do contraditório" (RT 887/312: TJPR, AP 541.417-1). **Todavia,** no sentido de que a inscrição no cadastro de adotantes não é requisito para o ajuizamento do pedido de adoção, podendo ser feita no curso do respectivo procedimento: JTJ 259/21.

V. tb. nota seguinte.

Art. 50: 3. "Mesmo havendo aparente quebra na lista de adoção, é desaconselhável remover criança que se encontra, desde os primeiros dias de vida e por mais de dois anos, sob a guarda de pais afetivos. A autoridade da lista cede, em tal circunstância, ao superior interesse da criança (ECA, art. 6º)" (STJ-3ª T., REsp 837.324, Min. Gomes de Barros, j. 18.10.07, DJU 31.10.07). No mesmo sentido: STJ-4ª T., HC 279.059, Min. Luis Felipe, j. 10.12.13, DJ 28.2.14; RT 932/861 (TJAL, AP 2012007420-8).

"A observância do cadastro de adotantes, vale dizer, a preferência das pessoas cronologicamente cadastradas para adotar determinada criança não é absoluta. Excepciona-se tal regramento, em observância ao princípio do melhor interesse do menor, basilar e norteador de todo o sistema protecionista do menor, na hipótese de existir vínculo afetivo entre a criança e o pretendente à adoção, ainda que este não se encontre sequer cadastrado no referido registro" (STJ-RMDCPC 36/112: 3ª T., REsp 1.172.067).

"Não é admissível que, após cinco meses de convívio entre a criança a ser adotada e o casal que pleiteia a adoção, seja lícito à autoridade judiciária promover, de ofício, a busca e apreensão para entrega do menor à primeira pessoa que se encontra cadastrada no juízo da infância e juventude. Hipótese em que há elementos probatórios que atestam a inteira adaptação da criança com o casal" (RIDF 46/183).

"Ação de guarda e responsabilidade. Concessão de guarda em favor de casal com 4 (quatro) anos de convivência com o infante. Vínculo afetivo consolidado. Terceiros inscritos anteriormente ao cadastro de adoção. Mitigação da norma ante o bem maior a ser tutelado. Interesse da criança. Exegese do art. 3º do ECA e do art. 227 da CF" (RT 870/386).

Todavia: "Embora esta Câmara já tenha se manifestado no sentido de superar os requisitos formais da adoção, previstos nos arts. 29 e 50 do ECA, isso só se dá em situações especialíssimas, quando se puder verificar o laço de afetividade formado entre a criança e os pais substitutos, o que não ocorre no caso concreto, onde o infante tem apenas 1 ano de idade, e jamais residiu com a autora" (RT 892/287: TJRS, AP 70032207789).

V. tb. nota anterior.

Art. 50: 4. "O legislador ordinário, ao estabelecer no artigo 50, § 13, inciso II, do ECA que podem adotar os **parentes** que possuem afinidade/afetividade para com a criança, **não** promoveu qualquer **limitação** (se aos consanguíneos em linha reta, aos consanguíneos colaterais ou aos parentes por afinidade), a denotar, por esse aspecto, que a adoção por parente (consanguíneo, colateral ou por afinidade) é amplamente admitida quando demonstrado o laço afetivo entre a criança e o pretendente à adoção, bem como quando atendidos os demais requisitos autorizadores para tanto" (STJ-4ª T., REsp 1.911.099, Min. Marco Buzzi, j. 29.6.21, DJ 3.8.21).

Art. 51 (*redação da Lei 13.509, de 22.11.17*). Considera-se adoção internacional aquela na qual o pretendente possui residência habitual em país-parte da Convenção de Haia, de 29 de maio de 1993, Relativa à Proteção das Crianças e à Cooperação em Matéria de Adoção Internacional, promulgada pelo Decreto n. 3.087, de 21 junho de 1999, e deseja adotar criança em outro país-parte da Convenção.

§ 1º (*redação da Lei 12.010, de 3.8.09*) A adoção internacional de criança ou adolescente brasileiro ou domiciliado no Brasil somente terá lugar quando restar comprovado:[1]

I (*redação da Lei 13.509, de 22.11.17*) — que a colocação em família adotiva é a solução adequada ao caso concreto;

II (*redação da Lei 13.509, de 22.11.17*) — que foram esgotadas todas as possibilidades de colocação da criança ou adolescente em família adotiva brasileira, com a comprovação, certificada nos autos, da inexistência de adotantes habilitados residentes no Brasil com perfil compatível com a criança ou adolescente, após consulta aos cadastros mencionados nesta Lei;

III — que, em se tratando de adoção de adolescente, este foi consultado, por meios adequados ao seu estágio de desenvolvimento, e que se encontra preparado para a medida, mediante parecer elaborado por equipe interprofissional, observado o disposto nos §§ 1º e 2º do art. 28 desta Lei.

§ 2º (*redação da Lei 12.010, de 3.8.09*) Os brasileiros residentes no exterior terão preferência aos estrangeiros, nos casos de adoção internacional de criança ou adolescente brasileiro.

§ 3º (*redação da Lei 12.010, de 3.8.09*) A adoção internacional pressupõe a intervenção das Autoridades Centrais Estaduais e Federal em matéria de adoção internacional.

Art. 51: 1. É crime "promover ou auxiliar a efetivação de ato destinado ao envio de criança ou adolescente para o exterior com inobservância das formalidades legais ou com o fito de obter lucro" (v. **art. 239**).

Art. 52 (*redação da Lei 12.010, de 3.8.09*). A adoção internacional observará o procedimento previsto nos arts. 165 a 170 desta Lei, com as seguintes adaptações:

I — a pessoa ou casal estrangeiro,[1] interessado em adotar criança ou adolescente brasileiro, deverá formular pedido de habilitação à adoção perante a Autoridade Central em matéria de adoção internacional no país de acolhida, assim entendido aquele onde está situada sua residência habitual;

II — se a Autoridade Central do país de acolhida considerar que os solicitantes estão habilitados e aptos para adotar, emitirá um relatório que contenha informações sobre a identidade, a capacidade jurídica e adequação dos solicitantes para adotar, sua situação pessoal, familiar e médica, seu meio social, os motivos que os animam e sua aptidão para assumir uma adoção internacional;

III — a Autoridade Central do país de acolhida enviará o relatório à Autoridade Central Estadual, com cópia para a Autoridade Central Federal Brasileira;

IV — o relatório será instruído com toda a documentação necessária, incluindo estudo psicossocial elaborado por equipe interprofissional habilitada e cópia autenticada da legislação pertinente, acompanhada da respectiva prova de vigência;[2]

V — os documentos em língua estrangeira serão devidamente autenticados pela autoridade consular, observados os tratados e convenções internacionais, e acompanhados da respectiva tradução, por tradutor público juramentado;[3]

VI — a Autoridade Central Estadual poderá fazer exigências e solicitar complementação sobre o estudo psicossocial do postulante estrangeiro à adoção, já realizado no país de acolhida;

VII — verificada, após estudo realizado pela Autoridade Central Estadual, a compatibilidade da legislação estrangeira com a nacional, além do preenchimento por parte dos postulantes à medida dos requisitos objetivos e subjetivos necessários ao seu deferimento, tanto à luz do que dispõe esta Lei como da legislação do país de acolhida, será expedido laudo de habilitação à adoção internacional, que terá validade por, no máximo, um ano;

VIII — de posse do laudo de habilitação, o interessado será autorizado a formalizar pedido de adoção perante o Juízo da Infância e da Juventude do local em que se encontra a criança ou adolescente, conforme indicação efetuada pela Autoridade Central Estadual.

§ 1º Se a legislação do país de acolhida assim o autorizar, admite-se que os pedidos de habilitação à adoção internacional sejam intermediados por organismos credenciados.

§ 2º Incumbe à Autoridade Central Federal Brasileira o credenciamento de organismos nacionais e estrangeiros encarregados de intermediar pedidos de habilitação à adoção internacional, com posterior comunicação às Autoridades Centrais Estaduais e publicação nos órgãos oficiais de imprensa e em sítio próprio da internet.

§ 3º Somente será admissível o credenciamento de organismos que:

I — sejam oriundos de países que ratificaram a Convenção de Haia e estejam devidamente credenciados pela Autoridade Central do país onde estiverem sediados e no país de acolhida do adotando para atuar em adoção internacional no Brasil;

II — satisfizerem as condições de integridade moral, competência profissional, experiência e responsabilidade exigidas pelos países respectivos e pela Autoridade Central Federal Brasileira;

III — forem qualificados por seus padrões éticos e sua formação e experiência para atuar na área de adoção internacional;

IV — cumprirem os requisitos exigidos pelo ordenamento jurídico brasileiro e pelas normas estabelecidas pela Autoridade Central Federal Brasileira.

§ 4º Os organismos credenciados deverão ainda:

I — perseguir unicamente fins não lucrativos, nas condições e dentro dos limites fixados pelas autoridades competentes do país onde estiverem sediados, do país de acolhida e pela Autoridade Central Federal Brasileira;

II — ser dirigidos e administrados por pessoas qualificadas e de reconhecida idoneidade moral, com comprovada formação ou experiência para atuar na área de adoção internacional, cadastradas pelo Departamento de Polícia Federal e aprovadas pela Autoridade Central Federal Brasileira, mediante publicação de portaria do órgão federal competente;

III — estar submetidos à supervisão das autoridades competentes do país onde estiverem sediados e no país de acolhida, inclusive quanto à sua composição, funcionamento e situação financeira;

IV — apresentar à Autoridade Central Federal Brasileira, a cada ano, relatório geral das atividades desenvolvidas, bem como relatório de acompanhamento das adoções internacionais efetuadas no período, cuja cópia será encaminhada ao Departamento de Polícia Federal;

V — enviar relatório pós-adotivo semestral para a Autoridade Central Estadual, com cópia para a Autoridade Central Federal Brasileira, pelo período mínimo de dois anos. O envio do relatório será mantido até a juntada de cópia autenticada do registro civil, estabelecendo a cidadania do país de acolhida para o adotado;

VI — tomar as medidas necessárias para garantir que os adotantes encaminhem à Autoridade Central Federal Brasileira cópia da certidão de registro de nascimento estrangeira e do certificado de nacionalidade tão logo lhes sejam concedidos.

§ 5º A não apresentação dos relatórios referidos no § 4º deste artigo pelo organismo credenciado poderá acarretar a suspensão de seu credenciamento.

§ 6º O credenciamento de organismo nacional ou estrangeiro encarregado de intermediar pedidos de adoção internacional terá validade de dois anos.

§ 7º A renovação do credenciamento poderá ser concedida mediante requerimento protocolado na Autoridade Central Federal Brasileira nos sessenta dias anteriores ao término do respectivo prazo de validade.

§ 8º Antes de transitada em julgado a decisão que concedeu a adoção internacional, não será permitida a saída do adotando do território nacional.

§ 9º Transitada em julgado a decisão, a autoridade judiciária determinará a expedição de alvará com autorização de viagem, bem como para obtenção de passaporte, constando, obrigatoriamente, as características da criança ou adolescente adotado, como idade, cor, sexo, eventuais sinais ou traços peculiares, assim como foto recente e a aposição da impressão digital do seu polegar direito, instruindo o documento com cópia autenticada da decisão e certidão de trânsito em julgado.

§ 10. A Autoridade Central Federal Brasileira poderá, a qualquer momento, solicitar informações sobre a situação das crianças e adolescentes adotados.

§ 11. A cobrança de valores por parte dos organismos credenciados, que sejam considerados abusivos pela Autoridade Central Federal Brasileira e que não estejam devidamente comprovados, é causa de seu descredenciamento.

§ 12. Uma mesma pessoa ou seu cônjuge não podem ser representados por mais de uma entidade credenciada para atuar na cooperação em adoção internacional.

§ 13. A habilitação de postulante estrangeiro ou domiciliado fora do Brasil terá validade máxima de um ano, podendo ser renovada.

§ 14. É vedado o contato direto de representantes de organismos de adoção, nacionais ou estrangeiros, com dirigentes de programas de acolhimento institucional ou familiar, assim como com crianças e adolescentes em condições de serem adotados, sem a devida autorização judicial.

§ 15. A Autoridade Central Federal Brasileira poderá limitar ou suspender a concessão de novos credenciamentos sempre que julgar necessário, mediante ato administrativo fundamentado.

Art. 52: 1. v. arts. 31, 33 § 1º, 46 § 3º e 51 § 2º. V. tb. CF 227 § 5º.
Art. 52: 2. cf. CPC 376.
Art. 52: 3. cf. CPC 192 § ún.

Art. 52-A (*redação da Lei 12.010, de 3.8.09*). É vedado, sob pena de responsabilidade e descredenciamento, o repasse de recursos provenientes de organismos estrangeiros encarregados de intermediar pedidos de adoção internacional a organismos nacionais ou a pessoas físicas.

Parágrafo único. Eventuais repasses somente poderão ser efetuados via Fundo dos Direitos da Criança e do Adolescente e estarão sujeitos às deliberações do respectivo Conselho de Direitos da Criança e do Adolescente.

Art. 52-B (*redação da Lei 12.010, de 3.8.09*). A adoção por brasileiro residente no exterior em país ratificante da Convenção de Haia, cujo processo de adoção tenha sido processado em conformidade com a legislação vigente no país de residência e atendido o disposto na alínea *c* do art. 17 da referida Convenção, será automaticamente recepcionada com o reingresso no Brasil.

§ 1º Caso não tenha sido atendido o disposto na alínea *c* do art. 17 da Convenção de Haia, deverá a sentença ser homologada pelo Superior Tribunal de Justiça.

§ 2º O pretendente brasileiro residente no exterior em país não ratificante da Convenção de Haia, uma vez reingressado no Brasil, deverá requerer a homologação da sentença estrangeira pelo Superior Tribunal de Justiça.

Art. 52-C (*redação da Lei 12.010, de 3.8.09*). Nas adoções internacionais, quando o Brasil for o país de acolhida, a decisão da autoridade competente do país de origem da criança ou do adolescente será conhecida pela Autoridade Central Estadual que tiver processado o pedido de habilitação dos pais adotivos, que comunicará o fato à Autoridade Central Federal e determinará as providências necessárias à expedição do Certificado de Naturalização Provisório.

§ 1º A Autoridade Central Estadual, ouvido o Ministério Público, somente deixará de reconhecer os efeitos daquela decisão se restar demonstrado que a adoção é manifestamente contrária à ordem pública ou não atende ao interesse superior da criança ou do adolescente.

§ 2º Na hipótese de não reconhecimento da adoção, prevista no § 1º deste artigo, o Ministério Público deverá imediatamente requerer o que for de direito para resguardar os interesses da criança ou do adolescente, comunicando-se as providências à Autoridade Central Estadual, que fará a comunicação à Autoridade Central Federal Brasileira e à Autoridade Central do país de origem.

Art. 52-D (*redação da Lei 12.010, de 3.8.09*). Nas adoções internacionais, quando o Brasil for o país de acolhida e a adoção não tenha sido deferida no país de origem porque a sua legislação a delega ao país de acolhida, ou, ainda, na hipótese de, mesmo com decisão, a criança ou o adolescente ser oriundo de país que não tenha aderido à Convenção referida, o processo de adoção seguirá as regras da adoção nacional.

Capítulo IV | DO DIREITO À EDUCAÇÃO, À CULTURA, AO ESPORTE E AO LAZER

Art. 53. A criança e o adolescente têm direito à educação,[1 a 1b] visando ao pleno desenvolvimento de sua pessoa, preparo para o exercício da cidadania e qualificação para o trabalho, assegurando-se-lhes:

I — igualdade de condições para o acesso e permanência na escola;

II — direito de ser respeitado por seus educadores;[2]

III — direito de contestar critérios avaliativos, podendo recorrer às instâncias escolares superiores;

IV — direito de organização e participação em entidades estudantis;

V (*redação da Lei 13.845, de 18.6.19*) — acesso à escola pública e gratuita, próxima de sua residência,[3] garantindo-se vagas no mesmo estabelecimento a irmãos que frequentem a mesma etapa ou ciclo de ensino da educação básica.

Parágrafo único. É direito dos pais ou responsáveis ter ciência do processo pedagógico, bem como participar da definição das propostas educacionais.

Art. 53: 1. v. art. 22.

Art. 53: 1a. Lei 9.394, de 20.12.96: "Art. 6º (redação da Lei 12.796, de 4.4.13) É dever dos pais ou responsáveis efetuar a matrícula das crianças na educação básica a partir dos 4 (quatro) anos de idade".

"**Art. 29** (redação da Lei 12.796, de 4.4.13). A educação infantil, primeira etapa da educação básica, tem como finalidade o desenvolvimento integral da criança de até 5 (cinco) anos, em seus aspectos físico, psicológico, intelectual e social, complementando a ação da família e da comunidade.

"**Art. 30.** A educação infantil será oferecida em: I — creches, ou entidades equivalentes, para crianças de até três anos de idade; II (redação da Lei 12.796, de 4.4.13) — pré-escolas, para as crianças de 4 (quatro) a 5 (cinco) anos de idade".

Art. 53: 1b. "Configura-se inadmissível a recusa da matrícula de criança, de cinco anos de idade, para o ensino fundamental, em razão de não estar previsto constitucionalmente o limite de idade" (RIDA 54/178: TJMS, REO 123093/2009).

Art. 53: 2. Pena: art. 232.

Art. 53: 3. "O inciso V do art. 53 da Lei 8.069/90 visa garantir a alunos (crianças e adolescentes) estudar em escola próxima de sua residência, evitando deslocamento de longas distâncias para acesso à educação pública e gratuita. A regra não constitui uma imposição e sim uma possibilidade, com opção em benefício do aluno. A manutenção do aluno na escola já frequentada em anos anteriores mostra-se mais benéfica do que a transferência para atender à regra da aproximação" (STJ-2ª T., REsp 1.175.445, Min. Eliana Calmon, j. 4.3.10, DJ 18.3.10).

Art. 53-A (acrescido pela Lei 13.840, de 5.6.19). É dever da instituição de ensino, clubes e agremiações recreativas e de estabelecimentos congêneres assegurar medidas de conscientização, prevenção e enfrentamento ao uso ou dependência de drogas ilícitas.

Art. 54. É dever do Estado assegurar à criança e ao adolescente:

I — ensino fundamental, obrigatório e gratuito, inclusive para os que a ele não tiveram acesso na idade própria;

II — progressiva extensão da obrigatoriedade e gratuidade ao ensino médio;

III — atendimento educacional especializado aos portadores de deficiência, preferencialmente na rede regular de ensino;

IV (redação da Lei 13.306, de 4.7.16) — atendimento em creche e pré-escola às crianças de zero a cinco anos de idade;[1]

V — acesso aos níveis mais elevados do ensino, da pesquisa e da criação artística, segundo a capacidade de cada um;

VI — oferta de ensino noturno regular, adequado às condições do adolescente trabalhador;

VII — atendimento no ensino fundamental, através de programas suplementares de material didático-escolar, transporte, alimentação e assistência à saúde.

§ 1º O acesso ao ensino obrigatório e gratuito é direito público subjetivo.[2]

§ 2º O não oferecimento do ensino obrigatório pelo Poder Público ou sua oferta irregular importa responsabilidade da autoridade competente.

§ 3º Compete ao Poder Público recensear os educandos no ensino fundamental, fazer-lhes a chamada e zelar, junto aos pais ou responsável, pela frequência à escola.

Art. 54: 1. "Nos termos do inciso IV do art. 54 do ECA, bem como do inciso IV do art. 208 da CF, é dever do Poder Público assegurar atendimento em creche ou pré-escola, porquanto se trata de direito fundamental social inerente a qualquer criança" (Bol. AASP 2.679: TJRS, REO 70029306834).

"A insuficiência de vagas para atendimento da demanda relativamente a creches municipais, em princípio, fere lesão a direito líquido e certo à educação. Todavia, comprovado nos autos o empenho do Município em aumentar o número de vagas, resta afastada a desídia da Administração Pública e, consequentemente, a lesão alegada" (RJM 184/117: AP 1.0702.07.365694-5/001).

Art. 54: 2. v. art. 208-I.

Art. 55. Os pais ou responsável têm a obrigação de matricular seus filhos ou pupilos na rede regular de ensino.

Art. 56. Os dirigentes de estabelecimentos de ensino[1] fundamental comunicarão ao Conselho Tutelar[1a] os casos de:

I — maus-tratos envolvendo seus alunos;[2]

II — reiteração de faltas injustificadas e de evasão escolar, esgotados os recursos escolares;

III — elevados níveis de repetência.

Art. 56: 1. Lei 9.394, de 20.12.96: "Art. 12. Os estabelecimentos de ensino, respeitadas as normas comuns e as do seu sistema de ensino, terão a incumbência de: ... **VII** — informar pai e mãe, conviventes ou não com seus filhos, e, se for o caso, os responsáveis legais, sobre a frequência e rendimento dos alunos, bem como sobre a execução da proposta pedagógica da escola".

Art. 56: 1a. v. art. 131.

Art. 56: 2. Pena, pela falta de comunicação: art. 245.

Art. 57. O Poder Público estimulará pesquisas, experiências e novas propostas relativas a calendário, seriação, currículo, metodologia, didática e avaliação, com vistas à inserção de crianças e adolescentes excluídos do ensino fundamental obrigatório.

Art. 58. No processo educacional respeitar-se-ão os valores culturais, artísticos e históricos próprios do contexto social da criança e do adolescente, garantindo-se a estes a liberdade de criação e o acesso às fontes de cultura.

Art. 59. Os Municípios, com apoio dos Estados e da União, estimularão e facilitarão a destinação de recursos e espaços para programações culturais, esportivas e de lazer voltadas para a infância e a juventude.

Capítulo V | DO DIREITO À PROFISSIONALIZAÇÃO E À PROTEÇÃO NO TRABALHO

Art. 60. É proibido qualquer trabalho a menores de quatorze anos de idade, salvo na condição de aprendiz.

Art. 61. A proteção ao trabalho dos adolescentes é regulada por legislação especial, sem prejuízo do disposto nesta lei.

Art. 62. Considera-se aprendizagem a formação técnico-profissional ministrada segundo as diretrizes e bases da legislação de educação em vigor.

Art. 63. A formação técnico-profissional obedecerá aos seguintes princípios:

I — garantia de acesso e frequência obrigatória ao ensino regular;

II — atividade compatível com o desenvolvimento do adolescente;
III — horário especial para o exercício das atividades.

Art. 64. Ao adolescente até quatorze anos de idade é assegurada bolsa de aprendizagem.

Art. 65. Ao adolescente aprendiz, maior de quatorze anos, são assegurados os direitos trabalhistas e previdenciários.

Art. 66. Ao adolescente portador de deficiência é assegurado trabalho protegido.

Art. 67. Ao adolescente empregado, aprendiz, em regime familiar de trabalho, aluno de escola técnica, assistido em entidade governamental ou não governamental, é vedado trabalho:

I — noturno, realizado entre as vinte e duas horas de um dia e as cinco horas do dia seguinte;
II — perigoso, insalubre ou penoso;
III — realizado em locais prejudiciais à sua formação e ao seu desenvolvimento físico, psíquico, moral e social;
IV — realizado em horários e locais que não permitam a frequência à escola.

Art. 68. O programa social que tenha por base o trabalho educativo, sob responsabilidade de entidade governamental ou não governamental sem fins lucrativos, deverá assegurar ao adolescente que dele participe condições de capacitação para o exercício de atividade regular remunerada.

§ 1º Entende-se por trabalho educativo a atividade laboral em que as exigências pedagógicas relativas ao desenvolvimento pessoal e social do educando prevaleçam sobre o aspecto produtivo.

§ 2º A remuneração que o adolescente recebe pelo trabalho efetuado ou a participação na venda dos produtos de seu trabalho não desfigura o caráter educativo.

Art. 69. O adolescente tem direito à profissionalização e à proteção no trabalho, observados os seguintes aspectos, entre outros:

I — respeito à condição peculiar de pessoa em desenvolvimento;
II — capacitação profissional adequada ao mercado de trabalho.

Título III | DA PREVENÇÃO

Capítulo I | DISPOSIÇÕES GERAIS

Art. 70. É dever de todos prevenir a ocorrência de ameaça ou violação dos direitos da criança e do adolescente.

Art. 70-A (*acrescido pela Lei 13.010, de 26.6.14*). A União, os Estados, o Distrito Federal e os Municípios deverão atuar de forma articulada na elaboração de políticas públicas e na execução de ações destinadas a coibir o uso de castigo físico ou de tratamento cruel ou degradante e difundir formas não violentas de educação de crianças e de adolescentes, tendo como principais ações:

I — a promoção de campanhas educativas permanentes para a divulgação do direito da criança e do adolescente de serem educados e cuidados sem o uso de castigo físico ou de tratamento cruel ou degradante e dos instrumentos de proteção aos direitos humanos;

II — a integração com os órgãos do Poder Judiciário, do Ministério Público e da Defensoria Pública, com o Conselho Tutelar, com os Conselhos de Direitos da Criança e do Adolescente e com as entidades não governamentais que atuam na promoção, proteção e defesa dos direitos da criança e do adolescente;

III — a formação continuada e a capacitação dos profissionais de saúde, educação e assistência social e dos demais agentes que atuam na promoção, proteção e defesa dos direitos da criança e do adolescente para o desenvolvimento das competências necessárias à prevenção, à identificação de evidências, ao diagnóstico e ao enfrentamento de todas as formas de violência contra a criança e o adolescente;

IV — o apoio e o incentivo às práticas de resolução pacífica de conflitos que envolvam violência contra a criança e o adolescente;

V — a inclusão, nas políticas públicas, de ações que visem a garantir os direitos da criança e do adolescente, desde a atenção pré-natal, e de atividades junto aos pais e responsáveis com o objetivo de promover a informação, a reflexão, o debate e a orientação sobre alternativas ao uso de castigo físico ou de tratamento cruel ou degradante no processo educativo;

VI — a promoção de espaços intersetoriais locais para a articulação de ações e a elaboração de planos de atuação conjunta focados nas famílias em situação de violência, com participação de profissionais de saúde, de assistência social e de educação e de órgãos de promoção, proteção e defesa dos direitos da criança e do adolescente;

VII (*redação da Lei 14.344, de 24.5.22*)[1] — a promoção de estudos e pesquisas, de estatísticas e de outras informações relevantes às consequências e à frequência das formas de violência contra a criança e o adolescente para a sistematização de dados nacionalmente unificados e a avaliação periódica dos resultados das medidas adotadas;

VIII (*redação da Lei 14.344, de 24.5.22*)[1a] — o respeito aos valores da dignidade da pessoa humana, de forma a coibir a violência, o tratamento cruel ou degradante e as formas violentas de educação, correção ou disciplina;

IX (*redação da Lei 14.344, de 24.5.22*)[1b] — a promoção e a realização de campanhas educativas direcionadas ao público escolar e à sociedade em geral e a difusão desta Lei e dos instrumentos de proteção aos direitos humanos das crianças e dos adolescentes, incluídos os canais de denúncia existentes;

X (*redação da Lei 14.344, de 24.5.22*)[1c] — a celebração de convênios, de protocolos, de ajustes, de termos e de outros instrumentos de promoção de parceria entre órgãos governamentais ou entre estes e entidades não governamentais, com o objetivo de implementar programas de erradicação da violência, de tratamento cruel ou degradante e de formas violentas de educação, correção ou disciplina;

XI (*redação da Lei 14.344, de 24.5.22*)[2] — a capacitação permanente das Polícias Civil e Militar, da Guarda Municipal, do Corpo de Bombeiros, dos profissionais nas escolas, dos Conselhos Tutelares e dos profissionais pertencentes aos órgãos e às áreas referidos no inciso II deste *caput*, para que identifiquem situações em que crianças e adolescentes vivenciam violência e agressões no âmbito familiar ou institucional;

XII (*redação da Lei 14.344, de 24.5.22*)²ᵃ — a promoção de programas educacionais que disseminem valores éticos de irrestrito respeito à dignidade da pessoa humana, bem como de programas de fortalecimento da parentalidade positiva, da educação sem castigos físicos e de ações de prevenção e enfrentamento da violência doméstica e familiar contra a criança e o adolescente;

XIII (*redação da Lei 14.344, de 24.5.22*)²ᵇ — o destaque, nos currículos escolares de todos os níveis de ensino, dos conteúdos relativos à prevenção, à identificação e à resposta à violência doméstica e familiar.

Parágrafo único. As famílias com crianças e adolescentes com deficiência terão prioridade de atendimento nas ações e políticas públicas de prevenção e proteção.

Art. 70-A: 1 a 2b. Em vigor após decorridos 45 dias de sua publicação oficial (DOU 25.5.22).

Art. 70-B (*redação da Lei 14.344, de 24.5.22*).¹ As entidades, públicas e privadas, que atuem nas áreas da saúde e da educação, além daquelas às quais se refere o art. 71 desta Lei, entre outras, devem contar, em seus quadros, com pessoas capacitadas a reconhecer e a comunicar ao Conselho Tutelar suspeitas ou casos de crimes praticados contra a criança e o adolescente.

Parágrafo único. São igualmente responsáveis pela comunicação de que trata este artigo, as pessoas encarregadas, por razão de cargo, função, ofício, ministério, profissão ou ocupação, do cuidado, assistência ou guarda de crianças e adolescentes, punível, na forma deste Estatuto, o injustificado retardamento ou omissão, culposos ou dolosos.

Art. 70-B: 1. Em vigor após decorridos 45 dias de sua publicação oficial (DOU 25.5.22).

Art. 71. A criança e o adolescente têm direito a informação, cultura, lazer, esportes, diversões, espetáculos e produtos e serviços que respeitem sua condição peculiar de pessoa em desenvolvimento.

Art. 72. As obrigações previstas nesta lei não excluem da prevenção especial outras decorrentes dos princípios por ela adotados.

Art. 73. A inobservância das normas de prevenção importará em responsabilidade da pessoa física ou jurídica, nos termos desta lei.

Capítulo II | DA PREVENÇÃO ESPECIAL

Seção I | DA INFORMAÇÃO, CULTURA, LAZER, ESPORTES, DIVERSÕES E ESPETÁCULOS

Art. 74. O Poder Público, através do órgão competente, regulará as diversões e espetáculos públicos, informando sobre a natureza deles, as faixas etárias a que não se recomendem, locais e horários em que sua apresentação se mostre inadequada.¹

Parágrafo único. Os responsáveis pelas diversões e espetáculos públicos deverão afixar, em lugar visível e de fácil acesso, à entrada do local de exibição, informação destacada sobre a natureza do espetáculo e a faixa etária especificada no certificado de classificação.²

Art. 74: 1. Pena: art. 252.
Art. 74: 2. Pena: art. 253.

Art. 75. Toda criança ou adolescente terá acesso às diversões e espetáculos públicos classificados como adequados à sua faixa etária.
Parágrafo único. As crianças menores de dez anos somente poderão ingressar e permanecer nos locais de apresentação ou exibição quando acompanhadas dos pais ou responsável.

Art. 76. As emissoras de rádio e televisão somente exibirão, no horário recomendado para o público infantojuvenil, programas com finalidades educativas, artísticas, culturais e informativas.
Parágrafo único. Nenhum espetáculo será apresentado ou anunciado sem aviso de sua classificação, antes de sua transmissão, apresentação ou exibição.[1]
Art. 76: 1. Pena: art. 254.

Art. 77. Os proprietários, diretores, gerentes e funcionários de empresas que explorem a venda ou aluguel de fitas de programação em vídeo cuidarão para que não haja venda ou locação em desacordo com a classificação atribuída pelo órgão competente.[1-2]
Parágrafo único. As fitas a que alude este artigo deverão exibir, no invólucro, informação sobre a natureza da obra e a faixa etária a que se destinam.
Art. 77: 1. Pena: art. 256.
Art. 77: 2. v. art. 81-V.

Art. 78. As revistas e publicações contendo material impróprio ou inadequado a crianças e adolescentes deverão ser comercializadas em embalagem lacrada, com a advertência de seu conteúdo.[1-2]
Parágrafo único. As editoras cuidarão para que as capas que contenham mensagens pornográficas ou obscenas sejam protegidas com embalagem opaca.
Art. 78: 1. v. art. 81-V. Pena: art. 257.
Art. 78: 2. "O ordenamento jurídico brasileiro, no tocante ao consumidor e aos deveres estatuídos no Estatuto da Criança e do Adolescente, preconiza a **responsabilidade solidária** entre todos os sujeitos participantes da cadeia de consumo, o que abrange, além do fabricante e do comerciante diretamente envolvidos, aqueles que, de alguma forma — inclusive o distribuidor, o transportador, o anunciante e o veículo de comunicação —, concorrem para a disponibilização do produto ou serviço no mercado" (STJ-2ª T., REsp 1.569.814, Min. Herman Benjamin, j. 2.2.16, DJ 30.10.19). No mesmo sentido, para o distribuidor: STJ-1ª T., REsp 1.584.134, Min. Napoleão Maia Filho, j. 20.2.20, DJ 5.3.20. Ainda, para o comerciante: RJM 176-177/85.

Art. 79. As revistas e publicações destinadas ao público infantojuvenil não poderão conter ilustrações, fotografias, legendas, crônicas ou anúncios de bebidas alcoólicas, tabaco, armas e munições, e deverão respeitar os valores éticos e sociais da pessoa e da família.[1]
Art. 79: 1. Pena: art. 257.

Art. 80. Os responsáveis por estabelecimentos que explorem comercialmente bilhar, sinuca ou congênere ou por casas de jogos, assim entendidas as que realizem apostas, ainda que eventualmente, cuidarão para que não seja permitida a entrada e a permanência de crianças e adolescentes no local, afixando aviso para orientação do público.[1-2]

Art. 80: 1. v. art. 258.

Art. 80: 2. "A atribuição da responsabilidade a terceiro — que teria acompanhado e comprado a bebida para os menores — não elide a responsabilidade do proprietário do estabelecimento pela venda de substância que possa causar dependência, bem como pela permanência em ambiente insalubre, não havendo exceções no ECA nesse sentido. O mesmo se diz da existência de placa com aviso" (RJM 176-177/155).

Seção II | DOS PRODUTOS E SERVIÇOS

Art. 81. É proibida a venda à criança ou ao adolescente de:

I — armas, munições e explosivos;[1]

II — bebidas alcoólicas;[1a]

III — produtos cujos componentes possam causar dependência física ou psíquica ainda que por utilização indevida;[2]

IV — fogos de estampido e de artifício, exceto aqueles que pelo seu reduzido potencial sejam incapazes de provocar[3] qualquer dano físico em caso de utilização indevida;

V — revistas e publicações a que alude o art. 78;[4]

VI — bilhetes lotéricos e equivalentes.

Art. 81: 1. Pena: art. 242.

Art. 81: 1a. v. arts. 243 e 258-C.

Art. 81: 2. v. art. 243.

Art. 81: 3. v. art. 244.

Art. 81: 4. Pena: art. 256.

Art. 82. É proibida a hospedagem de criança ou adolescente em hotel, motel, pensão ou estabelecimento congênere, salvo se autorizado ou acompanhado pelos pais ou responsável.[1]

Art. 82: 1. Pena: art. 250.

Seção III | DA AUTORIZAÇÃO PARA VIAJAR

Art. 83 (redação da Lei 13.812, de 16.3.19). Nenhuma criança ou adolescente menor de 16 (dezesseis) anos poderá viajar para fora da comarca onde reside desacompanhado dos pais ou dos responsáveis sem expressa autorização judicial.[1]

§ 1º A autorização não será exigida quando:

a) (redação da Lei 13.812, de 16.3.19) tratar-se de comarca contígua à da residência da criança ou do adolescente menor de 16 (dezesseis) anos, se na mesma unidade da Federação, ou incluída na mesma região metropolitana;

b) (redação da Lei 13.812, de 16.3.19) a criança ou o adolescente menor de 16 (dezesseis) anos estiver acompanhado:

1) de ascendente ou colateral maior, até o terceiro grau, comprovado documentalmente o parentesco;

2) de pessoa maior, expressamente autorizada pelo pai, mãe ou responsável.

§ 2º A autoridade judiciária poderá, a pedido dos pais ou responsável, conceder autorização válida por dois anos.

Art. 83: 1. Pena: art. 251.

Art. 84. Quando se tratar de viagem ao exterior, a autorização é dispensável, se a criança ou adolescente:[1]

I — estiver acompanhado de ambos os pais ou responsável;

II — viajar na companhia de um dos pais, autorizado expressamente pelo outro através de documento com firma reconhecida.[2]

Art. 84: 1. Res. 131 do CNJ, de 26.5.11 — Dispõe sobre a concessão de autorização de viagem para o exterior de crianças e adolescentes brasileiros: "**Art. 1º** É dispensável autorização judicial para que crianças ou adolescentes brasileiros residentes no Brasil viajem ao exterior, nas seguintes situações: **I** — em companhia de ambos os genitores; **II** — em companhia de um dos genitores, desde que haja autorização do outro, com firma reconhecida; **III** — desacompanhado ou em companhia de terceiros maiores e capazes, designados pelos genitores, desde que haja autorização de ambos os pais, com firma reconhecida".

S/ exigência de firma reconhecida, v. nota seguinte.

Art. 84: 2. Lei 13.726, de 8.10.18 — Racionaliza atos e procedimentos administrativos dos Poderes da União, dos Estados, do Distrito Federal e dos Municípios e institui o Selo de Desburocratização e Simplificação: "**Art. 3º** Na relação dos órgãos e entidades dos Poderes da União, dos Estados, do Distrito Federal e dos Municípios com o cidadão, é dispensada a exigência de: (...) **VI** — apresentação de autorização com firma reconhecida para viagem de menor se os pais estiverem presentes no embarque".

Art. 85. Sem prévia e expressa autorização judicial, nenhuma criança ou adolescente nascido em território nacional poderá sair do País em companhia de estrangeiro residente ou domiciliado no exterior.[1]

Art. 85: 1. Pena: art. 251.

Livro II | PARTE ESPECIAL

Título VI | DO ACESSO À JUSTIÇA

Capítulo I | DISPOSIÇÕES GERAIS

Art. 141. É garantido o acesso de toda criança ou adolescente à Defensoria Pública, ao Ministério Público e ao Poder Judiciário, por qualquer de seus órgãos.

§ 1º A assistência judiciária gratuita será prestada aos que dela necessitarem,[1-1a] através de defensor público ou advogado nomeado.

§ 2º As ações judiciais da competência da Justiça da Infância e da Juventude[2] são isentas de custas e emolumentos,[3] ressalvada a hipótese de litigância de má-fé.

Art. 141: 1. v. art. 111-IV; v. tb. Lei 1.060, de 5.2.50, no CPCLPV, tít. ASSISTÊNCIA JUDICIÁRIA.

Art. 141: 1a. "Para que menores gozem dos benefícios da assistência judiciária gratuita prevista no Estatuto da Criança e do Adolescente, além do requisito da menoridade, exige-se também outro requisito, que é o da necessidade, condição claramente não preenchida pelos menores em causa. A Lei de Custas do Estado de São Paulo (Lei Estadual 11.608, de 29.12.2003, art. 7º) determina a isenção somente no caso de 'jurisdição de menores', que, na

Capital do Estado de São Paulo, é exclusivamente a exercida pelas Varas da Infância e Adolescência, o que não é o caso dos autos" (STJ-3ª T., REsp 945.086, Min. Sidnei Beneti, j. 25.3.08, um voto vencido, DJ 31.3.09).

Art. 141: 2. v. art. 148-IV e V.

Art. 141: 3. "A regra de isenção de custas e emolumentos prevista no § 2º do seu art. 141 se destina às crianças e aos adolescentes quando partes autoras ou rés em demandas movidas perante a Justiça da Infância e da Juventude, não sendo extensíveis a outras pessoas que porventura venham a participar dessas ações. Incabível a concessão da isenção em procedimento de jurisdição voluntária a empresa de fins lucrativos que promove espetáculo musical destinado ao público infantil mediante o pagamento de ingressos, no qual pede, em nome próprio e em seu interesse direto, autorização judicial para que os menores possam comparecer desacompanhados dos pais" (STJ-2ª T., REsp 701.969, Min. Eliana Calmon, j. 21.2.06, DJU 22.3.06). No mesmo sentido: STJ-1ª T., REsp 830.533, Min. Francisco Falcão, j. 20.6.06, DJU 24.8.06.

V. tb. art. 198, nota 2.

> **Art. 142.** Os menores de dezesseis anos serão representados e os maiores de dezesseis e menores de vinte e um anos assistidos por seus pais, tutores ou curadores, na forma da legislação civil[1] ou processual.[2]
>
> **Parágrafo único.** A autoridade judiciária dará curador especial à criança ou adolescente, sempre que os interesses destes colidirem com os de seus pais ou responsável,[3-4] ou quando carecer de representação ou assistência legal ainda que eventual.

Art. 142: 1. v. CC 1.634-V e 1.690, 1.774, 1.781 c/c 1.747-I.

Art. 142: 2. v. CPC 72-I.

Art. 142: 3. cf. CC 1.692.

Art. 142: 4. "Verificado o conflito de interesses entre a criança acolhida e seus genitores, impõe-se a nomeação da Defensoria Pública como curadora especial, nos termos do art. 9º, I, CPC e art. 142, § ún., ECA. A Defensoria Pública, no exercício da curadoria especial, desempenha apenas e tão somente uma função processual de representação do menor em juízo, sem qualquer obstrução às atividades institucionais do Ministério Público, o qual exerce seu mister de representação não apenas em caráter endoprocessual mas sim no interesse de toda sociedade" (STJ-3ª T., REsp 1.378.080, Min. Nancy Andrighi, j. 22.10.13, DJ 28.10.13).

Todavia: "Não se justifica a nomeação de curador especial ao menor, no caso em exame, tendo em vista a inexistência de conflitos de interesses do menor e da sua mãe no procedimento de reavaliação da medida de acolhimento institucional. O Ministério Público é o órgão que se incumbe da defesa dos menores, atuando em caráter protetivo, tornando despicienda a participação de outro órgão, no caso a Defensoria Pública" (STJ-4ª T., AI 1.415.049-AgRg, Min. Isabel Gallotti, j. 8.5.12, DJ 17.5.12).

> **Art. 143.** É vedada a divulgação de atos judiciais, policiais e administrativos que digam respeito a crianças e adolescentes a que se atribua autoria de ato infracional.[1 a 2a]
>
> **Parágrafo único.** Qualquer notícia a respeito do fato não poderá identificar a criança ou adolescente, vedando-se fotografia, referência a nome, apelido, filiação, parentesco, residência e, inclusive, iniciais do nome e sobrenome.[3]

Art. 143: 1. v. art. 206-*caput*, e Lei 12.594, de 18.1.12, arts. 38, 39 e 57 § 1º. V. tb. CF 5º-LX e CPC 189.

Art. 143: 2. Pena: art. 247.

Art. 143: 2a. "Responsabilidade civil. Imprensa. Notícia publicada em jornal e programa de televisão apresentando o nome e a imagem de menor morto com atribuição da autoria de ato infracional. Fato vedado e tipificado como crime pelo Estatuto da Criança e do Adolescente (ECA). Princípio da proteção integral como exceção ao princípio da liberdade de informação. Obrigação de indenizar" (STJ-3ª T., REsp 1.354.696-AgRg, Min. Paulo Sanseverino, j. 23.10.14, DJ 31.10.14).

"Divulgação de imagem de adolescente em reportagem jornalística. Prática de ato infracional. Dano moral. Configurado. ECA e Convenção sobre Direitos da Criança. Princípio da proteção integral dos menores. Prioridade absoluta. Independente do grau da reprovabilidade da conduta do menor, o ordenamento jurídico veda a divulgação de imagem de adolescentes a quem se atribua a autoria de ato infracional, de modo a preservar a sensível e peculiar condição de pessoa em desenvolvimento" (STJ-3ª T., REsp 1.442.083, Min. Nancy Andrighi, j. 21.9.17, DJ 2.10.17)".

V. tb. art. 17, nota 1, e CC 20, nota 3.

Art. 143: 3. Redação de acordo com a Lei 10.764, de 12.11.03 (DOU 13.11.03).

Art. 144. A expedição de cópia ou certidão de atos a que se refere o artigo anterior somente será deferida pela autoridade judiciária competente, se demonstrado o interesse e justificada a finalidade.¹

Art. 144: 1. v. Lei 12.594, de 18.1.12, arts. 38, 39 e 57 § 1º.

Capítulo II | DA JUSTIÇA DA INFÂNCIA E DA JUVENTUDE

Seção I | DISPOSIÇÕES GERAIS

Art. 145. Os Estados e o Distrito Federal poderão criar varas especializadas e exclusivas da infância e da juventude,¹ cabendo ao Poder Judiciário estabelecer sua proporcionalidade por número de habitantes, dotá-las de infraestrutura e dispor sobre o atendimento, inclusive em plantões.

Art. 145: 1. v. art. 148, nota 2.

Seção II | DO JUIZ

Art. 146. A autoridade a que se refere esta lei é o Juiz da Infância e da Juventude, ou o juiz que exerce essa função, na forma da Lei de Organização Judiciária local.¹

Art. 146: 1. v. Lei 12.594, de 18.1.12, art. 36.

Art. 147. A competência¹⁻¹ᵃ será determinada:

I — pelo domicílio dos pais ou responsável;¹ᵇ

II — pelo lugar onde se encontre a criança ou adolescente, à falta dos pais ou responsável.

§ 1º Nos casos de ato infracional,² será competente a autoridade do lugar da ação ou omissão, observadas as regras de conexão, continência e prevenção.

§ 2º A execução das medidas poderá ser delegada à autoridade competente da residência dos pais ou responsável, ou do local onde sediar-se a entidade que abrigar a criança ou adolescente.²ᵃ

§ 3º Em caso de infração cometida através de transmissão simultânea de rádio ou televisão, que atinja mais de uma comarca, será competente, para aplicação da penalidade, a autoridade judiciária do local da sede estadual da emissora ou rede, tendo a sentença eficácia para todas as transmissoras ou retransmissoras do respectivo Estado.³

Art. 147: 1. também do Conselho Tutelar (v. art. 138).

Art. 147: 1a. "**Guarda de menor.** A competência para dirimir as questões referentes ao menor é a do foro do domicílio de quem já exerce a guarda, na linha do que dispõe o art. 147, I, do ECA" (STJ-2ª Seção, CC 43.322, rel. Min. Barros Monteiro, j. 9.3.05, v.u., DJU 9.5.05, p. 291).

Guarda exercida pelos pais. "Disputa pelo pai e mãe. Em caso de disputa do menor por seus pais, não sendo possível definir-se a competência de juízo em face do pátrio poder, já que exercido por ambos, cabe lançar-se mão do domicílio daquele que lhe tem a guarda, para fins de determinação dessa competência" (RSTJ 114/187, STJ-RJ 251/71, STJ-RT 758/151).

Guarda exercida por terceiro. "Prevalece o foro do domicílio de quem já exerce a guarda do menor, tratando-se de pretensão de alterá-la. Prevalece esse foro ainda que se trate de responsável, e não de guarda exercida pelos pais (pela mãe, que pretende exercê-la)" (RSTJ 117/311).

Prevalência dos interesses do menor. "A fixação da competência, nas ações que versem sobre guarda de menor, deve atender de maneira ótima aos interesses deste" (STJ-2ª Seção, CC 36.933, Min. Nancy Andrighi, j. 26.2.03, DJU 19.5.03).

V. tb., no CPCLPV, CPC 53, nota 7.

Art. 147: 1b. "A partir da interpretação do art. 149, § 2º, do ECA, conclui-se ser expressamente vedada a concessão de autorização judicial ampla, geral e irrestrita, para que o adolescente participe de espetáculos públicos até que atinja a sua maioridade civil, ainda que se faça acompanhar por seus pais ou responsáveis. Da regra do art. 149, § 2º, do ECA, todavia, não se extrai a conclusão jurídica dada pela sentença e pelo acórdão recorrido à hipótese, no sentido de que seria necessário ao adolescente que pretenda participar de espetáculos públicos formular pedidos individuais, a serem examinados e decididos em cada comarca em que ocorrerá a respectiva apresentação. É admissível que o juízo da comarca do domicílio do adolescente, competente em virtude da regra do art. 147 do ECA, ao julgar o pedido de autorização judicial de participação em espetáculo público, que estabeleça previamente diretrizes mínimas para a participação do adolescente em atividade que se desenvolve de maneira contínua, fixando, após a oitiva dos pais e do Ministério Público, os parâmetros adequados para a realização da atividade profissional pela pessoa em formação. Além da regra impositiva do art. 147 do ECA, a fixação da competência do juízo da comarca do domicílio do adolescente para a concessão de autorização judicial que permita a apresentação em espetáculos públicos decorre da proximidade e do conhecimento existente entre o juízo e a entidade familiar e da necessidade de fixação de critérios uniformes para a concessão da autorização. O hipotético prejuízo decorrente da concentração da competência do juízo da comarca do domicílio do adolescente para autorizar a participação em espetáculos públicos, em especial em comarcas distintas, pode ser drasticamente reduzido, até mesmo eliminado, mediante o uso adequado do instituto da cooperação judiciária nacional (arts. 67 a 69, do CPC/15), que permite, de maneira simplificada e pela via do auxílio direto, o cumprimento de providências e o atendimento de solicitações entre juízos distintos" (STJ-3ª T., REsp 1.947.740, Min. Nancy Andrighi, j. 5.10.21, DJ 8.10.21).

Art. 147: 2. v. art. 103.

Art. 147: 2a. "Ao contrário do que ocorre com a execução de medidas socioeducativas definitivas, relativamente às quais o juízo competente para a execução, mesmo que no exercício de competência delegada (art. 147, § 2º, do ECA), pode, preenchidos os requisitos, determinar a regressão do adolescente para medida mais gravosa, o descumprimento de eventual condição de **remissão** imprópria implica a necessidade de se avaliar a conveniência, ou não, de dar prosseguimento à apuração do ato infracional. Sendo assim, em caso de remissão imprópria, ainda que o único endereço presente nos autos indique que o infrator reside em outra Comarca, a delegação a que se refere o art. 147, § 2º, do ECA não prevalece sobre a competência do juízo do local dos fatos quando o adolescente nem sequer é localizado para dar início à execução da medida, revelando estar em local incerto e não sabido. Realizada a delegação de que trata o art. 147, § 2º, do ECA, caso o reeducando não seja localizado para o cumprimento de medida socioeducativa de liberdade assistida aplicada cumulativamente à remissão, cabe ao juízo delegatário, frustradas as diligências de praxe no intuito de localizar o infrator, devolver os autos ao **juízo do local da prática do ato infracional,** para que este, único competente para processar e julgar o ato infracional (art. 147, § 1º, do ECA), delibere sobre eventual **revogação do benefício,** com subsequente prosseguimento da ação infracional" (STJ-3ª Seção, CC 160.215, Min. Laurita Vaz, j. 26.9.18, DJ 9.10.18).

Art. 147: 3. "A regra contida no art. 147, § 3º, expressamente delimita sua aplicação para as hipóteses de 'infração cometida através de transmissão simultânea de rádio ou televisão', **não abrangendo** os casos de infração em **periódico de circulação nacional.** A interpretação das regras de competência para apreciar a imposição de penalidade administrativa por infração ao ECA deve se orientar pela ampla proteção dos direitos do menor, e não em benefício da empresa infratora" (STJ-2ª T., REsp 1.171.367, Min. Herman Benjamin, j. 16.11.10, DJ 4.2.11).

Art. 148. A Justiça da Infância e da Juventude é competente para:[1 a 2a]

I — conhecer de representações promovidas pelo Ministério Público, para apuração de ato infracional atribuído a adolescente, aplicando as medidas cabíveis;

II — conceder a remissão,[3] como forma de suspensão ou extinção do processo;

III — conhecer de pedidos de adoção[4] e seus incidentes;

IV — conhecer de ações civis fundadas em interesses individuais, difusos ou coletivos, afetos à criança e ao adolescente, observado o disposto no art. 209;[5-5a]

V — conhecer de ações decorrentes de irregularidades em entidades de atendimento,[6] aplicando as medidas cabíveis;

VI — aplicar penalidades administrativas nos casos de infrações contra norma de proteção[7] a crianças ou adolescentes;

VII — conhecer de casos encaminhados pelo Conselho Tutelar,[8] aplicando as medidas cabíveis.

Parágrafo único. Quando se tratar de criança ou adolescente nas hipóteses do art. 98, é também competente a Justiça da Infância e da Juventude para o fim de:

a) conhecer de pedidos de guarda[9] e tutela;[10]

b) (redação da Lei 12.010, de 3.8.09) conhecer de ações de destituição do poder familiar,[11] perda ou modificação da tutela[12] ou guarda;[13]

c) suprir a capacidade ou o consentimento para o casamento;[14]

d) (redação da Lei 12.010, de 3.8.09) conhecer de pedidos baseados em discordância paterna ou materna, em relação ao exercício do poder familiar;[15]

e) conceder a emancipação, nos termos da lei civil,[16] quando faltarem os pais;

f) designar curador especial em casos de apresentação de queixa ou representação, ou de outros procedimentos judiciais ou extrajudiciais em que haja interesses de criança ou adolescente;[16a]

g) conhecer de ações de alimentos;[17]

h) determinar o cancelamento, a retificação e o suprimento dos registros de nascimento e óbito.[18]

Art. 148: 1. v. tb. arts. 149 (competência em matéria administrativa), 198 e 199 (recursos), 141 § 2º (custas), 141 § 1º (assistência judiciária).

Art. 148: 2. "Hipótese que a lei estadual ampliou o rol de competência do Juizado da Infância e da Juventude, previsto, *numerus clausus*, no art. 148 do ECA, para incluir o processamento e julgamento de feitos criminais praticados por réu maior de idade contra vítimas crianças ou adolescentes. Ainda que o Tribunal possa criar Vara da Infância e da Juventude, como prevê o art. 145 do ECA, não pode lhe atribuir competência fora das hipóteses definidas na referida legislação. Ordem concedida para que sejam reformadas as decisões ordinárias, anulando-se os processos-crimes originários desde o recebimento da denúncia, e como consequência, que seja determinado o encaminhamento dos autos a um dos juízos criminais competentes" (STJ-5ª T., HC 216.112, Min. Gilson Dipp, j. 28.8.12, DJ 5.9.12).

Art. 148: 2a. v. art. 201-X.

Art. 148: 3. v. art. 126 § ún.

Art. 148: 4. v. arts. 39 a 52.

Art. 148: 5. v. arts. 208 a 224.

Art. 148: 5a. "Os arts. 148 e 209 do ECA não excepcionam a competência da Justiça da Infância e do Adolescente, ressalvadas aquelas estabelecidas constitucionalmente, quais sejam, da Justiça Federal e de competência originária. Trata-se, *in casu*, indubitavelmente, de interesse de cunho individual, contudo, de expressão para a coletividade, pois vinculado ao direito fundamental à educação (art. 227, *caput*, da CF), que materializa, consequentemente, a dignidade da pessoa humana. A disponibilidade (relativa) do interesse a que se visa tutelar por meio do mandado de segurança não é capaz de afastar, por si só, a competência da Vara da Infância e da Juventude, destinada a assegurar a integral proteção a especiais sujeitos de direito, sendo, portanto, de natureza absoluta para processar e julgar feitos que versam acerca de direitos e interesses concernentes às crianças e aos adolescentes" (STJ-1ª T., REsp 1.233.422, Min. Arnaldo Esteves, j. 18.8.11, DJ 24.8.11). Em sentido semelhante: STJ-2ª T., REsp 1.251.578, Min. Herman Benjamin, j. 20.9.12, DJ 10.10.12.

"Conflito negativo de competência. Juízo da Vara da Infância, da Adolescência e do Idoso da Comarca de Campo Grande/MS e Juízo de Direito da 3ª Vara de Fazenda Pública e Registros Públicos da Comarca de Campo Grande/MS. A Justiça da Infância e da Juventude tem competência absoluta para processar e julgar causas envolvendo matrícula de menores em creches ou escolas, nos termos dos arts. 148, IV, e 209 da Lei 8.069/90" (STJ-1ª Seção, REsp 1.846.781, Min. Assusete Magalhães, j. 10.2.21, DJ 29.3.21).

"O Estatuto da Criança e Adolescente é *lex specialis* e prevalece sobre a regra geral de competência das Varas de Fazenda Pública, quando o feito envolver ação civil pública em favor da criança ou adolescente, na qual se pleiteia acesso às ações ou serviços de saúde, independentemente de a criança ou o adolescente estar em situação de abandono ou risco" (STJ-2ª T., REsp 1.486.219, Min. Herman Benjamin, j. 25.11.14, DJ 4.12.14).

Art. 148: 6. v. art. 97.

Art. 148: 7. v. arts. 98 a 102.

Art. 148: 8. v. art. 136-V.

Art. 148: 9. v. arts. 33 a 35.

Art. 148: 10. v. arts. 36 a 38.

Art. 148: 11. v. arts. 155 a 163.

Art. 148: 12. v. arts. 164 e 38.

Art. 148: 13. v. art. 35.

Art. 148: 14. v. CC 1.553 c/c CPC 719.

Art. 148: 15. v. art. 21.

Art. 148: 16. v. CC 5º § ún.-I, LRP 29-IV, 89 a 91, 13 § 2º.

Art. 148: 16a. "Já atuando o Ministério Público no processo como *custos legis* não ocorre necessidade da intervenção obrigatória do defensor público para a mesma função. O art. 9º, I, do CPC, dirige-se especificamente à capacidade processual das partes e dos procuradores. Dessa forma, a nomeação de curador especial ao incapaz só ocorre, de forma obrigatória, quando este figurar como parte, não na generalidade de casos que lidem com crianças ou adolescentes, sem ser na posição processual de partes, ainda que se aleguem fatos graves relativamente a eles" (STJ-3ª T., REsp 1.177.636, Min. Sidnei Beneti, j. 18.10.11, um voto vencido, DJ 27.9.12).

"Não há previsão legal para intervenção obrigatória da Defensoria Pública, como curadora especial, sob a invocação do disposto nos arts. 9º, I, do CPC, e 148, parágrafo único, letra f, do ECA. Embora a Lei Complementar n. 80/1994 estipule ser função institucional da Defensoria Pública exercer a curadoria especial nos casos previstos em lei, não é possível à instituição ser nomeada como curadora especial em processo instaurado de ofício por ela, em que não é parte criança ou adolescente" (STJ-2ª Seção, REsp 1.296.155, Min. Luis Felipe, j. 26.6.13, maioria, DJ 20.3.14).

Art. 148: 17. v. Lei 5.478, de 25.7.68, no tít. ALIMENTOS; CC 1.694 a 1.710.

Art. 148: 18. v. LRP 109 a 113.

Art. 149. Compete à autoridade judiciária disciplinar, através de portaria, ou autorizar, mediante alvará:[1 a 2a]

I — a entrada e permanência de criança ou adolescente, desacompanhado dos pais ou responsável, em:

a) estádio, ginásio e campo desportivo;

b) bailes ou promoções dançantes;

c) boate ou congêneres;

d) casa que explore comercialmente diversões eletrônicas;

e) estúdios cinematográficos, de teatro, rádio e televisão;

II — a participação de criança e adolescente em:

a) espetáculos públicos e seus ensaios;

b) certames de beleza.

§ 1º Para os fins do disposto neste artigo, a autoridade judiciária levará em conta, dentre outros fatores:

a) os princípios desta lei;
b) as peculiaridades locais;
c) a existência de instalações adequadas;
d) o tipo de frequência habitual ao local;
e) a adequação do ambiente a eventual participação ou frequência de crianças e adolescentes;
f) a natureza do espetáculo.

§ 2º As medidas adotadas na conformidade deste artigo deverão ser fundamentadas, caso a caso, vedadas as determinações de caráter geral.[3]

Art. 149: 1. s/ recurso, v. art. 199.

Art. 149: 1a. Pena pela infração do art. 149: art. 258.

Art. 149: 2. "Ao contrário do regime estabelecido pelo revogado Código de Menores (Lei 6.697/79), que atribuía à autoridade judiciária competência para, mediante portaria ou provimento, editar normas 'de ordem geral, que, ao seu prudente arbítrio, se demonstrarem necessárias à assistência, proteção e vigilância ao menor' (art. 8º), atualmente é bem mais restrito esse domínio normativo. Nos termos do art. 149 do Estatuto da Criança e do Adolescente (Lei 8.069/90), a autoridade judiciária pode disciplinar, por portaria, 'a entrada e permanência de criança ou adolescente, desacompanhada dos pais ou responsável' nos locais e eventos discriminados no inciso I, devendo essas medidas 'ser fundamentadas, caso a caso, vedadas as determinações de caráter geral' (§ 2º). É evidente, portanto, o propósito do legislador de, por um lado, enfatizar a responsabilidade dos pais de, no exercício do seu poder familiar, zelar pela guarda e proteção dos menores em suas atividades do dia a dia, e, por outro, preservar a competência do Poder Legislativo na edição de normas de conduta de caráter geral e abstrato" (STJ-1ª T., REsp 1.292.143, Min. Teori Zavascki, j. 21.6.12, um voto vencido, RT 926/665, com comentário de Richard Pae Kim).

Art. 149: 2a. "A simples autorização ou presença dos pais, prevista no art. 149, I, do ECA, é suficiente apenas nos casos em que a criança ou o adolescente são espectadores. Quando existe a participação como atores ou figurantes, aplica-se o inciso II do citado dispositivo legal" (STJ-2ª T., AI 486.062-AgRg, Min. Herman Benjamin, j. 19.3.09, DJ 20.4.09).

Art. 149: 3. v. art. 147, nota 1b.

Seção III | DOS SERVIÇOS AUXILIARES[1]

SEÇ. III: 1. Conforme retificação no DOU 27.9.90.

Art. 150. Cabe ao Poder Judiciário, na elaboração de sua proposta orçamentária, prever recursos para manutenção de equipe interprofissional, destinada a assessorar a Justiça da Infância e da Juventude.

Art. 151. Compete à equipe interprofissional, dentre outras atribuições que lhe forem reservadas pela legislação local, fornecer subsídios por escrito, mediante laudos, ou verbalmente, na audiência, e bem assim desenvolver trabalhos de aconselhamento, orientação, encaminhamento, prevenção e outros, tudo sob a imediata subordinação à autoridade judiciária,[1] assegurada a livre manifestação do ponto de vista técnico.

Parágrafo único (acrescido pela Lei 13.509, de 22.11.17). Na ausência ou insuficiência de servidores públicos integrantes do Poder Judiciário responsáveis pela realização dos estudos psicossociais ou de quaisquer outras espécies de avaliações técnicas exigidas por esta Lei ou por determinação judicial, a autoridade judiciária poderá proceder à nomeação de perito, nos termos do art. 156 da Lei n. 13.105, de 16 de março de 2015 (Código de Processo Civil).

Art. 151: 1. "O Núcleo de Perícias é serviço auxiliar do Poder Judiciário, e, como tal, deve atuar, sempre, 'sob a imediata subordinação à autoridade judiciária', como exige o art. 151 do ECA, prestando-lhe apoio, quando e como determinado pelo juiz, nos processos em trâmite. Tratando-se de órgão de assessoramento técnico, instituído e organizado pelo Tribunal de Justiça, não é razoável permitir que dele se valha o Ministério Público, em procedimento de caráter meramente administrativo e preparatório, especialmente quando, de outro lado, tal providência acarreta evidente assoberbamento do serviço de apoio e, em consequência, o atraso irremediável na entrega da prestação jurisdicional nos processos em que dele se necessita. No particular, inclusive, os elementos trazidos pelo órgão ministerial para justificar o requerimento são, por si sós, suficientes para revelar uma situação de perigo, consubstanciada em suposto abuso sexual de menor, a exigir a intervenção precoce e imediata da autoridade competente, a teor do que dispõe o art. 100, VI, do ECA, propondo-se, desde logo, a ação pertinente. Ademais, a preocupação de evitar que o menor, em juízo, seja outra vez provocado a falar sobre acontecimentos que lhe causam constrangimento e dor, ou submetido, novamente, à exposição da situação traumatizante, impõe que a realização de tais perícias, em regra, se dê sob o crivo do contraditório, poupando-o da revitimização e oportunizando-lhe o difícil esquecimento dos fatos" (STJ-3ª T., REsp 1.295.020, Min. Nancy Andrighi, j. 20.5.14, DJ 2.6.14).

Capítulo III | DOS PROCEDIMENTOS

Seção I | DISPOSIÇÕES GERAIS

Art. 152. Aos procedimentos regulados nesta lei aplicam-se subsidiariamente as normas gerais previstas na legislação processual pertinente.[1-2]

§ 1º (*renumerado pela Lei 13.509, de 22.11.17*) É assegurada, sob pena de responsabilidade, prioridade absoluta na tramitação dos processos e procedimentos previstos nesta Lei, assim como na execução dos atos e diligências judiciais a eles referentes.

§ 2º (*acrescido pela Lei 13.509, de 22.11.17*) Os prazos estabelecidos nesta Lei e aplicáveis aos seus procedimentos são contados em dias corridos, excluído o dia do começo e incluído o dia do vencimento, vedado o prazo em dobro para a Fazenda Pública e o Ministério Público.

Art. 152: 1. s/ garantias processuais do adolescente, v. arts. 110 e 111.

Art. 152: 2. "No que concerne aos procedimentos afetos ao ECA, os formalismos processuais são relativizados, eis que o escopo principal, tutelado por esse diploma legal, é o interesse do menor" (RJM 166/168; ementa da redação).

Art. 153. Se a medida judicial a ser adotada não corresponder a procedimento previsto nesta ou em outra lei, a autoridade judiciária poderá investigar os fatos e ordenar de ofício as providências necessárias, ouvido o Ministério Público.

Parágrafo único (*redação da Lei 12.010, de 3.8.09*). O disposto neste artigo não se aplica para o fim de afastamento da criança ou do adolescente de sua família de origem e em outros procedimentos necessariamente contenciosos.

Art. 154. Aplica-se às multas o disposto no art. 214.

Seção II | DA PERDA E DA SUSPENSÃO DO PODER FAMILIAR[1-2]

SEÇ. II: 1. Redação da Seç. II de acordo com a Lei 12.010, de 3.8.09.
SEÇ. II: 2. v. CC 1.637 e 1.638.

Art. 155 (*redação da Lei 12.010, de 3.8.09*). O procedimento para a perda ou a suspensão do poder familiar terá início por provocação do Ministério Público ou de quem tenha legítimo interesse.[1 a 3]

Art. 155: 1. v. arts. 23 e 24, 136-XI e 141.

Art. 155: 2. "A ação de destituição do poder familiar, movida pelo Ministério Público, prescinde da obrigatória e automática intervenção da Defensoria Pública como curadora especial. 'Somente se justifica a nomeação de **curador especial** quando colidentes os interesses dos incapazes e os de seu representante legal' (REsp 114.310). 'Suficiente a rede protetiva dos interesses da criança e do adolescente em Juízo, não há razão para que se acresça a obrigatória atuação da Defensoria Pública' (REsp 1.177.636)" (STJ-3ª T., AI 1.369.745-AgRg, Min. Paulo Sanseverino, j. 10.4.12, DJ 16.4.12). No mesmo sentido: STJ-4ª T., REsp 1.176.512, Min. Isabel Gallotti, j. 28.8.12, DJ 5.9.12.

Súmula 22 do TJRS: "Nas ações de destituição/suspensão do pátrio poder, promovidas pelo Ministério Público, não é necessária a nomeação de curador especial ao menor".

Art. 155: 3. "O legislador não definiu quem teria, em tese, o 'legítimo interesse' para pleitear a medida, tampouco fixou requisitos estanques para a legitimação ativa, tratando-se de efetivo conceito jurídico indeterminado. A omissão, longe de ser considerada um esquecimento ou displicência, constitui uma consciente opção legislativa derivada do sistema normativo protetivo estatuído pelo Estatuto da Criança e do Adolescente, que tem como baliza central os princípios do melhor interesse da criança e da proteção integral. Eventuais limitações e recrudescimento aos procedimentos de proteção e garantia de direitos previstos no ECA são evitados para abarcar, na prática, um maior número de hipóteses benéficas aos seus destinatários. A **existência de vínculo familiar ou de parentesco** não constitui requisito para a legitimidade ativa do interessado na requisição da medida de perda ou suspensão do poder familiar, devendo a aferição do legítimo interesse ocorrer na análise do caso concreto, a fim de se perquirir acerca do vínculo pessoal do sujeito ativo com o menor em estado de vulnerabilidade" (STJ-4ª T., REsp 1.203.968, Min. Marco Buzzi, j. 10.10.19, DJ 23.10.19).

"Deve ser concedido ao **padrasto** — legitimado ativamente e detentor de interesse de agir — o direito de postular em juízo a destituição do poder familiar — pressuposto lógico da medida principal de adoção por ele requerida — em face do pai biológico, em procedimento contraditório, consonante o que prevê o art. 169 do ECA" (STJ-RBDFS 19/100: 3ª T., REsp 1.106.637, com comentário de Tânia da Silva Pereira).

Art. 156. A petição inicial indicará:

I — a autoridade judiciária a que for dirigida;

II — o nome, o estado civil, a profissão e a residência do requerente e do requerido, dispensada a qualificação em se tratando de pedido formulado por representante do Ministério Público;

III — a exposição sumária do fato e o pedido;

IV — as provas que serão produzidas, oferecendo, desde logo, o rol de testemunhas e documentos.

Art. 157 (redação da Lei 12.010, de 3.8.09). Havendo motivo grave, poderá a autoridade judiciária, ouvido o Ministério Público, decretar a suspensão do poder familiar, liminar ou incidentalmente, até o julgamento definitivo da causa, ficando a criança ou adolescente confiado a pessoa idônea, mediante termo de responsabilidade.[1]

§ 1º (acrescido pela Lei 13.509, de 22.11.17) Recebida a petição inicial, a autoridade judiciária determinará, concomitantemente ao despacho de citação e independentemente de requerimento do interessado, a realização de estudo social ou perícia por equipe interprofissional ou multidisciplinar para comprovar a presença de uma das causas de suspensão ou destituição do poder familiar, ressalvado o disposto no § 10 do art. 101 desta Lei, e observada a Lei n. 13.431, de 4 de abril de 2017.

§ 2º (acrescido pela Lei 13.509, de 22.11.17) Em sendo os pais oriundos de comunidades indígenas, é ainda obrigatória a intervenção, junto à equipe interprofissional ou multidisciplinar referida no § 1º deste artigo, de representantes do órgão federal responsável pela política indigenista, observado o disposto no § 6º do art. 28 desta Lei.

§ 3º (*redação da Lei 14.340, de 18.5.22*) A concessão da liminar será, preferencialmente, precedida de entrevista da criança ou do adolescente perante equipe multidisciplinar e de oitiva da outra parte, nos termos da Lei n. 13.431, de 4 de abril de 2017.

§ 4º (*redação da Lei 14.340, de 18.5.22*) Se houver indícios de ato de violação de direitos de criança ou de adolescente, o juiz comunicará o fato ao Ministério Público e encaminhará os documentos pertinentes.

Art. 157: 1. v. arts. 33 § 2º, 167 e 32.

Art. 158. O requerido[1] será citado para, no prazo de dez dias, oferecer resposta escrita, indicando as provas a serem produzidas e oferecendo desde logo o rol de testemunhas e documentos.

§ 1º (*redação da Lei 12.962, de 8.4.14*) A citação será pessoal, salvo se esgotados todos os meios para sua realização.

§ 2º (*redação da Lei 12.962, de 8.4.14*) O requerido privado de liberdade deverá ser citado pessoalmente.

§ 3º (*acrescido pela Lei 13.509, de 22.11.17*) Quando, por 2 (duas) vezes, o oficial de justiça houver procurado o citando em seu domicílio ou residência sem o encontrar, deverá, havendo suspeita de ocultação, informar qualquer pessoa da família ou, em sua falta, qualquer vizinho do dia útil em que voltará a fim de efetuar a citação, na hora que designar, nos termos do art. 252 e seguintes da Lei n. 13.105, de 16 de março de 2015 (Código de Processo Civil).

§ 4º (*acrescido pela Lei 13.509, de 22.11.17*) Na hipótese de os genitores encontrarem-se em local incerto ou não sabido, serão citados por edital no prazo de 10 (dez) dias, em publicação única, dispensado o envio de ofícios para a localização.

Art. 158: 1. "O **pretenso genitor biológico** que não foi indicado como tal no registro civil do menor, porque era absolutamente desconhecido ao tempo de seu nascimento, não poderia ser réu de ação de destituição de poder familiar, pois não mantinha, ao tempo do ajuizamento da referida ação, nenhuma relação jurídica de poder familiar em relação ao menor" (STJ-3ª T., REsp 1.819.860, Min. Nancy Andrighi, j. 1.9.20, DJ 9.9.20).

Art. 159. Se o requerido não tiver possibilidade de constituir advogado, sem prejuízo do próprio sustento e de sua família, poderá requerer, em cartório, que lhe seja nomeado dativo, ao qual incumbirá a apresentação de resposta, contando-se o prazo a partir da intimação do despacho de nomeação.

Parágrafo único. (*redação da Lei 12.962, de 8.4.14*) Na hipótese de requerido privado de liberdade, o oficial de justiça deverá perguntar, no momento da citação pessoal, se deseja que lhe seja nomeado defensor.

Art. 160. Sendo necessário, a autoridade judiciária requisitará de qualquer repartição ou órgão público a apresentação de documento que interesse à causa, de ofício ou a requerimento das partes ou do Ministério Público.

Art. 161 (*redação da Lei 13.509, de 22.11.17*). Se não for contestado o pedido e tiver sido concluído o estudo social ou a perícia realizada por equipe interprofissional[1] ou multidisciplinar, a autoridade judiciária dará vista dos autos ao Ministério Público, por 5 (cinco) dias, salvo quando este for o requerente, e decidirá em igual prazo.

§ 1º (*redação da Lei 13.509, de 22.11.17*) A autoridade judiciária, de ofício ou a requerimento das partes ou do Ministério Público, determinará a oitiva de testemunhas que comprovem a presença de uma das causas de suspensão ou destituição do poder familiar previstas nos arts. 1.637 e 1.638 da Lei n. 10.406, de 10 de janeiro de 2002 (Código Civil), ou no art. 24 desta Lei.

§ 2º (*revogado pela Lei 13.509, de 22.11.17*).

§ 3º (*redação da Lei 12.010, de 3.8.09*) Se o pedido importar em modificação de guarda, será obrigatória, desde que possível e razoável, a oitiva da criança ou adolescente, respeitado seu estágio de desenvolvimento e grau de compreensão sobre as implicações da medida.

§ 4º (*redação da Lei 13.509, de 22.11.17*) É obrigatória a oitiva dos pais sempre que eles forem identificados e estiverem em local conhecido, ressalvados os casos de não comparecimento perante a Justiça quando devidamente citados.

§ 5º (*redação da Lei 12.962, de 8.4.14*) Se o pai ou a mãe estiverem privados de liberdade, a autoridade judicial requisitará sua apresentação para a oitiva.

Art. 161: 1. v. art. 151.

Art. 162. Apresentada a resposta, a autoridade judiciária dará vista dos autos ao Ministério Público, por cinco dias, salvo quando este for o requerente, designando, desde logo, audiência de instrução e julgamento.

§ 1º (*revogado pela Lei 13.509, de 22.11.17*).

§ 2º (*redação da Lei 13.509, de 22.11.17*) Na audiência, presentes as partes e o Ministério Público, serão ouvidas as testemunhas, colhendo-se oralmente o parecer técnico, salvo quando apresentado por escrito, manifestando-se sucessivamente o requerente, o requerido e o Ministério Público, pelo tempo de 20 (vinte) minutos cada um, prorrogável por mais 10 (dez) minutos.

§ 3º (*acrescido pela Lei 13.509, de 22.11.17*) A decisão será proferida na audiência,[1] podendo a autoridade judiciária, excepcionalmente, designar data para sua leitura no prazo máximo de 5 (cinco) dias.

§ 4º (*acrescido pela Lei 13.509, de 22.11.17*) Quando o procedimento de destituição de poder familiar for iniciado pelo Ministério Público, não haverá necessidade de nomeação de curador especial em favor da criança ou adolescente.

Art. 162: 1. s/ recurso, v. art. 198.

Art. 163 (*redação da Lei 13.509, de 22.11.17*). O prazo máximo para conclusão do procedimento será de 120 (cento e vinte) dias, e caberá ao juiz, no caso de notória inviabilidade de manutenção do poder familiar, dirigir esforços para preparar a criança ou o adolescente com vistas à colocação em família substituta.

Parágrafo único (*redação da Lei 12.010, de 3.8.09*). A sentença que decretar a perda ou a suspensão do poder familiar será averbada à margem do registro de nascimento da criança ou do adolescente.

Seção III | DA DESTITUIÇÃO DA TUTELA[1]

SEÇ. III: 1. v. CC 1.764-III, 1.766.

Art. 164. Na destituição da tutela,[1] observar-se-á o procedimento para a remoção de tutor previsto na lei processual civil[2] e, no que couber, o disposto na seção anterior.

Art. 164: 1. v. art. 38.
Art. 164: 2. v. CPC 761 a 763.

Seção IV | DA COLOCAÇÃO EM FAMÍLIA SUBSTITUTA

Art. 165. São requisitos para a concessão de pedidos de colocação em família substituta:[1]

I — qualificação completa do requerente e de seu eventual cônjuge, ou companheiro, com expressa anuência deste;

II — indicação de eventual parentesco do requerente e de seu cônjuge, ou companheiro, com a criança ou adolescente, especificando se tem ou não parente vivo;

III — qualificação completa da criança ou adolescente e de seus pais, se conhecidos;

IV — indicação do cartório onde foi inscrito o nascimento,[2] anexando, se possível, uma cópia da respectiva certidão;

V — declaração sobre a existência de bens, direitos ou rendimentos relativos à criança ou ao adolescente.

Parágrafo único. Em se tratando de adoção,[3] observar-se-ão também os requisitos específicos.

Art. 165: 1. v. arts. 28 a 52.

Art. 165: 2. No texto oficial, está "inscrito nascimento".

Art. 165: 3. v. arts. 39 a 52.

Art. 166 (*redação da Lei 12.010, de 3.8.09*). Se os pais forem falecidos, tiverem sido destituídos ou suspensos do poder familiar, ou houverem aderido expressamente ao pedido de colocação em família substituta, este poderá ser formulado diretamente em cartório, em petição assinada pelos próprios requerentes, dispensada a assistência de advogado.

§ 1º (*redação da Lei 13.509, de 22.11.17*) Na hipótese de concordância dos pais, o juiz:

I (*acrescido pela Lei 13.509, de 22.11.17*) — na presença do Ministério Público, ouvirá as partes, devidamente assistidas por advogado ou por defensor público, para verificar sua concordância com a adoção, no prazo máximo de 10 (dez) dias, contado da data do protocolo da petição ou da entrega da criança em juízo, tomando por termo as declarações; e

II (*acrescido pela Lei 13.509, de 22.11.17*) — declarará a extinção do poder familiar.

§ 2º (*redação da Lei 12.010, de 3.8.09*) O consentimento dos titulares do poder familiar será precedido de orientações e esclarecimentos prestados pela equipe interprofissional da Justiça da Infância e da Juventude, em especial, no caso de adoção, sobre a irrevogabilidade da medida.

§ 3º (*redação da Lei 13.509, de 22.11.17*) São garantidos a livre manifestação de vontade dos detentores do poder familiar e o direito ao sigilo das informações.

§ 4º (*redação da Lei 13.509, de 22.11.17*) O consentimento prestado por escrito não terá validade se não for ratificado na audiência a que se refere o § 1º deste artigo.

§ 5º (*redação da Lei 13.509, de 22.11.17*) O consentimento é retratável até a data da realização da audiência especificada no § 1º deste artigo, e os pais podem exercer o arrependimento no prazo de 10 (dez) dias, contado da data de prolação da sentença de extinção do poder familiar.

§ 6º (*redação da Lei 12.010, de 3.8.09*) O consentimento somente terá valor se for dado após o nascimento da criança.

§ 7º (*redação da Lei 13.509, de 22.11.17*) A família natural e a família substituta receberão a devida orientação por intermédio de equipe técnica interprofissional a serviço da Justiça da Infância e da Juventude, preferencialmente com apoio dos técnicos responsáveis pela execução da política municipal de garantia do direito à convivência familiar.

Art. 167. A autoridade judiciária, de ofício ou a requerimento das partes ou do Ministério Público, determinará a realização de estudo social ou, se possível, perícia por equipe interprofissional,[1] decidindo sobre a concessão de guarda provisória,[2] bem como, no caso de adoção, sobre o estágio de convivência.[3]

Parágrafo único (*redação da Lei 12.010, de 3.8.09*). Deferida a concessão da guarda provisória ou do estágio de convivência, a criança ou o adolescente será entregue ao interessado, mediante termo de responsabilidade.

Art. 167: 1. v. art. 151.
Art. 167: 2. v. arts. 33 a 35.
Art. 167: 3. v. art. 46.

Art. 168. Apresentado o relatório social ou o laudo pericial, e ouvida, sempre que possível, a criança ou o adolescente, dar-se-á vista dos autos ao Ministério Público, pelo prazo de cinco dias, decidindo a autoridade judiciária em igual prazo.[1]

Art. 168: 1. s/ recurso, v. art. 198.

Art. 169 (*redação da Lei 12.010, de 3.8.09*). Nas hipóteses em que a destituição da tutela, a perda ou a suspensão do poder familiar constituir pressuposto lógico da medida principal de colocação em família substituta, será observado o procedimento contraditório previsto nas Seções II e III deste Capítulo.[1]

Parágrafo único. A perda ou a modificação da guarda poderá ser decretada nos mesmos autos do procedimento, observado o disposto no art. 35.

Art. 169: 1. v. arts. 155 a 164.

Art. 170. Concedida a guarda ou a tutela, observar-se-á o disposto no art. 32, e, quanto à adoção, o contido no art. 47.

Parágrafo único (*redação da Lei 12.010, de 3.8.09*). A colocação de criança ou adolescente sob a guarda de pessoa inscrita em programa de acolhimento familiar será comunicada pela autoridade judiciária à entidade por este responsável no prazo máximo de cinco dias.

Seção V	DA APURAÇÃO DE ATO INFRACIONAL ATRIBUÍDO A ADOLESCENTE[1]

SEÇ. V: 1. v. arts. 103 a 105.

Art. 171. O adolescente apreendido por força de ordem judicial será, desde logo, encaminhado à autoridade judiciária.

Art. 172. O adolescente apreendido em flagrante de ato infracional será, desde logo, encaminhado à autoridade policial competente.[1]
Parágrafo único. Havendo repartição policial especializada para atendimento de adolescente e em se tratando de ato infracional praticado em coautoria com maior, prevalecerá a atribuição da repartição especializada, que, após as providências necessárias e conforme o caso, encaminhará o adulto à repartição policial própria.

Art. 172: 1. cf. art. 177.

Art. 173. Em caso de flagrante de ato infracional cometido mediante violência ou grave ameaça a pessoa, a autoridade policial, sem prejuízo do disposto nos arts. 106, parágrafo único, e 107, deverá:
I — lavrar auto de apreensão, ouvidos as testemunhas e o adolescente;
II — apreender o produto e os instrumentos da infração;
III — requisitar os exames ou perícias necessários à comprovação da materialidade e autoria da infração.
Parágrafo único. Nas demais hipóteses de flagrante, a lavratura do auto poderá ser substituída por boletim de ocorrência circunstanciada.

Art. 174. Comparecendo qualquer dos pais ou responsável, o adolescente será prontamente liberado pela autoridade policial, sob termo de compromisso e responsabilidade de sua apresentação ao representante do Ministério Público, no mesmo dia ou, sendo impossível, no primeiro dia útil imediato, exceto quando, pela gravidade do ato infracional e sua repercussão social, deva o adolescente permanecer sob internação para garantia de sua segurança pessoal ou manutenção da ordem pública.

Art. 175. Em caso de não liberação, a autoridade policial encaminhará, desde logo, o adolescente ao representante do Ministério Público, juntamente com cópia do auto de apreensão ou boletim de ocorrência.
§ 1º Sendo impossível a apresentação imediata, a autoridade policial encaminhará o adolescente a entidade de atendimento, que fará a apresentação ao representante do Ministério Público no prazo de vinte e quatro horas.
§ 2º Nas localidades onde não houver entidade de atendimento, a apresentação far-se-á pela autoridade policial. À falta de repartição policial especializada, o adolescente aguardará a apresentação em dependência separada da destinada a maiores, não podendo, em qualquer hipótese, exceder o prazo referido no parágrafo anterior.

Art. 176. Sendo o adolescente liberado, a autoridade policial encaminhará imediatamente ao representante do Ministério Público cópia do auto de apreensão ou boletim de ocorrência.

Art. 177. Se, afastada a hipótese de flagrante, houver indícios de participação de adolescente na prática de ato infracional, a autoridade policial encaminhará ao representante do Ministério Público relatório das investigações e demais documentos.

Art. 178. O adolescente a quem se atribua autoria de ato infracional não poderá ser conduzido ou transportado em compartimento fechado de veículo policial, em condições atentatórias à sua dignidade, ou que impliquem risco à sua integridade física ou mental, sob pena de responsabilidade.

Art. 179. Apresentado o adolescente, o representante do Ministério Público, no mesmo dia e à vista do auto de apreensão, boletim de ocorrência ou relatório policial, devidamente autuados pelo cartório judicial e com informação sobre os antecedentes do adolescente, procederá imediata e informalmente à sua oitiva e, em sendo possível, de seus pais ou responsável, vítima e testemunhas.[1]

Parágrafo único. Em caso de não apresentação, o representante do Ministério Público notificará os pais ou responsável para apresentação do adolescente, podendo requisitar o concurso das Polícias Civil e Militar.

Art. 179: 1. "Não se vislumbra a ocorrência de nulidade de todo o procedimento judicial em razão da ausência do defensor público no momento da oitiva informal (art. 179 do ECA) da paciente se não houve demonstração do efetivo prejuízo. Na hipótese, a confissão foi ratificada em juízo, está em consonância com as demais provas colhidas sob o crivo do contraditório e, por fim, não foi o único fundamento utilizado como razões de decidir pelo Juízo especializado" (STJ-5ª T., HC 128.183, Min. Felix Fischer, j. 19.8.09, DJ 13.10.09).

Art. 180. Adotadas as providências a que alude o artigo anterior, o representante do Ministério Público poderá:

I — promover o arquivamento dos autos;

II — conceder a remissão;[1]

III — representar à autoridade judiciária para aplicação de medida socioeducativa.[2]

Art. 180: 1. v. art. 126-*caput*.
Art. 180: 2. v. arts. 112 a 125.

Art. 181. Promovido o arquivamento dos autos ou concedida a remissão pelo representante do Ministério Público, mediante termo fundamentado, que conterá o resumo dos fatos, os autos serão conclusos à autoridade judiciária para homologação.

§ 1º Homologado o arquivamento ou a remissão, a autoridade judiciária determinará, conforme o caso, o cumprimento da medida.

§ 2º Discordando, a autoridade judiciária fará remessa dos autos ao Procurador-Geral de Justiça, mediante despacho fundamentado, e este oferecerá representação, designará outro membro do Ministério Público para apresentá-la, ou ratificará o arquivamento ou a remissão, que só então estará a autoridade judiciária obrigada a homologar.

Art. 182. Se, por qualquer razão, o representante do Ministério Público não promover o arquivamento ou conceder a remissão, oferecerá representação à autoridade judiciária, propondo a instauração de procedimento para aplicação da medida socioeducativa que se afigurar a mais adequada.

§ 1º A representação será oferecida por petição, que conterá o breve resumo dos fatos e a classificação do ato infracional e, quando necessário, o rol de testemunhas, podendo ser deduzida oralmente, em sessão diária instalada pela autoridade judiciária.

§ 2º A representação independe de prova pré-constituída da autoria e materialidade.

Art. 183. O prazo máximo e improrrogável para a conclusão do procedimento, estando o adolescente internado provisoriamente, será de quarenta e cinco dias.[1-2]

Art. 183: 1. v. art. 108.

Art. 183: 2. "O prazo de 45 dias, previsto no art. 183 do ECA, diz respeito à conclusão do procedimento de apuração do ato infracional e para prolação da sentença de mérito, quando o adolescente está internado provisoriamente. Proferida a sentença de mérito, resta prejudicada a alegação de excesso de prazo da internação provisória" (STF-1ª T., HC 102.057, Min. Ricardo Lewandowski, j. 1.6.10, DJ 18.6.10).

Art. 184. Oferecida a representação, a autoridade judiciária designará audiência de apresentação do adolescente,[1] decidindo, desde logo, sobre a decretação ou manutenção da internação, observado o disposto no art. 108 e parágrafo.

§ 1º O adolescente e seus pais ou responsável serão cientificados do teor da representação, e notificados a comparecer à audiência, acompanhados de advogado.[2]

§ 2º Se os pais ou responsável não forem localizados, a autoridade judiciária dará curador especial ao adolescente.

§ 3º Não sendo localizado o adolescente, a autoridade judiciária expedirá mandado de busca e apreensão, determinando o sobrestamento do feito, até a efetiva apresentação.

§ 4º Estando o adolescente internado, será requisitada a sua apresentação, sem prejuízo da notificação dos pais ou responsável.

Art. 184: 1. "Remissão concedida como extintiva do processo sem a realização de audiência de apresentação. Ilegalidade. Realização da audiência e intervenção ministerial que se fazem necessárias" (JTJ 318/244: AP 143.007-0/6-00).

Art. 184: 2. A falta de defesa técnica invalida a audiência: "É vedado ao Poder Judiciário negar ao acusado o direito de ser assistido por defensor, porquanto as garantias constitucionais e processuais visam ao interesse público na condução do processo segundo as regras do devido processo legal. Violados os princípios constitucionais relativos ao devido processo legal e à ampla defesa, não há como negar o constrangimento ilegal imposto ao adolescente, decorrente da aplicação da medida socioeducativa de prestação de serviços à comunidade, deixando-se de se observar o disposto nos arts. 111, III e IV, e 184, § 1º, da Lei 8.069/90. Ordem concedida para anular a audiência de apresentação e todos os atos subsequentes, para que sejam renovados com a presença de defesa técnica" (STJ-5ª T., HC 121.892, Min. Arnaldo Esteves, j. 4.6.09, DJ 3.8.09).

Todavia: "Não há nulidade a ser declarada com base na ausência de notificação do responsável pelo adolescente para comparecer à audiência de apresentação, pois houve a nomeação de curador especial na referida audiência, de acordo com o art. 184, § 2º, do Estatuto da Criança e do Adolescente, que prevê a possibilidade de nomeação de curador especial ao adolescente infrator, caso os pais não sejam localizados" (STJ-6ª T., HC 260.463, Min. Sebastião Reis Júnior, j. 22.10.13, DJ 14.11.13).

Art. 185. A internação, decretada ou mantida pela autoridade judiciária, não poderá ser cumprida em estabelecimento prisional.

§ 1º Inexistindo na comarca entidade com as características definidas no art. 123, o adolescente deverá ser imediatamente transferido para a localidade mais próxima.

§ 2º Sendo impossível a pronta transferência, o adolescente aguardará sua remoção em repartição policial, desde que em seção isolada dos adultos e com instalações apropriadas, não podendo ultrapassar o prazo máximo de cinco dias, sob pena de responsabilidade.

Art. 186. Comparecendo o adolescente, seus pais ou responsável, a autoridade judiciária procederá à oitiva dos mesmos, podendo solicitar opinião de profissional qualificado.[1]

§ 1º Se a autoridade judiciária entender adequada a remissão,[1a] ouvirá o representante do Ministério Público,[1b] proferindo decisão.

§ 2º Sendo o fato grave, passível de aplicação de medida de internação ou colocação em regime de semiliberdade, a autoridade judiciária, verificando que o adolescente não possui advogado constituído, nomeará defensor, designando, desde logo, audiência em continuação, podendo determinar a realização de diligências e estudo do caso.[1c]

§ 3º O advogado constituído ou o defensor nomeado, no prazo de três dias contado da audiência de apresentação, oferecerá defesa prévia e rol de testemunhas.

§ 4º Na audiência em continuação, ouvidas as testemunhas arroladas na representação e na defesa prévia, cumpridas as diligências e juntado o relatório da equipe interprofissional,[2] será dada a palavra ao representante do Ministério Público e ao defensor, sucessivamente, pelo tempo de vinte minutos para cada um, prorrogável por mais dez, a critério da autoridade judiciária, que em seguida proferirá decisão.[3]

Art. 186: 1. Súmula 342 do STJ: "No procedimento para aplicação de medida socioeducativa, é nula a desistência de outras provas em face da confissão do adolescente".

Art. 186: 1a. v. art. 126 § ún.

Art. 186: 1b. "Concessão de remissão pelo magistrado, sem oitiva do Ministério Público. Nulidade. Inteligência dos arts. 186, § 1º, e 204, ambos da Lei 8.069/90" (STF-2ª T., HC 96.659, Min. Gilmar Mendes, j. 28.9.10, DJ 15.10.10).

Art. 186: 1c. "A realização do estudo técnico interdisciplinar previsto no art. 186, § 2º, da Lei 8.069/90 constitui faculdade do juiz do processo por ato infracional e não medida obrigatória. Embora seja preferível a sua realização, dificuldades de ordem prática ou o entendimento do magistrado acerca de sua prescindibilidade podem autorizar a sua dispensa" (STF-1ª T., HC 107.473, Min. Rosa Weber, j. 11.12.12, maioria, DJ 14.3.13).

Art. 186: 2. v. art. 151.

Art. 186: 3. s/ recurso, v. art. 198.

Art. 187. Se o adolescente, devidamente notificado, não comparecer, injustificadamente, à audiência de apresentação, a autoridade judiciária designará nova data, determinando sua condução coercitiva.

Art. 188. A remissão,[1] como forma de extinção ou suspensão do processo, poderá ser aplicada em qualquer fase do procedimento, antes da sentença.[2]

Art. 188: 1. v. arts. 126 a 128.

Art. 188: 2. s/ remissão e audiência de apresentação, v. art. 184, nota 1.

Art. 189. A autoridade judiciária não aplicará qualquer medida, desde que reconheça na sentença:
I — estar provada a inexistência do fato;
II — não haver prova da existência do fato;
III — não constituir o fato ato infracional;
IV — não existir prova de ter o adolescente concorrido para o ato infracional.
Parágrafo único. Na hipótese deste artigo, estando o adolescente internado, será imediatamente colocado em liberdade.

Art. 190. A intimação da sentença que aplicar medida de internação ou regime de semiliberdade será feita:

I — ao adolescente e ao seu defensor;

II — quando não for encontrado o adolescente, a seus pais ou responsável, sem prejuízo do defensor.

§ 1º Sendo outra a medida aplicada, a intimação far-se-á unicamente na pessoa do defensor.

§ 2º Recaindo a intimação na pessoa do adolescente, deverá este manifestar se deseja ou não recorrer da sentença.

Seção V-A DA INFILTRAÇÃO DE AGENTES DE POLÍCIA PARA A INVESTIGAÇÃO DE CRIMES CONTRA A DIGNIDADE SEXUAL DE CRIANÇA E DE ADOLESCENTE[1]

SEÇ.V-A: 1. A Seç V-A foi acrescida pela Lei 13.441, de 8.5.17.

Art. 190-A (redação da Lei 13.441, de 8.5.17). A infiltração de agentes de polícia na internet com o fim de investigar os crimes previstos nos arts. 240, 241, 241-A, 241-B, 241-C e 241-D desta Lei e nos arts. 154-A, 217-A, 218, 218-A e 218-B do Decreto-Lei n. 2.848, de 7 de dezembro de 1940 (Código Penal), obedecerá às seguintes regras:

I — será precedida de autorização judicial devidamente circunstanciada e fundamentada, que estabelecerá os limites da infiltração para obtenção de prova, ouvido o Ministério Público;

II — dar-se-á mediante requerimento do Ministério Público ou representação de delegado de polícia e conterá a demonstração de sua necessidade, o alcance das tarefas dos policiais, os nomes ou apelidos das pessoas investigadas e, quando possível, os dados de conexão ou cadastrais que permitam a identificação dessas pessoas;

III — não poderá exceder o prazo de 90 (noventa) dias, sem prejuízo de eventuais renovações, desde que o total não exceda a 720 (setecentos e vinte) dias e seja demonstrada sua efetiva necessidade, a critério da autoridade judicial.

§ 1º A autoridade judicial e o Ministério Público poderão requisitar relatórios parciais da operação de infiltração antes do término do prazo de que trata o inciso II do § 1º deste artigo.

§ 2º Para efeitos do disposto no inciso I do § 1º deste artigo, consideram-se:

I — dados de conexão: informações referentes a hora, data, início, término, duração, endereço de Protocolo de Internet (IP) utilizado e terminal de origem da conexão;

II — dados cadastrais: informações referentes a nome e endereço de assinante ou de usuário registrado ou autenticado para a conexão a quem endereço de IP, identificação de usuário ou código de acesso tenha sido atribuído no momento da conexão.

§ 3º A infiltração de agentes de polícia na internet não será admitida se a prova puder ser obtida por outros meios.

Art. 190-B (redação da Lei 13.441, de 8.5.17). As informações da operação de infiltração serão encaminhadas diretamente ao juiz responsável pela autorização da medida, que zelará por seu sigilo.

Parágrafo único. Antes da conclusão da operação, o acesso aos autos será reservado ao juiz, ao Ministério Público e ao delegado de polícia responsável pela operação, com o objetivo de garantir o sigilo das investigações.

Art. 190-C (*redação da Lei 13.441, de 8.5.17*). Não comete crime o policial que oculta a sua identidade para, por meio da internet, colher indícios de autoria e materialidade dos crimes previstos nos arts. 240, 241, 241-A, 241-B, 241-C e 241-D desta Lei e nos arts. 154-A, 217-A, 218, 218-A e 218-B do Decreto-Lei n. 2.848, de 7 de dezembro de 1940 (Código Penal).
Parágrafo único. O agente policial infiltrado que deixar de observar a estrita finalidade da investigação responderá pelos excessos praticados.

Art. 190-D (*redação da Lei 13.441, de 8.5.17*). Os órgãos de registro e cadastro público poderão incluir nos bancos de dados próprios, mediante procedimento sigiloso e requisição da autoridade judicial, as informações necessárias à efetividade da identidade fictícia criada.
Parágrafo único. O procedimento sigiloso de que trata esta Seção será numerado e tombado em livro específico.

Art. 190-E (*redação da Lei 13.441, de 8.5.17*). Concluída a investigação, todos os atos eletrônicos praticados durante a operação deverão ser registrados, gravados, armazenados e encaminhados ao juiz e ao Ministério Público, juntamente com relatório circunstanciado.
Parágrafo único. Os atos eletrônicos registrados citados no *caput* deste artigo serão reunidos em autos apartados e apensados ao processo criminal juntamente com o inquérito policial, assegurando-se a preservação da identidade do agente policial infiltrado e a intimidade das crianças e dos adolescentes envolvidos.

Seção VI — DA APURAÇÃO DE IRREGULARIDADES EM ENTIDADE DE ATENDIMENTO

Art. 191. O procedimento de apuração de irregularidades em entidade governamental e não governamental[1] terá início mediante portaria da autoridade judiciária ou representação do Ministério Público ou do Conselho Tutelar,[2] onde conste, necessariamente, resumo dos fatos.
Parágrafo único. Havendo motivo grave, poderá a autoridade judiciária, ouvido o Ministério Público, decretar liminarmente o afastamento provisório do dirigente da entidade, mediante decisão fundamentada.

Art. 191: 1. v. arts. 90 a 97.
Art. 191: 2. v. art. 131.

Art. 192. O dirigente da entidade será citado para, no prazo de dez dias, oferecer resposta escrita, podendo juntar documentos e indicar as provas a produzir.

Art. 193. Apresentada ou não a resposta, e sendo necessário, a autoridade judiciária designará audiência de instrução e julgamento, intimando as partes.
§ 1º Salvo manifestação em audiência, as partes e o Ministério Público terão cinco dias para oferecer alegações finais, decidindo a autoridade judiciária[1] em igual prazo.

§ 2º Em se tratando de afastamento provisório ou definitivo de dirigente de entidade governamental, a autoridade judiciária oficiará à autoridade administrativa imediatamente superior ao afastado, marcando prazo para a substituição.

§ 3º Antes de aplicar qualquer das medidas, a autoridade judiciária poderá fixar prazo para a remoção das irregularidades verificadas. Satisfeitas as exigências, o processo será extinto, sem julgamento de mérito.

§ 4º A multa² e a advertência serão impostas ao dirigente da entidade ou programa de atendimento.

Art. 193: 1. s/ recurso, v. art. 198.

Art. 193: 2. v. art. 246.

Seção VII	DA APURAÇÃO DE INFRAÇÃO ADMINISTRATIVA ÀS NORMAS DE PROTEÇÃO À CRIANÇA E AO ADOLESCENTE

Art. 194. O procedimento para imposição de penalidade administrativa por infração às normas de proteção à criança e ao adolescente terá início por representação do Ministério Público, ou do Conselho Tutelar,¹ ou auto de infração elaborado por servidor efetivo ou voluntário credenciado, e assinado por duas testemunhas, se possível.

§ 1º No procedimento iniciado com o auto de infração, poderão ser usadas fórmulas impressas, especificando-se a natureza e as circunstâncias da infração.

§ 2º Sempre que possível, à verificação da infração seguir-se-á a lavratura do auto, certificando-se, em caso contrário, dos motivos do retardamento.²

Art. 194: 1. v. art. 131.

✎ **Art. 194: 2.** "Reflexões sobre o artigo 194 do Estatuto da Criança e do Adolescente", por Jefferson Barbin Torelli (JTJ 292/22).

Art. 195. O requerido terá prazo de dez dias para apresentação de defesa, contado da data da intimação, que será feita:

I — pelo autuante, no próprio auto, quando este for lavrado na presença do requerido;

II — por oficial de justiça ou funcionário legalmente habilitado, que entregará cópia do auto ou da representação ao requerido, ou a seu representante legal, lavrando certidão;

III — por via postal, com aviso de recebimento, se não for encontrado o requerido ou seu representante legal;

IV — por edital, com prazo de trinta dias, se incerto ou não sabido o paradeiro do requerido ou de seu representante legal.

Art. 196. Não sendo apresentada a defesa no prazo legal, a autoridade judiciária dará vista dos autos ao Ministério Público, por cinco dias, decidindo em igual prazo.

Art. 197. Apresentada a defesa, a autoridade judiciária procederá na conformidade do artigo anterior, ou, sendo necessário, designará audiência de instrução e julgamento.

Parágrafo único. Colhida a prova oral, manifestar-se-ão sucessivamente o Ministério Público e o procurador do requerido, pelo tempo de vinte minutos para cada um, prorrogável por mais dez, a critério da autoridade judiciária, que em seguida proferirá sentença.¹

Art. 197: 1. s/ recurso, v. art. 198.

Seção VIII | DA HABILITAÇÃO DE PRETENDENTES À ADOÇÃO¹

SEÇ. VIII: 1. A Seç. VIII foi introduzida pela Lei 12.010, de 3.8.09.

Art. 197-A (redação da Lei 12.010, de 3.8.09). Os postulantes à adoção, domiciliados no Brasil, apresentarão petição inicial na qual conste:

I — qualificação completa;

II — dados familiares;

III — cópias autenticadas de certidão de nascimento ou casamento, ou declaração relativa ao período de união estável;

IV — cópias da cédula de identidade e inscrição no Cadastro de Pessoas Físicas;

V — comprovante de renda e domicílio;

VI — atestados de sanidade física e mental;

VII — certidão de antecedentes criminais;

VIII — certidão negativa de distribuição cível.

Art. 197-B (redação da Lei 12.010, de 3.8.09). A autoridade judiciária, no prazo de quarenta e oito horas, dará vista dos autos ao Ministério Público, que no prazo de cinco dias poderá:

I — apresentar quesitos a serem respondidos pela equipe interprofissional encarregada de elaborar o estudo técnico a que se refere o art. 197-C desta Lei;

II — requerer a designação de audiência para oitiva dos postulantes em juízo e testemunhas;

III — requerer a juntada de documentos complementares e a realização de outras diligências que entender necessárias.

Art. 197-C (redação da Lei 12.010, de 3.8.09). Intervirá no feito, obrigatoriamente, equipe interprofissional a serviço da Justiça da Infância e da Juventude, que deverá elaborar estudo psicossocial, que conterá subsídios que permitam aferir a capacidade e o preparo dos postulantes para o exercício de uma paternidade ou maternidade responsável, à luz dos requisitos e princípios desta Lei.

§ 1º (redação da Lei 13.509, de 22.11.17) É obrigatória a participação dos postulantes em programa oferecido pela Justiça da Infância e da Juventude, preferencialmente com apoio dos técnicos responsáveis pela execução da política municipal de garantia do direito à convivência familiar e dos grupos de apoio à adoção devidamente habilitados perante a Justiça da Infância e da Juventude, que inclua preparação psicológica, orientação e estímulo à adoção inter-racial, de crianças ou de adolescentes com deficiência, com doenças crônicas ou com necessidades específicas de saúde, e de grupos de irmãos.

§ 2º (*redação da Lei 13.509, de 22.11.17*) Sempre que possível e recomendável, a etapa obrigatória da preparação referida no § 1º deste artigo incluirá o contato com crianças e adolescentes em regime de acolhimento familiar ou institucional, a ser realizado sob orientação, supervisão e avaliação da equipe técnica da Justiça da Infância e da Juventude e dos grupos de apoio à adoção, com apoio dos técnicos responsáveis pelo programa de acolhimento familiar e institucional e pela execução da política municipal de garantia do direito à convivência familiar.

§ 3º (*acrescido pela Lei 13.509, de 22.11.17*) É recomendável que as crianças e os adolescentes acolhidos institucionalmente ou por família acolhedora sejam preparados por equipe interprofissional antes da inclusão em família adotiva.

Art. 197-D (*redação da Lei 12.010, de 3.8.09*). Certificada nos autos a conclusão da participação no programa referido no art. 197-C desta Lei, a autoridade judiciária, no prazo de quarenta e oito horas, decidirá acerca das diligências requeridas pelo Ministério Público e determinará a juntada do estudo psicossocial, designando, conforme o caso, audiência de instrução e julgamento.

Parágrafo único. Caso não sejam requeridas diligências, ou sendo essas indeferidas, a autoridade judiciária determinará a juntada do estudo psicossocial, abrindo a seguir vista dos autos ao Ministério Público, por cinco dias, decidindo em igual prazo.

Art. 197-E (*redação da Lei 12.010, de 3.8.09*). Deferida a habilitação, o postulante será inscrito nos cadastros referidos no art. 50 desta Lei, sendo a sua convocação para a adoção feita de acordo com ordem cronológica de habilitação e conforme a disponibilidade de crianças ou adolescentes adotáveis.

§ 1º A ordem cronológica das habilitações somente poderá deixar de ser observada pela autoridade judiciária nas hipóteses previstas no § 13 do art. 50 desta Lei, quando comprovado ser essa a melhor solução no interesse do adotando.

§ 2º (*redação da Lei 13.509, de 22.11.17*) A habilitação à adoção deverá ser renovada no mínimo trienalmente mediante avaliação por equipe interprofissional.

§ 3º (*acrescido pela Lei 13.509, de 22.11.17*) Quando o adotante candidatar-se a uma nova adoção, será dispensável a renovação da habilitação, bastando a avaliação por equipe interprofissional.

§ 4º (*acrescido pela Lei 13.509, de 22.11.17*) Após 3 (três) recusas injustificadas, pelo habilitado, à adoção de crianças ou adolescentes indicados dentro do perfil escolhido, haverá reavaliação da habilitação concedida.

§ 5º (*acrescido pela Lei 13.509, de 22.11.17*) A desistência do pretendente em relação à guarda para fins de adoção ou a devolução da criança ou do adolescente depois do trânsito em julgado da sentença de adoção importará na sua exclusão dos cadastros de adoção e na vedação de renovação da habilitação, salvo decisão judicial fundamentada, sem prejuízo das demais sanções previstas na legislação vigente.

Art. 197-F (*acrescido pela Lei 13.509, de 22.11.17*). O prazo máximo para conclusão da habilitação à adoção será de 120 (cento e vinte) dias, prorrogável por igual período, mediante decisão fundamentada da autoridade judiciária.

Capítulo IV | DOS RECURSOS[1]

📎 **CAP. IV: 1.** "Dos recursos no Estatuto da Criança e do Adolescente", por Antonio Cezar Lima da Fonseca (RP 186/241).

Art. 198 (redação da Lei 12.594, de 18.1.12). Nos procedimentos afetos à Justiça da Infância e da Juventude,[1] inclusive os relativos à execução das medidas socioeducativas, adotar-se-á o sistema recursal da Lei n. 5.869, de 11 de janeiro de 1973 (Código de Processo Civil),[1a-1b] com as seguintes adaptações:[1c]

I — os recursos serão interpostos independentemente de preparo;[2]

II (redação da Lei 12.594, de 18.1.12) — em todos os recursos, salvo nos embargos de declaração, o prazo para o Ministério Público e para a defesa será sempre de 10 (dez) dias;[3 a 6]

III — os recursos terão preferência de julgamento e dispensarão revisor;

IV — (revogado expressamente pela Lei 12.010, de 3.8.09);

V — (revogado expressamente pela Lei 12.010, de 3.8.09);

VI — (revogado expressamente pela Lei 12.010, de 3.8.09);

VII — antes de determinar a remessa dos autos à superior instância, no caso de apelação, ou do instrumento, no caso de agravo, a autoridade judiciária proferirá despacho fundamentado, mantendo ou reformando a decisão, no prazo de cinco dias;

VIII — mantida a decisão apelada ou agravada, o escrivão remeterá os autos ou o instrumento à superior instância dentro de vinte e quatro horas, independentemente de novo pedido do recorrente; se a reformar, a remessa dos autos dependerá de pedido expresso da parte interessada ou do Ministério Público, no prazo de cinco dias, contados da intimação.

Art. 198: 1. v. arts. 148 e 149. Quanto à revisão de decisões do Conselho Tutelar, v. art. 137.

Art. 198: 1a. "Revogado o art. 198, inciso VI, do ECA, pela 'Lei da Adoção', é de se impor a aplicação conjunta do *caput* daquele dispositivo com o art. 520, VII, do Código de Processo Civil, pela sistemática recursal adotada pelo primeiro. Se o adolescente foi mantido em internação provisória, nos casos de alteração do quadro fático que autorizava o adolescente responder a apuração solto ou ainda quando a sentença fundamentar a necessidade da imposição de medida socioeducativa, lastreando o julgador em elementos concretos constantes nos autos, o imediato cumprimento do *decisum* traduz imprescindível instrumento de tutela cautelar. Na hipótese, o ordenamento jurídico prevê ainda a existência de outros instrumentos processuais para a Defesa lograr êxito em alcançar o resultado que aqui se almeja — **efeito suspensivo do recurso de apelação** — como o mandado de segurança ou as medidas cautelares inominadas" (STJ-5ª T., HC 220.960, Min. Gilson Dipp, j. 22.11.11, DJ 1.12.11). No mesmo sentido: STJ-6ª T., RHC 31.377, Min. Og Fernandes, j. 4.6.13, DJ 7.11.13.

Art. 198: 1b. "Segundo o art. 198 do ECA, nos procedimentos afetos à Justiça da Infância e da Juventude, inclusive os relativos à execução das medidas socioeducativas, deve ser adotado o sistema do Código de Processo Civil, que prevê, atualmente, em caso de decisão por maioria, nova **técnica de complementação de julgamento**, com a tomada de outros votos em sessão subsequente ou na mesma sessão. Admite-se, assim, a incidência do **art. 942 do novo Código de Processo Civil** para complementar o julgamento da apelação julgada por maioria nos procedimentos relativos ao estatuto do menor" (STJ-5ª T., REsp 1.673.215-AgRg, Min. Reynaldo da Fonseca, j. 17.5.18, DJ 30.5.18).

Art. 198: 1c. "Falta legitimidade recursal ao **assistente de acusação** para a interposição de apelo em procedimento regido pelo Estatuto da Criança e do Adolescente" (STJ-6ª T., REsp 1.089.564, Min. Sebastião Reis Jr., j. 15.3.12, DJ 7.5.12). No mesmo sentido: STJ-5ª T., REsp 1.044.203, Min. Arnaldo Esteves, j. 19.2.09, DJ 16.3.09.

Art. 198: 2. No sentido de que a isenção de preparo beneficia apenas crianças e adolescentes e não pode ser estendida a **pessoa jurídica** de direito privado: STJ-1ª T., AI 955.493-AgRg, Min. José Delgado, j. 6.5.08, DJU 5.6.08.

V. tb. art. 141, nota 3.

Art. 198: 3. "A interposição da apelação e o oferecimento das razões são **simultâneos**", não comportando o desdobramento do prazo de recurso (JTJ 158/142).

Todavia: "Dada a simetria entre a aplicação de medidas socioeducativas e a restrição da liberdade decorrente da imposição de pena, possível é que os feitos destinados à apuração e punição de atos infracionais de adolescentes sejam regidos por princípios do processo penal. A melhor das interpretações dos arts. 198, *caput*, e 190, I e § 2º, do Estatuto da Criança e do Adolescente conjugados é a de considerar que, manifestada pelo adolescente a intenção de recorrer da sentença que lhe aplicou medida de internação, o oferecimento das razões do recurso a destempo constitui mera irregularidade, incapaz, portanto, de determinar a sua intempestividade" (STJ-6ª T., HC 43.193, Min. Nilson Naves, j. 20.9.05, DJU 13.3.06).

Art. 198: 4. Esse prazo só se aplica aos procedimentos especiais previstos entre os arts. 152 e 197 do ECA. Assim, mesmo tratando-se de controvérsia referente ao ECA, o prazo recursal rege-se pelo CPC nos casos de:

— ação civil pública (STJ-1ª T., REsp 440.453, Min. Luiz Fux, j. 18.3.03, DJU 7.4.03; STJ-2ª T., REsp 851.947, Min. Eliana Calmon, j. 6.5.08, DJU 19.5.08);

— mandado de segurança (STJ-2ª T., REsp 345.875, Min. Paulo Medina, j. 21.2.02, DJU 8.4.02);

— "'ação de medida de proteção' de menor que não estaria frequentando a rede regular de ensino, em virtude de omissão de seus genitores" (STJ-4ª T., REsp 1.697.508, Min. Luis Felipe, j. 10.4.18, DJ 4.6.18).

Art. 198: 5. Há notícia de acórdãos anteriores à Lei 12.594, de 18.1.12, entendendo que o privilégio do prazo em dobro conferido ao MP aplica-se aos recursos do ECA (STJ-4ª T., REsp 281.359, Min. Sálvio de Figueiredo, j. 20.2.03, DJU 17.3.03; STJ-5ª T., REsp 706.661, Min. Laurita Vaz, j. 7.11.06, DJU 18.12.06). V. CPC 180.

Art. 198: 6. "O prazo de dez dias previsto no inciso II do art. 198 do Estatuto da Criança e do Adolescente **não se aplica ao recurso especial**" (STJ-4ª T., REsp 625.653, Min. Cesar Rocha, j. 7.3.06, DJU 19.6.06). No mesmo sentido: STJ-5ª T., REsp 948.199, Min. Jorge Mussi, j. 28.8.08, DJ 6.10.08. **Contra:** "A presente ação de apuração de infração administrativa está prevista nos arts. 191 e seguintes da Lei 8.069/90, estando, portanto, enquadrada entre os procedimentos especiais previstos no Estatuto da Criança e do Adolescente, de modo que, em atenção ao princípio da especialidade, o prazo recursal a ser observado, no caso, era o decenal, consoante previsto no art. 198, II, do Estatuto da Criança e do Adolescente (Lei 8.069/90), razão pela qual se afigura impositivo reconhecer a intempestividade do recurso especial" (STJ-2ª T., Ag em REsp 1.400.530-AgInt, Min. Assusete Magalhães, j. 3.3.20, DJ 10.3.20).

Art. 199. Contra as decisões proferidas com base no art. 149 caberá recurso de apelação.

Art. 199-A (*redação da Lei 12.010, de 3.8.09*). A sentença que deferir a adoção produz efeito desde logo, embora sujeita a apelação, que será recebida exclusivamente no efeito devolutivo, salvo se se tratar de adoção internacional ou se houver perigo de dano irreparável ou de difícil reparação ao adotando.

Art. 199-B (*redação da Lei 12.010, de 3.8.09*). A sentença que destituir ambos ou qualquer dos genitores do poder familiar fica sujeita a apelação, que deverá ser recebida apenas no efeito devolutivo.

Art. 199-C (*redação da Lei 12.010, de 3.8.09*). Os recursos nos procedimentos de adoção e de destituição de poder familiar, em face da relevância das questões, serão processados com prioridade absoluta, devendo ser imediatamente distribuídos, ficando vedado que aguardem, em qualquer situação, oportuna distribuição, e serão colocados em mesa para julgamento sem revisão e com parecer urgente do Ministério Público.

Art. 199-D (*redação da Lei 12.010, de 3.8.09*). O relator deverá colocar o processo em mesa para julgamento no prazo máximo de sessenta dias, contado da sua conclusão.

Parágrafo único. O Ministério Público será intimado da data do julgamento e poderá na sessão, se entender necessário, apresentar oralmente seu parecer.

Art. 199-E (*redação da Lei 12.010, de 3.8.09*). O Ministério Público poderá requerer a instauração de procedimento para apuração de responsabilidades se constatar o descumprimento das providências e do prazo previstos nos artigos anteriores.

Capítulo V | DO MINISTÉRIO PÚBLICO[1]

CAP. V: 1. O adolescente privado de liberdade tem direito a entrevistar-se pessoalmente com o representante do Ministério Público (art. 124-I).

O Conselho Tutelar deve encaminhar ao Ministério Público notícia de fato que constitua infração administrativa ou penal contra os direitos da criança ou do adolescente (art. 136-IV).

Art. 200. As funções do Ministério Público, previstas nesta lei, serão exercidas nos termos da respectiva Lei Orgânica.[1]

Art. 200: 1. Lei 8.625, de 12.2.93 (Lei Orgânica Nacional do Ministério Público, em Lex 1993/100, RF 321/429, RDA 191/351, Just. 161/158).

Art. 201. Compete ao Ministério Público:[1]

I — conceder a remissão como forma de exclusão do processo;[1a]

II — promover e acompanhar os procedimentos relativos às infrações atribuídas a adolescentes;[2]

III (*redação da Lei 12.010, de 3.8.09*) — promover e acompanhar as ações de alimentos[3] e os procedimentos de suspensão e destituição do poder familiar,[4] nomeação e remoção de tutores,[5] curadores[6] e guardiães,[7] bem como oficiar em todos os demais procedimentos da competência da Justiça da Infância e da Juventude;[8]

IV — promover, de ofício ou por solicitação dos interessados, a especialização e a inscrição de hipoteca legal[9] e a prestação de contas dos tutores, curadores e quaisquer administradores de bens de crianças e adolescentes nas hipóteses[10] do art. 98;

V — promover o inquérito civil[11] e a ação civil pública para a proteção dos interesses individuais, difusos ou coletivos[12] relativos à infância e à adolescência, inclusive os definidos no art. 220, § 3º, inciso II, da Constituição Federal;[13]

VI — instaurar procedimentos administrativos e, para instruí-los:

a) expedir notificações para colher depoimentos ou esclarecimentos e, em caso de não comparecimento injustificado, requisitar condução coercitiva, inclusive pela Polícia Civil ou Militar;

b) requisitar informações, exames, perícias e documentos de autoridades municipais, estaduais e federais, da administração direta ou indireta, bem como promover inspeções e diligências investigatórias;

c) requisitar informações e documentos a particulares e instituições privadas;

VII — instaurar sindicâncias, requisitar diligências investigatórias e determinar a instauração de inquérito policial, para apuração de ilícitos ou infrações às normas de proteção à infância e à juventude;

VIII — zelar pelo efetivo respeito aos direitos e garantias legais assegurados às crianças e adolescentes, promovendo as medidas judiciais e extrajudiciais cabíveis;[14]

IX — impetrar mandado de segurança, de injunção e *habeas corpus*, em qualquer juízo, instância ou tribunal, na defesa dos interesses sociais e individuais indisponíveis afetos à criança e ao adolescente;

X — representar ao juízo visando à aplicação de penalidade por infrações cometidas contra as normas de proteção à infância e à juventude, sem prejuízo da promoção da responsabilidade civil e penal do infrator, quando cabível;

XI — inspecionar as entidades públicas e particulares de atendimento[15] e os programas de que trata esta lei, adotando de pronto as medidas administrativas ou judiciais necessárias à remoção de irregularidades porventura verificadas;

XII — requisitar força policial, bem como a colaboração dos serviços médicos, hospitalares, educacionais e de assistência social, públicos ou privados, para o desempenho de suas atribuições;

XIII (*redação da Lei 14.344, de 24.5.22*)[15a] — intervir, quando não for parte, nas causas cíveis e criminais decorrentes de violência doméstica e familiar contra a criança e o adolescente.

§ 1º A legitimação do Ministério Público para as ações cíveis previstas neste artigo não impede a de terceiros, nas mesmas hipóteses, segundo dispuserem a Constituição e esta lei.

§ 2º As atribuições constantes deste artigo não excluem outras, desde que compatíveis com a finalidade do Ministério Público.[16]

§ 3º O representante do Ministério Público, no exercício de suas funções, terá livre acesso a todo local onde se encontre criança ou adolescente.

§ 4º O representante do Ministério Público será responsável pelo uso indevido das informações e documentos que requisitar, nas hipóteses legais de sigilo.

§ 5º Para o exercício da atribuição de que trata o inciso VIII deste artigo, poderá o representante do Ministério Público:

a) reduzir a termo as declarações do reclamante, instaurando o competente procedimento, sob sua presidência;

b) entender-se diretamente com a pessoa ou autoridade reclamada, em dia, local e horário previamente notificados ou acertados;

c) efetuar recomendações visando à melhoria dos serviços públicos e de relevância pública afetos à criança e ao adolescente, fixando prazo razoável para sua perfeita adequação.

Art. 201: 1. LC 80, de 12.1.94 — Organiza a Defensoria Pública da União, do Distrito Federal e dos Territórios e prescreve normas gerais para sua organização nos Estados, e dá outras providências: "**Art. 4º** São funções institucionais da Defensoria Pública, dentre outras: ... **XI** (*redação da LC 132, de 7.10.09*) — exercer a defesa dos interesses individuais e coletivos da criança e do adolescente, do idoso, da pessoa portadora de necessidades especiais, da mulher vítima de violência doméstica e familiar e de outros grupos sociais vulneráveis que mereçam proteção especial do Estado".

Art. 201: 1a. v. art. 126; a remissão deve ser homologada pela autoridade judiciária (art. 181-*caput*).

Art. 201: 2. v. arts. 171 a 190.

Art. 201: 3. v. LA 2º, nota 2a.

Art. 201: 4. v. arts. 155 a 163.

Art. 201: 5. v. arts. 36 a 38.

Art. 201: 6. v. arts. 142 § ún. e 184 § 2º.

Art. 201: 7. v. arts. 33 a 35.

Art. 201: 8. v. art. 148.

Art. 201: 9. v. art. 37; v. tb. CC 1.489 a 1.491 e 1.745 § ún.

Art. 201: 10. Texto conforme retificação no DOU 27.9.90, não reproduzida na Coleção das Leis da União.

Art. 201: 11. v. art. 223.

Art. 201: 12. v. arts. 208 e 224.

Art. 201: 13. CF 220: "§ 3º Compete à lei federal: ... II — estabelecer os meios legais que garantam à pessoa e à família a possibilidade de se defenderem de programas ou programações de rádio e televisão que contrariem o disposto no art. 221, bem como da propaganda de produtos, práticas e serviços que possam ser nocivos à saúde e ao meio ambiente".

Art. 201: 14. v. § 5º.

Art. 201: 15. v. arts. 90 a 97.

Art. 201: 15a. Em vigor após decorridos 45 dias de sua publicação oficial (DOU 25.5.22).

Art. 201: 16. Outras funções: art. 139 (fiscalização da eleição de membro do Conselho Tutelar).

Art. 202. Nos processos e procedimentos em que não for parte, atuará obrigatoriamente o Ministério Público na defesa dos direitos e interesses de que cuida esta lei, hipótese em que terá vista dos autos depois das partes, podendo juntar documentos e requerer diligências, usando os recursos cabíveis.

Art. 203. A intimação do Ministério Público, em qualquer caso, será feita pessoalmente.

Art. 204. A falta de intervenção do Ministério Público acarreta a nulidade do feito, que será declarada de ofício pelo juiz ou a requerimento de qualquer interessado.

Art. 205. As manifestações processuais do representante do Ministério Público deverão ser fundamentadas.

Capítulo VI | DO ADVOGADO

Art. 206. A criança ou o adolescente, seus pais ou responsável, e qualquer pessoa que tenha legítimo interesse na solução da lide poderão intervir nos procedimentos de que trata esta lei, através de advogado, o qual será intimado para todos os atos, pessoalmente ou por publicação oficial, respeitado o segredo de justiça.[1]

Parágrafo único. Será prestada assistência judiciária integral e gratuita àqueles que dela necessitarem.[2]

Art. 206: 1. v. art. 143.

Art. 206: 2. v. art. 141 § 1º.

Art. 207. Nenhum adolescente a quem se atribua a prática de ato infracional, ainda que ausente ou foragido, será processado sem defensor.

§ 1º Se o adolescente não tiver defensor, ser-lhe-á nomeado pelo juiz, ressalvado o direito de, a todo tempo, constituir outro de sua preferência.

§ 2º A ausência do defensor não determinará o adiamento de nenhum ato do processo, devendo o juiz nomear substituto, ainda que provisoriamente, ou para o só efeito do ato.

§ 3º Será dispensada a outorga de mandato, quando se tratar de defensor nomeado ou, se¹ constituído, tiver sido indicado por ocasião de ato formal com a presença da autoridade judiciária.

Art. 207: 1. No texto oficial, está "sido" e não "se".

Capítulo VII — DA PROTEÇÃO JUDICIAL DOS INTERESSES INDIVIDUAIS, DIFUSOS E COLETIVOS

Art. 208. Regem-se pelas disposições desta lei as ações de responsabilidade por ofensa aos direitos assegurados à criança e ao adolescente, referentes ao não oferecimento ou oferta irregular:

I — do ensino obrigatório;¹

II — de atendimento educacional especializado aos portadores de deficiência;

III (redação da Lei 13.306, de 4.7.16) — de atendimento em creche e pré-escola às crianças de zero a cinco anos de idade;

IV — de ensino noturno regular, adequado às condições do educando;

V — de programas suplementares de oferta de material didático-escolar, transporte e assistência à saúde do educando do ensino fundamental;

VI — de serviço de assistência social visando à proteção à família, à maternidade, à infância e à adolescência, bem como ao amparo às crianças e adolescentes que dele necessitem;

VII — de acesso às ações e serviços de saúde;

VIII — de escolarização e profissionalização dos adolescentes privados de liberdade;

IX (redação da Lei 12.010, de 3.8.09) — de ações, serviços e programas de orientação, apoio e promoção social de famílias e destinados ao pleno exercício do direito à convivência familiar por crianças e adolescentes;

X (acrescido pela Lei 12.594, de 18.1.12) — de programas de atendimento para a execução das medidas socioeducativas e aplicação de medidas de proteção;

XI (acrescido pela Lei 13.431, de 4.4.17)[1a] — de políticas e programas integrados de atendimento à criança e ao adolescente vítima ou testemunha de violência.

§ 1º As hipóteses previstas neste artigo não excluem da proteção judicial outros interesses individuais, difusos ou coletivos, próprios da infância e da adolescência, protegidos pela Constituição e pela Lei.

§ 2º A investigação do desaparecimento de crianças ou adolescentes será realizada imediatamente após notificação aos órgãos competentes, que deverão comunicar o fato aos portos, aeroportos, Polícia Rodoviária e companhias de transporte interestaduais e internacionais, fornecendo-lhes todos os dados necessários à identificação do desaparecido.²

Art. 208: 1. v. art. 54.

Art. 208: 1a. Em vigor após decorrido 1 (um) ano de sua publicação (DOU 5.4.17).

Art. 208: 2. O § 1º foi renumerado e o § 2º foi acrescido pela Lei 11.259, de 30.12.05.

Art. 209. As ações previstas neste Capítulo serão propostas no foro do local onde ocorreu ou deva ocorrer a ação ou omissão, cujo juízo terá competência absoluta para processar a causa, ressalvadas a competência da Justiça Federal e a competência originária dos Tribunais Superiores.[1]

Art. 209: 1. v. art. 148-IV.

Art. 210. Para as ações cíveis fundadas em interesses coletivos ou difusos, consideram-se legitimados concorrentemente:

I — o Ministério Público;

II — a União, os Estados, os Municípios, o Distrito Federal e os Territórios;

III — as associações legalmente constituídas há pelo menos um ano e que incluam entre seus fins institucionais a defesa dos interesses e direitos protegidos por esta lei, dispensada a autorização da assembleia, se houver prévia autorização estatutária.

§ 1º Admitir-se-á litisconsórcio facultativo[1] entre os Ministérios Públicos da União e dos Estados na defesa dos interesses e direitos de que cuida esta lei.

§ 2º Em caso de desistência ou abandono da ação por associação legitimada, o Ministério Público ou outro legitimado poderá assumir a titularidade ativa.

Art. 210: 1. v. CPC 113.

Art. 211. Os órgãos públicos legitimados poderão tomar dos interessados compromisso de ajustamento de sua conduta às exigências legais, o qual terá eficácia de título executivo extrajudicial.[1]

Art. 211: 1. v. CPC 784.

Art. 212. Para defesa dos direitos e interesses protegidos por esta lei, são admissíveis todas as espécies de ações pertinentes.

§ 1º Aplicam-se às ações previstas neste Capítulo as normas do Código de Processo Civil.

§ 2º Contra atos ilegais ou abusivos de autoridade pública ou agente de pessoa jurídica no exercício de atribuições do Poder Público, que lesem direito líquido e certo previsto nesta lei, caberá ação mandamental, que se regerá pelas normas da lei do mandado de segurança.[1]

Art. 212: 1. v. Lei 12.016, de 7.8.09 (no CPCLPV, tít. MANDADO DE SEGURANÇA).

Art. 213. Na ação que tenha por objeto o cumprimento de obrigação de fazer ou não fazer, o juiz concederá a tutela específica da obrigação ou determinará providências que assegurem o resultado prático equivalente ao do adimplemento.

§ 1º Sendo relevante o fundamento da demanda e havendo justificado receio de ineficácia do provimento final, é lícito ao juiz conceder a tutela liminarmente ou após justificação prévia, citando o réu.

§ 2º O juiz poderá, na hipótese do parágrafo anterior ou na sentença, impor multa diária ao réu, independentemente de pedido do autor, se for suficiente ou compatível com a obrigação, fixando prazo razoável para o cumprimento do preceito.

§ 3º A multa só será exigível do réu após o trânsito em julgado da sentença favorável ao autor, mas será devida desde o dia em que se houver configurado o descumprimento.

Art. 214. Os valores das multas[1] reverterão ao fundo gerido pelo Conselho dos Direitos da Criança e do Adolescente do respectivo município.

§ 1º As multas não recolhidas até trinta dias após o trânsito em julgado da decisão serão exigidas através de execução promovida pelo Ministério Público, nos mesmos autos, facultada igual iniciativa aos demais legitimados.[2]

§ 2º Enquanto o fundo não for regulamentado, o dinheiro ficará depositado em estabelecimento oficial de crédito, em conta com correção monetária.

Art. 214: 1. "sejam elas oriundas de infração administrativa ou de sanções penais" (STJ-4ª T., REsp 547.674, Min. Laurita Vaz, j. 17.8.04, DJU 13.9.04).

Art. 214: 2. "O art. 214, § 1º, da Lei 8.069/90 impõe como necessário o trânsito em julgado da decisão condenatória para que comece a correr o prazo para o pagamento espontâneo da multa, por infração administrativa. Não sendo paga, só então pode o Ministério Público executá-la. Sem o trânsito em julgado da decisão condenatória, não corre prazo para o pagamento espontâneo e não se pode falar em prescrição da execução" (STJ-2ª T., REsp 1.079.589, Min. Eliana Calmon, j. 18.12.08, DJ 18.2.09).

Art. 215. O juiz poderá conferir efeito suspensivo aos recursos, para evitar dano irreparável à parte.

Art. 216. Transitada em julgado a sentença que impuser condenação ao Poder Público, o juiz determinará a remessa de peças à autoridade competente, para apuração da responsabilidade civil e administrativa do agente a que se atribua a ação ou omissão.

Art. 217. Decorridos sessenta dias do trânsito em julgado da sentença condenatória sem que a associação autora lhe promova a execução, deverá fazê-lo o Ministério Público, facultada igual iniciativa aos demais legitimados.

Art. 218. O juiz condenará a associação autora a pagar ao réu os honorários advocatícios arbitrados na conformidade do § 4º do art. 20 da Lei n. 5.869, de 11 de janeiro de 1973 — Código de Processo Civil,[1] quando reconhecer que a pretensão é manifestamente infundada.

Parágrafo único. Em caso de litigância de má-fé, a associação autora e os diretores responsáveis pela propositura da ação serão solidariamente condenados ao décuplo das custas, sem prejuízo de responsabilidade por perdas e danos.

Art. 218: 1. v. CPC 85 § 8º.

Art. 219. Nas ações de que trata este Capítulo, não haverá adiantamento de custas, emolumentos, honorários periciais e quaisquer outras despesas.

Art. 220. Qualquer pessoa poderá e o servidor público deverá provocar a iniciativa do Ministério Público, prestando-lhe informações sobre fatos que constituam objeto de ação civil, e indicando-lhe os elementos de convicção.

Art. 221. Se, no exercício de suas funções, os juízes e tribunais tiverem conhecimento de fatos que possam ensejar a propositura de ação civil, remeterão peças ao Ministério Público para as providências cabíveis.

Art. 222. Para instruir a petição inicial, o interessado poderá requerer às autoridades competentes as certidões e informações que julgar necessárias, que serão fornecidas no prazo de quinze dias.

Art. 223. O Ministério Público poderá instaurar, sob sua presidência, inquérito civil, ou requisitar, de qualquer pessoa, organismo público ou particular, certidões, informações, exames ou perícias, no prazo que assinalar, o qual não poderá ser inferior a dez dias úteis.

§ 1º Se o órgão do Ministério Público, esgotadas todas as diligências, se convencer da inexistência de fundamento para a propositura da ação cível, promoverá o arquivamento dos autos do inquérito civil ou das peças informativas, fazendo-o fundamentadamente.

§ 2º Os autos do inquérito civil ou as peças de informação arquivados serão remetidos, sob pena de se incorrer em falta grave, no prazo de três dias, ao Conselho Superior do Ministério Público.

§ 3º Até que seja homologada ou rejeitada a promoção de arquivamento, em sessão do Conselho Superior do Ministério Público, poderão as associações legitimadas apresentar razões escritas ou documentos, que serão juntados aos autos do inquérito ou anexados às peças de informação.

§ 4º A promoção de arquivamento será submetida a exame e deliberação do Conselho Superior do Ministério Público, conforme dispuser o seu Regimento.

§ 5º Deixando o Conselho Superior de homologar a promoção de arquivamento, designará, desde logo, outro órgão do Ministério Público para o ajuizamento da ação.

Art. 224. Aplicam-se subsidiariamente, no que couber, as disposições da Lei n. 7.347, de 24 de julho de 1985.[1]

Art. 224: **1.** v. Lei 7.347, de 24.7.85 (no CPCLPV, tít. AÇÃO CIVIL PÚBLICA).

Título VII | DOS CRIMES E DAS INFRAÇÕES ADMINISTRATIVAS

Brasília, em 13 de julho de 1990; 169º da Independência e 102º da República — FERNANDO COLLOR — **Bernardo Cabral** — **Carlos Chiarelli** — **Antonio Magri** — **Margarida Procópio**.

Lei n. 12.318, de 26 de agosto de 2010

Dispõe sobre a alienação parental e altera o art. 236¹ da Lei n. 8.069, de 13 de julho de 1990.

O Presidente da República
Faço saber que o Congresso Nacional decreta e eu sanciono a seguinte lei:

Lei 12.318: 1. Ao contrário do que se sugere, por conta do veto ao art. 10 desta lei, o ECA 236 não foi alterado.

Art. 1º Esta lei dispõe sobre a alienação parental.¹

Art. 1º: 1. "Comentários à Lei da alienação parental — Lei n. 12.318, de 26 de agosto de 2010", por Jesualdo Eduardo de Almeida Jr. (RMDCPC 38/60, RJ 396/55); "Alienação parental: identificação, tratamento e prevenção", por Beatrice Marinho Paulo (RBDFS 19/5); "Parentes: guardar ou alienar — a síndrome da alienação parental", por Caetano Lagrasta (RBDFS 25/33); "A síndrome da alienação parental (SAP) sob a perspectiva dos regimes de guarda de menores", por Cristiana Sanchez Gomes Ferreira (RJ 417/9); "O dano moral na alienação parental", por Patrício Jorge Lobo Vieira (RBDFS 31/92); "Os entrelugares do sujeito no discurso: conjugalidade e parentalidade na alienação parental", por Mônica da Silva Cruz e Bruna Barbieri Waquim (RDPr 57/215).

Art. 2º Considera-se ato de alienação parental a interferência na formação psicológica da criança ou do adolescente promovida ou induzida por um dos genitores, pelos avós ou pelos que tenham a criança ou adolescente sob a sua autoridade, guarda ou vigilância para que repudie genitor ou que cause prejuízo ao estabelecimento ou à manutenção de vínculos com este.

Parágrafo único. São formas exemplificativas de alienação parental, além dos atos assim declarados pelo juiz ou constatados por perícia, praticados diretamente ou com auxílio de terceiros:

I — realizar campanha de desqualificação da conduta do genitor no exercício da paternidade ou maternidade;

II — dificultar o exercício da autoridade parental;

III — dificultar contato de criança ou adolescente com genitor;

IV — dificultar o exercício do direito regulamentado de convivência familiar;

V — omitir deliberadamente a genitor informações pessoais relevantes sobre a criança ou adolescente, inclusive escolares, médicas e alterações de endereço;

VI — apresentar falsa denúncia contra genitor, contra familiares deste ou contra avós, para obstar ou dificultar a convivência deles com a criança ou adolescente;

VII — mudar o domicílio para local distante, sem justificativa, visando a dificultar a convivência da criança ou adolescente com o outro genitor, com familiares deste ou com avós.

Art. 3º A prática de ato de alienação parental fere direito fundamental da criança ou do adolescente de convivência familiar saudável, prejudica a realização de afeto nas relações com genitor e com o grupo familiar, constitui abuso moral contra a criança ou o adolescente e descumprimento dos deveres inerentes à autoridade parental ou decorrentes de tutela ou guarda.

Art. 4º Declarado indício de ato de alienação parental, a requerimento ou de ofício, em qualquer momento processual, em ação autônoma ou incidentalmente, o processo terá tramitação prioritária, e o juiz determinará, com urgência, ouvido o Ministério Público, as medidas provisórias necessárias para preservação da integridade psicológica da criança ou do adolescente, inclusive para assegurar sua convivência com genitor ou viabilizar a efetiva reaproximação entre ambos, se for o caso.

Parágrafo único (*redação da Lei 14.340, de 18.5.22*). Assegurar-se-á à criança ou ao adolescente e ao genitor garantia mínima de visitação assistida no fórum em que tramita a ação ou em entidades conveniadas com a Justiça, ressalvados os casos em que há iminente risco de prejuízo à integridade física ou psicológica da criança ou do adolescente, atestado por profissional eventualmente designado pelo juiz para acompanhamento das visitas.

Art. 5º Havendo indício da prática de ato de alienação parental, em ação autônoma ou incidental, o juiz, se necessário, determinará perícia psicológica ou biopsicossocial.

§ 1º O laudo pericial terá base em ampla avaliação psicológica ou biopsicossocial, conforme o caso, compreendendo, inclusive, entrevista pessoal com as partes, exame de documentos dos autos, histórico do relacionamento do casal e da separação, cronologia de incidentes, avaliação da personalidade dos envolvidos e exame da forma como a criança ou adolescente se manifesta acerca de eventual acusação contra genitor.

§ 2º A perícia será realizada por profissional ou equipe multidisciplinar habilitados, exigido, em qualquer caso, aptidão comprovada por histórico profissional ou acadêmico para diagnosticar atos de alienação parental.

§ 3º O perito ou equipe multidisciplinar designada para verificar a ocorrência de alienação parental terá prazo de 90 (noventa) dias para apresentação do laudo, prorrogável exclusivamente por autorização judicial baseada em justificativa circunstanciada.

§ 4º (*redação da Lei 14.340, de 18.5.22*) Na ausência ou insuficiência de serventuários responsáveis pela realização de estudo psicológico, biopsicossocial ou qualquer outra espécie de avaliação técnica exigida por esta Lei ou por determinação judicial, a autoridade judiciária poderá proceder à nomeação de perito com qualificação e experiência pertinentes ao tema, nos termos dos arts. 156 e 465 da Lei n. 13.105, de 16 de março de 2015 (Código de Processo Civil).

Art. 6º Caracterizados atos típicos de alienação parental ou qualquer conduta que dificulte a convivência de criança ou adolescente com genitor, em ação autônoma ou incidental, o juiz poderá, cumulativamente ou não, sem prejuízo da decorrente responsabilidade civil ou criminal e da ampla utilização de instrumentos processuais aptos a inibir ou atenuar seus efeitos, segundo a gravidade do caso:

I — declarar a ocorrência de alienação parental e advertir o alienador;[1]

II — ampliar o regime de convivência familiar em favor do genitor alienado;

III — estipular multa ao alienador;

IV — determinar acompanhamento psicológico e/ou biopsicossocial;

V — determinar a alteração da guarda para guarda compartilhada ou sua inversão;

VI — determinar a fixação cautelar do domicílio da criança ou adolescente;

VII — (revogado pela Lei 14.340, de 18.5.22).

§ 1º Caracterizado mudança abusiva de endereço, inviabilização ou obstrução à convivência familiar, o juiz também poderá inverter a obrigação de levar para ou retirar a criança ou adolescente da residência do genitor, por ocasião das alternâncias dos períodos de convivência familiar.

§ 2º (redação da Lei 14.340, de 18.5.22) O acompanhamento psicológico ou o biopsicossocial deve ser submetido a avaliações periódicas, com a emissão, pelo menos, de um laudo inicial, que contenha a avaliação do caso e o indicativo da metodologia a ser empregada, e de um laudo final, ao término do acompanhamento.

Art. 6º: 1. "A Lei 12.318/2010 prevê que o reconhecimento da alienação parental pode se dar em ação autônoma ou incidentalmente, sem especificar, no entanto, o recurso cabível, impondo, neste aspecto, a aplicação das regras do CPC. O ato judicial que resolve, incidentalmente, a questão da alienação parental tem natureza de decisão interlocutória (§ 2º do art. 162 do CPC); em consequência, o recurso cabível para impugná-lo é o agravo (art. 522 do CPC). Se a questão, todavia, for resolvida na própria sentença, ou se for objeto de ação autônoma, o meio de impugnação idôneo será a apelação, porque, nesses casos, a decisão encerrará a etapa cognitiva do processo na primeira instância" (STJ-3ª T., REsp 1.330.172, Min. Nancy Andrighi, j. 11.3.14, DJ 17.3.14).

Art. 7º A atribuição ou alteração da guarda dar-se-á por preferência ao genitor que viabiliza a efetiva convivência da criança ou adolescente com o outro genitor nas hipóteses em que seja inviável a guarda compartilhada.

Art. 8º A alteração de domicílio da criança ou adolescente é irrelevante para a determinação da competência relacionada às ações fundadas em direito de convivência familiar, salvo se decorrente de consenso entre os genitores ou de decisão judicial.

Art. 8º-A (redação da Lei 14.340, de 18.5.22). Sempre que necessário o depoimento ou a oitiva de crianças e de adolescentes em casos de alienação parental, eles serão realizados obrigatoriamente nos termos da Lei n. 13.431, de 4 de abril de 2017, sob pena de nulidade processual.

Art. 9º (VETADO)

Art. 10. (VETADO)

Art. 11. Esta lei entra em vigor na data de sua publicação.

Brasília, 26 de agosto de 2010; 189º da Independência e 122º da República — LUIZ INÁCIO LULA DA SILVA — **Luiz Paulo Teles Ferreira Barreto — Paulo de Tarso Vannuchi.**

Desapropriação

Decreto-lei n. 3.365, de 21 de junho de 1941

Dispõe sobre desapropriação por utilidade pública.

O Presidente da República, usando da atribuição que lhe confere o art. 180 da Constituição, decreta:

Disposições Preliminares

Art. 1º A desapropriação[1 a 9] por utilidade pública regular-se-á por esta lei, em todo o território nacional.

🔎 **Art. 1º: 1.** "Desapropriação — Perfil atual", por Francisco Geraldo Apoliano Dias (RTJE 150/25); "Observações sobre a desapropriação no direito brasileiro", por Cármen Lúcia Antunes Rocha (RDA 204/33); "Princípios retores da desapropriação", por Edilson Pereira Nobre Jr. (RF 341/39, RTJE 160/95, RDA 209/121, Ajuris 77/219); "O tombamento e o devido processo legal", por Sergio de Andréa Ferreira (RF 339/143); "A indenização por danos morais na desapropriação, após a Constituição Federal de 1988", por Paulo Cesar de Souza (RT 759/47); "Desapropriação urbanística", por Guilherme Calmon Nogueira da Gama (RDA 219/153); "A desapropriação e o princípio da proporcionalidade", por José dos Santos Carvalho Filho (IP 53/69).

Art. 1º: 1a. v. ementário de jurisprudência s/ desapropriação, por Arruda Alvim e outro (RP 34/246).

Art. 1º: 2. v. CF 5º-XXIV, 182 §§ 3º e 4º-III, 184 a 186 e 243; ET 18-*a*, *b* e *d*; v. tb., leis que estabelecem processos de outros casos de desapropriação em notas ao art. 5º.

Art. 1º: 3. s/ fundo de comércio: sendo o expropriado titular, também, de fundo de comércio, a indenização deve abranger o valor deste (RSTJ 56/306 e STJ-Bol. AASP 1.851/185j). No mesmo sentido, acrescentando: "A empresa que esteja temporariamente paralisada ou com problemas fiscais, tal como intervenção estatal, não está despida do seu patrimônio incorpóreo, o qual oscila de valor, a depender do estágio de sua credibilidade no mercado. Situação devidamente sopesada pelo Tribunal de origem que adotou o arbitramento feito pelo perito, estimando o fundo de comércio em 1/3 do patrimônio líquido" (STJ-2ª T., REsp 704.726, Min. Eliana Calmon, j. 15.12.05, DJU 6.3.06).

Art. 1º: 4. Indenização a locatário: é admissível, quando a desapropriação incide sobre "imóvel locado por tempo determinado, ainda que não regido o contrato pela Lei de Luvas. Porém, no caso de locação por tempo indeterminado, ainda que comercial a locação, não subsiste o direito à indenização em razão do ato expropriatório" (RTJ 110/1.292).

"Desapropriação. Imóvel comercial locado por prazo indeterminado. Contrato não regido pela Lei de Luvas. Hipótese em que não é devida indenização ao locatário" (STJ-2ª T., REsp 9.318, Min. Ilmar Galvão, j. 20.5.91, DJU 10.6.91).

"Comprovados os prejuízos sofridos pelo locatário comerciante por força de desapropriação do imóvel em que tinha seu ponto comercial, devem eles ser indenizados, independentemente de estar ou não a locação ao abrigo da Lei de Luvas e de ser determinado ou indeterminado o prazo do contrato" (RJTJERGS 150/498).

"Se o expropriante conhecia a locação, não lhe é lícito alegar a falta de registro, para se esquivar do dever de ressarcir o dano que causou, inviabilizando a locação" (STJ-1ª T., REsp 87.739, Min. Gomes de Barros, j. 5.9.96, DJU 21.10.96).

Art. 1º: 5. "Desapropriação da posse no direito brasileiro", por Jefferson Carús Guedes (RJ 266/24).

Art. 1º: 5a. A desapropriação pode recair apenas sobre a **posse,** cabendo neste caso ao titular de compromisso de compra e venda incidente sobre o imóvel o direito de receber a indenização pela perda de sua posse (RSTJ 58/327, maioria). Neste caso, evidentemente, o expropriado pode levantar o preço da indenização sem ter de fazer prova de domínio (RTJE 157/134).

"Se o expropriante propõe ação contra o possuidor, é porque não queria desapropriar o domínio, mas, simplesmente, a posse" (RSTJ 58/327, 2 votos vencidos).

"A posse de imóvel, como os demais bens, é indenizável, desde que é historicamente negociável e suscetível de valorização e avaliação. É injurídico, todavia, indenizar-se a posse mediante a quantificação integral do imóvel, como se o ressarcimento (ao mesmo possuidor) recaísse sobre a posse e o domínio" (RSTJ 90/83).

Fixando a indenização nesses casos em 60% do valor do terreno, mais o valor total das benfeitorias úteis e necessárias: RSTJ 53/75. Em sentido semelhante, estabelecendo para a indenização montante equivalente a 60% do valor do imóvel: JTJ 318/88 (AP 398.906-5/2-00).

Art. 1º: 6. s/ **desapropriação indireta** e: alienação do imóvel pelo proprietário, v. art. 1º, nota 7b; ação movida por compromissário comprador, v. art. 1º, nota 7c; juros compensatórios, v. art. 15-A e notas; juros de mora, v. art. 15-B e notas; intervenção do MP, v. art. 19, nota 5; adiantamento de honorários periciais, v. art. 23, nota 3b; prescrição, v. art. 24, nota 2a (Súmula 119 do STJ); imóvel foreiro, v. art. 24, nota 8; correção monetária, v. art. 26, nota 15; honorários de advogado, v. art. 27 § 3º-II (especialmente, nota 11); retenção para pagamento de imposto de renda, v. art. 27, nota 9; registro do imóvel em nome do expropriante, v. art. 29, nota 1; citação da Fazenda Pública, para opor embargos à execução, v. art. 29, nota 1a; desistência, v. art. 29, nota 3; laudo com descrição do imóvel, v. art. 29, nota 4a; prova de propriedade, v. art. 34, nota 5; competência, v., no CPCLPV, CF 109, nota 3-Desapropriação e CPC 47, nota 4, outorga conjugal, v., no CPCLPV, CPC 73, nota 2a, valor da causa, v., no CPCLPV, CPC 292, nota 23, cabimento, ou não, de interdito possessório, v., no CPCLPV, CPC 554, nota 2a.

Art. 1º: 6a. Não há litispendência entre a ação de desapropriação direta e a ação de desapropriação indireta porque "a causa de pedir da ação de indenização por desapropriação indireta é o desapossamento ilegal, sem pagamento, enquanto a ação de desapropriação direta fundamenta-se na utilidade pública" (RT 807/436).

Art. 1º: 7. "A expropriação indireta configura esbulho da propriedade particular, de modo que todos os que contribuíram para o ato ilícito respondem solidariamente pela indenização, *ex vi* do art. 1.518 do CC" (RDA 170/170). O art. 1.518 do CC rev. corresponde ao CC 942. V. tb. CC 932.

Mas, no caso de desapropriação indireta, não cabe reivindicação nem possessória ao particular, restando-lhe apenas pleitear indenização por perdas e danos (Bol. AASP 1.586/111).

Art. 1º: 7a. "Na desapropriação indireta, destaca-se a dimensão individual do prejuízo sofrido com o tombamento. Demonstração, no acórdão recorrido, do dano especial sofrido pelo proprietário, o qual resultou no esvaziamento do direito de propriedade" (STF-2ª T., RE 361.127-AgRg, Min. Joaquim Barbosa, j. 15.5.12, DJ 1.8.12).

"O proprietário de imóvel gravado com cláusulas de inalienabilidade, incomunicabilidade, impenhorabilidade, usufruto e fideicomisso tem interesse processual para ingressar com ação de desapropriação indireta quando o referido bem é tombado" (RSTJ 140/97).

Art. 1º: 7b. "Na desapropriação indireta, quem adquire a propriedade imóvel, já ocupada pelo expropriante, mas antes de efetuado o pagamento justo, sub-roga-se no direito à indenização, inclusive no tocante à percepção dos juros compensatórios, devidos desde a ocupação do imóvel" (STJ-1ª T., REsp 9.127, Min. Garcia Vieira, j. 24.4.91, DJU 20.5.91). No mesmo sentido: STJ-2ª T., REsp 35.693-8, Min. Hélio Mosimann, j. 16.8.93, DJU 8.11.93; RTFR 135/139, RT 627/112, RJTJESP 110/155, Bol. AASP 1.503/240, 1.588/124.

Súmula 3 do TJPR: "Os adquirentes de imóvel indiretamente expropriado, mesmo que a aquisição ocorra posteriormente ao apossamento administrativo, têm direito de pleitear indenização contra o expropriante".

Todavia: "Não cabe indenização por desapropriação indireta quando ela ocorreu antes da aquisição do imóvel pelo postulante do direito. Assim, mostra-se ilegítimo o interesse dos recorridos na obtenção da indenização, porquanto adquiriram o imóvel após a intervenção da Administração na propriedade" (STJ-2ª T., REsp 1.681.261, Min. Herman Benjamin, j. 3.10.17, DJ 11.10.17).

V. tb. nota 8.

Art. 1º: 7c. O compromissário comprador de compromisso quitado pode mover ação de desapropriação indireta (JTJ 207/91). **Contra,** porque o compromisso não estava registrado: JTJ 207/92.

Art. 1º: 7d. "Só tem direito a indenização por apossamento administrativo quem prove ter o domínio do bem questionado" (RTJ 123/368). No mesmo sentido: RT 719/139.

Contra: "Não é vedado a quem tenha a posse não derivada do domínio pleitear, em caso de irregular desapossamento por ato ilícito da autoridade administrativa, indenização por via da ação de desapropriação indireta" (RTFR 161/159, maioria).

Ainda contra: o titular de promessa de compra e venda quitada tem, contra o Poder Público, ação de desapropriação indireta do referido bem (RT 685/90, RJTJERGS 173/239, JTJ 174/90).

"Desapropriação indireta. Ajuizamento por compromissário-comprador. Citação do compromitente-vendedor, para integrar a lide, na qualidade de assistente litisconsorcial ativo. O promissário-comprador, na ação de indenização por apossamento administrativo, deve vir acompanhado do promitente-vendedor, ou fazê-lo trazer ao processo, para que a indenização corresponda à integralidade da coisa" (JTJ 177/74).

Art. 1º: 8. "O Dec. 750/93 estabeleceu limitação administrativa para proteger o bioma Mata Atlântica e não retirou do proprietário os poderes inerentes ao domínio, o que inviabiliza a pretendida indenização" (STJ-2ª T., REsp 752.232, Min. Castro Meira, j. 12.6.12, DJ 19.6.12).

"Não há desapropriação indireta sem que haja o efetivo apossamento da propriedade pelo Poder Público. Desse modo, as restrições ao direito de propriedade, impostas por normas ambientais, ainda que esvaziem o conteúdo econômico, não se constituem desapropriação indireta. O que ocorre com a edição de leis ambientais que restringem o uso da propriedade é a limitação administrativa, cujos prejuízos causados devem ser indenizados por meio de uma ação de direito pessoal, e não de direito real, como é o caso da ação em face de desapropriação indireta" (STJ-2ª T., REsp 1.317.806-AgRg, Min. Humberto Martins, j. 6.11.12, DJ 14.11.12).

"A criação de áreas de preservação permanente em decorrência da formação de lagos artificiais sobre imóvel objeto de desapropriação não configura apossamento administrativo dos terrenos marginais. Existe, na hipótese, mera limitação administrativa. Prescreve em cinco anos a pretensão indenizatória decorrente de limitação administrativa" (STJ-2ª T., REsp 1.355.167, Min. Og Fernandes, j. 19.4.18, DJ 25.4.18).

"Se, quando da realização do negócio jurídico relativo a compra e venda de imóvel, já incidiam restrições administrativas, subentende-se que, na fixação do respectivo preço, foi considerada a incidência do referido gravame. Não há de se permitir a utilização do remédio jurídico da ação desapropriatória como forma de ressarcir prejuízo que a parte, conquanto alegue, à toda evidência, não sofreu, visto ter adquirido imóvel que sabidamente deveria ser utilizado com respeito às restrições anteriormente impostas pela legislação estadual" (STJ-1ª Seção, ED no REsp 254.246, Min. João Otávio, j. 12.12.06, dois votos vencidos, DJU 12.3.07).

Todavia: "A criação da Estação Ecológica da Jureia-Itatins, impedindo a exploração de recursos naturais existentes nas áreas por ela abrangida (Lei 6.902, de 1981, art. 7º, § 1º, b), implica a indenização das respectivas propriedades, tenha ou não o Estado de São Paulo se apossado fisicamente dos imóveis; situação jurídica que, por si só, mutila a propriedade" (STJ-RT 759/165: 2ª T., REsp 70.412, maioria).

"Reconhecida a incidência do princípio da boa-fé objetiva em ação de desapropriação indireta, se a aquisição do bem ou de direitos sobre ele ocorrer quando já existente restrição administrativa, fica subentendido que tal ônus foi considerado na fixação do preço. Nesses casos, o adquirente não faz jus a qualquer indenização do órgão expropriante por eventual apossamento anterior. Excetuam-se da tese hipóteses em que patente a boa-fé objetiva do sucessor, como em situações de negócio jurídico gratuito ou de vulnerabilidade econômica do adquirente. No caso, o imóvel foi recebido por doação, um ano após o apossamento, e as recorrentes são sujeito vulnerável, fazendo jus ao benefício da justiça gratuita, o que evidencia boa-fé objetiva e atrai a exceção prevista na tese apresentada" (STJ-1ª Seção, REsp 1.750.660, Min. Herman Benjamin, j. 10.3.21, maioria, DJ 11.5.21).

V. tb. nota 7b e art. 2º, nota 4a. Em matéria de prescrição, v. Dec. 20.910/32, art. 1º, nota 3c, no tít. PRESCRIÇÃO E DECADÊNCIA.

Art. 1º: 8a. "Para que se tenha por caracterizada situação que imponha ao particular a substituição da prestação específica (restituir a coisa vindicada) por prestação alternativa (indenizá-la em dinheiro), com a consequente transferência compulsória do domínio ao Estado, é preciso que se verifiquem, cumulativamente, as seguintes circunstâncias: (a) o apossamento do bem pelo Estado, sem prévia observância do devido processo de desapropriação; (b) a afetação do bem, isto é, sua destinação à utilização pública; e (c) a impossibilidade material da outorga da tutela específica ao proprietário, isto é, a irreversibilidade da situação fática resultante do indevido apossamento e da afetação" (STJ-RF 390/365: 1ª T., REsp 628.588, um voto vencido). Esse acórdão foi confirmado no julgamento dos subsequentes embargos de divergência (STJ-1ª Seção, ED no REsp 628.588, Min. Eliana Calmon, j. 10.12.08, DJ 9.2.09).

V. tb. art. 29, notas 2 e 2a.

Art. 1º: 9. O **condomínio por unidades autônomas,** instituído conforme a Lei 4.591, de 16.12.64, tem legitimidade, através do síndico, para propor a ação de desapropriação indireta, em razão de esbulho possessório cometido pela administração pública sobre parte da área comum (STJ-2ª T., REsp 412.774, Min. Eliana Calmon, j. 4.6.02, DJU 19.8.02).

Tratando-se de **condomínio comum**, "o condômino pode pedir, independentemente da anuência dos demais coproprietários, a indenização do imóvel expropriado irregularmente pelo Poder Público". Nesse caso, "não obstante o poder público seja condenado a indenizar todos os condôminos, inclusive os que não participaram do processo, cada qual só pode receber o valor correspondente à sua parte ideal no condomínio", ou seja, "o condômino tem legitimidade para pedir a indenização integral do imóvel, mas só recebe a quota relativa aos seus haveres" (RSTJ 104/219: 2ª T., REsp 114.579; a citação é do voto do relator).

Não se exige dos coproprietários de bem objeto de desapropriação indireta a formação de litisconsórcio necessário para a respectiva ação de indenização contra o poder desapropriante. "A ação de indenização por desapropriação indireta decorre de verdadeiro esbulho possessório, posto não precedida do decreto expropriatório regular, revestindo-se, assim, de caráter nitidamente indenizatório, reclamando a aplicação das regras da solidariedade, que ensejam o **litisconsórcio facultativo**" (STJ-1ª T., REsp 300.196, Min. Luiz Fux, j. 12.8.03, um voto vencido, DJU 15.12.03). No mesmo sentido: JTJ 147/204, 161/103.

Art. 2º Mediante declaração de utilidade pública,[1] todos os bens[2] poderão ser desapropriados,[3 a 5] pela União,[6] pelos Estados, Municípios, Distrito Federal e Territórios.

§ 1º A desapropriação do espaço aéreo ou do subsolo só se tornará necessária, quando de sua utilização resultar prejuízo patrimonial do proprietário do solo.

§ 2º Os bens do domínio dos Estados, Municípios, Distrito Federal e Territórios poderão ser desapropriados pela União, e os dos Municípios pelos Estados, mas, em qualquer caso, ao ato deverá preceder autorização legislativa.[7 a 8a]

§ 3º É vedada a desapropriação, pelos Estados, Distrito Federal, Territórios e Municípios de ações, cotas e direitos representativos do capital de instituições e empresas cujo funcionamento dependa de autorização do Governo Federal e se subordine à sua fiscalização, salvo mediante prévia autorização,[9] por decreto do Presidente da República.[10]

Art. 2º: 1. "É nulo decreto declaratório de utilidade ou necessidade pública, onde não se especifica a finalidade da desapropriação" (STJ-RDA 200/190). No mesmo sentido: JTJ 206/44, JTA 61/219.

Art. 2º: 2. s/ desapropriação de imóvel enfitêutico, v. art. 24, nota 8.

Art. 2º: 3. Súmula 479 do STF: "As **margens dos rios navegáveis** são de domínio público, insuscetíveis de expropriação e, por isso mesmo, excluídas de indenização" (aplicando esta Súmula: RTJ 133/348).

Não se aplica a Súmula 479 às terras marginais "que estão efetivamente no domínio particular por título legítimo convalidado, reconhecido ou concedido em face da Lei Imperial de n. 601, de 1850" (RSTJ 105/128).

"Os terrenos marginais aos rios navegáveis e situados entre Estados, por constituírem bens do domínio público, estão forros à indenização, em caso de desapropriação, salvo se pertencerem ao particular por título legítimo. As terras marginais, em face de preceito constitucional, só são indenizáveis acaso se reconhecesse, nas instâncias ordinárias, que os expropriados usavam e dispunham das terras reservadas como se proprietários fossem, a título legítimo, delas retirando rendimentos, mediante a ocupação e o cultivo" (RSTJ 99/80).

"Segundo o art. 11 do Código de Águas (Decreto n. 24.643/34), os terrenos que margeiam os rios navegáveis são bens públicos dominicais, salvo se por algum título legítimo não pertencerem ao domínio particular. Até prova em contrário, presume-se que os 'terrenos reservados' pertencem ao domínio público, presunção que pode ser ilidida por documento idôneo, comprobatório da propriedade particular. A questão relativa à indenizabilidade dos 'terrenos reservados' passa pela definição do domínio. Se a titularidade é do Poder Público, estas áreas devem ser excluídas do valor da indenização, tal como preconizado na Súmula 479 da Suprema Corte. Se o particular comprova a concessão por título legítimo, nos termos do § 1º do art. 11 do Código de Águas, o valor dos terrenos reservados deve ser incluído na indenização, à semelhança do que ocorre com os terrenos de marinha" (STJ-1ª Seção, ED no REsp 617.822, Min. Castro Meira, j. 9.11.05, DJU 21.11.05).

O expropriante não pode, por ato unilateral, fixar o ponto médio das enchentes ordinárias (RTFR 102/71).

Art. 2º: 4. Súmula 142 do TFR: "A **limitação** administrativa *non aedificandi* imposta aos terrenos marginais das estradas de rodagem, em zona rural, não afeta o domínio do proprietário, nem obriga a qualquer indenização" (v. jurisprudência s/ esta Súmula em RTFR 109/147 a 188).

A simples limitação administrativa não se equipara ao apossamento administrativo, nem à desapropriação (RTJ 157/674).

Art. 2º: 4a. "A circunstância de o Estado dispor de competência para criar reservas florestais não lhe confere a prerrogativa de subtrair-se ao pagamento de indenização compensatória ao particular, quando a atividade pública, decorrente do exercício de atribuições em tema de direito florestal, impedir ou afetar a válida exploração econômica do imóvel por seu proprietário" (RTJ 158/205: 1ª T., RE 134.297).

"No ressarcimento por desapropriação, a floresta de preservação permanente que recobre o terreno deve ser indenizada pelo valor econômico que sua exploração poderia gerar, não fosse a vedação administrativa que a impede. Deixar de indenizar as florestas seria punir quem as preservou, homenageando aqueles que as destruíram" (RSTJ 85/118: 1ª T., REsp 77.359).

Todavia: "A indenização da cobertura vegetal, em separado da terra nua, é inviável quando for insusceptível de exploração econômica, como na hipótese dos autos, uma vez que a área já havia sido declarada como de preservação permanente em data anterior ao decreto expropriatório que fundamentou o pedido indenizatório" (STJ-1ª T., REsp 779.310, Min. Luiz Fux, j. 23.9.08, DJ 16.10.08). No mesmo sentido: STJ-2ª T., REsp 403.571, Min. João Otávio, j. 4.8.05, DJ 29.8.05.

V. tb. art. 1º, nota 8.

Art. 2º: 5. A desapropriação pode incidir em área inferior ao módulo da propriedade rural (**Dec. 62.504, de 8.4.68,** art. 2º-I, em Lex 1968/466).

Art. 2º: 6. "A expropriação de bens dominicais de outras unidades federadas pela União Federal", por Fábio Konder Comparato (RT 723/111).

Art. 2º: 7. Não é admissível que Estado-membro desaproprie qualquer bem de outro Estado-membro (RTJ 77/48, RDA 128/330).

Município não pode desapropriar bem de outro Município (RTJ 87/542; v. tb. RT 482/160).

"É vedado ao Município desapropriar bens de propriedade da União ou de suas autarquias e fundações, sem prévia autorização, por decreto, do Presidente da República" (STJ-2ª T., REsp 1.188.700, Min. Eliana Calmon, j. 18.5.10, DJ 25.5.10).

"Por lei, tendo a União Federal participação majoritária na sociedade de economia mista, patenteado está o seu interesse. Não pode, por consequência, o Município desapropriar área da sociedade, sob pena de desrespeito ao estruturamento hierárquico do Estado" (STJ-RDA 187/249: 1ª T., RMS 1.167, maioria). Esse acórdão foi confirmado pelo STF: "A Cia. Docas do Rio de Janeiro, sociedade de economia mista federal, incumbida de explorar o serviço portuário em regime de exclusividade, não pode ter bem desapropriado pelo Estado" (STF-RTJ 153/337 e RT 707/221: Pleno, RE 172.816, um voto vencido).

"Desapropriação, por município, de imóvel pertencente a Rede Ferroviária Federal. Não havendo dúvida de que o imóvel integra o patrimônio da União Federal, e como tal está abrangido pela norma do § 3º do art. 2º do Dec. lei 3.365/41, com a redação dada pelo Dec. lei 856/69, a sua desapropriação só é possível após a autorização do Presidente da República" (STF-2ª T., RE 115.665, Min. Carlos Madeira, j. 18.3.88, DJ 15.4.88). No mesmo sentido: STJ-RT 727/148 (2ª T., REsp 71.266).

Todavia, afirmando possível a desapropriação, pelo Estado-membro, "de bens de autarquia federal não afetados a uma atividade administrativa": TFR-RDA 173/132 e RDP 87/258.

"É admissível a expropriação, por parte do município, de bens de concessionários de serviços públicos em que figura como concedente a União, ou o Estado" (RT 541/176).

Art. 2º: 8. Havendo desapropriação concomitante decretada pelo Estado e pelo Município, prevalece aquela (RTJ 125/330 e STF-RDA 168/258), especialmente se "voltada para o mesmo objetivo e editada com o propósito de obviar embaraços opostos à Municipalidade" quanto à legitimidade para propor a ação (STJ-2ª T., REsp 8.709, Min. Ilmar Galvão, j. 17.4.91, DJU 13.5.91).

Art. 2º: 8a. "A desapropriação, pelo Estado-membro, de bem público de uso comum do município garante a este o direito à indenização" (STF-RDA 138/127).

Art. 2º: 9. Súmula 157 do STF: "É necessária prévia autorização do Presidente da República para desapropriação, pelos Estados, de **empresa de energia elétrica**".

Súmula 62 do TFR (Empresa de energia elétrica): "Compete à Justiça Federal processar e julgar ação de desapropriação promovida por concessionária de energia elétrica, se a União intervém como assistente" (v. jurisprudência s/ esta Súmula em RTFR 80/10). **Todavia,** se a União não intervém no feito, a competência é da Justiça Estadual (STF-1ª T., RE 210.148-6, Min. Octavio Gallotti, j. 5.5.98, DJU 18.9.98).

Art. 2º: 10. O § 3º foi acrescentado pelo Dec. lei 856, de 11.9.69.

Art. 3º Os concessionários de serviços públicos e os estabelecimentos de caráter público ou que exerçam funções delegadas de poder público poderão promover desapropriações mediante autorização expressa, constante de lei ou contrato.

Art. 4º A desapropriação poderá abranger a área contígua necessária ao desenvolvimento da obra a que se destina, e as zonas que se valorizarem extraordinariamente, em consequência da realização do serviço. Em qualquer caso, a declaração de utilidade pública deverá compreendê-las, mencionando-se quais as indispensáveis à continuação da obra e as que se destinam à revenda.

Parágrafo único (*acrescido pela Lei 12.873, de 24.10.13*). Quando a desapropriação destinar-se à urbanização ou à reurbanização realizada mediante concessão ou parceria público-privada, o edital de licitação poderá prever que a receita decorrente da revenda ou utilização imobiliária integre projeto associado por conta e risco do concessionário, garantido ao poder concedente no mínimo o ressarcimento dos desembolsos com indenizações, quando estas ficarem sob sua responsabilidade.

Art. 5º Consideram-se casos de utilidade pública:[1 a 4]
a) a segurança nacional;
b) a defesa do Estado;
c) o socorro público em caso de calamidade;
d) a salubridade pública;
e) a criação e melhoramento de centros de população, seu abastecimento regular de meios de subsistência;
f) o aproveitamento industrial das minas e das jazidas minerais, das águas[5] e da energia hidráulica;
g) a assistência pública, as obras de higiene e decoração, casas de saúde, clínicas, estações de clima e fontes medicinais;
h) a exploração ou a conservação dos serviços públicos;
i) a abertura, conservação e melhoramento de vias ou logradouros públicos; a execução de planos de urbanização;[5a-6] o parcelamento do solo, com ou sem edificação, para sua melhor utilização econômica, higiênica ou estética;[7] a construção ou ampliação de distritos industriais;[8 a 10]
j) o funcionamento dos meios de transporte coletivo;
k) a preservação e conservação dos monumentos históricos e artísticos, isolados ou integrados em conjuntos urbanos ou rurais, bem como as medidas necessárias a manter-lhes e realçar-lhes os aspectos mais valiosos ou característicos e, ainda, a proteção de paisagens e locais particularmente dotados pela natureza;
l) a preservação e a conservação adequada de arquivos, documentos e outros bens móveis de valor histórico ou artístico;
m) a construção de edifícios públicos, monumentos comemorativos e cemitérios;
n) a criação de estádios, aeródromos ou campos de pouso para aeronaves;
o) a reedição ou divulgação de obra ou invento de natureza científica, artística ou literária;
p) os demais casos previstos por leis especiais.

§ 1º A construção ou ampliação de distritos industriais, de que trata a alínea *i* do *caput* deste artigo, inclui o loteamento das áreas necessárias à instalação de indústrias e atividades correlatas, bem como a revenda ou locação dos respectivos lotes a empresas previamente qualificadas.[11]

§ 2º A efetivação da desapropriação para fins de criação ou ampliação de distritos industriais depende de aprovação, prévia e expressa, pelo Poder Público competente, do respectivo projeto de implantação.[12]

§ 3º Ao imóvel desapropriado para implantação de parcelamento popular, destinado às classes de menor renda, não se dará outra utilização nem haverá retrocessão.[13-14]

Art. 5º: 1. Outros casos de desapropriação:

Dec. 24.643, de 10.7.34 — Decreta o Código de Águas. V. arts. 33 e 151-*b*.

Lei 10.257, de 10.7.01 — Regulamenta os arts. 182 e 183 da Constituição Federal, estabelece diretrizes gerais da política urbana e dá outras providências (Lex 2001/3.153). O art. 8º estabelece, em favor do Município, a possibilidade de desapropriar, em caso de não cumprimento, pelo proprietário, da obrigação de parcelamento, edificação ou utilização do imóvel.

Art. 5º: 1a. "Ao Poder Executivo interdita-se considerar de utilidade pública, para fins de desapropriação, situações não definidas em formas legais ou que, nestas, não sejam de manifesta compreensão" (RTJ 161/582).

Art. 5º: 2. "Têm o Município e o Estado competência para desapropriar imóvel rural por utilidade pública" (STF-RT 595/266).

Art. 5º: 3. "A expropriação de imóvel a favor de pessoa jurídica de direito privado somente se legitima se se tratar de concessionário de serviços públicos ou de delegado de função pública, ou afetado, o bem expropriado, ao serviço público" (RTJ 72/479).

Art. 5º: 4. v. nota 2 ao art. 2º da Lei 4.132, de 10.9.62.

Art. 5º: 5. v. Código de Águas, Dec. 24.643, de 10.7.34, arts. 33 e 151-*b*.

Art. 5º: 5a. "Desapropriação para fins de reforma urbana", por Edilson Pereira Nobre Jr. (RT 799/52).

Art. 5º: 6. É constitucional a desapropriação para execução de plano de reurbanização (RTJ 86/155). No mesmo sentido: RTJ 90/217, STF-RDA 132/175.

Art. 5º: 7. Lei 6.766, de 19.12.79 — Dispõe sobre o parcelamento do solo urbano e dá outras providências (v. tít. PROMESSA DE COMPRA E VENDA E LOTEAMENTO, ínt.): **"Art. 44.** O Município, o Distrito Federal e o Estado poderão expropriar áreas urbanas ou de expansão urbana para reloteamento, demolição, reconstrução e incorporação, ressalvada a preferência dos expropriados para a aquisição de novas unidades".

Art. 5º: 8. Redação da alínea *i* de acordo com a Lei 9.785, de 29.1.99.

Art. 5º: 9. v. §§ 1º e 2º.

Art. 5º: 10. s/ desapropriação para implantação de distrito industrial, v. STF-RTJ 90/265, 92/422, 92/746, 94/798, 95/407; STF-RDA 137/158, 138/137, 138/154.

"Ação de desapropriação. Imóvel rural, destinado à instalação de distrito industrial. A nova Carta de 1988 não revogou os diplomas legais disciplinadores das expropriações da espécie destes autos, havendo-os, ao revés, adotado, no que com ela não colidirem" (STJ-2ª T., REsp 8.709, Min. Ilmar Galvão, j. 17.4.91, DJU 13.5.91).

"O decreto expropriatório editado com fundamento no art. 5º, *i*, do Decreto-Lei 3.365/41, beneficiando uma única empresa privada, contém vício de finalidade que o torna nulo, na medida em que se desvia do interesse público, contrariando, ainda, os princípios da impessoalidade e da moralidade administrativa" (STJ-1ª T., RMS 18.703, Min. Denise Arruda, j. 28.11.06, dois votos vencidos, DJU 29.3.07).

Art. 5º: 11. O § 1º foi acrescentado pela Lei 6.602, de 7.12.78.

Art. 5º: 12. O § 2º foi acrescentado pela Lei 6.602, de 7.12.78.

Art. 5º: 13. O § 3º foi acrescentado pela Lei 9.785, de 29.1.99.

Art. 5º: 14. v. LRP 167-I-36.

Art. 6º A declaração de utilidade pública[1 a 2a] far-se-á por decreto do Presidente da República, Governador, Interventor ou Prefeito.[3-4]

Art. 6º: 1. Súmula 23 do STF: "Verificados os pressupostos legais para o **licenciamento da obra**, não o impede a declaração de utilidade pública para desapropriação do imóvel, mas o valor da obra não se incluirá na indenização, quando a desapropriação for efetivada". Neste sentido: RT 669/89.

Art. 6º: 1a. "A declaração de utilidade pública que exonera a Fazenda Pública de indenizar as benfeitorias úteis é a que identifica o imóvel e o respectivo proprietário; não tem esse efeito aquela que descreve mal o imóvel e deixa de nominar quem no Ofício Imobiliário aparece como proprietário" (STJ-2ª T., REsp 79.401, Min. Ari Pargendler, j. 25.9.97, DJU 13.10.97).

Art. 6º: 2. "No ato de declaração, o órgão expropriante tem de mencionar o caso de necessidade ou utilidade em que o ato de expropriação se enquadra, e individuar a obra que motivou a desapropriação", sob pena de extinção do processo (RJTJESP 133/61).

"É lícito ao Poder Judiciário declarar nulo decreto expropriatório onde se verifica desvio de poder. É nulo decreto declaratório de utilidade ou necessidade pública, onde não se especifica a finalidade da desapropriação" (STJ-RDA 200/190).

Art. 6º: 2a. "A simples declaração de utilidade pública, para fins de desapropriação, não retira do proprietário do imóvel o direito de usar, gozar e dispor do seu bem, podendo até aliená-lo" (RSTJ 134/155).

Art. 6º: 3. "Não havendo no Município imprensa oficial ou diário oficial, a publicação de suas leis e atos administrativos pode ser feita por afixação na Prefeitura e na Câmara Municipal" (RSTJ 100/83). No mesmo sentido: RJTJERGS 150/396.

Art. 6º: 4. O prazo para impetração de mandado de segurança contra decreto expropriatório conta-se de sua publicação no *Diário Oficial* (v., no CPCLPV, LMS 23, nota 4).

> **Art. 7º** Declarada a utilidade pública, ficam as autoridades administrativas autorizadas a penetrar nos prédios[1] compreendidos na declaração, podendo recorrer, em caso de oposição, ao auxílio de força policial.
>
> Àquele que for molestado por excesso ou abuso de poder, cabe indenização por perdas e danos, sem prejuízo da ação penal.

Art. 7º: 1. "O art. 7º do Dec. lei n. 3.365/41 e a inviolabilidade do domicílio", por José Sérgio Monte Alegre (RDA 203/71).

> **Art. 8º** O Poder Legislativo poderá tomar a iniciativa da desapropriação, cumprindo, neste caso, ao Executivo, praticar os atos necessários à sua efetivação.

> **Art. 9º** Ao Poder Judiciário é vedado, no processo de desapropriação, decidir se se verificam ou não os casos de utilidade pública.[1 a 3]

Art. 9º: 1. "Cabe ao Poder Judiciário decidir se a desapropriação corresponde à finalidade constitucionalmente prevista de destinar-se o bem expropriado a fins de necessidade ou utilidade pública, ou de interesse social" (RTJ 72/479).

"Conquanto ao Judiciário seja defeso incursionar sobre a oportunidade e conveniência de desapropriação, pode e deve ele escandir os elementos que indicam a legitimidade do ato, bem como a finalidade, pois aí reside o freio à discricionariedade, por isso que a declaração de utilidade pública terá de indicar, precisamente, o fim a que se destina a expropriação. Tendo em conta o interesse público, é vedado à administração desapropriar 'para construção de imóveis' sem especificar a perseguição do interesse público, é dizer, a finalidade. Se a finalidade referida no decreto expropriatório é fraudada, desmerece-se, por si própria, a desapropriação" (RSTJ 13/272 e STJ-RDA 179/181, maioria).

"Merece temperamentos a interpretação do art. 9º da Lei de Desapropriação, segundo o qual fica excluída da apreciação judicial, no processo expropriatório, a verificação dos casos de utilidade pública. Como é cediço, por força de tal disposição legal, é vedado ao Poder Judiciário, na ação de desapropriação, decidir sobre a ocorrência do caso de utilidade pública, mas não está impedido de apreciar o fundamento desta. Na estrita via do *writ of mandamus*, se é impossível a prova da situação fática à época da declaração de utilidade pública, inadmissível perquirir-se a razão de tal declaração. Na espécie, indicada a finalidade do ato declaratório de utilidade pública (instalação de edifício público para servir de centro cultural), não há falar em desvio de poder" (RSTJ 73/243).

Art. 9º: 2. Cabe mandado de segurança para impedir desapropriação decretada com manifesto desvio de poder (RJTJESP 131/105).

Art. 9º: 3. "O decreto que declara um imóvel de utilidade pública, para fins de desapropriação, é ato administrativo e não ato normativo, cabendo contra ele a propositura de ação ordinária visando à sua anulação, e não ação direta de inconstitucionalidade" (RTJ 161/582).

Art. 10. A desapropriação deverá efetivar-se mediante acordo[1] ou intentar-se judicialmente dentro de cinco anos,[1a] contados da data da expedição do respectivo decreto e findos os quais este caducará.

Neste caso, somente decorrido um ano, poderá ser o mesmo bem objeto de nova declaração.

Parágrafo único (redação da Med. Prov. 2.183-56, de 24.8.01). Extingue-se em cinco anos o direito de propor ação que vise a indenização por restrições decorrentes de atos do Poder Público.

Art. 10: 1. Não vale o simples acordo administrativo, não seguido de escritura pública, podendo, portanto, o expropriado contestar a ação e aduzir que o acordo lhe era prejudicial (RJTJESP 103/96, 109/246).

V. tb. art. 22, nota 2.

Art. 10: 1a. "A lei não fixa o prazo dentro do qual o bem deve ser utilizado pela entidade expropriante. Por isso, antes do quinquênio, pode manifestar-se a violação do destino e após ele pode ainda não se ter produzido" (RSTJ 81/193).

Art. 10-A. O poder público deverá notificar o proprietário e apresentar-lhe oferta de indenização.[1]

§ 1º A notificação de que trata o *caput* deste artigo conterá:

I — cópia do ato de declaração de utilidade pública;

II — planta ou descrição dos bens e suas confrontações;

III — valor da oferta;

IV — informação de que o prazo para aceitar ou rejeitar a oferta é de 15 (quinze) dias e de que o silêncio será considerado rejeição;

V — (VETADO).

§ 2º Aceita a oferta e realizado o pagamento, será lavrado acordo, o qual será título hábil para a transcrição no registro de imóveis.

§ 3º Rejeitada a oferta, ou transcorrido o prazo sem manifestação, o poder público procederá na forma dos arts. 11 e seguintes deste Decreto-Lei.

Art. 10-A: 1. O art. 10-A foi acrescido pela Lei 13.867, de 26.8.19.

Art. 10-B. Feita a opção pela mediação ou pela via arbitral, o particular indicará um dos órgãos ou instituições especializados em mediação ou arbitragem previamente cadastrados pelo órgão responsável pela desapropriação.[1]

§ 1º A mediação seguirá as normas da Lei n. 13.140, de 26 de junho de 2015, e, subsidiariamente, os regulamentos do órgão ou instituição responsável.

§ 2º Poderá ser eleita câmara de mediação criada pelo poder público, nos termos do art. 32 da Lei n. 13.140, de 26 de junho de 2015.

§ 3º (VETADO).

§ 4º A arbitragem seguirá as normas da Lei n. 9.307, de 23 de setembro de 1996, e, subsidiariamente, os regulamentos do órgão ou instituição responsável.

§ 5º (VETADO).

Art. 10-B: 1. O art. 10-B foi acrescido pela Lei 13.867, de 26.8.19.

Do Processo Judicial

Art. 11. A ação, quando a União for autora, será proposta no Distrito Federal ou no foro da capital do Estado onde for domiciliado o réu,[1] perante o juízo privativo, se houver; sendo outro o autor, no foro da situação dos bens.[2-3]

Art. 11: 1. "Se o imóvel expropriado possui áreas comuns de uso do povo, que são do domínio da Municipalidade, tem esta interesse em participar no polo passivo da desapropriação" (JTJ 159/205).

Art. 11: 2. s/ desapropriação de bem de espólio, v., no CPCLPV, CPC 48, nota 5.

Art. 11: 3. Afirmando que, mesmo no caso de a União figurar como autora no processo, é competente para a ação de desapropriação o foro da situação do imóvel desapropriando: STJ-1ª Seção, CC 111.116, Min. Herman Benjamin, j. 24.11.10, DJ 1.2.11.

Art. 12. Somente os juízes que tiverem garantia de vitaliciedade,[1] inamovibilidade e irredutibilidade de vencimentos poderão conhecer dos processos de desapropriação.

Art. 12: 1. v. CF 95-I.

Art. 13. A petição inicial, além dos requisitos previstos no Código de Processo Civil,[1 a 2a] conterá a oferta do preço e será instruída com um exemplar do contrato, ou do jornal oficial que houver publicado o decreto de desapropriação,[3] ou cópia autenticada dos mesmos, e a planta ou descrição dos bens e suas confrontações.

Parágrafo único. Sendo o valor da causa igual ou inferior a dois contos de réis, dispensam-se os autos suplementares.

Art. 13: 1. v. CPC 319 (s/ petição inicial).

Art. 13: 1a. "Para propor e processar desapropriação de imóvel, **não se exige** como prova o **registro imobiliário**" (RSTJ 142/172).

Art. 13: 2. Admite-se a inicial **sem individuação dos expropriados,** quando desconhecidos (RJTJESP 103/181).

Art. 13: 2a. "O **depósito prévio** da quantia arbitrada a título de indenização é obrigatório apenas para o deferimento do pedido de imissão provisória na posse do bem desapropriado. Sua ausência justifica somente o indeferimento de tal pleito, nos termos do art. 15 do citado decreto, e **não** a **extinção do feito** sem resolução de mérito" (STJ-2ª T., REsp 1.835.339, Min. Herman Benjamin, j. 21.11.19, DJ 19.12.19).

Art. 13: 3. A exigência de juntada, à petição inicial, de exemplar do jornal oficial que houver publicado o decreto deve ser relevada nas desapropriações promovidas por Municípios que não disponham de imprensa oficial (RTJ 90/1.100, 94/1.275). No mesmo sentido, acrescentando que não equivale a jornal oficial o que destina apenas uma parte à divulgação de atos oficiais: STJ-2ª T., REsp 43.864-0, Min. Pádua Ribeiro, j. 17.10.96, DJU 11.11.96.

Art. 14. Ao despachar a inicial,[1] o juiz designará um perito[2-3] de sua livre escolha, sempre que possível técnico, para proceder à avaliação dos bens.

Parágrafo único. O autor e o réu poderão indicar assistente técnico[4-5] do perito.

Art. 14: 1. s/ desnecessidade de intervenção do MP, v. art. 19, nota 5.

Art. 14: 2. s/ perícia e laudo, v. art. 23 e notas e CPC 464 a 480.

Art. 14: 3. "Ao conferir à Comissão de Peritos constituída pelos juízes competência sobre desapropriações de terreno de imóveis situados em uma mesma zona, abrangendo diversidade de áreas, padronizam-se os critérios e valores indenizatórios, possibilitando-se decisões harmônicas e não discrepantes" (RT 721/125).

Art. 14: 4. v. CPC 465 § 1º-II, 84 e 95.

Art. 14: 5. Súmula 34 do TRF-1ª Região (Parecer do assistente técnico): "Na ação de desapropriação o parecer do assistente técnico pode ser juntado aos autos a qualquer tempo, antes de proferida a sentença" (RT 732/425).

Art. 15. Se o expropriante alegar urgência[1] e depositar[1a a 1c] quantia arbitrada de conformidade com o art. 685 do Código de Processo Civil,[2] o juiz mandará imiti-lo[2a-2b] provisoriamente[3 a 7] na posse dos bens.[7a]

§ 1º A imissão provisória poderá ser feita, independente da citação do réu, mediante o depósito:[8 a 10]

a) do preço oferecido, se este for superior a 20 (vinte) vezes o valor locativo, caso o imóvel esteja sujeito ao imposto predial;

b) da quantia correspondente a 20 (vinte) vezes o valor locativo, estando o imóvel sujeito ao imposto predial e sendo menor o preço oferecido;

c) do valor cadastral[10a] do imóvel, para fins de lançamento do imposto territorial, urbano ou rural, caso o referido valor tenha sido atualizado no ano fiscal imediatamente anterior;[10b]

d) não tendo havido a atualização a que se refere o inciso *c*, o juiz fixará, independente de avaliação, a importância do depósito, tendo em vista a época em que houver sido fixado originariamente o valor cadastral e a valorização ou desvalorização posterior do imóvel.[10c]

§ 2º A alegação de urgência, que não poderá ser renovada, obrigará o expropriante a requerer a imissão provisória dentro do prazo[11] improrrogável de 120 (cento e vinte) dias.[12]

§ 3º Excedido o prazo fixado no parágrafo anterior não será concedida a imissão provisória.[13-14]

§ 4º A imissão provisória na posse será registrada no registro de imóveis competente.[15]

Art. 15: 1. "A urgência exigida para os efeitos da imissão de posse pode ser alegada pelo expropriante em juízo, ainda que não conste do decreto de declaração de utilidade pública" (STJ-2ª T., REsp 80.002, Min. Ari Pargendler, j. 16.10.97, DJU 10.11.97).

Todavia: "Mesmo que se entenda, em interpretação literal, que ao Poder Público basta alegar a urgência, tal requisito deve ser compreendido de forma sistemática. Tutela com base em juízo de verossimilhança que não dispensa a razoabilidade da alegação. Impossibilidade de afirmação genérica de urgência. Ausência de informações nos autos que permitam presumir urgência tamanha que impossibilite sequer aguardar a realização de perícia. Ponderação entre o interesse público e o direito fundamental à justa e prévia indenização. Posse que possui conteúdo econômico. Impossibilidade do exercício de tal direito que, na prática, constitui a indisponibilidade do bem pelo proprietário, devendo ser abrangida pela norma contida no art. 5º, XXIV da CRFB" (RT 921/1.088: TJRJ, AI 0058573-46.2011.8.19.0000).

Art. 15: 1a. v. art. 13, nota 2a.

Art. 15: 1b. "Subsiste, no regime da Constituição Federal de 1988 (art. 5º, XXIV) a jurisprudência firmada pelo Supremo Tribunal sob a égide das Cartas anteriores, ao assentar que só a perda da propriedade, no final da ação de desapropriação — e não a imissão provisória na posse do imóvel — está compreendida na garantia da justa e prévia indenização" (RTJ 159/1.054, 165/313). No mesmo sentido: STF-RT 788/188, 802/143, STF-RF 350/203, STF-RDA 216/250, RTJ 164/387. Ainda: RT 874/343 (TJRS, AI 70018661157).

"É constitucional o disposto no art. 15 do Dec. lei 3.365/41, que admite, em casos de urgência, a imissão provisória na posse pelo poder público no imóvel expropriado, sem a necessidade do pagamento prévio e integral da indenização, eis que tal providência só se aplica no caso de indenização final que precede à transferência definitiva do domínio" (STF-RT 747/191).

"O art. 15 do Dec. lei 3.365/41, em seu parágrafo primeiro, deixa claro que a imissão provisória na posse pode ocorrer antes mesmo da citação do expropriado, o que torna evidente que a avaliação do imóvel não deve ser prévia, mas de realização diferida à instrução do processo" (STJ-2ª T., REsp 692.519, Min. Castro Meira, j. 15.8.06, DJU 25.8.06). No caso, o valor cadastral fiscal atualizado foi o parâmetro utilizado para o depósito inicial.

Todavia: "O *caput* do art. 15 do Dec. lei n. 3.365/41 está em vigor, estando os seus parágrafos derrogados pelo texto constitucional superveniente. Não nega vigência ao art. 15 do Dec. lei n. 3.365, de 21.6.41, nem ao art. 3º do

Dec. lei n. 1.075, de 22.1.70, o acórdão que condiciona a imissão provisória na posse do imóvel expropriado ao prévio depósito do seu valor, fixado em **avaliação prévia**" (RSTJ 51/117). No mesmo sentido: RSTJ 63/393, 66/293.

"Na desapropriação, a imissão provisória na posse há de ser concedida, em face da alegação de urgência, na forma do art. 15, *caput*, da Lei das Desapropriações, recepcionado pela nova Constituição Federal, mediante depósito do valor apurado em avaliação prévia" (STJ-1ª Seção, ED no REsp 38.289-9, Min. Hélio Mosimann, j. 19.4.94, maioria, DJU 23.5.94).

"Para fins de imissão antecipada na posse, não atende o mandamento constitucional de justa indenização o depósito de 50% do valor apurado na avaliação, ou o do simbólico valor venal. Apenas o *caput* do art. 15 do Dec. lei 3.365/41 está em vigor, porquanto recepcionado pela nova Carta, o que não acontece com os demais parágrafos do citado artigo" (RSTJ 52/120). O voto do relator acrescenta: "Indiferente seja o imóvel urbano ou rural".

"A liminar de imissão na posse de imóvel objeto de desapropriação, inclusive para efeito de constituição de servidão administrativa, não pode tomar por base apenas o laudo de avaliação apresentado unilateralmente pela parte expropriante, impondo-se, no caso, a avaliação judicial provisória, sob pena de contrariedade ao princípio de prévia e justa indenização em dinheiro, estabelecido como garantia individual da propriedade (CF, art. 5º, XXIV)" (RT 844/351).

V. tb., no Dec. lei 1.075/70 (neste tít.), art. 3º, nota 1.

Art. 15: 1c. "Tendo-se consumado a imissão provisória na posse, sem o cumprimento do pressuposto da avaliação judicial prévia, corrige-se a falha mediante laudo elaborado por perito judicial do juízo, não importando que se realize em época posterior à imissão na posse, já realizada" (STJ-1ª T., REsp 330.179, Min. Gomes de Barros, j. 18.11.03, DJU 9.12.03).

Art. 15: 2. A referência é ao CPC/39.

No caso, pode-se aplicar por analogia o procedimento estabelecido nos arts. 1º e 2º do Dec. lei 1.075, de 22.1.70, para imissão de posse *initio litis* em matéria de desapropriação de imóvel residencial urbano.

Art. 15: 2a. "Imissão na posse na ação de desapropriação — Tendências jurisprudenciais", por José Carlos de Moraes Salles (JTJ 234/9); "A imissão provisória do expropriante diante do direito condominial", por Nelson Kojranski (RIASP ano 5, n. 10, p. 144).

Art. 15: 2b. s/ correção monetária do depósito liminar, v. art. 26, nota 16; s/ imissão liminar na posse, v. tb. Dec. lei 1.075, de 22.1.70, adiante.

Art. 15: 3. "A imissão provisória na posse é legal e constitucional" (RTJ 101/717, 126/854), mesmo em face da CF de 1988 (RTJ 159/1.054).

Art. 15: 3a. Pode a imissão provisória na posse ser condicionada ao depósito prévio dos salários do perito?

Sim: RJTJESP 120/323.

Não: RJTJESP 120/324.

Art. 15: 3b. "Não é viável se estabelecer, para fins de imissão provisória decorrente de desapropriação, se o imóvel é urbano ou rural. Os princípios que regem a justa indenização devem ser aplicados, de modo uniforme, à desapropriação dos imóveis em questão, sem qualquer diferenciação" (STJ-1ª T., REsp 58.992-EDcl, Min. José Delgado, j. 4.11.96, dois votos vencidos, DJU 2.6.97).

Art. 15: 4. Comporta agravo a decisão que concede imissão provisória na posse (RJTJESP 95/279), ou a que determina a complementação do depósito, por entendê-lo insuficiente. Forma-se, portanto, preclusão, se contra ela não foi interposto tempestivamente esse recurso (TFR-5ª T., Ag 43.130, Min. Geraldo Sobral, j. 10.10.83, DJU 3.11.83; TFR-5ª T., Ag 55.191, Min. Geraldo Sobral, j. 9.11.88, *apud* Bol. do TFR 160/20).

Art. 15: 5. Súmula 476 do STF: "Desapropriadas as **ações** de uma **sociedade,** o Poder desapropriante, imitido na posse, pode exercer, desde logo, todos os direitos inerentes aos respectivos títulos".

Art. 15: 6. Se o expropriante não se valeu, oportunamente, do direito de se imitir na posse do imóvel, não pode fazê-lo em execução de sentença, quando já fixada definitivamente a indenização, o que torna incabível a imissão de posse sem pagamento do preço (RT 593/105 e RJTJESP 91/225).

Art. 15: 7. "A entidade expropriante é responsável pelo pagamento dos tributos após ter sido imitida na posse do bem objeto da expropriação" (STJ-RT 842/135: 2ª T., REsp 195.672). No mesmo sentido: RTFR 123/30, RJTJESP 99/262. Em consequência: "Enquanto não deferida e efetivada a imissão de posse provisória, o proprietário do imóvel continua responsável pelos impostos a ele relativos" (RSTJ 134/155).

Contra, entendendo que essa responsabilidade é do expropriado, até que receba o pagamento da indenização: RJTJESP 97/296, maioria.

Art. 15: 7a. "Desapropriação. Imissão provisória na posse. Medida que não importa em alteração no registro imobiliário. A alteração no registro de imóveis e a fixação do valor da indenização só devem ocorrer com a decisão final, não logo após a imissão provisória na posse" (RSTJ 71/204).

Art. 15: 8. O § 1º e suas alíneas estão de acordo com a redação dada pela Lei 2.786, de 21.5.56.

Art. 15: 8a. Súmula 652 do STF: "Não contraria a Constituição o art. 15, § 1º, do DL 3.365/41 (Lei da Desapropriação por utilidade pública)".

Art. 15: 8b. "Diante do que dispõe o art. 15, § 1º, alíneas a, b, c e d, do Dec. lei 3.365/41, o depósito judicial do valor simplesmente apurado pelo corpo técnico do ente público, sendo inferior ao valor arbitrado por perito judicial e ao valor cadastral do imóvel, não viabiliza a imissão provisória na posse" (STJ-1ª Seção, REsp 1.185.583, Min. Cesar Rocha, j. 27.6.12, maioria, DJ 23.8.12).

Art. 15: 9. "Não pondo fim ao processo, é agravável a decisão a respeito de depósito prévio da avaliação" (JTJ 167/196), bem como a que aprecia pedido de complementação de depósito inicial (RTFR 94/6).

Art. 15: 9a. Não comete atentado, mas sujeita-se à composição de perdas e danos em processo independente, o expropriante que se imite na posse do imóvel expropriando, com desrespeito à decisão judicial que condicionara essa imissão à realização do depósito prévio (JTJ 163/48).

Art. 15: 10. A quem pertence a correção monetária da importância depositada? v. art. 26, nota 16.

Art. 15: 10a. "A Constituição Federal só autoriza a desapropriação mediante pagamento prévio e justo. Não pode o magistrado deferir a imissão provisória da posse se a importância depositada e oferecida, mesmo que com base em valor cadastral do imóvel, for irrisória" (STJ-RT 750/220).

Art. 15: 10b. "O valor cadastral do imóvel, vinculado ao imposto territorial rural ou urbano, somente pode ser adotado para satisfazer o requisito do depósito judicial se tiver 'sido atualizado no ano fiscal imediatamente anterior' (art. 15, § 1º, alínea c, do Dec. lei 3.365/41). Ausente a efetiva atualização ou a demonstração de que o valor cadastral do imóvel foi atualizado no ano fiscal imediatamente anterior à imissão provisória na posse, 'o juiz fixará, independente de avaliação, a importância do depósito, tendo em vista a época em que houver sido fixado originalmente o valor cadastral e a valorização ou desvalorização posterior do imóvel' (art. 15, § 1º, alínea d, do Dec. lei 3.365/41). Revela-se necessário, no caso em debate, para efeito de viabilizar a imissão provisória na posse, que a municipalidade deposite o valor já obtido na perícia judicial provisória, na qual se buscou alcançar o valor mais atual do imóvel objeto da apropriação" (STJ-1ª Seção, REsp 1.185.583, Min. Cesar Rocha, j. 27.6.12, maioria, DJ 23.8.12).

Art. 15: 10c. v. nota anterior.

Art. 15: 11. Em se tratando de imóvel residencial urbano e impugnando o expropriado o *quantum* oferecido, o prazo de 120 dias somente começa a correr após a avaliação provisória prevista do Dec. lei 1.075, de 22.1.70 (RTFR 131/307).

O prazo de 120 dias principia a correr da data do ajuizamento da ação, e não do decreto de declaração de utilidade pública (RTFR 159/29); ou "da data do pedido de imissão de posse e não do decreto de declaração de utilidade pública" (TFR-5ª T., Ag 47.566, Min. Sebastião Reis, j. 25.3.87, DJU 28.5.87).

"O termo inicial do prazo de caducidade de 120 dias, para requerer imissão na posse provisória, é a alegação de urgência, feita pelo expropriante, não o decreto declarativo de utilidade pública" (RSTJ 7/421).

"A urgência para efeitos de desapropriação deve ser considerada a partir do instante em que foi pedida a imissão provisória" (2º TASP-Pleno, 7 votos vencidos: RT 483/147 e JTA 39/341; j. 22.5.75).

Entendendo que o prazo se conta da propositura da ação: JTJ 165/180.

Art. 15: 12 e 13. Redação da Lei 2.786, de 21.5.56.

Art. 15: 14. mas a ação prosseguirá (JTJ 163/46).

Art. 15: 15. O § 4º foi acrescentado pela Lei 11.977, de 7.7.09.

Art. 15-A (*acrescido pela Med. Prov. 2.183-56, de 24.8.01*). No caso de imissão prévia na posse, na desapropriação por necessidade ou utilidade pública e interesse social, inclusive para fins de reforma agrária, havendo divergência entre o preço ofertado em juízo e o valor do bem, fixado na sentença, expressos em termos reais, incidirão juros compensatórios[1 a 7] de até[7a] seis por cento ao ano[8] sobre o valor da diferença eventualmente apurada,[9] a contar da imissão na posse, vedado o cálculo de juros compostos.

§ 1º (*acrescido pela Med. Prov. 2.183-56, de 24.8.01*) Os juros compensatórios destinam-se, apenas, a compensar a perda de renda comprovadamente sofrida pelo proprietário.

§ 2º (*acrescido pela Med. Prov. 2.183-56, de 24.8.01*) Não serão devidos juros compensatórios quando o imóvel possuir graus de utilização da terra e de eficiência na exploração iguais a zero.[10]

§ 3º (*acrescido pela Med. Prov. 2.183-56, de 24.8.01*) O disposto no *caput* deste artigo aplica-se também às ações ordinárias de indenização por apossamento administrativo ou desapropriação indireta, bem assim às ações que visem a indenização por restrições decorrentes de atos do Poder Público, em especial aqueles destinados à proteção ambiental, incidindo os juros sobre o valor fixado na sentença.

§ 4º (*acrescido pela Med. Prov. 2.183-56, de 24.8.01*) Nas ações referidas no § 3º, não será o Poder Público onerado por juros compensatórios relativos a período anterior à aquisição da propriedade ou posse titulada pelo autor da ação.

Art. 15-A: 1. s/ imposto de renda calculado sobre principal e juros, tanto moratórios como compensatórios, v. art. 27, notas 9 e 10.

Art. 15-A: 2. Súmula 12 do STJ: "Em desapropriação, são **cumuláveis juros compensatórios e moratórios**" (v. jurisprudência s/ esta Súmula em RSTJ 16/303).

Todavia: "Não ocorre, no atual quadro normativo, hipótese de cumulação de juros moratórios e juros compensatórios, eis que se tratam de encargos que incidem em períodos diferentes: os juros compensatórios têm incidência até a data da expedição de precatório, enquanto que os moratórios somente incidirão se o precatório expedido não for pago no prazo constitucional" (STJ-1ª Seção, REsp 1.118.103, Min. Teori Zavascki, j. 24.2.10, DJ 8.3.10).

Art. 15-A: 2a. Súmula 164 do STF: "No processo de desapropriação, são devidos **juros compensatórios** desde a antecipada imissão de posse, ordenada pelo juiz, por motivo de urgência".

Súmula 69 do STJ: "Na **desapropriação direta,** os juros compensatórios são devidos desde a antecipada imissão na posse e, na **desapropriação indireta,** a partir da efetiva ocupação do imóvel".

Tendo havido ocupação efetiva do imóvel, conquanto sem regular imissão de posse ordenada pelo juiz, os juros compensatórios devem ser contados desde tal ocupação (RTJ 86/356; STF-Bol. AASP 1.487/141; STF-1ª T., RE 104.247-8, Min. Oscar Corrêa, j. 15.2.85, DJU 15.3.85; STF-1ª T., RE 106.656-3, Min. Néri da Silveira, j. 17.12.85, DJU 22.5.87).

Não há dissídio com a Súmula 164 do TFR (e, portanto, com a Súmula 69 do STJ) se não foram concedidos juros compensatórios por esbulho praticado pelo Poder Público, uma vez que esta Súmula se refere especificamente a desapropriações (RSTJ 13/299).

Os juros compensatórios não se contam pelo período em que os autos estiveram irregularmente em poder do advogado do expropriado (RAMPR 46/125).

Art. 15-A: 2b. Súmula 114 do STJ: "Os **juros compensatórios, na desapropriação indireta,** incidem a partir da ocupação, calculados sobre o valor da indenização, corrigido monetariamente" (v. jurisprudência s/ esta Súmula em RSTJ 70/317).

A Súmula 114 do STJ **revoga a de n. 345 do STF e a de n. 74 do TFR.**

Todavia, na impossibilidade de constatar-se a data da ocupação, o termo *a quo* dos juros compensatórios será:

— a data da citação do expropriado (STF-RT 663/237);

— a data do decreto expropriatório (STJ-1ª T., REsp 632.994, Min. Luiz Fux, j. 18.11.04, DJU 17.12.04; STJ-2ª T., REsp 380.272, Min. Eliana Calmon, j. 23.4.02, DJU 27.5.02);

— a data em que o proprietário foi impedido de usar e gozar do direito inerente à propriedade imobiliária (RSTJ 180/259: 2ª T.).

Art. 15-A: 2c. Súmula 113 do STJ: "Os **juros compensatórios,** na desapropriação direta, incidem a partir da imissão na posse, calculados sobre o valor da indenização, corrigido monetariamente".

Art. 15-A: 3. Súmula 56 do STJ: "Na desapropriação para instituir **servidão administrativa** são devidos os **juros compensatórios** pela limitação de uso da propriedade" (v. jurisprudência s/ esta Súmula em RSTJ 38/431).

Art. 15-A: 3a. Não são devidos juros compensatórios se o **desapropriado continua na posse** do imóvel (RTFR 153/93).

Art. 15-A: 4. "Os juros compensatórios, em desapropriação, somente incidem **até a data da expedição do precatório original**. Tal entendimento está agora também confirmado pelo § 12 do art. 100 da CF, com a redação dada pela EC 62/09" (STJ-1ª Seção, REsp 1.118.103, Min. Teori Zavascki, j. 24.2.10, DJ 8.3.10).

Art. 15-A: 5. "No cálculo dos juros compensatórios, tanto a oferta como a importância principal fixada judicialmente devem ser **atualizadas monetariamente**" (STF-2ª T., RE 110.818-5, Min. Francisco Rezek, j. 2.6.87, DJU 7.8.87). No mesmo sentido: STJ-2ª T., REsp 870.831-AgRg-EDcl, Min. Mauro Campbell, j. 26.10.10, DJ 10.11.10.

Art. 15-A: 5a. "Não são cabíveis juros compensatórios no cálculo de atualização de **precatório complementar**" (STJ-1ª T., REsp 949.657, Min. Teori Zavascki, j. 16.10.08, DJ 29.10.08). No mesmo sentido: STJ-2ª T., REsp 802.248, Min. Castro Meira, j. 12.2.08, DJ 25.2.08.

S/ juros em precatório complementar, v. tb. art. 15-B, nota 5, e, no CPCLPV, CPC 910, nota 12.

Art. 15-A: 5b. "Os juros compensatórios encontram previsão legal para ressarcir o que o desapropriado deixou de ganhar com a perda antecipada do imóvel e o impedimento do uso e gozo econômico do bem, ou o que deixou de lucrar, independentemente da produtividade do imóvel. Dessa forma, não devem incidir sobre o montante destinado a indenizar a **depreciação de imóvel** afetado pela desapropriação, pois tal situação não encontra previsão legal" (STJ-2ª T., REsp 1.692.016, Min. Herman Benjamin, j. 16.11.17, DJ 19.12.17).

S/ a produtividade do imóvel, v. o § 2º.

Art. 15-A: 6. Afirmando que os juros compensatórios podem ser concedidos **independentemente de pedido** do expropriado: RSTJ 5/361, 62/370, RTFR 120/185, 123/213; TFR-6ª T., AC 82.820, Min. Torreão Braz, j. 1.6.83, DJU 23.6.83; JTA 60/203.

Todavia, se não concedidos na sentença, os juros compensatórios não podem ser acrescidos na execução (RTJ 96/231, 99/1.350; TFR-6ª T., AC 77.164, Min. Miguel Ferrante, j. 17.10.83, DJU 1.12.83; TFR-Bol. AASP 1.276/128).

Art. 15-A: 7. "**Impossível cumular** em ação desapropriatória a condenação de **juros compensatórios com lucros cessantes,** sob pena de *bis in idem,* visto que aqueles se destinam a compor o patrimônio do desapropriado, indenizando-o dos lucros que deixou de auferir em razão da expropriação" (STJ-1ª T., REsp 35.258-4, Min. Cesar Rocha, j. 23.6.93, DJU 16.8.93). No mesmo sentido: STJ-1ª Seção, ED no REsp 1.190.684, Min. Teori Zavascki, j. 9.5.12, maioria, DJ 2.8.12.

Art. 15-A: 7a. O STF declarou **inconstitucional** o termo "até" (STF-Pleno, ADI 2.332, Min. Roberto Barroso, j. 17.5.18, maioria, DJ 16.4.19).

Art. 15-A: 8. "É constitucional o percentual de juros compensatórios de 6% ao ano para a remuneração do proprietário pela imissão provisória do ente público na posse do seu bem, na medida em que consiste em ponderação legislativa proporcional entre o direito constitucional do proprietário à justa indenização (art. 5º, XXIV, CF/88) e os princípios constitucionais da eficiência e da economicidade (art. 37, *caput,* CF/88)" (STF-Pleno, ADI 2.332, Min. Roberto Barroso, j. 17.5.18, maioria, DJ 16.4.19). Reduzindo os juros compensatórios de 12% ao ano para 6% ao ano: STJ-2ª T., REsp 1.793.757, Min. Herman Benjamin, j. 28.3.19, DJ 22.4.19.

Está, portanto, **superada a Súmula 618 do STF**, que tem o seguinte teor: "Na desapropriação, direta ou indireta, a taxa de juros compensatórios é de 12% (doze por cento) ao ano". Ainda, foi **cancelada a Súmula 408 do STJ**, segundo a qual: "Nas ações de desapropriação, os juros compensatórios incidentes após a Med. Prov. n. 1.577, de 11.6.97, devem ser fixados em 6% ao ano até 13.9.01 e, a partir de então, em 12% ao ano, na forma da Súmula n. 618 do Supremo Tribunal Federal".

Mas: "O índice de juros compensatórios na desapropriação direta ou indireta é de 12% até 11.6.97, data anterior à publicação da MP 1577/97" (STJ-1ª Seção, Pet 12.344, Min. Og Fernandes, j. 28.10.20, DJ 12.11.20).

Art. 15-A: 9. "A **base de cálculo** dos juros compensatórios em desapropriações corresponde à diferença entre 80% do preço ofertado pelo ente público e o valor fixado na sentença" (STF-Pleno, ADI 2.332, Min. Roberto Barroso, j. 17.5.18, maioria, DJ 16.4.19).

"A causa determinante dos juros compensatórios é a perda da posse, e, por conseguinte, da fruição do bem, antes do pagamento da prévia e justa indenização em dinheiro. É por isso que o termo inicial de sua incidência é a imissão do expropriante na posse do imóvel. Ocorre que, com relação à parcela ofertada pelo expropriante e passível de levantamento imediato pelo expropriado (Dec. lei 3.365/41, art. 33), não se configura o pressuposto da privação do uso da propriedade (substituída, nesse caso, pela indenização imediata), não havendo, com relação a essa parcela, justificativa para a incidência dos juros compensatórios" (STJ-1ª T., REsp 922.998, Min. Teori Zavascki, j. 4.9.08, DJ 11.9.08).

Desapropriação – Decreto-lei n. 3.365, de 21.6.41 (LD), arts. 15-A a 15-B

"Havendo depósito complementar como condição ao deferimento do pedido de imissão provisória na posse, sobre tal parcela não incidem juros compensatórios, pois já se permite à parte expropriada dispor desse numerário anteriormente à perda da posse" (STJ-2ª T., REsp 1.300.574, Min. Eliana Calmon, j. 24.9.13, DJ 1.10.13).

Mesmo nos casos em que o valor da oferta inicial coincide com o valor judicialmente estipulado para o imóvel, os juros compensatórios incidem sobre os 20% que o particular não pode desde logo levantar — art. 33 § 2º e LC 76, de 6.7.93, art. 6º § 1º (STJ-1ª Seção, ED no REsp 967.611, Min. Denise Arruda, j. 11.11.09, DJ 27.11.09).

S/ juros moratórios, v. art. 15-B, nota 7.

Art. 15-A: 10. "O acórdão embargado deixou assentado que parte do imóvel expropriado, além de nunca ter sido explorada economicamente, é insuscetível de exploração no futuro, seja em razão de anteriores limitações impostas por lei, seja em decorrência de suas características geográficas e topográficas. Sendo assim, não há como justificar a incidência de juros compensatórios. Admitir o contrário seria permitir a ocorrência de locupletamento ilícito pelo desapropriado, que, com a expropriação, além de ser indenizado pela limitação administrativa, também receberia pela atividade produtiva que jamais poderia ser exercida" (STJ-1ª Seção, ED no REsp 519.365, Min. Teori Zavascki, j. 11.10.06, DJ 27.11.06). Assim: "Tratando-se de **Área de Preservação Permanente,** as restrições legais e administrativas impostas impedem o exercício de atividade produtiva. Inserir, no cálculo da indenização, os referidos juros seria atentar contra o art. 5º, XXIV, da CF/88, que prescreve a justa indenização" (STJ-1ª Seção, ED no REsp 1.350.914, Min. Og Fernandes, j. 11.11.15, DJ 15.2.16).

Art. 15-B (redação da Med. Prov. 2.183-56, de 24.8.01). Nas ações a que se refere o art. 15-A, os juros moratórios[1 a 7] destinam-se a recompor a perda decorrente do atraso no efetivo pagamento da indenização fixada na decisão final de mérito, e somente serão devidos à razão de até seis por cento ao ano, a partir de 1º de janeiro do exercício seguinte àquele em que o pagamento deveria ser feito, nos termos do art. 100 da Constituição.

Art. 15-B: 1. "Juros de mora na desapropriação indireta", pelo Min. Cesar Rocha (RF 327/274, RDA 196/32).

Art. 15-B: 2. Súmula 102 do STJ (Juros de mora): "A incidência dos juros moratórios sobre os compensatórios, nas ações expropriatórias, não constitui anatocismo vedado em lei" (v. jurisprudência s/ esta Súmula em RSTJ 61/419). No mesmo sentido: RSTJ 44/276, 44/282, 58/379, 61/424, 65/396, 71/269, 152/157.

Art. 15-B: 3. Súmula 70 do STJ (Juros de mora): "Os juros moratórios, na desapropriação direta ou indireta, contam-se desde o trânsito em julgado da sentença" (v. jurisprudência s/ esta Súmula em RSTJ 44/289).

Essa Súmula, a nosso ver, está **superada** para a Fazenda Pública: "A determinação trazida pela Med. Prov. 1.997-34, de 13.1.00, ao introduzir no Dec. lei 3.365/41 o art. 15-B, para que o termo inicial dos juros moratórios seja '1º de janeiro do exercício seguinte àquele em que o pagamento deveria ser feito', é regra que se coaduna com orientação mais ampla do Supremo, segundo a qual não há caracterização de mora do ente público, a justificar a incidência dos correspondentes juros, sempre que o pagamento se faça na forma e no prazo constitucionalmente estabelecidos (arts. 33 do ADCT e 100 da CF)" (STJ-1ª T., REsp 922.998, Min. Teori Zavascki, j. 4.9.08, DJ 11.9.08). No mesmo sentido: STJ-1ª Seção, REsp 1.118.103, Min. Teori Zavascki, j. 24.2.10, DJ 8.3.10; JTJ 352/1.208 (IInc 994.09.222918-5).

V. tb., no CPCLPV, Súmula Vinculante 17 do STF em CF 100, nota 6.

Art. 15-B: 3a. "O debate acerca da aplicação do art. 15-B do Decreto-Lei n. 3.365/41 às **pessoas jurídicas de direito privado** habilitadas a propor a ação de desapropriação deve ser resolvido com aplicação parcial do dispositivo. Em relação à alíquota aplicável (6%), como a legislação não fez distinção quanto à pessoa jurídica expropriante, não cabe ao intérprete da lei definir o que o legislador não definiu se pretendesse reduzir o alcance da norma, sob pena de ofensa aos princípios da separação dos poderes e legalidade. Por outro lado, o termo a quo para incidência dos juros moratórios deve permanecer como decidido no aresto recorrido. Da menção 'nos termos do art. 100 da Constituição', contida na parte final do dispositivo, facilmente se percebe que, nesse específico ponto, houve expressa intenção do legislador de não estender às pessoas jurídicas de direito privado, cujas condenações em quantia certa não estão sujeitas ao regime de precatório disciplinado no art. 100 da Constituição Federal" (STJ-1ª Seção, ED no REsp 1.350.914, Min. Og Fernandes, j. 11.11.15, DJ 15.2.16; no caso, fixou-se a data do trânsito em julgado da sentença como termo a quo para incidência dos juros moratórios).

Art. 15-B: 4. A **Súmula 254 do STF,** (v., no CPCLPV, CPC 322, nota 3), que manda incluir juros de mora na liquidação, ainda que não pedidos na inicial nem concedidos na sentença, aplica-se também às desapropriações (RTJ 105/861, 115/784, 121/235).

Art. 15-B: 5. "A não incidência de juros de mora na conta de liquidação em precatório complementar de desapropriação divorcia-se da disposição cogente da Constituição Federal, que assegura completo ressarcimento ao proprietário pela perda do domínio do imóvel" (RSTJ 90/86).

S/ juros em precatório complementar, v. art. 15-A, nota 5a, e, no CPCLPV, CPC 910, nota 12.

Art. 15-B: 6. Nas desapropriações indiretas, contam-se os juros de mora, tal como nas desapropriações diretas, a partir do trânsito em julgado da sentença proferida no processo de conhecimento (v. Súmula 70 do STJ, em nota 3), e não da citação inicial.

Contando os juros a partir da citação, por se tratar de ilícito administrativo: RSTJ 87/76, Bol. AASP 1.650/186.

"Enquanto não solvida totalmente a obrigação, tornando justa a indenização, são cabíveis novos juros moratórios para cobrir o atraso havido entre a expedição do precatório e o pagamento" (STJ-1ª Seção, ED no REsp 1.681-ED, Min. Hélio Mosimann, j. 30.4.91, maioria, DJU 25.11.91).

Art. 15-B: 7. "Assim como os juros compensatórios, os juros moratórios somente incidem sobre o capital que deixou de ser pago no momento da imissão provisória na posse, ou seja, sobre a diferença eventualmente apurada entre 80% do preço ofertado em juízo — percentual máximo passível de levantamento, nos termos do art. 33, § 2º, do Dec. lei 3.365/41 — e o valor do bem fixado na sentença (aí incluídos os juros compensatórios), pois é essa a quantia que fica efetivamente indisponível para o expropriado" (STJ-1ª T., REsp 936.028, Min. Denise Arruda, j. 23.10.07, DJU 29.11.07).

S/ juros compensatórios, v. art. 15-A, nota 9.

Art. 16. A citação far-se-á por mandado na pessoa do proprietário dos bens;[1 a 1c] a do marido dispensa a da mulher;[2] a de um sócio, ou administrador, a dos demais, quando o bem pertencer a sociedade; a do administrador da coisa no caso de condomínio, exceto o de edifício de apartamentos constituindo cada um propriedade autônoma, a dos demais condôminos, e a do inventariante, e, se não houver, a do cônjuge, herdeiro, ou legatário, detentor da herança, a dos demais interessados, quando o bem pertencer a espólio.

Parágrafo único. Quando não encontrar o citando, mas ciente de que se encontra no território da jurisdição do juiz, o oficial portador do mandado marcará desde logo hora certa para a citação, ao fim de 48 horas, independentemente de nova diligência ou despacho.

Art. 16: 1. Se a desapropriação foi proposta contra quem não era proprietário do imóvel, v. art. 19, nota 13.

Art. 16: 1a. "O promitente comprador, mediante contrato irretratável, que se encontra devidamente registrado no Cartório de Registro Imobiliário, é titular de direito real oponível contra terceiros e legitimado para contestar ação expropriatória e impugnar o valor da indenização" (RTRF-3ª Reg. 21/37).

Art. 16: 1b. "Somente os proprietários ou possuidores do bem expropriado, com justo título, têm legitimidade passiva *ad causam*" (JTJ 310/317, a citação é do voto do relator; no caso, os locatários foram excluídos do polo passivo da ação expropriatória).

Art. 16: 1c. "Desapropriação. Ação proposta contra acionado falecido. Validade, em se tratando de processo expropriatório. Legitimidade verificada no momento do levantamento do preço" (JTJ 311/72).

Art. 16: 2. O STF entende que continua em vigor a dispensa da citação da mulher (RTJ 92/769, RT 526/247, RF 274/149). No mesmo sentido: STJ-2ª T., REsp 1.404.085, Min. Herman Benjamin, j. 5.8.14, DJ 18.8.14; TFR-5ª T., Ag 41.470, Min. Sebastião Reis, j. 18.2.81, DJU 19.3.81; RT 594/91.

Contra, exigindo a citação da mulher: STJ-1ª T., REsp 111.449, Min. Garcia Vieira, j. 7.11.97, DJU 19.12.97; 2º TASP--RT 493/145 e JTA 48/227, quatro votos a um.

Na desapropriação para reforma agrária: "É eficaz a notificação prévia da realização da vistoria do imóvel rural feita apenas ao marido, e não também à mulher, sobretudo se o varão é o administrador da propriedade" (RTJ 172/501).

Na desapropriação indireta, v., no CPCLPV, CPC 73, nota 2a.

Há um acórdão entendendo que, na ação de constituição de servidão administrativa, é indispensável a citação do cônjuge (JTJ 141/174).

Art. 17. Quando a ação não for proposta no foro do domicílio ou da residência do réu, a citação far-se-á por precatória,[1] se o mesmo estiver em lugar certo, fora do território da jurisdição do juiz.

Art. 17: 1. v. CPC 260 a 268.

Art. 18. A citação far-se-á por edital[1] se o citando não for conhecido, ou estiver em lugar ignorado, incerto ou inacessível ou, ainda, no estrangeiro, o que dois oficiais do juízo certificarão.[2]

Art. 18: 1. v. CPC 256 a 259.

Art. 18: 2. A certidão passada por dois oficiais de justiça, nas desapropriações, é condição essencial para validade da citação por edital; além disso, "é de se atentar que apenas a citação por mandado de marido dispensa a da mulher, não a citação por edital" (RTJE 122/90).

Art. 19. Feita a citação, a causa seguirá com o rito ordinário.[1 a 13]

Art. 19: 1. v. CPC 318 e segs. (procedimento comum).

Art. 19: 2. O CPC é lei supletiva da LD (v. art. 42).

Art. 19: 3. "Nas ações expropriatórias, é dever da entidade autora descrever, na inicial, não só os imóveis, mas também as benfeitorias alcançadas pelo ato expropriatório" (TFR-6ª T., Ag 56.844, Min. Euclydes Aguiar, j. 13.3.89, DJU 13.6.89).

Art. 19: 3a. A Justiça Estadual é competente para a ação de desapropriação intentada por concessionária de serviço público federal (STJ-1ª Seção, CC 8.737-6, Min. Américo Luz, j. 7.6.94, DJU 1.8.94).

Art. 19: 4. "Em desapropriação, o valor da causa deve ser o equivalente à oferta inicial, isto é, o montante ofertado para fins de imissão provisória na posse" (TFR-5ª T., Ag 47.169, Min. Geraldo Sobral, j. 11.3.87, DJU 23.4.87).

Art. 19: 5. Ressalvados os casos de desapropriação de imóvel rural, por interesse social, para fins de reforma agrária (v., neste tít., LC 76, de 6.7.93, art. 18 § 2º), não é obrigatória **a intervenção do MP** nas desapropriações, inclusive indiretas (STJ-1ª T., AI 493.584-AgRg, Min. Luiz Fux, j. 2.12.03, DJU 19.12.03; STJ-2ª T., REsp 652.621, Min. Eliana Calmon, j. 7.6.05, DJU 19.9.05; STJ-RT 735/247), porque o interesse público não se identifica com o interesse da Fazenda Pública (RSTJ 28/546; RJTJESP 80/182, acórdão extensamente fundamentado, 126/323, 129/320, JTJ 202/223, JTA 44/205, RF 256/282, RP 4/399, em. 152).

Também dispensando a participação do MP: "Não se discute nos autos a causa ambiental, mas simplesmente o montante da indenização cabível. Não há, portanto, que se falar em tutela de interesse público primário, referente ao interesse social ou interesse de toda a sociedade, mas sim interesse público secundário, ou seja, interesse da Administração, cuja proteção está confiada ao órgão constitucionalmente concebido para tal encargo: a Procuradoria-Geral do Estado" (STJ-RT 889/205: 1ª Seção, ED no REsp 486.645). Ainda: RTJE 162/140.

Todavia: "Se a ação de desapropriação envolver, frontal ou reflexamente, a proteção do meio ambiente, patrimônio histórico-cultural, improbidade administrativa ou outro interesse público para o qual o legislador tenha afirmado a legitimação do Ministério Público na sua defesa, a intervenção do *Parquet* é de rigor, inclusive com base no art. 82, III, do Código de Processo Civil. A intervenção obrigatória, como *custos legis*, do Ministério Público, nesses casos de desapropriação direta ou indireta, não se dá por conta da discussão isolada da indenização pelo bem expropriado, mas em virtude dos valores jurídicos maiores envolvidos na demanda, de índole coletiva e, por vezes, até intergeracional, que vão muito além do simples interesse econômico-financeiro específico do Estado. Há 'interesse público evidenciado pela natureza da lide' (art. 82, III, do CPC) na criação de Unidade de Conservação, sobretudo em Unidade de Uso Sustentável, como é o caso da Reserva Extrativista (art. 14, IV, da Lei 9.985/00). Isso decorre, sobretudo, do fato de que tal área é de domínio público e de que seu uso é 'concedido às populações extrativistas tradicionais' (art. 18, § 1º, da mesma Lei). Como se não bastasse, a área em questão está localizada em faixa de fronteira, que, nos termos do art. 20, § 2º, da CF, 'é considerada fundamental para a defesa do território nacional'. Evidente, pela mesma razão, o interesse público na demanda, a atrair a participação obrigatória do *Parquet*" (STJ-2ª T., REsp 1.182.808, Min. Herman Benjamin, j. 7.12.10, DJ 4.5.11).

Há um acórdão em que se reconheceu, "em face do alto valor da condenação, ser imprescindível, por configuração de interesse público, a intervenção do MP" (STJ-1ª T., REsp 506.226, Min. José Delgado, j. 4.9.03, DJU 13.10.03). Porém, esse acórdão foi cassado no julgamento dos subsequentes embargos de divergência (STJ-1ª Seção, ED no REsp 506.226, Min. Humberto Martins, j. 24.4.13, DJ 5.6.13).

S/ o tema, v., no CPCLPV, CPC 178 § ún. e notas.

Art. 19: 5a. "As ações acessórias ou complementares de ação de desapropriação, qualquer que seja o momento de sua propositura, têm como prevento o juiz da ação principal, a teor do art. 108 do Código de Processo Civil" (TFR-4ª T., Ag 44.971, Min. José de Jesus Filho, j. 8.3.89, DJU 23.5.89, *apud* Bol. AASP 1.598/189, em. 4).

Art. 19: 6. Súmula 118 do TFR (Revelia do expropriado): "Na ação expropriatória, a revelia do expropriado não implica em aceitação do valor da oferta e, por isso, não autoriza a dispensa da avaliação" (v. jurisprudência s/ esta Súmula em RTFR 95/92 a 111).

No mesmo sentido: RTFR 123/213, RT 479/159, 491/163, 754/428, JTA 39/306, RTRF-1ª Reg. 10/95.

Art. 19: 7. Nas desapropriações, a citação por edital faz-se de acordo com o CPC (RJTJESP 89/71).

Art. 19: 8. A ação de desapropriação não admite oposição (RT 505/153, 505/171, RJTJESP 127/123; JTJ 323/521: AP 662.320-5/7), salvo de pessoa jurídica de direito público. **Contra**, no sentido de admitir a oposição: RMDCPC 17/122.

Mas a competência só se desloca da Justiça Estadual para a Federal se a União intervém na condição de opoente, e não se apenas manifesta interesse na ação (RTJ 97/460). No mesmo sentido: STF-1ª T., RE 82.563-1-AgRg, j. 19.5.81, DJU 12.6.81 e 19.6.81.

Art. 19: 8a. O adquirente do imóvel ou de parte do imóvel expropriado tem o direito de ingressar na desapropriação como **assistente litisconsorcial** (CPC 109 § 2º c/c 124), devendo, na oportunidade do levantamento do preço, ser resolvido a quem deve ser pago, no todo ou em parte (art. 34 da LD). No mesmo sentido: RJTJESP 127/226.

Art. 19: 9. Assistência simples na ação de desapropriação. "O interesse jurídico a ser demonstrado na assistência simples, disciplinada pelo art. 50 do CPC, nesse tipo de ação, deve corresponder a algum direito real sobre o imóvel. Se os recorrentes detêm apenas direito obrigacional oponível contra a pessoa do expropriado, descabe admiti-los na condição de assistentes" (STJ-2ª T., REsp 404.093, Min. Eliana Calmon, j. 27.4.04, DJU 21.6.04).

"Desapropriação. Intervenção do **locatário** na qualidade de assistente simples. Inadmissibilidade. Locatário que não possui interesse jurídico na lide e que só poderá reclamar eventuais prejuízos em ação própria, não lhe sendo dado opor-se à imissão na posse e nem discutir o valor da indenização" (JTJ 293/319).

Art. 19: 10. "Na desapropriação, a extinção do processo fundada no art. 267, III, do CPC só tem cabimento quando o expropriante não cumpre a tempo diligência a seu cargo, relacionada com o objeto da lide e indispensável à marcha do processo" (RTFR 116/108).

Art. 19: 11. Nas desapropriações, é dominante a jurisprudência no sentido de não se admitir o julgamento antecipado da lide (RT 479/159, RJTJESP 100/180, JTA 46/151, 61/219), especialmente se houver necessidade de produção de provas (RTFR 133/69).

Contra, admitindo esse julgamento, por não ter o expropriado falado sobre os laudos, no prazo que lhe foi marcado: TFR-6ª T., AC 107.002, Min. Américo Luz, j. 7.5.86, DJU 21.8.86.

V., todavia, nota 1 ao art. 24.

Art. 19: 12. Na ação de desapropriação, não cabem embargos de terceiro, nem de retenção por benfeitorias (RTJ 124/278).

Art. 19: 13. A coisa julgada, na desapropriação, se restringe às partes. Assim, se a administração pagou a quem não era dono, nada impede que o proprietário mova ação de perdas e danos contra ela (RTJ 90/910). Poderá também mover ação de expropriação indireta.

Não admitindo a intervenção de terceiro no feito, a pretexto de ser o verdadeiro proprietário do imóvel expropriado: RJTJESP 110/278.

S/ ação declaratória de nulidade, por vício ou falta de citação, v., no CPCLPV, CPC 239, nota 3b; s/ relativização da coisa julgada por afronta aos princípios da moralidade e da justa indenização, v., no CPCLPV, CPC 502, nota 3b; s/ ação anulatória de desapropriação e extensão da coisa julgada, v., no CPCLPV, CPC 506, nota 1b.

Art. 20. A contestação só poderá versar sobre vício do processo judicial ou impugnação do preço; qualquer outra questão deverá ser decidida por ação direta.[1 a 3]

Art. 20: 1. "O desvio de finalidade na ação expropriatória: interpretação sistemática do Decreto-Lei n. 3.365/41", por Rita Tourinho (RDA 238/363).

Art. 20: 1a. v. tb. art. 35.

Art. 20: 1b. "Considerando o fato de ser a desapropriação de interesse exclusivo do ente público e de serem limitadas as matérias passíveis de discussão, nos moldes do art. 20 do Decreto-Lei 3.365/41, **não se admite** pedido de **reconvenção** nos feitos expropriatórios" (STJ-2ª T., Ag em REsp 94.329-AgRg, Min. Eliana Calmon, j. 8.10.13, DJ 18.10.13).

Art. 20: 2. É admissível mandado de segurança para declarar a incompetência constitucional do expropriante (STF-Pleno: RTJ 81/502; RDA 131/174). No mesmo sentido: RT 479/159, 491/163, JTA 39/306.

Art. 20: 3. A lei não impede "a discussão judiciária em torno do fundamento da desapropriação, no caso de eventual abuso por parte do Poder Público; também não impede que qualquer alegação de violação de direito individual seja examinada pelo Poder Judiciário. Só que tais discussões deverão ocorrer em ação própria" (RTFR 102/94, maioria de votos).

Art. 21. A instância não se interrompe.[1-2] No caso de falecimento do réu, ou perda de sua capacidade civil, o juiz, logo que disso tenha conhecimento, nomeará curador à lide, até que se habilite o interessado.

Parágrafo único. Os atos praticados da data do falecimento ou perda da capacidade à investidura do curador à lide poderão ser ratificados ou impugnados por ele, ou pelo representante do espólio ou do incapaz.

Art. 21: 1. nem se suspende o processo (RTFR 111/5, RT 541/243).

V. **Súmula 42 do TFR,** em nota 4 ao art. 34.

Art. 21: 2. Havendo interesse público, pode ser suspenso o andamento da ação de desapropriação (RT 636/102).

Art. 22. Havendo concordância sobre o preço, o juiz o homologará por sentença no despacho saneador.[1 a 3]

Art. 22: 1. v. CPC 355 (julgamento antecipado da lide).

Art. 22: 2. Nada obsta a que a transação seja extrajudicial (v., no CPCLPV, CPC 200, nota 3). **Contra,** entendendo que o acordo administrativo, antes da propositura da desapropriação, não pode ser homologado pelo juiz: RJ-TJESP 102/66.

V. tb. art. 10, nota 1.

Art. 22: 3. s/ a possibilidade de o juiz levar o processo adiante e designar a realização de perícia, mesmo quando as partes estejam de acordo com relação ao preço, v., na LC 76, de 6.7.93, art. 10, nota 1.

Art. 23. Findo o prazo para a contestação[1] e não havendo concordância expressa quanto ao preço, o perito apresentará o laudo[1a a 3b] em cartório, até cinco dias,[4] pelo menos, antes da audiência de instrução e julgamento.

§ 1º O perito poderá requisitar das autoridades públicas os esclarecimentos ou documentos que se tornarem necessários à elaboração do laudo,[5] e deverá indicar nele, entre outras circunstâncias atendíveis para a fixação da indenização, as enumeradas no art. 27.

Ser-lhe-ão abonadas, como custas, as despesas com certidões, e, a arbítrio do juiz, as de outros documentos que juntar ao laudo.

§ 2º Antes de proferido o despacho saneador, poderá o perito solicitar prazo especial para apresentação do laudo.

Art. 23: 1. "Para que haja a justa indenização, mostra-se imperiosa a realização da perícia, mesmo que revel o expropriado. Não deve ser aplicada a regra geral do processo civil, com a decretação da revelia e confissão sobre a matéria fática, mas a regra especial encartada na Lei Geral das Desapropriações (art. 23 do Dec. lei 3.365/41) que preconiza a realização do exame pericial" (STJ-2ª T., REsp 686.901, Min. Castro Meira, j. 18.5.06, DJU 30.5.06).

Art. 23: 1a. "Desapropriação. Perícia. Inválida é quando não facultada às partes não só a indicação de assistente técnico, mas também a formulação de quesitos" (STJ-2ª T., REsp 10.139, Min. Américo Luz, j. 23.11.94, DJU 6.2.95).

Art. 23: 2. "No processo expropriatório, a perícia constitui requisito necessário à fixação da indenização, devendo o juiz ordenar a sua realização, posto que revel o expropriado. Cabe ao expropriante, em consequência, adiantar o salário do perito (CPC, art. 33)" (RTFR 117/8).

V. tb. nota 3b.

Art. 23: 2a. Nova perícia. "Em ações de desapropriação, a perícia é realizada logo após encerrado o prazo para contestação (art. 23 do Dec. lei n. 3.365/41) e uma segunda perícia só se justifica se for para corrigir falhas, suprir omissões e enganos" (STJ-1ª T., REsp 3.210, Min. Garcia Vieira, j. 17.12.90, DJU 4.3.91).

"Não é admissível nova perícia, quando o laudo acolhido pela sentença é recente e fundamentado" (RTJ 91/1.155, deram provimento, v.u.).

No sentido de que a nova perícia é admissível "só em casos excepcionais", "para atender ao princípio constitucional da justa indenização": RTJ 126/391.

Em sentido mais liberal: "Desapropriação. Pode o juiz, **de ofício ou a requerimento da parte,** determinar a realização de nova perícia quando a matéria não lhe parecer suficientemente esclarecida" (STJ-1ª T., REsp 182.105, Min. Garcia Vieira, j. 5.11.98, DJU 14.12.98).

Art. 23: 2b. "O Tribunal *a quo*, ao afastar a prova pericial por considerá-la de baixa qualidade, avançou para fazer a sua própria avaliação. O Juiz não pode substituir critérios técnicos por sua própria análise. Assim, ao afastar a perícia, deve ordenar o magistrado o refazimento da prova pericial" (STJ-2ª T., REsp 815.191, Min. Eliana Calmon, j. 12.12.06, um voto vencido, DJU 5.2.07).

Art. 23: 3. Nova perícia na fase de execução. "Não ofende a coisa julgada a decisão que, na execução, determina nova avaliação para atualizar o valor do imóvel, constante do laudo antigo, tendo em vista atender à garantia constitucional da justa indenização, procrastinada por culpa da expropriante" (RTJ 102/276, maioria de votos). No mesmo sentido: STF-RDA 173/135.

V. tb. art. 26, nota 1.

Art. 23: 3a. "À luz do art. 15 da Lei n. 6.032/74, os honorários periciais sob responsabilidade do expropriante não estão sujeitos a regime de precatório, podendo, até, ser quitados com a verba depositada para fins de imissão provisória na posse" (RSTJ 103/140). Em caso de desistência da ação de desapropriação, procede-se à sua cobrança antes da liberação do depósito inicial (STJ-2ª T., REsp 107.861, Min. Eliana Calmon, j. 8.8.00, DJU 9.10.00).

Art. 23: 3b. "Conforme preveem os artigos 19 e 33 do CPC, cabe à parte que requereu a prova pericial o ônus de **adiantar os honorários periciais.** Esses dispositivos são aplicáveis à ação de indenização por **desapropriação indireta,** regida pelo procedimento comum" (STJ-2ª T., REsp 1.174.071, Min. Eliana Calmon, j. 16.3.10, DJ 24.3.10). No mesmo sentido: STJ-1ª T., REsp 948.351, Min. Teori Zavascki, j. 19.5.09, dois votos vencidos, DJ 29.6.09. **Contra:** "O adiantamento dos honorários periciais, em se tratando de ação de indenização por desapropriação indireta, incumbe ao Poder Público. Imputar ao expropriado o adiantamento dos honorários é premiar o ilícito e, *a fortiori*, agravar o ônus da indenização expropriatória" (STJ-RDDP 57/142: 1ª T., REsp 788.817, dois votos vencidos).

Art. 23: 4. Súmula 34 do TRF-1ª Reg. (Parecer do Assistente Técnico): "Na ação de desapropriação, o parecer do assistente técnico pode ser juntado aos autos a qualquer tempo, antes de proferida a sentença" (RT 732/425).

Art. 23: 5. O laudo deve conter todos os dados necessários à fixação do justo preço (RSTJ 88/37).

Art. 24. Na audiência de instrução e julgamento[1] proceder-se-á na conformidade do Código de Processo Civil.[1a] Encerrado o debate, o juiz proferirá sentença[2 a 4] fixando o preço da indenização.[4a a 12]

Parágrafo único. Se não se julgar habilitado a decidir, o juiz designará desde logo outra audiência que se realizará dentro de dez dias a fim de publicar a sentença.

Art. 24: 1. "Antes de pretender tornar obrigatória a audiência de instrução e julgamento nas expropriatórias, o art. 24 do Dec. lei 3.365/41 procura definir o procedimento a ser adotado nas audiências, quando estas tiverem que ser realizadas" (STJ-2ª T., REsp 7.779, Min. José de Jesus Filho, j. 28.8.91, DJU 23.9.91).

Têm sido anuladas sentenças, em ação de desapropriação, por não haverem sido proferidas em audiência (RT 497/149, RJTJESP 98/82, JTA 37/272, 61/219). S/ a necessidade ou não dessa audiência, v. RJTJESP 97/311.

Mais razoável se nos afigura, porém, a jurisprudência de que inexiste razão para essa anulação se não houver provas a produzir em audiência (RJTJESP 98/275) ou se as partes não demonstraram prejuízo por não ter sido esta realizada (TFR-4ª T., AC 51.320, Min. Bueno de Souza, j. 15.12.80, DJU 20.4.81; RJTJESP 124/277, JTA 61/209). Anulando a sentença, por ter havido prejuízo decorrente da não realização da audiência: RJTJESP 100/265.

"Dispensável é a realização da audiência de instrução e julgamento, nas ações de desapropriação, quando não há necessidade de serem produzidas novas provas ou não se demonstra prejuízo às partes" (STJ-2ª T., REsp 31.104-8, Min. Hélio Mosimann, j. 16.8.93, DJU 27.9.93).

V. tb. art. 19, nota 11 (julgamento antecipado da lide).

Art. 24: 1a. v. CPC 358 a 368.

Art. 24: 2. s/ principal e acessórios, v. arts. 25 a 27; s/ margens de rios navegáveis e terrenos marginais, v. art. 2º, nota 3 (com Súmula 479 do STF); s/ florestas de preservação permanente, v. art. 2º, nota 4a; s/ juros compensatórios, v. art. 15-A; s/ juros de mora, v. art. 15-B; s/ correção monetária, v. art. 26 § 2º; s/ honorários de advogado, v. art. 27 § 1º; s/ custas, v. art. 30.

Art. 24: 2a. Súmula 119 do STJ: "A ação de desapropriação indireta prescreve em vinte anos" (v. jurisprudência s/ esta Súmula em RSTJ 72/19). Atualmente, esse **prazo é menor** (v. Dec. 20.910/32, art. 1º, nota 3c, no tít. PRESCRIÇÃO E DECADÊNCIA).

Art. 24: 2b. "Em nosso sistema, o prazo prescricional está submetido ao princípio da *actio nata*, segundo o qual a prescrição se inicia com o nascimento da pretensão ou da ação. No caso concreto, a ciência inequívoca da violação do direito se deu com a homologação da desistência pelo Poder Público, vez que, neste momento, o demandante constatou que a desapropriação não se concretizaria e não viria a receber a indenização devida, mesmo já tendo sofrido prejuízos" (STJ-1ª T., REsp 816.131, Min. Teori Zavascki, j. 27.3.07, DJU 7.5.07). No mesmo sentido: STJ-2ª T., REsp 1.089.390, Min. Castro Meira, j. 24.3.09, DJ 23.4.09.

"Para que fique caracterizada a desapropriação indireta, exige-se que o Estado assuma a posse efetiva de determinando bem, destinando-o à utilização pública, o que não ocorreu na hipótese dos autos, visto que a posse dos autores permaneceu íntegra, mesmo após a edição do Dec. 750/93, que apenas proibiu o corte, a exploração e a supressão de vegetação primária ou nos estágios avançado e médio de regeneração da Mata Atlântica. Trata-se, como se vê, de **simples limitação administrativa**, que, segundo a definição de Hely Lopes Meirelles, 'é toda imposição geral, gratuita, unilateral e de ordem pública condicionadora do exercício de direitos ou de atividades particulares às exigências do bem-estar social' (Direito Administrativo Brasileiro, 32ª edição, atualizada por Eurico de Andrade Azevedo, Délcio Balestero Aleixo e José Emmanuel Burle Filho, São Paulo: Malheiros, 2006, pág. 630). É possível, contudo, que o tombamento de determinados bens, ou mesmo a imposição de limitações administrativas, traga prejuízos aos seus proprietários, gerando, a partir de então, a obrigação de indenizar. Não se tratando, todavia, de ação real, incide, na hipótese, a norma contida no art. 1º do Dec. 20.910/32, o qual dispõe que 'todo e qualquer direito ou ação contra a Fazenda Federal, Estadual ou Municipal, seja qual for a sua natureza, **prescreve em cinco anos** contados da data do ato ou fato do qual se originarem'" (STJ-1ª T., REsp 1.105.661, Min. Denise Arruda, j. 14.4.09, DJ 11.5.09).

"Legislação ambiental. Restrição de uso. Limitação administrativa. Pleito indenizatório. Prazo de prescrição quinquenal. A restrição de uso decorrente da legislação ambiental é simples limitação administrativa, e não se confunde com o desapossamento típico da desapropriação indireta. Isso fica evidente nos casos de imóveis à beira de lagos, em que o proprietário particular continua na posse do bem, incluindo a área de preservação permanente, e usufrui dos benefícios decorrentes da proximidade das águas. Aplica-se, *in casu*, o prazo de prescrição quinquenal do art. 10 do Dec. lei 3.365/41" (STJ-2ª T., Ag em REsp 177.692-AgRg, Min. Herman Benjamin, j. 18.9.12, DJ 24.9.12).

Todavia: "As restrições de uso de propriedade particular impostas pela Administração, para fins de proteção ambiental, constituem desapropriação indireta, devendo a indenização ser buscada mediante ação de natureza real, cujo prazo prescricional é vintenário" (STJ-1ª T., REsp 307.535, Min. Francisco Falcão, j. 12.3.02, DJU 13.5.02).

V. tb. art. 1º, nota 8.

Art. 24: 2c. "**Doação com encargo** de particular para o município. **Inexecução pelo ente público.** Ação indenizatória. Desapropriação indireta não caracterizada. Prazo prescricional. Art. 1º do Decreto 20.910/1932. No caso dos autos, a ação não é de desapropriação indireta, apesar de ter havido anteriormente a declaração expropriatória. Isso porque nenhuma coerção foi imposta ao proprietário, já que a citada declaração não o obrigou a celebrar ajuste com o Poder Público. O acordo feito entre as partes trata-se de negócio jurídico bilateral resultante de consenso entre a Administração e o particular que manifestou livremente sua vontade de alienar seu bem. Assim, o direito subjetivo da autora da demanda surgiu, não a partir do ato administrativo de desapropriação, mas sim do descumprimento do negócio jurídico firmado entre as partes. Na hipótese em tela, trata-se, dessa forma, de ação de indenização por descumprimento de encargo, que, por ser movida contra o Poder Público, tem seu prazo regulado pelo art. 1º do Decreto 20.910/32" (STJ-2ª T., REsp 1.797.882, Min. Herman Benjamin, j. 27.8.19, DJ 11.10.19).

Art. 24: 2d. "Em nosso sistema, o prazo prescricional está submetido ao princípio da *actio nata*, segundo o qual a prescrição se inicia com o nascimento da pretensão ou da ação. No caso concreto, a ciência inequívoca da violação do direito se deu com a homologação da desistência pelo Poder Público, vez que, neste momento, o demandante constatou que a desapropriação não se concretizaria e não viria a receber a indenização devida, mesmo já tendo sofrido prejuízos" (STJ-1ª T., REsp 816.131, Min. Teori Zavascki, j. 27.3.07, DJU 7.5.07). No mesmo sentido: STJ-2ª T., REsp 1.089.390, Min. Castro Meira, j. 24.3.09, DJ 23.4.09.

Art. 24: 3. "Quando o Estado propõe ação de desapropriação, pede ao juiz que arbitre não um preço, mas uma indenização correta e justa. Dentro desse pedido estarão contidos todos os itens necessários ao cálculo dessa indenização correta", inclusive lucros cessantes, embora não pedidos na contestação (RSTJ 78/92, maioria de votos; a citação é do voto do Min. Gomes de Barros, p. 104).

Art. 24: 4. É nula a sentença que, na desapropriação, não fixa desde logo o valor da indenização (RJTJESP 128/133, JTA 37/349).

Art. 24: 4a. "Indenização no processo expropriatório", por Fernando Tourinho Neto (RT 838/75).

Art. 24: 4b. s/ valorização de área remanescente e abatimento no preço da indenização, v. arts. 26, nota 3, e 27, nota 1; s/ valor da indenização, v. tb. LC 76, de 6.7.93, art. 12 § 1º e notas, neste tít., a seguir.

Art. 24: 5. O valor da indenização deve ser contemporâneo da avaliação (v. art. 26).

Art. 24: 6. O juiz pode fixar para a indenização preço inferior ao da oferta inicial, tendo em vista que a garantia constitucional da justa indenização (CF 5º-XXIV) é dúplice: visa a proteger tanto o particular, fazendo com que ele seja efetivamente compensado pela perda da propriedade, quanto o Estado, assegurando que este não pague pelo bem desapropriado mais do que ele realmente vale (v., na LC 76, de 6.7.93, art. 12, notas 1a a 1c). Nesse sentido: STJ-1ª T., REsp 875.256, Min. Luiz Fux, j. 16.10.08, DJ 3.11.08.

Se a indenização fixada for inferior ao depósito feito liminarmente, o excesso deve ser restituído à Fazenda Pública, arcando o expropriado com os ônus da sucumbência (RJTJESP 102/99).

V. art. 27, nota 7.

Art. 24: 7. Desatende ao postulado constitucional da justa indenização a sentença que fixa a indenização por aplicação da média aritmética de laudos díspares (RTJ 79/347, 89/1.004).

Art. 24: 7a. "A **enfiteuse** desmembra o domínio pleno da propriedade imóvel em duas partes: o domínio direto e o domínio útil. Estando a propriedade bipartida, também desmembrado deverá ser o valor da indenização expropriatória" (STJ-1ª T., REsp 829.976, Min. José Delgado, j. 13.3.07, DJU 2.4.07).

Art. 24: 8. "Enfiteuse. Confusão entre quem desapropria e quem mantém o bem sob o regime de enfiteuse. Indenização. Dedução de dez foros e um laudêmio. Na enfiteuse há um direito de propriedade e um direito real limitado; se o imóvel foreiro for desapropriado, a indenização é devida a ambos os titulares. Havendo confusão entre quem desapropria e quem mantém o bem sob o regime de enfiteuse, a indenização do enfiteuta corresponde ao valor do imóvel menos o equivalente a dez foros e um laudêmio" (STJ-RT 734/274, maioria).

"Na desapropriação de imóvel foreiro é devida a dedução da importância equivalente a dez foros e um laudêmio, correspondente ao domínio direto" (RSTJ 81/53, maioria).

Art. 24: 9. "É lícito ao Estado, quando desapropriar domínio útil sobre terreno de sua propriedade, descontar da indenização valor correspondente ao laudêmio" (STJ-RT 732/170).

Art. 24: 10. "A fixação do preço justo não pode embasar-se em mera hipótese de aproveitamento do imóvel, jamais cogitada pelos expropriados antes do procedimento expropriatório. Vale dizer, não se pode levar em conta a possibilidade de implantação de loteamento em um imóvel que, antes da intervenção do Poder Público, sempre foi utilizado para a atividade agropecuária. O interesse auferido pelo proprietário do imóvel expropriado, mencionado no art. 27 do Dec. lei 3.365/41, refere-se às eventuais atividades praticadas no momento da declaração de utilidade pública" (STJ-1ª T., REsp 986.470, Min. Denise Arruda, j. 13.5.08, DJU 30.6.08).

Art. 24: 11. A divergência entre a área real e a área registrada do imóvel não interfere no valor da indenização, que se pauta por aquela e não por esta (STJ-2ª T., REsp 596.300, Min. Castro Meira, j. 8.4.08, DJU 22.4.08). A área registrada tem relevância apenas para o levantamento do preço (v. art. 34, nota 1a).

Art. 24: 12. "Área remanescente inaproveitável é de ser toda indenizada" (RT 723/352).

Art. 25. O principal e os acessórios serão computados em parcelas autônomas.[1-2]

Parágrafo único. O juiz poderá arbitrar quantia módica para desmonte e transporte de maquinismos instalados e em funcionamento.

Art. 25: 1. Lei 6.766, de 19.12.79 — Dispõe sobre o parcelamento do solo urbano e dá outras providências (no tít. PROMESSA DE COMPRA E VENDA E LOTEAMENTO, int.): **"Art. 42.** Nas desapropriações não serão considerados como loteados ou loteáveis, para fins de indenização, os terrenos ainda não vendidos ou compromissados, objeto de loteamento ou desmembramento não registrado". Esta disposição revoga, implicitamente, o art. 5º do Dec. lei 271, de 28.2.67.

Ao interpretar esse dispositivo, é preciso ter em conta as circunstâncias de cada caso, sob pena de frustrar-se o princípio da justa indenização. O que ele veda, sem ludibriar o princípio, é a indenizabilidade do loteamento teórico ou inexistente, e não a composição do efetivo desfalque patrimonial (RTJ 105/1.298). No mesmo sentido: RSTJ 87/147.

Art. 25: 2. O art. 18 da Lei 4.591, de 16.12.64 (no tít. CONDOMÍNIO E INCORPORAÇÃO, ínt.), na redação dada pelo art. 8º da Lei 4.864, de 29.11.65, também dispunha sobre sentença em desapropriação. A nova redação dada a esse art. 18 pelo Dec. lei 981, de 21.10.69 (RT 408/113, Lex 1969/1.662), já não contém nada sobre o assunto.

> **Art. 26.** No valor da indenização, que será contemporâneo da avaliação,[1-1a] não se incluirão os direitos de terceiros contra o expropriado.[2 a 3]
>
> **§ 1º** Serão atendidas as benfeitorias necessárias feitas após a desapropriação; as úteis, quando feitas com autorização do expropriante.[4 a 5a]
>
> **§ 2º** Decorrido prazo superior a um ano,[6] a partir da avaliação, o juiz ou Tribunal, antes da decisão final, determinará a correção monetária[7 a 17] do valor apurado, conforme índice que será fixado, trimestralmente, pela Secretaria de Planejamento da Presidência da República.[18]

Art. 26: 1. A demora no julgamento da causa não autoriza nova avaliação; a lei concede correção monetária, e essa é a única atualização permitida (RTJ 94/270, 94/1.280, 95/895, 103/1.183, 108/713, 153/660). No mesmo sentido: STJ-1ª T., REsp 75.803, Min. Milton Luiz Pereira, j. 18.3.96, DJU 22.4.96; STJ-2ª T., REsp 821-0, Min. Hélio Mosimann, j. 31.3.93, DJU 26.4.93.

Todavia: "Demora no pagamento do preço fixado. Afastada a coisa julgada, legitima-se o socorro da lei ordinária objetivando o ressarcimento dos prejuízos causados pelo retardamento no pagamento de valor decorrente do título sentencial transitado em julgado na desapropriatória" (RSTJ 98/84). No caso, decorridos quase 11 anos da perícia, os expropriados nada haviam recebido; daí, moverem ação de indenização para "ressarcimento dos prejuízos causados pelo abusivo retardamento". O STJ julgou a ação procedente, mandando pagar não apenas a correção monetária do valor encontrado na desapropriação, mas a diferença entre o valor do imóvel fixado nesta e o valor atualizado encontrado na ação de indenização.

V. tb. art. 23, nota 3.

Art. 26: 1a. "Desapropriação por utilidade pública. Arbitramento da indenização. **Consideração do laudo pericial provisório.** Possibilidade. O art. 26 do Decreto-Lei 3.365/1941 atribui à justa indenização o predicado da contemporaneidade à avaliação judicial, sendo desimportante, em princípio, o laudo elaborado pelo ente expropriante para a aferição desse requisito ou a data da imissão na posse. Admite-se, no entanto, que a instância ordinária, senhora da instrução processual, mediante persuasão racional devidamente motivada, estabeleça outro referencial probatório para a definição da indenização justa" (STJ-2ª T., Ag em REsp 1.244.034, Min. Mauro Campbell, j. 10.4.18, DJ 16.4.18).

Art. 26: 2. A redação do *caput* está de acordo com a Lei 2.786, de 21.5.56.

Art. 26: 2a. "Na chamada **desapropriação 'indireta',** a regra do art. 26 do Dec. lei 3.365/41 não pode ser aplicada cega e impositivamente, sob pena de se comprometer o preceito constitucional da justa indenização. No interregno, geralmente longo, entre a data da ocupação do bem pelo Estado e a sua avaliação no âmbito da ação de desapropriação indireta, é possível que ocorram mudanças substantivas no bem, que podem levar ou à sua valorização ou, ao contrário, à sua depreciação. Não será justo, em nome do art. 26, reconhecer ao proprietário o direito de ser indenizado pela valorização decorrente de ato estatal superveniente à perda da posse" (RSTJ 180/160: 1ª T., REsp 502.519). No mesmo sentido: STJ-2ª T., REsp 864.422, Min. Eliana Calmon, j. 13.3.07, DJU 22.3.07.

Art. 26: 3. Área remanescente e valorização: "Os efeitos patrimoniais decorrentes de valorização de imóvel por obra pública merecem solução pela via fiscal adequada — contribuição de melhoria —, sendo ilegal, de outro vértice, a dedução do valor indenizatório da quantia que se entenda proveniente e relativa à referida valorização" (STJ-1ª T., REsp 827.613, Min. José Delgado, j. 2.10.07, DJU 20.2.08).

"Na desapropriação, direta ou indireta, quando há valorização da área remanescente não desapropriada em decorrência de obra ou serviço público, dispõe o Estado de três instrumentos legais para evitar que a mais-valia, decorrente da iniciativa estatal, locuplete sem justa causa o patrimônio de um ou de poucos: a desapropriação por zona ou extensiva, a cobrança de contribuição de melhoria e o abatimento proporcional, na indenização a ser paga, da valorização trazida ao imóvel. Na hipótese de valorização geral ordinária, dispõe o Poder Público da contribuição de melhoria. No caso de valorização geral extraordinária, pode o Estado valer-se da desapropriação por zona ou extensiva, prevista no art. 4º do Dec. lei 3.365/41. Por fim, tratando-se de valorização específica, e somente nessa hipótese, poderá o Estado abater, do valor a ser indenizado, a valorização experimentada pela área remanescente, não desapropriada, nos termos do art. 27 do Dec. lei 3.365/41. No caso, a área remanescente não desapropriada valorizou em decorrência da construção de rodovia estadual. A valorização experimentada pelo imóvel não é especial, mas genérica. Assim, a mais-valia deve ser cobrada por meio do instrumento legal próprio, que é a contribuição de melhoria" (STJ-2ª T., REsp 795.580, Min. Castro Meira, j. 12.12.06, DJU 1.2.07).

V. tb. art. 27, nota 1.

Art. 26: 4. A redação do primitivo parágrafo único (renumerado para § 1º pela Lei 4.686, de 21.6.65) está de acordo com a Lei 2.786, de 21.5.56.

Art. 26: 5. v. Súmula 23 do STF, em nota 1 ao art. 6º.

Art. 26: 5a. "Do valor da indenização, aferido na época da avaliação judicial, deve-se excluir as **benfeitorias úteis** realizadas após o laudo administrativo e sem a anuência do Poder Público. A parte expropriante não pode ser obrigada a indenizar a garagem construída após a edição do decreto expropriatório, **sem a autorização** exigida no § 1º do art. 26 do Decreto-Lei 3.365/41. Salienta-se, por oportuno, que é indiferente se a benfeitoria erigida após a edição do decreto expropriatório ocorreu de boa ou má-fé, pois a norma em comento não faz essa distinção" (STJ-2ª T., REsp 1.820.311, Min. Herman Benjamin, j. 12.11.19, DJ 19.12.19).

Art. 26: 6. Desde a vigência da Lei 6.899/81, a correção monetária é calculada a partir do laudo de avaliação, e não um ano depois (RTJ 121/366, STF-RT 608/260, 794/189, RSTJ 4/1.607, voto dos Mins. Carlos Velloso e Américo Luz, 10/349, 54/315, STJ-RDP 96/230; RT 106/395, rescisória). No mesmo sentido, v. Súmula 67 do STJ, em nota 9.

Art. 26: 7. v. tít. CORREÇÃO MONETÁRIA.

Art. 26: 8. Lei 6.423, de 17.6.77 — Estabelece base para correção monetária, e dá outras providências: "**Art. 1º-caput.** A correção, em virtude de disposição legal ou estipulação de negócio jurídico, da expressão monetária de obrigação pecuniária somente poderá ter por base a variação nominal da Obrigação Reajustável do Tesouro Nacional (ORTN)".

Esta disposição não é inconstitucional (RTJ 117/127).

A ORTN foi substituída pela OTN e esta, pelo BTN, e assim por diante.

Súmula 136 do TFR: "A **correção monetária**, na desapropriação, deve ser calculada com base na variação nominal das Obrigações Reajustáveis do Tesouro Nacional (ORTN)" (v. jurisprudência s/ esta Súmula em RTFR 109/7 a 65). No mesmo sentido: RTJ 111/321, STF-Bol. AASP 1.347/97, RTFR 88/127, 111/196, RT 561/183, JTA 60/206, Bol. AASP 1.376/129, com citação de 38 julgados.

Art. 26: 9. Súmula 67 do STJ: "Na desapropriação, cabe a **atualização monetária, ainda que por mais de uma vez,** independente do decurso de prazo superior a um ano entre o cálculo e o efetivo pagamento da indenização" (v. jurisprudência s/ esta Súmula em RSTJ 44/199). A Súmula 67 substitui a **Súmula 561 do STF.**

Art. 26: 10. Para o cálculo da correção monetária, o que importa não é o depósito da quantia devida, mas a efetiva disponibilidade desta (STJ-RT 775/197).

Art. 26: 11. A atualização da conta se faz nos próprios autos da desapropriação. Nada impede, porém, que seja cobrada mediante ação ordinária de indenização (RTJ 87/616).

"Se houver retardamento no pagamento do ofício requisitório, devem os cálculos ser atualizados, ainda que por mais de uma vez, sem que isso signifique a incidência de correção monetária sobre correção monetária, porque se tem, em tal caso, mera atualização desta" (RTFR 162/187).

Art. 26: 12. A correção monetária pode ser determinada em execução, mesmo que a sentença exequenda seja omissa, sem que isso importe ofensa à coisa julgada (RTJ 83/87; STF-RT 494/228, 565/253; RJTJESP 105/346, maioria, RDA 128/316, 133/188).

Art. 26: 13. "Todas as verbas correspondentes ao valor da desapropriação estão sujeitas à correção monetária" (STF-1ª T., RE 88.612-5, Min. Cunha Peixoto, j. 7.3.78, DJU 5.5.78). No mesmo sentido: STF-RT 495/257; RDA 128/388.

"A correção monetária deve incidir sobre a totalidade do débito, abrangendo englobadamente todas as parcelas, sem discriminação" (STF-1ª T., RE 102.605-7, Min. Rafael Mayer, j. 17.12.84, DJU 8.3.85).

Art. 26: 14. A data a ser levada em consideração, para início da correção monetária, é a da avaliação (RTJ 82/992, 92/452) "que servia de referência para a fixação do valor da indenização" (STF-2ª T., RE 88.760-1, Min. Cordeiro Guerra, j. 13.6.78, DJU 1.9.78).

Para efeito de correção monetária, leva-se em conta a data de elaboração do laudo, e não a de sua apresentação em juízo (RTFR 150/147).

Art. 26: 15. Nas desapropriações indiretas, conta-se a correção monetária a partir da data da avaliação, seja anterior ou posterior à Lei 6.899/81 (RTJ 116/232).

A correção monetária se conta até a data do depósito feito pelo expropriante (RTJ 113/136, 124/735), a menos que só posteriormente a importância da condenação tenha sido efetivamente posta à disposição do expropriado (RJ-TJESP 107/79).

Art. 26: 16. "Para efeito de apuração da diferença devida a título de indenização pelo imóvel desapropriado, o depósito inicial feito pelo expropriante deve ser considerado, não pelo seu valor nominal, mas pelo valor corrigido monetariamente" (STJ-1ª Seção, ED no REsp 683.257, Min. Teori Zavascki, j. 12.12.07, DJU 7.2.08). No mesmo sentido: RTJ 117/391, 117/410, 118/754, 118/769, 119/900, 119/1.230, 119/1.278, 120/1.327, 121/1.259, 122/342. E isso porque:

— se o expropriado levantou os 80% que a lei permite (art. 33 § 2º), é justo que incida correção monetária sobre o que embolsou antecipadamente (RTJ 124/777);

— se não levantou, o depósito feito pelo expropriante em estabelecimento bancário está sujeito a correção monetária, "que é, afinal, levantada pelo expropriado" (RTJ 122/435; cf. RTJ 117/839, p. 841, 120/424). Neste sentido, aliás, era a Súmula 202 do TFR, que este cancelou.

"Conflita com o princípio constitucional da justa indenização concluir que o produto da correção monetária alusiva à oferta reverta em favor do proprietário, deixando de ser abatido do cálculo da indenização final" (STF-2ª T., RE 137.453-5, rel. Min. Marco Aurélio, j. 31.10.94, DJU 30.6.95).

O cálculo da correção monetária da indenização e da oferta, todavia, tem termos iniciais distintos: a correção monetária da oferta se faz com o índice da data do laudo acolhido pela sentença (v. nota 15); a do depósito, com base no índice de correção monetária da data em que foi feito (RTJ 117/391, especialmente p. 395).

Súmula 75 do TFR (Desapropriação): "Na desapropriação, a correção monetária prevista no § 2º do art. 26 do Dec. lei n. 3.365, de 1941, incide a partir da data do laudo de avaliação, observando-se a Lei n. 5.670, de 1971" (v. jurisprudência s/ esta Súmula em RTFR 80/124).

Art. 26: 17. "Corrige-se monetariamente a oferta inicial depositada pelo órgão expropriante, ainda que tal correção não tenha sido objeto de pedido explícito ao ser proposta a ação" (RSTJ 79/62).

Art. 26: 18. Redação do § 2º de acordo com a Lei 6.306, de 15.12.75, que modificou esse parágrafo, o qual havia sido acrescido pela Lei 4.686, de 21.6.65.

Este parágrafo revoga a **Súmula 416 do STF**, pois é posterior a ela. V. tb. **Súmula 67 do STJ,** em nota 9 a este artigo.

Art. 27. O juiz indicará na sentença os fatos que motivaram o seu convencimento e deverá atender, especialmente, à estimação dos bens para efeitos fiscais; ao preço de aquisição e interesse que deles aufere o proprietário; à sua situação, estado de conservação e segurança; ao valor venal dos da mesma espécie, nos últimos cinco anos, e à valorização[1-2] ou depreciação de área remanescente, pertencente ao réu.[2a a 3a]

§ 1º (redação da Med. Prov. 2.183-56, de 24.8.01) A sentença que fixar o valor da indenização quando este for superior ao preço oferecido condenará o desapropriante a pagar honorários do advogado, que serão fixados entre meio e cinco por cento do valor da diferença, observado o disposto no § 4º do art. 20 do Código de Processo Civil,[3b] não podendo os honorários ultrapassar R$ 151.000,00 (cento e cinquenta e um mil reais).[3c a 8]

§ 2º (redação da Lei 2.786, de 21.5.56) A transmissão da propriedade, decorrente de desapropriação amigável ou judicial, não ficará sujeita ao imposto de lucro imobiliário.[9-10]

§ 3º (redação da Med. Prov. 2.183-56, de 24.8.01) O disposto no § 1º deste artigo se aplica:

I — ao procedimento contraditório especial, de rito sumário, para o processo de desapropriação de imóvel rural, por interesse social, para fins de reforma agrária;

II — às ações de indenização por apossamento administrativo ou desapropriação indireta.[11]

§ 4º (redação da Med. Prov. 2.183-56, de 24.8.01) O valor a que se refere o § 1º será atualizado, a partir de maio de 2000, no dia 1º de janeiro de cada ano, com base na variação acumulada do Índice de Preços ao Consumidor Amplo — IPCA do respectivo período.[12]

Art. 27: 1. Tendo as Constituições posteriores estabelecido a contribuição de melhoria, pela qual o Poder Público se ressarce do custo de obras que valorizem especialmente determinados imóveis, não mais vigora o texto supra, na parte em que autoriza o juiz a compensar a indenização da desapropriação com a mais-valia que o melhoramento público acarreta ao expropriado (RTJ 80/271).

Todavia: "Tratando-se de valorização específica, e somente nessa hipótese, poderá o Estado abater, do valor a ser indenizado, a valorização experimentada pela área remanescente, não desapropriada, nos termos do art. 27" (STJ--RDDP 49/146: 2ª T., REsp 795.446).

V. tb. art. 26, nota 3.

Art. 27: 2. Dec. lei 512, de 21.3.69 (Regula a Política Nacional de Viação Rodoviária, fixa diretrizes para a reorganização do Departamento Nacional de Estradas de Rodagem e dá outras providências): "**Art. 15 § ún.** Quando, na execução judicial, houver incidência de correção monetária, será deduzido do valor final da condenação o valor da contribuição de melhoria devido pelo expropriado".

Art. 27: 2a. O § ún. do art. 27 foi revogado pela Lei 2.786, de 21.5.56, que acrescentou §§ 1º e 2º ao mesmo artigo.

A jurisprudência anterior já mandava pagar honorários, embora não explicando a maneira pela qual seriam calculados (cf. **Súmula 378 do STF**).

Art. 27: 3. s/ fixação da indenização, inclusive à luz das diretrizes postas pelo art. 27, v. art. 24, notas 4a e segs.

Art. 27: 3a. A desobediência a essas diretrizes e, em última análise, ao valor constitucional da justa indenização (CF 182 § 3º e 184-*caput*) já levou à relativização da coisa julgada material e à autorização para realização de novas perícias para a fixação do valor do imóvel desapropriado (v., no CPCLPV, CPC 502, nota 3b).

Art. 27: 3b. v. CPC 85 §§ 3º e 8º.

Art. 27: 3c. O § 1º foi acrescentado pela Lei 2.786, de 21.5.56. Antes desta, a Súmula 378 do STF já considerava devidos os honorários de advogado, nas desapropriações.

Art. 27: 4. s/ levantamento de honorários, v. art. 34, nota 7.

Art. 27: 5. O STF declarou **inconstitucional** a expressão "não podendo os honorários ultrapassar R$ 151.000,00 (cento e cinquenta e um mil reais)". No mesmo julgamento, decidiu que "é constitucional a estipulação de parâmetros mínimo e máximo para a concessão de honorários advocatícios em desapropriações, sendo, contudo, vedada a fixação de um valor nominal máximo de honorários" (STF-Pleno, ADI 2.332, Min. Roberto Barroso, j. 17.5.18, DJ 16.4.19).

Art. 27: 6. Súmula 131 do STJ: "Nas ações de desapropriação **incluem-se no cálculo** da verba advocatícia as parcelas relativas aos **juros compensatórios e moratórios, devidamente corrigidas**" (v. jurisprudência s/ esta Súmula em RSTJ 72/389).

Súmula 141 do STJ: "Os honorários de advogado em desapropriação direta são calculados sobre a **diferença entre a indenização e a oferta, corrigidas monetariamente**" (v. jurisprudência s/ esta Súmula em RSTJ 80/253).

As Súmulas 131 e 141 acima substituem as **Súmulas 617 do STF e 141 do TFR**.

O depósito complementar a que se refere o Dec. lei 1.075/70 (v. adiante, ínt.) não se leva em conta para o cálculo dos honorários de advogado sobre "o valor da diferença", porque não integra o "preço oferecido" (RTJ 72/85, 73/224, 73/845, 75/290, 80/264, 91/858; RT 479/236, 481/230; JTJ 140/185).

"Os honorários advocatícios, na desapropriação, devem ser percentualizados sobre a diferença entre a oferta inicial e o *quantum* fixado, a final, como indenização, desconsiderada a complementação do depósito oferecido, de início, ainda que por determinação judicial" (RSTJ 99/80).

"Oferta, para fins de honorários, é a oferta mesma, feita inicialmente pelo desapropriante, e não o preço provisório do imóvel, fixado pelo juiz, para fim de imissão de posse" (STJ-1ª T., REsp 4.037-0, Min. Cesar Rocha, j. 29.11.93, DJU 21.3.94).

Aplicam-se as Súmulas 131 e 141 do STJ ainda que não tenha havido depósito judicial da quantia oferecida (RTJ 124/821, RJTJESP 90/167).

Todavia: "Se a avaliação provisória foi determinada *ex officio* pelo juiz, e realizada antes de qualquer participação do expropriado no processo, a complementação da oferta daí resultante não integra a base de cálculo dos honorários de advogado" (STJ-2ª T., REsp 94.323-EDcl, Min. Ari Pargendler, j. 4.8.97, DJU 25.8.97).

No caso de expropriado revel, não são devidos os honorários advocatícios (RTFR 89/94), a menos que lhe tenha sido nomeado curador à lide, ao qual deve ser atribuída razoável honorária advocatícia (TFR-6ª T., AC 106.754, Min. Carlos Velloso, j. 11.12.85, DJU 6.2.86).

V. tb., na LC 76, de 6.7.93, art. 19, nota 2.

Art. 27: 7. "Na expropriação, se a indenização, de acordo com a perícia, é fixada em quantia correspondente à ofertada, monetariamente corrigida, deve o expropriado responder pelas custas e despesas do processo, não fazendo jus a honorários advocatícios, nem a juros compensatórios e moratórios" (RTFR 162/269).

Art. 27: 8. "Na hipótese de desistência da ação expropriatória, os honorários devem ser fixados com base nos parâmetros do CPC e não do Decreto-Lei 3.365/1941" (STJ-2ª T., REsp 1.327.789, Min. Og Fernandes, j. 3.5.18, DJ 9.5.18). No mesmo sentido: STJ-1ª T., Ag em REsp 157.203-AgRg, Min. Ari Pargendler, j. 4.9.14, DJ 11.9.14.

Art. 27: 9. Súmula 39 do TFR (Imposto de Renda): "Não está sujeita ao imposto de renda a indenização recebida por pessoa jurídica, em decorrência de desapropriação amigável ou judicial" (v. jurisprudência s/ esta Súmula em RTFR 78/96).

Isso porque "a indenização decorrente de desapropriação não encerra ganho de capital, porquanto a propriedade é transferida ao poder público por valor justo e determinado pela justiça a título de indenização, não ensejando lucro, mas mera reposição do valor do bem expropriado" (STJ-1ª Seção, REsp 1.116.460, Min. Luiz Fux, j. 9.12.09, DJ 1.2.10).

Sobre os juros compensatórios e moratórios, tanto na desapropriação direta como na indireta, não incide imposto de renda, que não deve, portanto, ser descontado na fonte (RSTJ 90/141, TFR-Bol. AASP 1.546/183; RT 724/321, 726/260, RJTJESP 108/320, maioria, 110/287, 110/288, 111/327, JTJ 162/190, maioria, 168/223, 168/723, RTJE 147/194, Bol. AASP 1.478/90, 1.549/201, 1.565/298). **Contra,** entendendo que "sobre os juros moratórios incide a retenção do imposto de renda na fonte": RT 716/174.

"Os honorários advocatícios fixados em ação de desapropriação sofrem retenção do imposto de renda na fonte, pois tal verba se destina ao causídico, não integrando a indenização recebida pelo expropriado — esta, sim, não tributada" (RT 630/106). No mesmo sentido: RJTJESP 114/311.

É inconstitucional o Dec. lei 1.641, de 7.12.78, art. 1º § 2º-II, na parte em que sujeita a imposto de renda o lucro que o expropriado obtém, na desapropriação, sobre o imóvel por ela objetivado (STF-Pleno: Bol. AASP 1.595/107, v.u.).

Art. 27: 10. Na desapropriação indireta, não cabe retenção de imposto de renda (JTJ 162/190, maioria).

Art. 27: 11. "Por não haver, nas ações de **desapropriação indireta,** oferta inicial, a base de cálculo dos honorários não poderá ser a 'diferença' (entre esse valor e o fixado a final pela sentença), devendo o percentual incidir sobre o valor total da indenização" (STJ-1ª T., REsp 731.737, Min. Teori Zavascki, j. 19.4.05, DJU 2.5.05; a citação é do voto do relator).

"Tendo em vista que nas desapropriações indiretas não há oferta inicial, devem os honorários advocatícios incidir sobre o valor total da condenação, respeitado o limite de 5% estabelecido no art. 27, § 1º, do Dec. lei 3.365/41" (STJ-1ª Seção, ED no REsp 680.923, Min. Eliana Calmon, j. 28.11.07, DJU 10.12.07; a citação é do voto da relatora).

Art. 27: 12. v. nota 5, acima. 618 do STF.

> **Art. 28.** Da sentença que fixar o preço da indenização caberá apelação[1-2] com efeito simplesmente devolutivo, quando interposta pelo expropriado, e com ambos os efeitos, quando o for pelo expropriante.
>
> § 1º A sentença que condenar a Fazenda Pública[3] em quantia superior ao dobro da oferecida fica sujeita ao duplo grau de jurisdição.[4]
>
> § 2º ....[5]

Art. 28: 1. "Não impugnado pelo expropriado, na fase recursal, o valor da indenização, este não poderá ser majorado em segunda instância, ressalvada exclusivamente a incidência da correção monetária, que admite a concessão de ofício, nos termos do art. 26, § 2º, do Dec. lei n. 3.365, de 1941. Poderá o interessado propor ação para obter complementação do preço, com fundamento no art. 20 do citado diploma legal" (RT 499/159), ou mesmo ação rescisória, uma vez que a Constituição lhe assegura o direito de ser pago pelo justo valor do bem expropriado (RF 303/194, maioria, 13 votos a 4).

Art. 28: 2. É vedada, em grau de recurso, a *reformatio in pejus* (RTJ 95/775). Todavia, no sentido de que, em primeira instância, a sentença pode conceder ao expropriado mais do que este pediu (RTJ 97/924).

Art. 28: 3. ou autarquia (TFR-4ª T., Ag 39.272, Min. José Dantas, j. 28.4.78, DJU 11.9.78; RJTJESP 38/102, 38/119, 84/175, Bol. AASP 1.209/35); não, porém, sociedade de economia mista (RTJ 110/692, JTA 39/291).

Contra, não admitindo remessa necessária em favor de autarquia: Bol. AASP 1.308/9, RP 17/321, em. 26, com citação de doutrina e jurisprudência num e noutro sentido.

Art. 28: 4. Redação do § 1º de acordo com a Lei 6.071, de 3.7.74.

Art. 28: 5. O § 2º foi implicitamente **revogado** pelo art. 10 da Lei 6.071, de 3.7.74.

Art. 29. Efetuado o pagamento[1 a 3] ou a consignação, expedir-se-á, em favor do expropriante, mandado de imissão de posse, valendo a sentença como título hábil para a transcrição[4 a 4b] no registro de imóveis.

Art. 29: 1. Só o pagamento do preço é que autoriza a expedição de mandado ao registro de imóveis para que transfira ao expropriante a propriedade do bem expropriado; antes disso, não (RSTJ 133/146, RJTJESP 125/316). Esta regra também se aplica aos casos de desapropriação indireta (RTJE 151/210).

Art. 29: 1a. "As execuções de sentença propostas contra a Fazenda Pública, inclusive em se tratando de **desapropriação**, estão sujeitas ao rito previsto no **artigo 730** do Código de Processo Civil; o juiz não pode, antes de observar esse procedimento, determinar o pagamento da condenação judicial mediante simples ofício ou intimação" (STJ-1ª Seção, ED no REsp 160.573, Min. Ari Pargendler, j. 7.8.00, dois votos vencidos, DJU 25.6.01). No mesmo sentido: STJ-RT 836/125 (2ª T.), JTJ 159/214 (desapropriação indireta), 204/25. **Contra:** RT 568/51, RJTJESP 81/110, 93/111, 98/90, 122/287, JTJ 177/50, Bol. AASP 1.314/43.

Art. 29: 1b. "A execução de sentença na ação expropriatória", por Marcelo José Forin (RP 123/44).

Art. 29: 2. Desistência da desapropriação. "A jurisprudência do STF e desta Corte é no sentido de aceitar a desistência da ação expropriatória, formulada pelo órgão expropriante, se ainda não ocorreu o pagamento do preço. A sentença, mesmo transitada em julgado, não impede a desistência" (STJ-2ª T., REsp 402.482, Min. Eliana Calmon, j. 26.3.02, DJU 12.8.02). No mesmo sentido: STJ-1ª T., REsp 187.825, Min. Milton Luiz Pereira, j. 15.2.01, DJU 28.5.01. Afirmando que a desistência, no caso, independe de consentimento do expropriado: RT 609/83.

"Não se pode, salvo em caso de fato consumado e irreversível, compelir o Estado a efetivar a desapropriação, se ele não a quer, pois se trata de ato informado pelos princípios da conveniência e da oportunidade" (STJ-RF 390/365: 1ª T., REsp 628.588, um voto vencido).

"A jurisprudência da Corte admite a desistência da ação expropriatória, antes da realização do pagamento do preço justo, desde que seja possível devolver ao expropriado o imóvel no estado em que se encontrava antes do ajuizamento da ação. A declaração de desistência de uma ação de desapropriação pode ser efetivada por diversos meios, não se restringindo à edição de lei ou decreto revogando expressamente o decreto expropriatório" (STJ-2ª T., REsp 1.397.844, Min. Eliana Calmon, j. 17.9.13, DJ 24.9.13).

"A regra é a possibilidade de desistência da desapropriação. Contra essa, pode ser alegado fato impeditivo do direito de desistência, consistente na impossibilidade de o imóvel ser devolvido como recebido ou com danos de pouca monta. Por ser fato impeditivo do direito de o expropriante desistir da desapropriação, é ônus do expropriado provar sua existência, por aplicação da regra que vinha consagrada no art. 333, II, do CPC/1973, hoje repetida no art. 373 do CPC/2015" (STJ-2ª T., REsp 1.368.773, Min. Herman Benjamin, j. 6.12.16, maioria, DJ 2.2.17).

A desistência pode ser parcial (STF-RTJ 84/294; RSTJ 92/133; RDA 134/203).

A homologação da desistência condiciona-se à devolução da área ocupada, reembolsadas as custas e despesas periciais e pagos os honorários de advogado arbitrados (Bol. AASP 1.291/220).

Em caso de desistência: "O expropriante é responsável pelos tributos que incidirem sobre o imóvel a partir da imissão provisória na posse. Tal responsabilidade se estende até a efetiva desocupação e restituição do imóvel" (RSTJ 103/140).

V. tb. art. 1º, nota 8a.

Art. 29: 2a. Não se admite desistência de desapropriação:

— depois que o Poder Público, imitido provisoriamente na posse, "não tem condições de devolver o bem no estado em que o recebeu ou com danos de pouca monta, que em outra ação pudessem ser avaliados" (RSTJ 73/282). No mesmo sentido: RSTJ 107/75, 138/91, RT 588/59 (adotando decisão do juiz Antônio de Pádua Ferraz Nogueira), 629/128, maioria, 733/197, RJTJESP 89/285, 96/273, 99/258, JTJ 159/200, 163/43;

— se já foi efetuado o seu pagamento, restando apenas a complementação relativa à correção monetária, não pode ser homologado o pedido de desistência do expropriante, na fase de liquidação, sob o fundamento de que o preço não se integralizara (RSTJ 90/112, maioria);

— se o imóvel expropriado já foi afetado ao serviço público (RJTJESP 93/250);

— se a devolução do bem ao expropriado mostra-se inviável, por motivo de "profundas alterações efetuadas pelo poder público no imóvel" (STJ-RT 753/202);

— se, por culpa do expropriante, foi invadido por terceiros (STJ-2ª T., REsp 87.440, Min. Pádua Ribeiro, j. 24.4.97, DJU 26.5.97; RJTJESP 129/107);

— se não foi revogado o decreto expropriatório em que se baseia a ação, não pode haver desistência da desapropriação (RJTJESP 119/332). Admitindo a desistência sem a revogação do decreto, desde que concorde o réu (que, aliás, no caso, não concordou): RJTJESP 88/83;

— na desapropriação indireta, a administração não pode, após a sentença condenatória transitada em julgado, desistir do apossamento administrativo que realizou (RJTJESP 94/276).

Art. 29: 2b. No caso de desistência, quanto aos juros:

— os juros moratórios devem ser contados, desde a citação, sobre o valor total liquidado (RSTJ 98/135, STJ-Bol. AASP 1.884/37j, maioria);

— os juros compensatórios, desde a data da imissão de posse até a efetiva desocupação do imóvel pela expropriante (STJ-Bol. AASP 1.884/37j, maioria), devem ser pagos, sem maiores formalidades, no próprio processo expropriatório (STJ-RJTJERGS 171/21, RT 586/77, RJTJESP 103/155), desde, porém, que este já se encontre em fase de liquidação (RTJ 109/840; TFR-4ª T., AC 133.091, Min. Pádua Ribeiro, j. 14.3.88, DJU 14.4.88);

— os juros compensatórios devem ser apurados "na própria sentença homologatória da desistência, pelo período compreendido entre a imissão na posse e a efetiva desocupação do imóvel" (STJ-1ª Seção, REsp 93.416, Min. Castro Filho, j. 18.6.01, maioria, DJU 22.4.02); no mesmo sentido, quanto à apuração nos próprios autos da desapropriação: Bol. AASP 1.542/159, citando RJTJESP 99/160, 101/275, 103/155 e 105/146.

Art. 29: 2c. Honorários de advogado por desistência da desapropriação. "Os honorários advocatícios, nos casos de desistência por parte do poder público nas ações de desapropriação, devem ser determinados por equidade pelo juiz, conforme artigo 20, § 4º, do CPC" (STJ-2ª T., REsp 166.334, Min. Castro Meira, j. 28.9.04, DJU 16.11.04). No mesmo sentido: RTJ 89/374. Mas: "No caso de desistência da ação desapropriatória pelo expropriante, não podem ser fixados os honorários consoante a apreciação equitativa do juiz, se estes já foram anteriormente arbitrados em sentença já transitada em julgado" (RT 607/74); no mesmo sentido: RJTJESP 99/103.

Art. 29: 2d. Perdas e danos sofridos pelo expropriado. Ao desistir da desapropriação, a administração pública sujeita-se a indenizar as perdas e danos sofridas pelo desapropriado (RTJ 77/569, 91/512; STF-RDA 128/313; STJ-1ª T., REsp 34.256-2, Min. Garcia Vieira, j. 16.6.93, maioria, DJU 6.9.93; RTFR 144/145, RT 592/77). Essa indenização deve ser buscada em ação própria (RTJ 63/510, RDA 128/313; STJ-1ª T., REsp 19.945-5, Min. Demócrito Reinaldo, j. 10.2.93, DJU 15.3.93).

Também no sentido de que eventuais prejuízos causados pela ocupação temporária e pela eventual alteração física da área desapropriada devem, no caso de desistência da ação, ser pleiteados em ação própria: Bol. AASP 1.291/220.

Art. 29: 3. Devolução do depósito liminar em razão da desistência. Na hipótese de desistência, cabe ao expropriado restituir o depósito liminar, devidamente atualizado, se efetuou o seu levantamento (RJTJESP 88/279). Mas o expropriante somente poderá receber de volta o depósito liminar após o pagamento dos honorários da sucumbência e das outras verbas devidas em razão da desistência (Bol. TRF-3ª Reg. 10/19: TRF-3ª Reg., AC 42.635, Juiz Silveira Bueno, j. 16.2.93; **contra**: Bol. TRF-3ª Reg. 10/20: AC 42.648, Juiz Silveira Bueno, j. 1.12.92).

Art. 29: 4. "Para o imóvel declarado de utilidade pública para fim de desapropriação e permutado mediante escritura pública, com outros do domínio público, se não registrado o título no Registro Geral de Imóveis, o Estado não chega a adquirir-lhe o domínio. A desapropriação, portanto, não pode ser invocada como obstáculo ao prosseguimento de ação de usucapião relativa ao imóvel" (RF 307/112).

Art. 29: 4a. "Na desapropriação indireta, é tarefa do perito a descrição do imóvel expropriado, em condição que, integrada à sentença, permita a transcrição desta no Ofício Imobiliário, nos termos do art. 29 do Dec. lei 3.365, de 1941" (STJ-RT 755/228).

Art. 29: 4b. Pode ser feito o registro, em nome do expropriante, em seguida à imissão de posse provisória? v. art. 15, nota 7a.

Art. 30. As custas serão pagas pelo autor, se o réu aceitar o preço oferecido; em caso contrário, pelo vencido, ou em proporção, na forma da lei.[1 a 3]

Art. 30: 1. "Nas desapropriações, as custas serão pagas pelo autor, se o réu aceitar o preço oferecido; em caso contrário, pelo vencido, ou em proporção, na forma da lei. Se o expropriado insiste em pleitear indenização superior à justa e sucumbe, deve pagar custas proporcionais" (RTJ 77/545).

"No caso dos autos, o tribunal estadual consignou que a indenização arbitrada em juízo foi inferior ao valor inicialmente ofertado pela Administração. Portanto, os expropriados, ora recorridos, é que devem suportar o ônus da demanda: despesas processuais, honorários periciais e do assistente técnico" (STJ-2ª T., REsp 1.750.357, Min. Herman Benjamin, j. 11.9.18, DJ 16.11.18).

Art. 30: 2. Súmula 2 do TJPR (Custas): "Nas desapropriações, aplica-se o art. 30 da Lei n. 3.365, de 21.6.41, com a seguinte interpretação:

"As custas serão pagas:

"1º — pelo autor, se o réu aceitar o preço oferecido;

"2º — pelo autor, se o réu recusar o preço oferecido, prevalecendo essa oposição;

"3º — em proporção, quando o preço oferecido for recusado, apresentando o réu outro, igualmente, não fixado pela decisão".

Art. 30: 3. Súmula 69 do TFR: "Incumbe ao expropriante pagar o salário do assistente técnico do expropriado" (v. jurisprudência s/ esta Súmula em RTFR 80/122).

Não é bem assim: "Nas ações de desapropriação por utilidade pública, o **ônus da sucumbência é definido pela aceitação ou não do preço ofertado,** de maneira que a condenação em valor superior à oferta enseja a sucumbência do ente desapropriante e, portanto, a sua responsabilidade pelo pagamento das custas e despesas processuais, no que inclui o ressarcimento dos **honorários do assistente da perícia do desapropriado.** Inteligência do art. 30 do Decreto-Lei 3.365/1941" (STJ-2ª T., Ag em REsp 1.244.030, Min. Mauro Campbell, j. 10.4.18, DJ 16.4.18).

V. tb., no CPCLPV, CPC 84, nota 6.

Disposições Finais

Art. 31. Ficam sub-rogados no preço quaisquer ônus ou direitos que recaiam sobre o bem expropriado.[1 a 3]

Art. 31: 1. v., no CPCLPV, CPC 908, nota 9.

Art. 31: 1a. "Se houver hipoteca sobre o bem desapropriado, o crédito garantido fica sub-rogado no valor da indenização. No caso de desapropriação do imóvel hipotecado para fins de constituição de servidão, assiste ao credor hipotecário o direito de habilitar o seu crédito, devendo ser retido o depósito do valor da indenização até a decisão da habilitação, se possível nos próprios autos da expropriatória" (STJ-2ª T., REsp 37.128-7, Min. Pádua Ribeiro, j. 20.2.95, DJU 13.3.95).

"Se o imóvel expropriado está gravado por hipoteca, a indenização — no todo ou em parte — não pode ser recebida pelo expropriado antes da quitação do crédito hipotecário" (STJ-2ª T., REsp 37.224, Min. Ari Pargendler, j. 19.9.96, DJU 14.10.96).

Art. 31: 2. Na desapropriação de bem inalienável, o vínculo de inalienabilidade fica sub-rogado na indenização (RSTJ 78/132).

Art. 31: 3. "Compete exclusivamente à União promover a desapropriação rural por interesse social, para fins de reforma agrária (arts. 184 da CF/88 e 2º, § 1º, da Lei 8.629/93), resultando daí sua legitimidade para figurar no polo passivo de ação almejando a recomposição de prejuízos suportados por arrendatário de imóvel rural objeto de desapropriação. Tratando-se de direito pessoal ou obrigacional, tem-se por inaplicável o art. 31 do Decreto-lei 3.365/41, pois a sub-rogação no preço se dá apenas quanto aos direitos reais constituídos sobre o bem expropriado" (STJ-2ª T., REsp 1.130.124, Min. Eliana Calmon, j. 4.4.13, DJ 10.4.13).

Art. 32. O pagamento do preço será prévio e em dinheiro.[1-2]

§ 1º As dívidas fiscais serão deduzidas dos valores depositados, quando inscritas e ajuizadas.[3]

§ 2º Incluem-se na disposição prevista no § 1º as multas decorrentes de inadimplemento e de obrigações fiscais.[4]

§ 3º A discussão acerca dos valores inscritos ou executados será realizada em ação própria.[5]

Art. 32: 1. Redação dada pela Lei 2.786, de 21.5.56.

Art. 32: 2. s/ pagamento do preço, v. CF 5º-XXIV e 100, ADCT 33 e Dec. lei 1.075, de 22.1.70, art. 5º § ún. (neste tít., a seguir).

Art. 32: 3 a 5. Redação da Lei 11.977, de 7.7.09.

Art. 33. O depósito do preço fixado por sentença, à disposição do juiz da causa, é considerado pagamento prévio da indenização.

§ 1º O depósito far-se-á no Banco do Brasil ou, onde este não tiver agência, em estabelecimento bancário acreditado, a critério do juiz.¹

§ 2º O desapropriado, ainda que discorde do preço oferecido, do arbitrado ou do fixado pela sentença, poderá levantar até 80% (oitenta por cento) do depósito feito para o fim previsto neste e no art. 15,¹ᵃ observado o processo estabelecido no art. 34.²

Art. 33: 1. O primitivo § ún. passou a § 1º pela Lei 2.786, de 21.5.56.

Art. 33: 1a. "É facultado ao desapropriado o levantamento de até 80% do valor depositado para fins de imissão na posse, **incluindo** aí **o complementar**" (STJ-2ª T., Ag em REsp 880.942-AgInt, Min. Francisco Falcão, j. 7.12.17, DJ 14.12.17).

Art. 33: 2. O § 2º foi acrescido pela Lei 2.786, de 21.5.56.

Art. 34. O levantamento do preço¹ ᵃ ¹ᵇ será deferido mediante prova de propriedade,¹ᶜ ᵃ ²ᵃ de quitação de dívidas fiscais²ᵇ⁻²ᶜ que recaiam sobre o bem expropriado, e publicação de editais,³ ᵃ ³ᵇ com o prazo de dez dias, para conhecimento de terceiros.

Parágrafo único. Se o juiz verificar que há dúvida fundada sobre o domínio,⁴ ᵃ ⁸ o preço ficará em depósito, ressalvada aos interessados a ação própria para disputá-lo.

Art. 34: 1. s/ retenção de parte do preço, para pagamento do imposto de renda, v. art. 27, notas 9 e 10; s/ prova da propriedade e de quitação de dívidas fiscais e publicação de editais, para levantamento do valor da indenização, na ação de constituição de servidão, v. art. 40, nota 1.

Art. 34: 1a. "O valor da indenização fixada na ação expropriatória não se confunde, necessariamente, com o montante a ser levantado pela parte expropriada. O primeiro deve abranger a totalidade da área incorporada ao patrimônio público, sob pena de enriquecimento sem causa do expropriante. O segundo deve limitar-se à área efetivamente registrada, sob risco de autorizar-se o pagamento de indenização a *non domino*. Havendo divergência entre a área efetivamente medida e a área registrada, o expropriado somente poderá levantar o valor da área registrada. O valor remanescente ficará depositado em juízo até que o expropriado promova a retificação do registro ou se decida, em ação própria, a titularidade do domínio, como reza o parágrafo único do art. 34 do Dec. lei 3.365/41" (STJ-2ª T., REsp 596.300, Min. Castro Meira, j. 8.4.08, DJU 22.4.08). No mesmo sentido: STJ-1ª T., REsp 935.333, Min. Luiz Fux, j. 2.9.08, DJ 22.9.08.

Art. 34: 1b. "Admite-se a oposição do levantamento apenas por terceiros possuidores de outro título suficiente para demonstrar que há incerteza quanto ao domínio do bem desapropriado pelo expropriado. Ao efetuar o depósito da indenização devida, não permanece o interesse da expropriante no levantamento do preço" (STJ-2ª T., REsp 84.417, Min. Castro Meira, j. 3.8.04, DJU 6.9.04).

Art. 34: 1c. "Milita em favor do espólio que ostenta título registrado no cartório imobiliário competente a presunção de que tem o domínio do bem desapropriado. O levantamento do *quantum* apurado na desapropriação deve ser feito pelo espólio, devendo o herdeiro disputar o seu quinhão na ação de inventário" (STJ-1ª T., REsp 7.886-0, Min. Cesar Rocha, j. 25.10.93, DJU 13.12.93).

Art. 34: 1d. "Ainda que o contrato não esteja inscrito no Ofício Imobiliário, o promitente comprador tem o direito de receber o preço do imóvel expropriado, nos próprios autos da ação de desapropriação, sempre que não houver oposição" (STJ-2ª T., REsp 12.416, Min. Ari Pargendler, j. 29.11.95, DJU 18.12.95).

"Desapropriação por utilidade pública. Cumprimento de sentença. Levantamento do depósito da indenização pelo promitente comprador. Inexistência de fundada dúvida ou controvérsia quanto ao direito à sub-rogação de que trata o art. 31 do Dec. lei 3.365/41" (STJ-1ª T., REsp 1.198.137, Min. Teori Zavascki, j. 2.2.12, DJ 9.2.12).

Art. 34: 2. Na desapropriação de posse (v. art. 1º, nota 5a), cumpre ao expropriado provar sua condição de possuidor, antes do levantamento do preço (RTJE 159/124).

Art. 34: 2a. "Quem adquire uma propriedade imóvel, já ocupada pela parte expropriante, mas antes de efetivado o pagamento justo, torna-se sucessor dos direitos de que era titular o expropriado, inclusive quanto aos juros compensatórios" (STJ-1ª T., AI 163.021-AgRg, Min. José Delgado, j. 10.3.98, DJU 4.5.98).

Art. 34: 2b. i. e., federais, estaduais e municipais (JTJ 159/202).

Art. 34: 2c. A entidade expropriante é responsável pelos tributos incidentes sobre o imóvel a partir da imissão na posse (v. art. 15, nota 7). Por isso, "o expropriado poderá levantar o preço, se comprovar a quitação dos tributos fiscais incidentes sobre o imóvel desapropriado até a data em que a autoridade expropriante tiver sido imitida na posse" (STJ-RT 842/135: 2ª T., REsp 195.672).

✎ Art. 34: 3. "Do art. 34 do Estatuto das Expropriações e a quem compete promover as antecipações de pagamento das despesas editalícias", por Joaquim de Almeida Baptista (RT 738/138).

Art. 34: 3a. Responsabilidade pelo pagamento dos editais. Compete ao expropriante o pagamento das despesas de publicação dos editais. Assim: "Se a publicação do edital aproveita ao poder expropriante, não faz sentido carrear-se a antecipação de despesas com editais ao expropriado para que, a final, seja obrigado a requerer a devolução do montante que desembolsou, sob pena de a indenização ser diminuída, em verdadeiro descompasso com a garantia constitucional da prévia e justa indenização" (STJ-2ª T., REsp 162.522, Min. Franciulli Netto, j. 5.3.02, DJU 3.6.02). No mesmo sentido: RSTJ 95/173; STJ-1ª T., REsp 121.487, rel. Min. Demócrito Reinaldo, j. 7.8.97, maioria, DJU 17.11.97.

Contra: RT 506/188, 660/109, RJTJESP 124/305, JTJ 162/180, Bol. AASP 994/1.

Art. 34: 3b. Dispensa-se a renovação das formalidades do art. 34 se o expropriado, anteriormente, já recebeu parte do depósito, mediante autorização judicial (RTJE 157/136).

Art. 34: 4. Súmula 42 do TFR (Dúvida sobre domínio): "Salvo convenção das partes, o processo expropriatório não se suspende por motivo de dúvida fundada sobre o domínio" (cf. republicação no DJU 13.6.80, p. 4.467: v. jurisprudência s/ esta Súmula em RTFR 78/143).

Art. 34: 4a. A dúvida fundada, a que se refere este artigo, é "a dúvida objetiva, inequívoca, sobre o domínio, com base em documento de propriedade. Se o expropriado tem título de domínio devidamente transcrito, não impede o levantamento do preço o simples ajuizamento de ação anulatória deste, por isso que, enquanto não anulado o título, regularmente, o seu titular é legítimo proprietário" (RTFR 69/7). No mesmo sentido: RDA 158/214, RT 591/103.

Todavia: "Sentença fincando a procedência em ação discriminatória semeia objetiva e inequívoca dúvida sobre o domínio da área imóvel desapropriada, justificando o Juiz a impedir o levantamento do valor depositado" (RSTJ 175/111).

Art. 34: 5. "Nas ações de indenização por desapropriação indireta, a questão de domínio se resolve no processo de conhecimento, sendo inaplicáveis as disposições do art. 34 do Dec. lei 3.365/41" (STJ-RT 811/181). No mesmo sentido: STF-RDA 174/176, RSTJ 107/97, RT 593/91, RJTJESP 94/275, 98/284, 98/285, 99/263, 100/294, 102/229, 110/276, JTJ 179/156, 186/218, Bol. AASP 1.382/143, 1.559/264.

Também não se aplica aos casos de indenização por servidão administrativa: "Não merece subir recurso especial contra acórdão que, em indenização por servidão administrativa, admite o levantamento do valor depositado, sem as exigências do art. 34 do Dec. lei 3.365/41" (STJ-1ª T., REsp 126.480-AgRg, Min. José Delgado, j. 3.2.98, DJU 4.5.98). No mesmo sentido: JTJ 212/234.

Art. 34: 6. "A regra do art. 34, § ún., do Dec. lei 3.365, de 1941, se aplica também às hipóteses em que, embora não havendo dúvida fundada sobre o domínio, há disputa entre o proprietário e aqueles cujos direitos, na forma do art. 31, ficam sub-rogados na indenização" (RSTJ 100/119).

Art. 34: 7. "Os valores referentes ao pagamento da indenização, embora depositados, estão impedidos de liberação por tramitar ação civil pública onde se discute o domínio do imóvel. Pagamento dos honorários que também deve ficar suspenso enquanto existir dúvida sobre o domínio" (STJ-1ª T., REsp 654.517, Min. Francisco Falcão, j. 18.11.08, DJ 2.3.09). No mesmo sentido: STJ-1ª Seção, ED no REsp 650.246, Min. Cesar Rocha, j. 9.11.11, DJ 2.12.11.

"Em sede de ação de desapropriação, os honorários sucumbenciais só serão devidos caso haja devido pagamento da indenização aos expropriados" (STF-Pleno, RE 1.010.819, Min. Alexandre de Moraes, j. 26.5.21, maioria, DJ 29.9.21).

Art. 34: 8. "Não se pode confundir 'dúvida fundada sobre o domínio' com concurso de credores. É apenas àquela que se refere o § ún. do art. 34 do Dec. lei 3.365/41 (Lei de Desapropriações)" (STJ-1ª T., REsp 1.182.246, Min. Teori Zavascki, j. 24.5.11, maioria, DJ 1.6.11).

Art. 34-A (*incluído pela Lei 13.465, de 11.7.17*). Se houver concordância, reduzida a termo, do expropriado, a decisão concessiva da imissão provisória na posse implicará a aquisição da propriedade pelo expropriante com o consequente registro da propriedade na matrícula do imóvel.

§ 1º A concordância escrita do expropriado não implica renúncia ao seu direito de questionar o preço ofertado em juízo.

§ 2º Na hipótese deste artigo, o expropriado poderá levantar 100% (cem por cento) do depósito de que trata o art. 33 deste Decreto-Lei.

§ 3º Do valor a ser levantado pelo expropriado devem ser deduzidos os valores dispostos nos §§ 1º e 2º do art. 32 deste Decreto-Lei, bem como, a critério do juiz, aqueles tidos como necessários para o custeio das despesas processuais.

§ 4º (*incluído pela Lei 14.421, de 20.7.22*) Após a apresentação da contestação pelo expropriado, se não houver oposição expressa com relação à validade do decreto desapropriatório, deverá ser determinada a imediata transferência da propriedade do imóvel para o expropriante, independentemente de anuência expressa do expropriado, e prosseguirá o processo somente para resolução das questões litigiosas.

Art. 35. Os bens expropriados, uma vez incorporados à Fazenda Pública, não podem ser objeto de reivindicação, ainda que fundada em nulidade do processo de desapropriação. Qualquer ação, julgada procedente, resolver-se-á em perdas e danos.[1 a 6]

🔖 **Art. 35: 1.** "Retrocessão. Natureza jurídica e outras controvérsias", por Edilson Pereira Nobre Júnior (RF 327/25).

Art. 35: 1a. v., porém, CC 519.

Art. 35: 2. "A ação de retrocessão é de natureza real e, portanto, aplica-se o art. 177 do CC/16 e não o prazo quinquenal de que trata o Decreto 20.910/32" (STJ-2ª T., REsp 868.655, Min. Eliana Calmon, j. 6.3.07, DJU 14.3.07). No mesmo sentido: RSTJ 79/103. Começa a correr a prescrição com a transferência, ao domínio particular, do bem expropriado (STF-Pleno, ERE 104.591-4-AgRg, Min. Djaci Falcão, j. 11.3.87, DJU 10.4.87).

"Configurada a questão como reparação por perdas e danos, de rigor a incidência da prescrição vintenária, de acordo com o artigo 177, do Código Civil" (STJ-1ª T., REsp 412.634-EDcl, Min. Francisco Falcão, j. 20.3.03, maioria, DJU 9.6.03).

Balizando a prescrição nessas circunstâncias pelo prazo de 3 anos do CC 206 § 3º-V: STJ-2ª T., REsp 1.236.049-AgRg, Min. Mauro Campbell, j. 5.11.13, DJ 12.11.13.

Art. 35: 3. "Efetivada a desapropriação, com a imissão liminar na posse (Decreto-lei n. 3.365/41, art. 15), a partir daí já podem ocorrer as causas da retrocessão: a) desvio de finalidade, quando ao bem expropriado é dado destino de interesse privado e não público; b) abandono, quando ao bem expropriado a expropriante não dá qualquer destinação; c) afetação parcial, quando, implantadas as obras públicas, sobram áreas remanescentes, a que não se deu a destinação prevista. Não há, no direito positivo brasileiro, lei que fixe prazo dentro do qual o bem expropriado deve ser utilizado pela entidade expropriante. A ação de retrocessão, ação real, não está sujeita à prescrição quinquenal do Decreto n. 20.910, de 1932, mas à da reivindicatória, observado o prazo do usucapião extraordinário (Código Civil, art. 177, c/c o art. 550). A prescrição da ação de retrocessão, nas hipóteses de abandono e de afetação parcial, começa a correr a partir do momento em que o expropriante abandona, inequivocamente, o propósito de dar ao imóvel a destinação de utilidade pública. Tratando-se de desapropriação do remanescente em decorrência do direito de extensão, não tem o expropriado direito de retrocessão, no caso de ficar o mesmo remanescente em disponibilidade após a execução da obra. A retrocessão, nessa hipótese, só tem lugar se o imóvel, na sua integralidade, não for aproveitado" (RTFR 123/83).

Art. 35: 4. Há desvio de finalidade:

— "Se o expropriante aliena o bem, ou cede o uso, por qualquer título, a instituição particular, ainda que esta pessoa jurídica de direito privado tenha fins sociais" (STF-2ª T., RE 88.699, Min. Cordeiro Guerra, j. 12.9.78, DJU 20.11.78).

— "A utilização de parte do imóvel desapropriado como sede da associação dos servidores do ente expropriante, reservada à recreação e lazer de seus associados, constitui tredestinação ilícita que torna cabível a retrocessão diante da ausência de utilidade pública da desapropriação" (STJ-2ª T., REsp 647.340, Min. João Otávio, j. 6.4.06, DJU 29.5.06).

Não há desvio de finalidade:

— "Não se caracteriza a ilegalidade do ato expropriatório perpetrado pela Administração se o bem desapropriado vem a cumprir a finalidade pública a que se destina, embora com a instalação de outras atividades que não as pretendidas originariamente" (STJ-1ª T., REsp 800.108, Min. Teori Zavascki, j. 7.3.06, DJU 20.3.06). No mesmo sentido: STF-1ª T., RDA 133/184; STJ-2ª T., REsp 7.683-0, Min. Américo Luz, j. 20.4.94, DJU 30.5.94; RSTJ 4/1.573 (embora, na hipótese, tivesse sido admitida a retrocessão parcial), JTJ 172/75, TFR-RDA 160/189, RJTJESP 101/72.

Art. 35: 4a. "Acerca da polêmica existente na caracterização da **natureza jurídica** da retrocessão, há três correntes principais existentes: a que entende que retrocessão é uma obrigação pessoal de devolver o bem ao expropriado; a que caracteriza a retrocessão como direito real, direito à reivindicação do imóvel expropriado; e a que considera existente um direito de natureza mista (pessoal e real), cabendo ao expropriado a ação de preempção ou preferência (de natureza real) ou, se preferir, perdas e danos" (STJ-2ª T., REsp 570.483, Min. Franciulli Netto, j. 9.3.04, DJU 30.6.04). No caso, ponderou-se: "Este signatário filia-se à corrente segundo a qual a retrocessão é um direito real. Na espécie, contudo, determinar a retrocessão da parte da propriedade não destinada à finalidade pública, nesta via extraordinária, em que não se sabe seu atual estado, seria por demais temerário. Dessa forma, o município recorrido deve arcar com perdas e danos".

No STF, há acórdão no sentido de que ainda persiste, em nosso ordenamento jurídico, o direito à reversão do bem expropriado, no caso de desvio de finalidade (RTJ 104/468).

No STJ, tem prevalecido a corrente que limita o direito do desapropriado à **indenização:** "Independentemente de configuração de desvio de finalidade no uso do imóvel desapropriado, havendo sua afetação ao interesse público, não cabe pleitear a retrocessão, mas a indenização, se for o caso, por perdas e danos, se configurado o desvirtuamento do decreto expropriatório" (STJ-1ª Seção, ED no REsp 623.511, Min. Castro Meira, j. 22.2.06, DJU 13.3.06). No mesmo sentido, considerando que viola o art. 35 da LD o acórdão que, em ação de retrocessão, determina o retorno dos bens expropriados ao patrimônio do antigo proprietário: STJ-RF 375/321 (1ª Seção, AR 769).

Ainda no STJ, há acórdão que entende possível a **restituição do bem,** embora, no caso, tenha prevalecido a concessão de indenização: "Conquanto seja a retrocessão um direito real, havendo pedido alternativo de restituição do imóvel ou de indenização por perdas e danos, esta é a melhor solução nesta fase recursal, em que é inviável o conhecimento da atual situação do bem" (STJ-2ª T., REsp 647.340, Min. João Otávio, j. 6.4.06, DJU 29.5.06).

Art. 35: 4b. "É certo que a irreversibilidade da incorporação do imóvel ao patrimônio público — no caso, consolidada pelo decurso de vários anos desde a instalação da unidade de ensino, que se encontra em pleno funcionamento — enseja, sem dúvida, a transferência compulsória do domínio do bem ao poder público, não podendo mais ele ser objeto de reivindicação, 'ainda que fundada em nulidade do processo de desapropriação' (*ex vi* do art. 35 do DL 3.365/1941). Tal situação, contudo, não exime o ente público de pagar ao expropriado a **indenização** por perdas e danos, mas o *quantum debeatur* deve ser aferido **nos autos do processo expropriatório,** mediante o devido contraditório, no qual será expedida a carta de sentença para a averbação do imóvel em nome do expropriante. A ação declaratória de nulidade, por certo, não se mostra adequada para a apuração do valor devido a título de indenização, visto que a legislação de regência estabelece rito procedimental específico para tal finalidade, disciplinado no Decreto-Lei 3.365/1941" (STJ-1ª T., REsp 1.234.476, Min. Gurgel de Faria, j. 25.6.19, DJ 6.8.19).

Art. 35: 5. "Promulgado o decreto expropriatório, o acordo subsequente, tornando a desapropriação em amigável, não impede que o expropriado postule a retrocessão" (STJ-1ª T., Ag 12.955-0-AgRg, Min. Demócrito Reinaldo, j. 25.10.93, maioria, DJU 6.12.93).

Art. 35: 6. "A legitimidade para a ação de retrocessão é da entidade que, mercê de não ter sido a expropriante originária, incorporou o bem expropriado ao seu patrimônio, incumbindo-se do pagamento da indenização. É que raciocínio inverso imporia *legitimatio per saltum* desconhecendo a transferência originária do domínio, sem verificar a propriedade devida" (STJ-1ª T., REsp 983.390, Min. Luiz Fux, j. 24.6.08, DJ 4.9.08).

Art. 36. É permitida a ocupação temporária,[1] que será indenizada, afinal, por ação própria, de terrenos não edificados, vizinhos às obras e necessários à sua realização.

O expropriante prestará caução, quando exigida.

Art. 36: 1. Lei 3.924, de 26.7.61 (Dispõe sobre os monumentos arqueológicos e pré-históricos — RT 312/77, Lex 1961/750, RDA 65/420): **"Art. 13.** A União, bem como os Estados e Municípios mediante autorização federal, poderão proceder a escavações e pesquisas, no interesse da arqueologia e da pré-história, em terrenos de propriedade particular, com exceção das áreas muradas que envolvem construções domiciliares.

"Parágrafo único. À falta de acordo amigável com o proprietário da área onde situar-se a jazida, será esta declarada de utilidade pública e autorizada a sua ocupação pelo período necessário à execução dos estudos, nos termos do art. 36 do Dec. lei n. 3.365, de 21 de junho de 1941".

O Instituto Brasileiro do Patrimônio Cultural — IBPC sucedeu à SEPLAN na competência prevista pela Lei 3.924 (v. Lei 8.029, de 12.4.90, art. 2º § 1º, em Lex 1990/556).

Art. 37. Aquele cujo bem for prejudicado extraordinariamente em sua destinação econômica pela desapropriação de áreas contíguas terá direito a reclamar perdas e danos do expropriante.

Art. 38. O réu responderá perante terceiros, e por ação própria, pela omissão ou sonegação de quaisquer informações que possam interessar à marcha do processo ou ao recebimento da indenização.

Art. 39. A ação de desapropriação pode ser proposta durante as férias forenses,[1] e não se interrompe pela superveniência destas.

Art. 39: 1. s/ férias forenses, v. CF 93-XII e CPC 212 a 215. V. tb. CPC 220.

Art. 40. O expropriante poderá constituir servidões,[1] mediante indenização[2] na forma desta lei.

Art. 40: 1. "Ação de instituição de servidão de passagem. Considerando que na presente ação o direito à indenização não se figura como matéria controversa e sendo aquela baseada no referido Decreto-Lei, deve-se concluir pela aplicação também do art. 34 do mesmo diploma legal, no sentido de ser imprescindível para a liberação da indenização, a **prova da propriedade e de quitação de dívidas fiscais** que incidam sobre o bem, assim como a **publicação de editais** visando ao conhecimento por terceiros" (STJ-1ª T., REsp 693.643, Min. Francisco Falcão, j. 7.4.05, DJU 16.5.05, p. 260).

Art. 40: 2. correspondente não ao valor do imóvel, mas "a um percentual a ser calculado sobre o seu valor, levando-se em conta a sua desvalorização em face da instituição do ônus de que se trata" (JTJ 141/176).

Art. 41. As disposições desta lei aplicam-se aos processos de desapropriação em curso, não se permitindo depois de sua vigência outros termos e atos além dos por ela admitidos, nem o seu processamento por forma diversa da que por ela é regulada.

Art. 42. No que esta lei for omissa aplica-se o Código de Processo Civil.[1]

Art. 42: 1. v. art. 19 e notas.

Art. 43. Esta lei entrará em vigor dez dias depois de publicada, no Distrito Federal, e trinta dias nos Estados e Território do Acre; revogadas as disposições em contrário.

Rio de Janeiro, em 21 de junho de 1941; 120º da Independência e 53º da República — GETULIO VARGAS — **Francisco Campos.**

Lei n. 4.132, de 10 de setembro de 1962

Define os casos de desapropriação por interesse social e dispõe sobre sua aplicação.

O Presidente da República,
Faço saber que o Congresso Nacional decreta e eu sanciono a seguinte lei:

Art. 1º A desapropriação por interesse social será decretada para promover a justa distribuição da propriedade ou condicionar o seu uso ao bem-estar social, na forma do art. 147 da Constituição Federal.[1]

Art. 1º: 1. v. CF 184 e 185.

Art. 2º Considera-se de interesse social:[1-2]

I — o aproveitamento de todo bem improdutivo ou explorado sem correspondência com as necessidades de habitação, trabalho e consumo dos centros de população a que deve ou possa suprir por seu destino econômico;

II — a instalação ou a intensificação das culturas nas áreas em cuja exploração não se obedeça a plano de zoneamento agrícola (VETADO);

III — o estabelecimento e a manutenção de colônias ou cooperativas de povoamento e trabalho agrícola;

IV — a manutenção de posseiros em terrenos urbanos onde, com a tolerância expressa ou tácita do proprietário, tenham construído sua habitação, formando núcleos residenciais de mais de 10 (dez) famílias;

V — a construção de casas populares;

VI — as terras e águas suscetíveis de valorização extraordinária, pela conclusão de obras e serviços públicos, notadamente de saneamento, portos, transporte, eletrificação, armazenamento de água e irrigação, no caso em que não sejam ditas áreas socialmente aproveitadas;

VII — a proteção do solo e a preservação de cursos e mananciais de água e de reservas florestais;[3]

VIII (*redação da Lei 6.513, de 20.12.77*) — a utilização de áreas, locais ou bens que, por suas características, sejam apropriados ao desenvolvimento de atividades turísticas.

§ 1º O disposto no item I deste artigo só se aplicará nos casos de bens retirados de produção ou tratando-se de imóveis rurais cuja produção, por ineficientemente explorados, seja inferior à média da região, atendidas as condições naturais do seu solo e sua situação em relação aos mercados.

§ 2º As necessidades de habitação, trabalho e consumo serão apuradas anualmente segundo a conjuntura e condições econômicas locais, cabendo o seu estudo e verificação às autoridades encarregadas de velar pelo bem-estar e pelo abastecimento das respectivas populações.

Art. 2º: 1. Outros casos de desapropriação por interesse social: Dec. lei 554, de 25.4.69; ET 18 a 23 e Lei 4.947, de 6.4.66, art. 2º, no tít. TERRA.

Art. 2º: 2. É inconstitucional a Lei 4.106, de 26.7.62, que autorizou desapropriação para o fim de revenda a particulares pelo preço correspondente à indenização, porque inexistem fins de interesse social, utilidade ou necessidade públicas que justifiquem a expropriação (STF-Pleno: RTJ 123/181, RT 622/306, RDA 170/139 e RDP 95/213, três votos vencidos; com parecer de Gilmar Ferreira Mendes, à p. 12).

✎ Art. 2º: 3. "A desapropriação como instrumento de proteção ao meio ambiente segundo a Constituição Federal de 1988", por Guadalupe M. J. Abib de Almeida (RMDAU 22/5); "Desapropriação de áreas de interesse ambiental", por Emílio Haddad e Cacilda Lopes dos Santos (RMDAU 25/31).

Art. 3º O expropriante tem o prazo de 2 (dois) anos, a partir da decretação da desapropriação por interesse social, para efetivar a aludida desapropriação e iniciar as providências de aproveitamento do bem expropriado.
Parágrafo único. (VETADO)

Art. 4º Os bens desapropriados serão objeto de venda ou locação, a quem estiver em condições de dar-lhes a destinação social prevista.

Art. 5º No que esta lei for omissa aplicam-se as normas legais que regulam a desapropriação por utilidade[1] pública,[2] inclusive no tocante ao processo e à justa indenização devida ao proprietário.

Art. 5º: 1. No texto oficial, está "unidade", e não "utilidade".
Art. 5º: 2. v. Dec. lei 3.365, de 21.6.41, neste tít.

Art. 6º Revogam-se as disposições em contrário.

Brasília, em 10 de setembro de 1962; 141º da Independência e 74º da República — JOÃO GOULART — **Francisco Brochado da Rocha — Hermes Lima — Renato Costa Lima.**

Decreto-lei n. 1.075, de 22 de janeiro de 1970

Regula a imissão de posse, initio litis, em imóveis residenciais urbanos.

O Presidente da República, usando da atribuição que lhe confere o art. 55, I, da Constituição, e

Considerando que, na cidade de São Paulo, o grande número de desapropriações em zona residencial ameaça desalojar milhares de famílias;

Considerando que os proprietários de prédios residenciais encontram dificuldade, no sistema jurídico vigente, de obter, *initio litis*, uma indenização suficiente para a aquisição de nova casa própria;

Considerando que a oferta do poder expropriante, baseada em valor cadastral do imóvel, é inferior ao valor real apurado em avaliação no processo de desapropriação;

Considerando, finalmente, que o desabrigo dos expropriados causa grave risco à segurança nacional, por ser fermento de agitação social, decreta:

Art. 1º Na desapropriação por utilidade pública de prédio urbano residencial, o expropriante,[1] alegando urgência,[1a] poderá imitir-se provisoriamente[1b] na posse do bem, mediante o depósito do preço oferecido,[2] se este não for impugnado pelo expropriado em cinco dias da intimação da oferta.

Art. 1º: 1. No julgamento do RE 141.795 (DJU 29.9.95, p. 31.907), o STF "afirmou a constitucionalidade do art. 3º do Dec. lei n. 1.075/70, que permite ao expropriante o pagamento de metade do valor arbitrado, para imitir-se provisoriamente na posse do imóvel urbano residencial" (STF-1ª T., RE 190.949-8, Min. Sydney Sanches, j. 18.3.97, DJU 30.5.97).

Art. 1º: 1a. "O Dec. lei n. 1.075/70 não alterou a sistemática da declaração de urgência, para efeito de imissão provisória na posse do bem, mediante o depósito do preço oferecido, mas apenas permitiu que, nos casos mencionados, o valor do depósito inicial possa equivaler à metade do que foi arbitrado. A urgência, para o efeito de imissão provisória, ainda que nos casos definidos no Dec. lei 1.075/70, pode ser declarada em qualquer fase da ação expropriatória" (STJ-1ª T., REsp 33.869-8, Min. Demócrito Reinaldo, j. 12.5.93, maioria, DJU 21.6.93).

Art. 1º: 1b. v. LD 15.

Art. 1º: 2. cf. LD 15 § 1º.

Art. 2º Impugnada a oferta pelo expropriado, o juiz, servindo-se, caso necessário, de perito avaliador, fixará em quarenta e oito horas o valor provisório do imóvel.

Parágrafo único. O perito, quando designado, deverá apresentar o laudo no prazo máximo de cinco dias.

Art. 3º Quando o valor arbitrado for superior à oferta, o juiz só autorizará a imissão provisória na posse do imóvel, se o expropriante complementar o depósito para que este atinja a metade[1] do valor arbitrado.[2]

Art. 3º: 1. A norma do art. 3º do Dec. lei n. 1.075/70, que permite ao desapropriante o pagamento da metade do valor arbitrado, para imitir-se provisoriamente na posse de imóvel urbano "não entra em conflito com o princípio da justa e prévia indenização" (STF-RT 798/185). No mesmo sentido: STF-RT 758/141, STF-RF 350/203.

Desapropriação – Decreto-lei n. 1.075, de 22.1.70, arts. 3º a 8º

Contra: "Orienta-se a jurisprudência do Superior Tribunal de Justiça no sentido de que, na ação de desapropriação de imóvel urbano, a imissão provisória na posse fica condicionada ao depósito integral do valor apurado em avaliação prévia" (STJ-1ª Seção: RSTJ 58/86 e RT 706/169, um voto vencido). No mesmo sentido: RSTJ 46/380, 53/278, 95/77.

Em RSTJ 46/380, o relator do acórdão, Min. Peçanha Martins, afirmou que os arts. 3º, 4º e § ún. do art. 5º do Dec. lei 1.075 não foram recepcionados pela vigente CF. E argumentou: "não cabe na cabeça de ninguém possa o expropriado adquirir bem semelhante ao de que foi desapossado por metade do preço legítima e honradamente arbitrado" (p. 385). O recurso especial não foi conhecido, por unanimidade de votos, não tendo os demais juízes se manifestado sobre essa tese do relator.

"O art. 15 da Lei n. 3.365, em combinação com o art. 3º do Dec. lei 1.075/70, constitui uma conciliação entre as hipóteses de premente necessidade do expropriante e o preceito constitucional que preconiza a justa e prévia indenização. O depósito prévio, como previsto na lei, não tem o objetivo de cobrir, em sua inteireza, o *quantum* da indenização, que só será identificável a final" (RSTJ 48/389, maioria).

V. LD 15, nota 1b.

Art. 3º: 2. v. nota 1a ao art. 5º.

Art. 4º No caso do artigo anterior, fica, porém, fixado em 2.300 (dois mil e trezentos) salários mínimos vigentes na região, o máximo do depósito a que será obrigado o expropriante.[1]

Art. 4º: 1. v. nota 1a ao art. 5º.

Art. 5º O expropriado, observadas as cautelas previstas no art. 34 do Decreto-lei n. 3.365, de 21 de junho de 1941,[1] poderá levantar[1a] toda a importância depositada e complementada nos termos do art. 3º.

Parágrafo único. Quando o valor arbitrado for inferior ou igual ao dobro do preço oferecido, é lícito ao expropriado optar entre o levantamento de 80% (oitenta por cento) do preço oferecido ou da metade do valor arbitrado.[2]

Art. 5º: 1. Dec. lei 3.365: neste tít.

Art. 5º: 1a. Para o levantamento, "necessário se faz que não haja dúvidas quanto à posse legítima da área em litígio" (STJ-2ª T., MC, 8.008-AgRg, Min. Peçanha Martins, j. 15.3.05, DJU 16.5.05).

Art. 5º: 2. "Desapropriação. Imóvel urbano. Levantamento da indenização. Dec. lei 1.075/70. Nas desapropriações de imóveis residenciais urbanos incide o Dec. lei acima referido, cujos arts. 3º, 4º e parágrafo único do art. 5º não foram recepcionados pela Constituição Federal de 1988. O expropriado tem, assim, direito ao levantamento integral da indenização previamente arbitrada" (STJ-1ª Seção, ED no REsp 888-1, Min. Peçanha Martins, j. 28.9.93, dois votos vencidos, DJU 1.8.94).

Art. 6º O disposto neste decreto-lei só se aplica à desapropriação de prédio residencial urbano, habitado pelo proprietário ou compromissário comprador, cuja promessa de compra esteja devidamente inscrita[1] no registro de imóveis.

Art. 6º: 1. atualmente, registrada, e não inscrita (LRP 167-I-9 e 20).

Art. 7º Este decreto-lei entra em vigor na data de sua publicação, aplicando-se às ações já ajuizadas.

Art. 8º Revogam-se as disposições em contrário.

Brasília, 22 de janeiro de 1970; 149º da Independência e 82º da República — EMÍLIO G. MÉDICI — **Alfredo Buzaid.**

Lei n. 8.629, de 25 de fevereiro de 1993¹

Dispõe sobre a regulamentação dos dispositivos constitucionais relativos à reforma agrária, previstos no Capítulo III, Título VII, da Constituição Federal.

O Presidente da República

Faço saber que o Congresso Nacional decreta e eu sanciono a seguinte lei:

LEI 8.629: 1. A Lei 8.629 não se aplica retroativamente (RTJ 149/103).

Art. 1º Esta lei regulamenta e disciplina disposições relativas à reforma agrária, previstas no Capítulo III, Título VII, da Constituição Federal.

Art. 2º A propriedade rural¹⁻¹ᵃ que não cumprir a função social prevista no art. 9º é passível de desapropriação, nos termos desta lei, respeitados os dispositivos constitucionais.

§ 1º Compete à União desapropriar por interesse social, para fins de reforma agrária, o imóvel rural que não esteja cumprindo sua função social.

§ 2º (*redação da Med. Prov. 2.183-56, de 24.8.01*) Para os fins deste artigo, fica a União, através do órgão federal competente, autorizada a ingressar no imóvel de propriedade particular para levantamento de dados e informações, mediante prévia comunicação escrita ao proprietário, preposto ou seu representante.¹ᵇ

§ 3º (*redação da Med. Prov. 2.183-56, de 24.8.01*) Na ausência do proprietário, do preposto ou do representante, a comunicação será feita mediante edital, a ser publicado, por três vezes consecutivas, em jornal de grande circulação na capital do Estado de localização do imóvel.

§ 4º (*redação da Med. Prov. 2.183-56, de 24.8.01*) Não será considerada, para os fins desta lei, qualquer modificação, quanto ao domínio, à dimensão e às condições de uso do imóvel, introduzida ou ocorrida até seis meses após a data da comunicação para levantamento de dados e informações de que tratam os §§ 2º e 3º.¹ᶜ

§ 5º (*redação da Med. Prov. 2.183-56, de 24.8.01*) No caso de fiscalização decorrente do exercício de poder de polícia, será dispensada a comunicação de que tratam os §§ 2º e 3º.

§ 6º (*redação da Med. Prov. 2.183-56, de 24.8.01*) O imóvel rural de domínio público ou particular objeto de esbulho possessório ou invasão motivada por conflito agrário ou fundiário de caráter coletivo não será vistoriado, avaliado ou desapropriado nos dois anos seguintes à sua desocupação, ou no dobro desse prazo, em caso de reincidência; e deverá ser apurada a responsabilidade civil e administrativa de quem concorra com qualquer ato omissivo ou comissivo que propicie o descumprimento dessas vedações.² ᵃ ³ᵇ

§ 7º (*redação da Med. Prov. 2.183-56, de 24.8.01*) Será excluído do Programa de Reforma Agrária do Governo Federal quem, já estando beneficiado com lote em Projeto de Assentamento, ou sendo pretendente desse benefício na condição de inscrito em processo de cadastramento e seleção de canditados ao acesso à terra, for efetivamente identificado como participante direto ou indireto em conflito fundiário que se caracterize por invasão ou esbulho de imóvel rural de domínio público ou privado em fase de processo administrativo de vistoria ou avaliação para fins de reforma agrária, ou que esteja sendo objeto de processo judicial de desapropriação em vias de imissão de posse ao ente expropriante; e bem assim quem for efetivamente identificado como participante de invasão de prédio público, de atos de ameaça, sequestro ou manutenção de servidores públicos e outros cidadãos em cárcere privado, ou de quaisquer outros atos de violência real ou pessoal praticados em tais situações.

§ 8º (redação da Med. Prov. 2.183-56, de 24.8.01) A entidade, a organização, a pessoa jurídica, o movimento ou a sociedade de fato que, de qualquer forma, direta ou indiretamente, auxiliar, colaborar, incentivar, incitar, induzir ou participar de invasão de imóveis rurais ou de bens públicos, ou em conflito agrário ou fundiário de caráter coletivo, não receberá, a qualquer título, recursos públicos.[4]

§ 9º (redação da Med. Prov. 2.183-56, de 24.8.01) Se, na hipótese do § 8º, a transferência ou repasse dos recursos públicos já tiverem sido autorizados, assistirá ao Poder Público o direito de retenção, bem assim o de rescisão do contrato, convênio ou instrumento similar.[5]

Art. 2º: 1. v. art. 4º e notas.

Art. 2º: 1a. Imóvel objeto de desapropriação para reforma agrária e falecimento do titular. "O imóvel rural objeto da futura partilha entre herdeiros continua sendo único até o fim do inventário, embora com mais de um proprietário, formando um condomínio" (STF-Pleno, MS 24.924, Min. Joaquim Barbosa, j. 24.2.11, maioria, DJ 7.11.11). No mesmo sentido: STJ-RT 916/735 (2ª T., REsp 1.204.905).

Art. 2º: 1b. "A notificação a que se refere o art. 2º § 2º da Lei 8.629/93, para que se repute válida e possa, consequentemente, legitimar eventual declaração expropriatória para fins de reforma agrária, há de ser efetivada em momento anterior ao da realização da vistoria. Essa notificação prévia somente considerar-se-á regular, quando comprovadamente realizada na pessoa do proprietário do imóvel rural, ou quando efetivada mediante carta com aviso de recepção firmado por seu destinatário ou por aquele que disponha de poderes para receber a comunicação postal em nome do proprietário rural, ou, ainda, quando procedida na pessoa de representante legal ou de procurador regularmente constituído pelo *dominus*. A jurisprudência do STF tem reputado inadmissível a notificação, quando efetivada no próprio dia em que teve início a vistoria administrativa promovida pelo INCRA. O descumprimento dessa formalidade essencial — ditada pela necessidade de garantir, ao proprietário, a observância da cláusula constitucional do devido processo legal — importa em vício radical que configura defeito insuperável, apto a projetar-se sobre todas as fases subsequentes do procedimento de expropriação, contaminando-as, de maneira irremissível, por efeito de repercussão causal, e gerando, em consequência, por ausência de base jurídica idônea, a própria invalidação do decreto presidencial consubstanciador de declaração expropriatória" (STF-RP 172/307: Pleno, MS 23.949).

Art. 2º: 1c. "A divisão de imóvel rural, em frações que configurem médias propriedades rurais, decorridos mais de seis meses da data da comunicação para levantamento de dados e informações, mas antes da edição do Decreto Presidencial, impede a desapropriação para fins de reforma agrária. Não incidência, na espécie, do que dispõe o § 4º do art. 2º da Lei 8.629/93" (STF-IP 54/181 e RMDAU 22/137: Pleno, MS 24.890, um voto vencido).

Art. 2º: 2. v. Súmula 354 do STJ em LC 76/93, art. 6º, nota 4.

Art. 2º: 3. O STF, em sessão plenária, com três votos vencidos, indeferiu a liminar de suspensão da eficácia do § 6º do art. 2º da Lei 8.629/93, na redação que lhe deu o art. 4º da Med. Prov. 2.183-56 (ADI 2.213-0-Liminar, Min. Celso de Mello, j. 4.4.02, DJU 23.4.04).

Art. 2º: 3a. "A vedação de vistoria em imóvel esbulhado, conforme preceitua o art. 2º, § 6º, da Lei 8.629/93, não é absoluta e deve ser analisada em cada caso, a fim de se perquirir o alcance da invasão e seu impacto na aferição da produtividade do imóvel submetido à inspeção do Poder Público" (STJ-2ª T., REsp 1.100.046, Min. Eliana Calmon, j. 16.6.09, DJ 4.8.09).

Art. 2º: 3b. "A jurisprudência do STF é firme em considerar que as invasões hábeis a ensejar a aplicação do § 6º do art. 2º da Lei n. 8.629/93 são aquelas ocorridas durante a vistoria, ou antes dela (MS 26.136). No caso, as invasões ocorreram vários meses depois da medida administrativa" (STF-RF 394/322: Pleno, MS 25.186).

Contra: "Diante da clareza da aludida norma, proibindo a vistoria, a avaliação ou a desapropriação nos dois anos seguintes à sua desocupação, ou no dobro desse prazo em caso de reincidência, não se pode interpretá-la de outra forma senão aquela que constitui a verdadeira vontade da lei, destinada a coibir as reiteradas invasões da propriedade alheia. Eventuais invasões motivadas por conflito agrário ou fundiário de caráter coletivo podem, sim, alterar o resultado das demandas dessa natureza, mesmo após concluída a vistoria administrativa, em prejuízo do direito que tem a parte expropriada de comprovar que a sua propriedade é produtiva, insuscetível, portanto, de desapropriação para fins de reforma agrária" (STJ-1ª T., REsp 819.426, Min. Denise Arruda, j. 15.5.07, DJU 11.6.07). No mesmo sentido: STJ-2ª T., Ag em REsp 67.328-AgRg, Min. Eliana Calmon, j. 5.11.13, DJ 13.11.13.

Art. 2º: 4. O STF, em sessão plenária, com dois votos vencidos, indeferiu a liminar de suspensão de eficácia dos §§ 8º e 9º do art. 2º da Lei 8.629/93, na redação que lhe deu o art. 4º da Med. Prov. 2.183-56 (ADI 2.213-0-Liminar, Min. Celso de Mello, j. 4.4.02, DJU 23.4.04).

Art. 2º: 5. v. nota 4.

Art. 2º-A (*redação da Med. Prov. 2.183-56, de 24.8.01*). Na hipótese de fraude ou simulação de esbulho ou invasão, por parte do proprietário ou legítimo possuidor do imóvel, para os fins dos §§ 6º e 7º do art. 2º, o órgão executor do Programa Nacional de Reforma Agrária aplicará pena administrativa de R$ 55.000,00 (cinquenta e cinco mil reais) a R$ 535.000,00 (quinhentos e trinta e cinco mil reais) e o cancelamento do cadastro do imóvel no Sistema Nacional de Cadastro Rural, sem prejuízo das demais sanções penais e civis cabíveis.

Parágrafo único (*redação da Med. Prov. 2.183-56, de 24.8.01*). Os valores a que se refere este artigo serão atualizados, a partir de maio de 2000, no dia 1º de janeiro de cada ano, com base na variação acumulada do Índice Geral de Preços — Disponibilidade Interna — IGP-DI, da Fundação Getúlio Vargas, no respectivo período.

Art. 3º (VETADO)
§ 1º (VETADO)
§ 2º (VETADO)

Art. 4º Para os efeitos desta lei, conceituam-se:

I — Imóvel Rural — o prédio rústico de área contínua, qualquer que seja a sua localização, que se destine ou possa se destinar à exploração agrícola, pecuária, extrativa vegetal, florestal ou agroindustrial;

II — Pequena Propriedade — o imóvel rural:

a) (*redação da Lei 13.465, de 11.7.17*) de área até quatro módulos fiscais, respeitada a fração mínima de parcelamento;

b) (VETADO)

c) (VETADO)

III — Média Propriedade — o imóvel rural:

a) de área superior a 4 (quatro) e até 15 (quinze) módulos fiscais;

b) (VETADO)

§ 1º (*renumerado pela Lei 13.465, de 11.7.17*) São insuscetíveis de desapropriação para fins de reforma agrária a pequena e a média propriedade rural, desde que o seu proprietário não possua outra propriedade rural.[1-2]

§ 2º (*acrescido pela Lei 13.465, de 11.7.17*) É obrigatória a manutenção no Sistema Nacional de Cadastro Rural (SNCR) de informações específicas sobre imóveis rurais com área de até um módulo fiscal.

Art. 4º: 1. v. art. 2º, nota 1a.

Art. 4º: 2. "A exclusão da área inaproveitável economicamente restringe-se ao cálculo do imposto sobre a propriedade (art. 50, §§ 3º e 4º, da Lei 4.504). A propriedade rural no que concerne à sua dimensão territorial, com o objetivo de viabilizar a desapropriação para fins de reforma agrária, reclama devam ser computadas as áreas insuscetíveis de aproveitamento econômico. O dimensionamento do imóvel para os fins da Lei 8.629/93 deve considerar a sua área global" (STF-Pleno, MS 25.066, Min. Luiz Fux, j. 14.12.11, maioria, RT 924/690).

Art. 5º A desapropriação por interesse social, aplicável ao imóvel rural que não cumpra sua função social, importa prévia e justa indenização em títulos da dívida agrária.

§ 1º As benfeitorias úteis e necessárias serão indenizadas em dinheiro.

§ 2º O decreto que declarar o imóvel como de interesse social, para fins de reforma agrária, autoriza a União a propor ação de desapropriação.

§ 3º Os títulos da dívida agrária, que conterão cláusula assecuratória de preservação de seu valor real, serão resgatáveis a partir do segundo ano de sua emissão, em percentual proporcional ao prazo, observados os seguintes critérios:

I (redação da Med. Prov. 2.183-56, de 24.8.01) — do segundo ao décimo quinto ano, quando emitidos para indenização de imóvel com área de até setenta módulos fiscais;

II (redação da Med. Prov. 2.183-56, de 24.8.01) — do segundo ao décimo oitavo ano, quando emitidos para indenização de imóvel com área acima de setenta e até cento e cinquenta módulos fiscais; e

III (redação da Med. Prov. 2.183-56, de 24.8.01) — do segundo ao vigésimo ano, quando emitidos para indenização de imóvel com área superior a cento e cinquenta módulos fiscais.

§ 4º (redação da Lei 13.465, de 11.7.17) Na hipótese de acordo administrativo ou acordo realizado no âmbito do procedimento previsto na Lei Complementar n. 76, de 6 de julho de 1993, o pagamento será efetuado de forma escalonada em Títulos da Dívida Agrária (TDA), resgatáveis em parcelas anuais, iguais e sucessivas, a partir do segundo ano de sua emissão, observadas as seguintes condições:

I — imóveis com área de até três mil hectares, no prazo de cinco anos;

II — imóveis com área superior a três mil hectares:

a) o valor relativo aos primeiros três mil hectares, no prazo de cinco anos;

b) o valor relativo à área superior a três mil e até dez mil hectares, em dez anos;

c) o valor relativo à área superior a dez mil hectares até quinze mil hectares, em quinze anos; e

d) o valor da área que exceder quinze mil hectares, em vinte anos.

§ 5º (redação da Med. Prov. 2.183-56, de 24.8.01) Os prazos previstos no § 4º, quando iguais ou superiores a dez anos, poderão ser reduzidos em cinco anos, desde que o proprietário concorde em receber o pagamento do valor das benfeitorias úteis e necessárias integralmente em TDA.

§ 6º (redação da Med. Prov. 2.183-56, de 24.8.01) Aceito pelo proprietário o pagamento das benfeitorias úteis e necessárias em TDA, os prazos de resgates dos respectivos títulos serão fixados mantendo-se a mesma proporcionalidade estabelecida para aqueles relativos ao valor da terra e suas acessões naturais.

§ 7º (redação da Lei 13.465, de 11.7.17) Na aquisição por compra e venda ou na arrematação judicial de imóveis rurais destinados à implementação de projetos integrantes do Programa Nacional de Reforma Agrária, o pagamento poderá ser feito em dinheiro, na forma estabelecida em regulamento.

§ 8º (redação da Lei 13.465, de 11.7.17) Na hipótese de decisão judicial transitada em julgado fixar a indenização da terra nua ou das benfeitorias indenizáveis em valor superior ao ofertado pelo expropriante, corrigido monetariamente, a diferença será paga na forma do art. 100 da Constituição Federal.

§ 9º (acrescido pela Lei 13.465, de 11.7.17) Se houver imissão prévia na posse e, posteriormente, for verificada divergência entre o preço ofertado em juízo e o valor do bem fixado na sentença definitiva, expressos em termos reais, sobre a diferença eventualmente apurada incidirão juros compensatórios a contar da imissão de posse, em percentual correspondente ao fixado para os títulos da dívida agrária depositados como oferta inicial para a terra nua, vedado o cálculo de juros compostos.

Art. 6º Considera-se propriedade produtiva aquela que, explorada econômica e racionalmente, atinge, simultaneamente, graus de utilização da terra e de eficiência na exploração, segundo índices fixados pelo órgão federal competente.

§ 1º O grau de utilização da terra, para efeito do *caput* deste artigo, deverá ser igual ou superior a 80% (oitenta por cento), calculado pela relação percentual entre a área efetivamente utilizada e a área aproveitável total do imóvel.

§ 2º O grau de eficiência[1-1a] na exploração da terra deverá ser igual ou superior a 100% (cem por cento), e será obtido de acordo com a seguinte sistemática:

I — para os produtos vegetais, divide-se a quantidade colhida de cada produto pelos respectivos índices de rendimento estabelecidos pelo órgão competente do Poder Executivo, para cada Microrregião Homogênea;

II — para a exploração pecuária, divide-se o número total de Unidades Animais (UA) do rebanho, pelo índice de lotação estabelecido pelo órgão competente do Poder Executivo, para cada Microrregião Homogênea;

III — a soma dos resultados obtidos na forma dos incisos I e II deste artigo, dividida pela área efetivamente utilizada e multiplicada por 100 (cem), determina o grau de eficiência na exploração.

§ 3º Consideram-se efetivamente utilizadas:

I — as áreas plantadas com produtos vegetais;

II — as áreas de pastagens nativas e plantadas, observado o índice de lotação por zona de pecuária, fixado pelo Poder Executivo;

III — as áreas de exploração extrativa vegetal ou florestal, observados os índices de rendimento estabelecidos pelo órgão competente do Poder Executivo, para cada Microrregião Homogênea, e a legislação ambiental;

IV — as áreas de exploração de florestas nativas, de acordo com o plano de exploração e nas condições estabelecidas pelo órgão federal competente;

V (redação da Med. Prov. 2.183-56, de 24.8.01) — as áreas sob processos técnicos de formação ou recuperação de pastagens ou de culturas permanentes, tecnicamente conduzidas e devidamente comprovadas, mediante documentação e Anotação de Responsabilidade Técnica.

§ 4º No caso de consórcio ou intercalação de culturas, considera-se efetivamente utilizada a área total do consórcio ou intercalação.

§ 5º No caso de mais de um cultivo no ano, com um ou mais produtos, no mesmo espaço, considera-se efetivamente utilizada a maior área usada no ano considerado.

§ 6º Para os produtos que não tenham índices de rendimentos fixados, adotar-se-á a área utilizada com esses produtos, com resultado do cálculo previsto no inciso I do § 2º deste artigo.

§ 7º Não perderá a qualificação de propriedade produtiva o imóvel que, por razões de força maior, caso fortuito ou de renovação de pastagens tecnicamente conduzida, devidamente comprovados pelo órgão competente, deixar de apresentar, no ano respectivo, os graus de eficiência na exploração, exigidos para a espécie.²⁻²ᵃ

§ 8º São garantidos os incentivos fiscais referentes ao Imposto Territorial Rural relacionados com os graus de utilização e de eficiência na exploração, conforme o disposto no art. 49 da Lei n. 4.504, de 30 de novembro de 1964.³

Art. 6º: 1. "Inconstitucionalidade do art. 6º, § 2º, incisos I e II, da Lei n. 8.629/93. Inexistência" (STF-Pleno, MS 22.478-9, Min. Maurício Corrêa, j. 30.6.97, DJU 26.9.97).

Art. 6º: 1a. "Desapropriação para fins de reforma agrária. **Grau de eficiência na exploração** (GEE). Não há motivo para desconsiderar os **equinos** encontrados na fazenda, ainda que **pertencentes a terceiro,** no cálculo do GEE, porquanto a propriedade estava sendo objeto de exploração, mediante contrato de parceria firmado com os titulares do domínio e terceiros, que certamente faziam uso dos recursos naturais ali existentes, a exemplo do capim e da água, para alimentar os animais" (STJ-1ª T., Ag em REsp 1.391.146, Min. Gurgel de Faria, j. 25.6.19, DJ 9.8.19).

Art. 6º: 2. "O processo de **renovação de pastagens** que impede a classificação do imóvel rural como propriedade improdutiva — art. 6º, §§ 3º e 7º, da Lei n. 8.629/93 — reclama a existência de projeto técnico, que deve atender aos requisitos previstos no art. 7º daquele texto normativo" (STF-RF 393/275: Pleno, MS 25.534).

Art. 6º: 2a. "Não há dúvida que a **crise hídrica prolongada,** no caso, enquadra-se perfeitamente na hipótese prevista no art. 6º, § 7º, da Lei 8.629/1993, de modo a não permitir que, por essa razão, o imóvel seja considerado improdutivo, pois os proprietários não podem ser penalizados por fatos ocasionados por força maior, notadamente quando eles refletem diretamente na vegetação da pastagem" (STJ-1ª T., Ag em REsp 1.391.146, Min. Gurgel de Faria, j. 25.6.19, DJ 9.8.19).

Art. 6º: 3. Trata-se do Estatuto da Terra.

Art. 7º Não será passível de desapropriação, para fins de reforma agrária, o imóvel que comprove estar sendo objeto de implantação de projeto técnico que atenda aos seguintes requisitos:

I — seja elaborado por profissional legalmente habilitado e identificado;

II — esteja cumprindo o cronograma físico-financeiro originalmente previsto, não admitidas prorrogações dos prazos;

III — preveja que, no mínimo, 80% (oitenta por cento) da área total aproveitável do imóvel esteja efetivamente utilizada em, no máximo, 3 (três) anos para as culturas anuais e 5 (cinco) anos para as culturas permanentes;

IV (*redação da Med. Prov. 2.183-56, de 24.8.01*) — haja sido aprovado pelo órgão federal competente, na forma estabelecida em regulamento, no mínimo seis meses antes da comunicação de que tratam os §§ 2º e 3º do art. 2º.

Parágrafo único. Os prazos previstos no inciso III deste artigo poderão ser prorrogados em até 50% (cinquenta por cento), desde que o projeto receba, anualmente, a aprovação do órgão competente para fiscalização e tenha sua implantação iniciada no prazo de 6 (seis) meses, contado de sua aprovação.

Art. 8º Ter-se-á como racional e adequado o aproveitamento de imóvel rural, quando esteja oficialmente destinado à execução de atividades de pesquisa e experimentação que objetivem o avanço tecnológico da agricultura.

Parágrafo único. Para os fins deste artigo só serão consideradas as propriedades que tenham destinados às atividades de pesquisa, no mínimo, 80%

(oitenta por cento) da área total aproveitável do imóvel, sendo consubstanciadas tais atividades em projeto:

I — adotado pelo Poder Público se pertencente a entidade de administração direta ou indireta, ou a empresa sob seu controle;

II — aprovado pelo Poder Público, se particular o imóvel.

Art. 9º A função social é cumprida quando a propriedade rural atende, simultaneamente, segundo graus e critérios estabelecidos nesta lei, os seguintes requisitos:

I — aproveitamento racional e adequado;

II — utilização adequada dos recursos naturais disponíveis e preservação do meio ambiente;

III — observância das disposições que regulam as relações de trabalho;

IV — exploração que favoreça o bem-estar dos proprietários e dos trabalhadores.

§ 1º Considera-se racional e adequado o aproveitamento que atinja os graus de utilização da terra e de eficiência na exploração especificados nos §§ 1º e 7º do art. 6º desta lei.

§ 2º Considera-se adequada a utilização dos recursos naturais disponíveis quando a exploração se faz respeitando a vocação natural da terra, de modo a manter o potencial produtivo da propriedade.

§ 3º Considera-se preservação do meio ambiente a manutenção das características próprias do meio natural e da qualidade dos recursos ambientais, na medida adequada à manutenção do equilíbrio ecológico da propriedade e da saúde e qualidade de vida das comunidades vizinhas.

§ 4º A observância das disposições que regulam as relações de trabalho implica tanto o respeito às leis trabalhistas e aos contratos coletivos de trabalho, como às disposições que disciplinam os contratos de arrendamento e parceria rurais.

§ 5º A exploração que favorece o bem-estar dos proprietários e trabalhadores rurais é a que objetiva o atendimento das necessidades básicas dos que trabalham a terra, observa as normas de segurança do trabalho e não provoca conflitos e tensões sociais no imóvel.

§ 6º (VETADO)

Art. 10. Para efeito do que dispõe esta lei, consideram-se não aproveitáveis:

I — as áreas ocupadas por construções e instalações, excetuadas aquelas destinadas a fins produtivos, como estufas, viveiros, sementeiros, tanques de reprodução e criação de peixes e outros semelhantes;

II — as áreas comprovadamente imprestáveis para qualquer tipo de exploração agrícola, pecuária, florestal ou extrativa vegetal;

III — as áreas sob efetiva exploração mineral;

IV — as áreas de efetiva preservação permanente e demais áreas protegidas por legislação relativa à conservação dos recursos naturais e à preservação do meio ambiente;[1]

V (acrescido pela Lei 14.119, de 13.1.21) — as áreas com remanescentes de vegetação nativa efetivamente conservada não protegidas pela legislação ambiental e não submetidas a exploração nos termos do inciso IV do § 3º do art. 6º desta Lei.

Art. 10: 1. "A averbação da reserva legal no Ofício Imobiliário é indispensável à subtração da respectiva área no cálculo de produtividade do imóvel, nada importando exista ela de fato" (STJ-1ª T., REsp 1.376.203, Min. Ari Pargendler, j. 1.10.13, maioria, DJ 8.5.14). Em sentido semelhante: STJ-2ª T., REsp 1.301.751-AgRg, Min. Herman Benjamin, j. 8.4.14, DJ 25.9.14.

Art. 11 (redação da Med. Prov. 2.183-56, de 24.8.01). Os parâmetros, índices e indicadores que informam o conceito de produtividade serão ajustados, periodicamente, de modo a levar em conta o progresso científico e tecnológico da agricultura e o desenvolvimento regional, pelos Ministros de Estado do Desenvolvimento Agrário e da Agricultura e do Abastecimento, ouvido o Conselho Nacional de Política Agrícola.

Art. 12 (redação da Med. Prov. 2.183-56, de 24.8.01). Considera-se justa a indenização[1-1a] que reflita o preço atual de mercado do imóvel em sua totalidade, aí incluídas as terras e acessões naturais, matas e florestas e as benfeitorias indenizáveis, observados os seguintes aspectos:

I — localização do imóvel;
II — aptidão agrícola;
III — dimensão do imóvel;[1b]
IV — área ocupada e ancianidade das posses;[1c-1d]
V — funcionalidade, tempo de uso e estado de conservação das benfeitorias.

§ 1º (redação da Med. Prov. 2.183-56, de 24.8.01) Verificado o preço atual de mercado da totalidade do imóvel, proceder-se-á à dedução do valor das benfeitorias indenizáveis a serem pagas em dinheiro, obtendo-se o preço da terra a ser indenizado em TDA.

§ 2º (redação da Med. Prov. 2.183-56, de 24.8.01) Integram o preço da terra as florestas naturais, matas nativas e qualquer outro tipo de vegetação natural, não podendo o preço apurado superar, em qualquer hipótese, o preço de mercado do imóvel.[2]

§ 3º (redação da Med. Prov. 2.183-56, de 24.8.01) O laudo de avaliação será subscrito por engenheiro agrônomo com registro de Anotação de Responsabilidade Técnica — ART, respondendo o subscritor, civil, penal e administrativamente, pela superavaliação comprovada ou fraude na identificação das informações.[3]

Art. 12: 1. "Indenização no processo expropriatório", por Fernando Tourinho Neto (RT 838/75).

Art. 12: 1a. "Relativamente ao **passivo ambiental,** com base na premissa de que a **indenização 'justa'** deve expressar não um sentimento de 'justiça' mas o de 'justeza', isto é, o de conformidade exata para que o ente desapropriador não pague mais do que vale o imóvel e que o desapropriado não receba menos do que aquilo a que tem direito, é razoável afirmar que a desapropriação de bem imóvel com esse tipo de ônus importará a sua transferência ao Poder Público, motivo por que o custo dele não pode deixar de ser abatido no preço pago, pena de ocorrer um enriquecimento ilegal do particular-desapropriado" (STJ-2ª T., Ag em REsp 1.273.135, Min. Mauro Campbell, j. 15.5.18, DJ 18.5.18).

Art. 12: 1b. "Havendo divergência entre a área decorrente de medição por GPS e/ou imagens de satélites e aquela constante do registro imobiliário, deve prevalecer a primeira, visto que aferida por meios técnicos modernos, apresentando grau de precisão confiável, de sorte que, ao desprezá-la por opção à do registro constante do cartório de imóveis, estar-se-ia a premiar o expropriante, que pagaria indenização por área menor que a do imóvel, ocorrendo, destarte, enriquecimento sem causa" (IP 78/287: TRF-1ª Reg., AP 0003298-95.1997.4.01.3700).

Art. 12: 1c. "A presença de posseiros no imóvel expropriado, por influir no preço de mercado, deve ser levada em conta no momento de se fixar o valor da indenização, conforme determina o art. 12, IV, da Lei 8.629/93 (ancianidade das posses)" (STJ-2ª T., REsp 1.176.636, Min. Eliana Calmon, j. 5.8.10, DJ 17.8.10).

Art. 12: 1d. "O que se pretende discutir no recurso especial não é a inclusão ou exclusão de um dos aspectos contidos no incisos do art. 12 da Lei 8.629/93 para o cálculo da quantia indenizatória, mas a fórmula utilizada para alcançar um valor justo de depreciação do imóvel. O art. 12, IV, da Lei 8.629/93 incluiu a área ocupada e a ancianidade da posse como fatores que devem ser levados em consideração quando se busca aferir o valor de mercado do imóvel e, por consequência, aquilo que se entende por justa indenização. Contudo, a norma federal não previu de maneira precisa como os peritos devem calcular o fator de depreciação, nem obrigou o magistrado a escolher esta ou aquela fórmula de cálculo, principalmente porque deve ser avaliada a situação concreta do imóvel desapropriado. A instância ordinária considerou desproporcional o fator depreciativo utilizado pelo perito, com base em tabela prevista no Manual de Obtenção de Terras e Perícia Judicial, aprovado pela Norma de Execução INCRA--DT 52/2006, pois, no caso, o *quantum* depreciado ficou muito maior do que o próprio valor das áreas invadidas. Entendeu-se, por conseguinte, que a ocupação das áreas por terceiros não poderia depreciar mais o imóvel do que se tais áreas sequer existissem. O livre convencimento motivado dos juízes direciona a fixação do valor indenizatório justo e permite que cada elemento componente seja valorado com prudência para atingir aquele objetivo. O cálculo, portanto, não fica integralmente atrelado à existência de norma administrativa interna ou outras normas de padronização, embora seja importante sua análise como norte para estabelecer cada valor" (STJ-2ª T., REsp 1.205.983-AgRg, Min. Castro Meira, j. 25.9.12, DJ 4.10.12).

Art. 12: 2. "A indenização de cobertura florística em separado depende da efetiva comprovação de que o expropriado esteja explorando economicamente os recursos vegetais nos termos de autorização expedida" (STJ-2ª T., REsp 608.324, Min. João Otávio, j. 12.6.07, DJU 3.8.07). No mesmo sentido: STJ-1ª T., REsp 717.356, Min. Denise Arruda, j. 15.3.07, DJU 4.6.07; IP 78/287 (TRF-1ª Reg., AP 0003298-95.1997.4.01.3700).

Art. 12: 3. "O § 3º do art. 12 da Lei 8.629/93, inserido pela Med. Prov. 1.577/97, ao impor que o laudo de avaliação seja subscrito por Engenheiro Agrônomo com registro de Anotação de Responsabilidade Técnica — ART, o faz em relação à própria Administração e não em relação ao auxiliar do Juiz, que deve ser um perito de sua confiança" (STJ-1ª T., REsp 866.053, Min. Denise Arruda, j. 10.10.06, DJU 7.11.06). No mesmo sentido: STJ-2ª T., REsp 555.080, Min. Castro Meira, j. 1.6.06, DJU 16.6.06.

"A nomeação de engenheiro civil para auxiliar engenheiro agrônomo na avaliação do imóvel rural desapropriado não tem o condão de anular a perícia técnica" (STJ-1ª T., REsp 924.105, Min. Luiz Fux, j. 16.12.08, DJ 19.2.09).

Todavia: "Ilegalidade *prima facie* da designação de corretor de imóveis para proceder a perícia judicial em ação de desapropriação, na forma do art. 145, §§ 1º a 3º, do CPC, e do art. 12, § 3º, da Lei 8.629/93, à míngua de qualificação em ensino superior" (STJ-1ª Seção, Rcl 7.277, Min. Mauro Campbell, j. 27.11.13, DJ 5.12.13).

Art. 13. As terras rurais de domínio da União, dos Estados e dos Municípios ficam destinadas, preferencialmente, à execução de planos de reforma agrária.

Parágrafo único. Excetuando-se as reservas indígenas e os parques, somente se admitirá a existência de imóveis rurais de propriedade pública, com objetivos diversos dos previstos neste artigo, se o Poder Público os explorar direta ou indiretamente para pesquisa, experimentação, demonstração e fomento de atividades relativas ao desenvolvimento da agricultura, pecuária, preservação ecológica, áreas de segurança, treinamento militar, educação de todo tipo, readequação social e defesa nacional.

Art. 14. (VETADO)

Art. 15. (VETADO)

Art. 16. Efetuada a desapropriação, o órgão expropriante, dentro do prazo de 3 (três) anos, contados da data de registro do título translativo de domínio, destinará a respectiva área aos beneficiários da reforma agrária, admitindo--se, para tanto, formas de exploração individual, condominial, cooperativa, associativa ou mista.

Art. 17 (*redação da Med. Prov. 2.183-56, de 24.8.01*). O assentamento de trabalhadores rurais deverá ser realizado em terras economicamente úteis, de preferência na região por eles habitada, observado o seguinte:

I — a obtenção de terras rurais destinadas à implantação de projetos de assentamento integrantes do programa de reforma agrária será precedida de estudo sobre a viabilidade econômica e a potencialidade de uso dos recursos naturais;

II — os beneficiários dos projetos de que trata o inciso I manifestarão sua concordância com as condições de obtenção das terras destinadas à implantação dos projetos de assentamento, inclusive quanto ao preço a ser pago pelo órgão federal executor do programa de reforma agrária e com relação aos recursos naturais;

III — nos projetos criados será elaborado Plano de Desenvolvimento de Assentamento — PDA, que orientará a fixação de normas técnicas para a sua implantação e os respectivos investimentos;

IV (redação da Lei 13.465, de 11.7.17) — integrarão a clientela de trabalhadores rurais, para fins de assentamento em projetos de reforma agrária, somente aqueles que satisfizerem os requisitos fixados para seleção e classificação previstos nesta Lei; e

V — a consolidação dos projetos de assentamento integrantes dos programas de reforma agrária dar-se-á com a concessão de créditos de instalação e a conclusão dos investimentos, bem como com a outorga do instrumento definitivo de titulação.[1]

§ 1º [2]

§ 2º (redação da Lei 13.001, de 20.6.14) Para a consolidação dos projetos de que trata o inciso V do caput, fica o Poder Executivo autorizado a conceder créditos de instalação aos assentados, nos termos do regulamento.

§ 3º (redação da Lei 13.001, de 20.6.14) Poderá ser contratada instituição financeira federal para a operacionalização da concessão referida no inciso V do caput, dispensada a licitação.

§ 4º (redação da Lei 13.001, de 20.6.14) As despesas relativas à concessão de crédito de que trata o inciso V do caput adequar-se-ão às disponibilidades orçamentárias e financeiras do órgão responsável pela execução do referido programa.

§ 5º (redação da Lei 13.001, de 20.6.14) O regulamento a que se refere o § 2º estabelecerá prazos, carências, termos, condições, rebates para liquidação e procedimentos simplificados para o cumprimento do disposto neste artigo.

§ 6º (acrescido pela Lei 13.465, de 11.7.17) Independentemente da implementação dos requisitos exigidos no inciso V do caput deste artigo, considera-se consolidado o projeto de assentamento que atingir o prazo de quinze anos de sua implantação, salvo por decisão fundamentada do Incra.

§ 7º (acrescido pela Lei 13.465, de 11.7.17) Os assentamentos que, em 1º de junho de 2017, contarem com quinze anos ou mais de criação, deverão ser consolidados em até três anos.

§ 8º (acrescido pela Lei 13.465, de 11.7.17) A quitação dos créditos de que trata o § 2º deste artigo não é requisito para a liberação das condições resolutivas do título de domínio ou da Concessão de Direito Real de Uso (CDRU), autorizada a cobrança da dívida na forma legal.

Art. 17: 1. Dec. 9.424, de 26.6.18 — Regulamenta o inciso V do *caput* do art. 17 da Lei n. 8.629, de 25 de fevereiro de 1993, que dispõe sobre a concessão de créditos de instalação de projetos de assentamento aos beneficiários do Programa Nacional de Reforma Agrária.

Art. 17: 2. O § 1º havia sido incluído pela Med. Prov. 636, de 26.12.13, que foi convertida na Lei 13.001, de 20.6.14. No ato de conversão, por um descuido do legislador, o texto do antigo § 1º foi deslocado para o § 2º, o deste passou para o § 3º, e assim sucessivamente.

Art. 18 (redação da Lei 13.001, de 20.6.14). A distribuição de imóveis rurais pela reforma agrária far-se-á por meio de títulos de domínio, concessão de uso ou concessão de direito real de uso — CDRU instituído pelo art. 7º do Decreto-Lei n. 271, de 28 de fevereiro de 1967.

§ 1º (*redação da Lei 13.465, de 11.7.17*) Os títulos de domínio e a CDRU são inegociáveis pelo prazo de dez anos, contado da data de celebração do contrato de concessão de uso ou de outro instrumento equivalente, observado o disposto nesta Lei.

§ 2º (*redação da Lei 13.001, de 20.6.14*) Na implantação do projeto de assentamento, será celebrado com o beneficiário do programa de reforma agrária contrato de concessão de uso, gratuito, inegociável, de forma individual ou coletiva, que conterá cláusulas resolutivas, estipulando-se os direitos e as obrigações da entidade concedente e dos concessionários, assegurando-se a estes o direito de adquirir título de domínio ou a CDRU nos termos desta Lei.

§ 3º (*redação da Lei 13.001, de 20.6.14*) O título de domínio e a CDRU conterão cláusulas resolutivas e será outorgado ao beneficiário do programa de reforma agrária, de forma individual ou coletiva, após a realização dos serviços de medição e demarcação topográfica do imóvel a ser alienado.

§ 4º (*redação da Lei 13.465, de 11.7.17*) Regulamento disporá sobre as condições e a forma de outorga dos títulos de domínio e da CDRU aos beneficiários dos projetos de assentamento do Programa Nacional de Reforma Agrária.

§ 5º (*redação da Lei 13.465, de 11.7.17*) O valor da alienação, na hipótese de outorga de título de domínio, considerará o tamanho da área e será estabelecido entre 10% (dez por cento) e 50% (cinquenta por cento) do valor mínimo da pauta de valores da terra nua para fins de titulação e regularização fundiária elaborada pelo Incra, com base nos valores de imóveis avaliados para a reforma agrária, conforme regulamento.

§ 6º (*redação da Lei 13.001, de 20.6.14*) As condições de pagamento, carência e encargos financeiros serão definidas em regulamento, não podendo ser superiores às condições estabelecidas para os financiamentos concedidos ao amparo da Lei Complementar n. 93, de 4 de fevereiro de 1998, e alcançarão os títulos de domínio cujos prazos de carência ainda não expiraram.

§ 7º (*redação da Lei 13.001, de 20.6.14*) A alienação de lotes de até 1 (um) módulo fiscal, em projetos de assentamento criados em terras devolutas discriminadas e registradas em nome do Incra ou da União, ocorrerá de forma gratuita.

§ 8º (redação da Lei 13.001, de 20.6.14) São considerados não reembolsáveis:

I (*redação da Lei 13.001, de 20.6.14*) — os valores relativos às obras de infraestrutura de interesse coletivo;

II (*redação da Lei 13.001, de 20.6.14*) — aos custos despendidos com o plano de desenvolvimento do assentamento; e

III (redação da Lei 13.001, de 20.6.14) — aos serviços de medição e demarcação topográficos.

§ 9º (*redação da Lei 13.001, de 20.6.14*) O título de domínio ou a CDRU de que trata o *caput* poderão ser concedidos aos beneficiários com o cumprimento das obrigações estabelecidas com fundamento no inciso V do art. 17 desta Lei e no regulamento.

§ 10 (*redação da Lei 13.001, de 20.6.14*) Falecendo qualquer dos concessionários do contrato de concessão de uso ou de CDRU, seus herdeiros ou legatários receberão o imóvel, cuja transferência será processada administrativamente, não podendo fracioná-lo.

§ 11 (*redação da Lei 13.001, de 20.6.14*) Os herdeiros ou legatários que adquirirem, por sucessão, a posse do imóvel não poderão fracioná-lo.

§ 12 (*redação da Lei 13.001, de 20.6.14*) O órgão federal executor do programa de reforma agrária manterá atualizado o cadastro de áreas desapropriadas e das adquiridas por outros meios e de beneficiários da reforma agrária e disponibilizará os dados na rede mundial de computadores.

§ 13 (*acrescido pela Lei 13.465, de 11.7.17*) Os títulos de domínio, a concessão de uso ou a CDRU a que se refere o *caput* deste artigo serão conferidos ao homem, na ausência de cônjuge ou companheira, à mulher, na ausência de cônjuge ou companheiro, ou ao homem e à mulher, obrigatoriamente, nos casos de casamento ou união estável.

§ 14 (*acrescido pela Lei 13.465, de 11.7.17*) Para fins de interpretação, a outorga coletiva a que se refere o § 3º deste artigo não permite a titulação, provisória ou definitiva, a pessoa jurídica.

§ 15 (*acrescido pela Lei 13.465, de 11.7.17*) Os títulos emitidos sob a vigência de norma anterior poderão ter seus valores reenquadrados, de acordo com o previsto no § 5º deste artigo, mediante requerimento do interessado, observados os termos estabelecidos em regulamento e vedada a restituição de valores já pagos que eventualmente excedam o valor devido após o reenquadramento.

Art. 18-A (*redação da Lei 13.001, de 20.6.14*). Os lotes a serem distribuídos pelo Programa Nacional de Reforma Agrária não poderão ter área superior a 2 (dois) módulos fiscais ou inferior à fração mínima de parcelamento.

§ 1º (*redação da Lei 13.465, de 11.7.17*) Fica o Incra autorizado, nos assentamentos com data de criação anterior ao período de dois anos, contado retroativamente a partir de 22 de dezembro de 2016, a conferir o título de domínio ou a CDRU relativos às áreas em que ocorreram desmembramentos ou remembramentos após a concessão de uso, desde que observados os seguintes requisitos:

I (*redação da Lei 13.465, de 11.7.17*) — observância da fração mínima de parcelamento e do limite de área de até quatro módulos fiscais por beneficiário, observado o disposto no art. 8º da Lei n. 5.868, de 12 de dezembro de 1972;

II (*redação da Lei 13.001, de 20.6.14*) — o beneficiário não possua outro imóvel a qualquer título;

III (*redação da Lei 13.001, de 20.6.14*) — o beneficiário preencha os requisitos exigidos no art. 3º da Lei n. 11.326, de 24 de julho de 2006; e

IV (*redação da Lei 13.465, de 11.7.17*) — o desmembramento ou o remembramento seja anterior ao período de dois anos, contado retroativamente a partir de 22 de dezembro de 2016.

§ 2º (*redação da Lei 13.001, de 20.6.14*) O beneficiário titulado nos termos do § 1º não fará jus aos créditos de instalação de que trata o art. 17 desta Lei.

§ 3º (*redação da Lei 13.465, de 11.7.17*) Os títulos concedidos nos termos do § 1º deste artigo são inegociáveis pelo prazo de dez anos, contado da data de sua expedição.

Art. 18-B (*redação da Lei 13.465, de 11.7.17*). Identificada a ocupação ou a exploração de área objeto de projeto de assentamento por indivíduo que não se enquadre como beneficiário do Programa Nacional de Reforma Agrária, o ocupante será notificado para desocupação da área, nos termos estabelecidos em regulamento, sem prejuízo de eventual responsabilização nas esferas cível e penal.

Art. 19 (*redação da Lei 13.465, de 11.7.17*). O processo de seleção de indivíduos e famílias candidatos a beneficiários do Programa Nacional de Reforma Agrária será realizado por projeto de assentamento, observada a seguinte ordem de preferência na distribuição de lotes:

I (*redação da Lei 13.465, de 11.7.17*) — ao desapropriado, ficando-lhe assegurada a preferência para a parcela na qual se situe a sede do imóvel, hipótese em que esta será excluída da indenização devida pela desapropriação;

II (*redação da Lei 13.465, de 11.7.17*) — aos que trabalham no imóvel desapropriado como posseiros, assalariados, parceiros ou arrendatários, identificados na vistoria;

III (*redação da Lei 13.465, de 11.7.17*) — aos trabalhadores rurais desintrusados de outras áreas, em virtude de demarcação de terra indígena, criação de unidades de conservação, titulação de comunidade quilombola ou de outras ações de interesse público;

IV (*redação da Lei 13.465, de 11.7.17*) — ao trabalhador rural em situação de vulnerabilidade social que não se enquadre nas hipóteses previstas nos incisos I, II e III deste artigo;

V (*redação da Lei 13.465, de 11.7.17*) — ao trabalhador rural vítima de trabalho em condição análoga à de escravo;

VI (*redação da Lei 13.465, de 11.7.17*) — aos que trabalham como posseiros, assalariados, parceiros ou arrendatários em outros imóveis rurais;

VII (*acrescido pela Lei 13.465, de 11.7.17*) — aos ocupantes de áreas inferiores à fração mínima de parcelamento.

§ 1º (*redação da Lei 13.465, de 11.7.17*) O processo de seleção de que trata o *caput* deste artigo será realizado pelo Incra com ampla divulgação do edital de convocação na internet e no Município em que será instalado o projeto de assentamento, bem como nos Municípios limítrofes, na forma do regulamento.

§ 2º (*redação da Lei 13.465, de 11.7.17*) Nos projetos de assentamentos ambientalmente diferenciados, definidos em regulamento, o processo de seleção será restrito às famílias que já residam na área, observadas as vedações constantes do art. 20 desta Lei.

§ 3º (*redação da Lei 13.465, de 11.7.17*) Caso a capacidade do projeto de assentamento não atenda todos os candidatos selecionados, será elaborada lista dos candidatos excedentes, com prazo de validade de dois anos, a qual será observada de forma prioritária quando houver substituição dos beneficiários originários dos lotes, nas hipóteses de desistência, abandono ou reintegração de posse.

§ 4º (*redação da Lei 13.465, de 11.7.17*) Esgotada a lista dos candidatos excedentes de que trata o § 3º deste artigo ou expirada sua validade, será instaurado novo processo de seleção específico para os lotes vagos no projeto de assentamento em decorrência de desistência, abandono ou reintegração de posse.

§ 5º (*acrescido pela Lei 13.465, de 11.7.17*) A situação de vulnerabilidade social do candidato a que se refere o inciso IV do *caput* deste artigo será comprovada por meio da respectiva inscrição no Cadastro Único para Programas Sociais do Governo Federal (CadÚnico), ou em outro cadastro equivalente definido em regulamento.

Art. 19-A (*redação da Lei 13.465, de 11.7.17*). Caberá ao Incra, observada a ordem de preferência a que se refere o art. 19, classificar os candidatos a beneficiários do Programa Nacional de Reforma Agrária, segundo os seguintes critérios:

I (*redação da Lei 13.465, de 11.7.17*) — família mais numerosa cujos membros se proponham a exercer a atividade agrícola na área objeto do projeto de assentamento;

II (*redação da Lei 13.465, de 11.7.17*) — família ou indivíduo que resida há mais tempo no Município em que se localize a área objeto do projeto de assentamento para o qual se destine a seleção, ou nos Municípios limítrofes;

III (*redação da Lei 13.465, de 11.7.17*) — família chefiada por mulher;

IV (*redação da Lei 13.465, de 11.7.17*) — família ou indivíduo integrante de acampamento situado no Município em que se localize a área objeto do projeto de assentamento ou nos Municípios limítrofes;

V (*redação da Lei 13.465, de 11.7.17*) — filhos que tenham entre dezoito e vinte e nove anos idade de pais assentados que residam na área objeto do mesmo projeto de assentamento;

VI (*redação da Lei 13.465, de 11.7.17*) — famílias de trabalhadores rurais que residam em área objeto de projeto de assentamento na condição de agregados; e

VII (*redação da Lei 13.465, de 11.7.17*) — outros critérios sociais, econômicos e ambientais estabelecidos por regulamento, de acordo com as áreas de reforma agrária para as quais a seleção é realizada.

§ 1º (*redação da Lei 13.465, de 11.7.17*) Regulamento estabelecerá a pontuação a ser conferida aos candidatos de acordo com os critérios definidos por este artigo.

§ 2º (*redação da Lei 13.465, de 11.7.17*) Considera-se família chefiada por mulher aquela em que a mulher, independentemente do estado civil, seja responsável pela maior parte do sustento material de seus dependentes.

§ 3º (*redação da Lei 13.465, de 11.7.17*) Em caso de empate, terá preferência o candidato de maior idade.

Art. 20 (*redação da Lei 13.465, de 11.7.17*). Não poderá ser selecionado como beneficiário dos projetos de assentamento a que se refere esta Lei quem:

I (*redação da Lei 13.465, de 11.7.17*) — for ocupante de cargo, emprego ou função pública remunerada;

II (*redação da Lei 13.465, de 11.7.17*) — tiver sido excluído ou se afastado do programa de reforma agrária, de regularização fundiária ou de crédito fundiário sem consentimento de seu órgão executor;

III (*redação da Lei 13.465, de 11.7.17*) — for proprietário rural, exceto o desapropriado do imóvel e o agricultor cuja propriedade seja insuficiente para o sustento próprio e o de sua família;

IV (*redação da Lei 13.465, de 11.7.17*) — for proprietário, cotista ou acionista de sociedade empresária em atividade;

V (*redação da Lei 13.465, de 11.7.17*) — for menor de dezoito anos não emancipado na forma da lei civil; ou

VI (*redação da Lei 13.465, de 11.7.17*) — auferir renda familiar proveniente de atividade não agrária superior a três salários mínimos mensais ou superior a um salário mínimo per capita.

§ 1º (*redação da Lei 13.465, de 11.7.17*) As disposições constantes dos incisos I, II, III, IV e VI do *caput* deste artigo aplicam-se aos cônjuges e conviventes, inclusive em regime de união estável, exceto em relação ao cônjuge que, em caso de separação judicial ou de fato, não tenha sido beneficiado pelos programas de que trata o inciso II do *caput* deste artigo.

§ 2º (*redação da Lei 13.465, de 11.7.17*) A vedação de que trata o inciso I do *caput* deste artigo não se aplica ao candidato que preste serviços de interesse comunitário à comunidade rural ou à vizinhança da área objeto do projeto de assentamento, desde que o exercício do cargo, do emprego ou da função pública seja compatível com a exploração da parcela pelo indivíduo ou pelo núcleo familiar beneficiado.

§ 3º (*redação da Lei 13.465, de 11.7.17*) São considerados serviços de interesse comunitário, para os fins desta Lei, as atividades prestadas nas áreas de saúde, educação, transporte, assistência social e agrária.

§ 4º (*redação da Lei 13.465, de 11.7.17*) Não perderá a condição de beneficiário aquele que passe a se enquadrar nos incisos I, III, IV e VI do *caput* deste artigo, desde que a atividade assumida seja compatível com a exploração da parcela pelo indivíduo ou pelo núcleo familiar beneficiado.

Art. 21 (*redação da Lei 13.001, de 20.6.14*). Nos instrumentos que conferem o título de domínio, concessão de uso ou CDRU, os beneficiários da reforma agrária assumirão, obrigatoriamente, o compromisso de cultivar o imóvel direta e pessoalmente, ou por meio de seu núcleo familiar, mesmo que por intermédio de cooperativas, e o de não ceder o seu uso a terceiros, a qualquer título, pelo prazo de 10 (dez) anos.[1]

Parágrafo único (*acrescido pela Lei 13.465, de 11.7.17*). A família beneficiária poderá celebrar o contrato de integração de que trata a Lei n. 13.288, de 16 de maio de 2016.

Art. 21: 1. "A permuta de lotes não frustrou os objetivos do projeto de reforma agrária e tampouco implicou a alienação, a hipoteca ou o arrendamento vedados pelo art. 72 do Dec. n. 59.428/66" (IP 38/171).

Art. 22 (*redação da Lei 13.001, de 20.6.14*). Constará, obrigatoriamente, dos instrumentos translativos de domínio, de concessão de uso ou de CDRU, cláusula resolutória que preveja a rescisão do contrato e o retorno do imóvel ao órgão alienante ou concedente, no caso de descumprimento de quaisquer das obrigações assumidas pelo adquirente ou concessionário.

§ 1º (*redação da Lei 13.465, de 11.7.17*) Após transcorrido o prazo de inegociabilidade de dez anos, o imóvel objeto de título translativo de domínio somente poderá ser alienado se a nova área titulada não vier a integrar imóvel rural com área superior a quatro módulos fiscais.

§ 2º (*redação da Lei 13.465, de 11.7.17*) Na hipótese de a parcela titulada passar a integrar zona urbana ou de expansão urbana, o Incra deverá priorizar a análise do requerimento de liberação das condições resolutivas.

Art. 22-A (*redação da Lei 13.465, de 11.7.17*). As benfeitorias, reprodutivas ou não, existentes no imóvel destinado para reforma agrária poderão ser cedidas aos beneficiários para exploração individual ou coletiva ou doadas em benefício da comunidade de assentados, na forma estabelecida em regulamento.

Art. 23. O estrangeiro residente no País e a pessoa jurídica autorizada a funcionar no Brasil só poderão arrendar imóvel rural na forma da Lei n. 5.709, de 7 de outubro de 1971.

§ 1º Aplicam-se ao arrendamento todos os limites, restrições e condições aplicáveis à aquisição de imóveis rurais por estrangeiro, constantes da lei referida no *caput* deste artigo.

§ 2º Compete ao Congresso Nacional autorizar tanto a aquisição ou o arrendamento além dos limites de área e percentual fixados na Lei n. 5.709, de 7 de outubro de 1971, como a aquisição ou arrendamento, por pessoa jurídica estrangeira, de área superior a 100 (cem) módulos de exploração indefinida.

Art. 24 (*redação da Lei 13.001, de 20.6.14*). As ações de reforma agrária devem ser compatíveis com as ações da política agrícola, das políticas sociais e das constantes no Plano Plurianual da União.

Art. 25. O orçamento da União fixará, anualmente, o volume de títulos da dívida agrária e dos recursos destinados, no exercício, ao atendimento do Programa de Reforma Agrária.

§ 1º Os recursos destinados à execução do Plano Nacional de Reforma Agrária deverão constar do orçamento do ministério responsável por sua implementação e do órgão executor da política de colonização e reforma agrária, salvo aqueles que, por sua natureza, exijam instituições especializadas para a sua aplicação.

§ 2º Objetivando a compatibilização dos programas de trabalho e propostas orçamentárias, o órgão executor da reforma agrária encaminhará, anualmente e em tempo hábil, aos órgãos de administração pública responsáveis por ações complementares, o programa a ser implantado no ano subsequente.

Art. 26. São isentas de impostos federais, estaduais e municipais, inclusive do Distrito Federal, as operações de transferência de imóveis desapropriados para fins de reforma agrária, bem como a transferência ao beneficiário do programa.

Art. 26-A (*redação da Med. Prov. 2.183-56, de 24.8.01*). Não serão cobradas custas ou emolumentos para registro de títulos translativos de domínio de imóveis rurais desapropriados para fins de reforma agrária.

Art. 26-B (*redação da Lei 13.465, de 11.7.17*). A ocupação de lote sem autorização do Incra em área objeto de projeto de assentamento criado há, no mínimo, dois anos, contados a partir de 22 de dezembro de 2016, poderá ser regularizada pelo Incra, observadas as vedações constantes do art. 20 desta Lei.

§ 1º (*redação da Lei 13.465, de 11.7.17*) A regularização poderá ser processada a pedido do interessado ou mediante atuação, de ofício, do Incra, desde que atendidas, cumulativamente, as seguintes condições:

I (*redação da Lei 13.465, de 11.7.17*) — ocupação e exploração da parcela pelo interessado há, no mínimo, um ano, contado a partir de 22 de dezembro de 2016;

II (*redação da Lei 13.465, de 11.7.17*) — inexistência de candidatos excedentes interessados na parcela elencados na lista de selecionados de que trata o § 3º do art. 19 desta Lei para o projeto de assentamento;

III (*redação da Lei 13.465, de 11.7.17*) — observância pelo interessado dos requisitos de elegibilidade para ser beneficiário da reforma agrária; e

IV (*redação da Lei 13.465, de 11.7.17*) — quitação ou assunção pelo interessado, até a data de assinatura de novo contrato de concessão de uso, dos débitos relativos ao crédito de instalação reembolsável concedido ao beneficiário original.

§ 2º (*redação da Lei 13.465, de 11.7.17*) Atendidos os requisitos de que trata o § 1º deste artigo, o Incra celebrará contrato de concessão de uso nos termos do § 2º do art. 18 desta Lei.

Art. 27. Esta lei entra em vigor na data de sua publicação.

Art. 28. Revogam-se as disposições em contrário.

Brasília, 25 de fevereiro de 1993; 172º da Independência e 105º da República — ITAMAR FRANCO — **Lázaro Ferreira Barboza.**

Lei Complementar n. 76, de 6 de julho de 1993¹

Dispõe sobre o procedimento contraditório especial, de rito sumário, para o processo de desapropriação de imóvel rural, por interesse social, para fins de reforma agrária.

O Presidente da República

Faço saber que o Congresso Nacional decreta e eu sanciono a seguinte lei complementar:

LC 76: 1. v. tb. Lei 8.629, de 25.2.93, que dispõe s/ a regulamentação dos dispositivos constitucionais relativos à reforma agrária.

Art. 1º O procedimento judicial da desapropriação de imóvel rural, por interesse social, para fins de reforma agrária,¹ obedecerá ao contraditório especial, de rito sumário, previsto nesta lei complementar.²

Art. 1º: 1. "Inexistente à época da edição a lei complementar prevista nos arts. 184 e 185 da Constituição Federal, não subsiste o decreto desapropriatório" (RTJ 153/136). No mesmo sentido: RTJ 149/103, 151/91, 152/817, 154/822, 156/55, 158/803, maioria, STF-RDA 197/155.

Art. 1º: 2. O MP deve intervir nos "litígios coletivos pela posse de terra rural ou urbana" (CPC 178-III).

Art. 2º A desapropriação de que trata esta lei complementar é de competência privativa da União e será precedida de decreto declarando o imóvel de interesse social, para fins de reforma agrária.¹

§ 1º A ação de desapropriação, proposta pelo órgão federal executor da reforma agrária, será processada e julgada pelo juiz federal competente, inclusive durante as férias forenses.²

§ 2º Declarado o interesse social, para fins de reforma agrária, fica o expropriante legitimado a promover a vistoria e a avaliação do imóvel, inclusive com o auxílio de força policial, mediante prévia autorização do juiz, responsabilizando-se por eventuais perdas e danos que seus agentes vierem a causar, sem prejuízo das sanções penais cabíveis.

Art. 2º: 1. "É possível a concessão de liminar em ação cautelar para paralisar, temporariamente, o processo administrativo de desapropriação, permitindo-se a comprovação, em ação específica, da produtividade do imóvel" (STJ-1ª T., REsp 1.228.892-AgRg, Min. Hamilton Carvalhido, j. 3.5.11, DJ 16.5.11). No mesmo sentido: STJ-2ª T., AI 1.301.923-AgRg, Min. Herman Benjamin, j. 19.8.10, DJ 14.9.10.

Art. 2º: 2. s/ férias forenses, v. CF 93-XII e CPC 212 a 215. V. tb. CPC 220.

Art. 3º A ação de desapropriação deverá ser proposta dentro do prazo de dois anos, contado da publicação do decreto declaratório.

Art. 4º Intentada a desapropriação parcial, o proprietário poderá requerer, na contestação, a desapropriação de todo o imóvel, quando a área remanescente ficar:

I — reduzida a superfície inferior à da pequena propriedade rural; ou

II — prejudicada substancialmente em suas condições de exploração econômica, caso seja o seu valor inferior ao da parte desapropriada.

Art. 5º A petição inicial, além dos requisitos previstos no Código de Processo Civil,[1] conterá a oferta do preço e será instruída com os seguintes documentos:

I — texto do decreto declaratório de interesse social para fins de reforma agrária, publicado no Diário Oficial da União;

II — certidões atualizadas de domínio e de ônus real do imóvel;

III — documento cadastral do imóvel;

IV — laudo de vistoria e avaliação administrativa, que conterá, necessariamente:

a) descrição do imóvel, por meio de suas plantas geral e de situação, e memorial descritivo da área objeto da ação;

b) relação das benfeitorias úteis, necessárias e voluptuárias, das culturas e pastos naturais e artificiais, da cobertura florestal, seja natural ou decorrente de florestamento ou reflorestamento, e dos semoventes;

c) discriminadamente, os valores de avaliação da terra nua e das benfeitorias indenizáveis;

V (redação da LC 88, de 23.12.96) — comprovante de lançamento dos Títulos da Dívida Agrária correspondente ao valor ofertado para pagamento de terra nua;

VI (redação da LC 88, de 23.12.96) — comprovante de depósito em banco oficial, ou outro estabelecimento no caso de inexistência de agência na localidade, à disposição do juízo, correspondente ao valor ofertado para pagamento das benfeitorias úteis e necessárias.

Art. 5º: **1.** v. CPC 319 a 321.

Art. 6º O juiz, ao despachar a petição inicial, de plano ou no prazo máximo de quarenta e oito horas:

I (redação da LC 88, de 23.12.96) — mandará imitir o autor na posse do imóvel;[1]

II (redação da LC 88, de 23.12.96) — determinará a citação do expropriando para contestar o pedido e indicar assistente técnico, se quiser;

III — expedirá mandado ordenando a averbação do ajuizamento da ação no registro do imóvel expropriando, para conhecimento de terceiros.

§ 1º Inexistindo dúvida acerca do domínio, ou de algum direito real sobre o bem, ou sobre os direitos dos titulares do domínio útil, e do domínio direto, em caso de enfiteuse ou aforamento, ou, ainda, inexistindo divisão, hipótese em que o valor da indenização ficará depositado à disposição do juízo enquanto os interessados não resolverem seus conflitos em ações próprias, poderá o expropriando requerer o levantamento de oitenta por cento da indenização depositada, quitado os tributos e publicados os editais, para conhecimento de terceiros, a expensas do expropriante, duas vezes na imprensa local e uma na oficial, decorrido o prazo de trinta dias.[2]

§ 2º O juiz poderá, para a efetivação da imissão na posse, requisitar força policial.³

§ 3º (*redação da LC 88, de 23.12.96*) No curso da ação poderá o juiz designar, com o objetivo de fixar a prévia e justa indenização, audiência de conciliação, que será realizada nos dez primeiros dias a contar da citação, e na qual deverão estar presentes o autor, o réu e o Ministério Público. As partes ou seus representantes legais serão intimadas via postal.

§ 4º (*redação da LC 88, de 23.12.96*) Aberta a audiência, o Juiz ouvirá as partes e o Ministério Público, propondo a conciliação.

§ 5º (*redação da LC 88, de 23.12.96*) Se houver acordo, lavrar-se-á o respectivo termo, que será assinado pelas partes e pelo Ministério Público ou seus representantes legais.

§ 6º (*redação da LC 88, de 23.12.96*) Integralizado o valor acordado, nos dez dias úteis subsequentes ao pactuado, o juiz expedirá mandado ao registro imobiliário, determinando a matrícula do bem expropriado em nome do expropriante.

§ 7º (*redação da LC 88, de 23.12.96*) A audiência de conciliação não suspende⁴ o curso da ação.

Art. 6º: 1. Lei 9.393, de 19.12.96 (Lex 1996/3.660, RT 734/803): "**Art. 22.** O valor da terra nua para fins do depósito judicial a que se refere o inciso I do art. 6º da Lei Complementar n. 76, de 6 de julho de 1993, na hipótese de desapropriação do imóvel rural de que trata o art. 184 da Constituição não poderá ser superior ao VTN declarado, observado o disposto no art. 14".

Observe-se que o texto primitivo do inciso I do art. 6º falava em "depósito", palavra que não foi reproduzida na alteração trazida pela LC 88, de 23.12.96, mas constava do texto primitivo e se acha agora no atual § 1º, *in fine*.

Art. 6º: 2. O § 2º do art. 6º passou a § 1º, por determinação da LC 88, de 23.12.96.

Art. 6º: 3. O antigo § 3º do art. 6º foi renumerado, passando a § 2º, pela LC 88, de 23.12.96.

Art. 6º: 4. Súmula 354 do STJ: "A invasão do imóvel é causa de suspensão do processo expropriatório para fins de reforma agrária".

Art. 7º A citação do expropriando será feita na pessoa do proprietário do bem, ou de seu representante legal, obedecido o disposto no art. 12 do Código de Processo Civil.¹

§ 1º Em se tratando de enfiteuse ou aforamento,² serão citados os titulares do domínio útil e do domínio direto, exceto quando for contratante a União.

§ 2º No caso de espólio, inexistindo inventariante, a citação será feita na pessoa do cônjuge sobrevivente ou na de qualquer herdeiro ou legatário que esteja na posse do imóvel.

§ 3º Serão intimados da ação os titulares de direitos reais sobre o imóvel desapropriando.

§ 4º Serão ainda citados os confrontantes que, na fase administrativa do procedimento expropriatório, tenham, fundamentadamente, contestado as divisas do imóvel expropriando.

Art. 7º: 1. v. CPC 75.

Art. 7º: 2. v. LD 24, notas 7a e segs.

Art. 8º O autor, além de outras formas previstas na legislação processual civil, poderá requerer que a citação do expropriando seja feita pelo correio, através de carta com aviso de recepção, firmado pelo destinatário ou por seu representante legal.

Art. 9º A contestação deve ser oferecida no prazo de quinze dias e versar matéria de interesse da defesa, excluída a apreciação quanto ao interesse social declarado.

§ 1º Recebida a contestação, o juiz, se for o caso, determinará a realização de prova pericial,[1] adstrita a pontos impugnados do laudo de vistoria administrativa, a que se refere o art. 5º, inciso IV, e, simultaneamente:

I — designará o perito do juízo;

II — formulará os quesitos que julgar necessários;

III — intimará o perito e os assistentes para prestar compromisso, no prazo de cinco dias;

IV — intimará as partes para apresentar quesitos, no prazo de dez dias.

§ 2º A prova pericial será concluída no prazo fixado pelo juiz, não excedente a sessenta dias, contado da data do compromisso do perito.

Art. 9º: 1. "A determinação da perícia em desapropriação direta, quando contestada a oferta, é ato de impulso oficial (art. 262 do CPC), porquanto a perícia é imprescindível para apuração da justa indenização, muito embora não vincule o juízo ao *quantum debeatur* apurado. A LC 76/93, no seu art. 9º, § 1º, I, dispõe que, se o expropriado contestar a oferta do expropriante, o juiz determinará a realização de prova pericial (arts. 6º, II; 9º, § 1º, da LC 76/93)" (STJ-1ª T., REsp 992.115, Min. Luiz Fux, j. 1.10.09, DJ 15.10.09).

Art. 10. Havendo acordo sobre o preço, este será homologado por sentença.[1]

Parágrafo único (*redação da LC 88, de 23.12.96*). Não havendo acordo, o valor que vier a ser acrescido ao depósito inicial por força de laudo pericial acolhido pelo juiz será depositado em espécie para as benfeitorias, juntado aos autos o comprovante de lançamento de Títulos da Dívida Agrária para terra nua, como integralização dos valores ofertados.

Art. 10: 1. "A ação de desapropriação dispensa a elaboração da prova pericial, quando houver acordo entre as partes, sendo certo que esta prescindibilidade deve ser analisada *cum granu salis*, porquanto a indenização deve buscar sempre o princípio constitucional da justa indenização (CF, art. 5º, XXIV). Malfere o princípio da justa indenização quando a oferta encontra-se *prima facie* evidente superior ao valor do imóvel, cabendo ao juiz, de ofício, requerer a produção da prova pericial, buscando uma prestação jurisdicional mais justa e equânime, máxime quando visa a tutela daquele mandamento constitucional" (STJ-1ª T., REsp 886.672, Min. Luiz Fux, j. 25.9.07, DJU 22.11.07).

Art. 11. A audiência de instrução e julgamento será realizada em prazo não superior a quinze dias, a contar da conclusão da perícia.

Art. 12. O juiz proferirá sentença na audiência de instrução e julgamento ou nos trinta dias subsequentes, indicando os fatos que motivaram o seu convencimento.

§ 1º Ao fixar o valor da indenização, o juiz considerará, além dos laudos periciais, outros meios objetivos de convencimento, inclusive a pesquisa de mercado.

§ 2º O valor da indenização[1 a 3] corresponderá ao valor apurado na data da perícia, ou ao consignado pelo juiz, corrigido monetariamente até a data de seu efetivo pagamento.

§ 3º Na sentença, o juiz individualizará o valor do imóvel, de suas benfeitorias e dos demais componentes do valor da indenização.

§ 4º Tratando-se de enfiteuse ou aforamento, o valor da indenização será depositado em nome dos titulares do domínio útil e do domínio direto e disputado por via de ação própria.

Art. 12: 1. s/ valor da indenização, v. tb. LD 24 e notas.

Art. 12: 1a. "A fixação do valor indenizatório em montante inferior à oferta inicial não constitui julgamento *extra petita*" (STJ-1ª T., REsp 886.672, Min. Luiz Fux, j. 25.9.07, DJU 22.11.07) nem *ultra petita* (STJ-RDDP 94/132: 2ª T., REsp 848.787). O art. 19 dá mostras de ser possível o dimensionamento da indenização em valor menor que o da oferta.

Art. 12: 1b. "O conceito de justa indenização, na desapropriação, aplica-se para ambas as partes do processo, porquanto não se revela justo ao expropriado receber valor inferior ao que lhe é devido, tampouco ao Estado pagar mais do que o valor de mercado" (STJ-1ª T., REsp 867.010, Min. Luiz Fux, j. 11.3.08, DJ 3.4.08).

Art. 12: 1c. Conforme os termos desse § 2º, a indenização deve se pautar pelo valor do imóvel na **data da perícia** (STJ-2ª T., REsp 1.186.689-AgRg, Min. Herman Benjamin, j. 7.12.10, DJ 4.2.11), "não sendo relevante a data em que ocorreu a imissão na posse, tampouco a data em que se deu a vistoria do expropriante, nos termos do art. 26 do Dec. lei 3.365/41 e do art. 12, § 2º, da Lei Complementar 76/93" (STJ-2ª T., REsp 1.274.005, Min. Castro Meira, j. 27.3.12, um voto vencido, DJ 12.9.12).

Todavia: "O justo preço, em se tratando de desapropriação para fins de reforma agrária, deve ser apurado levando em consideração o valor do imóvel à data em que se concretizou a imissão na posse, descabendo considerar as circunstâncias ou fatos supervenientes que tenham alterado, para mais ou para menos, a situação do mercado" (STJ-1ª T., REsp 922.998, Min. Teori Zavascki, j. 4.9.08, DJ 11.9.08).

Art. 12: 2. "No cálculo da indenização, decorrente de desapropriação por interesse social para fins de reforma agrária, não se inclui o deságio dos Títulos de Dívida Agrária" (RSTJ 62/231 e STJ-RT 707/170, maioria).

Art. 12: 3. "As jazidas minerais, em lavra ou não, e demais recursos minerais, constituem propriedade distinta da do solo, pertencendo à União e, para efeito de exploração ou aproveitamento, restou garantida ao concessionário a propriedade do produto da lavra (arts. 20 c/c 176 da CF/88). Hipótese dos autos em que o licenciamento para exploração da jazida mineral havia sido renovado dois meses antes da imissão na posse. Ainda que a jazida mineral não esteja sendo efetivamente explorada na data da imissão na posse, havendo legal autorização para fazê-lo, deve o titular do licenciamento ser devidamente indenizado por lucros cessantes porque impedida a exploração pelo poder público. Indenização que se limita, na hipótese dos autos, da data da imissão na posse até o termo *ad quem* da autorização" (STJ-2ª T., REsp 654.321, Min. Eliana Calmon, j. 27.10.09, maioria, DJ 17.12.09).

> **Art. 13.** Da sentença que fixar o preço da indenização caberá apelação com efeito simplesmente devolutivo,[1] quando interposta pelo expropriado e, em ambos os efeitos, quando interposta pelo expropriante.
>
> § 1º A sentença que condenar o expropriante, em quantia superior a cinquenta por cento sobre o valor oferecido na inicial, fica sujeita a duplo grau de jurisdição.[2-3]
>
> § 2º No julgamento dos recursos decorrentes da ação desapropriatória não haverá revisor.

Art. 13: 1. Pode aplicar-se à hipótese o disposto no CPC 1.012 §§ 3º e 4º.

Art. 13: 2. v. CPC 496.

Art. 13: 3. "A norma do § 1º do art. 13 da Lei Complementar 76/93 é especial em relação às hipóteses gerais do art. 475 do CPC. Assim, somente haverá reexame obrigatório nas causas de desapropriação por interesse social para fins de reforma agrária quando a sentença condenar o expropriante 'em quantia superior a cinquenta por cento sobre o valor oferecido na inicial', o que não se deu na espécie" (STJ-2ª T., REsp 1.169.440, Min. Castro Meira, j. 27.11.12, DJ 6.12.12).

> **Art. 14** (*revogado pela Lei 13.465, de 11.7.17*).

> **Art. 15** (*revogado pela Lei 13.465, de 11.7.17*).

> **Art. 16.** A pedido do expropriado, após o trânsito em julgado da sentença, será levantada a indenização ou o depósito judicial, deduzidos o valor de tributos e multas incidentes sobre o imóvel, exigíveis até a data da imissão na posse pelo expropriante.

Art. 17 (redação da LC 88, de 23.12.96). Efetuado ou não o levantamento, ainda que parcial, da indenização ou do depósito judicial, será expedido em favor do expropriante, no prazo de quarenta e oito horas, mandado translativo do domínio para o Cartório do Registro de Imóveis competente, sob a forma e para os efeitos da Lei de Registros Públicos.[1-2]

Parágrafo único (redação da LC 88, de 23.12.96). O registro da propriedade nos cartórios competentes far-se-á no prazo improrrogável de três dias, contado da data da apresentação do mandado.

Art. 17: 1. v. Lei 6.015, de 31.12.73, no tít. REGISTROS PÚBLICOS.

Art. 17: 2. "A expedição, em favor do expropriante, do mandado translativo de domínio do imóvel expropriado, por consistir na efetiva transmissão da propriedade, só é possível após o trânsito em julgado do feito expropriatório, consoante interpretação sistemática do art. 17 da LC 76/93, conjugado às normas contidas nos dispositivos legais que o precedem" (STJ-1a T., AI 920.258-AgRg, Min. Denise Arruda, j. 2.10.07, DJU 5.11.07). "Se o expropriado não pode levantar o valor da indenização antes do trânsito em julgado, não se pode conceber que perca ele, definitivamente, a titularidade do domínio antes" (STJ-2a T., REsp 726.891, Min. Eliana Calmon, j. 18.10.05, DJU 7.11.05).

Art. 18. As ações concernentes à desapropriação de imóvel rural, por interesse social, para fins de reforma agrária, têm caráter preferencial e prejudicial em relação a outras ações referentes ao imóvel expropriando, e independem do pagamento de preparo ou de emolumentos.[1]

§ 1º Qualquer ação que tenha por objeto o bem expropriando será distribuída, por dependência, à Vara Federal onde tiver curso a ação de desapropriação, determinando-se a pronta intervenção da União.

§ 2º O Ministério Público Federal intervirá, obrigatoriamente,[2] após a manifestação das partes, antes de cada decisão manifestada no processo, em qualquer instância.

Art. 18: 1. "A isenção de preparo e de emolumentos não se restringe à ação desapropriatória, mas a todos os feitos que com ela guardem relação, inclusive as medidas cautelares" (STJ-2ª T., REsp 552.233, Min. Castro Meira, j. 14.6.05, DJU 15.8.05).

Art. 18: 2. "A intervenção do Ministério Público nas ações de desapropriação de imóvel rural para fins de reforma agrária é obrigatória, indisponível e inderrogável, porquanto presente o interesse público. Assim, a falta de intimação do MP para atuar no feito como fiscal da lei é vício que contamina todos os atos decisórios a partir do momento processual em que deveria se manifestar" (STJ-2ª T., REsp 932.731, Min. Herman Benjamin, j. 25.8.09, DJ 31.8.09).

Todavia: "A não intervenção obrigatória do MP nas ações de desapropriação de imóvel rural para fins de reforma agrária só acarretará nulidade quando se evidenciar, por tal omissão, ofensa aos princípios da legalidade, da moralidade e da justa indenização" (RSTJ 149/111).

Art. 19. As despesas judiciais e os honorários do advogado e do perito constituem encargos do sucumbente, assim entendido o expropriado, se o valor da indenização for igual ou inferior ao preço oferecido, ou o expropriante, na hipótese de valor superior ao preço oferecido.[1]

§ 1º Os honorários do advogado do expropriado serão fixados em até vinte por cento sobre a diferença entre o preço oferecido e o valor da indenização.[2]

§ 2º Os honorários periciais serão pagos em valor fixo, estabelecido pelo juiz, atendida à complexidade do trabalho desenvolvido.

Art. 19: 1. No caso de acordo entre as partes omisso com relação às despesas, incide a regra geral do CPC 90 § 2º, que determina sua igual divisão entre elas. Assim, os honorários periciais devidos em razão do trabalho técnico realizado no processo antes da celebração da transação devem ser pagos tanto pelo desapropriante quanto pelo

Desapropriação – Lei Complementar n. 76, de 6.7.93, arts. 19 a 25

desapropriado, em partes iguais (STJ-1ª T., REsp 875.524, Min. Luiz Fux, j. 16.10.08, DJ 3.11.08; STJ-2ª T., REsp 1.006.829, Min. Mauro Campbell, j. 14.12.10, DJ 14.2.11).

Art. 19: 2. Logo, a base de cálculo dos honorários não pode ser o valor do depósito inicial (STJ-2ª T., REsp 1.181.032, Min. Herman Benjamin, j. 16.11.10, DJ 4.2.11).

V. tb. LD 27, nota 6.

Art. 20. Em qualquer fase processual, mesmo após proferida a sentença, compete ao juiz, a requerimento de qualquer das partes, arbitrar valor para desmonte e transporte de móveis e semoventes, a ser suportado, ao final, pelo expropriante, e cominar prazo para que o promova o expropriado.[1]

Art. 20: 1. "É possível o levantamento dos valores devidos a título de transporte e desmonte de móveis e semoventes antes do trânsito em julgado. Inteligência do art. 20 da LC 76/93 (que estabelece ser ônus do expropriante tais despesas de remoção) e do art. 16 do mesmo diploma legal (que é genérico e não tratou especificamente da verba em questão)" (STJ-2ª T., REsp 966.714, Min. Eliana Calmon, j. 17.4.08, DJ 18.11.08).

Art. 21. Os imóveis rurais desapropriados, uma vez registrados em nome do expropriante, não poderão ser objeto de ação reivindicatória.

Art. 22. Aplica-se subsidiariamente ao procedimento de que trata esta lei complementar, no que for compatível, o Código de Processo Civil.

Art. 23. As disposições desta lei complementar aplicam-se aos processos em curso, convalidados os atos já realizados.

Art. 24. Esta lei complementar entra em vigor na data de sua publicação.

Art. 25. Revogam-se as disposições em contrário e, em especial, o Decreto-lei n. 554, de 25 de abril de 1969.[1]

Art. 25: 1. v. CCLCV, 12ª ed., p. 507.

Brasília, 6 de julho de 1993; 172º da Independência e 105º da República — ITAMAR FRANCO — **José Antonio Barros Munhoz.**

Direito Autoral

Lei n. 9.610, de 19 de fevereiro de 1998

Altera, atualiza e consolida a legislação sobre direitos autorais e dá outras providências.[1]

O Presidente da República

Faço saber que o Congresso Nacional decreta e eu sanciono a seguinte lei:

Título I | DISPOSIÇÕES PRELIMINARES

LEI 9.610: 1. "Noções gerais sobre as novas normas que disciplinam a propriedade intelectual no Brasil", por Patrícia Aurélia Del Nero (RT 827/49); "Direito de autor ou de empresário? Indústrias culturais e direito autoral na contemporaneidade", por Márcio Ferreira Rodrigues Pereira (RIDCPC 54/214); "A proteção internacional do direito de autor e o embate entre os sistemas do *copyright* e do *droit d'auteur*", por Leonardo Estevam de Assis Zanini (RJ 399/49).

Art. 1º Esta lei regula os direitos autorais,[1 a 2] entendendo-se sob esta denominação os direitos de autor[3] e os que lhes são conexos.[4]

Art. 1º: 1. "Conteúdo dos direitos do autor", por Artur Marques da Silva Filho (RT 806/11).

Art. 1º: 1a. CF 5º: "XXVII — aos autores pertence o direito exclusivo de utilização, publicação ou reprodução de suas obras, transmissível aos herdeiros pelo tempo que a lei fixar;

"**XXVIII** — são assegurados, nos termos da lei:

"a) a proteção às participações individuais em obras coletivas e à reprodução da imagem e voz humanas, inclusive nas atividades desportivas;

"b) o direito de fiscalização do aproveitamento econômico das obras que criarem ou de que participarem aos criadores, aos intérpretes e às respectivas representações sindicais e associativas".

S/ incomunicabilidade dos direitos patrimoniais do autor, v. art. 39 da LDA.

Art. 1º: 2. v. CP 184 a 186 (alterados pela Lei 6.895, de 17.12.80, em Lex 1980/1.032, Ajuris 21/253, Bol. AASP 1.151/4); CPP 524 a 530; Súmula 386 do STF.

Art. 1º: 3. v. arts. 22 a 52.

Art. 1º: 4. v. arts. 89 a 96.

Art. 2º Os estrangeiros domiciliados no exterior gozarão da proteção assegurada nos acordos, convenções e tratados em vigor no Brasil.[1]

Parágrafo único. Aplica-se o disposto nesta lei aos nacionais ou pessoas domiciliadas em país que assegure aos brasileiros ou pessoas domiciliadas no Brasil a reciprocidade na proteção aos direitos autorais ou equivalentes.

Art. 2º: 1. v., no ementário, os tratados em vigor.

Art. 3º Os direitos autorais reputam-se, para os efeitos legais, bens móveis.[1]
Art. 3º: 1. v. CC 83-III.

Art. 4º Interpretam-se restritivamente os negócios jurídicos sobre os direitos autorais.[1]
Art. 4º: 1. cf. art. 49-VI.

Art. 5º Para os efeitos desta lei, considera-se:
I — publicação — o oferecimento de obra literária, artística ou científica ao conhecimento do público, com o consentimento do autor, ou de qualquer outro titular de direito de autor, por qualquer forma ou processo;
II — transmissão ou emissão — a difusão de sons ou de sons e imagens, por meio de ondas radioelétricas; sinais de satélite; fio, cabo ou outro condutor; meios óticos ou qualquer outro processo eletromagnético;
III — retransmissão — a emissão simultânea da transmissão de uma empresa por outra;
IV — distribuição — a colocação à disposição do público do original ou cópia de obras literárias, artísticas ou científicas, interpretações ou execuções fixadas e fonogramas, mediante a venda, locação ou qualquer outra forma de transferência de propriedade ou posse;
V — comunicação ao público — ato mediante o qual a obra é colocada ao alcance do público, por qualquer meio ou procedimento e que não consista na distribuição de exemplares;
VI — reprodução[1] — a cópia de um ou vários exemplares de uma obra literária, artística ou científica ou de um fonograma, de qualquer forma tangível, incluindo qualquer armazenamento permanente ou temporário por meios eletrônicos ou qualquer outro meio de fixação que venha a ser desenvolvido;
VII — contrafação — a reprodução não autorizada;
VIII — obra:
a) em coautoria[2] — quando é criada em comum, por dois ou mais autores;
b) anônima[3] — quando não se indica o nome do autor, por sua vontade ou por ser desconhecido;
c) pseudônima[4] — quando o autor se oculta sob nome suposto;
d) inédita[5] — a que não haja sido objeto de publicação;
e) póstuma[6] — a que se publique após a morte do autor;
f) originária — a criação primígena;
g) derivada — a que, constituindo criação intelectual nova, resulta da transformação de obra originária;
h) coletiva[7] — a criada por iniciativa, organização e responsabilidade de uma pessoa física ou jurídica, que a publica sob seu nome ou marca e que é constituída pela participação de diferentes autores, cujas contribuições se fundem numa criação autônoma;
i) audiovisual — a que resulta da fixação de imagens com ou sem som, que tenha a finalidade de criar, por meio de sua reprodução, a impressão de movimento, independentemente dos processos de sua captação, do suporte usado inicial ou posteriormente para fixá-lo, bem como dos meios utilizados para sua veiculação;

IX — fonograma[8] — toda fixação de sons de uma execução ou interpretação ou de outros sons, ou de uma representação de sons que não seja uma fixação incluída em uma obra audiovisual;

X — editor[9] — a pessoa física ou jurídica à qual se atribui o direito exclusivo de reprodução da obra e o dever de divulgá-la, nos limites previstos no contrato de edição;

XI — produtor — a pessoa física ou jurídica que toma a iniciativa e tem a responsabilidade econômica da primeira fixação do fonograma ou da obra audiovisual, qualquer que seja a natureza do suporte utilizado;

XII — radiodifusão[10] — a transmissão sem fio, inclusive por satélites, de sons ou imagens e sons ou das representações desses, para recepção ao público e a transmissão de sinais codificados, quando os meios de decodificação sejam oferecidos ao público pelo organismo de radiodifusão ou com seu consentimento;

XIII — artistas intérpretes ou executantes[11] — todos os atores, cantores, músicos, bailarinos ou outras pessoas que representem um papel, cantem, recitem, declamem, interpretem ou executem em qualquer forma obras literárias ou artísticas ou expressões do folclore;

XIV — titular originário — o autor de obra intelectual, o intérprete, o executante, o produtor fonográfico e as empresas de radiodifusão.[12]

Art. 5º: 1. s/ reprodução e compilação, v. RTJ 81/685 e 83/100.

Art. 5º: 2. v. arts. 15, 16, 23, 32 e 42.

Art. 5º: 3. v. arts. 40, 43 e 52.

Art. 5º: 4. v. arts. 40 e 43.

Art. 5º: 5. v. art. 24-III.

Art. 5º: 6. v. art. 41 § ún.

Art. 5º: 7. v. arts. 17 e 88.

Art. 5º: 8. s/ fonogramas, v. arts. 93 e 94.

Art. 5º: 9. v. arts. 53 a 67 (contrato de edição).

Art. 5º: 10. v. art. 91.

Art. 5º: 11. v. arts. 90 a 92.

Art. 5º: 12. O inc. XIV foi acrescentado pela Lei 12.853, de 14.8.13, em vigor 120 dias após a sua publicação (DOU 15.8.13).

Art. 6º Não serão de domínio da União, dos Estados, do Distrito Federal ou dos Municípios as obras por eles simplesmente subvencionadas.

Título II | DAS OBRAS INTELECTUAIS

Capítulo I | DAS OBRAS PROTEGIDAS

Art. 7º São obras intelectuais protegidas[1] as criações do espírito, expressas por qualquer meio ou fixadas em qualquer suporte, tangível ou intangível, conhecido ou que se invente no futuro, tais como:[1a-1b]

I — os textos de obras literárias,[2] artísticas ou científicas;[3]

II — as conferências, alocuções, sermões e outras obras da mesma natureza;

III — as obras dramáticas e dramático-musicais;

IV — as obras coreográficas e pantomímicas, cuja execução cênica se fixe por escrito ou por outra qualquer forma;

V — as composições musicais,[4-5] tenham ou não letra;

VI — as obras audiovisuais, sonorizadas ou não, inclusive as cinematográficas;

VII — as obras fotográficas e as produzidas por qualquer processo análogo ao da fotografia;[5a-6]

VIII — as obras de desenho, pintura, gravura, escultura, litografia e arte cinética;[7]

IX — as ilustrações, cartas geográficas e outras obras da mesma natureza;

X — os projetos, esboços e obras plásticas concernentes à geografia, engenharia, topografia, arquitetura,[7a-7b] paisagismo, cenografia e ciência;

XI — as adaptações,[8] traduções[9] e outras transformações de obras originais, apresentadas como criação intelectual nova;

XII — os programas de computador;[10]

XIII — as coletâneas ou compilações, antologias, enciclopédias, dicionários, bases de dados e outras obras, que, por sua seleção, organização ou disposição de seu conteúdo, constituam uma criação intelectual.[11]

§ 1º Os programas de computador são objeto de legislação específica, observadas as disposições desta lei que lhes sejam aplicáveis.[12]

§ 2º A proteção concedida no inciso XIII não abarca os dados ou materiais em si mesmos e se entende sem prejuízo de quaisquer direitos autorais que subsistam a respeito dos dados ou materiais contidos nas obras.

§ 3º No domínio das ciências, a proteção recairá sobre a forma literária ou artística, não abrangendo o seu conteúdo científico ou técnico, sem prejuízo dos direitos que protegem os demais campos da propriedade imaterial.

Art. 7º: 1. Limitações ao direito do autor: arts. 46 a 48.

Art. 7º: 1a. "**Peças de vestuário íntimo feminino.** Possibilidade, em tese, de incidência da Lei 9.610/98. Direito autoral. São passíveis de proteção pela Lei 9.610/98 as criações que configurem exteriorização de determinada expressão intelectual, com ideia e forma concretizadas pelo autor de modo original. O **rol** de obras intelectuais apresentado no art. 7º da Lei de Direitos Autorais é meramente **exemplificativo**. O direito de autor não toma em consideração a destinação da obra para a outorga de tutela. Obras utilitárias são igualmente protegidas, desde que nelas se possa encontrar a exteriorização de uma 'criação de espírito'" (STJ-3ª T., REsp 1.943.690, Min. Nancy Andrighi, j. 19.10.21, DJ 22.10.21).

Art. 7º: 1b. "A proteção aos direitos autorais e aos direitos a ele conexos, garantida pela Lei 9.610/98, subsiste mesmo que a obra esteja localizada ou seja realizada em logradouros públicos, como o **desfile das escolas de samba,** cuja proteção recai não apenas sobre o desfile em si, mas também sobre todos os seus componentes que constituam, em si próprios, também criações intelectuais, tais como o figurino, a composição musical e a letra do samba-enredo, a coreografia, os carros alegóricos" (STJ-3ª T., REsp 1.837.685, Min. Paulo Sanseverino, j. 23.2.21, DJ 1.3.21).

Art. 7º: 2. v. § 3º.

Art. 7º: 3. v. § 3º.

Art. 7º: 4. v. art. 14.

Art. 7º: 5. Súmula 386 do STF (Obra musical): "Pela execução de obra musical por artistas remunerados é devido direito autoral, não exigível quando a orquestra for de amadores".

Súmula 63 do STJ: "São devidos direitos autorais pela **retransmissão radiofônica de músicas** em estabelecimentos comerciais" (v. jurisprudência s/ esta Súmula em RSTJ 44/115 a 136).

Art. 7º: 5a. "Direito autoral e direito de imagem", por Cláudia Rodrigues (RT 827/59); "O direito de arena e o contrato de licença de uso de imagem", por Joseph Robert Terrell (RDPr 20/184); "O direito de imagem e a pesquisa museal: construindo uma chave de acesso ao direito de personalidade", por Marcelo do Espírito Santo (RDPr 21/165); "Direito de arena", por Mariana Ribeiro Santiago e Marcos Dolgi Maia Porto (RDPr 22/224).

Art. 7º: 6. v. art. 79. V. tb. art. 22, nota 3.

Art. 7º: 7. s/ obra de arte plástica, v. arts. 9º, 77 e 78.

Art. 7º: 7a. "O fato de necessitar o projeto arquitetônico elaborado e não contratado de adaptação à legislação local de zoneamento para aprovação pela Municipalidade não desmerece a originalidade do trabalho intelectual prestado por seu autor, assim também como o de ter recebido, para a elaboração do projeto, diretrizes enunciadas pelo proprietário da obra — isto, aliás, é até mesmo necessário, porquanto o projeto não representa produto de mera abstração, mas visa à sua aproveitabilidade como base da obra projetada; é o projeto sob encomenda com vistas à sua implantação" (RT 656/85).

Art. 7º: 7b. "A proteção conferida aos projetos de arquitetura, enquanto obras de criação intelectual, decorre da expressa disposição do art. 7º, inciso X, da Lei 9.610/1998. O estudo preliminar é parte integrante do projeto arquitetônico, razão pela qual integra o patrimônio intelectual de seu autor e se faz, por isso, merecedor da proteção legal a que se refere o art. 7º, X, da Lei 9.610/1998. A configuração do plágio, como ofensa ao patrimônio intelectual do autor de criações do espírito, depende tanto da constatação de similaridade objetiva entre a obra originalmente concebida e a posteriormente replicada quanto, e principalmente, do intuito consciente do plagiador de se fazer passar, de modo explícito ou dissimulado, pelo real autor da criação intelectual e, com isso, usufruir das vantagens advindas da concepção da obra de outrem. A mera existência de semelhanças entre duas obras não constitui plágio quando restar comprovado, como ocorre no caso, que as criações tidas por semelhantes resultaram de motivações outras, estranhas ao alegado desejo do suposto plagiador de usurpar as ideias formadoras da obra de autoria de terceiro. Hipótese em que as poucas semelhanças constatadas na comparação entre as obras de autor e réu resultaram da observância, pelos referidos arquitetos, do conteúdo do programa prévio elaborado por suas potenciais clientes bem como das especificidades do próprio terreno em que construída a edificação" (STJ-3ª T., REsp 1.423.288, Min. Ricardo Cueva, j. 10.6.14, DJ 20.6.14).

Art. 7º: 8. v. art. 29-III.

Art. 7º: 9. v. art. 29-IV.

Art. 7º: 10. v. Lei 9.609, de 19.2.98.

Art. 7º: 11. v. § 2º.

Art. 7º: 12. v. Lei 9.609, de 19.2.98.

Art. 8º Não são objeto de proteção como direitos autorais de que trata esta lei:[1]

I — as ideias, procedimentos normativos, sistemas, métodos, projetos ou conceitos matemáticos como tais;

II — os esquemas, planos ou regras para realizar atos mentais, jogos ou negócios;

III — os formulários em branco para serem preenchidos por qualquer tipo de informação, científica ou não, e suas instruções;

IV — os textos de tratados ou convenções, leis, decretos, regulamentos, decisões judiciais e demais atos oficiais;

V — as informações de uso comum tais como calendários, agendas, cadastros ou legendas;

VI — os nomes e títulos isolados;

VII — o aproveitamento industrial ou comercial das ideias contidas nas obras.

Art. 8º: 1. "Estilos, métodos ou técnicas não são objetos de proteção intelectual (art. 8º, I e II, da Lei 9.610/98). O que se tem sob guarida legal são as obras resultantes da utilização de estilos, métodos ou técnicas" (STJ-RF 395/428: 3a T., REsp 906.269).

"O art. 8º da Lei 9.610/1998 veda, de forma taxativa, a proteção como direitos autorais de ideias, métodos, planos ou regras para realizar negócios. Nessa linha, o fato de uma ideia ser materializada não a torna automaticamente passível de proteção autoral. Um plano, estratégia, método de negócio, ainda que posto em prática, não é o que o direito do autor visa proteger. Assim, não merece proteção autoral ideias/métodos/planos para otimização de comercialização de títulos de capitalização destinados à aquisição de motos" (STJ-4ª T., REsp 1.338.743, Min. Luis Felipe, j. 19.9.13, DJ 17.10.13). No mesmo sentido: STJ-3ª T., REsp 1.418.524, Min. Nancy Andrighi, j. 8.5.14, DJ 15.5.14.

"O direito autoral não pode proteger as ideias em si, visto que constituem patrimônio comum da humanidade, mas apenas as formas de expressá-las. Incidência do princípio da liberdade das ideias, a proibir a propriedade ou o direito de exclusividade sobre elas. Não há proteção autoral ao contrato por mais inovador e original que seja; no máximo, ao texto das cláusulas contido em determinada avença (isto é, à expressão das ideias, sua forma literária ou artística), nunca aos conceitos, dispositivos, dados ou materiais em si mesmos (que são o conteúdo científico ou técnico do Direito). A Lei de Direitos Autorais não pode tolher a criatividade e a livre iniciativa, nem o avanço das relações comerciais e da ciência jurídica, a qual ficaria estagnada com o direito de exclusividade de certos tipos contratuais. É possível a coexistência de contratos de seguro com a mesma temática (seguro de responsabilidade civil com cobertura para danos ambientais em transporte de cargas), comercializados por corretoras e seguradoras distintas sem haver violação do direito de autor. Licitude do aproveitamento industrial ou comercial das ideias contidas nas obras sem ocorrer infração à legislação autoral, sendo livre o uso, por terceiros, de ideias, métodos operacionais, temas, projetos, esquemas e planos de negócio, ainda que postos em prática, para compor novo produto individualizado, não podendo ser exceção a exploração de determinado nicho no mercado securitário, que ficaria refém de eventual monopólio" (STJ-3ª T., REsp 1.627.606, Min. Ricardo Cueva, j. 2.5.17, DJ 5.5.17).

"Pretensão da autora de condenar a Universidade Federal de Santa Catarina a retirar do programa de pós-graduação da Faculdade de Letras disciplina relativa à história literária dos vampiros, que teria sido criada com base em sua dissertação de mestrado. Pretensão, também, de recebimento de indenização por danos extrapatrimoniais. Embora o texto de sua dissertação e das suas conferências realizadas em eventos acadêmicos esteja protegido pela Lei de Direitos Autorais, as ideias que lhe serviram de base, bem como a bibliografia de que se valeu para a realização da pesquisa, não estão abarcadas pela proteção aos direitos de autor. Inteligência dos arts. 7º, parágrafos 2º e 3º, e 8º da Lei n. 9.610/98" (STJ-3ª T., REsp 1.528.627, Min. Paulo Sanseverino, j. 7.3.17, DJ 14.3.17).

"Ação de cobrança. Comercialização de impressos contendo normas técnicas da ABNT. Inaplicabilidade da Lei 9.610/98. Cobrança indevida. A Lei 9.610/98 excluiu expressamente os procedimentos normativos da proteção dos direitos autorais (artigo 8º). No procedimento de elaboração de normas técnicas não existe criação artística e manifestação da individualidade intelectual, pois os especialistas participantes se restringem a captar informações técnicas já propagadas ao longo dos anos, com estabilidade suficiente para consubstanciar uma padronização. (STJ-4ª T., REsp 1.621.370-AgInt, Min. Lázaro Guimarães, j. 21.6.18, DJ 29.6.18).

"É pacífico que o direito autoral protege a criação de uma obra, caracterizada como sua exteriorização sob determinada forma, não a ideia em si nem um tema determinado. É plenamente possível a coexistência, sem violação de direitos autorais, de obras com temáticas semelhantes (art. 8º, I, da Lei 9.610/98). O fato de ambas as obras em cotejo retratarem história de moça humilde que ganha concurso e ascende ao estrelato, envolvendo-se em triângulo amoroso, tendo como cenário o ambiente artístico brasileiro da década de 40, configura identidade de temas. O caso dos autos, pois, enquadra-se na norma permissiva estabelecida pela Lei 9.610/98, inexistindo violação ao direito autoral. 'Por mais extraordinário, um tema pode ser milhares de vezes retomado. Uma Inês de Castro não preclude todas as outras glosas do tema. Um filme sobre um extraterrestre, por mais invectivo, não impede uma erupção de uma torrente de obras centradas no mesmo tema' (ASCENSÃO, José de Oliveira. *Direito autoral*. 2. ed., ref. e ampl. Rio de Janeiro: Renovar, 1997. p. 28)" (STJ-4ª T., REsp 1.189.692, Min. Luis Felipe, j. 21.5.13, DJ 1.7.13).

"Considerando que não restou demonstrado que a fabricante de cerveja e a empresa de publicidade tiveram ciência da sugestão do autor, considerando que a mera ideia não se enquadra no conceito de obra intelectual, a ponto de merecer proteção pelo direito autoral, *ex vi* dos arts. 7º e 8º, I e VII, da Lei 9.610/98 e, considerando que a materialização das ideias seguiu roteiros totalmente distintos, sendo possível identificar claras distinções entre eles, é evidente que não tem o suplicante direito a indenização pelos danos materiais e morais alegados" (RT 921/1.066: TJPR, AP 834.058-7).

Art. 9º À cópia de obra de arte plástica[1] feita pelo próprio autor é assegurada a mesma proteção de que goza o original.

Art. 9º: 1. v. arts. 77 e 78.

Art. 10. A proteção à obra intelectual abrange o seu título, se original e inconfundível com o de obra do mesmo gênero, divulgada anteriormente por outro autor.[1]

Parágrafo único. O título de publicações periódicas, inclusive jornais, é protegido até um ano após a saída do seu último número, salvo se forem anuais, caso em que esse prazo se elevará a dois anos.

Art. 10: 1. "Em que pese seja cediço que a proteção à obra intelectual se estende também ao seu título, nos moldes do referido dispositivo, a tutela legal exige, além da identidade entre os títulos, a **originalidade e** a **inconfundibilidade** com o de obra do mesmo gênero, requisitos estes que não se acham presentes na hipótese dos autos. *In casu*, não há originalidade no título 'As Filhas da Mãe', tratando-se de mera expressão popular utilizada pela sociedade no cotidiano; e as obras intelectuais em questão — peça de teatro e telenovela — não se confundem, possuindo gêneros diversos. Inexistentes os requisitos insertos na Lei dos Direitos Autorais para a proteção legal ao título de obra intelectual, merece ser afastada a indenização perseguida nos autos" (STJ-4ª T., REsp 1.311.629, Min. Marco Buzzi, j. 25.4.17, maioria, DJ 31.5.17).

Capítulo II | DA AUTORIA DAS OBRAS INTELECTUAIS

Art. 11. Autor é a pessoa física criadora de obra literária, artística ou científica.

Parágrafo único. A proteção concedida ao autor poderá aplicar-se às pessoas jurídicas nos casos previstos nesta lei.

Art. 12. Para se identificar como autor, poderá o criador da obra literária, artística ou científica usar de seu nome civil, completo ou abreviado até por suas iniciais, de pseudônimo[1] ou qualquer outro sinal convencional.[2]

Art. 12: 1. s/ obra pseudônima, v. arts. 5º-VIII-c, 40 e 43.

Art. 12: 2. Proteção do nome do autor: civil, art. 108; penal: CP 185 (usurpação de nome ou pseudônimo alheio), na redação da Lei 6.895, de 17.12.80 (em Lex 1980/1.032, Ajuris 21/253, Bol. AASP 1.151/4).

Art. 13. Considera-se autor da obra intelectual, não havendo prova em contrário, aquele que, por uma das modalidades de identificação referidas no artigo anterior, tiver, em conformidade com o uso, indicada ou anunciada essa qualidade na sua utilização.

Art. 14. É titular de direitos de autor quem adapta, traduz, arranja ou orquestra obra caída no domínio público, não podendo opor-se a outra adaptação, arranjo, orquestração ou tradução, salvo se for cópia da sua.[1]

Art. 14: 1. "Incidência do direito autoral sobre a regência orquestral", por Patrícia Luciane de Carvalho (RF 418/215).

Art. 15. A coautoria[1] da obra é atribuída àqueles em cujo nome, pseudônimo ou sinal convencional for utilizada.

§ 1º Não se considera coautor quem simplesmente auxiliou o autor na produção da obra literária, artística ou científica, revendo-a, atualizando-a, bem como fiscalizando ou dirigindo sua edição ou apresentação por qualquer meio.

§ 2º Ao coautor, cuja contribuição possa ser utilizada separadamente, são asseguradas todas as faculdades inerentes à sua criação como obra individual, vedada, porém, a utilização que possa acarretar prejuízo à exploração da obra comum.

Art. 15: 1. v. arts. 16, 23, 32 e 42.

Art. 16. São coautores da obra audiovisual o autor do assunto ou argumento literário, musical ou lítero-musical e o diretor.

Parágrafo único. Consideram-se coautores de desenhos animados os que criam os desenhos utilizados na obra audiovisual.

Art. 17. É assegurada a proteção às participações individuais em obras coletivas.

§ 1º Qualquer dos participantes, no exercício de seus direitos morais, poderá proibir que se indique ou anuncie seu nome na obra coletiva, sem prejuízo do direito de haver a remuneração contratada.[1]

§ 2º Cabe ao organizador a titularidade dos direitos patrimoniais sobre o conjunto da obra coletiva.

§ 3º O contrato com o organizador especificará a contribuição do participante, o prazo para entrega ou realização, a remuneração e demais condições para sua execução.

Art. 17: 1. v. art. 88 § ún.

Capítulo III | DO REGISTRO DAS OBRAS INTELECTUAIS

Art. 18. A proteção aos direitos de que trata esta lei independe de registro.

Art. 19. É facultado ao autor registrar a sua obra[1] no órgão público definido no *caput* e no § 1º do art. 17 da Lei n. 5.988, de 14 de dezembro de 1973.[2]

Art. 19: 1. Não para efeito de registro, as editoras e gráficas "são obrigadas a remeter ao Instituto Nacional do Livro um exemplar de cada obra que editarem, no prazo de 10 (dez) dias após o seu lançamento público" (Dec. lei 824, de 5.9.69, art. 1º-*caput*, em Lex 1969/1.245).

Art. 19: 2. Lei 5.988, de 14.12.73 — Regula os direitos autorais e dá outras providências (em CCLCV, 17ª ed., p. 581): "Art. 17. Para segurança de seus direitos, o autor da obra intelectual poderá registrá-la, conforme sua natureza, na Biblioteca Nacional, na Escola de Música, na Escola de Belas Artes da Universidade Federal do Rio de Janeiro, no Instituto Nacional do Cinema, ou no Conselho Federal de Engenharia, Arquitetura e Agronomia.

"§ 1º Se a obra for de natureza que comporte registro em mais de um desses órgãos, deverá ser registrada naquele com que tiver maior afinidade.

"§ 2º O Poder Executivo, mediante decreto, poderá, a qualquer tempo, reorganizar os serviços de registro, conferindo a outros órgãos as atribuições a que se refere este artigo".

Estes dispositivos continuam em vigor, por força do disposto no art. 115 da LDA.

Art. 20. Para os serviços de registro previstos nesta lei será cobrada retribuição, cujo valor e processo de recolhimento serão estabelecidos por ato do titular do órgão da administração pública federal a que estiver vinculado o registro das obras intelectuais.

Art. 21. Os serviços de registro[1] de que trata esta lei serão organizados conforme preceitua o § 2º do art. 17[2] da Lei n. 5.988, de 14 de dezembro de 1973.

Art. 21: 1. O Dec. 78.965, de 16.12.76, criou o registro de obras musicais gravadas ou fixadas em qualquer tipo de suporte musical (Lex 1976/896, RT 494/437).

Art. 21: 2. v. art. 17 § 2º, em nota 2 ao art. 19.

Título III | DOS DIREITOS DO AUTOR

Capítulo I | DISPOSIÇÕES PRELIMINARES

Art. 22. Pertencem ao autor os direitos morais[1] e patrimoniais[2] sobre a obra que criou.[3]

Art. 22: 1. v. arts. 24 a 27.

Art. 22: 2. v. arts. 28 a 45.

Art. 22: 3. "A fotografia é obra protegida por direito do autor, e, ainda que produzida na constância de relação de trabalho, integra a propriedade imaterial do fotógrafo, não importando se valorada como obra de especial caráter artístico ou não. O empregador cessionário do direito patrimonial sobre a obra não pode transferi-lo a terceiro, mormente se o faz onerosamente, sem anuência do autor. Pode, no entanto, utilizar a obra que integrou determinada matéria jornalística, para cuja ilustração incumbido o profissional fotógrafo, em outros produtos congêneres da mesma empresa" (STJ-RT 904/239: 3ª T., REsp 1.034.103, maioria).

"Em se tratando de fotografia, para efeitos de proteção do direito autoral das obras artísticas, é autor o fotógrafo e não o fotografado, este último titular de outros direitos da personalidade, como a imagem, a honra e a intimidade. É o fotógrafo o detentor da técnica e da inspiração, quem coordena os demais elementos complementares ao retrato do objeto — como iluminação —, é quem capta a oportunidade do momento e o transforma em criação intelectual, digna, portanto, de tutela como manifestação de cunho artístico. A modelo fotografada não goza de proteção do direito autoral, porque nada cria, dela não emana nenhuma criação do espírito exteriorizada como obra artística. Sua imagem compõe obra artística de terceiros. Portanto, descabe analisar a apontada ofensa ao art. 4º da Lei de Direitos Autorais, uma vez que tal dispositivo não socorre à modelo fotografada, a qual não é titular de direitos autorais oponíveis contra a editora da revista na qual as fotos foram divulgadas" (STJ-4ª T., REsp 1.322.704, Min. Luis Felipe, j. 23.10.14, DJ 19.12.14).

Art. 23. Os coautores da obra intelectual exercerão, de comum acordo, os seus direitos, salvo convenção em contrário.

Capítulo II | DOS DIREITOS MORAIS DO AUTOR

Art. 24. São direitos morais do autor:[1-1a]

I — o de reivindicar, a qualquer tempo, a autoria da obra;

II — o de ter seu nome, pseudônimo ou sinal convencional indicado ou anunciado, como sendo o do autor, na utilização de sua obra;[1b]

III — o de conservar a obra inédita;[2-2a]

IV — o de assegurar a integridade da obra, opondo-se a quaisquer modificações ou à prática de atos que, de qualquer forma, possam prejudicá-la ou atingi-lo, como autor, em sua reputação ou honra;[2b-2c]

V — o de modificar a obra,[3] antes ou depois de utilizada;

VI — o de retirar de circulação a obra ou de suspender qualquer forma de utilização já autorizada, quando a circulação ou utilização implicarem afronta à sua reputação e imagem;[4]

VII — o de ter acesso a exemplar único e raro da obra, quando se encontre legitimamente em poder de outrem, para o fim de, por meio de processo fotográfico ou assemelhado, ou audiovisual, preservar sua memória, de forma que cause o menor inconveniente possível a seu detentor, que, em todo caso, será indenizado de qualquer dano ou prejuízo que lhe seja causado.

§ 1º Por morte do autor, transmitem-se a seus sucessores[5] os direitos a que se referem os incisos I a IV.

§ 2º Compete ao Estado a defesa da integridade e autoria[6] da obra caída em domínio público.[7]

§ 3º Nos casos dos incisos V e VI, ressalvam-se as prévias indenizações a terceiros, quando couberem.

Art. 24: 1. "O autor da obra detém direitos de natureza pessoal e patrimonial. Os primeiros são direitos personalíssimos, por isso inalienáveis e irrenunciáveis, além de imprescritíveis, estando previstos no art. 24 da Lei 9.610/98. Os segundos, regulados pelo art. 28 da referida Lei, são passíveis de alienação" (STJ-4ª T., REsp 1.131.498, Min. Raul Araújo, j. 17.5.11, DJ 8.6.11).

Art. 24: 1a. "O **dano moral** configura-se com a mera violação dos direitos assegurados pelo art. 24 da LDA, de modo que o prejuízo prescinde de comprovação, pois decorre como consequência lógica dos atos praticados" (STJ-3ª T., REsp 1.716.465, Min. Nancy Andrighi, j. 22.3.18, DJ 26.3.18).

Art. 24: 1b. v. arts. 47, nota 3, e 108.

Art. 24: 2. v. art. 72.

Art. 24: 2a. "A ofensa a esse direito leva à indenização do dano moral sofrido" (STJ-4ª T., REsp 327.000, Min. Ruy Rosado, j. 26.2.03, DJU 4.8.03).

Art. 24: 2b. "Nada há a reparar na decisão guerreada quando afirma ser o segundo recorrido ainda titular de direitos morais que podem ser vindicados em juízo, tendo direito à reparação por danos morais em face das modificações perpetradas em sua obra sem autorização, pois apenas alienou seus direitos autorais de ordem patrimonial" (STJ-4ª T., REsp 1.131.498, Min. Raul Araújo, j. 17.5.11, DJ 8.6.11).

Art. 24: 2c. "É direito moral do autor, inalienável, portanto, recusar modificações não autorizadas de sua obra, constatadas por perícia e firmadas como matéria fática pelo acórdão recorrido, modificações essas realizadas por ocasião de processo de 'remasterização', independentemente de a obra indevidamente modificada vir a receber láureas nacionais e internacionais respeitáveis, quando resta patente e durável o constrangimento do artista pela ofensa à identidade da obra. Violação de direito autoral moral determinadora da vedação de reprodução sem o consentimento do autor, mas inviável o recolhimento de exemplares já objeto de ampla circulação nacional e internacional, de modo que a consequência é a indenização por dano ao direito autoral moral, sem prejuízo do recebimento de *royalties* pelos exemplares já vendidos, em valor a ser apurado em liquidação por arbitramento" (STJ-RT 919/443 e RDPr 50/449: 3ª T., REsp 1.098.626, maioria).

Art. 24: 3. v. § 3º e art. 66.

Art. 24: 4. v. § 3º.

Art. 24: 5. Sucessão legítima: CC 1.829 a 1.856. Sucessão testamentária: CC 1.857 a 1.990.

Art. 24: 6. Lei 5.805, de 3.10.72 — Estabelece normas destinadas a preservar a autenticidade das obras literárias caídas em domínio público (Lex 1972/1.275, RT 444/487, RDA 111/532, RF 241/435).

Art. 24: 7. s/ domínio público, v. art. 45.

Art. 25. Cabe exclusivamente ao diretor o exercício dos direitos morais sobre a obra audiovisual.

Art. 26. O autor poderá repudiar a autoria de projeto arquitetônico alterado sem o seu consentimento durante a execução ou após a conclusão da construção.

Parágrafo único. O proprietário da construção responde pelos danos que causar ao autor sempre que, após o repúdio, der como sendo daquele a autoria do projeto repudiado.

Art. 27. Os direitos morais do autor são inalienáveis e irrenunciáveis.

Capítulo III | DOS DIREITOS PATRIMONIAIS DO AUTOR E DE SUA DURAÇÃO

Art. 28. Cabe ao autor o direito exclusivo de utilizar, fruir e dispor da obra literária, artística ou científica.[1]

Art. 28: 1. v. CF 5º-XXVII e XXVIII (em nota 1a ao art. 1º).

Sanções civis e administrativas a quem violar direito autoral: arts. 102 a 110. Sanções penais: art. 101 c/c CP 184 a 186, na redação da Lei 6.895, de 17.12.80.

Art. 29. Depende de autorização prévia e expressa do autor a utilização da obra, por quaisquer modalidades, tais como:

I — a reprodução parcial ou integral;
II — a edição;[1]
III — a adaptação, o arranjo musical e quaisquer outras transformações;
IV — a tradução para qualquer idioma;
V — a inclusão em fonograma ou produção audiovisual;
VI — a distribuição, quando não intrínseca ao contrato firmado pelo autor com terceiros para uso ou exploração da obra;
VII — a distribuição para oferta de obras ou produções mediante cabo, fibra ótica, satélite, ondas ou qualquer outro sistema que permita ao usuário realizar a seleção da obra ou produção para percebê-la em um tempo e lugar previamente determinados por quem formula a demanda, e nos casos em que o acesso às obras ou produções se faça por qualquer sistema que importe em pagamento pelo usuário;[2]
VIII — a utilização, direta ou indireta, da obra literária, artística ou científica, mediante:
a) representação, recitação ou declamação;
b) execução musical;
c) emprego de alto-falante ou de sistemas análogos;
d) radiodifusão sonora ou televisiva;
e) captação de transmissão de radiodifusão em locais de frequência coletiva;
f) sonorização ambiental;
g) a exibição audiovisual, cinematográfica ou por processo assemelhado;
h) emprego de satélites artificiais;
i) emprego de sistemas óticos, fios telefônicos ou não, cabos de qualquer tipo e meios de comunicação similares que venham a ser adotados;
j) exposição de obras de artes plásticas e figurativas;
IX — a inclusão em base de dados, o armazenamento em computador, a microfilmagem e as demais formas de arquivamento do gênero;
X — quaisquer outras modalidades de utilização existentes ou que venham a ser inventadas.

Art. 29: 1. v. arts. 53 a 67.

Art. 29: 2. "À luz do art. 29, incisos VII, VIII, 'i', IX e X, da Lei 9.610/1998, verifica-se que a tecnologia *streaming* enquadra-se nos requisitos de incidência normativa, configurando-se, portanto, modalidade de exploração econômica das obras musicais a demandar autorização prévia e expressa pelos titulares de direito" (STJ-2ª Seção, REsp 1.559.264, Min. Ricardo Cueva, j. 8.2.17, maioria, DJ 15.2.17).

V. tb. art. 68, nota 3.

Art. 30. No exercício do direito de reprodução, o titular dos direitos autorais poderá colocar à disposição do público a obra, na forma, local e pelo tempo que desejar, a título oneroso ou gratuito.

§ 1º O direito de exclusividade de reprodução não será aplicável quando ela for temporária e apenas tiver o propósito de tornar a obra, fonograma ou interpretação perceptível em meio eletrônico ou quando for de natureza transitória e incidental, desde que ocorra no curso do uso devidamente autorizado da obra, pelo titular.

§ 2º Em qualquer modalidade de reprodução, a quantidade de exemplares será informada e controlada, cabendo a quem reproduzir a obra a responsabilidade de manter os registros que permitam, ao autor, a fiscalização do aproveitamento econômico da exploração.

Art. 31. As diversas modalidades de utilização de obras literárias, artísticas ou científicas ou de fonogramas são independentes entre si, e a autorização concedida pelo autor, ou pelo produtor, respectivamente, não se estende a quaisquer das demais.

Art. 32. Quando uma obra feita em regime de coautoria não for divisível, nenhum dos coautores, sob pena de responder por perdas e danos, poderá, sem consentimento dos demais, publicá-la ou autorizar-lhe a publicação, salvo na coleção de suas obras completas.

§ 1º Havendo divergência, os coautores decidirão por maioria.

§ 2º Ao coautor dissidente é assegurado o direito de não contribuir para as despesas de publicação, renunciando a sua parte nos lucros, e o de vedar que se inscreva seu nome na obra.

§ 3º Cada coautor pode, individualmente, sem aquiescência dos outros, registrar a obra[1] e defender os próprios direitos contra terceiros.

Art. 32: 1. v. arts. 18 a 21.

Art. 33. Ninguém pode reproduzir obra que não pertença ao domínio público,[1] a pretexto de anotá-la, comentá-la ou melhorá-la, sem permissão do autor.

Parágrafo único. Os comentários ou anotações poderão ser publicados separadamente.

Art. 33: 1. v. art. 45.

Art. 34. As cartas missivas, cuja publicação está condicionada à permissão do autor, poderão ser juntadas como documento de prova em processos administrativos e judiciais.

Art. 35. Quando o autor, em virtude de revisão, tiver dado à obra versão definitiva, não poderão seus sucessores reproduzir versões anteriores.

Art. 36. O direito de utilização econômica dos escritos publicados pela imprensa, diária ou periódica, com exceção dos assinados ou que apresentem sinal de reserva, pertence ao editor, salvo convenção em contrário.

Parágrafo único. A autorização para utilização econômica de artigos assinados, para publicação em diários e periódicos, não produz efeito além do prazo da periodicidade acrescido de vinte dias, a contar de sua publicação, findo o qual recobra o autor o seu direito.

Art. 37. A aquisição do original de uma obra, ou de exemplar, não confere ao adquirente qualquer dos direitos patrimoniais do autor, salvo convenção em contrário entre as partes e os casos previstos nesta lei.

Art. 38. O autor tem o direito, irrenunciável e inalienável, de perceber, no mínimo, cinco por cento sobre o aumento do preço eventualmente verificável em cada revenda de obra de arte ou manuscrito, sendo originais, que houver alienado.[1]

Parágrafo único. Caso o autor não perceba o seu direito de sequência no ato da revenda, o vendedor é considerado depositário da quantia a ele devida, salvo se a operação for realizada por leiloeiro, quando será este o depositário.

Art. 38: 1. Reconhecendo esse direito também aos **herdeiros** do autor: "O direito de sequência, ou *droit de suite*, consiste no direito do autor da obra original, ou seus herdeiros, em caráter irrenunciável e inalienável, de participação na 'mais valia' que advier das vendas subsequentes dos objetos que decorrem de sua criação. Objetiva a proteção do criador intelectual e sua família em relação à exploração econômica da obra. O direito de sequência tem natureza jurídica patrimonial, e como tal passível de transmissão *causa mortis* aos herdeiros" (STJ-RT 884/190: 4ª T., REsp 594.526).

Art. 39. Os direitos patrimoniais do autor, excetuados os rendimentos resultantes de sua exploração, não se comunicam,[1] salvo pacto antenupcial em contrário.

Art. 39: 1. v. CF 5º-XXVII (em nota 1a ao art. 1º).

Art. 40. Tratando-se de obra anônima ou pseudônima, caberá a quem publicá-la o exercício dos direitos patrimoniais do autor.

Parágrafo único. O autor que se der a conhecer assumirá o exercício dos direitos patrimoniais, ressalvados os direitos adquiridos por terceiros.

Art. 41. Os direitos patrimoniais do autor perduram por setenta anos[1 a 3] contados de 1º de janeiro do ano subsequente ao de seu falecimento, obedecida a ordem sucessória da lei civil.[4]

Parágrafo único. Aplica-se às obras póstumas o prazo de proteção a que alude o *caput* deste artigo.

Art. 41: 1. v. art. 112 (disposição transitória).
Art. 41: 2. Quanto aos direitos morais, v. art. 27.
Art. 41: 3. Prazo de proteção aos direitos conexos: art. 96.
Art. 41: 4. v. art. 24, nota 5.

Art. 42. Quando a obra literária, artística ou científica realizada em coautoria for indivisível, o prazo previsto no artigo anterior será contado da morte do último dos coautores sobreviventes.

Parágrafo único. Acrescer-se-ão aos dos sobreviventes os direitos do coautor que falecer sem sucessores.

Art. 43. Será de setenta anos o prazo de proteção aos direitos patrimoniais sobre as obras anônimas ou pseudônimas, contado de 1º de janeiro do ano imediatamente posterior ao da primeira publicação.

Parágrafo único. Aplicar-se-á o disposto no art. 41 e seu parágrafo único, sempre que o autor se der a conhecer antes do termo do prazo previsto no *caput* deste artigo.

Art. 44. O prazo de proteção aos direitos patrimoniais sobre obras audiovisuais e fotográficas será de setenta anos, a contar de 1º de janeiro do ano subsequente ao de sua divulgação.

Art. 45. Além das obras em relação às quais decorreu o prazo de proteção aos direitos patrimoniais,[1] pertencem ao domínio público:[2]

I — as de autores falecidos que não tenham deixado sucessores;

II — as de autor desconhecido, ressalvada a proteção legal aos conhecimentos étnicos e tradicionais.

Art. 45: 1. v. arts. 41 a 44.

Art. 45: 2. Lei 5.805, de 3.10.72 — Estabelece normas destinadas a preservar a autenticidade das obras literárias caídas em domínio público.

Capítulo IV[1] | DAS LIMITAÇÕES AOS DIREITOS AUTORAIS

✎ **CAP. IV: 1.** "O *fair use* no direito autoral", por José de Oliveira Ascensão (RF 365/73); "Implicações jurídicas das limitações dos direitos autorais frente à coexistência dos sistemas de proteção", por Helenara Braga Avancini (RJ 336/43).

Art. 46. Não constitui ofensa aos direitos autorais:

I — a reprodução:[1]

a) na imprensa diária ou periódica, de notícia ou de artigo informativo, publicado em diários ou periódicos, com a menção do nome do autor, se assinados, e da publicação de onde foram transcritos;

b) em diários ou periódicos, de discursos pronunciados em reuniões públicas de qualquer natureza;

c) de retratos, ou de outra forma de representação da imagem, feitos sob encomenda, quando realizada pelo proprietário do objeto encomendado, não havendo a oposição da pessoa neles representada ou de seus herdeiros;

d) de obras literárias, artísticas ou científicas, para uso exclusivo de deficientes visuais, sempre que a reprodução, sem fins comerciais, seja feita mediante o sistema Braille ou outro procedimento em qualquer suporte para esses destinatários;

II — a reprodução, em um só exemplar, de pequenos trechos, para uso privado do copista, desde que feita por este, sem intuito de lucro;[1a]

III — a citação em livros, jornais, revistas ou qualquer outro meio de comunicação, de passagens de qualquer obra, para fins de estudo, crítica ou polêmica, na medida justificada para o fim a atingir, indicando-se o nome do autor e a origem da obra;

IV — o apanhado de lições em estabelecimentos de ensino por aqueles a quem elas se dirigem, vedada sua publicação, integral ou parcial, sem autorização prévia e expressa de quem as ministrou;

V — a utilização de obras literárias, artísticas ou científicas, fonogramas e transmissão de rádio e televisão em estabelecimentos comerciais, exclusivamente para demonstração à clientela, desde que esses estabelecimentos comercializem os suportes ou equipamentos que permitam a sua utilização;

VI — a representação teatral e a execução musical,[2 a 3a] quando realizadas no recesso familiar[3b-3c] ou, para fins exclusivamente didáticos, nos estabelecimentos de ensino,[3d] não havendo em qualquer caso intuito de lucro;

VII — a utilização de obras literárias, artísticas ou científicas para produzir prova judiciária ou administrativa;

VIII — a reprodução, em quaisquer obras, de pequenos trechos de obras preexistentes, de qualquer natureza, ou de obra integral, quando de artes plásticas, sempre que a reprodução em si não seja o objetivo principal da obra nova e que não prejudique a exploração normal da obra reproduzida nem cause um prejuízo injustificado aos legítimos interesses dos autores.[4 a 5]

Art. 46: 1. v. art. 5º-VI.

✎ **Art. 46: 1a.** "O instituto da cópia privada no direito autoral brasileiro. Análise dogmática e crítica", por Felipe Barreto Frias (RT 846/66).

Art. 46: 2. v. art. 68 e notas.

Art. 46: 3. Súmula 386 do STF (Obra musical): "Pela execução de obra musical por artistas remunerados é devido direito autoral, não exigível quando a orquestra for de amadores".

Art. 46: 3a. "Controvérsia em torno da possibilidade de cobrança de direitos autorais de entidade religiosa pela realização de execuções musicais e sonorizações ambientais em escola, abrindo o Ano Vocacional, evento religioso, sem fins lucrativos e com entrada gratuita. Necessidade de interpretação sistemática e teleológica do enunciado normativo do art. 46 da Lei n. 9.610/98 à luz das limitações estabelecidas pela própria lei especial, assegurando a tutela de direitos fundamentais e princípios constitucionais em colisão com os direitos do autor, como a intimidade, a vida privada, a cultura, a educação e a religião. O âmbito efetivo de proteção do direito à propriedade autoral (art. 5º, XXVII, da CF) surge somente após a consideração das restrições e limitações a ele opostas, devendo ser consideradas, como tais, as resultantes do rol exemplificativo extraído dos enunciados dos artigos 46, 47 e 48 da Lei 9.610/98, interpretadas e aplicadas de acordo com os direitos fundamentais. Utilização, como critério para a identificação das restrições e limitações, da regra do teste dos três passos ('three step test'), disciplinada pela Convenção de Berna e pelo Acordo OMC/TRIPS. Reconhecimento, no caso dos autos, nos termos das convenções internacionais, que a limitação da incidência dos direitos autorais 'não conflita com a utilização comercial normal de obra' e 'não prejudica injustificadamente os interesses do autor'" (STJ-3ª T., REsp 964.404, Min. Paulo Sanseverino, j. 15.3.11, DJ 23.5.11).

Todavia: "Execução de obras musicais. Evento religioso realizado em centro de convenções. Necessidade de autorização do autor ou titular da obra para representações e execuções públicas. Inexistência de comunicação prévia, por parte dos artistas, de que houve cessão gratuita dos direitos. Obrigatoriedade do pagamento dos direitos autorais, ainda que não haja o intuito de lucro e que a entidade não tenha fins lucrativos" (RT 919/1.191: TJSE, AP 4.579/2010).

Art. 46: 3b. "Entende-se por 'recesso familiar' **não apenas o recinto do lar,** em sentido estritamente físico. A atuação que se permite é aquela realizada nos limites do círculo familiar e com **intuito familiae**. Dessa forma, a execução que se der num local onde não seja a residência da família, mas se encontra, momentaneamente, a intenção de gerar um ambiente familiar, não deve sofrer a incidência de encargos autorais. De acordo com a Regra dos 3 Passos, será admissível limitar o direito exclusivo do autor quando: (i) se estiver diante de certos casos especiais; (ii) a utilização não prejudicar a exploração normal da obra e (iii) a utilização não causar prejuízo injustificado aos legítimos interesses do autor" (STJ-3ª T., REsp 1.320.007, Min. Nancy Andrighi, j. 4.6.13, um voto vencido, DJ 9.9.13).

Art. 46: 3c. "É devida a cobrança de direitos autorais pela execução de música em **festa de casamento** realizada em clube, mesmo sem a existência de proveito econômico. É usuário de direito autoral, e consequentemente responsável pelo pagamento da taxa cobrada pelo ECAD, quem promove a execução pública das obras musicais protegidas. Na hipótese de casamento, forçoso concluir, portanto, ser responsabilidade dos nubentes, usuários interessados na organização do evento, o pagamento dos direitos autorais, sem prejuízo da solidariedade instituída pela lei" (STJ-4ª T., REsp 1.306.907, Min. Luis Felipe, j. 6.6.13, DJ 18.6.13). No mesmo sentido: STJ-3ª T., REsp 1.188.501-AgRg, Min. Paulo Sanseverino, j. 12.11.13, DJ 21.11.13.

"A **festa de debutante** realizada pela autora não pode ser considerada uma festa estritamente familiar, pois ocorreu em local público, embora de acesso restrito, e abrangia fornecimento de bebidas, estacionamento para os convidados durante o período e grande número de convidados (300 participantes), situação que impõe o pagamento de direitos autorais" (STJ-4ª T., Ag em REsp 972.870-AgInt, Min. Raul Araújo, j. 13.12.16, DJ 1.2.17).

Contra: "Direitos autorais. Festa de casamento realizada em salão alugado no clube local, com música operada por DJ. Aplicação da LDA 46-VI. Hipótese de isenção. Recesso familiar, independentemente da grandiosidade da festa ou do local do evento. Restrição à participação. Ausência de finalidade lucrativa, ainda que indireta" (JTJ 340/216: AP 542.012.4/2, maioria).

Art. 46: 3d. "Execução de músicas culturais e folclóricas em **festa junina promovida por escola.** Tratando-se de festa de confraternização, pedagógica, didática, de fins culturais, que congrega a escola e a família, é fácil constatar que a admissão da cobrança de direitos autorais representaria um desestímulo a essa união. Esse desagregamento não deve ser a tônica, levando-se em consideração a sociedade brasileira, tão marcada pela violência e carente de valores sociais e culturais mais sólidos. É indevida a cobrança de direitos autorais em hipótese restrita de evento promovido com fins didáticos, pedagógicos e de integração entre família e escola, sem intuito de lucro. Inteligência do art. 46, VI, da Lei 9.610 de 1998" (STJ-2ª Seção, REsp 1.575.225, Min. Raul Araújo, j. 22.6.16, maioria, DJ 3.8.16).

Art. 46: 4. "Direito autoral. Ação de indenização. **Esculturas** utilizadas **em filme publicitário** como meros **componentes de cenário.** Exposição de pequenos trechos da obra. Possibilidade. Caráter acessório. Inexistência de prejuízo injustificado ao autor" (STJ-4ª T., REsp 1.455.668-EDcl-AgInt, Min. Raul Araújo, j. 14.11.22, DJ 30.11.22).

Art. 46: 4a. "A transcrição de trecho musical em periódico de forma não autorizada não caracteriza permissivo legal (*fair use*) que excepcione o direito de exploração exclusiva pelo seu titular. O caso dos autos não se enquadra nas normas permissivas estabelecidas pela Lei 9.610/98, tendo em vista que o refrão musical inserido no **ensaio fotográfico** e de cunho erótico — de forma indevida — tem caráter de completude e não de acessoriedade; e os titulares dos direitos patrimoniais da obra vinham explorando-a comercialmente em segmento mercadológico diverso" (STJ-4ª T., REsp 1.217.567, Min. Luis Felipe, j. 7.5.13, RT 936/434).

Art. 46: 5. "A citação de pequenos trechos de obras preexistentes não constituirá ofensa aos direitos autorais desde que não tenha caráter de completude nem prejudique a sua exploração, pelo titular do direito, da obra reproduzida (art. 46, VIII, da LDA). No caso, a escolha do trecho de maior sucesso da obra musical como título de **programa televisivo** e seu uso em conjunto com o fonograma, gerou uma associação inadequada do autor da obra musical com a emissora, que utilizou o sucesso da música como título em sua programação semanal também como forma de atrair audiência" (STJ-3ª T., REsp 1.704.189, Min. Ricardo Cueva, j. 13.10.20, DJ 19.10.20).

"A alegação da ré-apelante de que apenas um pequeno trecho da obra musical foi utilizado no programa, o que, na conformidade do art. 46, VIII, não constitui ofensa aos direitos autorais, não lhe socorre. A reprodução de duas estrofes da música se insere no contexto de obra nova, na qual o quadro humorístico ganha relevo justamente pela utilização maliciosa dos trechos reproduzidos da obra musical, hipótese que se contém na ressalva do próprio dispositivo legal invocado" (RT 870/351; a citação é do voto do relator).

| **Art. 47.** São livres as paráfrases e paródias que não forem verdadeiras reproduções da obra originária nem lhe implicarem descrédito.[1 a 3]

Art. 47: 1. "O reconhecimento da **licitude da paródia** — elaborada sem a autorização do autor da obra originária — depende do preenchimento dos seguintes **requisitos**: (i) existência de certo grau de criatividade (ou seja, a obra derivada não poderá retratar verdadeira reprodução da obra parodiada); (ii) ausência de efeito desabonador da obra originária; (iii) respeito à honra, à intimidade, à imagem e à privacidade de terceiros (artigo 5º, inciso X, da Constituição de 1988); (iv) observância do direito moral de ineditismo do autor da criação primeva (artigo 24, inciso III, da Lei 9.610/1998); (v) atendimento da 'regra do teste dos três passos' (*three-step-test*), que viabiliza o exercício do direito de reprodução por terceiros não autorizados em casos especiais, que não conflitem com a exploração normal da obra nem prejudiquem, injustificadamente, os interesses legítimos do autor; e (vi) ausência de intuito comercial" (STJ-2ª Seção, ED no REsp 1.810.440, Min. Luis Felipe, j. 24.8.22, DJ 11.10.22).

"Na hipótese dos autos, a letra original da canção foi alterada de modo a atrair consumidores ao estabelecimento da sociedade empresária ré, não havendo falar em paráfrase, pois a canção original não foi usada como mote para desenvolvimento de outro pensamento, ou mesmo em paródia, isto é, em imitação cômica, ou em tratamento antitético do tema. Foi deturpada para melhor atender aos interesses comerciais do promovido na propaganda" (STJ-4ª T., REsp 1.131.498, Min. Raul Araújo, j. 17.5.11, DJ 8.6.11).

Art. 47: 2. "A paródia é lícita e consiste em livre manifestação do pensamento, desde que não constitua verdadeira reprodução da obra originária, ou seja, que haja uma efetiva atividade criativa por parte do parodiador, e que não tenha conotação depreciativa ou ofensiva, implicando descrédito à criação primeva ou ao seu autor. O art. 47 da Lei 9.610/1998 **não exige** que a criação possua **finalidade não lucrativa ou não comercial**" (STJ-3ª T., REsp 1.597.678, Min. Ricardo Cueva, j. 21.8.18, DJ 24.8.18).

"A falta de conotação comercial é requisito dispensável à licitude e conformidade da manifestação do pensamento pela paródia, nos termos da legislação de regência (art. 47 da Lei 9.610/1998)" (STJ-4ª T., REsp 1.548.849, Min. Luis Felipe, j. 20.6.17, maioria, DJ 4.9.17).

Mais amplamente: "A finalidade da paródia, se comercial, eleitoral, educativa, puramente artística ou qualquer outra, é indiferente para a caracterização de sua licitude e liberdade assegurada pela Lei n. 9.610/1998" (STJ-3ª T., REsp 1.810.440, Min. Marco Bellizze, j. 12.11.19, DJ 21.11.19). Esse acórdão foi mantido no julgamento dos subsequentes embargos de divergência, que, não obstante, coloca em xeque a licitude da paródia quando presente intuito comercial (v. nota 1).

Art. 47: 3. "Não há, na Lei de Direitos Autorais, qualquer dispositivo que imponha, quando do uso da paródia, o anúncio ou a indicação do **nome do autor da obra originária**" (STJ-3ª T., REsp 1.967.264, Min. Nancy Andrighi, j. 15.2.22, DJ 18.2.22).

| **Art. 48.** As obras situadas permanentemente em logradouros públicos podem ser representadas livremente, por meio de pinturas, desenhos, fotografias e procedimentos audiovisuais.[1]

Art. 48: 1. "Ação de indenização por danos materiais e morais ajuizada por artista plástico. Escultura edificada em logradouro público. Representação da obra, sem autorização do autor, em ingressos de partida de futebol entre a seleção brasileira e a seleção venezuelana (eliminatórias da Copa do Mundo FIFA 2010). Não se verifica a contrafação alegada na inicial, uma vez que a conduta das rés encontra subsunção na norma disposta no artigo 48 da Lei 9.610/98" (STJ-4ª T., REsp 1.438.343, Min. Luis Felipe, j. 1.12.16, DJ 22.2.17).

Todavia: "Em razão de as obras situadas permanentemente em logradouros públicos integrarem de modo indissociável o meio ambiente, a compor a paisagem como um todo, sua representação (por meio de pinturas, desenhos, fotografias e procedimentos audiovisuais), por qualquer observador, não configura, em princípio, violação ao direito autoral. A obra arquitetônica, ainda que situada permanentemente em propriedade privada, sendo possível visualizá-la a partir de um local público, integra, de igual modo, o meio ambiente e a paisagem como um todo, a viabilizar, nesse contexto (paisagístico) a sua representação, o que, também, não conduziria à violação do direito do autor. A hipótese, todavia, não é de mera representação da paisagem, em que inserida a obra arquitetônica, mas sim de representação unicamente da obra arquitetônica, com a finalidade lucrativa. Refoge, em absoluto, do âmbito de aplicação do art. 48 da Lei n. 9.610/1998, a representação por terceiro de obra arquitetônica com finalidade comercial, que, como detidamente demonstrado, consubstancia direito exclusivo de seu autor" (STJ-3ª T., REsp 1.562.617, Min. Marco Bellizze, j. 22.11.16, DJ 30.11.16).

"A obra de arte colocada em logradouro da cidade, que integra o patrimônio público, gera direitos morais e materiais para o seu autor quando utilizada indevidamente foto sua para ilustrar produto comercializado por terceiro, que sequer possui vinculação com área turística ou cultural" (STJ-4ª T., REsp 951.521, Min. Aldir Passarinho Jr., j. 22.3.11, DJ 11.5.11).

Capítulo V | DA TRANSFERÊNCIA DOS DIREITOS DE AUTOR

Art. 49. Os direitos de autor poderão ser total ou parcialmente transferidos a terceiros, por ele ou por seus sucessores, a título universal ou singular, pessoalmente ou por meio de representantes com poderes especiais, por meio de licenciamento, concessão, cessão ou por outros meios admitidos em direito, obedecidas as seguintes limitações:

I — a transmissão total compreende todos os direitos de autor, salvo os de natureza moral[1] e os expressamente excluídos por lei;

II — somente se admitirá transmissão total e definitiva dos direitos mediante estipulação contratual escrita;

III — na hipótese de não haver estipulação contratual escrita, o prazo máximo será de cinco anos;

IV — a cessão será válida unicamente para o país em que se firmou o contrato, salvo estipulação em contrário;

V — a cessão só se operará para modalidades de utilização já existentes à data do contrato;

VI — não havendo especificações quanto à modalidade de utilização, o contrato será interpretado restritivamente,[2] entendendo-se como limitada apenas a uma que seja aquela indispensável ao cumprimento da finalidade do contrato.

Art. 49: 1. v. arts. 24 a 27.
Art. 49: 2. cf. art. 4º.

Art. 50. A cessão total ou parcial dos direitos de autor, que se fará sempre por escrito, presume-se onerosa.[1]

§ 1º Poderá a cessão ser averbada à margem do registro a que se refere o art. 19 desta lei, ou, não estando a obra registrada, poderá o instrumento ser registrado em Cartório de Títulos e Documentos.

§ 2º Constarão do instrumento de cessão como elementos essenciais seu objeto e as condições de exercício do direito quanto a tempo, lugar e preço.

Art. 50: 1. "**Não se pode confundir a cessão de direitos autorais** de obras fotográficas, que tem regramento próprio, **com a doação civil** (verbal e incondicionada, no caso) de exemplares dessas mesmas fotografias. A cessão de direitos autorais, a teor do que expressamente dispõe o art. 50 da Lei 9.610/1998, deve se dar sempre pela forma escrita e, além disso, ser interpretada restritivamente. A simples doação de cópias de fotografias não confere ao donatário o direito de explorá-las economicamente e sem a autorização expressa de seu autor, assim como não permite que se suprima o nome deste de eventuais publicações de suas obras, sejam elas totais ou parciais" (STJ-3ª T., REsp 1.520.978, Min. Ricardo Cueva, j. 18.8.16, maioria, DJ 29.8.16).

Art. 51. A cessão dos direitos de autor sobre obras futuras abrangerá, no máximo, o período de cinco anos.

Parágrafo único. O prazo será reduzido a cinco anos sempre que indeterminado ou superior, diminuindo-se, na devida proporção, o preço estipulado.

Art. 52. A omissão do nome do autor, ou de coautor, na divulgação da obra não presume o anonimato ou a cessão de seus direitos.

Título IV DA UTILIZAÇÃO DE OBRAS INTELECTUAIS E DOS FONOGRAMAS[1]

Capítulo I DA EDIÇÃO[1]

TÍT. IV: 1. "A reprodução de obras de artes visuais em outras obras", por Eliane Y. Abrão (RT 821/75).

CAP. I: 1. O autor tem privilégio especial na massa do editor (CC 964-VII).

Art. 53. Mediante contrato de edição, o editor,[1] obrigando-se a reproduzir e a divulgar a obra literária, artística ou científica, fica autorizado, em caráter de exclusividade, a publicá-la e a explorá-la pelo prazo e nas condições pactuadas com o autor.

Parágrafo único. Em cada exemplar da obra[2] o editor mencionará:

I — o título da obra e seu autor;

II — no caso de tradução, o título original e o nome do tradutor;

III — o ano de publicação;

IV — o seu nome ou marca que o identifique.

Art. 53: 1. v. art. 4º-X.

Art. 53: 2. Lei 9.532, de 10.12.97 — Altera a legislação tributária federal e dá outras providências (Lex 1997/4.482, RT 746/739, RF 340/494): "**Art. 78.** As obras fonográficas sujeitar-se-ão a selos e sinais de controle, sem ônus para o consumidor, com o fim de identificar a legítima origem e reprimir a produção e importação ilegais e a comercialização de contrafações, sob qualquer pretexto, observado para esse efeito o disposto em regulamento".

Art. 54. Pelo mesmo contrato pode o autor obrigar-se à feitura de obra literária, artística ou científica em cuja publicação e divulgação se empenha o editor.

Art. 55. Em caso de falecimento ou de impedimento do autor para concluir a obra, o editor poderá:

I — considerar resolvido o contrato, mesmo que tenha sido entregue parte considerável da obra;

II — editar a obra, sendo autônoma, mediante pagamento proporcional do preço;

III — mandar que outro a termine, desde que consintam os sucessores e seja o fato indicado na edição.

Parágrafo único. É vedada a publicação parcial, se o autor manifestou a vontade de só publicá-la por inteiro ou se assim o decidirem seus sucessores.

Art. 56. Entende-se que o contrato versa apenas sobre uma edição, se não houver cláusula expressa em contrário.

Parágrafo único. No silêncio do contrato, considera-se que cada edição se constitui de três mil exemplares.

Art. 57. O preço da retribuição será arbitrado, com base nos usos e costumes, sempre que no contrato não a tiver estipulado expressamente o autor.

Art. 58. Se os originais forem entregues em desacordo com o ajustado e o editor não os recusar nos trinta dias seguintes ao do recebimento, ter-se-ão por aceitas as alterações introduzidas pelo autor.

Art. 59. Quaisquer que sejam as condições do contrato, o editor é obrigado a facultar ao autor o exame da escrituração na parte que lhe corresponde, bem como a informá-lo sobre o estado da edição.

Art. 60. Ao editor compete fixar o preço da venda, sem, todavia, poder elevá-lo a ponto de embaraçar a circulação da obra.

Art. 61. O editor será obrigado a prestar contas mensais ao autor sempre que a retribuição deste estiver condicionada à venda da obra, salvo se prazo diferente houver sido convencionado.

Art. 62. A obra deverá ser editada em dois anos da celebração do contrato, salvo prazo diverso estipulado em convenção.
Parágrafo único. Não havendo edição da obra no prazo legal ou contratual, poderá ser rescindido o contrato, respondendo o editor por danos[1] causados.

Art. 62: 1. v. CC 402 a 405.

Art. 63. Enquanto não se esgotarem as edições a que tiver direito o editor, não poderá o autor dispor de sua obra, cabendo ao editor o ônus da prova.
§ 1º Na vigência do contrato de edição, assiste ao editor o direito de exigir que se retire de circulação edição da mesma obra feita por outrem.
§ 2º Considera-se esgotada a edição quando restarem em estoque, em poder do editor, exemplares em número inferior a 10% (dez por cento) do total da edição.

Art. 64. Somente decorrido um ano de lançamento da edição, o editor poderá vender, como saldo, os exemplares restantes, desde que o autor seja notificado de que, no prazo de trinta dias, terá prioridade na aquisição dos referidos exemplares pelo preço de saldo.

Art. 65. Esgotada a edição, e[1] o editor, com direito a outra, não a publicar, poderá o autor notificá-lo a que o faça em certo prazo, sob pena de perder aquele direito, além de responder por danos.[2]

Art. 65: 1. *sic*; deve ser "se".
Art. 65: 2. v. CC 402 a 405.

Art. 66. O autor tem o direito de fazer, nas edições sucessivas de suas obras, as emendas e alterações que bem lhe aprouver.[1]

Parágrafo único. O editor poderá opor-se às alterações que lhe prejudiquem os interesses, ofendam sua reputação ou aumentem sua responsabilidade.

Art. 66: 1. v. art. 24-V e § 3º.

Art. 67. Se, em virtude de sua natureza, for imprescindível a atualização da obra em novas edições, o editor, negando-se o autor a fazê-la, dela poderá encarregar outrem, mencionando o fato na edição.

Capítulo II | DA COMUNICAÇÃO AO PÚBLICO

Art. 68. Sem prévia e expressa autorização do autor ou titular, não poderão ser utilizadas obras teatrais, composições musicais ou lítero-musicais e fonogramas, em representações e execuções públicas.[1 a 3]

§ 1º Considera-se representação pública a utilização de obras teatrais no gênero drama, tragédia, comédia, ópera, opereta, balé, pantomimas e assemelhadas, musicadas ou não, mediante a participação de artistas, remunerados ou não, em locais de frequência coletiva ou pela radiodifusão, transmissão e exibição cinematográfica.

§ 2º Considera-se execução pública a utilização de composições musicais ou lítero-musicais, mediante a participação de artistas, remunerados ou não, ou a utilização de fonogramas e obras audiovisuais, em locais de frequência coletiva, por quaisquer processos, inclusive a radiodifusão ou transmissão por qualquer modalidade, e a exibição cinematográfica.

§ 3º Consideram-se locais de frequência coletiva os teatros, cinemas, salões de baile ou concertos, boates, bares, clubes ou associações de qualquer natureza, lojas, estabelecimentos comerciais[3a] e industriais, estádios, circos, feiras, restaurantes, hotéis, motéis,[4] clínicas,[5] hospitais,[5a] órgãos públicos da administração direta ou indireta, fundacionais e estatais, meios de transporte de passageiros terrestre,[6] marítimo,[6a] fluvial ou aéreo, ou onde quer que se representem, executem ou transmitam obras literárias, artísticas ou científicas.

§ 4º Previamente à realização da execução pública, o empresário[6b] deverá apresentar ao escritório central, previsto no art. 99, a comprovação dos recolhimentos relativos aos direitos autorais.[7]

§ 5º Quando a remuneração depender da frequência do público, poderá o empresário, por convênio com o escritório central, pagar o preço após a realização da execução pública.

§ 6º O usuário entregará à entidade responsável pela arrecadação dos direitos relativos à execução ou exibição pública, imediatamente após o ato de comunicação ao público, relação completa das obras e fonogramas utilizados, e a tornará pública e de livre acesso, juntamente com os valores pagos, em seu sítio eletrônico ou, em não havendo este, no local da comunicação e em sua sede.[8]

§ 7º As empresas cinematográficas e de radiodifusão manterão à imediata disposição dos interessados, cópia autêntica dos contratos, ajustes ou acordos, individuais ou coletivos, autorizando e disciplinando a remuneração por execução pública das obras musicais e fonogramas contidas em seus programas ou obras audiovisuais.

§ 8º Para as empresas mencionadas no § 7º, o prazo para cumprimento do disposto no § 6º será até o décimo dia útil de cada mês, relativamente à relação completa das obras e fonogramas utilizados no mês anterior.[9]

Art. 68: 1. v. arts. 105 e 109.

Art. 68: 2. Súmula 386 do STF: "Pela **execução de obra musical** por artistas remunerados é devido direito autoral, não exigível quando a orquestra for de amadores".

Art. 68: 2a. independentemente da auferição de lucro direto ou indireto pelo promotor do evento, mesmo tratando-se de pessoa jurídica de direito público (STJ-2ª Seção, REsp 524.873, Min. Aldir Passarinho Jr., j. 22.10.03, DJU 17.11.03). No mesmo sentido: JTJ 318/97 (AP 278.704-4/1-00, maioria).

V. tb. art. 46-VI e notas.

Art. 68: 2b. "Cabível o pagamento de direitos autorais em espetáculos realizados ao vivo, independentemente do cachê recebido pelos artistas, ainda que os intérpretes sejam os próprios autores da obra" (STJ-3ª T., REsp 1.207.447, Min. Paulo Sanseverino, j. 12.6.12, maioria, DJ 29.6.12). No mesmo sentido: "O fato gerador da ação de cobrança proposta pelo ECAD teve como conteúdo patrimonial os direitos de autor — proteção da relação jurídica pelo trabalho intelectual na composição da obra musical — e não arrecadar a prestação pecuniária decorrente de sua execução musical, que é fato gerador advindo da interpretação do artista no espetáculo. Assim, independentemente do cachê recebido pelos artistas em contraprestação ao espetáculo realizado (direito conexo), é devido parcela pecuniária pela composição da obra musical (direito de autor). O autor pode cobrar *sponte sua* os seus direitos autorais, bem como doar ou autorizar o uso gratuito, dispondo de sua obra da forma como lhe aprouver, desde que, antes, comunique à associação de sua decisão, sob pena de não afastar a atribuição da gestão coletiva do órgão arrecadador" (STJ-4ª T., REsp 1.114.817, Min. Luis Felipe, j. 3.12.13, DJ 17.12.13).

Art. 68: 3. "De acordo com os arts. 5º, inciso II, e 68, §§ 2º e 3º, da Lei Autoral, é possível afirmar que o *streaming* é uma das modalidades previstas em lei, pela qual as obras musicais e fonogramas são transmitidos e que a internet é local de frequência coletiva, caracterizando-se, desse modo, a execução como pública. Depreende-se da Lei 9.610/1998 que é irrelevante a quantidade de pessoas que se encontram no ambiente de execução musical para a configuração de um local como de frequência coletiva. Relevante, assim, é a colocação das obras ao alcance de uma coletividade frequentadora do ambiente digital, que poderá, a qualquer momento, acessar o acervo ali disponibilizado. Logo, o que caracteriza a execução pública de obra musical pela internet é a sua disponibilização decorrente da transmissão em si considerada, tendo em vista o potencial alcance de número indeterminado de pessoas. O ordenamento jurídico pátrio consagrou o reconhecimento de um amplo direito de comunicação ao público, no qual a simples disponibilização da obra já qualifica o seu uso como uma execução pública, abrangendo, portanto, a transmissão digital interativa (art. 29, VII, da Lei 9.610/1998) ou qualquer outra forma de transmissão imaterial a ensejar a cobrança de direitos autorais pelo ECAD" (STJ-2ª Seção, REsp 1.559.264, Min. Ricardo Cueva, j. 8.2.17, maioria, DJ 15.2.17).

V. tb. art. 29, nota 2.

Art. 68: 3a. Súmula 63 do STJ: "São devidos direitos autorais pela **retransmissão radiofônica de músicas** em estabelecimentos comerciais".

"Não se pode confundir o fato gerador da obrigação do estabelecimento comercial de frequência coletiva (a captação de transmissão de radiodifusão em local de frequência coletiva) com o fato gerador da obrigação da empresa prestadora do serviço de radiodifusão (a própria radiodifusão sonora ou televisiva), visto que são autônomos e, por isso, dão ensejo a obrigações que são independentemente exigíveis, não havendo falar, dessa forma, em *bis in idem*" (STJ-4ª T., Ag em REsp 1.912.689-EDcl-AgInt, Min. Luis Felipe, j. 26.4.22, DJ 29.4.22).

Art. 68: 4. Súmula 261 do STJ: "A cobrança de direitos autorais pela retransmissão radiofônica de músicas, em estabelecimentos hoteleiros, deve ser feita conforme a **taxa média de utilização do equipamento,** apurada em liquidação".

"A Lei n. 9.610/98 não autoriza que a disponibilidade de aparelhos de rádio ou de televisão nos quartos de motéis e hotéis, lugares de frequência coletiva, escape da incidência da Súmula n. 63 da Corte" (STJ-2ª Seção, REsp 556.340, Min. Menezes Direito, j. 9.6.04, DJU 11.10.04). Mais recentemente: "São devidos os pagamentos referentes aos direitos autorais em razão da disponibilização de televisores e rádios dentro dos quartos de hotéis, por configurarem exploração de obras artísticas para incremento dos serviços prestados pelos meios de hospedagem" (STJ-2ª Seção, REsp 1.117.391, Min. Sidnei Beneti, j. 27.4.11, um voto vencido, DJ 30.8.11). No mesmo sentido: JTJ 341/383 (AP 347.760-4/3-00). "A contratação por empreendimento hoteleiro de serviços de TV por assinatura não impede a cobrança de direitos autorais pelo Escritório Central de Arrecadação e Distribuição — ECAD, inexistindo *bis in idem*" (STJ-2ª Seção, REsp 1.870.771, Min. Antonio Ferreira, j. 24.3.21, DJ 30.3.21). **Contra:** "As áreas comuns (corredores, *halls* e saguões), de livre acesso, franqueado a todos, são realmente espaços públicos por natureza. Entretanto, pretender-se a extensão da natureza de espaço público a quartos individualizados, sejam tanto de hotéis quanto de motéis, tal entendimento extrapola os limites da razoabilidade. Na desarmonia entre as previsões do *caput* e do parágrafo do mesmo artigo de lei, deverá prevalecer o primeiro, por questão de hermenêutica jurídica. Um quarto, como espaço em que se busca a privacidade, não pode ser compreendido como local de frequência coletiva. Apesar da transitoriedade da posse do quarto (de hotel ou de motel), somente poderá ingressar no espaço delimitado pelo quarto se o possuidor assim o permitir. Nesses termos, ocorre a proteção dos aposentos de modo individualizado, como se fosse uma residência particular" (STJ-3ª T., REsp 1.025.554-AgRg, Min. Massami Uyeda, j. 10.3.09, DJ 4.8.09; nota: esse acórdão foi cassado no julgamento dos subsequentes embargos de divergência). **Ainda contra:** RT 910/870 (TJSP, AP 9185564-89.2006.8.26.0000).

Art. 68: 5. "Instalação de televisores dentro de apartamentos privativos em clínicas de saúde. Necessidade de remuneração pelos direitos autorais" (STJ-3ª T., REsp 791.630, Min. Nancy Andrighi, j. 15.8.06, DJU 4.9.06).

"A cobrança da retribuição autoral, no caso sob análise, mostra-se legítima, uma vez que é fato incontroverso nos autos que a recorrida — clínica médica de ortopedia e fisioterapia — disponibiliza, em sua sala de espera, aparelhos de televisão como forma de entretenimento dos clientes" (STJ-4ª T., REsp 1.067.706, Min. Luis Felipe, j. 8.5.12, DJ 19.6.12).

Art. 68: 5a. "Deve ser estendido para os quartos de clínicas de saúde ou hospitais o mesmo raciocínio desenvolvido para a cobrança de direitos autorais de transmissões em quartos de hotéis ou motéis" (STJ-4ª T., Ag 1.061.962-AgRg-AgRg, Min. Isabel Gallotti, j. 23.8.11, DJ 31.8.11).

Art. 68: 6. "A execução via rádio de obras intelectuais com a sonorização de transportes coletivos pressupõe intuito de lucro, fomentando a atividade empresarial, mesmo que indiretamente, não estando albergada por qualquer das exceções contidas no art. 46 da Lei 9.610/98. Os **ônibus de transporte** de passageiros são considerados locais de frequência coletiva para fins de proteção de direitos autorais conforme redação expressa do art. 68, § 3º, da Lei 9.610/98" (STJ-3ª T., REsp 1.735.931, Min. Paulo Sanseverino, j. 9.3.21, DJ 15.3.21).

Art. 68: 6a. "Cruzeiro marítimo. Apresentação musical. Limites territoriais. A pretensão de recebimento dos direitos autorais exige a comprovação de que o fato gerador ocorreu dentro dos **limites territoriais marítimos brasileiros**. Enquanto transitem no mar territorial, os navios estão sujeitos, em principio, à jurisdição do Estado costeiro, por força das normas de Direito Internacional, notadamente a Convenção das Nações Unidas sobre Direito do Mar — CNUDM III ou UNCLOS —, ratificada pelo Brasil e regulamentada pela Lei 8.617/1993. Em alto-mar, a regra é a subordinação dos navios à jurisdição do Estado de sua bandeira. A realização do show dentro do território nacional é circunstância fática que configura atributo constitutivo do próprio direito pleiteado, além de condição para pleno exercício da jurisdição brasileira, motivo pelo qual o ônus da prova incumbe ao autor, nos termos do art. 333, I, do CPC/1973" (STJ-3ª T., REsp 1.561.671, Min. Ricardo Cueva, j. 2.10.18, DJ 8.10.18).

Art. 68: 6b. "A expressão 'empresário', adotada pelo art. 68, § 4º, da Lei de Direitos Autorais para indicar o sujeito responsável pelo pagamento ao ECAD, deve ser interpretada no contexto do sistema protetivo da propriedade intelectual, cujas diretrizes, assentadas constitucionalmente, garantem aos autores de obras artísticas, com exclusividade, o direito fundamental de uso, reprodução e publicação. A interpretação que assegura maior espectro de proteção aos titulares de direitos autorais é aquela que reconhece como 'empresário' toda pessoa, física ou jurídica, cuja atividade esteja indissociavelmente ligada à execução, em locais de frequência coletiva, de obras musicais, literomusicais ou fonogramas, circunstância a que se amolda aquele que possui como objetivo social a locação de espaços para realização de eventos. Ademais, na esteira do que dispõe o art. 110 da LDA, o Regulamento de Arrecadação do ECAD estabelece expressamente que o proprietário de local ou estabelecimento em que ocorre execução pública de composições musicais ou literomusicais é considerado usuário das obras executadas" (STJ-3ª T., REsp 1.661.838, Min. Nancy Andrighi, j. 15.5.18, DJ 18.5.18).

V. tb. art. 110, nota 2.

Art. 68: 7. v. art. 105, nota 1.

Art. 68: 8. O § 6º foi alterado pela Lei 12.853, de 14.8.13, em vigor 120 dias após a sua publicação (DOU 15.8.13).

Art. 68: 9. O § 8º foi acrescentado pela Lei 12.853, de 14.8.13, em vigor 120 dias após a sua publicação (DOU 15.8.13).

Art. 69. O autor, observados os usos locais, notificará o empresário do prazo para a representação ou execução, salvo prévia estipulação convencional.

Art. 70. Ao autor assiste o direito de opor-se à representação ou execução que não seja suficientemente ensaiada, bem como fiscalizá-la, tendo, para isso, livre acesso durante as representações ou execuções, no local onde se realizam.

Art. 71. O autor da obra não pode alterar-lhe a substância,[1] sem acordo com o empresário que a faz representar.

Art. 71: 1. A alteração não pode ser feita durante o período da representação; mas pode ser realizada antes ou depois deste (v. art. 24-V).

Art. 72. O empresário, sem licença do autor, não pode entregar a obra a pessoa estranha à representação ou à execução.[1]

Art. 72: 1. v. art. 24-III.

Art. 73. Os principais intérpretes e os diretores de orquestras ou coro, escolhidos de comum acordo pelo autor e pelo produtor, não podem ser substituídos por ordem deste, sem que aquele consinta.

Art. 74. O autor de obra teatral, ao autorizar a sua tradução ou adaptação, poderá fixar prazo para utilização dela em representações públicas.
Parágrafo único. Após o decurso do prazo a que se refere este artigo, não poderá opor-se o tradutor ou adaptador à utilização de outra tradução ou adaptação autorizada, salvo se for cópia da sua.

Art. 75. Autorizada a representação de obra teatral feita em coautoria, não poderá qualquer dos coautores revogar a autorização dada, provocando a suspensão da temporada contratualmente ajustada.

Art. 76. É impenhorável a parte do produto dos espetáculos reservada ao autor e aos artistas.

Capítulo III | DA UTILIZAÇÃO DA OBRA DE ARTE PLÁSTICA

Art. 77. Salvo convenção em contrário, o autor de obra de arte plástica, ao alienar o objeto em que ela se materializa, transmite o direito de expô-la, mas não transmite ao adquirente o direito de reproduzi-la.[1]

Art. 77: 1. v. art. 48, nota 1.

Art. 78. A autorização para reproduzir obra de arte plástica, por qualquer processo, deve se fazer por escrito e se presume onerosa.

Capítulo IV | DA UTILIZAÇÃO DA OBRA FOTOGRÁFICA

Art. 79. O autor de obra fotográfica tem direito a reproduzi-la e colocá-la à venda, observadas as restrições à exposição, reprodução e venda de retratos, e sem prejuízo dos direitos de autor sobre a obra fotografada, se de artes plásticas protegidas.[1]

§ 1º A fotografia, quando utilizada por terceiros, indicará de forma legível o nome do seu autor.

§ 2º É vedada a reprodução de obra fotográfica que não esteja em absoluta consonância com o original, salvo prévia autorização do autor.

Art. 79: 1. v. art. 7º-VII e CC 20.

Capítulo V | DA UTILIZAÇÃO DE FONOGRAMA

Art. 80. Ao publicar o fonograma, o produtor mencionará em cada exemplar:
I — o título da obra incluída e seu autor;
II — o nome ou pseudônimo do intérprete;
III — o ano de publicação;
IV — o seu nome ou marca que o identifique.

Capítulo VI | DA UTILIZAÇÃO DA OBRA AUDIOVISUAL

Art. 81. A autorização do autor e do intérprete de obra literária, artística ou científica para produção audiovisual implica, salvo disposição em contrário, consentimento para sua utilização econômica.

§ 1º A exclusividade da autorização depende de cláusula expressa e cessa dez anos após a celebração do contrato.

§ 2º Em cada cópia da obra audiovisual, mencionará o produtor:
I — o título da obra audiovisual;
II — os nomes ou pseudônimos do diretor e dos demais coautores;
III — o título da obra adaptada e seu autor, se for o caso;
IV — os artistas intérpretes;
V — o ano de publicação;
VI — o seu nome ou marca que o identifique;
VII (*redação da Lei 12.091, de 11.11.09*) — o nome dos dubladores.

Art. 82. O contrato de produção audiovisual deve estabelecer:
I — a remuneração devida pelo produtor aos coautores da obra e aos artistas intérpretes e executantes, bem como o tempo, lugar e forma de pagamento;
II — o prazo de conclusão da obra;
III — a responsabilidade do produtor para com os coautores, artistas intérpretes ou executantes, no caso de coprodução.

Art. 83. O participante da produção da obra audiovisual que interromper, temporária ou definitivamente, sua atuação, não poderá opor-se a que esta seja utilizada na obra nem a que terceiro o substitua, resguardados os direitos que adquiriu quanto à parte já executada.

Art. 84. Caso a remuneração dos coautores da obra audiovisual dependa dos rendimentos de sua utilização econômica, o produtor lhes prestará contas semestralmente, se outro prazo não houver sido pactuado.

Art. 85. Não havendo disposição em contrário, poderão os coautores da obra audiovisual utilizar-se, em gênero diverso, da parte que constitua sua contribuição pessoal.

Parágrafo único. Se o produtor não concluir a obra audiovisual no prazo ajustado ou não iniciar sua exploração dentro de dois anos, a contar de sua conclusão, a utilização a que se refere este artigo será livre.

Art. 86. Os direitos autorais de execução musical relativos a obras musicais, lítero-musicais e fonogramas incluídos em obras audiovisuais serão devidos aos seus titulares pelos responsáveis dos locais ou estabelecimentos a que alude o § 3º do art. 68 desta lei, que as exibirem, ou pelas emissoras de televisão que as transmitirem.

Capítulo VII | DA UTILIZAÇÃO DE BASES DE DADOS

Art. 87. O titular do direito patrimonial sobre uma base de dados terá o direito exclusivo, a respeito da forma de expressão da estrutura da referida base, de autorizar ou proibir:
I — sua reprodução total ou parcial, por qualquer meio ou processo;
II — sua tradução, adaptação, reordenação ou qualquer outra modificação;
III — a distribuição do original ou cópias da base de dados ou a sua comunicação ao público;
IV — a reprodução, distribuição ou comunicação ao público dos resultados das operações mencionadas no inciso II deste artigo.

Capítulo VIII | DA UTILIZAÇÃO DA OBRA COLETIVA

Art. 88. Ao publicar a obra coletiva, o organizador mencionará em cada exemplar:
I — o título da obra;
II — a relação de todos os participantes, em ordem alfabética, se outra não houver sido convencionada;
III — o ano de publicação;
IV — o seu nome ou marca que o identifique.
Parágrafo único. Para valer-se do disposto no § 1º do art. 17, deverá o participante notificar o organizador, por escrito, até a entrega de sua participação.

Título V | DOS DIREITOS CONEXOS

Capítulo I | DISPOSIÇÕES PRELIMINARES

Art. 89. As normas relativas aos direitos de autor aplicam-se, no que couber, aos direitos dos artistas intérpretes ou executantes, dos produtores fonográficos e das empresas de radiodifusão.
Parágrafo único. A proteção desta lei aos direitos previstos neste artigo deixa intactas e não afeta as garantias asseguradas aos autores das obras literárias, artísticas ou científicas.

Capítulo II | DOS DIREITOS DOS ARTISTAS INTÉRPRETES OU EXECUTANTES

Art. 90. Tem o artista[1] intérprete[2] ou executante o direito exclusivo de, a título oneroso ou gratuito, autorizar ou proibir:
I — a fixação de suas interpretações ou execuções;
II — a reprodução, a execução pública e a locação das suas interpretações ou execuções fixadas;
III — a radiodifusão das suas interpretações ou execuções, fixadas ou não;

IV — a colocação à disposição do público de suas interpretações ou execuções, de maneira que qualquer pessoa a elas possa ter acesso, no tempo e no lugar que individualmente escolherem;

V — qualquer outra modalidade de utilização de suas interpretações ou execuções.

§ 1º Quando na interpretação ou na execução participarem vários artistas, seus direitos serão exercidos pelo diretor do conjunto.

§ 2º A proteção aos artistas intérpretes ou executantes estende-se à reprodução da voz e imagem, quando associadas às suas atuações.

Art. 90: 1. v., Lei 6.533, de 24.5.78.

Art. 90: 2. "Relação entre direitos de artista **intérprete** e de produtor de fonograma. Direitos conexos autônomos cuja exclusividade é atribuída a cada um de seus titulares. Observância ao direito da produtora não afasta o direito exclusivo do intérprete. **Necessidade de autorização específica** para utilização de obra protegida. A fixação de uma interpretação em fonograma não é suficiente para absorver o direito prévio do intérprete, tampouco deriva em anuência para sua reprodução sucessiva ou em cessão definitiva de todos os direitos titularizados pelo intérprete e demais titulares de direitos de autor ou conexos. Os direitos do artista intérprete estão elencados nos incisos do art. 90 da Lei n. 9.610/1998, e a disposição de cada um deles não presume a cessão dos demais, devendo-se interpretar restritivamente os contratos de cessão de direitos autorais" (STJ-3ª T., REsp 1.400.463, Min. Marco Bellizze, j. 12.11.19, DJ 21.11.19).

Art. 91. As empresas de radiodifusão poderão realizar fixações de interpretação ou execução de artistas que as tenham permitido para utilização em determinado número de emissões, facultada sua conservação em arquivo público.

Parágrafo único. A reutilização subsequente da fixação, no País ou no exterior, somente será lícita mediante autorização escrita dos titulares de bens intelectuais incluídos no programa, devida uma remuneração adicional aos titulares para cada nova utilização.

Art. 92. Aos intérpretes cabem os direitos morais de integridade e paternidade de suas interpretações, inclusive depois da cessão dos direitos patrimoniais, sem prejuízo da redução, compactação, edição ou dublagem da obra de que tenham participado, sob a responsabilidade do produtor, que não poderá desfigurar a interpretação do artista.

Parágrafo único. O falecimento de qualquer participante de obra audiovisual, concluída ou não, não obsta sua exibição e aproveitamento econômico, nem exige autorização adicional, sendo a remuneração prevista para o falecido, nos termos do contrato e da lei, efetuada a favor do espólio ou dos sucessores.

Capítulo III | DOS DIREITOS DOS PRODUTORES FONOGRÁFICOS

Art. 93. O produtor de fonogramas tem o direito exclusivo de, a título oneroso ou gratuito, autorizar-lhes ou proibir-lhes:

I — a reprodução direta ou indireta, total ou parcial;

II — a distribuição por meio da venda ou locação de exemplares da reprodução;

III — a comunicação ao público por meio da execução pública, inclusive pela radiodifusão;

IV — (VETADO);

V — quaisquer outras modalidades de utilização, existentes ou que venham a ser inventadas.

Art. 94. ....[1]

Art. 94: 1. O art. 94 foi expressamente revogado pela Lei 12.853, de 14.8.13, em vigor 120 dias após sua publicação (DOU 15.8.13).

Capítulo IV | DOS DIREITOS DAS EMPRESAS DE RADIODIFUSÃO

Art. 95. Cabe às empresas de radiodifusão o direito exclusivo de autorizar ou proibir a retransmissão, fixação e reprodução de suas emissões, bem como a comunicação ao público, pela televisão, em locais de frequência coletiva, sem prejuízo dos direitos dos titulares de bens intelectuais incluídos na programação.[1]

Art. 95: 1. Súmula 63 do STJ: "São devidos direitos autorais pela **retransmissão radiofônica de músicas** em estabelecimentos comerciais" (v. jurisprudência s/ esta Súmula em RSTJ 44/115 a 136).

Capítulo V | DA DURAÇÃO DOS DIREITOS CONEXOS

Art. 96. É de setenta anos o prazo de proteção aos direitos conexos, contados a partir de 1º de janeiro do ano subsequente à fixação, para os fonogramas; à transmissão, para as emissões das empresas de radiodifusão; e à execução e representação pública, para os demais casos.

Título VI | DAS ASSOCIAÇÕES DE TITULARES DE DIREITOS DE AUTOR E DOS QUE LHES SÃO CONEXOS[1]

TÍT. VI: 1. Lei 12.853, de 14.8.13: "**Art. 7º** O Ministério da Cultura constituirá, no prazo e nos termos dispostos em regulamento, comissão permanente para aperfeiçoamento da gestão coletiva, que promoverá o aprimoramento contínuo da gestão coletiva de direitos autorais no Brasil por meio da análise da atuação e dos resultados obtidos pelas entidades brasileiras, bem como do exame das melhores práticas internacionais.

"**Art. 8º** Admite-se a delegação, pelo Ministério da Cultura, das competências a ele atribuídas por esta Lei a outro órgão".

Dec. 8.469, de 22.6.15 — Regulamenta a Lei n. 9.610, de 19 de fevereiro de 1998, e a Lei n. 12.853, de 14 de agosto de 2013, para dispor sobre a gestão coletiva de direitos autorais.

Art. 97. Para o exercício e defesa de seus direitos, podem os autores e os titulares de direitos conexos associar-se sem intuito de lucro.

§ 1º As associações reguladas por este artigo exercem atividade de interesse público, por determinação desta Lei, devendo atender a sua função social.[1]

§ 2º É vedado pertencer, simultaneamente, a mais de uma associação para a gestão coletiva de direitos da mesma natureza.[2]

§ 3º Pode o titular transferir-se, a qualquer momento, para outra associação, devendo comunicar o fato, por escrito, à associação de origem.[3]

§ 4º As associações com sede no exterior far-se-ão representar, no País, por associações nacionais constituídas na forma prevista nesta Lei.[4]

§ 5º Apenas os titulares originários de direitos de autor ou de direitos conexos filiados diretamente às associações nacionais poderão votar ou ser votados nas associações reguladas por este artigo.[5]

§ 6º Apenas os titulares originários de direitos de autor ou de direitos conexos, nacionais ou estrangeiros domiciliados no Brasil, filiados diretamente às associações nacionais poderão assumir cargos de direção nas associações reguladas por este artigo.[6]

Art. 97: 1 a 6. Redação da Lei 12.853, de 14.8.13, em vigor 120 dias após sua publicação (DOU 15.8.13).

Art. 98. Com o ato de filiação, as associações de que trata o art. 97 tornam-se mandatárias[1] de seus associados para a prática de todos os atos necessários à defesa judicial ou extrajudicial de seus direitos autorais, bem como para o exercício da atividade de cobrança desses direitos.[2]

§ 1º O exercício da atividade de cobrança citada no *caput* somente será lícito para as associações que obtiverem habilitação em órgão da Administração Pública Federal, nos termos do art. 98-A.

§ 2º As associações deverão adotar os princípios da isonomia, eficiência e transparência na cobrança pela utilização de qualquer obra ou fonograma.

§ 3º Caberá às associações, no interesse dos seus associados, estabelecer os preços pela utilização de seus repertórios, considerando a razoabilidade, a boa-fé e os usos do local de utilização das obras.

§ 4º A cobrança será sempre proporcional ao grau de utilização das obras e fonogramas pelos usuários, considerando a importância da execução pública no exercício de suas atividades, e as particularidades de cada segmento, conforme disposto no regulamento desta Lei.

§ 5º As associações deverão tratar seus associados de forma equitativa, sendo vedado o tratamento desigual.

§ 6º As associações deverão manter um cadastro centralizado de todos os contratos, declarações ou documentos de qualquer natureza que comprovem a autoria e a titularidade das obras e dos fonogramas, bem como as participações individuais em cada obra e em cada fonograma, prevenindo o falseamento de dados e fraudes e promovendo a desambiguação de títulos similares de obras.

§ 7º As informações mencionadas no § 6º são de interesse público e o acesso a elas deverá ser disponibilizado por meio eletrônico a qualquer interessado, de forma gratuita, permitindo-se ainda ao Ministério da Cultura o acesso contínuo e integral a tais informações.

§ 8º Mediante comunicação do interessado e preservada a ampla defesa e o direito ao contraditório, o Ministério da Cultura poderá, no caso de inconsistência nas informações mencionadas no § 6º deste artigo, determinar sua retificação e demais medidas necessárias à sua regularização, conforme disposto em regulamento.

§ 9º As associações deverão disponibilizar sistema de informação para comunicação periódica, pelo usuário, da totalidade das obras e fonogramas utilizados, bem como para acompanhamento, pelos titulares de direitos, dos valores arrecadados e distribuídos.

§ 10. Os créditos e valores não identificados deverão permanecer retidos e à disposição dos titulares pelo período de 5 (cinco) anos, devendo ser distribuídos à medida da sua identificação.

§ 11. Findo o período de 5 (cinco) anos previsto no § 10 sem que tenha ocorrido a identificação dos créditos e valores retidos, estes serão distribuídos aos titulares de direitos de autor e de direitos conexos dentro da mesma rubrica em que foram arrecadados e na proporção de suas respectivas arrecadações durante o período da retenção daqueles créditos e valores, sendo vedada a sua destinação para outro fim.

§ 12. A taxa de administração praticada pelas associações no exercício da cobrança e distribuição de direitos autorais deverá ser proporcional ao custo efetivo de suas operações, considerando as peculiaridades de cada uma delas.

§ 13. Os dirigentes das associações serão eleitos para mandato de 3 (três) anos, permitida uma única recondução precedida de nova eleição.[3]

§ 14. Os dirigentes das associações atuarão diretamente em sua gestão, por meio de voto pessoal, sendo vedado que atuem representados por terceiros.

§ 15. Os titulares de direitos autorais poderão praticar pessoalmente os atos referidos no *caput* e no § 3º deste artigo, mediante comunicação à associação a que estiverem filiados, com até 48 (quarenta e oito) horas de antecedência da sua prática.

§ 16. As associações, por decisão do seu órgão máximo de deliberação e conforme previsto em seus estatutos, poderão destinar até 20% (vinte por cento) da totalidade ou de parte dos recursos oriundos de suas atividades para ações de natureza cultural e social que beneficiem seus associados de forma coletiva.

Art. 98: 1. v. art. 99 § 2º e CC 653 a 692.

Art. 98: 2. Redação do art. 98, *caput* e parágrafos, de acordo com a Lei 12.853, de 14.8.13, em vigor 120 dias após sua publicação (DOU 15.8.13).

Art. 98: 3. Lei 12.853, de 14.8.13: "Art. 5º As associações a que se refere o art. 4º desta Lei terão 60 (sessenta) dias para adaptar seus estatutos ao § 13 do art. 98 da Lei n. 9.610, de 1998, permitindo-se que seus dirigentes concluam os mandatos em curso quando do início da vigência desta Lei até o prazo originalmente previsto, após o qual poderão candidatar-se para mandato de 3 (três) anos, com possibilidade de 1 (uma) recondução, nos termos desta Lei". V. o art. 4º da Lei 12.853, de 14.8.13, na nota 2 ao art. 98-A.

Art. 98-A. O exercício da atividade de cobrança de que trata o art. 98 dependerá de habilitação prévia em órgão da Administração Pública Federal, conforme disposto em regulamento, cujo processo administrativo observará:[1-2]

I — o cumprimento, pelos estatutos da entidade solicitante, dos requisitos estabelecidos na legislação para sua constituição;

II — a demonstração de que a entidade solicitante reúne as condições necessárias para assegurar uma administração eficaz e transparente dos direitos a ela confiados e significativa representatividade de obras e titulares cadastrados, mediante comprovação dos seguintes documentos e informações:

a) cadastros das obras e titulares que representam;
b) contratos e convênios mantidos com usuários de obras de seus repertórios, quando aplicável;
c) estatutos e respectivas alterações;
d) atas das assembleias ordinárias ou extraordinárias;
e) acordos de representação recíproca com entidades congêneres estrangeiras, quando existentes;
f) relatório anual de suas atividades, quando aplicável;
g) demonstrações contábeis anuais, quando aplicável;
h) demonstração de que as taxas de administração são proporcionais aos custos de cobrança e distribuição para cada tipo de utilização, quando aplicável;
i) relatório anual de auditoria externa de suas contas, desde que a entidade funcione há mais de 1 (um) ano e que a auditoria seja demandada pela maioria de seus associados ou por sindicato ou associação profissional, nos termos do art. 100;

j) detalhamento do modelo de governança da associação, incluindo estrutura de representação isonômica dos associados;

k) plano de cargos e salários, incluindo valor das remunerações dos dirigentes, gratificações, bonificações e outras modalidades de remuneração e premiação, com valores atualizados;

III — outras informações estipuladas em regulamento por órgão da Administração Pública Federal, como as que demonstrem o cumprimento das obrigações internacionais contratuais da entidade solicitante que possam ensejar questionamento ao Estado Brasileiro no âmbito dos acordos internacionais dos quais é parte.

§ 1º Os documentos e informações a que se referem os incisos II e III do *caput* deste artigo deverão ser apresentados anualmente ao Ministério da Cultura.

§ 2º A habilitação de que trata o § 1º do art. 98 é um ato de qualificação vinculado ao cumprimento dos requisitos instituídos por esta Lei e por seu regulamento e não precisará ser renovada periodicamente, mas poderá ser anulada mediante decisão proferida em processo administrativo ou judicial, quando verificado que a associação não atende ao disposto nesta Lei, assegurados sempre o contraditório e ampla defesa, bem como a comunicação do fato ao Ministério Público.

§ 3º A anulação da habilitação a que se refere o § 1º do art. 98 levará em consideração a gravidade e a relevância das irregularidades identificadas, a boa-fé do infrator e a reincidência nas irregularidades, conforme disposto em regulamento, e somente se efetivará após a aplicação de advertência, quando se concederá prazo razoável para atendimento das exigências apontadas pela autoridade competente.

§ 4º A ausência de uma associação que seja mandatária de determinada categoria de titulares em função da aplicação do § 2º deste artigo não isenta os usuários das obrigações previstas no art. 68, que deverão ser quitadas em relação ao período compreendido entre o indeferimento do pedido de habilitação, a anulação ou o cancelamento da habilitação e a obtenção de nova habilitação ou constituição de entidade sucessora nos termos deste artigo, ficando a entidade sucessora responsável pela fixação dos valores dos direitos autorais ou conexos em relação ao período compreendido entre o indeferimento do pedido de habilitação ou sua anulação e a obtenção de nova habilitação pela entidade sucessora.

§ 5º A associação cuja habilitação, nos termos deste artigo, seja anulada, inexistente ou pendente de apreciação pela autoridade competente, ou apresente qualquer outra forma de irregularidade, não poderá utilizar tais fatos como impedimento para distribuição de eventuais valores já arrecadados, sob pena de responsabilização direta de seus dirigentes nos termos do art. 100-A, sem prejuízo das sanções penais cabíveis.

§ 6º As associações de gestão coletiva de direitos autorais deverão manter atualizados e disponíveis aos associados os documentos e as informações previstos nos incisos II e III deste artigo.

Art. 98-A: 1. O art. 98-A, *caput* e parágrafos, foi acrescido pela Lei 12.853, de 14.8.13, em vigor 120 dias após sua publicação (DOU 15.8.13).

Art. 98-A: 2. Lei 12.853, de 14.8.13: "Art. 4º As associações de gestão coletiva de direitos autorais que, antes da vigência da presente Lei, estejam legalmente constituídas e arrecadando e distribuindo os direitos autorais de obras e fonogramas considerar-se-ão habilitadas para exercerem a atividade econômica de cobrança pelo prazo definido em regulamento, devendo obedecer às disposições constantes do art. 98-A da Lei n. 9.610, de 1998".

Art. 98-B. As associações de gestão coletiva de direitos autorais, no desempenho de suas funções, deverão:[1]

I — dar publicidade e transparência, por meio de sítios eletrônicos próprios, às formas de cálculo e critérios de cobrança, discriminando, dentre outras informações, o tipo de usuário, tempo e lugar de utilização, bem como os critérios de distribuição dos valores dos direitos autorais arrecadados, incluídas as planilhas e demais registros de utilização das obras e fonogramas fornecidas pelos usuários, excetuando os valores distribuídos aos titulares individualmente;

II — dar publicidade e transparência, por meio de sítios eletrônicos próprios, aos estatutos, aos regulamentos de arrecadação e distribuição, às atas de suas reuniões deliberativas e aos cadastros das obras e titulares que representam, bem como ao montante arrecadado e distribuído e aos créditos eventualmente arrecadados e não distribuídos, sua origem e o motivo da sua retenção;

III — buscar eficiência operacional, dentre outros meios, pela redução de seus custos administrativos e dos prazos de distribuição dos valores aos titulares de direitos;

IV — oferecer aos titulares de direitos os meios técnicos para que possam acessar o balanço dos seus créditos da forma mais eficiente dentro do estado da técnica;

V — aperfeiçoar seus sistemas para apuração cada vez mais acurada das execuções públicas realizadas e publicar anualmente seus métodos de verificação, amostragem e aferição;

VI — garantir aos associados o acesso às informações referentes às obras sobre as quais sejam titulares de direitos e às execuções aferidas para cada uma delas, abstendo-se de firmar contratos, convênios ou pactos com cláusula de confidencialidade;

VII — garantir ao usuário o acesso às informações referentes às utilizações por ele realizadas.

Parágrafo único. As informações contidas nos incisos I e II devem ser atualizadas periodicamente, em intervalo nunca superior a 6 (seis) meses.

Art. 98-B: 1. O art. 98-B, *caput* e parágrafos, foi acrescido pela Lei 12.853, de 14.8.13, em vigor 120 dias após sua publicação (DOU 15.8.13).

Art. 98-C. As associações de gestão coletiva de direitos autorais deverão prestar contas dos valores devidos, em caráter regular e de modo direto, aos seus associados.[1]

§ 1º O direito à prestação de contas poderá ser exercido diretamente pelo associado.

§ 2º Se as contas não forem prestadas na forma do § 1º, o pedido do associado poderá ser encaminhado ao Ministério da Cultura que, após sua apreciação, poderá determinar a prestação de contas pela associação, na forma do regulamento.

Art. 98-C: 1. O art. 98-C, *caput* e parágrafos, foi acrescido pela Lei 12.853, de 14.8.13, em vigor 120 dias após sua publicação (DOU 15.8.13).

Art. 99. A arrecadação e distribuição dos direitos relativos à execução pública de obras musicais e literomusicais e de fonogramas será feita por meio das associações de gestão coletiva criadas para este fim por seus titulares, as quais deverão unificar a cobrança em um único escritório central para arrecadação e distribuição, que funcionará como ente arrecadador com personalidade jurídica própria e observará os §§ 1º a 12 do art. 98 e os arts. 98-A, 98-B, 98-C, 99-B, 100, 100-A e 100-B.[1 a 4]

§ 1º O ente arrecadador organizado na forma prevista no *caput* não terá finalidade de lucro e será dirigido e administrado por meio do voto unitário de cada associação que o integra.

§ 2º O ente arrecadador e as associações a que se refere este Título atuarão em juízo e fora dele em seus próprios nomes como substitutos processuais dos titulares a eles vinculados.

§ 3º O recolhimento de quaisquer valores pelo ente arrecadador somente se fará por depósito bancário.

§ 4º A parcela destinada à distribuição aos autores e demais titulares de direitos não poderá, em um ano da data de publicação desta Lei, ser inferior a 77,5% (setenta e sete inteiros e cinco décimos por cento) dos valores arrecadados, aumentando-se tal parcela à razão de 2,5% a.a. (dois inteiros e cinco décimos por cento ao ano), até que, em 4 (quatro) anos da data de publicação desta Lei, ela não seja inferior a 85% (oitenta e cinco por cento) dos valores arrecadados.

§ 5º O ente arrecadador poderá manter fiscais, aos quais é vedado receber do usuário numerário a qualquer título.

§ 6º A inobservância da norma do § 5º tornará o faltoso inabilitado à função de fiscal, sem prejuízo da comunicação do fato ao Ministério Público e da aplicação das sanções civis e penais cabíveis.

§ 7º Cabe ao ente arrecadador e às associações de gestão coletiva zelar pela continuidade da arrecadação e, no caso de perda da habilitação por alguma associação, cabe a ela cooperar para que a transição entre associações seja realizada sem qualquer prejuízo aos titulares, transferindo-se todas as informações necessárias ao processo de arrecadação e distribuição de direitos.

§ 8º Sem prejuízo do disposto no § 3º do art. 98, as associações devem estabelecer e unificar o preço de seus repertórios junto ao ente arrecadador para a sua cobrança, atuando este como mandatário das associações que o integram.

§ 9º O ente arrecadador cobrará do usuário de forma unificada, e se encarregará da devida distribuição da arrecadação às associações, observado o disposto nesta Lei, especialmente os critérios estabelecidos nos §§ 3º e 4º do art. 98.

Art. 99: 1. Redação do art. 99, *caput* e parágrafos, de acordo com a Lei 12.853, de 14.8.13, em vigor 120 dias após sua publicação (DOU 15.8.13).

Art. 99: 1a. Lei 12.853, de 14.8.13: "Art. 6º Desde que se comprove a observância de todas as exigências para a constituição do novo ente arrecadador unificado, constantes do *caput* do art. 99 da Lei n. 9.610, de 1998, as associações referidas no art. 4º desta Lei poderão requerer ao Ministério da Cultura, no prazo estabelecido em regulamento, que reconheça a pessoa jurídica já constituída como ente arrecadador". V. o art. 4º da Lei 12.853, de 14.8.13, na nota 2 ao art. 98-A.

Art. 99: 2. "Em se tratando de direito de autor, compete a ele a fixação do seu valor, que pode se dar, contudo, diretamente ou por intermédio das associações e do próprio ECAD. Com o ato de filiação as associações atuam como mandatárias de seus filiados, na defesa dos seus interesses (art. 98 da Lei 9.610/98), inclusive e principalmente, junto ao ECAD. O ECAD tem competência para fixar preços, efetuar a cobrança e a distribuição dos direitos autorais, e as associações que o integram legitimamente representam os interesses dos seus filiados, autores das obras protegidas. Não se vislumbra abusividade nas deliberações tomadas, que, inclusive, levaram em conta a proporcionalidade da distribuição dos valores, e, assim, não cabe ao Poder Judiciário se imiscuir nas decisões do ECAD, que administra interesses eminentemente privados, para definir qual o critério mais adequado para a arrecadação e distribuição dos valores referentes aos direitos dos autores das músicas de fundo (*background*)" (STJ-3ª

T., REsp 1.331.103, Min. Nancy Andrighi, j. 23.4.13, DJ 16.5.13). No mesmo sentido: STJ-4ª T., REsp 1.552.227, Min. Isabel Gallotti, j. 27.11.18, DJ 6.12.18. V. arts. 98 § 3º e 99 § 8º.

Art. 99: 3. "Não é cabível a mera indicação de um valor, sem permitir ao Judiciário a revisão dos cálculos. O fato de o ECAD ter legitimidade para estabelecer métodos de cobrança não o exime de divulgá-los, possibilitando a fixação do *quantum* de forma aleatória, sem nenhum controle" (STJ-4ª T., REsp 714.265-AgRg, Min. Antonio Ferreira, j. 18.12.12, DJ 4.2.13). V. arts. 98 § 3º e 99 § 8º.

Art. 99: 4. "Por ausência de previsão legal e ante a inexistência de relação contratual, é descabida a cobrança de **multa moratória** estabelecida unilateralmente em Regulamento de Arrecadação do ECAD" (STJ-3ª T., REsp 1.589.598, Min. Ricardo Cueva, j. 13.6.17, DJ 22.6.17). No mesmo sentido: STJ-4ª T., REsp 1.502.992-EDcl-AgInt-EDcl, Min. Isabel Gallotti, j. 17.4.18, DJ 20.4.18.

Art. 99-A. O ente arrecadador de que trata o *caput* do art. 99 deverá admitir em seus quadros, além das associações que o constituíram, as associações de titulares de direitos autorais que tenham pertinência com sua área de atuação e estejam habilitadas em órgão da Administração Pública Federal na forma do art. 98-A.¹

Parágrafo único. As deliberações quanto aos critérios de distribuição dos recursos arrecadados serão tomadas por meio do voto unitário de cada associação que integre o ente arrecadador.

Art. 99-A: 1. O art. 99-A, *caput* e parágrafo, foi acrescido pela Lei 12.853, de 14.8.13, em vigor 120 dias após sua publicação (DOU 15.8.13).

Art. 99-B. As associações referidas neste Título estão sujeitas às regras concorrenciais definidas em legislação específica que trate da prevenção e repressão às infrações contra a ordem econômica.¹

Art. 99-B: 1. O art. 99-B foi acrescido pela Lei 12.853, de 14.8.13, em vigor 120 dias após sua publicação (DOU 15.8.13).

Art. 100. O sindicato ou associação profissional que congregue filiados de uma associação de gestão coletiva de direitos autorais poderá, 1 (uma) vez por ano, às suas expensas, após notificação, com 8 (oito) dias de antecedência, fiscalizar, por intermédio de auditor independente, a exatidão das contas prestadas por essa associação autoral a seus representados.¹

Art. 100: 1. O art. 100 foi alterado pela Lei 12.853, de 14.8.13, em vigor 120 dias após sua publicação (DOU 15.8.13).

Art. 100-A. Os dirigentes das associações de gestão coletiva de direitos autorais respondem solidariamente, com seus bens particulares, por desvio de finalidade ou quanto ao inadimplemento das obrigações para com os associados, por dolo ou culpa.¹

Art. 100-A: 1. O art. 100-A foi acrescido pela Lei 12.853, de 14.8.13, em vigor 120 dias após sua publicação (DOU 15.8.13).

Art. 100-B. Os litígios entre usuários e titulares de direitos autorais ou seus mandatários, em relação à falta de pagamento, aos critérios de cobrança, às formas de oferecimento de repertório e aos valores de arrecadação, e entre titulares e suas associações, em relação aos valores e critérios de distribuição, poderão ser objeto da atuação de órgão da Administração Pública Federal para a resolução de conflitos por meio de mediação ou arbitragem, na forma do regulamento, sem prejuízo da apreciação pelo Poder Judiciário e pelos órgãos do Sistema Brasileiro de Defesa da Concorrência, quando cabível.¹

Art. 100-B: 1. O art. 100-B foi acrescido pela Lei 12.853, de 14.8.13, em vigor 120 dias após sua publicação (DOU 15.8.13).

Título VII | DAS SANÇÕES ÀS VIOLAÇÕES DOS DIREITOS AUTORAIS

Capítulo I | DISPOSIÇÃO PRELIMINAR

Art. 101. As sanções civis de que trata este Capítulo aplicam-se sem prejuízo das penas¹ cabíveis.

Art. 101: 1. v. CP 164 a 186, na redação da Lei 6.895, de 17.12.80; CPP 524 a 530.

Capítulo II | DAS SANÇÕES CIVIS

Art. 102. O titular cuja obra seja fraudulentamente reproduzida, divulgada ou de qualquer forma utilizada, poderá requerer a apreensão¹ dos exemplares reproduzidos ou a suspensão da divulgação, sem prejuízo da indenização cabível.²

Art. 102: 1. Súmula 228 do STJ: "É inadmissível o interdito proibitório para a proteção do direito autoral" (v. jurisprudência s/ esta Súmula em RSTJ 131/49 a 76).

Art. 102: 2. "A pena pecuniária imposta ao infrator não se encontra restrita ao valor de mercado dos programas apreendidos. Inteligência do art. 102 da Lei 9.610/98 — 'sem prejuízo da indenização cabível'. Na fixação do valor da indenização pela prática da contrafação, observada a razoabilidade, devem ser considerados os seguintes itens balizadores: (i) o fato de que desestimule a prática ofensiva e obste o enriquecimento sem causa do titular dos direitos autorais violados; (ii) o fato de inocorrência de comercialização dos produtos contrafaceados" (STJ-RJ 390/157 e RDDP 88/130: 3ª T., REsp 1.016.087).

"O simples pagamento, pelo contrafator, do valor de mercado por cada exemplar apreendido, não corresponde à indenização pelo dano causado decorrente do uso indevido, e muito menos inibe a sua prática" (STJ-RDDP 98/123: 4ª T., REsp 1.185.943).

"A mera compensação financeira mostra-se não apenas conivente com a conduta ilícita, mas estimula sua prática, tornando preferível assumir o risco de utilizar ilegalmente os programas, pois, se flagrado e processado, o infrator se verá obrigado, quanto muito, a pagar ao titular valor correspondente às licenças respectivas. A quantificação da sanção a ser fixada para as hipóteses de uso indevido (ausente a comercialização) de obra protegida por direitos autorais não se encontra disciplinada pela Lei 9.610/98, de modo que deve o julgador, diante do caso concreto, utilizar os critérios que melhor representem os princípios de equidade e justiça, igualmente considerando a potencialidade da ofensa e seus reflexos. É razoável a majoração da indenização ao equivalente a 10 vezes o valor dos programas apreendidos" (STJ-3ª T., REsp 1.403.865, Min. Nancy Andrighi, j. 7.11.13, DJ 18.11.13). Em sentido semelhante: STJ-4ª T., REsp 1.300.021-AgInt, Min. Lázaro Guimarães, j. 17.10.17, DJ 26.10.17.

"O art. 102 da Lei 9.610/98 fixa sanções cíveis decorrentes da violação de direitos autorais. A exegese desse dispositivo legal evidencia o seu caráter punitivo, ou seja, a intenção do legislador de que seja primordialmente aplicado com o escopo de inibir novas práticas semelhantes. Tanto é assim que a sua parte final ressalva que as penas serão impostas, 'sem prejuízo da indenização cabível'. O art. 103 da Lei 9.610/98, por sua vez, assume também um caráter indenizatório, na medida em que prevê que a perda dos exemplares e o pagamento daqueles que tiverem sido vendidos se dê em favor da vítima. Realizando-se uma análise sistemática dessas normas, conclui-se que elas criam uma via de mão dupla: assim como poderá haver situações em que as sanções não compensarão de forma plena e satisfatória os prejuízos suportados pela vítima — exigindo complementação a título de indenização pelos danos sofridos — haverá casos em que a própria indenização já cumprirá a contento não apenas a função de ressarcir a vítima pelas suas perdas, como também de desencorajar a conduta ilícita. Cabe ao julgador, fazendo uso de seu prudente arbítrio, interpretar casuisticamente os comandos dos arts. 102 e 103 da Lei 9.610/98, definindo a composição e os limites da condenação, utilizando os critérios que melhor representem os princípios de equidade e justiça, alerta para o fato de que os valores arbitrados não deverão conduzir ao enriquecimento indevido da vítima. Tendo em vista as peculiaridades presentes na espécie, de que: (i) as fotografias do recorrente compõem pequena parte do todo da obra; (ii) os novos exemplares serão acompanhados de errata, atribuindo a correta autoria para as fotos; e (iii) não se identifica na conduta das recorridas a tentativa de utilização do trabalho do recorrente para incrementar — pelo menos não de forma substancial — a vendagem da obra; a condenação imposta pelas instâncias ordinárias se mostra satisfatória, isto é, apta a desempenhar o duplo papel de indenizar a vítima pelos prejuízos suportados, bem como de desestimular a prática ilícita" (STJ-3ª T., REsp 1.367.021, Min. Nancy Andrighi, j. 3.9.13, DJ 12.9.13).

> **Art. 103.** Quem editar[1-1a] obra literária, artística ou científica, sem autorização do titular, perderá para este os exemplares que se apreenderem e pagar-lhe-á o preço dos que tiver vendido.[2-2a]
>
> **Parágrafo único.** Não se conhecendo o número de exemplares que constituem a edição fraudulenta, pagará o transgressor o valor de três mil exemplares, além dos apreendidos.[3]

Art. 103: 1. "Os arts. 103 e 107 da Lei 9.610/98 incidem apenas nas situações de edição fraudulenta da obra. Na hipótese de simples uso de programa sem a respectiva licença, aplica-se a regra do art. 102 da Lei 9.610/98" (STJ-3ª T., REsp 1.136.676, Min. Nancy Andrighi, j. 17.6.10, DJ 29.6.10).

"Não comprovadas a reprodução e a divulgação dos programas de computador, mas a mera utilização desprovida de licença, não resta configurada a figura da edição fraudulenta" (RJM 174/125).

Todavia, condenando o usuário de produto sem a devida licença, com base nos princípios que informam este art. 103: RT 867/168.

V. tb. art. 102, nota 2.

Art. 103: 1a. "Nas ações que têm por objeto a vulneração de direitos autorais, a **titularidade passiva ad causam é da editora** que publicou obra não autorizada pelo autor. Portanto, não cabe denunciar à lide terceiro que eventualmente tenha fornecido material a ser divulgado, pois os cuidados com os direitos autorais é de quem publica" (STJ-3ª T., REsp 1.317.861, Min. João Otávio, j. 5.5.16, DJ 11.5.16).

"A empresa apontada na exordial como responsável pela concepção, editoração e fabricação do material parcialmente contrafeito, é, sim, parte legítima para figurar no polo passivo de ação indenizatória promovida pelo titular dos direitos autorais ali eventualmente violados" (STJ-3ª T., REsp 1.520.978, Min. Ricardo Cueva, j. 18.8.16, maioria, DJ 29.8.16).

Art. 103: 2. "O ressarcimento pela utilização indevida de obra artística deve ser apurado na proporção da efetiva contribuição do autor na totalidade do fonograma produzido, sob pena de enriquecimento sem causa. Destarte, se a música de que participou o recorrido, integrava, juntamente com outras onze, o **fonograma** produzido pela ré, o pagamento dos direitos autorais deve levar em conta tal circunstância, improcedendo o critério fixado no acórdão *a quo*, que determinou o cálculo do ressarcimento pela totalidade do valor de capa dos discos, CD e K-7 vendidos no mercado" (STJ-4ª T., REsp 46.688, Min. Aldir Passarinho Jr., j. 25.10.99, DJU 3.4.00). No mesmo sentido: RF 398/419 (TJRJ, AP 2008.001.05256).

"Os parâmetros fixados pelo art. 122 da Lei 5.988/73 (art. 103 da Lei 9.610/98) referem-se a indenização por edição e publicação de obras literárias, artísticas ou científicas, diante de violação dos direitos autorais. Nessa hipótese, a edição e publicação, em face da sua forma, confundem-se com o próprio meio empregado para a sua circulação, como nos casos de contrafação. Todavia, na hipótese em julgamento, as charges publicadas indevidamente são pequenas partes do meio de publicação, o **jornal**, composto por matérias de imprensa, artigos, fotografias e demais obras de autoria de inúmeras pessoas, motivo pelo qual não é razoável e, tampouco, proporcional, se admitir que a indenização de parte seja feita pelo valor do todo, o que implicaria enriquecimento ilícito do autor. A indenização com base no valor dos exemplares vendidos somente poderia ser utilizada, no caso concreto, se fosse possível aferir um percentual representativo do valor econômico do direito autoral violado em cada exemplar do jornal onde foi publicado" (STJ-RT 892/142: 4ª T., REsp 735.019).

Art. 103: 2a. "A exegese do art. 103 da Lei 9.610/98 é clara no sentido de que o eventual ressarcimento pela publicação indevida deve ocorrer tendo como parâmetro o número de exemplares efetivamente vendidos. Ausência, na hipótese, em que a divulgação ocorreu de forma graciosa. Nesses casos, a indenização pelos danos materiais orienta-se pela regra concernente ao art. 944 do Código Civil, bem como o valor usualmente recebido, pelo autor da obra artística, pela comercialização de suas fotografias" (STJ-3ª T., REsp 1.158.390, Min. Massami Uyeda, j. 15.12.11, DJ 7.2.12).

Art. 103: 3. "A sanção do § ún. do art. 103 da Lei 9.610/98 tem sua aplicação condicionada à impossibilidade de identificação numérica da contrafação" (STJ-RJ 390/157 e RDDP 88/130: 3ª T., REsp 1.016.087). No mesmo sentido: STJ-RDDP 98/123 (4ª T., REsp 1.185.943).

Art. 104. Quem vender, expuser a venda, ocultar, adquirir, distribuir, tiver em depósito ou utilizar obra ou fonograma reproduzidos com fraude, com a finalidade de vender, obter ganho, vantagem, proveito, lucro direto ou indireto, para si ou para outrem, será solidariamente responsável com o contrafator, nos termos dos artigos precedentes, respondendo como contrafatores o importador e o distribuidor em caso de reprodução no exterior.[1 a 4]

Art. 104: 1. "O mero fabricante de CDs, sob encomenda de um produtor musical, não pode ser obrigado a conferir, música por música, o conteúdo da mídia que lhe foi encomendada, para verificar se há, efetivamente, a autorização de cada compositor para as gravações. Ele apenas recebe a encomenda de um produto, que fabrica e entrega. Controlar o conteúdo não está entre suas atribuições, de modo que, não sendo ele o distribuidor, não pode responder pela hipótese de reprodução não autorizada de obra musical nos CDs que meramente fabricou a rogo de terceiro" (STJ-3ª T., REsp 979.379, Min. Nancy Andrighi, j. 21.8.08, DJ 5.9.08).

Art. 104: 2. "É objetiva a responsabilidade do agente que reproduz obra de arte sem a prévia e expressa autorização do seu autor. Reconhecida a responsabilidade do contrafator, aquele que adquiriu a obra fraudulenta e obteve alguma vantagem com ela, material ou imaterial, também responde pela violação do direito do autor, sem espaço para discussão acerca da sua culpa pelo evento danoso" (STJ-3ª T., REsp 1.123.456, Min. Massami Uyeda, j. 19.10.10, DJ 3.12.10).

Art. 104: 3. "Em se tratando de **provedor de internet** comum, como os administradores de rede social, não é óbvia a inserção de sua conduta regular em algum dos verbos constantes nos arts. 102 a 104 da Lei de Direitos Autorais. Há que investigar como e em que medida a estrutura do provedor de internet ou sua conduta culposa ou dolosamente omissiva contribuíram para a violação de direitos autorais. No direito comparado, a responsabilidade civil de provedores de internet por violações de direitos autorais praticadas por terceiros tem sido reconhecida a partir da ideia de *responsabilidade contributiva* e de *responsabilidade vicária*, somada à constatação de que a utilização de obra protegida não consubstanciou o chamado *fair use*. Reconhece-se a responsabilidade contributiva do provedor de internet, no cenário de violação de propriedade intelectual, nas hipóteses em que há intencional induzimento ou encorajamento para que terceiros cometam diretamente ato ilícito. A responsabilidade vicária tem lugar nos casos em que há lucratividade com ilícitos praticados por outrem e o beneficiado se nega a exercer o poder de controle ou de limitação dos danos, quando poderia fazê-lo. No caso em exame, a rede social em questão não tinha como traço fundamental o compartilhamento de obras, prática que poderia ensejar a distribuição ilegal de criações protegidas. Conforme constatado por prova pericial, a arquitetura do Orkut não provia materialmente os usuários com os meios necessários à violação de direitos autorais. O ambiente virtual não constituía suporte essencial à pratica de atos ilícitos, como ocorreu nos casos julgados no direito comparado, em que provedores tinham estrutura substancialmente direcionada à violação da propriedade intelectual. Descabe, portanto, a incidência da chamada *responsabilidade contributiva*. Igualmente, não há nos autos comprovação de ter havido lucratividade com ilícitos praticados por terceiros em razão da negativa de o provedor exercer o poder de controle ou de limitação dos danos, quando poderia fazê-lo, do que resulta a impossibilidade de aplicação da chamada *teoria da responsabilidade vicária*. Ademais, não há danos materiais que possam ser imputados à inércia do provedor de internet, nos termos da causa de pedir. Ato ilícito futuro não pode acarretar ou justificar dano pretérito. Se houve omissão culposa, são os danos resultantes dessa omissão que devem ser recompostos, descabendo o ressarcimento, pela Google, de eventuais prejuízos que a autora já vinha experimentando antes mesmo de proceder à notificação" (STJ-2ª Seção, REsp 1.512.647, Min. Luis Felipe, j. 13.5.15, DJ 5.8.15).

Art. 104: 4. "A **editora**, nos termos do art. 104 da Lei n. 9.610/1998, pode ser considerada solidariamente responsável pela prática de plágio, sendo desinfluente, pelo menos para aferição de sua legitimidade passiva, o exame da real extensão de sua contribuição para a prática ofensiva aos direitos autorais" (STJ-3ª T., REsp 1.645.746, Min. Ricardo Cueva, j. 6.6.17, DJ 10.8.17).

Art. 105. A transmissão e a retransmissão, por qualquer meio ou processo, e a comunicação ao público de obras artísticas, literárias e científicas, de interpretações e de fonogramas, realizadas mediante violação aos direitos de seus titulares, deverão ser imediatamente suspensas ou interrompidas[1] pela autoridade judicial competente, sem prejuízo da multa diária pelo descumprimento e das demais indenizações cabíveis, independentemente das sanções penais aplicáveis; caso se comprove que o infrator é reincidente na violação aos direitos dos titulares de direitos de autor e conexos, o valor da multa poderá ser aumentado até o dobro.

Art. 105: 1. "A autorização para exibição ou execução das obras compreende o prévio pagamento dos direitos autorais. A possibilidade de concessão da tutela inibitória, para impedir a violação aos direitos autorais de seus titulares (art. 105 da Lei 9.610/98), está prevista de forma ampla na norma, não havendo distinção entre os direitos morais e patrimoniais de autor. Não se deve confundir a pretensão de recebimento dos valores devidos, a ser obtida por meio da tutela condenatória e executiva, com a pretensão inibitória, que visa cessar ou impedir novas violações aos direitos autorais. Ao mesmo tempo, há que se frisar que uma não exclui a outra. Admitir que a execução das obras possa continuar normalmente, mesmo sem o recolhimento dos valores devidos ao ECAD — porque essa cobrança será objeto de tutela jurisdicional própria —, seria o mesmo que permitir a violação aos direitos patrimoniais de autor, relativizando a norma que prevê que o pagamento dos respectivos valores deve ser prévio (art. 68, *caput* e § 4º, da Lei 9.610/98)" (STJ-3ª T., REsp 1.190.841, Min. Nancy Andrighi, j. 11.6.13, DJ 21.6.13).

Art. 106. A sentença condenatória poderá determinar a destruição de todos os exemplares ilícitos, bem como as matrizes, moldes, negativos e demais elementos utilizados para praticar o ilícito civil, assim como a perda de máquinas, equipamentos e insumos destinados a tal fim ou, servindo eles unicamente para o fim ilícito, sua destruição.

Art. 107. Independentemente da perda dos equipamentos utilizados, responderá por perdas e danos, nunca inferiores ao valor que resultaria da aplicação do disposto no art. 103 e seu parágrafo único, quem:

I — alterar, suprimir, modificar ou inutilizar, de qualquer maneira, dispositivos técnicos introduzidos nos exemplares das obras e produções protegidas para evitar ou restringir sua cópia;

II — alterar, suprimir ou inutilizar, de qualquer maneira, os sinais codificados destinados a restringir a comunicação ao público de obras, produções ou emissões protegidas ou a evitar a sua cópia;

III — suprimir ou alterar, sem autorização, qualquer informação sobre a gestão de direitos;

IV — distribuir, importar para distribuição, emitir, comunicar ou puser à disposição do público, sem autorização, obras, interpretações ou execuções, exemplares de interpretações fixadas em fonogramas e emissões, sabendo que a informação sobre a gestão de direitos, sinais codificados e dispositivos técnicos foram suprimidos ou alterados sem autorização.

Art. 108. Quem, na utilização, por qualquer modalidade, de obra intelectual, deixar de indicar ou de anunciar, como tal, o nome, pseudônimo ou sinal convencional do autor e do intérprete, além de responder por danos morais, está obrigado a divulgar-lhes a identidade[1] da seguinte forma:

I — tratando-se de empresa de radiodifusão, no mesmo horário em que tiver ocorrido a infração, por três dias consecutivos;

II — tratando-se de publicação gráfica ou fonográfica, mediante inclusão de errata nos exemplares ainda não distribuídos, sem prejuízo de comunicação, com destaque, por três vezes consecutivas em jornal de grande circulação, dos domicílios do autor, do intérprete e do editor ou produtor;

III — tratando-se de outra forma de utilização, por intermédio da imprensa, na forma a que se refere o inciso anterior.

Art. 108: 1. v. art. 24-II.

Art. 109. A execução pública feita em desacordo com os arts. 68, 97, 98 e 99 desta lei sujeitará os responsáveis a multa de vinte vezes o valor que deveria ser originariamente pago.[1 a 2]

Art. 109: 1. "Direitos autorais. Multa de 20 vezes o valor do débito. Art. 109 da Lei Federal 9.610/98. Ilegalidade e inconstitucionalidade", por Luiz Manoel Gomes Júnior e Emerson Cortezia de Souza (RT 812/115).

Art. 109: 1a. "A elevada multa prevista no art. 109 da novel Lei n. 9.610, equivalente a vinte vezes o valor devido originariamente, não é de ser aplicada a qualquer situação indistintamente, porquanto objetiva, por seu caráter punitivo e severa consequência, não propriamente penalizar atraso ou omissão do usuário, mas, sim, a ação de má-fé, ilícita, de usurpação do direito autoral, o que não se revela na hipótese, em que o estabelecimento comercial, modesto, utilizava a sonorização mecânica apenas como elemento coadjuvante da atividade fim, sem intenção fraudulenta direta, como se dá em casos de contrafação mediante produção de cópias desautorizadas de fitas e CD. Temperamento que se põe na aplicação da lei, sob pena de se inviabilizar a própria atividade econômica desenvolvida pelo usuário, com prejuízo geral, em contrário ao princípio insculpido no art. 5º da LICC" (STJ-RDPr 16/273: 4ª T., REsp 439.441, com comentário de Luiz Manoel Gomes Junior e Emerson Cortezia de Souza). No mesmo sentido: STJ-3ª T., Ag em REsp 233.232-EDcl, Min. Sidnei Beneti, j. 5.3.13, DJ 15.3.13; JTJ 313/106, RJTJERGS 273/100 (AP 70021094123).

Art. 109: 2. "Por **valor originário** entenda-se o montante dos direitos autorais sem a incidência de juros moratórios e correção monetária. Destarte, na aplicação da penalidade civil, não há falar em correção monetária e juros para remunerar a mora, que serão considerados em momento posterior, quando do pagamento devido" (STJ-4ª T., REsp 1.473.384, Min. Luis Felipe, j. 6.12.16, DJ 22.2.17).

Art. 109-A. A falta de prestação ou a prestação de informações falsas no cumprimento do disposto no § 6º do art. 68 e no § 9º do art. 98 sujeitará os responsáveis, por determinação da autoridade competente e nos termos do regulamento desta Lei, a multa de 10 (dez) a 30% (trinta por cento) do valor que deveria ser originariamente pago, sem prejuízo das perdas e danos.[1]

Parágrafo único. Aplicam-se as regras da legislação civil quanto ao inadimplemento das obrigações no caso de descumprimento, pelos usuários, dos seus deveres legais e contratuais junto às associações referidas neste Título.

Art. 109-A: 1. O art. 109-A, *caput* e parágrafo, foi acrescido pela Lei 12.853, de 14.8.13, em vigor 120 dias após sua publicação (DOU 15.8.13).

Art. 110. Pela violação de direitos autorais nos espetáculos e audições públicas, realizados nos locais ou estabelecimentos a que alude o art. 68, seus proprietários, diretores, gerentes, empresários e arrendatários respondem solidariamente[1-2] com os organizadores dos espetáculos.

Art. 110: 1. v. CC 275 a 285.

Art. 110: 2. "O município que cede local a terceiros, para realização de espetáculo musical, responde solidariamente com os organizadores do espetáculo pelo pagamento dos direitos autorais" (RJM 165/240).

V. tb. art. 68, nota 6a.

Capítulo III | DA PRESCRIÇÃO DA AÇÃO

Art. 111. (VETADO)[1]

Art. 111: 1. v. CC 206, nota 3g.

Título VIII | DISPOSIÇÕES FINAIS E TRANSITÓRIAS

Art. 112. Se uma obra, em consequência de ter expirado o prazo de proteção que lhe era anteriormente reconhecido pelo § 2º do art. 42 da Lei n. 5.988, de 14 de dezembro de 1973,[1] caiu no domínio público, não terá o prazo de proteção dos direitos patrimoniais ampliado por força do art. 41 desta lei.

Art. 112: 1. Este prazo, na Lei 5.988, era de sessenta anos (e não de setenta, como na lei atual), contados a partir de 1º de janeiro do ano subsequente ao do falecimento do autor.

Art. 113. Os fonogramas, os livros e as obras audiovisuais sujeitar-se-ão a selos ou sinais de identificação sob a responsabilidade do produtor, distribuidor ou importador, sem ônus para o consumidor, com o fim de atestar o cumprimento das normas legais vigentes, conforme dispuser o regulamento.[1]

Art. 113: 1. Este artigo foi regulamentado pelo Dec. 4.533, de 19.12.02.

Art. 114. Esta lei entra em vigor cento e vinte dias após sua publicação.

Art. 115. Ficam revogados os arts. 649 a 673[1] e 1.346 a 1.362[2] do Código Civil e as Leis ns. 4.944, de 6 de abril de 1966;[3] 5.988, de 14 de dezembro de 1973,[4] excetuando-se o art. 17 e seus §§ 1º e 2º; 6.800, de 25 de junho de 1980;[5] 7.123, de 12 de setembro de 1983;[6] 9.045, de 18 de maio de 1995,[7] e demais disposições em contrário, mantidos[8] em vigor as Leis ns. 6.533,[9] de 24 de maio de 1978 e 6.615,[10] de 16 de dezembro de 1978.

Art. 115: 1. Continham disposições gerais s/ propriedade literária, científica e artística.

Art. 115: 2. Continham disposições s/ o contrato de edição e a representação dramática.

Art. 115: 3. Lei 4.944 — Dispõe sobre a proteção a artistas, produtores de fonogramas e organismos de radiodifusão, e dá outras providências.

Art. 115: 4. Lei 5.988 — Regula os direitos autorais e dá outras providências. O art. 17 da Lei 5.988 pode ser lido em nota 2 ao art. 19 da lei acima.

Art. 115: 5. Lei 6.800: alterou os arts. 83 e 117 da Lei 5.988.

Art. 115: 6. Lei 7.123: revogou os arts. 93 e 120-I da Lei 5.988.

Art. 115: 7. Lei 9.045 — s/ reprodução de obras em caracteres Braille.

Art. 115: 8. *sic.*

Art. 115: 9. Lei 6.533 — Dispõe sobre a regulamentação das profissões de artista e de técnico em espetáculos de diversões, e dá outras providências.

Art. 115: 10. Lei 6.615 — Dispõe sobre a regulamentação da profissão de radialista e dá outras providências.

Brasília, 19 de fevereiro de 1998; 177º da Independência e 110º da República — FERNANDO HENRIQUE CARDOSO — **Francisco Weffort.**

Direito de Resposta

Lei n. 13.188, de 11 de novembro de 2015

Dispõe sobre o direito de resposta ou retificação do ofendido em matéria divulgada, publicada ou transmitida por veículo de comunicação social.

A Presidenta da República
Faço saber que o Congresso Nacional decreta e eu sanciono a seguinte Lei:

Art. 1º Esta Lei disciplina o exercício do direito de resposta ou retificação do ofendido em matéria divulgada, publicada ou transmitida por veículo de comunicação social.

Art. 2º Ao ofendido em matéria divulgada, publicada ou transmitida por veículo de comunicação social[1] é assegurado o direito de resposta ou retificação, gratuito e proporcional ao agravo.

§ 1º Para os efeitos desta Lei, considera-se matéria qualquer reportagem, nota ou notícia divulgada por veículo de comunicação social, independentemente do meio ou da plataforma de distribuição, publicação ou transmissão que utilize, cujo conteúdo atente, ainda que por equívoco de informação, contra a honra, a intimidade, a reputação, o conceito, o nome, a marca ou a imagem de pessoa física ou jurídica identificada ou passível de identificação.

§ 2º São excluídos da definição de matéria estabelecida no § 1º deste artigo os comentários realizados por usuários da internet nas páginas eletrônicas dos veículos de comunicação social.[1a]

§ 3º A retratação ou retificação espontânea, ainda que a elas sejam conferidos os mesmos destaque, publicidade, periodicidade e dimensão do agravo, não impedem o exercício do direito de resposta pelo ofendido[2] nem prejudicam a ação de reparação por dano moral.[3]

Art. 2º: 1. "A pretensão de impor ao ofensor o ônus de **publicar** integralmente a **decisão** judicial **condenatória** proferida em seu desfavor **não se confunde com o direito de resposta,** o qual, atualmente, está devidamente estabelecido na Lei 13.188/2015. O direito de resposta tem contornos específicos, constituindo um direito conferido ao ofendido de esclarecer, de mão própria, no mesmo veículo de imprensa, os fatos divulgados a seu respeito na reportagem questionada, apresentando a sua versão da notícia ao público. A publicação da sentença, de sua vez, é instituto diverso. Nessa, não se objetiva assegurar à parte o direito de divulgar a sua versão dos fatos mas, em vez disso, dá-se ao público o conhecimento da existência e do teor de uma decisão judicial a respeito da questão" (STJ-4ª T., REsp 1.867.286, Min. Marco Buzzi, j. 24.8.21, DJ 18.10.21).

V. tb. CC 186, nota 4d.

Art. 2º: 1a. v. MCI 18 e segs.

Art. 2º: 2. v. art. 3º.

Art. 2º: 3. v. art. 12, especialmente § 1º.

Art. 3º O direito de resposta ou retificação deve ser exercido no prazo decadencial de 60 (sessenta) dias, contado da data de cada divulgação, publicação ou transmissão da matéria ofensiva, mediante correspondência com aviso de recebimento encaminhada diretamente ao veículo de comunicação social ou, inexistindo pessoa jurídica constituída, a quem por ele responda, independentemente de quem seja o responsável intelectual pelo agravo.

§ 1º O direito de resposta ou retificação poderá ser exercido, de forma individualizada, em face de todos os veículos de comunicação social que tenham divulgado, publicado, republicado, transmitido ou retransmitido o agravo original.

§ 2º O direito de resposta ou retificação poderá ser exercido, também, conforme o caso:

I — pelo representante legal do ofendido incapaz ou da pessoa jurídica;

II — pelo cônjuge, descendente, ascendente ou irmão do ofendido que esteja ausente do País ou tenha falecido depois do agravo, mas antes de decorrido o prazo de decadência do direito de resposta ou retificação.

§ 3º No caso de divulgação, publicação ou transmissão continuada e ininterrupta da mesma matéria ofensiva, o prazo será contado da data em que se iniciou o agravo.

Art. 4º A resposta ou retificação atenderá, quanto à forma e à duração, ao seguinte:

I — praticado o agravo em mídia escrita ou na internet, terá a resposta ou retificação o destaque, a publicidade, a periodicidade e a dimensão da matéria que a ensejou;

II — praticado o agravo em mídia televisiva, terá a resposta ou retificação o destaque, a publicidade, a periodicidade e a duração da matéria que a ensejou;

III — praticado o agravo em mídia radiofônica, terá a resposta ou retificação o destaque, a publicidade, a periodicidade e a duração da matéria que a ensejou.

§ 1º Se o agravo tiver sido divulgado, publicado, republicado, transmitido ou retransmitido em mídia escrita ou em cadeia de rádio ou televisão para mais de um Município ou Estado, será conferido proporcional alcance à divulgação da resposta ou retificação.

§ 2º O ofendido poderá requerer que a resposta ou retificação seja divulgada, publicada ou transmitida nos mesmos espaço, dia da semana e horário do agravo.

§ 3º A resposta ou retificação cuja divulgação, publicação ou transmissão não obedeça ao disposto nesta Lei é considerada inexistente.

§ 4º Na delimitação do agravo, deverá ser considerado o contexto da informação ou matéria que gerou a ofensa.

Art. 5º Se o veículo de comunicação social ou quem por ele responda não divulgar, publicar ou transmitir a resposta ou retificação no prazo de 7 (sete) dias, contado do recebimento do respectivo pedido, na forma do art. 3º, restará caracterizado o interesse jurídico para a propositura de ação judicial.

§ 1º É competente para conhecer do feito o juízo do domicílio do ofendido ou, se este assim o preferir, aquele do lugar onde o agravo tenha apresentado maior repercussão.

§ 2º A ação de rito especial de que trata esta Lei será instruída com as provas do agravo e do pedido de resposta ou retificação não atendido, bem como com o texto da resposta ou retificação a ser divulgado, publicado ou transmitido, sob pena de inépcia da inicial,[1] e processada no prazo máximo de 30 (trinta) dias, vedados:

I — a cumulação de pedidos;[1a]

II — a reconvenção;[2]

III — o litisconsórcio,[3] a assistência[4] e a intervenção de terceiros.[5]

§ 3º (VETADO).

Art. 5º: 1. Antes do decreto de inépcia, deve o juiz conceder ao autor oportunidade para a emenda ou complemento da petição inicial (v. CPC 321).

Art. 5º: 1a. s/ cumulação de pedidos, v. CPC 327.

Art. 5º: 2. s/ reconvenção, v. CPC 343.

Art. 5º: 3. s/ litisconsórcio, v. CPC 113 a 118.

Art. 5º: 4. s/ assistência, v. CPC 119 a 124.

Art. 5º: 5. s/ intervenção de terceiros, v. CPC 119 a 138.

Art. 6º Recebido o pedido de resposta ou retificação, o juiz, dentro de 24 (vinte e quatro) horas, mandará citar o responsável pelo veículo de comunicação social para que:

I — em igual prazo, apresente as razões pelas quais não o divulgou, publicou ou transmitiu;

II — no prazo de 3 (três) dias, ofereça contestação.

Parágrafo único. O agravo consistente em injúria não admitirá a prova da verdade.

Art. 7º O juiz, nas 24 (vinte e quatro) horas seguintes à citação, tenha ou não se manifestado o responsável pelo veículo de comunicação, conhecerá do pedido e, havendo prova capaz de convencer sobre a verossimilhança da alegação ou justificado receio de ineficácia do provimento final, fixará desde logo as condições e a data para a veiculação, em prazo não superior a 10 (dez) dias, da resposta ou retificação.

§ 1º Se o agravo tiver sido divulgado ou publicado por veículo de mídia impressa cuja circulação seja periódica, a resposta ou retificação será divulgada na edição seguinte à da ofensa ou, ainda, excepcionalmente, em edição extraordinária, apenas nos casos em que o prazo entre a ofensa e a próxima edição indique desproporcionalidade entre a ofensa e a resposta ou retificação.

§ 2º A medida antecipatória a que se refere o *caput* deste artigo poderá ser reconsiderada ou modificada a qualquer momento, em decisão fundamentada.[1]

§ 3º O juiz poderá, a qualquer tempo, impor multa diária ao réu, independentemente de pedido do autor, bem como modificar-lhe o valor ou a periodicidade, caso verifique que se tornou insuficiente ou excessiva.[1a]

§ 4º Para a efetivação da tutela específica de que trata esta Lei, poderá o juiz, de ofício ou mediante requerimento, adotar as medidas cabíveis para o cumprimento da decisão.[2]

Art. 7º: 1. v. CPC 296 e 298.

Art. 7º: 1a. v. art. 12 § 2º. V. tb. CPC 537.
Art. 7º: 2. v. CPC 536.

Art. 8º Não será admitida a divulgação, publicação ou transmissão de resposta ou retificação que não tenha relação com as informações contidas na matéria a que pretende responder nem se enquadre no § 1º do art. 2º desta Lei.

Art. 9º O juiz prolatará a sentença no prazo máximo de 30 (trinta) dias, contado do ajuizamento da ação, salvo na hipótese de conversão do pedido em reparação por perdas e danos.
Parágrafo único. As ações judiciais destinadas a garantir a efetividade do direito de resposta ou retificação previsto nesta Lei processam-se durante as férias forenses[1] e não se suspendem pela superveniência delas.

Art. 9º: 1. v. CPC 215-III.

Art. 10. Das decisões proferidas nos processos submetidos ao rito especial estabelecido nesta Lei, poderá ser concedido efeito suspensivo pelo tribunal competente, desde que constatadas, em juízo colegiado prévio,[1] a plausibilidade do direito invocado e a urgência na concessão da medida.

Art. 10: 1. A expressão "em juízo colegiado prévio" foi declarada **inconstitucional**, de modo que basta decisão monocrática no âmbito do tribunal para deliberar a respeito (STF-Pleno, ADI 5.415, Min. Dias Toffoli, j. 11.3.21, maioria, DJ 25.5.21).

Art. 11. A gratuidade da resposta ou retificação divulgada pelo veículo de comunicação, em caso de ação temerária, não abrange as custas processuais nem exime o autor do ônus da sucumbência.[1]
Parágrafo único. Incluem-se entre os ônus da sucumbência os custos com a divulgação, publicação ou transmissão da resposta ou retificação, caso a decisão judicial favorável ao autor seja reformada em definitivo.

Art. 11: 1. s/ ônus da sucumbência, v. CPC 82 § 2º, 84 e 85.

Art. 12. Os pedidos de reparação ou indenização por danos morais, materiais ou à imagem serão deduzidos em ação própria, salvo se o autor, desistindo expressamente da tutela específica de que trata esta Lei, os requerer, caso em que o processo seguirá pelo rito ordinário.[1]
§ 1º O ajuizamento de ação cível ou penal contra o veículo de comunicação ou seu responsável com fundamento na divulgação, publicação ou transmissão ofensiva não prejudica o exercício administrativo ou judicial do direito de resposta ou retificação previsto nesta Lei.[2]
§ 2º A reparação ou indenização dar-se-á sem prejuízo da multa a que se refere o § 3º do art. 7º.

Art. 12: 1. i.e., pelo **procedimento comum** (CPC 318 e segs.).
Art. 12: 2. v. art. 2º § 3º.

Art. 13. O art. 143 do Decreto-Lei n. 2.848, de 7 de dezembro de 1940 (Código Penal), passa a vigorar acrescido do seguinte parágrafo único:

"**Art. 143.** ....
Parágrafo único. Nos casos em que o querelado tenha praticado a calúnia ou a difamação utilizando-se de meios de comunicação, a retratação dar-se-á, se assim desejar o ofendido, pelos mesmos meios em que se praticou a ofensa".

Art. 14. Esta Lei entra em vigor na data de sua publicação.

Brasília, 11 de novembro de 2015; 194º da Independência e 127º da República — DILMA ROUSSEF — José Eduardo Cardozo

Divórcio e Separação Judicial

Lei n. 6.515, de 26 de dezembro de 1977

Regula os casos de dissolução da sociedade conjugal e do casamento, seus efeitos e respectivos processos, e dá outras providências.

O Presidente da República,
Faço saber que o Congresso Nacional decreta e eu sanciono a seguinte lei:

Art. 1º A separação judicial,[1] a dissolução do casamento, ou a cessação de seus efeitos civis, de que trata a Emenda Constitucional n. 9, de 28 de junho de 1977,[2] ocorrerão nos casos e segundo a forma que esta lei regula.

Art. 1º: 1. v. art. 2º, nota 2b **(Em. Const. 66, de 13.7.10).**

Art. 1º: 2. Em. Const. 9, de 28.6.77, à Constituição revogada. Atualmente, v. CF 226 § 6º.

Capítulo I | DA DISSOLUÇÃO DA SOCIEDADE CONJUGAL

Art. 2º A sociedade conjugal termina:[1]
I — pela morte de um dos cônjuges;
II — pela nulidade ou anulação do casamento;[1a]
III — pela separação judicial;[2 a 2c]
IV — pelo divórcio.[3]
Parágrafo único. O casamento válido somente se dissolve pela morte de um dos cônjuges ou pelo divórcio.

Art. 2º: 1. No mesmo sentido: CC 1.571.

Art. 2º: 1a. s/ situação dos filhos, v. art. 14.

Art. 2º: 2. s/ separação judicial, v. arts. 3º a 13, 15 a 23, 34, 39, 41, 42, 46.

Art. 2º: 2a. "A Emenda Constitucional n. 66/2010: semelhanças, diferenças e inutilidades entre separação e divórcio — O direito intertemporal", por Rodrigo da Cunha Pereira (RMDCPC 37/5, RBDFS 17/5); "A nova Emenda do divórcio: primeiras reflexões", por Pablo Stolze Gagliano (RBDFS 16/5, RF 410/439); "O divórcio, após a Emenda Constitucional n. 66, de 2010", por Pedro Roberto Decomain (RDDP 90/108); "Emenda Constitucional n. 66 e a possibilidade jurídica do pedido de separação", por Walsir Edson Rodrigues Jr. e Dierle Nunes (RBDFS 18/5); "A PEC do divórcio. A revolução do século em matéria de direito de família. A passagem de um sistema antidivorcista para o divorcista pleno", por José Fernando Simão (RBDFS 17/14); "Emenda Constitucional do divórcio", por Álvaro Villaça Azevedo (RMDCPC 39/88); "O divórcio e separação no Brasil — algumas considerações após a aprovação da EC 66", por Marianna Chaves (RBDFS 20/5); "Sobrevive a separação conjugal", por Clito Fornaciari Jr. (RMDCPC 43/40); "Emenda Constitucional n. 66/2010 e a supressão dos prazos para o divórcio: pontos positivos e negativos", por Lígia Barbieri Mantovani e Giana Lisa Zanardo Sartori (RJ 421/57).

Art. 2º: 2b. Em. Const. 66, de 13.7.10 — Dá nova redação à CF 226 § 6º, que dispõe sobre a dissolubilidade do casamento civil pelo divórcio, suprimindo o requisito de prévia separação judicial por mais de 1 ano ou de comprovada separação de fato por mais de 2 anos.

Divórcio – Lei n. 6.515, de 26.12.77 (LDi), arts. 2º a 3º

A antiga redação da CF 226 § 6º era do seguinte teor: "O casamento civil pode ser dissolvido pelo divórcio, após prévia separação judicial por mais de um ano nos casos expressos em lei, ou comprovada separação de fato por mais de dois anos". Com o advento da **Em. Const. 66, de 13.7.10,** o referido § 6º passou a dispor apenas que "o casamento civil pode ser dissolvido pelo divórcio".

Não obstante, é importante registrar que nenhum dispositivo legal foi **revogado expressamente** por conta da referida Em. Const.

Seguem manifestações jurisprudenciais a respeito do tema:

— "Ao tolher do ambiente formal constitucional os referidos requisitos do divórcio e inclusive a menção à separação civil, abriu portas o legislador constituinte a que o Congresso Nacional, sob regime de tramitação mais benévolo, possa amadurecer a discussão acerca da manutenção (ou não) da separação judicial em nosso ordenamento jurídico. O quadro que hoje emana do ordenamento jurídico, todavia, evidencia que **o instituto da separação judicial não foi suprimido pela emenda constitucional**" (RT 906/870: TJES, AI 24100917921).

"A aprovação da EC 66/2010, ao dar nova redação ao § 6º do art. 226 da CF/1988, que dispõe sobre a dissolubilidade do casamento civil pelo divórcio, não enseja automática revogação da legislação infraconstitucional que disciplina a dissolução da sociedade e do vínculo conjugal. Para que isso ocorra, indispensável seja modificado o Código Civil, que, por ora, preserva em pleno vigor os dispositivos atinentes à separação judicial e ao divórcio. Inteligência do art. 2º § 1º da LICC (Dec.-lei 4.657/1942)" (RT 910/1.046: TJRS, AP 70040795247, maioria; bem fundamentado). No mesmo sentido: RT 924/1.058 (TJRS, AP 70045626108).

"A Emenda Constitucional 66/10 não aboliu a separação judicial do ordenamento jurídico pátrio, limitando-se à desconstitucionalização do tema, conferindo ao legislador ordinário liberdade para sua regulamentação, em consonância com os reclamos da sociedade pós-moderna. Deve ser reformada a sentença que converte a ação de separação judicial em divórcio, sem observância do lapso temporal exigido pelo art. 1.580 do Código Civil" (RT 918/1.101: TJMG, AP 1.0028.11.000116-2/001).

Contra: "Separação judicial litigiosa. Instituto extinto pela EC n. 66, que deu nova redação ao art. 226, § 6º, da CF. Intimação das partes para que se manifestassem sobre o interesse da conversão da ação em divórcio. Inércia das partes. Divórcio decretado" (JTJ 366/292: AP 9211780.87.2006.8.26.0000).

— No sentido de que "o divórcio passou a **independer de restrição temporal ou causal**, tornando-se o simples exercício de um direito potestativo": RBDFS 19/145 [TJMG, AP 1.0210.09.061665-2/001(1)].

"Evidente a eliminação da exigência de comprovação de lapso temporal para ingresso com o divórcio. Não é correto, do ponto de vista da moderna hermenêutica que hoje se aplica, ignorar a prevalência absoluta, sobre todas as outras, da norma constitucional, que tem vida e efetividade desde o momento que adquire vigência, reformando tudo que está no ordenamento infraconstitucional em desacordo com a norma atual. Como todas as leis retiram a sua validade direta ou indiretamente da Constituição, a mudança da norma constitucional determina consequentemente a mudança no fundamento de validade das normas encontradas em vigor. Não se pode exigir, para dar efeito à Emenda Constitucional em referência, que se faça a reforma da lei não recepcionada" (JTJ 373/104: AI 0244014-08.2011.8.26.0000).

— No sentido de que a separação não mais depende de requisito temporal para sua efetivação: "Em uma interpretação lógico-sistêmica, não há como entender preservados os requisitos de um ano de separação de fato, quando litigioso o pedido (art. 1.572, § 1º, do CC), ou ano de casamento, quando consensual (art. 1.574 do CC), na medida em que, para o divórcio, este mesmo Colegiado já disse não mais subsistirem (Súmula 37). Ocorre que, notoriamente, o instituto do divórcio possui efeitos muito mais contundentes do que o da separação judicial, pois rompe o vínculo matrimonial, enquanto esta última desfaz apenas a sociedade conjugal. Logo, não se mostra coerente exigir mais para o menos e menos para o mais!" (RT 924/1.058: TJRS, AP 70045626108).

Art. 2º: 2c. ou extrajudicial (CPC 733).

Art. 2º: 3. s/ divórcio, v. arts. 13, 15, 16, 21 a 33, 35 a 37, 40, 43 a 48. S/ divórcio extrajudicial, v. CPC 733.

Seção I | DOS CASOS E EFEITOS DA SEPARAÇÃO JUDICIAL[1]

SEÇ. I: 1. v. art. 2º, nota 2b (Em. Const. 66, de 13.7.10).

Art. 3º A separação judicial[1 a 2] põe termo aos deveres de coabitação, fidelidade recíproca[3] e ao regime matrimonial de bens,[4-5] como se o casamento fosse dissolvido.[5a]

Divórcio – Lei n. 6.515, de 26.12.77 (LDi), arts. 3º a 5º

§ 1º O procedimento judicial da separação caberá somente aos cônjuges, e, no caso de incapacidade, serão representados por curador, ascendente ou irmão.[6]

§ 2º O juiz deverá promover todos os meios para que as partes se reconciliem ou transijam, ouvindo pessoal e separadamente cada uma delas e, a seguir, reunindo-as em sua presença, se assim considerar necessário.[7-7a]

§ 3º Após a fase prevista no parágrafo anterior, se os cônjuges pedirem, os advogados deverão ser chamados a assistir aos entendimentos e deles participar.

Art. 3º: 1. "Dano moral na separação, divórcio e união estável", por Belmiro Pedro Welter (RT 775/128 e RJ 267/24).

Art. 3º: 1a. tanto litigiosa como consensual.

Art. 3º: 1b. e também a extrajudicial (CPC 733).

Art. 3º: 2. Disposições pertinentes tanto à separação litigiosa como à consensual: arts. 3º, 7º, 8º, 13, 15, 16, 21 a 23, 41, 42, 46.

Disposições relativas à separação litigiosa: arts. 5º, 6º, 10 a 12, 17 a 20.

Disposições referentes à separação consensual: arts. 4º, 9º, 34, 39.

Art. 3º: 3. v. CC 1.566-I e 1.576.

Nos casos do art. 5º §§ 1º e 2º, nem o divórcio extingue o dever de assistência (CC 1.566-III) ao antigo cônjuge (v. art. 26 desta lei).

Art. 3º: 4. v. CC 1.639 a 1.688.

Art. 3º: 5. "A separação de fato que se prolonga no tempo é fator jurídico suficiente para que não mais se comuniquem os bens, mesmo em regime de comunhão universal" (RJTJERGS 176/727). V. tb. art. 8º, nota 2.

Art. 3º: 5a. A separação põe fim à sociedade conjulgal, mas mantém intacto o vínculo matrimonial, o que impede os cônjuges de contraírem novas núpcias.

Art. 3º: 6. cf. art. 24 § ún.; tb. CPC 245 § 4º (curador à lide para réu demente ou impossibilitado de receber citação).

Art. 3º: 7. "A não tentativa de conciliação — formalidade essencial — gera nulidade do processo" (RT 616/169).

Art. 3º: 7a. "A ilegalidade da audiência prévia de conciliação na separação judicial litigiosa", por Mantovanni Colares Cavalcante (RTJE 154/41).

Art. 4º Dar-se-á a separação judicial por mútuo consentimento dos cônjuges,[1-1a] se forem casados há mais de 2 (dois) anos,[1b] manifestado perante o juiz e devidamente homologado.

Art. 4º: 1. ou separação consensual (v. art. 39).

Art. 4º: 1a. O mútuo consentimento também autoriza a separação extrajudicial, uma vez atendidos os demais requisitos do CPC 733.

Art. 4º: 1b. O novo Código Civil diminuiu esse prazo para um ano (CC 1.574).

Art. 5º A separação judicial[1 a 2a] pode ser pedida por um só dos cônjuges quando imputar ao outro conduta desonrosa ou qualquer ato que importe em grave violação dos deveres do casamento e tornem[3] insuportável a vida em comum.[4 a 5]

§ 1º (*redação da Lei 8.408, de 13.2.92*) A separação judicial pode, também, ser pedida se um dos cônjuges provar a ruptura da vida em comum há mais de um ano[5a] consecutivo, e a impossibilidade de sua reconstituição.[6]

§ 2º O cônjuge pode ainda pedir a separação judicial quando o outro estiver acometido de grave doença mental, manifestada após o casamento, que torne impossível a continuação da vida em comum, desde que, após uma duração de 5 (cinco) anos, a enfermidade tenha sido reconhecida como de cura improvável.[7]

§ 3º Nos casos dos parágrafos anteriores,[7a] reverterão, ao cônjuge que não houver pedido a separação judicial, os remanescentes dos bens que levou para o casamento, e, se o regime de bens adotado o permitir, também a meação nos adquiridos na constância da sociedade conjugal.[8]

Art. 5º: 1. litigiosa, cujo procedimento é o comum (v. art. 34-*caput*).

Art. 5º: 2. "Na linha de entendimento mais recente e em atenção às diretrizes do novo Código Civil, evidenciado o desejo de ambos os cônjuges em extinguir a sociedade conjugal, a separação deve ser decretada, mesmo que a pretensão posta em juízo tenha como causa de pedir a existência de conduta desonrosa" (STJ-4ª T., REsp 433.206, Min. Sálvio de Figueiredo, j. 6.3.03, DJU 7.4.03).

"Ainda que se requeira a separação judicial com imputação de culpa e essa não reste provada nos autos, o juiz pode decretá-la caso verifique, nas provas coligidas aos autos, a insuportabilidade da vida em comum, situação em que a decretação da separação não implica julgamento diverso do pedido" (STJ-3ª T., REsp 466.329, Min. Nancy Andrighi, j. 22.6.04, DJU 11.10.04).

"Separação. Ação e reconvenção. Improcedência de ambos os pedidos. Evidenciada a insuportabilidade da vida em comum, e manifestado por ambos os cônjuges, pela ação e reconvenção, o propósito de se separarem, o mais conveniente é reconhecer esse fato e decretar a separação, sem imputação da causa a qualquer das partes" (RSTJ 174/411, STJ-Bol. AASP 2.341/2.857).

S/ motivos que caracterizam a impossibilidade da comunhão de vida, v. CC 1.573.

Art. 5º: 2a. "Deixando o réu de apresentar contestação ao pedido de separação judicial de cunho litigioso a envolver interesse de menores, filhos do casal, não pode o juiz simplesmente decretar a pena da **confissão ficta**. As ações de separação judicial, nas quais o debate cinge-se ao âmbito do casal separando, tratam de direitos transigíveis. As consequências da separação judicial com pedido de decretação de culpa, em especial aquelas a envolver os interesses dos filhos do casal, ainda menores, sobrepõem-se, necessariamente, à disponibilidade dos direitos restritos à esfera dos cônjuges, e não permitem que os graves efeitos da revelia preponderem ante a imprescindibilidade da instrução processual" (STJ-3ª T., REsp 686.978, Min. Nancy Andrighi, j. 29.11.05, DJU 13.2.06).

Art. 5º: 3. O verbo no plural ("tornem") tanto se refere à "conduta desonrosa" como à "grave violação dos deveres do casamento".

Art. 5º: 4. É possível a cumulação de pedido de separação litigiosa com indenização por dano moral, fundados no mesmo fato. Assim: "O sistema jurídico brasileiro admite, na separação e no divórcio, a indenização por dano moral. Juridicamente, portanto, tal pedido é possível: responde pela indenização o cônjuge responsável exclusivo pela separação" (STJ-RF 363/240). No mesmo sentido: RSTJ 151/247, STJ-RJ 285/96, JTJ 240/211, 297/464, RJ 285/96. **Contra**, porque a competência para conhecer dos pedidos era de juízos diferentes: JTJ 239/290.

Art. 5º: 4a. "A proclamação da liberdade de não permanecer casado (ou: um réquiem para a culpa na dissolução das relações afetivas", por Cristiano Chaves de Farias (RDPr 16/46); "Danos morais em família? Conjugalidade, parentalidade e responsabilidade civil", por Maria Celina Bodin de Moraes (RF 386/183).

Art. 5º: 5. cf. CC 1.572 e 1.573. S/ situação dos filhos, v. art. 10; s/ petição inicial, nas ações de separação litigiosa, v., no CPCLPV, CPC 319, nota 8d.

Art. 5º: 5a. s/ fato superveniente, v., no CPCLPV, CPC 493, nota 4.

Art. 5º: 6. Redação do § 1º de acordo com a Lei 8.408, de 13.2.92.

Art. 5º: 7. O § 2º está praticamente superado, em razão da nova redação dada pela Lei 7.841, de 17.10.89, ao art. 40-*caput* (v. este art.), que é muito mais abrangente e simples, além de permitir a decretação do divórcio (e não apenas da separação judicial) com menor tempo de separação de fato.

V., em complemento, arts. 12 e 26.

Art. 5º: 7a. Esta regra incide somente no caso do § 2º deste dispositivo legal, por força do que dispõe o CC 1.572 § 3º.

Art. 5º: 8. Por importar alteração do regime de bens, este § não pode ser aplicado a matrimônio celebrado antes da vigência da LDi, pois dita aplicação ofenderia o princípio constitucional do respeito ao direito adquirido (STF Pleno: RTJ 131/245 e RT 653/221, longamente fundamentado, maioria). No mesmo sentido: STJ-4ª T., REsp 302.930, Min. Jorge Scartezzini, j. 5.10.94, DJU 6.12.04.

De qualquer modo, este § 3º não se aplicava às ações diretas de divórcio previstas no art. 40 (STF-RT 654/228).

"Está superada pela Lei n. 7.841, de 1989, a questão da aplicabilidade da sanção do art. 5º, § 3º, da Lei n. 6.515, de 1977, ao divórcio concedido sem causa culposa" (JTJ 211/20).

Art. 6º Nos casos dos §§ 1º e 2º do artigo anterior, a separação judicial poderá ser negada, se constituir, respectivamente, causa de agravamento das condições pessoais ou da doença do outro cônjuge, ou determinar, em qualquer caso, consequências morais de excepcional gravidade para os filhos menores.[1]

Art. 6º: 1. Esta disposição não foi reproduzida pelo CC atual.

Art. 7º A separação judicial[1] importará na separação de corpos[2] e na partilha de bens.

§ 1º A separação de corpos poderá ser determinada como medida cautelar (art. 796 do CPC).[3 a 7a]

§ 2º A partilha de bens poderá ser feita mediante proposta dos cônjuges e homologada pelo juiz ou por este decidida.[8]

Art. 7º: 1. tanto litigiosa como consensual.

Art. 7º: 2. v. CC 1.575-*caput*, especialmente nota 2.

Art. 7º: 3. "Separação de corpos na união conjugal de fato", por Rosana Jane Magrini (RJ 208/20); "Ponderações relevantes sobre a separação de corpos: aspectos processuais, substanciais e seu tratamento pela doutrina e jurisprudência modernas", por Maria Isabel El Maerrawi (RIDF 45/136).

Art. 7º: 4. s/ separação de corpos e guarda de filhos, v. CC 1.585; s/ necessidade de propositura da ação de separação, no prazo de 30 dias, contados da separação de corpos, v., no CPCLPV, CPC 309, nota 5.

Art. 7º: 5. A separação de corpos corre em segredo de justiça (v. CPC 189-II).

Art. 7º: 6. A separação de corpos pode ser concedida, a requerimento conjunto dos cônjuges, mesmo antes de completado o prazo para ser requerida a separação consensual (RT 518/95 e RJTJESP 53/169, RT 601/74, 636/71, 699/69, 862/227, RJTJESP 94/179, 96/185, 99/176, JTJ 199/75, 200/124, 207/130, RF 301/175, 321/202, RCJ 1/77, RP 44/286, com comentário de Gelson Amaro de Souza) e, neste caso, não se exige a propositura da ação principal no prazo de trinta dias estabelecido no art. 806 do CPC (RT 756/225).

Não é possível, porém, que no pedido cautelar de separação de corpos os cônjuges estabeleçam condições somente cabíveis no caso de separação consensual (RT 640/98), como, por exemplo, a partilha dos bens do casal (RT 715/129, maioria, e JTJ 174/120, maioria).

Art. 7º: 7. O pedido de separação de corpos é cabível ainda que já separado de fato o casal (RT 525/66, 541/97, 712/148, 781/349, 810/391, RJTJESP 61/189, 63/135, 99/175, 100/207, JTJ 165/141, 169/231, RTJE 148/224, Bol. AASP 1.061/78), embora, nesta última hipótese, não seja essencial como medida preparatória da separação judicial (RT 541/71, RJTJESP 61/119).

Art. 7º: 7a. "Separação de corpos. Relevância prática da distinção entre simples pedido de afastamento espontâneo do lar e pedido de afastamento coativo do outro cônjuge. Na última hipótese, salvo casos excepcionais, deve o magistrado ouvir o réu, antes de resolver sobre solicitação de liminar; outrossim, poderá ordenar provas para verificar quem deve retirar-se do lar ou dele ser retirado" (RJTJERGS 176/706).

Art. 7º: 8. A falta de acordo quanto à partilha dos bens do casal não impede a homologação da separação consensual (v. CPC 731 § ún.).

Sobre partilha e divórcio, v. CC 1.581 (na nota 9 ao art. 40).

Art. 8º A sentença que julgar a separação judicial[1] produz seus efeitos à data de seu trânsito em julgado, ou à da decisão que tiver concedido separação cautelar.[2]

Art. 8º: 1. tanto litigiosa, como consensual.

Art. 8º: 2. "Estabelecendo o art. 8º da Lei 6.515/77 (Lei do Divórcio) a retroação dos efeitos da sentença que extingue a sociedade conjugal à data da decisão que concedeu a separação de corpos, nesta data se desfazem tanto os deveres de ordem pessoal dos cônjuges como o regime matrimonial de bens. Desde então não se comunicam os bens e direitos adquiridos por qualquer dos cônjuges" (RTJ 121/756 e STF-Bol. AASP 1.498/207). No mesmo sentido: RSTJ 54/88.

Em geral, desde a separação de fato, não se comunicam os bens e direitos adquiridos por um dos cônjuges com recursos próprios (RSTJ 142/220, STJ-RT 796/200, RJTJESP 114/102, RJTJERGS 168/297).

Seção II | DA PROTEÇÃO DA PESSOA DOS FILHOS[1-2]

SEÇ. II: 1. s/ dissolução da sociedade conjugal, v. art. 2º, nota 2b **(Em. Const. 66, de 13.7.10).**

SEÇ. II: 2. Entendemos que esta Seção foi **implicitamente revogada** pelo Código Civil (Lei 10.406, de 10.1.02), diploma legal superveniente cujos arts. 1.583 a 1.590 passaram a regular a matéria relativa à "proteção da pessoa dos filhos".

Art. 9º No caso de dissolução da sociedade conjugal pela separação judicial consensual (art. 4º), observar-se-á o que os cônjuges acordarem sobre a guarda dos filhos.[1]

Art. 9º: 1. v., porém, art. 34 § 2º. V. tb. CC 1.574 § ún.

Art. 10. Na separação judicial fundada no *caput* do art. 5º, os filhos menores ficarão com o cônjuge que a ela não houver dado causa.

§ 1º Se pela separação judicial forem responsáveis ambos os cônjuges, os filhos menores ficarão em poder da mãe, salvo se o juiz verificar que de tal solução possa advir prejuízo de ordem moral para eles.

§ 2º Verificado que não devem os filhos permanecer em poder da mãe nem do pai, deferirá o juiz a sua guarda a pessoa notoriamente idônea da família de qualquer dos cônjuges.

Art. 11. Quando a separação judicial ocorrer com fundamento no § 1º do art. 5º, os filhos ficarão em poder do cônjuge em cuja companhia estavam durante o tempo de ruptura da vida em comum.

Art. 12. Na separação judicial fundada no § 2º do art. 5º, o juiz deferirá a entrega dos filhos ao cônjuge que estiver em condição de assumir, normalmente, a responsabilidade de sua guarda e educação.

Art. 13. Se houver motivos graves, poderá o juiz, em qualquer caso, a bem dos filhos, regular por maneira diferente da estabelecida nos artigos anteriores a situação deles com os pais.[1]

Art. 13: 1. v. CC 1.586.

Art. 14. No caso de anulação do casamento, havendo filhos comuns, observar-se-á o disposto nos arts. 10 e 13.[1]

Parágrafo único. Ainda que nenhum dos cônjuges esteja de boa-fé ao contrair o casamento, seus efeitos civis aproveitarão aos filhos comuns.

Art. 14: 1. v. CC 1.561 e notas.

Art. 15. Os pais, em cuja guarda não estejam os filhos, poderão visitá-los e tê-los em sua companhia, segundo fixar o juiz, bem como fiscalizar sua manutenção e educação.[1]

Art. 15: 1. v. CC 1.589 e notas.

Art. 16. As disposições relativas à guarda e à prestação de alimentos aos filhos menores estendem-se aos filhos maiores inválidos.[1]

Art. 16: 1. v. CC 1.590.

Seção III | DO USO DO NOME[1 A 2]

SEÇ. III: 1. s/ dissolução da sociedade conjugal, v. art. 2º, nota 2b **(Em. Const. 66, de 13.7.10)**.

SEÇ. III: 1a. v. art. 25 § ún., que dispõe s/ nome da mulher, no caso de conversão da separação judicial em divórcio.

Os arts. 17 e 18, abaixo, somente se referem à ação de separação judicial.

SEÇ. III: 2. Entendemos que esta Seção foi **implicitamente revogada** pelo Código Civil (Lei 10.406, de 10.1.02), diploma legal superveniente cujo art. 1.578 passou a regular a matéria relativa ao "uso do nome" pelos cônjuges separados.

Art. 17. Vencida na ação de separação judicial (art. 5º, *caput*), voltará a mulher a usar o nome de solteira.[1-2]

§ 1º Aplica-se, ainda, o disposto neste artigo, quando é da mulher a iniciativa da separação judicial com fundamento nos §§ 1º e 2º do art. 5º.

§ 2º Nos demais casos, caberá à mulher a opção pela conservação do nome de casada.

Art. 17: 1. se for o caso, porque pode não ter adotado o nome do marido (CC 1.565 § 1º).

Art. 17: 2. O MP não tem legitimidade para recorrer de decisão sobre nome da mulher separada judicialmente (RJTJESP 129/111).

Art. 18. Vencedora na ação de separação judicial (art. 5º, *caput*), poderá a mulher renunciar, a qualquer momento, ao direito de usar o nome do marido.

Seção IV | DOS ALIMENTOS[1]

SEÇ. IV: 1. s/ alimentos, v. tb. arts. 16 e 28 a 30, bem como Lei 5.478, de 25.7.68, no tít. ALIMENTOS. V. ainda CC 1.694 a 1.710.

S/ dissolução da sociedade conjugal, v. art. 2º, nota 2b **(Em. Const. 66, de 13.7.10)**.

Art. 19. O cônjuge responsável[1] pela separação judicial[2] prestará[2a] ao outro, se dela necessitar,[2b] a pensão que o juiz fixar.[3-4]

Art. 19: 1. "O fato de a autora ter tomado a iniciativa, na ação, de postular a separação judicial — sem que se haja comprovado seja ela responsável pela separação de fato — não lhe retira a possibilidade de pretender alimentos" (RT 578/200).

Art. 19: 2. litigiosa. Na separação consensual, v. CPC 731-II.

Art. 19: 2a. Decide *extra petita* a sentença que, em ação de separação, concede pensão alimentícia que não foi expressamente pleiteada na inicial ou na reconvenção (JTJ 188/264, um voto vencido).

Art. 19: 2b. Podem ser fixados alimentos por **período determinado** (Ajuris 87/512; no caso, o marido foi condenado a pagar alimentos à mulher durante um ano, para que a mesma pudesse "afirmar-se no mercado de trabalho").

Art. 19: 3. v. CC 1.702 e 1.704.

S/ revisão da pensão, v. art. 28; s/ extinção da pensão, v. arts. 29 e 30.

Art. 19: 4. É possível a fixação de alimentos provisórios em ação de separação judicial (RT 838/226, Bol. AASP 2.333/2.793).

Art. 20. Para manutenção dos filhos, os cônjuges, separados judicialmente, contribuirão na proporção de seus recursos.[1-2]

Art. 20: 1. v. CC 1.703.

S/ cessação da pensão devida aos filhos, em razão da maioridade, v. LA 13, nota 5.

Art. 20: 2. A sentença, que decretar a separação contenciosa, deve fixar o *quantum* para cada um dos cônjuges.

"Em princípio, deverá a pensão ser fixada na sentença que decretar a separação. Ocorrendo, entretanto, que as partes não tenham debatido, de modo algum, a propósito das possibilidades do alimentante nem das necessidades dos alimentandos e faltando, por completo, qualquer elemento que permita arbitrar a pensão, admissível seja a questão remetida para ação autônoma, tanto mais quanto reconhecido que vinha sendo prestada a reclamada assistência material" (STJ-3ª T., REsp 57.907-4, Min. Eduardo Ribeiro, j. 25.6.96, DJU 19.8.96, p. 28.469).

Art. 21. Para assegurar o pagamento da pensão alimentícia, o juiz poderá determinar a constituição de garantia real ou fidejussória.[1]

§ 1º Se o cônjuge credor preferir, o juiz poderá determinar que a pensão consista no usufruto[2-3] de determinados bens do cônjuge devedor.

§ 2º Aplica-se, também, o disposto no parágrafo anterior, se o cônjuge credor justificar a possibilidade do não recebimento regular da pensão.

Art. 21: 1. Esta providência pode ser tomada em ação revisional de alimentos (RT 761/245, maioria).

Art. 21: 2. v. CC 1.390 a 1.411. A sentença deve ser levada a registro (LRP 167-I-7).

Art. 21: 3. "O art. 21, § 1º, da Lei do Divórcio autoriza o cônjuge credor a optar pelo usufruto de bens do cônjuge devedor; não a se valer desse direito cumulativamente com a pensão" (STJ-3ª T., REsp 93.253, Min. Ari Pargendler, j. 25.4.00, DJU 12.6.00).

Art. 22. Salvo decisão judicial, as prestações alimentícias, de qualquer natureza, serão corrigidas monetariamente na forma dos índices de atualização das Obrigações Reajustáveis do Tesouro Nacional — ORTN.[1]

Parágrafo único. No caso do não pagamento das referidas prestações no vencimento, o devedor responderá, ainda, por custas e honorários de advogado apurados simultaneamente.[2]

Art. 22: 1. A ORTN foi substituída pela OTN e esta, pelo BTN, etc., etc.

Art. 22: 2. O § ún. refere-se a prestações vencidas e não pagas; o seu *quantum* será atualizado pelo coeficiente mensal de correção monetária em vigor, com acréscimo de custas e honorários, que o juiz deve fixar por antecipação.

Art. 23. A obrigação de prestar alimentos transmite-se aos herdeiros do devedor, na forma do art. 1.796 do Código Civil.[1 a 4]

Art. 23: 1. v. CC 1.700.

Art. 23: 1a. "A Lei do Divórcio e transmissão da obrigação alimentar", por Sérgio Gischkow Pereira (RT 518/29, Ajuris 14/80, RBDP 18/149); "Indagações sobre o art. 23 da Lei do Divórcio", por Fábio Luiz Gomes (Ajuris 15/43).

Art. 23: 2. O art. 1.796 do CC rev. corresponde ao CC 1.997.

Art. 23: 3. CC 1.700: "A obrigação de prestar alimentos transmite-se aos herdeiros do devedor, na forma do art. 1.694". Mas o herdeiro não é responsável *ultra vires hereditatis* (v. CC 1.792 e 1.997-*caput*).

Art. 23: 3a. "O espólio tem a obrigação de prestar alimentos àquele a quem o *de cujus* devia, mesmo vencidos após a sua morte. Enquanto não encerrado o inventário e pagas as quotas devidas aos sucessores, o autor da ação de alimentos e presumível herdeiro não pode ficar sem condições de subsistência no decorrer do processo. Exege-se do art. 1.700 do novo CC" (STJ-2ª Seção, REsp 219.199, Min. Fernando Gonçalves, j. 10.12.03, um voto vencido, DJU 3.5.04). No mesmo sentido: RT 839/317 (ponderando, todavia, que "os valores recebidos a tal título serão descontados do quinhão hereditário que couber ao alimentado"), JTJ 205/17, 312/347, RJ 179/84.

Contra, no sentido de que os alimentos devidos são somente os vencidos **até a data do óbito**: "A condição de alimentante é personalíssima e não se transmite aos herdeiros; todavia, isso não afasta a responsabilidade dos herdeiros pelo pagamento dos débitos alimentares verificados até a data do óbito" (RSTJ 161/273). No mesmo sentido: RT 860/258, RJ 313/110, JTJ 171/142.

O credor de alimentos pode exigir do espólio do devedor a obrigação já constituída. Seria "absurdo ter o alimentando de aguardar o término do inventário para só então agir por meio de futura ação contra os herdeiros, já que não poderia, em tese, demandar contra o espólio" (Bol. AASP 1.671/1).

Art. 23: 3b. Segundo jurisprudência amplamente majoritária, o art. 23 somente se refere a alimentos entre cônjuges separados ou divorciados (RT 574/68, 616/177, 699/52, maioria, 710/115, 717/133, RJTJESP 113/245, 129/192, JTJ 144/81, RJTJERGS 168/300, RJ 214/71).

Neste sentido: "A transmissibilidade da obrigação de prestar alimentos, prevista no art. 23 da Lei 6.515, de 1977, é restrita às pensões devidas em razão da separação ou divórcio judicial" (RSTJ 135/359 e STJ-RF 354/284).

Art. 23: 4. "A hipótese prevista no art. 23 da Lei 6.515/1977, sobre a transmissão aos herdeiros da obrigação de prestar alimentos supõe que esse ônus já houvesse sido instituído em desfavor do alimentante falecido, hipótese diversa da presente nos autos, em que quando do óbito ainda não houvera decisão judicial estabelecendo os provisionais" (STJ-RDDP 94/125: 4ª T., REsp 509.801).

Capítulo II | DO DIVÓRCIO[1]

CAP. II: 1. v. art. 2º, nota 2b **(Em. Const. 66, de 13.7.10).**

Art. 24. O divórcio[1 a 2] põe termo ao casamento e aos efeitos civis do matrimônio religioso.[3]

Parágrafo único. O pedido somente competirá aos cônjuges, podendo, contudo, ser exercido, em caso de incapacidade, por curador, ascendente ou irmão.[4]

Art. 24: 1. "Dano moral na separação, divórcio e união estável", por Belmiro Pedro Welter (RT 775/128); "Breves considerações sobre o divórcio", por Marcelo de Toledo Cerqueira (RJ 275/33); "Efeitos materiais da separação judicial e do divórcio — Aspectos controvertidos da partilha de bens", por Euclides Benedito de Oliveira (RIASP 5/142).

Art. 24: 1a. Outras disposições s/ divórcio, fora deste capítulo: arts. 13, 15, 16, 21, 22, 23 — também aplicáveis aos casos de separação; 35 a 37 (disposições processuais), 40 (divórcio direto, sem separação judicial anterior), 43 (partilha, na sentença de divórcio), 44 (contagem do prazo de separação), 45 (disposição transitória sobre regime de bens), 46 (reconciliação), 47 e 48 (s/ documento que supra a falta de autos extraviados ou arquivados em outra circunscrição judiciária).

Art. 24: 2. que também pode ser realizado extrajudicialmente, nos termos do CPC 733.

Art. 24: 3. v. LRP 71 a 75; Lei 1.110, de 23.5.50 (Regula o reconhecimento dos efeitos civis do casamento religioso), em Lex 1950/108, RF 130/588.

Art. 24: 4. cf. art. 3º § 1º.

Art. 25 (*redação da Lei 8.408, de 13.2.92*). A conversão em divórcio[1] da separação judicial[2] dos cônjuges existente há mais de um ano,[3] contada da data da decisão ou da que concedeu a medida cautelar correspondente (art. 8º),[4-5] será decretada por sentença, da qual não constará referência à causa que a determinou.[6]

Parágrafo único (*redação da Lei 8.408, de 13.2.92*). A sentença de conversão determinará que a mulher volte a usar o nome que tinha antes de contrair matrimônio,[7] só conservando o nome de família do ex-marido se a alteração prevista neste artigo acarretar:[8]

I — evidente prejuízo para a sua identificação;

II — manifesta distinção entre o seu nome de família e o dos filhos[9] havidos da união dissolvida;

III — dano grave reconhecido em decisão judicial.

Art. 25: 1. s/ o procedimento para a conversão da separação judicial em divórcio, v. arts. 35 a 37.

Art. 25: 2. tanto litigiosa como consensual.

Art. 25: 3. Para os que entendem que a concessão do alvará de separação de corpos caduca se a ação de divórcio não for proposta dentro de trinta dias (v., a respeito, CPC 309, nota 5), o prazo de um ano para que possa ser ajuizada a ação de divórcio não pode ser contado da data de concessão dessa medida (RF 286/335).

Art. 25: 4. v. art. 44, que dispõe s/ o mesmo assunto de maneira mais clara e um pouco diferente.

Art. 25: 5. "O art. 25 da Lei n. 6.515, de 1977, pela sua clareza, fala que o prazo se conta da data da decisão que concedeu a separação ou a medida cautelar, exceção à regra do art. 8º, que marca a data do trânsito em julgado para que a decisão produza seus demais efeitos. Não fosse intenção do legislador excepcionar a regra do art. 8º, desnecessário seria fazer alusão à contagem do prazo no art. 25. Se a lei não deve conter inutilidades, inútil seria a referência do art. 25 se todos os efeitos da sentença que julgasse a separação se encerrassem no contexto do art. 8º" (RJTJESP 92/80). No mesmo sentido: Amagis 10/345.

Nem o art. 25, nem o art. 44 exigem, para contagem do prazo, decisão transitada em julgado (RJTJESP 112/273). Basta que exista uma decisão, através da qual seja "determinada ou presumida a separação dos cônjuges" (art. 44). No mesmo sentido: RT 601/79, maioria (o voto vencido exigia trânsito em julgado).

Art. 25: 6. Redação do *caput* de acordo com a Lei 8.408, de 13.2.92.

Art. 25: 7. v. CC 1.571 e 1.578; s/ o nome da mulher, na separação judicial, v. art. 17 § 2º.

Art. 25: 8. Redação do § ún. e de seus incisos de acordo com a Lei 8.408, de 13.2.92.

Art. 25: 9. ainda que os filhos já tenham atingido a maioridade (RSTJ 171/341).

Art. 26. No caso de divórcio resultante da separação prevista nos §§ 1º e 2º do art. 5º,[1] o cônjuge que teve a iniciativa da separação continuará com o dever de assistência ao outro (Código Civil — art. 231, n. III).[2-3]

Art. 26: 1. v. notas ao art. 5º.

Art. 26: 2. O art. 231-III do CC rev. corresponde ao CC 1.566-III.

Art. 26: 3. "Sendo de iniciativa do ex-marido a ação direta de divórcio intentada com fundamento na ruptura da vida em comum, subsiste a sua obrigação de prestar alimentos ao ex-cônjuge, independentemente da cogitação de culpa pela separação do casal" (RSTJ 31/341).

Art. 27. O divórcio não modificará os direitos e deveres dos pais em relação aos filhos.[1]

Parágrafo único. O novo casamento de qualquer dos pais ou de ambos também não importará restrição a esses direitos e deveres.[2]

Art. 27: 1. v. CC 1.579 e 1.632.

Art. 27: 2. v. CC 1.636-*caput*.

Art. 28. Os alimentos devidos pelos pais e fixados na sentença de separação poderão ser alterados a qualquer tempo.¹

Art. 28: 1. mediante ação revisional (cf. LA 15).

Art. 29. O novo casamento do cônjuge credor da pensão extinguirá a obrigação do cônjuge devedor.¹⁻²

Art. 29: 1. Do mesmo modo, cessa a obrigação do devedor dos alimentos no caso de o credor passar a viver em união estável (RT 698/84, 862/238, JTJ 167/15, 260/38).

Art. 29: 2. No sentido de que a ocultação dolosa do novo casamento do alimentado torna restituíveis as prestações pagas indevidamente: JTJ 143/133.

Art. 30. Se o cônjuge devedor da pensão vier a casar-se, o novo casamento não alterará sua obrigação.¹⁻²

Art. 30: 1. v. CC 1.699, nota 1a e 1.708.

Art. 30: 2. Todavia, "o aumento da prole provoca, evidentemente, modificação na situação financeira do alimentante, que vê sua despesa necessariamente aumentada"; por isso, considera-se "cabível, em razão de prole adveniente, a revisão do *quantum* da pensão, mormente depois da promulgação da vigente Constituição Federal, que, explicitamente, reconhece a igualdade de filhos 'havidos, ou não, da relação do casamento' (art. 227, § 6º)" (RJTJERGS 176/742; a citação é de trechos do voto do Des. Luiz Felipe Azevedo Gomes, à p. 743).

Art. 31. Não se decretará o divórcio se ainda não houver sentença definitiva de separação judicial, ou se esta não tiver decidido sobre a partilha dos bens.¹ ª ²

Art. 31: 1. s/ exigência ou não de partilha, em caso de divórcio direto, v. art. 40, nota 10.

Art. 31: 1a. v. CC 1.580, nota 2.

Art. 31: 2. CC 1.581: "O divórcio pode ser concedido sem que haja prévia partilha de bens".

Art. 32. A sentença definitiva do divórcio produzirá efeitos depois de registrada no registro público competente.¹⁻²

Art. 32: 1. v. LRP 29 § 1º-*a* c/c 97.

Art. 32: 2. "Em ação de divórcio, o falecimento do autor em data anterior ao trânsito em julgado de decisão que decreta o divórcio implica a extinção do processo, sem julgamento do mérito" (STJ-3ª T., REsp 331.924, Min. Nancy Andrighi, j. 12.11.01, DJU 18.2.02).

Em consequência: "Falecendo o varão antes de transitada em julgado a decisão que concedeu o divórcio, embora em execução provisória, porque pendente o julgamento de recursos contra os despachos que não admitiram os especiais, o estado civil do cônjuge sobrevivente é de viúva, não de divorciada" (STJ-3ª T., REsp 239.195, Min. Menezes Direito, j. 20.9.01, maioria, DJU 5.11.01). O Min. Ari Pargendler, vencido, entendeu que "já decretado o divórcio nas instâncias ordinárias, o superveniente falecimento de um dos cônjuges durante a pendência de recurso especial não altera o estado civil do outro, que segue o de divorciado, e não o de viúvo".

Art. 33. Se os cônjuges divorciados quiserem restabelecer a união conjugal só poderão fazê-lo mediante novo casamento.¹

Art. 33: 1. ao contrário do que ocorre na separação judicial de qualquer tipo (v. art. 46).

Capítulo III | DO PROCESSO¹⁻²

CAP. III: 1. v. art. 2º, nota 2b **(Em. Const. 66, de 13.7.10).**

CAP. III: 2. "Notas sobre as ações de família à luz do novo Código Civil", por José Maria Rosa Tesheiner (RJ 311/44).

Art. 34. A separação judicial consensual se fará pelo procedimento previsto nos arts. 1.120 e 1.124 do Código de Processo Civil,[1] e as demais[2] pelo procedimento ordinário.[3]

§ 1º A petição será também assinada pelos advogados[4] das partes ou pelo advogado escolhido de comum acordo.

§ 2º O juiz pode recusar a homologação e não decretar a separação judicial, se comprovar que a convenção não preserva suficientemente os interesses dos filhos ou de um dos cônjuges.[5-6]

§ 3º Se os cônjuges não puderem ou não souberem assinar, é lícito que outrem o faça a rogo deles.

§ 4º As assinaturas, quando não lançadas na presença do juiz, serão, obrigatoriamente, reconhecidas por tabelião.

Art. 34: 1. v. CPC 731 e segs.

Art. 34: 2. A expressão "as demais", no texto, refere-se às três espécies de separação litigiosa: a comum (art. 5º-*caput*) e as especiais (§§ 1º e 2º do art. 5º).

Art. 34: 3. v. CPC 318 e segs. (procedimento comum).

Art. 34: 4. Admitindo a outorga de mandato verbal ao advogado: RT 611/59.

Art. 34: 5. v. CC 1.574 § ún.

Art. 34: 6. "O juiz, dando pela manifesta e grave inconveniência da convenção aos interesses de um dos cônjuges, pode deixar de homologar a separação, sem afrontar lei federal nem destoar da jurisprudência, inclusive do Pretório Excelso. Antes, garante a incidência do art. 34, § 2º, da Lei 6.515/77" (RSTJ 11/277).

Se, ao ver do juiz, a convenção não preserva suficientemente o interesse de um dos cônjuges, poderá limitar-se a decretar a separação judicial, deixando a partilha para ser feita posteriormente (RF 284/303).

Art. 35. A conversão da separação judicial em divórcio[1 a 1b] será feita mediante pedido de qualquer dos cônjuges.[2 a 3]

Parágrafo único. O pedido será apensado aos autos da separação judicial (art. 48).

Art. 35: 1. "Conversão em divórcio e as causas impeditivas", por Ronaldo Frigini (RT 709/46).

Art. 35: 1a. O divórcio pode ser conseguido:

— mediante conversão da separação judicial (tanto consensual como litigiosa, inclusive nos casos dos §§ 1º e 2º do art. 5º) em divórcio, após **um ano** de separação, contado da sentença de separação ou da decisão que concedeu a separação de corpos. Essa conversão pode ser consensual (art. 35, nota 2) ou litigiosa (art. 36 § ún.);

— diretamente (art. 40-*caput*), podendo ser consensual (art. 40 § 2º) ou litigiosa (art. 40 § 3º).

Art. 35: 1b. "É suficiente, para a conversão da separação, a prova do decurso do prazo" de um ano "entre a separação e o ajuizamento do pedido" (JTJ 169/110).

Art. 35: 2. ou de ambos, hipótese em que, obviamente, não se aplica o art. 36, e o juiz, ouvido o MP, profere desde logo sentença.

Art. 35: 2a. Nada obsta a que, na oportunidade do pedido de conversão da separação judicial em divórcio, os cônjuges, de comum acordo, alterem as cláusulas daquela, seja a separação contenciosa, seja consensual, desde que observem a lei e o disposto no art. 34 § 2º.

Se, porém, não estiverem de acordo, nos autos do pedido de conversão não será admissível discussão sobre o assunto (cf. art. 37, nota 3).

Art. 35: 3. "Se a partir da separação o casal volta a manter vida em comum, sobrevindo filhos e adquirindo bens, os direitos e obrigações advindos desta união não obstam à conversão do desquite em divórcio, sendo necessária a propositura de ação competente para discussão desses direitos e obrigações" (RT 609/52).

Art. 36. Do pedido referido no artigo anterior, será citado o outro cônjuge, em cuja resposta não caberá reconvenção.¹

Parágrafo único. A contestação só pode fundar-se em:¹ᵃ

I (*redação da Lei 7.841, de 17.10.89*) — falta do decurso de 1 (um) ano da separação judicial;² ᵃ ⁴

II — descumprimento das obrigações assumidas pelo requerente na separação.⁵⁻⁶

Art. 36: 1. v. CPC 343.

Art. 36: 1a. No que couber, o réu pode aduzir, em preliminar, a **matéria constante do CPC 337**.

Art. 36: 2. Redação do inciso I de acordo com a Lei 7.841, de 17.10.89. O texto primitivo falava em "três anos".

Art. 36: 3. De acordo com a redação dada ao art. 25-*caput* pela Lei 8.408, de 13.2.92 (posterior à Lei 7.841, de 17.10.89, que deu nova redação ao inciso I ora em exame), o **prazo de um ano se conta** da sentença de separação judicial ou da decisão que concedeu a medida cautelar de separação de corpos.

Art. 36: 4. "A **reconciliação de fato** em nada altera o estado de 'separados judicialmente'. Apesar de outra solução de *lege ferenda* devesse existir, não se pode afastar a consequência do transcurso do tempo, desde a decretação da separação judicial, para a reclamada conversão em divórcio" (RT 680/98).

✎ **Art. 36: 5.** "O descumprimento de obrigações impostas quando da separação como causa de obstacularização do divórcio", por João Francisco Moreira Viegas (Just. 171/134); "Conversão de separação em divórcio, pendente obrigação alimentar. Possibilidade à luz da doutrina moderna", por Accácio Cambi (RDPr 19/7 e RBDF 25/5).

Art. 36: 6. O inciso II do § ún. do art. 36 não foi recepcionado pela Constituição Federal (CF 226 § 6º); logo, "o inadimplemento de obrigação alimentícia assumida quando da separação judicial não impede a transformação em divórcio" (STF-Pleno, RE 387.271, Min. Marco Aurélio, j. 8.8.07, DJU 1.2.08).

"Não mais persiste, face a vigência do Código Civil (de 2002), o impedimento à concessão da separação em divórcio, por inadimplemento de obrigação alimentar" (JTJ 289/92). Também afirmando a insubsistência desse inciso II: RT 697/69, maioria, 718/114, 733/221, 740/275, 761/311, JTJ 148/44, 171/64, 176/51, 188/38, 197/48, 203/44, 234/270, maioria, 259/89, RTJE 137/199, 144/197, RJ 201/69.

Assim, tende a ficar superado o entendimento no sentido da subsistência desse inciso II no ordenamento jurídico nacional (p/ esse entendimento, v. STJ-3ª T., REsp 343.635-AgRg; JTJ 162/53, 191/61, maioria, RJTJERGS 176/720).

Art. 37. O juiz conhecerá diretamente do pedido, quando não houver contestação ou necessidade de produzir prova em audiência,¹ e proferirá sentença² dentro em 10 (dez) dias.

§ 1º A sentença limitar-se-á à conversão da separação em divórcio,³ que não poderá ser negada, salvo se provada qualquer das hipóteses previstas no parágrafo único do artigo anterior.

§ 2º A improcedência do pedido de conversão não impede que o mesmo cônjuge o renove, desde que satisfeita a condição anteriormente descumprida.

Art. 37: 1. cf. CPC 355.

Art. 37: 2. Não havendo litígio e concordando o réu com o divórcio, é incabível a verba para honorários de advogado (RJTJESP 56/187, 62/45, 91/91). Esta somente será devida se o réu oferecer desarrazoada resistência à conversão da separação em divórcio (RT 520/125, 596/66, RJTJESP 60/54, 84/79, RTJE 166/290). Mais precisamente: se contestar a ação e esta for julgada procedente, serão devidos honorários (a *contrario sensu*: RT 515/222 e 521/242), o mesmo ocorrendo, para o autor, se a contestação vingar.

Art. 37: 3. Se a sentença "limitar-se-á" a converter a separação em divórcio, segue-se que, salvo acordo expresso, não poderá haver qualquer alteração de cláusula convencionada na separação.

Assim, se, na separação consensual, houve dispensa de alimentos pela mulher, esta dispensa subsiste, ao ser convertida a separação em divórcio, se nessa oportunidade as partes nada convencionaram (JTJ 178/22, 179/21).

V., a propósito, art. 35, nota 2a.

Art. 38 (*revogado expressamente pela Lei 7.841, de 17.10.89*).

Art. 39. No capítulo III do Título II do Livro IV do Código de Processo Civil,¹ as expressões "desquite por mútuo consentimento", "desquite" e "desquite litigioso" são substituídas por "separação consensual" e "separação judicial".

Art. 39: 1. As referências são ao CPC rev.

Capítulo IV | DAS DISPOSIÇÕES FINAIS E TRANSITÓRIAS¹

CAP. IV: 1. v. art. 2º, nota 2b (Em. Const. 66, de 13.7.10).

Art. 40 (redação da Lei 7.841, de 17.10.89). No caso de separação de fato, e desde que completados 2 (dois) anos consecutivos,¹ poderá ser promovida ação de divórcio,¹ᵃ na qual deverá ser comprovado decurso do tempo da separação.¹ᵇ ᵃ ⁴

§ 1º (revogado expressamente pela Lei 7.841, de 17.10.89).

§ 2º No divórcio consensual,⁵ o procedimento adotado será o previsto nos arts. 1.120 a 1.124 do Código de Processo Civil,⁶ observadas, ainda, as seguintes normas:

I — a petição conterá a indicação dos meios probatórios da separação de fato, e será instruída com a prova documental já existente;

II — a petição fixará o valor da pensão do cônjuge que dela necessitar para sua manutenção, e indicará as garantias para o cumprimento da obrigação assumida;

III — se houver prova testemunhal, ela será produzida na audiência de ratificação do pedido de divórcio, a qual será obrigatoriamente realizada;⁷⁻⁸

IV — a partilha⁹⁻¹⁰ dos bens deverá ser homologada pela sentença¹¹⁻¹² do divórcio.

§ 3º Nos demais casos,¹³ adotar-se-á o procedimento ordinário.¹⁴

Art. 40: 1. transcorridos "antes do ajuizamento da ação" (STJ-4ª T., REsp 48.120-1, Min. Ruy Rosado, j. 29.11.94, DJU 13.2.95).

Art. 40: 1a. O art. 40 disciplina o chamado "divórcio direto".

Art. 40: 1b. Redação do *caput* de acordo com a Lei 7.841, de 17.10.89.

Art. 40: 1c. s/ foro competente para ação de divórcio, v. CPC 53-I; s/ expedição de formal de partilha e recolhimento de custas complementares, v., no CPCLPV, CPC 655, nota 2a.

Art. 40: 1d. Nada impede que, mesmo ajuizada a ação de separação judicial, enquanto em curso esta, um dos litigantes pleiteie o divórcio direto, por mera separação de fato (JTJ 167/78, Ajuris 87/522, Bol. AASP 1.927/387j). Nessa hipótese, v., no CPCLPV, CPC 55, nota 2a (conexão), e 56, nota 3 (continência).

Também podem as partes converter a separação litigiosa em divórcio consensual, desde que completados dois anos de separação de fato, "fazendo-se as necessárias adaptações nos próprios autos da separação" (JTJ 167/76).

Art. 40: 2. O exame do novo texto do *caput* do art. 40 mostra que ele:

— deixou de ser disposição transitória e passou a definitiva;

— reduziu o prazo da separação de cinco para dois anos;

— excluiu a necessidade de prova da causa da separação (que a jurisprudência também já vinha excluindo).

Assim: "Após a alteração introduzida pela Lei 7.841/89, modificando a redação do *caput* do art. 40 da Lei n. 6.515/77 e revogando seu § 1º, não há mais que se cogitar, pelo menos não necessariamente, da análise da causa da separação ('culpa') para efeito de decretação do divórcio direto, sendo bastante o requisito da separação de fato por dois anos consecutivos" (STJ-RT 727/111).

Art. 40: 3. "Não impede a lei que o separado judicialmente opte por ajuizar o divórcio direto, ocorrendo os pressupostos deste, até porque não é razoável que o separado de fato lhe tenha direito maior" (RSTJ 28/538 e Bol. AASP 1.727/27).

Art. 40: 4. "Por economia processual, nenhum óbice existe para que a pensão alimentícia seja requerida e decidida nos próprios autos de divórcio direto" (JTJ 179/200).

Art. 40: 5. "A boa-fé no divórcio direto consensual", por Belmiro Pedro Welter (RJ 242/26).

Art. 40: 6. v. CPC 731 e segs.

Art. 40: 7. Este inciso está de acordo com a retificação publicada no DOU 11.4.78.

Art. 40: 8. "Esta Corte já decidiu **inexistir obrigatoriedade de realização de audiência de ratificação**, em caso de divórcio direto consensual, quando o juiz sentenciante entender apta a sua concessão de imediato, tendo condições de aferir a firme disposição dos cônjuges em se divorciarem, bem como de atestar que as formalidades foram atendidas" (STJ-4ª T., REsp 1.554.316, Min. Marco Buzzi, j. 15.3.16, DJ 21.3.16). No mesmo sentido: STJ-3ª T., REsp 1.483.841, Min. Moura Ribeiro, j. 17.3.15, DJ 27.3.15.

Art. 40: 9. CC 1.581: "O divórcio pode ser concedido sem que haja prévia partilha de bens".

Art. 40: 10. Súmula 197 do STJ: "O divórcio direto pode ser concedido sem que haja **prévia partilha dos bens**" (v. jurisprudência s/ esta Súmula em RSTJ 101/421).

Neste caso, não havendo acordo, a partilha dos bens do casal se faz em execução de sentença, mediante inventário ou arrolamento (cf. art. 1.121 § ún., que se reporta aos arts. 982 a 1.045).

"Na ação ordinária de divórcio (Lei 6.515/77, art. 40), a partilha dos bens do casal faz-se no juízo da execução da sentença" (RTJ 108/755, STF-684/222 e STF-RJTJERGS 147/18).

Art. 40: 11. Decide *extra petita* a sentença que concede alimentos não pedidos na inicial de ação de divórcio direto (JTJ 171/140).

Art. 40: 12. O MP não tem legitimidade para recorrer da sentença que decreta o divórcio consensual (RT 546/187).

Art. 40: 13. i. e., se o divórcio for contencioso, com prévia separação de fato por mais de 2 anos.

Art. 40: 14. v. CPC 318 e segs. (procedimento comum).

Art. 41. As causas de desquite em curso na data da vigência desta lei, tanto as que se processam pelo procedimento especial[1-2] quanto as de procedimento ordinário, passam automaticamente a visar à separação judicial.

Art. 41: 1. i. e., os desquites por mútuo consentimento.

Art. 41: 2. i. e., as ações de desquite.

Art. 42. As sentenças já proferidas em causas de desquite são equiparadas, para os efeitos desta lei, às de separação judicial.

Art. 43. Se, na sentença do desquite,[1] não tiver sido homologada ou decidida a partilha dos bens,[1a] ou quando esta não tenha sido feita posteriormente, a decisão de conversão[2] disporá sobre ela.[3]

Art. 43: 1. i. e., da separação judicial.

✎ **Art. 43: 1a.** "O procedimento de partilha na separação judicial, no divórcio e na união estável", por Fernando Malheiros Filho (RT 787/82).

Art. 43: 2. da separação judicial ("desquite") em divórcio.

Art. 43: 3. Não necessariamente. A partilha de bens não é requisito para a conversão da separação em divórcio (v. CC 1.580, nota 2).

Art. 44. Contar-se-á o prazo de separação judicial a partir da data em que, por decisão judicial proferida em qualquer processo, mesmo nos de jurisdição voluntária, for determinada ou presumida a separação dos cônjuges.[1]

Art. 44: 1. v. art. 25, que dispõe diversamente.

Art. 45. Quando o casamento se seguir a uma comunhão de vida entre os nubentes, existentes[1] antes de 28 de junho de 1977, que haja perdurado por 10 (dez) anos consecutivos ou da qual tenha resultado filhos, o regime matrimonial de bens será estabelecido livremente, não se lhe aplicando o disposto no art. 258, parágrafo único, n. II, do Código Civil.[2-3]

Art. 45: 1. *sic*; deve ser "existente".

Art. 45: 2. v. CC 1.641, especialmente nota 4.

Art. 45: 3. O CC rev. 258 § ún.-II tornava obrigatório o regime da separação de bens no casamento "do maior de sessenta e da maior de cinquenta anos". O novo CC 1.641-II se refere à "pessoa maior de setenta anos".

Art. 46. Seja qual for a causa da separação judicial, e o modo como esta se faça, é permitido aos cônjuges restabelecer a todo o tempo[1] a sociedade conjugal, nos termos em que fora constituída, contanto que o façam mediante requerimento[1a] nos autos da ação de separação.[1b a 1f]

Parágrafo único. A reconciliação em nada prejudicará os direitos de terceiros, adquiridos antes e durante a separação, seja qual for o regime de bens.[2]

Art. 46: 1. O restabelecimento da sociedade conjugal depende da averbação da sentença de separação no registro civil, podendo os dois atos ser averbados simultaneamente (JTJ 141/143).

Art. 46: 1a. Para subscrever a petição de reconciliação, em nome de qualquer dos cônjuges, o advogado deve ter poderes especiais (RT 701/67, JTJ 145/202).

Art. 46: 1b. ou nos autos do pedido de separação consensual.

Art. 46: 1c. A competência do juízo da separação não é absoluta para o pedido de restabelecimento da sociedade conjugal (RF 319/167, maioria).

Art. 46: 1d. com a participação do MP (JTJ 141/143).

Art. 46: 1e. A lei não exige o comparecimento pessoal das partes perante o juiz para ratificação do pedido de reconciliação (RTJE 121/213); mas o requerimento deve ser subscrito pelo casal ou por advogado com poderes expressos (v. nota 1a).

Art. 46: 1f. É desnecessária a ratificação, perante o juiz, do pedido de reconciliação (RT 701/67), ou mesmo a lavratura de qualquer termo (Bol. AASP 2.017/266j).

Art. 46: 2. A reconciliação de divorciados só pode ser feita mediante novo casamento (v. art. 33).

Art. 47. Se os autos do desquite ou os da separação judicial tiverem sido extraviados, ou se encontrarem em outra circunscrição judiciária, o pedido de conversão em divórcio será instruído com a certidão da sentença, ou da sua averbação no assento de casamento.[1]

Art. 47: 1. v. LRP 29 § 1º-*a* c/c 97.

Art. 48. Aplica-se o disposto no artigo anterior, quando a mulher desquitada tiver domicílio diverso daquele em que se julgou o desquite.

Art. 49. Os §§ 5º e 6º do art. 7º da Lei de Introdução ao Código Civil[1] passam a vigorar com a seguinte redação:[2]

Art. 49: 1. Trata-se do Dec. lei 4.657, de 4.9.42, agora denominado "Lei de Introdução às normas do Direito Brasileiro".

Art. 49: 2. As alterações trazidas pela LDi à LINDB já foram incorporadas ao texto desta (art. 7º §§ 5º e 6º), e não serão repetidas nesta oportunidade.

Art. 50. São introduzidas no Código Civil as alterações seguintes:[1]

....

Art. 50: 1. As alterações em questão dizem respeito ao CC rev., razão pela qual as alterações em questão não serão repetidas nesta oportunidade.

Art. 51. A Lei n. 883, de 21 de outubro de 1949, passa a vigorar com as seguintes alterações:[1]

....

Art. 51: 1. A Lei 883, de 21.10.49, foi expressamente revogada pela Lei 12.004, de 29.7.09, razão pela qual as alterações em questão não serão repetidas nesta oportunidade.

Art. 52. O n. I do art. 100, o n. II do art. 155 e o § 2º do art. 733 do Código de Processo Civil passam a vigorar com a seguinte redação:[1]

....

Art. 52: 1. Este dispositivo se refere ao CPC rev.

Art. 53. A presente lei entrará em vigor na data de sua publicação.

Art. 54. Revogam-se os arts. 315 a 328 e o § 1º do art. 1.605 do Código Civil[1] e as demais disposições em contrário.

Art. 54: 1. Essas revogações referem-se ao CC rev.

Brasília, em 26 de dezembro de 1977; 156º da Independência e 89º da República — ERNESTO GEISEL — **Armando Falcão.**

Duplicata

Lei n. 5.474, de 18 de julho de 1968

Dispõe sobre as duplicatas, e dá outras providências.

O Presidente da República

Faço saber que o Congresso Nacional decreta e eu sanciono a seguinte lei:

Capítulo I | DA FATURA E DA DUPLICATA[1]

CAP. I: 1. Não são títulos executivos extrajudiciais:

— a duplicata emitida para a cobrança de juros e correção monetária de outra duplicata paga com atraso (Lex-JTA 147/55);

— a duplicata emitida "com base em contrato de locação de bens móveis, uma vez que a relação jurídica que antecede à sua formação não se enquadra nas hipóteses legais de compra e venda mercantil ou de prestação de serviços" (STJ-3ª T., REsp 397.637, Min. Nancy Andrighi, j. 22.5.03, DJU 23.6.03; STJ-4ª T., AI 660.274-AgRg, Min. Fernando Gonçalves, j. 21.6.05, DJU 1.7.05);

— os "borderôs de desconto de duplicatas (relação de títulos que a emitente-cedente leva ao banco para desconto), ainda que acompanhados dos protocolos de remessa dos documentos para aceite" (RSTJ 116/255).

Art. 1º Em todo o contrato de compra e venda mercantil entre partes domiciliadas no território brasileiro, com prazo não inferior a 30 (trinta) dias, contado da data da entrega ou despacho das mercadorias, o vendedor extrairá a respectiva fatura para apresentação ao comprador.

§ 1º A fatura discriminará as mercadorias vendidas ou, quando convier ao vendedor, indicará somente os números e valores das notas parciais expedidas por ocasião das vendas, despachos ou entregas das mercadorias.

§ 2º (*revogado expressamente pelo Dec. lei 436, de 27.1.69*).

Art. 2º No ato da emissão da fatura, dela poderá ser extraída uma duplicata para circulação como efeito comercial, não sendo admitida qualquer outra espécie de título de crédito para documentar o saque do vendedor pela importância faturada ao comprador.[1-1a]

§ 1º A duplicata conterá:

I — a denominação "duplicata", a data de sua emissão e o número de ordem;

II — o número da fatura;

III — a data certa do vencimento ou a declaração de ser a duplicata à vista;

IV — o nome e domicílio do vendedor e do comprador;[1b]

V — a importância a pagar, em algarismos e por extenso;

VI — a praça de pagamento;

VII — a cláusula à ordem;

VIII — a declaração do reconhecimento de sua exatidão e da obrigação de pagá-la, a ser assinada pelo comprador, como aceite cambial;

IX — a assinatura do emitente.[2-2a]

§ 2º Uma só duplicata não pode corresponder a mais de uma fatura.[3-4]

§ 3º Nos casos de venda para pagamento em parcelas, poderá ser emitida duplicata única, em que se discriminarão todas as prestações e seus vencimentos, ou série de duplicatas, uma para cada prestação, distinguindo-se a numeração a que se refere o item I do § 1º deste artigo, pelo acréscimo de letra do alfabeto, em sequência.

Art. 2º: 1. "A Lei das Duplicatas, em seu art. 2º, determina que a emissão de uma duplicata dá-se com base em uma nota-fatura, ou, ainda, com base no Convênio de Criação do Sistema Nacional Integrado de Informações Econômico-Fiscais, em seu art. 19, § 7º, permite-se que a nota fiscal possa servir como fatura, desde que contenha todos os elementos necessários, passando a ser denominada nota fiscal-fatura. A cobrança de taxa de *demurrage* não constitui lastro causal legalmente previsto para emissão de duplicatas. É defeso, pela Lei das Duplicatas, a emissão de duplicata, com base em qualquer outro documento que não seja uma Nota-Fatura ou uma Nota Fiscal-Fatura" (STJ-4ª T., Ag em REsp 568.983-AgRg, Min. Raul Araújo, j. 16.12.14, DJ 19.12.14).

Art. 2º: 1a. "Contrato de fornecimento de gás natural. **Cláusula *take or pay*.** Natureza obrigacional. Emissão de duplicatas. Valor calculado com base no consumo mínimo. Possibilidade. O cálculo do montante devido com base na cláusula *take or pay* não quer dizer que não houve uma efetiva compra e venda. Na realidade, existe um contrato de compra e venda, mas, em determinada época, em razão de o consumo de produto ou serviço ter sido inferior ao mínimo disponibilizado, o preço devido foi calculado nos moldes do previsto na cláusula *take or pay*" (STJ-3ª T., REsp 1.984.655, Min. Nancy Andrighi, j. 29.11.22, DJ 1.12.22).

Art. 2º: 1b. Lei 6.268, de 24.11.75 (v. ementário): "**Art. 3º** Os títulos cambiais e as duplicatas de fatura conterão, obrigatoriamente, a identificação do devedor pelo número de sua cédula de identidade, de inscrição no cadastro de pessoa física, do título eleitoral ou da carteira profissional.

"Parágrafo único. Nos instrumentos de protesto, serão descritos os elementos de que trata este artigo".

Art. 2º: 2. s/ utilização de chancela mecânica para autenticação de duplicata, v. Lei 6.304, de 15.12.75 (no ementário).

Art. 2º: 2a. "**Assinatura do emitente. Ausência. Irregularidade sanável.** A assinatura do emitente na cártula cumpre as funções de representar a declaração de vontade unilateral que dá origem ao título de crédito e a de vincular o sacador, na hipótese de circulação do documento, como um dos devedores do direito nele inscrito. Na hipótese específica dos autos, não há dúvidas de que houve vontade expressa da recorrida em sacar as duplicatas, tendo em vista a comprovação da realização dos negócios jurídicos causais que autorizam a criação desse título de crédito e, ademais, como as duplicatas não circularam, existe apenas um devedor principal da ordem de pagamento nelas inscrita, qual seja, a recorrente, adquirente das mercadorias vendidas pelo emitente sacador. Nessas circunstâncias, as duplicatas devem ser consideradas perfeitas e, assim, aptas ao ajuizamento da ação de execução" (STJ-3ª T., REsp 1.790.004, Min. Nancy Andrighi, j. 13.10.20, DJ 19.10.20).

Art. 2º: 3. "A vinculação da duplicata a mais de uma fatura retira-lhe requisito essencial sendo inerente à condição da respectiva execução" (STJ-3ª T., REsp 577.785, Min. Menezes Direito, j. 28.9.04, DJU 17.12.04). No mesmo sentido: JTJ 348/204 (AP 7.392.206-0).

Art. 2º: 4. "Apesar de a duplicata só poder espelhar uma fatura, esta pode corresponder à soma de **diversas notas parciais.** De fato, a nota parcial é o documento representativo de uma venda parcial ou de venda realizada dentro do lapso de um mês, que poderá ser agrupada a outras vendas efetivadas nesse período pelo mesmo comprador. Não há proibição legal para que se somem vendas parceladas procedidas no curso de um mês, e do montante se formule uma fatura única ao seu final, sobretudo diante da natureza do serviço contratado, como o de concretagem, a exigir a realização de diversas entregas de material ao dia" (STJ-3ª T., REsp 1.356.541, Min. Ricardo Cueva, j. 5.4.16, DJ 13.4.16).

Art. 3º A duplicata indicará sempre o valor total da fatura, ainda que o comprador tenha direito a qualquer rebate, mencionando o vendedor o valor líquido que o comprador deverá reconhecer como obrigação de pagar.

§ 1º Não se incluirão no valor total da duplicata os abatimentos de preços das mercadorias feitas[1] pelo vendedor até o ato do faturamento, desde que constem da fatura.

§ 2º A venda mercantil para pagamento contra a entrega da mercadoria ou do conhecimento de transporte, sejam ou não da mesma praça vendedor e comprador, ou para pagamento em prazo inferior a 30 (trinta) dias, contado da entrega ou despacho das mercadorias, poderá representar-se, também, por duplicata, em que se declarará que o pagamento será feito nessas condições.

Art. 3º: 1. *sic.*

Art. 4º Nas vendas realizadas por consignatários ou comissários e faturadas em nome e por conta do consignante ou comitente, caberá àqueles cumprir os dispositivos desta lei.

Art. 5º Quando a mercadoria for vendida por conta do consignatário, este é obrigado, na ocasião de expedir a fatura e a duplicata, a comunicar a venda ao consignante.

§ 1º Por sua vez, o consignante expedirá fatura e duplicata correspondente à mesma venda, a fim de ser esta assinada pelo consignatário, mencionando-se o prazo estipulado para a liquidação do saldo da conta.

§ 2º Fica o consignatário dispensado de emitir duplicata quando na comunicação a que se refere o § 1º declarar que o produto líquido apurado está à disposição do consignante.

Capítulo II — DA REMESSA E DA DEVOLUÇÃO DA DUPLICATA

Art. 6º A remessa de duplicata poderá ser feita diretamente pelo vendedor ou por seus representantes, por intermédio de instituições financeiras, procuradores ou correspondentes que se incumbam de apresentá-la ao comprador na praça ou no lugar de seu estabelecimento, podendo os intermediários devolvê-la, depois de assinada, ou conservá-la em seu poder até o momento do resgate, segundo as instruções de quem lhes cometeu o encargo.

§ 1º O prazo para remessa da duplicata será de 30 (trinta) dias, contado da data de sua emissão.

§ 2º Se a remessa for feita por intermédio de representantes, instituições financeiras, procuradores ou correspondentes, estes deverão apresentar o título ao comprador dentro de 10 (dez) dias, contados da data de seu recebimento na praça de pagamento.

Art. 7º A duplicata, quando não for à vista, deverá ser devolvida pelo comprador ao apresentante dentro do prazo de 10 (dez) dias, contado da data de sua apresentação, devidamente assinada ou acompanhada de declaração, por escrito, contendo as razões da falta do aceite.

§ 1º Havendo expressa concordância da instituição financeira cobradora, o sacado poderá reter a duplicata em seu poder até a data do vencimento, desde que comunique, por escrito, à apresentante o aceite e a retenção.

§ 2º (*redação da Lei 6.458, de 1.11.77*) A comunicação de que trata o parágrafo anterior substituirá, quando necessário, no ato do protesto ou na execução judicial, a duplicata a que se refere.

Art. 8º O comprador só poderá deixar de aceitar a duplicata por motivo de:[1]

I — avaria ou não recebimento das mercadorias, quando não expedidas ou não entregues por sua conta e risco;

II — vícios, defeitos e diferenças na qualidade ou na quantidade das mercadorias, devidamente comprovados;

III — divergência nos prazos ou nos preços ajustados.

Art. 8º: 1. "O **desfazimento do negócio,** por acordo com o vendedor, não livra o comprador de honrar a letra, em mãos de terceiro endossatário. Tampouco, retira do título protestado a força executiva que lhe outorga o art. 15 da Lei 5.474/68. Para livrar-se da ação executiva, o sacado deve invocar um dos fundamentos relacionados pelo art. 8º dessa Lei. O protesto do título endossado é necessário, porque 'o portador que não tira, em tempo útil e de forma regular, o instrumento do protesto da letra, perde o direito de regresso contra o sacador, endossadores e avalistas' (art. 32 do Dec. 2.044/1908). Não é lícita a sustação do protesto necessário. Mesmo após desfeita a venda, a compradora continua responsável, perante o endossatário da respectiva duplicata. Terá, contudo, direito de regresso contra o vendedor emitente do título" (STJ-3ª T., REsp 245.460, Min. Gomes de Barros, j. 15.2.05, DJU 9.5.05). **Contra:** "Tratando-se de título causal, a duplicata deve corresponder sempre a uma efetiva compra e venda mercantil ou à prestação de serviços, e demonstrado que não se concretizaram a compra e a venda da mercadoria pela nota fiscal de devolução, deverá ser declarada a inexigibilidade do débito, ainda que tenha sido endossada à empresa de *factoring*" (Bol. AASP 2.610: TJMG, AP 1.0024.05.645915-9/001; no caso, a duplicata não foi aceita porque a mercadoria estava danificada).

V. tb. CC 294, nota 2.

Capítulo III | DO PAGAMENTO DAS DUPLICATAS

Art. 9º É lícito ao comprador resgatar a duplicata antes de aceitá-la ou antes da data do vencimento.

§ 1º A prova do pagamento é o recibo, passado pelo legítimo portador ou por seu representante com poderes especiais, no verso do próprio título ou em documento, em separado, com referência expressa à duplicata.[1]

§ 2º Constituirá, igualmente, prova de pagamento, total ou parcial, da duplicata, a liquidação de cheque, a favor do estabelecimento endossatário, no qual conste, no verso, que seu valor se destina a amortização ou liquidação da duplicata nele caracterizada.

Art. 9º: 1. "A jurisprudência desta Corte, centrada na exegese do art. 9º, § 1º, da Lei 5.474/68, entende que a circulação da duplicata impõe ao sacado o dever de pagar ao endossatário o valor representado no título de crédito, descabendo falar-se em recibo em separado ao endossante, quando presentes a anterioridade do endosso e a inexistência de má-fé na circulação cambial" (STJ-4ª T., REsp 556.002-AgRg, Min. Aldir Passarinho Jr., j. 23.3.10, DJ 26.4.10).

Art. 10. No pagamento da duplicata poderão ser deduzidos quaisquer créditos a favor do devedor resultantes de devolução de mercadorias, diferenças de preço, enganos verificados, pagamentos por conta e outros motivos assemelhados, desde que devidamente autorizados.

Art. 11. A duplicata admite reforma ou prorrogação do prazo de vencimento, mediante declaração em separado ou nela escrita, assinada pelo vendedor ou endossatário, ou por representante com poderes especiais.

Parágrafo único. A reforma ou prorrogação de que trata este artigo, para manter a coobrigação dos demais intervenientes por endosso ou aval, requer a anuência expressa destes.

Art. 12. O pagamento da duplicata poderá ser assegurado por aval, sendo o avalista equiparado àquele cujo nome indicar; na falta da indicação, àquele abaixo de cuja firma lançar a sua; fora desses casos, ao comprador.

Parágrafo único. O aval dado posteriormente ao vencimento do título produzirá os mesmos efeitos que o prestado anteriormente àquela ocorrência.

Capítulo IV | DO PROTESTO[1-1A]

CAP. IV: 1. v., em PROTESTO DE TÍTULOS, Lei 9.492, de 10.9.97, art. 28.

CAP. IV: 1a. "Protesto de duplicata simulada e procedimentos judiciais do sacado", por Celso Barbi Filho (RF 346/31).

Art. 13 (*redação do Dec. lei 436, de 27.1.69*). A duplicata[1] é protestável por falta de aceite de devolução ou pagamento.[1a]

§ 1º (*redação do Dec. lei 436, de 27.1.69*) Por falta de aceite, de devolução ou de pagamento, o protesto será tirado, conforme o caso, mediante apresentação da duplicata, da triplicata, ou, ainda, por simples indicações do portador, na falta de devolução do título.[1b]

§ 2º (*redação do Dec. lei 436, de 27.1.69*) O fato de não ter sido exercida a faculdade de protestar o título, por falta de aceite ou de devolução, não elide a possibilidade de protesto por falta de pagamento.

§ 3º (*redação do Dec. lei 436, de 27.1.69*) O protesto será tirado na praça de pagamento constante do título.[1c]

§ 4º (*redação do Dec. lei 436, de 27.1.69*) O portador que não tirar o protesto[2] da duplicata, em forma regular e dentro do prazo de 30 (trinta) dias, contado da data de seu vencimento, perderá o direito de regresso contra os endossantes e respectivos avalistas.

Art. 13: 1. Boleto bancário não se presta a essa finalidade (STJ-3ª T., REsp 369.808, Min. Castro Filho, j. 21.5.02, DJU 24.6.02; STJ-4ª T., REsp 827.856, Min. Pádua Ribeiro, j. 28.8.07, DJU 17.9.07; RMDECC 15/113).

Art. 13: 1a. A redação primitiva era mais correta: "A duplicata é protestável por falta de aceite, de devolução ou de pagamento".

Art. 13: 1b. "A **comprovação** de que a duplicata foi **remetida para aceite e injustificadamente retida** pelo sacado é pressuposto necessário à extração do protesto por indicação. Nesses termos não é de se admitir o protesto por indicação dos boletos bancários relativos à venda mercantil quando não haja prova de que as duplicatas correspondentes tenham sido injustificadamente retidas" (STJ-3ª T., REsp 953.192, Min. Sidnei Beneti, j. 7.12.10, DJ 17.12.10).

Art. 13: 1c. "Não é no domicílio do devedor que deve ser tirado o protesto, mas sim na praça de pagamento constante do título" (STJ-4ª T., REsp 1.015.152, Min. Luis Felipe, j. 9.10.12, RT 929/739; a citação é do voto do relator).

Art. 13: 2. Súmula 475 do STJ: "**Responde** pelos danos decorrentes de protesto indevido **o endossatário** que recebe por endosso translativo título de crédito contendo vício formal extrínseco ou intrínseco, ficando ressalvado seu direito de regresso contra os endossantes e avalistas".

"O banco endossatário responde pelo encaminhamento a protesto de duplicata sem causa, ressalvado seu direito de regresso contra a endossante" (STJ-4ª T., REsp 193.635, Min. Ruy Rosado, j. 2.2.99, DJU 29.3.99). No mesmo sentido: RJM 178/112.

"A instituição financeira que desconta duplicata mercantil assume risco próprio do negócio. Se a leva a protesto por falta de aceite ou de pagamento, ainda que para o só efeito de garantir o direito de regresso, está legitimada passivamente à ação do sacado" (STJ-3ª T., REsp 846.536, Min. Ari Pargendler, j. 23.8.07, um voto vencido, DJ 28.10.08).

"Embora seja assegurado ao endossatário de boa-fé levar o título a protesto para preservar seu direito de regresso contra o emitente endossante, tendo ele conhecimento prévio e inequívoco de que a duplicata não tem causa ou que o negócio jurídico foi desfeito, deverá responder, juntamente com o endossante, por eventuais danos que tenha causado ao sacado, em virtude desse protesto" (STJ-3ª T., REsp 188.996, Min. Castro Filho, j. 23.8.07, DJU 10.9.07).

"Procedendo o banco réu a protesto de duplicata, recebida mediante endosso translativo, torna-se ele responsável pelo ato ilícito causador da lesão, se verificado que a cártula não dispunha de causa à sua emissão, assumindo, pois, o recorrente, o risco negocial" (STJ-4ª T., AI 833.814-AgRg, Min. Aldir Passarinho Jr., j. 7.2.08, DJU 10.3.08).

"No caso em apreço, a instituição financeira levou a protesto duplicata recebida via endosso mandato desprovida de aceite e desacompanhada de documentos comprobatórios da prestação do serviço ou entrega da mercadoria, o que a torna legítima para ação indenizatória e de sustação de protesto face à sua atuação negligente" (STJ-4ª T., REsp 999.092-AgRg, Min. Isabel Gallotti, j. 15.5.12, DJ 23.5.12).

"A instituição financeira que recebe a duplicata mediante endosso-caução responde pelos danos decorrentes do protesto, já que caberia àquela verificar a causa do título" (STJ-3ª T., REsp 397.771, Min. Menezes Direito, j. 2.6.05, um voto vencido, DJU 29.8.05).

Todavia: Súmula 476 do STJ: "O endossatário de título de crédito por endosso-mandato só responde por danos decorrentes de protesto indevido **se extrapolar os poderes** de mandatário".

"A ação do sacado, prejudicado pelo protesto de duplicata sem causa de emissão, deve ser proposta contra o sacador/endossante, não contra o endossatário, que tinha o dever de protestar o título. O endossatário/mandatário que protesta a duplicata, sem exceder os poderes que recebeu do mandante, não tem responsabilidade pelos danos decorrentes do protesto. É, portanto, parte ilegítima na ação de indenização movida pelo sacado" (STJ-3ª T., REsp 778.409, Min. Gomes de Barros, j. 19.10.06, DJU 6.11.06). No mesmo sentido: STJ-4ª T., AI 1.057.035-AgRg, Min. Fernando Gonçalves, j. 6.11.08, DJ 24.11.08; RT 870/293, JTJ 327/417 (AP 1.337.181-4).

"O banco que recebe por endosso-mandato duplicatas representadas por boletos bancários somente é parte legítima para responder pelos danos causados pelo indevido protesto do título se houver sido advertido previamente sobre a falta de higidez da cobrança e, ainda assim, nela prosseguir, hipótese não caracterizada nos autos" (STJ-3ª T., REsp 902.622-AgRg, Min. Sidnei Beneti, j. 4.11.08, DJ 26.11.08).

"Aquele que recebe os títulos por endosso-mandato não tem legitimidade para figurar no polo passivo da ação em que se discute, essencialmente, a validade dos títulos. Assim, a instituição financeira que recebe título de crédito por endosso-mandato não possui legitimidade passiva para responder à ação de sustação ou cancelamento de protesto fundada na nulidade do título" (STJ-3ª T., REsp 953.192, Min. Sidnei Beneti, j. 7.12.10, DJ 17.12.10).

Em síntese: "O endossatário que recebe, por **endosso translativo**, título de crédito contendo vício formal, sendo inexistente a causa para conferir lastro a emissão de duplicata, responde pelos danos causados diante de protesto indevido, ressalvado seu direito de regresso contra os endossantes e avalistas" (STJ-2ª Seção, REsp 1.213.256, Min. Luis Felipe, j. 28.9.11, DJ 14.11.11).

"Só responde por danos materiais e morais o endossatário que recebe título de crédito por **endosso-mandato** e o leva a protesto se extrapola os poderes de mandatário ou em razão de ato culposo próprio, como no caso de apontamento depois da ciência acerca do pagamento anterior ou da falta de higidez da cártula" (STJ-2ª Seção, REsp 1.063.474, Min. Luis Felipe, j. 28.9.11, DJ 17.11.11).

Art. 14 (redação do Dec. lei 436, de 27.1.69). Nos casos de protesto, por falta de aceite, de devolução ou de pagamento, ou feitos por indicações do portador, o instrumento de protesto deverá conter os requisitos enumerados no art. 29 do Decreto n. 2.044, de 31 de dezembro de 1908,[1] exceto a transcrição mencionada no inciso II, que será substituída pela reprodução das indicações feitas pelo portador do título.

Art. 14: 1. Dec. 2.044, de 31.12.1908 (no tít. LETRA DE CÂMBIO E NOTA PROMISSÓRIA):

"Art. 29. O instrumento de protesto deve conter:

"I — a data;

"II — a transcrição literal da letra e das declarações nela inseridas pela ordem respectiva;

"III — a certidão da intimação ao sacado ou ao aceitante ou aos outros sacados, nomeados na letra para aceitar ou pagar, a resposta dada ou a declaração da falta da resposta.

"A intimação é dispensada no caso do sacado ou aceitante firmar na letra a declaração da recusa do aceite ou do pagamento e na hipótese de protesto por causa de falência do aceitante;

"IV — a certidão de não haver sido encontrada ou de ser desconhecida a pessoa indicada para aceitar ou para pagar. Nesta hipótese, o oficial afixará a intimação nos lugares de estilo e, se possível, a publicará pela imprensa;

"V — a indicação dos intervenientes voluntários e das firmas por eles honradas;

"VI — a aquiescência do portador ao aceite por honra;

"VII — a assinatura, com o sinal público, do oficial do protesto.

"Parágrafo único. Este instrumento, depois de registrado no livro de protestos, deverá ser entregue ao detentor ou ao portador da letra ou àquele que houver efetuado o pagamento".

Capítulo V | DO PROCESSO PARA COBRANÇA DA DUPLICATA[1-2]

CAP. V: 1. A redação do título está de acordo com a Lei 6.458, de 1.11.77.

CAP. V: 2. Lei 6.458, de 1.11.77: "Art. 2º Para os efeitos do art. 586 do Código de Processo Civil, considera-se título líquido, certo e exigível a duplicata ou a triplicata que, nos termos da Lei n. 5.474, de 18 de julho de 1968, com as alterações introduzidas por esta lei, legitimam o processo de execução".

As alterações feitas pela Lei 6.458 à Lei 5.474 encontram-se incorporadas ao texto desta, acima.

Art. 15 (redação da Lei 6.458, de 1.11.77). A cobrança judicial de duplicata ou triplicata será efetuada de conformidade com o processo aplicável aos títulos executivos extrajudiciais, de que cogita o Livro II do Código de Processo Civil,[1-1a] quando se tratar:

I — de duplicata ou triplicata aceita, protestada ou não;[1b-1c]

II — de duplicata ou triplicata não aceita,[2-2a] contanto que, cumulativamente:

a) haja sido protestada;[3]

b) (redação da Lei 14.301, de 7.1.22) esteja acompanhada de documento hábil comprobatório da entrega e do recebimento da mercadoria,[4] permitida a sua comprovação por meio eletrônico;[4a]

c) o sacado não tenha, comprovadamente, recusado o aceite, no prazo, nas condições e pelos motivos previstos nos arts. 7º e 8º desta lei.

§ 1º (redação da Lei 6.458, de 1.11.77) Contra o sacador, os endossantes e respectivos avalistas caberá o processo de execução referido neste artigo, quaisquer que sejam a forma e as condições do protesto.[5]

§ 2º (redação da Lei 6.458, de 1.11.77) Processar-se-á também da mesma maneira a execução de duplicata ou triplicata não aceita e não devolvida, desde que haja sido protestada mediante indicações do credor ou do apresentante do título, nos termos do art. 14, preenchidas as condições do inciso II deste artigo.

§ 3º (redação da Lei 14.301, de 7.1.22) A comprovação por meio eletrônico de que trata a alínea b do inciso II do caput deste artigo poderá ser disciplinada em ato do Poder Executivo federal.

Art. 15: 1. v. CPC 771 e segs.

Art. 15: 1a. "Em observância ao princípio da literalidade, a aposição de **número incorreto da fatura** na duplicata invalida o título de crédito, retirando-lhe a exigibilidade executiva extrajudicial" (STJ-3ª T., REsp 1.601.552, Min. Ricardo Cueva, j. 5.11.19, maioria, DJ 8.11.19). V. art. 2º § 1º-II.

Art. 15: 1b. "Nos termos do art. 15 da Lei 5.474/68, para execução judicial da duplicata basta o próprio título, desde que aceito. Assim, **não se exige que o endossatário confira a regularidade do aceite,** pois se trata de ato pelo qual o título transmuda de causal para abstrato, desvencilhando-se do negócio originário. Ausente qualquer indício de má-fé por parte do endossatário, exigir que ele responda por fatos alheios ao negócio jurídico que o vinculam à duplicata contraria a própria essência do direito cambiário, aniquilando sua principal virtude, que é permitir a fácil e rápida circulação do crédito" (STJ-RF 401/495: 3ª T., REsp 1.102.227).

Art. 15: 1c. "O aceite é ato formal e deve se aperfeiçoar na própria cártula (assinatura do sacado no próprio título), incidindo o princípio da literalidade (art. 25 da LUG). Não pode, portanto, ser dado verbalmente ou em documento em separado. De fato, os títulos de crédito possuem algumas exigências que são indispensáveis à boa manutenção das relações comerciais. A experiência já provou que não podem ser afastadas certas características, como o formalismo, a cartularidade e a literalidade, representando o aceite em separado perigo real às práticas cambiárias, ainda mais quando os papéis são postos em circulação. **O aceite lançado em separado à duplicata não possui nenhuma eficácia cambiária,** mas o documento que o contém poderá servir como prova da existência do vínculo contratual subjacente ao título, amparando eventual ação monitória ou ordinária (art. 16 da Lei 5.474/1968)" (STJ-3ª T., REsp 1.334.464, Min. Ricardo Cueva, j. 15.3.16, DJ 28.3.16).

Art. 15: 2. "Duplicata sem aceite: título de crédito que está perdendo seu valor", por Eduardo Dorfmann Aranovich (Ajuris 99/83).

Art. 15: 2a. "As **duplicatas virtuais** — emitidas e recebidas por meio magnético ou de gravação eletrônica — podem ser protestadas por mera indicação, de modo que a exibição do título não é imprescindível para o ajuizamento da execução judicial. Lei 9.492/97. Os **boletos de cobrança bancária** vinculados ao título virtual, devidamente acompanhados dos instrumentos de protesto por indicação e dos comprovantes de entrega da mercadoria ou da prestação dos serviços, suprem a ausência física do título cambiário eletrônico e constituem, em princípio, títulos executivos extrajudiciais" (STJ-3ª T., REsp 1.024.691, Min. Nancy Andrighi, j. 22.3.11, DJ 13.4.11). Esse acórdão foi mantido no julgamento dos subsequentes embargos de divergência (STJ-2ª Seção, ED no REsp 1.024.691, Min. Raul Araújo, j. 22.8.12, DJ 29.10.12).

V. tb. Lei 9.492, de 10.9.97, art. 8º, nota 1a.

✎ "A duplicata virtual em perspectiva", por Leonardo Netto Parentoni (RMDECC 56/5).

Art. 15: 3. "A duplicata sem aceite só se constitui em título executivo após seu devido protesto, quando se torna exigível e possibilita ao credor manejar as ações cambiárias. Assim, antes da formação do título, não há que se falar em prescrição da pretensão executiva" (STJ-4ª T., REsp 257.595, Min. Luis Felipe, j. 5.3.09, DJ 30.3.09).

S/ prescrição e duplicata, v. tb. CC 202, nota 4a.

Art. 15: 4. "Perde a força executiva as triplicatas desacompanhadas de documento hábil a comprovar a entrega e recebimento de mercadorias, pelo que devem ser descontados seus respectivos valores, da cobrança" (STJ-4ª T., REsp 801.477, Min. Aldir Passarinho Jr., j. 15.10.09, DJ 30.11.09).

Art. 15: 4a. v. § 3º.

Art. 15: 5. "A ausência de aceite pela sacada e de comprovante de entrega de mercadorias não obstam a execução promovida pelo banco endossatário contra a empresa sacadora da duplicata protestada e seu avalista" (STJ-RMDECC 36/106: 4ª T., REsp 598.215).

Art. 16 (redação da Lei 6.458, de 1.11.77). Aplica-se o procedimento ordinário[1] previsto no Código de Processo Civil à ação do credor contra o devedor, por duplicata ou triplicata que não preencha os requisitos do art. 15, incisos I e II, e §§ 1º e 2º, bem como a ação para ilidir as razões invocadas pelo devedor para o não aceite do título, nos casos previstos no art. 8º.

Art. 16: 1. v. CPC 318 a 538 (procedimento comum) e 771 a 925 (processo de execução).

Art. 17 (redação da Lei 6.458, de 1.11.77). O foro competente para a cobrança judicial da duplicata ou da triplicata é o da praça de pagamento constante do título, ou outra de domicílio do comprador e, no caso de ação regressiva, a dos sacadores, dos endossantes e respectivos avalistas.[1-2]

Art. 17: 1. "Na ação que busca o adimplemento de uma obrigação de natureza cambiária, fundada em duplicatas, para a fixação do foro competente, não se aplicam as regras do Código do Consumidor, nem as do Código de Processo Civil, de caráter geral, mas sim as da lei especial que rege a matéria, qual seja, a Lei n. 5.474/68" (RJM 183/174: AI 1.0702.07.344045-6/001).

Art. 17: 2. "Ante seu caráter territorial, é de natureza relativa a norma de competência do art. 17 da Lei 5.474/68, não afastando a cláusula contratual de eleição de foro" (STJ-3ª T., Ag 1.365.905-AgRg, Min. Paulo Sanseverino, j. 28.6.11, DJ 1.8.11). No mesmo sentido: STJ-4ª T., REsp 1.168.712-AgRg, Min. Luis Felipe, j. 28.5.13, DJ 3.6.13.

Art. 18 (redação da Lei 6.458, de 1.11.77). A pretensão à execução da duplicata prescreve:

I — contra o sacado e respectivos avalistas, em 3 (três) anos, contados da data do vencimento do título;

II — contra endossante e seus avalistas, em 1 (um) ano, contado da data do protesto;

III — de qualquer dos coobrigados contra os demais, em 1 (um) ano, contado da data em que haja sido efetuado o pagamento do título.

§ 1º (redação da Lei 6.458, de 1.11.77) A cobrança judicial poderá ser proposta contra um ou contra todos os coobrigados, sem observância da ordem em que figurem no título.

§ 2º (redação da Lei 6.458, de 1.11.77) Os coobrigados da duplicata respondem solidariamente pelo aceite e pelo pagamento.

Capítulo VI | DA ESCRITA ESPECIAL

Art. 19. A adoção do regime de vendas de que trata o art. 2º desta lei obriga o vendedor a ter e a escriturar o Livro de Registro de Duplicatas.[1]

§ 1º No Registro de Duplicatas serão escrituradas, cronologicamente, todas as duplicatas emitidas, com o número de ordem, data e valor das faturas originárias e data de sua expedição; nome e domicílio do comprador; anotações das reformas, prorrogações e outras circunstâncias necessárias.

§ 2º Os Registros de Duplicatas, que não poderão conter emendas, borrões, rasuras ou entrelinhas, deverão ser conservados nos próprios estabelecimentos.

§ 3º O Registro de Duplicatas poderá ser substituído por qualquer sistema mecanizado, desde que os requisitos deste artigo sejam observados.

Art. 19: 1. v. art. 9º da Lei 13.775, de 20.12.18, neste tít., adiante.

Capítulo VII | DAS DUPLICATAS DE PRESTAÇÃO DE SERVIÇOS

Art. 20 (redação da Lei 14.206, de 27.9.21). Poderão emitir, na forma prevista nesta Lei, fatura e duplicata:

I (redação da Lei 14.206, de 27.9.21) — as empresas, individuais ou coletivas, fundações ou sociedades civis que se dediquem à prestação de serviços; e

II (redação da Lei 14.206, de 27.9.21) — o Transportador Autônomo de Cargas (TAC), de que trata o inciso I do *caput* do art. 2º da Lei n. 11.442, de 5 de janeiro de 2007.

§ 1º A fatura deverá discriminar a natureza dos serviços prestados.

§ 2º A soma a pagar em dinheiro corresponderá ao preço dos serviços prestados.

§ 3º (redação do Dec. lei 436, de 27.1.69) Aplicam-se à fatura e à duplicata ou triplicata de prestação de serviços, com as adaptações cabíveis, as disposições referentes à fatura e à duplicata ou triplicata de venda mercantil, constituindo documento hábil, para transcrição do instrumento de protesto, qualquer documento que comprove a efetiva prestação dos serviços e o vínculo contratual que a autorizou.

Art. 21. O sacado poderá deixar de aceitar a duplicata de prestação de serviços por motivo de:

I — não correspondência com os serviços efetivamente contratados;

II — vícios ou defeitos na qualidade dos serviços prestados, devidamente comprovados;

III — divergência nos prazos ou nos preços ajustados.

Art. 22. Equiparam-se às entidades constantes do art. 20, para os efeitos da presente lei, ressalvado o disposto no Capítulo VI, os profissionais liberais e os que prestam serviço de natureza eventual desde que o valor do serviço ultrapasse a NCr$ 100,00 (cem cruzeiros novos).

§ 1º Nos casos deste artigo, o credor enviará ao devedor fatura ou conta que mencione a natureza e valor dos serviços prestados, data e local do pagamento e o vínculo contratual que deu origem aos serviços executados.

§ 2º Registrada a fatura ou conta no Cartório de Títulos e Documentos, será ela remetida ao devedor, com as cautelas constantes do art. 6º.

§ 3º O não pagamento da fatura ou conta no prazo nela fixado autorizará o credor a levá-la a protesto, valendo, na ausência do original, certidão do cartório competente.

§ 4º (*redação da Lei 6.458, de 1.11.77*) O instrumento do protesto, elaborado com as cautelas do art. 14, discriminando a fatura ou conta original ou a certidão do Cartório de Títulos e Documentos, autorizará o ajuizamento do competente processo de execução na forma prescrita nesta lei.

Capítulo VIII | DAS DISPOSIÇÕES GERAIS

Art. 23. A perda ou extravio da duplicata obrigará o vendedor a extrair triplicata, que terá os mesmos efeitos e requisitos e obedecerá às mesmas formalidades daquela.

Art. 24. Da duplicata poderão constar outras indicações, desde que não alterem sua feição característica.

Art. 25. Aplicam-se à duplicata e à triplicata, no que couber, os dispositivos da legislação sobre emissão, circulação e pagamento das letras de câmbio.[1]

Art. 25: 1. Dec. 2.044, de 31.12.1908 — Define a letra de câmbio e a nota promissória e regula as operações cambiais (no tít. LETRA DE CÂMBIO E NOTA PROMISSÓRIA, ínt.).

Dec. leg. 54, de 8.9.64 — Aprova Convenções para adoção de uma lei uniforme sobre letras de câmbio, notas promissórias e cheques e respectivos Protocolos (RT 350/621, Lex 1964/753). Estas Convenções, quanto às letras de câmbio e promissórias, foram promulgadas pelo **Dec. 57.663, de 24.1.66** (RT 366/427, Lex 1966/160) e estão incorporadas ao direito interno brasileiro (RTJ 58/744), exceto as reservas apostas às mesmas pelo Brasil (RTJ 60/217).

Art. 26. O art. 172 do Código Penal (Decreto-lei n. 2.848, de 7 de dezembro de 1940) passa a vigorar com a seguinte redação:

"**Art. 172.** Expedir ou aceitar duplicata que não corresponda, juntamente com a fatura respectiva, a uma venda efetiva de bens ou a uma real prestação de serviço.

Pena — Detenção, de um a cinco anos, e multa.[1-2]

Parágrafo único. Nas mesmas penas incorrerá aquele que falsificar ou adulterar a escrituração do Livro de Registro de Duplicatas".

Art. 26: 1. A redação do art. 172 do CP, quanto à pena, está de acordo com o disposto na Lei 7.209, de 11.7.84 (Lex 1984/350), art. 2º.

Art. 26: 2. Lei 8.137, de 27.12.90: "**Art. 19.** O 'caput' do art. 172 do **Dec. lei n. 2.848, de 7 de dezembro de 1940** — Código Penal, passa a ter a seguinte redação:

'Art. 172. Emitir fatura, duplicata ou nota de venda que não corresponda à mercadoria vendida, em quantidade ou qualidade, ou ao serviço prestado.

Pena — detenção, de 2 (dois) a 4 (quatro) anos, e multa'".

Art. 27. O Conselho Monetário Nacional, por proposta do Ministério da Indústria e do Comércio, baixará, dentro de 120 (cento e vinte) dias da data da publicação desta lei, normas para padronização formal dos títulos e documentos nela referidos, fixando prazo para sua adoção obrigatória.

Art. 28. Esta lei entrará em vigor 30 (trinta) dias após a data de sua publicação, revogando-se a Lei n. 187, de 15 de janeiro de 1936, a Lei n. 4.068, de 9 de junho de 1962, os Decretos-leis ns. 265, de 28 de fevereiro de 1967, 320, de 29 de março de 1967, 331, de 21 de setembro de 1967, e 345, de 28 de dezembro de 1967, na parte referente às duplicatas, e todas as demais disposições em contrário.

Brasília, 18 de julho de 1968; 147º da Independência e 80º da República — A. COSTA E SILVA — **Luís Antônio da Gama e Silva — Antônio Delfim Netto — Edmundo de Macedo Soares**.

Lei n. 13.775, de 20 de dezembro de 2018

Dispõe sobre a emissão de duplicata sob a forma escritural; altera a Lei n. 9.492, de 10 de setembro de 1997; e dá outras providências.

O Presidente da República

Faço saber que o Congresso Nacional decreta e eu sanciono a seguinte Lei:

Art. 1º Esta Lei dispõe sobre a emissão de duplicata sob a forma escritural.

Art. 2º A duplicata de que trata a Lei n. 5.474, de 18 de julho de 1968, pode ser emitida sob a forma escritural, para circulação como efeito comercial, observadas as disposições desta Lei.

Art. 3º A emissão de duplicata sob a forma escritural far-se-á mediante lançamento em sistema eletrônico de escrituração gerido por quaisquer das entidades que exerçam a atividade de escrituração de duplicatas escriturais.

§ 1º As entidades de que trata o *caput* deste artigo deverão ser autorizadas por órgão ou entidade da administração federal direta ou indireta a exercer a atividade de escrituração de duplicatas.

§ 2º No caso da escrituração de que trata o *caput* deste artigo, feita por Central Nacional de Registro de Títulos e Documentos, após autorizada a exercer a atividade prevista no *caput* deste artigo, nos termos do § 1º-deste artigo, a referida escrituração caberá ao oficial de registro do domicílio do emissor da duplicata.

§ 3º Se o oficial de registro não estiver integrado ao sistema central, a competência de que trata o § 2º deste artigo será transferida para a Capital da respectiva entidade federativa.

§ 4º O valor total dos emolumentos cobrados pela central nacional de que trata o § 2º deste artigo para a prática dos atos descritos nesta Lei será fixado pelos Estados e pelo Distrito Federal, observado o valor máximo de R$ 1,00 (um real) por duplicata.

Art. 4º Deverá ocorrer no sistema eletrônico de que trata o art. 3º desta Lei, relativamente à duplicata emitida sob a forma escritural, a escrituração, no mínimo, dos seguintes aspectos:

I — apresentação, aceite, devolução e formalização da prova do pagamento;

II — controle e transferência da titularidade;

III — prática de atos cambiais sob a forma escritural, tais como endosso e aval;

IV — inclusão de indicações, informações ou de declarações referentes à operação com base na qual a duplicata foi emitida ou ao próprio título; e

V — inclusão de informações a respeito de ônus e gravames constituídos sobre as duplicatas.

§ 1º O gestor do sistema eletrônico de escrituração deverá realizar as comunicações dos atos de que trata o *caput* deste artigo ao devedor e aos demais interessados.

§ 2º O órgão ou entidade da administração federal de que trata o § 1º do art. 3º desta Lei poderá definir a forma e os procedimentos que deverão ser observados para a realização das comunicações previstas no § 1º deste artigo.

§ 3º O sistema eletrônico de escrituração de que trata o *caput* deste artigo disporá de mecanismos que permitam ao sacador e ao sacado comprovarem, por quaisquer meios de prova admitidos em direito, a entrega e o recebimento das mercadorias ou a prestação do serviço, devendo a apresentação das provas ser efetuada em meio eletrônico.

§ 4º Os endossantes e avalistas indicados pelo apresentante ou credor como garantidores do cumprimento da obrigação constarão como tal dos extratos de que trata o art. 6º desta Lei.

Art. 5º Constituirá prova de pagamento, total ou parcial, da duplicata emitida sob a forma escritural a liquidação do pagamento em favor do legítimo credor, utilizando-se qualquer meio de pagamento existente no âmbito do Sistema de Pagamentos Brasileiro.

Parágrafo único. A prova de pagamento de que trata o *caput* deste artigo deverá ser informada no sistema eletrônico de escrituração previsto no art. 3º desta Lei, com referência expressa à duplicata amortizada ou liquidada.

Art. 6º Os gestores dos sistemas eletrônicos de escrituração de que trata o art. 3º desta Lei ou os depositários centrais, na hipótese de a duplicata emitida sob a forma escritural ter sido depositada de acordo com a Lei n. 12.810, de 15 de maio de 2013, expedirão, a pedido de qualquer solicitante, extrato do registro eletrônico da duplicata.

§ 1º Deverão constar do extrato expedido, no mínimo:

I — a data da emissão e as informações referentes ao sistema eletrônico de escrituração no âmbito do qual a duplicata foi emitida;

II — os elementos necessários à identificação da duplicata, nos termos do art. 2º da Lei n. 5.474, de 18 de julho de 1968;

III — a cláusula de inegociabilidade; e

IV — as informações acerca dos ônus e gravames.

§ 2º O extrato de que trata o *caput* deste artigo pode ser emitido em forma eletrônica, observados requisitos de segurança que garantam a autenticidade do documento.

§ 3º O sistema eletrônico de escrituração de que trata o art. 3º desta Lei deverá manter em seus arquivos cópia eletrônica dos extratos emitidos.

§ 4º Será gratuita a qualquer solicitante a informação, prestada por meio da rede mundial de computadores, de inadimplementos registrados em relação a determinado devedor.

Art. 7º A duplicata emitida sob a forma escritural e o extrato de que trata o art. 6º desta Lei são títulos executivos extrajudiciais, devendo-se observar, para sua cobrança judicial, o disposto no art. 15 da Lei n. 5.474, de 18 de julho de 1968.

Art. 8º A Lei n. 9.492, de 10 de setembro de 1997, passa a vigorar com as seguintes alterações:

"**Art. 8º**...

§ 1º..

§ 2º Os títulos e documentos de dívida mantidos sob a forma escritural nos sistemas eletrônicos de escrituração ou nos depósitos centralizados de que trata a Lei n. 12.810, de 15 de maio de 2013, poderão ser recepcionados para protesto por extrato, desde que atestado por seu emitente, sob as penas da lei, que as informações conferem com o que consta na origem." (NR)

"**Art. 41-A.** Os tabeliães de protesto manterão, em âmbito nacional, uma central nacional de serviços eletrônicos compartilhados que prestará, ao menos, os seguintes serviços:

I — escrituração e emissão de duplicata sob a forma escritural, observado o disposto na legislação específica, inclusive quanto ao requisito de autorização prévia para o exercício da atividade de escrituração pelo órgão supervisor e aos demais requisitos previstos na regulamentação por ele editada;

II — recepção e distribuição de títulos e documentos de dívida para protesto, desde que escriturais;

III — consulta gratuita quanto a devedores inadimplentes e aos protestos realizados, aos dados desses protestos e dos tabelionatos aos quais foram distribuídos, ainda que os respectivos títulos e documentos de dívida não sejam escriturais;

IV — confirmação da autenticidade dos instrumentos de protesto em meio eletrônico; e

V — anuência eletrônica para o cancelamento de protestos.

§ 1º A partir da implementação da central de que trata o *caput* deste artigo, os tabelionatos de protesto disponibilizarão ao poder público, por meio eletrônico e sem ônus, o acesso às informações constantes dos seus bancos de dados.

§ 2º É obrigatória a adesão imediata de todos os tabeliães de protesto do País ou responsáveis pelo expediente à central nacional de serviços eletrônicos compartilhados de que trata o *caput* deste artigo, sob pena de responsabilização disciplinar nos termos do inciso I do *caput* do art. 31 da Lei n. 8.935, de 18 de novembro de 1994."

Art. 9º Os lançamentos no sistema eletrônico de que trata o art. 3º desta Lei substituem o Livro de Registro de Duplicatas, previsto no art. 19 da Lei n. 5.474, de 18 de julho de 1968.

Art. 10. São nulas de pleno direito as cláusulas contratuais que vedam, limitam ou oneram, de forma direta ou indireta, a emissão ou a circulação de duplicatas emitidas sob a forma cartular ou escritural.

Art. 11. O órgão ou entidade da administração federal de que trata o § 1º do art. 3º desta Lei poderá regulamentar o disposto nesta Lei, inclusive quanto à forma e periodicidade do compartilhamento de registros, à fiscalização da atividade de escrituração de duplicatas escriturais, aos requisitos de funcionamento do sistema eletrônico de escrituração e às condições de emissão, de negociação, de liquidação e de escrituração da duplicata emitida sob a forma escritural.

Parágrafo único. Em caso de descumprimento desta Lei ou da regulamentação de que trata o *caput* deste artigo, serão aplicáveis as disposições da Lei n. 13.506, de 13 de novembro de 2017, pelo órgão ou entidade da administração federal de que trata o § 1º do art. 3º desta Lei.

Art. 12. Às duplicatas escriturais são aplicáveis, de forma subsidiária, as disposições da Lei n. 5.474, de 18 de julho de 1968.

§ 1º A apresentação da duplicata escritural será efetuada por meio eletrônico, observados os prazos determinados pelo órgão ou entidade da administração federal de que trata o § 1º do art. 3º desta Lei ou, na ausência dessa determinação, o prazo de 2 (dois) dias úteis contados de sua emissão.

§ 2º O devedor poderá, por meio eletrônico, recusar, no prazo, nas condições e pelos motivos previstos nos arts. 7º e 8º da Lei n. 5.474, de 18 de julho de 1968, a duplicata escritural apresentada ou, no mesmo prazo acrescido de sua metade, aceitá-la.

§ 3º Para fins de protesto, a praça de pagamento das duplicatas escriturais de que trata o inciso VI do § 1º do art. 2º da Lei n. 5.474, de 18 de julho de 1968, deverá coincidir com o domicílio do devedor, segundo a regra geral do § 1º do art. 75 e do art. 327 da Lei n. 10.406, de 10 de janeiro de 2002 (Código Civil), salvo convenção expressa entre as partes que demonstre a concordância inequívoca do devedor.

Art. 13. Esta Lei entra em vigor após decorridos 120 (cento e vinte) dias de sua publicação oficial.[1]

Art. 13: 1. Publicada no DOU 21.12.18.

Brasília, 20 de dezembro de 2018; 197º da Independência e 130º da República — MICHEL TEMER — **Eduardo Refinetti Guardia** — **Marcos Jorge** — **Esteves Pedro Colnago Junior** — **Ilan Goldfajn** — **Grace Maria Fernandes Mendonça.**

Idoso

Lei n. 10.741, de 1º de outubro de 2003

Dispõe sobre o Estatuto da Pessoa Idosa e dá outras providências.[1-2]

O Presidente da República

Faço saber que o Congresso Nacional decreta e eu sanciono a seguinte lei:

LEI 10.741: 1. Redação da Lei 14.423, de 22.7.22.

LEI 10.741: 2. "Estatuto do Idoso. Lei Federal 10.741/2003. Aspectos processuais. Observações iniciais", por Luiz Manoel Gomes Junior (RP 115/110).

Título I | DISPOSIÇÕES PRELIMINARES

Art. 1º (*redação da Lei 14.423, de 22.7.22*) É instituído o Estatuto da Pessoa Idosa,[1-2] destinado a regular os direitos assegurados às pessoas com idade igual ou superior a 60 (sessenta) anos.

Art. 1º: 1. Lei 8.842, de 4.1.94 — Dispõe sobre a política nacional do idoso, cria o Conselho Nacional do Idoso e dá outras providências.

Decreto 9.921, de 18.7.19 — Consolida atos normativos editados pelo Poder Executivo federal que dispõem sobre a temática da pessoa idosa.

Art. 1º: 2. "Os direitos fundamentais dos idosos", por Clodoaldo de Oliveira Queiroz (RDPr 25/89).

Art. 2º (*redação da Lei 14.423, de 22.7.22*) A pessoa idosa goza de todos os direitos fundamentais inerentes à pessoa humana,[1] sem prejuízo da proteção integral de que trata esta Lei, assegurando-se-lhe, por lei ou por outros meios, todas as oportunidades e facilidades, para preservação de sua saúde física e mental e seu aperfeiçoamento moral, intelectual, espiritual e social, em condições de liberdade e dignidade.

Art. 2º: 1. "Afigura-se ilegítima a imposição de limite de idade para o ingresso de idosos em Programa de Arrendamento Residencial — PAR, eis que em afronta aos princípios constitucionais de proteção ao idoso, à dignidade da pessoa humana, à igualdade e ao direito fundamental à moradia" (Bol. AASP 2.584).

Art. 3º (*redação da Lei 14.423, de 22.7.22*) É obrigação da família,[1] da comunidade, da sociedade e do poder público assegurar à pessoa idosa, com absoluta prioridade, a efetivação do direito à vida, à saúde, à alimentação, à educação, à cultura, ao esporte, ao lazer, ao trabalho, à cidadania, à liberdade, à dignidade, ao respeito e à convivência familiar e comunitária.

§ 1º A garantia de prioridade compreende:[1a]

I — atendimento preferencial imediato e individualizado junto aos órgãos públicos e privados prestadores de serviços à população;

II — preferência na formulação e na execução de políticas sociais públicas específicas;

III (*redação da Lei 14.423, de 22.7.22*) — destinação privilegiada de recursos públicos nas áreas relacionadas com a proteção à pessoa idosa;

IV (*redação da Lei 14.423, de 22.7.22*) — viabilização de formas alternativas de participação, ocupação e convívio da pessoa idosa com as demais gerações;

V (*redação da Lei 14.423, de 22.7.22*) — priorização do atendimento da pessoa idosa por sua própria família, em detrimento do atendimento asilar, exceto dos que não a possuam ou careçam de condições de manutenção da própria sobrevivência;

VI (*redação da Lei 14.423, de 22.7.22*) — capacitação e reciclagem dos recursos humanos nas áreas de geriatria e gerontologia e na prestação de serviços às pessoas idosas;

VII — estabelecimento de mecanismos que favoreçam a divulgação de informações de caráter educativo sobre os aspectos biopsicossociais de envelhecimento;

VIII — garantia de acesso à rede de serviços de saúde e de assistência social locais;

IX — prioridade no recebimento da restituição do Imposto de Renda.²

§ 2º (*redação da Lei 14.423, de 22.7.22*) Entre as pessoas idosas, é assegurada prioridade especial aos maiores de 80 (oitenta) anos, atendendo-se suas necessidades sempre preferencialmente em relação às demais pessoas idosas.³

Art. 3º: 1. CF: "**Art. 229.** Os pais têm o dever de assistir, criar e educar os filhos menores, e os filhos maiores têm o dever de ajudar e amparar os pais na velhice, carência ou enfermidade.

"**Art. 230.** A família, a sociedade e o Estado têm o dever de amparar as pessoas idosas, assegurando sua participação na comunidade, defendendo sua dignidade e bem-estar e garantindo-lhes o direito à vida.

"§ 1º Os programas de amparo aos idosos serão executados preferencialmente em seus lares.

"§ 2º Aos maiores de sessenta e cinco anos é garantida a gratuidade dos transportes coletivos urbanos".

Art. 3º: 1a. O § ún. foi renumerado pela Lei 13.466, de 12.7.17.

Art. 3º: 2. O inc. IX foi acrescido pela Lei 11.765, de 5.8.08.

Art. 3º: 3. O § 2º foi acrescido pela Lei 13.466, de 12.7.17.

Art. 4º (*redação da Lei 14.423, de 22.7.22*) Nenhuma pessoa idosa será objeto de qualquer tipo de negligência, discriminação, violência, crueldade ou opressão, e todo atentado aos seus direitos, por ação ou omissão, será punido na forma da lei.

§ 1º (*redação da Lei 14.423, de 22.7.22*) É dever de todos prevenir a ameaça ou violação aos direitos da pessoa idosa.

§ 2º As obrigações previstas nesta lei não excluem da prevenção outras decorrentes dos princípios por ela adotados.

Art. 5º A inobservância das normas de prevenção importará em responsabilidade à pessoa física ou jurídica nos termos da lei.

Art. 6º Todo cidadão tem o dever de comunicar à autoridade competente qualquer forma de violação a esta lei que tenha testemunhado ou de que tenha conhecimento.

Art. 7º (*redação da Lei 14.423, de 22.7.22*) Os Conselhos Nacional,[1] Estaduais, do Distrito Federal e Municipais da Pessoa Idosa, previstos na Lei n. 8.842, de 4 de janeiro de 1994, zelarão pelo cumprimento dos direitos da pessoa idosa, definidos nesta Lei.

Art. 7º: 1. Lei 8.842, de 4.1.94 — Dispõe sobre a política nacional do idoso, cria o Conselho Nacional do Idoso e dá outras providências.

"**Art. 5º** Competirá ao órgão ministerial responsável pela assistência e promoção social a coordenação geral da política nacional do idoso, com a participação dos conselhos nacionais, estaduais, do Distrito Federal e municipais do idoso.

"**Art. 6º** Os conselhos nacional, estaduais, do Distrito Federal e municipais do idoso serão órgãos permanentes, paritários e deliberativos, compostos por igual número de representantes dos órgãos e entidades públicas e de organizações representativas da sociedade civil ligadas à área".

V. tb. art. 53.

Título II | DOS DIREITOS FUNDAMENTAIS

Capítulo I | DO DIREITO À VIDA

Art. 8º O envelhecimento é um direito personalíssimo e a sua proteção um direito social, nos termos desta lei e da legislação vigente.

Art. 9º É obrigação do Estado, garantir à pessoa idosa a proteção à vida e à saúde, mediante efetivação de políticas sociais públicas que permitam um envelhecimento saudável e em condições de dignidade.

Capítulo II | DO DIREITO À LIBERDADE, AO RESPEITO E À DIGNIDADE

Art. 10 (*redação da Lei 14.423, de 22.7.22*). É obrigação do Estado e da sociedade assegurar à pessoa idosa a liberdade, o respeito e a dignidade, como pessoa humana e sujeito de direitos civis, políticos, individuais e sociais, garantidos na Constituição e nas leis.

§ 1º O direito à liberdade compreende, entre outros, os seguintes aspectos:

I — faculdade de ir, vir e estar nos logradouros públicos e espaços comunitários, ressalvadas as restrições legais;

II — opinião e expressão;

III — crença e culto religioso;

IV — prática de esportes e de diversões;

V — participação na vida familiar e comunitária;

VI — participação na vida política, na forma da lei;

VII — faculdade de buscar refúgio, auxílio e orientação.

§ 2º O direito ao respeito consiste na inviolabilidade da integridade física, psíquica e moral, abrangendo a preservação da imagem, da identidade, da autonomia, de valores, ideias e crenças, dos espaços e dos objetos pessoais.

§ 3º (*redação da Lei 14.423, de 22.7.22*) É dever de todos zelar pela dignidade da pessoa idosa, colocando-a a salvo de qualquer tratamento desumano, violento, aterrorizante, vexatório ou constrangedor.

Capítulo III | DOS ALIMENTOS[1]

CAP. III: 1. "Aspectos civis (alimentos) da Lei n. 10.741/03. Estatuto do Idoso", por Vitor F. Kumpel (RSDCPC 27/30).

Art. 11 (redação da Lei 14.423, de 22.7.22). Os alimentos serão prestados à pessoa idosa na forma da lei civil.[1-2]

Art. 11: 1. CF: "Art. 229. Os pais têm o dever de assistir, criar e educar os filhos menores, e os filhos maiores têm o dever de ajudar e amparar os pais na velhice, carência ou enfermidade".

Art. 11: 2. v. CC 1.694 a 1.710, CPC 528 a 533 e 911 a 913, e Lei 5.478, de 25.7.68, no tít. ALIMENTOS.

Art. 12 (redação da Lei 14.423, de 22.7.22). A obrigação alimentar é solidária,[1-1a] podendo a pessoa idosa optar entre os prestadores.

Art. 12: 1. "A intervenção de terceiros sob a luz do art. 1.698 do novo CC e o Estatuto do Idoso", por Nelson Finotti Silva (RP 119/285); "Da solidariedade da obrigação alimentar em favor do idoso", por Pedro Lino de Carvalho Júnior (RBDF 25/42).

Art. 12: 1a. s/ solidariedade passiva, v. CC 275 a 285.

Art. 13. As transações relativas a alimentos poderão ser celebradas perante o Promotor de Justiça ou Defensor Público, que as referendará, e passarão a ter efeito de título executivo extrajudicial nos termos da lei processual civil.[1-2]

Art. 13: 1. Redação de acordo com a Lei 11.737, de 14.7.08.

Art. 13: 2. v. CPC 784-XII.

Art. 14 (redação da Lei 14.423, de 22.7.22). Se a pessoa idosa ou seus familiares não possuírem condições econômicas de prover o seu sustento, impõe-se ao poder público esse provimento, no âmbito da assistência social.

Capítulo IV | DO DIREITO À SAÚDE

Art. 15 (redação da Lei 14.423, de 22.7.22). É assegurada a atenção integral à saúde da pessoa idosa, por intermédio do Sistema Único de Saúde (SUS), garantindo-lhe o acesso universal e igualitário, em conjunto articulado e contínuo das ações e serviços, para a prevenção, promoção, proteção e recuperação da saúde, incluindo a atenção especial às doenças que afetam preferencialmente as pessoas idosas.

§ 1º (redação da Lei 14.423, de 22.7.22) A prevenção e a manutenção da saúde da pessoa idosa serão efetivadas por meio de:

I — cadastramento da população idosa em base territorial;

II — atendimento geriátrico e gerontológico em ambulatórios;

III — unidades geriátricas de referência, com pessoal especializado nas áreas de geriatria e gerontologia social;

IV (redação da Lei 14.423, de 22.7.22) — atendimento domiciliar, incluindo a internação, para a população que dele necessitar e esteja impossibilitada de se locomover, inclusive para as pessoas idosas abrigadas e acolhidas por instituições públicas, filantrópicas ou sem fins lucrativos e eventualmente conveniadas com o poder público, nos meios urbano e rural;

V — reabilitação orientada pela geriatria e gerontologia, para redução das sequelas decorrentes do agravo da saúde.

§ 2º (redação da Lei 14.423, de 22.7.22) Incumbe ao poder público fornecer às pessoas idosas, gratuitamente, medicamentos, especialmente os de uso continuado, assim como próteses, órteses e outros recursos relativos ao tratamento, habilitação ou reabilitação.

§ 3º (redação da Lei 14.423, de 22.7.22) É vedada a discriminação da pessoa idosa nos planos de saúde pela cobrança de valores diferenciados em razão da idade.[1]

§ 4º (redação da Lei 14.423, de 22.7.22) As pessoas idosas com deficiência ou com limitação incapacitante terão atendimento especializado, nos termos da lei.

§ 5º (redação da Lei 14.423, de 22.7.22) É vedado exigir o comparecimento da pessoa idosa enferma perante os órgãos públicos, hipótese na qual será admitido o seguinte procedimento:

I (redação da Lei 14.423, de 22.7.22) — quando de interesse do poder público, o agente promoverá o contato necessário com a pessoa idosa em sua residência; ou

II (redação da Lei 14.423, de 22.7.22) — quando de interesse da própria pessoa idosa, esta se fará representar por procurador legalmente constituído.

§ 6º (redação da Lei 14.423, de 22.7.22) É assegurado à pessoa idosa enferma o atendimento domiciliar pela perícia médica do Instituto Nacional do Seguro Social (INSS), pelo serviço público de saúde ou pelo serviço privado de saúde, contratado ou conveniado, que integre o SUS, para expedição do laudo de saúde necessário ao exercício de seus direitos sociais e de isenção tributária.

§ 7º (redação da Lei 14.423, de 22.7.22) Em todo atendimento de saúde, os maiores de 80 (oitenta) anos terão preferência especial sobre as demais pessoas idosas, exceto em caso de emergência.

Art. 15: 1. v. CDC 51, nota 7.

Art. 16 (redação da Lei 14.423, de 22.7.22). À pessoa idosa internada ou em observação é assegurado o direito a acompanhante,[1] devendo o órgão de saúde proporcionar as condições adequadas para a sua permanência em tempo integral, segundo o critério médico.

Parágrafo único (redação da Lei 14.423, de 22.7.22). Caberá ao profissional de saúde responsável pelo tratamento conceder autorização para o acompanhamento da pessoa idosa ou, no caso de impossibilidade, justificá-la por escrito.

Art. 16: 1. "Diante da obrigação criada pelo Estatuto do Idoso e da inexistência de regra acerca do **custeio das despesas** de acompanhante de paciente idoso usuário de plano de saúde, a Agência Nacional de Saúde Suplementar definiu, por meio de resoluções normativas, que cabe aos **planos de saúde** o custeio das despesas referentes ao acompanhante do paciente idoso. O Estatuto do Idoso é norma de ordem pública e de aplicação imediata, devendo incidir inclusive sobre contratos firmados antes de sua vigência" (STJ-3ª T., REsp 1.793.840, Min. Ricardo Cueva, j. 5.11.19, DJ 8.11.19).

Art. 17 (redação da Lei 14.423, de 22.7.22). À pessoa idosa que esteja no domínio de suas faculdades mentais é assegurado o direito de optar pelo tratamento de saúde que lhe for reputado mais favorável.

Parágrafo único (redação da Lei 14.423, de 22.7.22). Não estando a pessoa idosa em condições de proceder à opção, esta será feita:

I (*redação da Lei 14.423, de 22.7.22*) — pelo curador, quando a pessoa idosa for interditada;[1]

II (*redação da Lei 14.423, de 22.7.22*) — pelos familiares,[2] quando a pessoa idosa não tiver curador ou este não puder ser contactado em tempo hábil;

III — pelo médico, quando ocorrer iminente risco de vida e não houver tempo hábil para consulta a curador ou familiar;

IV — pelo próprio médico, quando não houver curador ou familiar conhecido, caso em que deverá comunicar o fato ao Ministério Público.

Art. 17: 1. s/ curatela, v. CC 1.767 e segs., CPC 747 e segs.

Art. 17: 2. v. CC 1.591 a 1.595.

Art. 18 (*redação da Lei 14.423, de 22.7.22*). As instituições de saúde devem atender aos critérios mínimos para o atendimento às necessidades da pessoa idosa, promovendo o treinamento e a capacitação dos profissionais, assim como orientação a cuidadores familiares e grupos de autoajuda.

Art. 19 (*redação da Lei 14.423, de 22.7.22*). Os casos de suspeita ou confirmação de violência praticada contra pessoas idosas serão objeto de notificação compulsória pelos serviços de saúde públicos e privados à autoridade sanitária, bem como serão obrigatoriamente comunicados por eles a quaisquer dos seguintes órgãos:

I — autoridade policial;

II — Ministério Público;

III (*redação da Lei 14.423, de 22.7.22*) — Conselho Municipal da Pessoa Idosa;

IV (*redação da Lei 14.423, de 22.7.22*) — Conselho Estadual da Pessoa Idosa;

V (*redação da Lei 14.423, de 22.7.22*) — Conselho Nacional da Pessoa Idosa.

§ 1º (*redação da Lei 14.423, de 22.7.22*) Para os efeitos desta Lei, considera-se violência contra a pessoa idosa qualquer ação ou omissão praticada em local público ou privado que lhe cause morte, dano ou sofrimento físico ou psicológico.

§ 2º (*redação da Lei 12.4614, de 26.7.11*) Aplica-se, no que couber, à notificação compulsória prevista no *caput* deste artigo, o disposto na Lei n. 6.259, de 30 de outubro de 1975.

Capítulo V | DA EDUCAÇÃO, CULTURA, ESPORTE E LAZER

Art. 20 (*redação da Lei 14.423, de 22.7.22*). A pessoa idosa tem direito a educação, cultura, esporte, lazer, diversões, espetáculos, produtos e serviços que respeitem sua peculiar condição de idade.

Art. 21 (*redação da Lei 14.423, de 22.7.22*). O poder público criará oportunidades de acesso da pessoa idosa à educação, adequando currículos, metodologias e material didático aos programas educacionais a ela destinados.

§ 1º (*redação da Lei 14.423, de 22.7.22*) Os cursos especiais para pessoas idosas incluirão conteúdo relativo às técnicas de comunicação, computação e demais avanços tecnológicos, para sua integração à vida moderna.

§ 2º (*redação da Lei 14.423, de 22.7.22*) As pessoas idosas participarão das comemorações de caráter cívico ou cultural, para transmissão de conhecimentos e vivências às demais gerações, no sentido da preservação da memória e da identidade culturais.

Art. 22 (*redação da Lei 14.423, de 22.7.22*). Nos currículos mínimos dos diversos níveis de ensino formal serão inseridos conteúdos voltados ao processo de envelhecimento, ao respeito e à valorização da pessoa idosa, de forma a eliminar o preconceito e a produzir conhecimentos sobre a matéria.

Art. 23 (*redação da Lei 14.423, de 22.7.22*). A participação das pessoas idosas em atividades culturais e de lazer será proporcionada mediante descontos de pelo menos 50% (cinquenta por cento) nos ingressos para eventos artísticos, culturais, esportivos e de lazer, bem como o acesso preferencial aos respectivos locais.¹ ª ²

Art. 23: 1. s/ meia-entrada para estudantes, pessoas com deficiência e jovens carentes, v. Lei 12.852, de 5.8.13, art. 23.

Art. 23: 1a. Lei 12.933, de 26.12.13 — Dispõe sobre o benefício do pagamento de meia-entrada para estudantes, idosos, pessoas com deficiência e jovens de 15 a 29 anos comprovadamente carentes em espetáculos artístico--culturais e esportivos.

Art. 23: 2. "Diárias de *camping club*. Pleito de desconto de 50% em face do Estatuto do Idoso. Inaplicabilidade. Fato que não é considerado evento artístico, cultural, esportivo ou de lazer. Benefício que não deve ser banalizado. Dever de pagamento da integralidade da diária" (JTJ 353/319: AP 990.10.171262-8; ementa da redação).

Art. 24 (*redação da Lei 14.423, de 22.7.22*). Os meios de comunicação manterão espaços ou horários especiais voltados às pessoas idosas, com finalidade informativa, educativa, artística e cultural, e ao público sobre o processo de envelhecimento.

Art. 25 (*redação da Lei 13.535, de 15.12.17*). As instituições de educação superior ofertarão às pessoas idosas, na perspectiva da educação ao longo da vida, cursos e programas de extensão, presenciais ou a distância, constituídos por atividades formais e não formais.

Parágrafo único (*redação da Lei 14.423, de 22.7.22*). O poder público apoiará a criação de universidade aberta para as pessoas idosas e incentivará a publicação de livros e periódicos, de conteúdo e padrão editorial adequados à pessoa idosa, que facilitem a leitura, considerada a natural redução da capacidade visual.

Capítulo VI | DA PROFISSIONALIZAÇÃO E DO TRABALHO

Art. 26 (*redação da Lei 14.423, de 22.7.22*). A pessoa idosa tem direito ao exercício de atividade profissional, respeitadas suas condições físicas, intelectuais e psíquicas.

Art. 27 (*redação da Lei 14.423, de 22.7.22*). Na admissão da pessoa idosa em qualquer trabalho ou emprego, são vedadas a discriminação e a fixação de limite máximo de idade, inclusive para concursos, ressalvados os casos em que a natureza do cargo o exigir.

Parágrafo único. O primeiro critério de desempate em concurso público será a idade, dando-se preferência ao de idade mais elevada.¹

Art. 27: 1. "A Lei n. 10.741/03 (Estatuto do Idoso) cuida apenas da admissão em concurso público em termos gerais, de modo que, quando em referência **concurso de remoção,** não deve ser seguida, ante a **existência de lei especial** (*lex specialis derogat legi generali*)" (STF-1ª T., MS 33.046, Min. Luiz Fux, j. 10.3.15, DJ 18.5.15).

Art. 28. O Poder Público criará e estimulará programas de:

I (*redação da Lei 14.423, de 22.7.22*) — profissionalização especializada para as pessoas idosas, aproveitando seus potenciais e habilidades para atividades regulares e remuneradas;

II — preparação dos trabalhadores para a aposentadoria, com antecedência mínima de 1 (um) ano, por meio de estímulo a novos projetos sociais, conforme seus interesses, e de esclarecimento sobre os direitos sociais e de cidadania;

III (*redação da Lei 14.423, de 22.7.22*) — estímulo às empresas privadas para admissão de pessoas idosas ao trabalho.

Capítulo VII | DA PREVIDÊNCIA SOCIAL

Art. 29. Os benefícios de aposentadoria e pensão do Regime Geral da Previdência Social observarão, na sua concessão, critérios de cálculo que preservem o valor real dos salários sobre os quais incidiram contribuição, nos termos da legislação vigente.

Parágrafo único. Os valores dos benefícios em manutenção serão reajustados na mesma data de reajuste do salário mínimo, *pro rata*, de acordo com suas respectivas datas de início ou do seu último reajustamento, com base em percentual definido em regulamento, observados os critérios estabelecidos pela Lei n. 8.213, de 24 de julho de 1991.

Art. 30. A perda da condição de segurado não será considerada para a concessão da aposentadoria por idade, desde que a pessoa conte com, no mínimo, o tempo de contribuição correspondente ao exigido para efeito de carência na data de requerimento do benefício.

Parágrafo único. O cálculo do valor do benefício previsto no *caput* observará o disposto no *caput* e § 2º do art. 3º da Lei n. 9.876, de 26 de novembro de 1999, ou, não havendo salários de contribuição recolhidos a partir da competência de julho de 1994, o disposto no art. 35 da Lei n. 8.213, de 1991.

Art. 31. O pagamento de parcelas relativas a benefícios, efetuado com atraso por responsabilidade da Previdência Social, será atualizado pelo mesmo índice utilizado para os reajustamentos dos benefícios do Regime Geral de Previdência Social, verificado no período compreendido entre o mês que deveria ter sido pago e o mês do efetivo pagamento.

Art. 32. O Dia Mundial do Trabalho, 1º de Maio, é a data-base dos aposentados e pensionistas.

Capítulo VIII | DA ASSISTÊNCIA SOCIAL

Art. 33 (*redação da Lei 14.423, de 22.7.22*). A assistência social às pessoas idosas será prestada, de forma articulada, conforme os princípios e diretrizes previstos na Lei Orgânica da Assistência Social (Loas), na Política Nacional da Pessoa Idosa, no SUS e nas demais normas pertinentes.

Art. 34 (*redação da Lei 14.423, de 22.7.22*). Às pessoas idosas, a partir de 65 (sessenta e cinco) anos, que não possuam meios para prover sua subsistência, nem de tê-la provida por sua família, é assegurado o benefício mensal de 1 (um) salário mínimo,[1] nos termos da Loas.

Parágrafo único. O benefício já concedido a qualquer membro da família nos termos do *caput* não será computado para os fins do cálculo da renda familiar *per capita* a que se refere a Loas.[2]

Art. 34: 1. CF: "**Art. 203.** A assistência social será prestada a quem dela necessitar, independentemente de contribuição à seguridade social, e tem por objetivos: ... V — a garantia de um salário mínimo de benefício mensal à pessoa portadora de deficiência e ao idoso que comprovem não possuir meios de prover à própria manutenção ou de tê-la provida por sua família, conforme dispuser a lei".

Art. 34: 2. "O Estatuto do Idoso dispõe, no art. 34, parágrafo único, que o benefício assistencial já concedido a qualquer membro da família não será computado para fins do cálculo da renda familiar *per capita* a que se refere a LOAS. Não exclusão dos benefícios assistenciais recebidos por deficientes e de previdenciários, no valor de até um salário mínimo, percebido por idosos. Inexistência de justificativa plausível para discriminação dos portadores de deficiência em relação aos idosos, bem como dos idosos beneficiários da assistência social em relação aos idosos titulares de benefícios previdenciários no valor de até um salário mínimo. Omissão parcial inconstitucional. Declaração de inconstitucionalidade parcial, sem pronúncia de nulidade, do art. 34, parágrafo único, da Lei 10.741/2003" (STF-Pleno, RE 580.963, Min. Gilmar Mendes, j. 18.4.13, maioria, DJ 14.11.13).

Todavia: "O art. 34, § ún., da Lei 10.741/03 deve ser interpretado restritivamente, ou seja, somente o benefício assistencial porventura recebido por qualquer membro da família pode ser desconsiderado para fins de averiguação da renda *per capita* familiar, quando dada a concessão do benefício assistencial a outro ente familiar" (STJ-5ª T., REsp 926.203-AgRg, Min. Laurita Vaz, j. 3.3.09, DJ 6.4.09).

Art. 35. Todas as entidades de longa permanência, ou casa-lar, são obrigadas a firmar contrato de prestação de serviços[1] com a pessoa idosa abrigada.

§ 1º (*redação da Lei 14.423, de 22.7.22*) No caso de entidade filantrópica, ou casa-lar, é facultada a cobrança de participação da pessoa idosa no custeio da entidade.

§ 2º (*redação da Lei 14.423, de 22.7.22*) O Conselho Municipal da Pessoa Idosa ou o Conselho Municipal da Assistência Social estabelecerá a forma de participação prevista no § 1º deste artigo, que não poderá exceder a 70% (setenta por cento) de qualquer benefício previdenciário ou de assistência social percebido pela pessoa idosa.

§ 3º Se a pessoa idosa for incapaz, caberá a seu representante legal firmar o contrato a que se refere o *caput* deste artigo.

Art. 35: 1. v. art. 50-I.

Art. 36 (*redação da Lei 14.423, de 22.7.22*). O acolhimento de pessoas idosas em situação de risco social, por adulto ou núcleo familiar, caracteriza a dependência econômica, para os efeitos legais.

Capítulo IX | DA HABITAÇÃO

Art. 37 (*redação da Lei 14.423, de 22.7.22*). A pessoa idosa tem direito a moradia digna, no seio da família natural ou substituta, ou desacompanhada de seus familiares, quando assim o desejar, ou, ainda, em instituição pública ou privada.

§ 1º A assistência integral na modalidade de entidade de longa permanência será prestada quando verificada inexistência de grupo familiar, casa-lar, abandono ou carência de recursos financeiros próprios ou da família.

§ 2º (*redação da Lei 14.423, de 22.7.22*) Toda instituição dedicada ao atendimento à pessoa idosa fica obrigada a manter identificação externa visível, sob pena de interdição, além de atender toda a legislação pertinente.

§ 3º (*redação da Lei 14.423, de 22.7.22*) As instituições que abrigarem pessoas idosas são obrigadas a manter padrões de habitação compatíveis com as necessidades delas, bem como provê-las com alimentação regular e higiene indispensáveis às normas sanitárias e com estas condizentes, sob as penas da lei.

Art. 38 (*redação da Lei 14.423, de 22.7.22*). Nos programas habitacionais, públicos ou subsidiados com recursos públicos, a pessoa idosa goza de prioridade na aquisição de imóvel para moradia própria, observado o seguinte:

I (*redação da Lei 14.423, de 22.7.22*) — reserva de pelo menos 3% (três por cento) das unidades habitacionais residenciais para atendimento às pessoas idosas;

II (*redação da Lei 14.423, de 22.7.22*) — implantação de equipamentos urbanos comunitários voltados à pessoa idosa;

III (*redação da Lei 14.423, de 22.7.22*) — eliminação de barreiras arquitetônicas e urbanísticas, para garantia de acessibilidade à pessoa idosa;

IV — critérios de financiamento compatíveis com os rendimentos de aposentadoria e pensão.

Parágrafo único (*redação da Lei 14.423, de 22.7.22*). As unidades residenciais reservadas para atendimento a pessoas idosas devem situar-se, preferencialmente, no pavimento térreo.

Capítulo X | DO TRANSPORTE[1]

CAP. X: 1. "Dimensões eficaciais do direito ao transporte gratuito do idoso no Brasil: estudo de um caso", por Rogério Gesta Leal (IP 32/267).

Art. 39. Aos maiores de 65 (sessenta e cinco) anos fica assegurada a gratuidade dos transportes coletivos públicos urbanos[1] e semiurbanos, exceto nos serviços seletivos e especiais, quando prestados paralelamente aos serviços regulares.[2]

§ 1º (*redação da Lei 14.423, de 22.7.22*) Para ter acesso à gratuidade, basta que a pessoa idosa apresente qualquer documento pessoal que faça prova de sua idade.

§ 2º (*redação da Lei 14.423, de 22.7.22*) Nos veículos de transporte coletivo de que trata este artigo, serão reservados 10% (dez por cento) dos assentos para as pessoas idosas, devidamente identificados com a placa de reservado preferencialmente para pessoas idosas.

§ 3º No caso das pessoas compreendidas na faixa etária entre 60 (sessenta) e 65 (sessenta e cinco) anos, ficará a critério da legislação local dispor sobre as condições para exercício da gratuidade nos meios de transporte previstos no *caput* deste artigo.

Art. 39: 1. CF 230: "§ 2º Aos maiores de sessenta e cinco anos é garantida a gratuidade dos transportes coletivos urbanos".

Art. 39: 2. O art. 39 foi declarado **constitucional** pelo STF (STF-Pleno, ADI 3.768, Min. Cármen Lúcia, j. 19.9.07, um voto vencido, DJU 26.10.07).

Art. 40. No sistema de transporte coletivo interestadual observar-se-á, nos termos da legislação específica:[1]

I (*redação da Lei 14.423, de 22.7.22*) — a reserva de 2 (duas) vagas gratuitas por veículo para pessoas idosas com renda igual ou inferior a 2 (dois) salários mínimos;

II (*redação da Lei 14.423, de 22.7.22*) — desconto de 50% (cinquenta por cento), no mínimo, no valor das passagens, para as pessoas idosas que excederem as vagas gratuitas, com renda igual ou inferior a 2 (dois) salários mínimos.

Parágrafo único. Caberá aos órgãos competentes definir os mecanismos e os critérios para o exercício dos direitos previstos nos incisos I e II.

Art. 40: 1. "O benefício em favor dos idosos que se utilizam do transporte interestadual previsto no art. 40-I e II da Lei 10.741/03 não depende da edição de lei que preveja fonte de custeio, porque não se trata de benefício da seguridade social (CF 195 § 5º), mas de questão relacionada à execução de contrato de concessão de serviço público (CF 175 e Lei 9.074/95, art. 35)" (RF 396/412: TRF-1ª Reg., AI 2007.01.00.003048-6).

Art. 41 (*redação da Lei 14.423, de 22.7.22*). É assegurada a reserva para as pessoas idosas, nos termos da lei local, de 5% (cinco por cento) das vagas nos estacionamentos públicos e privados, as quais deverão ser posicionadas de forma a garantir a melhor comodidade à pessoa idosa.[1]

Art. 41: 1. "Conquanto o estacionamento do fórum esteja localizado em área pública, deve-se atentar para o fato de essa área estar restrita ao uso especial daqueles que receberem autorização estatal para o seu uso, nos termos do art. 99, II, do Código Civil. Nesse contexto, a previsão legal de reserva de 5% das vagas nos estacionamentos públicos estabelecida pelo art. 41 da Lei n. 10.741/2003 não impede que a administração do fórum restrinja o uso de determinada área de estacionamento somente às pessoas idosas que, de alguma forma, estão vinculadas às atividades desenvolvidas pelo órgão público" (STJ-1ª T., RMS 32.340, Min. Benedito Gonçalves, j. 26.10.10, DJ 4.11.10).

Art. 42 (*redação da Lei 14.423, de 22.7.22*). São asseguradas a prioridade e a segurança da pessoa idosa nos procedimentos de embarque e desembarque nos veículos do sistema de transporte coletivo.

Título III | DAS MEDIDAS DE PROTEÇÃO

Capítulo I | DAS DISPOSIÇÕES GERAIS

Art. 43 (*redação da Lei 14.423, de 22.7.22*). As medidas de proteção à pessoa idosa são aplicáveis sempre que os direitos reconhecidos nesta Lei forem ameaçados ou violados:

I — por ação ou omissão da sociedade ou do Estado;

II — por falta, omissão ou abuso da família, curador ou entidade de atendimento;

III — em razão de sua condição pessoal.

Capítulo II | DAS MEDIDAS ESPECÍFICAS DE PROTEÇÃO

Art. 44 (*redação da Lei 14.423, de 22.7.22*). As medidas de proteção à pessoa idosa previstas nesta Lei poderão ser aplicadas, isolada ou cumulativamente, e levarão em conta os fins sociais a que se destinam e o fortalecimento dos vínculos familiares e comunitários.

Art. 45. Verificada qualquer das hipóteses previstas no art. 43, o Ministério Público ou o Poder Judiciário, a requerimento daquele, poderá determinar, dentre outras, as seguintes medidas:

I — encaminhamento à família ou curador, mediante termo de responsabilidade;

II — orientação, apoio e acompanhamento temporários;

III — requisição para tratamento de sua saúde, em regime ambulatorial, hospitalar ou domiciliar;

IV (*redação da Lei 14.423, de 22.7.22*) — inclusão em programa oficial ou comunitário de auxílio, orientação e tratamento a usuários dependentes de drogas lícitas ou ilícitas, à própria pessoa idosa ou à pessoa de sua convivência que lhe cause perturbação;

V — abrigo em entidade;

VI — abrigo temporário.

Título IV | DA POLÍTICA DE ATENDIMENTO À PESSOA IDOSA[1]

TÍT. IV: 1. Redação da Lei 14.423, de 22.7.22.

Capítulo I | DISPOSIÇÕES GERAIS

Art. 46 (*redação da Lei 14.423, de 22.7.22*). A política de atendimento à pessoa idosa far-se-á por meio do conjunto articulado de ações governamentais e não governamentais da União, dos Estados, do Distrito Federal e dos Municípios.

Art. 47. São linhas de ação da política de atendimento:

I — políticas sociais básicas, previstas na Lei n. 8.842, de 4 de janeiro de 1994;[1]

II — políticas e programas de assistência social, em caráter supletivo, para aqueles que necessitarem;

III — serviços especiais de prevenção e atendimento às vítimas de negligência, maus-tratos, exploração, abuso, crueldade e opressão;

IV (*redação da Lei 14.423, de 22.7.22*) — serviço de identificação e localização de parentes ou responsáveis por pessoas idosas abandonados em hospitais e instituições de longa permanência;

V (*redação da Lei 14.423, de 22.7.22*) — proteção jurídico-social por entidades de defesa dos direitos das pessoas idosas;

VI (*redação da Lei 14.423, de 22.7.22*) — mobilização da opinião pública no sentido da participação dos diversos segmentos da sociedade no atendimento da pessoa idosa.

Art. 47: 1. v. art. 1º, nota 1.

Capítulo II | DAS ENTIDADES DE ATENDIMENTO À PESSOA IDOSA[1]

CAP. II: 1. Redação da Lei 14.423, de 22.7.22.

Art. 48 (*redação da Lei 14.423, de 22.7.22*). As entidades de atendimento são responsáveis pela manutenção das próprias unidades, observadas as normas de planejamento e execução emanadas do órgão competente da Política Nacional da Pessoa Idosa, conforme a Lei n. 8.842, de 4 de janeiro de 1994.[1]

Parágrafo único (*redação da Lei 14.423, de 22.7.22*). As entidades governamentais e não governamentais de assistência à pessoa idosa ficam sujeitas à inscrição de seus programas perante o órgão competente da Vigilância Sanitária e o Conselho Municipal da Pessoa Idosa e, em sua falta, perante o Conselho Estadual ou Nacional da Pessoa Idosa, especificando os regimes de atendimento, observados os seguintes requisitos:

I — oferecer instalações físicas em condições adequadas de habitabilidade, higiene, salubridade e segurança;

II — apresentar objetivos estatutários e plano de trabalho compatíveis com os princípios desta lei;

III — estar regularmente constituída;

IV — demonstrar a idoneidade de seus dirigentes.

Art. 48: 1. v. art. 1º, nota 1.

Art. 49. As entidades que desenvolvam programas de institucionalização de longa permanência adotarão os seguintes princípios:

I — preservação dos vínculos familiares;

II — atendimento personalizado e em pequenos grupos;

III (*redação da Lei 14.423, de 22.7.22*) — manutenção da pessoa idosa na mesma instituição, salvo em caso de força maior;

IV (*redação da Lei 14.423, de 22.7.22*) — participação da pessoa idosa nas atividades comunitárias, de caráter interno e externo;

V (*redação da Lei 14.423, de 22.7.22*) — observância dos direitos e garantias das pessoas idosas;

VI (*redação da Lei 14.423, de 22.7.22*) — preservação da identidade da pessoa idosa e oferecimento de ambiente de respeito e dignidade.

Parágrafo único (*redação da Lei 14.423, de 22.7.22*). O dirigente de instituição prestadora de atendimento à pessoa idosa responderá civil e criminalmente pelos atos que praticar em detrimento da pessoa idosa, sem prejuízo das sanções administrativas.

Art. 50. Constituem obrigações das entidades de atendimento:

I (*redação da Lei 14.423, de 22.7.22*) — celebrar contrato escrito de prestação de serviço com a pessoa idosa,[1] especificando o tipo de atendimento, as obrigações da entidade e prestações decorrentes do contrato, com os respectivos preços, se for o caso;

II (*redação da Lei 14.423, de 22.7.22*) — observar os direitos e as garantias de que são titulares as pessoas idosas;

III — fornecer vestuário adequado, se for pública, e alimentação suficiente;

IV — oferecer instalações físicas em condições adequadas de habitabilidade;

V — oferecer atendimento personalizado;

VI — diligenciar no sentido da preservação dos vínculos familiares;

VII — oferecer acomodações apropriadas para recebimento de visitas;

VIII (*redação da Lei 14.423, de 22.7.22*) — proporcionar cuidados à saúde, conforme a necessidade da pessoa idosa;

IX — promover atividades educacionais, esportivas, culturais e de lazer;

X — propiciar assistência religiosa àqueles que desejarem, de acordo com suas crenças;

XI — proceder a estudo social e pessoal de cada caso;

XII (*redação da Lei 14.423, de 22.7.22*) — comunicar à autoridade competente de saúde toda ocorrência de pessoa idosa com doenças infectocontagiosas;

XIII — providenciar ou solicitar que o Ministério Público requisite os documentos necessários ao exercício da cidadania àqueles que não os tiverem, na forma da lei;

XIV (*redação da Lei 14.423, de 22.7.22*) — fornecer comprovante de depósito dos bens móveis que receberem das pessoas idosas;

XV (*redação da Lei 14.423, de 22.7.22*) — manter arquivo de anotações no qual constem data e circunstâncias do atendimento, nome da pessoa idosa, responsável, parentes, endereços, cidade, relação de seus pertences, bem como o valor de contribuições, e suas alterações, se houver, e demais dados que possibilitem sua identificação e a individualização do atendimento;

XVI — comunicar ao Ministério Público, para as providências cabíveis, a situação de abandono moral ou material por parte dos familiares;

XVII — manter no quadro de pessoal profissionais com formação específica.

Art. 50: 1. s/ prestação de serviço, v. CC 593 a 609.

Art. 51 (*redação da Lei 14.423, de 22.7.22*). As instituições filantrópicas ou sem fins lucrativos prestadoras de serviço às pessoas idosas terão direito à assistência judiciária gratuita.[1]

Art. 51: 1. Lei 1.060, de 5.2.50 — Estabelece normas para a concessão de assistência judiciária aos necessitados (v. texto integral no CPCLPV).

Capítulo III | DA FISCALIZAÇÃO DAS ENTIDADES DE ATENDIMENTO

Art. 52 (*redação da Lei 14.423, de 22.7.22*). As entidades governamentais e não governamentais de atendimento à pessoa idosa[1] serão fiscalizadas pelos Conselhos da Pessoa Idosa, Ministério Público, Vigilância Sanitária e outros previstos em lei.

Art. 52: 1. v. art. 7º, nota 1.

Art. 53. O art. 7º da Lei n. 8.842, de 1994, passa a vigorar com a seguinte redação:

"**Art. 7º** Compete aos Conselhos de que trata o art. 6º desta lei a supervisão, o acompanhamento, a fiscalização e a avaliação da política nacional do idoso, no âmbito das respectivas instâncias político-administrativas".

Art. 54. Será dada publicidade das prestações de contas dos recursos públicos e privados recebidos pelas entidades de atendimento.

Art. 55. As entidades de atendimento que descumprirem as determinações desta lei ficarão sujeitas, sem prejuízo da responsabilidade civil e criminal de seus dirigentes ou prepostos, às seguintes penalidades, observado o devido processo legal:

I — as entidades governamentais:
a) advertência;
b) afastamento provisório de seus dirigentes;
c) afastamento definitivo de seus dirigentes;
d) fechamento de unidade ou interdição de programa;
II — as entidades não governamentais:
a) advertência;
b) multa;
c) suspensão parcial ou total do repasse de verbas públicas;
d) interdição de unidade ou suspensão de programa;
e) (*redação da Lei 14.423, de 22.7.22*) proibição de atendimento a pessoas idosas a bem do interesse público.
§ 1º (*redação da Lei 14.423, de 22.7.22*) Havendo danos às pessoas idosas abrigadas ou qualquer tipo de fraude em relação ao programa, caberá o afastamento provisório dos dirigentes ou a interdição da unidade e a suspensão do programa.
§ 2º A suspensão parcial ou total do repasse de verbas públicas ocorrerá quando verificada a má aplicação ou desvio de finalidade dos recursos.
§ 3º (*redação da Lei 14.423, de 22.7.22*) Na ocorrência de infração por entidade de atendimento que coloque em risco os direitos assegurados nesta Lei, será o fato comunicado ao Ministério Público, para as providências cabíveis, inclusive para promover a suspensão das atividades ou dissolução da entidade, com a proibição de atendimento a pessoas idosas a bem do interesse público, sem prejuízo das providências a serem tomadas pela Vigilância Sanitária.
§ 4º (*redação da Lei 14.423, de 22.7.22*) Na aplicação das penalidades, serão consideradas a natureza e a gravidade da infração cometida, os danos que dela provierem para a pessoa idosa, as circunstâncias agravantes ou atenuantes e os antecedentes da entidade.

Capítulo IV | DAS INFRAÇÕES ADMINISTRATIVAS

Art. 56. Deixar a entidade de atendimento de cumprir as determinações do art. 50 desta lei:
Pena — multa de R$ 500,00 (quinhentos reais) a R$ 3.000,00 (três mil reais), se o fato não for caracterizado como crime, podendo haver a interdição do estabelecimento até que sejam cumpridas as exigências legais.
Parágrafo único (*redação da Lei 14.423, de 22.7.22*). No caso de interdição do estabelecimento de longa permanência, as pessoas idosas abrigadas serão transferidas para outra instituição, a expensas do estabelecimento interditado, enquanto durar a interdição.

Art. 57 (*redação da Lei 14.423, de 22.7.22*). Deixar o profissional de saúde ou o responsável por estabelecimento de saúde ou instituição de longa permanência de comunicar à autoridade competente os casos de crimes contra pessoa idosa de que tiver conhecimento:
Pena — multa de R$ 500,00 (quinhentos reais) a R$ 3.000,00 (três mil reais), aplicada em dobro no caso de reincidência.

Art. 58 (*redação da Lei 14.423, de 22.7.22*). Deixar de cumprir as determinações desta Lei sobre a prioridade no atendimento à pessoa idosa:

Pena — multa de R$ 500,00 (quinhentos reais) a R$ 1.000,00 (mil reais) e multa civil a ser estipulada pelo juiz, conforme o dano sofrido pela pessoa idosa.

Capítulo V — DA APURAÇÃO ADMINISTRATIVA DE INFRAÇÃO ÀS NORMAS DE PROTEÇÃO À PESSOA IDOSA[1]

CAP. V: 1. Redação da Lei 14.423, de 22.7.22.

Art. 59. Os valores monetários expressos no Capítulo IV serão atualizados anualmente, na forma da lei.

Art. 60 (redação da Lei 14.423, de 22.7.22). O procedimento para a imposição de penalidade administrativa por infração às normas de proteção à pessoa idosa terá início com requisição do Ministério Público ou auto de infração elaborado por servidor efetivo e assinado, se possível, por 2 (duas) testemunhas.

§ 1º No procedimento iniciado com o auto de infração poderão ser usadas fórmulas impressas, especificando-se a natureza e as circunstâncias da infração.

§ 2º Sempre que possível, à verificação da infração seguir-se-á a lavratura do auto, ou este será lavrado dentro de 24 (vinte e quatro) horas, por motivo justificado.

Art. 61. O autuado terá prazo de 10 (dez) dias para a apresentação da defesa, contado da data da intimação, que será feita:

I — pelo autuante, no instrumento de autuação, quando for lavrado na presença do infrator;

II — por via postal, com aviso de recebimento.

Art. 62 (redação da Lei 14.423, de 22.7.22). Havendo risco para a vida ou à saúde da pessoa idosa, a autoridade competente aplicará à entidade de atendimento as sanções regulamentares, sem prejuízo da iniciativa e das providências que vierem a ser adotadas pelo Ministério Público ou pelas demais instituições legitimadas para a fiscalização.

Art. 63. Nos casos em que não houver risco para a vida ou a saúde da pessoa idosa abrigada, a autoridade competente aplicará à entidade de atendimento as sanções regulamentares, sem prejuízo da iniciativa e das providências que vierem a ser adotadas pelo Ministério Público ou pelas demais instituições legitimadas para a fiscalização.

Capítulo VI — DA APURAÇÃO JUDICIAL DE IRREGULARIDADES EM ENTIDADE DE ATENDIMENTO

Art. 64. Aplicam-se, subsidiariamente, ao procedimento administrativo de que trata este Capítulo as disposições das Leis n. 6.437, de 20 de agosto de 1977,[1] e 9.784, de 29 de janeiro de 1999.[2]

Art. 64: 1. Lei 6.437, de 20.8.77 — Configura infrações à legislação sanitária federal, estabelece as sanções respectivas, e dá outras providências.

Art. 64: 2. Lei 9.784, de 29.1.99 — Regula o processo administrativo no âmbito da Administração Pública Federal.

Art. 65 (*redação da Lei 14.423, de 22.7.22*). O procedimento de apuração de irregularidade em entidade governamental e não governamental de atendimento à pessoa idosa terá início mediante petição fundamentada de pessoa interessada ou iniciativa do Ministério Público.

Art. 66 (*redação da Lei 14.423, de 22.7.22*). Havendo motivo grave, poderá a autoridade judiciária, ouvido o Ministério Público, decretar liminarmente o afastamento provisório do dirigente da entidade ou outras medidas que julgar adequadas, para evitar lesão aos direitos da pessoa idosa, mediante decisão fundamentada.

Art. 67. O dirigente da entidade será citado[1] para, no prazo de 10 (dez) dias, oferecer resposta escrita, podendo juntar documentos e indicar as provas a produzir.

Art. 67: 1. s/ citação, v. CPC 238 e segs.

Art. 68. Apresentada a defesa, o juiz procederá na conformidade do art. 69 ou, se necessário, designará audiência de instrução e julgamento, deliberando sobre a necessidade de produção de outras provas.

§ 1º Salvo manifestação em audiência, as partes e o Ministério Público terão 5 (cinco) dias para oferecer alegações finais, decidindo a autoridade judiciária em igual prazo.

§ 2º Em se tratando de afastamento provisório ou definitivo de dirigente de entidade governamental, a autoridade judiciária oficiará a autoridade administrativa imediatamente superior ao afastado, fixando-lhe prazo de 24 (vinte e quatro) horas para proceder à substituição.

§ 3º Antes de aplicar qualquer das medidas, a autoridade judiciária poderá fixar prazo para a remoção das irregularidades verificadas. Satisfeitas as exigências, o processo será extinto, sem julgamento do mérito.

§ 4º A multa e a advertência serão impostas ao dirigente da entidade ou ao responsável pelo programa de atendimento.

Título V | DO ACESSO À JUSTIÇA

Capítulo I | DISPOSIÇÕES GERAIS

Art. 69. Aplica-se, subsidiariamente, às disposições deste Capítulo, o procedimento sumário previsto no Código de Processo Civil,[1] naquilo que não contrarie os prazos previstos nesta lei.

Art. 69: 1. Não há mais procedimento sumário no CPC; agora há um único procedimento para o processo de conhecimento ordinário, qual seja, o **procedimento comum** (v. CPC 318 e segs. e 1.049 § ún.).

Art. 70 (*redação da Lei 14.423, de 22.7.22*). O poder público poderá criar varas especializadas e exclusivas da pessoa idosa.

Art. 71. É assegurada prioridade na tramitação dos processos e procedimentos e na execução dos atos e diligências judiciais em que figure como parte ou interveniente pessoa com idade igual ou superior a 60 (sessenta) anos, em qualquer instância.[1]

§ 1º O interessado na obtenção da prioridade a que alude este artigo, fazendo prova de sua idade, requererá o benefício à autoridade judiciária competente para decidir o feito, que determinará as providências a serem cumpridas, anotando-se essa circunstância em local visível nos autos do processo.

§ 2º A prioridade não cessará com a morte do beneficiado, estendendo-se em favor do cônjuge supérstite, companheiro ou companheira, com união estável, maior de 60 (sessenta) anos.

§ 3º A prioridade se estende aos processos e procedimentos na Administração Pública, empresas prestadoras de serviços públicos e instituições financeiras, ao atendimento preferencial junto à Defensoria Pública da União, dos Estados e do Distrito Federal em relação aos Serviços de Assistência Judiciária.

§ 4º (redação da Lei 14.423, de 22.7.22) Para o atendimento prioritário, será garantido à pessoa idosa o fácil acesso aos assentos e caixas, identificados com a destinação a pessoas idosas em local visível e caracteres legíveis.

§ 5º (redação da Lei 14.423, de 22.7.22) Dentre os processos de pessoas idosas, dar-se-á prioridade especial aos das maiores de 80 (oitenta) anos.

Art. 71: 1. v. CPC 1.048-I.

Capítulo II | DO MINISTÉRIO PÚBLICO

Art. 72. (VETADO)

Art. 73. As funções do Ministério Público, previstas nesta lei, serão exercidas nos termos da respectiva Lei Orgânica.[1]

Art. 73: 1. v., no CPCLPV, CPC 177 e notas.

Art. 74. Compete ao Ministério Público:

I (redação da Lei 14.423, de 22.7.22) — instaurar o inquérito civil[1] e a ação civil pública[1a] para a proteção dos direitos e interesses difusos ou coletivos, individuais indisponíveis e individuais homogêneos da pessoa idosa;

II (redação da Lei 14.423, de 22.7.22) — promover e acompanhar as ações de alimentos,[2] de interdição total ou parcial, de designação de curador especial,[3] em circunstâncias que justifiquem a medida e oficiar em todos os feitos em que se discutam os direitos das pessoas idosas em condições de risco;

III (redação da Lei 14.423, de 22.7.22) — atuar como substituto processual da pessoa idosa em situação de risco, conforme o disposto no art. 43 desta Lei;

IV (redação da Lei 14.423, de 22.7.22) — promover a revogação de instrumento procuratório da pessoa idosa, nas hipóteses previstas no art. 43 desta Lei, quando necessário ou o interesse público justificar;

V — instaurar procedimento administrativo e, para instruí-lo:

a) expedir notificações, colher depoimentos ou esclarecimentos e, em caso de não comparecimento injustificado da pessoa notificada, requisitar condução coercitiva, inclusive pela Polícia Civil ou Militar;

b) requisitar informações, exames, perícias e documentos de autoridades municipais, estaduais e federais, da administração direta e indireta, bem como promover inspeções e diligências investigatórias;

c) requisitar informações e documentos particulares de instituições privadas;

VI (*redação da Lei 14.423, de 22.7.22*) — instaurar sindicâncias, requisitar diligências investigatórias e a instauração de inquérito policial, para a apuração de ilícitos ou infrações às normas de proteção à pessoa idosa;

VII (*redação da Lei 14.423, de 22.7.22*) — zelar pelo efetivo respeito aos direitos e garantias legais assegurados à pessoa idosa, promovendo as medidas judiciais e extrajudiciais cabíveis;

VIII — inspecionar as entidades públicas e particulares de atendimento e os programas de que trata esta lei, adotando de pronto as medidas administrativas ou judiciais necessárias à remoção de irregularidades porventura verificadas;

IX — requisitar força policial, bem como a colaboração dos serviços de saúde, educacionais e de assistência social, públicos, para o desempenho de suas atribuições;

X (*redação da Lei 14.423, de 22.7.22*) — referendar transações envolvendo interesses e direitos das pessoas idosas previstos nesta Lei.

§ 1º A legitimação do Ministério Público para as ações cíveis previstas neste artigo não impede a de terceiros, nas mesmas hipóteses, segundo dispuser a lei.[4]

§ 2º As atribuições constantes deste artigo não excluem outras, desde que compatíveis com a finalidade e atribuições do Ministério Público.

§ 3º (*redação da Lei 14.423, de 22.7.22*) O representante do Ministério Público, no exercício de suas funções, terá livre acesso a toda entidade de atendimento à pessoa idosa.

Art. 74: 1. v. LACP 8º a 10.

Art. 74: 1a. Lei 7.347, de 24.7.85 — Disciplina a ação civil pública de responsabilidade por danos causados ao meio ambiente, ao consumidor, a bens e direitos de valor artístico, estético, histórico, turístico e paisagístico, e dá outras providências (v. texto integral, no CPCLPV, tít. AÇÃO CIVIL PÚBLICA).

Art. 74: 2. v. CPC 528 a 533 e 911 a 913 e Lei 5.478, de 25.7.68.

Art. 74: 3. s/ curador especial, v., no CPCLPV, CPC 72 e notas.

Art. 74: 4. LC 80, de 12.1.94 — Organiza a Defensoria Pública da União, do Distrito Federal e dos Territórios e prescreve normas gerais para sua organização nos Estados, e dá outras providências: "**Art. 4º** São funções institucionais da Defensoria Pública, dentre outras: ... **XI** (*redação da LC 132, de 7.10.09*) — exercer a defesa dos interesses individuais e coletivos da criança e do adolescente, do idoso, da pessoa portadora de necessidades especiais, da mulher vítima de violência doméstica e familiar e de outros grupos sociais vulneráveis que mereçam proteção especial do Estado".

Art. 75. Nos processos e procedimentos em que não for parte, atuará obrigatoriamente o Ministério Público na defesa dos direitos e interesses de que cuida esta lei, hipóteses em que terá vista dos autos depois das partes, podendo juntar documentos, requerer diligências e produção de outras provas, usando os recursos cabíveis.

Art. 76. A intimação do Ministério Público, em qualquer caso, será feita pessoalmente.

Art. 77. A falta de intervenção do Ministério Público acarreta a nulidade do feito,[1] que será declarada de ofício pelo juiz ou a requerimento de qualquer interessado.

Art. 77: 1. cf. CPC 279.

Capítulo III — DA PROTEÇÃO JUDICIAL DOS INTERESSES DIFUSOS, COLETIVOS E INDIVIDUAIS INDISPONÍVEIS OU HOMOGÊNEOS

Art. 78. As manifestações processuais do representante do Ministério Público deverão ser fundamentadas.[1]

Art. 78: 1. v. **Lei 8.625, de 12.2.93** (Lei Orgânica Nacional do Ministério Público), art. 43-III.

Art. 79 (redação da Lei 14.423, de 22.7.22). Regem-se pelas disposições desta Lei as ações de responsabilidade por ofensa aos direitos assegurados à pessoa idosa, referentes à omissão ou ao oferecimento insatisfatório de:
I — acesso às ações e serviços de saúde;
II (redação da Lei 14.423, de 22.7.22) — atendimento especializado à pessoa idosa com deficiência ou com limitação incapacitante;
III (redação da Lei 14.423, de 22.7.22) — atendimento especializado à pessoa idosa com doença infectocontagiosa;
IV (redação da Lei 14.423, de 22.7.22) — serviço de assistência social visando ao amparo da pessoa idosa.
Parágrafo único (redação da Lei 14.423, de 22.7.22). As hipóteses previstas neste artigo não excluem da proteção judicial outros interesses difusos, coletivos, individuais indisponíveis ou homogêneos, próprios da pessoa idosa, protegidos em lei.

Art. 80 (redação da Lei 14.423, de 22.7.22). As ações previstas neste Capítulo serão propostas no foro do domicílio da pessoa idosa,[1-1a] cujo juízo terá competência absoluta[2] para processar a causa, ressalvadas as competências da Justiça Federal e a competência originária dos Tribunais Superiores.

Art. 80: 1. v. CPC 53-III-e.
Art. 80: 1a. "O art. 80 da Lei 10.741/2003 limita-se a estabelecer, de modo expresso, a competência do foro do domicílio do idoso para processamento e julgamento das ações que versam acerca de seus interesses difusos, coletivos e individuais indisponíveis ou homogêneos (previstas no Capítulo III daquela lei), circunstância não verificada no particular" (STJ-3ª T., REsp 1.246.739, Min. Nancy Andrighi, j. 2.5.13, DJ 8.5.13). Do voto da relatora: "Uma vez que a pretensão do recorrente objetiva a tutela de direito individual e disponível — execução de título de crédito —, impõe-se reconhecer a não incidência, na espécie, da norma precitada". Em sentido semelhante: STJ-4ª T., Ag em REsp 1.969.374-AgInt, Min. Isabel Gallotti, j. 12.9.22, DJ 19.9.22.
Art. 80: 2. v. CPC 62 e 64 § 1º.

Art. 81. Para as ações cíveis fundadas em interesses difusos, coletivos, individuais indisponíveis ou homogêneos, consideram-se legitimados, concorrentemente:
I — o Ministério Público;
II — a União, os Estados, o Distrito Federal e os Municípios;
III — a Ordem dos Advogados do Brasil;[1]

IV — as associações legalmente constituídas há pelo menos 1 (um) ano e que incluam entre os fins institucionais a defesa dos interesses e direitos da pessoa idosa, dispensada a autorização da assembleia, se houver prévia autorização estatutária.

§ 1º Admitir-se-á litisconsórcio facultativo entre os Ministérios Públicos da União e dos Estados na defesa dos interesses e direitos de que cuida esta lei.

§ 2º Em caso de desistência[1a] ou abandono[2] da ação por associação legitimada, o Ministério Público ou outro legitimado deverá assumir a titularidade ativa.

Art. 81: 1. v. EA 44 a 61.
Art. 81: 1a. v. CPC 485-VIII e § 4º.
Art. 81: 2. v. CPC 485-III e § 1º e 486 § 3º.

Art. 82. Para defesa dos interesses e direitos protegidos por esta lei, são admissíveis todas as espécies de ação pertinentes.

Parágrafo único. Contra atos ilegais ou abusivos de autoridade pública ou agente de pessoa jurídica no exercício de atribuições de Poder Público, que lesem direito líquido e certo previsto nesta lei, caberá ação mandamental, que se regerá pelas normas da lei do mandado de segurança.[1]

Art. 82: 1. v. Lei 12.016, de 7.8.09, no CPCLPV, tít. MANDADO DE SEGURANÇA (texto integral).

Art. 83. Na ação que tenha por objeto o cumprimento de obrigação de fazer ou não fazer,[1] o juiz concederá a tutela específica da obrigação ou determinará providências que assegurem o resultado prático equivalente ao adimplemento.

§ 1º Sendo relevante o fundamento da demanda e havendo justificado receio de ineficácia do provimento final, é lícito ao juiz conceder a tutela liminarmente ou após justificação prévia, na forma do art. 273 do Código de Processo Civil.[2]

§ 2º O juiz poderá, na hipótese do § 1º ou na sentença, impor multa diária ao réu, independentemente do pedido do autor, se for suficiente ou compatível com a obrigação, fixando prazo razoável para o cumprimento do preceito.

§ 3º A multa só será exigível do réu após o trânsito em julgado da sentença favorável ao autor, mas será devida desde o dia em que se houver configurado.

Art. 83: 1. v. CPC 497, 536, 537 e 815 e segs.
Art. 83: 2. v. CPC 294 e segs.

Art. 84 (*redação da Lei 14.423, de 22.7.22*). Os valores das multas previstas nesta Lei reverterão ao Fundo da Pessoa Idosa, onde houver, ou na falta deste, ao Fundo Municipal de Assistência Social, ficando vinculados ao atendimento à pessoa idosa.

Parágrafo único. As multas não recolhidas até 30 (trinta) dias após o trânsito em julgado da decisão serão exigidas por meio de execução promovida pelo Ministério Público, nos mesmos autos, facultada igual iniciativa aos demais legitimados em caso de inércia daquele.

Art. 85. O juiz poderá conferir efeito suspensivo aos recursos, para evitar dano irreparável à parte.[1]

Art. 85: 1. v., no CPCLPV, LACP 14 e notas.

Art. 86. Transitada em julgado a sentença que impuser condenação ao Poder Público, o juiz determinará a remessa de peças à autoridade competente, para apuração da responsabilidade civil e administrativa do agente a que se atribua a ação ou omissão.

Art. 87 (*redação da Lei 14.423, de 22.7.22*). Decorridos 60 (sessenta) dias do trânsito em julgado da sentença condenatória favorável à pessoa idosa sem que o autor lhe promova a execução, deverá fazê-lo o Ministério Público, facultada igual iniciativa aos demais legitimados, como assistentes ou assumindo o polo ativo, em caso de inércia desse órgão.

Art. 88. Nas ações de que trata este Capítulo, não haverá adiantamento de custas, emolumentos, honorários periciais e quaisquer outras despesas.[1-2]
Parágrafo único. Não se imporá sucumbência ao Ministério Público.

Art. 88: 1. "O art. 88 da Lei n. 10.741/03, que prevê a possibilidade de pagamento das custas processuais somente ao final do processo, está inserido no 'Capítulo III — Da Proteção Judicial dos Interesses Difusos, Coletivos e Individuais Indisponíveis ou Homogêneos', e a hipótese dos autos cuida-se de **execução de sentença**, que **não se enquadra** na previsão normativa encartada no Estatuto do Idoso" (STJ-2ª T., REsp 1.282.598-AgRg, Min. Humberto Martins, j. 24.4.12, DJ 2.5.12).

Art. 88: 2. "As ações relativas ao Estatuto do Idoso são aquelas relativas a seus direitos, destinadas a proteção de saúde, integridade física, acesso a recursos financeiros e serviços públicos (art. 79, *caput* e incisos I a IV do Estatuto do Idoso), especialmente considerando a sua condição de hipossuficiente. Por isso é que, nessas ações, não há cobrança de taxas e emolumentos. Bem por isso, a circunstância de o idoso ser parte acionada nas **ações de improbidade não** torna **incidente** a disciplina do art. 88 do Estatuto do Idoso para efeito de isenção ou diferimento de taxa judiciária e despesas judiciais" (STJ-1ª T., Ag em REsp 1.432.391-AgInt, Min. Napoleão Maia Filho, j. 3.12.19, DJ 9.12.19).

Art. 89. Qualquer pessoa poderá, e o servidor deverá, provocar a iniciativa do Ministério Público, prestando-lhe informações sobre os fatos que constituam objeto de ação civil e indicando-lhe os elementos de convicção.

Art. 90 (*redação da Lei 14.423, de 22.7.22*). Os agentes públicos em geral, os juízes e tribunais, no exercício de suas funções, quando tiverem conhecimento de fatos que possam configurar crime de ação pública contra a pessoa idosa ou ensejar a propositura de ação para sua defesa, devem encaminhar as peças pertinentes ao Ministério Público, para as providências cabíveis.

Art. 91. Para instruir a petição inicial, o interessado poderá requerer às autoridades competentes as certidões e informações que julgar necessárias, que serão fornecidas no prazo de 10 (dez) dias.

Art. 92. O Ministério Público poderá instaurar sob sua presidência, inquérito civil, ou requisitar, de qualquer pessoa, organismo público ou particular, certidões, informações, exames ou perícias, no prazo que assinalar, o qual não poderá ser inferior a 10 (dez) dias.
§ 1º Se o órgão do Ministério Público, esgotadas todas as diligências, se convencer da inexistência de fundamento para a propositura da ação civil ou de peças informativas, determinará o seu arquivamento, fazendo-o fundamentadamente.
§ 2º Os autos do inquérito civil ou as peças de informação arquivados serão remetidos, sob pena de se incorrer em falta grave, no prazo de 3 (três) dias,

ao Conselho Superior do Ministério Público ou à Câmara de Coordenação e Revisão do Ministério Público.

§ 3º Até que seja homologado ou rejeitado o arquivamento, pelo Conselho Superior do Ministério Público ou por Câmara de Coordenação e Revisão do Ministério Público, as associações legitimadas poderão apresentar razões escritas ou documentos, que serão juntados ou anexados às peças de informação.

§ 4º Deixando o Conselho Superior ou a Câmara de Coordenação e Revisão do Ministério Público de homologar a promoção de arquivamento, será designado outro membro do Ministério Público para o ajuizamento da ação.

Título VI | DOS CRIMES

Capítulo I | DISPOSIÇÕES GERAIS

Capítulo II | DOS CRIMES EM ESPÉCIE

Título VII | DISPOSIÇÕES FINAIS E TRANSITÓRIAS

Art. 109. Impedir ou embaraçar ato do representante do Ministério Público ou de qualquer outro agente fiscalizador:
Pena — reclusão de 6 (seis) meses a 1 (um) ano e multa.

Art. 114. O art. 1º da Lei n. 10.048, de 8 de novembro de 2000, passa a vigorar com a seguinte redação:
"**Art. 1º** As pessoas portadoras de deficiência, os idosos com idade igual ou superior a 60 (sessenta) anos, as gestantes, as lactantes e as pessoas acompanhadas por crianças de colo terão atendimento prioritário, nos termos desta lei".[1]

Art. 114: 1. O art. 1º da **Lei 10.048, de 8.11.00,** teve sua redação alterada pela Lei 13.146, de 6.7.15, nos seguintes termos: "**Art. 1º** As pessoas com deficiência, os idosos com idade igual ou superior a 60 (sessenta) anos, as gestantes, as lactantes, as pessoas com crianças de colo e os obesos terão atendimento prioritário, nos termos desta Lei. **Parágrafo único** (*redação da Lei 14.364, de 1.6.22*). Os acompanhantes ou atendentes pessoais das pessoas referidas no *caput* serão atendidos junta e acessoriamente aos titulares da prioridade de que trata esta Lei".

Art. 115 (*redação da Lei 14.423, de 22.7.22*). O Orçamento da Seguridade Social destinará ao Fundo Nacional de Assistência Social, até que o Fundo Nacional da Pessoa Idosa seja criado, os recursos necessários, em cada exercício financeiro, para aplicação em programas e ações relativos à pessoa idosa.

Art. 116. Serão incluídos nos censos demográficos dados relativos à população idosa do País.

Art. 117. O Poder Executivo encaminhará ao Congresso Nacional projeto de lei revendo os critérios de concessão do Benefício de Prestação Continuada previsto na Lei Orgânica da Assistência Social, de forma a garantir que o acesso ao direito seja condizente com o estágio de desenvolvimento socioeconômico alcançado pelo País.

Art. 118. Esta lei entra em vigor decorridos 90 (noventa) dias da sua publicação, ressalvado o disposto no *caput* do art. 36, que vigorará a partir de 1º de janeiro de 2004.

Brasília, 1º de outubro de 2003; 182º da Independência e 115º da República — LUIZ INÁCIO LULA DA SILVA — **Márcio Thomaz Bastos.**

Internet

Lei n. 12.965, de 23 de abril de 2014[1]

Estabelece princípios, garantias, direitos e deveres para o uso da Internet no Brasil.

A Presidenta da República
Faço saber que o Congresso Nacional decreta e eu sanciono a seguinte Lei:

Lei 12.965: 1. Dec. 8.771, de 11.5.16 — Regulamenta a Lei n. 12.965, de 23 de abril de 2014, para tratar das hipóteses admitidas de discriminação de pacotes de dados na internet e de degradação de tráfego, indicar procedimentos para guarda e proteção de dados por provedores de conexão e de aplicações, apontar medidas de transparência na requisição de dados cadastrais pela administração pública e estabelecer parâmetros para fiscalização e apuração de infrações.

Capítulo I | DISPOSIÇÕES PRELIMINARES

Art. 1º Esta Lei estabelece princípios, garantias, direitos e deveres para o uso da internet no Brasil e determina as diretrizes para atuação da União, dos Estados, do Distrito Federal e dos Municípios em relação à matéria.

Art. 2º A disciplina do uso da internet no Brasil tem como fundamento o respeito à liberdade de expressão, bem como:
I — o reconhecimento da escala mundial da rede;
II — os direitos humanos, o desenvolvimento da personalidade e o exercício da cidadania em meios digitais;
III — a pluralidade e a diversidade;
IV — a abertura e a colaboração;
V — a livre iniciativa, a livre-concorrência e a defesa do consumidor; e
VI — a finalidade social da rede.

Art. 3º A disciplina do uso da internet no Brasil tem os seguintes princípios:
I — garantia da liberdade de expressão, comunicação e manifestação de pensamento, nos termos da Constituição Federal;[1]
II — proteção da privacidade;[1a-2]
III — proteção dos dados pessoais, na forma da lei;[2a]
IV — preservação e garantia da neutralidade de rede;[3]
V — preservação da estabilidade, segurança e funcionalidade da rede, por meio de medidas técnicas compatíveis com os padrões internacionais e pelo estímulo ao uso de boas práticas;
VI — responsabilização dos agentes de acordo com suas atividades, nos termos da lei;

VII — preservação da natureza participativa da rede;

VIII — liberdade dos modelos de negócios promovidos na internet, desde que não conflitem com os demais princípios estabelecidos nesta Lei.

Parágrafo único. Os princípios expressos nesta Lei não excluem outros previstos no ordenamento jurídico pátrio relacionados à matéria ou nos tratados internacionais em que a República Federativa do Brasil seja parte.

Art. 3º: 1. CF 5º: "**IV** — é livre a manifestação do pensamento, sendo vedado o anonimato; (...) **IX** — é livre a expressão da atividade intelectual, artística, científica e de comunicação, independentemente de censura ou licença". V. tb. CF 220.

Art. 3º: 1a. "Privacidade e internet", por Carlos Roberto Fornes Mateucci (RDPr 19/46).

Art. 3º: 2. CF 5º: "**X** — são invioláveis a intimidade, a vida privada, a honra e a imagem das pessoas, assegurado o direito a indenização pelo dano material ou moral decorrente de sua violação".

Art. 3º: 2a. v. arts. 7º-VII, VIII, IX e X, 10 e 16.

Art. 3º: 3. v. art. 9º.

Art. 4º A disciplina do uso da internet no Brasil tem por objetivo a promoção:

I — do direito de acesso à internet a todos;

II — do acesso à informação, ao conhecimento e à participação na vida cultural e na condução dos assuntos públicos;

III — da inovação e do fomento à ampla difusão de novas tecnologias e modelos de uso e acesso; e

IV — da adesão a padrões tecnológicos abertos que permitam a comunicação, a acessibilidade e a interoperabilidade entre aplicações e bases de dados.

Art. 5º Para os efeitos desta Lei, considera-se:

I — internet: o sistema constituído do conjunto de protocolos lógicos, estruturado em escala mundial para uso público e irrestrito, com a finalidade de possibilitar a comunicação de dados entre terminais por meio de diferentes redes;

II — terminal: o computador ou qualquer dispositivo que se conecte à internet;

III — endereço de protocolo de internet (endereço IP): o código atribuído a um terminal de uma rede para permitir sua identificação, definido segundo parâmetros internacionais;

IV — administrador de sistema autônomo: a pessoa física ou jurídica que administra blocos de endereço IP específicos e o respectivo sistema autônomo de roteamento, devidamente cadastrada no ente nacional responsável pelo registro e distribuição de endereços IP geograficamente referentes ao País;

V — conexão à internet: a habilitação de um terminal para envio e recebimento de pacotes de dados pela internet, mediante a atribuição ou autenticação de um endereço IP;

VI — registro de conexão: o conjunto de informações referentes à data e hora de início e término de uma conexão à internet, sua duração e o endereço IP utilizado pelo terminal para o envio e recebimento de pacotes de dados;

VII — aplicações de internet: o conjunto de funcionalidades que podem ser acessadas por meio de um terminal conectado à internet; e

VIII — registros de acesso a aplicações de internet: o conjunto de informações referentes à data e hora de uso de uma determinada aplicação de internet a partir de um determinado endereço IP.

Art. 6º Na interpretação desta Lei serão levados em conta, além dos fundamentos, princípios e objetivos previstos, a natureza da internet, seus usos e costumes particulares e sua importância para a promoção do desenvolvimento humano, econômico, social e cultural.

Capítulo II | DOS DIREITOS E GARANTIAS DOS USUÁRIOS

Art. 7º O acesso à internet é essencial ao exercício da cidadania, e ao usuário são assegurados os seguintes direitos:

I — inviolabilidade da intimidade e da vida privada, sua proteção e indenização pelo dano material ou moral decorrente de sua violação;

II — inviolabilidade e sigilo do fluxo de suas comunicações pela internet, salvo por ordem judicial, na forma da lei;

III — inviolabilidade e sigilo de suas comunicações privadas armazenadas, salvo por ordem judicial;

IV — não suspensão da conexão à internet, salvo por débito diretamente decorrente de sua utilização;

V — manutenção da qualidade contratada da conexão à internet;

VI — informações claras e completas constantes dos contratos de prestação de serviços, com detalhamento sobre o regime de proteção aos registros de conexão e aos registros de acesso a aplicações de internet, bem como sobre práticas de gerenciamento da rede que possam afetar sua qualidade;

VII — não fornecimento a terceiros de seus dados pessoais, inclusive registros de conexão, e de acesso a aplicações de internet, salvo mediante consentimento livre, expresso e informado ou nas hipóteses previstas em lei;

VIII — informações claras e completas sobre coleta, uso, armazenamento, tratamento e proteção de seus dados pessoais, que somente poderão ser utilizados para finalidades que:

a) justifiquem sua coleta;

b) não sejam vedadas pela legislação; e

c) estejam especificadas nos contratos de prestação de serviços ou em termos de uso de aplicações de internet;

IX — consentimento expresso sobre coleta, uso, armazenamento e tratamento de dados pessoais, que deverá ocorrer de forma destacada das demais cláusulas contratuais;

X — exclusão definitiva dos dados pessoais que tiver fornecido a determinada aplicação de internet, a seu requerimento, ao término da relação entre as partes,[1] ressalvadas as hipóteses de guarda obrigatória de registros previstas nesta Lei e na que dispõe sobre a proteção de dados pessoais;[1a-2]

XI — publicidade e clareza de eventuais políticas de uso dos provedores de conexão à internet e de aplicações de internet;

XII — acessibilidade, consideradas as características físico-motoras, perceptivas, sensoriais, intelectuais e mentais do usuário, nos termos da lei; e

XIII — aplicação das normas de proteção e defesa do consumidor nas relações de consumo realizadas na internet.

📎 **Art. 7º: 1.** "Direito ao esquecimento e Internet: o fundamento legal no Direito Comunitário europeu, no Direito italiano e no Direito brasileiro", por Cíntia Rosa Pereira de Lima (RT 946/77).

Art. 7º: 1a. Redação de acordo com a Lei 13.709, de 14.8.18, em vigor após decorridos 24 (vinte e quatro) meses de sua publicação oficial (DOU 15.8.18).

Art. 7º: 2. v., no tít. PROTEÇÃO DE DADOS, Lei 13.709, de 14.8.18 (LGPD).

Art. 8º A garantia do direito à privacidade e à liberdade de expressão nas comunicações é condição para o pleno exercício do direito de acesso à internet.
Parágrafo único. São nulas de pleno direito as cláusulas contratuais que violem o disposto no *caput*, tais como aquelas que:

I — impliquem ofensa à inviolabilidade e ao sigilo das comunicações privadas, pela internet; ou

II — em contrato de adesão,[1] não ofereçam como alternativa ao contratante a adoção do foro brasileiro para solução de controvérsias decorrentes de serviços prestados no Brasil.

Art. 8º: 1. v. CDC 54.

Capítulo III | DA PROVISÃO DE CONEXÃO E DE APLICAÇÕES DE INTERNET

Seção I | DA NEUTRALIDADE DE REDE

Art. 9º O responsável pela transmissão, comutação ou roteamento tem o dever de tratar de forma isonômica quaisquer pacotes de dados, sem distinção por conteúdo, origem e destino, serviço, terminal ou aplicação.

§ 1º A discriminação ou degradação do tráfego será regulamentada nos termos das atribuições privativas do Presidente da República previstas no inciso IV do art. 84 da Constituição Federal, para a fiel execução desta Lei, ouvidos o Comitê Gestor da Internet e a Agência Nacional de Telecomunicações, e somente poderá decorrer de:

I — requisitos técnicos indispensáveis à prestação adequada dos serviços e aplicações; e

II — priorização de serviços de emergência.

§ 2º Na hipótese de discriminação ou degradação do tráfego prevista no § 1º, o responsável mencionado no *caput* deve:

I — abster-se de causar dano aos usuários, na forma do art. 927 da Lei n. 10.406, de 10 de janeiro de 2002 — Código Civil;

II — agir com proporcionalidade, transparência e isonomia;

III — informar previamente de modo transparente, claro e suficientemente descritivo aos seus usuários sobre as práticas de gerenciamento e mitigação de tráfego adotadas, inclusive as relacionadas à segurança da rede; e

IV — oferecer serviços em condições comerciais não discriminatórias e abster-se de praticar condutas anticoncorrenciais.

§ 3º Na provisão de conexão à internet, onerosa ou gratuita, bem como na transmissão, comutação ou roteamento, é vedado bloquear, monitorar, filtrar ou analisar o conteúdo dos pacotes de dados, respeitado o disposto neste artigo.

Seção II | DA PROTEÇÃO AOS REGISTROS, AOS DADOS PESSOAIS E ÀS COMUNICAÇÕES PRIVADAS

Art. 10. A guarda e a disponibilização dos registros de conexão e de acesso a aplicações de internet de que trata esta Lei, bem como de dados pessoais e do conteúdo de comunicações privadas, devem atender à preservação da intimidade, da vida privada, da honra e da imagem das partes direta ou indiretamente envolvidas.[1-2]

§ 1º O provedor responsável pela guarda somente será obrigado a disponibilizar os registros mencionados no *caput*, de forma autônoma ou associados a dados pessoais ou a outras informações que possam contribuir para a identificação do usuário ou do terminal, mediante ordem judicial, na forma do disposto na Seção IV deste Capítulo, respeitado o disposto no art. 7º.

§ 2º O conteúdo das comunicações privadas somente poderá ser disponibilizado mediante ordem judicial, nas hipóteses e na forma que a lei estabelecer, respeitado o disposto nos incisos II e III do art. 7º.

§ 3º O disposto no *caput* não impede o acesso aos dados cadastrais que informem qualificação pessoal, filiação e endereço, na forma da lei, pelas autoridades administrativas que detenham competência legal para a sua requisição.

§ 4º As medidas e os procedimentos de segurança e de sigilo devem ser informados pelo responsável pela provisão de serviços de forma clara e atender a padrões definidos em regulamento, respeitado seu direito de confidencialidade quanto a segredos empresariais.

Art. 10: 1. v. art. 22, nota 2. V. ainda CC 21 e notas.

Art. 10: 2. CF 5º: "X — são invioláveis a intimidade, a vida privada, a honra e a imagem das pessoas, assegurado o direito a indenização pelo dano material ou moral decorrente de sua violação".

Art. 11. Em qualquer operação de coleta, armazenamento, guarda e tratamento de registros, de dados pessoais ou de comunicações por provedores de conexão e de aplicações de internet em que pelo menos um desses atos ocorra em território nacional, deverão ser obrigatoriamente respeitados a legislação brasileira e os direitos à privacidade, à proteção dos dados pessoais e ao sigilo das comunicações privadas e dos registros.

§ 1º O disposto no *caput* aplica-se aos dados coletados em território nacional e ao conteúdo das comunicações, desde que pelo menos um dos terminais esteja localizado no Brasil.

§ 2º O disposto no *caput* aplica-se mesmo que as atividades sejam realizadas por pessoa jurídica sediada no exterior, desde que oferte serviço ao público brasileiro ou pelo menos uma integrante do mesmo grupo econômico possua estabelecimento no Brasil.

§ 3º Os provedores de conexão e de aplicações de internet deverão prestar, na forma da regulamentação, informações que permitam a verificação quanto ao cumprimento da legislação brasileira referente à coleta, à guarda, ao armazenamento ou ao tratamento de dados, bem como quanto ao respeito à privacidade e ao sigilo de comunicações.

§ 4º Decreto regulamentará o procedimento para apuração de infrações ao disposto neste artigo.

Art. 12. Sem prejuízo das demais sanções cíveis, criminais ou administrativas, as infrações às normas previstas nos arts. 10 e 11 ficam sujeitas, conforme o caso, às seguintes sanções, aplicadas de forma isolada ou cumulativa:

I — advertência, com indicação de prazo para adoção de medidas corretivas;

II — multa de até 10% (dez por cento) do faturamento do grupo econômico no Brasil no seu último exercício, excluídos os tributos, considerados a condição econômica do infrator e o princípio da proporcionalidade entre a gravidade da falta e a intensidade da sanção;

III — suspensão temporária das atividades que envolvam os atos previstos no art. 11; ou

IV — proibição de exercício das atividades que envolvam os atos previstos no art. 11.

Parágrafo único. Tratando-se de empresa estrangeira, responde solidariamente pelo pagamento da multa de que trata o *caput* sua filial, sucursal, escritório ou estabelecimento situado no País.

Subseção I | DA GUARDA DE REGISTROS DE CONEXÃO

Art. 13. Na provisão de conexão à internet, cabe ao administrador de sistema autônomo respectivo o dever de manter os registros de conexão, sob sigilo, em ambiente controlado e de segurança, pelo prazo de 1 (um) ano, nos termos do regulamento.

§ 1º A responsabilidade pela manutenção dos registros de conexão não poderá ser transferida a terceiros.

§ 2º A autoridade policial ou administrativa ou o Ministério Público poderá requerer cautelarmente que os registros de conexão sejam guardados por prazo superior ao previsto no *caput*.

§ 3º Na hipótese do § 2º, a autoridade requerente terá o prazo de 60 (sessenta) dias, contados a partir do requerimento, para ingressar com o pedido de autorização judicial de acesso aos registros previstos no *caput*.

§ 4º O provedor responsável pela guarda dos registros deverá manter sigilo em relação ao requerimento previsto no § 2º, que perderá sua eficácia caso o pedido de autorização judicial seja indeferido ou não tenha sido protocolado no prazo previsto no § 3º.

§ 5º Em qualquer hipótese, a disponibilização ao requerente dos registros de que trata este artigo deverá ser precedida de autorização judicial, conforme disposto na Seção IV deste Capítulo.

§ 6º Na aplicação de sanções pelo descumprimento ao disposto neste artigo, serão considerados a natureza e a gravidade da infração, os danos dela resultantes, eventual vantagem auferida pelo infrator, as circunstâncias agravantes, os antecedentes do infrator e a reincidência.

Subseção II | DA GUARDA DE REGISTROS DE ACESSO A APLICAÇÕES DE INTERNET NA PROVISÃO DE CONEXÃO

Art. 14. Na provisão de conexão, onerosa ou gratuita, é vedado guardar os registros de acesso a aplicações de internet.

Subseção III | DA GUARDA DE REGISTROS DE ACESSO A APLICAÇÕES DE INTERNET NA PROVISÃO DE APLICAÇÕES

Art. 15. O provedor de aplicações de internet constituído na forma de pessoa jurídica e que exerça essa atividade de forma organizada, profissionalmente e com fins econômicos deverá manter os respectivos registros de acesso a aplicações de internet, sob sigilo, em ambiente controlado e de segurança, pelo prazo de 6 (seis) meses, nos termos do regulamento.[1]

§ 1º Ordem judicial poderá obrigar, por tempo certo, os provedores de aplicações de internet que não estão sujeitos ao disposto no *caput* a guardarem registros de acesso a aplicações de internet, desde que se trate de registros relativos a fatos específicos em período determinado.

§ 2º A autoridade policial ou administrativa ou o Ministério Público poderão requerer cautelarmente a qualquer provedor de aplicações de internet que os registros de acesso a aplicações de internet sejam guardados, inclusive por prazo superior ao previsto no *caput*, observado o disposto nos §§ 3º e 4º do art. 13.

§ 3º Em qualquer hipótese, a disponibilização ao requerente dos registros de que trata este artigo deverá ser precedida de autorização judicial, conforme disposto na Seção IV deste Capítulo.

§ 4º Na aplicação de sanções pelo descumprimento ao disposto neste artigo, serão considerados a natureza e a gravidade da infração, os danos dela resultantes, eventual vantagem auferida pelo infrator, as circunstâncias agravantes, os antecedentes do infrator e a reincidência.

Art. 15: 1. v. art. 22, nota 1.

Art. 16. Na provisão de aplicações de internet, onerosa ou gratuita, é vedada a guarda:

I — dos registros de acesso a outras aplicações de internet sem que o titular dos dados tenha consentido previamente, respeitado o disposto no art. 7º; ou

II — de dados pessoais que sejam excessivos em relação à finalidade para a qual foi dado consentimento pelo seu titular, exceto nas hipóteses previstas na Lei que dispõe sobre a proteção de dados pessoais.[1-1a]

Art. 16: 1. Redação de acordo com a Lei 13.709, de 14.8.18, em vigor após decorridos 24 (vinte e quatro) meses de sua publicação oficial (DOU 15.8.18).

Art. 16: 1a. v., no tít. PROTEÇÃO DE DADOS, Lei 13.709, de 14.8.18 (LGPD).

Art. 17. Ressalvadas as hipóteses previstas nesta Lei, a opção por não guardar os registros de acesso a aplicações de internet não implica responsabilidade sobre danos decorrentes do uso desses serviços por terceiros.

Seção III | DA RESPONSABILIDADE POR DANOS DECORRENTES DE CONTEÚDO GERADO POR TERCEIROS

Art. 18. O provedor de conexão à internet não será responsabilizado civilmente por danos decorrentes de conteúdo gerado por terceiros.

Art. 19. Com o intuito de assegurar a liberdade de expressão e impedir a censura, o provedor de aplicações de internet somente poderá ser responsabilizado civilmente por danos decorrentes de conteúdo gerado por terceiros se, após ordem judicial específica, não tomar as providências para, no âmbito e nos limites técnicos do seu serviço e dentro do prazo assinalado, tornar indisponível o conteúdo apontado como infringente, ressalvadas as disposições legais em contrário.[1 a 3a]

§ 1º A ordem judicial de que trata o *caput* deverá conter, sob pena de nulidade, identificação clara e específica do conteúdo apontado como infringente, que permita a localização inequívoca do material.[3b]

§ 2º A aplicação do disposto neste artigo para infrações a direitos de autor ou a direitos conexos depende de previsão legal específica,[3c] que deverá respeitar a liberdade de expressão e demais garantias previstas no art. 5º da Constituição Federal.

§ 3º As causas que versem sobre ressarcimento por danos decorrentes de conteúdos disponibilizados na internet relacionados à honra, à reputação ou a direitos de personalidade, bem como sobre a indisponibilização desses conteúdos por provedores de aplicações de internet, poderão ser apresentadas perante os juizados especiais.⁴

§ 4º O juiz, inclusive no procedimento previsto no § 3º, poderá antecipar, total ou parcialmente, os efeitos da tutela pretendida no pedido inicial, existindo prova inequívoca do fato e considerado o interesse da coletividade na disponibilização do conteúdo na internet, desde que presentes os requisitos de verossimilhança da alegação do autor e de fundado receio de dano irreparável ou de difícil reparação.⁵

Art. 19: 1. v. CC 927, nota 4 e CDC 14, nota 6b. V. tb. CC 12, 20 e 21. S/ legitimidade nesses casos, v., no CPCLPV, CPC 17, nota 10.

S/ desnecessidade de ordem judicial para casos envolvendo cenas de nudez ou de atos sexuais de caráter privado, v. art. 21.

Art. 19: 2. *"Orkut.* 'Comunidade' criada com intenção pejorativa e difamatória. A criação e a divulgação de 'espaço virtual' em site de relacionamentos, com conteúdo atentatório ao nome e à reputação do agravante, devem ser excluídas da internet, além de informados os dados que possam identificar o seu criador, evitando maiores dissabores e danos ao recorrente" (RJM 182/194: AP 1.0024.07.448859-4/001). No mesmo sentido: RMDECC 28/135 (TJSP, AP 591.312.4/5-00), JTJ 335/50 (AI 584.783-4/7-00). V. art. 10 § 1º.

"Blog. Veiculação virtual de conteúdo ofensivo por parte do responsável pelo *blog* e por terceiros. Pretensão de remoção dos comentários de cunho ofensivo, com abstenção de novas inserções. Possibilidade. Presentes os requisitos legais, tecnicamente viável a remoção dos comentários potencialmente ofensivos à honra subjetiva e à imagem do agravante. Tutela de urgência que se mostra necessária para resguardar a utilidade do provimento final em razão das características do grande número de acessos permitidos e inerentes aos diários virtuais na Internet. Conteúdo com potencial ofensivo que ultrapassa os limites do razoável a exigir a compatibilização, pelo princípio da proporcionalidade, do direito fundamental de liberdade de expressão com o direito à imagem da pessoa humana" (JTJ 331/137: AI 583.663-4/2-00).

"Divulgação de dados do consumidor contra seu interesse pelo *Google Maps*. Alegação de risco para sua segurança pessoal que não se pode desconsiderar. Tutela antecipada apenas para excluir os dados, nome, endereços e telefones residenciais. Plausibilidade do direito reclamado e verossimilhança de suas alegações. Impossibilidade de controle de acesso de dados, afirmada pela prestadora do serviço, que deverá ser alvo de debates na origem e especialmente em relação ao segundo pedido, de indenização. Cumprimento imediato da ordem de retirada que não se pode condicionar a outras providências, atinentes a outros sites, dos quais migraram os dados do agravado" (RT 908/837: TJSP, AI 0546964-48.2010.8.26.0000).

Todavia: "Preenchidos os requisitos indispensáveis à exclusão, da web, de uma determinada página virtual, sob a alegação de veicular conteúdo ilícito ou ofensivo — notadamente a identificação do URL dessa página —, a vítima carecerá de interesse de agir contra o provedor de pesquisa, por absoluta falta de utilidade da jurisdição. Se a vítima identificou, via URL, o autor do ato ilícito, não tem motivo para demandar contra aquele que apenas facilita o acesso a esse ato que, até então, se encontra publicamente disponível na rede para divulgação. Excepciona o entendimento contido nos itens anteriores o armazenamento de dados em *cache*. Estando uma cópia do texto ou imagem ofensivos ou ilícitos registrados na memória *cache* do provedor de pesquisa virtual, deve esse, uma vez ciente do fato, providenciar a exclusão preventiva, desde que seja fornecido o URL da página original, bem como comprovado que esta já foi removida da Internet. Como se trata de providência específica, a ser adotada por pessoa distinta daquela que posta o conteúdo ofensivo e envolvendo arquivo (cópia) que não se confunde com o texto ou imagem original, deve haver não apenas um pedido individualizado da parte, mas um comando judicial determinado e expresso no sentido de que a cópia em *cache* seja removida" (STJ-2ª Seção, Rcl 5.072, Min. Nancy Andrighi, j. 11.12.13, maioria, DJ 4.6.14).

Indeferindo tutela antecipada para que fossem excluídas do Google menções aos processos criminais envolvendo determinada pessoa: "O agravante não nega o seu indiciamento em inquérito policial nem a existência de processos criminais em que consta como acusado, alegando tão somente que a divulgação causar-lhe-á dano à intimidade e à imagem. Ora, no conflito entre seu direito à intimidade e o direito à informação da população em geral deve, salvo abuso não encontrado no caso, prevalecer o último" (JTJ 345/51: AI 673.593-4/3; a citação é do voto do relator).

"Agravo de instrumento. Liminar deferida para que a ré providencie os meios necessários para atualização de notícias referentes ao autor. Inadmissibilidade. Informações lançadas na Internet por terceiros. Empresa-ré que apenas administra site que contém ferramenta de busca, sem qualquer ingerência no conteúdo dos sites pesquisados" (JTJ 347/46: AI 675.306-4/0-00).

"Obrigação de fazer. Tutela antecipada deferida. Informações sobre o cadastro de usuário hospedado em seu endereço e retirada do material ofensivo. Possibilidade. Inviáveis, contudo, as determinações para instalação de filtros e monitoramento para que o material não seja mais incluído na rede. Determinação genérica que implica exame prévio de todo o conteúdo do material que transita pelo site de relacionamento e, até mesmo, em toda a Internet, não podendo ser exigido de um provedor de serviço de hospedagem" (RT 899/201: TJSP, AI 990.10.044341-0; no caso o provedor-réu era o YouTube).

Art. 19: 3. "No caso de mensagens moralmente ofensivas, inseridas no site de provedor de conteúdo por usuário, não incide a regra de responsabilidade objetiva, prevista no art. 927, § ún., do Cód. Civil/02, pois não se configura risco inerente à atividade do provedor" (STJ-3ª T., REsp 1.306.066, Min. Sidnei Beneti, j. 17.4.12, RT 922/802). Em sentido semelhante: RT 904/259 (TJSP, AP 990.10.011800-5).

"Afirmações de natureza ofensiva divulgadas em página pessoal de sítio eletrônico de relacionamento (*Orkut*). Ausência, contudo, de responsabilidade do provedor de serviços de Internet (*Google*) pelas informações veiculadas. Inexistência de dever legal ou convencional de controle ou fiscalização prévia de conteúdo. Dados que foram publicados exclusivamente por terceiros. Nexo de causalidade inexistente entre a conduta lícita da requerida e os danos" (RT 886/208: TJSP, AP 629.576-4/9-00). No mesmo sentido: JTJ 341/478 (AP 644.393-4/3-00). V. tb. CDC 14, nota 6b.

"Mensagens depreciativas inseridas em site de relacionamento (*Orkut*), com o nítido propósito de denegrir a imagem objetiva de marca notória que se expande no mercado mediante franquias. Provedor de hospedagem que cumpre o dever de, ao ser cientificado do ilícito, bloquear o conteúdo e despaginar a comunidade que fez uso ilegal da comunicação na rede, excluindo a obrigação de pagar danos morais que somente é possível em caso de negligente controle" (RMDECC 28/135: TJSP, AP 591.312.4/5-00). Em sentido semelhante: STJ-3ª T., REsp 1.193.764, Min. Nancy Andrighi, j. 14.12.10, DJ 8.8.11.

"O provedor de pesquisa é uma espécie do gênero provedor de conteúdo, pois não inclui, hospeda, organiza ou de qualquer outra forma gerencia as páginas virtuais indicadas nos resultados disponibilizados, se limitando a indicar *links* onde podem ser encontrados os termos ou expressões de busca fornecidos pelo próprio usuário. Os provedores de pesquisa realizam suas buscas dentro de um universo virtual, cujo acesso é público e irrestrito, ou seja, seu papel se restringe à identificação de páginas na web onde determinado dado ou informação, ainda que ilícito, estão sendo livremente veiculados. Dessa forma, ainda que seus mecanismos de busca facilitem o acesso e a consequente divulgação de páginas cujo conteúdo seja potencialmente ilegal, fato é que essas páginas são públicas e compõem a rede mundial de computadores e, por isso, aparecem no resultado dos sites de pesquisa. Os provedores de pesquisa não podem ser obrigados a eliminar do seu sistema os resultados derivados da busca de determinado termo ou expressão, tampouco os resultados que apontem para uma foto ou texto específico, independentemente da indicação do URL da página onde este estiver inserido. Não se pode, sob o pretexto de dificultar a propagação de conteúdo ilícito ou ofensivo na web, reprimir o direito da coletividade à informação. Sopesados os direitos envolvidos e o risco potencial de violação de cada um deles, o fiel da balança deve pender para a garantia da liberdade de informação assegurada pelo art. 220, § 1º, da CF/88, sobretudo considerando que a Internet representa, hoje, importante veículo de comunicação social de massa" (STJ-3ª T., REsp 1.316.921, Min. Nancy Andrighi, j. 26.6.12, RT 924/535; com comentário de Fernanda Nunes Barbosa). No mesmo sentido: "Ausência de fundamento normativo para imputar aos provedores de aplicação de buscas na internet a obrigação de implementar o direito ao esquecimento e, assim, exercer função de censor digital" (STJ-3ª T., REsp 1.593.873, Min. Nancy Andrighi, j. 10.11.16, DJ 17.11.16). **Todavia:** "Os provedores de pesquisa podem ser excepcionalmente obrigados a eliminar de seu banco de dados resultados incorretos ou inadequados, especialmente quando inexistente relação de pertinência entre o conteúdo do resultado e o critério pesquisado. A ausência de congruência entre o resultado atual e os termos pesquisados, ainda que decorrentes da posterior alteração do conteúdo original publicado pela página, configuram falha na prestação do serviço de busca, que deve ser corrigida nos termos do art. 20 do CDC, por frustrarem as legítimas expectativas dos consumidores" (STJ-3ª T., REsp 1.582.981, Min. Marco Bellizze, j. 10.5.16, DJ 19.5.16). Afirmando "a possibilidade de se determinar o rompimento do vínculo estabelecido por provedores de aplicação de busca na internet entre o nome do prejudicado, utilizado como critério exclusivo de busca, e a notícia apontada nos resultados": STJ-3ª T., REsp 1.660.168, Min. Marco Bellizze, j. 8.5.18, maioria, DJ 5.6.18. S/ direito ao esquecimento, v. tb. CC 927, nota 3a.

"O provedor de compartilhamento de vídeos é uma espécie do gênero provedor de conteúdo, pois se limita a disponibilizar as imagens postadas pelos usuários, sem nenhuma participação na criação ou na edição dos arquivos digitais. Não se pode exigir do provedor de compartilhamento de vídeos a fiscalização antecipada de cada novo arquivo postado no *site*. Ao oferecer um serviço por meio do qual se possibilita que os usuários divulguem livremente vídeos, deve o provedor de compartilhamento ter o cuidado de propiciar meios para que se possa identificar cada um desses usuários, coibindo o anonimato e atribuindo a cada imagem uma autoria certa e determinada" (STJ-3ª T., REsp 1.403.749, Min. Nancy Andrighi, j. 22.10.13, DJ 25.3.14).

"O provedor de correio eletrônico (e-mail) é uma espécie do gênero provedor de conteúdo, pois propicia o envio de mensagens aos destinatários indicados pelos usuários, incluindo a possibilidade de anexar arquivos de texto, som e imagem. O dano moral decorrente de mensagens com conteúdo ofensivo enviadas pelo usuário via e-mail não constitui risco inerente à atividade dos provedores de correio eletrônico, de modo que não se lhes aplica a responsabilidade objetiva prevista no art. 927, § ún., do CC/02. Ao ser comunicado de que determinada mensagem possui conteúdo ilícito, deve o provedor de correio eletrônico agir de forma enérgica, suspendendo a respectiva conta de e-mail, sob pena de responder solidariamente com o autor direto do dano, em virtude da omissão praticada. Por mais que se intitule um site seguro, a Internet sempre estará sujeita à ação de *hackers*, que invariavelmente conseguem contornar as barreiras que gerenciam o acesso a dados e informações. Assim, a impossibilidade de identificação da pessoa responsável pelo envio de mensagem ofensiva não caracteriza, necessariamente, defeito na prestação do serviço de provedoria de e-mail, não se podendo tomar por legítima a expectativa da vítima, enquanto consumidora, de que a segurança imputada a esse serviço implicaria a existência de meios de individualizar todos os usuários que diariamente encaminham milhões de e-mails. Mesmo não exigindo ou registrando os dados pessoais dos usuários do Hotmail, a Microsoft mantém um meio suficientemente eficaz de rastreamento desses usuários, que permite localizar o seu provedor de acesso (esse sim com recursos para, em tese, identificar o IP do usuário), medida de segurança que corresponde à diligência média esperada de um provedor de correio eletrônico" (STJ-3ª T., REsp 1.300.161, Min. Nancy Andrighi, j. 19.6.12, DJ 26.6.12).

"O gerenciador de fóruns de discussão virtual constitui uma espécie do gênero provedor de conteúdo, pois esses sites se limitam a abrigar e oferecer ferramentas para edição dos fóruns criados e mantidos por terceiros, sem exercer nenhum controle editorial sobre as mensagens postadas pelos usuários. Ao oferecer um serviço por meio do qual se possibilita que os usuários divulguem livremente suas opiniões, deve o provedor de conteúdo ter o cuidado de propiciar meios para que se possa identificar cada um desses usuários, coibindo o anonimato e atribuindo a cada imagem uma autoria certa e determinada. Sob a ótica da diligência média que se espera do provedor, do dever de informação e do princípio da transparência, deve este adotar as providências que, conforme as circunstâncias específicas de cada caso, estiverem ao seu alcance para a individualização dos usuários do *site*, sob pena de responsabilização subjetiva por culpa *in omittendo*" (STJ-3ª T., REsp 1.398.985, Min. Nancy Andrighi, j. 19.11.13, RT 941/289).

"No que se refere à entrevista, tratando-se de um evento ao vivo, por meio de *chat*, no qual o veículo de comunicação, o 'portal' de *Internet*, opera tão somente como transmissor e mediador entre os participantes, 'internautas' e entrevistados, e em ocorrendo ofensa por parte desse em relação a terceiro, não se pode responsabilizar aquele que promoveu, que possibilitou o evento" (RJTJERGS 252/217).

"O provedor de hospedagem de *blogs* é uma espécie do gênero provedor de conteúdo, pois se limita a abrigar e oferecer ferramentas para edição de *blogs* criados e mantidos por terceiros, sem exercer nenhum controle editorial sobre as mensagens postadas pelos usuários. Não se pode exigir do provedor de hospedagem de *blogs* a fiscalização antecipada de cada nova mensagem postada, não apenas pela impossibilidade técnica e prática de assim proceder, mas sobretudo pelo risco de tolhimento da liberdade de pensamento" (STJ-3ª T., REsp 1.328.706, Min. Nancy Andrighi, j. 15.10.13, DJ 13.12.13).

Art. 19: 3a. Flexibilizando a exigência de ordem judicial: "O provedor de aplicação que, após notificado, nega-se a excluir publicação ofensiva envolvendo **menor de idade**, deve ser responsabilizado civilmente, cabendo impor-lhe o pagamento de indenização pelos danos morais causados à vítima da ofensa. A responsabilidade civil, em tal circunstância, deve ser analisada sob o enfoque da relevante omissão de sua conduta, pois deixou de adotar providências que, indubitavelmente sob seu alcance, minimizariam os efeitos do ato danoso praticado por terceiro, o que era seu dever" (STJ-4ª T., REsp 1.783.269, Min. Antonio Ferreira, j. 14.12.21, maioria, DJ 18.2.22).

Art. 19: 3b. "Necessidade de indicação clara e específica do localizador URL do conteúdo infringente para a validade de comando judicial que ordene sua remoção da internet. O fornecimento do URL é obrigação do requerente. A necessidade de **indicação do localizador URL** não é apenas uma garantia aos provedores de aplicação, como forma de reduzir eventuais questões relacionadas à liberdade de expressão, mas também é um critério seguro para verificar o cumprimento das decisões judiciais que determinarem a remoção de conteúdo na internet. Em hipóteses com ordens vagas e imprecisas, as discussões sobre o cumprimento de decisão judicial e quanto à aplicação de multa diária serão arrastadas sem necessidade até os Tribunais superiores. O Marco Civil da Internet elenca, entre os requisitos de validade da ordem judicial para a retirada de conteúdo infringente, a 'identificação clara e específica do conteúdo', sob pena de nulidade, sendo necessária a indicação do localizador URL" (STJ-3ª T., REsp 1.629.255, Min. Nancy Andrighi, j. 22.8.17, DJ 25.8.17). No mesmo sentido: STJ-4ª T., REsp 1.471.164-EDcl-AgInt, Min. Lázaro Guimarães, j. 14.8.18, DJ 22.8.18.

Art. 19: 3c. v. art. 31.

Art. 19: 4. Desde que o valor da causa não exceda a quarenta salários mínimos (LJE, art. 3º-I) ou a sessenta salários mínimos (LJEF 3º-*caput*), conforme o caso.

Art. 19: 5. v. CPC 300.

Art. 20. Sempre que tiver informações de contato do usuário diretamente responsável pelo conteúdo a que se refere o art. 19, caberá ao provedor de aplicações de internet comunicar-lhe os motivos e informações relativos à indisponibilização de conteúdo, com informações que permitam o contraditório e a ampla defesa em juízo, salvo expressa previsão legal ou expressa determinação judicial fundamentada em contrário.

Parágrafo único. Quando solicitado pelo usuário que disponibilizou o conteúdo tornado indisponível, o provedor de aplicações de internet que exerce essa atividade de forma organizada, profissionalmente e com fins econômicos substituirá o conteúdo tornado indisponível pela motivação ou pela ordem judicial que deu fundamento à indisponibilização.

Art. 21. O provedor de aplicações de internet que disponibilize conteúdo gerado por terceiros será responsabilizado subsidiariamente pela violação da intimidade decorrente da divulgação, sem autorização de seus participantes, de imagens, de vídeos ou de outros materiais contendo cenas de nudez ou de atos sexuais de caráter privado quando, após o recebimento de notificação pelo participante ou seu representante legal, deixar de promover, de forma diligente, no âmbito e nos limites técnicos do seu serviço, a indisponibilização desse conteúdo.[1-2]

Parágrafo único. A notificação prevista no *caput* deverá conter, sob pena de nulidade, elementos que permitam a identificação específica do material apontado como violador da intimidade do participante e a verificação da legitimidade para apresentação do pedido.

Art. 21: 1. v. art. 19, nota 3a.

Art. 21: 2. "As **imagens íntimas** produzidas e cedidas **com fins comerciais** — a esvaziar por completo sua natureza privada e reservada — **não** se amoldam ao espectro normativo (e protetivo) do art. 21 do Marco Civil da Internet, que excepciona a regra de reserva da jurisdição. Sua divulgação, na rede mundial de computadores, sem autorização da pessoa reproduzida, por evidente, consubstancia ato ilícito passível de proteção jurídica, mas não tem o condão de excepcionar a reserva de jurisdição" (STJ-3ª T., REsp 1.930.256, Min. Marco Bellizze, j. 7.12.21, maioria, DJ 17.12.21).

Seção IV | DA REQUISIÇÃO JUDICIAL DE REGISTROS

Art. 22. A parte interessada poderá, com o propósito de formar conjunto probatório em processo judicial cível ou penal, em caráter incidental ou autônomo, requerer ao juiz que ordene ao responsável pela guarda o fornecimento de registros de conexão ou de registros de acesso a aplicações de internet.[1 a 3]

Parágrafo único. Sem prejuízo dos demais requisitos legais, o requerimento deverá conter, sob pena de inadmissibilidade:

I — fundados indícios da ocorrência do ilícito;

II — justificativa motivada da utilidade dos registros solicitados para fins de investigação ou instrução probatória; e

III — período ao qual se referem os registros.

Art. 22: 1. "Fornecimento de **dados pessoais**. Qualificação e endereço. **Impossibilidade**. Para adimplir sua obrigação de identificar usuários que eventualmente publiquem conteúdos considerados ofensivos por terceiros é suficiente o fornecimento do número IP correspondente à publicação ofensiva indicada pela parte" (STJ-3ª T., REsp 1.820.626, Min. Nancy Andrighi, j. 25.8.20, DJ 28.8.20).

"No Marco Civil da Internet, há apenas duas categorias de dados que devem ser obrigatoriamente armazenados: os registros de conexão (art. 13) e os registros de acesso à aplicação (art. 15). A restrição dos dados a serem armazenados pelos provedores de conexão e de aplicação visa a garantir a privacidade e a proteção da vida privada dos cidadãos usuários da Internet. **Não há**, assim, previsão legal atribuindo aos provedores de aplicações que oferecem serviços de **e-mail**, como é o caso da recorrida, o **dever de armazenar as mensagens** recebidas ou enviadas pelo usuário e que foram deletadas" (STJ-3ª T., REsp 1.885.201, Min. Nancy Andrighi, j. 23.11.21, DJ 25.11.21).

Todavia: "Havendo indícios de ilicitude e em se tratando de pedido específico voltado à obtenção dos dados cadastrais (como nome, endereço, RG e CPF) dos usuários cuja remoção já tenha sido determinada — a partir dos IPs já apresentados pelo provedor de aplicação —, a privacidade do usuário não prevalece. Conclui-se, assim, pela possibilidade de que os provedores de conexão/acesso forneçam os dados pleiteados, ainda que não tenham integrado a relação processual em que formulado o requerimento para a identificação do usuário" (STJ-4ª T., REsp 1.914.596, Min. Luis Felipe, j. 23.11.21, DJ 8.2.22).

Art. 22: 2. "Os arts. 22 e 23 do Marco Civil da Internet, em complemento ao art. 10, parágrafo único, que tratam especificamente do procedimento de que cuidam os autos, **não exigem** a indicação ou qualquer elemento de **individualização pessoal** na decisão judicial. Assim, para que o magistrado possa requisitar dados pessoais armazenados por provedor de serviços de internet, mostra-se satisfatória a indicação dos seguintes elementos previstos na lei: a) indícios da ocorrência do ilícito; b) justificativa da utilidade da requisição; e c) período ao qual se referem os registros. Não é necessário, portanto, que o magistrado fundamente a requisição com indicação da pessoa alvo da investigação, tampouco que justifique a indispensabilidade da medida, ou seja, que a prova da infração não pode ser realizada por outros meios, o que, aliás, seria até, na espécie — se houvesse tal obrigatoriedade legal — plenamente dedutível da complexidade e da dificuldade de identificação da autoria mediata dos crimes investigados. Logo, a quebra do sigilo de dados armazenados, assim entendida a requisição mediante ordem judicial de registros de conexão e acesso à internet, de forma autônoma ou associada a outros dados pessoais e informações, não obriga a autoridade judiciária a indicar previamente as pessoas que estão sendo investigadas, até porque o objetivo precípuo dessa medida, na expressiva maioria dos casos, é justamente de proporcionar a identificação do usuário do serviço ou do terminal utilizado" (STJ-3ª Seção, RMS 60.698, Min. Schietti Cruz, j. 26.8.20, maioria, DJ 4.9.20).

Art. 22: 3. "Tendo em vista a obrigação legal de guarda de registros de conexão e de acesso a aplicações de internet, é possível, desde que preenchidos os requisitos legais, impor aos provedores o dever de fornecer os nomes ou domínios das sociedades empresárias que **patrocinam links** na ferramenta 'Google AdWords' relacionados à determinada expressão utilizada de forma isolada ou conjunta, pois tal medida representa mero desdobramento daquelas obrigações" (STJ-3ª T., REsp 1.961.480, Min. Nancy Andrighi, j. 7.12.21, DJ 13.12.21).

Art. 23. Cabe ao juiz tomar as providências necessárias à garantia do sigilo das informações recebidas e à preservação da intimidade, da vida privada, da honra e da imagem do usuário, podendo determinar segredo de justiça, inclusive quanto aos pedidos de guarda de registro.[1]

Art. 23: 1. v. CPC 189.

Capítulo IV | DA ATUAÇÃO DO PODER PÚBLICO

Art. 24. Constituem diretrizes para a atuação da União, dos Estados, do Distrito Federal e dos Municípios no desenvolvimento da internet no Brasil:

I — estabelecimento de mecanismos de governança multiparticipativa, transparente, colaborativa e democrática, com a participação do governo, do setor empresarial, da sociedade civil e da comunidade acadêmica;

II — promoção da racionalização da gestão, expansão e uso da internet, com participação do Comitê Gestor da internet no Brasil;

III — promoção da racionalização e da interoperabilidade tecnológica dos serviços de governo eletrônico, entre os diferentes Poderes e âmbitos da Federação, para permitir o intercâmbio de informações e a celeridade de procedimentos;

IV — promoção da interoperabilidade entre sistemas e terminais diversos, inclusive entre os diferentes âmbitos federativos e diversos setores da sociedade;

V — adoção preferencial de tecnologias, padrões e formatos abertos e livres;

VI — publicidade e disseminação de dados e informações públicos, de forma aberta e estruturada;

VII — otimização da infraestrutura das redes e estímulo à implantação de centros de armazenamento, gerenciamento e disseminação de dados no País, promovendo a qualidade técnica, a inovação e a difusão das aplicações de internet, sem prejuízo à abertura, à neutralidade e à natureza participativa;

VIII — desenvolvimento de ações e programas de capacitação para uso da internet;

IX — promoção da cultura e da cidadania; e

X — prestação de serviços públicos de atendimento ao cidadão de forma integrada, eficiente, simplificada e por múltiplos canais de acesso, inclusive remotos.

Art. 25. As aplicações de internet de entes do poder público devem buscar:

I — compatibilidade dos serviços de governo eletrônico com diversos terminais, sistemas operacionais e aplicativos para seu acesso;

II — acessibilidade a todos os interessados, independentemente de suas capacidades físico-motoras, perceptivas, sensoriais, intelectuais, mentais, culturais e sociais, resguardados os aspectos de sigilo e restrições administrativas e legais;

III — compatibilidade tanto com a leitura humana quanto com o tratamento automatizado das informações;

IV — facilidade de uso dos serviços de governo eletrônico; e

V — fortalecimento da participação social nas políticas públicas.

Art. 26. O cumprimento do dever constitucional do Estado na prestação da educação, em todos os níveis de ensino, inclui a capacitação, integrada a outras práticas educacionais, para o uso seguro, consciente e responsável da internet como ferramenta para o exercício da cidadania, a promoção da cultura e o desenvolvimento tecnológico.

Art. 27. As iniciativas públicas de fomento à cultura digital e de promoção da internet como ferramenta social devem:

I — promover a inclusão digital;

II — buscar reduzir as desigualdades, sobretudo entre as diferentes regiões do País, no acesso às tecnologias da informação e comunicação e no seu uso; e

III — fomentar a produção e circulação de conteúdo nacional.

Art. 28. O Estado deve, periodicamente, formular e fomentar estudos, bem como fixar metas, estratégias, planos e cronogramas, referentes ao uso e desenvolvimento da internet no País.

Capítulo V | DISPOSIÇÕES FINAIS

Art. 29. O usuário terá a opção de livre escolha na utilização de programa de computador em seu terminal para exercício do controle parental de conteúdo entendido por ele como impróprio a seus filhos menores, desde que respeitados os princípios desta Lei e da Lei n. 8.069, de 13 de julho de 1990 — Estatuto da Criança e do Adolescente.[1]

Parágrafo único. Cabe ao poder público, em conjunto com os provedores de conexão e de aplicações de internet e a sociedade civil, promover a educação e fornecer informações sobre o uso dos programas de computador previstos no *caput*, bem como para a definição de boas práticas para a inclusão digital de crianças e adolescentes.

Art. 29: 1. v. tít. CRIANÇA E ADOLESCENTE.

Art. 30. A defesa dos interesses e dos direitos estabelecidos nesta Lei poderá ser exercida em juízo, individual ou coletivamente, na forma da lei.

Art. 31. Até a entrada em vigor da lei específica prevista no § 2º do art. 19, a responsabilidade do provedor de aplicações de internet por danos decorrentes de conteúdo gerado por terceiros, quando se tratar de infração a direitos de autor ou a direitos conexos, continuará a ser disciplinada pela legislação autoral vigente aplicável na data da entrada em vigor desta Lei.[1]

Art. 31: 1. v. tít. DIREITO AUTORAL.

Art. 32. Esta Lei entra em vigor após decorridos 60 (sessenta) dias de sua publicação oficial.

Brasília, 23 de abril de 2014; 193º da Independência e 126º da República. — DILMA ROUSSEFF — **José Eduardo Cardozo** — **Miriam Belchior** — **Paulo Bernardo Silva** — **Clélio Campolina Diniz.**

Investigação de Paternidade

Lei n. 8.560, de 29 de dezembro de 1992

Regula a investigação de paternidade dos filhos havidos fora do casamento e dá outras providências.

O Presidente da República
Faço saber que o Congresso Nacional decreta e eu sanciono a seguinte lei:

Art. 1º O reconhecimento dos filhos havidos fora do casamento[1-1a] é irrevogável[2] e será feito:

I — no registro de nascimento;

II — por escritura pública ou escrito particular, a ser arquivado em cartório;

III — por testamento, ainda que incidentalmente manifestado;

IV — por manifestação expressa e direta perante o juiz, ainda que o reconhecimento não haja sido o objeto único e principal do ato que o contém.

Art. 1º: 1. v. CC 1.596 a 1.617.

Art. 1º: 1a. "Ação de investigação de paternidade. Legitimidade de filho nascido na constância do casamento. Com a ressalva do entendimento do relator, o filho nascido na constância do casamento pode buscar o seu verdadeiro pai em ação de investigação de paternidade" (STJ-3ª T., REsp 195.527, Min. Menezes Direito, j. 10.4.00, DJU 22.5.00).

S/ a existência, nesse caso, de litisconsórcio passivo necessário entre o suposto pai e o pai que consta no registro, v., no CPCLPV, CPC 114, nota 3f.

S/ cumulação de pedido de investigação de paternidade contra o suposto pai com pedido negatório de paternidade contra quem figura como pai no assento de nascimento, v., no CPCLPV, CPC 327, nota 6b.

No sentido de que o cancelamento do registro civil anterior é consequência natural da procedência da investigação de paternidade, v., no CPCLPV, CPC 322, nota 16.

S/ a consideração de inédito exame de DNA em sede de recurso especial como fato superveniente, v., no CPCLPV, RISTJ 255, nota 4-Fato superveniente.

Art. 1º: 2. O que a lei veda é a retratação pura e simples do reconhecimento; se o reconhecimento é inverídico, admite-se a propositura de ação para anulá-lo, movida pelo suposto pai (RT 779/227, 811/229) ou "intentada por quem quer que nisso tenha interesse" (RT 656/76).

Art. 2º Em registro de nascimento de menor apenas com a maternidade estabelecida, o oficial remeterá ao juiz[1] certidão integral do registro e o nome e prenome, profissão, identidade e residência do suposto pai,[1a] a fim de ser averiguada oficiosamente a procedência da alegação.

§ 1º O juiz, sempre que possível, ouvirá a mãe sobre a paternidade alegada e mandará, em qualquer caso, notificar o suposto pai, independente de seu estado civil, para que se manifeste sobre a paternidade que lhe é atribuída.

§ 2º O juiz, quando entender necessário, determinará que a diligência seja realizada em segredo de justiça.

§ 3º No caso do suposto pai confirmar expressamente a paternidade, será lavrado termo de reconhecimento e remetida certidão ao oficial do registro, para a devida averbação.

§ 4º Se o suposto pai não atender no prazo de trinta dias, a notificação judicial, ou negar a alegada paternidade, o juiz remeterá os autos ao representante do Ministério Público para que intente, havendo elementos suficientes, a ação de investigação de paternidade.[1b a 2a]

§ 5º Nas hipóteses previstas no § 4º deste artigo, é dispensável o ajuizamento de ação de investigação de paternidade pelo Ministério Público se, após o não comparecimento ou a recusa do suposto pai em assumir a paternidade a ele atribuída, a criança for encaminhada para adoção.[2b]

§ 6º A iniciativa conferida ao Ministério Público não impede a quem tenha legítimo interesse de intentar investigação, visando a obter o pretendido reconhecimento da paternidade.[2c a 4]

Art. 2º: 1. "O oficial de registro deve iniciar o procedimento oficioso perante o juízo da comarca que engloba o território atendido pelo cartório de registro de pessoas naturais, conforme as normas locais de organização. Iniciado o procedimento, seguirá no juízo em que se iniciou, sendo irrelevante a mudança de domicílio do menor ou de sua mãe" (STJ-2ª Seção, CC 80.813, Min. Gomes de Barros, j. 27.6.07, DJU 1.8.07).

Art. 2º: 1a. A menção do nome do suposto pai deve ser feita em apartado, nesse caso. Não pode constar do assento de nascimento, a menos que, posteriormente, ocorra a confirmação expressa da paternidade pelo indigitado pai (§ 3º) ou que sobrevenha ação de investigação de paternidade julgada procedente.

Art. 2º: 1b. "Ações de investigação de paternidade ilegítima e petição de herança — Estudo de direito comparado", por Mário Moacyr Porto (Ajuris 46/236).

Art. 2º: 1c. s/ ação de investigação de paternidade e relativização da coisa julgada, v., no CPCLPV, CPC 502, nota 3b.

Art. 2º: 2. Súmula 149 do STF: "É imprescritível a ação de **investigação de paternidade,** mas não o é a de petição de herança".

No sentido de que é imprescritível a ação de investigação de paternidade: STJ 3ª T., AI 378.216-AgRg, Min. Menezes Direito, j. 10.9.02, DJU 9.12.02; STJ-4ª T., REsp 162.028, Min. Cesar Rocha, j. 20.11.01, DJU 18.3.02.

Art. 2º: 2a. Reconhecendo legitimidade ao MP, "ainda que o registro de nascimento tenha sido lavrado anteriormente à edição da lei": STJ-4ª T., REsp 169.728, Min. Sálvio de Figueiredo, j. 9.6.98, DJU 21.9.98. No mesmo sentido: STJ-RT 764/173 (3ª T., REsp 91.855). **Contra:** RT 732/239.

Art. 2º: 2b. O § 5º foi incluído pela Lei 12.010, de 3.8.09.

Art. 2º: 2c. O § 6º corresponde ao antigo § 5º, renumerado pela Lei 12.010, de 3.8.09.

Art. 2º: 2d. "Investigação de paternidade. Parte legítima para figurar no polo ativo do processo será o pretenso filho, e não sua mãe" (STJ-3ª T., REsp 81.254, Min. Waldemar Zveiter, j. 26.8.96, DJU 3.3.97). "Entretanto, se a inicial refere que a mãe está em juízo como representante da filha, há de entender-se que aquela (representa) a autora, não se justificando a extinção do processo" (STJ-Bol. AASP 1.927/381j).

Autorizando que a mãe represente em juízo o menor impúbere nessas circunstâncias: RTJ 95/1.218, RT 628/198, RF 292/298. No mesmo sentido, em caso de nascituro: RT 625/172, JTJ 150/90.

A ação de investigação de paternidade, sendo falecido o indigitado pai, deve ser proposta contra todos os herdeiros (STJ-RDDP 94/128: 3ª T., REsp 1.028.503; STJ-RT 753/200, RT 541/99, 616/52, RJTJESP 62/106).

Admitindo ação declaratória de parentesco entre **avô e neto,** cumulada com petição de herança, ainda quando o pai do neto não tenha reivindicado em vida o reconhecimento da paternidade do avô para consigo: STJ-RDDP 91/127 e RDPr 44/329 (2ª Seção, REsp 807.849, dois votos vencidos). No mesmo sentido: "Em que pese a aparente limitação oferecida pelo Código Civil Brasileiro, em seu art. 1.606, à propositura, pelos netos, de ação declaratória de relação de parentesco em face do avô, mesmo quando já falecido o seu genitor, a interpretação mais adequada e atenta ao fenômeno da constitucionalização do Direito Civil é no sentido de que a investigação da ancestralidade é direito da personalidade, decorrente da cláusula maior da dignidade da pessoa humana, não podendo seu exercício ser restrito apenas às relações de filiação, daí por que não se pode negar aos netos — não tendo o seu pai, em vida, vindicado a sua paternidade — o direito próprio e personalíssimo de pleitear o reconhecimento da relação avoenga, em face do avô (ou de seus herdeiros, quando já falecido)" (RJM 195/197: AP 1.0024.09.744299-0/001). Ainda no mesmo sentido: JTJ 296/161, maioria. **Todavia,** indeferindo demanda ajuizada por neta com o objetivo de investigar relação de parentesco com o avô, em situação na qual o pai daquela ainda vive: "No âmbito das relações de parentesco não decorrentes da adoção, o exercício do direito de investigação da identidade genética, para fins de constituição de parentesco é limitado, sim, pelo disposto no art. 1.606 do Código Civil, o qual restringiu o universo de quem (a geração mais próxima viva) e quando pode ser postulada declaração judicial de filiação (não haver anterior deliberação a respeito)" (STJ-4ª T., REsp 876.434, Min. Marco Buzzi, j. 1.2.11, maioria, DJ 1.2.12). V. tb. CC 1.606, nota 3.

"A ação de investigação de paternidade *post mortem*, em regra, é ajuizada em face dos herdeiros do suposto pai falecido. Hipótese em que a **viúva** do suposto pai não ostenta a condição de herdeira, não sendo litisconsorte passiva necessária. Assiste-lhe, todavia, o direito de contestar a ação, uma vez que tem justo interesse moral, albergado pelo art. 365 do Código Civil de 1916 e 1.615 do Código Civil de 2002, recebendo o processo no estado em que se encontrava quando requereu a intervenção" (STJ-4ª T., REsp 1.466.423, Min. Isabel Gallotti, j. 23.2.16, DJ 2.3.16). "Ação de investigação de paternidade endereçada contra o herdeiro, nos termos do artigo 363 do Código Civil; hipótese em que, pelas peculiaridades do caso concreto, se impunha a citação da viúva na condição de litisconsorte necessária" (STJ-3ª T., REsp 125.250, Min. Ari Pargendler, j. 2.5.00, DJ 29.5.00).

O **espólio** do suposto pai não tem legitimidade passiva para a ação investigatória (RTJ 108/393, RSTJ 26/406, RF 288/289, JTJ 294/206; 343/40: AI 628.649-4/5-00).

"Falecendo o suposto genitor sem deixar herdeiros, deve a ação de investigação de paternidade ser interposta em face de eventuais herdeiros e terceiros interessados, que serão citados por edital" (JTJ 343/40: AI 628.649-4/5-00).

S/ litisconsórcio ativo, na investigação de paternidade, v., no CPCLPV, CPC 113, nota 7; s/ litisconsórcio passivo necessário, v., no CPCLPV, CPC 114, nota 3f.

Art. 2º: 3. "Em se tratando de ação de investigação de paternidade proposta pelo Ministério Público em favor de incapazes, não se justifica a imposição da honorária advocatícia ao vencido, em face da finalidade e da destinação da referida verba" (STJ 4ª T., REsp 275.980, Min. Barros Monteiro, j. 28.8.01, DJU 19.11.01).

Art. 2º: 4. "Diz-se personalíssima a investigação da paternidade em relação à legitimação ativa; não, quanto à legitimação passiva" (JTJ 173/279). Assim: "O falecimento da ré, no curso da ação de investigação de paternidade, conduz à habilitação dos herdeiros sucessivos, conforme o art. 43 do CPC" (STJ-3ª T., REsp 521.106-AgRg, Min. Gomes de Barros, j. 18.5.04, DJU 7.6.04).

Art. 2º-A. Na ação de investigação de paternidade, todos os meios legais, bem como os moralmente legítimos, serão hábeis para provar a verdade dos fatos.[1]

§ 1º A recusa do réu em se submeter ao exame de código genético — DNA gerará a presunção da paternidade, a ser apreciada em conjunto com o contexto probatório.[1a-2]

§ 2º Se o suposto pai houver falecido ou não existir notícia de seu paradeiro, o juiz determinará, a expensas do autor da ação, a realização do exame de pareamento do código genético (DNA) em parentes consanguíneos, preferindo-se os de grau mais próximo aos mais distantes, importando a recusa em presunção da paternidade, a ser apreciada em conjunto com o contexto probatório.[3]

Art. 2º-A: 1. Redação de acordo com a Lei 12.004, de 29.7.09.

Art. 2º-A: 1a. Renumerado pela Lei 14.138, de 16.4.21.

Art. 2º-A: 2. v. CC 232 e notas e v. tb., no CPCLPV, CPC 464, notas 3 e segs.

Art. 2º-A: 3. Acrescido pela Lei 14.138, de 16.4.21.

Art. 3º É vedado legitimar e reconhecer filho na ata do casamento.

Parágrafo único. É ressalvado o direito de averbar alteração do patronímico materno, em decorrência do casamento, no termo de nascimento do filho.

Art. 4º O filho maior não pode ser reconhecido sem o seu consentimento.[1]

Art. 4º: 1. Neste sentido: CC 1.614.

Investigação de Paternidade – Lei n. 8.560, de 29.12.92 (LIP), arts. 5º a 7º

Art. 5º No registro de nascimento não se fará qualquer referência à natureza da filiação, à sua ordem em relação a outros irmãos do mesmo prenome, exceto gêmeos, ao lugar e cartório do casamento dos pais e ao estado civil destes.¹

Art. 5º: 1. A parte final, "ao lugar e cartório do casamento dos pais e ao estado civil destes", revoga o disposto na LRP 54, item 7º: "o lugar e cartório onde se casaram".

Art. 6º Das certidões de nascimento não constarão indícios de a concepção haver sido decorrente de relação extraconjugal.¹

§ 1º Não deverá constar, em qualquer caso, o estado civil dos pais e a natureza da filiação, bem como o lugar e cartório do casamento, proibida referência à presente lei.

§ 2º São ressalvadas autorizações ou requisições judiciais de certidões de inteiro teor, mediante decisão fundamentada, assegurados os direitos, as garantias e interesses relevantes do registrado.

Art. 6º: 1. cf. LRP 19 § 3º.

Art. 7º Sempre¹ que na sentença de primeiro grau se reconhecer a paternidade, nela se fixarão os alimentos provisionais ou definitivos do reconhecido que deles necessite.² ª ⁴

Art. 7º: 1. O advérbio "sempre" significa que, **mesmo quando não pedidos** os alimentos, o juiz deverá fixá-los na sentença, se o autor deles necessitar. Nesse sentido: RSTJ 143/410.

Assim: "O fato de inexistir pedido expresso de alimentos não impede o magistrado de fixá-los, não sendo *extra petita* a sentença" (RBDF 33/58).

Ainda: "O pedido de pensionamento formulado nessa espécie de demanda é meramente estimativo, não se configurando decisão *ultra* ou *extra petita* a concessão de **valor maior que o postulado** na exordial" (STJ-4ª T., REsp 595.746, Min. Aldir Passarinho Jr., j. 2.12.10, DJ 15.12.10).

Art. 7º: 2. Súmula 277 do STJ: "Julgada procedente a investigação de paternidade, os alimentos são **devidos a partir da citação**".

Todavia: "O termo inicial da obrigação alimentar deve ser o da data da concepção, quando o genitor tinha ciência da gravidez e recusou-se a reconhecer o filho" (RBDF 33/58: acórdão relatado pela Des. Maria Berenice Dias).

Art. 7º: 2a. "Julgada procedente a ação investigatória de paternidade, **mesmo antes do trânsito em julgado** da decisão, é lícito ao filho exigir do réu a prestação dos alimentos provisionais" (RSTJ 141/436).

"A condenação aos alimentos fixados em sentença de ação de investigação de paternidade pode ser executada de imediato, pois a apelação que contra ela se insurge é de ser recebida no efeito meramente devolutivo" (STJ-4ª T., REsp 595.746, Min. Aldir Passarinho Jr., j. 2.12.10, DJ 15.12.10).

Art. 7º: 3. Excepcionalmente, é possível a fixação de alimentos **antes da prolação da sentença,** desde que existam fortes indícios da paternidade e o autor necessite urgentemente dos alimentos (RT 615/50, JTJ 158/16, RJTJERGS 162/217 e 218).

Assim: "Alimentos requeridos no curso da ação de investigação de paternidade. O despacho que defere alimentos provisórios, diante da presença de fortes indícios da paternidade, no curso de ação principal de investigação de paternidade, não desafia o art. 2º da Lei 5.478/68" (STJ-3ª T., REsp 105.194, Min. Menezes Direito, j. 13.10.97, DJU 15.12.97).

Contra: RJTJERGS 146/157.

Art. 7º: 3a. "Os alimentos provisionais arbitrados em cautelar incidental à ação de investigação de paternidade têm amparo legal não apenas se forem decorrentes do vínculo paterno-filial surgido do reconhecimento, como também dos laços de parentesco dele derivados. O parentesco surgido entre as partes, na hipótese, **irmãos** unilaterais, em razão da sentença de reconhecimento da paternidade, declarada e confirmada, respectivamente, em 1º e em 2º graus de jurisdição, é suficiente para autorizar o arbitramento dos alimentos na forma em que se deu" (STJ-3ª T., REsp 1.120.922, Min. Nancy Andrighi, j. 23.11.10, DJ 7.12.10).

Art. 7º: 4. O **Ministério Público** tem legitimidade para a execução de alimentos fixados em ação de investigação de paternidade por ele proposta (STJ-3ª T., REsp 208.429, Min. Menezes Direito, j. 4.9.01, DJU 1.10.01).

Art. 8º Os registros de nascimento, anteriores à data da presente lei, poderão ser retificados por decisão judicial, ouvido o Ministério Público.

Art. 9º Esta lei entra em vigor na data de sua publicação.

Art. 10. São revogados os arts. 332, 337 e 347 do Código Civil e demais disposições em contrário.

Brasília, 29 de dezembro de 1992; 171º da Independência e 104º da República — ITAMAR FRANCO — **Maurício Corrêa.**

Letra de Câmbio e Nota Promissória

Decreto n. 2.044, de 31 de dezembro de 1908[1]

Define a letra de câmbio e a nota promissória e regula as operações cambiais.

O Presidente da República dos Estados Unidos do Brasil:
Faço saber que o Congresso Nacional decretou e eu sanciono a seguinte resolução:

DEC. 2.044: 1. Geralmente citado como Dec. **legislativo** 2.044.

Título I | DA LETRA DE CÂMBIO

Capítulo I | DO SAQUE

Art. 1º A letra de câmbio é uma ordem de pagamento e deve conter estes requisitos, lançados, por extenso, no contexto:[1]

I — a denominação "letra de câmbio" ou a denominação equivalente na língua em que for emitida;

II — a soma de dinheiro a pagar e a espécie de moeda;

III — o nome da pessoa que deve pagá-la. Esta indicação pode ser inserida abaixo do contexto;

IV — o nome da pessoa a quem deve ser paga. A letra pode ser ao portador e também emitida por ordem e conta de terceiro. O sacador pode designar-se como tomador;

V — a assinatura do próprio punho do sacador ou do mandatário especial. A assinatura deve ser firmada abaixo do contexto.

Art. 1º: 1. Súmula 387 do STF (Letra de câmbio incompleta): "A cambial emitida ou aceita com omissões, ou em branco, pode ser completada pelo credor de boa-fé antes da cobrança ou do protesto".

Art. 2º Não será letra de câmbio o escrito a que faltar qualquer dos requisitos acima enumerados.

Art. 3º Esses requisitos são considerados lançados ao tempo da emissão da letra. A prova em contrário será admitida no caso de má-fé do portador.

Art. 4º Presume-se mandato ao portador para inserir a data e o lugar do saque, na letra que não os contiver.

Art. 5º Havendo diferença entre o valor lançado por algarismo e o que se achar por extenso no corpo da letra, este último será sempre considerado verdadeiro e a diferença não prejudicará a letra. Diversificando as indicações da soma de dinheiro no contexto, o título não será letra de câmbio.

Art. 6º A letra pode ser passada:[1]
I — à vista;
II — a dia certo;
III — a tempo certo da data;
IV — a tempo certo da vista.

Art. 6º: 1. v. art. 17.

Art. 7º A época do pagamento deve ser precisa, uma e única para a totalidade da soma cambial.

Capítulo II | DO ENDOSSO

Art. 8º O endosso transmite a propriedade da letra de câmbio.
Para a validade do endosso, é suficiente a assinatura do próprio punho do endossador ou do mandatário especial, no verso da letra. O endossatário pode completar este endosso.
§ 1º A cláusula "por procuração", lançada no endosso, indica o mandato com todos os poderes, salvo o caso de restrição, que deve ser expressa no mesmo endosso.
§ 2º O endosso posterior ao vencimento da letra tem o efeito de cessão civil.[1]
§ 3º É vedado o endosso parcial.

Art. 8º: 1. v. CC 286 a 298.

Capítulo III | DO ACEITE

Art. 9º A apresentação da letra ao aceite é facultativa, quando certa a data do vencimento. A letra a tempo certo de vista deve ser apresentada ao aceite do sacado, dentro do prazo nela marcado; na falta de designação, dentro de seis meses contados da data da emissão do título, sob pena de perder o portador o direito regressivo contra o sacador, endossadores e avalistas.
Parágrafo único. O aceite da letra, a tempo certo de vista, deve ser datado, presumindo-se, na falta de data, o mandato ao portador para inseri-la.

Art. 10. Sendo dois ou mais os sacados, o portador deve apresentar a letra ao primeiro nomeado; na falta ou recusa do aceite, ao segundo, se estiver domiciliado na mesma praça; assim sucessivamente, sem embargo da forma da indicação na letra dos nomes dos sacados.

Art. 11. Para a validade do aceite, é suficiente a simples assinatura do próprio punho do sacado ou do mandatário especial, no anverso da letra.
Vale, como aceite puro, a declaração que não traduzir inequivocamente a recusa, limitação ou modificação.

Parágrafo único. Para os efeitos cambiais, a limitação ou modificação do aceite equivale à recusa, ficando, porém, o aceitante cambialmente vinculado, nos termos da limitação ou modificação.

Art. 12. O aceite, uma vez firmado, não pode ser cancelado nem retirado.

Art. 13. A falta ou recusa do aceite prova-se pelo protesto.[1]

Art. 13: 1. v. arts. 28 a 33.

Capítulo IV | DO AVAL

Art. 14. O pagamento de uma letra de câmbio, independente do aceite e do endosso, pode ser garantido por aval. Para a validade do aval, é suficiente a assinatura do próprio punho do avalista ou do mandatário especial, no verso ou no anverso da letra.

Art. 15. O avalista é equiparado àquele cujo nome indicar; na falta de indicação, àquele abaixo de cuja assinatura lançar a sua; fora destes casos, ao aceitante, e, não estando aceita a letra, ao sacador.[1]

Art. 15: 1. Súmula 189 do STF (Aval em branco): "Avais em branco e superpostos consideram-se simultâneos e não sucessivos".

Capítulo V | DA MULTIPLICAÇÃO DA LETRA DE CÂMBIO

Art. 16. O sacador, sob pena de responder por perdas e interesses, é obrigado a dar, ao portador, as vias de letra que este reclamar antes do vencimento, diferenciadas, no contexto, por números de ordem ou pela ressalva das que se extraviarem. Na falta de diferenciação ou da ressalva, que torne inequívoca a unicidade da obrigação, cada exemplar valerá como letra distinta.

§ 1º O endossador e o avalista, sob pena de responderem por perdas e interesses, são obrigados a repetir, na duplicata, o endosso e o aval firmados no original.

§ 2º O sacado fica cambialmente obrigado por cada um dos exemplares em que firmar o seu aceite.

§ 3º O endossador de dois ou mais exemplares da mesma letra a pessoas diferentes, e os sucessivos endossadores e avalistas, ficam cambialmente obrigados.

§ 4º O detentor da letra expedida para o aceite é obrigado a entregá-la ao legítimo portador da duplicata, sob pena de responder por perdas e interesses.

Capítulo VI | DO VENCIMENTO

Art. 17. A letra à vista vence-se no ato da apresentação ao sacado. A letra, a dia certo, vence-se nesse dia. A letra, a dias de data ou de vista, vence-se no último dia do prazo; não se conta, para a primeira, o dia do saque, e, para a segunda, o dia do aceite.

A letra a semanas, meses ou anos da data ou da vista vence-se no dia da semana, mês ou ano do pagamento, correspondente ao dia do saque ou ao dia do aceite. Na falta do dia correspondente, vence-se no último dia do mês do pagamento.

Art. 18. Sacada a letra em país, onde vigorar outro calendário, sem a declaração do adotado, verifica-se o termo do vencimento contando-se do dia do calendário gregoriano, correspondente ao da emissão da letra pelo outro calendário.

Art. 19. A letra é considerada vencida, quando protestada:

I — pela falta ou recusa do aceite;

II — pela falência do aceitante.

O pagamento, nestes casos, continua diferido até ao dia do vencimento ordinário da letra, ocorrendo o aceite de outro sacado nomeado, ou, na falta, a aquiescência do portador, expressa no ato do protesto, ao aceite na letra, pelo interveniente voluntário.

Capítulo VII | DO PAGAMENTO

Art. 20. A letra deve ser apresentada ao sacado ou ao aceitante para o pagamento,[1] no lugar designado e no dia do vencimento, ou, sendo este dia feriado por lei, no primeiro dia útil imediato, sob pena de perder o portador o direito de regresso contra o sacador, endossadores e avalistas.

§ 1º Será pagável à vista a letra que não indicar a época do vencimento. Será pagável, no lugar mencionado ao pé do nome do sacado, a letra que não indicar o lugar do pagamento.

É facultada a indicação alternativa de lugares de pagamento, tendo o portador direito de opção. A letra pode ser sacada sobre uma pessoa, para ser paga no domicílio de outra, indicada pelo sacador ou pelo aceitante.

§ 2º No caso de recusa ou falta de pagamento pelo aceitante, sendo dois ou mais os sacados, o portador deve apresentar a letra ao primeiro nomeado, se estiver domiciliado na mesma praça; assim sucessivamente, sem embargo da forma da indicação na letra dos nomes dos sacados.

§ 3º Sobrevindo caso fortuito ou força maior, a apresentação deve ser feita, logo que cessar o impedimento.

Art. 20: 1. v. CC 304 a 359.

Art. 21. A letra à vista deve ser apresentada ao pagamento dentro do prazo nela marcado; na falta desta designação, dentro de doze meses, contados da data da emissão do título, sob pena de perder o portador o direito de regresso contra o sacador, endossadores e avalistas.

Art. 22. O portador não é obrigado a receber o pagamento antes do vencimento da letra. Aquele que paga uma letra, antes do respectivo vencimento, fica responsável pela validade desse pagamento.

§ 1º O portador é obrigado a receber o pagamento parcial, ao tempo do vencimento.

§ 2º O portador é obrigado a entregar a letra com a quitação àquele que efetua o pagamento; no caso de pagamento parcial, em que se não opera a tradição do título, além da quitação em separado, outra deve ser firmada na própria letra.

Art. 23. Presume-se validamente desonerado aquele que paga a letra no vencimento, sem oposição.

Parágrafo único. A oposição ao pagamento é somente admissível no caso de extravio da letra, de falência ou incapacidade do portador para recebê-lo.

Art. 24. O pagamento feito pelo aceitante ou pelos respectivos avalistas desonera da responsabilidade cambial todos os coobrigados.

O pagamento feito pelo sacador, pelos endossadores ou respectivos avalistas, desonera da responsabilidade cambial os coobrigados posteriores.[1]

Parágrafo único. O endossador ou o avalista, que paga ao endossatário ou ao avalista posterior, pode riscar o próprio endosso ou aval e os dos endossadores ou avalistas posteriores.

Art. 24: 1. v. Súmula 189 do STF, em nota 1 ao art. 15.

Art. 25. A letra de câmbio deve ser paga na moeda indicada. Designada moeda estrangeira, o pagamento, salvo determinação em contrário expressa na letra, deve ser efetuado em moeda nacional, ao câmbio à vista do dia do vencimento e do lugar do pagamento; não havendo no lugar curso de câmbio, pelo da praça mais próxima.

Art. 26. Se o pagamento de uma letra de câmbio não for exigido no vencimento, o aceitante pode, depois de expirado o prazo para o protesto por falta de pagamento, depositar o valor da mesma, por conta e risco do portador, independente de qualquer citação.

Art. 27. A falta ou recusa, total ou parcial, de pagamento, prova-se pelo protesto.

Capítulo VIII | DO PROTESTO[1]

CAP. VIII: 1. v., em PROTESTO DE TÍTULOS, Lei 9.492, de 10.9.97, art. 28.

Art. 28. A letra que houver de ser protestada por falta de aceite ou de pagamento, deve ser entregue ao oficial competente, no primeiro dia útil que se seguir ao da recusa do aceite ou ao do vencimento, e o respectivo protesto[1-2] tirado dentro de três dias úteis.

Parágrafo único. O protesto deve ser tirado no lugar indicado na letra para o aceite ou para o pagamento. Sacada ou aceita a letra para ser paga em outro domicílio que não o do sacado, naquele domicílio deve ser tirado o protesto.

Art. 28: 1. O protesto cambiário interrompe a prescrição (CC 202-III). Está **superada** a **Súmula 153 do STF**, no sentido de que "simples protesto cambiário não interrompe a prescrição".

Art. 28: 2. "Protesto de nota promissória prescrita. Irregularidade. Dívida que não é passível de cobrança nas vias ordinária e monitória. Abuso de direito. Abalo de crédito. Dano moral caracterizado. De acordo com o disposto no art. 1º da Lei 9.492/97 ('Lei do Protesto Notarial'), são habilitados ao protesto extrajudicial os títulos de crédito e 'outros documentos de dívida', entendidos estes como instrumentos que caracterizem prova escrita de obrigação pecuniária líquida, certa e exigível, ou seja, documentos que propiciem o manejo da ação de execução. Especificamente quanto à nota promissória, o apontamento a protesto por falta de pagamento mostra-se viável dentro do prazo da execução cambial — que é de 3 anos a contar do vencimento —, desde que indicados os devedores principais (subscritor e seus avalistas). Na hipótese dos autos, o protesto da nota promissória revela-se irregular, pois efetivado quase 9 anos após a data de vencimento do título" (STJ-3ª T., REsp 1.639.470, Min. Nancy Andrighi, j. 14.11.17, DJ 20.11.17).

V. tb. LCh 48, nota 2, e Lei 9.492/97, art. 9º (no tít. PROTESTO DE TÍTULOS). S/ dano moral, v. CC 186, nota 3b.

Art. 29. O instrumento de protesto deve conter:

I — a data;

II — a transcrição literal da letra e das declarações nela inseridas pela ordem respectiva;

III — a certidão da intimação ao sacado ou ao aceitante, ou aos outros sacados, nomeados na letra para aceitar ou pagar, a resposta dada ou a declaração da falta de resposta.

A intimação é dispensada no caso do sacado ou aceitante firmar na letra a declaração da recusa do aceite ou do pagamento, e na hipótese de protesto por causa de falência do aceitante;

IV — a certidão de não haver sido encontrada ou de ser desconhecida a pessoa indicada para aceitar ou para pagar. Nesta hipótese, o oficial afixará a intimação nos lugares de estilo e, se possível, a publicará pela imprensa;

V — a indicação dos intervenientes voluntários e das firmas por eles honradas;

VI — a aquiescência do portador ao aceite por honra;

VII — a assinatura, com o sinal público, do oficial do protesto.

Parágrafo único. Este instrumento, depois de registrado no livro de protestos, deverá ser entregue ao detentor ou portador da letra ou àquele que houver efetuado o pagamento.

Art. 30. O portador é obrigado a dar aviso do protesto ao último endossador, dentro de dois dias, contados da data do instrumento do protesto, e cada endossatário, dentro de dois dias, contados do recebimento do aviso, deve transmiti-lo ao seu endossador, sob pena de responder por perdas e interesses.

Não constando do endosso o domicílio ou a residência do endossador, o aviso deve ser transmitido ao endossador anterior, que houver satisfeito aquela formalidade.

Parágrafo único. O aviso pode ser dado em carta registrada. Para esse fim, a carta será levada aberta ao correio, onde, verificada a existência do aviso, se declarará o conteúdo da carta registrada no conhecimento e talão respectivo.

Art. 31. Recusada a entrega da letra por aquele que a recebeu para firmar o aceite ou para efetuar o pagamento, o protesto pode ser tirado por outro exemplar, ou, na falta, pelas indicações do protestante.

Parágrafo único. Pela prova do fato pode ser decretada a prisão do detentor da letra, salvo depositando este a soma cambial e a importância das despesas feitas.

Art. 32. O portador, que não tira, em tempo útil e forma regular, o instrumento do protesto da letra, perde o direito de regresso contra o sacador, endossadores e avalistas.[1]

Art. 32: 1. "Não é necessário o protesto para se promover a execução contra o aceitante da letra de câmbio ou contra o emitente da nota promissória, bem como contra seus respectivos avalistas. Isso porque, nesses casos, tem-se uma ação direta, e não de regresso" (STJ-3ª T., REsp 740.356, Min. Sidnei Beneti, j. 4.8.09, DJ 18.8.09).

Art. 33. O oficial que não lavrar, em tempo útil e forma regular, o instrumento do protesto, além da pena em que incorrer, segundo o Código Penal, responde por perdas e interesses.

Capítulo IX | DA INTERVENÇÃO

Art. 34. No ato do protesto pela falta ou recusa do aceite, a letra pode ser aceita por terceiro, mediante aquiescência do detentor ou portador.

A responsabilidade cambial deste interveniente é equiparada à do sacado que aceita.

Art. 35. No ato do protesto, excetuada apenas a hipótese do artigo anterior, qualquer pessoa tem o direito de intervir para efetuar o pagamento da letra, por honra de qualquer das firmas.

§ 1º O pagamento, por honra da firma do aceitante ou dos respectivos avalistas, desonera da responsabilidade cambial todos os coobrigados.

O pagamento, por honra da firma do sacador, do endossador ou dos respectivos avalistas, desonera da responsabilidade cambial todos os coobrigados posteriores.

§ 2º Não indicada a firma, entende-se ter sido honrada a do sacador; quando aceita a letra, a do aceitante.

§ 3º Sendo múltiplas as intervenções, concorram ou não coobrigados, deve ser preferido o interveniente que desonera maior número de firmas.

Múltiplas as intervenções pela mesma firma, deve ser preferido o interveniente coobrigado; na falta deste, o sacado; na falta de ambos, o detentor ou portador tem a opção. É vedada a intervenção ao aceitante ou ao respectivo avalista.

Capítulo X | DA ANULAÇÃO DA LETRA

Art. 36. Justificando a propriedade e o extravio ou a destruição total ou parcial da letra, descrita com clareza e precisão, o proprietário pode requerer ao juiz competente do lugar do pagamento, na hipótese de extravio, a intimação do sacado ou do aceitante e dos coobrigados, para não pagarem a aludida letra, e a citação do detentor para apresentá-la em juízo, dentro do prazo de três meses, e, nos casos de extravio e de destruição, a citação dos coobrigados para, dentro do referido prazo, oporem contestação, firmada em defeito de forma do título, ou na falta de requisito essencial ao exercício da ação cambial.

Estas citações e intimações devem ser feitas pela imprensa, publicadas no jornal oficial do Estado e no "Diário Oficial" para o Distrito Federal, e nos periódicos indicados pelo juiz, além de afixados[1] nos lugares de estilo, e na bolsa da praça do pagamento.

§ 1º O prazo de três meses corre da data do vencimento; estando vencida a letra, da data da publicação no jornal oficial.

§ 2º Durante o curso desse prazo, munido da certidão do requerimento e do despacho favorável do juiz, fica o proprietário autorizado a praticar todos os atos necessários à garantia do direito creditório, podendo, vencida a letra, reclamar do aceitante o depósito judicial da soma devida.

§ 3º Decorrido o prazo, sem se apresentar o portador legitimado (art. 39) da letra, ou sem a contestação do coobrigado (art. 36), o juiz decretará a nulidade do título extraviado ou destruído e ordenará, em benefício do proprietário, o levantamento do depósito da soma, caso tenha sido feito.

§ 4º Por esta sentença fica o proprietário habilitado para o exercício da ação executiva contra o aceitante e os outros coobrigados.

§ 5º Apresentada a letra pelo portador legitimado (art. 39) ou oferecida a contestação (art. 36) pelo coobrigado, o juiz julgará prejudicado o pedido de anulação da letra, deixando salvo à parte o recurso aos meios ordinários.

§ 6º Da sentença proferida no processo cabe o recurso de agravo com efeito suspensivo.²

§ 7º Este processo não impede o recurso à duplicata, e nem, para os efeitos da responsabilidade civil do coobrigado, dispensa o aviso imediato do extravio, por cartas registradas, endereçadas ao sacado, ao aceitante e aos outros coobrigados, pela forma indicada no parágrafo único do art. 30.

Art. 36: 1. *sic*; deve ser "afixadas".
Art. 36: 2. Cabe apelação (CPC 1.009).

Capítulo XI | DO RESSAQUE

Art. 37. O portador da letra protestada pode haver o embolso da soma devida, pelo ressaque de nova letra de câmbio, à vista, sobre qualquer dos obrigados.
O ressacado, que paga, pode, por seu turno, ressacar sobre qualquer dos coobrigados a ele anteriores.

Parágrafo único. O ressaque deve ser acompanhado da letra protestada, do instrumento do protesto e da conta de retorno.

Art. 38. A conta de retorno deve indicar:

I — a soma cambial e a dos juros legais, desde o dia do vencimento;

II — a soma das despesas legais: protesto, comissão, porte de cartas, selos, e os juros legais, desde o dia em que foram feitas;

III — o nome do ressacado;

IV — o preço do câmbio, certificado por corretor, ou, na falta, por dois comerciantes.

§ 1º O recâmbio é regulado pelo curso do câmbio da praça do pagamento, sobre a praça do domicílio ou da residência do ressacado; o recâmbio, devido ao endossador ou ao avalista que ressaca, é regulado pelo curso do câmbio da praça do ressaque, sobre a praça da residência ou do domicílio do ressacado.
Não havendo curso de câmbio na praça do ressaque, o recâmbio é regulado pelo curso do câmbio da praça mais próxima.

§ 2º É facultado o cúmulo dos recâmbios, nos sucessivos ressaques.

Capítulo XII | DOS DIREITOS E DAS OBRIGAÇÕES CAMBIAIS

Seção I | DOS DIREITOS

Art. 39. O possuidor é considerado legítimo proprietário da letra ao portador e da letra endossada em branco.
O último endossatário é considerado legítimo proprietário da letra endossada em preto, se o primeiro endosso estiver assinado pelo tomador e cada um dos

outros pelo endossatário do endosso imediatamente anterior.

Seguindo-se ao endosso em branco outro endosso, presume-se haver o endossador deste adquirido por aquele a propriedade da letra.

§ 1º No caso de pluralidade de tomadores ou de endossatários, conjuntos ou disjuntos, o tomador ou o endossatário possuidor da letra é considerado, para os efeitos cambiais, o credor único da obrigação.

§ 2º O possuidor, legitimado de acordo com este artigo, somente no caso de má-fé na aquisição, pode ser obrigado a abrir mão da letra de câmbio.

Art. 40. Quem paga não está obrigado a verificar a autenticidade dos endossos.

Parágrafo único. O interveniente voluntário que paga fica sub-rogado em todos os direitos daquele cuja firma foi por ele honrada.

Art. 41. O detentor, embora sem título algum, está autorizado a praticar as diligências necessárias à garantia do crédito, a reclamar o aceite, a tirar os protestos, a exigir, ao tempo do vencimento, o depósito da soma cambial.

Seção II | DAS OBRIGAÇÕES

Art. 42. Pode obrigar-se, por letra de câmbio, quem tem a capacidade civil ou comercial.

Parágrafo único. Tendo a capacidade pela lei brasileira, o estrangeiro fica obrigado pela declaração, que firmar, sem embargo da sua incapacidade, pela lei do Estado a que pertencer.

Art. 43. As obrigações cambiais são autônomas e independentes umas das outras. O signatário da declaração cambial fica, por ela, vinculado e solidariamente responsável pelo aceite e pelo pagamento da letra, sem embargo da falsidade, da falsificação ou da nulidade de qualquer outra assinatura.

Art. 44. Para os efeitos cambiais, são consideradas não escritas:

I — a cláusula de juros;[1]

II — a cláusula proibitiva do endosso ou do protesto, a excludente da responsabilidade pelas despesas e qualquer outra dispensando a observância dos termos ou das formalidades prescritas por esta lei;

III — a cláusula proibitiva da apresentação da letra ao aceite do sacado;

IV — a cláusula excludente ou restritiva da responsabilidade e qualquer outra beneficiando o devedor ou o credor, além dos limites fixados por esta lei.

§ 1º Para os efeitos cambiais, o endosso ou aval cancelado é considerado não escrito.

§ 2º Não é letra de câmbio o título em que o emitente exclui ou restringe a sua responsabilidade cambial.

Art. 44: 1. A Lei da Usura (Dec. 22.626, de 7.4.33, no tít. MÚTUO), em seu art. 16, declarou expressamente que o inciso I acima continuava em vigor.

Art. 45. Pelo aceite, o sacado fica cambialmente obrigado para com o sacador e respectivos avalistas.

§ 1º A letra endossada ao aceitante pode ser por este reendossada, antes do vencimento.

§ 2º Pelo reendosso da letra, endossada ao sacador, ao endossado[1] ou ao avalista, continuam cambialmente obrigados os codevedores intermédios.

Art. 45: 1. Conforme publicação oficial. Todos os textos consultados consignam, porém, "ao endossador".

Art. 46. Aquele que assina a declaração cambial, como mandatário ou representante legal de outrem, sem estar devidamente autorizado, fica, por ela, pessoalmente obrigado.

Art. 47. A substância, os efeitos, a forma extrínseca e os meios de prova da obrigação cambial são regulados pela lei do lugar onde a obrigação foi firmada.

Art. 48. Sem embargo da desoneração da responsabilidade cambial, o sacador ou o aceitante fica obrigado a restituir ao portador, com os juros legais, a soma com a qual se locupletou à custa deste.
A ação do portador para este fim é a ordinária.[1-2]

Art. 48: 1. "Ação de locupletamento. O trânsito em julgado de acórdão que desconstituiu título executivo cambial, por defeito formal, não tira ao portador a ação a que se refere o art. 48 da Lei Cambial, para a cobrança do débito" (RSTJ 54/345).

Art. 48: 2. "A ação de locupletamento prevista no art. 48 do Decreto n. 2.044/1908 não exclui a possibilidade de ajuizamento de ação de cobrança, ficando ao alvedrio do credor a opção por aquela que melhor lhe aprouver, sendo certo, apenas, que deverá observar a *causa petendi*, o ônus probatório e o prazo prescricional próprio de uma ou outra" (STJ-3ª T., REsp 1.189.028, Min. João Otávio, j. 20.2.14, DJ 7.3.14).

"Na ação de locupletamento prevista na legislação de regência dos títulos de crédito, a só apresentação da cártula prescrita já é suficiente para embasar a ação, visto que a posse do título não pago pelo portador gera a presunção *juris tantum* de locupletamento do emitente, nada obstante assegurada a amplitude de defesa ao réu" (STJ-3ª T., REsp 1.323.468, Min. João Otávio, j. 17.3.16, DJ 28.3.16).

Capítulo XIII | DA AÇÃO CAMBIAL

Art. 49. A ação cambial é a executiva.[1] Por ela, tem também o credor o direito de reclamar a importância que receberia pelo ressaque (art. 38).

Art. 49: 1. substituída, no CPC atual, pela execução por quantia certa (art. 824 e segs.).

Art. 50. A ação cambial pode ser proposta contra um, alguns ou todos os coobrigados, sem estar o credor adstrito à observância da ordem dos endossos.

Art. 51. Na ação cambial, somente é admissível defesa fundada no direito pessoal do réu contra o autor, em defeito de forma do título e na falta de requisito necessário ao exercício da ação.

Capítulo XIV | DA PRESCRIÇÃO DA AÇÃO CAMBIAL

Art. 52. A ação cambial contra o sacador, aceitante e respectivos avalistas, prescreve[1] em cinco anos.
A ação cambial, contra o endossador e respectivo avalista, prescreve em doze meses.

Art. 52: 1. O protesto cambiário interrompe a prescrição (CC 202-III). Está **superada** a **Súmula 153 do STF**, no sentido de que "simples protesto cambiário não interrompe a prescrição".

Art. 53. O prazo da prescrição é contado do dia em que a ação pode ser proposta; para o endossador ou respectivo avalista, que paga, do dia desse pagamento.

Título II | DA NOTA PROMISSÓRIA

Capítulo I | DA EMISSÃO

Art. 54. A nota promissória[1 a 1d] é uma promessa de pagamento e deve conter estes requisitos essenciais, lançados por extenso, no contexto:

I — a denominação de "nota promissória" ou termo correspondente, na língua em que for emitida;

II — a soma de dinheiro a pagar;[1e-1f]

III — o nome da pessoa a quem deve ser paga;[2]

IV — a assinatura[2a] do próprio punho do emitente, ou do mandatário especial.[2b]

§ 1º Presume-se ter o portador o mandato para inserir a data e lugar de emissão[2c] da nota promissória, que não contiver estes requisitos.

§ 2º Será pagável à vista a nota promissória que não indicar a época do vencimento.[2d] Será pagável no domicílio do emitente, a nota promissória que não indicar o lugar do pagamento.[3]

É facultada a indicação alternativa de lugar de pagamento, tendo o portador direito de opção.

§ 3º Diversificando as indicações da soma de dinheiro, será considerada verdadeira a que se achar lançada por extenso no contexto.

Diversificando no contexto as indicações da soma de dinheiro, o título não será nota promissória.

§ 4º Não será nota promissória o escrito ao qual faltar qualquer dos requisitos acima enumerados. Os requisitos essenciais são considerados lançados ao tempo da emissão da nota promissória. No caso de má-fé do portador, será admitida prova em contrário.

Art. 54: 1. v. tb. art. 56.

Art. 54: 1a. Súmula 387 do STF: "A **cambial** emitida ou aceita com omissões, ou em branco, **pode ser completada pelo credor** de boa-fé antes da cobrança ou do protesto".

Art. 54: 1b. Súmula 258 do STJ: "A nota promissória vinculada a **contrato de abertura de crédito** não goza de autonomia em razão da iliquidez do título que a originou".

"A instituição financeira não pode exigir do correntista a emissão de nota promissória em branco para garantia de contrato de abertura de crédito" (STJ-3ª T., REsp 511.450, Min. Ari Pargendler, j. 15.5.03, DJU 29.3.04).

Todavia, é título executivo a nota promissória vinculada a **contrato de mútuo com valor certo** (STJ-3ª T., REsp 439.845, Min. Menezes Direito, j. 22.5.03, DJU 4.8.03). "A nota promissória, ainda que vinculada a contrato de mútuo bancário, não perde a sua executoriedade. Situação diversa em relação à nota promissória ligada a contrato de abertura de crédito. Súmula n. 258-STJ inaplicável à espécie" (STJ-4ª T., REsp 536.776-EDcl, Min. Barros Monteiro, j. 1.6.04, DJU 13.9.04).

"A nota promissória é título executivo extrajudicial, mesmo que vinculada a **renegociação de dívida** oriunda de contrato de abertura de crédito em conta corrente" (STJ-4ª T., REsp 786.523-AgRg, Min. Isabel Gallotti, j. 2.12.10, DJ 1.2.11).

Art. 54: 1c. "A relação jurídica existente entre o devedor de nota promissória e seu credor contratual direto é regida pelo direito comum, não se lhes aplicando os princípios cambiários que impedem a oposição de **exceções pessoais,** mostrando-se, por isso mesmo, cabível a alegação de pagamento extracartular" (STJ-4ª T., REsp 1.078.399, Min. Luis Felipe, j. 2.4.13, DJ 9.4.13).

"A **autonomia e abstração** dos títulos de crédito manifestam-se nas relações cambiais com terceiros de boa-fé, portadores dos títulos. Perante o credor originário da nota promissória, o devedor se obriga por meio de uma relação estritamente contratual, a qual se aplica à integralidade o Código Civil" (STJ-3ª T., REsp 1.361.937, Min. Nancy Andrighi, j. 15.10.13, DJ 18.10.13).

"O reconhecimento da nulidade do contrato original torna inexigíveis as notas promissórias *pro solvendo* emitidas em garantia do negócio ali avançado, especialmente quando, por não terem circulado, apresentam-se desprovidas da abstração" (STJ-3ª T., REsp 1.608.424, Min. Ricardo Cueva, j. 28.3.17, DJ 4.4.17).

Art. 54: 1d. "Não perde a liquidez a nota promissória executada pelo valor inferior, correspondente ao efetivo saldo devedor apurado na conta de financiamento para capital de giro, em razão do qual foi o título emitido" (STJ-4ª T., REsp 32.176-5, Min. Ruy Rosado, j. 27.6.94, DJU 15.8.94).

Art. 54: 1e. "É lícito emitir nota promissória em branco, para que o valor seja posteriormente preenchido pelo credor. O preenchimento, entretanto, pode acarretar a nulidade do título se o credor agir de má-fé, impondo ao devedor obrigação cambial sabidamente superior à prometida" (STJ-3ª T., REsp 598.891, Min. Gomes de Barros, j. 18.4.06, maioria, DJU 12.6.06). No mesmo sentido: RIDCPC 60/176 (TRF 4ª Reg., AP 2003.71.07.011067-5).

Art. 54: 1f. "A ausência de pactuação, em nota promissória, do índice de correção monetária atrai o INPC" (STJ-4ª T., REsp 1.003.371, Min. Aldir Passarinho Jr., j. 19.8.10, DJ 10.9.10).

Art. 54: 2. Falta do nome do beneficiário no título. Não é título executivo a nota promissória sem designação da pessoa a quem deve ser paga (RSTJ 155/163, RT 782/383). Todavia, nessa hipótese, presume-se a concessão de poderes pelo emitente ao portador para apor o nome do beneficiário do título (RT 815/262). "Declarada a falta de requisito do título de crédito com a ausência do nome do beneficiário, não ofende a coisa julgada a nova execução do título, suprida a omissão" (RSTJ 79/188).

Art. 54: 2a. "É nota promissória a declaração que contém todos os requisitos da lei, embora a assinatura do emitente tenha sido lançada no **verso do documento,** desde que disso não surja dúvida alguma sobre a natureza da obrigação assumida pelo subscritor" (STJ-4ª T., REsp 474.304, Min. Ruy Rosado, j. 26.5.03, DJU 4.8.03).

"O art. 54, IV, do Decreto 2.044/1908 não impõe que a assinatura do emitente seja lançada no fim da nota promissória. A circunstância de a firma do emitente ser lançada na **lateral da cártula** não desnatura a nota promissória, nem lhe retira a força de título executivo" (STJ-3ª T., REsp 250.544, Min. Gomes de Barros, j. 15.2.05, DJU 14.3.05).

Afirmando a validade da nota promissória em caso de **assinatura escaneada:** "A assinatura irregular escaneada foi aposta pelo próprio emitente. Vício que não pode ser invocado por quem lhe deu causa. Aplicação da 'teoria dos atos próprios', como concreção do princípio da boa-fé objetiva, sintetizada nos brocardos latinos *tu quoque* e *venire contra factum proprium*, segundo a qual a ninguém é lícito fazer valer um direito em contradição com a sua conduta anterior ou posterior interpretada objetivamente, segundo a lei, os bons costumes e a boa-fé" (STJ-3ª T., REsp 1.192.678, Min. Paulo Sanseverino, j. 13.11.12, um voto vencido, DJ 26.11.12).

Art. 54: 2b. Súmula 60 do STJ: "É nula a obrigação cambial assumida por procurador do mutuário vinculado ao mutuante, no exclusivo interesse deste" (v. jurisprudência s/ esta Súmula em RSTJ 44/17 a 79). No mesmo sentido: RSTJ 97/299. "Carece de validade a nota promissória emitida mediante procuração outorgada pelo devedor, ao contrair o empréstimo, a integrante do mesmo grupo econômico a que pertence o credor" (STJ-RT 693/260, maioria).

✎ "A cláusula mandato, o ato cooperativo e a Súmula 60 do STJ", por Helder Martinez Dal Col (RT 761/135).

Art. 54: 2c. "Nota promissória. Execução. **Falta da data e do lugar da emissão.** Perda da eficácia executiva" (RSTJ 170/416: 4ª T., REsp 448.568). No mesmo sentido: RT 830/253. Também, no que diz respeito à data: STJ-4ª T., AI 647.992-AgRg, Min. Isabel Gallotti, j. 7.8.12, DJ 21.8.12; RT 711/183. Ainda: "A ausência da indicação da data de emissão da nota promissória torna-a inexigível como título executivo extrajudicial por se tratar de requisito formal essencial. A circunstância de ser incontroversa a data de emissão pelas partes não supre a exigência legal do seu preenchimento para viabilidade da ação de execução, mantendo-se abertas as vias ordinárias" (STJ-3ª T., REsp 1.229.253-AgRg, Min. Paulo Sanseverino, j. 21.2.13, DJ 26.2.13). **Todavia:** "Descabe extinguir execução pelo só fato de inexistir data de emissão da nota promissória, quando possível tal aferição no contrato a ela vinculado" (STJ-4ª T., REsp 968.320, Min. Luis Felipe, j. 19.8.10, DJ 3.9.10). **Contra:** "A ausência do local da emissão da nota promissória não constitui requisito essencial do título, considerando-se o lugar do pagamento ou do domicílio do emitente" (STJ-3ª T., AI 1.286.221-AgRg, Min. Massami Uyeda, j. 23.11.10, DJ 7.12.10; a citação é do voto do relator). Em sentido semelhante: STJ-4ª T., REsp 1.352.704, Min. Luis Felipe, j. 11.2.14, DJ 19.2.14. "Nota promissória. Ausência de data de emissão. Interpretação da legislação. Boa-fé comprovada. Possibilidade de preenchimento superveniente. Lacuna que não prejudica a exigibilidade do crédito" (RT 916/900: TJSP, AP 0025859-46.2009.8.26.0602, maioria).

"A decretação de nulidade do processo executivo, por faltar ao título cambial a data de emissão, não obsta ao ajuizamento de nova execução após o preenchimento da cártula, não restando caracterizada a revogação do mandato a que se refere o art. 54, § 1º, do Dec. 2.044/1908" (RJTAMG 51/145, maioria). **Todavia:** "Se o Tribunal, mediante decisão com trânsito em julgado, extinguiu a execução por defeito formal na nota promissória, ressalvando a via ordinária, deve esta ser trilhada sem que se admita o suprimento daquele defeito para fins de ajuizamento de outra execução" (STJ-RSDCPC 36/82: 3ª T., REsp 573.650, dois votos vencidos). "A execução anteriormente proposta com base em promissória contendo omissões nos campos relativos à data da emissão, nome da emitente e do beneficiário, além da cidade onde foi sacada, foi extinta por desistência. Descabe agora ao credor, após o preenchimento dos claros, ajuizar novo processo executório, remanescendo-lhe apenas a via ordinária" (STJ-4ª T., REsp 870.704, Min. Luis Felipe, j. 14.6.11, DJ 1.8.11).

V. tb. art. 55, nota 1.

Art. 54: 2d. v. art. 55, inclusive nota 1.

Art. 54: 3. "A falta de indicação expressa do local para o pagamento da nota promissória pode ser suprida pelo lugar de emissão do título ou do domicílio do emitente. Constitui-se, portanto, em um requisito incidental da cambial" (STJ-RSDCPC 29/92 e RSTJ 198/325: 3ª T., REsp 596.077).

"O art. 76 da LUG ressalva que permanece tendo o efeito de nota promissória a cártula em que não se indiquem a época de pagamento, lugar de pagamento e onde foi emitida, obtendo-se neste mesmo dispositivo as soluções a serem conferidas a cada uma dessas hipóteses, não havendo, pois, falar em perda da eficácia executiva do título" (STJ-4ª T., REsp 1.352.704, Min. Luis Felipe, j. 11.2.14, DJ 19.2.14).

Art. 55. A nota promissória pode ser passada:

I — à vista;

II — a dia certo;

III — a tempo certo de data.

Parágrafo único. A época do pagamento deve ser precisa e única para toda a soma devida.[1]

Art. 55: 1. "Existindo dispositivo legal que prevê expressamente a nulidade da nota promissória que apresenta divergência de data de vencimento, incabível torna-se a aplicação da analogia para suprir lacuna que não existe. Aplicação do art. 55 § ún. da Lei 2.044/1908" (STJ-4ª T., REsp 751.878, Min. Aldir Passarinho Jr., j. 20.4.10, DJ 17.5.10).

Todavia: "Se, entre duas datas de vencimento, uma coincide com a data de emissão do título — não existindo, assim, como se entrever, nessa hipótese, uma operação de crédito —, deve prevalecer a data mais posterior, ainda que eventualmente expressa numericamente, já que, por ser futura, admite ser presumida como a efetiva manifestação de vontade do emitente. Na hipótese concreta, as notas promissórias contêm duas datas de vencimento igualmente expressas por extenso quanto ao mês ('fevereiro' e 'julho'), sendo a primeira delas coincidente com a data de emissão da cártula, aposta numericamente (05.02.08). Não havendo como se considerar essas datas como vencimentos sucessivos, as notas promissórias são eficazes. Por envolver operação de crédito, deve-se presumir que a efetiva vontade do emitente das notas era a de que o vencimento se desse após a emissão, prevalecendo, assim, a segunda e mais futura data de vencimento" (STJ-3ª T., REsp 1.730.682, Min. Nancy Andrighi, j. 5.5.20, DJ 11.5.20).

V. tb. art. 54, nota 2c.

Capítulo II | DISPOSIÇÕES GERAIS

Art. 56. São aplicáveis à nota promissória, com as modificações necessárias, todos os dispositivos do Título I desta lei,[1] exceto os que se referem ao aceite e às duplicatas.

Para o efeito da aplicação de tais dispositivos, o emitente da nota promissória é equiparado ao aceitante da letra de câmbio.

Art. 56: 1. v. arts. 1 a 53.

Art. 57. Ficam revogados todos os artigos do Título XVI do Código Comercial e mais disposições em contrário.

Rio de Janeiro, 31 de dezembro de 1908, 20º da República — AFFONSO AUGUSTO MOREIRA PENNA — **David Campista.**

Decreto n. 57.663, de 24 de janeiro de 1966[1]

Promulga as Convenções para adoção de uma lei uniforme em matéria de letras de câmbio e notas promissórias.

DEC. 57.663: 1. v. anotações s/ o Dec. 57.663 e s/ o Dec. leg. 54, de 8.9.64, no ementário.

O Presidente da República,

Havendo o Governo brasileiro, por nota da Legação em Berna, datada de 26 de agosto de 1942, ao Secretário-Geral da Liga das Nações, aderido às seguintes Convenções assinadas em Genebra, a 7 de junho de 1930:

1ª) Convenção para adoção de uma lei uniforme sobre letras de câmbio e notas promissórias, anexos e protocolo, com reservas aos arts. 2 — 3 — 5 — 6 — 7 — 9 — 10 — 13 — 15 — 16 — 17 — 19 e 20 do Anexo II;

2ª) Convenção destinada a regular conflitos de leis em matéria de letras de câmbio e notas promissórias, com Protocolo;

3ª) Convenção relativa ao imposto de selo em matéria de letras de câmbio e de notas promissórias, com Protocolo;

Havendo as referidas Convenções entrado em vigor para o Brasil noventa dias após a data do registro pela Secretaria-Geral da Liga das Nações, isto é, a 26 de novembro de 1942;

E havendo o Congresso Nacional aprovado pelo Decreto Legislativo n. 54, de 1964, as referidas Convenções:

Decreta que as mesmas, apensas por cópia ao presente decreto, sejam executadas e cumpridas tão inteiramente como nelas se contém, observadas as reservas feitas à Convenção relativa à lei uniforme sobre letras de câmbio e notas promissórias.

Brasília, 24 de janeiro de 1966; 145º da Independência e 78º da República. — H. CASTELLO BRANCO — **Juracy Magalhães.**

Convenção para a Adoção de uma Lei Uniforme
sobre Letras de Câmbio e Notas Promissórias

O Presidente do Reich Alemão; o Presidente Federal da República Austríaca; Sua Majestade o Rei dos Belgas; o Presidente da República dos Estados Unidos do Brasil; o Presidente da República da Colômbia; Sua Majestade o Rei da Dinamarca; o Presidente da República da Polônia pela Cidade Livre de Dantzig; o Presidente da República do Equador; Sua Majestade o Rei de Espanha; o Presidente da República da Finlândia; o Presidente da República Francesa; o Presidente da República Helênica; Sua Alteza Sereníssima o Regente do Reino da Hungria; Sua Majestade o Rei da Itália; Sua Majestade o

Letra de Câmbio – Decreto n. 57.663, de 24.1.66 (LCU) (Convenção)

Imperador do Japão; Sua Alteza Real a Grã-Duquesa do Luxemburgo; Sua Majestade o Rei da Noruega; Sua Majestade a Rainha da Holanda; o Presidente da República da Polônia; o Presidente da República Portuguesa; Sua Majestade o Rei da Suécia; o Conselho Federal Suíço; o Presidente da República da Tchecoslováquia; o Presidente da República da Turquia; Sua Majestade o Rei da Iugoslávia:

Desejando evitar as dificuldades originadas pela diversidade de legislação nos vários países em que as letras circulam e aumentar assim a segurança e rapidez das relações do comércio internacional;

Designaram como seus Plenipotenciários:

o Presidente do Reich Alemão: o Sr. Leo Quassowski, Conselheiro Ministerial no Ministério da Justiça do Reich, o Dr. Erich Albrecht, Conselheiro de Legação no Ministério dos Negócios Estrangeiros do Reich, e o Dr. Fritz Ullmann, Juiz no Tribunal de Berlim; o Presidente Federal da República da Áustria: o Dr. Guido Strobele, Conselheiro Ministerial no Ministério Federal da Justiça; Sua Majestade o Rei dos Belgas: o Visconde Poullet, Ministro de Estado, Membro da Câmara dos Representantes, e o Sr. J. de La Vallée-Poussin, Secretário-Geral do Ministério das Ciências e das Artes; o Presidente da República dos Estados Unidos do Brasil: o Sr. Deoclécio de Campos, Adido Comercial em Roma, antigo Professor na Faculdade de Direito do Pará; o Presidente da República da Colômbia: o Sr. A. José Restrepo, Enviado Extraordinário e Ministro Plenipotenciário, Delegado Permanente junto da Sociedade das Nações; Sua Majestade o Rei da Dinamarca: o Sr. Axel Helper, Conselheiro Ministerial no Ministério do Comércio e da Indústria, e o Sr. Valdemar Eigtved, Diretor da "Privatbanken", em Copenhague; o Presidente da República da Polônia pela Cidade Livre de Dantzig: o Sr. Józef Sulkowski, Professor da Universidade de Poznan, Membro da Comissão de Codificação da Polônia; o Presidente da República do Equador: o Dr. Alejandro Gastelú, Vice-Cônsul em Genebra; Sua Majestade o Rei da Espanha: o Dr. Juan Gómez Montejo, Chefe de Seção do Corpo de Juristas do Ministério da Justiça; o Presidente da República da Finlândia: o Sr. Filip Grönvall, Conselheiro de Estado, Membro do Supremo Tribunal Administrativo de Helsinki; o Presidente da República Francesa: o Sr. L. J. Percerou, Professor da Faculdade de Direito de Paris; o Presidente da República Helênica: o Sr. R. Raphaël, Delegado Permanente junto da Sociedade das Nações, Encarregado de Negócios em Berna; Sua Alteza Sereníssima o Regente do Reino da Hungria: o Sr. Zoltán Baranyai, Encarregado de Negócios A. I. da Delegação Húngara junto da Sociedade das Nações; Sua Majestade o Rei da Itália: o Sr. Amedeo Giannini, Conselheiro de Estado, Ministro Plenipotenciário; Sua Majestade o Imperador do Japão: o Sr. Morie Ohno, Enviado Extraordinário e Ministro Plenipotenciário junto do Presidente Federal da República da Áustria, e o Sr. Tetsukichi Shimada, Juiz do Supremo Tribunal de Tóquio; Sua Alteza Real a Grã-Duquesa do Luxemburgo: o Sr. Ch. G. Vermaire, Cônsul em Genebra; Sua Majestade o Rei da Noruega: o Sr. C. Stub Holmboe, Advogado; Sua Majestade a Rainha da Holanda: o Dr. W. L. P. A. Molengraaff, Professor emérito da Universidade de Utrecht; o Presidente da República do Peru: o Sr. José Maria Barreto, Chefe do Bureau Permanente do Peru junto da Sociedade das Nações; o Presidente da República da Polônia: o Sr. Józef Sulkowski, Professor da Universidade de Poznan, Membro da Comissão de Codificação da Polônia; o Presidente da República Portuguesa: o Dr. José Caeiro da Mata, Reitor da Universidade de Lisboa, Professor da Faculdade de Direito, Diretor do Banco de Portugal; Sua Majestade o Rei da Suécia: o Barão E. Marks von

Wurtemberg, Presidente do Tribunal da Relação de Estocolmo, antigo Ministro dos Negócios Estrangeiros, o Sr. Birger Ekeberg, Presidente da Comissão de Legislação Civil, antigo Ministro da Justiça, antigo membro do Supremo Tribunal; o Conselho Federal Suíço: o Dr. Max Vischer, advogado e notário, primeiro Secretário da Associação Suíça dos Banqueiros; o Presidente da República Tchecoslovaca: o Dr. Karel Hermann-Otavsky, Professor da Universidade de Praga, Presidente da Comissão de Codificação do Direito Comercial no Ministério da Justiça; o Presidente da República Turca: Mehmed Munir Bey, Enviado Extraordinário e Ministro Plenipotenciário junto do Conselho Federal Suíço; Sua Majestade o Rei da Iugoslávia: o Sr. Ilia Choumenkovitch, Delegado Permanente junto da Sociedade das Nações, Enviado Extraordinário e Ministro Plenipotenciário junto do Conselho Federal Suíço; os quais, depois de terem apresentado os seus plenos poderes, achados em boa e devida forma, acordaram nas disposições seguintes:

Art. 1º As Altas Partes Contratantes obrigam-se a adotar nos territórios respectivos, quer num dos textos originais, quer nas suas línguas nacionais, a lei uniforme que constitui o Anexo I da presente Convenção.

Esta obrigação poderá ficar subordinada a certas reservas que deverão eventualmente ser formuladas por cada uma das Altas Partes Contratantes no momento da sua ratificação ou adesão. Estas reservas deverão ser escolhidas entre as mencionadas no Anexo II da presente Convenção.

Todavia, as reservas a que se referem os artigos 8º, 12 e 18 do citado Anexo II poderão ser feitas posteriormente à ratificação ou adesão, desde que sejam notificadas ao Secretário-Geral da Sociedade das Nações, o qual imediatamente comunicará o seu texto aos Membros da Sociedade das Nações e aos Estados não membros em cujo nome tenha sido ratificada a presente Convenção ou que a ela tenham aderido. Essas reservas só produzirão efeitos noventa dias depois de o Secretário-Geral ter recebido a referida notificação.

Qualquer das Altas Partes Contratantes poderá, em caso de urgência, fazer uso, depois da ratificação ou da adesão, das reservas indicadas nos artigos 7º e 22 do referido Anexo II. Neste caso deverá comunicar essas reservas direta e imediatamente a todas as outras Altas Partes Contratantes e ao Secretário-Geral da Sociedade das Nações. Esta notificação produzirá os seus efeitos dois dias depois de recebida a dita comunicação pelas Altas Partes Contratantes.

Art. 2º A lei uniforme não será aplicável no território de cada uma das Altas Partes Contratantes às letras e notas promissórias já passadas à data da entrada em vigor da presente Convenção.

Art. 3º A presente Convenção, cujos textos em francês e inglês farão, ambos, igualmente fé, terá a data de hoje.

Poderá ser ulteriormente assinada, até 6 de setembro de 1930, em nome de qualquer membro da Sociedade das Nações e de qualquer Estado não membro.

Art. 4º A presente Convenção será ratificada.

Os instrumentos de ratificação serão transmitidos, antes de 1º de setembro de 1932, ao Secretário-Geral da Sociedade das Nações, que notificará imediatamente do seu depósito todos os membros da Sociedade das Nações e os Estados não membros que sejam partes na presente Convenção.

Art. 5º A partir de 6 de setembro de 1930, qualquer membro da Sociedade das Nações e qualquer Estado não membro poderá aderir à presente Convenção. Esta adesão efetuar-se-á por meio de notificação ao Secretário-Geral da Sociedade das Nações, que será depositada nos arquivos do Secretariado.

O Secretário-Geral notificará imediatamente desse depósito todos os Estados que tenham assinado ou aderido à presente Convenção.

Art. 6º A presente Convenção somente entrará em vigor depois de ter sido ratificada ou de a ela terem aderido sete membros da Sociedade das Nações ou Estados não membros, entre os quais deverão figurar três dos membros da Sociedade das Nações com representação permanente no Conselho.

Começará a vigorar noventa dias depois de recebida pelo Secretário-Geral da Sociedade das Nações a sétima ratificação ou adesão, em conformidade com o disposto na alínea primeira do presente artigo.

O Secretário-Geral da Sociedade das Nações, nas notificações previstas nos arts. 4º e 5º, fará menção especial de terem sido recebidas as ratificações ou adesões a que se refere a alínea primeira do presente artigo.

Art. 7º As ratificações ou adesões após a entrada em vigor da presente Convenção em conformidade com o disposto no art. 6º produzirão os seus efeitos noventa dias depois da data da sua recepção pelo Secretário-Geral da Sociedade das Nações.

Art. 8º Exceto nos casos de urgência, a presente Convenção não poderá ser denunciada antes de decorrido um prazo de dois anos a contar da data em que tiver começado a vigorar para o membro da Sociedade das Nações ou para o Estado não membro que a denuncia; esta denúncia produzirá os seus efeitos noventa dias depois de recebida pelo Secretário-Geral a respectiva notificação. Qualquer denúncia será imediatamente comunicada pelo Secretário-Geral da Sociedade das Nações a todas as outras Altas Partes Contratantes.

Nos casos de urgência, a Alta Parte Contratante que efetuar a denúncia comunicará esse fato direta e imediatamente a todas as outras Altas Partes Contratantes, e a denúncia produzirá os seus efeitos dois dias depois de recebida a dita comunicação pelas respectivas Altas Partes Contratantes. A Alta Parte Contratante que fizer a denúncia nestas condições dará igualmente conhecimento da sua decisão ao Secretário-Geral da Sociedade das Nações.

Qualquer denúncia só produzirá efeitos em relação à Alta Parte Contratante em nome da qual ela tenha sido feita.

Art. 9º Decorrido um prazo de quatro anos da entrada em vigor da presente Convenção, qualquer membro da Sociedade das Nações ou Estado não membro ligado à Convenção poderá formular ao Secretário-Geral da Sociedade das Nações um pedido de revisão de algumas ou de todas as suas disposições.

Se este pedido, comunicado aos outros membros ou Estados não membros para os quais a Convenção estiver em vigor, for apoiado dentro do prazo de um ano por seis, pelo menos, dentre eles, o Conselho da Sociedade das Nações decidirá se deve ser convocada uma Conferência para aquele fim.

Art. 10. As Altas Partes Contratantes poderão declarar no momento da assinatura da Ratificação ou da adesão que, aceitando a presente Convenção, não assumem nenhuma obrigação pelo que respeita a todas ou parte das suas colônias, protetorados ou territórios sob a sua soberania ou mandato, caso em que a presente Convenção se não aplicará aos territórios mencionados nessa declaração.

As Altas Partes Contratantes poderão a todo o tempo mais tarde notificar o Secretário-Geral da Sociedade das Nações de que desejam que a presente Convenção se aplique a todos ou parte dos territórios que tenham sido objeto da declaração prevista na alínea precedente, e nesse caso a Convenção aplicar-se-á aos territórios mencionados na comunicação noventa dias depois de esta ter sido recebida pelo Secretário-Geral da Sociedade das Nações.

Da mesma forma, as Altas Partes Contratantes podem, nos termos do art. 8º, denunciar a presente Convenção para todas ou parte das suas colônias, protetorados ou territórios sob a sua soberania ou mandato.

Art. 11. A presente Convenção será registrada pelo Secretário-Geral da Sociedade das Nações desde que entre em vigor. Será publicada, logo que for possível, na "Coleção de Tratados" da Sociedade das Nações.

Em fé do que os Plenipotenciários acima designados assinaram a presente Convenção.

Feito em Genebra, aos sete de junho de mil novecentos e trinta, num só exemplar, que será depositado nos arquivos do Secretariado da Sociedade das Nações. Será transmitida cópia autêntica a todos os Membros da Sociedade das Nações e a todos os Estados não membros representados na Conferência — Alemanha: Leo Quassowski, Dr. Albrecht, Dr. Ullmann — Áustria: Dr. Strobele — Bélgica: Vte. P. Poullet de La Vallée-Poussin — Brasil: Deoclécio de Campos — Colômbia: A. J. Restrepo — Dinamarca: A. Helper, V. Eigtved — Cidade Livre de Dantzig: Sulkowski — Equador: Alej. Gastelú — Espanha: Juan Gómez Montejo — Finlândia: F. Gronvall — França: J. Percerou — Grécia: R. Raphäel — Hungria: Dr. Baranyai, Zoltán — Itália: Amedeo Giannini — Japão: M. Ohno, T. Shimada — Luxemburgo: Ch. G. Vermaire — Noruega: Stub Holmboe — Holanda: Molengraaff — Peru: J. M. Barreto — Polônia: Sulkowski — Portugal: José Caeiro da Mata — Suécia: E. Marks von Wurtemberg, Birger Ekeberg — Suíça: Vischer — Tchecoslováquia: Prof. Dr. Karel Hermann-Otavsky — Turquia: *ad referendum*, Mehmed Munir — Iugoslávia: I. Choumenkovitch.

Anexo I | LEI UNIFORME RELATIVA ÀS LETRAS DE CÂMBIO E NOTAS PROMISSÓRIAS

Título I | DAS LETRAS

Capítulo I | DA EMISSÃO E FORMA DA LETRA

Art. 1º A letra contém:
1. A palavra "letra" inserta no próprio texto do título e expressa na língua empregada para a redação desse título;
2. O mandato puro e simples de pagar uma quantia determinada;
3. O nome daquele que deve pagar (sacado);
4. A época do pagamento;
5. A indicação do lugar em que se deve efetuar o pagamento;

6. O nome da pessoa a quem ou à ordem de quem deve ser paga;
7. A indicação da data em que, e do lugar onde a letra é passada;
8. A assinatura de quem passa a letra (sacador).

Art. 2º O escrito em que faltar algum dos requisitos indicados no artigo anterior não produzirá efeito como letra, salvo nos casos determinados nas alíneas seguintes:

A letra em que se não indique a época do pagamento entende-se pagável à vista.

Na falta de indicação especial, o lugar designado ao lado do nome do sacado considera-se como sendo o lugar do pagamento, e, ao mesmo tempo, o lugar do domicílio do sacado.

A letra sem indicação do lugar onde foi passada considera-se como tendo-o sido no lugar designado ao lado do nome do sacador.

Art. 3º A letra pode ser à ordem do próprio sacador.
Pode ser sacada sobre o próprio sacador.
Pode ser sacada por ordem e conta de terceiro.

Art. 4º A letra pode ser pagável no domicílio de terceiro, quer na localidade onde o sacado tem o seu domicílio, quer noutra localidade.

Art. 5º Numa letra pagável à vista ou a um certo termo de vista, pode o sacador estipular que a sua importância vencerá juros.[1] Em qualquer outra espécie de letra a estipulação de juros será considerada como não escrita.

A taxa de juro deve ser indicada na letra; na falta de indicação, a cláusula de juros é considerada como não escrita.

Os juros contam-se da data da letra, se outra data não for indicada.

Art. 5º: 1. v. disposição em contrário no CC 890.

Art. 6º Se na letra a indicação da quantia a satisfazer se achar feita por extenso e em algarismos, e houver divergência entre uma e outra, prevalece a que estiver feita por extenso.

Se na letra a indicação da quantia a satisfazer se achar feita por mais de uma vez, quer por extenso, quer em algarismos, e houver divergências entre as diversas indicações, prevalecerá a que se achar feita pela quantia inferior.

Art. 7º Se a letra contém assinaturas de pessoas incapazes de se obrigarem por letras, assinaturas falsas, assinaturas de pessoas fictícias, ou assinaturas que por qualquer outra razão não poderiam obrigar as pessoas que assinaram a letra, ou em nome das quais ela foi assinada, as obrigações dos outros signatários nem por isso deixam de ser válidas.

Art. 8º Todo aquele que apuser a sua assinatura numa letra, como representante duma pessoa, para representar a qual não tinha de fato poderes, fica obrigado em virtude da letra e, se a pagar, tem os mesmos direitos que o pretendido representado. A mesma regra se aplica ao representante que tenha excedido os seus poderes.

Art. 9º O sacador é garante tanto da aceitação como do pagamento de letra.

O sacador pode exonerar-se da garantia da aceitação; toda e qualquer cláusula pela qual ele se exonere da garantia do pagamento considera-se como não escrita.

Art. 10. Se uma letra incompleta no momento de ser passada tiver sido completada contrariamente aos acordos realizados não pode a inobservância desses acordos ser motivo de oposição ao portador, salvo se este tiver adquirido a letra de má-fé ou, adquirindo-a, tenha cometido uma falta grave.

Capítulo II | DO ENDOSSO

Art. 11. Toda a letra de câmbio, mesmo que não envolva expressamente a cláusula à ordem, é transmissível por via de endosso.

Quando o sacador tiver inserido na letra as palavras "não à ordem", ou uma expressão equivalente, a letra só é transmissível pela forma e com os efeitos de uma cessão[1] ordinária de créditos.

O endosso pode ser feito mesmo a favor do sacado, aceitando ou não, do sacador, ou de qualquer outro coobrigado. Estas pessoas podem endossar novamente a letra.

Art. 11: 1. v. CC 286 a 298.

Art. 12. O endosso deve ser puro e simples. Qualquer condição a que ele seja subordinado considera-se como não escrita.

O endosso parcial é nulo.

O endosso ao portador vale como endosso em branco.

Art. 13. O endosso deve ser escrito na letra ou numa folha ligada a esta (anexo). Deve ser assinado pelo endossante.

O endosso pode não designar o beneficiário, ou consistir simplesmente na assinatura do endossante (endosso em branco).[1] Neste último caso, o endosso para ser válido deve ser escrito no verso da letra ou na folha anexa.

Art. 13: 1. "Tratando-se de endosso em branco, prescindível é que o endossatário, portador do título, aponha o seu nome no verso da cártula antes de ajuizar a execução" (RSTJ 63/385). No mesmo sentido: RT 789/279.

Art. 14. O endosso transmite todos os direitos emergentes da letra.

Se o endosso for em branco, o portador pode:

1º) Preencher o espaço em branco, quer com o seu nome, quer com o nome de outra pessoa;

2º) Endossar de novo a letra em branco ou a favor de outra pessoa;

3º) Remeter a letra a um terceiro, sem preencher o espaço em branco e sem a endossar.

Art. 15. O endossante, salvo cláusula em contrário, é garante tanto da aceitação como do pagamento da letra.

O endossante pode proibir um novo endosso, e, neste caso, não garante o pagamento às pessoas a quem a letra for posteriormente endossada.

Art. 16. O detentor de uma letra é considerado portador legítimo se justifica o seu direito por uma série ininterrupta de endossos, mesmo se o último for em branco. Os endossos riscados consideram-se, para este efeito, como não escritos. Quando um endosso em branco é seguido de um outro endosso, presume-se que o signatário deste adquiriu a letra pelo endosso em branco.

Se uma pessoa foi por qualquer maneira desapossada de uma letra, o portador dela, desde que justifique o seu direito pela maneira indicada na alínea precedente, não é obrigado a restituí-la, salvo se a adquiriu de má-fé ou se, adquirindo-a, cometeu uma falta grave.

Art. 17. As pessoas acionadas em virtude de uma letra não podem opor ao portador as exceções fundadas sobre as relações pessoais delas com o sacador ou com os portadores anteriores, a menos que o portador ao adquirir a letra tenha procedido conscientemente em detrimento do devedor.

Art. 18. Quando o endosso contém a menção "valor a cobrar" (*valeur en recouvrement*), "para cobrança" (*pour encaissement*), "Por procuração" (*par procuration*), ou qualquer outra menção que implique um simples mandato, o portador pode exercer todos os direitos emergentes da letra, mas só pode endossá-la na qualidade de procurador.

Os coobrigados, neste caso, só podem invocar contra o portador as exceções que eram oponíveis ao endossante.

O mandato que resulta de um endosso por procuração não se extingue por morte ou sobrevinda incapacidade legal do mandatário.

Art. 19. Quando o endosso contém a menção "valor em garantia", "valor em penhor" ou qualquer outra menção que implique uma caução, o portador pode exercer todos os direitos emergentes da letra, mas um endosso feito por ele só vale como endosso a título de procuração.

Os coobrigados não podem invocar contra o portador as exceções fundadas sobre as relações pessoais deles com o endossante, a menos que o portador, ao receber a letra, tenha procedido conscientemente em detrimento do devedor.

Art. 20. O endosso posterior ao vencimento tem os mesmos efeitos que o endosso anterior. Todavia, o endosso posterior ao protesto por falta de pagamento, ou feito depois de expirado o prazo fixado para se fazer o protesto, produz apenas os efeitos de uma cessão[1-2] ordinária de créditos.

Salvo prova em contrário, presume-se que um endosso sem data foi feito antes de expirado o prazo fixado para se fazer o protesto.

Art. 20: 1. v. CC 286 a 298.

Art. 20: 2. "O art. 20 da LUG estabelece que o endosso póstumo produz os efeitos de uma cessão ordinária de créditos e não que deva ter a forma de uma cessão de créditos. Como o endosso póstumo tem a forma de endosso, prescinde da notificação do devedor para ter validade em relação a ele, não se aplicando a norma do art. 290 do Código Civil" (STJ-3ª T., REsp 1.189.028, Min. João Otávio, j. 20.2.14, DJ 7.3.14).

Capítulo III | DO ACEITE

Art. 21. A letra pode ser apresentada, até ao vencimento, ao aceite do sacado, no seu domicílio, pelo portador ou até por um simples detentor.

Art. 22. O sacador pode, em qualquer letra, estipular que ela será apresentada ao aceite, com ou sem fixação de prazo.

Pode proibir na própria letra a sua apresentação ao aceite, salvo se se tratar de uma letra pagável em domicílio de terceiro, ou de uma letra pagável em localidade diferente da do domicílio do sacado, ou de uma letra sacada a certo termo de vista.

O sacador pode também estipular que a apresentação ao aceite não poderá efetuar-se antes de determinada data.

Todo endossante pode estipular que a letra deve ser apresentada ao aceite, com ou sem fixação de prazo, salvo se ela tiver sido declarada não aceitável pelo sacador.

Art. 23. As letras a certo termo de vista devem ser apresentadas ao aceite dentro do prazo de um ano das suas datas.

O sacador pode reduzir este prazo ou estipular um prazo maior.

Esses prazos podem ser reduzidos pelos endossantes.

Art. 24. O sacado pode pedir que a letra lhe seja apresentada uma segunda vez no dia seguinte ao da primeira apresentação. Os interessados somente podem ser admitidos a pretender que não foi dada satisfação a este pedido no caso de ele figurar no protesto.

O portador não é obrigado a deixar nas mãos do aceitante a letra apresentada ao aceite.

Art. 25. O aceite é escrito na própria letra. Exprime-se pela palavra "aceite" ou qualquer outra palavra equivalente; o aceite é assinado pelo sacado. Vale como aceite a simples assinatura do sacado aposta na parte anterior da letra.

Quando se trate de uma letra pagável a certo termo de vista, ou que deva ser apresentada ao aceite dentro de um prazo determinado por estipulação especial, o aceite deve ser datado do dia em que foi dado, salvo se o portador exigir que a data seja a da apresentação. À falta de data, o portador, para conservar os seus direitos de recurso contra os endossantes e contra o sacador, deve fazer constar essa omissão por um protesto, feito em tempo útil.

Art. 26. O aceite é puro e simples, mas o sacado pode limitá-lo a uma parte da importância sacada.

Qualquer outra modificação introduzida pelo aceite no enunciado da letra equivale a uma recusa de aceite. O aceitante fica, todavia, obrigado nos termos do seu aceite.

Art. 27. Quando o sacador tiver indicado na letra um lugar de pagamento diverso do domicílio do sacado, sem designar um terceiro em cujo domicílio o pagamento se deva efetuar, o sacado pode designar no ato do aceite a pessoa que deve pagar a letra. Na falta desta indicação, considera-se que o aceitante se obriga, ele próprio, a efetuar o pagamento no lugar indicado na letra.

Se a letra é pagável no domicílio do sacado, este pode, no ato do aceite, indicar, para ser efetuado o pagamento, um outro domicílio no mesmo lugar.

Art. 28. O sacado obriga-se pelo aceite pagar[1] a letra à data do vencimento.

Na falta de pagamento, o portador, mesmo no caso de ser ele o sacador, tem contra o aceitante um direito de ação resultante da letra, em relação a tudo que pode ser exigido nos termos dos arts. 48 e 49.

Art. 28: 1. *sic*; deve ser "a pagar".

Art. 29. Se o sacado, antes da restituição da letra, riscar o aceite que tiver dado, tal aceite é considerado como recusado. Salvo prova em contrário, a anulação do aceite considera-se feita antes da restituição da letra.

Se, porém, o sacado tiver informado por escrito o portador ou qualquer outro signatário da letra de que a aceita, fica obrigado para com estes, nos termos do seu aceite.

Capítulo IV | DO AVAL

Art. 30. O pagamento de uma letra pode ser no todo ou em parte garantido por aval.[1]

Esta garantia é dada por um terceiro ou mesmo por um signatário da letra.

Art. 30: 1. s/ necessidade de autorização do cônjuge do avalista, v. CC 1.647-III.

Art. 31. O aval é escrito na própria letra ou numa folha anexa.

Exprime-se pelas palavras "bom para aval" ou por qualquer fórmula equivalente; e assinado pelo dador do aval.

O aval considera-se como resultante da simples assinatura do dador aposta na face anterior da letra, salvo se se trata das assinaturas do sacado ou do sacador.

O aval deve indicar a pessoa por quem se dá. Na falta de indicação, entender-se-á ser pelo sacador.

Art. 32. O dador de aval é responsável da mesma maneira que a pessoa por ele afiançada.

A sua obrigação mantém-se, mesmo no caso de a obrigação que ele garantiu ser nula por qualquer razão que não seja um vício de forma.

Se o dador de aval paga a letra, fica sub-rogado nos direitos emergentes da letra contra a pessoa a favor de quem foi dado o aval e contra os obrigados para com esta em virtude da letra.

Capítulo V | DO VENCIMENTO

Art. 33. Uma letra pode ser sacada:
À vista;
A um certo termo de vista;
A um certo termo de data;
Pagável num dia fixado.

As letras, quer com vencimentos diferentes, quer com vencimentos sucessivos, são nulas.

Art. 34. A letra à vista é pagável à apresentação. Deve ser apresentada a pagamento dentro do prazo de um ano, a contar da sua data. O sacador pode reduzir este prazo ou estipular um outro mais longo. Estes prazos podem ser encurtados pelos endossantes.

O sacador pode estipular que uma letra pagável à vista não deverá ser apresentada a pagamento antes de uma certa data. Nesse caso, o prazo para a apresentação conta-se dessa data.

Art. 35. O vencimento de uma letra a certo termo de vista determina-se, quer pela data do aceite, quer pela do protesto. Na falta de protesto, o aceite não datado entende-se, no que respeita ao aceitante, como tendo sido dado no último dia do prazo para a apresentação ao aceite.

Art. 36. O vencimento de uma letra sacada a um ou mais meses de data ou de vista será na data correspondente do mês em que o pagamento se deve efetuar. Na falta de data correspondente, o vencimento será no último dia desse mês.

Quando a letra é sacada a um ou mais meses e meio de data ou de vista, contam-se primeiro os meses inteiros.

Se o vencimento for fixado para o princípio, meado ou fim do mês, entende-se que a letra será vencível no primeiro, no dia quinze, ou no último dia desse mês.

As expressões "oito dias" ou "quinze dias" entendem-se não como uma ou duas semanas, mas como um prazo de oito ou quinze dias efetivos.

A expressão "meio mês" indica um prazo de quinze dias.

Art. 37. Quando uma letra é pagável num dia fixo num lugar em que o calendário é diferente do do lugar de emissão, a data do vencimento é considerada como fixada segundo o calendário do lugar de pagamento.

Quando uma letra[1] sacada entre duas praças que em calendários diferentes é pagável a certo termo de vista, o dia da emissão é referido ao dia correspondentemente[2] do calendário do lugar de pagamento, para o efeito da determinação da data do vencimento.

Os prazos de apresentação das letras são calculados segundo as regras da alínea precedente.

Estas regras não se aplicam se uma cláusula da letra, ou até o simples enunciado do título, indicar que houve intenção de adotar regras diferentes.

Art. 37: 1. *sic*; deve ser "uma letra é".

Art. 37: 2. *sic*; deve ser "correspondente".

Capítulo VI | DO PAGAMENTO

Art. 38. O portador de uma letra pagável em dia fixo ou a certo termo de data ou de vista deve apresentá-la a pagamento no dia em que ela é pagável ou num dos dois dias úteis seguintes.

A apresentação da letra a uma câmara de compensação equivale a apresentação a pagamento.

Art. 39. O sacado que paga uma letra pode exigir que ela lhe seja entregue com a respectiva quitação.

O portador não pode recusar qualquer pagamento parcial.

No caso de pagamento parcial, o sacado pode exigir que desse pagamento se faça menção na letra e que dele lhe seja dada quitação.

Art. 40. O portador de uma letra não pode ser obrigado a receber o pagamento dela antes do vencimento.

O sacado que paga uma letra antes do vencimento fá-lo sob sua responsabilidade.

Aquele que paga uma letra no vencimento fica validamente desobrigado, salvo se da sua parte tiver havido fraude ou falta grave. É obrigado a verificar a regularidade da sucessão dos endossos mas não a assinatura dos endossantes.

Art. 41. Se numa letra se estipular o pagamento em moeda que não tenha curso legal no lugar do pagamento, pode a sua importância ser paga na moeda do país, segundo o seu valor no dia do vencimento. Se o devedor está em atraso, o portador pode, à sua escolha, pedir que o pagamento da importância da letra seja feito na moeda do país ao câmbio do dia do vencimento ou ao câmbio do dia do pagamento.

A determinação do valor da moeda estrangeira será feita segundo os usos do lugar de pagamento. O sacador pode, todavia, estipular que a soma a pagar seja calculada segundo um câmbio fixado na letra.

As regras acima indicadas não se aplicam ao caso em que o sacador tenha estipulado que o pagamento deverá ser efetuado numa certa moeda especificada (cláusula de pagamento efetivo numa moeda estrangeira).

Se a importância da letra for indicada numa moeda que tenha a mesma denominação mas valor diferente no país de emissão e no de pagamento, presume-se que se fez referência à moeda do lugar de pagamento.

Art. 42. Se a letra não for apresentada a pagamento dentro do prazo fixado no art. 38, qualquer devedor tem a faculdade de depositar a sua importância junto da autoridade competente, à custa do portador e sob a responsabilidade deste.

Capítulo VII | DA AÇÃO POR FALTA DE ACEITE E FALTA DE PAGAMENTO

Art. 43. O portador de uma letra pode exercer os seus direitos de ação contra os endossantes, sacador e outros coobrigados:[1]

No vencimento:

Se o pagamento não foi efetuado.

Mesmo antes do vencimento:

1º Se houve recusa total ou parcial de aceite;

2º Nos casos de falência do sacado, quer ele tenha aceite, quer não, de suspensão de pagamentos do mesmo, ainda que não constatada por sentença, ou de ter sido promovida, sem resultado, execução dos seus bens;

3º Nos casos de falência do sacador de uma letra não aceitável.

Art. 43: 1. "Não é necessário o protesto para se promover a execução contra o aceitante da letra de câmbio ou contra o emitente da nota promissória, bem como contra seus respectivos avalistas. Isso porque, nesses casos, tem-se uma ação direta, e não de regresso" (STJ-3ª T., AI 1.214.858-AgRg, Min. Sidnei Beneti, j. 27.4.10, DJ 12.5.10).

Art. 44. A recusa de aceite ou de pagamento deve ser comprovada por um ato formal (protesto por falta de aceite ou falta de pagamento).

O protesto por falta de aceite deve ser feito nos prazos fixados para a apresentação ao aceite. Se, no caso previsto na alínea 1ª do art. 24, a primeira apresentação da letra tiver sido feita no último dia do prazo, pode fazer-se ainda o protesto no dia seguinte.

O protesto por falta de pagamento[1] de uma letra pagável em dia fixo ou a certo termo de data ou de vista deve ser feito num dos dois dias úteis seguintes àquele em que a letra é pagável. Se se trata de uma letra pagável à vista, o protesto deve ser feito nas condições indicadas na alínea precedente para o protesto por falta de aceite.

O protesto por falta de aceite dispensa a apresentação a pagamento e o protesto por falta de pagamento.

No caso de suspensão de pagamentos do sacado, quer seja aceitante, quer não, ou no caso de lhe ter sido promovida, sem resultado, execução dos bens, o portador da letra só pode exercer o seu direito de ação após apresentação da mesma ao sacado para pagamento e depois de feito o protesto.

No caso de falência declarada do sacado, quer seja aceitante, quer não, bem como no caso de falência declarada do sacador de uma letra não aceitável, a apresentação da sentença de declaração de falência é suficiente para que o portador da letra possa exercer o seu direito de ação.

Art. 44: 1. v. Lei 9.492, de 10.9.97, art. 21 § 5º.

Art. 45. O portador deve avisar da falta de aceite ou de pagamento o seu endossante e o sacador dentro dos quatro dias úteis que se seguirem ao dia do protesto ou da apresentação, no caso de a letra conter a cláusula "sem despesas". Cada um dos endossantes deve, por sua vez, dentro dos dois dias úteis que se seguirem ao da recepção do aviso, informar o seu endossante do aviso que recebeu, indicando os nomes e endereços dos que enviaram os avisos precedentes, e assim sucessivamente até se chegar ao sacador. Os prazos acima indicados contam-se a partir da recepção do aviso precedente. Quando, em conformidade com o disposto na alínea anterior, se avisou um signatário da letra, deve avisar-se também o seu avalista dentro do mesmo prazo de tempo.

No caso de um endossante não ter indicado o seu endereço, ou de o ter feito de maneira ilegível, basta que o aviso seja enviado ao endossante que o precede.

A pessoa que tenha de enviar um aviso pode fazê-lo por qualquer forma, mesmo pela simples devolução da letra.

Essa pessoa deverá provar que o aviso foi enviado dentro do prazo prescrito. O prazo considerar-se-á como tendo sido observado desde que a carta contendo o aviso tenha sido posta no correio dentro dele.

A pessoa que não der o aviso dentro do prazo acima indicado não perde os seus direitos; será responsável pelo prejuízo, se o houver, motivado pela sua negligência, sem que a responsabilidade possa exceder a importância da letra.

Art. 46. O sacador, um endossante ou um avalista pode, pela cláusula "sem despesas", "sem protesto", ou outra cláusula equivalente, dispensar o portador de fazer um protesto por falta de aceite ou falta de pagamento, para poder exercer os seus direitos de ação.

Essa cláusula não dispensa o portador da apresentação da letra dentro do prazo prescrito nem tampouco dos avisos a dar. A prova da inobservância do prazo incumbe àquele que dela se prevaleça contra o portador.

Se a cláusula foi escrita pelo sacador, produz os seus efeitos em relação a todos os signatários da letra; se for inserida por um endossante ou por avalista, só produz efeito em relação a esse endossante ou avalista. Se, apesar da cláusula escrita pelo sacador, o portador faz o protesto, as respectivas despesas serão de conta dele. Quando a cláusula emanar de um endossante ou de um avalista, as despesas do protesto, se for feito, podem ser cobradas de todos os signatários da letra.

Art. 47. Os sacadores, aceitantes, endossantes ou avalistas de uma letra são todos solidariamente responsáveis para com o portador.

O portador tem o direito de acionar todas estas pessoas individualmente, sem estar adstrito a observar a ordem por que elas se obrigaram.

O mesmo direito possui qualquer dos signatários de uma letra quando a tenha pago.

A ação intentada contra um dos coobrigados não impede acionar os outros, mesmo os posteriores àquele que foi acionado em primeiro lugar.

Art. 48. O portador pode reclamar daquele contra quem exerce o seu direito de ação:

1º O pagamento da letra não aceite não paga, com juros se assim foi estipulado;

2º Os juros à taxa de 6% desde a data do vencimento;

3º As despesas do protesto, as dos avisos dados e as outras despesas.

Se a ação for interposta antes do vencimento da letra, a sua importância será reduzida de um desconto. Esse desconto será calculado de acordo com a taxa oficial de desconto (taxa de Banco) em vigor no lugar do domicílio do portador à data da ação.

Art. 49. A pessoa que pagou uma letra pode reclamar dos seus garantes:

1º A soma integral que pagou;

2º Os juros da dita soma, calculados à taxa de 6% desde a data em que a pagou;

3º As despesas que tiver feito.

Art. 50. Qualquer dos coobrigados, contra o qual se intentou ou pode ser intentada uma ação, pode exigir, desde que pague a letra, que ela lhe seja entregue com o protesto e um recibo.

Qualquer dos endossantes que tenha pago uma letra pode riscar o seu endosso e os dos endossantes subsequentes.

Art. 51. No caso de ação intentada depois de um aceite parcial, a pessoa que pagar a importância pela qual a letra não foi aceite pode exigir que esse pagamento seja mencionado na letra e que dele lhe seja dada quitação. O portador deve, além disso, entregar a essa pessoa uma cópia autêntica da letra e o protesto, de maneira a permitir o exercício de ulteriores direitos de ação.

Art. 52. Qualquer pessoa que goze do direito de ação pode, salvo estipulação em contrário, embolsar-se por meio de uma nova letra (ressaque) à vista, sacada sobre um dos coobrigados e pagável no domicílio deste.

O ressaque inclui, além das importâncias indicadas nos arts. 48 e 49, um direito de corretagem e a importância do selo do ressaque.

Se o ressaque é sacado pelo portador, a sua importância é fixada segundo a taxa para uma letra à vista, sacada do lugar onde a primitiva letra era pagável sobre o lugar do domicílio do coobrigado. Se o ressaque é sacado por um endossante, a sua importância é fixada segundo a taxa para uma letra à vista, sacada do lugar onde o sacador do ressaque tem o seu domicílio sobre o lugar do domicílio do coobrigado.

Art. 53. Depois de expirados os prazos fixados:
— para a apresentação de uma letra à vista ou a certo termo de vista;
— para se fazer o protesto por falta de aceite ou por falta de pagamento;
— para a apresentação a pagamento no caso da cláusula "sem despesas".
O portador perdeu os seus direitos de ação contra os endossantes, contra o sacador e contra os outros coobrigados, à exceção do aceitante.
Na falta de apresentação ao aceite no prazo estipulado pelo sacador, o portador perdeu os seus direitos de ação, tanto por falta de pagamento como por falta de aceite, a não ser que dos termos da estipulação se conclua que o sacador apenas teve em vista exonerar-se da garantia do aceite.
Se a estipulação de um prazo para a apresentação constar de um endosso, somente aproveita ao respectivo endossante.

Art. 54. Quando a apresentação da letra ou o seu protesto não puder fazer-se dentro dos prazos indicados por motivo insuperável (prescrição legal declarada por um Estado qualquer ou outro caso de força maior), esses prazos serão prorrogados.
O portador deverá avisar imediatamente o seu endossante do caso de força maior e fazer menção desse aviso, datada e assinada, na letra ou numa folha anexa; para os demais são aplicáveis as disposições do art. 45.
Desde que tenha cessado o caso de força maior, o portador deve apresentar sem demora a letra ao aceite ou a pagamento, e, caso haja motivo para tal, fazer o protesto.
Se o caso de força maior se prolongar além de trinta dias a contar da data do vencimento, podem promover-se ações sem que haja necessidade de apresentação ou protesto.
Para as letras à vista ou a certo termo de vista, o prazo de trinta dias conta-se da data em que o portador, mesmo antes de expirado o prazo para a apresentação, deu o aviso do caso de força maior ao seu endossante; para as letras a certo termo de vista, o prazo de trinta dias fica acrescido do prazo de vista indicado na letra.
Não são considerados casos de força maior os fatos que sejam de interesse puramente pessoal do portador ou da pessoa por ele encarregada da apresentação da letra ou de fazer o protesto.

Capítulo VIII | DA INTERVENÇÃO

1. Disposições gerais

Art. 55. O sacador, um endossante ou um avalista, podem indicar uma pessoa para em caso de necessidade aceitar ou pagar.
A letra pode, nas condições a seguir indicadas, ser aceita ou paga por uma pessoa que intervenha por um devedor qualquer contra quem existe direito de ação:

O interveniente pode ser um terceiro, ou mesmo o sacado, ou uma pessoa já obrigada em virtude da letra, exceto o aceitante.

O interveniente é obrigado a participar, no prazo de dois dias úteis, a sua intervenção à pessoa por quem interveio. Em caso de inobservância deste prazo, o interveniente é responsável pelo prejuízo, se o houver, resultante da sua negligência, sem que as perdas e danos possam exceder a importância da letra.

2. Aceite por intervenção

Art. 56. O aceite por intervenção pode realizar-se em todos os casos em que portador de uma letra aceitável tem direito de ação antes do vencimento.

Quando na letra se indica uma pessoa para em caso de necessidade a aceitar ou a pagar no lugar do pagamento, o portador não pode exercer o seu direito de ação antes do vencimento contra aquele que indicou essa pessoa e contra os signatários subsequentes a não ser que tenha apresentado a letra à pessoa designada e que, tendo esta recusado o aceite, se tenha feito o protesto.

Nos outros casos de intervenção, o portador pode recusar o aceite por intervenção. Se, porém, o admitir, perde o direito de ação antes do vencimento contra aquele por quem a aceitação foi dada e contra os signatários subsequentes.

Art. 57. O aceite por intervenção será mencionado na letra e assinado pelo interveniente. Deverá indicar por honra de quem se fez a intervenção; na falta desta indicação, presume-se que interveio pelo sacador.

Art. 58. O aceitante por intervenção fica obrigado para com o portador e para com os endossantes posteriores àquele por honra de quem interveio da mesma forma que este.

Não obstante o aceite por intervenção, aquele por honra de quem ele foi feito e os seus garantes podem exigir do portador, contra o pagamento da importância indicada no art. 48, a entrega da letra, do instrumento do protesto e, havendo lugar, de uma conta com a respectiva quitação.

3. Pagamento por intervenção

Art. 59. O pagamento por intervenção pode realizar-se em todos os casos em que o portador de uma letra tem direito de ação à data do vencimento ou antes dessa data.

O pagamento deve abranger a totalidade da importância que teria a pagar aquele por honra de quem a intervenção se realizou.

O pagamento deve ser feito o mais tardar no dia seguinte ao último em que é permitido fazer o protesto por falta de pagamento.

Art. 60. Se a letra foi aceita por intervenientes tendo o seu domicílio no lugar do pagamento, ou se foram indicadas pessoas tendo o seu domicílio no mesmo lugar para, em caso de necessidade, pagarem a letra, o portador deve apresentá-la a todas essas pessoas e, se houver lugar, fazer o protesto por falta de pagamento o mais tardar no dia seguinte e ao último[1] em que era permitido fazer o protesto.

Na falta de protesto dentro deste prazo, aquele que tiver indicado pessoas para pagarem em caso de necessidade, ou por conta de quem a letra tiver sido aceita, bem como os endossantes posteriores, ficam desonerados.

Art. 60: 1. *sic*; deve ser "no dia seguinte ao último", etc.

Art. 61. O portador que recusar o pagamento por intervenção perde o seu direito de ação contra aqueles que teriam ficado desonerados.

Art. 62. O pagamento por intervenção deve ficar constatado por um recibo passado na letra, contendo a indicação da pessoa por honra de quem foi feito. Na falta desta indicação presume-se que o pagamento foi feito por honra do sacador.

A letra e o instrumento do protesto, se o houve, devem ser entregues à pessoa que pagou por intervenção.

Art. 63. O que paga por intervenção fica sub-rogado nos direitos emergentes da letra contra aquele por honra de quem pagou e contra os que são obrigados para com este em virtude da letra. Não pode, todavia, endossar de novo a letra.

Os endossantes posteriores ao signatário por honra de quem foi feito o pagamento ficam desonerados.

Quando se apresentarem várias pessoas para pagar uma letra por intervenção, será preferida aquela que desonerar maior número de obrigados. Aquele que, com conhecimento de causa, intervir contrariamente a esta regra, perde os seus direitos de ação contra os que teriam sido desonerados.

Capítulo IX — DA PLURALIDADE DE EXEMPLARES E DAS CÓPIAS

1. Pluralidade de exemplares

Art. 64. A letra pode ser sacada por várias vias.

Essas vias devem ser numeradas no próprio texto, na falta do que, cada via será considerada como uma letra distinta.

O portador de uma letra que não contenha a indicação de ter sido sacada numa única via pode exigir à sua custa a entrega de várias vias. Para este efeito o portador deve dirigir-se ao seu endossante imediato, para que este o auxilie a proceder contra o seu próprio endossante e assim sucessivamente até se chegar ao sacador. Os endossantes são obrigados a reproduzir os endossos nas novas vias.

Art. 65. O pagamento de uma das vias é liberatório, mesmo que não esteja estipulado que esse pagamento anula o efeito das outras. O sacado fica, porém, responsável por cada uma das vias que tenham o seu aceite e lhe não hajam sido restituídas.

O endossante que transferiu vias da mesma letra a várias pessoas e os endossantes subsequentes são responsáveis por todas as vias que contenham as suas assinaturas e que não hajam sido restituídas.

Art. 66. Aquele que enviar ao aceite uma das vias da letra deve indicar nas outras o nome da pessoa em cujas mãos aquela se encontra. Esta pessoa é obrigada a entregar essa via ao portador legítimo doutro exemplar.

Se se recusar a fazê-lo, o portador só pode exercer seu direito de ação depois de ter feito constatar por um protesto:

1º Que a via enviada ao aceite lhe não foi restituída a seu pedido;

2º Que não foi possível conseguir o aceite ou o pagamento de uma outra via.

2. Cópias

Art. 67. O portador de uma letra tem o direito de tirar cópias dela.

A cópia deve reproduzir exatamente o original, com os endossos e todas as outras menções que nela figurem. Deve mencionar onde acaba a cópia.

A cópia pode ser endossada e avalizada da mesma maneira e produzindo os mesmos efeitos que o original.

Art. 68. A cópia deve indicar a pessoa em cuja posse se encontra o título original. Esta é obrigada a remeter o dito título ao portador legítimo da cópia.

Se se recusar a fazê-lo, o portador só pode exercer o seu direito de ação contra as pessoas que tenham endossado ou avalizado a cópia, depois de ter feito constatar por um protesto que o original lhe não foi entregue a seu pedido.

Se o título original, em seguida ao último endosso feito antes de tirada a cópia, contiver a cláusula: "daqui em diante só é válido o endosso na cópia" ou qualquer outra fórmula equivalente, é nulo qualquer endosso assinado ulteriormente no original.

Capítulo X | DAS ALTERAÇÕES

Art. 69. No caso de alteração do texto de uma letra, os signatários posteriores a essa alteração ficam obrigados nos termos do texto alterado; os signatários anteriores são obrigados nos termos do texto original.

Capítulo XI | DA PRESCRIÇÃO

Art. 70. Todas as ações contra o aceitante relativas a letras prescrevem em três anos a contar do seu vencimento.[1]

As ações do portador contra os endossantes e contra o sacador prescrevem num ano, a contar da data do protesto feito em tempo útil, ou da data do vencimento, se se trata de letra que contenha cláusula "sem despesas".

As ações dos endossantes uns contra os outros e contra o sacador prescrevem em seis meses a contar do dia em que o endossante pagou a letra ou em que ele próprio foi acionado.

Art. 70: 1. s/ aplicação desse prazo prescricional em matéria de: execução fundada em cédula de crédito bancário, v. Lei 10.931, de 2.8.04, art. 44, nota 2 (no tít. CONDOMÍNIO E INCORPORAÇÃO); ação de busca e apreensão fundada no contrato de alienação fiduciária em garantia adjeto à cédula de crédito industrial, v. TCI 52, nota 2.

Art. 71. A interrupção da prescrição só produz efeito em relação à pessoa para quem a interrupção foi feita.[1]

Art. 71: 1. "Execução de título executivo extrajudicial. Cédula de crédito rural. Exceção de pré-executividade. Citação da **avalista. Interrupção da prescrição** em relação ao devedor principal. Não ocorrência. À luz do art. 60 do Decreto-Lei 167/67, aplica-se às cédulas de crédito rural, no que couber, a legislação cambial. Assim, à pretensão de execução de cédula de crédito rural aplicam-se às disposições da Lei Uniforme de Genebra. Ao contrário do que ocorre no regime geral do Código Civil, a interrupção da prescrição cambial só produz efeitos personalíssimos, isto é, não atinge os demais devedores solidários da relação jurídica (art. 71 da Lei Uniforme de Genebra)" (STJ-3ª T., REsp 1.835.278, Min. Nancy Andrighi, j. 6.10.20, DJ 15.10.20).

Capítulo XII | DISPOSIÇÕES GERAIS

Art. 72. O pagamento de uma letra cujo vencimento recai em dia feriado legal só pode ser exigido no primeiro dia útil seguinte. Da mesma maneira, todos os atos relativos a letras, especialmente a apresentação ao aceite e o protesto, somente podem ser feitos em dia útil.

Quando um desses atos tem de ser realizado num determinado prazo, e o último dia desse prazo é feriado legal, fica o dito prazo prorrogado até ao primeiro dia útil que se seguir ao seu termo.

Art. 73. Os prazos legais ou convencionais não compreendem o dia que marca o seu início.

Art. 74. Não são admitidos dias de perdão quer legal, quer judicial.

Título II | DA NOTA PROMISSÓRIA

Art. 75. A nota promissória contém:[1]

1. Denominação "Nota Promissória" inserta no próprio texto do título e expressa na língua empregada para a redação desse título;
2. A promessa pura e simples de pagar uma quantia determinada;
3. A época do pagamento;[1a]
4. A indicação do lugar em que se deve efetuar o pagamento;
5. O nome da pessoa a quem ou à ordem de quem deve ser paga;[1b]
6. A indicação da data em que e do lugar onde a nota promissória é passada;[2]
7. A assinatura de quem passa a nota promissória (subscritor).[3]

Art. 75: 1. v. art. 76.
Art. 75: 1a. s/ defeito na indicação da data de pagamento, v. LCa 55, nota 1.
Art. 75: 1b. s/ falta do nome do beneficiário no título, v. LCa 54, nota 2.
Art. 75: 2. s/ falta do local ou data de emissão no título, v. LCa 54, nota 2c.
Art. 75: 3. s/ assinatura do emitente no título, v. LCa 54, nota 2a.

Art. 76. O título em que faltar algum dos requisitos indicados no artigo anterior não produzirá efeito como nota promissória, salvo nos casos determinados das alíneas seguintes.

A nota promissória em que se não indique a época do pagamento será considerada pagável à vista.

Na falta de indicação especial, o lugar onde o título foi passado considera-se como sendo o lugar do pagamento e, ao mesmo tempo, o lugar do domicílio do subscritor da nota promissória.

A nota promissória que não contenha indicação do lugar onde foi passada considera-se como tendo-o sido no lugar designado ao lado do nome do subscritor.

Art. 77. São aplicáveis às notas promissórias na parte em que não sejam contrárias à natureza deste título, as disposições relativas às letras e concernentes:
Endosso (arts. 11 a 20);
Vencimento (arts. 33 a 37);
Pagamento (arts. 38 a 42);
Direito de ação por falta de pagamento (arts. 43 a 50 e 52 a 54);
Pagamento por intervenção (arts. 55 e 59 a 63);
Cópias (arts. 67 e 68);
Alterações (art. 69);
Prescrição (arts. 70 e 71);
Dias feriados, contagem de prazos e interdição de dias de perdão (arts. 72 a 74).

São igualmente aplicáveis às notas promissórias as disposições relativas às letras pagáveis no domicílio de terceiro ou numa localidade diversa da do domicílio do sacado (arts. 4º e 27), a estipulação de juros (art. 5º), as divergências das indicações da quantia a pagar (art. 6º), as consequências da aposição de uma assinatura nas condições indicadas no art. 7º, as da assinatura de uma pessoa que age sem poderes ou excedendo os seus poderes (art. 8º) e a letra em branco (art. 10).

São também aplicáveis às notas promissórias as disposições relativas ao aval (arts. 30 a 32); no caso previsto na última alínea do art. 31, se o aval não indicar a pessoa por quem é dado, entender-se-á ser pelo subscritor da nota promissória.

Art. 78. O subscritor de uma nota promissória é responsável da mesma forma que o aceitante de uma letra.

As notas promissórias pagáveis a certo termo de vista devem ser presentes ao visto dos subscritores nos prazos fixados no art. 23. O termo de vista conta-se da data do visto dado pelo subscritor. A recusa do subscritor a dar o seu visto é comprovada por um protesto (art. 25), cuja data serve de início ao termo de vista.

Anexo II[1]

ANEXO II: 1. Reservas feitas pelos signatários da Convenção à lei cambial uniforme. O Brasil somente fez as reservas constantes dos arts. 2, 3, 5, 6, 7, 9, 10, 13, 15, 16, 17, 19 e 20, como se pode ver da introdução ao Dec. 57.663.

Art. 1º Qualquer das Altas Partes Contratantes pode prescrever que a obrigação de inserir nas letras passadas no seu território a palavra "Letra", prevista no art. 1º, n. 1, da Lei Uniforme, só se aplicará seis meses após a entrada em vigor da presente Convenção.

Art. 2º Qualquer das Altas Partes Contratantes tem, pelo que respeita às obrigações contraídas em matéria de letras no seu território, a faculdade de determinar de que maneira pode ser suprida a falta de assinatura desde que por uma declaração autêntica escrita na letra se possa constatar a vontade daquele que deveria ter assinado.

Art. 3º Qualquer das Altas Partes Contratantes reserva-se a faculdade de não inserir o art. 10 da Lei Uniforme na sua lei nacional.

Art. 4º Por derrogação da alínea primeira do art. 31 da Lei Uniforme, qualquer das Altas Partes Contratantes tem a faculdade de admitir a possibilidade de ser dado um aval no seu território por ato separado em que se indique o lugar onde foi feito.

Art. 5º Qualquer das Altas Partes Contratantes pode completar o art. 38 da Lei Uniforme dispondo que, em relação às letras pagáveis no seu território, o portador deverá fazer a apresentação no próprio dia do vencimento; a inobservância desta obrigação só acarreta responsabilidade por perdas e danos. As outras Altas Partes Contratantes terão a faculdade de fixar as condições em que reconhecerão uma tal obrigação.

Art. 6º A cada uma das Altas Partes Contratantes incumbe determinar, para os efeitos da aplicação da última alínea do art. 38, quais as instituições que, segundo a lei nacional, devam ser consideradas câmaras de compensação.

Art. 7º Pelo que se refere às letras pagáveis no seu território, qualquer das Altas Partes Contratantes tem a faculdade de sustar se o julgar necessário, em circunstâncias excepcionais relacionadas com a taxa de câmbio da moeda nacional, os efeitos da cláusula prevista no art. 41 relativa ao pagamento efetivo em moeda estrangeira. A mesma regra se aplica no que respeita à emissão no território nacional de letras em moedas estrangeiras.

Art. 8º Qualquer das Altas Partes Contratantes tem a faculdade de determinar que os protestos a fazer no seu território possam ser substituídos por uma declaração datada, escrita na própria letra e assinada pelo sacado, exceto no caso de o sacador exigir no texto da letra que se faça um protesto com as formalidades devidas.

Qualquer das Altas Partes Contratantes tem igualmente a faculdade de determinar que a dita declaração seja transcrita num registro público no prazo fixado para os protestos.

No caso previsto nas alíneas precedentes o endosso sem data presume-se ter sido feito anteriormente ao protesto.

Art. 9º Por derrogação da alínea terceira do art. 44 da Lei Uniforme, qualquer das Altas Partes Contratantes tem a faculdade de determinar que o protesto por falta de pagamento deve ser feito no dia em que a letra é pagável ou num dos dois dias úteis seguintes.

Art. 10. Fica reservada para a legislação de cada uma das Altas Partes Contratantes a determinação precisa das situações jurídicas a que se referem os ns. 2 e 3 do art. 43 e os ns. 5 e 6 do art. 44 da Lei Uniforme.

Art. 11. Por derrogação dos ns. 2 e 3 do art. 43 e do art. 74 da Lei Uniforme, qualquer das Altas Partes Contratantes reserva-se a faculdade de admitir na sua legislação a possibilidade, para os garantes de uma letra que tenham sido acionados, de ser concedido um alongamento de prazos, os quais não poderão em caso algum ir além da data do vencimento da letra.

Art. 12. Por derrogação do art. 45 da Lei Uniforme, qualquer das Altas Partes Contratantes tem a faculdade de manter ou de introduzir o sistema de aviso por intermédio de um agente público, que consiste no seguinte: ao fazer o protesto por falta de aceite ou por falta de pagamento, o notário ou o funcionário público incumbido desse serviço, segundo a lei nacional, é obrigado a dar comunicação por escrito desse protesto às pessoas obrigadas pela letra, cujos endereços figuram nela, ou que sejam conhecidos do agente que faz o protesto, ou sejam indicados pelas pessoas que exigiram o protesto. As despesas originadas por esses avisos serão adicionadas às despesas do protesto.

Art. 13. Qualquer das Altas Partes Contratantes tem a faculdade de determinar, no que respeita às letras passadas e pagáveis no seu território, que a taxa de juro a que se referem os ns. 2 dos arts. 48 e 49 da Lei Uniforme poderá ser substituída pela taxa legal em vigor no território da respectiva Alta Parte Contratante.

Art. 14. Por derrogação do art. 48 da Lei Uniforme, qualquer das Altas Partes Contratantes reserva-se a faculdade de inserir na lei nacional uma disposição pela qual o portador pode reclamar daquele contra quem exerce o seu direito de ação uma comissão cujo quantitativo será fixado pela mesma lei nacional. A mesma doutrina se aplica, por derrogação do art. 49 da Lei Uniforme, no que se refere à pessoa que, tendo pago uma letra, reclama a sua importância aos seus garantes.

Art. 15. Qualquer das Altas Partes Contratantes tem a liberdade de decidir que, no caso de perda de direitos ou de prescrição, no seu território subsistirá o direito de proceder contra o sacador que não constituir provisão ou contra um sacador ou endossante que tenha feito lucros ilegítimos. A mesma faculdade existe, em caso de prescrição, pelo que respeita ao aceitante que recebeu provisão ou tenha realizado lucros ilegítimos.

Art. 16. A questão de saber se o sacador é obrigado a constituir provisão à data do vencimento e se o portador tem direitos especiais sobre essa provisão está fora do âmbito da Lei Uniforme.

O mesmo sucede relativamente a qualquer outra questão respeitante às relações jurídicas que serviram de base à emissão da letra.

Art. 17. A cada uma das Altas Partes Contratantes compete determinar na sua legislação nacional as causas de interrupção e de suspensão da prescrição das ações relativas a letras que os seus tribunais são chamados a conhecer. As outras Altas Partes Contratantes têm a faculdade de determinar as condições a que subordinarão o conhecimento de tais causas. O mesmo sucede quanto ao efeito de uma ação como meio de indicação do início do prazo de prescrição, a que se refere a alínea 3ª do art. 70 da Lei Uniforme.

Art. 18. Qualquer das Altas Partes Contratantes tem a faculdade de determinar que certos dias úteis sejam assimilados aos dias feriados legais, pelo que respeita à apresentação ao aceite ou ao pagamento e demais atos relativos às letras.

Art. 19. Qualquer das Altas Partes Contratantes pode determinar o nome a dar nas leis nacionais aos títulos a que se refere o art. 75 da Lei Uniforme ou dispensar esses títulos de qualquer denominação especial, uma vez que contenham a indicação expressa de que são à ordem.

Art. 20. As disposições dos arts. 1º a 18 do presente Anexo, relativas às letras, aplicam-se igualmente às notas promissórias.

Art. 21. Qualquer das Altas Partes Contratantes reserva-se a faculdade de limitar à¹ obrigação assumida, em virtude do art. 1º da Convenção, exclusivamente às disposições relativas às letras, não introduzindo no seu território as disposições sobre notas promissórias constantes do Título II da Lei Uniforme. Neste caso, a Alta Parte Contratante que fizer uso desta reserva será considerada Parte Contratante apenas pelo que respeita às letras.

Qualquer das Altas Partes Contratantes reserva-se igualmente a faculdade de compilar num regulamento especial as disposições relativas às notas promissórias, regulamento que será inteiramente conforme com as estipulações do Título II da Lei Uniforme e que deverá reproduzir as disposições sobre letras referidas no mesmo título, sujeitas apenas às modificações resultantes dos arts. 75, 76, 77 e 78 da Lei Uniforme e dos arts. 19 e 20 do presente Anexo.

Art. 21: 1. *sic*; deve ser "a" (sem crase).

Art. 22. Qualquer das Altas Partes Contratantes tem a faculdade de tomar medidas excepcionais de ordem geral relativas à prorrogação dos prazos relativos a atos tendentes à conservação de direitos e à prorrogação do vencimento das letras.

Art. 23. Cada uma das Altas Partes Contratantes obriga-se a reconhecer as disposições adotadas por qualquer das outras Altas Partes Contratantes em virtude dos arts. 1 a 4, 6, 8 a 16 e 18 a 21 do presente Anexo.

PROTOCOLO

Ao assinar a Convenção datada de hoje, estabelecendo uma lei uniforme em matéria de letras e notas promissórias, os abaixo-assinados, devidamente autorizados, acordaram nas disposições seguintes:

A. Os membros da Sociedade das Nações e os Estados não membros que não tenham podido efetuar antes de 1º de setembro de 1932 o depósito da ratificação da referida Convenção obrigam-se a enviar, dentro de quinze dias, a contar daquela data, uma comunicação ao Secretariado-Geral da Sociedade das Nações, dando-lhe a conhecer a situação em que se encontram no que diz respeito à ratificação.

B. Se, em 1º de novembro de 1932, não se tiverem verificado as condições previstas na alínea primeira do art. 6º para a entrada em vigor da Convenção, o Secretário-Geral da Sociedade das Nações convocará uma reunião dos membros da Sociedade das Nações e dos Estados não membros que tenham assinado a Convenção ou a ela tenham aderido, a fim de serem examinadas a situação e as medidas que porventura devam ser tomadas para a resolver.

C. As Altas Partes Contratantes comunicar-se-ão reciprocamente, a partir da sua entrada em vigor, as disposições legislativas promulgadas nos respectivos territórios para tornar efetiva a Convenção.

Em fé do que os Plenipotenciários acima mencionados assinaram o presente Protocolo.

Feito em Genebra, aos sete de junho de mil novecentos e trinta, num só exemplar, que será depositado nos arquivos do Secretariado da Sociedade das Nações; será transmitida cópia autêntica a todos os membros da Sociedade das Nações e a todos os Estados não membros representados na Conferência.
— Alemanha: Leo Quassowski, Dr. Albrecht, Dr. Ullmann — Áustria: Dr. Strobele — Bélgica: Vte. P. Poullet de La Vallée-Poussin — Brasil: Deoclécio de Campos — Colômbia: A. J. Restrepo — Dinamarca: A. Helper, V. Eigtved — Cidade Livre de Dantzig: Sulkowski — Equador: Alej. Gastelú — Espanha: Juan Gómez Montejo — Finlândia: F. Grönvall — França: J. Percerou — Grécia: R. Raphaël — Hungria: Dr. Baranyai, Zoltán — Itália: Amedeo Giannini — Japão: M. Ohno, T. Shimada — Luxemburgo: Ch. G. Vermaire — Noruega: Stub Holmboe — Holanda: Molengraaff — Peru: J. M. Barreto — Polônia: Sulkowski — Portugal: José Caeiro da Mata — Suécia: E. Marks von Wurtembert, Birger Ekeberg — Suíça: Vischer — Tchecoslováquia: Prof. Dr. Karel Hermann-Otavsky — Turquia: *ad referendum* Mehmed Munir — Iugoslávia: I. Choumenkovitch.

Mútuo

Decreto n. 22.626, de 7 de abril de 1933[1]

Dispõe sobre os juros nos contratos e dá outras providências.

O Chefe do Governo Provisório da República dos Estados Unidos do Brasil:
Considerando que todas as legislações modernas adotam normas severas para regular, impedir e reprimir os excessos praticados pela usura;
Considerando que é de interesse superior da economia do país não tenha o capital remuneração exagerada impedindo o desenvolvimento das classes produtoras;
Decreta:

DEC. 22.626: 1. Este Dec. foi considerado revogado pelo Dec. s/n de 25.4.91. É claro que não podia ser revogado por simples decreto do Executivo, porque se trata de decreto com força de lei. Aliás, o Dec. s/n de 29.11.91 tornou sem efeito a revogação do Dec. 22.626.

Art. 1º É vedado, e será punido nos termos desta lei, estipular em quaisquer contratos taxas de juros superiores ao dobro da taxa legal (Código Civil, art. 1.062).[1 a 2]

§ 1º *(revogado pelo Dec. lei 182, de 5.1.38).*

§ 2º *(revogado pelo Dec. lei 182, de 5.1.38).*

§ 3º A taxa de juros deve ser estipulada em escritura pública ou escrito particular, e não o sendo, entender-se-á que as partes acordaram nos juros de 6% ao ano,[3] a contar da data da propositura da respectiva ação ou do protesto cambial.

Art. 1º: 1. "O regime dos juros no novo direito privado brasileiro", por Judith Martins-Costa (Ajuris 105/237).

Art. 1º: 1a. Súmula 596 do STF: "As disposições do Decreto 22.626/33 não se aplicam às taxas de juros e aos outros encargos cobrados nas operações realizadas por instituições públicas ou privadas, que integram o sistema financeiro nacional".

"As instituições financeiras não se sujeitam à limitação dos juros remuneratórios estipulada na Lei de Usura (Decreto 22.626/33). Súmula 596/STF" (STJ-2ª Seção, REsp 1.061.530, Min. Nancy Andrighi, j. 22.10.08, DJ 10.3.09).

S/ juros remuneratórios em contrato bancário, v. tb. CC 591 e notas; CDC 51, nota 7a.

Art. 1º: 2. Súmula 176 do STJ (Taxa de juros ANBID-CETIP): "É nula a cláusula contratual que sujeita o devedor à taxa de juros divulgada pela ANBID-CETIP".

Funda-se esta Súmula na **Lei 4.595, de 31.12.64** (RT 353/541, Lex 1964/1.499, RDA 80/467), podendo ser invocados, a respeito, o art. 4º-VI, IX e XXII c/c arts. 17 e 18 desse diploma legislativo.

Observe-se que a Súmula 596 deve ser harmonizada com a de n. 121 (em nota ao art. 4º).

Art. 1º: 3. O art. 1.062 do CC rev. estabelecia em 6% ao ano a taxa de juros moratórios, quando não convencionada. Atualmente, dispõe o **CC 406:** "Quando os juros moratórios não forem convencionados, ou o forem sem taxa estipulada, ou quando provierem de determinação da lei, serão fixados segundo a taxa que estiver em vigor para a mora do pagamento de impostos devidos à Fazenda Nacional".

Art. 2º É vedado, a pretexto de comissão, receber taxas maiores do que as permitidas por esta lei.¹

Art. 2º: 1. Súmula 294 do STJ: "Não é potestativa a cláusula contratual que prevê a comissão de permanência, calculada pela taxa média de mercado apurada pelo Banco Central do Brasil, limitada à taxa do contrato".

"A prática bancária denominou de comissão de permanência as obrigações exigíveis do mutuário após o vencimento do empréstimo, mas, dependendo do contrato, a expressão pode designar ora os juros remuneratórios simplesmente, ora os juros remuneratórios + os juros moratórios, ora, finalmente, os juros remuneratórios + os juros moratórios + a multa contratual; para efeitos práticos, seja qual for o rótulo que se lhes dê, após o vencimento do débito são exigíveis, cumulativamente, os juros remuneratórios (para manter a base econômica do negócio), os juros de mora (para desestimular a demora no cumprimento da obrigação) e a multa contratual (para punir o inadimplemento)" (STJ-3ª T., REsp 866.690-AgRg, Min. Ari Pargendler, j. 9.10.07, DJU 31.10.07). No mesmo sentido: STJ-2ª Seção, REsp 834.968, Min. Ari Pargendler, j. 14.3.07, DJU 7.5.07.

"É admitida a cobrança da comissão de permanência no período da inadimplência, à taxa de mercado, desde que (i) pactuada, (ii) cobrada de forma exclusiva — ou seja, não cumulada com outros encargos moratórios, remuneratórios ou correção monetária — e (iii) que não supere a soma dos seguintes encargos: taxa de juros remuneratórios pactuada para a vigência do contrato; juros de mora; e multa contratual" (STJ-3ª T., REsp 1.068.241-AgRg, Min. Sidnei Beneti, j. 7.10.08, DJ 23.10.08).

"A comissão de permanência, para o período de inadimplência, é cabível, não cumulada com a correção monetária, nos termos da Súmula n. 30 da Corte, nem com juros remuneratórios, calculada pela taxa média dos juros de mercado, apurada pelo Banco Central do Brasil, não podendo ultrapassar a taxa do contrato" (STJ-2ª Seção, REsp 271.214, Min. Menezes Direito, j. 12.3.03, maioria, DJU 4.8.03).

"A importância cobrada a título de comissão de permanência não poderá ultrapassar a soma dos encargos remuneratórios e moratórios previstos no contrato, ou seja: a) juros remuneratórios à taxa média de mercado, não podendo ultrapassar o percentual contratado para o período de normalidade da operação; b) juros moratórios até o limite de 12% ao ano; e c) multa contratual limitada a 2% do valor da prestação, nos termos do art. 52, § 1º, do CDC. Constatada abusividade dos encargos pactuados na cláusula de comissão de permanência, deverá o juiz decotá-los, preservando, tanto quanto possível, a vontade das partes manifestada na celebração do contrato, em homenagem ao princípio da conservação dos negócios jurídicos consagrado nos arts. 139 e 140 do Código Civil alemão e reproduzido no art. 170 do Código Civil brasileiro" (STJ-2ª Seção, REsp 1.058.114, Min. João Otávio, j. 12.8.09, maioria, DJ 16.11.10).

"É manifestamente abusiva a cláusula que estipula a comissão de permanência (= juros remuneratórios + juros de mora + multa) em 14,90% ao mês, quando no período contratual os juros remuneratórios eram de 3,774% ao mês" (STJ-3ª T., REsp 999.717-AgRg, Min. Ari Pargendler, j. 6.3.08, DJU 16.5.08).

V. tb. CC 406, nota 5 (Súmula 472 do STJ), e 591, nota 1 (Súmula 296 do STJ); LCM 1º, nota 3 (Súmula 30 do STJ).

Art. 3º As taxas de juros estabelecidas nesta lei entrarão em vigor com a sua publicação e a partir desta data serão aplicáveis aos contratos existentes ou já ajuizados.

Art. 4º É proibido contar juros dos juros;¹ ª ² esta proibição não compreende a acumulação de juros vencidos aos saldos líquidos em conta-corrente de ano a ano.

Art. 4º: 1. Súmula 121 do STF (Capitalização de juros): "É vedada a capitalização de juros, ainda que expressamente convencionada". Esta Súmula deve ser harmonizada com as notas seguintes.

Art. 4º: 1a. Súmula 93 do STJ (Crédito rural): "A legislação sobre cédulas de crédito rural, comercial e industrial admite o pacto de capitalização de juros" (v. jurisprudência s/ esta Súmula em RSTJ 61/167 a 199).

Art. 4º: 1b. O CC 591 permite a **capitalização anual de juros no mútuo para fins econômicos** (v. notas a esse artigo).

Med. Prov. 2.170-36, de 23.8.01: "Art. 5º-*caput*. Nas operações realizadas pelas instituições integrantes do Sistema Financeiro Nacional, é admissível a capitalização de juros com periodicidade inferior a um ano".

Em matéria de Sistema Financeiro de Habitação, v. **Lei 4.380, de 21.8.64, art. 15-A-*caput***.

Art. 4º: 1c. "A cobrança de juros capitalizados nos contratos de mútuo é permitida quando houver **expressa pactuação**" (STJ-2ª Seção, REsp 1.388.972, Min. Marco Buzzi, j. 8.2.17, DJ 13.3.17).

Art. 4º: 2. "Pelo fato de inchar o valor da dívida, uma vez que há cobrança mensal de juros compostos, o uso da Tabela Price deve ser considerado ilegal, nos termos do art. 4º do Dec. 22.626/33 e da Súmula 121 do STF, a qual não foi afastada pelo Enunciado 596 do referido Tribunal" (JTJ 314/65: AP 441.170-4/6-00; a citação é do voto do relator).

Todavia: "Não é ilegal a utilização da tabela Price para o cálculo das prestações da casa própria, pois, por meio desse sistema, o mutuário sabe o número e os valores das parcelas de seu financiamento. Todavia, tal método de cálculo não pode ser utilizado com o fim de burlar o ajuste contratual, utilizando-se de índice de juros efetivamente maiores do que os ajustados" (STJ-2ª T., REsp 755.340, Min. João Otávio, j. 11.10.05, DJU 20.2.06).

V. tb. CDC 51, nota 7b.

Art. 5º Admite-se que pela mora dos juros contratados estes sejam elevados de 1% e não mais.

Art. 6º Tratando-se de operações a prazo superior a seis (6) meses, quando os juros ajustados forem pagos por antecipação, o cálculo deve ser feito de modo que a importância desses juros não exceda à que produziria a importância líquida da operação no prazo convencionado, às taxas máximas que esta lei permite.

Art. 7º O devedor poderá sempre liquidar ou amortizar a dívida quando hipotecária ou pignoratícia antes do vencimento, sem sofrer imposição de multa, gravame ou encargo de qualquer natureza por motivo dessa antecipação.

§ 1º O credor poderá exigir que a amortização não seja inferior a 25% do valor inicial da dívida.[1]

§ 2º Em caso de amortização, os juros só serão devidos sobre o saldo devedor.

Art. 7º: 1. s/ amortização parcial, v. tb. Lei 4.864, de 29.11.65, art. 1º-V.

Art. 8º As multas ou cláusulas penais, quando convencionadas, reputam-se estabelecidas para atender a despesas judiciais e honorários de advogados,[1] e não poderão ser exigidas quando não for intentada ação judicial para cobrança da respectiva obrigação.

Parágrafo único (*redação da Lei 3.942, de 21.8.61*). Quando se tratar de empréstimo até Cr$ 100.000,00 (cem mil cruzeiros) e com garantia hipotecária, as multas ou cláusulas penais convencionadas reputam-se estabelecidas para atender, apenas, a honorários de advogados, sendo as despesas judiciais pagas de acordo com a conta feita nos autos da ação judicial para cobrança da respectiva obrigação.

Art. 8º: 1. Súmula 616 do STF: "É permitida a cumulação da multa contratual com os honorários de advogado, após o advento do Código de Processo Civil vigente".

Súmula 119 do TFR: "A partir da vigência do Cód. de Proc. Civil de 1973, é cabível a cumulação da multa contratual com honorários advocatícios, na execução hipotecária, regida pela Lei n. 5.741, de 1971". Lei 5.741: no tít. CONTRATOS IMOBILIÁRIOS.

Art. 9º Não é válida a cláusula penal superior à importância de 10% do valor da dívida.

Art. 10. As dívidas a que se refere o art. 1º, §§ 1º, *in fine*, e 2º, se existentes ao tempo da publicação desta lei, quando efetivamente cobertas, poderão ser pagas em dez (10) prestações anuais iguais e continuadas, se assim entender o devedor.[1]

Parágrafo único. A falta de pagamento de uma prestação, decorrido um ano da publicação desta lei,² determina o vencimento da dívida e dá ao credor o direito de excussão.

Art. 10: 1. Disposição transitória, relativa a débitos existentes ao tempo de publicação da lei. O prazo para pagamento desses débitos foi prorrogado (v. ementário).

Art. 10: 2. v. nota 1 a este artigo.

Art. 11. O contrato celebrado com infração desta lei é nulo de pleno direito, ficando assegurado ao devedor a repetição do que houver pago a mais.¹

Art. 11: 1. Logo, a nulidade é parcial (cf. CC 184).

Art. 12. Os corretores e intermediários, que aceitarem negócios contrários ao texto da presente lei, incorrerão em multa de cinco a vinte contos de réis, aplicada pelo Ministro da Fazenda e, em caso de reincidência, serão demitidos, sem prejuízo de outras penalidades aplicáveis.

Arts. 13 a 15. 1-2

Arts. 13 a 15: 1. O art. 4º da Lei 1.521, de 26.12.51 (Altera dispositivos da legislação vigente sobre crimes contra a economia popular, em RT 197/530, Lex 1951/521, RF 139/563), substituiu inteiramente o disposto nos arts. 13 a 15 do decreto supra, que eram do teor seguinte:

"Art. 13. É considerada delito de usura toda a simulação ou prática tendente a ocultar a verdadeira taxa do juro ou a fraudar os dispositivos desta lei, para o fim de sujeitar o devedor a maiores prestações ou encargos, além dos estabelecidos no respectivo título ou instrumento.

"Penas — Prisão por seis (6) meses a um (1) ano e multas de cinco contos a cinquenta contos de réis.

"No caso de reincidência, tais penas serão elevadas ao dobro.

"Parágrafo único. Serão responsáveis como coautores o agente e o intermediário, e, em se tratando de pessoa jurídica, os que tiverem qualidade para representá-la.

"Art. 14. A tentativa deste crime é punível nos termos da lei penal vigente.

"Art. 15. São consideradas circunstâncias agravantes o fato de, para conseguir aceitação de exigências contrárias a esta lei, valer-se o credor da inexperiência ou das paixões do menor, ou da deficiência ou doença mental de alguém, ainda que não esteja interdito, ou de circunstâncias aflitivas em que se encontre o devedor".

Arts. 13 a 15: 2. O art. 4º § 3º da Lei 1.521/51 foi **revogado** pela Med. Prov. 2.172-38, de 23.8.01 (v. seu teor na nota 1 do art. 7º da Med. Prov. 2.172-32, de 23.8.01, a seguir).

Art. 16. Continuam em vigor os arts. 24, parágrafo único, n. 4, e 27 do Decreto n. 5.746, de 9 de dezembro de 1929, e art. 44, n. 1, do Decreto n. 2.044, de 17 de dezembro de 1908¹ e as disposições do Código Comercial, no que não contravierem com esta lei.

Art. 16: 1. O Dec. leg. 2.044 (antiga lei cambial) foi parcialmente revogado pelas Leis Uniformes de Genebra. A questão dos juros está regulada, quanto às letras de câmbio e notas promissórias, pelos arts. 5º, 48-2º e 49-2º do Anexo I do **Dec. 57.663, de 24.1.66** (RT 366/427, Lex 1966/160), e art. 13 de seu Anexo II; e, quanto aos cheques, pelos arts. 10, 52-II e 53-II da **Lei 7.357, de 2.9.85** (Lex 1985/682, RBDPb 49/203, RF 291/526, RAMPR 40/301, Just. 130/281, Bol. AASP 1.395/supl.).

Art. 17. O governo federal baixará uma lei especial, dispondo sobre as casas de empréstimos sobre penhores e congêneres.¹

Art. 17: 1. v. **Dec. lei 1.113, de 22.2.39** — Dispõe sobre taxas de juros nos empréstimos sob penhor (RT 119/436, Lex 1939/72, RF 77/415). Este diploma legislativo também está implicitamente **revogado** pela Lei 4.595 (v. acima,

Súmula 596 do STF, em nota 1 ao art. 1º) e pelo **Dec. lei 759, de 12.8.69** (Lex 1969/1.190, RDA 98/384), que, em seu **art. 2º**, alínea e, conserva às Caixas Econômicas Federais a incumbência de "exercer o monopólio das operações sobre penhores civis, com caráter permanente e de continuidade".

Art. 18. O teor desta lei será transmitido por telegrama a todos os interventores federais, para que o façam publicar incontinenti.

Art. 19. Revogam-se as disposições em contrário.

Rio de Janeiro, 7 de abril de 1933; 112º da Independência e 45º da República — GETULIO VARGAS — **Francisco Antunes Maciel** — **Joaquim Pedro Salgado Filho** — **Juarez do Nascimento Fernandes Távora** — **Oswaldo Aranha**.

Prescrição e Decadência

Decreto n. 20.910,
de 6 de janeiro de 1932

Regula a prescrição quinquenal.

O Chefe do Governo Provisório da República dos Estados Unidos do Brasil, usando das atribuições contidas no art. 1º do Decreto n. 19.398, de 11 de novembro de 1930, decreta:

> **Art. 1º** As dívidas passivas da União, dos Estados e dos Municípios, bem assim todo e qualquer direito ou ação contra a Fazenda federal, estadual ou municipal, seja qual for a sua natureza, prescrevem em cinco anos contados da data do ato ou fato do qual se originaram.¹ ᵃ ⁵

Art. 1º: 1. v. Dec. lei 4.597, de 19.8.42, art. 2º. V., ainda, Lei 5.172, de 25.10.66 (CTN), arts. 168 e 169, no ementário deste tít.

S/ pretensão: fundada em direito real, v. CC 205, nota 3b; de perito ao recebimento de honorários em processo em que é parte beneficiário da justiça gratuita, v. CC 206, nota 2f.

Art. 1º: 2. CF 37: "§ 5º A lei estabelecerá os prazos de prescrição para ilícitos praticados por qualquer agente, servidor ou não, que causem prejuízos ao erário, ressalvadas as respectivas ações de ressarcimento".

"A pretensão de ressarcimento ao erário em face de agentes públicos reconhecida em acórdão de Tribunal de Contas prescreve na forma da Lei 6.830/1980" (STF-Pleno, RE 636.886, Min. Alexandre de Moraes, j. 20.4.20, DJ 24.6.20).

Art. 1º: 2a. Súmula 107 do TFR: "A ação de cobrança do crédito previdenciário contra a Fazenda Pública está sujeita à prescrição quinquenal estabelecida no Dec. n. 20.910, de 1932".

Súmula 108 do TFR: "A constituição do crédito previdenciário está sujeita ao prazo de decadência de cinco anos".

Súmula 39 do STJ: "Prescreve em vinte anos a ação para haver indenização, por responsabilidade civil, de sociedade de economia mista". Isso porque "a prescrição quinquenal não atinge as sociedades de economia mista concessionárias de serviço público" (STJ-4ª T., AI 578.536-AgRg, Min. Barros Monteiro, j. 23.8.05, DJU 10.10.05). No mesmo sentido: STJ-3ª T., AI 781.771-AgRg, Min. Sidnei Beneti, j. 26.8.08, DJ 11.9.08; STJ-2ª T., AI 467.886-AgRg, Min. Franciulli Netto, j. 8.4.03, DJ 4.8.03; STJ-1ª T., AI 501.573-AgRg, Min. José Delgado, j. 2.9.03, DJ 13.10.03.

Súmula 85 do STJ: "Nas relações jurídicas de trato sucessivo em que a Fazenda Pública figure como devedora, quando não tiver sido negado o próprio direito reclamado, a prescrição atinge apenas as prestações vencidas antes do quinquênio anterior à propositura da ação" (v. jurisprudência s/ esta Súmula em RSTJ 49/393 a 422).

Súmula 119 do STJ: "A ação de desapropriação indireta prescreve em vinte anos" (v. jurisprudência s/ esta Súmula em RSTJ 72/19). Atualmente, esse prazo é menor (v. nota 3c).

Súmula 467 do STJ: "Prescreve em cinco anos, contados do término do processo administrativo, a pretensão da Administração Pública de promover a execução da multa por infração ambiental". Mas: "É imprescritível a pretensão de reparação civil de dano ambiental" (STF-Pleno, RE 654.833, Min. Alexandre de Moraes, j. 20.4.20, maioria, DJ 24.6.20). V. tb. nota 3.

Súmula 647 do STJ: "São imprescritíveis as ações indenizatórias por danos morais e materiais decorrentes de atos de perseguição política com violação de direitos fundamentais ocorridos durante o regime militar". V. tb. nota 5.

Súmula 22 do 1º TASP: "Prescrevem em vinte anos as ações de indenização decorrentes de acidente ferroviário propostas contra a Ferrovia Paulista S.A.". O acórdão que deu origem a esta Súmula está publicado em RT 649/89 e em JTA 115/77.

Art. 1º: 2b. "À **empresa pública** integrante da administração indireta, prestadora de serviços públicos, que não explora atividade econômica, aplica-se a prescrição quinquenal prevista no Dec. 20.910/32" (STJ-1ª Seção, REsp 863.380, Min. Herman Benjamin, j. 29.2.12, DJ 13.4.12).

V. tb. Dec. lei 4.597, de 19.8.42, art. 2º.

Art. 1º: 2c. É de cinco anos o prazo para ajuizar demanda de **reparação civil** contra a Fazenda Pública (STJ-1ª Seção, ED no REsp 1.081.885, Min. Hamilton Carvalhido, j. 13.12.10, DJ 1.2.11). Ratificando esse entendimento: STJ-1ª Seção, REsp 1.251.993, Min. Mauro Campbell, j. 12.12.12, DJ 19.12.12. No mesmo sentido: RT 907/950 (TJES, AI 27109000086).

Contra: "O legislador estatuiu a prescrição de cinco anos em benefício do Fisco e, com o manifesto objetivo de favorecer ainda mais os entes públicos, estipulou que, no caso da eventual existência de prazo prescricional menor a incidir em situações específicas, o prazo quinquenal seria afastado nesse particular. Inteligência do art. 10 do Dec. 20.910/32. O prazo prescricional de três anos relativo à pretensão de reparação civil — art. 206, § 3º, V, do CC de 2002 — prevalece sobre o quinquênio previsto no art. 1º do Dec. 20.910/32" (STJ-2ª T., REsp 1.137.354, Min. Castro Meira, j. 8.9.09, DJ 18.9.09; nota: esse acórdão foi cassado nos subsequentes embargos de divergência). No mesmo sentido: JTJ 342/287 (AP 924.002-5-5).

✎ "Novamente o prazo prescricional das pretensões indenizatórias exercitadas contra a Fazenda Pública no Estado Democrático de Direito brasileiro", por Leonardo Oliveira Soares (RP 228/51).

Art. 1º: 2d. "Tratando-se de **ação de ressarcimento promovida pela Administração Pública** em desfavor de particular, que não agente público, bem como não se tratando de ressarcimento ao erário em decorrência de improbidade administrativa, aplica-se o prazo de prescrição quinquenal previsto no art. 1º do Decreto 20.910/1932" (RSDA 95/86: TJDFT, AP 20110111861965). No mesmo sentido: STF-Pleno, RE 669.069, Min. Teori Zavascki, j. 3.2.16, maioria, DJ 28.4.16; STJ-2ª T., REsp 1.318.938, j. 26.11.19, DJ 29.11.19.

Art. 1º: 2e. "Execução fiscal. Ressarcimento devido ao Sistema Único de Saúde — SUS pela operadora de plano de saúde. Pagamento administrativo não realizado. Inscrição em dívida ativa. Pretensão executória que observa o prazo quinquenal do decreto 20.910/1932. Parcelamento administrativo da dívida: fato interruptivo" (STJ-2ª T., REsp 1.435.077, Min. Humberto Martins, j. 19.8.14, DJ 26.8.14).

"Ressarcimento ao SUS. Crédito apurado em processo administrativo. Prescrição. Enquanto pendente a conclusão do processo administrativo, não há falar em transcurso de prazo prescricional, nos termos do art. 4º do Decreto 20.910/1932 ('não corre a prescrição durante a demora que, no estudo, ao reconhecimento ou no pagamento da dívida, considerada líquida, tiverem as repartições ou funcionários encarregados de estudar e apurá-la'). Com efeito, enquanto se analisa o *quantum* a ser ressarcido, não há, ainda, pretensão. Só se pode falar em pretensão ao ressarcimento de valores após a notificação do devedor a respeito da decisão proferida no processo administrativo, uma vez que o montante do crédito a ser ressarcido só será passível de quantificação após a conclusão do respectivo processo administrativo. Deste modo, como a parte ora agravada foi notificada da decisão do processo administrativo em 14.8.2006 e a inscrição em dívida ativa somente foi efetivada em 9.1.2012, constata-se a ocorrência da prescrição quinquenal no presente caso" (STJ-2ª T., REsp 1.439.604-AgRg, Min. Herman Benjamin, j. 2.10.14, DJ 9.10.14).

Art. 1º: 3. "Em se tratando da prescrição do direito de a Fazenda Pública executar valor de multa referente a crédito não tributário, ante a inexistência de regra própria e específica, deve-se aplicar o prazo quinquenal estabelecido no art. 1º do Dec. 20.910/32" (STJ-1ª T., REsp 905.932, Min. José Delgado, j. 22.5.07, um voto vencido, DJU 28.6.07). No mesmo sentido: RT 873/308 (TJRN, AI 2007.007483-1).

"Se a relação que deu origem ao crédito em cobrança tem assento no Direito Público, não tem aplicação a prescrição constante do Código Civil. Uma vez que a exigência dos valores cobrados a título de multa tem nascedouro num vínculo de natureza administrativa, não representando, por isso, a exigência de crédito tributário, afasta-se do tratamento da matéria a disciplina jurídica do CTN. Incidência, na espécie, do Decreto 20.910/32, porque à Administração Pública, na cobrança de seus créditos, deve-se impor a mesma restrição aplicada ao administrado no que se refere às dívidas passivas daquela" (STJ-2ª T., AI 1.031.969-AgRg, Min. Eliana Calmon, j. 24.6.08, DJ 14.8.08).

"É de cinco anos o prazo prescricional para o ajuizamento da execução fiscal de cobrança de multa de natureza administrativa, contado do momento em que se torna exigível o crédito (artigo 1º do Decreto n. 20.910/32)" (STJ-1ª Seção, REsp 1.105.442, Min. Hamilton Carvalhido, j. 9.12.10, maioria, DJ 22.2.11).

V. tb. Súmula 467 do STJ em nota 2a. V. ainda Súmula 412 do STJ e seus desdobramentos em CC 205, nota 2.

Art. 1º: 3a. "O art. 70 da Lei Uniforme de Genebra, aprovada pelo Dec. 57.663/66, fixa em três anos a prescrição do título cambial. A prescrição da ação cambiariforme, no entanto, não fulmina o próprio crédito, que poderá ser perseguido por outros meios. A União, cessionária do crédito rural, não está a executar a cédula de crédito rural (de natureza cambiária), mas, sim, a dívida oriunda de contrato, razão pela qual pode se valer do disposto no art. 39, § 2º, da Lei 4.320/64 e, após efetuar a inscrição na sua dívida ativa, buscar sua satisfação por meio da Execução Fiscal, nos termos da Lei 6.830/80. Por não se tratar de execução de título cambial, mas, sim, de dívida ativa da Fazenda Pública, de natureza não tributária, deve incidir, na forma dos precedentes do STJ, o prazo prescricional previsto no art. 1º do Dec. 20.910/32" (STJ-2ª T., REsp 1.169.666, Min. Herman Benjamin, j. 18.2.10, DJ 4.3.10).

Art. 1º: 3b. "Servidor público. **Aposentadoria. Revisão.** Prescrição. Decreto 20.910/1932. Natureza. Fundo de direito" (STJ-Corte Especial, ED no REsp 1.172.833, Min. Herman Benjamin, j. 18.12.18, maioria, DJ 11.6.19).

"Nos casos em que o servidor busca a revisão do ato de aposentadoria, ocorre a prescrição do próprio fundo de direito após o transcurso de mais de cinco anos entre o ato de concessão e o ajuizamento da ação" (STJ-5ª T., REsp 851.560, Min. Arnaldo Esteves, j. 8.4.08, um voto vencido, DJ 4.8.08). No mesmo sentido: STJ-6ª T., REsp 746.253-AgRg, Min. Hamilton Carvalhido, j. 9.8.05, DJU 12.9.05.

"Segundo o princípio da *actio nata*, em se tratando de ação proposta contra ato único de efeitos concretos que importou na **supressão de** determinada **vantagem,** não há falar em relação de trato sucessivo que se renova mês a mês, de forma que, ultrapassados mais de 5 anos do ato impugnado, ocorre a prescrição do próprio fundo de direito" (STJ-5ª T., REsp 940.791, Min. Arnaldo Esteves, j. 5.8.08, DJ 20.10.08).

"O **ato de enquadramento** é único de efeito concreto, não caracterizando relação de trato sucessivo. Decorridos mais de 5 anos entre o ato questionado e o ajuizamento da ação, prescreve o próprio fundo de direito" (STJ-2ª T., REsp 1.293.145-EDcl-EDcl-AgRg, Min. Castro Meira, j. 20.11.12, DJ 29.11.12).

Todavia: "O ato administrativo de aposentadoria de servidor público não configura, por si só, para fins do art. 1º do Decreto 20.910/1932 e da Súmula 85/STJ, expressa negativa do direito ao reconhecimento e ao cômputo de verbas não concedidas enquanto ele estava em atividade, salvo quando houver, no mesmo ato, inequívoco indeferimento pela Administração, situação essa que culminará na prescrição do fundo de direito se decorrido o prazo prescricional. O Tribunal de origem assentou que não houve expressa negativa do direito pleiteado, concernente a diferenças de reajuste de fração da parcela autônoma do magistério. Assim, não há falar em prescrição do fundo de direito, mas tão somente em prescrição das parcelas que antecedem os cinco anos anteriores ao ajuizamento da ação" (STJ-1ª Seção, REsp 1.772.848, Min. Herman Benjamin, j. 28.10.20, DJ 1.7.21).

Art. 1º: 3c. A Súmula 119 do STJ (v. nota 2a) deve ser relida, a fim de que se **reduza o prazo prescricional** nela previsto em matéria de ação de **desapropriação indireta.**

"Desapropriação indireta. Natureza. Ação indenizatória de direito real. Prescrição. Aplicação analógica do prazo de usucapião. **Regra. Prazo decenal.** Construção de obras ou implantação de serviços de utilidade pública ou interesse social. Presunção relativa. Possibilidade de prova em sentido contrário. **Prazo de quinze anos. Exceção.** O conceito de desapropriação indireta retrata situação fática em que a Administração, sem qualquer título legítimo, ocupa indevidamente a propriedade privada. Incorporado de forma irreversível e plena o bem particular ao patrimônio público, resta ao esbulhado apenas a ação indenizatória por desapropriação indireta. A jurisprudência conferiu a essa ação indenizatória caráter de direito real, equiparando seu prazo prescricional ao da ocorrência de usucapião em favor do ente público. A adoção das regras de Direito Privado decorre unicamente de construção jurisprudencial. Para aplicação ao Direito Administrativo de normas do Código Civil de 2002 destinadas a regular relações estritamente particulares, é preciso interpretá-las de forma temperada. No caso da desapropriação indireta, inexiste sequer norma positiva no Direito Administrativo, não podendo se exigir da lei civil essa disposição. Todo o sentido do Código Civil é pela ponderação entre os direitos de propriedade do particular e o interesse coletivo. No equilíbrio entre eles, está a função social da propriedade. Assim, plenamente aplicável o parágrafo único às hipóteses de desapropriação indireta, por presunção de haver o Estado implantado obras ou serviços de caráter social ou utilidade pública. A presunção é relativa, podendo ser afastada pela demonstração efetiva de inexistência de referidas obras ou serviços. Em regra, portanto, o prazo prescricional das ações indenizatórias por desapropriação indireta é decenal. Admite-se, excepcionalmente, o prazo prescricional de 15 anos, caso concreta e devidamente afastada a presunção legal. No caso dos autos, o acórdão da origem demonstra tratar-se de desapropriação indireta pela construção de rodovia, hipótese de incidência da regra geral. A obra foi realizada em 1976. O decreto de utilidade pública editado em 1994 interrompeu a prescrição. Aplicando-se a regra de transição do Código Civil de 2002, o prazo prescricional de 10 anos teve início em 11/1/2003. Tendo a presente ação sido ajuizada em agosto de 2013, é forçoso o reconhecimento da prescrição" (STJ-1ª Seção, ED no REsp 1.575.846, Min. Og Fernandes, j. 26.6.19, maioria, DJ 30.9.19).

"A ação de desapropriação indireta possui natureza real e, enquanto não transcorrido o prazo para aquisição da propriedade por usucapião, ante a impossibilidade de reivindicar a coisa, subsiste a pretensão indenizatória em relação ao preço correspondente ao bem objeto do apossamento administrativo. Com fundamento no art. 550 do Código Civil de 1916, o STJ firmou a orientação de que 'a ação de desapropriação indireta prescreve em 20 anos' (Súmula 119/STJ). O Código Civil de 2002 reduziu o prazo do usucapião extraordinário para 10 anos (art. 1.238, § ún.), na hipótese de realização de obras ou serviços de caráter produtivo no imóvel, devendo-se, a partir de então, observadas as regras de transição previstas no Codex (art. 2.028), adotá-lo nas expropriatórias indiretas" (STJ-2ª T., REsp 1.300.442, Min. Herman Benjamin, j. 18.6.13, DJ 26.6.13). No mesmo sentido: STJ-Corte Especial, ED no Ag em REsp 815.431, Min. Felix Fischer, j. 18.10.17, DJ 27.10.17; RT 937/855 (TJPR, AP 886294-6).

"Consoante o princípio da *actio nata*, o direito de ação de indenização por desapropriação indireta nasce no momento em que a área é esbulhada pelo poder público" (STJ-1ª T., REsp 659.220, Min. Luiz Fux, j. 3.10.06, DJU 16.11.06).

"O prazo prescricional da ação de desapropriação indireta se inicia com o ilegítimo apossamento administrativo, mas se interrompe com a publicação do decreto declaratório da utilidade pública do imóvel" (RSTJ 45/240).

Na mesma ordem de ideias, a prescrição da ação de desapropriação indireta se interrompe se a expropriante cobra, do particular, tributo devido em razão da propriedade do imóvel, com o que reconhece estar a ocupá-lo sem *animus domini* (JTJ 163/80).

"Existindo, por parte da Administração, ato de reconhecimento de domínio do autor sobre bem em que versa ação de desapropriação indireta, interrompida há de ser considerada a prescrição" (RSTJ 87/76).

"A edição de decreto expropriatório da área apossada administrativamente interrompe a fluência da prescrição, por importar em ato inequívoco de reconhecimento de domínio alheio" (JTJ 187/73).

Aplicando o prazo prescricional geral na seguinte situação: "As **restrições de uso** de propriedade particular impostas pela Administração, para fins de **proteção ambiental,** constituem desapropriação indireta, devendo a indenização ser buscada mediante ação de natureza real, cujo prazo prescricional é vintenário" (STJ-1ª T., REsp 307.535, Min. Francisco Falcão, j. 12.3.02, DJU 13.5.02).

Todavia: "Para que fique caracterizada a desapropriação indireta, exige-se que o Estado assuma a posse efetiva de determinando bem, destinando-o à utilização pública, o que não ocorreu na hipótese dos autos, visto que a posse dos autores permaneceu íntegra, mesmo após a edição do Dec. 750/93, que apenas proibiu o corte, a exploração e a supressão da vegetação primária ou nos estágios avançado e médio de regeneração da Mata Atlântica. Trata-se, como o vê, de **simples limitação administrativa,** que, segundo a definição de Hely Lopes Meirelles, 'é toda imposição geral, gratuita, unilateral e de ordem pública condicionadora do exercício de direitos ou de atividades particulares às exigências do bem-estar social' (*Direito Administrativo Brasileiro,* 32ª edição, atualizada por Eurico de Andrade Azevedo, Délcio Balestero Aleixo e José Emmanuel Burle Filho, São Paulo: Malheiros, 2006, pág. 630). É possível, contudo, que o tombamento de determinados bens, ou mesmo a imposição de limitações administrativas, traga prejuízos aos seus proprietários, gerando, a partir de então, a obrigação de indenizar. Não se tratando, todavia, de ação real, incide, na hipótese, a norma contida no art. 1º do Dec. 20.910/32, o qual dispõe que 'todo e qualquer direito ou ação contra a Fazenda Federal, Estadual ou Municipal, seja qual for a sua natureza, **prescreve em cinco anos** contados da data do ato ou fato do qual se originarem'" (STJ-1ª T., REsp 1.105.661, Min. Denise Arruda, j. 14.4.09, DJ 11.5.09).

"Legislação ambiental. Restrição de uso. Limitação administrativa. Pleito indenizatório. Prazo de prescrição quinquenal. A restrição de uso decorrente da legislação ambiental é simples limitação administrativa, e não se confunde com o desapossamento típico da desapropriação indireta. Isso fica evidente nos casos de imóveis à beira de lagos, em que o proprietário particular continua na posse do bem, incluindo a área de preservação permanente, e usufrui dos benefícios decorrentes da proximidade das águas. Aplica-se, *in casu,* o prazo de prescrição quinquenal do art. 10 do Dec. lei 3.365/41" (STJ-2ª T., Ag em REsp 177.692-AgRg, Min. Herman Benjamin, j. 18.9.12, DJ 24.9.12).

"**Doação com encargo** de particular para o município. **Inexecução pelo ente público.** Ação indenizatória. Desapropriação indireta não caracterizada. Prazo prescricional. Art. 1º do Decreto 20.910/1932. No caso dos autos, a ação não é de desapropriação indireta, apesar de ter havido anteriormente a declaração expropriatória. Isso porque nenhuma coerção foi imposta ao proprietário, já que a citada declaração não o obrigou a celebrar ajuste com o Poder Público. O acordo feito entre as partes trata-se de negócio jurídico bilateral resultante de consenso entre a Administração e o particular que manifestou livremente sua vontade de alienar seu bem. Assim, o direito subjetivo da autora da demanda surgiu, não a partir do ato administrativo de desapropriação, mas sim do descumprimento do negócio jurídico firmado entre as partes. Na hipótese em tela, trata-se, dessa forma, de ação de indenização por descumprimento de encargo, que, por ser movida contra o Poder Público, tem seu prazo regulado pelo art. 1º do Decreto 20.910/32" (STJ-2ª T., REsp 1.797.882, Min. Herman Benjamin, j. 27.8.19, DJ 11.10.19).

V. tb. CC 205, nota 3b, e LD 1º, nota 8.

Art. 1º: 3d. Termo *a quo* da prescrição e direitos potestativos. "Relativamente aos direitos potestativos (ou formativos), em face dos quais não corresponde um dever de imediata prestação e sim de sujeição, a lesão não se configura antes do exercício do direito. Não se pode dizer que a lesão ao direito de obter a expedição do diploma de curso universitário ocorreu na data da conclusão do curso. A lesão ocorreu quando, requerida a expedição, houve a negativa de prestação" (STJ-1ª T., REsp 1.100.761, Min. Teori Zavascki, j. 3.3.09, DJ 23.3.09).

V. tb. CC 189, nota 2a.

Art. 1º: 3e. "O termo inicial da prescrição da **nulidade do ato administrativo** de prorrogação ilegal do contrato de concessão se constitui no encerramento do tempo contratual" (STJ-1ª Seção, ED no REsp 1.079.126, Min. Hamilton Carvalhido, j. 13.12.10, DJ 6.5.11).

"O art. 1º do Dec. 20.910/32 não alcança apenas a pretensão de cobrança das dívidas passivas da Fazenda Pública, mas é aplicável, por disposição expressa, a todo e qualquer direito ou ação contra ela movida, ressalvada disciplina especial. A jurisprudência do STJ tem afirmado que o prazo prescricional para a ação anulatória é de cinco anos, nos termos do art. 1º do Dec. 20.910/32, contados da notificação do lançamento" (STJ-2ª T., REsp 1.307.209-AgRg, Min. Herman Benjamin, j. 17.5.12, DJ 23.5.12).

Art. 1º: 3f. "O prazo para propositura de ação de reintegração de policial militar é de cinco anos, a contar do ato de exclusão ou licenciamento, nos termos do Dec. 20.910/32" (STJ-2ª T., Ag em REsp 127.858-AgRg, Min. Herman Benjamin, j. 5.6.12, DJ 15.6.12).

Art. 1º: 3g. "Concurso público. Visão monocular comprovada. Aprovação nas vagas reservadas aos portadores de deficiência. Exclusão indevida do certame pela junta médica. Inaplicabilidade do prazo prescricional previsto na Lei 7.144/83. Não se insurgindo o autor contra o processo seletivo em si, mas contra a negativa da Administração em lhe reconhecer o direito à nomeação, uma vez aprovados em concurso público, há de se aplicar, na hipótese dos autos, a regra da prescrição quinquenal, prevista no art. 1º do Decreto n. 20.910/32" (STJ-1ª T., Ag em REsp 546.939-EDcl-AgInt, Min. Benedito Gonçalves, j. 14.3.17, DJ 23.3.17).

Art. 1º: 3h. "As parcelas em que se decompõe o precatório em razão da moratória constitucional não são prestações autônomas, mas formam um todo único, de modo que o prazo prescricional para pleitear diferenças pagas a menor somente começa a correr a partir do pagamento da última parcela" (STJ-2ª T., REsp 797.071, Min. Castro Meira, j. 12.12.06, DJU 1.2.07). No mesmo sentido: STJ-1ª T., REsp 889.003, Min. Teori Zavascki, j. 13.3.07, DJU 26.3.07.

Art. 1º: 3i. "É de cinco anos o prazo prescricional da ação promovida contra a União Federal por titulares de contas vinculadas ao PIS/PASEP visando à cobrança de diferenças de correção monetária incidente sobre o saldo das referidas contas, nos termos do art. 1º do Dec. 20.910/32" (STJ-1ª Seção, REsp 1.205.277, Min. Teori Zavascki, j. 27.6.12, DJ 1.8.12).

Art. 1º: 4. "A prescrição contra a Fazenda Pública, mesmo em ações indenizatórias, rege-se pelo Dec. 20.910/32, o qual disciplina que o direito à reparação econômica prescreve em cinco anos da data da lesão ao patrimônio material ou imaterial. O Código Civil de 2002, em seu art. 206, § 2º, trata das prestações alimentares de natureza civil e privada, incompatíveis com as percebidas em relação de direito público" (STJ-2ª T., AI 1.397.139-AgRg, Min. Castro Meira, j. 1.3.12, DJ 12.3.12).

"É de 5 anos o prazo prescricional para o servidor postular a complementação do valor das parcelas remuneratórias que lhe são devidas pelo ente público" (STJ-2ª T., REsp 1.320.959, Min. Mauro Campbell, j. 22.5.12, DJ 29.5.12).

Art. 1º: 4a. "Em se tratando de ação indenizatória em que se postula o pagamento de **pensão mensal,** em razão de dano causado pelo Estado, ocorre a prescrição do fundo do direito, nos termos do art. 1º do Decreto 20.910/32, porquanto não há relação jurídica de trato sucessivo, a ensejar a aplicação da Súmula 85/STJ" (STJ-1ª T., REsp 860.162, Min. Denise Arruda, j. 16.12.08, DJ 12.2.09).

Contra, no sentido de que o pedido de indenização por danos materiais, sob forma de pensão alimentar, remete a lesão de trato sucessivo, em que não se atinge o fundo de direito, razão pela qual a prescrição fica circunscrita ao quinquênio anterior ao ajuizamento da ação: STJ-2ª T., REsp 602.237, Min. Franciulli Netto, j. 5.8.04, dois votos vencidos, DJU 28.3.05.

Art. 1º: 4b. "A partir do ato da Administração que pretensamente repercute na esfera jurídica do administrado é que surge para o interessado o direito de buscar em juízo tanto a declaração de ilicitude do ato quanto a reparação de eventual dano dele decorrente" (STJ-Corte Especial, ED no REsp 1.176.344, Min. Laurita Vaz, j. 7.11.12, DJ 28.11.12).

Todavia: "O termo *a quo* do prazo prescricional para o ajuizamento de **ação de indenização** contra ato do Estado, por dano moral e material, conta-se da **ciência inequívoca** dos efeitos decorrentes do ato lesivo" (STJ-1ª T., REsp 1.116.842, Min. Luiz Fux, j. 3.9.09, DJ 14.10.09).

"O termo *a quo* para auferir o lapso prescricional para ajuizamento de ação de indenização contra o Estado não é a data do acidente, mas aquela em que a vítima teve ciência inequívoca de sua invalidez e da extensão da incapacidade de que restou acometida" (STJ-1ª T., REsp 673.576, Min. José Delgado, j. 2.12.04, DJU 21.3.05). No mesmo sentido: RSTJ 102/127, STJ-RT 749/246.

"Deve ser considerado como termo inicial do prazo prescricional a data em que o recorrido teve ciência inequívoca de sua enfermidade e isso pode ocorrer através de laudo pericial ou em outra oportunidade, como no caso dos autos que se deu durante o exame médico em concurso público" (STJ-2ª T., REsp 633.815, Min. Eliana Calmon, j. 19.3.09, DJ 16.4.09).

"O prazo prescricional para a propositura de ação de indenização por danos morais contra o Estado, em virtude da instauração de inquérito judicial alegadamente temerário, deve ser contado da data do trânsito em julgado desse processo" (STJ-2ª T., REsp 699.257, Min. Castro Meira, j. 3.5.07, DJU 23.5.07).

"Concurso público. Servidor público impedido de tomar posse por ato da Administração. Responsabilidade civil do Estado. Ação de indenização por danos morais e materiais. Prescrição quinquenal. Dec. 20.910/32. Termo inicial. Trânsito em julgado da sentença que reconheceu a existência de ato administrativo ilegal" (STJ-1ª T., REsp 909.990, Min. Arnaldo Esteves, j. 5.6.12, DJ 15.6.12).

"A prescrição da ação indenizatória começa a correr no momento em que surge, para a parte, a certeza da lesão do seu direito, o que lhe abre o prazo para o pleito indenizatório. No presente caso, quando da inscrição em dívida ativa, não havia a certeza jurídica de que o direito fora violado, ante a existência de discussão judicial acerca da regularidade de tal inscrição. Assim, é de se concluir que tal certeza somente nasceu com o trânsito em julgado da ação na qual fora desconstituída a multa questionada, e não na data da inscrição em dívida ativa, dado que, no momento de tal inscrição, ainda prevalecia a presunção de certeza e liquidez da certidão de dívida ativa" (STJ-1ª T., Ag em REsp 220.416-AgRg, Min. Benedito Gonçalves, j. 11.2.14, DJ 18.2.14).

Ação indenizatória movida em face do Estado: "Comprovado erro da administração em encarcerar equivocadamente irmão do verdadeiro criminoso, equívoco só desfeito após prova técnica. Termo *a quo* do lapso prescricional iniciado quando certificado o equívoco e liberada a vítima" (STJ-2ª T., REsp 882.097, Min. Eliana Calmon, j. 28.10.08, DJ 21.11.08).

Art. 1º: 4c. "O termo inicial do quinquênio, na hipótese de ajuizamento de **ação penal,** será o trânsito em julgado da sentença nesta ação, e não a data do evento danoso, já que seu resultado poderá interferir na reparação civil do dano, caso constatada a inexistência do fato ou a negativa de sua autoria. É curial observar que se mostra indiferente a circunstância de que a sentença criminal transitada em julgado seja condenatória ou absolutória, para fins de contagem do prazo" (STJ-2ª T., REsp 442.285, Min. Franciulli Netto, j. 13.5.03, DJU 4.8.03).

"O termo inicial da prescrição, em ação de indenização por ilícito penal praticado por agente do Estado, é o trânsito em julgado da ação penal condenatória" (STJ-1ª T., REsp 1.325.252-AgRg, Min. Benedito Gonçalves, j. 16.4.13, DJ 19.4.13).

"O termo inicial para a propositura da ação indenizatória, em face de ilícito penal que está sendo objeto de processo criminal, é do trânsito em julgado da sentença condenatória, ou, no caso, se, reconhecidos a autoria e o fato no juízo criminal, da suspensão do processo (trânsito em julgado da decisão concessiva de *habeas corpus*)" (STJ-R-DDP 60/126: 1a T., REsp 996.722).

Todavia, não se tratando de ação civil *ex delicto*, mas de ação fundada na responsabilidade civil do Estado, mais especificamente na sua omissão em não haver contido os bandidos que assaltaram a vítima, o prazo prescricional se conta a partir do próprio fato danoso (STJ-1ª T., REsp 1.014.307, Min. Teori Zavascki, j. 26.5.09, maioria, DJ 24.6.09).

V. tb. CC 200 e notas.

Art. 1º: 4d. Responsabilidade subsidiária do Estado por ato praticado por concessionária de serviço público. "Em apreço ao princípio da *actio nata* que informa o regime jurídico da prescrição (art. 189, do CC), há de se reconhecer que o termo *a quo* do lapso prescricional somente teve início no momento em que se configurou o fato gerador da responsabilidade subsidiária do poder concedente, *in casu*, a falência da empresa concessionária, sob pena de esvaziamento da garantia de responsabilidade civil do Estado nos casos de incapacidade econômica das empresas delegatárias de serviço público" (STJ-2ª T., REsp 1.135.927, Min. Castro Meira, j. 10.8.10, DJ 19.8.10).

Art. 1º: 5. "Em casos em que se postula a **defesa de direitos fundamentais,** indenização por danos morais decorrentes de atos de **tortura** por motivo político ou de qualquer outra espécie, não há que prevalecer a imposição quinquenal prescritiva" (RSTJ 170/120: 1ª T., um voto vencido). No mesmo sentido: STJ-2ª T., REsp 970.697-AgRg, Min. Mauro Campbell, j. 7.10.08, DJ 5.11.08; RT 922/942 (TJSP, AP 0003871-93.2011.8.26.0053).

"Danos morais. Tortura por policial militar. Imprescritibilidade das pretensões associadas à dignidade da pessoa humana. Por caracterizar inaceitável atentado aos fundamentos mais elementares do Estado de Direito, a tortura por agente estatal é imprescritível. Pouco importando tenha sido praticada em período ditatorial ou na plenitude do regime democrático. Naquele caso, por constituir ofensa que, normalmente, se devia suportar calado. Neste, por desmoralizar a legitimidade e corroer a justificativa ético-política da própria ordem democrática" (STJ-2ª T., REsp 1.454.807, Min. Herman Benjamin, j. 5.3.15, DJ 19.4.17).

V. tb. **Súmula 647 do STJ,** na nota 2a acima.

> **Art. 2º** Prescrevem igualmente no mesmo prazo todo o direito e as prestações correspondentes a pensões vencidas ou por vencerem, ao meio soldo e ao montepio civil e militar ou a quaisquer restituições ou diferenças.

Art. 3º Quando o pagamento se dividir por dias, meses ou anos, a prescrição atingirá progressivamente as prestações, à medida que completarem os prazos estabelecidos pelo presente decreto.[1]

Art. 3º: 1. Súmula 443 do STF (Interrupção da prescrição): "A prescrição das prestações anteriores ao período previsto em lei não ocorre, quando não tiver sido negado, antes daquele prazo, o próprio direito reclamado, ou a situação jurídica de que ele resulta".

Súmula 398 do STJ: "A prescrição da ação para pleitear os juros progressivos sobre os saldos de conta vinculada do FGTS não atinge o fundo de direito, limitando-se às parcelas vencidas".

Súmula 163 do TFR: substituída pela Súmula 85 do STJ, acima.

Art. 4º Não corre a prescrição[1] durante a demora que, no estudo, no reconhecimento ou no pagamento da dívida, considerada líquida, tiverem as repartições ou funcionários encarregados de estudar e apurá-la.

Parágrafo único. A suspensão da prescrição, neste caso, verificar-se-á pela entrada do requerimento do titular do direito ou do credor nos livros ou protocolos das repartições públicas, com designação do dia, mês e ano.

Art. 4º: 1. v. CC 197.

Art. 5º (revogado pela Lei 2.211, de 31.5.54).

Art. 6º O direito à reclamação administrativa, que não tiver prazo fixado em disposição de lei para ser formulada, prescreve em um ano a contar da data do ato ou fato do qual a mesma se originar.

Art. 7º A citação inicial não interrompe a prescrição quando, por qualquer motivo, o processo tenha sido anulado.

Art. 8º A prescrição somente poderá ser interrompida uma vez.[1]

Art. 8º: 1. v., adiante neste tít., Dec. lei 4.597/1942, art. 3º e notas.

Art. 9º A prescrição interrompida recomeça a correr, pela metade do prazo, da data do ato que a interrompeu ou do último ato ou termo do respectivo processo.[1]

Art. 9º: 1. v., adiante neste tít., Dec. lei 4.597/1942, art. 3º e notas.

Art. 10. O disposto nos artigos anteriores não altera as prescrições de menor prazo, constantes das leis e regulamentos, as quais ficam subordinadas às mesmas regras.

Art. 11. Revogam-se as disposições em contrário.

Rio de Janeiro, 6 de janeiro de 1932; 111º da Independência e 44º da República — GETULIO VARGAS — **Oswaldo Aranha.**

Decreto-lei n. 4.597, de 19 de agosto de 1942

Dispõe sobre a prescrição das ações contra a Fazenda Pública e dá outras providências.

O Presidente da República, usando da atribuição que lhe confere o art. 180 da Constituição, decreta:

Art. 1º .... [1]

Art. 1º: 1. O art. 1º não mais vigora (v. CF 109 §§ 1º a 3º, CPC 51). Seu teor era este:
"Salvo o caso do foro do contrato, compete à Justiça de cada Estado e à do Distrito Federal processar e julgar as causas em que for interessado, como autor, réu, assistente ou opoente, respectivamente, o mesmo Estado, ou seus Municípios, e o Distrito Federal.
"Parágrafo único. O disposto neste artigo não se aplica às causas já ajuizadas".

Art. 2º O Decreto n. 20.910, de 6 de janeiro de 1932, que regula a prescrição quinquenal, abrange as dívidas passivas das autarquias, ou entidades e órgãos paraestatais, criados por lei e mantidos mediante impostos, taxas ou quaisquer contribuições, exigidas em virtude de lei federal, estadual ou municipal, bem como a todo e qualquer direito e ação contra os mesmos.[1]

Art. 2º: 1. v. Dec. 20.910, de 6.1.32, art. 1º, nota 2b.

Art. 3º A prescrição das dívidas, direitos e ações a que se refere o Decreto n. 20.910, de 6 de janeiro de 1932, somente pode ser interrompida por uma vez, e recomeça a correr, pela metade do prazo, da data do ato que a interrompeu, ou do último do processo para a interromper; consumar-se-á a prescrição no curso da lide sempre que a partir do último ato ou termo da mesma, inclusive da sentença nela proferida, embora passada em julgado, decorrer o prazo de dois anos e meio.[1 a 3]

Art. 3º: 1. Súmula 383 do STF: "A prescrição em favor da Fazenda Pública recomeça a correr, por dois anos e meio, a partir do ato interruptivo, mas não fica reduzida aquém de cinco anos, embora o titular do direito a interrompa durante a primeira metade do prazo".

Art. 3º: 2. "Só há se falar em renúncia, expressa ou tácita, à prescrição por manifestação da Administração que expresse reconhecimento de dívida postulada posteriormente ao decurso do respectivo prazo prescricional. É a lógica de que somente é possível renunciar àquilo que já se aperfeiçoou sob o domínio do renunciante. Por tal razão, a renúncia ao prazo prescricional não produz efeito idêntico àquele decorrente da interrupção do prazo prescricional, que ocorre durante o lapso em curso. Isto porque não se interrompe o prazo quando ele já se extinguiu. Em consequência, não pode ser aplicada a regra que beneficia a recorrida pelo reinício do prazo pela metade" (STJ-2ª T., REsp 1.314.964, Min. Mauro Campbell, j. 18.9.12, DJ 4.10.12).

S/ renúncia à prescrição e Administração Pública, v. CC 191, nota 3.

Art. 3º: 3. "Interrompido o prazo, a prescrição volta a correr pela metade (dois anos e meio) a contar da data do ato que a interrompeu ou do último ato ou termo do respectivo processo, nos termos do que dispõe o art. 9º do Dec. 20.910/32. Assim, tendo sido a prescrição interrompida no curso de um processo administrativo, o prazo prescricional não volta a fluir de imediato, mas apenas 'do último ato ou termo do processo', consoante dicção do art. 9º, *in fine*, do Dec. 20.910/32. O art. 4º do Dec. 20.910/32, secundando a regra do art. 9º, fixa que a prescrição não corre durante o tempo necessário para a Administração apurar a dívida e individualizá-la a cada um dos beneficiados pelo direito. O prazo prescricional suspenso somente volta a fluir, pela metade, quando a Administração pratica algum ato incompatível com o interesse de saldar a dívida, quando se torna inequívoca a sua mora. No caso, o direito à incorporação dos quintos surgiu com a edição da Med. Prov. 2.225-45/01. Portanto, em 4 de setembro de 2001, quando publicada a Med. Prov., teve início o prazo prescricional quinquenal do art. 1º do Dec. 20.910/32. A prescrição foi interrompida em 17 de dezembro de 2004 com a decisão do Ministro Presidente do CJF exarada nos autos do Processo Administrativo 2004.164940, reconhecendo o direito de incorporação dos quintos aos servidores da Justiça Federal. Ocorre que este processo administrativo ainda não foi concluído. Assim, como ainda não encerrado o processo no bojo do qual foi interrompida a prescrição e tendo sido pagas duas parcelas de retroativos, em dezembro de 2004 e dezembro de 2006, está suspenso o prazo prescricional, que não voltou a correr pela metade, nos termos do art. 9º c/c art. 4º, ambos do Dec. 20.910/32. Prescrição não configurada" (STJ-1ª Seção, REsp 1.270.439, Min. Castro Meira, j. 26.6.13, DJ 2.8.13).

Art. 4º As disposições do artigo anterior aplicam-se desde logo a todas as dívidas, direitos e ações a que se referem, ainda não extintos por qualquer causa, ajuizados ou não, devendo a prescrição ser alegada e decretada em qualquer tempo e instância, inclusive nas execuções de sentença.

Art. 5º Este decreto-lei entrará em vigor na data de sua publicação, revogadas as disposições em contrário.

Rio de Janeiro, 19 de agosto de 1942; 121º da Independência e 54º da República — GETULIO VARGAS — **Alexandre Marcondes Filho — A. de Souza Costa.**

Promessa de Compra e Venda e Loteamento

Decreto-lei n. 58, de 10 de dezembro de 1937

Dispõe sobre o loteamento e a venda de terrenos para pagamento em prestações.

O Presidente da República dos Estados Unidos do Brasil, usando da atribuição que lhe confere o art. 180 da Constituição:

Considerando o crescente desenvolvimento da loteação de terrenos para venda mediante o pagamento do preço em prestações;

Considerando que as transações assim realizadas não transferem o domínio ao comprador, uma vez que o art. 1.088 do Código Civil[1] permite a qualquer das partes arrepender-se, antes de assinada a escritura de compra e venda;

Considerando que esse dispositivo deixa praticamente sem amparo numerosos compradores de lotes, que têm assim por exclusiva garantia a seriedade, a boa-fé e a solvabilidade das empresas vendedoras;

Considerando que, para segurança das transações realizadas mediante contrato de compromisso de compra e venda de lotes, cumpre acautelar o compromissário contra futuras alienações ou onerações dos lotes comprometidos;

Considerando ainda que a loteação e venda de terrenos urbanos e rurais se opera frequentemente sem que aos compradores seja possível a verificação dos títulos de propriedade dos vendedores;

PREÂMBULO: 1. O art. 1.088 do CC rev. não foi reproduzido no CC.

Decreta:

Art. 1º Os proprietários ou coproprietários de terras rurais[1 a 5b] ou terrenos urbanos,[6] que pretendam vendê-los, divididos em lotes e por oferta pública, mediante pagamento do preço a prazo em prestações sucessivas e periódicas, são obrigados, antes de anunciar a venda, a depositar no cartório do registro de imóveis[7] da circunscrição respectiva:

I — Um memorial, por eles assinado ou por procuradores com poderes especiais, contendo:

a) denominação, área, limites, situação e outros característicos do imóvel;

b) relação cronológica dos títulos de domínio, desde 30 anos,[8] com indicação da natureza e data de cada um, e do número e data das transcrições,[9] ou cópia autêntica dos títulos e prova de que se acham devidamente transcritos;

c) plano de loteamento de que conste o programa de desenvolvimento urbano, ou de aproveitamento industrial ou agrícola; nesta última hipótese, informações sobre a qualidade das terras, águas, servidões ativas e passivas, estradas e caminhos, distância da sede do município e das estações de transporte de acesso mais fácil.

II — Planta do imóvel, assinada também pelo engenheiro que haja efetuado a medição e o loteamento e com todos os requisitos técnicos e legais; indicadas a situação, as dimensões e a numeração dos lotes, as dimensões e a nomenclatura das vias de comunicação e espaços livres, as construções e benfeitorias, e as vias públicas de comunicação.

III — Exemplar de caderneta ou do contrato-tipo de compromisso de venda dos lotes.

IV — Certidão negativa de impostos e de ônus reais.

V — Certidão dos documentos referidos na letra *b* do n. I.

§ 1º (*redação da Lei 4.778, de 22.9.65*) Tratando-se de propriedade urbana, o plano e a planta de loteamento devem ser previamente aprovados pela Prefeitura Municipal, ouvidas, quanto ao que lhes disser respeito, as autoridades sanitárias, militares e, desde que se trate de área total ou parcialmente florestada, as autoridades florestais.[9a]

§ 2º As certidões positivas da existência de ônus reais, de impostos e de qualquer ação real ou pessoal, bem como qualquer protesto de título de dívida civil ou comercial não impedem[10] o registro.

§ 3º Se a propriedade estiver gravada de ônus real, o memorial será acompanhado da escritura pública em que o respectivo titular estipule as condições em que se obriga a liberar os lotes no ato do instrumento definitivo de compra e venda.

§ 4º O plano de loteamento poderá ser modificado quanto aos lotes não comprometidos e o de arruamento[11] desde que a modificação não prejudique os lotes comprometidos ou definitivamente adquiridos, se a Prefeitura Municipal aprovar a modificação. A planta e o memorial assim aprovados serão depositados no cartório do registro para nova inscrição, observando[12] o disposto no art. 2º e parágrafos.

§ 5º O memorial, o plano de loteamento e os documentos depositados serão franqueados, pelo oficial do registro, ao exame de qualquer interessado, independentemente do pagamento de emolumentos, ainda que a título de busca. O oficial, neste caso, receberá apenas as custas regimentais das certidões que fornecer.

§ 6º (*redação da Lei 5.532, de 14.11.68*) Sob pena de incorrerem em crime de fraude, os vendedores, se quiserem invocar, como argumento de propaganda, a proximidade do terreno com algum acidente geográfico, cidade, fonte hidromineral ou termal ou qualquer outro motivo de atração ou valorização, serão obrigados a declarar no memorial descritivo e a mencionar nas divulgações, anúncios[13] e prospectos de propaganda, a distância métrica a que[14] se situa o imóvel do ponto invocado ou tomado como referência.

Art. 1º: 1. ET: "Art. 61. Os projetos de colonização particular, quanto à metodologia, deverão ser previamente examinados pelo Instituto Brasileiro de Reforma Agrária, que inscreverá a entidade e o respectivo projeto em registro próprio. Tais projetos serão aprovados pelo Ministério da Agricultura, cujo órgão próprio coordenará a respectiva execução.

"§ 1º Sem prévio registro da entidade colonizadora e do projeto e sem a aprovação deste, nenhuma parcela poderá ser vendida em programas particulares de colonização.

"§ 2º O proprietário de terras próprias para a lavoura ou pecuária, interessado em loteá-las para fins de urbanização ou formação de sítios de recreio, deverá submeter o respectivo projeto à prévia aprovação e fiscalização do órgão competente do Ministério da Agricultura ou do Instituto Brasileiro de Reforma Agrária, conforme o caso.

"§ 3º A fim de possibilitar o cadastro, o controle e a fiscalização dos loteamentos rurais, os cartórios de registro de imóveis são obrigados a comunicar aos órgãos competentes, referidos no parágrafo anterior, os registros efetuados nas respectivas circunscrições, nos termos da legislação em vigor, informando o nome do proprietário, a denominação do imóvel e sua localização, bem como a área, o número de lotes e a data do registro nos citados órgãos.

"§ 4º Nenhum projeto de colonização particular será aprovado para gozar das vantagens desta lei, se não consignar para a empresa colonizadora as seguintes obrigações mínimas:

"a) abertura de estradas de acesso e de penetração à área a ser colonizada;

"b) divisão dos lotes e respectivo piqueteamento, obedecendo a divisão, tanto quanto possível, ao critério de acompanhar as vertentes, partindo a sua orientação no sentido do espigão para as águas, de modo a todos os lotes possuírem água própria ou comum;

"c) manutenção de uma reserva florestal nos vértices dos espigões e nas nascentes;

"d) prestação de assistência médica e técnica aos adquirentes de lotes e aos membros de suas famílias;

"e) fomento da produção de uma determinada cultura agrícola já predominante na região ou ecologicamente aconselhada pelos técnicos do Instituto Brasileiro de Reforma Agrária ou do Ministério da Agricultura;

"f) entrega de documentação legalizada em ordem aos adquirentes de lotes.

"§§ 5º — 6º — 7º — 8º — VETADO".

A **Lei 5.709, de 7.10.71**, art. 17, contém disposição transitória sobre o assunto.

O **Dec. 59.428, de 27.10.66** (Lex 1966/1.529), em seus arts. 93 a 98, consigna disposições s/ desmembramento de imóveis rurais.

Art. 1º: 2. Lei 4.947, de 6.4.66 — Fixa normas de direito agrário, dispõe sobre o sistema de organização e funcionamento do Instituto Brasileiro de Reforma Agrária, e dá outras providências (RT 369/363, Lex 1966/478, RF 215/388): "**Art. 10.** "Fica vedada a inscrição de loteamentos rurais no registro de imóveis, sem prova de prévia aprovação pela autoridade pública competente a que se refere o art. 61 da Lei n. 4.504, de 30 de novembro de 1964.

"§ 1º São nulos de pleno direito a inscrição e todos os atos dela decorrentes, quando praticados com infração do disposto neste artigo.

"§ 2º Nos loteamentos já inscritos até a publicação da Lei n. 4.947, de 6 de abril de 1966, é permitida a venda dos lotes rurais remanescentes, com área inferior à do módulo fixado para a respectiva região.

"§ 3º Ao fim de cada exercício, para fins estatísticos, o IBRA enviará ao Tribunal de Contas relação pormenorizada das alienações efetuadas".

O § 2º, supra, tem a redação que lhe deu a **Lei 5.672, de 2.7.71** (RT 429/493, Lex 1971/926, RDA 106/494, RF 236/424).

Art. 1º: 3. Dec. lei 57, de 18.11.66 — Altera dispositivos sobre lançamento e cobrança do imposto sobre a propriedade territorial rural, institui normas sobre arrecadação da dívida ativa correspondente, e dá outras providências (RT 376/464, Lex 1966/1.690, RDA 87/464), **art. 16**: "Os loteamentos das áreas situadas fora da zona urbana, referidos no § 2º do art. 32 da Lei n. 5.172, de 25 de outubro de 1966, só serão permitidos quando atendido o disposto no art. 61 da Lei 4.504, de 30 de novembro de 1964".

Lei 5.172, de 25.10.66 (CTN), art. 32 § 2º: "A lei municipal pode considerar urbanas as áreas urbanizáveis, ou de expansão urbana, constantes de loteamentos aprovados pelos órgãos competentes, destinados à habitação, à indústria ou ao comércio, mesmo que localizados fora das zonas definidas nos termos do parágrafo anterior". O § anterior define zona urbana.

Art. 1º: 4. s/ loteamento rural promovido por pessoa jurídica estrangeira, v. **Lei 5.709/71**, arts. 3º e 5º, e **Dec. 74.965/74**, arts. 11 e 12.

Art. 1º: 5. Lei 6.634, de 2.5.79 — Dispõe sobre a Faixa de Fronteira, altera o Dec. lei n. 1.135, de 3 de dezembro de 1970, e dá outras providências:

"**Art. 2º** Salvo com o assentimento prévio do Conselho de Segurança Nacional, será vedada, na Faixa de Fronteira, a prática dos atos referentes a: ...

"IV — instalação de empresas que se dedicarem às seguintes atividades: ...

"b) colonização e loteamentos rurais;

"V — transações com imóvel rural, que impliquem a obtenção, por estrangeiro, do domínio, da posse ou de qualquer direito real sobre o imóvel";

(...)

"**§ 4º** (*redação da Lei 13.986, de 7.4.20*) Excetuam-se do disposto nos incisos V e VI do *caput* deste artigo a hipótese de constituição de garantia real, inclusive a transmissão da propriedade fiduciária, em favor de pessoa jurídica nacional ou estrangeira, ou de pessoa jurídica nacional da qual participem, a qualquer título, pessoas estrangeiras físicas ou jurídicas que tenham a maioria do seu capital social e que residam ou tenham sede no exterior, bem como o recebimento de imóvel rural em liquidação de transação com pessoa jurídica nacional ou estrangeira por meio de realização de garantia real, de dação em pagamento ou de outra forma."

"**Art. 5º** As Juntas Comerciais não poderão arquivar ou registrar contrato social, estatuto ou ato constitutivo de sociedade, bem como suas eventuais alterações, quando contrariarem o disposto nesta lei".

"**Art. 6º** Os atos previstos no art. 2º, quando praticados sem o prévio assentimento do Conselho de Segurança Nacional, serão nulos de pleno direito e sujeitarão os responsáveis à multa de até 20% (vinte por cento) do valor declarado do negócio irregularmente realizado".

Art. 1º: 5a. Lei 12.651, de 25.5.12 — Dispõe sobre a proteção da vegetação nativa e dá outras providências (Código Florestal): "**Art. 12** (*redação do* caput *dada pela Lei 12.727, de 17.10.12*). Todo imóvel rural deve manter área com cobertura de vegetação nativa, a título de **Reserva Legal**, sem prejuízo da aplicação das normas sobre as Áreas de Preservação Permanente, observados os seguintes percentuais mínimos em relação à área do imóvel, excetuados os casos previstos no art. 68 desta Lei: I — localizado na Amazônia Legal: **a)** 80% (oitenta por cento), no imóvel situado em área de florestas; **b)** 35% (trinta e cinco por cento), no imóvel situado em área de cerrado; **c)** 20% (vinte por cento), no imóvel situado em área de campos gerais; **II** — localizado nas demais regiões do País: 20% (vinte por cento). **§ 1º** Em caso de fracionamento do imóvel rural, a qualquer título, inclusive para assentamentos pelo Programa de Reforma Agrária, será considerada, para fins do disposto do *caput*, a área do imóvel antes do fracionamento. **§ 2º** O percentual de Reserva Legal em imóvel situado em área de formações florestais, de cerrado ou de campos gerais na Amazônia Legal será definido considerando separadamente os índices contidos nas alíneas *a*, *b* e *c* do inciso I do *caput*. **§ 3º** Após a implantação do CAR, a supressão de novas áreas de floresta ou outras formas de vegetação nativa apenas será autorizada pelo órgão ambiental estadual integrante do Sisnama se o imóvel estiver inserido no mencionado cadastro, ressalvado o previsto no art. 30. **§ 4º** Nos casos da alínea *a* do inciso I, o Poder Público poderá reduzir a Reserva Legal para até 50% (cinquenta por cento), para fins de recomposição, quando o Município tiver mais de 50% (cinquenta por cento) da área ocupada por unidades de conservação da natureza de domínio público e por terras indígenas homologadas. **§ 5º** Nos casos da alínea *a* do inciso I, o Poder Público estadual, ouvido o Conselho Estadual de Meio Ambiente, poderá reduzir a Reserva Legal para até 50% (cinquenta por cento), quando o Estado tiver Zoneamento Ecológico-Econômico aprovado e mais de 65% (sessenta e cinco por cento) do seu território ocupado por unidades de conservação da natureza de domínio público, devidamente regularizadas, e por terras indígenas homologadas. **§ 6º** Os empreendimentos de abastecimento público de água e tratamento de esgoto não estão sujeitos à constituição de Reserva Legal. **§ 7º** Não será exigido Reserva Legal relativa às áreas adquiridas ou desapropriadas por detentor de concessão, permissão ou autorização para exploração de potencial de energia hidráulica, nas quais funcionem empreendimentos de geração de energia elétrica, subestações ou sejam instaladas linhas de transmissão e de distribuição de energia elétrica. **§ 8º** Não será exigido Reserva Legal relativa às áreas adquiridas ou desapropriadas com o objetivo de implantação e ampliação de capacidade de rodovias e ferrovias".

S/ reserva legal, v. ainda **Lei 12.651, de 25.5.12, especialmente arts. 3º-III e 13 a 24.**

Art. 1º: 5b. Principais restrições à liberdade contratual, instituídas pelo CDC, nos contratos de promessa de compra e venda em que o promitente vendedor possa ser definido como fornecedor (CDC, art. 3º):

— quanto à correção monetária das prestações: art. 51 § ún.-X;

— quanto à indenização por benfeitorias necessárias: art. 51 § ún.-XVI;

— quanto à perda das prestações pagas: art. 53, *caput*;

— quanto à multa moratória: limitada a 2%, pelo art. 52 § 1º (na redação da Lei 9.298, de 1.8.96);

— quanto a honorários de advogado e despesas judiciais: art. 51 § ún.-XI;

— quanto ao pagamento antecipado do preço, no todo ou em parte: art. 52 § 2º.

Quanto a juros, v. **Súmula 176 do STJ**: "É nula a cláusula contratual que sujeita o devedor à taxa de juros divulgada pela ANBID-CETIP" (v. jurisprudência s/ esta Súmula em RSTJ 91/235).

Art. 1º: 6. s/ loteamentos urbanos, v., neste tít., Lei 6.766, de 19.12.79, e tb. Dec. lei 271, de 28.2.67.

Art. 1º: 7. v. LRP 167-I-19.

Art. 1º: 8. Reduzido para **20 anos** o prazo, de acordo com o Dec. 3.079, art. 1º-I-*b*.

Art. 1º: 9. atualmente, registros (v. LRP 168).

Art. 1º: 9a. v. art. 25-III da Lei 12.651, de 25.5.12 (Código Florestal).

Art. 1º: 10. Na publicação oficial, está "impedir".
Art. 1º: 11. v. art. 3º e nota 1.
Art. 1º: 12. sic.
Art. 1º: 13. v. art. 10.
Art. 1º: 14. Na republicação pelo DOU 8.4.74, supl., lê-se "em que", o que não confere com o texto da Lei 5.532.

Art. 2º Recebidos o memorial e os documentos mencionados no art. 1º, o oficial do registro dará recibo ao depositante e, depois de autuá-los e verificar a sua conformidade com a lei, tornará público o depósito por edital afixado no lugar do costume e publicado três vezes, durante 10 dias, no jornal oficial do Estado e em jornal da sede da comarca, ou que nesta circule.

§ 1º (*redação da Lei 6.014, de 27.12.73*) Decorridos 30 dias da última publicação, e não havendo impugnação de terceiros, o oficial procederá ao registro,[1] se os documentos estiverem em ordem. Caso contrário, os autos serão desde logo conclusos ao juiz competente para conhecer da dúvida[2] ou impugnação, publicada a sentença em cartório pelo oficial, que dela dará ciência aos interessados.[3]

§ 2º (*redação da Lei 6.014, de 27.12.73*) Da sentença que negar ou conceder o registro caberá apelação.

Art. 2º: 1. v. LRP 167-I-19.
Art. 2º: 2. v. LRP 198 e segs., no tít. REGISTROS PÚBLICOS.
Art. 2º: 3. O § 1º está de acordo com a redação dada pela Lei 6.014, de 27.12.73, art. 1º. Na republicação pelo DOU 8.4.74, está, erroneamente: "que dará ciência aos interessados".

Art. 3º A inscrição torna inalienáveis, por qualquer título, as vias de comunicação e os espaços livres constantes do memorial e da planta.[1]

Art. 3º: 1. Este art. foi complementado pelo art. 4º do Dec. lei 271, de 28.2.67, e pelo art. 22 da Lei 6.766, de 19.12.79 (v. adiante).

Art. 4º Nos cartórios do registro imobiliário haverá um livro auxiliar na forma da lei respectiva e de acordo com o modelo anexo.

Nele se registrarão, resumidamente:

a) por inscrição,[1] o memorial de propriedade loteada;
b) por averbação,[2] os contratos de compromisso de venda[3-3a] e de financiamento, suas transferências e rescisões.

Parágrafo único. No livro de transcrição, e à margem do registro da propriedade loteada, averbar-se-á a inscrição assim que efetuada.

Art. 4º: 1. atualmente, registro (v. LRP 167-I-19 e 168), no Livro n. 2 (v. LRP 176).
Art. 4º: 2. A averbação é só para os contratos antigos (LRP 167-II-3); os atuais estão sujeitos a registro (LRP 167-I-20).
Art. 4º: 3. s/ contrato preliminar, v. CC 462 a 466.
Art. 4º: 3a. "Compromisso de compra e venda. Constitui-se, ou não, em contrato preliminar?", por Leonardo Ferres da Silva Ribeiro (RT 814/44).

Art. 5º A averbação[1] atribui ao compromissário direito real[2] oponível a terceiros, quanto à alienação ou oneração posterior e far-se-á à vista do instrumento de compromisso de venda, em que o oficial lançará a nota indicativa do livro, página e data do assentamento.

Art. 5º: 1. v. nota 2 ao art. 4º.

Art. 5º: 2. v. CC 1.225.

Art. 6º A inscrição[1] não pode ser cancelada senão:
a) em cumprimento de sentença;
b) a requerimento do proprietário, enquanto nenhum lote for objeto de compromisso devidamente inscrito, ou mediante o consentimento de todos os compromissários ou seus cessionários, expresso em documento por eles assinado ou por procuradores com poderes especiais.

Art. 6º: 1. v. art. 4º-a.

Art. 7º Cancela-se a averbação:[1]
a) a requerimento das partes contratantes do compromisso de venda;
b) pela resolução do contrato;[2]
c) pela transcrição do contrato definitivo de compra e venda;
d) por mandado judicial.

Art. 7º: 1. v. art. 4º-b.

Art. 7º: 2. v. art. 14 § 3º.

Art. 8º O registro instituído por esta lei, tanto por inscrição quanto por averbação, não dispensa nem substitui o dos atos constitutivos ou translativos de direitos reais, na forma e para os efeitos das leis e regulamentos dos registros públicos.

Art. 9º O adquirente por ato *inter vivos*, ainda que em hasta pública, ou por sucessão legítima ou testamentária, da propriedade loteada e inscrita, sub-roga-se[1] nos direitos e obrigações dos alienantes, autores da herança ou testadores, sendo nula qualquer disposição em contrário.

Art. 9º: 1. v. CC 346 a 351.

Art. 10. Nos anúncios[1] e outras publicações de propaganda de venda de lotes a prestações, sempre se mencionará o número e data da inscrição do memorial e dos documentos no registro imobiliário.

Art. 10: 1. O corretor de imóveis não pode "anunciar imóvel loteado ou em condomínio sem mencionar o número de registro do loteamento ou da incorporação no registro de imóveis" (**Lei 6.530, de 12.5.78, art. 20-V**).

Art. 11. Do compromisso de compra e venda a que se refere esta lei, contratado por instrumento público ou particular,[1 a 3a] constarão sempre as seguintes especificações:
a) nome, nacionalidade, estado e domicílio dos contratantes;
b) denominação e situação da propriedade, número e data da inscrição;
c) descrição do lote ou dos lotes que forem objeto do compromisso, confrontações, áreas e outros característicos, bem como os números correspondentes na planta arquivada;

d) prazo, preço e forma de pagamento, e importância do sinal;

e) juros devidos sobre o débito em aberto e sobre as prestações vencidas e não pagas;

f) cláusula penal não superior a 10% do débito, só exigível no caso de intervenção judicial;

g) declaração da existência ou inexistência de servidão ativa ou passiva e outros ônus reais ou quaisquer outras restrições ao direito de propriedade;

h) indicação do contratante a quem incumbe o pagamento das taxas e impostos.

§ 1º O contrato, que será manuscrito, datilografado ou impresso, com espaços em branco preenchíveis em cada caso, lavrar-se-á em duas vias, assinadas pelas partes e por duas testemunhas, devidamente reconhecidas as firmas por tabelião.

Ambas as vias serão entregues dentro em 10 dias ao oficial do registro, para averbá-las e restituí-las devidamente anotadas a cada uma das partes.

§ 2º É indispensável outorga uxória[4 a 6] quando seja casado o vendedor.

§ 3º As procurações dos contratantes, que não tiverem sido arquivadas anteriormente, sê-lo-ão no cartório do registro, junto aos respectivos autos.

Art. 11: 1. v. LRP 194.

Para os loteamentos urbanos, v. art. 26 da Lei 6.766, de 19.12.79 (adiante, ínt.).

Art. 11: 2. Principais restrições à liberdade contratual, instituídas pelo CDC, nos contratos de compromisso de compra e venda em que o compromitente vendedor possa ser definido como fornecedor (CDC 3º):

— quanto à perda das prestações pagas: art. 53-*caput* (v. nota seguinte);

— quanto à correção monetária das prestações: art. 39-XIII;

— quanto à perda das benfeitorias necessárias: art. 51-XVI;

— quanto à multa moratória: art. 52 § 1º;

— quanto ao pagamento antecipado do preço, no todo ou em parte: art. 52 § 2º.

Art. 11: 3. CDC 53-*caput*: "Nos contratos de compra e venda de móveis ou imóveis mediante pagamento em prestações, bem como nas alienações fiduciárias em garantia, consideram-se nulas de pleno direito as cláusulas que estabeleçam a perda total das prestações pagas em benefício do credor que, em razão do inadimplemento, pleitear a resolução do contrato e a retomada do produto alienado".

Art. 11: 3a. "Promessa de compra e venda de imóvel por instrumento particular não é nula, produzindo todos os efeitos obrigacionais dela decorrentes" (RTJ 97/379).

Art. 11: 4. cf. CC 1.647-I.

Art. 11: 5. A falta de outorga uxória impede que o contrato seja registrado no registro de imóveis; mas o contrato não é nulo (RSTJ 92/256).

"Tendo em vista a natureza evidentemente pessoal dos direitos resultantes do contrato de compromisso de compra e venda, desnecessária é a outorga uxória da mulher daquele que firmou o pacto" (STJ-RT 740/240: 4ª T., REsp 37.466). No mesmo sentido: "A ação de revisão de contrato para aquisição de casa própria é de natureza obrigacional" (STJ-3ª T., REsp 491.367, Min. Menezes Direito, j. 29.3.05, DJU 30.5.05). Ainda no mesmo sentido: JTJ 166/54, RJM 179/127.

Art. 11: 6. "Outorga uxória. Não necessariamente, deve constar do instrumento inicial da promessa, podendo constar de documento posteriormente assinado pelo casal vendedor" (STJ-4ª T., REsp 8.944, Min. Athos Carneiro, j. 4.8.92, DJU 8.9.92).

Art. 12. Subentende-se no contrato a condição resolutiva[1] da legitimidade e validade do título de domínio.

§ 1º Em caso de resolução, além de se devolverem as prestações recebidas, com juros convencionados, ou os da lei desde a data do pagamento, haverá, quando provada a má-fé, direito a indenização de perdas e danos.

§ 2º O falecimento dos contratantes não resolve o contrato, que se transmitirá aos herdeiros.

Também não o resolve a sentença declaratória de falência;² na dos proprietários, dar-lhe-ão cumprimento o síndico e o liquidatário; na dos compromissários, será ele arrecadado pelo síndico e vendido, em hasta pública, pelo liquidatário.

Art. 12: 1. v. CC 127 e 128.

Art. 12: 2. v. art. 21.

LRF 119: "Nas relações contratuais a seguir mencionadas prevalecerão as seguintes regras: ... **VI** — na promessa de compra e venda de imóveis, aplicar-se-á a legislação respectiva".

Art. 13. O contrato transfere-se¹ por simples trespasse lançado no verso das duas vias, ou por instrumento separado, sempre com as formalidades dos parágrafos do art. 11.

§ 1º No primeiro caso, presume-se a anuência do proprietário. A falta do consentimento não impede a transferência, mas torna os adquirentes e os alienantes solidários nos direitos e obrigações contratuais.

§ 2º Averbando a transferência para a qual não conste o assentimento do proprietário, o oficial dela lhe dará ciência por escrito.

Art. 13: 1. A transferência de direitos sobre lote urbano se faz de acordo com a Lei 6.766, de 19.12.79, art. 31 (neste tít., adiante).

Art. 14. Vencida e não paga a prestação, considera-se o contrato rescindido¹ 30 dias depois de constituído em mora o devedor.¹ᵃ ᵃ ¹ᶜ

§ 1º Para este efeito será ele intimado, a requerimento do compromitente, pelo oficial do registro² a satisfazer as prestações vencidas e as que se vencerem até a data do pagamento, juros convencionados e custas da intimação.²ᵃ

§ 2º Purgada a mora, convalescerá o compromisso.

§ 3º Com a certidão de não haver sido feito pagamento em cartório, os compromitentes requererão ao oficial do registro o cancelamento da averbação.³

Art. 14: 1. CDC 53-*caput*: "Nos contratos de compra e venda de móveis ou imóveis mediante prestações, bem como nas alienações fiduciárias em garantia, consideram-se nulas de pleno direito as cláusulas que estabeleçam a perda total das prestações pagas em benefício do credor que, em razão do inadimplemento, pleitear a resolução do contrato e a retomada do produto alienado".

S/ esse dispositivo, inclusive a rescisão da promessa de venda e compra, pelo comprador, com a restituição das parcelas pagas, v. CDC 53 e notas.

Art. 14: 1a. Para imóvel não loteado, v. Dec. lei 745, de 7.8.69, em nota 8 ao art. 22.

Para imóvel urbano loteado, v. Lei 6.766, de 19.12.79, arts. 32 a 35, 49 e 19 § 3º (neste tít., adiante).

"Não se aplica o art. 1º do Dec. lei n. 745/69 aos contratos de compromisso de compra e venda, quando a pretensão diz respeito à caracterização da mora do promitente vendedor, e não do promissário-comprador" (RSTJ 132/413).

Art. 14: 1b. "Em princípio, são incompatíveis as condutas do promitente vendedor que, ao mesmo tempo, promove a execução dos títulos e propõe ação para extinguir o contrato" (RSTJ 62/247).

Art. 14: 1c. "Compra e venda: o compromisso de compra e venda e a desnecessidade de interpelação em sua resolução", por Renato Maso Previde (RSDCPC 23/57).

Art. 14: 2. Vale a intimação feita por via judicial (RT 571/73, RJTJESP 76/52), "mesmo em se tratando de imóveis loteados" (STJ-RT 745/191).

Art. 14: 2a. "Sem embargo da notificação (*rectius*, interpelação) pelo cartório ter incluído multa pactuada, não contemplada no art. 14 do DL 58/37, apresenta-se a mesma válida para os fins da constituição em mora do promissário comprador inadimplente" (STJ-4ª T., REsp 2.235, Min. Sálvio de Figueiredo, j. 24.4.90, DJU 28.5.90).

Art. 14: 3. O cancelamento não importa, por si só, rescisão do compromisso, podendo o ato do oficial ser revisto, a todo tempo, pelo juiz (RT 513/155).

Art. 15. Os compromissários têm o direito de, antecipando ou ultimando o pagamento integral do preço, e estando quites com os impostos e taxas, exigir a outorga da escritura de compra e venda.¹

Art. 15: 1. O pagamento dos impostos e taxas incidentes sobre o imóvel não é requisito para a adjudicação compulsória, quando disposto no contrato serem tais encargos de responsabilidade do vendedor (STJ-4ª T., REsp 240.608, Min. Aldir Passarinho Jr., j. 21.3.06, DJU 24.4.06).

Art. 16 (*redação da Lei 6.014, de 27.12.73*). Recusando-se os compromitentes a outorgar a escritura definitiva no caso do art. 15, o compromissário¹ poderá propor, para o cumprimento da obrigação, ação de adjudicação compulsória,¹ª ᵃ ³ᵇ que tomará o rito sumaríssimo.⁴ ᵃ ⁷ᵇ

§ 1º (*redação da Lei 6.014, de 27.12.73*) A ação não será acolhida se a parte, que a intentou, não cumprir a sua prestação nem a oferecer nos casos e formas legais.

§ 2º (*redação da Lei 6.014, de 27.12.73*) Julgada procedente a ação, a sentença, uma vez transitada em julgado, adjudicará o imóvel ao compromissário, valendo como título para a transcrição.⁸

§ 3º (*redação da Lei 6.014, de 27.12.73*) Das sentenças proferidas nos casos deste artigo, caberá apelação.⁹

Art. 16: 1. Também o cessionário de compromisso de compra e venda (v. art. 22) e do art. 69 da Lei 4.380, de 21.8.64..

Art. 16: 1a. "Da ação de adjudicação compulsória resultante do contrato preliminar e do contrato de compromisso de venda e compra", por Luiz Tadeu Barbosa Silva (RT 845/50); "Noções práticas sobre o processo de adjudicação compulsória", por Ricardo Arcoverde Credie (RJ 223/141).

Art. 16: 1b. v. CC 1.418, especialmente nota 3, e LRP 216-B.

Art. 16: 2. v., s/ loteamentos urbanos, Lei 6.766, de 19.12.79, art. 25, também conferindo ação de adjudicação compulsória.

Art. 16: 2a. v., s/ compromisso não registrado e embargos de terceiro, v., no CPCLPV, CPC 674, nota 12 (Súmula 84 do STJ); s/ rescisão de compromisso e reintegração de posse, v., no CPCLPV, CPC 560, nota 2.

Art. 16: 3. "O direito de o promissário comprador obter a escritura definitiva do imóvel através da adjudicação compulsória é de propriedade, sendo imprescritível" (RT 932/931: TJMT, AP 87844/2012). No mesmo sentido: STJ-3ª T., REsp 1.489.565, Min. Ricardo Cueva, j. 5.12.17, DJ 18.12.17; STJ-4ª T., REsp 1.216.568, Min. Luis Felipe, j. 3.9.15, DJ 29.9.15.

Art. 16: 3a. A ação de adjudicação compulsória é **imprescritível**?

— **Sim:** "Não prescreve o direito de a promissária compradora obter a escritura definitiva do imóvel, direito que só se extingue frente ao de outrem, amparado por usucapião" (STJ-4ª T., REsp 369.206, Min. Ruy Rosado, j. 11.3.03, maioria, DJU 30.6.03). No mesmo sentido: STJ-RF 345/257, JTJ 176/11, 209/120, 234/159. Também é imprescritível a ação para cumprimento de obrigação de fazer, consistente em outorga de escritura de venda e compra de imóvel: RJ 260/69.

— **Não:** "Decorrido o prazo de vinte anos, do pagamento integral do preço, prescreve o direito de exigir o cumprimento da obrigação. Prescrito este, o mesmo sucederá com o direito à indenização, fundado em que o promitente vendedor tornou impossível o adimplemento do avençado" (STJ-3ª T., REsp 939, Min. Eduardo Ribeiro, j. 24.10.89, DJU 20.11.89).

Há um acórdão com a seguinte ementa: "Promessa de compra e venda de bem imóvel. Outorga de escritura definitiva. Prescrição. Tratando-se de promessa de compra e venda, o direito de exigir o cumprimento da obrigação prescreve em vinte anos, contado o prazo do pagamento integral do preço" (STJ-3ª T., REsp 299.485, Min. Menezes Direito, j. 2.10.01, DJU 12.11.01). **Todavia**, o recurso especial, interposto pelo compromissário vendedor contra o acórdão local que havia considerado imprescritível a ação de adjudicação, não foi conhecido.

Caso se considere a ação de adjudicação passível de prescrição, nada impede, porém, que o compromissário mova **ação de usucapião**, pois o compromisso apto à adjudicação compulsória é justo título para o usucapião (JTA 123/143).

Art. 16: 3b. "Na ação de adjudicação compulsória, o ato jurisdicional, para ser exequível, deve reunir todas as exigências previstas na Lei de Registros Públicos, e nas demais ordenadoras do parcelamento do solo, a fim de facultar o registro do título no cartório respectivo. Detectada, no caso concreto, a impossibilidade jurídica do pedido de registro, haja vista a falta de prévia averbação do desmembramento de gleba rural originária, e posteriores aberturas de matrículas individualizadas das glebas desvinculadas e prometidas à venda pelo réu. Ausente, portanto, uma das condições específicas da ação de adjudicação compulsória, na dicção do art. 16, § 2º, do Decreto-lei 58/1937 — existência de imóvel registrável" (STJ-4ª T., REsp 1.297.784, Min. Isabel Gallotti, j. 16.9.14, DJ 24.9.14).

Art. 16: 4. Não há mais procedimento sumaríssimo ou sumário no CPC; agora há um único procedimento para o processo de conhecimento ordinário, qual seja, o **procedimento comum** (v. CPC 318 e segs. e 1.049 § ún.).

Art. 16: 5. "Para que se opere a adjudicação compulsória determinada pelo art. 16, § 2º, do Dec. lei 58/37, é indispensável que conste da inicial a perfeita individuação do imóvel objeto do compromisso de compra e venda, sob pena de extinção do processo sem julgamento do mérito, com base no inciso IV do art. 267 do CPC" (RJTAMG 58/188).

Art. 16: 6. SÚMULAS DO STF SOBRE PROMESSA DE COMPRA E VENDA:

Súmula 166 do STF (Arrependimento): "É inadmissível o arrependimento no compromisso de compra e venda sujeito ao regime do Dec. lei 58, de 10.12.37". No mesmo sentido, quanto aos loteamentos urbanos, art. 25 da Lei 6.766, de 19.12.79 (adiante, int.). S/ arrependimento, v. art. 22, nota 1c.

Súmula 167 do STF: v. nota 6a.

Súmula 168 do STF (Registro da promessa de compra e venda): "Para os efeitos do Dec. lei 58, de 10.12.37, **admite-se a inscrição imobiliária do compromisso de compra e venda no curso da ação**". Atualmente, "registro", e não "inscrição".

Súmula 412 do STF (Devolução do sinal): "No compromisso de compra e venda com cláusula de **arrependimento**, a devolução do sinal, por quem o deu, ou a sua restituição em dobro, por quem o recebeu, exclui indenização maior, a título de perdas e danos, salvo os juros moratórios e os encargos do processo" e a correção monetária (RSTJ 110/281).

Súmula 413 do STF (Imóvel não loteado): "O compromisso de compra e venda de imóveis, ainda que não loteados, dá direito à execução compulsória, quando reunidos os requisitos legais". V. nota 7.

Art. 16: 6a. SÚMULAS DO STJ SOBRE PROMESSA DE COMPRA E VENDA:

Súmula 76 do STJ (Mora na promessa de compra e venda): "A falta de registro do compromisso de compra e venda de imóvel não dispensa a **prévia interpelação** para constituir em **mora** o devedor" (v. jurisprudência s/ esta Súmula em RSTJ 49/107), "sendo ineficaz a existência de cláusula resolutória expressa no referido tipo de pacto, de acordo com a jurisprudência desta Corte" (STJ-4ª T., REsp 8.877, Min. Cesar Rocha, j. 27.5.97, DJU 1.9.97).

Súmula 239 do STJ: "O **direito à adjudicação compulsória não se condiciona ao registro do compromisso** de compra e venda no cartório de imóveis" (v. jurisprudência s/ esta Súmula em RSTJ 144/17). No mesmo sentido: RSTJ 3/1.043, 25/465, 29/356, 32/309, 42/407, STJ-RT 760/227, 778/241. Esta Súmula **revoga** o disposto na **Súmula 167 do STF**. V. nota seguinte.

S/ interpelação, v. **Dec. lei 745, de 7.8.69**, em nota 8 ao art. 22; jurisprudência s/ interpelação, art. 22, notas 5 a 14.

Para a purgação da mora em loteamento urbano, v. **Lei 6.766, de 19.12.79**, art. 32 (em nota 1a ao art. 14).

Art. 16: 7. A falta de registro do compromisso não inviabiliza a ação de adjudicação compulsória. O **art. 27 § 3º** da **Lei 6.766, de 19.12.79**, confere expressamente tal direito ao contratante nas hipóteses de pré-contrato não registrado.

"Na ação de adjudicação compulsória o registro imobiliário do pré-contrato somente se mostra imprescindível para surtir efeitos *erga omnes*, hipóteses em que a sentença transfere a propriedade do bem, ao passo que, não havendo o prévio registro, produzirá efeitos apenas entre as partes, tão somente substituindo a vontade do vendedor, nos termos da Súmula n. 239/STJ" (STJ-4ª T., REsp 195.236, Min. Cesar Rocha, j. 23.10.01, DJU 15.4.02).

Art. 16: 7a. s/ falta de outorga uxória, v. art. 11, notas 4 e 5.

Art. 16: 7b. "Ação de adjudicação contra o promitente vendedor. Alienação do imóvel a terceiros, com registro da respectiva escritura pública. A promessa de venda gera efeitos obrigacionais, ainda que não formalizada por instrumento particular e não registrada. Mas a pretensão à adjudicação compulsória é de caráter pessoal, restrita assim aos contratantes, não podendo prejudicar os direitos de terceiros, que entrementes hajam adquirido o imóvel e obtido o devido registro, em seu nome, no ofício imobiliário" (RSTJ 43/458).

Art. 16: 8. atualmente, para o registro (v. LRP 168).

Art. 16: 9. O prazo de apelação é de 15 dias (Lei 6.014, de 27.12.73, art. 19; CPC 1.003 § 5º).

Art. 17. Pagas todas as prestações do preço, é lícito ao compromitente requerer a intimação judicial do compromissário para, no prazo de trinta dias, que correrá em cartório, receber a escritura de compra e venda.

Parágrafo único. Não sendo assinada a escritura nesse prazo, depositar-se--á[1] o lote comprometido por conta e risco do compromissário, respondendo este pelas despesas judiciais e custas do depósito.

Art. 17: 1. v. CPC 539.

Art. 18. Os proprietários ou coproprietários dos terrenos urbanos loteados a prestação, na forma desta lei, que se dispuserem a fornecer aos compromissários, por empréstimo, recursos para a construção do prédio, nos lotes comprometidos, ou tomá-la por empreitada, por conta dos compromissários, depositarão no cartório do Registro Imobiliário um memorial indicando as condições gerais do empréstimo ou da empreitada e da amortização da dívida em prestações.

§ 1º O contrato, denominado de financiamento, será feito por instrumento público ou particular, com as especificações do art. 11, que lhe forem aplicáveis. Esse contrato será registrado, por averbação, no livro a que alude o art. 4º, fazendo-se-lhe resumida referência na coluna apropriada.

§ 2º Com o memorial também se depositará o contrato-tipo de financiamento, contendo as cláusulas gerais para todos os casos, com os claros a serem preenchidos em cada caso.

Art. 19. O contrato de compromisso não poderá ser transferido sem o de financiamento, nem este sem aquele. A rescisão do compromisso de venda acarretará a do contrato de financiamento e vice-versa, na forma do art. 14.

Art. 20. O adquirente, por qualquer título, do lote, fica solidariamente[1] responsável, com o compromissário, pelas obrigações constantes e decorrentes do contrato de financiamento, se devidamente averbado.

Art. 20: 1. v. CC 275 a 285.

Art. 21. Em caso de falência, os contratos de compromisso de venda e de financiamento serão vendidos conjuntamente em hasta pública, anunciada dentro de quinze dias depois da primeira assembleia de credores, sob pena de destituição do liquidatário.[1] Essa pena será aplicada pelo juiz a requerimento dos interessados, que poderão pedir designação de dia e hora para a hasta pública.

Art. 21: 1. v. art. 12 § 2º.

Disposições Gerais

Art. 22 (*redação da Lei 6.014, de 27.12.73*). Os contratos,[1] sem cláusula de arrependimento,[1a a 2] de compromisso de compra e venda e cessão de direito de imóveis não loteados, cujo preço tenha sido pago no ato de sua constituição ou deva sê-lo em uma ou mais prestações, desde que inscritos[2a] a qualquer tempo,[3] atribuem aos compromissários direito real[4] oponível a terceiros, e lhes conferem o direito de adjudicação compulsória[4a] nos termos dos arts. 16 desta lei, 640 e 641 do Código de Processo Civil.[5 a 14a]

Art. 22: 1. "Não é nulo o contrato preliminar de compra e venda que tem por objeto bem gravado com cláusula de inalienabilidade, por se tratar de compromisso próprio, a prever desfazimento do negócio em caso de impossibilidade de sub-rogação do ônus" (RSTJ 90/238).

Art. 22: 1a. São desta natureza os contratos registrados, relativos a lotes urbanos (v. Lei 6.766, de 19.12.79, art. 25, neste tít., adiante).

Art. 22: 1b. "O direito de arrependimento do consumidor nas promessas de compra e venda de imóveis", por James Eduardo M. C. Oliveira (RT 735/106); "Noções práticas sobre o processo de adjudicação compulsória", por Ricardo Arcoverde Credie (RJ 223/141).

Art. 22: 1c. "A promessa de compra e venda irretratável e irrevogável transfere ao promitente comprador os direitos inerentes ao exercício do domínio e confere-lhe o direito de buscar o bem que se encontra injustamente em poder de terceiro. Serve, por isso, como título para embasar ação reivindicatória" (RSTJ 111/157 e RT 757/126).

Art. 22: 2. "Ainda que se trate de promessa de venda e compra não registrada, somente poderá arrepender-se o promitente vendedor quando houver cláusula inserta no contrato, prevendo expressamente essa faculdade" (RSTJ 87/260). No mesmo sentido: STJ-3ª T., REsp 20.014-7, Min. Cláudio Santos, j. 16.12.92, DJU 12.4.93.

"Não se admite a rescisão de contrato de promessa de venda, mediante o depósito do dobro do valor da prestação inicial de pagamento, após iniciada a execução do contrato, pela imissão na posse do compromissário comprador e pelo pagamento de parcelas de amortização da dívida" (STJ-3ª T., REsp 7.168, Min. Dias Trindade, j. 2.4.91, DJU 13.5.91).

"Após o advento da Lei 6.766/79, o compromisso preliminar de compra e venda firmado pelas partes, ainda que ultimado por meio de proposta aceita pelo alienante, ou outro qualquer instrumento do qual conste manifesta a vontade dos contratantes, confere direito ao adquirente e não pode ser rescindido pelo compromitente vendedor, imotivadamente, notadamente quando inexiste cláusula de arrependimento" (STJ-3ª T., REsp 1.143, Min. Waldemar Zveiter, j. 14.11.89, DJU 11.12.89).

Pago todo o preço, já não se admite mais arrependimento por parte do compromitente vendedor (RTJ 119/705 e STF-JTA 93/168).

"Para que haja adjudicação é preciso que o preço do imóvel tenha sido pago integralmente. A prescrição da ação para cobrança das prestações convencionadas no compromisso não implica quitação do preço, que é o requisito legal necessário a ensejar a adjudicação compulsória" (RT 604/195, maioria).

Art. 22: 2a. registrados, e não inscritos, atualmente (LRP 167-I-9 e 168).

Art. 22: 3. Neste sentido, v. Súmula 168 do STF, em nota 6 ao art. 16.

Art. 22: 4. v. CC 1.225.

Art. 22: 4a. A ação de adjudicação compulsória de imóvel é imprescritível? v. art. 16, nota 3a.

Art. 22: 5. Também a promessa de cessão de direitos relativos a imóveis não loteados autoriza o pedido de adjudicação compulsória, nos termos do art. 69 da Lei 4.380, de 21.8.64.

Art. 22: 6. v. acima, art. 16, inclusive, em nota 6 (Súmulas 412 e 413 do STF) e 7. V. tb., no CPCLPV, CPC 560, nota 2 (rescisão de compromisso e reintegração de posse).

Art. 22: 7. O pré-contrato relativo a lote urbano não confere ação de adjudicação compulsória, mas sim ação pelo procedimento comum (CPC 318 e segs.). V. Lei 6.766, de 19.12.79, art. 27 § 3º, neste tít., adiante.

Art. 22: 8. Dec. lei 745, de 7.8.69 — Dispõe sobre os contratos a que se refere o art. 22 do Dec. lei n. 58, de 10 de dezembro de 1937, e dá outras providências:

"Art. 1º Nos contratos a que se refere o art. 22 do Decreto-Lei n. 58, de 10 de dezembro de 1937, ainda que não tenham sido registrados junto ao Cartório de Registro de Imóveis competente, o inadimplemento absoluto do promissário comprador só se caracterizará se, interpelado por via judicial ou por intermédio de cartório de Registro de Títulos e Documentos, deixar de purgar a mora, no prazo de 15 (quinze) dias contados do recebimento da interpelação.

Parágrafo único. Nos contratos nos quais conste cláusula resolutiva expressa, a resolução por inadimplemento do promissário comprador se operará de pleno direito (art. 474 do Código Civil), desde que decorrido o prazo previsto na interpelação referida no *caput*, sem purga da mora". V. tb. CC 397, nota 4a, e 474, nota 2a.

Para constituição em mora, nos casos de loteamento urbano, v., neste tít., **Lei 6.766, de 19.12.79, art. 32**.

V. Súmula 76 do STJ, no art. 16, nota 6a.

Para os contratos imobiliários com cláusula de correção monetária, v. art. 1º-VI da Lei 4.864, de 29.11.65.

Art. 22: 8a. "O Dec. lei 745/69 dispõe ser necessária a prévia interpelação judicial ou por intermédio do Cartório de Registro de Títulos e Documentos, para constituição em mora do promissário comprador e não do promitente vendedor. Se o promissário comprador é o autor da demanda, não há necessidade daquela exigência" (STJ-3ª T., REsp 206.767, Min. Pádua Ribeiro, j. 3.10.00, DJ 6.11.00).

V. tb. CC 397, nota 4.

Art. 22: 8b. s/ necessidade de intervenção do MP, na interpelação judicial contra menor, v., no CPCLPV, CPC 178, nota 13.

Art. 22: 8c. A citação para a ação de rescisão de promessa de compra e venda não supre a falta de interpelação, que é imprescindível para a constituição em mora do promissário comprador (STJ-3ª T., REsp 43.377, Min. Nilson Naves, j. 9.4.96, DJU 20.5.96). No mesmo sentido: STJ-4ª T., REsp 21.130-3, Min. Sálvio de Figueiredo, j. 11.5.93, DJU 7.6.93; RSTJ 18/490, STJ-RT 676/200, STJ-RJTJERGS 181/24, RJTJESP 99/69.

Todavia, para a simples cobrança de prestações, a citação faz as vezes da interpelação prevista no art. 1º do Dec. lei 745, de 7.8.69 (STJ-4ª T., REsp 109.716, Min. Barros Monteiro, j. 22.3.01, maioria, DJU 4.2.02).

Art. 22: 9. "A necessidade da constituição do devedor em mora, como pressuposto processual da ação de rescisão de compromisso de compra e venda, não impede a incidência dos juros legais, que decorrem do simples atraso no pagamento da dívida" (RT 541/160).

Art. 22: 9a. "A rescisão da promessa de compra e venda de imóvel não loteado depende de prévia interpelação judicial nos termos do Decreto-lei 745, de 1969, sendo ineficaz a cláusula de resolução expressa" (STJ-3ª T., REsp 57.795, Min. Ari Pargendler, j. 17.6.99, DJU 9.8.99).

Art. 22: 9b. Não se aplica à compra e venda o Dec. lei 745/69 (RTJ 100/829).

Art. 22: 9c. É desnecessária a interpelação prevista no Dec. lei 745/69, se o compromissário comprador já havia movido ação de consignação, com a finalidade de purgar a mora (RSTJ 67/352) e, com mais razão ainda, se "em reconvenção, em que propugna pela resolução do contrato, o promitente vendedor concedeu ao promitente comprador prazo para purgá-la" (RSTJ 96/287: REsp 26.830, maioria).

Art. 22: 10. Vale a interpelação feita em comarca diversa da do foro de eleição (JTA 62/33).

Art. 22: 10a. Vale a interpelação feita para pagamento em indexador da moeda, se este foi utilizado no contrato (RTJ 120/785).

Art. 22: 10b. "A interpelação premonitória de que trata o art. 1º do Dec. lei 745/69, quando comina prazo para emenda da mora inferior ao mínimo legal (15 dias), não é só por isso inválida, impondo-se ao interpelado em casos tais purgá-la no lapso quinzenal" (STJ-4ª T., REsp 13.908-0, Min. Sálvio de Figueiredo, j. 10.8.93, DJU 22.11.93). No mesmo sentido: RSTJ 56/143 e STJ-RT 701/158, STJ-RF 330/297.

Art. 22: 10c. "Cancelado o contrato por ato do oficial do Registro Imobiliário com observância do art. 32 e §§ da Lei n. 6.766, de 19.12.79, não há falar em falta da prévia interpelação do compromissário comprador" (RSTJ 66/412).

Art. 22: 11. A notificação para constituição em mora, quando o contrato foi levado ao registro de imóveis, deve ser feita ao marido e à mulher (RTJ 38/548, 43/429, 50/441, 93/222; STF-RT 415/183, 468/211, 469/163, 470/180); em caso contrário, só ao marido (RTJ 81/587, 84/1.051; STF-JTA 94/211; STJ-4ª T., REsp 29.429-4, Min. Sálvio de Figueiredo, j. 21.6.95, DJU 11.9.95).

Com maioria de razão, a notificação da mulher é desnecessária se, além de não inscrito o contrato, ela não figurou nele (RTJ 73/948, JTA 59/233, RF 256/211).

Art. 22: 11a. "A inclusão, na **interpelação** a que alude o art. 1º do Dec. lei 745/69, de parcelas que o interpelando reputa indevidas, não desnatura o objetivo perseguido pelo ato interpelatório, que é o de despertar a atenção do devedor em atraso, concedendo-lhe prazo para que cumpra as obrigações assumidas" (STJ-4ª T., REsp 11.023, Min. Sálvio de Figueiredo, j. 23.11.99, DJU 13.3.00). No mesmo sentido: STJ-3ª T., REsp 332.194, Min. Menezes Direito, j. 20.11.01, DJU 25.2.02.

Contra: "É ineficaz notificação para constituir em mora o devedor quando não mencionar o *quantum* exigido e nem se revestir da necessária clareza" (STJ-RT 736/175). Considerando inválida a notificação onde o compromitente vendedor exigia mais que o devido: RT 510/149, 537/117, 541/137, 717/160; ou havia deixado de mencionar o *quantum* exigido: RT 541/134, JTA 61/100, maioria.

Art. 22: 11b. "É válida e eficaz a **interpelação prévia** que menciona o montante original da dívida (atualizável mediante operação aritmética), de molde a permitir ao devedor, acaso pretendesse, resgatar o débito pendente" (RSTJ 102/384). **Contra**, não se considerou válida notificação onde havia "cálculos de alguma complexidade" (STJ-3ª T., REsp 41.368-0, Min. Eduardo Ribeiro, j. 7.6.94, DJU 27.6.94).

Art. 22: 12. "A inclusão da verba correspondente à multa contratual na notificação prévia não ofende o art. 1º do Dec. lei n. 745, de 7.8.69" (STJ-4ª T., REsp 3.823, Min. Barros Monteiro, j. 12.3.91, DJU 15.4.91).

Art. 22: 13. Feita a interpelação nos termos do Dec. lei 745, já não é mais possível a emenda da mora no prazo para contestação da ação de rescisão do contrato (RTJ 72/254, 72/287, 83/401, 83/416, 85/1.003, 114/703; STF-RT 504/257; RSTJ 56/143; STJ-RT 701/158; STJ-RF 330/297; Bol. AASP 876/270).

Caso especial: "A purgação da mora pode ocorrer ainda após o prazo de contestação, demonstrada a boa-fé do devedor" (RSTJ 62/247). No caso, o compromitente comprador, na contestação, pediu e obteve prazo para purgar a mora, sob alegação de que não tinha sido previamente notificado para fazê-lo. Igualmente: STJ-RT 736/175.

Art. 22: 14. "Enquanto não regularmente constituído em mora, é facultado ao compromissário comprador intentar a ação de consignação em pagamento, a todo o tempo, não importando a delonga havida" (STJ-4ª T., REsp 58.620, Min. Barros Monteiro, j. 25.6.96, DJU 23.9.96).

"O art. 1º do Dec. lei n. 745, de 7.8.69, em conjunto com a legislação esparsa sobre o compromisso de compra e venda, acarretou a substituição do princípio *dies interpellat* pelo da mora *ex persona*. Proposta ação de consignação em pagamento, ante a recusa da credora, no prazo da interpelação, tem-se como afastado o inadimplemento contratual" (STJ-3ª T., REsp 8.012, Min. Cláudio Santos, j. 18.6.91, DJU 5.8.91).

"Vencido em ação de consignação em pagamento de prestação do preço de imóvel compromissado, não pode o compromissário comprador pretender purgar a mora, após citado na ação de rescisão do contrato ajuizada com base na mesma relação jurídica" (RSTJ 32/301).

Art. 22: 14a. v. CPC 501.

Art. 23. Nenhuma ação ou defesa se admitirá, fundada nos dispositivos desta lei, sem apresentação de documento comprobatório do registro por ela instituído.[1]

Art. 23: 1. v. Súmulas 166 e 168 do STF, em nota 6 ao art. 16 e 6a (Súmula 239 do STJ).

Art. 24. Em todos os casos de procedimento judicial, o foro competente será o da situação do lote comprometido ou o a que se referir o contrato de financiamento, quando as partes não hajam contratado outro foro.[1]

Art. 24: 1. v., no CPCLPV, CPC 47, notas 3 e segs.

Art. 25. O oficial do registro perceberá:[1]
a) pelo depósito e inscrição, a taxa fixa de 100$000, além das custas que forem devidas pelos demais atos;
b) pela averbação, a de 5$000 por via de compromisso de venda ou de financiamento;
c) pelo cancelamento de averbação, a de 5$000.

Art. 25: 1. As quantias a seguir são expressas em mil-réis.

Art. 26. Todos os requerimentos e documentos atinentes ao registro se juntarão aos atos respectivos, independentemente de despacho judicial.

Disposições Transitórias

Art. 1º Os proprietários de terras e terrenos loteados em curso de venda deverão, dentro de três meses,[1] proceder ao depósito e registro nos termos desta lei, indicando no memorial os lotes já comprometidos cujas prestações estejam em dia. Se até 30 dias depois de esgotado esse prazo não houverem cumprido o disposto na lei, incorrerão os vendedores em multas de 10 a 20 contos de réis, aplicadas no dobro, quando decorridos mais três meses.

Parágrafo único. Efetuada a inscrição da propriedade loteada, os compromissários apresentarão as suas cadernetas ou contratos para serem averbados, ainda que não tenham todos os requisitos do art. 11, contanto que sejam anteriores a esta lei.

Art. 1º: 1. O prazo foi sucessivamente prorrogado pelo Dec. lei 371, de 13.4.38 (RT 114/405), e pelo Dec. lei 508, de 21.6.38 (RT 115/438, Lex 1938/258, RF 75/442).

Art. 2º As penhoras, arrestos e sequestros de imóveis, para os efeitos da apreciação de fraude[1] de alienações posteriores, serão inscritos[2] obrigatoriamente, dependendo da prova desse procedimento o curso da ação.

Art. 2º: 1. v. CPC 792 (fraude de execução) e CC 158 a 165 (fraude contra credores); v. tb. LRP 240 (quanto aos efeitos da penhora registrada).

Art. 2º: 2. atualmente, "registrados" (LRP 167-I-5).

Art. 3º A mudança de numeração, a construção, a reconstrução, a demolição, a adjudicação, o desmembramento, a alteração do nome por casamento ou desquite[1] serão obrigatoriamente averbados[2] nas transcrições dos imóveis a que se referirem, mediante prova, a critério do oficial do registro de imóveis.

Art. 3º: 1. hoje, separação judicial.

V. CC 1.571, nota 2b **(Em. Const. 66, de 13.7.10).**

Art. 3º: 2. v. LRP 167-II-1, 4 e 5 c/c 246.

Art. 4º Esta lei entrará em vigor na data da sua publicação, revogadas as disposições em contrário.[1]

Art. 4º: 1. O **Dec. lei 271, de 28.2.67**, em seu art. 10, declarou expressamente que o Dec. lei 58, de 10.12.37, e o Dec. 3.079, de 15.9.38, ficavam mantidos, no que não tivesse sido "revogado por dispositivo expresso deste Decreto-lei, da Lei n. 4.591, de 16 de dezembro de 1964, e dos atos normativos mencionados no art. 2º deste Decreto-lei".

Isso não obstante, nada encontramos, de importante, que tais diplomas ou atos normativos houvessem revogado no Dec. lei 58 ou no Dec. 3.079.

Rio de Janeiro, 10 de dezembro de 1937, 116º da Independência e 49º da República — GETULIO VARGAS — **Francisco Campos.**

Lei n. 6.766, de 19 de dezembro de 1979

Dispõe sobre o parcelamento do solo urbano e dá outras providências.

O Presidente da República,
Faço saber que o Congresso Nacional decreta e eu sanciono a seguinte lei:

Art. 1º O parcelamento do solo para fins urbanos será regido por esta lei.[1 a 3]
Parágrafo único. Os Estados, o Distrito Federal e os Municípios poderão estabelecer normas complementares relativas ao parcelamento do solo municipal para adequar o previsto nesta lei às peculiaridades regionais e locais.

Art. 1º: 1. e tb. pelo Dec. lei 271, de 28.2.67 (retro), ainda em vigor, parcialmente.
Art. 1º: 2. s/ algumas questões relativas a esta lei, v. Bol. AASP 1.105/2 (despacho de caráter normativo do Corregedor-Geral da Justiça do TJSP).
Art. 1º: 3. "A Lei 6.766/79, disciplinadora dos parcelamentos do solo, não distingue aqueles destinados à indústria, ao comércio, às residências de luxo ou às casas populares, homenageando sempre os valores urbanísticos e ecológicos" (STJ-2ª T., REsp 247.261, Min. Peçanha Martins, j. 13.5.03, DJU 16.6.03).

Capítulo I | DISPOSIÇÕES PRELIMINARES

Art. 2º O parcelamento do solo urbano poderá ser feito mediante loteamento ou desmembramento, observadas as disposições desta lei e as das legislações estaduais e municipais pertinentes.

§ 1º Considera-se loteamento[1] a subdivisão de gleba em lotes destinados a edificação, com abertura de novas vias de circulação, de logradouros públicos ou prolongamento, modificação ou ampliação das vias existentes.

§ 2º Considera-se desmembramento[2] a subdivisão de gleba em lotes destinados a edificação, com aproveitamento do sistema viário existente, desde que não implique na abertura de novas vias e logradouros públicos, nem no prolongamento, modificação ou ampliação dos já existentes.[2a]

§ 3º ....[3]

§ 4º *(redação da Lei 9.785, de 29.1.99)* Considera-se lote o terreno servido de infraestrutura básica cujas dimensões atendam aos índices urbanísticos definidos pelo plano diretor ou lei municipal para a zona em que se situe.

§ 5º *(redação da Lei 11.445, de 5.1.07)* A infraestrutura básica dos parcelamentos é constituída pelos equipamentos urbanos de escoamento das águas pluviais, iluminação pública, esgotamento sanitário, abastecimento de água potável, energia elétrica pública e domiciliar e vias de circulação.

§ 6º *(redação da Lei 9.785, de 29.1.99)* A infraestrutura básica[4] dos parcelamentos situados nas zonas habitacionais declaradas por lei como de interesse social (ZHIS) consistirá, no mínimo, de:

I — vias de circulação;
II — escoamento das águas pluviais;
III — rede para o abastecimento de água potável; e

IV — soluções para o esgotamento sanitário e para a energia elétrica domiciliar.

§ 7º (*acrescido pela Lei 13.465, de 11.7.17*) O lote poderá ser constituído sob a forma de imóvel autônomo ou de unidade imobiliária integrante de condomínio de lotes.

§ 8º (*acrescido pela Lei 13.465, de 11.7.17*) Constitui loteamento de acesso controlado a modalidade de loteamento, definida nos termos do § 1º deste artigo, cujo controle de acesso será regulamentado por ato do poder público Municipal, sendo vedado o impedimento de acesso a pedestres ou a condutores de veículos, não residentes, devidamente identificados ou cadastrados.

Art. 2º: 1. v. arts. 4º a 9º e 12 a 24.

Art. 2º: 2. v. arts. 10 a 24.

Art. 2º: 2a. A alteração do § 2º, feita pela Lei 9.785, de 29.1.99, foi **vetada**.

Art. 2º: 3. O acréscimo do § 3º, feito pela Lei 9.785, de 29.1.99, foi **vetado**.

Art. 2º: 4. A obrigação de realizar as obras de infraestrutura do parcelamento — tanto do loteamento como do desmembramento — é exclusivamente do parcelador até a sua aprovação pela Prefeitura; depois, ambos serão solidariamente responsáveis por elas. Nesse sentido: "Embora conceitualmente distintas as modalidades de parcelamento do solo, desmembramento e loteamento, com a Lei 9.785/99, que alterou a Lei de Parcelamento do Solo — Lei 6.766/79, não mais se questiona as obrigações do desmembrador ou do loteador. Ambos são obrigados a cumprir as regras do plano diretor. As obras de infraestrutura de um loteamento são debitadas ao loteador, e quando ele é oficialmente aprovado, solidariza-se o Município" (STJ-2ª T., REsp 263.603, Min. Eliana Calmon, j. 12.11.02, DJU 24.5.04). No mesmo sentido: STJ-4ª T., REsp 229.770, Min. Ruy Rosado, j. 6.12.99, DJU 21.2.00.

Art. 3º (*redação da Lei 9.785, de 29.1.99*) Somente será admitido o parcelamento do solo para fins urbanos em zonas urbanas, de expansão urbana[1] ou de urbanização específica, assim definidas pelo plano diretor ou aprovadas por lei municipal.

Parágrafo único. Não será permitido o parcelamento do solo:

I — em terrenos alagadiços e sujeitos a inundações, antes de tomadas as providências para assegurar o escoamento das águas;

II — em terrenos que tenham sido aterrados com material nocivo à saúde pública, sem que sejam previamente saneados;

III — em terrenos com declividade igual ou superior a 30% (trinta por cento), salvo se atendidas exigências específicas das autoridades competentes;

IV — em terrenos onde as condições geológicas não aconselhem a edificação;

V — em áreas de preservação ecológica ou naquelas onde a poluição impeça condições sanitárias suportáveis, até a sua correção.

Art. 3º: 1. v. art. 53.

Capítulo II | DOS REQUISITOS URBANÍSTICOS PARA LOTEAMENTO

Art. 4º Os loteamentos deverão atender, pelo menos, aos seguintes requisitos:[1]

I — as áreas destinadas a sistemas de circulação, a implantação de equipamento urbano e comunitário, bem como a espaços livres de uso público,[1a] serão proporcionais à densidade de ocupação prevista pelo plano diretor ou aprovada por lei municipal para a zona em que se situem;[2]

II — os lotes terão área mínima de 125 m2 (cento e vinte e cinco metros quadrados) e frente mínima de 5 (cinco) metros, salvo quando a legislação estadual ou municipal determinar maiores exigências, ou quando o loteamento se destinar a urbanização específica ou edificação de conjuntos habitacionais de interesse social, previamente aprovados pelos órgãos públicos competentes;³

III — ao longo das faixas de domínio público das rodovias, a reserva de faixa não edificável de, no mínimo, 15 (quinze) metros de cada lado poderá ser reduzida por lei municipal ou distrital que aprovar o instrumento do planejamento territorial, até o limite mínimo de 5 (cinco) metros de cada lado;⁴⁻⁴ᵃ

III-A — ao longo da faixa de domínio das ferrovias, será obrigatória a reserva de uma faixa não edificável de, no mínimo, 15 (quinze) metros de cada lado;⁴ᵇ

III-B — ao longo das águas correntes e dormentes, as áreas de faixas não edificáveis deverão respeitar a lei municipal ou distrital que aprovar o instrumento de planejamento territorial e que definir e regulamentar a largura das faixas marginais de cursos d'água naturais em área urbana consolidada, nos termos da Lei n. 12.651, de 25 de maio de 2012, com obrigatoriedade de reserva de uma faixa não edificável para cada trecho de margem, indicada em diagnóstico socioambiental elaborado pelo Município;⁴ᶜ

IV — as vias de loteamento deverão articular-se com as vias adjacentes oficiais, existentes ou projetadas, e harmonizar-se com a topografia local.

§ 1º A legislação municipal definirá, para cada zona em que se divida o território do Município, os usos permitidos e os índices urbanísticos de parcelamento e ocupação do solo, que incluirão, obrigatoriamente, as áreas mínimas e máximas de lotes e os coeficientes máximos de aproveitamento.⁵

§ 2º Consideram-se comunitários os equipamentos públicos de educação, cultura, saúde, lazer e similares.⁵ᵃ

§ 3º Se necessária, a reserva de faixa não edificável vinculada a dutovias será exigida no âmbito do respectivo licenciamento ambiental, observados critérios e parâmetros que garantam a segurança da população e a proteção do meio ambiente, conforme estabelecido nas normas técnicas pertinentes.⁶

§ 4º No caso de lotes integrantes de condomínio de lotes, poderão ser instituídas limitações administrativas e direitos reais sobre coisa alheia em benefício do poder público, da população em geral e da proteção da paisagem urbana, tais como servidões de passagem, usufrutos e restrições à construção de muros.⁷

§ 5º As edificações localizadas nas áreas contíguas às faixas de domínio público dos trechos de rodovia que atravessem perímetros urbanos ou áreas urbanizadas passíveis de serem incluídas em perímetro urbano, desde que construídas até a data de promulgação deste parágrafo, ficam dispensadas da observância da exigência prevista no inciso III do *caput* deste artigo, salvo por ato devidamente fundamentado do poder público municipal ou distrital.⁸

§ 6º (VETADO)

§ 7º (VETADO)

Art. 4º: 1. "Ação civil pública. Loteamento. Portaria que impede o ingresso a não moradores. Concessão de direito real de uso. Possibilidade, com restrições. Controle de portaria que deve se limitar à identificação" (JTJ 342/461: AP 744.689-5/7-00). Em sentido semelhante: JTJ 345/462 (AP 518.758-4/5-00).

Art. 4º: 1a. v. art. 43.

Art. 4º: 2. Redação do inciso I conforme a Lei 9.785, de 29.1.99.

Art. 4º: 3. Redação do inciso II conforme publicação em Coleção das Leis da União de 1979, errata, p. XIX.

Art. 4º: 4. Redação de acordo com a Lei 13.913, 25.11.19.

Art. 4º: 4a. "Na vigência do novo Código Florestal (Lei n. 12.651/2012), a extensão não edificável nas Áreas de Preservação Permanente de qualquer curso d'água, perene ou intermitente, em trechos caracterizados como área urbana consolidada, deve respeitar o que disciplinado pelo seu art. 4º, *caput*, inciso I, alíneas *a, b, c, d* e *e*, a fim de assegurar a mais ampla garantia ambiental a esses espaços territoriais especialmente protegidos e, por conseguinte, à coletividade" (STJ-1ª Seção, REsp 1.770.967, Min. Benedito Gonçalves, j. 28.4.21, DJ 10.5.21).

Art. 4º: 4b e 4c. Redação de acordo com a Lei 14.285, de 29.12.21.

Art. 4º: 5. Redação do § 1º conforme a Lei 9.785, de 29.1.99.

✎ **Art. 4º: 5a.** "Desafetação de área institucional", por Renato de Lima Castro (IP 43/375).

Art. 4º: 6. O § 3º foi introduzido pela Lei 10.932, de 3.8.04.

Art. 4º: 7. Redação do § 4º de acordo com a Lei 13.465, de 11.7.17.

Art. 4º: 8. Redação do § 5º de acordo com a Lei 13.913, 25.11.19.

Art. 5º O Poder Público competente poderá complementarmente exigir, em cada loteamento, a reserva de faixa *non aedificandi* destinada a equipamentos urbanos.

Parágrafo único. Consideram-se urbanos os equipamentos públicos de abastecimento de água, serviços de esgotos, energia elétrica, coletas de águas pluviais,[1] rede telefônica e gás canalizado.

Art. 5º: 1. "A Lei 6.766/79 não proíbe o repasse dos custos de construção das galerias de águas pluviais aos adquirentes, como previsto contratualmente" (STJ-3ª T., REsp 209.819, Min. Menezes Direito, j. 11.4.03, dois votos vencidos, DJU 15.3.04).

"Não constando dos preceitos da Lei n. 6.766/79 vedação a que as despesas de implantação de rede de água potável em loteamento sejam custeadas pelos adquirentes dos lotes, em havendo previsão contratual originária e vinculante nesse sentido, aqui existente, é procedente a ação de cobrança intentada pela empresa empreendedora contra os compradores inadimplentes com tal obrigação" (STJ-4ª T., REsp 191.907, Min. Aldir Passarinho Jr., j. 6.4.04, DJU 24.5.04).

Capítulo III | DO PROJETO DE LOTEAMENTO

Art. 6º Antes da elaboração do projeto de loteamento, o interessado deverá solicitar à Prefeitura Municipal, ou ao Distrito Federal quando for o caso,[1] que defina as diretrizes para o uso do solo, traçados dos lotes, do sistema viário, dos espaços livres e das áreas reservadas para equipamento urbano e comunitário, apresentando,[2] para este fim, requerimento e planta do imóvel contendo, pelo menos:

I — as divisas da gleba a ser loteada;

II — as curvas de nível à distância adequada, quando exigidas por lei estadual ou municipal;

III — a localização dos cursos d'água, bosques e construções existentes;

IV — a indicação dos arruamentos contíguos a todo o perímetro, a localização das vias de comunicação, das áreas livres, dos equipamentos urbanos e comunitários existentes no local ou em suas adjacências, com as respectivas distâncias da área a ser loteada;

V — o tipo de uso predominante a que o loteamento se destina;

VI — as características, dimensões e localização das zonas de uso contíguas.

Art. 6º: 1. s/ atuação do Estado na execução desta lei, v. arts. 13 a 15.

Art. 6º: 2. v. arts. 8º e 12.

Art. 7º A Prefeitura Municipal, ou o Distrito Federal quando for o caso, indicará[1] nas plantas apresentadas junto com o requerimento de acordo com as diretrizes de planejamento estadual e municipal:

I — as ruas ou estradas existentes ou projetadas, que compõem o sistema viário da cidade e do município, relacionadas com o loteamento pretendido e a serem respeitadas;

II — o traçado básico do sistema viário principal;

III — a localização aproximada dos terrenos destinados a equipamento urbano e comunitário e das áreas livres de uso público;

IV — as faixas sanitárias do terreno necessárias ao escoamento das águas pluviais e as faixas não edificáveis;

V — a zona ou zonas de uso predominante da área, com indicação dos usos compatíveis.

Parágrafo único (*redação da Lei 9.785, de 29.1.99*). As diretrizes expedidas vigorarão pelo prazo máximo de quatro anos.

Art. 7º: 1. v. arts. 8º e 12.

Art. 8º (*redação da Lei 9.785, de 29.1.99*) Os Municípios com menos de cinquenta mil habitantes e aqueles cujo plano diretor contiver diretrizes de urbanização para a zona em que se situe o parcelamento poderão dispensar, por lei, a fase de fixação de diretrizes previstas nos arts. 6º e 7º desta lei.

Art. 9º (*redação da Lei 9.785, de 29.1.99*) Orientado pelo traçado e diretrizes oficiais, quando houver, o projeto, contendo desenhos, memorial descritivo e cronograma de execução das obras com duração máxima de quatro anos, será apresentado à Prefeitura Municipal, ou ao Distrito Federal, quando for o caso, acompanhado de certidão atualizada da matrícula da gleba, expedida pelo Cartório de Registro de Imóveis competente, de certidão negativa de tributos municipais e do competente instrumento de garantia, ressalvado o disposto no § 4º do art. 18.

§ 1º Os desenhos conterão pelo menos:

I — a subdivisão das quadras em lotes, com as respectivas dimensões e numeração;

II — o sistema de vias com a respectiva hierarquia;

III — as dimensões lineares e angulares do projeto, com raios, cordas, arcos, pontos de tangência e ângulos centrais das vias;

IV — os perfis longitudinais e transversais de todas as vias de circulação e praças;

V — a indicação dos marcos de alinhamento e nivelamento localizados nos ângulos de curvas e vias projetadas;

VI — a indicação em planta e perfis de todas as linhas de escoamento das águas pluviais.

§ 2º O memorial descritivo deverá conter, obrigatoriamente, pelo menos:

I — a descrição sucinta do loteamento, com as suas características e a fixação da zona ou zonas de uso predominante;

II — as condições urbanísticas do loteamento e as limitações que incidem sobre os lotes e suas construções, além daquelas constantes das diretrizes fixadas;

III — a indicação das áreas públicas que passarão ao domínio do Município no ato de registro do loteamento;[1]

IV — a enumeração dos equipamentos urbanos, comunitários e dos serviços públicos ou de utilidade pública, já existentes no loteamento e adjacências.

§ 3º (*redação da Lei 9.785, de 29.1.99*) Caso se constate, a qualquer tempo, que a certidão da matrícula apresentada como atual não tem mais a correspondência com os registros e averbações cartorárias do tempo da sua apresentação, além das consequências penais cabíveis, serão consideradas insubsistentes tanto as diretrizes expedidas anteriormente, quanto as aprovações consequentes.

Art. 9º: 1. Durante a vigência da Med. Prov. 514, de 1.12.10, este inciso III teve a seguinte redação: "a indicação das áreas públicas que passarão ao domínio do Município". Essa Medida Provisória foi convertida na Lei 12.424, de 16.6.11, a qual entretanto nada dispôs a respeito do dispositivo em comento. Assim, a redação original do inciso III, que estava com a eficácia suspensa durante a vigência da referida Medida Provisória, foi restaurada com a conversão desta em lei.

Capítulo IV | DO PROJETO DE DESMEMBRAMENTO

Art. 10 (*redação da Lei 9.785, de 29.1.99*). Para a aprovação de projeto de desmembramento, o interessado apresentará requerimento à Prefeitura Municipal, ou ao Distrito Federal quando for o caso, acompanhado de certidão atualizada da matrícula da gleba, expedida pelo Cartório de Registro de Imóveis competente, ressalvado o disposto no § 4º do art. 18, e de planta do imóvel a ser desmembrado contendo:

I — a indicação das vias existentes e dos loteamentos próximos;
II — a indicação do tipo de uso predominante no local;
III — a indicação da divisão de lotes pretendida na área.

Art. 11 (*redação da Lei 9.785, de 29.1.99*). Aplicam-se ao desmembramento, no que couber, as disposições urbanísticas vigentes para as regiões em que se situem ou, na ausência destas, as disposições urbanísticas para os loteamentos.

Parágrafo único. O Município, ou o Distrito Federal quando for o caso, fixará os requisitos exigíveis para a aprovação de desmembramento de lotes decorrentes de loteamento cuja destinação da área pública tenha sido inferior à mínima prevista no § 1º do art. 4º desta lei.

Capítulo V | DA APROVAÇÃO DO PROJETO DE LOTEAMENTO E DESMEMBRAMENTO

Art. 12. O projeto de loteamento e desmembramento deverá ser aprovado pela Prefeitura Municipal, ou pelo Distrito Federal quando for o caso, a quem compete também a fixação das diretrizes a que aludem os arts. 6º e 7º desta lei, salvo a exceção prevista no artigo seguinte.

§ 1º (*redação da Lei 12.608, de 10.4.12*) O projeto aprovado deverá ser executado no prazo constante do cronograma de execução, sob pena de caducidade da aprovação.

§ 2º (*redação da Lei 12.608, de 10.4.12*)[1] Nos Municípios inseridos no cadastro nacional de municípios com áreas suscetíveis à ocorrência de deslizamentos de grande impacto, inundações bruscas ou processos geológicos ou hidrológicos correlatos, a aprovação do projeto de que trata o *caput* ficará vinculada ao atendimento dos requisitos constantes da carta geotécnica de aptidão à urbanização.

§ 3º (*redação da Lei 12.608, de 10.4.12*) É vedada a aprovação de projeto de loteamento e desmembramento em áreas de risco definidas como não edificáveis, no plano diretor ou em legislação dele derivada.

Art. 12: 1. Dispositivo em vigor dois anos após a data de publicação da Lei 12.608, de 10.4.12 (DOU 11.4.12), cf. dispõe o art. 31 da referida Lei.

Art. 13 (*redação da Lei 9.785, de 29.1.99*). Aos Estados caberá disciplinar a aprovação pelos Municípios de loteamentos e desmembramentos nas seguintes condições:

I — quando localizados em áreas de interesse especial, tais como as de proteção aos mananciais ou ao patrimônio cultural, histórico, paisagístico e arqueológico, assim definidas por legislação estadual[1] ou federal;

II — quando o loteamento ou desmembramento localizar-se em área limítrofe do município, ou que pertença a mais de um município, nas regiões metropolitanas ou em aglomerações urbanas, definidas em lei estadual ou federal;

III — quando o loteamento abranger área superior a 1.000.000 m2 (um milhão de metros quadrados).

Parágrafo único. No caso de loteamento ou desmembramento localizado em área de município integrante de região metropolitana, o exame e a anuência prévia à aprovação do projeto caberão à autoridade metropolitana.

Art. 13: 1. v. arts. 14 e 15.

Art. 14. Os Estados definirão, por decreto, as áreas de proteção especial, previstas no inciso I do artigo anterior.

Art. 15. Os Estados estabelecerão, por decreto, as normas a que deverão submeter-se os projetos de loteamento e desmembramento nas áreas previstas no art. 13, observadas as disposições desta lei.

Parágrafo único. Na regulamentação das normas previstas neste artigo, o Estado procurará atender às exigências urbanísticas do planejamento municipal.

Art. 16 (*redação da Lei 9.785, de 29.1.99*). A lei municipal definirá os prazos para que um projeto de parcelamento apresentado seja aprovado ou rejeitado e para que as obras executadas sejam aceitas ou recusadas.

§ 1º (*redação da Lei 9.785, de 29.1.99*) Transcorridos os prazos sem a manifestação do Poder Público, o projeto será considerado rejeitado ou as obras recusadas, assegurada a indenização por eventuais danos derivados da omissão.

§ 2º (*redação da Lei 9.785, de 29.1.99*) Nos Municípios cuja legislação for omissa, os prazos serão de noventa dias para a aprovação ou rejeição e de sessenta dias para a aceitação ou recusa fundamentada das obras de urbanização.

Art. 17. Os espaços livres de uso comum, as vias e praças, as áreas destinadas a edifícios públicos e outros equipamentos urbanos, constantes do projeto e do memorial descritivo, não poderão ter sua destinação alterada pelo loteador, desde a aprovação do loteamento, salvo as hipóteses de caducidade da licença ou desistência do loteador, sendo, neste caso, observadas as exigências do art. 23 desta lei.

Capítulo VI | DO REGISTRO DO LOTEAMENTO E DESMEMBRAMENTO

Art. 18. Aprovado o projeto de loteamento ou de desmembramento, o loteador deverá submetê-lo ao registro imobiliário dentro de 180 (cento e oitenta) dias, sob pena de caducidade da aprovação, acompanhado dos seguintes documentos:

I (redação da Lei 9.785, de 29.1.99) — título de propriedade do imóvel ou certidão da matrícula, ressalvado o disposto nos §§ 4º e 5º;

II — histórico dos títulos de propriedade do imóvel, abrangendo os últimos 20 (vinte) anos, acompanhados dos respectivos comprovantes;

III — certidões negativas:

a) de tributos federais, estaduais e municipais incidentes sobre o imóvel;

b) de ações reais referentes ao imóvel, pelo período de 10 (dez) anos;

c) de ações penais com respeito ao crime contra o patrimônio e contra a administração pública;

IV — certidões:

a) (redação da Lei 14.382, de 27.6.22) dos cartórios de protestos de títulos, em nome do loteador, pelo período de 5 (cinco) anos;

b) (redação da Lei 14.382, de 27.6.22) de ações cíveis relativas ao loteador, pelo período de 10 (dez) anos;

c) (redação da Lei 14.382, de 27.6.22) da situação jurídica atualizada do imóvel; e

d) (redação da Lei 14.382, de 27.6.22) de ações penais contra o loteador, pelo período de 10 (dez) anos;

V (redação da Lei 14.118, de 12.1.21) — cópia do ato de aprovação do loteamento e comprovante do termo de verificação, pelo Município ou pelo Distrito Federal, da execução das obras exigidas pela legislação municipal, que incluirão, no mínimo, a execução das vias de circulação do loteamento, demarcação dos lotes, quadras e logradouros e das obras de escoamento das águas pluviais ou da aprovação de um cronograma, com a duração máxima de 4 (quatro) anos, prorrogáveis por mais 4 (quatro) anos, acompanhado de competente instrumento de garantia para a execução das obras;[1]

VI — exemplar do contrato-padrão de promessa de venda, ou de cessão ou de promessa de cessão[1a] do qual constarão obrigatoriamente as indicações previstas no art. 26 desta lei;

VII — declaração do cônjuge do requerente de que consente no registro do loteamento.[2]

§ 1º Os períodos referidos nos incisos III, alínea b, e IV, alíneas a, b e d, tomarão por base a data do pedido de registro do loteamento, devendo todas elas[3] ser extraídas em nome daqueles que, nos mencionados períodos, tenham sido titulares de direitos reais sobre o imóvel.

§ 2º A existência de protestos, de ações pessoais ou de ações penais, exceto as referentes a crime contra o patrimônio e contra a administração, não impedirá o registro do loteamento se o requerente comprovar que esses protestos ou ações não poderão prejudicar os adquirentes dos lotes. Se o oficial do registro de imóveis julgar insuficiente a comprovação feita, suscitará a dúvida[4] perante o juiz competente.

§ 3º A declaração a que se refere o inciso VII deste artigo não dispensará o consentimento do declarante para os atos de alienação ou promessa de alienação de lotes, ou de direitos a eles relativos, que venham a ser praticados pelo seu cônjuge.

§ 4º (*redação da Lei 9.785, de 29.1.99*) O título de propriedade será dispensado quando se tratar de parcelamento popular, destinado às classes de menor renda, em imóvel declarado de utilidade pública, com processo de desapropriação judicial em curso e imissão provisória na posse, desde que promovido pela União, Estados, Distrito Federal, Municípios ou suas entidades delegadas, autorizadas por lei a implantar projetos de habitação.

§ 5º (*redação da Lei 9.785, de 29.1.99*) No caso de que trata o § 4º, o pedido de registro do parcelamento, além dos documentos mencionados nos incisos V e VI deste artigo, será instruído com cópias autênticas da decisão que tenha concedido a imissão provisória na posse, do decreto de desapropriação, do comprovante de sua publicação na imprensa oficial e, quando formulado por entidades delegadas, da lei de criação e de seus atos constitutivos.

§ 6º (*redação da Lei 14.382, de 27.6.22*) Na hipótese de o loteador ser companhia aberta, as certidões referidas na alínea *c* do inciso III e nas alíneas *a*, *b* e *d* do inciso IV do *caput* deste artigo poderão ser substituídas por exibição das informações trimestrais e demonstrações financeiras anuais constantes do sítio eletrônico da Comissão de Valores Mobiliários.

§ 7º (*redação da Lei 14.382, de 27.6.22*) Quando demonstrar de modo suficiente o estado do processo e a repercussão econômica do litígio, a certidão esclarecedora de ação cível ou penal poderá ser substituída por impressão do andamento do processo digital.

Art. 18: 1. "A única obrigação imposta ao loteador é a realização das aludidas obras, nada além, de sorte que nada impede o repasse dos custos aos adquirentes, se assim estabelecido for nos contratos de venda dos lotes do empreendimento" (STJ-4ª T., REsp 176.013, Min. Aldir Passarinho Jr., j. 13.12.05, DJU 6.3.06).

Art. 18: 1a. v. art. 25.

Art. 18: 2. v. § 3º.

Art. 18: 3. Refere-se a "certidões".

Art. 18: 4. v. LRP 198 e segs.

Art. 19 (*redação da Lei 14.382, de 27.6.22*). O oficial do registro de imóveis, após examinar a documentação e se encontrá-la em ordem, deverá encaminhar comunicação à Prefeitura e fará publicar, em resumo e com pequeno desenho de localização da área, edital[1] do pedido de registro em 3 (três) dias consecutivos, o qual poderá ser impugnado no prazo de 15 (quinze) dias corridos, contado da data da última publicação.

§ 1º Findo o prazo sem impugnação, será feito imediatamente o registro. Se houver impugnação de terceiros, o oficial do registro de imóveis intimará o requerente e a Prefeitura Municipal, ou o Distrito Federal quando for o caso, para que sobre ela se manifestem no prazo de 5 (cinco) dias, sob pena de arquivamento do processo. Com tais manifestações o processo será enviado ao juiz competente para decisão.[2]

§ 2º Ouvido o Ministério Público no prazo de 5 (cinco) dias, o juiz decidirá de plano ou após instrução sumária, devendo remeter ao interessado as vias ordinárias[3-4] caso a matéria exija maior indagação.

§ 3º Nas capitais, a publicação do edital se fará no Diário Oficial do Estado e num dos jornais de circulação diária. Nos demais municípios, a publicação se fará apenas num dos jornais locais, se houver, ou, não havendo, em jornal da região.

§ 4º O oficial do registro de imóveis que efetuar o registro em desacordo com as exigências desta lei ficará sujeito a multa equivalente a 10 (dez) vezes os emolumentos regimentais fixados para o registro, na época em que for aplicada a penalidade pelo juiz corregedor do cartório, sem prejuízo das sanções penais e administrativas cabíveis.

§ 5º Registrado o loteamento, o oficial de registro comunicará, por certidão, o seu registro à Prefeitura.

Art. 19: 1. v. § 3º.

Art. 19: 2. Da sentença proferida, cabe apelação (CPC 1.009; LRP 202). O processo corre nas férias forenses (CPC 215-I).

Art. 19: 3. *sic*; deve ser "devendo remeter o interessado às vias ordinárias".

Art. 19: 4. v. CPC 318 e segs.

Art. 20. O registro do loteamento será feito, por extrato, no livro próprio.[1]

Parágrafo único. No registro de imóveis far-se-ão o registro do loteamento, com uma indicação para cada lote,[2] a averbação das alterações, a abertura de ruas e praças[3] e as áreas destinadas a espaços livres ou a equipamentos urbanos.

Art. 20: 1. v. LRP 176 c/c 167-I-19.

Art. 20: 2. v. LRP 167-I-20.

Art. 20: 3. v. LRP 167-II-13.

Art. 21. Quando a área loteada estiver situada em mais de uma circunscrição imobiliária, o registro será requerido primeiramente perante aquela em que estiver localizada a maior parte da área loteada. Procedido o registro nessa circunscrição, o interessado requererá, sucessivamente, o registro do loteamento em cada uma das demais,[1] comprovando perante cada qual o registro efetuado na anterior, até que o loteamento seja registrado em todas. Denegado o registro em qualquer das circunscrições, essa decisão será comunicada, pelo oficial do registro de imóveis, às demais para efeito de cancelamento dos registros feitos, salvo se ocorrer a hipótese prevista no § 4º deste artigo.

§ 1º Nenhum lote poderá situar-se em mais de uma circunscrição.[2]

§ 2º É defeso ao interessado processar simultaneamente, perante diferentes circunscrições, pedidos de registro do mesmo loteamento, sendo nulos os atos praticados com infração a esta norma.

§ 3º Enquanto não procedidos todos os registros de que trata este artigo, considerar-se-á o loteamento como não registrado para os efeitos desta lei.[3]

§ 4º O indeferimento do registro do loteamento em uma circunscrição não determinará o cancelamento do registro procedido em outra, se o motivo do indeferimento naquela não se estender à área situada sob a competência desta, e desde que o interessado requeira a manutenção do registro obtido, submetido o remanescente do loteamento a uma aprovação prévia perante a Prefeitura Municipal, ou o Distrito Federal quando for o caso.

Art. 21: 1. v. § 4º; cf. LRP 169-II.

Art. 21: 2. O § 1º, que não constava da publicação na Coleção das Leis da União, foi acrescentado pela errata que antecede o vol. I de 1980, p. XIX.

Art. 21: 3. v. arts. 37, 39, 46, 50 § ún.-I.

Art. 22. Desde a data do registro¹ do loteamento, passam a integrar o domínio do Município as vias e praças, os espaços livres e as áreas destinadas a edifícios públicos e outros equipamentos urbanos, constantes do projeto e do memorial descritivo.²

Parágrafo único (*redação da Lei 12.424, de 16.6.11*). Na hipótese de parcelamento do solo implantado e não registrado, o Município poderá requerer, por meio da apresentação de planta de parcelamento elaborada pelo loteador ou aprovada pelo Município e de declaração de que o parcelamento se encontra implantado, o registro das áreas destinadas a uso público, que passarão dessa forma a integrar o seu domínio.

Art. 22: 1. "É suficiente a **aprovação do loteamento**, independentemente do registro em cartório imobiliário, para incorporar ao domínio do Município áreas destinadas ao uso comum" (STJ-1ª T., REsp 475.084, Min. Gomes de Barros, j. 21.10.03, DJU 17.11.03). No mesmo sentido: RSTJ 85/179, STJ-RT 731/107.

Art. 22: 2. cf., neste tít., Dec. lei 58, de 10.12.37, art. 3º, e Dec. lei 271, de 28.2.67, art. 4º.

Art. 23. O registro do loteamento só¹ poderá ser cancelado:²

I — por decisão judicial;

II — a requerimento do loteador, com anuência da Prefeitura, ou do Distrito Federal quando for o caso, enquanto nenhum lote houver sido objeto de contrato;

III — a requerimento conjunto do loteador e de todos os adquirentes de lotes, com anuência da Prefeitura, ou do Distrito Federal quando for o caso, e do Estado.

§ 1º A Prefeitura e o Estado só poderão se opor ao cancelamento se disto resultar inconveniente comprovado para o desenvolvimento urbano ou se já se tiver realizado qualquer melhoramento na área loteada ou adjacências.

§ 2º Nas hipóteses dos incisos II e III, o oficial do registro de imóveis fará publicar, em resumo, edital³ do pedido de cancelamento, podendo este ser impugnado no prazo de 30 (trinta) dias contados da data da última publicação. Findo esse prazo, com ou sem impugnação, o processo será remetido ao juiz competente para homologação do pedido de cancelamento, ouvido o Ministério Público.⁴

§ 3º A homologação de que trata o parágrafo anterior será precedida de vistoria destinada a comprovar a inexistência de adquirentes instalados na área loteada.

Art. 23: 1. Outros casos de cancelamento: arts. 17-*in fine*, 21-*caput*, *in fine* (com a exceção do § 4º), e 28.

Art. 23: 2. cf. LRP 250.

Art. 23: 3. v. art. 49 § 2º c/c art. 19 § 3º.

Art. 23: 4. Cabe apelação (CPC 1.009) da sentença que homologa ou deixa de homologar o pedido de cancelamento.

Art. 24. O processo do loteamento e os contratos depositados em cartório poderão ser examinados por qualquer pessoa, a qualquer tempo, independentemente do pagamento de custas ou emolumentos, ainda que a título de busca.

Capítulo VII | DOS CONTRATOS

Art. 25. São irretratáveis¹⁻¹ᵃ os compromissos de compra e venda, cessões e promessas de cessão, os que atribuam direito a adjudicação compulsória e, estando registrados, confiram direito real oponível a terceiros.²

Art. 25: 1. v. arts. 29 e 30.

Art. 25: 1a. O compromisso pode ser rescindido por iniciativa do compromissário comprador, por não mais suportar o pagamento das prestações. V. CDC 53 e notas.

Art. 25: 2. Todos estes contratos dão lugar à ação de adjudicação compulsória, prevista no Dec. lei 58, de 10.12.37, arts. 16 e 22 (neste tít.).

Art. 26. Os compromissos de compra e venda, as cessões ou promessas de cessão poderão ser feitos por escritura pública ou por instrumento particular,[1] de acordo com o modelo depositado na forma do inciso VI do art. 18 e conterão, pelo menos, as seguintes indicações:[1a]

I — nome, registro civil, cadastro fiscal no Ministério da Fazenda, nacionalidade, estado civil e residência dos contratantes;

II — denominação e situação do loteamento, número e data da inscrição;[2]

III — descrição do lote ou dos lotes que forem objeto de compromissos, confrontações, áreas e outras características;

IV — preço,[2a] prazo, forma e local de pagamento bem como a importância do sinal;

V — taxa de juros incidentes sobre débito em aberto e sobre as prestações vencidas e não pagas, bem como a cláusula penal, nunca excedente a 10% (dez por cento) do débito e só exigível nos casos de intervenção judicial ou de mora[3] superior a 3 (três) meses;

VI — indicação sobre a quem incumbe o pagamento dos impostos e taxas incidentes sobre o lote compromissado;

VII — declaração das restrições urbanísticas convencionais do loteamento, supletivas da legislação pertinente.[3a]

§ 1º O contrato deverá ser firmado em 3 (três) vias ou extraídas[4] em 3 (três) traslados, sendo um para cada parte e terceiro para arquivo no registro imobiliário,[5] após o registro e anotações devidas.

§ 2º Quando o contrato houver sido firmado por procurador de qualquer das partes, será obrigatório o arquivamento da procuração no registro imobiliário.[6]

§ 3º (*redação da Lei 9.785, de 29.1.99*) Admite-se, nos parcelamentos populares, a cessão da posse em que estiverem provisoriamente imitidas a União, Estados, Distrito Federal, Municípios e suas entidades delegadas, o que poderá ocorrer por instrumento particular, ao qual se atribui, para todos os fins de direito, caráter de escritura pública, não se aplicando a disposição do inciso II do art. 134 do Código Civil.[7]

§ 4º (*redação da Lei 9.785, de 29.1.99*) A cessão da posse referida no § 3º, cumpridas as obrigações do cessionário, constitui crédito contra o expropriante, de aceitação obrigatória em garantia de contratos de financiamentos habitacionais.

§ 5º (*redação da Lei 9.785, de 29.1.99*) Com o registro da sentença que, em processo de desapropriação, fixar o valor da indenização, a posse referida no § 3º converter-se-á em propriedade e a sua cessão, em compromisso de compra e venda ou venda e compra, conforme haja obrigações a cumprir ou estejam elas cumpridas, circunstância que, demonstradas ao Registro de Imóveis, serão averbadas na matrícula relativa ao lote.

§ 6º (*redação da Lei 9.785, de 29.1.99*) Os compromissos de compra e venda, as cessões e as promessas de cessão valerão como título para o registro da propriedade do lote adquirido, quando acompanhados da respectiva prova de quitação.

Art. 26: 1. v. LRP 221-II, 223 e 225 § 1º.

Art. 26: 1a. "O que a Lei 6.766/79 contempla, no seu art. 26, são disposições que devem obrigatoriamente estar contidas nos compromissos de compra e venda de lotes, requisitos mínimos para a validade desses contratos, o que não significa que outras cláusulas não possam ser pactuadas. Em outras palavras, além das indicações que a lei prescreve como referências obrigatórias nos contratos, podem as partes, dentro das possibilidades outorgadas pela lei de pactuar o lícito, razoável e possível, convencionar outras regras que as obriguem" (STJ-4ª T., REsp 43.735, Min. Sálvio de Figueiredo, j. 12.11.96, um voto vencido, DJU 14.4.97). No mesmo sentido, mais recentemente: STJ-4ª T., REsp 205.901, Min. Luis Felipe, j. 26.8.08, DJ 8.9.08.

Art. 26: 2. sic; deve ser "do registro", e não "da inscrição" (v. LRP 168 e 167-I-19).

Art. 26: 2a. s/ repasse dos custos: de construção das galerias de águas aos adquirentes, v. art. 5º, nota 1; de obras de infraestrutura de forma geral, v. art. 18, nota 1.

Art. 26: 3. s/ constituição em mora, v. art. 32.

Art. 26: 3a. "As restrições urbanístico-ambientais convencionais, historicamente de pouco uso ou respeito no caos das cidades brasileiras, estão em ascensão, entre nós e no Direito Comparado, como veículo de estímulo a um novo consensualismo solidarista, coletivo e intergeracional, tendo por objetivo primário garantir às gerações presentes e futuras espaços de convivência urbana marcados pela qualidade de vida, valor estético, áreas verdes e proteção contra desastres naturais. As restrições urbanístico-ambientais, ao denotarem, a um só tempo, interesse público e interesse privado, atrelados simbioticamente, incorporam uma natureza *propter rem* no que se refere à sua relação com o imóvel e aos seus efeitos sobre os não contratantes, uma verdadeira estipulação em favor de terceiros (individual e coletivamente falando), sem que os proprietários-sucessores e o próprio empreendedor imobiliário original percam o poder e a legitimidade de fazer respeitá-las. Nelas, a sábia e prudente voz contratual do passado é preservada, em genuíno consenso intergeracional que antecipa os valores urbanístico-ambientais do presente e veicula as expectativas imaginadas das gerações vindouras. A *Lei Lehmann* (Lei 6.766/79) contempla, de maneira expressa, as 'restrições urbanísticas convencionais do loteamento, supletivas da legislação pertinente' (art. 26, VII). Do dispositivo legal resulta, assim, que as restrições urbanístico-ambientais legais apresentam-se como **normas-piso,** sobre as quais e a partir das quais operam e se legitimam as condicionantes contratuais, valendo, em cada área, por isso mesmo, a que for mais restritiva **(= regra da maior restrição).** Em decorrência do princípio da prevalência da lei sobre o negócio jurídico privado, as restrições urbanístico-ambientais convencionais devem estar em harmonia e ser compatíveis com os valores e exigências da Constituição Federal, da Constituição Estadual e das normas infraconstitucionais que regem o uso e a ocupação do solo urbano. Negar a legalidade ou legitimidade de restrições urbanístico-ambientais convencionais, mais rígidas que as legais, implicaria recusar cumprimento ao art. 26, VII, da *Lei Lehmann,* o que abriria à especulação imobiliária ilhas verdes solitárias de São Paulo (e de outras cidades brasileiras). As cláusulas urbanístico-ambientais convencionais, mais rígidas que as restrições legais, correspondem a inequívoco direito dos moradores de um bairro ou região de optarem por espaços verdes, controle do adensamento e da verticalização, melhoria da estética urbana e sossego. A Administração não fica refém dos acordos 'egoísticos' firmados pelos loteadores, pois reserva para si um *ius variandi,* sob cuja égide as restrições urbanístico-ambientais podem ser ampliadas ou, excepcionalmente, afrouxadas. O relaxamento, pela via legislativa, das restrições urbanístico-ambientais convencionais, permitido na esteira do *ius variandi* de que é titular o Poder Público, demanda, por ser absolutamente fora do comum, ampla e forte motivação lastreada em clamoroso interesse público, postura incompatível com a submissão do Administrador a necessidades casuísticas de momento, interesses especulativos ou vantagens comerciais dos agentes econômicos. O exercício do *ius variandi,* para flexibilizar restrições urbanístico-ambientais contratuais, haverá de respeitar o ato jurídico perfeito e o licenciamento do empreendimento, pressuposto geral que, no Direito Urbanístico, como no Direito Ambiental, é decorrência da crescente escassez de espaços verdes e dilapidação da qualidade de vida nas cidades. Por isso mesmo, submete-se ao princípio da não regressão (ou, por outra terminologia, princípio da proibição de retrocesso), garantia de que os avanços urbanístico-ambientais conquistados no passado não serão diluídos, destruídos ou negados pela geração atual ou pelas seguintes. Além do abuso de direito, de ofensa ao interesse público ou inconciliabilidade com a função social da propriedade, outros motivos determinantes, sindicáveis judicialmente, para o afastamento, pela via legislativa, das restrições urbanístico-ambientais podem ser enumerados: *a)* a transformação do próprio caráter do direito de propriedade em questão (quando o legislador, p. ex., por razões de ordem pública, proíbe certos tipos de restrições), *b)* a modificação irrefutável, profunda e irreversível do aspecto ou destinação do bairro ou região; *c)* o obsoletismo valorativo ou técnico (surgimento de novos valores sociais ou de capacidade tecnológica que desconstitui a necessidade e a legitimidade do ônus), e *d)* a perda do benefício prático ou substantivo da restrição. O ato do servidor responsável pela concessão de licenças de construção não pode, a toda evidência, suplantar a legislação urbanística que prestigia a regra da maior restrição. À luz dos princípios e rédeas prevalentes no Estado Democrático de Direito, impossível admitir que funcionário, ao arrepio da legislação federal (*Lei Lehmann*), possa revogar, pela porta dos fundos e casuisticamente, conforme a cara do freguês, as convenções particulares firmadas nos registros imobiliários" (STJ-2ª T., REsp 302.906, Min. Herman Benjamin, j. 26.8.10, maioria, DJ 1.12.10).

Art. 26: 4. *sic;* deve ser "extraído".

Art. 26: 5. cf. LRP 194.
Art. 26: 6. cf. Dec. lei 58, de 10.12.37, art. 11 § 3º, neste tít.
Art. 26: 7. i. e., qualquer que seja o valor, a cessão de posse pode ser feita por instrumento particular.

Art. 26-A (*redação da Lei 13.786, de 27.12.18*). Os contratos de compra e venda, cessão ou promessa de cessão de loteamento devem ser iniciados por quadro-resumo, que deverá conter, além das indicações constantes do art. 26 desta Lei:
I (*redação da Lei 13.786, de 27.12.18*) — o preço total a ser pago pelo imóvel;
II (*redação da Lei 13.786, de 27.12.18*) — o valor referente à corretagem, suas condições de pagamento e a identificação precisa de seu beneficiário;
III (*redação da Lei 13.786, de 27.12.18*) — a forma de pagamento do preço, com indicação clara dos valores e vencimentos das parcelas;
IV (*redação da Lei 13.786, de 27.12.18*) — os índices de correção monetária aplicáveis ao contrato e, quando houver pluralidade de índices, o período de aplicação de cada um;
V (*redação da Lei 13.786, de 27.12.18*) — as consequências do desfazimento do contrato, seja mediante distrato, seja por meio de resolução contratual motivada por inadimplemento de obrigação do adquirente ou do loteador, com destaque negritado para as penalidades aplicáveis e para os prazos para devolução de valores ao adquirente;
VI (*redação da Lei 13.786, de 27.12.18*) — as taxas de juros eventualmente aplicadas, se mensais ou anuais, se nominais ou efetivas, o seu período de incidência e o sistema de amortização;
VII (*redação da Lei 13.786, de 27.12.18*) — as informações acerca da possibilidade do exercício, por parte do adquirente do imóvel, do direito de arrependimento previsto no art. 49 da Lei n. 8.078, de 11 de setembro de 1990 (Código de Defesa do Consumidor), em todos os contratos firmados em estandes de vendas e fora da sede do loteador ou do estabelecimento comercial;
VIII (*redação da Lei 13.786, de 27.12.18*) — o prazo para quitação das obrigações pelo adquirente após a obtenção do termo de vistoria de obras;
IX (*redação da Lei 13.786, de 27.12.18*) — informações acerca dos ônus que recaiam sobre o imóvel;
X (*redação da Lei 13.786, de 27.12.18*) — o número do registro do loteamento ou do desmembramento, a matrícula do imóvel e a identificação do cartório de registro de imóveis competente;
XI (*redação da Lei 13.786, de 27.12.18*) — o termo final para a execução do projeto referido no § 1º do art. 12 desta Lei e a data do protocolo do pedido de emissão do termo de vistoria de obras.
§ 1º (*redação da Lei 13.786, de 27.12.18*) Identificada a ausência de quaisquer das informações previstas no *caput* deste artigo, será concedido prazo de 30 (trinta) dias para aditamento do contrato e saneamento da omissão, findo o qual, essa omissão, se não sanada, caracterizará justa causa para rescisão contratual por parte do adquirente.
§ 2º (*redação da Lei 13.786, de 27.12.18*) A efetivação das consequências do desfazimento do contrato, mencionadas no inciso V do *caput* deste artigo, dependerá de anuência prévia e específica do adquirente a seu respeito, mediante assinatura junto a essas cláusulas, que deverão ser redigidas conforme o disposto no § 4º do art. 54 da Lei n. 8.078, de 11 de setembro de 1990 (Código de Defesa do Consumidor).

Art. 27. Se aquele que se obrigou a concluir contrato de promessa de venda ou de cessão não cumprir a obrigação, o credor poderá notificar o devedor para outorga do contrato ou oferecimento de impugnação no prazo de 15 (quinze) dias, sob pena de proceder-se ao registro do pré-contrato, passando as relações entre as partes a serem regidas pelo contrato-padrão.[1]

§ 1º Para fins deste artigo, terão o mesmo valor de pré-contrato a promessa de cessão, a proposta de compra, a reserva de lote ou qualquer outro instrumento, do qual conste a manifestação da vontade das partes, a indicação do lote, o preço e modo de pagamento, e a promessa de contratar.

§ 2º O registro de que trata este artigo não será procedido se a parte que o requereu não comprovar haver cumprido a sua prestação, nem a oferecer na forma devida, salvo se ainda não exigível.

§ 3º Havendo impugnação daquele que se comprometeu a concluir o contrato, observar-se-á o disposto nos arts. 639 e 640 do Código de Processo Civil.[2-3]

Art. 27: 1. v. art. 18-VI.
Art. 27: 2. A ação, no caso, é de procedimento comum (CPC 318 e segs.), e não se confunde com a ação de adjudicação compulsória, cabível para o caso de contrato registrado no registro de imóveis. Aqui se cuida de pré--contrato ou de contrato que não tem condições de ser registrado.
Art. 27: 3. A referência é ao CPC rev.

Art. 28. Qualquer alteração ou cancelamento parcial do loteamento registrado dependerá de acordo entre o loteador e os adquirentes de lotes atingidos pela alteração, bem como da aprovação pela Prefeitura Municipal, ou do Distrito Federal quando for o caso, devendo ser depositada no registro de imóveis, em complemento ao projeto original, com a devida averbação.[1]

Art. 28: 1. v. LRP 246-*caput*.

Art. 29. Aquele que adquirir a propriedade loteada mediante ato *inter vivos*, ou por sucessão *causa mortis*, sucederá o transmitente em todos os seus direitos e obrigações, ficando obrigado a respeitar os compromissos de compra e venda ou as promessas de cessão, em todas as suas cláusulas, sendo nula qualquer disposição em contrário, ressalvado o direito do herdeiro ou legatário de renunciar à herança ou ao legado.

Art. 30. A sentença declaratória de falência[1] ou da insolvência[2] de qualquer das partes não rescindirá os contratos de compromisso de compra e venda ou de promessa de cessão que tenham por objeto a área loteada ou lotes da mesma. Se a falência ou insolvência for do proprietário da área loteada ou do titular de direito sobre ela, incumbirá ao síndico ou ao administrador dar cumprimento aos referidos contratos; se do adquirente do lote, seus direitos serão levados à praça.

Art. 30: 1. LRF 119: "Nas relações contratuais a seguir mencionadas prevalecerão as seguintes regras: ... VI — na promessa de compra e venda de imóveis, aplicar-se-á a legislação respectiva".
Art. 30: 2. cf. CPC/73 art. 751.

Art. 31. O contrato particular pode ser transferido por simples trespasse,[1] lançado no verso das vias em poder das partes, ou por instrumento em separado, declarando-se o número do registro do loteamento, o valor da cessão e a qualificação do cessionário, para o devido registro.

§ 1º A cessão independe da anuência do loteador mas, em relação a este, seus efeitos só se produzem depois de cientificado, por escrito, pelas partes ou quando registrada a cessão.

§ 2º Uma vez registrada a cessão, feita sem anuência do loteador, o oficial do registro dar-lhe-á ciência, por escrito, dentro de 10 (dez) dias.

Art. 31: 1. cf. Dec. lei 58, de 10.12.37, art. 13, neste tít.

Art. 32. Vencida e não paga a prestação, o contrato será considerado rescindido 30 (trinta) dias depois de constituído em mora o devedor.[1 a 1b]

§ 1º Para os fins deste artigo o devedor-adquirente será intimado, a requerimento do credor, pelo oficial do registro de imóveis,[2] a satisfazer as prestações vencidas e as que se vencerem até a data do pagamento, os juros convencionados e as custas de intimação.

§ 2º Purgada a mora, convalescerá o contrato.

§ 3º Com a certidão de não haver sido feito o pagamento em cartório, o vendedor requererá ao oficial do registro o cancelamento da averbação.[3]

Art. 32: 1. cf., s/ imóvel não loteado, Dec. lei 745, de 7.8.69, neste tít., em nota 8 ao art. 22 do Dec. lei 58, de 10.12.37.

Art. 32: 1a. "Compra e venda: o compromisso de compra e venda e a desnecessidade de interpelação em sua resolução", por Renato Maso Previde (RSDCPC 23/57).

Art. 32: 1b. "Na hipótese em que não se pretende a rescisão contratual, mas apenas a cobrança ou execução de prestações em atraso, é dispensável a notificação prévia para a constituição do devedor em mora (Lei 6.766/79, art. 32). Incide a regra *dies interpellat pro homine*" (STJ-4ª T., REsp 648.780, Min. Raul Araújo, j. 20.3.14, DJ 7.5.14).

Art. 32: 2. v. art. 49-*caput*.

Art. 32: 3. v. art. 36-III, pelo qual se verifica que não se cancela a averbação, porém o registro, uma vez que tais contratos são registrados, e não averbados (LRP 167-I-20).

Art. 32-A (*redação da Lei 13.786, de 27.12.18*). Em caso de resolução contratual por fato imputado ao adquirente, respeitado o disposto no § 2º deste artigo, deverão ser restituídos os valores pagos por ele, atualizados com base no índice contratualmente estabelecido para a correção monetária das parcelas do preço do imóvel,[1] podendo ser descontados dos valores pagos os seguintes itens:

I (*redação da Lei 13.786, de 27.12.18*) — os valores correspondentes à eventual fruição do imóvel, até o equivalente a 0,75% (setenta e cinco centésimos por cento) sobre o valor atualizado do contrato, cujo prazo será contado a partir da data da transmissão da posse do imóvel ao adquirente até sua restituição ao loteador;[2]

II (*redação da Lei 13.786, de 27.12.18*) — o montante devido por cláusula penal e despesas administrativas, inclusive arras ou sinal, limitado a um desconto de 10% (dez por cento) do valor atualizado do contrato;

III (*redação da Lei 13.786, de 27.12.18*) — os encargos moratórios relativos às prestações pagas em atraso pelo adquirente;

IV (*redação da Lei 13.786, de 27.12.18*) — os débitos de impostos sobre a propriedade predial e territorial urbana, contribuições condominiais, associativas ou outras de igual natureza que sejam a estas equiparadas e tarifas vinculadas ao lote, bem como tributos, custas e emolumentos incidentes sobre a restituição e/ou rescisão;

V (*redação da Lei 13.786, de 27.12.18*) — a comissão de corretagem, desde que integrada ao preço do lote.

§ 1º (*redação da Lei 13.786, de 27.12.18*) O pagamento da restituição ocorrerá em até 12 (doze) parcelas mensais, com início após o seguinte prazo de carência:

I (*redação da Lei 13.786, de 27.12.18*) — em loteamentos com obras em andamento: no prazo máximo de 180 (cento e oitenta) dias após o prazo previsto em contrato para conclusão das obras;

II (*redação da Lei 13.786, de 27.12.18*) — em loteamentos com obras concluídas: no prazo máximo de 12 (doze) meses após a formalização da rescisão contratual.

§ 2º (*redação da Lei 13.786, de 27.12.18*) Somente será efetuado registro do contrato de nova venda se for comprovado o início da restituição do valor pago pelo vendedor ao titular do registro cancelado na forma e condições pactuadas no distrato, dispensada essa comprovação nos casos em que o adquirente não for localizado ou não tiver se manifestado, nos termos do art. 32 desta Lei.

§ 3º (*redação da Lei 13.786, de 27.12.18*) O procedimento previsto neste artigo não se aplica aos contratos e escrituras de compra e venda de lote sob a modalidade de alienação fiduciária nos termos da Lei n. 9.514, de 20 de novembro de 1997.

Art. 32-A: 1. Está **superada** a **Súmula 543 do STJ**: "Na hipótese de resolução de contrato de promessa de compra e venda de imóvel submetido ao Código de Defesa do Consumidor, deve ocorrer a imediata restituição das parcelas pagas pelo promitente comprador — integralmente, em caso de culpa exclusiva do promitente vendedor/construtor, ou parcialmente, caso tenha sido o comprador quem deu causa ao desfazimento". V. o § 1º.

V. tb. Lei 4.591/64, art. 67-A, notas 1b a 3.

Art. 32-A: 2. v. Lei 4.591/64, art. 67-A, nota 3a.

Art. 33. Se o credor das prestações se recusar a recebê-las ou furtar-se ao seu recebimento, será constituído em mora mediante notificação do oficial do registro de imóveis[1] para vir receber as importâncias depositadas pelo devedor no próprio registro de imóveis. Decorridos 15 (quinze) dias após o recebimento da intimação, considerar-se-á efetuado o pagamento,[2] a menos que o credor impugne o depósito e, alegando inadimplemento do devedor, requeira a intimação deste para os fins do disposto no art. 32 desta lei.

Art. 33: 1. v. art. 49-*caput*.

Art. 33: 2. O oficial do registro deve proceder na forma do art. 35 § 2º, se o credor não receber a quantia depositada.

Art. 34. Em qualquer caso de rescisão por inadimplemento do adquirente, as benfeitorias necessárias[1] ou úteis[2] por ele levadas a efeito no imóvel deverão ser indenizadas, sendo de nenhum efeito qualquer disposição contratual em contrário.[3]

§ 1º (*renumerado pela Lei 13.786, de 27.12.18*) Não serão indenizadas as benfeitorias feitas em desconformidade com o contrato ou com a lei.

§ 2º (*redação da Lei 13.786, de 27.12.18*) No prazo de 60 (sessenta) dias, contado da constituição em mora, fica o loteador, na hipótese do *caput* deste artigo, obrigado a alienar o imóvel mediante leilão judicial ou extrajudicial, nos termos da Lei n. 9.514, de 20 de novembro de 1997.

Art. 34: 1. v. CC 96 § 3º.

Art. 34: 2. v. CC 96 § 2º.

Art. 34: 3. "O âmago do art. 34 da Lei Lehmann é evitar o enriquecimento ilícito de quaisquer das partes, promovendo a restituição à situação originária. Assim, embora o dispositivo faça menção apenas a benfeitorias, parece claro que abarca também acessões. A ausência de alvará/licença para construir emitido pela prefeitura municipal é irregularidade que pode ser ou não sanável, a depender do caso concreto. É temerário reconhecer — de forma categórica — que a ausência de licença para construir, a ser emitida pela municipalidade, não constitui irregularidade apta a obstar eventual condenação à indenização por benfeitorias/acessões realizadas. A licença para construir é requisito imprescindível a qualquer obra realizada em terreno urbano. Conforme a mais abalizada doutrina, construções realizadas sem licença da municipalidade estão em desacordo com a lei e, assim, sujeitas a sanções administrativas, as quais não podem ser imputadas ao promitente vendedor, porquanto a posse e o direito de construir haviam sido transmitidos ao promitente comprador. No caso concreto, é imprescindível a verificação quanto à possibilidade de ser sanada ou não a irregularidade — consistente na ausência de alvará/licença da prefeitura para construir —, de modo a realizar a restituição das partes à situação anterior e evitar enriquecimento ilícito de quaisquer dos litigantes" (STJ-4ª T., REsp 1.191.862, Min. Luis Felipe, j. 8.5.14, DJ 22.5.14).

Art. 35 (redação da Lei 13.786, de 27.12.18). Se ocorrer o cancelamento do registro por inadimplemento do contrato, e tiver sido realizado o pagamento de mais de 1/3 (um terço) do preço ajustado, o oficial do registro de imóveis mencionará esse fato e a quantia paga no ato do cancelamento, e somente será efetuado novo registro relativo ao mesmo lote, mediante apresentação do distrato assinado pelas partes e a comprovação do pagamento da parcela única ou da primeira parcela do montante a ser restituído ao adquirente, na forma do art. 32-A desta Lei, ao titular do registro cancelado, ou mediante depósito em dinheiro à sua disposição no registro de imóveis.

§ 1º Ocorrendo o depósito a que se refere este artigo, o oficial do registro de imóveis intimará o interessado para vir recebê-lo no prazo de 10 (dez) dias, sob pena de ser devolvido ao depositante.

§ 2º No caso de não ser encontrado o interessado, o oficial do registro de imóveis depositará a quantia em estabelecimento de crédito, segundo a ordem prevista no inciso I do art. 666 do Código de Processo Civil, em conta com incidência de juros e correção monetária.[1-2]

§ 3º (redação da Lei 13.786, de 27.12.18) A obrigação de comprovação prévia de pagamento da parcela única ou da primeira parcela como condição para efetivação de novo registro, prevista no *caput* deste artigo, poderá ser dispensada se as partes convencionarem de modo diverso e de forma expressa no documento de distrato por elas assinado.

Art. 35: 1. v. CPC 840-I.

Art. 35: 2. "cuja movimentação dependerá de prévia autorização judicial" (cf. art. 38 § 1º).

Art. 36. O registro do compromisso, cessão ou promessa de cessão só poderá ser cancelado:

I — por decisão judicial;

II — a requerimento conjunto das partes contratantes;

III — quando houver rescisão comprovada do contrato.[1]

Art. 36: 1. v. art. 32 § 3º.

Art. 36-A (acrescido pela Lei 13.465, de 11.7.17). As atividades desenvolvidas pelas associações de proprietários de imóveis, titulares de direitos ou moradores em loteamentos ou empreendimentos assemelhados, desde que não tenham fins lucrativos, bem como pelas entidades civis organizadas em função da solidariedade de interesses coletivos desse público com o objetivo de administração, conservação, manutenção, disciplina de utilização e convivência, visando à valorização dos imóveis que compõem o empreendimento, tendo em vista a sua natureza jurídica, vinculam-se, por critérios de afinidade, similitude e conexão, à atividade de administração de imóveis.

Parágrafo único (*acrescido pela Lei 13.465, de 11.7.17*). A administração de imóveis na forma do *caput* deste artigo sujeita seus titulares à normatização e à disciplina constantes de seus atos constitutivos, cotizando-se na forma desses atos para suportar a consecução dos seus objetivos.[1]

Art. 36-A: 1. "É inconstitucional a cobrança por parte de associação de **taxa de manutenção** e conservação de loteamento imobiliário urbano de proprietário não associado até o advento da Lei n. 13.465/17 ou de anterior lei municipal que discipline a questão, a partir do qual se torna possível a cotização de proprietários de imóveis, titulares de direitos ou moradores em loteamentos de acesso controlado, desde que, i) já possuidores de lotes, tenham aderido ao ato constitutivo das entidades equiparadas a administradoras de imóveis ou, (ii) no caso de novos adquirentes de lotes, o ato constitutivo da obrigação tenha sido registrado no competente registro de imóveis" (STF-Pleno, RE 695.911, Min. Dias Toffoli, j. 15.12.20, maioria, DJ 19.4.21).

"As taxas de manutenção criadas por associações de moradores não obrigam os não associados ou que a elas não anuíram" (STJ-2ª Seção, REsp 1.439.163, Min. Marco Buzzi, j. 11.3.15, maioria, DJ 22.5.15). **Mas:** "É viável a cobrança de taxas de manutenção ou de qualquer outra espécie pela administradora de loteamento a proprietário de imóvel nele localizado, se esse vínculo foi estabelecido pelo loteador em contrato-padrão levado a registro no respectivo cartório ao qual aderiu o adquirente" (STJ-3ª T., REsp 1.696.347-AgInt, Min. Nancy Andrighi, j. 5.6.18, DJ 12.6.18). No mesmo sentido: STJ-4ª T., Ag em REsp 244.204-AgInt, Min. Lázaro Guimarães, j. 5.6.18, DJ 12.6.18. Ainda no mesmo sentido, ponderando que "o fato de a cobrança de taxa de manutenção estar prevista no contrato-padrão registrado no Cartório de Imóveis vincula os adquirentes somente à obrigação de pagar as taxas a partir da aquisição, não abrangendo os débitos do anterior proprietário, diante da ausência de previsão expressa na lei de regência": STJ-3ª T., REsp 1.941.005, Min. Ricardo Cueva, j. 22.6.21, DJ 30.6.21.

V. tb. CC 476, nota 4.

Capítulo VIII | DISPOSIÇÕES GERAIS

Art. 37. É vedado vender ou prometer vender parcela de loteamento ou desmembramento não registrado.[1-2]

Art. 37: 1. v. arts. 21 § 3º, 39, 46, 50 § ún.

Art. 37: 2. "Ação de resolução de contrato de compromisso de compra e venda de imóvel loteado sem o devido registro do loteamento. Ilicitude do objeto do contrato de promessa de compra e venda por disposições legais expressas da Lei 6.766/79 (arts. 37 e 46) diante da ausência de regularização do loteamento sem registro ou aprovação pelo Poder Público. A nulidade do contrato acarreta o retorno dos litigantes ao 'status quo ante', devendo ser reconhecida de ofício pelo juiz e gerando efeitos 'ex tunc'" (STJ-3ª T., REsp 1.304.370, Min. Paulo Sanseverino, j. 24.4.14, DJ 5.5.14).

Art. 38. Verificado que o loteamento ou desmembramento não se acha registrado ou regularmente executado ou notificado pela Prefeitura Municipal, ou pelo Distrito Federal quando for o caso, deverá[1] o adquirente do lote suspender o pagamento das prestações restantes e notificar o loteador para suprir a falta.

§ 1º Ocorrendo a suspensão do pagamento das prestações restantes, na forma do *caput* deste artigo, o adquirente efetuará o depósito das prestações devidas junto ao registro de imóveis competente, que as depositará em estabelecimento de crédito, segundo a ordem prevista no inciso I do art. 666 do Código de Processo Civil, em conta com incidência de juros e correção monetária, cuja movimentação dependerá de prévia autorização judicial.

§ 2º A Prefeitura Municipal, ou o Distrito Federal quando for o caso, ou o Ministério Público, poderá promover a notificação do loteador prevista no *caput* deste artigo.

§ 3º Regularizado o loteamento pelo loteador, este promoverá judicialmente a autorização para levantar as prestações depositadas,[2] com os acréscimos de correção monetária e juros, sendo necessária a citação da Prefeitura, ou do Distrito Federal quando for o caso, para integrar o processo judicial aqui previsto, bem como audiência do Ministério Público.

§ 4º Após o reconhecimento judicial de regularidade do loteamento, o loteador notificará os adquirentes dos lotes, por intermédio do registro de imóveis competente, para que passem a pagar diretamente as prestações restantes, a contar da data da notificação.

§ 5º No caso de o loteador deixar de atender à notificação[3] até o vencimento do prazo contratual, ou quando o loteamento ou desmembramento for regularizado pela Prefeitura Municipal, ou pelo Distrito Federal quando for o caso, nos termos do art. 40 desta lei, o loteador não poderá, a qualquer título, exigir o recebimento das prestações depositadas.

Art. 38: 1. "Deverá" ou "poderá"?

Art. 38: 2. O procedimento, no caso, é o comum (CPC 318 e segs.). José Ignácio Botelho de Mesquita entende que se trata, no caso, de procedimento de jurisdição voluntária ("Revista do Advogado", da AASP, n. 4, p. 66).

Art. 38: 3. v. *caput* deste art.

Art. 39. Será nula de pleno direito a cláusula de rescisão de contrato por inadimplemento do adquirente, quando o loteamento não estiver regularmente inscrito.[1]

Art. 39: 1. aliás, registrado (LRP 167-I-19).

Art. 40. A Prefeitura Municipal, ou o Distrito Federal quando for o caso, se desatendida pelo loteador a notificação, poderá regularizar loteamento ou desmembramento não autorizado ou executado sem observância das determinações do ato administrativo de licença, para evitar lesão aos seus padrões de desenvolvimento urbano e na defesa dos direitos dos adquirentes de lotes.[1]

§ 1º A Prefeitura Municipal, ou o Distrito Federal quando for o caso, que promover a regularização, na forma deste artigo, obterá judicialmente o levantamento das prestações depositadas, com os respectivos acréscimos de correção monetária e juros, nos termos do § 1º do art. 38 desta lei, a título de ressarcimento das importâncias despendidas com equipamentos urbanos ou expropriações necessárias para regularizar o loteamento ou desmembramento.

§ 2º As importâncias despendidas pela Prefeitura Municipal, ou pelo Distrito Federal quando for o caso, para regularizar o loteamento ou desmembramento, caso não sejam integralmente ressarcidas conforme o disposto no parágrafo anterior, serão exigidas, na parte faltante, do loteador, aplicando-se o disposto no art. 47 desta lei.

§ 3º No caso de o loteador não cumprir o estabelecido no parágrafo anterior, a Prefeitura Municipal, ou o Distrito Federal quando for o caso, poderá receber as prestações dos adquirentes, até o valor devido.

§ 4º A Prefeitura Municipal, ou o Distrito Federal quando for o caso, para assegurar a regularização do loteamento ou desmembramento, bem como o ressarcimento integral de importâncias despendidas, ou a despender, poderá promover judicialmente os procedimentos cautelares necessários aos fins colimados.

§ 5º (*redação da Lei 9.785, de 29.1.99*) A regularização de um parcelamento pela Prefeitura Municipal, ou Distrito Federal, quando for o caso, não poderá contrariar o disposto nos arts. 3º e 4º desta lei, ressalvado o disposto no § 1º desse último.

Art. 40: 1. "Existe o poder-dever do Município de regularizar loteamentos clandestinos ou irregulares, mas a sua atuação deve se restringir às obras essenciais a serem implantadas em conformidade com a legislação urbanística local (art. 40, § 5º, da Lei 6.799/79), em especial à infraestrutura essencial para inserção na malha urbana, como ruas, esgoto, energia e iluminação pública, de modo a atender aos moradores já instalados, sem prejuízo do também dever-poder da Administração de cobrar dos responsáveis os custos em que incorrer a sua atuação saneadora. Recurso Especial parcialmente provido para restringir a obrigação do Município de executar as obras de infraestrutura somente àquelas essenciais nos termos da legislação urbanística local, compreendendo, no mínimo, ruas, esgoto e iluminação pública, de forma a atender somente os moradores já instalados, não havendo esse dever em relação a parcelas do loteamento irregular eventualmente ainda não ocupadas" (STJ-1ª Seção, REsp 1.164.893, Min. Herman Benjamin, j. 23.11.16, DJ 1.7.19).

"Para evitar lesão aos padrões de desenvolvimento urbano, o Município não pode eximir-se do dever de regularizar loteamentos irregulares, se os loteadores e responsáveis, devidamente notificados, deixam de proceder com as obras e melhoramentos indicados pelo ente público. O fato de o município ter multado os loteadores e embargado as obras realizadas no loteamento em nada muda o panorama, devendo proceder, ele próprio e às expensas do loteador, nos termos da responsabilidade que lhe é atribuída pelo art. 40 da Lei 6.766/79, à regularização do loteamento executado sem observância das determinações do ato administrativo de licença. No caso, se o município de São Paulo, mesmo após a aplicação da multa e o embargo da obra, não avocou para si a responsabilidade pela regularização do loteamento às expensas do loteador, e dessa omissão resultou um dano ambiental, deve ser responsabilizado, conjuntamente com o loteador, pelos prejuízos daí advindos, podendo acioná-lo regressivamente" (STJ-2ª T., REsp 1.113.789, Min. Castro Meira, j. 16.6.09, DJ 29.6.09).

Assim, o Município é parte legítima para figurar no polo passivo de demanda ajuizada para a regularização de loteamento clandestino e a recuperação da área de preservação permanente degradada (JTJ 333/691: AI 801.760-5/6-00).

Art. 41. Regularizado o loteamento ou desmembramento pela Prefeitura Municipal, ou pelo Distrito Federal quando for o caso, o adquirente do lote, comprovando o depósito de todas as prestações do preço avençado, poderá obter o registro de propriedade do lote adquirido, valendo para tanto o compromisso de venda e compra devidamente firmado.

Art. 42. Nas desapropriações não serão considerados como loteados ou loteáveis, para fins de indenização, os terrenos ainda não vendidos ou compromissados, objeto de loteamento ou desmembramento não registrado.

Art. 43. Ocorrendo a execução de loteamento não aprovado, a destinação de áreas públicas exigidas no inciso I do art. 4º desta lei não se poderá alterar, sem prejuízo da aplicação das sanções administrativas, civis e criminais[1] previstas.

Parágrafo único (*redação da Lei 9.785, de 29.1.99*). Neste caso, o loteador ressarcirá a Prefeitura Municipal ou o Distrito Federal quando for o caso, em pecúnia ou em área equivalente, no dobro da diferença entre o total das áreas públicas exigidas e as efetivamente destinadas.

Art. 43: 1. v. art. 50-I e II.

Art. 44. O Município, o Distrito Federal e o Estado poderão expropriar áreas urbanas ou de expansão urbana para reloteamento, demolição, reconstrução e incorporação, ressalvada a preferência dos expropriados para a aquisição de novas unidades.

Art. 45. O loteador, ainda que já tenha vendido todos os lotes, ou os vizinhos, são partes legítimas para promover ação destinada a impedir construção em desacordo com restrições legais ou contratuais.

Art. 46. O loteador não poderá fundamentar qualquer ação ou defesa na presente lei sem apresentação dos registros e contratos a que ela se refere.[1]

Art. 46: 1. "Comprovada a regularidade do loteamento, com o competente registro imobiliário, desnecessária a apresentação, pelo loteador, do contrato de compromisso de compra e venda devidamente registrado, providência a cargo do promitente comprador e a seu benefício, para o aparelhamento da execução das prestações devidas pelo adquirente (Lei 6.766/79, de Parcelamento do Solo Urbano, arts. 26, § 1º, e 46)" (STJ-4ª T., REsp 648.780, Min. Raul Araújo, j. 20.3.14, DJ 7.5.14).

Art. 47. Se o loteador integrar grupo econômico ou financeiro, qualquer pessoa física ou jurídica desse grupo, beneficiária de qualquer forma do loteamento ou desmembramento irregular, será solidariamente[1] responsável pelos prejuízos por ele causados aos compradores de lotes e ao Poder Público.[2]

Art. 47: 1. v. CC 275 a 285.
Art. 47: 2. v. art. 40 §§ 2º e 3º.

Art. 48. O foro competente para os procedimentos judiciais previstos nesta lei será sempre o da comarca da situação do lote.[1]

Art. 48: 1. Neste sentido: CPC 47.

Art. 49. As intimações e notificações previstas nesta lei deverão ser feitas pessoalmente ao intimado ou notificado, que assinará o comprovante do recebimento, e poderão igualmente ser promovidas por meio dos cartórios de registro de títulos e documentos[1] da comarca da situação do imóvel ou do domicílio de quem deva recebê-las.

§ 1º Se o destinatário se recusar a dar recibo ou se furtar ao recebimento, ou se for desconhecido o seu paradeiro, o funcionário incumbido da diligência informará esta circunstância ao oficial competente que a certificará, sob sua responsabilidade.

§ 2º Certificada a ocorrência dos fatos mencionados no parágrafo anterior, a intimação ou notificação será feita por edital na forma desta lei,[2] começando o prazo a correr 10 (dez) dias após a última publicação.

Art. 49: 1. v. arts. 32 § 1º e 33, aparentemente em sentido contrário. Observe-se que, se o notificado ou intimado tiver domicílio em comarca diferente do foro da situação do imóvel, o oficial do registro não terá competência territorial para efetivar a diligência.
Art. 49: 2. v. art. 19 § 3º.

Capítulo IX | DISPOSIÇÕES PENAIS

Art. 50. Constitui crime contra a administração pública:

I — dar início, de qualquer modo, ou efetuar loteamento ou desmembramento do solo para fins urbanos, sem autorização do órgão público competente,[1] ou em desacordo com as disposições desta lei ou das normas pertinentes do Distrito Federal, Estados e Municípios;

II — dar início, de qualquer modo, ou efetuar loteamento ou desmembramento do solo para fins urbanos sem observância das determinações constantes do ato administrativo de licença;

III — fazer, ou veicular em proposta, contrato, prospecto ou comunicação ao público ou a interessados, afirmação falsa sobre a legalidade de loteamento ou desmembramento do solo para fins urbanos, ou ocultar fraudulentamente fato a ele relativo.

Pena: reclusão, de 1 (um) a 4 (quatro) anos, e multa de 5 (cinco) a 50 (cinquenta) vezes o maior salário mínimo[2] vigente no país.

Parágrafo único. O crime definido neste artigo é qualificado, se cometido:

I — por meio de venda, promessa de venda, reserva de lote ou quaisquer outros instrumentos que manifestem a intenção de vender lote em loteamento ou desmembramento não registrado no registro de imóveis competente;

II (*redação da Lei 9.785, de 29.1.99*) — com inexistência de título legítimo de propriedade do imóvel loteado ou desmembrado, ressalvado o disposto no art. 18, §§ 4º e 5º, desta lei, ou com omissão fraudulenta de fato a ele relativo, se o fato não constituir crime mais grave.

Pena: reclusão, de 1 (um) a 5 (cinco) anos, e multa de 10 (dez) a 100 (cem) vezes o maior salário mínimo[3] vigente no país.

Art. 50: 1. v. art. 6º, inclusive nota 1 a este art.

Art. 50: 2. e não o maior valor de referência, instituído pela Lei 6.205, de 29.4.75, art. 2º.

Art. 50: 3. v. nota 2.

Art. 51. Quem, de qualquer modo, concorra para a prática dos crimes previstos no artigo anterior desta lei[1] incide nas penas a estes cominadas, considerados em especial os atos praticados na qualidade de mandatário de loteador, diretor ou gerente de sociedade.

Parágrafo único. ....[2]

Art. 51: 1. Lei 6.530, de 12.5.78 (Lex 1978/373 e 1979/283, ret.): "**Art. 20.** Ao corretor de imóveis e à pessoa jurídica inscritos nos órgãos de que trata a presente lei é vedado: ... **V** — anunciar imóvel loteado ou em condomínio sem mencionar o número de registro do loteamento ou da incorporação no registro de imóveis".

Esta lei foi regulamentada pelo **Dec. 81.871, de 29.6.78** (Lex 1978/568).

Art. 51: 2. O acréscimo do parágrafo único, feito pela Lei 9.785, de 29.1.99, foi **vetado**.

Art. 52. Registrar loteamento ou desmembramento não aprovado pelos órgãos competentes, registrar o compromisso de compra e venda, a cessão ou promessa de cessão de direitos, ou efetuar registro de contrato de venda de loteamento ou desmembramento não registrado.

Pena: detenção, de 1 (um) a 2 (dois) anos, e multa de 5 (cinco) a 50 (cinquenta) vezes o maior salário mínimo[1] vigente no país, sem prejuízo das sanções administrativas cabíveis.

Art. 52: 1. v. art. 50, nota 2.

Capítulo X | DISPOSIÇÕES FINAIS

Art. 53. Todas as alterações de uso do solo rural para fins urbanos dependerão de prévia audiência do Instituto Nacional de Colonização e Reforma Agrária — INCRA, do órgão metropolitano, se houver, onde se localiza o Município, e da aprovação da Prefeitura Municipal, ou do Distrito Federal quando for o caso, segundo as exigências da legislação pertinente.

Art. 53-A (redação da Lei 9.785, de 29.1.99). São considerados de interesse público os parcelamentos vinculados a planos ou programas habitacionais de iniciativa das Prefeituras Municipais e do Distrito Federal, ou entidades autorizadas por lei, em especial as regularizações de parcelamentos e de assentamentos.

Parágrafo único (redação da Lei 9.785, de 29.1.99). Às ações e intervenções de que trata este artigo não será exigível documentação que não seja a mínima necessária e indispensável aos registros no cartório competente, inclusive sob a forma de certidões, vedadas as exigências e as sanções pertinentes aos particulares, especialmente aquelas que visem garantir a realização de obras e serviços, ou que visem prevenir questões de domínio de glebas, que se presumirão asseguradas pelo Poder Público respectivo.

Art. 54. Esta lei entrará em vigor na data de sua publicação.

Art. 55. Revogam-se as disposições em contrário.

Brasília, em 19 de dezembro de 1979; 158º da Independência e 91º da República — JOÃO FIGUEIREDO — **Petrônio Portella** — **Ângelo Amaury Stábile** — **Mário David Andreazza.**

Proteção de Dados

Lei n. 13.709, de 14 de agosto de 2018
Lei Geral de Proteção de Dados Pessoais (LGPD).[1-2]

LEI 13.709: 1. Redação dada pela Lei 13.853, de 8.7.19.
LEI 13.709: 2. CF 5º: "LXXIX — é assegurado, nos termos da lei, o direito à proteção dos dados pessoais, inclusive nos meios digitais".

O PRESIDENTE DA REPÚBLICA
Faço saber que o Congresso Nacional decreta e eu sanciono a seguinte Lei:

Capítulo I | DISPOSIÇÕES PRELIMINARES

Art. 1º Esta Lei dispõe sobre o tratamento de dados pessoais,[1] inclusive nos meios digitais, por pessoa natural ou por pessoa jurídica de direito público ou privado, com o objetivo de proteger os direitos fundamentais de liberdade e de privacidade e o livre desenvolvimento da personalidade da pessoa natural.
Parágrafo único (*acrescido pela Lei 13.853, de 8.7.19*). As normas gerais contidas nesta Lei são de interesse nacional e devem ser observadas pela União, Estados, Distrito Federal e Municípios.
Art. 1º: 1. v. art. 5º-X.

Art. 2º A disciplina da proteção de dados pessoais tem como fundamentos:
I — o respeito à privacidade;
II — a autodeterminação informativa;
III — a liberdade de expressão, de informação, de comunicação e de opinião;
IV — a inviolabilidade da intimidade, da honra e da imagem;
V — o desenvolvimento econômico e tecnológico e a inovação;
VI — a livre iniciativa, a livre concorrência e a defesa do consumidor; e
VII — os direitos humanos, o livre desenvolvimento da personalidade, a dignidade e o exercício da cidadania pelas pessoas naturais.

Art. 3º Esta Lei aplica-se a qualquer operação de tratamento realizada por pessoa natural ou por pessoa jurídica de direito público ou privado, independentemente do meio, do país de sua sede ou do país onde estejam localizados os dados, desde que:
I — a operação de tratamento seja realizada no território nacional;

II (*redação da Lei 13.853, de 8.7.19*) — a atividade de tratamento tenha por objetivo a oferta ou o fornecimento de bens ou serviços ou o tratamento de dados de indivíduos localizados no território nacional; ou

III — os dados pessoais objeto do tratamento tenham sido coletados no território nacional.

§ 1º Consideram-se coletados no território nacional os dados pessoais cujo titular nele se encontre no momento da coleta.

§ 2º Excetua-se do disposto no inciso I deste artigo o tratamento de dados previsto no inciso IV do *caput* do art. 4º desta Lei.

Art. 4º Esta Lei não se aplica ao tratamento de dados pessoais:

I — realizado por pessoa natural para fins exclusivamente particulares e não econômicos;

II — realizado para fins exclusivamente:

a) jornalístico e artísticos; ou

b) acadêmicos, aplicando-se a esta hipótese os arts. 7º e 11 desta Lei;

III — realizado para fins exclusivos de:

a) segurança pública;

b) defesa nacional;

c) segurança do Estado; ou

d) atividades de investigação e repressão de infrações penais; ou

IV — provenientes de fora do território nacional e que não sejam objeto de comunicação, uso compartilhado de dados com agentes de tratamento brasileiros ou objeto de transferência internacional de dados com outro país que não o de proveniência, desde que o país de proveniência proporcione grau de proteção de dados pessoais adequado ao previsto nesta Lei.

§ 1º O tratamento de dados pessoais previsto no inciso III será regido por legislação específica, que deverá prever medidas proporcionais e estritamente necessárias ao atendimento do interesse público, observados o devido processo legal, os princípios gerais de proteção e os direitos do titular previstos nesta Lei.

§ 2º É vedado o tratamento dos dados a que se refere o inciso III do *caput* deste artigo por pessoa de direito privado, exceto em procedimentos sob tutela de pessoa jurídica de direito público, que serão objeto de informe específico à autoridade nacional e que deverão observar a limitação imposta no § 4º deste artigo.

§ 3º A autoridade nacional emitirá opiniões técnicas ou recomendações referentes às exceções previstas no inciso III do *caput* deste artigo e deverá solicitar aos responsáveis relatórios de impacto à proteção de dados pessoais.

§ 4º (*redação da Lei 13.853, de 8.7.19*) Em nenhum caso a totalidade dos dados pessoais de banco de dados de que trata o inciso III do *caput* deste artigo poderá ser tratada por pessoa de direito privado, salvo por aquela que possua capital integralmente constituído pelo poder público.

Art. 5º Para os fins desta Lei, considera-se:

I — dado pessoal: informação relacionada a pessoa natural identificada ou identificável;

II — dado pessoal sensível: dado pessoal sobre origem racial ou étnica, convicção religiosa, opinião política, filiação a sindicato ou a organização de caráter religioso, filosófico ou político, dado referente à saúde ou à vida sexual, dado genético ou biométrico, quando vinculado a uma pessoa natural;

III — dado anonimizado: dado relativo a titular que não possa ser identificado, considerando a utilização de meios técnicos razoáveis e disponíveis na ocasião de seu tratamento;

IV — banco de dados: conjunto estruturado de dados pessoais, estabelecido em um ou em vários locais, em suporte eletrônico ou físico;

V — titular: pessoa natural a quem se referem os dados pessoais que são objeto de tratamento;

VI — controlador: pessoa natural ou jurídica, de direito público ou privado, a quem competem as decisões referentes ao tratamento de dados pessoais;

VII — operador: pessoa natural ou jurídica, de direito público ou privado, que realiza o tratamento de dados pessoais em nome do controlador;

VIII (*redação da Lei 13.853, de 8.7.19*) — encarregado: pessoa indicada pelo controlador e operador para atuar como canal de comunicação entre o controlador, os titulares dos dados e a Autoridade Nacional de Proteção de Dados (ANPD);

IX — agentes de tratamento: o controlador e o operador;

X — tratamento: toda operação realizada com dados pessoais, como as que se referem a coleta, produção, recepção, classificação, utilização, acesso, reprodução, transmissão, distribuição, processamento, arquivamento, armazenamento, eliminação, avaliação ou controle da informação, modificação, comunicação, transferência, difusão ou extração;

XI — anonimização: utilização de meios técnicos razoáveis e disponíveis no momento do tratamento, por meio dos quais um dado perde a possibilidade de associação, direta ou indireta, a um indivíduo;

XII — consentimento: manifestação livre, informada e inequívoca pela qual o titular concorda com o tratamento de seus dados pessoais para uma finalidade determinada;

XIII — bloqueio: suspensão temporária de qualquer operação de tratamento, mediante guarda do dado pessoal ou do banco de dados;

XIV — eliminação: exclusão de dado ou de conjunto de dados armazenados em banco de dados, independentemente do procedimento empregado;

XV — transferência internacional de dados: transferência de dados pessoais para país estrangeiro ou organismo internacional do qual o país seja membro;

XVI — uso compartilhado de dados: comunicação, difusão, transferência internacional, interconexão de dados pessoais ou tratamento compartilhado de bancos de dados pessoais por órgãos e entidades públicos no cumprimento de suas competências legais, ou entre esses e entes privados, reciprocamente, com autorização específica, para uma ou mais modalidades de tratamento permitidas por esses entes públicos, ou entre entes privados;

XVII — relatório de impacto à proteção de dados pessoais: documentação do controlador que contém a descrição dos processos de tratamento de dados pessoais que podem gerar riscos às liberdades civis e aos direitos fundamentais, bem como medidas, salvaguardas e mecanismos de mitigação de risco;

XVIII (*redação da Lei 13.853, de 8.7.19*) — órgão de pesquisa: órgão ou entidade da administração pública direta ou indireta ou pessoa jurídica de direito privado sem fins lucrativos legalmente constituída sob as leis brasileiras, com sede e foro no País, que inclua em sua missão institucional ou em seu objetivo social ou estatutário a pesquisa básica ou aplicada de caráter histórico, científico, tecnológico ou estatístico; e

XIX (redação da Lei 13.853, de 8.7.19) — autoridade nacional: órgão da administração pública responsável por zelar, implementar e fiscalizar o cumprimento desta Lei em todo o território nacional.[1]

Art. 5º: 1. v. arts. 55-A a 55-L.

Art. 6º As atividades de tratamento de dados pessoais deverão observar a boa-fé e os seguintes princípios:

I — finalidade: realização do tratamento para propósitos legítimos, específicos, explícitos e informados ao titular, sem possibilidade de tratamento posterior de forma incompatível com essas finalidades;

II — adequação: compatibilidade do tratamento com as finalidades informadas ao titular, de acordo com o contexto do tratamento;

III — necessidade: limitação do tratamento ao mínimo necessário para a realização de suas finalidades, com abrangência dos dados pertinentes, proporcionais e não excessivos em relação às finalidades do tratamento de dados;

IV — livre acesso: garantia, aos titulares, de consulta facilitada e gratuita sobre a forma e a duração do tratamento, bem como sobre a integralidade de seus dados pessoais;

V — qualidade dos dados: garantia, aos titulares, de exatidão, clareza, relevância e atualização dos dados, de acordo com a necessidade e para o cumprimento da finalidade de seu tratamento;

VI — transparência: garantia, aos titulares, de informações claras, precisas e facilmente acessíveis sobre a realização do tratamento e os respectivos agentes de tratamento, observados os segredos comercial e industrial;

VII — segurança: utilização de medidas técnicas e administrativas aptas a proteger os dados pessoais de acessos não autorizados e de situações acidentais ou ilícitas de destruição, perda, alteração, comunicação ou difusão;

VIII — prevenção: adoção de medidas para prevenir a ocorrência de danos em virtude do tratamento de dados pessoais;

IX — não discriminação: impossibilidade de realização do tratamento para fins discriminatórios ilícitos ou abusivos;

X — responsabilização e prestação de contas: demonstração, pelo agente, da adoção de medidas eficazes e capazes de comprovar a observância e o cumprimento das normas de proteção de dados pessoais e, inclusive, da eficácia dessas medidas.

Capítulo II | DO TRATAMENTO DE DADOS PESSOAIS

Seção I | DOS REQUISITOS PARA O TRATAMENTO DE DADOS PESSOAIS

Art. 7º O tratamento de dados pessoais somente poderá ser realizado nas seguintes hipóteses:

I — mediante o fornecimento de consentimento pelo titular;[1]

II — para o cumprimento de obrigação legal ou regulatória pelo controlador;

III — pela administração pública, para o tratamento e uso compartilhado de dados necessários à execução de políticas públicas previstas em leis e regulamentos ou respaldadas em contratos, convênios ou instrumentos congêneres, observadas as disposições do Capítulo IV desta Lei;

IV — para a realização de estudos por órgão de pesquisa, garantida, sempre que possível, a anonimização dos dados pessoais;

V — quando necessário para a execução de contrato ou de procedimentos preliminares relacionados a contrato do qual seja parte o titular, a pedido do titular dos dados;

VI — para o exercício regular de direitos em processo judicial, administrativo ou arbitral, esse último nos termos da Lei n. 9.307, de 23 de setembro de 1996 (Lei de Arbitragem);

VII — para a proteção da vida ou da incolumidade física do titular ou de terceiro;

VIII (*redação da Lei 13.853, de 8.7.19*) — para a tutela da saúde, exclusivamente, em procedimento realizado por profissionais de saúde, serviços de saúde ou autoridade sanitária;

IX — quando necessário para atender aos interesses legítimos do controlador ou de terceiro, exceto no caso de prevalecerem direitos e liberdades fundamentais do titular que exijam a proteção dos dados pessoais; ou

X — para a proteção do crédito, inclusive quanto ao disposto na legislação pertinente.

§ 1º (*revogado*)[1a]

§ 2º (*revogado*)[2]

§ 3º O tratamento de dados pessoais cujo acesso é público deve considerar a finalidade, a boa-fé e o interesse público que justificaram sua disponibilização.

§ 4º É dispensada a exigência do consentimento previsto no *caput* deste artigo para os dados tornados manifestamente públicos pelo titular, resguardados os direitos do titular e os princípios previstos nesta Lei.

§ 5º O controlador que obteve o consentimento referido no inciso I do *caput* deste artigo que necessitar comunicar ou compartilhar dados pessoais com outros controladores deverá obter consentimento específico do titular para esse fim, ressalvadas as hipóteses de dispensa do consentimento previstas nesta Lei.

§ 6º A eventual dispensa da exigência do consentimento não desobriga os agentes de tratamento das demais obrigações previstas nesta Lei, especialmente da observância dos princípios gerais e da garantia dos direitos do titular.

§ 7º (*acrescido pela Lei 13.853, de 8.7.19*) O tratamento posterior dos dados pessoais a que se referem os §§ 3º e 4º deste artigo poderá ser realizado para novas finalidades, desde que observados os propósitos legítimos e específicos para o novo tratamento e a preservação dos direitos do titular, assim como os fundamentos e os princípios previstos nesta Lei.

Art. 7º: 1. v. art. 8º.

Art. 7º: 1a e 2. Os §§ 1º e 2º foram revogados pela Lei 13.853, de 8.7.19.

Art. 8º O consentimento previsto no inciso I do art. 7º desta Lei deverá ser fornecido por escrito ou por outro meio que demonstre a manifestação de vontade do titular.

§ 1º Caso o consentimento seja fornecido por escrito, esse deverá constar de cláusula destacada das demais cláusulas contratuais.

§ 2º Cabe ao controlador o ônus da prova de que o consentimento foi obtido em conformidade com o disposto nesta Lei.

§ 3º É vedado o tratamento de dados pessoais mediante vício de consentimento.

§ 4º O consentimento deverá referir-se a finalidades determinadas, e as autorizações genéricas para o tratamento de dados pessoais serão nulas.

§ 5º O consentimento pode ser revogado a qualquer momento mediante manifestação expressa do titular, por procedimento gratuito e facilitado, ratificados os tratamentos realizados sob amparo do consentimento anteriormente manifestado enquanto não houver requerimento de eliminação, nos termos do inciso VI do *caput* do art. 18 desta Lei.

§ 6º Em caso de alteração de informação referida nos incisos I, II, III ou V do art. 9º desta Lei, o controlador deverá informar ao titular, com destaque de forma específica do teor das alterações, podendo o titular, nos casos em que o seu consentimento é exigido, revogá-lo caso discorde da alteração.

Art. 9º O titular tem direito ao acesso facilitado às informações sobre o tratamento de seus dados, que deverão ser disponibilizadas de forma clara, adequada e ostensiva acerca de, entre outras características previstas em regulamentação para o atendimento do princípio do livre acesso:

I — finalidade específica do tratamento;

II — forma e duração do tratamento, observados os segredos comercial e industrial;

III — identificação do controlador;

IV — informações de contato do controlador;

V — informações acerca do uso compartilhado de dados pelo controlador e a finalidade;

VI — responsabilidades dos agentes que realizarão o tratamento; e

VII — direitos do titular, com menção explícita aos direitos contidos no art. 18 desta Lei.

§ 1º Na hipótese em que o consentimento é requerido, esse será considerado nulo caso as informações fornecidas ao titular tenham conteúdo enganoso ou abusivo ou não tenham sido apresentadas previamente com transparência, de forma clara e inequívoca.

§ 2º Na hipótese em que o consentimento é requerido, se houver mudanças da finalidade para o tratamento de dados pessoais não compatíveis com o consentimento original, o controlador deverá informar previamente o titular sobre as mudanças de finalidade, podendo o titular revogar o consentimento, caso discorde das alterações.

§ 3º Quando o tratamento de dados pessoais for condição para o fornecimento de produto ou de serviço ou para o exercício de direito, o titular será informado com destaque sobre esse fato e sobre os meios pelos quais poderá exercer os direitos do titular elencados no art. 18 desta Lei.

Art. 10. O legítimo interesse do controlador somente poderá fundamentar tratamento de dados pessoais para finalidades legítimas, consideradas a partir de situações concretas, que incluem, mas não se limitam a:

I — apoio e promoção de atividades do controlador; e

II — proteção, em relação ao titular, do exercício regular de seus direitos ou prestação de serviços que o beneficiem, respeitadas as legítimas expectativas dele e os direitos e liberdades fundamentais, nos termos desta Lei.

§ 1º Quando o tratamento for baseado no legítimo interesse do controlador, somente os dados pessoais estritamente necessários para a finalidade pretendida poderão ser tratados.

§ 2º O controlador deverá adotar medidas para garantir a transparência do tratamento de dados baseado em seu legítimo interesse.

§ 3º A autoridade nacional poderá solicitar ao controlador relatório de impacto à proteção de dados pessoais, quando o tratamento tiver como fundamento seu interesse legítimo, observados os segredos comercial e industrial.

Seção II | DO TRATAMENTO DE DADOS PESSOAIS SENSÍVEIS

Art. 11. O tratamento de dados pessoais sensíveis somente poderá ocorrer nas seguintes hipóteses:

I — quando o titular ou seu responsável legal consentir, de forma específica e destacada, para finalidades específicas;

II — sem fornecimento de consentimento do titular, nas hipóteses em que for indispensável para:

a) cumprimento de obrigação legal ou regulatória pelo controlador;

b) tratamento compartilhado de dados necessários à execução, pela administração pública, de políticas públicas previstas em leis ou regulamentos;

c) realização de estudos por órgão de pesquisa, garantida, sempre que possível, a anonimização dos dados pessoais sensíveis;

d) exercício regular de direitos, inclusive em contrato e em processo judicial, administrativo e arbitral, este último nos termos da Lei n. 9.307, de 23 de setembro de 1996 (Lei de Arbitragem);

e) proteção da vida ou da incolumidade física do titular ou de terceiro;

f) (*redação da Lei 13.853, de 8.7.19*) tutela da saúde, exclusivamente, em procedimento realizado por profissionais de saúde, serviços de saúde ou autoridade sanitária; ou

g) garantia da prevenção à fraude e à segurança do titular, nos processos de identificação e autenticação de cadastro em sistemas eletrônicos, resguardados os direitos mencionados no art. 9º desta Lei e exceto no caso de prevalecerem direitos e liberdades fundamentais do titular que exijam a proteção dos dados pessoais.

§ 1º Aplica-se o disposto neste artigo a qualquer tratamento de dados pessoais que revele dados pessoais sensíveis e que possa causar dano ao titular, ressalvado o disposto em legislação específica.

§ 2º Nos casos de aplicação do disposto nas alíneas "a" e "b" do inciso II do *caput* deste artigo pelos órgãos e pelas entidades públicas, será dada publicidade à referida dispensa de consentimento, nos termos do inciso I do *caput* do art. 23 desta Lei.

§ 3º A comunicação ou o uso compartilhado de dados pessoais sensíveis entre controladores com objetivo de obter vantagem econômica poderá ser objeto de vedação ou de regulamentação por parte da autoridade nacional, ouvidos os órgãos setoriais do Poder Público, no âmbito de suas competências.

§ 4º (*redação da Lei 13.853, de 8.7.19*) É vedada a comunicação ou o uso compartilhado entre controladores de dados pessoais sensíveis referentes à saúde com objetivo de obter vantagem econômica, exceto nas hipóteses relativas a prestação de serviços de saúde, de assistência farmacêutica e de assistência à saúde, desde que observado o § 5º deste artigo, incluídos os serviços auxiliares de diagnose e terapia, em benefício dos interesses dos titulares de dados, e para permitir:

I (*acrescido pela Lei 13.853, de 8.7.19*) — a portabilidade de dados quando solicitada pelo titular; ou

II (*acrescido pela Lei 13.853, de 8.7.19*) — as transações financeiras e administrativas resultantes do uso e da prestação dos serviços de que trata este parágrafo.

§ 5º (*acrescido pela Lei 13.853, de 8.7.19*) É vedado às operadoras de planos privados de assistência à saúde o tratamento de dados de saúde para a prática de seleção de riscos na contratação de qualquer modalidade, assim como na contratação e exclusão de beneficiários.

Art. 12. Os dados anonimizados não serão considerados dados pessoais para os fins desta Lei, salvo quando o processo de anonimização ao qual foram submetidos for revertido, utilizando exclusivamente meios próprios, ou quando, com esforços razoáveis, puder ser revertido.

§ 1º A determinação do que seja razoável deve levar em consideração fatores objetivos, tais como custo e tempo necessários para reverter o processo de anonimização, de acordo com as tecnologias disponíveis, e a utilização exclusiva de meios próprios.

§ 2º Poderão ser igualmente considerados como dados pessoais, para os fins desta Lei, aqueles utilizados para formação do perfil comportamental de determinada pessoa natural, se identificada.

§ 3º A autoridade nacional poderá dispor sobre padrões e técnicas utilizados em processos de anonimização e realizar verificações acerca de sua segurança, ouvido o Conselho Nacional de Proteção de Dados Pessoais.

Art. 13. Na realização de estudos em saúde pública, os órgãos de pesquisa poderão ter acesso a bases de dados pessoais, que serão tratados exclusivamente dentro do órgão e estritamente para a finalidade de realização de estudos e pesquisas e mantidos em ambiente controlado e seguro, conforme práticas de segurança previstas em regulamento específico e que incluam, sempre que possível, a anonimização ou pseudonimização dos dados, bem como considerem os devidos padrões éticos relacionados a estudos e pesquisas.

§ 1º A divulgação dos resultados ou de qualquer excerto do estudo ou da pesquisa de que trata o *caput* deste artigo em nenhuma hipótese poderá revelar dados pessoais.

§ 2º O órgão de pesquisa será o responsável pela segurança da informação prevista no *caput* deste artigo, não permitida, em circunstância alguma, a transferência dos dados a terceiro.

§ 3º O acesso aos dados de que trata este artigo será objeto de regulamentação por parte da autoridade nacional e das autoridades da área de saúde e sanitárias, no âmbito de suas competências.

§ 4º Para os efeitos deste artigo, a pseudonimização é o tratamento por meio do qual um dado perde a possibilidade de associação, direta ou indireta, a um indivíduo, senão pelo uso de informação adicional mantida separadamente pelo controlador em ambiente controlado e seguro.

Seção III DO TRATAMENTO DE DADOS PESSOAIS DE CRIANÇAS E DE ADOLESCENTES

Art. 14. O tratamento de dados pessoais de crianças e de adolescentes deverá ser realizado em seu melhor interesse, nos termos deste artigo e da legislação pertinente.

§ 1º O tratamento de dados pessoais de crianças deverá ser realizado com o consentimento específico e em destaque dado por pelo menos um dos pais ou pelo responsável legal.

§ 2º No tratamento de dados de que trata o § 1º deste artigo, os controladores deverão manter pública a informação sobre os tipos de dados coletados, a forma de sua utilização e os procedimentos para o exercício dos direitos a que se refere o art. 18 desta Lei.

§ 3º Poderão ser coletados dados pessoais de crianças sem o consentimento a que se refere o § 1º deste artigo quando a coleta for necessária para contatar os pais ou o responsável legal, utilizados uma única vez e sem armazenamento, ou para sua proteção, e em nenhum caso poderão ser repassados a terceiro sem o consentimento de que trata o § 1º deste artigo.

§ 4º Os controladores não deverão condicionar a participação dos titulares de que trata o § 1º deste artigo em jogos, aplicações de internet ou outras atividades ao fornecimento de informações pessoais além das estritamente necessárias à atividade.

§ 5º O controlador deve realizar todos os esforços razoáveis para verificar que o consentimento a que se refere o § 1º deste artigo foi dado pelo responsável pela criança, consideradas as tecnologias disponíveis.

§ 6º As informações sobre o tratamento de dados referidas neste artigo deverão ser fornecidas de maneira simples, clara e acessível, consideradas as características físico-motoras, perceptivas, sensoriais, intelectuais e mentais do usuário, com uso de recursos audiovisuais quando adequado, de forma a proporcionar a informação necessária aos pais ou ao responsável legal e adequada ao entendimento da criança.

Seção IV | DO TÉRMINO DO TRATAMENTO DE DADOS

Art. 15. O término do tratamento de dados pessoais ocorrerá nas seguintes hipóteses:

I — verificação de que a finalidade foi alcançada ou de que os dados deixaram de ser necessários ou pertinentes ao alcance da finalidade específica almejada;

II — fim do período de tratamento;

III — comunicação do titular, inclusive no exercício de seu direito de revogação do consentimento conforme disposto no § 5º do art. 8º desta Lei, resguardado o interesse público; ou

IV — determinação da autoridade nacional, quando houver violação ao disposto nesta Lei.

Art. 16. Os dados pessoais serão eliminados após o término de seu tratamento, no âmbito e nos limites técnicos das atividades, autorizada a conservação para as seguintes finalidades:

I — cumprimento de obrigação legal ou regulatória pelo controlador;

II — estudo por órgão de pesquisa, garantida, sempre que possível, a anonimização dos dados pessoais;

III — transferência a terceiro, desde que respeitados os requisitos de tratamento de dados dispostos nesta Lei; ou

IV — uso exclusivo do controlador, vedado seu acesso por terceiro, e desde que anonimizados os dados.

Capítulo III | DOS DIREITOS DO TITULAR

Art. 17. Toda pessoa natural tem assegurada a titularidade de seus dados pessoais e garantidos os direitos fundamentais de liberdade, de intimidade e de privacidade, nos termos desta Lei.

Art. 18. O titular dos dados pessoais tem direito a obter do controlador, em relação aos dados do titular por ele tratados, a qualquer momento e mediante requisição:

I — confirmação da existência de tratamento;

II — acesso aos dados;

III — correção de dados incompletos, inexatos ou desatualizados;

IV — anonimização, bloqueio ou eliminação de dados desnecessários, excessivos ou tratados em desconformidade com o disposto nesta Lei;

V (*redação da Lei 13.853, de 8.7.19*) — portabilidade dos dados a outro fornecedor de serviço ou produto, mediante requisição expressa, de acordo com a regulamentação da autoridade nacional, observados os segredos comercial e industrial;

VI — eliminação dos dados pessoais tratados com o consentimento do titular, exceto nas hipóteses previstas no art. 16 desta Lei;

VII — informação das entidades públicas e privadas com as quais o controlador realizou uso compartilhado de dados;

VIII — informação sobre a possibilidade de não fornecer consentimento e sobre as consequências da negativa;

IX — revogação do consentimento, nos termos do § 5º do art. 8º desta Lei.

§ 1º O titular dos dados pessoais tem o direito de peticionar em relação aos seus dados contra o controlador perante a autoridade nacional.[1]

§ 2º O titular pode opor-se a tratamento realizado com fundamento em uma das hipóteses de dispensa de consentimento, em caso de descumprimento ao disposto nesta Lei.

§ 3º Os direitos previstos neste artigo serão exercidos mediante requerimento expresso do titular ou de representante legalmente constituído, a agente de tratamento.

§ 4º Em caso de impossibilidade de adoção imediata da providência de que trata o § 3º deste artigo, o controlador enviará ao titular resposta em que poderá:

I — comunicar que não é agente de tratamento dos dados e indicar, sempre que possível, o agente; ou

II — indicar as razões de fato ou de direito que impedem a adoção imediata da providência.

§ 5º O requerimento referido no § 3º deste artigo será atendido sem custos para o titular, nos prazos e nos termos previstos em regulamento.

§ 6º (*redação da Lei 13.853, de 8.7.19*) O responsável deverá informar, de maneira imediata, aos agentes de tratamento com os quais tenha realizado uso compartilhado de dados a correção, a eliminação, a anonimização ou o bloqueio dos dados, para que repitam idêntico procedimento, exceto nos casos em que esta comunicação seja comprovadamente impossível ou implique esforço desproporcional.

§ 7º A portabilidade dos dados pessoais a que se refere o inciso V do *caput* deste artigo não inclui dados que já tenham sido anonimizados pelo controlador.

§ 8º O direito a que se refere o § 1º deste artigo também poderá ser exercido perante os organismos de defesa do consumidor.

Art. 18: 1. v. § 8º.

Art. 19. A confirmação de existência ou o acesso a dados pessoais serão providenciados, mediante requisição do titular:

I — em formato simplificado, imediatamente; ou

II — por meio de declaração clara e completa, que indique a origem dos dados, a inexistência de registro, os critérios utilizados e a finalidade do tratamento, observados os segredos comercial e industrial, fornecida no prazo de até 15 (quinze) dias, contado da data do requerimento do titular.

§ 1º Os dados pessoais serão armazenados em formato que favoreça o exercício do direito de acesso.

§ 2º As informações e os dados poderão ser fornecidos, a critério do titular:

I — por meio eletrônico, seguro e idôneo para esse fim; ou

II — sob forma impressa.

§ 3º Quando o tratamento tiver origem no consentimento do titular ou em contrato, o titular poderá solicitar cópia eletrônica integral de seus dados pessoais, observados os segredos comercial e industrial, nos termos de regulamentação da autoridade nacional, em formato que permita a sua utilização subsequente, inclusive em outras operações de tratamento.

§ 4º A autoridade nacional poderá dispor de forma diferenciada acerca dos prazos previstos nos incisos I e II do *caput* deste artigo para os setores específicos.

Art. 20 (*redação da Lei 13.853, de 8.7.19*). O titular dos dados tem direito a solicitar a revisão de decisões tomadas unicamente com base em tratamento automatizado de dados pessoais que afetem seus interesses, incluídas as decisões destinadas a definir o seu perfil pessoal, profissional, de consumo e de crédito ou os aspectos de sua personalidade.

§ 1º O controlador deverá fornecer, sempre que solicitadas, informações claras e adequadas a respeito dos critérios e dos procedimentos utilizados para a decisão automatizada, observados os segredos comercial e industrial.

§ 2º Em caso de não oferecimento de informações de que trata o § 1º deste artigo baseado na observância de segredo comercial e industrial, a autoridade nacional poderá realizar auditoria para verificação de aspectos discriminatórios em tratamento automatizado de dados pessoais.

§ 3º (VETADO).[1]

Art. 20: 1. O § 3º foi acrescido pela Lei 13.853, de 8.7.19.

Art. 21. Os dados pessoais referentes ao exercício regular de direitos pelo titular não podem ser utilizados em seu prejuízo.

Art. 22. A defesa dos interesses e dos direitos dos titulares de dados poderá ser exercida em juízo, individual ou coletivamente, na forma do disposto na legislação pertinente, acerca dos instrumentos de tutela individual e coletiva.

Capítulo IV — DO TRATAMENTO DE DADOS PESSOAIS PELO PODER PÚBLICO

Seção I — DAS REGRAS

Art. 23. O tratamento de dados pessoais pelas pessoas jurídicas de direito público referidas no parágrafo único do art. 1º da Lei n. 12.527, de 18 de novembro de 2011 (Lei de Acesso à Informação), deverá ser realizado para o atendimento de sua finalidade pública, na persecução do interesse público, com o objetivo de executar as competências legais ou cumprir as atribuições legais do serviço público, desde que:

I — sejam informadas as hipóteses em que, no exercício de suas competências, realizam o tratamento de dados pessoais, fornecendo informações claras e atualizadas sobre a previsão legal, a finalidade, os procedimentos e as práticas utilizadas para a execução dessas atividades, em veículos de fácil acesso, preferencialmente em seus sítios eletrônicos;

II — (VETADO); e

III (*redação da Lei 13.853, de 8.7.19*) — seja indicado um encarregado quando realizarem operações de tratamento de dados pessoais, nos termos do art. 39 desta Lei; e

IV — (VETADO).[1]

§ 1º A autoridade nacional poderá dispor sobre as formas de publicidade das operações de tratamento.

§ 2º O disposto nesta Lei não dispensa as pessoas jurídicas mencionadas no *caput* deste artigo de instituir as autoridades de que trata a Lei n. 12.527, de 18 de novembro de 2011 (Lei de Acesso à Informação).

§ 3º Os prazos e procedimentos para exercício dos direitos do titular perante o Poder Público observarão o disposto em legislação específica, em especial as disposições constantes da Lei n. 9.507, de 12 de novembro de 1997 (Lei do Habeas Data), da Lei n. 9.784, de 29 de janeiro de 1999 (Lei Geral do Processo Administrativo), e da Lei n. 12.527, de 18 de novembro de 2011 (Lei de Acesso à Informação).

§ 4º Os serviços notariais e de registro exercidos em caráter privado, por delegação do Poder Público, terão o mesmo tratamento dispensado às pessoas jurídicas referidas no *caput* deste artigo, nos termos desta Lei.

§ 5º Os órgãos notariais e de registro devem fornecer acesso aos dados por meio eletrônico para a administração pública, tendo em vista as finalidades de que trata o *caput* deste artigo.

Art. 23: 1. O inciso IV foi acrescido pela Lei 13.853, de 8.7.19.

Art. 24. As empresas públicas e as sociedades de economia mista que atuam em regime de concorrência, sujeitas ao disposto no art. 173 da Constituição Federal, terão o mesmo tratamento dispensado às pessoas jurídicas de direito privado particulares, nos termos desta Lei.

Parágrafo único. As empresas públicas e as sociedades de economia mista, quando estiverem operacionalizando políticas públicas e no âmbito da execução delas, terão o mesmo tratamento dispensado aos órgãos e às entidades do Poder Público, nos termos deste Capítulo.

Art. 25. Os dados deverão ser mantidos em formato interoperável e estruturado para o uso compartilhado, com vistas à execução de políticas públicas, à prestação de serviços públicos, à descentralização da atividade pública e à disseminação e ao acesso das informações pelo público em geral.

Art. 26. O uso compartilhado de dados pessoais pelo Poder Público deve atender a finalidades específicas de execução de políticas públicas e atribuição legal pelos órgãos e pelas entidades públicas, respeitados os princípios de proteção de dados pessoais elencados no art. 6º desta Lei.

§ 1º É vedado ao Poder Público transferir a entidades privadas dados pessoais constantes de bases de dados a que tenha acesso, exceto:

I — em casos de execução descentralizada de atividade pública que exija a transferência, exclusivamente para esse fim específico e determinado, observado o disposto na Lei n. 12.527, de 18 de novembro de 2011 (Lei de Acesso à Informação);

II — (VETADO);

III — nos casos em que os dados forem acessíveis publicamente, observadas as disposições desta Lei;

IV (*acrescido pela Lei 13.853, de 8.7.19*) — quando houver previsão legal ou a transferência for respaldada em contratos, convênios ou instrumentos congêneres; ou

V (*acrescido pela Lei 13.853, de 8.7.19*) — na hipótese de a transferência dos dados objetivar exclusivamente a prevenção de fraudes e irregularidades, ou proteger e resguardar a segurança e a integridade do titular dos dados, desde que vedado o tratamento para outras finalidades.

§ 2º Os contratos e convênios de que trata o § 1º deste artigo deverão ser comunicados à autoridade nacional.

Art. 27. A comunicação ou o uso compartilhado de dados pessoais de pessoa jurídica de direito público a pessoa de direito privado será informado à autoridade nacional e dependerá de consentimento do titular, exceto:

I — nas hipóteses de dispensa de consentimento previstas nesta Lei;

II — nos casos de uso compartilhado de dados, em que será dada publicidade nos termos do inciso I do *caput* do art. 23 desta Lei; ou

III — nas exceções constantes do § 1º do art. 26 desta Lei.

Parágrafo único (*acrescido pela Lei 13.853, de 8.7.19*). A informação à autoridade nacional de que trata o *caput* deste artigo será objeto de regulamentação.

Art. 28. (VETADO)

Art. 29 (*redação da Lei 13.853, de 8.7.19*). A autoridade nacional poderá solicitar, a qualquer momento, aos órgãos e às entidades do poder público a realização de operações de tratamento de dados pessoais, informações específicas sobre o âmbito e a natureza dos dados e outros detalhes do tratamento realizado e poderá emitir parecer técnico complementar para garantir o cumprimento desta Lei.

Art. 30. A autoridade nacional poderá estabelecer normas complementares para as atividades de comunicação e de uso compartilhado de dados pessoais.

Seção II | DA RESPONSABILIDADE

Art. 31. Quando houver infração a esta Lei em decorrência do tratamento de dados pessoais por órgãos públicos, a autoridade nacional poderá enviar informe com medidas cabíveis para fazer cessar a violação.

Art. 32. A autoridade nacional poderá solicitar a agentes do Poder Público a publicação de relatórios de impacto à proteção de dados pessoais e sugerir a adoção de padrões e de boas práticas para os tratamentos de dados pessoais pelo Poder Público.

Capítulo V | DA TRANSFERÊNCIA INTERNACIONAL DE DADOS

Art. 33. A transferência internacional de dados pessoais somente é permitida nos seguintes casos:

I — para países ou organismos internacionais que proporcionem grau de proteção de dados pessoais adequado ao previsto nesta Lei;

II — quando o controlador oferecer e comprovar garantias de cumprimento dos princípios, dos direitos do titular e do regime de proteção de dados previstos nesta Lei, na forma de:

a) cláusulas contratuais específicas para determinada transferência;
b) cláusulas-padrão contratuais;
c) normas corporativas globais;
d) selos, certificados e códigos de conduta regularmente emitidos;

III — quando a transferência for necessária para a cooperação jurídica internacional entre órgãos públicos de inteligência, de investigação e de persecução, de acordo com os instrumentos de direito internacional;

IV — quando a transferência for necessária para a proteção da vida ou da incolumidade física do titular ou de terceiro;

V — quando a autoridade nacional autorizar a transferência;

VI — quando a transferência resultar em compromisso assumido em acordo de cooperação internacional;

VII — quando a transferência for necessária para a execução de política pública ou atribuição legal do serviço público, sendo dada publicidade nos termos do inciso I do *caput* do art. 23 desta Lei;

VIII — quando o titular tiver fornecido o seu consentimento específico e em destaque para a transferência, com informação prévia sobre o caráter internacional da operação, distinguindo claramente esta de outras finalidades; ou

IX — quando necessário para atender as hipóteses previstas nos incisos II, V e VI do art. 7º desta Lei.

Parágrafo único. Para os fins do inciso I deste artigo, as pessoas jurídicas de direito público referidas no parágrafo único do art. 1º da Lei n. 12.527, de 18 de novembro de 2011 (Lei de Acesso à Informação), no âmbito de suas competências legais, e responsáveis, no âmbito de suas atividades, poderão requerer à autoridade nacional a avaliação do nível de proteção a dados pessoais conferido por país ou organismo internacional.

Art. 34. O nível de proteção de dados do país estrangeiro ou do organismo internacional mencionado no inciso I do *caput* do art. 33 desta Lei será avaliado pela autoridade nacional, que levará em consideração:

I — as normas gerais e setoriais da legislação em vigor no país de destino ou no organismo internacional;

II — a natureza dos dados;

III — a observância dos princípios gerais de proteção de dados pessoais e direitos dos titulares previstos nesta Lei;

IV — a adoção de medidas de segurança previstas em regulamento;

V — a existência de garantias judiciais e institucionais para o respeito aos direitos de proteção de dados pessoais; e

VI — outras circunstâncias específicas relativas à transferência.

Art. 35. A definição do conteúdo de cláusulas-padrão contratuais, bem como a verificação de cláusulas contratuais específicas para uma determinada transferência, normas corporativas globais ou selos, certificados e códigos de conduta, a que se refere o inciso II do *caput* do art. 33 desta Lei, será realizada pela autoridade nacional.

§ 1º Para a verificação do disposto no *caput* deste artigo, deverão ser considerados os requisitos, as condições e as garantias mínimas para a transferência que observem os direitos, as garantias e os princípios desta Lei.

§ 2º Na análise de cláusulas contratuais, de documentos ou de normas corporativas globais submetidas à aprovação da autoridade nacional, poderão ser requeridas informações suplementares ou realizadas diligências de verificação quanto às operações de tratamento, quando necessário.

§ 3º A autoridade nacional poderá designar organismos de certificação para a realização do previsto no *caput* deste artigo, que permanecerão sob sua fiscalização nos termos definidos em regulamento.

§ 4º Os atos realizados por organismo de certificação poderão ser revistos pela autoridade nacional e, caso em desconformidade com esta Lei, submetidos a revisão ou anulados.

§ 5º As garantias suficientes de observância dos princípios gerais de proteção e dos direitos do titular referidas no *caput* deste artigo serão também analisadas de acordo com as medidas técnicas e organizacionais adotadas pelo operador, de acordo com o previsto nos §§ 1º e 2º do art. 46 desta Lei.

Art. 36. As alterações nas garantias apresentadas como suficientes de observância dos princípios gerais de proteção e dos direitos do titular referidas no inciso II do art. 33 desta Lei deverão ser comunicadas à autoridade nacional.

Capítulo VI | DOS AGENTES DE TRATAMENTO DE DADOS PESSOAIS

Seção I | DO CONTROLADOR E DO OPERADOR

Art. 37. O controlador e o operador devem manter registro das operações de tratamento de dados pessoais que realizarem, especialmente quando baseado no legítimo interesse.

Art. 38. A autoridade nacional poderá determinar ao controlador que elabore relatório de impacto à proteção de dados pessoais, inclusive de dados sensíveis, referente a suas operações de tratamento de dados, nos termos de regulamento, observados os segredos comercial e industrial.

Parágrafo único. Observado o disposto no *caput* deste artigo, o relatório deverá conter, no mínimo, a descrição dos tipos de dados coletados, a metodologia utilizada para a coleta e para a garantia da segurança das informações e a análise do controlador com relação a medidas, salvaguardas e mecanismos de mitigação de risco adotados.

Art. 39. O operador deverá realizar o tratamento segundo as instruções fornecidas pelo controlador, que verificará a observância das próprias instruções e das normas sobre a matéria.

Art. 40. A autoridade nacional poderá dispor sobre padrões de interoperabilidade para fins de portabilidade, livre acesso aos dados e segurança, assim como sobre o tempo de guarda dos registros, tendo em vista especialmente a necessidade e a transparência.

Seção II | DO ENCARREGADO PELO TRATAMENTO DE DADOS PESSOAIS

Art. 41. O controlador deverá indicar encarregado pelo tratamento de dados pessoais.

§ 1º A identidade e as informações de contato do encarregado deverão ser divulgadas publicamente, de forma clara e objetiva, preferencialmente no sítio eletrônico do controlador.

§ 2º As atividades do encarregado consistem em:

I — aceitar reclamações e comunicações dos titulares, prestar esclarecimentos e adotar providências;

II — receber comunicações da autoridade nacional e adotar providências;

III — orientar os funcionários e os contratados da entidade a respeito das práticas a serem tomadas em relação à proteção de dados pessoais; e

IV — executar as demais atribuições determinadas pelo controlador ou estabelecidas em normas complementares.

§ 3º A autoridade nacional poderá estabelecer normas complementares sobre a definição e as atribuições do encarregado, inclusive hipóteses de dispensa da necessidade de sua indicação, conforme a natureza e o porte da entidade ou o volume de operações de tratamento de dados.

§ 4º (VETADO).[1]

Art. 41: 1. O § 4º foi acrescido pela Lei 13.853, de 8.7.19.

Seção III | DA RESPONSABILIDADE E DO RESSARCIMENTO DE DANOS

Art. 42. O controlador ou o operador que, em razão do exercício de atividade de tratamento de dados pessoais, causar a outrem dano patrimonial, moral, individual ou coletivo, em violação à legislação de proteção de dados pessoais, é obrigado a repará-lo.

§ 1º A fim de assegurar a efetiva indenização ao titular dos dados:

I — o operador responde solidariamente pelos danos causados pelo tratamento quando descumprir as obrigações da legislação de proteção de dados ou quando não tiver seguido as instruções lícitas do controlador, hipótese em que o operador equipara-se ao controlador, salvo nos casos de exclusão previstos no art. 43 desta Lei;

II — os controladores que estiverem diretamente envolvidos no tratamento do qual decorreram danos ao titular dos dados respondem solidariamente, salvo nos casos de exclusão previstos no art. 43 desta Lei.

§ 2º O juiz, no processo civil, poderá inverter o ônus da prova a favor do titular dos dados quando, a seu juízo, for verossímil a alegação, houver hipossuficiência para fins de produção de prova ou quando a produção de prova pelo titular resultar-lhe excessivamente onerosa.[1]

§ 3º As ações de reparação por danos coletivos que tenham por objeto a responsabilização nos termos do *caput* deste artigo podem ser exercidas coletivamente em juízo, observado o disposto na legislação pertinente.

§ 4º Aquele que reparar o dano ao titular tem direito de regresso contra os demais responsáveis, na medida de sua participação no evento danoso.

Art. 42: 1. v. CDC 6º, nota 8.

Art. 43. Os agentes de tratamento só não serão responsabilizados quando provarem:

I — que não realizaram o tratamento de dados pessoais que lhes é atribuído;

II — que, embora tenham realizado o tratamento de dados pessoais que lhes é atribuído, não houve violação à legislação de proteção de dados; ou

III — que o dano é decorrente de culpa exclusiva do titular dos dados ou de terceiro.

Art. 44. O tratamento de dados pessoais será irregular quando deixar de observar a legislação ou quando não fornecer a segurança que o titular dele pode esperar, consideradas as circunstâncias relevantes, entre as quais:

I — o modo pelo qual é realizado;

II — o resultado e os riscos que razoavelmente dele se esperam;

III — as técnicas de tratamento de dados pessoais disponíveis à época em que foi realizado.

Parágrafo único. Responde pelos danos decorrentes da violação da segurança dos dados o controlador ou o operador que, ao deixar de adotar as medidas de segurança previstas no art. 46 desta Lei, der causa ao dano.

Art. 45. As hipóteses de violação do direito do titular no âmbito das relações de consumo permanecem sujeitas às regras de responsabilidade previstas na legislação pertinente.

Capítulo VII | DA SEGURANÇA E DAS BOAS PRÁTICAS

Seção I | DA SEGURANÇA E DO SIGILO DE DADOS

Art. 46. Os agentes de tratamento devem adotar medidas de segurança, técnicas e administrativas aptas a proteger os dados pessoais de acessos não autorizados e de situações acidentais ou ilícitas de destruição, perda, alteração, comunicação ou qualquer forma de tratamento inadequado ou ilícito.

§ 1º A autoridade nacional poderá dispor sobre padrões técnicos mínimos para tornar aplicável o disposto no *caput* deste artigo, considerados a natureza das informações tratadas, as características específicas do tratamento e o estado atual da tecnologia, especialmente no caso de dados pessoais sensíveis, assim como os princípios previstos no *caput* do art. 6º desta Lei.

§ 2º As medidas de que trata o *caput* deste artigo deverão ser observadas desde a fase de concepção do produto ou do serviço até a sua execução.

Art. 47. Os agentes de tratamento ou qualquer outra pessoa que intervenha em uma das fases do tratamento obriga-se a garantir a segurança da informação prevista nesta Lei em relação aos dados pessoais, mesmo após o seu término.

Art. 48. O controlador deverá comunicar à autoridade nacional e ao titular a ocorrência de incidente de segurança que possa acarretar risco ou dano relevante aos titulares.

§ 1º A comunicação será feita em prazo razoável, conforme definido pela autoridade nacional, e deverá mencionar, no mínimo:

I — a descrição da natureza dos dados pessoais afetados;
II — as informações sobre os titulares envolvidos;
III — a indicação das medidas técnicas e de segurança utilizadas para a proteção dos dados, observados os segredos comercial e industrial;
IV — os riscos relacionados ao incidente;
V — os motivos da demora, no caso de a comunicação não ter sido imediata; e
VI — as medidas que foram ou que serão adotadas para reverter ou mitigar os efeitos do prejuízo.

§ 2º A autoridade nacional verificará a gravidade do incidente e poderá, caso necessário para a salvaguarda dos direitos dos titulares, determinar ao controlador a adoção de providências, tais como:

I — ampla divulgação do fato em meios de comunicação; e
II — medidas para reverter ou mitigar os efeitos do incidente.

§ 3º No juízo de gravidade do incidente, será avaliada eventual comprovação de que foram adotadas medidas técnicas adequadas que tornem os dados pessoais afetados ininteligíveis, no âmbito e nos limites técnicos de seus serviços, para terceiros não autorizados a acessá-los.

Art. 49. Os sistemas utilizados para o tratamento de dados pessoais devem ser estruturados de forma a atender aos requisitos de segurança, aos padrões de boas práticas e de governança e aos princípios gerais previstos nesta Lei e às demais normas regulamentares.

Seção II | DAS BOAS PRÁTICAS E DA GOVERNANÇA

Art. 50. Os controladores e operadores, no âmbito de suas competências, pelo tratamento de dados pessoais, individualmente ou por meio de associações, poderão formular regras de boas práticas e de governança que estabeleçam as condições de organização, o regime de funcionamento, os procedimentos, incluindo reclamações e petições de titulares, as normas de segurança, os padrões técnicos, as obrigações específicas para os diversos envolvidos no tratamento, as ações educativas, os mecanismos internos de supervisão e de mitigação de riscos e outros aspectos relacionados ao tratamento de dados pessoais.

§ 1º Ao estabelecer regras de boas práticas, o controlador e o operador levarão em consideração, em relação ao tratamento e aos dados, a natureza, o escopo, a finalidade e a probabilidade e a gravidade dos riscos e dos benefícios decorrentes de tratamento de dados do titular.

§ 2º Na aplicação dos princípios indicados nos incisos VII e VIII do *caput* do art. 6º desta Lei, o controlador, observados a estrutura, a escala e o volume de suas operações, bem como a sensibilidade dos dados tratados e a probabilidade e a gravidade dos danos para os titulares dos dados, poderá:

I — implementar programa de governança em privacidade que, no mínimo:

a) demonstre o comprometimento do controlador em adotar processos e políticas internas que assegurem o cumprimento, de forma abrangente, de normas e boas práticas relativas à proteção de dados pessoais;

b) seja aplicável a todo o conjunto de dados pessoais que estejam sob seu controle, independentemente do modo como se realizou sua coleta;

c) seja adaptado à estrutura, à escala e ao volume de suas operações, bem como à sensibilidade dos dados tratados;

d) estabeleça políticas e salvaguardas adequadas com base em processo de avaliação sistemática de impactos e riscos à privacidade;

e) tenha o objetivo de estabelecer relação de confiança com o titular, por meio de atuação transparente e que assegure mecanismos de participação do titular;

f) esteja integrado a sua estrutura geral de governança e estabeleça e aplique mecanismos de supervisão internos e externos;

g) conte com planos de resposta a incidentes e remediação; e

h) seja atualizado constantemente com base em informações obtidas a partir de monitoramento contínuo e avaliações periódicas;

II — demonstrar a efetividade de seu programa de governança em privacidade quando apropriado e, em especial, a pedido da autoridade nacional ou de outra entidade responsável por promover o cumprimento de boas práticas ou códigos de conduta, os quais, de forma independente, promovam o cumprimento desta Lei.

§ 3º As regras de boas práticas e de governança deverão ser publicadas e atualizadas periodicamente e poderão ser reconhecidas e divulgadas pela autoridade nacional.

Art. 51. A autoridade nacional estimulará a adoção de padrões técnicos que facilitem o controle pelos titulares dos seus dados pessoais.

Capítulo VIII | DA FISCALIZAÇÃO

Seção I | DAS SANÇÕES ADMINISTRATIVAS

Art. 52. Os agentes de tratamento de dados, em razão das infrações cometidas às normas previstas nesta Lei, ficam sujeitos às seguintes sanções administrativas aplicáveis pela autoridade nacional:

I — advertência, com indicação de prazo para adoção de medidas corretivas;

II — multa simples, de até 2% (dois por cento) do faturamento da pessoa jurídica de direito privado, grupo ou conglomerado no Brasil no seu último exercício, excluídos os tributos, limitada, no total, a R$ 50.000.000,00 (cinquenta milhões de reais) por infração;

III — multa diária, observado o limite total a que se refere o inciso II;

IV — publicização da infração após devidamente apurada e confirmada a sua ocorrência;

V — bloqueio dos dados pessoais a que se refere a infração até a sua regularização;

VI — eliminação dos dados pessoais a que se refere a infração;

VII — (VETADO);

VIII — (VETADO);

IX — (VETADO).

X (acrescido pela Lei 13.853, de 8.7.19) — suspensão parcial do funcionamento do banco de dados a que se refere a infração pelo período máximo de 6 (seis) meses, prorrogável por igual período, até a regularização da atividade de tratamento pelo controlador;

XI (acrescido pela Lei 13.853, de 8.7.19) — suspensão do exercício da atividade de tratamento dos dados pessoais a que se refere a infração pelo período máximo de 6 (seis) meses, prorrogável por igual período;

XII (acrescido pela Lei 13.853, de 8.7.19) — proibição parcial ou total do exercício de atividades relacionadas a tratamento de dados.

§ 1º As sanções serão aplicadas após procedimento administrativo que possibilite a oportunidade da ampla defesa, de forma gradativa, isolada ou cumulativa, de acordo com as peculiaridades do caso concreto e considerados os seguintes parâmetros e critérios:

I — a gravidade e a natureza das infrações e dos direitos pessoais afetados;

II — a boa-fé do infrator;

III — a vantagem auferida ou pretendida pelo infrator;

IV — a condição econômica do infrator;

V — a reincidência;

VI — o grau do dano;

VII — a cooperação do infrator;

VIII — a adoção reiterada e demonstrada de mecanismos e procedimentos internos capazes de minimizar o dano, voltados ao tratamento seguro e adequado de dados, em consonância com o disposto no inciso II do § 2º do art. 48 desta Lei;

IX — a adoção de política de boas práticas e governança;

X — a pronta adoção de medidas corretivas; e

XI — a proporcionalidade entre a gravidade da falta e a intensidade da sanção.

§ 2º (redação da Lei 13.853, de 8.7.19) O disposto neste artigo não substitui a aplicação de sanções administrativas, civis ou penais definidas na Lei n. 8.078, de 11 de setembro de 1990,[1] e em legislação específica.

§ 3º (redação da Lei 13.853, de 8.7.19) O disposto nos incisos I, IV, V, VI, X, XI e XII do caput deste artigo poderá ser aplicado às entidades e aos órgãos públicos, sem prejuízo do disposto na Lei n. 8.112, de 11 de dezembro de 1990, na Lei n. 8.429, de 2 de junho de 1992, e na Lei n. 12.527, de 18 de novembro de 2011.

§ 4º No cálculo do valor da multa de que trata o inciso II do caput deste artigo, a autoridade nacional poderá considerar o faturamento total da empresa ou grupo de empresas, quando não dispuser do valor do faturamento no ramo de atividade empresarial em que ocorreu a infração, definido pela autoridade nacional, ou quando o valor for apresentado de forma incompleta ou não for demonstrado de forma inequívoca e idônea.

§ 5º (*acrescido pela Lei 13.853, de 8.7.19*) O produto da arrecadação das multas aplicadas pela ANPD, inscritas ou não em dívida ativa, será destinado ao Fundo de Defesa de Direitos Difusos de que tratam o art. 13 da Lei n. 7.347, de 24 de julho de 1985, e a Lei n. 9.008, de 21 de março de 1995.

§ 6º (*acrescido pela Lei 13.853, de 8.7.19*) As sanções previstas nos incisos X, XI e XII do *caput* deste artigo serão aplicadas:

I (*acrescido pela Lei 13.853, de 8.7.19*) — somente após já ter sido imposta ao menos 1 (uma) das sanções de que tratam os incisos II, III, IV, V e VI do *caput* deste artigo para o mesmo caso concreto; e

II (*acrescido pela Lei 13.853, de 8.7.19*) — em caso de controladores submetidos a outros órgãos e entidades com competências sancionatórias, ouvidos esses órgãos.

§ 7º (*acrescido pela Lei 13.853, de 8.7.19*) Os vazamentos individuais ou os acessos não autorizados de que trata o *caput* do art. 46 desta Lei poderão ser objeto de conciliação direta entre controlador e titular e, caso não haja acordo, o controlador estará sujeito à aplicação das penalidades de que trata este artigo.

Art. 52: 1. v. CDC (Código de Defesa do Consumidor).

Art. 53. A autoridade nacional definirá, por meio de regulamento próprio sobre sanções administrativas a infrações a esta Lei, que deverá ser objeto de consulta pública, as metodologias que orientarão o cálculo do valor-base das sanções de multa.

§ 1º As metodologias a que se refere o *caput* deste artigo devem ser previamente publicadas, para ciência dos agentes de tratamento, e devem apresentar objetivamente as formas e dosimetrias para o cálculo do valor-base das sanções de multa, que deverão conter fundamentação detalhada de todos os seus elementos, demonstrando a observância dos critérios previstos nesta Lei.

§ 2º O regulamento de sanções e metodologias correspondentes deve estabelecer as circunstâncias e as condições para a adoção de multa simples ou diária.

Art. 54. O valor da sanção de multa diária aplicável às infrações a esta Lei deve observar a gravidade da falta e a extensão do dano ou prejuízo causado e ser fundamentado pela autoridade nacional.

Parágrafo único. A intimação da sanção de multa diária deverá conter, no mínimo, a descrição da obrigação imposta, o prazo razoável e estipulado pelo órgão para o seu cumprimento e o valor da multa diária a ser aplicada pelo seu descumprimento.[1]

Art. 54: 1. Súmula 410 do STJ: "A **prévia intimação pessoal** do devedor constitui condição necessária para a cobrança de multa pelo descumprimento de obrigação de fazer ou não fazer". V., no CPCLPV, CPC 537, nota 13.

Capítulo IX | DA AUTORIDADE NACIONAL DE PROTEÇÃO DE DADOS (ANPD) E DO CONSELHO NACIONAL DE PROTEÇÃO DE DADOS PESSOAIS E DA PRIVACIDADE

Seção I | DA AUTORIDADE NACIONAL DE PROTEÇÃO DE DADOS (ANPD)

Seção II | DO CONSELHO NACIONAL DE PROTEÇÃO DE DADOS PESSOAIS E DA PRIVACIDADE

Capítulo X | DISPOSIÇÕES FINAIS E TRANSITÓRIAS

Protesto de Títulos

Lei n. 9.492, de 10 de setembro de 1997[1]

Define competência, regulamenta os serviços concernentes ao protesto de títulos e outros documentos de dívida e dá outras providências.

O Presidente da República
Faço saber que o Congresso Nacional decreta e eu sanciono a seguinte lei:

🔖 **LEI 9.492: 1.** "Observações sobre o protesto de títulos e documentos", por Theophilo de Azeredo Santos (RF 346/162).

Capítulo I | DA COMPETÊNCIA E DAS ATRIBUIÇÕES

Art. 1º Protesto é o ato formal e solene pelo qual se prova a inadimplência e o descumprimento de obrigação originada em títulos e outros documentos de dívida.[1 a 3]

Parágrafo único (*incluído pela Lei 12.767, de 27.12.12*). Incluem-se entre os títulos sujeitos a protesto as certidões de dívida ativa da União, dos Estados, do Distrito Federal, dos Municípios e das respectivas autarquias e fundações públicas.[4]

Art. 1º: 1. s/ protesto de: cheque, v. Lei 7.357, de 2.9.85 (no tít. CHEQUE), art. 48; duplicata, v. Lei 5.474, de 18.7.68 (no tít. DUPLICATA), arts. 13 e 14; letra de câmbio ou promissória, v. Dec. 2.044, de 31.12.1908 (no tít. LETRA DE CÂMBIO), arts. 28 a 33; sentença judicial, v., no CPCLPV, CPC 517 e notas.

Art. 1º: 1a. Lei 8.212, de 24.7.91 — Dispõe sobre a organização da Seguridade Social, institui Plano de Custeio, e dá outras providências: "Art. 39. O débito original e seus acréscimos legais, bem como outras multas previstas em lei, constituem dívida ativa da União, promovendo-se a inscrição em livro próprio daquela resultante das contribuições de que tratam as alíneas *a*, *b* e *c* do parágrafo único do art. 11 desta Lei.

(...)

"§ 2º É facultado aos órgãos competentes, antes de ajuizar a cobrança da dívida ativa de que trata o *caput* deste artigo, promover o protesto de título dado em garantia, que será recebido *pro solvendo*" (redação do *caput* e do § 2º de acordo com a Lei 11.457, de 16.3.07).

LC 123, de 14.12.06 — Institui o Estatuto Nacional da Microempresa e da Empresa de Pequeno Porte, e dá outras providências: "Art. 73. O protesto de título, quando o devedor for microempresário ou empresa de pequeno porte, é sujeito às seguintes condições:

"I — sobre os emolumentos do tabelião não incidirão quaisquer acréscimos a título de taxas, custas e contribuições para o Estado ou Distrito Federal, carteira de previdência, fundo de custeio de atos gratuitos, fundos especiais do Tribunal de Justiça, bem como de associação de classe, criados ou que venham a ser criados sob qualquer título ou denominação, ressalvada a cobrança do devedor das despesas de correio, condução e publicação de edital para realização da intimação;

"II — para o pagamento do título em cartório, não poderá ser exigido cheque de emissão de estabelecimento bancário, mas, feito o pagamento por meio de cheque, de emissão de estabelecimento bancário ou não, a quitação dada pelo tabelionato de protesto será condicionada à efetiva liquidação do cheque;

"III — o cancelamento do registro de protesto, fundado no pagamento do título, será feito independentemente de declaração de anuência do credor, salvo no caso de impossibilidade de apresentação do original protestado;

"IV — para os fins do disposto no *caput* e nos incisos I, II e III do *caput* deste artigo, o devedor deverá provar sua qualidade de microempresa ou de empresa de pequeno porte perante o tabelionato de protestos de títulos, mediante documento expedido pela Junta Comercial ou pelo Registro Civil das Pessoas Jurídicas, conforme o caso;

"V — quando o pagamento do título ocorrer com cheque sem a devida provisão de fundos, serão automaticamente suspensos pelos cartórios de protesto, pelo prazo de 1 (um) ano, todos os benefícios previstos para o devedor neste artigo, independentemente da lavratura e registro do respectivo protesto".

Art. 1º: 2. "De acordo com o disposto no art. 1º da Lei 9.492/97 ('Lei do Protesto Notarial'), são habilitados ao protesto extrajudicial os títulos de crédito e 'outros documentos de dívida', entendidos estes como instrumentos que caracterizem prova escrita de obrigação pecuniária líquida, certa e exigível, ou seja, documentos que propiciem o manejo da ação de execução" (STJ-3ª T., REsp 1.639.470, Min. Nancy Andrighi, j. 14.11.17, DJ 20.11.17).

S/ protesto de título coberto pela prescrição, v. LCh 48, nota 2, e LCa 28, nota 2.

Art. 1º: 3. "O **contrato de locação de imóvel** apresentado evidencia ser título com o atributo da certeza, em decorrência da determinação cogente da norma legal, bem como também demonstra possuir exigibilidade, por presunção de que houve o vencimento da dívida, sem revestir-se, no entanto, do atributo da liquidez, fato que inviabiliza o protesto do referido título" (STJ-5ª T., RMS 17.400, Min. Adilson Macabu, j. 21.6.11, maioria, DJ 3.11.11).

Art. 1º: 4. "O protesto das Certidões de Dívida Ativa constitui mecanismo **constitucional** e legítimo, por não restringir de forma desproporcional quaisquer direitos fundamentais garantidos aos contribuintes e, assim, não constitui sanção política" (STF-Pleno, ADI 5.135, Min. Roberto Barroso, j. 9.11.16, maioria, DJ 7.2.18).

Art. 2º Os serviços concernentes ao protesto, garantidores da autenticidade, publicidade,[1] segurança e eficácia dos atos jurídicos, ficam sujeitos ao regime estabelecido nesta lei.

Art. 2º: 1. "A publicidade do ato é da essência do serviço notarial e de protesto; é para tornar público e registrado o estado de mora do devedor que o credor remete o título ao Cartório de Protestos. Assim, é ilegítima a pretensão do devedor no sentido de exigir do oficial ou de seu agente que, ao efetuar a intimação acerca da anotação do título encaminhado ao cartório, proceda de modo discreto, sigiloso ou confidencial" (RJM 168/190).

Art. 3º Compete privativamente ao Tabelião de Protesto de Títulos, na tutela dos interesses públicos e privados, a protocolização, a intimação, o acolhimento da devolução ou do aceite, o recebimento do pagamento, do título e de outros documentos de dívida, bem como lavrar e registrar o protesto ou acatar a desistência do credor em relação ao mesmo, proceder às averbações, prestar informações e fornecer certidões relativas a todos os atos praticados, na forma desta lei.

Capítulo II | DA ORDEM DOS SERVIÇOS

Art. 4º O atendimento ao público será, no mínimo, de seis horas diárias.

Art. 5º Todos os documentos apresentados ou distribuídos no horário regulamentar serão protocolizados dentro de vinte e quatro horas, obedecendo à ordem cronológica de entrega.

Parágrafo único. Ao apresentante será entregue recibo com as características essenciais do título ou documento de dívida, sendo de sua responsabilidade os dados fornecidos.

Art. 6º Tratando-se de cheque,[1] poderá o protesto ser lavrado no lugar do pagamento ou do domicílio do emitente, devendo do referido cheque constar a prova de apresentação ao Banco sacado, salvo se o protesto tenha por fim instruir medidas pleiteadas contra o estabelecimento de crédito.

Art. 6º: 1. s/ protesto de cheque sem eficácia executiva, v. LCh 48, nota 2.

Capítulo III | DA DISTRIBUIÇÃO

Art. 7º Os títulos e documentos de dívida destinados a protesto somente estarão sujeitos a prévia distribuição obrigatória nas localidades onde houver mais de um Tabelionato de Protesto de Títulos.

Parágrafo único. Onde houver mais de um Tabelionato de Protesto de Títulos, a distribuição será feita por um Serviço instalado e mantido pelos próprios Tabelionatos, salvo se já existir Ofício Distribuidor organizado antes da promulgação desta lei.

Art. 8º Os títulos e documentos de dívida serão recepcionados, distribuídos e entregues na mesma data aos Tabelionatos de Protesto, obedecidos os critérios de quantidade e qualidade.

§ 1º Poderão ser recepcionadas as indicações a protestos das Duplicatas Mercantis e de Prestação de Serviços, por meio magnético ou de gravação eletrônica de dados, sendo de inteira responsabilidade do apresentante os dados fornecidos, ficando a cargo dos Tabelionatos a mera instrumentalização das mesmas.[1-1a]

§ 2º Os títulos e documentos de dívida mantidos sob a forma escritural nos sistemas eletrônicos de escrituração ou nos depósitos centralizados de que trata a Lei n. 12.810, de 15 de maio de 2013, poderão ser recepcionados para protesto por extrato, desde que atestado por seu emitente, sob as penas da lei, que as informações conferem com o que consta na origem.[2]

Art. 8º: 1. O § ún. foi renumerado pela Lei 13.775, de 20.12.18, em vigor 120 dias após a sua publicação (DOU 21.12.18).

Art. 8º: 1a. "Seja para o fim de estofar o pedido de quebra (art. 15-II-c, da Lei 5.474/68, com redação dada pela Lei 6.458/77) ou para concretizar o protesto por indicação por meio magnético (§ ún. do art. 8º da Lei n. 9.492/97 cumulado com o art. 13, § 1º, parte final, da Lei 5.474/68), há a imprescindível necessidade de comprovação do envio da duplicata, para aceite, ao comprador (*ex vi* dos arts. 6º e 8º da Lei das Duplicatas)" (Bol. AASP 2.628: TJDFT, AP 2005.01.1.072461-5).

V. tb. LDu 15, nota 2a.

Art. 8º: 2. O § 2º foi acrescido pela Lei 13.775, de 20.12.18, em vigor 120 dias após a sua publicação (DOU 21.12.18).

Capítulo IV | DA APRESENTAÇÃO E PROTOCOLIZAÇÃO

Art. 9º Todos os títulos e documentos de dívida protocolizados serão examinados em seus caracteres formais e terão curso se não apresentarem vícios, não cabendo ao Tabelião de Protesto investigar a ocorrência de prescrição[1] ou caducidade.

Parágrafo único. Qualquer irregularidade formal observada pelo Tabelião obstará o registro do protesto.

Art. 9º: 1. s/ protesto de título coberto pela prescrição, v. LCh 48, nota 2, e LCa 28, nota 2.

Art. 10. Poderão ser protestados títulos e outros documentos de dívida em moeda estrangeira, emitidos fora do Brasil, desde que acompanhados de tradução efetuada por tradutor público juramentado.

§ 1º Constarão obrigatoriamente do registro do protesto a descrição do documento e sua tradução.

§ 2º Em caso de pagamento, este será efetuado em moeda corrente nacional, cumprindo ao apresentante a conversão na data de apresentação do documento para protesto.

§ 3º Tratando-se de títulos ou documentos de dívidas emitidos no Brasil, em moeda estrangeira, cuidará o Tabelião de observar as disposições do Dec.-lei n. 857, de 11 de setembro de 1969,[1] e legislação complementar ou superveniente.

Art. 10: 1. O Dec. lei 857/1969 foi revogado pela Lei 14.286, de 29.12.21.

Art. 11. Tratando-se de títulos ou documentos de dívida sujeitos a qualquer tipo de correção, o pagamento será feito pela conversão vigorante no dia da apresentação, no valor indicado pelo apresentante.

Capítulo V | DO PRAZO

Art. 12. O protesto será registrado dentro de três dias úteis contados da protocolização do título ou documento de dívida.

§ 1º Na contagem do prazo a que se refere o *caput* exclui-se o dia da protocolização e inclui-se o do vencimento.

§ 2º Considera-se não útil o dia em que não houver expediente bancário para o público ou aquele em que este não obedecer ao horário normal.

Art. 13. Quando a intimação for efetivada excepcionalmente no último dia do prazo ou além dele, por motivo de força maior, o protesto será tirado no primeiro dia útil subsequente.

Capítulo VI | DA INTIMAÇÃO

Art. 14. Protocolizado o título ou documento de dívida, o Tabelião de Protesto expedirá a intimação ao devedor,[1-1a] no endereço fornecido pelo apresentante do título ou documento, considerando-se cumprida quando comprovada a sua entrega no mesmo endereço.[2]

§ 1º A remessa da intimação poderá ser feita por portador do próprio Tabelião, ou por qualquer outro meio, desde que o recebimento fique assegurado e comprovado através de protocolo, aviso de recepção (AR) ou documento equivalente.

§ 2º A intimação deverá conter nome e endereço do devedor, elementos de identificação do título ou documento de dívida, e prazo limite para cumprimento da obrigação no Tabelionato, bem como número do protocolo e valor a ser pago.

Art. 14: 1. Súmula 361 do STJ: "A notificação do protesto, para requerimento de falência da empresa devedora, exige a identificação da pessoa que a recebeu".

Art. 14: 1a. "Nem sempre o termo protesto se faz acompanhar da expressão contra. Há protestos em favor de alguém ou de alguma causa. É que, tanto na linguagem corrente, quanto na terminologia jurídica, protesto é manifestação de um propósito ou de um estado de espírito. É muito comum, na correspondência formal, o 'protesto de estima e consideração'. No relacionamento entre governantes e oposicionistas ocorrem constantes 'protestos de repúdio à violência ou à corrupção'. Entre correligionários verificam-se 'protestos de solidariedade'. Já os amantes protestam amor eterno. O protesto cambial não é dirigido contra qualquer pessoa. Seu objetivo é informar ao devedor, que a cártula encontra-se em mãos do oficial de registro, à espera de resgate. Seu único efeito é a constituição do devedor em mora, caso ele se mantenha inadimplente" (STJ-3ª T., REsp 400.401, Min. Gomes de Barros, j. 17.5.05, DJU 6.6.05).

Art. 14: 2. "Para a validade da intimação do protesto é suficiente a comprovação de que a correspondência foi enviada ao endereço do devedor fornecido pelo apresentante (art. 14 da Lei 9.492/97). A fé pública de que goza o Tabelião faz presumir a veracidade de suas certidões, que não cede perante simples alegações desacompanhadas de robustas provas" (STJ-3ª T., REsp 784.448, Min. Gomes de Barros, j. 14.2.08, DJU 5.3.08).

Art. 15. A intimação será feita por edital se a pessoa indicada para aceitar ou pagar for desconhecida, sua localização incerta ou ignorada, for residente ou domiciliada fora da competência territorial do Tabelionato, ou, ainda, ninguém se dispuser a receber a intimação no endereço fornecido pelo apresentante.[1]

§ 1º O edital será afixado no Tabelionato de Protesto e publicado pela imprensa local onde houver jornal de circulação diária.

§ 2º Aquele que fornecer endereço incorreto, agindo de má-fé, responderá por perdas e danos, sem prejuízo de outras sanções civis, administrativas ou penais.

Art. 15: 1. "É incabível intimação do protesto por edital, sem prova de que o devedor foi procurado e não encontrado em seu endereço, bem como de que foram esgotadas todas as diligências para sua localização" (RMDECC 49/141: TJRS, AP 580977-92.2012.8.21.7000).

Capítulo VII | DA DESISTÊNCIA E SUSTAÇÃO DO PROTESTO

Art. 16. Antes da lavratura do protesto, poderá o apresentante retirar o título ou documento de dívida, pagos os emolumentos e demais despesas.

Art. 17. Permanecerão no Tabelionato, à disposição do juízo respectivo, os títulos ou documentos de dívida cujo protesto for judicialmente sustado.

§ 1º O título do documento de dívida cujo protesto tiver sido sustado judicialmente só poderá ser pago, protestado ou retirado com autorização judicial.

§ 2º Revogada a ordem de sustação, não há necessidade de se proceder a nova intimação do devedor, sendo a lavratura e o registro do protesto efetivados até o primeiro dia útil subsequente ao do recebimento da revogação, salvo se a materialização do ato depender de consulta a ser formulada ao apresentante, caso em que o mesmo prazo será contado da data da resposta dada.

§ 3º Tornada definitiva a ordem de sustação, o título ou o documento de dívida será encaminhado ao juízo respectivo, quando não constar determinação expressa a qual das partes o mesmo deverá ser entregue, ou se decorridos trinta dias sem que a parte autorizada tenha comparecido no Tabelionato para retirá-lo.

Art. 18. As dúvidas do Tabelião de Protesto serão resolvidas pelo juízo competente.

Capítulo VIII | DO PAGAMENTO

Art. 19. O pagamento do título[1] ou do documento de dívida apresentado para protesto será feito diretamente no Tabelionato competente, no valor igual ao declarado pelo apresentante, acrescido dos emolumentos e demais despesas.

§ 1º Não poderá ser recusado pagamento oferecido dentro do prazo legal, desde que feito no Tabelionato de Protesto competente e no horário de funcionamento dos serviços.

§ 2º No ato do pagamento, o Tabelionato de Protesto dará a respectiva quitação,[2] e o valor devido será colocado à disposição do apresentante no primeiro dia útil subsequente ao do recebimento.

§ 3º Quando for adotado sistema de recebimento do pagamento por meio de cheque, ainda que de emissão de estabelecimento bancário, a quitação dada pelo Tabelionato fica condicionada à efetiva liquidação.

§ 4º Quando do pagamento no Tabelionato ainda subsistirem parcelas vincendas, será dada quitação da parcela paga em apartado, devolvendo-se o original ao apresentante.

Art. 19: 1. O Estatuto da Microempresa e da Empresa de Pequeno Porte (LC 123, de 14.12.06), em seu art. 73, estabelece regime especial para o pagamento de título protestado, "quando o devedor for microempresário ou empresa de pequeno porte".

Art. 19: 2. "Tendo os devedores efetuado o pagamento dos títulos em cartório, a quitação dada pelo oficial de protestos não impede a cobrança pelo credor das parcelas correspondentes à correção monetária e juros, devidos desde os vencimentos respectivos" (STJ-4ª T., REsp 204.253, Min. Luis Felipe, j. 21.8.08, DJ 1.9.08).

V. tb. LCM 1º, nota 4-Quitação dada por oficial de protesto ou banco.

Capítulo IX | DO REGISTRO DO PROTESTO

Art. 20. Esgotado o prazo previsto no art. 12, sem que tenham ocorrido as hipóteses dos Capítulos VII e VIII, o Tabelião lavrará e registrará o protesto, sendo o respectivo instrumento entregue ao apresentante.

Art. 21. O protesto será tirado por falta de pagamento, de aceite ou de devolução.

§ 1º O protesto por falta de aceite somente poderá ser efetuado antes do vencimento da obrigação e após o decurso do prazo legal para o aceite ou a devolução.

§ 2º Após o vencimento, o protesto sempre será efetuado por falta de pagamento, vedada a recusa da lavratura e registro do protesto por motivo não previsto na lei cambial.

§ 3º Quando o sacado retiver a letra de câmbio ou a duplicata enviada para aceite e não proceder à devolução dentro do prazo legal, o protesto poderá ser baseado na segunda via da letra de câmbio ou nas indicações da duplicata, que se limitarão a conter os mesmos requisitos lançados pelo sacador ao tempo da emissão da duplicata, vedada a exigência de qualquer formalidade não prevista na lei que regula a emissão e circulação das duplicatas.[1]

§ 4º Os devedores, assim compreendidos os emitentes de notas promissórias e cheques, os sacados nas letras de câmbio e duplicatas, bem como os indicados pelo apresentante ou credor como responsáveis pelo cumprimento da obrigação, não poderão deixar de figurar no termo de lavratura e registro de protesto.[2]

§ 5º (*incluído pela Lei 12.767, de 27.12.12*) Não se poderá tirar protesto por falta de pagamento de letra de câmbio contra o sacado não aceitante.

Art. 21: 1. s/ protesto de duplicata por indicação, v. LDu 13 § 1º e notas.

Art. 21: 2. Diversamente, no protesto para efeitos falimentares: art. 23 § ún.

Art. 22. O registro do protesto e seu instrumento deverão conter:

I — data e número de protocolização;

II — nome do apresentante e endereço;

III — reprodução ou transcrição do documento ou das indicações feitas pelo apresentante e declarações nele inseridas;

IV — certidão das intimações feitas e das respostas eventualmente oferecidas;

V — indicação dos intervenientes voluntários e das firmas por eles honradas;

VI — a aquiescência do portador ao aceite por honra;

VII — nome, número do documento de identificação do devedor e endereço;

VIII — data e assinatura do Tabelião de Protesto, de seus substitutos ou de escrevente autorizado.

Parágrafo único. Quando o Tabelião de Protesto conservar em seus arquivos gravação eletrônica da imagem, cópia reprográfica ou micrográfica do título ou documento de dívida, dispensa-se, no registro e no instrumento, a sua transcrição literal, bem como das demais declarações nele inseridas.

Art. 23. Os termos dos protestos lavrados, inclusive para fins especiais, por falta de pagamento, de aceite ou de devolução serão registrados em um único livro e conterão as anotações do tipo e do motivo do protesto, além dos requisitos previstos no artigo anterior.

Parágrafo único. Somente poderão ser protestados, para fins falimentares, os títulos ou documentos de dívida de responsabilidade das pessoas sujeitas às consequências da legislação falimentar.

Art. 24. O deferimento do processamento de concordata não impede o protesto.[1]

Art. 24: 1. A concordata deu lugar à recuperação judicial ou extrajudicial.

Assim: "O deferimento do processamento do pedido de recuperação judicial não impede o protesto dos títulos a ela sujeitos" (JTJ 333/670: AI 547.904-4/0-00).

Capítulo X | DAS AVERBAÇÕES E DO CANCELAMENTO

Art. 25. A averbação de retificação de erros materiais pelo serviço poderá ser efetuada de ofício ou a requerimento do interessado, sob responsabilidade do Tabelião de Protesto de Títulos.

§ 1º Para a averbação da retificação será indispensável a apresentação do instrumento eventualmente expedido e de documentos que comprovem o erro.

§ 2º Não são devidos emolumentos pela averbação prevista neste artigo.

Art. 26. O cancelamento do registro do protesto será solicitado diretamente no Tabelionato de Protesto de Títulos, por qualquer interessado,[1] mediante apresentação do documento protestado, cuja cópia ficará arquivada.

§ 1º Na impossibilidade de apresentação do original do título ou documento de dívida protestado, será exigida a declaração de anuência, com identificação e firma reconhecida, daquele que figurou no registro de protesto como credor, originário ou por endosso translativo.

§ 2º Na hipótese de protesto em que tenha figurado apresentante por endosso-mandato, será suficiente a declaração de anuência passada pelo credor endossante.

§ 3º O cancelamento do registro do protesto, se fundado em outro motivo que não no pagamento do título ou documento de dívida,[1a-2] será efetivado por determinação judicial, pagos os emolumentos devidos ao Tabelião.[3]

§ 4º Quando a extinção da obrigação decorrer de processo judicial, o cancelamento do registro do protesto poderá ser solicitado com a apresentação da certidão expedida pelo juízo processante, com menção do trânsito em julgado, que substituirá o título ou o documento de dívida protestado.

§ 5º O cancelamento do registro do protesto será feito pelo Tabelião titular, por seus substitutos ou por escrevente autorizado.

§ 6º Quando o protesto lavrado for registrado sob forma de microfilme ou gravação eletrônica, o termo do cancelamento será lançado em documento apartado, que será arquivado juntamente com os documentos que instruíram o pedido, e anotado no índice respectivo.

Art. 26: 1. "Conforme dispõe o art. 2º da Lei 9.492/1997, os serviços concernentes ao protesto ficam sujeitos ao regime estabelecido nesta lei. Alegação de o débito ter sido contraído em relação de consumo. Irrelevância, por se tratar de procedimento submetido a regramento específico. No regime próprio da Lei 9.492/1997, legitimamente protestado o título de crédito ou outro documento de dívida, salvo inequívoca pactuação em sentido contrário, incumbe ao devedor, após a quitação da dívida, providenciar o cancelamento do protesto" (STJ-2ª Seção, REsp 1.339.436, Min. Luis Felipe, j. 10.9.14, DJ 24.9.14).

"Constitui ônus do próprio devedor a baixa do protesto de título representativo de dívida legítima. Dever do credor, porém, após receber diretamente o valor da dívida, de fornecer ao devedor os documentos necessários para a baixa do protesto. Desnecessidade de requerimento formal do devedor. Concreção do princípio da boa-fé objetiva. Inércia do credor que configurou, no caso, ato ilícito, reconhecido pelas instâncias ordinárias, gerando obrigação de indenizar" (STJ-3ª T., REsp 1.346.428, Min. Paulo Sanseverino, j. 9.4.13, DJ 16.4.13). Em sentido semelhante: STJ-4ª T., Ag em REsp 1.231.989-AgInt, Min. Isabel Gallotti, j. 14.8.18, DJ 21.8.18.

Art. 26: 1a. "Uma vez homologado o plano de **recuperação judicial**, os órgãos competentes devem ser oficiados a providenciar a baixa dos protestos e a retirada, dos cadastros de inadimplentes, do nome da recuperanda e dos seus sócios, por débitos sujeitos ao referido plano, com a ressalva expressa de que essa providência será adotada sob a condição resolutiva de a devedora cumprir todas as obrigações previstas no acordo de recuperação" (STJ-3ª T., REsp 1.260.301, Min. Nancy Andrighi, j. 14.8.12, DJ 21.8.12). **Todavia:** "Pedido de cancelamento dos protestos dos títulos sujeitos à recuperação judicial em face da novação operada. Indeferimento. Recurso. Novação que somente se tornará definitiva após o prazo de 2 (dois) anos, desde que cumpridas as obrigações do plano. Recurso não provido" (JTJ 318/487: AI 480.487-4/8-00).

Art. 26: 2. "Não tem agasalho na Lei n. 9.492/97 a interpretação que autoriza o cancelamento do protesto simplesmente porque prescrito o título executivo. Hígido o débito, sem vício o título, permanece o protesto, disponível ao credor a cobrança por outros meios" (STJ-3ª T., REsp 671.486, Min. Menezes Direito, j. 8.3.05, DJU 25.4.05). No mesmo sentido: JTJ 369/218 (AP 9062858-41-2005.8.26.0000).

Art. 26: 3. "Emanada ordem judicial impositiva para que o oficial do cartório efetuasse o cancelamento do protesto existente em nome da recorrida, cabia-lhe o cumprimento da medida, e não estabelecer condição ao seu implemento inexistente no ofício judicial, qual seja, o pagamento prévio dos emolumentos cartorários" (STJ-RP 203/391: 3ª T., REsp 1.100.521).

Capítulo XI | DAS CERTIDÕES E INFORMAÇÕES DO PROTESTO

Art. 27. O Tabelião de Protesto expedirá as certidões solicitadas dentro de cinco dias úteis, no máximo, que abrangerão o período mínimo dos cinco anos anteriores, contados da data do pedido, salvo quando se referir a protesto específico.

§ 1º As certidões expedidas pelos serviços de protesto de títulos, inclusive as relativas à prévia distribuição, deverão obrigatoriamente indicar, além do nome do devedor, seu número no Registro Geral (R.G.), constante da Cédula de Identidade, ou seu número no Cadastro de Pessoas Físicas (C.P.F.), se pessoa física, e o número de inscrição no Cadastro Geral de Contribuintes (C.G.C.), se pessoa jurídica, cabendo ao apresentante do título para protesto fornecer esses dados, sob pena de recusa.

§ 2º Das certidões não constarão os registros cujos cancelamentos tiverem sido averbados, salvo por requerimento escrito do próprio devedor ou por ordem judicial.

Art. 28. Sempre que a homonímia puder ser verificada simplesmente pelo confronto do número de documento de identificação, o Tabelião de Protesto dará certidão negativa.

Art. 29 (redação da Lei 9.841, de 5.10.99). Os cartórios fornecerão às entidades representativas da indústria e do comércio ou àquelas vinculadas à proteção do crédito, quando solicitada, certidão diária, em forma de relação, dos protestos tirados e dos cancelamentos efetuados, com a nota de se cuidar de informação reservada, da qual não se poderá dar publicidade pela imprensa, nem mesmo parcialmente.

§ 1º (redação da Lei 9.841, de 5.10.99) O fornecimento da certidão será suspenso caso se desatenda ao disposto no *caput* ou se forneçam informações de protestos cancelados.

§ 2º (redação da Lei 9.841, de 5.10.99) Dos cadastros ou bancos de dados das entidades referidas no *caput* somente serão prestadas informações restritivas de crédito oriundas de títulos ou documentos de dívidas regularmente protestados cujos registros não foram cancelados.[1]

§ 3º (Revogado)

Art. 29: 1. A exigência de prévio protesto não se aplica aos órgãos de proteção ao crédito (v. CDC 43, nota 1h).

Art. 30. As certidões, informações e relações serão elaboradas pelo nome dos devedores, conforme previstos[1] no § 4º do art. 21 desta lei, devidamente identificados, e abrangerão os protestos lavrados e registrados por falta de pagamento, de aceite ou de devolução, vedada a exclusão ou omissão de nomes e de protestos, ainda que provisória ou parcial.

Art. 30: 1. *sic.*

Art. 31 (redação da Lei 9.841, de 5.10.99). Poderão ser fornecidas certidões de protestos, não cancelados, a quaisquer interessados, desde que requeridas por escrito.

Capítulo XII | DOS LIVROS E ARQUIVOS

Art. 32. O livro de Protocolo poderá ser escriturado mediante processo manual, mecânico, eletrônico ou informatizado, em folhas soltas e com colunas destinadas às seguintes anotações: número de ordem, natureza do título ou documento de dívida, valor, apresentante, devedor e ocorrências.

Parágrafo único. A escrituração será diária, constando do termo de encerramento o número de documentos apresentados no dia, sendo a data da protocolização a mesma do termo diário do encerramento.

Art. 33. Os livros de Registros de Protesto serão abertos e encerrados pelo Tabelião de Protestos ou seus substitutos, ou ainda por escrevente autorizado, com suas folhas numeradas e rubricadas.

Art. 34. Os índices serão de localização dos protestos registrados e conterão os nomes dos devedores, na forma do § 4º do art. 21, vedada a exclusão ou omissão de nomes e de protestos, ainda que em caráter provisório ou parcial, não decorrente do cancelamento definitivo do protesto.

§ 1º Os índices conterão referência ao livro e à folha, ao microfilme ou ao arquivo eletrônico onde estiver registrado o protesto, ou ao número do registro, e aos cancelamentos de protestos efetuados.

§ 2º Os índices poderão ser elaborados pelo sistema de fichas, microfichas ou banco eletrônico de dados.

Art. 35. O Tabelião de Protestos arquivará ainda:

I — intimações;
II — editais;
III — documentos apresentados para a averbação no registro de protestos e ordens de cancelamentos;
IV — mandados e ofícios judiciais;
V — solicitações de retirada de documentos pelo apresentante;
VI — comprovantes de entrega de pagamentos aos credores;
VII — comprovantes de devolução de documentos de dívida irregulares.

§ 1º Os arquivos deverão ser conservados, pelo menos, durante os seguintes prazos:

I — um ano, para as intimações e editais correspondentes a documentos protestados e ordens de cancelamento;
II — seis meses, para as intimações e editais correspondentes a documentos pagos ou retirados além do tríduo legal;
III — trinta dias, para os comprovantes de entrega de pagamento aos credores, para as solicitações de retirada dos apresentantes e para os comprovantes de devolução, por irregularidade, aos mesmos, dos títulos e documentos de dívidas.

§ 2º Para os livros e documentos microfilmados ou gravados por processo eletrônico de imagens não subsiste a obrigatoriedade de sua conservação.

§ 3º Os mandados judiciais de sustação de protesto deverão ser conservados, juntamente com os respectivos documentos, até solução definitiva por parte do juízo.

Art. 36. O prazo de arquivamento é de três anos para livros de protocolo e de dez anos para os livros de registros de protesto e respectivos títulos.

Capítulo XIII | DOS EMOLUMENTOS[1]

CAP. XIII: 1. s/ emolumentos no protesto de título quando o devedor for microempresário ou empresa de pequeno porte, v. art. 73-I da LC 123, de 14.12.06 (Estatuto da Microempresa), na nota 1a ao art. 1º.

Art. 37. Pelos atos que praticarem em decorrência desta lei, os Tabeliães de Protesto perceberão, diretamente das partes, a título de remuneração, os emolumentos[1] fixados na forma da lei estadual e de seus decretos regulamentadores, salvo quando o serviço for estatizado.

§ 1º Poderá ser exigido depósito prévio dos emolumentos e demais despesas devidas, caso em que, igual importância deverá ser reembolsada ao apresentante por ocasião da prestação de contas, quando ressarcidas pelo devedor no Tabelionato.

§ 2º Todo e qualquer ato praticado pelo Tabelião de Protesto será cotado, identificando-se as parcelas componentes do seu total.

§ 3º Pelo ato de digitalização e gravação eletrônica dos títulos e outros documentos, serão cobrados os mesmos valores previstos na tabela de emolumentos para o ato de microfilmagem.

Art. 37: 1. "A cobrança excessiva de emolumentos e encargos financeiros pelo oficial de cartório de registro de protesto não gera dano moral passível de indenização. Nos termos da lei civil, a consequência de tal conduta é a restituição do excesso pago" (RJM 168/190).

Capítulo XIV | DISPOSIÇÕES FINAIS

Art. 38. Os Tabeliães de Protesto de Títulos são civilmente responsáveis por todos os prejuízos que causarem, por culpa ou dolo, pessoalmente, pelos substitutos que designarem ou escreventes que autorizarem, assegurado o direito de regresso.

Art. 39. A reprodução de microfilme ou do processamento eletrônico da imagem, do título ou de qualquer documento arquivado no Tabelionato, quando autenticado pelo Tabelião de Protesto, por seu substituto ou escrevente autorizado, guarda o mesmo valor do original, independentemente de restauração judicial.

Art. 40. Não havendo prazo assinado, a data do registro do protesto é o termo inicial da incidência de juros, taxas e atualizações monetárias sobre o valor da obrigação contida no título ou documento de dívida.

Art. 41. Para os serviços previstos nesta lei os Tabeliães poderão adotar, independentemente de autorização, sistemas de computação, microfilmagem, gravação eletrônica de imagem e quaisquer outros meios de reprodução.

Art. 41-A. Os tabeliães de protesto manterão, em âmbito nacional, uma central nacional de serviços eletrônicos compartilhados que prestará, ao menos, os seguintes serviços:[1]

I — escrituração e emissão de duplicata sob a forma escritural, observado o disposto na legislação específica, inclusive quanto ao requisito de autorização prévia para o exercício da atividade de escrituração pelo órgão supervisor e aos demais requisitos previstos na regulamentação por ele editada;

II — recepção e distribuição de títulos e documentos de dívida para protesto, desde que escriturais;

III — consulta gratuita quanto a devedores inadimplentes e aos protestos realizados, aos dados desses protestos e dos tabelionatos aos quais foram distribuídos, ainda que os respectivos títulos e documentos de dívida não sejam escriturais;

IV — confirmação da autenticidade dos instrumentos de protesto em meio eletrônico; e

V — anuência eletrônica para o cancelamento de protestos.

§ 1º A partir da implementação da central de que trata o *caput* deste artigo, os tabelionatos de protesto disponibilizarão ao poder público, por meio eletrônico e sem ônus, o acesso às informações constantes dos seus bancos de dados.

§ 2º É obrigatória a adesão imediata de todos os tabeliães de protesto do País ou responsáveis pelo expediente à central nacional de serviços eletrônicos compartilhados de que trata o *caput* deste artigo, sob pena de responsabilização disciplinar nos termos do inciso I do *caput* do art. 31 da Lei n. 8.935, de 18 de novembro de 1994.

Art. 41-A: 1. O art. 41-A foi acrescido pela Lei 13.775, de 20.12.18, em vigor 120 dias após a sua publicação (DOU 21.12.18).

▎Art. 42. Esta lei entra em vigor na data de sua publicação.

▎Art. 43. Revogam-se as disposições em contrário.

Brasília, 10 de setembro de 1997; 176º da Independência e 109º da República — Fernando Henrique Cardoso — **Iris Rezende.**

Registros Públicos

Decreto-lei n. 9.085, de 25 de março de 1946

Dispõe sobre o registro civil das pessoas jurídicas.

O Presidente da República, usando da atribuição que lhe confere o art. 180 da Constituição, decreta:

Art. 1º No registro civil das pessoas jurídicas serão inscritos:[1]

I — os contratos, os atos constitutivos, os estatutos ou compromissos, das sociedades civis, religiosas, pias, morais, científicas ou literárias, e os das associações de utilidade pública e das fundações;

II — as sociedades civis que revestirem as formas estabelecidas nas leis comerciais.

Art. 1º: 1. v. LRP 114, no mesmo sentido; v. tb. CF 5º-XVII e XVIII.

Art. 2º Não poderão ser registrados os atos constitutivos de pessoas jurídicas, quando seu objeto ou circunstância relevante indique destino ou atividade ilícitos ou contrários, nocivos ou perigosos ao bem público, à segurança do Estado e da coletividade, à ordem pública ou social, à moral e aos bons costumes (Constituição, art. 122, IX).[1]

Art. 2º: 1. v. LRP 115, no mesmo sentido.

Art. 3º Ocorrendo qualquer dos motivos previstos no artigo anterior, o oficial do registro, *ex officio*, ou por provocação de qualquer autoridade, sobrestará no processo de inscrição e suscitará dúvida, na forma dos arts. 215 a 219 do Decreto n. 4.857, de 9 de novembro de 1939,[1] no que forem aplicáveis, competindo ao juiz, sob cuja jurisdição estiver o oficial, decidir a dúvida, concedendo ou negando o registro.[2]

Art. 3º: 1. v. LRP 198 a 204.

Art. 3º: 2. v. LRP 115 § ún., no mesmo sentido.

Art. 4º Também não poderão ser registrados os atos constitutivos de sociedades ou associações que, antes do pedido de inscrição ou concomitantemente com este, tenham exercido atividades ou praticado atos contrários, nocivos ou perigosos ao bem público, à segurança do Estado ou da coletividade, à ordem pública ou social, à moral e aos bons costumes.

No caso deste artigo, o oficial, *ex officio*, ou por provocação de qualquer autoridade, deverá sobrestar no registro, observando o disposto no art. 3º.

Art. 5º A concessão do registro não obsta a propositura de ação de dissolução, fundada nos fatos referidos nos arts. 2º e 4º, ou o procedimento referido no artigo seguinte.

Art. 6º As sociedades ou associações que houverem adquirido personalidade jurídica, mediante falsa declaração de seus fins, ou que, depois de registradas, passarem a exercer atividades das previstas no art. 2º, serão suspensas pelo Governo,¹ por prazo não excedente de seis meses.

§ 1º No caso deste artigo, os representantes judiciais da União deverão propor, no juízo competente para as causas em que esta for parte, a ação judicial de dissolução² (Lei n. 4.269, de 17.1.21, art. 12; Lei n. 38, de 4.4.35, art. 29; Cód. Proc. Civ., art. 670).³⁻⁴

§ 2º (*redação do Dec. lei 8, de 16.6.66*) Quando for decretada por exercer a pessoa jurídica atividade contrária à ordem pública ou à segurança nacional e a ação se propuser no prazo fixado neste artigo, a suspensão do funcionamento perdurará até que a sentença transite em julgado.

Art. 6º: 1. Pelo **Dec. 87.056, de 23.3.82** (Lex 1982/108), foi delegada competência ao Ministro da Justiça para suspender, por prazo não excedente de seis meses, o funcionamento das sociedades ou associações de que trata o art. 6º.

Art. 6º: 2. CF 5º: "XIX — as associações só poderão ser compulsoriamente dissolvidas ou ter suas atividades suspensas por decisão judicial, exigindo-se, no primeiro caso, o trânsito em julgado".

Art. 6º: 3. Este § passou a 1º, pela inclusão de § 2º, a seguir.

Art. 6º: 4. O art. 670 refere-se ao CPC/39.

Art. 7º Esta lei entra em vigor na data de sua publicação, revogadas as disposições em contrário.

Rio de Janeiro, 25 de março de 1946; 125º da Independência e 58º da República — EURICO G. DUTRA — **Carlos Coimbra da Luz.**

Lei n. 6.015, de 31 de dezembro de 1973[1]

Dispõe sobre os registros públicos e dá outras providências.

O Presidente da República,

Faço saber que o Congresso Nacional decreta e eu sanciono a seguinte lei:

LEI 6.015: 1. Texto conforme republicação na Coleção de Leis da União de 1975, vol. V, p. 61, que já inclui as alterações trazidas pelas Leis 6.140, de 28.11.74, e 6.216, de 30.6.75.

Título I | DAS DISPOSIÇÕES GERAIS

Capítulo I | DAS ATRIBUIÇÕES

Art. 1º Os serviços concernentes aos registros públicos, estabelecidos pela legislação civil para autenticidade, segurança e eficácia dos atos jurídicos, ficam sujeitos ao regime estabelecido nesta lei.

§ 1º Os registros referidos neste artigo são os seguintes:

I — o registro civil de pessoas naturais;[1]

II — o registro civil de pessoas jurídicas;[2]

III — o registro de títulos e documentos;[3]

IV — o registro de imóveis.[4]

§ 2º Os demais registros reger-se-ão por leis próprias.[5]

§ 3º *(redação da Lei 14.382, de 27.6.22)* Os registros serão escriturados, publicizados e conservados em meio eletrônico, nos termos estabelecidos pela Corregedoria Nacional de Justiça do Conselho Nacional de Justiça, em especial quanto aos:

I *(redação da Lei 14.382, de 27.6.22)* — padrões tecnológicos de escrituração, indexação, publicidade, segurança, redundância e conservação; e

II *(redação da Lei 14.382, de 27.6.22)* — prazos de implantação nos registros públicos de que trata este artigo.

§ 4º *(redação da Lei 14.382, de 27.6.22)* É vedado às serventias dos registros públicos recusar a recepção, a conservação ou o registro de documentos em forma eletrônica produzidos nos termos estabelecidos pela Corregedoria Nacional de Justiça do Conselho Nacional de Justiça.

Art. 1º: 1. v. arts. 29 a 113.

Art. 1º: 2. v. arts. 114 a 126.

Art. 1º: 3. v. arts. 127 a 166.

Art. 1º: 4. v. arts. 167 a 288.

Art. 1º: 5. s/ registro da propriedade literária, científica e artística, v. Dec. 4.857, de 9.11.39, arts. 297 a 311, no tít. DIREITO AUTORAL.

Art. 2º Os registros indicados no § 1º do artigo anterior ficam a cargo dos serventuários privativos nomeados de acordo com o estabelecido na Lei de Organização Administrativa e Judiciária do Distrito Federal e dos Territórios e nas Resoluções sobre a Divisão e Organização Judiciária dos Estados, e serão feitos:

I — o do item I, nos ofícios privativos, ou nos cartórios de registro de nascimentos, casamentos e óbitos;

II — os dos itens II e III, nos ofícios privativos, ou nos cartórios de registro de títulos e documentos;[1]

III — os do item IV, nos ofícios privativos, ou nos cartórios de registro de imóveis.

Art. 2º: 1. Ao registro de títulos e documentos cabe a realização de quaisquer registros não atribuídos expressamente a outro ofício (art. 127 § ún.).

Capítulo II | DA ESCRITURAÇÃO[1]

CAP. II: 1. Escrituração do registro de pessoas naturais: arts. 33 a 45; do registro de pessoas jurídicas: arts. 114 a 119; do registro de títulos e documentos: arts. 132 a 141; do registro de imóveis: arts. 172 a 181.

Art. 3º A escrituração será feita em livros encadernados, que obedecerão aos modelos anexos a esta lei, sujeitos à correição da autoridade judiciária competente.

§ 1º Os livros podem ter 0,22 m até 0,40 m de largura e de 0,33 m até 0,55 m de altura, cabendo ao oficial a escolha, dentro dessas dimensões, de acordo com a conveniência do serviço.

§ 2º Para facilidade do serviço podem os livros ser escriturados mecanicamente, em folhas soltas, obedecidos os modelos aprovados pela autoridade judiciária competente.

Art. 4º Os livros de escrituração serão abertos, numerados, autenticados e encerrados pelo oficial do registro, podendo ser utilizado, para tal fim, processo mecânico de autenticação previamente aprovado pela autoridade judiciária competente.

Parágrafo único (*redação da Lei 9.955, de 6.1.00*). Os livros notariais, nos modelos existentes, em folhas fixas ou soltas, serão também abertos, numerados, autenticados e encerrados pelo tabelião, que determinará a respectiva quantidade a ser utilizada, de acordo com a necessidade do serviço.

Art. 5º Considerando a quantidade dos registros o juiz poderá autorizar a diminuição do número de páginas dos livros respectivos, até à terça parte do consignado nesta lei.

Art. 6º Findando-se um livro, o imediato tomará o número seguinte, acrescido à respectiva letra, salvo no registro de imóveis, em que o número será conservado, com a adição sucessiva de letras, na ordem alfabética simples, e, depois, repetidas em combinações com a primeira, com a segunda, e assim indefinidamente. Exemplos: 2-A a 2-Z; 2-AA a 2-AZ; 2-BA a 2-BZ; etc.

Art. 7º Os números de ordem dos registros não serão interrompidos no fim de cada livro, mas continuarão, indefinidamente, nos seguintes da mesma espécie.

Art. 7º-A (*redação da Lei 14.382, de 27.6.22*) O disposto nos arts. 3º, 4º, 5º, 6º e 7º não se aplica à escrituração por meio eletrônico de que trata o § 3º do art. 1º desta Lei.

Capítulo III | DA ORDEM DO SERVIÇO[1]

CAP. III: 1. Ordem do serviço: do registro das pessoas naturais, arts. 33 a 45; do registro de títulos e documentos: arts. 146 a 163; do registro de imóveis: arts. 182 a 216.

Art. 8º O serviço começará e terminará às mesmas horas em todos os dias úteis.

Parágrafo único. O registro civil de pessoas naturais funcionará todos os dias, sem exceção.

Art. 9º Será nulo o registro lavrado fora das horas regulamentares ou em dias em que não houver expediente, sendo civil e criminalmente responsável o oficial que der causa à nulidade.

§ 1º (*redação da Lei 14.382, de 27.6.22*) Serão contados em dias e horas úteis os prazos estabelecidos para a vigência da prenotação, para os pagamentos de emolumentos e para a prática de atos pelos oficiais dos registros de imóveis, de títulos e documentos e civil de pessoas jurídicas, incluída a emissão de certidões, exceto nos casos previstos em lei e naqueles contados em meses e anos.

§ 2º (*redação da Lei 14.382, de 27.6.22*) Para fins do disposto no § 1º deste artigo, consideram-se:

I (*redação da Lei 14.382, de 27.6.22*) — dias úteis: aqueles em que houver expediente; e

II (*redação da Lei 14.382, de 27.6.22*) — horas úteis: as horas regulamentares do expediente.

§ 3º (*redação da Lei 14.382, de 27.6.22*) A contagem dos prazos nos registros públicos observará os critérios estabelecidos na legislação processual civil.

Art. 10. Todos os títulos, apresentados no horário regulamentar e que não forem registrados até a hora do encerramento do serviço, aguardarão o dia seguinte, no qual serão registrados, preferencialmente, aos apresentados nesse dia.

Parágrafo único. O registro civil de pessoas naturais não poderá, entretanto, ser adiado.

Art. 11. Os oficiais adotarão o melhor regime interno de modo a assegurar às partes a ordem de precedência na apresentação dos seus títulos, estabelecendo-se, sempre, o número de ordem geral.

Art. 12. Nenhuma exigência fiscal, ou dúvida, obstará a apresentação de um título e o seu lançamento do[1] Protocolo com o respectivo número de ordem, nos casos em que da precedência decorra prioridade de direitos para o apresentante.[2]

Parágrafo único. Independem de apontamento no Protocolo os títulos apresentados apenas para exame e cálculo dos respectivos emolumentos.

Art. 12: 1. sic; deve ser "no".
Art. 12: 2. v. art. 186, nota 1.

Art. 13. Salvo as anotações e as averbações obrigatórias, os atos do registro serão praticados:

I — por ordem judicial;

II — a requerimento verbal ou escrito dos interessados;

III — a requerimento do Ministério Público, quando a lei autorizar.

§ 1º O reconhecimento de firma nas comunicações ao registro civil pode ser exigido pelo respectivo oficial.

§ 2º A emancipação[1] concedida por sentença judicial será anotada às expensas do interessado.

Art. 13: 1. v. arts. 89 a 91.

Art. 14 (redação da Lei 14.382, de 27.6.22). Os oficiais do registro, pelos atos que praticarem em decorrência do disposto nesta Lei, terão direito, a título de remuneração, aos emolumentos fixados nos Regimentos de Custas[1] do Distrito Federal, dos Estados e dos Territórios, os quais serão pagos pelo interessado que os requerer.[1a-2]

Parágrafo único (redação da Lei 6.724, de 19.11.79). O valor correspondente às custas de escrituras, certidões, buscas, averbações, registros de qualquer natureza, emolumentos e despesas legais constará, obrigatoriamente, do próprio documento, independentemente da expedição do recibo, quando solicitado.

Art. 14: 1. Lei 10.150, de 21.12.00: "**Art. 35.** Os emolumentos devidos em todos os atos de que trata a Lei n. 6.015, de 31 de dezembro de 1973, relacionados com o Programa instituído pela Medida Provisória n. 1.944-19, de 21 de setembro de 2000, serão reduzidos em cinquenta por cento".

A Med. Prov. 1.944-19, convertida na Lei 10.188, de 12.2.01, refere-se ao Programa de Arrendamento Residencial.

✎ **Art. 14: 1a.** "Emolumentos nos serviços de notas e de registro: incidência, imunidade, isenções e assistência judiciária gratuita", por Tiago Machado Burtet (RIDCPC 64/110).

Art. 14: 2. Lei 6.941, de 14.9.81: "**Art. 3º** É vedado incluir ou acrescer, às custas dos registros públicos, quaisquer taxas ou contribuições".

Esta disposição está em vigor ou foi superada pela Lei 10.169, de 29.12.00, que dispõe sobre os emolumentos dos serviços notariais?

Art. 15. Quando o interessado no registro for o oficial encarregado de fazê-lo, ou algum parente seu, em grau que determine impedimento, o ato incumbe ao substituto legal do oficial.

Capítulo IV | DA PUBLICIDADE[1]

CAP. IV: 1. s/ microfilmagem, v. Lei 5.433, de 8.5.68, e Dec. 1.799, de 30.1.96, que a regulamentou.

Art. 16. Os oficiais e os encarregados das repartições em que se façam os registros são obrigados:

1º) a lavrar certidão do que lhes for requerido;

2º) a fornecer às partes as informações solicitadas.

Art. 17. Qualquer pessoa pode requerer certidão do registro sem informar ao oficial ou ao funcionário o motivo ou interesse do pedido.¹

§ 1º (*redação da Lei 14.382, de 27.6.22*) O acesso ou o envio de informações aos registros públicos, quando realizados por meio da internet, deverão ser assinados com o uso de assinatura avançada ou qualificada de que trata o art. 4º da Lei n. 14.063, de 23 de setembro de 2020, nos termos estabelecidos pela Corregedoria Nacional de Justiça do Conselho Nacional de Justiça.²

§ 2º (*redação da Lei 14.382, de 27.6.22*) Ato da Corregedoria Nacional de Justiça do Conselho Nacional de Justiça poderá estabelecer hipóteses de uso de assinatura avançada em atos que envolvam imóveis.

Art. 17: 1. v. art. 47.

Art. 17: 2. v. Lei 11.977, de 7.7.09, art. 38.

Art. 18 (*redação da Lei 9.807, de 13.7.99*). Ressalvado o disposto nos arts. 45, 57, § 7º, e 95,¹ parágrafo único, a certidão será lavrada independentemente de despacho judicial, devendo mencionar o livro de registro ou o documento arquivado no cartório.

Art. 18: 1. v. tb. art. 19 § 3º-*in fine*.

Art. 19. A certidão será lavrada em inteiro teor, em resumo,¹ ou em relatório, conforme quesitos, e devidamente autenticada pelo oficial ou seus substitutos legais, não podendo ser retardada por mais de cinco dias.

§ 1º (*redação da Lei 14.382, de 27.6.22*) A certidão de inteiro teor será extraída por meio reprográfico² ou eletrônico.

§ 2º (*redação da Lei 14.382, de 27.6.22*) As certidões do registro civil das pessoas naturais mencionarão a data em que foi lavrado o assento.

§ 3º Nas certidões de registro civil, não se mencionará a circunstância de ser legítima, ou não, a filiação, salvo a requerimento do próprio interessado, ou em virtude de determinação judicial.³

§ 4º (*redação da Lei 13.484, de 26.9.17*) As certidões de nascimento mencionarão a data em que foi feito o assento, a data, por extenso, do nascimento e, ainda, expressamente, a naturalidade.

§ 5º (*redação da Lei 14.382, de 27.6.22*) As certidões extraídas dos registros públicos deverão, observado o disposto no § 1º deste artigo, ser fornecidas eletronicamente, com uso de tecnologia que permita a sua impressão pelo usuário e a identificação segura de sua autenticidade, conforme critérios estabelecidos pela Corregedoria Nacional de Justiça do Conselho Nacional de Justiça, dispensada a materialização das certidões pelo oficial de registro.

§ 6º (*redação da Lei 14.382, de 27.6.22*) O interessado poderá solicitar a qualquer serventia certidões eletrônicas relativas a atos registrados em outra serventia, por meio do Sistema Eletrônico dos Registros Públicos (Serp), nos termos estabelecidos pela Corregedoria Nacional de Justiça do Conselho Nacional de Justiça.

§ 7º (*redação da Lei 14.382, de 27.6.22*) A certidão impressa nos termos do § 5º e a certidão eletrônica lavrada nos termos do § 6º deste artigo terão validade e fé pública.

§ 8º (*redação da Lei 14.382, de 27.6.22*) Os registros públicos de que trata esta Lei disponibilizarão, por meio do Serp, a visualização eletrônica dos atos neles transcritos, praticados, registrados ou averbados, na forma e nos prazos estabelecidos pela Corregedoria Nacional de Justiça do Conselho Nacional de Justiça.

§ 9º (redação da Lei 14.382, de 27.6.22) A certidão da situação jurídica atualizada do imóvel compreende as informações vigentes de sua descrição, número de contribuinte, proprietário, direitos, ônus e restrições, judiciais e administrativas, incidentes sobre o imóvel e o respectivo titular, além das demais informações necessárias à comprovação da propriedade e à transmissão e à constituição de outros direitos reais.

§ 10 (redação da Lei 14.382, de 27.6.22). As certidões do registro de imóveis, inclusive aquelas de que trata o § 6º deste artigo, serão emitidas nos seguintes prazos máximos, contados a partir do pagamento dos emolumentos:

I (redação da Lei 14.382, de 27.6.22) — 4 (quatro) horas, para a certidão de inteiro teor da matrícula ou do livro auxiliar, em meio eletrônico, requerida no horário de expediente, desde que fornecido pelo usuário o respectivo número;

II (redação da Lei 14.382, de 27.6.22) — 1 (um) dia, para a certidão da situação jurídica atualizada do imóvel; e

III (redação da Lei 14.382, de 27.6.22) — 5 (cinco) dias, para a certidão de transcrições e para os demais casos.

§ 11 (redação da Lei 14.382, de 27.6.22). No âmbito do registro de imóveis, a certidão de inteiro teor da matrícula conterá a reprodução de todo seu conteúdo e será suficiente para fins de comprovação de propriedade, direitos, ônus reais e restrições sobre o imóvel, independentemente de certificação específica pelo oficial.

§ 12 (redação da Lei 14.382, de 27.6.22). Na localidade em que haja dificuldade de comunicação eletrônica, a Corregedoria-Geral da Justiça Estadual poderá autorizar, de modo excepcional e com expressa comunicação ao público, a aplicação de prazos maiores para emissão das certidões do registro de imóveis de que trata o § 10 deste artigo.

Art. 19: 1. v. tb. art. 21-*caput*.
Art. 19: 2. v. CC 216, CPC 425-III.
Art. 19: 3. v. art. 54, nota 2; cf. CF 227 § 6º.

Art. 20. No caso de recusa ou retardamento na expedição da certidão, o interessado poderá reclamar à autoridade competente, que aplicará, se for o caso, a pena disciplinar cabível.

Parágrafo único. Para a verificação do retardamento, o oficial, logo que receber alguma petição, fornecerá à parte uma nota de entrega devidamente autenticada.

Art. 21. Sempre que houver qualquer alteração posterior ao ato cuja certidão é pedida, deve o oficial mencioná-la, obrigatoriamente, não obstante as especificações do pedido, sob pena de responsabilidade civil e penal, ressalvado o disposto nos arts. 45 e 95.[1]

Parágrafo único. A alteração a que se refere este artigo deverá ser anotada na própria certidão, contendo a inscrição de que "a presente certidão envolve elementos de averbação à margem do termo".

Art. 21: 1. Texto conforme retificação no DOU 31.10.75.

Capítulo V | DA CONSERVAÇÃO

Art. 22. Os livros de registro, bem como as fichas que os substituam, somente sairão do respectivo cartório mediante autorização judicial.

Art. 23. Todas as diligências judiciais e extrajudiciais que exigirem a apresentação de qualquer livro, ficha substitutiva de livro ou documento, efetuar-se-ão no próprio cartório.

Art. 24. Os oficiais devem manter, em segurança, permanentemente, os livros e documentos e respondem pela sua ordem e conservação.

Art. 25. Os papéis referentes ao serviço do registro serão arquivados em cartório mediante a utilização de processos racionais que facilitem as buscas, facultada a utilização de microfilmagem[1] e de outros meios de reprodução autorizados em lei.

Art. 25: 1. s/ microfilmagem, v. Lei 5.433, de 8.5.68, e Dec. 1.799, de 30.1.96, que a regulamentou.

Art. 26. Os livros e papéis pertencentes ao arquivo do cartório ali permanecerão indefinidamente.

Art. 27. Quando a lei criar novo cartório, e enquanto este não for instalado, os registros continuarão a ser feitos no cartório que sofreu o desmembramento, não sendo necessário repeti-los no novo ofício.

Parágrafo único. O arquivo do antigo cartório continuará a pertencer-lhe.

Capítulo VI | DA RESPONSABILIDADE[1-2]

CAP. VI: 1. "Responsabilidade civil dos delegados das serventias extrajudiciais", por Assuero Rodrigues Neto (RJ 414/65).

CAP. VI: 2. Responsabilidade disciplinar do oficial: arts. 47, 100 § 5º, 108.

Art. 28. Além dos casos expressamente consignados,[1] os oficiais são civilmente responsáveis por todos os prejuízos que, pessoalmente, ou pelos prepostos ou substitutos que indicarem, causarem, por culpa ou dolo, aos interessados no registro.[2 a 4]

Parágrafo único. A responsabilidade civil independe da criminal pelos delitos que cometerem.

Art. 28: 1. v. arts. 9º e 21.

Art. 28: 2. CF 236: "Os serviços notariais e de registro são exercidos em caráter privado, por delegação do Poder Público. § 1º Lei regulará as atividades, disciplinará a responsabilidade civil e criminal dos notários, dos oficiais de registro e de seus prepostos, e definirá a fiscalização de seus atos pelo Poder Judiciário".

Lei 8.935, de 18.11.94 — Regulamenta o art. 236 da Constituição Federal, dispondo sobre serviços notariais e de registro: "**Art. 22** (redação da Lei 13.286, de 10.5.16). Os notários e oficiais de registro são civilmente responsáveis por todos os prejuízos que causarem a terceiros, por culpa ou dolo, pessoalmente, pelos substitutos que designarem ou escreventes que autorizarem, assegurado o direito de regresso. **Parágrafo único.** Prescreve em três anos a pretensão de reparação civil, contado o prazo da data de lavratura do ato registral ou notarial.

"**Art. 23.** A responsabilidade civil independe da criminal."

"**Art. 24.** A responsabilidade criminal será individualizada, aplicando-se, no que couber, a legislação relativa aos crimes contra a administração pública. **Parágrafo único.** A individualização prevista no *caput* não exime os notários e os oficiais de registro de sua responsabilidade civil".

Art. 28: 2a. "Os tabelionatos são serventias judiciais e estão imbricadas na máquina estatal, mesmo quando os servidores têm remuneração pelos rendimentos do próprio cartório e não dos cofres públicos. Embora seja o **preposto estatal** também legitimado para responder pelo dano, sendo diferentes as suas responsabilidades, a do **Estado** objetiva e a do preposto subjetiva, caminhou a jurisprudência por resolver em primeiro lugar a relação jurídica mais facilmente comprovável, ressalvando-se a ação de regresso para apurar-se a responsabilidade subjetiva do preposto estatal" (STJ-RDPr 22/318: 2ª T., REsp 489.511). No mesmo sentido, mais recentemente: STJ-RT 882/149 (2ª T., REsp 797.463). Ainda: RT 829/173.

"O Estado responde, objetivamente, pelos atos dos tabeliães e registradores oficiais que, no exercício de suas funções, causem dano a terceiros, assentado o dever de regresso contra o responsável, nos casos de dolo ou culpa, sob pena de improbidade administrativa" (STF-Pleno, RE 842.846, Min. Luiz Fux, j. 27.2.19, maioria, DJ 13.8.19).

Todavia: "No caso de delegação da atividade estatal (art. 236, § 1º, da Constituição), seu desenvolvimento deve se dar por conta e risco do delegatário, nos moldes do regime das concessões e permissões de serviço público. O art. 22 da Lei 8.935/94 é claro ao estabelecer a responsabilidade dos notários e oficiais de registro por danos causados a terceiros, não permitindo a interpretação de que deve responder solidariamente o ente estatal. Tanto por se tratar de serviço delegado como pela norma legal em comento, não há como imputar eventual responsabilidade pelos serviços notariais e registrais diretamente ao Estado. Ainda que objetiva a responsabilidade da Administração, esta somente responde de forma subsidiária ao delegatário, sendo evidente a carência de ação por ilegitimidade passiva *ad causam*. Em caso de atividade notarial e de registro exercida por delegação, tal como na hipótese, a responsabilidade objetiva por danos é do notário, diferentemente do que ocorre quando se tratar de cartório ainda oficializado" (STJ-2ª T., REsp 1.087.862, Min. Herman Benjamin, j. 2.2.10, DJ 19.5.10).

V. tb. art. 252, nota 2.

Art. 28: 3. "A **responsabilidade civil dos notários, tabeliães e registradores é pessoal** no âmbito civil e penal; os cartórios extrajudiciais — incluindo o de Protesto de Títulos — são instituições administrativas, ou seja, entes sem personalidade, desprovidos de patrimônio próprio, razão pela qual, bem de ver, não possuem personalidade jurídica e não se caracterizam como empresa ou entidade, afastando-se, dessa forma, sua legitimidade passiva *ad causam* para responder pela ação de obrigação de fazer" (STJ-3ª T., REsp 1.097.995, Min. Massami Uyeda, j. 21.9.10, DJ 6.10.10; a citação é do voto do relator). No mesmo sentido: STJ-1ª T., REsp 1.592.513-AgInt, Min. Benedito Gonçalves, j. 20.3.18, DJ 9.4.18. Ainda, no sentido de que os cartórios extrajudiciais não têm legitimidade para figurar no polo passivo de execuções fiscais: STJ-2ª T., REsp 1.793.464, Min. Herman Benjamin, j. 26.3.19, DJ 22.4.19.

"Consoante as regras do art. 22 da Lei 8.935/94 e do art. 38 da Lei 9.492/97, a responsabilidade civil por dano decorrente da má prestação de serviço cartorário é pessoal do titular da serventia à época do fato, em razão da delegação do serviço que lhe é conferida pelo Poder Público em seu nome. Os cartórios ou serventias não possuem legitimidade para figurar no polo passivo de demanda indenizatória, pois são desprovidos de personalidade jurídica e judiciária, representando, apenas, o espaço físico onde é exercida a função pública delegada consistente na atividade notarial ou registral" (STJ-3ª T., REsp 1.177.372, Min. Paulo Sanseverino, j. 28.6.11, maioria, DJ 1.2.12).

Todavia: "Ainda que não dotados de personalidade jurídica, **possuem os Cartórios capacidade processual** e, portanto, legitimidade para responder por danos causados em decorrência de suas atividades, bem como por falhas na prestação de seus serviços" (STJ-3ª T., REsp 1.249.451-AgRg, Min. Sidnei Beneti, j. 25.10.11, DJ 8.11.11).

"O cartório de notas pode figurar na relação processual instaurada para a indenização pelo dano decorrente da alegada má prestação dos serviços notariais" (STJ-4ª T., REsp 476.532, Min. Ruy Rosado, j. 20.5.03, DJ 4.8.03; a citação é do voto do relator).

Art. 28: 3a. "A responsabilidade civil por dano causado a particular por ato de oficial do Registro de Imóveis é pessoal, não podendo o seu **sucessor**, atual titular da serventia, responder pelo ato ilícito praticado pelo sucedido, antigo titular" (STJ-3ª T., REsp 443.467, Min. Castro Filho, j. 5.5.05, DJU 1.7.05). No mesmo sentido: "No caso de dano decorrente de má prestação de serviços notariais, somente o tabelião à época dos fatos e o Estado possuem legitimidade passiva" (STJ-4ª T., REsp 545.613, Min. Cesar Rocha, j. 8.5.07, maioria, DJ 29.6.07). Ainda no mesmo sentido: JTJ 336/290 (AP 7.203.925-5).

"**Contudo**, o art. 22 da Lei 8.935/94 assegura o exercício, por estes, do direito de regresso em face de seus prepostos nas hipóteses de dolo ou culpa. Se um preposto do Cartório, na qualidade de Oficial Substituto, atesta a regularidade de uma matrícula e, posteriormente, ao assumir a titularidade do Cartório, cancela a mesma matrícula cuja legitimidade atestara, é possível que o prejudicado ajuíze diretamente em face dele uma ação para apurar sua responsabilidade civil. Isso porque, nas hipóteses em que haja dolo ou culpa, seria dele, de todo modo, a responsabilidade final pelo incidente" (STJ-3ª T., REsp 1.270.018, Min. Nancy Andrighi, j. 19.6.12, maioria, DJ 28.6.12).

Art. 28: 3b. "Os serviços notariais são exercidos em caráter privado, por delegação do Poder Público. Assim sendo, a sua **responsabilidade,** que é **objetiva** (art. 22 da Lei 8.935/94), independe de comprovação de culpa ou dolo do servidor que deu causa ao dano" (RJM 178/182). **Contra,** entendendo que a responsabilidade do tabelião é subjetiva: RP 124/261.

Art. 28: 4. "A negligência de Cartório de Registro de Imóveis consistente na omissão acerca da existência de servidão implica responsabilidade da titular do respectivo cartório extrajudicial, de onde exsurge que se reputa devida a condenação desta ao pagamento de indenização pelos danos materiais suportados pelo alienante em virtude do desfazimento do negócio jurídico celebrado com os adquirentes do terreno alienado" (RJM 181/327).

Título II | DO REGISTRO CIVIL DE PESSOAS NATURAIS[1]

Capítulo I | DISPOSIÇÕES GERAIS[1]

TÍT. II: 1. v. Dec. 8.742, de 4.5.16 — Dispõe sobre os atos notariais e de registro civil do serviço consular brasileiro e da dispensa de legalização no Brasil das assinaturas e atos emanados das autoridades consulares brasileiras.

CAP. I: 1. s/ certidões, v. arts. 19 §§ 2º a 4º, 45 e 47 (demora no seu fornecimento); s/ anexação de preceitos de puericultura à certidão do registro civil, v. Dec. lei 9.017, de 23.2.46.

Art. 29. Serão registrados no Registro Civil de Pessoas Naturais:[1]

I — os nascimentos;[2]
II — os casamentos;[3]
III — os óbitos;[4]
IV — as emancipações;[5]
V — as interdições;[6]
VI — as sentenças declaratórias de ausência;[7]
VII — as opções de nacionalidade;[8]
VIII — as sentenças que deferirem a legitimação adotiva.[9]

§ 1º Serão averbados:[10]

a) as sentenças que decidirem a nulidade ou anulação do casamento,[11] o desquite[12] e o restabelecimento da sociedade conjugal;[13-14]

b) as sentenças que julgarem ilegítimos os filhos concebidos na constância do casamento e as que declararem a filiação legítima;[15]

c) os casamentos de que resultar a legitimação de filhos havidos ou concebidos anteriormente;[16]

d) os atos judiciais ou extrajudiciais de reconhecimento de filhos ilegítimos;[17]

e) as escrituras de adoção e os atos que a dissolverem;[18]

f) as alterações ou abreviaturas de nomes.[19]

§ 2º É competente para a inscrição da opção de nacionalidade o cartório da residência do optante, ou de seus pais. Se forem residentes no estrangeiro, far-se-á o registro no Distrito Federal.

§ 3º (acrescido pela Lei 13.484, de 26.9.17) Os ofícios do registro civil das pessoas naturais são considerados ofícios da cidadania e estão autorizados a prestar outros serviços remunerados, na forma prevista em convênio, em credenciamento ou em matrícula com órgãos públicos e entidades interessadas.[20]

§ 4º (acrescido pela Lei 13.484, de 26.9.17) O convênio referido no § 3º deste artigo independe de homologação e será firmado pela entidade de classe dos registradores civis de pessoas naturais de mesma abrangência territorial do órgão ou da entidade interessada.[21]

§ 5º (VETADO)

Art. 29: 1. Registro civil do índio: v. Lei 6.001, de 19.12.73 (Estatuto do Índio), arts. 12 e 13.

Art. 29: 2. v. arts. 50 a 66 e 105 (registro de pessoa nascida fora do país, para efeito de averbação de adoção); CC 9º-I.

Art. 29: 3. v. arts. 67 a 76; CC 9º-I, 180 a 228.

Art. 29: 4. v. arts. 77 a 88; CC 9º-I.

Art. 29: 5. v. arts. 89 a 91; CC 9º-II.

Art. 29: 6. v. arts. 92 a 93 e 104; CC 9º-III; CPC 747 a 758.

Art. 29: 7. v. arts. 94 e 104; CC 9º-IV.

Art. 29: 8. v. arts. 29 § 2º, 32 §§ 4º e 5º e 102-5º (s/ perda de nacionalidade); Lei 13.445, de 24.5.17 (Lei de Migração), art. 63.

Art. 29: 9. A Lei 4.655, de 2.6.55, que dispunha s/ legitimação adotiva, foi revogada pelo Código de Menores, art. 123 (Lei 6.697, de 10.10.79, em CCLCV, 9ª ed., p. 486, Lex 1979/786, RF 268/464, Bol. AASP 1.088/supl.), por sua vez já revogado e substituído pelo ECA.

Art. 29: 10. s/ averbação, v. arts. 97 a 105 (especialmente 102 e 104), que contêm outros casos além dos enumerados acima. Também as retificações se fazem por averbação (art. 110 § 3º).

Art. 29: 11. v. art. 100, CC 10-I.

Art. 29: 12. hoje, separação judicial (v. LDi 39).

V. CC 1.571, nota 2b **(Em. Const. 66, de 13.7.10).**

Art. 29: 13. v. art. 101. Só abrange a hipótese da LDi 46, não a do seu art. 33.

Art. 29: 14. Também são averbadas as sentenças que decretam o divórcio (LDi 32 e CC 10-I).

Art. 29: 15. v. art. 102-1º e 2º e art. 113; cf. CF 227 § 6º.

Art. 29: 16. v. art. 103. Esta averbação se tornou inútil, em face do disposto na CF 227 § 6º. V., porém, art. 70, nota 6.

Art. 29: 17. v. CC 1.607 a 1.617; ECA 26 e 27. Em face da CF 227 § 6º, deve ser cancelada a expressão "ilegítimos".

Art. 29: 18. v. arts. 102 § 3º e 105, CC 1.623.

A adoção de criança ou adolescente prescinde de escritura pública, mas depende de sentença judicial (ECA 47-caput) e é irrevogável (ECA 39 § 1º).

Art. 29: 19. v. arts. 56 a 58.

Art. 29: 20 e 21. "É válida a atribuição aos Ofícios de Registro Civil das Pessoas Naturais de prestação de outros serviços remunerados, conexos aos seus serviços típicos, mediante convênio devidamente homologado pelo Poder Judiciário local, em credenciamento ou em matrícula com órgãos públicos e entidades interessadas, podendo o referido convênio ser firmado pela entidade de classe dos Registradores Civis das Pessoas Naturais de mesma abrangência territorial do órgão da entidade interessada. O exercício de serviços remunerados pelos Ofícios de Registro Civil das Pessoas Naturais, mediante celebração de convênios, **depende de prévia homologação pelo Poder Judiciário,** conforme o art. 96, II, alínea 'b', e art. 236, § 1º, da CF. Medida cautelar parcialmente confirmada e Ação Direta julgada parcialmente procedente para conferir interpretação conforme ao § 3º do art. 29, declarar nulidade parcial com redução de texto da expressão 'independe de homologação', constante do § 4º do referido art. 29 da Lei 6.015/1973, na redação dada pela Lei 13.484/2017, e declarar a constitucionalidade do Provimento 66/2018 da Corregedoria Nacional do Conselho Nacional de Justiça" (STF-Pleno, ADI 5.855, Min. Alexandre de Moraes, j. 10.4.19, maioria, DJ 25.9.19).

Art. 30 (redação da Lei 9.534, de 10.12.97). Não serão cobrados emolumentos pelo registro civil de nascimento e pelo assento de óbito, bem como pela primeira certidão respectiva.[1-1a]

§ 1º (redação da Lei 9.534, de 10.12.97) Os reconhecidamente pobres estão isentos de pagamento de emolumentos pelas demais certidões extraídas pelo cartório de registro civil.

§ 2º (redação da Lei 9.534, de 10.12.97) O estado de pobreza será comprovado por declaração do próprio interessado ou a rogo, tratando-se de analfabeto, neste caso, acompanhada da assinatura de duas testemunhas.

§ 3º (*redação da Lei 9.534, de 10.12.97*) A falsidade da declaração ensejará a responsabilidade civil e criminal do interessado.

§ 3º-A (*redação da Lei 9.812, de 10.8.99*). Comprovado o descumprimento, pelos oficiais de Cartórios de Registro Civil, do disposto no *caput* deste artigo, aplicar-se-ão as penalidades previstas nos arts. 32 e 33 da Lei 8.935, de 18 de novembro de 1994.²

§ 3º-B (*redação da Lei 9.812, de 10.8.99*). Esgotadas as penalidades a que se refere o parágrafo anterior e verificando-se novo descumprimento, aplicar-se-á o disposto no art. 39 da Lei 8.935, de 18 de novembro de 1994.³

§ 3º-C (*redação da Lei 11.802, de 4.11.08*). Os cartórios de registros públicos deverão afixar, em local de grande visibilidade, que permita fácil leitura e acesso ao público, quadros contendo tabelas atualizadas das custas e emolumentos, além de informações claras sobre a gratuidade prevista no *caput* deste artigo.

§ 4º (*redação da Lei 11.789, de 2.10.08*) É proibida a inserção nas certidões de que trata o § 1º deste artigo de expressões que indiquem condição de pobreza ou semelhantes.

§ 5º (VETADO)
§ 6º (VETADO)
§ 7º (VETADO)
§ 8º (VETADO)
§ 9º (VETADO)

Art. 30: 1. v. CF 5º-LXXVI.

Lei 8.935, de 18.11.94: "**Art. 45** (*redação da Lei 9.514, de 10.12.97*). São gratuitos os assentos do registro civil de nascimento e o de óbito, bem como a primeira certidão respectiva.

"§ 1º (*redação da Lei 11.789, de 2.10.08*) Para os reconhecimentos pobres não serão cobrados emolumentos pelas certidões a que se refere este artigo".

"§ 2º (*redação da Lei 11.789, de 2.10.08*) É proibida a inserção nas certidões de que trata o § 1º deste artigo de expressões que indiquem condição de pobreza ou semelhantes".

De acordo com a **Lei 9.265, de 12.2.96** (em Lex 1996/689, RT 724/764), **art. 1º**: "São gratuitos os atos necessários ao exercício da cidadania, assim considerados: ... VI — O registro civil de nascimento e o assento de óbito, bem como a primeira certidão respectiva" (inciso acrescido pela Lei 9.534, de 10.12.97, em DOU 11.12.97).

Lei 9.534, de 10.12.97: "Art. 7º Os Tribunais de Justiça dos Estados poderão instituir, junto aos Ofícios de Registro Civil, serviços itinerantes de registros, apoiados pelo poder público estadual e municipal, para provimento da gratuidade prevista nesta lei" (DOU 11.12.97).

Lei 9.465, de 7.7.97 — Dispõe sobre fornecimento gratuito de registro extemporâneo de nascimento (Lex 1997/1.907, RT 741/753).

Art. 30: 1a. Este dispositivo legal foi declarado constitucional (STF-RT 868/125 e RF 397/393: Pleno, ADC 5, um voto vencido).

Art. 30: 2. Lei 8.935, de 18.11.94: "**Art. 32**. Os notários e os oficiais de registro estão sujeitos, pelas infrações que praticarem, assegurado amplo direito de defesa, às seguintes penas: I — repreensão; II — multa; III — suspensão por noventa dias, prorrogável por mais trinta; IV — perda da delegação.

"**Art. 33**. As penas serão aplicadas: I — a de repreensão, no caso de falta leve; II — a de multa, em caso de reincidência ou de infração que não configure falta mais grave; III — a de suspensão, em caso de reiterado descumprimento dos deveres ou de falta grave".

Art. 30: 3. Lei 8.935, de 18.11.94: "**Art. 39**. Extinguir-se-á a delegação a notário ou a oficial de registro por: I — morte; II — aposentadoria facultativa; III — invalidez; IV — renúncia; V — perda, nos termos do art. 35; VI — descumprimento, comprovado, da gratuidade estabelecida na Lei n. 9.534, de 10 de dezembro de 1997. § 1º Dar-se-á aposentadoria facultativa ou por invalidez nos termos da legislação previdenciária federal. § 2º Extinta a delegação a notário ou oficial de registro, a autoridade competente declarará vago o respectivo serviço, designará o substituto mais antigo para responder pelo expediente e abrirá concurso".

Art. 31. Os fatos concernentes ao registro civil, que se derem a bordo dos navios de guerra e mercantes, em viagem, e no Exército, em campanha, serão imediatamente registrados e comunicados em tempo oportuno, por cópia autêntica, aos respectivos Ministérios, a fim de que, através do Ministério da Justiça, sejam ordenados os assentamentos, notas ou averbações nos livros competentes das circunscrições a que se referirem.

Art. 32. Os assentos de nascimento, óbito e de casamento de brasileiros em país estrangeiro serão considerados autênticos, nos termos da lei do lugar em que forem feitos,[1] legalizadas[1a-2] as certidões pelos cônsules ou, quando por estes tomados, nos termos do regulamento consular.[2a]

§ 1º Os assentos de que trata este artigo serão, porém, trasladados nos cartórios do 1º Ofício do domicílio do registrado[3] ou no 1º Ofício do Distrito Federal, em falta de domicílio conhecido, quando tiverem de produzir efeito no país, ou, antes, por meio de segunda via que os cônsules serão obrigados a remeter por intermédio do Ministério das Relações Exteriores.

§ 2º O filho de brasileiro ou brasileira, nascido no estrangeiro, e cujos pais não estejam ali a serviço do Brasil, desde que registrado em consulado brasileiro ou, não registrado, venha a residir no território nacional antes de atingir a maioridade, poderá requerer, no juízo de seu domicílio, se registre, no livro "E" do 1º Ofício do Registro Civil, o termo de nascimento.[3a]

§ 3º Do termo e das respectivas certidões do nascimento registrado na forma do parágrafo antecedente constará que só valerão como prova de nacionalidade brasileira, até quatro anos depois de atingida a maioridade.

§ 4º Dentro do prazo de quatro anos, depois de atingida a maioridade pelo interessado referido no § 2º, deverá ele manifestar a sua opção[4 a 6] pela nacionalidade brasileira perante o juízo federal. Deferido o pedido, proceder-se-á ao registro no livro "E" do cartório do 1º Ofício do domicílio do optante.

§ 5º Não se verificando a hipótese prevista no parágrafo anterior, o oficial cancelará, de ofício, o registro provisório efetuado na forma do § 2º.

Art. 32: 1. "O casamento realizado no exterior produz efeitos no Brasil, ainda que não tenha sido aqui registrado" (STJ-3ª T., REsp 440.443, Min. Ari Pargendler, j. 26.11.02, DJU 26.5.03).

Art. 32: 1a. s/ dispensa de legalização, v. Dec. 8.742, de 4.5.16, arts. 4º e 5º.

Art. 32: 2. v. LINDB 13.

Art. 32: 2a. v. CC 1.544.

Art. 32: 3. "Casamento. Realização no exterior. Averbação do ato na certidão de nascimento da cônjuge. Fato suficiente para tornar válido o matrimônio no Brasil. Desnecessidade de se fazer o registro em cartório de seu atual domicílio. Intenção do legislador que é dar publicidade e formalidade ao ato. Inteligência do art. 32, § 1º, da LRP" (RT 846/258: TJSP, AP 245.121-4/4-00, maioria).

Art. 32: 3a. s/ competência da Justiça Federal para apreciar pedido de transcrição do termo de nascimento feito no exterior, referente a filho de pai brasileiro ou de mãe brasileira, v., no CPCLPV, CF 109, nota 23d.

Art. 32: 4. s/ opção de nacionalidade, v. CF 12-I-c; s/ competência da Justiça Federal para apreciá-la, v., no CPCLPV, CF 109-X e notas.

V. tb. Lei 13.445, de 24.5.17 (Lei de Migração), art. 63.

Art. 32: 5. Em razão da Em. Const. de Revisão n. 3, de 7.6.94, a aquisição da nacionalidade brasileira da pessoa nascida no estrangeiro, filha de pai ou mãe brasileiros, que não estivesse a serviço do Brasil, passou a ter **eficácia suspensiva**. O interessado somente será considerado brasileiro nato após a decisão que deferir a sua opção de nacionalidade, a qual, entretanto, produzirá efeitos *ex tunc* (STF-Pleno, AC 70-0-QO, Min. Sepúlveda Pertence, j. 25.9.03, DJU 12.3.04). "A aludida condição suspensiva só vigora a partir da maioridade, haja vista que, antes, o menor, por intermédio do **registro provisório,** desde que residente no país, é considerado brasileiro nato para todos os efeitos" (STF-1ª T., RE 415.957, Min. Sepúlveda Pertence, j. 23.8.05, DJU 16.9.05).

Art. 32: 6. A opção de nacionalidade exige **capacidade plena,** não suprida pela representação dos pais. "Essa opção somente pode ser manifestada depois de alcançada a maioridade. É que a opção, por decorrer da vontade, tem caráter personalíssimo" (STF-RT 838/176: 2ª T., RE 418.096).

Capítulo II | DA ESCRITURAÇÃO[1] E ORDEM DE SERVIÇO[2]

CAP. II: 1. v. arts. 3º a 7º-A (normas gerais).

CAP. II: 2. v. arts. 8º a 15 (normas gerais), especialmente arts. 8º § ún., 10 § ún. e 13 § 2º.

Art. 33 (*redação da Lei 14.382, de 27.6.22*). Haverá, em cada cartório, os seguintes livros:

I — "A" — de registro de nascimento;

II — "B" — de registro de casamento;

III — "B Auxiliar" — de registro de casamento religioso para efeitos civis;

IV — "C" — de registro de óbitos;

V — "C Auxiliar" — de registro de natimortos;

VI — "D" — de registro de proclama.[1]

Parágrafo único (*redação da Lei 14.382, de 27.6.22*). No Cartório do 1º Ofício ou da 1ª subdivisão judiciária haverá, em cada comarca, outro livro para inscrição dos demais atos relativos ao estado civil, designado sob a letra E.

Art. 33: 1. *sic*; deveria ser "proclamas" (cf. arts. 43, 67 § 1º, 69-*caput* e § 1º; cf. tb. CC 1.536-IV).

Art. 34. O oficial juntará, a cada um dos livros, índice alfabético dos assentos lavrados pelos nomes das pessoas a quem se referirem.

Parágrafo único. O índice alfabético poderá, a critério do oficial, ser organizado pelo sistema de fichas, desde que preencham estas os requisitos de segurança, comodidade e pronta busca.

Art. 35. A escrituração será feita seguidamente, em ordem cronológica de declarações, sem abreviaturas, nem algarismos; no fim de cada assento e antes da subscrição e das assinaturas, serão ressalvadas as emendas, entrelinhas ou outras circunstâncias que puderem ocasionar dúvidas. Entre um assento e outro, será traçada uma linha de intervalo, tendo cada um o seu número de ordem.

Art. 36. Os livros de registro serão divididos em três partes, sendo na da esquerda lançado o número de ordem e na central o assento, ficando na da direita espaço para as notas, averbações e retificações.

Art. 37. As partes, ou seus procuradores, bem como as testemunhas, assinarão os assentos, inserindo-se neles as declarações feitas de acordo com a lei ou ordenadas por sentença. As procurações serão arquivadas, declarando-se no termo a data, o livro, a folha e o ofício em que foram lavradas, quando constarem de instrumento público.

§ 1º Se os declarantes, ou as testemunhas não puderem, por qualquer circunstância, assinar, far-se-á declaração no assento, assinando a rogo outra pessoa e tomando-se a impressão dactiloscópica da que não assinar, à margem do assento.

§ 2º As custas com o arquivamento das procurações ficarão a cargo dos interessados.

Art. 38. Antes da assinatura dos assentos, serão estes lidos às partes e às testemunhas, do que se fará menção.

Art. 39. Tendo havido omissão ou erro, de modo que seja necessário fazer adição ou emenda, estas serão feitas antes da assinatura ou ainda em seguida, mas antes de outro assento, sendo a ressalva novamente por todos assinada.

Art. 40 (*redação da Lei 12.100, de 27.11.09*). Fora da retificação feita no ato, qualquer outra só poderá ser efetuada nos termos dos arts. 109 a 112 desta Lei.

Art. 41. Reputam-se inexistentes e sem efeitos jurídicos quaisquer emendas ou alterações posteriores, não ressalvadas ou não lançadas na forma indicada nos arts. 39 e 40.

Art. 42. A testemunha para os assentos de registro deve satisfazer às condições exigidas pela lei civil,[1] sendo admitido o parente, em qualquer grau, do registrando.

Parágrafo único. Quando a testemunha não for conhecida do oficial do registro, deverá apresentar documento hábil da sua identidade, do qual se fará, no assento, expressa menção.

Art. 42: **1.** v. CC 228.

Art. 43. Os livros de proclamas serão escriturados cronologicamente com o resumo do que constar dos editais expedidos pelo próprio cartório, ou recebidos de outros, todos assinados pelo oficial.

Parágrafo único. As despesas de publicação do edital serão pagas pelo interessado.

Art. 44. O registro do edital de casamento conterá todas as indicações quanto à época de publicação e aos documentos apresentados, abrangendo também o edital remetido por outro oficial processante.[1]

Art. 44: **1.** v. CC 1.527.

Art. 45. A certidão relativa ao nascimento de filho legitimado[1] por subsequente matrimônio deverá ser fornecida sem o teor da declaração ou averbação a esse respeito, como se fosse legítimo; na certidão de casamento também será omitida a referência àquele filho, salvo havendo, em qualquer dos casos, determinação judicial, deferida em favor de quem demonstre legítimo interesse em obtê-la.

Art. 45: **1.** v. CF 227 § 6º-2ª parte.

Capítulo III | DAS PENALIDADES

Art. 46 (*redação da Lei 11.790, de 2.10.08*). As declarações de nascimento feitas após o decurso do prazo legal[1] serão registradas no lugar de residência do interessado.

§ 1º (*redação da Lei 11.790, de 2.10.08*) O requerimento de registro será assinado por duas testemunhas, sob as penas da lei.

§ 2º (*revogado expressamente pela Lei 10.215, de 6.4.01*).

§ 3º (*redação da Lei 11.790, de 2.10.08*) O oficial do Registro Civil, se suspeitar da falsidade da declaração, poderá exigir prova suficiente.[2]

§ 4º (*redação da Lei 11.790, de 2.10.08*) Persistindo a suspeita, o oficial encaminhará os autos ao juízo competente.

§ 5º Se o juiz não fixar prazo menor, o oficial deverá lavrar o assento dentro em cinco dias, sob pena de pagar multa correspondente a um salário mínimo da região.

§ 6º (*redação da Lei 14.382, de 27.6.22*) Os órgãos do Poder Executivo e do Poder Judiciário detentores de bases biométricas poderão franquear ao oficial de registro civil de pessoas naturais acesso às bases para fins de conferência por ocasião do registro tardio de nascimento.

Art. 46: 1. v. art. 50.
Art. 46: 2. v. art. 52 § 2º.

Art. 47. Se o oficial do registro civil recusar fazer ou retardar qualquer registro, averbação ou anotação, bem como o fornecimento de certidão, as partes prejudicadas poderão queixar-se à autoridade judiciária, a qual, ouvindo o acusado, decidirá dentro de cinco dias.[1]

§ 1º Se for injusta a recusa ou injustificada a demora, o juiz que tomar conhecimento do fato poderá impor ao oficial multa de um a dez salários mínimos da região, ordenando que, no prazo improrrogável de vinte e quatro horas, seja feito o registro, a averbação, a anotação ou fornecida certidão, sob pena de prisão de cinco a vinte dias.

§ 2º Os pedidos de certidão feitos por via postal, telegráfica ou bancária serão obrigatoriamente atendidos pelo oficial do registro civil, satisfeitos os emolumentos devidos, sob as penas previstas no parágrafo anterior.

Art. 47: 1. v. art. 28.

Art. 48. Os juízes farão correição e fiscalização nos livros de registro, conforme as normas da organização judiciária.

Art. 49. Os oficiais do registro civil remeterão à Fundação Instituto Brasileiro de Geografia e Estatística, dentro dos primeiros oito dias dos meses de janeiro, abril, junho e outubro de cada ano, um mapa dos nascimentos, casamentos e óbitos ocorridos no trimestre anterior.

§ 1º A Fundação Instituto Brasileiro de Geografia e Estatística fornecerá mapas para a execução do disposto neste artigo, podendo requisitar aos oficiais do registro que façam as correções que forem necessárias.

§ 2º Os oficiais que, no prazo legal, não remeterem os mapas, incorrerão na multa de um a cinco salários mínimos da região, que será cobrada como dívida ativa da União, sem prejuízo da ação penal que no caso couber.

§ 3º (*redação da Lei 12.662, de 5.6.12*) No mapa de que trata o *caput* deverá ser informado o número da identificação da Declaração de Nascido Vivo.[1-2]

§ 4º (*redação da Lei 12.662, de 5.6.12*) Os mapas dos nascimentos deverão ser remetidos aos órgãos públicos interessados no cruzamento das informações do registro civil e da Declaração de Nascido Vivo conforme o regulamento, com o objetivo de integrar a informação e promover a busca ativa de nascimentos.

§ 5º (*redação da Lei 12.662, de 5.6.12*) Os mapas previstos no *caput* e no § 4º deverão ser remetidos por meio digital quando o registrador detenha capacidade de transmissão de dados.

Art. 49: 1. v. art. 54, n. 10 e §§ 1º a 3º.

Art. 49: 2. Lei 12.662, de 5.6.12 — Assegura validade nacional à Declaração de Nascido Vivo — DNV, regula sua expedição, e dá outras providências: "**Art. 3º** A Declaração de Nascido Vivo será emitida para todos os nascimentos com vida ocorridos no País e será válida exclusivamente para fins de elaboração de políticas públicas e lavratura do assento de nascimento.

"§ 1º A Declaração de Nascido Vivo deverá ser emitida por profissional de saúde responsável pelo acompanhamento da gestação, do parto ou do recém-nascido, inscrito no Cadastro Nacional de Estabelecimentos de Saúde — CNES ou no respectivo Conselho profissional.

"§ 2º A Declaração de Nascido Vivo não substitui ou dispensa, em qualquer hipótese, o registro civil de nascimento, obrigatório e gratuito, nos termos da Lei".

Capítulo IV | DO NASCIMENTO[1]

CAP. IV: 1. O registro civil de nascimento é gratuito (CF 5º-LXXVI-*a*; v. art. 32 §§ 2º a 5º).

A aplicação de medida de proteção a criança ou adolescente deve ser precedida da regularização do seu registro civil (ECA 102).

Art. 50 (*redação da Lei 9.053, de 25.5.95*). Todo nascimento[1-2] que ocorrer no território nacional[2a] deverá ser dado a registro, no lugar em que tiver ocorrido o parto ou no lugar da residência dos pais, dentro do prazo de quinze dias,[3 a 3b] que será ampliado em até três meses para os lugares distantes mais de trinta quilômetros da sede do cartório.

§ 1º (*redação da Lei 9.053, de 25.5.95*) Quando for diverso o lugar da residência dos pais, observar-se-á a ordem contida nos itens 1º e 2º do art. 52.

§ 2º Os índios, enquanto não integrados, não estão obrigados a inscrição do nascimento. Este poderá ser feito[4] em livro próprio do órgão federal de assistência aos índios.[5-6]

§ 3º Os menores de vinte e um anos e maiores de dezoito anos poderão, pessoalmente e isentos de multa, requerer o registro de seu nascimento.[6a]

§ 4º É facultado aos nascidos anteriormente à obrigatoriedade do registro civil requerer, isentos de multa, a inscrição de seu nascimento.[7]

§ 5º Aos brasileiros nascidos no estrangeiro se aplicará o disposto neste artigo, ressalvadas as prescrições legais relativas aos consulados.[8]

Art. 50: 1. v. CC 9º-I.

Art. 50: 2. s/ registro de nascimento de filho havido fora do matrimônio, v. Lei 8.560, de 29.12.92, arts. 5º e 6º (no tít. Investigação de Paternidade).

Art. 50: 2a. "Registro civil. Nascimentos ocorridos no território nacional. **Criança refugiada. Impossibilidade.** Convenção de refugiados 1951. Lei 9.474/1997. Lei 6.815/1980. Recurso especial parcialmente provido, para determinar o cancelamento do registro civil de nascimento" (STJ-4ª T., REsp 1.475.580, Min. Luis Felipe, j. 4.5.17, maioria, DJ 19.5.17).

Art. 50: 3. Registro fora de prazo: art. 46.

Art. 50: 3a. Lei 9.465, de 7.7.97, art. 1º (Lex 1997/1.907): "Não haverá incidência de emolumentos ou multas no registro de nascimento efetuado fora de prazo, quando destinado à obtenção de Carteira do Trabalho e Previdência Social".

Art. 50: 3b. "O pedido de registro civil tardio de nascimento de avô materno, pessoa já falecida, atestado por declaração de batismo, certidão de óbito, como também por certidões de inexistência do registro emitidas por cartórios, revela-se juridicamente possível por ostentar a evidente necessidade de plena regularização de tal assento público e buscar a superação do sub-registro, prática usual em décadas passadas e que, atualmente, está a merecer a repulsa de toda a sociedade. Mesmo envolvendo o objetivo mediato de confirmar a descendência de cidadãos originários da Itália, denota-se que a pretensão tem como principal escopo a emissão do registro público de nascimento de ascendente, por se tratar de documento unicamente capaz de atender as exigências das autoridades daquele país, para permitir a parte autora dar início ao processo de reconhecimento de sua nacionalidade, cidadania italiana. O registro civil de nascimento após o decurso do prazo legal, ainda que de pessoa falecida, com base em dados comprobatórios hábeis a tal mister, não encontra vedação na Lei de Registros Públicos nem fere o ordenamento jurídico pátrio, pois, além de não acarretar nenhum prejuízo a terceiros, encontra abrigo na obrigatoriedade do registro prevista no art. 9º, I, do atual Código Civil c/c arts. 50 e 53 da Lei n. 6.015/73" (STJ-4ª T., REsp 715.989, Min. João Otávio, j. 3.11.09, DJ 16.11.09).

Art. 50: 4. *sic*; leia-se "Esta poderá ser feita".

Art. 50: 5. Parágrafo renumerado por determinação da Lei 9.053, de 25.5.95.

Art. 50: 6. v. Estatuto do Índio (Lei 6.001, de 19.12.73, em Lex 1973/1.957, RDA 116/575), arts. 12 e 13.

Art. 50: 6a a 8. Parágrafo renumerado por determinação da Lei 9.053, de 25.5.95.

Art. 51. Os nascimentos ocorridos a bordo, quando não registrados nos termos do art. 64, deverão ser declarados dentro de cinco dias, a contar da chegada do navio ou aeronave ao local do destino, no respectivo cartório ou consulado.

Art. 52. São obrigados a fazer a declaração de nascimento:

1º) (*redação da Lei 13.112, de 30.3.15*) o pai ou a mãe, isoladamente ou em conjunto, observado o disposto no § 2º do art. 54;

2º) (*redação da Lei 13.112, de 30.3.15*) no caso de falta ou de impedimento de um dos indicados no item 1º, outro indicado, que terá o prazo para declaração prorrogado por 45 (quarenta e cinco) dias;

3º) no impedimento de ambos, o parente mais próximo, sendo maior e achando-se presente;

4º) em falta ou impedimento do parente referido no número anterior, os administradores de hospitais ou os médicos e parteiras, que tiverem assistido o parto;

5º) pessoa idônea da casa em que ocorrer, sendo fora da residência da mãe;

6º) finalmente, as pessoas (VETADO) encarregadas da guarda do menor.

§ 1º Quando o oficial tiver motivo para duvidar da declaração, poderá ir à casa do recém-nascido verificar a sua existência, ou exigir atestação do médico ou parteira que tiver assistido o parto, ou testemunho de duas pessoas que não forem os pais e tiverem visto o recém-nascido.

§ 2º Tratando-se de registro fora do prazo legal o oficial, em caso de dúvida, poderá requerer ao juiz as providências que forem cabíveis para esclarecimento do fato.

§ 3º (*acrescido pela Lei 13.846, de 18.6.19*) O oficial de registro civil comunicará o registro de nascimento ao Ministério da Economia e ao INSS pelo Sistema Nacional de Informações de Registro Civil (Sirc) ou por outro meio que venha a substituí-lo.

Art. 53. No caso de ter a criança nascido morta ou no de ter morrido na ocasião do parto, será, não obstante, feito o assento com os elementos que couberem e com remissão ao do óbito.

§ 1º No caso de ter a criança nascido morta, será o registro feito no livro "C Auxiliar", com os elementos que couberem.

§ 2º No caso de a criança morrer na ocasião do parto, tendo, entretanto, respirado, serão feitos os dois assentos, o de nascimento e o de óbito, com os elementos cabíveis e com remissões recíprocas.

Art. 54. O assento do nascimento deverá conter:[1 a 4]

1º) o dia, mês, ano e lugar do nascimento e a hora certa, sendo possível determiná-la, ou aproximada;

2º) o sexo do registrando;

3º) o fato de ser gêmeo, quando assim tiver acontecido;[4a]

4º) o nome[4b-5] e o prenome, que forem postos à criança;

5º) a declaração de que nasceu morta, ou morreu no ato ou logo depois do parto;

6º) a ordem de filiação de outros irmãos do mesmo prenome que existirem ou tiverem existido;

7º) os nomes e prenomes,[5a-5b] a naturalidade, a profissão dos pais, o lugar e cartório onde se casaram,[6] a idade da genitora,[7] do registrando em anos completos, na ocasião do parto, e o domicílio ou a residência do casal;

8º) os nomes e prenomes dos avós paternos e maternos;

9º) (redação da Lei 13.484, de 26.9.17) os nomes e prenomes, a profissão e a residência das duas testemunhas do assento, quando se tratar de parto ocorrido sem assistência médica em residência ou fora de unidade hospitalar ou casa de saúde;

10) (redação da Lei 13.484, de 26.9.17) o número de identificação da Declaração de Nascido Vivo,[8] com controle do dígito verificador, exceto na hipótese de registro tardio previsto no art. 46 desta Lei; e

11) (acrescido pela Lei 13.484, de 26.9.17) a naturalidade do registrando.

§ 1º Não constituem motivo para recusa, devolução ou solicitação de retificação da Declaração de Nascido Vivo por parte do Registrador Civil das Pessoas Naturais:

I — equívocos ou divergências que não comprometam a identificação da mãe;

II — omissão do nome do recém-nascido ou do nome do pai;

III — divergência parcial ou total entre o nome do recém-nascido constante da declaração e o escolhido em manifestação perante o registrador no momento do registro de nascimento, prevalecendo este último;

IV — divergência parcial ou total entre o nome do pai constante da declaração e o verificado pelo registrador nos termos da legislação civil, prevalecendo este último;

V — demais equívocos, omissões ou divergências que não comprometam informações relevantes para o registro de nascimento.

§ 2º O nome do pai constante da Declaração de Nascido Vivo não constitui prova ou presunção da paternidade, somente podendo ser lançado no registro de nascimento quando verificado nos termos da legislação civil vigente.

§ 3º Nos nascimentos frutos de partos sem assistência de profissionais da saúde ou parteiras tradicionais, a Declaração de Nascido Vivo será emitida pelos Oficiais de Registro Civil que lavrarem o registro de nascimento, sempre que haja demanda das Secretarias Estaduais ou Municipais de Saúde para que realizem tais emissões.

§ 4º (*acrescido pela Lei 13.484, de 26.9.17*) A naturalidade poderá ser do Município em que ocorreu o nascimento ou do Município de residência da mãe do registrando na data do nascimento, desde que localizado em território nacional, e a opção caberá ao declarante no ato de registro do nascimento.

§ 5º (*redação da Lei 14.382, de 27.6.22*) O oficial de registro civil de pessoas naturais do Município poderá, mediante convênio e desde que não prejudique o regular funcionamento da serventia, instalar unidade interligada em estabelecimento público ou privado de saúde para recepção e remessa de dados, lavratura do registro de nascimento e emissão da respectiva certidão.

Art. 54: 1. s/ certidões, v. art. 19.

Art. 54: 2. v. CF 227 § 6º, parte final.

Lei 8.560, de 29.12.92 (no tít. Investigação de paternidade): "**Art. 5º** No registro de nascimento não se fará qualquer referência à natureza da filiação, à sua ordem em relação a outros irmãos do mesmo prenome, exceto gêmeos, ao lugar e cartório do casamento dos pais e ao estado civil destes.

"**Art. 6º** Das certidões de nascimento não constarão indícios de a concepção haver sido decorrente de relação extraconjugal.

"§ 1º Não deverá constar, em qualquer caso, o estado civil dos pais e a natureza da filiação, bem como o lugar e cartório do casamento, proibida referência à presente lei.

"§ 2º São ressalvadas autorizações ou requisições judiciais de certidões de inteiro teor, mediante decisão fundamentada, assegurados os direitos, as garantias e interesses relevantes do registrado".

Art. 54: 3. Abertura de novo assento: art. 109 § 4º; retificação ou restauração do assento: arts. 109 a 113; assento de nascimento de adotado: ECA 47.

Art. 54: 4. No assento de nascimento devem ser anotados: o casamento e o óbito (art. 107-*caput*); a mudança do nome da mulher, pelo casamento ou pela separação judicial (art. 107 § 1º); a emancipação, a interdição e a declaração de ausência (art. 107 § 1º).

Todavia: "A Lei 6.015/73, que dispõe sobre os registros públicos, prevê, expressamente, em seu art. 54, os dados que devem constar no registro de nascimento, não fazendo qualquer referência à profissão do registrando. Em sendo assim, torna-se juridicamente impossível o acatamento do pleito de retificação" (RT 867/306). V. tb. art. 109, nota 1d.

Art. 54: 4a. "Exclusão de observação quanto a ser o autor gêmeo. Alegação de constrangimento que não se verifica. Registro que seguiu à regra legal. Inteligência do art. 54 da Lei 6.015/73" (RT 889/261: TJSP, AP 438.120-4/1-00).

Art. 54: 4b. A lei do país do domicílio regula o nome da pessoa física (LINDB 7º-*caput*; v. tb. § 5º do art. 7º).

Art. 54: 5. "A lei não faz nenhuma exigência de observância de uma determinada ordem no que tange aos apelidos de família, seja no momento do registro do nome do indivíduo, seja por ocasião da sua posterior retificação. Também não proíbe que a ordem do sobrenome dos filhos seja distinta daquela presente no sobrenome dos pais" (STJ-3ª T., REsp 1.323.677, Min. Nancy Andrighi, j. 5.2.13, RJ 424/137).

Art. 54: 5a. "É admissível a alteração no registro de nascimento do filho para a averbação do nome de sua mãe que, após a separação judicial, voltou a usar o nome de solteira; para tanto, devem ser preenchidos dois requisitos: (i) justo motivo; (ii) inexistência de prejuízos para terceiros" (STJ-3ª T., REsp 1.069.864, Min. Nancy Andrighi, j. 18.12.08, DJ 3.2.09). No mesmo sentido: STJ-RBDFS 19/131 e RJ 396/135 (4ª T., REsp 1.123.141), RT 896/214 (TJSP, AP 994.09.287574-5).

Também é possível a alteração do nome da mãe no registro de nascimento do filho no caso de ulterior casamento daquela (STJ-3ª T., REsp 1.328.754, Min. Ricardo Cueva, j. 16.2.16, DJ 23.2.16; RT 900/308: TJMG, AP 1.0058.09.036288-8/001).

Contra: "Os dados constantes no registro civil devem sempre exprimir a verdade real, principalmente aquela existente no momento da lavratura do respectivo assento de nascimento, não sendo possível a retificação do nome da genitora pelo simples fato de esta passar a usar o nome de solteira por ocasião do divórcio, sob pena de afronta aos princípios da contemporaneidade e da verdade real" (RJM 179/67).

Art. 54: 5b. A pendência de processos judiciais não impede a retificação do nome da genitora (RT 901/200: TJSP, AP 990.10.049936-0).

Art. 54: 6. Lei 8.560, de 29.12.92 (no tít. Investigação de paternidade): "**Art. 5º** No registro de nascimento não se fará qualquer referência (...) ao lugar e cartório do casamento dos pais e ao estado civil destes".

Art. 54: 7. A vírgula não é cabível, no caso. Consta, porém, da Lei 6.140, de 28.11.74, e foi reproduzida na retificação da LRP.

Art. 54: 8. v. art. 49, nota 2.

Art. 55 (redação da Lei 14.382, de 27.6.22). Toda pessoa tem direito ao nome, nele compreendidos o prenome e o sobrenome, observado que ao prenome serão acrescidos os sobrenomes dos genitores ou de seus ascendentes, em qualquer ordem e, na hipótese de acréscimo de sobrenome de ascendente que não conste das certidões apresentadas, deverão ser apresentadas as certidões necessárias para comprovar a linha ascendente.

§ 1º (redação da Lei 14.382, de 27.6.22) O oficial de registro civil não registrará prenomes suscetíveis de expor ao ridículo os seus portadores,[1] observado que, quando os genitores não se conformarem com a recusa do oficial, este submeterá por escrito o caso[2] à decisão do juiz competente, independentemente da cobrança de quaisquer emolumentos.

§ 2º (redação da Lei 14.382, de 27.6.22) Quando o declarante não indicar o nome completo, o oficial de registro lançará adiante do prenome escolhido ao menos um sobrenome de cada um dos genitores, na ordem que julgar mais conveniente para evitar homonímias.

§ 3º (redação da Lei 14.382, de 27.6.22) O oficial de registro orientará os pais acerca da conveniência de acrescer sobrenomes, a fim de se evitar prejuízos à pessoa em razão da homonímia.

§ 4º (redação da Lei 14.382, de 27.6.22) Em até 15 (quinze) dias após o registro, qualquer dos genitores poderá apresentar, perante o registro civil onde foi lavrado o assento de nascimento, oposição fundamentada ao prenome e sobrenomes indicados pelo declarante, observado que, se houver manifestação consensual dos genitores, será realizado o procedimento de retificação administrativa do registro, mas, se não houver consenso, a oposição será encaminhada ao juiz competente para decisão.

Art. 55: 1. v. art. 56.

Art. 55: 2. sob a forma de dúvida (v. arts. 198 a 204 e 207 c/c 293).

Art. 56 (redação da Lei 14.382, de 27.6.22). A pessoa registrada poderá, após ter atingido a maioridade civil, requerer pessoalmente e imotivadamente a alteração de seu prenome, independentemente de decisão judicial, e a alteração será averbada e publicada em meio eletrônico.[1-2]

§ 1º (redação da Lei 14.382, de 27.6.22) A alteração imotivada de prenome poderá ser feita na via extrajudicial apenas 1 (uma) vez, e sua desconstituição dependerá de sentença judicial.

§ 2º (redação da Lei 14.382, de 27.6.22) A averbação de alteração de prenome conterá, obrigatoriamente, o prenome anterior, os números de documento de identidade, de inscrição no Cadastro de Pessoas Físicas (CPF) da Secretaria Especial da Receita Federal do Brasil, de passaporte e de título de eleitor do registrado, dados esses que deverão constar expressamente de todas as certidões solicitadas.

§ 3º (redação da Lei 14.382, de 27.6.22) Finalizado o procedimento de alteração no assento, o ofício de registro civil de pessoas naturais no qual se processou a alteração, a expensas do requerente, comunicará o ato oficialmente aos órgãos expedidores do documento de identidade, do CPF e do passaporte, bem como ao Tribunal Superior Eleitoral, preferencialmente por meio eletrônico.

§ 4º *(redação da Lei 14.382, de 27.6.22)* Se suspeitar de fraude, falsidade, má-fé, vício de vontade ou simulação quanto à real intenção da pessoa requerente, o oficial de registro civil fundamentadamente recusará a retificação.

Art. 56: 1. s/ hipóteses de alteração de prenome ou de sobrenome, v. art. 57 e notas. V., ainda, art. 58, nota 1b.

Art. 56: 2. "A jurisprudência tem flexibilizado a regra temporal prevista no art. 56 da Lei 6.015/73, admitindo que menores, devidamente assistidos por seus pais, possam postular retificação no registro civil, desde que se verifique o justo motivo" (STJ-3ª T., REsp 777.088, Min. Sidnei Beneti, j. 21.2.08, DJU 10.3.08). No mesmo sentido: STJ-4ª T., REsp 345.456, Min. Aldir Passarinho Jr., j. 27.11.01, DJU 22.4.02.

Art. 57 *(redação da Lei 14.382, de 27.6.22)*. A alteração posterior de sobrenomes poderá ser requerida pessoalmente perante o oficial de registro civil, com a apresentação de certidões e de documentos necessários, e será averbada nos assentos de nascimento e casamento, independentemente de autorização judicial, a fim de:[1-1a]

I *(redação da Lei 14.382, de 27.6.22)* — inclusão de sobrenomes familiares;

II *(redação da Lei 14.382, de 27.6.22)* — inclusão ou exclusão de sobrenome do cônjuge, na constância do casamento;

III *(redação da Lei 14.382, de 27.6.22)* — exclusão de sobrenome do ex-cônjuge, após a dissolução da sociedade conjugal, por qualquer de suas causas;

IV *(redação da Lei 14.382, de 27.6.22)* — inclusão e exclusão de sobrenomes em razão de alteração das relações de filiação, inclusive para os descendentes, cônjuge ou companheiro da pessoa que teve seu estado alterado.

§ 1º Poderá, também, ser averbado, nos mesmos termos, o nome abreviado, usado como firma comercial registrada ou em qualquer atividade profissional.

§ 2º *(redação da Lei 14.382, de 27.6.22)* Os conviventes em união estável devidamente registrada no registro civil de pessoas naturais poderão requerer a inclusão de sobrenome de seu companheiro, a qualquer tempo, bem como alterar seus sobrenomes nas mesmas hipóteses previstas para as pessoas casadas.

§ 3º *(revogado pela Lei 14.382, de 27.6.22)*.

§ 3º-A *(redação da Lei 14.382, de 27.6.22)*. O retorno ao nome de solteiro ou de solteira do companheiro ou da companheira será realizado por meio da averbação da extinção de união estável em seu registro.

§ 4º *(revogado pela Lei 14.382, de 27.6.22)*.

§ 5º *(revogado pela Lei 14.382, de 27.6.22)*.

§ 6º *(revogado pela Lei 14.382, de 27.6.22)*.

§ 7º *(acrescido pela Lei 9.807, de 13.7.99)* Quando a alteração de nome for concedida em razão de fundada coação ou ameaça decorrente de colaboração com a apuração de crime, o juiz competente determinará que haja a averbação no registro de origem de menção da existência de sentença concessiva da alteração, sem a averbação do nome alterado, que somente poderá ser procedida mediante determinação posterior, que levará em consideração a cessação da coação ou ameaça que deu causa à alteração.

§ 8º *(redação da Lei 14.382, de 27.6.22)* O enteado ou a enteada, se houver motivo justificável, poderá requerer ao oficial de registro civil que, nos registros de nascimento e de casamento, seja averbado o nome de família de seu padrasto ou de sua madrasta, desde que haja expressa concordância destes, sem prejuízo de seus sobrenomes de família.[2]

Art. 57: 1. s/ direito ao nome, v. CC 16 a 19; acréscimo de sobrenome do marido ou da mulher, v. CC 1.565 § 1º e notas.

Art. 57: 1a. A jurisprudência tem **autorizado alterações no nome** para:

— exclusão do sobrenome paterno, pois, "além do abandono pelo pai, o autor sempre foi conhecido por outro patronímico" (STJ-4ª T., REsp 66.643, Min. Sálvio de Figueiredo, j. 21.10.97, DJU 9.12.97). No mesmo sentido: RJTJERGS 252/236, RBDFS 5/145 (TJPR, AP 400.884-4); RT 918/1.187 e RJ-Lex 54/304 (TJSC, AP 2008.010577-5). Autorizando a exclusão de um dos sobrenomes paternos: RT 873/292 (TJPR, AP 447.779-8);

— "excluir patronímicos que não fazem parte do grupo familiar, para manter apenas os apelidos obrigatórios concernentes à sua família" (RT 887/287: TJGO, AP 137482-4/188). "A supressão de dois termos que não se confundem com os apelidos de família, e tampouco com o prenome (*stricto sensu*), não tem o condão de vulnerar a segurança e estabilidade das relações cíveis, mormente quando o autor é menor impúbere" (STJ-3ª T., REsp 1.673.048, Min. Nancy Andrighi, j. 8.8.17, DJ 25.8.17);

— incluir o patronímico materno, "uma vez que não configura mudança de nome. A exclusão do agnome que se reporta ao nome do avô paterno é consectário natural da inclusão do sobrenome da mãe" (RJTJERGS 248/173). **Porém**, vetando a exclusão do agnome "Filho" e a inclusão do sobrenome materno: STJ-4ª T., REsp 1.731.091, Min. Luis Felipe, j. 14.12.21, DJ 17.2.22;

— a inclusão do sobrenome paterno e a exclusão do agnome *bisneto* (STJ-3ª T., REsp 1.104.743, Min. Ricardo Cueva, j. 22.5.14, DJ 5.6.14);

— acréscimos e inversão no sobrenome, em razão da inclusão de sobrenome paterno (STJ-3ª T., REsp 1.323.677, Min. Nancy Andrighi, j. 5.2.13, RJ 424/137) ou do ulterior reconhecimento da paternidade (RT 864/333, maioria);

— retificações na grafia do nome dos ascendentes, para viabilizar a obtenção de cidadania estrangeira (RT 840/248). "Nome civil. Retificação do patronímico. Erro de grafia. Pretensão de obtenção de dupla cidadania. Possibilidade. Desnecessidade da presença em juízo de todos os integrantes da família" (STJ-4ª T., REsp 1.138.103, Min. Luis Felipe, j. 6.9.11, DJ 29.9.11). V. tb. art. 109, nota 1a;

— "Nome civil. Retificação. Dupla cidadania. Adequação do nome brasileiro ao italiano. Alteração do sobrenome intermediário. Justa causa. Princípio da simetria. Razoabilidade do requerimento" (STJ-3ª T., REsp 1.310.088, Min. Paulo Sanseverino, j. 17.5.16, maioria, DJ 19.8.16). Do voto do relator: "Se para postular o requerimento à dupla cidadania, esta Corte Superior flexibiliza a regra de imutabilidade, com mais razão deve-se admitir a possibilidade dessa flexibilização para aquele que já a obteve e, agora, pretende a uniformização e simetria de seus assentos".

Todavia, há notícia de acórdãos que **não permitiram alterações** no nome para:

— "duplicação de consoante inserta no apelido de família": "O sobrenome, o apelido de família ou patronímico, enquanto elemento do nome, transcende o indivíduo, dirigindo-se, precipuamente, ao grupo familiar, de modo que a admissão de alterações/modificações deve estar pautada pelas hipóteses legais, via de regra, decorrente da alteração de estado (adoção, casamento, divórcio), ou, excepcionalmente, em havendo justo motivo, preceituado no artigo 57 da Lei 6.015/73. Tratando-se, portanto, de característica exterior de qualificação familiar, afasta-se a possibilidade de livre disposição, por um de seus integrantes, a fim de satisfazer interesse exclusivamente estético e pessoal de modificação do patronímico" (STJ-4ª T., REsp 1.729.402, Min. Marco Buzzi, j. 14.12.21, maioria, DJ 1.2.22);

— exclusão do sobrenome Pinto (RT 866/194, maioria). No caso, tratava-se de criança que dizia ser alvo de chacota na escola e que se propunha a manter a outra parcela do sobrenome paterno. Consta do acórdão que o sobrenome não exporia a pessoa ao ridículo, em razão de sua origem, tradição e respeito, e que sua exclusão traria prejuízo à ancestralidade. Já para o voto vencido, o pedido de exclusão era acolhido, em razão da sua razoabilidade e da pouca maturidade dos colegas da criança. Em sentido semelhante: RT 939/545 (TJSP, AP 0028966-35.2012.8.26.0007). **Porém**, autorizando a exclusão do sobrenome Pinto: RJ-Lex 56/338 (TJSP, AP 9170085-22.2007.8.26.0000);

— "exclusão do patronímico paterno por razões de ordem religiosa — especialmente se a supressão pretendida prejudica o apelido familiar, tornando impossível a identificação do indivíduo com seus ascendentes paternos" (STJ-3ª T., REsp 1.189.158, Min. Nancy Andrighi, j. 14.12.10, DJ 11.2.11);

— novo pedido de retificação, em contraposição ao primeiro: "Uma vez que foram os próprios recorrentes, na ação anterior, que pediram a alteração de seus nomes, com o objetivo de obter a nacionalidade portuguesa e tiveram seu pedido atendido na integralidade, não podem, agora, simplesmente pretender o restabelecimento do *statu quo ante*, alegando que houve equívoco no pedido e que os custos de alteração de todos os seus documentos são muito elevados. Ainda que a ação de retificação de registro civil se trate de um procedimento de jurisdição voluntária, em que não há lide, partes e formação da coisa julgada material, permitir sucessivas alterações nos registros públicos, de acordo com a conveniência das partes, implica grave insegurança. Se naquele primeiro momento, a alteração do nome dos recorrentes — leia-se: a supressão da partícula 'DE' e inclusão da partícula 'DOS' — não representou qualquer ameaça ou mácula aos seus direitos de personalidade, ou prejuízo à sua individualidade e autodeterminação, tanto que o requereram expressamente, agora, também não se vislumbra esse risco" (STJ-3ª T., REsp 1.412.260, Min. Nancy Andrighi, j. 15.5.14, DJ 22.5.14).

S/ homologação de sentença estrangeira que dispõe sobre alteração no nome, v., no CPCLPV, CPC 963, nota 9.

Art. 57: 2. Autorizando a inclusão do sobrenome do padrasto no nome da requerente, pelo "fato de a pessoa ter sido criada desde tenra idade pelo padrasto, querendo por isso se apresentar com o mesmo nome usado pela mãe e pelo marido dela": STJ-2ª Seção, REsp 220.059, Min. Ruy Rosado, j. 22.11.00, um voto vencido, DJU 12.2.01. Mais recentemente, autorizando a inclusão do sobrenome das pessoas que criaram a requerente, considerados por esta como seus verdadeiros pais: STJ-3ª T., REsp 605.708, Min. Castro Filho, j. 16.8.07, DJ 5.8.08. No mesmo sentido: RBDF 28/118.

Art. 58 (*redação da Lei 9.708, de 18.11.98*). O prenome será definitivo, admitindo-se, todavia, a sua substituição por apelidos públicos notórios.[1 a 2]

Parágrafo único (*redação da Lei 9.807, de 13.7.99*). A substituição do prenome será ainda admitida em razão de fundada coação ou ameaça decorrente da colaboração com a apuração de crime, por determinação, em sentença, de juiz competente, ouvido o Ministério Público.

Art. 58: 1. Redação do art. 58 de acordo com a Lei 9.708, de 18.11.98.

Art. 58: 1a. s/ alteração de prenome, v. arts. 56 e 57, nota 1a. V. tb. ECA 47 § 5º (em caso de adoção, a pedido do adotante); art. 109, nota 1b (em caso de transgenitalização); Lei 13.445, de 24.5.17, art. 71 §§ 1º e 2º (em caso de naturalização).

Art. 58: 1b. "A utilização de pseudônimo artístico não induz a notoriedade exigida pelo art. 58 da Lei 6.015/73 para viabilizar a alteração do prenome da requerente, quando inexistir provas de que é publicamente conhecida pelo nome utilizado no exercício da profissão, mormente se seu nome não revela qualquer conteúdo vexatório de forma a permitir o abrandamento do princípio da imutabilidade do nome. Ademais, a requerente possui protestos lavrados contra a sua pessoa, e o deferimento de seu pedido poderia causar prejuízos aos seus credores" (RT 846/286; ementa da redação).

Art. 58: 2. Dec. 85.708, de 10.2.81 — Simplifica, no âmbito da administração federal, a comprovação de homonímia (Lex 1981/46, RF 273/368, Bol. AASP 1.157/3).

Art. 59. Quando se tratar de filho ilegítimo, não será declarado o nome do pai sem que este expressamente o autorize e compareça, por si ou por procurador especial, para, reconhecendo-o, assinar, ou não sabendo ou não podendo, mandar assinar a seu rogo o respectivo assento com duas testemunhas.

Art. 60. O registro conterá o nome do pai ou da mãe, ainda que ilegítimos, quando qualquer deles for o declarante.

Art. 61. Tratando-se de exposto, o registro será feito de acordo com as declarações que os estabelecimentos de caridade, as autoridades ou os particulares comunicarem ao oficial competente, nos prazos mencionados no art. 50, a partir do achado ou entrega, sob a pena do art. 46, apresentando ao oficial, salvo motivo de força maior comprovada, o exposto e os objetos a que se refere o parágrafo único deste artigo.

Parágrafo único. Declarar-se-á o dia, mês e ano, lugar em que foi exposto, a hora em que foi encontrado e a sua idade aparente. Nesse caso, o envoltório, roupas e quaisquer outros objetos e sinais que trouxer a criança e que possam a todo o tempo fazê-la reconhecer, serão numerados, alistados e fechados em caixa lacrada e selada, com o seguinte rótulo: "Pertence ao exposto tal, assento de fls. ... do livro ..." e remetidos imediatamente, com uma guia em duplicata, ao juiz, para serem recolhidos a lugar seguro. Recebida e arquivada a duplicata com o competente recibo do depósito, far-se-á à margem do assento a correspondente anotação.

Art. 62. O registro do nascimento do menor abandonado, sob jurisdição do Juiz de Menores, poderá fazer-se por iniciativa deste, à vista dos elementos de que dispuser e com observância, no que for aplicável, do que preceitua o artigo anterior.[1-2]

Art. 62: 1. v. ECA 102.
Art. 62: 2. A disposição supra substitui o art. 1º do **Dec. 7.270, de 29.5.41** (RT 132/829, Lex 1941/278, RF 87/557).

Art. 63. No caso de gêmeos, será declarada no assento especial de cada um a ordem de nascimento. Os gêmeos que tiverem o prenome igual deverão ser inscritos com duplo prenome ou nome completo diverso, de modo que possam distinguir-se.
Parágrafo único. Também serão obrigados a duplo prenome, ou a nome completo diverso, os irmãos a que se pretender dar o mesmo prenome.

Art. 64. Os assentos de nascimentos em navio brasileiro mercante ou de guerra serão lavrados, logo que o fato se verificar, pelo modo estabelecido na legislação da marinha, devendo, porém, observar-se as disposições da presente lei.[1]

Art. 64: 1. v. art. 51.

Art. 65. No primeiro porto a que se chegar, o comandante depositará imediatamente, na capitania do porto, ou em sua falta, na estação fiscal, ou ainda, no consulado, em se tratando de porto estrangeiro, duas cópias autenticadas dos assentos, referidos no artigo anterior, uma das quais será remetida, por intermédio do Ministério da Justiça, ao oficial do registro,[1] para o registro no lugar de residência dos pais ou, se não for possível descobri-lo, no 1º Ofício do Distrito Federal. Uma terceira cópia será entregue pelo comandante ao interessado que, após conferência na capitania do porto, por ela poderá, também, promover o registro no cartório competente.
Parágrafo único. Os nascimentos ocorridos a bordo de quaisquer aeronaves, ou de navio estrangeiro, poderão ser dados a registro pelos pais brasileiros no cartório ou consulado do local de desembarque.

Art. 65: 1. Com vírgula, no texto primitivo da Lei 6.015; a republicação corrigida omitiu a vírgula.

Art. 66. Pode ser tomado assento de nascimento do filho de militar ou assemelhado em livro criado pela administração militar mediante declaração feita pelo interessado ou remetida pelo comandante da unidade, quando em campanha. Esse assento será publicado em boletim da unidade e, logo que possível, trasladado por cópia autenticada, *ex officio* ou a requerimento do interessado, para o cartório de registro civil a que competir ou para o do 1º Ofício do Distrito Federal, quando não puder ser conhecida a residência do pai.
Parágrafo único. A providência de que trata este artigo será extensiva ao assento de nascimento de filho de civil, quando, em consequência de operações de guerra, não funcionarem os cartórios locais.

Capítulo V | DA HABILITAÇÃO PARA O CASAMENTO

Art. 67. Na habilitação para o casamento, os interessados, apresentando os documentos exigidos pela lei civil,[1] requererão ao oficial do registro do distrito de residência de um dos nubentes, que lhes expeça certidão de que se acham habilitados para se casarem.

§ 1º (redação da Lei 14.382, de 27.6.22) Se estiver em ordem a documentação, o oficial de registro dará publicidade, em meio eletrônico, à habilitação e extrairá, no prazo de até 5 (cinco) dias, o certificado de habilitação, podendo os nubentes contrair matrimônio perante qualquer serventia de registro civil de pessoas naturais, de sua livre escolha, observado o prazo de eficácia do art. 1.532 da Lei n. 10.406, de 10 de janeiro de 2002 (Código Civil).

§ 2º (revogado pela Lei 14.382, de 27.6.22).

§ 3º (revogado pela Lei 14.382, de 27.6.22).

§ 4º (revogado pela Lei 14.382, de 27.6.22).

§ 4º-A (redação da Lei 14.382, de 27.6.22). A identificação das partes e a apresentação dos documentos exigidos pela lei civil para fins de habilitação poderão ser realizadas eletronicamente mediante recepção e comprovação da autoria e da integridade dos documentos.

§ 5º (redação da Lei 14.382, de 27.6.22) Se houver impedimento ou arguição de causa suspensiva, o oficial de registro dará ciência do fato aos nubentes, para que indiquem, em 24 (vinte e quatro) horas, prova que pretendam produzir, e remeterá os autos a juízo, e, produzidas as provas pelo oponente e pelos nubentes, no prazo de 3 (três) dias, com ciência do Ministério Público, e ouvidos os interessados e o órgão do Ministério Público em 5 (cinco) dias, decidirá o juiz em igual prazo.

§ 6º (redação da Lei 14.382, de 27.6.22) Quando a celebração do casamento ocorrer perante oficial de registro civil de pessoas naturais diverso daquele da habilitação, deverá ser comunicado o oficial de registro em que foi realizada a habilitação, por meio eletrônico, para a devida anotação no procedimento de habilitação.

§ 7º (redação da Lei 14.382, de 27.6.22) Expedido o certificado de habilitação, celebrar-se-á o casamento, no dia, hora e lugar solicitados pelos nubentes e designados pelo oficial de registro.

§ 8º (redação da Lei 14.382, de 27.6.22) A celebração do casamento poderá ser realizada, a requerimento dos nubentes, em meio eletrônico, por sistema de videoconferência em que se possa verificar a livre manifestação da vontade dos contraentes.

Art. 67: 1. v. CC 1.525 a 1.532.

Art. 68. Se o interessado quiser justificar fato necessário à habilitação para o casamento, deduzirá sua intenção perante o juiz competente, em petição circunstanciada, indicando testemunhas e apresentando documentos que comprovem as alegações.

§ 1º Ouvidas as testemunhas, se houver, dentro do prazo de cinco dias, com a ciência do órgão do Ministério Público, este terá o prazo de vinte e quatro horas para manifestar-se, decidindo o juiz em igual prazo, sem recurso.

§ 2º Os autos da justificação serão encaminhados ao oficial do registro para serem anexados ao processo da habilitação matrimonial.

Art. 69 (redação da Lei 14.382, de 27.6.22). Para a dispensa da publicação eletrônica dos proclamas, nos casos previstos em lei,[1] os contraentes, em petição dirigida ao oficial de registro, deduzirão os motivos de urgência do casamento, provando o alegado, no prazo de 24 (vinte e quatro) horas, com documentos.

§ 1º (revogado pela Lei 14.382, de 27.6.22).

§ 2º (redação da Lei 14.382, de 27.6.22) O oficial de registro, no prazo de 24 (vinte quatro) horas, com base nas provas apresentadas, poderá dispensar ou não a publicação eletrônica, e caberá recurso da decisão ao juiz corregedor.

Art. 69: 1. v. CC 1.527 § ún.

Capítulo VI | DO CASAMENTO[1]

CAP. VI: 1. CF 226: "§ 1º O casamento é civil e gratuita a celebração".

Art. 70. Do matrimônio, logo depois de celebrado, será lavrado assento,[1] assinado pelo presidente do ato, os cônjuges, as testemunhas e o oficial, sendo exarados:[2]

1º) (redação da Lei 13.484, de 26.9.17) os nomes, prenomes, nacionalidade, naturalidade, data de nascimento, profissão, domicílio e residência atual dos cônjuges;

2º) os nomes, prenomes, nacionalidade, data de nascimento ou de morte, domicílio e residência atual dos pais;

3º) nomes e prenomes do cônjuge precedente e a data da dissolução do casamento anterior, quando for o caso;

4º) a data da publicação dos proclamas e da celebração do casamento;

5º) a relação dos documentos apresentados ao oficial do registro;[3]

6º) os nomes, prenomes, nacionalidade, profissão, domicílio e residência atual das testemunhas;

7º) o regime de casamento, com declaração da data e do cartório em cujas notas foi tomada a escritura antenupcial, quando o regime não for o da comunhão[4] ou o legal que, sendo conhecido, será declarado expressamente;

8º) o nome que passa a ter a mulher,[5] em virtude do casamento;

9º) os nomes e as idades dos filhos havidos de matrimônio anterior ou legitimados pelo casamento;[6]

10) à margem do termo, a impressão digital do contraente que não souber assinar o nome.

Parágrafo único. As testemunhas serão pelo menos, duas, não dispondo a lei de modo diverso.[7]

Art. 70: 1. v. **Dec. lei 659, de 30.6.69** — Aprova a Convenção das Nações Unidas sobre consentimento para casamento, idade mínima para casamento e registro de casamento (Lex 1969/925).

Anotações no assento de casamento: de óbito, mudança de nome da mulher casada, emancipação, interdição, ausência (art. 107-caput e § 1º).

Novo assento: art. 109 § 4º.

Retificação, restauração ou suprimento de assento: arts. 109 a 113.

Art. 70: 2. v. CC 1.536.

Art. 70: 3. v. CC 1.536-V.

Art. 70: 4. Deve ser lido: "quando o regime não for o da comunhão parcial", em face do CC 1.536-VII.

Art. 70: 5. ou o marido (v. CC 1.565 § 1º).

Art. 70: 6. Esta disposição se tornou inútil, à vista do disposto no art. 227 § 6º da CF. Nada impede, porém, que os nubentes declarem, no assento de casamento, a existência de filhos comuns.

Art. 70: 7. v. art. 76-caput.

Art. 70-A (*incluído pela Lei 14.382, de 27.6.22*). A conversão da união estável em casamento deverá ser requerida pelos companheiros perante o oficial de registro civil de pessoas naturais de sua residência.

§ 1º Recebido o requerimento, será iniciado o processo de habilitação sob o mesmo rito previsto para o casamento, e deverá constar dos proclamas que se trata de conversão de união estável em casamento.

§ 2º Em caso de requerimento de conversão de união estável por mandato, a procuração deverá ser pública e com prazo máximo de 30 (trinta) dias.

§ 3º Se estiver em termos o pedido, será lavrado o assento da conversão da união estável em casamento, independentemente de autorização judicial, prescindindo o ato da celebração do matrimônio.

§ 4º O assento da conversão da união estável em casamento será lavrado no Livro B, sem a indicação da data e das testemunhas da celebração, do nome do presidente do ato e das assinaturas dos companheiros e das testemunhas, anotando-se no respectivo termo que se trata de conversão de união estável em casamento.

§ 5º A conversão da união estável dependerá da superação dos impedimentos legais para o casamento, sujeitando-se à adoção do regime patrimonial de bens, na forma dos preceitos da lei civil.

§ 6º Não constará do assento de casamento convertido a partir da união estável a data do início ou o período de duração desta, salvo no caso de prévio procedimento de certificação eletrônica de união estável realizado perante oficial de registro civil.

§ 7º Se estiver em termos o pedido, o falecimento da parte no curso do processo de habilitação não impedirá a lavratura do assento de conversão de união estável em casamento.

Capítulo VII | DO REGISTRO DO CASAMENTO RELIGIOSO PARA EFEITOS CIVIS

Art. 71. Os nubentes habilitados para o casamento poderão pedir ao oficial que lhes forneça a respectiva certidão, para se casarem perante autoridade ou ministro religioso, nela mencionando o prazo legal de validade da habilitação.

Art. 72. O termo ou assento do casamento religioso,[1] subscrito pela autoridade ou ministro que o celebrar, pelos nubentes e por duas testemunhas, conterá os requisitos do art. 70, exceto o 5º.

Art. 72: 1. v. CC 1.515 e 1.516.

Art. 73. No prazo de trinta dias a contar da realização, o celebrante ou qualquer interessado poderá, apresentando o assento ou termo de casamento religioso, requerer-lhe o registro[1] ao oficial do cartório que expediu a certidão.

§ 1º O assento ou termo conterá a data da celebração, o lugar, o culto religioso, o nome do celebrante, sua qualidade, o cartório que expediu a habilitação, sua data, os nomes, profissões, residências, nacionalidades das testemunhas que o assinarem e os nomes dos contraentes.

§ 2º Anotada a entrada do requerimento, o oficial fará o registro no prazo de 24 (vinte e quatro) horas.

§ 3º A autoridade ou ministro celebrante arquivará a certidão de habilitação que lhe foi apresentada, devendo, nela, anotar a data da celebração do casamento.

Art. 73: 1. em livro especial (v. art. 33-III).

Art. 74. O casamento religioso, celebrado sem a prévia habilitação perante o oficial de registro público, poderá ser registrado desde que apresentados pelos nubentes, com o requerimento de registro, a prova do ato religioso e os documentos exigidos pelo Código Civil, suprindo eles eventual falta de requisitos no termo da celebração.

Parágrafo único. Processada a habilitação com a publicação dos editais e certificada a inexistência de impedimentos, o oficial fará o registro do casamento religioso, de acordo com a prova do ato e os dados constantes do processo, observado o disposto no art. 70.

Art. 75. O registro produzirá efeitos jurídicos a contar da celebração do casamento.[1]

Parágrafo único (*acrescido pela Lei 13.846, de 18.6.19*). O oficial de registro civil comunicará o registro ao Ministério da Economia e ao INSS pelo Sistema Nacional de Informações de Registro Civil (Sirc) ou por outro meio que venha a substituí-lo.

Art. 75: 1. CF 226: "§ 2º O casamento religioso tem efeito civil, nos termos da lei".

Capítulo VIII | DO CASAMENTO EM IMINENTE RISCO DE VIDA[1]

CAP. VIII: 1. v. CC 1.540 e 1.541.

Art. 76. Ocorrendo iminente risco de vida de algum dos contraentes, e não sendo possível a presença da autoridade competente para presidir o ato, o casamento poderá realizar-se na presença de seis testemunhas, que comparecerão, dentro de cinco dias, perante a autoridade judiciária mais próxima, a fim de que sejam reduzidas a termo suas declarações.

§ 1º Não comparecendo as testemunhas, espontaneamente, poderá qualquer interessado requerer a sua intimação.

§ 2º Autuadas as declarações e encaminhadas à autoridade judiciária competente, se outra for a que as tomou por termo, será ouvido o órgão do Ministério Público e se realizarão as diligências necessárias para verificar a inexistência de impedimento para o casamento.

§ 3º Ouvidos dentro em[1] 5 (cinco) dias[1a] os interessados que o requererem e o órgão do Ministério Público, o juiz decidirá em igual prazo.

§ 4º Da decisão caberá apelação com ambos os efeitos.[2]

§ 5º Transitada em julgado a sentença, o juiz mandará registrá-la no Livro de Casamento.[3]

Art. 76: 1. "Dentro em", no texto da Lei 6.015; "dentro de", na republicação desta, já com as modificações posteriores, no DOU 16.9.75, supl.

Art. 76: 1a. v., porém, CC 1.541 § 1º, que determina prazo de **quinze** dias.

Art. 76: 2. v. CPC 1.009 e segs.
Art. 76: 3. v. art. 33-II.

Capítulo IX | DO ÓBITO[1]

CAP. IX: 1. v. CC 9º-I.

A certidão de óbito é gratuita (CF 5º-LXXVI-b).
O óbito deve ser anotado nos assentos de nascimento e casamento (art. 107-caput).

Art. 77 (redação da Lei 13.484, de 26.9.17). Nenhum sepultamento será feito sem certidão do oficial de registro do lugar do falecimento ou do lugar de residência do *de cujus*, quando o falecimento ocorrer em local diverso do seu domicílio, extraída após a lavratura do assento de óbito, em vista do atestado de médico, se houver no lugar, ou em caso contrário, de duas pessoas qualificadas que tiverem presenciado ou verificado a morte.[1]

§ 1º Antes de proceder ao assento de óbito de criança de menos de 1 (um) ano, o oficial verificará se houve registro de nascimento, que, em caso de falta, será previamente feito.

§ 2º A cremação de cadáver somente será feita daquele que houver manifestado a vontade de ser incinerado ou no interesse da saúde pública e se o atestado de óbito houver sido firmado por 2 (dois) médicos ou por 1 (um) médico-legista e, no caso de morte violenta, depois de autorizada pela autoridade judiciária.

Art. 77: 1. v. art. 83, que abre exceção à regra do art. 77-caput.

Art. 78. Na impossibilidade de ser feito o registro dentro de 24 (vinte e quatro) horas do falecimento, pela distância ou qualquer outro motivo relevante, o assento será lavrado depois, com a maior urgência, e dentro dos prazos fixados no art. 50.

Art. 79. São obrigados a fazer declaração de óbitos:

1º) o chefe de família, a respeito de sua mulher, filhos, hóspedes, agregados e fâmulos;

2º) a viúva, a respeito de seu marido, e de cada uma das pessoas indicadas no número antecedente;

3º) o filho, a respeito do pai ou da mãe; o irmão, a respeito dos irmãos, e demais pessoas de casa, indicadas no n. 1; o parente mais próximo maior e presente;

4º) o administrador, diretor ou gerente de qualquer estabelecimento público ou particular, a respeito dos que nele faleceram, salvo se estiver presente algum parente em grau acima indicado;

5º) na falta de pessoa competente, nos termos dos números anteriores, a que tiver assistido aos últimos momentos do finado, o médico, o sacerdote ou vizinho que do falecimento tiver notícia;

6º) a autoridade policial, a respeito de pessoas encontradas mortas.

Parágrafo único. A declaração poderá ser feita por meio de preposto, autorizando-o o declarante em escrito de que constem os elementos necessários ao assento de óbito.

Art. 80. O assento de óbito[1-2] deverá conter:

1º) a hora, se possível, dia, mês e ano do falecimento;

2º) o lugar do falecimento, com indicação precisa;

3º) o prenome, nome, sexo, idade, cor, estado civil, profissão, naturalidade, domicílio e residência do morto;

4º) se era casado, o nome do cônjuge sobrevivente, mesmo quando desquitado;[3 a 5] se viúvo, o do cônjuge pré-defunto; e o cartório de casamento em ambos os casos;

5º) os nomes, prenomes, profissão, naturalidade e residência dos pais;

6º) se faleceu com testamento conhecido;

7º) se deixou filhos, nome e idade de cada um;

8º) se a morte foi natural ou violenta e a causa conhecida, com o nome dos atestantes;

9º) o lugar do sepultamento;

10) se deixou bens e herdeiros menores ou interditos;

11) se era eleitor;

12) (*redação da Med. Prov. 2.187-13, de 24.8.01*) pelo menos uma das informações a seguir arroladas: número de inscrição do PIS/PASEP; número de inscrição no Instituto Nacional do Seguro Social — INSS, se contribuinte individual; número de benefício previdenciário — NB, se a pessoa falecida for titular de qualquer benefício pago pelo INSS; número do CPF; número de registro da Carteira de Identidade e respectivo órgão emissor; número do título de eleitor; número do registro de nascimento, com informação do livro, da folha e do termo; número e série da Carteira de Trabalho.

Parágrafo único (*redação da Lei 13.114, de 16.4.15*). O oficial de registro civil comunicará o óbito à Receita Federal e à Secretaria de Segurança Pública da unidade da Federação que tenha emitido a cédula de identidade, exceto se, em razão da idade do falecido, essa informação for manifestamente desnecessária.

Art. 80: 1. Novo assento: art. 109 § 4º; retificação, restauração ou suprimento de assento: arts. 109 a 113.

Art. 80: 2. De acordo com o **Dec. 92.588, de 25.4.86,** os oficiais do registro civil são obrigados a enviar mensalmente ao INSS uma relação contendo os nomes das pessoas cujos assentos de óbito foram lavrados em seu cartório.

Igual determinação foi feita pela LPB 68 (atualmente, com redação alterada pela Lei 8.870, de 15.4.94, em Lex 1994/618, RF 326/353, RT 702/452, Bol. AASP 1.848/supl.) e pelo regulamento da Lei 8.870, o **Dec. 1.197, de 14.7.94** (Lex 1994/979), que em seu art. 7º comina multa de 10.000 UFIRs, ou outra unidade de referência oficial que venha a substituí-la, ao oficial do registro civil que deixar de cumprir essa determinação.

Art. 80: 3. Adotamos, acima, a pontuação da redação primitiva da Lei 6.015.

Art. 80: 4. hoje, separado judicialmente (LDi 39).

V. CC 1.571, nota 2b **(Em. Const. 66, de 13.7.10).**

Art. 80: 5. "Ação de retificação de registro. Certidão de óbito. **União estável.** Reconhecimento. Uma vez declarada a união estável, por meio de sentença judicial transitada em julgado, como na hipótese, há de ser acolhida a pretensão de inscrição deste fato jurídico no Registro Civil de Pessoas Naturais, com as devidas remissões recíprocas aos atos notariais anteriores relacionados aos companheiros. Recurso especial desprovido, ressalvando a necessidade de se acrescentar no campo 'observações/averbações' o período de duração da união estável" (STJ-3ª T., REsp 1.516.599, Min. Nancy Andrighi, j. 21.9.17, DJ 2.10.17).

Art. 81. Sendo o finado desconhecido, o assento deverá conter declaração de estatura ou medida, se for possível, cor, sinais aparentes, idade presumida, vestuário e qualquer outra indicação que possa auxiliar de futuro o seu re-

conhecimento; e, no caso de ter sido encontrado morto, serão mencionados esta circunstância e o lugar em que se achava e o da necropsia, se tiver havido.
Parágrafo único. Neste caso, será extraída a individual dactiloscópica, se no local existir esse serviço.

Art. 82. O assento deverá ser assinado pela pessoa que fizer a comunicação ou por alguém a seu rogo, se não souber ou não puder assinar.

Art. 83. Quando o assento for posterior ao enterro, faltando atestado de médico ou de duas pessoas qualificadas, assinarão, com a que fizer a declaração, duas testemunhas que tiverem assistido ao falecimento ou ao funeral e puderem atestar, por conhecimento próprio ou por informação que tiverem colhido, a identidade do cadáver.

Art. 84. Os assentos de óbitos de pessoas falecidas a bordo de navio brasileiro serão lavrados de acordo com as regras estabelecidas para os nascimentos,[1] no que lhes for aplicável, com as referências constantes do art. 80, salvo se o enterro for no porto, onde será tomado o assento.

Art. 84: 1. v. arts. 64 a 65.

Art. 85. Os óbitos, verificados em campanha, serão registrados em livro próprio, para esse fim designado, nas formações sanitárias e corpos de tropas, pelos oficiais da corporação militar correspondente, autenticado cada assento com a rubrica do respectivo médico chefe, ficando a cargo da unidade que proceder ao sepultamento o registro, nas condições especificadas, dos óbitos que se derem no próprio local de combate.[1]

Art. 85: 1. v. art. 88 § ún.

Art. 86. Os óbitos, a que se refere o artigo anterior, serão publicados em boletim da corporação e registrados no registro civil, mediante relações autenticadas, remetidas ao Ministério da Justiça, contendo os nomes dos mortos, idade, naturalidade, estado civil, designação dos corpos a que pertenciam, lugar da residência ou de mobilização, dia, mês, ano e lugar do falecimento e do sepultamento para, à vista dessas relações, se fazerem os assentamentos de conformidade com o que a respeito está disposto no art. 66.

Art. 87. O assentamento de óbito ocorrido em hospital, prisão ou outro qualquer estabelecimento público será feito, em falta de declaração de parentes, segundo a da respectiva administração, observadas as disposições dos arts. 80 a 83 e o relativo a pessoa encontrada acidental ou violentamente morta, segundo a comunicação, *ex officio*, das autoridades policiais, às quais incumbe fazê-la logo que tenham conhecimento do fato.

Art. 88. Poderão os juízes togados admitir justificação para o assento de óbito de pessoas desaparecidas em naufrágio, inundação, incêndio, terremoto ou qualquer outra catástrofe, quando estiver provada a sua presença no local do desastre e não for possível encontrar-se o cadáver para exame.[1]
Parágrafo único. Será também admitida a justificação no caso de desaparecimento em campanha, provados a impossibilidade de ter sido feito o registro nos termos do art. 85 e os fatos que convençam da ocorrência do óbito.

Art. 88: 1. Confirmando sentença que, "com base na prova oral produzida de pessoas que diretamente testemunharam o fato, reconheceu presumida a morte do filho dos requerentes, desaparecido, sem encontro do cadáver, há mais de dois anos, certamente em afogamento, quando se banhava em uma represa, durante pescaria em companhia de amigos": RT 781/228.

V. CC 7º, nota 1a.

Capítulo X | DA EMANCIPAÇÃO, INTERDIÇÃO E AUSÊNCIA

Art. 89. No cartório do 1º Ofício ou da 1ª subdivisão judiciária de cada comarca serão registrados, em livro especial, as sentenças de emancipação,[1] bem como os atos dos pais[2] que a concederem, em relação aos menores nela domiciliados.

Art. 89: 1. v. CC 9º-II; CPC 725-I.

Art. 89: 2. "dos pais", i. e., do pai e da mãe (CC 5º § ún.-I).

Art. 90. O registro será feito mediante trasladação da sentença oferecida em certidão ou do instrumento, limitando-se, se for de escritura pública, às referências da data, livro, folha e ofício em que for lavrada sem dependência, em qualquer dos casos, da presença de testemunhas, mas com a assinatura do apresentante. Dele sempre constarão:

1º) data do registro e da emancipação;

2º) nome, prenome, idade, filiação, profissão, naturalidade e residência do emancipado; data e cartório em que foi registrado o seu nascimento;

3º) nome, profissão, naturalidade e residência dos pais ou do tutor.

Art. 91. Quando o juiz conceder emancipação,[1] deverá comunicá-la, de ofício, ao oficial de registro, se não constar dos autos haver sido efetuado este dentro de oito dias.

Parágrafo único. Antes do registro, a emancipação, em qualquer caso, não produzirá efeito.

Art. 91: 1. v. ECA 148 § ún.-e.

Art. 92. As interdições[1] serão registradas no mesmo cartório e no mesmo livro de que trata o art. 89, salvo a hipótese prevista na parte final do parágrafo único do art. 33, declarando-se:

1º) data do registro;

2º) nome, prenome, idade, estado civil, profissão, naturalidade, domicílio e residência do interdito, data e cartório em que forem registrados o nascimento e o casamento, bem como o nome do cônjuge, se for casado;

3º) data da sentença, nome e vara do juiz que a proferiu;

4º) nome, profissão, estado civil, domicílio e residência do curador;

5º) nome do requerente da interdição e causa desta;

6º) limites da curadoria,[2] quando for parcial a interdição;

7º) lugar onde está internado o interdito.

Art. 92: 1. v. CC 9º-III e 1.767 e segs., CPC 747 e segs.

Art. 92: 2. v. CC 1.772 e CPC 755.

Art. 93. A comunicação, com os dados necessários, acompanhados de certidão de sentença, será remetida pelo juiz ao cartório, para registro de ofício, se o curador ou promovente não o tiver feito dentro de oito dias.

Parágrafo único. Antes de registrada a sentença, não poderá o curador assinar o respectivo termo.

Art. 94. O registro das sentenças declaratórias de ausência,[1] que nomearem curador, será feito no cartório do domicílio anterior do ausente, com as mesmas cautelas e efeitos do registro de interdição,[2] declarando-se:

1º) data do registro;

2º) nome, idade, estado civil, profissão e domicílio anterior do ausente, data e cartório em que foram registrados o nascimento e o casamento, bem como o nome do cônjuge, se for casado;

3º) tempo de ausência até a data da sentença;

4º) nome do promotor do processo;

5º) data da sentença e nome e vara do juiz que a proferiu;

6º) nome, estado, profissão, domicílio e residência do curador e os limites da curatela.

Art. 94: 1. v. CC 9º-IV e 22 a 25.
Art. 94: 2. v. arts. 92 a 93.

Art. 94-A (*incluído pela Lei 14.382, de 27.6.22*). Os registros das sentenças declaratórias de reconhecimento e dissolução, bem como dos termos declaratórios formalizados perante o oficial de registro civil e das escrituras públicas declaratórias e dos distratos que envolvam união estável, serão feitos no Livro E do registro civil de pessoas naturais em que os companheiros têm ou tiveram sua última residência, e dele deverão constar:

I — data do registro;

II — nome, estado civil, data de nascimento, profissão, CPF e residência dos companheiros;

III — nome dos pais dos companheiros;

IV — data e cartório em que foram registrados os nascimentos das partes, seus casamentos e uniões estáveis anteriores, bem como os óbitos de seus outros cônjuges ou companheiros, quando houver;

V — data da sentença, trânsito em julgado da sentença e vara e nome do juiz que a proferiu, quando for o caso;

VI — data da escritura pública, mencionados o livro, a página e o tabelionato onde foi lavrado o ato;

VII — regime de bens dos companheiros;

VIII — nome que os companheiros passam a ter em virtude da união estável.

§ 1º Não poderá ser promovido o registro, no Livro E, de união estável de pessoas casadas, ainda que separadas de fato, exceto se separadas judicialmente ou extrajudicialmente, ou se a declaração da união estável decorrer de sentença judicial transitada em julgado.

§ 2º As sentenças estrangeiras de reconhecimento de união estável, os termos extrajudiciais, os instrumentos particulares ou escrituras públicas declaratórias de união estável, bem como os respectivos distratos, lavrados no exterior, nos quais ao menos um dos companheiros seja brasileiro, poderão ser levados a registro no Livro E do registro civil de pessoas naturais em que qualquer dos companheiros tem ou tenha tido sua última residência no território nacional.

§ 3º Para fins de registro, as sentenças estrangeiras de reconhecimento de união estável, os termos extrajudiciais, os instrumentos particulares ou escrituras públicas declaratórias de união estável, bem como os respectivos distratos, lavrados no exterior, deverão ser devidamente legalizados ou apostilados e acompanhados de tradução juramentada.

Capítulo XI | DA LEGITIMAÇÃO ADOTIVA[1]

CAP. XI: 1. O ECA extinguiu o instituto da legitimação adotiva, que já havia sido transformado em adoção plena pelo Código de Menores, Lei 6.697, de 10.10.79 (em CCLCV, 9ª ed., p. 486, Lex 1979/786, RF 268/464, Bol. AASP 1.088/supl.), arts. 29 a 37.

Capítulo XII | DA AVERBAÇÃO

Art. 97 (*redação da Lei 13.484, de 26.9.17*). A averbação será feita pelo oficial do cartório em que constar o assento à vista da carta de sentença, de mandado ou de petição acompanhada de certidão ou documento legal e autêntico.

Parágrafo único (*acrescido pela Lei 13.484, de 26.9.17*). Nas hipóteses em que o oficial suspeitar de fraude, falsidade ou má-fé nas declarações ou na documentação apresentada para fins de averbação, não praticará o ato pretendido e submeterá o caso ao representante do Ministério Público para manifestação, com a indicação, por escrito, dos motivos da suspeita.

Art. 98. A averbação será feita à margem do assento e, quando não houver espaço, no livro corrente, com as notas e remissões recíprocas, que facilitem a busca.

Art. 99. A averbação será feita mediante a indicação minuciosa da sentença ou ato que a determinar.

Art. 100. No livro de casamento, será feita averbação da sentença de nulidade e anulação de casamento, bem como de desquite, declarando-se a data em que o juiz a proferiu, a sua conclusão, os nomes das partes e o trânsito em julgado.

§ 1º Antes de averbadas,[1] as sentenças não produzirão efeito contra terceiros.

§ 2º As sentenças de nulidade ou anulação de casamento não serão averbadas enquanto sujeitas a recurso, qualquer que seja o seu efeito.

§ 3º A averbação a que se refere o parágrafo anterior será feita à vista da carta de sentença, subscrita pelo presidente ou outro juiz do Tribunal que julgar a ação em grau de recurso, da qual constem os requisitos mencionados neste artigo e, ainda, certidão de trânsito em julgado do acórdão.

§ 4º O oficial do registro comunicará, dentro de quarenta e oito horas, o lançamento da averbação respectiva ao juiz que houver subscrito a carta de sentença mediante ofício sob registro postal.

§ 5º Ao oficial, que deixar de cumprir as obrigações consignadas nos parágrafos anteriores, será imposta a multa de cinco salários mínimos da região e a suspensão do cargo até seis meses; em caso de reincidência, ser-lhe-á aplicada, em dobro, a pena pecuniária, ficando sujeito à perda do cargo.

Art. 100: 1. De acordo com o texto original da Lei 6.015; na republicação corrigida, está: "Antes de averbação", etc.

Art. 101. Será também averbado, com as mesmas indicações e efeitos, o ato de restabelecimento de sociedade conjugal.[1]

Art. 101: 1. v. art. 29 § 1º-*a* e nota 13; LDi 46.

Art. 102. No livro de nascimento, serão averbados:

1º) as sentenças que julgarem ilegítimos os filhos concebidos na constância do casamento;[1]
2º) as sentenças que declararem legítima a filiação;[2]
3º) as escrituras de adoção e os atos que a dissolverem;[3]
4º) o reconhecimento judicial ou voluntário dos filhos ilegítimos;[4]
5º) a perda de nacionalidade brasileira, quando comunicada pelo Ministério da Justiça;[5]
6º) (*redação da Lei 8.069, de 13.7.90*) a perda e a suspensão do pátrio poder.

Art. 102: 1. v. art. 29 § 1º-*b*; cf. CC 1.601.

Art. 102: 2. v. art. 29 § 1º-*c*.

Art. 102: 3. No caso de adoção de criança ou adolescente, v. ECA 47 § 2º.

Art. 102: 4. v. art. 29 § 1º-*d*.

Art. 102: 5. v. Lei 13.445, de 24.5.17 (Lei de Migração), art. 75.

Art. 103. ....[1]

Art. 103: 1. A CF 227 § 6º-2ª parte tornou inútil a disposição do art. 103 supra, que era deste teor: "Será feita, ainda de ofício, diretamente quando no mesmo cartório, ou por comunicação do oficial que registrar o casamento, a averbação da legitimação dos filhos por subsequente matrimônio dos pais, quando tal circunstância constar do assento de casamento".

V., porém, nota 6 ao art. 70.

Art. 104. No livro de emancipação, interdições e ausências, será feita a averbação das sentenças que puserem termo à interdição, das substituições dos curadores de interditos ou ausentes, das alterações dos limites de curatela, da cessação ou mudança de internação, bem como da cessação de ausência pelo aparecimento do ausente, de acordo com o disposto nos artigos anteriores.

Parágrafo único. Averbar-se-á, também, no assento de ausência, a sentença de abertura de sucessão provisória, após o trânsito em julgado, com referência especial ao testamento do ausente se houver e indicação de seus herdeiros habilitados.

Art. 105. Para a averbação de escritura de adoção de pessoa cujo registro de nascimento haja sido feito fora do país, será trasladado, sem ônus para os interessados, no livro "A" do cartório do 1º Ofício ou da 1ª subdivisão judiciária da comarca em que for domiciliado o adotante, aquele registro, legalmente traduzido, se for o caso, para que se faça à margem dele a competente averbação.

Capítulo XIII | DAS ANOTAÇÕES

Art. 106. Sempre que o oficial fizer algum registro ou averbação, deverá, no prazo de cinco dias, anotá-lo nos atos anteriores, com remissões recíprocas, se lançados em seu cartório, ou fará comunicação, com resumo do assento, ao oficial em cujo cartório estiverem os registros primitivos, obedecendo-se sempre à forma prescrita no art. 98.

Parágrafo único. As comunicações serão feitas mediante cartas relacionadas em protocolo, anotando-se à margem ou sob o ato comunicado o número do protocolo e ficarão arquivadas no cartório que as receber.

Art. 107. O óbito deverá ser anotado, com as remissões recíprocas, nos assentos de casamento[1] e nascimento,[2] e o casamento no deste.

§ 1º A emancipação, a interdição e a ausência serão anotadas pela mesma forma, nos assentos de nascimento e casamento, bem como a mudança do nome da mulher, em virtude de casamento, ou sua dissolução, anulação ou desquite.

§ 2º A dissolução e a anulação do casamento e o restabelecimento da sociedade conjugal serão, também, anotadas nos assentos de nascimento dos cônjuges.

Art. 107: 1. v. art. 70.
Art. 107: 2. v. art. 54.

Art. 108. Os oficiais, além das penas disciplinares em que incorrerem, são responsáveis civil e criminalmente pela omissão ou atraso na remessa de comunicações a outros cartórios.

Capítulo XIV | DAS RETIFICAÇÕES, RESTAURAÇÕES E SUPRIMENTOS

Art. 109. Quem pretender que se restaure, supra ou retifique assentamento no registro civil,[1 a 1d] requererá,[2] em petição fundamentada e instruída com documentos[3] ou com indicação de testemunhas, que o juiz[3a] o ordene, ouvido o órgão do Ministério Público e os interessados, no prazo de cinco dias, que correrá em cartório.[3b]

§ 1º Se qualquer interessado ou o órgão do Ministério Público impugnar o pedido,[3c] o juiz determinará a produção da prova, dentro do prazo de dez dias e ouvidos, sucessivamente, em três dias, os interessados e o órgão do Ministério Público, decidirá em cinco dias.

§ 2º Se não houver impugnação ou necessidade de mais provas, o juiz decidirá no prazo de cinco dias.

§ 3º Da decisão[4] do juiz, caberá o recurso de apelação[5] com ambos os efeitos.

§ 4º Julgado procedente o pedido, o juiz ordenará que se expeça mandado para que seja lavrado, restaurado ou retificado o assentamento, indicando, com precisão, os fatos ou circunstâncias que devam ser retificados, e em que sentido, ou os que devam ser objeto do novo assentamento.

§ 5º Se houver de ser cumprido em jurisdição diversa, o mandado será remetido, por ofício, ao juiz sob cuja jurisdição estiver o cartório do registro civil e, com o seu "cumpra-se", executar-se-á.

§ 6º As retificações serão feitas à margem do registro,⁶ com as indicações necessárias, ou, quando for o caso, com a trasladação do mandado, que ficará arquivado. Se não houver espaço, far-se-á o transporte do assento, com as remissões à margem do registro original.

Art. 109: 1. s/ hipóteses de alteração de prenome ou de sobrenome, v. art. 57 e notas; s/ medidas de proteção à criança e regularização do registro civil, v. ECA 102; s/ averbação de reconhecimento da paternidade, v. LIP 2º § 3º.

Art. 109: 1a. Demonstrado o interesse do requerente, admite-se sua legitimidade para pedir a retificação de registros de seus **ascendentes** (JTJ 200/231).

Todavia: "Ação de retificação de registro civil destinada a modificar o assento de nascimento do bisavô do demandante, a viabilizar a obtenção de cidadania italiana. Extinção do processo sem julgamento de mérito pelas instâncias ordinárias, ante a impropriedade da via eleita. A pretensão encerrada na presente ação de retificação destina-se, na verdade, a desconstituir a filiação de seu ascendente, desiderato que somente pode ser viabilizado por meio da competente ação de estado" (STJ-4ª T., REsp 1.168.757, Min. Marco Buzzi, j. 25.2.14, maioria, RT 946/361).

V. tb. art. 57, nota 1a.

Art. 109: 1b. "A **pessoa transgênero** que comprove sua identidade de gênero dissonante daquela que lhe foi designada ao nascer por autoidentificação firmada em declaração escrita desta sua vontade dispõe do direito fundamental subjetivo à alteração do prenome e da classificação de gênero no registro civil pela via administrativa ou judicial, independentemente de procedimento cirúrgico e laudos de terceiros, por se tratar de tema relativo ao direito fundamental ao livre desenvolvimento da personalidade" (STF-Pleno, ADI 4.275, Min. Edson Fachin, j. 1.3.18, maioria, DJ 7.3.19). Em sentido semelhante: STJ-4ª T., REsp 1.626.739, Min. Luis Felipe, j. 9.5.17, maioria, DJ 1.8.17; STJ-3ª T., REsp 1.561.933, Min. Paulo Sanseverino, j. 20.3.18, DJ 23.4.18; RT 940/690 (TJSP, AP 0082646-81.2011.8.26.0002).

"Impossibilidade de se conceber mudança para nome feminino, sem a consequente alteração do sexo. Princípio constitucional da dignidade da pessoa humana. Adequação das regras jurídicas às necessidades humanas de convivência e coerência. Evitada a exposição ao ridículo e contradição em documento revestido de fé pública" (JTJ 314/318: AP 437.843-4/3-00, maioria, acórdão relatado pelo Des. Caetano Lagrasta). No mesmo sentido: STJ-3ª T., REsp 1.008.398, Min. Nancy Andrighi, j. 15.10.09, DJ 18.11.09 (bem fundamentado); RT 874/111 (TJSP, AP 354.845-4/8-00), 884/283 (TJPA, AP 2007.3.004934-0), JTJ 320/603 (AP 447.868-4/5-00, maioria), 328/544 (AP 354.845-4/8-00), RTDC 34/125 (TJRS, AP 70022952261).

"Direito subjetivo à alteração do nome e da classificação de gênero no assento de nascimento. Essa alteração deve ser averbada à margem no assento de nascimento, sendo vedada a inclusão do termo 'transexual'. Nas certidões do registro não constará nenhuma observação sobre a origem do ato, sendo vedada a expedição de certidão de inteiro teor, salvo a requerimento do próprio interessado ou por determinação judicial. Efetuando-se o procedimento pela via judicial, caberá ao magistrado determinar, de ofício ou a requerimento do interessado, a expedição de mandados específicos para a alteração dos demais registros nos órgãos públicos ou privados pertinentes, os quais deverão preservar o sigilo sobre a origem dos atos" (STF-Pleno, RE 670.422, Min. Dias Toffoli, j. 15.8.18, maioria, DJ 10.3.20). No mesmo sentido, para determinar que a alteração do nome e do sexo seja feita sem menção à correlata decisão judicial e à causa dessa alteração (redesignação sexual de transexual): STJ-3ª T., REsp 1.008.398, Min. Nancy Andrighi, j. 15.10.09, DJ 18.11.09. Ponderando que, "em vistas da dignidade e da privacidade do apelante, não se deve fazer averbação da alteração": RT 884/283 (TJPA, AP 2007.3.004934-0). **Contra,** no sentido de que a retificação do registro deve vir acompanhada de averbação informando que "a modificação do nome e do sexo do recorrido decorreu de decisão judicial": STJ-RJTJERGS 265/37 (3ª T., REsp 678.933). Em sentido semelhante, afirmando que a modificação de nome e sexo "devem ser averbadas em cartório para que se preserve a continuidade do registro civil e os direitos de terceiro": RT 885/249 (TJSP, AP 619.672-4/9). Ainda: STJ-RBDFS 14/116 (4ª T., REsp 737.993; do voto do relator: "tal averbação deve constar apenas do livro de registros, não devendo constar nas certidões do registro público competente nenhuma referência de que a aludida alteração é oriunda de decisão judicial, tampouco que ocorreu por motivo de cirurgia de mudança de sexo, sob pena de manter a exposição do indivíduo a situações constrangedoras e discriminatórias"), JTJ 348/604 (AP 994.09.320417-4, maioria).

S/ transgenitalização, v. CC 13, nota 3.

Art. 109: 1c. "Pedido de retificação de assento de óbito para exclusão dos nomes das requeridas como filhas do falecido. Impossibilidade enquanto não se anular por ação própria os respectivos registros de nascimento, que continuam produzindo os seus efeitos, inclusive para fins sucessórios" (JTJ 316/278: AP 372.072-4/1-00).

"O nome pode ser alterado mesmo depois de esgotado o prazo de um ano, contado da maioridade, desde que presente razão suficiente para excepcionar a regra temporal prevista no art. 56 da Lei 6.015/73, assim reconhecido em sentença (art. 57)" (STJ-2ª Seção, REsp 220.059, Min. Ruy Rosado, j. 22.11.00, um voto vencido, DJU 12.2.01). No caso, permitiu-se a inclusão do sobrenome do padrasto no nome da requerente, pelo "fato de a pessoa ter sido criada desde tenra idade pelo padrasto, querendo por isso se apresentar com o mesmo nome usado pela mãe e pelo marido dela". Mais recentemente, autorizando a inclusão do sobrenome das pessoas que criaram a requerente, considerados por esta como seus verdadeiros pais: STJ-3ª T., REsp 605.708, Min. Castro Filho, j. 16.8.07, DJ 5.8.08. No mesmo sentido: RBDF 28/118.

A jurisprudência tem **autorizado alterações no nome** também para:

— exclusão do sobrenome paterno, pois, "além do abandono pelo pai, o autor sempre foi conhecido por outro patronímico" (STJ-4ª T., REsp 66.643, Min. Sálvio de Figueiredo, j. 21.10.97, DJU 9.12.97). No mesmo sentido: RJTJERGS 252/236, RBDFS 5/145 (TJPR, AP 400.884-4); RT 918/1.187 e RJ-Lex 54/304 (TJSC, AP 2008.010577-5). Autorizando a exclusão de um dos sobrenomes paternos: RT 873/292 (TJPR, AP 447.779-8);

— "excluir patronímicos que não fazem parte do grupo familiar, para manter apenas os apelidos obrigatórios concernentes à sua família" (RT 887/287: TJGO, AP 137482-4/188). "A supressão de dois termos que não se confundem com os apelidos de família, e tampouco com o prenome (*stricto sensu*), não tem o condão de vulnerar a segurança e estabilidade das relações cíveis, mormente quando o autor é menor impúbere" (STJ-3ª T., REsp 1.673.048, Min. Nancy Andrighi, j. 8.8.17, DJ 25.8.17);

— "a exclusão do sobrenome marital, em atenção ao exercício socioprofissional do recorrente" (RT 868/374). V. tb., no CC 1.565, nota 2c;

— a inclusão do sobrenome materno (STJ-3ª T., REsp 1.069.864, Min. Nancy Andrighi, j. 18.12.08, DJ 3.2.09). "A retificação do registro civil para inclusão do patronímico materno é admitida pela lei, uma vez que não configura mudança de nome. A exclusão do agnome que se reporta ao nome do avô paterno é consectário natural da inclusão do sobrenome da mãe" (RJTJERGS 248/173). Porém, vetando a exclusão do agnome "Filho" e a inclusão do sobrenome materno: STJ-4ª T., REsp 1.731.091, Min. Luis Felipe, j. 14.12.21, DJ 17.2.22;

— a inclusão do sobrenome paterno e a exclusão do agnome *bisneto* (STJ-3ª T., REsp 1.104.743, Min. Ricardo Cueva, j. 22.5.14, DJ 5.6.14);

— acréscimos e inversão no sobrenome, em razão da inclusão de sobrenome paterno (STJ-3ª T., REsp 1.323.677, Min. Nancy Andrighi, j. 5.2.13, RJ 424/137) ou do ulterior reconhecimento da paternidade (RT 864/333, maioria);

— exclusão de parcela do prenome (STJ-3ª T., REsp 213.682, rel. Min. Ari Pargendler, j. 5.9.02, não conheceram, v.u., DJU 2.12.02, p. 305). No caso, Francisca Fátima passou a se chamar simplesmente Fátima. V. abaixo caso em que não se permitiu a exclusão do prenome Francisca. Ainda: "O ato do pai que, conscientemente, desrespeita o consenso prévio entre os genitores sobre o nome a ser dado ao filho, acrescendo prenome de forma unilateral por ocasião do registro civil, além de violar os deveres de lealdade e de boa-fé, configura ato ilícito e exercício abusivo do poder familiar, sendo motivação bastante para autorizar a exclusão do prenome indevidamente atribuído à criança" (STJ-3ª T., REsp 1.905.614, Min. Nancy Andrighi, j. 4.5.21, DJ 6.5.21). No caso, Diane Valentina passou a se chamar Valentina;

— acréscimos ao prenome (RT 824/326). No caso, Francisca Nonata passou a se chamar Francisca Nonata Renata;

— alterações no prenome (STJ-RT 836/147: 3ª T.). No caso, Maria Raimunda passou a se chamar Maria Isabela. Em sentido semelhante, autorizando que Raimunda passe a se chamar Danielle: STJ-4ª T., REsp 1.217.166, Min. Marco Buzzi, j. 14.2.17, maioria, DJ 24.3.17;

— retificações no prenome, ante "erro gráfico que transparece evidente" (RT 883/221: TJSP, AP 526.157-4/6-00). No caso, Hamorah passou a ser grafado Hamurab;

— retificações na grafia do nome dos ascendentes, para viabilizar a obtenção de cidadania estrangeira (RT 840/248). "Nome civil. Retificação do patronímico. Erro de grafia. Pretensão de obtenção de dupla cidadania. Possibilidade. Desnecessidade da presença em juízo de todos os integrantes da família" (STJ-4ª T., REsp 1.138.103, Min. Luis Felipe, j. 6.9.11, DJ 29.9.11);

— "Nome civil. Retificação. Dupla cidadania. Adequação do nome brasileiro ao italiano. Alteração do sobrenome intermediário. Justa causa. Princípio da simetria. Razoabilidade do requerimento" (STJ-3ª T., REsp 1.310.088, Min. Paulo Sanseverino, j. 17.5.16, maioria, DJ 19.8.16). Do voto do relator: "Se para postular o requerimento à dupla cidadania, esta Corte Superior flexibiliza a regra de imutabilidade, com mais razão deve-se admitir a possibilidade dessa flexibilização para aquele que já a obteve e, agora, pretende a uniformização e simetria de seus assentos".

Todavia, há notícia de acórdãos que não permitiram alterações no nome para:

— modificar o prenome de Tatiane para Tatiana: "Argumento de que a autora é assim reconhecida na sociedade, bem como de que houve erro na grafia do nome pelo oficial do cartório. Ausência de previsão legal, bem como de fundamento razoável para se afastar o princípio da imutabilidade do prenome, previsto no art. 58 da lei de registros públicos" (STJ-3ª T., REsp 1.728.039, Min. Marco Bellizze, j. 12.6.18, DJ 19.6.18);

— "duplicação de consoante inserta no apelido de família": "O sobrenome, o apelido de família ou patronímico, enquanto elemento do nome, transcende o indivíduo, dirigindo-se, precipuamente, ao grupo familiar, de modo que a admissão de alterações/modificações deve estar pautada pelas hipóteses legais, via de regra, decorrente da alteração de estado (adoção, casamento, divórcio), ou, excepcionalmente, em havendo justo motivo, preceituado no artigo 57 da Lei 6.015/73. Tratando-se, portanto, de característica exterior de qualificação familiar, afasta-se a possibilidade de livre disposição, por um de seus integrantes, a fim de satisfazer interesse exclusivamente estético e pessoal de modificação do patronímico" (STJ-4ª T., REsp 1.729.402, Min. Marco Buzzi, j. 14.12.21, maioria, DJ 1.2.22);

— exclusão do sobrenome Pinto (RT 866/194, maioria). No caso, tratava-se de criança que dizia ser alvo de chacota na escola e que se propunha a manter a outra parcela do sobrenome paterno. Consta do acórdão que o sobrenome não exporia a pessoa ao ridículo, em razão de sua origem, tradição e respeito, e que sua exclusão traria prejuízo à ancestralidade. Já para o voto vencido, o pedido de exclusão era acolhido, em razão da sua razoabilidade e da pouca maturidade dos colegas da criança. Em sentido semelhante: RT 939/545 (TJSP, AP 0028966-35.2012.8.26.0007). **Porém,** autorizando a exclusão do sobrenome Pinto: RJ-Lex 56/338 (TJSP, AP 9170085-22.2007.8.26.0000);

— "exclusão do patronímico paterno por razões de ordem religiosa — especialmente se a supressão pretendida prejudica o apelido familiar, tornando impossível a identificação do indivíduo com seus ascendentes paternos" (STJ-3ª T., REsp 1.189.158, Min. Nancy Andrighi, j. 14.12.10, DJ 11.2.11);

— exclusão de parcela do prenome, por se entender ausente erro de grafia ou exposição ao ridículo (JTJ 310/247). No caso, Francisca Cláudia permaneceu com esse nome, sem a exclusão do prenome Francisca. V. acima caso em que se permitiu a exclusão do prenome Francisca;

— modificação de prenome, por se considerar ausente situação vexatória (RT 870/273). No caso, Deleuza não pôde ter seu nome alterado para Sharon Carol;

— inclusões no prenome (RT 881/225: TJSP, AP 568.835-4/8-00). No caso, Nívea não pôde acrescer Marina ao seu nome;

— novo pedido de retificação, em contraposição ao primeiro: "Uma vez que foram os próprios recorrentes, na ação anterior, que pediram a alteração de seus nomes, com o objetivo de obter a nacionalidade portuguesa e tiveram seu pedido atendido na integralidade, não podem, agora, simplesmente pretender o restabelecimento do *statu quo ante*, alegando que houve equívoco no pedido e que os custos de alteração de todos os seus documentos são muito elevados. Ainda que a ação de retificação de registro civil se trate de um procedimento de jurisdição voluntária, em que não há lide, partes e formação da coisa julgada material, permitir sucessivas alterações nos registros públicos, de acordo com a conveniência das partes implica grave insegurança. Se naquele primeiro momento, a alteração do nome dos recorrentes — leia-se: a supressão da partícula 'DE' e inclusão da partícula 'DOS' — não representou qualquer ameaça ou mácula aos seus direitos de personalidade, ou prejuízo à sua individualidade e autodeterminação, tanto que o requereram expressamente, agora, também não se vislumbra esse risco" (STJ-3ª T., REsp 1.412.260, Min. Nancy Andrighi, j. 15.5.14, DJ 22.5.14).

S/ homologação de sentença estrangeira que dispõe sobre alteração no nome, v. CPC 963, nota 9.

Art. 109: 1d. "Demonstrado, através de provas testemunhal e documental, que a **profissão** da apelada, a partir de seu matrimônio, passou a ser a de lavradora e não de estudante, justifica-se a **retificação do registro de casamento**" (RT 868/390).

Contra, negando a retificação nessas condições: "Impossível a alteração para a condição de agricultora, já que não consta dos autos prova de que, à época do matrimônio, a apelada exercia essa profissão" (RT 882/258: TJPE, AP 175300-8).

"Não é possível que se permita desnaturar o instituto da retificação do registro civil que, como é notório, serve para corrigir erros quanto a dados essenciais dos interessados, a saber, filiação, data de nascimento e naturalidade, e não quanto a circunstâncias absolutamente transitórias como domicílio e profissão" (STJ-3ª T., REsp 1.194.378, Min. Massami Uyeda, j. 15.2.11, DJ 24.2.11). No mesmo sentido: RT 929/1.055 (TJMA, AP 25629/2012).

V. tb. art. 54, nota 4.

Art. 109: 2. "O que se extrai dos preceitos legais que tratam das retificações, restaurações e suprimentos do assento de registro civil das pessoas naturais é que a atuação do juiz se fará sempre por provocação da parte interessada, **vedando-se**, portanto, **a atividade de ofício**" (RT 796/243, a citação é do voto do relator, Des. J. Roberto Bedran).

S/ pedido implícito de retificação de assento de nascimento, na ação de investigação de paternidade, v., no CPCL-PV, CPC 322, nota 16.

Art. 109: 3. "Para a retificação de nome, deve o requerente juntar **certidões de protestos e dos distribuidores da Justiça local,** a fim de demonstrar a inexistência de expediente escuso para fugir de credores" (JTJ 141/168).

Art. 109: 3a. "A ação de retificação de registro civil pode ser proposta tanto no juízo da comarca em que situado o cartório no qual foi lavrado o assento, quanto no da residência do autor" (STJ-2ª Seção, CC 33.172, Min. Nancy Andrighi, j. 28.11.01, DJU 18.2.02). No mesmo sentido: STJ-RT 800/215.

Considerando competente o juízo do domicílio do requerente: RJTJESP 60/154.

O juiz estadual é competente para o pedido de retificação de registro civil, "ainda que o alegado propósito da requerente seja o de fazer prova perante o INSS" (STJ-2ª Seção, CC 11.603-1, Min. Nilson Naves, j. 14.12.94, DJU 13.2.95).

"Compete à Justiça Estadual a apreciação de pedido de modificação de registro de brasileiro naturalizado para inclusão de alcunha, pretensão que não diz com a questão da nacionalidade" (STJ-2ª Seção, CC 18.251, Min. Cesar Rocha, j. 22.10.97, DJU 16.3.98).

Art. 109: 3b. v. arts. 39 a 41 (retificação no ato).

Art. 109: 3c. Havendo impugnação do MP, o juiz não pode decidir de plano, "mesmo que convencido da simplicidade do processo" (JTJ 191/184). Em sentido semelhante: RT 926/1.083 (TJGO, AP 376065-07.2009.8.09.0006).

Art. 109: 4. Súmula 120 do TFR: "A decisão proferida em processo de retificação do registro civil, a fim de fazer prova junto à administração militar, não faz coisa julgada relativamente à União Federal, se esta não houver sido citada para o feito".

Art. 109: 5. v. CPC 1.009 a 1.014.

Art. 109: 6. mediante averbação (art. 110 § 3º).

Art. 110 (redação da Lei 13.484, de 26.9.17). O oficial retificará o registro, a averbação ou a anotação, de ofício ou a requerimento do interessado, mediante petição assinada pelo interessado, representante legal ou procurador, independentemente de prévia autorização judicial ou manifestação do Ministério Público, nos casos de:

I (acrescido pela Lei 13.484, de 26.9.17) — erros que não exijam qualquer indagação para a constatação imediata de necessidade de sua correção;

II (acrescido pela Lei 13.484, de 26.9.17) — erro na transposição dos elementos constantes em ordens e mandados judiciais, termos ou requerimentos, bem como outros títulos a serem registrados, averbados ou anotados, e o documento utilizado para a referida averbação e/ou retificação ficará arquivado no registro no cartório;

III (acrescido pela Lei 13.484, de 26.9.17) — inexatidão da ordem cronológica e sucessiva referente à numeração do livro, da folha, da página, do termo, bem como da data do registro;

IV (acrescido pela Lei 13.484, de 26.9.17) — ausência de indicação do Município relativo ao nascimento ou naturalidade do registrado, nas hipóteses em que existir descrição precisa do endereço do local do nascimento;

V (acrescido pela Lei 13.484, de 26.9.17) — elevação de Distrito a Município ou alteração de suas nomenclaturas por força de lei.

§ 1º (revogado pela Lei 13.484, de 26.9.17).

§ 2º (revogado pela Lei 13.484, de 26.9.17).

§ 3º (revogado pela Lei 13.484, de 26.9.17).

§ 4º (revogado pela Lei 13.484, de 26.9.17).

§ 5º (acrescido pela Lei 13.484, de 26.9.17) Nos casos em que a retificação decorra de erro imputável ao oficial, por si ou por seus prepostos, não será devido pelos interessados o pagamento de selos e taxas.

Art. 111. Nenhuma justificação em matéria de registro civil, para retificação, restauração ou abertura de assento, será entregue à parte.[1]

Art. 111: 1. A norma geral é em sentido contrário (CPC 383 § ún.).

Art. 112. Em qualquer tempo poderá ser apreciado o valor probante da justificação, em original ou por traslado, pela autoridade judiciária competente ao conhecer de ações que se relacionem com os fatos justificados.

Art. 113. As questões de filiação legítima ou ilegítima serão decididas em processo contencioso para anulação ou reforma de assento.

Título III | DO REGISTRO CIVIL DE PESSOAS JURÍDICAS

Capítulo I | DA ESCRITURAÇÃO[1]

CAP. I: 1. v. arts. 3º a 7º (normas gerais).

Art. 114. No Registro Civil de Pessoas Jurídicas serão inscritos:[1]

I — os contratos, os atos constitutivos, o estatuto ou compromissos das sociedades civis,[2-2a] religiosas, pias, morais, científicas ou literárias, bem como o das fundações[3] e das associações de utilidade pública;

II — as sociedades civis que revestirem as formas estabelecidas nas leis comerciais, salvo as anônimas;[4]

III (*redação da Lei 9.096, de 19.9.95*) — os atos constitutivos e os estatutos dos partidos políticos.[4a]

Parágrafo único. No mesmo cartório será feito o registro dos jornais, periódicos, oficinas impressoras, empresas de radiodifusão e agências de notícias a que se refere o art. 8º da Lei 5.250, de 9.2.1967.[5-6]

Art. 114: 1. No mesmo sentido do *caput* deste art., **Dec. lei 9.085, de 25.3.46**, art. 1º, neste tít.

Art. 114: 2. As sociedades simples (CC 982) devem ser registradas no Registro Civil das Pessoas Jurídicas; as sociedades empresárias, no Registro Público de Empresas Mercantis (CC 1.150).

Art. 114: 2a. Súmula 15 do TJRS: "O registro do ato constitutivo de entidades sindicais faz-se no ofício do Registro Civil das Pessoas Jurídicas".

S/ a natureza jurídica do registro de sindicato, v. CC 45, nota 2.

Art. 114: 3. v. CC 62 a 69.

Art. 114: 4. v. nota 2.

Art. 114: 4a. s/ partidos políticos, v. art. 120, CF 17 e CC 44-V e § 3º.

Art. 114: 5. v. arts. 122 a 126.

Art. 114: 6. Lei 5.250, de 9.2.67 — Regula a liberdade de manifestação do pensamento e de informação. **Nota:** Esta Lei foi declarada inconstitucional (STF-RT 895/119: Pleno, ADPF 130, maioria).

Art. 115. Não poderão ser registrados os atos constitutivos de pessoas jurídicas, quando o seu objeto ou circunstâncias relevantes indiquem destino ou atividades ilícitos, ou contrários, nocivos ou perigosos ao bem público, à segurança do Estado e da coletividade, à ordem pública ou social, à moral e aos bons costumes.[1]

Parágrafo único. Ocorrendo qualquer dos motivos previstos neste artigo, o oficial do registro, de ofício ou por provocação de qualquer autoridade, sobrestará no processo de registro e suscitará dúvida[2] para o juiz, que a decidirá.[3]

Art. 115: 1. cf. Dec. lei 9.085/46, art. 2º, no mesmo sentido.

Art. 115: 2. v. arts. 198 a 204 e 207 c/c 293.
Art. 115: 3. cf. Dec. lei 9.085/46, art. 3º, no mesmo sentido.

Art. 116. Haverá, para o fim previsto nos artigos anteriores, os seguintes livros:
I (redação da Lei 14.382, de 27.6.22) — Livro A, para os fins indicados nos incisos I e II do caput do art. 114 desta Lei; e
II (redação da Lei 14.382, de 27.6.22) — Livro B, para matrícula das oficinas impressoras, jornais, periódicos, empresas de radiodifusão e agências de notícias.

Art. 117. Todos os exemplares de contratos, de atos, de estatuto e de publicações, registrados e arquivados, serão encadernados por períodos certos, acompanhados de índice que facilite a busca e o exame.

Art. 118. Os oficiais farão índices, pela ordem cronológica e alfabética, de todos os registros e arquivamentos, podendo adotar o sistema de fichas, mas ficando sempre responsáveis por qualquer erro ou omissão.

Art. 119. A existência legal das pessoas jurídicas só começa com o registro de seus atos constitutivos.[1]
Parágrafo único. Quando o funcionamento da sociedade depender de aprovação da autoridade, sem esta não poderá ser feito o registro.
Art. 119: 1. cf. CC 45, CPC 75-IX e § 2º.

Capítulo II | DA PESSOA JURÍDICA

Art. 120 (redação da Lei 9.096, de 19.9.95). O registro das sociedades, fundações[1-2] e partidos políticos consistirá na declaração, feita em livro, pelo oficial, do número de ordem, da data da apresentação e da espécie do ato constitutivo, com as seguintes indicações:
I — a denominação, o fundo social, quando houver, os fins e a sede da associação ou fundação, bem como o tempo de sua duração;
II — o modo por que se administra e representa a sociedade, ativa e passivamente, judicial e extrajudicialmente;
III — se o estatuto, o contrato ou o compromisso é reformável, no tocante à administração, e de que modo;
IV — se os membros respondem ou não, subsidiariamente, pelas obrigações sociais;
V — as condições de extinção da pessoa jurídica e nesse caso o destino do seu patrimônio;
VI — os nomes dos fundadores ou instituidores e dos membros da diretoria, provisória ou definitiva, com indicação da nacionalidade, estado civil e profissão de cada um, bem como o nome e residência do apresentante dos exemplares.
Parágrafo único (redação da Lei 9.096, de 19.9.95). Para o registro dos partidos políticos, serão obedecidos, além dos requisitos deste artigo, os estabelecidos em lei específica.[3]
Art. 120: 1. Cancelamento do registro: Dec. lei 9.085, de 25.3.46 (no tít. REGISTROS PÚBLICOS).

Art. 120: 2. s/ dissolução parcial de sociedade, v. CPC 599 e segs.
Art. 120: 3. v. art. 114-III, CF 17 e CC 44-V e § 3º.

Art. 121 (*redação da Lei 14.382, de 27.6.22*). O registro será feito com base em uma via do estatuto, compromisso ou contrato, apresentada em papel ou em meio eletrônico, a requerimento do representante legal da pessoa jurídica.

§ 1º (*redação da Lei 14.382, de 27.6.22*) É dispensado o requerimento de que trata o caput deste artigo caso o representante legal da pessoa jurídica tenha subscrito o estatuto, compromisso ou contrato.

§ 2º (*redação da Lei 14.382, de 27.6.22*) Os documentos apresentados em papel poderão ser retirados pelo apresentante nos 180 (cento e oitenta) dias após a data da certificação do registro ou da expedição de nota devolutiva.

§ 3º (*redação da Lei 14.382, de 27.6.22*) Decorrido o prazo de que trata o § 2º deste artigo, os documentos serão descartados.

Capítulo III — DO REGISTRO DE JORNAIS, OFICINAS IMPRESSORAS, EMPRESAS DE RADIODIFUSÃO E AGÊNCIAS DE NOTÍCIAS

Art. 122. No Registro Civil das Pessoas Jurídicas serão matriculados:

I — os jornais e demais publicações periódicas;

II — as oficinas impressoras de qualquer natureza pertencentes a pessoas naturais ou jurídicas;

III — as empresas de radiodifusão que mantenham serviços de notícias, reportagens, comentários, debates e entrevistas;

IV — as empresas que tenham por objeto o agenciamento de notícias.

Art. 123. O pedido de matrícula conterá as informações e será instruído com os documentos seguintes:

I — no caso de jornais ou outras publicações periódicas:

a) título do jornal ou periódico, sede da redação, administração e oficinas impressoras, esclarecendo, quanto a estas, se são próprias ou de terceiros, e indicando, neste caso, os respectivos proprietários;

b) nome, idade, residência e prova da nacionalidade do diretor ou redator-chefe;

c) nome, idade, residência e prova da nacionalidade do proprietário;

d) se propriedade de pessoa jurídica, exemplar do respectivo estatuto ou contrato social e nome, idade, residência e prova de nacionalidade dos diretores, gerentes e sócios da pessoa jurídica proprietária;

II — nos casos de oficinas impressoras:

a) nome, nacionalidade, idade e residência do gerente e do proprietário,[1] se pessoa natural;

b) sede da administração, lugar, rua e número onde funcionam as oficinas e denominação destas;

c) exemplar do contrato ou estatuto social, se pertencentes à pessoa jurídica;

III — no caso de empresas de radiodifusão:

a) designação da emissora, sede de sua administração e local das instalações do estúdio;

b) nome, idade, residência e prova de nacionalidade do diretor ou redator-chefe responsável pelos serviços de notícias, reportagens, comentários, debates e entrevistas;

IV — no caso de empresas noticiosas:

a) nome, nacionalidade, idade e residência do gerente e do proprietário, se pessoa natural;

b) sede da administração;

c) exemplar do contrato ou estatuto social, se pessoa jurídica.

§ 1º As alterações em qualquer dessas declarações ou documentos deverão ser averbadas na matrícula no prazo de oito dias.

§ 2º A cada declaração a ser averbada deverá corresponder um requerimento.

Art. 123: 1. Com vírgula, no texto primitivo da Lei 6.015; sem vírgula, na republicação.

Art. 124. A falta de matrícula das declarações, exigidas no artigo anterior, ou da averbação da alteração, será punida com multa que terá o valor de meio a dois salários mínimos da região.

§ 1º A sentença que impuser a multa fixará prazo, não inferior a vinte dias, para matrícula ou alteração das declarações.

§ 2º A multa será aplicada pela autoridade judiciária em representação feita pelo oficial, e cobrada por processo executivo,[1] mediante ação do órgão competente.

§ 3º Se a matrícula ou alteração não for efetivada no prazo referido no § 1º deste artigo, o juiz poderá impor nova multa, agravando-a de 50% (cinquenta por cento) toda vez que seja ultrapassado de dez dias o prazo assinalado na sentença.

Art. 124: 1. v. CPC 771 e segs.

Art. 125. Considera-se clandestino o jornal, ou outra publicação periódica, não matriculado nos termos do art. 122 ou de cuja matrícula não constem os nomes e as qualificações do diretor ou redator e do proprietário.

Art. 126. O processo de matrícula será o mesmo do registro prescrito no art. 121.

Título IV | DO REGISTRO DE TÍTULOS E DOCUMENTOS

Capítulo I | DAS ATRIBUIÇÕES

Art. 127. No Registro de Títulos e Documentos será feita a transcrição:[1]

I — dos instrumentos particulares,[1a] para a prova das obrigações convencionais de qualquer valor;

II — do penhor comum sobre coisas móveis;[2]

III — da caução de títulos de crédito[3] pessoal e da dívida pública federal, estadual ou municipal, ou de Bolsa ao portador;

IV (*revogado pela Lei 14.382, de 27.6.22*);

V — do contrato de parceria agrícola ou pecuária;

VI — do mandado[4] judicial de renovação do contrato de arrendamento[5] para sua vigência, quer entre as partes contratantes, quer em face de terceiros (art. 19, § 2º, do Decreto n. 24.150, de 20.4.1934);[6]

VII — facultativo, de quaisquer documentos, para sua conservação.[6a]

Parágrafo único. Caberá ao Registro de Títulos e Documentos a realização de quaisquer registros não atribuídos expressamente a outro ofício.[7]

Art. 127: 1. v. art. 130.
Art. 127: 1a. v. CC 221.
Art. 127: 2. v. arts. 144 a 145, CC 1.432.
Art. 127: 3. v. arts. 144 a 145, CC 1.458 a 1.460, LI 38 § 1º.
Art. 127: 4. De acordo com a redação primitiva da Lei 6.015; na republicação, está "mandato".
Art. 127: 5. cf. arts. 129-1º e 167-I-3.
Art. 127: 6. v. Dec. 24.150 (LL), em CCLCV, 11ª ed., p. 525.
Art. 127: 6a. v. art. 127-A.
Art. 127: 7. s/ cancelamento de protesto de títulos, v. Lei 6.690, de 25.9.79, adiante.

Art. 127-A (*redação da Lei 14.382, de 27.6.22*). O registro facultativo para conservação de documentos ou conjunto de documentos de que trata o inciso VII do *caput* do art. 127 desta Lei terá a finalidade de arquivamento de conteúdo e data, não gerará efeitos em relação a terceiros e não poderá servir como instrumento para cobrança de dívidas, mesmo que de forma velada, nem para protesto, notificação extrajudicial, medida judicial ou negativação nos serviços de proteção ao crédito ou congêneres.

§ 1º (*redação da Lei 14.382, de 27.6.22*) O acesso ao conteúdo do registro efetuado na forma prevista no *caput* deste artigo é restrito ao requerente, vedada a utilização do registro para qualquer outra finalidade, ressalvadas:

I (*redação da Lei 14.382, de 27.6.22*) — requisição da autoridade tributária, em caso de negativa de autorização sem justificativa aceita; e

II (*redação da Lei 14.382, de 27.6.22*) — determinação judicial.

§ 2º (*redação da Lei 14.382, de 27.6.22*) Quando se tratar de registro para fins de conservação de documentos de interesse fiscal, administrativo ou judicial, o apresentante poderá autorizar, a qualquer momento, a sua disponibilização para os órgãos públicos pertinentes, que poderão acessá-los por meio do Serp, sem ônus, nos termos estabelecidos pela Corregedoria Nacional de Justiça do Conselho Nacional de Justiça, dispensada a guarda pelo apresentante.

§ 3º (*redação da Lei 14.382, de 27.6.22*) A certificação do registro será feita por termo, com indicação do número total de páginas registradas, dispensada a chancela ou rubrica em qualquer uma delas.

§ 4º (VETADO).

Art. 128. À margem dos respectivos registros, serão averbadas quaisquer ocorrências que os alterem,[1] quer em relação às obrigações, quer em atinência às pessoas que nos atos figurem, inclusive quanto à prorrogação dos prazos.

Art. 128: 1. inclusive os cancelamentos (v. art. 164).

Art. 129. Estão sujeitos a registro, no Registro de Títulos e Documentos, para surtir efeitos em relação a terceiros:[1]

1º) os contratos de locação de prédios, sem prejuízo do disposto no art. 167, I, n. 3;[1a]

2º) (*revogado pela Lei 14.382, de 27.6.22*);

3º) as cartas de fiança,[2] em geral, feitas por instrumento particular, seja qual for a natureza do compromisso por elas abonado;

4º) os contratos de locação de serviços[3] não atribuídos a outras repartições;

5º) (redação da Lei 14.382, de 27.6.22) os contratos de compra e venda em prestações, com reserva de domínio4[4-5] ou não, qualquer que seja a forma de que se revistam, e os contratos de alienação ou de promessas[6] de venda referentes a bens móveis;[7]

6º) todos os documentos de procedência estrangeira, acompanhados das respectivas traduções, para produzirem efeitos em repartições da União, dos Estados, do Distrito Federal, dos Territórios e dos Municípios ou em qualquer instância, juízo ou tribunal;[8-9]

7º) as quitações, recibos e contratos de compra e venda de automóveis,[10-10a] bem como o penhor destes, qualquer que seja a forma que revistam;

8º) os atos administrativos expedidos para cumprimento de decisões judiciais, sem trânsito em julgado, pelas quais for determinada a entrega, pelas alfândegas e mesas de renda, de bens e mercadorias procedentes do exterior;

9º) (redação da Lei 14.382, de 27.6.22) os instrumentos de sub-rogação[11] e de dação em pagamento;[12]

10º) (redação da Lei 14.382, de 27.6.22) a cessão de direitos e de créditos,[13] a reserva de domínio e a alienação fiduciária de bens móveis;[14] e

11º) (redação da Lei 14.382, de 27.6.22) as constrições judiciais ou administrativas sobre bens móveis corpóreos e sobre direitos de crédito.

§ 1º (redação da Lei 14.382, de 27.6.22) A inscrição em dívida ativa da Fazenda Pública não se sujeita ao registro de que trata o *caput* deste artigo para efeito da presunção de fraude de que trata o art. 185 da Lei n. 5.172, de 25 de outubro de 1966 (Código Tributário Nacional).

§ 2º (redação da Lei 14.382, de 27.6.22) O disposto no *caput* deste artigo não se aplica ao registro e à constituição de ônus e de gravames previstos em legislação específica, inclusive o estabelecido:

I (redação da Lei 14.382, de 27.6.22) — na Lei n. 9.503, de 23 de setembro de 1997 (Código de Trânsito Brasileiro); e

II (redação da Lei 14.382, de 27.6.22) — no art. 26 da Lei n. 12.810, de 15 de maio de 2013.

Art. 129: 1. v. art. 130.

Art. 129: 1a. cf. tb. art. 127-VI.

Art. 129: 2. v. CC 818 a 839.

Art. 129: 3. v. CC 593 a 609.

Art. 129: 4. A disposição supra exaure o conteúdo do **Dec. lei 1.027, de 2.1.39** — Dispõe sobre o registro de contratos de compra e venda com reserva de domínio (RT 118/812, Lex 1939/8, RF 78/605).

Art. 129: 5. v. CC 521 a 528.

Art. 129: 6. *sic*; deve ser "promessa", e é assim que está, embora defeituosamente, no texto original da Lei 6.015.

Art. 129: 7. Quanto a imóveis, cf. art. 167-I-9, 18 e 20.

Art. 129: 8. v. CPC 192 § ún.

Art. 129: 9. "A exigência de registro de que trata os arts. 129, § 6º, e 148 da Lei 6.015/73, constitui condição para a eficácia das obrigações objeto do documento estrangeiro, e não para a sua utilização como meio de prova" (STJ-RJ 404/147: 3ª T., REsp 924.992).

Art. 129: 10. Súmula 132 do STJ: "A ausência de registro da transferência não implica a responsabilidade do antigo proprietário por dano resultante de acidente que envolva o veículo alienado" (v. jurisprudência s/ esta Súmula em RSTJ 72/419 a 437). V. CC 927, nota 1 (Súmula 132 do STJ).

Art. 129: 10a. s/ eficácia do registro do penhor de veículo automotor, na repartição competente para expedir a licença, v. Dec. lei 413, de 9.1.69, art. 48, no tít. TÍTULOS DE CRÉDITO INDUSTRIAL.

Art. 129: 11. v. CC 346 a 351.

Art. 129: 12. de móveis (v. tb. CC 356 a 359). Quanto a imóveis, cf. art. 167-I-31.

Art. 129: 13. v. CC 286 a 298.

Art. 129: 14. No caso de veículo, o registro deve ter lugar no órgão responsável pelo seu licenciamento. V. CC 1.361 § 1º e notas.

> **Art. 130.** Dentro do prazo de vinte dias da data da sua assinatura pelas partes, todos os atos enumerados nos arts. 127 e 129 serão registrados no domicílio das partes contratantes e, quando residam estas em circunscrições territoriais diversas, far-se-á o registro em todas elas.[1]
>
> **Parágrafo único.** Os registros de documentos apresentados, depois de findo o prazo, produzirão efeitos a partir da data da apresentação.[2]

Art. 130: 1. "A mera lavratura de escritura de cessão de direitos hereditários, em comarca diversa da do domicílio das partes ou do processamento do inventário, não supre o requisito de publicidade do ato" (STJ-3ª T., REsp 1.102.437, Min. Nancy Andrighi, j. 7.10.10, DJ 15.2.11).

Art. 130: 2. Lei 14.382, de 27.6.22: "**Art. 11.** A Lei n. 6.015, de 1973, passa a vigorar com as seguintes alterações: (...) Art. 130. Os atos enumerados nos arts. 127 e 129 desta Lei serão registrados no domicílio: **I** — das partes, quando residirem na mesma circunscrição territorial; **II** — de um dos devedores ou garantidores, quando as partes residirem em circunscrições territoriais diversas; ou **III** — de uma das partes, quando não houver devedor ou garantidor. § 1º Os atos de que trata este artigo produzirão efeitos a partir da data do registro. § 2º O registro de títulos e documentos não exigirá reconhecimento de firma, e caberá exclusivamente ao apresentante a responsabilidade pela autenticidade das assinaturas constantes de documento particular. § 3º O documento de quitação ou de exoneração da obrigação constante do título registrado, quando apresentado em meio físico, deverá conter o reconhecimento de firma do credor.

(...)

Art. 21. Esta Lei entra em vigor: **I** — em 1º de janeiro de 2024, quanto ao art. 11, na parte em que altera o art. 130 da Lei n. 6.015, de 31 de dezembro de 1973 (Lei de Registros Públicos); e **II** — na data de sua publicação, quanto aos demais dispositivos".

> **Art. 131.** Os registros referidos nos artigos anteriores serão feitos independentemente de prévia distribuição.

Capítulo II | DA ESCRITURAÇÃO[1]

CAP. II: 1. v. arts. 3º a 7º (normas gerais).

> **Art. 132** (redação da Lei 14.382, de 27.6.22). No registro de títulos e documentos, haverá os seguintes livros:
>
> **I** — Livro A — protocolo para apontamentos de todos os títulos, documentos e papéis apresentados, diariamente, para serem registrados, ou averbados;
>
> **II** — Livro B — para trasladação integral de títulos e documentos, sua conservação e validade contra terceiros, ainda que registrados por extratos em outros livros;
>
> **III** — Livro C — para inscrição, por extração,[1] de títulos e documentos, a fim de surtirem efeitos em relação a terceiros e autenticação de data;
>
> **IV** (redação da Lei 14.382, de 27.6.22) — Livro D — indicador pessoal, substituível pelo sistema de fichas, a critério e sob a responsabilidade do oficial,

o qual é obrigado a fornecer com presteza as certidões[2] pedidas pelos nomes das partes que figurarem, por qualquer modo, nos livros de registros;

V (*redação da Lei 14.382, de 27.6.22*) — Livro E — indicador real, para matrícula de todos os bens móveis que figurarem nos demais livros, devendo conter sua identificação, referência aos números de ordem dos outros livros e anotações necessárias, inclusive direitos e ônus incidentes sobre eles;

VI (*redação da Lei 14.382, de 27.6.22*) — Livro F — para registro facultativo de documentos ou conjunto de documentos para conservação de que tratam o inciso VII do *caput* do art. 127 e o art. 127-A desta Lei; e

VII (*redação da Lei 14.382, de 27.6.22*) — Livro G — indicador pessoal específico para repositório dos nomes dos apresentantes que figurarem no Livro F, do qual deverá constar o respectivo número do registro, o nome do apresentante e o seu número de inscrição no Cadastro de Pessoas Físicas da Secretaria Especial da Receita Federal do Brasil do Ministério da Economia ou, no caso de pessoa jurídica, a denominação do apresentante e o seu número de inscrição no Cadastro Nacional da Pessoa Jurídica da Secretaria Especial da Receita Federal do Brasil do Ministério da Economia.

Art. 132: 1. *sic*; deve ser "por extrato" (cf. art. 137).

Art. 132: 2. v. art. 20.

Art. 133. Na parte superior de cada página do livro se escreverá o título, a letra com o número e o ano em que começar.

Art. 134. O juiz, em caso de afluência de serviço, poderá autorizar o desdobramento dos livros de registro para escrituração das várias espécies de atos, sem prejuízo da unidade do protocolo e de sua numeração em ordem rigorosa.

Parágrafo único. Esses livros desdobrados terão as indicações de E, F, G, H, etc.

Art. 135. O protocolo deverá conter colunas para as seguintes anotações:

1º) número de ordem, continuando, indefinidamente, nos seguintes;
2º) dia e mês;
3º) natureza do título e qualidade do lançamento (integral, resumido, penhor etc.);
4º) o nome do apresentante;
5º) anotações e averbações.

Parágrafo único. Em seguida ao registro, far-se-á, no protocolo, remissão ao número da página do livro em que foi ele lançado, mencionando-se, também, o número e a página de outros livros em que houver qualquer nota ou declaração concernente ao mesmo ato.

Art. 136. O livro de registro integral de títulos será escriturado nos termos do art. 142, lançando-se, antes de cada registro, o número de ordem, a data do protocolo e o nome do apresentante, e conterá colunas para as seguintes declarações:

1º) número de ordem;
2º) dia e mês;
3º) transcrição;
4º) anotações e averbações.

Art. 137. O livro de registro, por extrato, conterá colunas para as seguintes declarações:

1º) número de ordem;
2º) dia e mês;
3º) espécie e resumo do título;
4º) anotações e averbações.

Art. 138. O indicador pessoal será dividido alfabeticamente para a indicação do nome de todas as pessoas que, ativa ou passivamente, individual ou coletivamente, figurarem nos livros de registro e deverá conter, além dos nomes das pessoas, referências aos números de ordem e páginas dos outros livros e anotações.

Art. 139. Se a mesma pessoa já estiver mencionada no indicador, somente se fará, na coluna das anotações, uma referência ao número de ordem, página e número do livro em que estiver lançado o novo registro ou averbação.

Art. 140. Se no mesmo registro, ou averbação, figurar mais de uma pessoa, ativa ou passivamente, o nome de cada uma será lançado distintamente, no indicador, com referência recíproca na coluna das anotações.

Art. 141 (revogado pela Lei 14.382, de 27.6.22).

Capítulo III | DA TRANSCRIÇÃO E DA AVERBAÇÃO[1]

CAP. III: 1. s/ averbação, v. arts. 128 e 164.

Art. 142. O registro integral dos documentos consistirá na trasladação dos mesmos, com a mesma ortografia e pontuação, com referências às entrelinhas ou quaisquer acréscimos, alterações, defeitos ou vícios que tiver o original apresentado, e, bem assim, com menção precisa aos seus característicos exteriores e às formalidades legais, podendo a transcrição dos documentos mercantis, quando levados a registro, ser feita na mesma disposição gráfica em que estiverem escritos, se o interessado assim o desejar.

§ 1º Feita a trasladação, na última linha, de maneira a não ficar espaço em branco, será conferida e realizado o seu encerramento, depois do que o oficial, seu substituto legal ou escrevente designado pelo oficial e autorizado pelo juiz competente, ainda que o primeiro não esteja afastado, assinará o seu nome por inteiro.

§ 2º Tratando-se de documento impresso, idêntico a outro já anteriormente registrado na íntegra, no mesmo livro, poderá o registro limitar-se a consignar o nome das partes contratantes, as características do objeto e demais dados constantes dos claros preenchidos, fazendo-se remissão, quanto ao mais, àquele já registrado.

Art. 143. O registro resumido consistirá na declaração da natureza do título, do documento ou papel, valor, prazo, lugar em que tenha sido feito, nome e condição jurídica das partes, nomes das testemunhas, data da assinatura e do reconhecimento de firma por tabelião, se houver, o nome deste, o do apresentante, o número de ordem e a data do protocolo, e da averbação, a importância e a qualidade do imposto pago, depois do que será datado e rubricado pelo oficial ou servidores referidos no art. 142, § 1º.

Art. 144 (revogado pela Lei 14.382, de 27.6.22).

Art. 145 (revogado pela Lei 14.382, de 27.6.22).

Capítulo IV | DA ORDEM DO SERVIÇO[1]

CAP. IV: 1. v. arts. 8º a 15 (normas gerais).

Art. 146. Apresentado o título ou documento para registro ou averbação, serão anotados, no protocolo, a data de sua apresentação, sob o número de ordem que se seguir imediatamente, a natureza do instrumento, a espécie de lançamento a fazer (registro integral ou resumido, ou averbação), o nome do apresentante, reproduzindo-se as declarações relativas ao número de ordem, à data, e à espécie de lançamento a fazer no corpo do título, do documento ou do papel.

Art. 147. Protocolado[1] o título ou documento, far-se-á, em seguida, no livro respectivo, o lançamento (registro integral ou resumido, ou averbação) e, concluído este, declarar-se-á no corpo do título, documento ou papel, o número de ordem e a data do procedimento no livro competente, rubricando o oficial ou os servidores referidos no art. 142, § 1º, esta declaração e as demais folhas do título, do documento ou do papel.

Art. 147: 1. De acordo com a redação primitiva da Lei 6.015 (v. tb. art. 156 § ún.); na republicação, está "protocolizado".

Art. 148. Os títulos, documentos e papéis escritos em língua estrangeira, uma vez adotados os caracteres comuns, poderão ser registrados no original, para o efeito da sua conservação ou perpetuidade. Para produzirem efeitos legais no país e para valerem contra terceiros, deverão, entretanto, ser vertidos em vernáculo e registrada a tradução, o que, também, se observará em relação às procurações lavradas em língua estrangeira.[1]

Parágrafo único. Para o registro resumido, os títulos, documentos ou papéis em língua estrangeira, deverão ser sempre traduzidos.

Art. 148: 1. v. CC 224.

Art. 149. Depois de concluídos os lançamentos nos livros respectivos, será feita, nas anotações do protocolo, referência ao número de ordem sob o qual tiver sido feito o registro, ou a averbação, no livro respectivo, datando e rubricando, em seguida, o oficial ou os servidores referidos no art. 142, § 1º.

Art. 150. O apontamento do título, documento ou papel no protocolo será feito, seguida e imediatamente um depois do outro. Sem prejuízo da numeração individual de cada documento, se a mesma pessoa apresentar simultaneamente diversos documentos de idêntica natureza, para lançamento da mesma espécie, serão eles lançados no protocolo englobadamente.

Parágrafo único. Onde terminar cada apontamento, será traçada uma linha horizontal, separando-o do seguinte, sendo lavrado, no fim do expediente diário, o termo de encerramento do próprio punho do oficial, por ele datado e assinado.

Art. 151. O lançamento dos registros e das averbações nos livros respectivos será feito, também seguidamente, na ordem de prioridade do seu apontamento no protocolo, quando não for obstado por ordem de autoridade judiciária competente, ou por dúvida[1] superveniente; neste caso, seguir-se-ão os registros ou averbações dos imediatos, sem prejuízo da data autenticada pelo competente apontamento.

Art. 151: 1. v. arts. 198 a 204 e 207 c/c 293.

Art. 152. Cada registro ou averbação será datado e assinado por inteiro, pelo oficial ou pelos servidores referidos no art. 142, § 1º, separados, um do outro, por uma linha horizontal.

Art. 153. Os títulos terão sempre um número diferente,[1] segundo a ordem de apresentação, ainda que se refiram à mesma pessoa. O registro e a averbação deverão ser imediatos, e, quando não o puderem ser, por acúmulo de serviço, o lançamento será feito no prazo estritamente necessário, e sem prejuízo da ordem da prenotação. Em qualquer desses casos, o oficial, depois de haver dado entrada no protocolo e lançado no corpo do título as declarações prescritas, fornecerá um recibo contendo a declaração da data da apresentação, o número de ordem desta no protocolo e a indicação do dia em que deverá ser entregue, devidamente legalizado; o recibo será restituído pelo apresentante contra a devolução do documento.

Art. 153: 1. Com vírgula, no texto primitivo da Lei 6.015; sem vírgula, na republicação.

Art. 154. Nos termos de encerramento diário do protocolo, lavrados ao findar a hora regulamentar, deverão ser mencionados, pelos respectivos números, os títulos apresentados cujos registros ficarem adiados, com a declaração dos motivos do adiamento.

Parágrafo único. Ainda que o expediente continue para ultimação do serviço, nenhuma nova apresentação será admitida depois da hora regulamentar.

Art. 155. Quando o título, já registrado por extrato, for levado a registro integral, ou for exigido simultaneamente pelo apresentante o duplo registro, mencionar-se-á essa circunstância no lançamento posterior e, nas anotações do protocolo, far-se-ão referências recíprocas para verificação das diversas espécies de lançamento do mesmo título.

Art. 156. O oficial deverá recusar registro a título e a documento que não se revistam das formalidades legais.

Parágrafo único. Se tiver suspeita de falsificação, poderá o oficial sobrestar no registro, depois de protocolado o documento, até notificar o apresentante dessa circunstância; se este insistir, o registro será feito com essa nota, podendo o oficial, entretanto, submeter a dúvida[1] ao juiz competente, ou notificar o signatário para assistir ao registro, mencionando também as alegações pelo último aduzidas.

Art. 156: 1. v. arts. 198 a 204.

Art. 157. O oficial, salvo quando agir de má-fé, devidamente comprovada, não será responsável pelos danos[1] decorrentes da anulação do registro, ou da averbação, por vício intrínseco ou extrínseco do documento, título ou papel, mas, tão somente, pelos erros ou vícios no processo do registro.

Art. 157: 1. Texto conforme retificação no DOU 31.10.75.

Art. 158 (revogado pela Lei 14.382, de 27.6.22).

Art. 159. As folhas do título, documento ou papel que tiver sido registrado e as das certidões serão rubricadas pelo oficial, antes de entregues aos apresentantes. As declarações no protocolo, bem como as dos registros e das averbações lançadas no título, documento ou papel e as respectivas datas poderão ser apostas por carimbo, sendo, porém, para autenticação, de próprio punho do oficial, ou de quem suas vezes fizer, a assinatura ou a rubrica.

Art. 160. O oficial será obrigado, quando o apresentante o requerer, a notificar do registro ou da averbação os demais interessados que figurarem no título, documento, ou papel apresentado, e a quaisquer terceiros que lhe sejam indicados, podendo requisitar dos oficiais do registro, em outros municípios, as notificações necessárias. Por esse processo, também, poderão ser feitos avisos, denúncias e notificações, quando não for exigida a intervenção judicial.

§ 1º Os certificados de notificação ou da entrega de registros serão lavrados nas colunas das anotações, no livro competente, à margem dos respectivos registros.

§ 2º O serviço das notificações e demais diligências poderá ser realizado por escreventes designados pelo oficial e autorizados pelo juiz competente.

Art. 161 (redação da Lei 14.382, de 27.6.22). As certidões do registro de títulos e documentos terão a mesma eficácia e o mesmo valor probante dos documentos originais[1] registrados, físicos ou nato-digitais, ressalvado o incidente de falsidade[2] destes, oportunamente levantado em juízo.

§ 1º (revogado pela Lei 14.382, de 27.6.22).

§ 2º (revogado pela Lei 14.382, de 27.6.22).

Art. 161: 1. v. CPC 425-III.

Art. 161: 2. v. CPC 430 a 433.

Art. 162. O fato da apresentação de um título, documento ou papel, para registro ou averbação, não constituirá, para o apresentante, direito sobre o mesmo, desde que não seja o próprio interessado.

Art. 163. Os tabeliães e escrivães, nos atos que praticarem, farão sempre referência ao livro e à folha do Registro de Títulos e Documentos em que tenham sido trasladados os mandatos de origem estrangeira, a que tenham de reportar-se.

Capítulo V | DO CANCELAMENTO

Art. 164. O cancelamento poderá ser feito em virtude de sentença ou de documento autêntico de quitação ou de exoneração do título registrado.

Art. 165. Apresentado qualquer dos documentos referidos no artigo anterior, o oficial certificará, na coluna das averbações do livro respectivo, o cancelamento e a razão dele, mencionando-se o documento que o autorizou, datando e assinando a certidão, de tudo fazendo referência nas anotações do protocolo.

Parágrafo único. Quando não for suficiente o espaço da coluna das averbações, será feito novo registro, com referência recíproca, na coluna própria.

Art. 166. Os requerimentos de cancelamento serão arquivados com os documentos que os instruírem.

Título V | DO REGISTRO DE IMÓVEIS

Capítulo I | DAS ATRIBUIÇÕES

Art. 167. No Registro de Imóveis, além da matrícula, serão feitos:[1 a 1b]
I — o registro:[2]
1) da instituição de bem de família;[3]
2) das hipotecas[4] legais,[5] judiciais[6] e convencionais;[7]
3) dos contratos de locação de prédios, nos quais tenha sido consignada cláusula de vigência no caso de alienação da coisa locada;[8]
4) do penhor de máquinas e de aparelhos utilizados na indústria, instalados e em funcionamento, com os respectivos pertences ou sem eles;[9]
5) das penhoras, arrestos e sequestros de imóveis;[10]
6) das servidões em geral;[11]
7) do usufruto[12] e do uso sobre imóveis[13] e da habitação,[14] quando não resultarem do direito de família;
8) das rendas constituídas sobre imóveis[15] ou a eles vinculadas por disposição de última vontade;
9) dos contratos de compromisso de compra e venda, de cessão deste e de promessa de cessão, com ou sem cláusula de arrependimento,[16] que tenham por objeto imóveis não loteados e cujo preço tenha sido pago no ato de sua celebração, ou deva sê-lo a prazo, de uma só vez ou em prestações;[17]
10) da enfiteuse;[18]
11) da anticrese;[19]
12) das convenções antenupciais;[20]
13) (*revogado pela Lei 13.986, de 7.4.20*);
14) das cédulas de crédito industrial;[21]
15) dos contratos de penhor rural;[22]
16) dos empréstimos por obrigações ao portador ou debêntures, inclusive as conversíveis em ações;[23]
17) das incorporações, instituições e convenções de condomínio;[24]
18) (*redação da Lei 14.382, de 27.6.22*) dos contratos de promessa de venda, cessão ou promessa de cessão de unidades autônomas condominiais e de

promessa de permuta, a que se refere a Lei n. 4.591, de 16 de dezembro de 1964, quando a incorporação ou a instituição de condomínio se formalizar na vigência desta Lei;[25]

19) dos loteamentos urbanos e rurais;[26]

20) dos contratos de promessa de compra e venda de terrenos loteados em conformidade com o Decreto-lei n. 58, de 10 de dezembro de 1937, e respectiva cessão e promessa de cessão, quando o loteamento se formalizar na vigência desta lei;[27]

21) das citações de ações reais ou pessoais reipersecutórias, relativas a imóveis;[28 a 28c]

22) (*revogado expressamente pela Lei 6.850, de 12.11.80*);

23) dos julgados e atos jurídicos entre vivos que dividirem imóveis ou os demarcarem[29] inclusive nos casos de incorporação que resultarem em constituição de condomínio e atribuírem uma ou mais unidades aos incorporadores;[30]

24) das sentenças que nos inventários,[31] arrolamentos[32] e partilhas adjudicarem bens de raiz em pagamento das dívidas da herança;[33]

25) dos atos de entrega de legados de imóveis,[34] dos formais de partilha[35] e das sentenças de adjudicação em inventário ou arrolamento quando não houver partilha;

26) da arrematação[36] e da adjudicação em hasta pública;

27) do dote;[37]

28) (*redação da Med. Prov. 2.220, de 4.9.01*) das sentenças declaratórias de usucapião;[38]

29) da compra e venda[39] pura e da condicional;

30) (*redação da Lei 14.382, de 27.6.22*) da permuta e da promessa de permuta;[40]

31) da dação em pagamento;[41]

32) da transferência de imóvel a sociedade, quando integrar cota social;[42]

33) da doação entre vivos;[43]

34) da desapropriação amigável e das sentenças[44] que, em processo de desapropriação, fixarem o valor da indenização;

35) (*redação da Lei 9.514, de 20.11.97*) da alienação fiduciária em garantia de coisa imóvel;

36) (*redação da Lei 12.424, de 16.6.11*) da imissão provisória na posse, quando concedida à União, aos Estados, ao Distrito Federal, aos Municípios ou às suas entidades delegadas, e respectiva cessão e promessa de cessão;[44a]

37) (*redação da Med. Prov. 2.220, de 4.9.01*) dos termos administrativos ou das sentenças declaratórias da concessão de uso especial para fins de moradia;

38) (VETADO)[45]

39) (*redação da Lei 10.257, de 10.7.01*) da constituição do direito de superfície de imóvel urbano;

40) (*redação da Med. Prov. 2.220, de 4.9.01*) do contrato de concessão de direito real de uso de imóvel público;

41) (*redação da Lei 11.977, de 7.7.09*) da legitimação de posse;

42) (*redação da Lei 12.424, de 16.6.11*) da conversão da legitimação de posse em propriedade, prevista no art. 60 da Lei n. 11.977, de 7 de julho de 2009;

43) (*acrescido pela Lei 13.465, de 11.7.17*) da Certidão de Regularização Fundiária (CRF);

44) (*redação da Lei 14.382, de 27.6.22*) da legitimação fundiária;

45) (*redação da Lei 14.382, de 27.6.22*) do contrato de pagamento por serviços ambientais, quando este estipular obrigações de natureza *propter rem*; e

46) (*redação da Lei 14.382, de 27.6.22*) do ato de tombamento definitivo, sem conteúdo financeiro;

47) (*redação da Lei 14.421, de 20.7.22*) do patrimônio rural em afetação em garantia;

II — a averbação:[46 a 46b]

1) das convenções antenupciais[47] e do regime de bens diverso[48] do legal,[49] nos registros referentes a imóveis ou a direitos reais pertencentes a qualquer dos cônjuges, inclusive os adquiridos posteriormente ao casamento;

2) por cancelamento,[50] da extinção dos ônus e direitos reais;

3) dos contratos de promessa de compra e venda, das cessões e das promessas de cessão a que alude o Decreto-lei n. 58, de 10 de dezembro de 1937, quando o loteamento se tiver formalizado anteriormente à vigência desta lei;[51]

4) da mudança de denominação e de numeração dos prédios, da edificação, da reconstrução, da demolição, do desmembramento e do loteamento de imóveis;[52]

5) da alteração do nome por casamento ou por desquite,[53-54] ou, ainda, de outras circunstâncias que, de qualquer modo, tenham influência no registro ou nas pessoas nele interessadas;

6) dos atos pertinentes a unidades autônomas condominiais a que alude a Lei n. 4.591, de 16 de dezembro de 1964,[55] quando a incorporação tiver sido formalizada anteriormente à vigência desta lei;

7) das cédulas hipotecárias;[56]

8) (*redação da Lei 14.382, de 27.6.22*) da caução e da cessão fiduciária de direitos reais relativos a imóveis;[56a]

9) das sentenças de separação de dote;[57]

10) do restabelecimento da sociedade conjugal;[58]

11) das cláusulas de inalienabilidade, impenhorabilidade e incomunicabilidade impostas a imóveis,[59] bem como da constituição de fideicomisso;[60]

12) das decisões, recursos e seus efeitos, que tenham por objeto atos ou títulos registrados ou averbados;

13) *ex officio*, dos nomes dos logradouros, decretados pelo Poder Público;[61]

14) (*redação da Lei 6.850, de 12.11.80*) das sentenças de separação judicial,[61a] de divórcio e de nulidade ou anulação de casamento, quando nas respectivas partilhas existirem imóveis ou direitos reais sujeitos a registro;

15) (*redação da Lei 6.941, de 14.9.81*) da rerratificação do contrato de mútuo com pacto adjeto de hipoteca em favor de entidade integrante do Sistema Financeiro da Habitação, ainda que importando elevação da dívida, desde que mantidas as mesmas partes e que inexista outra hipoteca registrada em favor de terceiros;

16) (*redação da Lei 8.245, de 18.10.91*) do contrato de locação, para os fins de exercício do direito de preferência;

17) (*redação da Lei 9.514, de 20.11.97*) do termo de securitização de créditos imobiliários, quando submetidos a regime fiduciário;

18) (*redação da Lei 10.257, de 10.7.01*) da notificação para parcelamento, edificação ou utilização compulsórios de imóvel urbano;

19) (*redação da Lei 10.257, de 10.7.01*) da extinção da concessão de uso especial para fins de moradia;

20) (*redação da Lei 10.257, de 10.7.01*) da extinção do direito de superfície do imóvel urbano;

21) (*redação da Lei 14.382, de 27.6.22*) da cessão do crédito com garantia real sobre imóvel, ressalvado o disposto no item 35 deste inciso;

22) (*redação da Lei 11.284, de 2.3.06*) da reserva legal;

23) (*redação da Lei 11.284, de 2.3.06*) da servidão ambiental;[62]

24) (*redação da Lei 11.952, de 25.6.09*) do destaque de imóvel de gleba pública originária;

25)[63]

26) (*redação da Lei 11.977, de 7.7.09*) do auto de demarcação urbanística;

27) (*redação da Lei 12.424, de 16.6.11*) da extinção da legitimação de posse;

28) (*redação da Lei 12.424, de 16.6.11*) da extinção da concessão de uso especial para fins de moradia;

29) (*redação da Lei 12.424, de 16.6.11*) da extinção da concessão de direito real de uso;

30) (*redação da Lei 14.382, de 27.6.22*) da sub-rogação de dívida, da respectiva garantia fiduciária ou hipotecária e da alteração das condições contratuais, em nome do credor que venha a assumir essa condição nos termos do art. 31 da Lei n. 9.514, de 20 de novembro de 1997, ou do art. 347 da Lei n. 10.406, de 10 de janeiro de 2002 (Código Civil), realizada em ato único, a requerimento do interessado, instruído com documento comprobatório firmado pelo credor original e pelo mutuário, ressalvado o disposto no item 35 deste inciso;

31) (*redação da Lei 13.465, de 11.7.17*) da certidão de liberação de condições resolutivas dos títulos de domínio resolúvel emitidos pelos órgãos fundiários;

32) (*acrescido pela Lei 13.465, de 11.7.17*) do termo de quitação de contrato de compromisso de compra e venda registrado e do termo de quitação dos instrumentos públicos ou privados oriundos da implantação de empreendimentos ou de processo de regularização fundiária, firmado pelo empreendedor proprietário de imóvel ou pelo promotor do empreendimento ou da regularização fundiária objeto de loteamento, desmembramento, condomínio de qualquer modalidade ou de regularização fundiária, exclusivamente para fins de exoneração da sua responsabilidade sobre tributos municipais incidentes sobre o imóvel perante o Município, não implicando transferência de domínio ao compromissário comprador ou ao beneficiário da regularização.

33)[64]

34) (*redação da Lei 14.382, de 27.6.22*) da existência dos penhores previstos no art. 178 desta Lei, de ofício, sem conteúdo financeiro, por ocasião do registro no livro auxiliar em relação a imóveis de titularidade do devedor pignoratício ou a imóveis objeto de contratos registrados no Livro n. 2 — Registro Geral;

35) (*redação da Lei 14.382, de 27.6.22*) da cessão de crédito ou da sub-rogação de dívida decorrentes de transferência do financiamento com garantia real sobre imóvel, nos termos do Capítulo II-A da Lei n. 9.514, de 20 de novembro de 1997; e

36) (*redação da Lei 14.382, de 27.6.22*) do processo de tombamento de bens imóveis e de seu eventual cancelamento, sem conteúdo financeiro.

Parágrafo único (*redação da Lei 14.382, de 27.6.22*). O registro previsto no item 3 do inciso I do *caput* e a averbação prevista no item 16 do inciso II do *caput* deste artigo serão efetuados no registro de imóveis da circunscrição onde o imóvel estiver matriculado, mediante apresentação de uma via do contrato assinado pelas partes, admitida a forma eletrônica e bastando a coincidência entre o nome de um dos proprietários e o do locador.

Art. 167: 1. v. art. 172 (regra geral s/ registro de imóveis); v. tb. CC 1.245 a 1.247; s/ matrícula, v. arts. 176 § 1º-I e II e § 2º, 195, 196 e 227 a 237.

Art. 167: 1a. Lei 9.393, de 19.12.96 — Dispõe sobre o Imposto sobre a Propriedade Territorial Rural — ITR, sobre pagamento da dívida representada por Títulos da Dívida Agrária e dá outras providências (Lex 1996/3.660, RT 734/803): "Art. 21. É obrigatória a comprovação do pagamento do ITR, referente aos cinco últimos exercícios, para serem praticados quaisquer dos atos previstos nos arts. 167 e 168 da Lei n. 6.015, de 31 de dezembro de 1973 (Lei dos Registros Públicos), observada a ressalva prevista no *caput* do artigo anterior, *in fine*.

"Parágrafo único. São solidariamente responsáveis pelo imposto e pelos acréscimos legais, nos termos do art. 134 da Lei n. 5.172, de 25 de outubro de 1966 — Sistema Tributário Nacional, os serventuários do registro de imóveis que descumprirem o disposto neste artigo, sem prejuízo de outras sanções legais".

Ressalva (referida no *caput, in fine*) do artigo anterior: "ressalvados os casos em que a exigibilidade do imposto esteja suspensa, ou em curso de cobrança executiva em que tenha sido efetivada a penhora".

Art. 167: 1b. Dec. lei 2.398, de 21.12.87, art. 3º § 2º (na redação da Lei 9.636, de 15.5.98, em Lex 1998/1.760, RT 751/749, RF 342/589, RDA 212/365): "Os Cartórios de Notas e Registro de Imóveis, sob pena de responsabilidade dos seus respectivos titulares, não lavrarão nem registrarão escrituras relativas a bens imóveis de propriedade da União, ou que contenham, ainda que parcialmente, área de seu domínio:

"I — sem certidão da Secretaria do Patrimônio da União — SPU que declare:

"a) ter o interessado recolhido o laudêmio devido, nas transferências onerosas entre vivos;

"b) (*redação da Lei 13.139, de 26.6.15*) estar o transmitente em dia, perante o Patrimônio da União, com as obrigações relativas ao imóvel objeto da transferência; e

"c) estar autorizada a transferência do imóvel, em virtude de não se encontrar em área de interesse do serviço público;

"II — sem a observância das normas estabelecidas em regulamento".

O art. 3º do Dec. lei 2.398/87 foi regulamentado pelo Decreto 95.760, de 1.3.88 (Lex 1988/158).

Dec. lei 2.398, de 21.12.87, art. 3º-A-*caput* (*redação da Lei 13.465, de 11.7.17*): "Os oficiais deverão informar as operações imobiliárias anotadas, averbadas, lavradas, matriculadas ou registradas nos cartórios de notas ou de registro de imóveis, títulos e documentos que envolvam terrenos da União sob sua responsabilidade, mediante a apresentação de Declaração sobre Operações Imobiliárias em Terrenos da União (Doitu) em meio magnético, nos termos que serão estabelecidos, até 31 de dezembro de 2020, pela Secretaria do Patrimônio da União (SPU)".

Art. 167: 2. v. art. 168 (que fundiu as antigas denominações de transcrição e inscrição numa só: registro); v. tb. art. 217 (quem pode promover o registro e a averbação).

Estão sujeitos a registro todos os títulos de transmissão da propriedade imóvel (v. CC 1.245 § 1º; cf. LRP 172), inclusive sentenças que transfiram domínio (v., p. ex., Lei 4.591, de 16.12.64, art. 15 § 7º, no tít. CONDOMÍNIO E INCORPORAÇÃO).

Art. 167: 3. v. arts. 260 a 265; CC 1.711 a 1.722; v., no CPCLPV, tít. BEM DE FAMÍLIA, Lei 8.009, de 29.3.90.

Art. 167: 4. cf. art. 167-II-7; v. arts. 189 e 251; CC 1.473 a 1.505; v. tb. arts. 266 a 276 da LRP (remição do imóvel hipotecado).

Art. 167: 5. v. CC 1.489 a 1.491.

Art. 167: 6. ou judiciárias (CPC 495 § 1º).

Art. 167: 7. v. art. 238; v. tb. ET 111.

Art. 167: 8. cf. arts. 127-VI, 129 § 1º e 169-III; v. art. 242, CC 576, LI 8º.

Art. 167: 9. v. CC 1.447 a 1.450. V. tb. art. 178-IV. Outros penhores: arts. 167-I-15, 127-II e IV.

Art. 167: 10. v. arts. 239 e 240; v. CPC 831 e segs. (s/ penhora).

Art. 167: 11. v. arts. 256 e 257, CC 1.378 a 1.389.

Art. 167: 12. v. CC 1.390 a 1.411.

Art. 167: 13. v. CC 1.412 e 1.413.

Art. 167: 14. s/ direito real de habitação, decorrente de direito real de uso, v. CC 1.414 a 1.416; s/ desnecessidade de registro imobiliário do direito real de habitação conferido ao cônjuge sobrevivente, v. CC 1.831, nota 2b.

Art. 167: 15. v. CC 804.

Art. 167: 16. v. CC 1.417.

Art. 167: 17. cf. art. 167-I-18 (quanto a imóveis loteados) e 129-5º-*in fine* (quanto a móveis); v. tb. Dec. lei 58, de 10.12.37, art. 22 (no tít. PROMESSA DE COMPRA E VENDA E LOTEAMENTO), e ET 111.

Art. 167: 18. v. art. 243.

Art. 167: 19. v. art. 241, CC 1.506 a 1.510.

Art. 167: 20. cf. art. 167-II-1; v. arts. 178-V e 244, CC 1.653 a 1.657.

Art. 167: 21. v. art. 178-II; v. Dec. lei 413, de 9.1.69 (RT 400/482, Lex 1969/21, RF 226/439), arts. 29 a 40.

Art. 167: 22. v. arts. 178-VI e 219. Outros penhores: arts. 127-II e IV, 167-I-4.

Art. 167: 23. A LSA previa, no art. 62-II, a inscrição da escritura da emissão de debêntures "no registro de imóveis do lugar da sede da companhia". Esse dispositivo foi alterado pela Lei 10.303, de 31.10.01, pelo qual o referido registro passou à atribuição do Registro do Comércio. Atualmente, faz-se no Registro de Imóveis (Livro 2 — Registro Geral), se for o caso, apenas o registro da hipoteca, anticrese ou penhor que abonarem a emissão de debêntures (v. art. 178-I).

Art. 167: 24. v. arts. 255 e 178-III.

Art. 167: 25. cf. art. 167-I-9 e II-6; v. Lei 4.591, no tít. CONDOMÍNIO E INCORPORAÇÃO.

Art. 167: 26. v. art. 255; no tít. PROMESSA DE COMPRA E VENDA E LOTEAMENTO, v. Dec. lei 58, de 10.12.37, arts. 1º a 4º e 10, Dec. lei 271, de 28.2.67, e Lei 6.766, de 19.12.79.

Art. 167: 27. cf. art. 167-II-3; v. tít. PROMESSA DE COMPRA E VENDA E LOTEAMENTO.

Art. 167: 28. "A importância da classificação tradicional das ações e o Registro de Imóveis", por Eduardo Sócrates Castanheira Sarmento (RF 369/89).

Art. 167: 28a. v. art. 3º da Lei 6.739, de 5.12.79.

Art. 167: 28b. Deferindo o registro de ação civil pública que tem por objeto a preservação de imóvel, tendo em vista a natureza *propter rem* das obrigações relativas à conservação do patrimônio cultural: RMDAU 44/123 (TJMG, AI 0522582-80.2012.8.13.0000).

Art. 167: 28c. Deferindo o registro de ação rescisória contra o julgamento de embargos de terceiro que tinha por objeto o correlato imóvel: STJ-2ª Seção, AR 4.878-AgRg, Min. Paulo Sanseverino, j. 24.4.13, maioria, DJ 30.4.13.

Art. 167: 29. s/ divisão: CC 1.320 e 1.321, bem como CPC 569-II a 573 e 588 a 598; s/ demarcação: CPC 574 a 587.

Art. 167: 30. v. art. 167-I-17.

Art. 167: 31. v. CPC 610 a 658 e 668 a 673.

Art. 167: 32. v. CPC 659 a 667.

Art. 167: 33. v. CPC 642 a 646.

Art. 167: 34. v. CC 1.937.

Art. 167: 35. v. CPC 655.

Art. 167: 36. v. CPC 876 e segs.

Art. 167: 37. O instituto do dote foi extinto pelo CC atual.

Art. 167: 38. v. art. 226, CC 1.238 a 1.244.

Art. 167: 39. v. CC 481 a 532.

Art. 167: 40. v. art. 187, CC 533.

Art. 167: 41. v. art. 129-9º (quanto a móveis); CC 356 a 359.

Art. 167: 42. v. art. 1.005.

Art. 167: 43. v. art. 218, CC 538 a 564.

Art. 167: 44. v. LD 24.

Art. 167: 44a. v. LCE 32 § 13.

Art. 167: 45. O item 38, introduzido pela Lei 10.257, de 10.7.01, foi **vetado**.

Art. 167: 46. v. arts. 169-I, 217 e 246 a 247.

São dispensadas de averbação algumas alterações contratuais realizadas em operações do Sistema Financeiro da Habitação (v. Lei 5.741, de 1.12.71, art. 11, no tít. CONTRATOS IMOBILIÁRIOS).

Art. 167: 46a. s/ averbação referente ao ajuizamento de execução, v. CPC 799-IX e 828; s/ averbação de cédula de produto rural, v. Lei 8.929, de 22.8.94, art. 12 § 1º (no tít. CÉDULA DE PRODUTO RURAL); s/ averbação do "bloqueio administrativo" da matrícula, v. art. 246, nota 3.

Art. 167: 46b. Lei 12.651, de 25.5.12 — Dispõe sobre a proteção da vegetação nativa e dá outras providências (Código Florestal): "**Art. 18.** A área de Reserva Legal deverá ser registrada no órgão ambiental competente por meio de inscrição no CAR de que trata o art. 29, sendo vedada a alteração de sua destinação, nos casos de transmissão, a qualquer título, ou de desmembramento, com as exceções previstas nesta Lei.

(...)

"**§ 4º** *(redação da Lei 12.727, de 17.10.12)* O registro da Reserva Legal no CAR desobriga a averbação no Cartório de Registro de Imóveis, sendo que, no período entre a data da publicação desta Lei e o registro no CAR, o proprietário ou possuidor rural que desejar fazer a averbação terá direito à gratuidade deste ato.

(...)

"**Art. 29.** É criado o Cadastro Ambiental Rural — CAR, no âmbito do Sistema Nacional de Informação sobre Meio Ambiente — SINIMA, registro público eletrônico de âmbito nacional, obrigatório para todos os imóveis rurais, com a finalidade de integrar as informações ambientais das propriedades e posses rurais, compondo base de dados para controle, monitoramento, planejamento ambiental e econômico e combate ao desmatamento.

"**§ 1º** *(redação da Lei 12.727, de 17.10.12)* A inscrição do imóvel rural no CAR deverá ser feita, preferencialmente, no órgão ambiental municipal ou estadual, que, nos termos do regulamento, exigirá do proprietário ou possuidor rural:

"**I** — identificação do proprietário ou possuidor rural;

"**II** — comprovação da propriedade ou posse;

"**III** — identificação do imóvel por meio de planta e memorial descritivo, contendo a indicação das coordenadas geográficas com pelo menos um ponto de amarração do perímetro do imóvel, informando a localização dos remanescentes de vegetação nativa, das Áreas de Preservação Permanente, das Áreas de Uso Restrito, das áreas consolidadas e, caso existente, também da localização da Reserva Legal.

"**§ 2º** O cadastramento não será considerado título para fins de reconhecimento do direito de propriedade ou posse, tampouco elimina a necessidade de cumprimento do disposto no art. 2º da Lei n. 10.267, de 28 de agosto de 2001.

"**§ 3º** *(redação da Lei 13.887, de 17.10.19)* A inscrição no CAR é obrigatória e por prazo indeterminado para todas as propriedades e posses rurais.

"**§ 4º** *(redação da Lei 13.887, de 17.10.19)* Os proprietários e possuidores dos imóveis rurais que os inscreverem no CAR até o dia 31 de dezembro de 2020 terão direito à adesão ao Programa de Regularização Ambiental (PRA), de que trata o art. 59 desta Lei.

"**Art. 30.** Nos casos em que a Reserva Legal já tenha sido averbada na matrícula do imóvel e em que essa averbação identifique o perímetro e a localização da reserva, o proprietário não será obrigado a fornecer ao órgão ambiental as informações relativas à Reserva Legal previstas no inciso III do § 1º do art. 29.

"**Parágrafo único.** Para que o proprietário se desobrigue nos termos do *caput*, deverá apresentar ao órgão ambiental competente a certidão de registro de imóveis onde conste a averbação da Reserva Legal ou termo de compromisso já firmado nos casos de posse".

"**Art. 78-A** *(redação da Lei 13.295, de 14.6.16)*. Após 31 de dezembro de 2017, as instituições financeiras só concederão crédito agrícola, em qualquer de suas modalidades, para proprietários de imóveis rurais que estejam inscritos no CAR. **Parágrafo único.** O prazo de que trata este artigo será prorrogado em observância aos novos prazos de que trata o § 3º do art. 29".

Dec. 7.830, de 17.10.12 — Dispõe sobre o Sistema de Cadastro Ambiental Rural, o Cadastro Ambiental Rural, estabelece normas de caráter geral aos Programas de Regularização Ambiental, de que trata a Lei n. 12.651, de 25 de maio de 2012, e dá outras providências.

Art. 167: 47. v. arts. 167-I-12 e 244, CC 1.653 a 1.657.

Art. 167: 48. Na publicação oficial, está "diversos".
Art. 167: 49. v. art. 245, CC 1.536-VII.
Art. 167: 50. v. arts. 248 a 259.
Art. 167: 51. cf. art. 167-I-20.
Art. 167: 52. v. art. 246 § ún.; cf. art. 167-II-13.
Art. 167: 53. v. art. 246 § ún.-parte final, CC 1.565 § 1º, LDi 17 a 18.
Art. 167: 54. hoje, separação judicial.
V. CC 1.571, nota 2b **(Em. Const. 66, de 13.7.10).**
Art. 167: 55. cf. art. 167-I-18; v. Lei 4.591, no tít. CONDOMÍNIO E INCORPORAÇÃO.
Art. 167: 56. cf. art. 167-I-2; v. Dec. lei 70, de 21.11.66, no tít. CÉDULA HIPOTECÁRIA.
Art. 167: 56a. v. Lei 9.514/97, art. 17-II e III.
Art. 167: 57. O CC atual extinguiu o regime dotal.
Art. 167: 58. v. LDi 46.
Art. 167: 59. v. art. 246; CC 1.911.
Art. 167: 60. v. CC 1.951 a 1.960.
Art. 167: 61. cf. art. 167-II-4.
Art. 167: 61a. v. CC 1.571, nota 2b **(Em. Const. 66, de 13.7.10).**
Art. 167: 62. v. Tít. V, nota 2, que antecede o CC 1.378.
Art. 167: 63. O item 25 havia sido incluído pela Med. Prov. 458, de 10.2.09, que foi convertida na Lei 11.952, de 25.6.09. Entretanto, esta Lei nada dispôs sobre o item em comento, razão pela qual ele não vigora.
Art. 167: 64. O item 63 havia sido incluído pela Med. Prov. 992, de 16.7.20, a qual teve seu prazo de vigência encerrado sem ser convertida em lei.

Art. 168. Na designação genérica de registro, consideram-se englobadas a inscrição e a transcrição a que se referem as leis civis.

Art. 169 (*redação da Lei 14.382, de 27.6.22*). Todos os atos enumerados no art. 167 desta Lei são obrigatórios e serão efetuados na serventia da situação do imóvel,[1] observado o seguinte:

I (*redação da Lei 14.382, de 27.6.22*) — as averbações serão efetuadas na matrícula ou à margem do registro a que se referirem, ainda que o imóvel tenha passado a pertencer a outra circunscrição, observado o disposto no inciso I do § 1º e no § 18 do art. 176 desta Lei;

II (*redação da Lei 14.382, de 27.6.22*) — para o imóvel situado em duas ou mais circunscrições, serão abertas matrículas em ambas as serventias dos registros públicos; e

III (*revogado pela Lei 14.382, de 27.6.22*);

IV (*redação da Lei 14.382, de 27.6.22*) — aberta matrícula na serventia da situação do imóvel, o oficial comunicará o fato à serventia de origem, para o encerramento, de ofício, da matrícula anterior.

§ 1º (*redação da Lei 14.382, de 27.6.22*) O registro do loteamento e do desmembramento que abranger imóvel localizado em mais de uma circunscrição imobiliária observará o disposto no inciso II do *caput* deste artigo, e as matrículas das unidades imobiliárias deverão ser abertas na serventia do registro de imóveis da circunscrição em que estiver situada a unidade imobiliária, procedendo-se às averbações remissivas.

§ 2º (*redação da Lei 14.382, de 27.6.22*) As informações relativas às alterações de denominação de logradouro e de numeração predial serão enviadas pelo Município à serventia do registro de imóveis da circunscrição onde estiver situado o imóvel, por meio do Serp, e as informações de alteração de numeração predial poderão ser arquivadas para uso oportuno e a pedido do interessado.

§ 3º (*redação da Lei 14.382, de 27.6.22*) Na hipótese prevista no inciso II do *caput* deste artigo, as matrículas serão abertas:

I (*redação da Lei 14.382, de 27.6.22*) — com remissões recíprocas;

II (*redação da Lei 14.382, de 27.6.22*) — com a prática dos atos de registro e de averbação apenas no registro de imóveis da circunscrição em que estiver situada a maior área, averbando-se, sem conteúdo financeiro, a circunstância na outra serventia; e

III (*redação da Lei 14.382, de 27.6.22*) — se a área for idêntica em ambas as circunscrições, adotar-se-á o mesmo procedimento e proceder-se-á aos registros e às averbações na serventia de escolha do interessado, averbada a circunstância na outra serventia, sem conteúdo financeiro.

Art. 169: 1. s/ cédulas de crédito rural, v. Dec. lei 167, de 14.2.67, art. 30 (no tít. TÍTULOS DE CRÉDITO RURAL).

Art. 170. O desmembramento territorial posterior ao registro não exige sua repetição no novo cartório.

Art. 171 (*redação da Lei 13.465, de 11.7.17*). Os atos relativos a vias férreas serão registrados na circunscrição imobiliária onde se situe o imóvel.

Parágrafo único (*acrescido pela Lei 13.465, de 11.7.17*). A requerimento do interessado, o oficial do cartório do registro de imóveis da circunscrição a que se refere o *caput* deste artigo abrirá a matrícula da área correspondente, com base em planta, memorial descritivo e certidão atualizada da matrícula ou da transcrição do imóvel, caso exista, podendo a apuração do remanescente ocorrer em momento posterior.

Art. 171-A (*acrescido pela Med. Prov. 759, de 22.12.16*). Os atos relativos a vias férreas serão registrados na circunscrição imobiliária onde se situe o imóvel.

§ 1º (*acrescido pela Med. Prov. 759, de 22.12.16*) A requerimento do interessado, o oficial do cartório do registro de imóveis da circunscrição a que se refere o *caput* abrirá a matrícula da área correspondente, com base em planta, memorial descritivo e certidão atualizada da matrícula ou da transcrição do imóvel, caso exista.

§ 2º (*acrescido pela Med. Prov. 759, de 22.12.16*) Após a abertura de matrícula de que trata o § 1º, o oficial do cartório do registro de imóveis deverá comunicar o oficial de registro de imóveis da circunscrição de origem da via férrea para averbação do destaque e controle de disponibilidade, podendo a apuração do remanescente ocorrer em momento posterior.

Capítulo II | DA ESCRITURAÇÃO[1]

CAP. II: 1. v. arts. 3º a 7º (normas gerais).

Art. 172. No Registro de Imóveis serão feitos, nos termos desta lei,¹ o registro² e a averbação³ dos títulos ou atos constitutivos, declaratórios, translativos e extintivos⁴ de direitos reais sobre imóveis reconhecidos em lei, *inter vivos* ou *mortis causa*, quer para sua constituição, transferência e extinção, quer para sua validade em relação a terceiros, quer para a sua disponibilidade.

Art. 172: 1. além da matrícula (arts. 176 § 1º-I, II e § 2º, 227 a 237, 195 e 196; cf. art. 167-*caput*).

Art. 172: 2. v. arts. 167-I, 208 a 216 e 236 a 245.

Art. 172: 3. v. arts. 167-II e 246 a 259.

Art. 172: 4. Na publicação oficial, está "extintos".

Art. 173. Haverá, no Registro de Imóveis, os seguintes livros:¹⁻¹ᵃ
  I — Livro n. 1 — Protocolo;²
  II — Livro n. 2 — Registro Geral;³
  III — Livro n. 3 — Registro Auxiliar;⁴
  IV — Livro n. 4 — Indicador Real;⁵
  V — Livro n. 5 — Indicador Pessoal.⁶⁻⁷

Parágrafo único. Observado o disposto no § 2º do art. 3º desta lei, os Livros ns. 2, 3, 4 e 5 poderão ser substituídos por fichas.

Art. 173: 1. Os livros "Registro de Cédulas de Crédito Rural" (art. 31 § 3º do Dec. lei 167, de 14.2.67) e "Registro de Cédula de Crédito Industrial" (art. 31 § 3º do Dec. lei 413, de 9.1.69) foram suprimidos (LRP 167-I-13 e 14 c/c 178-II e VI). Não foi suprimido, porém, o livro auxiliar de cadastro das aquisições de terras rurais por estrangeiros, criado pelo art. 10 da Lei 5.709, de 7.10.71, e regulamentado pelo art. 15 do Dec. 74.965, de 26.11.74.

Art. 173: 1a. v. Lei 11.977, de 7.7.09, art. 40.

Art. 173: 2. v. arts. 174 a 175.

Art. 173: 3. v. art. 176.

Art. 173: 4. v. arts. 177 e 178.

Art. 173: 5. v. art. 179.

Art. 173: 6. v. art. 180.

Art. 173: 7. A Lei 5.709, de 7.10.71, criou, em seu art. 10, o cadastro especial de terras rurais adquiridas por estrangeiro.

Art. 174. O Livro n. 1 — Protocolo — servirá para apontamento de todos os títulos apresentados diariamente, ressalvado o disposto no parágrafo único do art. 12 desta lei.

Art. 175. São requisitos da escrituração do Livro n. 1 — Protocolo:
  I — o número de ordem, que seguirá indefinidamente nos livros da mesma espécie;
  II — a data da apresentação;
  III — o nome do apresentante;
  IV — a natureza formal do título;
  V — os atos que formalizar, resumidamente mencionados.

Art. 176. O Livro n. 2 — Registro Geral — será destinado à matrícula dos imóveis e ao registro ou averbação dos atos relacionados no art. 167 e não atribuídos ao Livro n. 3.

§ 1º A escrituração do Livro n. 2 obedecerá às seguintes normas:

I (*redação da Lei 14.382, de 27.6.22*) — cada imóvel terá matrícula[1] própria, que será aberta por ocasião do primeiro ato de registro ou de averbação caso a transcrição possua todos os requisitos elencados para a abertura de matrícula;

II — são requisitos da matrícula:[1a-1b]

1) o número de ordem, que seguirá ao infinito;

2) a data;

3) (*redação da Lei 10.267, de 28.8.01*) a identificação do imóvel, que será feita com indicação:

a) se rural, do código do imóvel, dos dados constantes da CCIR, da denominação e de suas características, confrontações,[2] localização e área;

b) se urbano, de suas características e confrontações, localização, área, logradouro, número e de sua designação cadastral, se houver;

4) o nome, domicílio e nacionalidade do proprietário, bem como:

a) tratando-se de pessoa física, o estado civil, a profissão, o número de inscrição no Cadastro de Pessoas Físicas do Ministério da Fazenda ou do Registro Geral da cédula de identidade, ou, à falta deste, sua filiação;

b) tratando-se de pessoa jurídica, a sede social e o número de inscrição no Cadastro Geral de Contribuintes do Ministério da Fazenda;

5) o número do registro anterior;

6) (*acrescido pela Lei 13.777, de 20.12.18*) tratando-se de imóvel em regime de multipropriedade, a indicação da existência de matrículas, nos termos do § 10 deste artigo;

III — são requisitos do registro no Livro n. 2:

1) a data;

2) o nome, domicílio e nacionalidade do transmitente, ou do devedor, e do adquirente, ou credor, bem como:

a) tratando-se de pessoa física, o estado civil, a profissão e o número de inscrição no Cadastro de Pessoas Físicas do Ministério da Fazenda ou do Registro Geral da cédula de identidade, ou à falta deste, sua filiação;

b) tratando-se de pessoa jurídica, a sede social e o número de inscrição no Cadastro Geral de Contribuintes do Ministério da Fazenda;

3) o título da transmissão ou do ônus;

4) a forma do título, sua procedência e caracterização;

5) o valor do contrato, da coisa ou da dívida, prazo desta, condições e mais especificações, inclusive os juros, se houver.

§ 2º (*redação da Lei 6.688, de 17.9.79*) Para a matrícula e registro das escrituras e partilhas, lavradas ou homologadas na vigência do Decreto n. 4.857, de 9 de novembro de 1939, não serão observadas as exigências deste artigo, devendo tais atos obedecer ao disposto na legislação anterior.

§ 3º (*redação da Lei 10.267, de 28.8.01*) Nos casos de desmembramento, parcelamento ou remembramento de imóveis rurais, a identificação prevista na alínea *a* do item 3 do item II do § 1º será obtida a partir de memorial descritivo, assinado por profissional habilitado e com a devida Anotação de Responsabilidade Técnica — ART, contendo as coordenadas dos vértices definidores dos limites dos imóveis rurais, georreferenciadas ao Sistema Geodésico Brasileiro e com precisão posicional a ser fixada pelo INCRA, garantida a isenção de custos financeiros aos proprietários de imóveis rurais cuja somatória da área não exceda a quatro módulos fiscais.

§ 4º (*redação da Lei 10.267, de 28.8.01*) A identificação de que trata o § 3º tornar-se-á obrigatória para efetivação de registro, em qualquer situação de transferência de imóvel rural, nos prazos fixados por ato do Poder Executivo.

§ 5º (*redação da Lei 11.952, de 25.6.09*) Nas hipóteses do § 3º, caberá ao INCRA certificar que a poligonal objeto do memorial descritivo não se sobrepõe a nenhuma outra constante de seu cadastro georreferenciado e que o memorial atende às exigências técnicas, conforme ato normativo próprio.

§ 6º (*redação da Lei 11.952, de 25.6.09*) A certificação do memorial descritivo de glebas públicas será referente apenas ao seu perímetro originário.

§ 7º (*redação da Lei 11.952, de 25.6.09*) Não se exigirá, por ocasião da efetivação do registro do imóvel destacado de glebas públicas, a retificação do memorial descritivo da área remanescente, que somente ocorrerá a cada três anos, contados a partir do primeiro destaque, englobando todos os destaques realizados no período.

§ 8º (*redação da Lei 12.424, de 16.6.11*) O ente público proprietário ou imitido na posse a partir de decisão proferida em processo judicial de desapropriação em curso poderá requerer a abertura de matrícula de parte de imóvel situado em área urbana ou de expansão urbana, previamente matriculado ou não, com base em planta e memorial descritivo, podendo a apuração de remanescente ocorrer em momento posterior.

§ 9º (*acrescido pela Lei 13.465, de 11.7.17*) A instituição do direito real de laje ocorrerá por meio da abertura de uma matrícula própria no registro de imóveis e por meio da averbação desse fato na matrícula da construção-base e nas matrículas de lajes anteriores, com remissão recíproca.

§ 10 (*redação da Lei 13.777, de 20.12.18*). Quando o imóvel se destinar ao regime da multipropriedade, além da matrícula do imóvel, haverá uma matrícula para cada fração de tempo, na qual se registrarão e averbarão os atos referentes à respectiva fração de tempo, ressalvado o disposto no § 11 deste artigo.

§ 11 (*redação da Lei 13.777, de 20.12.18*). Na hipótese prevista no § 10 deste artigo, cada fração de tempo poderá, em função de legislação tributária municipal, ser objeto de inscrição imobiliária individualizada.

§ 12 (*redação da Lei 13.777, de 20.12.18*). Na hipótese prevista no inciso II do § 1º do art. 1.358-N da Lei n. 10.406, de 10 de janeiro de 2002 (Código Civil), a fração de tempo adicional, destinada à realização de reparos, constará da matrícula referente à fração de tempo principal de cada multiproprietário e não será objeto de matrícula específica.

§ 13 (*acrescido pela Lei 13.838, de 4.6.19*). Para a identificação de que tratam os §§ 3º e 4º deste artigo, é dispensada a anuência dos confrontantes, bastando para tanto a declaração do requerente de que respeitou os limites e as confrontações.

§ 14 (*redação da Lei 14.382, de 27.6.22*). É facultada a abertura da matrícula na circunscrição onde estiver situado o imóvel, a requerimento do interessado ou de ofício, por conveniência do serviço.

§ 15 (*redação da Lei 14.382, de 27.6.22*). Ainda que ausentes alguns elementos de especialidade objetiva ou subjetiva, desde que haja segurança quanto à localização e à identificação do imóvel, a critério do oficial, e que constem os dados do registro anterior, a matrícula poderá ser aberta nos termos do § 14 deste artigo.

§ 16 (*redação da Lei 14.382, de 27.6.22*). Se não forem suficientes os elementos de especialidade objetiva ou subjetiva, será exigida a retificação, no caso de requerimento do interessado na forma prevista no § 14 deste artigo, perante a circunscrição de situação do imóvel.

§ 17 (*redação da Lei 14.382, de 27.6.22*). Os elementos de especialidade objetiva ou subjetiva que não alterarem elementos essenciais do ato ou negócio jurídico praticado, quando não constantes do título ou do acervo registral, poderão ser complementados por outros documentos ou, quando se tratar de manifestação de vontade, por declarações dos proprietários ou dos interessados, sob sua responsabilidade.

§ 18 (redação da Lei 14.382, de 27.6.22). Quando se tratar de transcrição que não possua todos os requisitos para a abertura de matrícula, admitir-se-á que se façam na circunscrição de origem, à margem do título, as averbações necessárias.

Art. 176: 1. v. arts. 167-*caput*, 227 a 237, 195 e 196.

Art. 176: 1a. v. art. 196.

Art. 176: 1b. "Não é nula a matrícula que adotou a descrição do imóvel de matrícula anterior, realizada nos termos da lei então vigente" (STJ-4ª T., REsp 60.751, Min. Sálvio de Figueiredo, j. 27.5.03, DJU 23.6.03).

Art. 176: 2. v. art. 225 § 2º.

Art. 177. O Livro n. 3 — Registro Auxiliar — será destinado ao registro dos atos que, sendo atribuídos ao Registro de Imóveis por disposição legal, não digam respeito diretamente a imóvel matriculado.

Art. 178. Registrar-se-ão no Livro n. 3 — Registro Auxiliar:

I — a emissão de debêntures,[1] sem prejuízo do registro eventual e definitivo, na matrícula do imóvel, da hipoteca, anticrese ou penhor que abonarem especialmente tais emissões, firmando-se pela ordem do registro a prioridade entre as séries de obrigações emitidas pela sociedade;

II (redação da Lei 13.986, de 7.4.20) — as cédulas de crédito industrial,[2] sem prejuízo do registro da hipoteca cedular;[3]

III (redação da Lei 13.777, de 20.12.18) — as convenções de condomínio edilício, condomínio geral voluntário e condomínio em multipropriedade;[4]

IV — o penhor de máquinas e de aparelhos utilizados na indústria, instalados e em funcionamento, com os respectivos pertences ou sem eles;[5]

V — as convenções antenupciais;[6]

VI — os contratos de penhor rural;[7]

VII — os títulos que, a requerimento do interessado, forem registrados no seu inteiro teor, sem prejuízo do ato praticado no Livro n. 2.

Art. 178: 1. cf. a Lei 10.303, de 31.10.01, que alterou o art. 62-II da LSA, o registro da emissão de debêntures passou à atribuição do Registro do Comércio. Atualmente, faz-se no Registro de Imóveis (Livro 2 — Registro Geral), se for o caso, apenas o registro da hipoteca, anticrese ou penhor que abonarem a emissão de debêntures. V. art. 167, nota 17.

Art. 178: 2. v. art. 167-I-14.

Art. 178: 3. v. art. 167-I-2.

Art. 178: 4. v. art. 167-I-17 e 23.

Art. 178: 5. v. art. 167-I-4.

Art. 178: 6. v. art. 167-I-12.

Art. 178: 7. v. art. 167-I-15.

Art. 179. O Livro n. 4 — Indicador Real — será o repositório de todos os imóveis que figurarem nos demais livros, devendo conter sua identificação, referência aos números de ordem dos outros livros e anotações necessárias.

§ 1º Se não for utilizado o sistema de fichas, o Livro n. 4 conterá, ainda, o número de ordem, que seguirá indefinidamente, nos livros da mesma espécie.

§ 2º Adotado o sistema previsto no parágrafo precedente, os oficiais deverão ter, para auxiliar a consulta, um livro-índice ou fichas pelas ruas, quando se tratar de imóveis urbanos, e pelos nomes e situações, quando rurais.

Art. 180. O Livro n. 5 — Indicador Pessoal — dividido alfabeticamente, será repositório dos nomes de todas as pessoas que, individual ou coletivamente, ativa ou passivamente, direta ou indiretamente, figurarem nos demais livros, fazendo-se referência aos respectivos números de ordem.

Parágrafo único. Se não for utilizado o sistema de fichas, o Livro n. 5 conterá, ainda, o número de ordem de cada letra do alfabeto, que seguirá indefinidamente, nos livros da mesma espécie. Os oficiais poderão adotar, para auxiliar as buscas, um livro-índice ou fichas em ordem alfabética.

Art. 181. Poderão ser abertos e escriturados, concomitantemente, até dez livros de "Registro Geral", obedecendo, neste caso, a sua escrituração ao algarismo final da matrícula, sendo as matrículas de número final um feitas no Livro 2-1, as de final dois no Livro 2-2 e as de final três no Livro 2-3, e assim, sucessivamente.

Parágrafo único. Também poderão ser desdobrados, a critério do oficial, os Livros ns. 3 "Registro Auxiliar", 4 "Indicador Real" e 5 "Indicador Pessoal".

Capítulo III | DO PROCESSO DE REGISTRO[1]

CAP. III: 1. v. arts. 3º a 15 (normas gerais).

Art. 182. Todos os títulos tomarão, no Protocolo, o número de ordem que lhes competir em razão da sequência rigorosa de sua apresentação.

Art. 183. Reproduzir-se-á, em cada título, o número de ordem respectivo e a data de sua prenotação.

Art. 184. O Protocolo será encerrado diariamente.

Art. 185. A escrituração do Protocolo incumbirá tanto ao oficial titular como ao seu substituto legal, podendo ser feita, ainda, por escrevente auxiliar expressamente designado pelo oficial titular ou pelo seu substituto legal mediante autorização do juiz competente, ainda que os primeiros não estejam nem afastados nem impedidos.

Art. 186. O número de ordem determinará a prioridade do título, e esta a preferência dos direitos reais, ainda que apresentados pela mesma pessoa mais de um título simultaneamente.[1]

Art. 186: 1. "A data da transcrição é a mesma da prenotação (arts. 182, 183 e 186 da Lei 6.015/1973). Esta define a prioridade dos direitos que lhe são afetos. Seus efeitos só cessarão se o interessado deixar de atender as exigências legais no prazo de trinta dias (art. 205 da Lei 6.015/1973). A falta de cumprimento da **obrigação tributária,** questão de ordem formal, **não constitui óbice à prenotação**" (STJ-3ª T., REsp 1.339.876, Min. Moura Ribeiro, j. 26.4.16, DJ 3.5.16).

Art. 187. Em caso de permuta,[1] e pertencendo os imóveis à mesma circunscrição, serão feitos os registros nas matrículas correspondentes, sob um único número de ordem no Protocolo.

Art. 187: 1. v. art. 167-I-30.

Art. 188 (redação da Lei 14.382, de 27.6.22). Protocolizado o título, proceder-se-á ao registro ou à emissão de nota devolutiva, no prazo de 10 (dez) dias, contado da data do protocolo, salvo nos casos previstos no § 1º deste artigo e nos arts. 189, 190, 191 e 192 desta Lei.

§ 1º (redação da Lei 14.382, de 27.6.22) Se não houver exigências ou falta de pagamento de custas e emolumentos, deverão ser registrados, no prazo de 5 (cinco) dias:

I (redação da Lei 14.382, de 27.6.22) — as escrituras de compra e venda sem cláusulas especiais, os requerimentos de averbação de construção e de cancelamento de garantias;

II (redação da Lei 14.382, de 27.6.22) — os documentos eletrônicos apresentados por meio do Serp; e

III (redação da Lei 14.382, de 27.6.22) — os títulos que reingressarem na vigência da prenotação com o cumprimento integral das exigências formuladas anteriormente.

§ 2º (redação da Lei 14.382, de 27.6.22) A inobservância do disposto neste artigo ensejará a aplicação das penas previstas no art. 32 da Lei n. 8.935, de 18 de novembro de 1994, nos termos estabelecidos pela Corregedoria Nacional de Justiça do Conselho Nacional de Justiça.

Art. 189. Apresentado título de segunda hipoteca,[1] com referência expressa à existência de outra anterior, o oficial, depois de prenotá-lo, aguardará durante trinta dias que os interessados na primeira promovam a inscrição.[2] Esgotado esse prazo, que correrá da data da prenotação, sem que seja apresentado o título anterior, o segundo será inscrito[3] e obterá preferência sobre aquele.

Art. 189: 1. v. art. 167-I-2.
Art. 189: 2. aliás, "registro" (v. art. 168).
Art. 189: 3. aliás, "registrado" (v. art. 168).

Art. 190. Não serão registrados, no mesmo dia, títulos pelos quais se constituam direitos reais contraditórios sobre o mesmo imóvel.

Art. 191. Prevalecerão, para efeito de prioridade de registro, quando apresentados no mesmo dia, os títulos prenotados no Protocolo sob número de ordem mais baixo, protelando-se o registro dos apresentados posteriormente, pelo prazo correspondente a, pelo menos, um dia útil.

Art. 192. O disposto nos arts. 190 e 191 não se aplica às escrituras públicas, da mesma data e apresentadas no mesmo dia, que determinem, taxativamente, a hora da sua lavratura, prevalecendo, para efeito de prioridade, a que foi lavrada em primeiro lugar.

Art. 193. O registro será feito pela simples exibição do título, sem dependência de extratos.

Art. 194 (*redação da Lei 14.382, de 27.6.22*). Os títulos físicos serão digitalizados, devolvidos aos apresentantes e mantidos exclusivamente em arquivo digital, nos termos estabelecidos pela Corregedoria Nacional de Justiça do Conselho Nacional de Justiça.

Art. 195. Se o imóvel não estiver matriculado ou registrado em nome do outorgante, o oficial exigirá a prévia matrícula[1] e o registro do título anterior, qualquer que seja a sua natureza, para manter a continuidade do registro.

Art. 195: 1. v. arts. 167-*caput*, 176 § 1º-I e II e § 2º, 196 e 227 a 237.

Art. 195-A (*redação da Lei 13.465, de 11.7.17*). O Município poderá solicitar ao cartório de registro de imóveis competente a abertura de matrícula de parte ou da totalidade de imóveis públicos oriundos de parcelamento do solo urbano implantado, ainda que não inscrito ou registrado, por meio de requerimento acompanhado dos seguintes documentos:

I (*redação da Lei 12.424, de 16.6.11*) — planta e memorial descritivo do imóvel público a ser matriculado, dos quais constem a sua descrição, com medidas perimetrais, área total, localização, confrontantes e coordenadas preferencialmente georreferenciadas dos vértices definidores de seus limites;

II (*redação da Lei 12.424, de 16.6.11*) — comprovação de intimação dos confrontantes para que informem, no prazo de 15 (quinze) dias, se os limites definidos na planta e no memorial descritivo do imóvel público a ser matriculado se sobrepõem às suas respectivas áreas, se for o caso;

III (*redação da Lei 12.424, de 16.6.11*) — as respostas à intimação prevista no inciso II, quando houver; e

IV (*redação da Lei 13.465, de 11.7.17*) — planta de parcelamento ou do imóvel público a ser registrado, assinada pelo loteador ou elaborada e assinada por agente público da prefeitura, acompanhada de declaração de que o parcelamento encontra-se implantado, na hipótese de este não ter sido inscrito ou registrado.

§ 1º (*redação da Lei 12.424, de 16.6.11*) Apresentados pelo Município os documentos relacionados no *caput*, o registro de imóveis deverá proceder ao registro dos imóveis públicos decorrentes do parcelamento do solo urbano na matrícula ou transcrição da gleba objeto de parcelamento.

§ 2º (*redação da Lei 12.424, de 16.6.11*) Na abertura de matrícula de imóvel público oriundo de parcelamento do solo urbano, havendo divergência nas medidas perimetrais de que resulte, ou não, alteração de área, a situação de fato implantada do bem deverá prevalecer sobre a situação constante do registro ou da planta de parcelamento, respeitados os limites dos particulares lindeiros.

§ 3º (*redação da Lei 12.424, de 16.6.11*) Não será exigido, para transferência de domínio, formalização da doação de áreas públicas pelo loteador nos casos de parcelamentos urbanos realizados na vigência do Decreto-Lei n. 58, de 10 de dezembro de 1937.

§ 4º (*redação da Lei 12.424, de 16.6.11*) Recebido o requerimento e verificado o atendimento aos requisitos previstos neste artigo, o oficial do registro de imóveis abrirá a matrícula em nome do Município.

§ 5º (*redação da Lei 12.424, de 16.6.11*) A abertura de matrícula de que trata o *caput* independe do regime jurídico do bem público.

§ 6º (*redação da Lei 13.465, de 11.7.17*) Na hipótese de haver área remanescente, a sua apuração poderá ocorrer em momento posterior.

§ 7º (*redação da Lei 13.465, de 11.7.17*) O procedimento definido neste artigo poderá ser adotado para abertura de matrícula de glebas municipais adquiridas por lei ou por outros meios legalmente admitidos, inclusive para as terras devolutas transferidas ao Município em razão de legislação estadual ou federal, dispensado o procedimento discriminatório administrativo ou judicial.

§ 8º (*redação da Lei 13.465, de 11.7.17*) O disposto neste artigo aplica-se, em especial, às áreas de uso público utilizadas pelo sistema viário do parcelamento urbano irregular.

Art. 195-B (*redação da Lei 13.465, de 11.7.17*). A União, os Estados e o Distrito Federal poderão solicitar ao registro de imóveis competente a abertura de matrícula de parte ou da totalidade de imóveis urbanos sem registro anterior, cujo domínio lhes tenha sido assegurado pela legislação, por meio de requerimento acompanhado dos documentos previstos nos incisos I, II e III do *caput* do art. 195-A, inclusive para as terras devolutas, dispensado o procedimento discriminatório administrativo ou judicial.

§ 1º (*redação da Lei 13.465, de 11.7.17*) Recebido o requerimento na forma prevista no *caput* deste artigo, o oficial do registro de imóveis abrirá a matrícula em nome do requerente, observado o disposto nos §§ 5º e 6º do art. 195-A.

§ 2º (*redação da Lei 12.424, de 16.6.11*) O Município poderá realizar, em acordo com o Estado, o procedimento de que trata este artigo e requerer, em nome deste, no registro de imóveis competente a abertura de matrícula de imóveis urbanos situados nos limites do respectivo território municipal.

§ 3º (*redação da Lei 13.465, de 11.7.17*) O procedimento de que trata este artigo poderá ser adotado pela União para o registro de imóveis rurais de sua propriedade, observado o disposto nos §§ 3º, 4º, 5º, 6º e 7º do art. 176 desta Lei.

§ 4º (*redação da Lei 13.465, de 11.7.17*) Para a abertura de matrícula em nome da União com base neste artigo, a comprovação de que trata o inciso II do *caput* do art. 195-A será realizada, no que couber, mediante o procedimento de notificação previsto nos arts. 12-A e 12-B do Decreto-Lei n. 9.760, de 5 de setembro de 1946, com ressalva quanto ao prazo para apresentação de eventuais impugnações, que será de quinze dias, na hipótese de notificação pessoal, e de trinta dias, na hipótese de notificação por edital.

Art. 196. A matrícula[1] será feita à vista dos elementos constantes do título apresentado e do registro anterior que constar do próprio cartório.

Art. 196: 1. v. arts. 167-*caput*, 176 § 1º-I e II e § 2º, 195 e 227 a 237.

Art. 197. Quando o título anterior estiver registrado em outro cartório, o novo título será apresentado juntamente com certidão atualizada, comprobatória do registro anterior, e da existência ou inexistência de ônus.

Art. 198 (*redação da Lei 14.382, de 27.6.22*). Se houver exigência a ser satisfeita, ela será indicada pelo oficial por escrito, dentro do prazo previsto no art. 188 desta Lei e de uma só vez, articuladamente, de forma clara e objetiva, com data, identificação e assinatura do oficial ou preposto responsável, para que:[1 a 8]

I (revogado pela Lei 14.382, de 27.6.22);

II (revogado pela Lei 14.382, de 27.6.22);

III (revogado pela Lei 14.382, de 27.6.22);

IV (revogado pela Lei 14.382, de 27.6.22);

V (redação da Lei 14.382, de 27.6.22) — o interessado possa satisfazê-la; ou

VI (redação da Lei 14.382, de 27.6.22) — caso não se conforme ou não seja possível cumprir a exigência, o interessado requeira que o título e a declaração de dúvida sejam remetidos ao juízo competente para dirimi-la.

§ 1º O procedimento da dúvida observará o seguinte:

I (redação da Lei 14.382, de 27.6.22) — no Protocolo, o oficial anotará, à margem da prenotação, a ocorrência da dúvida;

II (redação da Lei 14.382, de 27.6.22) — após certificar a prenotação e a suscitação da dúvida no título, o oficial rubricará todas as suas folhas;

III (redação da Lei 14.382, de 27.6.22) — em seguida, o oficial dará ciência dos termos da dúvida ao apresentante, fornecendo-lhe cópia da suscitação e notificando-o para impugná-la perante o juízo competente, no prazo de 15 (quinze) dias; e

IV (redação da Lei 14.382, de 27.6.22) — certificado o cumprimento do disposto no inciso III deste parágrafo, serão remetidos eletronicamente ao juízo competente as razões da dúvida e o título.

§ 2º (redação da Lei 14.382, de 27.6.22) A inobservância do disposto neste artigo ensejará a aplicação das penas previstas no art. 32 da Lei n. 8.935, de 18 de novembro de 1994, nos termos estabelecidos pela Corregedoria Nacional de Justiça do Conselho Nacional de Justiça.

Art. 198: 1. "Juiz competente no procedimento de dúvida", por Marcelo Guimarães Rodrigues (RJM 183/19).

Art. 198: 1a. s/ aplicação do procedimento de dúvida aos demais registros previstos na LRP, v. art. 296.

Art. 198: 2. Lei 5.972, de 11.12.73 — Regula o procedimento para o registro da propriedade de bens imóveis discriminados administrativamente ou possuídos pela União: "**Art. 3º** Nos quinze dias seguintes à data do protocolo do requerimento da União, o Oficial do Registro verificará se o imóvel descrito se acha lançado em nome de outrem. Inexistindo registro anterior, o oficial procederá imediatamente à transcrição do decreto de que trata o artigo 2º, que servirá de título aquisitivo da propriedade do imóvel pela União. Estando o imóvel lançado em nome de outrem, o Oficial do Registro, dentro dos cinco dias seguintes ao vencimento daquele prazo, remeterá o requerimento da União, com a declaração de dúvida, ao Juiz Federal competente para decidi-la".

Art. 198: 3. "Enquadrando-se a hipótese no art. 3º da Lei 5.972, de 1973, a **competência** para apreciar os incidentes de suscitação de dúvida é da **Justiça Federal**, independentemente da natureza contenciosa ou não da questão jurisdicional" (STJ-1ª Seção, CC 259.890, Min. Teori Zavascki, j. 25.8.04, DJU 13.9.04).

Nos demais casos, a quem compete decidir a dúvida suscitada por Oficial de Registro, em que a União tenha interesse?

Afirmando a competência da **Justiça Federal**: "Registro de Imóvel por parte da União. À luz do sistema constitucional de prerrogativas da União, a decisão de qualquer procedimento judicial que possa infirmar o seu domínio deve tramitar na Justiça Federal, consoante a *ratio essendi* da Súmula 150 do STJ" (STJ-1ª Seção, CC 32.584, Min. Luiz Fux, j. 11.12.02, DJU 26.4.04). No mesmo sentido: RJTJERGS 148/232.

Afirmando a competência da **Justiça Estadual**: "Em face de sua natureza administrativa, o procedimento de dúvida deve ser decidido pelo Juízo Estadual Corregedor do Cartório de Registro de Imóveis, que o formulou" (STJ-2ª Seção, CC 4.840, Min. Barros Monteiro, j. 8.9.93, DJU 4.10.93). No mesmo sentido: RSTJ 6/120 (1ª Seção).

S/ competência para a retificação de registro imobiliário, v. art. 212, nota 2b.

Art. 198: 4. "Havendo exigências a serem satisfeitas quanto ao registro pretendido, o titular do respectivo Cartório de Imóveis deve suscitar dúvida ao juízo, conforme preconiza o art. 198 da Lei 6.015/73; e, caso assim não proceder, compete à parte formular reclamação perante o juízo competente acerca do retardamento do seu registro" (RJM 195/86: AP 1.0534.09.018492-8/001).

Art. 198: 4a. Na vigência da atual LRP, não se admite a chamada "dúvida inversa", que era aquela dirigida diretamente ao juiz pela parte, e não pelo oficial do registro (RTJ 107/628). **Contra,** admitindo-a: RT 500/102, 515/109. Não a admitindo, porém julgando-a, por economia processual: RJTJESP 134/550.

Art. 198: 4b. "Tendo em vista os princípios da disponibilidade, especialidade e continuidade que norteiam os registros públicos, assegurando-lhes a confiabilidade dos mesmos, pode o Oficial do Registro suscitar dúvida, independentemente de ser título judicial ou extrajudicial" (STJ-3ª T., RMS 9.372, Min. Pádua Ribeiro, j. 19.5.05, DJU 13.6.05).

Art. 198: 4c. "Em processo de dúvida não é possível a invalidação de registro imobiliário anterior" (STJ-3ª T., REsp 27.157-9, Min. Cláudio Santos, j. 20.6.95, DJU 11.9.95).

"A simples determinação administrativa do juiz de registros públicos, ao dirimir procedimento de dúvida suscitado pelo notário, de registrar carta de arrematação formalmente perfeita, com o consequente cancelamento do registro de compromisso de compra e venda anteriormente avençado com terceiro pelo devedor hipotecário, não viola direito líquido e certo do promissário comprador, que adquirira do devedor hipotecário o imóvel gravado de ônus real" (STJ-4ª T., RMS 9.728, Min. Sálvio de Figueiredo, j. 20.4.99, DJU 21.6.99).

Art. 198: 5. A falta de contestação da dúvida não acarreta qualquer consequência processual, nem impede o interessado de recorrer da sentença que a acolhe (RT 514/112).

Art. 198: 6. "**Descabida a intervenção de terceiros** no âmbito da dúvida registrária, porquanto inexiste previsão normativa nesse sentido nos dispositivos legais que regulam o procedimento, quais sejam, os artigos 198 a 207 da Lei 6.015 de 1973, sendo inviável a aplicação subsidiária dos artigos 56 ao 80 do Código de Processo Civil de 1973" (STJ-4ª T., RMS 39.236, Min. Marco Buzzi, j. 26.4.16, DJ 3.5.16). No mesmo sentido, em matéria de assistência: RF 262/171.

Art. 198: 7. No sentido de que o único recurso cabível, nos processos de dúvida, é a apelação, que deve ser interposta e arrazoada no prazo de 15 dias: RF 259/170.

Negando o cabimento de agravo de instrumento: RT 522/108.

V. tb., no CPCLPV, RISTJ 255, nota 4-Dúvida no registro público.

Art. 198: 8. "O Ministério Público Estadual é legitimado, diante da impossibilidade de interpor recurso especial, à impetração de mandado de segurança, em legitimação extraordinária, para defesa, no interesse da sociedade e da preservação da regularidade registral imobiliária, impetração essa perante o Órgão Especial do Tribunal de Justiça competente, diante do deferimento de matrícula, em caráter qualificado como teratológico, de área de grandes dimensões, em região ocupada há tempos" (STJ-3ª T., REsp 1.418.189, Min. Sidnei Beneti, j. 10.6.14, DJ 1.7.14).

Todavia: "Mandado de segurança. Impetração pelo registrador, contra ato judicial. Ordenado o registro de hipoteca judicial, em cumprimento de carta de ordem expedida pelo Tribunal de Alçada, e julgadas improcedentes as objeções formuladas, cabe ao serventuário cumprir a ordem. Afora o procedimento previsto no art. 198 da Lei dos Registros Públicos, não tem ele direito líquido e certo a defender em mandado de segurança contra decisão judicial, sob o fundamento de que, na sua opinião, faltavam alguns requisitos de natureza formal" (STJ-4ª T., RMS 8.310, Min. Ruy Rosado, j. 10.3.98, DJU 18.12.98).

Art. 199. Se o interessado não impugnar a dúvida no prazo referido no item III do artigo anterior, será ela, ainda assim, julgada por sentença.

Art. 200. Impugnada a dúvida com os documentos que o interessado apresentar, será ouvido o Ministério Público,[1] no prazo de dez dias.

Art. 200: 1. v. RF 254/331.

Art. 201. Se não forem requeridas diligências, o juiz proferirá decisão no prazo de quinze dias, com base nos elementos constantes dos autos.

Art. 202. Da sentença, poderão interpor apelação,[1] com os efeitos devolutivo e suspensivo, o interessado,[2] o Ministério Público e o terceiro prejudicado.

Art. 202: 1. v. CPC 1.009 e segs.

Art. 202: 2. O tabelião de notas que lavrou a escritura objeto do procedimento de dúvida e a apresentou ao registro imobiliário não é considerado interessado, para os fins deste dispositivo (RJTJESP 92/538, 100/558).

Art. 203. Transitada em julgado a decisão da dúvida, proceder-se-á do seguinte modo:

I — se for julgada procedente, os documentos serão restituídos à parte independentemente de traslado, dando-se ciência da decisão ao oficial, para que a consigne no Protocolo e cancele a prenotação;

II — se for julgada improcedente, o interessado apresentará, de novo, os seus documentos, com o respectivo mandado, ou certidão da sentença, que ficarão arquivados, para que, desde logo, se proceda ao registro, declarando o oficial o fato na coluna de anotações do Protocolo.

Art. 204. A decisão da dúvida tem natureza administrativa e não impede o uso do processo contencioso competente.[1]

Art. 204: 1. Por isso mesmo, não cabe rescisória em processo de dúvida.

Art. 205 (redação da Lei 14.382, de 27.6.22). Cessarão automaticamente os efeitos da prenotação se, decorridos 20 (vinte) dias da data do seu lançamento no Protocolo, o título não tiver sido registrado por omissão do interessado em atender às exigências legais.

Parágrafo único (redação da Lei 14.382, de 27.6.22). Nos procedimentos de regularização fundiária de interesse social, os efeitos da prenotação cessarão decorridos 40 (quarenta) dias de seu lançamento no Protocolo.

Art. 206. Se o documento, uma vez prenotado, não puder ser registrado, ou o apresentante desistir de seu registro, a importância relativa às despesas previstas no art. 14 será restituída, deduzida a quantia correspondente às buscas e à prenotação.

Art. 206-A (redação da Lei 14.382, de 27.6.22). Quando o título for apresentado para prenotação, o usuário poderá optar:[1]

I (redação da Lei 14.382, de 27.6.22) — pelo depósito do pagamento antecipado dos emolumentos e das custas; ou

II (redação da Lei 14.382, de 27.6.22) — pelo recolhimento do valor da prenotação e depósito posterior do pagamento do valor restante, no prazo de 5 (cinco) dias, contado da data da análise pelo oficial que concluir pela aptidão para registro.

§ 1º (redação da Lei 14.382, de 27.6.22) Os efeitos da prenotação serão mantidos durante o prazo de que trata o inciso II do caput deste artigo.

§ 2º (redação da Lei 14.382, de 27.6.22) Efetuado o depósito, os procedimentos registrais serão finalizados com a realização dos atos solicitados e a expedição da respectiva certidão.

§ 3º (redação da Lei 14.382, de 27.6.22) Fica autorizada a devolução do título apto para registro, em caso de não efetivação do pagamento no prazo previsto no *caput* deste artigo, caso em que o apresentante perderá o valor da prenotação.

§ 4º (*redação da Lei 14.382, de 27.6.22*) Os títulos apresentados por instituições financeiras e demais instituições autorizadas a funcionar pelo Banco Central do Brasil ou por entidades autorizadas pelo Banco Central do Brasil ou pela Comissão de Valores Mobiliários a exercer as atividades de depósito centralizado ou de registro de ativos financeiros e de valores mobiliários, nos termos dos arts. 22 e 28 da Lei n. 12.810, de 15 de maio de 2013, respectivamente, poderão efetuar o pagamento dos atos pertinentes à vista de fatura.

§ 5º (*redação da Lei 14.382, de 27.6.22*) O disposto neste artigo aplica-se às unidades federativas que adotem forma de pagamento por meio de documento de arrecadação.

§ 6º (*redação da Lei 14.382, de 27.6.22*) A reapresentação de título que tenha sido devolvido por falta de pagamento dos emolumentos, nos termos do § 3º deste artigo, dependerá do pagamento integral do depósito prévio.

§ 7º (*redação da Lei 14.382, de 27.6.22*) O prazo previsto no *caput* deste artigo não é computado dentro do prazo de registro de que trata o art. 188 desta Lei.

Art. 206-A: 1. Lei 14.382, de 27.6.22: "Art. 19. O disposto no art. 206-A da Lei n. 6.015, de 31 de dezembro de 1973 (Lei de Registros Públicos), deverá ser implementado, em todo o território nacional, no prazo de 150 (cento e cinquenta) dias, contado da data de entrada em vigor desta Lei. Nota: essa Lei entrou em vigor na data de sua publicação (DOU 28.6.22).

Art. 207. No processo de dúvida, somente serão devidas custas, a serem pagas pelo interessado, quando a dúvida for julgada procedente.[1]

Art. 207: 1. É ilegal a condenação do serventuário em custas e honorários de advogado, na dúvida julgada improcedente (STF-RTJ 93/1.211; RT 537/219).

Art. 208. O registro começado dentro das horas fixadas não será interrompido, salvo motivo de força maior declarado, prorrogando-se o expediente até ser concluído.

Art. 209 (*redação da Lei 6.216, de 30.6.75*). Durante a prorrogação nenhuma nova apresentação será admitida, lavrando o termo de encerramento no Protocolo.[1]

Art. 209: 1. O texto primitivo da Lei 6.015, art. 210, rezava: "lavrando-se termo de encerramento no protocolo".

Art. 210. Todos os atos serão assinados e encerrados pelo oficial, por seu substituto legal, ou por escrevente expressamente designado pelo oficial ou por seu substituto legal e autorizado pelo juiz competente ainda que os primeiros não estejam nem afastados nem impedidos.

Art. 211. Nas vias dos títulos restituídas aos apresentantes, serão declarados resumidamente, por carimbo, os atos praticados.

Art. 212. Se o registro ou a averbação for omissa, imprecisa ou não exprimir a verdade, a retificação será feita pelo Oficial do Registro de Imóveis competente, a requerimento do interessado, por meio do procedimento administrativo previsto no art. 213, facultado ao interessado requerer a retificação por meio de procedimento judicial.[1 a 2b]

Parágrafo único. A opção pelo procedimento administrativo previsto no art. 213 não exclui a prestação jurisdicional, a requerimento da parte prejudicada.[3]

Art. 212: 1. Redação do *caput* alterada pela Lei 10.931, de 2.8.04.

Art. 212: 2. v. CC 1.247.

Art. 212: 2a. "A retificação só é possível para corrigir erro formal na escritura. Na medida em que se pretendeu alterar a própria essência do negócio, com alteração do polo contratante, não seria possível fazê-lo por mera escritura de retificação" (JTJ 317/79, AP 471.079-4/5-00).

Art. 212: 2b. Competência. "Enquanto de natureza meramente administrativa o requerimento, inexistindo lide, compete ao Juiz de Direito, corregedor dos registros públicos, processar e julgar pedido de retificação de registro imobiliário, ainda quando formulado por ente federal com prerrogativa de foro na Justiça Federal, em face da natureza administrativa do requerimento" (RSTJ 92/164, 98/187, STJ-RT 750/211).

S/ competência para o julgamento do procedimento de dúvida, v. art. 198, nota 3.

Art. 212: 3. O § ún. foi introduzido pela Lei 10.931, de 2.8.04.

Art. 213 (*redação da Lei 10.931, de 2.8.04*). O oficial retificará[1 a 2a] o registro ou a averbação:

I (*redação da Lei 10.931, de 2.8.04*) — de ofício ou a requerimento do interessado[2b] nos casos de:

a) omissão ou erro cometido na transposição de qualquer elemento do título;

b) indicação ou atualização de confrontação;

c) alteração de denominação de logradouro público, comprovada por documento oficial;

d) retificação que vise a indicação de rumos, ângulos de deflexão ou inserção de coordenadas georreferenciadas, em que não haja alteração das medidas perimetrais;

e) alteração ou inserção que resulte de mero cálculo matemático feito a partir das medidas perimetrais constantes do registro;

f) reprodução de descrição de linha divisória de imóvel confrontante que já tenha sido objeto de retificação;

g) inserção ou modificação dos dados de qualificação pessoal das partes, comprovada por documentos oficiais, ou mediante despacho judicial quando houver necessidade de produção de outras provas;

II (*redação da Lei 10.931, de 2.8.04*) — a requerimento do interessado, no caso de inserção ou alteração de medida perimetral de que resulte, ou não, alteração de área,[3] instruído com planta e memorial descritivo assinado por profissional legalmente habilitado, com prova de anotação de responsabilidade técnica no competente Conselho Regional de Engenharia e Arquitetura — CREA, bem assim pelos confrontantes.

§ 1º (*redação da Lei 10.931, de 2.8.04*) Uma vez atendidos os requisitos de que trata o *caput* do art. 225, o oficial averbará a retificação.

§ 2º (*redação da Lei 10.931, de 2.8.04*) Se a planta não contiver a assinatura de algum confrontante, este será notificado pelo Oficial de Registro de Imóveis competente, a requerimento do interessado, para se manifestar em quinze dias, promovendo-se a notificação pessoalmente ou pelo correio, com aviso de recebimento, ou, ainda, por solicitação do Oficial de Registro de Imóveis, pelo Oficial de Registro de Títulos e Documentos da comarca da situação do imóvel ou do domicílio de quem deva recebê-la.

§ 3º (*redação da Lei 10.931, de 2.8.04*) A notificação será dirigida ao endereço do confrontante constante do Registro de Imóveis, podendo ser dirigida ao próprio imóvel contíguo ou àquele fornecido pelo requerente; não sendo encontrado o confrontante ou estando em lugar incerto e não sabido, tal fato será certificado pelo oficial encarregado da diligência, promovendo-se a notificação do confrontante mediante edital, com o mesmo prazo fixado no § 2º, publicado por duas vezes em jornal local de grande circulação.

§ 4º (*redação da Lei 10.931, de 2.8.04*) Presumir-se-á a anuência do confrontante que deixar de apresentar impugnação no prazo da notificação.

§ 5º (*redação da Lei 10.931, de 2.8.04*) Findo o prazo sem impugnação, o oficial averbará a retificação requerida; se houver impugnação fundamentada por parte de algum confrontante, o oficial intimará o requerente e o profissional que houver assinado a planta e o memorial a fim de que, no prazo de cinco dias, se manifestem sobre a impugnação.

§ 6º (*redação da Lei 10.931, de 2.8.04*) Havendo impugnação e se as partes não tiverem formalizado transação amigável para solucioná-la, o oficial remeterá o processo ao juiz competente, que decidirá de plano ou após instrução sumária, salvo se a controvérsia versar sobre o direito de propriedade de alguma das partes, hipótese em que remeterá o interessado para as vias ordinárias.[4]

§ 7º (*redação da Lei 10.931, de 2.8.04*) Pelo mesmo procedimento previsto neste artigo poderão ser apurados os remanescentes de áreas parcialmente alienadas, caso em que serão considerados como confrontantes tão somente os confinantes das áreas remanescentes.

§ 8º (*redação da Lei 10.931, de 2.8.04*) As áreas públicas poderão ser demarcadas ou ter seus registros retificados pelo mesmo procedimento previsto neste artigo, desde que constem do registro ou sejam logradouros devidamente averbados.

§ 9º (*redação da Lei 10.931, de 2.8.04*) Independentemente de retificação, dois ou mais confrontantes poderão, por meio de escritura pública, alterar ou estabelecer as divisas entre si e, se houver transferência de área, com o recolhimento do devido imposto de transmissão e desde que preservadas, se rural o imóvel, a fração mínima de parcelamento e, quando urbano, a legislação urbanística.

§ 10 (*redação da Lei 14.382, de 27.6.22*). Entendem-se como confrontantes os proprietários e titulares de outros direitos reais e aquisitivos sobre os imóveis contíguos, observado o seguinte:

I (*redação da Lei 14.382, de 27.6.22*) — o condomínio geral, de que trata o Capítulo VI do Título III do Livro III da Parte Especial da Lei n. 10.406, de 10 de janeiro de 2002 (Código Civil), será representado por qualquer um dos condôminos;

II (*redação da Lei 14.382, de 27.6.22*) — o condomínio edilício, de que tratam os arts. 1.331 a 1.358 da Lei n. 10.406, de 10 de janeiro de 2002 (Código Civil), será representado pelo síndico, e o condomínio por frações autônomas, de que trata o art. 32 da Lei n. 4.591, de 16 de dezembro de 1964, pela comissão de representantes; e

III (*redação da Lei 14.382, de 27.6.22*) — não se incluem como confrontantes:

a) (*redação da Lei 14.382, de 27.6.22*) os detentores de direitos reais de garantia hipotecária ou pignoratícia; ou

b) (*redação da Lei 14.382, de 27.6.22*) os titulares de crédito vincendo, cuja propriedade imobiliária esteja vinculada, temporariamente, à operação de crédito financeiro.

§ 11 (*redação da Lei 10.931, de 2.8.04*). Independe de retificação:

I (*redação da Lei 12.424, de 16.6.11*) — a regularização fundiária de interesse social realizada em Zonas Especiais de Interesse Social, promovida por Município ou pelo Distrito Federal, quando os lotes já estiverem cadastrados individualmente ou com lançamento fiscal há mais de 10 (dez) anos;

II (*redação da Lei 10.931, de 2.8.04*) — a adequação da descrição de imóvel rural às exigências dos arts. 176, §§ 3º e 4º, e 225, § 3º, desta Lei;

III (*redação da Lei 12.424, de 16.6.11*) — a adequação da descrição de imóvel urbano decorrente de transformação de coordenadas geodésicas entre os sistemas de georreferenciamento oficiais;

IV (*redação da Lei 12.424, de 16.6.11*) — a averbação do auto de demarcação urbanística e o registro do parcelamento decorrente de projeto de regularização fundiária de interesse social de que trata a Lei n. 11.977, de 7 de julho de 2009; e

V (*redação da Lei 12.424, de 16.6.11*) — o registro do parcelamento de glebas para fins urbanos anterior a 19 de dezembro de 1979, que esteja implantado e integrado à cidade, nos termos do art. 71 da Lei n. 11.977, de 7 de julho de 2009.

§ 12 (*redação da Lei 10.931, de 2.8.04*). Poderá o oficial realizar diligências no imóvel para a constatação de sua situação em face dos confrontantes e localização na quadra.

§ 13 (*redação da Lei 14.382, de 27.6.22*). Se não houver dúvida quanto à identificação do imóvel:

I (*redação da Lei 14.382, de 27.6.22*) — o título anterior à retificação poderá ser levado a registro desde que requerido pelo adquirente, promovendo-se o registro em conformidade com a nova descrição; e

II (*redação da Lei 14.382, de 27.6.22*) — a prenotação do título anterior à retificação será prorrogada durante a análise da retificação de registro.

§ 14 (*redação da Lei 10.931, de 2.8.04*). Verificado a qualquer tempo não serem verdadeiros os fatos constantes do memorial descritivo, responderão os requerentes e o profissional que o elaborou pelos prejuízos causados, independentemente das sanções disciplinares e penais.

§ 15 (*redação da Lei 10.931, de 2.8.04*). Não são devidos custas ou emolumentos notariais ou de registro decorrentes de regularização fundiária de interesse social a cargo da administração pública.

§ 16 (*redação da Lei 12.424, de 16.6.11*). Na retificação de que trata o inciso II do *caput*, serão considerados confrontantes somente os confinantes de divisas que forem alcançadas pela inserção ou alteração de medidas perimetrais.

Art. 213: 1. "A retificação no registro de imóveis", por Cláudia Fonseca Tutikian (RSDCPC 36/44).

Art. 213: 1a. Lei 6.739, de 5.12.79: "**Art. 2º** A retificação do registro sempre será feita por serventuário competente, mediante despacho judicial, como dispõe o art. 213 da Lei 6.015, de 31 de dezembro de 1973, alterada pela Lei n. 6.216, de 30 de junho de 1975, e, quando feita em livro impróprio, será procedida por determinação do Corregedor-Geral, na forma do art. 1º.

"**Art. 3º** A parte interessada, se inconformada com o provimento, poderá ingressar com ação anulatória, perante o juiz competente, contra a pessoa jurídica de direito público que requereu o cancelamento, ação que não sustará os efeitos deste, admitido o registro da citação, nos termos do art. 167, I, 21, da Lei n. 6.015, de 31 de dezembro de 1973, alterada pela Lei n. 6.216, de 30 de junho de 1975.

"Parágrafo único. Da decisão proferida, caberá apelação e, quando contrária ao requerente do cancelamento, ficará sujeita ao duplo grau de jurisdição".

Art. 213: 2. Por simples retificação no registro não se admite que um imóvel passe a constar como situado em outro município; o caso seria de alteração de registro, e não de retificação (JTJ 200/143).

Art. 213: 2a. Se os elementos identificadores dos imóveis existentes no cartório forem insuficientes para a fusão ou a unificação, previstas nos arts. 234 e 235, o interessado poderá se valer do procedimento de retificação de registro, para obter a nova descrição da área total (JTJ 192/144).

Art. 213: 2b. "O compromissário comprador, o donatário, o outorgado em doação em pagamento, o adjudicatário, o arrematante, todos têm legítimo interesse em postular a retificação de registro relativo a imóvel sobre o qual têm título" (JTJ 188/165).

Mas não é admissível retificação de área, postulada por mero possuidor (RT 756/324).

Art. 213: 3. "No procedimento de retificação, previsto nos arts. 213 e 214 da LRP, não importa a extensão da área a ser retificada, desde que os demais requisitos estejam preenchidos" (STJ-3ª T., REsp 120.196, Min. Eduardo Ribeiro, j. 4.3.99, DJU 10.5.99).

"O procedimento de jurisdição voluntária é o adequado para o pedido de retificação de registro de imóvel, mesmo que a sua procedência importe em substancial aumento de área nele constante, já que a Lei 6.015/73 não traz esta restrição, sendo inadmissível a remessa às vias ordinárias, desde que, citados, os interessados não tenham apresentado impugnação fundamentada, não havendo que se falar em impossibilidade jurídica do pedido, se o mesmo encontra amparo no art. 213 daquele diploma legal" (RT 781/350). Em sentido semelhante: STJ-4ª T., REsp 343.543, Min. Ruy Rosado, j. 2.5.02, DJ 24.3.03.

Todavia: "Retificação de registro de imóvel. Art. 213 da Lei n. 6.015/73. Pretensão de aquisição de propriedade. Impossibilidade. Não serve o procedimento de retificação constante da Lei de Registros Públicos como forma de aquisição ou aumento de propriedade imobiliária, pois destinado apenas à correção dos assentos existentes no registro de imóveis, considerando-se a situação fática do bem" (STJ-3ª T., REsp 1.228.288, Min. João Otávio, j. 3.3.16, DJ 10.3.16).

"Se a pretensão é a de incorporar excesso ou aumento de área, a retificação não constitui a via adequada" (RT 782/363).

"O acréscimo de área resultante de retificação contemplada pelo art. 213 da Lei 6.015/73 não poderá ultrapassar o limite previsto pelo art. 1.136, parágrafo único, do CC, sob pena de se estar criando uma nova maneira de aquisição da propriedade imóvel" (RJTJERGS 172/348). O art. 1.136 § ún. do CC rev. corresponde ao CC 500 § 1º.

Art. 213: 4. "Não são devidos honorários advocatícios no pedido de retificação do registro imobiliário — procedimento de jurisdição voluntária. Eventual impugnação não transforma em jurisdicional a atividade administrativa nele exercida pelo juiz" (STJ-3ª T., AI 387.066-AgRg, Min. Gomes de Barros, j. 25.9.06, DJU 16.10.06).

Art. 214. As nulidades de pleno direito[1] do registro, uma vez provadas, invalidam-no independentemente de ação direta.[1a a 3]

§ 1º (*acrescido pela Lei 10.931, de 2.8.04*) A nulidade será decretada depois de ouvidos os atingidos.

§ 2º (*acrescido pela Lei 10.931, de 2.8.04*) Da decisão tomada no caso do § 1º caberá apelação ou agravo conforme o caso.

§ 3º (*acrescido pela Lei 10.931, de 2.8.04*) Se o juiz entender que a superveniência de novos registros poderá causar danos de difícil reparação poderá determinar de ofício, a qualquer momento, ainda que sem oitiva das partes, o bloqueio da matrícula do imóvel.

§ 4º (*acrescido pela Lei 10.931, de 2.8.04*) Bloqueada a matrícula, o oficial não poderá mais nela praticar qualquer ato, salvo com autorização judicial, permitindo-se, todavia, aos interessados a prenotação de seus títulos, que ficarão com o prazo prorrogado até a solução do bloqueio.

§ 5º (*acrescido pela Lei 10.931, de 2.8.04*) A nulidade não será decretada se atingir terceiro de boa-fé que já tiver preenchido as condições de usucapião do imóvel.

Art. 214: 1. v. CC 166.

Art. 214: 1a. "As nulidades de pleno direito invalidam o registro. Segundo boa parte da doutrina, a nulidade, além de insanável, é imprescritível: 'Resultando provado que a escritura de compra e venda foi forjada, o ato é tido como nulo e não convalesce pela prescrição'" (STJ-RF 355/226).

Art. 214: 2. v. CC 168 § ún. e 169.

Art. 214: 2a. Ainda que nulo, somente mediante ação direta pode ser invalidado o registro feito em decorrência de decisão judicial (STJ-4ª T., RMS 127, Min. Athos Carneiro, j. 14.8.90, DJU 10.9.90).

Art. 214: 3. "Não existindo lide, compete ao Juízo de Direito corregedor processar e julgar o pedido de cancelamento de registros imobiliários, não importando se este foi formulado por ente federal, porquanto a questão é de natureza meramente administrativa" (STJ-2ª Seção, CC 31.046, Min. Fernando Gonçalves, j. 11.6.03, DJU 30.6.03).

Art. 215. São nulos[1] os registros efetuados após sentença de abertura de falência, ou do termo legal nele fixado,[1a] salvo se a apresentação tiver sido feita anteriormente.

Art. 215: 1. "A adjudicação ocorrida, em sede de execução trabalhista, em data anterior à decretação da quebra, pode, mesmo após referida decretação, ser levada a registro pelos adjudicatários, isso em razão de não consubstanciar ato da falida, mas sim medida expropriatória que se efetiva por imperativo estatal" (STJ-4ª T., REsp 12.106-0, Min. Sálvio de Figueiredo, j. 14.9.93, DJU 11.10.93).

Art. 215: 1a. *sic*; deve ser "nela".

Art. 216. O registro poderá também ser retificado ou anulado[1] por sentença em processo contencioso,[1a-1b] ou por efeito do julgado em ação de anulação[2] ou de declaração de nulidade de ato jurídico,[3] ou de julgado sobre fraude à execução.[4]

Art. 216: 1. cf. art. 252.

Art. 216: 1a. sem intervenção do MP (RTJ 90/936, RSTJ 50/148).

Art. 216: 1b. Lei 6.739, de 5.12.79: "Art. 4º Nas ações anulatórias de registro ou de matrícula de imóvel rural, a citação será pessoal aos réus residentes na comarca e por edital aos demais.

"§ 1º Aplicam-se, quando editalícia a citação, os arts. 232 e 233 do Código de Processo Civil.

"§ 2º O edital será, ainda, publicado, por 2 (duas) vezes, no espaço de 15 (quinze) dias, em jornal de grande circulação da Capital do Estado ou do Território".

Art. 216: 2. v. CC 171.

Art. 216: 3. s/ desnecessidade de ação direta de nulidade, v. art. 214.

V. tb. CPC 966 § 4º.

Art. 216: 4. v. CPC 792.

Art. 216-A (*incluído pela Lei 13.105, de 16.3.15*). Sem prejuízo da via jurisdicional,[1] é admitido o pedido de reconhecimento extrajudicial de usucapião, que será processado diretamente perante o cartório do registro de imóveis da comarca em que estiver situado o imóvel usucapiendo, a requerimento do interessado, representado por advogado, instruído com:[1a]

I (*redação da Lei 13.465, de 11.7.17*) — ata notarial lavrada pelo tabelião, atestando o tempo de posse do requerente e de seus antecessores, conforme o caso e suas circunstâncias, aplicando-se o disposto no art. 384 da Lei n. 13.105, de 16 de março de 2015 (Código de Processo Civil);

II (*redação da Lei 13.465, de 11.7.17*) — planta e memorial descritivo assinado por profissional legalmente habilitado, com prova de anotação de responsabilidade técnica no respectivo conselho de fiscalização profissional, e pelos titulares de direitos registrados ou averbados na matrícula do imóvel usucapiendo ou na matrícula dos imóveis confinantes;

III — certidões negativas dos distribuidores da comarca da situação do imóvel e do domicílio do requerente;

IV — justo título ou quaisquer outros documentos que demonstrem a origem, a continuidade, a natureza e o tempo da posse, tais como o pagamento dos impostos e das taxas que incidirem sobre o imóvel.

§ 1º O pedido será autuado pelo registrador, prorrogando-se o prazo da prenotação até o acolhimento ou a rejeição do pedido.

§ 2º (*redação da Lei 13.465, de 11.7.17*) Se a planta não contiver a assinatura de qualquer um dos titulares de direitos registrados ou averbados na matrícula do imóvel usucapiendo ou na matrícula dos imóveis confinantes, o titular será notificado pelo registrador competente, pessoalmente ou pelo correio com aviso de recebimento, para manifestar consentimento expresso em quinze dias, interpretado o silêncio como concordância.

§ 3º O oficial de registro de imóveis dará ciência à União, ao Estado, ao Distrito Federal e ao Município, pessoalmente, por intermédio do oficial de registro de títulos e documentos, ou pelo correio com aviso de recebimento, para que se manifestem, em 15 (quinze) dias, sobre o pedido.

§ 4º O oficial de registro de imóveis promoverá a publicação de edital em jornal de grande circulação, onde houver, para a ciência de terceiros eventualmente interessados, que poderão se manifestar em 15 (quinze) dias.

§ 5º Para a elucidação de qualquer ponto de dúvida, poderão ser solicitadas ou realizadas diligências pelo oficial de registro de imóveis.

§ 6º (*redação da Lei 13.465, de 11.7.17*) Transcorrido o prazo de que trata o § 4º deste artigo, sem pendência de diligências na forma do § 5º deste artigo e achando-se em ordem a documentação, o oficial de registro de imóveis registrará a aquisição do imóvel com as descrições apresentadas, sendo permitida a abertura de matrícula, se for o caso.

§ 7º Em qualquer caso, é lícito ao interessado suscitar o procedimento de dúvida, nos termos desta Lei.

§ 8º Ao final das diligências, se a documentação não estiver em ordem, o oficial de registro de imóveis rejeitará o pedido.

§ 9º A rejeição do pedido extrajudicial não impede o ajuizamento de ação de usucapião.

§ 10 (*redação da Lei 14.382, de 27.6.22*). Em caso de impugnação justificada do pedido de reconhecimento extrajudicial de usucapião, o oficial de registro de imóveis remeterá os autos ao juízo competente da comarca da situação do imóvel, cabendo ao requerente emendar a petição inicial para adequá-la ao procedimento comum,[2] porém, em caso de impugnação injustificada, esta não será admitida pelo registrador, cabendo ao interessado o manejo da suscitação de dúvida nos moldes do art. 198 desta Lei.

§ 11 (*acrescido pela Lei 13.465, de 11.7.17*). No caso de o imóvel usucapiendo ser unidade autônoma de condomínio edilício, fica dispensado consentimento dos titulares de direitos reais e outros direitos registrados ou averbados na matrícula dos imóveis confinantes e bastará a notificação do síndico para se manifestar na forma do § 2º deste artigo.

§ 12 (*acrescido pela Lei 13.465, de 11.7.17*). Se o imóvel confinante contiver um condomínio edilício, bastará a notificação do síndico para o efeito do § 2º deste artigo, dispensada a notificação de todos os condôminos.

§ 13 (*acrescido pela Lei 13.465, de 11.7.17*). Para efeito do § 2º deste artigo, caso não seja encontrado o notificando ou caso ele esteja em lugar incerto ou não sabido, tal fato será certificado pelo registrador, que deverá promover a sua notificação por edital mediante publicação, por duas vezes, em jornal local de grande circulação, pelo prazo de quinze dias cada um, interpretado o silêncio do notificando como concordância.

§ 14 (*acrescido pela Lei 13.465, de 11.7.17*). Regulamento do órgão jurisdicional competente para a correição das serventias poderá autorizar a publicação do edital em meio eletrônico, caso em que ficará dispensada a publicação em jornais de grande circulação.

§ 15 (*acrescido pela Lei 13.465, de 11.7.17*). No caso de ausência ou insuficiência dos documentos de que trata o inciso IV do *caput* deste artigo, a posse e os demais dados necessários poderão ser comprovados em procedimento de justificação administrativa perante a serventia extrajudicial, que obedecerá, no que couber, ao disposto no § 5º do art. 381 e ao rito previsto nos arts. 382 e 383 da Lei n. 13.105, de 16 março de 2015 (Código de Processo Civil).

Art. 216-A: 1. "Existência de interesse jurídico no ajuizamento direto de ação de usucapião, independentemente de prévio pedido na via extrajudicial" (STJ-3ª T., REsp 1.824.133, Min. Paulo Sanseverino, j. 11.2.20, DJ 14.2.20).

Art. 216-A: 1a. v. CPC 1.071.

Art. 216-A: 2. v. CPC 318 e segs.

Art. 216-B (*redação da Lei 14.382, de 27.6.22*). Sem prejuízo da via jurisdicional, a adjudicação compulsória de imóvel objeto de promessa de venda ou de cessão poderá ser efetivada extrajudicialmente no serviço de registro de imóveis da situação do imóvel, nos termos deste artigo.[1]

§ 1º São legitimados a requerer a adjudicação o promitente comprador ou qualquer dos seus cessionários ou promitentes cessionários, ou seus sucessores, bem como o promitente vendedor, representados por advogado, e o pedido deverá ser instruído com os seguintes documentos:

I — instrumento de promessa de compra e venda ou de cessão ou de sucessão, quando for o caso;

II — prova do inadimplemento, caracterizado pela não celebração do título de transmissão da propriedade plena no prazo de 15 (quinze) dias, contado da entrega de notificação extrajudicial pelo oficial do registro de imóveis da situação do imóvel, que poderá delegar a diligência ao oficial do registro de títulos e documentos;

III — ata notarial lavrada por tabelião de notas da qual constem a identificação do imóvel, o nome e a qualificação do promitente comprador ou de seus sucessores constantes do contrato de promessa, a prova do pagamento do respectivo preço e da caracterização do inadimplemento da obrigação de outorgar ou receber o título de propriedade;

IV — certidões dos distribuidores forenses da comarca da situação do imóvel e do domicílio do requerente que demonstrem a inexistência de litígio envolvendo o contrato de promessa de compra e venda do imóvel objeto da adjudicação;

V — comprovante de pagamento do respectivo Imposto sobre a Transmissão de Bens Imóveis (ITBI);

VI — procuração com poderes específicos.

§ 2º O deferimento da adjudicação independe de prévio registro dos instrumentos de promessa de compra e venda ou de cessão e da comprovação da regularidade fiscal do promitente vendedor.

§ 3º À vista dos documentos a que se refere o § 1º deste artigo, o oficial do registro de imóveis da circunscrição onde se situa o imóvel procederá ao registro do domínio em nome do promitente comprador, servindo de título a respectiva promessa de compra e venda ou de cessão ou o instrumento que comprove a sucessão.

Art. 216-B: 1. v. CC 1.418 e art. 16 do Dec. lei 58, de 10.12.37 (no tít. PROMESSA E LOTEAMENTO), bem como respectivas notas.

Capítulo IV | DAS PESSOAS

Art. 217. O registro[1] e a averbação[2] poderão ser provocados por qualquer pessoa,[3] incumbindo-lhe as despesas respectivas.[4]

Art. 217: 1. v. art. 167-I.

Art. 217: 2. v. art. 167-II.

Art. 217: 3. O juiz deve determinar, de ofício, o registro de penhora, arresto ou sequestro de imóvel loteado (Dec. lei 58, de 10.12.37, art. 2º das Disp. Trans., no tít. PROMESSA DE COMPRA E VENDA E LOTEAMENTO).

Art. 217: 4. cf. CC 490.

Art. 218. Nos atos a título gratuito,[1] o registro pode também ser promovido pelo transferente, acompanhado da prova de aceitação do beneficiado.

Art. 218: 1. v. art. 167-I-33.

Art. 219. O registro do penhor rural[1] independe do consentimento do credor hipotecário.

Art. 219: 1. v. art. 167-I-15.

Art. 220. São considerados, para fins de escrituração, credores e devedores, respectivamente:

I — nas servidões, o dono do prédio dominante e dono[1] do prédio serviente;

II — no uso, o usuário e o proprietário;

III — na habitação, o habitante e o proprietário;

IV — na anticrese, o mutuante e o mutuário;

V — no usufruto, o usufrutuário e o nu-proprietário;

VI — na enfiteuse, o senhorio e o enfiteuta;

VII — na constituição de renda, o beneficiário e o rendeiro censuário;

VIII — na locação, o locatário e o locador;

IX — nas promessas de compra e venda, o promitente comprador e o promitente vendedor;

X — nas penhoras e ações, o autor e o réu;

XI — nas cessões de direitos, o cessionário e o cedente;

XII — nas promessas de cessão de direitos, o promitente cessionário e o promitente cedente.

Art. 220: 1. sic; deve ser "o dono".

Capítulo V | DOS TÍTULOS[1-2]

CAP. V: 1. Podem ser cancelados sumariamente, nos casos previstos pela Lei 6.739, de 5.12.79, os registros feitos com base em títulos nulos de pleno direito.

CAP. V: 2. Lei 6.739, de 5.12.79 — Dispõe sobre a Matrícula e o Registro de Imóveis Rurais, e dá outras providências: "**Art. 1º** A requerimento de pessoa jurídica de direito público ao corregedor-geral da justiça, são declarados inexistentes e cancelados a matrícula e o registro de imóvel rural vinculado a título nulo de pleno direito, ou feitos em desacordo com os artigos 221 e segs. da Lei n. 6.015, de 31 de dezembro de 1973, alterada pela Lei n. 6.216, de 30 de junho de 1975".

Art. 221. Somente são admitidos a registro:

I — escrituras públicas, inclusive as lavradas em consulados brasileiros;

II — escritos particulares[1] autorizados em lei,[2] assinados pelas partes e testemunhas, com as firmas reconhecidas, dispensado o reconhecimento quando se tratar de atos praticados por entidades vinculadas ao Sistema Financeiro da Habitação;[3]

III — atos autênticos de países estrangeiros, com força de instrumento público, legalizados e traduzidos na forma da lei, e registrados no cartório do Registro de Títulos e Documentos,[4] assim como sentenças proferidas por tribunais estrangeiros após homologação pelo Supremo Tribunal Federal;[4a-5]

IV — cartas de sentença,[6] formais de partilha,[7] certidões e mandados extraídos de autos de processo;[7a-8]

V (redação da Lei 12.424, de 16.6.11) — contratos ou termos administrativos, assinados com a União, Estados, Municípios ou o Distrito Federal, no âmbito de programas de regularização fundiária e de programas habitacionais de interesse social, dispensado o reconhecimento de firma.

§ 1º (redação da Lei 12.424, de 16.6.11) Serão registrados os contratos e termos mencionados no inciso V do caput assinados a rogo com a impressão dactiloscópica do beneficiário, quando este for analfabeto ou não puder assinar, acompanhados da assinatura de 2 (duas) testemunhas.

§ 2º (redação da Lei 12.424, de 16.6.11) Os contratos ou termos administrativos mencionados no inciso V do caput poderão ser celebrados constando apenas o nome e o número de documento oficial do beneficiário, podendo sua qualificação completa ser efetuada posteriormente, no momento do registro do termo ou contrato, mediante simples requerimento do interessado dirigido ao registro de imóveis.

§ 3º (redação da Lei 13.465, de 11.7.17) Fica dispensada a apresentação dos títulos previstos nos incisos I a V do caput deste artigo quando se tratar de registro do projeto de regularização fundiária e da constituição de direito real, sendo o ente público promotor da regularização fundiária urbana responsável pelo fornecimento das informações necessárias ao registro, ficando dispensada a apresentação de título individualizado, nos termos da legislação específica.

§ 4º (redação da Lei 14.382, de 27.6.22) Quando for requerida a prática de ato com base em título físico que tenha sido registrado, digitalizado ou armazenado, inclusive em outra serventia, será dispensada a reapresentação e bastará referência a ele ou a apresentação de certidão.

Art. 221: 1. v. arts. 194, 223 e 225 § 1º.

Art. 221: 2. s/ hipóteses em que não se exige escritura pública, v. CC 108, nota 2.

Art. 221: 3. s/ emolumentos, v. art. 290.

Art. 221: 4. v. art. 129-6º.

Art. 221: 4a. A competência para a homologação de sentença estrangeira passou ao Superior Tribunal de Justiça (CF 105-I-*i*).

Art. 221: 5. v. CPC 960 a 965.

Art. 221: 6. v. art. 222.

Art. 221: 7. v. art. 222; CPC 655.

Art. 221: 7a. s/ registro de transmissão de bens alienados para a realização do ativo, na falência, através de mandado judicial, v. LRF 140 § 4º.

Art. 221: 8. Mesmo os títulos judiciais estão sujeitos ao exame do Oficial "para a verificação do atendimento dos requisitos e princípios registrários" (RF 364/379).

Art. 222. Em todas as escrituras e em todos os atos relativos a imóveis, bem como nas cartas de sentença e formais de partilha, o tabelião ou escrivão deve fazer referência à matrícula ou ao registro anterior, seu número e cartório.

Art. 223. Ficam sujeitas à obrigação, a que alude o artigo anterior, as partes que, por instrumento particular, celebrarem atos relativos a imóveis.

Art. 224. Nas escrituras, lavradas em decorrência de autorização judicial, serão mencionados,[1] por certidão, em breve relatório, com todas as minúcias que permitam identificá-los, os respectivos alvarás.

Art. 224: 1. Na publicação oficial, está "mencionadas".

Art. 225. Os tabeliães, escrivães e juízes farão com que, nas escrituras e nos autos judiciais, as partes indiquem, com precisão, os característicos, as confrontações e as localizações dos imóveis, mencionando os nomes dos confrontantes e, ainda, quando se tratar só de terreno, se esse fica do lado par ou ímpar do logradouro, em que quadra e a que distância métrica da edificação ou da esquina mais próxima, exigindo dos interessados certidão do registro imobiliário.

§ 1º As mesmas minúcias, com relação à caracterização do imóvel, devem constar dos instrumentos particulares apresentados em cartório para registro.

§ 2º Consideram-se irregulares, para efeito de matrícula, os títulos nos quais a caracterização do imóvel não coincida com a que consta do registro anterior.

§ 3º (*redação da Lei 10.267, de 28.8.01*) Nos autos judiciais que versem sobre imóveis rurais, a localização, os limites e as confrontações serão obtidos a partir de memorial descritivo assinado por profissional habilitado e com a devida Anotação de Responsabilidade Técnica — ART, contendo as coordenadas dos vértices definidores dos limites dos imóveis rurais, georreferenciadas ao Sistema Geodésico Brasileiro e com precisão posicional a ser fixada pelo INCRA, garantida a isenção de custos financeiros aos proprietários de imóveis rurais cuja somatória da área não exceda a quatro módulos fiscais.[1]

Art. 225: 1. "A identificação da área rural do imóvel por meio de **georreferenciamento** será exigida nas hipóteses de desmembramento, parcelamento, remembramento e transferência da titularidade do bem. É **dispensável** o georreferencimento do imóvel rural **em ações possessórias** nas quais a procedência dos pedidos formulados na inicial não enseja a modificação no registro do imóvel" (STJ-3ª T., REsp 1.646.179, Min. Ricardo Cueva, j. 4.12.18, DJ 7.12.18).

Art. 226. Tratando-se de usucapião, os requisitos da matrícula devem constar do mandado judicial.

Capítulo VI | DA MATRÍCULA[1-2]

CAP. VI: 1. "Fragmentos teóricos da base matricial do imóvel no Registro de Imóveis", por Luiz Egon Richter (Ajuris 93/177).

CAP. VI: 2. v. arts. 167-*caput*, 176 § 1º-I, II e § 2º, 195, 196 e 227 a 237.

Art. 227. Todo imóvel objeto de título a ser registrado deve estar matriculado no Livro n. 2 — Registro Geral — obedecido o disposto no art. 176.

Art. 228. A matrícula será efetuada por ocasião do primeiro registro a ser lançado na vigência desta lei, mediante os elementos constantes do título apresentado e do registro anterior nele mencionado.[1]

Art. 228: 1. v. art. 195.

Art. 229. Se o registro anterior foi efetuado em outra circunscrição,[1] a matrícula será aberta com os elementos constantes do título apresentado e da certidão atualizada daquele registro, a qual ficará arquivada em cartório.[2]

Art. 229: 1. v. art. 170.
Art. 229: 2. v. art. 196.

Art. 230. Se na certidão constar ônus, o oficial fará a matrícula, e, logo em seguida ao registro, averbará a existência do ônus, sua natureza e valor, certificando o fato no título que devolver à parte, o que ocorrerá, também, quando o ônus estiver lançado no próprio cartório.[1]

Art. 230: 1. v. arts. 195 e 197.

Art. 231. No preenchimento dos livros, observar-se-ão as seguintes normas:
I — no alto da face de cada folha, será lançada a matrícula do imóvel, com os requisitos constantes do art. 176, e no espaço restante e no verso, serão lançados, por ordem cronológica e em forma narrativa, os registros e averbações dos atos pertinentes ao imóvel matriculado;
II — preenchida uma folha, será feito o transporte para a primeira folha em branco do mesmo livro ou do livro da mesma série que estiver em uso, onde continuarão os lançamentos, com remissões recíprocas.

Art. 232. Cada lançamento de registro será precedido pela letra "R" e o da averbação pelas letras "AV", seguindo-se o número de ordem do lançamento e o da matrícula (ex.: R-1-1, R-2-1, AV-3-1, R-4-1, AV-5-1,[1] etc.).

Art. 232: 1. Com vírgula, no texto da Lei 6.216; sem vírgula, na republicação da Lei 6.015.

Art. 233. A matrícula será cancelada:
I — por decisão judicial;
II — quando, em virtude de alienações parciais, o imóvel for inteiramente transferido a outros proprietários;
III — pela fusão, nos termos do artigo seguinte.

Art. 234. Quando dois ou mais imóveis contíguos, pertencentes ao mesmo proprietário, constarem de matrículas autônomas, pode ele requerer a fusão destas em uma só, de novo número, encerrando-se as primitivas.

Art. 235. Podem, ainda, ser unificados, com abertura de matrícula única:
I — dois ou mais imóveis constantes de transcrições anteriores a esta lei, à margem das quais será averbada a abertura da matrícula que os unificar;
II — dois ou mais imóveis, registrados por ambos os sistemas, caso em que, nas transcrições, será feita a averbação prevista no item anterior, e as matrículas serão encerradas na forma do artigo anterior;

III (redação da Lei 12.424, de 16.6.11) — 2 (dois) ou mais imóveis contíguos objeto de imissão provisória na posse registrada em nome da União, Estado, Município ou Distrito Federal.

§ 1º (redação da Lei 12.424, de 16.6.11) Os imóveis de que trata este artigo, bem como os oriundos de desmembramentos, partilha e glebas destacadas de maior porção, serão desdobrados em novas matrículas, juntamente com os ônus que sobre eles existirem, sempre que ocorrer a transferência de 1 (uma) ou mais unidades, procedendo-se, em seguida, ao que estipula o inciso II do art. 233.

§ 2º (redação da Lei 12.424, de 16.6.11) A hipótese de que trata o inciso III somente poderá ser utilizada nos casos de imóveis inseridos em área urbana ou de expansão urbana e com a finalidade de implementar programas habitacionais ou de regularização fundiária, o que deverá ser informado no requerimento de unificação.

§ 3º (redação da Lei 12.424, de 16.6.11) Na hipótese de que trata o inciso III, a unificação das matrículas poderá abranger um ou mais imóveis de domínio público que sejam contíguos à área objeto da imissão provisória na posse.

Art. 235-A (acrescido pela Lei 13.465, de 11.7.17). Fica instituído o Código Nacional de Matrícula (CNM) que corresponde à numeração única de matrículas imobiliárias em âmbito nacional.

§ 1º O CNM referente a matrícula encerrada ou cancelada não poderá ser reutilizado.

§ 2º Ato da Corregedoria Nacional de Justiça do Conselho Nacional de Justiça regulamentará as características e a forma de implementação do CNM.

Capítulo VII | DO REGISTRO[1]

CAP. VII: 1. v. tb. arts. 188 a 197 e 208 a 216.

Art. 236. Nenhum registro poderá ser feito sem que o imóvel a que se referir esteja matriculado.[1]

Art. 236: 1. v. art. 227.

Art. 237. Ainda que o imóvel esteja matriculado, não se fará registro que dependa da apresentação de título anterior, a fim de que se preserve a continuidade do registro.[1]

Art. 237: 1. v. art. 195.

Art. 237-A (redação da Lei 14.382, de 27.6.22). Após o registro do parcelamento do solo, na modalidade loteamento ou na modalidade desmembramento, e da incorporação imobiliária, de condomínio edilício ou de condomínio de lotes, até que tenha sido averbada a conclusão das obras de infraestrutura ou da construção, as averbações e os registros relativos à pessoa do loteador ou do incorporador ou referentes a quaisquer direitos reais, inclusive de garantias, cessões ou demais negócios jurídicos que envolvam o empreendimento e suas unidades, bem como a própria averbação da conclusão do empreendimento, serão realizados na matrícula de origem do imóvel a ele destinado e replicados, sem custo adicional, em cada uma das matrículas recipiendárias dos lotes ou das unidades autônomas eventualmente abertas.

§ 1º (*redação da Lei 14.382, de 27.6.22*) Para efeito de cobrança de custas e emolumentos, as averbações e os registros relativos ao mesmo ato jurídico ou negócio jurídico e realizados com base no *caput* deste artigo serão considerados ato de registro único, não importando a quantidade de lotes ou de unidades autônomas envolvidas ou de atos intermediários existentes.

§ 2º Nos registros decorrentes de processo de parcelamento do solo ou de incorporação imobiliária, o registrador deverá observar o prazo máximo de quinze dias para o fornecimento do número do registro ao interessado ou a indicação das pendências a serem satisfeitas para sua efetivação.

§ 3º (*redação da Lei 12.424, de 16.6.11*) O registro da instituição de condomínio ou da especificação do empreendimento constituirá ato único para fins de cobrança de custas e emolumentos.

§ 4º (*redação da Lei 14.382, de 27.6.22*) É facultada a abertura de matrícula para cada lote ou fração ideal que corresponderá a determinada unidade autônoma, após o registro do loteamento ou da incorporação imobiliária.

§ 5º (*redação da Lei 14.382, de 27.6.22*) Na hipótese do § 4º deste artigo, se a abertura da matrícula ocorrer no interesse do serviço, fica vedado o repasse das despesas dela decorrentes ao interessado, mas se a abertura da matrícula ocorrer por requerimento do interessado, o emolumento pelo ato praticado será devido por ele.

Art. 238. O registro de hipoteca convencional[1] valerá pelo prazo de trinta anos, findo o qual só será mantido o número anterior se reconstituída por novo título e novo registro.[2]

Art. 238: 1. v. art. 167-I-2.
Art. 238: 2. v. CC 1.485.

Art. 239. As penhoras, arrestos e sequestros de imóveis[1] serão registrados depois de pagas as custas do registro pela parte interessada, em cumprimento de mandado ou à vista de certidão do escrivão, de que constem, além dos requisitos exigidos para o registro, os nomes do juiz, do depositário, das partes e a natureza do processo.

Parágrafo único. A certidão será lavrada pelo escrivão do feito, com a declaração do fim especial a que se destina, após a entrega, em cartório, do mandado devidamente cumprido.

Art. 239: 1. v. art. 167-I-5.

Art. 240. O registro da penhora faz prova quanto à fraude de qualquer transação posterior.[1]

Art. 240: 1. v. CPC 792 e 844 e LRP 167-I-5.

Art. 241. O registro da anticrese[1] no Livro n. 2 declarará, também, o prazo, a época do pagamento e a forma de administração.

Art. 241: 1. v. art. 167-I-11.

Art. 242. O contrato de locação, com cláusula expressa de vigência no caso de alienação do imóvel,[1] registrada no Livro n. 2, consignará, também, o seu valor, a renda, o prazo, o tempo e o lugar do pagamento, bem como a pena convencional.[2]

Art. 242: 1. v. art. 167-I-3.
Art. 242: 2. O texto da Lei 6.216, de 30.6.75, que deu nova redação a este art., está meio apagado, na publicação oficial, mas deve ler-se "bem como a pena convencional"; a republicação da LRP omitiu o artigo "a".

Art. 243. A matrícula do imóvel promovida pelo titular do domínio direto aproveita ao titular do domínio útil, e vice-versa.

Art. 244. As escrituras antenupciais[1] serão registradas no Livro n. 3 do cartório do domicílio conjugal, sem prejuízo de sua averbação obrigatória no lugar da situação dos imóveis de propriedade do casal, ou dos que forem sendo adquiridos e sujeitos a regime de bens diverso do comum, com a declaração das respectivas cláusulas, para ciência de terceiros.

Art. 244: 1. v. arts. 167-I-12, 168-II-1, 178-V.

Art. 245. Quando o regime de separação de bens for determinado por lei,[1] far-se-á a respectiva averbação[2] nos termos do artigo anterior, incumbindo ao Ministério Público zelar pela fiscalização e observância dessa providência.

Art. 245: 1. v. CC 1.641.
Art. 245: 2. v. art. 167-II-1.

Capítulo VIII | DA AVERBAÇÃO[1] E DO CANCELAMENTO[2]

CAP. VIII: 1. v. arts. 167-II e 246 a 247.
CAP. VIII: 2. v. arts. 167-II-2 e 248 a 259.

Art. 246 (*redação da Lei 14.382, de 27.6.22*). Além dos casos expressamente indicados no inciso II do *caput* do art. 167 desta Lei, serão averbadas na matrícula as sub-rogações[1] e outras ocorrências que, por qualquer modo, alterem o registro ou repercutam nos direitos relativos ao imóvel.[2 a 4]

§ 1º (*redação da Lei 10.267, de 28.8.01*) As averbações a que se referem os itens 4 e 5 do inciso II do art. 167 serão as feitas a requerimento dos interessados, com firma reconhecida, instruído com documento dos interessados, com firma reconhecida, instruído com documento comprobatório fornecido pela autoridade competente. A alteração do nome só poderá ser averbada quando devidamente comprovado por certidão do Registro Civil.

§ 1º-A (*redação da Lei 14.382, de 27.6.22*). No caso das averbações de que trata o § 1º deste artigo, o oficial poderá providenciar, preferencialmente por meio eletrônico, a requerimento e às custas do interessado, os documentos comprobatórios necessários perante as autoridades competentes.

§ 2º (*redação da Lei 10.267, de 28.8.01*) Tratando-se de terra indígena com demarcação homologada, a União promoverá o registro da área em seu nome.

§ 3º (*redação da Lei 10.267, de 28.8.01*) Constatada, durante o processo demarcatório, a existência de domínio privado nos limites da terra indígena, a

União requererá ao Oficial de Registro a averbação, na respectiva matrícula, dessa circunstância.

§ 4º (redação da Lei 10.267, de 28.8.01) As providências a que se referem os §§ 2º e 3º deste artigo deverão ser efetivadas pelo cartório, no prazo de trinta dias, contado a partir do recebimento da solicitação de registro e averbação, sob pena de aplicação de multa diária no valor de R$ 1.000,00 (mil reais), sem prejuízo da responsabilidade civil e penal do Oficial de Registro.

Art. 246: 1. v. art. 167-II-11, CC 346 a 351, 1.911 § ún.

Art. 246: 2. v., no índice, Averbação.

Art. 246: 3. "Em razão da presumida boa-fé dos adquirentes, é admissível, quando preterida alguma formalidade no registro imobiliário, a adoção provisória da providência que se convencionou chamar de **'bloqueio administrativo'**, criação pretoriana tendente a amenizar os drásticos efeitos do cancelamento, inspirada no poder geral de cautela do juiz" (RSTJ 196/250: 3ª T., RMS 15.315).

Art. 246: 4. "Ação civil pública. Averbação da demanda na matrícula do imóvel. Legalidade. Direito dos consumidores à informação e à transparência. Poder geral de cautela" (STJ-2ª T., REsp 1.161.300, Min. Herman Benjamin, j. 22.2.11, DJ 11.5.11).

Art. 247. Averbar-se-á, também, na matrícula, a declaração de indisponibilidade de bens,[1] na forma prevista na lei.

Art. 247: 1. v. CC 1.911.

Art. 247-A (acrescido pela Lei 13.865, de 8.8.19). É dispensado o habite-se expedido pela prefeitura municipal para a averbação de construção residencial urbana unifamiliar de um só pavimento finalizada há mais de 5 (cinco) anos em área ocupada predominantemente por população de baixa renda, inclusive para o fim de registro ou averbação decorrente de financiamento à moradia.

Art. 248. O cancelamento[1] efetuar-se-á mediante averbação, assinada pelo oficial, seu substituto legal ou escrevente autorizado, e declarará o motivo que o determinou, bem como o título[2] em virtude do qual foi feito.

Art. 248: 1. v., no índice, Cancelamento (vários casos).

Art. 248: 2. v. art. 250.

Art. 249. O cancelamento poderá ser total ou parcial e referir-se a qualquer dos atos do registro.

Art. 250. Far-se-á o cancelamento:[1]

I — em cumprimento de decisão judicial transitada em julgado;[2]

II — a requerimento unânime das partes que tenham participado do ato registrado, se capazes, com as firmas reconhecidas por tabelião;

III — a requerimento do interessado, instruído com documento hábil;

IV (acrescido pela Lei 11.952, de 25.6.09) — a requerimento da Fazenda Pública, instruído com certidão de conclusão de processo administrativo que declarou, na forma da lei, a rescisão do título de domínio ou de concessão de direito real de uso de imóvel rural, expedido para fins de regularização fundiária, e a reversão do imóvel ao patrimônio público.

Art. 250: 1. v. art. 259.
Art. 250: 2. v. art. 259.

Art. 251. O cancelamento da hipoteca só pode ser feito:

I — à vista de autorização expressa ou quitação outorgada pelo credor ou seu sucessor, em instrumento público ou particular;

II — em razão de procedimento administrativo ou contencioso, no qual o credor tenha sido intimado (art. 698 do Código de Processo Civil);

III — na conformidade da legislação referente às cédulas hipotecárias.[1]

Art. 251: 1. v., no tít. CÉDULA HIPOTECÁRIA, Dec. lei 70, de 21.11.66.

Art. 251-A (redação da Lei 14.382, de 27.6.22). Em caso de falta de pagamento, o cancelamento do registro do compromisso de compra e venda de imóvel será efetuado em conformidade com o disposto neste artigo.

§ 1º (redação da Lei 14.382, de 27.6.22) A requerimento do promitente vendedor, o promitente comprador, ou seu representante legal ou procurador regularmente constituído, será intimado pessoalmente pelo oficial do competente registro de imóveis a satisfazer, no prazo de 30 (trinta) dias, a prestação ou as prestações vencidas e as que vencerem até a data de pagamento, os juros convencionais, a correção monetária, as penalidades e os demais encargos contratuais, os encargos legais, inclusive tributos, as contribuições condominiais ou despesas de conservação e manutenção em loteamentos de acesso controlado, imputáveis ao imóvel, além das despesas de cobrança, de intimação, bem como do registro do contrato, caso esse tenha sido efetuado a requerimento do promitente vendedor.

§ 2º (redação da Lei 14.382, de 27.6.22) O oficial do registro de imóveis poderá delegar a diligência de intimação ao oficial do registro de títulos e documentos da comarca da situação do imóvel ou do domicílio de quem deva recebê-la.

§ 3º (redação da Lei 14.382, de 27.6.22) Aos procedimentos de intimação ou notificação efetuados pelos oficiais de registros públicos, aplicam-se, no que couber, os dispositivos referentes à citação e à intimação previstos na Lei n. 13.105, de 16 de março de 2015 (Código de Processo Civil).

§ 4º (redação da Lei 14.382, de 27.6.22) A mora poderá ser purgada mediante pagamento ao oficial do registro de imóveis, que dará quitação ao promitente comprador ou ao seu cessionário das quantias recebidas no prazo de 3 (três) dias e depositará esse valor na conta bancária informada pelo promitente vendedor no próprio requerimento ou, na falta dessa informação, o cientificará de que o numerário está à sua disposição.

§ 5º (redação da Lei 14.382, de 27.6.22) Se não ocorrer o pagamento, o oficial certificará o ocorrido e intimará o promitente vendedor a promover o recolhimento dos emolumentos para efetuar o cancelamento do registro.

§ 6º (redação da Lei 14.382, de 27.6.22) A certidão do cancelamento do registro do compromisso de compra e venda reputa-se como prova relevante ou determinante para concessão da medida liminar de reintegração de posse.

Art. 252. O registro, enquanto não cancelado, produz todos os seus efeitos legais ainda que, por outra maneira, se prove que o título está desfeito, anulado, extinto ou rescindido.[1-2]

Art. 252: 1. v. arts. 214 a 216; cf. CC 1.245 § 2º.

Art. 252: 2. "Por força do art. 252 da Lei de Registros Públicos, enquanto não declarada a nulidade do registro imobiliário, o Estado não pode ser responsabilizado, civilmente, por eventual fraude ocorrida no Cartório de Registro de Imóveis" (STJ-1ª T,. REsp 1.366.587, Min. Benedito Gonçalves, j. 18.4.13, DJ 24.4.13).

Art. 253. Ao terceiro prejudicado é lícito, em juízo, fazer prova da extinção dos ônus reais, e promover o cancelamento do seu registro.

Art. 254. Se, cancelado o registro, subsistirem o título e os direitos dele decorrentes, poderá o credor promover novo registro, o qual só produzirá efeitos a partir da nova data.

Art. 255. Além dos casos previstos nesta lei, a inscrição[1] de incorporação ou loteamento[2] só será cancelada a requerimento do incorporador ou loteador, enquanto nenhuma unidade ou lote for objeto de transação averbada, ou mediante o consentimento de todos os compromissários ou cessionários.

Art. 255: 1. i. e., "o registro" (v. art. 168).
Art. 255: 2. v. art. 167-I-17 e 19.

Art. 256. O cancelamento da servidão,[1] quando o prédio dominante estiver hipotecado, só poderá ser feito com aquiescência do credor, expressamente manifestada.

Art. 256: 1. v. art. 167-I-6, CC 1.387 a 1.389.

Art. 257. O dono do prédio serviente terá, nos termos da lei, direito a cancelar a servidão.

Art. 258. O foreiro poderá, nos termos da lei, averbar a renúncia de seu direito, sem dependência do consentimento do senhorio direto.[1]

Art. 258: 1. v. art. 167-I-10.

Art. 259. O cancelamento não pode ser feito em virtude de sentença sujeita, ainda, a recurso.[1-2]

Art. 259: 1. "Somente após o trânsito em julgado da decisão judicial que julga improcedente ação discriminatória de terras devolutas, poderá ser realizado o cancelamento parcial ou total de ato constante do registro público de imóveis" (RJM 181/89).

Art. 259: 2. v. art. 250-I.

Capítulo IX | DO BEM DE FAMÍLIA[1]

CAP. IX: 1. v. art. 167-I-1, CC 1.711 a 1.712; v., no CPCLPV, tít. BEM DE FAMÍLIA, Lei 8.009, de 29.3.90.

Art. 260. A instituição do bem de família far-se-á por escritura pública, declarando o instituidor que determinado prédio se destina a domicílio de sua família e ficará isento de execução por dívida.

Art. 261. Para a inscrição[1] do bem de família, o instituidor apresentará ao oficial do registro a escritura pública de instituição, para que mande publicá-la na imprensa local e, à falta, na da Capital do Estado ou do Território.

Art. 261: 1. aliás, "o registro" (v. art. 168).

Art. 262. Se não ocorrer razão para dúvida,[1] o oficial fará a publicação, em forma de edital, do qual constará:

I — o resumo da escritura, nome, naturalidade e profissão do instituidor, data do instrumento e nome do tabelião que o fez, situação e característicos do prédio;

II — o aviso de que, se alguém se julgar prejudicado, deverá, dentro em trinta (30) dias, contados da data da publicação, reclamar[2] contra a instituição, por escrito e perante o oficial.

Art. 262: 1. v. arts. 198 a 204.

Art. 262: 2. "A preclusão da faculdade de reclamar administrativamente contra instituição de bem de família não constitui óbice ao ajuizamento de ação pauliana" (JTJ 141/32).

Art. 263. Findo o prazo do n. II do artigo anterior sem que tenha havido reclamação, o oficial transcreverá a escritura integralmente no Livro n. 3[1] e fará a inscrição[2] na competente matrícula, arquivando um exemplar do jornal em que a publicação houver sido feita e restituindo o instrumento ao apresentante, com a nota da inscrição.[3]

Art. 263: 1. Conforme redação primitiva da Lei 6.015; na republicação, está "ao Livro n. 3".

Art. 263: 2. i. e., "o registro" (v. art. 168).

Art. 263: 3. v. nota 2.

Art. 264. Se for apresentada reclamação, dela fornecerá o oficial ao instituidor, cópia autêntica e lhe restituirá a escritura, com a declaração de haver sido suspenso o registro, cancelando a prenotação.

§ 1º O instituidor poderá requerer ao juiz que ordene o registro, sem embargo da reclamação.

§ 2º Se o juiz determinar que se proceda ao registro, ressalvará ao reclamante o direito de recorrer à ação competente para anular a instituição ou de fazer execução sobre o prédio instituído, na hipótese de tratar-se de dívida anterior e cuja solução se tornou inexequível em virtude do ato da instituição.

§ 3º O despacho do juiz será irrecorrível e, se deferir o pedido será transcrito integralmente, juntamente com o instrumento.

Art. 265. Quando o bem de família for instituído juntamente com a transmissão da propriedade (Decreto-lei n. 3.200, de 14 de abril de 1941, art. 8º, § 5º),[1] a inscrição far-se-á imediatamente após o registro da transmissão ou, se for o caso, com a matrícula.

Art. 265: 1. Dec. lei 3.200, de 19.4.41 — Dispõe sobre a organização e proteção da família (CCLCV, 8ª ed., p. 459, RT 132/390, Lex 1941/228, RF 86/735 e 88/318): "**Art. 8º § 5º** Será feita a transcrição do título de transferência da propriedade, em nome do mutuário, com a averbação de bem de família, e com as cláusulas de inalienabilidade e de impenhorabilidade, a não ser pelo crédito da instituição mutuante". Trata-se, no caso, de mútuo para casamento.

Capítulo X | DA REMIÇÃO DO IMÓVEL HIPOTECADO[1]

CAP. X: 1. v. CC 1.481.

Art. 266. Para remir[1] o imóvel hipotecado, o adquirente requererá, no prazo legal, a citação dos credores hipotecários propondo, para a remição, no mínimo, o preço por que adquiriu o imóvel.

Art. 266: 1. O CC 1.481 a 1.484 regula inteiramente a remição de imóvel hipotecado.

Art. 267. Se o credor, citado, não se opuser à remição, ou não comparecer, lavrar-se-á termo de pagamento e quitação e o juiz ordenará, por sentença, o cancelamento da hipoteca.

Parágrafo único. No caso de revelia, consignar-se-á o preço à custa do credor.

Art. 268. Se o credor, citado, comparecer e impugnar o preço oferecido, o juiz mandará promover a licitação entre os credores hipotecários, os fiadores e o próprio adquirente, autorizando a venda judicial a quem oferecer maior preço.

§ 1º Na licitação, será preferido, em igualdade de condições, o lanço do adquirente.

§ 2º Na falta de arrematante, o valor será o proposto pelo adquirente.

Art. 269. Arrematado o imóvel e depositado, dentro de quarenta e oito (48) horas, o respectivo preço, o juiz mandará cancelar a hipoteca, sub-rogando-se no produto da venda os direitos do credor hipotecário.

Art. 270. Se o credor de segunda hipoteca, embora não vencida a dívida,[1] requerer a remição, juntará o título e certidão da inscrição da anterior e depositará a importância devida ao primeiro credor, pedindo a citação deste para levantar o depósito e a do devedor para dentro do prazo de cinco dias remir a hipoteca, sob pena de ficar o requerente sub-rogado nos direitos creditórios, sem prejuízo dos que lhe couberem em virtude da segunda hipoteca.

Art. 270: 1. v., todavia, CC 1.478, que inadmite a remição antes do vencimento da dívida garantida pela primeira hipoteca.

Art. 271. Se o devedor não comparecer ou não remir a hipoteca, os autos serão conclusos ao juiz para julgar por sentença a remição pedida pelo segundo credor.

Art. 272. Se o devedor comparecer e quiser efetuar a remição, notificar-se-á o credor para receber o preço, ficando sem efeito o depósito realizado pelo autor.

Art. 273. Se o primeiro credor estiver promovendo a execução da hipoteca, a remição, que abrangerá a importância das custas e despesas realizadas, não se efetuará antes da primeira praça, nem depois de assinado o auto de arrematação.

Art. 274. Na remição de hipoteca legal em que haja interesse de incapaz intervirá o Ministério Público.

Art. 275. Das sentenças que julgarem o pedido de remição caberá o recurso de apelação com ambos os efeitos.[1]

Art. 275: 1. v. CPC 1.009 a 1.014.

Art. 276. Não é necessária a remição quando o credor assinar, com o vendedor, escritura de venda do imóvel gravado.

Capítulo XI | DO REGISTRO TORRENS

Art. 277. Requerida a inscrição de imóvel rural no registro Torrens, o oficial protocolará[1] e autuará o requerimento e documentos que o instruírem e verificará se o pedido se acha em termos de ser despachado.

Art. 277: 1. De acordo com a primeira redação da Lei 6.015; na republicação, consta "protocolizará".

Art. 278. O requerimento será instruído com:

I — os documentos comprobatórios do domínio do requerente;
II — a prova de quaisquer atos que modifiquem ou limitem a sua propriedade;
III — o memorial de que constem os encargos do imóvel, os nomes dos ocupantes, confrontantes, quaisquer interessados, e a indicação das respectivas residências;
IV — a planta do imóvel, cuja escala poderá variar entre os limites: 1:500 m (1/500) e 1:5.000 m (1/5.000).

§ 1º O levantamento da planta obedecerá às seguintes regras:[1]
a) empregar-se-ão goniômetros ou outros instrumentos de maior precisão;
b) a planta será orientada segundo o mediano do lugar, determinada a declinação magnética;
c) fixação dos pontos de referência necessários a verificações ulteriores e de marcos especiais, ligados a pontos certos e estáveis nas sedes das propriedades, de maneira que a planta possa incorporar-se à carta geral cadastral.

§ 2º Às plantas serão anexadas[2] o memorial e as cadernetas das operações de campo, autenticadas pelo agrimensor.

Art. 278: 1. O art. 279 da Lei 6.015 passou, sem alteração, a ser o art. 278 da LRP, após as modificações trazidas pelas Leis 6.140 e 6.216. Assim sendo, o § 1º tem incisos, e não alíneas, embora na republicação feita pelo DOU 16.9.75, supl., os incisos I, II e III desse § tenham sido alterados para alíneas *a*, *b* e *c*, respectivamente.

Art. 278: 2. *sic*; deve ser "anexados".

Art. 279. O imóvel sujeito a hipoteca ou ônus real não será admitido a registro sem consentimento expresso do credor hipotecário ou da pessoa em favor de quem se tenha instituído o ônus.

Art. 280. Se o oficial considerar irregular o pedido ou a documentação, poderá conceder o prazo de trinta dias para que o interessado os regularize. Se o requerente não estiver de acordo com a exigência do oficial, este suscitará dúvida.[1]

Art. 280: 1. v. arts. 198 a 207.

Art. 281. Se o oficial considerar em termos o pedido, remetê-lo-á a juízo para ser despachado.

Art. 282. O juiz, distribuído o pedido a um dos cartórios judiciais, se entender que os documentos justificam a propriedade do requerente, mandará expedir edital que será afixado no lugar de costume e publicado uma vez no órgão oficial do Estado e três vezes na imprensa local, se houver, marcando prazo não menor de dois meses, nem maior de quatro meses para que se ofereça oposição.

Art. 283. O juiz ordenará, de ofício ou a requerimento da parte, que, à custa do peticionário, se notifiquem do requerimento as pessoas nele indicadas.

Art. 284. Em qualquer hipótese, será ouvido o órgão do Ministério Público, que poderá impugnar o registro por falta de prova completa do domínio ou preterição de outra formalidade legal.

Art. 285. Feita a publicação do edital, a pessoa que se julgar com direito sobre o imóvel, no todo ou em parte, poderá contestar[1] o pedido no prazo de quinze dias.

§ 1º A contestação mencionará o nome e a residência do réu, fará a descrição exata do imóvel e indicará os direitos reclamados e os títulos em que se fundarem.

§ 2º Se não houver contestação, e se o Ministério Público não impugnar o pedido, o juiz ordenará que se inscreva o imóvel, que ficará, assim, submetido aos efeitos do registro Torrens.

Art. 285: 1. "A falta de contestação ou impugnação não leva necessariamente ao acolhimento do pedido, pois existem matérias que podem ser conhecidas de ofício. A circunstância de não haver oferecido contestação o que se apresenta como interessado não o impede de recorrer. Outra questão está em saber quais as matérias que podem ser utilmente deduzidas na apelação" (RSTJ 78/237).

Art. 286. Se houver contestação ou impugnação, o procedimento será ordinário,[1] cancelando-se, mediante mandado, a prenotação.

Art. 286: 1. v. CPC 318 e segs. (procedimento comum).

Art. 287. Da sentença que deferir, ou não, o pedido, cabe o recurso de apelação,[1] com ambos os efeitos.

Art. 287: 1. v. CPC 1.009 e segs.

Art. 288. Transitada em julgado a sentença que deferir o pedido, o oficial inscreverá, na matrícula, o julgado que determinou a submissão do imóvel aos efeitos do registro Torrens, arquivando em cartório a documentação autuada.

Capítulo XII | DO REGISTRO DA REGULARIZAÇÃO FUNDIÁRIA URBANA[1]

CAP. XII: 1. O capítulo XII foi introduzido pela Lei 12.424, de 16.6.11.

Art. 288-A (*redação da Lei 13.465, de 11.7.17*). O procedimento de registro da regularização fundiária urbana observará o disposto em legislação específica.
I — (*revogado pela Lei 13.465, de 11.7.17*);
II — (*revogado pela Lei 13.465, de 11.7.17*);
III — (*revogado pela Lei 13.465, de 11.7.17*).
§ 1º (*revogado pela Lei 13.465, de 11.7.17*).
§ 2º (*revogado pela Lei 13.465, de 11.7.17*).
§ 3º (*revogado pela Lei 13.465, de 11.7.17*).
§ 4º (*revogado pela Lei 13.465, de 11.7.17*).
I — (*revogado pela Lei 13.465, de 11.7.17*);
II — (*revogado pela Lei 13.465, de 11.7.17*).

Art. 288-B (*revogado pela Lei 13.465, de 11.7.17*).

Art. 288-C (*revogado pela Lei 13.465, de 11.7.17*).

Art. 288-D (*revogado pela Lei 13.465, de 11.7.17*).

Art. 288-E (*revogado pela Lei 13.465, de 11.7.17*).

Art. 288-F (*revogado pela Lei 13.465, de 11.7.17*).

Art. 288-G (*revogado pela Lei 13.465, de 11.7.17*).

Título VI | DAS DISPOSIÇÕES FINAIS E TRANSITÓRIAS

Art. 289. No exercício de suas funções, cumpre aos oficiais de registro fazer rigorosa fiscalização do pagamento dos impostos devidos por força dos atos que lhes forem apresentados em razão do ofício.

Art. 290 (*redação da Lei 6.941, de 14.9.81*). Os emolumentos[1] devidos pelos atos relacionados com a primeira aquisição imobiliária para fins residenciais, financiada pelo Sistema Financeiro da Habitação, serão reduzidos em 50% (cinquenta por cento).
§ 1º (*redação da Lei 6.941, de 14.9.81*) O registro e a averbação referentes à aquisição da casa própria, em que seja parte cooperativa habitacional ou entidade assemelhada, serão considerados, para efeito de cálculo de custas e emolumentos, como um ato apenas, não podendo a sua cobrança exceder o limite correspondente a 40% (quarenta por cento) do maior valor de referência.
§ 2º (*redação da Lei 6.941, de 14.9.81*) Nos demais programas de interesse social, executados pelas Companhias de Habitação Popular — COHABs ou entidades assemelhadas, os emolumentos e as custas devidos pelos atos de aquisição de imóveis e pelos de averbação de construção estarão sujeitos às seguintes limitações:
a) imóvel de até 60 m2 (sessenta metros quadrados) de área construída: 10% (dez por cento) do maior valor de referência;
b) de mais de 60 m2 (sessenta metros quadrados) até 70 m2 (setenta metros quadrados) de área construída: 15% (quinze por cento) do maior valor de referência;

c) de mais de 70 m2 (setenta metros quadrados) e até 80 m2 (oitenta metros quadrados) de área construída: 20% (vinte por cento) do maior valor de referência.

§ 3º (*redação da Lei 6.941, de 14.9.81*) Os emolumentos[2] devidos pelos atos relativos a financiamento rural serão cobrados de acordo com a legislação federal.

§ 4º (*redação da Lei 9.934, de 20.12.99*) As custas e emolumentos devidos aos Cartórios de Notas e de Registro de Imóveis, nos atos relacionados com a aquisição imobiliária para fins residenciais,[3] oriundas de programas e convênios com a União, Estados, Distrito Federal e Municípios, para a construção de habitações populares destinadas a famílias de baixa renda, pelo sistema de mutirão e autoconstrução orientada, serão reduzidos para 20% (vinte por cento) da tabela cartorária normal, considerando-se que o imóvel será limitado a até 69 m2 (sessenta e nove metros quadrados) de área construída, em terreno de até 250 m2 (duzentos e cinquenta metros quadrados).

§ 5º (*redação da Lei 9.934, de 20.12.99*) Os cartórios que não cumprirem o disposto no § 4º ficarão sujeitos a multa de até R$ 1.120,00 (um mil, cento e vinte reais) a ser aplicada pelo juiz, com a atualização que se fizer necessária, em caso de desvalorização da moeda.

Art. 290: 1. A **Lei 10.169, de 29.12.00,** dispõe sobre emolumentos dos atos praticados pelos serviços notariais e de registro.

Art. 290: 2. A **Lei 10.169, de 29.12.00,** dispõe sobre emolumentos dos atos praticados pelos serviços notariais e de registro.

Art. 290: 3. Lei 10.150, de 21.12.00: "Art. 35. Os emolumentos devidos em todos os atos de que trata a Lei n. 6.015, de 31 de dezembro de 1973, relacionados com o Programa instituído pela Medida Provisória n. 1.944-19, de 21 de setembro de 2000, serão reduzidos em cinquenta por cento".

A Med. Prov. 1.944-19, convertida na **Lei 10.188, de 12.2.01,** refere-se ao Programa de Arrendamento Residencial.

Art. 290-A (*acrescido pela Lei 11.481, de 31.5.07*). Devem ser realizados independentemente do recolhimento de custas e emolumentos:

I — o primeiro registro de direito real constituído em favor de beneficiário de regularização fundiária de interesse social em áreas urbanas e em áreas rurais de agricultura familiar;

II — a primeira averbação de construção residencial de até 70 m² (setenta metros quadrados) de edificação em áreas urbanas objeto de regularização fundiária de interesse social;

III (*redação da Lei 12.424, de 16.6.11*) — o registro de título de legitimação de posse, concedido pelo poder público, de que trata o art. 59 da Lei n. 11.977, de 7 de julho de 2009, e de sua conversão em propriedade;

IV (*redação da Lei 14.382, de 27.6.22*) — o registro do título de transferência do direito real de propriedade ou de outro direito ao beneficiário de projetos de assentamento rurais promovidos pelo Instituto Nacional de Colonização e Reforma Agrária (Incra) com base nas Leis n. 4.504, de 30 de novembro de 1964, e 8.629, de 25 de fevereiro de 1993, ou em outra lei posterior com finalidade similar.

§ 1º (*redação da Lei 12.424, de 16.6.11*) O registro e a averbação de que tratam os incisos I, II e III do *caput* deste artigo independem da comprovação do pagamento de quaisquer tributos, inclusive previdenciários.

§ 2º (*Revogado*).

Art. 291 (*redação da Lei 6.941, de 14.9.81*). A emissão ou averbação da cédula hipotecária, consolidando créditos hipotecários de um só credor, não implica modificação da ordem preferencial dessas hipotecas em relação a outras que lhes sejam posteriores e que garantam créditos não incluídos na consolidação.

Art. 292 (*redação da Lei 6.941, de 14.9.81*). É vedado aos tabeliães e aos oficiais de registro de imóveis, sob pena de responsabilidade, lavrar ou registrar escritura ou escritos particulares autorizados por lei, que tenham por objeto imóvel hipotecado a entidade do Sistema Financeiro da Habitação, ou direitos a eles relativos, sem que conste dos mesmos, expressamente, a menção ao ônus real e ao credor, bem como a comunicação ao credor necessariamente feita pelo alienante, com antecedência de, no mínimo, 30 (trinta) dias.[1]

Art. 292: 1. Este art. está alterado pela **Lei 8.004, de 14.3.90**, que dispõe s/ transferência de financiamento no âmbito do Sistema Financeiro da Habitação e dá outras providências (Lex 1990/307, Bol. AASP 1.631/supl.):

"**Art. 1º** O mutuário do Sistema Financeiro da Habitação — SFH pode transferir a terceiros os direitos e obrigações decorrentes do respectivo contrato, observado o disposto nesta lei.

"Parágrafo único. A formalização de venda, promessa de venda, cessão ou promessa de cessão relativa a imóvel gravado em favor de instituição financiadora do SFH dar-se-á em ato concomitante à transferência do financiamento respectivo, com a interveniência obrigatória da instituição financiadora, mediante a assunção, pelo novo mutuário, do saldo devedor contábil da operação, observados os requisitos legais e regulamentares para o financiamento da casa própria, vigentes no momento da transferência, ressalvadas as situações especiais previstas nos arts. 2º e 3º desta lei.

"**Art. 2º** A transferência dar-se-á mediante simples substituição do devedor, mantidas para o novo mutuário as mesmas condições e encargos do contrato original, desde que se trate de financiamento destinado à casa própria, cujo valor original não ultrapasse os seguintes limites:

"I — contratos firmados até 31 de dezembro de 1979: 750 Valores de Referência de Financiamento — VRF (art. 4º);

"II — contratos firmados de 1º de janeiro de 1980 a 31 de dezembro de 1984: 1.100 VRF;

"III — contratos firmados de 1º de janeiro de 1985 até a data da vigência desta lei: 1.500 VRF".

O art. 3º dispõe s/ financiamentos contratados até 28.2.86.

Os textos do art. 1º § ún. e dos arts. 2º, 3º e 5º da Lei 8.004, de 14.3.90, foram alterados pela **Lei 10.150, de 21.12.00**.

Art. 293 (*redação da Lei 6.941, de 14.9.81*). Se a escritura deixar de ser lavrada no prazo de 60 (sessenta) dias a contar da data da comunicação do alienante, esta perderá a validade.

Parágrafo único (*redação da Lei 6.941, de 14.9.81*). A ciência da comunicação não importará consentimento tácito do credor hipotecário.

Art. 294. Nos casos de incorporação de bens imóveis do patrimônio público, para a formação ou integralização do capital de sociedade por ações da administração indireta ou para a formação do patrimônio de empresa pública,[1] o oficial do respectivo Registro de Imóveis fará o novo registro em nome da entidade a que os mesmos forem incorporados ou transferidos, valendo-se, para tanto, dos dados, característicos e confrontações constantes do anterior.[2-3]

§ 1º Servirá como título hábil para o novo registro o instrumento pelo qual a incorporação ou transferência se verificou, em cópia autêntica, ou exemplar do órgão oficial no qual foi aquele publicado.

§ 2º Na hipótese de não coincidência das características do imóvel com as constantes do registro existente, deverá a entidade, ao qual foi o mesmo incorporado ou transferido, promover a respectiva correção mediante termo aditivo ao instrumento de incorporação ou transferência e do qual deverão constar, entre outros elementos, seus limites ou confrontações, sua descrição e caracterização.

§ 3º Para fins do registro de que trata o presente artigo, considerar-se-á, como valor de transferência dos bens, o constante do instrumento a que alude o § 1º.

Art. 294: 1. v. art. 167-I-32.

Art. 294: 2. O art. 294 era, primitivamente, o art. 291, e foi renumerado pela Lei 6.941, de 14.9.81.

Art. 294: 3. O art. 294 e seus §§ reproduzem, com pequenas alterações de redação, e substituem inteiramente o **Dec. lei 807, de 4.9.69** — Dispõe sobre a transcrição de imóveis incorporados às sociedades por ações da administração indireta da União (Lex 1969/1.241, RT 407/443, RDA 40/499).

Art. 295. O encerramento dos livros em uso, antes da vigência da presente lei, não exclui a validade dos atos neles registrados, nem impede que, neles, se façam as averbações e anotações posteriores.

Parágrafo único. Se a averbação ou anotação dever ser feita no Livro n. 2 do Registro de Imóvel, pela presente lei, e não houver espaço nos anteriores Livros de Transcrição das Transmissões, será aberta a matrícula do imóvel.

Art. 296. Aplicam-se aos registros referidos no art. 1º, § 1º, incisos I, II e III, desta lei, as disposições relativas ao processo de dúvida[1] no registro de imóveis.

Art. 296: 1. v. arts. 198 a 204 e 207.

Art. 297. Os oficiais, na data de vigência desta lei, lavrarão termo de encerramento nos livros, e dele remeterão cópia ao juiz a que estiverem subordinados.[1]

Parágrafo único. Sem prejuízo do cumprimento integral das disposições desta lei, os livros antigos poderão ser aproveitados, até o seu esgotamento, mediante autorização judicial e adaptação aos novos modelos, iniciando-se nova numeração.

Art. 297: 1. Era, a princípio, art. 294; mas passou, de acordo com a Lei 6.941, de 14.9.81, a ser art. 297.

Art. 298. Esta lei entrará em vigor no dia 1º de janeiro de 1976.[1]

Art. 298: 1. O art. 295 da LRP passou, na conformidade da Lei 6.941, de 14.9.81, a ser o art. 298.

Art. 299. Revogam-se a Lei n. 4.827, de 7 de março de 1924, os Decretos ns. 4.857, de 9 de novembro de 1939,[1-2] 5.318, de 29 de fevereiro de 1940, 5.553, de 6 de maio de 1940, e as demais disposições em contrário.[3]

Art. 299: 1. Embora o art. supra revogue inteiramente o Dec. 4.857, os arts. 297 a 311 deste devem considerar-se ainda em vigor, porque a LRP não cuida do registro da propriedade literária, científica e artística; v. art. 1º § 2º. O texto desses arts. pode ser lido no tít. DIREITO AUTORAL.

Art. 299: 2. O Dec. 4.857, de 9.11.39 (RT 123/786, Lex 1939/572, RF 82/493, DLF 1.225), havia sido alterado pelos seguintes diplomas legislativos:

— Dec. 5.318, de 29.2.40 (RT 125/322, Lex 1940/95);

— Dec. 5.553, de 6.5.40 (RT 126/786, RF 82/501);

— Dec. 7.270, de 29.5.41 (RT 132/829, Lex 1941/278, RF 87/557);

— Dec. 13.556, de 30.9.43 (RT 146/916, Lex 1943/374);

— Dec. 16.146, de 20.7.44 (RT 151/875, Lex 1944/271);

— Lei 2.375, de 21.12.54 (RT 233/594, Lex 1954/678, RF 157/559), art. 2º;

— Dec. 38.489, de 31.12.55 (Lex 1955/458);

— Dec. 61.132, de 3.8.67 (Lex 1967/1.719, RF 220/454);

— Dec. 63.997, de 16.1.69 (Lex 1969/56, RF 226/456);

— Dec. 64.608, de 29.5.69 (RT 404/478, Lex 1969/760).

Art. 299: 3. Renumerado, de 296 para 299, pela Lei 6.941, de 14.9.81.

Brasília, 31 de dezembro de 1973; 152º da Independência e 85º da República — EMÍLIO G. MÉDICI — **Alfredo Buzaid.**

Lei n. 13.097, de 19 de janeiro de 2015[1]

Lei 13.097: 1. Esta lei trata de assuntos diversos.

Capítulo III | DOS REGISTROS PÚBLICOS

Seção II | DOS REGISTROS NA MATRÍCULA DO IMÓVEL

Art. 54. Os negócios jurídicos que tenham por fim constituir, transferir ou modificar direitos reais sobre imóveis são eficazes em relação a atos jurídicos precedentes, nas hipóteses em que não tenham sido registradas ou averbadas na matrícula do imóvel as seguintes informações:

I — registro de citação de ações reais ou pessoais reipersecutórias;

II (*redação da Lei 14.382, de 27.6.22*) — averbação, por solicitação do interessado, de constrição judicial, de que a execução foi admitida pelo juiz ou de fase de cumprimento de sentença, procedendo-se nos termos previstos no art. 828 da Lei n. 13.105, de 16 de março de 2015 (Código de Processo Civil);

III — averbação de restrição administrativa ou convencional ao gozo de direitos registrados, de indisponibilidade ou de outros ônus quando previstos em lei; e

IV (*redação da Lei 14.382, de 27.6.22*) — averbação, mediante decisão judicial, da existência de outro tipo de ação cujos resultados ou responsabilidade patrimonial possam reduzir seu proprietário à insolvência, nos termos do inciso IV do *caput* do art. 792 da Lei n. 13.105, de 16 de março de 2015 (Código de Processo Civil).

§ 1º (*redação da Lei 14.382, de 27.6.22*) Não poderão ser opostas situações jurídicas não constantes da matrícula no registro de imóveis, inclusive para fins de evicção,[1] ao terceiro de boa-fé que adquirir ou receber em garantia direitos reais sobre o imóvel, ressalvados o disposto nos arts. 129 e 130 da Lei n. 11.101, de 9 de fevereiro de 2005, e as hipóteses de aquisição e extinção da propriedade que independam de registro de título de imóvel.

§ 2º (*redação da Lei 14.382, de 27.6.22*) Para a validade ou eficácia dos negócios jurídicos a que se refere o *caput* deste artigo ou para a caracterização da boa-fé do terceiro adquirente de imóvel ou beneficiário de direito real, não serão exigidas:

I (*redação da Lei 14.382, de 27.6.22*) — a obtenção prévia de quaisquer documentos ou certidões além daqueles requeridos nos termos do § 2º do art. 1º da Lei n. 7.433, de 18 de dezembro de 1985; e

II (*redação da Lei 14.382, de 27.6.22*) — a apresentação de certidões forenses ou de distribuidores judiciais.

Art. 54: 1. v. CC 447 a 457.

Art. 55. A alienação ou oneração de unidades autônomas integrantes de incorporação imobiliária, parcelamento do solo ou condomínio edilício, devidamente registrada, não poderá ser objeto de evicção ou de decretação de ineficácia, mas eventuais credores do alienante ficam sub-rogados no preço ou no eventual crédito imobiliário, sem prejuízo das perdas e danos imputáveis ao incorporador ou empreendedor, decorrentes de seu dolo ou culpa, bem como da aplicação das disposições constantes da Lei n. 8.078, de 11 de setembro de 1990.

Art. 56. A averbação na matrícula do imóvel prevista no inciso IV do art. 54 será realizada por determinação judicial e conterá a identificação das partes, o valor da causa e o juízo para o qual a petição inicial foi distribuída.

§ 1º Para efeito de inscrição, a averbação de que trata o *caput* é considerada sem valor declarado.

§ 2º A averbação de que trata o *caput* será gratuita àqueles que se declararem pobres sob as penas da lei.

§ 3º O Oficial do Registro Imobiliário deverá comunicar ao juízo a averbação efetivada na forma do *caput*, no prazo de até dez dias contado da sua concretização.

§ 4º A averbação recairá preferencialmente sobre imóveis indicados pelo proprietário e se restringirá a quantos sejam suficientes para garantir a satisfação do direito objeto da ação.

Art. 57. Recebida a comunicação da determinação de que trata o *caput* do art. 56, será feita a averbação ou serão indicadas as pendências a serem satisfeitas para sua efetivação no prazo de 5 (cinco) dias.

Art. 58. O disposto nesta Lei não se aplica a imóveis que façam parte do patrimônio da União, dos Estados, do Distrito Federal, dos Municípios e de suas fundações e autarquias.

....

Art. 61. Os registros e averbações relativos a atos jurídicos anteriores a esta Lei, devem ser ajustados aos seus termos em até 2 (dois) anos, contados do início de sua vigência.

....

Art. 168. Esta Lei entra em vigor:

I — a partir de 1º de janeiro de 2015, em relação ao art. 1º;

II — 30 (trinta) dias após a sua publicação, em relação aos arts. 54 a 62;

III — no 1º (primeiro) dia do 4º (quarto) mês subsequente ao de sua publicação, em relação aos arts. 14 a 39;

IV — 180 (cento e oitenta) dias após a sua publicação, em relação aos arts. 99 a 105; e

V — a partir da data de sua publicação, em relação aos demais artigos.

....

Brasília, 19 de janeiro de 2015; 194º da Independência e 127º da República — DILMA ROUSSEFF — **Marivaldo de Castro Pereira** — **Tarcísio José Massote de Godoy** — **Antônio Carlos Rodrigues** — **Manoel Dias** — **Arthur Chioro** — **Armando Monteiro** — **Eduardo Braga** — **Nelson Barbosa** — **Ricardo Berzoini** — **Gilberto Kassab** — **Alexandre Antonio Tombini** — **Luís Inácio Lucena Adams** — **Eliseu Padilha** — **Guilherme Afif Domingos**.

Seguros

Lei n. 6.194, de 19 de dezembro de 1974

Dispõe sobre seguro obrigatório de danos pessoais causados por veículos automotores de via terrestre, ou por sua carga, a pessoas transportadas ou não.[1 a 3]

O Presidente da República,
Faço saber que o Congresso Nacional decreta e eu sanciono a seguinte lei:

LEI 6.194: 1. v. **Dec. lei 73, de 21.11.66** — Dispõe sobre o Sistema Nacional de Seguros Privados, regula as operações de seguros e resseguros e dá outras providências:

"Art. 20. Sem prejuízo do disposto em leis especiais, são obrigatórios os seguros de:

"a) danos pessoais a passageiros de aeronaves comerciais;

"b) responsabilidade civil do proprietário de aeronaves e do transportador aéreo;

"c) responsabilidade civil do construtor de imóveis em zonas urbanas por danos a pessoas ou coisas;

"d) (*revogado pela Lei 13.986, de 7.4.20*);

"e) garantia do cumprimento das obrigações do incorporador e construtor de imóveis;

"f) garantia do pagamento a cargo de mutuário da construção civil, inclusive obrigação imobiliária;

"g) edifícios divididos em unidades autônomas;

"h) incêndio e transporte de bens pertencentes a pessoas jurídicas, situados no país ou nele transportados;

"i) ...;

"j) crédito à exportação, quando julgado conveniente pelo CNSP, ouvido o Conselho Nacional do Comércio Exterior (CONCEX);

"l) danos pessoais causados por veículos automotores de vias terrestres e por embarcações, ou por sua carga, a pessoas transportadas ou não;

"m) responsabilidade civil dos transportadores terrestres, marítimos, fluviais e lacustres, por danos à carga transportada".

As alíneas *b*, *l* e *m* têm a redação que lhes deu a Lei 8.374, de 30.12.91; a alínea *j* consigna a alteração que lhe trouxe o Dec. lei 826, de 5.9.69. A alínea *e*, que determinava a obrigatoriedade de seguro de "garantia do cumprimento das obrigações do incorporador e construtor de imóveis", foi revogada pelo art. 4º da Med. Prov. 2.221, de 4.9.01, por sua vez revogada pela Lei 10.931, de 2.8.04. A alínea *i* foi revogada pela LC 126, de 15.1.07.

A **Lei 10.190, de 14.2.01**, acrescentou § ún. ao art. 20 do Dec. lei 73/66, com a seguinte redação: "Parágrafo único. Não se aplica à União a obrigatoriedade estatuída na alínea *h* deste artigo".

✎ **LEI 6.194: 2.** "DPVAT: reflexões sobre prescrição e decadência e os interesses das vítimas de acidentes de trânsito", por Marco Antonio Scarpassa (RDPr 29/238).

LEI 6.194: 3. Súmula 257 do STJ: "A falta de pagamento do prêmio do seguro obrigatório de Danos Pessoais Causados por Veículos Automotores de Vias Terrestres (DPVAT) não é motivo para a recusa do pagamento da indenização".

Arts. 1º e 2º

Arts. 1º e 2º: 1. Alteraram o art. 20 do Dec. lei 73, de 21.11.66, v. Lei 6.194, nota 1.

Art. 3º (*redação da Lei 11.945, de 4.6.09*) Os danos pessoais cobertos pelo seguro estabelecido no art. 2º desta Lei[1-1a] compreendem as indenizações por morte,[2] por invalidez permanente,[3] total ou parcial,[4] e por despesas de assistência médica e suplementares,[4a] nos valores e conforme as regras que se seguem, por pessoa vitimada:[5-6]

I (*redação da Lei 11.482, de 31.5.07*) — R$ 13.500,00 (treze mil e quinhentos reais) — no caso de morte;

II (*redação da Lei 11.482, de 31.5.07*) — até R$ 13.500,00 (treze mil e quinhentos reais) — no caso de invalidez permanente; e

III (*redação da Lei 11.482, de 31.5.07*) — até R$ 2.700,00 (dois mil e setecentos reais) — como reembolso à vítima — no caso de despesas de assistência médica e suplementares devidamente comprovadas.

§ 1º (*redação da Lei 11.945, de 4.6.09*) No caso da cobertura de que trata o inciso II do *caput* deste artigo, deverão ser enquadradas na tabela anexa a esta Lei as lesões diretamente decorrentes de acidente e que não sejam suscetíveis de amenização proporcionada por qualquer medida terapêutica, classificando-se a invalidez permanente como total ou parcial, subdividindo-se a invalidez permanente parcial em completa e incompleta, conforme a extensão das perdas anatômicas ou funcionais, observado o disposto abaixo:

I (*redação da Lei 11.945, de 4.6.09*) — quando se tratar de invalidez permanente parcial completa, a perda anatômica ou funcional será diretamente enquadrada em um dos segmentos orgânicos ou corporais previstos na tabela anexa, correspondendo a indenização ao valor resultante da aplicação do percentual ali estabelecido ao valor máximo da cobertura; e

II (*redação da Lei 11.945, de 4.6.09*) — quando se tratar de invalidez permanente parcial incompleta, será efetuado o enquadramento da perda anatômica ou funcional na forma prevista no inciso I deste parágrafo, procedendo-se, em seguida, à redução proporcional da indenização que corresponderá a 75% (setenta e cinco por cento) para as perdas de repercussão intensa, 50% (cinquenta por cento) para as de média repercussão, 25% (vinte e cinco por cento) para as de leve repercussão, adotando-se ainda o percentual de 10% (dez por cento), nos casos de sequelas residuais.

§ 2º (*redação da Lei 11.945, de 4.6.09*) Assegura-se à vítima o reembolso, no valor de até R$ 2.700,00 (dois mil e setecentos reais), previsto no inciso III do *caput* deste artigo, de despesas médico-hospitalares, desde que devidamente comprovadas, efetuadas pela rede credenciada junto ao Sistema Único de Saúde, quando em caráter privado, vedada a cessão de direitos.[7]

§ 3º (*redação da Lei 11.945, de 4.6.09*) As despesas de que trata o § 2º deste artigo em nenhuma hipótese poderão ser reembolsadas quando o atendimento for realizado pelo SUS, sob pena de descredenciamento do estabelecimento de saúde do SUS, sem prejuízo das demais penalidades previstas em lei.

Art. 3º: 1. i. e., seguro contra "danos pessoais causados por veículos automotores de via terrestre, ou por sua carga, a pessoas transportadas ou não".

Art. 3º: 1a. "Os danos pessoais sofridos por quem reclama indenização do seguro DPVAT devem ser efetivamente 'causados por veículos automotores de via terrestre, ou por sua carga', nos termos do art. 2º da Lei 6.194/74. Ou seja, o veículo há de ser o causador do dano e não mera concausa passiva do acidente. No caso concreto, tem-se que o veículo automotor, de onde caíra o autor, estava parado e somente fez parte do cenário do infortúnio, não sendo possível apontá-lo como causa adequada (possível e provável) do acidente" (STJ-4ª T., REsp 1.185.100, Min. Luis Felipe, j. 15.2.11, DJ 18.2.11). Em sentido semelhante: STJ-3ª T., REsp 1.187.311, Min. Massami Uyeda, j. 20.9.11, DJ 28.9.11.

"O infortúnio qualificado como acidente de trabalho pode também ser caracterizado como sinistro coberto pelo seguro obrigatório (DPVAT), desde que estejam presentes seus elementos constituintes: acidente causado por veículo automotor terrestre, dano pessoal e relação de causalidade" (STJ-2ª Seção, REsp 1.936.665, Min. Ricardo Cueva, j. 28.9.22, DJ 3.10.22). No caso, decidiu-se que "os sinistros que envolvem veículos agrícolas passíveis de transitar pelas vias públicas terrestres estão cobertos pelo seguro obrigatório (DPVAT)".

Também considerando o veículo o causador do dano, em caso de pessoa que caiu do ônibus ao dele descer: "Na hipótese dos autos, foi a movimentação brusca do veículo automotor, no qual se encontrava a autora, que efetivamente causou-lhe o dano. Ainda que o ônibus estivesse parado, se, ao iniciar o movimento, provocasse a queda da autora, dentro ou para fora do veículo, seria devida a indenização" (STJ-3ª T., REsp 1.241.305, Min. Nancy Andrighi, j. 4.12.12, DJ 11.12.12).

Art. 3º: 2. "Reconhecimento do direito dos pais de receberem a indenização por danos pessoais, prevista na legislação regulamentadora do seguro DPVAT, em face da **morte do feto**. Proteção conferida pelo sistema jurídico à vida intrauterina, desde a concepção, com fundamento no princípio da dignidade da pessoa humana" (STJ-RT 907/537: 3ª T., REsp 1.120.676, um voto vencido). No mesmo sentido: STJ-4ª T., REsp 1.415.727, Min. Luis Felipe, j. 4.9.14, DJ 29.9.14.

Art. 3º: 3. "Em interpretação sistemática da legislação securitária (Lei 6.194/74), a 'incapacidade permanente' é a deformidade física decorrente de lesões corporais graves, que não desaparecem nem se modificam para melhor com as medidas terapêuticas comuns, habituais e aceitas pela ciência da época. A 'incapacidade' pressupõe qualquer atividade desempenhada pela vítima — a prática de atos do cotidiano, o trabalho ou o esporte, indistintamente — e, por óbvio, implica mudança compulsória e indesejada de vida do indivíduo, ocasionando-lhe dissabor, dor e sofrimento" (STJ-4ª T., REsp 876.102, Min. Luis Felipe, j. 22.11.11, DJ 1.2.12).

Art. 3º: 4. Súmula 474 do STJ: "A indenização do seguro DPVAT, em caso de invalidez parcial do beneficiário, será paga de forma **proporcional ao grau da invalidez**".

Súmula 544 do STJ: "É válida a utilização de tabela do Conselho Nacional de Seguros Privados para estabelecer a proporcionalidade da indenização do seguro DPVAT ao grau de invalidez também na hipótese de sinistro anterior a 16/12/2008, data da entrada em vigor da Medida Provisória n. 451/2008".

Art. 3º: 4a. "Seguro obrigatório (DPVAT). Indenização. Expressão despesas médicas. Interpretação do art. 3º da Lei 6.194/74. Inclusão de despesas com honorários médicos. Possibilidade" (STJ-3ª T., REsp 1.320.851, Min. Paulo Sanseverino, j. 21.8.14, DJ 4.9.14).

Art. 3º: 5. s/ correção monetária, v. art. 5º, nota 2.

Art. 3º: 6. "O art. 3º da Lei n. 6.194/74 não limita a cobertura do seguro obrigatório apenas aos danos de natureza material. Embora especifique quais os danos indenizáveis — morte, invalidez permanente e despesas de assistência médica e suplementares —, não há nenhuma ressalva quanto ao fato de não estarem cobertos os **prejuízos morais** derivados desses eventos" (STJ-2ª Seção, REsp 1.365.540, Min. Nancy Andrighi, j. 23.4.14, DJ 5.5.14). Do voto da relatora: "Tudo leva a crer que, além da fratura no dedo não ter acarretado nenhum tipo de invalidez permanente ao recorrido, a indenização por danos morais a ele deferida não foi arbitrada em função de um eventual abalo psicológico decorrente dessa lesão. Portanto, embora mantenha a convicção de que o seguro obrigatório possa, conforme o caso, indenizar danos morais, na hipótese específica dos autos os danos psicológicos suportados pelo recorrido não estão cobertos pelo DPVAT". Do voto do Min. Ricardo Cueva: "Os danos pessoais cobertos pelo seguro obrigatório compreendem tão somente indenizações por morte, invalidez permanente e ressarcimento de despesas de assistência médica e suplementares, ou seja, situações que não guardam nenhuma relação com as que serviram para embasar o reconhecimento do direito do autor de ser reparado pelos danos morais que suportou. Reitere-se que, no caso dos autos, entendeu-se devida a verba indenizatória em decorrência da dor psicológica a que submetido o autor por presenciar, como passageiro, acidente automobilístico de grandes proporções".

V. tb. Súmula 246 do STJ, em nota 3 ao CC 944.

Art. 3º: 7. Todavia, s/ cessão do direito à indenização por morte, v. CC 286, nota 3a.

Art. 4º (*redação da Lei 11.482, de 31.5.07*) A indenização no caso de morte será paga de acordo com o disposto no art. 792 da Lei n. 10.406, de 10 de janeiro de 2002 — Código Civil.[1 a 3]

§ 1º (*revogado pela Lei 11.482, de 31.5.07*).

§ 2º (*revogado pela Lei 11.482, de 31.5.07*).

§ 3º (*redação da Lei 11.482, de 31.5.07*) Nos demais casos, o pagamento será feito diretamente à vítima na forma que dispuser o Conselho Nacional de Seguros Privados — CNSP.

Art. 4º: 1. "Embora a Lei n. 6.194/74 garanta a indenização por morte decorrente de acidente de trânsito ao cônjuge sobrevivente e aos herdeiros legais, a análise teleológica do instituto permite, por questão de justiça, estender o direito aos detentores da guarda que, apesar de não haverem formalizado a adoção, renderam cuidados ao falecido por mais de vinte anos, tendo sido as pessoas diretamente afetadas pela perda do convívio" (RBDFS 0/109).

Art. 4º: 2. "O art. 4º da Lei 6.194/1974, que indica os herdeiros como legítimos beneficiários da vítima fatal de acidente automobilístico acobertado pelo DPVAT, não institui solidariedade entre aqueles credores. Os beneficiários do seguro instituído pela Lei 6.194/1974, no caso de morte da vítima, são os previstos no art. 4º, herdeiros, respeitando-se a ordem da vocação hereditária, locução expressamente prevista com a redação dada pela Lei 11.482/2007. Coexistindo mais de um herdeiro, igualmente beneficiário, cada um terá **direito ao recebimento de sua quota parte, individualmente**" (STJ-4ª T., REsp 1.366.592, Min. Luis Felipe, j. 9.5.17, DJ 26.5.17). No mesmo sentido: STJ-3ª T., REsp 1.863.668, Min. Ricardo Cueva, j. 9.3.21, maioria, DJ 22.4.21.

Art. 4º: 3. "É válido o pagamento de indenização do DPVAT aos pais de falecido quando se apresentam como únicos herdeiros mediante a entrega dos documentos exigidos pela lei, mesmo quando houver filhos que não foram incluídos no pagamento. Na hipótese dos autos, o pagamento aos **credores putativos** ocorreu de boa-fé e a exclusão da herdeira não decorreu de negligência ou imprudência da recorrida" (STJ-3ª T., REsp 1.443.349, Min. Nancy Andrighi, j. 22.11.16, DJ 1.12.16).

Art. 5º O pagamento da indenização será efetuado mediante simples prova do acidente e do dano decorrente, independentemente da existência de culpa, haja ou não resseguro, abolida qualquer franquia de responsabilidade do segurado.

§ 1º (*redação da Lei 11.482, de 31.5.07*) A indenização referida neste artigo será paga com base no valor vigente na época da ocorrência do sinistro, em cheque nominal aos beneficiários, descontável no dia e na praça da sucursal que fizer a liquidação, no prazo de trinta dias da entrega dos seguintes documentos:

a) (*redação da Lei 8.441, de 13.7.92*) certidão de óbito, registro da ocorrência no órgão policial competente e a prova de qualidade de beneficiários — no caso de morte;[1]

b)[1a] prova das despesas efetuadas pela vítima com o seu atendimento por hospital, ambulatório ou médico assistente e registro da ocorrência no órgão policial competente — no caso de danos pessoais.

§ 2º Os documentos referidos no § 1º serão entregues à sociedade seguradora, mediante recibo, que os especificará.

§ 3º (*redação da Lei 8.441, de 13.7.92*) Não se concluindo na certidão de óbito o nexo de causa e efeito entre a morte e o acidente, será acrescentada a certidão de auto de necropsia, fornecida diretamente pelo Instituto Médico Legal, independentemente de requisição ou autorização da autoridade policial ou da jurisdição do acidente.

§ 4º (*redação da Lei 8.441, de 13.7.92*) Havendo dúvida quanto ao nexo de causa e efeito entre o acidente e as lesões, em caso de despesas médicas suplementares e invalidez permanente, poderá ser acrescentado ao boletim de atendimento hospitalar relatório de internamento ou tratamento, se houver, fornecido pela rede hospitalar e previdenciária, mediante pedido verbal ou escrito, pelos interessados, em formulário próprio da entidade fornecedora.

§ 5º (*redação da Lei 11.945, de 4.6.09*) O Instituto Médico Legal da jurisdição do acidente ou da residência da vítima deverá fornecer, no prazo de até 90 (noventa) dias, laudo à vítima com a verificação da existência e quantificação das lesões permanentes, totais ou parciais.

§ 6º (*redação da Lei 11.482, de 31.5.07*) O pagamento da indenização também poderá ser realizado por intermédio de depósito ou Transferência Eletrônica de Dados — TED para a conta corrente ou conta de poupança do beneficiário, observada a legislação do Sistema de Pagamentos Brasileiro.

§ 7º (*redação da Lei 11.482, de 31.5.07*) Os valores correspondentes às indenizações, na hipótese de não cumprimento do prazo para o pagamento da respectiva obrigação pecuniária, sujeitam-se à correção monetária segundo índice oficial regularmente estabelecido² e juros moratórios com base em critérios fixados na regulamentação específica de seguro privado.

Art. 5º: 1. s/ pagamento a credor putativo, v. CC 309, nota 2.

Art. 5º: 1a. O art. 5º § 1º-*b* foi mantido, sem alteração, pela Lei 8.441, de 13.7.92.

Art. 5º: 2. Súmula 580 do STJ: "A correção monetária nas indenizações do seguro DPVAT por morte ou invalidez, prevista no § 7º do art. 5º da Lei n. 6.194/1974, redação dada pela Lei n. 11.482/2007, incide **desde a data do evento danoso**".

Art. 6º No caso de ocorrência do¹ sinistro do qual participem dois ou mais veículos, a indenização será paga pela sociedade seguradora do respectivo veículo em que cada pessoa vitimada era transportada.

§ 1º Resultando do acidente vítimas não transportadas, as indenizações a elas correspondentes serão pagas, em partes iguais, pelas sociedades seguradoras dos veículos envolvidos.

§ 2º Havendo veículos não identificados e identificados, a indenização será paga pelas sociedades seguradoras destes últimos.

Art. 6º: 1. *sic*; deve ser "de".

Art. 7º (*redação da Lei 8.441, de 13.7.92*) A indenização por pessoa vitimada por veículo não identificado, com seguradora não identificada, seguro não realizado ou vencido, será paga nos mesmos valores, condições e prazos dos demais casos por um consórcio constituído, obrigatoriamente, por todas as sociedades seguradoras que operem no seguro objeto desta lei.

§ 1º (*redação da Lei 8.441, de 13.7.92*) O consórcio de que trata este artigo poderá haver regressivamente do proprietário do veículo os valores que desembolsar, ficando o veículo, desde logo, como garantia da obrigação, ainda que vinculada a contrato de alienação fiduciária, reserva de domínio, *leasing* ou qualquer outro.

§ 2º O Conselho Nacional de Seguros Privados (CNSP) estabelecerá normas para atender ao pagamento das indenizações previstas neste artigo, bem como a forma de sua distribuição pelas seguradoras participantes do consórcio.

Art. 8º Comprovado o pagamento, a sociedade seguradora que houver pago a indenização poderá, mediante ação própria, haver do responsável a importância efetivamente indenizada.

Art. 9º Nos seguros facultativos de responsabilidade civil dos proprietários de veículos automotores de via terrestre, as indenizações por danos materiais causados a terceiros serão pagas independentemente da responsabilidade que for apurada em ação judicial contra o causador do dano, cabendo à seguradora o direito de regresso contra o responsável.

Art. 10. Observar-se-á o procedimento sumaríssimo¹ do Código de Processo Civil nas causas relativas aos danos pessoais mencionados na presente lei.

Art. 10: 1. Não há mais procedimento sumaríssimo ou sumário no CPC; agora há um único procedimento para o processo de conhecimento ordinário, qual seja, o **procedimento comum** (v. CPC 318 e segs. e 1.049 § ún.). V. tb. CPC 1.063 e CPC rev. art. 275-II-*e*.

Art. 11 (*redação da Lei 11.482, de 31.5.07*). A sociedade seguradora que infringir as disposições desta Lei estará sujeita às penalidades previstas no art. 108 do Decreto-Lei n. 73, de 21 de novembro de 1966, de acordo com a gravidade da irregularidade, observado o disposto no art. 118 do referido Decreto-Lei.

Art. 12. O Conselho Nacional de Seguros Privados expedirá normas disciplinadoras e tarifas que atendam ao disposto nesta lei.

§ 1º (*redação da Lei 8.441, de 13.7.92*) O Conselho Nacional de Trânsito implantará e fiscalizará as medidas de sua competência, garantidoras do não licenciamento e não circulação de veículos automotores de vias terrestres, em via pública ou fora dela, a descoberto do seguro previsto nesta lei.

§ 2º (*redação da Lei 8.441, de 13.7.92*) Para efeito do parágrafo anterior, o Conselho Nacional de Trânsito expedirá normas para o vencimento do seguro coincidir com o do IPVA, arquivando-se cópia do bilhete ou apólice no prontuário respectivo, bem como fazer[1] constar no registro de ocorrências nome, qualificação, endereço residencial e profissional completos do proprietário do veículo, além do nome da seguradora, número e vencimento do bilhete ou apólice de seguro.

§ 3º (*redação da Lei 11.945, de 4.6.09*) O CNSP estabelecerá anualmente o valor correspondente ao custo da emissão e da cobrança da apólice ou do bilhete do Seguro Obrigatório de Danos Pessoais causados por veículos automotores de vias terrestres.

§ 4º (*redação da Lei 11.945, de 4.6.09*) O disposto no parágrafo único do art. 27 da Lei n. 8.212, de 24 de julho de 1991, não se aplica ao produto da arrecadação do ressarcimento do custo descrito no § 3º deste artigo.

Art. 12: **1.** *sic*; será "bem como para fazer"?

Art. 13. Esta lei entrará em vigor na data de sua publicação, revogados o Decreto-lei n. 814, de 4 de setembro de 1969,[1] e demais disposições em contrário.

Art. 13: **1.** v. ementário.

Brasília, 19 de dezembro de 1974; 153º da Independência e 86º da República — ERNESTO GEISEL — **Severo Fagundes Gomes**.

Anexo
(art. 3º da Lei n. 6.194, de 19 de dezembro de 1974)

Danos Corporais Totais Repercussão na Íntegra do Patrimônio Físico	Percentual da Perda
Perda anatômica e/ou funcional completa de ambos os membros superiores ou inferiores	100
Perda anatômica e/ou funcional completa de ambas as mãos ou de ambos os pés	
Perda anatômica e/ou funcional completa de um membro superior e de um membro inferior	
Perda completa da visão em ambos os olhos (cegueira bilateral) ou cegueira legal bilateral	
Lesões neurológicas que cursem com: (a) dano cognitivo-comportamental alienante; (b) impedimento do senso de orientação espacial e/ou do livre deslocamento corporal; (c) perda completa do controle esfincteriano; (d) comprometimento de função vital ou autonômica	
Lesões de órgãos e estruturas craniofaciais, cervicais, torácicos, abdominais, pélvicos ou retroperitoneais cursando com prejuízos funcionais não compensáveis, de ordem autonômica, respiratória, cardiovascular, digestiva, excretora ou de qualquer outra espécie, desde que haja comprometimento de função vital	
Danos Corporais Segmentares (Parciais) **Repercussões em Partes de Membros Superiores e Inferiores**	**Percentuais das Perdas**
Perda anatômica e/ou funcional completa de um dos membros superiores e/ou de uma das mãos	70
Perda anatômica e/ou funcional completa de um dos membros inferiores	70
Perda anatômica e/ou funcional completa de um dos pés	50
Perda completa da mobilidade de um dos ombros, cotovelos, punhos ou dedo polegar	25
Perda completa da mobilidade de um quadril, joelho ou tornozelo	25
Perda anatômica e/ou funcional completa de qualquer um dentre os outros dedos da mão	10
Perda anatômica e/ou funcional completa de qualquer um dos dedos do pé	10
Danos Corporais Segmentares (Parciais) **Outras Repercussões em Órgãos e Estruturas Corporais**	**Percentuais das Perdas**
Perda auditiva total bilateral (surdez completa) ou da fonação (mudez completa) ou da visão de um olho	50
Perda completa da mobilidade de um segmento da coluna vertebral exceto o sacral	25
Perda integral (retirada cirúrgica) do baço	10

Lei n. 9.656, de 3 de junho de 1998

Dispõe sobre os planos e seguros privados de assistência à saúde.[1-2]

O Presidente da República

Faço saber que o Congresso Nacional decreta e eu sanciono a seguinte lei:

LEI 9.656: 1. "O futuro que queremos para a regulação da saúde suplementar", por Maria Stella Gregori (RT 925/147).

LEI 9.656: 2. s/ planos e seguros privados de assistência à saúde à luz do CDC, v. CDC 51, nota 7.

Art. 1º (*redação da Lei 14.454, de 21.9.22*) Submetem-se às disposições desta Lei as pessoas jurídicas de direito privado que operam planos de assistência à saúde, sem prejuízo do cumprimento da legislação específica que rege a sua atividade e, simultaneamente, das disposições da Lei n. 8.078, de 11 de setembro de 1990 (Código de Defesa do Consumidor), adotando-se, para fins de aplicação das normas aqui estabelecidas, as seguintes definições:

I — Plano Privado de Assistência à Saúde: prestação continuada de serviços ou cobertura de custos assistenciais a preço pré ou pós estabelecido, por prazo indeterminado, com a finalidade de garantir, sem limite financeiro, a assistência à saúde, pela faculdade de acesso e atendimento por profissionais ou serviços de saúde, livremente escolhidos, integrantes ou não de rede credenciada, contratada ou referenciada, visando a assistência médica, hospitalar e odontológica, a ser paga integral ou parcialmente às expensas da operadora contratada, mediante reembolso ou pagamento direto ao prestador, por conta e ordem do consumidor;

II — Operadora de Plano de Assistência à Saúde: pessoa jurídica constituída sob a modalidade de sociedade civil ou comercial, cooperativa, ou entidade de autogestão, que opere produto, serviço ou contrato de que trata o inciso I deste artigo;

III — Carteira: o conjunto de contratos de cobertura de custos assistenciais ou de serviços de assistência à saúde em qualquer das modalidades de que tratam o inciso I e o § 1º deste artigo, com todos os direitos e obrigações nele contidos.

§ 1º (*redação da Med. Prov. 2.177-44, de 24.8.01*) Está subordinada às normas e à fiscalização da Agência Nacional de Saúde Suplementar — ANS qualquer modalidade de produto, serviço e contrato que apresente, além da garantia de cobertura financeira de riscos de assistência médica, hospitalar e odontológica, outras características que o diferencie de atividade exclusivamente financeira, tais como:

a) custeio de despesas;

b) oferecimento de rede credenciada ou referenciada;

c) reembolso de despesas;

d) mecanismos de regulação;

e) qualquer restrição contratual, técnica ou operacional para a cobertura de procedimentos solicitados por prestador escolhido pelo consumidor; e

f) vinculação de cobertura financeira à aplicação de conceitos ou critérios médico-assistenciais.

§ 2º (*redação da Med. Prov. 2.177-44, de 24.8.01*) Incluem-se na abrangência desta lei as cooperativas que operem os produtos de que tratam o inciso I e o § 1º deste artigo, bem assim as entidades[1] ou empresas que mantêm sistemas de assistência à saúde, pela modalidade de autogestão ou de administração.

§ 3º (*redação da Med. Prov. 2.177-44, de 24.8.01*) As pessoas físicas ou jurídicas residentes ou domiciliadas no exterior podem constituir ou participar do capital, ou do aumento do capital, de pessoas jurídicas de direito privado constituídas sob as leis brasileiras para operar planos privados de assistência à saúde.

§ 4º (*redação da Med. Prov. 2.177-44, de 24.8.01*) É vedada às pessoas físicas a operação dos produtos de que tratam o inciso I e o § 1º deste artigo.

Art. 1º: 1. "Considerando que as pessoas jurídicas de direito privado são mencionadas expressamente no *caput* do art. 1º da Lei 9.656/1998, a utilização do termo 'entidade' no § 2º denota a intenção do legislador de ampliar o alcance da lei às **pessoas jurídicas de direito público** que prestam serviço de assistência à saúde suplementar" (STJ-3ª T., REsp 1.766.181, Min. Ricardo Cueva, j. 3.12.19, maioria, DJ 13.12.19).

Arts. 2º a 7º (*revogados expressamente pela Med. Prov. 2.177-44, de 24.8.01*).

Art. 8º (*redação da Med. Prov. 2.177-44, de 24.8.01*) Para obter a autorização de funcionamento, as operadoras de planos privados de assistência à saúde devem satisfazer os seguintes requisitos, independentemente de outros que venham a ser determinados pela ANS:

I — registro nos Conselhos Regionais de Medicina e Odontologia, conforme o caso, em cumprimento ao disposto no art. 1º da Lei n. 6.839, de 30 de outubro de 1980;

II — descrição pormenorizada dos serviços de saúde próprios oferecidos e daqueles a serem prestados por terceiros;

III — descrição de suas instalações e equipamentos destinados a prestação de serviços;

IV — especificação dos recursos humanos qualificados e habilitados, com responsabilidade técnica de acordo com as leis que regem a matéria;

V — demonstração da capacidade de atendimento em razão dos serviços a serem prestados;

VI — demonstração da viabilidade econômico-financeira dos planos privados de assistência à saúde oferecidos, respeitadas as peculiaridades operacionais de cada uma das respectivas operadoras;

VII — especificação da área geográfica coberta pelo plano privado de assistência à saúde.

§ 1º (*redação da Med. Prov. 2.177-44, de 24.8.01*) São dispensadas do cumprimento das condições estabelecidas nos incisos VI e VII deste artigo as entidades ou empresas que mantêm sistemas de assistência privada à saúde na modalidade de autogestão, citadas no § 2º do art. 1º.

§ 2º (*redação da Med. Prov. 2.177-44, de 24.8.01*) A autorização de funcionamento será cancelada caso a operadora não comercialize os produtos de que tratam o inciso I e o § 1º do art. 1º desta lei, no prazo máximo de cento e oitenta dias a contar do seu registro na ANS.

§ 3º (*redação da Med. Prov. 2.177-44, de 24.8.01*) As operadoras privadas de assistência à saúde poderão voluntariamente requerer autorização para encerramento de suas atividades, observando os seguintes requisitos, independentemente de outros que venham a ser determinados pela ANS:

a) comprovação da transferência da carteira sem prejuízo para o consumidor, ou a inexistência de beneficiários sob sua responsabilidade;

b) garantia da continuidade da prestação de serviços dos beneficiários internados ou em tratamento;

c) comprovação da quitação de suas obrigações com os prestadores de serviço no âmbito da operação de planos privados de assistência à saúde;

d) informação prévia à ANS, aos beneficiários e aos prestadores de serviço contratados, credenciados ou referenciados, na forma e nos prazos a serem definidos pela ANS.

Art. 9º (*redação da Med. Prov. 2.177-44, de 24.8.01*) Após decorridos cento e vinte dias de vigência desta lei, para as operadoras, e duzentos e quarenta dias, para as administradoras de planos de assistência à saúde, e até que sejam definidas pela ANS, as normas gerais de registro, as pessoas jurídicas que operam os produtos de que tratam o inciso I e o § 1º do art. 1º desta lei, e observado o que dispõe o art. 19, só poderão comercializar estes produtos se:

I — as operadoras e administradoras estiverem provisoriamente cadastradas na ANS; e

II — os produtos a serem comercializados estiverem registrados na ANS.

§ 1º (*redação da Med. Prov. 2.177-44, de 24.8.01*) O descumprimento das formalidades previstas neste artigo, além de configurar infração, constitui agravante na aplicação de penalidades por infração das demais normas previstas nesta lei.

§ 2º (*redação da Med. Prov. 2.177-44, de 24.8.01*) A ANS poderá solicitar informações, determinar alterações e promover a suspensão do todo ou de parte das condições dos planos apresentados.

§ 3º (*redação da Med. Prov. 2.177-44, de 24.8.01*) A autorização de comercialização será cancelada caso a operadora não comercialize os planos ou os produtos de que tratam o inciso I e o § 1º do art. 1º desta lei, no prazo máximo de cento e oitenta dias a contar do seu registro na ANS.

§ 4º (*redação da Med. Prov. 2.177-44, de 24.8.01*) A ANS poderá determinar a suspensão temporária da comercialização de plano ou produto caso identifique qualquer irregularidade contratual, econômico-financeira ou assistencial.

Art. 10 (*redação da Med. Prov. 2.177-44, de 24.8.01*). É instituído o plano-referência de assistência à saúde, com cobertura assistencial médico-ambulatorial e hospitalar, compreendendo partos e tratamentos, realizados exclusivamente no Brasil, com padrão de enfermaria, centro de terapia intensiva, ou similar, quando necessária a internação hospitalar, das doenças listadas na Classificação Estatística Internacional de Doenças e Problemas Relacionados com a Saúde, da Organização Mundial de Saúde, respeitadas as exigências mínimas estabelecidas no art. 12 desta lei, exceto:

I (*redação da Med. Prov. 2.177-44, de 24.8.01*) — tratamento clínico ou cirúrgico experimental;[1]

II — procedimentos clínicos ou cirúrgicos para fins estéticos, bem como órteses e próteses para o mesmo fim;

III — inseminação artificial;[1a]

IV — tratamento de rejuvenescimento ou de emagrecimento com finalidade estética;[1b]

V — fornecimento de medicamentos importados não nacionalizados;

VI (*redação da Lei 12.880, de 12.11.13*)[2] — fornecimento de medicamentos para tratamento domiciliar, ressalvado o disposto nas alíneas *c* do inciso I e *g* do inciso II do art. 12;

VII (*redação da Med. Prov. 2.177-44, de 24.8.01*) — fornecimento de próteses, órteses e seus acessórios não ligados ao ato cirúrgico;

VIII — (*revogado expressamente pela Med. Prov. 2.177-44, de 24.8.01*);

IX — tratamentos ilícitos ou antiéticos, assim definidos sob o aspecto médico, ou não reconhecidos pelas autoridades competentes;

X — casos de cataclismos, guerras e comoções internas, quando declarados pela autoridade competente.

§ 1º (*redação da Med. Prov. 2.177-44, de 24.8.01*) As exceções constantes dos incisos deste artigo serão objeto de regulamentação pela ANS.

§ 2º (*redação da Med. Prov. 2.177-44, de 24.8.01*) As pessoas jurídicas que comercializam produtos de que tratam o inciso I e o § 1º do art. 1º desta lei oferecerão, obrigatoriamente, a partir de 3 de dezembro de 1999, o plano-referência de que trata este artigo a todos os seus atuais e futuros consumidores.[3]

§ 3º (*redação da Med. Prov. 2.177-44, de 24.8.01*) Excluem-se da obrigatoriedade a que se refere o § 2º deste artigo as pessoas jurídicas que mantêm sistemas de assistência à saúde pela modalidade de autogestão e as pessoas jurídicas que operem exclusivamente planos odontológicos.

§ 4º (*redação da Lei 14.454, de 21.9.22*) A amplitude das coberturas no âmbito da saúde suplementar, inclusive de transplantes e de procedimentos de alta complexidade, será estabelecida em norma editada pela ANS, que publicará rol de procedimentos e eventos em saúde suplementar, atualizado a cada incorporação.

§ 5º (*redação da Lei 14.307, de 3.3.22*) As metodologias utilizadas na avaliação de que trata o § 3º do art. 10-D desta Lei, incluídos os indicadores e os parâmetros de avaliação econômica de tecnologias em saúde utilizados em combinação com outros critérios, serão estabelecidas em norma editada pela ANS, assessorada pela Comissão de Atualização do Rol de Procedimentos e Eventos em Saúde Suplementar, e terão ampla divulgação.

§ 6º (*redação da Lei 14.307, de 3.3.22*) As coberturas a que se referem as alíneas *c* do inciso I e *g* do inciso II do *caput* do art. 12 desta Lei são obrigatórias, em conformidade com a prescrição médica, desde que os medicamentos utilizados estejam registrados no órgão federal responsável pela vigilância sanitária, com uso terapêutico aprovado para essas finalidades, observado o disposto no § 7º deste artigo.

§ 7º (*redação da Lei 14.307, de 3.3.22*) A atualização do rol de procedimentos e eventos em saúde suplementar pela ANS será realizada por meio da instauração de processo administrativo, a ser concluído no prazo de 180 (cento e oitenta) dias, contado da data em que foi protocolado o pedido, prorrogável por 90 (noventa) dias corridos quando as circunstâncias o exigirem.

§ 8º (*redação da Lei 14.307, de 3.3.22*) Os processos administrativos de atualização do rol de procedimentos e eventos em saúde suplementar referente aos tratamentos listados nas alíneas *c* do inciso I e *g* do inciso II do *caput* do art. 12 desta Lei deverão ser analisados de forma prioritária e concluídos no prazo de 120 (cento e vinte) dias, contado da data em que foi protocolado o pedido, prorrogável por 60 (sessenta) dias corridos quando as circunstâncias o exigirem.

§ 9º (*redação da Lei 14.307, de 3.3.22*) Finalizado o prazo previsto no § 7º deste artigo sem manifestação conclusiva da ANS no processo administrativo, será realizada a inclusão automática do medicamento, do produto de interesse para a saúde ou do procedimento no rol de procedimentos e eventos em saúde suplementar até que haja decisão da ANS, garantida a continuidade da assistência iniciada mesmo se a decisão for desfavorável à inclusão.

§ 10 (*redação da Lei 14.307, de 3.3.22*). As tecnologias avaliadas e recomendadas positivamente pela Comissão Nacional de Incorporação de Tecnologias no Sistema Único de Saúde (Conitec), instituída pela Lei n. 12.401, de 28 de abril de 2011, cuja decisão de incorporação ao SUS já tenha sido publicada, serão incluídas no Rol de Procedimentos e Eventos em Saúde Suplementar no prazo de até 60 (sessenta) dias.

§ 11 (*redação da Lei 14.307, de 3.3.22*). O processo administrativo de que trata o § 7º deste artigo observará o disposto na Lei n. 9.784, de 29 de janeiro de 1999, no que couber, e as seguintes determinações:

I (*redação da Lei 14.307, de 3.3.22*) — apresentação, pelo interessado, dos documentos com as informações necessárias ao atendimento do disposto no § 3º do art. 10-D desta Lei, na forma prevista em regulamento;

II (*redação da Lei 14.307, de 3.3.22*) — apresentação do preço estabelecido pela Câmara de Regulação do Mercado de Medicamentos, no caso de medicamentos;

III (*redação da Lei 14.307, de 3.3.22*) — realização de consulta pública pelo prazo de 20 (vinte) dias com a divulgação de relatório preliminar emitido pela Comissão de Atualização do Rol de Procedimentos e Eventos em Saúde Suplementar;

IV (*redação da Lei 14.307, de 3.3.22*) — realização de audiência pública, na hipótese de matéria relevante, ou quando tiver recomendação preliminar de não incorporação, ou quando solicitada por no mínimo 1/3 (um terço) dos membros da Comissão de Atualização do Rol de Procedimentos e Eventos em Saúde Suplementar;

V (*redação da Lei 14.307, de 3.3.22*) — divulgação do relatório final de que trata o § 3º do art. 10-D desta Lei da Comissão de Atualização do Rol de Procedimentos e Eventos em Saúde Suplementar; e

VI (*redação da Lei 14.307, de 3.3.22*) — possibilidade de recurso, no prazo de até 15 (quinze) dias após a divulgação do relatório final.

§ 12 (*redação da Lei 14.454, de 21.9.22*). O rol de procedimentos e eventos em saúde suplementar, atualizado pela ANS a cada nova incorporação, constitui a referência básica para os planos privados de assistência à saúde contratados a partir de 1º de janeiro de 1999 e para os contratos adaptados a esta Lei e fixa as diretrizes de atenção à saúde.

§ 13 (*redação da Lei 14.454, de 21.9.22*). Em caso de tratamento ou procedimento prescrito por médico ou odontólogo assistente que não estejam previstos no rol referido no § 12 deste artigo, a cobertura deverá ser autorizada pela operadora de planos de assistência à saúde, desde que:[4]

I (*redação da Lei 14.454, de 21.9.22*) — exista comprovação da eficácia, à luz das ciências da saúde, baseada em evidências científicas e plano terapêutico; ou

II (*redação da Lei 14.454, de 21.9.22*) — existam recomendações pela Comissão Nacional de Incorporação de Tecnologias no Sistema Único de Saúde (Conitec), ou exista recomendação de, no mínimo, 1 (um) órgão de avaliação de tecnologias em saúde que tenha renome internacional, desde que sejam aprovadas também para seus nacionais.

Art. 10: 1. "A interpretação conjunta dos arts. 10 e 12 da Lei 9.656/98 conduz à compreensão de que, na hipótese de existir tratamento convencional, com perspectiva de resposta satisfatória, não pode o paciente, às custas da seguradora ou operadora de plano de saúde, optar por tratamento experimental. Por outro lado, nas situações em que os tratamentos convencionais não forem suficientes ou eficientes, fato atestado pelos médicos que acompanham o caso, existindo, no País, tratamento experimental, em instituição de reputação científica reconhecida, com indicação para a doença, a seguradora ou operadora deve arcar com os custos do tratamento, na medida em que este passa a ser o único de real interesse para o contratante, configurando o tratamento mínimo garantido pelo art. 12 da Lei. Assim, a restrição contida no art. 10, I, da Lei 9.656/98 somente deve ter aplicação quando houver tratamento convencional eficaz para o segurado" (STJ-4ª T., REsp 1.279.241, Min. Raul Araújo, j. 2.10.14, maioria, DJ 7.11.14). No mesmo sentido: STJ-2ª T., Ag em REsp 963.896-AgInt, Min. Herman Benjamin, j. 21.2.17, DJ 18.4.17.

Art. 10: 1a. v. CDC 51, nota 7.

Art. 10: 1b. "A restrição ao custeio pelo plano de saúde de tratamento de emagrecimento circunscreve-se somente aos de cunho estético ou rejuvenescedor, sobretudo os realizados em SPA, clínica de repouso ou estância hidromineral (arts. 10, IV, da Lei 9.656/1998 e 20, § 1º, IV, da RN ANS 387/2015), não se confundindo com a terapêutica da obesidade mórbida (como a internação em clínica médica especializada), que está ligada à saúde vital do paciente e não à pura redução de peso almejada para se obter beleza física. Havendo indicação médica para **tratamento de obesidade mórbida** ou severa por meio de internação em clínica de emagrecimento, não cabe à operadora negar a cobertura sob o argumento de que o tratamento não seria adequado ao paciente, ou que não teria previsão contratual, visto que tal terapêutica, como último recurso, é fundamental à sobrevida do usuário, inclusive com a diminuição das complicações e doenças dela decorrentes, não se configurando simples procedimento estético ou emagrecedor" (STJ-3ª T., REsp 1.645.762, Min. Ricardo Cueva, j. 12.12.17, DJ 18.12.17).

V. tb. CDC 51, nota 7.

Art. 10: 2. Dispositivo em vigor 180 dias após a data de publicação da Lei 12.880, de 12.11.13 (DOU 13.11.13), cf. dispõe o art. 3º da referida Lei.

Art. 10: 3. O STF declarou **inconstitucional** este § 2º (STF-Pleno, ADI 1.931, Min. Marco Aurélio, j. 7.2.18, DJ 8.6.18).

Art. 10: 4. v. CDC 51, nota 7.

Art. 10-A (*redação da Lei 10.223, de 15.5.01*). Cabe às operadoras definidas nos incisos I e II do § 1º do art. 1º desta lei, por meio de sua rede de unidades conveniadas, prestar serviço de cirurgia plástica reconstrutiva de mama, utilizando-se de todos os meios e técnicas necessárias, para o tratamento de mutilação decorrente de utilização de técnica de tratamento de câncer.

§ 1º Quando existirem condições técnicas, a reconstrução da mama será efetuada no tempo cirúrgico da mutilação referida no *caput* deste artigo.[1]

§ 2º No caso de impossibilidade de reconstrução imediata, a paciente será encaminhada para acompanhamento e terá garantida a realização da cirurgia imediatamente após alcançar as condições clínicas requeridas.[2]

§ 3º Os procedimentos de simetrização da mama contralateral e de reconstrução do complexo aréolo-mamilar integram a cirurgia plástica reconstrutiva prevista no *caput* e no § 1º deste artigo.[3]

Art. 10-A: 1. O § 1º foi acrescido pela Lei 13.770, de 19.12.18, em vigor 180 dias após a sua publicação (DOU 20.12.18).

Art. 10-A: 2. O § 2º foi acrescido pela Lei 13.770, de 19.12.18, em vigor 180 dias após a sua publicação (DOU 20.12.18).

Art. 10-A: 3. O § 3º foi acrescido pela Lei 13.770, de 19.12.18, em vigor 180 dias após a sua publicação (DOU 20.12.18).

Art. 10-B. Cabe às operadoras dos produtos de que tratam o inciso I e o § 1º do art. 1º, por meio de rede própria, credenciada, contratada ou referenciada, ou mediante reembolso, fornecer bolsas de colostomia, ileostomia e urostomia, sonda vesical de demora e coletor de urina com conector, para uso hospitalar, ambulatorial ou domiciliar, vedada a limitação de prazo, valor máximo e quantidade.[1]

Art. 10-B: 1. O art. 10-B foi acrescido pela Lei 12.738, de 30.11.12, em vigor 180 dias após a sua publicação (DOU 3.12.12).

Art. 10-C. Os produtos de que tratam o inciso I do *caput* e o § 1º do art. 1º desta Lei deverão incluir cobertura de atendimento à violência autoprovocada e às tentativas de suicídio.[1]

Art. 10-C: 1. O art. 10-C foi acrescido pela Lei 13.819, de 26.4.19, em vigor 90 dias após a sua publicação (DOU 29.4.19).

Art. 10-D (*redação da Lei 14.307, de 3.3.22*). Fica instituída a Comissão de Atualização do Rol de Procedimentos e Eventos em Saúde Suplementar à qual compete assessorar a ANS nas atribuições de que trata o § 4º do art. 10 desta Lei.

§ 1º (*redação da Lei 14.307, de 3.3.22*) O funcionamento e a composição da Comissão de Atualização do Rol de Procedimentos e Eventos em Saúde Suplementar serão estabelecidos em regulamento.

§ 2º (*redação da Lei 14.307, de 3.3.22*) A Comissão de Atualização do Rol de Procedimentos e Eventos em Saúde Suplementar terá composição e regimento definidos em regulamento, com a participação nos processos de:

I (*redação da Lei 14.307, de 3.3.22*) — 1 (um) representante indicado pelo Conselho Federal de Medicina;

II (*redação da Lei 14.307, de 3.3.22*) — 1 (um) representante da sociedade de especialidade médica, conforme a área terapêutica ou o uso da tecnologia a ser analisada, indicado pela Associação Médica Brasileira;

III (*redação da Lei 14.307, de 3.3.22*) — 1 (um) representante de entidade representativa de consumidores de planos de saúde;

IV (*redação da Lei 14.307, de 3.3.22*) — 1 (um) representante de entidade representativa dos prestadores de serviços na saúde suplementar;

V (*redação da Lei 14.307, de 3.3.22*) — 1 (um) representante de entidade representativa das operadoras de planos privados de assistência à saúde;

VI (*redação da Lei 14.307, de 3.3.22*) — representantes de áreas de atuação profissional da saúde relacionadas ao evento ou procedimento sob análise.

§ 3º (*redação da Lei 14.307, de 3.3.22*) A Comissão de Atualização do Rol de Procedimentos e Eventos em Saúde Suplementar deverá apresentar relatório que considerará:

I (*redação da Lei 14.307, de 3.3.22*) — as melhores evidências científicas disponíveis e possíveis sobre a eficácia, a acurácia, a efetividade, a eficiência, a usabilidade e a segurança do medicamento, do produto ou do procedimento analisado, reconhecidas pelo órgão competente para o registro ou para a autorização de uso;

II (*redação da Lei 14.307, de 3.3.22*) — a avaliação econômica comparativa dos benefícios e dos custos em relação às coberturas já previstas no rol de procedimentos e eventos em saúde suplementar, quando couber; e

III (*redação da Lei 14.307, de 3.3.22*) — a análise de impacto financeiro da ampliação da cobertura no âmbito da saúde suplementar.

§ 4º (*redação da Lei 14.307, de 3.3.22*) Os membros indicados para compor a Comissão de Atualização do Rol de Procedimentos e Eventos em Saúde Suplementar, bem como os representantes designados para participarem dos processos, deverão ter formação técnica suficiente para compreensão adequada das evidências científicas e dos critérios utilizados na avaliação.

Art. 11 (*redação da Med. Prov. 2.177-44, de 24.8.01*). É vedada a exclusão de cobertura às doenças e lesões preexistentes à data de contratação dos produtos de que tratam o inciso I e o § 1º do art. 1º desta lei após vinte e quatro meses de vigência do aludido instrumento contratual, cabendo à respectiva operadora o ônus da prova e da demonstração do conhecimento prévio do consumidor ou beneficiário.

Parágrafo único (*redação da Med. Prov. 2.177-44, de 24.8.01*). É vedada a suspensão da assistência à saúde do consumidor ou beneficiário, titular ou dependente, até a prova de que trata o *caput*, na forma da regulamentação a ser editada pela ANS.

Art. 12 (*redação da Med. Prov. 2.177-44, de 24.8.01*). São facultadas a oferta, a contratação e a vigência dos produtos de que tratam o inciso I e o § 1º do art. 1º desta lei, nas segmentações previstas nos incisos I a IV deste artigo, respeitadas as respectivas amplitudes de cobertura definidas no plano-referência de que trata o art. 10, segundo as seguintes exigências mínimas:

I — quando incluir atendimento ambulatorial:

a) cobertura de consultas médicas, em número ilimitado, em clínicas básicas e especializadas, reconhecidas pelo Conselho Federal de Medicina;

b) (*redação da Med. Prov. 2.177-44, de 24.8.01*) cobertura de serviços de apoio diagnóstico, tratamentos e demais procedimentos ambulatoriais, solicitados pelo médico assistente;

c) (*redação da Lei 12.880, de 12.11.13*)[1] cobertura de tratamentos antineoplásicos domiciliares de uso oral, incluindo medicamentos para o controle de efeitos adversos relacionados ao tratamento e adjuvantes;

II — quando incluir internação hospitalar:

a) (*redação da Med. Prov. 2.177-44, de 24.8.01*) cobertura de internações hospitalares, vedada a limitação de prazo, valor máximo e quantidade, em clínicas básicas e especializadas, reconhecidas pelo Conselho Federal de Medicina, admitindo-se a exclusão dos procedimentos obstétricos;[1a]

b) (*redação da Med. Prov. 2.177-44, de 24.8.01*) cobertura de internações hospitalares em centro de terapia intensiva, ou similar, vedada a limitação de prazo, valor máximo e quantidade, a critério do médico assistente;

c) cobertura de despesas referentes a honorários médicos, serviços gerais de enfermagem e alimentação;[1b]

d) (*redação da Med. Prov. 2.177-44, de 24.8.01*) cobertura de exames complementares indispensáveis para o controle da evolução da doença e elucidação diagnóstica, fornecimento de medicamentos, anestésicos, gases medicinais, transfusões e sessões de quimioterapia e radioterapia, conforme prescrição do médico assistente, realizados ou ministrados durante o período de internação hospitalar;

e) (*redação da Med. Prov. 2.177-44, de 24.8.01*) cobertura de toda e qualquer taxa, incluindo materiais utilizados, assim como da remoção do paciente, comprovadamente necessária, para outro estabelecimento hospitalar, dentro dos limites de abrangência geográfica previstos no contrato, em território brasileiro;

f) cobertura de despesas de acompanhante,[1c] no caso de pacientes menores de dezoito anos;

g) (*redação da Lei 12.880, de 12.11.13*)² cobertura para tratamentos antineoplásicos ambulatoriais e domiciliares de uso oral, procedimentos radioterápicos para tratamento de câncer e hemoterapia, na qualidade de procedimentos cuja necessidade esteja relacionada à continuidade da assistência prestada em âmbito de internação hospitalar;

III — quando incluir atendimento obstétrico:

a) cobertura assistencial ao recém-nascido, filho natural ou adotivo do consumidor, ou de seu dependente, durante os primeiros trinta dias após o parto;

b) (*redação da Med. Prov. 2.177-44, de 24.8.01*) inscrição assegurada ao recém-nascido, filho natural ou adotivo do consumidor, como dependente, isento do cumprimento dos períodos de carência, desde que a inscrição ocorra no prazo máximo de trinta dias do nascimento ou da adoção;[2a]

IV — quando incluir atendimento odontológico:

a) cobertura de consultas e exames auxiliares ou complementares, solicitados pelo odontólogo assistente;

b) cobertura de procedimentos preventivos, de dentística e endodontia;

c) cobertura de cirurgias orais menores, assim consideradas as realizadas em ambiente ambulatorial e sem anestesia geral;

V — quando fixar períodos de carência:

a) prazo máximo de trezentos dias para partos a termo;

b) prazo máximo de cento e oitenta dias para os demais casos;

c) (*redação da Med. Prov. 2.177-44, de 24.8.01*) prazo máximo de vinte e quatro horas para a cobertura dos casos de urgência e emergência;

VI (*redação da Med. Prov. 2.177-44, de 24.8.01*) — reembolso,[2b] em todos os tipos de produtos de que tratam o inciso I e o § 1º do art. 1º desta lei, nos limites das obrigações contratuais, das despesas efetuadas pelo beneficiário com assistência à saúde, em casos de urgência ou emergência,[2c] quando não for possível a utilização dos serviços próprios, contratados, credenciados ou referenciados pelas operadoras, de acordo com a relação de preços de serviços médicos e hospitalares praticados pelo respectivo produto, pagáveis no prazo máximo de trinta dias após a entrega da documentação adequada;

VII — inscrição de filho adotivo, menor de doze anos de idade, aproveitando os períodos de carência já cumpridos pelo consumidor adotante.

§ 1º (*redação da Med. Prov. 2.177-44, de 24.8.01*) Após cento e vinte dias da vigência desta lei, fica proibido o oferecimento de produtos de que tratam o inciso I e o § 1º do art. 1º desta lei fora das segmentações de que trata este artigo, observadas suas respectivas condições de abrangência e contratação.

§ 2º (*redação da Med. Prov. 2.177-44, de 24.8.01*) A partir de 3 de dezembro de 1999, da documentação relativa à contratação de produtos de que tratam o inciso I e o § 1º do art. 1º desta lei, nas segmentações de que trata este artigo, deverá constar declaração em separado do consumidor, de que tem conhecimento da existência e disponibilidade do plano-referência, e de que este lhe foi oferecido.

§ 3º (*revogado expressamente pela Med. Prov. 2.177-44, de 24.8.01*).

§ 4º (*redação da Lei 12.880, de 12.11.13*)³ As coberturas a que se referem as alíneas c do inciso I e g do inciso II deste artigo serão objeto de protocolos clínicos e diretrizes terapêuticas, revisados periodicamente, ouvidas as sociedades médicas de especialistas da área, publicados pela ANS.

§ 5º (*redação da Lei 14.307, de 3.3.22*) O fornecimento previsto nas alíneas c do inciso I e g do inciso II do *caput* deste artigo dar-se-á em até 10 (dez) dias após a prescrição médica, por meio de rede própria, credenciada, contratada ou referenciada, diretamente ao paciente ou ao seu representante legal, podendo ser realizado de maneira fracionada por ciclo, sendo obrigatória a comprovação de que o paciente ou seu representante legal recebeu as devidas orientações sobre o uso, a conservação e o eventual descarte do medicamento.

Art. 12: 1. Dispositivo em vigor 180 dias após a data de publicação da Lei 12.880, de 12.11.13 (DOU 13.11.13), cf. dispõe o art. 3º da referida Lei.

Art. 12: 1a. "Plano de saúde. Segmentação hospitalar sem obstetrícia. Atendimento de **urgência** decorrente de **complicações no processo gestacional**. Negativa de cobertura indevida" (STJ-3ª T., REsp 1.947.757, Min. Nancy Andrighi, j. 8.3.22, DJ 11.3.22).

Art. 12: 1b. "Nos termos do art. 12, II, c, da Lei 9.656/98, em caso de internação hospitalar, cabe ao plano de saúde cobrir as despesas referentes a alimentação, honorários médicos e serviços gerais de enfermagem, aí abrangidos os indissociáveis custos da respectiva instrumentação cirúrgica, independentemente de a atividade do instrumentador ainda não contar com regulamentação legal própria, cuja lacuna, por certo, não pode operar em desfavor ou em prejuízo dos contratantes/usuários dos planos de saúde" (STJ-1ª T., REsp 1.821.860, Min. Sérgio Kukina, j. 27.8.19, DJ 30.8.19). No mesmo sentido: STJ-2ª T., REsp 1.822.372, Min. Herman Benjamin, j. 21.11.19, DJ 19.12.19.

Art. 12: 1c. Em matéria de idoso, v. Eld 16, nota 1.

Art. 12: 2. Dispositivo em vigor 180 dias após a data de publicação da Lei 12.880, de 12.11.13 (DOU 13.11.13), cf. dispõe o art. 3º da referida Lei.

Art. 12: 2a. "Tratamento médico de recém-nascido. Internação por período superior a 30 dias. **Neonato não inscrito como beneficiário** do plano de saúde. Hipótese em que, logo após o parto, o neonato foi submetido à cirurgia cardíaca e necessitou de internação hospitalar por período superior a 30 dias, de modo que se impõe à operadora a obrigação de manter o tratamento médico até a alta hospitalar" (STJ-3ª T., REsp 1.953.191, Min. Nancy Andrighi, j. 15.2.22, DJ 24.3.22).

Art. 12: 2b. "**Cessão de direito ao reembolso** das despesas médicas realizadas em clínica e laboratório não credenciados à operadora do plano de saúde. **Impossibilidade. Ausência de desembolso prévio** pelo segurado. Negócio jurídico nulo de pleno direito, em razão da ausência de objeto. O direito ao reembolso depende, por pressuposto lógico, que o beneficiário do plano de saúde tenha, efetivamente, desembolsado previamente os valores com a assistência à saúde, sendo imprescindível, ainda, o preenchimento dos demais requisitos legais previstos na Lei dos Planos de Saúde. Só a partir daí é que haverá a aquisição do direito pelo segurado ao reembolso das despesas médicas realizadas. Antes disso, haverá mera expectativa de direito. Dessa forma, se o usuário do plano não despendeu nenhum valor a título de despesas médicas, mostra-se incabível a transferência do direito ao reembolso, visto que, na realidade, esse direito sequer existia" (STJ-3ª T., REsp 1.959.929, Min. Marco Bellizze, j. 22.11.22, DJ 30.11.22).

Art. 12: 2c. "O reembolso das despesas efetuadas pelo beneficiário com assistência à saúde deve ser permitido quando não for possível a utilização dos serviços próprios, contratados, credenciados ou referenciados pelas operadoras, sendo as hipóteses de urgência e emergência apenas exemplos (e não requisitos) dessa segurança contratual dada aos consumidores" (STJ-3ª T., REsp 1.575.764, Min. Nancy Andrighi, j. 7.5.19, maioria, DJ 30.5.19; no caso, foi determinado o reembolso do valor que teria sido gasto em hospital da rede conveniada).

Art. 12: 3. Dispositivo em vigor 180 dias após a data de publicação da Lei 12.880, de 12.11.13 (DOU 13.11.13), cf. dispõe o art. 3º da referida Lei.

Art. 13 (redação da Med. Prov. 2.177-44, de 24.8.01). Os contratos de produtos de que tratam o inciso I e o § 1º do art. 1º desta lei têm renovação automática a partir do vencimento do prazo inicial de vigência, não cabendo a cobrança de taxas ou qualquer outro valor no ato da renovação.

Parágrafo único (redação da Med. Prov. 2.177-44, de 24.8.01). Os produtos de que trata o caput, contratados individualmente, terão vigência mínima de um ano, sendo vedadas:

I — a recontagem de carências;

II — a suspensão ou a rescisão unilateral do contrato, salvo por fraude ou não pagamento da mensalidade por período superior a sessenta dias, consecutivos ou não, nos últimos doze meses de vigência do contrato, desde que o consumidor seja comprovadamente notificado até o quinquagésimo dia de inadimplência; e[1 a 4]

III — a suspensão ou a rescisão unilateral do contrato, em qualquer hipótese, durante a ocorrência de internação do titular.

Art. 13: 1. "A rescisão unilateral do contrato de plano de saúde individual, nos termos do art. 13, § ún., II, da Lei 9.656/98 **independe** da propositura **de ação judicial**" (STJ-4ª T., REsp 957.900, Min. Antonio Ferreira, j. 17.11.11, DJ 25.11.11).

Art. 13: 2. "Excetuados os casos de fraude ou não pagamento de mensalidade, a suspensão do contrato de plano de saúde não pode ser efetuada sem a **prévia notificação** do segurado" (STJ-3ª T., Ag em REsp 141.866-AgRg, Min. João Otávio, j. 6.8.13, DJ 22.8.13).

Assim: "Se, de um lado, é exigido da operadora a notificação prévia do usuário inadimplente, também deve ser exigido do usuário que não tem mais interesse na prestação do serviço que manifeste de forma inequívoca sua vontade de rescindir o contrato. A rescisão contratual não pode ser presumida e a exigência de que a manifestação da vontade seja expressa é uma decorrência direta dos princípios da boa-fé, da equidade e do equilíbrio da relação contratual, sobretudo no contrato de plano de saúde. A comunicação de mudança de endereço, ainda que seja para cidade não coberta pelo plano de saúde contratado, não tem o condão de gerar a rescisão contratual, pois não induz, obrigatoriamente, à conclusão de que os serviços não seriam mais necessários para o contratante. A contratação de novo plano de saúde pelo consumidor também não enseja a rescisão contratual, visto tratar-se de negócio jurídico autônomo, que apenas gera direitos e obrigações entre as partes que com ele anuíram. Não se admite a rescisão contratual pelo mero decurso do prazo previsto no art. 13, parágrafo único, II, da Lei 9.656/1998, sem o pagamento das mensalidades, se inexistente a prévia comunicação entre os contratantes" (STJ-3ª T., REsp 1.595.897, Min. Ricardo Cueva, j. 9.6.20, DJ 16.6.20).

Art. 13: 2a. "Considerando que o legislador não exige, expressamente, a notificação pessoal do titular do plano de saúde, há de ser admitida a comunicação por **via postal** com aviso de recebimento, entregue no endereço do consumidor contratante, como consta da súmula normativa 28 da ANS" (STJ-3ª T., REsp 1.995.100, Min. Nancy Andrighi, j. 17.5.22, DJ 19.5.22).

Art. 13: 3. "A **notificação,** além de apontar o inadimplemento, **deverá informar** os meios hábeis para a realização do pagamento, tal como o envio do boleto ou a inserção da mensalidade em atraso na próxima cobrança. Vencida a notificação e o encaminhamento adequado de forma a possibilitar a emenda da mora, só então poderá ser considerado rompido o contrato. É exigir demais do consumidor que acesse o sítio eletrônico da empresa e, dentre os vários *links*, faça o *login*, que possivelmente necessita de cadastro prévio, encontre o ícone referente a pagamento ou emissão de segunda via do boleto, selecione a competência desejada, imprima e realize o pagamento, entre outros tantos obstáculos. O procedimento é desnecessário e cria dificuldade abusiva para o consumidor. O recebimento das mensalidades posteriores ao inadimplemento, inclusive a do mês subsequente ao cancelamento unilateral do plano de saúde, implica violação ao princípio da boa-fé objetiva e ao instituto da *surretcio*" (STJ-3ª T., REsp 1.887.705, Min. Moura Ribeiro, j. 14.9.21, maioria, DJ 30.11.21).

Art. 13: 4. "A despeito de o titular do plano de saúde ter sido devida e previamente notificado da rescisão do contrato, a conduta de **renegociar a dívida** e, após a notificação, receber o pagamento da mensalidade seguinte, constitui comportamento contraditório da operadora — ofensivo, portanto, à boa-fé objetiva — por ser incompatível com a vontade de extinguir o vínculo contratual, criando, no beneficiário, a legítima expectativa de sua manutenção" (STJ-3ª T., REsp 1.995.100, Min. Nancy Andrighi, j. 17.5.22, DJ 19.5.22).

Art. 14 (*redação da Med. Prov. 2.177-44, de 24.8.01*). Em razão da idade do consumidor, ou da condição de pessoa portadora de deficiência, ninguém pode ser impedido de participar de planos privados de assistência à saúde.

Art. 15 (*redação da Med. Prov. 2.177-44, de 24.8.01*). A variação das contraprestações pecuniárias estabelecidas nos contratos de produtos de que tratam o inciso I e o § 1º do art. 1º desta lei, em razão da idade do consumidor, somente poderá ocorrer caso estejam previstas no contrato inicial as faixas etárias e os percentuais de reajustes incidentes em cada uma delas, conforme normas expedidas pela ANS, ressalvado o disposto no art. 35-E.

Parágrafo único (*redação da Med. Prov. 2.177-44, de 24.8.01*). É vedada a variação a que alude o *caput* para consumidores com mais de sessenta anos de idade, que participarem dos produtos de que tratam o inciso I e o § 1º do art. 1º, ou sucessores, há mais de dez anos.

Art. 16 (*redação da Med. Prov. 2.177-44, de 24.8.01*). Dos contratos, regulamentos ou condições gerais dos produtos de que tratam o inciso I e o § 1º do art. 1º desta lei devem constar dispositivos que indiquem com clareza:

I — as condições de admissão;

II — o início da vigência;

III — os períodos de carência para consultas, internações, procedimentos e exames;

IV — as faixas etárias e os percentuais a que alude o *caput* do art. 15;

V (*redação da Med. Prov. 2.177-44, de 24.8.01*) — as condições de perda da qualidade de beneficiário;

VI — os eventos cobertos e excluídos;

VII (*redação da Med. Prov. 2.177-44, de 24.8.01*) — o regime, ou tipo de contratação:

a) individual ou familiar;

b) coletivo empresarial; ou

c) coletivo por adesão;

VIII (*redação da Med. Prov. 2.177-44, de 24.8.01*) — a franquia, os limites financeiros ou o percentual de coparticipação do consumidor ou beneficiário, contratualmente previstos nas despesas com assistência médica, hospitalar e odontológica;

IX — os bônus, os descontos ou os agravamentos da contraprestação pecuniária;

X (*redação da Med. Prov. 2.177-44, de 24.8.01*) — a área geográfica de abrangência;

XI — os critérios de reajuste e revisão das contraprestações pecuniárias;

XII (*redação da Med. Prov. 2.177-44, de 24.8.01*) — número de registro na ANS.

Parágrafo único (*redação da Med. Prov. 2.177-44, de 24.8.01*). A todo consumidor titular de plano individual ou familiar será obrigatoriamente entregue, quando de sua inscrição, cópia do contrato, do regulamento ou das condições gerais dos produtos de que tratam o inciso I e o § 1º do art. 1º, além de material explicativo que descreva, em linguagem simples e precisa, todas as suas características, direitos e obrigações.

Art. 17. A inclusão de qualquer prestador de serviço de saúde como contratado, referenciado ou credenciado dos produtos de que tratam o inciso I e o § 1º do art. 1º desta Lei implica compromisso com os consumidores quanto à sua manutenção ao longo da vigência dos contratos, permitindo-se sua substituição, desde que seja por outro prestador equivalente e mediante comunicação aos consumidores com 30 (trinta) dias de antecedência.[1-1a]

§ 1º (*redação da Med. Prov. 2.177-44, de 24.8.01*) É facultada a substituição de entidade hospitalar[2] a que se refere o *caput* deste artigo, desde que por outro equivalente e mediante comunicação aos consumidores e à ANS com trinta dias de antecedência, ressalvados desse prazo mínimo os casos decorrentes de rescisão por fraude ou infração das normas sanitárias e fiscais em vigor.

§ 2º (*redação da Med. Prov. 2.177-44, de 24.8.01*) Na hipótese de a substituição do estabelecimento hospitalar a que se refere o § 1º ocorrer por vontade da operadora durante período de internação do consumidor, o estabelecimento obriga-se a manter a internação e a operadora, a pagar as despesas até a alta hospitalar, a critério médico, na forma do contrato.

§ 3º (*redação da Med. Prov. 2.177-44, de 24.8.01*) Excetuam-se do previsto no § 2º os casos de substituição do estabelecimento hospitalar por infração às normas sanitárias em vigor, durante período de internação, quando a operadora arcará com a responsabilidade pela transferência imediata para outro estabelecimento equivalente, garantindo a continuação da assistência, sem ônus adicional para o consumidor.

§ 4º (*redação da Med. Prov. 2.177-44, de 24.8.01*) Em caso de redimensionamento da rede hospitalar por redução, as empresas deverão solicitar à ANS autorização expressa para tanto, informando:

I — nome da entidade a ser excluída;

II — capacidade operacional a ser reduzida com a exclusão;

III — impacto sobre a massa assistida, a partir de parâmetros definidos pela ANS, correlacionando a necessidade de leitos e a capacidade operacional restante; e

IV — justificativa para a decisão, observando a obrigatoriedade de manter cobertura com padrões de qualidade equivalente e sem ônus adicional para o consumidor.

Art. 17: 1. Redação do *caput* de acordo com a Lei 13.003, de 24.6.14, em vigor 180 dias após sua publicação (DOU 25.6.14).

Art. 17: 1a. "Plano de saúde. Tratamento quimioterápico. **Descredenciamento de hospital. Limitação de cobertura. Impossibilidade.** A substituição de entidade hospitalar da rede credenciada de plano de saúde deve observar: i) a notificação dos consumidores com antecedência mínima de trinta dias; ii) a contratação de novo prestador de serviço de saúde equivalente ao descredenciado; e iii) a comunicação à Agência Nacional de Saúde (art. 17, § 1º, da Lei 9.656/98). O fato de haver descredenciamento não informado ao consumidor constitui embaraço administrativo imputável exclusivamente à operadora e não pode servir como barreira ou limitação ao tratamento já iniciado pelo paciente, sobretudo quando se considera a situação de fragilidade decorrente da quimioterapia" (STJ-3ª T., REsp 1.677.743, Min. Nancy Andrighi, j. 8.10.19, DJ 11.10.19).

Art. 17: 2. "O termo 'entidade hospitalar' inscrito no art. 17, § 1º, da Lei 9.656/1998, à luz dos princípios consumeristas, deve ser entendido como gênero, a englobar também **clínicas médicas, laboratórios, médicos e demais serviços conveniados.** De fato, o usuário de plano de saúde tem o direito de ser informado acerca da modificação da rede conveniada (rol de credenciados), pois somente com a transparência poderá buscar o atendimento e o tratamento que melhor lhe satisfaz, segundo as possibilidades oferecidas" (STJ-3ª T., REsp 1.349.385, Min. Ricardo Cueva, j. 16.12.14, DJ 2.2.15). No mesmo sentido: STJ-4ª T., Ag em REsp 1.290.856-EDcl-AgInt, Min. Lázaro Guimarães, j. 23.8.18, DJ 29.8.18.

V. tb. CDC 6º, nota 3b.

Art. 17-A. As condições de prestação de serviços de atenção à saúde no âmbito dos planos privados de assistência à saúde por pessoas físicas ou jurídicas, independentemente de sua qualificação como contratadas, referenciadas ou credenciadas, serão reguladas por contrato escrito, estipulado entre a operadora do plano e o prestador de serviço.[1]

§ 1º São alcançados pelas disposições do *caput* os profissionais de saúde em prática liberal privada, na qualidade de pessoa física, e os estabelecimentos de saúde, na qualidade de pessoa jurídica, que prestem ou venham a prestar os serviços de assistência à saúde a que aludem os arts. 1º e 35-F desta Lei, no âmbito de planos privados de assistência à saúde.

§ 2º O contrato de que trata o *caput* deve estabelecer com clareza as condições para a sua execução, expressas em cláusulas que definam direitos, obrigações e responsabilidades das partes, incluídas, obrigatoriamente, as que determinem:

I — o objeto e a natureza do contrato, com descrição de todos os serviços contratados;

II — a definição dos valores dos serviços contratados, dos critérios, da forma e da periodicidade do seu reajuste e dos prazos e procedimentos para faturamento e pagamento dos serviços prestados;

III — a identificação dos atos, eventos e procedimentos médico-assistenciais que necessitem de autorização administrativa da operadora;

IV — a vigência do contrato e os critérios e procedimentos para prorrogação, renovação e rescisão;

V — as penalidades pelo não cumprimento das obrigações estabelecidas.

§ 3º A periodicidade do reajuste de que trata o inciso II do § 2º deste artigo será anual e realizada no prazo improrrogável de 90 (noventa) dias, contado do início de cada ano-calendário.

§ 4º Na hipótese de vencido o prazo previsto no § 3º deste artigo, a Agência Nacional de Saúde Suplementar — ANS, quando for o caso, definirá o índice de reajuste.

§ 5º A ANS poderá constituir, na forma da legislação vigente, câmara técnica com representação proporcional das partes envolvidas para o adequado cumprimento desta Lei.

§ 6º A ANS publicará normas regulamentares sobre o disposto neste artigo.

Art. 17-A: 1. O art. 17-A, *caput* e parágrafos, foi acrescido pela Lei 13.003, de 24.6.14, em vigor 180 dias após sua publicação (DOU 25.6.14).

Art. 18. A aceitação, por parte de qualquer prestador de serviço ou profissional de saúde, da condição de contratado, referenciado, credenciado ou cooperado de uma operadora de produtos de que tratam o inciso I e o § 1º do art. 1º desta Lei implica as seguintes obrigações e direitos:[1]

I — o consumidor de determinada operadora, em nenhuma hipótese e sob nenhum pretexto ou alegação, pode ser discriminado ou atendido de forma distinta daquela dispensada aos clientes vinculados a outra operadora ou plano;

II — a marcação de consultas, exames e quaisquer outros procedimentos deve ser feita de forma a atender às necessidades dos consumidores, privilegiando os casos de emergência ou urgência, assim como as pessoas com mais de sessenta e cinco anos de idade, as gestantes, lactantes, lactentes e crianças até cinco anos;

III (*redação da Med. Prov. 2.177-44, de 24.8.01*) — a manutenção de relacionamento de contratação, credenciamento ou referenciamento com número ilimitado de operadoras, sendo expressamente vedado às operadoras, independente de sua natureza jurídica constitutiva, impor contratos de exclusividade ou de restrição à atividade profissional.[2]

Parágrafo único (*redação da Med. Prov. 2.177-44, de 24.8.01*). A partir de 3 de dezembro de 1999, os prestadores de serviço ou profissionais de saúde não poderão manter contrato, credenciamento ou referenciamento com operadoras que não tiverem registros para funcionamento e comercialização conforme previsto nesta lei, sob pena de responsabilidade por atividade irregular.

Art. 18: 1. Redação do *caput* de acordo com a Lei 13.003, de 24.6.14, em vigor 180 dias após sua publicação (DOU 25.6.14).

Art. 18: 2. Em matéria de cooperativa, v. Lei 5.764/71, art. 29, nota 1.

Art. 19 (*redação da Med. Prov. 2.177-44, de 24.8.01*). Para requerer a autorização definitiva de funcionamento, as pessoas jurídicas que já atuavam como operadoras ou administradoras dos produtos de que tratam o inciso I e o § 1º do art. 1º desta lei, terão prazo de cento e oitenta dias, a partir da publicação da regulamentação específica pela ANS.

§ 1º (*redação da Med. Prov. 2.177-44, de 24.8.01*) Até que sejam expedidas as normas de registro, serão mantidos registros provisórios das pessoas jurídicas e dos produtos na ANS, com a finalidade de autorizar a comercialização ou operação dos produtos a que alude o *caput*, a partir de 2 de janeiro de 1999.

§ 2º (*redação da Med. Prov. 2.177-44, de 24.8.01*) Para o registro provisório, as operadoras ou administradoras dos produtos a que alude o *caput* deverão apresentar à ANS as informações requeridas e os seguintes documentos, independentemente de outros que venham a ser exigidos:

I — registro do documento de constituição da pessoa jurídica;
II — nome fantasia;
III — CNPJ;
IV — endereço;
V — telefone, fax e *e-mail*; e
VI — principais dirigentes da pessoa jurídica e nome dos cargos que ocupam.

§ 3º (*redação da Med. Prov. 2.177-44, de 24.8.01*) Para registro provisório dos produtos a serem comercializados, deverão ser apresentados à ANS os seguintes dados:

I — razão social da operadora ou da administradora;
II — CNPJ da operadora ou da administradora;
III — nome do produto;
IV — segmentação da assistência (ambulatorial, hospitalar com obstetrícia, hospitalar sem obstetrícia, odontológica e referência);
V — tipo de contratação (individual/familiar, coletivo empresarial e coletivo por adesão);
VI — âmbito geográfico de cobertura;
VII — faixas etárias e respectivos preços;
VIII — rede hospitalar própria por Município (para segmentações hospitalar e referência);
IX — rede hospitalar contratada ou referenciada por Município (para segmentações hospitalar e referência);
X — outros documentos e informações que venham a ser solicitados pela ANS.

§ 4º (*redação da Med. Prov. 2.177-44, de 24.8.01*) Os procedimentos administrativos para registro provisório dos produtos serão tratados em norma específica da ANS.

§ 5º (*redação da Med. Prov. 2.177-44, de 24.8.01*) Independentemente do cumprimento, por parte da operadora, das formalidades do registro provisório, ou da conformidade dos textos das condições gerais ou dos instrumentos contratuais, ficam garantidos, a todos os usuários de produtos a que alude o *caput*, contratados a partir de 2 de janeiro de 1999, todos os benefícios de acesso e cobertura previstos nesta lei e em seus regulamentos, para cada segmentação definida no art. 12.

§ 6º (*redação da Med. Prov. 2.177-44, de 24.8.01*) O não cumprimento do disposto neste artigo implica o pagamento de multa diária no valor de R$ 10.000,00 (dez mil reais) aplicada às operadoras dos produtos de que tratam o inciso I e o § 1º do art. 1º.

§ 7º (*redação da Med. Prov. 2.177-44, de 24.8.01*) As pessoas jurídicas que forem iniciar operação de comercialização de planos privados de assistência à saúde, a partir de 8 de dezembro de 1998, estão sujeitas aos registros de que trata o § 1º deste artigo.

Art. 20 (*redação da Med. Prov. 2.177-44, de 24.8.01*). As operadoras de produtos de que tratam o inciso I e o § 1º do art. 1º desta lei são obrigadas a fornecer, periodicamente, à ANS todas as informações e estatísticas relativas a suas atividades, incluídas as de natureza cadastral, especialmente aquelas que permitam a identificação dos consumidores e de seus dependentes, incluindo seus nomes, inscrições no Cadastro de Pessoas Físicas dos titulares e Municípios onde residem, para fins do disposto no art. 32.

§ 1º (*redação da Med. Prov. 2.177-44, de 24.8.01*) Os agentes, especialmente designados pela ANS, para o exercício das atividades de fiscalização e nos limites por ela estabelecidos, têm livre acesso às operadoras, podendo requisitar e apreender processos, contratos, manuais de rotina operacional e demais documentos, relativos aos produtos de que tratam o inciso I e o § 1º do art. 1º desta lei.

§ 2º (*redação da Med. Prov. 2.177-44, de 24.8.01*) Caracteriza-se como embaraço à fiscalização, sujeito às penas previstas na lei, a imposição de qualquer dificuldade à consecução dos objetivos da fiscalização, de que trata o § 1º deste artigo.

Art. 21. É vedado às operadoras de planos privados de assistência à saúde realizar quaisquer operações financeiras:

I — com seus diretores e membros dos conselhos administrativos, consultivos, fiscais ou assemelhados, bem como com os respectivos cônjuges e parentes até o segundo grau, inclusive;

II (*redação da Med. Prov. 2.177-44, de 24.8.01*) — com empresa de que participem as pessoas a que se refere o inciso anterior, desde que estas sejam, em conjunto ou isoladamente, consideradas como controladoras da empresa.

Art. 22. As operadoras de planos privados de assistência à saúde submeterão suas contas a auditores independentes, registrados no respectivo Conselho Regional de Contabilidade e na Comissão de Valores Mobiliários — CVM, publicando, anualmente, o parecer respectivo, juntamente com as demonstrações financeiras determinadas pela Lei n. 6.404, de 15 de dezembro de 1976.[1]

§ 1º (*redação da Med. Prov. 2.177-44, de 24.8.01*) A auditoria independente também poderá ser exigida quanto aos cálculos atuariais, elaborados segundo diretrizes gerais definidas pelo CONSU.

§ 2º (*redação da Med. Prov. 2.177-44, de 24.8.01*) As operadoras com número de beneficiários inferior a vinte mil usuários ficam dispensadas da publicação do parecer do auditor e das demonstrações financeiras, devendo, a ANS, dar-lhes publicidade.

Art. 22: 1. Lei 6.404, de 15.12.76 — Dispõe sobre as sociedades por ações (Lex 1976/899). Os arts. 176 e 177 regulamentam as demonstrações financeiras dessas sociedades. O art. 176 § 6º foi alterado pela **Lei 9.457, de 5.5.97** (em Lex 1997/1.258, RT 739/775, RF 338/446, Bol. AASP 2.012/supl., p. 1).

Art. 23 (*redação da Med. Prov. 2.177-44, de 24.8.01*). As operadoras de planos privados de assistência à saúde não podem requerer concordata[1] e não estão sujeitas a falência ou insolvência civil, mas tão somente ao regime de liquidação extrajudicial.

§ 1º (redação da Med. Prov. 2.177-44, de 24.8.01) As operadoras sujeitar-se-ão ao regime de falência ou insolvência civil quando, no curso da liquidação extrajudicial, forem verificadas uma das seguintes hipóteses:

I — o ativo da massa liquidanda não for suficiente para o pagamento de pelo menos a metade dos créditos quirografários;

II — o ativo realizável da massa liquidanda não for suficiente, sequer, para o pagamento das despesas administrativas e operacionais inerentes ao regular processamento da liquidação extrajudicial; ou

III — nas hipóteses de fundados indícios de condutas previstas nos arts. 186 a 189 do Dec. lei n. 7.661, de 21 de junho de 1945.

§ 2º (redação da Med. Prov. 2.177-44, de 24.8.01) Para efeito desta lei, define-se ativo realizável como sendo todo ativo que possa ser convertido em moeda corrente em prazo compatível para o pagamento das despesas administrativas e operacionais da massa liquidanda.

§ 3º (redação da Med. Prov. 2.177-44, de 24.8.01) À vista do relatório do liquidante extrajudicial, e em se verificando qualquer uma das hipóteses previstas nos incisos I, II ou III do § 1º deste artigo, a ANS poderá autorizá-lo a requerer a falência ou insolvência civil da operadora.

§ 4º (redação da Med. Prov. 2.177-44, de 24.8.01) A distribuição do requerimento produzirá imediatamente os seguintes efeitos:

I — a manutenção da suspensão dos prazos judiciais em relação à massa liquidanda;

II — a suspensão dos procedimentos administrativos de liquidação extrajudicial, salvo os relativos à guarda e à proteção dos bens e imóveis da massa;

III — a manutenção da indisponibilidade dos bens dos administradores, gerentes, conselheiros e assemelhados, até posterior determinação judicial; e

IV — prevenção do juízo que emitir o primeiro despacho em relação ao pedido de conversão do regime.

§ 5º (redação da Med. Prov. 2.177-44, de 24.8.01) A ANS, no caso previsto no inciso II do § 1º deste artigo, poderá, no período compreendido entre a distribuição do requerimento e a decretação da falência ou insolvência civil, apoiar a proteção dos bens móveis e imóveis da massa liquidanda.

§ 6º (redação da Med. Prov. 2.177-44, de 24.8.01) O liquidante enviará ao juízo prevento o rol das ações judiciais em curso cujo andamento ficará suspenso até que o juiz competente nomeie o síndico da massa falida ou o liquidante da massa insolvente.

Art. 23: 1. A concordata deu lugar à recuperação judicial ou extrajudicial.

Art. 24 (redação da Med. Prov. 2.177-44, de 24.8.01). Sempre que detectadas nas operadoras sujeitas à disciplina desta lei insuficiência das garantias do equilíbrio financeiro, anormalidades econômico-financeiras ou administrativas graves que coloquem em risco a continuidade ou a qualidade do atendimento à saúde, a ANS poderá determinar a alienação da carteira, o regime de direção fiscal ou técnica, por prazo não superior a trezentos e sessenta e cinco dias, ou a liquidação extrajudicial, conforme a gravidade do caso.

§ 1º (redação da Med. Prov. 2.177-44, de 24.8.01) O descumprimento das determinações do diretor-fiscal ou técnico, e do liquidante, por dirigentes, administradores, conselheiros ou empregados da operadora de planos privados de assistência à saúde acarretará o imediato afastamento do infrator, por decisão da ANS, sem prejuízo das sanções penais cabíveis, assegurado o direito ao contraditório, sem que isto implique efeito suspensivo da decisão administrativa que determinou o afastamento.

§ 2º (*redação da Med. Prov. 2.177-44, de 24.8.01*) A ANS, *ex officio* ou por recomendação do diretor técnico ou fiscal ou do liquidante, poderá, em ato administrativo devidamente motivado, determinar o afastamento dos diretores, administradores, gerentes e membros do conselho fiscal da operadora sob regime de direção ou em liquidação.

§ 3º (*redação da Med. Prov. 2.177-44, de 24.8.01*) No prazo que lhe for designado, o diretor-fiscal ou técnico procederá à análise da organização administrativa e da situação econômico-financeira da operadora, bem assim da qualidade do atendimento aos consumidores, e proporá à ANS as medidas cabíveis.[1]

§ 4º (*redação da Med. Prov. 2.177-44, de 24.8.01*) O diretor-fiscal ou técnico poderá propor a transformação do regime de direção em liquidação extrajudicial.

§ 5º (*redação da Med. Prov. 2.177-44, de 24.8.01*) A ANS promoverá, no prazo máximo de noventa dias, a alienação da carteira das operadoras de planos privados de assistência à saúde, no caso de não surtirem efeito as medidas por ela determinadas para sanar as irregularidades ou nas situações que impliquem risco para os consumidores participantes da carteira.

Art. 24: 1. v. arts. 25 a 29.

Art. 24-A (*redação da Med. Prov. 2.177-44, de 24.8.01*). Os administradores das operadoras de planos privados de assistência à saúde em regime de direção fiscal ou liquidação extrajudicial, independentemente da natureza jurídica da operadora, ficarão com todos os seus bens indisponíveis, não podendo, por qualquer forma, direta ou indireta, aliená-los ou onerá-los, até apuração e liquidação final de suas responsabilidades.

§ 1º (*redação da Med. Prov. 2.177-44, de 24.8.01*) A indisponibilidade prevista neste artigo decorre do ato que decretar a direção fiscal ou a liquidação extrajudicial e atinge a todos aqueles que tenham estado no exercício das funções nos doze meses anteriores ao mesmo ato.[1]

§ 2º (*redação da Med. Prov. 2.177-44, de 24.8.01*) Na hipótese de regime de direção fiscal, a indisponibilidade de bens a que se refere o *caput* deste artigo poderá não alcançar os bens dos administradores, por deliberação expressa da Diretoria Colegiada da ANS.

§ 3º (*redação da Med. Prov. 2.177-44, de 24.8.01*) A ANS, *ex officio* ou por recomendação do diretor-fiscal ou do liquidante, poderá estender a indisponibilidade prevista neste artigo:

I — aos bens de gerentes, conselheiros e aos de todos aqueles que tenham concorrido, no período previsto no § 1º, para a decretação da direção fiscal ou da liquidação extrajudicial;

II — aos bens adquiridos, a qualquer título, por terceiros, no período previsto no § 1º, das pessoas referidas no inciso I, desde que configurada fraude na transferência.

§ 4º (*redação da Med. Prov. 2.177-44, de 24.8.01*) Não se incluem nas disposições deste artigo os bens considerados inalienáveis ou impenhoráveis pela legislação em vigor.

§ 5º (*redação da Med. Prov. 2.177-44, de 24.8.01*) A indisponibilidade também não alcança os bens objeto de contrato de alienação, de promessa de compra e venda, de cessão ou promessa de cessão de direitos, desde que os respectivos instrumentos tenham sido levados ao competente registro público, anteriormente à data da decretação da direção fiscal ou da liquidação extrajudicial.

§ 6º (*redação da Med. Prov. 2.177-44, de 24.8.01*) Os administradores das operadoras de planos privados de assistência à saúde respondem solidariamente pelas obrigações por eles assumidas durante sua gestão até o montante dos prejuízos causados, independentemente do nexo de causalidade.

Art. 24-A: 1. "Prazo do § 1º do art. 24-A da Lei 9.656/1998. **Ampliação.** Possibilidade. Desde que observados os requisitos legais, pode o juízo, com base no poder geral de cautela, ampliar o alcance da norma que prevê a decretação da indisponibilidade de bens quando verificar a existência de fundados indícios de responsabilidade de determinado agente, a fim de assegurar, concretamente, a eficácia e a utilidade do provimento jurisdicional de caráter satisfativo" (STJ-3ª T., REsp 1.845.214, Min. Nancy Andrighi, j. 20.10.20, DJ 26.10.20).

Art. 24-B (*redação da Med. Prov. 2.177-44, de 24.8.01*). A Diretoria Colegiada definirá as atribuições e competências do diretor-técnico, diretor-fiscal e do responsável pela alienação de carteira, podendo ampliá-las, se necessário.

Art. 24-C (*redação da Med. Prov. 2.177-44, de 24.8.01*). Os créditos decorrentes da prestação de serviços de assistência privada à saúde preferem a todos os demais, exceto os de natureza trabalhista e tributários.

Art. 24-D (*redação da Med. Prov. 2.177-44, de 24.8.01*). Aplica-se à liquidação extrajudicial das operadoras de planos privados de assistência à saúde e ao disposto nos arts. 24-A e 35-I, no que couber com os preceitos desta lei, o disposto na Lei n. 6.024, de 13 de março de 1974, no Dec. lei n. 7.661, de 21 de junho de 1945, no Dec. lei n. 41, de 18 de novembro de 1966, e no Dec. lei n. 73, de 21 de novembro de 1966, conforme o que dispuser a ANS.

Art. 25 (*redação da Med. Prov. 2.177-44, de 24.8.01*). As infrações dos dispositivos desta lei e de seus regulamentos, bem como aos dispositivos dos contratos firmados, a qualquer tempo, entre operadoras e usuários de planos privados de assistência à saúde, sujeitam a operadora dos produtos de que tratam o inciso I e o § 1º do art. 1º desta lei, seus administradores, membros de conselhos administrativos, deliberativos, consultivos, fiscais e assemelhados às seguintes penalidades,[1] sem prejuízo de outras estabelecidas na legislação vigente:

I — advertência;

II — multa pecuniária;

III — suspensão do exercício do cargo;

IV (*redação da Med. Prov. 2.177-44, de 24.8.01*) — inabilitação temporária para exercício de cargos em operadoras de planos de assistência à saúde;

V — inabilitação permanente para exercício de cargos de direção ou em conselhos das operadoras a que se refere esta lei, bem como em entidades de previdência privada, sociedades seguradoras, corretoras de seguros e instituições financeiras;

VI (*redação da Med. Prov. 2.177-44, de 24.8.01*) — cancelamento da autorização de funcionamento e alienação da carteira da operadora.

Art. 25: 1. "Planos privados de saúde e penalidade para as infrações das operadoras", por Luís Rodolfo Cruz e Creuz e Pedro Felício André Filho (RIDA 8/37).

Art. 26 (*redação da Med. Prov. 2.177-44, de 24.8.01*). Os administradores e membros dos conselhos administrativos, deliberativos, consultivos, fiscais e assemelhados das operadoras de que trata esta lei respondem solidariamente pelos prejuízos causados a terceiros, inclusive aos acionistas, cotistas, cooperados e consumidores de planos privados de assistência à saúde, conforme o caso, em consequência do descumprimento de leis, normas e instruções referentes às operações previstas na legislação e, em especial, pela falta de constituição e cobertura das garantias obrigatórias.

Art. 27 (redação da Med. Prov. 2.177-44, de 24.8.01). A multa de que trata o art. 25 será fixada e aplicada pela ANS no âmbito de suas atribuições, com valor não inferior a R$ 5.000,00 (cinco mil reais) e não superior a R$ 1.000.000,00 (um milhão de reais) de acordo com o porte econômico da operadora ou prestadora de serviço e a gravidade da infração, ressalvado o disposto no § 6º do art. 19.

Parágrafo único (revogado expressamente pela Med. Prov. 2.177-44, de 24.8.01).

Art. 28 (revogado expressamente pela Med. Prov. 2.177-44, de 24.8.01).

Art. 29 (redação da Med. Prov. 2.177-44, de 24.8.01). As infrações serão apuradas mediante processo administrativo que tenha por base o auto de infração, a representação ou a denúncia positiva dos fatos irregulares, cabendo à ANS dispor sobre normas para instauração, recursos e seus efeitos, instâncias e prazos.

§ 1º (redação da Med. Prov. 2.177-44, de 24.8.01) O processo administrativo, antes de aplicada a penalidade, poderá, a título excepcional, ser suspenso, pela ANS, se a operadora ou prestadora de serviço assinar termo de compromisso de ajuste de conduta, perante a diretoria colegiada, que terá eficácia de título executivo extrajudicial, obrigando-se a:

I — cessar a prática de atividades ou atos objetos da apuração; e

II — corrigir as irregularidades, inclusive indenizando os prejuízos delas decorrentes.

§ 2º (redação da Med. Prov. 2.177-44, de 24.8.01) O termo de compromisso de ajuste de conduta conterá, necessariamente, as seguintes cláusulas:

I — obrigações do compromissário de fazer cessar a prática objeto da apuração, no prazo estabelecido;

II — valor da multa a ser imposta no caso de descumprimento, não inferior a R$ 5.000,00 (cinco mil reais) e não superior a R$ 1.000.000,00 (um milhão de reais) de acordo com o porte econômico da operadora ou da prestadora de serviço.

§ 3º (redação da Med. Prov. 2.177-44, de 24.8.01) A assinatura do termo de compromisso de ajuste de conduta não importa confissão do compromissário quanto à matéria de fato, nem reconhecimento de ilicitude da conduta em apuração.

§ 4º (redação da Med. Prov. 2.177-44, de 24.8.01) O descumprimento do termo de compromisso de ajuste de conduta, sem prejuízo da aplicação da multa a que se refere o inciso II do § 2º, acarreta a revogação da suspensão do processo.

§ 5º (redação da Med. Prov. 2.177-44, de 24.8.01) Cumpridas as obrigações assumidas no termo de compromisso de ajuste de conduta, será extinto o processo.

§ 6º (redação da Med. Prov. 2.177-44, de 24.8.01) Suspende-se a prescrição durante a vigência do termo de compromisso de ajuste de conduta.

§ 7º (redação da Med. Prov. 2.177-44, de 24.8.01) Não poderá ser firmado termo de compromisso de ajuste de conduta quando tiver havido descumprimento de outro termo de compromisso de ajuste de conduta nos termos desta lei, dentro do prazo de dois anos.

§ 8º (*redação da Med. Prov. 2.177-44, de 24.8.01*) O termo de compromisso de ajuste de conduta deverá ser publicado no Diário Oficial da União.

§ 9º (*redação da Med. Prov. 2.177-44, de 24.8.01*) A ANS regulamentará a aplicação do disposto nos §§ 1º a 7º deste artigo.

Art. 29-A (*redação da Med. Prov. 2.177-44, de 24.8.01*). A ANS poderá celebrar com as operadoras termo de compromisso, quando houver interesse na implementação de práticas que consistam em vantagens para os consumidores, com vistas a assegurar a manutenção da qualidade dos serviços de assistência à saúde.

§ 1º (*redação da Med. Prov. 2.177-44, de 24.8.01*) O termo de compromisso referido no *caput* não poderá implicar restrição de direitos do usuário.

§ 2º (*redação da Med. Prov. 2.177-44, de 24.8.01*) Na definição do termo de que trata este artigo serão considerados os critérios de aferição e controle da qualidade dos serviços a serem oferecidos pelas operadoras.

§ 3º (*redação da Med. Prov. 2.177-44, de 24.8.01*) O descumprimento injustificado do termo de compromisso poderá importar na aplicação da penalidade de multa a que se refere o inciso II, § 2º, do art. 29 desta lei.

Art. 30 (*redação da Med. Prov. 2.177-44, de 24.8.01*). Ao consumidor que contribuir para produtos de que tratam o inciso I e o § 1º do art. 1º desta lei, em decorrência de vínculo empregatício, no caso de rescisão ou exoneração do contrato de trabalho sem justa causa, é assegurado o direito de manter sua condição de beneficiário, nas mesmas condições de cobertura assistencial de que gozava quando da vigência do contrato de trabalho, desde que assuma o seu pagamento integral.[1 a 2b]

§ 1º (*redação da Med. Prov. 2.177-44, de 24.8.01*) O período de manutenção da condição de beneficiário a que se refere o *caput* será de um terço do tempo de permanência nos produtos de que tratam o inciso I e o § 1º do art. 1º, ou sucessores, com um mínimo assegurado de seis meses e um máximo de vinte e quatro meses.[2c a 3a]

§ 2º A manutenção de que trata este artigo é extensiva, obrigatoriamente, a todo o grupo familiar inscrito quando da vigência do contrato de trabalho.

§ 3º Em caso de morte do titular, o direito de permanência é assegurado aos dependentes cobertos pelo plano ou seguro privado coletivo de assistência à saúde, nos termos do disposto neste artigo.[4-5]

§ 4º O direito assegurado neste artigo não exclui vantagens obtidas pelos empregados decorrentes de negociações coletivas de trabalho.

§ 5º (*redação da Med. Prov. 2.177-44, de 24.8.01*) A condição prevista no *caput* deste artigo deixará de existir quando da admissão do consumidor titular em novo emprego.

§ 6º (*redação da Med. Prov. 2.177-44, de 24.8.01*) Nos planos coletivos custeados integralmente pela empresa, não é considerada contribuição a coparticipação do consumidor, única e exclusivamente, em procedimentos, como fator de moderação, na utilização dos serviços de assistência médica ou hospitalar.

Art. 30: 1. "Nos planos de saúde coletivos **custeados exclusivamente pelo empregador não há direito de permanência** do ex-empregado aposentado ou demitido sem justa causa como beneficiário, salvo disposição contrária expressa prevista em contrato ou em acordo/convenção coletiva de trabalho, não caracterizando contribuição o pagamento apenas de coparticipação, tampouco se enquadrando como salário indireto" (STJ-2ª Seção, REsp 1.680.318, Min. Ricardo Cueva, j. 22.8.18, DJ 24.8.18).

V. § 6º. V. tb. art. 31, nota 1c.

Art. 30: 1a. "A norma inserta no artigo 30, *caput*, da Lei n. 9.656/98 é autoaplicável, bastando, pois, que o ex-empregado postule o exercício do direito de permanecer vinculado ao plano ou seguro privado coletivo de assistência à saúde. O direito de manter a condição como beneficiário, nas mesmas condições que gozava quando da vigência do contrato de trabalho, somente está previsto para os casos em que o empregado é demitido/exonerado sem justa causa. No caso em questão, o empregado pediu demissão" (STJ-3ª T., REsp 1.078.991, Min. Massami Uyeda, j. 2.6.09, 16.6.09).

Art. 30: 1b. "Decorre do princípio da boa-fé objetiva o dever de comunicação expressa ao ex-empregado do seu direito de optar pela manutenção da condição de beneficiário do plano de saúde, no prazo razoável de 30 dias a partir do seu desligamento da empresa. A contagem desse prazo somente inicia-se a partir da 'comunicação inequívoca ao ex-empregado sobre a opção de manutenção da condição de beneficiário de que gozava quando da vigência do contrato de trabalho' (parágrafo único do art. 10 da RN 275/2011 da ANS). Não comprovação da efetiva comunicação à autora" (STJ-3ª T., REsp 1.237.054, Min. Paulo Sanseverino, j. 22.4.14, DJ 19.5.14).

Art. 30: 1c. "A **empresa estipulante,** em princípio, não possui legitimidade para figurar no polo passivo de demanda proposta por ex-empregado que busca, nos termos dos arts. 30 e 31 da Lei 9.656/1998, a permanência de determinadas condições contratuais em plano de saúde coletivo após a ocorrência da aposentadoria ou da demissão sem justa causa, visto que atua apenas como interveniente, na condição de mandatária do grupo de usuários e não da operadora" (STJ-3ª T., REsp 1.575.435, Min. Ricardo Cueva, j. 24.5.16, DJ 3.6.16). No mesmo sentido: STJ-4ª T., REsp 1.692.905-AgInt, Min. Isabel Gallotti, j. 15.5.18, DJ 22.5.18.

"Plano de saúde coletivo. Emenda da petição inicial determinada pelo juízo. Inclusão da pessoa jurídica contratante no polo passivo da demanda. Inadmissibilidade. Litisconsórcio ativo facultativo entre beneficiários e estipulante do contrato. Eventual procedência do pedido deve ser suportada pela operadora do plano de saúde" (STJ-3ª T., REsp 1.730.180, Min. Nancy Andrighi, j. 21.8.18, DJ 24.8.18).

Art. 30: 2. "O art. 30 da Lei 9.656/98 confere o direito, após a cessação do vínculo laboral do autor, de ser mantido nas mesmas condições de cobertura assistencial de que gozava durante a vigência de seu contrato de trabalho, desde que assuma o pagamento integral da contribuição. O autor despendia R$ 110,75 pela assistência médico-hospitalar, e o empregador arcava com R$ 166,13, totalizando R$ 276,88. Com a mudança para outro plano, com pior cobertura, dentro do período em que o consumidor tinha direito a ser mantido no plano primevo, passou a pagar R$ 592,92, não se podendo admitir que o tenha feito espontaneamente. Os denominados deveres anexos, instrumentais, secundários ou acessórios revelam-se como uma das faces de atuação ou operatividade do princípio da boa-fé objetiva, sendo nítido que a recorrente faltou com aqueles deveres, notadamente os de lealdade; de não agravar, sem razoabilidade, a situação do parceiro contratual; e os de esclarecimento, informação e consideração para com os legítimos interesses do parceiro contratual. Os arts. 6º, incisos III, IV, V, 46, 51, incisos I, IV, XV, §§ 1º e 2º, do Código de Defesa do Consumidor e 16, inciso IX, da Lei 9.656/98 impõem seja reconhecido o direito de o autor permanecer no Plano em que se enquadrava, com as mesmas condições e cobertura assistencial, no período subsequente ao rompimento de seu vínculo empregatício com o Banco. Todavia, como o art. 30, § 1º, da Lei 9.656/98 impõe a manutenção do ex-empregado como beneficiário do plano de saúde, contanto que assuma o pagamento integral, pelo período máximo de 24 meses e, no caso, por força de antecipação dos efeitos da tutela, o autor permanece no denominado 'Plano Associado' desde o ano de 2003, não pode ser mais imposta à ré a manutenção do recorrido naquele Plano" (STJ-4ª T., REsp 925.313, Min. Luis Felipe, j. 6.3.12, DJ 26.3.12).

Art. 30: 2a. "Rescisão de **contrato de parceria** avícola. **Inexistência de vínculo empregatício.** Impossibilidade de equiparação para fins de concessão do benefício do art. 30 da Lei 9.656/98. Na hipótese, não se está diante de vínculo empregatício, e sim de contrato de parceria rural, cuja rescisão não pode ser equiparada à dispensa do trabalhador, submetido ao regime trabalhista, sem justa causa (art. 30 da Lei 9.656/98), tampouco se enquadra como aposentadoria (art. 31 da Lei 9.656/98), logo, não há falar em ilegalidade decorrente da exclusão do ex-parceiro agrícola do plano de saúde coletivo" (STJ-4ª T., REsp 1.711.506-AgInt, Min. Raul Araújo, j. 5.2.19, DJ 12.2.19). No mesmo sentido: STJ-3ª T., REsp 1.705.854-AgInt, Min. Marco Bellizze, j. 22.3.21, DJ 25.3.21.

Todavia, v. nota 4.

Art. 30: 2b. "Hipótese em que a pessoa jurídica **estipulante rescinde o contrato com a operadora,** afetando não apenas um beneficiário, senão toda a população do plano de saúde coletivo. Na espécie, **inviável** a **manutenção** do ex-empregado, considerando o cancelamento do plano de saúde coletivo pelo empregador que concedia este benefício a seus empregados ativos e ex-empregados" (STJ-3ª T., REsp 1.736.898, Min. Nancy Andrighi, j. 17.9.19, DJ 20.9.19).

Art. 30: 2c. s/ extensão desse prazo, v. CC 422, nota 3b.

Art. 30: 3. "A operadora de plano de saúde **pode encerrar o contrato** de assistência à saúde do trabalhador demitido sem justa causa **após o exaurimento do prazo legal** de permanência temporária no plano coletivo, não havendo nenhuma abusividade em tal ato ou ataque aos direitos do consumidor, sobretudo em razão da extinção do próprio direito assegurado pelo art. 30 da Lei 9.656/1998. Aplicação do art. 26, I, da RN 279/2011 da ANS. A operadora de plano de saúde não pode ser obrigada a oferecer plano individual a ex-empregado demitido ou exonerado sem justa causa após o direito de permanência temporária no plano coletivo esgotar-se (art. 30 da Lei 9.656/1998), sobretudo se ela não disponibilizar no mercado esse tipo de plano. Além disso, tal hipótese não pode ser equiparada ao cancelamento do plano privado de assistência à saúde feito pelo próprio empregador, ocasião em que podem incidir os institutos da migração ou da portabilidade de carências. Não é ilegal a recusa de operadoras de planos de saúde de comercializarem planos individuais por atuarem apenas no segmento de planos coletivos. Não há norma legal alguma obrigando-as a atuar em determinado ramo de plano de saúde. O que é vedada é a discriminação de consumidores em relação a produtos e serviços que já são oferecidos no mercado de consumo por determinado fornecedor, como costuma ocorrer em recusas arbitrárias na contratação de planos individuais quando tal tipo estiver previsto na carteira da empresa. A portabilidade especial de carências do art. 7º-C da RN 186/2009 da ANS pode se dar quando o ex-empregado demitido ou exonerado sem justa causa ou aposentado solicitar a transferência para outra operadora durante o período de manutenção da condição de beneficiário garantida pelos arts. 30 e 31 da Lei 9.656/1998. Logo, tal instituto não incide na hipótese em que o interessado pretende a migração de plano após exaurido o prazo de permanência temporária no plano coletivo e, sobretudo, para a mesma operadora" (STJ-3ª T., REsp 1.592.278, Min. Ricardo Cueva, j. 7.6.16, DJ 20.6.16). Em sentido semelhante: STJ-4ª T., Ag em REsp 1.878.893-EDcl-AgInt, Min. Antonio Ferreira, j. 22.11.21, DJ 26.11.21.

"Plano de saúde. Pretensão à permanência como beneficiário, independentemente de plano coletivo, após dispensa da empresa. Inadmissibilidade. Seguradora desobrigada de manter o contrato após o período legal (Lei 9.656/98, art. 30, § 1º). Pedido não garantido pelo Código de Defesa do Consumidor. Admissibilidade da cobrança do mesmo preço dos demais contratantes, para permanência no plano de saúde, após o prazo legal. Coação ou discriminação inocorrentes. Exigência de carência, por parte de outras empresas de seguro-saúde, que não obriga a manutenção do contrato pela contratante anterior" (RT 869/225).

Art. 30: 3a. "A resilição unilateral do plano de saúde, mediante prévia notificação, não obstante seja, em regra, válida, revela-se abusiva quando realizada **durante o tratamento médico** que possibilite a sobrevivência ou a manutenção da incolumidade física do beneficiário ou dependente. Referida conclusão se impõe mesmo quando esgotado o prazo a que se refere o art. 30, § 1º, da Lei 9.656/98" (STJ-3ª T., REsp 1.836.823-AgInt, Min. Moura Ribeiro, j. 21.2.22, DJ 23.2.22).

Art. 30: 4. "Em se tratando de **contratos coletivos por adesão,** não há qualquer norma — legal ou administrativa — que regulamente a situação dos dependentes na hipótese de falecimento do titular; no entanto, seguindo as regras de hermenêutica jurídica, aplicam-se-lhes as regras dos arts. 30 e 31 da Lei 9.656/1998, relativos aos contratos coletivos empresariais. Na trilha dessa interpretação extensiva dos preceitos legais, conclui-se que, falecendo o titular do plano de saúde coletivo, seja este empresarial ou por adesão, nasce para os dependentes já inscritos o direito de pleitear a sucessão da titularidade, nos termos dos arts. 30 ou 31 da Lei 9.656/1998, a depender da hipótese, desde que assumam o seu pagamento integral" (STJ-3ª T., REsp 1.871.326, Min. Nancy Andrighi, j. 1.9.20, DJ 9.9.20).

Todavia, v. nota 2a.

Art. 30: 5. "Falecendo o titular do plano de saúde coletivo, seja este empresarial ou por adesão, nasce para os dependentes já inscritos o direito de pleitear a sucessão da titularidade, nos termos dos arts. 30 ou 31 da Lei 9.656/1998, a depender da hipótese, desde que assumam o seu pagamento integral. A conduta da recorrida, de **impor** à dependente a **obrigação de assumir eventual dívida** do falecido titular, sob pena de ser excluída do plano de saúde, configura, em verdade, o **exercício abusivo do direito** de exigir o respectivo pagamento, na medida em que, valendo-se da situação de fragilidade da beneficiária e sob a ameaça de causar-lhe um prejuízo, constrange quem não tem o dever de pagar a fazê-lo, evitando, com isso, todos os trâmites de uma futura cobrança dirigida ao legítimo responsável (espólio). Hipótese em que, a pretexto de exercer regularmente um direito amparado no contrato, a recorrida desvirtua o fim econômico e social dos arts. 30 e 31 da lei 9.656/1998, pois se vale da garantia neles assegurada como moeda de troca para coagir o dependente à quitação da dívida deixada pelo titular que morreu" (STJ-3ª T., REsp 1.899.674, Min. Nancy Andrighi, j. 16.3.21, DJ 22.3.21).

Art. 31 (redação da Med. Prov. 2.177-44, de 24.8.01). Ao aposentado que contribuir para produtos de que tratam o inciso I e o § 1º do art. 1º desta lei, em decorrência de vínculo empregatício, pelo prazo mínimo de dez anos,[1] é assegurado o direito de manutenção como beneficiário, nas mesmas condições de cobertura assistencial de que gozava quando da vigência do contrato de trabalho, desde que assuma o seu pagamento integral.[1a a 2]

§ 1º (*redação da Med. Prov. 2.177-44, de 24.8.01*) Ao aposentado que contribuir para planos coletivos de assistência à saúde por período inferior ao estabelecido no *caput* é assegurado o direito de manutenção como beneficiário, à razão de um ano para cada ano de contribuição, desde que assuma o pagamento integral do mesmo.

§ 2º (*redação da Med. Prov. 2.177-44, de 24.8.01*) Para gozo do direito assegurado neste artigo, observar-se-ão as mesmas condições estabelecidas nos §§ 2º, 3º, 4º, 5º e 6º do art. 30.

Art. 31: 1. "Eventuais **mudanças** de operadora, de modelo de prestação de serviço, de forma de custeio e de valores de contribuição **não** implicam **interrupção** da contagem do prazo de 10 anos previsto no art. 31 da Lei n. 9.656/1998, devendo haver a soma dos períodos contributivos para fins de cálculo da manutenção proporcional ou indeterminada do trabalhador aposentado no plano coletivo empresarial" (STJ-2ª Seção, REsp 1.816.482, Min. Antonio Ferreira, j. 9.12.20, maioria, DJ 1.2.21).

Art. 31: 1a. s/ legitimidade da empresa estipulante, v. art. 30, nota 1c.

Art. 31: 1b. "O art. 31 da lei n. 9.656/1998 impõe que ativos e inativos sejam inseridos em **plano** de saúde coletivo **único**, contendo as **mesmas condições** de cobertura assistencial e de prestação de serviço, o que inclui, para todo o universo de beneficiários, a igualdade de modelo de pagamento e de valor de contribuição, admitindo-se a diferenciação por faixa etária se for contratada para todos, cabendo ao inativo o custeio integral, cujo valor pode ser obtido com a soma de sua cota-parte com a parcela que, quanto aos ativos, é proporcionalmente suportada pelo empregador. O ex-empregado aposentado, preenchidos os requisitos do art. 31 da Lei n. 9.656/1998, **não tem direito adquirido** de se manter no mesmo **plano** privado de assistência à saúde vigente na **época da aposentadoria**, podendo haver a substituição da operadora e a alteração do modelo de prestação de serviços, da forma de custeio e os respectivos valores, desde que mantida paridade com o modelo dos trabalhadores ativos e facultada a portabilidade de carências" (STJ-2ª Seção, REsp 1.816.482, Min. Antonio Ferreira, j. 9.12.20, maioria, DJ 1.2.21).

Art. 31: 1c. "Nos planos de saúde coletivos **custeados exclusivamente pelo empregador não há direito de permanência** do ex-empregado aposentado ou demitido sem justa causa como beneficiário, salvo disposição contrária expressa, prevista em contrato ou em convenção coletiva de trabalho, sendo irrelevante a tão só existência de coparticipação, pois esta não se confunde com contribuição" (STJ-3ª T., REsp 1.594.346, Min. Ricardo Cueva, j. 9.8.16, DJ 16.8.16). No mesmo sentido: STJ-4ª T., REsp 1.614.423-AgInt, Min. Raul Araújo, j. 20.4.17, DJ 10.5.17.

V. art. 30, nota 1.

Art. 31: 2. "Plano de saúde coletivo. Prescrição. Não ocorrência. Prosseguimento do contrato. Condições vigentes à época do vínculo empregatício. **Prescrição decenal.** Cobertura assistencial preservada. O prazo prescricional aplicável em hipóteses em que se discute a manutenção das mesmas condições da época do vínculo de trabalho é de 10 anos" (STJ-3ª T., REsp 1.585.584-AgInt, Min. Ricardo Cueva, j. 9.8.16, DJ 16.8.16). No mesmo sentido: STJ-4ª T., REsp 1.595.758-AgInt, Min. Luis Felipe, j. 1.9.16, DJ 6.9.16.

Art. 32 (*redação da Med. Prov. 2.177-44, de 24.8.01*). Serão ressarcidos pelas operadoras dos produtos de que tratam o inciso I e o § 1º do art. 1º desta lei, de acordo com normas a serem definidas pela ANS, os serviços de atendimento à saúde previstos nos respectivos contratos,[1] prestados a seus consumidores e respectivos dependentes, em instituições públicas ou privadas, conveniadas ou contratadas, integrantes do Sistema Único de Saúde — SUS.[2]

§ 1º (*redação da Lei 12.469, de 26.8.11*) O ressarcimento será efetuado pelas operadoras ao SUS com base em regra de valoração aprovada e divulgada pela ANS, mediante crédito ao Fundo Nacional de Saúde — FNS.

§ 2º (*redação da Med. Prov. 2.177-44, de 24.8.01*) Para a efetivação do ressarcimento, a ANS disponibilizará às operadoras a discriminação dos procedimentos realizados para cada consumidor.

§ 3º (*redação da Lei 12.469, de 26.8.11*) A operadora efetuará o ressarcimento até o 15º (décimo quinto) dia da data de recebimento da notificação de cobrança feita pela ANS.

§ 4º (*redação da Med. Prov. 2.177-44, de 24.8.01*) O ressarcimento não efetuado no prazo previsto no § 3º será cobrado com os seguintes acréscimos:

I — juros de mora contados do mês seguinte ao do vencimento, à razão de um por cento ao mês ou fração;

II — multa de mora de dez por cento.

§ 5º (*redação da Med. Prov. 2.177-44, de 24.8.01*) Os valores não recolhidos no prazo previsto no § 3º serão inscritos em dívida ativa da ANS, a qual compete a cobrança judicial dos respectivos créditos.

§ 6º (*redação da Med. Prov. 2.177-44, de 24.8.01*) O produto da arrecadação dos juros e da multa de mora serão revertidos ao Fundo Nacional de Saúde.

§ 7º (*redação da Lei 12.469, de 26.8.11*) A ANS disciplinará o processo de glosa ou impugnação dos procedimentos encaminhados, conforme previsto no § 2º deste artigo, cabendo-lhe, inclusive, estabelecer procedimentos para cobrança dos valores a serem ressarcidos.

§ 8º (*redação da Med. Prov. 2.177-44, de 24.8.01*) Os valores a serem ressarcidos não serão inferiores aos praticados pelo SUS e nem superiores aos praticados pelas operadoras de produtos de que tratam o inciso I e o § 1º do art. 1º desta lei.

§ 9º (*redação da Lei 12.469, de 26.8.11*) Os valores a que se referem os §§ 3º e 6º deste artigo não serão computados para fins de aplicação dos recursos mínimos nas ações e serviços públicos de saúde nos termos da Constituição Federal.

Art. 32: 1. v. art. 20-*caput*.

Art. 32: 2. "A cobrança disciplinada no art. 32 da Lei 9.656/98 ostenta natureza jurídica indenizatória *ex lege* (receita originária), sendo inaplicáveis as disposições constitucionais concernentes às limitações estatais ao poder de tributar, entre elas a necessidade de edição de lei complementar. Observada a cobertura contratual entre os cidadãos-usuários e as operadoras de planos de saúde, além dos limites mínimo (praticado pelo SUS) e máximo (valores de mercado pagos pelas operadoras de planos de saúde), tal ressarcimento é compatível com a permissão constitucional contida no art. 199 da Carta Maior. A possibilidade de as operadoras de planos de saúde ofertarem impugnação (e recurso, atualmente), em prazo razoável e antes da cobrança administrativa e da inscrição em dívida ativa, sendo-lhes permitido suscitar matérias administrativas ou técnicas de defesa, cumpre o mandamento constitucional do inciso LV do art. 5º da Constituição Federal. O ressarcimento previsto na norma do art. 32 da Lei 9.656/98 é aplicável aos procedimentos médicos, hospitalares ou ambulatoriais custeados pelo SUS posteriores a 4.6.1998, desde que assegurado o exercício do contraditório e da ampla defesa, no âmbito administrativo, em todos os interstícios amparados por sucessivas reedições de medidas provisórias" (STF-Pleno, RE 597.064, Min. Gilmar Mendes, j. 7.2.18, DJ 16.5.18). Em subsequentes embargos de declaração, o marco temporal "posteriores a 4.6.1998" foi alterado para "posteriores a 1.9.1998" (STF-Pleno, RE 597.064-EDcl-EDcl-EDcl, Min. Gilmar Mendes, j. 24.8.20, maioria, DJ 17.9.20).

Art. 33. Havendo indisponibilidade de leito hospitalar nos estabelecimentos próprios ou credenciados pelo plano, é garantido ao consumidor o acesso à acomodação, em nível superior, sem ônus adicional.

Art. 34 (*redação da Med. Prov. 2.177-44, de 24.8.01*). As pessoas jurídicas que executam outras atividades além das abrangidas por esta lei deverão, na forma e no prazo definidos pela ANS, constituir pessoas jurídicas independentes, com ou sem fins lucrativos, especificamente para operar planos privados de assistência à saúde, na forma da legislação em vigor e em especial desta lei e de seus regulamentos.

§ 1º (*redação da Lei 13.127, de 26.5.15*) O disposto no *caput* não se aplica às entidades de autogestão constituídas sob a forma de fundação, de sindicato ou de associação que, na data da publicação desta Lei, já exerciam outras atividades em conjunto com as relacionadas à assistência à saúde, nos termos dos pertinentes estatutos sociais.

§ 2º (*redação da Lei 13.127, de 26.5.15*) As entidades de que trata o § 1º poderão, desde que a hipótese de segregação da finalidade estatutária esteja prevista ou seja assegurada pelo órgão interno competente, constituir filial ou departamento com número do Cadastro Nacional da Pessoa Jurídica sequencial ao da pessoa jurídica principal.

§ 3º (*redação da Lei 13.127, de 26.5.15*) As entidades de que trata o § 1º que optarem por proceder de acordo com o previsto no § 2º assegurarão condições para sua adequada segregação patrimonial, administrativa, financeira e contábil.

Art. 35 (*redação da Med. Prov. 2.177-44, de 24.8.01*). Aplicam-se as disposições desta lei a todos os contratos celebrados a partir de sua vigência, assegurada aos consumidores com contratos anteriores, bem como àqueles com contratos celebrados entre 2 de setembro de 1998 e 1º de janeiro de 1999, a possibilidade de optar pela adaptação ao sistema previsto nesta lei.

§ 1º (*redação da Med. Prov. 2.177-44, de 24.8.01*) Sem prejuízo do disposto no art. 35-E, a adaptação dos contratos de que trata este artigo deverá ser formalizada em termo próprio, assinado pelos contratantes, de acordo com as normas a serem definidas pela ANS.

§ 2º (*redação da Med. Prov. 2.177-44, de 24.8.01*) Quando a adaptação dos contratos incluir aumento de contraprestação pecuniária, a composição da base de cálculo deverá ficar restrita aos itens correspondentes ao aumento de cobertura, e ficará disponível para verificação pela ANS, que poderá determinar sua alteração quando o novo valor não estiver devidamente justificado.

§ 3º (*redação da Med. Prov. 2.177-44, de 24.8.01*) A adaptação dos contratos não implica nova contagem dos períodos de carência e dos prazos de aquisição dos benefícios previstos nos arts. 30 e 31 desta lei, observados, quanto aos últimos, os limites de cobertura previstos no contrato original.

§ 4º (*redação da Med. Prov. 2.177-44, de 24.8.01*) Nenhum contrato poderá ser adaptado por decisão unilateral da empresa operadora.

§ 5º (*redação da Med. Prov. 2.177-44, de 24.8.01*) A manutenção dos contratos originais pelos consumidores não optantes tem caráter personalíssimo, devendo ser garantida somente ao titular e a seus dependentes já inscritos, permitida inclusão apenas de novo cônjuge e filhos, e vedada a transferência da sua titularidade, sob qualquer pretexto, a terceiros.[1]

§ 6º (*redação da Med. Prov. 2.177-44, de 24.8.01*) Os produtos de que tratam o inciso I e o § 1º do art. 1º desta lei, contratados até 1º de janeiro de 1999, deverão permanecer em operação, por tempo indeterminado, apenas para os consumidores que não optarem pela adaptação às novas regras, sendo considerados extintos para fim de comercialização.

§ 7º (*redação da Med. Prov. 2.177-44, de 24.8.01*) Às pessoas jurídicas contratantes de planos coletivos, não optantes pela adaptação prevista neste artigo, fica assegurada a manutenção dos contratos originais nas coberturas assistenciais neles pactuadas.

§ 8º (*redação da Med. Prov. 2.177-44, de 24.8.01*) A ANS definirá em norma própria os procedimentos formais que deverão ser adotados pelas empresas para a adaptação dos contratos de que trata este artigo.

Art. 35: 1. "Inaplicabilidade da regra do § 5º do art. 35 da Lei n. 9.656/98 quando ao consumidor não foi dada a oportunidade de optar pela adaptação de seu contrato de seguro de saúde ao novo sistema. Afastada a restrição legal à inclusão de dependentes, permanece em plena vigência a cláusula contratual que prevê a possibilidade de inclusão de qualquer pessoa como dependente em seguro de saúde" (STJ-3ª T., REsp 1.133.338, Min. Paulo Sanseverino, j. 2.4.13, DJ 9.4.13).

Art. 35-A (*redação da Med. Prov. 2.177-44, de 24.8.01*). Fica criado o Conselho de Saúde Suplementar — CONSU, órgão colegiado integrante da estrutura regimental do Ministério da Saúde, com competência para:

I — estabelecer e supervisionar a execução de políticas e diretrizes gerais do setor de saúde suplementar;

II — aprovar o contrato de gestão da ANS;

III — supervisionar e acompanhar as ações e o funcionamento da ANS;

IV — fixar diretrizes gerais para implementação no setor de saúde suplementar sobre:

a) aspectos econômico-financeiros;

b) normas de contabilidade, atuariais e estatísticas;

c) parâmetros quanto ao capital e ao patrimônio líquido mínimos, bem assim quanto às formas de sua subscrição e realização quando se tratar de sociedade anônima;

d) critérios de constituição de garantias de manutenção do equilíbrio econômico-financeiro, consistentes em bens, móveis ou imóveis, ou fundos especiais ou seguros garantidores;

e) criação de fundo, contratação de seguro garantidor ou outros instrumentos que julgar adequados, com o objetivo de proteger o consumidor de planos privados de assistência à saúde em caso de insolvência de empresas operadoras;

V — deliberar sobre a criação de câmaras técnicas, de caráter consultivo, de forma a subsidiar suas decisões.

Parágrafo único (*redação da Med. Prov. 2.177-44, de 24.8.01*). A ANS fixará as normas sobre as matérias previstas no inciso IV deste artigo, devendo adequá-las, se necessário, quando houver diretrizes gerais estabelecidas pelo CONSU.

Art. 35-B (*redação da Med. Prov. 2.177-44, de 24.8.01*). O CONSU será integrado pelos seguintes Ministros de Estado:

I — Chefe da Casa Civil da Presidência da República, na qualidade de Presidente;

II — da Saúde;

III — da Fazenda;

IV — da Justiça; e

V — do Planejamento, Orçamento e Gestão.

§ 1º (*redação da Med. Prov. 2.177-44, de 24.8.01*) O Conselho deliberará mediante resoluções, por maioria de votos, cabendo ao Presidente a prerrogativa de deliberar nos casos de urgência e relevante interesse, *ad referendum* dos demais membros.

§ 2º (*redação da Med. Prov. 2.177-44, de 24.8.01*) Quando deliberar *ad referendum* do Conselho, o Presidente submeterá a decisão ao Colegiado na primeira reunião que se seguir àquela deliberação.

§ 3º (*redação da Med. Prov. 2.177-44, de 24.8.01*) O Presidente do Conselho poderá convidar Ministros de Estado, bem assim outros representantes de órgãos públicos, para participar das reuniões, não lhes sendo permitido o direito de voto.

§ 4º (*redação da Med. Prov. 2.177-44, de 24.8.01*) O Conselho reunir-se-á sempre que for convocado por seu Presidente.

§ 5º (*redação da Med. Prov. 2.177-44, de 24.8.01*) O regimento interno do CONSU será aprovado por decreto do Presidente da República.

§ 6º (*redação da Med. Prov. 2.177-44, de 24.8.01*) As atividades de apoio administrativo ao CONSU serão prestadas pela ANS.

§ 7º (*redação da Med. Prov. 2.177-44, de 24.8.01*) O Presidente da ANS participará, na qualidade de Secretário, das reuniões do CONSU.

Art. 35-C (*redação da Lei 11.935, de 11.5.09*). É obrigatória a cobertura do atendimento nos casos:

I (*redação da Lei 11.935, de 11.5.09*) — de emergência, como tal definidos os que implicarem risco imediato de vida ou de lesões irreparáveis para o paciente, caracterizado em declaração do médico assistente;

II (*redação da Lei 11.935, de 11.5.09*) — de urgência, assim entendidos os resultantes de acidentes pessoais ou de complicações no processo gestacional;

III (*redação da Lei 11.935, de 11.5.09*) — de planejamento familiar.

Parágrafo único (*redação da Med. Prov. 2.177-44, de 24.8.01*). A ANS fará publicar normas regulamentares para o disposto neste artigo, observados os termos de adaptação previstos no art. 35.

Art. 35-D (*redação da Med. Prov. 2.177-44, de 24.8.01*). As multas a serem aplicadas pela ANS em decorrência da competência fiscalizadora e normativa estabelecida nesta lei e em seus regulamentos serão recolhidas à conta daquela Agência, até o limite de R$ 1.000.000,00 (um milhão de reais) por infração, ressalvado o disposto no § 6º do art. 19 desta lei.

Art. 35-E (*redação da Med. Prov. 2.177-44, de 24.8.01*). A partir de 5 de junho de 1998, fica estabelecido para os contratos celebrados anteriormente à data de vigência desta lei que:[1]

I — qualquer variação na contraprestação pecuniária para consumidores com mais de sessenta anos de idade estará sujeita à autorização prévia da ANS;

II — a alegação de doença ou lesão preexistente estará sujeita à prévia regulamentação da matéria pela ANS;

III — é vedada a suspensão ou a rescisão unilateral do contrato individual ou familiar de produtos de que tratam o inciso I e o § 1º do art. 1º desta lei por parte da operadora, salvo o disposto no inciso II do parágrafo único do art. 13 desta lei;

IV — é vedada a interrupção de internação hospitalar em leito clínico, cirúrgico ou em centro de terapia intensiva ou similar, salvo a critério do médico assistente.

§ 1º (*redação da Med. Prov. 2.177-44, de 24.8.01*) Os contratos anteriores à vigência desta lei, que estabeleçam reajuste por mudança de faixa etária com idade inicial em sessenta anos ou mais, deverão ser adaptados, até 31 de outubro de 1999, para repactuação da cláusula de reajuste, observadas as seguintes disposições:

I — a repactuação será garantida aos consumidores de que trata o parágrafo único do art. 15, para as mudanças de faixa etária ocorridas após a vigência desta lei, e limitar-se-á à diluição da aplicação do reajuste anteriormente previsto, em reajustes parciais anuais, com adoção de percentual fixo que, aplicado a cada ano, permita atingir o reajuste integral no início do último ano da faixa etária considerada;

II — para aplicação da fórmula de diluição, consideram-se de dez anos as faixas etárias que tenham sido estipuladas sem limite superior;

III — a nova cláusula, contendo a fórmula de aplicação do reajuste, deverá ser encaminhada aos consumidores, juntamente com o boleto ou título de cobrança, com a demonstração do valor originalmente contratado, do valor repactuado e do percentual de reajuste anual fixo, esclarecendo, ainda, que o seu pagamento formalizará esta repactuação;

IV — a cláusula original de reajuste deverá ter sido previamente submetida à ANS;

V — na falta de aprovação prévia, a operadora, para que possa aplicar reajuste por faixa etária a consumidores com sessenta anos ou mais de idade e dez anos ou mais de contrato, deverá submeter à ANS as condições contratuais acompanhadas de nota técnica, para, uma vez aprovada a cláusula e o percentual de reajuste, adotar a diluição prevista neste parágrafo.

§ 2º (*redação da Med. Prov. 2.177-44, de 24.8.01*) Nos contratos individuais de produtos de que tratam o inciso I e o § 1º do art. 1º desta lei, independentemente da data de sua celebração, a aplicação de cláusula de reajuste das contraprestações pecuniárias dependerá de prévia aprovação da ANS.

§ 3º (*redação da Med. Prov. 2.177-44, de 24.8.01*) O disposto no art. 35 desta lei aplica-se sem prejuízo do estabelecido neste artigo.

Art. 35-E: 1. O STF declarou **inconstitucional** o art. 35-E (STF-Pleno, ADI 1.931, Min. Marco Aurélio, j. 7.2.18, DJ 8.6.18).

Art. 35-F (*redação da Med. Prov. 2.177-44, de 24.8.01*). A assistência a que alude o art. 1º desta lei compreende todas as ações necessárias à prevenção da doença e à recuperação, manutenção e reabilitação da saúde, observados os termos desta lei e do contrato firmado entre as partes.

Art. 35-G. (*redação da Med. Prov. 2.177-44, de 24.8.01*). Aplicam-se subsidiariamente aos contratos entre usuários e operadoras de produtos de que tratam o inciso I e o § 1º do art. 1º desta lei as disposições da Lei n. 8.078, de 1990.

Art. 35-H (*redação da Med. Prov. 2.177-44, de 24.8.01*). Os expedientes que até esta data foram protocolizados na SUSEP pelas operadoras de produtos de que tratam o inciso I e o § 1º do art. 1º desta lei e que forem encaminhados à ANS em consequência desta lei, deverão estar acompanhados de parecer conclusivo daquela Autarquia.

Art. 35-I (*redação da Med. Prov. 2.177-44, de 24.8.01*). Responderão subsidiariamente pelos direitos contratuais e legais dos consumidores, prestadores de serviço e fornecedores, além dos débitos fiscais e trabalhistas, os bens pessoais dos diretores, administradores, gerentes e membros de conselhos da operadora de plano privado de assistência à saúde, independentemente da sua natureza jurídica.

Art. 35-J (*redação da Med. Prov. 2.177-44, de 24.8.01*). O diretor técnico ou fiscal ou o liquidante são obrigados a manter sigilo relativo às informações da operadora às quais tiverem acesso em razão do exercício do encargo, sob pena de incorrer em improbidade administrativa, sem prejuízo das responsabilidades civis e penais.

Art. 35-L (*redação da Med. Prov. 2.177-44, de 24.8.01*). Os bens garantidores das provisões técnicas, fundos e provisões deverão ser registrados na ANS e não poderão ser alienados, prometidos a alienar ou, de qualquer forma, gravados sem prévia e expressa autorização, sendo nulas, de pleno direito, as alienações realizadas ou os gravames constituídos com violação deste artigo.
Parágrafo único (*redação da Med. Prov. 2.177-44, de 24.8.01*). Quando a garantia recair em bem imóvel, será obrigatoriamente inscrita no competente Cartório do Registro Geral de Imóveis, mediante requerimento firmado pela operadora de plano de assistência à saúde e pela ANS.

Art. 35-M (*redação da Med. Prov. 2.177-44, de 24.8.01*). As operadoras de produtos de que tratam o inciso I e o § 1º do art. 1º desta lei poderão celebrar contratos de resseguro junto às empresas devidamente autorizadas a operar em tal atividade, conforme estabelecido na Lei n. 9.932, de 20 de dezembro de 1999,[1] e regulamentações posteriores.

Art. 35-M: 1. A Lei 9.932, de 20.12.99, foi **revogada** pela **LC 126, de 15.1.07,** que dispõe sobre a política de resseguro, retrocessão e sua intermediação, as operações de cosseguro, as contratações de seguro no exterior e as operações em moeda estrangeira do setor securitário, e dá outras providências.

Art. 36. Esta lei entra em vigor noventa dias após a data de sua publicação.

Brasília, 3 de junho de 1998; 177º da Independência e 110º da República — FERNANDO HENRIQUE CARDOSO — **Renan Calheiros** — **Pedro Malan** — **Waldeck Ornélas** — **José Serra**.

Sociedades Cooperativas

Lei n. 5.764, de 16 de dezembro de 1971

Define a Política Nacional de Cooperativismo, institui o regime jurídico das sociedades cooperativas[1] e dá outras providências.

O Presidente da República,
Faço saber que o Congresso Nacional decreta e eu sanciono a seguinte lei:

LEI 5.764: 1. v. Lei 12.690, de 19.7.12, art. 1º, adiante neste tít.
V. tb. CC 1.093 a 1.096.

Capítulo I | DA POLÍTICA NACIONAL DE COOPERATIVISMO

Art. 1º Compreende-se como Política Nacional de Cooperativismo a atividade decorrente das iniciativas ligadas ao sistema cooperativo, originárias de setor público ou privado, isoladas ou coordenadas entre si, desde que reconhecido seu interesse público.

Art. 2º As atribuições do Governo Federal na coordenação e no estímulo às atividades de cooperativismo no território nacional serão exercidas na forma desta lei e das normas que surgirem em sua decorrência.

Parágrafo único. A ação do Poder Público se exercerá, principalmente, mediante prestação de assistência técnica e de incentivos financeiros e creditórios especiais, necessários à criação, desenvolvimento e integração das entidades cooperativas.

Capítulo II | DAS SOCIEDADES COOPERATIVAS[1]

CAP. II: 1. CF 5º: "XVIII — a criação de associações e, na forma da lei, a de cooperativas independem de autorização, sendo vedada a interferência estatal em seu funcionamento".

Art. 3º Celebram contrato de sociedade cooperativa[1] as pessoas que reciprocamente se obrigam a contribuir com bens ou serviços para o exercício de uma atividade econômica, de proveito comum, sem objetivo de lucro.

Art. 3º: 1. CC 1.093: "A sociedade cooperativa reger-se-á pelo disposto no presente Capítulo, ressalvada a legislação especial".

Seguem-se os arts. 1.094 a 1.096, s/ o assunto.

Art. 4º As cooperativas são sociedades de pessoas, com forma e natureza jurídicas próprias, de natureza civil, não sujeitas a falência, constituídas para prestar serviços aos associados, distinguindo-se das demais sociedades pelas seguintes características:[1]

I — adesão voluntária, com número ilimitado de associados, salvo impossibilidade técnica de prestação de serviços;[2]

II — variabilidade do capital social representado por cotas-partes;

III — limitação do número de cotas-partes do capital para cada associado, facultado, porém, o estabelecimento de critérios de proporcionalidade, se assim for mais adequado para o cumprimento dos objetivos sociais;

IV — incessibilidade das cotas-partes do capital a terceiros, estranhos à sociedade;

V — singularidade de voto, podendo as cooperativas centrais, federações e confederações de cooperativas, com exceção das que exerçam atividade de crédito, optar pelo critério da proporcionalidade;

VI — *quorum* para o funcionamento e deliberação da assembleia geral baseado no número de associados e não no capital;

VII — retorno das sobras líquidas do exercício, proporcionalmente às operações realizadas pelo associado, salvo deliberação em contrário da assembleia geral;

VIII — indivisibilidade dos fundos de reserva e de assistência técnica, educacional e social;[2a-2b]

IX — neutralidade política e indiscriminação religiosa, racial e social;

X — prestação de assistência aos associados, e, quando previsto nos estatutos, aos empregados da cooperativa;[3]

XI — área de admissão de associados limitada às possibilidades de reunião, controle, operações e prestação de serviços.

Art. 4º: 1. Características: CC 1.094.

Art. 4º: 2. v. art. 29 e notas.

Art. 4º: 2a. v. arts. 28 e 68-VI.

Art. 4º: 2b. "**Não é plausível** que, na apuração de haveres por **retirada** de cooperado, este perceba **cota-parte** que compõe o **FATES** (Fundo de Reserva e Assistência Técnica Educacional e Social), já que a natureza do fundo não se transmuda ou se transforma pela retirada ou exclusão de associado, que é um direito potestativo e irrestrito, porém, submetido às regras do sistema cooperativista" (STJ-3ª T., REsp 1.562.184, Min. Ricardo Cueva, j. 12.11.19, DJ 22.11.19; a citação é do voto do relator).

Art. 4º: 3. "O artigo 4º, X, da Lei 5.764/71 dispõe que as cooperativas são sociedades de pessoas, tendo por característica a prestação de assistência aos associados. Nessa linha, é possível que a cooperativa propicie a prestação de assistência jurídica aos seus cooperados, providência que em nada extrapola os objetivos das sociedades cooperativas. Contudo, à míngua de expressa previsão legal, a cooperativa não pode litigar em juízo, em nome próprio, defendendo alegado direito dos cooperativados. O artigo 83 da Lei 5.764/71, mesmo em interpretação sistemática com os demais dispositivos do referido diploma legal, não permite inferir que a Lei tenha previsto a substituição processual para esse fim" (STJ-4ª T., REsp 901.782, Min. Luis Felipe, j. 14.6.11, DJ 1.7.11).

Capítulo III | DO OBJETIVO E CLASSIFICAÇÃO DAS SOCIEDADES COOPERATIVAS

Art. 5º As sociedades cooperativas poderão adotar por objeto qualquer gênero de serviço, operação ou atividade, assegurando-se-lhes o direito exclusivo e exigindo-se-lhes a obrigação do uso da expressão "cooperativa" em sua denominação.

Parágrafo único. É vedado às cooperativas o uso da expressão "Banco".

Art. 6º As sociedades cooperativas são consideradas:

I — singulares, as constituídas pelo número mínimo de 20 (vinte) pessoas físicas, sendo excepcionalmente permitida a admissão de pessoas jurídicas que tenham por objeto as mesmas ou correlatas atividades econômicas das pessoas físicas ou, ainda, aquelas sem fins lucrativos;

II — cooperativas centrais ou federações de cooperativas, as constituídas de, no mínimo, 3 (três) singulares, podendo, excepcionalmente, admitir associados individuais;

III — confederações de cooperativas, as constituídas, pelo menos, de 3 (três) federações de cooperativas ou cooperativas centrais, da mesma ou de diferentes modalidades.

§ 1º Os associados individuais das cooperativas centrais e federações de cooperativas serão inscritos no Livro de Matrícula da sociedade e classificados em grupos visando à transformação, no futuro, em cooperativas singulares que a elas se filiarão.

§ 2º A exceção estabelecida no item II, *in fine*, do *caput* deste artigo não se aplica às centrais e federações que exerçam atividades de crédito.

Art. 7º As cooperativas singulares se caracterizam pela prestação direta de serviços aos associados.

Art. 8º As cooperativas centrais e federações de cooperativas objetivam organizar, em comum e em maior escala, os serviços econômicos e assistenciais de interesse das filiadas, integrando e orientando suas atividades, bem como facilitando a utilização recíproca dos serviços.

Parágrafo único. Para a prestação de serviços de interesse comum, é permitida a constituição de cooperativas centrais, às quais se associem outras cooperativas de objetivo e finalidades diversas.

Art. 9º As confederações de cooperativas têm por objetivo orientar e coordenar as atividades das filiadas, nos casos em que o vulto dos empreendimentos transcender o âmbito de capacidade ou conveniência de atuação das centrais e federações.

Art. 10. As cooperativas se classificam também de acordo com o objeto ou pela natureza das atividades desenvolvidas por elas ou por seus associados.

§ 1º Além das modalidades de cooperativas já consagradas, caberá ao respectivo órgão controlador apreciar e caracterizar outras que se apresentem.

§ 2º Serão consideradas mistas as cooperativas que apresentarem mais de um objeto de atividades.

§ 3º (*revogado expressamente pela LC 130, de 17.4.09*).

Art. 11. As sociedades cooperativas serão de responsabilidade limitada,[1] quando a responsabilidade do associado pelos compromissos da sociedade se limitar ao valor do capital por ele subscrito.

Art. 11: 1. Responsabilidade dos sócios: CC 1.095.

Art. 12. As sociedades cooperativas serão de responsabilidade ilimitada,[1] quando a responsabilidade do associado pelos compromissos da sociedade for pessoal, solidária e não tiver limite.

Art. 12: 1. v. art. 11, nota 1.

Art. 13. A responsabilidade do associado para com terceiros, como membro da sociedade, somente poderá ser invocada depois de judicialmente exigida da cooperativa.

Capítulo IV | DA CONSTITUIÇÃO DAS SOCIEDADES COOPERATIVAS

Art. 14. A sociedade cooperativa constitui-se por deliberação da assembleia geral dos fundadores, constantes da respectiva ata ou por instrumento público.

Art. 15. O ato constitutivo, sob pena de nulidade, deverá declarar:

I — a denominação da entidade, sede e objeto de funcionamento;

II — o nome, nacionalidade, idade, estado civil, profissão e residência dos associados fundadores que o assinaram, bem como o valor e número da cota-parte de cada um;

III — aprovação do estatuto da sociedade;

IV — o nome, nacionalidade, estado civil, profissão e residência dos associados eleitos para os órgãos de administração, fiscalização e outros.

Art. 16. O ato constitutivo da sociedade e os estatutos, quando não transcritos naquele, serão assinados pelos fundadores.

Seção I | DA AUTORIZAÇÃO DE FUNCIONAMENTO

Art. 17. A cooperativa constituída na forma da legislação vigente apresentará ao respectivo órgão executivo federal de controle, no Distrito Federal, Estados ou Territórios, ou ao órgão local para isso credenciado, dentro de 30 (trinta) dias da data da constituição, para fins de autorização,[1] requerimento acompanhado de 4 (quatro) vias do ato constitutivo, estatuto e lista nominativa, além de outros documentos considerados necessários.

Art. 17: 1. CF 5º: "XVIII — a criação de associações e, na forma da lei, a de cooperativas independem de autorização, sendo vedada a interferência estatal em seu funcionamento".

Art. 18. Verificada, no prazo máximo de 60 (sessenta) dias, a contar da data de entrada em seu protocolo, pelo respectivo órgão executivo federal de controle ou órgão local para isso credenciado, a existência de condições de funcionamento da cooperativa em constituição, bem como a regularidade da documentação apresentada, o órgão controlador devolverá, devidamente autenticadas, 2 (duas) vias à cooperativa, acompanhadas de documento dirigido à Junta Comercial do Estado, onde a entidade estiver sediada, comunicando a aprovação do ato constitutivo da requerente.

§ 1º Dentro desse prazo, o órgão controlador, quando julgar conveniente, no interesse do fortalecimento do sistema poderá ouvir o Conselho Nacional de Cooperativismo, caso em que não se verificará a aprovação automática prevista no parágrafo seguinte.

§ 2º A falta de manifestação do órgão controlador no prazo a que se refere este artigo implicará a aprovação do ato constitutivo e o seu subsequente arquivamento na Junta Comercial respectiva.

§ 3º Se qualquer das condições citadas neste artigo não for atendida satisfatoriamente, o órgão ao qual compete conceder a autorização dará ciência ao requerente, indicando as exigências a serem cumpridas no prazo de 60 (sessenta) dias, findos os quais, se não atendidas, o pedido será automaticamente arquivado.

§ 4º À parte é facultado interpor da decisão proferida pelo órgão controlador, nos Estados, Distrito Federal ou Territórios, recurso para a respectiva administração central, dentro do prazo de 30 (trinta) dias contado da data do recebimento da comunicação e, em segunda e última instância, ao Conselho Nacional de Cooperativismo, também no prazo de 30 (trinta) dias, exceção feita às cooperativas de crédito, às seções de crédito das cooperativas agrícolas mistas e às cooperativas habitacionais, hipótese em que o recurso será apreciado pelo Conselho Monetário Nacional, no tocante às duas primeiras, e pelo Banco Nacional de Habitação, em relação às últimas.

§ 5º Cumpridas as exigências, deverá o despacho do deferimento ou indeferimento da autorização ser exarado dentro de 60 (sessenta) dias, findos os quais, na ausência de decisão, o requerimento será considerado deferido. Quando a autorização depender de dois ou mais órgãos do poder público, cada um deles terá o prazo de 60 (sessenta) dias para se manifestar.

§ 6º Arquivados os documentos na Junta Comercial e feita a respectiva publicação, a cooperativa adquire personalidade jurídica,[1] tornando-se apta a funcionar.

§ 7º A autorização caducará, independentemente de qualquer despacho, se a cooperativa não entrar em atividade dentro do prazo de 90 (noventa) dias contados da data em que foram arquivados os documentos na Junta Comercial.

§ 8º Cancelada a autorização, o órgão de controle expedirá comunicação à respectiva Junta Comercial, que dará baixa nos documentos arquivados.

§ 9º A autorização para funcionamento das cooperativas de habitação, das de crédito e das seções de crédito das cooperativas agrícolas mistas subordina-se, ainda, à política dos respectivos órgãos normativos.

§ 10 (*revogado expressamente pela LC 130, de 17.4.09*).

Art. 18: 1. cf. CC 45.

Art. 19. A cooperativa escolar não estará sujeita ao arquivamento dos documentos de constituição, bastando remetê-los ao Instituto Nacional de Colonização e Reforma Agrária, ou respectivo órgão local de controle, devidamente autenticados pelo diretor do estabelecimento de ensino ou a maior autoridade escolar do município, quando a cooperativa congregar associados de mais de um estabelecimento de ensino.

Art. 20. A reforma de estatutos obedecerá, no que couber, ao disposto nos artigos anteriores, observadas as prescrições dos órgãos normativos.

Seção II | DO ESTATUTO SOCIAL

Art. 21. O estatuto da cooperativa, além de atender ao disposto no art. 4º, deverá indicar:

I — a denominação, sede, prazo de duração, área de ação, objeto da sociedade, fixação do exercício social e da data do levantamento do balanço geral;

II — os direitos e deveres dos associados, natureza de suas responsabilidades e as condições de admissão, demissão, eliminação e exclusão e as normas para sua representação nas assembleias gerais;

III — o capital mínimo, o valor da cota-parte, o mínimo de cotas-partes a ser subscrito pelo associado, o modo de integralização das cotas-partes, bem como as condições de sua retirada nos casos de demissão, eliminação ou de exclusão do associado;

IV — a forma da devolução das sobras registradas aos associados, ou do rateio das perdas apuradas por insuficiência de contribuição para cobertura das despesas da sociedade;

V — o modo de administração e fiscalização, estabelecendo os respectivos órgãos, com definição de suas atribuições, poderes e funcionamento, a representação ativa e passiva da sociedade em juízo ou fora dele, o prazo do mandato, bem como o processo de substituição dos administradores e conselheiros fiscais;

VI — as formalidades de convocação das assembleias gerais e a maioria requerida para a sua instalação e validade de suas deliberações, vedado o direito de voto aos que nelas tiverem interesse particular, sem privá-los da participação nos debates;

VII — os casos de dissolução voluntária da sociedade;

VIII — o modo e o processo de alienação ou oneração de bens imóveis da sociedade;

IX — o modo de reformar o estatuto;

X — o número mínimo de associados;

XI (*acrescido pela Lei 13.806, de 10.1.19*) — se a cooperativa tem poder para agir como substituta processual de seus associados, na forma do art. 88-A desta Lei.

Capítulo V | DOS LIVROS

Art. 22. A sociedade cooperativa deverá possuir os seguintes livros:

I — de Matrícula;

II — de Atas das Assembleias Gerais;

III — de Atas dos Órgãos de Administração;

IV — de Atas do Conselho Fiscal;

V — de Presença dos Associados nas Assembleias Gerais;

VI — outros, fiscais e contábeis, obrigatórios.

Parágrafo único (*redação da Lei 14.195, de 26.8.21*). É facultada a adoção de livros de folhas soltas ou fichas ou em meio digital, nos termos de regulamento do órgão competente do Poder Executivo federal.

Art. 23. No Livro de Matrícula, os associados serão inscritos por ordem cronológica de admissão, dele constando:

I — o nome, idade, estado civil, nacionalidade, profissão e residência do associado;

II — a data de sua admissão e, quando for o caso, de sua demissão a pedido, eliminação ou exclusão;

III — a conta corrente das respectivas cotas-partes do capital social.

Capítulo VI | DO CAPITAL SOCIAL

Art. 24. O capital social será subdividido em cotas-partes, cujo valor unitário não poderá ser superior ao maior salário mínimo[1] vigente no país.

§ 1º Nenhum associado poderá subscrever mais de 1/3 (um terço) do total das cotas-partes, salvo nas sociedades em que a subscrição deva ser diretamente proporcional ao movimento financeiro do cooperado ou ao quantitativo dos produtos a serem comercializados, beneficiados ou transformados, ou ainda, em relação à área cultivada ou ao número de plantas e animais em exploração.

§ 2º Não estão sujeitas ao limite estabelecido no parágrafo anterior as pessoas jurídicas de direito público que participem de cooperativas de eletrificação, irrigação e telecomunicações.

§ 3º É vedado às cooperativas distribuírem qualquer espécie de benefício às cotas-partes do capital ou estabelecer outras vantagens ou privilégios, financeiros ou não, em favor de quaisquer associados ou terceiros, excetuando-se os juros até o máximo de 12% (doze por cento) ao ano, que incidirão sobre a parte integralizada.

§ 4º *(acrescido pela Lei 13.097, de 19.1.15)* As quotas de que trata o *caput* deixam de integrar o patrimônio líquido da cooperativa quando se tornar exigível, na forma prevista no estatuto social e na legislação vigente, a restituição do capital integralizado pelo associado, em razão do seu desligamento, por demissão, exclusão ou eliminação.

Art. 24: 1. Não foi substituído pelo valor de referência (v. Lei 6.205, de 29.4.75).

Art. 25. Para a formação do capital social poder-se-á estipular que o pagamento das cotas-partes seja realizado mediante prestações periódicas, independentemente de chamada, por meio de contribuições ou outra forma estabelecida a critério dos respectivos órgãos executivos federais.

Art. 26. A transferência de cotas-partes será averbada no Livro de Matrícula, mediante termo que conterá as assinaturas do cedente, do cessionário e do diretor que o estatuto designar.

Art. 27. A integralização das cotas-partes e o aumento do capital social poderão ser feitos com bens avaliados previamente e após homologação em assembleia geral ou mediante retenção de determinada percentagem[1] do valor do movimento financeiro de cada associado.

§ 1º O disposto neste artigo não se aplica às cooperativas de crédito, às agrícolas mistas com seção de crédito e às habitacionais.

§ 2º Nas sociedades cooperativas em que a subscrição de capital for diretamente proporcional ao movimento ou à expressão econômica de cada associado, o estatuto deverá prever sua revisão periódica para ajustamento às condições vigentes.

Art. 27: 1. No texto oficial, está "porcentagem".

Capítulo VII | DOS FUNDOS

Art. 28. As cooperativas são obrigadas a constituir:[1]

I — fundo de reserva, destinado a reparar perdas e atender ao desenvolvimento de suas atividades, constituído com 10% (dez por cento), pelo menos, das sobras líquidas do exercício;

II — fundo de assistência técnica, educacional e social, destinado à prestação de assistência aos associados, seus familiares e, quando previsto nos estatutos, aos empregados da cooperativa, constituído de 5% (cinco por cento), pelo menos, das sobras líquidas apuradas no exercício.

§ 1º Além dos previstos neste artigo, a assembleia geral poderá criar outros fundos, inclusive rotativos, com recursos destinados a fins específicos, fixando o modo de formação, aplicação e liquidação.

§ 2º Os serviços a serem atendidos pelo fundo de assistência técnica, educacional e social poderão ser executados mediante convênio com entidades públicas e privadas.

Art. 28: 1. v. arts. 4º-VIII e 68-VI.

Capítulo VIII | DOS ASSOCIADOS

Art. 29. O ingresso nas cooperativas é livre a todos que desejarem utilizar os serviços prestados pela sociedade, desde que adiram aos propósitos sociais e preencham as condições estabelecidas no estatuto, ressalvado o disposto no art. 4º, item I, desta lei.[1 a 3]

§ 1º A admissão dos associados poderá ser restrita, a critério do órgão normativo respectivo, às pessoas que exerçam determinada atividade ou profissão, ou estejam vinculadas a determinada entidade.

§ 2º Poderão ingressar nas cooperativas de pesca e nas constituídas por produtores rurais ou extrativistas, as pessoas jurídicas que pratiquem as mesmas atividades econômicas das pessoas físicas associadas.

§ 3º Nas cooperativas de eletrificação, irrigação e telecomunicações, poderão ingressar as pessoas jurídicas que se localizem na respectiva área de operações.

§ 4º Não poderão ingressar no quadro das cooperativas os agentes de comércio e empresários que operem no mesmo campo econômico da sociedade.

Art. 29: 1. "É **inválida** a **cláusula** inserta em estatuto de cooperativa de trabalho médico **que impõe exclusividade** aos médicos cooperados (interpretação sistemática do art. 29, § 4º, da Lei 5.764/71)" (STJ-Corte Especial, ED no REsp 191.080, Min. Hamilton Carvalhido, j. 16.12.09, DJ 8.4.10).

"Na dicção atual do art. 18, III, da Lei 9.656/98, assegura-se ao cooperado o direito de manter relacionamento não exclusivo com operadoras de planos de saúde. A existência de norma legal expressa a vedar pactos de exclusividade em determinado segmento econômico afasta a atuação jurisdicional para avaliar, segundo a 'regra da razão', a pertinência e legalidade da convenção. Ao proibir as cláusulas de exclusividade, o art. 18, III, Lei 9.656/98, estabelece regras para a ampla concorrência no segmento específico dos planos de saúde. Tal norma integra o estatuto jurídico da concorrência. Não se pode, assim, reconhecer que a cooperativa tenha direito adquirido a uma concorrência limitada. Em outras palavras, o art. 18, III, Lei 9.656/98, tem aplicação imediata para regular os efeitos presentes e futuros do negócio jurídico pretérito, celebrado entre as partes" (STJ-3ª T., REsp 883.639, Min. Nancy Andrighi, j. 14.10.08, DJ 10.12.08). Em sentido semelhante: STJ-RT 898/209 (2ª T., REsp 1.172.603).

Art. 29: 2. "Salvo impossibilidade técnica do profissional para exercer os serviços propostos pela cooperativa, conforme art. 4º, I, da Lei 5.764/71, deve-se considerar **ilimitado o número de associados** que podem juntar-se ao quadro associativo, face a aplicação do princípio da adesão livre e voluntária que rege o sistema cooperativista" (STJ-4ª T., REsp 1.124.273, Min. Luis Felipe, j. 4.3.10, DJ 19.3.10). No mesmo sentido: STJ-3ª T., REsp 1.479.561, Min. Ricardo Cueva, j. 18.11.14, DJ 28.11.14; JTJ 343/658 (EI 238.521.4/5-00).

Todavia: "A negativa de ingresso de profissional na cooperativa de trabalho médico não pode se dar somente em virtude de presunções acerca da suficiência numérica de associados na região exercendo a mesma especialidade, havendo necessidade de estudos técnicos de viabilidade. Por outro lado, atingida a capacidade máxima de prestação de serviços pela cooperativa, aferível por critérios objetivos e verossímeis, impedindo-a de cumprir sua finalidade, é admissível a recusa de novos associados. O princípio da porta aberta (livre adesão) não é absoluto" (STJ-3ª T., REsp 1.892.962-AgInt-EDcl-AgInt, Min. Ricardo Cueva, j. 11.4.22, DJ 5.5.22).

Art. 29: 3. "Cooperativa médica. Ação de obrigação de fazer. Previsão estatutária que **exige processo seletivo** para ingresso de médico na cooperativa. Inexistência de violação do princípio da livre adesão" (STJ-4ª T., REsp 1.561.337-AgInt, Min. Raul Araújo, j. 19.11.19, DJ 13.12.19). No mesmo sentido: STJ-3ª T., REsp 1.892.962-AgInt--EDcl-AgInt, Min. Ricardo Cueva, j. 11.4.22, DJ 5.5.22.

Art. 30. À exceção das cooperativas de crédito e das agrícolas mistas com seção de crédito, a admissão de associados, que se efetive mediante aprovação de seu pedido de ingresso pelo órgão de administração, complementa-se com a subscrição das cotas-partes de capital social e a sua assinatura no Livro de Matrícula.

Art. 31. O associado que aceitar e estabelecer relação empregatícia com a cooperativa perde o direito de votar e ser votado, até que sejam aprovadas as contas do exercício em que ele deixou o emprego.

Art. 32. A demissão do associado será unicamente a seu pedido.

Art. 33. A eliminação do associado é aplicada em virtude de infração legal ou estatutária, ou por fato especial previsto no estatuto, mediante termo firmado por quem de direito no Livro de Matrícula, com os motivos que a determinaram.

Art. 34. A diretoria da cooperativa tem o prazo de 30 (trinta) dias para comunicar ao interessado a sua eliminação.

Parágrafo único. Da eliminação cabe recurso, com efeito suspensivo, à primeira assembleia geral.

Art. 35. A exclusão do associado será feita:

I — por dissolução da pessoa jurídica;

II — por morte da pessoa física;

III — por incapacidade civil não suprida;

IV — por deixar de atender aos requisitos estatutários de ingresso ou permanência na cooperativa.

Art. 36. A responsabilidade do associado perante terceiros, por compromissos da sociedade, perdura para os demitidos, eliminados ou excluídos até quando aprovadas as contas do exercício em que se deu o desligamento.[1]

Parágrafo único. As obrigações dos associados falecidos, contraídas com a sociedade, e as oriundas de sua responsabilidade como associado em face de terceiros, passam aos herdeiros, prescrevendo, porém, após um ano contado do dia da abertura da sucessão, ressalvados os aspectos peculiares das cooperativas de eletrificação rural e habitacionais.

Art. 36: 1. v. art. 89, nota 2.

Art. 37. A cooperativa assegurará a igualdade de direito dos associados, sendo-lhe defeso:

I — remunerar a quem agencie novos associados;
II — cobrar prêmios ou ágio pela entrada de novos associados, ainda a título de compensação das reservas;
III — estabelecer restrições de qualquer espécie ao livre exercício dos direitos sociais.

Capítulo IX | DOS ÓRGÃOS SOCIAIS

Seção I | DAS ASSEMBLEIAS GERAIS

Art. 38. A assembleia geral dos associados é o órgão supremo da sociedade, dentro dos limites legais e estatutários, tendo poderes para decidir os negócios relativos ao objeto da sociedade e tomar as resoluções convenientes ao desenvolvimento e defesa desta, e suas deliberações vinculam a todos, ainda que ausentes ou discordantes.

§ 1º As assembleias gerais serão convocadas com antecedência mínima de 10 (dez) dias, em primeira convocação, mediante editais afixados em locais apropriados das dependências comumente mais frequentadas pelos associados, publicação em jornal e comunicação aos associados por intermédio de circulares. Não havendo, no horário estabelecido, *quorum* de instalação, as assembleias poderão ser realizadas em segunda ou terceira convocações, desde que assim permitam os estatutos e conste do respectivo edital, quando então será observado o intervalo mínimo de 1 (uma) hora entre a realização por uma ou outra convocação.

§ 2º A convocação será feita pelo presidente, ou por qualquer dos órgãos de administração, pelo Conselho Fiscal, ou após solicitação não atendida, por 1/5 (um quinto) dos associados em pleno gozo dos seus direitos.

§ 3º As deliberações nas assembleias gerais serão tomadas por maioria de voto dos associados presentes com direito de votar.

Art. 39. É da competência das assembleias gerais, ordinárias ou extraordinárias, a destituição dos membros dos órgãos de administração ou fiscalização.
Parágrafo único. Ocorrendo destituição que possa afetar a regularidade da administração ou fiscalização da entidade, poderá a assembleia designar administradores e conselheiros provisórios, até a posse dos novos, cuja eleição se efetuará no prazo máximo de 30 (trinta) dias.

Art. 40. Nas assembleias gerais o *quorum* de instalação será o seguinte:
I — 2/3 (dois terços) do número de associados, em primeira convocação;
II — metade mais 1 (um) dos associados em segunda convocação;
III — mínimo de 10 (dez) associados na terceira convocação, ressalvado o caso de cooperativas centrais e federações e confederações de cooperativas, que se instalarão com qualquer número.

Art. 41. Nas assembleias gerais das cooperativas centrais, federações e confederações de cooperativas, a representação será feita por delegados indicados na forma dos seus estatutos e credenciados pela diretoria das respectivas filiadas.
Parágrafo único. Os grupos de associados individuais das cooperativas centrais e federações de cooperativas serão representados por 1 (um) delegado, escolhido entre seus membros e credenciado pela respectiva administração.

Art. 42 (*redação da Lei 6.981, de 30.3.82*). Nas cooperativas singulares, cada associado presente não terá direito a mais de um voto, qualquer que seja o número de suas cotas-partes.

§ 1º (*redação da Lei 6.981, de 30.3.82*) Não será permitida a representação por meio de mandatário.

§ 2º (*redação da Lei 6.981, de 30.3.82*) Quando o número de associados, nas cooperativas singulares, exceder a 3.000 (três mil), pode o estatuto estabelecer que os mesmos sejam representados, nas assembleias gerais, por delegados que tenham a qualidade de associados no gozo de seus direitos sociais e não exerçam cargos eletivos na sociedade.

§ 3º (*redação da Lei 6.981, de 30.3.82*) O estatuto determinará o número de delegados, a época e forma de sua escolha por grupos seccionais de associados de igual número e o tempo de duração da delegação.

§ 4º (*redação da Lei 6.981, de 30.3.82*) Admitir-se-á, também, a delegação definida no parágrafo anterior nas cooperativas singulares cujo número de associados seja inferior a 3.000 (três mil), desde que haja filiados residindo a mais de 50 km (cinquenta quilômetros) da sede.

§ 5º (*redação da Lei 6.981, de 30.3.82*) Os associados, integrantes de grupos seccionais, que não sejam delegados, poderão comparecer às assembleias gerais, privados, contudo, de voz e voto.

§ 6º (*redação da Lei 6.981, de 30.3.82*) As assembleias gerais compostas por delegados decidem sobre todas as matérias que, nos termos da lei ou dos estatutos, constituem objeto de decisão da assembleia geral dos associados.

Art. 43. Prescreve em 4 (quatro) anos a ação para anular as deliberações da assembleia geral viciadas de erro, dolo, fraude ou simulação,[1] ou tomadas com violação da lei ou do estatuto, contado o prazo da data em que a assembleia foi realizada.

Art. 43: 1. v. CC 138 a 165.

Art. 43-A (*acrescido pela Lei 14.030, de 28.7.20*). O associado poderá participar e votar a distância em reunião ou em assembleia, que poderão ser realizadas em meio digital, nos termos do regulamento do órgão competente do Poder Executivo federal.

Parágrafo único (*acrescido pela Lei 14.030, de 28.7.20*). A assembleia geral poderá ser realizada de forma digital, respeitados os direitos legalmente previstos de participação e de manifestação dos associados e os demais requisitos regulamentares.

Seção II | DAS ASSEMBLEIAS GERAIS ORDINÁRIAS

Art. 44. A assembleia geral ordinária, que se realizará anualmente nos 3 (três) primeiros meses após o término do exercício social, deliberará sobre os seguintes assuntos, que deverão constar da ordem do dia:

I — prestação de contas dos órgãos de administração, acompanhada de parecer do Conselho Fiscal, compreendendo:

a) relatório da gestão;
b) balanço;

c) demonstrativo das sobras apuradas ou das perdas decorrentes da insuficiência das contribuições para cobertura das despesas da sociedade e o parecer do Conselho Fiscal;

II — destinação das sobras apuradas ou rateio das perdas decorrentes da insuficiência das contribuições para cobertura das despesas da sociedade, deduzindo-se, no primeiro caso, as parcelas para os fundos obrigatórios;

III — eleição dos componentes dos órgãos de administração, do Conselho Fiscal e de outros, quando for o caso;

IV — quando previsto, a fixação do valor dos honorários, gratificações e cédula de presença dos membros do Conselho de Administração ou da Diretoria e do Conselho Fiscal;

V — quaisquer assuntos de interesse social, excluídos os enumerados no art. 46.

§ 1º Os membros dos órgãos de administração e fiscalização não poderão participar da votação das matérias referidas nos itens I e IV deste artigo.

§ 2º À exceção das cooperativas de crédito e das agrícolas mistas com seção de crédito, a aprovação do relatório, balanço e contas dos órgãos de administração, desonera seus componentes de responsabilidade, ressalvados os casos de erro, dolo, fraude ou simulação,[1] bem como a infração da lei ou do estatuto.

Art. 44: 1. cf. art. 43; v. CC 138 a 165.

Seção III | DAS ASSEMBLEIAS GERAIS EXTRAORDINÁRIAS

Art. 45. A assembleia geral extraordinária realizar-se-á sempre que necessário e poderá deliberar sobre qualquer assunto de interesse da sociedade, desde que mencionado no edital de convocação.

Art. 46. É da competência exclusiva da assembleia geral extraordinária deliberar sobre os seguintes assuntos:

I — reforma do estatuto;
II — fusão, incorporação ou desmembramento;
III — mudança do objeto da sociedade;
IV — dissolução voluntária da sociedade e nomeação de liquidantes;
V — contas do liquidante.

Parágrafo único. São necessários os votos de 2/3 (dois terços) dos associados presentes, para tornar válidas as deliberações de que trata este artigo.

Seção IV | DOS ÓRGÃOS DE ADMINISTRAÇÃO

Art. 47. A sociedade será administrada por uma Diretoria ou Conselho de Administração, composto exclusivamente de associados eleitos pela assembleia geral, com mandato nunca superior a 4 (quatro) anos, sendo obrigatória a renovação de, no mínimo, 1/3 (um terço) do Conselho de Administração.

§ 1º O estatuto poderá criar outros órgãos necessários à administração.

§ 2º A posse dos administradores e conselheiros fiscais das cooperativas de crédito e das agrícolas mistas com seção de crédito e habitacionais fica sujeita à prévia homologação dos respectivos órgãos normativos.

Art. 48. Os órgãos de administração podem contratar gerentes técnicos ou comerciais, que não pertençam ao quadro de associados, fixando-lhes as atribuições e salários.

Art. 49. Ressalvada a legislação específica que rege as cooperativas de crédito, as seções de crédito das cooperativas agrícolas mistas e as de habitação, os administradores eleitos ou contratados não serão pessoalmente responsáveis pelas obrigações que contraírem em nome da sociedade, mas responderão solidariamente pelos prejuízos resultantes de seus atos, se procederem com culpa ou dolo.[1]

Parágrafo único. A sociedade responderá pelos atos a que se refere a última parte deste artigo se os houver ratificado ou deles logrado proveito.

Art. 49: 1. v. art. 36-*caput* e § ún.

Art. 50. Os participantes de ato ou operação social em que se oculte a natureza da sociedade podem ser declarados pessoalmente responsáveis pelas obrigações em nome dela contraídas, sem prejuízo das sanções penais cabíveis.

Art. 51. São inelegíveis, além das pessoas impedidas por lei, os condenados a pena que vede, ainda que temporariamente, o acesso a cargos públicos; ou por crime falimentar, de prevaricação, peita ou suborno, concussão, peculato, ou contra a economia popular, a fé pública ou a propriedade.

Parágrafo único. Não podem compor uma mesma Diretoria ou Conselho de Administração, os parentes entre si até 2º (segundo) grau, em linha reta ou colateral.[1]

Art. 51: 1. cf. art. 56 § 1º.

Art. 52. O diretor ou associado que, em qualquer operação, tenha interesse oposto ao da sociedade, não pode participar das deliberações referentes a essa operação, cumprindo-lhe acusar o seu impedimento.

Art. 53. Os componentes da Administração e do Conselho Fiscal, bem como os liquidantes, equiparam-se aos administradores das sociedades anônimas, para efeito de responsabilidade criminal.

Art. 54. Sem prejuízo da ação que couber ao associado, a sociedade, por seus diretores, ou representada pelo associado escolhido em assembleia geral, terá direito de ação contra os administradores, para promover sua responsabilidade.

Art. 55. Os empregados de empresas que sejam eleitos diretores de sociedades cooperativas pelos mesmos criadas gozarão das garantias asseguradas aos dirigentes sindicais pelo art. 543 da Consolidação das Leis do Trabalho (Decreto-lei n. 5.452, de 1º de maio de 1943).

Seção V | DO CONSELHO FISCAL

Art. 56. A administração da sociedade será fiscalizada, assídua e minuciosamente, por um Conselho Fiscal, constituído de 3 (três) membros efetivos e

3 (três) suplentes, todos associados, eleitos anualmente pela assembleia geral, sendo permitida apenas a reeleição de 1/3 (um terço) dos seus componentes.[1]

§ 1º Não podem fazer parte do Conselho Fiscal, além dos inelegíveis enumerados no art. 51, os parentes dos diretores até o 2º (segundo) grau, em linha reta ou colateral, bem como os parentes entre si até esse grau.[1a]

§ 2º O associado não pode exercer cumulativamente cargos nos órgãos de administração e de fiscalização.[2]

Art. 56: 1. v. Lei 12.690, de 19.7.12, art. 16, adiante neste tít.
Art. 56: 1a. cf. art. 51 § ún.
Art. 56: 2. v. art. 93-IV.

Capítulo X | FUSÃO, INCORPORAÇÃO E DESMEMBRAMENTO

Art. 57. Pela fusão, duas ou mais cooperativas formam nova sociedade.

§ 1º Deliberada a fusão, cada cooperativa interessada indicará nomes para comporem comissão mista, que procederá aos estudos necessários à constituição da nova sociedade, tais como o levantamento patrimonial, balanço geral, plano de distribuição de cotas-partes, destino dos fundos de reserva e outros, e o projeto de estatuto.

§ 2º Aprovado o relatório da comissão mista e constituída a nova sociedade em assembleia geral conjunta, os respectivos documentos serão arquivados, para aquisição de personalidade jurídica, na Junta Comercial competente, e duas vias dos mesmos, com a publicação do arquivamento, serão encaminhadas ao órgão executivo de controle ou ao órgão local credenciado.

§ 3º Exclui-se do disposto no parágrafo anterior a fusão que envolver cooperativas que exerçam atividades de crédito. Nesse caso, aprovado o relatório da comissão mista e constituída a nova sociedade em assembleia geral conjunta, a autorização para funcionar e o registro dependerão de prévia anuência do Banco Central do Brasil.

Art. 58. A fusão determina a extinção das sociedades que se unem para formar a nova sociedade, que lhes sucederá nos direitos e obrigações.

Art. 59. Pela incorporação, uma sociedade cooperativa absorve o patrimônio, recebe os associados, assume as obrigações e se investe nos direitos de outra ou outras cooperativas.

Parágrafo único. Na hipótese prevista neste artigo, serão obedecidas as mesmas formalidades estabelecidas para a fusão, limitadas as avaliações ao patrimônio da ou das sociedades incorporandas.

Art. 60. As sociedades cooperativas poderão desmembrar-se em tantas quantas forem necessárias para atender aos interesses dos seus associados, podendo uma das novas entidades ser constituída como cooperativa central ou federação de cooperativas, cujas autorizações de funcionamento e os arquivamentos serão requeridos conforme o disposto nos arts. 17 e seguintes.

Art. 61. Deliberado o desmembramento, a assembleia designará uma comissão para estudar as providências necessárias à efetivação da medida.

§ 1º O relatório apresentado pela comissão, acompanhado dos projetos de estatutos das novas cooperativas, será apreciado em nova assembleia especialmente convocada para este fim.

§ 2º O plano de desmembramento preverá o rateio, entre as novas cooperativas, do ativo e passivo da sociedade desmembrada.

§ 3º No rateio previsto no parágrafo anterior, atribuir-se-á a cada nova cooperativa parte do capital social da sociedade desmembrada em cota correspondente à participação dos associados que passam a integrá-la.

§ 4º Quando uma das cooperativas for constituída como cooperativa central ou federação de cooperativas, prever-se-á o montante das cotas-partes que as associadas terão no capital social.

Art. 62. Constituídas as sociedades e observado o disposto nos arts. 17 e seguintes, proceder-se-á às transferências contábeis e patrimoniais necessárias à concretização das medidas adotadas.

Capítulo XI | DA DISSOLUÇÃO E LIQUIDAÇÃO

Art. 63. As sociedades cooperativas se dissolvem de pleno direito:

I — quando assim deliberar a assembleia geral, desde que os associados, totalizando o número mínimo exigido por esta lei, não se disponham a assegurar a sua continuidade;

II — pelo decurso do prazo de duração;

III — pela consecução dos objetivos predeterminados;

IV — devido à alteração de sua forma jurídica;

V — pela redução do número mínimo de associados ou do capital social mínimo se, até a assembleia geral subsequente, realizada em prazo não inferior a 6 (seis) meses, eles não forem restabelecidos;

VI — pelo cancelamento da autorização para funcionar;

VII — pela paralisação de suas atividades por mais de 120 (cento e vinte) dias.[1]

Parágrafo único. A dissolução da sociedade importará no cancelamento da autorização para funcionar e do registro.

Art. 63: **1.** cf. art. 93-III.

Art. 64. Quando a dissolução da sociedade não for promovida voluntariamente, nas hipóteses previstas no artigo anterior, a medida poderá ser tomada judicialmente, a pedido de qualquer associado ou por iniciativa do órgão executivo federal.

Art. 65. Quando a dissolução for deliberada pela assembleia geral, esta nomeará um liquidante ou mais, e um Conselho Fiscal de 3 (três) membros para proceder à sua liquidação.

§ 1º O processo de liquidação só poderá ser iniciado após a audiência do respectivo órgão executivo federal.

§ 2º A assembleia geral, nos limites de suas atribuições, poderá, em qualquer época, destituir os liquidantes e os membros do Conselho Fiscal, designando os seus substitutos.

Art. 66. Em todos os atos e operações os liquidantes deverão usar a denominação da cooperativa, seguida da expressão: "em liquidação".

Art. 67. Os liquidantes terão todos os poderes normais de administração, podendo praticar atos e operações necessários à realização do ativo e pagamento do passivo.

Art. 68. São obrigações dos liquidantes:

I — providenciar o arquivamento, na Junta Comercial, da ata da assembleia geral em que foi deliberada a liquidação;

II — comunicar à administração central do respectivo órgão executivo federal e ao Banco Nacional de Crédito Cooperativo S.A. a sua nomeação, fornecendo cópia da ata da assembleia geral que decidiu a matéria;

III — arrecadar os bens, livros e documentos da sociedade, onde quer que estejam;

IV — convocar os credores e devedores e promover o levantamento dos créditos e débitos da sociedade;

V — proceder nos 15 (quinze) dias seguintes ao de sua investidura e com a assistência, sempre que possível, dos administradores, ao levantamento do inventário e balanço geral do ativo e passivo;

VI — realizar o ativo social para saldar o passivo e reembolsar os associados de suas cotas-partes, destinando o remanescente, inclusive o dos fundos indivisíveis,[1] ao Banco Nacional de Crédito Cooperativo S.A.;

VII — exigir dos associados a integralização das respectivas cotas-partes do capital social não realizadas, quando o ativo não bastar para a solução do passivo;

VIII — fornecer aos credores a relação dos associados, se a sociedade for de responsabilidade ilimitada e os recursos apurados forem insuficientes para o pagamento das dívidas;

IX — convocar a assembleia geral, cada 6 (seis) meses ou sempre que necessário, para apresentar relatório e balanço do estado da liquidação e prestar contas dos atos praticados durante o período anterior;

X — apresentar à assembleia geral, finda a liquidação, o respectivo relatório e as contas finais;

XI — averbar, no órgão competente, a ata da assembleia geral que considerar encerrada a liquidação.

Art. 68: 1. v. arts. 4º-VIII e 28.

Art. 69. As obrigações e as responsabilidades dos liquidantes regem-se pelos preceitos peculiares aos dos administradores da sociedade liquidanda.

Art. 70. Sem autorização da assembleia não poderá o liquidante gravar de ônus os móveis e imóveis, contrair empréstimos, salvo quando indispensáveis para o pagamento de obrigações inadiáveis, nem prosseguir, embora para facilitar a liquidação, na atividade social.

Art. 71. Respeitados os direitos dos credores preferenciais, pagará o liquidante as dívidas sociais proporcionalmente e sem distinção entre vencidas ou não.

Sociedades Cooperativas – Lei n. 5.764, de 16.12.71, arts. 72 a 76

Art. 72. A assembleia geral poderá resolver, antes de ultimada a liquidação, mas depois de pagos os credores, que o liquidante faça rateios por antecipação da partilha, à medida em que¹ se apurem os haveres sociais.

Art. 72: 1. *sic*; deve ser "à medida que".

Art. 73. Solucionado o passivo, reembolsados os cooperados até o valor de suas cotas-partes e encaminhado o remanescente conforme o estatuído, convocará o liquidante assembleia geral para a prestação final de contas.

Art. 74. Aprovadas as contas, encerra-se a liquidação e a sociedade se extingue, devendo a ata da assembleia ser arquivada na Junta Comercial e publicada.

Parágrafo único. O associado discordante terá o prazo de 30 (trinta) dias, a contar da publicação da ata, para promover a ação que couber.

Art. 75. A liquidação extrajudicial das cooperativas poderá ser promovida por iniciativa do respectivo órgão executivo federal, que designará o liquidante, e será processada de acordo com a legislação específica e demais disposições regulamentares, desde que a sociedade deixe de oferecer condições operacionais, principalmente por constatada insolvência.

§ 1º A liquidação extrajudicial, tanto quanto possível, deverá ser precedida de intervenção na sociedade.

§ 2º Ao interventor, além dos poderes expressamente concedidos no ato de intervenção, são atribuídas funções, prerrogativas e obrigações dos órgãos de administração.

Art. 76. A publicação no *Diário Oficial*, da ata da assembleia geral da sociedade, que deliberou sua liquidação, ou da decisão do órgão executivo federal quando a medida for de sua iniciativa, implicará a sustação de qualquer ação judicial contra a cooperativa, pelo prazo de 1 (um) ano, sem prejuízo, entretanto, da fluência dos juros legais ou pactuados e seus acessórios.¹ ª ³

Parágrafo único. Decorrido o prazo previsto neste artigo, sem que, por motivo relevante, esteja encerrada a liquidação, poderá ser o mesmo prorrogado, no máximo por mais 1 (um) ano, mediante decisão do órgão citado no artigo, publicada, com os mesmos efeitos, no *Diário Oficial*.⁴

Art. 76: 1. "O objetivo da norma inserta no art. 76 da Lei 5.764/71 diz, em última instância, com a necessidade de se preservar a integridade do sistema cooperativo, conferindo às sociedades cooperativas em situação de dificuldade uma moratória que, não obstante curta, possa contribuir para sua eventual recuperação econômica, a bem do interesse público. Não há nenhum sentido prático e jurídico em excluir do rol das ações judiciais a que se refere o art. 76 da Lei 5.764/71 aquelas de **cunho executivo**, imbuídas que são, mais do que quaisquer outras, de potencial invasivo, apto a embaraçar a recuperação que a norma almeja garantir" (STJ-4ª T., REsp 815.099, Min. João Otávio, j. 16.3.10, DJ 29.3.10). No mesmo sentido, ponderando, ainda, que "o fato de a penhora de ativos ter se efetivado em data anterior à publicação da ata da assembleia geral que deliberou pela autodissolução da cooperativa não é capaz de afastar a irradiação dos efeitos suspensivos oriundos da liquidação extrajudicial, visto que decorrem da própria lei, devendo-se aguardar a fluência do prazo para o feito ter regular prosseguimento, com eventual levantamento de valores": STJ-3ª T., REsp 1.888.428, Min. Ricardo Cueva, j. 21.6.22, DJ 24.6.22.

Art. 76: 2. "A prerrogativa da suspensão das ações judiciais previstas pelo art. 76 da Lei 5.764/71 é destinada exclusivamente às cooperativas em liquidação, não podendo ser estendida aos demais **litisconsortes**" (STJ-3ª T., REsp 1.025.358, Min. Nancy Andrighi, j. 13.4.10, DJ 14.5.10).

Art. 76: 3. "Assim como ocorre na falência, é cabível o pedido de restituição de adiantamento de contrato de câmbio formulado por instituição financeira contra sociedade cooperativa em regime de liquidação judicial. A presença, nos dois institutos, da mesma identidade estrutural e teleológica, aliada às características da operação de crédito contratada, torna possível o uso da analogia para o deslinde da controvérsia" (STJ-3ª T., REsp 1.317.749, Min. João Otávio, j. 19.11.13, maioria, DJ 28.11.13).

Art. 76: 4. "Liquidação extrajudicial de sociedade cooperativa. Suspensão das ações em andamento. Prazo de um ano do art. 76 da Lei 5.764/1971. **Prorrogações sucessivas. Descabimento.** Caráter excepcional da regra em comento. Inviabilidade de interpretação analógica com o 'stay period' da recuperação judicial" (STJ-3ª T., REsp 1.833.613, Min. Paulo Sanseverino, j. 17.11.20, DJ 20.11.20).

Art. 77. Na realização do ativo da sociedade, o liquidante deverá:

I — mandar avaliar, por avaliadores judiciais ou de instituições financeiras públicas, os bens de[1] sociedade;

II — proceder à venda dos bens necessários ao pagamento do passivo da sociedade, observadas, no que couber, as normas constantes dos arts. 117 e 118 do Decreto-lei n. 7.661, de 21 de junho de 1945.[2]

Art. 77: 1. *sic*; deve ser "da".

Art. 77: 2. Dec. lei 7.661: antiga Lei de Falências.

Art. 78. A liquidação das cooperativas de crédito e da seção de crédito das cooperativas agrícolas mistas reger-se-á pelas normas próprias legais e regulamentares.

Capítulo XII | **DO SISTEMA OPERACIONAL DAS COOPERATIVAS**

Seção I | DO ATO COOPERATIVO

Art. 79. Denominam-se atos cooperativos os praticados entre as cooperativas e seus associados, entre estes e aquelas e pelas cooperativas entre si quando associados, para a consecução dos objetivos sociais.

Parágrafo único. O ato cooperativo não implica operação de mercado, nem contrato de compra e venda de produto ou mercadoria.

Seção II | DAS DISTRIBUIÇÕES DE DESPESAS

Art. 80. As despesas da sociedade serão cobertas pelos associados mediante rateio, na proporção direta da fruição de serviços.

Parágrafo único. A cooperativa poderá, para melhor atender à equanimidade de cobertura das despesas da sociedade, estabelecer:

I — rateio, em partes iguais, das despesas gerais da sociedade entre todos os associados, quer tenham ou não, no ano, usufruído dos serviços por ela prestados, conforme definidas no estatuto;

II — rateio, em razão diretamente proporcional, entre os associados que tenham usufruído dos serviços durante o ano, das sobras líquidas ou dos prejuízos verificados no balanço do exercício, excluídas as despesas gerais já atendidas na forma do item anterior.

Art. 81. A cooperativa que tiver adotado o critério de separar as despesas da sociedade e estabelecido o seu rateio na forma indicada no parágrafo único do artigo anterior deverá levantar separadamente as despesas gerais.

Sociedades Cooperativas – Lei n. 5.764, de 16.12.71, arts. 82 a 86

Seção III | DAS OPERAÇÕES DA COOPERATIVA

Art. 82 (*redação da Lei 11.076, de 30.12.04*). A cooperativa que se dedicar a vendas em comum poderá registrar-se como armazém geral, podendo também desenvolver as atividades previstas na Lei n. 9.973, de 29 de maio de 2000, e nessa condição expedir Conhecimento de Depósito, *Warrant*, Certificado de Depósito Agropecuário — CDA e *Warrant* Agropecuário — WA para os produtos de seus associados conservados em seus armazéns, próprios ou arrendados, sem prejuízo da emissão de outros títulos decorrentes de suas atividades normais, aplicando-se, no que couber, a legislação específica.[1]

§ 1º Para efeito deste artigo, os armazéns da cooperativa se equiparam aos armazéns gerais, com as prerrogativas e obrigações destes, ficando os componentes do Conselho de Administração ou Diretoria Executiva, emitente do título, responsáveis, pessoal e solidariamente, pela boa guarda e conservação dos produtos vinculados, respondendo criminal e civilmente pelas declarações constantes do título, como também por qualquer ação ou omissão que acarrete o desvio, deterioração ou perda dos produtos.

§ 2º Observado o disposto no § 1º, as cooperativas poderão operar unidades de armazenagem, embalagem e frigorificação, bem como armazéns gerais alfandegários, nos termos do disposto no Capítulo IV da Lei n. 5.025, de 10 de junho de 1966.[2]

Art. 82: 1. v. **Dec. (legislativo) 1.102, de 21.11.1903** — Institui regras para o estabelecimento de empresas de armazéns gerais, determinando os direitos e obrigações dessas empresas. O art. 15 § 1º, itens 3º e 4º, foi alterado pela **Lei Delegada 3, de 26.9.62** (Lex 1962/234). S/ prazo do depósito e seguros contra riscos de incêndio, v. **Dec. lei 6.319, de 6.3.44** (RT 149/789, Lex 1944/67); s/ serviço de armazenagem nos portos organizados, v. **Dec. 8.439, de 24.12.45** (RT 150/375, Lex 1946/1).

Art. 82: 2. Lei 5.025, de 10.6.66 — Dispõe sobre o intercâmbio comercial com o exterior, cria o Conselho Nacional do Comércio Exterior, e dá outras providências (Lex 1966/846 e 1.215).

Art. 83. A entrega da produção do associado a sua cooperativa significa a outorga a esta de plenos poderes para a sua livre disposição, inclusive para gravá-la e dá-la em garantia de operações de crédito realizadas pela sociedade, salvo se, tendo em vista os usos e costumes relativos à comercialização de determinados produtos, sendo de interesse do produtor, os estatutos dispuserem de outro modo.[1]

Art. 83: 1. v. art. 4º, nota 3.

Art. 84 (*revogado expressamente pela LC 130, de 17.4.09*).

Art. 85. As cooperativas agropecuárias e de pesca poderão adquirir produtos de não associados, agricultores, pecuaristas ou pescadores, para completar lotes destinados ao cumprimento de contratos ou suprir capacidade ociosa de instalações industriais das cooperativas que as possuem.

Art. 86. As cooperativas poderão fornecer bens e serviços a não associados, desde que tal faculdade atenda aos objetivos sociais e estejam de conformidade com a presente lei.

Parágrafo único (*revogado expressamente pela LC 130, de 17.4.09*).

Art. 87. Os resultados das operações das cooperativas com não associados, mencionados nos arts. 85 e 86, serão levados à conta do fundo de assistência técnica, educacional e social e serão contabilizados em separado, de molde a permitir cálculo para incidência de tributos.

Art. 88 (*redação da Med. Prov. 2.168-40, de 24.8.01*). Poderão as cooperativas participar de sociedades não cooperativas para melhor atendimento dos próprios objetivos e de outros de caráter acessório ou complementar.
Parágrafo único. As inversões decorrentes dessa participação serão contabilizadas em títulos específicos e seus eventuais resultados positivos levados ao fundo de assistência técnica, educacional e social.

Art. 88-A (*acrescido pela Lei 13.806, de 10.1.19*). A cooperativa poderá ser dotada de legitimidade extraordinária autônoma concorrente para agir como substituta processual em defesa dos direitos coletivos de seus associados quando a causa de pedir versar sobre atos de interesse direto dos associados que tenham relação com as operações de mercado da cooperativa, desde que isso seja previsto em seu estatuto[1] e haja, de forma expressa, autorização manifestada individualmente pelo associado ou por meio de assembleia geral que delibere sobre a propositura da medida judicial.

Art. 88-A: 1. v. art. 21-XI.

Seção IV | DOS PREJUÍZOS

Art. 89. Os prejuízos verificados no decorrer do exercício serão cobertos com recursos provenientes do fundo de reserva e, se insuficiente este, mediante rateio, entre os associados, na razão direta dos serviços usufruídos, ressalvada a opção prevista no parágrafo único do art. 80.[1-2]

Art. 89: 1. "Ainda que se admita, no art. 80 § ún. da Lei 5.764/71, o rateio igualitário das despesas gerais, a depender de previsão no estatuto social da cooperativa, em relação aos prejuízos, sempre deverá ser observada a proporcionalidade, nos termos do art. 89 da mesma norma. As deliberações das assembleias gerais, relativas à distribuição igualitária dos prejuízos não devem prevalecer porque contrárias às disposições estatutárias então vigentes e/ou às disposições da Lei 5.764/71, que prevê, no seu art. 89, o rateio proporcional à fruição dos serviços pelos cooperados" (STJ-3ª T., REsp 1.303.150, Min. Nancy Andrighi, j. 5.3.13, DJ 8.3.13).

Art. 89: 2. "Ainda que seja obrigatório o registro de provisões no balanço patrimonial de sociedades cooperativas de serviços médicos, não apenas por determinação da Agência Nacional de Saúde Suplementar (ANS), mas também para fins de adequação às normas de contabilidade, não é possível incluir no rateio entre cooperados, sobretudo daqueles que se **demitiram da sociedade**, valores que não digam respeito a prejuízos verificados no decorrer do exercício em que se dá a retirada" (STJ-3ª T., REsp 1.751.631, Min. Ricardo Cueva, j. 27.9.22, DJ 30.9.22).

Seção V | DO SISTEMA TRABALHISTA

Art. 90. Qualquer que seja o tipo de cooperativa, não existe vínculo empregatício entre ela e seus associados.

Art. 91. As cooperativas igualam-se às demais empresas em relação aos seus empregados para os fins da legislação trabalhista e previdenciária.

Capítulo XIII | DA FISCALIZAÇÃO E CONTROLE

Brasília, 16 de dezembro de 1971; 150º da Independência e 83º da República — EMÍLIO G. MÉDICI — **Antônio Delfim Netto** — **L. F. Cirne Lima** — **João Paulo dos Reis Velloso** — **José Costa Cavalcanti**.

Lei n. 12.690, de 19 de julho de 2012

Dispõe sobre a organização e o funcionamento das Cooperativas de Trabalho; institui o Programa Nacional de Fomento às Cooperativas de Trabalho — PRONACOOP; e revoga o parágrafo único do art. 442 da Consolidação das Leis do Trabalho — CLT, aprovada pelo Decreto-Lei n. 5.452, de 1º de maio de 1943.[1]

A Presidenta da República,

Faço saber que o Congresso Nacional decreta e eu sanciono a seguinte Lei:

LEI 12.690: 1. "Cooperativas de trabalho: considerações sobre a Lei 12.690/2012", por Gustavo Filipe Barbosa Garcia (RT 922/433).

Capítulo I | DAS COOPERATIVAS DE TRABALHO

Art. 1º A Cooperativa de Trabalho é regulada por esta Lei e, no que com ela não colidir, pelas Leis n. 5.764, de 16 de dezembro de 1971,[1] e 10.406, de 10 de janeiro de 2002 — Código Civil.[2]

Parágrafo único. Estão excluídas do âmbito desta Lei:

I — as cooperativas de assistência à saúde na forma da legislação de saúde suplementar;

II — as cooperativas que atuam no setor de transporte regulamentado pelo Poder Público e que detenham, por si ou por seus sócios, a qualquer título, os meios de trabalho;

III — as cooperativas de profissionais liberais cujos sócios exerçam as atividades em seus próprios estabelecimentos; e

IV — as cooperativas de médicos cujos honorários sejam pagos por procedimento.

Art. 1º: 1. v., neste tít., Lei 5.764, de 16.12.71.

Art. 1º: 2. v. CC 1.093 a 1.096.

Art. 2º Considera-se Cooperativa de Trabalho a sociedade constituída por trabalhadores para o exercício de suas atividades laborativas ou profissionais com proveito comum, autonomia e autogestão para obterem melhor qualificação, renda, situação socioeconômica e condições gerais de trabalho.

§ 1º A autonomia de que trata o *caput* deste artigo deve ser exercida de forma coletiva e coordenada, mediante a fixação, em Assembleia Geral, das regras de funcionamento da cooperativa e da forma de execução dos trabalhos, nos termos desta Lei.

§ 2º Considera-se autogestão o processo democrático no qual a Assembleia Geral define as diretrizes para o funcionamento e as operações da cooperativa, e os sócios decidem sobre a forma de execução dos trabalhos, nos termos da lei.

Art. 3º A Cooperativa de Trabalho rege-se pelos seguintes princípios e valores:
I — adesão voluntária e livre;
II — gestão democrática;
III — participação econômica dos membros;
IV — autonomia e independência;
V — educação, formação e informação;
VI — intercooperação;
VII — interesse pela comunidade;
VIII — preservação dos direitos sociais, do valor social do trabalho e da livre iniciativa;
IX — não precarização do trabalho;
X — respeito às decisões de assembleia, observado o disposto nesta Lei;
XI — participação na gestão em todos os níveis de decisão de acordo com o previsto em lei e no Estatuto Social.

Art. 4º A Cooperativa de Trabalho pode ser:
I — de produção, quando constituída por sócios que contribuem com trabalho para a produção em comum de bens e a cooperativa detém, a qualquer título, os meios de produção; e
II — de serviço, quando constituída por sócios para a prestação de serviços especializados a terceiros, sem a presença dos pressupostos da relação de emprego.
Parágrafo único. (VETADO).

Art. 5º A Cooperativa de Trabalho não pode ser utilizada para intermediação de mão de obra subordinada.
Parágrafo único. (VETADO).

Art. 6º A Cooperativa de Trabalho poderá ser constituída com número mínimo de 7 (sete) sócios.

Art. 7º A Cooperativa de Trabalho deve garantir aos sócios os seguintes direitos, além de outros que a Assembleia Geral venha a instituir:
I — retiradas não inferiores ao piso da categoria profissional e, na ausência deste, não inferiores ao salário mínimo, calculadas de forma proporcional às horas trabalhadas ou às atividades desenvolvidas;
II — duração do trabalho normal não superior a 8 (oito) horas diárias e 44 (quarenta e quatro) horas semanais, exceto quando a atividade, por sua natureza, demandar a prestação de trabalho por meio de plantões ou escalas, facultada a compensação de horários;
III — repouso semanal remunerado, preferencialmente aos domingos;
IV — repouso anual remunerado;
V — retirada para o trabalho noturno superior à do diurno;
VI — adicional sobre a retirada para as atividades insalubres ou perigosas;
VII — seguro de acidente de trabalho.
§ 1º Não se aplica o disposto nos incisos III e IV do *caput* deste artigo nos casos em que as operações entre o sócio e a cooperativa sejam eventuais, salvo decisão assemblear em contrário.

§ 2º A Cooperativa de Trabalho buscará meios, inclusive mediante provisionamento de recursos, com base em critérios que devem ser aprovados em Assembleia Geral, para assegurar os direitos previstos nos incisos I, III, IV, V, VI e VII do *caput* deste artigo e outros que a Assembleia Geral venha a instituir.

§ 3º A Cooperativa de Trabalho, além dos fundos obrigatórios previstos em lei, poderá criar, em Assembleia Geral, outros fundos, inclusive rotativos, com recursos destinados a fins específicos, fixando o modo de formação, custeio, aplicação e liquidação.

§ 4º (VETADO).

§ 5º A Cooperativa de Trabalho constituída nos termos do inciso I do *caput* do art. 4º desta Lei poderá, em Assembleia Geral Extraordinária, estabelecer carência na fruição dos direitos previstos nos incisos I e VII do *caput* deste artigo.

§ 6º As atividades identificadas com o objeto social da Cooperativa de Trabalho prevista no inciso II do *caput* do art. 4º desta Lei, quando prestadas fora do estabelecimento da cooperativa, deverão ser submetidas a uma coordenação com mandato nunca superior a 1 (um) ano ou ao prazo estipulado para a realização dessas atividades, eleita em reunião específica pelos sócios que se disponham a realizá-las, em que serão expostos os requisitos para sua consecução, os valores contratados e a retribuição pecuniária de cada sócio partícipe.

Art. 8º As Cooperativas de Trabalho devem observar as normas de saúde e segurança do trabalho previstas na legislação em vigor e em atos normativos expedidos pelas autoridades competentes.

Art. 9º O contratante da Cooperativa de Trabalho prevista no inciso II do *caput* do art. 4º desta Lei responde solidariamente pelo cumprimento das normas de saúde e segurança do trabalho quando os serviços forem prestados no seu estabelecimento ou em local por ele determinado.

Capítulo II | DO FUNCIONAMENTO DAS COOPERATIVAS DE TRABALHO

Art. 10. A Cooperativa de Trabalho poderá adotar por objeto social qualquer gênero de serviço, operação ou atividade, desde que previsto no seu Estatuto Social.

§ 1º É obrigatório o uso da expressão "Cooperativa de Trabalho" na denominação social da cooperativa.

§ 2º A Cooperativa de Trabalho não poderá ser impedida de participar de procedimentos de licitação pública que tenham por escopo os mesmos serviços, operações e atividades previstas em seu objeto social.

§ 3º A admissão de sócios na cooperativa estará limitada consoante as possibilidades de reunião, abrangência das operações, controle e prestação de serviços e congruente com o objeto estatuído.

§ 4º Para o cumprimento dos seus objetivos sociais, o sócio poderá exercer qualquer atividade da cooperativa, conforme deliberado em Assembleia Geral.

Art. 11. Além da realização da Assembleia Geral Ordinária e Extraordinária para deliberar nos termos dos e sobre os assuntos previstos na Lei n. 5.764, de 16 de dezembro de 1971,[1] e no Estatuto Social, a Cooperativa de Trabalho deverá realizar anualmente, no mínimo, mais uma Assembleia Geral Especial para deliberar, entre outros assuntos especificados no edital de convocação, sobre gestão da cooperativa, disciplina, direitos e deveres dos sócios, planejamento e resultado econômico dos projetos e contratos firmados e organização do trabalho.

§ 1º O destino das sobras líquidas ou o rateio dos prejuízos será decidido em Assembleia Geral Ordinária.

§ 2º As Cooperativas de Trabalho deverão estabelecer, em Estatuto Social ou Regimento Interno, incentivos à participação efetiva dos sócios na Assembleia Geral e eventuais sanções em caso de ausências injustificadas.

§ 3º O *quorum* mínimo de instalação das Assembleias Gerais será de:

I — 2/3 (dois terços) do número de sócios, em primeira convocação;

II — metade mais 1 (um) dos sócios, em segunda convocação;

III — 50 (cinquenta) sócios ou, no mínimo, 20% (vinte por cento) do total de sócios, prevalecendo o menor número, em terceira convocação, exigida a presença de, no mínimo, 4 (quatro) sócios para as cooperativas que possuam até 19 (dezenove) sócios matriculados.

§ 4º As decisões das assembleias serão consideradas válidas quando contarem com a aprovação da maioria absoluta dos sócios presentes.

§ 5º Comprovada fraude ou vício nas decisões das assembleias, serão elas nulas de pleno direito, aplicando-se, conforme o caso, a legislação civil e penal.

§ 6º A Assembleia Geral Especial de que trata este artigo deverá ser realizada no segundo semestre do ano.

Art. 11: 1. v., neste tít., Lei 5.764, de 16.12.71.

Art. 12. A notificação dos sócios para participação das assembleias será pessoal e ocorrerá com antecedência mínima de 10 (dez) dias de sua realização.

§ 1º Na impossibilidade de notificação pessoal, a notificação dar-se-á por via postal, respeitada a antecedência prevista no *caput* deste artigo.

§ 2º Na impossibilidade de realização das notificações pessoal e postal, os sócios serão notificados mediante edital afixado na sede e em outros locais previstos nos estatutos e publicado em jornal de grande circulação na região da sede da cooperativa ou na região onde ela exerça suas atividades, respeitada a antecedência prevista no *caput* deste artigo.

Art. 13. É vedado à Cooperativa de Trabalho distribuir verbas de qualquer natureza entre os sócios, exceto a retirada devida em razão do exercício de sua atividade como sócio ou retribuição por conta de reembolso de despesas comprovadamente realizadas em proveito da Cooperativa.

Art. 14. A Cooperativa de Trabalho deverá deliberar, anualmente, na Assembleia Geral Ordinária, sobre a adoção ou não de diferentes faixas de retirada dos sócios.

Parágrafo único. No caso de fixação de faixas de retirada, a diferença entre as de maior e as de menor valor deverá ser fixada na Assembleia.

Art. 15. O Conselho de Administração será composto por, no mínimo, 3 (três) sócios, eleitos pela Assembleia Geral, para um prazo de gestão não superior a 4 (quatro) anos, sendo obrigatória a renovação de, no mínimo, 1/3 (um terço) do colegiado, ressalvada a hipótese do art. 16 desta Lei.

Art. 16. A Cooperativa de Trabalho constituída por até 19 (dezenove) sócios poderá estabelecer, em Estatuto Social, composição para o Conselho de Administração e para o Conselho Fiscal distinta da prevista nesta Lei e no art. 56 da Lei n. 5.764, de 16 de dezembro de 1971,[1] assegurados, no mínimo, 3 (três) conselheiros fiscais.

Art. 16: 1. v., neste tít., Lei 5.764, de 16.12.71.

Capítulo III | DA FISCALIZAÇÃO E DAS PENALIDADES

Art. 17. Cabe ao Ministério do Trabalho e Emprego, no âmbito de sua competência, a fiscalização do cumprimento do disposto nesta Lei.

§ 1º A Cooperativa de Trabalho que intermediar mão de obra subordinada e os contratantes de seus serviços estarão sujeitos à multa de R$ 500,00 (quinhentos reais) por trabalhador prejudicado, dobrada na reincidência, a ser revertida em favor do Fundo de Amparo ao Trabalhador — FAT.

§ 2º Presumir-se-á intermediação de mão de obra subordinada a relação contratual estabelecida entre a empresa contratante e as Cooperativas de Trabalho que não cumprirem o disposto no § 6º do art. 7º desta Lei.

§ 3º As penalidades serão aplicadas pela autoridade competente do Ministério do Trabalho e Emprego, de acordo com o estabelecido no Título VII da Consolidação das Leis do Trabalho — CLT, aprovada pelo Decreto-lei n. 5.452, de 1º de maio de 1943.

Art. 18. A constituição ou utilização de Cooperativa de Trabalho para fraudar deliberadamente a legislação trabalhista, previdenciária e o disposto nesta Lei acarretará aos responsáveis as sanções penais, cíveis e administrativas cabíveis, sem prejuízo da ação judicial visando à dissolução da Cooperativa.

§ 1º (VETADO).

§ 2º Fica inelegível para qualquer cargo em Cooperativa de Trabalho, pelo período de até 5 (cinco) anos, contado a partir da sentença transitada em julgado, o sócio, dirigente ou o administrador condenado pela prática das fraudes elencadas no *caput* deste artigo.

Capítulo IV | DO PROGRAMA NACIONAL DE FOMENTO ÀS COOPERATIVAS DE TRABALHO — PRONACOOP

Art. 19. É instituído, no âmbito do Ministério do Trabalho e Emprego, o Programa Nacional de Fomento às Cooperativas de Trabalho — PRONACOOP, com a finalidade de promover o desenvolvimento e a melhoria do desempenho econômico e social da Cooperativa de Trabalho.

Parágrafo único. O Pronacoop tem como finalidade apoiar:

I — a produção de diagnóstico e plano de desenvolvimento institucional para as Cooperativas de Trabalho dele participantes;

II — a realização de acompanhamento técnico visando ao fortalecimento financeiro, de gestão, de organização do processo produtivo ou de trabalho, bem como à qualificação dos recursos humanos;

III — a viabilização de linhas de crédito;

IV — o acesso a mercados e à comercialização da produção;

V — o fortalecimento institucional, a educação cooperativista e a constituição de cooperativas centrais, federações e confederações de cooperativas;

VI — outras ações que venham a ser definidas por seu Comitê Gestor no cumprimento da finalidade estabelecida no *caput* deste artigo.

Art. 20. É criado o Comitê Gestor do Pronacoop, com as seguintes atribuições:
I — acompanhar a implementação das ações previstas nesta Lei;
II — estabelecer as diretrizes e metas para o Pronacoop;
III — definir as normas operacionais para o Pronacoop;
IV — propor o orçamento anual do Pronacoop;
V — (VETADO);
VI — (VETADO).
§ 1º O Comitê Gestor terá composição paritária entre o governo e entidades representativas do cooperativismo de trabalho.
§ 2º O número de membros, a organização e o funcionamento do Comitê Gestor serão estabelecidos em regulamento.

Art. 21. O Ministério do Trabalho e Emprego poderá celebrar convênios, acordos, ajustes e outros instrumentos que objetivem a cooperação técnico-científica com órgãos do setor público e entidades privadas sem fins lucrativos, no âmbito do Pronacoop.

Art. 22. As despesas decorrentes da implementação do Pronacoop correrão à conta das dotações orçamentárias consignadas anualmente ao Ministério do Trabalho e Emprego.

Art. 23. Os recursos destinados às linhas de crédito do Pronacoop serão provenientes:
I — do Fundo de Amparo ao Trabalhador — FAT;
II — de recursos orçamentários da União; e
III — de outros recursos que venham a ser alocados pelo Poder Público.
Parágrafo único. O Conselho Deliberativo do Fundo de Amparo ao Trabalhador — CODEFAT definirá as diretrizes para a aplicação, no âmbito do Pronacoop, dos recursos oriundos do Fundo de Amparo ao Trabalhador — FAT.

Art. 24. As instituições financeiras autorizadas a operar com os recursos do Pronacoop poderão realizar operações de crédito destinadas a empreendimentos inscritos no Programa sem a exigência de garantias reais, que poderão ser substituídas por garantias alternativas, observadas as condições estabelecidas em regulamento.
Parágrafo único. (VETADO)

Art. 25. (VETADO)

Capítulo V | DISPOSIÇÕES FINAIS

Art. 26. É instituída a Relação Anual de Informações das Cooperativas de Trabalho — RAICT, a ser preenchida pelas Cooperativas de Trabalho, anualmente, com informações relativas ao ano-base anterior.
Parágrafo único. O Poder Executivo regulamentará o modelo de formulário da RAICT, os critérios para entrega das informações e as responsabilidades institucionais sobre a coleta, processamento, acesso e divulgação das informações.

Art. 27. A Cooperativa de Trabalho constituída antes da vigência desta Lei terá prazo de 12 (doze) meses, contado de sua publicação, para adequar seus estatutos às disposições nela previstas.

Art. 28. A Cooperativa de Trabalho prevista no inciso II do *caput* do art. 4º desta Lei constituída antes da vigência desta Lei terá prazo de 12 (doze) meses, contado de sua publicação, para assegurar aos sócios as garantias previstas nos incisos I, IV, V, VI e VII do *caput* do art. 7º desta Lei, conforme deliberado em Assembleia Geral.

Art. 29. Esta Lei entra em vigor na data de sua publicação.

Art. 30. (VETADO)

Brasília, 19 de julho de 2012; 191º da Independência e 124º da República — DILMA ROUSSEFF — **José Eduardo Cardozo** — **Nelson Henrique Barbosa Filho** — **Carlos Daudt Brizola** — **Miriam Belchior** — **Luís Inácio Lucena Adams.**

Terra

Lei n. 4.504, de 30 de novembro de 1964

Dispõe sobre o Estatuto da Terra, e dá outras providências.[1]

Título II | DA REFORMA AGRÁRIA

Capítulo I | DOS OBJETIVOS E DOS MEIOS DE ACESSO À PROPRIEDADE RURAL

LEI 4.504: 1. "Escorço histórico das terras particulares", por Marcos Afonso Borges (RDPr 19/176 e RJ 329/57).

Art. 17. O acesso à propriedade rural será promovido mediante a distribuição ou a redistribuição de terras, pela execução de qualquer das seguintes medidas:
a) desapropriação por interesse social;[1]
b) doação;
c) compra e venda;
d) arrecadação dos bens vagos;[2]
e) reversão à posse (VETADO) do Poder Público de terras de sua propriedade, indevidamente ocupadas e exploradas, a qualquer título, por terceiros;
f) herança ou legado.

Art. 17: 1. v. arts. 19 a 23.
Art. 17: 2. v. CPC 746.

Art. 18. A desapropriação por interesse social[1] tem por fim:
a) condicionar o uso da terra a sua função social;
b) promover a justa e adequada distribuição da propriedade;
c) obrigar a exploração racional da terra;
d) permitir a recuperação social e econômica de regiões;
e) estimular pesquisas pioneiras, experimentação, demonstração e assistência técnica;
f) efetuar obras de renovação, melhoria e valorização dos recursos naturais;
g) incrementar a eletrificação e a industrialização no meio rural;
h) facultar a criação de áreas de proteção à fauna, à flora ou a outros recursos naturais, a fim de preservá-los de atividades predatórias.

Art. 18: 1. v., no tít. DESAPROPRIAÇÃO, Lei 4.132, de 10.9.62.

Art. 19. A desapropriação far-se-á na forma prevista na Constituição Federal,[1] obedecidas as normas constantes da presente lei.

§ 1º Se for intentada desapropriação parcial, o proprietário poderá optar pela desapropriação de todo o imóvel que lhe pertence, quando a área agricultável remanescente, inferior a cinquenta por cento da área original, ficar:

a) reduzida a superfície inferior a três vezes a dimensão do módulo[2] de propriedade; ou

b) prejudicada substancialmente em suas condições de exploração econômica, caso seja o seu valor inferior ao da parte desapropriada.

§ 2º Para efeito de desapropriação observar-se-ão os seguintes princípios:

a) para a fixação da justa indenização na forma do art. 147, § 1º, da Constituição Federal,[3] levar-se-ão em conta o valor declarado do imóvel para efeito do imposto territorial rural, o valor constante do cadastro acrescido das benfeitorias com a correção monetária porventura cabível, apurada na forma da legislação específica, e o valor venal do mesmo;

b) o poder expropriante não será obrigado a consignar, para fins de imissão de posse dos bens,[4] quantia superior à que lhes tiver sido atribuída pelo proprietário na sua última declaração, exigida pela lei do imposto de renda, a partir de 1965, se se tratar de pessoa física, ou o valor constante do ativo, se se tratar de pessoa jurídica, num e noutro casos, com a correção monetária cabível;

c) efetuada a imissão de posse, fica assegurado ao expropriado o levantamento de oitenta por cento da quantia depositada[5] para obtenção da medida possessória.

§ 3º Salvo por motivo de necessidade ou utilidade pública, estão isentos de desapropriação:

a) os imóveis rurais que, em cada zona, não excederem de três vezes o módulo de propriedade, fixado nos termos do art. 5º, inciso III;

b) os imóveis que satisfizerem os requisitos pertinentes à empresa rural, enunciados no art. 4º, inciso VI;

c) os imóveis que, embora não classificados como empresas rurais, situados fora da área prioritária de Reforma Agrária, tiverem aprovados pelo Instituto Brasileiro de Reforma Agrária, e em execução, projetos que, em prazo determinado, os elevem àquela categoria.

§ 4º O foro competente para desapropriação é o da situação do imóvel.

§ 5º De toda decisão que fixar o preço em quantia superior à oferta formulada pelo órgão expropriante, haverá, obrigatoriamente, recurso de ofício[6] para o Tribunal Federal de Recursos.[7] Verificado, em ação expropriatória, ter o imóvel valor superior ao declarado pelo expropriado, e apurada a má-fé ou o dolo deste, poderá a sentença condená-lo à penalidade prevista no art. 49, § 3º, desta lei,[8] deduzindo-se do valor da indenização o montante da penalidade.

Art. 19: 1. v. CF 184 e 185.
Art. 19: 2. v. ET 4º-III (definição de módulo) c/c art. 5º.
Art. 19: 3. atualmente, CF 184-*caput*.
Art. 19: 4. v. LD 15.
Art. 19: 5. cf. LD 33 § 2º.
Art. 19: 6. v. CPC 496-II.
Art. 19: 7. hoje, para o Tribunal Regional Federal competente.

Art. 19: 8. i. e., "pagamento em dobro dos tributos realmente devidos, além das multas decorrentes das despesas com as verificações necessárias" (ET 49 § 3º).

Art. 20. As desapropriações a serem realizadas pelo Poder Público, nas áreas prioritárias, recairão sobre:

I — os minifúndios e latifúndios;

II — as áreas já beneficiadas ou a serem por obras públicas de vulto;

III — as áreas cujos proprietários desenvolverem atividades predatórias, recusando-se a pôr em prática normas de conservação dos recursos naturais;

IV — as áreas destinadas a empreendimentos de colonização, quando estes não tiverem logrado atingir seus objetivos;

V — as áreas que apresentem elevada incidência de arrendatários, parceiros e posseiros;

VI — as terras cujo uso atual estudos levados a efeito pelo Instituto Brasileiro de Reforma Agrária comprovem não ser o adequado à sua vocação de uso econômico.

Art. 21. Em áreas de minifúndio,[1] o Poder Público tomará as medidas necessárias à organização de unidades econômicas adequadas, desapropriando, aglutinando e redistribuindo as áreas.

Art. 21: 1. v. ET 4º-IV (definição de minifúndio).

Art. 22. É o Instituto Brasileiro de Reforma Agrária[1] autorizado, para todos os efeitos legais, a promover as desapropriações necessárias ao cumprimento da presente lei.

Parágrafo único. A União poderá desapropriar, por interesse social, bens de domínio dos Estados, Municípios, Distrito Federal e Territórios, precedido o ato, em qualquer caso, de autorização legislativa.[2]

Art. 22: 1. Lei 4.947, de 6.4.66 (v. ementário): "**Art. 2º** Compete privativamente ao IBRA, nos termos do art. 147 da Constituição Federal, com a redação que lhe deu a Emenda Constitucional n. 10, e dos arts. 16, parágrafo único, e 22 da Lei n. 4.504, de 30 de novembro de 1964, selecionar, para fins de Reforma Agrária, os imóveis rurais a serem desapropriados nas áreas prioritárias fixadas em decreto do Poder Executivo.

"Parágrafo único. As desapropriações recairão sobre imóveis rurais selecionados como necessários à integração de projetos e à garantia de continuidade de suas áreas, de acesso ao sistema de transportes e, ainda, de conservação de recursos naturais indispensáveis à sua execução".

Art. 22: 2. cf. LD 2º § 2º.

Art. 23. Os bens desapropriados por sentença definitiva, uma vez incorporados ao patrimônio público, não podem ser objeto de reivindicação, ainda que fundada em nulidade do processo de desapropriação. Qualquer ação julgada procedente resolver-se-á em perdas e danos.[1]

Parágrafo único. A regra deste artigo aplica-se aos imóveis rurais incorporados ao domínio da União, em consequência de ações por motivo de enriquecimento ilícito em prejuízo do Patrimônio Federal, os quais, transferidos ao Instituto Brasileiro de Reforma Agrária, serão aplicados aos objetivos desta lei.

Art. 23: 1. v. CC 402 a 405.

Título III | DA POLÍTICA DE DESENVOLVIMENTO RURAL

Capítulo IV | DO USO OU DA POSSE TEMPORÁRIA DA TERRA

Seção I | DAS NORMAS GERAIS

Art. 92. A posse ou uso temporário da terra serão exercidos em virtude de contrato expresso ou tácito, estabelecido entre o proprietário e os que nela exercem atividade agrícola ou pecuária, sob forma de arrendamento rural, de parceria agrícola, pecuária, agroindustrial e extrativa,[1 a 2] nos termos desta lei.

§ 1º O proprietário garantirá ao arrendatário ou parceiro o uso e gozo do imóvel arrendado ou cedido em parceria.

§ 2º Os preços de arrendamento e de parceria fixados em contrato ... VETADO ... serão reajustados periodicamente, de acordo com os índices aprovados pelo Conselho Nacional de Economia.[2a] Nos casos em que ocorra exploração de produtos com preço oficialmente fixado, a relação entre os preços reajustados e os iniciais não pode ultrapassar a relação entre o novo preço fixado para os produtos e o respectivo preço na época do contrato, obedecidas as normas do regulamento desta lei.

§ 3º No caso de alienação do imóvel arrendado,[2b-2c] o arrendatário[2d] terá preferência[3] para adquiri-lo em igualdade de condições, devendo o proprietário dar-lhe conhecimento da venda, a fim de que possa exercitar o direito de preempção dentro de trinta dias, a contar da notificação judicial ou comprovadamente efetuada, mediante recibo.

§ 4º O arrendatário a quem não se notificar a venda poderá, depositando o preço,[3a] haver para si o imóvel arrendado, se o requerer no prazo de seis meses, a contar da transcrição do ato de alienação no registro de imóveis.

§ 5º A alienação ou a imposição de ônus real ao imóvel não interrompe a vigência dos contratos de arrendamento ou de parceria, ficando o adquirente sub-rogado nos direitos e obrigações do alienante.[4]

§ 6º O inadimplemento das obrigações assumidas por qualquer das partes dará lugar, facultativamente, à rescisão do contrato de arrendamento ou de parceria, observado o disposto em lei.

§ 7º Qualquer simulação ou fraude do proprietário nos contratos de arrendamento ou de parceria, em que o preço seja satisfeito em produtos agrícolas, dará ao arrendatário ou ao parceiro o direito de pagar pelas taxas mínimas vigorantes na região para cada tipo de contrato.

§ 8º Para prova dos contratos previstos neste artigo, será permitida a produção de testemunhas. A ausência de contrato não poderá elidir a aplicação dos princípios estabelecidos neste capítulo e nas normas regulamentares.

§ 9º Para solução dos casos omissos na presente lei, prevalecerá o disposto no Código Civil.

Art. 92: 1. "Contratos agrários: perspectivas — contratos agrários à luz do *agribusiness*, da unificação típica e da uniformização legislativa e enquanto instrumento de reforma agrária e de justiça social", por Roberto Grassi Neto (RF 399/145); "O direito agrário perante a agroindústria e o agronegócio", por Gustavo Elias Kallás Rezek (RF 404/189).

Art. 92: 1a. v. Dec. 59.566, de 14.11.66, que regulamentou os arts. 92 a 96 do ET.

Art. 92: 2. Lei 4.947, de 6.4.66:

"Art. 13. Os contratos agrários regulam-se pelos princípios gerais que regem os contratos de direito comum, no que concerne ao acordo de vontades e ao objeto, observados os seguintes preceitos de direito agrário:

"I — arts. 92, 93 e 94 da Lei n. 4.504, de 30 de novembro de 1964, quanto ao uso ou posse temporária da terra;

"II — arts. 95 e 96 da mesma lei, no tocante ao arrendamento rural e à parceria agrícola, pecuária, agroindustrial e extrativa;

"III — obrigatoriedade de cláusulas irrevogáveis, estabelecidas pelo IBRA, que visem à conservação de recursos naturais;

"IV — proibição de renúncia, por parte do arrendatário ou do parceiro não proprietário, de direitos ou vantagens estabelecidas em leis ou regulamentos;

"V — proteção social e econômica aos arrendatários cultivadores diretos e pessoais.

"§ 1º O disposto neste artigo aplicar-se-á a todos os contratos pertinentes ao direito agrário e informará a regulamentação do Capítulo IV do Título III da Lei n. 4.504, de 30 de novembro de 1964.

"§ 2º Os órgãos oficiais de assistência técnica e creditícia darão prioridade aos contratos agrários que obedecerem ao disposto neste artigo".

Art. 92: 2a. Quanto ao preço do arrendamento rural, v. art. 95-XII.

Art. 92: 2b. "O direito de preferência que se confere ao arrendatário rural não alcança o contrato de parceria" (STJ-4ª T., REsp 264.805, Min. Cesar Rocha, j. 21.3.02, DJU 17.6.02). No mesmo sentido: "O ordenamento jurídico em vigor restringe o direito de preferência à hipótese de arrendamento, não havendo qualquer previsão legislativa no sentido de que tal figura poderia estender-se aos contratos de parceria agrícola. Inteligência do ET 92 § 3º" (RJM 190/85: AP 1.0558.06.001419-5/001).

Art. 92: 2c. "Sem ter o legislador restringido as formas de alienação das quais exsurgiria o direito de preferência, inviável excluir do seu alcance a alienação coativa ou judicial. Reconhecimento da incidência da regra do art. 92 da Lei 4.505/64 a qualquer das espécies de alienação, desde que onerosa, tendo em vista inserir-se, dentre os seus requisitos, o adimplemento do preço pago pelos terceiros" (STJ-3ª T., REsp 1.148.153, Min. Paulo Sanseverino, j. 20.3.12, DJ 12.4.12).

Art. 92: 2d. "Alienação do imóvel a terceiros. Direito de preferência. Aplicação do Estatuto da Terra em favor de empresa rural de grande porte. Descabimento. Limitação prevista no art. 38 do Decreto 59.566/66. Harmonização dos princípios da função social da propriedade e da justiça social. Sobrelevo do princípio da justiça social no microssistema normativo do Estatuto da Terra. Aplicabilidade das normas protetivas exclusivamente ao homem do campo. **Inaplicabilidade a grandes empresas rurais.** Inexistência de pacto de preferência. Direito de preferência inexistente" (STJ-3ª T., REsp 1.447.082, Min. Paulo Sanseverino, j. 10.5.16, DJ 13.5.16).

Art. 92: 3. O direito de preferência existe tanto nos casos de contrato escrito quanto nos casos de contrato verbal, e independe do registro do contrato no cartório de registro de imóveis (STJ-3ª T., REsp 1.148.153, Min. Paulo Sanseverino, j. 20.3.12, DJ 12.4.12; STJ-RT 878/152 e RMDAU 19/141: 4ª T., REsp 164.442).

Art. 92: 3a. "Na venda de imóvel vinculado ao instituto jurídico da preempção, o preço a ser depositado pelo comprador, quando afrontado, corresponderá ao valor do bem conforme a oferta. Para efeito de conceituação, distingue-se *depósito do preço*, como manifestação da preferência na pré-compra, e *pagamento do preço* na compra e venda definitiva, nesta incluindo-se os acessórios ao preço e a correção monetária do valor do depósito" (RSTJ 13/343: 3ª T., REsp 2.223, maioria).

"A interpretação sistemática e teleológica do comando legal permite concluir que o melhor norte para definição do preço a ser depositado pelo arrendatário é aquele consignado na escritura pública de compra e venda registrada no cartório de registro de imóveis. Não se pode olvidar que a escritura pública é ato realizado perante o notário e que revela a vontade das partes na realização de negócio jurídico, revestida de todas as solenidades prescritas em lei, isto é, demonstra de forma pública e solene a substância do ato, gozando seu conteúdo de presunção de veracidade, trazendo maior segurança jurídica e garantia para a regularidade da compra. Outrossim, não podem os réus, ora recorridos, se valerem da própria torpeza para impedir a adjudicação compulsória, haja vista que simularam determinado valor no negócio jurídico publicamente escriturado, mediante declaração de preço que não refletia a realidade, com o fito de burlar a lei, pagando menos tributo, conforme salientado pelo acórdão recorrido. Na hipótese, os valores constantes na escritura pública foram inseridos livremente pelas partes e registrados em cartório imobiliário, dando-se publicidade ao ato, operando efeitos *erga omnes*, devendo-se preservar a legítima expectativa e confiança geradas, bem como o dever de lealdade, todos decorrentes da boa-fé objetiva" (STJ-4ª T., REsp 1.175.438, Min. Luis Felipe, j. 25.3.14, DJ 5.5.14).

Art. 92: 4. "A teor da regra prescrita no § 5º do art. 92 do Estatuto da Terra, mesmo após a alienação de imóvel rural objeto de parceria agrícola, permanecerá esta subsistente, independentemente de contrato expresso e de correspondente registro, sub-rogando o adquirente nos direitos e obrigações do alienante. A parceria agrícola, passível de ajuste nas formas escrita e verbal, não se inclui entre os documentos e contratos sujeitos a registro para produzir efeitos perante terceiros, diante do disposto nos arts. 127, inciso V, e 129 da Lei n. 6.015/73" (STJ-4ª T., REsp 721.231, Min. João Otávio, j. 8.4.08, DJU 28.4.08).

"A venda do imóvel sobre o qual foi instituída a parceria agrícola não pode ser considerada como causa justificadora da rescisão contratual, pois a alienação não interrompe a vigência daquele contrato, ficando o adquirente sub-rogado nos direitos e obrigações do alienante" (RJM 190/85: AP 1.0558.06.001419-5/001).

"Se o adquirente impede o prosseguimento da parceria, ele é o responsável pelo ressarcimento do dano que disso advier" (STJ-3ª T., REsp 144.326, Min. Eduardo Ribeiro, j. 1.6.00, DJU 21.8.00).

Todavia, no sentido de que, "diante da venda do imóvel em hasta pública, não há como assegurar a vigência do arrendamento do bem após sua alienação judicial, se do contrato não constar cláusula de vigência após a sua alienação e estiver inscrito no Registro de Imóveis da circunscrição respectiva": RDPr 48/281 (TJMG, AI 1.0016.99.006846-8/002).

Art. 93. Ao proprietário é vedado exigir do arrendatário ou do parceiro:

I — prestação de serviço gratuito;

II — exclusividade da venda da colheita;

III — obrigatoriedade do beneficiamento da produção em seu estabelecimento;

IV — obrigatoriedade da aquisição de gêneros e utilidades em seus armazéns ou barracões;

V — aceitação de pagamento em "ordens", "vales", "borós" ou outras formas regionais substitutivas da moeda.

Parágrafo único. Ao proprietário que houver financiado o arrendatário ou parceiro, por inexistência de financiamento direto, será facultado exigir a venda da colheita até o limite do financiamento concedido, observados os níveis de preços do mercado local.

Art. 94. É vedado contrato de arrendamento ou parceria na exploração de terras de propriedade pública, ressalvado o disposto no parágrafo único deste artigo.

Parágrafo único. Excepcionalmente, poderão ser arrendadas ou dadas em parceria terras de propriedade pública, quando:

a) razões de segurança nacional o determinarem;

b) áreas de núcleos de colonização pioneira, na sua fase de implantação, forem organizadas para fins de demonstração;

c) forem motivo de posse pacífica e a justo título, reconhecida pelo Poder Público, antes da vigência desta lei.

Seção II | DO ARRENDAMENTO RURAL

Art. 95. Quanto ao arrendamento rural, observar-se-ão os seguintes princípios:[1-1a]

I — os prazos de arrendamento terminarão sempre depois de ultimada a colheita, inclusive a de plantas forrageiras temporárias cultiváveis. No caso de retardamento da colheita por motivo de força maior, considerar-se-ão esses prazos prorrogados nas mesmas condições, até sua ultimação;

II — presume-se feito, no prazo mínimo de três anos, o arrendamento por tempo indeterminado, observada a regra do item anterior;

III (*redação da Lei 11.443, de 5.1.07*) — o arrendatário, para iniciar qualquer cultura cujos frutos não possam ser recolhidos antes de terminado o prazo de arrendamento, deverá ajustar, previamente, com o arrendador a forma de pagamento do uso da terra por esse prazo excedente;

IV (*redação da Lei 11.443, de 5.1.07*) — em igualdade de condições com estranhos, o arrendatário terá preferência à renovação do arrendamento, devendo o proprietário, até seis meses antes do vencimento do contrato, fazer-lhe a competente notificação extrajudicial das propostas existentes. Não se verificando a notificação extrajudicial, o contrato considera-se automaticamente renovado,[1b] desde que o arrendador,[1c] nos trinta dias seguintes, não manifeste sua desistência ou formule nova proposta, tudo mediante simples registro de suas declarações no competente registro de títulos e documentos;

V (*redação da Lei 11.443, de 5.1.07*) — os direitos assegurados no inciso IV do *caput* deste artigo não prevalecerão se, no prazo de seis meses antes do vencimento do contrato, o proprietário, por via de notificação extrajudicial, declarar sua intenção de retomar o imóvel para explorá-lo diretamente ou por intermédio de descendente seu;

VI — sem expresso consentimento do proprietário é vedado o subarrendamento;

VII — poderá ser acertada, entre o proprietário e arrendatário, cláusula que permita a substituição de área arrendada por outra equivalente no mesmo imóvel rural, desde que respeitadas as condições de arrendamento e os direitos do arrendatário;

VIII (*redação da Lei 11.443, de 5.1.07*) — o arrendatário, ao termo do contrato, tem direito à indenização das benfeitorias necessárias e úteis;[1d] será indenizado das benfeitorias voluptuárias quando autorizadas pelo proprietário do solo; e, enquanto o arrendatário não for indenizado das benfeitorias necessárias e úteis, poderá permanecer no imóvel, no uso e gozo das vantagens por ele oferecidas, nos termos do contrato de arrendamento e das disposições do inciso I deste artigo;

IX — constando do contrato de arrendamento animais de cria, de corte ou de trabalho, cuja forma de restituição não tenha sido expressamente regulada, o arrendatário é obrigado, findo ou rescindido o contrato, a restituí-los em igual número, espécie e valor;

X — o arrendatário não responderá por qualquer deterioração ou prejuízo a que não tiver dado causa;

XI — na regulamentação desta lei,[2] serão complementadas as seguintes condições que, obrigatoriamente, constarão dos contratos de arrendamento:

a) limites da remuneração e formas de pagamento em dinheiro ou no seu equivalente em produtos (*redação da Lei 11.443, de 5.1.07*);

b) prazos mínimos de arrendamento e limites de vigência para os vários tipos de atividades agrícolas[2a] (*redação da Lei 11.443, de 5.1.07*);

c) bases para as renovações convencionadas;

d) formas de extinção ou rescisão;

e) direito e formas de indenização ajustadas quanto às benfeitorias realizadas;

XII (*redação da Lei 11.443, de 5.1.07*) — a remuneração do arrendamento, sob qualquer forma de pagamento, não poderá ser superior a quinze por cento[3] do valor cadastral do imóvel, incluídas as benfeitorias que entrarem na composição do contrato, salvo se o arrendamento for parcial e recair apenas em glebas selecionadas para fins de exploração intensiva de alta rentabilidade, caso em que a remuneração poderá ir até o limite de trinta por cento;

XIII — (VETADO).

Art. 95: 1. "Nos termos do Decreto 59.566/66, o arrendamento rural é, por definição legal, o contrato mediante o qual uma pessoa se obriga a ceder a outra, por tempo determinado ou não, o uso e gozo de imóvel rural, mediante retribuição. **Não há exigência legal de forma especial** para a sua plena validade e eficácia, sendo o arrendamento rural um contrato não solene. Apesar da forte intervenção estatal (dirigismo contratual) a limitar o poder negocial das partes nos negócios jurídicos agrários, como as disposições do art. 95 do Estatuto da Terra, não se estabeleceu a exigência de forma especial mesmo nos contratos celebrados com prazo igual ou superior a dez anos. Enquadramento entre os atos de administração que podem ser **praticados por um dos cônjuges sem autorização do outro**. Inteligência do art. 1.642, II e VI, do CC/02. Inaplicabilidade da regra do art. 3º, parágrafo único, da Lei 8.245/1991 (Lei de Locações), aplicável especificamente para as locações de imóveis urbanos com prazo igual ou superior a dez anos, cuja incidência, por se tratar de regra de exceção, é restrita às hipóteses expressamente contempladas no texto legal, não se estendendo aos contratos agrários" (STJ-3ª T., REsp 1.764.873, Min. Paulo Sanseverino, j. 14.5.19, DJ 21.5.19).

Art. 95: 1a. "O **falecimento** do parceiro outorgante não extingue o contrato de parceria rural. Os herdeiros poderão exercer o direito de retomada ao término do contrato, obedecendo o regramento legal quanto ao prazo para notificação e às causas para retomada" (STJ-3ª T., REsp 1.459.668, Min. Ricardo Cueva, j. 5.12.17, DJ 18.12.17).

Art. 95: 1b. "As partes não podem estabelecer **forma alternativa de renovação do contrato**, diversa daquela prevista no Estatuto da Terra, pois trata-se de condição obrigatória nos contratos de arrendamento rural. Em se tratando de contrato agrário, o imperativo de ordem pública determina sua interpretação de acordo com o regramento específico, visando obter uma tutela jurisdicional que se mostre adequada à função social da propriedade. As normas de regência do tema disciplinam interesse de ordem pública, consubstanciado na proteção, em especial, do arrendatário rural, o qual, pelo desenvolvimento do seu trabalho, exerce a relevante função de fornecer alimentos à população. Não realizada a notificação no prazo legal, tem-se o contrato como renovado" (STJ-3ª T., REsp 1.277.085, Min. Ricardo Cueva, j. 27.9.16, DJ 7.10.16; no caso, desconsiderou-se previsão contratual que exigia para a renovação do arrendamento a manifestação por escrito dos arrendatários até um ano antes do término do contrato).

Art. 95: 1c. sic; deve ser "arrendatário".

Art. 95: 1d. v. inciso XI-e.

Art. 95: 2. v. Dec. 59.566, de 14.11.66.

Art. 95: 2a. "Os **prazos mínimos** de vigência para os contratos agrários constituem **norma cogente** e de observância obrigatória, não podendo ser derrogado por convenção das partes contratantes. O contrato de arrendamento rural destinado à pecuária de grande porte deve ter duração mínima de 5 anos. Inteligência dos arts. 95, inciso XI, alínea 'b', da Lei 4.504/1964; 13, incisos II e V, da Lei 4.947/1966 e 13, inciso II, alínea 'a', do Decreto 59.566/1966" (STJ-3ª T., REsp 1.455.709, Min. Ricardo Cueva, j. 5.5.16, DJ 13.5.16).

Art. 95: 3. "O limite percentual previsto no art. 95, XII, do Estatuto da Terra (Lei 4.504/64), deve ser aplicado sobre o valor cadastral do imóvel, devidamente atualizado, com incorporação de benfeitorias e acessões" (STJ-RDPr 24/364: 3ª T., REsp 641.222).

Art. 95-A (redação da Med. Prov. 2.183-56, de 24.8.01).[1] Fica instituído o Programa de Arrendamento Rural, destinado ao atendimento complementar de acesso à terra por parte dos trabalhadores rurais qualificados para participar do Programa Nacional de Reforma Agrária, na forma estabelecida em regulamento.

Parágrafo único (redação da Med. Prov. 2.183-56, de 24.8.01).[2] Os imóveis que integrarem o Programa de Arrendamento Rural não serão objeto de desapropriação para fins de reforma agrária enquanto se mantiverem arrendados, desde que atendam aos requisitos estabelecidos em regulamento.

Art. 95-A: 1. O plenário do STF, por votação unânime, "não conheceu da ação direta de inconstitucionalidade ajuizada quanto à cabeça do art. 95-A da Lei n. 4.504, de 30.11.64, com a redação imprimida pelo art. 2º da Med. Prov. 2.183-56, de 24.8.01" (ADI 2.213-0-Liminar, Min. Celso de Mello, j. 4.4.02, DJU 23.4.04).

Art. 95-A: 2. O plenário do STF, por maioria, indeferiu o pedido de suspensão de eficácia deste parágrafo, na redação que lhe deu a Med. Prov. 2.183-56, de 24.8.01 (ADI 2.213-0-Liminar, Min. Celso de Mello, j. 4.4.02, DJU 23.4.04).

Seção III | DA PARCERIA AGRÍCOLA, PECUÁRIA, AGROINDUSTRIAL E EXTRATIVA

Art. 96. Na parceria[1] agrícola, pecuária, agroindustrial e extrativa, observar-se-ão os seguintes princípios:

I — o prazo dos contratos de parceria, desde que não convencionados[1a] pelas partes, será no mínimo de três anos, assegurado ao parceiro o direito à conclusão da colheita pendente, observada a norma constante do inciso I, do art. 95;

II — expirado o prazo, se o proprietário não quiser explorar diretamente a terra por conta própria, o parceiro, em igualdade de condições com estranhos, terá preferência para firmar novo contrato de parceria;

III — as despesas com o tratamento e criação dos animais, não havendo acordo em contrário, correrão por conta do parceiro tratador e criador;

IV — o proprietário assegurará ao parceiro que residir no imóvel rural, e para atender ao uso exclusivo da família deste, casa de moradia higiênica e área suficiente para horta e criação de animais de pequeno porte;

V — no regulamento desta lei,[2] serão complementadas, conforme o caso, as seguintes condições, que constarão, obrigatoriamente, dos contratos de parceria agrícola, pecuária, agroindustrial ou extrativa:

a) cota-limite do proprietário na participação dos frutos, segundo a natureza de atividade agropecuária e facilidades oferecidas ao parceiro;

b) prazos mínimos de duração e os limites de vigência segundo os vários tipos de atividade agrícola;

c) bases para as renovações convencionadas;

d) formas de extinção ou rescisão;

e) direitos e obrigações quanto às indenizações por benfeitorias levantadas com consentimento do proprietário e aos danos substanciais causados pelo parceiro, por práticas predatórias na área de exploração ou nas benfeitorias, nos equipamentos, ferramentas e implementos agrícolas a ele cedidos;

f) direito e oportunidade de dispor sobre os frutos repartidos;

VI — na participação dos frutos da parceria, a cota do proprietário não poderá ser superior a:

a) vinte por cento, quando concorrer apenas com a terra nua (*redação da Lei 11.443, de 5.1.07*);

b) vinte e cinco por cento, quando concorrer com a terra preparada (*redação da Lei 11.443, de 5.1.07*);

c) trinta por cento, quando concorrer com a terra preparada e moradia (*redação da Lei 11.443, de 5.1.07*);

d) quarenta por cento, caso concorra com o conjunto básico de benfeitorias, constituído especialmente de casa de moradia, galpões, banheiro para gado, cercas, valas ou currais, conforme o caso (*redação da Lei 11.443, de 5.1.07*);

e) cinquenta por cento, caso concorra com a terra preparada e o conjunto básico de benfeitorias enumeradas na alínea d deste inciso e mais o fornecimento de máquinas e implementos agrícolas, para atender aos tratos culturais, bem como as sementes e animais de tração, e, no caso de parceria pecuária, com animais de cria em proporção superior a 50% (cinquenta por cento) do número total de cabeças objeto de parceria (*redação da Lei 11.443, de 5.1.07*);

f) setenta e cinco por cento, nas zonas de pecuária ultraextensiva em que forem os animais de cria em proporção superior a 25% (vinte e cinco por cento) do rebanho e onde se adotarem a meação do leite e a comissão mínima de 5% (cinco por cento) por animal vendido (*redação da Lei 11.443, de 5.1.07*);

g) nos casos não previstos nas alíneas anteriores, a cota adicional do proprietário será fixada com base em percentagem máxima de dez por cento do valor das benfeitorias ou dos bens postos à disposição do parceiro;

VII — aplicam-se à parceria agrícola, pecuária, agropecuária, agroindustrial ou extrativa as normas pertinentes ao arrendamento rural, no que couber, bem como as regras do contrato de sociedade,[3] no que não estiver regulado pela presente lei;

VIII (*acrescido pela Lei 11.443, de 5.1.07*) — o proprietário poderá sempre cobrar do parceiro, pelo seu preço de custo, o valor de fertilizantes e inseticidas fornecidos no percentual que corresponder à participação deste, em qualquer das modalidades previstas nas alíneas do inciso VI do *caput* deste artigo;

IX (*acrescido pela Lei 11.443, de 5.1.07*) — nos casos não previstos nas alíneas do inciso VI do *caput* deste artigo, a quota adicional do proprietário será fixada com base em percentagem máxima de 10% (dez por cento) do valor das benfeitorias ou dos bens postos à disposição do parceiro.

§ 1º (*acrescido pela Lei 11.443, de 5.1.07*) Parceria rural é o contrato agrário pelo qual uma pessoa se obriga a ceder à outra, por tempo determinado ou não, o uso específico de imóvel rural, de parte ou partes dele, incluindo, ou não, benfeitorias, outros bens e/ou facilidades, com o objetivo de nele ser exercida atividade de exploração agrícola, pecuária, agroindustrial, extrativa vegetal ou mista; e/ou lhe entrega animais para cria, recria, invernagem, engorda ou extração de matérias-primas de origem animal, mediante partilha, isolada ou cumulativamente, dos seguintes riscos:

I (*acrescido pela Lei 11.443, de 5.1.07*) — caso fortuito e de força maior do empreendimento rural;

II (*acrescido pela Lei 11.443, de 5.1.07*) — dos frutos, produtos ou lucros havidos nas proporções que estipularem, observados os limites percentuais estabelecidos no inciso VI do *caput* deste artigo;

III (*acrescido pela Lei 11.443, de 5.1.07*) — variações de preço dos frutos obtidos na exploração do empreendimento rural.

§ 2º (*acrescido pela Lei 11.443, de 5.1.07*) As partes contratantes poderão estabelecer a prefixação, em quantidade ou volume, do montante da participação do proprietário, desde que, ao final do contrato, seja realizado o ajustamento do percentual pertencente ao proprietário, de acordo com a produção.

§ 3º (*acrescido pela Lei 11.443, de 5.1.07*) Eventual adiantamento do montante prefixado não descaracteriza o contrato de parceria.

§ 4º (*acrescido pela Lei 11.443, de 5.1.07*) Os contratos que prevejam o pagamento do trabalhador, parte em dinheiro e parte em percentual na lavoura cultivada ou em gado tratado, são considerados simples locação de serviço, regulada pela legislação trabalhista, sempre que a direção dos trabalhos seja de inteira e exclusiva responsabilidade do proprietário, locatário do serviço a quem cabe todo o risco, assegurando-se ao locador, pelo menos, a percepção do salário mínimo no cômputo das 2 (duas) parcelas.

§ 5º (*acrescido pela Lei 11.443, de 5.1.07*) O disposto neste artigo não se aplica aos contratos de parceria agroindustrial, de aves e suínos, que serão regulados por lei específica.

Art. 96: 1. v. LRP 127-V.

Art. 96: 1a. *sic*; deve ser "convencionado".

Art. 96: 2. v. Dec. 59.566, de 14.11.66.

Art. 96: 3. v. CC 981 a 1.141.

Seção IV | DOS OCUPANTES DE TERRAS PÚBLICAS FEDERAIS

Art. 97. Quanto aos legítimos possuidores de terras devolutas federais, observar-se-á o seguinte:

I — o Instituto Brasileiro de Reforma Agrária[1] promoverá a discriminação[2] das áreas ocupadas por posseiros, para a progressiva regularização de suas condições de uso e posse da terra, providenciando, nos casos e condições previstos nesta lei, a emissão dos títulos de domínio;

II — todo o trabalhador agrícola que, à data da presente lei, tiver ocupado, por um ano, terras devolutas, terá preferência para adquirir um lote da dimensão do módulo de propriedade rural, que for estabelecido para a região, obedecidas as prescrições da lei.

Art. 97: 1. O Instituto Brasileiro de Reforma Agrária — IBRA e o instituto Nacional de Desenvolvimento Agrário — INDA foram extintos, surgindo, em seu lugar, o Instituto Nacional de Colonização e Reforma Agrária (INCRA), de acordo com o art. 2º do **Dec. lei 1.110, de 9.7.70** (Lex 1970/611, RDA 102/512, RF 232/482).

Art. 97: 2. Lei 6.383, de 7.12.76 — Dispõe sobre o processo discriminatório de terras devolutas da União, e dá outras providências (Lex 1976/846, ret. 1.021; RDA 127/643).

Art. 98. 1

Art. 98: 1. v. CF 183 e 191.

O art. 98 foi substituído pelo disposto no art. 1º da Lei 6.969, de 10.12.81 (no tít. USUCAPIÃO ESPECIAL). Era do teor seguinte: "Art. 98. Todo aquele que, não sendo proprietário rural nem urbano, ocupar por dez anos ininterruptos, sem oposição nem reconhecimento de domínio alheio, tornando-o produtivo por seu trabalho, e tendo nele sua morada, trecho de terra com área caracterizada como suficiente para, por seu cultivo direto pelo lavrador e sua família, garantir-lhes a subsistência, o progresso social e econômico, nas dimensões fixadas por esta lei, para o módulo de propriedade, adquirir-lhe-á o domínio, mediante sentença declaratória devidamente transcrita".

Art. 99. 1

Art. 99: 1. Este art. está superado pelo disposto na Lei 6.969, de 10.12.81, art. 4º §§ 2º e 3º (no tít. USUCAPIÃO ESPECIAL). Era este o seu teor: "Art. 99. A transferência do domínio ao possuidor de terras devolutas federais efetivar-se-á no competente processo administrativo de legitimação de posse, cujos atos e termos obedecerão às normas do regulamento da presente lei".

Art. 100. O título de domínio expedido pelo Instituto Brasileiro de Reforma Agrária será, dentro do prazo que o regulamento estabelecer, transcrito[1] no competente registro geral de imóveis.

Art. 100: 1. atualmente, "registrado" (LRP 168).

Art. 101. As taxas devidas pelo legitimante de posse em terras devolutas federais, constarão de tabela a ser periodicamente expedida pelo Instituto Brasileiro de Reforma Agrária, atendendo-se à ancianidade da posse, bem como às diversificações das regiões em que se verificar a respectiva discriminação.

Art. 102. 1

Art. 102: 1. Este art. era do teor seguinte: "Art. 102. Os direitos dos legítimos possuidores de terras devolutas federais estão condicionados ao implemento dos requisitos absolutamente indispensáveis da cultura efetiva e da morada habitual".

A disposição está superada pelo art. 1º da Lei 6.969, de 10.12.81 (no tít. USUCAPIÃO ESPECIAL).

Títulos de Crédito Comercial

Lei n. 6.840, de 3 de novembro de 1980

Dispõe sobre títulos de crédito comercial e dá outras providências.

O Presidente da República, faço saber que o Congresso Nacional decreta e eu sanciono a seguinte lei:

Art. 1º As operações de empréstimo concedidas por instituições financeiras a pessoa física ou jurídica que se dedique a atividade comercial ou de prestação de serviços poderão ser representadas por Cédula de Crédito Comercial e por Nota de Crédito Comercial.[1 a 4]

Art. 1º: 1. "O título de crédito rural, comercial ou industrial, ainda que utilizado para renegociação de débito de origem diversa, guarda **natureza executiva**" (STJ-4ª T., REsp 746.987, Min. Aldir Passarinho Jr., j. 24.8.10, DJ 14.9.10).

Art. 1º: 2. "Somente quando comprovada, pela instituição financeira, a autorização do CMN é que poderá ser superado o limite previsto na Lei de Usura. No caso dos autos, o recorrente não logrou demonstrar que houve fixação da **taxa de juros** em patamar acima do previsto, de maneira que não se concretiza a hipótese prevista no art. 5º do Dec. lei 413/69, aplicando-se, consequentemente, o art. 1º, *caput*, do Dec. 22.626/33, devendo ser mantidos em 12% ao ano" (STJ-4ª T., REsp 1.352.265-AgRg, Min. Isabel Gallotti, j. 3.10.13, DJ 11.11.13; a citação é do voto da relatora).

Art. 1º: 3. "Permite-se a **capitalização mensal dos juros** nas cédulas de crédito rural, comercial e industrial (Dec. lei 167/67 e Dec. lei 413/69), bem como nas demais operações realizadas pelas instituições financeiras integrantes do Sistema Financeiro Nacional, desde que celebradas a partir da publicação da Medida Provisória n. 1.963-17 (31.3.00) e que pactuada" (STJ-3ª T., REsp 1.159.158-AgRg, Min. Sidnei Beneti, j. 14.6.11, DJ 22.6.11). Em sentido semelhante: STJ-4ª T., REsp 1.086.969, Min. Marco Buzzi, j. 6.5.14, DJ 21.5.14.

V. tb. TCI 5º, nota 2, e Dec. lei 167, de 14.2.67, art. 5º, nota 2a (este, no tít. TÍTULOS DE CRÉDITO RURAL).

Art. 1º: 4. "A legislação especial que rege as cédulas de crédito comercial **não admite** a cobrança da **comissão de permanência**, qualquer que seja o percentual, pois a norma, em seu art. 5º, § ún., do Dec. lei 413/69, aplicável por força da Lei 6.840/80, prevê apenas a cobrança de juros remuneratórios, moratórios e multa para o inadimplemento" (STJ-4ª T., REsp 1.352.265-AgRg, Min. Isabel Gallotti, j. 3.10.13, DJ 11.11.13).

V. tb. TCI 5º, nota 3, e Dec. lei 167, de 14.2.67, art. 5º, nota 3 (este, no tít. TÍTULOS DE CRÉDITO RURAL).

Art. 2º A aplicação de crédito decorrente da operação de que trata o artigo anterior poderá ser ajustada em orçamento assinado pelo financiado e autenticado pela instituição financeira, dele devendo constar expressamente qualquer alteração que convencionarem.

Parágrafo único. Na hipótese deste artigo, far-se-á, na cédula, menção do orçamento, que a ela ficará vinculado.

Art. 3º Para os efeitos desta lei, será dispensada a descrição a que se refere o inciso V do art. 14 do Dec. lei n. 413, de 9 de janeiro de 1969,[1] quando a garantia se constituir através de penhor de títulos de crédito, hipótese em que se estabelecerá apenas o valor global.

Art. 3º: 1. v. Dec. lei 413, no tít. TÍTULOS DE CRÉDITO INDUSTRIAL.

Art. 4º A não identificação dos bens objeto da alienação fiduciária cedular não retira a eficácia da garantia, que incidirá sobre outros de mesmo gênero, quantidade e qualidade.

Art. 5º. Aplicam-se à Cédula de Crédito Comercial e à Nota de Crédito Comercial as normas do Dec. lei n. 413,¹ de 9 de janeiro de 1969, inclusive quanto aos modelos anexos àquele diploma, respeitadas, em cada caso, a respectiva denominação e as disposições desta lei.

Art. 5º: **1.** v. Dec. lei 413, no tít. TÍTULOS DE CRÉDITO INDUSTRIAL.

Art. 6º Esta lei entrará em vigor na data de sua publicação, revogadas as disposições em contrário.

Brasília, em 3 de novembro de 1980; 159º da Independência e 92º da República — JOÃO FIGUEIREDO — **Ernane Galvêas** — **João Camilo Penna.**

Títulos de Crédito Industrial

Decreto-lei n. 413, de 9 de janeiro de 1969[1]

Dispõe sobre títulos de crédito industrial e dá outras providências.

DEC. LEI 413: 1. Aplica-se às cédulas de crédito à exportação e às notas de crédito à exportação (v. **Lei 6.313, de 16.12.75, art. 5º**), bem como aos títulos de crédito comercial (v. **Lei 6.840, de 3.11.80, art. 5º**, no tít. TÍTULOS DE CRÉDITO COMERCIAL, ínt.).

O Presidente da República, no uso das atribuições que lhe confere o § 1º do art. 2º do Ato Institucional n. 5, de 13 de dezembro de 1968, decreta:

Capítulo I | DO FINANCIAMENTO INDUSTRIAL

Art. 1º O financiamento concedido por instituições financeiras a pessoa física ou jurídica que se dedique à atividade industrial poderá efetuar-se por meio da cédula de crédito industrial prevista neste decreto-lei.[1]

Art. 1º: 1. s/ a aplicabilidade do CDC a essa operação, v. nota 1 à Lei 8.078 (CDC).

Art. 2º O emitente da cédula fica obrigado a aplicar o financiamento nos fins ajustados, devendo comprovar essa aplicação no prazo e na forma exigidos pela instituição financiadora.

Art. 3º A aplicação do financiamento ajustar-se-á em orçamento, assinado, em duas vias, pelo emitente e pelo credor, dele devendo constar expressamente qualquer alteração que convencionarem.
Parágrafo único. Far-se-á, na cédula, menção do orçamento que a ela ficará vinculado.

Art. 4º O financiador abrirá, com o valor do financiamento[1] conta vinculada à operação, que o financiado movimentará por meio de cheques, saques, recibos, ordens, cartas ou quaisquer outros documentos, na forma e no tempo previstos na cédula ou no orçamento.

Art. 4º: 1. Sem vírgula, no texto oficial.

Art. 5º As importâncias fornecidas pelo financiador vencerão juros[1-2] e poderão sofrer correção monetária às taxas e aos índices que o Conselho Monetário Nacional fixar, calculados sobre os saldos devedores da conta vinculada à operação, e serão exigíveis em 30 de junho, 31 de dezembro, no vencimento, na liquidação da cédula ou, também, em outras datas convencionadas no título, ou admitidas pelo referido Conselho.

Parágrafo único. Em caso de mora, a taxa de juros constante da cédula será elevável de 1% (um por cento) ao ano.[3]

Art. 5º: 1. Súmula 93 do STJ (Capitalização de juros): "A legislação sobre cédulas de crédito rural, comercial e industrial admite o pacto de capitalização de juros" (v. jurisprudência s/ esta Súmula em RSTJ 61/165 a 200). Cf. CC 591.

Art. 5º: 2. "Nas cédulas de crédito rural, industrial e comercial é permitida a **capitalização mensal** dos juros, desde que pactuada, independentemente da data de emissão do título" (STJ-2ª Seção, ED no REsp 1.134.955, Min. Raul Araújo, j. 24.10.12, DJ 29.10.12).

Todavia: "Cédula de Crédito Industrial. **Capitalização diária.** Impossibilidade" (STJ-Bol. AASP 2.623: 4ª T., AI 966.398-AgRg).

V. tb. Lei 6.840, de 3.11.80, art. 1º, nota 3 (no tít. TÍTULOS DE CRÉDITO COMERCIAL), e Dec. lei 167, de 14.2.67, art. 5º, nota 2a (no tít. TÍTULOS DE CRÉDITO RURAL).

Art. 5º: 3. "Nos casos de cédulas de crédito rural, industrial e comercial, **não se admite a incidência de comissão de permanência,** após a inadimplência, sendo permitida, tão somente, em consonância com o que dispõem os arts. 5º, parágrafo único, e 58 do Dec. lei 413/69, a elevação dos juros remuneratórios em 1% ao ano, correção monetária e multa contratual" (STJ-3ª T., REsp 1.093.019, Min. Sidnei Beneti, j. 28.9.10, DJ 13.10.10).

V. tb. Lei 6.840, de 3.11.80, art. 1º, nota 4 (no tít. TÍTULOS DE CRÉDITO COMERCIAL), e Dec. lei 167, de 14.2.67, art. 5º, nota 3 (no tít. TÍTULOS DE CRÉDITO RURAL).

Art. 6º O devedor facultará ao credor a mais ampla fiscalização do emprego da quantia financiada, exibindo, inclusive[1] os elementos que lhe forem exigidos.

Art. 6º: 1. Sem vírgula, no texto original.

Art. 7º O financiador poderá, sempre que julgar conveniente e por pessoas de sua indicação, não só percorrer todas e quaisquer dependências dos estabelecimentos industriais referidos no título, como verificar o andamento dos serviços neles existentes.

Art. 8º Para ocorrer às despesas com a fiscalização, poderá ser ajustada, na cédula, comissão fixada e exigível na forma do art. 5º deste decreto-lei, calculada sobre os saldos devedores da conta vinculada à operação, respondendo ainda o financiado pelo pagamento de quaisquer despesas que se verificarem com vistorias frustradas, ou que forem efetuadas em consequência de procedimento seu que possa prejudicar as condições legais e cedulares.

Capítulo II | DA CÉDULA DE CRÉDITO INDUSTRIAL

Art. 9º A cédula de crédito industrial é promessa de pagamento em dinheiro, com garantia real, cedularmente constituída.

Art. 10. A cédula de crédito industrial é título líquido e certo, exigível, pela soma dela constante ou do endosso, além dos juros, da comissão de fiscalização, se houver, e demais despesas que o credor fizer para segurança, regularidade e realização de seu direito creditório.

§ 1º Se o emitente houver deixado de levantar qualquer parcela do crédito deferido, ou tiver feito pagamentos parciais, o credor descontá-los-á da soma declarada na cédula, tornando-se exigível apenas o saldo.

§ 2º Não constando do endosso o valor pelo qual se transfere a cédula, prevalecerá o da soma declarada no título, acrescido dos acessórios, na forma deste artigo, deduzido o valor das quitações parciais passadas no próprio título.

Art. 11. Importa em vencimento antecipado da dívida resultante da cédula, independentemente de aviso ou de interpelação judicial, a inadimplência de qualquer obrigação do emitente[1] do título ou, sendo o caso, do terceiro prestante da garantia real.

§ 1º Verificado o inadimplemento, poderá, ainda, o financiador considerar vencidos antecipadamente todos os financiamentos concedidos ao emitente e dos quais seja credor.

§ 2º A inadimplência, além de acarretar o vencimento antecipado da dívida resultante da cédula e permitir igual procedimento em relação a todos os financiamentos concedidos pelo financiador ao emitente e dos quais seja credor, facultará ao financiador a capitalização dos juros[2-3] e da comissão de fiscalização, ainda que se trate de crédito fixo.

Art. 11: 1. no texto oficial, está "eminente".
Art. 11: 2. v. Súmula 93 do STJ, em nota 1 ao art. 5º.
Art. 11: 3. v. art. 14-VI.

Art. 12. A cédula de crédito industrial poderá ser aditada, ratificada e retificada, por meio de menções adicionais e de aditivos, datados e assinados pelo emitente e pelo credor, lavrados em folha à parte do mesmo formato e que passarão a fazer parte integrante do documento cedular.

Art. 13. A cédula de crédito industrial admite amortizações periódicas que serão ajustadas mediante a inclusão de cláusula, na forma prevista neste decreto-lei.

Art. 14. A cédula de crédito industrial conterá os seguintes requisitos, lançados no contexto:

I — Denominação "Cédula de Crédito Industrial".

II — Data do pagamento; se a cédula for emitida para pagamento parcelado, acrescentar-se-á cláusula discriminando valor e data de pagamento das prestações.

III — Nome do credor e cláusula à ordem.

IV — Valor do crédito deferido, lançado em algarismos e por extenso, e a forma de sua utilização.

V — Descrição dos bens objeto do penhor, ou da alienação fiduciária, que se indicarão pela espécie, qualidade, quantidade e marca, se houver, além do local ou do depósito de sua situação, indicando-se, no caso de hipoteca, situação, dimensões, confrontações, benfeitorias, título e data de aquisição do imóvel e anotações (número, livro e folha) do registro imobiliário.

VI — Taxa de juros a pagar e comissão de fiscalização, se houver, e épocas em que serão exigíveis, podendo ser capitalizadas.

VII — Obrigatoriedade de seguro dos bens objeto da garantia.

VIII — Praça do pagamento.

IX — Data e lugar da emissão.

X — Assinatura do próprio punho do emitente ou de representante com poderes especiais.

§ 1º A cláusula discriminando os pagamentos parcelados, quando cabível, será incluída logo após a descrição das garantias.

§ 2º A descrição dos bens vinculados poderá ser feita em documento à parte, em duas vias, assinado pelo emitente e pelo credor, fazendo-se, na cédula, menção a essa circunstância, logo após a indicação do grau do penhor ou da hipoteca, da alienação fiduciária e de seu valor global.

§ 3º Da descrição a que se refere o inciso V deste artigo, dispensa-se qualquer alusão à data, forma e condições de aquisição dos bens apenhados. Dispensar-se-ão, também, para a caracterização do local ou do depósito dos bens apenhados ou alienados fiduciariamente, quaisquer referências a dimensões, confrontações, benfeitorias e a títulos de posse ou de domínio.

§ 4º Se a descrição do imóvel hipotecado se processar em documento à parte, deverão constar também da cédula todas as indicações mencionadas no item V deste artigo, exceto confrontações e benfeitorias.

§ 5º A especificação dos imóveis hipotecados, pela descrição pormenorizada, poderá ser substituída pela anexação à cédula de seus respectivos títulos de propriedade.[1]

§ 6º Nos casos do parágrafo anterior, deverão constar da cédula, além das indicações referidas no § 4º deste artigo, menção expressa à anexação dos títulos de propriedade e a declaração de que eles farão parte integrante da cédula até sua final liquidação.

Art. 14: 1. v. art. 32 § 4º.

Capítulo III | DA NOTA DE CRÉDITO INDUSTRIAL

Art. 15. A nota de crédito industrial é promessa de pagamento em dinheiro, sem garantia real.

Art. 16. A nota de crédito industrial conterá os seguintes requisitos, lançados no contexto:

I — Denominação "Nota de Crédito Industrial".

II — Data do pagamento; se a nota for emitida para pagamento parcelado, acrescentar-se-á cláusula discriminando[1] valor e data de pagamento das prestações.

III — Nome do credor e cláusula à ordem.

IV — Valor do crédito deferido, lançado em algarismos e por extenso, e a forma de sua utilização.

V — Taxa de juros a pagar e comissão de fiscalização, se houver, e épocas em que serão exigíveis, podendo ser capitalizadas.

VI — Praça de pagamento.

VII — Data e lugar da emissão.

VIII — Assinatura do próprio punho do emitente ou de representante com poderes especiais.

Art. 16: 1. no texto oficial, está "descriminando".

Art. 17. O crédito pela nota de crédito industrial tem privilégio especial sobre os bens discriminados no art. 1.563 do Código Civil.[1]

Art. 17: 1. v. art. 41, item 2º.

Art. 18. Exceto no que se refere a garantias e a inscrição, aplicam-se à nota de crédito industrial as disposições deste decreto-lei sobre cédula de crédito industrial.[1]

Art. 18: 1. v. arts. 12 a 14 e 19 a 41.

Capítulo IV — DAS GARANTIAS DA CÉDULA DE CRÉDITO INDUSTRIAL

Art. 19. A cédula de crédito industrial pode ser garantida por:
I — Penhor cedular.
II — Alienação fiduciária.
III — Hipoteca cedular.

Art. 20. Podem ser objeto de penhor cedular nas condições deste decreto-lei:
I — Máquinas e aparelhos utilizados na indústria, com ou sem os respectivos pertences;
II — Matérias-primas,[1] produtos industrializados e materiais empregados no processo produtivo, inclusive embalagens;
III — Animais destinados à industrialização de carnes, pescados, seus produtos e subprodutos, assim como os materiais empregados no processo produtivo, inclusive embalagens;
IV — Sal que ainda esteja na salina, bem assim as instalações, máquinas, instrumentos, utensílios, animais de trabalho, veículos terrestres e embarcações, quando servirem à exploração salineira;
V — Veículos automotores e equipamentos para execução de terraplenagem, pavimentação, extração de minério e construção civil, bem como quaisquer viaturas de tração mecânica, usadas nos transportes de passageiros e cargas e, ainda, nos serviços dos estabelecimentos industriais;
VI — Dragas e implementos destinados à limpeza e à desobstrução de rios, portos e canais, ou à construção dos dois últimos, ou utilizados nos serviços dos estabelecimentos industriais;
VII — Toda construção utilizada como meio de transporte por água, e destinada à indústria da navegação ou da pesca, quaisquer que sejam as suas características e lugar de tráfego;
VIII — Todo aparelho manobrável em voo apto a se sustentar a[2] circular no espaço aéreo mediante reações aerodinâmicas, e capaz de transportar pessoas ou coisas;
IX — Letras de câmbio, promissórias, duplicatas, conhecimentos de embarques, ou conhecimentos de depósitos, unidos aos respectivos *warrants*;
X — Outros bens que o Conselho Monetário Nacional venha a admitir como lastro dos financiamentos industriais.

Art. 20: 1. v. art. 44.
Art. 20: 2. *sic*; deve ser "e".

Art. 21. Podem-se incluir na garantia os bens adquiridos ou pagos com o financiamento, feita a respectiva averbação nos termos deste decreto-lei.

Art. 22. Antes da liquidação da cédula, não poderão os bens apenhados ser removidos das propriedades nela mencionadas, sob qualquer pretexto e para onde quer que seja, sem prévio consentimento escrito do credor.

Parágrafo único. O disposto neste artigo não se aplica aos veículos referidos nos itens IV, V, VI, VII e VIII do art. 20 deste decreto-lei, que poderão ser retirados temporariamente de seu local de situação, se assim o exigir a atividade financiada.

Art. 23. Aplicam-se ao penhor cedular os preceitos legais vigentes sobre penhor,[1] no que não colidirem com o presente decreto-lei.

Art. 23: 1. v. CC 1.431 a 1.472.

Art. 24. São abrangidos pela hipoteca constituída as construções, respectivos terrenos, instalações e benfeitorias.

Art. 25. Incorporam-se na hipoteca constituída as instalações e construções, adquiridas ou executadas com o crédito, assim como quaisquer outras benfeitorias acrescidas aos imóveis na vigência da cédula, as quais, uma vez realizadas, não poderão ser retiradas ou destruídas sem o consentimento do credor, por escrito.

Parágrafo único. Faculta-se ao credor exigir que o emitente faça averbar, à margem da inscrição principal, a constituição de direito real sobre os bens e benfeitorias referidos neste artigo.

Art. 26. Aplicam-se à hipoteca cedular os princípios da legislação ordinária sobre hipoteca,[1] no que não colidirem com o presente decreto-lei.

Art. 26: 1. v. CC 1.473 a 1.505, 1.419 a 1.430.

Art. 27. Quando da garantia da cédula de crédito industrial fizer parte a alienação fiduciária, observar-se-ão as disposições constantes da Seção XIV da Lei n. 4.728, de 14 de julho de 1965,[1] no que não colidirem com este decreto-lei.

Art. 27: 1. v. tít. ALIENAÇÃO FIDUCIÁRIA.

Art. 28. Os bens vinculados à cédula de crédito industrial continuam na posse imediata do emitente, ou do terceiro prestante da garantia real, que responderá por sua guarda e conservação como fiel depositário, seja pessoa física ou jurídica. Cuidando-se de garantia constituída por terceiro, este e o emitente da cédula responderão solidariamente pela guarda e conservação dos bens gravados.

Parágrafo único. O disposto neste artigo não se aplica aos papéis mencionados no item IX, art. 20, deste decreto-lei, inclusive em consequência do endosso.

Capítulo V[1]

Seção I — DA INSCRIÇÃO E AVERBAÇÃO DA CÉDULA DE CRÉDITO INDUSTRIAL

CAP. V: 1. Este capítulo não tem epígrafe.

Art. 29. A cédula de crédito industrial somente vale contra terceiros desde a data da inscrição. Antes da inscrição, a cédula obriga apenas seus signatários.[1-2]

Art. 29: 1. v. art. 36.

Art. 29: 2. "Aquele que subscreve a cédula de crédito industrial na condição de **terceiro interveniente prestador de garantia real** também é responsável pela satisfação da dívida ali expressa, apresentando-se desnecessário o registro do título para tal finalidade" (STJ-3ª T., REsp 1.336.059, Min. Ricardo Cueva, j. 18.8.16, DJ 5.9.16).

Art. 30. De acordo com a natureza da garantia constituída, a cédula de crédito industrial inscreve-se no Cartório de Registro de Imóveis da circunscrição do local de situação dos bens objeto do penhor cedular, da alienação fiduciária, ou em que esteja localizado o imóvel hipotecado.

Art. 31. A inscrição far-se-á na ordem de apresentação da cédula, em livro próprio denominado "Registro de Cédula de Crédito Industrial", observado o disposto nos arts. 183, 188, 190 e 202, do Decreto 4.857, de 9 de novembro de 1939.[1]

§ 1º Os livros destinados à inscrição da cédula de crédito industrial serão numerados em série crescente a começar de 1 (um), e cada livro conterá termos de abertura e de encerramento, assinados pelo Juiz de Direito da Comarca, que rubricará todas as folhas.

§ 2º As formalidades a que se refere o parágrafo anterior precederão a utilização do livro.

§ 3º Em cada Cartório haverá, em uso, apenas um livro "Registro de Cédula de Crédito Industrial", utilizando-se o de número subsequente depois de findo o anterior.

Art. 31: 1. v. LRP 178-II, que **revogou** o dispositivo supra.

Art. 32. A inscrição consistirá na anotação dos seguintes requisitos cedulares:
a) Data e forma do pagamento.
b) Nome do emitente, do financiador e, quando houver, do terceiro prestante da garantia real e do endossatário.
c) Valor do crédito deferido e forma de sua utilização.
d) Praça do pagamento.
e) Data e lugar da emissão.

§ 1º Para a inscrição, o apresentante do título oferecerá, com o original da cédula, cópia em impresso idêntico, com a declaração "Via não negociável", em linhas paralelas transversais.

§ 2º O Cartório conferirá a exatidão da cópia, autenticando-a.

§ 3º Cada grupo de 200 (duzentas) cópias será encadernado na ordem cronológica de seu arquivamento, em livro que o Cartório apresentará no prazo de quinze dias depois de completado o grupo, ao Juiz de Direito da Comarca, para abri-lo e encerrá-lo, rubricando as respectivas folhas numeradas em série crescente a começar de 1 (um).

§ 4º Nos casos do § 5º do art. 14 deste decreto-lei, à via da cédula destinada ao Cartório será anexada cópia dos títulos de domínio, salvo se os imóveis hipotecados se acharem registrados no mesmo Cartório.

Art. 33. Ao efetuar a inscrição ou qualquer averbação, o Oficial do Registro de Imóveis mencionará, no respectivo ato, a existência de qualquer documento anexo à cédula e nele aporá sua rubrica, independentemente de qualquer formalidade.

Art. 34. O Cartório anotará a inscrição, com indicação do número de ordem, livro e folhas, bem como o valor dos emolumentos cobrados no verso da cédula, além de mencionar, se for o caso, os anexos apresentados.

§ 1º Pela inscrição da cédula, serão cobrados do interessado, em todo o território nacional, os seguintes emolumentos, calculados sobre o valor do crédito deferido:[1]
a) até NCr$ 200,00 — 0,1%
b) de NCr$ 200,01 a NCr$ 500,00 — 0,2%
c) de NCr$ 500,01 a NCr$ 1.000,00 — 0,3%
d) de NCr$ 1.000,01 a NCr$ 1.500,00 — 0,4%
e) acima de NCr$ 1.500,00 — 0,5%, até o máximo de 1/4 (um quarto) do salário mínimo da região.

§ 2º Cinquenta por cento (50%) dos emolumentos referidos no parágrafo anterior caberão ao oficial do Registro de Imóveis e os restantes cinquenta por cento (50%) serão recolhidos ao Banco do Brasil S. A., a crédito do Tesouro Nacional.[2]

Art. 34: 1. Lei 8.522, de 11.12.92 — Extingue taxas, emolumentos, contribuições, parcela da União das custas e emolumentos da Justiça do Distrito Federal, e dá outras providências (Lex 1992/887): "**Art. 2º** Ficam extintas as parcelas devidas à União, do produto da arrecadação:

a) (Vetado);

b) dos Emolumentos sobre a Inscrição e Averbação das Cédulas de Crédito Industrial, criados pelos arts. 34, §§ 1º e 2º, e 36, § 2º, do Dec. lei n. 413, de 9 de janeiro de 1969;

c) dos Emolumentos sobre a Inscrição e Averbação das Cédulas de Crédito à Exportação criados pelo art. 3º da Lei n. 6.313, de 16 de dezembro de 1975, combinado com o disposto nos arts. 34, §§ 1º e 2º, do Dec. lei n. 413, de 9 de janeiro de 1969;

d) (Vetado)".

Art. 34: 2. v. nota 1.

Art. 35. O oficial recusará efetuar a inscrição, se já houver registro anterior no grau de prioridade declarado no texto da cédula, ou se os bens já houverem sido objeto de alienação fiduciária, considerando-se nulo o ato que infringir este dispositivo.

Art. 36. Para os fins previstos no art. 29 deste decreto-lei averbar-se-ão, à margem da inscrição da cédula, os endossos posteriores à inscrição, as menções adicionais, aditivos e qualquer outro ato que promova alteração na garantia ou nas condições pactuadas.

§ 1º Dispensa-se a averbação dos pagamentos parciais e do endosso das instituições financiadoras em operações de redesconto ou caução.

§ 2º Os emolumentos[1] devidos pelos atos referidos neste artigo serão calculados na base de 10% (dez por cento) sobre os valores da tabela constante do parágrafo único do art. 34 deste decreto-lei, cabendo ao oficial do Registro de Imóveis e ao Juiz de Direito da Comarca[2] as mesmas percentagens estabelecidas naquele dispositivo.

Art. 36: 1. v. art. 34, nota 1.
Art. 36: 2. v. CF 95 § ún.-II.

Art. 37. Os emolumentos devidos pela inscrição da cédula ou pela averbação de atos posteriores poderão ser pagos pelo credor, a débito da conta a que se refere o art. 4º deste decreto-lei.

Art. 38. As inscrições das cédulas e as averbações posteriores serão efetuadas no prazo de 3 (três) dias úteis a contar da apresentação do título sob pena de responsabilidade funcional do oficial encarregado de promover os atos necessários.

§ 1º A transgressão do disposto neste artigo poderá ser comunicada ao Juiz de Direito da Comarca pelos interessados ou por qualquer pessoa que tenha conhecimento do fato.

§ 2º Recebida a comunicação, o juiz instaurará imediatamente inquérito administrativo.

§ 3º Apurada a irregularidade, o oficial pagará multa de valor correspondente aos emolumentos que seriam cobrados, por dia de atraso, aplicada pelo Juiz de Direito da Comarca, devendo a respectiva importância ser recolhida, dentro de 15 (quinze) dias, a estabelecimento bancário, que a transferirá ao Banco Central do Brasil, para crédito do Fundo Geral para Agricultura e Indústria — FUNAGRI, criado pelo Decreto n. 56.835, de 3 de setembro de 1965.[1]

Art. 38: 1. Dec. s/n, de 5.9.91, declarou **revogado** o Dec. 56.835.

Seção II | DO CANCELAMENTO DA INSCRIÇÃO DA CÉDULA DE CRÉDITO INDUSTRIAL

Art. 39. Cancela-se a inscrição mediante a averbação, no livro próprio:

I — da prova da quitação da cédula, lançada no próprio título ou passada em documento em separado com força probante;

II — da ordem judicial competente.

§ 1º No ato da averbação do cancelamento, o serventuário mencionará o nome daquele que pagou, o daquele que recebeu, a data do pagamento e, em se tratando de quitação em separado, as características desse instrumento; no caso de cancelamento por ordem judicial, esta também será mencionada na averbação, pela indicação da data do mandado, juízo de que procede, nome do juiz que o subscreveu e demais características ocorrentes.

§ 2º Arquivar-se-ão no Cartório a ordem judicial de cancelamento da inscrição ou uma das vias do documento da quitação da cédula, procedendo-se como se dispõe no § 3º do art. 32 deste decreto-lei.

Seção III | DA CORREIÇÃO DOS LIVROS DE INSCRIÇÃO DA CÉDULA DE CRÉDITO INDUSTRIAL

Art. 40. O Juiz de Direito da Comarca procederá à correição no livro "Registro de Cédula de Crédito Industrial" uma vez por semestre, no mínimo.

Capítulo VI - DA AÇÃO PARA COBRANÇA DA CÉDULA DE CRÉDITO INDUSTRIAL

Art. 41. Independentemente da inscrição de que trata o art. 30 deste decreto-lei, o processo judicial para cobrança da cédula de crédito industrial[1] seguirá o procedimento seguinte:[1a-2]

1º) despachada a petição,[2a] serão os réus, sem que haja preparo ou expedição de mandado, citados pela simples entrega de outra via do requerimento, para, dentro de 24 (vinte e quatro) horas, pagar a dívida;[3]

2º) não depositado, naquele prazo, o montante do débito, proceder-se-á à penhora ou ao sequestro dos bens constitutivos da garantia ou, em se tratando de nota de crédito industrial, à daqueles enumerados no art. 1.563 do Código Civil[3a] (art. 17 deste decreto-lei);

3º) no que não colidirem com este decreto-lei, observar-se-ão, quanto à penhora, as disposições do Capítulo III, Título III, do Livro VIII, do Código de Processo Civil;[4]

4º) feita a penhora, terão os réus, dentro de 48 (quarenta e oito) horas,[5-6] prazo para impugnar o pedido;

5º) findo o termo referido no item anterior, o juiz, impugnado ou não o pedido, procederá a uma instrução sumária, facultando às partes a produção de provas, decidindo em seguida;

6º) a decisão será proferida dentro de 30 (trinta) dias, a contar da efetivação da penhora;

7º) não terão efeito suspensivo os recursos interpostos das decisões proferidas na ação de cobrança a que se refere este artigo;

8º) o foro competente será o da praça do pagamento da cédula de crédito industrial.

Art. 41: 1. Súmula 93 do STJ: "A legislação sobre cédulas de crédito rural, comercial e industrial admite o pacto de **capitalização de juros**" (v. jurisprudência s/ esta Súmula em RSTJ 61/165). V. tb. anotações s/ esta Súmula no tít. TÍT. CRÉDITO RURAL, Dec. lei 167/67, art. 71, nota 1c.

Desde que expressamente prevista no contrato, admite-se a capitalização mensal de juros nos **títulos de crédito industrial** (STJ-3ª T., REsp 31.501-7, Min. Waldemar Zveiter, j. 30.3.93, DJU 17.5.93; STJ-3ª T., REsp 40.657-9, Min. Eduardo Ribeiro, j. 26.4.94, DJU 16.5.94). Também nas **notas de crédito comercial** (STJ-4ª T., REsp 29.913-9, Min. Barros Monteiro, j. 8.3.93, DJU 26.4.93; STJ-3ª T., REsp 31.865-1, Min. Nilson Naves, j. 23.3.93, DJU 26.4.93).

✎ "A ideia de pacto prevista na Súmula 93 do STJ, sob a ótica do Código de Defesa do Consumidor", por Márcio Mello Casado (RT 753/115).

Art. 41: 1a. "Encontram-se revogadas, pelo art. 585, VII, do Código de Processo Civil, as normas contidas no art. 41 do Dec. lei 413/69, estabelecendo procedimento próprio para a cobrança de débitos consubstanciados em cédulas de crédito industrial e que, caso vigentes, haveriam de aplicar-se às cédulas de crédito comercial (Lei 6.840/80)" (STJ-3ª T., REsp 5.344, Min. Eduardo Ribeiro, j. 11.3.91, DJU 8.4.91). No mesmo sentido: STJ-4ª T., REsp 76.165, Min. Cesar Rocha, j. 21.5.96, DJU 24.6.96; RT 680/110, JTA 37/68, 77/132, 129/114, Amagis 9/123, RJTAMG 23/255, em termos.

Art. 41: 2. "A cédula de crédito comercial com garantia hipotecária, que atenda aos requisitos previstos no art. 14 do Dec. lei 413/69, independe, para validade da garantia real, de constituição por instrumento público, sendo válidos o título de crédito e a garantia firmados por instrumento particular, levados a registro no livro próprio" (STJ-4ª T., REsp 34.278-1, Min. Sálvio de Figueiredo, j. 26.10.93, DJU 29.11.93).

Art. 41: 2a. incide a multa de 10% (v. art. 58).

Art. 41: 3. com correção monetária (RJTAMG 23/170).

Art. 41: 3a. O art. 1.563 do CC ant. não tem correspondência no atual.

Art. 41: 4. Atualmente, CPC 831 e segs.

Art. 41: 5. A jurisprudência consolidou o entendimento de que o prazo para oposição de embargos à execução fundada em cédula de crédito comercial é o mesmo constante do CPC (STJ-3ª T., REsp 20.467-0, Min. Cláudio Santos, j. 2.3.93, DJU 29.3.93; STJ-4ª T., REsp 76.165, Min. Cesar Rocha, j. 21.5.96, DJU 24.6.96; Lex-JTA 159/56, RJTAMG 23/255), ou seja, 15 dias (CPC 915).

Todavia, entendendo que o prazo para embargos à execução é de 48 horas: RT 566/211, Bol. AASP 1.618/305.

V. nota 1a, quanto à vigência do art. 41.

Art. 41: 6. "Se do mandado de citação constou o prazo de dez dias, e os embargos foram opostos dentro dele, não pode sofrer o embargante os efeitos da revelia" (RTJ 122/810).

V. tb., no CPCLPV, CPC 250, nota 4.

Capítulo VII | DISPOSIÇÕES ESPECIAIS

Art. 42. A concessão dos financiamentos previstos neste decreto-lei, bem como a constituição de suas garantias, pelas instituições de crédito, públicas e privadas, independe da exibição de comprovante de cumprimento de obrigações fiscais, da previdência social, ou de declaração de bens e certidão negativa de multas.

Parágrafo único. O ajuizamento da dívida fiscal ou previdenciária impedirá a concessão do financiamento industrial, desde que sua comunicação pela repartição competente às instituições de crédito seja por estas recebida antes da emissão da cédula, exceto se as garantias oferecidas assegurarem a solvabilidade do crédito em litígio e da operação proposta pelo interessado.

Art. 43. Pratica crime de estelionato e fica sujeito às penas do art. 171 do Código Penal aquele que fizer declarações falsas ou inexatas acerca de bens oferecidos em garantia de cédula de crédito industrial, inclusive omitir declaração de já estarem eles sujeitos a outros ônus ou responsabilidade de qualquer espécie, até mesmo de natureza fiscal.

Art. 44. Quando, do penhor cedular fizer parte matéria-prima, o emitente se obriga a manter em estoque, na vigência da cédula, uma quantidade desses mesmos bens ou dos produtos resultantes de sua transformação suficiente para a cobertura do saldo devedor por ela garantido.

Art. 45. A transformação da matéria-prima oferecida em penhor cedular não extingue o vínculo real, que se transfere para os produtos e subprodutos.

Parágrafo único. O penhor dos bens resultantes da transformação industrial poderá ser substituído pelos títulos de crédito representativos da comercialização daqueles produtos, a critério do credor, mediante endosso pleno.

Art. 46. O penhor cedular de máquinas e aparelhos utilizados na indústria tem preferência sobre o penhor legal do locador do imóvel de sua situação.

Parágrafo único. Para a constituição da garantia cedular a que se refere este artigo, dispensa-se o consentimento do locador.

Art. 47. Dentro do prazo estabelecido para utilização do crédito, poderá ser admitida a reutilização pelo devedor, para novas aplicações, das parcelas entregues para amortização do débito.

Art. 48. Quando, do penhor ou da alienação fiduciária, fizerem parte veículos automotores,[1] embarcações ou aeronaves, o gravame será anotado nos assentamentos próprios da repartição competente[2] para expedição de licença ou registro dos veículos.

Art. 48: 1. v. LRP 129-7º.

Art. 48: 2. "Tratando-se de veículos automotores dados em penhor cedular, para a eficácia da garantia em relação a terceiros é necessário o seu registro no Cartório de Registro de Títulos e Documentos ou na repartição competente para expedir licença ou registrá-los" (STJ: Lex-JTA 196/434).

Art. 49. Os bens onerados poderão ser objeto de nova garantia cedular e a simples inscrição da respectiva cédula equivalerá à averbação à margem da anterior, do vínculo constituído em grau subsequente.

Art. 50. Em caso de mais de um financiamento, sendo os mesmos o emitente da cédula, o credor e os bens onerados, poderá estender-se aos financiamentos subsequentes o vínculo originariamente constituído, mediante referência à extensão nas cédulas posteriores, reputando-se uma só garantia com cédulas industriais distintas.

§ 1º A extensão será averbada à margem da inscrição anterior e não impede que sejam vinculados outros bens à garantia.

§ 2º Havendo vinculação de novos bens, além da averbação, estará a cédula sujeita à inscrição no Cartório do Registro de Imóveis.

§ 3º Não será possível a extensão se tiver havido endosso ou se os bens já houverem sido objeto de novo ônus em favor de terceiros.

Art. 51. A venda dos bens vinculados à cédula de crédito industrial depende de prévia anuência do credor, por escrito.

Art. 52. Aplicam-se à cédula de crédito industrial e à nota de crédito industrial, no que forem cabíveis, as normas do direito cambial,[1-2] dispensado, porém, o protesto para garantir direito de regresso contra endossantes e avalistas.

Art. 52: 1. v. tít. LETRA DE CÂMBIO E NOTA PROMISSÓRIA.

Art. 52: 2. "Tratando a espécie de **ação de busca e apreensão** movida pelo proprietário fiduciário contra a devedora fiduciante, com base no contrato de alienação fiduciária em garantia firmado entre as partes e adjeto à cédula de crédito industrial, e não de ação de execução da própria cédula de crédito industrial, **inaplicável a prescrição suscitada** pela devedora. O prazo prescricional trienal seria aplicável apenas à ação de execução da cédula de crédito industrial, no caso de demora atribuível ao exequente, o que não ocorreu na espécie, e não à de busca e apreensão dos bens alienados fiduciariamente em garantia do credor. Quando do ajuizamento da ação de busca e apreensão a cédula de crédito industrial antecipadamente vencida por inadimplemento não estava prescrita, tendo o credor optado pela realização de suas garantias ao invés de executar o débito, estando correto o Tribunal de Justiça ao considerar viável a ação de cumprimento do contrato de financiamento manejada pelo banco credor, com a busca e apreensão dos bens dados em garantia pela devedora" (STJ-4ª T., REsp 805.928, Min. Raul Araújo, j. 17.5.16, DJ 17.6.16).

Capítulo VIII | DISPOSIÇÕES GERAIS

Art. 53. Dentro do prazo da cédula, o credor, se assim o entender, poderá autorizar o emitente a dispor de parte ou de todos os bens da garantia, na forma e condições que convencionarem.

Art. 54. Os bens dados em garantia assegurarão o pagamento do principal, juros, comissões, pena convencional, despesas legais e convencionais, com as preferências estabelecidas na legislação em vigor.

Art. 55. Se baixar no mercado o valor dos bens onerados ou se se verificar qualquer ocorrência que determine sua diminuição ou depreciação, o emitente reforçará a garantia dentro do prazo de quinze dias da notificação que o credor lhe fizer, por carta enviada pelo correio, ou pelo Oficial do Cartório de Títulos e Documentos da Comarca.

Art. 56. Se os bens oferecidos em garantia de cédula de crédito industrial pertencerem a terceiros, estes subscreverão também o título para que se constitua o vínculo.

Art. 57. Os bens vinculados à cédula de crédito industrial[1] não serão penhorados[1a a 2] ou sequestrados por outras dívidas do emitente ou do terceiro prestante da garantia real, cumprindo a qualquer deles denunciar a existência da cédula às autoridades incumbidas da diligência, ou a quem a determinou, sob pena de responderem pelos prejuízos resultantes de sua omissão.

Art. 57: 1. "A hipoteca instituída em cédula de crédito industrial independe de formalização através de escritura pública" (STJ-4ª T., REsp 83.648, Min. Ruy Rosado, j. 16.4.96, DJU 27.5.96).

Art. 57: 1a. s/ impenhorabilidade de bens objeto de cédula de crédito rural, v., no tít. TÍT. DE CRÉDITO RURAL, Dec. lei 167, de 14.2.67, art. 69.

Art. 57: 1b. "Configura violência ao inciso XXXVI do art. 5º da CF a admissibilidade de penhora de bem alvo de cédula industrial. Precedente: RE 114.940-0-PA, 1ª T., Min. Néri da Silveira" (STF-RJ 253/63). No mesmo sentido: RTJ 177/421.

Art. 57: 1c. A impenhorabilidade dos bens dados para garantia hipotecária em cédula de crédito industrial:

— "tem sua eficácia restrita ao tempo do curso do contrato" (STJ-4ª T., REsp 83.648, Min. Ruy Rosado, j. 16.4.96, DJU 27.5.96);

— não tem eficácia em execução fiscal (RTJ 73/288, 80/628, 112/469; RSTJ 94/72; STJ-RT 736/198, 766/189; STJ-1ª T., REsp 522.469, Min. Teori Zavascki, j. 5.4.05, DJU 13.6.05; STJ-2ª T., REsp 268.641, Min. Peçanha Martins, j. 24.9.02, DJU 11.11.02; RT 553/109, 579/88, 782/259; RJTJESP 100/300), ainda que o crédito hipotecário seja anterior ao tributário (RTJ 81/440);

— não prevalece diante de créditos trabalhistas (STJ-3ª T., REsp 55.196-0, Min. Cláudio Santos, j. 6.6.95, DJU 9.10.95).

Art. 57: 2. "O credor hipotecário, com garantia real protegida de outras penhoras (Dec. lei 413/69), pode promover ação de embargos de terceiro para liberar o imóvel constrito em execução promovida por outro credor" (STJ-4ª T., REsp 175.565, Min. Ruy Rosado, j. 15.10.98, DJU 14.12.98).

Art. 58. Em caso de cobrança[1-1a] em processo contencioso ou não, judicial ou administrativo, o emitente da cédula de crédito industrial responderá ainda pela multa de 10% (dez por cento)[1b-2] sobre o principal e acessórios em débito, devida a partir do primeiro despacho da autoridade competente na petição de cobrança ou de habilitação do crédito.

Art. 58: 1. "Em sendo a cédula de crédito industrial um título causal, pode o obrigado invocar como defesa, além das exceções estritamente cambiais, as fundadas em direito pessoal seu contra a outra parte, para demonstrar que a obrigação carece de causa ou que esta é viciosa. Não é exequível a cédula industrial cujo financiamento é aplicado em finalidade diversa daquela prevista na lei de regência" (RSTJ 130/264).

Art. 58: 1a. "Crédito industrial. Atualização monetária. Plano Verão. A atualização determinada pelo art. 75 da Lei 7.799/89 somente se aplica às prestações vencidas após a vigência da norma" (STJ-3ª T., REsp 29.054-9, Min. Dias Trindade, j. 24.11.92, DJU 8.2.93).

Art. 58: 1b. Esta multa "não resulta da lei, que se limita a autorizá-la e a lhe fixar o percentual, mas da convenção. Silente o contrato, não se há de cogitar de pena convencional" (RTJ 91/1.180, confirmado, em grau de embargos, por 6 votos a 5: RTJ 97/342). No mesmo sentido: STJ-4ª T., REsp 3.948, Min. Athos Carneiro, j. 26.2.91, DJU 22.4.91; RT 564/133 e JTA 77/132.

Art. 58: 2. A multa pode ser cumulada com a verba para honorários de advogado (v. Súmula 616 do STF, no CPCLPV, CPC 85, nota 11), e se calcula sobre a dívida, na data da liquidação (JTA 75/59), mas é indevida na falência (RTJ 102/334).

Art. 59. No caso de execução judicial, os bens adquiridos ou pagos com o crédito concedido pela cédula de crédito industrial responderão primeiramente pela satisfação do título, não podendo ser vinculados ao pagamento de dívidas privilegiadas,[1] enquanto não for liquidada a cédula.

Art. 59: 1. v. art. 57, nota 1a.

Art. 60. O emitente da cédula manterá em dia o pagamento dos tributos e encargos fiscais, previdenciários e trabalhistas de sua responsabilidade, inclusive a remuneração dos empregados, exibindo ao credor os respectivos comprovantes sempre que lhe forem exigidos.

Art. 61. A cédula de crédito industrial e a nota de crédito industrial poderão ser redescontadas em condições estabelecidas pelo Conselho Monetário Nacional.

Art. 62. Da cédula de crédito industrial poderão constar outras condições da dívida ou obrigações do emitente, desde que não contrariem o disposto neste decreto-lei e a natureza do título.

Parágrafo único. O Conselho Monetário Nacional, observadas as condições do mercado de crédito, poderá fixar prazos de vencimento dos títulos de crédito industrial, bem como determinar a inclusão de denominações que caracterizem a destinação dos bens e as condições da operação.

Art. 63. Os bens apenhados poderão, se convier ao credor, ser entregues à guarda de terceiro fiel depositário, que se sujeitará às obrigações e às responsabilidades legais e cedulares.

§ 1º Os direitos e as obrigações do terceiro fiel depositário, inclusive a imissão, na posse, do imóvel da situação dos bens apenhados, independerão da lavratura de contrato de comodato e de prévio consentimento do locador, perdurando enquanto subsistir a dívida.

§ 2º Todas as despesas de guarda e conservação dos bens confiados ao terceiro fiel depositário correrão, exclusivamente, por conta do devedor.

§ 3º Nenhuma responsabilidade terão credor e terceiro fiel depositário pelos dispêndios que se tornarem precisos ou aconselháveis para a boa conservação do imóvel e dos bens apenhados.

§ 4º O devedor é obrigado a providenciar tudo o que for reclamado pelo credor para a pronta execução dos reparos ou obras de que, porventura, necessitar o imóvel, ou que forem exigidos para a perfeita armazenagem dos bens apenhados.

Art. 64. Serão segurados, até final resgate da cédula, os bens nela descritos e caracterizados, observada a vigente legislação de seguros obrigatórios.

Art. 65. A cédula de crédito industrial e a nota de crédito industrial obedecerão aos modelos anexos, os quais poderão ser padronizados e alterados pelo Conselho Monetário Nacional, observado o disposto no art. 62 deste decreto-lei.

Art. 66. Este decreto-lei entrará em vigor 90 (noventa) dias depois de publicado, revogando-se os Decretos-leis ns. 265, de 28 de fevereiro de 1967, 320, de 29 de março de 1967 e 331, de 21 de setembro de 1967 na parte referente à cédula industrial pignoratícia, 1.271, de 16 de maio de 1939, 1.697, de 23 de outubro de 1939, 2.064, de 7 de março de 1940, 3.169, de 2 de abril de 1941, 4.191, de 18 de março de 1942, 4.312, de 20 de maio de 1942 e Leis ns. 2.931, de 27 de outubro de 1956, e 3.408, de 16 de junho de 1958, e as demais disposições em contrário.[1]

Art. 66: 1. Dec. lei 1.271, de 16.5.39 — Dispõe sobre o penhor de máquinas e aparelhos utilizados na indústria (RT 120/750, Lex 1939/229, RF 79/193). **Revogado** pelo Dec. lei 413, de 9.1.69.

Dec. lei 1.697, de 23.10.39 — Amplia disposições do Dec. lei 1.271, de 16 de maio de 1939 (RT 123/359, Lex 1939/501, RF 81/283).

Dec. lei 2.064, de 7.3.40 — Amplia disposições do Dec. lei 1.271, de 16 de maio de 1939 (RT 125/762, Lex 1940/145).

Dec. lei 3.169, de 2.4.41 — Dispõe sobre o penhor do sal e de coisas destinadas à exploração de salinas (RT 132/371, Lex 1941/203, RF 86/732).

Dec. lei 4.191, de 18.3.42 — Dispõe sobre o penhor de máquinas e aparelhos utilizados na indústria quando instalados em imóvel alugado a terceiro, e dá outras providências (RT 137/821, Lex 1942/124, RF 90/551).

Dec. lei 4.312, de 20.5.42 — Amplia as disposições do Dec. lei n. 1.271, de 16 de maio de 1939, e dá outras providências (RT 138/831, Lex 1942/276, RF 91/284).

Lei 2.931, de 27.10.56 — Dispõe sobre o penhor industrial de veículos automotores, equipamentos para a execução de terraplenagem e pavimentação, e quaisquer viaturas de tração mecânica usadas nos transportes de passageiros e cargas, e dá outras providências (RT 255/633, Lex 1956/512).

Lei 3.408, de 16.6.58 — Modifica o art. 3º da Lei n. 2.931, de 27 de outubro de 1956 (RT 275/941, Lex 1958/232).

Dec. lei 265, de 28.2.67 — Cria a cédula industrial pignoratícia, altera disposições sobre a duplicata e dá outras providências (RT 379/415, Lex 1967/645, RF 219/451). O Dec. lei 265 teve sua entrada em vigor prorrogada por mais 120 dias, pelo Dec. lei 337, de 19.12.67 (RT 387/372, Lex 1967/2.373, RDA 92/471), e foi revogado pela Lei 5.474, de 18.7.68 (no tít. DUPLICATA), na parte relativa à duplicata, e pelo Dec. lei 413, de 9.1.69, no que se refere à cédula industrial pignoratícia.

Dec. lei 320, de 29.3.67 — Prorroga a vigência do Dec. lei n. 265, de 28 de fevereiro de 1967 (RT 380/451, Lex 1967/1.005, RDA 88/497). Refere-se ao início de vigência do Dec. lei 265.

Dec. lei 331, de 21.9.67 — Prorroga a vigência do Dec. lei n. 265, de 28 de fevereiro de 1967 (Lex 1967/1.831). Refere-se ao início de vigência do Dec. lei 265.

Brasília, 9 de janeiro de 1969; 148º da Independência e 81º da República — A. Costa e Silva — **Luis Antonio da Gama e Silva** — **Antonio Delfim Netto** — **Edmundo de Macedo Soares**.

Títulos de Crédito Rural

Decreto-lei n. 167,
de 14 de fevereiro de 1967[1]

Dispõe sobre títulos de crédito rural e dá outras providências.

DEC. LEI 167: 1. O art. 34 § ún. e o art. 36 § 2º deste Dec. lei tiveram sua vigência parcialmente suspensa, por inconstitucionalidade.

O Presidente da República, usando da atribuição que lhe confere o § 2º do art. 9º do Ato Institucional n. 4, de 7 de dezembro de 1966, decreta:

Capítulo I | DO FINANCIAMENTO RURAL

Art. 1º O financiamento rural concedido pelos órgãos integrantes do sistema nacional de crédito rural[1-2] a pessoa física ou jurídica poderá efetuar-se por meio das cédulas de crédito rural previstas neste decreto-lei.[3]

Parágrafo único. Faculta-se a utilização das cédulas para os financiamentos da mesma natureza concedidos pelas cooperativas rurais a seus associados ou às suas filiadas.

Art. 1º: 1. Lei 4.829, de 5.11.65 (v. ementário):

"Art. 7º Integrarão, basicamente, o sistema nacional de crédito rural:

"I — o Banco Central da República do Brasil, com as funções indicadas no artigo anterior;

"II — o Banco do Brasil S. A., através de suas carteiras especializadas;

"III — o Banco de Crédito da Amazônia S. A. e o Banco do Nordeste do Brasil S. A., através de suas carteiras ou departamentos especializados, e

"IV — o Banco Nacional de Crédito Cooperativo.

"§ 1º Serão vinculados ao sistema:

"I — de conformidade com o disposto na Lei n. 4.504, de 30 de novembro de 1964:

"a) o Instituto Brasileiro de Reforma Agrária — IBRA;

"b) o Instituto Nacional de Desenvolvimento Agrário — INDA;

"c) o Banco Nacional do Desenvolvimento Econômico — BNDE;

"II — como órgãos auxiliares, desde que operem em crédito rural dentro das diretrizes fixadas nesta lei:

"a) Bancos de que os Estados participem com a maioria de ações;

"b) Caixas Econômicas;

"c) Bancos privados;

"d) Sociedades de crédito, financiamento e investimentos;

"e) Cooperativas autorizadas a operar em crédito rural.

"§ 2º Poderão articular-se no sistema, mediante convênios, órgãos oficiais de valorização regional e entidades de prestação de assistência técnica e econômica ao produtor rural, cujos serviços sejam passíveis de utilizar em conjugação com o crédito.

"§ 3º Poderão incorporar-se ao sistema, além das entidades mencionadas neste artigo, outras que o Conselho Monetário Nacional venha a admitir".

O Banco Central da República do Brasil passou a denominar-se Banco Central do Brasil, pelo art. 1º do **Dec. lei 278, de 28.2.67** (Lex 1967/659); o Banco de Crédito da Amazônia S. A. é, atualmente, o Banco da Amazônia S. A. (art. 1º da **Lei 5.122, de 28.9.66** — Lex 1966/1.324, RDA 85/462); o Banco Nacional do Desenvolvimento Econômico (BNDE) passou a denominar-se Banco Nacional de Desenvolvimento Econômico e Social (BNDES), cf. art. 5º do **Dec. lei 1.940, de 25.5.82**; o Instituto Brasileiro de Reforma Agrária — IBRA e o Instituto Nacional de Desenvolvimento Agrário — INDA foram extintos, surgindo, em seu lugar, o Instituto Nacional de Colonização e Reforma Agrária (INCRA), de acordo com o art. 2º do **Dec. lei 1.110, de 9.7.70** (Lex 1970/611, RDA 102/512, RF 232/482).

Art. 1º: 2. s/ estímulo à atividade pesqueira, v. **Lei 11.959, de 29.6.09**, especialmente arts. 27 a 30.

Art. 1º: 3. s/ aplicação do CDC a essa operação, v. nota 1 à Lei 8.078 (CDC).

Art. 2º O emitente da cédula fica obrigado a aplicar o financiamento nos fins ajustados, devendo comprovar essa aplicação no prazo e na forma exigidos pela instituição financiadora.

Parágrafo único. Nos casos de pluralidade de emitentes e não constando da cédula qualquer designação em contrário, a utilização do crédito poderá ser feita por qualquer um dos financiados, sob a responsabilidade solidária[1] dos demais.

Art. 2º: 1. v. CC 275 a 285.

Art. 3º A aplicação do financiamento poderá ajustar-se em orçamento assinado pelo financiado e autenticado pelo financiador, dele devendo constar expressamente qualquer alteração que convencionarem.

Parágrafo único. Na hipótese, far-se-á, na cédula, menção do orçamento, que a ela ficará vinculado.

Art. 4º Quando for concedido financiamento para utilização parcelada, o financiador abrirá com o valor do financiamento conta vinculada à operação,[1] que o financiado movimentará por meio de cheques, saques, recibos, ordens, cartas ou quaisquer outros documentos, na forma e tempo previstos na cédula ou no orçamento.

Art. 4º: 1. v. art. 37.

Art. 5º As importâncias fornecidas pelo financiador[1] vencerão juros[2-2a] às taxas que o Conselho Monetário Nacional fixar[2b] e serão exigíveis em 30 de junho e 31 de dezembro ou no vencimento das prestações, se assim acordado entre as partes; no vencimento do título e na liquidação, ou por outra forma que vier a ser determinada por aquele Conselho, podendo o financiador, nas datas previstas, capitalizar tais encargos na conta vinculada à operação.

Parágrafo único. Em caso de mora, a taxa de juros constante da cédula será elevável de 1% (um por cento) ao ano.[3]

Art. 5º: 1. Súmula 16 do STJ: "A legislação ordinária sobre crédito rural não veda a incidência da correção monetária".

Art. 5º: 2. Súmula 93 do STJ: "A legislação sobre cédulas de crédito rural, comercial e industrial admite o pacto de **capitalização de juros**" (v. jurisprudência s/ esta Súmula em RSTJ 61/165 a 200).

Cf. CC 591.

Art. 5º: 2a. "As cédulas de crédito rural, comercial e industrial admitem a **capitalização** dos juros em periodicidade **mensal,** quando pactuada" (STJ-4ª T., REsp 684.492-AgRg, Min. Luis Felipe, j. 17.3.11, DJ 23.3.11).

"A legislação sobre cédulas de crédito rural admite o pacto de capitalização de juros em periodicidade inferior à semestral" (STJ-2ª Seção, REsp 1.333.977, Min. Isabel Gallotti, j. 26.2.14, DJ 12.3.14).

V. tb. Lei 6.840, de 3.11.80, art. 1º, nota 3 (no tít. TÍTULOS DE CRÉDITO COMERCIAL), e TCI 5º, nota 2.

Art. 5º: 2b. O art. 5º do Decreto-Lei 167/1967, ao determinar que as taxas de juros remuneratórios devem obedecer ao limite fixado pelo CMN, sem ressalvas quanto à possibilidade de livre pactuação, tem por objetivo evitar a fixação de taxas abusivas por parte das instituições financeiras e, simultaneamente, permitir certa flexibilidade, uma vez que o limite pode ser constantemente alterado pelo CMN. O CMN, por meio do item 1 do MCR 6-3, autorizou que as partes, em cédulas de crédito rural com recursos não controlados, pactuem livremente as taxas de juros, mas permaneceu omisso quanto à fixação de um limite, de modo que, não havendo limite estabelecido pelo CMN, as taxas acordadas entre as partes não podem ultrapassar o limite de 12% ao ano, conforme previsto no Decreto 22.626/1933. A mera **indexação da CDI** em cédulas de crédito rural, não configura abusividade, haja vista que o consignado nesta Corte Superior é que a limitação deve ser de 12% ao ano" (STJ-3ª T., REsp 1.978.445, Min. Nancy Andrighi, j. 25.10.22, DJ 28.10.22).

Art. 5º: 3. "Cédula de crédito rural. **Incidência de comissão de permanência. Impossibilidade.** Nos casos de cédulas de crédito rural, industrial e comercial, admite-se, após a inadimplência, apenas a elevação dos juros remuneratórios em 1% ao ano, correção monetária e multa contratual" (STJ-3ª T., AI 1.344.627-AgRg, Min. Sidnei Beneti, j. 23.11.10, DJ 7.12.10).

V. tb. Lei 6.840, de 3.11.80, art. 1º, nota 4 (no tít. TÍTULOS DE CRÉDITO COMERCIAL), e TCI 5º, nota 3.

Art. 6º O financiado facultará ao financiador a mais ampla fiscalização da aplicação da quantia financiada, exibindo, inclusive, os elementos que lhe forem exigidos.

Art. 7º O credor poderá, sempre que julgar conveniente e por pessoas de sua indicação, não só percorrer todas e quaisquer dependências dos imóveis referidos no título, como verificar o andamento dos serviços neles existentes.

Art. 8º Para ocorrer às despesas com os serviços de fiscalização, poderá ser ajustada na cédula taxa de comissão e fiscalização, exigível na forma do disposto no art. 5º, a qual será calculada sobre os saldos devedores da conta vinculada à operação, respondendo ainda o financiado pelo pagamento de quaisquer despesas que se verificarem com vistorias frustradas ou que forem efetuadas em consequência de procedimento seu que possa prejudicar as condições legais e cedulares.

Capítulo II[1]

Seção I | DAS CÉDULAS DE CRÉDITO RURAL

CAP. II: 1. Sem epígrafe, no original.

Art. 9º A cédula de crédito rural é promessa de pagamento em dinheiro,[1] sem ou com garantia real[2] cedularmente constituída, sob as seguintes denominações e modalidades:
I — Cédula rural pignoratícia;[3]
II — Cédula rural hipotecária;[4]
III — Cédula rural pignoratícia e hipotecária;[5]
IV — Nota de crédito rural.[6]

Art. 9º: 1. regida pelo direito cambiário (v. art. 60).

Art. 9º: 2. Lei 4.829, de 5.11.65 (v. ementário): **"Art. 28.** Exceto a hipoteca, as demais garantias reais oferecidas para segurança dos financiamentos rurais valerão entre as partes, independentemente de registro, com todos os direitos e privilégios".

Art. 9º: 3. v. arts. 14 a 19.

Art. 9º: 4. v. arts. 20 a 24. Não confundir a cédula rural hipotecária com a cédula hipotecária comum (v. tít. CÉDULA HIPOTECÁRIA).

Art. 9º: 5. v. arts. 25 a 26.

Art. 9º: 6. v. arts. 27 a 29.

Art. 10 (redação da Lei 13.986, de 7.4.20). A cédula de crédito rural é título civil, líquido e certo, transferível e de livre negociação, exigível pelo seu valor ou pelo valor de seu endosso, além dos juros, da comissão de fiscalização, se houver, e das demais despesas feitas pelo credor para a segurança, a regularidade e a realização de seu direito creditório.

§ 1º Se o emitente houver deixado de levantar qualquer parcela do crédito deferido ou tiver feito pagamentos parciais, o credor descontá-los-á da soma declarada na cédula, tornando-se exigível apenas o saldo.

§ 2º Não constando do endosso o valor pelo qual se transfere a cédula, prevalecerá o da soma declarada no título acrescido dos acessórios, na forma deste artigo, deduzido o valor das quitações parciais passadas no próprio título.

Art. 10-A (redação da Lei 13.986, de 7.4.20). A cédula de crédito rural poderá ser emitida sob a forma escritural em sistema eletrônico de escrituração.

§ 1º (redação da Lei 13.986, de 7.4.20) O sistema eletrônico de escrituração de que trata o caput deste artigo será mantido em entidade autorizada pelo Banco Central do Brasil a exercer a atividade de escrituração.

§ 2º (redação da Lei 13.986, de 7.4.20) Compete ao Banco Central do Brasil:
I (redação da Lei 13.986, de 7.4.20) — estabelecer as condições para o exercício da atividade de escrituração de que trata o § 1º deste artigo; e
II (redação da Lei 13.986, de 7.4.20) — autorizar e supervisionar o exercício da atividade prevista no inciso I deste parágrafo.

§ 3º (redação da Lei 13.986, de 7.4.20) A autorização de que trata o inciso II do § 2º deste artigo poderá, a critério do Banco Central do Brasil, ser concedida por segmento, por espécie ou por grupos de entidades que atendam a critérios específicos, dispensada a autorização individualizada.

§ 4º (redação da Lei 13.986, de 7.4.20) As infrações às normas legais e regulamentares que regem a atividade de escrituração eletrônica sujeitam a entidade responsável pelo sistema eletrônico de escrituração, os seus administradores e os membros de seus órgãos estatutários ou contratuais ao disposto na Lei n. 13.506, de 13 de novembro de 2017.

Art. 10-B (redação da Lei 13.986, de 7.4.20). A entidade responsável pelo sistema eletrônico de escrituração de que trata o art. 10-A deste Decreto-Lei expedirá, mediante solicitação, certidão de inteiro teor do título, inclusive para fins de protesto e de execução judicial.

Parágrafo único (redação da Lei 13.986, de 7.4.20). A certidão de que trata o caput deste artigo poderá ser emitida na forma eletrônica, observados os requisitos de segurança que garantam a autenticidade e a integridade do documento.

Art. 10-C (*redação da Lei 13.986, de 7.4.20*). O Banco Central do Brasil poderá regulamentar aspectos relativos à emissão, à negociação e à liquidação da cédula de crédito rural emitida sob a forma escritural.

Art. 10-D (*redação da Lei 13.986, de 7.4.20*). O sistema eletrônico de escrituração de que trata o *caput* do art. 10-A deste Decreto-Lei fará constar:
I (*redação da Lei 13.986, de 7.4.20*) — os requisitos essenciais do título;
II (*redação da Lei 13.986, de 7.4.20*) — o endosso e a respectiva cadeia de endossos, se houver;
III (*redação da Lei 13.986, de 7.4.20*) — a forma de pagamento ajustada no título;
IV (*redação da Lei 13.986, de 7.4.20*) — os aditamentos, as ratificações e as retificações de que trata o art. 12 deste Decreto-Lei;
V (*redação da Lei 13.986, de 7.4.20*) — a inclusão de notificações, de cláusulas contratuais, de informações ou de outras declarações referentes à cédula de crédito rural; e
VI (*redação da Lei 13.986, de 7.4.20*) — as ocorrências de pagamento, se houver.
Parágrafo único (*redação da Lei 13.986, de 7.4.20*). Na hipótese de serem constituídos garantias e quaisquer outros gravames e ônus, tais ocorrências serão informadas no sistema de que trata o art. 10-A deste Decreto-Lei.

Art. 11. Importa vencimento da cédula de crédito rural, independentemente de aviso ou interpelação judicial ou extrajudicial, a inadimplência de qualquer obrigação convencional ou legal do emitente do título ou, sendo o caso, do terceiro[1] prestante da garantia real.
Parágrafo único. Verificado o inadimplemento, poderá ainda o credor considerar vencidos antecipadamente todos os financiamentos rurais concedidos ao emitente e dos quais seja credor.

Art. 11: 1. O terceiro deve subscrever o título, para que se constitua a garantia (v. art. 63).

Art. 12. A cédula de crédito rural poderá ser aditada, ratificada e retificada por meio de menções adicionais e de aditivos, datados e assinados pelo emitente e pelo credor.
Parágrafo único. Se não bastar o espaço existente, continuar-se-á em folha do mesmo formato, que fará parte integrante do documento cedular.

Art. 13. A cédula de crédito rural admite amortizações periódicas e prorrogações de vencimento,[1] que serão ajustadas mediante a inclusão de cláusula, na forma prevista neste decreto-lei.

Art. 13: 1. v. art. 62.

Seção II | DA CÉDULA RURAL PIGNORATÍCIA

Art. 14. A cédula rural pignoratícia[1] conterá os seguintes requisitos, lançados no contexto:
I — Denominação "Cédula Rural Pignoratícia".

II — Data e condições de pagamento; havendo prestações periódicas ou prorrogações de vencimento, acrescentar: "nos termos da cláusula Forma de Pagamento abaixo" ou "nos termos da cláusula Ajuste de Prorrogação abaixo".

III — Nome do credor e a cláusula à ordem.

IV — Valor do crédito deferido, lançado em algarismos e por extenso, com indicação da finalidade ruralista a que se destina o financiamento concedido e a forma de sua utilização.

V — Descrição dos bens vinculados em penhor, que se indicarão pela espécie, qualidade, quantidade, marca ou período de produção, se for o caso, além do local ou depósito em que os mesmos bens se encontrarem.

VI — Taxa de juros a pagar, e da comissão de fiscalização, se houver, e o tempo de seu pagamento.

VII — Praça do pagamento.

VIII — Data e lugar da emissão.

IX (*redação da Lei 13.986, de 7.4.20*) — assinatura do emitente ou de representante com poderes especiais, admitida a assinatura sob a forma eletrônica, desde que garantida a identificação inequívoca de seu signatário.

§ 1º As cláusulas "Forma de Pagamento" ou "Ajuste de Prorrogação", quando cabíveis, serão incluídas logo após a descrição da garantia, estabelecendo-se, na primeira, os valores e datas das prestações e, na segunda, as prorrogações previstas e as condições a que está sujeita sua efetivação.

§ 2º A descrição dos bens vinculados à garantia poderá ser feita em documento à parte, em duas vias, assinadas pelo emitente e autenticadas pelo credor, fazendo-se, na cédula, menção a essa circunstância, logo após a indicação do grau do penhor e de seu valor global.

§ 3º (*redação da Lei 13.986, de 7.4.20*) Além dos requisitos previstos neste artigo, é vedado ao registrador exigir qualquer outro documento complementar, como avaliação do bem ofertado em garantia, anotação de responsabilidade técnica, reconhecimento de firma ou sinal público.

§ 4º (*redação da Lei 13.986, de 7.4.20*) É inexigível, para o registro de operações financeiras, a apresentação de Certidão Negativa de Débito (CND) para comprovação da quitação de créditos tributários, de contribuições federais e de outras imposições pecuniárias compulsórias.

§ 5º (*redação da Lei 13.986, de 7.4.20*) É vedado negar o registro do título na hipótese em que o valor da garantia seja inferior ao crédito liberado.

§ 6º (*redação da Lei 13.986, de 7.4.20*) As disposições dos §§ 3º, 4º e 5º deste artigo aplicam-se às demais cédulas e instrumentos vinculados a financiamentos rurais.

Art. 14: 1. v. modelo anexo.

Art. 15. Podem ser objeto do penhor cedular, nas condições deste decreto-lei, os bens suscetíveis de penhor rural[1] e de penhor mercantil.[2]

Art. 15: 1. v. CC 1.438 a 1.446.
Art. 15: 2. v. CC 1.447 a 1.450.

Art. 16 (*revogado expressamente pelo Dec. lei 784, de 25.8.69*).

Art. 17. Os bens apenhados continuam na posse imediata do emitente ou do terceiro prestante da garantia real, que responde por sua guarda e conservação como fiel depositário,[1] seja pessoa física ou jurídica. Cuidando-se do penhor constituído por terceiro, o emitente da cédula responderá solidariamente² com o empenhador pela guarda e conservação dos bens apenhados.

Art. 17: 1. v. CC 627 a 652.

Art. 17: 2. v. CC 275 a 285.

Art. 18. Antes da liquidação da cédula, não poderão os bens apenhados ser removidos das propriedades nela mencionadas, sob qualquer pretexto e para onde quer que seja, sem prévio consentimento escrito do credor.

Art. 19 (*redação da Lei 13.986, de 7.4.20*). Aplicam-se ao penhor constituído pela cédula rural pignoratícia as disposições das Leis ns. 10.406, de 10 de janeiro de 2002 (Código Civil),¹ 492, de 30 de agosto de 1937,² e 2.666, de 6 de dezembro de 1955,³ bem como os preceitos legais vigentes relativos a penhor rural e mercantil que não colidirem com este Decreto-Lei.

Art. 19: 1. v. CC 1.438 a 1.446.

Art. 19: 2. Lei 492, de 30.8.37 — Regula o penhor rural e a cédula pignoratícia.

V. Seç. V, nota 1, que antecede o CC 1.438.

Art. 19: 3. Lei 2.666, de 6.12.55 — Dispõe sobre o penhor dos produtos agrícolas.

Seção III | DA CÉDULA RURAL HIPOTECÁRIA

Art. 20. A cédula rural hipotecária¹ conterá os seguintes requisitos, lançados no contexto:²

I — Denominação "Cédula Rural Hipotecária".

II — Data e condições de pagamento; havendo prestações periódicas ou prorrogações de vencimento, acrescentar: "nos termos da cláusula Forma de Pagamento abaixo", ou "nos termos da cláusula Ajuste de Prorrogação abaixo".

III — Nome do credor e a cláusula à ordem.

IV — Valor do crédito deferido, lançado em algarismos e por extenso, com indicação da finalidade ruralista a que se destina o financiamento concedido e a forma de sua utilização.

V — Descrição do imóvel hipotecado com indicação do nome, se houver, dimensões, confrontações, benfeitorias, título e data de aquisição e anotações (número, livro e folha) do registro imobiliário.

VI — Taxa dos juros a pagar e a da comissão de fiscalização, se houver, e tempo de seu pagamento.

VII — Praça do pagamento.

VIII — Data e lugar da emissão.

IX (*redação da Lei 13.986, de 7.4.20*) — assinatura do emitente ou de representante com poderes especiais, admitida a assinatura sob a forma eletrônica, desde que garantida a identificação inequívoca de seu signatário.

§ 1º Aplicam-se a este artigo as disposições dos §§ 1º e 2º do art. 14 deste decreto-lei.

§ 2º Se a descrição do imóvel hipotecado se processar em documento à parte, deverão constar também da cédula todas as indicações mencionadas no item V deste artigo, exceto confrontações e benfeitorias.

§ 3º A especificação dos imóveis hipotecados, pela descrição pormenorizada, poderá ser substituída pela anexação à cédula de seus respectivos títulos de propriedade.[3]

§ 4º Nos casos do parágrafo anterior, deverão constar da cédula, além das indicações referidas no § 2º deste artigo, menção expressa à anexação dos títulos de propriedade e a declaração de que eles farão parte integrante da cédula até sua final liquidação.

Art. 20: 1. Não confundir com a cédula hipotecária comum (v. tít. CÉDULA HIPOTECÁRIA).

Art. 20: 2. v. modelo anexo.

Art. 20: 3. v. art. 32 § 4º.

Art. 21. São abrangidos pela hipoteca constituída as construções, respectivos terrenos, maquinismos, instalações e benfeitorias.

Parágrafo único. Pratica crime de estelionato e fica sujeito às penas do art. 171 do Código Penal[1] aquele que fizer declarações falsas ou inexatas acerca da área dos imóveis hipotecados, de suas características, instalações e acessórios, da pacificidade de sua posse, ou omitir, na cédula, a declaração de já estarem eles sujeitos a outros ônus ou responsabilidade de qualquer espécie, inclusive fiscais.

Art. 21: 1. A pena é de um a cinco anos de reclusão, e multa.

Art. 22. Incorporam-se na hipoteca constituída as máquinas, aparelhos, instalações e construções, adquiridos ou executados com o crédito, assim como quaisquer outras benfeitorias acrescidas aos imóveis na vigência da cédula, as quais, uma vez realizadas, não poderão ser retiradas, alteradas ou destruídas, sem o consentimento do credor, por escrito.

Parágrafo único. Faculta-se ao credor exigir que o emitente faça averbar,[1] à margem da inscrição principal, a constituição do direito real sobre os bens e benfeitorias referidos neste artigo.

Art. 22: 1. v. LRP 246-*caput*.

Art. 23. Podem ser objeto de hipoteca cedular imóveis rurais e urbanos.

Art. 24. Aplicam-se à hipoteca cedular os princípios da legislação ordinária sobre hipoteca,[1] no que não colidirem com o presente decreto-lei.

Art. 24: 1. v. CC 1.473 a 1.505, 1.419 a 1.430.

Seção IV | DA CÉDULA RURAL PIGNORATÍCIA E HIPOTECÁRIA

Art. 25. A cédula rural pignoratícia e hipotecária[1] conterá os seguintes requisitos, lançados no contexto:

I — Denominação "Cédula Rural Pignoratícia e Hipotecária".

II — Data e condições de pagamento; havendo prestações periódicas ou prorrogações de vencimentos, acrescentar: "nos termos da cláusula Forma de Pagamento abaixo" ou "nos termos da cláusula Ajuste de Prorrogação abaixo".

III — Nome do credor e a cláusula à ordem.

IV — Valor do crédito deferido, lançado em algarismos e por extenso, com indicação da finalidade ruralista a que se destina o financiamento concedido e a forma de sua utilização.

V — Descrição dos bens vinculados em penhor, os quais se indicarão pela espécie, qualidade, quantidade, marca ou período de produção, se for o caso, além do local ou depósito dos mesmos bens.

VI — Descrição do imóvel hipotecado com indicação do nome, se houver, dimensões, confrontações, benfeitorias, título e data de aquisição e anotações (número, livro e folha) do registro imobiliário.

VII — Taxa dos juros a pagar e da comissão de fiscalização, se houver, e tempo de seu pagamento.

VIII — Praça do pagamento.

IX — Data e lugar da emissão.

X (*redação da Lei 13.986, de 7.4.20*) — assinatura do emitente ou de representante com poderes especiais, admitida a assinatura sob a forma eletrônica, desde que garantida a identificação inequívoca de seu signatário.

Art. 25: 1. v. modelo anexo.

Art. 26. Aplica-se à hipoteca e ao penhor constituídos pela cédula rural pignoratícia e hipotecária o disposto nas Seções II e III do Capítulo II[1] deste decreto-lei.

Art. 26: 1. v. arts. 14 a 24.

Seção V | DA NOTA DE CRÉDITO RURAL

Art. 27. A nota de crédito rural[1] conterá os seguintes requisitos, lançados no contexto:

I — Denominação "Nota de Crédito Rural".

II — Data e condições de pagamento; havendo prestações periódicas ou prorrogações de vencimento, acrescentar: "nos termos da cláusula Forma de Pagamento abaixo" ou "nos termos da cláusula Ajuste de Prorrogação abaixo".

III — Nome do credor e a cláusula à ordem.

IV — Valor do crédito deferido, lançado em algarismos e por extenso, com indicação da finalidade ruralista a que se destina o financiamento concedido e a forma de sua utilização.

V — Taxa dos juros a pagar e da comissão de fiscalização, se houver, e tempo de seu pagamento.

VI — Praça do pagamento.

VII — Data e lugar da emissão.

VIII (*redação da Lei 13.986, de 7.4.20*) — assinatura do emitente ou de representante com poderes especiais, admitida a assinatura sob a forma eletrônica, desde que garantida a identificação inequívoca de seu signatário.

Art. 27: 1. v. modelo anexo.

Art. 28. O crédito pela nota de crédito rural tem privilégio especial sobre os bens discriminados no art. 1.563 do Código Civil.

Art. 29 (*revogado expressamente pelo Dec. lei 784, de 25.8.69*).

Arts. 30 a 40 (*revogados pela Lei 13.986, de 7.4.20*).

Capítulo IV | DA AÇÃO PARA COBRANÇAS[1] DE CÉDULA DE CRÉDITO RURAL

CAP. IV: 1. *sic.*

Art. 41. Cabe ação executiva[1] para a cobrança da cédula de crédito rural.[1a a 2]

§ 1º Penhorados os bens constitutivos da garantia real, assistirá ao credor o direito de promover, a qualquer tempo, contestada ou não a ação, a venda daqueles bens,[2a-2b] observado o disposto nos arts. 704 e 705 do Código de Processo Civil,[2c] podendo ainda levantar desde logo, mediante caução idônea, o produto líquido da venda, à conta e no limite de seu crédito, prosseguindo-se na ação.

§ 2º Decidida a ação por sentença passada em julgado, o credor restituirá a quantia ou o excesso levantado,[3] conforme seja a ação julgada improcedente total ou parcialmente, sem prejuízo doutras cominações da lei processual.

§ 3º Da caução a que se refere o § 1º dispensam-se as cooperativas rurais e as instituições financeiras públicas (art. 22 da Lei n. 4.595, de 31 de dezembro de 1964),[4] inclusive o Banco do Brasil S. A.

Art. 41: 1. v. CPC 771 e segs.

Art. 41: 1a. cf. CPC 784-XII.

Art. 41: 1b. "Cédula rural. Título executivo. Desnecessidade de assinatura de testemunhas" (STJ-3ª T., Ag 137.533-AgRg, Min. Eduardo Ribeiro, j. 25.8.97, DJU 6.10.97). No mesmo sentido: RJTAMG 40/170.

Art. 41: 1c. "A prescrição da cédula de crédito rural é regida pela Lei Uniforme" (STJ-RJ 229/40).

Art. 41: 1d. "O cônjuge do devedor de cédula rural com garantia hipotecária tem legitimidade passiva para a execução, em face da constrição de sua meação" (RSTJ 152/363). No mesmo sentido: STJ-4ª T., REsp 468.333, Min. Luis Felipe, j. 1.12.09, DJ 14.12.09.

Art. 41: 2. "O reconhecimento de alongamento de dívida de cédula de crédito rural por decisão judicial implica a extinção do processo de execução, pois o próprio título executivo perde suas características de liquidez, certeza e exigibilidade" (STJ-3ª T., AI 1.338.841-AgRg, Min. Paulo Sanseverino, j. 6.12.12, DJ 11.12.12).

Art. 41: 2a. "Oferecidos embargos pelo devedor, a venda antecipada do bem penhorado somente cabe quando indispensável (art. 1.113 do CPC)" (STJ-4ª T., REsp 31.719-1, Min. Ruy Rosado, j. 17.5.94, DJU 13.6.94). No mesmo sentido: RSTJ 40/511, STJ-RF 320/87, STJ-RT 694/202, STJ-RJ 183/53.

Art. 41: 2b. "Cédula rural hipotecária. Venda antecipada de bem penhorado. O efeito suspensivo dos embargos ofertados pelo devedor é, por via de regra, óbice à venda antecipada dos bens constitutivos da garantia real penhorada. Precedentes do STJ" (STJ-4ª T., REsp 30.067-1, Min. Fontes de Alencar, j. 8.3.93, DJU 26.4.93).

Art. 41: 2c. Os arts. 704 e 705 do CPC/39 correspondem ao CPC 730.

Art. 41: 3. v. CPC 904 e segs.

Art. 41: 4. Lei 4.595, de 31.12.64 — Dispõe sobre a política e as instituições monetárias, bancárias e creditícias, cria o Conselho Monetário Nacional e dá outras providências (RT 353/541, Lex 1964/1.499, RDA 80/467).

As instituições financeiras públicas podem ser federais ou não (art. 24 da Lei 4.595).

Capítulo V | DA NOTA PROMISSÓRIA RURAL

Art. 42. Nas vendas a prazo de bens de natureza agrícola, extrativa ou pastoril, quando efetuadas diretamente por produtores rurais ou por suas cooperativas; nos recebimentos, pelas cooperativas, de produtos da mesma natureza entregues pelos seus cooperados, e nas entregas de bens de produção ou de consumo, feitas pelas cooperativas aos seus associados poderá ser utilizada, como título de crédito, a nota promissória rural,[1-2] nos termos deste decreto-lei.

§ 1º (*redação da Lei 13.986, de 7.4.20*) A nota promissória rural emitida pelas cooperativas de produção agropecuária em favor de seus cooperados, ao receberem produtos entregues por eles, constitui promessa de pagamento representativa de adiantamento por conta do preço dos produtos recebidos para venda.

§ 2º (*redação da Lei 13.986, de 7.4.20*) A nota promissória rural poderá ser emitida sob a forma escritural, mediante lançamento em sistema eletrônico de escrituração, observado, no que couber, o disposto nos arts. 10-A, 10-B, 10-C e 10-D deste Decreto-Lei.

Art. 42: 1. regida pelo direito cambiário (v. art. 60).

Art. 42: 2. O Banco Nacional de Crédito Cooperativo pode aceitar diretamente dos cooperados, para desconto ou outras operações de crédito, notas promissórias rurais representativas do recebimento, pelas cooperativas, da produção rural dos seus associados **(Dec. lei 220, de 28.2.67,** em Lex 1967/481).

Art. 43. A nota promissória rural conterá os seguintes requisitos,[1] lançados no contexto:

I — Denominação "Nota Promissória Rural".
II — Data do pagamento.
III — Nome da pessoa ou entidade que vende ou entrega os bens e à qual deve ser paga, seguido da cláusula à ordem.
IV — Praça do pagamento.
V — Soma a pagar em dinheiro, lançada em algarismos e por extenso, que corresponderá ao preço dos produtos adquiridos ou recebidos ou no[2] adiantamento por conta do preço dos produtos recebidos para venda.
VI — Indicação dos produtos objeto da compra e venda ou da entrega.
VII — Data e lugar da emissão.
VIII (*redação da Lei 13.986, de 7.4.20*) — assinatura do emitente ou de representante com poderes especiais, admitida a assinatura sob a forma eletrônica, desde que garantida a identificação inequívoca do signatário.

Art. 43: 1. v. modelo anexo.
Art. 43: 2. *sic*; deve ser "ao".

Art. 44. Cabe ação executiva[1] para a cobrança da nota promissória rural.
Parágrafo único. Penhorados os bens indicados na nota promissória rural, ou, em sua vez, outros da mesma espécie, qualidade e quantidade pertencentes ao emitente, assistirá ao credor o direito de proceder nos termos do § 1º do art. 41, observado o disposto nos demais parágrafos do mesmo artigo.

Art. 44: 1. v. CPC 771 e segs.

Art. 45. A nota promissória rural goza de privilégio especial sobre os bens enumerados no art. 1.563 do Código Civil.

Capítulo VI | DA DUPLICATA RURAL

Art. 46. Nas vendas a prazo de quaisquer bens de natureza agrícola, extrativa ou pastoril, quando efetuadas diretamente por produtores rurais ou por suas cooperativas, poderá ser utilizada também, como título de crédito, a duplicata rural,[1-2] nos termos deste decreto-lei.

Parágrafo único (redação da Lei 13.986, de 7.4.20). A duplicata rural poderá ser emitida sob a forma escritural, mediante lançamento em sistema eletrônico de escrituração, observado, no que couber, o disposto nos arts. 10-A, 10-B, 10-C e 10-D deste Decreto-Lei.

Art. 46: 1. regida pela legislação cambiária (v. art. 60).

Art. 46: 2. v. art. 54.

Art. 47. Emitida a duplicata rural pelo vendedor, este ficará obrigado a entregá-la ou a remetê-la ao comprador, que a devolverá depois de assiná-la.

Art. 48. A duplicata rural conterá os seguintes requisitos,[1] lançados no contexto:

I — Denominação "Duplicata Rural".

II — Data do pagamento, ou a declaração de dar-se a tantos dias da data da apresentação ou de ser à vista.

III — Nome e domicílio do vendedor.

IV — Nome e domicílio do comprador.

V — Soma a pagar em dinheiro, lançada em algarismos e por extenso, que corresponderá ao preço dos produtos adquiridos.

VI — Praça do pagamento.

VII — Indicação dos produtos objeto da compra e venda.

VIII — Data e lugar da emissão.

IX — Cláusula à ordem.

X — Reconhecimento de sua exatidão e a obrigação de pagá-la, para ser firmada do próprio punho do comprador ou de representante com poderes especiais.

XI (redação da Lei 13.986, de 7.4.20) — assinatura do emitente ou de representante com poderes especiais, admitida a assinatura sob a forma eletrônica, desde que garantida a identificação inequívoca de seu signatário.

Art. 48: 1. v. modelo anexo.

Art. 49. A perda ou extravio da duplicata rural obriga o vendedor a extrair novo documento que contenha a expressão "segunda via" em linhas paralelas que cruzem o título.

Art. 50. A remessa da duplicata rural poderá ser feita diretamente pelo vendedor ou por seus representantes, por intermédio de instituições financiadoras, procuradores ou correspondentes, que se incumbem de apresentá-la ao comprador, na praça ou no lugar de seu domicílio, podendo os intermediários devolvê-la depois de assinada ou conservá-la em seu poder até o momento do resgate, segundo as instruções de quem lhe cometeu o encargo.

Art. 51. (redação da Lei 13.986, de 7.4.20). Na hipótese de a duplicata rural não ser paga à vista, o comprador deverá devolvê-la ao apresentante, no prazo de 10 (dez) dias, contado da data de apresentação, devidamente assinada ou acompanhada de declaração, que conterá as razões da falta de aceite.

Parágrafo único. Na hipótese de não devolução do título dentro do prazo a que se refere este artigo, assiste ao vendedor o direito de protestá-lo por falta de aceite.

Art. 52. Cabe ação executiva[1] para cobrança da duplicata rural.

Art. 52: 1. v. nota 1 ao art. 44.

Art. 53. A duplicata rural goza de privilégio especial sobre os bens enumerados no art. 1.563 do Código Civil.

Art. 54. Incorrerá na pena de reclusão por um a quatro anos, além da multa de 10% (dez por cento) sobre o respectivo montante, o que expedir duplicata rural que não corresponda a uma venda efetiva de quaisquer dos bens a que se refere o art. 46, entregues real ou simbolicamente.

Capítulo VII | DISPOSIÇÕES ESPECIAIS

Seção I | DAS GARANTIAS DA CÉDULA DE CRÉDITO RURAL

Art. 55. Podem ser objeto de penhor cedular os gêneros oriundos da produção agrícola, extrativa ou pastoril, ainda que destinados a beneficiamento ou transformação.

Art. 56. Podem ainda ser objeto de penhor cedular os seguintes bens e respectivos acessórios, quando destinados aos serviços das atividades rurais:

I — caminhões, camionetas de carga, furgões, jipes e quaisquer veículos automotores ou de tração mecânica;

II — carretas, carroças, carros, carroções e quaisquer veículos não automotores;

III — canoas, barcas, balsas e embarcações fluviais, com ou sem motores;

IV — máquinas e utensílios destinados ao preparo de rações ou ao beneficiamento, armazenagem, industrialização, frigorificação, conservação, acondicionamento e transporte de produtos e subprodutos agropecuários ou extrativos, ou utilizados nas atividades rurais, bem como bombas, motores, canos e demais pertences de irrigação;

V — incubadoras, chocadeiras, criadeiras, pinteiros e galinheiros desmontáveis ou móveis, gaiolas, bebedouros, campânulas e quaisquer máquinas e utensílios usados nas explorações avícolas e agropastoris.

Parágrafo único. O penhor será anotado nos assentamentos próprios da repartição competente para expedição de licença dos veículos, quando for o caso.

Art. 57 (*redação da Lei 14.421, de 20.7.22*). Os bens apenhados poderão ser objeto de novo penhor cedular em grau subsequente ao penhor originalmente constituído.

Art. 58. Em caso de mais de um financiamento, sendo os mesmos o emitente da cédula, o credor e os bens apenhados, poderá estender-se aos financiamentos subsequentes o penhor originariamente constituído, mediante menção da extensão nas cédulas posteriores, reputando-se um só penhor com cédulas rurais distintas.

§ 1º A extensão será apenas averbada[1] à margem da inscrição[2] anterior e não impede que sejam vinculados outros bens à garantia.

§ 2º (revogado pela Lei 14.421, de 20.7.22).

§ 3º Não será possível a extensão da garantia se tiver havido endosso ou se os bens vinculados já houverem sido objeto de nova gravação para com terceiros.

Art. 58: 1. v. LRP 246-*caput*.

Art. 58: 2. Registro, e não inscrição (LRP 167-I-13 c/c 168).

Art. 59. A venda dos bens apenhados ou hipotecados pela cédula de crédito rural depende de prévia anuência do credor, por escrito.

Art. 60. Aplicam-se à cédula de crédito rural, à nota promissória rural e à duplicata rural, no que forem cabíveis, as normas de direito cambial, inclusive quanto a aval, dispensado, porém, o protesto para assegurar o direito de regresso contra endossantes e seus avalistas.[1]

§ 1º (redação da Lei 6.754, de 17.12.79) O endossatário ou o portador de nota promissória rural ou duplicata rural não tem direito de regresso contra o primeiro endossante e seus avalistas.

§ 2º (redação da Lei 6.754, de 17.12.79) É nulo o aval dado em nota promissória rural ou duplicata rural, salvo quando dado pelas pessoas físicas participantes da empresa emitente ou por outras pessoas jurídicas.

§ 3º (redação da Lei 6.754, de 17.12.79) Também são nulas quaisquer outras garantias, reais ou pessoais, salvo quando prestadas pelas pessoas físicas participantes da empresa emitente, por esta ou por outras pessoas jurídicas.[2]

§ 4º (redação da Lei 6.754, de 17.12.79) Às transações realizadas entre produtores rurais e entre estes e suas cooperativas não se aplicam as disposições dos parágrafos anteriores.

Art. 60: 1. v. LCU 71, nota 1.

Art. 60: 2. "As mudanças no Decreto-lei 167/67 não tiveram como alvo as cédulas de crédito rural. Por isso elas nem sequer foram mencionadas nas proposições que culminaram com a aprovação da Lei 6.754/79, que alterou o Decreto-lei referido. A interpretação sistemática do art. 60 do Decreto-lei 167/67 permite inferir que o significado da expressão 'também são nulas outras garantias, reais ou pessoais', disposta no seu § 3º, refere-se diretamente ao § 2º, ou seja, não se dirige às cédulas de crédito rural, mas apenas às notas e duplicatas rurais. Vedar a possibilidade de oferecimento de crédito rural direto mediante a constituição de garantia de natureza pessoal (aval) significa obstruir o acesso a ele pelo pequeno produtor ou só o permitir em linhas de crédito menos vantajosas" (STJ-3ª T., REsp 1.483.853, Min. Moura Ribeiro, j. 4.11.14, DJ 18.11.14). No mesmo sentido: STJ-4ª T., REsp 1.562.179-AgRg, Min. Antonio Ferreira, j. 15.3.16, DJ 21.3.16; STJ-2ª T., REsp 1.715.067, Min. Herman Benjamin, j. 3.4.18, DJ 25.5.18.

Contra: "É nulo o aval prestado por terceiro, pessoa física, em cédula de crédito rural emitida também por pessoa física, nos termos do disposto no art. 60, § 3º, do Dec. lei 167/67" (STJ-3ª T., REsp 1.353.244, Min. Sidnei Beneti, j. 28.5.13, RT 936/454). Em sentido semelhante: STJ-4ª T., REsp 1.249.907-AgRg, Min. Luis Felipe, j. 8.5.14, DJ 16.5.14.

Seção II — DOS PRAZOS E PRORROGAÇÕES DA CÉDULA DE CRÉDITO RURAL

Art. 61 (redação da Lei 14.421, de 20.7.22). O prazo do penhor rural, agrícola ou pecuário, não excederá o da obrigação garantida e, embora vencido, permanecerá a garantia enquanto subsistirem os bens que a constituem[1] ou a obrigação garantida.

Parágrafo único (*revogado pela Lei 14.421, de 20.7.22*).

Art. 61: 1. v. CC 1.439.

Art. 62 (*redação da Lei 14.421, de 20.7.22*). Nas prorrogações de que trata o art. 13 deste Decreto-lei, ainda que efetuadas após o vencimento original da operação, ficam dispensadas a lavratura de termo aditivo e a assinatura do emitente, bastando, para todos os efeitos, a anotação pelo credor no instrumento de crédito, salvo nas hipóteses estabelecidas pelo poder público.

Parágrafo único (*revogado pela Lei 14.421, de 20.7.22*).

Capítulo VIII | DISPOSIÇÕES GERAIS

Art. 63. Dentro do prazo da cédula, o credor, se assim o entender, poderá autorizar o emitente a dispor de parte ou de todos os bens da garantia, na forma e condições que convencionarem.

Art. 64. Os bens dados em garantia assegurarão o pagamento do principal, juros, comissões, pena convencional, despesas legais e convencionais, com as preferências estabelecidas na legislação em vigor.

Art. 65 (*redação da Lei 13.986, de 7.4.20*). Na hipótese de redução do valor dos bens oferecidos em garantia, o emitente reforçará a garantia por meio de suporte cartular ou escritural, no prazo de 15 (quinze) dias, contado da data de recebimento da notificação por escrito que o credor lhe fizer.

Parágrafo único. Nos casos de substituição de animais por morte ou inutilização, assiste ao credor o direito de exigir que os substitutos sejam da mesma espécie e categoria dos substituídos.

Art. 66. Quando o penhor for constituído por animais, o emitente da cédula fica obrigado a manter todo o rebanho, inclusive os animais adquiridos com o financiamento, se for o caso, protegidos[1] pelas medidas sanitárias e profiláticas recomendadas em cada caso, contra a incidência de zoonoses, moléstias infecciosas ou parasitárias de ocorrência frequente na região.

Art. 66: 1. *sic*; deve ser "protegido".

Art. 67. Nos financiamentos pecuários, poderá ser convencionado que o emitente se obriga a não vender, sem autorização por escrito do credor, durante a vigência do título, crias fêmeas ou vacas aptas à procriação, assistindo ao credor, na hipótese de não observância dessas condições, o direito de dar por vencida a cédula e exigir o total da dívida dela resultante, independentemente de aviso extrajudicial ou interpelação judicial.

Art. 68. Se os bens vinculados em penhor ou em hipoteca à cédula de crédito rural pertencerem a terceiros, estes subscreverão também o título, para que se constitua a garantia.

Art. 69. Os bens objeto de penhor ou de hipoteca constituídos pela cédula de crédito rural não serão penhorados,[1 a 6] arrestados ou sequestrados por outras dívidas do emitente ou do terceiro empenhador ou hipotecante, cumprindo ao emitente ou ao terceiro empenhador ou hipotecante denunciar a existência da cédula às autoridades incumbidas da diligência ou a quem a determinou, sob pena de responderem pelos prejuízos resultantes de sua omissão.

Art. 69: 1. v. CPC 831 e segs.

S/ alegação da impenhorabilidade do bem penhorado, independentemente da apresentação de embargos, v., no CPCLPV, CPC 833, nota 3a.

Art. 69: 1a. "É possível se **relativizar a impenhorabilidade** prevista no art. 69 do Dec. lei 167/67, pois o objetivo da regra é proteger a satisfação do crédito e o direito de preferência do credor hipotecário" (STJ-4ª T., REsp 318.328, Min. Raul Araújo, j. 15.5.12, DJ 29.5.12). No mesmo sentido: STJ-3ª T., Ag em REsp 285.586-AgRg, Min. Sidnei Beneti, j. 16.4.13, DJ 3.5.13.

"A **impenhorabilidade** conferida pelo art. 69 do Decreto-lei n. 167/67 ao bem dado em garantia na cédula de crédito rural **não é absoluta,** podendo ser relativizada na hipótese em que não houver risco de esvaziamento da garantia, tendo em vista o valor do bem ou a preferência do crédito cedular" (STJ-4ª T., REsp 1.470.352-AgInt, Min. Antonio Ferreira, j. 25.9.18, DJ 1.10.18). No mesmo sentido: STJ-3ª T., Ag em REsp 128.211-AgRg, Min. Paulo Sanseverino, j. 6.8.13, DJ 15.8.13.

Todavia, no sentido de que "a impenhorabilidade não pode ser contornada, mesmo no caso em que o credor hipotecário admite a penhora desses bens": RTJ 114/1.212.

Art. 69: 1b. Penhora de bem vinculado à cédula de crédito, em **execução movida pela Fazenda Pública.** "É tranquilo o entendimento no seio do STJ no sentido de que os bens gravados com hipoteca oriunda de cédulas de crédito rural podem ser penhorados para satisfazer débito fiscal, ora por não ser absoluta a impenhorabilidade ditada pelos Decretos-leis ns. 167/69 e 413/69, ora pela preferência outorgada aos créditos tributários" (STJ-1ª T., REsp 309.853, Min. José Delgado, j. 7.6.01, DJU 27.8.01).

Contra, entendendo que a impenhorabilidade "prevalece até contra a Fazenda Pública": RT 493/117, 785/239, JTA 37/47.

V., no tít. TÍTULOS DE CRÉDITO INDUSTRIAL, Dec. lei 413/69, art. 57, nota 1b, 2º § (penhora, em execução fiscal, de bem objeto de cédula de crédito industrial).

Art. 69: 1c. Penhora de bem vinculado à cédula de crédito, em **execução movida por outro credor com direito real de garantia.** Neste caso, a impenhorabilidade "não prevalece contra os outros credores também titulares do direito real de garantia, sob pena de se admitir o contrassenso de ficar esse direito esvaziado, ou sem eficácia. Prevalece, nessa hipótese, o princípio da prioridade, que impera nessa matéria" (RT 493/115; JTA 37/99).

Art. 69: 2. "Se a dívida garantida por cédula rural pignoratícia foi liquidada com recursos obtidos de terceiro, cancelando-se o gravame no registro de imóveis, pode o bem ser penhorado em execução, fundada em outro título" (RTJ 125/819).

Art. 69: 2a. A impenhorabilidade dos livros, máquinas, utensílios e instrumentos necessários ou úteis ao exercício de qualquer profissão (CPC 833-V) "não alcança os bens dados pelo executado em garantia real da obrigação consignada em cédula de crédito rural pignoratícia, podendo o credor, se vencida e não paga a dívida, promover a penhora dos bens gravados, para satisfação de seu crédito" (RSTJ 52/199).

Art. 69: 2b. "O privilégio que resulta da garantia, em favor do credor cedular, consiste no direito de prelação, concretizado no fato de pagar-se prioritariamente, com o produto da venda judicial do bem objeto da garantia excutida, em face de insolvência ou descumprimento do contrato, destinado eventual sobejo aos demais credores, que a ele concorrerão *pro rata*, caso em que o tratamento legal discriminatório não pode ser apodado de anti-isonômico, já que justificado pela existência da garantia real que reveste o crédito privilegiado" (RTJ 158/971).

Art. 69: 3. "O emitente de cédula rural pignoratícia e hipotecária é legitimado para, por meio de embargos do devedor, opor exceção de impenhorabilidade do bem dado em penhor ou em hipoteca, em execução por outra dívida, até porque se o não fizer responde pelos prejuízos causados ao credor por sua omissão (art. 69 do Dec. lei 167/67)" (STJ-3ª T., Ag 11.499-AgRg, Min. Dias Trindade, j. 28.6.91, DJU 26.8.91). No mesmo sentido: STJ-3ª T., REsp 16.893-0, Min. Waldemar Zveiter, j. 24.3.92, DJU 13.4.92.

Art. 69: 4. "O bem objeto de gravame em cédula de crédito rural só é impenhorável **até o vencimento da dívida**, podendo posteriormente ser constrito por outros débitos, mantido o direito de prelação do credor hipotecário" (STJ-4ª T., REsp 539.977, Min. Cesar Rocha, j. 9.9.03, DJU 28.10.03). No mesmo sentido: STF-1ª T., RE 140.437-0, Min. Ilmar Galvão, j. 7.6.94, DJU 3.2.95.

Art. 69: 4a. Os bens hipotecados através de cédula rural podem ser penhorados em **execução movida pelo mesmo credor,** cujo objeto seja outro crédito (STJ-4ª T., REsp 532.946, Min. Cesar Rocha, j. 21.8.03, DJU 13.10.03).

Art. 69: 5. "Os bens dados para garantia hipotecária em cédula rural são impenhoráveis; todavia, declarada a insolvência do devedor, cessam os efeitos dessa imunidade executiva, instalando-se o concurso universal de credores" (STJ-RT 803/182).

Art. 69: 6. "O **crédito alimentar** pode ser cobrado mediante penhora sobre o bem dado em hipoteca para garantia de crédito rural (art. 69 do Dec. lei 167/67), por ser crédito privilegiado (assim como o tributário e o trabalhista, uma vez que a Constituição constrange o pagamento da obrigação alimentar com a prisão civil" (RSTJ 183/382).

Art. 70. O emitente da cédula de crédito rural, com ou sem garantia real, manterá em dia o pagamento dos tributos e encargos fiscais, previdenciários e trabalhistas de sua responsabilidade, inclusive a remuneração dos trabalhadores rurais, exibindo ao credor os respectivos comprovantes sempre que lhe forem exigidos.

Art. 71 (redação da Lei 13.986, de 7.4.20). Em caso de cobrança em processo contencioso ou não, judicial ou administrativo, o emitente da cédula de crédito rural ou da nota promissória rural ou o aceitante da duplicata rural responderá ainda pela multa de até 2% (dois por cento) sobre o principal[1-1a] e acessórios em débito,[1b a 2] devida a partir do primeiro despacho da autoridade competente na petição de cobrança ou de habilitação de crédito.

Art. 71: 1. Súmula 16 do STJ: "A legislação ordinária sobre crédito rural não veda a incidência da correção monetária" (v. jurisprudência s/ esta Súmula em RSTJ 16/411). No mesmo sentido: RSTJ 11/415, 13/390, 14/373, 22/306, 23/367, 32/256, 105/330; STJ-RT 664/181, 667/178, 677/229, 686/207, 700/215; STJ-RF 308/116.

"Ao admitir a incidência de correção monetária em cédula de crédito rural, com base na Súmula 16 do STJ, o acórdão recorrido não violou o princípio genérico da reserva legal (CF, art. 5º, II). Tal disposição não demanda a existência de fonte legal específica" (STF-1ª T., Ag 163.023-1-AgRg, Min. Ilmar Galvão, j. 5.9.95, DJU 13.10.95).

"Crédito rural. Correção monetária. Em se tratando de caso em que não houve previsão contratual, a correção monetária não tem incidência, tal a orientação da 2ª Seção do STJ: REsp 2.482 e REsp 6.230" (STJ-3ª T., REsp 28.514-1, Min. Nilson Naves, j. 24.11.92, DJU 17.12.92; neste sentido: RSTJ 42/370; STJ-4ª T., REsp 20.314-8, Min. Barros Monteiro, j. 9.2.93, DJU 5.4.93), "sendo devida, em casos tais, somente após o vencimento da obrigação" (STJ-4ª T., REsp 17.787-0, Min. Sálvio de Figueiredo, j. 29.6.92, DJU 14.9.92, rep.).

"É cabível a correção monetária do valor da cédula rural" (STJ-4ª T., REsp 4.373, Min. Fontes de Alencar, j. 11.9.90, DJU 9.10.90).

"Não pactuada correção monetária em contrato de mútuo rural, ela somente se mostra devida após o vencimento da obrigação" (STJ-4ª T., REsp 25.948-8, Min. Sálvio de Figueiredo, j. 29.9.92, DJU 26.10.92).

Art. 71: 1a. "É ilegal a cláusula inserta em nota de crédito rural, atribuindo à ANBID a fixação da taxa de encargos financeiros suportados pelo devedor. Resolução n. 1.143, de 26.6.86, do CMN, e Circular 1.047, de 9.7.86, do BACEN. Emitida a nota depois da vigência do Código de Defesa do Consumidor, a cláusula que dispõe sobre essa taxa não atende às exigências do art. 54, § 3º, relativa aos contratos de adesão" (RSTJ 78/302).

S/ ANBID, v. Súmula 176 do STJ, em CC 406, nota 3.

Art. 71: 1b. "A ideia de pacto prevista na Súmula 93 do STJ, sob a ótica do Código de Defesa do Consumidor", por Márcio Mello Casado (RT 753/115).

Art. 71: 1c. Súmula 93 do STJ: "A legislação sobre cédulas de crédito rural, comercial e industrial admite o pacto de **capitalização de juros**" (v. jurisprudência s/ esta Súmula em RSTJ 61/165). No mesmo sentido: RSTJ 53/326, v.u. quanto ao mérito, RSTJ 61/180, 76/277, 79/155, 136/329.

Todavia, em matéria de crédito rural: "Indevida é a capitalização mensal dos juros, uma vez não expressamente pactuada" (STJ-4ª T., REsp 31.664-2, Min. Barros Monteiro, j. 9.3.93, DJU 12.4.93). No mesmo sentido: RSTJ 42/487; STJ-4ª T., REsp 28.035-0, Min. Athos Carneiro, j. 30.11.92, DJU 17.12.92; STJ-3ª T., REsp 28.439-2, Min. Nilson Naves, j. 24.11.92, DJU 17.12.92; STJ-RJTJERGS 200/51.

"Possível é a capitalização mensal dos juros nas cédulas rurais, desde que haja autorização do Conselho Monetário Nacional e seja expressamente pactuada, não sendo suficiente a referência ao método hamburguês" (RSTJ 95/330). No mesmo sentido: RSTJ 55/190.

Art. 71: 2. Para que a multa incida, ela deve ter sido expressamente pactuada (RTJ 89/973, maioria, 106/374, STF-JTA 91/238; STJ-3ª T., REsp 50.118-0, Min. Eduardo Ribeiro, j. 12.9.94, DJU 10.10.94; RT 631/157, JTA 88/117). **Contra:** RTJ 81/140.

A incidência da multa não inibe a condenação da parte ao pagamento de honorários advocatícios (RTJ 81/140, 86/877, RT 506/145, JTA 49/66, RAMPR 45/253). V. tb. Súmula 616 do STF, em CPCLPV, CPC 85, nota 11.

Cf., quanto à cédula de crédito industrial, art. 58, nota 2, do Dec. lei 413, de 9.1.69, no tít. TÍTULOS DE CRÉDITO INDUSTRIAL.

Art. 72. As cédulas de crédito rural, a nota promissória rural e a duplicata rural poderão ser redescontadas[1] no Banco Central da República do Brasil, nas condições estabelecidas pelo Conselho Monetário Nacional.

Art. 72: 1. v. art. 42, nota 2.

Art. 73. É também da competência do Conselho Monetário Nacional a fixação das taxas de desconto da nota promissória rural e da duplicata rural, que poderão ser elevadas de 1% ao ano em caso de mora.

Art. 74. Dentro do prazo da nota promissória rural e da duplicata rural, poderão ser feitos pagamentos parciais.

Parágrafo único. Ocorrida a hipótese, o credor declarará, no verso do título, sobre sua assinatura, a importância recebida e a data do recebimento, tornando-se exigível apenas o saldo.

Art. 75. Na hipótese de nomeação, por qualquer circunstância, de depositário para os bens apenhados, instituído judicial ou convencionalmente, entrará ele também na posse imediata das máquinas e de todas as instalações e pertences acaso necessários à transformação dos referidos bens nos produtos a que se tiver obrigado o emitente na respectiva cédula.

Art. 76 (revogado pela Lei 14.421, de 20.7.22).

Art. 77. As cédulas de crédito rural, a nota promissória rural e a duplicata rural obedecerão aos modelos anexos de ns. 1 a 6.

Parágrafo único. Sem caráter de requisito essencial, as cédulas de crédito rural poderão conter disposições que resultem das peculiaridades do financiamento rural.

Art. 78. A exigência constante do art. 22 da Lei n. 4.947, de 6 de abril de 1966,[1] não se aplica às operações de crédito rural proposta[2] por produtores rurais e suas cooperativas, de conformidade com o disposto no art. 37 da Lei n. 4.829, de 5 de novembro de 1965.[3]

Parágrafo único. A comunicação do Instituto Brasileiro de Reforma Agrária, de ajuizamento da cobrança de dívida fiscal ou de multa, impedirá a concessão de crédito rural ao devedor,[4] a partir da data do recebimento da comunicação, pela instituição financiadora, salvo se for depositado em juízo o valor do débito em litígio.

Art. 78: 1. Lei 4.947, de 6.4.66 — Fixa normas de direito agrário, dispõe sobre o sistema de organização e funcionamento do Instituto Brasileiro de Reforma Agrária, e dá outras providências (RT 369/363, Lex 1966/478, RF 215/388).

Art. 78: 2. *sic*; deve ser "propostas".

Art. 78: 3. Lei 4.829, de 5.11.65: v. ementário.

Art. 78: 4. Dec. lei 1.715, de 22.11.79 — Regula a expedição de certidão de quitação de tributos federais e extingue a declaração de devedor remisso (Lex 1979/909, RF 268/483, Bol. AASP 1.095/2):

"Art. 4º É facultado às empresas públicas, sociedades de economia mista e fundações, criadas, instituídas ou mantidas pela União, deixarem de contratar com pessoas que se encontrem em débito com a Fazenda Nacional.

"Parágrafo único. Para os efeitos previstos neste artigo, será divulgada, periodicamente, relação de devedores por créditos tributários devidos à Fazenda Nacional, na forma e condições estabelecidas pelo Ministro da Fazenda.

"Art. 5º Fica extinta, para todos os efeitos legais, a declaração de devedor remisso à Fazenda Nacional".

Capítulo IX | DISPOSIÇÕES TRANSITÓRIAS

Art. 79. Este decreto-lei entrará em vigor noventa (90) dias depois de publicado, revogando-se a Lei n. 3.253, de 27 de agosto de 1957,[1] e as disposições em contrário.

Art. 79: 1. Lei 3.253, de 27.8.57 — Cria cédulas de crédito rural, e dá outras providências (RT 265/897 e 267/843, p. vets., Lex 1957/552 e 642, p. vets.).

Art. 80. As folhas em branco dos livros de registro das "Cédulas de Crédito Rural" sob o império da Lei n. 3.253, de 27 de agosto de 1957, serão inutilizadas, na data da vigência do presente decreto-lei, pelo chefe da repartição arrecadadora federal a que pertencem, e devidamente guardados os livros.

Brasília, 14 de fevereiro de 1967; 146º da Independência e 79º da República — H. CASTELLO BRANCO — **Severo Fagundes Gomes** — **Octávio Bulhões.**

CÉDULA RURAL PIGNORATÍCIA

N. .... Vencimento em .... de .... de 20 ....

R$ ....

A .... de .... de 20......... pagar .... por esta Cédula Rural Pignoratícia....................

a .... ou à sua ordem, a quantia de ....

....

em moeda corrente, valor do crédito deferido para financiamento de ....

....

....

e que será utilizado do seguinte modo: ....

....

....

Os juros são devidos à taxa de .... ao ano

....

sendo de .... a comissão de fiscalização ....

....

O pagamento será efetuado na praça de ....

Os bens vinculados são os seguintes: ....
....
....

CÉDULA RURAL HIPOTECÁRIA

N. .... Vencimento em .... de .... de 20 ....
R$ ....
A .... de ....de 20 .... pagar ....por esta Cédula Rural Hipotecária
.... a .... ou à sua ordem, a quantia de

em moeda corrente, valor do crédito deferido para financiamento de ....
....
....

e que será utilizado do seguinte modo: ....
....
....

Os juros são devidos à taxa de ....
ao ano ....

sendo de .... a comissão de fiscalização ....
....
....

O pagamento será efetuado na praça de ....
....

Os bens vinculados são os seguintes:..
....
....

CÉDULA RURAL PIGNORATÍCIA E HIPOTECÁRIA

N. .... Vencimento em .... de .... de 20 ....
R$ ....
A .... de .... de 20 .... pagar .... por esta Cédula Rural Pignoratícia Rural[1] e
Hipotecária .... a ....
.... ou à sua ordem, a quantia de ....

em moeda corrente, valor do crédito deferido para financiamento de ....
....
....

e que será utilizado do seguinte modo: ....
....
....

Os juros são devidos à taxa de .... ao ano ....
....

sendo de .... a comissão de fiscalização ....

....
....

O pagamento será efetuado na praça de ....

Os bens vinculados são os seguintes: ....
....
....

1. *sic*; no modelo publicado, está duas vezes a palavra "rural".

NOTA DE CRÉDITO RURAL

N. .... Vencimento em .... de .... de 20 ....

R$ ....

A .... de .... de 20 ...., pagar por esta Nota de Crédito Rural ....
a .... ou à sua ordem a quantia de ....
....
em moeda corrente, valor do crédito deferido para financiamento de ....
....
....
....
....
....

e que será utilizado do seguinte modo: ....
....
....

Os juros são devidos à taxa de .... ao ano
....
....

sendo de .... a comissão de fiscalização ....

O pagamento será efetuado na praça de ....
....
....

Os bens vinculados são os seguintes: ....
....
....
....

NOTA PROMISSÓRIA RURAL

N. .... Vencimento em ...... de .... de 20 ....

R$ ....

A .... de .... de 20 ...., por esta Nota Promissória Rural, pagar ....
a .... ou à sua ordem na praça de ....
a quantia de .... valor da compra que lhe fiz ....

.... entrega que me (nos) foi feita ....
dos seguintes bens de sua propriedade: ....
....
....
....
....

DUPLICATA RURAL

Vencimento em ...... de .... de 20 ....
R$ ....
Sr. .... estabelecido em ....
deve a ...., estabelecido em ....
a importância de ....
valor da compra dos seguintes bens: ....
....
....
....
....
....
....

....
(Local e data)

....
(Assinatura do vendedor)

Reconheço(cemos) a exatidão desta duplicata rural, na importância acima, que pagarei(emos) a ....
ou à sua ordem, na praça de ....

....
(Local e data)

....
(Assinatura do comprador)

Usucapião Especial

Lei n. 6.969, de 10 de dezembro de 1981

Dispõe sobre a aquisição, por usucapião especial,[1-2] de imóveis rurais,[3] altera a redação do § 2º do art. 589 do Código Civil e dá outras providências.

O Presidente da República,
Faço saber que o Congresso Nacional decreta e eu sanciono a seguinte lei:

LEI 6.969: 1. "Usucapião constitucional rural em áreas inferiores ao módulo rural", por João Cesar dos Santos (Ajuris 89/155).

LEI 6.969: 2. CF: "Art. 191. Aquele que, não sendo proprietário de imóvel rural ou urbano, possua como seu, por cinco anos ininterruptos, sem oposição, área de terra, em zona rural, não superior a cinquenta hectares, tornando-a produtiva por seu trabalho ou de sua família, tendo nela sua moradia, adquirir-lhe-á a propriedade.

"Parágrafo único. Os imóveis públicos não serão adquiridos por usucapião".

V. tb. CC 1.239.

LEI 6.969: 3. s/ usucapião especial de imóvel **urbano**, v. adiante, Lei 10.257, de 10.7.01, arts. 9º a 14.

Art. 1º Todo aquele que, não sendo proprietário[1] rural nem urbano, possuir como sua, por 5 (cinco) anos[1a-1b] ininterruptos, sem oposição, área rural contínua, não excedente de 25 (vinte e cinco) hectares,[1c] e a houver tornado produtiva com seu trabalho e nela tiver sua morada, adquirir-lhe-á o domínio, independentemente de justo título e boa-fé, podendo requerer ao juiz que assim o declare por sentença, a qual servirá de título para transcrição no registro de imóveis.

Parágrafo único. Prevalecerá a área do módulo rural[2] aplicável à espécie, na forma da legislação específica, se aquele for superior a 25 (vinte e cinco) hectares.

Art. 1º: 1. "Usucapião especial. Área rural. Admissibilidade. Usucapiente que possui cessão de posse de outro imóvel. Certidão que atesta a inexistência de imóveis em seu nome. Hipótese, ademais, que não se confunde com a propriedade do bem, não havendo que se falar em impedimento para pretensão usucapienda. Inteligência do art. 191 da CF/88" (RT 932/962: TJPE, AP 219.052-7; ementa da redação).

Art. 1º: 1a. "Cuidando-se de direito novo, a prescrição aquisitiva de terras particulares com fundamento na Lei 6.969/81, que instituiu o usucapião especial, começa a correr da data da sua entrada em vigor" (RT 666/79, maioria). No mesmo sentido: STF-RT 758/129, RT 676/102, RJTJERGS 139/255, JTAERGS 81/145.

Quanto à usucapião especial urbana, v. Lei 10.257/01, art. 9º, nota 1, a seguir.

Art. 1º: 1b. Negando a *accessio possessionis* no caso, ou seja, não permitindo que o possuidor some sua posse com a do antecessor para a caracterização da usucapião: JTA 179/197.

A respeito de *accessio possessionis* em usucapião especial urbana de área coletiva, v., a seguir, Lei 10.257, de 10.7.01, art. 10 § 1º.

Usucapião Especial – Lei n. 6.969, de 10.12.81, arts. 1º a 4º

Art. 1º: 1c. Aumentado para 50 hectares pela CF 191. V. tb. CC 1.239.

Art. 1º: 2. Definição de módulo: ET 4º-III c/c 5º.

Art. 2º A usucapião especial, a que se refere esta lei, abrange as terras particulares e as terras devolutas, em geral, sem prejuízo de outros direitos conferidos ao posseiro, pelo Estatuto da Terra[1] ou pelas leis que dispõem sobre processo discriminatório de terras devolutas.

Art. 2º: 1. v. ET 97 a 102 (no tít. TERRA).

Art. 3º A usucapião especial não ocorrerá nas áreas indispensáveis à segurança nacional,[1] nas terras habitadas por silvícolas, nem nas áreas de interesse ecológico, consideradas como tais as reservas biológicas ou florestais e os parques nacionais, estaduais ou municipais, assim declarados pelo Poder Executivo, assegurada aos atuais ocupantes a preferência para assentamento em outras regiões, pelo órgão competente.

Parágrafo único. O Poder Executivo, ouvido o Conselho de Segurança Nacional, especificará, mediante decreto,[2] no prazo de 90 (noventa) dias, contados da publicação desta lei, as áreas indispensáveis à segurança nacional, insuscetíveis de usucapião.

Art. 3º: 1. v., Dec. 87.040, de 17.3.82.

Art. 3º: 2. v. nota 1.

Art. 4º A ação de usucapião especial será processada e julgada na comarca da situação do imóvel.[1-1a]

§ 1º Observado o disposto no art. 126 da Constituição Federal,[2] no caso de usucapião especial em terras devolutas federais,[3] a ação será promovida na comarca da situação do imóvel, perante a Justiça do Estado, com recurso para o Tribunal Federal de Recursos,[3a-4] cabendo ao Ministério Público local, na primeira instância, a representação judicial da União.

§ 2º No caso de terras devolutas, em geral, a usucapião especial poderá ser reconhecida administrativamente, com a consequente expedição do título definitivo de domínio, para transcrição[5] no registro de imóveis.[6]

§ 3º O Poder Executivo, dentro de 90 (noventa) dias, contados da publicação desta lei, estabelecerá, por decreto, a forma do procedimento administrativo a que se refere o parágrafo anterior.

§ 4º Se, decorridos 90 (noventa) dias do pedido ao órgão administrativo, não houver a expedição do título de domínio, o interessado poderá ingressar com a ação de usucapião especial, na forma prevista nesta lei, vedada a concomitância dos pedidos administrativo e judicial.

Art. 4º: 1. Súmula 11 do STJ (Foro da situação): "A presença da União ou de qualquer de seus entes, na ação de usucapião especial, não afasta a competência do foro da situação do imóvel".

Diferente é a situação se se tratar de ação de usucapião comum, e não de usucapião especial: "Ação de usucapião promovida na Justiça Estadual: compete à Justiça Federal emitir juízo de valor sobre o interesse manifestado pela União, vale dizer, avaliar a realidade ou não desse interesse" (STF-2ª T., RE 161.436-6, Min. Carlos Velloso, j. 17.11.97, DJU 20.2.98).

Art. 4º: 1a. "No caso de foro privilegiado ou especial, como no da ação de usucapião especial, não prevalece o foro do juízo da falência" (STJ-2ª Seção, CC 2.137, Min. Nilson Naves, j. 11.12.91, DJU 16.3.92).

Art. 4º: 2. Corresponde ao art. 109 § 3º da atual CF.

Art. 4º: 3. Súmula 13 do TFR (Competência): "A Justiça Federal é competente para o processo e julgamento da ação de usucapião, desde que o bem usucapiendo confronte com imóvel da União, autarquias ou empresas públicas federais" (v. jurisprudência s/ esta Súmula em RTFR 75/926 a 302).

Art. 4º: 3a. "Se o imóvel usucapiendo se situa em comarca que seja sede de Vara Federal, a competência é determinada pela regra geral do art. 109, I, da Constituição. Conflito conhecido, declarando-se a competência do Juízo Federal suscitante" (RSTJ 52/17).

Art. 4º: 4. O recurso é para o Tribunal Regional Federal "na área de jurisdição do juiz de primeiro grau" (CF 109 § 4º).

Art. 4º: 5. aliás, "para registro" (v. LRP 167-I-28 e 168).

Art. 4º: 6. No mesmo sentido deste § 2º: ET 99.

Art. 5º Adotar-se-á, na ação de usucapião especial, o procedimento sumaríssimo,¹ assegurada a preferência à sua instrução e julgamento.

§ 1º O autor, expondo o fundamento do pedido e individualizando o imóvel, com dispensa da juntada da respectiva planta, poderá requerer, na petição inicial, designação de audiência preliminar, a fim de justificar a posse,² e, se comprovada esta, será nela mantido, liminarmente, até a decisão final da causa.

§ 2º O autor requererá também a citação pessoal daquele em cujo nome esteja transcrito o imóvel usucapiendo, bem como dos confinantes e, por edital, dos réus ausentes, incertos e desconhecidos, na forma do art. 232 do Código de Processo Civil, valendo a citação para todos os atos do processo.²ᵃ

§ 3º Serão cientificados por carta, para que manifestem interesse na causa, os representantes da Fazenda Pública da União, dos Estados, do Distrito Federal, dos Territórios e dos Municípios, no prazo de 45 (quarenta e cinco) dias.

§ 4º O prazo para contestar a ação correrá da intimação da decisão que declarar justificada a posse.³

§ 5º Intervirá, obrigatoriamente, em todos os atos do processo, o Ministério Público.

Art. 5º: 1. Não há mais procedimento sumaríssimo ou sumário no CPC; agora há um único procedimento para o processo de conhecimento ordinário, qual seja, o **procedimento comum** (v. CPC 318 e segs. e 1.049 § ún.).

Art. 5º: 2. v. nota 3.

Art. 5º: 2a. v. CPC 246 § 3º e 259-I.

Art. 5º: 3. "Com a superveniência da Lei n. 8.951, de 14.12.94, não mais se faz necessária a audiência de justificação de posse no usucapião especial" (JTJ 171/221).

Observe-se, porém, que, no caso da ação de usucapião especial, a justificação de posse é optativa: o autor poderá requerê-la para, se procedente, ficar na posse do imóvel usucapiendo até final decisão (art. 5º § 1º, *in fine*).

Se não houver justificação de posse, o **prazo para contestar** orienta-se pelo CPC 335.

Art. 6º O autor da ação de usucapião especial terá, se o pedir, o benefício da assistência judiciária gratuita,¹ inclusive para o registro de imóveis.

Parágrafo único. Provado que o autor tinha situação econômica bastante para pagar as custas do processo e os honorários de advogado, sem prejuízo do sustento próprio e da família, o juiz lhe ordenará que pague, com correção monetária, o valor das isenções concedidas, ficando suspensa a transcrição da sentença até o pagamento devido.

Art. 6º: 1. v. Lei 1.060, de 5.2.50, em CPCLPV, tít. ASSISTÊNCIA JUDICIÁRIA. V. tb. CPC 98 e segs.

Art. 7º A usucapião especial poderá ser invocada como matéria de defesa, valendo a sentença que a reconhecer como título para transcrição[1] no registro de imóveis.[2-3]

Art. 7º: 1. Aliás, "para registro" (v. LRP 167-I-28 e 168).

Art. 7º: 2. "O réu de ação possessória pode arguir como defesa a sua posse e pedir o reconhecimento da prescrição aquisitiva, mas para a procedência do seu pedido devem estar presentes os requisitos da usucapião, entre eles a descrição da área, o que não aconteceu na espécie" (STJ-4ª T., REsp 182.728, Min. Ruy Rosado, j. 3.11.98, DJU 1.2.99).

Art. 7º: 3. O registro da usucapião no Registro de Imóveis somente será possível se o autor da ação, contra quem o prescribente arguiu a usucapião como defesa, figurar como titular do registro imobiliário ou se inexistir registro do imóvel no Registro de Imóveis.

Art. 8º Observar-se-á, quanto ao imóvel usucapido, a imunidade específica, estabelecida no § 6º do art. 21 da Constituição Federal.[1]

Parágrafo único. Quando prevalecer a área do módulo rural, de acordo com o previsto no parágrafo único do art. 1º desta lei, o imposto territorial rural não incidirá sobre o imóvel usucapido.

Art. 8º: 1. Referia-se ao imposto territorial rural.

Art. 9º O juiz da[1] causa, a requerimento do autor da ação de usucapião especial, determinará que a autoridade policial garanta a permanência no imóvel e a integridade física de seus ocupantes, sempre que necessário.

Art. 9º: 1. Na publicação oficial, está "O juiz de causa", etc.

Art. 10. O § 2º do art. 589 do Código Civil passa a vigorar com a seguinte redação:[1]

"Art. 589...

"§ 2º O imóvel abandonado arrecadar-se-á como bem vago e passará ao domínio do Estado, do Território, ou do Distrito Federal, se se achar nas respectivas circunscrições:

"**a)** 10 (dez) anos depois, quando se tratar de imóvel localizado em zona urbana;

"**b)** 3 (três) anos depois, quando se tratar de imóvel localizado em zona rural".

Art. 10: 1. No CC/2002, tais disposições estão em boa parte reproduzidas no art. 1.276.

Art. 11. Esta lei entrará em vigor 45 (quarenta e cinco) dias após sua publicação.

Art. 12. Revogam-se as disposições em contrário.

Brasília, em 10 de dezembro de 1981; 160º da Independência e 93º da República — JOÃO FIGUEIREDO — **Ibrahim Abi-Ackel** — **Angelo Amaury Stábile** — **Danilo Venturini.**

Lei n. 10.257, de 10 de julho de 2001[1]

Regulamenta os arts. 182 e 183 da Constituição Federal, estabelece diretrizes gerais da política urbana e dá outras providências.

LEI 10.257: 1. Também conhecida como **Estatuto da Cidade**.

Seção V | DA USUCAPIÃO ESPECIAL DE IMÓVEL URBANO[1-2]

SEÇ. V: 1. "Usucapião constitucional", por Edilson Pereira Nobre Jr. (RT 764/719); "Perfil do usucapião constitucional", por Edilson Pereira Nobre Jr. (RF 355/33); "Aspectos da usucapião especial urbana na Constituição e no Estatuto da Cidade", por Gilberto Schäfer (Ajuris 89/71); "A função social da cidade e da propriedade privada urbana como propriedade de funções", por Jacques Távora Alfonsin (Ajuris 96/141).

SEÇ. V: 2. CF: "**Art. 183.** Aquele que possuir como sua área urbana de até duzentos e cinquenta metros quadrados, por cinco anos, ininterruptamente e sem oposição, utilizando-a para sua moradia ou de sua família, adquirir-lhe-á o domínio, desde que não seja proprietário de outro imóvel urbano ou rural.

"§ 1º O título de domínio e a concessão de uso serão conferidos ao homem ou à mulher, ou a ambos, independentemente do estado civil.

"§ 2º Esse direito não será reconhecido ao mesmo possuidor mais de uma vez.

"§ 3º Os imóveis públicos não serão adquiridos por usucapião".

V. tb. CC 1.240.

Art. 9º Aquele que possuir como sua área ou edificação urbana de até duzentos e cinquenta metros quadrados, por cinco anos,[1] ininterruptamente e sem oposição,[1a] utilizando-a para sua moradia[2] ou de sua família, adquirir-lhe-á o domínio, desde que não seja proprietário de outro imóvel urbano ou rural.[3]

§ 1º O título de domínio será conferido ao homem ou à mulher, ou a ambos, independentemente do estado civil.

§ 2º O direito de que trata este artigo não será reconhecido ao mesmo possuidor mais de uma vez.

§ 3º Para os efeitos deste artigo, o herdeiro legítimo continua, de pleno direito, a posse de seu antecessor, desde que já resida no imóvel por ocasião da abertura da sucessão.

Art. 9º: 1. "Ambas as Turmas do STF adotaram orientação no sentido de o prazo de cinco anos a que se refere o art. 183 da Lei Maior ter seu termo a partir de 5 de outubro de 1988, de referência às situações de ocupação anterior à nova ordem constitucional" (STF-2ª T., RE 174.744-7, Min. Néri da Silveira, j. 17.11.97, DJU 29.5.98). No mesmo sentido: RTJ 164/740, 165/348, 165/371, 175/352, JTJ 158/162, bem fundamentado, 168/182, 174/160, RJTJERGS 143/95, maioria, 146/276, JTAERGS 77/157, 91/167, RJ 182/66, RTJE 118/142, RJTAMG 51/212, maioria, Bol. AASP 1.747/198. **Contra**, contando-o do início da posse, ainda que anterior à CF: RT 672/109, 692/7.

Quanto ao usucapião especial rural, v. Lei 6.969/81, art. 1º, nota 1a, neste título.

Art. 9º: 1a. "Imóveis destinados à população de baixa renda e financiados por meio do Sistema Financeiro de Habitação, gerido pela Caixa Econômica Federal, não estão sujeitos à aquisição originária pela usucapião urbana especial do Estatuto da Cidade se, no período de cinco anos de posse previsto no art. 9º da Lei 10.257/2001, a CEF promovia os atos jurídicos necessários à retomada e refinanciamento. Para efeitos da usucapião, mesmo a especial urbana, a posse exercida com *animus domini* ultrapassa a mera vontade de possuir, devendo resultar do título pelo qual é detida, de forma que posse decorrente de relações contratuais que afetem o proprietário do imóvel prescinde do *animus domini*" (STJ-3ª T., REsp 1.221.243, Min. João Otávio, j. 25.2.14, DJ 10.3.14).

Art. 9º: 2. "A manutenção de pequeno comércio em imóvel também utilizado para moradia não impede o reconhecimento de usucapião constitucional, previsto no art. 183 da CF" (RT 744/367).

Art. 9º: 3. v. CC 1.240 e notas.

Art. 10. Os núcleos urbanos informais existentes sem oposição há mais de cinco anos e cuja área total dividida pelo número de possuidores seja inferior a duzentos e cinquenta metros quadrados por possuidor são suscetíveis de serem usucapidos coletivamente, desde que os possuidores não sejam proprietários de outro imóvel urbano ou rural.[1]

§ 1º O possuidor pode, para o fim de contar o prazo exigido por este artigo, acrescentar sua posse à de seu antecessor, contanto que ambas sejam contínuas.

§ 2º A usucapião especial coletiva de imóvel urbano será declarada pelo juiz, mediante sentença, a qual servirá de título para registro no cartório de registro de imóveis.

§ 3º Na sentença, o juiz atribuirá igual fração ideal de terreno a cada possuidor, independentemente da dimensão do terreno que cada um ocupe, salvo hipótese de acordo escrito entre os condôminos, estabelecendo frações ideais diferenciadas.

§ 4º O condomínio especial constituído é indivisível, não sendo passível de extinção, salvo deliberação favorável tomada por, no mínimo, dois terços dos condôminos, no caso de execução de urbanização posterior à constituição do condomínio.

§ 5º As deliberações relativas à administração do condomínio especial serão tomadas por maioria de votos dos condôminos presentes, obrigando também os demais, discordantes ou ausentes.

Art. 10: 1. Redação de acordo com a Lei 13.465, de 11.7.17.

Art. 11. Na pendência da ação de usucapião especial urbana, ficarão sobrestadas quaisquer outras ações, petitórias ou possessórias, que venham a ser propostas relativamente ao imóvel usucapiendo.[1]

Art. 11: 1. No sentido de que o sobrestamento deve perdurar por apenas um ano: "Aplicação subsidiária do art. 265-IV-a e § 5º do CPC" (RT 867/196).

Art. 12. São partes legítimas para a propositura da ação de usucapião especial urbana:

I — o possuidor, isoladamente ou em litisconsórcio originário ou superveniente;

II — os possuidores, em estado de composse;

III — como substituto processual, a associação de moradores da comunidade, regularmente constituída, com personalidade jurídica, desde que explicitamente autorizada pelos representados.

§ 1º Na ação de usucapião especial urbana é obrigatória a intervenção do Ministério Público.

§ 2º O autor terá os benefícios da justiça e da assistência judiciária gratuita,[1] inclusive perante o cartório de registro de imóveis.

Art. 12: 1. "A Lei 10.257/2001 concede ao autor da ação de usucapião especial urbana espécie de **presunção relativa de hipossuficiência** que, por isso, é ilidida a partir da comprovação inequívoca de que o autor não pode ser considerado 'necessitado' nos termos do § 2º da Lei 1.060/1950. No caso, o próprio autor reconheceu, em sua petição inicial, não preencher os requisitos da Lei 1.060/1950 para fins de obtenção dos benefícios da justiça gratuita, o que afasta qualquer possibilidade de concessão destes, sendo irrelevante para tanto que tenham sido requeridos com esteio no § 2º do art. 12 do Estatuto da Cidade (Lei 10.257/2001)" (STJ-3ª T., REsp 1.517.822, Min. Ricardo Cueva, j. 21.2.17, DJ 24.2.17).

Art. 13. A usucapião especial de imóvel urbano poderá ser invocada como matéria de defesa, valendo a sentença que a reconhecer como título para registro no cartório de registro de imóveis.

Art. 14. Na ação judicial de usucapião especial de imóvel urbano, o rito processual a ser observado é o sumário.[1]

Art. 14: 1. Não há mais procedimento sumaríssimo ou sumário no CPC; agora há um único procedimento para o processo de conhecimento ordinário, qual seja, o **procedimento comum** (v. CPC 318 e segs. e 1.049 § ún.).

....

Brasília, 10 de julho de 2001; 180º da Independência e 113º da República — FERNANDO HENRIQUE CARDOSO — **Paulo de Tarso Ramos Ribeiro — Geraldo Magela da Cruz Quintão — Pedro Malan — Benjamin Benzaquen Sicsú — Martus Tavares — José Sarney Filho — Alberto Mendes Cardoso.**

Índice Alfabético-Remissivo*

A

Abandono — da propriedade imóvel 1.275-III e 1.276
- de álveo 1.252, 1.248-I
- de domicílio LINDB 7º § 7º
- do imóvel hipotecado 1.480 § ún.
- do lar, como causa de separação 1.573-IV

Abandono afetivo — 186, nota 4

Abatimento do preço — v. tb. Preço
- da coisa vendida *ad mensuram* 500
- e vício redibitório 442 e 445
- na empreitada 616

Abertura — da sucessão 1.784 e 1.785; v. tb. Sucessão
- de testamento cerrado 1.875; v. tb. Testamento cerrado
- para luz ou ventilação 1.301 § 2º e 1.302 § ún.

Abrigo para veículos — Locação, no caso de condomínio edilício 1.338
- no condomínio edilício 1.331 § 1º

Ab-rogação da lei — LINDB 2º

Absolutamente incapaz — 3º; v. tb. Incapaz, Criança, Menor de 16 anos; v., ainda, Relativamente incapaz
- Doação feita a ele 543
- Nulidade do negócio jurídico por ele realizado 166-I
- Prescrição decretada de ofício a seu favor 194
- Prescrição: Não fluência contra ele 198-I
- Representação pelo curador 1.774 c/c 1.747-I

Abuso de direito — na purgação da mora pelo locatário LI 62 § ún.

Ação — v. tb. Decadência, Prescrição
- de adjudicação compulsória 1.418; v. tb. Adjudicação compulsória
- de alimentos: v. Alimentos
- de anulação de casamento: v. Anulação de casamento
- de consignação em pagamento: v. Consignação em pagamento
- de demarcação LRP 167-I-23
- de depósito: v. Depósito
- de desapropriação: v. Desapropriação
- de despejo: v. Despejo
- de dissolução e liquidação de sociedade: v. Sociedade
- de divisão LRP 167-I-23; Quinhão inferior ao módulo ET 65; v. tb. Divisão
- de embargo de obra nova: v. Nunciação de obra nova, Demolição, Direito de vizinhança
- de enriquecimento por cheque não pago LCh 61
- de evicção: v. Evicção
- de indenização: v. Responsabilidade civil
- de nulidade de casamento: v. Anulação de casamento
- de petição de herança 1.824 a 1.828
- de prova de filiação 1.606
- de reivindicação 1.228; v. tb. Reivindicação
- de restituição do indébito 876 a 883
- de usucapião: v. Usucapião
- negatória de paternidade 1.601
- pauliana: v. Fraude contra credores
- penal: Independência da civil 935
- Prescrição: v. Prescrição
- redibitória: v. Vício redibitório
- regressiva: v. Direito regressivo
- renovatória de locação: v. Locação comercial
- revisional de aluguel: v. Locação

---

* Não havendo outra indicação, a citação do texto de lei se refere ao Código Civil. A ordem numérica dos artigos e alfabética das remissões nem sempre foi atendida neste índice, tendo-se preferido pôr em primeiro lugar os artigos e remissões que tratam mais diretamente do assunto.

Geralmente, os artigos referidos no título já não são mencionados nos subtítulos que o integram. Duas exceções são feitas a esta orientação: a primeira, quando os subtítulos correspondem a subdivisões dos títulos (Posse 1.196 a 1.224: indireta 1.197); a segunda, quando, a nosso critério, abordam aspecto importante.

Os dois-pontos, em seguida ao subtítulo, indicam subdivisão da matéria (Administração dos bens: do curatelado 1.774 c/c 1.753 e 1.754; do tutelado 1.753 e 1.754). O ponto e vírgula, após o subtítulo, indica que a matéria aí contida é semelhante, tendo sido reunida ao subtítulo para maior rapidez e facilidade de consulta (Força maior — na compra e venda 492 § 1º; na gestão de negócios 868; na locação 575).

Aceitação — da doação 539, 542
- da herança 1.804 a 1.812
- do contrato 430 a 434
- do mandato 659

Aceite — da letra de câmbio LCa 9º a 13, LCU 21 a 29 (Anexo I)
- do cheque LCh 6º

Acessão — 1.248, CA 16 a 27; v. tb. Aluvião, Álveo abandonado, Avulsão, Construção, Ilha, Melhoramentos, Plantação; v., ainda, Benfeitorias
- como forma de aquisição da propriedade imóvel 1.248
- sobrevinda à coisa dada em pagamento indevido 878

Acesso a logradouro público — no condomínio edilício 1.331 §§ 2º e 4º

Acessório — 92; v. tb. Bem, Acrescidos, Benfeitorias, Crias, Frutos, Juros, Produtos; v., ainda, Construção, Plantação
- da coisa, no usufruto 1.392
- da dívida: Extinção, em caso de novação 364; na fiança 822
- e cessão de crédito 287
- e posse do principal 1.209
- na obrigação de dar coisa certa 233

Achado do tesouro — 1.264 a 1.266
- e usufruto 1.392 § 3º

Acordo — v. Transação

Acrescidos — 97
- na obrigação de dar coisa certa 237

Acréscimos — na obra empreitada 619
- sobrevindos ao bem sem a intervenção do proprietário, possuidor ou detentor 97

Açude — 1.292

Adiantamento de legítima — 2.002; v. tb. Legítima

Adição da herança — 1.804 a 1.812

Adimplemento — 389 a 420; v. tb. Pagamento

Adjudicação — v. tb. Hasta pública
- a condômino, de imóvel indivisível 1.322
- ao credor hipotecário, no caso de falência ou insolvência do devedor 1.483 § ún.
- de imóvel em hasta pública: Sujeição a registro LRP 167-I-26
- de imóvel em inventário: Sujeição a registro, quando não houver partilha LRP 167-I-25, ou quando em pagamento de dívida do espólio LRP 167-I-24
- e extinção da hipoteca 1.499-VI e 1.501

Adjudicação compulsória — 1.418; Dec. lei 58/37, arts. 16 e 22 (ambos no tít. Promessa de compra e venda e loteamento)
- de cessão de promessa de compra e venda: Lei 4.380/64, art. 69
- de contrato de loteamento urbano: Lei 6.766/79, art. 25 (no tít. Promessa de compra e venda e loteamento)
- de promessa de compra e venda e cessão de direitos: Dec. lei 58/37, arts. 16 e 22 (no tít. Promessa de compra e venda e loteamento)
- do imóvel prometido à venda 1.418

Adjunção — de coisa móvel 1.272 a 1.274

Administração — v. tb. Administrador, Curatela, Gestão de negócios, Mandato, Poder familiar, Tutela
- da sociedade 1.010 a 1.021: em nome coletivo 1.042; limitada 1.060 a 1.065
- de bens particulares do outro cônjuge 1.652
- do condomínio 1.323 a 1.326
- do condomínio edilício 1.347 a 1.356, LCE 22 e 23 (no tít. Condomínio e incorporação)
- do patrimônio comum, no casamento 1.663
- dos bens: de filho menor 1.689 a 1.693; do curatelado 1.774 c/c 1.753 e 1.754; do tutelado 1.753 e 1.754
- na construção de edificação em condomínio LCE 58 a 62 (no tít. Condomínio e incorporação)

Administrador — v. tb. Representante, Curador, Gestor de negócios, Inventariante, Mandatário, Marido, Mulher casada, Síndico, Sócio, Tutor
- Compra de bem de cuja administração estava incumbido 497-I
- de pessoa jurídica de direito privado 47 a 50
- de sociedade limitada 1.060 a 1.064
- de sociedade simples 1.010 a 1.021
- do condomínio 1.323 a 1.326: edilício 1.348, LCE 22 e 23 (no tít. Condomínio e incorporação)
- Necessidade de autorização, para poder dar em comodato 580
- Prescrição de ação contra ele 206 § 3º-VII-b
- Prestação de contas aos demais sócios 1.020
- Proibição para exercer administração de sociedade 1.011 § 1º
- provisório de pessoa jurídica de direito privado 49

Adoção — 1.618 e 1.619, ECA 39 a 52, LRP 29 § 1º-e, 102-3º, 105; v. tb. Filiação, Parentesco
- Averbação no registro público ECA 47-caput
- Consentimento dos pais ou de seus representantes legais ECA 166 §§ 1º A 6º
- e cessação da tutela 1.763-II

- e direito sucessório CF 227 § 6º, ECA 41, 42 § 5º, 47, § 6º
- e extinção do poder familiar 1.635-IV, ECA 41-*caput*
- e parentesco consanguíneo ECA 41-*caput*
- Irrevogabilidade, ECA 39 § 1º
- Necessidade de concordância do maior de 12 anos, para ser adotado ECA 28 § 2º
- Nulidade do casamento, por parentesco adotivo 1.521-III e V
- Parentesco civil 1.593, ECA 41-*caput*, 49
- por casal homossexual ECA 42, notas 1 e 1a
- por estrangeiro ECA 51 e 52
- possibilidade somente mediante processo judicial ECA 47

Adolescente — ECA 2º; v. tb. Criança, Menor
- Ato infracional praticado por ele ECA 103 a 128 e 171 a 190
- Autorização para viajar ECA 84 e 85
- Crimes e infrações praticadas contra ele ECA 225 a 258
- em serviço doméstico, vindo de outra comarca ECA 248
- Medidas contra seu pai ou responsável ECA 129
- Medidas socioeducativas contra ele ECA 112 a 125
- Proibições ECA 81
- Remissão ECA 126 a 128 e 180 a 181

Adotado — Nome ECA 47 § 5º

Adotante — Idade mínima para adotar ECA 42

Adquirente — v. tb. Aquisição, Comprador
- Aquisição *a non domino* 1.268
- de bem de devedor que se tornou insolvente 477
- de imóvel hipotecado 1.479 a 1.481
- Despesas, a seu cargo, de escritura e registro 490
- de unidade condominial LCE 4º § ún. (no tít. Condomínio e incorporação)
- Direito de remição do imóvel hipotecado 1.481

Adultério — como causa: de deserdação 1.963-III; de separação 1.573-I
- da mulher, não afastando a presunção de legitimidade do filho 1.600

Advogado — v. tb. Mandato judicial, Representante
- na Justiça da Infância e da Juventude ECA 206 e 207
- Prescrição da ação de cobrança de seus honorários 206 § 5º-II
- Representação de sócio, em assembleia 1.074 § 1º
- Responsabilidade civil 927, nota 5c
- Sociedade entre colegas EA 77 a 81

Afim — 1.595

- em linha reta: Proibição de casar um com outro 1.521-II

Aforamento — 2.038; v. tb. Enfiteuse

Agência — de notícias: Registro LRP 114 § ún., 122 a 126
- de sociedade 1.000
- e distribuição 710 a 721

Agente diplomático — Domicílio 77

Agente fiduciário — na alienação fiduciária de coisa imóvel: Lei 9.514/97, art. 13
- na cédula hipotecária: Dec. lei 70/66, arts. 30 a 41 (no tít. Cédula hipotecária)

Águas — 1.288 a 1.296; Dec. 24.643/34 (CA), arts. 1º a 138; v. tb. Fonte
- comuns CA 7º, 34 a 35, 71 a 83
- de beiral CA 105
- de nascente CA 89 a 95
- de poço ou fonte 1.309 e 1.310; CA 96 a 98
- Desobstrução CA 53 a 57 e 84 a 87
- dominicais CA 6º
- Escoamento de águas CA 69, 90, 92, 102 a 107
- nocivas CA 109 a 116
- particulares CA 8º e 68 a 95
- pluviais CA 102 a 108
- públicas CA 1º a 7º e 29 a 67: da União CA 29-I e Dec. lei 852/38, art. 2º
- Represamento 1.292
- Servidão legal de aqueduto CA 117 a 138
- subterrâneas CA 96 a 101
- supérfluas ou acumuladas 1.293, 1.296

Alfaias — Privilégio especial do locador 964-VI

Alienação — v. tb. Compra e venda, Cessão, Doação, Inalienabilidade, Propriedade, Troca, Venda
- *a non domino* 1.268
- da coisa legada: Caducidade do legado 1.939-II
- da propriedade imóvel 1.275-I
- de animal sujeito a penhor pecuário 1.445
- de bem clausulado: Sub-rogação do gravame 1.911 § ún.
- de bem de filho menor 1.691
- de bem de tutelado 1.747-IV e 1.750
- de bem gravado em testamento 1.848 § 2º
- de bem imóvel, pelo cônjuge 1.647-I
- de coisa inexistente, no contrato aleatório 459 § ún.
- de estabelecimento 1.144 a 1.148
- de estrada de ferro 1.504
- de gado, no penhor pecuário 1.445
- de imóvel hipotecado: Possibilidade 1.475

Alienação

- de imóvel recebido em pagamento indevido 879
- de parte ideal, no condomínio 1.314-*caput*
- de prédio locado LI 8º; Preferência para sua aquisição: pelo arrendatário rural ET 92 §§ 3º a 5º; pelo locatário LI 27 a 34
- de unidade condominial LCE 4º-*caput* (no tít. Condomínio e incorporação)
- do usufruto: Inadmissibilidade 1.393
- e anticrese 1.509
- e perda da propriedade 1.275-I e § ún.
- fiduciária 1.361 a 1.368; v. tb. Alienação fiduciária
- judicial: v. Adjudicação, Arrematação, Hasta pública, Licitação, Sub-rogação de vínculo
- no regime da separação de bens 1.687
- pelo curador 1.781 c/c 1.750 e 1.747-IV
- pelo pródigo 1.782
- pelo tutor 1.750 e 1.747-IV
- por herdeiro aparente a terceiro de boa-fé 1.827 § ún.
- por mandatário 661 § 1º

Alienação fiduciária — 1.361 a 1.368; v. tb. Direito real de garantia, Cessão fiduciária e tít. ALIENAÇÃO FIDUCIÁRIA

- Perda total, pelo devedor, das prestações já pagas, no caso de inadimplência: Nulidade da cláusula 412, CDC 53-*caput*
- Registro do contrato LRP 129-5º

Alimentos — 1.694 a 1.710; v. Lei 5.478/68 (LA), no tít. Alimentos

- Ação movida pelo MP: ECA 201-III
- à família do usuário 1.412
- a filho incapaz 1.590
- ao companheiro: 1.694
- ao cônjuge separado judicialmente 1.704
- aos filhos 1.568
- Cessação do dever de prestá-los 1.708; LA 13, nota 5
- Conduta indigna do cônjuge credor 1.708 § ún.
- Crédito privilegiado, de quem os forneceu 965-V
- Direito dos filhos maiores inválidos LDi 16
- e compensação 373-II
- em caso de dissolução de casamento 1.702 e 1.704; LDi 19 a 23
- gravídicos: v. Lei 11.804/08, no tít. Alimentos
- Impenhorabilidade das pensões alimentícias 813 § ún.
- Legado: Pagamento antecipado das prestações 1.928 § ún.
- Legado de alimentos: o que compreende 1.920
- não prestados pelo donatário: Ingratidão deste 557-IV
- Não são repetíveis LA 1º, nota 10a
- Novo casamento do cônjuge devedor 1.709, LDi 30
- Obrigação de prestá-los: Transmissibilidade aos herdeiros do devedor 1.700, 943, LDi 23
- pleiteados pelo filho havido fora do casamento 1.705
- Prescrição de ação de cobrança 206 § 2º
- Prestação, no caso de homicídio, às pessoas a quem o morto os devia 948 e 951
- prestados por gestor de negócios 871
- provisionais 1.706; Exigibilidade desde a petição inicial: Súmula 226 do STF
- Renúncia: na dissolução do casamento 1.574, nota 1b, e 1.707, nota 3; na união estável 1.707, notas 3a e 3b
- Revisão da pensão alimentícia 1.699
- Sucessão na obrigação alimentar 1.700, LDi 23
- Sustento da família: Obrigação de ambos os cônjuges 1.566-IV

Alternativa — v. tb. Escolha, Obrigação alternativa, Preferência

- Exigência, pelo credor, de cumprimento da obrigação pelo devedor, ou de satisfação, por este, da cláusula penal 410

Aluguel — LI 17 a 21; v. tb. Locação

- Abatimento, no caso de reparo demorado no prédio LI 26 § ún.
- arbitrado pelo locador, para forçar a restituição do imóvel pelo locatário 575
- Cobrança antecipada LI 43-III
- Execução das diferenças LI 69, 73
- Exigência além do devido LI 43-I
- Liberdade de convenção LI 17
- Majoração por mútuo acordo LI 18
- Multa, para o caso de atraso no seu pagamento LI 62-II-*b*
- na sublocação LI 21-I
- Pagamento antecipado LI 43-III: no caso de temporada LI 49
- Penhor legal, para garantia de seu pagamento 1.467-II
- Prazo para o seu pagamento LI 23-I
- Prescrição da ação de cobrança 206 § 3º-I
- Privilégio do locador, para garantia de seu pagamento 964-VI
- provisório: na renovatória LI 72 § 4º; na revisional LI 68-II e § 2º

- Purgação da mora LI 62
- Reajuste, nas locações residenciais LI 17 § ún.
- Redução, por deterioração da coisa locada 567
- Responsabilidade subsidiária do sublocatário LI 16
- revisto: Retroação à citação LI 69-*caput*
- Solidariedade ativa e passiva dos locadores e dos sublocatários LI 2º

Aluvião — 1.250, 1.248-II, CA 16 a 18; v. tb. Acessão

Alvará — de separação de corpos 1.562; v. tb. Separação de corpos
- para intervenção em escritura pública: Referência obrigatória nesta LRP 224

Álveo abandonado — 1.252, 1.248-I, CA 26 e 27; v. tb. Acessão

Amigo íntimo — testemunha: Inadmissibilidade 228-IV

Amostra — Venda à vista dela 484

Analfabeto — e contrato de prestação de serviço 595
- e escritura pública 215 § 2º
- e testamento: cerrado 1.872 e 1.870; militar 1.893 § ún.; público 1.865

Analogia — Aplicação, quando omissa a lei LINDB 4º

Animal — v. tb. Dono de animal
- e penhor: agrícola 1.442-V; industrial 1.447; mercantil 1.447; pecuário 1.445

Ano — Como se conta o prazo 132 § 3º

Anotação — no registro civil LRP 106 a 108; v. tb. Registro Civil

Antedata — de instrumento particular 167 § 1º-III

Anticrese — 1.506 a 1.510, 1.125-X; v. tb. Direito real de garantia, Garantia
- de imóvel hipotecado 1.506 § 2º
- e direito de retenção 1.423
- e novação 364
- em fraude contra credores 166 § ún.
- Extinção, quanto ao bem dado em garantia por terceiro, no caso de novação 364
- Nulidade do pacto comissório 1.428
- Vencimento antecipado da dívida 1.425

Anuência — v. tb. Autorização, Consentimento
- Como se prova 220
- de ambos os cônjuges, para cessão do uso ou gozo de bem comum 1.664

Anulabilidade — 171 a 179; v. tb. Anulação de casamento, Coação, Dolo, Erro, Estado de perigo, Fraude contra credores, Incapacidade, Invalidade, Lesão, Ratificação, Relativamente incapaz, Vício redibitório; cf., ainda, Simulação
- da partilha: Prazo em que pode ser pleiteada 2.027
- da troca entre ascendente e descendente 533-II
- da venda entre ascendente e descendente 496
- Decretação de ofício: Inadmissibilidade 177
- Prazo para a propositura de ação com esse fundamento 179
- Reconhecimento: Efeitos somente a partir da sentença 177
- Restituição das partes ao estado anterior 182

Anulação — v. Anulabilidade

Anulação de casamento — 1.548 a 1.564, LINDB 7º § 3º, LRP 29 § 1º-*a*; v. tb. Casamento
- Averbação no registro público 10-I
- Decadência da ação 1.560, 1.555
- e dissolução de sociedade conjugal 1.751-II
- Efeitos, quanto aos filhos 1.561, LDi 14 § ún.
- Erro essencial 1.557 e 1.559

Anúncio — de promessa de recompensa 854

Aparelho higiênico — 1.313 § 1º

Aparência de direito — v. tb. Boa-fé
- Credor aparente: Validade do pagamento feito a ele 309
- Herdeiro aparente: Validade da alienação feita por ele 1.827 § ún.

Apartamento — Lei 4.591/64 (no tít. Condomínio e incorporação)
- no condomínio edilício 1.331 § 1º
- Registro de promessa de compra e venda, cessão ou promessa de cessão de unidade condominial autônoma LRP 167-I-18 (nos contratos antigos: Averbação LRP 167-II-6)

Apátrida — Proteção de seus direitos autorais LDA 1º § 2º

Aplicação da lei — v. tb. Interpretação da lei
- conforme sua finalidade social LINDB 5º
- nos casos omissos LINDB 4º

Apólice de seguro — 758 a 761; v. tb. Seguro
- expedida quando já passado o risco 773
- Transferência 785 § 2º

Aposta — 814 a 817

Aprovação — v. tb. Autorização, Consentimento
- do estatuto das fundações 65
- do testamento cerrado 1.868-IV

Aqueduto — 1.293 § 3º a 1.296, CA 117 a 138

Aquestos — v. tb. Regime de bens
- Livre disposição de imóveis convencionada em pacto antenupcial 1.656
- Participação final neles 1.672 a 1.686

Aquisição — v. tb. Adquirente, Compra e venda, Venda; v., ainda, Alienação
- *a non domino* 1.268
- ao herdeiro aparente 1.827 § ún.
- Casos em que é vedada 497
- da posse 1.204 a 1.209
- da propriedade: imóvel 1.238 a 1.259; móvel 1.260 a 1.274
- de casa própria: v. Casa própria
- de direito real: sobre imóvel 1.227; sobre móvel 1.226
- de propriedade rural, por estrangeiro: v. Lei 5.709/71
- por tutor, de bem de tutelado 1.749-I

Arbitrador — Compra de bem litigioso 497-III e 498

Arbitramento — na prestação de serviço 596
- no contrato de edição LDA 60

Área — Venda *ad corpus* ou *ad mensuram* 500 § 3º e 501

Arma — Proibição de venda a criança ou adolescente ECA 81-I, 242

Armazém geral — Penhor das mercadorias nele depositadas 1.447 § ún.

Arquiteto — Direito moral de autor LDA 26

Arras — 417 a 420; v. tb. Cláusula penal
- Arrependimento, na promessa de compra e venda: Súmula 412 do STF

Arrecadação — de herança jacente 1.819

Arrematação — de estrada de ferro hipotecada 1.505
- de imóvel: Sujeição a registro LRP 167-I-26
- Extinção da hipoteca 1.499-VI e 1.501
- Hipoteca legal sobre o imóvel arrematado, para garantia de pagamento do restante do preço 1.489-V

Arrendamento — v. tb. Locação
- Concorrência do locador, dono do estabelecimento, ao arrendatário: Proibição 1.147 § ún.
- de bem dado em anticrese 1.507 § 2º
- de estabelecimento 1.144
- de prédio usufruído 1.399
- rural ET 92 a 95

Arrependimento — 463; v. tb. Retratação
- do consumidor CDC 49
- e arras 420
- Inadmissibilidade: nas promessas de compra e venda, cessões e promessas de cessão de lotes urbanos: Lei 6.766/79, art. 25 (no tít. Promessa de compra e venda e loteamento); nas promessas de compra e venda de imóvel: Dec. lei 58/37, art. 22 (no tít. Promessa de compra e venda e loteamento), Súmula 166 do STF; nos contratos de promessa de cessão de direitos relativos a imóveis não loteados: Lei 4.380/64, art. 69
- na promessa de compra e venda 1.417
- Restituição do sinal, ou devolução em dobro, quando permitida nas promessas de compra e venda: Súmula 412 do STF

Arresto — v. tb. Sequestro
- de bem vinculado a cédula de crédito rural: Dec. lei 167/67, art. 69 (no tít. Títulos de crédito rural)
- e registro de imóveis LRP 167-I-5, 239
- em loteamento urbano: Lei 6.766/79, art. 40 (no tít. Promessa de compra e venda e loteamento)
- registrado no registro de imóveis: Fraude das alienações posteriores: Dec. lei 58/37, art. 2º (disp. trans.), no tít. Promessa de compra e venda e loteamento

Arrolamento — v. Inventário

Artista — Proteção a ele: Lei 6.533/78, LDA 90; v. tb. Direito autoral

Árvores limítrofes — 1.282 a 1.284

Ascendente — 1.591; v. tb. Mãe, Pai, Poder familiar
- Casamento com descendente: Nulidade 1.521-II
- Deserdação 1.963
- herdeiro 1.836 a 1.837
- Legitimidade para propor ação de divórcio deste 1.582 § ún.
- na ordem da vocação hereditária 1.829-II
- Obrigação alimentar 1.696
- Prescrição contra descendente 197-II
- Proibição de ser testemunha 228-V
- Troca com descendente 533-II
- Venda a descendente 496

Asilo — Despejo LI 53, 63 § 3º

Assembleia — de associação 59 e 60
- de sociedade cooperativa: Lei 5.764/71, arts. 38 a 46 (no tít. Sociedades civis)
- de sócios 1.072 a 1.079: Prazo para a sua convocação 1.152 § 3º
- do condomínio 1.350 a 1.355, LCE 24 a 27 (no tít. Condomínio e incorporações)
- na sociedade limitada 1.072 a 1.080

Assento do registro civil — de adoção ECA 47-*caput* e §§ 1º a 4º
- de casamento 9º-I, LRP 70
- de nascimento 9º-I, LRP 54, ECA 102
- de óbito 9º-I, LRP 80
- de perda ou suspensão do poder familiar ECA 163 § ún. e 264, LRP 102 § 6º

Averbação

- de reconhecimento da filiação 10-II, ECA 26 e 27

Assinatura a rogo — v. Analfabeto

Assistência — ao relativamente incapaz: pelos pais 1.634-V; pelo tutor 1.747-I; pelo curador 1.781 c/c 1.747-I

- do herdeiro do depositário ao depositante, na reivindicação da coisa vendida pelo antecessor 637

Assistência médica — Convênios: Lei 9.656/98 (no tít. Seguro)

Assistência mútua — no casamento 1.566-III

Associação — 53 a 61; v. tb. Sociedade

- de fins assistenciais: Dissolução (Dec. lei 41/66, no tít. Sociedades)
- de poupança e empréstimo: Dec. lei 70/66, arts. 1º a 8º (no tít. Cédula hipotecária)
- Direito intertemporal 2.031, 2.033 e 2.034
- para defesa de direitos autorais LDA 103 a 115
- Pessoa jurídica de direito privado 44-I, LRP 114-I e 119
- pública 41-IV

Associado — 55 a 58

Assunção de dívida — 299 a 303

Atestado médico — de óbito LRP 77-*caput*, 83

Ato — anulável 171 a 179; v. tb. Anulabilidade

- Defeitos dos atos jurídicos 171 a 179
- de mera permissão ou tolerância, não gerando posse 1.208
- ilícito 186 a 188; v. tb. Ato ilícito
- lícito 185
- nulo 166 a 170; v. tb. Nulidade

Ato ilícito — 186 a 188; v. tb. Culpa

- da criança ou do adolescente ECA 116
- do empregado 932-III e 933
- do menor 932-I
- Início da mora 398
- Obrigação de indenizar 927
- Responsabilidade, por ele, excluída da comunhão parcial 1.659-IV

Ato jurídico — v. Negócio jurídico

Atualização monetária — v. tb. Correção monetária

- Como se calcula 389 e 395
- da indenização do sinistro, por mora do segurador 772
- das prestações alimentícias 1.710
- e arras 418
- e perdas e danos 404

Ausência — v. tb. Ausente, Incapacidade

- Curadoria dos bens do ausente 22 a 25
- do tutor e prestação de contas ao tutelado 1.759
- Inscrição no registro público 9º-IV, LRP 29-VI, 94, 104

Ausente — v. tb. Ausência

- Arrecadação dos seus bens 28 § 2º, 1.819 a 1.823
- Sucessão: definitiva 37 a 39; provisória 26 a 36

Autarquia — Pessoa jurídica de direito público interno 41-IV

Automóvel — Alienação fiduciária: Dec. lei 911/69, art. 8º (no CPCLPV, tít. Alienação fiduciária)

- Registro de quitação, para validade contra terceiros LRP 129-7º

Autoria — de obra intelectual LDA 11 a 17

Autorização — v. tb. Consentimento, Outorga uxória

- de outrem: Como se prova 220
- do proprietário, para o usufrutuário mudar a destinação econômica do prédio 1.399
- Falta: Possibilidade de validação posterior ao ato 176
- para funcionamento de sociedade estrangeira LINDB 11 § 1º
- para viagem de criança ou de adolescente ECA 83 a 85, 251

Aval — da letra de câmbio LCa 14 a 15, LCU 30 a 32 (Anexo I)

- do cheque LCh 29 a 31
- em título de crédito 897 a 900
- prestado sem autorização do outro cônjuge 1.647-III

Averbação — de alienação de unidade condominial LRP 167-II-6 (atualmente: Registro LRP 167-I-18)

- de alteração na cédula de crédito rural: Dec. lei 167/67, art. 36-*caput* (no tít. Títulos de crédito rural)
- de alteração ou cancelamento parcial de loteamento urbano: Lei 6.766/79, art. 28 (no tít. Promessa de compra e venda e loteamento)
- de bloqueio da matrícula de imóvel LRP 246, nota 3
- de extensão de cédula de crédito rural: Dec. lei 167/67, art. 58 § 1º
- de extinção de hipoteca LRP 251
- de locação, para exercício de preferência pelo locatário LI 33, LRP 167-II-16
- de prorrogação de vencimento de cédula de crédito rural: Dec. lei 167/67, art. 62-*caput*
- no registro: civil LRP 29 § 1º e 97 a 105; civil de pessoas jurídicas LRP 123 §§ 1º e 2º; de imóveis LRP 167-II, 169-II, 217, 246 e 247; de títulos e documentos LRP 128, 143-*in fine*

Aviso prévio — e rescisão do contrato de prestação de serviço 607

Avulsão — 1.251, 1.248-III, CA 19 a 22; v. tb. Acessão

B

Bagagem — como objeto de penhor legal 1.467-I
- de passageiro: Lei aplicável LINDB 8º § 1º
- dos viajantes ou hóspedes: Depósito necessário 649

Baile público — Frequência por crianças ou adolescentes ECA 149-I-b

Balancetes Diários e Balanços — 1.186

Balanço patrimonial — 1.186 a 1.189

Banco de dados e cadastro de consumidores — CDC 43 a 45

Banco Nacional da Habitação (extinto): v. Caixa Econômica Federal, Sistema Financeiro da Habitação

Barragem — 1.292

Bebida alcoólica — Proibição de venda a criança ou adolescente ECA 81-II

Belezas naturais — Preservação 1.128 § 1º

Bem — 79 a 103, LINDB 8º; v. tb. Coisa, Acessório, Principal
- acessório 92 e 93
- coletivo: v. Universalidade
- consumível 86
- de ausente 1.774 c/c 1.753 e 1.754; Inalienabilidade relativa 31
- de menor 1.753 e 1.754: adquirido pelo tutor (Nulidade) 497-I; de filho menor 1.689 a 1.693; Curador especial para ele, nomeado pelo testador 1.733 § 2º; Disposição, a título gratuito, pelo tutor (Proibição) 1.749-II; Mútuo feito a ele 588 e 589; Termo de entrega ao tutor 1.751; Venda, pelo tutor 1.750
- de órfão: v. Bem de menor
- de raiz: v. Bem imóvel
- divisível 87 e 88
- do casal (Reivindicação pelo outro cônjuge) 1.641-III; Exigência de escritura pública para contrato sobre imóvel 1.227, 1.245; indivisível, no condomínio 1.322, 504; insuscetível de divisão cômoda, no inventário 2.109; Lei aplicável LINDB 11 §§ 2º e 3º, 12 § 1º; Locação pelo tutor ou pelo curador 1.747-V e 1.781 c/c 1.747-V; loteado, v. tít. Promessa de compra e venda e loteamento; Propriedade imóvel 1.238 a 1.259 (Perda 1.275 e 1.276); transmitido a sociedade (Registro) LRP 167-I-32
- doado ou herdado com cláusula de incomunicabilidade 1.668-I
- do tutelado 1.753 e 1.754
- dominical 99-III
- excluído da comunhão: parcial 1.659, 1.661, 1.666; universal 1.668, 1.641
- fungível 85
- imóvel 79 a 81: abandonado 1.276; Alienação feita por empresário 978; de ausente 31; v. tb. Prédio
- impenhorável: v. Impenhorabilidade, Sub-rogação de vínculo
- inalienável: v. Inalienabilidade, Sub-rogação de vínculo
- incomunicável: 1.911; v. tb. Sub-rogação de vínculo
- Lei aplicável LINDB 8º: aos imóveis LINDB 11 §§ 2º e 3º, 12 § 1º
- móvel 82 a 84; como objeto de penhor legal 1.467-I; consumível 86; Direitos autorais LDA 3º; e penhor 1.431; fungível 85; Lei aplicável à bagagem LINDB 8º § 1º; Presunção de ter sido adquirido na constância do casamento 1.662; semovente 82, princípio
- não fungível: Comodato 579 a 585
- particular 98
- principal 92 a 95
- público 98 a 103: de uso comum do povo 99-I; de uso especial 99-II; dominical 99-III e § ún.; Desapropriação LD 2º § 2º; v. tb. Domínio público
- singular 89
- sonegado: v. Sonegados
- universal: v. Universalidade
- venda pelo tutor 1.750

Bem comum — como norma de aplicação da lei LINDB 5º

Bem de família — 1.711 a 1.722; Lei 8.009/90 (no CPCLPV, tít. Bem de família)

Beneficiário — do seguro de pessoa 792: Substituição 791

Benefício — de divisão, na fiança 829
- de ordem: na fiança 827 e 828; na sociedade 1.024 e 990

Benfeitorias — 96 e 97; v. tb. Acessão, Acessório, Direito de retenção, Frutos, Melhoramentos, Plantação, Produtos
- acrescidas, pelo testador, em prédio legado 1.922 § ún.
- Compensação com os danos 1.221
- Comunicabilidade das feitas, no regime de comunhão parcial, nos bens particulares 1.660-IV
- Direito de retenção, pelas benfeitorias necessárias e úteis 1.219
- em bem particular de cada cônjuge 1.660-IV

- feitas: pelo arrendatário rural ET 95-VIII; pelo locatário 578, LI 35 e 36; pelo parceiro rural ET 96-V-e; pelo prestamista inadimplente, no loteamento urbano: Lei 6.766/79, art. 34 (no tít. Promessa de compra e venda e loteamento)
- necessárias: Nulidade da cláusula de renúncia à sua indenização CDC 51-*caput*-XVI
- necessárias ou úteis, no caso de evicção 453 e 454
- Preferência do condômino, que fez as mais valiosas, para a aquisição do imóvel comum 1.322-*caput*
- Privilégio de quem as fez, necessárias ou úteis, sobre a coisa beneficiada 964-III
- sobrevindas à coisa dada em pagamento indevido 878
- voluptuárias, úteis ou necessárias 96

Bilhar — Proibição de frequência de crianças e adolescentes ECA 80

Bilhete lotérico — Proibição de venda a criança ou adolescente ECA 78, 79, 81-V, 256

Binubo — 1.636, 1.588

Boa-fé — v. tb. Aparência de direito, Má-fé
- Aquisição *a non domino* 1.268
- Ato ilícito, por excesso dos limites a ela 187
- Casamento putativo 1.561
- como critério para interpretação do negócio jurídico 113
- Construção e plantação no terreno alheio 1.255 § ún.
- de terceiro, quanto a instrumento particular antedatado ou pós-datado 167 § 2º
- do credor que recebe em pagamento coisa fungível 307 § ún.
- e condição resolutiva superveniente 128
- e credor putativo 309
- e fraude contra credores 164
- e frutos sobrevindos à coisa dada em pagamento indevido 878
- e morte ou extinção do mandato 689
- e usucapião: de imóvel 1.238 e 1.243; de móvel 1.260
- e venda pelo depositário 637
- na alienação de imóvel recebido indevidamente 879
- na especificação 1.270
- nas dívidas de jogo 814 § 1º
- no contrato de seguro 765
- nos contratos 422
- Pagamento ao credor putativo 309
- Posse 1.201, 1.202, 1.214, 1.217, 1.219, 1.222, 1.238, 1.260

- Possuidor: Direito aos frutos 1.214; Indenização e retenção pelas benfeitorias 1.219 e 1.222; Não responsabilidade pela perda ou deterioração da coisa 1.217
- Terceiro que adquire de herdeiro aparente 1.827

Boate — Proibição de frequência de criança ou adolescente ECA 149-I-*c*, 258

Bons costumes — Ato ilícito, por excesso aos limites daqueles 187
- Atos contrários a eles praticados pelo titular do poder familiar 1.638-III e IV
- Condição contrária a eles 122
- Lei, ato ou sentença de outro país, que os ofenda LINDB 17
- no condomínio edilício 1.336-IV

Busca e apreensão — de exemplares de obra literária, científica ou artística LDA 102
- de menor 1.634-VI, ECA 33-*caput*, 148 § ún.-*a*

C

Cabos e tubulações — Passagem 1.286 e 1.287

Caducidade — v. tb. Decadência, Extinção, Prazo; cf. Prescrição
- do direito de preferência: do condômino, na venda de parte em coisa indivisível 504 § 1º, 1.322; do locatário, para aquisição do prédio locado LI 27 a 34; na compra e venda com cláusula de preempção 513 § ún. e 516
- do direito de propor ação: redibitória 445 e 446; renovatória de locação LI 51 § 5º
- do direito de reclamar por vício aparente ou de fácil constatação CDC 26
- do direito de retrovenda 505
- do fideicomisso 1.958
- do legado 1.939 e 1.940
- do testamento 1.788, 1.891, 1.895

Calamidade — v. tb. Força maior
- e depósito necessário 647-II

Calúnia — contra: o autor da herança 1.814-II; o doador 557-III
- Indenização por dano moral 953

Canal — CA 117 a 138
- para receber águas ou escoamento de águas supérfluas 1.293

Cancelamento — de protesto: Lei 6.690/79 (no tít. Registros Públicos)
- de protesto de títulos e outros documentos de dívida: Lei 9.492/97, art. 28, no tít. Protesto de títulos
- no registro civil: do registro original do adotado ECA 47 § 2º

- no registro de imóveis LRP 248 a 259: de alienação de lote urbano Lei 6.766/79, art. 36 (no tít. Promessa de compra e venda e loteamento); de averbação de cédula hipotecária Dec. lei 70/66, art. 24 (no tít. Cédula hipotecária); de cédula de crédito rural Dec. lei 167/67, art. 39 (no tít. Títulos de crédito rural); de hipoteca 850 e 851; de registro de promessa de compra e venda Dec. lei 58/37, arts. 7º e 14 § 3º (no tít. Promessa de compra e venda e loteamento); de registro de loteamento urbano Lei 6.766/79, arts. 23, 17-*in fine*, 21-*caput* e 28 (no tít. Promessa de compra e venda e loteamento); v. tb. Registro de imóveis
- no registro de títulos e documentos LRP 164 a 166; v. tb. Registro de títulos e documentos

Cano de esgoto — 1.313 § 1º

Capacidade — 1º a 5º, LINDB 7º-*caput*; v. tb. Incapacidade, Maioridade
- das partes, para validade do negócio jurídico 104-I
- do empresário 972 a 980
- Lei aplicável LINDB 7º-*caput*
- matrimonial 1.517 a 1.520
- para adquirir por testamento LINDB 10 § 2º
- para suceder 1.787, LINDB 10 § 2º
- para testar 1.860 e 1.861
- plena 5º

Capital social — Aumento ou redução, na sociedade limitada 1.081 a 1.084

Capitalização de juros — 591; Dec. 22.626/33, art. 42, no tít. Mútuo

Captação de águas — CA 117 a 138

Cárcere privado — Indenização 954 § ún.-I

Carta — de sentença LRP 221-IV
- missiva: como documento LDA 33; como obra intelectual LDA 6º-I e 33
- rogatória LINDB 12 § 2º

Carvão vegetal — e penhor agrícola 1.442-V

Casa de jogos — Frequência a ela por criança ou adolescente ECA 80

Casa própria — Lei 4.380/64, arts. 9º a 14; v. tb. Sistema Financeiro da Habitação
- Documentos exigidos aos interessados na obtenção de financiamento: Lei 5.455/68, art. 9º, e Lei 6.748/79, arts. 1º a 5º

Casado — Proibição de novo matrimônio 1.521-VI

Casamento — 1.511 a 1.590, CF 226, LINDB 7º, 18, 19, LRP 29-II, 67 a 76; v. tb. Alimentos, Cônjuge, Divórcio, Família, Marido, Mulher casada, Pacto antenupcial, Parentesco, Poder familiar, Regime de bens, Separação de corpos, Separação judicial
- acarretando a maioridade 5º-II
- anulado: Efeitos quanto aos filhos 1.561, LDi 14 § ún.
- anulável 1.550: por defeito de idade 1.550-I e II; por erro essencial 1.548-III, 1.556 a 1.558; v. tb. Anulação de casamento
- Assento, no registro civil 9º-I, 1.536, LRP 70
- Causas suspensivas 1.523 a 1.524; Regime de bens, quando desobedecidas 1.641-I
- Celebração 1.533 a 1.542, LINDB 7º §§ 1º e 2º, 18, 19: por autoridade incompetente 1.550-VI
- Cessação da incapacidade do menor 5º § ún.-II
- com suprimento judicial: Regime de separação de bens 1.641-III
- como impedimento para segundo matrimônio 1.521-VI
- consular 1.544, LINDB 7º § 2º, 18, 19
- Conversão de união estável neste 1.726
- de brasileiro no estrangeiro LINDB 18 e 19, LRP 32
- Deveres dos cônjuges 1.566
- Direção da sociedade conjugal 1.567
- Dissolução da sociedade conjugal 1.571 a 1.582, LDi 2º; Registro da partilha LRP 167-I-22; v. tb. Dissolução da sociedade conjugal
- Doação feita por terceiro, tendo em vista ato nupcial futuro 546, 564-IV
- do alimentando: Cessação do direito a alimentos 1.708
- do cônjuge devedor: Subsistência de sua obrigação de prestar alimentos fixada judicialmente 1.709
- Efeitos 1.565 a 1.570
- em iminente risco de vida 1.540, 1.541 e 1.542 § 2º, LRP 76
- entre colaterais 1.521-IV
- Erro essencial 1.556 a 1.559
- Estado de casado 1.547
- Habilitação matrimonial 1.525 a 1.532
- Idade núbil 1.518 e 1.520
- Igualdade de direitos dos cônjuges 1.511
- Impedimentos 1.523 a 1.524
- *in articulo mortis* 1.539 a 1.541
- Inscrição no registro público 9º-I
- Invalidade 1.548 a 1.564
- Legitimidade para propor ação: de anulação 1.552; de nulidade 1.549
- Lei aplicável LINDB 7º §§ 1º a 3º
- nulo 1.548, 1.521 e 1.522: Averbação no registro público 10-I
- nuncupativo 1.540, 1.541 e 1.542 § 2º, LRP 76

- por procuração 1.542, 1.535
- Proclamas 1.527, 1.536-IV, LRP 43 a 44 e 67 a 69; Dispensa 1.527 § ún., LRP 69
- Proteção da pessoa dos filhos 1.583 a 1.590; v. tb. Administração dos bens de filho menor, Guarda de filho
- Prova 1.543 a 1.547
- putativo 1.561, LDi 14 § ún.
- religioso 1.515 e 1.516, LRP 71 a 75
- Restabelecimento da sociedade conjugal 1.577, LDi 33, 46, LRP 167-II-10; Averbação no registro civil 10-I
- Separação de corpos 1.562; v. tb. Separação de corpos

Caso fortuito — 393 § ún.; v. tb. Força maior, Calamidade, Incêndio, Riscos
- e dano à coisa dada em comodato 583
- e gestão de negócios 862 e 863, 868
- e responsabilidade do mandatário 667 § 1º
- Exoneração do devedor 393-*caput*
- na compra e venda, quando contada, marcada ou assinalada a coisa 492 §§ 1º e 2º

Casos análogos — LINDB 4º

Casos omissos — LINDB 4º

Castigo — imoderado, ao filho 1.638-I

Caução — 1.458 a 1.460, LRP 127-III, 129-2º, 145; v. tb. Penhor
- de dano iminente 1.280 e 1.281
- de direitos creditórios ou aquisitivos decorrentes de contratos de venda ou promessa de venda de imóveis: Lei 9.514/97, art. 17-III
- de título de crédito 1.458 a 1.460
- do depositante ao depositário 644 § ún.
- do fiduciário ao fideicomissário 1.953 § ún.
- do usufrutuário ao nu-proprietário 1.400 a 1.401
- em lugar de hipoteca legal 1.491
- na locação LI 37-I e 38: para execução da liminar em despejo LI 59 § 1º; para execução do despejo LI 63 § 4º e 64
- pelo credor de obrigação indivisível, que recebe a totalidade do crédito 260-II
- pelo tutor 1.745 § ún.
- relativa a imóvel: Averbação no registro respectivo LRP 167-II-8

Causa — Cessação da que originou o usufruto 1.410-IV
- da deserdação 1.962 e 1.963
- Diversidade que não impede a compensação 373
- falsa e vício da declaração de vontade 140

Cédula — de crédito à exportação: Lei 6.313/75 (no tít. Títulos de crédito à exportação)

- de crédito bancário: Lei 10.931, de 2.8.04, arts. 26 a 45 (no tít. Condomínio e incorporação)
- de crédito comercial: Lei 6.840/80 (no tít. Títulos de crédito comercial)
- de crédito imobiliário: Lei 10.931, de 2.8.04, arts. 18 a 25 (no tít. Condomínio e incorporação)
- de crédito industrial TCI 9º a 14 e 19 a 52
- de crédito rural: Dec. lei 167/67, arts. 9º a 41 (no tít. Títulos de crédito rural); Cobrança: Dec. lei 167/67, arts. 41, 72, 75; Garantias: Dec. lei 167/67, arts. 55 a 60, 63 a 70, 76; Prazos e prorrogações: Dec. lei 167/67, arts. 61 e 62, 74; Registro (LRP 167-I-13, 178-II), averbação e cancelamento: Dec. lei 167/67, arts. 30 a 40; v. tb. Financiamento rural, Hipoteca, Nota de crédito rural, Penhor
- de produto rural: Lei 8.929/94 (no tít. Cédula de produto rural)
- hipotecária 1.486, Dec. lei 70/66, arts. 9º a 46 (no tít. Cédula hipotecária); Averbação no registro de imóveis LRP 167-II-7
- rural hipotecária: Dec. lei 167/67, arts. 20 a 24 (no tít. Títulos de crédito rural)
- rural pignoratícia: Dec. lei 167/67, arts. 14 a 19
- rural pignoratícia e hipotecária: Dec. lei 167/67, arts. 25 e 26 (no tít. Títulos de crédito rural)

Cego — e testamento público 1.867

Celebração do casamento — 1.533 a 1.542; LINDB 7º §§ 1º e 2º, 18, 19

Censuário — 810; v. tb. Constituição de renda

Cerca — 1.297 § 1º
- Condomínio por meação desta 1.327 a 1.330
- de prédio usufruído 1.392 § 3º
- viva: Aparo 1.313 § 1º

Certidão — como meio de prova 216 a 218; v. tb. Prova
- como título, no registro de imóveis LRP 221-IV
- de nascimento LRP 19 § 3º e Lei 8.560/92, arts. 5º e 6º (em nota 2 ao art. 54 da LRP)
- nos registros públicos LRP 16 a 21 (de títulos e documentos LRP 132-IV): Demora ou recusa em seu fornecimento LRP 47; Obrigação de fornecê-la LRP 17

Certificado — de cadastro (dispensa, para as operações de crédito rural): Dec. lei 167/67, art. 78 (no tít. Títulos de crédito rural)
- de depósito agropecuário (CDA): Lei 11.076/04 (no tít. Títulos de crédito rural)
- de direitos creditórios do agronegócio (CDCA): Lei 11.076/04 (no tít. Títulos de crédito rural)
- de recebíveis do agronegócio (CRA): Lei 11.076/04 (no tít. Títulos de crédito rural)

- de recebíveis imobiliários: Lei 9.514/97, art. 6º (no tít. Alienação fiduciária)

Cessão — 286 a 298; v. tb. Alienação, Promessa de cessão, Transferência
- da herança aos demais coerdeiros 1.805 § 2º
- da locação LI 13
- de crédito 286 a 298: de estabelecimento transferido 1.149; Necessidade de ser levada a registro LRP 129-9º
- de crédito: Nulidade, quando feita a pessoa impedida de comprar 497 § ún.
- de crédito alimentício: Inadmissibilidade 1.707
- de crédito ao tutor, contra o menor: Inadmissibilidade 1.749-III
- de direitos: de autor LDA 49 a 52; sobre imóvel em condomínio (Rescisão) Lei 4.591/64, art. 40 (no tít. Condomínio e incorporação)
- de promessa de compra e venda: Correção monetária, Lei 4.380/64, art. 6º, e Lei 4.864/65, art. 1º; Direito à adjudicação compulsória do imóvel 1.417, Dec. lei 58/37, art. 22 (no tít. Promessa de compra e venda e loteamento); em loteamento urbano, Lei 6.766/79, art. 25 (no tít. Promessa de compra e venda e loteamento); Registro, no registro de imóveis LRP 167-I-9, 18 e 20 (averbação, para os contratos antigos: LRP 167-II-3 e 6) e 220-XII
- de título à ordem 919
- do direito à sucessão aberta 1.793
- do direito de preempção: Inadmissibilidade 520
- do exercício do usufruto 1.393
- do uso e gozo de coisa comum 1.663 § 2º
- e compensação 377
- feita por instrumento particular: Necessidade de registro, para valer contra terceiros 221, LRP 129-9º
- fiduciária: de direitos Dec. lei 70/66, art. 43 (no tít. Cédula hipotecária); de direitos relativos a imóveis Lei 9.514/97, art. 17-II (Averbação: LRP 167-II-8); em garantia Lei 4.864/65, arts. 22 e 23; v. tb. Alienação fiduciária
- na dação em pagamento 358

Cessionário — de crédito hipotecário 289
- de herdeiro, e requerimento de partilha 2.013
- Exceções que lhe podem ser opostas 294

Chaminé — 1.308

Cheque — Lei 7.357/85 (LCh), no tít. Cheque
- cruzado LCh 44 e 45
- para ser creditado em conta LCh 46
- Prescrição LCh 59 a 62

Cinema — Frequência a estúdio cinematográfico por criança ou adolescente ECA 149-I-e
- Utilização de obra cinematográfica LDA 84 a 91

Cisão de sociedade — 1.122, inclusive nota 1a

Citação — v. tb. Interpelação, Notificação
- Contagem dos juros de mora a partir dela 405
- de ação real ou reipersecutória: Registro LRP 167-I-21
- de sociedade estrangeira 1.138
- Interrupção da prescrição 202-I
- na desapropriação LD 16 a 18

Clandestinidade — da posse 1.208

Cláusula — v. tb. Condição, Encargo, Vínculo
- autorizando o credor a ficar com o objeto da garantia, se a dívida não for paga: Nulidade 1.428; v. Pacto comissório
- compromissória 853
- contratual: Interpretação 112 a 114, CDC 47
- de impenhorabilidade: Direito intertemporal 2.042; v. tb. Impenhorabilidade
- de inalienabilidade: Direito intertemporal 2.042; v. tb. Inalienabilidade, Sub-rogação de vínculo
- de inalienabilidade, importando em incomunicabilidade e impenhorabilidade 1.911, LRP 167-II-11 e 247, Súmula 49 do STF; em apólice da dívida pública 44-II; v. tb. Inalienabilidade, Sub-rogação de vínculo
- de incomunicabilidade: Averbação no Registro das Empresas 979
- de incomunicabilidade: Bem, com essa cláusula, excluído da comunhão 1.668-I, Súmula 49 do STF; v. tb. Incomunicabilidade
- de incomunicabilidade: Direito intertemporal 2.042
- de irretratabilidade: Dec. lei 58/37, art. 22 (no tít. Promessa de compra e venda e loteamento)
- de juros: Invalidade, em título de crédito 890
- de reserva de domínio 522
- de vigência da locação, no caso de alienação 576
- *del credere* 698
- em causa própria 685
- nula: na transação 848; no pacto antenupcial 1.655
- penal: v. Cláusula penal
- potestativa 122, *in fine*, CDC 51-*caput*, IX, X, XI e XIII: Preço ao arbítrio de uma das partes 489
- *rebus sic stantibus* CDC 6º-V e 51 § 1º-III
- reservativa, de aplicação da lei brasileira LINDB 17
- resolutiva 474 e 475

Cláusula penal — 408 a 416; v. tb. Arras, Arrependimento, Multa
- moratória 411: Limite 412
- na locação LI 4º, 62, II-*b*

Comissão

- na promessa de compra e venda: Dec. lei 58/37, art. 11-f (no tít. Promessa de compra e venda e loteamento)
- no mútuo: Dec. 22.626/33, arts. 8º e 9º (no tít. Mútuo)
- Redução proporcional ao cumprimento do contrato 413, LI 4º

Coação — 151 a 155; v. tb. Negócio jurídico, Anulabilidade, Violência
- como causa de anulação 171-II
- e transação 849
- na confissão 214
- no casamento 1.558
- Prazo para ser anulado o negócio jurídico viciado por ela 178-I
- Temor reverencial 153
- tornando anulável disposição testamentária 1.909

Coautoria — e responsabilidade civil 942 § ún.

Cobrança — de dívida constante de instrumento público ou particular: Prescrição 206 § 5º-I
- de dívida já paga 940 e 941, Súmula 159 do STF
- de dívida não vencida 939 e 941, Súmula 159 do STF
- vexatória CDC 42, 71

Codevedor — v. tb. Fiança conjunta, Obrigação indivisível, Obrigação solidária
- e remissão da dívida 388
- na obrigação solidária 266

Codicilo — 1.881 a 1.885; v. tb. Testamento

Código Civil — Entrada em vigor 2.044

Código Civil de 1916 — revogado pelo art. 2.045

Código Comercial — arts. 1º a 456: revogados pelo art. 2.045

Código de Águas — v. Dec. 24.643/34, arts. 1º a 138

Código de Menores — v. Estatuto da Criança e do Adolescente

Coisa — v. tb. Bem, Destruição da coisa, Deterioração da coisa, Perecimento da coisa
- acessória 92; v. tb. Acessório
- alheia: Aquisição *a non domino* 1.268
- beneficiada: Privilégio especial 964-III
- caída de prédio 938
- certa: Obrigação de dar 233 a 242
- coletiva 90 e 91; v. tb. Universalidade
- consumível 86
- divisível 87: depositada 639; onerada 1.420 § 2º; v. tb. Obrigação divisível
- fungível 85: Compensação 369; dada em pagamento 307 § ún.; depositada 645; Mútuo 586
- futura, como objeto de compra e venda 483; v. tb. Coisa incerta, Contrato aleatório
- imóvel: v. Bem imóvel
- impenhorável: Impossibilidade de compensação 373-III; v. tb. Impenhorabilidade
- inalienável: v. Cláusula de inalienabilidade, Sub-rogação de vínculo
- incerta: Obrigação de dar 243 a 246; v. tb. Coisa futura
- indeterminada: Escolha pelo credor, na consignação 342
- indivisa: Posse sobre ela 1.199
- indivisível 87 e 88: Alienação da parte ideal 1.322; e transação 844; legada 1.968 § 1º; v. tb. Indivisibilidade, Obrigação indivisível
- infungível 85
- litigiosa: Consignação em pagamento 335-V, 344, 345; e evicção 457; v. tb. Fraude de execução
- móvel: v. Bem móvel
- principal 92; v. Principal
- salvada: Privilégio especial 964-II
- sem dono 1.263
- singular 89
- universal 90 e 91; v. tb. Universalidade

Coisa julgada — LINDB 6º-*caput* e § 3º
- impedindo transação 850
- no cível e no crime 935

Colação — 2.002 a 2.012; v. tb. Inventário
- e renúncia de herança 2.008
- e sonegados 1.992; v. tb. Sonegados

Colação de grau — acarretando a maioridade 5º-IV

Colateral — 1.592; v. tb. Parentesco, Irmão, Sobrinho, Tio
- até o 3º grau: Impedimento de ser testemunha 228-IV
- Exclusão da sucessão 1.850
- Exclusão, na herança vacante 1.822 § ún.
- herdeiro 1.839 a 1.843
- na ordem da vocação hereditária 1.829-IV
- Proibição de casamento, até o 3º grau 1.521-IV

Colégio — v. Estabelecimento de ensino

Coletividade — v. Universalidade

Colheita — e penhor agrícola 1.442-II
- Privilégio especial sobre ela 964-VIII

Comissão — 693 a 709
- Aplicação de suas normas à agência ou distribuição 721
- Cláusula *del credere* 698

Comissão de permanência — características e limites Dec. 22.626/33, art. 2º, nota 1 (no tít. MÚTUO)
- em título de crédito comercial, Lei 6.840/80, art. 1º, nota 4
- em título de crédito industrial Dec. lei 413/69, art. 5º, nota 3
- em título de crédito rural Dec. lei 167/67, art. 5º, nota 3
- impossibilidade de cumulação 406, nota 5; Súmulas 30, 296 e 472 do STJ

Comissão de representantes — LCE 61; v. tb. Condomínio edilício

Comisso — na enfiteuse: Necessidade de sentença Súmula 169 do STF
- Purgação da mora: Súmula 122 do STF

Comistão — como forma de aquisição da propriedade móvel 1.272 a 1.274; v. tb. Adjunção, Confusão, Mistura

Comitente — v. tb. Empregador
- Responsabilidade por ato de seus empregados 932-III e 933

Comodatário — 582 a 585
- Equiparação do comprador a ele, na venda a contento 511
- Mora em restituir a coisa 582 § ún.
- Obrigação de conservação da coisa 582

Comodato — 579 a 585; v. tb. Empréstimo, Mútuo
- Autorização judicial para que o tutor ou o curador o celebre 580
- e compensação 373-II
- Prazo 581
- Riscos da coisa 583
- Solidariedade passiva dos comodatários 1.255

Comoriente — 8º

Companheira — v. tb. União estável, Companheiro, Concubina
- Acréscimo do nome do companheiro LRP 57 §§ 2º a 6º

Companheiro — v. tb. União estável, Concubino
- Administração da herança do companheiro premorto 1.797-I
- como beneficiário do seguro de vida 793
- Curador do seu companheiro 1.775
- e afinidade 1.595
- e separação de corpos 1.562
- Participação na sucessão do companheiro premorto 1.790, nota 1

Compêndio — LDA 7º

Compensação — 368 a 380
- com crédito alimentício: Inadmissibilidade 1.707
- da renda constituída 809
- das benfeitorias com os danos 1.221
- de obrigação indivisível 262 § ún.
- de prejuízos com lucros, pelo mandatário: Inadmissibilidade 669
- e depósito voluntário 638
- e remissão de dívida por um dos credores 262 § ún.
- entre a dívida e a deterioração da garantia hipotecária, por culpa do credor 1.435-I
- entre dívida e legado 1.919
- feita pelo devedor, com seu crédito 1.919

Competência — da Justiça da Infância e da Juventude ECA 148 e 149
- internacional LINDB 12
- na ação de adjudicação compulsória de imóvel: Dec. lei 58/37, art. 24 (no tít. Promessa de compra e venda e loteamento)
- nas ações relativas a loteamento urbano: Lei 6.766/79, art. 48 (no tít. Promessa de compra e venda e loteamento)
- para o registro: civil LRP 109 § 5º, 57-*caput*, 62; de imóveis LRP 169

Composse — 1.199

Compra e venda — 481 a 532; v. tb. Alienação, Aquisição, Compra, Comprador, Consumidor, Fornecedor, Preço, Reserva de domínio, Tradição, Venda; v., ainda, Alienação fiduciária, Financiamento, Promessa de compra e venda, Substituição de produto, Tabelamento, Troca, Vício redibitório
- Aplicação de suas normas: à dação em pagamento 357; à troca 533
- à vista de amostras 484
- com correção monetária: Lei 4.380/64, art. 6º, e Lei 4.864/65, art. 1º
- com reserva de domínio 521 a 528; Registro do contrato LRP 129-5º
- de animais e vício redibitório 445 § 2º
- de imóvel: Registro LRP 167-I-29
- de móvel: Registro do contrato LRP 129-5º
- Despesas de escritura e registro 490
- Escritura definitiva, exigida pelo promitente comprador 1.418
- Lugar de entrega da coisa vendida 493
- Necessidade de poderes especiais ao mandatário do vendedor 661 § 1º
- Pessoas proibidas de comprar 497
- Preempção ou preferência 513 a 520
- Retrovenda 505 a 508

Condomínio

- Riscos da coisa 492
- Venda a contento ou sujeita a prova 509 a 512
- Venda de ascendente a descendente 496
- Venda sobre documentos 529 a 532

Comprador — v. Adquirente, Compra e venda

Compromissário comprador — v. Promessa de compra e venda, Promitente comprador

Compromisso — 851 a 853
- outorgado mediante mandato 661 § 2º
- sobre direito indisponível: Inadmissibilidade 852

Compromisso de compra e venda — v. Promessa de compra e venda

Computador — Propriedade intelectual dos programas: Lei 9.609/98; v. tb. Direito autoral

Comunhão — v. Condomínio, Comunicação
- de bens: v. Regime de bens

Comunicação — v. tb. Comunhão, Regime de bens
- dos frutos, no regime: da comunhão parcial 1.660-V; da comunhão universal 1.669

Concepção — e direitos do nascituro 2º

Concessão de uso de terreno — Dec. lei 271/67, arts. 7º e 8º (no tít. Promessa de compra e venda e loteamento)

Concorrência — do alienante ao adquirente do seu estabelecimento: Proibição 1.147

Concorrência de culpa — 945
- no transporte: Dec. 2.681/1912, arts. 2º e 15 § 3º

Concubina — v. União estável, Companheira

Concubinato — 1.727; v. tb. União estável
- do credor de alimentos: Cessação de seu direito a eles 1.708
- Prova: Súmula 382 do STF

Concubino — v. tb. União estável, Companheiro
- Ação para anular doação a ele feita 1.642-V
- como beneficiário de seguro 793
- Filho do concubino: Deixa a seu favor 1.803

Concurso — com promessa pública de recompensa 859 e 860

Concurso de beleza — Participação de criança ou de adolescente ECA 149-II

Concurso de credores — v. tb. Insolvência, Privilégio
- acarretando o vencimento antecipado da dívida 333-I
- Habilitação de título de crédito, interrompendo a prescrição 202-IV
- Sobre o que deve versar 956

Condenação criminal — Efeitos no cível 935
- por crime infamante: Causa de separação 1.573-VI
- Suspensão do poder familiar 1.637 § ún.

Condição — 121 a 130; v. tb. Cláusula, Encargo, Termo
- adicional, estipulada por um só devedor solidário 278
- e direito adquirido LINDB 6º § 2º
- e tempo de pagamento 332
- ilícita 123-II
- impossível 123-I e 124
- incompreensível ou contraditória 123-III
- na aceitação ou renúncia da herança: Inadmissibilidade 1.808
- na obrigação solidária 266, 278
- na substituição testamentária 1.949
- na venda a contento 510 e 511
- não verdadeira 167 § 1º-II
- no reconhecimento de filho: Ineficácia 1.613
- Nomeação de herdeiro ou legatário, sob condição 1.897
- para a aceitação de herança: Inadmissibilidade 1.808-caput
- potestativa 122, in fine: Preço ao arbítrio de uma das partes 489; CDC 51-caput-X
- Recebimento do crédito, antes de cumprida: Obrigação de restituir 876 c/c 332
- resolutiva 127 e 128: da propriedade 1.359; e caducidade do fideicomisso 1.958; na promessa de compra e venda: Dec. lei 58/37, art. 12 (no tít. Promessa de compra e venda e loteamento); na venda a contento 510
- suspensiva 125 e 126; e direito de pedir o legado 1.924; e disposições feitas pelo devedor, antes de sua realização 126; e obrigação de dar coisa certa 234; e perda da coisa, antes do seu implemento 234; e suspensão da prescrição 199-I; na venda a contento ou sujeita a prova 509 a 511; no encargo 136

Condomínio — 1.314 a 1.358; v. tb. Condomínio edilício, Condômino, Domínio, Propriedade
- Administração 1.323 a 1.326
- Contagem de votos para deliberação 1.325 § 1º
- Direito de voto do locatário LI 83; Lei 4.591/64, art. 24 § 4º
- Direitos e deveres dos condôminos 1.314 a 1.322
- Divisão 1.320 a 1.322; v. tb. Divisão
- e direito real de garantia 1.420 § 2º
- em imóvel hipotecado 1.488
- em intervalos, muros, cercas e tapumes divisórios 1.297 § 1º
- geral 1.314 a 1.330
- necessário 1.327 a 1.330
- Venda de parte em coisa indivisível 1.322 e 504 § 1º
- voluntário 1.314 a 1.326

Condomínio edilício — 1.331 a 1.358, LCE 1º a 27 (no tít. Condomínio e incorporação); v. tb. Condomínio, Incorporação

- Administração: 1.347 a 1.356, LCE 22 a 23
- Alienação de parte acessória de unidade imobiliária 1.339 § 2º
- Alienação de unidade autônoma: Registro LRP 167-I-12 (para os contratos antigos: averbação LRP 167-II-6)
- Alteração do regimento interno 1.351
- Áreas comuns LCE 3º
- Assembleia geral 1.347 a 1.356, LCE 24 a 27
- Conselho fiscal 1.356
- Construção do edifício LCE 48 a 62
- Convenção 1.333 e 1.334, LCE 9º a 11, LRP 167-I-17 e 178-III
- de imóvel hipotecado 1.488
- Demolição e reconstrução do imóvel LCE 17
- Despesas com parte comum de uso exclusivo de um ou alguns condôminos 1.340
- Despesas comuns LCE 12
- Deveres dos condôminos 1.336
- Direitos dos condôminos 1.335
- Extinção 1.357 e 1.358
- Forma de instituição 1.332
- Incêndio do imóvel 1.346, LCE 16
- Incorporação LCE 28 a 47; Comissão de representantes LCE 61
- Partes comuns e partes de propriedade exclusiva 1.331
- Realização de obras no imóvel 1.341 a 1.343
- Regimento interno LCE 9º-*caput* (no tít. Condomínio e incorporação); Alteração 1.351
- Registro de imóvel em seu nome 1.332, nota 1a
- Rescisão de contrato LCE 40
- Responsabilidade do adquirente pelos débitos pendentes 1.345
- Responsabilidade por furto nas suas dependências 1.334, nota 1a
- Seguro do imóvel 1.346, LCE 13 a 15
- Síndico 1.348 a 1.350, LCE 22

Condômino — Preferência para aquisição de parte ideal de imóvel: indivisível 1.322; locado LI 34

- remisso 1.336 §§ 1º e 2º, 1.337

Conduta desonrosa — como causa de separação 1.573-VI

Conferência — v. Colação

Confirmação — v. tb. Ratificação

- de negócio anulável 172 a 175
- de negócio jurídico nulo: Inadmissibilidade 169

Confissão — 213 e 214, 212-I; v. tb. Prova

- não verdadeira 167 § 1º-II

Confusão — 381 a 384; v. tb. Adjunção, Comistão, Mistura

- como forma de aquisição da propriedade móvel 1.272 a 1.274
- e extinção: da servidão 1.389-I; do penhor 1.436-IV
- Remissão da dívida por um só dos credores 262 § ún.

Conhecimento de transporte — 744

- Endosso 754

Cônjuge — v. tb. Casamento, Consentimento, Marido, Mulher casada, Regime de bens

- Anulação de ato praticado sem a sua autorização 1.649
- binubo 1.636, 1.588
- Compra e venda entre eles 499
- curador 1.775: do ausente 25
- e afinidade 1.595
- Frutos percebidos por ele, na pendência de inventário 2.020
- herdeiro 1.829-I e III, 1.830 a 1.832, 1.837, 1.838
- Legitimidade para requerer a interdição do outro cônjuge 1.768-II
- Prescrição entre eles 197-I
- Proibição de casar com o autor do homicídio ou de tentativa contra o consorte 1.521-VII
- sobrevivente: Direito de habitação 1.831; Sub-rogação na locação LI 11-I
- Suprimento de sua outorga 1.648
- testamenteiro 1.984
- testemunha: Impedimento 228-V

Consanguinidade — 1.593

Conselho dos Direitos da Criança e do Adolescente — ECA 261

Conselho fiscal — da sociedade limitada 1.066 a 1.070

- do condomínio edilício 1.356

Conselho Nacional de Cooperativismo — Lei 5.763/71, arts. 95 a 102 (no tít. Sociedades)

Conselho tutelar — ECA 131 a 140, 262

Consentimento — v. tb. Anuência, Autorização, Outorga uxória

- do cônjuge: Dispensa, na emissão e endosso de cédula hipotecária (Dec. lei 70/66, art. 17 § 2º, no tít. Cédula hipotecária); Necessidade, na promessa de compra e venda (Dec. lei 58/37, art. 11 § 2º, no tít. Promessa de compra e venda e loteamento), no registro de loteamento urbano e na alienação de lote urbano (Lei 6.766/79, art. 18-VII e § 3º, no tít. Promessa de compra e venda e loteamento); para a locação por mais de dez anos LI 3º; para residência, no lar conjugal, do filho reconhecido 1.611

- do cônjuge: Quando é necessário 1.647 a 1.650
- do devedor: Desnecessidade, para constituição da fiança 820
- do filho maior, para ser reconhecido 1.614
- do locador, para cessão, sublocação ou empréstimo LI 13
- do nu-proprietário: para locação LI 7º-*caput*
- do representante legal, para casamento de menor em estado núbil 1.550-II
- do representante legal do menor, no pacto antenupcial 1.654
- dos condôminos, para alteração da coisa ou para dar posse a estranho 1.314 § ún.
- dos demais descendentes, para venda de ascendente a descendente 496
- dos pais, para casamento do filho 1.634-III
- dos pais do adotando ECA 166 §§ 1º a 6º

Consignação em pagamento — 334 a 345; v. tb. Contrato estimatório, Pagamento
- da coisa depositada 634 e 635
- da coisa litigiosa 335-V, 344 e 345
- de aluguéis e encargos LI 67, 58
- do preço, se o credor é ou se tornou insolvente 160
- judicial, da coisa devida 334

Consolidação do usufruto — 1.410-VI

Consórcio — público 41, nota 2a
- Situação do inadimplente CDC 53 § 2º

Constituição de renda — 803 a 813; v. tb. Renda
- a título gratuito 813
- em benefício de mais de uma pessoa 812
- Prescrição da ação de cobrança das prestações 206 § 3º-II
- sobre imóvel LRP 167-I-8, 220-VII

Constituição em mora — v. tb. Mora, Interpelação, Intimação, Notificação, Purgação da mora
- e interrupção da prescrição 202-V

Constituto possessório — 1.267 § ún.; v. tb. Posse
- na aquisição de coisa móvel 1.267 § ún.

Construção — 1.253 a 1.259; v. tb. Acessão, Benfeitorias, Contrato imobiliário, Prédio
- a menos de metro e meio do terreno vizinho 1.301
- como acessório do solo 81-I
- Compreensão na hipoteca 1.474

- Correção monetária nos contratos: Lei 4.380/64, arts. 5º a 7º, e Lei 4.865/65, art. 1º
- de edificação em condomínio LCE 48 a 62 (no tít. Condomínio e incorporação)
- Demolição, quando feita com violação de proibição 1.312
- Direito de construir 1.299 a 1.313
- e privilégio especial 964-IV
- em terreno alheio 1.255 a 1.259
- Forma de aquisição da propriedade imóvel 1.248-V
- por administração, 613; Lei 4.591/64, arts. 58 a 62
- por empreitada 610 a 626; v. tb. Empreitada
- Privilégio especial do construtor ou fornecedor de materiais, sobre a edificação 964-IV
- Qualificação como imóvel 81-I
- Responsabilidade do empreiteiro pela sua solidez e segurança 618
- Responsabilidade do proprietário pelos danos, em caso de ruína 937

Cônsul — Casamento por ele celebrado: de brasileiro LINDB 18 e 19; de estrangeiro LINDB 7º § 2º

Consumidor — CDC 2º, 17 e 29; v. tb. Comprador, Informação ao consumidor
- Banco de dados e cadastro de consumidores CDC 43 a 45
- Direitos básicos CDC 6º
- Proteção a ele: Lei 8.078/90 (CDC), no tít. Consumidor

Contabilista do estabelecimento — 1.177
- Responsabilidade pela escrituração da empresa 1.182

Contramuro — 1.302 § ún.

Contrapropaganda — CDC 10 § 1º, 56-XII, 60

Contrato — 421 a 853; v. tb. Obrigação, Agência e distribuição, Arras, Atualização monetária, Comissão, Comodato, Compra e venda, Constituição de renda, Contrato estimatório, Correção monetária, Corretagem, Depósito, Doação, Empréstimo, Estipulação em favor de terceiro, Fiança, Garantia, Jogo e aposta, Juros de mora, Locação, Mandato, Mútuo, Pré-contrato, Prestação de serviço, Promessa de compra e venda, Rescisão de contrato, Seguro, Transação, Transporte, Troca, Vício redibitório
- Aceitação 431 a 434
- aleatório 458 a 461: e compra e venda 483
- antenupcial: v. Pacto antenupcial
- atípico: Licitude 425
- benéfico: Responsabilidade do inadimplente 392
- Cláusula resolutiva 474 e 475
- com pessoa a declarar 467 a 471

- com validade condicionada à celebração de escritura pública 109
- da sociedade simples 997 a 1.000
- de adesão: Cláusulas ambíguas ou contraditórias 423; CDC 54 e 18 § 2º-2ª parte
- de construção: v. Construção, Empreitada
- de financiamento: v. Financiamento
- Disposições gerais 421 a 426
- e mandato irrevogável 683 e 684
- e prova exclusivamente testemunhal 227
- estimatório 534 a 537
- Extinção 472 a 480
- Formação 427 a 435
- Foro de eleição 78
- Função social 421
- imobiliário: Lei 4.380/64, Lei 4.864/65 e Lei 5.741/71; v. tb. Casa própria, Cessão de promessa de compra e venda, Condomínio, Construção, Correção monetária, Empreitada, Financiamento, Hipoteca, Incorporação, Mútuo, Promessa de cessão, Promessa de compra e venda
- Interpretação: de cessão de direito autoral LDA 49-VI; de cláusula contratual CDC 47; de contrato de adesão 423, CDC 54; de negócio jurídico 112 a 114
- Lei internacional aplicável LINDB 9º e 17
- Lugar da celebração 435
- não cumprido 476 a 477
- Oferta ao público 429
- oneroso, de devedor insolvente: Anulabilidade 159
- oneroso: Responsabilidade do inadimplente 392
- padrão, no loteamento urbano: Lei 6.766/79, arts. 18-VI e 25 (no tít. Promessa de compra e venda e loteamento)
- por instrumento particular 221
- por telefone 428-I
- por telegrama 222
- Prazo para ser anulado, por defeito do negócio jurídico 178 e 179
- Pré-contrato, em loteamento urbano: Lei 6.766/79, art. 27 (no tít. Promessa de compra e venda e loteamento)
- preliminar 462 a 466
- Proposta 427 a 429
- Resolução por onerosidade excessiva 478 a 480
- Revisão judicial 317, 479 e 480
- sobre herança de pessoa viva 426
- Vício redibitório 441 a 446

Contrato social — 997 a 1.000
- Modificação 1.077

Convalescimento — de negócio jurídico nulo: Inadmissibilidade 168

Convenção — v. tb. Cláusula, Contrato, Obrigação
- antenupcial: v. Pacto antenupcial
- do condomínio edilício 1.333 a 1.334, LCE 9º a 11 (no tít. Condomínio e incorporação)

Convênio para assistência médica — Lei 9.656/98, no tít. Seguro

Convivente — v. Companheiro, União estável

Cooperativa — v. Sociedade cooperativa

Cópia fotográfica — 223

Cópia reprográfica — v. Xerox
- de certidão do registro civil LRP 19 §§ 1º e 5º

Copropriedade — v. Condomínio

Corpo — Disposição do próprio 14

Correção da lei — LINDB 1º §§ 3º e 4º

Correção monetária — Leis 5.670/71, 6.205/75, 6.423/77 e 6.899/81, Dec. 86.649/81; v. tb. Atualização monetária
- Cláusula obrigatória, nas operações do Sistema Financeiro da Habitação: Dec. lei 19/66, art. 1º
- de despesa condominial LCE 12 § 3º (no tít. Condomínio e incorporação)
- de preço do arrendamento e da parceria rurais ET 92 § 2º
- dos alimentos 1.710, LDi 22
- dos aluguéis, na revisional LI 69-*caput*
- em valores de referência: Lei 6.205/75, art. 2º
- Forma de cálculo, nas operações imobiliárias: Dec. lei 19/66, art. 1º § 1º
- na cédula hipotecária: Dec. lei 70/66, arts. 9º-*caput* e § 3º, 11, 25, 34-II, 40
- na desapropriação: em índices fixados pela Secretaria de Planejamento LD 26 § 2º
- na indenização por ato ilícito: Súmula 562 do STF
- nas ações: Lei 6.899/81 (LCM) e Dec. 86.649/81
- nas associações de poupança e empréstimos: Dec. lei 70/66, art. 7º (no tít. Cédula hipotecária)
- no empréstimo com garantia hipotecária: Dec. lei 70/66, art. 9º (no tít. Cédula hipotecária)
- nos contratos imobiliários: Lei 4.380/64, arts. 5º a 7º
- nos contratos para aquisição de casa própria: Lei 4.380/64, art. 10
- no Sistema Financeiro da Habitação: Lei 4.380/64, art. 15, e Lei 4.864/65, art. 30

Correspondência — v. Carta missiva

Corretagem — 722 a 729

Cortiço — v. Habitação coletiva multifamiliar

Costumes — Aplicação, quando omissa a lei LINDB 4º; v. tb. Usos

Crédito — Cessão: v. Cessão de crédito
- rural: v. Cédula de crédito rural

Credor — 308 a 312; v. tb. Cessão de crédito, Concurso de credores, Dívida, Mora *accipiendi*, Privilégio, Sub-rogação
- Aceitação de herança em nome do renunciante 1.813
- anticrético: Direito de retenção 1.423
- Cobrança judicial de dívida já paga ou não vencida 939 a 941; Súmula 159 do STF
- de herdeiro e requerimento de partilha 2.013
- hipotecário 1.422, 959 e 960
- pignoratício: Direitos 1.433 a 1.434; Obrigações 1.435
- putativo: Pagamento a ele 309
- que paga dívida do devedor comum: Sub-rogação 346-I
- quirografário: Legitimidade para anular negócio realizado em fraude contra credores 158
- solidário: v. Solidariedade ativa

Credor fiduciário — de coisa imóvel: Direitos, Lei 9.514/97, art. 19

Cremação de cadáver — LRP 77 § 2º

Criação dos filhos — 1.630 a 1.638, ECA 21, LDi 9º a 16

Criança — ECA 2º; v. tb. Adolescente, Menor
- Ato infracional praticado por ela ECA 105 e 101 (recurso: ECA 198 e 199)
- Autorização para viajar ECA 83 a 85
- Crimes e infrações praticados contra ela ECA 225 a 258
- Medidas contra seu pai ou responsável ECA 129
- Proibições ECA 81

Crias — v. tb. Acessório, Produtos
- no usufruto 1.397

Crime — v. tb. Ato ilícito, Infração penal, Responsabilidade civil
- contra criança ou adolescente ECA 225 a 244; v. tb. Infração administrativa

Culpa — v. tb. Ato ilícito, Indenização, Negligência, Responsabilidade civil; v., ainda, Dolo, Má-fé
- Casos em que é dispensada, para responsabilização do causador do dano 927 § ún.
- concorrente: Redução da indenização 945; no transporte: Dec. 2.681/1912, arts. 2º e 15 § 3º
- de terceiro: Ação regressiva contra ele 930
- do alienante, no contrato aleatório 458; do devedor, na obrigação alternativa 254 e 255; do devedor, na obrigação de dar coisa certa 239; do devedor, na obrigação de fazer 248; do devedor, na obrigação de restituir coisa certa 240; do devedor, na obrigação indivisível 263 §§ 1º e 2º; do devedor solidário 279; do gestor de negócios 866; do herdeiro do cônjuge sobrevivente e do inventariante 2.020; do mandatário 667; do possuidor de má-fé, pelos frutos não percebidos 1.216; do tutor 1.752; do usufrutuário, pela deterioração da coisa, acarretando a extinção do usufruto 1.410-VII
- e satisfação da cláusula penal, na obrigação: divisível 415; indivisível 414
- presumida do empregador, pelo ato do empregado 933

Curador — v. tb. Curatela, Representante
- Casamento seu, ou de parente próximo, com o curatelado 1.523-IV e § ún.
- Compra de bem de curatelado 497-I
- da herança jacente 1.819
- de cônjuge: Legitimidade para propor, em nome deste, ação de separação judicial 1.576 § ún., e de divórcio 1.582 § ún.
- de filho ainda não concebido 1.800, 1.799-I
- do ausente 25 § 1º: Poderes 24
- especial, dos bens deixados a herdeiro menor instituído 1.733 § 2º
- especial, no caso de conflito entre pai e filho 1.692, ECA 142 § ún.
- Funções 1.774 c/c 1.747
- Hipoteca legal de seus bens 2.040
- Necessidade de autorização, para poder dar em comodato 580
- Obrigação de prestar contas 1.775: do cônjuge 1.783
- Possibilidade de adotar somente depois de prestadas contas ao curatelado e saldado seu débito ECA 44
- Prescrição da cobrança de seus honorários 206 § 5º-II
- Proibição: de adquirir bem do curatelado 497-I; temporária, de adotar o curatelado ECA 44
- Quem deve sê-lo 1.775
- Remoção 1.781 c/c 1.764-III
- Representante ou assistente do curatelado 1.774 e 1.781 c/c 1.747-I
- Responsabilidade por ato de curatelado 932-II e 933

Curatela — 1.767 e segs.; v. tb. Curador
- Aplicação a ela das disposições sobre tutela 1.774 c/c 1.781
- do nascituro 1.779
- do pródigo 1.782
- Limites 1.772

Curatelado — Prescrição de ação contra o curador 197-III

Custas — v. Despesas judiciais 404

D

Dação em pagamento — 356 a 359; v. tb. Pagamento
- Direito de preferência do locatário sobre o credor LI 27
- Extinção da fiança 838-III
- Registro de dação: de imóvel LRP 167-I-31; de móvel LRP 129-9º

Dano — v. tb. Ato ilícito, Indenização, Perdas e danos, Responsabilidade civil
- causado por animal 936
- causado por coisa 937, 938
- iminente: Caução 1.280 e 1.281

Dano estético — 186, nota 2b, e 949, nota 1a

Dano moral — 186

Decadência — 207 a 211; v. tb. Caducidade, Extinção, Prazo, Resolução; v., ainda, Prescrição
- das ações sobre vendas *ad corpus* ou *ad mensuram* 501
- do direito: de demandar a exclusão de herdeiro 1.815 § ún.; de obter redibição ou abatimento do preço, no caso de vício redibitório 445 e 446; de propor revogação de doação por ingratidão 559; de provar a causa da deserdação 1.965 § ún.
- na venda de coisa indivisível 504 § 1º e 1.322
- para o exercício do direito de resgate, na retrovenda 505
- Prazo para anular: Casamento de menor em idade núbil, quando não autorizado 1.555; Constituição de pessoa jurídica de direito privado 45 § ún.; Decisão de pessoa jurídica de direito privado 48 § ún.; Disposição testamentária eivada de erro, dolo ou coação 1.909; Negócio concluído pelo representante, em conflito de interesses com o representado 119 § ún.; Negócio jurídico 178 e 179; Partilha 2.007

Declaração de vontade — LINDB 17

Defeito de forma — do ato jurídico 166-IV

Defeito físico — Indenização 950 e 951

Defeito oculto — v. Vício redibitório

Defeitos do negócio jurídico — v. Coação, Dolo, Erro, Estado de perigo, Fraude contra credores, Ignorância, Lesão; v., ainda, Simulação, Vício redibitório

Defesa — v. Exceção

Defesa do consumidor — Lei 8.078/90 (CDC), no tít. Consumidor; v. tb. Consumidor

Deixa — v. Legado, Testamento

Delito — v. Infração penal

Demarcação — LRP 167-I-23; v. tb. Propriedade, Direito de vizinhança

Demolição — de construção feita em terreno alheio 1.258 § ún., 1.259
- de imóvel em condomínio LCE 17 (no tít. Condomínio e incorporação)
- de prédio que ameaça ruína 1.280

Denúncia da locação — v. tb. Despejo, Notificação
- na locação não residencial por prazo indeterminado LI 57
- na locação para temporada LI 50 § ún.
- na locação residencial anterior à vigência da lei atual LI 78
- na locação residencial prorrogada por prazo indeterminado LI 46 § 2º
- pelo adquirente LI 8º-*caput* e § 2º
- pelo locatário LI 6º
- pelo nu-proprietário ou pelo fideicomissário LI 7º § ún.
- vazia LI 46, 56, 78, 7º, 8º

Depositário — v. tb. Depósito
- Cônjuge que administra bem particular do outro 1.652-III
- credor pignoratício 1.435-I
- devedor, na alienação fiduciária 1.363
- Direito de retenção 644
- Incapacidade superveniente 641
- Marido, quanto aos bens particulares da mulher 1.652-III
- Prisão 652

Depósito — 627 a 652; v. tb. Depositário; v., ainda, Consignação em pagamento
- da coisa fungível 645
- da coisa transportada 753 §§ 1º a 4º
- de lote compromissado à venda, Dec. lei 58/37, art. 17 § ún. (ambos, no tít. Promessa de compra e venda e loteamento)
- Despesas feitas com a coisa 643
- e compensação 373-II
- necessário 647 a 652: Prova 648 § ún.; Remuneração 651; v. tb. Hotel, Hoteleiro
- oneroso 628 § ún.
- Perda da coisa depositada 636
- prévio: na desapropriação LD 15 § 1º, 33 § 2º; na desapropriação de imóvel rural por interesse social LC 76/93, art. 6º §§ 1º e 2º (ambas, no tít. Desapropriação)

Despejo

- Prisão do depositário infiel 652
- Utilização da coisa pelo depositário 638
- voluntário 627 a 646: Lugar de restituição da coisa 631; Prova LRP 129-2º

Derrogação da lei — LINDB 2º

Desaparecimento — v. Extinção, Perecimento da coisa

Desapropriação — v. LD, LC 76/93, Lei 4.132/62, Lei 8.629/93, Dec. lei 554/69, Dec. lei 1.075/70 (todos, no tít. Desapropriação)

- Benfeitoria em loteamento irregular: Dec. lei 271/67, art. 5º (no tít. Promessa de compra e venda e loteamento)
- Coisa expropriada não utilizada no fim a que se destinava 519
- como causa de perda da propriedade 1.275-V
- de bem clausulado 1.911 § ún.
- de coisa hipotecada ou objeto de privilégio 959-II e 960
- de imóvel sujeito a condomínio edilício 1.358
- de obra literária, científica ou artística LD 5º-*o*
- do bem dado em garantia 1.425-V
- e anticrese 1.509 § 2º
- e direito de superfície 1.376
- e extinção da servidão 1.387
- e locação LI 5º § ún.
- e usufruto 1.409
- Imissão de posse definitiva LD 29
- Imissão de posse liminar LD 15: de imóvel residencial urbano, Dec. lei 1.075/70 (no tít. Desapropriação); por interesse social, Dec. lei 554/69, art. 6º (no tít. Desapropriação)
- Indenização, no caso de loteamento urbano: Lei 5.766/79, art. 42 (no tít. Promessa de compra e venda e loteamento)
- Ocupação temporária LD 36
- para loteamento urbano: Lei 6.766/79, art. 44 (no tít. Promessa de compra e venda e loteamento)
- parcial de imóvel em condomínio LCE 18 (no tít. Condomínio e incorporação)
- por interesse social ET 18 a 23 (no tít. Terra), Lei 4.132/62 e Dec. lei 554/69 (ambos, no tít. Desapropriação)
- por necessidade ou utilidade pública 1.228 § 3º
- Procedimento da ação LD 11 a 30
- Reforma agrária: Lei 8.629/93 e LC 76/93 (ambas, no tít. Desapropriação)
- Registro em nome do expropriante LRP 167-I-34
- Retrocessão 519, LD 35

Descendente — 1.591; v. tb. Parentesco, Filho, Neto

- Casamento com ascendente: Nulidade 1.521-I c/c 1.548-II
- Colação, no inventário de ascendente 2.002
- Deserdação 1.962
- e direito de representação 1.852
- herdeiro 1.833 a 1.835
- na ordem da vocação hereditária 1.829-I
- Obrigação alimentar recíproca, em relação ao ascendente 1.696
- Prescrição contra ascendente 197-II
- Proibição de: comprar imóvel ao ascendente 496; ser testemunha, em processo em que seja interessado ascendente seu 228-V
- Retomada de prédio, para seu uso LI 47-III e § 1º-*b*
- Rompimento de testamento, pela superveniência de descendente ao testador 1.973
- Troca com ascendente 533-II

Descoberta — 1.233 a 1.237

Desconsideração da pessoa jurídica — 50, CDC 28

Deserdação — 1.961 a 1.965; v. tb. Exclusão da sucessão

Desfalque — de garantia 1.425-I

Desforço incontinênti — 1.210 § 1º; v. tb. Posse

Desmembramento — do solo urbano: Lei 6.766/79, arts. 10 a 24 (no tít. Promessa de compra e venda e loteamento)

Despedida — sem justa causa: do comissário 705; do prestador de serviço 603

Despejo — LI 59 a 66, 58; v. tb. Locação, Denúncia da locação, Notificação

- Casos LI 59-I
- como única ação cabível para a rescisão da locação LI 5º
- Cumulação do despejo por falta de pagamento com a ação de cobrança dos aluguéis LI 62-I e VI
- de hospitais, escolas ou repartições públicas LI 53, 63 § 3º
- Denúncia vazia LI 46, 56, 78, 7º, 8º
- Efeitos da apelação LI 58-V
- Execução de sentença LI 65, 44-IV
- Fluência da ação em férias forenses LI 58-I
- Imissão de posse, por abandono do imóvel LI 66
- Liminar LI 59 § 1º
- pleiteado, mediante reconvenção, na ação de consignação em pagamento LI 67-VI
- por falta de pagamento LI 62, 9º-III: cumulado com ação de cobrança LI 62-I e VI
- Prazo de desocupação LI 63-*caput*: de hospitais, escolas e repartições públicas LI 63 §§ 2º e 3º; de

imóvel para fins comerciais LI 74; de imóvel residencial LI 63 e 78-*caput*
- Purgação da mora LI 62-II e III
- Sublocatário legítimo, como assistente da ação LI 59 § 2º

Despesas — com o instrumento de troca 533-I
- da escritura de venda 490
- da tradição 490
- de condomínio LCE 12 (no tít. Condomínio e incorporação): na locação LI 23-XII e § 1º, 22-X e 25
- de registro LRP 217
- de sufrágio da alma 1.998
- de tratamento médico e seguro de pessoa 802
- do enterro 1.998: feito pelo gestor de negócios 872
- hospitalares e seguro de pessoa 802

Despesas judiciais — com o depósito em consignação 343
- Condenação às custas em dobro, pela cobrança de dívida ainda não vencida 939
- e evicção 450-III
- Prazo prescricional para sua cobrança 206 § 1º-III
- Privilégio: especial 964-I; geral, pelos gastos feitos com a arrecadação e liquidação da massa 965-II

Desquite — v. Separação

Destituição — do titular do poder familiar ECA 155 a 163
- do tutor ECA 164

Destruição da coisa — v. tb. Perecimento da coisa, Deterioração da coisa
- alheia, a fim de remover perigo iminente 188-II e § ún.
- no usufruto 1.410-V

Detentor — 1.198

Deterioração da coisa — v. tb. Perecimento da coisa
- alheia, a fim de remover perigo iminente 188-II e § ún.
- dada em garantia, e vencimento antecipado da dívida 1.425-I
- dada em usufruto 1.410-VII
- e evicção 451 e 452
- locada 567, 569-IV; Reparação a cargo do locador, em geral LI 22-III e § ún., ou, em casos especiais, do locatário LI 23-V
- na obrigação de: dar coisa certa 235, 236; dar coisa incerta 246; restituir 240
- no pagamento indevido 878
- sujeita a anticrese 1.508

- superveniente, dada em pagamento indevido 878

Devedor — v. tb. Dívida
- Direito a quitação regular 319
- Mora do devedor 394 a 401
- Necessidade de ter culpa, para que incorra em mora 396
- Pagamento em consignação 334 a 345
- Purgação da mora 401
- Responsabilidade com as despesas do pagamento e quitação 325
- solidário endossante 914 § 1º
- Substituição, sem seu consentimento 362

Deveres do casamento — de coabitação: Cessação pela separação judicial 1.576
- Violação 1.572-*caput*

Devolução — v. Obrigação de restituir coisa certa, Entrega
- do preço: v. Preço

Dia — Como se conta 132; v. tb. Prazo

Diário — 1.180, 1.184 a 1.186

Difamação — Indenização por dano moral 953

Dinheiro — como objeto de penhor legal 1.467-I

Diplomata — Celebração de casamento de estrangeiro LINDB 7º § 2º

Direito — à sucessão aberta 80-II
- autoral: v. Direito autoral, abaixo
- comparado (notícia bibliográfica): nota 2 ao Cód. Civ., que antecede o art. 1º do CC
- das coisas 1.196 a 1.510, LINDB 8º; v., abaixo, Direito real
- das obrigações 233 a 965; v. tb. Obrigação
- das sucessões 1.784 a 2.027; v. tb. Sucessão
- de acrescer: v. Direito de acrescer, abaixo
- de aqueduto 1.293 § 3º a 1.296
- de construir 1.299 a 1.313; v. tb. Construção
- de família 1.511 a 1.783, LINDB 7º; v. tb. Família
- de opção: v. Preferência
- de preferência: v. Preferência, Preempção
- de prelação: v. Preempção
- de propriedade: v. Propriedade
- de regresso: v. Direito regressivo, abaixo
- de retenção: v. Direito de retenção, abaixo
- de tapagem 1.297
- de vizinhança: v. Direito de vizinhança, abaixo
- estrangeiro: Aplicação LINDB 16, 17; Prova LINDB 14
- Fontes LINDB 4º
- hereditário: v. Sucessão

- indisponível: Inadmissibilidade de transação 841
- internacional privado: Normas a respeito LINDB 7º a 10, 12, 13, 15, 17
- Perecimento ou extinção: v. Extinção
- Princípios gerais LINDB 4º
- real: v. Direito real, abaixo
- regressivo: v. Direito regressivo, abaixo

Direito adquirido — LINDB 6º

Direito autoral — Lei 9.610/98 (no tít. Direito autoral); v. tb. Artista, Computador, Edição, Pseudônimo, Plágio, Radialista, Técnico em espetáculos de diversões
- Associações para seu exercício e defesa LDA 97 a 100
- Autor LDA 11, 13
- Busca e apreensão de obra contrafeita LDA 102 § 2º-I
- Cessão ou transferência LDA 49 a 52
- Coautor de obra audiovisual LDA 16, 5º-VIII-*i*
- Colaborador LDA 15 § 1º, 16
- como bem móvel LDA 3º
- Direito ao título da obra LDA 10
- Direitos conexos LDA 89 a 96
- Direitos morais LDA 24 a 27
- Direitos patrimoniais LDA 28 a 52
- Duração LDA 41 a 44: de direito conexo LDA 96
- Limitações LDA 46 a 48
- Obras do domínio público LDA 24 § 2º c/c 45
- Propriedade intelectual Lei 9.609/98
- Registro das obras intelectuais LDA 18 a 21

Direito de acrescer — v. tb. Sucessão
- do beneficiário de renda: Inexistência 812
- e alimentos devidos em razão de ato ilícito 948, nota 6b
- e cessão de direito hereditário 1.793 § 1º
- entre herdeiros e legatários 1.941 a 1.946
- na doação a marido e mulher 551
- na renúncia de herança 1.810

Direito de imagem — 20

Direito de representação — 1.851 a 1.856
- concedido aos filhos de irmão 1.840
- entre descendentes 1.833

Direito de retenção — v. tb. Benfeitorias, Posse, Retenção
- da coisa empenhada, pelo credor pignoratício 1.433-II
- da prestação, se duvidosa a contraprestação posterior da parte contrária 477
- do comissário 708
- do credor anticrético 1.423: sobre imóvel dado em arrendamento 1.507 § 2º
- do credor pignoratício 1.433-II
- do depositário 633, 644
- do locatário 571 § ún., 578
- do mandatário 664, 681
- do pagamento, até que seja dada quitação regular 319
- do possuidor de boa-fé 1.219
- do transportador 742
- pelo construtor e pelo condomínio LCE 52 (no tít. Condomínio e incorporação)
- pelo locatário, por benfeitorias LI 35; em caso de alienação do prédio, Súmula 158 do STF
- sobre a bagagem do passageiro 742

Direito de superfície — 1.369 a 1.377
- constituído por pessoa jurídica de direito público interno 1.377

Direito de tapagem — 1.297

Direito de vizinhança — 1.277 a 1.313; v. tb. Caução de dano iminente, Demolição, Embargo de obra nova, Nunciação de obra nova
- Águas CA 69, 70, 90, 92, 94, 102 a 107, 117 a 138; v. tb. Águas
- Árvores limítrofes 1.282 a 1.284
- Direito de construir 1.299 a 1.313
- Direito de tapagem 1.297
- Entrada no prédio vizinho 1.313
- Limites entre prédios 1.297 e 1.298
- Parede de tijolos de vidro translúcido: Súmula 120 do STF (em nota ao art. 1.301)
- Passagem de cabos e tubulações 1.286 e 1.287
- Passagem forçada 1.285
- Uso anormal da propriedade 1.277 a 1.281

Direito eventual — sujeito a condição suspensiva ou resolutiva 130

Direito indisponível — ao reconhecimento da condição de filho ECA 27
- Inadmissibilidade de transação 841

Direito intertemporal — Prazos do novo Código 2.029 a 2.031

Direito pessoal — Classificação como móvel 83-III

Direito real — 1.225 a 1.510; v. tb. Anticrese, Caução de título de crédito, Habitação, Hipoteca, Penhor, Promessa de compra e venda, Propriedade, Servidão, Superfície, Uso, Usufruto; v., ainda, Posse
- como título legal de preferência 958
- Natureza móvel ou imóvel 80-I e 83-II

□ sobre coisa alheia: v. Cessão de promessa de compra e venda, Concessão de uso de terreno, Direito real de garantia, Ônus real, Promessa de cessão de compromisso de compra e venda, Promessa de compra e venda e loteamento

Direito real de garantia — 1.419 a 1.430; v. tb. Garantia, Anticrese, Hipoteca, Ônus real, Penhor

□ Averbação de sua extinção LRP 167-II-2
□ e propriedade superveniente 1.420 § 1º
□ Gravação de bem: de propriedade da empresa 978 ou no regime da separação 1.687
□ Nulidade de cláusula que autoriza o credor a ficar com o objeto da garantia 1.428
□ Quem pode constituí-lo 1.420
□ sobre bem imóvel: Necessidade de autorização do cônjuge para que valha 1.647-I
□ sobre coisa comum 1.420 § 2º
□ Vencimento antecipado da dívida 1.425

Direito regressivo — v. tb. Sub-rogação, Evicção

□ da pessoa jurídica de direito público interno contra o causador do dano 43
□ daquele que indeniza o consumidor CDC 13 § ún.
□ de quem pagou indevidamente, contra o verdadeiro devedor e seu fiador 880
□ de quem pagou o prejuízo causado por terceiro 934
□ do adquirente de imóvel hipotecado, contra o vendedor 1.481 § 4º
□ do avalista que paga, contra o avalizado 899 § 1º
□ do codevedor que paga cláusula penal 414 a 415
□ do condômino, contra os demais 1.318
□ do devedor solidário que paga, contra os demais 283
□ do endossante que paga o título 914 § 2º
□ do representado, contra o representante, culpado de ter ocorrido prescrição ou decadência 195, 208
□ do segurador, contra o autor do dano 786
□ do terceiro, contra o cônjuge que, sem autorização do outro, alienou bem comum ou prestou fiança 1.646
□ do transportador, contra terceiro 735
□ no caso do art. 188-II: 930

Direitos da personalidade — 11 a 21

□ Extensão às pessoas jurídicas 52

Dispensa de proclamas — LRP 69; v. tb. Casamento

Disponível — v. Parte disponível

Disposição de última vontade — v. Testamento

Disposição do próprio corpo — 14

Dissolução — da pessoa jurídica de direito privado: Subsistência desta até final liquidação 51

□ da sociedade conjugal 1.571 a 1.582, LDi 2º; e bem de família 1.721; Registro da partilha LRP 167-I-22
□ de associação 61
□ de sociedade 1.033 a 1.038
□ de sociedade em comandita simples 1.051
□ de sociedade limitada 1.087

Distrato — 472 e 473; v. tb. Rescisão de contrato

Distribuição — v. Agência e distribuição

Distrito Federal — como sucessor, na herança vacante 1.822

□ e fiscalização das fundações 66 § 1º
□ Legitimidade para expropriar LD 2º
□ Pessoa jurídica de direito público interno 40-II

Diversões públicas — v. Espetáculos públicos

Dívida — v. tb. Obrigação, Assunção de dívida, Credor, Devedor, Remição, Remissão

□ anterior ao casamento 1.659-III, 1.667-III
□ condicional: Recebimento antes de cumprida a condição 876
□ de enterro: v. Funeral
□ de jogo ou aposta 814 e 815
□ do condomínio 1.315 a 1.318
□ fiscal e compensação 374
□ futura e fiança 821
□ líquida e vencida: Compensação 369
□ Lugar do pagamento 327
□ não suscetível de compensação 373
□ não vencida ou já paga 939 a 941, Súmula 159 do STF
□ no regime da comunhão parcial 1.663 § 1º
□ parafiscal e compensação 374
□ passiva da Fazenda Pública: Prescrição Dec. 20.910/32 e Dec. lei 4.597/42 (ambos, no tít. Prescrição e decadência)
□ prescrita paga: Inadmissibilidade de restituição 882
□ proveniente de ato ilícito: Incomunicabilidade 1.659-IV
□ Vencimento antecipado 333: da dívida garantida por direito real 1.425

Dividendos — Prescrição da ação de restituição dos percebidos de má-fé 206 § 3º-VI

Divisão — v. tb. Coisa divisível, Obrigação divisível, Rateio

□ da cota hereditária, no silêncio do testamento 1.904 a 1.908
□ das despesas e dívidas do condomínio 1.315 a 1.318
□ do condomínio: Direito aplicável 1.320 e 1.321

- em quinhão de área inferior ao módulo: Inadmissibilidade ET 65
- Indivisão: Prazo máximo permitido 1.320 §§ 1º a 3º
- Possibilidade de ser feita a todo tempo 1.320
- Registro da sentença LRP 167-I-23

Divisibilidade — da coisa depositada 639; v. tb. Obrigação divisível

Divorciado — Proibição de casamento antes de partilhar os bens do antigo casal 1.523-III

Divórcio — 1.579 a 1.582, CF 226 § 6º, Lei 6.515/77 (no tít. Divórcio e separação judicial); v. tb. Casamento, Divorciado, Separação
- Averbação no registro público 10-I
- Conversão da separação em divórcio 1.580, LI 36 § ún.-I
- e dissolução da sociedade conjugal 1.571-IV, LDi 2º-IV
- e locação LI 12
- Legitimidade para propor a conversão da separação em divórcio 1.582
- Lei aplicável LINDB 7º § 6º
- litigioso 1.572 a 1.579, 1.571-IV
- Não alteração dos direitos e deveres dos pais para com os filhos 1.579
- Partilha prévia de bens: Desnecessidade 1.581
- por separação de fato 1.580 § 2º, LDi 40
- Prazo para conversão da separação judicial em divórcio 1.580, LDi 36 § ún.-I

Doação — 538 a 564; v. tb. Alienação
- a casal 551 § ún., 1.660-III
- a tutelado: Aceitação 1.748-II
- Ação para rescindi-la 1.642-IV
- antenupcial 546, 1.647 § ún.: com cláusula de incomunicabilidade 1.668-IV; Evicção 552 § 2º
- ao concubino ou à concubina 1.642-V
- ao nascituro 542
- Averbação no Registro das Empresas 979
- com dispensa de colação 2.005 e 2.006
- com encargo 533
- de ascendente a descendente: Adiantamento de herança 544, salvo dispensa de colação 2.005 e 2.006
- de bem com cláusula de incomunicabilidade 1.668-I
- de imóvel: Registro LRP 167-I-33, 218
- Dispensa de caução, ao doador que se reserva o usufruto 1.400 § ún.
- do cônjuge adúltero ao seu cúmplice 550
- e colação 2.011 e 2.012
- e fraude contra credores 158
- Exclusão, na comunhão, dos bens doados 1.659-I
- feita sem autorização do outro cônjuge 1.647-IV e § ún.
- gravada 540
- inoficiosa 549, 2.007
- Interpretação restritiva 114
- Irrevogabilidade da feita em razão de obrigação natural 564
- onerosa: e vício redibitório 441 § ún.; Revogação 562
- remuneratória 540: Irrevogabilidade, em razão de ingratidão 564-I
- remuneratória e dispensa de colação 2.011
- Reversão ao patrimônio do doador 547
- Revogação por ingratidão 555 a 564
- sem reserva de bens suficientes pelo doador 548
- verbal 541 § ún.
- Vício redibitório 552

Doador — v. Doação

Documento — v. tb. Prova; v., ainda, Escritura pública, Instrumento, Xerox
- Carta missiva LDA 33
- de procedência estrangeira: Registro LRP 129-6º
- digital 212, nota 2
- Divulgação sem autorização do autor LDA 20
- particular assinado: Valor probante 219

Doença — Despesas com ela, como privilégio geral 965-IV

Dolo — 145 a 150; v. tb. Negócio jurídico, Anulabilidade, Culpa
- acidental 146
- como causa de anulação 171-II
- do adquirente evicto 451; do descobridor 1.235; do inventariante, do cônjuge sobrevivo ou dos herdeiros, na percepção dos frutos da herança 2.020; do tutor 1.752
- do menor que oculta a idade 180
- na imputação do pagamento 353; na transação 849; no contrato aleatório 461; no jogo 814
- Reticência 147
- tornando anulável disposição testamentária 1.909

Domicílio — 70 a 78
- Abandono LINDB 7º § 7º
- como lugar do pagamento 327
- contratual 78: na hipoteca 846 § ún.
- Critérios para a solução de conflito de leis LINDB 7º, 8º §§ 1º e 2º, 9º § 2º, 10, 11, 12
- da pessoa jurídica 75

- do casal: Escolha por este 1.569
- e lugar de abertura da sucessão 1.785
- Extensão do domicílio do chefe da família ao filho menor LINDB 7º § 6º
- Foro de eleição 78
- Foro do contrato 78
- necessário 76, LINDB 7º § 7º
- Prevalência da residência, à falta daquele LINDB 7º § 8º
- voluntário 70 a 74

Domínio — v. tb. Propriedade, Condomínio, Direito de vizinhança, Reivindicação
- direto: Registro LRP 243; v. tb. Enfiteuse
- público: de áreas comuns, no loteamento: Dec. lei 58/37, art. 3º, Dec. lei 271/67, art. 4º, Lei 6.766/79, art. 22 (todos, no tít. Promessa de compra e venda e loteamento); de obra intelectual LDA 48 c/c 42 a 47
- útil: Registro LRP 243; v. tb. Enfiteuse
- Venda com reserva de domínio 521 a 528

Domínio da União — sobre águas: Dec. lei 852/38, art. 2º

Donatário — v. Doação

Dono de animal — Responsabilidade por dano que este causou 936; v. tb. Animal

Dono de edifício — Responsabilidade por dano decorrente de ruína da construção 937

Dono de hospedaria — v. Dono de hotel

Dono de hotel — Responsabilidade por ato de seus hóspedes 932-IV; v. tb. Hotel

Dono do negócio — v. Gestão de negócios

Drenagem — de terreno 1.293

Duplicata — Lei 5.474/68 (LDu), no tít. Duplicata
- de prestação de serviços LDu 20 a 22
- de letra de câmbio LCa 16, LCU 64 a 68 (Anexo I)
- rural: Dec. lei 167/67, arts. 46 a 54 (no tít. Títulos de crédito rural)

Dúvida — sobre quem deve receber: Consignação em pagamento 335-IV

Dúvida no registro público — LRP 296
- Emolumentos devidos ao oficial LRP 207
- no pedido de registro: de loteamento, Dec. lei 58/37, art. 2º § 1º; de loteamento urbano, Lei 6.766/79, art. 18 § 2º (todos, no tít. Promessa de compra e venda e loteamento)
- no registro civil de pessoas jurídicas LRP 115 § ún.
- no registro de imóveis LRP 198 a 204
- no registro de títulos e documentos LRP 151, 156 § ún.

E

Ébrio habitual — Incapacidade relativa 4º-II, 1.767-III

Edição — LDA 53 a 67; v. tb. Direito autoral

Edificação — v. Construção

Edifício — de apartamentos, v. Condomínio edilício

Edital — de casamento LRP 43 a 44 e 67 a 69; v. tb. Proclamas de casamento
- no registro Torrens LRP 282

Editor — v. Edição

Educação — do filho 1.634-I

Eirado — 1.301

Emancipação — 5º § ún.-I, ECA 148 § ún.-e, LRP 89 a 91, 13 § 2º, 29-IV; v. tb. Maioridade
- e cessação da tutela 1.763-I
- e extinção do poder familiar 1.635-II
- Inscrição no registro público 9º-II, LRP 89 a 91

Embargo de obra nova — 1.302; v. tb. Direito de vizinhança

Embargos à execução — no Sistema Financeiro da Habitação: Lei 5.741/71, art. 5º (no tít. Contratos imobiliários)

Emprazamento — v. Enfiteuse

Empregado — adolescente, em serviço doméstico, vindo de outra comarca ECA 248
- Crédito privilegiado 965-VII

Empregador — Responsabilidade por ato de seu empregado 932-III e 933

Emprego público — como causa de cessação da menoridade 5º § ún.-III; v. tb. Servidor público

Empreitada — 610 a 626; v., ainda, Contrato imobiliário, Prestação de serviço
- Acréscimo no preço 619
- Crédito privilegiado do empreiteiro 964-IV
- de fornecimento de materiais 611
- de lavor 613, 610 e 612
- Medição parcial 612
- na construção de edificação em condomínio LCE 55 a 57 (no tít. Condomínio e incorporação)
- Obrigação de receber o dono a obra concluída 615
- Pagamento dos materiais inutilizados pelo empreiteiro 617
- Rejeição da obra ou abatimento no preço 616
- Responsabilidade do empreiteiro pela segurança e solidez da obra 618
- Suspensão da obra pelo empreiteiro 625

Empreiteiro — v. Empreitada

Empresa — 966 a 1.195; v. tb. Sociedade, Estabelecimento, Preposto, Registro Público de Empresas Mercantis

- Direito intertemporal 2.037
- Responsabilidade por dano causado pelos seus produtos 931

Empresa de radiodifusão — Direito de autor sobre a transmissão de suas emissões LDA 95
- Registro LRP 114 § ún. e 122 a 126

Empresário — 966 a 980
- Capacidade 972 a 980
- Direito intertemporal 2.037
- Nome 1.156, 1.163 a 1.168
- Obrigatoriedade de inscrição no Registro Público de Empresas Mercantis 967
- rural: Tratamento favorecido 970

Empréstimo — 579 a 592; v. tb. Comodato, Financiamento, Mútuo
- de imóvel, por titular do direito de habitação 1.414
- de prédio locado LI 13
- feito por pródigo, sem intervenção de curador 1.782
- para dívida de jogo 815

Encargo — 136 e 137; v. tb. Condição, Vínculo
- Aceitação de doação sujeita a ele 539
- da doação: Cumprimento pelo donatário 553
- e aquisição do direito 136
- já cumprido, e revogação de doação 564-II
- Revogação de doação por inexecução do encargo 562
- Sujeição, aos seus efeitos, dos sucessores de herdeiro ou legatário 1.943 § ún.
- Sujeição do sucessor ao encargo instituído: na substituição simples 1.949; no fideicomisso 1.957

Encargos da locação — v. tb. Locação
- Despejo por falta de pagamento deles LI 9º-III, 62

Encargos do imóvel — por conta do superficiário 1.371

Endosso — Cláusula proibitiva 890
- da letra de câmbio LCa 7º a 8º, LCU 11 a 20 (Anexo 1)
- do cheque LCh 17 a 28
- do título à ordem 910
- do título nominativo 923
- posterior ao vencimento 920
- Verificação de sua regularidade 911 § ún.

Endosso-mandato — 917

Endosso-penhor — 918

Energia — Classificação como móvel 83-I
- hidráulica: Possibilidade de hipoteca dos seus potenciais 1.473-V

Enfiteuse — Cancelamento LRP 258
- Direito intertemporal 2.038
- Domínio direto e domínio útil, como objetos de hipoteca 1.473-II e III
- e achado do tesouro 1.266
- Extinção 2.038
- Registro LRP 167-I-10, 220-VI, 243

Enriquecimento sem causa — 884 a 886
- Prescrição de ação para seu ressarcimento 206 § 3º-IV

Enterro — v. Funeral

Entidade de atendimento — ECA 86 a 97
- Apuração de irregularidades ECA 191 a 193

Entidade futura — Doação a esta 554

Entrada da lei em vigor — LINDB 1º

Entrega — v. Tradição, Devolução, Restituição

Entrega de coisa — v. Obrigação de dar

Equidade — na defesa do consumidor CDC 7º, 51-V
- na divisão de águas comuns CA 73 § ún.
- na indenização do dano praticado por incapaz 928 § ún.
- na indenização em transporte de pessoas 738 § ún.
- na indenização por atos contra a honra 953 § ún.
- na indenização por ofensa à liberdade pessoal 954
- na redução da indenização por ato ilícito 944 § ún.

Equilíbrio ecológico — Preservação 1.128 § 1º

Equipe interprofissional — na Justiça da Infância e da Juventude ECA 151

Erro — 138 a 144; v. tb. Negócio jurídico, Anulabilidade
- como causa de anulação 171-II
- de cálculo 143
- do gestor, quanto ao dono do negócio 869 § 2º
- essencial: e transação 849; no casamento 1.556 a 1.559
- na confissão 214
- na designação de pessoa ou coisa legada 1.903
- na transação: de direito 849 § ún.; de fato 849
- no exercício de atividade profissional 951
- no pagamento indevido 877
- substancial 139
- tornando anulável disposição testamentária 1.909

Esbulho — v. tb. Posse, Violência
- e compensação 373-I
- Indenização 952
- Reintegração 1.210, 1.212

Escoamento de águas — CA 69, 90, 92, 102 a 107; v. tb. Águas

Escola — v. Estabelecimento de ensino

Escolha — v. tb. Obrigação alternativa, Alternativa, Preferência
- da prestação, na obrigação: alternativa 252; de dar coisa incerta 244
- do lugar do pagamento 327 § ún.
- no legado: alternativo 1.932; de coisa determinada pelo gênero 1.929
- pelo credor, na consignação em pagamento de coisa indeterminada 342

Escrito — v. tb. Carta missiva, Documento
- Divulgação sem autorização do autor 20

Escritório — no condomínio edilício 1.331 § 1º

Escritura pública — 215 a 218; v. tb. Documento, Pacto antenupcial, Prova; v., ainda, Instrumento particular
- Arquivamento das procurações dos contratantes: Dec. lei 58/37, art. 11 § 3º, e Lei 6.766/79, art. 26 § 1º (ambos, no tít. Promessa de compra e venda e loteamento)
- de cessão de quinhão hereditário 1.793
- de partilha 2.015
- de reconhecimento de filiação 1.609-II
- Despesas a cargo do comprador 490
- e partilha amigável 2.015
- e renúncia da herança 1.806
- em língua estrangeira: Testamento cerrado 1.871; Testamento particular 1.880
- Hipóteses de dispensa 108, nota 2
- na doação 541
- na transação 842
- no pacto antenupcial 1.640 § ún., 1.653
- Obrigatoriedade, para aquisição de imóvel rural por estrangeiro: Lei 5.709/71, art. 8º
- para constituição de renda 807
- para instituição de bem de família 1.711 e 1.713 § 1º
- para validade do negócio jurídico 108 e 109
- Registro da anterior à nova lei LRP 176 § 2º
- Requisitos 215: para constar no registro de imóveis LRP 221-I, 222, 224, 225
- Transcrição do alvará judicial que a autorizou LRP 224
- Valor probante 215

Escrituração — do empresário e da sociedade empresária 1.179 a 1.195

Escrivão — v. Serventuário de Justiça

Esgoto — 1.313 § 1º

Esmolas — determinadas em codicilo 1.881

Espaço aéreo — Desapropriação LD 2º § 1º

Especificação — 1.269 a 1.271

Espetáculos públicos — Participação de criança ou adolescente ECA 75, 149 e 258

Espólio — v. Herança

Esporte — Frequência de criança ou adolescente a campo de esportes ECA 149-I-*a*, 258

Esposo — v. Cônjuge

Estabelecimento — 1.142 a 1.149
- bancário: Pagamento por seu intermédio 532
- do menor, como causa de maioridade 5º-V
- Escrituração 1.179 a 1.195
- Gerente 1.172 a 1.176
- Nome 1.155 e 1.168
- Prepostos 1.169 a 1.178
- Registro 1.150 a 1.154

Estabelecimento de assistência a crianças e adolescentes — v. Entidade de atendimento

Estabelecimento de ensino — Despejo LI 53, 63 §§ 2º e 3º

Estádio — Frequência de menor ou adolescente ECA 149-I-*a*, 258

Estado — v. tb. Fazenda Pública
- Domicílio 75-II
- Pessoa jurídica de direito público interno 41-II
- Responsabilidade civil 43

Estado de perigo — 156; v. tb. Negócio jurídico, Anulabilidade
- como causa de anulação 171-II

Estado estrangeiro — Início de vigência, nele, da lei brasileira LINDB 1º § 1º
- Proibição de aquisição de bens imóveis no país LINDB 11 §§ 2º e 3º

Estalagem — v. Hotel

Estalajadeiro — v. Dono de hotel

Estatuto — da pessoa jurídica de direito privado 46
- de associação 54
- de fundação 65; Alteração 67 e 68
- de sociedade estrangeira LINDB 11 § 1º

Estatuto da Criança e do Adolescente — Lei 8.069/90 (ECA), no tít. Criança e adolescente

Estatuto da Ordem dos Advogados do Brasil — Lei 8.906/94 (EA), arts. 77 a 81, no tít. Sociedades

Estatuto da Terra — Lei 4.504/64 (ET), arts. 17 a 23 e 92 a 102, no tít. Terra

Estelionatário — Proibição de ser tutor 1.735-IV

Estipulação a favor de terceiro — 436 a 438

Estirpe — na linha descendente 1.835

Estrada de ferro — como objeto de hipoteca 1.502 a 1.505, 1.473-IV
- Competência para o registro de atos a ela relativos LRP 171
- Responsabilidade civil: Dec. 2.681/1912

Estrangeiro — Aquisição de propriedade rural: Lei 5.709/71
- Casamento: Lei aplicável LINDB 7º § 2º
- e adoção ECA 51 e 52, 239
- e escritura pública 215 § 4º
- Naturalização e alteração do regime de bens LINDB 7º § 5º
- Proteção de seus direitos autorais LDA 1º § 1º

Estranho — v. Terceiro

Estrutura do prédio — no condomínio edilício 1.331 § 2º

Estúdio cinematográfico, de teatro, de rádio e televisão — Frequência de menor ou de adolescente ECA 149-I-*e*

Evicção — 447 a 457; v. tb. Direito regressivo
- após partilha 2.024 a 2.026
- de bem trazido pelo sócio à sociedade 1.005
- de coisa doada 552
- e benfeitorias 1.221
- e caducidade de legado 1.939-III
- e dação em pagamento 359
- e doação 552
- e suspensão da prescrição 199-III
- e transação 845
- Extinção da fiança e evicção posterior 838-III

Evicto — v. Evicção

Exame — v. tb. Prova
- dos livros e documentos sociais pelo sócio 1.021
- médico: Negativa de sujeição a ele 231 e 232

Exceção — de contrato não cumprido 476 e 477
- do devedor de título: à ordem 915; ao portador 906
- do devedor, oposta ao cessionário de crédito 294
- do devedor solidário, oposta ao credor 281
- Prazo prescricional 190

Exceptio non adimpleti contractus — 476 e 477

Excesso de mandato — 662, 665, 673, 679

Exclusão da sucessão — 1.814 a 1.818; v. tb. Deserdação
- acarretando direito de acrescer 1.943
- e caducidade do legado feito a excluído 1.939-IV

Exclusão de associado — 57

Exclusão de herdeiro — v. tb. Sucessão; v., ainda, Deserdação

Exclusividade — do agente ou distribuidor 711

Excussão — da garantia real 1.422: Subsistência do débito, pelo remanescente 1.430
- e fiança 827 e 828
- pelo credor hipotecário ou pignoratício 1.422 e 1.455 § ún.
- sócio demandado pelo pagamento de dívida da sociedade 1.024

Execução — de débito representado por: cédula hipotecária Dec. lei 70/66, art. 29; cheque LCh 47 a 55; duplicata LDu 15 a 18; letra de câmbio ou nota promissória LCa 49 a 51, LCU 43 a 54 (Anexo 1)
- de despejo LI 64 e 65, 44-IV
- de obra intelectual LDA 73 a 79
- de obrigação: Lei aplicável LINDB 9º § 1º
- de sentença: Prescrição Súmula 150 do STF

Exemplares de obra — Privilégio especial do autor sobre eles 964-VII

Exequatur — LINDB 12 § 2º

Exercício regular de direito — 188-I
- Inexistência de coação 153

Exposto — LRP 61

Extinção — v. tb. Caducidade, Decadência, Perecimento do direito, Prazo, Prescrição, Resolução
- da fiança 837 a 839
- da hipoteca 1.499 a 1.501
- da obrigação: alternativa 256; de não fazer 250; Impossibilidade de ser revalidada por novação 367
- da pessoa jurídica de direito privado 46-VI
- da pretensão, pela prescrição 189
- da responsabilidade do empreiteiro 618
- da servidão 1.387 a 1.389
- da sociedade 1.109
- de fundação 69
- do condomínio 1.357 a 1.358
- do contrato 472 a 480
- do mandato 682 a 691
- do penhor 1.436 e 1.437
- do poder familiar 1.635 a 1.638
- do prazo para impugnar validade de testamento 1.859
- do usufruto 1.410 e 1.411

Extraterritorialidade da lei civil — LINDB 1º § 1º

Extravio de título ao portador — 909

F

Factoring — notificação da cessão do título ao devedor 290, nota 1a

Faixa non aedificandi — nos loteamentos urbanos: Lei 6.766/79, arts. 4º e 5º (no tít. Promessa de compra e venda e loteamento)

Falecimento — v. Morte, Óbito

Falência — Confissão pelo liquidante da sociedade 1.103-VII
- de administradora de bem de família 1.718
- do devedor e benefício de ordem, na fiança 828-III
- do devedor: Vencimento antecipado da dívida com garantia real 1.425-II, ou sem ela 333-I
- do devedor hipotecário: Direito, deferido à massa, de remição do imóvel hipotecado 1.483
- do sócio ostensivo 994 § 2º
- do sócio participante 994 § 3º
- e dissolução da sociedade em nome coletivo 1.044
- e loteamento urbano: Lei 6.766/79, art. 30 (no tít. Promessa de compra e venda e loteamento)
- e promessa de compra e venda: Dec. lei 58/37, art. 12 § 2º-2ª parte (no tít. Promessa de compra e venda e loteamento)

Falido — Exclusão automática da sociedade 1.030 § ún.

Falsidade — da dívida e concurso de credores 957

Falso motivo — 140

Família — 1.511 a 1.783, LINDB 7º; v. tb. Bem de família, Casamento, Companheiro, Divórcio, Filiação, Guarda de filho, Parentesco, Poder familiar, Regime de bens, Separação judicial, União estável
- natural ECA 25 a 27
- substituta ECA 28 a 52: Colocação nela de menor ou adolescente ECA 165 a 170

Fato — ilícito: v. Ato ilícito, Indenização, Responsabilidade civil

Fato futuro — v. Contrato aleatório

Fato jurídico — 104 a 232; v. tb. Negócio jurídico, Decadência, Prescrição, Prova

Fatura — LDu 1º a 5º

Fauna — Preservação 1.228 § 1º

Fazenda Pública — v. tb. Distrito Federal, Estado, Município, União
- Compensação de dívida fiscal ou parafiscal 374
- Domicílio necessário 75
- herdeira 1.744, 1.822
- Prescrição da ação contra ela: Dec. 20.910/32 e Dec. lei 4.597/42 (ambos, no tít. Prescrição e decadência)
- Privilégio do crédito fiscal 965-VI, CTN 186

Feriado — v. Dia, Prazo

Ferimento — Ressarcimento de despesas da vítima, no caso de ato ilícito 949

Fiador — v. tb. Fiança
- Benefício de ordem 827 e 828
- Citação, na ação de despejo por falta de pagamento cumulada com cobrança LI 62-I
- Compensação, com o seu, do débito do afiançado 371
- Exceções contra o credor 837
- Exoneração: pela novação da dívida sem seu consentimento 366; por transação entre credor e afiançado 844 § 1º, LI 40-IV
- Interrupção de prescrição contra o afiançado 204 § 3º
- Liberação, no caso de levantamento da coisa consignada 340
- Morte: Responsabilidade dos herdeiros 836
- Possibilidade de compensar crédito do afiançado com débito seu 371
- Principal pagador ou devedor solidário 828-II
- Prosseguimento por ele da ação contra o afiançado 834
- Requisitos para sua aceitação 825
- Substituição, por insolvência 826

Fiança — 818 a 839; v. tb. Garantia, Fiador, Reforço de garantia
- Ação para anulá-la 1.642-III
- Benefício de ordem 827, 828 e 839
- conjunta 829
- Constituição possível unicamente por escrito 819
- de dívida de jogo 814 § 1º
- de dívida futura 821
- de obrigação nula 824
- e novação 366
- e pagamento indevido 880
- e sub-rogação 349
- e transação 844 § 1º
- Exoneração, pelo fiador, da sem tempo determinado 835
- Extinção 837 a 839
- Interpretação restritiva 819
- Interrupção da prescrição contra o devedor principal 204 § 3º
- Limite 823
- Mútuo feito a menor 588 e 589
- na locação LI 40, 37-II
- na renovatória de locação LI 71-V e VI

- O que compreende 822
- prestada sem autorização do outro cônjuge 1.647-III
- Registro LRP 129-3º

Fichas do empresário — Valor probante 226

Fideicomissário — v. Fideicomisso

Fideicomisso — 1.951 a 1.960; v. tb. Testamento
- Averbação do direito do fideicomissário LRP 167-II-11
- Designação de termo inicial ou final: Invalidade 1.898
- e locação LI 7º
- e propriedade resolúvel 1.953 c/c 1.359 e 1.360
- Incomunicabilidade dos bens sujeitos a ele 1.668-II

Fidelidade conjugal — 1.566-I; v. tb. Casamento
- Cessação deste dever, pela separação judicial 1.576

Fiduciário — v. Fideicomisso

Filho — v. tb. Filiação, Adoção, Alimentos, Descendente, Guarda de filho, Investigação de paternidade
- adotivo ECA 20, 39 a 52
- Busca e apreensão requerida pelo pai 1.634-VI
- Conflito de interesses com o titular do poder familiar: Nomeação de curador especial ao menor 1.692
- Consentimento dos pais, para casamento do menor 1.634-III c/c 1.550-II
- Direito a alimentos 1.568; v. tb. Alimentos
- Direito de visita dos pais a ele 1.589
- Direito sucessório CF 227 § 6º
- do curatelado e autoridade do curador deste sobre ele 1.778
- Educação pelos pais 1.634-I
- herdeiro 1.829-I, 1.834 e 1.835
- Hipoteca legal sobre bem do pai ou da mãe 1.489-II
- Igualdade de direitos e deveres para os filhos de qualquer condição 1.596, CF 227 § 6º, ECA 20
- Obrigação de sustentá-lo CF 229
- Proteção de sua pessoa 1.583 a 1.590; v. tb. Poder familiar
- Reconhecimento 1.607 a 1.617, CF 227 § 6º, ECA 26 e 27, LRP 59, 55-*caput*: Cessação da tutela 1.763-II; de filho maior, sem seu consentimento 1.614, Lei 8.560/92, art. 4º; em testamento 1.609-III; Exclusão de seus bens, anteriormente adquiridos, do usufruto dos pais 1.693-I
- Registro civil CF 227 § 6º, LRP 59 e 60, 19 § 3º, 113
- Sustento, guarda e educação a cargo dos pais 1.566-IV

- Usufruto e administração dos bens de filho menor 1.689 a 1.693

Filiação — 1.596 a 1.606; v. tb. Filho, Adoção, Descendente, Investigação de paternidade, Parentesco
- Anulação ou reforma de assento LRP 113
- Averbação, no registro público, da declaração ou reconhecimento 10-II
- Presunção de paternidade 1.597
- Reconhecimento 1.607 a 1.617

Filial — LINDB 11 § 1º; v. tb. Sociedade
- de sociedade: Inscrição 1.000

Finalidade econômica ou social — Ato ilícito, quando excede os limites daquela 187

Financiamento — v. tb. Mútuo, Compra e venda, Contrato imobiliário, Juros, Sistema Financeiro da Habitação
- de promitente comprador: Dec. lei 58/37, arts. 18 a 21 (no tít. Promessa de compra e venda e loteamento)
- para aquisição de casa própria: Correção monetária Lei 4.380/64, art. 10
- para construção de habitações: Correção monetária Lei 4.864/65, art. 1º-II
- rural: Dec. lei 167/67, arts. 1º a 8º (no tít. Títulos de crédito rural): Proibição, em caso de débito ao INCRA, Dec. lei 167/67, art. 78 § ún.; v. tb. Cédula de crédito rural

Flipperama — Frequência por menor ou adolescente ECA 149-I-*d*, 258

Flora — Preservação 1.228 § 1º

Florestas — e usufruto 1.392 § 2º

Fogão — 1.308

Fogos de estampido e de artifício — Proibição de venda a criança ou a adolescente ECA 181-IV, 244

Fonograma — Utilização LDA 80

Fonte — v. tb. Águas
- Escoamento de suas águas CA 90

Fontes do direito — LINDB 4º

Força maior — 393 § ún.; v. tb. Caso fortuito, Calamidade, Incêndio, Riscos
- e dano à coisa dada em comodato 583
- e depósito 642: voluntário 636
- e mora do devedor 399
- motivando impossibilidade de continuação do contrato de prestação de serviço 608
- na compra e venda 492 § 1º; na gestão de negócios 868; na locação, quando o locatário se recusa a devolver o prédio 575; na obrigação de dar coisa incerta 246; na prestação de serviço 607; no comodato 583; no dano produzido por animal 936;

no depósito 636, 642; no substabelecimento de mandato 667 § 1º

Formal de partilha — v. tb. Partilha
- Registro LRP 167-I-25 e 221-IV: do anterior ao Dec. 4.857/39 LRP 176 § 2º

Fornecedor — CDC 3º

Forno — 1.308

Foro — v. Enfiteuse

Foro de eleição — 78

Foro do contrato — 78

Fotocópia — de certidão do registro público LRP 19 § 5º

Fotografia — e direito autoral LDA 7º-VII e 79
- Valor probante 223

Fraude à lei — 166-VI; v. tb. Nulidade
- em contrato rural ET 92 § 7º
- na locação LI 45

Fraude contra credores — 158 a 165; v. tb. Negócio jurídico, Anulabilidade, Má-fé
- como causa de anulação 171-II
- e concurso de credores 956
- e renúncia de herança 1.813

Fraude de execução — v. tb. Coisa litigiosa
- e registro da penhora LRP 240

Frutos — 95; v. tb. Acessório, Crias, Produtos
- A quem pertencem 1.232
- agrícolas: Privilégio sobre eles do credor por sementes, instrumentos e serviços à cultura ou à colheita 964-V
- ainda não separados do bem principal 95
- caídos de árvore do terreno vizinho 1.284
- civis 1.215
- Comunicabilidade, no regime: da comunhão parcial 1.660-V; da comunhão universal 1.669
- da coisa comum: Partilha na proporção dos quinhões 1.326
- da coisa depositada 629
- da coisa empenhada 1.433-V
- de bem incomunicável 1.669
- de coisa certa legada 1.923 § 2º
- Direito do usufrutuário a eles 1.394 a 1.398
- dos bens comuns ou dos particulares de cada cônjuge 1.660-V
- e herdeiro excluído da sucessão 1.817 § ún.
- Indenização, no caso de sua restituição em virtude de evicção 450-I
- industriais 1.215

- na anticrese 1.506 a 1.508; na obrigação de dar coisa certa 237 § ún.; no inventário 2.020; no pagamento indevido 878; no penhor agrícola 1.442-III; no usufruto 1.394
- naturais 1.215
- percebidos ou pendentes: A quem pertencem 237 § ún.
- percebidos: pelo condômino 1.319; pelo donatário, se revogada a doação 563; pelo herdeiro, após a abertura da sucessão 2.020; pelo herdeiro ou pelo legatário excluídos da sucessão 1.817 § ún.; pelo usuário 1.412
- sobrevindos à coisa dada em pagamento indevido 878

Funcionário público — v. Servidor público

Fundação — 62 a 69, LINDB 11; v. tb. Sociedade
- Direito intertemporal 2.031 a 2.034
- Pessoa jurídica de direito privado 44-III

Fundador de sociedade anônima — Prescrição de ação contra ele 206 § 3º-VII-*a*

Fundo de comércio — LI 51 §§ 2º a 4º

Funeral — Despesas com ele: Crédito privilegiado 965-I; Dedução, para cálculo da metade disponível 1.847; Ressarcimento, na indenização por homicídio 948-I
- Despesas com ele: não envolvem aceitação da herança 1.805 § 1º; não se incluem no seguro de pessoa 802
- Despesas feitas pelo gestor de negócios 872
- Disposição a respeito em codicilo 1.881

Furto — e compensação 373-I
- e incapacidade para o exercício da tutela 1.735-IV

Fusão — de sociedade 1.119 a 1.122

G

Garagem — em condomínio LCE 2º §§ 1º a 3º (no tít. Condomínio e incorporação)

Garantia — v. tb. Alienação fiduciária, Direito real de garantia, Fiança, Hipoteca, Penhor, Reforço de garantia
- de cumprimento de contrato, no caso de diminuição do patrimônio do contratante 477
- de renda futura, na constituição de renda 810
- do contrato CDC 24, 50 e 74
- Extinção, no caso de: assunção de débito 300; novação 364
- inutilizada ou perdida por quem recebeu em razão de pagamento indevido 880
- outorgada em fraude contra credores 163
- real ou fidejussória, dada pelo rendeiro 805

Herdeiro

- tornada insuficiente: Vencimento antecipado do débito 333-III

Gêmeo — Registro LRP 63

Gerente — do estabelecimento 1.172 a 1.176; v. tb. Preposto, Administrador, Sócio
- Poderes ad judicia 1.176

Gestão de negócios — 861 a 875
- e caso fortuito 862
- Mandatário que excede seus poderes: Equiparação a gestor 665
- Morte do dono do negócio 865
- Ratificação 873
- Representação do gestor por outro 867

Gestor de negócios — v. Gestão de negócios

Goteira — 1.302-caput, 1.313 § 1º; v. tb. Direito de vizinhança

Governo estrangeiro — LINDB 11 §§ 2º e 3º

Gráfica — Registro LRP 114 § ún. e 122 a 126

Gratificação — v. Remuneração

Gratuidade — do depósito 628
- do mandato 658

Grau de parentesco — v. Parentesco

Gravação — Proteção contra a reprodução não autorizada de fonogramas: Lei 4.944/66 (no tít. Direito autoral)

Gravação de bem — v. Direito real de garantia, Anticrese, Hipoteca, Penhor

Gravame — v. Direito real de garantia

Gravidez — Convalidação do casamento anulável por defeito de idade 1.551

Guarda de filho — 1.583 a 1.590, 1.566-IV, LDi 9º a 16; v. tb. Poder familiar
- de criança ou adolescente ECA 33 a 35
- Modificação ECA 35
- na hipótese de casamento inválido 1.587, LDi 14
- pelos pais 1.634-II
- provisória, de criança ou adolescente ECA 33 § 2º, 157, 167

H

Habilitação de crédito — Interrupção da prescrição 202-IV

Habilitação matrimonial — 1.525 a 1.532, LRP 67 a 69

Habitação — 1.414 a 1.416, 1.225-VI, LRP 167-I-7, 220-III; v., ainda, Casa própria, Sistema Financeiro da Habitação
- Direito assegurado ao cônjuge sobrevivente 1.831
- em conjunto 1.415

Habitação coletiva multifamiliar — LI 2º § ún., 21, 24 e 44-I

Hasta pública — v. tb. Adjudicação, Arrematação, Licitação, Sub-rogação de vínculo
- Garantia, no caso de evicção, ao adquirente 447

Herança — 1.784 a 1.828, LINDB 10; v. tb. Sucessão, Herdeiro, Legatário, Legítima, Parte disponível, Testamento
- Aceitação e renúncia 1.804 a 1.813
- Aceitação: pelo interdito 1.774 c/c 1.748-II; pelo menor sob tutela 1.748-II
- Adiantamento mediante doação 544
- Administração 1.791 a 1.797: provisória 1.797
- Averbação, no Registro das Empresas 979
- Cessão, pelo herdeiro, de bem singular: Ineficácia 1.793 § 2º
- de pessoa viva: Impossibilidade de cessão 426
- em favor de ambos os cônjuges 1.660-III
- Excluídos da sucessão 1.814, 1.818
- Exclusão da comunhão: parcial 1.659-I; universal 1.668-I
- Garantia dos quinhões hereditários 2.023 a 2.026
- Indivisibilidade 1.791
- jacente 1.819 a 1.823; v. tb. Herança vacante
- não considerada como tal, no seguro de vida 794
- Petição de herança 1.824 a 1.828: Prescritibilidade Súmula 149 do STF
- Renúncia: Forma 1.806
- Renúncia, pelo fideicomissário 1.955
- Renúncia e direito de representação 1.856
- Renúncia por todos os herdeiros, acarretando a vacância 1.823
- vacante 1.822: de bem imóvel abandonado 1.276
- vacante: Quem a recolhe 1.844; v. tb. Herança jacente
- Vocação hereditária 1.798 a 1.803; v. tb. Ordem da vocação hereditária

Herdeiro — v. tb. Sucessão, Direito de acrescer, Herança; v., ainda, Legatário
- a termo: Inadmissibilidade, salvo no fideicomisso 1.898
- Alienação feita por ele antes de excluído da sucessão 1.817
- Alienação por herdeiro aparente, a terceiro de boa-fé 1.827 § ún.
- Capacidade para suceder 1.787
- Companheiro 1.790, nota 1
- Deserdação 1.961 a 1.965: Prazo extintivo 1.965 § ún.; v. tb., abaixo, Exclusão

- Direito de acrescer 1.941 a 1.946
- Direito de preferência: Incessibilidade 520
- Direito de representação 1.851 a 1.856
- do depositário, como assistente na reivindicação da coisa 637
- e interrupção da prescrição 204 § 2º
- e prescrição iniciada contra seu antecessor 196
- excluído da sucessão 1.814 a 1.818; Usufruto legal dele retirado 1.693-IV; v. tb., acima, Deserdação
- Filho adotivo ECA 41 § 2º
- Frutos percebidos por ele, em inventário pendente 2.020
- Hipoteca legal para garantia de seu quinhão ou torna 1.489-IV
- Igualdade de direitos aos filhos de qualquer condição 1.596, CF 227 § 6º, ECA 20, 41, § 2º
- instituído 1.897 a 1.901; v. tb. Legatário
- legítimo 1.829 a 1.844
- legítimo: Titularidade sobre o remanescente da herança não testada 1.906 e sobre a cota vaga de coerdeiro ou colegatário 1.944
- Morte, antes de aceitar a herança 1.809: e direito de acrescer 1.943 e 1.944
- necessário 1.845 a 1.850: contemplado com legado 1.849; Deserdação 1.961
- Obrigação de cumprir os legados 1.934 e 1.935
- Ordem da vocação hereditária 1.829 a 1.844; v. tb. Ordem da vocação hereditária
- Quem não pode ser 1.801 a 1.803
- Quem o é 1.798 a 1.800
- Responsabilidade limitada à sua cota hereditária 1.792, 1.997-*caput*, 1.821
- Responsabilidade pela fiança, por morte do fiador 836
- Substituição 1.947 a 1.960
- Sucessão: na obrigação alimentar 1.700, LDi 23; na obrigação de indenizar por ato ilícito 943; na posse 1.206; na propriedade 1.784
- testamentário 1.897 a 1.901
- testamenteiro 1.984

Hipoteca — 1.473 a 1.505; v. tb. Direito real de garantia, Cédula hipotecária, Cédula rural hipotecária, Cédula rural pignoratícia e hipotecária, Garantia
- Abandono, pelo adquirente, do imóvel hipotecado 1.479
- Anuência do credor hipotecário, para cancelamento da servidão 1.387 § ún.
- Assunção de débito pelo adquirente de imóvel hipotecado 303
- Cancelamento 1.389, LRP 251, 267-*caput*
- Cessionário de crédito: Direito de averbar a cessão 289
- conferida mediante mandato 661 § 1º
- de bem de menor 1.691
- de navio 1.473-VI e § ún.
- de via férrea 1.502 a 1.505, LRP 171
- e anticrese do imóvel hipotecado 1.506 § 2º
- e estado de perigo do devedor 166 § ún.
- e novação 364
- e penhor rural 1.440
- em fraude contra credores 165 § ún.
- Especialização: Prazo máximo 1.498; Quem deve promovê-la 1.497 § 1º, ECA 202-IV
- Extinção 1.499 a 1.501; v., acima, Cancelamento
- Inscrição 1.492 a 1.498
- legal 1.489 a 1.491: Dispensa ECA 37; Quem deve promover sua especialização ECA 202-IV
- Necessidade de autorização do outro cônjuge 1.647-I: salvo no regime de separação de bens 1.687 ou se se tratar de imóvel de empresa 978
- Nulidade do pacto comissório 1.428
- outorgada por pródigo 1.782
- Pagamento do débito pelo adquirente de imóvel hipotecado: Sub-rogação no crédito 346-II
- para garantia de dívida futura ou condicionada 1.487
- Penhora de bem hipotecado 333-II
- Possibilidade de ser dada em penhor: Dec. 24.778/34 (no tít. Penhor)
- Prazo máximo 1.485: da especialização 1.498
- Privilégio do credor hipotecário sobre o preço do seguro da coisa gravada 959-I
- Registro LRP 167-I-2, 238
- Remição de imóvel hipotecado 1.481 a 1.483, LRP 266 a 276
- Remissão 1.499-V
- Segunda 1.476 a 1.478, LRP 189: em cédula hipotecária Dec. lei 70/66, art. 11 (no tít. Cédula hipotecária)
- Sub-rogação em favor do adquirente do imóvel hipotecado 346-II
- Valor previamente estimado, na escritura, para os imóveis hipotecados 1.484
- Vencimento antecipado da dívida, por falência ou insolvência do devedor 1.425-II, 333

Homicídio — v. tb. Tentativa de homicídio
- Indenização 948
- ou tentativa, contra: o autor da herança 1.804-I; o doador 557-I

Inalienabilidade

- Proibição de casamento entre o cônjuge sobrevivente e o autor de homicídio ou de tentativa contra o consorte 1.521-VII

Homologação — de remissão de adolescente concedida pelo MP: ECA 181-*caput*

- de sentença estrangeira LINDB 15: de divórcio de brasileiro LINDB 7º § 6º

Honorários — v. tb. Remuneração, Retribuição

- Prescrição da ação de cobrança proposta por profissionais liberais 206 § 5º-II

Honorários de advogado — v. tb. Remuneração

- e arras 418
- e evicção 450-III
- e perdas e danos 404
- Exigibilidade ao devedor, por descumprimento de obrigação 389 e 395
- na desapropriação LD 27 § 1º; na execução para cobrança de título de crédito rural Dec. lei 167/67, art. 71 (no tít. Títulos de crédito rural); no mútuo Dec. 22.626/33, art. 8º (no tít. Mútuo)
- Prescrição da ação de cobrança 206 § 5º-II, EA 25

Hora — Como se conta 132 § 4º

Hospedagem — v. tb. Dono de hotel

- Prescrição da pretensão para cobrá-la 206 § 1º-I

Hospedaria — v. Hotel

Hospedeiro — como titular de penhor legal 1.467-I

Hospital — Despejo LI 53, 63 § 3º

Hotel — v. tb. Dono de hotel

- Depósito necessário da bagagem do hóspede 649 e 650
- Restrição à hospedagem de criança ou de adolescente ECA 82

Hoteleiro — v. Dono de hotel, Hotel

I

Idioma nacional — v. Língua nacional

Ignorância — arts. 138 a 144; v. tb. Negócio jurídico; v., ainda, Erro

Ignorância da lei — LINDB 3º

Igualdade de direitos — no casamento 1.511

Ilha — 1.249, CA 23 a 25; v. tb. Acessão

- e aquisição por acessão 1.248-I

Imagem — Utilização por terceiro 20

Imissão na posse — definitiva, na desapropriação LD 29

- em prédio abandonado pelo locatário LI 66
- liminar, na desapropriação LD 15: de imóvel residencial urbano Dec. lei 1.075/70 (no tít. Desapropriação); por interesse social Dec. lei 554/69, art. 6º (no tít. Desapropriação)
- na execução de cédula hipotecária: Dec. lei 70/66, art. 37 § 2º (no tít. Cédula hipotecária)

Imóvel — v. Bem imóvel

Impedimento — de oficial do registro público LRP 15

Impedimento matrimonial — 1.521, LINDB 7º § 1º; v. tb. Casamento

- Infringência: Invalidade do casamento 1.548-II
- Oposição 1.522, LRP 67 §§ 3º e 5º

Impenhorabilidade — v. tb. Inalienabilidade, Penhora

- Averbação da cláusula no registro de imóveis LRP 167-II-11
- Bem impenhorável: Impossibilidade de ser objeto de compensação 373-III
- como consequência da inalienabilidade 1.911
- de bem de família 1.715 e 1.716
- de crédito alimentício: Inadmissibilidade 1.707
- de produto de espetáculo LDA 79
- de renda constituída 813
- do bem de família: Lei 8.009/90 (no CPCLPV, tít. Bem de família)
- estabelecida sobre bem da legítima: Inadmissibilidade 1.848

Impossibilidade — e validade, ou não, do negócio jurídico 106

Impostos — v. tb. Tributos

- na locação LI 22-VIII, 23-VII
- no usufruto 1.403-II
- Preferência do crédito tributário sobre os demais CTN 186
- Privilégio geral 965-VI

Impotência — e invalidade do casamento 1.557-III

Imprescritibilidade — v. tb. Decadência, Prescrição

- da ação de investigação de paternidade ECA 27

Imprudência — 186; v. tb. Ato ilícito, Culpa, Responsabilidade civil

Imputação do pagamento — 352 a 355; v. tb. Pagamento

- e compensação 379

Inadimplemento — da obrigação 389 a 420

- de contrato bilateral 476 e 477

Inalienabilidade — v. tb. Alienação, Direito indisponível, Impenhorabilidade, Incomunicabilidade, Sub-rogação de vínculo

- acarretando impenhorabilidade e incomunicabilidade 1.911
- Cláusula de inalienabilidade LRP 167-II-11 e 247

Inalienabilidade

- de áreas comuns nos loteamentos: Dec. lei 58/37, art. 3º (no tít. Promessa de compra e venda e loteamento)
- de bem público 100 a 101
- de direito moral do autor LDA 27
- do nome empresarial 1.164
- imposta sobre os bens da legítima: Cláusula inadmissível 1.848, LRP 167-II-11 e 247

Incapacidade — 3º e 4º, LINDB 7º; v. tb. Absolutamente incapaz, Anulabilidade, Ausência, Capacidade, Curatela, Nulidade, Relativamente incapaz, Tutela

- Cessação 5º e § ún.
- pessoal do devedor: Fiança válida 824
- superveniente: do depositário 641; do endossante, com subsistência do endosso-mandato 917 § 2º; do fiador 826; do mandante ou do mandatário 682-II; do testador 1.861
- Suprimento ECA 142

Incapaz — v. tb. Incapacidade, Absolutamente incapaz, Pessoa com deficiência, Relativamente incapaz; v. tb. Curatela, Interdição, Poder familiar, Tutela

- Ação contra seu assistente ou representante legal, quando responsável por ocorrência de prescrição 195
- Aceitação de doação pura 543
- Consignação em pagamento, se não puder receber 335-III
- Continuação da empresa de que fazia parte 974 e 975
- Domicílio necessário 76
- e casamento 1.550
- e responsabilidade civil 928
- indicado como beneficiário de contrato 471
- Obrigação a ele paga: Restituição incabível se não lhe aproveitou 181
- Pagamento feito a ele: até onde vale 310
- Restituição de pagamento feito: a ele 181; por ele, em dívida de jogo 814

Incêndio — v. tb. Força maior

- de imóvel em condomínio LCE 16 (no tít. Condomínio e incorporação)
- e depósito necessário 647-II

Incomunicabilidade — v. tb. Cláusula de incomunicabilidade, Inalienabilidade

- Averbação da cláusula no registro de imóveis LRP 167-II-12
- Cláusula sobre os bens da legítima: Inadmissibilidade 1.848, 2.042
- como decorrência da inalienabilidade 1.911
- de bem cuja aquisição teve por título uma causa anterior ao casamento 1.661
- de bem doado ou herdado com essa cláusula 1.668-I
- de direito de autor LDA 39
- no regime de comunhão parcial: dos bens no patrimônio do cônjuge antes do casamento, herdados ou doados depois dele ou sub-rogados em seu lugar 1.659-I

Incorporação — LCE 28 a 66 (no tít. Condomínio e incorporação); v. tb. Condomínio edilício

- Cancelamento LRP 255
- Registro LRP 167-I-17 e 23

Incorporação de sociedade — 1.116 a 1.118, 1.122, 1.077

Incorporador — Direitos e obrigações LCE 32 a 47 (no tít. Condomínio e incorporação)

Indenização — 944 a 954; v. tb. Ato ilícito, Perdas e danos, Responsabilidade civil

- Conversão em pecúnia 947
- das benfeitorias, ao possuidor 1.219 a 1.222
- das sementes, plantas e construções em terreno alheio 1.254
- do dano causado por adolescente ECA 116
- do seguro do prédio dado em usufruto, quando destruído 1.408
- e anulação de negócio jurídico 182
- e culpa concorrente 945
- e dolo de ambos os contraentes 150
- e imposto de renda 944, notas 3 e 4
- Limitação, em favor do consumidor CDC 51-*caput*-I-*in fine*
- na desapropriação LD 24 a 27: de prédio dado em usufruto 1.409; Lei 8.629/93, art. 12 (no tít. Desapropriação)
- na injúria, difamação ou calúnia 953
- no caso de homicídio 948
- Obrigação de indenizar 927 a 943
- Prescrição da ação para sua cobrança 206 § 3º-V
- Transmissão, por herança, do direito a ela 943

Indicador — pessoal LRP 173-V, 180

- real LRP 173-IV, 179

Indignidade — 1.814, nota 2

Índio — Incapacidade relativa 4º § ún.

Indivisão — Prazo máximo permitido 1.320 §§ 1º e 3º

Indivisibilidade — v. tb. Coisa indivisível, Indivisão, Obrigação indivisível

- Cessão, a estranho, de cota hereditária 1.794 e 1.795

- cumulada com solidariedade: ativa 270; passiva 276
- da garantia real 1.420 § 2º, 1.429
- da herança 1.791
- da servidão predial 1.386
- de imóvel rural em quinhões de área inferior ao módulo ET 65
- de recompensa: Sorteio para atribuí-la 858
- e alienação de parte da coisa: Preferência do condômino 1.322
- e anulabilidade do negócio jurídico 177
- e interrupção da prescrição 204 § 2º
- e negócio jurídico anulável 177
- e suspensão da prescrição 201
- Obrigação indivisível 257 a 263; v. tb. Obrigação indivisível
- Venda, a estranho, de coisa indivisível 504 e 1.322

Ineficácia — v. tb. Anulabilidade, Invalidade, Nulidade
- de ato de segurado reduzindo direitos do segurador 786 § 2º
- de ato praticado por quem não é mandatário ou excede seus poderes 662
- de cessão, pelo coerdeiro, de bem singular, na pendência da sucessão 1.793 §§ 2º e 3º
- de condição ou termo, no ato de reconhecimento de filho 1.613
- de disposição testamentária, acarretando a ineficácia das que lhe são consequência 1.910
- de pacto antenupcial: Prevalência, por esse motivo, do regime de comunhão parcial 1.640-*caput*
- de pacto antenupcial, se não for seguido de casamento 1.653
- de pacto antenupcial realizado por menor 1.654
- de revogação de mandato com cláusula de inalienabilidade 684
- do legado de coisa alheia 1.912
- em relação a terceiro, de pacto de sócios contrário ao contrato social 997 § ún.
- em relação a terceiro, de transmissão de crédito não realizada por instrumento público ou particular contendo as especificações exigidas em lei 288

Informação ao consumidor — CDC 6º-III, 8º, 9º, 12-*caput*, 30, 31, 36 § ún., 37, 52 e 66 a 69

Infração administrativa — contra criança ou adolescente ECA 245 a 258, 194 a 197

Infração penal — em matéria de condomínio e incorporação LCE 65 e 66 (no tít. Condomínio e incorporação)
- em matéria de locação LI 43 e 44
- em matéria de loteamento urbano: Lei 6.766/79, arts. 50 a 52 (no tít. Promessa de compra e venda e loteamento)
- Esbulho possessório de imóvel vinculado ao Sistema Financeiro da Habitação: Lei 5.741/71, art. 9º (no tít. Contratos imobiliários)
- na emissão ou endosso de cédula hipotecária: Dec. lei 70/66, art. 27 (no tít. Cédula hipotecária)
- Usura: Dec. 22.626/33, nota ao art. 13 (no tít. Mútuo)

Ingratidão — do donatário: Revogação da doação 555 a 564

Inimigo capital — Impedimento como testemunha 228-IV

Injúria — grave, como causa: de deserdação 1.962-II, 1.963-II; de revogação de doação 557-III; de separação 1.573-III
- Indenização por dano moral 953

Inquilino — v. Locatário

Inscrição — no registro de imóveis: Alteração, para registro, dessa denominação LRP 168

Insolvência — v. tb. Concurso de credores, Falência
- do comprador, na venda a prazo 495
- do devedor: hipotecário 1.477, 1.483; na cessão de crédito 296, 297; na fiança, sobre benefício de ordem 839, 828-III; solidário 283, 284; Vencimento antecipado da dívida 333, garantida por direito real 1.425
- do devedor e fraude contra credores 158 a 165
- do fiador 826; de um dos fiadores 831 § ún.
- do mutuário 590
- e loteamento urbano: Lei 6.766/79, art. 30 (no tít. Promessa de compra e venda e loteamento)
- na novação, do novo devedor 363
- Quando ocorre 955
- superveniente do devedor, nos contratos bilaterais 477

Insolvente — indicado como beneficiário de contrato 471

Instrumento — v. tb. Documento
- Invalidade suprível por outro meio de prova 183

Instrumento particular — 221; v. tb. Prova, Documento particular
- Antedata ou pós-data, consubstanciando simulação 167 § 1º-III
- assinado: Valor probante 219
- como título, no registro: de imóveis LRP 221-II, 223, 225 § 1º; de títulos e documentos LRP 127-I
- de concessão de uso de terreno: Dec. lei 271/67, art. 7º § 1º (no tít. Promessa de compra e venda e loteamento)

- de constituição de cédula hipotecária: Dec. lei 70/66, art. 26 (no tít. Cédula hipotecária)
- de contrato de financiamento: Dec. lei 58/37, art. 18 § 1º
- de doação 541
- de mandato 654
- de penhor 1.432
- de promessa de compra e venda: Dec. lei 58/37, art. 11 (no tít. Promessa de compra e venda e loteamento)
- e quitação 320
- nas operações do Sistema Financeiro da Habitação: Lei 4.380/64, art. 61 § 5º
- nos contratos de loteamento urbano: Lei 6.766/79, art. 26 (no tít. Promessa de compra e venda e loteamento)
- Nulidade, que não induz a do negócio jurídico 183
- Requisitos, para valer como prova 221
- Valor probante 221

Instrumento público — v. Escritura pública

Instrumentos da profissão — Incomunicabilidade 1.659-V, 1.667-V

Insuportabilidade da vida em comum — como motivo de separação 1.572-*caput* e 1.573 § ún.

Intenção — e interpretação do negócio jurídico 112

Interdição — v. tb. Incapacidade, Curatela, Interdito
- do mandante 674, 682-II
- do mandatário 682-II
- do tutor e prestação de contas 1.759
- Inscrição no registro público 9º-III, LRP 29-V, 92 e 93
- Levantamento LRP 104

Interdito — 1.767 a 1.778; v. tb. Curador, Curatela, Interdição
- e dívida de jogo 814

Interdito proibitório — v. Posse

Interessado no litígio — Proibição de ser testemunha 228-IV

Interesse social — Desapropriação: v. Desapropriação por interesse social

Interesses difusos e coletivos — na Justiça da Infância e da Juventude ECA 208 a 224

Intermediário de negócios — 722 e 729

Internação — de adolescente ECA 121 a 125
- de incapaz: v. Incapaz

Internet — MCI; v. Documento digital
- domicílio 70, nota 1a

- privacidade 21, nota 1
- prova 212, nota 2
- e responsabilidade civil MCI 18 a 21 e respectivas notas

Interpelação — v. tb. Intimação, Mora, Notificação
- para constituição em mora 397 § ún.: no compromisso de compra e venda e na cessão de direitos sobre imóvel não loteado, Dec. lei 745/69, art. 1º (em nota ao art. 22 do Dec. lei 58/37, no tít. Promessa de compra e venda e loteamento)

Interpretação — da fiança 819
- da transação 843
- de cláusula contratual CDC 47
- do contrato de adesão 423, CDC 54
- do negócio jurídico 112 a 114: benéfico 114
- do testamento 1.899
- restritiva, em direito autoral LDA 4º, 49-VI

Interpretação da lei — v. tb. Aplicação da lei
- de acordo com sua finalidade social LINDB 5º
- nos casos omissos LINDB 4º

Intérprete — Direito autoral LDA 90 a 92

Interrupção da prescrição — 202 a 204; v. tb. Decadência, Prescrição
- contra a Fazenda Pública: Dec. lei 4.597/42, arts. 3º e 4º (no tít. Prescrição e decadência)
- na usucapião 1.244, 1.262

Intervenção — de terceiro, na letra de câmbio LCa 34 e 35, LCU 50 a 63 (Anexo I)
- em sociedade cooperativa: Lei 5.764/71, art. 93 (no tít. Sociedades)

Intervenção cirúrgica — contra a vontade do paciente 15

Intervenção do juiz no negócio jurídico — v. Juiz

Intimação — v. tb. Interpelação, Mora, Notificação
- do devedor: de cédula hipotecária Dec. lei 70/66, art. 31 § 1º (no tít. Cédula hipotecária); em loteamento (em geral) Dec. lei 58/37, art. 14 § 1º (no tít. Promessa de compra e venda e loteamento); em loteamento urbano Lei 6.766/79, arts. 32 e 49 (no tít. Promessa de compra e venda e loteamento); nos contratos relativos a unidades condominiais LCE 63-*caput* (no tít. Condomínio e incorporação)

Intransmissibilidade — do direito de propor ação de revogação de doação 560

Inundação — e depósito necessário 647-II

Invalidade — 166 a 184; v. tb. Anulabilidade, Anulação, Ineficácia, Nulidade
- do casamento 1.548 a 1.564
- parcial de um negócio jurídico 184

Invenção — v. Achado do tesouro
Inventariante — v. Inventário, Representante
Inventário — 1.991; v. tb. Sucessão, Partilha
- Colação 2.002 a 2.012
- Formal de partilha: Registro LRP 167-I-25 e 221-V; dos anteriores à nova lei LRP 176 § 2º
- Interrupção da prescrição, pelo credor que se habilita nele 202-IV
- Prazo para seu requerimento 1.796
- Reserva de bens, para pagamento dos credores 1.997 § 1º
- Sentença de adjudicação de imóvel, em pagamento de dívida da herança: Registro LRP 167-I-24
- Sonegados 1.992 a 1.996

Investigação de maternidade — v. tb. Mãe, Maternidade
- Legitimidade passiva 1.615

Investigação de paternidade — Lei 8.560/92 (no tít. Investigação de paternidade), ECA 27, Súmula 149 do STF
- Ação para contestá-la, proposta pelo marido da mãe 1.601
- Legitimidade passiva 1.615

Irmã — v. Irmão
Irmão — v. tb. Colateral
- herdeiro 1.841 e 1.842
- Legitimidade para propor ação de separação judicial 1.576 § ún., e de divórcio 1.582 § ún.
- Proibição de casamento com irmã 1.521-IV
- Responsabilidade por alimentos 1.697

Irretroatividade da lei — quanto aos direitos adquiridos LINDB 6º
Irrevogabilidade — de aceitação ou renúncia de herança 1.812
- de reconhecimento de filho 1.609

J

Janela — 1.301 e 1.302; Súmula 120 do STF (em nota ao art. 1.301)
Jazida — Possibilidade de hipoteca 1.473-V
Jogo — 814 a 817; v. tb. Sorteio
- Restrições, quanto a crianças e adolescentes ECA 81

Jóia — como objeto de penhor legal 1.467-I
- legada em codicilo 1.881

Jornal — clandestino LRP 125
- Registro LRP 114 § ún. e 122 a 126
- Transcrição de matéria nele publicada LDA 46-I-a

Juiz — v. tb. Justiça da Infância e da Juventude
- Compra, por ele, de bem litigioso 497-III e 498
- Decretação, de ofício, da anulabilidade de negócio jurídico: Inadmissibilidade 177
- Decretação, de ofício, da nulidade de negócio jurídico 168 § ún.
- Decretação, de ofício, de prescrição 194
- Exame pessoal do interditando 1.771
- Intervenção no negócio jurídico: Correção do valor de prestação devida 317; Fixação de preço pelo serviço prestado por quem não tem habilitação legal para tanto 606; Redução da cláusula penal 413; Redução da indenização manifestamente excessiva 944 § ún.; Redução da multa, na locação 572 e 575 § ún.; Redução da prestação contratual excessiva 480; Suprimento da vontade da parte, no contrato preliminar não cumprido 464
- Responsabilidade, no caso de omissão relativa a tutela de menor 1.744

Juízo cível — e juízo criminal 935
Junta Comercial — v. Registro Público de Empresas Mercantis
Juros — v. tb. Acessório, Mora, Mútuo
- Capitalização anual admitida 591
- capitalizados: v. Juros compostos
- Cessação de sua fluência, com a consignação 337
- compostos: Proibição de sua cobrança Dec. 22.626/33, art. 4º (no tít. Mútuo), salvo nos certificados de recebíveis imobiliários (Lei 9.514/97, art. 5º-III, no tít. Alienação fiduciária)
- da dívida que, no usufruto, onere o patrimônio 1.405
- de legado em dinheiro 1.925
- Desconto, como pena, pela cobrança judicial de dívida não vencida 939
- devidos: ao fiador que paga o débito 833; pelo mandante 677; pelo mandatário 670
- e arras 418
- e perdas e danos 404
- entre comitente e comissário 706
- Estipulação vedada, nos títulos de crédito 890
- Exigibilidade, por descumprimento de obrigação 389 e 395
- Imputação do seu pagamento, de preferência sobre o capital 354
- legais 406: devidos pelo tutor 1.753 § 3º; na gestão de negócios 869 e 870
- Prescrição da ação de cobrança deles 206 § 3º-III
- Presunção de seu pagamento, se não houver ressalva na quitação do principal 323
- Taxa, quando não convencionados 406

- Taxa máxima, no mútuo 591; Dec. 22.626/33, arts. 1º, 4º e 5º (no tít. Mútuo)
- Vencimento antecipado da dívida: Não fluência dos juros de prestação ainda não vencida 1.426

Juros de mora — 406 e 407; v. tb. Mora

- contra a Fazenda Pública: Lei 4.414/64, art. 1º, e Lei 9.494/97, art. 1º F (em nota ao art. 406)
- contratuais: Dec. 22.626/33, arts. 1º e 5º (no tít. Mútuo)
- Desde quando são devidos 394, 406 e 407: nas obrigações provenientes de ato ilícito 398
- Exigibilidade, em relação a toda e qualquer prestação 407
- no pagamento do sinistro pelo segurador 772
- pelo doador: Inexigibilidade 552
- Responsabilidade do devedor solidário 280

Justiça da Infância e da Juventude — ECA 141 a 224; v. tb. Juiz

- Advogado junto a ela ECA 206 e 207
- Apuração de infração administrativa ECA 194 a 197
- Competência ECA 148 e 149
- Equipe interprofissional ECA 151
- MP junto a ela ECA 200 a 205
- Proteção de interesses difusos ou coletivos da criança e do adolescente ECA 208 a 224
- Recursos ECA 198 e 199

Justificação — em matéria de registro civil LRP 111 e 112

Justo título — como presunção de boa-fé do possuidor 1.201 § ún.

- na usucapião: de imóvel 1.243; de móvel 1.260; especial Lei 6.969/81, art. 1º, e Lei 10.257/01, arts. 9º a 14 (ambas, no tít. Usucapião especial)

L

Lacuna da lei — LINDB 4º

Lar substituto — v. Família substituta

Laudêmio — 2.038 § 1º-I; v. tb. Enfiteuse

Legado — 1.912 a 1.940; v. tb. Fideicomisso, Legatário, Testamento

- a ambos os cônjuges: Comunicabilidade 1.660-III
- a credor 1.919
- a menor sob tutela: Aceitação 1.748-II
- A partir de quando pode ser pedido 1.924
- a pessoa incerta 1.900-II e III, 1.901-I
- A quem incumbe o seu cumprimento 1.934 e 1.935
- a termo: Inadmissibilidade, salvo no fideicomisso 1.898
- Aceitação: pelo curador 1.781 c/c 1.748-II; pelo tutor 1.748-II
- alternativo 1.932 e 1.933, 1.940
- Averbação no Registro Público de Empresas Mercantis 979
- Caducidade 1.939 e 1.940
- com cláusula de incomunicabilidade 1.668-I
- com encargo 1.913 e 1.914: e direito de acrescer 1.938
- condicional 1.897, 1.924
- de alimentos 1.920
- de coisa alheia 1.912, 1.914, 1.916
- de coisa determinada pelo gênero 1.915
- de imóvel: Aquisições contíguas, posteriores ao testamento 1.922; Registro LRP 167-I-25
- de móvel, em codicilo 1.881
- de usufruto 1.921; e direito de acrescer 1.946
- em favor de pessoa incerta 1.901-I e 1.900-II e III
- inoficioso 2.007
- Lugar de entrega 1.937
- Pagamento 1.923 a 1.938
- remuneratório 1.901-II
- Renúncia, por não aceitação de encargo 1.913

Legatário — v. tb. Legado, Testamento; v., ainda, Herdeiro instituído

- Capacidade para adquirir por testamento LINDB 10 § 2º
- com o encargo de entregar coisa de sua propriedade a outrem 1.913
- como sucessor na posse 1.206
- Direito de acrescer 1.941 a 1.946; v. tb. Direito de acrescer
- Erro na designação 1.903
- excluído da sucessão 1.814 a 1.818: Caducidade do legado 1.939-IV
- herdeiro necessário: Direito também à legítima 1.849
- Quem não pode ser 1.801 a 1.803
- Substituição 1.947 a 1.960
- testamenteiro: Opção entre a herança ou o legado e o prêmio 1.988

Legítima — 1.846; v. tb. Herança, Sucessão legítima

- Adiantamento, mediante doação 544: com dispensa de colação 2.005 e 2.006
- Cláusulas 1.848
- Como se calcula 1.847
- Deserdação de herdeiro necessário 1.961 a 1.965
- e legado: Soma, para aquinhoamento preferencial no mesmo imóvel 1.968 § 2º

- igualável pelas colações 2.002
- Impossibilidade de ser incluída em testamento 1.857 § 1º

Legítima defesa — 188-I e 930 § ún.
- da posse 1.210 § 1º

Lei — Aplicação LINDB 5º; v. tb. Aplicação da lei
- Correção LINDB 1º §§ 3º e 4º
- Efeito imediato e geral LINDB 6º-*caput*
- Entrada em vigor LINDB 1º
- Ignorância LINDB 3º
- Interpretação da lei LINDB 4º e 5º; v. tb. Interpretação
- Omissão LINDB 4º
- Respeito ao direito adquirido LINDB 6º
- Revogação LINDB 2º

Lei da Usura — Dec. 22.626/33 (no tít. Mútuo)

Lei do Inquilinato — Lei 8.245/91 (no tít. Locação)

Leiloeiro — Compra de bem de cuja venda estava incumbido 497-IV

Lenha — e penhor agrícola 1.442-IV

Lesão — 157; v. tb. Negócio jurídico, Anulabilidade
- como causa de anulabilidade 171-II
- Indenização em decorrência dela 949 e 951

Lesão a pessoa — a fim de remover perigo iminente 188-II e § ún.

Letra de câmbio — Dec. 2.044/1908 (LCa), e Dec. 57.663/66 (LCU), ambos no tít. Letra de câmbio; v. tb. Aceite, Aval, Endosso, Nota promissória, Protesto, Ressaque, Saque
- Ação cambial LCa 49 a 51, LCU 43 a 54 (Anexo I)
- Alterações no título LCU 69 (Anexo I)
- Anulação LCa 36
- Cancelamento de protesto: Lei 6.690/79 (no tít. Registros Públicos)
- Cláusulas não escritas LCa 44
- Direitos e obrigações cambiais LCa 39 a 46
- Duplicata LCa 16, LCU 64 a 68 (Anexo I)
- Intervenção de terceiro LCa 34 e 35, LCU 50 a 63 (Anexo I)
- Pagamento LCa 20 a 27, LCU 38 a 42, 72 (Anexo I)
- Prescrição da execução cambial LCa 52 e 53, LCU 70 e 71 (Anexo I)
- Vencimento LCa 17 a 19, LCU 33 a 37, 72 (Anexo I)

Letra de crédito do agronegócio (LCA) — Lei 11.076/04 (no tít. Títulos de crédito rural)

Letra de crédito imobiliário — Lei 10.931/04, arts. 12 a 17 (no tít. Condomínio e incorporação)

Liberdade assistida — de adolescente ECA 118 e 119

Liberdade de contratar — 421
- Restrições CDC 51 a 54, principalmente

Licitação — de coisa indivisível, no condomínio 1.322 § ún.
- em inventário: Bem insuscetível de divisão cômoda 2.019 § 2º
- na remição de imóvel hipotecado 1.481 § 1º

Limites entre prédios — 1.297 e 1.298; v. tb. Direito de vizinhança

Língua estrangeira — Documento redigido nesta 224
- e testamento: cerrado 1.871; particular 1.880

Língua nacional — obrigatória, na escritura pública 215 §§ 3º e 4º

Linha reta — Parentesco 1.591

Liquidação da sociedade — 1.102 a 1.112

Liquidante — 1.102 § ún. a 1.105
- de sociedade simples 1.036 a 1.038
- Prescrição de ação contra ele 206 § 3º-VII-c, 206-V

Livros — da profissão: Incomunicabilidade 1.659-V, 1.667-V
- do registro civil LRP 33
- do registro de imóveis LRP 173
- do registro de títulos e documentos LRP 132

Livros da empresa — e exame por autoridades fazendárias 1.193
- Exibição judicial 1.191
- Valor probante 226

Locação — 565 a 578; v. tb. Aluguel, Arrendamento, Denúncia da locação, Despejo, Encargos da locação, Locação comercial, Locador, Locatário, Notificação, Revisional de aluguel, Sublocação
- Alienação da coisa locada 576, LI 8º; Preferência do locatário e do sublocatário para a aquisição LI 27 a 34
- Arrendamento de estabelecimento 1.144 e 1.147 § ún.
- Averbação do contrato, para efeito de preferência, em caso de alienação LRP 167-II-16; v. Registro do contrato, abaixo
- Cessão LI 13
- Cominação de aluguel para que o locatário restitua a coisa 575
- Consentimento do cônjuge do locador, no contrato por mais de 10 anos LI 3º
- Consignação em pagamento de aluguéis e encargos LI 67, 58
- de bem imóvel: de interdito 1.781 c/c 1.747-V; de menor sob tutela 1.747-V
- de hospital, escola ou repartição pública LI 53, 63 §§ 2º e 3º

- Despesas e encargos LI 23-I e VII, 25
- Deteriorações do prédio locado 1.569-IV
- Direito intertemporal 2.037
- Disposições penais LI 43 e 44
- do imóvel: pelo credor anticrético 1.507 § 2º; pelo titular de direito de habitação: Proibição 1.414
- Empréstimo do prédio locado LI 13
- Encargos condominiais LI 9º-III, 23-I e VII e § 1º-a, 25
- e separação do casal locatário LI 12
- Morte do locador ou do locatário 577, LI 10, 11, 59 § 1º-IV
- não residencial LI 51 a 57
- Nulidade de cláusulas em fraude à lei LI 45
- para temporada LI 48 a 50, 29, 59 § 1º-III
- Penhor legal, em favor do dono do prédio, sobre os móveis, do inquilino, que o guarnecem 1.467-II
- por tempo: determinado 573 e 574, LI 4º, 56; indeterminado LI 6º e § ún., 57, 40-V
- Purgação da mora LI 62-II
- Registro do contrato LRP 129-1º: se tiver cláusula de vigência, no caso de alienação 576, LI 8º, LRP 167-I-3, 220-VIII, 242; v. tb. Averbação do contrato
- Reparações no prédio LI 22-III e § ún., 23-V, 9º-IV, 53-I, 60, 61
- residencial LI 46 a 47, 85, 11-II, 17 § ún.

Locação comercial — v. tb. Locação
- Condições de admissibilidade da renovatória LI 51, 55
- Defesa do proprietário, na renovatória LI 52
- Preferência do locatário para aquisição do prédio LI 27 a 34
- Renovatória LI 71 a 75, 58
- Revisional de aluguel LI 19, 68 a 70

Locação de imóvel para fins comerciais ou industriais — v. Locação comercial

Locação de serviço — v. Prestação de serviço, Serviço defeituoso

Locador — v. tb. Locação
- Crédito privilegiado sobre alfaias e utensílios do prédio locado 964-VI
- Morte 577, LI 10, 59 § 1º-IV
- Obrigações, 569, LI 22
- Vistoria do imóvel por ele LI 23-IX

Locatário — v. tb. Locação
- Morte 577, LI 11, 51 § 3º
- Obrigações LI 23, 26

Logradouro público — Averbação de alteração de nome LRP 167-II-13

Lojas — no condomínio edilício 1.331 § 1º

Loteamento — Dec. lei 58/37 (no tít. Promessa de compra e venda e loteamento)
- de imóvel hipotecado 1.488
- fechado e despesas de manutenção suportadas por associação de moradores Lei 6.766, de 19.12.79, art. 36-A, nota 1 (no tít. Promessa de compra e venda e loteamento)
- Registro LRP 167-I-19: Averbação LRP 167-II-4; Cancelamento LRP 255
- rural: Dec. lei 58/37, art. 1º (e, em notas a esse art., ET 61, CTN 32 § 2º, Lei 4.947/66, art. 10, e Dec. lei 57/66, art. 16): promovido por pessoa jurídica estrangeira Lei 5.709/71, arts. 3º e 5º, e Dec. 74.965/74, arts. 11 e 12
- urbano Lei 271/67 e Lei 6.766/79 (ambas, no tít. Promessa de compra e venda e loteamento); Registro: Lei 6.766/79, arts. 18 a 24

Loteria — v. Bilhete lotérico

Lucro — Prescrição da ação para restituição dos lucros sociais percebidos de má-fé 206 § 3º-VI

Lugar do pagamento — v. Pagamento

Luto — Despesas a cargo do autor do ato ilícito 948-I
- Despesas, com ele, não incluídas no seguro de pessoa 802
- Despesas, como privilégio geral 965-III

M

Mãe — v. tb. Ascendente, Investigação de maternidade, Maternidade, Pai, Poder familiar
- binuba e poder familiar 1.636 e 1.588
- Titular do poder familiar 1.631

Má-fé — v. tb. Boa-fé, Dolo, Fraude contra credores
- de quem semeia, planta ou edifica em terreno alheio 1.255 a 1.257
- do adquirente evicto 457
- na cessão por título gratuito 295
- na confusão, comistão ou adjunção 1.273
- na especificação 1.270 § 1º e 1.271
- na fraude contra credores 161
- na novação 363
- na posse 1.216, 1.218, 1.220, 1.222
- no casamento anulado LDi 14 § ún.

Maior — v. tb. Maioridade; v., ainda, Menor
- de 16 anos: Possibilidade de casar 1.517 ou de testar 1.860 § ún.
- de 16 e menor de 18 anos: Incapacidade relativa 4º-I; Possibilidade de ser mandatário 666
- de 18 anos: Possibilidade de adotar ECA 42-*caput*

- de 70 anos: Casamento com separação de bens 1.641-II (exceção: LDi 45)
- de 60 anos: Escusa da tutela 1.736-II
- Reconhecimento de filho havido fora do matrimônio, quando maior, sem seu consentimento: Inadmissibilidade 1.614

Maioridade — 5º; v. tb. Emancipação
- e cessação da tutela 1.763-I
- e cessação de alimentos LA 13, nota 5
- e extinção de poder familiar 1.635-III

Malícia — v. Dolo, Má-fé

Mandante — v. tb. Mandato
- Morte, interdição ou mudança de estado 674
- Obrigações 675 a 681
- Ratificação de ato do mandatário 662

Mandatário — v. tb. Mandato, Advogado, Representante
- Cônjuge que administra bem particular do outro, com mandato expresso ou tácito 1.652-II
- Direito de retenção sobre o objeto do mandato 681
- Dolo deste e responsabilidade civil do mandante 149
- imposto ao fornecedor pelo consumidor: Ilegitimidade CDC 51 § ún.-VIII
- judicial: v. Advogado, Mandato judicial
- maior de 16 e menor de 18 anos 666
- Morte 690, 691, 682-II
- Obrigações 667 a 674
- Poderes especiais para o casamento 1.542, 1.535
- Prestação de contas 668
- Proibição de adquirir bem do mandante 497-I, Súmula 165 do STF

Mandato — 653 a 692; v. tb. Mandante, Mandatário, Procuração, Representação
- a associação de defesa de direitos autorais LDA 98
- Aceitação 659
- Aplicação de suas disposições: à agência ou distribuição 721; à comissão 709; à gestão de negócios ratificada 873; ao administrador de sociedade 1.011 § 2º
- com poderes gerais 661
- conjunto 672
- em causa própria 685
- especial a um ou mais negócios, ou geral 660 e 661
- Excesso ou inexistência de poderes 662, 665, 673, 679
- expresso, tácito, verbal ou escrito 657

- Extinção 682 a 691
- Gratuidade 658, 676
- irrevogável 683 e 684
- judicial 692: do gerente 1.176; v. tb. Advogado
- Juros de mora: do mandante ao mandatário 677; do mandatário ao mandante 670
- para casar 1.542, 1.535
- para o credor pignoratício vender a coisa 1.433-IV
- Poderes especiais ao mandatário do testamenteiro 1.985
- Procuração: o que deve conter 654 § 1º; Arquivamento em cartório, nos contratos imobiliários: Dec. lei 58/37, art. 11 § 3º (no tít. Promessa de compra e venda e loteamento); Arquivamento no registro imobiliário, nos loteamentos urbanos: Lei 6.766/79, art. 26 § 1º (no tít. Promessa de compra e venda e loteamento)
- Remuneração, quando não for gratuito 676
- Renúncia 682-I
- Responsabilidade solidária dos outorgantes 680
- Revogação do mandato do preposto 1.174 § ún.
- Substabelecimento 655, 667
- tácito 659
- verbal ou escrito 656

Manutenção de posse — 1.210; v. tb. Posse

Máquinas — e penhor: agrícola 1.442-I; industrial 1.447

Marido — v. tb. Casamento, Cônjuge, Pai, Poder familiar, Representante
- Contribuição para as despesas do lar 1.568
- Deveres 1.566
- Divergência com a mulher 1.567 § ún.: quanto ao poder familiar ECA 21
- Nome da mulher, acrescido ao seu pelo casamento 1.565 § 1º

Materiais — Qualificação como móveis ou imóveis 84 e 81-II

Maternidade — v. tb. Mãe, Investigação de maternidade
- Como pode ser contestada 1.608

Matrícula — v. Registro de imóveis

Mau uso da propriedade — v. Direito de vizinhança

Maus-tratos a criança ou adolescente — ECA 233
- Afastamento, do agressor, da morada comum ECA 130
- Obrigação de comunicação do fato à autoridade ECA 245
- Pena ECA 232, 233, 249

Maus-tratos a filho — 1.638
Meado — 132 § 2º
Médico — v. Profissional liberal
Medida cautelar — Afastamento do pai, ou da mãe, da moradia comum ECA 130
- Guarda provisória de criança ou adolescente ECA 33 § 2º, 157, 167

Meio-soldo — 1.659-VII
Melhoramentos — 97; v. tb. Acessão, Benfeitorias
- acrescidos ao bem sem intervenção do proprietário 97
- Compreensão destes na hipoteca 1.474
- na obrigação: de dar coisa certa 237; de restituir coisa certa 241

Memorial — da obra projetada, para registro da incorporação: LCE 32-g e 53-IV (no tít. Condomínio e incorporação)
- do imóvel, para registro do loteamento: Dec. lei 58/37, arts. 1º, 2º e 4º-b, Lei 6.766/79, art. 18 (ambos, no tít. Promessa de compra e venda e loteamento)

Menor — v. tb. Adolescente, Bem de menor, Emancipação, Filho, Incapaz, Tutela; v., ainda, Maior, Poder familiar
- abandonado e tutela 1.734
- Casamento antes de atingir a idade núbil 1.550-I, 1.553: Regime de bens 1.641-I
- Casamento sem consentimento do pai ou tutor 1.550-II e 1.555: Regime de bens 1.641-I
- Conflito de interesses com o titular do poder familiar ou com o tutor 1.692, ECA 142 § ún.
- de 12 anos: v. Criança
- entre 16 e 18 anos, que oculta a idade 180
- Mútuo feito a ele 588 e 589
- Pacto antenupcial 1.655
- Regime legal da separação de bens 1.641
- Representação ou assistência: pelos pais, até maioridade ou emancipação 1.634-V e 1.690; ou pelo tutor 1.747-I
- tutelado: Direito de opinar, se tiver mais de 12 anos 1.740-III

Menor de 16 anos — v. tb. Menor
- como testemunha: Inadmissibilidade 228-I
- Incapacidade absoluta 3º
- Representação pelos pais 1.690 e 1.634-V, ou pelo tutor 1.747-I

Menor de 18 anos — v. tb. Menor
- Assistência pelos pais 1.634-V e 1.690, ou pelo tutor 1.747-I
- Capacidade de receber mandato 666
- Capacidade de testar 1.860 § ún.
- Incapacidade relativa 4º-I

Menoridade — Cessação aos 18 anos: 5º-*caput*
Mês — Como se conta o prazo 132 § 3º
Mestre — v. Professor
Metade disponível — v. Parte disponível
Militar — Domicílio necessário 76
- Escusa da tutela 1.736-VII
- Prescrição de ação que possa mover 198-III
- Testamento 1.893 a 1.896

Minas — como objeto de hipoteca 1.473-V
Ministério Público — e bem de família 1.717 e 1.719
- e conflito entre menor e titular do poder familiar 1.692, ECA 142 § ún.
- e fundação 66
- Exigência de cumprimento de encargo de doação 553 § ún.
- Legitimidade: para arguir nulidade de negócio jurídico 168; para pedir suspensão do poder familiar 1.637; para promover interdição 1.769; para propor ação de nulidade de casamento 1.549
- na Justiça da Infância e da Juventude ECA 200 a 205
- Requerimento de abertura de sucessão provisória de ausente 28 § 1º
- Requerimento de curador especial, na colisão entre interesses do filho menor e do titular do poder familiar 1.692, ECA 142 § ún.
- Requerimento de inscrição de hipoteca legal 1.497 § 1º, ECA 201-IV e V

Mistura — de coisa móvel 1.272 a 1.274; v. tb. Confusão
Modelo — Venda à vista dele 484
Módulo — Quinhão inferior a ele ET 65
Moeda estrangeira — Pagamento: Dec. 24.038/38
- Proibição de ser estipulada como índice de aluguel LI 85, 17

Moléstia — como erro essencial no casamento 1.557-III
Monte-mor — v. Herança
Monte partível — v. Herança
Montepio — Exclusão da comunhão parcial 1.659-VII
- Renda impenhorável 813 § ún.

Monumento arqueológico — Possibilidade de hipoteca 1.473-V
Mora — 394 a 401; v. tb. Juros, Juros de mora, Purgação da mora
- *accipiendi* 401-II
- Constituição em mora 397, acarretando a interrupção da prescrição 202-V

- da pessoa obrigada a pagar o legado em dinheiro 1.925; do comodatário 582 § ún.; do comprador 492 § 2º; do credor 400; do devedor 399; do donatário 562; do dono da obra, na empreitada 611, 613; do locatário LI 23-I, 62-II; do loteador urbano: Lei 6.766/79, art. 33 (no tít. Promessa de compra e venda e loteamento); do prestamista de loteamento urbano: Lei 6.766/79, art. 32
- e cláusula penal 409
- Interpelação, para sua constituição: Desnecessidade 397-*caput*; Necessidade 397 § ún.; v. tb. Interpelação, Notificação, Protesto
- na promessa de compra e venda: Dec. lei 745/69 (em nota ao art. 22 do Dec. lei 58/37, no tít. Promessa de compra e venda e loteamento)
- no cumprimento de obrigação positiva e líquida 397-*caput*
- *solvendi* 401-I
- Vencimento do débito com garantia real 1.425-III

Moratória ao devedor — Exoneração do fiador 838-I

Morte — v. tb. Óbito
- Comorientes 8º
- da pessoa natural 6º
- de contratante, na empreitada 626
- de filho menor, em razão de ato ilícito Súmula 491 do STF
- de sócio 1.028 e 1.032
- de sócio comanditário 1.050
- Dissolução do casamento LDi 2º-I
- do adotante ECA 49: antes de consumada a adoção ECA 12 § 5º e 47 § 6º
- do agente ou distribuidor 719
- do autor da herança 1.784
- do comissário 702
- do credor solidário 270
- do devedor hipotecário: Dec. lei 70/66, art. 32 § 4º (no tít. Cédula hipotecária)
- do devedor solidário 276
- do dono do negócio, durante a gestão deste 865
- do endossante: Subsistência do endosso-mandato 917 § 2º
- do fiador 836, LI 40-I
- do fideicomissário 1.959
- do herdeiro: antes de aceitar a herança 1.809; e direito de acrescer 1.943 e 1.944
- do legatário: Caducidade do legado 1.939-V
- do locador ou do locatário 577, LI 10, 11, 59 § 1º-IV
- do mandante 674, 682-II; e validade de atos praticados pelo mandatário 689
- do mandatário 690, 691, 682-II
- do responsável por ato ilícito: Sucessão por seus herdeiros 943
- do sócio 1.028
- do superficiário 1.372
- do testamenteiro 1.985
- do tutor e prestação de contas 1.759
- do usufrutuário 1.410-I: conjunto 1.411
- dos contratantes, na promessa de compra e venda: Dec. lei 58/37, arts. 12 § 2º e 22 (no tít. Promessa de compra e venda e loteamento)
- dos pais ou do filho: Extinção do poder familiar 1.635-I
- e dissolução da sociedade conjugal 1.571-I e § 1º
- e dívidas da herança a cargo dos herdeiros 1.792
- e obrigação alimentar 1.700, LDi 23
- em caso de prestação de serviço 607
- Fim da existência da pessoa natural 6º
- Indenização, no caso de homicídio 948
- no contrato de prestação de serviço 607
- presumida 6º e 7º; Inscrição no registro público 9º-IV
- presumida do ausente 6º, 37
- Seguro de pessoa 789 a 802; v. tb. Seguro de pessoa
- simultânea 8º
- Suicídio e seguro de pessoa 798

Motel — Restrição à hospedagem de criança ou adolescente ECA 82

Motivo — falso e vício na declaração de vontade 140

Móvel — v. Bem móvel

Mudança de estado — do mandante ou do mandatário 682-III

Mudança de situação econômica — do devedor 333-I, 1.425-II
- do mutuário: Exigência de garantia pelo mutuante 590

Mudo — v. Surdo-mudo

Mulher — v. tb. Mulher casada, Viúva
- Acréscimo do nome do companheiro LRP 57 §§ 2º a 6º

Mulher casada — v. tb. Casamento, Cônjuge, Mãe, Poder familiar, Representante
- binuba 1.636, 1.588
- Contribuição para as despesas do lar 1.568
- Curadora do marido interdito 1.775
- Divergência com o marido, quanto ao poder familiar 1.631 § ún.; ECA 21
- Escusa da tutela 1.736-I

- Nome, após a separação judicial ou o divórcio 1.571 § 2º, 1.578, LDi 17 e 18, 25 § ún.
- Nome do marido, acrescido ao seu 1.565 § 1º
- Prazo para anular ato praticado pelo marido sem sua autorização, quando necessária 1.649

Multa — 408 a 416; v. tb. Cláusula penal
- compensatória 410: no contrato de transporte de pessoa 740
- condominial 1.336 § 2º
- convencional e transação 847
- Limite 412, CDC 52 § 1º
- na locação 575, LI 4º, 44 § ún.
- penitencial 420; v. tb. Arras
- por infração à legislação de proteção a crianças e adolescentes ECA 243 a 258, 154 c/c 214; Recurso ECA 198 e 199
- Redução pelo juiz 413

Município — v. tb. Fazenda Pública
- como sucessor, na herança vacante 1.822
- Domicílio 75-III
- Pessoa jurídica de direito público interno 41-III

Muro — 1.297 § 1º
- Condomínio por meação neste 1.327 a 1.330
- em meação: Direito do usufrutuário à metade do preço recebido para adquiri-la 1.392 § 3º

Música — Direito autoral LDA 6º-V; v. tb. Direito autoral

Mútua assistência — como dever conjugal 1.566-III, LDi 26

Mútuo — 586 a 593, Dec. 22.626/33 (no tít. Mútuo); v. tb. Empréstimo, Comodato, Financiamento, Juros
- Associações de poupança e empréstimo: Dec. lei 70/66, arts. 1º a 8º (no tít. Cédula hipotecária)
- Capitalização anual permitida 591
- Cláusula penal não superior a 10%: Dec. 22.626/33, art. 9º (no tít. Mútuo)
- com correção monetária: Lei 4.380/64, arts. 5º e 7º
- Disposições usurárias: Med. Prov. 2.172-32/01
- Empréstimo para jogo ou aposta 815
- Equiparação a este do depósito de coisa fungível 645
- feito a menor: e fiança 824 § ún. e 837
- Juros 591; Dec. 22.626/33, arts. 1º e 5º (no tít. Mútuo)
- para pagamento de dívida, e sub-rogação 347-II
- Redução dos juros excessivos 591

N

Nacionalidade brasileira — Opção LRP 29-VII

- Perda LRP 102-5º

Não uso — v. tb. Uso
- e extinção da servidão 1.389-III
- ou não fruição da coisa, no usufruto 1.410-VIII

Nascente — 1.290, 1.313 § 1º
- Proteção 1.309 e 1.310

Nascimento — de brasileiro no estrangeiro LINDB 18 e 19, LRP 32 § 2º
- Início da personalidade civil 2º
- Inscrição no registro público 9º-I, LRP 29-I, 50 a 66; Assento LRP 54
- Regularização do registro, no caso de criança ou adolescente sujeito a medida de proteção ECA 102

Nascituro — 2º
- Curatela 1.779
- Doação feita a ele 542
- Possibilidade de suceder 1.799-I e 1.800

Naturalização — de estrangeiro, e mudança do regime de bens LINDB 7º § 5º

Naufrágio — e depósito necessário 647-II

Negligência — 186; v. tb. Culpa, Responsabilidade civil
- do assistente ou representante, ocasionando a prescrição 195
- do credor anticrético, pelos frutos não percebidos 1.508
- do tutor 1.766

Negócio consigo mesmo — 117

Negócio jurídico — 104 a 184
- Anulabilidade 171 a 179; v. tb. Anulabilidade
- Anulação: Restituição ao *statu quo ante* 182
- anulável 171 a 179; v. tb. Anulabilidade
- Ato ilícito 185
- Ato jurídico perfeito LINDB 6º § 1º
- Ato lícito 185
- Condição, termo e encargo 121 a 137
- contra a lei: Nulidade 166-IV a VII
- Decadência 207 a 211; v. tb. Decadência
- Defeitos 138 a 165
- Ineficácia: v. Ineficácia
- Intervenção do juiz nele: v. Juiz
- Invalidade 166 a 184; v. tb. Invalidade
- nulo 166 a 170; v. tb. Nulidade
- nulo e tradição 1.268 § 2º
- Prescrição: 189 a 206; v. tb. Prescrição

Neto — v. tb. Descendente
- Direito de visita dos avós a ele 1.589 § ún.

- Obrigação de trazer bens à colação 2.009

Nexo de causalidade — CC 403 e 927

Nome — LINDB 7º-*caput*, LRP 55 a 61
- abreviado LRP 57 § 1º
- Alteração: Averbação, no registro de imóveis LRP 167-II-5
- Correção de erro LRP 110
- da companheira, com acréscimo do sobrenome do companheiro LRP 57 §§ 2º a 6º
- da mulher casada 1.565 § 1º, 1.571 § 2º, 1.578, LDi 17 e 18
- da mulher separada judicialmente LDi 17 e 18
- de casado e divórcio 1.565 § 1º, 1.571 § 2º, 1.578 e §§
- Direito a ele 16 a 19
- do adotado ECA 47 § 5º
- do cônjuge, após a dissolução do casamento 1.578 e §§
- do estabelecimento 1.155 a 1.168
- Prenome: Imutabilidade LRP 58
- ridículo LRP 55 § ún., 58 § ún.
- Sobrenome do marido ou da mulher acrescido ao do outro cônjuge 1.565 § 1º, 1.571 § 2º, 1.578

Nota de crédito à exportação — Lei 6.313/75 (no tít. Títulos de crédito à exportação)

Nota de crédito comercial — Lei 6.840/80 (no tít. Títulos de crédito comercial)

Nota de crédito industrial — TCI 15 a 19

Nota de crédito rural — Dec. lei 167/67, arts. 27 e 28 (no tít. Títulos de crédito rural); v. tb. Cédula de crédito rural

Nota promissória — LCa 54 a 56, LCU 75 a 78 (Anexo I); v. tb. Letra de câmbio

Nota promissória rural — Dec. lei 167/67, arts. 42 a 45 (no tít. Títulos de crédito rural)

Notificação — v. tb. Denúncia da locação, Interpelação, Intimação, Locação, Mora
- ao locador, para a rescisão da locação por tempo indeterminado LI 6º
- ao locatário, para que exerça o seu direito de preferência LI 27
- ao locatário, para restituição da coisa locada 575
- de execução, ao depositário 633
- do devedor, na cessão de crédito 290, 292, 298
- em loteamento urbano: Lei 6.766/79, art. 49 (no tít. Promessa de compra e venda e loteamento)
- para execução de despejo LI 65
- pelo registro de títulos e documentos LRP 160

Novação — 360 a 367

- de dívida de jogo 814 § 1º
- de obrigação indivisível 262 § ún.
- e remissão da dívida por um dos credores 262 § ún.

Nulidade — 166 a 170; v. tb. Negócio jurídico, Fraude à lei, Invalidade; v., ainda, Anulabilidade, Ineficácia
- da doação: de todos os bens 548; que infringe a legítima 549
- da obrigação, e novação 367
- da obrigação principal: Nulidade da fiança 824
- da transação 848, 850
- de aquisição, por tutor sem autorização judicial, de bem do menor 1.749
- de cláusula, em contrato de locação LI 45
- de constituição de renda em favor de pessoa falecida 808
- de contrato sobre herança de pessoa viva 426
- Decretação *ex officio* 168 § ún.
- de disposição testamentária 1.900
- de dívida e concurso de credores 956
- de fideicomisso além do segundo grau 1.959
- de testamento e subsistência, como consequência, da sucessão legítima 1.788
- de transação contra coisa julgada 850
- discutida em concurso de credores 956
- do casamento 1.548 e 1.549, LINDB 7º § 3º, LRP 29 § 1ª-*a*; Averbação no registro público 10-I; v., ainda, Anulação de casamento
- do seguro 763
- expressamente cominada 166-VII
- parcial 184, CDC 51 § 2º
- por defeito de forma 166-IV

Nunciação de obra nova — v. tb. Demolição, Direito de vizinhança
- Legitimidade do loteador e dos vizinhos para proporem a ação: Dec. lei 271/67, art. 6º, e Lei 6.766/79, art. 45 (ambos, no tít. Promessa de compra e venda e loteamento)

Nu-proprietário — v. Usufruto

O

Óbito — LRP 77 a 88, 29-III; v. tb. Morte
- Assento LRP 80

Objeto — achado 1.264 a 1.266
- ilícito: Nulidade do negócio jurídico 166-II e III
- impossível: Nulidade do negócio jurídico 166-II
- indeterminável: Nulidade do negócio jurídico 166-II

Obra — v. tb. Construção

- de arte plástica LDA 77 e 78, 9º; v. tb. Direito autoral
- intelectual: v. Direito autoral, Edição

Obrigação — 233 a 965, LINDB 9º; v. tb. Contrato, Credor, Devedor, Dívida, Promessa de recompensa, Responsabilidade civil, Título ao portador
- acessória nula: Validade da obrigação principal 184
- alternativa 252 a 256; v. tb. Alternativa
- anterior ao casamento 1.659-III
- condicional: Exigibilidade, na data do implemento 332; solidária 266
- Cumprimento forçado CDC 35-I
- da dívida pública: v. Título da dívida pública
- de dar 233 a 246: coisa certa 233 a 242; coisa incerta 243 a 246; quantia certa 404
- de fazer 247 a 249: executada por terceiro 881; nos loteamentos urbanos: Lei 6.766/79, art. 27 § 3º (no tít. Promessa de compra e venda e loteamento); v. tb. Obrigação personalíssima
- de indenizar 927 a 943; v. tb. Indenização
- de não fazer 250 e 251: Mora 390; Pagamento indevido 881
- de reparar o dano: Transmissibilidade por herança 943
- de restituir coisa certa 238; v. tb. Devolução, Entrega
- Direito a ela relativo: Natureza móvel 83-III
- divisível 257 a 263: e cláusula penal 415; e pagamento parcial 324; v. tb. Coisa divisível, Divisibilidade
- em moeda estrangeira: v. Dec. 24.038, de 26.3.34
- extinta: Novação inválida 367
- Inadimplemento: e mora 397
- indivisível 257 a 263: e ato anulável 177; e cláusula penal 414; e incapacidade de uma das partes 105; e interrupção da prescrição 203 § 2º; e suspensão da prescrição 201; v. tb. Coisa indivisível
- Invalidade da principal, acarretando a da obrigação acessória 184
- não cumprida: Perdas e danos 389
- natural: e dívida de jogo 814 e 815; e doação 564-III; e pagamento indevido 882
- negativa: Mora desde quando? 390
- nula: Fiança 824; Novação inadmissível 367
- personalíssima: Execução por terceiro 249; Morte do devedor 248; Perdas e danos pelo devedor inadimplente 247
- principal nula: Invalidade das acessórias 184
- proveniente de ato ilícito: Incomunicabilidade 1.659-IV; v. tb. Responsabilidade civil

- solidária 264 a 285: ativa 267 a 274; passiva 275 a 285; v. tb. Solidariedade
- Transmissão aos herdeiros do devedor, dentro das forças da herança 1.792, 943, 1.700

Ocupação — de móvel sem dono 1.263
- temporária, pelo Poder Público LD 36

Ofensa física — como causa de deserdação 1.962-I e 1.963-I

Oficial — do registro público: v. Dúvida, Registro público, Serventuário de Justiça

Oficina impressora — Registro LRP 114 § ún. e 122 a 126

Omissão — da lei LINDB 4º
- voluntária 186

Oneração — v. Ônus real

Onerosidade excessiva — Resolução do contrato 478 a 480

Ônus da prova — LINDB 13, CDC 6º-VIII, 38 e 51-VI; v. tb. Prova

Ônus real — v. tb. Direito real de garantia
- anterior à hipoteca: Subsistência, quando constituída esta 1.474
- Extinção: Averbação no registro de imóveis LRP 167-II-2

Opção — v. tb. Alternativa, Escolha, Obrigação alternativa, Preferência
- pela nacionalidade brasileira LRP 32 §§ 2º a 5º

Operação — com risco de vida 15
- Transmissão de filme a respeito LDA 90

Orçamento prévio do serviço — CDC 39-VI e 40

Ordem da vocação hereditária — 1.829 a 1.844, 1.798 a 1.803, LINDB 10 § 1º; v. tb. Sucessão legítima
- Ascendente 1.829-II, 1.836 §§ 1º e 2º
- Colateral 1.840 a 1.843
- Companheiro ou companheira 1.790, nota 1
- Cônjuge 1.829-II e III a 1.832
- Descendente 1.833 a 1.835
- Direito de representação 1.851 a 1.856
- Direito intertemporal 2.041
- Fazenda Pública 1.844

Ordem pública — Condição contrária a ela 122, LINDB 17

Ordenado — Prescrição da ação de cobrança CF 7º-XXIX

Órfão — v. Bem de menor, Tutelado

Organização das Cooperativas Brasileiras — Lei 5.764/71, arts. 105 a 108 (no tít. Sociedades)

Outorga uxória — v. tb. Autorização, Consentimento

▫ Desnecessidade, na alienação de imóvel da empresa pelo empresário 978

P

Pacto antenupcial — 1.653 a 1.657, 1.536-VII; v. tb. Casamento, Regime de bens

▫ Disposição sobre divisão das despesas do casal 1.688
▫ e administração de bens constitutivos de patrimônio particular 1.665
▫ Exigência de escritura pública 1.653
▫ Menção no assento matrimonial 1.536-VII e averbação no Registro Público de Empresas Mercantis 979
▫ Transcrição, no registro de imóveis LRP 167-I-12, 167-II-1, 178-V, 244: para validade contra terceiros 1.657

Pacto comissório — e direito real de garantia 1.428

▫ na alienação fiduciária, 1.365
▫ Nulidade: na cessão fiduciária Lei 4.864/65, art. 23 § 3º

Pagamento — 304 a 359; v. tb. Compensação, Confusão, Consignação em pagamento, Dação, Imputação do pagamento, Mora, Novação, Pagamento indevido, Purgação da mora, Quitação, Remição, Resgate, Restituição do indébito, Sub-rogação, Vencimento

▫ a cessionário 292
▫ a credor de título caucionado 1.457
▫ a credor solidário 269
▫ a incapaz 181
▫ a insolvente, ainda não realizado 160
▫ A quem deve ser feito 308 a 312
▫ Ação para cobrança de dívida paga ou não vencida 939 a 941, Súmula 159 do STF
▫ adiantado do aluguel LI 20, 42, 43-III
▫ antecipado do débito: no Sistema Financeiro da Habitação Lei 4.864/65, art. 1º-V; pelo consumidor CDC 52 § 2º; v. tb. Pagamento parcial
▫ antes do vencimento do título 902
▫ com sub-rogação 346 a 351; v. tb. Sub-rogação
▫ como presunção de verificação da obra, na empreitada 614 § 1º
▫ Consignação 334 a 345; v. tb. Consignação em pagamento
▫ da duplicata LDu 9º a 12
▫ da letra de câmbio LCa 20 a 27, LCU 38 a 42, 72 (Anexo I)
▫ da prestação mais recente: Presunção de estarem liquidadas as anteriores 322
▫ Dação 356 a 359, LRP 167-I-31 e 129-9º; v. tb. Dação em pagamento
▫ de dívida prescrita 882
▫ de obrigação indivisível 260 a 262
▫ de título de crédito 901
▫ de título em cartório: Lei 9.492/97, art. 19 (no tít. Protesto de títulos)
▫ do aluguel LI 23-I
▫ do cheque LCh 32 a 42
▫ dos legados 1.923 a 1.938
▫ em ouro ou moeda estrangeira 318; Dec. lei 857/69 e Dec. 24.038/34
▫ Imputação 352 a 355; v. tb. Imputação do pagamento
▫ indevido 876 a 883
▫ Lugar 327 a 330: e compensação, quando as dívidas não são pagáveis no mesmo lugar 378
▫ mediante coisa que o devedor não pode alienar 307
▫ na obrigação indivisível 260
▫ na venda sobre documentos 530
▫ nos contratos bilaterais: Correspectividade das prestações 476
▫ Objeto 313 a 318
▫ parcial: de débito hipotecário ou pignoratício Dec. 22.626/33, art. 7º e §§ (no tít. Mútuo); de título de crédito rural Dec. lei 167/67, art. 74 (no tít. Títulos de crédito rural); em contrato imobiliário Lei 4.864/65, art. 1º-V; v. tb. Pagamento antecipado
▫ parcial de obrigação solidária 275, 277
▫ parcial do título 902 § 1º
▫ parcial, subsistindo, porém, no todo, a garantia real 1.421
▫ por devedor insolvente 162
▫ Prazo concedido pelo comissário 699 a 700
▫ Prova 319 a 326; v. tb. Quitação
▫ Quem pode pagar 304 a 307
▫ Repetição, pelo devedor que pagou mal 312
▫ Restituição das prestações pagas, ao adquirente de lote urbano que não cumpriu o contrato: Lei 6.766/79, art. 35 (no tít. Promessa de compra e venda e loteamento)
▫ Restituição inadmissível nos casos de pagamento: de dívida de jogo 814 e 815; feito a incapaz 181
▫ Tempo 331 a 333
▫ Tolerância no recebimento da prestação atrasada 1.425-III

Pai — v. tb. Ascendente, Poder familiar; v., ainda, Mãe

▫ adotivo e sucessão ECA 41 § 2º

- Anulação de casamento do filho menor, realizado: sem a idade mínima legal 1.552-III; sem o consentimento paterno 1.555
- Autorização para casamento de filho menor 1.517
- Conflito de interesses com o filho menor: Nomeação de curador especial a este 1.692, ECA 142 § ún.
- Curatela: do ausente 25 § 1º; do filho 1.775 § 1º
- Deveres 1.566
- Direito recíproco de alimentos, em relação ao filho 1.696
- herdeiro 1.829-II
- Legitimidade para propor interdição de filho 1.768
- Medidas aplicáveis contra ele, para proteção de criança ou adolescente ECA 129
- Nomeação de tutor testamentário ao filho 1.729
- Paternidade socioafetiva 1.596, nota 2
- Poder familiar 1.630 a 1.638; v. tb. Poder familiar
- Representação do filho menor de 16 anos e assistência ao menor entre 16 e 18 anos 1.634-V
- Responsabilidade por ato de filho menor 932-I e 933

Parcelamento do solo urbano — Lei 6.766/79 (no tít. Promessa de compra e venda e loteamento)
- Desmembramento: Lei 6.766/79, arts. 2º § 2º e 10 a 24
- Loteamento: Lei 6.766/79, arts. 2º § 1º, 4º a 9º e 12 a 24

Parceria — agrícola ET 92 a 94 e 96; Registro LRP 127-V, 144
- pecuária ET 92 a 94 e 96; Registro LRP 127-V, 144
- rural ET 92 a 94 e 96

Parede — Condomínio por meação desta 1.327 a 1.330
- de tijolos de vidro translúcido: Súmula 120 do STF
- Meação nesta, quanto ao usufrutuário 1.392 § 3º

Parede-meia — 1.306

Parente — 1.591 a 1.638; v. tb. Parentesco
- Direito a alimentos 1.696 e 1.697
- Proibição de ser testemunha 228-V e § ún.

Parentesco — 1.591 a 1.638; v. tb. Adoção, Alimentos, Ascendente, Colateral, Descendente, Parente, Sucessão legítima
- afim 1.595; v. tb. Afim
- civil 1.593
- colateral 1.592
- e impedimento matrimonial 1.521-I a V
- em linha reta 1.591
- natural 1.593

Parte disponível — v. tb. Herança, Sucessão legítima
- Disposições excedentes dela 1.967
- e colação 2.002
- e legado 1.849
- e prêmio do testamenteiro 1.987 § ún.

Participação final nos aquestos — 1.672 a 1.686; v. tb. Aquestos

Partilha — 2.013 a 2.022; v. tb. Formal de partilha, Inventário, Sucessão
- amigável 2.015
- anulável 2.027
- como consequência da sentença de separação judicial 1.575 e § ún.
- Concessão de divórcio sem ela 1.581
- de coisa comum 817
- feita por ascendente: por ato de última vontade 2.014; ou entre vivos 2.018
- Hipoteca legal para garantia do quinhão de herdeiro 1.489-IV
- judicial 2.016, 2.013
- mediante sorteio 817
- Registro da sentença de adjudicação de bem imóvel, em pagamento de dívida da herança LRP 167-I-24
- Registro do formal LRP 167-I-25 e 221-V: anterior à nova lei LRP 176 § 2º
- Sobrepartilha 2.021 e 2.022

Passagem de cabos e tubulações — 1.286 e 1.287; v. tb. Direito de vizinhança

Passagem forçada — de prédio encravado 1.285; v. tb. Direito de vizinhança

Paternidade — v. Investigação de paternidade, Pai

Patrão — v. Empregador

Patrimônio — v. Universalidade

Patrimônio de afetação — na incorporação imobiliária LCE 31-A a 31-F

Patrimônio histórico e artístico — Preservação 1.128 § 1º

Pátrio poder — v. Poder familiar

Pena — v. tb. Cláusula penal, Multa
- convencional: v. Cláusula penal
- de sonegados 1.992
- pela cobrança judicial de dívida já paga ou ainda não vencida 939 e 940, Súmula 159 do STF
- por infração à legislação sobre crianças e adolescentes ECA 225 a 258, 194 a 197, 214

Penhor — 1.431 a 1.472, 1.125-VIII, LINDB 8º § 2º; v. tb. Direito real de garantia, Caução, Cédula rural pignoratícia e hipotecária, Garantia

Perdas e danos

- agrícola 1.442 e 1.443; Prazo máximo 1.439
- Casa de penhores Dec. 22.626/33, art. 17 (no tít. Mútuo)
- Caução de título de crédito 1.458 a 1.460; v. tb. Caução
- Constituição 1.431 e 1.432
- de crédito: Necessidade de notificação do devedor 1.453
- de direitos 1.451 a 1.457
- de máquinas: Registro, no registro de imóveis LRP 167-I-4, 178-IV
- de título de crédito 1.458 a 1.460
- de veículos 1.461 a 1.466: Registro, para validade contra terceiros LRP 129-7º
- e estado de perigo do devedor 166 § ún.
- e novação 364
- em fraude contra credores 166 § ún.
- Entrega do objeto empenhado: Prova de renúncia da garantia 387
- Extinção 1.436 e 1.437: do bem dado em garantia por terceiro, no caso de novação 364
- industrial 1.447 a 1.450
- legal 1.467 a 1.472
- Lei aplicável LINDB 8º § 2º
- mercantil 1.447 a 1.450
- Nulidade da cláusula que autoriza o credor a ficar com o objeto da garantia 1.428
- pecuário 1.444 a 1.446; Prazo máximo 1.439
- Penhora de bem empenhado 333-II
- Registro, no registro de imóveis LRP 167-I-15, 178-VI, 219 (penhor rural)
- Registro, no registro de títulos e documentos LRP 127-II e IV, 129-7º (de automóvel), 144, 145
- rural 1.438 a 1.446: Desnecessidade, para sua constituição, de anuência do credor hipotecário 1.440; Verificação, pelo credor, do estado da coisa empenhada 1.441
- Vencimento antecipado da dívida 1.425

Penhora — v. tb. Impenhorabilidade

- de bem vinculado a cédula de crédito rural: Dec. lei 167/67, art. 69 (no tít. Títulos de crédito rural)
- de coisa consignada 536
- de crédito: e pagamento indevido ao primitivo credor 312
- de crédito alimentício: Inadmissibilidade 1.707
- e cessão de crédito, pelo devedor, posterior a ela 298
- Incomunicabilidade, acarretando a impenhorabilidade 1.911

- Registro, no registro de imóveis LRP 167-I-5, 220-X, 239

Pensão — alimentícia: v. Alimentos

- Desde quando é devido o legado dela 1.926
- Incomunicabilidade 1.659-VII
- Restrição à hospedagem de criança ou adolescente ECA 82

Pequeno empresário — Tratamento favorecido 970

Perda — de título ao portador: v. Título ao portador

- ou extravio de certificado de letra imobiliária: Lei 4.380/64, art. 50

Perdão — v. Remissão

Perdas e danos — 402 a 405; v. tb. Ato ilícito, Direito regressivo, Indenização, Má-fé, Responsabilidade civil

- a cargo do responsável pelo registro tardio de sociedade 1.151 § 3º
- Aceitação tardia de contrato 430
- causados ao tutelado 1.739
- Como se apuram 946
- devidos ao comissário despedido sem justa causa 705
- devidos por ameaça ou lesão a direito de personalidade 12
- do mandante contra o mandatário 679
- do preponente contra o preposto 1.170
- do proponente contra o agente 717
- e suspensão de execução da empreitada 624
- e vício redibitório 443
- na obrigação indivisível 263
- na preempção ou preferência 518
- na solidariedade passiva 279
- no contrato de prestação de serviço 602 § ún.
- no contrato preliminar não cumprido 465
- pela evicção 450
- pela não especialização de hipoteca legal 1.497 § 2º
- pela recusa injustificada da tutela 1.739
- pelo não cumprimento de obrigação 389
- por aquele que de má-fé semeia, planta ou edifica com coisa alheia 1.254 e 1.256
- por construção ilegal 1.312
- por inadimplemento de contrato 475
- por mora do devedor 395
- por promessa de fato de terceiro não executada 439
- por uso indevido da coisa locada 570
- Prescrição da ação do consumidor CDC 27

- Reparação pelo adolescente ECA 116
- se o comprador não der ciência ao vendedor com direito de preempção 518

Perecimento da coisa — 1.275-IV; v. tb. Destruição da coisa, Deterioração da coisa
- dada em garantia 1.425-IV e § 1º
- e extinção: da hipoteca 1.499-II; do penhor 1.436-II

Perecimento do direito — v. Caducidade, Decadência, Extinção; v. tb. Prescrição

Perícia — v. Prova

Perigo — v. Estado de perigo

Perigo iminente — Destruição da coisa alheia, para removê-lo 188-II e § ún.

Perito — Prescrição da ação de cobrança de seus honorários 206 § 1º-III
- Proibição de adquirir bem que avaliou 497-III e 498

Permissão — e posse 1.208

Permuta — 533; v. tb. Troca

Personalidade civil — 2º; v. tb. Pessoa jurídica, Pessoa natural
- Lei aplicável LINDB 7º-*caput*

Personalidade jurídica — v. Pessoa jurídica

Pertenças — 93 e 94

Pessoa — 1 a 78

Pessoa com deficiência — 4º-III, 228 § 2º, 1.550 § 2º, 1.767-I, 1.775-A, 1.777 e 1.783, Lei 13.146, de 6.7.15, art. 2º

Pessoa física — v. Pessoa natural

Pessoa jurídica — 40 a 69, LINDB 11 e §§; v. tb. Personalidade civil, Associação, Fundação, Sociedade
- Ação contra seu representante, por não ter alegado prescrição 195
- acarretando, pela sua extinção, a de usufruto em seu favor 1.410-III
- da sociedade 985
- da sociedade em conta de participação: Inexistência 993
- de direito privado 44; v. tb. Sociedade, Associação, Fundação
- de direito público externo 42
- de direito público interno 41: Domicílio 75
- Desconsideração 50, CDC 28
- e sucessão *mortis causa* 1.799-II e III
- Registro civil LRP 114 a 121
- Responsabilidade pelos atos de seus empregados 932-III

Pessoa natural — 2º a 8º; v. tb. Nascituro, Nome
- Domicílio 71 a 73, LINDB 7º

- Proteção de sua vida privada 21

Petição de herança — 1.824 a 1.828

Plágio — LDA 102; v. tb. Direito autoral

Plano de saúde — v. Lei 9.656/98 (no tít. Seguros)

Plantação — 1.253 a 1.259, 1.248-V; v. tb. Acessão, Benfeitorias
- em terreno ou com semente alheios 1.254 a 1.257

Poço — 1.313 § 1º

Poder familiar — 1.630 a 1.638, ECA 21 a 24; v. tb. Guarda de filho, Mãe, Menor, Pai, Representante
- Casamento de menor, sem o consentimento dos pais 1.517 e 1.555
- Destituição ECA 155 a 163
- Discordância entre pai e mãe, quanto ao seu exercício 1.631 § ún., 1.567 § ún., 1.517 § ún., ECA 21, 148 § ún.-d
- e adoção ECA 41-*caput* e 49
- e maus-tratos ECA 130, 233
- e novo casamento do seu titular 1.636
- Extinção, com a consequente colocação do menor em tutela 1.728-II
- Nomeação de curador, no caso de conflito de interesse entre titular do poder familiar e filho 1.692, ECA 142 § ún.
- Perda 1.638, ECA 155 a 163, 23 e 24
- Suspensão 1.637, ECA 155 a 163, 23 e 24
- Transferência do pai natural para o adotivo ECA 41-*caput* e 49

Poluição — de água 1.291
- do ar e das águas: Proteção destes 1.228 § 1º

Porção disponível — v. Parte disponível

Pós-data — de instrumento particular 167 § 1º-III

Posse — 1.196 a 1.224; v. tb. Usucapião
- Aquisição 1.204 a 1.209
- Atos de mera permissão ou tolerância 1.208
- civil: Transmissão aos herdeiros do possuidor morto 1.784
- clandestina 1.208
- com justo título 1.201 § ún., 1.202
- Constituto possessório na aquisição de coisa móvel 1.267 § ún.
- da coisa empenhada, pelo credor pignoratício 1.433-I
- da coisa legada 1.923 § 1º
- da herança: Indivisibilidade 791 § ún.
- da herança pelo testamenteiro 1.977 e 1.978
- dada pelo condômino a estranho 1.314 § ún.
- de boa-fé 1.214, 1.201, 1.202, 1.217, 1.219, 1.222, 1.238, 1.260

Preço

- de coisa indivisa 1.199
- de má-fé 1.216, 1.218, 1.220, 1.222
- de servidão de trânsito: Súmula 415 do STF
- Defeitos que impedem sua aquisição 1.208, tornando-a injusta 1.200
- Defesa: pelo condômino 1.314; pelo credor pignoratício 1.435-II
- Desforço incontinênti 1.210 § 1º
- Detentor: Definição 1.198
- direta e indireta 1.197
- direta, na alienação fiduciária 1.361 § 2º
- do credor, em penhor de título de crédito 1.459-I
- do estado de casado 1.547
- do imóvel, induzindo a dos móveis que nele estiverem 1.209
- e propriedade 1.210 § 2º: resolúvel 1.359 e 1.360
- Exceção de domínio evidente 1.210 § 2º, Súmula 487 do STF
- justa 1.200: e limites entre prédios 1.298
- Manutenção 1.210
- Perda 1.223 e 1.224
- Reintegração 1.210: e indenização 952
- Soma com a do antecessor 1.207: para efeito de usucapião 1.243
- titulada 1.201 § ún.
- violenta, clandestina ou precária 1.200 e 1.208

Possuidor — de boa-fé 1.214, 1.201, 1.202, 1.217, 1.219, 1.222, 1.238, 1.260: e pagamento indevido 878

- de má-fé 1.216, 1.218, 1.220, 1.222
- Direito de impedir uso anormal da propriedade pelo vizinho 1.277

Praça — v. Alienação judicial, Hasta pública

Prazo — v. tb. Caducidade, Decadência, Prescrição, Tempo, Termo; v., ainda, Enfiteuse

- Ano 132 § 3º
- Contagem 132: em favor do devedor ou do herdeiro 133
- da hipoteca 1.485
- da locação LI 3º
- da prestação de serviço 598: Prazo máximo 599 e 600
- da sociedade 1.033-I
- de favor e compensação da dívida 372
- de garantia de segurança da obra empreitada 618
- de restituição do depósito 633
- Dia 132
- Direito intertemporal 2.028 a 2.031
- do comodato 581
- do depósito voluntário 633
- do mútuo 592
- do penhor: agrícola Dec. lei 167/67, art. 19 (no tít. Títulos de crédito rural); pecuário Dec. lei 167/67, art. 61
- Hora 132 § 4º
- máximo, para a indivisão 1.320 §§ 1º e 2º
- Meado 132 § 2º
- Mês 132 § 3º
- na constituição de renda 806
- não marcado 134
- não vencido: Prescrição não iniciada 199-II
- para a desocupação de imóvel locado: v. Despejo
- para a impugnação de testamento 1.859
- para aceitação: da doação 539; da herança 1.807
- para aceitação, pelo comprador, na venda a contento 512
- para anulação de casamento 1.560
- para anulação de doação feita ao cúmplice do cônjuge adúltero 550
- para anular ato praticado sem autorização do outro cônjuge 1.649
- para aquisição por usucapião: de imóvel 1.238 a 1.240, 1.242 § ún.; de móvel 1.260, 1.261; especial Lei 6.969/81, art. 1º, e Lei 10.257/01, art. 9º (ambas, no tít. Usucapião especial)
- para escusa da tutela 1.738
- para exercício da renovatória de locação LI 51 § 5º
- para exercício do direito de preferência pelo coerdeiro 1.795
- para o vendedor exercer, na compra e venda, direito de preferência: contratual 513 § ún.; legal 516
- para o vendedor exercer o direito de retrovenda 505
- para pagamento 331
- para reclamar indenização pela avulsão, ou reivindicar a porção de terra arrancada CA 20 e § ún.
- para requerimento de inventário 1.796

Prazos — Disposição transitória genérica 2.028

- de prescrição 205 e 206

Preço — v. tb. Compra e venda

- Abatimento, na empreitada, por defeito da obra 616
- Abatimento, no da coisa recebida com vício redibitório 442 e 445, CDC 18 § 1º-III, 19-*caput*-I, 20-*caput*-III
- Devolução CDC 18 § 1º-II, 19-*caput*-IV, 20-*caput*-II, 35-III, 49 § ún., 51-*caput*-II: parcial CDC 41

- Entrega da coisa somente depois de recebimento do preço pelo vendedor 491
- na compra e venda 485 a 489
- Redução: v. Abatimento, acima
- Reembolso: v. Devolução, acima
- Restituição: v. Devolução, acima

Pré-contrato — em loteamento urbano: Lei 6.766/79, art. 27 (no tít. Promessa de compra e venda e loteamento)

Prédio — v. tb. Bem imóvel, Condomínio edilício, Construção
- encravado: Direito de passagem forçada 1.285
- Estrutura, no condomínio edilício 1.331 § 2º
- Limites entre eles 1.297 e 1.298
- Mudança de número: Averbação LRP 167-II-4

Preempção — 513 a 520; v. tb. Compra e venda, Preferência

Preferência — 955 a 962; v. tb. Privilégio, Escolha
- do coerdeiro na cessão de direito hereditário 1.794 e 1.795
- do condômino, na aquisição de parte indivisível 1.322
- do credor hipotecário e do pignoratício 1.422
- do superficiário, no caso de alienação do imóvel 1.373
- entre hipotecas 1.493 § ún.
- na compra e venda 513 a 520; v. tb. Compra e venda
- Ordem em que ela se verifica 961
- para aquisição: pelo arrendatário, do imóvel rural arrendado ET 92 §§ 3º a 5º; pelo locatário, do prédio locado LI 27 a 34
- para renovação de arrendamento rural ET 95-IV
- Perda, pelo credor, na consignação em pagamento 340
- Preempção 513 a 520

Prejuízos — v. Perdas e danos

Prelação — no caso de preempção ou preferência 513 a 520

Prêmio — do testamenteiro 1.987 a 1.989
- em competição esportiva 814 § 3º

Prenome — Imutabilidade LRP 58; v. tb. Nome

Prenotação no registro de imóveis — LRP 182 a 192; v. tb. Registro de imóveis
- Cessação dos seus efeitos LRP 205

Preponente — Responsabilidade por ato de preposto 1.178

Preposto — v. tb. Gerente do estabelecimento, Contabilista
- da empresa 1.169 a 1.178

- Recebimento de papéis, bens ou valores do preponente 1.171

Prescrição — 189 a 206; v. tb. Caducidade, Decadência, Imprescritibilidade, Prazo, Termo
- *Actio nata* 189
- aquisitiva: v. Usucapião
- contra a Fazenda Pública: Dec. 20.910/32 e Dec. lei 4.597/42; de prestações atrasadas: Dec. 20.910/32, art. 3º (ambos no tít. Prescrição e decadência)
- da ação cambial LCa 52 e 53, LCU 70 e 71 (Anexo 1)
- da ação de execução do cheque LCh 59
- da ação do consumidor, para reparação de danos CDC 27
- de ação para anular assembleia de sociedade cooperativa: Lei 5.764/71, art. 43 (no tít. Sociedades)
- de ação para cobrança: de honorários de advogado 206 § 5º-II; de seguro obrigatório 206 § 3º-IX
- de ação para restituição de lucros sociais percebidos de má-fé 206 § 3º-VI
- Decretação de ofício CPC 332 § 1º e 487-II e § ún.
- do direito de reclamação pelo consumidor CDC 26
- e pagamento indevido 880
- Fluência contra o sucessor 196
- Inalterabilidade de seus prazos por acordo das partes 192
- Interrupção 202 a 204: contra a Fazenda Pública Dec. lei 4.597/42, arts. 3º e 4º (no tít. Prescrição e decadência); na usucapião 1.244, 1.262
- Oportunidade para sua alegação 193
- Pagamento de dívida prescrita 882
- Prazos 205 e 206; Direito intertemporal 2.028
- Renúncia 191
- Responsabilidade civil no transporte: Dec. 2.681/1912, arts. 9º e 24
- Responsabilidade de associado de sociedade cooperativa: Lei 5.764/71, art. 36 § ún. (no tít. Sociedades)
- Suspensão 199 a 201: contra a Fazenda Pública Dec. 20.910/32, art. 4º (no tít. Prescrição e decadência)

Preso — Domicílio necessário 76

Prestação — alimentícia: v. Alimentos, Pagamento
- Correção de seu valor pelo juiz 317
- desproporcional CDC 6º-V, 51 § ún.-III
- Perda total das já pagas: Ilegalidade CDC 53-*caput*
- sucessiva: Licitude da convenção de aumento progressivo 316

Prestação de contas — de cônjuge curador de interdito 1.783

- do curador 1.781 c/c 1.755 a 1.762
- do editor LDA 66
- do mandatário ao mandante 668
- do síndico, no condomínio edilício 1.347-VIII
- do testamenteiro 1.980
- do tutor 1.755 a 1.762
- na gestão de negócios 869 § 2º
- na sociedade em conta de participação 996

Prestação de serviço — 593 a 609; v. tb. Empreitada, Serviço defeituoso

- Aliciamento 608
- Alienação do prédio agrícola em que ela se opera 609
- Aviso prévio ao prestador, para rescisão do contrato 599
- Contrato assinado a rogo e testemunhado 595
- Incessibilidade do contrato 605
- Indenização ao prestador despedido injustamente 603, ou não cabível, quando este se despede sem justa causa 602 § ún.
- Morte de um dos contratantes 607
- Obrigações do prestador de serviço 601
- Orçamento prévio CDC 39-VI e 40
- Prazo máximo do contrato 598 e 599
- Privilégio: do empregado doméstico 965-VII; do trabalhador agrícola, sobre o produto da colheita 964-VIII
- Registro do contrato LRP 129-4º
- Retribuição do prestador 596, 597, 602 § ún., 603: sem habilitação profissional 606

Presunção — v. tb. Prova

- de boa-fé: ao possuidor com justo título 1.201 § ún.; nos negócios ordinários 164
- de fraude nas garantias de dívida dadas por insolvente 163
- de má-fé, no proprietário que permite construção ou plantação em seu terreno 1.256 § ún.
- de morte 6º
- de pagamento: das prestações anteriores à quitada 322; pela entrega do título 324
- de participação igual no débito ou no crédito, na obrigação divisível 890
- de propriedade, decorrente da transcrição 1.245 § 1º
- de que: a construção ou plantação é do dono do terreno 1.253; a obra na divisa pertence a ambos os confinantes 1.297 § 1º; a propriedade é plena e exclusiva 1.231; as despesas com pagamento e quitação são a cargo do devedor 325; o portador da quitação está autorizado a receber 311
- de solidariedade: Inexistência 265

Principal — 92; v. tb. Acessório

- Cláusula penal: Limitação ao valor daquele 412
- Invalidade da obrigação principal, acarretando a da acessória 184

Principal pagador — Impossibilidade de alegar benefício de ordem 828-II

Princípios gerais de direito — Aplicação, quando omissa a lei LINDB 4º

Prioridade — da primeira hipoteca, sobre outras 1.493 § ún.

Prisão — de depositário infiel 652

- ilegal ou injustificada: Indenização 954 § ún.-III
- por queixa ou denúncia falsa e de má-fé 954 § ún.-II

Privilégio — 961 a 965; v. tb. Concurso de credores, Preferência

- como título legal de preferência 958
- da Fazenda Pública CTN 186 (em nota ao art. 965-VI do CC)
- do trabalhador agrícola, por salários 964-VIII
- especial 964: Bens que compreende 963; do credor da nota de crédito rural Dec. lei 167/67, art. 28 (no tít. Títulos de crédito rural)
- geral 965: Bens que compreende 963; do comissário, no caso de falência ou insolvência 707
- Ordem das preferências 961
- Sobre o que incide 963

Probidade — nos contratos 422

Proclamas de casamento — 1.527 e 1.536-IV, LRP 43 e 44 e 67 a 69; v. tb. Casamento

- Dispensa 1.527 § ún., LRP 69

Procuração — v. tb. Mandato

- como instrumento do mandato 653
- para casamento 1.542, 1.535
- Reconhecimento de firma 654 § 2º

Procurador judicial — v. tb. Mandatário, Advogado

- Prescrição da ação de cobrança de seus honorários 206 § 5º-II

Pródigo — Incapacidade relativa 4º-IV

- Restrição de direitos 1.782
- Sujeição a curatela 1.767-V

Produto — CDC 3º § 1º

Produto que cause dependência — Proibição de venda a criança ou adolescente ECA 81-III, 243

Produtos — v. tb. Acessório, Crias

- ainda não separados do bem principal 95

- da coisa: A quem pertencem 1.232
- de suinocultura e penhor industrial 1.447

Professor — Prescrição da ação de cobrança de seus honorários 206 § 5º-II

Profissional liberal — Prescrição da ação de cobrança de seus honorários 206 § 5º-II

Programa de computador — Lei 9.609/98 (no tít. Direito autoral)

Programas de rádio e de televisão — Recomendações quanto a crianças e adolescentes ECA 76, 254

Projeto — Contrato para sua execução 610 § 2º
- Modificação por terceiro 621

Prole eventual — v. Nascituro

Promessa de cessão de compromisso de compra e venda — de direito sobre imóvel: Adjudicação compulsória Lei 4.380/64, art. 69; Correção monetária Lei 4.380/64, art. 6º, e Lei 4.864/65, art. 1º-I; em loteamento urbano Lei 6.766/79, art. 25 (no tít. Promessa de compra e venda e loteamento); Registro LRP 167-I-9 e 20, 220-XII (nos contratos antigos, regidos pelo Dec. lei 58/37, averbação: LRP 167-II-3)
- de unidade autônoma condominial: Registro LRP 167-I-18, 220-XII (nos contratos antigos, averbação: LRP 167-II-6); Rescisão LCE 40 (no tít. Condomínio e incorporação)

Promessa de compra e venda — 1.417 e 1.418, 1.225-VII; Dec. lei 58/37 e Lei 6.766/79 (ambos, no tít. Promessa de compra e venda e loteamento), LRP 167-I-9 e 220-IX; v. tb. Alienação, Casa própria, Cessão de promessa de compra e venda, Financiamento, Loteamento, Promessa de cessão de compromisso de compra e venda
- celebrado por instrumento particular: Dec. lei 58/37, art. 11, e Lei 6.766/79, art. 26-*caput* (ambos, no tít. Promessa de compra e venda e loteamento)
- com correção monetária: Lei 4.380/64, art. 6º, e Lei 4.864/65, art. 1º-I
- de imóvel: Registro do contrato LRP 129-5º
- de imóvel loteado: Registro LRP 167-I-20 (ou averbação, para os contratos antigos: LRP 167-II-3)
- de imóvel rural, adquirido por estrangeiro: Lei 5.709/71, art. 2º
- de unidade autônoma condominial: Registro do contrato LRP 167-I-18 (ou averbação, para os contratos antigos: LRP 167-II-6)
- Direito do promitente comprador à adjudicação 1.417 e 1.418, Dec. lei 58/37, arts. 16 e 22 (no tít. Promessa de compra e venda e loteamento)
- em loteamento urbano: Lei 6.766/79, art. 25
- Financiamento: Dec. lei 58/37, arts. 18 a 21
- Necessidade de consentimento do cônjuge do alienante: Dec. lei 58/37, art. 11 § 2º, Lei 6.766/79, art. 18 § 3º (ambos, no tít. Promessa de compra e venda e loteamento)
- Perda total, pelo compromissário inadimplente, das prestações já pagas: Inadmissibilidade CDC 53-*caput*
- Purgação da mora nos contratos relativos a: imóvel loteado Dec. lei 58/37, art. 14; imóvel não loteado Dec. lei 745/69 (em nota ao art. 22 do Dec. lei 58/37); loteamento urbano Lei 6.766/79, art. 32 (no tít. Promessa de compra e venda e loteamento)

Promessa de fato de terceiro — 439 e 440

Promessa de recompensa — 854 a 860
- Direitos sobre a obra premiada 860

Promissória rural — v. Nota promissória rural

Promitente comprador — Direito à aquisição compulsória do imóvel 1.417

Propaganda comercial — Uso de nome alheio 18

Proposta de contrato — 427 a 429, 431

Propriedade — 1.228 a 1.368, 1.125-I; v. tb. Desapropriação, Direito autoral, Domínio, Evicção, Proprietário, Reivindicação, Usucapião
- Condomínio 1.314 a 1.330: edilício 1.331 a 1.358; v. tb. Condomínio
- Demarcação 1.297; v. tb. Demarcação
- Direito de vizinhança 1.277 a 1.313; v. tb. Direito de vizinhança
- Divisão 1.320 e 1.321; v. tb. Divisão
- do solo 1.229
- fiduciária 1.361 a 1.368
- imóvel: Aquisição 1.238 a 1.259
- *Jus persequendi* 1.228
- Mau uso 1.277 a 1.281
- móvel: Aquisição 1.260 a 1.274; Confusão, comistão e adjunção 1.272 a 1.274; Especificação 1.269 a 1.271
- Nunciação de obra nova: v. Nunciação de obra nova
- Perda 1.275 e 1.276
- plena e exclusiva 1.231
- Resolução: Extinção da hipoteca 1.499-III
- resolúvel 1.359 e 1.360: do fiduciário 1.361 e 1.953
- rural: Aquisição por estrangeiro Lei 5.709/71
- superveniente: e alienação fiduciária 1.361 § 3º; e convalidação da alienação 1.268 § 1º; e direito real de garantia 1.420 § 1º; e transação 845 § ún.
- Transmissão aos herdeiros do morto 1.784
- Uso anormal 1.277 a 1.281

Proprietário — v. tb. Propriedade
- de animal: Responsabilidade pelo dano que este causar 936
- Direito a prestação de caução, por dano iminente, pelo dono de prédio vizinho 1.280
- Nu-proprietário: v. Usufruto

Proteção ao consumidor — Lei 8.078/90 (CDC), no tít. Consumidor; v. tb. Consumidor

Protesto — como causa de interrupção da prescrição 202-II e III
- da duplicata LDu 13 e 14
- da letra de câmbio LCa 28 a 33
- de títulos: Lei 9.492/97 (no tít. Protesto de títulos)
- do cheque LCh 48

Protocolo do registro de imóveis — LRP 173-I, 174 e 175, 182 a 188; v. tb. Registro de imóveis

Protótipo — Venda à vista dele 484

Protutor — 1.742 e 1.752 § 1º

Prova — 212 a 232; v. tb. Certidão, Confissão, Cópia fotográfica, Cópia reprográfica, Documento, Escritura pública, Exame, Instrumento particular, Perito, Presunção, Testemunha, Xerox
- da existência de sociedade 987
- da fiança 819
- da sociedade em conta de participação 992
- de contrato rural ET 92 § 8º
- de filiação 1.603 a 1.606
- do casamento 1.543 a 1.547
- do contrato de seguro 758
- do depósito voluntário 646
- do direito estrangeiro LINDB 14
- do mandato 656; Procuração 653
- do pagamento 319 a 326
- do pagamento indevido: Ônus da prova a cargo de quem pagou 877
- exclusivamente testemunhal 227
- feita por escritura pública 216 a 218
- Fichas de empresário 226
- Forma prescrita em lei: Nulidade do ato que não a observa 166-III
- Lei aplicável LINDB 13
- Ônus LINDB 13, CDC 6º-VIII, 38 e 51-VI
- Perícia na Justiça da Infância e da Juventude ECA 151
- Traslado 217 e 218

Pseudônimo — LDA 12, 40; v. tb. Direito autoral
- Proteção 19

Publicação da lei — LINDB 1º e §§

Publicidade — e direitos do consumidor CDC 30, 31, 35, 36 a 38
- enganosa e abusiva CDC 6º-IV, 37

Purgação da mora — v. tb. Mora, Constituição em mora, Interpelação, Notificação, Protesto
- do prestamista de loteamento urbano: Lei 6.766/79, art. 32 (no tít. Promessa de compra e venda e loteamento)
- em contrato imobiliário com correção monetária: Lei 4.864/65, art. 1º-VI
- em hipoteca vinculada ao Sistema Financeiro da Habitação: Lei 5.741/71, art. 8º (no tít. Contratos imobiliários)
- na alienação fiduciária: Dec. lei 911/69, art. 3º §§ 1º e 3º (no CPCLPV, tít. Alienação fiduciária)
- na cédula hipotecária: Dec. lei 70/66, arts. 31 § 1º, 34 e 37 § 3º (no tít. Cédula hipotecária)
- nos contratos relativos a edifícios em condomínio: Lei 4.591/64, art. 63-*caput* (no tít. Condomínio e incorporação)
- pelo credor 401-II
- pelo devedor 401-I
- pelo locatário LI 62-II

Q

Quantidade — insuficiente: Complementação CDC 19 § ún.-II; v. tb. Vício de quantidade

Quebra — v. Falência

Quinhão — v. Condomínio

Quinhão hereditário — v. Herança

Quitação — 319 a 326; v. tb. Pagamento, Recibo
- dada por credor ao devedor do título empenhado 1.460 § ún.
- dada por pródigo 1.782
- de compra de automóvel: Registro, para validade contra terceiros LRP 129-7º
- de dívida: Legado 1.918
- de prestação: Subsistência, na sua integralidade, da garantia real 1.421
- do tutelado ao tutor 1.758
- e entrega do título 901 § ún.
- por liquidante de sociedade ou a esta 1.105
- Presunção de que seu portador está autorizado a receber 311
- Recusa de dá-la em forma regular: Cabimento de consignação 335-I
- Recusa de fornecer recibo discriminado LI 44-I

Quota — de sociedade limitada 1.055 a 1.059

R

Radialista — Lei 6.615/78

Rádio — Exibição de programas ECA 76, 254

- Frequência a estúdio por criança ou adolescente ECA 149-I-*e*

Radiodifusora — Direito autoral LDA 95

- Registro de empresa LRP 114 § ún., 122 a 126

Rateio — v. tb. Divisão

- após pagamento da dívida solidária 283 e 284
- entre os demais, da cota do fiador insolvente 831 § ún.
- na redução das disposições testamentárias 1.967 § 1º
- no concurso de credores 957, 962

Ratificação — v. tb. Confirmação, Anulabilidade, Negócio jurídico

- da gestão de negócio 873
- de aquisição de posse por terceiro sem mandato 1.204-II
- de ato praticado por terceiro sem mandato 662
- de mútuo feito a menor 588 e 589
- de pagamento feito ao terceiro, e não ao credor 308

Reabilitação — do excluído da sucessão 1.818

Recebimento — v. Quitação, Recibo; v. tb. Pagamento

Recibo — v. tb. Quitação

- de compra de automóvel: Registro, para validade contra terceiros LRP 129-7º
- Recusa de fornecê-lo discriminado LI 44-I

Reclamação — contra produto ou serviço com vício aparente ou de fácil constatação CDC 26 § 2º-I

- por vício do produto ou do serviço CDC 18-*caput*

Recompensa — 854 a 860

Reconciliação — dos cônjuges LDi 3º § 3º: após divórcio LDi 33; após separação judicial LDi 46

- e restabelecimento da sociedade conjugal 1.577

Reconhecimento — de dívida de jogo 814 § 1º

- de filho: v. Filho
- de firma: na procuração 654 § 2º; nas comunicações ao registro civil LRP 13 § 1º; nos requerimentos de averbação no registro de imóveis LRP 246 § ún.

Recuperação — de cédula hipotecária extraviada: Dec. lei 70/66, art. 26 (no tít. Cédula hipotecária)

- de título ao portador 909

Recurso — na desapropriação LD 28

- na Justiça da Infância e da Juventude ECA 198 e 199, 215
- nas ações locatícias LI 58-V

Recursos minerais — e usufruto 1.392 § 2º

Rede de distribuição de água, gás e eletricidade — no condomínio edilício 1.331 § 2º

Redução de preço — v. Preço

Reembolso — de despesas feitas por candidato a promessa de recompensa 856 § ún.

Reforço de garantia — 333-III; v. tb. Fiança, Garantia

- no caso de depreciação ou deterioração da coisa 1.425-I
- pelo devedor pignoratício: Dec. lei 167/67, art. 65 (no tít. Títulos de crédito rural)
- Substituição do fiador insolvente 826

Reforma agrária — v. Desapropriação

Regime de bens — 1.639 a 1.688; v. tb. Casamento, Aquestos, Pacto antenupcial

- Alteração 1.639 § 2º
- Anulação de ato praticado sem autorização do outro cônjuge 1.649
- Atos: que dispensam a autorização do outro cônjuge 1.642 e 978; que a exigem 1.647
- Comunhão parcial 1.658 a 1.666, LDi 45; Administração do patrimônio 1.663; Regime aplicável, no caso de união estável 1.725
- Comunhão universal 1.667 a 1.671
- Direito intertemporal 2.039
- e dissolução da sociedade conjugal 1.572 § 3º
- e restabelecimento da sociedade conjugal 1.577 § ún.
- Lei aplicável LINDB 7º §§ 4º e 5º
- Menção no assento matrimonial 1.536-VII
- Pacto antenupcial 1.653 a 1.657; v. tb. Pacto antenupcial
- Participação final nos aquestos 1.672 a 1.686
- Separação: convencional 1.687 e 1.688; obrigatório 1.641 (Exceção, como disposição transitória LDi 45)
- Sociedade entre cônjuges 977
- supletivo da vontade dos cônjuges 1.640 § ún.
- Término pela separação judicial 1.576

Regimento interno — do condomínio edilício LCE 9º-*caput* (no tít. Condomínio e incorporação)

Registro — das obras intelectuais LDA 18 a 21

- do estabelecimento 1.150 a 1.154
- do testamento 1.979

Registro civil — v. tb. Registros públicos

- Anotação LRP 106 a 108
- Assento: de casamento LRP 70; de nascimento LRP 54; de óbito LRP 80

Registro de imóveis

- Atos que nele deverão ser inscritos 9º, LRP 29 a 113
- Averbação LRP 29 § 1º e 97 a 105
- Cancelamento de assento, em caso: de adoção plena ECA 47, LRP 96; de registro provisório de indivíduo com direito a optar pela nacionalidade brasileira LRP 32 § 5º
- de brasileiro no estrangeiro LINDB 18 e 19
- Dúvida LRP 293 c/c 198 a 204
- e questões de filiação LRP 113
- e reconhecimento da filiação 1.609-I, ECA 26, LRP 59, 60 e 55-*caput*
- Emolumentos LRP 30
- Escrituração LRP 33 a 45
- Penalidades LRP 46 a 49
- Restauração de assento LRP 109 a 112
- Retificação de assento LRP 109 a 112: no ato LRP 39 a 41
- Suprimento de assento LRP 109 a 112

Registro Civil das Pessoas Jurídicas — de direito privado 45-*caput* e 46, LRP 114 a 126; v. tb. Registro público

- Dúvida LRP 115 § ún.
- Jornais, gráficas, empresas de radiodifusão e agências de notícias LRP 122 a 126 e 114 § ún.
- Proibição e cancelamento, no caso de atividades ilícitas: Dec. lei 9.085/46, arts. 2º a 4º (no tít. Registros públicos)
- Vinculação, a este, da sociedade simples 1.150 e 998

Registro das Empresas — v. Registro Público de Empresas Mercantis

Registro de imóveis — LRP 167 a 259 (principalmente 172); v. tb. Registros públicos

- Alteração das denominações anteriores, de transcrição e inscrição, para registro LRP 168
- Atos anteriores à nova lei LRP 176; Atos pertinentes a unidades condominiais LRP 167-II-6; Atos regidos pelo Dec. lei 58/37: LRP 167-II-3; Escrituras e formais de partilha LRP 176 § 2º
- Averbação LRP 167-II e 246 e 247: de locação, para assegurar direito de preferência LRP 167-II-16, LI 33; de ônus LRP 230; por cancelamento LRP 167-II-2 (v. tb. Cancelamento); Quem pode requerê-la LRP 217
- Cadastro de aquisições de imóveis rurais por estrangeiro: Lei 5.709/71, art. 10, e Dec. 74.965/74, art. 15
- Cancelamento LRP 167-II-2 e 248 a 259: de hipoteca, pela remição do imóvel LRP 267-*caput* e 269-*caput*; por força de decisão judicial LRP 216
- Cédula de crédito rural: Dec. lei 167/67, arts. 30 a 38 (no tít. Títulos de crédito rural)
- Cláusula de reserva de domínio 522 e 528
- Cláusula de vigência da locação, no caso de alienação da coisa 576
- como formalidade essencial para a aquisição de direito real 1.227
- Continuidade do registro LRP 237
- Despesas: a quem compete satisfazê-las 490, LRP 217
- Dúvida suscitada pelo oficial LRP 198 a 204
- Efeitos LRP 252 a 254
- Escrituração LRP 172 a 181
- Horário de funcionamento LRP 208 e 209
- Inscrição ou transcrição do bem de família 1.714
- Livros LRP 173 a 181
- Loteamento urbano: Lei 6.766/79, arts. 18 a 24 e 41 (no tít. Promessa de compra e venda e loteamento)
- Matrícula LRP 176 § 1º-I e II e § 2º, 227 a 235: de imóvel aforado LRP 243; na usucapião LRP 226; nova LRP 234 e 235-*caput* (por fusão) e 235 § ún. (por desdobramento); Obrigatoriedade, para que o imóvel possa ser registrado LRP 236, 195, 196 e 176 § 2º; primeira LRP 228; Referência obrigatória a ela, em todos os atos relativos a imóveis LRP 222; Requisitos LRP 176 § 1º-II e § 2º
- Pessoas LRP 217 a 226
- Prenotação LRP 182 a 192: Cessação dos seus efeitos LRP 205
- Presunção de titularidade, decorrente do registro 1.245 § 2º
- Prioridade do título LRP 186, 190 a 192, 205
- Processo de registro LRP 182 a 216, 236 a 245
- Protocolo LRP 173-I, 174 e 175, 182 a 188
- Registro LRP 167-I e 172: anulável LRP 216; nulo LRP 214 e 215; Títulos que o autorizam LRP 221 a 226, inclusive instrumento particular LRP 194
- Registro da hipoteca 1.492 a 1.498
- Registro de contrato preliminar 463 § ún.
- Registro de direito real sobre imóvel 1.227
- Registro de locação, para vigência no caso de alienação da coisa locada 576, LI 8º-*caput*, LRP 167-I-3
- Registro de pacto antenupcial 1.657
- Registro do bem de família 1.714
- Registro do título, como forma de aquisição da propriedade 1.245 e 1.247
- Registro Torrens LRP 277 a 288
- Retificação de registro LRP 212 e 213 e 216

Registro de títulos e documentos — LRP 127 a 166; v. tb. Registros públicos, Protesto de títulos
- Atribuições LRP 127 a 131
- Cancelamento LRP 164 a 166
- Dúvida pelo oficial LRP 151, 156 § ún., 296
- Escrituração LRP 132 a 141
- Ordem do serviço LRP 146 a 163
- Transcrição e averbação LRP 142 e 143

Registro fonográfico — Valor probante 225

Registro Público de Empresas Mercantis — 1.150 a 1.154
- Atribuição da Junta Comercial, quanto ao empresário e à sociedade empresária 1.150
- Documentos que aí devem ser arquivados 979 e 980
- Inscrição obrigatória do empresário 967 a 969 e 971

Registro Torrens — LRP 277 a 288

Registros públicos — Lei 6.015/73 (no tít. Registros Públicos); v. tb. Lei 9.492 (no tít. Protesto de títulos), Registro civil, Registro civil de pessoas jurídicas, Registro Público de Empresas Mercantis, Registro de imóveis, Registro de títulos e documentos
- Arquivo LRP 25 a 27
- Certidões LRP 17 a 21: Menção obrigatória das averbações LRP 21
- Conservação dos livros LRP 22 a 27
- Desmembramento de cartório LRP 27
- Dúvida suscitada pelo oficial LRP 296 c/c 198 a 204
- Eletrônico Lei 11.977, de 7.7.09, arts. 37 a 41 e 45
- Horário de funcionamento LRP 8º a 10
- Obrigação de fiscalização, pelo oficial, dos impostos devidos LRP 289
- Responsabilidade do oficial LRP 28

Reintegração de posse — 1.210
- Indenização 952

Reivindicação — 1.228; v. tb. Propriedade, Domínio, Evicção
- da herança 1.791 § ún.
- de bem alienado pelo outro cônjuge ao concubino 1.642-V
- de bem alienado sem o consentimento do outro cônjuge 1.642-III e 1.649
- de coisa depositada, alienada indevidamente 637
- de imóvel recebido indevidamente e alienado 879 § ún.
- do credor anticrético contra o adquirente do bem e os credores do devedor 1.509
- Indenização das benfeitorias: Opção entre o valor atual e o custo 1.222
- no caso de propriedade resolúvel 1.359
- pelo condômino 1.314

Relativamente incapaz — 4º; v. tb. Incapaz, Adolescente, Curatela, Índio, Pessoa com deficiência, Poder familiar, Pródigo, Tutela; v., ainda, Absolutamente incapaz
- Ação contra seu representante legal ou assistente, por não ter alegado prescrição 195
- Anulabilidade de negócio jurídico celebrado por ele 171-I
- Assistência: pelo curador 1.781 c/c 1.747-I; pelo tutor 1.747-I; pelos pais 1.634-V
- Não fluência de prescrição entre curatelado e tutelado, de um lado, e curador e tutor, de outro 197-III
- Nomeação de curador especial ou à lide, no caso de conflito de interesses com o titular do poder familiar 1.692, ECA 142 § ún.

Remição — v. tb. Dívida, Pagamento, Resgate; cf. Remissão
- da hipoteca pelo adquirente 1.481, LRP 266 a 276
- de bem dado em anticrese 1.510
- de estrada de ferro hipotecada 1.505
- parcial, pelo sucessor, de penhor ou hipoteca: Inadmissibilidade 1.429
- Valor previamente estipulado, na escritura de constituição de hipoteca, para a remição 1.484

Remissão — 385 a 388; v. tb. Dívida, Renúncia; cf. Remição
- da dívida, na obrigação indivisível 262
- da dívida, por um dos credores 262
- da dívida e fraude contra credores 158
- da hipoteca 1.499-V
- de obrigação solidária 272 e 277
- do penhor 1.436-V
- e extinção da hipoteca 1.499-V
- na solidariedade ativa 272
- parcial de débito solidário 277
- parcial de penhor ou hipoteca 1.429 § ún.

Remissão de adolescente — ECA 126 a 128, 180 e 181

Remoção — do curador 1.781 c/c 1.764-III
- do tutor 1.752

Remuneração — v. tb. Honorários, Ordenado, Retribuição
- do agente ou distribuidor 714
- do comissário 701
- do corretor 724
- do curador 1.781 c/c 1.752

- do mandatário 676
- do serviço prestado por quem não tem habilitação profissional 606
- do testamenteiro 1.987 a 1.989
- do tutor 1.752
- no silêncio do contrato de prestação de serviço 596

Renda — v. tb. Constituição de renda
- constituída sobre imóvel LRP 167-I-8, 220-VII
- Doação em forma de subvenção periódica 545
- Legado de renda vitalícia ou de pensão 1.926

Rendeiro — 810; v. tb. Constituição de renda

Renovatória de locação — v. Locação comercial

Renúncia — v. tb. Remissão
- a alimentos: Inadmissibilidade 1.707
- à compensação 375
- à decadência 209
- antecipada, ao direito de retirar a promessa de recompensa 856
- antecipada, ao direito de revogar liberalidade 556
- antecipada, no contrato de adesão 424
- ao benefício de ordem 828-I
- ao direito de escusar-se da tutela 1.738
- ao direito de execução, pelo credor, se este receber a prestação atrasada 1.425-III
- da herança 1.806 a 1.813
- da herança ou de legado: com encargo de entregar coisa do beneficiado a outrem 1.913; pelo fideicomissário 1.954
- da prescrição 191
- da propriedade 1.275-II
- da servidão 1.388-I
- da solidariedade, em favor de um, algum ou todos os devedores 282
- do condômino à parte ideal 1.316
- do credor, acarretando extinção: da hipoteca 1.499-IV; do penhor 1.436-III
- do credor ao direito de execução imediata 1.425-III
- do credor, quanto ao lugar do pagamento 330
- do fiduciário 1.955
- do mandato 682-I e 688
- do usufrutuário 1.410-I
- Inexistência: Ação de credor contra um ou alguns devedores solidários 275 § ún.
- Interpretação restritiva 114
- tácita 191

Reparação — v. tb. Indenização
- da coisa: v. Deterioração da coisa
- do dano: Transmissão, por herança, do direito a ela 943

Repetição do indébito — 876 a 883; v. tb. Pagamento indevido

Reposição no estado anterior — ao ato anulado 182

Representação — 115 a 120; v. tb. Mandato, Assistência, Representante
- da criança ou do adolescente, pelo guarda ou responsável ECA 33
- da pessoa jurídica 46-III, 47 e 48
- do incapaz, pelo curador 1.774 c/c 1.747-I
- do menor: pelos pais 1.690, 1.634-V; pelo tutor 1.747-I
- no direito de sucessão 1.851 a 1.856

Representante — v. tb. Administrador, Advogado, Curador, Inventariante, Mandatário, Marido, Mulher casada, Poder familiar, Síndico, Sócio-gerente, Tutor
- Confissão feita por ele 213 § ún.
- Dolo deste e responsabilidade civil do representado 149

Requisição — da propriedade particular: Ocupação temporária LD 36

Res nullius — 1.263

Res, pretium et consensus — 482

Rescisão de contrato — v. tb. Distrato, Resilição, Revogação
- de alienação do terreno ou da fração ideal, no caso de incorporação LCE 40 (no tít. Condomínio e incorporação)
- em loteamento urbano: Lei 6.766/79, arts. 34 e 35 (no tít. Condomínio e incorporação)
- por descumprimento de oferta, de apresentação ou de publicidade CDC 35-I
- por vício de qualidade ou quantidade CDC 18-*caput* e § 1º-II, 19-*caput*-IV, 20-*caput*-II
- rural ET 92 § 6º

Reserva de domínio — 521 a 528
- Registro de contrato LRP 129 § 5º

Reserva mental — 110

Resgate — v. tb. Pagamento, Remição
- da servidão 1.388-III
- na retrovenda 505 a 508

Residência — 70, LINDB 7º e 8º; v. tb. Domicílio

Resilição — v. tb. Rescisão de contrato, Resolução, Revogação
- unilateral 473

Resolução — v. tb. Caducidade, Propriedade resolúvel, Rescisão de contrato; v., ainda, Extinção

- da propriedade, acarretando extinção: dos direitos reais concedidos na sua pendência 1.359; da hipoteca 1.499-III
- do contrato, por onerosidade excessiva 478 a 480

Respeito mútuo — entre cônjuges 1.566-V

Responsabilidade civil — 927 a 954; v. tb. Ato ilícito, Crime, Culpa, Dano, Indenização, Má-fé, Perdas e danos
- Cobrança judicial de dívida já paga ou ainda não vencida 939 a 941, Súmula 159 do STF
- da pessoa jurídica de direito público interno 43
- Dano moral 186 e notas
- decorrente do exercício de atividade profissional 951
- do advogado 927, nota 5c
- do Estado 43
- do menor, entre 16 e 18 anos 180, ECA 116
- do oficial do registro público LRP 28
- do preponente 1.178
- do tabelião e do oficial do registro de imóveis Lei 5.709/71, art. 15, e Dec. 74.965/74, art. 19
- e responsabilidade penal 935
- e internet MCI 18 a 21 e respectivas notas
- Incomunicabilidade do ato ilícito, no regime de comunhão parcial 1.659-IV
- Indenização 944 a 954; v. tb. Indenização
- Independência da criminal 935
- Mora, nas obrigações provenientes de ato ilícito 398
- no transporte: Dec. 2.681/1912
- objetiva 927 § ún., 932 e 933
- pelo pagamento de cheque falso: Súmula 28 do STF
- Perda de uma chance 402, nota 7, 927, notas 3a, 3c, 5c e 8b e 951, notas 1c e 7a, e CDC 14, notas 2, *in fine*, 3a, e 7a
- por abandono afetivo 186, nota 4
- por ato de empregado 932-III e 933
- por ato de menor 932-I e 933
- por fato: da coisa 937 e 938; de animal 936
- por violação a direito autoral LDA 122 a 130
- Transmissão, aos herdeiros, dos direitos e obrigações dela resultantes 943

Responsabilidade civil do Estado — 43

Responsável — v. Guarda, Poder familiar

Ressaque — LCa 37 e 38

Restabelecimento da sociedade conjugal — 1.577
- Averbação no registro público 10-I

Restauração — de registro civil LRP 109 a 112; v. tb. Registro civil

Restituição — v. tb. Obrigação de restituir
- ao estado anterior: na gestão de negócios 863; no negócio anulável 182
- do indébito 876 a 883; v. tb. Pagamento indevido
- do preço: v. Preço

Retenção — v. tb. Direito de retenção
- do pagamento, por falta de quitação regular 319

Reticência — e dolo 147; v. tb. Dolo

Retificação — de registro civil LRP 109 a 112: no ato LRP 39 a 41; v. tb. Registro civil
- no registro de imóveis LRP 212 e 213, 216; Averbação LRP 167-II-12; v. tb. Registro de imóveis

Retomada de imóvel locado — v. Despejo

Retratação — v. tb. Arrependimento
- da promessa de recompensa 856
- da proposta 428-IV, 433

Retrato — na compra e venda 507 e 508

Retribuição — v. tb. Remuneração
- do depositário 628
- do prestador de serviço 596
- do serviço prestado por quem não tem habilitação profissional 606
- no silêncio do contrato de prestação de serviço 596

Retrocessão — 519, LD 35

Retrovenda — 505 a 508; v. tb. Compra e venda

Reversão — do bem doado, ao doador 547

Revisional de aluguel — LI 19, 68 a 70; v. tb. Locação comercial

Revistas — Restrições quanto a crianças e adolescentes ECA 78 e 79

Revogação — v. tb. Rescisão de contrato
- da doação 555 a 564
- da lei LINDB 2º
- de adoção: Impossibilidade ECA 39 § 1º
- de codicilo 1.884
- de testamento 1.969 a 1.972
- do mandato 682-I e 683 e 687; Casos em que ela é ineficaz 684 e 685

Rio — v. Águas

Riscos — v. tb. Força maior
- após consignação em pagamento 337
- da coisa mutuada 587
- da coisa vendida 492 e 494
- da entrega do legado 1.936
- de dano à coisa dada em comodato 583

- do pagamento, na compra e venda 492
- do transporte, na venda sobre documentos 531
- na compra e venda com reserva de domínio 524
- na empreitada 611
- na obrigação: de dar coisa certa 234; de restituir 238
- no contrato aleatório 459
- no contrato de seguro 757
- no pagamento de obrigação litigiosa 344

Rompimento do testamento — 1.973 a 1.975; v. tb. Testamento

Roubo — e compensação 373-I

Roupas — de uso pessoal: Incomunicabilidade 1.659-V, 1.667-V

Rua — Averbação de alteração de nome LRP 167-II-13

Ruptura do testamento — 1.973 a 1.975; v. tb. Testamento

S

Sacada — 1.302-*caput*

Sal — e penhor industrial 1.447

Salário — v. tb. Ordenado, Remuneração, Retribuição
- dos domésticos: Privilégio geral 965-VII

Salário mínimo — Exigência de escritura pública, nos negócios de valor superior a trinta salários mínimos 108
- Proibição de ser estipulado como índice de aluguel LI 17, 85

Salas — no condomínio edilício 1.331 § 1º

Salubridade — no condomínio edilício 1.336-IV

Saque — da cambial LCa 1º a 6º
- e depósito necessário, em caso de calamidade 647-II

Satisfação — do débito: v. Pagamento

Satisfação do dano — e hipoteca legal 1.489-III

Saúde — e direito de vizinhança 1.277

Sebe viva — 1.297 § 2º

Secretário de Tribunal — v. Serventuário de Justiça

Segredo de justiça — na Justiça da Infância e da Juventude ECA 143 e 144, 247

Segunda hipoteca — 1.476 a 1.478, LRP 189
- em cédula hipotecária: Dec. lei 70/66, art. 11 (no tít. Cédula hipotecária)

Segundas núpcias — Proibição, a quem já é casado 1.521-VI
- Proibição, de divorciado, enquanto não homologada a partilha de seu casamento anterior 1.523-III; Consequência 1.641-I
- Proibição, de viúva, até dez meses de viuvez 1.523-I; Consequência 1.641-I
- Proibição, de viúvo ou viúva que não deu à partilha os bens do seu casamento anterior 1.523-I; Consequência 1.641-I

Segurado — v. Seguro

Segurador — v. Seguro

Segurança — do prédio vizinho 1.311
- e direito de vizinhança 1.277
- no condomínio edilício 1.336-IV

Seguro — 757 a 802; v. tb. Apólice de seguro
- Ação intentada contra o segurado: Ciência do segurador 787 § 3º
- Atualização monetária da indenização, por mora do segurador 772
- Concubino, como seu beneficiário 793
- Convênio de assistência médica: Lei 9.656/98 (no tít. Seguros)
- Correção monetária: Lei 5.488/68 (no tít. Seguros)
- da coisa gravada com hipoteca 959-I e 960
- de acidente pessoal: não equiparação a herança 794
- de dano 778 a 788
- de fiança locatícia LI 41, 23-XI, 37-III
- de imóvel em condomínio: LCE 13 a 15 (no tít. Condomínio e incorporação)
- de pessoa: v. Seguro de pessoa, abaixo
- de responsabilidade civil 787
- de responsabilidade civil obrigatório: Prescrição de ação para sua cobrança 206 § 3º-IX
- de vida: v. Seguro de pessoa, abaixo
- Diminuição do risco 770
- Direito regressivo do segurador contra o autor do dano 786
- do edifício, no condomínio edilício 1.346
- do prédio dado em usufruto e destruído 1.410-V
- e anticrese 1.509 § 2º
- e perecimento da coisa dada em garantia real 1.425 § 1º
- Exceção de contrato não cumprido pelo segurado 788 § ún.
- Obrigação, para as partes, de procederem de boa-fé 765
- Obrigações do usufrutuário de coisa segurada 1.407 a 1.409
- obrigatório: Dec. 61.867/67 e Lei 6.194/74 (ambos, no tít. Seguros)
- Pagamento direto da indenização ao terceiro prejudicado 788

- Pagamento em dinheiro, pelo segurador, do prejuízo 776
- Participação imediata do sinistro, pelo segurado 771
- Plano de assistência médica: Lei 9.656/98 (no tít. Seguros)
- por valor superior ao da coisa: Ineficácia 778
- Preferência do credor sobre o preço deste 959-I e 960
- Prescrição de ação do segurado ou do segurador contra a outra parte 206 § 1º-II
- Prova 758
- Resolução do contrato 769 §§ 1º e 2º
- Riscos contratados e limite de cobertura 757
- Segurador insolvente 787 § 4º
- Transferência do contrato 785

Seguro de dano — 778 a 788; v. tb. Seguro

Seguro de pessoa — 789 a 802; v. tb. Seguro
- Capital não sujeito a execução por dívida do segurado 794
- Cláusulas restritivas inadmissíveis 799
- coletivo 801
- de renda temporária: Lei 4.864/65, art. 2º
- Não equiparação a herança 794
- Prazo de carência 797
- Prazo de vigência 796
- sobre a vida de outro 790
- Substituição do beneficiário 791
- Suicídio do segurado 798

Seguro-Saúde — Lei 9.656/98 (no tít. Seguros)

Semente — v. tb. Plantação
- alheia ou plantada em terreno alheio 1.254 e 1.257

Semiliberdade — de adolescente ECA 120

Semovente — 82; v. tb. Bem móvel

Senhorio — v. Locador

Sentença criminal — Efeitos no cível 935

Sentença estrangeira — de divórcio de brasileiro LINDB 7º § 6º
- Execução mediante homologação LINDB 15
- *Exequatur* de diligência LINDB 12 § 2º

Separação — v. tb. Divórcio
- de fato por mais de dois anos, como causa de divórcio 1.580 § 2º

Separação de bens — 1.687 e 1.688, 1.641; v. tb. Regime de bens

Separação de corpos — 1.562; v. tb. Casamento
- Afastamento da moradia comum ECA 130
- como consequência da sentença de separação judicial 1.575, LDi 7º
- como medida cautelar LDi 7º § 1º e 8º; e prazo para requerimento de divórcio LDi 25
- e guarda dos filhos 1.585

Separação judicial — LDi 3º a 8º e 34; v. tb. Alimentos, Casamento, Divórcio
- Arquivamento no Registro Público de Empresas Mercantis 980
- Averbação no registro público 10-I
- Causas que a autorizam 1.572
- consensual LDi 4º, 9º, 34, 39
- Conversão em divórcio 1.580
- e dissolução da sociedade conjugal 1.571-III
- e poder familiar 1.632
- Fim da sociedade conjugal LDi 2º-III
- Legitimidade para propor a ação 1.576 § ún.
- litigiosa 1.573 e 1.574, LDi 5º a 6º, 10 a 12, 17 a 20; Alimentos ao cônjuge inocente e pobre 1.702; Causas LDi 5º
- Partilha de bens 1.575, LDi 7º § 2º; Registro LRP 167-I-22
- por mútuo consentimento 1.574
- Reconciliação LDi 46

Sequestro — v. tb. Arresto
- de bem vinculado a cédula de crédito rural: Dec. lei 167/67, art. 69 (no tít. Títulos de crédito rural)
- de coisa consignada: Inadmissibilidade 536
- no loteamento urbano: Lei 6.766/79, art. 40 (no tít. Promessa de compra e venda e loteamento)
- Registro LRP 239, 240

Serventuário de Justiça — v. tb. Tabelião
- Proibição de adquirir bem litigioso 497-III e 498

Serviçal — v. Empregado

Serviço — CDC 3º § 2º; v. tb. Serviço defeituoso

Serviço defeituoso — CDC 14 §§ 1º e 2º, 20 § 2º; v. tb. Prestação de serviço
- Reexecução, por vício de qualidade CDC 20-*caput*-I
- Reposição de peças CDC 21, 31 e 70

Serviço Federal de Habitação e Urbanismo — Lei 4.380/64, arts. 54 a 56

Serviço público — v. Emprego público, Funcionário público, Servidor público

Servidão — 1.378 a 1.389, 1.125-III, LRP 167-I-6, 220-I
- de aqueduto CA 117 a 138
- de trânsito: Compreensão 1.385 § 2º; Direito à proteção possessória Súmula 415 do STF
- legal: de escoamento de águas CA 69; de passagem forçada 1.285; *non aedificandi*: Lei 6.766/79,

arts. 4º e 5º (no tít. Promessa de compra e venda e loteamento)

- não aparente e posse 1.213
- Não uso, durante dez anos contínuos 1.389-III
- Obras no prédio serviente 1.380 a 1.384
- predial: Indivisibilidade 1.386
- Registro LRP 167-I-6 e 220-I: Cancelamento LRP 256 e 257

Servidor público — ausente do país: Suspensão da prescrição de ação que possa mover 198-II

- Compra de bem de cuja administração esteja incumbido 497-II
- Domicílio necessário 76
- Responsabilidade do poder público pelos atos ilícitos dele 43

Sevícia — como causa de separação 1.573-III

Shopping-center — LI 54, 52 § 2º

Silêncio — 111

- como procedimento doloso da parte 147
- da lei LINDB 4º
- das partes, no pagamento por medida ou peso 326
- do credor, na assunção de dívida 299 § ún.
- e aceitação da doação 539
- e aceitação do mandato 659
- e regime de bens no casamento 1.640

Silvícola — v. Índio

Simulação — 167; v. tb. Negócio jurídico, Má-fé

- e concurso de credores 956
- em contrato rural ET 92 § 7º

Sinal — 417 a 420

Síndico — v. tb. Representante

- do condomínio edilício 1.347 a 1.350, LCE 22 §§ 1º e 2º (no tít. Condomínio e incorporação); Destituição 1.349

Sinistro — Comunicação ao segurador 771

Sinuca — Frequência por criança ou adolescente ECA 80

Sistema de Financiamento Imobiliário — Lei 9.514/97 (no tít. Alienação fiduciária)

Sistema Financeiro da Habitação (SFH) — Lei 4.380/64, arts. 8º a 43; v. tb. Casa própria

- Emolumentos do registro de operação financiada por ele LRP 290
- Execução extrajudicial de contrato com entidade a ele vinculada: Lei 5.741/71 (no tít. Contratos imobiliários)
- Registro de instrumentos particulares, no registro de imóveis LRP 221-II

Soberania nacional — Lei, ato ou sentença de outro país, que a ofenda LINDB 17

Sobreloja — no condomínio edilício 1.331 § 1º

Sobrenome — do companheiro, acrescido ao da companheira LRP 57 §§ 2º a 6º

- do marido ou da mulher acrescido ao do outro cônjuge 1.565 § 1º, 1.571 § 2º, 1.578

Sobrepartilha — 2.021 e 2.022; v. tb. Partilha

Sobrinho — v. tb. Colateral

- herdeiro 1.843 § 1º e 1.853
- Impedimento matrimonial 1.521-IV

Sociedade — 981 a 1.141, LRP 114 a 126; v. tb. Associação, Fundação, Liquidante, Registro Público de Empresas Mercantis

- Aprovação de balanço patrimonial 1.078 § 3º
- Cisão 1.122
- coligada 1.097 a 1.101
- controlada 1.098
- de advogados: Lei 8.906/94, arts. 15 a 17 (no tít. Sociedades civis)
- de simples participação 1.100 e 1.101
- dependente de autorização 1.123 a 1.141
- Desconsideração da pessoa jurídica 50, CDC 28
- Direito intertemporal 2.031, 2.033 e 2.034
- Dissolução 1.033 a 1.038: de sociedade conjugal LDi 2º; de sociedade cooperativa: Lei 5.764/71, arts. 73 a 78 (no tít. Sociedades civis); de sociedade de fins assistenciais: Dec. lei 41/66 (no tít. Sociedades civis); por atividade ilícita: Dec. lei 9.085/46, art. 6º (no tít. Registros públicos)
- Distribuição de lucros sociais ilícitos 1.009
- Distribuição desigual de lucros ou prejuízos sociais 1.007
- em comum 986 a 990
- empresária 982 e 983
- entre cônjuges 977
- entre gestor de negócios e o dono destes 875
- estrangeira LINDB 11-*caput* e § 1º
- filiada 1.099
- Filial LINDB 11 § 1º; v. tb. Filial
- Fusão 1.119 a 1.122, 1.077
- Incorporação 1.116 a 1.118, 1.122, 1.077
- Incorporação a ela de imóveis dominicais LRP 291
- Lei aplicável LINDB 11
- Liquidação 1.102 a 1.112; v. tb. Dissolução, acima
- não personificada 986 a 996
- Personalidade jurídica LRP 119
- personificada 997 a 1.141
- Pessoa jurídica de direito privado 44-II

- Prazo 997-II: para adaptação ao novo Código 2.031
- Prescrição da ação para restituição dos lucros ou dividendos percebidos de má-fé 206 § 3º-VI
- Prova da sua existência 987
- Registro LRP 114 a 126
- Relação com terceiros 1.022 a 1.027
- Resolução da sociedade em relação a um sócio 1.028 a 1.032
- Transformação, incorporação, fusão e cisão 1.113 a 1.122

Sociedade anônima — 1.088 e 1.089
- brasileira; possibilidade de ter como acionista a sociedade estrangeira 1.134
- Consideração como empresária, independentemente do objeto 982 § ún.
- Denominação 1.160
- Forma nominativa das ações, quando a lei exigir que todos ou alguns sócios sejam brasileiros 1.126 § ún.
- Juros pagos aos acionistas 1.187 § ún.-II
- Prescrição de ação contra os fundadores da sociedade anônima, por violação da lei ou do contrato 206 § 3º-VII
- Prescrição de ação contra perito, pela avaliação dos bens que integraram o capital da sociedade 206 § 1º-IV
- Requerimento de autorização de sociedade nacional 1.128
- Revisão dos atos constitutivos, no caso de sociedade nacional 1.129

Sociedade cooperativa — 1.093 a 1.096; Lei 5.764/71 (no tít. Sociedades)
- Constituição 983 § ún.
- Denominação 1.159
- Emissão de títulos de crédito rural: Dec. lei 167/67, art. 1º § ún. (no tít. Títulos de crédito rural)

Sociedade de crédito imobiliário — Lei 4.380/64, arts. 35 a 43, e Lei 4.864/65, arts. 20 a 24

Sociedade em comandita por ações — 1.090 a 1.092
- Nome 1.161

Sociedade em comandita simples — 1.045 a 1.051

Sociedade em conta de participação — 991 a 996
- Constituição 983 § ún.
- Proibição de ter firma ou denominação 1.162

Sociedade em nome coletivo — 1.039 a 1.044
- Firma 1.157

Sociedade empresária — 982
- Direito intertemporal 2.037

Sociedade estrangeira — dependente de autorização 1.123 a 1.125, 1.134 a 1.141
- Modificação no contrato ou no estatuto 1.139
- Nacionalização 1.141

Sociedade limitada — 1.052 a 1.087
- Administração 1.060 a 1.065
- Aumento e redução do capital social 1.081 a 1.084
- Conselho fiscal 1.066 a 1.070
- Deliberações dos sócios 1.071 a 1.080
- Direito de retirada do sócio dissidente 1.077, 1.114
- Dissolução 1.087
- Exclusão do sócio remisso 1.058
- Firma ou denominação 1.157 e 1.158
- Quotas 1.055 a 1.059
- Resolução da sociedade em relação a sócios minoritários 1.028, 1.085 e 1.086

Sociedade nacional — Definição 1.126
- dependente de autorização 1.123 a 1.133

Sociedade simples — 982 e 983, 997 a 1.038
- Administração 1.010 a 1.021
- Definição 982 e § ún.

Sócio — v. tb. Sociedade
- administrador (gerente) 1.010 a 1.021
- Direitos e obrigações, na sociedade simples 1.001 a 1.009
- dissidente 1.077
- Exclusão da sociedade 1.030 e 1.032, 1.165
- Falecimento, exclusão ou retirada, e nome na firma social 1.165
- gerente 1.010 a 1.021
- minoritário: Resolução da sociedade quanto a ele 1.028, 1.085 e 1.086
- nas relações com terceiro 1.022 a 1.027
- ostensivo: v. Sociedade em conta de participação
- participante: v. Sociedade em conta de participação
- Retirada da sociedade 1.029 e 1.032

Solidariedade — 264 a 285
- ativa 267 a 274
- ativa: e interrupção da prescrição 204; e suspensão da prescrição 201; e transação com um dos credores 844 § 2º
- ativa, no depósito 639

Substituição

- com o credor primitivo, do devedor que lhe paga o título em detrimento do credor pignoratício 1.460
- do alienante de estabelecimento, com o adquirente 1.146
- do casal, nas dívidas contraídas para sustento da família 1.644
- dos mandantes conjuntos 680
- e confusão 383
- e negócio jurídico anulável 177
- e remissão de dívida 388
- em favor do consumidor CDC 7º § ún., 18-*caput*, 19-*caput*, 25 §§ 1º e 2º, 28 § 3º, 34
- na locação LI 2º
- Não se presume 265
- no caso de transporte cumulativo 756
- no transporte: Dec. 2.681/1912, art. 18
- passiva 275 a 285: dos comodatários em conjunto 585; dos mandantes em conjunto 680; dos testamenteiros 1.796; e novação 365; e remissão 388; e transação 844 § 3º; e vencimento antecipado do débito 333 § ún.; entre o coator e o favorecido 154; inexistente, dos sócios para com o credor social, salvo se expressa no contrato 1.023; na distribuição de lucro social ilícito ou fictício 1.009; na fiança conjunta 829 a 831; na gestão de negócios 867 § ún.; no ato ilícito 942

Solo — Bem imóvel 79
- do condomínio edilício 1.331 § 2º
- Sua propriedade: o que abrange 1.229 e 1.230

Sonegados — 1.992 a 1.995; v. tb. Inventário

Sorteio — v. tb. Jogo
- no caso de promessa de recompensa 858
- Validade e natureza 817

Sossego — e direito de vizinhança 1.277
- no condomínio edilício 1.336-IV

Subenfiteuse — Extinção 2.038; v. tb. Enfiteuse

Sublocação — LI 14 a 16; v. tb. Locação, Sublocatário
- Cessação, finda a locação LI 16, 59 § 1º-V
- Necessidade de consentimento escrito do locador LI 13

Sublocatário — v. tb. Sublocação
- Aluguel LI 21
- Ciência da ação de despejo LI 59 § 2º
- Direito à renovatória de locação LI 51 § 1º, 71 § ún.
- Direito de indenização contra o locatário LI 15
- Preferência para aquisição do prédio locado LI 30
- Responsabilidade subsidiária, por aluguéis devidos pelo locatário LI 16

Sub-rogação — 346 a 351; v. tb. Pagamento
- Averbação no registro de imóveis LRP 246
- convencional 347 e 348
- da garantia, no caso de perecimento ou deterioração da coisa 1.425 § 1º
- de bem de ausente 39
- do devedor comum, que paga obrigação indivisível 59 § ún.
- do direito do usufrutuário, na indenização do seguro 1.407 § 2º, ou na indenização paga por terceiro 1.409
- do fiador que paga 831, ou sua exoneração se, por fato do devedor, a sub-rogação se tornou impossível 838-II
- do segundo credor que remiu a primeira hipoteca 1.478
- do segurador, nos direitos do segurado 786
- do sucessor do adquirente, nos direitos e obrigações do loteamento urbano: Lei 6.766/79, art. 29 (no tít. Promessa de compra e venda e loteamento)
- do sucessor do loteador, nos direitos e obrigações deste: Dec. lei 58/37, art. 9º (no tít. Promessa de compra e venda e loteamento)
- do terceiro interessado que paga a dívida, na propriedade fiduciária 1.368
- do terceiro não interessado que em seu próprio nome paga a dívida: Inexistência 305
- em favor de quem paga a dívida comum 259 § ún.
- em outros, de bens preexistentes ao casamento 1.659-I
- legal 350
- na indenização do seguro ou no ressarcimento do dano 1.425 § 1º
- no caso de seguro de vida 800
- Registro: no registro de imóveis LRP 246; no registro de títulos e documentos, para valer contra terceiros LRP 129-9º

Sub-rogação de vínculo — 1.911 § ún., Dec. lei 6.777/44 (em nota a esse art.)

Substabelecimento — v. Mandato, Mandato judicial
- de mandato 655, 667
- sem autorização do mandante 667-*caput*

Substituição — de animal morto, no penhor pecuário 1.446
- de herdeiro 1.947 a 1.960
- de partes, na novação 360-II e III
- de produto: parcial CDC 18-*caput*; total CDC 18 § 1º-I, 19-*caput*-III, 35-II
- fideicomissária 1.951 a 1.960; v. tb. Fideicomisso
- recíproca 1.947 a 1.950

Substituição

- testamentária e cessão de direito hereditário 1.793 § 1º
- vulgar 1.947 a 1.950

Sucessão — 1.784 a 2.027, LINDB 10 e §§; v. tb. Herança, Direito de acrescer, Herdeiro, Inventário, Morte, Sucessão legítima, Sucessão testamentária, Sucessor, Testamento

- a título singular: v. Alienação, Cessão, Compra e venda, Sub-rogação, Troca
- aberta: considera-se imóvel, para efeitos legais 80-II
- Abertura 1.784 e 1.785
- Capacidade para suceder LINDB 10 § 2º
- do ausente: definitiva 37 a 39; provisória 26 a 36; v. tb. Ausente
- e direito de autor LDA 42 a 47 e 25 § 1º
- Exclusão, da comunhão de bens, dos provindos por herança 1.659-I, 1.672-II
- Exclusão de herdeiro, acarretando seu afastamento da administração dos bens herdados por seu filho menor 1.693-IV
- Foro competente para o inventário 1.785
- Herança de pessoa viva 426
- *intra vires hereditatis* 1.792
- Lei aplicável 1.787
- *mortis causa* 1.784 a 2.027
- na locação LI 10
- na locação comercial LI 51 § 1º, 71-VII
- na obrigação de prestar alimentos 1.700, LDi 23
- na posse 1.207
- na propriedade 1.784
- na solidariedade: ativa 270; passiva 276
- no direito de preempção: Inadmissibilidade 520
- pelos herdeiros, nas obrigações por ato ilícito 943
- por morte 1.784 a 2.027: no loteamento urbano Lei 6.766/79, art. 29 (no tít. Promessa de compra e venda e loteamento)
- provisória ou definitiva do ausente: v. Ausente

Sucessão legítima — 1.829 a 1.856, 1.786; v. tb. Sucessão, Ordem da vocação hereditária, Vocação hereditária

- Aplicação à parte sobre a qual não incide testamento 1.788 e 1.966, 1.840, § 4º, ou direito de acrescer 1.944-*caput*
- Colação, para igualar a legítima 2.002 a 2.012; Redução do que a exceder 2.007
- Deserdação de herdeiro necessário 1.961 a 1.965
- Direito de representação 1.851 a 1.856
- Exclusão de herdeiro 1.814 a 1.818
- Herdeiro necessário 1.845 a 1.850
- Legítima 1.789; v. tb. Legítima
- Ordem da vocação hereditária: v. Ordem da vocação hereditária
- Parte disponível 1.789; v. tb. Parte disponível

Sucessão testamentária — 1.857 a 1.990, 1.786; v. tb. Testamento, Herdeiro instituído, Legado, Legatário

- Capacidade de testar 1.860 e 1.861
- Direito de acrescer entre herdeiros e legatários 1.941 a 1.946
- Disposições testamentárias 1.897 a 1.911
- Legados 1.912 a 1.939
- Redução das disposições testamentárias 1.966 a 1.968, 2.007
- Revogação do testamento 1.969 a 1.972
- Rompimento do testamento 1.973 a 1.975
- Substituição 1.947 a 1.960: fideicomissária 1.951 a 1.960; vulgar e recíproca 1.947 a 1.950
- Testamenteiro 1.976 a 1.990; v. tb. Testamenteiro
- Testamento 1.862 a 1.896; v. tb. Testamento

Sucessor — v. tb. Herdeiro, Morte, Sucessão

- na obrigação alimentar 1.700, LDi 23
- na obrigação de indenizar por ato ilícito 943
- na posse 1.207
- na propriedade 1.784

Sucursal — de sociedade: Inscrição 1.000

Suicídio — do segurado 798

Superfície — 1.369 a 1.377

Suprimento — da autorização do outro cônjuge 1.648 a 1.650

- da incapacidade: pelo curador 1.774 c/c 1.747-I; pelo tutor 1.741-I; pelo titular do poder familiar 1.634-V
- da vontade do outro cônjuge, no exercício do poder familiar 1.631 § ún.
- de consentimento para casar 1.555
- de registro civil LRP 109 a 112

Surdo — e testamento público 1.866

Surdo-mudo — e testamento cerrado 1.873

Suspensão da prescrição — 199 a 201

- contra a Fazenda Pública: Dec. 20.910/32, art. 4º, e Dec. lei 4.597/42 (ambos, no tít. Prescrição e decadência)

Sustento da família — v. tb. Alimentos

- Obrigação de ambos os cônjuges 1.566-IV

T

Tabelamento — e fixação de preço 488, CDC 41

Tabelião — v. tb. Serventuário de Justiça
- Responsabilidade civil nas aquisições de propriedade rural por estrangeiro: Lei 5.709/71, art. 15, e Dec. 74.965/74, art. 19

Tapagem — Direito a ela 1.297

Tapume — 1.297

Taxa — de juros de mora: 406 e 407; Dec. 22.626/33, arts. 1º e 5º (no tít. Mútuo)

Teatro — Frequência a estúdio por criança ou adolescente ECA 149-I-e

Técnico em espetáculos de diversões — Lei 6.533/78

Telefone — e formação do contrato 428-I

Telegrama — Valor probante 222

Televisão — Exibição de programas ECA 76, 254, 255
— Frequência a estúdio por criança ou adolescente ECA 149-I-e

Telhado — no condomínio edilício 1.331 § 2º

Temor reverencial — 153; v. tb. Coação

Tempo — do pagamento 331 a 333; v. tb. Pagamento

Tentativa de homicídio — como causa de separação 1.573-II; v. tb. Homicídio

Terceiro — v. tb. Boa-fé, Direito regressivo, Má-fé
- adquirente: Exercício contra ele do direito de resgate, na retrovenda 507
- Adquirente de má-fé 161: no pagamento indevido 879 § ún.
- Anuência: Prova 220
- Aquisição de posse em nome de outro 1.205-II
- Assunção de débito 299
- beneficiário, no seguro de pessoa 790
- Cessão de crédito: Inoponibilidade, contra ele, se não celebrada mediante instrumento público ou particular 288
- Coação exercida por este, em favor de uma das partes 154 e 155
- como réu, na fraude contra credores 161
- Confirmação, que não o prejudica, de negócio anulável 172
- de boa-fé: v. Boa-fé
- de boa-fé e dívida de jogo 814 § 1º
- Dolo deste, viciando o negócio entre as partes 148
- e ato da sociedade sujeito a registro 1.154
- e codicilo 1.882
- e convenção antenupcial 1.657
- e execução de obrigação de fazer 249
- e instrumento particular antedatado ou pós-datado 167 § 2º
- e pacto antenupcial 1.657
- e pacto separado, em contrariedade ao disposto no contrato de sociedade 997 § ún.
- e prova de existência da sociedade 987
- e revogação da doação 563
- e revogação do mandato 686
- Estipulação a seu favor 436 a 438
- Execução de fato a cargo do contraente 249
- Fato dele, prometido por outro 439 e 440
- Instituição de bem de família 1.711 § ún.
- Instrumento particular: Necessidade, para produzir efeito contra terceiro, de ser registrado 221
- prejudicado pela compensação 380
- Prestação por ele, em lugar do devedor, nas obrigações de fazer 249
- prestador de garantia real: Dispensa de substituí-la, quando se perde, deteriora ou desvaloriza sem culpa sua 1.427
- Promessa de fato a seu cargo: Perdas e danos se não for cumprida, devidos por quem fez a promessa 439
- que contrata com mandatário sem poderes para tanto 673
- que empresta ao devedor, sob condição de ficar sub-rogado nos direitos do credor 347-II
- que paga dívida 304 a 306; Sub-rogação 346-III
- que presta garantia real por dívida alheia 1.427
- Renúncia, que não o prejudica, da prescrição pelo titular do direito 191

Termo — 131 a 135; v. tb. Prazo
- da duração do usufruto 1.410-II
- e direito adquirido LINDB 6º § 2º
- e direito de pedir o legado 1.924
- e legado de prestações periódicas 1.927 e 1.928
- final 135; e incidência em mora 397
- Ineficácia: na aceitação ou na renúncia de herança 1.808; na instituição de herdeiro ou de legatário, salvo no fideicomisso 1.898; no reconhecimento de filho ilegítimo 1.613
- inicial 131 e 135
- na obrigação solidária 266

Terraço — 1.301, 1.302-*caput*; v. tb. Direito de vizinhança
- de cobertura: Despesas a cargo do proprietário 1.344
- de cobertura, no condomínio edilício 1.331 § 5º

Terras devolutas federais — ET 97 a 102

Território — Domicílio 75-II
- Pessoa jurídica de direito público interno 41-II

Tesouro — v. Achado do tesouro

Testador — v. tb. Testamento
- analfabeto, no testamento público 1.865
- Capacidade 1.860 e 1.861

Testamenteiro — 1.976 a 1.990
- Administrador provisório da herança 1.797-III
- Compra de bem do espólio do testador 497-I
- inventariante 1.990
- Nomeação ou substituição através de codicilo 1.883
- Prêmio 1.987 a 1.989

Testamento — 1.857 a 1.880 e 1.886 a 1.896; v. tb. Sucessão, Codicilo, Herdeiro instituído, Legado, Testador, Testamenteiro
- aeronáutico 1.889 a 1.891, 1.886-II
- Alterabilidade a todo tempo 1.858
- Apresentação ao juiz, para registro 1.979
- Capacidade para testar 1.860, 1.861, 1.857-*caput*
- cerrado 1.868 a 1.875, 1.862-II: aberto ou dilacerado 1.972; em língua estrangeira 1.871; Revogação 1.972
- Cláusula de inalienabilidade 1.911; Sub-rogação: Dec. lei 6.777/44 (em nota ao art. 1.911)
- Cláusulas: nulas 1.900; válidas 1.901
- Codicilo 1.881 a 1.885
- conjuntivo: Proibição 1.863
- Defesa de sua validade 1.981
- Deixa a filho de concubino 1.803
- Deserdação nele ordenada 1.964
- Disposição de última vontade que, em consequência, exclui a possibilidade de jacência da herança 1.819
- e dispensa de colação 2.006
- em língua estrangeira: cerrado 1.871; particular 1.880
- especial 1.886 a 1.896
- hológrafo: v. Testamento particular
- Indivisão estabelecida pelo testador 1.320 § 2º
- instituindo bem de família 1.711
- Lei aplicável LINDB 10, 18
- marítimo 1.888 a 1.892, 1.886-I
- militar 1.893 a 1.896, 1.886-II
- Nomeação, nele, de tutor pelos pais 1.729, 1.634-IV
- nuncupativo 1.896
- Obstáculo criado, por herdeiro, à livre disposição de última vontade do autor da herança 1.814-III
- ordinário 1.862
- particular 1.876 a 1.880, 1.862-III: em língua estrangeira 1.880
- público 1.864 a 1.867, 1.862-I
- Reconhecimento de filho 1.609-III e 1.610, ECA 26-*caput*
- Redução das disposições testamentárias 1.966 a 1.968
- Revogação 1.969 a 1.972
- Rompimento 1.973 a 1.975
- Sub-rogação de vínculo 1.911 § ún.
- Substituição: de herdeiro ou legatário 1.947 a 1.960; do terceiro, pelo testador que o beneficiou 438 § ún.; fideicomissária 1.951 a 1.960

Testemunha — v. tb. Prova
- do testamento: cerrado 1.868-II; marítimo ou aeronáutico 1.888; militar 1.893 e 1.894; nuncupativo 1.896; particular 1.876 § 2º e 1.879; público 1.864-II
- no registro civil LRP 42
- Prova exclusivamente testemunhal: Valor probante 227
- Quem não pode ser 228

Time-sharing — 1.225, nota 1a

Tio — v. tb. Colateral
- Impedimento matrimonial 1.521-IV
- Ordem de preferência para exercer a tutela 1.731-II

Tipografia — Registro LRP 114 § ún. e 122 a 126

Título — v. tb. Apólice da dívida pública
- Devolução ao devedor, importando em remissão 386
- em direito autoral: Proteção LDA 10
- Entrega ao devedor: Presunção de pagamento 324
- Inutilização, em caso de pagamento indevido 880
- perdido e quitação 321

Título à ordem — 910 a 920

Título ao portador — 904 a 909
- dilacerado 908
- emitido sem autorização de lei especial 907
- Exceções permitidas ao devedor 915, 916, 917 § 3º, 918 § 2º

Título de bolsa — e jogo ou aposta 816

Título de crédito — 887 a 926
- à exportação: Lei 6.313/75 (no tít. Títulos de crédito à exportação)
- à ordem 910 a 920
- à vista 889 § 1º
- ao portador 904 a 909
- comercial: Lei 6.840/80 (no tít. Títulos de crédito comercial)
- dado em usufruto 1.395
- e dação em pagamento 358

- imobiliário: v. Letra de crédito imobiliário
- incompleto, ao tempo da emissão 891
- industrial: Dec. lei 413/69 (TCI), no tít. Títulos de crédito industrial
- Mandatário que o firma sem poderes ou excedendo-os 892
- Necessidade de exibição do original, como meio de prova 223 § ún.
- nominativo 921 a 926
- Penhor 1.451 a 1.460
- Preenchimento *a posteriori* 891
- Prescrição de ação para sua cobrança 206 § 3º-VIII
- Reivindicação contra adquirente de boa-fé 896
- rural: Dec. lei 167/67 (no tít. Títulos de crédito rural)

Título nominativo — 921 a 926
- Transformação em título ao portador ou à ordem 924

Tolerância — do possuidor, não induzindo posse 1.208
- no recebimento da prestação atrasada 1.425-III

Toxicômano — v. Viciado em tóxico

Tradição — v. tb. Constituto possessório, Restituição, Riscos
- da coisa, na venda sobre documentos 529
- da coisa, no comodato 579
- da coisa móvel 1.267 e 1.268
- Despesas desta a cargo do vendedor 490
- do título, na cessão de crédito 291
- do título, no caso de mais de uma cessão 291
- do título: Presunção de pagamento 324
- e direito real: sobre coisa móvel 1.226; sobre imóvel, v. Registro de imóveis
- e transferência do título ao portador 904
- Entrega do título representativo da coisa, em substituição à tradição desta 529
- Forma de aquisição da propriedade móvel 1.267 e 1.268
- Formalidade essencial para aquisição de direito real sobre móvel 1.226
- na compra e venda 492 e 493; na venda sobre documentos 529
- na obrigação de dar ou de restituir coisa certa 237 e 238
- Onde for feita a do imóvel, aí deverá ser feito o pagamento do preço 328
- para constituição do penhor 1.431: de título de crédito 1.458
- Responsabilidade do vendedor pelos débitos que gravam a coisa ao ser entregue 502

Tradução — de sentença estrangeira LINDB 15-*d*
- e direito autoral LDA 6º-XII, 8º

Transação — 840 a 850
- Casos em que é admissível 841
- e remissão da dívida por um dos credores 262 § ún.
- feita por pródigo 1.782
- mediante sorteio 817
- Necessidade de poderes especiais e expressos ao mandatário, para celebrá-la 661 § 1º
- no seguro: de dano 787 § 2º; de pessoa 795
- Nulidade de cláusula, acarretando a nulidade total da transação 848
- pelo tutor 1.748-III
- por liquidante de sociedade 1.105

Transcrição — v. tb. Registro de imóveis
- Denominação alterada para registro, no registro de imóveis LRP 168
- no registro de títulos LRP 142 e 143

Transferência — v. tb. Cessão
- de contrato de loteamento urbano: Lei 6.766/79, art. 31 (no tít. Promessa de compra e venda e loteamento)
- de promessa de compra e venda: Dec. lei 58/37, art. 13 (no tít. Promessa de compra e venda e loteamento); e contrato de financiamento correlato: Dec. lei 58/37, art. 19
- do direito de superfície 1.372
- do título à ordem 910 § 2º
- do título ao portador 904
- do título de crédito 893
- do título nominativo 921 a 923

Transferência de estabelecimento — Sub-rogação do adquirente nos contratos para exploração do estabelecimento 1.148 e 1.149

Transformação — de sociedade 1.113 a 1.115

Transplante de tecidos e órgãos — Lei 9.434/97 (no tít. Transplante de tecidos e órgãos)
- Admissibilidade, se previsto em lei 13 § ún.

Transporte — 730 a 756
- cumulativo 733 e 756
- de coisas 743 a 756
- de pessoas 734 a 742
- ferroviário Dec. 2.681/1912
- gratuito 736
- Riscos de remessa da mercadoria, na compra e venda 1.128

Traslado — v. tb. Prova
- como meio de prova 217 e 218

Tratados e convenções internacionais — Aplicabilidade aos contratos de transporte 732

Tratamento médico — contra a vontade do paciente 15

Travejamento de parede — 1.305

Tredestinação — 519, nota 2, LD 35, nota 4

Tributos — v. tb. Impostos
- a cargo do superficiário 1.371
- a cargo do usufrutuário 1.403-II

Troca — 533, LRP 167-I-30; v. tb. Compra e venda
- entre ascendentes e descendentes 533-II

Tubulação — Passagem pelo terreno vizinho 1.286 e 1.287

Tutela — 1.728 a 1.766, LINDB 7º § 7º, ECA 36 a 38; v. tb. Incapaz, Tutelado, Tutor
- Audiência do tutelado maior de 12 anos 1.740-III
- Bens do tutelado 1.753 e 1.754
- Cessação 1.763 a 1.766
- Escusa 1.736 a 1.739
- Exercício 1.740 a 1.752
- Incapazes de exercê-la 1.735
- Prescrição de ação do tutelado contra o tutor 206 § 4º, 197-III
- Responsabilidade do juiz 1.744

Tutelado — v. Tutela

Tutor — 1.728 a 1.734; v. tb. Tutela, Representante
- Competência 1.747 a 1.749
- Compra de bem do tutelado 497-I
- dativo 1.732
- Delegação do exercício parcial da tutela 1.743
- Destituição 1.766, 1.764-III, ECA 164
- Escusa 1.736 a 1.739
- Hipoteca legal de seus bens 2.040, ECA 37, 201-IV
- Incapazes para exercer a tutela 1.735
- Legitimidade para mover interdição de menor 1.769
- legítimo 1.731
- Necessidade de autorização, para poder dar em comodato 580
- Nomeação por testamento 1.634-IV
- Possibilidade de adotar somente depois de prestadas contas ao tutelado e saldado seu débito ECA 44
- Prestação de contas 1.755 a 1.762
- Proibição: de casar com a pessoa tutelada, enquanto não tiver prestado contas da tutela e não as houver saldado 1.523-IV e 1.641-I; temporária, de adotar o tutelado ECA 44
- Protutor 1.742 e 1.752 § 1º
- Remoção: v. acima, Destituição
- Representação do tutelado ou assistência a ele 1.747-I
- Responsabilidade por ato de pupilo 932-II e 933
- testamentário 1.729 § ún.

U

União — v. tb. Fazenda Pública
- como sucessora, na herança vacante 1.822
- Domicílio 75-I
- Pessoa jurídica de direito público interno 41-I

União estável — 1.723 a 1.727; v. tb. Companheiro, Concubinato
- Acréscimo, pela convivente, do nome do companheiro LRP 57 §§ 2º a 6º
- Afinidade 1.595 § 2º
- Direito a alimentos 1.694; cessação desse direito 1.708
- Direito do companheiro a indenização, no caso de acidente no trabalho ou em transporte: Súmula 35 do STF
- Direito do companheiro à sucessão 1.790, nota 1
- Poder familiar 1.631, 1.636
- Separação de corpos 1.562
- Sub-rogação, do companheiro, na locação LI 11-I

União homoafetiva — 1.723, notas 2 a 2c
- e adoção ECA 42, notas 1 e 1a

Universalidade — da herança 1.791
- de bens dados em usufruto 1.390 e 1.392 § 3º
- de direito 91
- de fato 90
- do complexo de bens do estabelecimento 1.143
- nas sociedades de fato, entre concubinos: Súmula 380 do STF

Uso — 1.412, 1.413, 1.125-IV, LRP 167-I-7, 220-II; v. tb. Concessão de uso de terreno, Não uso
- anormal da propriedade: 1.277 a 1.281
- comum: Bem público 99-I
- da coisa comum, pelo condômino 1.314
- de ascendente ou descendente: Despejo com essa finalidade LI 47-III
- especial: Bem público 99-II
- nocivo da propriedade: v. Direito de vizinhança
- próprio: Despejo com essa finalidade LI 47-III

Usos e costumes — LINDB 4º
- como critério de interpretação do negócio jurídico 113

Usucapião — v. tb. Posse, Propriedade

- Arguição em defesa: Súmula 237 do STF
- de bem público: Inadmissibilidade 102; Súmula 340 do STF
- de propriedade imóvel 1.238 a 1.244
- de propriedade móvel 1.260 a 1.262, LRP 167-I-28, 226
- de servidão aparente 1.379
- Direito intertemporal 2.029
- especial Lei 6.969/81 e Lei 10.257/01, arts. 9º a 14 (ambas, no tít. Usucapião especial)
- Imprescritibilidade de vãos ou aberturas para luz 1.302 § ún.

Usufruto — 1.390 a 1.411, 1.125-IV; v. tb. Usufrutuário
- Aplicação de suas normas: à habitação 1.416; ao uso 1.413
- conjunto 1.411
- Consolidação 1.410-VI
- de bem de filho menor 1.689 a 1.693
- de estabelecimento 1.144 e 1.147 § ún.
- de título de crédito 1.395
- Deterioração natural da coisa usufruída 1.402
- e locação LI 7º
- Extinção 1.410 e 1.411: no de pessoa jurídica, pelo decurso de trinta anos 1.410-III
- Inscrição, para sua constituição, no registro de imóveis 1.390, LRP 167-I-7, 220-V
- legado: Compreensão 1.921
- legado a mais de um: Direito de acrescer 1.946
- para garantia de pensão alimentar LDi 21 § 1º
- Reparações extraordinárias na coisa 1.404
- Transformação, neste, de fideicomisso 1.952 § ún.

Usufruto de estabelecimento — 1.144
- Proibição de concorrência do proprietário do estabelecimento ao usufrutuário 1.147 § ún.

Usufrutuário — v. tb. Usufruto
- Cônjuge que administra bem particular do outro, com rendimento comum 1.652-I
- Deveres 1.400 a 1.409
- Direitos 1.394 a 1.399
- locador LI 7º

Usura — Disposições usurárias: Med. Prov. 2.172-32, de 23.8.01

Usurpação — Indenização 952

Utilidade pública — LD 5º a 9º

V

Vacância — de herança: v. Herança vacante
Vala — Condomínio por meação nesta 1.327 a 1.330
- Meação nesta, quanto ao usufrutuário 1.392 § 3º

Valado — Meação neste, quanto ao usufrutuário 1.392 § 3º

Validade do negócio jurídico — 104 a 109; v. tb. Anulabilidade, Ineficácia, Invalidade, Nulidade

Valor de referência — Lei 6.205/75, art. 2º

Vão para luz — 1.302 § ún.

Varanda — 1.301

Veículos — Penhor 1.461 a 1.466

Vencimento — 331 a 333
- antecipado 333: da dívida garantida por direito real 1.426
- antecipado: de penhor de veículo, quando alienado este 1.465
- Cobrança judicial antes do tempo 939
- da duplicata LDu 2º § 1º-III
- da letra de câmbio LCa 17 a 19, LCU 33 a 37, 72 (Anexo 1)
- do cheque LCh 32
- quando pende litígio entre seus credores 345

Venda — v. tb. Alienação, Compra e venda; v., ainda, Aquisição
- a contento 509, 511 e 512
- a crédito 491
- à vista 491: de amostras 484
- *ad corpus* 500 § 3º, 501
- *ad mensuram* 500 e §§, 501
- amigável, de coisa empenhada 1.433-IV, 1.435-V
- antecipada, de coisa empenhada 1.433-VI
- com reserva de domínio: v. Reserva de domínio
- da coisa depositada, feita por herdeiro do depositário 637
- da coisa locada 576: Preferência para a aquisição pelo arrendatário ET 92 §§ 3º a 5º, pelo locatário e pelo sublocatário LI 27 a 34
- de ascendente a descendente 496; Troca de valores desiguais 533-II
- de bem de curatelado 1.774 c/c 1.749-IV e 1.750
- de bem de tutelado 1.748-IV: imóvel 1.750
- de parte ideal na coisa comum indivisível: Preferência do condômino 504 e 1.322
- do usufruto 1.393, 1.410-VII
- judicial: v. Alienação judicial
- por procurador: Necessidade de poderes especiais e expressos 661 § 1º
- sobre documentos 529 a 532
- sujeita a prova 510 a 512

Vendedor — v. Alienação, Fornecedor; v. tb. Comprador

Vênia — v. Consentimento

Via férrea — Hipoteca 1.502 a 1.505, 1.473-IV

Viagem de criança ou adolescente — ECA 83 a 85

Viciado em tóxico — Incapacidade relativa 4º-II, 1.767-III

Vício — da coisa, anterior à locação 568
- da coisa empenhada 1.433-III
- da coisa locada LI 22-IV
- de qualidade: do produto CDC 12 § 1º, 18-*caput* e § 6º; do serviço CDC 14, §§ 1º e 2º, 20 § 2º; v. tb. Serviço defeituoso
- de qualidade ou de quantidade: Nulidade da cláusula que exonera o fornecedor CDC 51-*caput*-I
- de quantidade do produto CDC 18-*caput* e 19; v. tb. Quantidade
- intrínseco da coisa segurada 784 e § ún.
- oculto: v. Vício redibitório, abaixo

Vício redibitório — 441 a 446; v. tb. Anulabilidade
- da coisa vendida conjuntamente 503
- Prazo para a propositura de ação com esse fundamento 445, CDC 26-I e § 2º
- Prazo para reclamacão contra vício do produto ou do serviço CDC 18 §§ 1º e 2º

Vícios dos atos jurídicos — v. Coação, Dolo, Erro, Estado de perigo, Fraude contra credores, Lesão; v. tb. Simulação, Vício redibitório

Vida em comum — dos casados, no domicílio conjugal 1.566-II; Cessação, pelo divórcio 1.576

Videocassete — Restrições quanto a crianças e adolescentes ECA 77

Vínculo — v. tb. Cláusula de inalienabilidade, Encargo
- Sub-rogação 1.911 § ún.; v. tb. Sub-rogação de vínculo

Violência — v. tb. Coação, Esbulho
- como causa: de deserdação 1.962-I, 1.963-I; de exclusão da sucessão 1.814-III; impeditiva de aquisição da posse 1.208
- Desforço incontinênti, para retomada da posse 1.210 § 1º
- na imputação em pagamento 353
- na transação 849

Visita — dos avós aos netos 1.589 § ún.
- dos pais aos filhos 1.589, LDi 15
- do prédio locado, por terceiros LI 23-IX

Viúva — v. tb. Viúvo
- binuba 1.636, 1.588
- Impedimento de casar antes de dar à partilha os bens de seu casamento anterior 1.523-I; Consequência 1.641-I
- Proibição de casar até 10 meses após a viuvez 1.523-II; Consequência 1.641-I

Viúvo — binubo 1.636, 1.588
- Impedimento de casar antes de dar à partilha os bens de seu casamento anterior 1.523-I; Consequência 1.641-I

Vizinhança — v. Direito de vizinhança

Vocação hereditária — 1.798 a 1.803; v. tb. Ordem da vocação hereditária

W

Warrant agropecuário (WA) — Lei 11.076/04 (no tít. Títulos de crédito rural)

X

Xerox — v. tb. Documento
- de certidão do registro civil LRP 19 §§ 1º e 5º

Índice de Leis*

CÓDIGO CIVIL (CC) 25
- art. 52 .... 31/**11:1**
- art. 80-II 716/**1.793:1b**
  .... 720/**1.806:1a**
- art. 197-III 697/**Tít. IV:3**
- art. 206 § 2º 809/**23:1**
- art. 206 § 4º 697/**Cap. I:2**
- arts. 397-caput e 398 .... 214/**405:1c**
- art. 398 .... 94/**Tít. III:2**
- art. 406 .... 1.342/**1º:3**
- art. 578 .... 498/**1.219:2**
- art. 707 .... 423/**965:2**
- art. 892 .... 296/**665:1**
- art. 1.093 .... 1.569/**3º:1**
- art. 1.219 .... 290/**643:1**
- art. 1.336 § 1º 857/**12:2**
- art. 1.569 .... 5/**7º:17**
- art. 1.581 .... 1.240/**31:2**
  .... 1.244/**40:9**
- art. 1.593 .... 604/**1.521:2a**
- art. 1.700 .... 1.238/**23:3**
- art. 1.701 .... 810/**25:1**
- art. 1.723 § 1º 604/**1.521:1a**
- art. 1.723 § 2º 606/**1.523:3**
- art. 1.787 .... 6/**10:4**
- art. 1.801-II 737/**1.864:2a**
  .... 739/**1.868:2a**
  .... 740/**1.876:2**
- art. 1.801-IV 742/**Seç. II:2**
  .... 743/**Seç. III:2**
- art. 2.035 .... 72/**Liv. III:1**
- art. 2.035 § ún. 230/**Cap. I:1**
  .... 504/**1.228:2**
- art. 2.036 .... 273/**Cap. V:2**
- art. 2.039 .... 653/**Subtít. I:1**
- art. 2.040 .... 700/**1.745:2**
- art. 2.041 .... 713/**1.787:1**
  .... 725/**Cap. I:2**
- art. 2.042 .... 733/**1.848:1**

CÓDIGO CIVIL REVOGADO (CC REV.)
- art. 178 § 10-I 809/**23:1**
- art. 589 § 2º 1.650/**10**
- art. 928 .... 169/**247:2**
- art. 1.533 .... 167/**Liv. I:2**

CÓDIGO COMERCIAL (CCo), art. 131, n. 3 (revogado) 75/**113:2**

CÓDIGO DE DEFESA DO CONSUMIDOR (CDC) 911
- art. 47 .... 75/**113:2**
- art. 52 § 1º 225/**412:1**
- art. 53-caput 562/**1.362:1**
  .... 778/**66-B:4**
  .... 1.362/**11:3**
  .... 1.363/**14:1**

CÓDIGO DE PROCESSO CIVIL (CPC),
art. 75 § 2º 53/**45:1a**
  .... 435/**986:1a**
  .... 480/**Cap. I:2**
- art. 85 § 16 .... 214/**405:1b**
- art. 240 § 1º 137/**202:3a**
- art. 312 .... 137/**202:3a**
- art. 406 .... 74/**109:1**
  .... 94/**183:2**
  .... 160/**215:1**
- art. 407 .... 161/**215:4**
- art. 408 § ún. 162/**219:1**
- art. 525 § 1º 185/**Tít. III:1**
- art. 784 .... 366/**887:1b**
- art. 832 .... 746/**1.911:1b**

CÓDIGO DE PROCESSO PENAL (CPP),
- arts. 65 a 67 .... 397/**935:2**

---

* Contém apenas os textos publicados na íntegra e em vigor. O primeiro número refere-se à página; os demais, à nota em rodapé, quando for o caso.

Índice de Leis – CP

CÓDIGO PENAL (CP),
- art. 143 § ún. 1.228/**13**
- art. 172 .... 1.256/**26**
  1.256/**26:2**
- art. 244 .... 808/**21**
  809/**21:1**
- art. 330 .... 490/**1.192:1**

CÓDIGO TRIBUTÁRIO NACIONAL (CTN),
- art. 32 § 2º 1.358/**1º:3**
- art. 133 §§ 1º e 2º 479/**1.146:3**
- art. 134-II 700/**1.740:1a**
- art. 159 .... 191/**327:3a**
- art. 160 .... 192/**331:1a**
- art. 163 .... 196/**352:3**
- arts. 170 e 170-A 200/**Cap. VII:3**
- art. 185 .... 85/**Seç. VI:2**
  421/**956:4a**
- arts. 186 a 192 .... 423/**965:4**
- art. 195 .... 489/**1.190:1**

CONSELHO NACIONAL DE JUSTIÇA (CNJ)
- Res. 131, de 26.5.11, art. 1º-I, II e III 1.088/**84:1**
- Res. 175, de 14.5.13, arts. 1º e 2º 602/**1.514:1**
  688/**1.723:2b**

CONSTITUIÇÃO FEDERAL (CF),
- art. 5º-IV e IX 1.287/**3º:1**
- art. 5º-V, X e LXXV 375/**927:2**
- art. 5º-X 1.287/**3º:2**
  1.290/**10:2**
- art. 5º-X e XIV 40/**21:2**
- art. 5º-XVII a XXI 60/**53:1a**
- art. 5º-XVIII 1.569/**Cap. II:1**
  1.572/**17:1**
- art. 5º-XIX 62/**61:2**
  1.430/**6º:2**
- art. 5º-XXVII e XXVIII 1.186/**1º:1a**
- art. 5º-XXX 712/**Liv. V:1**
- art. 5º-XXXI 713/**1.787:2**
- art. 5º-XXXVI 3/**6º:1**
- art. 5º-LV 464/**1.085:2b**
- art. 5º-LXVII 292/**652:2**
  677/**1.695:2**
- art. 5º-LXXV 420/**954:4**
- art. 5º-LXXIX 1.395/**Lei 13.709:2**
- art. 17 .... 53/**44:10a**
- art. 20-I, VIII a XI 69/**98:2**
- art. 20-IX e X 520/**1.264:2**
- art. 21-XXIII-d 392/**927:13**
- art. 37 § 5º 1.347/**1º:2**
- art. 37 § 6º 45/**43:1b**
- art. 175 .... 944/**22:1**
- art. 176 .... 506/**1.230:1**
- art. 183 .... 1.651/**Seç. V:2**
- art. 191 .... 1.647/**Lei 6.969:2**
- art. 191 § ún. 71/**102:1a**
- art. 199 § 4º 34/**14:1**
- art. 203-V 1.270/**34:1**
- art. 220 § 3º-II 1.114/**201:13**
- art. 226-caput 601/**Liv. IV:1a**
- art. 226 § 1º 1.456/**Cap. VI:1**
- art. 226 § 2º 602/**1.515:2**
  1.458/**75:1**
- art. 226 §§ 3º e 4º 686/**Tít. III:1**
- art. 226 § 4º 1.062/**25:1**
- art. 226 § 5º 5/**7º:16**
  601/**1.511:2a**
  618/**1.566:2**
- art. 226 § 6º 626/**1.580:1a**
- art. 226 § 7º 602/**1.513:1**
- art. 227 § 6º 636/**1.596:1**
- art. 229 .... 619/**1.566:2a**
  677/**1.695:2**
  1.265/**11:1**
- arts. 229 e 230 .... 1.263/**3º:1**
- art. 230 § 2º 1.271/**39:1**
- art. 231 § 2º 570/**Tít. VI:2**
- art. 236 § 1º 1.437/**28:2**

DECRETOS
- (legislativo) 2.044, de 31.12.1908 (**LCa**) 1.305
- art. 22 § 1º 188/**314:2**
  - art. 29 .... 1.252/**14:1**
  - art. 51 .... 370/**906:1**
- 3.708, de 10.1.1919, art. 10 .... 56/**50:3**
- 18.871, de 13.8.29, art. 278 .... 590/**1.473:2**
- 20.910, de 6.1.32 .... 1.347
- 21.981, de 19.10.32, art. 30 .... 350/**818:1a**
- 22.626, de 7.4.33, v. LEI DA USURA

- 24.216, de 9.5.34, art. 2º...................375/**927:3**
- 23.102, de 28.5.47, art. 15-VII............611/**1.544:3**
- 57.663, de 24.1.66 (**LCU**)........................1.318
  - art. 17..370/**906:1**
- 59.560, de 14.11.66, art. 6º..................370/**909:2**
- 3.000, de 26.3.99, art. 254....................436/**991:1a**
- 3.048, de 6.5.99, art. 231......................489/**1.190:1**
- 5.903, de 20.9.06, arts. 2º, 3º e 9º........1.035/**8º:1**
  - art. 10 § ún...1.034/**8º**
- 7.962, de 15.3.13....................................1.033
- 7.984, de 8.4.13, art. 42........................433/**981:2**
- 8.742, de 4.5.16, arts. 4º e 5º...............163/**224:2**

DECRETOS-LEIS

- 25, de 30.11.37, art. 18.........................529/**Seç. VII:1**
- 58, de 10.12.37......................................1.356
- 1.608, de 18.9.39 (**CPC ant.**), v. CÓDIGO DE PROCESSO CIVIL ANTIGO
- 2.627, de 26.9.40, art. 73......................473/**1.125:1**
- 2.848, de 7.12.40 (**CP**), v. CÓDIGO PENAL
- 3.200, de 19.4.41, arts. 1º a 3º.............604/**1.521:6**
  - art. 8º § 5º..1.521/**265:1**
  - art. 15...645/**1.611:1**
  - art. 16...645/**1.612:2**
- 3.365, de 21.6.41 (**LD**), v. LEI DAS DESAPROPRIAÇÕES
- 3.689, de 3.10.41 (**CPP**), v. CÓDIGO DE PROCESSO PENAL
- 4.597, de 19.8.42...................................1.354
- 4.657, de 4.9.42 (**LINDB**), v. LEI DE INTRODUÇÃO ÀS NORMAS DO DIREITO BRASILEIRO
- 6.259, de 10.2.44, art. 23......................369/**904:2**
- 6.777, de 8.8.44, arts. 1º e 2º..............733/**1.848:2**
                                                                            747/**1.911:3**
- 8.207, de 22.11.45, art. 3º....................724/**1.822:2**
- 9.085, de 25.3.46...................................1.429
- 57, de 18.11.66, art. 16.........................1.358/**1º:3**
- 70, de 21.11.66......................................822
  - art. 35 § 2º...422/**964:1a**
- 73, de 21.11.66, art. 20........................1.532/**Lei 6.194:1**
- 167, de 14.2.67......................................1.625
  - arts. 28 e 53...422/**964:1**
- 204, de 27.2.67, art. 6º.........................369/**904:2**
- 368, de 19.12.68, art. 1º-III..................449/**Seç. VI:2**
- 411, de 8.1.69, art. 24-I e VI................257/**497:5**
- 413, de 9.1.69 (**TCI**).............................1.610

- art. 17..422/**964:1**
- art. 46-*caput*..423/**964:6**
- 512, de 21.3.69, art. 15 § ún................1.148/**27:2**
- 745, de 7.8.69, art. 1º...........................1.367/**22:8**
- 759, de 12.8.69, art. 2º-*e*....................1.345/**17:1**
- 1.075, de 22.1.70...................................1.160
- 1.715, de 22.11.79, arts. 4º e 5º..........1.643/**78:4**
- 2.303, de 21.11.86, art. 7º....................436/**991:1a**
                                                                            437/**993:1**
- 2.398, de 21.12.87, art. 3º § 2º............1.487/**167:1b**
  - art. 3º-A-*caput*...................................1.487/**167:1b**

ESTATUTO DA ADVOCACIA (EA), art. 1º § 2º..............
....53/**45:1a**
- art. 7º-VI-*d*...460/**1.074:2**
- art. 15 § 1º..480/**Cap. I:2**

ESTATUTO DA CRIANÇA E DO ADOLESCENTE (ECA)................................1.052
- art. 27...638/**1.601:2a**
- art. 239...1.077/**51:1**
- art. 248...1.065/**33:2**

ESTATUTO DA TERRA (ET), arts. 17 a 23, 92 a 97, 100 e 101.......................................1.597
- art. 61...1.357/**1º:1**

ESTATUTO DO IDOSO (EID)............................1.262
- art. 12...176/**Seç. III:3**
- art. 50-I..281/**Cap. VII:3**
- art. 110...809/**21:1**

LEI DA USURA (Decreto 22.626, de 7.4.33).........1.342

LEI DAS DESAPROPRIAÇÕES (LD)...................1.122
- art. 31...574/**1.409:1**

LEI DAS SOCIEDADES ANÔNIMAS (LSA), art. 3º § 2º..483/**1.163:1**
                                                                            484/**1.167:1**

LEI DE ALIMENTOS (LA)..................................794

LEI DE DIREITOS AUTORAIS (LDA)................1.186
- art. 3º..67/**83:1**
- art. 39...664/**1.659:4**
- art. 98...293/**653:2**

LEI DE RECUPERAÇÃO E FALÊNCIA (LRF), art. 22-I-c e III-b 489/**1.190:1**

- art. 50-II 470/**Cap. X:2**
- arts. 50-IX e 59 .... 198/**Cap. VI:2**
- art. 94-III-c e 129-VI 478/**1.145:1**
- art. 96 § 1º 465/**Cap. V:3**
- art. 119-IV 262/**521:1**
- art. 119-VI 1.363/**12:2**
- 1.385/**30:1**
- art. 119-IX 870/**31-F:1a**
- art. 120 .... 300/**682:1**
- art. 120 § 2º 303/**693:1**
- art. 123 § 2º 536/**1.322:1**
- art. 124 .... 204/**389:2a**
- arts. 127 e 128 .... 177/**Seç. III:4**

LEI DE INTRODUÇÃO ÀS NORMAS DO DIREITO BRASILEIRO (LINDB) 1

LEI DO DIVÓRCIO (LDI) 1.230
- art. 28 .... 807/**15:1b**

LEI DOS CONDOMÍNIOS EDILÍCIOS (LCE) 853

LEI DOS JUIZADOS ESPECIAIS (LJE),
art. 6º 2/**4º:2**
- art. 57 .... 354/**Cap. XIX:2**

LEI DOS REGISTROS PÚBLICOS (LRP) 1.431
- art. 161-caput 161/**216:2**
- art. 167-I-35 e II-17 .... 792/**40**

LEIS

- 3.071, de 1.1.16 (**CC rev.**), v. CÓDIGO CIVIL REVOGADO
- 3.924, de 26.7.61, art. 13 .... 1.156/**36:1**
  - arts. 17 a 19 .... 520/**1.264:2**
- 4.021, de 20.12.61, art. 7º-II 257/**497:7**
- 4.068, de 9.6.62, art. 5º 423/**964:5**
- 4.132, de 10.9.62 .... 1.158
- 4.375, de 17.8.64, art. 73 .... 27/**4º:4**
- 4.414, de 24.9.64, art. 1º 221/**405:2**
- 221/**406:2**
- 4.504, de 30.11.64 (**ET**), v. ESTATUTO DA TERRA
- 4.591, de 16.12.64 (**LCE**), v. LEI DOS CONDOMÍNIOS EDILÍCIOS
- 4.595, de 31.12.64, art. 10-IX e X-a §§ 1º e 2º 473/**Cap. XI:2**
  - arts. 17 e 18 .... 778/**66-B:2a**
- 4.728, de 14.7.65, arts. 66 a 84 777
  - arts. 11 e 49-I e II § 4º 473/**Cap. XI:2**
  - art. 71 .... 370/**909:2**
- 4.829, de 5.11.65, art. 7º 1.625/**1º:1**
  - art. 28 .... 1.628/**9º:2**
- 4.864, de 29.11.65, art. 6º 855/**8º:1**
  - art. 9º 862/**Tít. II:2**
  - art. 13 .... 875/**35:2**
  - art. 14 § ún. 873/**32:3**
  - art. 18 § 2º 886/**58:2**
  - art. 23 § 3º 580/**1.428:2**
- 4.886, de 9.12.65, art. 27-j e § 1º 307/**718:1**
- 4.947, de 6.4.66, art. 2º 1.599/**22:1**
  - art. 10 .... 1.358/**1º:2**
  - art. 13 .... 1.600/**92:2**
- 5.172, de 25.10.66 (**CTN**), v. CÓDIGO TRIBUTÁRIO NACIONAL
- 5.474, de 18.7.68 (**LDu**) 1.247
- 5.478, de 25.7.68 (**LA**), v. LEI DE ALIMENTOS
- 5.670, de 2.7.71, art. 1º 1.051/**1º:5**
- 5.709, de 7.10.71, art. 8º 73/**108:3**
- 5.741, de 1.12.71 .... 1.036
- 5.764, de 16.12.71 .... 1.569
- 5.869, de 11.1.73 (**CPC**), v. CÓDIGO DE PROCESSO CIVIL
- 5.972, de 11.12.73, art. 3º 1.500/**198:2**
- 5.988, de 14.12.73, art. 17 .... 1.193/**19:2**
- 6.015, de 31.12.73 (**LRP**), v. LEI DOS REGISTROS PÚBLICOS
- 6.194, de 19.12.74 .... 1.532
- 6.268, de 24.11.75, art. 3º 1.248/**2º:1b**
- 6.385, de 7.12.76, art. 16-III e § ún. 308/**Cap. XIII:1**
- 6.404, de 15.12.76 (**LSA**), v. LEI DAS SOCIEDADES ANÔNIMAS
- 6.423, de 17.6.77, art. 1º-caput 1.146/**26:8**
- 6.458, de 1.11.77, art. 2º 1.252/**Cap. V:2**
- 6.515, de 26.12.77 (**LDi**), v. LEI DO DIVÓRCIO
- 6.530, de 12.5.78, art. 20-V 873/**32:4**
- 1.393/**51:1**
- 6.533, de 24.5.78, art. 31 .... 589/**1.467:1**
- 6.634, de 2.5.79, arts. 2º-IV-b e V, 5º e 6º 1.358/**1º:5**
- 6.739, de 5.12.79, art. 1º 1.511/**Cap. V:2**

Índice de Leis – Leis

- arts. 2º e 3º 1.506/**213:1a**
- art. 4º 1.508/**216:1b**
- 6.766, de 19.12.79 .... 1.371
- art. 42 .... 1.144/**25:1**
- art. 44 .... 1.128/**5º:7**
- 6.840, de 3.11.80 .... 1.608
- 6.899, de 8.4.81 **(LCM)** 1.042
- 6.941, de 14.9.81, art. 3º 1.434/**14:2**
- 6.969, de 10.12.81 .... 1.647
- 7.089, de 23.3.83, art. 1º 214/**405:1a**
- 7.203, de 3.7.84, art. 13 .... 423/**964:3**
- 7.347, de 24.7.85, art. 1º-IV 1.023/**110**
  - art. 5º-II 1.023/**111**
  - art. 5º § 3º 1.023/**112**
  - art. 5º §§ 4º a 6º 1.023/**113**
  - art. 15 .... 1.024/**114**
  - art. 17 .... 1.024/**115**
  - art. 18 .... 1.024/**116**
  - art. 21 .... 1.024/**117**
- 7.357, de 2.9.85 **(LCh)** 837
  - art. 25 .... 370/**906:1**
- 7.565, de 19.12.86, arts. 36 § 5º e 38 .... 68/**90:1b**
  - art. 189 .... 422/**964:1a**
  - art. 285 .... 327/**759:2**
  - art. 297 .... 395/**932:4a**
- 8.004, de 14.3.90, arts. 1º e 2º 1.527/**292:1**
  - art. 21 .... 830/**31:2**
  1.036/**1º:1a**
- 8.021, de 12.4.90, art. 2º-I e II 369/**904:2**
- 8.069, de 13.7.90 **(ECA)**, v. ESTATUTO DA CRIANÇA E DO ADOLESCENTE
- 8.078, de 11.9.90 **(CDC)**, v. CÓDIGO DE DEFESA DO CONSUMIDOR
- 8.112, de 11.12.90, art. 117-X 443/**1.011:2**
- 8.137, de 27.12.90, art. 19 .... 1.256/**26:2**
- 8.212, de 24.7.91, art. 33 § 1º 489/**1.190:1**
  - art. 39 § 2º 1.417/**1º:1a**
- 8.245, de 18.10.91 **(LI)**, v. LEI DO INQUILINATO
- 8.522, de 11.12.92, art. 2º 1.617/**34:1**
- 8.560, de 29.12.92 **(LIP)** 1.300
  - art. 1º 1.062/**26:3**
  - art. 2º-A § ún. 165/**232:1a**
  - arts. 5º e 6º 1.449/**54:2**
  - art. 5º 1.450/**54:6**
  - arts. 5º e 6º § 1º 636/**1.596:3**
  - art. 7º 1.063/**27:1a**
- 8.629, de 25.2.93 .... 1.162

- 8.842, de 4.1.94, arts. 5º e 6º 1.264/**7º:1**
- 8.906, de 4.7.94 **(EA)**, v. ESTATUTO DA ADVOCACIA
- 8.929, de 22.8.94 813
- 8.934, de 18.11.94, art. 32-II-c 475/**Seç. III:2**
  - arts. 33 e 34 .... 482/**Cap. II:1**
  - art. 35 .... 480/**1.150:2**
  - art. 35-V 483/**1.163:1**
  - art. 35 § ún. 473/**Cap. XI:2**
- 8.935, de 18.11.94, arts. 22 a 24 .... 1.437/**28:2**
  - arts. 32 e 33 .... 1.441/**30:2**
  - art. 39 .... 1.441/**30:3**
  - art. 45 .... 1.441/**30:1**
- 8.987, de 13.2.95, art. 6º 944/**22:2**
- 9.069, de 29.6.95, art. 69 .... 838/**8º:1**
- 9.093, de 12.9.95, arts. 1º e 2º 78/**132:3**
- 9.096, de 19.9.95, art. 15-A-*caput* 375/**927:2a**
- 9.099, de 26.9.95 **(LJE)**, v. LEI DOS JUIZADOS ESPECIAIS
- 9.265, de 12.2.96, art. 1º-VI 1.441/**30:1**
- 9.278, de 10.5.96, arts. 7º § ún. e 9º 687/**1.723:1a**
- 9.279, de 14.5.96, art. 5º 67/**83:1**
  - art. 124-V 482/**Cap. II:1**
  - art. 195-V 483/**1.163:1**
  484/**1.166:1**
- 9.307, de 23.9.96, art. 4º § 2º 991/**51:7f**
- 9.393, de 19.12.96, art. 21 .... 1.487/**167:1a**
  - art. 22 .... 1.181/**6º:1**
- 9.394, de 20.12.96, arts. 6º, 29 e 30 ..... 1.081/**53:1a**
  - art. 12-VII 1.082/**56:1**
- 9.427, de 26.12.96, art. 17 .... 944/**22:2a**
- 9.456, de 25.4.97, art. 2º 67/**83:1**
- 9.465, de 7.7.97, art. 1º 1.447/**50:3a**
- 9.492, de 10.9.97 .... 1.417
  - arts. 8º § 2º e 41-A 1.259/**8º**
  - art. 40 .... 214/**405:1a**
- 9.494, de 10.9.97, art. 1º-F 221/**406:2**
  - art. 2º-A 1.008/**82:3a**
- 9.503, de 23.9.97, art. 134 .... 177/**Seç. III:5**
- 9.514, de 20.11.97 780
  - art. 39-II 829/**Cap. III:2**
- 9.532, de 10.12.97, art. 78 .... 1.203/**53:2**
- 9.534, de 10.12.97, art. 7º 1.441/**30:1**
- 9.608, de 18.2.98, arts. 1º a 3º 281/**594:1**
- 9.610, de 19.2.98 **(LDA)**, v. LEI DE DIREITOS AUTORAIS

Índice de Leis – Leis

- 9.611, de 19.2.98, art. 16-II.................318/**746:1**
- 9.615, de 24.3.98, art. 18-B §§ 1º a 3º, art. 18-C e 27 §§ 11 e 13.................55/**50:3**
  - art. 27 § 9º.................433/**982:1a**
  - arts. 42 §§ 1º a 3º, 42-A §§ 1º a 8º e 87-A.................35/**20:1a**
- 9.656, de 3.6.98.................1.539
- 9.870, de 23.11.99, art. 7º.................1.008/**82:1c**
- 10.048, de 8.11.00, art. 1º.................1.284/**114:1**
- 10.150, de 21.12.00, art. 35.................1.434/**14:1**
  ....1.526/**290:3**
- 10.192, de 14.2.01, art. 15.................1.042/**1º:1a**
- 10.257, de 10.7.01, arts. 9º a 14.................1.651
  - arts. 21 a 24.................565/**Tít. IV:2**
- 10.610, de 20.12.02, art. 5º.................480/**Cap. I:2**
- 10.741, de 1.10.03 (**EId**), v. ESTATUTO DO IDOSO
- 10.931, de 2.8.04.................895
- 11.101, de 9.2.05 (**LRF**), v. LEI DE RECUPERAÇÃO E FALÊNCIA
- 11.107, de 6.4.05, art. 1º § 1º.................44/**41:2a**
- 11.804, de 5.11.08.................811
- 12.007, de 29.7.09, arts. 1º a 5º.................944/**22:2b**
- 12.010, de 3.8.09, art. 1º §§ 1º e 2º.................1.060/**19:1**
- 12.318, de 26.8.10.................1.119
- 12.414, de 9.6.11.................1.025
- 12.529, de 30.11.11, art. 2º §§ 1º e 2º.................475/**Seç. III:2**
  - art. 47.................1.007/**82:1b**
- 12.587, de 3.1.12, art. 14.................945/**22:2c**
- 12.651, de 25.5.12, art. 12.................1.359/**1º:5a**
  - arts. 18, 29, 30 e 78-A.................1.489/**167:46b**
- 12.662, de 5.6.12, art. 3º.................1.446/**49:2**
- 12.690, de 19.7.12.................1.590
- 12.815, de 5.6.13, art. 29.................466/**Cap. VII:1a**
- 12.853, de 14.8.13, art. 4º.................1.215/**98-A:2**
  - art. 5º.................1.214/**98:3**
  - art. 6º.................1.217/**99:1a**
  - arts. 7º e 8º.................1.212/**Tít. VI:1**
- 12.965, de 23.4.14.................1.286
- 13.097, de 19.1.15.................1.530
  - art. 169-IV.................780/**3º:2**
- 13.188, de 11.11.15.................1.225
- 13.709, de 14.8.18 (**LGPD**).................1.395
- 13.726, de 8.10.18, art. 3º-VI.................1.088/**84:2**
- 14.010, de 10.6.20, art. 3º § 2º.................126/**Tít. IV:2a**
  - art. 7º §§ 1º e 2º.................188/**317:2a**
  - art. 10.................508/**Seç. I:3**
  ....518/**Seç. I:2**
- 14.118, de 12.1.21, art. 13 §§ 1º e 2º e art. 15.................658/**1.647:1a**
- 14.181, de 1.7.21, art. 3º.................996/**Cap. VI-A:2**
  ....1.020/**Cap. V:2**
- 14.382, de 27.6.22, art. 11.................1.477/**130:2**
  - art. 19.................1.503/**206-A:1**

LEIS COMPLEMENTARES

- 76, de 6.7.93.................1.179
- 80, de 12.1.94, art. 4º-VIII.................1.008/**82:1d**
  - art. 4º-XI.................1.113/**201:1**
  ....1.280/**74:4**
- 95, de 26.2.98, art. 8º § 1º.................78/**132:1**
  - art. 9º.................2/**2º:2a**
  - art. 18.................1/**1º:2**
- 109, de 29.5.01, arts. 72 e 74.................63/**66:1a**
- 123, de 14.12.06, art. 3º-I e II.................425/**Liv. II:2**
  - art. 4º § 1º-I.................427/**968:1d**
  - art. 18-A §§ 1º e 2º.................427/**968:4b**
  - art. 61-A.................431/**Tít. II:4**
  - art. 61-B.................432/**Tít. II:4**
  - art. 61-C.................432/**Tít. II:4**
  - art. 61-D.................432/**Tít. II:4**
  - art. 61-E.................432/**Tít. II:4**
  - art. 61-F.................432/**Tít. II:4**
  - art. 61-G.................432/**Tít. II:4**
  - art. 61-H.................432/**Tít. II:4**
  - art. 61-I.................432/**Tít. II:4**
  - art. 68.................428/**970:1a**
  ....486/**1.179:4**
  - art. 70.................459/**1.072:1a**
  - art. 71.................481/**1.152:1**
  - art. 73.................1.417/**1º:1a**

MEDIDAS PROVISÓRIAS

- 2.170-36, de 23.8.01, art. 5º-*caput*.................280/**591:3**
  ....1.343/**4º:1b**
- 1.085, de 27.12.21, arts. 11 e 21-I e II...1.477/**130:2**